〔宋〕王欽若等編　第一册

宋本册府元龜

中華書局影印

四五至五六五、五六七至五七七、五八三至五九九、六〇四至六〇五、六〇八至六六〇、六六六至六七五、六七六至六七八、六七九至七〇一、七一七至七二〇、七二六至七三二、七三七至七三九、七四二至七五六、七六一至七九一、七九六至八〇〇、八〇三至八〇六、八一一至八二二、八二五至八六五、八七六至九〇〇、九〇六至九三三、九三六至九三八、九四〇至九四二、九四四至九四七、九五〇至九五六、九六七至一〇〇〇。需要説明的是，《長澤規矩也著作集》第三卷《宋元版本研究》所載《静嘉堂文庫宋刊本展覽會陳列書解説》和《關東現存宋元版書目》中，記有宋刻殘本存卷細目，在四百七十四卷之外，尚有全係鈔補的卷六〇一至六〇三、六〇六。這四卷既係全部鈔補，又不載於《儀顧堂集》和《皕宋樓藏書志》，所以没有列入上述卷數之內。

二、被美國劫持的八十八卷，現爲臺灣中央圖書館代存，北京圖書館和南京圖書館有顯微膠卷一式兩份拷貝。這八十八卷是：卷六至一〇、四一至四五、五六至六〇、二七一至二七五、三〇七、三四一至三四五、三五六至三七五、三八六至三九〇、三九六至四〇〇、四一一至四一五、四五六至四六〇、四七一至四七五、四八四此卷同北京圖書館重、四八五、四九一至四九五、五八六至五九〇此五卷同静嘉堂重、六一一至六一五此五卷同静嘉堂重。

三、原由袁克文、李盛鐸、傅增湘、瞿啓甲等所藏，後歸北京圖書館者，凡二十五卷，即二八六至二九五、三〇九、四四二、四四四至四四五、四八二至四八四、七八六至七八七此二卷同静嘉堂重、七八九此卷同静嘉堂重、九〇一至九〇五。

四、北京大學圖書館藏有卷七八八。亦同静嘉堂重。

綜上所舉，目前國内外所藏南宋眉山刻本《册府元龜》的現存卷數爲五百八十八卷，略去重出的十五卷，實有五百七十三卷；加上新刊監本八卷，共有五百八十一卷。此外，在北京圖書館和傅熹年先生的幫助下，還搜集到若干殘頁（即卷二四六、二五〇、四四三、四八一每卷各一頁）。這樣，現存兩個南宋蜀刻本的殘卷，已經大備於此。應該提及的是，建國前，商務印書館曾搜集了南宋眉山刻本的絶大部分，並用母版鉛皮印出毛樣，至今保存完好，爲這次影印提供了方便。

一九六〇年，中華書局鑒於宋刻既無完本，爲滿足讀者需要，曾將明刻初印本影印出版，並參校了宋本毛樣，把宋本有、明本無的一百四十餘條脱文補録於明本卷後。但是，明人校刻此書時没有見到過宋本，宋本有不少優於明本的地方，所以明本不能取代宋本。陸心源曾以所藏宋刻殘本校勘明本，在四百七十餘卷中，發現明本脱誤八十餘條，「脱文已一萬三千餘字，顛倒改竄者三卷」（見《儀顧堂集》跋）。傅增湘先生曾以宋明二本對校，卷四四二改正一百字，卷四四四改正七十七字，卷四四五改正六十六字，卷四八二改正三百二十五字，卷七八七改正六十七字（見《藏園羣書題記》三集跋）。卷四八三只二十四頁，改定二百一十五字。舉其要者言之，如《邦計》總序，頒其賄於受用之府，賄不誤貨；以供百物而待邦之用，供不誤貢；以周知入出百物，知不誤之；縣師掌邦國都鄙稍甸郊里之地域，而辨其家人民田萊之數，里不誤旅，萊不誤菜；廛人掌斂布絘布，絘不誤紋；斂市之不售，市不誤布；舂人掌共采物，槁人掌共内外朝冗食，二共字不誤；其長安四市四大丞，不脱下四字；李輔國加京畿鑄錢使，不脱畿字；班在宣徽使之下，不脱使字；心秤平其輕重，不脱秤字」（見《藏園羣書題記》卷四《殘宋本册府元龜跋》）。在衆多的異文中，雖然也有宋本誤而明本不誤者，但宋本的價值由此可見。所以，李盛鐸曾在袁克文所藏卷二九五後寫有題記二則，其一曰：

《册府》、《御覽》，並爲宋初官撰類書。前人每重《御覽》而輕《册府》，以《御覽》所採多逸書，《册府》只收習見之經史也。實則《册府》所收，皆據北宋以前本，較景祐、紹興諸刻，實有過之。偶撿卷之百八十八忠諫門，校《晉書·齊王伋傳》，使去奢節儉，此書節作即；《范陽王虓傳》，足匡王室，此書匡作輔；全獲功名，此書名作臣。寥寥數篇，異同已如此，且頗有勝今本處。後之讀史者，未可忽視此書也。

我們在整理此書的過程中，仍發現明本有不少脱文。如：

卷一三二帝王部褒功二：「十二年隴右節度使鄯州都督王君㚟破吐番」條後，宋本有「公親率所部應機奮擊，沈溺浮獲，厥功甚茂」云云，凡正文一百〇三字，注文一百九十三字，明本未補（見明本第二册第一五九九頁；宋本第一册第一三六頁）。

卷六五八奉使部舉劾門：「陽固爲治書侍御史，使荒遠，鎮將萬貳望風逃走，劾常農太守和詔亮馳駰安撫。亮至，劾晒，處以大辟，勞賚綏慰，百姓帖然」條，前後文義不相銜接，顯有脱誤。宋本「常農太守」下，另行起有「裴粲免官」四字，與《魏書·陽尼傳》所載正同；而「和詔」之上，宋本有「崔亮孝明世爲七兵尚書領廷尉卿，時徐州刺史元晒撫御失」二十四字，恰爲一行，與《魏書・崔亮傳》所載正同（見明本第八册第七八八二頁；宋本第三册第二三三二頁）。以上兩行，凡二十八字，明本把陽固、崔亮兩條，誤合爲一，需據宋本改正。

卷八四八總録部任俠門：「郭元振舉進士，授通泉尉，任俠使氣，不以細務介意，前後掠賣所倍十餘人，以遺賓客，百姓苦之。則天聞其名，召見與語，甚奇」，宋本「奇」下有「之」字，單列爲一條。而明本脱「之」字，又闌入「令先平壽州，然後赴江都連封」云云，凡四十四字。又，宋本「甚奇之」後，有「哥舒翰初爲效轂府果毅，家富，倜儻任俠，好然諾，縱酒」一條，凡二十一字，明本未補（明本第十一册第一〇〇八一～一〇〇八二頁；宋本第四册第三二四六頁）。另，郭元振條「掠賣所倍十餘人」，宋本作「掠賣所部千餘人」，顯較明本爲優。

根據上述情況，我們相信，宋刻殘本《册府元龜》的影印，既有利於訂正明本的訛誤，又可以爲校史、補史提供方便。

這次影印時，日本静嘉堂所藏利用了商務印書館的毛樣（個別有殘缺），其餘部分或採用毛樣，或重新補照或抽換；我們還重編了目録，置於本書之前；對於各卷的殘缺，除在目録中一一注出外，還在正文訂口處加以説明；原書的中縫標明「册」或「府」，下綴卷次、頁碼，已經大都破損或殘缺，只好重新補配。由於原書和毛樣存放已久，所以不免有缺損或模糊不清之處，望讀者鑒諒。

中華書局編輯部

一九八八年

冊府元龜總目

第三册

第四册

冊府元龜第一册目録

帝王部

閏位部

冊府元龜卷第六

帝王部　六

創業第二

晉高祖宣皇帝姓司馬氏後漢京兆尹防之子（臣欽若等曰自此以上建……）
祖爲漢丞相辟爲文學掾……蜀又轉……
張魯又從征孫權破之魏國建遷太子……
帝爲丞相長史封河津亭侯　父魏……
年遷侍中尚書右僕……
明帝即位改封舞……
襄陽帝督諸軍討……
將軍太和元年……
帝發書……
下八……以之何有六日……
首萬……四年加大將軍

城……道水陸並進泝
新豐……次丹口遇雨班……
西屯長安……自雍……
驅征蜀進……漢陽與亮……
二山斷水爲重圍帝攻……
龍二年亮又率衆十餘……
征蜀護軍秦朗督步騎……受帝節……
而戰亮不得進還于五丈原帝遣……
獲生口千餘降者六百……會亮死……
延并其衆帝欲乘隙而進有詔不……
寇帝遣將軍牛金輕騎餌之……帥……步騎四萬伐公
孫文懿于遼東……相遇……大水平地數尺三軍恐欲
移營帝令軍中敢有言徙者斬……
乃定尋戰而亮之明帝末與大將軍曹爽並受遺詔輔少主……

王即帝位遷帝侍中持節都督中外諸軍錄尚書事與大將軍
曹爽各統兵三千人共執朝政爽欲使尚書奏事先由己乃言
於天子徙帝爲大司馬朝議以前後大司馬累薨於位乃加
太傅入殿不趨贊拜不名劍履上殿正始二年吳人入寇帝督
諸軍南征車駕送出津陽門帝以南……暑溼不宜持久使……
挑之然不敢動於是休戰士簡精銳……
勢吳軍夜遁走追至三州口斬獲……
天子遣侍中常侍勞軍于宛嘉平元……天
弟皆從是日太白襲月……
門張當并發爽與何晏……
天子以帝爲丞相三年……
政晉國……王武……
子魏……拜散騎常……
秘……帝潛畫……初帝陰……士三千……

衆莫……其所出卒平以功封長平鄉侯……
者咸……伊陂嗣……天子命帝以……
平四年遷……加侍……都督中外……
官舉賢良明少長卹窮……四……
改易制度者帝曰不識一……之……
所宜遵奉自非軍事不……有政華……五年……
園新城帝使鎮東將軍司馬伷……揚州刺史文欽……
元年正月天子與中書令李豐后父光祿大夫張緝……
鎮永寧署令樂敦冗從僕射劉寶賢等謀以大將軍……
輔政帝密知之使舍人王羨以車迎豐……豐見迫隨……
之豐知禍及因肆惡言帝怒遣勇士以刀鐶築殺之逮捕玄緝
等皆夷三族三月乃諷天子廢皇后張氏天子以玄緝之誅深
不自安而帝亦慮難作潛謀廢立乃密諷永寧太后令廢天
子爲齊王遣使迎高貴鄉公於元城立之公以帝爲相國增邑

至四萬户帝固辭相國二年正月毋丘儉文欽舉兵作亂矯太
后令移檄郡國為壇盟於西門之外各遣子四人質于吳以請
救二月儉欽帥衆六萬渡淮而西帝會公卿謀征討計朝議多
謂可遣諸將擊之太常王肅及尚書傅嘏中書侍郎鍾會勸帝
自行帝統中軍步騎十餘萬以征之 追錄行召三方兵大會
于陳許之郊斬儉傳首京師欽遂奔吳 南平 五月
第昭總統諸軍晉國既建追尊景王 受禪
帝文帝景帝母弟魏景初三年封新城 正始
晨中郎將轉散騎常侍 [illegible]
夏侯玄出駱谷次于興勢 [illegible]
姜維寇隴右征西將軍 [illegible] 安
節也關中為諸軍節度 [illegible]
進據長城南趣駱谷以疑之 [illegible]
陳轉 將軍持節鎮許昌及大 [illegible]

師節 [illegible] 項假金印紫綬 [illegible] 將姜維
以帝行征西將軍次長安 [illegible]
之遂耀兵靈州北虜震 [illegible] 諸羌來降 [illegible]
封高都侯毋丘儉文欽 [illegible]
及景帝疾篤帝自京都 [illegible] 衛將軍 [illegible]
昌尚書傅嘏帥六軍還京師帝用嘏及鍾會 [illegible]
洛陽進位大將軍加侍中都督中外諸軍錄尚書事 [illegible]
上殿帝固辭不受甘露元年正月加大都督
地方七百里加之九錫又固辭不受二年五月鎮東
葛誕殺揚州刺史樂綝以淮南作亂遣子靚為質於吳以請救
七月帝奉天子及皇太后東征徵兵青徐荊豫分取關中遊軍
皆會淮北師次于項又進軍丘頭吳使文欽等將三萬人救誕
三年正月誕欽等出攻長圍諸軍逆擊走之初誕欽內不相協
會欽計事與誕忤誕手刃殺欽欽子鴦攻誕不克帝使諸將攻
而拔之斬誕夷三族四月歸京師天子命改丘頭曰武丘以旌
武功五月進封晉公加九錫進位相國帝辭乃止景元元年
四月天子以帝三世宰輔政非己出情不能安又慮廢辱將臨
軒召百寮而行放黜五月戊子夜使冗從僕射李昭等發甲於
陵雲臺召侍中王沈散騎常侍王業尚書王經出黃素詔於
示之戒嚴俟旦沈業等馳告于帝帝召 [illegible] 軍賈充為
知事泄帥左右攻相府稱有所討太子 [illegible] 人成
斬濟夷其三族與公卿 [illegible] 常道鄉 [illegible] 帝四
命以太原等十郡封帝 [illegible] 九 [illegible] 征
於是徵四方之兵十八 [illegible]
史諸葛緒自祁山軍 [illegible]
李輔征蜀 [illegible] 胡烈 [illegible]
絕險至 [illegible] 由破蜀將 [illegible]
晉公以相國拔百揆於 [illegible]

咸熙元年三月進爵為 [illegible]
文王武 [illegible] 受禪追尊號 [illegible]
武帝文帝長子 [illegible] 仕魏 [illegible]
子拜撫軍大將軍開 [illegible]
月嗣相國晉王位下令 [illegible]
軍以統城外諸軍十一月 [illegible] 受禪
後魏道武皇帝拓拔氏 [illegible] 成皇帝嫡 [illegible]
始六歲 [illegible] 昭成 [illegible] 苻堅使劉庫仁 [illegible] 衛辰
大人長孫嵩 [illegible] 南依庫仁帝轉 [illegible] 獨孤部
月苻堅敗于淮南是月庫仁為慕容文等所殺 [illegible]
部九年庫仁子顯殺眷而代之乃謀逆 [illegible] 商人
顯知之 [illegible] 帝乃馳 [illegible] 是時故大人梁蓋盆子六眷
為顯謀主 [illegible] 知其計密使部人穆崇馳告帝乃陰結舊臣長孫
犍元他等幸賀蘭部顯使人求帝不及明年正月戊申帝即代

王位于牛川建元登國元年復以長孫嵩爲南部大人以叔孫
普洛爲北部大人班爵叙勳各有差二月幸定襄之盛樂息衆課
農三月劉顯自善無南走馬邑其族奴真率部來
降四月改稱魏王五月東幸陵石護佛水部帥侯辰乙弗
部帥代題叛走諸將請追　帝曰侯辰等世修職役雖有小愆
宜且忍之當今草創人情未一愚者趣向固宜寬之
月己酉車駕還盛樂代題復以部落歸　旬有數日
帝使其孫倍斤代領部落是月劉顯弟肺泥率騎詣
闕而率以來降初帝叔父窟咄爲苻堅徙于長安
永以爲新興太守八月劉顯遣弟亢泥迎窟咄以逼
南境於是諸部騷動人心顧望
逸以應之事泄誅造謀
幸賀蘭部阻山爲固遣
乘遣安同朝貢并令其子

至而歸已前過於是北
三弃衛辰帝自弩山遷
高柳大破窟咄窟咄奔
容垂遣使朝貢奉帝西單于
帝於中山自號大單于
六月征劉顯於馬邑南追至彌澤大破之顯南奔慕容垂
其部落三年五月北征庫莫奚六月大破之獲其四
餘萬七月庚申庫莫奚部帥率衆夜犯行宮帝擊
破之十一月西征至女水討解如部大破之四年正月
諸部落二月至女水討叱突鄰部大破之五年三月西征
鹿渾海襲高車袁紇部大破之四月帝在山叱突鄰紇突隣
部落皆大破之九月討吐突鄰部其帥匹候跋十月討高車豆陳部
於狼山亦皆破之六年三月遣九原公儀陳留公虔等西
公皆西討黜弗部大破之七月衛辰遣子直力鞮出棝陽塞侵

及黑城九月帝襲五原屠之十月北征蠕蠕追及之於大磧南床
山下大破之十一月直力鞮率衆南部帝討之大破其軍
山自五原金津南渡河衛辰父子奔遁
之自河以南諸部悉平八年三月西征侯呂鄰部四月至苦水
大破之八月南征薛干部帥太悉佛於三城會其先出擊曹覆
帝乘虛屠其城獲其子文珍羣從其民而還皇始元年
馬許謙上書勸進尊號帝始建天子旌旗出警入蹕
公侯將軍刺史太守尚書郎已下悉用文人天興元年
子詔有司議定國號群臣曰昔周秦以前世居
有家及王天下即承爲號自
運而起者皆不由尺土之資
以爲若取應之以代定九州
國雖殊撫之在
之主

延幸曰宜仍先號以爲
丞相驃騎大將軍衛王儀
位帝三讓乃許之
後周太祖文帝宇文氏
後魏明帝孝昌二年
是北海王顥奔梁梁人立爲魏主
河內以避之榮遣賀拔岳討顥仍迎孝莊帝太祖與
以別將從岳及孝莊帝反正以功封寧都子邑三百
將乘步兵校尉万俟醜奴作亂關右孝莊帝遣尒朱
等討之太祖遂從岳入關先鋒破僞行臺尉遲菩薩
州定隴右太祖功居多遷征西將軍增邑三百
戶加直閤將軍普泰二年尒朱天光東拒齊神武留弟顯壽鎮
長安秦州刺史侯莫陳悅爲天光所召下隴太祖知
天光必敗欲留悅共圖顯壽而計無所出太祖謂岳曰今天光

未有二心若以此事告之恐其猜懼然悅雖為主將不能制物
若先說其衆必人有留心進失尒朱之期退恐人情變動乘此
說悅事無不遂岳大喜即令太祖入悅軍說之悅遂不行乃相
率襲長安令太祖輕騎為前鋒太祖以顯壽怯懦聞諸軍將至必當
東走恐其遠遁乃倍道兼行顯壽果已東走追至華山擒之　太
昌元年關西大行臺賀拔岳以太祖為左丞領岳府司馬
驃騎常侍事無巨細皆委之齊神武既有異志尒朱滎
請往觀之既至并州齊神武問岳軍事太祖占對
以為非常人欲留之太祖詭陳忠款乃得反命
神武果遣追之至關不及　岳門高
所以未發者蓋公兄弟　社
勢擁英雄而從　克成者　實庸
任委既　之心亦　恐似為
實也須　控弦之騎不下一　史解拔

三千餘　及靈州刺史曹泥　斛拔彌
紇豆陵伊利等戶口富實　今若移
示之以威懷之以德即　人實吾
沙塞還府長安匡輔魏室　說
請事密陳其狀魏帝深納之加太　武衛　
軍西次平涼謀於其衆曰夏州鄰接寇賊須加綏撫
史以鎮之衆皆曰宇文左丞即其人也岳曰左丞吾
也如何可廢沈吟累日乃從衆議表太祖為
鎮夏州刺史　太祖至州伊利望風款附而曹泥猶通
武魏永熙三年春正月岳欲討曹泥遣都督趙貴至夏州與太
祖計事太祖曰曹泥孤城阻遠未足為憂侯莫陳悅怙衆密邇
貪而無信必將為患願早圖之岳不聽遂與悅俱討泥二月至
于河曲岳果為悅所害其士衆散還平涼唯大都督趙貴率部
曲收岳屍還營三軍未有所屬諸將以都督寇洛年最長相與

河東侯莫陳悅猶在永洛在此軍士多是關西之人皆戀鄉邑
不願東下今逼以上命悉令赴闕悅躡其後歡邀其前首尾受
敵其勢危矣臣殞身王事誠所甘心恐敗國殄人所損更大乞
少停緩更思後圖徐事誘導漸就東引太祖志在討悅而未測
朝旨且兵未集假此為詞因與元毗及諸將刑牲盟誓　石
室魏帝詔太祖曰賀拔岳既殞士衆未有所歸卿可
即相統領知欲漸就東下良不可言　亦徵侯莫
京若其不來朕當自親　此意不過為
莫陳悅違天逆理酷害　畢
洛弱梁秦隴臣以大宥
元等歸闕呈悅所
圖臣正為此不敢自
之日賴　之杖
拔公　勒起志慮

濟百　西顧
行路所知　私
遷喬之　於征
君曰名纈然未之許
便於應許是亦退祈
知感況在生靈安能　加之　故高
寄隆晉鄭君復與故　同受密旨結盟約
聽難而貌恭心狠妬勝嫉賢口血未乾匕首已發
危本朝孤恩負義貽醜面目豈不上畏於天下慚於
少稷當藩收家朝廷授權之厚荷將軍國士之遇　之日
縱中為驅使陳啟天朝足來奔赴　所推　有
所召　還闕亦有別詔命君入朝雖操行無聞而年齒已宿
日進退惟君是視君乃　所部自山隴東邁　亦　勅
北道還闕共追廉藺之跡同恭　之風如其首鼠兩端不陳

（第八葉原闕）

泰詔賜鐵券誓以有常刑枕戈坐甲皆日相見若有利害無貽
梁州悅既知太祖謀已許爲紹擊敗梁州刺史万俟普撥令與
悅相知與普撥疑之封詔以呈太祖太祖表之百官上奉詔擊
平涼之師責重憂深不追啓勵訓兵秣馬惟以竭力前驅人逃
本上侯莫陳悅窺覦進退量度宜往此今若召悅授 內密
臣列旆東轅匪朝伊夕朝廷若以悅堪爲憂抒犯動
藩不然則終致猜虞於事無益初原 史 歸
河曲之變反爲悅守 延 黨王伯 次安悼
歸鎮原州太祖遣都 八萊 經 二千
次安伯和等送於平
將叱干保洛領二千
集諭以討 意士亦皆
覆宗 所急赴
還鬬 戒逆恣不悛

府六 十

子今斷趾 何而
且悅外附強 內遣胡
梟杖天威爲 除害小達
四月引兵上隴留兄子
無犯百姓大悅識者知 感 佛大 雪
太祖知悅詐而多猜乃倍道兼行出 意悅果疑
者左右亦不自安衆遂離貳聞 且至退保
萬餘人據守永洛太祖至永洛命圍之 降太祖即
百趣略陽以臨悅軍悅大懼乃召其部將議之皆曰
當勸悅退保上邽以避之時南秦州刺史李弼亦在悅
道遣使請爲內應其夜悅出軍軍中自驚潰將卒或相率來降
太祖縱兵奮擊大破之虜獲萬餘人馬八千匹悅與其子弟及
麾下數十騎遁走太祖曰悅本與曹泥應接不過走向靈州乃
令原州都督導邀其前都督賀拔穎等追其後導至牽屯山追

及悅斬之太祖入上邽收悅府庫財物山積皆以賞士卒毫釐無
所取左右竊一銀鏤甕以歸太祖知而罪之即剖賜將士衆大
悅初賀拔岳已有異志故魏帝深仗太祖乃徵二千騎鎮東雍州
助爲聲援仍令太祖引軍而東太祖乃遣大都督梁禦率步騎五
千鎮河渭合口爲圖河東之計遂入雍州魏帝進太祖侍
騎大將軍開府儀同三司關西大都督略陽縣公承
射關西大行臺時魏帝方圖齊神武 乃傳檄方
陽逆用威衰相襲若當 日六紐闕三 務創殘
安四海仁育万物運距 危淪晏 與驅
靈命重啓蕩定有期而 作 與賊
下出自輿皁罕聞禮 戍
階榮寵不能竭誠盡
以專政伏誅 僉以
万見役與弑 曰立

府六 十一

歡乃但見酷害於是
既行廢黜遂將篡弑以
人心矛方與歡必將有
自以爲功膺於腹心跨州 非
竊弄生人而舊將名臣 生 勳
將軍伊琳清河王剛殺 尚 鮮于
爪牙斯在歡收而戮之曾無聞奏司空 戴見甚
響皆謀危社稷但以蕞志未從恐先洩泄乃密白朝
方哭對其弟稱天子橫戮孫騰任祥歡之心膂並使
伺國間隙爲歡逆謀將發相繼逃歸歡益加撫待亦無陳白
歡入洛之始本有姦謀令親人蔡儁作牧河濟厚相恩贍以爲
東道主人故關西大都督清水公賀拔岳勳德隆重與士收
歡好亂樂禍深相忌毒乃與侯莫陳悅陰圖陷害許以受
爲征便仰討戮歡知狀已露稱慢於拒遂遣蔡儁拒代令竇泰

佐之又遣侯景等六向白馬輔世珍等徑趣石濟高隆之又要
昭等屯據蒲關韓軌之徒擁衆浦阪於是上書天子數論得失
譬毀乘輿威侮朝廷藉此微庸冀茲大寶雖盜可盈禍心不測
或言徑赴荊楚開疆於外或言分詣伊洛取彼讒人或言欲來
入關與幕府決戰今聖明御運天下清夷百寮師師四隩來暨
人盡忠良誰爲傾側而歡威禍自己生是亂階[illegible]
爲馬首藏凶逆伺我神器是而可忍[illegible]
親當受脤銳師百萬壯士群裹報以申[illegible]
衆軀匪恤況頻有詔書　天下[illegible]歡[illegible]
命將帥旌機進討或[illegible]
羅而歡違負天地幕
過宗廟則分命[illegible]
其巢穴未敢[illegible]亦合
州鎮郡縣率[illegible]

府六　十二

立効軍門[illegible]
從洛陽率軍[illegible]太
長安披草萊于朝廷
雍州刺史兼尚書令[illegible]
十二月魏文武帝大[illegible]尊立
嗣是爲文帝大統元[illegible]錄尚書
王太祖固讓改封郡公　二年正月東[illegible]龍門出
河浮橋度河又遣其將竇泰趣潼關太[illegible]兵擊
衆斬泰於高歡撤橋而退是年八月丁丑太祖率太
梁禦趙貴于謹若干惠怡峯劉亮王德侯莫陳崇李遠達奚武
等十二將至潼關太祖乃誓於師曰與爾有衆奉天威誅暴亂
惟爾衆士整爾甲兵戒爾戎事無貪財以輕敵無暴民以作威
用命則有賞不用命則有戮爾衆士其勉之于是遣[illegible]至槃豆
拔東魏將高叔禮及戍卒一千戊子至弘農于時連雨太祖乃

率諸軍冒雨攻之庚寅城[illegible]斬[illegible]州刺史李徽伯虜其戰士八
千擒將高干並送長安於是宜陽邵郡[illegible]附十月壬辰破
高歡於沙苑斬六千餘級降者二萬餘[illegible]遣追至河上復
大克獲前後虜其甲士七萬留其甲士二萬[illegible]歸收其輜重
兵甲獻俘長安還軍渭南[illegible]於戰所
當時兵士人種柳一株以旌武功[illegible]太祖[illegible]
年七月東魏遣其將侯景[illegible]
婁貸文等圍獨孤信於洛州[illegible]
文可朱渾元來逆[illegible]
還東[illegible]北據河橋[illegible]
其儀同李[illegible]兗州[illegible]
萬數六年春[illegible]景出
率騎[illegible]州界乃
屯沙苑以備　八年冬

府六　十三

山十二年春[illegible]
三年正[illegible]
景叛歸于梁[illegible]
郡守孫[illegible]舉郡來附[illegible]
援及景克建業仲禮[illegible]以郡叛十
遣開府楊忠率兵與行臺[illegible]攻克
仲禮長史馬岫於安陸十六年[illegible]
城降十七年三月魏文帝終太[illegible]祖
月太祖遣大將軍王雄出子午[illegible]與大將軍
散關伐南鄭明年去年[illegible]年[illegible]上津魏興以
其地置東梁州夏四月達奚武圍南鄭[illegible]梁州刺史宜豐侯
蕭循以州降武執循還長安二年　一月遣大將軍魏安公尉遲
迥率衆伐梁武陵王蕭紀於蜀夏四月太祖勒銳騎三萬西踰
隴度金城河至姑臧吐谷渾震懼遣使獻其方物五月蕭紀[illegible]

州刺史楊乾運以州降引迴軍向成都七月太祖自姑臧至于
長安八月克成都劍南平三年春魏帝有怨言太祖與公卿定
議廢帝尊立齊王廓是爲恭帝元年七月梁元帝遣使請舊圖
以定疆界又連結於齊言辭悖慢太祖曰古人有言天之所棄
誰能興之其蕭繹之謂乎十月[illegible]柱國于謹中山公護大
將軍楊忠韋孝寬等步騎五萬[illegible]十一月癸未師[illegible]
山公護與楊忠率銳騎先屯其[illegible]江津以備其[illegible]
至江陵列營圍守辛[illegible]因攻城[illegible]克之擒梁元[illegible]
其百官及士民以歸[illegible]
蕭詧爲[illegible]主居江陵[illegible]
祖爲太[illegible]九月太祖[illegible]
帝受魏[illegible]爲文[illegible]
閔帝大[illegible]第三子魏[illegible]
大將軍[illegible]公
公謙[illegible]

冊府元[illegible]六

冊府元龜卷第七

帝王部七

創業第三

隋高祖文帝楊氏武元皇帝之子臣欽若等曰武元以上初與
後周爲大將軍襲爵隋國公周武帝聘高祖長女爲
齊王憲言於周帝曰普六茹堅相貌非常臣每見之
恐非人下請早除之帝曰此止可爲將耳建德中
破齊師於河橋明年從武帝平齊進位柱國與
城王高湝於冀州除定州總管轉亳州總管
徵拜上柱國大司馬大象二年　揚州
足疾不果行周宣帝晏駕
大夫鄭譯御正下大夫劉昉
引高祖入總朝政都督
其生變稱趙王招將

府七　一

周帝拜高祖假黃鉞
相府以鄭譯爲長史
羣心惶駭莫有固志
天下悅之六月趙王
長安是月雍州牧畢王
祖因謀作亂高祖執　王等罪因詔
殿入朝不趨用安其心相州總管尉遲迥自以重
能平遂舉兵東夏趙魏之士從者若流旬日之間
又宇文胄以滎州石懸以建州席毗以沛郡毗弟
皆應於迥迥遣子惇如陳以請援高祖命上柱國鄖國公韋孝
寬討破之傳首闕下餘黨悉平初迥之亂也鄖州總管司馬消
難據州響應淮南州縣多同之命襄州總管王誼討之消難奔
陳荊郢羣蠻乘釁作亂命亳州總管賀若誼討平之先是上柱
國王謙爲益州總管既見幼主在位政由高祖遂起巴蜀之衆
以興復爲辭高祖方以東夏山南爲事未遑致討謙進兵屯劍
閣陷始州至是乃命行軍元帥上柱國梁睿討平之傳首闕下
巴蜀阻險人好爲亂於是更開平道毀劍閣之路立銘垂誡焉
是月誅趙王招越王盛九月周帝詔授高祖大丞相罷左右丞
相之官十月誅陳王純十一月誅代王達滕王逌十二月進爵
爲王靜帝大定元年二月壬子加九錫遂受周禪
月庚子詔曰自古帝王受終革代
受圖君臨海內載懷從政事有不同
功立事爵賞仍行苟非　時其文
古之　其前代品爵
唐高祖神堯皇帝
襲封唐國公　業中
遷糧知　兄弟
是歲　勞高祖諭以

府七　二

親戚乃遣高祖
高祖御　結納
多歸心焉子
樊子蓋擊之子蓋
必坑之　是莫敢
高祖代總其衆高
推赤心待之人人自　效死力共
逆心徒以政令嚴苛　爲盜耳前
所歸今唐公與人無隔蹤跡坦如也我輩知所
歸首前後至者數万人餘賊散走　時突厥犯塞煬帝令高
祖與馬邑太守王仁恭率衆備邊會突厥至馬邑仁恭以衆
敵有懼色高祖謂之曰今主上遐遠孤城絕援若不死戰難
圖全於是親選精騎二千出爲遊軍居處飲食隨逐水草一同
於突厥見候騎但馳騁射獵示若輕之及與其相遇則擇利

置陣選善射者爲別隊持滿以待之虜莫能測不敢交戰因縱
奇兵擊走之獲其特勤所乘駿馬斬首千餘級煬帝復以高祖
爲太原留守遣武賁郎將王威虎牙郎將高君雅二人爲副會
高陽賊帥歷山飛等衆號十万來寇太原將軍慕容羅睺潘長
文俱爲所敗賊鋒益盛高祖率步騎六千以擊之相遇於河過
水上賊陣彌亘十餘里埃塵漲天戰士大懼莫不[illegible]
色自若令王威率大衆居前所有旌[illegible]角及輜[illegible]
祖與麾下數百騎居後賊望威軍爲[illegible]盡銳[illegible]
軍遂敗高祖以騎翼擊之爲賊所掩[illegible]陷於[illegible]
太宗來救因復收兵擊之賊衆[illegible]斬數[illegible]
寇馬邑高祖遣高君雅拒[illegible]
度隋師不捷時太宗從[illegible]
安天下因進白曰大人[illegible]
城門之外皆已爲賊[illegible]

府七　三

欲人人之願此天授[illegible]
之何益高祖大驚深[illegible]
全之策以救族滅之事[illegible]
捕其可盡乎賊既不盡自[illegible]
金才位望隆貴一朝族滅大人[illegible]
求活可恃乎高祖意少解曰我[illegible]汝言大[illegible]
身亦由汝化家爲國亦由汝由是定計[illegible]煬帝遣[illegible]
祖送詣江都高祖素有猜忌及是大[illegible]謂太宗曰[illegible]
安出太宗又進策高祖然之方令太宗舉兵以[illegible]
高祖由是止既而馬邑人劉武周殺刺史王仁恭舉兵反攻[illegible]
汾陽宮百姓饑饉江都阻絕於是太宗復固請曰大人受委[illegible]
守而賊徒日熾竊恐既離宮闕不能捍禦若不早舉大計立[illegible]
身陷禍機悔無所及高祖從之因集將帥而謂之曰武周僭[illegible]
天子在遠賊據汾陽宮我曹不能制自當族滅矣將如之何王

威與高君雅及諸僚吏咸請集兵[illegible]威等之意乃曰[illegible]
庭出師皆稟詔敕未有閫外[illegible]之者今賊[illegible]自稱[illegible]
近在數百里間江都[illegible]道路[illegible]期未測夫[illegible]
薪救火豈有撲滅者哉今進退唯[illegible]
居賢戚務盡丹誠國家之利唯[illegible]
祖曰善乃命太宗與晉陽令劉[illegible]客[illegible]孫
其等各募兵旬日之間[illegible]且一[illegible]興國[illegible]
向育王寺威及[illegible]
祠將爲不利
祖與[illegible]
靜與[illegible]
大[illegible]
勸
[illegible]

府七　四

使有賊此非我殺[illegible]
連和於突厥[illegible]月己[illegible]
甲霍光擬邑故[illegible]
諸郡之[illegible]
已建大將軍府以[illegible]
三軍分爲左右[illegible]
隸焉命太宗爲[illegible]領大都[illegible]
驅窮多遠近響應[illegible]子以[illegible]
高祖以兵西圖關中[illegible]甲三万高祖[illegible]白旗誓衆[illegible]
引師即路甲寅遣將張綸徇[illegible]石隴[illegible]城三郡西[illegible]
師次霍邑隋虎牙郎將宋老生陳兵拒險義師不得進屯軍[illegible]
賈胡堡會霖雨積旬饋運不給高祖思之忽有白衣老父[illegible]
門請見曰予霍山神遣語大唐皇帝若向霍山邑當東南傍[illegible]
取路八月雨止我當助爾破之高祖初西之道人[illegible]

有微道高祖笑曰此神不欺趙襄子當有[illegible]介驛有部言太
突厥將襲太原又軍糧且盡高祖命旋[illegible]之議乃止八月
己卯雨果霽高祖大悦以太牢祭霍[illegible]師從傍山道[illegible]
霍邑去城十餘里有陣雲起軍北[illegible]世謂裴寂曰[illegible]
色如此必當有慶又謂諸將曰[illegible]守當留守[illegible]
容勢懸卒難致力其計若何太宗[illegible]而但
兵扎之必出戰則成禽矣高祖[illegible]騎出
鞭指麾若將圍城[illegible]收
諸矣高祖因謂朧[illegible]
門命太[illegible]引右軍
高祖以[illegible]建
麾兵疾[illegible]
宗自南[illegible]
行[illegible]

東門殆若生不得入城[illegible]
流血數里積屍相枕[illegible]
而上一[illegible]拳[illegible]無敢當[illegible]
臨汾郡時臨絳郡通守陳[illegible]
日下城然後朝膳辛[illegible]兵攻[illegible]
已次龍門縣突厥始畢可汗[illegible]衆而
以會于軍所九月己丑[illegible]
麥不熟穀米踊貴人相食及義師[illegible]
滿野我兵資之無所匱乏論者以[illegible]
中何茂若頰以爲阻於是水濱居人[illegible]
數百里乃置水軍焉壬寅馮翊賊帥孫華[illegible]而至者前後
其衆來降高祖命華及王長諧等引兵先濟[illegible]之曰屈突
通去此五十餘里不敢與我爭鋒其人守法[illegible]當伺便
卿可宜爲之備通果遣虎牙郎將桑顯和率精兵數千夜襲

諧義軍不利隋人逐北華將史大奈遊騎擊其後顯和敗績僅
以身免悉虜其衆丙辰馮翊太守蕭造以郡來降戊午高祖[illegible]
衆攻屈突通於河東士卒登城南面者已千餘人高祖在東原
望之而不見會雨暴至鳴角[illegible]軍由是不剋或勸遂攻之高祖
曰屈突通習兵而無勇若決戰非其所長[illegible]以必勝此自
守虜耳不足爲虞遂收軍營於河渚文武將吏勸[illegible]
僚佐高祖從之華陰令李孝常以永豐倉舉義以
大軍而濟甲子舍於長春宮三秦士[illegible]至者有[illegible]
並過所望人人喜[illegible]謂曰真[illegible]丙寅
司馬劉文靜屯永豐[illegible]拒潼[illegible]軍
徇三輔所至皆下[illegible]
至是以兵[illegible]鄠賊[illegible]
志宜君賊帥[illegible]晏等[illegible]
鄠杜至於盩厔更午[illegible]

志在此耳既爲我[illegible]
朝舊宅[illegible]五廟乙[illegible]
自新豐[illegible]是日[illegible]楚
率大軍[illegible]下邽西[illegible]
十月辛巳高祖至長[illegible]時京[illegible]文昇
以拒義師高祖屯兵[illegible]明門有衆一[illegible]方道偉
興復之意再三皆不[illegible]將[illegible]固請[illegible]辛卯太宗
于城西乃命隴西公建成入頓城東[illegible]朱雀大街
辰諸將又請攻城高祖不許將吏進諫曰大軍西[illegible]
關中輔翼隋室光崇帝業陰世師等違拒義師[illegible]內若不
盩銳取城誅君側之賊何以息於流謗高祖乃從之遂下令[illegible]
七廟及代王隋室公族並不得犯有違者罪及三族十一月丙
辰軍頭雷紹先登守陴者分散京師平先命主符郎宋公弼收
隋圖籍戊午以右翊衛將軍陰世師多縱貨賕京兆郡丞滑儀

討賊有害於政並斬之以謝關中[illegible]者千餘人癸亥[illegible]百僚
備法駕尊代王為天子大赦改元義寧元年十一月甲子高祖
自長樂宮入師至朝堂望闕而拜天子以高祖為[illegible]丞相錄尚書
事假黃鉞進封唐王以武德殿為相府万機[illegible]高祖每日
於虔化門視事乙丑榆林靈武平凉安定五郡並遣使來降
十二月癸未天子詔以隴西公建成為[illegible]世子進
秦國公元吉為齊國公高祖遣趙郡公[illegible]招慰山
下乙未平凉太守張隆以其[illegible]來降[illegible]扶風太
太守蕭瑀並以郡[illegible]癸[illegible]右驍衛[illegible]宋濟
竄來降甲辰遣使右[illegible]下
未天子詔高祖劒履上殿[illegible]
吹并依舊事[illegible]士癸[illegible]
浮靈賊[illegible]蕭[illegible]周洮
第一勳授光祿大夫閏

亦准此其官迴授於[illegible]
轉物二百段第三勳
將軍左元帥[illegible]兵十萬
清率兵襲河陽己卯遣大
荊襄甲午出米七万斛以[illegible]
三月己酉以齊國公元吉為鎮北將軍[illegible]原道
從太宗為趙國公戊辰詔唐王備九錫之禮[illegible]
王冕十有二旒建天子旌旗出警入蹕乘金根車[illegible]
將副車置旄頭雲罕樂舞八佾設鍾虡[illegible]王后王[illegible]
命之號一遵舊典五月戊午隋帝[illegible]
後唐太祖武皇帝獻祖第三子[illegible]為雲中守捉
使唐僖宗乾符三年段文楚為代北水陸發運雲州防禦使[illegible]
歲荐饑文楚稍削軍食諸軍咸怨帝部下爭訴以軍食不充[illegible]
校程懷信王行審蓋寓李存璋薛鐵山康君立等[illegible]帝入雲

州衆且萬人營於鬭雞臺城中械文楚出以應[illegible]將列狀
以聞請授帝旄鉞朝廷不允發諸道兵以討之五年黃巢渡江
其勢滋蔓天子乃悟其事以帝為大同軍節度使檢校工部尚
書是歲獻祖以振武軍節度使出師討党項會吐渾赫連鐸乘
虛陷振武舉族為吐渾所虜帝亦[illegible]軍所迫歸雲州雲州
守將拒關不納帝掠蔚朔之地得三千人屯神武川
連鐸晝夜攻圍帝兄弟三人四面應戰[illegible]獻祖自
至吐渾退走自是軍勢復振天子以赫連鐸為[illegible]
進軍以討六年春又以昭義節度[illegible]充北面
黨太原之師過石嶺關屯於代州[illegible]
攻蔚州獻祖以一軍禦之[illegible]
中流矢而卒[illegible]
州獻祖戰不[illegible]
關天子之命河[illegible]

黃巢[illegible]宗楚[illegible]
騎南[illegible]金[illegible]
州將[illegible]刺[illegible]崔[illegible]
圖利害
四月友金於[illegible]碧[illegible]至代州
縣之西其軍皆出[illegible]五部之衆[illegible]募
金謂景思曰舉大衆成大事當[illegible]威名[illegible]可以
數万苟無善帥進亦無功吾兄李司徒[illegible]
今寄北郡雄武之略為衆所推若[illegible]
麾響應則天下不足平也景思然之[illegible]以帝為
鴈門節度使仍令以本軍討賊友金發五百騎[illegible]於達
靼帝與達靼諸部[illegible]五月整兵二万南趨京師太原鄭
從讜以兵守石嶺關帝乃引軍出他道至太原[illegible]大雨班師
於鴈門三年十月帝率忻代蔚朔達靼之軍三万騎五千赴難

於京師十二月至河中三年正月諸道都統王鐸承制授帝東
北面行營都統帝令弟克脩領前鋒五百騎渡河視賊黃巢遣
將米重威賫重賂及僞詔以奉帝帝納其賂以給諸將燔其僞
詔以兵自夏陽濟河二月營于乾坑店黃巢大將尚讓林言
王璠趙璋等引軍十五万屯於梁田坡翌日大軍合戰自午及
巢賊大敗是夜賊衆遁[illegible]華州帝[illegible]軍圍之巢弟黃
守三月尚讓引大軍赴[illegible]餘衆戰於零口
帝進軍渭橋翌日黃揆[illegible]州[illegible]四月[illegible]黃巢燒
衆東走藍田關帝進收[illegible]七日[illegible]
校左僕射河東節度使[illegible]二十[illegible]月
克脩爲昭義節度使潞[illegible]
從異汴帥朱温徐帥時溥[illegible]
合縱兇鋒尚[illegible]請帝共[illegible]
合徐汴之師破尚讓於[illegible]

鄴華營帝逼帝引軍[illegible]
汴而北帝渡汴過賊[illegible]
寃句大軍躡之黃巢大[illegible]
曹州還至汴汴帥朱温館帝於上源[illegible]
帝王神門光啓元年三月[illegible]州[illegible]
節度使王處存求援於帝上命遣將康君立安[illegible]
率兵赴之五月鎮人攻無極帝親領兵破之[illegible]
皇攻之斬首万餘級俘[illegible]千匹王處存亦敗[illegible]
月河中王重榮遣使來告帥且言朱玫[illegible]
於巳初帝與汴人構怨前後八表請削[illegible]汴帥官爵自以本[illegible]
進討天子累遣內臣楊復恭宣旨令且全大體[illegible]不時奉詔[illegible]
子頗佐汴帥時觀軍容使田令孜君側擅權惡王重榮與帝[illegible]
固將離其勢乃移重榮於定州[illegible]告於帝帝上章[illegible]
挾邪忘正黨庇朱温臣已點檢蕃漢軍五万取來年渡河先斬

朱玫李符然後平蕩朱温天子覽表遣使譬喻百端郵傳相望
既而朱玫引邠鳳之師攻河中王重榮出師拒戰朱玫軍於沙
苑對壘月餘十二月帝引軍渡河與朱玫決戰玫大敗收軍夜
遁入于京師時京城大駭天子幸鳳翔帝退軍於河中二年[illegible]
月僖宗南幸興元朱玫於鳳翔立嗣襄王熅爲帝以僞詔賜[illegible]
帝燔之械其使馳檄諸方鎮遣使奉表於行在[illegible]
度李克脩討孟方立於邢州大敗方立之衆於焦岡[illegible]
級以大將安金俊爲邢州刺史以撫其[illegible]十月
人出戰又敗之三年六月河中[illegible]重榮爲
所殺帝表重榮兄重盈爲節文[illegible]
三月昭宗即位以帝爲開[illegible]
郡王十月邢州孟方立[illegible]
破之斬首万級大順元年[illegible]
州降執汴將王虔裕三[illegible]

爲邢洺團練使三月帝[illegible]
帥李康威將兵三万以[illegible]
赫連鐸及汴帥協謀連上[illegible]
爵以宰相張濬爲招討使以京兆尹孫揆[illegible]
營都虞候以汴師爲河東東面招討使[illegible]威[illegible]
使赫連鐸爲副汴將朱友裕[illegible]晉絳[illegible]汴軍[illegible]
遣大將李讜等率軍數万急攻澤州帝遣李存孝[illegible]
千騎以援之汴將鄧季筠以一軍犯陣存孝追擊[illegible]
數人獲馬千餘匹是夜李讜收軍而遁大軍掩擊至[illegible]
首万餘級追襲至懷州而還存孝復引軍攻潞州九月汴將[illegible]
從周棄潞州而遁帝以康君立爲潞州節度使十月張濬之[illegible]
入晉州游軍至汾隰帝遣薛鐵山李承嗣將騎三千出陰地[illegible]
於洪洞遣李存孝將兵五千營於趙城華州韓建以壯士三百
百人宵犯存孝之營存孝追擊李直厩晉州西門張濬之師出戰

爲存孝所敗自是閉壁不出存孝引軍攻絳州十二月晉州刺
史張行恭棄城而奔韓建遣張濬由含山路遁去二年正月帝表
濬申理其略曰臣今身無官爵名是罪人不敢歸陛下藩方且今
欲於河中寄寓進退行止伏候聖裁天子尋就加守中書令[illegible]
月魏博爲汴將葛從周所寇節度使羅弘信遣使來求援帝遣[illegible]
師以赴之三月邢州節度使安知建[illegible]奔青州天子[illegible]
神武統軍自棣州泝河歸朝鄆州朱宣邀斬於河上
以李存孝爲邢州節度使四月帝大[illegible]討赫連
月平之邢州節度使李存孝以鎮州[illegible]附汴
共連燕寇請兵雲代之捷平寇城[illegible]
遂南巡澤潞略地懷孟[illegible]
蒐於邢州十月李存孝[illegible]
北龍尾岡帝令李存審
討敎臨城進攻元氏鎮

府七　十一

鎮州帝分兵大掠[illegible]
之援李兵十餘万[illegible]
將兵援之大破燕[illegible]
滹沲攻欒城下鼓城
万寇天成軍遂攻雲[illegible]
詰旦出騎軍以擊斬[illegible]殺万衆[illegible]威燒[illegible]而遁[illegible]
月帝攻嬀州壬子燕[illegible]收合八居庸關[illegible]帝命
令步將李存審由他[illegible]進之自午至晡燕軍復敗[illegible]
棄城而遁將之滄州隨行[illegible]復攻奚其[illegible]
其貨以兵攻儒於景城殺之[illegible]其衆丙辰[illegible]
大將請降帝令李存審與[illegible]城撫勞三日六日表三[illegible]
之罪復移檄三鎮三鎮大懼是月沁絳州刺史王瑤登陴拒[illegible]
帝攻之旬日而拔斬王瑤於軍門誅其黨千餘人七月以河[illegible]
王珂迎謁於路同州節度使王行約棄城奔京師右軍指揮[illegible]

李繼鵬茂貞假子也劫天子幸鳳翔左軍指揮使王行實行
弟也劫天子幸邠州又行瑜茂貞聲言皇來迎駕天子遂幸[illegible]
山駐蹕於莎城帝遣判官王瓌奉表奔問天子遣使[illegible]詔[illegible]
王珂討邠鳳時帝方攻華州俄聞李茂貞領兵三万至盩厔[illegible]
行瑜領兵至興平欲往石門迎駕乃命華州之圍進[illegible]
子遣延王戒丕丹王允[illegible]詔[illegible]且拒邠鳳八月帝
遣史儼將三千騎往石門[illegible]李存審
攻行瑜之梨園寨天子[illegible]行[illegible]帝爲[illegible]
討天子還宮加帝守太師中書令[illegible]西行[illegible]
瑜弟兄[illegible]守梨園寨[illegible]帝攻之甘[illegible]
李存貞於梨園寨北遇[illegible]
令李罕之晝夜急攻賊軍
伏軍於阨路俟賊軍[illegible]至
三寨[illegible]行瑜[illegible]之子

府七　十二

甚[illegible]十一月[illegible]
兵來援爲李罕之[illegible]
大軍進逼其城行
而慶州奏王行瑜
下帝既[illegible]行瑜還[illegible]
封晉王加實封二百[illegible]
師光化元年正月鳳[illegible]茂貞華[illegible]
好同獎王室兼乞助丁[illegible]修繕[illegible]皆勁
寇邢洺磁等州旬日之[illegible]三州[illegible]陷[illegible]一年三月[illegible]
承天軍又陷潞州三年十月遣李嗣昭率步騎三万攻懷州下
之天復元年正月汴將張存敬攻陷晉絳二州二月汴帥自率
梁至河中王珂出迎天子以汴帥兼領河中帝自是不復能[illegible]
京師額輩中否天祐三年九月遣周德威李嗣昭合燕軍三万
以攻潞十二月潞州節度使丁會開門迎降四年四月哀帝

稱位於汴郎五月梁祖遣其將康懷英率兵十万圍[illegible]
璟城帝遣周德威將兵赴援梁祖以懷英無功[illegible]安代
之是歲西川王建遣使至勸帝各王一方俟[illegible]唐
宗室以嗣帝位然後各歸藩守帝不從以[illegible]
[illegible]
位追尊號曰武皇帝[illegible]

冊府元龜卷第八

帝王部

創業第四

後唐莊宗太祖長子年十一從[illegible]入覲……召宴
一見駭之除隰州刺史尋改汾[illegible]
月太祖獻代帝嗣晉王　四月
班師知其國禍以爲讖　谷
澤州歸洛帝知其不
使康懷貞得百餘騎
邠岐蜀一鎮復上讓
晉州以
[illegible]
[illegible]六

審丁會統大軍出陝[illegible]
令其將楊師厚領兵赴援[illegible]
兵寡不敵而退我爲地道[illegible]
成城汴軍至蒙坑周德威[illegible]
州七年七月茂貞知俊及邠州[illegible]
遂夏州將李仁福明附梁韓[illegible]
人言劉知俊三敗汴軍於寧州韓遜危[illegible]隴之[illegible]
取河西帝命振武節度使周德威將兵万人西[illegible]
知俊爲岐人所搆乃自退九月周德威軍旋晉陽十[illegible]
欲兼并鎮定遣魏軍三千入于深冀鎮州王鎔懼求援於帝[illegible]
遣周德威率軍屯于趙州梁軍王景仁等營於柏鄉帝遂親[illegible]
八年正月周德威史建瑭帥三千騎致師於柏鄉設伏於村塢[illegible]
間遣三百騎直壓賊營賊軍怒悉其軍結陣而來德威與之轉[illegible]
戰至於鄗南賊陣橫亘六七里時我軍未成列李存璋引諸軍

旋陣於野河之上賊五百人薄我爭橋鎮定步軍偏師與之血
戰賊敗而復整周德威李嗣源李存璋等大破之斬首二万級
餘賊棄深冀而遁德威與史建瑭徇前軍徇地邢洺先[illegible]
檄諭邢洺魏博衛滑諸郡縣曰王室遘屯七廟被[illegible]凌夷之酷[illegible]
天不弔万民罹塗炭之災必有英主[illegible]庸[illegible]臣仗順斬長鯨而
清四海靡秋禝以泰三靈予位忝[illegible]維城任當分閫念[illegible]
可宴安故仗桓文輔合之規問羿浞兇狂之罪逆溫[illegible]
巢孽餘兇當僖宗奔播之初我太祖掃[illegible]陛下[illegible]
牙門苞藏姦詐之心惟示婦人[illegible]我[illegible]
懷特發表章請師梁汴纔出[illegible]
息遽行猜忍我國家祚隆[illegible]
年之文物外則五侯九牧[illegible]
忠孝皆遭陷害求抱沉冤[illegible]
族咸屈節以稱藩迹[illegible]

州趙王特發使[illegible]
赴兹盟約賊將[illegible]
以七擒之略鵰[illegible]
火殲屍仆地流血[illegible]
因群兇既快於天[illegible]
徒乘勝長驅翦除[illegible]
乃孫爲聖唐赤子告[illegible]狼之黨[illegible]
蚍憑凌茬食無方逃[illegible]從[illegible]
憤既聞告捷想所慰懷今我旅[illegible]征
向順蕭河[illegible]舉旅以[illegible]番料[illegible]
貽孫轉禍見機在今日如能詣軍門而效順[illegible]城堡以迎[illegible]
長吏則政補官資[illegible]加賞賜[illegible]註誤更不推窮[illegible]
諸軍已申嚴令不得焚燒廬舍剽掠馬牛但仰所在生靈各安
耕織予恭行天伐罪止元兇已外歸明一切不問凡爾士衆咸

訴于懷於是帝親御軍邢帥王檀懼請師于洛梁遣其將徐仁
溥將兵五百夜入邢州助檀固守帝令張承業李存璋以三萬
步卒攻邢州遣周德威史建瑭將三千騎長驅澶魏帝與李嗣
源率親軍繼進三師所至燕將兵至路郡邑長吏村閭父老咸相
馬言曰久罹喪亂獲見義師……閭勞之軍……秋毫
無所犯但討其拒命者時汴軍自……
滿刀云散皆青徐兗鄆……道之軍……二敗後殺戮……
河陽招聚云敗之……方得力……梁祖遣……
于洹水謀報汴滑之……邢陽……自……
周翰出兵五千塞石……臨……
門帝舍於狄公祠東……
西北隅城幾陷朱溫遣……
夜入鄴城是時朱溫出……
鄆州步騎二千自黎陽……

府八　三

徊地以邠夏津高唐……懷……
珠棄城而遁進擊黎陽下臨……
梁祖在潞聞我師將攻河陽……
嚴八月幽州劉守光僭稱大燕……
潛李嗣源及諸將率蕃漢之兵……
以部下四百人來奔二月梁祖……
周德威遣李存暉攻瓦橋關四……李嗣源……瀛州……
德威大破燕軍於羊頭崗斬首……十餘級自涿州進
城下六月梁祖為其子友珪所……友珪遣大將……
英牛存節率兵五万級攻河中朱友謙遣使求援帝命李存……
率師救之十月帝自澤潞赴河中遇梁將康懷英於平陽破……
斬首千餘級追至白徑嶺友謙會帝於猗氏梁軍解圍而去……
年正月德威攻順州二月攻安遠軍……三月收盧臺及古……
北口五月壬寅朔劉光濬逼營州刺史楊靖以城降將李知……

馬步兵四百因令五院將李益權典州事六月帝遣監軍張承
業至幽州是月收下莫州九月守光率衆夜出遂陷順州十月
入檀州德威自涿州將兵躡之守光循山而南德威追及大破
之守光復入壁城十一月帝親征幽州十二月執偽燕主劉……
光并其父仁恭班師晉陽次行唐鎮州節度使王鎔迎謁于……
路鎔啓曰燕主劉太師頃為隣國……藏患生勝下……
罪履新之會僕欲擬其威儀可乎帝……王者破械
恭至與鎔巷拜同宴久之十一年正……幽州
令軍士數百組練係仁恭守光……其……
娶皆伏法是月鎮州王鎔定州……
尚書令帝可之乃撰……受冊
燕薊初平將事南伐七月
於趙州大軍……洺州……
魏博六州為兩道……

府八　四

使魏人不從乃歸於帝……
軍先進屯於臨清五月……
密旨言軍……亂……
鎮撫魏人宜誅首惡及……
五百人皆勇悍者持……自……
之六月入……撫勞軍士……
制授德……大……軍節度使是……五百
七月攻……州下之八月復……陷十三年
衛州降之遂攻磁州四日攻洺州……皆……相州節度使……
人納款師旋於魏州五日……晉陽八月……師……進攻邢州……
降將張……率汴軍五百於城下招降之……平……月帝還……
梁滄州節度使戴思遠棄城遁舊將毛璋以其城復……
師招撫之毛……城降以李存審為節度使是月貝州……
悉平十四年十二月黃河冰合帝觀兵……上下人……楊劉城壘

河數十里間列柵相望我軍急攻皆平之進至楊劉城中登堞
者甲士三千帝率善射者万餘環城馳射步兵持斧斬其鹿角
以葭葦堙塹帝率先負葭葦以勵士衆四面鼓譟拔戟乘城其
衆因潰擒軍掩擊自辰及酉斬獲千計徇地至鄆濮而還閱兵
於魏州時幽州盧龍軍節度使華 漢馬步總管周德威帥幽薊
騎之師三万横海軍節度使華 馬步副總管李存審
步騎之師万人成德軍節度使王鎔遣將王德明
騎之師三万昭義軍節度使李嗣昭率澤步騎万
度使李嗣源率邢洺步騎之師 節度
其將率易定步騎之師万人 寺州
丹室韋吐谷渾等馬万
陣嚴肅精甲耀日師旅
帥兵屯於濮州北行
與梁軍戰于楊劉大

歸魏州塞井夷竈却
置禦捍之備十六年
以蒙衝戰艦斷其津渡
勇卒三百人斬其竹纜由
襲至於濮陽十二月帝軍於
繼進左右斬擊梁軍大奔獲千餘 二千餘級大敗梁
月鎮州王鎔爲其將張文禮所殺帝擇鎮州行營將
德軍兵馬留後以所統鎮冀兵進討又遣閻寶史建瑭
益之文禮聞王師至憂悸病疽而卒子處球代其任
月鎮州平鎮人請帝兼領因以符習領太平軍節度使同光元
年二月諸藩鎮相繼上牋勸進四月遂即帝位
晉高祖憲祖第二子 後唐明宗初爲代州
刺史妻以愛女領親騎左射軍天祐十三年梁將劉鄩率兵攻
鄴城莊宗在自甘陵未陣爲鄩所擒截帝領十餘騎横稍深入

收部伍而旋莊宗壯之十四年鄩兵陣莘之西北明宗從莊宗
酣戰久之而塵埃四合帝與明宗俱陷陣中帝挺身躍劍反復
轉鬭行數十里遂敗鄩於故元城之東十五年梁將賀瓌設伏
無石山明宗爲瓌所迫帝爲後殿破賊五百餘騎擁明宗而還
二月莊宗大蒐兵胡柳陂下衆號十万總管周德威將左軍
以燕人前鋒不利德威死之莊宗 五千固一
敵之銳氣明宗獨完右廣伏於土山之下 謂帝曰梁
其利旌旗甚整何計可以挫之帝曰 如此出
步衆易進難退莫若嚴糒飲水 且邀我徒行
等一擊而破期在必勝明宗曰是兵 皆同 梁軍
野不下五六万人爲一
明宗令士整胄寬而羅 命左射
勢以數千騎合之敵人迫
其聲千若火爆之聲

德勝渡矣十八年十月役
遠殺二万餘人十九年戰胡盧
鬭道肩護明宗而退人說之無
之楊村寨部曲皆不擐甲俄而出 以兵
背帝挾戟而進一擊而亟酋落 明宗
莊宗即位於鄴改元同光遣明 軍深入
殆不之覺帝以五十騎從明宗涉濟東門而入
我帝中刃翼明宗而羅於通衢疑然不動會後騎
城以據之汶陽遂定俄而平汴莊宗朝官未顯者
伐故也唯明宗心知之四年三月明宗討趙在遣鄴會諸
有變叩馬請明宗帝河北明宗受寵度威勸將自新於天子遂
給諸諸軍諸軍亦恐事之不果而散者甚衆明宗所全者惟
山一軍而次魏縣帝密籌於明宗曰猶豫者兵家大忌必若求
訴宜決其行某願率三百騎先趨汴水以探虎穴如遂其請

大軍速進夷門者天下之要害也據之可以自雪安有上將與
三軍言變他日有平手乎危在頃刻不宜恬然明宗至相州遂
分驍騎三百付之遣帝由黎陽濟河自汴水西門而入因據其
其城後之促明宗明宗趍白馬波繼焉及明宗嚮師於郡莊宗
親統師至城之西北五里登高歎曰吾不濟矣由是莊宗從兵
遂下潰來歸明宗明宗尋遣立[illegible]六為[illegible]鋒趣[illegible]文[illegible]
兵俄而莊宗爲親將郭從謙所[illegible]所中[illegible]月明宗
自總管府署陝府兵馬留後明[illegible]即位[illegible]天[illegible]
保義軍節度陝虢等州觀察[illegible]等使[illegible]
時莊宗皇子魏王繼岌降西[illegible]
自害朝廷又遣帝慰撫諸[illegible]
者二月兼六軍諸衛副使[illegible]
京水汴帥朱守殷叛命帝[illegible]
誠而登之守殷自屠其家[illegible]

曹等州觀察處置侍衛親[illegible]
使三年四月加同中書門下[illegible]
節度管內觀察處置等使[illegible]
削奪官爵命帝爲東川行[illegible]
運不繼帝懼人情有變請以[illegible]
軍諸衛副使六月改河陽節度[illegible]
中充河東節度使兼大同振武[illegible]國威[illegible]一[illegible]
三年十月契丹引土渾突厥[illegible]秦王[illegible]等奏宜[illegible]寺宗[illegible]
范延光俱言帝可言帝素不[illegible]外軍之副即奏曰臣[illegible]感此[illegible]明
宗曰卿爲吾行事無不濟即宣旨施行及受詔赤落六軍副使
帝却遷延辭避閔帝即位加中書令移鎮常山末帝清泰元年
五月復除河東節度使蕃漢馬步總管二年夏帝屯軍於忻州
朝廷遣使送夏衣傳詔撫諭後軍人遽呼万歲者數四帝懼斬
挾馬都將李暉三十餘人以徇三年五月移鎮鄆州帝心疑之

召寮佐謂曰孤冊受太原之日主上面宣云與鄉北門生無
義除改令忽降命莫以去年忻州亂兵見迫過相猜乎又今年
以千春節請公主入覲當辭時謂公主曰爾歸心甚急欲與石
郎反邪此疑訝之狀固且明矣今國家用后族委邪臣沉湎荒
惑万機停擁張令昭逐延浩於鄴以延浩后之愛弟不加其罪
是失刑也副樞密使劉延朗黷貨賂抑功勳僕稱爲之一大蠹[illegible]
失賞也二者既去不亡何待吾自應順中以至出奔[illegible]
情大去不能扶危持顛憤憤於方寸者[illegible]年矣既[illegible]
朝廷自啓禍機不可積然死於道路況[illegible]險固[illegible]
多若且寬我我當奉之必若加兵我則[illegible]鄰[illegible]
亡之數皎皎在天今欲[illegible]表稱[illegible]以[illegible]
官趙瑩懼形於色但唯[illegible]維[illegible]
詔末帝削奪帝爵遣晉[illegible]攻[illegible]
詔促令攻取敬達長城[illegible]

土木之力時督事者每[illegible]
城柵摧墮竟不能合其[illegible]
中秋赴義六月北面招收[illegible]
入城七月代州屯將安元信[illegible]史[illegible]
鋒指揮使安審信引五百騎[illegible]公[illegible]彰[illegible]
迪等各千餘騎來歸是月張敬達攻圍[illegible]帝[illegible]
雖固廩食漸困九月辛丑契丹大酋長[illegible]律氏[illegible]
南旌騎不絕五十餘里與南軍騎將高[illegible]周符彥[illegible]
敬達楊光遠列陣西山之下[illegible]而行周彥卿[illegible]
斷捨軍而退敬達等步兵大敗死者万人是夜帝出城北與
耶律相見因論父子之義明日帝與契丹圍敬達營寨西至木
復出矣是月末帝率親軍三万出次河橋遣樞密使趙延壽以
衆二万爲北面招討使又詔魏博節度使范延光統本軍二万
人屯遼州十月幽州節度使趙德鈞領所部万餘人自上黨[illegible]

谷合延壽兵屯團栢谷與敬達寨相去百里彌月不能相通十
一月戊王築壇於晉陽城南冊帝爲大晉皇帝改元天福閏十
一月甲子唐將楊光遠殺敬達以諸軍來降甲戌帝至昭義軍
趙德鈞趙延壽降己卯至河陽北節度使長從簡降辛巳末帝
自焚帝遂入洛都

漢高祖顯祖之子初仕後唐明宗[illegible]於麾下晉高祖[illegible]
襲馬甲連革斷帝輟騎授之取斷[illegible]者曰蹄涂[illegible]
感而壯之明宗踐祚晉高祖爲北京留[illegible]以帝前
奏移麾下署爲都校應順初閔[illegible]
欲害之帝率衆盡殺閔帝左[illegible]免[illegible]末帝
祖復鎮河東三年夏移鎮[illegible]勸[illegible]
以帝爲北京馬步軍都指[illegible]
達之衆於晉陽城下有降[illegible]
建授侍衛馬軍都指揮使[illegible]
節度使充侍衛馬步軍都[illegible]
十月授侍衛馬步軍都指[illegible]
加同平章事五年三月改[illegible]
朝廷以常山安重榮狂勃[illegible]
北以拒契丹爲名晉高祖患[illegible]漢[illegible]
豐沛之故宅也今內有兇堅公[illegible]近[illegible]落[illegible]明安[illegible]曰北
將幸鄴都以并州爲巨屏遍[illegible]臣非[illegible]不可[illegible]
琉交致冝兇是行副倚屬也[illegible]退渾承福[illegible]
晉高祖以前月有詔委帝招[illegible]節度使白承福等[illegible]
決因使人謂曰契丹強盛方[illegible]上已曾剳隸公合自守
部落安重榮將圖不軌朝夕敗亡天下之人已共棄矣況朝廷
明有告喻便可速來無待臨以兵威南北無向羞之[illegible]
及矣承福等懼遂歸命焉帝優以繒帛米糒奏於河東安置而
重榮以遣訖室盡陶傳檄遠近以退渾達靼契苾同起爲名[illegible]

府八　九

是無一人赴者大權其勢皆帝之謀也七年正月加侍中八年
三月加中書令開運元年正月契丹南下虜主以大軍直抵澶
州遣蕃將偉王率兵入雁門以帝爲幽州道行營招討使[illegible]
大破偉王於忻口三月封太原王七月兼北面行營都統二年
四月封北平王三年五月加守[illegible]尉九月契丹犯闕帝親率
兵至朔州南陽武谷大破之四[illegible]主入東京諸[illegible]
焉帝亦遣使送款紿云有疾知[illegible]傲下使[illegible]
縱蕃騎暴橫蹂踐鄴[illegible]曹濮百[illegible]公
生變可坐而圖也繼[illegible]副使白
邪律氏亦以帝觀[illegible]不動生侍
陽耿崇美領上黨僞侍中權
帝由是偃戢旗鼓但示弱而
人心已搖可議進取之討[illegible]
成功者隨時消息不可失[illegible]
未有變其可輕議者哉[illegible]
當也況氷雪已消虜與甚[illegible]
張從恩遣使謀於帝曰某[illegible]
稟明公帝遣迴使荅曰我以
行之當繼往矣從恩以爲誠[illegible]
月河東行軍司馬張彥威與文[illegible]
日隆群情所屬三上牋勸進是
位帝謂群臣曰帝王稱謂孤[illegible]
正朔未[illegible]遽改由是降制以[illegible]原
年遣都督史弘肇率兵討代州平之是月權晉州兵馬留後
晏洪權陝州留後趙暉權潞州留後王守恩並上表歸順二月
權延州留後高元權丹州都指揮使高彥詢並以城歸命[illegible]
虜主還次國四月卒於鎮州之欒城五月丙申帝發晉陽[illegible]
北開路[illegible]東京僞汴州節度使[illegible]迎鄴國公李從益知南[illegible]

府八　十

軍國事戊申帝至絳州刺史李從勳以郡降六月丙辰至洛[illegible]
京文武百寮自新安歸次奉迎詔賜從益死甲子遂至東京
周太祖慶祖之子年十八事後唐潞州留後李繼韜爲牙[illegible]
宗平繼韜配從馬直天成中晉高祖領副侍衛以帝長於書計
召置麾下令掌軍籍漢高祖累鎮藩閫皆從之[illegible]與并門尤深
待遇出入帷幄受腹心之寄開[illegible]契丹犯闕[illegible]
蘇逢吉等勸漢祖建號以副人心及即位以帝爲[illegible]
祐元年正月隱帝嗣位拜樞密[illegible]
文珂常思等討之七月西面[illegible]
章事即遣西征以安慰撫招爲名[illegible]軍並取
月二十日師至河中命白文珂[illegible]
周設長塹復築長連城以迫[illegible]五
晝夜攻之七月十三日帝三[illegible]
貞自焚而死又於城中搜[illegible]

府八　十一

喜哥延哥僞宰相靖餘孫[illegible]
王廷秀博士焦文傑僞滑州
州刺史安在欽秀州刺史張[illegible]
門旗龍鳳日月等旗傘扇主[illegible]
聞詔曰李守貞頃在前朝驟[illegible]
功微寵深位大而狡性難制[illegible]
海不能流其惡鼎鑊不足快其[illegible]御憤[illegible]義
妖孽志在亂階動息之間必[illegible]經略宜[illegible]良方[illegible]無
撫士愛人分甘共苦躬臨矢石[illegible]旨徇衛揮戈而[illegible]
竹而金湯失險氛霾頓息宗社[illegible]乃安非我元臣[illegible]運[illegible]之
倚發何止寢興言念辛勤無忘嘉惺九月加侍中[illegible]契丹入
寇帝受詔率師赴北邊諭諸將戍將士曰自虜主喪敗今纔四
年幽州所屯其數無幾然而屢犯吾境屢傷吾民非彼驍雄蓋
我備之失者有三主將無謀城池不固備預無素御捍闕絛其

敗一也主將輕佻妄謀躁進不顧利害輕用士民希冀功名以
邀爵賞其敗二也貪他羊馬爭市往來姦利之人兩爲間諜軍
謀國事泄之於敵其敗三也予非者縻城池增堡障[illegible]守備之
用料將校之才蓋欲自救庶無敗事所在鎮戍[illegible]吾言凡虜
小寇則近追大侵則保壁不得與蕃人交市不得輕戰邀功[illegible]
蠶麥登時禾熟日早令收穫[illegible]外邏警遇[illegible]
州牧戍將之職也虜雖[illegible]破遠[illegible]往忽來[illegible]
得一夫一騎不足爲[illegible]自保[illegible]况百年
卒除使國富刑清兵[illegible]衆彼[illegible]樂[illegible]
胡服之有時耳自是[illegible]上鎮戍[illegible]侵駱
帝既至邢州而虜以[illegible]三年二[illegible]
密使如故十一月十[illegible]日澶州
至鄴報京師有變群小害楊邠[illegible]
懲心齋密詔至澶州令[illegible]世[illegible]

府八　十二

事不濟乃[illegible]密詔示郭[illegible]
至以洪義所齎密詔示于帝俄而[illegible]李[illegible]
左廂都指揮使郭崇等害王峻及帝[illegible]
集三軍將校諭之曰予從微至[illegible]
皇登遐親受顧託與楊史諸公[illegible]
盡已誅夷予獨何生俛勉居世死[illegible]地
予首報天子各圖功業自此長辭郭崇[illegible]
帝前言曰崇等從公征行備嘗艱苦星[illegible]露宿[illegible]管
令公忘身爲國不避怨謗護惜[illegible]家無名誅族遭誣致[illegible]
思揣此事必非聖情即是李業等奸權[illegible]固寵[illegible]
握權柄國得安乎足得披諭以判忠邪何事信單車之使[illegible]
自棄使千載被惡名乎崇等願從公入朝面自洗雪盪除鼠[illegible]
以鄴帝圖解未絕郭崇遂領騎軍先往澶州嬌帝[illegible]日爲衆[illegible]所
追不獲已遂路明日行次過內[illegible]者隱帝之小豎也來[illegible]

太祖討之對曰見召前開封尹侯益前鄜州節度使張彥超[illegible]
省使閻晉卿鄭州防禦使吳虔裕令將兵守澶州帝謂龍[illegible]
詔郭崇殺我崇而下不忍害我言為我論列兵士迴戈[illegible]不
能制爾以此聞奏帝因貢奏狀於龍髯脫衣領奏[illegible]非爲兵士[illegible]
至河上言京中誅史弘肇等蓋非聖意請陛下[illegible]
李業等送至澶淵詔諭兵士臣[illegible]却歸鄴中[illegible]
冤一則安陛下之家國慝帝覽奏疑不能決復[illegible]
於是盡害帝及王峻等親屬[illegible]欲往澶[illegible]
命兵士肆言我輩家屬在汴[illegible]存亡[illegible]
敢謀不可過王殷率步騎從[illegible]
宋延渥迎謁于路十七日以[illegible]
於州城南帝誓軍曰朝廷使[illegible]
不肯徒然我思道理必若[illegible]
逆我之師欲全爾等功名[illegible]

無所恨諸將彷徨啓曰國
復私讎侯益之徒安能爲[illegible]
南十九日過封丘時隱帝又
使劉重進繼率禁軍來拒[illegible]
俱退二十日兩軍相遇於劉[illegible]隱帝
十一日復陣于劉子陂帝令[illegible]
按軍不動者久之無何慕容[illegible]起
崇乃率兵衛之慕容彥超馬[illegible]幾欲成擒而侯益[illegible]
劉重進皆倒戈而來二十二日上隱帝自若乘[illegible]
鋒已及乃西南以避之事迫而郭允明遂行殺逆[illegible]
軍畢入京城晚太祖將入宮門待罪遂名朝太[illegible]以軍未整戢
且歸舊第二十四日率群臣起居於明德門外奏曰昨者左右
營惑輿駕蒼黃歸闕師徒未免驚動帝王出令其位[illegible]
事多卑宜冊立嗣君以係人望伏請太后行教令指揮太后令

曰北京留守崇許州節度使信高祖皇帝之愛弟也徐州節度
使贇開封尹勳皆高祖之裔子也俱列盤維皆分屏翰已委文
武百寮六軍將校議擇賢明以承大統二十六日帝率群臣
於明德門外起居太后獻議請以劉贇入承正統太后下令宜
備法駕迎贇於徐州即皇帝位即遣太師馮道備儀注往[illegible]
二十七日帝率群臣班於明德門外拜章以新君未至[illegible]
之事一日万機不可暫廢請[illegible]權臨朝聽政二十
言契丹入寇三道而來太后令[illegible]赴北面軍前鄴
進取新君未至其軍國公事[illegible]
事委王殷勾當巡檢十二月[illegible]
渡河次澶州驛舍二十[illegible]
鬨譟聲如雷霆
積來迫帝曰天子請侍
好事却指[illegible]將校也

帝紿之曰爾等解去我無[illegible]
州三軍遏帝[illegible]事不獲已班師[illegible]
及奉嗣君願竭[illegible]之效豈期禍[illegible]
又奕大橫之兆承言勝下何[illegible]
敢不奉宗廟如奉舊事太后[illegible]
令曰侍中功烈崇高德聲昭著[illegible]安定乾
曆[illegible]攸屬所以軍情推戴億兆歡[illegible]
雅[illegible]長材許[illegible]始綠載[illegible]如母見[illegible]深音
其詔[illegible]是日王峻[illegible]立新君在宋州[illegible]
軍變之事部下爲亂令郭崇[illegible]騎七百急赴之二十三日帝至
韋城二十五日至七里店東西步騎陳列是日百寮上章勸進
御營[illegible]皐門村二十六日太后以帝爲監國中外庶事並取監
國處分四年正月丁卯漢太后令奉符寶授監國即皇帝位是
日太祖自皐門歸大內御崇元殿即位制以大周爲號改乾祐

四年爲廣順元年

册府元龜卷第八

府八　　　　十五

册府元龜卷第九

帝王部九　繼統第一

易曰大人以繼明照四方孟軻亦云君子創業垂統爲可繼也仲尼删詩書斷自唐虞以下故軒轅之前無所論次然學者多稱少昊乃黄帝之子逮乎堯舜皆其裔也則知黄帝之澤及後世淵源深遠然自帝嚳已往五六迭勝事與纂紹此固不及夏后氏之興櫛風沐雨乘四載以 傾流鳥獸咸若 無間然矣子啓賢明用克承世商六 析綱 仁誅暴 戴亦惟舊矣雖太甲之顛 卜曲 川流 舌攻浸 目援而正之終能紹基緒 二 心戍酒 橫叶兆自兩明聖代興光照前

夏后啓禹之子禹東巡狩至 三年之喪畢益讓帝禹之子 子啓賢天下屬意焉禹崩 侯皆去益而朝啓曰吾君之 是爲夏后

帝太康啓子

帝中康太康弟一云仲康

帝相中康子

帝少康相子

帝宁少康子一云予

帝槐宁子

帝芒槐子

帝泄芒子

帝不降泄子

帝扃不降弟

帝廑扃子

帝孔甲不降子

帝皐乙甲子

帝發皐子

帝履癸發子是爲桀

殷帝外丙湯之子湯太子太丁未立而卒遂立太丁之弟是爲外丙

帝仲壬外丙之弟

帝太甲太丁之子成湯適長孫成湯既没太甲元年史記稱湯没太子太丁之子外丙即位三年其弟仲壬與書差互伊尹作伊訓曰惟元祀十有二月乙丑伊尹祠于先王此湯終踰月太甲即位奠殯而告奉嗣王祗見厥祖居位主喪侯甸群后咸在在位次百官總己以聽冢宰伊尹攝百官以三公攝冢宰

帝沃丁太甲子

帝太康沃丁弟

帝小甲太康子一云弟

帝雍巳小甲弟

帝太戊雍巳弟爲殷中宗

帝仲丁大戊子一作中丁

帝外壬仲丁弟

帝河亶甲外壬弟

帝祖乙河亶甲子

帝祖辛祖乙子

帝沃甲祖辛弟

帝祖丁沃甲兄祖辛之子

帝南庚祖丁弟沃甲之子

帝陽甲祖丁子陽甲之時殷衰自仲丁以來廢適而更立諸弟子弟子或爭相代立比九世亂於是諸侯莫朝

帝盤庚陽甲弟自河北五遷至河南治亳號曰殷行湯之政百姓由寧殷道復興諸侯來朝

帝小辛盤庚弟

帝小乙小辛弟

帝武丁小乙子 號高宗

帝祖庚武丁子

帝祖甲祖庚弟

帝廩辛祖甲子

帝庚丁廩辛弟

帝武乙庚丁子

帝太丁武乙子

帝乙太丁子

帝紂辛帝乙少子兄微子啓母

立爲帝天下謂之紂

周成王武王太子太子代立是

恐諸侯畔乃攝行政當國七年

之位群臣賦敬之綱續以

康王成王太子成王顧命

侯以相太子而立之成王既

廟中告以文王武王之所以爲

以篤信臨之作顧命太子立是爲康王

康成遂報誥之因事曰遂 曰王出在應門之內 出廟門

諸侯入應門左畢公率東方諸侯入應門

方爲位皆北面 皆布乘黃朱賓稱奉圭兼幣曰一二臣衛敢執壤奠 諸侯也舉奉圭兼幣之辭言一二見非一也爲蕃衛故曰臣衛 稱來朝而遇因見新王敢執壤地所出而奠贄也

拜稽首王義嗣德答拜 以義嗣前人明德答其拜受其贄也 太

保暨芮伯咸進相揖皆再拜稽首 冢宰與司徒皆進揖 [illegible] 不 [illegible] 諸侯 [illegible] 作 [illegible]

外曰敢敬告天子皇天改大邦殷之命 [illegible] 惟周文

武誕受羑若克恤西土 言文武大受天道而順之能憂我西土之民本其所起 [illegible] 惟新陟王

畢協賞罰戡定厥功用敷遺後人休 和天下 [illegible]

今王敬之哉 敬天道務崇先人之美 張皇六師無壞我高祖寡命

六師之衆無壞我高祖寡有之教命 王若曰庶邦侯甸男衛 順其戒而告之言群臣以外及內 惟

予一人釗報誥 報其戒 昔君文武丕平富不務咎 言先君文武道大政化平美不務咎

惡 底至齊信用昭明于天下 致行至中信之道用顯明於天下言聖德洽 則亦有

熊羆之士不二心之臣保乂王家 言文武既聖則亦有勇猛如熊羆之士忠一不二心之臣 共安治

王家 用端命于上帝皇天用訓厥道付畀四方 君聖臣良用受端直之命

於上天大天用順其道付與四方之國王天下 乃命建侯樹屏在我後之人 言文武 [illegible]

諸侯樹以爲蕃屏傳王業在我後之人謂子孫 今予一二伯父尚胥暨顧 [illegible]

臣服于先王 天子稱同姓諸侯曰伯父 如與顧念文武之道安汝先 [illegible]

爾身在外乃心罔不在王室 言汝 [illegible] 當 [illegible]

用奉恤厥若無遺鞠子羞 [illegible]

自謂也 群公既皆聽 相揖

昭王康王子

冕反喪服 脫去弊冕反服喪服居倚廬

穆王昭王子昭王崩

恭王穆王子

懿王恭王子

孝王恭王弟

夷王懿王太子孝王終 侯立

厲王夷王子

宣王厲王太子厲王即位三十年好 [illegible]

召穆公虎諫不聽國人相與畔襲厲王

召公之家國人圍之召公乃以其子代王太子 [illegible]

行政 [illegible] 四年厲王死于彘太子靜長於召公家 [illegible] 相共 [illegible]

幽王宣王子

平王幽王子幽王爲犬戎所殺於是諸侯即申侯而共立故

幽王太子宜臼是爲平王以奉周祀

桓王平王孫平王太子洩父蚤死立其子林是爲桓王

莊王桓王子

釐王莊王子
惠王釐王子
襄王惠王子
頃王襄王子
匡王班頃王子
定王班弟
簡王定王子
靈王簡王子
景王靈王子
悼王景王子
敬王景王子景王十八年后
朝欲立之會崩子丐之黨與爭
猛爲悼王晉人攻子朝而立丐
元王敬王子

定王元王子 定王
哀王定王子
思王哀王弟哀王立三月思王
立五月考王殺思王而自立
威烈王考王子
安王威烈王子
烈王安王子
顯王烈王弟
慎靚王顯王子
赧王慎靚王子
漢惠帝高祖太子高祖十二年四月自太子即位
文帝高祖中子惠帝娶魯元公主女爲皇后無子取後宮美人子
名之以爲太子惠帝崩太子立爲皇帝年幼呂后臨朝四年
幽之永巷立常山王弘爲皇帝八年太后崩諸呂謀爲亂丞相
陳平太尉周勃朱虛侯章既誅諸呂大臣相與陰謀以爲少帝
及三弟爲王者皆非孝惠子復共誅之使人迎代王代王乃遣
太后弟薄昭見勃勃等具言所以迎立王者昭還報曰信矣乃
令宋昌驂乘（乘車之法尊者居左御者居中又有一人處車右以備傾側是以戎事則稱車右其餘則曰驂乘驂者三也蓋取三人爲名義耳）
張武等六人乘傳詣長安至高陵止而使宋昌先之長安
至渭橋（在長安北三里也）丞相已下皆迎昌還報代王乃馳至
臣拜謁稱臣代王下拜太尉勃進曰願請間（間容）
（當有所陳不欲衆顯論也）宋昌曰所言公公言之（所言私王者不受私）
勃乃跪上天子璽代王謝曰至邸而議之遂馳入代邸
上議願大王即天子位代王
（不復不）不足以稱（稱謂也）
敢當群臣皆伏固請代王西鄉讓
（北面……）

計之大王奉高祖宗廟
奉天子璽符拜上代
寡人不敢辭遂即天子
興居先清宮（舊典天子行幸所至必遣靜室令先案行清靜殿中）
邸（法駕者侍中驂乘奉車郎御屬車三十六乘）皇帝入未央宮夜
衛將軍領南北軍張武爲郎中令行殿中
殿大赦天下
景帝文帝太子後七年六月丁未即皇帝位
武帝景帝中子後三年正月甲子自太子即皇帝位
昭帝武帝少子後元二年二月立爲太子年八歲大司馬大將軍
霍光等受遺詔輔少主政事壹決於光初征和二年衛太子爲
江充所敗（衛太子即戾太子也其母衛氏）而燕王旦廣陵王胥皆多過失是時
武帝年老帝母鉤弋趙倢伃武帝心欲以爲嗣命大臣輔
之察群臣唯光任大重可屬社稷迺使黃門畫者畫周公負成王

朝諸侯以賜光至甚武帝游五柞宮病篤光涕泣問曰如有不諱
誰當嗣者武帝曰君未諭前畫意邪立少子君行周公之事光
頓首讓曰臣不如金日磾日磾亦曰臣外國人不如光武帝以
光爲大司馬大將軍日磾爲車騎將軍及太僕上官桀爲左將
軍搜粟都尉桑弘羊爲御史大夫皆拜卧内牀下明日武帝崩
駕遂即帝位元鳳四年正月丁亥帝加元服謁高廟
令月吉日始加元服元首也
宣帝武帝曾孫衛太子孫也生數月遭巫蠱事坐收繫
詔諸郡邸置獄也巫蠱收繫者皆在郡邸獄中因大赦使者邴吉載送祖母
娣家後有詔掖庭養視上屬籍宗正元年四月昭帝
無嗣大將軍霍光請皇后徵昌邑王　乃知　受皇
綬尊皇后曰皇太后癸巳光奏王
議定所立廣陵王已前不用
親唯有衛太子孫号皇曾孫

張敞等上奏曰禮曰
擇支子孫賢者爲嗣孝
視至今年十八師受詩論
孝昭皇帝後奉承祖宗廟子
遣宗正劉德至曾孫家尚冠里
曾孫就齋宗正府入未央宮見皇太后　爲陽武侯
上皇帝璽綬謁于高廟
元帝宣帝太子黃龍元年十二月癸巳即皇帝位
成帝元帝太子宣帝時爲世嫡皇孫宣帝愛之字曰太孫
巳未自太子即皇帝位
哀帝元帝庶孫定陶恭王子年十七徵立爲皇太子綏和二年四
月丙午即皇帝位
平帝元帝庶孫中山孝王子元壽二年六月哀帝晏駕大司馬
董賢自殺太皇太后詔新都侯王莽爲大司馬領尚書事七月

遣車騎將軍王舜大鴻臚左咸使持節迎中山王九月辛酉中
山王即皇帝位年九歲在位五年爲莽所酖莽立宣帝元孫孺
子嬰爲皇帝年二歲嬰三年爲莽所廢
後漢明帝光武第四子光武建武十九年立中興門　中元二年二月戊戌自皇
太子即位
章帝明帝第五子永平十八年八月壬子自皇太子
和帝章帝第四子章和二年二月壬辰自皇太子即
殤帝和帝少子元興元年十二月辛未夜即皇帝位
餘日
安帝清河王慶之子初封長安侯　年實
特詔留帝清河邸八月殤帝晏駕
第禁中其夜使騭持節以　青蓋
崇德殿百官皆吉服群臣陪位　引
先帝聖德淑茂早弃天下

成洗豈意卒然顚沛
王素被痼疾念宗廟之重思　繼嗣
小心翼翼能通詩論篤學　仁惠　十
親德係後者莫宜於祜禮　弟之　春　八
者爲之子不以父命辭王父命其　孝和帝
案禮儀奏又作策命曰惟延平元　月癸丑
長安侯祜孝和皇帝懿德巍巍光于四海大行皇
朕惟侯孝章帝世嫡皇孫謙恭慈順在孺而勤宜奉
大業今以侯嗣孝和皇帝後其審君漢國允執其中一
兆民賴之皇帝其勉之哉讀策畢太尉奉上璽綬即皇帝位年
十三太后猶臨朝永初三年正月庚子皇帝加元服
北鄉侯章帝孫濟北惠王壽之子安帝延光四年三月太后臨朝
大鴻臚閻顯爲車騎將軍定策禁中立之乙酉即皇帝位
順帝安帝之子母李氏爲閻皇后所害永寧元年立爲皇太子

延光三年安帝乳母王聖大長秋江京中常侍樊豐譖太子乳
母王男廚監邴吉殺之太子數爲歎息王聖等懼有後禍遂與
豐京共搆陷太子太子坐廢爲濟陰王明年三月安帝晏駕北
鄉侯立濟陰王以廢黜不得上殿親臨梓宮悲號不食內外群
僚莫不哀之及北鄉侯薨車騎將軍閻顯及江京與中常侍劉
安陳達等白太后秘不發喪而更徵立諸侯國王子乃
兵自守十一月丁巳京師及郡國十六地震是夜中
等十九人共斬江京劉安陳達等迎濟陰王於德
即皇帝位年十一近臣尚書以下從 南宮登
尚書令劉光等奏言孝安皇帝聖 壬弁亡
當奉宗廟而姦臣交構遂令陛下 臨群
望天命有常北鄉不永漢德盛明 公卿
輩內外同心稽合神明 咳陛
宗無窮之烈上當天心

案禮儀分別具奏制曰
諸門闕顯兄弟閻帝立
顯弟衛尉景戊午遣使 革
史持節收閻顯乃其弟城 晏
沖帝順帝之子建康元年八日 太子
質帝章帝玄孫勃海王鴻之子 正月沖
李固以清河王蒜年長有德欲立之謂大將軍梁冀
帝宜擇長年高明有德任親政事者願將軍審詳大
立丈宣戒鄧閻之利幼弱冀不從乃立帝年八歲
桓帝章帝曾孫蠡吾侯翼之子襲爵爲侯本初元年質太后
帝到夏門亭將妻以女弟會質帝崩冀與太后遂與兄大將軍冀
定策禁中閏月庚寅使冀持節以王青蓋車迎帝入南宮丁巳
封建平侯其日即皇帝位年十五初李固議立嗣固引司徒胡
廣司空趙戒先與冀書曰天下不幸仍遭大憂皇太后聖德當

朝攝統萬機明將軍體履忠孝憂存社稷而頻年之閒國祚三
絶今當立帝天下重器誠知太后垂心將軍勞慮詳擇其人務
存聖明然愚情眷眷竊獨有懷遠尋先世廢立舊儀近見國家
踐祚前事未嘗不詢訪公卿廣求群議令上應天心下合衆望
且永初以來政事多謬地震宮廟彗星竟天誠是將軍用
日傳曰以天下與人易爲天下得人難昔昌邑之立
霍光憂愧發憤悔之折骨自非博陸忠勇延年
幾將傾矣至重至懼可不熟慮悠悠萬事 此爲大
此一舉冀得書乃召三公中二千石 大議所立
大鴻臚杜喬皆以爲清河王蒜明德 又屬最
嗣先是蠡吾侯志當取冀妹時在京 從之
憤不得意而未有以相奪中常侍 宿夜
軍累世有椒房之親秉攝萬機賓客
明若果立則將軍受禍

冀然其言明日重會公
戒以下莫不懾憚之皆
議冀厲聲曰罷會固意 立復
愈激怒乃說太后先策免 趙爲桓
靈帝章帝玄孫解瀆亭侯萇之子 康平十
竇無子皇太后與父城門校 東禁中使
劉鯈持節將左右羽林至河間奉迎明年正月己亥
亭使竇武持節以王青蓋車迎入殿中庚子即皇帝位
改元建寧元年四年春正月甲子帝加元服
弘農王辯靈帝子中平六年四月戊午即皇帝位初靈帝
何后生皇子辯王貴人生皇子協協即獻帝也群臣請立太子帝以辯輕
佻無威儀不可爲人主然皇后有寵兄進又居重權故久不決
至是帝疾篤屬協於上軍校尉蹇碩碩既受遺詔且素輕忌於
進兄弟及帝晏駕碩時在內欲先誅進而立協及進從外入碩

司馬潘隱與進早舊迎而目之進驚馳從儳道歸營引兵入屯
百郡邸因稱疾不入碩謀不行皇子辯乃即位年十七八月爲
董卓所廢
獻帝靈帝中子中平六年九月甲戌司空董卓廢弘農王立帝
年九歲興平元年正月甲子帝加元服
魏明帝文帝太子黃初二年爲齊公三年爲平原王以母誅
故未建爲嗣七年五月文帝病篤乃立爲皇太子
齊王明帝養子初帝無子養王及秦王詢
所由來者青龍三年封爲齊王
乃立爲皇太子是日即皇帝位
奏事正始四年正月帝加元服
高貴鄉公文帝孫東海定王
公嘉平五年九月齊王廢
武館群臣奏請舍前殿

法駕迎公不聽庚寅公入
將答拜儐者請曰儀不拜公曰吾人臣
輿左右曰舊乘輿入公曰吾被皇太后
極東堂見于太后其日即皇帝位於
欣焉
陳留王武帝孫燕王宇之子甘露三
年五月高貴鄉公爲成濟所弑公卿議迎
洛陽見皇太后是日即皇帝位於太極前殿

册府元龜卷第九

冊府元龜卷第十

帝王部 十

繼統第二

晉惠帝武帝第二子泰始三年[illegible]爲皇太子時年九歲太熙元
年四月己酉即皇帝位
懷帝武帝第二十五子惠帝永[illegible]
嫡光熙元年十一月庚午惠帝[illegible]
得爲太后催清河王覃入己[illegible]
癸酉即皇帝位
愍帝武帝孫吳孝王晏之子出[illegible]
年拜散騎常侍撫軍將軍[illegible]
荀藩荀組相遇自密南[illegible]
王[illegible]司徒長史劉疇中[illegible]
安而疇等中途復叛鼎[illegible]

府十 一

軍自宛趣武關頻遇山[illegible]
賈疋疋遣州兵迎衛[illegible]
時有玉龜出霸水神馬[illegible]
太子登壇告類建宗廟社[illegible]
與哀戚禮壬申即皇帝位大[illegible]
明帝元帝長子太興元年立爲皇[illegible]
即皇帝位
成帝明帝長子太寧三年[illegible]皇太子[illegible]
即皇帝位
康帝成帝母弟咸和元年封吳王二年徙封琅邪王咸康[illegible]
遷侍中司徒八年六月庚寅成帝不念詔以瑯邪王爲嗣甲午
即皇帝位
穆帝康帝子建元二年九月丙申立爲皇太子己亥太子即皇
帝位時年二歲皇太后臨政升平元年正月壬戌朔帝加元服
享太廟始親萬機皇太后居崇德宮
哀帝成帝長子咸康八年封爲瑯邪王永和二年除驃騎將[illegible]
五年五月丁巳穆帝崩無[illegible]皇太后令曰帝奄不救嚴疾繼嗣未
建瑯邪王丕中興正統明德繼親昔在咸康屬當儲貳以年在
幼沖未堪國難故顯宗高讓今義望情地莫與爲比其以王奉
大統於是百官備法駕迎于瑯邪第庚申即皇帝位[illegible]
顯宗成皇帝顧命以時事多艱弘高世之風樹德[illegible]
穆而國故不已康穆早世[illegible]八驂[illegible]德[illegible]
永慕悲痛兼摧夫昭穆之義固[illegible]繼體[illegible]
道豈上嗣顯宗以修本統帝於[illegible]帝禮
有表中書答表朝廷無其儀[illegible]
古閔僖兄弟也爲父子見[illegible]
人太成帝不私親愛越授[illegible]
授纂承之序宜繼康皇尚[illegible]

府十 二

屬考之之情宜繼顯宗時[illegible]
僉議曰順本居正親親不可奪[illegible]
長音從之
海西公哀帝之母弟也咸康八年封東海王[illegible]王升平[illegible]
瑯邪王隆和初轉侍中驃騎大將軍[illegible]回二司[illegible]
二月丙申哀帝晏駕無嗣丁酉皇太[illegible]
禍仍臻遺緒泯然哀慟切心瑯邪王弈明[illegible]茂親
奉祖宗纂承天統便速正大位以寧人神是日[illegible]
邪第是日即皇帝位
簡文帝元帝之少子永昌元年封瑯邪王咸和元年徙封會稽王體道
王太和元年海西公廢皇太后詔曰丞相錄尚書會稽王
中宗明德幼[illegible]神[illegible]事外以具[illegible]故阿衡二世
道化宣流人望所歸日己交[illegible]天人之心以統皇極主者
明依舊典以時施行於是大司馬桓溫率百官進大極前

殿具乘輿法駕奉迎帝於會稽邸於朝堂變服著平巾幘單衣
東向拜受璽綬咸安元年冬十一月己酉即皇帝位桓溫出次
中堂分兵屯衛
孝武帝簡文第三子興寧三年七月封會稽王咸安二年七月
己未立爲皇太子是日即皇帝位[illegible]太后臨朝[illegible]寧康元年正[illegible]
壬寅朔帝加元服見于太廟皇太[illegible]歸[illegible]甲辰大赦[illegible]后[illegible]
帝始臨朝
安帝孝武長子太元十二年八[illegible]爲皇太子[illegible]
九月庚申孝武晏駕辛巳太子[illegible]大赦癸[illegible]
稽王道子爲太傅攝政
恭帝安帝母弟初封琅邪王[illegible]熙十四年[illegible]
國宋公劉裕矯稱安帝遺詔[illegible]
宅四海朕以不德屬當多難[illegible]
難禍亂遂是旒宸極[illegible]
衛將遂弗興仰惟祖宗[illegible]
自先皇明德光懋屬惟儲[illegible]
允執其中變和天下闡揚[illegible]
後魏太宗明元帝道武長子[illegible]
賜死帝日夜號泣道武怒之帝懼乃[illegible]
月清河王紹作逆帝入誅紹壬申即[illegible]之位
元長子泰常七年封泰平王監國八年十一月壬
高宗文成帝太武之孫恭宗景穆帝長子太武[illegible]
號世嫡皇孫正平二年十月戊申即皇帝位於[illegible]
顯祖獻文帝文成長子太安二年二月立爲皇[illegible]子和平六年
五月甲辰即皇帝位
高祖孝文帝獻文太子初獻文雅薄時務常有遺世之心欲禪
位於叔父京兆王子推任城王雲太尉源賀固諫之東陽公丕
等進言曰皇太子雖聖德夙彰然[illegible]幼陛下富於春秋始覽

機政普天景仰率土係心欲隆獨善不以萬物爲意其若宗廟
何其若億兆何曰儲宮正統受終文祖群公相之有何不可皇
興五年八月冊命太子曰昔堯舜之禪天下也皆由其子不肖
若丹朱商均能負荷者豈搜揚仄陋而授之哉今爾雖沖幼有君人
之表必能恢隆王道以濟兆民今使太保建安王陸馛太尉源
賀持節奉皇帝璽綬致位於爾其踐昇帝位克廣
祖宗之休烈使朕優遊履道頤神養性可不善歟[illegible]
承洪業運屬太平准岱率從[illegible]清晏以希心[illegible]
洎躬覽萬務則損頤神之和一或[illegible]有濟[illegible]
天下歸尊於父父有天下傳子今[illegible]運若
受儲宮踐昇大位朕方優游[illegible]棲心[illegible]社稷
業不亦善乎百官有司其[illegible]以[illegible]宣布
悉於是群公奏曰昔三皇[illegible]
既稱皇帝尊其父爲太上[illegible]
政猶宜陛下總之謹上尊號太[illegible]
徙御崇光宮采椽不斲土階而已[illegible]
太子即皇帝位於太華前殿
世宗宣帝孝文第二子太和二十[illegible]
皇帝位于魯陽先是三月庚子孝文[illegible]駕北[illegible]
辰詔賜皇后馮氏死詔司徒彭城王[illegible]太子於魯
以侍中護軍將軍北海王詳爲司空公鎮南將軍[illegible]
令鎮東大將軍廣陽王嘉爲尚書左僕射尚書宋弁
書與侍中太尉公禧尚書右僕射任城王澄等六人輔
輔[illegible]太尉司空尚書令左右僕射吏部尚書[illegible]我太祖丕
之業與四象齊茂累聖重明屬鴻曆於寡昧[illegible]業業也[illegible]
聖之遺蹤遷都嵩極定鼎河瀍庶蕩[illegible]理萬國以仰光七
廟俯濟蒼生天奪其年不果乃志公卿其善輔[illegible]子隆我魏室
不亦善歟可不勉之帝即位居諒闇委政宰輔景明二年正月

始親政引見群臣於太極前殿告以覽政之意
肅宗孝明帝宣武帝第二子延昌元年十月乙亥立爲皇太子四年
正月丁巳夜即皇帝位
敬宗孝莊帝彭城王勰之第三子孝昌二年封長樂王武泰元
年二月孝明晏駕大都督爾朱榮以兵向京師四月戊戌立爲
皇帝
前廢帝諱恭廣陵惠王羽之子正始中襲爵
帝託以瘖病及莊帝晏駕爾朱世隆等表勸
帝身是以讓執然王公勸至　承
負荷耳太尉公爾朱度律奉　及
衛入自建春雲龍門昇太極
改元肆赦
後廢帝章武王融第二子初
王鶡起義兵行誅爾朱逆黨
城西昇壇於燎大赦稱中興
平武穆懷王第三子普泰元
四月後廢帝自以疏遠未允
王高歡與百僚會議僉謂高
帝位於東郭之外
文帝孝文帝孫京兆王愉之子　閏十二
王爲周太祖所立
廢帝文帝長子大統元年正月立爲皇太子十七年
即皇帝位
恭帝文帝第四子大統十四年封爲齊王廢帝三年正月即位
大祖所立三年禪于周
後周世宗明帝太祖長子初封寧都郡公爲岐州刺史孝閔帝
元年九月晉公護廢立遣使迎帝於岐州九月癸亥至京師止
于舊邸甲子群臣上表勸進備法駕奉迎帝固讓群臣固請是

府十　五

日即天王位乙丑朝群臣於延壽殿
武成元年正月己酉太師晉公護上表歸政帝始親覽萬機軍
旅之事護猶總焉
高祖武帝太祖第四子明帝即位初爲蒲州刺史武成元年入
爲大司空二年四月明帝遺詔傳位帝固讓　勸請乃從
壬寅即皇帝位
宣帝高祖長子建德元年立爲皇太子宣
晏駕戊戌太子即皇帝位
靜帝宣帝長子大象元年正月封
宣帝詔曰有聖大寶宜惟重器
礻乎丕易域中之大寶懸定於
我大周感蒼昊之精受河洛之
統永惟無窮朕以寡薄祗承
治不貳之心職貢　靈而
登仁壽興隆國本用弘天曆
德之休允叶無疆之祚帝王之
至朕今傳位於衍乃睠四海深
歷之數萬方兆庶知朕意焉
隋煬帝高帝第二子
四年七月即皇帝位於仁壽宮
恭帝元德太子之子大業三年　徙爲代
一月唐高祖義兵入長安尊煬帝
即皇帝位於大興殿尋禪于唐
唐太宗文皇帝高祖第二子　武德　年封秦王九
年六月癸亥立爲太子軍機兵仗倉粮凡厥庶政事無大小悉
委皇太子斷決然後聞奏是月壬申高祖手詔司空裴寂等曰
朕當加尊號爲太上皇有司擇日宣速聞奏八月癸亥高祖詔
曰乾道統天文明於是馭曆大寶曰位宸極所以居尊臨兆

府十　六

華不昌厥緒揖讓之禮旁求歷試三代以降天下爲家繼體承祧
裔嗣相襲故能孝饗宗廟下世長遠貽燕後昆克隆祚胤
期受命握圖闡極大極橫流載此區夏然而昧旦丕顯日昃忘
朝馭朽兢懷復求在念憂勤　九載于茲令矣華巳□□
勤倦久懷物表高蹈風雲釋□　蹈有□　屣　休息
休和皇太子世民允叶祥符夙敷　□　議
雷縮構霸業伊始義旗之舉首
皇極已建天步猶艱内發謀猷
代暴除凶無思不服嵩舉負西戎
飛假名竊號元戎所指折首稽
之固信目精卒承間守險建德
兩擒師不踰時戎衣大定東劉
穹蒼德孚宇宙雄才宏略括古
居中作相任隆列辟百揆去

府十　七

萬邦咸正兆庶樂推皇帝位宜
今傳皇帝位於世民所司備禮以
及長吏下至士民宜悉祗奉以稱朕
利在因民義存適要條章法度不便
滯昔漢祖撥亂身定大功群目推尊
日一朝備禮尊崇號稱太上朕今爲之
撰憲章往古稱謂之儀一准漢代朕宗
之則永安勿替布告天下咸使知聞太宗　讓
朝于西宮面奏請曰堯舜雖以至聖禪授已事伏
並經百年陛下以至聖之尊無事四海寧十　教且望陛下御
堯舜之道以百姓爲心高祖曰吾慰此事已熟懷慕之已久故欲付
神以養生不欲矯情以從物遂　惟世　不能盡歡娛
身不能逸逸縱目不能觀五色耳不能聽五音口不能極五味
身不能晏然醴今傳授得所業泰身安此是怡神以養生會□之志

宿志若乃飾仁義矜智能勞神以役形今疲形以行賞罰此蓋
矯情以從物非吾心之所取也未善治外者不傷然後治內者
不累身吾方以道攝生棄性故脫屣於汝安朝要吾以養重
太宗稽首固請高祖曰夫爲人子務自勞身孜孜觀於安樂耳之
老矣傳汝以萬機若不從是非孝也太宗悲咽敢辭是遣讓
尉司空魏國公裴寂賜策曰夫天生蒸民樹以
百姓與能弱自夏殷傳業裔祚載物長世者
命肇開寶曆聲教所覃無思不服然而
殷禁號極觀書聽政勞神經謀法感
聰明神武實天生德者君人之量受
始英謀獨斷秘策潛申及拓定關隴
青丘宏圖峻舉元功克茂氛霧廓清
無垠總統機衡百工以又敷弘德
象肇告徵靈命斯在朕是何上稽

府十　八

玄顯號致皇帝位可爾節令
左僕射上柱國宋國公瑀齎
寶祚以康四海太宗固讓詔不
德殿遣兼太尉司空裴寂柴燎
玄壯昭告皇皇后帝太上皇厭□
茲重負人神不可以乏主天序不□以
神器有奉用集大命懼忝帝位□辭
谻簡元日告類上帝即皇帝位惟神歆
三年四月高祖以弘義宮有山林勝地雅
詔曰書云知人則哲惟帝難之以通民
伯端委閭室以隆東海就國藩
莫細衣家傳鼎業佐魏及周勤勞王室有隋
以補天柱虞納揆爲心大業道喪皇極如燬傾維折柱天
離塗炭納隍黔黎殆盡顧茲九有紛紛縱橫討

出世民初懷大度性合天道韞經緯之奇文武湯武之
謀秘策沃朕拯溺之心壯思維國建予救焚之心因其
以經綸糾合義師杖鉞而起於工陽勑及旅
會元戎所詣水銷霧卷蕩清東宫常之
世之功三古已來未之聞也元
則世充渥首推武周如拉朽業
朗小醜三捷七擒不可勝計
昌言往以建成嫡長舅其蔡
讒言屢發殆至鑠金賴天啓朕
殄朕媿受浸淵深念元功乃歆
上未稱三靈之心縱欲肆情不
之肅成祭共復禮觀其齊政露
王度克難充艱味旦不顯夫斧
其景夏民景之情日慎

僾戢招君摽之來足用尺
遠邇乂安金鼓絕於疆場
匪天祐之孰能至此令月十
是當養性別宫使其正位足
庶從高蹈擬跡於軒轅授厥
推求付託有所何樂如之百
或泰郎故吏早預腹心並以
平地成准常帶礪山河與國
隳哉替爾不續業第元首稱讓
亦無文至誠不飾地居臣子忠國不以紅
行渺心陪夢縈勵擢居天策死庶不
命顯無忝於宗祏規摹指麾皆寧人其遂得成功
敢貪天自稱己力前以聖人大寶鍾儒臣謂成理
通監撫日慎一日不敢推辭今奉更垂獎予以四海

褰裳紫極歸尊軒轅天下幸甚今當不
陰陽尚愆嘉穀未稔政治有虧不惜恐身罪
方伏願天慈仍安太極特民知王獨順闕
削編然後降輦西宮於臣室敢臣
私冒陳丹款高祖手詔曰尚察予
同常汝夙懷忠孝吾受汝亦
恨吾受讒言幾至投杼上玄降
獨吾之幸也比察汝布政聽汝
有秕政而致小白暑有艱難而惟大下
頃者寒暑不調水旱乖節止是
承乾所居非少陽之體吾今
捂頻此言請但深思大道
吾詔勿以小讓為懷至公
尚欲權之今汝已克負荷應

敢許意乃止乙亥太上皇
從置酒高會極歡而罷
高宗天皇大帝太宗第九子
太子二十三年春太宗不豫
翠微宮五月己巳太宗晏駕
太子即皇帝位
中宗孝和皇帝高宗第七子母
二年徙封英王永隆元年立為皇太
即位天后臨朝明年正月甲聖
后廢帝為廬陵郡王五月遷州尋房
赴上都皇嗣即睿宗也讓位於帝為皇太子神龍元年正
戊天后傳位於太子乙亥即皇帝位於通天宮端
睿宗大聖真皇帝中宗母弟龍朔二年封殷王乾封年
王總章二年徙冀王上元三年改相王嗣聖元年皇太

廢中宗爲廬陵王文明元年[illegible]皇帝太后臨朝[illegible]
年降爲皇嗣聖曆元年[illegible]中宗復降爲相王景龍四[illegible]
月少帝即位年十六[illegible]后臨朝攝[illegible]
基率朝邑縣尉劉[illegible]麻嗣宗[illegible]鍾紹[illegible]
沛[illegible]其黨與[illegible]謀[illegible]少主[illegible]
癸卯王公[illegible]咸以王[illegible]
即[illegible]帝讓于叔父[illegible]
帝[illegible]東[illegible]次幕内西面帝[illegible]
敢以此位讓叔父合否幽求跪
慈倍過之矣今家國事重有此
曰自古帝王必有符命兄弟
雖顧兹蒙識不曉攸途
地王室多故義擇長君
子昔以天下讓[illegible]先

府十　十一

今歷年綴[illegible]在辰
遵理命上申平共
皇帝位朕退守舊[illegible]歸
[illegible]休期光我有唐之洪業帝圖
臧天下於是降少帝[illegible]王丙丁
卿士謂曰朕與耆[illegible]衛社
逆元惡大憝並從誅[illegible]室年
巳今與卿等相見不勝悲感甲
[illegible]温[illegible]重茂爲[illegible]食

寬恕

之德曰御衆以寬孔子謂一言而終身行者其恕乎宅四海之富居兆民之上固宜恢含垢之度廓包荒之量垂旒塞纊靡極其聰明天覆地容用示於廣大然後一眚者不掩其美小過者無累其善聽諫者得盡其能諱直者咸竭其慮勳舊有以自保反側以之獲安詿誤者惟新狂簡者蒙其自拔時叙萬邦咸懷君人之德於斯為盛矣

漢高祖初范陽人蒯通嘗說齊王韓信欲令背漢信不聽通乃陽狂為巫天下既定信後以罪廢為淮陰侯謀反被誅臨死歎曰悔不用蒯通之言死於女子之手高帝曰是齊辯士蒯通乃詔齊召蒯通通至帝欲亨之曰若教韓信反何也通曰狗各吠非其主當彼時臣獨知齊王韓信非知陛下也且秦失其鹿天下共逐之高材者先得天下何欲為陛下所為顧力不能也可殫誅邪帝迺赦之

吳王濞於文帝時稱疾不朝吳使來輒繫責治之吳王恐所謀滋甚及後使人為秋請文帝復責問吳使者使者曰察見淵中魚不祥今吳王始詐疾及覺見責急愈益閉恐上誅之計乃無聊唯帝與更始於是天子皆赦吳使者歸之而賜吳王几杖老不朝吳得釋其謀亦益解

武帝遣貳師將軍李廣利伐宛軍行非乏食戰死不甚多而將吏貪不愛卒侵牟之以此物故者衆天子為萬里征伐不錄其過

後漢光武建武四年率諸將圍秦豐於黎丘豐主書招豐出惡言不肯降朱祐盡力攻之明年城中窮困豐肉袒舉祐轞車傳豐洛陽斬之大司馬吳漢劾奏祐廢詔受降違將帥之任帝不加罪之

尹敏為郎中辟大司空府校圖讖敏因其闕文增之曰君無口為漢輔帝見而怪之召敏問其故敏對曰臣見前人增損圖書敢不自量竊冀萬一帝深非之雖不加罪而亦以此沉滯

章帝時孔僖崔駰同遊太學習春秋因讀吳王夫差事僖廢書歎曰若是所謂畫龍不成反為狗者駰曰然昔孝武皇帝始為天子年方十八崇信聖道師則先王五六年間號勝文景及後恣已忘其前之為善僖曰書傳若此多矣鄰房生梁郁攙和之曰如此武帝亦是狗耶僖駰默然不對郁怒恨之陰上書告駰僖誹謗先帝刺譏當世事下有司駰詣吏受訊僖以吏捕方至恐誅乃上書自訟曰臣之愚意以為凡言誹謗者謂實無此事而虛加誣之也至如孝武皇帝政之美惡顯在漢史坦如日月是為直說書傳實事非虛謗也夫帝者為善則天下之善咸歸焉其不善則天下之惡亦萃焉斯皆有以致之故不可以誅於人也且陛下即位以來政教未過而

德澤有加天下所具也臣等獨何譏刺哉假使所非實是則固應悛改儻其不當亦宜含容又何罪焉陛下不推原大數深自為計徒肆私忿以快其意臣等受戮死即死耳顧天下之人必回視易慮以此事闚陛下心自今以後苟見不可之事終莫復言者矣臣之所以不愛其死猶敢極言者誠為陛下深惜此大業陛下若不自惜則臣何賴焉齊桓公親揭其先君之惡以唱管仲然後群臣得盡其心今陛下乃欲以十世之武帝遠諱實事豈不與桓公異哉臣恐有司卒然見構銜恨蒙枉不得自叙使後世論者擅以陛下有所方比寧可復使子孫追掩之乎謹詣闕伏待重誅帝始亦無罪僖等意及書奏立詔勿問拜僖蘭臺令史

和帝時周榮初辟司徒袁安府安舉奏竇氏事皆榮所具草後爲潁州太守坐法當下獄帝思榮忠節左轉共令

順帝時雷義爲尚書侍郎有同時郎坐事當居刑作義默自表取其罪以此論司寇同臺郎覺之委位自上乞贖義罪帝詔皆除刑

楊倫爲大將軍梁商長史諫諍不合出補常山王傅病不之官詔書敕司隸催促發遣倫乃居河內朝歌以病自上曰有留死一尺無北行一寸刎頸不易九裂不恨(九裂九死也楚辭曰雖九死其猶未悔也)匹夫所執強於三軍固敢有辭帝乃下詔曰倫出幽升高(詩曰出于幽谷升于)橋寵以藩傳稽留王命擅止道路託疾自從苟肆狷志(猶狂狷也音絹)遂徵詣廷尉有詔原罪

靈帝時范冉辟司空府是時西羌反叛黃巾作難制諸府掾屬不得妄有去就冉首自劾退帝詔書特原不理罪

獻帝初平四年春正月甲寅朔日有食之時未晡八刻太史令王立奏曰日晷過度無變也朝臣皆賀帝令候焉未晡一刻而食賈詡奏曰立司候不明疑誤上下請付理官帝曰天道玄遠事驗難明欲歸咎史官益重朕之不德也

魏明帝太和二年幸長安及還洛是時譌言云國有大故從駕群臣迎立雍丘王植京師自卞太后群公盡懼及帝還皆私察顏色卞太后悲喜欲推始言者帝曰天下皆言將何所推

晉武帝泰始初司隸校尉李憙上言故立進令劉友前尚書山濤中山王睦故尚書僕射武陔各占官三更稻田請免濤睦等官陔已亡請貶謚詔曰法者天下取正不避親貴然後行耳吾豈將枉縱其間哉然案此事皆是友所作侵剝百姓以繆惑朝士姦吏乃敢作此其考竟友以懲邪佞濤等不貳其過者皆勿有所問易稱王臣謇謇匪躬之故今憙亢志在公當官而行可謂邦之司直者矣光武有云貴戚且斂手以避二鮑豈其然乎其申勑羣寮各慎所司寬宥之恩不可數遇也憙爲二代司隸朝野稱之又武帝嘗因南郊禮畢喟然問司隸校尉劉毅曰朕以朕方漢何帝也對曰可方桓靈帝曰吾雖德不及古人猶克己爲政又平吳會混一天下方之桓靈其已甚乎對曰桓靈賣官錢入官庫陛下賣官錢入私門以此言之殆不如也帝大笑曰桓靈之世不聞此言今有直臣故不同也

何劭爲中庶子與兄遵等受故鬲令袁毅貨賂經赦宥皆禁止事下廷尉詔曰太保與毅有累世之交遵等所取差薄一皆置之太保劭父曾也

裴秀爲尚書令安遠護軍郝詡與故人書云與尚書令裴秀相知望其爲益有司奏免秀官武帝詔曰不能使人之不加諸我古人所難交關人事詡之罪耳豈尚書令能防乎其勿有所問司隸校尉李憙復上言騎都尉劉尚爲尚書令裴秀占官稻田求禁止秀詔又以秀幹翼朝政有勳績於王室不可以小疵掩大德使推正尚罪而解秀禁止焉

王宏爲汲郡太守在郡有殊績武帝下詔稱之俄遷衛尉河南尹大司農無復能名更爲苛碎坐桎梏罪人以泥墨塗面置深坑中餓不與食又擅縱五歲刑以下二十一人爲有司所劾帝以宏累有政績聽以贖論

元帝初阮孚辟太傅府遷騎兵屬避亂渡江帝以孚爲安東參軍蓬髮飲酒不以王務嬰心時帝既用申韓以救世而孚之徒未能棄也雖然不以事任處之轉丞相從事中郎終日酣縱常爲有司所按帝每優容之琅邪王裒爲車騎將軍鎮廣陵高選綱佐以孚爲長史帝謂曰卿既統軍府郊壘多事宜節飲也孚荅曰陛下不以臣不才委之以戎旅之重臣僶俛從事不敢有言者竊以今王莅鎮威風赫然皇澤遐被賊寇斂迹氛祲既澄日月自明臣亦何可爝火不息正應端拱嘯詠以樂當年耳遷黃門侍郎散騎常侍嘗以金貂換酒復爲所司彈劾帝宥之

周訪叅鎮東軍事時有與訪同姓名者罪當死吏誤收訪訪奮

擊攻者數十人皆散走而自歸於帝帝不之罪

康帝時阮裕在東山徵散騎常侍領國子祭酒俄而復以爲金紫光祿大夫領琅邪王師經年敦逼並無所就御史中丞周閔奏裕及謝安違詔累載並應有罪禁錮終身詔書貰之

後魏道武攻中山未尅六軍乏糧民多匿穀問群臣以取要方略御史中丞崔逞曰取椹可以助糧故飛鴞食椹而改音詩稱其事帝雖銜其侮慢然兵既須食乃聽以椹當租逞又曰可使軍人及時自取過取則落盡帝怒曰內賊未平兵人安可解甲仗入林野而收椹乎是何言歟以中山未拔故不加罪

太武時古弼爲安西將軍及議征涼州與尚書李順咸言涼州乏水草不宜行師帝不從既尅姑臧微嫌之以其有將略故弗之責也

孝文性寬慈進食者曾以熱羹傷帝手又曾於食中得蟲穢之物並笑而恕之

延興三年六月詔曰往年縣召民秀二人問守宰治狀善惡具聞將加賞罰而賞者未幾罪者衆多肆法傷生情所未忍今特垂寬恕之恩申以解網之惠諸爲民所列者特原其罪盡可代之

穆羆丁公崇之後也爲虎牢鎮將頻以不法致罪孝文以其勳德之胄議而赦之

房伯玉初爲河間太守坐弟叔玉南奔徙於北邊後亦叛入齊爲南陽太守孝文克宛伯玉面縛而降孝文引見伯玉并其參佐二百人詔伯玉曰朕承天馭宇方欲一清寰域卿蕞爾小戍敢拒六師卿之愆罪理在不赦伯玉對曰臣既小人備荷驅使緣百口在南致拒皇略罪合万死孝文曰凡立忠抱一即皆應有所至若奉逆君守迷節古人所不爲卿何得事逆賊蕭鸞自貽伊譴伯玉對曰臣愚癡晚悟罪合万斬今遭陛下乞生命孝文曰凡人惟有兩途知機獲福背機受禍勞我王師彌歷歲月如此爲降何人有罪且朕前遣舍人公孫延景城西共卿語云天無二日土無二王卿答曰在此不在彼天道悠遠變化無方卿寧知今日在此不在彼乎伯玉乞命而已更無所言從弟思安爲樂陵太守頻爲伯玉泣請故特宥之

高道悅爲治書侍御史時孝文南征徵兵闕集洛陽道悅以使者侍御主文中散元志等稽違期會奏案其罪時道悅兄觀爲外兵郎中而奏道悅有黨兄之負孝文詔責然以事經恩宥遂寢而不論

劉昶孝文時除都督吳越楚彭城諸軍事義陽拒守不尅昶乃班師太和十九年帝在彭城昶至入見昶曰臣奉敕專征剋殄兇醜徒勞士馬乂淹歲時有損威靈伏聽斧鉞帝曰朕之此行本無攻守之意正欲伐罪弔民宣威布德二事既暢不失本圖朕亦無尅而還豈但卿也

宣武時李澤爲東郡守以贓徵還帝使武士提以入澤抗言曰

將軍今日猶自禮賢郎帝笑而捨之

孝莊時溫子昇爲南主客郎中修起居注曾一日不直上黨王天穆時錄尚書事將加捶撻子昇遂逃遁天穆甚怒奏人代之帝曰當世才子不過數人豈容爲此便相放黜乃寢其奏

北齊神武時李義深初爲龍驤將軍義旗初歸帝於信都以爲大行臺郎中中興初除平南將軍鴻臚少卿義深見尒朱兆兵盛遂叛帝奔兆北平帝恕其罪以爲大丞相府記室參軍

後周太祖以耿豪爲驃騎大將軍開府儀同三司豪性凶悍言多不遜帝惜其驍勇每優容之

隋文帝開皇六年洛陽男子高德上書請帝爲太上皇傳位皇太子帝曰朕承命撫育蒼生日旰孜孜猶恐不逮豈效近代帝王事不師古傳位於子自求逸樂者哉

賀若弼坐怨望除名爲民歲餘復其爵位帝亦忌之不復任使然每宴賜遇之甚厚開皇十九年帝幸仁壽宮讌王公詔弼爲

五言詩詞意憤怨帝覽而容之

虞慶則使突厥還會帝幸晉王第置酒會群臣高熲等奉觴帝因曰高熲平江南虞慶則降突厥可謂茂功矣楊素曰皆由至尊威德所被慶則曰楊素前出兵武牢峽石若非至尊威德亦無克理遂與之相長短御史欲彈之帝曰今日計功爲樂宜不須刻

蕭摩訶子世略在江南作乱摩訶當從坐帝曰世略年未二十亦何能爲以其名將之子爲人所逼耳因赦摩訶

王仁恭爲驃騎將軍典蜀王軍事及蜀王以罪廢官屬多罹其患高祖以仁恭素質直置而不問

唐太宗嘗辟人從兩騎幸故未央宮遇一衛士佩刀不去車駕至惶懼待罪太宗謂之曰仗司之失非汝之罪今若付法當死者便數人矣我所不忍因赦之而去

李靖破突厥送隋蕭后於京師初有降胡言中國人有潛通書

啟於蕭后者至是中書舍人楊文權請鞫之帝曰往日國家未定匈奴侵擾愚民寡識或當有之念今天下寧一反側自安既往之愆不須問也

韋挺授銀青光祿大夫行黃門侍郎攝魏王泰府事時泰有寵庶人承乾多罪失太宗微有廢立之意中書侍郎杜正倫以漏洩禁中語徙邊挺時亦預其事太宗謂之曰朕已罪正倫不忍更置卿於法尋拜太常卿承乾之廢也挺又以交搆聞太宗竟寢其事待之如初十九年爲御史大夫從李勣擊破蓋牟城詔挺統兵鎮守挺素无威略不堪其憂乃貽書及道術人公常置辭怨望會常以他罪自殺及其囊中得挺所與常書太宗召挺問之對多不以實太宗尤責讓之仍以宿經驅策不忍加誅授朝散大夫守象州刺史

江夏王道宗從征遼築土山攻安市城土山壞道宗失於部署爲賊所據歸罪果毅傅伏愛斬之道宗跣行詣旗下請罪太宗曰漢武殺王恢不如秦穆赦孟明土山之失且非其罪捨而不責

賈敦頤爲洛州司馬有罪當下獄太宗欲宥之御史再三執劾太宗曰爲國者先教化而後刑罰德先之人豈能无過吾去其太甚者耳若有義劾即陷酷刑孝子猶不可從嚴父而況道義合能久事其君乎竟赦之

高宗永徽五年雍州參軍薛景宣以修築京師羅郭城功畢上封事言漢惠帝城長安後尋即殂落今者營築必有災咎又揚正消有隋之薛泳寬北蕃隋安屈歸化便即誅死今日猶存有人懷藏猶未彰露帝大怒遂令推究正道死由既知景宣誣妄左僕射于志寧等以其言涉不順請誅之帝曰景宣因上封得罪恐杜直言之路特令免之

乾封中帝謂司戎少常伯楊武曰卿在司戎授官多非其才何也武曰臣妻剛悍此其所囑不敢違阻帝嘉其不隱笑而遣之

中宗神龍元年正月即位麟臺監張易之等先以潛圖逆亂伏

誅詔有爲易之徙復書疏並焚之用安反仄百寮莫不稱慶

玄宗開元六年十月癸亥貝州人張希嶠上表不經詔曰比每晝至側景夜至分宵期聞政要用忘寢食但能會理不責其文貝州張希嶠上表及詞義鄙淺有同諧弄據其不遵逕度固合爲罪恐後來正直其謂我何故特矜愚不寘於法耳令河南府示語遞還本貫

十二年七月黔中道招討使內侍楊思勗討平溪州賊帝謂賊帥覃行章等曰汝破傷州縣殘害吏人據汝罪名合寘刑法我好生惡殺特捨汝命可授汝商州洵水府別將往欽哉

肅宗至德二年九月元帥廣平王將收西京王當關不乘馬步出木馬門而後乘馬管崇嗣爲王都虞候先王上馬御史大夫顏真卿進狀奏彈之帝曰朕兒子每欲出朕一一教示之其何敢失禮崇嗣老將患腳朕欲優容乃自曉諭之狀還真卿

乾元元年六月戊午詔曰朕聞古先哲王慎罰以邺人命脅從

圖理罪疑從輕成湯有解網之仁光武有焚書之令蓋恵彼至
理受其刑章是以法不濫加刑所以措也聞者時遭寇逆患在
干戈衣冠之流逼迫者衆事不獲已情稍矜焉頃者並在三司
窮其五聽議重者累中刑典稍輕者猶波勾留況時久淹延人
皆窘乏衣食且猶不給家屬又恐乖離艱難之憂無甚於此豈
朕泣辜有罪作人父母之意耶況恩澤類加升條續減原其事
狀稍近平人豈可尚議遷貶窮其反側萬方有責罪實在予一
物失所憂將誰屬求言慨念用惻于懷其兩京官應被賊逼授
僞官三司所推問未了者一切放免其賊中守本官至冬方選
曾受驅馳既寬刑典乃免其貶降並至來冬放選令得官時仍委
所司量事輕重注擬其已貶官者續有處分

上元二年正月詔安祿山僞署三司有名應在流貶者原情議
罪負國誠深朕已捨其殊死寘於荒徼固當與衆共棄長爲匪
人然皆邦家舊臣嘗在纓冕使其終沒裔土永匿魑魂孰若貸
以殊私俾令效節亦準例處分兼委中書門下量輕重類例奏
取處分

代宗大曆八年閏十一月渤海賀子益修衮龍繡之詞云慕主
上文物帝矜而捨之

十年三月乙巳昭義軍節度留後薛崿以失守至自相州見于
銀臺門之内殿河陽三城使常休明至自河陽素服待罪並詔
釋放

德宗貞元初韓遊瓌爲邠寧節度其子欽緒與李廣弘謀逆事
發當斬遊瓌以其子大逆表乞代免且詣闕謝帝固止之寄
任如初遊瓌又械繫欽緒二子送京師請從坐帝亦捨之及遊
瓌來朝以其子欽緒謀逆素服待罪朝堂帝釋之勞遇如初

憲宗元和六年正月丙申朔御含元殿受朝賀攝太尉張茂昭
宰臣于頔李吉甫並行事失儀勿論釋罪

十二年十月己卯淮西平甲申詔其淮西諸州鎮官吏所授僞

叛脅汙皆非本心除同惡吳元濟者一切不問

穆宗以元和十五年正月即位七月鹽州送到先劫烏白池鹽
女子孫枝三娘并婢二人召入内親詰之赦罪送本州

敬宗即位召嶺南節度使孔戣爲吏部侍郎長慶中戣在
南海時家人受賂帝不之責改右散騎常侍

文宗大和元年三月贊善大夫李方現與惡徒熊昭爲其所誘
詔以事經恩蕩釋之而不問其父保義軍節度使稟知之表請
削奪方現官階仍乞追還晉州敕之並不許

開成四年五月諫議大夫韋力仁於内奏曰臣伏見軍家捉錢
事侵府縣軍司與府縣各有區別今富商大賈孫軍司著一牒
於府縣莫制當陛下至聖至明之朝不宜有此禁軍是陛下
衛士數是巡畫以備不虞不合擾百姓以干法理伏乞陛下
戒勅統帥令各歸其分則人情獲安天下幸甚帝問宰臣等奏
曰凡論事須當力仁所言乃欲生事帝曰蓋論名分耳李珏曰
軍家所出牓是自捉軍人百姓即府縣自捉此無乖名分帝曰
當進諭此亦似近名然諫官論事不合罪之

後唐莊宗入汴齊州刺史　孟璆上章請死詔原之璆初事帝
爲騎將天祐十三年帝與劉鄩對壘璆領七百騎奔梁至
是來請罪帝報之曰爾當吾急引七百騎投賊何面目相視璆
惶恐請死帝恕之未幾移貝州刺史

明宗天成三年五月有軍人於軍器庫内盜銀槍一條帝捨其
罪侍臣以盜軍器於宮内其罪難恕帝竟釋放

長興二年五月泗水縣令李[illegible]特務兼天下民户除田土徵
租稅其鹽[illegible]是國[illegible]鹽[illegible]鼓勸百益國利民方爲
良策[illegible]所進條件
既廣[illegible]引[illegible]指[illegible]甚且鄉閭之内苦衆不
無則可[illegible]古制[illegible]更[illegible]而均[illegible]豈得請行[illegible]饒群情
許[illegible]之品[illegible]死[illegible]五兵作息[illegible]縣小[illegible]有此[illegible]

未測何意便合勘窮陳翠申奏科條尚緣言路方開政刑務恤宜從寬宥侍御循九月丙戌太傅致仕王建立不由詔旨至京而過闕不敢引對留於閤門久之自至後樓對見帝以故將不之責

是月庚戌東京舉人前遷州錄事參軍韓滔所司面試策問一篇舞詞以對勑旨納言路廣進多人多別出試題蓋防假手整爲獨隨衆例輒出已懷敢以閑詞有違明勑而又情僞自彰事匪合宜朝堂于條之時尚鎬經濟州縣親人之處可認作爲便合奉違勑之科加不恭之罪緣當誕月刑法務寬宜殿一選

末帝清泰元年擢授武爲兵部侍郎帝按兵於懷軍疑武在邑從之列頗以心善諂諛於軍帝以其才名優容之詔遣歸洛

二年三月太常丞史在德上疏言事其略曰朝廷任人率多濫進稱武士者不閑計策雖被堅執銳戰則棄甲窮則背軍稱文士者鮮有藝能多無士行問策謀則杜口作文字則倩人所請虛設具員枉耗國力逢陛下惟新之運是文明革弊之秋且請

府四十一　十一

應內外所管軍人凡勝衣甲者請宣下本部本將一一考試武藝短長權謀深淺居下位有將才者便拔爲大將居上位無將略者移之下軍其東班臣寮請内出策題下中書令宰臣面試如下位有大才者便拔居大位處大位無大才者即移之下僚其疏大約如此盧文紀等見其奏不悅班行亦多憤悱啟諫官劉濤楊昭儉等上疏請出在德疏辨可否宣行中書覆奏亦駁其錯誤帝召學士馬裔孫謂曰史在德語太凶其實難容朕初臨天下須開言路若朝士以言獲罪誰敢言者爾代朕作詔勿加在德之罪詔曰左補闕劉濤等奏太常丞史在德所上章疏中書門下駁奏未奉宣諭乞特施行分明黜陟朕常覽貞觀故事見太宗之理以貞觀升平之運太宗明聖之君野無遺賢朝無闕政盡善盡美無得而名而陝縣丞皇甫德參輒上封章恣行訕謗人臣無禮罪不容誅賴文貞之彌縫恕德參之狂瞽徵奏太宗曰陛下思聞得失只可恣其所陳若所言不中亦何損於國家朕每思之斯要言也遂得下情上達德盛業隆太宗之道彌光文貞之節斯著朕惟寡昧獲奉宗祧業業兢兢懼不克負荷惟才是道掄拔時材優忠抱直之人虛心渴見便佞詭隨之輩且未黜聞史在德近所貢陳誠無避忌中書以文字紕繆比擬奏乖張易人名繩犯廟諱請歸憲法以示戒懲蓋以中書既奏事舛合盡事理朕覽其所奏意誘勸將來多言數窮雖聖祖之所戒千慮一得誠恐未盡之可從因覽文貞之言遂寬在德之罪爰令停寢不遂宣行劉濤等官列諫垣宜陳讜議請定短長之要以行黜陟之文貴繩愆糾繆則請賞德參今濤等請黜在德事同言異何相遠哉將議允俞恐虧開納方今朝廷粗理俊人畢臻留一在德不足爲多去一在德未足爲少苟可懲勸朕何愛焉但緣情在傾輸理難黜責濤等數奏朕亦優容宜體含洪勉思體議凡百在位悉聽朕言

晉高祖天福四年秋七月御史奏太子賓客韓惲國子祭酒曹洎左丞崔棁吏部侍郎盧導左司郎中趙上交左贊善大夫李專美太常博士祝格左龍武將軍李藏希左衛將軍李崇本人閣後至衙班失儀帝以人之小過不用情不拘法酷曰失恭恕而已矣遂不令罰俸

府四十一　十二

少帝天福七年襄州行營都部署高行周奏收下襄州城其安從進并骨肉並自焚滅擒到從進男弘贄斬之差人監送襄州行軍司馬安友規到闕釋罪賜服帶鞍馬

周太祖初親族及王峻家並爲劉銖所害帝入京城銖夫婦裸露以席自蔽平旦執之下獄帝遣人讓銖曰與公同事先帝寧無故人之分吾家屬屠滅公雖奉君命加之酷毒一何忍哉公今亦有妻兒家屬公還惜否銖但稱死罪時群臣方集帝言曰前青州劉侍中墜馬傷甚昨夜又軍士凌逼殆有微生椽吏吾人家族罪不容誅然究其性還循環不息今欲奏太后止罪其身宥其家屬何如群臣稱善及奏從之廣順初太祖念銖嘗司委

漢室乃詔賜銖妻陝州莊宅一區

世宗顯德元年三月親征河東五月戊申命河陽節度使劉詞押步騎三千赴洛州皆樊愛能何徽之部兵也上以既誅其主將不欲加罪於衆乃遣詞押領分屯於洛州

二年尚書吏部貢院進新及第進士李覃等一十六人所試詩賦文論策文詔曰國家設貢舉之司求英俊之士務詢文行方中科名比聞近年已來多有濫進或以年勞而得第或因媒勢以出身今歲所放舉人試令看驗果見紕繆須至去留其李覃何曮楊徽之趙隣幾等四人宜放及第李震等一十二人藝學未精並宜勾落且令苦學以俟再來禮部侍郎劉溫叟失於選士頗屬因循據其過尤合行譴謫尚示寬恕特與矜容劉溫叟放罪

冊府元龜卷第四十一

冊府元龜卷第四十二

帝王部　四十二

仁慈

儒有百行仁爲之宗道有三寶慈居其首君人者本之以成帝德行之以宅天下夫天下之民愛而戴之何莫由斯之道也若乃蜡氏除骴列于秋官詩人行葦系于大雅禁方春之刳毁則澤彼含靈戒不時之薙伐則恩加植物至於寘獲乎生齒還幽閉於所親釋俘虜之窮因瞻陷沒之良口若是數者時而行之則萬物由庚而況於下民乎四夷慕義而況於中國乎書曰好生之德洽于民心又曰民罔常懷懷于有仁其此之謂歟

商湯出見野張網四面祝曰自天下四方皆入吾網湯曰嘻盡之矣乃去其三面祝曰欲左左欲右右不用命乃入吾網諸侯聞之曰湯德至矣及于禽獸

周文王作靈臺掘地得死人骸文王曰更葬之吏曰此無主文王曰有天下者天下之主今我非其主邪遂令吏以衣棺葬之天下聞之曰文王賢矣澤及枯骨又況人乎

漢高祖五年五月詔民以飢餓自賣爲人奴婢者皆免爲庶人

文帝十二年二月出孝惠皇帝後宮美人令得嫁

宣帝元康三年六月詔曰前年夏神爵集雍今春五色鳥以萬數飛過屬縣翱翔而舞欲集未下其令三輔毋得以春摘巢探卵彈射飛鳥具爲令

成帝永始四年六月出杜陵諸未嘗御者歸家

後漢光武建武二年五月詔曰民有嫁妻賣子欲歸父母者恣聽之敢拘執論如律

六年十一月詔王莽時吏人沒入爲奴婢不應舊法者皆免爲庶人

七年五月詔吏人遭饑亂及爲青徐賊所略爲奴婢下妻欲去留者恣聽之敢拘制不還以賣人法從事（言從賣人之事以從其罪）

十二年三月詔隴蜀民被略爲奴婢自訟者及獄官未報一切免爲庶民

十一月大司馬吳漢伐公孫述放兵大掠成都焚述宮室帝聞之怒以譴漢又讓漢副將劉尚曰城降三日吏人從服孩兒老母口以萬數一旦放兵縱火聞之可爲酸鼻尚宗室子孫嘗更吏職何忍行此仰視天俯視地觀放麑啜羹二者孰仁（韓子曰孟孫獵得麑使秦西巴持之其母隨而呼秦西巴不忍而與其母數因又曰樂羊爲魏將而攻中山其子在中山中山君烹其子而遺之羹樂羊坐而啜之盡一孟而攻拔中山）

十三年十二月詔益州民自八年以來被略爲奴婢者皆一切免爲庶民或依託爲人下妻欲去者恣聽之敢拘留者比青徐二州以略人法從事

十四年十二月詔益涼二州奴婢自八年以來自訟在所官一切免爲庶民賣者無還直

章帝元和二年正月詔曰令云人有產子者復勿筭三歲今諸懷妊者賜胎養穀人三斛復其夫勿筭著爲令

三年二月勑侍御史司空曰方春所過無得有所伐殺車可以引避引避之騑馬可輟解輟解之（夾轅者爲服馬外爲騑馬）詩云敦彼行葦牛羊勿踐履（敦敦然道旁之葦牧牛羊者無使踐履折傷之況於人乎）禮人君伐一草木不時謂之不孝（孔子曰斷一樹殺一獸不以其時非孝也）俗知順人莫知順天其明稱朕意

安帝元初二年二月遣中謁者收葬京師客死無家屬及棺槨朽敗者皆爲設祭其有家屬尤貧無以葬者賜錢人五千

質帝本初元年二月庚辰詔曰九江廣陵二郡數離寇害殘夷最甚（謂比年張嬰寇廣陵華孟寇九江）生者失其資業死者暴尸原野昔之爲政一物不得其所若己爲之況我元元嬰此困毒方春戒節賑濟乏厄掩骼埋胔之時（骨枯曰骼肉腐曰胔）其調比郡見穀出稟窮弱收葬枯骸務加埋䘏以稱朕意

魏太祖漢建安中陳宮爲呂布守下邳布敗太祖禽宮宮欲

活老母及女不宮對曰宮聞孝治天下者不絕人之親仁施四海者不乏人之祀老母在公不在宮也宮死太祖召養其母終其身嫁其女

齊王以景初三年即位詔官奴婢六十已上免爲良人

正始七年秋詔曰屬到市觀見所斥賣官奴婢年皆七十或癃疾殘病所謂天民之窮者也且官以力竭而復鬻之進退無謂其悉遣爲良民若有不能自存者郡縣振給之

晉武帝太康七年十二月出後宮才人妓女以下二百七十人歸于家帝又嘗幸王濟宅濟供饌甚豐悉貯流離器中蒸肫甚美帝問其故荅曰以人乳蒸之帝色甚不平食未畢而去

元帝太興四年五月詔曰昔漢二祖及魏武皆免良人武帝時涼州覆敗諸爲奴婢亦皆復籍此累代成規也其免中州良人遭難爲楊州諸郡僮客者以備征役

孝武太元十四年正月詔淮南所獲俘虜付諸作部者一皆散遣男女相配匹賜百日廩其沒爲軍賞者悉贖出之以襄陽淮南饒沃地各立一縣以居之

後魏明元永興三年二月詔曰衣食足知榮辱夫人飢寒切已唯恐朝夕不濟所急溫飽而已何暇及仁義之事乎王教之多違蓋由於此也非夫耕婦織內外相成何以家給人足矣其簡宮人非所當御及執作伎巧自餘悉出以配鰥民

太武太延元年正月癸未出道武明元宮人令得嫁

文成和平四年八月畋于河西詔曰朕順時畋獵而從官殺獲過度既殫禽獸乖不合圍之義其勑從官及典圍將校自今已後不聽濫殺其畋獲皮肉別自頒賚是月詔曰前以民遭飢寒不自存濟有賣鬻男女者盡仰還其家或因緣勢力或私行請託共相通容不時檢校令良家子息仍爲奴婢今仰精究不聽取贖有犯加罪若仍不檢還聽其父兄上訴以掠人論

獻文皇興三年十二月詔曰頃張永迷擾敢拒王威暴骨原隰殘廢不少死生冤痛朕甚愍焉天下民一也可敕郡縣永軍殘廢之士聽還江南露骸草莽者收瘞之

孝文延興三年九月詔曰自今京師及天下之囚罪未分判在獄致死無近親者公給衣衾棺櫝葬埋之不得暴露

太和二年二月行幸代之湯泉所過問民疾苦以宮人賜貧民無妻者

三年二月帝及皇太后幸代郡溫泉問民疾苦貧者以宮女妻之

七月詔宮人年老及疾病者免之

四年九月詔曰隆寒雪降諸在徽纆及轉輸在都或有凍餒朕甚愍焉可遣侍臣詣廷尉獄及有囚之所司巡省察飢寒者給以衣食桎梏者代以輕鏁

五年二月大赦天下免宮人年老者還其所親四月甲寅詔曰時雨不霑春苗萎悴諸有骸骨之處皆勑埋藏勿令露見

六年三月庚辰行幸虎圈詔曰虎狼猛暴食肉殘生取捕之日每多傷害既無所益損費良多從今勿復捕

九年八月詔數州災水飢饉荐臻致有賣鬻男女者天之所譴在予一人而百姓無辜橫罹艱毒朕用殷憂夕惕忘食與寢今自太和六年已來買定冀幽相四州飢民良口者盡還所親雖娉爲妻妾遇之非理情不樂者聽離之

十三年九月免宮人以賜北鎮人貧鰥無妻者

十八年十二月南伐齊詔壽陽鍾離馬頭之師所獲男女之口皆放還南

十九年八月幸西宮路見壞冢露棺駐輦埋之

宣武景明三年二月詔曰自比陽旱積時農民廢殖寤言增愧在予良多申下州郡有骸骨暴露者悉可埋瘞

正始三年五月詔曰掩骼埋胔古之令典順辰脩令朝之常式今苗澤未降春稼已旱或有孤老篤癃無人贍救因以致死暴骸溝塹者洛陽部尉依法棺埋

永平二年十一月詔禁屠殺含孕以爲永制

孝明熙平元年五月詔放華林野獸於山澤

出帝太昌元年五月庚戌詔曰頃因年飢百姓流徙或身倚溝渠或命懸道路皆見棄草土取厭烏鳶言念於此有警夜寐掩骼之禮誠所庶幾行殣之義冀亦可免其諸有露骸令所在埋覆可宣告天下

後周明帝二年二月詔曰王者之宰世莫不同四海一遠近爲父母而子之一物失所若納于隍賊之境土本同大化往因時難致阻東西遂使疆埸之間交相抄掠入賊者悉可哀傷自元年已來有被掠入賊者悉可放免

武帝保定五年六月詔曰江陵人年六十五以上爲官奴婢者已令放免其公私奴婢有年至七十以外者所在官司宜贖爲庶人

建德元年十月詔江陵所獲俘虜充官口者悉免爲民

六年十一月詔永熙三年七月已來去年十月以前東土之民被抄掠在化内爲奴婢者及狡抄平江陵之日良人没爲奴婢者並宜放免所在附籍一同民伍若舊主人猶須共居聽留爲部曲及客女

靜帝大象二年詔南定北光衡巴四州民爲宇文亮抑爲奴婢者並免爲民復其本業

唐高祖武德二年正月詔曰釋典微妙淨業始於慈悲道教冲虛至德去其殘殺四時之禁無伐麛卵三驅之化不取前禽蓋欲敦崇仁惠蕃衍庶物立政經邦咸率兹道朕祗膺靈命撫遂群生言念亭育無忘鑒寐殷帝去網庶踵前修齊王捨牛實符本志自今以後每年正月五月九月及每月十齋日並不得行刑所在公私宜斷屠殺

三年四月詔曰有隋失馭喪亂弘多民物凋殘俗化踰侈耽嗜之族競逐旨甘屠宰之家恣行刳殺芻豢之畜靡供肴核之資鮮天之羣莫遂蕃滋之性傷財費業職此之由曩敝於前因茲未息禮曰君無故不殺牛大夫無故不殺羊士無故不殺犬豕庶民無故不食珍非惟務在仁愛蓋亦示之儉約方域未寧尤須節制凋弊之後宜先蕃育豈得恣彼貪暴殘害庶類之生苟徇目前不爲經久之慮導民之理有未足乎其關内諸州宜斷屠殺庶六畜滋多而民庶殷贍詳思厥衷更爲條式

六月詔曰自隋室不綱政刑荒廢戎役煩重師旅荐興元元無辜墮于塗炭轉死溝壑暴骨中原生靈淪亡邑居散逸墳隴靡託營魂無歸朕受命君臨爲民父母率土之内情均亭毒一物失宜寢興軫慮念兹道殣義先卹難復久已頒下普遣葬埋猶恐吏不存心收斂未盡宜令州縣官司所在巡行掩骼埋胔必令周悉使郵亭之次無復遊魂窀穸之下各安所厝姬文惠化恩及枯骸庶踵於前此爲非類

太宗以武德九年八月甲子即位是月癸酉詔曰冤始正家刑于四海王者内職取象天官上備列位之序下供掃除之役肇自古昔具有節文末代奢淫搜求無度朕嗣膺寶曆撫育黎元克己勵精庶幾至理顧省宮掖其數寔多愍兹幽閉久離親族一時減省各從罷散歸其戚屬任從婚娶自是後中宮及掖庭前後所出三千餘人又在内鷹狗駘等並委五坊使量留餘並解放

九月遣殿中監盧寬將軍趙綽送突厥還番頡利獻馬三千匹羊萬口帝不受詔頡利所掠中國户口者令歸之

貞觀二年四月詔曰隋運將盡群凶鼎沸干戈不息饑饉相仍流血成川暴骸滿野朕往因軍旅周覽川原無所臨視用傷心慮自祗膺寶命義切哀矜雖道謝姬文而情深掩骼諸有骸骨暴露者宜令所在官司收斂埋瘞稱朕意焉

九月丁未謂侍臣曰婦人幽閉深宮情實可愍隋氏末年求採無已至於離宮別館非幸御之所多聚宮人皆竭人財力朕所

不取且灑掃之餘更何所用今將出之任求伉儷非獨以省費亦人得各遂其性於是令尚書右丞戴胄給事中杜正倫等於掖庭宮兩門簡出之

三年四月詔婦人正月以來生男賜粟一石

四年九月詔曰突厥種落往逢災厲疾疫飢饉殞喪者多暴骸中野前後相屬幽魂靡託覽莫無所永言矜悼有懷隱惻宜令所司於大業長城以南分道巡行但有骸骨之所酒脯致祭速爲理瘞務令周悉以稱朕焉

十月制決罪人不得鞭背初帝以暇日遍覽群書因讀明堂孔穴云人五藏之系咸附背脊針灸失所皆有損害乃廢書而歎曰令律决笞者皆云髀脊分受乃有邂逅致死之義捶人之脊理則宜然夫笞五刑之最輕者也死又生之至重者也豈容犯最輕之刑而或鞭笞致死自古帝王由來未悟不亦悲夫即日遂須此制

五年二月詔曰甲兵之設事不獲已義在止戈期於去殺季葉馳競恃力肆威鋒刃之下恣情剪馘血流漂杵方稱快意紛若乱麻自以爲武露骸封土多崇京觀徒見安忍之心未弘掩骼之禮静言念此憫歎良深但是諸州有京觀處無問新舊宜悉刬削加土爲墳掩蔽枯朽勿令暴露仍以酒脯致奠祭焉

五月有司言贖得男女八萬口初隋末大亂中國人多没於北夷至是突厥來降帝遣使以金帛購贖之

七月甲辰遣廣州都督府司馬長孫師往收瘞隋日戰亡骸骨毁高麗所立京觀

八月遣使於高麗收隋戰亡骸骨設祭而葬之

十年十月帝謂侍臣曰朕自征伐以來所乘戎馬陷軍破陣濟朕於難者刊石爲鐫眞形置之左右以申帷蓋之義初帝有駿馬名颯露紫霜每臨陣多乘之騰躍摧鋒所向皆捷嘗討王充於隴蓋馬坊酣戰移景此馬爲流矢所中騰上古堤右庫直丘行恭拔箭而後馬死至是追念不已刻石立其像焉

十五年三月如襄城宮登子邏坂見暍者僵於路駐命左右取漿飲之乃蘇

十七年三月帝觀漁於西宮見魚躍焉問其故漁者曰此當乳也於是中綱而止

十八年二月幸靈口村落偪側問其受田丁三十畝遂夜分而寢憂其不給詔雍州録尤少田者給復移之寬鄉

四月辛亥幸九成宮己未行次顯仁宮太宗手詔皇太子曰吾昨見麑鹿懷姙者多縱有空身其子甚小母亡而子存者未之有也吾與汝雖復不射無仁心之人得便終無放理畏蟲無知終須推己以及世推己之孝於父母以及此類則天下有識者懷之推己之惡死以及蟲豸含生之者何有不賴所以明日不行

十九年五月征遼次遼澤下詔曰日者隋師渡遼時非天贊從軍士卒骸骨相望遍於原野良可哀歎掩骼之義抑惟先典其令並收瘞之

十月班師詔初攻遼東城其中抗拒王師應没爲奴婢者一万四千口並遣先集幽州將分賞戰士帝念其父母妻子一朝分散情甚哀之因命有司平准其直以布及錢贖爲編户焉其衆歡叫之聲三日不息及至幽州夷俘並列於城東拜道稱謝舞躍擗地宛轉塵埃從行者懸之爲灑淚初帝之渡遼也莫離支遣加尸城七百人戍蓋牟城李勣盡虜之其人並請隨軍自效帝謂之曰非不欲爾之力爾家悉在加尸爾爲吾戰彼將爲戮矣破一家之妻子求一人之力用吾不忍也戊戌帝悉令稟食而放還咸曰高麗小人不知所以報天子德也

二十一年六月詔曰隋末喪乱邊壇多被抄掠今鐵勒並歸朝化如聞中国之人先陷在蕃内者流涕南望企踵思歸朕聞之惕然深用惻隱宜遣使往燕然等州知見在没落人數與都督相計將物往贖遂給程粮送還桑梓其室韋烏羅護靺鞨等三

部被延陁抄失家口者亦令為其贖取
高宗顯慶元年正月甲午詔曰為國之道必崇簡慧正家之義
允歸儉約故知興替之本得失之基爰自六宮刑于四海厥而
西都之后竊弃驕奢者東漢之君相繼淪侈魏庭晉室採擇無厭
水運告著精選納逾曆郎文既廢怨曠滋深靡費極多流弊忘反
朕以寡薄嗣奉瑤圖臨馭八紘亭育萬類向隅之念每切於憂
兢納隍之心實勞於夙夜率由成訓仰遵先旨即位之初備加
寬貸年老宮人已令放出掖庭之内人數猶多久離親族之歡
長供掃除之役永言此悶良深矜憫又去年霖雨頗傷苗稼在
於州縣非無乏少資給后庭有勞國用宜申茲大造更量放出
宮人可令宮司料簡具錄名狀所司依狀散下歸其戚屬若無
近親任求配偶所在官府存心安置勿使輕薄之徒輒行欺誘
令有竊資之弊便無偕老之託務加存恤令遂所懷
龍朔元年十月狩于陸渾縣校獵於非山帝身射禽獸獲鹿及

雉兎數十令代宮廚應烹之半盡放令長生焉
咸亨四年正月詔咸亨初百姓遺棄男女有收養及驅使者聽
量酬衣食之直放還本家閏五月禁作簺捕魚營圈取獸
中宗景龍二年十二月幸渭故未央宮舊基引從臣賜宴有群
鹿經于御前羽林騎士獲之以獻帝皆命放之
睿宗唐隆元年六月制宮人比來取在京百姓子女入宮者令
放出
玄宗先天元年十二月詔曰犬以守禦雞以伺晨有用於人不
同常畜好生之德倫宜矜及自今並不得屠殺
二年十二月太上皇詔今年斷食雞子雖寒食百官亦不得進
斉禁殺牛馬驢等犯者科違詔罪不得以官當蔭贖公私賤隸犯
者決六十然後科罪
開元二年十月詔曰乞力徐等天迷神怒背義忘恩悔其下人
制在凶帥積惡異深罪同草莽原言念於茲尚志惻隱其吐蕃戰

死人等宜令所在州縣速為瘞埋俾有申於弔極庶無隔於叢蒿
三年二月北庭都護郭虔瓘破吐蕃及突厥默啜以其俘來獻
帝謂俘囚等曰爾等背恩作逆罪不容誅念爾等無知特宜釋放
五年七月隴右節度郭知運大破吐蕃獻俘于闕下帝悉免而
撫之分配諸州為編戶親語之曰吐蕃俘囚等是爾番部於我
国家送款降婚分之疆界我不爾詐爾無我虞近年爾忽縱兇
狷不守誠信佗我群牧侵我州軍師藉陵閙故有經略臨陣所
虜准例應誅我情在好生今為爾屈法並捨爾等性命作諸州
編戶即宜安有司處分
十一月丙寅詔曰自古見其生不食其肉資其力必報其功爲
牛驢皆能任重致遠濟人使用先有處分不令宰殺如聞比來
尚未全斷群牧之内此弊尤多自今已後非祠祭所須更不得
進獻牛馬驢肉其王公已下及天下諸州諸軍宴設及監牧皆
不得輒有殺害仍令州縣及監牧使諸軍長官切加禁斷兼委

御史隨事糾彈
十二年四月隴右節度使王君㚟破吐蕃來獻戎捷帝謂吐蕃
俘囚等曰九是俘囚法當處死我好生惡殺覆育萬方汝等雖
是外蕃物類亦同中國今捨汝性命以申含養並向鴻臚待后
處分
十月將封泰山詔曰自古明王仁及萬物今助天孳育方欲告
成其緣祀祭及在路供頓犧牲餼牽礼不可闕除此之外天下
諸州並令斷屠及漁獵採捕駕迴至京都依常式
二十一年正月制曰獻歲之吉迎氣方始敬順天時無違月令
所由長吏可舉舊章諸有藏伏孕育之物蟄蟲生植之類慎無
殺伐致令夭傷
天寶元年正月改元詔曰禁傷麛卵以遂生成自今已后每年
春天下宜禁弋獵採捕
五載正月詔曰永言亭育仁慈為本況乎春令義叶發生其天

下弋獵採捕宜明舉舊章嚴加禁斷宣布中外令知朕意

六載正月詔曰今屬陽和布氣蠢物懷生在於含養必期遂性如聞滎陽僕射陂陳留郡蓬池等採捕極多傷害甚廣因循既久深謂不然自今已後特宜禁斷各委所由長官嚴加捉搦輒有違犯者白身決六十仍罰重役官人具名録奏當別處分其僕射陂仍改爲廣仁陂蓬池改爲福源池庶弘大道之仁以廣中孚之化又詔曰祭祀之典犧牲所備將有達於虔誠蓋不資於廣殺況牛之爲畜人實有頼既功施播種亦力被車輿自比餘牲尤可矜憫但前聖有作難爲蓋廢明神克享亦在深仁自今已後每大祭祀應用騂犢宜令所司量減其數仍永爲常式

十四載正月詔曰今陽和布氣庶類滋長助天育物須順發生宜令諸府郡至春末已後無得弋獵採捕嚴加禁斷必資杜絶

肅宗至德三年正月詔曰國有五典幽閉爲重刑有六宮明章內理所以教之陰礼詔之御服至於衡紞紘綖之美織紝線

府 四十二　十一

纊之事任適於用則有司存焉頃年已來仍遭冠盜違其情性則謫見天象慾其供億則糜費国儲非所以達寃煩振繫滯之義也宜放內人三千人各任其嫁其年老及疾患如無近親收養散配諸寺安置待有去處一任東西仍各與一房資財以充粮用并委府縣官司當勿使侵凌以成朕無爲之化也

代宗寶應元年十二月戊辰詔曰凡在生靈合登仁壽自逢艱阻多致傷殘或寇盜爲災斃於鋒鏑或歲時不稔消殣相望枯骨轉屍多未埋瘞朕爲人父母良深惻惻將何以示掩骼之礼昭埋骨之仁永念前脩豈忘古訓其京城內外應有舊骸骨宜令京兆府即句當收拾埋瘞仍令中使與所由計會致祭

大曆四年十一月禁畿內弋獵

九年三月丙午禁京畿內採捕漁獵自三月至于五月永爲常式

德宗以大曆十四年五月即位以文單国累獻馴象凡四十有二皆豢於禁中有善舞者以備元會庭實至是悉令放於荊山之陽及鷹隼豹貀鬬雞獵犬皆放之又出宮女數百人

閏五月辛巳詔曰邕府歲貢奴婢使其離父母之鄉絶骨肉之戀非仁也罷之

七月商州歲貢鶇屖罷之

貞元六年十一月詔曰吐蕃比虧信約自失通知邊鎮之間事資備禦因其犯境累有俘囚既切懷歸之心復加幽縶之苦永言覆育豈間華戎應所獲吐蕃生口見在者一切放歸本国仍並差人送至界首量事資遣使得自全

順宗以貞元二十一年正月即位二月癸丑釋掖庭沒官婦人朱泚妻徐氏等甲子大赦制後宮細人弟子音聲人等並宜放歸親族又諸軍先擒吐蕃生口配在諸處者宜資給放還本国

三月出後宮三百人及教坊女伎六百人聽其親戚迎于九仙門百姓聚觀讙呼大叫

四月丁卯命焚容州所進毒藥可以殺人者

府 四十二　十二

憲宗元和元年正月福建道送到吐蕃生口十七人詔給遞乘放歸其國

八年六月辛丑命出宮人二百車許人得娶以爲妻以水害誡陰盈故也

十年九月詔澤潞及鳳翔天藏軍每進鷂子既傷物性又勞人力宜停進

十二月詔出宮人七十二分置京城寺觀有家者歸之

十一年禁以新羅爲生口令近界州府長吏切加提舉以其国宿衞王子金長廉狀陳故有是命

穆宗以元和十五年正月即位御丹鳳樓大赦詔援逆籍沒罪人妻女等宜並放歸親族

七月詔許逆賊李師道妻魏氏爲尼住法雲寺

二月帝御丹鳳樓大赦詔諸軍先擒吐蕃生口配在諸處者並放歸國願住者亦聽

九月江南西道奏配到吐蕃一百六人准赦條流七十四人願歸本縣餘並請住詔給衣遞乘發遣其諸道願歸者准此處分

長慶元年七月十八日大赦制李師道吴元濟自絶於天並從誅滅念其祖父嘗事先朝墳墓所在並不得令人擅有毀廢

二年十二月丁亥朔詔五坊鷹隼及備打獵狐兎等悉放之

敬宗長慶四年正月即位二月詔先在掖庭宮人家口并配内園年深宮人等並放出外任其所適又詔老宮人及殘疾不堪使役并有父母羸老疾病者並委所司選擇放出

三月赦其諸軍先擒獲吐蕃生口配在諸處者宜委本道資給放還本國

寶曆元年正月赦先擒獲吐蕃生口配流諸處者委本道資給放還邊上仍不得更受投降人并擒捉人生口

四月涇原節度使楊元卿奏當管平凉鎮收得投降吐蕃剌師史詔委元卿准近赦送還本國

二年二月鳳翔節度使進到落蕃迴鶻四人勑宜令付鴻臚寺待有還蕃使即放歸國

文宗以寶曆二年即位十二月詔其在内宫女三千許嫁

大和元年四月出宮女一百人中人押送權於兩街寺觀安置

二年五月丙申詔度支每年百額年支配進蚺蛇膽四兩桂州一兩賀州二兩泉州一兩宜於數內量停三兩餘一兩每年轉次送納帝因對侍講學士許康佐語及取蚺蛇膽知生剖其腹而後得之帝為惻然因命停減

三年四月出宮人一百人任從所適

四年四月詔曰春夏之交稼穡方茂求念東作其勤如傷況時屬陽和命禁麛卵所以保茲懷生遂物性如聞京畿之内及關輔近地或有豪家如務弋獵放縱鷹犬頗傷田苗宜令長吏切加禁察有敢違令者捕繫以聞

八年二月詔比者滄寇干紀稽誅數年諸道興師並獻戎捷將方計叛離議釋縲免死戍邊已有恩貸今滄州一道久被朝章念其懷土之心必有向隅之歎俾之遂性用洽親恩其諸道所送滄州將健配流及邊鎮營田役使者並委本管如有已効軍職及自有生業不願去者亦任便住又詔曰蘇州大水飢歉之後編戸男女多為諸道富家立虛契質錢父母得錢數百米數斗而已今江南雖豐稔而凋殘未復委淮南浙江東西等道如蘇湖等州百姓願贖男女者官為詳理不得計衣食及虛契徵索如父母已殁任近親收贖如父母無資而自安於富家不猒為賤者亦聽

開成元年三月詔曰如聞兩河之間頻年旱災貧人得富家數百錢數斗粟即以男女為之僕妾委所在長吏察訪聽其父母骨肉以所得婚娉之勿得以虛契為理

二年二月甲子出内音聲人四十八人放歸本家

三月壬申詔部陽御辰生氣方盛思全物類以順天時内外五坊凡有籠養鷹鷂及鷄鴨鳥雀狐兎等悉宜放之起今月一日至五月三十日禁京城畿内採捕禽獸羅網水虫以遂生成永為定制委臺府及本司切加禁止

三年六月辛亥遣中人監宮人四百八十人送兩街寺觀安置今其親族識認還之壬子又出宮人劉奴奴等七十五人還其親族

七月新羅王金祐徵遣所遣淄青節度使奴婢帝矜以遠人詔令却歸本國

武宗會昌六年二月制新攻党項事不獲已其婦人并幼小未任持兵仗者交兵日不得濫有殺傷

哀帝天祐二年四月詔應有暴露骸骨委所在長吏指揮以上供錢收拾埋瘞

後唐莊宗同光元年四月制曰夫掩骼者在前經務神並於古典比者諸道州縣所在應有暴露骸骨並勤逐處埋瘞

二年十二月詔曰自兵屯郊瀆事迫機宜年有侵漁交用責掠既變良而爲賤實或脅以勢臨人或銜寃朕寧無慮可各下諸處應有百姓婦女俘虜他處爲婢妾者願歸即並不得占留一任骨肉識認其丈夫曾被剌面者仰勘所在村保如委不是食糧人數便勒本州府各與憑據放逐營生

明宗天成元年四月即位以莊宗時六宮内人數千洎蕭牆之變率多流散及帝自關東赴難居至德宮稱制宣徽使據按簿引進猶千餘人時宮使選數百人皆少年端麗者進御帝曰何事須此宮使奏曰宮中内職各有典掌故事不可闕帝因召老宮人謂曰入宮幾時或對曰曾事乾符帝諳悉故事帝曰宮闈典故非耆艾者焉記所進少年定非前輩因戲謂老宮人曰非唯爾諳事故且與子顏狀同耳是日勑少年宮人並令還其家無家可歸者任從所適西川所送者亦令罷歸宮中所職但耆舊宮人而已

五月辛酉華州節度使史敬鎔奏准宣放散西川宮人各歸骨肉

二年四月右諫議大夫梁文矩上言平蜀已來軍人將到西川人口甚多骨肉阻隔恐傷和氣請許收認帝仁慈素深因文矩之奏河南北舊因兵火虜隔者再令條理並從識認

三年六月詔内園鹿七頭命放於深山

閏八月勑古之治民者勸賞而畏刑恤民而不倦賞以春夏刑以秋冬是以將賞爲之加膳此以知其勸賞也將刑爲之不舉此以知其畏刑也唯賞以春夏刑以秋冬是聖哲之用心合天地而行事今朕以切於禁暴樂在勸能其或秋後有功不可待氷泮而行賞春時有罪不可候霜降而加刑漸向太平方行古道況賞貴不僭與則立功者轉多刑不濫施則犯法者漸少其在京或遇行極法日宜不舉樂減常膳諸州使遇行極法日亦禁聲樂

四年八月癸卯考功員外郎郭正封奏中興平定之初自數十年離亂編民或爲兵士所掠没爲奴婢者既無特勑釐革無復從良遂令骨肉流離有傷王化勑宜曉諭天下諸軍所掠生口有主識認並勑放歸

長興二年四月丙申前濮州録事參軍崔琮獻時務諸道獄囚恐不依法拷掠或不勝致斃翻以病聞請置病囚院兼加醫藥中書覆奏有罪當刑仰天無恨無病致斃没地有寃燃死灰而照至仁照覆盆而須資異鑒書著欽哉之旨禮標惻怛之文固彰善於從羣吏推恩於窮睏所請置病囚院宜依仍委隨處長吏專切經心或有病囚當時差醫人診候治療後據所犯輕重決斷如敢固違致病囚負屈身亡本處官吏並加嚴斷兼每及夏至五日一度差人洗刷枷杻

九月辛亥詔五坊見在鷹隼之類並可就山林解放今後不許進獻

三年五月癸未勑春夏之交長養是務眷彼含靈之類方資亭

育之功先有條流解放鷹隼自此凡羅網彈射并諸弋獵之具此至冬初並宜止絶如有違犯仰隨處官吏便科違詔之罪起今後每年至二月初便依此勑曉示中外蓋循舊制重布新規宣諭萬邦永爲常式

四年七月乙未帝於廣壽殿對迴鶻使都督李未等二十一人進白鶻一聯勑禮賓使解緤放之山林

八月帝受尊號畢制曰諸道凡無主丘墓自兵革已來經發掘者宜令觀察使刺史差人量事掩瘞

末帝清泰元年九月庚戌詔曰朱弘昭馮　孟漢瓊康義誠王思同藥彦稠等朕志切行仁情唯念舊雖顯負釁因貽其伊戚而愍傷猶軫于予懷宜降特恩許其歸葬其親屬骨肉及元隨職員並放逐便所在不得恐動

晉高祖天福元年十一月即位赦曰恩推掩骼義顯燭幽允諧遐邇之心冀叶陰陽之序應自舉義已來或有因事抵法之人

及九月十四日後殺戮賊冦所在暴露骸骨未有骨肉收認無
主者委逐處長吏指揮埋瘞
二年四月丁亥制當罪即決式明常典既往可憫宜示深仁僞
清泰中臣寮內有從珂誅戮者並許收葬
五月己卯勑太社內先收掌唐朝罪人首級等王業肇興德音
屢降念茲既往屬我惟新宜引掩骼之仁以黄燭幽之德其太
社內應收掌唐朝罪人首級並許骨肉或親舊寮屬收葬其喪
葬儀注禮備飾終不得過制仍付所司
八月詔兵興已來邊疆多事或因虜掠或偶滯留歲序遷移家
鄉阻遠宜令收贖俾遂歸還應自梁朝後唐已來前後奉使及
北京沿邊管界虜掠往向北人口宜令官給錢物差使齎持往
彼一一收贖放歸本家是月大理正韓保裔上言其略云伏請
天下獄牢特頒惻憫抱沉痾者宜加藥餌無骨肉者勿使飢寒
庶俾解網之仁用補泣辜之德若勑方在獄牢又縈疾疹在典

刑之自別顧醫藥以何妨實可施行足彰仁憫宜下刑部大理
寺御史臺及三京諸道州府今後或有繫囚染疾者並令逐處
醫博士及軍醫看候於公廨錢內量支藥價或事輕者仍許人
看候所有罪犯合據杖責仍候痊損日科決
三年正月詔命供奉官張彥祚往魏博管內收藏暴露骸骨
八月勑魏府城下自去歲屯軍已來管界墳墓多經斵掘雖已
曾差使句當收掩今更遣太僕卿邢德昭祭奠其科例宜令度
支給付
十月戊戌赦曰仁及枯骨澤漏重泉眷昔后之芳蹤乃有國之
令典魏府管內軍兵已來墳墓所毀無主者委逐處官吏指揮
隨事修整祭奠仍仰官中給支
四年七月甲子勑符彥饒張繼祚婁英尹暉等皆受國恩悉虧
臣節孽非天作戚實自貽尋正典刑屢遷歲月宜示燭幽之道
用推掩骼之仁宜令近親任便收葬

三年七月乙丑崔廷勳元弼已下三百五十人放還故土
六年四月丙申詔顯義指揮使劉康部下兵百人放還淮海即
安州所俘也
少帝開運三年二月勑自冬徂春稍愆雨雪掩骼埋胔必契陰
靈將召沖和宜藏暴露宜令所在長吏依此掩藏仍付所司
周太祖廣順元年正月勑含幽育明哲后法之而致理掩骼埋
胔賢主著之爲令戢今賚祚惟新璿璣在御軫姬周之至德體
虞舜之深仁屬三靈改卜之秋當五兵銷偃之際或墳塋無主
幽穸毀發於樵蘇或戰陣士身遺骸暴露於原野旅魂無託言
念堪嗟應天下州府管界內有墳墓被開發者無人爲主本界
官吏量與掩閉勿令漏露或戰場郊野有暴露骸骨亦仰收拾
埋瘞以聞
四月沿淮州鎮上言淮南飢民過來糴物從前通商未敢止絕
詔曰淮南雖是殊邦未通中國近聞歉食深所軫懷天災流行

分野代有苟或閉糴豈是愛人彼之生靈與此何異宜申惻隱
用濟饑饉宜令沿淮州縣渡口鎮鋪不得止淮南人糴易是時淮甸
累年災旱流民來淮就食者甚衆計不令止糴其後淮南立倉糴
我粟米之商賈利其善價以舟車輦運太祖聞之詔其貧擔以供
食者禁止舟車運又詔唐莊宗明宗晉高祖三處陵寢各有守陵
宮人並放逐便如願在陵所者依舊供給
世宗顯德元年三月親征河東四月放太原投來義軍百姓餘
人歸本所
二年五月勑節文應諸道所禁罪人無家人供送衣食者每日
逐人給官米二升
四年三月降下壽州赦曰自用兵已來被剪却骨肉者不計遠
近並許本家識認官中給物收贖所在不得藏占
四月放懷恩軍士歸蜀是軍嘗爲王師所俘帝捨之
給以衣衆賜號懷恩軍至是軫其懷土之意故放之　卷末

冊府元龜卷第四十三

帝王部四十三

度量　多能

度量

高明博載天地之所以為大也寬仁豁達帝王之所以為量也中古已還典策斯略暨炎漢而下肇起潛晦天資大度靡事生業倜儻兀挩放蕩不羈蓄非常之謀淵乎叵測奮撥亂之志慨然興歎駕馭豪傑坼廓靈府不凝滯於居處不耽悅於玩好開示向背之際鎮寧危懼之時故令反側者自安觀聽者効順巍乎英鑒諒非矯飾及夫仗義膺運正位域中然猶固念舊惡洞絕猜忌優容狂瞽弗形喜慍至于屈法恕物推信柔遠甚歟致治心逸日休斯聖人範圍之理得矣

漢高祖寬仁愛人意豁如也常有大度不事家人生產作業嘗繇咸陽縱觀秦皇帝喟然太息曰嗟乎大丈夫當如此矣（喟太息貌）帝初為泗水亭長沛令呂公有重客蕭何為主吏（主吏功曹）主進（進禮會禮之時）令諸大夫曰進不滿千錢坐之堂下（令呂公也）帝素易諸吏（易輕也）乃紿為謁曰賀錢萬（紿詐也）實不持一錢謁入呂公大驚起迎之門引入坐上坐（上坐尊處也）蕭何曰劉季固多大言少成事帝因狎侮諸客遂坐上坐無所詘（詘屈也）及為沛公項羽願與高祖西入關懷王諸老將皆曰項羽為人慓悍禍賊（慓疾也悍勇也禍賊好為禍害而殘賊也）不可遣獨沛公素寬大長者卒不許羽而遣沛公

十二年十一月帝擊黥布為流矢所中行道疾甚呂后迎良醫醫入見帝問醫曰疾可治於是帝嫚罵之曰吾以布衣提三尺取天下此非天命乎命乃在天雖扁鵲何益遂不使治疾賜黃金五十斤罷之

文帝時吳王詐病不朝賜以几杖群臣袁盎等諫說雖切常假借納用焉張武等受賂金錢覺更加賞賜以愧其心

後漢光武初為蕭王圍邯鄲拔其城誅王郎收文書得吏人與郎交關謗毀者數千章帝不省會諸將軍燒之曰令反側子自安

寇恂為潁川太守執金吾賈復在汝南部將殺人於潁川恂捕殺之復以為恥後過潁川欲殺恂恂以狀聞帝乃徵恂恂至引見時復先在坐欲起相避帝曰天下未定兩虎安得私鬭今日朕分之（分解也）於是並坐極歡遂共車同出結友而去

馬援為隗囂奉書至洛陽引見於宣德殿帝迎笑謂援曰卿遨遊二帝間今見卿使人大慙援頓首辭謝因曰當今之世非獨君擇臣也臣亦擇君矣臣與公孫述同縣少相善臣前至蜀述陛戟而後進臣臣今遠來陛下何知非刺客姦人而簡易若是帝復笑曰卿非刺客顧說客耳援曰天下反覆盜名字者不可勝數今見陛下恢廓大度同符高祖乃知帝王自有真也帝甚壯之援從南幸黎丘轉至東海及還以為待詔使太中大夫來歙持節送援西歸隴右

魏太祖少機警有權數而任俠放蕩不治行業初為兗州牧以東平畢諶為別駕張邈之叛也邈劫諶母弟妻子太祖謝遣之曰卿老母在彼可去諶頓首無二心太祖嘉之為流涕既出遂亡歸及呂布破諶生得衆為諶懼太祖曰夫人孝於其親矣豈不亦忠於君乎吾所求也以為魯相又呂布劫劉備取下邳備來奔程昱說太祖曰觀劉備有雄才而甚得衆心終不為人下不如早圖之太祖曰方今收英雄時也殺一人而失天下之心不可又關羽為太祖所禽太祖察羽無久留之意使張遼問羽羽曰吾受劉將軍厚恩誓以共死不可背之吾終不留遼欲白太祖恐太祖之殺羽不白非事君之道乃歎曰公君父也羽兄弟耳遂白之太祖曰事君不忘其本天下義士也度何時能去遼曰羽受公恩必立報公而後去也及羽殺顏良太祖知其必去重加賞賜羽盡封其所賜拜書告辭而奔先主於袁紹軍左右欲追之太祖曰彼各為其主勿追也

明帝口吃少言而沈毅好斷優禮大臣開容善直雖犯顔極諫無所摧戮其君人之量如此之偉也

晉景帝沉毅多大略宣帝之誅曹爽深謀祕策與帝潛畫文帝弗之知也將發夕乃告之既而使人覘之帝寢如常而文帝不能安席晨會兵司馬門鎮靜内外置陣甚整宣帝曰此子竟可也

武帝寬惠仁厚沉深有度量初高陽許允既爲文帝所殺允子奇爲太常丞帝將有事於太廟朝議以奇受害之門不欲接近左右請出爲長史帝乃追述允夙望稱奇之才擢爲祠部郎時論稱其夷曠嘗因南郊禮畢喟然問司隸校尉劉毅曰卿以朕方漢何帝也對曰可方桓靈帝曰吾雖德不及古人猶克己爲政又平吳會混一天下方之桓靈其已甚乎對曰桓靈賣官錢入官庫陛下賣官錢入私門以此言之殆不如也帝大笑曰桓靈之世不聞此言今有直臣故不同也

簡文帝少有風儀善容止留心典籍不以居處爲意凝塵滿席湛如也嘗與桓溫及武陵王晞同載遊版橋溫遽令鳴鼓吹角車馳卒奔欲觀其所爲晞大恐求下車而帝安然無懼色溫由此憚服

後魏宣武幼有大度喜怒不形於色雅性儉素孝文欲觀諸子志尚乃大陳寶物任其所取京兆王愉等皆競取珍玩帝唯取骨如意而已孝文大奇之及庶人恂失德孝文謂彭城王勰曰吾固知此兒有非常志相今果然矣

後周太祖少有大度不事家人生業輕財好施以交結賢士大夫爲務及爲魏丞相能駕馭英豪一見之者咸思用命

隋高祖性嚴重有大略初仕後周宣帝時以后父爲大前疑宣帝有四姬並皇后諸家爭寵數相毀譖宣帝每忿怒謂楊后曰必族滅爾家因召高祖命左右曰若色動即殺之高祖既至容色自若乃止

開皇中寧州刺史元諧以龍潛之舊嘗豫大宴百寮皆進曰陛下威德遠被臣請以突厥可汗爲候正陳叔寶爲令史帝曰朕平陳國以伐罪弔民非欲誇誕取威天下公之所奏殊非朕心突厥不知山川何能警候叔寶昏醉寧堪驅使諧默然而退

唐高祖倜儻不羈豁達大度率性剛直無所矯飾志略宏遠寬仁容衆凡所與遊集無貴賤皆得其歡心及義兵起群盜大俠爭來歸附焉

太宗自髫齓多大志臨機果斷不拘小節舉動非常故非時人所能測也初爲唐國公子見隋政日亂即有四海之志武德末息隱海陵之黨同謀帝者數百人事寧之後帝擢居爪牙近侍心術豁然不有疑阻及即位會州督王長諧坐納賂爲憲司所劾帝不之罪因賜所賂之物以愧其心

貞觀三年帝親錄囚徒有劉恭者項有曆文目云當王天下坐是被拘帝見之曰項有曆文何預於物若天將興之非朕能害

若無天命縱勝何爲也乃釋之

十九年帝征遼候騎獲莫離支諜使高竹離反接以至軍門帝召見解縛謂曰何顔色瘦沮若斯人之甚耶對曰偷路間行不食數日矣帝命飯之謂曰爾主使爾爲諜宜速反命寄語莫離支須軍中消息可遣人徑至吾所間行辛苦何以爲帝哀竹離徒跣賜屩以遣之

高宗咸亨二年七月東州道總管高侃破高麗餘衆於安市城俘奏稱有高麗僧言中國災異誅之帝謂郝處俊曰朕聞爲君上者以天下之目而視以天下之耳而聽蓋欲廣聞見也且天降災異所以警悟人君其變苟實言之者何罪其事必虛聞之者足以自戒舜立謗木良有以也欲箝天下之口其可得乎此不足以加罪特令赦之

後唐高祖初爲大同軍節度使以罪奔達靼居數月會黃巢自江淮北渡帝推牛釃酒饗其酋首酒酣諭之曰予父子爲賊臣

讒間報國無由今聞黄巢北犯江淮必爲中原之患一日天子赦宥詔徵兵僕與公等南向而定天下是予心也人生世間光景幾何曷能終老沙堆中哉公等勉之達靼知無留意皆釋然無詞

莊宗膽略絶人其心豁如也初與梁對壘於河上梁將陸思鐸以善射自預其戰嘗於箭笴之上自鏤其姓名一日射中帝之馬鞍帝拔箭覩之覩思鐸姓名因而記之及帝平梁思鐸以例來降帝出箭以示之思鐸伏地待罪帝慰而釋之尋授龍武右廂都指揮使加檢校太保

明宗初在太祖左右居常唯治兵仗不喜專事生産家財屢空皦之晏如也太祖知其廉欲試其誠召於泉府命恣意取之帝所取不過束帛數緡而已

末帝嘗與房知温失意於杯盤間以白刃相恐及即位知温憂甚帝乃封列土以寧之知温徑赴洛陽申其宿過且感新恩帝

開懷以厚禮慰而遣之

多能

夫王者稟淳粹之氣挺明哲之姿究造化之端爲生民之表宜乎留尚臻於玄妙動作究於精微也至若聽覽之餘穆清之際必務游息以暢微靈故有寓情於筆札屬意於管弦取樂於碁弈留意於射御以至歌和扁之書披京管之術或群臣宴柑下表乎同歡或便坐清閒内資乎玄覽足以彰收縱之智見徇齊之才斯之方冊是爲能事故可以戒逸豫而節嗜好形風俗而滌心志者焉

漢元帝多才藝善史書（周宣王太史史籒所作大篆）鼓琴瑟吹洞簫（簫之无底者）自度曲被歌聲（自隱度作新曲因持新曲以爲歌詩聲也）分刌節度（刌切也謂能分切句絶爲之節制也）窮極幼眇（幼讀曰要眇讀曰妙）帝又好音樂嘗置鼙鼓殿下天子自臨軒檻上隤銅丸以擿鼙鼓聲中嚴鼓之節（[illegible]）後宫及左右習知音者莫能爲

魏太祖才力絶人及造作宫室繕治器械無不爲之法則皆盡其意漢世安平崔瑗瑗子寔弘農張芝芝弟昶並善草書而太祖亞之桓譚蔡邕善音樂馮翊山子道王九真郭凱等善圍棊太祖皆與埒能又好養性法亦解方藥招引方術之士廬江左慈譙郡華佗甘陵甘始陽城郤儉無不畢至文帝善騎射好擊劒才藝兼該嘗自敘曰余年五歲上以世方擾亂教余學射六歲而知射又教余騎馬八歲而能騎射矣以時之多故每征余常從建安初上南征荆州至宛張繡降旬日而反亡兄孝廉子脩從兄安民遇害時余年十歲乘馬得脫夫文武之道各隨時而用生於中平之季長於戎旅之間是以少好弓馬于今不衰逐禽輒十里馳射百步日多體健心每不厭建安十年始定冀州濊貊貢良弓燕代獻名馬時歲之暮春勾芒司節和風扇物弓燥手柔草淺獸肥與族兄子丹獵於鄴西終日手獲麞鹿九雉兔三十後軍南征次曲蠡尚書令荀彧奉使犒軍見余談論

之末彧言聞君善左右射此實難能余言執事未覩夫項發口縱俯馬蹄而仰月支也彧喜笑曰乃爾余曰埒有常徑的有常所雖每發輒中非至妙也若馳平原赴豐草要狡獸截輕禽使弓不虛彎所中必洞斯則妙矣時軍祭酒張京在坐顧彧拊手曰善余又學擊劒閱師多矣四方之法各異唯京師爲善桓靈之間有虎賁王越善斯術稱於京師河南史阿言昔與越遊具得其法余從阿學之精熟嘗與平虜將軍劉勳奮威將軍鄧展等共飲宿聞展善有手臂曉五兵又稱其能空手入白刃余與論劒良久謂言將軍法非也余顧嘗好之又得善術因求與余對時酒酣耳熱方食芋蔗便以爲杖下殿數交三中其臂左右大笑展意不平求更爲之余言吾法急屬難相中面故齊臂耳展言願復一交余知其欲突以取交中也因僞深進展果尋前余却腳鄛正截其顙坐中驚視余還坐笑曰昔陽慶使淳于意去其故方更授以祕術今余亦願鄧將軍捐棄故伎更受要道

也一坐盡歡夫事不可自謂已長余少賤持褸自謂無對俗名
褻戲為坐鐵室鑲𢷬為明木戶後從陳國袁敏學以單攻複每
爲若神對家不知所出先曰若逢敏於狹路直決耳余於他戲
弄之事少所喜唯彈棊略盡其巧少為之賦昔京師先工有馬
合鄉侯東方安世張公子常恨不得與彼數子者對上雅好詩
書文籍雖在軍旅手不釋卷每每定省從容常言人少好學則
思專長則善忘長大而能勤學者唯吾與袁伯業耳余是以少
誦詩論及長而備歷五經四部史漢諸子百家之言靡不畢覽
一云帝善彈棊能用手巾角時有一書生又能低頭以所冠著葛巾角撇棊
隋高祖龍潛時頗好音樂常倚琵琶作歌二首名曰地厚天高
託言夫妻之義因即取之為房內曲命婦人并登歌上壽並用
之
唐太宗貞觀十四年四月自為草書屏風以示群臣筆力遒勁
為一時之絕先是人間有王羲之書悉購之書府凡真行二百

九十紙裝為七十卷草書二千紙裝成八十卷每聽覽餘閑時
取臨翫焉嘗謂朝臣曰書學小道初非急務時或留心猶勝棄
日凡諸藝業未有學而不得者也病在心力懈怠不能專精耳
朕少時為公子未遭陣敵義旗之始及平寇亂每執金鼓必自
指揮習觀其陣即知強弱常取吾弱對其強取吾強對其弱敵
犯吾弱追奔不過百數十步吾擊其弱必突過其陣自背而反
擊之無不大潰多用此而制勝思得其理深也今吾臨古人之
書殊不學其形勢唯在求其骨力而形勢自生耳然吾之所為皆
先作意是以果能成也帝性愛書初置弘文館選貴臣子有性
識者以為學生內出法書命之令李又人間善書者亦徵入館
由是十數年間海內從風而靡工書者甚衆焉十八年二月召
三品以上賜宴於玄武門帝既工隸書又好飛白於王衛之間
別更立意遂觸類增長精好絕倫每有新奇群臣無不下拜啓
請是日太宗操筆作飛白書群臣乘酒就太宗手中相競散騎
常侍劉洎登御　床引手然後得之其不得者咸稱洎登床罪
當死請引付法帝笑而言曰昔聞婕妤辭輦今見常侍登床
五月帝為飛白書鸞鳳蟠龍等字筆勢驚絕謂司徒長孫無忌
吏部尚書楊師道曰明旦五日舊俗必用衣服翫物相賀朕今
各賀君飛白扇二枚庶動清風以增德義
玄宗好學善騎射洞曉音律及陰陽象緯雜伎
德宗貞元四年八月御書章敬寺額備儀衛鼓吹神策兵馬騎以迎
帝御通化門觀之
順宗善隸書在東宮時德宗　為詩及他文賜大臣者率皆令
帝書之
敬宗性聰睿有斷凡百工之藝皆不習而自能
後唐莊宗洞曉音律武皇常令歌舞於前十三習春秋手自繕
寫略通大義

冊府元龜卷第四十四

帝王部　四十四

奇表　神武

奇表

域中四大王居其一洪範五事貌爲其首是知清明在躬而志氣如神和順積中而英華發外自古繼天而王出震膺期莫不體備純元器含異稟賓有聖德煥乎英表秉天地之正故其儀可象参日月之明故其威可畏若夫本徇齊之性挺岐嶷之姿標五行之端冠群龍之首宜乎包神靈之蘊協符瑞之紀逖聽音穆復出世表孟子曰形色天性也惟聖人然後可以踐形誠哉是言

太昊庖犧氏蛇身人首日角衡連珠（日角角有骨表取象日所出衡睂上日衡中有骨表如連珠）

炎帝神農氏人身牛首

黃帝軒轅氏龍顏（一云黃帝龍顏是謂特起神瞻顏如龍臨四海）

顓頊高陽氏首戴干并幹上法月參（并幹者重瞳也重童以爲表水精一云主月參伐主斬刈也）（顓頊戴干是謂清真美闕間天下家足）

帝嚳高辛氏生而駢齒（一云帝嚳駢齒是謂清揚上法無害由出）

帝堯眉八采鬚髮長七尺二寸面銳上豐下足履翼宿身長十尺（一云堯眉八采是謂通明過人正身刑典達近德化）

帝舜目重瞳子龍顏大口黑子身長六尺一寸（一云舜重瞳子是謂重明作事）訶（法軸）

夏禹虎鼻大口兩耳參鏤首戴鉤胷有玉斗足文履已長九尺九寸（一云九尺二寸又云禹耳參漏是謂大通興利除害決河疏江）

商湯豐下銳上晳而有鬚句身而揚聲身長九尺臂有四肘（一云湯臂三肘是謂柳翼攘去不義黔首繁息）

周文王龍顏虎肩身長十尺胸有四乳（一云文王四乳是謂至仁天下所歸百姓所親）

武王駢齒望羊

靈王生而有髭

漢高祖爲人隆準而龍顏（隆準鼻也顏額顙也）美須髯左股有七十二黑子

昭帝始冠長八尺二寸

宣帝身足下有毛（身及足下皆有毛）

元帝頷上有壯髮（頷下壯髮當頰者）

後漢光武身長七尺三寸美須眉大口隆準日角

明帝容貌壯麗生而豐下兌上項赤色有似於堯

章帝動容進止聖表有異

魏明帝天姿秀出立髮垂地

晉宣帝有狼顧之相魏武帝欲驗之乃召使前行令反顧面正向後而身不動

景帝雅有風彩

武帝初拜撫軍大將軍副貳相國而文帝欲以帝弟攸爲嗣何曾等固爭曰中撫軍聰明神武有超世之才髮委地手過膝此非人臣之相也由是遂定

元帝白豪生於日角之左隆準龍顏目有精曜顧眄煒如也

明帝黃鬚貌類外家（帝母荀氏燕代人也）

簡文帝美風姿舉止端詳

後魏道武帝目有光曜廣顙大耳衆咸異之

太武帝明元長子也天賜五年生於東宮體貌瓌異道武奇而悅之曰成吾業者必自此子也

文成帝風格異常

孝文帝生而潔白有異姿襁褓岐嶷長而淵裕仁孝綽然有君人之表獻文尤愛異之

孝莊帝風神秀異姿貌甚美

後周太祖身長八尺方顙廣額美鬚髯髮長委地垂手過膝背有黑子宛轉若龍之形面有紫光人望而敬畏之

隋高祖爲人龍頷額有五柱入頂目光外射有文在手曰王長上短下沉深嚴重年十六遷驃騎周太祖見而歎曰此兒風骨不似世間人齊王憲言於周武曰普六茹堅（[illegible]堅諱也）相貌臣每見之不覺自失後爲外散騎侍郎王劭言帝有龍顏戴干之表指示群臣帝大悦賜物數百段明皇三年陳遣常侍周墳通直散騎常侍袁彥來聘陳主知帝之貌異代人使彥畫像持去

煬帝爲晉王時高祖密令善相者來和徧視諸子和曰晉王眉上雙骨隆起貴不可言

唐高祖體有三乳左腋下有紫誌如龍鄭弘道初仕隋爲尚食奉御特高祖爲殿內少監深善之弘道善相因言曰天中伏犀下接於眉此非人臣之相願深自愛

太宗年四歲時忽有書生自言善相詣高祖曰公是貴人有大貴子因目太宗曰龍鳳之姿天日之表也公之貴以此兒後必

由之而創功業年將二十必能濟世安民矣高祖聞其言甚懼及書生辭出使人捕欲殺之以滅其口而不知所在（[illegible]）（[illegible]太宗天姿神武[illegible]英主也不[illegible]以定禍亂乎）

玄宗儀軌偉麗有非常之表

肅宗爲忠王時領河北道元帥玄宗令文武百寮於光順門相見左丞相燕國公張說退謂子士孫埱曰嘗見太宗寫真圖忠王英姿秀發奇表非常實類聖祖乃社稷之福也

宣宗外晦內朗視瞻特異

懿宗姿貌瓌傑有異於人

後唐莊宗爲嬰兒體貌奇特年十一從太祖討王行瑜因令入覲獻捷唐昭宗一見駭異之曰兒有奇表乃撫其背曰此兒將來之國棟勿忘忠孝于予家

愍帝貌類明宗後爲河南尹判六軍諸衛事年十四[illegible]事

末帝長七尺餘方頤大顙材貌雄偉以驍果稱明宗甚愛之蕃將洛陽市人王安者世以其善相嘗竊覦帝曰此[illegible]天王非常人也帝知之竊喜清泰二年魏府進天王字甲胄千二百副乃選諸軍士之魁偉者被以天王之甲俾居宿衛

漢高祖面紫色目睛白多而有光彩識者異之咸曰非人臣相也

周太祖形神魁壯趣向奇嶮項上有肉角

神武

惟天可畏必以雷霆奮其威惟聖有作必以神武服其衆詩稱布昭聖武易著弧矢之利若乃仗順行罰奮秉武節禁暴以取亂逆勝於勍敵矢石之間神色自若扶義而行兼資智勇驍雄出羣未暇冠帶霜戈月羽雲揚風起手足爲[illegible]人思効命于以戡靖難清國步震疊光宅之赫赫殊俗奮雄寸心斜窺奪魄猛氣發於奇表辯目識其真主至於馳馬[illegible]又聖藝之殊絶者也

商湯伐桀作湯誓於是湯曰吾甚武號曰武王商頌曰武王載旆有虔秉鉞如火烈烈莫我敢曷（[illegible]）

周武王伐紂左杖黃鉞右秉白旄以大卒馳商紂師紂師皆倒兵以戰以開武王武王馳之紂兵皆散畔一戎衣而天下大定

宣王征徐國奮揚其威武而震雷其聲赫怒其色前其虎臣之將闞然如虎之怒陳屯其兵於淮水大防之上以臨敵執其衆之降服者故常武之詩曰王奮厥武如震如怒進厥虎臣闞如虓虎鋪敦淮濆仍執醜虜（[illegible]）

漢高帝嘗從容與韓信言諸將能各有差帝問曰如我能將幾何信曰陛下不過能將十萬帝曰如公何如曰如臣多多益辦耳帝笑曰多多益辦何爲爲我禽信曰陛下不能將兵而善將

將此乃信之爲陛下禽也且陛下所謂天授非人力

武帝元封元年十月詔曰南越東甌咸伏其辜西蠻北夷頗未輯睦朕將巡邊垂擇兵振旅躬秉武節置十二部將軍親帥師焉行自雲陽北歷上郡西河五原出長城北登單于臺至朔方臨北河勒兵十八萬騎旌旗徑千餘里威震匈奴遣使者告單于曰南越王頭已縣於漢北闕矣單于能戰天子自將待邊不能亟來臣服何但亡匿幕北寒苦之地爲匈奴襲焉還祠黃帝於橋山迺歸甘泉　使郭吉風告單于既至匈奴匈奴主客問所使（主諸客者備事而來）郭吉卑體好言曰吾見單于而口言單于見吉吉曰南越王頭已縣於漢北闕下今單于即能前與漢戰天子自將兵待邊即不能亟南面而臣於漢何但遠走亡匿於幕北寒苦無水草之地爲（但空也）語卒單于大怒立斬主客見者而留郭吉不歸遷辱之北海上而單于終不肯爲寇於漢邊

府四十四　五

後漢光武初循河北進至鄴歌勝率鄧禹等擊王郎大破之帝過禹營勞勉吏士威嚴甚厲衆皆竊言劉公真天人也後赤眉君臣劉盆子及樊崇等降帝大陳兵馬臨洛水令赤眉君臣列而觀之謂盆子曰自知當死不對曰罪當應死猶幸上憐赦之帝笑曰兒大黠宗室無蚩者强擬又謂崇曰得無悔降乎朕今遣卿歸營勒兵鳴鼓相攻決其勝負不欲强相服也徐宣等（[illegible]）叩頭曰臣等出長安東都門君臣計議歸命聖德今日得降猶去虎口歸慈母誠歡誠喜無所恨也

魏太祖才力絶人手射飛鳥躬禽猛獸嘗於南皮一日獲雉六十三頭其行軍用師大較依孫吳之法而因事設奇譎敵制勝變化如神自作兵書十餘萬言諸將征伐皆以新書從事臨事又手爲節度從令者克捷違教者負敗與虜對陣意思安閑如不欲戰然及至決機乘勝氣勢盈溢故每戰必克軍無幸勝嘗征馬超韓遂遂請與帝相見帝與會語賊將見帝恭爲上拜秦胡觀者前後重沓帝笑謂賊曰爾欲觀曹公邪亦猶人也非有四目兩口但多智耳胡前後大觀又列鐵騎五千爲十重陣精光耀日賊益震懼

晉宣帝爲太尉景初二年遼東太守公孫淵反帝帥步騎四萬討之淵聞魏師之出也請救於孫權權亦出兵遙爲之聲援遺淵書曰司馬公善用兵變化若神所向無前深爲弟憂之

後魏太武臨敵常與士卒同在矢石間左右死傷者相繼而帝神色自若是以人思効命所向無前命將出師指授節度從命者無不制勝違令者率多敗失

文成和平中幸信都至靈丘南有山高四百餘丈乃詔群官仰射山峯無能踰者帝彎弧發矢出山三十餘丈過山南二百二十步遂刻石勒銘又嘗幸西苑親射虎三頭

孝文善射有膂力年十餘歲能以指彈碎羊膊骨及射禽獸莫不隨志而斃之

府四十四　六

宣武景明中幸鄴帝親射遠及一里五十步群臣勒銘於射所後於河內懷縣界親射矢一里五十餘步侍中高顯等奏伏見親御弧矢臨原弋遠弦動羽馳鏃所逮三百五十餘步臣等伏惟陛下聖武自天神藝夙茂巧會機變妙盡奧圖之義威稜震疊魁兇懾氣才征所振勍寇弭心足以肅截九區赫服八荒矣盛事奇跡必宜表述請勒銘射宮永彰聖藝詔曰此乃弓弧小藝何足以示後葉而喉脣近侍苟以爲然亦豈容有異便可如請遂勒銘於射所

後周太祖每誡諸將出征授以方略無不制勝

唐高祖初爲山西河東道撫慰大使行至太平關遇賊數千人時所將兵少左右皆懼高祖謂之曰此烏合之賊易與耳因率精騎十二人出擊之所向皆靡衆情始定并力奮擊遂大破之後至龍門縣有賊毋端兒衆數千人奄至城下時諸軍無備爲賊所襲高祖親率十餘騎橫出擊之所射殺數十人而圍賊大潰遂北

數十里伏屍相繼於道時高祖射七十發明日斬首實為京觀於屍上盡得所射箭其妙如此

太宗初從高祖破突厥於馬邑帝手射殺特勤一人由是賊退高祖拒歷山飛也深入賊軍重圍數匝帝望見之將輕騎突圍而進弓矢亂發殪數十人既接短兵所向必潰拔高祖於萬衆之中時騎兵已散高祖氣憤將戰帝苦諫乃止適會步兵至帝奮擊大破之及舉義師西上遇明至霍邑城下恐宋老生不出戰遂大言激怒之及兵至高祖曰兵疲未食恐不可戰且欲停營帝曰機不可失當破趙會食豈得下營先食乎高祖乃與公子建成當東面令帝當南面部分纔定老生出兵交戰左軍遂敗帝與軍頭段志玄躍馬先登深入賊陣敵人矢下如雨帝為流矢所中拔而復戰衝突也其陣後憤氣弥厲手殺數十人二刀盡缺血流入袖灑而復戰老生遂大敗武德三年討王世充於洛邑帝選精銳千餘騎為奇兵皆皂衣玄甲分為左右隊建

大旗令騎將秦叔寶程齩金尉遲敬德翟長孫等分統之每臨寇帝躬被玄甲先鋒率之候機而進所向摧殄常以少擊衆賊徒氣懾四年二月又進屯青城宮營壘未立王充率衆二萬自方諸門於故馬坊憑垣塹之險臨穀水以禦大軍諸將甚懼帝以精騎陳於北芒親登魏宣武陵以望賊陣謂左右曰賊勢迫矣悉衆而出利在一戰今日破之其後不能出矣乃令屈突通率步兵而進曰兵交即放煙吾當率馬軍南下兵纔接帝以騎衝之挺身先進與通表裏合勢賊衆殊死戰散而復合者數焉帝所乘之馬中箭而死易馬又戰地既險隘賊多牌矟騎戰稍難帝親自射之莫不人甲俱徹應弦而倒自辰及午賊衆始退縱兵乘之迫于城塹俘斬七千人於是進營城下布長圍以逼之及竇建德舊將劉黑闥舉兵反於相州帝總戎東討每令游騎擊挫之闔營於肥鄉列陣帝親率左右擊之有一突厥勇壯絕人直衝帝刃將接帝以天策上將大箭射之中心洞背應弦而斃遂傳此箭於北蕃突厥見而驚歎又嘗輕騎近出過三騎皆賊中之驍勇有名者舉槍而進左右請避之帝不從待其將至連發三矢相次皆斃敵人懾氣焉

武德九年八月帝即位是月突厥遣其腹心執失思力入朝為覘自張形勢云可汗總兵百萬今已至矣乃請反命帝謂之曰我與突厥面自和親汝則背之我無所愧又義軍入京之初尒父子並親從我賜尒玉帛前後極多何輒將兵入我畿縣尒雖突厥亦須頗有人心何得全忘大恩自誇強盛我當先戮尒矣思力懼而請命蕭瑀封德彝等請禮遣之帝曰不然今若放還當謂我懼遂繫思力於門下省于時兵馬大集遣瑀德彝分出慰勞帝出自玄武門與侍中高士廉中書令房元齡將軍周範馳六騎幸渭水之上與可汗隔津而語責以負約其酋帥大驚皆下馬羅拜俄而衆軍繼至精甲曜日連旗蔽野頡利見軍容大盛又知思力就拘相顧色動由是大懼太宗獨與頡利

臨水交言麾諸軍却而陣焉蕭瑀又以輕敵固諫于馬前帝曰吾已籌之非卿所知也突厥所以掃其境內直入渭濱蓋以我國家初有內難朕又新登九五將謂不敢拒之朕若閉門虜必大掠強弱之勢在今一策朕故獨出以示輕之又耀軍容使知必戰事出不意乖其本圖虜入既深理當自懼與戰則必克與和則必固制服匈奴自茲始矣公等宜訊之是日頡利請和詔許焉瑀等方歎曰非可測也車駕即日還宮

貞觀十四年四月帝謂朝臣曰朕少時為公子未遭陣敵義旗之始乃平寇亂每執金鼓必自指揮習觀其陣即知強弱常取吾弱對其強取吾強對其弱敵犯吾弱追奔不踰百數十步吾擊其弱必突過其陣自背而反擊之無不大潰多用此而制勝思得其理深也十九年二月行幸次武德將飛騎歷北山行遇猛虎引弓射之應弦而殂又在洛陽苑射猛獸民部尚書唐儉見群豕突出林中帝引弓四發殪四豕有一雄彘突及馬鐙儉

投馬搏之帝拔劒斷豕顧笑曰天策長史不見上將擊賊邪何懼之甚對曰漢祖以馬上得之不以馬上治之陛下以神武定四方豈復逞雄心於一獸帝納之因爲罷獵

六月帝征遼車駕次安市城進兵攻之高麗北部耨薩高延壽南部耨薩高惠眞率高麗靺鞨之衆十五萬來援安市城帝自將步騎四千潛鼓角偃旌幟趨賊營北峯之上令諸軍聞鼓角聲而進賊衆大懼帝入自山下引軍臨之賊因大潰斬首萬餘級延壽等率其餘寇依山自保於是命長孫無忌李勣等引兵圍之撤東川梁以斷其歸路帝案轡徐行觀賊營壘謂侍臣曰高麗傾國而來所擊一麾而敗天祐我也因下馬再拜以謝天延壽惠眞等十五萬六千八百人請降

肅宗初爲忠王嘗與諸王及廢太子射於苑中矢三發連中的觀者咸以爲神

後唐武皇始言喜軍中語齠齔善騎射與儕類馳騁嬉戲必出其右年十三見雙鳧翔於空射之連中衆皆神伏又嘗與達靼部人角勝達靼指雙鵰於空曰公能一發中否武皇即彎弧發矢連貫雙鵰邊人拜伏年十五從獻祖討龐勛摧鋒陷陣出諸將之右軍中目爲飛虎子及爲河東節度使與汴軍戰於洹水之上帝長子鐵林揹揮使落落旣戰馬踣帝馳騎以救之其馬亦踣汴之追兵將及帝背射一發而斃乃退

莊宗初爲晉王嘗勞軍於魏縣因率百餘輕騎循河而上將覘梁軍時陰晦未霽劉鄩率羣賊五千伏於河曲叢木閒伺帝已過羣賊大譟圍帝數十重戈矟如林帝以百騎馳突其閒左右奮擊賊矟皆萃於帝帝躍馬大呼而乘之梁軍辟易四顧斬十餘級決圍而出會援軍至梁軍遂退帝顧軍士曰幾爲寇嗤軍士咸曰大王神武應天英才閒出故非殘孽敢犯車塵今日之事適令賊見大王之威略耳又嘗與梁軍對壘於濮州北謝彥章夜師精甲五千餘衆伏堤塢之下帝嘗觀兵於塢上俄以十餘騎輕行登塢梁軍竊發圍帝數十重我後騎繼至攻其圍外帝於圍中躍馬奮擊觸鋒冒刃決圍而出合外騎接戰俄而李存審至賊遂退走斬首數百級時帝銳於接戰每馳出營嘗身先士卒存審扣馬進諫請無輕行帝伺存審有閒即策馬而出顧近侍曰老子妨吾戲其英武如是王鎔王處直亦遣使致書請帝不躬御士卒曰天下元元繫于王本朝中興繫於王王無自輕言甚切至帝笑謂其使者曰漢高帝馬上得天下身百餘戰然後成帝功予不敢希慕前人安能爲促於床簀以肥其軀耶及進軍胡柳陂梁軍亦至帝親率軍出視諸軍從之梁軍已成陣橫亘數十里帝亦以橫陣抗之時帝與李存審總河東魏博之衆居其中周德威以幽薊之衆當其西鎮定之師當其東梁將賀瓌王彥章居中軍兩軍接戰帝以銀槍軍突入梁軍陣中斬擊十餘里賀瓌王彥章皆單騎而走國朝太祖嘗謂侍臣曰朕五六歲時每聞莊宗破夾寨與梁太祖爭天下自是十五年終滅梁朝中興唐室夾河鏖陣朕預其閒皆神武英豪近古無此人主

明宗初在太祖左右凡出畋遊仰視飛鳥命帝射之控弦必中景福初黑山戍將王弁謀叛據振武武皇命李存信誘而襲之弁嬰城固守士乘城多爲所傷軍衆沮撓帝率其屬登梯奮擊士衆退者瞋目叱之夷傷復起人百其勇弁勢危蹙遲明逋走帝單騎追擒獻於軍門太祖大所嘉獎

晉高祖初事後唐明宗領親騎左射軍莊宗以天祐十二年後併有河北之地開霸府於鄴梁祖遣上將劉鄩以兵五萬營於莘十三年二月鄩引兵突至清平薄我城下莊宗至自甘陵兵未陣爲鄩所掩截帝領十餘騎橫槊深入東西馳突無敢當者帝收部伍而旋莊宗壯之拊其背曰將門出將言不謬耶因賜以器帛優親爲啗蘇啗蘇者當時以爲異恩由是知名

漢高祖素有大志所至輒覘山川形勢心畫都邑營壘之宜同輩異之明宗嘗與梁人對柵澶州德勝口晉高祖以驍威領親兵一日與帝俱行爲敵人所襲會高祖馬甲裲襠連帶忽斷帝

素勇捷擐騎以授取斷華者緣以自跨徐毆其後追者謂其有伏乃得解晉高祖壯而感之有明宗腹心王繼弘見之以事聞明宗明宗深加賞異謂晉高祖曰此可任之及明宗即位晉高祖復領其軍帝又事焉天成中晉高祖自六軍諸衛副使出為北京留守以帝有權略嘉疇昔護援之力　奏移麾下署為牙門都校

周太祖廣順三年正月幸城南園臨水亭見雙鳧爭藻戲於池面引弓射之一發而疊貫從官歡呼拜賀世宗朝命翰林繪之寫之縑素又詔學士陶穀為之讚世宗顯德元年三月親征河東時侍衛馬軍都指揮使樊愛能何徽之失律也騎軍數千馳突南走控弦露刃劫掠輜重衆庶大擾驚走不可勝數帝遣近臣及親校宣諭止遏莫有從命者散卒尤勃頗害使臣皆遁相揚言契丹大至官軍大敗餘衆已解甲矣至暮知官軍克捷散卒稍稍而迴亦有達曙而不至者是日危急之勢頃刻莫保賴

帝英武果敢親破寇敵不然則社稷幾若綴旒矣

六年帝幸滄州入瓦橋關五月侍衛使李重進已下諸將相次帥師而至偽瀛州刺史高彥暉上表歸順關南平凡得州五縣十七户一萬八千三百六十一是行也王師數萬不亡一矢而虜界城邑皆迎刃而下

册府元龜四十四

新刊監本冊府元龜卷第四十五

帝王部 四十五

謀略 權略

謀略

夫王者龍興大人虎變莫不秉期運而起膺命曆之數繇是三神眷命百姓與能然後履至尊而制六合發大號而奉帝統者焉若乃經綸草昧之際艱難開創之始維御群品驅攘醜類決機帷幄之內失謀俄頃之間密不容髮迅如發矢斯固奇略獨運宏謨絶出制勝以無失闘智而邁倫者哉若乃端委南面總制萬樞舉無失策識幾繫表開物成務而卒以戡濟由中制外而臻乎底定斯皆稟英睿之姿包遠大之度而能揚茂烈於當世飛淑聲於無窮者已

漢高帝十年九月代相國陳豨反帝曰豨嘗為吾使甚有信代地吾所急故封豨為列侯以相國守代今乃與王黃等劫掠代

地吏民非有罪也能去豨黃來歸者皆舍之帝自東至邯鄲帝喜曰豨不南據邯鄲北阻漳水吾知其亡能為矣趙相周昌奏常山二十五城亡其二十城請誅守尉帝曰守尉反乎對曰不帝曰是力不足亡罪上令周昌選趙壯士可將者白見四人帝嫚罵曰豎子能為將乎四人慙伏地帝封各千戶以為將左右諫曰從入蜀漢伐楚賞未徧行今封此何功帝曰非汝所知陳豨反趙代地皆豨有吾以羽檄徵天下兵未有至者今計獨邯鄲中兵耳吾何愛四千戶不以慰趙子弟皆曰善又聞豨將皆故賈人帝曰吾知與之矣乃多以金購豨將豨將多降

後漢光武為更始大司馬徇河北先是更始遣尚書令謝躬率六將軍攻王郎不能下會光武至共定邯鄲而躬裨將虜掠不相承稟光武深忌之雖俱在邯鄲遂分城而處然每有以慰安之躬勤於職事光武常稱曰謝尚書真吏也故不自疑躬既而率其兵數萬還屯於鄴時光武南擊青犢謂躬曰我追賊於射犬必破之尤來在山陽者勢必當驚走若以君威力擊此散虜必成禽也躬曰善及青犢破而尤來果北走隆慮山躬乃留大將軍劉慶魏郡太守陳康守鄴自率諸將軍擊之窮寇死戰其鋒不可當躬遂大敗死者數千人光武因躬在外乃使吳漢與岑彭襲其城漢先令辯士說陳康康然之於是康收劉慶及躬妻子開門納漢等及躬從隆慮歸鄴不知康已反之乃與數百騎輕入城漢伏兵收之手擊殺躬其衆悉降續漢書曰時岑彭已在城中將躬詣傳舍驛白漢漢至躬在彭前伏漢曰何故與鬼語遂殺之更始遣李軼朱鮪等守洛陽光武乃以馮異為孟津將軍拒朱鮪異乃遺李軼書軼深達意通書之後更不與異爭鋒異見其信效具以奏聞光武故宣露軼書令朱鮪知之鮪怒遂使人刺殺軼由是城中乖離多有降者建武十六年郡國大姓及兵長羣盜處處並起攻刼在所害殺長吏郡縣追討到則解散去復屯結青徐幽冀四州尤甚遣使者下郡國聽羣盜自相糾擿五人共斬一人者除其罪吏雖逗留

回避故縱者皆勿問聽以禽討為效其牧守令長坐界內盜賊而不收捕者又以畏愞捐城委守者皆不以為負但取獲賊多少為殿最唯蔽匿者乃罪之於是更相追捕賊並解散徙其魁帥於它郡賦田受稟使安生業自是牛馬放牧邑門不閉

魏太祖初為曹公西征馬超韓遂遂請與公相見公與遂父同歲孝廉又與遂同時儕輩於是交馬語移時不及軍事但說京都舊故拊手歡笑既罷超等問遂公何言遂曰無所言也超等疑之他日公又與遂書多所點竄如遂改定者超等愈疑遂公乃與克日會戰先以輕兵挑之戰良久乃縱虎騎夾擊大破之斬成宜李堪等遂超等走涼州楊秋奔安定關中平諸將或問公曰初賊守潼關渭北道缺不從河東擊馮翊而反守潼關引日而後北渡何也公曰賊守潼關若吾入河東賊必引守諸津則西河未可渡吾故盛兵向潼關賊悉衆南守西河之備虛故二將得擅取西河然後引軍北渡賊不能與吾爭西河者以

有二將之軍也連車樹柵爲甬道而南既爲不可勝且以示弱
渡渭爲堅壘虜至不出所以驕之也故賊不爲營壘而求割地
吾順言許之所以從其意使自安而不爲備因畜士卒之力一
旦擊之所謂疾雷不及掩耳兵之變化固非一道也
晉宣帝初爲魏武主簿從討張魯言於魏武曰劉備以詐力虜
劉璋蜀人未附而遠爭江陵此機不可失也今若曜威漢中益
州震動進兵臨之勢必瓦解因此之勢易爲功力聖人不能爲
時亦不失時矣魏武曰人苦無足既得隴右復欲得蜀言竟不
從魏國既建遷軍司馬言於魏武曰昔箕子陳謀以食爲首今
天下不耕者蓋二十餘萬非經國遠籌也雖戎甲未卷自宜且
耕且守魏武納之於是務農積穀國用豐贍時蜀將關羽圍曹
仁於樊于禁等七軍皆没而仁圍甚急是時漢帝都許昌魏武
以爲近賊欲徙河北帝諫曰禁等爲水所没非戰之　失於
國家大計未有所損而便遷都既示敵以弱又淮沔之人大不

安矣孫權劉備外親内疎羽之得意權所不願也可喻權　令
掎其後則樊圍自解魏武從之吴大帝果遣將吕蒙西襲公安
拔之羽遂爲蒙所獲魏武以荆州遺黎及屯田在潁川者逼近
南寇皆欲從之帝曰荆楚輕脆易動難安關羽新破諸爲惡者
藏竄觀望今從其善者既傷其意將令去者不敢復還從之其
後諸亡者悉復業及文帝即位轉丞相長史吴大帝帥兵西過
朝議以樊襄陽無穀不可以禦寇時曹仁鎮襄陽請召仁還宛
帝曰孫權新破關羽此其欲自結之時也必不敢爲患襄陽水
陸之衝禦寇要害不可棄也言竟不從仁遂焚棄二城吴大帝
果不爲寇魏文悔之太和元年新城太守孟達連吴固蜀潛圖
中國蜀相諸葛亮惡其爲患達與魏興太守申儀有隙亮欲促
其事乃遣郭模詐降過儀因漏泄其謀達聞其謀漏泄將舉兵
帝恐達速發以書喻之曰將軍昔棄劉備託身國家國家委將
軍以疆埸之任任將軍以圖蜀之事可謂心貫白日蜀人愚智

莫不切齒於將軍諸葛亮欲相破惟苦無路耳模之所言非小
事也亮豈輕之而令宣露此殆易知耳達得書大喜猶與不決
帝乃潛軍進討平之又曰儀久在魏興專威疆埸輒承制刻印
多所假授達既誅有自疑心時諸郡守以帝新克捷奉禮求賀
皆聽之帝使人諷儀儀至問承制狀執之歸于京師又徙孟達
餘衆七千餘家于幽州蜀將姚靜鄭他等帥其屬七千餘人來
降時邊郡新附多無户名魏朝欲加隱實屬帝朝于京師天子
訪之於帝帝對曰賊以密網束下故下棄之宜弘以大綱則自
然安樂又問二虜宜討何者爲先對曰吴以中國不習水戰故
敢散居東關凡攻敵必扼其喉而揕其心夏口東關賊之心喉
若爲陸軍以向皖城引權東下爲水戰軍向夏口乘其虚而擊
之此神兵從天而墮破之必矣天子並然之五年諸葛亮寇天
水天子使帝西屯長安車騎將軍張郃勸帝分軍住雍郿爲後
鎮帝曰料前軍獨能當之者將軍言是也若不能當而分爲前

後此楚之三軍所以爲黥布擒也遂軍隃麋亮聞大軍且至乃
自帥衆將芟上邽之麥諸將皆懼帝曰亮慮多決少必安營自
固然後芟麥吾得二日兼行足矣於是卷甲晨夜赴之亮望塵
而遁帝曰吾倍道疲勞此曉兵者之所貪也亮不敢據渭水此
易與耳進次漢陽與亮相遇帝列陣以待之使將牛金輕騎餌
之兵才接而亮退追至祁山亮屯鹵城據南北二山斷水爲重
圍帝攻拔其圍亮宵遁追擊破之俘斬萬計天子使使者勞軍
增封邑青龍二年亮又帥衆十餘萬出斜谷壘于郿之渭水南
原天子憂之遣征蜀護軍秦朗步騎二萬受帝節度諸將欲住
渭北以待之帝曰百姓積聚皆在渭南此必争之地也遂引軍
而濟背水爲壘因謂諸將曰亮若勇者當出武功依山而東若
西上五丈原則諸軍無事矣亮果上原將北渡渭帝遣將軍周
當屯陽遂以餌之數日亮不動帝曰亮欲争原而不向陽遂此
意可知也遣將軍胡遵雍州刺史郭淮共備陽遂與亮會于積

石臨原而戰亮不得進還于五丈原會有長星墜亮之壘帝知其必敗遣奇兵掎亮之後斬五百餘級獲生口千餘降者六百餘人景初二年遼東太守公孫文懿反以太尉帥步騎四萬次于遼水文懿果遣步騎數萬阻遼隧堅壁而守南北六七十里以距帝帝盛兵多張旗幟出其南賊盡銳赴之乃泛舟潛濟以出其北與賊營相逼沉舟焚梁傍遼水作長圍棄賊而向襄平諸將言曰不攻賊而作圍非所以示衆也帝曰賊堅營高壘欲以老吾兵也攻之正入其計此王邑所以恥過昆陽也古人曰敵雖高壘不得不與我戰者攻其所必救也賊大衆在此則巢窟虛矣我直指襄平必人懷內懼懼而求戰破之必矣遂整陣而過賊見兵出其後果邀之帝謂諸將曰所以不攻其營正欲致此不可失也乃縱兵逆擊大破之三戰皆捷賊保襄平進軍圍之會霖潦大水平地數尺三軍恐欲移營帝令軍中敢有言徙者斬都督令史張靜犯令斬之軍中乃定賊恃水樵牧自若

諸將欲取之皆不聽司馬陳珪曰昔攻上庸八部並進晝夜不息故能一旬之半拔堅城斬孟達今者遠來而更安緩愚竊惑焉帝曰孟達衆少而食支一年將士四倍於達而糧不淹月以一月圖一年安可不速以四擊一正令半解猶當爲之是以不計死傷與糧競也今賊衆我寡賊飢我飽水雨乃爾功力不設雖當促之亦何所爲自發京師不憂賊攻但恐賊走今賊糧垂盡而圍落未合掠其牛馬抄其樵采此故驅之走也夫兵者詭道善因事變賊憑衆恃雨故雖飢困未肯束手當示無能以安之取小利以驚之非計也朝廷聞師遇雨咸請召還天子曰司馬公臨危制變計日擒之矣

正始七年吳寇柤中夷夏萬餘家避寇北渡沔帝以沔南近賊若百姓奔還必復致寇宜權留之曹爽曰今不能修守沔南而留百姓非長策也帝曰不然凡物致之安地則安危地則危故兵書曰成敗形也安危勢也形勢御衆之要不可以不審設令賊以二萬人斷沔水三萬人與沔南諸軍相持萬人溢梁柤中將何以救之爽不從卒令還南賊果襲破柤中所失萬計

景帝爲大將軍魏嘉平末吳太傅諸葛恪圍新城朝議慮其分兵以寇淮泗欲戍諸水口帝曰諸葛恪新得政於吳欲徼一時之利并兵合肥以冀萬一不暇復爲青徐患也且水口非一多戍則用兵衆少戍則不足以禦寇恪果并力合肥卒如所度帝於是使鎮東將軍毌丘儉揚州刺史文欽等距之儉欽請戰帝曰恪卷甲深入投兵死地其鋒未易當且新城小而固攻之未可拔遂命諸將高壘以弊之相持數月恪攻城力屈死傷太半帝乃勅欽督銳卒趣合榆要其歸路儉帥諸將以爲後繼恪懼而遁欽逆擊大破之斬首萬餘級正元二年揚州刺史文欽舉兵向闕帝將師師征之欽至項城進軍將攻鄧艾帝潛軍銜枚徑造樂嘉與欽相遇欽子鴦年十八勇冠三軍謂欽曰及其未定請登城鼓譟擊之可破也旣謀而行三譟而欽不能應鴦退

相與引而東帝謂諸將曰欽走矣令發銳軍以追之諸將皆曰欽舊將鴦少而銳引軍內入未有失利必不走也帝曰一鼓作氣再而衰三而竭鴦三鼓欽不應其勢已屈不走何待欽將遁鴦曰不先折其勢不得去也乃與驍騎十餘摧鋒陷陣所向皆披靡遂引去

文帝魏甘露二年以大將軍討諸葛誕于淮南命合圍分遣羸疾就穀淮北廩軍士大豆人三升文欽聞之果喜帝愈羸形以示之多縱反間揚言吳救方至誕等益寬恣食俄而城中乏糧石苞王基並請攻之帝曰誕之謀逆非一朝一久也聚糧完守外結吳人自謂足據淮南欽既同惡相濟必不便走今若急攻損游軍之力外寇卒至表裏受敵此危道也今三叛相聚於孤城之中天其或者將使同戮吾當以長策縻之但堅守三面若賊陸道而來軍糧必少吾以游兵輕騎絕其轉輸可不戰而破外賊外賊破欽等必成擒矣後竟如其言景元四年爲大將軍

輔魏政將伐蜀乃謀於衆曰自定壽春已來息役六年治兵繕甲以擬二虜略計取吳作戰舡通水道當用千餘万功此十萬人百數十日事也又南土下溼必生疾疫今宜先取蜀三年之後因巴蜀順流之勢水陸並進此滅虞定虢吞韓并魏之勢也計蜀戰士九萬居守成都及備他境不下四萬然則餘衆不過五萬今絆姜維於沓中使不得東顧直指駱谷出其空虛之地以襲漢中彼若嬰城守險兵勢必散首尾離絕舉大衆以屠城散銳卒以略野劍閣不暇守險關頭不能自存以劉禪之闇而邊城外破士女內震其亡可知也征西將軍鄧艾以爲未有釁屢陳異議帝患之使主簿師纂爲艾司馬以喻之艾乃奉命於是徵四方之兵十八萬使鄧艾自狄道攻姜維於沓中雍州刺史諸葛緒自祁山軍于武街絕維歸路鎮西將軍鍾會等自駱谷襲漢中遂平蜀

元帝時建威將軍周玘自以爲不得調內懷怨望與王恢陰謀

誅諸執政推玘及戴若思與諸南士共奉帝以經緯世事謀泄帝聞而祕之召玘爲鎮東司馬未到復改授建武將軍南郡太守玘既南行至蕪湖又下令曰玘奕世忠烈義誠顯著孤所欽嘉今以爲軍諮祭酒將軍如故進爵爲公祿秩僚屬一同開國之例玘忿於迴易又知其謀泄遂憂憤發背而卒

明帝聰明有機斷尤精物理屬王敦挾震主之威將移神器帝崎嶇遵養以弱制彊潛謀獨斷廓清大祲改授荊湘等四州以分上流之勢撥亂反正彊本弱枝雖享國日淺而規摹宏遠矣

後魏道武初爲代王左長史張袞從帝征蠕蠕遁走追之五六百里諸部帥因袞言於帝今日追賊糧盡不宜深請速還軍太祖令袞問諸部帥若殺副馬足三日食不皆言足也帝乃倍道追之及於廣漠赤地南牀山下大破之既而帝問袞卿曹外人知我前問三日糧意乎對曰皆莫知也帝曰此易知耳蠕蠕奔走數日畜產之餘至水必留計其道程三日足及輕騎卒至出其不意彼必驚散其勢然矣袞以帝言出告部帥咸曰聖策長遠非愚心所及也又嘗遣賀狄干結婚於姚萇會萇死興立因留狄干興弟平率衆寇平陽道武討平之擒其將狄伯支唐小方天賜中詔北新侯安同送興唐小方於長安後蠕蠕社崙與興和親送馬八千匹始濟河赫連屈子忿興與國交好乃叛興邀留社崙馬興乃遣使請以駿馬千匹贖伯支而遣狄干還道武意在離間二寇於是許之

明元初即位時晉將劉裕伐姚泓帝遣侍中長孫嵩知山東諸軍詣平原緣河北岸又勑簡精兵爲戰備若裕西過者便率精銳南出彭沛如不時過但引軍隨之彼至崤陝間必與姚泓相持一死一傷衆力疲弊比及秋月徐乃乘之則裕可不戰而避於是叔孫建等尋河趣洛遂入關嵩與建等自城皐南濟晉諸屯戍皆望塵奔潰裕剋長安嵩乃班師

孝文時僕射李沖自鄴還京汎舟洪池乃從容謂沖曰朕欲從此通渠於洛南伐之日何容不從此入洛從洛入河從河入汴從汴入清以至於淮下船而戰猶出戶而鬬此乃軍國之大計今溝渠若須二萬人已下六十日有成者宜以漸脩之沖對曰若爾便是士無遠涉之勞戰有兼人之力

唐太宗在隋末煬帝爲突厥所圍郡縣皆發兵赴援時帝年未弱冠召募從軍隸屯衛將軍雲定興師將發帝勸之多齎旗鼓設疑兵以威突厥定興不納帝謂之曰始畢擧其境內敢圍天子本疑國家倉卒無援忽見旗鼓之盛必謂救兵雲集今者進師可前後相次令數十里間連亘不絕晝則幡旗相續夜則鉦鼓相應以張形勢賊必見懼望塵而退此計之上也不然者則爲所輕悉軍來戰公少不能支矣定興從焉將次崞縣突厥候騎馳告始畢曰兵大至矣遂解圍而退果如所籌武德元年十一月帝平薛仁杲於折墌城俘其精兵萬餘人男女五萬口既而諸將奉賀因問曰始大王野戰破賊其王尚保堅城王無攻

具輕騎騰逐不待步兵徑薄城下咸疑不剋而竟下之何也帝曰此以權道迫之使其計不暇發以故剋也羅侯恃往前之勝兼復養銳日久見吾不出意在相輕今喜吾出悉兵來戰吾雖破之傷殺蓋少若不急躡還走投城仁果收而撫之則便未可得矣且其兵衆皆隴西人一敗被追不及迴顧散歸隴外則折摭自虛我軍隨而迫之所以懼而降也此乃成筭諸君盡不見耶諸將謝曰實爲聖恐乃非凡人所能及也

二年十一月討宋金剛于安邑諸將咸請戰帝曰金剛懸軍千里深入吾地精兵驍將皆在於此劉武周自據太原專倚金剛以爲捍蔽金剛雖衆内實空虛虜掠爲資意在速戰我堅營蓄銳以挫其鋒分兵汾隰衝其心腹彼糧盡計窮自當遁走當待此機未宜速戰於是遣劉弘基張綸進逼西河而晉澮城堡並來歸附賊轉輸路絶其衆遂餒三年四月金剛果遁帝追之及尋相於吕州身先士卒奮擊大破之乘勝逐北一日一夜行二百餘里轉戰數十合士卒疲弊至高壁嶺總管劉弘基執馬而諫曰大王功効於此足矣亦宜思自安之計方今草創敵可盡乎且餱糧已竭士卒疲頓更欲何之願且停營待兵糧咸集而後決戰帝曰功者難成易敗機者難遇易失金剛走到介州衆心已沮我及其未定當乘勢擊之此破竹之義也如更遲留賊必生計此失機之道吾家國之事當竭忠盡力豈顧身之安危乎遂策馬而去諸軍乃進莫敢以飢乏爲辭四年討王世充于東都會竇建德以兵十萬來援王世充至于酸棗帝議將拒之蕭瑀屈突通封德彝及諸將等進諫曰腹背受敵恐非万全請班師且據穀州以觀勝負帝不許曰王充糧盡内外離心我當不勞攻擊坐收其獘耳建德新破海公將驕卒惰今我進據武牢扼其襟要若賊恃勝冒險爭鋒吾當破之必矣賊若不戰旬月之間王充自潰彼敗我振足以臨之一行兩定在於斯舉若不速進入武牢諸城新附必不能守二賊并力將如之何通又

請解圍就險以候其變帝又不許於是留瑀通輔齊王元吉以圍王充親領步騎三千五百人趣武牢當時日出軍歷北芒渡河陽而去王充登城因見莫之測也竟不敢出四月帝至武牢建德自滎陽西上帝以數百騎出武牢東二十餘里以挑之往往設伏比至賊營纔四騎而已謂左右曰賊見我而旋是其上計乘險逐我是其下策賊初見騎少疑爲斥候帝謂曰我秦王也因引弓射之斃其一將賊以五六千騎並援槍而至從者皆失色帝謂之曰爾但前去我自殿後於是按轡徐行賊至徐引弓射之斃一賊賊懼而止止而復來如此再三每來必斃賊乃不敢復逼帝且還伏兵相次而發合擊破之獲其大將殷秋石瓚斬首數百級元年初即位突厥遣其腹心執失思力入朝爲覘自張形勢云二可汗總兵百万今已至矣帝曰我與突厥面自和親汝則背之輒將兵入我畿縣自誇強盛我當先戮爾矣思力懼而請命蕭瑀封德彝請禮遣之帝曰今若放還當謂我懼乃縶思力於門下省帝出自玄武門與侍中高士廉中書令房玄齡將軍周範馳六騎隔渭水與可汗語責以負約俄而衆軍繼至精甲耀日連騎蔽野頡利見軍容大盛又知思力就拘由是大懼是日頡利請和詔許焉蕭瑀進曰初頡利之未和也謀臣猛將多請戰而陛下不納臣以爲疑既而虜自退其策安在帝曰我觀頡利之兵雖衆不整君臣之計唯財利是視可汗獨在水西達官皆來謁我我醉而縛之因擊其衆勢同拉朽然我已令無忌李靖設伏於豳州虜若奔還伏邀其前大軍躡其後覆之如反掌然我即位日淺安靜爲務一與虜戰必有死傷不能忘懷也又凶虜一敗或當懼而修德結怨於我爲患非細我今卷甲韜戈啗以玉帛彼既得所欲固知其退頑虜驕恣必自是始將欲取之必固與之此之謂也

貞觀十九年征遼既渡遼水撤橋梁以堅士卒之志領數百騎至遼東城下見士卒負擔以填塹者帝欲與之同勞苦分尤重

者親於馬上持之從官悚動爭齎以送城下及班師渡遼水至渤錯水八十里間遼澤餘潦車馬不通詔長孫無忌楊師道率文武官寮又征兵萬人翦草塡道而進水深之處以車爲梁道

太宗憂梁道不成自鞘柴馬上詔無忌等以助役

睿宗景雲元年八月帝以萬騎十餘人自恃平韋氏功肆行凌暴士庶多苦之並授以外官又停以戸奴爲萬騎更增置飛騎隸于左右羽林衞京師大悦

文宗開成三年十月易定軍亂不納新除節度使李仲遷請立故節度使張璠之子元益爲留後宰臣欲議征討帝曰易定兩州地狹人貧軍資半在度支急之即無所不爲緩之則必生變卿不須更言弟令謹守封境曾不逾月軍中果有異議但以不便李仲遷爲辭帝亦屈法從人遂罷仲遷而以元益爲代州刺史果至不戮一人以定一方乃神武不殺之功也

後唐莊宗初爲晉王天祐四年四月召周德威軍歸晉陽汴人

旣見班師知其國禍以爲潞州必取援軍無復再舉遂停斥候梁祖亦自澤州歸洛帝知其不備籌之曰賊帥寢謀唯憚先帝今聞我新有家禍必謂不能興師又以我少年嗣位未習戎事幸聞變故必有驕怠之心若簡練兵甲倍道兼行出其不意以吾憤激之衆擊彼驕惰之師拉朽摧枯未方其易解圍定霸在此一役甲子軍發自太原巳巳王師潞州北黄碾下營五月辛未朔晨霧晦冥帝率親軍伏三垂岡下詰旦天復昏霧進軍直抵夾城明宗時揔帳下親軍攻東北隅李存璋王霸率丁夫燒寨劚夾城爲二道周德威李存審各分道進攻軍士皷譟三道齊進明宗壞夾城東北隅率先擒賊不意我師遽至賊黨大恐南向而奔投戈委甲噎塞行路俘斬萬級獲賊將副招討使前鋒都指揮使符道昭洎大將三百人夾城中芻粟百萬僞招討使康懷貞得百餘騎出天井關梁祖聞其敗也大懼旣而歎曰生子當如是李氏爲不亡矣吾家諸子豚犬耳十三年二月與

梁將劉鄩相拒于澶州帝知劉鄩將速戰乃聲言歸晉陽誘動其兵帝令副揔管李存審守營嚴備如西行之備實勞軍於貝州劉鄩覘知謂帝已歸晉陽乃令楊延直自澶州率兵萬人會我城下延直夜半至于南門城中選士五百持短兵竊出乘其無備突入其中譟聲動地梁軍自亂踰垣赴壍爭相蹈藉遲明鄩軍自莘至於城東與延直殘衆合劉鄩軍之起也李存審率兵踵其後時命明宗與親軍自魏州出戰俄而帝自貝州至與明宗當其前劉鄩卒見帝軍懼形于色曰乃晉王邪引軍漸却帝追之至于故元城西李存審大軍已成列矣我師前後爲方陣賊於其間爲圓陣賊四面受敵初一合擒賊騎軍數百再合劉鄩引騎軍突西南而走我騎軍追擊之賊步兵合戰短兵旣接我軍皷譟圍之數重埃塵漲天明宗馳鐵騎千餘突入其間賊四向披靡相轥如積我師四面斬擊弃甲之聲聞數十里追討敗衆皆匿於村園茂樹登者旣衆其枝殆折皆命下樹適去騎

軍追及河上十萬爲群赴水而死時賊步軍七萬殲亡殆盡旣定魏州梁將劉鄩據洹水而軍魏人上言曰張源德擅據我貝州源德比是吾人事急必來歸我貝州若下北面無虞可以東出兵師徇地滄海先收郡縣控扼河津不出半年瀕海以西皆爲吾土矣帝曰吾策則不然貝州魏之邊郡壁壘完堅張源德託附劉鄩勢雖卒解昨投來者説已又添軍必若攻之未見其可德州是橫海支郡西接貝州張源德每用軍機又與滄帥共爲首尾昨偵德州無備可以輕騎取之我若在彼駐軍二賊自然勢解滄州門外是我戰場待二豎合保孤城然後乃圖進擊于是遣騎軍五百晝夜兼行襲之郡將不意我師至踰垣而遁遂拔其城以遼州守捉將馬通爲刺史

明宗初爲邢州節度使天祐十四年四月契丹阿保機率衆二十萬攻幽州周德威間使告急莊宗召諸將議進趨之計諸將咸言虜勢不能持久野無所掠食盡自還然後踵而擊之可也帝

奏曰德威盡忠於家國孤城被攻危亡在即不宜更待虜衰願假臣突騎五千爲前鋒以援之莊宗曰公言是也即命帝與李存審閻寶率軍赴援帝爲前鋒會軍於易州步騎七萬三將謀進存審曰契丹合戰唯使騎軍弓良矢勁其鋒難敵我師合戰唯使步兵若於平原廣野之中卒遇其衆彼若以騎軍十萬馳突我師欲戰不能退則被逐則我屬無遺類矣帝曰彼賊騎以馬上爲生不須營壘我今步騎之行須有次舍禦備輜重資糧一宿不爨則士有飢色若平原之中卒遇賊軍被掠輜重資糧則我不戰而自亡矣不如銜枚束甲尋澗谷而直行抵幽州與德威合勢如賊警覺據險枝梧此計之上也

長興三年二月雲州上言契丹遣使來求果子帝曰虜中雖闕此物亦彼非實然蓋當面偵諜宜阻其求但報去遣使入朝當有頒分

周高祖乾祐中爲樞密使漢隱帝以河中李守貞叛命詔帝自往用兵帝既奉命與白文珂常思劉詞約以八月二十二日文珂自同州常思自潼關帝自分陝三道並進將臨賊城揚旗伐鼓聲動天地步騎踴躍賊覩之失色白文珂是日奪得關城立河西砦常思立城南砦帝立城東砦初徵發諸州夫二萬餘分地起長連城諸將咨曰守貞窮寇安能持久不勞塹地築以守之帝曰軍法備不虞兵勢有盈竭蜂蠆有毒而況賊乎退謂白文珂劉詞曰二公老於軍中不言可知守貞自懟反覆常謀背叛畏懼先帝不敢鴟張謂我輩勃興太原事功未著而有輕我之志又聞自到河中便圖自固散金以結豪傑厚利以誘萑蒲山林羣兇猶突狶勇安得不爲吾患加以城闕百倍十圍五攻若驅卒徒赴湯火則所傷多矣若長墉巨塹飛走無門俟其倉廩家財散盡不唯烏合之衆父子安能相保此時梯衝逼脅書檄招呼違禍脫身不乎旨至所言兵勢盈竭此之是也當分地配夫速立垣池以謀持久後思吾言必如此料

世宗顯德三年親征淮南幸水砦行至淝橋帝自取石一塊於馬上持之至砦以供飛礮文武從臣過橋者皆齎一石

四年十一月幸淮上親領兵破賊砦一所殺淮賊數百人砦在濠州東北十八里灘上其灘廣袤數里淮水浸而圜之乃濠上之一咽喉也先是賊據其地泊舟檝以自固恃其四面水深謂我師必不能濟帝之將行也悉索行在槖駝以往臣寮咸不諭其旨及至命甲士數百人跨槖駝以濟　帝又續領騎軍相繼而渡一鼓而盡殪之虜其戰艦而迴

五年正月帝在淮上詔發楚州管內丁壯於城西北開老鸛河是時帝將以齊雲船數百艘自淮入江楚州城北舊有北神堰度其舟大難於過堰故開此河以通其路先期令近臣往按地計功迴奏云地形不便又計功甚多帝勿聽因征駕以視之親授規畫大減丁夫之數旬日而成不愆于素由是我之戰艦自淮達江無留滯矣

二月帝在淮南甲寅僞天長軍使易贇令男延壽齎表以其城來降天長縣當九驛之路城小而固南人以其地爲雄州帝之破楚州也獲其僞守將張彥卿男光祚捨而不誅因令光祚齎璽書以諭贇贇知楚州既下故降

權略

易曰見幾而作不俟終日又曰動靜屈伸唯變所適蓋執物之理則不適事之機守事之常則不達物之變故聖人德以經其邊權以濟其危神化無方奇詐間出蒙險難而無咎安反側而不疑故能駕馭英豪撥平禍亂使強敵不能以計測姦臣不得以智闚然則取之以權守之以正則帝王之道皇皇而有中矣

漢高祖初爲漢王三年正月九江王黥布間行與隨何俱歸漢至漢王方踞牀洗（洗濯足也）而召布入見布大怒悔來欲自殺出就舍張御食飲從官如漢王居布又大喜過望

六月項羽圍城皐漢王跳（跳走也）獨與滕公從張耳軍脩武至宿

傳舍晨自稱漢使馳入壁張耳韓信未起即其臥奪其印符（以其）
（卽難）麾召諸將易置之信耳起乃知獨漢王來大驚漢王奪兩人
軍印即令張耳備守趙地拜信爲相國發趙兵未發者擊齊（謂趙）
（人未嘗見發者）
四年十月與項羽臨廣武之間數羽十罪羽大怒伏弩射中漢
王漢王傷胷乃捫足曰虜中吾指漢王病創臥張良彊請漢王
起行勞軍以安士卒毋令楚乘勝漢王出行軍疾甚因馳入成皐
二月立韓信爲齊王時信平齊使人言漢王曰齊夸詐多變反
覆之國南邊楚（邊近楚也）不爲假王以塡之其勢不定今權輕不足
以安之臣請自立爲假王當是時楚方急圍漢王於滎陽使者
至發書（發信使者所齎書也）漢王大怒罵曰吾困於此旦暮望而來佐我
（而欲也）乃欲自立爲王張良陳平伏後躡漢王足因附耳語曰漢
方不利寧能禁信之自王乎不如因立善遇之使自爲守不然
變生漢王亦寤因復罵曰大丈夫定諸侯即爲眞王耳何以假

爲乃遣張良操印立信爲齊王（操持）徵其兵使擊楚
五年十二月項羽既死漢王還至定陶馳入齊王信壁奪其軍
徙封信齊王
六年十月楚王信謀反帝問左右左右爭欲擊之用陳平計乃
僞游雲夢（在南郡華容）十二月會諸侯于陳楚王信迎謁因執之
正月高祖已封大功臣其餘日夜爭功而不決未得行封帝居
雒陽南宮從複道望見諸將往往耦語以問張良良曰陛下與
此屬共取天下今已爲天子而所封皆故人所愛所誅皆平生
仇怨今軍吏計功以天下爲不足用徧封（言有功者多而地少）而恐以
過失及誅故相聚謀反耳帝曰爲之柰何良曰取上素所不快
（言有舊嫌者也）計羣臣所共知最甚者一人先封以示羣臣三月帝置
酒封雍齒爲什方侯（屬廣漢）而急趣丞相御史定功行封羣臣罷
酒皆喜曰雍齒且侯我屬無患矣
十年九月代相國陳豨反帝親征之至邯鄲令周昌選趙壯士

可令將者白見四人帝嫚罵曰豎子能爲將乎四人慙皆伏地
帝各封千戶以爲將左右諫曰從入蜀漢伐楚賞未徧行今封
此何功帝曰非汝所知陳豨反趙代地皆豨有吾以羽檄徵天
下兵未有至者（檄者以木簡爲書長尺二寸用徵召也其有急事則加之鳥羽插之示疾速也）今計唯
獨邯鄲中兵耳吾何愛四千戶不以慰趙子弟皆曰善
哀帝即位太后詔王莽就第避帝外家帝初優莽不聽莽上書
固乞骸骨而退帝迺下詔曰曲陽侯根前在位建社稷策侍中
太僕安陽侯舜往時護太子家導朕忠誠專壹有舊恩新都侯
莽憂勞國家執義堅固庶幾與爲治太后詔休就第朕甚閔焉
其益封根二千戶舜五百戶莽三百五十戶以爲特進朝朔望
又還涇陽侯立京師帝少而聞知王氏驕盛心不能善以初立
故優之
後漢光武初爲蕭王將北徇時更始遣李軼朱鮪等守洛陽乃
以馮異爲孟津將軍拒朱鮪異乃遺李軼書軼深達意通書之

後更不與異爭鋒異見其信效具以奏聞光武故宣露軼書令
朱鮪知之鮪怒遂使人刺殺軼由是城中乖離多有降者
魏太祖常討賊廩穀不足私謂主者曰如何主者曰可以小斛
以足之太祖曰善後軍中言太祖欺衆太祖謂主者曰特當借
君死以厭衆不然事不解乃斬之取首題徇曰行小斛盜官穀
斬之軍門又嘗出軍行經麥中令士卒無敗麥犯者死騎士皆
下馬持麥以相付於是太祖馬騰入麥中勑主簿議罪主簿對
以春秋之義罰不加於尊太祖曰制法而自犯之何以帥下然
孤爲軍帥不可自殺請自刑因援劒割髮以置地
晉宣帝爲魏太傅與大將軍曹爽有隙稱疾不與政事爽謂帝
疾篤遂有無君之心與黃門張當密謀圖危社稷期有日矣帝
亦潛爲之備爽之徒屬亦頗疑帝會河南尹李勝將莅荊州來
候帝帝詐疾篤使兩婢侍持衣衣落指口言渴婢進粥皆流出
霑胷勝曰衆情謂明公舊風發動何意尊體乃爾帝使聲氣纔

屬謬說年老枕疾死在旦夕君當屈并州并州近胡善爲之備恐不復相見以子師昭兄弟爲託勝曰當還忝本州非并州帝乃錯亂其辭曰君方到并州勝復曰當忝荊州帝曰年老意荒不解君言今還爲本州盛德壯烈好建功勳勝退告爽曰司馬公尸居餘氣形神已離不足慮矣他日又言曰太傅不可復濟令人愴然故爽等不復設備

景帝爲魏相國揚州刺史文欽與其子鴦舉兵作亂帝以大將軍征之帝目有瘤疾使醫割之鴦之來攻也驚而目出懼六軍之恐蒙之以被痛甚嚙被敗而左右莫知焉

元帝時周玘行建威將軍自以爲不得調內懷怨望與王恢陰謀誅諸執政推玘及戴若思與諸南士共奉帝以經緯世事謀泄帝聞而秘之召玘爲鎮東司馬未到復改授建武將軍南郡太守玘既南行至蕪湖又下令曰玘奕世忠烈義誠顯著孤所欽嘉今以爲軍諮祭酒將軍如故進爵爲公祿秩備舊一同開

府四十五　　十七

國之例玘忿於回易又知其謀泄遂憂憤發背而卒

明帝太寧二年王敦舉兵內向帝密知之乃乘巴滇駿馬微行至湖陰察營壘還敦覺之是使五騎物色追帝帝亦馳去馬有遺糞輒以水灌之見逆旅賣食嫗以七寶鞭與之曰後有騎來可以此示也俄而追者至問嫗嫗曰去已遠矣因以鞭示之五騎傳玩稽留遂久又見馬糞冷以爲信遠而止不追帝僅而獲免

後魏孝明武泰初薛鑒尚爲奉朝請時尒朱榮擅強并伺朝廷欲揣其情除鑒尚員外常侍使於榮託以慰喻密以觀之

後周太祖初爲夏州刺史侯莫陳悅阻兵隴右太祖志在平之乃令墨曹參軍冀儁爲作魏帝勑書與費也頭令將兵助太祖討悅儁依舊勑模寫及代舍人主書等署與真無異太祖讀書也頭以曾得魏帝勑書及見此勑不以爲疑遂遣步騎一千受太祖節度

武帝沉毅有智謀初以晉公護專權常自晦迹人莫測其深淺

及誅獲之後始親萬機克己勵精聽覽不怠

唐太宗貞觀二十一年寢疾時李勣爲太子詹事帝謂太子曰洪於李勣無恩我今將責出之我死後汝當授以僕射即荷汝恩必致其死力乃出爲疊州都督高宗即位其月召拜洛州刺史加開府儀同三司令中書門下參掌機密尋冊拜尚書左僕射

德宗建中三年北平王馬燧討田悅於山東時歲旱京師括率人心甚搖鳳翔留鎮幽州兵多離散入南山爲盜殿中丞李雲端與其黨朱封單超俊李誠信裴信等與燧子鴻臚少卿暢善因飲食聚會言時事將危暢乃遣家人馬靖與父書具陳利害可班師還鎮燧怒執靖具奏其狀令兄姪執暢請罪帝以燧方討賊不竟其事誅雲端等十二人勑燧就第杖暢三十帝於是罷括率之令

四年幸奉天時度支汴東兩稅使包佶所總錢帛八百萬貫爲淮南觀察使陳少遊所奪佶於彈丸中置表以少遊脅取財帛事奏少遊使繼至帝問曰少遊收包佶財帛有之乎對曰臣發揚州後非所知也帝曰少遊國之守臣或防他盜供費軍旅收亦何傷時方隅阻絕國命未振遠近聞之大驚咸以聖情達於變通明見万里

府四十五　　十八

後唐太祖爲晉王天復元年六月以汴寇方盛難以兵伏乃降心以緩其謀乃遣牙將張特持幣馬書檄以諭之陳當時利害請復舊好

明宗天成末王都據定州叛契丹王遣原知咸等九人將騎三万援都嘉山之戰爲王晏球符彥卿高行周追擊敗之至幽州[illegible]德鈞擒獻于京師諸將請誅之帝曰此八九人[illegible]中絕望也不如留之以愧其情必行[illegible]

[illegible]卷第四十五

冊府元龜卷第五十六

帝王部

節儉

國之寶也漢文帝曰吾爲天下守財耳豈可妄用之據神器之重託億兆之上在乎約費以足用崇儉以率下故古先哲王無宮室苑囿之飾無珠玉輿馬之玩衣無文綉食無兼味不視奇怪之物不聽淫靡之音急於致理薄於自奉繇是風行草偃家給人足抵俗以之淳厚品物以之茂遂故曰上節用則国富君無欲則民安斯之謂矣

黃帝勤勞心力耳目節用水火材物日節若等曰春中不載在用日者並史闕文余疑此

帝嚳取地財而節用之

帝堯富而不驕貴而不舒黃收純衣收一作紋太古冠冕圖夏名冕曰收禮記曰野夫黃冠純衣士之祭服也堂高三尺土階三等茅茨不翦採椽不斲茨屋蓋曰斲茅以茅蓋屋也採木名今之櫟木也飯土簋歠土刑簋以盛飯刑以盛羹土謂燒土爲之糲粱之食糲粗米也一斛粟七斗米爲糲藜藿之羹夏日葛衣冬日鹿裘其送死桐棺三寸

帝舜甑盆無膻而工不以巧獲罪言工不以工巧之事獲罪也

夏禹菲飲食而致孝乎神鬼惡衣服而致美乎黻冕卑宮室而盡力乎溝洫

周文王卑服即康功田功文王節儉卑其衣服以就其安人之功以就田功以知稼穡之艱難

宣王中興更爲儉宮室小寢廟詩人美之作斯干之詩

漢文帝二年十一月詔太僕見馬遺財足遺留也太僕見在之馬今當減留財足充事帝即位二十三年宮室苑囿車騎服御無所增益有不便輒施以利民嘗欲作露臺召匠計之直百金上曰百金中人十家之產也中謂不富不貧吾奉先帝宮室常恐羞之何以臺爲今新豐縣南驪山之頂有露臺鄉極爲高顯猶有文帝所欲作臺之處身衣弋綈弋皁也身衣弋綈又曰弋黑色綈厚繒所幸愼夫人衣不曳地帷帳無紋綉以示敦朴爲天下先治霸陵皆瓦器不得以金銀銅錫爲飾因其山不起墳霸陵文帝陵名又後漢書云文帝愛百姓於露臺飾帷帳於皁囊或有譏其儉者帝曰朕爲天下守財耳豈得妄用之哉又東方朔曰文帝集上書囊以爲殿帷又漢王符曰孝文皇帝躬衣弋綈革舄韋帶

成帝建始二年三月罷六廄技巧官秋減乘輿廄馬

哀帝綏和二年即位詔齊三服綺繡難成害乘輿服御後宮用度及罷尚方御府百工技巧靡麗無益之物

晉武帝泰始元年十二月戊辰下詔大弘儉約出御府珠玉玩好之物頒賜王公以下乙亥詔省郡國御調禁樂府靡麗百戲之技及彫文游畋之具武帝承魏氏奢侈刻弊之後百姓思古之遺風乃厲以恭儉敦以寡慾有司嘗奏御牛青絲紖斷詔以青麻代之

惠帝永興元年十二月丁亥詔自頃戎車屢征勞費人力供御之物皆減三分之二

元帝性簡儉沖素有司嘗奏太極殿廣室施絳帳帝曰漢文集上書皁囊爲帷遂令冬施青布夏施練帷嘗以將拜貴人有司請市雀釵帝以煩費不許所幸鄭夫人衣無文綵從母弟王廙爲母立屋過制流涕止之

成帝咸和七年七月丙辰詔諸養獸之屬損費者多一切除之

咸康七年三月戊戌杜皇后喪帝下詔曰吉凶典儀誠宜備設然豐約之度亦當隨時況重壤之下而崇飾無用邪今山陵之事一從節儉上陵賞賜皆是死事勳績之家親戚受寵未曾擅有所及

文成和平四年七月壬午詔曰朕每歲以秋時閑月命群官講武平壤所幸之處必立攻作

孝文太和十一年十月辛未詔起部罷無益之作出宮人不執機杼者十一月丁未詔罷尚方錦繡綾羅之工四民欲造任之無禁其御廚衣服金銀珠玉綾羅錦繡太官雜器太僕乘具內庫弓矢出其太半班賚百官及京師士庶下至工商皁隸逮於六鎮戍士各有差帝性儉素常服澣濯之衣鞍勒鐵木而已帝之雅志皆此類也

西魏文帝大統元年九月有司奏前御香臺須錢數萬帝以軍旅在外停之

後周太祖性好朴素不尚虛飾常以反風俗復古始爲心

五年五月免妓樂雜役之徒皆從編户

武帝保定元年二月丙午省轝輦去百戲

二年十月戊戌詔曰樹之元首君臨海内本乎宣明教化亭毒黔黎豈惟尊貴其身侈富其位是以唐堯疏葛之衣麁糲之食尚臨汾陽而永歎登姑射而興想況無聖人之德而嗜欲過之何以克厭衆心處于尊位朕甚恧焉今巨寇未平軍戎費廣百姓虛空誰與爲足凡是供朕衣服飲食四時所須爰及宮内調度朕今手自減削縱不得頓行古人之道豈曰全無庶幾凡厥百司安得不思省約勗朕不逮者哉

天和六年省掖庭四夷樂後宮羅綺工人五百餘人

建德元年十二月庚寅幸會道苑以上善殿壯麗遂焚之

六年正月辛丑詔曰僞齊叛換竊有漳濱世縱淫風事窮彫飾或穿池運石爲山學海或層臺累構槩日陵雲以暴亂之心極奢侈之事有一於此未或弗亡朕菲食薄衣以弘風教追念生民之費尚想力役之勞方當易茲弊俗率歸節儉其東山南園及三臺可並毁撤瓦木諸物凡入用者盡賜下民山園之田各還本主

五月己丑詔曰朕欽承丕緒寢興寅畏惡衣菲食貴昭儉約上棟下宇土階茅屋猶恐居之者逸作之者勞詎可廣夏高堂肆其嗜欲往者冢臣專任制度有違正殿別寢事窮壯麗非直雕牆峻宇深戒前王而締構弘敞有踰清廟不軌不物何以示後兼東夏初平民未見德率先海内宜自朕始其露寢會義崇信含光雲和思齊諸殿等農隙之時悉可毁撤雕斵之物並賜貧民繕造之宜務從卑朴癸巳行幸雲陽宮戊戌詔曰京師宮殿已從撤毁并鄴二都華侈過度誠復作之非我豈容因而弗革

諸堂殿壯麗並宜除蕩甍宇諸物分賜窮民三農之隙别漸營搆止蔽風雨務在卑狹帝性既明察少於恩惠凡布懷立行皆欲踰越古人身衣布袍寢布被無金寶之飾諸宫殿華綺者皆撤毁之改爲土階數尺不施櫨栱其彫文刻鏤錦繡纂組一皆禁斷後宫嬪御不過十餘人

隋高祖居處服翫既務存節儉令行禁止上下化之開皇仁壽之間丈夫不衣綾綺而無金玉之飾常服率多布帛裝帶至以銅鐵骨角而已雖嗇於財至賞賜有功亦無所愛惜帝旣躬履儉約六宫咸服澣濯之衣乘輿供御有故敝者隨令補用皆不改作非享燕之事所食不過一肉而已有司嘗進乾薑以布袋貯之帝因以爲費大加譴責後進香復以氈袋因笞所司以爲後戒焉由是内外率職府藏充實百官禄賜及賞功臣皆出於豐厚焉

唐高祖武德元年七月庚申詔曰隋代離宫別館遊燕之所並廢之

十月庚辰詔曰國初草創日不暇給凡厥禮儀鮮能盡備且生人未乂凋弊寔多至於蕃息祭祀之本皆以爲身窮極事神有乖正直殺牛不如禴祭明德即是馨香望古推今祭神一揆其祭圜丘方澤宗廟以外並可止用少牢先用少牢者宜用特牲待時和年豐然後循常禮高祖凡所營爲務從簡易服用取給而已

太宗貞觀二年八月乙未公卿奏曰依禮季夏之月可以處臺榭今隆暑未退秋霖方始宫中卑濕請營一閣以居之帝曰朕有氣病豈宜下濕若遂來請糜費良多昔漢文帝將起露臺而惜十家之產朕德不逮于漢帝而所費過之豈謂爲民父母之道也固請至于三竟不許

四年十一月己丑户部奏窖苫須麻十万緉帝曰麻爲鞁鞋得供國用今窖苫宜以爲蒭蒿爲之又將作大匠竇璡修營洛陽宫帝務存節儉璡乃於宫鑿池起山崇飾彫麗虛費功力帝聞之大怒遽令毁之璡又坐是免

十六年二月壬寅帝謂侍臣曰朕頃因覽劉聰傳聰將爲劉后

御鵜儀殿廷尉陳元達諫聰大怒命斬之劉后手疏請甚切聰怒解而甚媿之人之讀書欲廣聞見行之難也朕於藍田市木將別爲一殿取制兩儀仍構重閣其木已具遂想聰事輟作遂止

二十二年四月以頻遣營室務從卑儉終費人力帝謂侍臣曰唐堯茅茨不翦以爲儉德不知堯時無瓦蓋桀紂爲之若於無瓦之辰爲茅茨者未爲儉德不翦之言蓋書史粉飾之耳朕今構采椽於撥風之日立茅茨於有瓦之時將爲節儉自當不謝古昔但營室之費大役人功以此再思不能無媿

高宗永徽六年十一月戊子詔曰少府監非軍國所須宗廟之用並不須飾以珠玉諸州常貢珠寶者並宜停進其市肆間不得更爲雕鏤及貨鬻珠寶及金銀等物

龍朔二年六月癸亥詔曰比每誕育王子公主諸親慶賀多進錦繡纂組金銀雕鏤虛有糜費深乖節儉自今已後即宜並停

玄宗先天二年八月戊午勑曰禮曰寧儉書戒無逸約費省財爲國之本至如賜酺合宴正欲與人同歡廣爲聚斂故非取樂之意況目恂於奢是不戒也心勞於僞是不經也郡鑒于此良用憮然自今已後兩京及天下酺宴所作山車旱船結綵樓閣寶車等無用之物並宜禁斷

開元二年七月乙未內出珠玉錦繡於殿庭焚之勑曰朕聞珠玉飢不可食寒不可衣故漢文云雕文刻鏤傷農事錦繡纂組害女功農事傷則飢之本女功害則寒之源又賈生有言曰夫人一日不再食則饑終歲不製衣則寒飢寒切體慈母不能保其子君焉得以有其人哉朕以眇身託於王公之上曷嘗不日旰忘食未明求衣使朴反還淳家給人足而倉廩未實饑饉相仍水旱或愆糟糠不厭靜思厥故皆朕之咎故有漿酒藿肉玉食錦衣交相誇尚浸成風俗夫令之所施惟行不惟反人之化上從實不從言是以古先哲王以身率下如風之靡何俗不易此事近有處分當以施行朕若躬服珠玉目玩錦繡而欲公卿節儉黎庶敦朴是揚湯止沸涉海無濡不可得也是知文質之風自上而始朕欲捐金抵玉塞本澄源所以服御金銀器物今付有司令鑄爲鋌仍貯掌以供軍國珠玉之貨無益於時並宜焚於殿前用絕浮競至誠所感期於動天況凡百有違朕命其宮掖之內后妃已下咸服澣濯之衣永除珠翠之飾當使金土同價風俗大行日用不知克臻至道布告遐邇知朕意焉戊戌詔天下更不得採取珠玉刻鏤器玩造作錦繡珠繩織成帖絡二色綾綺羅作龍鳳禽獸等異文字及豎欄錦文者決一百受雇工匠降一等科之兩京及諸州舊有官織錦坊宜停

十二年正月戊寅勑曰朕聞舞者所以節八音而行八風豈徒誇詡時代駭矚耳目而已也自立雲韶內府百有餘年都不出於九重今欲陳於万姓冀與群公同樂豈獨娛於一身且珠翠綺羅軌非珍玩常念百金之費每惜十家之產是以所服之服俱非綺羅所冠之冠亦非珠翠至若弋綈之制大帛之衣德雖謝於古人儉不忘於曩哲庶群公等覩此當體朕之不奢

肅宗至德二年十二月詔宮女及狗馬鷄鷹鶻之類宜即停減屋宇車輿衣服器用並宜準式珠玉寶鈿平脫金泥織成刺繡之類一切禁斷

乾元二年正月丁丑帝耕籍田先至于先農之壇因閱耒耜有雕刻文飾者謂左右曰田器農人執之在於朴素豈貴文飾乎乃命徹之

下詔曰古之聖王臨御天下莫不務農敦本寶儉爲先蓋用勸身率下也屬東耕啓候爰事藉田將欲勸彼蒸人所以執茲耒耜如聞有司所造農器妄加雕飾殊匪典章況紺轅縹軛固前王有制崇奢尚靡諒爲國所疵靖言思之良用歎息豈朕法堯舜重茅茨之意邪其所造雕飾者宜停仍令有司依農用常式即別改造庶万方黎獻知朕意焉

三月壬寅詔曰朕聞古者皇王乘時致理莫不上稽天象下順人心所以革弊移風推誠布化也朕自纘膺鴻業再復寰區何嘗不勤己勵精兢兢業業一物失所爰軫納隍之憂四方未寧深懷馭朽之懼頃雖公華之令隨事每下而弛張之要未得其宜遂使人瘼尚繁寇虞猶梗有乖政本咎在朕躬用懷酌損之儀庶叶惟新之典自今已後朕常膳及服御等物並從節減周身之外一切並停武德中尚等作坊除造賞物賜蕃客將士器物及軍戎祠祭所要餘亦並停

上元二年八月壬申內宴宰臣已下內出妓樂不過數人甚儉司徒兼中書令郭子儀等上表曰臣聞古先哲王莫不崇儉以阜時戒奢以敦本勤以樹善利在化淳伏惟乾元大聖光天文武孝感皇帝陛下纘戎盛業備歷諸難功存造化澤被昆俗至於服用之飾聲樂之娛誠宜有所增加以彰聖德今月十六日臣等伏蒙天恩幸賜內宴切見後庭妓樂其數非多衣製儉薄頗為逼下顧无麗綺之玩是行質素之風恭惟睿慈允臻於道昔漢文帝念中人之產晉武焚外國之裘皆抑止於有餘匪謙讓於當分以今比古無德而稱況聖作物覩著自格言上行下效存於理體陛下以農桑未乂軍務猶虞思懲富敎之由率先儉約之化康宣之福莫尚於茲臣等備位宰臣職當毗贊恐盛烈無紀臣下未知請編之史策宣下中外詔曰儉德之恭約失者鮮格言為重理道在茲朕志復淳源用務勗內振其玄化鏡以至清非謂艱難之時自崇樸素之本無聲之樂庶聞於四方曳地之衣將比於前古且率人而自我亦操木而銷金為君之難事當乎增惕股肱之義務在乎弼違期於啓沃之勤不在延君之譽為人上者此道惟常豈可付以史官宣于中外載循來表殊匪朕懷翌日太子賓客韓擇木入奏因奏賛節儉妓樂及无綺縠之飾食無珍羞之具上因出衣袖以示之曰朕此衣已三度浣矣

代宗寶應元年六月戊午勅尚食等局三分量減一分所司不得輒有奏請至秋熟後任依常式

廣德二年二月乙亥南郊禮畢赦曰朕每思素儉以敦風化必約服章以齊俗其珠玉器玩寶鈿雜綉等一切禁斷

德宗初即位大曆十四年閏五月癸未詔罷梨園使及伶官之冗食者三百餘人留者隸太常

是日丙戌詔曰四方貢銀器有以金飾者去之

六月己亥赦曰乘輿服御量加減省務敦質素天下進獻事緣郊祀陵廟所須依前勿闕餘並樽節歸於省約奇器異服錦綉珠玉等並不得輒有進獻

七月庚午詔王者不貴遠物所寶惟賢故堯設茅茨禹卑宮室光武捨去寶劒順帝封還大珠朕仰止前王思齊朴素邕州所奏金坑誠為潤國害人於利非朕素懷方以不貪為寶惟德其物豈茲難得之貨生其可欲之心耶其金坑任人開採官不得占先是元載馬璘劉忠翼之第自天寶中京師堂寢已極弘麗而第宅未甚逾制然衛國公李靖廟已為嬖人楊氏廐矣及安史二逆之後法度隳壞大臣宿將競崇棟宇臺榭之飾无不復界限力窮乃止人謂之木妖而馬璘之堂尤盛計錢二十万貫他室稱是既而璘卒於軍以喪歸京師士庶欲觀其宏麗假名於故吏投刺會弔者數十百人故命撤毀之自是京師樓榭之踰制者皆毀癸酉詔減服物貢獻之屬以千數德宗始即位德音屢下務存儉德內外人心皆渴其理

建中元年十月己丑詔減膳羞常貢之數

貞元二年四月辛巳陝虢觀察使李泌奏虢州盧氏縣山冶近出瑟瑟請充貢獻禁人開採詔曰瑟瑟之寶朕不飾器玩不尚珍奇常思返朴之風用明躬儉之節其出瑟瑟處任百姓求採不宜禁止

三年正月庚戌詔內外諸親設祭於大行皇后並不得假飾花

衆已後公私集會並宜準此

順宗貞元二十一年二月即位甲子赦曰清淨者理國之本恭儉者修己之端朕臨御萬邦方弘此道苟可濟物予何愛焉宮掖之中宜先省約其後宮細人子弟音聲人等並宜放歸親族

憲宗元和五年十一月丙午帝謂宰臣曰朕以禁中舊殿歲久危壞所令有司經度資費非多意欲漸葺構之所冀成功不毀但緣國用未贍物力猶屈是以每務簡儉情在不勞至於車服飲食亦深畏奢侈以是思之不知竟可營造否權德輿對曰陛下以至德憂人情存節用此實爲理之本仲尼謂大禹卑宮室菲飲食惡衣服以爲無間然漢文帝欲起露臺召匠計之直百金帝曰中人十家之產吾奉先帝宮室常恐羞之何以臺爲遂止是以文帝之代四海庶富俗興禮讓一歲斷獄纔百　幾致刑措前史以爲美談後王用爲師表且簡則不勞人儉則不費財人安財足天下自化上好奢侈則下亦效風人務縱慾爭奪自

起今陛下至誠恭儉有過昔王卑躬愛人勤務至理實天下蒼生幸甚

文宗大和元年四月壬辰勑皇太子料宜權停敬宗以晉王位居冢嗣時方二歲已命有司供獻盡同儲副至是權罷之壬寅命毀放鴨亭子先是敬宗嘗於昇陽殿東增置亭沼多聚水禽謂之放鴨亭子是日命毀之戊申幸教坊迴御望仙門側有看樓十間帝以不復遊御命毀之

二年五月庚子詔應諸道進奉內庫四節及降誕進奉金花銀器并纂組文繡雜物並折充鋌銀及綾絹其中有賜與所須特五年後續有進止

文宗銳意求理每與宰臣議政深惡侈靡故每下詔勑常以敦本崇儉爲先庶乎上行下效之有漸也丁巳命內官赴漢陽公主等宅宣每遇對日不得廣插釵梳不須服短窄衣服

三年九月辛巳命中使宣兩軍中尉及諸司使內官等不許著紗縠及綾羅等自艱難已來風俗變歸奢靡權貴近競相尚豪溢而不能制之帝資性高雅始自登極初用服飾必以儉素爲先思有以自近懲革由是致以留意其後駙馬都尉韋處仁入見巾夾羅巾以進帝謂曰本慕卿門戶清素故俯從選尚如此巾服從他諸戚爲之卿不須爲也

十一月甲午詔四方並不得輒以雜行樣難行非常之物爲獻其於織麗若花絲布撩綾之類並禁斷勑到一月日機杼一切焚棄

開成四年正月丁卯夜於咸泰殿觀燈作樂三宮太后及諸公主並赴宴帝思節儉化天下衣服咸有制度左右親幸莫敢踰越延安公主衣裾寬大即時遣歸駙馬都尉竇澣待罪勑曰公主入參衣服踰制從夫之義過有所歸竇澣宜奪兩月賜錢又便殿對六學士帝語及漢文恭儉因舉袂曰此澣濯者三矣

宣宗春秋既盛在藩邸時備知民間庶事延英對宰臣無不議及百姓又性尚儉素先宮中每有行幸即以龍腦鬱金藉之於地至是帝皆不之許時人方之漢文帝

後唐明宗以同光四年四月即位甲寅赦曰夫人不能自理立君以理之豈可殫天下之賦租爲宮中之翫好後宮內職量留一百人其餘任歸骨肉內官守閤掌扇量留三十人教坊音聲量留一百人鷹犬之事以備蒐狩量留二十人御厨膳夫量留五十人其餘任從所適內諸司使務有名無事者並從停廢

天成四年四月壬寅武德使上言重修嘉慶殿請以漆金碧以瑩之帝曰此殿爲火所廢不可不修但務宏壯何煩華侈尋敗爲廣壽殿

末帝清泰二年五月庚戌詔不得貢奉寶裝龍鳳雕鏤刺作組織之物

晉高祖天福二年四月戶部尚書王權奏臣聞誠至從儉惟經國之遠圖務實去華乃前王之令範伏惟皇帝陛下開基創業應天順人顯崇朴素之風克協聖明之運臣伏見諸侯奉貢九土勤王蓋緣則纖麗奇工器皿則雕鏤異狀文之錦綉雜以珠

璣雖外表珍華而事近淫巧臣伏請特降勑旨頒下列藩自今奉貢其織麗匹段等酌其物料所直折進生白重絹可將一匹之纖麗充數匹之縑縿又進奉銀器及鞍轡等並不在雕鏤金玉其餘六甲器械並不在飾以銀裝之帝金彩如有鈎玦璣勳可將銅鐵代之足以擬彼鮮明益其堅利雖所減省輕同積羽而所集者重可如山匪惟淳厚國風抑亦豐資天府勑王權素推華族方熟重官覩四海之貢輸慮陳巧麗察五兵之器用枉飾珍奇不惟耗彼生靈實且傷於淳素爰陳章疏將召和平宜允敷敭明示誡約自今後臣寮貢奉不得務其淫巧衣甲器械不得飾以金銀咸委遵行勿得踰越仍付所司

十一月湖南馬希範進金漆栢木銀裝起突龍鳳茶床倚子踏床子紅羅金銀線綉褥紅絲網子又進金銀玳瑁白檀香器皿銀結條假果花樹龍鳳鞶蓋鼓等物又進含膏桃源洞白茅百靈藤渠江南嶽紫蓋峯白雲洞清花等茶又進嗶翼鍾乳頭香

石亭脂木爪丸一萬顆藥檄欄子帝覽之謂侍臣曰奇巧蕩心斯何用耳藥若可進而丸可食乎但地僻海曲習以成風來遠之道遽止爲難宜令所司與收聞者服其儉德

漢高祖乾祐元年詔曰卑宮菲食前代之令猷奢臺縣練文哲台之明德至於損上益下皆力愛人與息煩苛漸期富庶所有乘輿服御後宮費用太官常膳一切減損在京及内諸司并天下州府除應奉軍期急切外其餘不急之務非理營造並宜停罷免致勞役

周太祖廣順元年正月制曰朕早在藩鎮常戒奢華今御寰區尤思節儉況國家多事帑藏甚虛將緩憂勞所宜省約應乘輿服御之物不得過爲華飾宮闈器用並從朴素太官常膳一切減損諸道所有進奉比助軍國支費其珍巧纖華及奇禽異獸鷹犬之類不在輒有貢獻諸無用之物不急之務並宜停罷

二月内出寶玉器數十有茶籠酒器枕及金銀結縷寶裝床几飲食之具碎之於殿庭有一玉枕累擲之不壞樞密使王峻上請太祖笑而賜之太祖謂侍臣曰凡爲帝王安用此爲近聞漢隱與嬖寵嬉戲珍華寶翫不離於側覆車未遠宜以爲鑑仍戒左右今後凡有珍華悅目之物不得入宮

世宗顯德五年六月壬申宣徽院進呈御食物料之數帝因批出曰朕之常膳所用物料今後減半餘人所食即須仍舊

冊府元龜卷第五十六

新刊監本冊府元龜卷第五十七

帝王部五十七

英斷　明察

英斷

昔人有言曰世所以貴乎將鎮邪者以其立斷也又曰果斷而行鬼神避之矧夫誕膺天命司牧烝黎裁萬樞而制百揆別九流而任衆職獨運陶甄之上下令流水之源豈可以或亂於衆多牽制於文義猶豫而不決雍容而無斷也乃有申大刑以聳群聽折多言以建殊績違命以無畏任賢而不疑保侍臣之守節絕僭國以大義因機制變反權合道誠明中發威靈外布幽顯以之叶贊天地以之訢合志有所之事靡不濟傳曰一心定而萬物服是之謂歟

漢高祖初為漢王與項羽爭天下羽將丁公（名固即季布同母異父之弟也）逐窘高祖彭城西短兵接漢王急顧謂丁公曰兩賢豈相厄哉（兩賢高祖自謂并謂丁公也言吾與汝俱賢豈相困乎厄困也）丁公引兵而還及項王滅丁公謁見高祖以丁公徇軍中（徇行示也）曰丁公為項王臣不忠使項王失天下者也遂斬之曰使後為人臣無傚丁公也

武帝元光二年大行王恢建議擊匈奴六月御史大夫韓安國為護軍將軍衞尉李廣為驍騎將軍太僕公孫賀為輕車將軍大行王恢為將屯將軍太中大夫李息為材官將軍三十萬衆屯馬邑谷中誘致單于欲襲擊之單于覺之引去漢兵追至塞度弗及王恢等皆罷兵帝怒恢不出擊單于輜重也恢曰始約為入馬邑城兵與單于接而臣擊其輜重可得利今單于不至而還臣以三萬人衆不敵祇取辱固知還而斬然完陛下士三萬人於是下恢廷尉廷尉謂恢逗橈當斬（軍法行而逗留畏懦者要斬逗謂留止也橈屈弱也）恢行千金丞相蚡蚡不敢言帝而言於太后曰王恢首為馬邑事今不成而誅恢是為匈奴報仇也帝朝太后太后以蚡言告帝帝曰首為馬邑事者恢故發天下兵數十萬從其言為

此且縱單于不可得恢所部擊猶頗可得以尉士大夫心（謂得輜重衆人也）今不誅恢亡以謝天下於是恢聞迺自殺

後漢光武既命隗囂為西州大將軍時關中將帥數上書言蜀可擊之狀帝以示囂因使討蜀以效其信囂乃遣長史上書盛言三輔單弱劉文伯在邊未宜謀蜀帝知囂欲持兩端不願天下統一於是稍黜其礼正君臣之義

建武中西域諸國皆遣使求內屬願請都護帝以天下初定未遑外事乃還其侍子

明帝善刑理法令分明日晏坐朝幽枉必達

魏太祖初為曹公既破袁紹公收紹書中得許下及軍中人書皆焚之曰當紹之強孤猶不能自保而況衆人乎

文帝初為魏王蜀先主聞太祖薨遣掾韓冉奉書弔并致賻贈之礼帝惡其因喪求好勑荊州刺史斬冉絕使命

晉武帝泰始中涼州為虜所沒河西斷絕帝曰誰能為我討此虜乎司馬督馬隆曰臣能平之臣請募勇士三千人无問所從來率之鼓行而西禀陛下威德醜虜何足滅哉帝許之乃以隆為武威太守公卿僉曰六軍既衆州郡兵多但當用之不宜橫設賞募以亂常典隆小將妄說不可從也帝弗納自隆之西音問斷絕朝廷憂之或謂已沒後隆使夜到帝撫掌歡笑詰朝召群臣謂曰若從諸卿言是无秦涼也又嘗欲以郭琦為佐著作郎問琦族人郭彰彰素疾琦答云不識帝曰若如卿言烏丸家兒能事卿即堪為郎矣遂決意用之

元帝時華常為潁川太守群賊方盛所在州郡相繼奔敗亦欲棄郡東渡而從兄軼為帝所誅以此為疑先書與驃騎將軍王導導言於帝帝曰兄弟罪不相及況群從乎即召常補光祿勳

後魏道武皇始二年八月丙寅朔帝征中山自魯口進軍常山之九門時大疫人馬牛多死帝問疫於諸將對曰在者纔十四五是時中山猶拒守而飢疫並臻群下咸思還北帝知其意因

謂之曰斯固天命將若之何四海之人皆可與爲國在吾所以撫之耳何卹乎無民群臣乃不敢復言

九月慕容賀驎飢窮率三萬餘人出寇新市甲子晦帝進軍討之太史令鼂崇奏曰不吉帝曰其義云何對曰昔紂以甲子亡兵家忌之帝曰紂以甲子亡周武不以甲子勝乎崇無以對

孝文引見朝臣詔之曰卿等欲令魏朝齊美於殷周爲令漢晉獨擅於上代咸陽王禧對曰陛下聖明御運願遠迹前王帝曰若然將以何事致之爲欲脩身改俗爲仍滌前事禧對曰宜應改舊以成日新之美帝曰爲欲止在一身爲欲傳之子孫禧對曰既上代靈長願欲傳之來葉帝曰若然必須改作卿等當各從之不得違也禧對曰上命下從如風靡草帝曰自上古以來及諸經籍焉有不先正名而得行禮乎今欲斷諸北語一從正音年三十巳上容或不可卒革三十巳下見在朝廷之人語音不聽仍舊若有故爲當降爵黜官各宜深戒如此漸習風化

可新若仍舊俗恐數代之後伊洛之下復成被髮之人王公卿士咸以然不禧對曰實知聖言宜應改易帝曰朕嘗與李沖論此沖言四方之語竟知誰是帝者言之即爲正矣何必改舊從新沖之此言應合死罪乃謂沖曰卿實負社稷合令御史牽下沖免冠陳謝

章武王彬爲汾州刺史時胡民去居等六百餘人保險謀反扇動徒類彬請兵二萬有司奏許之孝文大怒曰何有動兵馬理也可隨宜肅治若不能靜怗必須大衆者則先斬刺史然後發兵彬奉詔大懼督率州兵身先將士討胡平之

李沖爲尚書僕射時孝文引見公卿於清徽堂孝文曰聖人之大寶唯位與功是以功成作樂治定制禮今徙極中天創居嵩洛雖大構未成要自條紀略舉但南有未賓之豎兼荒蠻密邇朕夙夜悵惋良在於茲取南之計決矣朕行之謀必矣若依近代也則天子下帷深宮之內准古也則有國武親行祚延七百魏晉不征旅踵而殞祚之修短在德不在征今但以行期未知早晚知機其神乎朕既非神焉能知也而頃來陰陽卜術之士咸勸朕今征必剋此既家國大事宜共君臣各盡所見不得以朕先言便致依違退有異同沖對曰夫征戰之法先人之事然後卜筮今卜筮雖吉猶恐人事未備今年秋稔百穀常實又京師始遷衆業未定加之征戰以爲未可宜至來秋孝文曰僕射之言非準不合朕意之所慮乃有社稷之憂然咫尺寇戎無宜自安理須如此僕射言人事未從亦不必如此朕去十七年擁二十萬衆行不出畿甸此人事之盛而非天時往年乘機天時乃可而闕人事又致不捷若待人事備復非天時若之何如僕射之言便終無征理朕若秋行無剋捷三君子並付司寇

宣武時元匡與劉芳爭權量事怒死降爲光祿大夫又兼宗正卿出爲兖州刺史元匡臨發帝引見於東堂勞勉之元匡猶以

尺度金石之事國之大經前雖爲南臺所彈然猶許更議若議之日願聽臣暫赴帝曰劉芳學高一時深明典故其所據者與先朝尺寸乃過一黍何得復云先朝之意也兖州既所執不經後議之日何待赴也

後周武帝建德六年正月平齊初帝將東伐諸將多不願行帝曰機者事之微不可失矣若有沮吾軍者朕當以軍法裁之

唐高祖武德二年二月僞涼李軌遣其左丞鄧曉來朝發其書自稱從弟高祖怒曰李軌謂朕爲兄此乃不臣之迹當遣偏師往問其罪因拘曉不遣（是歲軌爲部下所擒）

太宗爲秦王時有說高祖曰突厥頻寇關中者徒以府藏子女之在京師故也若焚燒長安而不都則胡寇自止高祖惑之遣中書侍郎宇文士及踰南山以至樊鄧行可居之地將徙都焉隱太子巢剌王及裴寂並贊成之計太宗諫曰獫狁孔熾作患中華自古有之非獨今也周漢並罹其難未聞遷徙都邑今陛

下聖明總一天下忌皇多士帶甲百萬衞霍去病漢廷之將帥耳猶且志滅匈奴臣忝備藩維尚使胡塵不息遂令陛下議欲遷都此臣之責也幸乞聽臣一申微効取彼頡利以謝中州三數年間必係單于之頸何有遷都邑忱犬羊一旦之情貽後人万代之恥高祖大笑曰吾家千里信不虛也於是遂止

貞觀十七年四月太子承乾及魏王泰既廢黜太宗謂侍臣曰自今以後太子不道藩王窺伺者悉兩棄之傳諸子孫以為永制初太子承乾聞之益懼逆謀逾甚及承乾敗太宗讓之承乾曰臣貴為太子更何所求但為泰所圖時與朝臣謀自安之計不逞之人教臣為不軌之事今若以泰為太子是落其度內太宗因謂侍臣曰我若立泰便是儲宮之位可經求而得也泰立承乾晉王皆不存（臣欽若等曰晉王謂高宗也史臣諱其名）晉王立泰與承乾可无恙也乃下詔貶泰為順陽郡王府寮為泰親狎者並左遷嶺表

代宗大曆中宰相元載持權歲久寵賂日彰朝綱爵賞无不大壞帝思得正人為已腹心漸移載權以肅朝政由是徵浙西觀察使李栖筠與河南尹張延賞赴闕延賞以地近先至除御史大夫適會劍南成都府司錄李少良與殿中御史陸珽等密上封事論載得失帝付臺問狀延賞疑懼不敢糾遂託疾以避其事帝內不能平猶惜人望出延賞為淮南節度使栖筠至即日內制拜御史大夫時宰臣不知帝用栖筠及白麻出日內外震肅栖筠亦正身守道無所顧憚以酬任遇之恩四五年間載充位而已

德宗即位初劉文喜擅原州有勁兵二万人閉城拒守時方炎旱群情騷動百官上表請赦文喜者衆矣帝皆不省文喜又使亞將劉海賓入奏於朝海賓密啓曰臣是陛下藩邸部曲豈從人逆乎必梟其首以獻今文喜所圖者節制而已願陛下與之文喜得所欲必怠臣計有所施矣帝曰名器不可以假人爾忠効我知不可得使海賓歸告而擊之如初遂殺文喜傳首闕下

建中元年九月將作監言請修內廟是歲孟冬為魁岡不利修作太史請卜他時帝曰啓塞從時詭妄之書勿徵乃命修之

憲宗元和十年御史中丞裴度獻議請討淮西吳元濟是時王承宗居鎮李師道據鄆外順朝旨內實違命陰助元濟以為輔車潛募死士候度趨朝伏發於通化坊之東街及導從奔散獨有騎者王義堅以拒之盜持刃斷義臂度亦被傷因得不死其日宰相武元衡遇害皆以議討元濟者故時論或欲罷度之官以安二鎮憲宗赫怒以為罷度之官是姦計無遺朝綱不振因拜度中書侍郎平章事度亦以平賊報國為己任

十一月辛卯詔釋忠武軍大將田穎宋朝隱之罪初韓弘諸軍使齊力攻討賊營俘攻烏重胤之壘烏禦之中數槍馳請救於李光顏光顏以小騎擒賊之保也乘其无備使田穎宋朝隱襲而取之遂平其城塹由是不克救烏及韓弘以光顏違令取穎及朝隱將戮之穎及朝隱勇而材軍中皆惋惜之光顏畏弘不敢留會中使景忠信至知其情乃矯詔令所在械繫之走馬入見具以本末聞帝赦忠信矯詔罪即往釋穎及朝隱弘及光顏進以表論帝謂弘使曰穎等違都統令當處死但光顏以其襲賊有功亦可宥之軍有三令五申宜捨此以收來効及以詔諭弘弘不悅

十一年正月方討吳元濟并王承宗翰林學士中書舍人錢徽駕部郎中知制誥蕭俛並以罷兵為請時帝業於肆討故出徽俛職以懲言罷兵者

六月高霞寓敗于鐵城是日宰相入對相謂曰帝必有問未知所以對如何或言其不可復用兵狀及對帝曰不然夫一勝一負兵家常勢若帝王用兵即不合敗自古何難於用兵累聖不應留此兇賊今但論此兵合用與否及朝廷制置當否耳卿等唯須要害處置將帥有不可者去之勿疑兵刀物力有不足者

速與虜決何可以一將失利便沮成計於是裴度之請必行言罷兵者亦稍而止

穆宗即位初幽州盧龍軍節度使劉總頻獻表章請分割當管土地及進征馬以明忠懇朝廷自宰臣公卿已下皆疑其詐帝獨推誠納之

後唐莊宗以哀帝天祐三年正月嗣晉王位于太原四月召潞州行營將周德威歸晉陽時梁軍圍上黨梁祖自將兵至澤州既見班師知其國禍以為潞州必取援軍未復再舉遂停斥候梁祖亦自澤州歸洛帝知其不備謂諸將曰賊帥寢謀惟憚先帝今聞我新有家禍必謂不能興師又以我少年嗣位未習戎事享聞變故必有驕怠之心若簡練兵甲倍道兼行出其不意以吾憤激之衆擊彼驕惰之師拉朽摧枯未方其易解圍定霸在此一役遂率親軍直抵夾城梁軍大恐南向奔走投戈委甲噎塞行路俘斬萬級梁祖聞其敗也大懼既而歎曰生子當如是李氏不亡矣吾家諸子豚犬爾

天祐七年十一月梁祖遣供奉官杜廷隱丁延徽監魏將夏諲兵三千分入深冀言懼幽州侵軼就糧守禦為名既而皆殺郡兵鎮州王鎔遣使楊審謀乞師于帝帝集軍吏議出師之謀或曰鎮人首贊偽梁推崇僭竊稱藩納賂重以婚姻今又未見釁端必先離貳賊將潛圖深冀趙人殊不枝梧量彼事情恐茲詐計兵者機事不可輕行但且按甲治兵徐觀勝負[illegible]知其病則與之師帝曰不然趙王比無經遠之謀繕甲治兵幸保一隅之地擾之則離叛姑息則稱藩逆溫未及於前朝王氏不殊於曩昔當本朝承平之日而猶或叛或臣逆溫雖納女和親未及壽安公主既懼逆溫窺盜則思反仄偷安況劉守光坐擁勝兵逼於東境我又養兵練卒壓彼西隣南距逆溫僅餘千里我與守光合勢王公不得不憂既告我乞盟以如此等逆溫知吾和好人情固有猜嫌詭計發兵陵我今闘我若遲延不救則將從逆

詳既聽寡妻納之言又失輔車之勢勝負之理斷自予懷詔出井陘破賊必矣乃遣周德威將兵赴援屯於趙州梁祖既令杜廷隱等襲殺深冀以寧國軍節度使王景仁為北面行營都招討使韓勍為副相州刺史李思安為前鋒會軍於魏州時汴之知數者私所謂梁祖曰是月太陰虧不利出師因命退軍

同光元年九月壬寅朔在鄆城梁將段凝兵至臨河之南與騎兵接戰是時澤潞叛換衛州黎陽為梁所據自棄德勝濮州已西相州已南寇鈔日至編戶流亡租賦漸少計其軍賦不支半年又王都盧文進誘契丹每過瀛涿恐草枯冰合深入侵攻又聞汴人將發大舉帝深憂之召諸將吏謀其大計或對曰今汴人躁動但緣我襲取鄆州自我得汶陽已來須大將固守城門之外元是賊疆以臣料之得不如喪今若馳檄告諭梁主却取衛州黎陽以易鄆州指河為界約且休兵待我國力稍集則議改圖帝曰噫行此謀則吾無葬地矣詔問郭崇韜對曰臣不知書不敢遠徵古昔可以時事言之且陛下十五年仗義興兵為雪家仇國恥甲胄生蟣蝨黎人困輓輸今既纂大號河朔士庶日望平定中原纔得汶陽彈丸之地而不能有何尺有中夏乎將來歲賦不充物議怨讟設若劃河為界誰為陛下守之自康延孝言事後來晝夜籌度料我兵力算賊事機不出今年雌雄決矣且汴人決河自滑至鄆非舟檝不能濟渡近自賊中來皆言汴州無備悉以河南精兵在段凝麾下王彥章師衆萬餘將寇鄆州彼既以大軍臨我南鄙復又憑恃決河牽制我軍謂我不能南渡志在收復鄆州外以彥章之兵朝夕侵寇內冀姦人搖動幸有變生此汴人之深謀也段凝雖有精卒素無將略緩急機權未能獨斷臣有末策雖為狂妄敢不盡言唯陛下留之目謂段凝保守河壖尚欲持我我但留兵守鄴保固楊劉陛下親御六軍與鄆州合勢長驅倍道直向汴州汴既無兵望風自潰既若偽主授首賊將自然倒戈半月之間天下大定日然

始料度成敗已决臣今秋不稔兵糧纔支數月糧盡兵散坐見不堪决討則成敗未知端坐則今年不濟力屈勢窮稅駕無所臣聞作舍道邊三年不成衆浮言故也帝王應運必有天命成敗天也惟在陛下獨斷發言盈庭而孰是臧否帝曰正合朕意大丈夫得則爲王失則爲虜行計决矣詔問司天皆曰陛下出棄鄆州且守河汭天文歲時不利深入必無成功郭崇韜奏古之命將鑿凶門出軍示其果敢況一人親征成算已定區區常譚無足據也是月梁將王彥章率衆至汶河明宗遣騎軍偵視至遞坊鎮兵來挑戰王師以精騎擊之渡汶水大敗之生擒梁將任釗田章等三百人俘斬二百級彥章引衆保中都明宗飛驛告捷帝置酒大悅且曰鄆州之捷實壯我謀由是决行渡河之策遂平梁氏

明宗初入洛所司議即位儀注霍彥威孔循等言唐之運曆已衰不如自創新號因請改國號不從土德帝問藩邸侍臣左右

奏曰先帝以錫姓宗屬爲唐雪冤以繼唐祚今梁朝舊人不願殿下稱唐請更名號帝曰予年十三事獻祖以予宗屬愛幸不異所生事武皇三十年排難解紛櫛風沐雨冒立刃戰體無完膚何艱險之不歷武皇功業即予功業也先帝天下即予之天下也兄亡弟紹於義何嫌且同宗異號出何典禮曆之衰隆吾自當之衆之莠言吾無取也時群臣集議依違不定惟吏部尚書李琪議曰殿下宗室勳賢立大功於三世一朝雨泣赴難安定宗社撫事因心不失舊物若別新統制則先朝便是路人煢煢梓宮何所歸往不惟殿下咸舊君之義群臣何安請以本朝言之則睿宗文宗武宗皆以兄弟出繼即位柩前如儲后之儀可也於是群議始定

天成中車駕在汴樞密使安重誨延諸藩侯議平吳之舉霍彥威權其利害事未能決翌日聞僞吳昇府節度使徐温卒議在必行帝謂侍臣曰四海之內唯淮南未賓正朔乘彼紛紜適宜另伐朕豈貪土疆耶姑務德訓兵俟釁未晚又供奉官丁延徽盜倉粟禁繫經年延徽性纖巧權貴多庇護比至應聖節則釋放乃至節前中要取聖旨放繫囚明宗曰除盜倉粟官典外餘可疎放時侍衛指揮使張從賓言事帝多容之因奏他事從賓言及延徽情非盜粟意本陪填帝曰食我厚祿偷我倉儲期於决死蘇秦說予不得非但卿言衆於是不敢言翌日帝御中興殿謂近臣曰丁延徽禁繫經年竊盜倉儲何須擁護不然則合原則原淹滯如此復何計校耶既知擁護不及乃據法寺具獄斷决

華温琪初事莊宗爲秦州節度使明宗即位因入朝願留闕下明宗嘉而許之除左驍騎上將軍歲餘明宗謂樞密使安重誨曰温琪舊人宜選一重鎮處之重誨奏以天下無闕他日又言之重誨素強愎對曰臣累奏未有闕處可替者惟樞密使而已明宗曰可重誨不能答温琪聞其事懼近臣所怒與重誨俱各

稱疾由是數月不出竟拜華州節度

周世宗顯德元年正月即位二月丁卯河東賊將張暉率前鋒自團柏谷入寇營於梁侯驛攻劫堡柵殺掠焚燒所至蕩盡潞州李筠遣護軍穆令均率步騎各千人拒之時帝議親征詢于執事者中書令馮道等奏曰劉崇自平陽奔遁之後勢弱氣奪未有復振之理竊慮聲言自來誘誤於我兼以陛下纂嗣之初先帝山陵有日人心搖動不宜輕舉命將禦寇深以爲便帝曰劉崇幸我大喪聞我新立自謂良便必發狂謀誑惑人心勾誘北虜謂天下可取謂神器可圖此際必來故無疑厥時馮道以帝銳意于親征恐非萬全之策因固諫之帝曰昔唐太宗之創業天下草寇靡不親征朕亦何憚焉道曰陛下亦不可効太宗帝又曰劉崇烏合之衆首遇王師必如山壓卵爾道對曰山壓卵故不敵不知陛下終作得山定否帝不悅而罷三月癸未帝降御札親征壬辰次澤州甲午戰于高平大將樊愛能何徽等

失律帝自率親騎臨陣督戰諸將分兵追襲勢若風雨僵尸蔽
地塡滿山谷己亥宴從官於潞州之衙署是日誅樊愛能何徽
及諸軍將校監押使臣等共七十餘人以高平陣見賊奔遁故
也又斬開封府馬步軍都指揮使郭令嵓以臨陣遷延不應指
使也愛能暨徽皆自戎伍而為列校漢末太祖自鄴入平內難
各率部兵以從及太祖踐阼累加擢用尋以愛能為侍衛馬軍
都校徽為侍衛步軍都校皆遙領節制其寵遇委用非不至也
而姦猾為性臨事顧望至是與劉崇對陣愛能望賊而遁徽所
部兵未及成列為蹂踐而散既伏誅中外無不盛稱帝之英斷
自是驕將惰卒股慄而知懼矣顯德二年正月帝謂宰臣等曰
朕昨以府州為節鎮就拜折德扆為帥而夏州李彝興以土壤
相接惡其與己並為藩鎮乃敢扼塞道路阻絕使臣卿等以為
如何宰臣奏曰夏州地起邊徼朝廷向來常與優借府州甚為
褊小近建節旄得之何利失之無害且宜撫諭彝興庶合大體

上曰折德扆三數年來竭盡心力禦捍劉崇如何一旦棄之度
外且夏州雖產羊馬博易貨賚悉在中土儻與阻絕何能爲之
乃命供奉官齊藏珍齎詔書責其悖慢諭以安危後彝興果恐
懼俯伏聽命焉
十一月帝謂侍臣曰近以開廣京城存歿皆有起動若聽汎言
卒行未得沸騰之語朕自當之久遠即當利於人矣
五年三月親征淮南聞東泝洲有賊船數百隻乃命殿前都虞
候慕容延釗及右神武統軍宋延渥帥師以討之將行令延釗
帥驍騎登陸而往延渥督舟師泝江而下時議者云徑趣江路
恐非良策若取裏河而往保兊萬全矣唯帝獨斷不移未幾延釗
上言大破賊軍於東泝州

明察

夫王者纏五行之秀膺三靈之眷奄有四海為天下君仰之如
日無幽而不燭畏之如神雖微而必察繇是下情靡不上通讒
說無以自進合忠履絜之士得以効其所能至乎盡瘁之臣得
以保乎終吉自西漢而下甚有躬資明智內懷聰睿邇言必究
其所自至精且合於惟幾使姦邪無所容為勳勞獲於全度刑
賞不濫而政化以清垂之策書斯為美矣
虞舜明四目達四聰廣視聽於四方使天下無壅塞
漢昭帝元鳳元年九月鄂邑長公主燕王旦與左將軍上官
桀子驃騎將軍安御史大夫桑弘羊皆謀反伏誅初桀安父子
與大將軍光爭權欲害之詐使人為燕王旦上書言光罪時帝
年十四覺其詐後有譖光者帝輒怒曰大將軍國家忠臣先帝
所屬敢有譖毀者坐之光由是得盡忠
後漢明帝日晏坐朝幽枉必達內外無倖曲之私
魏太祖知人善察難眩以偽建安末以毛玠為東曹掾典選
大軍還鄴議所并省玠請謁不行時人憚之咸欲省東曹乃共
白曰舊西曹為次宜省東曹太祖知其情令曰日出於東月盛

於東凡人言方亦復先東何以省東曹遂省西曹
衞臻為漢黃門侍郎東郡朱越謀反引臻太祖令曰孫與卿君
同共舉事加欽令問始聞越言固自不信及得荀令君書具亮
忠誠
晉元帝時王敦為荆州牧會湘州刺史甘卓遷梁州敦欲以從
事中郎陳頒代卓帝不從更以譙王承鎮湘州敦復上表陳古
今忠臣見疑於君而蒼蠅之人交搆其間欲以感動天子帝愈
忌憚之
成帝少而聰敏有成人之量南頓王宗之誅也帝不之知及蘇
峻平問庾亮曰常日白頭公何在亮對以謀反伏誅帝泣謂亮
曰舅言人作賊便殺之人言舅作賊復若何亮懼變色
後魏太武帝雅長聽察瞬息之間下人無以措其姦獻文帝勤
於治功百寮內外莫不震肅及傳位孝文猶躬覽萬機政刑
明顯拔清節沙汰貪鄙牧守之廉絜往往聞焉

唐高祖初西國多務姦請填委臨朝專斷分剖決如流每發其姦伏皆出人之意表

太宗貞觀中代州都督劉蘭謀反伏誅蘭既斬右武侯將軍丘行恭探其心肝而食之太宗聞而數之曰刑典自有常科何至於此必若食逆者心肝而為忠孝則劉蘭之心為太子諸王所食豈至卿乎行恭慚而拜謝

高宗永徽二年詔弓月道副總管高德逸市馬而德逸自取駿者大理卿李道裕奏云此馬堪常請實中廐高宗曰道裕法官職在決斷進馬之事非其所司請以馬送北門妄希我意深乖法官之躰豈朕行事不為群下所知耶朕今自咎未能即黜道裕

玄宗開元二十五年以太子瑛得罪召左相李林甫議立副君時武惠妃承寵林甫希旨因以惠妃子壽王瑁對玄宗不可竟冊立肅宗林甫由是恐不利已乃起妃族韋堅柳勣之獄數危於肅宗肅宗推誠守道卒不自明玄宗亦聖慮獨斷意無所惑

代宗大曆八年閏十一月右僕射裴遵慶之姪孫倩擿登聞鼓告遵慶謀反帝曰此必大謬乃下有司鞫倩果風狂誣罔伏罪杖倩四十配流漳州百姓

德宗貞元中左司郎中盧徵驟遷給事中户部侍郎竇參深遇之參為相倚以自代會同州刺史缺參請以尚書左丞趙憬補之特詔用徵以間參腹心也

憲宗元和十二年九月己亥貶京兆尹竇易直為金州刺史初萬年捕賊尉韓晤以姦贓發易直使法曹掾韋正牧鞫之得贓三十萬帝意其未盡令復鞫之又得贓三百萬故罪正牧而貶易直韓晤除名配流昭州

文宗開成元年十月癸丑御紫宸殿宰臣李固言奏御史臺推金部員外郎判度支案韓益贓狀李石奏曰臣以其頗會錢穀是以錄用不諳如此貪猥帝曰宰相但知人則用有過即懲李石所用人且不掩藏罪過可謂至公從來宰相用人既有過犯又不欲令有司舉察此人病也但知有舉之筆不失職從而獎之自然易得其人何必懲惡

武宗御殿受冊是月九日雨至十四日轉甚乃改用二十三日時有織人告中尉仇士良言宰相作赦書欲減削禁軍衣糧馬草料士良怒曰必若有此軍人須至樓前作鬧宰相李德裕等知之請開延英訴其事帝曰姦人之詞也召兩軍中尉諭之曰赦書出自朕意不由宰相況未施行公等安得此言士良惶恐謝之是日霽

後唐明宗天成三年八月宰臣王建立請患假累日不朝帝謂侍臣曰建立欲退三司令[illegible]稱病人有託疾得疾者不宜如此

長興元年四月十八日收復河中斬楊彥溫傳首來獻初彥溫莊宗朝累遷裨將天成初末帝出鎮河中奏為衙將善遇之至是彥溫承安重誨意乘末帝閱馬于黃龍莊據州城謀叛末帝尋遣人詰之曰吾善待汝何苦為叛彥溫報曰某非敢負恩緣奉樞密院宣頭令某拒命請相公但歸朝廷蒲民感末帝惠養之恩揭竿持梃敵彥溫之徒者甚衆竟以堅甲利兵不勝而退數日詔末帝歸朝帝疑其詐不欲與兵授彥溫絳州刺史安重誨堅請出師即命西京留守索自通侍衛步軍都指揮使藥彥稠等率兵攻之五日而敗自閉門及敗凡十三日初彥稠出師帝戒之曰與朕生致彥溫吾將自訊及收城斬首傳送帝怒彥稠等持議者以當時四海帖然五兵載戢蒲非邊郡近在國門而彥溫安敢狂悖皆以為安重誨方弄權柄從榮等諸王欲事不暇獨忌末帝威名夙著已素在其下每於帝前屢言其短帝既鍾慈愛不聽重誨巧作䂓圖冀能傾陷也彥溫既誅末帝在清化宅重誨謂馮道等曰蒲帥失守責帥之義公等當如何公等安得緘言重誨諷道等論列欲致末帝於有過之地翌日趙鳳馮道奏合行朝典帝不悅謂宰臣曰吾兒為姦黨所傾未明早白公等發此言是不欲留在人間也趙鳳堅奏春秋責帥之義所

以激勵藩守帝曰皆非公等意也二人惶悚而退居數日帝於中興殿見宰臣趙鳳承重誨意又再論列帝問侍臣他事無所言翌日重誨復自論列帝曰卿欲如何制置吾便遣汝重誨曰於陛下父子之間臣不合苦言一稟聖旨帝曰從他私第閑坐何煩奏也乃止二年三月丙寅制末帝授光祿大夫檢校太傅左衛大將軍兼御史大夫上柱國仍封隴西郡開國公食邑一千戶賜推忠佐運功臣特安重誨出鎮河中帝遣中使召見末帝泣而諭曰如重誨意爾安得更見予懿我心自正由是宣制行此宮衛之命

三年正月武德使奏內宿殿直張繼榮等二人俱失銀帶帝召內庭豈有盜耶莫是失物人妄訴否宣徽使宋引昭承旨鞫問果如帝言遂以其罪罪之

劉鼎爲吏部員外郎判吏部南曹與司封郎中曹琛同注擬三銓選人崔鐩上延嗣而下違格楊光嗣年皃不同文書踰濫令史趙廣李仁遇王環等伏罪中書門下帖本司官員各取狀崔居儉等注擬依格超折准敕及堂判不違理例盧文紀執奏本司各以伏過官員有失各望罰兩月俸狀入樞密直學士呂琦讀奏帝問居儉等過失琦對曰敕命許超折此不言資數當判又更促之銓司何罪大抵盧文紀與居儉情不相協擿摭瑕纇欲其有玷帝曰公理何在是日詔曰居儉等既准敕文微失不足爲累並放

晉高祖初爲太原尹明而難犯帝素好施施物必精皆以百緡謁客謂所賫牙吏曰吾本故人爾勿受遺因密使步健躡而偵之果受袁素以還帝怒密替遣焉左右畏之有如神明

天福四年六月陳郡民王武穿地得黃金數餅州取而貢之帝曰宿藏之物既非符寶不合入官遂召武獲之家至闕給而遣之

五年八月李崧因帝顧問遂言諸州倉糧皆於帳計之外所剩頗多帝曰多納害民罪同枉法其倉督等皆貸其命各宜處斷

周世宗顯德元年十二月帝謂侍臣曰朕昔居邸第嘗聞州郡村落之間有不務營生以狡蠹自負虛構辭訟恐動人民者鄉閭相畏不與之爭官吏避事不懲其咎得志斯久爲害亦深朕切不喜之宜委諸處録事參軍縣令等密具申奏即與除去令佐之官最親吾民也事之損益爭不細知此後直許條奏有允當者必與用之

二年正月帝謂侍臣曰近覩三司累奏以漕運綱官拌和官物處極刑者數人朕聞轉漕之物向來例給斗耗自晉漢已來不與支破且倉廩所納常賦皆是新物尚破省耗況水路所般豈免耗折忍令犯者徧寃處死起今後每石宜與耗一斗尚有所犯人必甘心

六月親録囚於內苑先是汝州潁橋鎮百姓馬遇詣闕上訴以其父温與其弟福超俱爲本鎮鎮將史彥鐸所誣寃死於獄中及令所司按鞫終不能辯之帝遂召入內園親自録問果得其事實以馬氏無辜寃死賜其家粟麥各五十石絹三十匹議者或以爲神是時諸侯聞者無不躬親於獄訟焉

新刊監本冊府元龜卷第五十七

新刊監本冊府元龜卷第五十八

帝王部五十八

勤政　守法　致治

勤政

易曰天行健君子以自強不息傳曰人道敏政況乎宇宙之大兆物之衆內撫諸夏外安百蠻體元以立制建侯以共治禮樂征伐於是乎在三皇已前風俗簡朴雖曰無爲無不爲也五帝神聖其臣莫能及故自親事處乎法宮之中明堂之上朝以聽政晝以訪問暮以修令故虞書曰無怠無荒四夷來王夏禹則曰予思日孜孜商書則曰先王昧旦丕顯坐以待旦周書梓材曰既勤樸斲惟其塗丹雘無逸曰文王自朝至于日中昃不遑暇食用咸和萬民乃至未明求衣齋居決事親臨庶獄延見大臣議論講貫或至夜分斯則聖人之用心也始乎勞終乎逸若雲行雨施春生秋斂而歲功成矣

殷中宗太戊嚴恭敬畏天命自度（用法度也）治民祗懼不敢荒寧（知民之勞苦不敢荒廢自安也）故饗國七十五年

高宗武丁不敢荒寧嘉靖殷國至于小大無怨故饗國五十五年

周文王日中昃不暇食饗國五十年

宣王將朝諸侯以夜未央之時問夜早晚故庭燎之詩美其能自勤以政事

漢宣帝地節二年五月始親政事令群臣得奏封事以知下情五日一聽事自丞相以下各奉職奏事以傅奏其言考試功能三年十二月初置廷尉平季秋後請讞時常幸宣室齋居而決事獄刑號爲平矣

後漢光武每旦視朝日仄乃罷數引公卿郎將講論經理夜分乃寐皇太子見帝勤勞不怠承間諫曰陛下有湯禹之明失黃老養性之福願頤愛精神優游自寧帝曰我自樂此不爲疲也又以手迹賜方國者皆一札十行細書成文（言儉約也）勤儉之風行於上下數引公卿郎將列于禁坐（禁坐列坐也）廣求民瘼觀納風謠故能內外匪解百姓寬息自臨宰邦邑者競能其官

順帝永建元年九月初令三公尚書入奏事

魏文帝黃初五年五月有司以公卿朝朔望日因奏疑事聽斷大政論辨得失是年帝南巡觀兵于吳留司馬宣王鎮許昌録尚書事宣王固辭帝曰吾於庶事以夜繼晝無須臾寧息此非以爲榮乃分憂耳

明帝含垢藏疾容受直言聽受吏民士庶上書一月之中至數十百封雖文辭鄙陋猶覽省究竟無厭倦太和三年改平望觀曰聽訟觀帝常言獄者天下之性命也每斷大獄常幸聽訟觀臨聽之

晉武帝泰始四年帝臨聽訟觀録廷尉洛陽獄因親平決焉

元帝太興元年新作聽訟觀

四年四月辛亥帝親覽庶獄

明帝太寧二年四月詔曰大事初定其命惟新其令太宰司徒已下詣都坐參議政道諸所因革務盡事中

成帝咸康六年初依中興故事朔望聽政於東堂

後魏孝文太和十五年五月己亥議改律令於東明觀折疑獄

七月乙酉車駕巡省京邑聽訟而還

十六年二月幸北部曹歷觀諸省巡省京邑聽理冤訟五月詔群臣於皇信堂更定律條流徒限制帝親臨決之

十七年五月帝臨朝堂引見公卿已下決疑政録囚徒

二十年二月辛丑帝幸華林園聽訟於都亭

八月壬辰朔幸華林園親録囚徒咸降本罪二等決遣之帝聽覽政事莫不從善如流哀矜百姓常思所以濟益天地五郊宗廟二分之禮常必躬親不以寒暑爲倦尚書奏案多自尋省百

官大小無不留心務於周洽嘗臨朝堂謂太子太傅穆亮曰三
代之禮日出視朝自漢魏已降禮儀漸殺晉令有朔望集公卿
於朝堂而論政事亦無天子親臨之文今因卿等日中之集中
前則卿等自論政事中後與卿等共議可否遂命讀奏案帝親
自決之
宣武正始元年八月詔洛陽令有大事聽面敷奏
永平元年六月詔曰慎獄重刑著於往誥朕御茲寓屢明鑒未
遠斷決須疑寔有仮愧可依洛陽舊圖脩聽訟觀農隙起功及
冬令就當與王公卿士親臨録問
延昌二年正月帝御申訟車親理冤訟
六月帝御申訟車親理冤訟
三年四月帝御申訟車親理冤訟
孝明熙平二年九月詔曰察訟理冤實維政首躬親聽覽民信
所由比日諒闇之中治綱未振獄犴繁廣嗟訴聚聞雖曰司存

每多誣壅曾是寡德寔深矜慨自今月望當暫出城闉親納滯
枉主者可宣諸近遠咸使聞知
孝昌二年二月甲申帝皇太后臨大夏門親覽冤訟
孝莊建義元年五月詔曰自孝昌之季法令昏泯懷忠守素蹇
隔莫申深怨宿憾控告靡所其有事在通途横被疑異各例無
爽抂見排抑或選舉不平或賦役煩苛諸如此者不可具記其
有訴人經公事注不合者悉集華林東門朕當親理怨獄以申
積滯
出帝太昌元年五月癸亥朔帝於華林園納訟
六月巳卯帝臨顯陽殿納訟
永熙三年五月庚子又幸華林都亭納訟
西魏文帝大統五年秋七月詔自今常以朔望親閲京師見囚
徒
後周明帝武成元年正月巳亥聽訟於正武殿
武帝保定三年四月帝御正武殿録囚徒
建德元年十二月巳丑御正武殿親録囚徒至夜而罷
二年十二月戊午聽訟於正武殿自旦及夜繼之以燭
六年五月辛亥御正武殿録囚徒
隋高祖初即位乘輿四出路逢上表省者則駐馬親自臨問或
潛遣行人采聽風俗吏治得失人間疾苦無不留意
開皇二年十二月丁亥親録囚徒
四年九月巳巳親録囚徒
十年七月庚[illegible]親録囚徒
十二年八月戊戌親録囚徒
十七年三月辛酉親録囚徒
十八年十一月甲戌親録囚徒
唐高祖武德元年六月謂侍臣曰毎有章表朕所親覽其諸闕
者並即引見不得輒相止抑致有幽枉

九月乙巳親録囚徒
二年閏二月親録囚徒多所原放
三年八月親省囚徒多所寛宥
八年二月癸未親録囚徒多所原放
太宗以武德九年八月甲午即位十二月癸未謂司空裴寂曰
比有上書奏事條數甚多朕揔粘之屋壁出入觀省所以孜孜
不倦者欲盡臣下之情毎一思治或二更方寢亦望公輩用心
不倦以副朕之心也
貞觀元年五月癸丑謂侍臣曰書云不去乎夫人民有欲無主乃
亂故樹君以治之然而不能獨治必藉良佐以相輔弼朕今臨
御天下子養生民思弘君道以安萬姓卿等嘗見隋主爲君
不恤民事君臣失道民叛國亡公卿貴臣暴骸原野毒流百姓
禍及其身朕毎念及於斯未嘗不忘寢輟食所以師古作法不
敢任情欲共卿等不爲逸豫唯務治民致君臣相體[illegible]必陳

聞公卿以下皆難言於朕豈開延之道有所不盡乎勑中書令侍中於朝堂受辭訟衆庶以上有陳事者悉令封上帝皆親覽焉

二年八月甲戌幸朝堂親覽冤屈

三年十二月辛酉親錄囚徒多所原放

十年十二月親錄囚徒

十五年四月親錄洛州河南洛陽二縣及行從諸司囚徒十一月庚子錄在京囚徒多有原宥

十六年七月謂侍臣曰朕數召公等欲聞從諫庶幾善道以康不遠耳今常達夜不寢思為政術非唯憂勤萬姓亦欲貽法後昆司空長孫無忌奏稱古來撥亂之主載籍斯存天造草昧之辰爰始經綸之日何嘗不思聞帝道祇奉王度及即位之後漸染驕盈詩云鮮克有終此非虛說陛下君臨四海將二十載視朝以後每留群臣陛下為解威嚴貸以顏色唯欲其論國家善惡用康政化哀愍黎元聖情轉切此豈臣等獨蒙恩澤四海蒼生誰不幸甚

十七年二月己亥帝親慮囚徒非傷化害物者多所降宥帝以天下太平厲精風化每旦召見三品以上賜食御前初發德音必先政道獎誘臣下令各有所陳群臣雖無可進說帝必深叙戒懼

七年辛丑謂公卿曰朕聞隋煬帝對群臣未嘗言及政道朕實以政事切心若見卿等不覺自然發言司徒長孫無忌曰臣聞欲知國之存亡先觀其為政此隋所以喪陛下所以興也

八月帝見諸方使人先問其田苗善惡百姓疾苦奏稱百姓更無療患而今茲有年因謂群臣曰自去秋不雨洎茲春夏積旱三時野無青草中心怵傷無秋稼之望迄於季夏方降甘雨今此年豐上天所賜雖祥瑞之美無以加焉

十八年二月丙辰帝謂侍臣曰天下靜亂必在於君化以成俗

亦由其主朕少小重茂於學業恨不能該覽經史採其善事為百姓行之

二十一年正月詔以無識之徒自蹈刑憲若宜順陽和時由恩慮諸司見禁囚並宜將過詳其輕重自此以後每視朝錄禁囚二百人帝親自案問降死至流流入徒徒入杖杖者並放

二十二年閏十二月癸巳親錄囚徒多所原遣

高宗永徽元年正月召朝集使謂之曰朕初登大位固以黎庶為心事有不便於萬姓者各宜面奏有不盡者亦任封進自是每日引刺史十人入閤問以百姓疾苦及其政理

顯慶四年十月壬辰親慮在京囚徒多所降免

龍朔三年二月庚戌勑京城見禁囚每月將二十人過帝親慮之多所原免慮不盡者仍令皇太子於百福殿慮之

咸亨二年六月癸巳以時旱親慮囚徒多所原宥仍令沛王賢慮諸司囚周王顯慮洛州及兩縣囚

中宗景龍二年六月壬寅親慮囚徒多所宥原

玄宗開元五年七月引畿縣令見于別殿帝謂之曰諸縣令等朕聞春夏以來苗稼甚好近日稍多雨水深處漂浸田疇只如藍田密縣氾水等既山水暴下衝突廬舍至於百姓弱者數人言念於茲不忘鑒寐雖已遣御史檢校安存卿是親人之官若為優恤亦知今歲蝗不為災避境右徵深嘉稱職未知在外疾病多少差科賦斂得均平以不

十一年諸州朝集使來見帝謂之曰卿等遠來並平安好今歲收穫何如去年百姓之間有何疾苦鰥寡惸獨及行人之家若為優恤使得存濟卿等初到且歸休息數日之後與有司計事以聞

二十五年十一月諸州朝集使見勑曰朕比擇長吏兼分命使臣所冀安人佇彼成績未知去歲之後至今秋已來郡縣之間如何致理招攜復業何為處置頃聞諸道路遠近稍熟百姓貯

積多少卿等親今之職庶事合知宜以實言用副虛佇

天寶十四載六月壬辰帝親慮囚徒

肅宗至德二年正月庚申臨軒引侍臣議時政得失

代宗寶應元年九月壬午御延英殿會宰臣等議政事自辰至午乃罷丙戌御延英殿會宰臣等議政事自辰至巳乃罷

大曆二年十月庚辰代宗御延英殿引萬年長安兩縣令及諸畿縣令見

十年五月乙卯帝視朝以班列人少謂宰臣曰朕每日聽政未嘗不晨與公卿大夫宣志恭修宰臣等再拜引過陳謝退而出示朝臣聞之者莫不竦惕

德宗貞元元年十二月以蝗旱之後流庸未復詔延英視事日令常參官七人對見對以時政得失自是頗有忤訐及不適事理者悉咨而還之

三年四月庚申詔曰蕃寇雖退疆理猶虞安邊之策必有良算各委常參官具所見封進每坐日三四人陳奏利害

府五十八　七

四年十月召京兆府諸縣令對于延英殿訪人疾苦誨之各賜衣一襲

甲申中書門下奏大理卿于頎太常卿董晉兵部侍郎李紓京兆尹李佐吏部員外郎呂渭曾任刺史司農卿薛珏太府少卿韋華大理少卿李速戶部郎中盧紹倉部郎中龐㑹曾任縣令及長安令竇申萬年令李融並有理行於是命頎等與刺史言於左丞廳珏等於右丞廳言畢各條奏

六年九月召京兆府諸縣令對延英殿問人疾苦各賜衣一襲

七年十月司農卿李揆免官初司農當供三宮冬菜二千車以度支給車直稍賤又阻雨菜敗揆以度支爲辭帝責其不先聞故免之先是揆奏司農菜不足請京兆府市之尹薛珏萬年令韋彤乃禁人糶賣帝命奪珏俸一月彤俸二月由是召延英殿令諸司長官二人引見訪問謂之巡對

十一年二月黔中觀察使崔穆爲部人告贓二十七萬貫及枇犯監察御史李直方往黔州覆案近事雨雪無對見者是日雨止重之延英殿召見直方遣焉

憲宗元和元年欲於政理謂宰相裴垍曰朕聽政之暇偏讀列聖實錄見貞觀開元時事歎慕不能釋卷又曰太宗之創業也此玄宗之致理如此我讀國史始知萬倍不及先聖當先聖之代猶須相與百官同心輔助豈朕今日獨能爲理哉事有乖宜必望卿盡力扶救垍等蹈舞進賀曰陛下言及於此是宗社無疆之福臣等駑劣不副聖心垍亦孜孜奉上每因敷奏復引太宗躬勤聽覽以諷帝帝常納用自是延英議政晝漏率下五六刻仍詔自今兩省官每坐日一人對來

八年六月辛巳朔時以積雨延英門不開首十五日至是帝使謂宰臣等曰每至三日雨亦對來

十三年九月戊子自八月壬申雨至是暫霽是日復降己丑雨雪深數寸人有凍死者宰臣因對請於頭帝曰正寒放朝因其所以然喜樂與卿等相見退居深宮誰可與語耶

府五十八　八

十四年八月己未謂宰臣曰今天下雖漸平尤須勤於政理若遇休假頻不坐有事即詣延英請對勿拘常制先是宰臣奏事於延英崔群以秋暑方甚不敢盡久其詞覩同列將出帝止之曰數日方與卿一相見時雖尚熱朕不爲勞因固留群等久之方退

穆宗以元和十五年正月即位八月乙亥幸勤政樓問人疾苦

文宗大和元年三月御紫宸殿延英視事者凡十一刻宰臣得以口陳大政帝皆虛心聽納異日對翰林學士於思政殿對南北軍使於麟德殿洎諸蕃使者諸道進奏官皆得引謁故事隻日皇帝視朝其雙日百官但奉朝請退帝既勤於爲理其後欲宰臣開日論政或當放朝輟朝皆令再雙日

五月甲申召侍御官禮部侍郎崔鄲工部侍郎獨孤朗同對一

刻府侍制官命之舊矣近歲虛設其名未嘗引對及此屢召陪
以聽政
六月詔百司庶務有不便於人者各委長吏悉心陳列無使壅
於上聞
開成元年正月乙巳帝御紫宸殿宰臣鄭覃李石進曰陛下改
元御殿中外寧謐今放京兆府一年租稅又停天下四節進奉
恩澤所該實當要切近年赦令皆不及此帝曰朕務行其實不
欲崇長空文覃曰在守之而已石曰赦書須內置一本陛下時
看之又十道黜陟使去日更付與公事根本令向外與長吏詳
擇施行方盡利害之要帝召監倉御史問太倉粟數御史崔虞
對見粟有二百五十萬石帝曰無九年之蓄曰不足無六年之
蓄曰急無三年之蓄曰國非其國今約歲費不少而所蓄非多
深可軫慮石曰京畿頻旱無以添置待至來年徵兩稅麥時納
麥穀時納穀自然國備漸實人亦樂輸帝曰如今用粟處且給
價錢來年折納務優農人覃曰若不優之折納爲害石又奏涇
陽水利方春作時請禁碾磑秋冬水閑任却動用覃曰務農乃
原其本也游手末作自當變止帝曰百司弛慢要重條舉因指
御爐曰此物始亦華好用之既久乃無光彩若不修飾何由復
初石曰百司皆有官長在陛下各責其事而已覃曰丕變風俗
當考實效晉時嵇阮之流竟何裨益帝曰阮籍居母喪飲酒食
肉隳紊禮教覃曰三十年以來不務實事相尚爲頑黃石曰此
本因理平人人無事安逸所致今之人俗但慕王夷甫恥不
能及帝曰卿等輔朕爲理必在振舉法度法者帝王之鞭策乘
馬不執鞭策而可望致遠乎鄭覃李石謝曰陛下撫念萬方形
于憂歎臣等雖甚駑庸敢不力奉聖志
九月丁亥召對季集畿赤縣令等二十一人賜帛有差
二年八月丙午望日也帝御延英對刑法官刑部員外郎紇干
泉王合大理少卿李武韋紓及大理正丞等自此朔望即對刑

法官以詳重輕
三年二月詔僕射尚書侍郎左右丞大卿監每遇奏日宜令兩
人循次侍對
宣宗在位十四年凡對宰臣語及政事即終日忘倦
後唐明宗長興四年六月丙寅見百寮於廣壽殿時不豫旬日
至是稍平帝勤於聽政接臣下無倦聖容纔似和裕即衣服尚宮
曰吾今日見百官六宮請曰聖體虛羸且俟平復無宜[illegible]強上
曰吾坐即似健乃以烏帽便服見群臣
十月辛酉上顧謂侍臣曰宰臣久不相見何也因令孟漢瓊傳
詔馮道奏曰臣等以五日起居禀中旨召見不敢大進也是月
道率百寮見於中興殿

守法

仲尼有言曰刑罰不中則民無所錯手足蓋夫居南面之重宅
億兆之上立平法以齊衆一其心而成化豈三尺之律令而敢
私乎哉故漢氏而下致治之后曷嘗不申嚴邦憲循行吏議雖
親宗室貴戚元勳近習寘於彝典無所矜貸繇是明一成之不
變致天下之歸心焉周書曰無偏無黨王道蕩蕩其斯之謂矣
漢武帝時隆慮公主子昭平君尚帝女夷安公主隆慮主病困
以金千斤錢千萬爲昭平君豫贖死罪帝許之隆慮主卒昭平
君日驕醉殺主傅獄繫內官主傅主之官也內官有署名以公主子廷尉上請
請論論其罪也左右人人爲言前又入贖陛下許之帝曰吾弟老
有是一子死以屬我老乃有子言其晚孕育也於是爲之垂涕歎息良久曰
法令者先帝所造也用弟故而誣先帝之法吾何面目入高廟
乎又下負萬民迺可其奏哀不能自止左右盡悲時東方朔前上壽曰臣聞
聖王爲政賞不避仇讎誅不擇骨肉書曰不偏不黨王道蕩蕩此二者五帝所重三王所難也陛下行之是以四海之內元元
之民各得其所天下幸甚臣朔奉觴昧死再拜上萬歲壽帝惡起入省中夕時召讓朔曰時然後言人不厭其言今先生上壽時
乎朔免冠頓首曰臣聞樂太甚則陽溢哀太甚則陰損陰陽變則心氣動心氣動則精神散精神散而邪氣及銷憂者莫若酒臣朔所
以上壽者明陛下正而不阿因以止哀也愚不知忌諱當死前有罪免爲庶人待詔宦者署因此復爲中郎賜帛百匹也

宣帝时大司馬大將軍霍光兄孫山坐冩秘書光夫人顯為上書獻城西第入馬千匹以贖山罪書報聞不許之

後漢光武時竇融爲大司空以大司徒戴涉坐所舉人盗金下獄帝以三公參職不得已乃策免融

虞延遷洛陽令是时陰氏有客馬成者常為姦盗延收考之陰氏屢請獲一書輒加箠二百信陽侯陰就乃訴於光武譖延多所寃枉帝乃臨御道之館親録囚徒延陳其獄狀可論者在東死理者居西成乃回欲趨東延前執之謂曰爾人之巨蠹久依城社不畏熏燒今考實未竟宜當盡法成大呼稱枉陛戟郎以戟刺延叱使置之帝知延不私謂成曰汝犯王法身自取之呵使速去後數日伏誅於是外戚斂手莫敢干法

後魏太武性甚嚴斷明於刑賞功者賞不遺賤罪者刑不避親雖寵愛之終不虧法常曰法者朕與天下共之何敢輕也故大臣犯法无所寬假

孝文時趙郡王幹除都督冀定瀛三州諸軍事冀州斬盗馬人於律過重而尚書以幹初臨縱而不劾詔曰夫刑以節人罪必死濫故刑罰不中民死措足若必以威殺爲良則應況通衆牧苟須有禁何得不稽之正典又律令條憲無聽新君加戮之文典禮舊章不著始臨專威之美尚書曲阿朕意實傷皇度幹於治理律外重刑可推以聞

唐太宗貞觀中吏部尚書侯君集坐太子承乾事帝謂百寮曰往者家國未安君集寔展其力不忍寘之於法我將乞其性命公卿其許我乎群臣爭進曰君集之罪天地所不容請誅之以明大法帝謂君集曰與公長决矣而今而後但見公遺像耳因歔欷下泣遂斬於四達之衢籍没其家

趙節長廣長公主之子以昵於太子承乾伏誅帝幸主所主以首擊地泣謝子罪帝亦拜主垂泣曰有功者仇讎必賞有罪者雖親戚必罰前王執此以守其國今亦民亦無哉死私有慚於姉

高宗顯慶元年十二月丙午魏州刺史郇國公孝協坐贓賜死宗正卿隴西王博乂等奏稱孝協父長平王叔良身死事者孝協更死兄弟無嗣便絕特望矜免其死帝曰時覧所司覆奏孝協死罪非不憐愍但國之枝戚任寄爲重不能勵慎遂及贓貨狼藉且畫一之法百王共貫豈親疎異制甲墮殊途若有利於百姓皇太子亦所不赦身之事庸朕亦不惜今知孝協既有一子令其主祭其脊功者親並宜依舊勿拘令式孝協竟自盡於第

代宗大曆四年七月癸未勑死罪降從流時皇姨弟薛華因酒色忿怒手刃三人棄屍井中事發繫於京兆府奏前一日賜自盡不以公法貸私恩也

後唐明宗天成三年七月汴州倉吏三十七人定贓至死分戮於三市史彥珣為汴之衙校舊将之子石敬瑭之戚屬王建立奏希免死帝曰王法无親豈可私徇乃皆就戮丁延徽為供奉官與倉官共盗倉米三百五十石延徽性纖巧權貴多

庇護之禁繫經年比至至應聖節則釋放乃至節前取旨放繫囚帝曰除盗倉粟官典外餘可疎放时侍衛指揮使張從賓言事帝多容之因奏他事從賓言及延徽情非盗粟意本陪填帝曰食我厚禄偷我倉儲期於决死蘇秦說予不得非但卿言衆於是不敢言翌日帝御中興殿謂近臣曰丁延徽禁繫經年竊盗倉儲何須擁護不然則合原則原淹滞如此復何計校耶既知擁護不及乃據法寺具獄斷决

涇王從敏明宗子也為成德軍節度使鎮州有市人劉方遇家富方遇卒兄子妻弟田令遵者以為方遇治財善殖貨劉族乃同推令遵為方遇子親族共立券書以為誓信累年後方遇二女取資金於令遵不如意乃訟令遵冒姓奪父家財劉之二女以錢賂從敏之親吏又姦通判官陸洗從敏令洗鞫爲氏獄而殺令遵令遵父詣臺訴又以成德軍節度副使符蒙坐書記徐台符鞫之蒙本鎮人備知姦狀及詰二女伏行賂於節度副使

趙環代判高知柔觀察判官陸浣並捕下獄具服贓污事連從敏從敏甚懼乃令其妻趨洛陽入宮告王淑妃明宗知之下令入罰從敏婦曰朕用從敏為節度使而枉法殺人取錢我若見百官又令新婦奔走不須見吾面依法裁斷然王妃頗庇之趙環等三人棄市從敏罰俸釋之

致治

蚩蚩蒸民不能自治天生聖哲以為司牧去危就安民之心也定亂致治君之政也非夫應天順人秉時設教則禍難無息康寧無冀矣故運四時成品物健而不息明而下濟天之常道也任百工熙庶績導之以德御之以威國之善經也千齡不易百代可知是知弦弧剡矢禍亂遂平制禮作樂風俗乃變弛而張之是謂政教引而伸之稱為化源御宇造物與民更始釋此不足徵也

黃帝舉風后力牧常先大鴻以治民順天地之紀幽明之占死

生之說（一云幽明之數合死生之說）存亡之難時播百穀（時是也）草木淳化鳥獸蟲蛾旁羅日月星辰水波（波一作沃）土石金玉勞勤心力耳目節用水火材物有土德之瑞

帝顓頊時大小之神日月所照莫不砥屬（砥平也四遠皆平而來服屬）

帝嚳執中而徧天下日月所照風雨所至莫不從服

帝堯克明俊德以親九族（能明俊德之士任用之以睦高祖玄孫之親）九族既睦平章百姓（既已也百姓百官言化九族而平和章明也）百姓昭明協和萬邦黎民於變時雍（昭亦明也協合黎衆時是雍和也言天下衆民皆變化化上是以風俗大和）允釐百工庶績咸熙（允信釐治工官績功咸皆熙廣也言定四時成歲曆以告時授事則能信治百官衆功皆廣歎其善）

帝舜既踐天子位命禹稷契等二十二人咸成厥功皋陶為大理平民各伏得其實伯夷主禮上下咸讓垂主工師百工致功益主虞山澤辟棄主稷百穀時茂契主司徒百姓親和龍主賓客遠人至十二牧行而九州莫敢辟違四海之內咸戴帝舜之功於是禹乃興九招之樂致異物鳳皇來翔天下明德皆自虞帝始

殷盤庚之時已都河北殷衰自中丁至陽甲九世亂諸侯莫朝盤庚遂涉河南治亳（治於亳之殷地商家自此徙而改號曰殷亳今偃師是也）行湯之政然後百姓由寧殷道復興諸侯來朝以其遵成湯之德也

武丁即位思復興殷而未得其佐三年不言政事決定於冢宰（冢宰天官卿貳王事者）以觀國風後與傅說為相殷國大治於成湯之明日有飛雉登鼎耳而雊武丁修政行德天下咸驩殷道復興

周武王克商大賚于四海而萬姓悅服（言周有大賚天下皆悅仁服德）列爵惟五（即所謂政事而法之爵五等公侯伯子男）分土惟三（列地封國公侯方百里伯七十里子男五十里為三品）建官惟賢（立官以賢）位事惟能（居位理事必任能）重民五教（所重在民及五常之教）惟食喪祭（民以食為命喪禮篤親愛祭祀崇孝養皆聖王所重）惇信明義（使天下厚行信顯忠義）崇德報功（有德尊以爵有功報以祿）垂拱而天下治（言武王所修皆是所任得人故垂拱而天下治）成王既襲淮夷歸在豐作周官（言周家設官分職用人之法）興正禮樂制度於是政而民和睦頌聲興（頌聲者太平歌頌之聲帝王之高致也）康王即位徧告諸

侯宣告以文武之業以申之作康誥故成康之際天下安寧刑錯四十餘年不用（錯置也民不犯法無所置刑）

漢惠帝時海內得離戰國之苦蕭曹為相君臣俱欲無為故帝拱己（垂拱而治）而天下晏然刑罰罕用民務稼穡衣食滋殖

文帝即位躬修玄默勸趣農桑減省租賦而將相皆舊功臣少文多質懲惡亡秦之政論議務在寬厚恥言人之過失化行天下吿訐之俗易（訐面相斥罪也）吏安其官民樂其業畜積歲增戶口寖息（寖益也息生也）風流篤厚禁罔疏闊選張釋之為廷尉罪疑者予民（從輕斷）是以刑罰大省至於斷獄四百（謂普天之下重罪者也）有刑錯之風

景帝遵孝文之業至於移風易俗黎民醇厚（黎衆也醇不澆也）周云成康漢言文景美矣

昭帝幼年即位承孝武奢侈餘敝師旅之後海內虛耗戶口減半（耗減也）委任霍光知時務之要輕徭薄賦與民休息至始元元鳳之間匈奴和親百姓充實舉賢良文學問民所疾苦議鹽鐵

而罷兜甄尊號曰昭不亦宜乎

宣帝地節二年令群臣得奏封事以知下情五日一聽事自丞相以下各奉職奏事以傅奏其言考試功能侍中尚書功勞當遷及有異善厚加賞賜至于子孫終不改易樞機周密品式備具上下相安莫有茍且之意元康四年比豐年穀（比頻也）石五錢（宣帝之治信賞必罰綜核名實政事文學法理之士咸精其能至于技巧工匠器械自元成間鮮能及之足以知吏稱其職民安其業也）

後漢光武建武十三年兵革既息天下少事文書調役務從簡寡（調罷發也）至乃十存一焉（帝長於民間頗達情偽見稼穡艱難百姓病害至天下已定務用安靜解王莽之繁密還漢世之輕法）

明帝永平十二年天下安平人無徭役歲比登稔百姓殷富粟斛二十牛羊被野

晉武帝明達善謀平吳之後天下乂安

後魏孝文太和八年遣使巡行糾守宰不法

玄宗開元十九年二月侍中裴光庭中書令蕭嵩奏曰臣等伏見所司奏天下應死罪囚總二十四人竊以天下至廣宇內至衆豈唯德禮所齊固以幽贊潛洽方將勸休述美非獨成康之時返朴歸淳幾若華胥之俗昔者斷獄數百文景稱仁徵諸良史遂有懿德臣等竭心奉職徒効消塵之微動色相趨預聞頌聲之作請宣付史官克昭盛烈從之二十五年帝因聽政問京師囚徒有司奏有五十八人怡然而喜二十八年以頻歲豐稔京師米斛不滿二百天下乂安雖行萬里不持兵刃

憲宗即位常納用直言勤於政事自貞元十年以後朝廷威柄甘削方鎮權重德宗不任宰相以事人間細務多自臨決裴延齡等得以姦進而登台輔者備位而已帝在藩累月言事者頗以此為言帝亦非之及永貞監國群臣謁見宰相杜黃裳首以君臣大義激起帝心帝以黃裳語忠始終延納黃裳首定誅劉闢又李吉甫自翰林學士參定蜀之策而相吉甫吉甫出鎮裴垍垍又繼之前自臨御訖于元和軍國樞機盡歸之宰相由是中外咸理綱目用張焉

宣宗自臨馭一之日權豪斂迹二之日姦臣畏法三之日閹寺讋氣繇是政刑不濫賢能效用百揆四嶽穆若清風十餘年間頌聲載路而帝道皇猷始終無玷雖漢之文景不足過也

後唐明宗及應運以君臨能力行於王化政皆中道時亦小康

新刊監本冊府元龜卷第五十八

新刊監本冊府元龜卷第五十九

帝王部五十九

興教化

元王作教化民扶世導俗所以厚人倫而端王政也莫不因其自然率其不及使天下敦本而異行同心而嚮道猶水之有原風之偃草也然而教化之流非可家至而人説也故因父子兄弟之親教之以孝悌本上下長幼之序勗之以慈惠夫婦之際化之節義農桑之功勉以勞苦故舉孝以為民極察廉以為民表或賜帛以敦獎或給復以令養是乃張四維明五教示大順建至治使民德歸厚風俗丕變久矣而遠不嚴而化者由斯道也書曰惠不惠懋不懋勉之之謂也詩曰爾之教矣民胥效矣其在是乎

漢高祖二年詔曰歲舉民年五十已上有修行能帥衆為善置以為三老鄉一人擇三老一人為縣三老與縣令丞尉以事相教勿復繇戍

惠帝四年正月舉民孝弟力田者復其身

文帝十二年三月詔曰孝悌天下之大順也力田為生之本也三老衆民之師也廉吏民之表也朕甚嘉此二三大夫之行今万家之縣云無應令（孝悌力田之人應察舉之）豈實人情是吏舉賢之道未備也其遣謁者勞賜三老孝者帛人五匹悌者力田二匹廉吏二百石以上率百石者三匹（自二百石以上率百石加三匹）及問民所不便安而以戶口率置三老孝悌力田常員（謂戶口之數以率之置其員數教化之）令各率其意以道民焉

武帝建元元年四月詔曰古之立教鄉里以齒朝廷以爵扶世導民莫善於德然則於鄉里先耆艾奉高年古之道也（耆六十艾五十）今天下孝子順孫願自竭盡以承其親外迫公事內乏資財是以孝心闕焉朕甚哀之民年九十已上有受鬻法（給米粟以為糜粥）為復子若孫令得身帥妻妾遂其供養之事

元光元年十一月初令郡國舉孝廉各一人（孝謂善事父母者廉謂清潔有廉隅者）

元朔元年十一月詔曰深詔執事興廉舉孝庶幾成風紹休聖緒今或闔郡而不薦一人其與中二千石礼官博士議不舉者罪有司奏議曰不舉孝不奉詔當以不敬論奏可

元狩元年十二月詔曰朕嘉孝弟力田其遣謁者巡行天下賜孝者帛五匹弟者力田帛人三匹

昭帝元鳳元年三月賜郡國所選有行義者涿郡韓福等五人帛人五十匹遣歸詔曰朕閔勞以官職之事其務修孝弟以教鄉里令郡縣常以正月賜羊酒有不幸者賜衣被一襲祠以中牢

宣帝本始元年遣使者持節詔郡國二千石謹牧養民而風德化

地節三年十一月詔曰朕既不逮導民不明反側晨興念慮萬方不忘元元唯恐羞先帝聖德故並舉賢良方正以親萬姓歷載臻茲然而俗化闕焉傳曰孝弟也者其為仁之本與其令郡國舉孝弟有行義聞於鄉里者各一人

四年二月詔曰導民以孝則天下順今百姓或遭衰絰凶災而吏繇事使不得葬傷孝子之心朕甚憐之自今諸有大父母父母喪者勿繇事使得收斂送終盡其子道

神爵四年四月以潁川太守黃霸治行尤異賜吏民有行義者爵人二級力田一級貞婦順女帛

元帝初元元年四月詔賜孝者帛五匹弟者力田三匹

五年四月賜孝者帛人五匹弟者力田三匹

永光二年二月詔賜孝弟力田帛有差

建昭五年三月詔賜孝弟力田帛

成帝建始元年十二月賜孝弟力田帛各有差

三年三月賜孝弟力田爵二級

河平四年正月賜孝弟力田爵二級

鴻嘉二年三月博士行鄉飲酒禮

綏和元年二月賜孝弟力田帛有差

哀帝即位賜孝弟力田帛

平帝元始元年二月班教化禁淫祀放鄭聲六月復貞婦鄉一人（鄉一人取其尤最者）

後漢光武建武三年以伏湛為司徒湛奏行鄉飲酒禮遂施行之

明帝以中元二年二月即位四月賜孝悌力田爵人三級

永平二年三月郡國縣道行鄉飲酒于學校

三年二月賜天下孝悌力田爵人三級

十二年賜天下孝悌力田爵人三級

十七年五月賜天下孝悌力田爵人三級

章帝以永平十八年八月即位十月賜孝悌力田爵人三級

建初三年三月賜天下孝悌力田爵人三級

四年四月賜孝悌力田爵人三級

元和二年二月乙丑帝耕於定陶詔曰孝悌淑行也力田勤勞也國家甚休之其賜帛人一匹

和帝永元八年賜天下孝悌力田爵人三級

十二年三月賜天下孝悌力田爵人三級

殤帝以元興元年十二月即位賜天下孝悌力田爵人三級

安帝永初二年詔居鄉里有廉清孝順之稱才任理人者國相歲移名與計偕上尚書公府通調令得外補（移書計偕上選也）

三年正月賜孝悌力田爵人二級

五年閏二月詔至孝與眾卓異者遣詣公車

元初元年正月賜孝悌力田爵人三級

三年十一月初聽大臣二千石刺史行三年喪（文帝遺詔以日易月於後遂以為常至此復遵古制也）

六年二月詔賜貞婦有節義穀十斛甄表門閭旌顯厥行

延光元年二月賜孝悌力田爵人二級

順帝永建元年詔賜孝悌力田爵人三級

四年正月賜孝悌力田爵人二級

陽嘉元年正月賜孝悌力田爵人三級

桓帝建和元年正月詔賜孝悌力田爵人三級

魏陳留王咸熙二年令諸郡中正以六條舉淹滯一曰忠恪匪躬二曰孝敬盡禮三曰友于兄弟四曰絜身勞謙五曰信義可復六曰學以為己

晉武帝泰始三年十月詔聽士卒遭父喪者非在疆場皆得奔赴

四年班五條詔書於郡國一曰正身二曰勤百姓三曰撫孤寡四曰敦本息末五曰去人事

六年十二月帝臨辟雍行鄉飲酒之禮詔曰禮儀之廢久矣乃今復講肄舊典賜太常絹百匹丞博士及學生牛酒咸寧三年復行其禮

惠帝元康九年臨辟雍行鄉飲酒之禮

後魏孝文太和十一年冬十月甲戌詔曰鄉飲禮廢則長幼之敘亂孟冬十月民閑歲隙宜於此導以德義可下諸州黨里之

內推賢而長教其里人父慈子孝兄友弟順夫和妻柔不率長教者具以名聞

後周武帝天和元年詔諸有三年之喪或負土成墳或寢苫骨立一志一行可稱揚者仰本部官司隨事言上當加弔勉以勵薄俗

隋高祖開皇九年詔曰往以吳越之野群黎塗炭干戈方用積習未寧今率土大同含生遂性太平之法方可流行凡我臣僚澡身浴德開通耳目宜從茲始喪亂已來緬將十載君無君德臣失臣道父有不慈子有不孝兄弟之情或薄夫婦之義或違長幼失序尊卑錯亂朕為帝王志存愛養時有臻道不敢寧息內外職位遐邇黎人家家自修人人克念使不軌不法蕩然俱除兵可立威不可不戢刑可助化不可專行禁衛九重之餘鎮守四方之外戎旅軍器皆宜停罷世路既夷群方無事武力之子俱可學文人間甲仗悉皆除毀有功之臣降情文藝家門子

姓各守一經令海內翕然高山仰止京邑庠序爰及州縣生徒受業外進於朝未有灼然明經高第此則教訓不篤考課未精明勤所由隆茲儒訓

煬帝大業八年四月詔孝悌力田義夫節婦並加旌異表其門閭

唐高祖武德元年五月即位詔孝子順孫義夫節婦旌表門閭孝悌力田鰥寡孤獨量加賑卹

四年七月詔孝子順孫義夫節婦所在詳例旌表門閭

太宗初即位詔曰義夫貞順之婦州閭列上旌表門閭

貞觀三年四月詔孝義之宗各賜粟五石

四年十月詔孝子順孫義夫節婦隨事褒顯旌表門閭

六年詔天下牧宰每年親率長幼行鄉飲酒之禮

十三年正月詔孝子順孫義夫節婦賜物有差

十七年四月詔孝子順孫義夫節婦咸表門閭

高宗永徽元年五月辛亥詔曰通喪下逮聖哲貽訓緯俗經邦

咸率茲道至於舉蓼莪之巨痛懷顧復之深慈得自天經含生罔極者也爰自周餘七雄交爭逮乎漢末三方競峙金革互動鉦鼓日聞先王典章掃地將盡遂令三邊武猛墨絰而扈戎麾七萃驍雄素冠而事巡警亦有內無繼體傍闕同氣凡茲安寄莫酬不親迺睠於斯再深驚歎朕膺茲景命君臨九野中區富教外俗承規宜有解張以勵風俗衛士掌閑幕士等遭喪合朞年上者宜聽終制三年

六年正月詔孝子順孫義夫節婦咸表門閭

顯慶二年三月詔曰如聞公主出適王妃作嬪舅姑父母皆降禮答拜此乃子道云替婦德不修何以式序家邦儀刑列闈自今已後可明加禁斷使一依禮法若更有以貴加於所尊者令所司隨事糾聞

乾封元年有事于泰山詔孝子順孫義夫節婦表其門閭終身勿事

永淳二年十二月詔孝子順孫義夫節婦表其門閭終身勿事

中宗神龍元年九月詔曰在外百姓婚娶之家百兩未行二親俄殞停哀之際便即成婚遂輟苴絰之容敢伸花燭之禮孝感之心安寄罔極之志闕如敗俗傷風莫過於此自今已後宜即懲革

睿宗唐隆元年七月制鄉飲之禮爲日已久宜令諸州每年遵行鄉飲之禮

玄宗開元十一年封泰山禮畢詔孝子順孫義夫節婦旌表門閭終身勿事

十七年四月謁乾陵禮畢詔孝子順孫義夫節婦旌表門閭

二十年十一月詔孝子順孫義夫節婦旌表門閭終身勿事

二十三年正月籍田禮畢詔孝子順孫義夫節婦並旌表門閭

天寶元年正月改元詔曰如聞百姓之內或有人戶高丁多苟爲規避父母在乃別籍異居宜令州縣勘會其一家之中有十

丁已上者放兩丁征行賦役五丁已上者放一丁即令同籍共居以敦風化

三載十二月制曰自古聖王皆以孝理五常之本百行莫先移於國而則忠於長而爲順應有天下孝行過人鄉閭欽伏者宜令所由郡縣長官具以名薦其有父母見在別籍異居虧損名教莫斯爲甚親歿之後亦不得分析自今已後如有不孝不恭傷財破產者宜配隸磧西用清風教

七載五月詔曰古者鄉有塾黨有庠所以明尊卑之儀正長幼之序風化之道義在於茲先置鄉學務令敦勸如聞郡縣之間不持訓誘閭巷之內多虧禮節致使言詞鄙褻少長相凌有點清猷何成雅俗自今已後宜令郡縣長官申明條式切加訓導如有禮義興行及綱紀不立者悉採訪使明爲褒貶具狀聞奏

又詔曰式閭表墓追賢紀善事有勸於當時義無隔於異代其忠臣義士孝婦烈女史籍所載德行彌高者所在亦置一祠宇

量事致祭

十三載二月詔曰厚其風俗五教之首事與貢士晉冀之風斯在其士庶閭衆推孝悌累代義居高尚確然賢遺嘉歎允者委採訪使博訪聞薦其孝義之人已經旌表雍睦無易純至有終著美鄉閭深可嘉尚各賜勳兩轉

肅宗初即位詔孝子順孫義夫節婦旌表門閭

至德三年二月大赦詔天下孝義門各與一子官委採訪使具名聞奏臺文武處分自逆賊已來有匹夫匹婦節義可稱者並旌表其閭墓

乾元元年四月詔百姓中有事親不孝別籍異財點汙風俗虧敗名教先決六十配隸磧西有官品者禁身聞奏

十月詔天下義夫節婦孝子順孫旌表門閭終身不事

上元元年閏四月詔義夫節婦孝子順孫旌表門閭終身勿事

二年九月詔義夫節婦孝子順孫旌表門閭終身勿事

元年建卯月辛亥詔孝子順孫義夫節婦旌表門閭終身勿事

代宗寶應元年四月即位五月詔孝悌力田諸州刺史宜搜揚聞薦

二年七月詔孝悌力田本州各以名薦

廣德二年二月乙亥詔孝子順孫義夫節婦旌表門閭終身勿事

大曆元年十一月詔孝悌力田未經薦用者委所在長官具以名聞

五年六月詔孝子順孫義夫節婦事迹明著者特加旌表

德宗貞元四年詔孝悌力田聞於鄉里所在長官具名聞薦

順宗以貞元二十一年正月即位二月詔曰順孫孝子義夫節婦旌表門閭重加優卹

四月又詔天下孝子順孫先旌表門閭者委所管州縣各加存卹

憲宗元和四年十月冊皇太子大赦詔孝子順孫先旌表門閭者委所管州縣各加存卹

七年十月詔天下孝子順孫先旌表門閭者委所管州縣各加存卹

穆宗長慶元年三月幽州劉總歸闕詔管內有節義因事亡歿者量加追贈

七月詔孝子順孫義夫節婦先已旌表者亦量加優卹

昭宗天祐元年詔應天下有孝子順孫義夫節婦事迹彰顯爲衆所知者仰所在長吏摽錄聞奏當與旌表門閭

哀帝天祐二年四月詔孝子順孫義夫節婦有司以名聞必當旌表

後唐莊宗同光元年四月即位制曰鄉里有孝子順孫義夫節婦委所在長吏錄其節行以具奏聞盡據典章必行旌表教之爲本禮義是先德之所宗昭報在上其民間有曾經三世已上不分居者並與蠲免諸雜差徭

十月詔其有義夫節婦孝子順孫並宜旌表門閭量加賑給

二年二月詔曰義夫節婦孝子順孫並合搜揚以行旌表

明宗天成二年十月辛丑詔許國之心忠貞爲本承家之法孝友爲先應天下有孝子順孫義夫節婦兄弟繼世義居者隨處長吏聞奏當行旌表

三年八月帝聞隨鄧復郢均房之間父母骨肉有疾以竹舁遙致粥食於病者之側出嫁女父母有疾夫家亦不令知聞哀始奔喪者詔曰萬物之中人曹爲貴百行之內孝道居先凡戴北辰並遵皇化備聞南土多變時風皆傾事鬼之心不守敬親之道於父母如此無行披日月何以立身豈久積於鄉閭化全由於長吏昔西門豹一縣令耳尚能投巫百姓保女子之愛絕河伯之虞斷自一時傳於千古況位居侯伯化洽封巡豈不能宣北闕之風變南方之俗宜令逐處觀察使刺史丁寧曉告自今後父母骨肉有疾者並須日夕專切不離左右看侍使子奉甚父母婦侍其舅姑弟不慢於諸兄姪不怠於諸父如或不移故

態老者卧病少者不勤侍奉子女弟姪並加嚴斷出嫁女父母有疾不令知者當罪其夫及舅姑

四年三月中書奏孔子有言曰教以孝所以敬天下之爲人父者教以悌所以敬天下之爲人兄者教以忠所以敬天下之爲人君者徃聖深旨煞古明規方當孝理之朝尤重人倫之本今後群臣内有乞假覲省者欲請量湯茶藥所貴勸人之善表主之恩誠有益於皇猷且無損於國力况在班行有父母者甚少旣資風化動挂宸衷從之

長興二年八月壬申勑朕聞教化之本禮讓爲先欲設規程在循典故蓋以中興之始兆庶初安將使知方所宜漸誘准儀制令道路街巷賤避貴少避長輕避重去避來有此四事承前每於道途立牌刻字令路人皆得見聞宜令三京諸道州府各遍下管内縣鎮准舊例於道路明置牌雕刻四件文字兼於要會坊門及諸橋柱刻牌曉諭路人委本縣所由官司共切巡察有敢犯者科違勑之罪貴在所爲簡易所化弘多旣禮教興行則風俗淳厚庶皆順序益致和平

晉高祖天福元年閏十一月壬午勑義夫節婦孝子順孫委逐道奏聞當加旌表

六年八月詔孝子順孫義夫節婦並與旌表門閭

少帝以天福七年六月即位七月制曰敦崇孝義旌顯門閭式恢王化之基用正人倫之本應有孝子順孫義夫節婦委逐處長吏具名奏聞當議旌表

漢高祖乾祐元年正月制義夫節婦孝子順孫仰具奏聞即議旌表

周太祖廣順元年正月即位制曰孝子順孫義夫節婦所宜旌表以勵特風

二年十一月丙子詔曰應内外文武臣寮幕職州縣官舉選人等今後有父母祖父母亡殁未經遷葬者其主家之長不得輒求仕進所由司亦不得申舉解送如是卑幼在下者不在此限

顯德元年正月詔曰應孝子順孫義夫節婦州縣以名聞者並與旌表門閭

世宗以是月丙申即位三月詔曰其有孝子順孫義夫節婦所宜旌表以厚人倫

新刊監本册府元龜卷第五十九

帝王部 六十

立制度

聖人體國經野設官分職制作法度紀綱生民三代已還詳於典禮兩漢而降布在簡編故有制爵禄以懋功庸定車服以辨名數設開梁之禁以譏乎姦立符契之規以謹乎信著休息之令以息官司定喪紀之宜以正雅俗酌民情而為之節緣世變而為之文時被大中建茲彝憲上得其道下知其方所國庇民何莫由此於戲傳云名不正則言不順言不順則事不成又曰作法於涼其獘猶貪然則王者之立制也誠宜慎其名而慮其獘焉

漢高祖五年五月詔曰七大夫公乘以上皆高爵也（七大夫公爵也第七故謂之七大夫公乘第八爵也）諸侯子及其從軍歸者甚多高爵吾數詔吏先與田宅及所當求於吏者亟與（亟急也）爵或人君上所尊禮（爵高有國邑者則自君其人故云或人君也上謂天子）久立吏前曾不為決（有辭訟及陳請者不早決斷）甚亡謂也異日秦民爵公大夫以上令丞與亢禮（亢者當也言高下相當無所卑）今吾於爵非輕也吏獨安取此（於何得此輕爵之法）且法以有功勞行田宅今小吏未嘗從軍者多滿（多自滿足也）而有功者顧不得（顧反也若人反顧然）背公立私守尉長吏教訓甚不善（守郡守也尉郡尉也長令長謂縣之令長也）其令諸吏善遇高爵稱吾意（稱猶副也）且廉問有不如吾詔者以重論之

八年三月令爵非公乘以上毋得冠劉氏冠賈人毋得衣錦繡綺縠絺紵罽操兵乘騎馬（賈人坐販賣者綺文繒也縠細繒也絺細葛也紵織紵為布及疏也罽織毛若今毼及氍毹之類也操持也兵凡兵器也乘駕車也騎單騎也）

十一年詔諸侯王得自除內史以下漢獨為置丞相

文帝二年九月初與郡守為銅虎符竹使符（謂各分其半右留京師左以與之）

十月詔曰朕聞古者諸侯建國千餘各守其地以時入貢民不勞苦上下驩欣靡有違德今列侯多居長安邑遠（所食之地去長安遠也）吏卒給輸費苦而列侯亦無繇教訓其民其令列侯之國為吏及詔所止者遣太子（為吏謂為卿大夫者詔所止謂以恩愛見留）

十一年三月除關無用傳

景帝中六年五月詔曰夫吏者民之師也車駕衣服宜稱（稱其官也）吏六百石以上皆長吏也（長大也六百石位大夫）亡度者或不吏服出入閭里與民亡異令長吏二千石車朱兩轓（據許慎李登說轓車之蔽也左氏傳云以藩載欒盈即是有鄣蔽之車也）千石至六百石朱左轓車騎從者不稱其官衣服下吏出入閭巷亡吏體者二千石上其官屬三輔舉不如法令者（謂主爵中尉及左右內史也）皆上丞相御史請之先是吏多軍功車服尚輕故為設禁

武帝征和二年初置城門屯兵更節加黃旄以戾太子發節以戰故加其上黃以別之

元帝初元五年令從官給事宮司馬中者得為大父母父母兄弟通籍（司馬中者宮內門也籍者為二尺竹牒記其年紀名字物色縣之宮門案省相應乃得入也從官親近天子常侍從者皆是）

哀帝綏和二年四月即位六月詔除任子令博士弟子父母死予寧三年

平帝元始三年夏安漢公奏車服制度吏民養生送終嫁娶奴婢田宅器械之品

後漢光武初伏波將軍馬援上書曰臣所假伏波將軍印書伏字犬外嚮城皋令印皋字為白下羊丞印四下羊尉印白下人下羊即一縣長吏印文不同恐天下不正者多符印所以為信也所宜齊同薦曉古文字者事下大司空正郡國印章奏可

建武中杜詩為南陽太守初禁網尚簡但以璽書發兵未有虎符之信詩上疏曰臣聞兵者國之凶器聖人所慎舊制發兵皆以虎符其餘徵調竹使而已符第合會取為大信所以明著國命斂持威重也間者發兵但用璽書或以詔令如有姦人詐偽無由知覺愚以為軍旅尚興賊虜未殄徵兵郡國宜有重慎可

立虎符以絶姦端昔魏之公子威傾鄰國猶假兵符以解趙圍若無如姬之仇則其功不顯事有須而不可省費而不得已蓋謂此也書奏從之

和帝永元六年六月己酉初令伏閉盡日（漢官舊儀曰伏日万鬼行故盡日閉不干它事）

安帝元初三年初聽大臣二千石刺史行三年喪（文帝遺詔以日易月於後大臣遂以爲常至此復舊古制也）

建光元年復斷大臣二千石以上服三年喪

桓帝永興二年二月初聽刺史二千石行三年喪服

永壽二年春正月初聽中官得行三年服（中官常侍以下）

魏明帝以公卿袞衣黼黻之飾擬於至尊多所減損始制天子服刺繡文公卿服織成文及晉受命遵而無改

晉武帝泰始三年初令二千石得終三年喪

太康四年制依漢故事給九卿朝車駕四及安車各一乘

七年始制大臣聽終喪三年（先是鄭默拜大鴻臚遭母喪舊制旣葬還職默遂自陳懇至久而見許遂改法定令聽大臣終喪自默始也）

後魏明元永興三年詔侍臣常帶劍

孝文延興二年五月詔軍營給雀印傳符次給馬印

太和十年四月始制五等公服

十七年九月詔厮養之户不得與士民婚有文武之才積勞應進者同庶族例聽之

十八年十二月革衣服之制

十九年九月丁亥詔曰諸有舊墓銘記見存昭然爲時人所知者三公及位公者墓三十步尚書令僕九列十五步黄門五校十步各不聽墾

二十年二月壬寅詔自非金革聽終三年喪

宣武景明四年閏九月禁大司馬門不得車馬出入

孝明孝昌元年十一月辛亥詔曰大孝榮親著之昔典故安平王孚諸子蒲朝（目數若等日晉安平王孚年九十三有九子）自今諸有父母年八十以上者聽居官祿養溫凊朝夕

孝莊建義元年五月詔以舊叙軍勳不過征虜自今以後宜依前式以上餘階積而爲品其從輿駕北來之徒不在此例悉不聽破品受階請帛

後周武帝保定四年三月初令百官執笏

建德二年六月詔諸軍旂旗皆畫以猛獸鷙鳥之象

三年正月初服短衣

四年四月初令上書者並爲表於皇太子以下稱啓

六年九月初令民庶已上唯聽衣綢綿綢絲布圓綾紗絹綃葛布等九種餘悉停斷朝祭之服不拘此例

宣政元年三月初服常冠以皁紗爲之加簪而不施纓導其制若今之折角巾也

隋高祖開皇二年五月改傳國璽曰受命璽

四年四月乙亥勑總管刺史父母及子年十五已上不得將之官

九年四月頒木魚符於總管刺史雌一雄一

十年十月頒木魚符於官五品已上

十五年五月制京官五品已上佩銅魚符七月制九品已上官以理去職者聽並執笏

十六年六月辛丑詔九品已上妻五品已上妾夫亡不得改嫁

十七年頒銅虎符於驃騎車騎府

煬帝大業五年二月庚子制魏周官不得爲蔭六月壬戌制父母聽隨之官

六年詔從駕步遠者文武官等皆戎衣貴賤異等雜用五色五品已上通著紫袍六品已下兼用緋綠胥吏以青庶人以白屠商以皁士卒以黄

唐高祖初爲唐王頒銀兔符於諸郡

武德元年九月改銀兔符爲銅魚符

二年二月詔文官遭父母喪聽去職（完是帝從容謂侍臣曰隋末以來多有扳違從坐之罪所及便多人有子姓皆令外從薄籍雖別居處猶同至有元无其入妻爲承嗣非直誣罔神鬼且亦乘同節異非淑興化之意世有如此輩既令正之尚書左丞崔善爲進曰欲求忠臣必於孝子之門當時多金革墳遵墨絰之義丁憂之士例從起復无識之輩衣冠以變无復戚容甞會之時歡謔自若如不紏劾恐傷風俗高祖曰歌舞其情安可責其卒禮）

七年四月詔遭父母喪者聽終制

太宗貞觀元年十一月己未制子弟年十九以下聽隨父兄之官

四年八月丙午詔曰車服以庸昔王令典貴賤有節禮經彝訓自末代澆浮采章訛雜卿士無高卑之序兆庶行僭侈之儀遂使金玉珠璣靡隔於工賈錦繡綺縠下通於皁隷習俗爲常流遁忘反因循已久莫能懲革朕纘承百王欽承寶運思引典制垂範後昆求覽前失義存釐改其冠冕制度已備令文至於尋常服飾未爲差等今已詳定具如別式宜即頒下咸使聞知於是三品以上服紫四品以下服緋六品七品以綠八品九品以青婦人從其夫色

八年四月帝初服翼善冠賜貴臣進德冠因謂侍臣曰襆頭起周武帝蓋取便於軍容耳今四海無虞當息武事此冠頗採古法兼類襆頭迺宜常服可與袴褶通用

十一年二月丁巳詔曰佐命功臣義深舟檝或定謀帷幄或身摧行陣同濟艱危克成鴻業追念在昔何日忘之使逝者無知咸歸寂寞若營魂有識還如疇曩居止相望不亦善乎漢氏使將相陪陵又給以東園祕器篤終之義恩意深厚古人之志豈異我哉自今以後功臣密戚及德業尤著如有薨亡宜賜塋地一所及其祕器使窀穸之時喪事無闕所司依此營備稱朕意焉

十月癸丑詔曰乾坤合德著易簡之功君臣一體克成中和之治遠取諸物若舟檝之濟巨川近取諸身猶股肱之戴元首同心叶契存歿以之故諸侯列葬周文創陳其禮大臣陪陵魏氏重申其制去病佐漢還奉茂陵之塋吾相齊終託牛山之

墓斯蓋往聖垂範前賢遺則錄其義昔之宿心篤終始之大義者也皇運之初時逢交喪掃除多難光啓鴻業謀臣武將競進轅門之前明德異才爭趨魏闕之下或委質伊始功參締構或光華在旦績著弼諧及密戚懿親舊臣宿德委質先朝特蒙顧遇者自今以後身薨之日所司宜即以墓地幷給東園祕器事從優厚庶敦追遠之義以申罔極之懷

二十二年癸卯令百寮朔望袴褶以朝

高宗永徽二年四月開府儀同三司及京官文武職事四品五品並給隨身魚

三年二月帝以天下無虞百司務簡每至旬假百僚許不視事

五年八月己未詔五品已上薨卒者隨身魚不須追收

顯慶元年四月制文武官人五品已上老及病不因罪解者並聽同致仕例

龍朔二年六月乙丑初令僧尼道士女冠等致敬父母

咸亨三年五月始令京四品五品職事佩銀魚袋

上元元年八月戊戌詔一品已下文官並帶手巾筭袋刀子磨石其武官欲帶手巾筭袋者亦聽文武官三品已上服紫金玉帶四品服深緋金帶五品服淺緋金帶六品服深綠七品服淺綠並銀帶八品服深青九品服淺青並鍮石帶庶人服黃銅鐵帶先是九品以上入朝參及視事聽兼服黃洛陽尉柳延之行爲部人所毆帝聞之以章服錯亂下詔申明之自此朝參行列一切不許著黃

辛丑詔公私齋會及參集之處道士女冠在東僧尼在西不須更爲先後

三年閏三月詔曰制勅施行既爲永式比用白紙多有蟲蠹自今已後尚書省頒下諸司諸州及下諸縣宜並用黃紙其承制勅之司量爲卷軸以備披檢

中宗神龍二年八月制京官五品已上依舊式佩銀魚袋

九月戊辰詔停京官六品已下著緋袴褶令各依本品爲定

景龍元年十月[illegible]門宮[illegible]城門京城門禁苑門左右
外各給交魚符一合巡魚符一合左廂給開門魚一合右廂給
閉門魚一合左符付監門掌交番巡察每夜并非時開閉則用之
睿宗景雲二年四月制九品已上一品已下文官依上元故事
帶手巾筭袋武官咸帶七事鞊鞢並足其餘帶一品已下五品
已上並用金六品七品並用銀八品九品並用鍮石魚袋著紫
者金裝著緋者銀裝
玄宗先天二年三月癸巳詔制勅表狀書奏牋牒年月等數作
一十二十三十四十字
開元二年閏二月癸亥令道士女冠僧尼致拜父母
三月癸卯詔曰章服所施貴賤攸別苟容僭越未爲獎勸承前
諸軍人多有借緋及魚袋者軍中卑品此色甚多無功賞借深
非道理宜勅諸軍鎭但是從京借魚袋及無灼然功者軍中權
借者並委州縣長官勅到並即收取待立功日據功合得郎將
已上者委軍將先借緋委其靈武和戎大武幽州鎭軍赤水河
源翰海安西定等遠軍既臨賊衝事藉懸賞量軍大小各封賜
金魚袋五十枚並委軍將臨時行賞
七月戊戌詔曰雕文刻鏤衣紈履絲習俗相誇殊塗競爽傷風
敗俗爲蠹良深珠玉錦繡既令禁斷准式三品已上飾以玉四
品已上飾以金五品已上飾以銀者宜於腰帶及銜鐙酒杯杓
依式自外悉鑄爲鋌婦人衣服各隨其夫子其已有錦繡衣服
聽染爲皁成段者官爲市取天下更不得採取珠玉刻鏤器玩
造作錦繡珠繩織成帖縧二色綾綺羅作龍鳳禽獸等異文字
及豎襴錦文者决一百受雇工匠降一等科之兩京及諸州舊
有官織錦坊悉停
是月詔京官所帶跨巾筭袋每朝參日著外官衙日著餘日停
五年九月戊申詔曰君臣之間不當有隱敷納之事必在無私
比年百司及諸使奏陳皆待仗下頗乖公道須有革正自今已

後非灼然秘密不合彰露者並令[illegible]
諫者仍準先狀其史官自依舊制
六年七月庚申詔曰百司及奏事官[illegible]仗公言比[illegible]已來多
仗下備奏宜申明舊式其所論奏令[illegible]司細務及[illegible]不
合對仗奏者聽仗下奏
十二年詔曰朱紫貴服所以分別班品自非有德有功不可輕
爲賞借自今已後諸軍節度大使灼然有知功勞須獎行激賞
任量借色及魚袋仍具狀奏
十三年詔有司試天下僧尼年六十已下者限落者退還俗不
得以坐禪對策義試諸寺三階院通入大院不得有異
十七年八月戊辰詔曰僧尼數多踰濫不以先經磨勘欲令眞
僞區分仍慮猶有非違都遣括檢聞奏應此造籍以爲準繩如
聞所由條例非愜致蒸妄轉更滋生因即舉推罪者使衆宜依
開元十六年舊籍爲定更不須造寫自今已後綱維大德府奏
雜錄不得輒於外取
二十一年十月詔曰道教釋教其來一體都忘彼我不自貴高
近者道士女冠稱臣子之禮僧尼企踵勤誠請之義以爲佛初
滅度付囑國王猥當負荷願在宣布蓋欲崇其教而先於朕者
也自今已後僧尼一依道士女冠例兼拜其父母宜增修戒行
無違僧律興行至道俾在于茲
二十二年諸道採訪使華州刺史李尚隱等奏請各置使印從之
二十三年六月吏部尚書李暠奏曰伏見告身印與曹印文同
行用參雜難以區分望請准司勳兵部印文中加告身兩字許之
二十四年二月壬戌許寒食通清明四日爲假
二十五年五月丙子詔曰緋紫之服班命所崇以賞有功不可
踰濫如聞諸軍賞借人數甚多曾無甄別是何道理自今已後
除灼然有戰功餘不得輒賞
十一月丁丑御史大夫李適之奏曰臣伏以朝服准式皆合備

具比來有稱慘故式致乖蹤臣望自今已後每歲正至及緣大禮應朝官并六品清官並服朱衣餘六品已下官望許通著袴褶朔望日請依舊文武官朝集使並服袴褶如有慘故准式不合著朱衣袴褶者其日聽不入朝自餘應合著不著者請奪一月俸以懲不恪其蕃官望不在此限如情願著者請聽餘並依令式許之

天寶元年正月一日改元制曰文宣垂訓事必正名而黃鉞古來以金為飾金者應五行之數有肅殺之威去金稱黃理或未當其黃鉞宜改為金鉞副威武之義焉

二年九月詔曰頃叙功勞累增勳級上柱國外許及周親是謂賞延載榮宗族迴充賜物匪厚朝恩其准格上柱國外有餘勳迴授周親

五載六月勑三伏內令宰相辰時還宅

七月勑應緣玉璽及符璽既改為寶其璽書宜改為寶書隋有符璽令歷代遵之唐長壽中改神璽傳國及六璽並為寶神龍初復為璽開元初又改為寶也

六載正月詔曰立身揚名所以廣孝流根自葉亦在推恩既切因親之心須開議事之制其內外文武五品已上官父祖無資蔭者其所用蔭宜同子孫用蔭之例五服之紀宜所致及三年之數以報免懷齋斬之殊雖存出母之制顧復之慕何申孝子之心其出嫁母宜終服三載又詔曰重門夜開以達陽氣羣司朝宴樂在時和屬此上元當脩齋籙其於賞會必備葷羶比來因循稍將非便自今已後每至正月改取十七十八十九日夜開坊市門仍永為常式

七載正月太常卿韋縚奏御案褥牀帷等望去紫用赤黃從之

十載正月詔曰禮之王制爵鉅作程亦既觀德訓人孝敬故天子七廟諸侯五廟大夫三廟士一廟孝享奉先禮文有辨今三品已上乃許立廟永言廣敬載感于懷其京官正員四品清望官及四品五品清官並許立私廟

是載改傳國寶為承天大寶

代宗寶應二年三月戊子有司奏中書門下五品官准式賜物並同四品及叙三品即不霑恩并御史中丞自今已後望許叙名從之

廣德二年二月戊午詔曰三年之喪謂之達禮自非金革不可從權其文官自今已後並許終制一切不得輒有奏請

大曆七年秋七月壬辰勑中元前一日後一日宜准舊例並休假

十三年詔自今以後寒食通清明休假五日

德宗貞元三年十月復降魚書停刺史務之令准令刺史停代皆降魚符合之然後命代至德已來多不施行又節將怙權代刺史悉稟其教令魚符廢及是漳州刺史坐事將按之有司復請降魚書停務從之求其書式不獲乃創魚書曰勑漳州刺史張遜有犯令遣監察御史蘇弁往彼停務推問宜知

四年正月己卯詔曰常參官比來請假東都拜掃多廢職事任遣子弟以申情禮

五年正月乙卯詔曰四序嘉辰歷代增置漢崇上巳晉紀重陽或說禳除雖因舊俗與衆共樂咸合當時朕以春方發生候及仲月勾萌畢達天地和同俾其昭蘇宜助暢茂自今宜以二月一日為中和節以代正月晦日備三令節之數內外官司休假一日於是宰臣李泌奏中和節請令文武百寮以是日進農書司農獻穜稑之種王公戚里上春服士庶以刀尺相問遺村社作中和酒祭勾芒以祈年穀從之

六年三月丙午加寒食假爲七日

八月初造藍田渭橋等鎮遏使印凡二十三紐九月初收諸道進奏院官印三十紐悉碎之

七年三月初賜節度觀察使新製時服帝方織作呈閱所宜帝曰頃來賜衣文綵不常非制也朕今思之節度使以鶻銜綬帶取武毅以靖封內觀察使以鴈銜儀委取其行列有序牧人有威儀也儀委瑞草也瑞應圖云王者愛人則儀委生

十一月令常參官入閤不得奔走其周已下喪朝會著慘服從

又命度支綾袍金玉帶初金吾將軍沈房有奏請衣戎服以入閤帝問宰相對曰服襃不合衣袴色帝曰南班何得有之對曰因循而然又問冠冕之制曰古之服冠冕者動有佩玉之聲所以節步也夫冠冕所以進步武有常不趨而奔致優君前所以恭敬也在式文士以績五品已上帶金玉取其文彩盡飾以奉上也是以尊惡衣服而致美乎紱冕君親一致昔尚書郎含香老萊子綵服皆此義也服飾一非制也帝乃詔各從舊制

八年五月初令授臺省官者各具舉主於授官詔先是郎官缺左右丞宰相之詔書御史缺大夫中丞奏之詔書不具所舉及裴垍爲相建議郎官不宜專於左右丞宜令尚書及左右丞侍郎各舉其可者其所舉官名御史亦如之異日考殿最以舉主能否從之與賞皆不行

閏十二月門下省奏郵驛條式應給紙券除門下外諸使諸州不得給往還遞還券至所詣州府納之別給券俾還其常參官在外除授及分付假寧往來並給券從之

十年二月詔曰君臣之際義莫重焉每聞薨殂深用惻悼宜厚哀榮之禮以申終始之恩文武朝臣有薨卒者自今以後其月俸料宜全給仍更准本官一月俸料以爲賵贈若諸司三品已上官及尚書省四品官仍令有司舉舊令聞奏行弔祭之禮務從優備用稱朕懷初左庶子留寂以是月薨卒有司以故事計其月俸以日數給之帝聞之故有是命以廣恩澤其後有致仕官卒者有司以官雖致仕而朝謝望請悉同正官卒者給賻從之

三月初置司封司勳考功甲庫印各一

十一年二月置度支水運供軍印

四月勑書賜南詔異牟尋及子各勸請平官鄭迴尹求寬等各一書書左始引中書三官宣奉行復舊制也

五月初鑄河東監軍之印監軍有印自玆始也

十三年七月宗正卿嗣吳王獻奏簡王府諮議參軍嗣蜜王子漵葬請鹵簿宰臣等議以子漵官卑不合給特詔令給因下詔自今已後嗣王薨日宜令所司供鹵簿永爲常式

憲宗元和元年三月戊辰詔常參官寒食拜墓在京兆府界內者取進止

八月甲申御史臺奏新授常參官在城未上及在外未到假故等准令式職事官假故滿百日即合停解其未上官等並無正文或滿百日無憑舉奏請自今已後如有在城授官衰病未上者在外授官勑到後計水陸程外滿百日者並停解從之

三年二月勑朝官寒食拜埽及出城往假內往來不須奏聽進止

四年三月鹽鐵轉運使李巽奏職兼兩使請各爲一印許之

五年四月庚寅御史中丞王播奏准故事御史到館驛已發上驛中使後至即就別驛如中使先至御史亦就別驛近日多不遵守中使或不肯往例責欲淩越御史若不守故事慮失憲章宜競遵途深乖事體伏請各令遵奉故事冀其守分制可其諸司三品官及中書門下尚書省官或出銜制命或入赴闕庭諸道節度觀察使赴本道及朝覲并前節度觀察使勑追赴朝廷者亦准此先是監察御史元稹自東臺赴闕至敷水驛宿上廳中使仇士良後至排門而入稹走避士良以鞭擊稹傷面因請定制

六年十二月甲申詔立戟官中大夫守京兆尹上柱國臨淄縣開國男賜紫金魚袋元義方朝議大夫守尚書戶部侍郎判度支賜紫金魚袋盧坦立戟皆令式所著必有關文而臺閣相承久爲定制盧坦元義方如有所見即合上聞遂次而行殊乖審慎宜各罰一月俸料其戟仍令所司收納左司郎中陸則勾檢之任發付不精禮部員外郎崔備工部員外郎元佑等或以禮許人或守官假器此於申請其過尤深各罰一季俸料緣兵興已來勳賞超越其所立戟須有明文宜令所司准舊制待官階勳至三品然後申請仍編於格令永爲常式近例立戟者率有銀青階柱國勳官三品者十二戟然以階敘之文牒立戟之勳爲四品官者自非職事兼前勳盧坦以前任宣州刺史是三品兼又請者以坦四品官階無職事立戟兼御史中丞而未奏議部書章至自東部務言於郎以爲大不稱功勳職事只言勳官並不言階而自十八家並與銀青已下階者遂以上聞故免崔刪崔備元佑一月俸料申勑盧坦等收貯充者中修補已後別勑量罰並送然奏數其餘賺罰依前御史臺收管

七年十一月丁丑詔自今遇輟朝日中書門下宜同假日不須入

八年八月壬寅吏部奏請差定文武官告紙軸之色物五品已

上用大花異文綾紙紫羅褾檀木軸六品已下朝官并内裝㝍許與大花綾褾餘小花綾紙通用紫綾褾檀木軸命婦邑號許用色牋花素紙小花諸色錦褾紅牙軸其紅地獨窠錦金線花牋紅牙撥鏤鈿軸等除恩賜請並禁斷從之

九年十月戊辰以尚書左丞吕元膺爲工部尚書充東都留守舊例命留守必賜旗甲與方鎮略同及元膺受任竟无所賜朝論以東有寇虞特用元膺尤不當削以沮威望諫官上疏援華汝壽三州例賜戎械居守之重固宜寵借帝曰此數處並不當與其後遂皆停

十三年八月乙亥詔應同司官有大功已上親者但非連判及勾檢之官并官長則不在迴避改授之限況國朝故事不少勑令明文具存其官署同職異司雖父子兄弟亦無所嫌起今已後宜准天寶二年七月六日勑處分時職方員外郎楊嗣復以父於陵戶部侍郎懇以避例避嫌請出省宰臣等舉令式奏請故有是勑

十四年四月橫海軍節度使烏重胤奏臣以河朔能抗拒朝命者其大略可見所管刺史失其權與職分反使鎮將領事若刺史各得職分又有鎮兵則節度使雖有安禄山史思明之姦惡豈能據一州爲反哉所以河朔六十年能不奉朝命者只以奪刺史權與縣令職收而自作威福臣所管德棣景三州已牽公牒各還刺史職事應在州兵並令刺史收管從之　丙寅詔諸道節度都團練防禦經略等使所管支郡除本州軍事外別置鎮遏守捉兵馬者並令屬刺史如刺史帶本州團練防禦鎮遏等使其兵馬名額便隸此使如無別使即屬軍事其有邊於溪洞接連蕃蠻之處特建城鎮不關州郡者則不在此限自艱難以來天下右武節將之權尤重遂於所管諸郡別置鎮兵以大將主之干擾郡政或爲姦盗其弊日久至是宰臣因烏重胤之請始奏罷之

穆宗元年十五年正月即位三月詔淄青統押海蕃每年皆有朝賀比差部領人數校多今寇盜既夷典章須守宜以後差比官正試相兼不得過五人

六月賜河中節度使韓弘印一面先是皇甫鎛爲相頗排故相李絳罷河中節度爲防禦使而命絳爲之至弘復授旌節而以印賜焉

十月平盧節度使奏准勑加押新羅渤海兩蕃請印一面許之

長慶二年八月勑秋夏之閒常多水潦如緣暮夜遭雨道路不通車駕宣便放其日朝參委御史臺勾當仍每具聞奏如雨不至甚不在此例

三年五月祕書少監李隨奏請造當司圖書印一面從之

四年二月甲辰勑文武百寮寒食出城及於京畿内拜埽宜令自今月二十六日已後任去餘准長慶二年二月十四日勑處分

敬宗寶曆元年正月特建武昌軍額命宰相牛僧孺爲節度使丙辰牛僧孺奏請所置使印從之

新刊監本册府元龜卷第六十

帝王部一百二十九

封建

漢氏之興以周姓寡少復懲亡秦孤立之敗於是立二等之爵以封功臣蓋異姓王擊於此矣東京以降稍稍息之政尊寵之制良有之也其或褒崇勲望申之異數咸錫[illegible]之典復設殊號垂及庸崇王者之班鉄胙土典冊寵名斯與周光之後勲臣競爽或稱藩請命無封傳世恭順傾鬱外衛宣力則必加之異數尊其爵秩稽若前訓咸可述焉至若貞觀之詔進用古道爭雖中寢亦舒敘云乃百執所封五等之制蓋爲常典比不備書

漢高祖初爲漢王二年十二月立韓太尉信爲韓王初信從[illegible]王中說漢王東鄉爭天下漢王還定三秦乃許王信先拜信爲韓太尉將兵略韓地項羽封故韓王成[illegible]故籍游吳時吳令鄭昌爲韓王項籍游吳時鄭昌爲吳縣令距漢信略定韓地十餘城漢王至河南信急擊韓王昌昌降漢乃令立信爲韓王常將韓兵

三年十月韓信定趙信遣使報漢因請立張耳王趙以鎮其國漢王許之

四年二月立韓信爲齊王初信已破齊使人言曰齊[illegible]不爲假王恐不能安齊漢王怒欲攻之張良曰不如因而立之使自爲守乃遣張良操印立之

七月立黥布爲淮南王初項籍立布爲九江王齊王田榮叛項王徵兵布稱病不往項王由此怨布布愈恐漢使隨何往說布項王使龍且攻破布軍布間行與隨何俱歸漢故立爲王[illegible]楚垓下項籍死布遂剖符都六九江廬江衡山豫章皆屬焉

五年正月下令曰楚地已定義帝亡後欲存恤楚衆以定其主齊王信習楚風俗更立爲楚王王淮北都下邳魏相國彭越勤勞魏民卑下士卒常以少擊衆數破楚軍其以魏故地王之號曰梁王都定陶

二月詔曰衡山王吳芮與子二人兄子一人從百粵之兵以佐諸侯誅暴秦有大功諸侯立以爲王項王侵奪之地謂之番君其以長沙豫章象郡桂林南海立番君芮爲長沙王又詔曰故粵王亡諸世奉粵祀秦侵奪其地使其社稷不得血食諸侯伐秦亡諸身帥閩中兵以佐滅秦項羽廢而弗立今以爲閩粵王王閩中地勿使失職

七月燕王臧荼反帝自將征之九月虜荼詔諸侯王視有功者立以爲燕王荆王臣信等十人皆曰太尉長安侯盧綰功最多請立以爲燕王

十一年五月詔曰粵人之俗好相攻擊前時秦徙中縣之民南方三郡中縣之民中國縣民也秦始皇略取陸梁地以爲桂林象郡南海郡故曰三郡使與百粵雜處數以[illegible]其[illegible]不相攻擊也會天下誅秦南海尉它居南方長治之它亦作佗南海尉之名姓趙長治讀爲之長帥而治理之也甚有文理中縣人以故不耗減耗損也粵人相攻擊之俗益止俱賴其力今立它爲南粵王使陸賈即授璽綬即就也就其所居而立之

十二年二月詔曰南武侯織亦粵之世也立以爲南海王高祖五年以象郡桂林南海長沙立吳芮爲長沙王象郡桂林南海屬尉佗佗未降遙奪以封芮耳後佗降漢十一年更立佗爲南越王自此王三郡芮唯得長沙桂林零陵耳今復封織爲南海王復遙奪佗一郡織[illegible]待王之

惠帝三年舉高帝時粵功追論其功曰閩君搖功多其民便附迺立搖爲東海王都東甌世號曰東甌王

武帝建元六年閩粵擊南粵漢遣大行王恢擊閩粵閩粵王弟餘善殺王郢以降帝曰郢等首惡獨無諸孫繇君丑不與謀繇邑[illegible]也乃使中郎將立丑爲粵繇王奉閩粵祭祀餘善以殺郢威行國中民多屬竊自立爲王繇王不能制帝聞之爲餘善不足復興師曰餘善首誅郢師得不勞因立餘善爲東粵王與繇王並處

後魏太武即位初進司徒長孫嵩爵爲北平王司空奚斤爲宜

城王監田公長孫翰爲平陽王其餘普增爵位各有差
神麛三年十一月封壽光侯叔孫建爲丹陽王
太延元年五月進宜都公穆壽爲宜都王汝陰公長孫道生爲
上黨王宜城公奚斤爲常農王廣陵公樓伏連爲廣陵王
文成興安元年十一月進平南將軍宋子侯周忸爵爲樂陵王
南部尚書安子侯麗平原王
十二月建業公陸俟進爵東平王廣平公杜遺濮陽公閭若文
並進爵爲王
二年正月司空杜元寶進爵京兆王尚書右僕射東安公劉尼
尚書西平公源賀並進封爲王
三月安豐公閭虎皮進爵為河間王
太安元年十月以遼西公常英爲太宰進爵為王
二年九月河東公閭毗零陵公閭紇並進爵爲王
十一月尚書西平王源賀改封隴西王

三年正月以漁陽公尉眷爲太尉進爵爲王和平三年正月以
車騎大將軍東郡公乙渾為大原王
獻文天安元年二月以侍中陸定國爲東郡王
皇興二年四月以南郡公李惠爲都督關右諸軍事雍州刺史
進爵爲王
三年二月以上黨公慕容白曜爲都督青齊東徐三州諸軍事
青州刺史進爵濟南王十二月襄城公韓頹進爵為王
孝文太和二年正月封昌黎王馮熙第二子始興為北平王
二年四月淮陽公尉元進爵為王
九月封司徒趙公陳建爲魏郡王司空河南公苟頹爲河東王
侍中尚書太原公王叡爲中山王侍中尚書隴東公張祐爲新
平王
五年九月封昌黎王馮熙世子誕為南平王誕與帝同歲幼侍
書學仍蒙親待尚帝妹樂安長公主拜駙馬都尉侍中征西大
將軍南平王
唐高祖武德二年七月和州賊帥杜伏威遣使來降授和州總
管東南道行臺尚書令封楚王三年六月徙封吳王
十月詔徐世勣父上柱國舒國公蓋宜封濟陰郡王
四年正月竇建德行臺尚書令胡大恩以太安鎮降封定襄郡王
太宗貞觀十一年六月戊辰以司空長孫無忌爲越州刺史改
封趙國公左僕射房玄齡為宋州刺史改封梁國公故司空杜
如晦贈密州刺史改封萊國公特進李靖爲濮州刺史改封衛
國公特進吏部尚書高士廉為申州刺史改封申國公趙郡王
孝恭爲觀州刺史改封河間郡王同州刺史尉遲敬德爲宣州
刺史改封鄂國公光祿大夫李世勣為蘄州刺史改封英國公
左驍衛大將軍段志玄為金州刺史改封褒國公左領軍大將
軍程知節爲普州刺史改封盧國公兵部尚書侯君集爲陳州
刺史改封陳國公任城王道宗為鄂州刺史改封江夏郡王太

僕卿劉弘基爲朗州刺史改封夔國公金紫光祿大夫張亮爲
豳州刺史改封鄖國公因下詔曰周武定業非茅土於子弟漢
高受命甚誓帶礪於功臣豈止重親賢之地崇其禮秩抑亦固盤
石之基寄以藩翰魏晉已降事不師古建侯之制有乖名賓非
所謂藩屏王室永固無窮者也隋氏之季四海沸騰朕運屬殷
憂義觸多難上憑明靈之祐下賴英賢之輔廓清宇縣嗣守寶
曆豈予一人獨能致此時逝既共資其力世安而專饗其利乃
睠於斯甚所不取但今之刺史即古之諸侯雖立名不同而監
統一也故申命有司斟酌前代宜條委共治之寄象賢存世及之
典司空齊國公無忌等或材稱棟梁或器表國章論道廟堂寄深
舟楫用資文武誠著艱難折衝閫外隱如敵國或志力忠烈實
為心膂或氣幹強果是曰爪牙策名運始功參締構義貫休戚
效彰夷險嘉庸懿績簡于朕心宜委以藩鎮改錫土宇餘官食
邑並如故即令子孫世世承襲其後無忌等將之國晴皆係[illegible]不[illegible]免無忌子尚[illegible]

樂公主乃因主固請又還出愿言以辭帝曰臣披荊棘以事陛下今海內寧一不願違離而棄牧外州復與遷徙何異因上表固辭曰臣等夙奉明詔任臣刺史子孫承襲事等建侯承襲改來進退惟谷公私迫切益深危懼竊以無勞而貴自開違[illegible]之際仰累明聽虛行變古之道形影相吊若履春冰宗戚憂懼文如蹈湯火臣無忌等誠惶誠恐頓首頓首死罪死罪臣聞貴賤迭變皇火之迹有殊今古相沿致理之方乃革仰惟三代習俗生常爰制五等藩騎作教蓋由力不能制因而利之祖崇節又受非己出遷夫兩漢因矯前違置守頒條蠲除曩弊為益之敦覃及萬方不易之理有逾千載今曲為臣等復此[illegible]其慶隆錫之茅社施于子孫永貽宗祏斯乃大鈞播物秋毫並施其生小人寡分後葉少要其禍何若違時易務曲樹私謀下及庶寮義非僉允方稽史冊之議有紊彝章之綱此其不可一也又臣智効罕施器識庸陋或情涉后戚遂陟台階或頓想拔荊[illegible]蔘夜拜直當今忝籍愧非手重裂山河逾彰濫賞此其不可二也又且孩童嗣職義乖申卹儉之方任以褰帷寄無傷錦之弊上干天憲彝典既有常科下處庶萌必致辭於殺一挂則罔自取誅夷陛下深仁務延其嗣斷令勦絕誠丐可哀此其不可三也當今聖歷休明求賢分政古稱良守寄在共理此道之行為日滋久緣臣等忽有改張封植兒曹失於求瘼百姓不幸將焉用之此其不可四也在茲一舉若損實多臣細忖思憂貫心髓所以披丹上訴指事明心不敢浮詞於矯飾伏願天澤詔其愚款明降渙汗之旨賜其性命之恩太宗謂之曰割地以封功臣古今之通義也意欲公之枝葉翼朕子孫長為藩翰傳之永久情在此耳而公等薄山河之誓發言怨望朕亦安可強公以土宇耶於是遂止

中宗神龍元年正月封右羽林大將軍李多祚爲遼陽郡王食

實封八百戶以誅張易之兄弟功也

五月封侍中齊國公敬暉爲平陽郡王桓彥範爲扶陽郡王袁恕己爲南陽郡王中書令漢陽公張柬之爲漢陽郡王中書令博陵郡公崔玄暐爲博陵郡王並加特進仍令罷知政事仍聽朝朔望

玄宗天寶九載十月進封安祿山爲東平郡王制曰寄重者位崇勳高者禮厚欽若古訓抑惟舊章開府儀同三司兼右羽林軍大將軍員外置同正員御史大夫范陽大都督府長史柳城郡太守持節充范陽節度經略度支營田陸運押兩蕃渤海黑水等四府經略處置及平盧軍河北海運幷管內採訪等使上柱國柳城郡開國公安祿山性合韜鈐氣稟雄武聲威振於絕漠扞禦比於長城戰必克平智能料敵所以擢分臺憲仍仗旄麾既表勤王之誠屢申殄寇之略頃者契丹負德潛有禍心乃能運彼深謀累梟渠帥風塵肅靜斥候無虞不有殊恩孰彰茂戎[illegible][illegible]揚式遏且膺衛霍之功土宇斯開宜踐韓彭之秩可封東平郡王仍更賜實封二百戶通前五百戶餘如故

十二載八月封隴右節度哥舒翰爲西平郡王

肅宗乾元二年七月封朔方都知兵馬使節度副使僕固懷恩爲大寧郡王

元年建辰月辛未詔曰命將之選當仁實難非夫文可經邦不能安人和衆武可禁暴罔以剋敵成功允藉宏才爰申勑命司徒中書令靈州大都督府長史單于鎮北副大都護持節充朔方節度關內支度營田鹽池押諸蕃部落副大使知節度事六城水運使兼邠寧鄜坊等道節度副大使上柱國代國公子儀河嶽間氣巖廊重寶器量深識寛而有謀術應通方用而無滯自經艱阻實擁旌旄遂能剋復二京折衝千里厥戎將殄時乃之功又勤啓沃載竭忠讜人之望也天實賚予今殄寇未寧輿師頗廣雖鎮守經制已有區分而籌畫指麾必資專制將軍辭

第無以家爲丞相憂邊思平國難固以訏謀之用宜申總統之威其將戡定外虞澄清列郡光膺藩屏之寄式崇社稷之勳封揚休命以永終譽可封汾陽郡王知朔方河中北庭潞儀澤沁等州節度行營兼興平定國等兵馬副元帥仍充本管內觀察處置使餘如故

代宗寶應元年五月丙戌太尉兼中書令鄭國公李光弼進封臨淮郡王

八月劍南狂賊徐知道爲麾下將李忠勇所殺劍南州縣盡平封忠勇爲臨晉郡王

又封平盧淄青節度侯希逸爲淮陽郡王侯所封年月不獲下倣此

二年閏正月戊申封成德軍節度使李寶臣爲清河郡王

是月又封幽州節度使李懷仙爲武威郡王魏博節度田承嗣爲鴈門郡王

六月封陳鄭澤潞節度李抱玉爲武威郡王

廣德元年封尚書右僕射郭英乂爲定襄郡王
永泰元年二月封神策軍都虞候劉希暹爲交河郡王大將李
守恭爲同谷郡王孫獻心爲宣城郡王楊[illegible]逵爲高[illegible]郡王段
子英爲遂寧郡王
八月涇原節度使兼御史大夫馬璘封扶風郡王
十月封朔方大將孫守亮九人爲異姓王又封李國臣等十三
人爲異姓王
是月進封渭北節度使李光進爲武威郡王大曆二年二月封
華州牙將姚懷爲感義郡王李延俊爲承化郡王以斬周智光
之功也
六月封荆南節度使江陵尹衛伯玉爲城陽郡王
五年四月封幽州節度使朱希彩爲高密郡王
九年三月封幽州節度使朱泚爲懷寧郡王十二年徙封遂寧郡王
九月封平盧節度都知兵馬使試殿中監王廷俊爲陽城郡王

都虞侯試殿中監李令德爲狄道郡王步軍使試太常卿劉神
藻爲順正郡王都押衙試太常卿許旼爲隴山郡王並賜實封
五十戶
十年二月封平盧淄青節度使李正己爲饒陽郡王
德宗嗣位初封四鎮北庭行軍涇原鄭潁節度使段秀實爲張
掖郡王
建中元年六月封涇州裨將試殿中監劉海賓爲樂平郡王賞
殺劉文喜也
二年五月封淮寧軍節度李希烈爲南平郡王
三年四月封幽州節度朱滔爲通義郡王
七月封河陽節度李艽爲開封郡王
四年冬封朱忠亮爲東陽郡王忠亮本[illegible]之亂以麾下奔奉天[illegible]之
賊白孝德累有功爲安西北庭節度鄜坊邠寧節度封昌化郡王
興元元年二月封成德節度兼幽州盧龍兩道節度使王武俊爲
瑯邪郡王是歲又封武俊子[illegible]貞元初封[illegible]郡王
八月癸卯加神策軍京畿渭南渭北鄜坊節度及兵馬副元帥
司徒兼中書令合川郡王臣欽若等曰本傳及實錄不載封合川郡王年月李晟實封一
千五百戶李晟兼鳳翔尹充鳳翔隴右節度支度營田觀察使
仍充管內諸軍及涇原四鎮北庭行營兵馬副元帥改封西平
郡王加河東保寧軍節度觀察使太原尹北都留守檢校司徒
平章事北平郡王馬燧奉誠軍及晉慈隰節度并管內諸軍行
營兵馬副元帥以靈鹽豐夏節度使邠寧振武奉天永平等軍
兵馬副元帥侍中兼靈州大都督樓煩郡王食實封一千八百
戶渾瑊爲河中尹河中絳州節度觀察等使仍充河中同絳陝
虢節度及管內諸軍行營兵馬副元帥改封咸寧郡王
十月李希烈將李澄以滑州降以爲汴滑節度封武威郡王
是年封禁軍將軍李惟簡爲武安郡王
是年又封神策京畿渭南商州節度尚可孤爲馮翊郡王

是歲又封靈鹽豐夏節度杜希全爲餘姚郡王
貞元元年封魏博節度田緒爲常山郡王
六年四月宣武軍節度使檢校司徒平章事懷德郡王
劉玄佐徙封彭城郡王賜實封至八百戶
十一年八月改封魏博田緒爲鴈門郡王
十七年封劍南西川節度使韋皋爲南康郡王賞破吐蕃功也
憲宗元和二年正月封振武軍節度使閻巨源爲定襄郡王
六月封昭義節度使盧從史爲范陽郡王
八月封劍南西川節度高崇文爲南平郡王
十三年封涇原行營節度郝玼爲保定郡王
十四年二月封義成軍節度劉悟爲彭城郡王
敬宗寶曆二年封幽州節度朱克融爲吳興郡王
是年封幽州李載義爲武威郡王
文宗大和三年十一月封武寧節度王智興爲鴈門郡王

武宗會昌中封幽州節度張仲武爲蘭陵郡王
僖宗中和元年封西川節度陳敬瑄爲潁川郡王
是年封河中節度王重榮爲琅邪郡王
光啓元年封徐州節度時溥爲鉅鹿郡王
昭宗乾寧四年三月制封鎮國軍節度韓建爲昌黎郡王光化元年又封潁川郡王建累爵王爵改封許國公
是年九月封鎮海鎮東節度使錢鏐爲吳王
光化元年九月制封魏博節度使羅弘信爲臨清王
三年七月封武貞節度雷滿爲馮翊郡王
荊南節度使成汭封上谷郡王
忠義軍節度趙匡凝封南平王後封楚王
天祐元年封鎮州王鎔直爲太原王
後唐莊宗同光元年十一月制忠義保大等軍節度延鄜管內觀察處置等使檢校太師兼中書令北平王高萬興復封北平王萬興在梁朝已封北平王是復以舊爵授之
是年湖南節度馬殷首修職貢復封楚王梁貞明中已封楚王故云復封
二年二月辛巳以檢校太師守尚書令兼河南尹判六軍諸衛事魏王張全義爲守太尉兼中書令孟州刺史充河陽三城節度孟懷等州觀察處置等使河南尹封齊王
是年封荊南節度高季興為南平王
三年八月正衙命使冊兩浙吳越王錢鏐爲吳越國王癸亥太常禮院奏吳越王錢鏐行冊禮宜取八月二十七日丁亥吉奉勅其印宜以吳越國王之印爲文仍令所司以金鑄造
明宗天成二年四月癸丑制曰朕聞襲弓裘之美惟孝承家秉旄鉞之權惟忠報國其有顯居世祿傑出時材疾風端勁草之心積雪驗貞松之節恐毀我室非關干櫓宜遵紹續之文俾授統臨之寄吳越國王錢鏐男鎮海鎮東等軍節度觀察留後起復雲麾將軍檢校太傅使持節舒州諸軍事守舒州刺史兼御史大

夫柱國瑯琊縣開國伯食邑七百戶王延鈞挺北華星圖南巨翼稟金精於玄象凛玉羽於雄風而自卑蓋分憂清源共理五馬之聲光首出八龍之價譽相高既綰珪符俄從金革在原無惠咸推晉右之賢當發青徽大叶楚人之望而又上欽天眷傍沮物情守祖考之貽謀却藩宣之承制心傾咬日義惡浮雲建溪之誓帶如河閩嶺之礪山齊嶽父風宛在臣節彌堅是命高建牙璋洞開玉帳錫以油幢瑞節賁其綠水紅蓮龍冠阿衡貴司猥騎尊以師而表勋實其戶而增封併示眞榮仍加懿號於戲象賢務德克揚嗣子之名進律推恩當顯使臣之禮勉膺殊寵永保令圖可依前授起復雲麾將軍右金吾衛大將軍外置同正員檢校太師守中書令福州大都督府長史充武威軍節度福建管內觀察處置兼三司發運等使封瑯琊王三年命左散騎常侍陸崇持節冊爲閩王
六月以天策上將軍湖南節度使楚王馬殷封楚國王七月中書奏馬殷封楚國王禮文不載國王之制請約三公之儀使竹冊奉制宜依

閔帝應順元年正月壬辰制以荊南節度使檢校太尉兼中書令江陵尹渤海郡侯高從誨可封南平王武安武平等軍節度觀察等使檢校太尉兼中書令行潭州大都督府長史扶風郡侯馬希範可封楚王
末帝清泰元年制以幽州盧龍軍節度押奚契丹經略盧龍軍等使兼北面行營招討使檢校太師中書令行幽州大都督府長史天水郡公趙德鈞封北平王平盧軍節度押新羅渤海兩蕃等使檢校太師中書令樂安郡公房知溫封東平王
晉高祖天福二年五月制天雄軍節度秦國公范延光可封臨清王
又制鳳翔節度使西平王李從曮封爲岐王是月封平盧節度王建立爲臨淄王三年封東平王五年入覲進封韓王周太祖

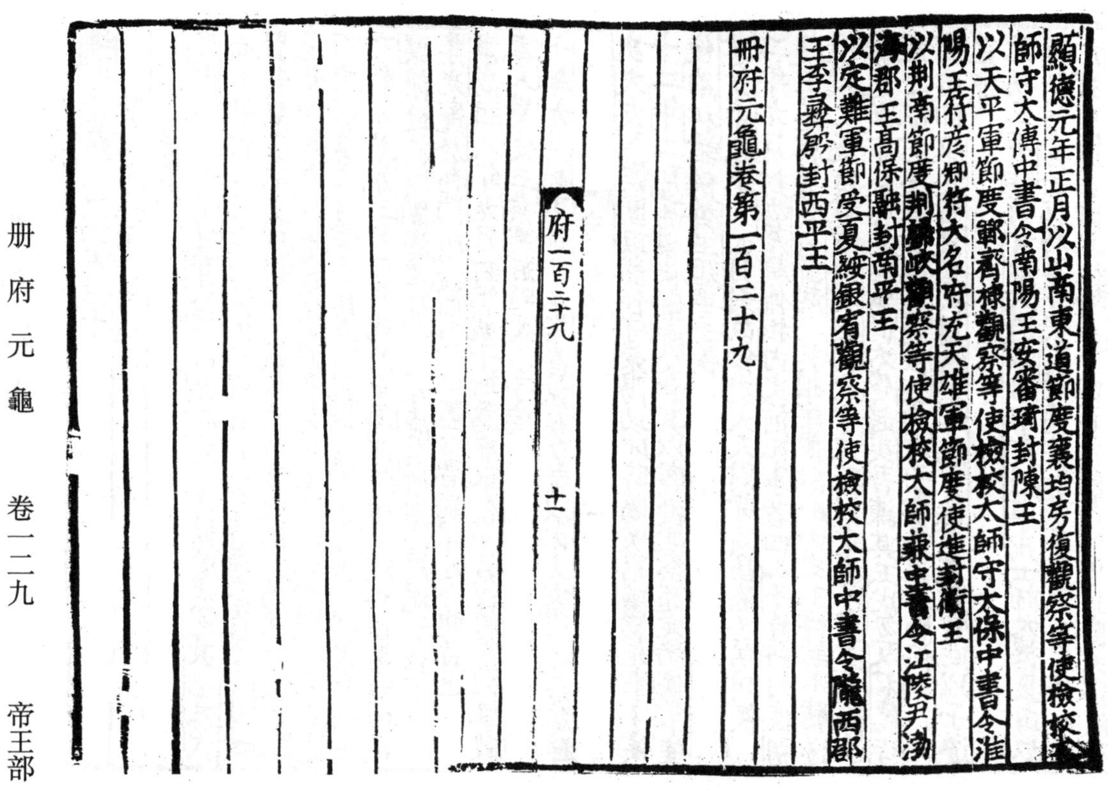

顯德元年正月以山南東道節度襄均房復觀察等使檢校太師守太傅中書令南陽王安審琦封陳王

以天平軍節度鄆齊棣觀察等使檢校太師守太保中書令淮陽王符彥卿符大名府充天雄軍節度使進封衛王

以荊南節度荊歸峽觀察等使檢校太師兼中書令江陵尹渤海郡王高保融封南平王

以定難軍節度夏綏銀宥觀察等使檢校太師中書令隴西郡王李彝殷封西平王

冊府元龜卷第一百二十九

冊府元龜卷第一百三十

帝王部一百三十

延賞

虞書曰賞延于世春秋傳曰善善及子孫斯道德之政也三代而上靡得以記漢氏之後乃或録元功之冑褒宗臣之裔賞禮賢者獎勸能吏旌揚忠烈甄叙舊故賞勤職之効采死政之孤繇是加其爵秩申之錫予俾奉其世嗣而荷其門閥使衣纓之不墜宗奠之有寄焉其或因旅愷之慶秉肆眚之澤大叙前世之勲籍並分三公之封邑乃至漏澤流根上延於祖考脂田析壤俯逮於閨闈渥惠所覃息系咸及斯固霈沛恩紀於臣下集光寵於私門所以勸有位之盡心著爲邦之令典者也

漢高祖八年九月封紀城子通爲襄平侯初城以將軍從擊破秦入漢定三秦戰好畤死事子侯

十年九月封周苛子成爲高景侯初苛以内史從擊破秦爲御史大夫入漢圍取諸侯守滎陽功比辟陽侯罵項籍死事子侯

十二年二月高梁侯酈疥父食其以客從破秦還定諸侯常使約和諸侯齊王死事子侯

孝景中元年四月封故御史大夫周苛周昌孫子爲列侯

二年九月封故楚趙傅相内史前死事者四人子皆爲列侯初趙王遂與吳楚合謀起兵其相建德姓缺内史王悍諫不聽遂燒殺之遂自殺帝憐趙相内史守正死封建德子横遂侯悍子棄之新市侯又楚相張尚太傅趙夷吾諫其王戊勿反不聽皆殺之故封夷吾子固爲高陵侯尚之子當居爲山陽侯

武帝即位求賢良舉馮唐唐時年九十餘不能爲官廼以子遂爲郎

元朔五年拜衛青爲大將軍帝曰青躬率戎士師大捷獲匈奴王其封青子伉爲宜春侯不疑爲陰安侯子登爲發干侯

元狩中復詔御史以鄼二千四百戶封蕭何曾孫慶爲鄼侯布告天下令明知朕報蕭相國德厚也

元鼎五年三月封故校尉韓千秋樛樂子二人爲列侯初南粤王興與母樛太后欲内屬相呂嘉有畔心漢遣千秋與樂將二千人往嘉擊滅之於是天子曰韓千秋雖無成功亦軍鋒之冠封其子延年爲成安侯樛樂其姊爲王太后首願屬漢封其子廣德爲龒侯（[illegible]）汲黯爲淮陽守卒後武帝以黯故官其弟仁至九卿子偃至諸侯相

宣帝本始元年正月詔曰故丞相安平侯敞等居位守職與大將軍光車騎將軍安世建議定策以安宗廟功賞未加而薨其益封敞嗣子忠（敞楊敞也）

是年復下詔曰宣成侯光（霍光）宿衛忠正勤勞國家善善及後世（善善者謂褒善人也）其封光兄弟中郎將雲爲冠陽侯

又以車騎將軍光禄勲張安世子千秋延壽彭祖皆中郎將侍中

地節二年大將軍大司馬霍光病篤帝自臨問卽日拜光子禹爲右將軍

四年二月封故酇侯蕭何曾孫建世爲侯蘇武爲右曹典屬國以其前發匈奴時故婦產一子通國爲郎又以武弟子爲右曹

元康三年三月詔朕微眇時故掖庭令張賀輔導朕躬修文學經術恩惠卓異厥功茂焉詩不云乎無德不報封賀所子弟子侍中中郎將彭祖爲陽都侯（所子者言養弟子以爲子）

平帝元始二年詔曰漢興以來股肱在位身行儉約輕財重義未有若公孫弘者也其賜弘後子孫之次見爲適者爵關内侯食邑三百戶

四年詔書追録忠臣封王嘉子崇爲新甫侯

後漢光武以鄧禹功高封弟寬爲明親侯

李通南陽宛人也自光武起兵以士君子棄見通具言讖文事及光武即位有司奏請封諸皇子帝感通首創大謀即日封通少子雄爲召陵侯

卓茂初為密令及更始政亂以年老乞骸骨歸光武即位下詔曰前密令卓茂束身自修執節淳固誠能為人所不能為以茂長子戎為太中大夫次子崇為中郎給事黃門

王閎王莽時為牧守莽敗乃去官光武下詔曰武王克殷表商容之閭閎修善謹敕兵起吏民獨不爭其頭首令以閎子補吏至墨綬建武中錄舊德臣以孫寶孫伉為諸長（伉音抗諸琅邪之縣也）宣秉為大司徒司直所得祿俸輒以收養親族其孤弱者分與田地自無擔石之儲（齊人名小甖為儋今江淮人謂一石為儋）卒於官帝敏惜之除子彪為郎

來歙為中郎將討公孫述為刺客所殺帝賜策書曰中郎將來歙攻戰連年平定羌隴憂國忘家忠孝彰著遭命遇害子褒嗣帝嘉歙忠節復封歙弟由為宜西侯

杜林為大司空薨光武親自臨喪送葬除子喬為郎詔曰公侯子孫必復其始賢者之後宜宰城邑其以喬為丹水長

馮異與諸將攻落門未拔（落門聚名在冀縣）病發薨于軍謚曰節侯長子彰嗣明年帝思異功復封彰弟訢為析鄉侯建武十三年更封彰東緡侯食三縣

吳漢兄尉為將軍從征戰死封尉子彤為安陽侯帝以漢功大復封弟翕襃親侯吳氏侯者凡五国

岑彭征蜀為刺客所殺子遵嗣帝思彭功復封遵弟淮為穀陽侯

郭涼既平盧芳帝擢涼為中郎宿衛左右

明帝以鄧禹先帝元功拜為太傅居歲餘寢疾帝數自臨問以子男二人為郎及薨帝分禹封為三国長子震為高密侯襲為昌安侯珍為夷安侯

趙孝為衛尉弟禮為御史中丞帝嘉其兄弟篤行後卒孝無子拜禮兩子為郎

司空宋閎薨子屯嗣帝追思閎忠擢屯為步兵校尉徙封西陽侯

宋均為河內太守政化大行以疾上書乞免詔除子條為太子舍人

章帝即位追賜朱勃子穀二千斛（東觀記曰章帝下詔曰告平陵令丞縣人故雲陽令朱勃建武中以伏波將軍爵土不傳關書陳狀不顧罪受懷直之志有烈士之風詩云無言不讎無德不報其以縣見穀二千斛賜勃子若孫勿令遠詣闕謝）

趙憙為太傅錄尚書事帝擢諸子為郎吏者七人長子代給事黃門（憙自明帝時內典宿衛外幹宰職正身立朝未嘗懈惰）

傅育為武威太守護羌校尉擊叛羌戰死帝下詔追褒美之封其子毅為明進侯七百戶

和帝時魯恭為光祿勳選舉清平京師貴戚莫能枉其正後代呂蓋為司徒及從巡狩南陽除子撫為郎中賜駙馬從駕（駙副也非正所乘皆為副說文曰駙馬副馬也）

安帝元初中鮮卑寇漁陽太守張顯率兵馬掾嚴授主簿衛福功曹徐咸赴之授福等並為虜所殺詔書褒歎各除子一人為郎中

鄧弘元初二年卒詔大鴻臚持節即弘殯封子廣德為西平侯後以帝師之重（弘少治歐陽尚書授帝禁中）分西平之都鄉封廣德弟甫德為都鄉侯又封弘兄黃門侍郎京子珍為陽安侯邑三千五百戶

建光元年二月大赦天下以公卿校尉尚書子弟一人為郎舍人

順帝即位以鄭安世子亮為郎初安帝廢太子為濟陰王安世與太常桓焉太僕來歷等共正議諫爭及帝立安世已卒追賜錢帛除亮為郎

張綱漢安中為廣陵守卒詔曰綱大臣之苗剖符統務正身導下班宣德信降集劇賊張嬰等萬人息干戈之役濟蒸庶之困未升顯爵不幸早卒嬰等縗杖若喪考妣朕甚愍焉拜綱子續為郎中賜錢百萬

沖帝永嘉元年封武威太守趙沖子愷義陽亭侯沖順帝時追叛羌戰歿至是故侯

桓帝時羊續父儒為太常續以忠臣子孫拜郎中

段熲為中郎將擊琅邪賊東郭竇公孫舉等大破斬之獲首萬餘級除一子為郎中後以討先零東羌功詔以家一人為郎中

胡奭為南郡太守李肅主簿時武陵蠻寇江陵肅奔走奭諫止肅肅遂殺奭而走帝聞之徵肅弃市拜奭家一人為郎

靈帝時陸康為議郎會廬江賊黃穰等與江夏蠻連結十餘萬人攻沒四縣拜康廬江太守康申明賞罰擊破穰等餘黨悉降帝嘉其功拜康孫尚為郎中

張酺曾孫濟好儒學初楊賜薦濟明習典訓為侍講至司空病罷及卒帝以舊恩贈車騎將軍關內侯印綬追濟侍講有勞封子根為蔡陽鄉侯

臧洪父旻為楊州刺史擊破妖賊許昭遷為使匈奴中郎將洪年十五以父功拜童子郎

獻帝初袁術屯兵壽春遣其將孫策攻廬江太守陸康圍城數重康敵二年城陷月餘發病卒年七十宗族百餘人遭離飢戹死者將半朝廷愍其守節拜子為郎中

桓典為羽林郎獻帝即位三公奏典前與大將軍何進謀誅閹官功雖不遂忠義炳著詔拜家一人為郎

元尚為兖州刺史袁術將僭號欲以尚為太尉尚拒之為術所害帝嘉尚忠烈拜其子瑋為郎中

孫瑞遷大司農為三老後為亂兵所害獻帝都許追論瑞功封子萌澹津亭侯

魏文帝踐阼以程昱復為衛尉（昱自太[illegible]與中尉邢貞爭[illegible]）進封安鄉侯增邑三百戶并前八百戶分封少子延及孫曉列侯

董昭自太祖受魏公魏王之號皆昭所創及文帝踐阼拜大鴻臚進封右鄉侯二年分邑百戶賜昭弟訪爵關內侯又分邑百戶賜一子爵關內侯黃初二年分三公戶邑封弟子各一人為列侯

賈詡自文帝為五官將勸帝朝夕孜孜不違子道帝深自砥礪及即位以詡為太尉進爵壽鄉侯增邑三百并前八百戶又分邑二百戶封小子訪為列侯以長子穆為駙馬都尉荀攸長子緝有攸風早沒次子適嗣無子絕黃初中紹封攸孫彪為陵樹亭侯邑三百戶後轉封丘陽亭侯正始中追謚攸曰敬侯

黃初四年凉州刺史張既薨詔曰昔荀桓子立勳翟土晉侯賞以千室之邑馮異輸力漢朝光武封其二子故凉州刺史張既能容民畜衆使羣羌歸土可謂國之良臣不幸薨隕朕甚愍之其賜小子翁歸爵關內侯

華歆薨子表嗣初文帝分歆戶邑封歆弟緝列侯

鍾繇薨子毓嗣初文帝分毓戶邑封繇弟演及子劭孫豫列侯

文聘自太祖時為江夏太守使典北兵及帝踐阼以禦賊有功遷後將軍封新野侯後分聘戶邑封聘子岱為列侯又賜聘從子厚爵關內侯

張遼與李典嘗破孫權後遼薨子虎嗣帝追念遼典在合肥之功詔曰合肥之役遼典以步卒八百破賊十萬自古用兵未之有也使賊至今奪氣可謂國之爪牙矣其分遼典邑各百戶賜一子爵關內侯虎為偏將軍

明帝青龍四年司空陳羣薨謚曰靖侯子泰嗣帝追思羣功德分羣戶邑封一子列侯

張郃薨子雄嗣郃前後征伐有功帝分郃戶封郃四子列侯賜小子爵關內侯

齊王即位孫資劉放掌機密帝以放資決定大謀增邑三百放并前千一百資千戶封愛子一人亭侯次子騎都尉餘子皆郎中

王昶嘉平中為征南大將軍時文欽毋丘儉作亂引兵拒儉欽有功封二子亭侯關內侯

高貴鄉公甘露二年八月詔曰昔燕剌王謀反韓誼等諫而死漢朝顯登其子諸葛誕創造凶亂主簿宣隆部曲督秦絜秉節

守義臨事固爭爲讒所被所謂無比干之親而受其戮者其以
隆業子爲騎都尉加以賜贈光示遠近以殊忠義
三年大將軍錄尚書事司馬昭奏錄先世名臣元功大勳之子
孫隨才叙用
陳泰前後以功增邑二千六百戸賜子弟一人亭侯二人關內侯
陳留王即位封征南將軍督荆州諸軍事王基子二人亭侯關
內侯
咸熙二年二月庚戌以虎賁張脩昔於成都馳馬至諸營言鍾
會反逆以至沒身賜脩弟倚爵關內侯
晉杜預爲征南大將軍旣平吳振旅凱入以功封子耽爲亭侯
千戸
索綝爲衛將軍領太尉時劉曜侵逼王城以綝爲都督征東大
將軍持節討之破曜呼日逐王呼延莫以功賜子弟一人鄉亭侯
明帝征王敦以諸葛恢爲侍中加奉車都尉討王含有功進封
建安伯以先爵賜次子甝爲關內侯
穆帝升平中改封大都督臨賀郡公桓溫爲南郡公降臨賀爲
縣公以封其次子濟
毛穆之爲桓溫參軍從溫平蜀以功賜次子都鄉侯
哀帝興寧中冠軍長史沈勁守洛陽爲慕容恪攻陷神氣自若
遂遇害朝廷聞而嘉之贈東陽太守子赤黔爲大長秋
後魏明元以許謙自太祖時有功其子洛陽從征慕容寶爲冠
軍司馬後爲祁令帝追錄謙功以洛陽爲鴈門太守
太武以宿石父沓干自明元時從討蠕蠕戰歿悼惜之詔求沓
干子時石年甫十一引見以幼聽歸年十三襲爵擢爲中散
谷渾爲儀曹尚書在官廉直爲太武所器重詔以渾子孫十五
已上悉補中書學生
屈拔垣之孫道賜之子拔少好陰陽學太武追思其父祖年十
四以爲南部大夫

文成初以李靈學優選授經及踐阼爲洛州刺史卒子恢以師
傅之子拜員外散騎常侍安西將軍長安鎮副將進爵爲侯假
鉅鹿公源賀長子延性謹厚好學以功臣子拜侍御中散賜爵
武城子西治都將
陸俟爲外都大官帝踐阼以子麗有策立之勳拜俟征西大將
軍進爵東平王
孝文太和十四年尚書李沖奏劉昞河右碩儒今子孫沉屈未
有錄潤賢者子孫宜蒙顯異於是除其一子爲郢州雲陽令
陸叡簡王麗之子爲北部尚書太和十六年降五等之爵以麗
勳著前朝封叡鉅鹿郡開國公食邑三百戸
宣武以張彝先朝勳舊杲朩幸赤癈特除其子始均長兼左民郎中
高顯族道悅之長子也道悅孝文時爲太子詢中庶子詢以道
悅數規諫殺之宣武追錄忠槩拜顯族給事中
源懷爲車騎大將軍隴西王賀之子景明二年上表曰昔世祖
昇遐南安在位出拜東廟爲賊臣宗愛所弑時高宗避難龍潛
苑中宗愛異圖神位未定臣亡父先臣賀與長孫渴侯陸麗等
奉迎高宗纂徽寶命麗以扶負聖躬親所見識蒙授撫軍大將
軍司徒公平原王興安二年追論定策之勳進先臣爵西平王
皇興季年顯祖將傳大位先臣時都督諸將屯於武川被徵詣
京特見顧問先臣固執不可顯祖久乃許之遂命先臣持節授
皇帝璽綬於高祖至太和十六年麗息叡狀私書稱其亡父與
先臣援立高宗朝廷錄封叡鉅鹿郡開國公臣時丁艱草土不
容及例至二十年除臣雍州刺史臨發奉辭面奏先帝申先臣
舊勳時敕旨但赴所臨尋當別判至二十一年車駕幸雍臣復
陳聞時蒙敕旨征還當授自宮車晏駕遂爾不申竊惟先臣遠
則援立高宗寶曆不墜近則陳諫顯祖神器有歸如斯之勳超
世之事麗以父功而獲河山之賞臣有家勳不沾茅社之錫得
否相懸請垂裁處詔曰宿老元丕云如所訴訪之史官頗亦言

此可依此授馬詡郡開國公邑一百戶
孝明正光中高諒爲驍騎將軍徐州行臺屬元法僧反叛逼諒同之諒不許爲法僧所害朝廷痛惜之下詔曰諒臨危授命誠節可重復贈使持節平北將軍幽州刺史贈帛二百疋優一子出身謚曰忠侯
明亮爲陽平汲郡二太守有恵政孝昌二年詔追前勳重贈平東將軍濟州刺史拜其子逸遠奉朝請
崔光爲車騎大將軍儀同三司領著作光年耆老務疾病稍增而强不已常在著作疾篤不歸孝明親臨省疾詔斷賓客中使相望爲止聲樂罷諸遊眺拜長子勵爲齊州刺史
孝莊以源文宗學涉機警少有名譽永安中以父功賜爵臨潁縣伯
羊敦自元禮太山平陽人梁州刺史禮弟子也性尚閑素學涉書史以父靈引死王事除給事中
楊侃爲北中郎將以河橋之功除其長子師冲爲秘書郎
前廢帝以符璽郎王神貴子彦㝢爲奉朝請旁景先爲太學博士作五經疑問百餘篇神貴咨之名爲辯疑奏上之帝親自執卷與神貴往復嘉其用心特除彦㝢爲奉朝請
帝方侯羅伊利卒子何奴亦忠實寡言有志度以勳臣之子除侍御中散襲爵
尒朱文殊榮之子也帝以榮有破葛賊之勳進文殊爵爲王增邑千戶超授散騎常侍撫軍將軍
西魏文帝以于義太師謹之子少矜嚴有操尚篤志好學以父功賜爵平昌縣伯
賀若誼字道機父統爲右衛將軍誼性剛果有幹略以功臣子賜爵容城縣男
恭帝元年以車騎大將軍劉雄從于謹平江陵進驃騎大將軍開府儀同三司賜奴婢一百口別封一子汧源縣伯又以從平

并州拜上大將軍進爵趙郡公邑二千戶舊封回授一子
後周尉遲運少强濟志在立功魏大統十六年以父勳封安喜縣侯
豆盧勣聰悟有器局少受業國子學略涉文藝文帝以勣勳臣子封義安縣侯
李穆爲都督河橋之戰太祖馬中流矢墜穆以馬授文帝遂得俱免擢授武衛將軍賜穆世子惇安樂郡公姊一人爲郡君自餘姊妹並爲縣君兄弟子姪及緦麻以上親并舅氏皆霑厚賜其見褒崇如此
尉遲端兄運爲驃騎大將軍從楊忠攻齊之并州以功別封端保城縣侯邑一千戶
閔帝時獨孤信進位柱國大將軍録前後功增封聽迴授諸子於是第二子善封魏寧縣公第三子穆必安縣侯第四子藏義寧縣侯邑各一千戶第五子順武城縣伯第六子陁建忠伯邑各五百戶
明帝武成初驃騎大將軍高琳從賀蘭祥征吐谷渾以勳別封一子許昌縣公邑一千戶
宇文盛爲驃騎大將軍從賀蘭祥平洮陽共和二城封一子甘棠縣公
武帝保定三年二月詔魏大統九年以前都督以上身亡而子孫未齒叙者節級授官
建德六年伐齊平鄴詔曰自晉州大陳至于平鄴身殞戰傷者其子即授父本官
韋孝寬爲徐州總管詔以平淮南之功別封一子滑國公
韋壽爲京兆尹以父鄖國公孝寬軍功賜爵永安縣侯邑八百戶
魏文思左僕射寬之子年十一拜車騎大將軍儀同三司散騎常侍尋以父功封新豐縣子邑五百戶
宇文愷字安樂杞國公忻之弟也以功臣子年三歲賜爵雙泉

伯七歲進封安平郡公邑二千戶
權武襲慶之子也父爲開府以力戰死武以忠臣子起家拜開府襲爵齊郡公邑千二百戶
隋文帝以李穆爲并州總管帝以穆勞效同破鄴第一勳加三轉聽分授其二子榮才及兄賢子孝軌榮及才並儀同大將軍孝軌進開府儀同大將軍又別封子雄爲密國公邑三千戶
開皇十七年詔曰周曆告終群凶作亂釁起藩服毒被生人朕受命上玄廓清區宇聖靈垂祐文武同心申明公穆鄖襄公孝寬廣平王雄蔣國公睿楚國公勣齊國公頴越國公素魯國公慶則新寧公長叉宜陽公代積趙國公羅雲隴西公詢廣業公景眞昌公振沛國公譯項城公子相鉅鹿公子幹等登庸納揆之時草昧經綸之日丹誠大節心奉帝圖茂績殊功力宣王府宜弘其門緒與國同休其世子世孫未經州任者宜量才外用庶享榮位世祿無窮

楊素爲內史令以平江南賜功拜素子玄獎爲儀同又以討平南李稜等賊帝以素父勞於外詔令馳傳入朝加子玄感官爲上開府後爲僕射又以破突厥功進子玄感位爲柱國玄縱爲淮南郡公又以破達頭可汗加子玄感位大將軍玄獎玄縱積善上儀同又以獻皇后山陵制度多出於素上善之別封一子義康郡公邑萬戶子子孫孫承襲不絕又以討平漢王諒功拜其子萬石民行姪玄挺皆儀同三司
皐協字欽人廣州總管洸之子其父在廣州有功帝令協齎詔書勞問未至而父卒上以其父身死王事拜協柱國
趙元淑父世模初事高寶寧後以衆歸國授上開府寓居京兆之雲陽文帝踐祚常典宿衛後從晉王伐陳先鋒遇賊力戰而死朝廷以其身死王事以元淑襲父本官賜物二千段
來護兒爲上開府破高智慧盛道延進位柱國仍留長子楷爲千牛備身

王猛爲將經略嶺表仍討平山越馳驛奏聞文帝以其長子繕爲開府儀同三司猛子尋卒於廣州帝聞而痛之命其子繕襲仍授晉州刺史
楊義臣父崇開皇初封秦興公擊突厥力戰而死贈大將軍豫州刺史以義臣襲崇官爵時義臣尚幼養於宮中年未弱冠奉詔宿衛千牛者數年賞賜甚厚
煬帝大業初皇甫誕爲漢王諒并州司馬諒反誕抗節而死帝封弘義公子無逸嗣大業令行舊爵例除以無逸誠義之後賜爵平輿侯
麥孟才鐵杖之子字智稜果烈有父風帝以孟才節將子恩賜殊厚拜武賁郎
馮慈明爲尚書兵曹郎時李密逼東都慈明抗節爲其所害梁通郡守揚江上狀帝歎息之贈銀青光祿大夫拜其二子惇怦俱爲尚書承務郎

唐高祖武德二年四月伊州總管張善相爲王世充所[illegible]賊執善相送於世充善相辭色不撓世充怒令斬之善相罵世充極口而死高祖聞而歎曰吾負善相善相不負吾也封其子爲襄城郡公
張孝珉爲驃騎將軍經略王世充爲賊所殺高祖聞而傷之拜其弟慶脫爲大將軍封鄭郡公賜帛二百疋
高蒲政爲朔州總管爲右虞候杜士遠所殺高祖以其子玄積爲上柱國榮國公食邑三千戶
張長遜爲五原太守會處羅可汗解兵去高祖大悅封其父貴爲遂安郡公
太宗貞觀五年九月癸亥詔曰惟王建國厚禮被於元勳漢帝念功茂賞隆於延世是以親賢作昇著在周[illegible][illegible]韓侯義存[illegible]典開府儀同三司齊國公無忌尚書左僕射邢國公玄齡故尚書右僕射蔡國公如晦雍州都督吳國公尉遲敬德左光祿

大夫吏部尚書許國公高士廉兵部尚書潞國公侯君集右領大將軍鄂國公宇文士及左武衛大將軍冀國公秦叔寶盧州都督宿國公程知節等或宇量凝深地兼賢戚或風鑒引遠功參帷幕或志懷強正便繁左右或幹略宏舉契闊戎旃咸委質藩朝陳力王室誠著出納節表屯夷經文緯武忠勤懇至固已契叶風雲寄深舟檝雖襃賢之道已紀於旂常而推恩之令未洽於胄緒宜錫寵章式遵故實無忌玄齡如晦敬德各封一子郡公士廉君集士及叔寶知節各封一子縣公俾夫拜前拜後以蹤曩烈如帶如礪垂裕後昆

屈突通貞觀中為洛州都督卒太宗幸洛陽宮思通忠節拜其少子詮果毅都尉

宇文士及貞觀中檢校涼州都督涼士服其威惠入為右衛大將軍録其功別封一子為新城縣公

李勣為右武候大將軍封其父蓋為濟陰王蓋固辭王爵乃封舒國公授散騎常侍陵州刺史勣貞觀中為遼東道行軍大總管攻破蓋牟遼東白崖等數城又從太宗摧殄駐蹕陣以功封一子為郡公

王珪貞觀中為禮部尚書與諸儒正定五禮書成封一子為縣男

段志玄為鎮軍大將軍寢疾太宗親自臨視顧謂曰當與卿子五品志玄頓首固請迴授母弟志感太宗遂授志感左衛郎將

高宗永徽三年五月詔隋儀同三司豆盧毓御史中丞游楚客齊侍中崔季舒給事黃門侍郎裴澤並門標忠鯁風烈可尚其子孫等並令所司量材敘分九月以周司沐大夫裴融尚書左丞封孝琰有忠節於前代制擢其子孫以旌介烈

總章元年三月詔曰西漢元勳縟禮崇於末嗣東京列將茂賞覃於後昆繼絶興亡同歸一貫皇家受命荅昊穹膺玄籙恢張宇宙蕩一寰區御乾立極之圖諒資天啓撥亂經邦之略寔賴人謀締想初基有廷言者或委質唐郊首參一旅勤著荆棘勞宣草創或策名代邸先騁六飛或[illegible]志蹈金石咸以攀[illegible]上漢捧日登山契叶風雲情均魚水其太原元從西府舊僚今親詳覽具為等級贈司徒并州都督忠孝公士彠贈司空淮安郡王神通贈開府儀同三司并州都督夔國公劉弘基贈并州都督渝國公劉政會贈開府儀同三司并州都督莒國公唐儉贈左衛大將軍特進譙國公竇琮贈荆州都督邳國公長孫順德贈輔國大將軍涼州都督竇國公史大柰贈幽州都督濮國公龐卿運贈左武衛大將軍潭州都督巢國公錢九隴贈華州刺史霍國公柴紹贈潭州都督羅國公張平高贈相州刺史工部尚書河東郡公裴寂贈洪州都督樂安郡公李思行贈洪州都督盧陵郡公秦行師贈靈州都督真定郡公許緒贈涼州都督江夏郡公李高遷贈齊州刺史劉義節贈太尉申國公士廉贈司空蔣國公通贈太尉并州都督梁國公玄齡贈司空蔡國公如晦贈司徒并州都督鄂國公敬德贈輔國大將軍揚州都督褒國公段志玄贈驃騎大將軍益州都督宿國公程知節贈驃騎州刺史胡國公秦叔寶贈左衛大將軍涼州都督郢國公宇文士及贈左驍衛大將軍荆州都督郯國公張公謹贈荆州都督懷寧縣公杜公綽贈荆州都督汾陽公公孫武達贈涼州都督遂安郡公李安遠贈代州都督同安郡公鄭仁泰贈荆州都督遼東郡公李孟嘗贈幽州都督曆陽縣公獨孤彥雲始州刺史襄武郡公劉師等並立為第一等功臣其家見在朝無五品已上官者子孫及曾孫擢一人授五品官若先有四品五品官者加授子孫等一人兩階若三品已上加爵三等其第一等功臣見在朝無五品已上官者其子孫及曾孫擢一人授從六品已上官若先有五品已上官加一階六品官者加兩階三品已上官者加爵一等

咸亨五年劉仁軌為雞林道大總管東伐新羅以功子姪三人並授上柱國州黨榮之號其所居為樂城鄉三柱里

蘇定方前後滅三國皆一擒其主賞賜珍寶不可勝紀仍拜其子慶節爲尚輦奉御又定方爲左驍衛大將軍封邢國公又別封子慶節爲武邑縣公

中宗神龍元年贈故大理卿徐有功越州刺史授一子官

二年中書令齊國公魏先忠與武三思等撰則天皇后寔錄二十卷編次文集一百二十卷中宗稱善封元忠子衛王府諮議參軍昇爲任城縣男

是年韋安石爲中書令子涉始十歲拜溫王府祭酒

睿宗太極元年五月親祀北郊詔桓彥範敬暉崔玄暐袁恕己張柬之等其子孫並實封二百

冊府元龜卷第一百三十

冊府元龜卷第一百三十一

帝王部一百三十一

延賞第二

唐玄宗開元元年十二月詔國初巳來宰相及食實封功臣子孫一房沉翳未承恩者量才擢用

二年正月制曰崔玄暐張柬之等往以神龍之初保乂王室奸臣所忌謫居炎海流落變衰感激忠義玄暐嗣子吏部郎中璩清才雅韻守尊直柬之嫡孫㷔祖考繼歿遺孤可傷彼勲業之下淪佇名賢之必復是得景倩而悲仲宣者也高皇封樂毅之後武帝求蕭何之裔斯不遠哉昭於德及緬懷前烈宜加後命璩㷔並可朝散大夫

四月以太常寺太祝蘇乂爲左補闕追父勲也勑曰蘇乂其父往處台衡實爲柱石直言正色挫彼凶邪頃者念功錫以真賦况顓又遵先誡固辭令賞泣血披誠不忍移奪自家形國父忠

子孝宜有褒崇寵及兄弟諫官之位允屬家賢可右補闕

十月王海賔爲安豊軍使先鋒與吐蕃戰於渭勑名訓年始九歲以父死於王事起復拜朝散大夫尚輦奉御賜名忠嗣養於禁中累年與皇太子在忠王邸令與之游處

六年侍中宋璟亡父玄撫疑贈邢州刺史玄撫初贈岐州長史及璟登宰輔之任修祔廟之禮帝乃特以伯牧光寵焉并贈其母崔氏爲安平郡夫人

八年隴右諸軍節度大使郭知運爲幽州都督王晙討平六州胡康待賔等拜左武衛大將軍授一子官

九年十二月勑中書門下六尚書御史大夫諸衛大將軍及食實封功臣并二品巳上官咸以勲業受國寵榮德之所效者澤之所延者其亡父無五品巳上官者並宜褒贈

十三年十一月封禪禮畢制曰朕求惟王業緊賴舊勲元首股肱其猶一體自武德巳來功臣宰輔或名存王府遺嗣况淪或身無大故銜屈泉壤宜令所司訪擇申理唐元立功官又往屬艱難能盡忠義今成大禮何日忘之宜各與一子出身

十七年十一月追贈中書令蕭嵩亡父故渝州長史灌爲吏部尚書門下平章事裴光庭父故禮部尚書行儉爲太尉

二十四年正月勑諸道採訪使信安郡王禕嗣魯王道堅牛仙客宋詢劉日正班景倩唐昭各賜一子官賞其巡察之勞也是年中書舍人孫逖自以通籍禁闈其父官纔邑宰乃上表陳情曰臣父嘉之幸遇明時早勤學業出身入仕四十餘年歷官五政經考二十未能亨通纔及令長臣夙荷嚴訓累登清秩頻遷省闥又拜掖垣地近班榮臣則過量途遥日暮父乃後時在公府有偷榮之責於私庭無報德之効反慙烏鳥徒厠鴛鴻伏望降臣一外官特乞微恩稍霑臣父玄宗優詔獎之授嘉之宋州司馬致仕

二十九年二月上謂宰臣曰洪州人鄔玄宗往在文明年中傳

玄元皇帝真告於天后曰我國祚無窮當千萬君遂遭禁錮因茲淪喪宜與追贈以慰泉壤其子瓊亦依資授一官天寶四載十二月隴右節度使皇甫惟明與一子五品官賞功也

七載八月詔尚書左僕射兼右相吏部尚書李林甫曾祖故長平郡王靈州道行軍大總管叔良贈太子少保祖華陽郡開國公寧州刺史孝斌贈兵部尚書

十載正月河西節度使鴻臚卿員外置同正員攝御史中丞權知朔方節度事安思順罷朔方節度加特進攝御史大夫仍與一子官河西節度等使餘如故賞功也安西四鎮節度特進兼鴻臚卿員外置同正員攝御史中丞高仙芝生擒突騎施可汗吐蕃大首領及石國王并可敦及傑帥來獻上御勤政樓會群臣引見加仙芝開府儀同三司攝御史大夫仍與一子五品官餘並如故賞功也

十一載十一月以殿中少監安慶宗爲太僕卿慶宗祿山之子

以父任寵之
是年哥舒翰爲隴右節度使收石堡城獻功于朝詔與一子五
品官十二載又與一子五品官十三載又與子孫二人五品官
十二載三月制曰褒德紀功前王之令典飾忠追遠有國之能
事況乎嗣生大賢爲朕良弼應五百之數該二八之美調元而
星辰以理論道而陰陽以和而寵命未引稱謂猶褊所以崇推
恩之重廣延賞之義也右相兼文部尚書判度支魏國公楊國
忠亡父贈持節魏郡諸軍事守魏郡太守珣赤泉儲祉白環纘
業穡積慶而誕德鍾具美而挺生而枝茂者根深流長者源濬
是降英裔卓成兆人㒺載而百度惟清審衡而九流式序佐我
玄化格于皇天信爲眞資寔禀庭訓雖忠人愛樹已有疇庸之
策而因條振葉宜益封崇之事俾以建旟之寵仍超曳履之榮
旣旌徽烈用光泉壤可贈武部尚書鄭國公毋張氏可贈鄭國
夫人

十二月以安禄山男慶緒爲衛尉卿詔曰王者出師登壇擇將
忠臣受任執鉞成功則君賞其勤父成其訓名教斯在寵秩是
崇銀青光禄大夫鴻臚卿員外置同正員兼廣陽郡太守同范
陽節度副使上柱國柳城縣開國男安慶緒門傳忠孝之義庭
禀韜鈐之略志氣剛决固敵是求遂使榆塞息警柳城罷鋒百
勝深謀舉無遺策可推上將之功用叶中行之吉可特進行衛
尉卿兼廣陵太守餘如故
十三載二月詔武德功臣及貞觀初宰輔等緬想忠義感會風
雲用集大勳肇興王業其有子孫零落冠冕陵夷無任官者
宜令所司勘責依資與一人京官唐初功臣績效締構録勞念
舊雖賞于懷普恩之外宜放一子出身如已有出身所司依資
與一官
十四載賜朔方節度副使靈武郡太守攝御史大夫安思順祖
左玉鈐衛郎將名史失爲武部尚書考右羽林軍大將軍波主爲

太子太師十五載帝在成都詔文部尚書平章事房琯與子官
盧從愿爲吏部侍郎典選六年前後無及之者帝嘉之特與一
子官從愿上疏乞回紀恩贈父乃贈其父吉陽丞敬一爲鄭州
長史
牛仙客爲工部尚書同中書門下三品贈其父意爲禮部尚書
祖會爲涇州刺史
張延賞中書令張嘉貞之子初名寶符召見賜名延賞取賞延
于世之義特授左司禦率府兵曹叅軍
王君㚟判涼州都督封晉昌伯拜其父壽爲少府監仍聽致仕
帝又嘗於廣達樓引君㚟及妻夏氏設宴賜以金帛
肅宗至德二年十二月御丹鳳樓大赦詔武德開元及蜀郡靈
武元從功臣有先亡没死王事者並加優贈各與子孫一人官
其扈蜀郡靈武元從官及在路扈從官三品已上與一子官四
品已下與一子出身六品已下量與進改

三年正月大赦詔陷在賊境爲其殺戮身死者三品已上各與
追贈仍各與一子官五品已上一子出身六品已下量事追贈
其元從聖皇天帝至成都府文武官五品已上宜與一子官六品
已下超資進改聖皇至成都府後到官及靈州寧州首末扈從
三品已上與一子官五品已上放一子出身情願回授周親及
親及親近亦聽唐元功臣身亡没者子孫一人加一階其諸道
節度下將士三品已下與一子官六品已上放一子出身自開
元已來宰輔之家不爲逆賊所污者與子孫一人官是月又以
朔方節度副使開府儀同三司鴻臚卿論誠節可襲撥川郡王
食實封一百户仍與一子三品官鉗耳大福可封洛郊郡開國
公食封一百户李懷讓封沂國公食實封一百户與一子五品
官舍利如琰食實封一百户與一子五品官王仲昇封沛國公
與一子五品官呂崇賁封鄆國公與一子五品官周皓封汝南
郡開國公哥舒翰封朔方郡開國公與一子五品官白延崇封

宜春郡開國公與一子五品官荼公榮封豫章郡開國公與一子五品官李清朝封河國公食實封一百戶與一子五品官劉處義封彭城郡開國公與一子五品官

上元元年九月涇原兩州團練兵馬使元從特進兼羽林軍大將軍同正員李元忠死王事帝以其子承恩襲其官爵

代宗寶應元年十二月封朔方節度使僕固懷恩妻賀魯氏爲涼國夫人賜實封二百戶以功寵之也

二年正月戊子制曰功崇望重加以服章德厚流光延其懋賞爰益苴茅之典並明幹蠱之才副元帥太尉兼侍中都知河南淮南淮西山南東道諸節度行營事上柱國臨淮郡王光弼元勳濟代公輔推賢宣大化之神明總專征之師律自出征務鎮距海負河連率百城旌旗千里東郊誓衆雅繼魯侯之功北伐擁旄有稱漢將之略高才罷敵重鼎斯調尤知武庫之深實在雲臺之右疇其眞食美以保家僉議允諧舊章斯舉敬哉有土

更載丹書之盟鍵也趨庭宜升紫綬之寵可加實封二百戶仍與一子官階三品餘並如故

二月乙未以河北副元帥僕固懷恩兵馬使高輔成爲檢校太子少傅兼御史中丞賜實封三百戶與一子五品官朔方都知兵馬使僕固瑒檢校太子少師封定襄郡王賜實封五百戶莊宅各一所與一子五品官朔方右廂兵馬使高彥崇檢校太子賓客賜實封三百戶莊宅各一所與一子五品官

廣德元年七月上尊號大赦改元制河北副元帥僕固懷恩宜兼太保仍與一子二品官一子四品官河南副元帥李光弼與一子三品官幽州節度使李懷仙與一子三品官李抱玉郭英乂辛雲京侯希逸田神功孫志直白孝德令狐彰各與一子五品官李寶臣薛嵩田承嗣張獻誠等各與一子五品官魚朝恩寄崇師律程元振勳高佐命仍與一子五品官僕固瑒高彥崇渾白進李建義李光逸楊崇光李懷光張如岳白元光溫如雅拓拔澄沁高暉臺歛文成惟良曹楚玉等各與一子五品官加實封一百戶仍各賜鐵券以名藏太廟畫像於淩煙閣并冠難已來將相勳業高者其名籍圖畫亦准此子儀與一子四品官苗晉卿劉晏裴遵慶元載各與一子四品官并階加實封一百戶儀王及彭王已下男未有官者並准舊例與官及封永穆并長樂已下公主及郡縣主嗣郡王等各與一子官皇親五等已上諸親三等已上各與一子出身二王後各與一子官諸道節度觀察使立功將士其父兄在無官者依子文武與官已歿者追贈陣亡將士贈父官爵

二年郭子儀爲關內河東副元帥加尚書令上表陳讓詔荅所讓者依仍以其子晞兼御史大夫嘉其父讓也

大曆三年二月以試太常卿郭曜爲太子賓客曜子儀長子特拜正員三品寵之也

四年三月追贈宰臣王縉祖故太常寺協律郎胄爲兵部尚書

祖母權氏爲趙國夫人杜鴻漸祖故益州長史愼行爲尚書左僕射祖母蕭氏爲滕國夫人元載祖故左衛郎將敬同爲兵部尚書祖母劉氏爲沛國夫人李抱玉祖左武衛郎將文成爲吏部尚書祖母張氏冀國夫人及載亡母李氏爲涼國夫人推恩也十一月滑亳節度使令狐彰淄青節度使李正已並遣男朝謁詔以彰男建兼御史中丞正已男納兼待御史仍賜金紫

十一年七月詔劍南西川節度使崔寧賜一子五品官賞功也

十二年四月詔曰往者大盜亂華梁宋偏罹其害危城絶援折骸累月南霽雲貞心壯節凌邁臧洪殞命敵場凜然生氣宜以其子爲歙州別駕

七月詔曰頃者逆豎靈耀阻兵大梁淮西都虞候試太常卿贈揚州大都督張自勉往觀亹焉奉義正詞無所屈撓賊臣肆忿斃於鈇鑕朕用憫焉雖錫命之恩已旌寵數而賞延之典宜及子孫可追賜實封五十戶

是年賜朔方都知兵馬使李懷光亡母甘露寺尼正則謚智母禪師官給葬事寵武臣也

德宗以大曆十四年五月即位六月御丹鳳樓大赦天下詔武德已來宰相功臣名跡崇高并至德已來將相功效明著已亡歿者量加贈謚子孫沉翳者量與官諸州刺史及常參官父見在未有官者量與五品致仕官及階父母亡歿與贈官及邑號

戊子贈驍衛將軍代國公安金藏兵部尚書授其子承恩銀青光祿大夫試殿中監兼盧州長史

建中四年四月贈故魏博節度都虞候兼御史中丞衞常寧太子太師賜實封二百户委馬燧懷光境上以禮致祭仍與抱真李晟李懷光日知等訪其妻孥親族具以名聞有子者便以父官爵授之子孫三代已來過犯者減一等論所賜實封載之典冊勿令廢絶

是年徵章皇后弟吳溆使於朱泚泚謀逆已決因害溆於客館

之前德宗聞而哀悼久之叙嫡子與正員五品官

興元元年六月京畿副元帥李晟平朱泚收京師拜司徒詔贈晟父欽太子太保母王氏代國夫人

七月李懷光擁兵河中以給事中孔巢父充宣慰使遇害德宗聞而嗟悼久之授一子正員官是月御丹鳳樓大赦天下詔司徒兼中書令晟與一子五品正員京官侍中瑊與一子六品正員京官駱元光尚可孤韓遊瓌戴休顏各與一子七品正員官諸道節度使及行在都知兵馬使都虞候巳從左右金吾六軍大將軍各與一子八品正員官都團練使觀察使各與一子官

貞元元年十一月癸卯日南至祀圜丘禮畢詔曰司徒晟宜與一子五品正員官

是年河東節度使馬燧平河中李懷光德宗下詔褒美遷光祿大夫兼侍中仍與一子五品正員官渾瑊為河中同陝虢等州節度既平李懷光以功加檢校司空與一子五品正員官并賜

二年四月李希烈平詔曰叛臣希烈竊據淮沂師旅一興縣聯莫解勞服者從役不暇受汙者無路自新通邑化為丘墟暴骨徧於原野每念及此心傷涕流自昔勞師靡有不悔以虞舜之聖屈於苗人漢武之彊獘於戎虜矧乎德猶不逮力或未全我其永懷亦以自誓乃者下哀痛之詔布寬大之恩普天載新殊化畢宥然則尚勞師旅禦捍封陲有累歲離棄室家有經時不解甲冑忠雖為國咎實在予君人若斯寧不知愧賴將相士旅一其誠心奮揚武威慎固疆宇遠人思服元惡就誅蒸黎方致於安寧役戍永期於休息懋官以旌羨賜宴以勞旋賞不踰時式遵彝典都統檢校司空平章事劉玄佐宜與子孫一人五品正員官節度使檢校右僕射李澄檢校兵部尚書曲環檢校户部尚書李皐兼御史大夫樊澤等各與子孫一人七品正員官都防禦使工部尚書賈耽都團練使御史大夫盧玄卿張建封等各與子孫一人八品正員官檢校司空平章事李抱真檢校

司空平章事李納檢校右僕射平章事韓滉工部尚書田緒等各遣將士五千人赴河南行營同討不庭厥有成績抱真納滉各與子孫一人六品正員官緒與子孫一人八品正員官

三年七月詔曰乃者吐蕃犯塞毒我生靈假據隴東深入河曲朕以兵戎粗定傷痍未瘳務息戰伐之謀將遂通和之請亦知戎醜志在貪婪重違修睦之詞遂允尋盟之會果為隱匿變發壇宮縱犬羊兇狡之群乘文武信誠之衆蒼黃淪陷深用惻然此皆由朕之不明致其若此慙無德於萬寓實有愧於四方宵旰貽憂何嗟而及今兵部尚書崔漢衡等出國之良士朝之藎臣嬰縶穹廬眇然殊域念其家室或未贍於屢空祿秩錫男庶或資於薄俸漢衡宜與一子七品官司勳員外郎鄭叔矩檢校户部郎中路泌殿中侍御史韓弇及大將孟日華李崇李至言范澄王良賓樂演明陽旨權文成等各與一子八品官右金吾兵曹參軍袁同直前榆次尉裴遐及副兵馬使巳上各與一

九品官仍委本使卽具名銜聞奏

一年正月一日赦書天下刺史與一子正員官

七月詔以太尉兼中書令西平郡王晟長子試大理評事兼監察御史愿爲銀青光禄大夫太子賓客仍賜上柱國唐制公卿嫡嗣皆自命而後言于有司帝以晟功高特爲命嫡且寵異以曆勳俾其父並達門戟

六年十一月庚午南郊畢詔宰相及東都留守六軍統軍諸道節度使神策神威金吾六軍都團練防禦觀察使京兆河南尹正員尚書御史臺長官太常卿各與一子官故尚父子儀與一子五品正員官如已五品已上量與改轉贈太尉秀實與一子官張巡許遠南霽雲顔真卿杲卿各與一子正員官

七年二月授張巡男去疾許遠男峴南霽雲男承嗣顔真卿男頵杲卿孫溲之官旌忠烈之後也

五月門下侍郎平章事賈參祖尚衣奉御瑾特賜揚州大都督

父絳州聞喜尉審言特贈吏部尚書祖母段氏追封武威郡太夫人母毋氏追封鄭國太夫人參將祔祖祢新廟而特加寵贈

九年十一月乙酉日南至郊祀禮畢大赦天下故尚父子儀贈太師晟贈太尉秀實宜與一子六品正員官

是年詔曰前利州刺史狄博濟惟乃曾祖梁文惠公啓佑天后定策復之策幽贊中興宜錫蕃裔垂于無窮矧博濟郡人懷之理有異等可衛尉少卿

十一年十一月辛亥以前太子賓客李愿爲左領軍大將軍李憑爲右威衛大將軍依前兼中丞皆太尉晟之子以免喪故晟諸子同日授官者凡九人

十四年贈故衛州刺史王繹洪州都督以其弟緯故也　順宗初卽位制曰武德已來配饗功臣及張巡許遠南霽雲顔真卿顔杲卿等子孫中各與一人正員官故尚父子儀贈太師晟太尉秀實子孫中各與一人正員五品官及諸州府長官及京常叅官父見在未有官者並與五品致仕官及贈父殁母存者與邑號父母亡殁量與追贈陜州元從實應功臣興元元從奉天定難功臣賜爵勳有差亡殁者與追贈中書門下節度東都留守度支鹽鐵等使京兆尹觀察招討等使及神策神威金吾六軍將軍大將軍英武威遠鎮國軍使隴右經略軍使節度留後各與一子官

憲宗元和元年正月冊尊號詔中書門下及外使宰相與一子七品官東都留守六軍大將等與一子出身東宮並與改官其撰冊文官等與一子官及勳爵有差

二年正月辛卯有事于南郊大赦天下制故尚父子儀太師晟太尉秀實及顔真卿杲卿張巡許遠南霽雲及配饗功臣與一子官及出身有差

七月錄配饗功臣之後以蘇瓌孫繋爲京兆府司錄參軍崔玄暐孫元方張說孫丞並爲監察御史狄仁傑孫玄範爲右拾遺

詔曰朕惟承累聖之業追先正之勞濟于艱難代有勳烈旣而本根已遠枝葉稍衰詔書屢勤于襃飾有司不忘於遊東一命宰府載引捜擕録其尤功果復良嗣蘇繋等咸以茂學懿行昂于前修皆人之領袖族之狐趙類能而舉各命以官或仕以紀綱或叅于諫列庶乎旌太傅之德將擬南城之封紹鄭侯之裔不俟東門之感忠義獲寵古今同之後數日又得敬暉孫元亮袁恕己孫德師相次録用

三年四月戊寅謚張柬之爲文貞桓彦範爲忠烈敬暉爲貞烈崔玄暐爲文忠袁恕己爲貞烈先是柬之曾孫睍以謚事詣中書陳訴宰臣上聞因令有司授睍官仍定柬之等謚焉

五年三月以贈給事王濬之子璋爲左清道率府曹叅軍濬因李錡爲亂遇害故録其嗣

是年劉濟爲幽州節度使討鎮州王承宗累破樂壽等縣賞功頗厚仍與其子孫六品官者凡四人

六年七月御延英對宰臣李吉甫奏曰臣伏見代宗時滑州節度令狐彰臨終上表悉以土地兵甲籍上朝廷遣諸子隨表歸闕代宗以歎遺表宣示百寮付之史館當時在位者聞之無不感歎今唯有次子通在臣每感彰同時河朔諸鎮傳子傳孫無不熾灼數代唯彰忠義感激奉國忘家遣子入朝以土地歸於先帝貞元中長子建坐事死施州幼子運亦無罪流死於歸州欲使忠義者何所激勸今通幸存得遇明聖伏乞陛下召對與語如堪進用望稍優獎帝因語宰臣曰德宗英靈冠於百王但臨事剛斷宰臣不能規諫朕比在藩邸雖則幼年記得數事未副外望豈非宰臣懷祿畏避不言遂令四方傳說此是宰臣有負先聖卿等當以此爲鑒戒因授通贊善大夫

九年八月庚寅録功臣之後以左神策軍華原鎮遏兵馬使兼御史大夫康志寧爲檢校左散騎常侍兼左龍武軍將軍知軍事河南府永寧縣令李泉安爲京兆府高陵縣令左神策正將揚嶠爲袁州司馬薛之遠爲夔州司馬蘇縝爲隴州司馬李克展爲鳳翔府倉曹李蒔爲常州司戶李仲蕃爲襄州司倉田知清爲冀王府功曹李元正爲循王府功曹詔曰君臣運合故徇國以毁家勸賞義明故褒功而顯節存則疇其爵祿歿則録其子孫然後忠義不遺典章斯在故慈隰等州觀察使檢校兵部尚書康日知故徐州刺史兼御史大夫李洧等一十家皆有茂功藏於盟府故命搜訪後嗣光賁前人令志寧等或服戎著績或從官有成或拔迹軍府之中或滯才州縣之職咸加甄録各茂寵榮庶乎受祿者無忘於事修懷忠者使知其必報勉膺寵擢無替前勞

十二年七月贈著作郎權皐太子太保皐前贈秘書監至是因子德輿爲相立家廟復有是贈

十三年正月赦書故尚父子儀贈太師晟贈太尉秀實及顔真卿杲卿張巡許遠南霽雲與一子官出身有差

十四年三月以撫州司馬同正令狐通爲右衛將軍給事中崔植封詔上言通嘗刺壽州用兵失律前罪未塞不宜遽加獎用命宰臣諭植以通父彰有功不忍棄其子詔遂行

七月帝御宣政殿冊尊號禮畢大赦天下故尚父子儀贈太師晟贈太尉秀實及張巡許遠南霽雲顔真卿杲卿子孫各與官及出身是月宣武軍節度使韓弘與一子七品正員官

九月辛丑以魏博田弘正之兄相州刺史田融爲檢校刑部尚書兼太子賓客東都留司

穆宗以元和十五年正月即位二月御丹鳳樓大赦詔中書門下及節度等使東都留守度支鹽鐵使京兆尹諸軍使等賜一子官有差武德已來配饗及第一等功臣并張巡許遠南霽雲顔杲卿真卿等尚父子儀贈太尉秀實子孫中與一子官有差其中有才行堪在臺省者量才叙用

六月舉勳賢之後堪任臺省官者以大理正段文通爲殿中侍御史渭南縣尉韓承嘏爲監察御史前淮南營田副使顔顒爲水部員外郎長安縣丞顔諗爲大理正又以宰臣韓弘祖瑩贈右僕射父海贈太師令狐楚祖崇亮贈吏部尚書父承簡贈禮部尚書蕭俛祖華贈太保父常贈吏部尚書段文昌祖儼皎贈給事中父諤贈左僕射其祖母及母並加封贈又封蕭俛母韋氏岐國太夫人

是月魏博節度使檢校司徒兼侍中田弘正祖延惲贈吏部尚書父庭玠贈右僕射淮南節度使檢校左僕射平章事李夷簡祖察言贈兵部尚書父自仙贈右僕射河東節度使檢校左僕射兼門下侍郎平章事裴度祖有鄰贈右僕射父淑贈太子太保幽州節度使檢校司空平章事劉總祖惲贈太師其祖母及母並加封爵贈是年邠寧節度使李光顺來朝詔與一子正員四品常參官

長慶元年正月辛丑赦詔故尚父汾陽王及贈太師晟贈太尉

秀實各與一子八品官顏真卿杲卿張巡許遠南霽雲各與一
子出身武德已來功臣子孫量加奬用中書門下及節度使帶
平章事者各與一子八品正員官祖父母及父母並與贈官封
父歿母存者與邑號已贈已封者更與追贈及邑號禮儀使大
禮使度支鹽鐵使京兆尹各與一子出身文武常叅官并致仕
致仕官母存者與邑號父母亡歿與贈官及邑號東都留守及
及諸道節度觀察經略等使及神策等諸軍使父見存者量與
諸道節度觀察經略等使神策金吾六軍將軍威遠鎮國軍使
各與一子出身四月以幽州劉總籍土地歸闕授其弟約及男
等一十一人官領郡符加命服者五人升朝班佐環衛者六人
是月贈廬江縣令崔嬰禹吏部侍郎嬰禹宰相植之父也植出
繼伯父祐甫及是以情上請故特追贈
七月大赦制撰冊文官中書侍郎平章事崔植與一子正員官
四年八月以大僕寺主簿李宏爲河南府兵曹掾優嘉李鄴

爲伊陽令安史之亂宏祖愷鄴祖請皆著名節故特寵之
敬宗即位初大赦詔元和已來兩河節度使全家歸闕者如張
茂昭王承元程權劉總田弘正等五家各與一子正員官
寶曆元年三月以前右補闕魏𧺝爲湖州司馬𧺝文貞公徵之
孫也朝廷以忠賢之後寵爲諫官𧺝病不克拜故有是命
二年四月以姚元崇玄孫前京兆府富平縣尉合爲監察御史
以宋璟曾孫前太常寺太樂署令堅爲京兆府富平縣尉
文宗大和元年正月赦詔今年正月十四日上皇太后尊號及
朕受冊進賀撰即位冊文承旨宣制等官各與一子正員七品官
是月平盧軍節度使康至睦上言故萊州刺史李庭遠當李師
古僭制東平之日庭遠爲屬郡屢陳忠順以沮姦宄由是父子
二人俱爲師古所害其幼子可舉年纔十歲逐在海中至今猶
在臣已署軍職請兼授管內一官遂以淄州高苑縣主簿命之
又詔涇原節度使李祐與一子五品正員官

二年三月尚書右僕射同中書門下平章事裴度進封太原郡
公中書侍郎同中書門下平章事韋處厚進封靈昌郡公裴度
韋處厚各請封爵回授一男
六月以故中書令褚遂良五代孫虔爲汝州臨汝縣尉內史狄
仁傑曾孫前鄉貢明經元封爲懷州脩武縣尉故侍中宋璟曾
孫渤爲岳州沅江縣尉故中書侍郎平章事李元紘曾孫侁爲
鄧州向城縣尉詔曰褚遂良五代孫虔等朕詳覽列聖紀冊祖
宗盛業粲然在前其或道有汚崇政有善否未始不繫乎當時
輔弼嘗因便殿言諸宰臣勉其裨益協心推戴且以去歲乙巳
登應門敷大號俾疇賢相以訪遺裔或予器擅價各列官業或
血食不繼宗祊已無如遂良之委務面諍名垂史書仁傑之恢
復廟社事形先覺宋璟之文吏骨鯁功參給平元紘之守規畫
一特成有裕其胄嗣存不絕若疑各授邑吏使其自試
十月授故侍中魏徵四代孫可則鄧州南陽縣尉故侍中魏知

古曾孫處訥澤州相鄉縣尉故左僕射裴冕曾孫行實虢州司
功叅軍詔曰武德已來輔相之臣以道致君以勞定國若與司
空徵故侍中知古贈太尉冕語其功次皆在第一清風餘社宜
及乎後昆爾等乃其曾孫式叶搜揚俾叅貽謀之慶用覃延賞之
恩各命以官勉思祖德
三年五月滄州平叛加李祐銀青光祿大夫檢校左僕射仍
賜一子五品正員官并加實封三百戶
四年七月丙戌以故中書令蕭瑀五代孫旼故尚書左僕射同
中書門下三品蘇瓌四代孫翔故中書侍郎同中書門下平章
事陸象先四代孫彙並爲釋褐叅軍文學
五年七月癸卯録國初功臣衛國公李靖等十七家裔嗣命之以官
九年十月以前同州長春宮巡官試秘書省校書郎魏謩爲右
拾遺帝因讀貞觀政要思文貞公魏徵之德訪其後得謩而不
次用之開成元年正月赦詔河朔節將以州縣歸國者有張茂

昭田孔正程權各與一子官子弟堪任使者委中書門下量加引用又詔曰劉總王承元元和中以河朔郡縣歸朝拜丞宜以新赦書張茂昭例賜一子正員官

閏五月癸巳以前殿中監渾鐵爲壽州刺史鐵太師瑊子也宰相以瑊扶危之勳諸子凋落賞延之道宜加優寵故以壽州爲請帝曰錄勳臣子豈可牧人仲尼以爲不如多與之邑今我念其先子女玉帛無愛焉使之鮮服美食可也宰臣以鐵嘗爲郡有幹勤之名屢薦乃命之

三年四月以鄭州南陽縣尉魏可則爲滎陽縣尉時帝於閣內召起居舍人魏謩對問文貞之忠績因訪其族裔故有是命又以博陵王崔玄暐曾孫前商州防禦判官兼殿中侍御史鄲爲監察御史以平陽王敬暉曾孫前試太子通事舍人元膺爲河南縣丞以漢陽王張柬之玄孫前宜城縣尉憬爲壽安縣尉以南陽王袁恕己曾孫鄉貢進士德文爲秘書省校書郎故御史中丞狄兼謩帝前語及叔祖仁傑與五王協心禅贊王室帝因問其後搜揚獎擢唯桓彥範之後訪無其人

五月戊辰以故棣州刺史欒濛男存固爲鄆州壽張縣主簿大和初李同捷阻兵諭景濛不從其亂爲同捷所囚舉家遇害存固年小隱於吏家因得脫免至是錄濛忠節故命以官

十一月己未以前河東縣尉長孫鈞爲河中府猗氏縣令制云朕每覽國史見太尉無忌之事未嘗不廢卷咨歎遐想其人訪其裔孫用申甄獎

四年十月丙辰海州節度使劉約上言王鍔之子故德州刺史王稷在任有善政郡人愛之爲李全略所殺家死遺類有男拯泰年五歲郡人宋忠獻潛收養之今已成長臣察知其事忠獻已補軍職牧泰送歸其宗詔曰王鍔累朝宣力王稷一旦捐軀須錄遺孤微申憫念王牧泰委吏部與九品官令祭祀

昭宗天祐元年大赦詔武德以來立功効節著在史策者並與搜訪子孫繼嗣量材叙用

後唐莊宗同光元年十月平汴州詔殁王事者如有子孫成立堪任使者並量材甄錄

二年八月壬午以檢校戶部尚書守邢州長史郭廷誨可檢校右僕射守左衛大將軍檢校工部尚書守左武衛將軍同正郭廷信可檢校右僕射守左驍衛大將軍皆樞密使崇韜之子也

朱友謙初仕梁爲河東節度使莊宗誅汴孽自河中來朝以其子同州節度使令德爲遂州節度使令錫爲許州節度使諸子二千石者六七將校剖符者五六恩寵之盛時無比隆

明宗天成二年十二月勅朕以握圖御宇應運承祧副億兆之歡心賴英雄之叶力雖疇庸之命已徧及於勳賢而延賞之恩宜更加於骨肉應諸道節度使男及親姪骨肉未霑恩命者特許上聞

五月勅朕自恭承景運祗荷丕圖念褒恤生靈錄勳賢骨肉承家莫尚於孝報國莫大於忠忠孝兩全古今所重在朝文武臣僚并諸道節度刺史等有父母者宜徧加恩澤使天下之爲人父者知感爲人子者知恩競揚家國之風顯著君臣之道

三年二月己丑勅准二年五月十二日勅中外臣僚及諸道節度使等有父母者並許加恩者凡居臣下盡抱公忠共爲朝廷各榮家族具慶者繼頒恩渥俾耀晨昏既亡者宜漏泉扃以光封樹應中外群臣諸道節度防禦團練刺史等父母亡歿者並與追贈追封

五月丁巳勅自家刑國內平外成夫子立言備有關雎之樂春秋垂訓非無石窌之封況夫尊於朝妻貴於室所宜從爵各顯家肥朝臣及諸道節度使妻室未有稱號者宜各加恩

四年正月幽州節度使趙德鈞奏臣孫贊年五歲默念論語孝經令於汴州取解就試勅都尉之子太尉之孫能念儒書備彰家訓不勞就試特與成名宜賜別勅及第仍附今年春榜

長興元年二月郊祀畢下制曰其朝臣及藩侯郡守等亡父母祖父母及父母在并妻室未霑恩命者與追贈及叙封又以故汴州馬步軍都指揮使馬彥超男壽哥爲洺州長史仍改名承祚彥超天成初爲汴州都指揮使朱守殷將謀叛逆引彥超計事彥超不從爲守殷所害及誅守殷帝念彥超能執節死義而延賞其子

六月甲戌以魏徵八代孫韶爲安定縣主簿八月牛羊副使檢校刑部尚書夏光鋭起復雲麾將軍檢校右僕射爲澤州刺史光鋭即故遂州節度使夏魯奇之子也朝廷念勳故有是命

張希崇爲汝州防禦使母先爲尼賜紫衣師號

末帝清泰二年九月詔曰安崇贄父有力於皇家著之青史雖然得罪於先朝此日特行於延賞況頻逢赦宥可繼蒸嘗亦欲忠義之士知朕念勳之旨擢爲上佐爾惟勉旃特授孟州司馬故明宗朝樞密使重誨子也故有是命

三年二月以太子正字夏光隱爲國子太學博士故遂州節度使魯奇之子以父歿於本州以死扞董璋而毀族故有是命

晉高祖天福二年二月勑曰朕以爰膺寶曆方啓金行既風教之誕敷諒寰區之漸泰而由股肱元輔藩郡重臣咸著大功同至治雖列地頒五盡布新恩而追遠奉先猶虧舊典宜示褒之寵俾祛風樹之悲自在朝文武百僚至見任刺史先代未封贈者據品秩與封贈已封贈三代者與加封贈又在朝宰臣已下百僚外任刺史已上毋妻未叙封已叙封等朕以削平禍亂開創基扃漸成銷偃之期未協興隆之運而由左右元輔中外勳臣弼予一人宅是四海茂績雖彰於王室覃恩未及於私門德感毋儀貴而因子禮優婦道榮必從夫宜加渙汗之恩顯示封崇之典其未叙封者據品秩與叙封已叙封國號者與進封

七月丁卯勑曰朕聞王者懷於有仁所以享靈長之運賞延於世所以勸忠烈之臣唐開府儀同三司守太尉兼中書令西平王上柱國岐國公食邑三千戶食實封一千五百戶贈太師諡曰忠武李晟五代孫𢹏以爾上祖西平王昔在德宗皇帝幸梁洋之歲而有保大定功中興返正扶持社稷之力載諸史氏予嘉乃德曰篤不忘宜外五代之孫俾陟六聯之位光乃前烈哉乎後昆可將仕郎耀州司戶參軍

八月制曰或無辜被害或徇節忘生既抱沉冤宜伸贈典應自張從賓作亂已來諸色貞僚內有歿於王事者並與追贈有子孫者量材叙録

十月戊戌詔曰恩澤加等故有明文道在恤孤宜弘異澤自去年出師已來諸軍將校有歿於王事者其子孫並與量材叙録

六年八月壬寅制應河東起義之初佐命及收復鄴都汜水立功臣寮將校等其亡歿者更與追贈子孫已有職官者與遷改未有身名者與叙用

少帝開運中以宰臣桑維翰長子坦爲屯田員外郎次子塤爲

祕書郎維翰讓同列曰漢代三公之子爲郎廢已久矣近或行之甚諠外議乃抗表固讓不受尋改坦爲大理司直塤爲祕書省正字議者美之

漢隱帝乾祐元年以宰臣楊邠子右贊善大夫廷侃爲比部員外郎宰臣蘇逢吉從兄前洺州團練推官昌嬰爲司門員外郎

周太祖廣順二年三月補故控鶴指揮使郭超長男重鎔爲左番殿直次男重文充右番殿直以父歿王事故也

世宗顯德三年十二月辛巳贈故開封府襄邑縣令劉居方右補闕仍賜其男士衡比學究出身居方累宰大邑甚得撫字之要帝知之故特加贈典而復賞其子焉

四年五月甲寅以江南僞命前壽州衙內都指揮使劉崇讚爲檢校太保濮州刺史崇讚故鄆州節度使仁贍子也以其父舉城來降故有是命

冊府元龜卷第一百三十一

册府元龜卷第一百三十二

帝王部一百三十二

褒功

周官司勳掌六功之名數而制其褒賞之典由三代而下乃有參豫締構輔成大業扶獎王室佐佑生民或帷幄而運籌內申於啓贊執干戈而戡難外震於威靈至或矢謀盡規經物成務定策佐命而安宗稷奉辭出塞而青戎羯動烈並建威聲載路於是有金石之賜車服之錫加以殊禮形於善頌乃至增其爵秩賞及胄裔推詔獎以溫密著圖繢之炳煥示懋於燕喜宥死於甲令陪葬於園寢配饗於大烝稱伐於銘篆飾終於贈謚皆所以顯揚其丕績懋觀於來者使知夫爲善之益而慕報德之威焉

周武王伐紂時封諸臣有功者於廟作賚之詩賚予也言所以錫予善人也

成王幼弱周公踐天子之位以治天下六年朝諸侯於明堂制禮作樂頒度量而天下大服踐猶履也頒讀爲班度謂丈尺高卑廣狹也量謂豆區斗斛筐筥所容受七年致政於成王成王以周公爲有勳勞於天下勳勞以王事勞於之王功曰勳事功曰勞是以封周公於曲阜地方七百里革車千乘曲阜魯地上公之封地方五百里加魯以四等之附庸方百里者二十四并五五二十五積四十九開方之得七百里革車兵車也兵車千乘成國之賦也詩魯頌曰王謂叔父建爾元子俾侯于魯大啓爾宇爲周室輔乃命魯公俾侯于東錫之山川土田附庸又曰公車千乘朱英綠縢也命魯世世祀周公以天子之禮樂同之於周尊之也魯公謂伯禽是以魯君孟春乘大路載弧韣旂十有二旒日月之章祀帝于郊配以后稷天子之禮也孟春建子之月魯之始郊日以至大路殷之祭天車也弧旌旗所以張幅也其衣曰韣天子之旌旗畫日月帝謂蒼帝靈威仰也昊天上帝魯不祭季夏六月以禘禮祀周公於太廟牲用白牡尊用犧象山罍鬱尊用黃目灌用玉瓚大圭薦用玉豆雕篹爵用玉琖仍雕加以璧散璧角俎用梡嶡升歌清廟下管象朱干玉戚冕而舞大武皮弁素積裼而舞大夏昧東夷之樂也任南蠻之樂也納夷蠻之樂於太廟言廣魯於天下也季夏建巳之月也禘大祭也周公曰大廟魯公曰世室白牡殷牲也尊酒器也犧尊以沙羽爲畫飾象骨飾之彝之器也黃彝也灌酌鬱尊以獻也瓚形如槃以大圭爲柄是謂圭瓚篹籩屬也以竹爲之雕刻飾其直者也爵君以玉琖仍因也因爵之形爲之飾也加加爵也散角以璧飾其口也梡始有四足也嶡爲之距清廟周頌也象謂周頌武也以管播之朱干赤大盾也戚斧也冕冠名也大武周舞也大夏夏舞也周禮昧師掌教昧樂詩曰以雅以南南夷之樂也廣魯於天下不僭也周公在豐致政老歸將沒欲葬成周示終始念之公薨成王葬于畢不敢臣也告周公作亳姑周公亳姑四告執公葬畢之義并及亳姑已定亳姑之言所遷之功成也

康王追念周公之所以勳勞者而欲尊魯故賜之以重祭外祭則郊社是也內祭則大嘗禘是也言此者王室所歡者周公之功夫大嘗禘升歌清廟下而管象朱干玉戚以舞大武八佾以舞大夏此天子之樂也康周公故以賜魯也清廟頌文王之詩也管象舞武象之樂也朱干赤盾也戚斧也此武象之舞所執也佾猶列也大夏禹樂文舞也執羽籥文武之舞皆八列互言之耳康猶褒大也易晉卦曰康侯用錫馬子孫纂之至于今不廢所以明周公之德而又以重其國也不廢其此禮樂盛褒魯國也

平王元年命衛侯和爲公和武公也初犬戎殺幽王武公將兵往佐周平戎甚有功王命爲公

定王十三年晉士會帥師滅赤狄晉侯請于王戊申以黻冕命士會將中軍且爲太傅代林父將中軍且加以太傅之官黻冕命卿之服太傅孤卿

靈王十八年魯襄公之十九年也鄭公孫蠆卒赴於晉大夫范宣子言於晉侯以其善於伐秦也襄十四年晉伐秦子蟜見諸侯師而勸之濟涇也六月晉侯請於王王追賜之大路使以行禮大路天子所賜褒名以行葬禮言大夫有功則賜服路

漢高祖五年項籍死帝置酒對衆折隨何曰腐儒言無所堪任爲天下安用腐儒哉高祖初欲賞隨何恐群臣不服故對衆折辱令其自敘功勞也隨何跪曰夫陛下引兵攻彭城楚王未去齊也陛下發步卒五萬人騎五千能以取淮南乎曰不能隨何曰陛下使何與二十人使淮南如陛下之意是何之功賢於步卒數萬騎五千也然陛下謂何腐儒爲天下安用腐儒何也帝曰吾方圖子之功圖謀乃以

隨何為護軍中尉
是年高祖置酒雒陽南宮帝曰通侯諸將（蘇林曰徹侯避武帝諱曰通侯通亦徹也師古曰其功德通於王室也又曰後改為列侯列者見序列也）毋敢隱朕（朕我也古者上下共之咎繇與帝舜言稱朕屈原曰朕皇考至秦獨以為尊稱漢遂因之而不改也）皆言其情吾所以有天下者何項氏之所以失天下者何高起王陵對曰（姓高名起漢帝年紀高帝特有信平侯臣瓚都武侯臣起覆相聯吉陵高帝奏事有臣陵臣起）陛下嫚而侮人（嫚易也讀與慢同）項羽仁而敬人然陛下使人攻城略地所降下者因以與之與天下同利也項羽妬賢嫉能有功者害之賢者疑之戰勝而不與人功得地而不與人利此其所以失天下也帝曰公知其一未知其二夫運籌帷幄之中決勝千里之外吾不如子房塡國家撫百姓給餽餉不絕糧道吾不如蕭何（餽與饋同餉亦饋字也）連百萬之衆戰必勝攻必取吾不如韓信三者皆人傑吾能用之（傑言傑然特出也）此吾所以取天下者也項羽有一范增而不能用此所以為我禽也羣臣說服

宣帝本始元年詔曰夫褒有德賞有功古今之通義也車騎將軍光祿勳富平侯安世宿衛忠正宣德明恩勤勞國家守職秉義以安宗廟其益封萬六百戶次大將軍光

甘露三年單于始入朝帝思股肱之美迺圖畫其人於麒麟閣（武帝獲麒麟時作此閣圖畫其像於閣遂以為名又曰漢宮閣疏云蕭何造）法其形貌署其官爵姓名唯霍光不名曰大司馬大將軍博陸侯姓霍氏次曰衛將軍富平侯張安世次曰車騎將軍龍頟侯韓增次曰後將軍營平侯趙充國次曰丞相高平侯魏相次曰丞相博陽侯丙吉次曰御史大夫建平侯杜延年次曰宗正陽城侯劉德次曰少府梁丘賀次曰太子太傅蕭望之次曰典屬國蘇武皆有功德知名當世是以表而揚之明著中興輔佐列於方叔召虎仲山甫焉（三人皆周宣王之臣有文武之功佐宣王中興者也言宣帝亦重興漢室而霍光等並為名臣皆比於方叔之屬）凡十一人

成帝建始四年河決於館陶河隄使者王延世使塞（命其為使塞河之）（華陽國志云延世字長叔犍為資中人也）以竹落長四丈大九圍盛以小石兩船夾載而下之三十六日河隄成帝曰東郡河決流漂二州校尉延世隄防三旬立塞其以五年為河平元年卒治河者為著外繇六月（以卒治河有勞雖執役日近皆得比繇戍六月也著謂書於簿籍也）惟延世長於計策功費約省用力日寡朕甚嘉之其以延世為光祿大夫秩中二千石賜爵關內侯黃金百斤

後漢光武初景丹為偏將軍號奉義侯從擊王郎將兒宏等於南䜌郎兵迎戰漢軍退卻（續漢書曰南䜌縣屬鉅鹿營得上轂車輜重數也）丹等縱突騎擊大破之追奔十餘里死傷者從橫丹還光武謂曰吾聞突騎天下精兵今乃見其戰樂可言邪

建武四年漁陽太守彭寵反上谷太守耿況屢攻破之五年寵死天子嘉況功使光祿大夫樊宏詔況曰惟況功大不宜監察從事邊郡寒苦不足久居其詣行在所賜甲第奉朝請封牟平侯

五年建威大將軍耿弇攻張步拔臨淄張步復來攻弇弇擊破之後數日車駕至臨淄自勞軍羣臣大會帝謂弇曰昔韓信破歷

下以開基今將軍攻祝阿以發迹此皆齊之西界功足相方而韓信襲擊已降將軍獨拔勍敵其功乃難於信也

六年征西大將軍馮異朝京師引見光武謂公卿曰是我起兵時主簿也為吾披荊棘定關中既罷使中黃門賜以珍寶衣服錢帛詔曰倉卒無蔞亭豆粥虖沱河麥飯厚意久不報異稽首謝曰臣聞管仲謂桓公曰願君無忘射鉤臣無忘檻車齊國賴之臣今亦願國家無忘河北之難小臣不敢忘巾車之恩後數引讌見定議圖蜀留十餘日令異妻子隨還西上

八年征隗囂征虜將軍祭遵屯汧公孫述遣兵救囂諸將弃還遵獨留不却詔書曰將軍連年距難衆兵即却復獨按部功勞爛然兵退無宿戒糧食不豫具今乃調度恐力不堪國家知將軍不易亦不遺力今送縑千匹以賜吏士

陳俊初為安集掾擊銅馬拜彊弩將軍與五校戰手接短兵追奔二十餘里斬將光武望而歎曰戰將盡如是豈有憂哉以俊

爲琅邪太守行大將軍事俊將兵擊董憲於贛榆（贛榆縣名屬東海郡）進破胊賊孫陽平之是年張步畔還琅邪俊追討斬之帝美其功詔俊得專征青徐（華嶠書曰陽俊重書曰將軍元勳大著威震青徐兩州有警得專征之也）俊得撫貧弱表有義撿制軍吏不得與郡縣相干百姓歌之數上書自請願奮擊隴蜀詔報曰東州新平大將軍之力也負海猾夏盜賊之處國家以爲重憂且勉鎮撫之

明帝時竇憲既破北單于勒銘燕山乃班師詔使中郎將持節即五原拜憲大將軍封武陽侯食邑二萬戶憲固辭封賜策許焉

永平二年詔曰大將軍憲前歲出征克滅北狄朝加封賞固讓不受舅氏舊典並蒙爵土（西漢故事帝舅皆封）其封憲冠軍侯邑二萬戶篤郾侯景汝陽侯瓌夏陽侯各六千戶憲獨不受封

永平中帝追感前世功臣乃圖畫二十八將於南宮雲臺其外又有王常李通竇融卓茂合三十二人其二十八將者太傅高密侯鄧禹中山太守全椒侯馬成大司馬廣平侯吳漢河南尹

府一百三十二　五

阜成侯王梁左將軍膠東侯賈復琅邪太守祝阿侯陳俊建威大將軍好畤侯耿弇驃騎大將軍參蘧侯杜茂執金吾雍奴侯寇恂積弩將軍昆陽侯傅俊征南大將軍舞陽侯岑彭左曹合肥侯堅鐔征西大將軍夏陽侯馮異上谷太守淮陽侯王霸建義大將軍潁陽侯祭遵豫章太守中水侯李忠驃騎大將軍櫟陽侯景丹右將軍槐里侯萬脩虎牙大將軍安平侯蓋延太常靈壽侯邳彤衛尉安成侯銚期驍騎將軍昌成侯劉植東郡太守東光侯耿純橫野大將軍山桑侯王常城門校尉朗陵侯臧宮大司空固始侯李通捕虜將軍揚虛侯馬武大司空安豐侯竇融驃騎將軍慎侯劉隆太傅宣德侯卓茂

傅育爲武威太守護羌校尉戰死育初爲臨羌長與捕虜將軍馬武等擊羌滇吾功冠諸軍及在武威聲聞於匈奴食祿數十年秩奉盡贍給知友妻子不免操井臼帝下詔追褒美之封其子毅爲明進七百戶

魏太祖令曰故陳留太守棗祗天性忠能始共舉義兵周旋征討後袁紹在冀州亦貪祗欲得之祗深附託於孤使領東阿令呂布之亂兗州皆叛惟范東阿完在由祗以兵據城之力也後大軍糧乏得東阿以繼祗之功也及破黃巾定許得賊資業當興立屯田時議者皆言當計牛輸穀佃科以定施行後祗白以爲僦牛輸穀大收不增穀有水旱災除大不便反覆來說孤猶以爲當如故大收不可復改易祗猶執之孤不知所從使與荀令君議之時故軍祭酒侯聲云科取官牛爲官田計如祗議於官便於客不便聲懷此云云以疑令君祗猶自信據計畫還白執分田之術孤乃然之使爲屯田都尉施設田業其時歲則大收後遂因此大田豐足軍用摧滅群逆克定天下以隆王室祗興其功不幸早沒追贈以郡猶未副之今重思之祗宜受封稽留至今孤之過矣祗子處中宜加封爵以祀祗爲不朽之事

婁圭字子伯從太祖破馬超等子伯功爲多太祖常歎曰子伯

府一百三十二　六

之計孤不及也

程昱常從太祖征討屢有功及中夏漸平太祖撫昱背曰兗州之敗不用君言吾何以至此

徐晃爲平寇將軍太祖還鄴留晃與夏侯淵拒劉備於陽平備遣陳式等十餘營絕馬鳴閣道晃別征破之賊自投山谷多死者太祖聞甚喜假晃節令曰此閣道漢中之險要咽喉也劉備欲斷絕外內以取漢中將軍一舉克奪賊計善者也

夏侯淵爲行護軍將軍督朱靈等屯長安建安中枹罕宋建因涼州亂自號河首平漢王太祖使淵帥諸將討建淵至圍枹罕月餘拔之斬建及所置丞相已下淵別遣張郃等平河關渡河入小湟中河西諸羌盡降隴右平太祖下令曰宋建造爲亂逆三十餘年淵一舉滅之虎步關右所向無前仲尼有言吾與爾不如也

文帝初涼州盧水胡反西河大擾詔以張既爲涼州刺史既進

羣大破之斬首獲生以萬數帝甚悅詔曰卿踰河歷險以勞擊逸以寡勝衆功過南仲勤踰吉甫此勳非但破蜀乃永寧河右使吾長無西顧之念矣徙封西鄉侯增邑二百并前四百户

又詔朱靈曰將軍佐命先帝典兵歷年威過方邵功踰絳灌圖籍所美何以加焉朕受天命帝有海内元功之將社稷之臣皆朕所與同福共慶傳之無窮者也今封鄃侯富貴不歸故鄉如夜行衣繡若平常所志願勿難言靈謝曰高唐宿所願於是更封高唐

明帝青龍元年五月壬申詔祀故大將軍夏侯惇大司馬曹仁車騎將軍程昱於太祖廟庭魏書載詔曰昔先王之禮於功臣存則顯其爵祿沒則祭于大蒸故漢氏功臣祀於廟庭大魏元功之臣功勳優著終始休明者其皆依禮祀之於是以惇等配饗之

齊王正始四年七月詔祀故大司馬曹真征南大將軍夏侯尚太常桓階司空陳群太傅鍾繇車騎將軍張郃左將軍徐晃前將軍張遼右將軍樂進太尉華歆司徒王朗驃騎將軍曹洪征西將軍夏侯淵後將軍朱靈文聘執金吾臧霸破虜將軍李典立義將軍龐德武猛校尉典韋於太祖廟庭

五年十一月癸卯詔祀故尚書令荀攸於太祖廟庭

六年十一月祫祭太祖廟始祀佐命臣二十一人

嘉平二年諸葛誕反驃騎將軍王昶攄夾石以逼江陵持施績全熙使不得東諸葛誕既誅詔曰昔孫臏佐趙直湊大梁西兵驟進亦所以成東征之勢也增邑千户并前四千七百户遷司空持節都督如故

郭淮為雍州刺史嘉平元年遷征西將軍都督雍涼諸軍事二年詔曰昔漢川之役幾至傾覆淮臨危濟難功書王府在關右三十餘年外征寇虜内綏民夷比歲以來摧破廖化驃騎將軍儀同三司持節都督如故進封陽曲侯邑凡二千七百八十戶分三百户封一子亭侯

高貴鄉公時鄧艾為安西將軍大破姜維之衆甘露元年詔曰

逆賊姜維連年狡黠民夷騷動西土不寧艾籌畫有方忠勇奮發斬將十數馘首千計國威震於巴蜀武聲揚於江岷今以艾為鎮西將軍都督隴右諸軍事進封鄧侯分百户封子忠為亭侯

陳留王景元三年詔祀故軍祭酒郭嘉於太祖廟庭四年鄧艾平蜀下詔曰艾曜威奮武深入虜庭斬將搴旗梟其鯨鯢使僭號之主稽首係頸歷世逋誅一朝而平兵不踰時戰不終日雲徹席卷蕩定巴蜀雖白起破強楚韓信克勁趙吳漢禽子陽亞夫滅七國計功論美不足比勳也其以艾為太尉增邑二萬户封子二人亭侯各食邑千户又詔鍾會曰會所向摧弊前無強敵緘制衆城網羅迸逸蜀之豪帥面縛歸命謀無遺策舉無廢功凡所降誅動以萬計全勝獨克有征無戰拓平西夏方隅清晏其以會為司徒進封縣侯增邑萬户封子二人亭侯邑各千户

晉武帝泰始二年王沉薨沉以佐命功武帝方欲委以萬機既薨帝素服舉哀賜祕器朝服一具衣一襲錢三十萬布百疋葬田一頃謚曰元明年帝追思沉勳詔曰夫表揚往行所以崇賢垂訓慎終紀遠厚德興教也故散騎常侍驃騎將軍博陵元公沉蹈禮居正執心清粹經綸墳典才識通洽入歷常伯納言之位出幹監牧方嶽之任内著謀猷外宣威略建國設官首登公輔秉統中朝出納大命實有翼亮佐世之勳其贈沉司空公以寵靈既往使没而不朽又前以翼贊之勳當受郡公之封而固辭懇至嘉其讓德不奪其志可以郡公官屬送葬

咸寧元年詔論次功臣將配饗宗廟所司奏故太傅鄭沖太尉荀顗司徒石苞司空裴秀驃騎將軍王沉安平獻王孚等及太保何曾司空賈充太尉陳騫中書監荀勗平南將軍羊祜齊王攸等十二人皆銘功太常配饗清廟

惠帝太安初議郎周玘起義兵破妖賊張昌石冰等徐揚並平又陳敏反于揚州以玘為安豐太守四品將軍玘稱疾不行密遣使告鎮東將軍劉準令發兵臨江己為内應與顧榮甘卓等

以兵攻敏敏衆奔潰追獲斬之又吳興錢璯反玘復率合鄉里義衆討璯斬之傳首建康玘三定江南開復王略帝嘉其勳以行建威將軍吳興太守封烏程縣侯帝以玘頻興義兵勳誠並茂乃以陽羨及長城之西鄉丹楊之永世别爲義興郡以彰其功焉

懷帝末顧榮卒帝臨喪盡哀欲表贈榮依齊王功臣格吳郡內史殷祐上牋論榮之功曰昔賊臣陳敏憑寵籍權滔天作亂兄弟姻婭盤固州郡威逼士庶以爲臣僕于時賢愚計無所出故散騎常侍安東軍司嘉興伯顧榮經德體道謀猷宏遠忠貞之節在困彌厲崎嶇艱險之中逼迫姦逆之下每惟社稷發憤忼慨密結腹心同謀致討信著群士名冠東夏德聲所振莫不響應荷戈駿奔其會如林榮乃躬當矢石爲衆率先忠義奮發忘家爲國歷年逋寇一朝土分兵不血刃蕩平六州勳茂上代義重天下伏聞論功依故大司馬齊王格不在帷幕密謀參議之

例下府州征野戰之比不得進爵拓土賜拜子弟遐邇同歎江表失望齊王親則近屬位爲方嶽仗節握兵都督近畿外有五國之援內有宗室之助稱兵彌時役連天下元功雖建所喪亦多榮衆無一旅任非藩翰孤絶江外王命不通臨危獨斷以身徇國官無一金之費人無終朝之勞元惡既殄高尚成功封閉倉廩以俟大軍故國安物阜以義成俗今日霸圖事舉未必不由此而隆也方之於齊彊弱不同優劣亦異至於齊府參佐扶義助彊非創謀之主皆錫珪受瑞或公或侯榮首建密謀爲方面盟主功高元帥賞卑下佐上虧經國紀功之班下孤忠義授命之士夫孝績幽明王教所崇況若榮者濟難寧國應天先事歷觀古今未有立功若彼酬報如此者也由是贈榮侍中驃騎將軍開府儀同三司謚曰元

愍帝初爲秦王索綝立王爲皇太子及即尊位綝遷侍中太僕以首迎大駕升壇授璽之功封弋居伯尋詔曰朕昔遇厄運遭家不造播越宛楚爰失舊京幸宗廟靈祗百辟宣力得從藩衛託乎群公之上社稷之不隕實公是賴宜贊百揆傅弼朕躬其授衛將軍領太尉位特進軍國之事悉以委之

明帝時紀瞻為領軍將軍王敦之亂帝使謂瞻曰卿雖病但爲朕臥護六軍賊平復自表還家帝不許固辭不起詔瞻忠亮雅正識局經濟屢以年耆病久逡巡告誠朕深明此操重高其志今聽所執其以爲驃騎將軍常侍如故服物制度一案舊典遣使就拜止家爲府瞻既卒後朝廷論討王含功追封華容子降先爵二等封次子一人亭侯

成帝時溫嶠薨帝下册書曰朕以眇身纂承洪緒光闡大道化洽時雍至乃狂狡滔天社稷危逼惟公明鑒特達識心經遠懼皇綱之不維忿凶寇之縱暴唱率群后五州響應首啓戎行元惡受馘王室危而復安三光幽而復明功格宇宙勳著八表方賴大猷以拯區夏天不憖遺早世薨徂朕用痛悼于厥心夫褒

德銘勳先王之明典今追贈公侍中大將軍持節都督刺史公如故賜錢百萬布千匹謚曰忠武祠以太牢初葬于豫章後朝廷追嶠勳德將為造大墓於元明二帝陵之北陶侃上表曰故大將軍嶠忠誠著於聖世勳義感于人神非臣筆墨所能稱陳臨卒之際與臣書别臣藏之篋笥時時省視每一思述未嘗不中夜撫膺臨飯酸噎人之云亡嶠實當之謹寫嶠書上呈伏惟陛下既垂御省傷其情旨死不忘忠身沒黃泉追恨國恥將臣勠力救濟艱難使亡而有知抱恨結草豈樂今日勞費之事願陛下慈恩停其移葬使嶠棺柩無風波之危魂靈安於后土詔從之後嶠後妻何氏卒子放之便載喪還都詔葬建平陵北并贈嶠前妻王氏及何氏始安夫人印綬

郗鑒爲太尉薨帝朝晡哭于朝堂遣御史持節護喪事贈賻一依溫嶠故事册曰惟公道德沖邃體識弘遠忠亮雅正行爲世表歷位內外勳庸彌著乃者約峻狂狡毒流朝廷社稷之危賴

公以寧功侔古烈勳邁桓文方倚大猷藩翼時難昊天不弔奄忽薨徂朕用震悼于厥心夫爵以顯德謚以表行所以崇明軌跡丕揚徽劭今贈太宰謚曰文成祠以太牢魂而有靈嘉兹寵榮。詠之字長道早與劉裕遊款及桓玄篡位協贊義謀玄敗授建威將軍豫州刺史桓歆寇歷陽詠之率衆擊走之義熈初爲荆州刺史卒于官詔曰詠之器宇弘劭識局貞隱同獎之誠寔銘王府數績之効垂惠在人奄致隕喪惻愴于心可贈太常加散騎常侍其後録其贊義之功追封注陵縣公食邑二千五百戸

後魏道武初尉古真從帝在賀蘭部爲賀染干所執傷一目古真弟諾以侍帝以忠謹著稱從圍中山諾先登傷一目帝歎曰諾兄弟並毀其目以建功効誠可嘉也寵待遂隆除平東將軍賜爵安樂子

于栗磾爲冠軍將軍從帝伐中山及趙魏平定帝置酒高會謂栗磾曰卿即吾之黥彭也大賜金帛

明元在東宮王洛兒給事帳下元紹之逆帝還宮社稷獲乂洛兒有功焉即位拜散騎常侍詔曰士處家必以孝敬爲本在朝則以忠節爲先不然何以立身於當世揚名於後代也散騎常侍王洛兒車路頭等服勤左右十有餘年忠謹恭肅久而彌至未嘗須臾之頃有廢替之心及在艱難人皆易志而洛兒等授命不移貞操踰艱雖漢之樊灌魏之許典無以加焉勤而不賞何以獎勸將來爲臣之節其賜洛兒爵新息公加直意將軍永興五年卒贈太尉建平王賜溫明秘器載以轀輬車使殿中衞士爲之導從帝親臨哀慟者四焉叔孫俊道武時爲獵郎帝即位與元磨渾等拾遺左右及朱提王悅將爲大逆俊覺悅逐殺之帝以俊前後功重軍國大計一以委之泰常元年卒帝甚痛悼之親臨哀慟朝野無不追惜贈侍中司空安城王賜溫明秘器載以轀輬車衞士導從陪葬金陵子後有大功及寵幸貴臣薨贈賻送終禮皆依俊故事無得踰之者

太武時伊馛爲振威將軍帝之將討涼州也議者咸諫唯司徒崔浩勸帝決行群臣出後馛言於帝曰若涼州無水草何得爲國議者不可用也宜從浩言帝善之既剋涼州帝大會於姑臧謂群臣曰崔公智計有餘吾亦不復奇之馛弓馬之士而所見能與崔同此深可奇顧謂浩曰馛智力如此終至公相浩曰何必讀書然後爲學衛青霍去病亦不讀書而能大建勳名致位公輔帝曰誠如公言又浩爲太常時議擊蠕蠕浩贊成策略太武幸其第加侍中特進撫軍大將軍賞謀謨之功也帝召新降高車渠帥數百人賜酒食於前帝指浩以示之曰汝曹視此人尫纖懦弱手不彎弓持矛其胸中所懷乃踰於甲兵朕始時雖有征討之意而志慮不自決前後克捷皆此人導吾令至此矣

豆代田爲勇武將軍從帝討平涼擊破赫連定得奚斤等帝以定妻賜之詔斤膝行授酒於代田勑斤曰全爾身命者代田功也

來大千爲征北大將軍時吐京胡反以大千爲都將討平之大千在吐京卒喪還停於平城南帝出還見而問之左右以對帝悼歎者良久詔曰大千忠勇義節功在可嘉今喪其入殯城

內贈司空謚曰莊公子丙襲爵降爲侯以功進爵東陽公出爲虎牢鎮將興光中卒詔喪禮依其伯父常農王斤故事陪葬金陵

獻文時慕容白曜爲征南大將軍攻宋無鹽等戍一旬之內頻拔四城威震齊土帝嘉焉詔曰卿總率戎旅討除不賓霜戈所向無不摧靡旬日之內剋拔四城韓白之功何以加此雖斗城戍將房崇吉守迷不順危亡已形潰在旦夕宜勉崇威略務存長筭不以窮兵極武以爲勞頓

尉元爲鎮南大將軍宋沈攸之吳憘公領卒數萬從泝清而進元遣孔伯恭大破賊軍拜元都督徐南北兗州諸軍事鎮東大將軍開府徐州刺史帝詔元曰賊將沈攸之吳憘公驅率蟻衆進寇下邳卿戎昭果毅智勇奮發水陸邀絶應時摧殄自淮以北廓然清定皆是元帥經略將士效力之所致也朕用嘉之今方欲清蕩吳會懸旌秣陵至於用兵所宜形勢進止善加量度

動靜以聞
孝文以長孫嵩在太武時爲太尉北平王薨帝追録先朝功臣
以嵩配饗廟庭
又以穆崇自太祖爲魏王拜崇征虜將軍從平中原及薨命崇
立祀子孫世奉焉太和中追録功臣以崇配饗崇之孫頁尚長
城公主卒謚曰宣帝追思崇勳令著作郎韓顯宗與眞撰定碑
文建於白登山
崔玄伯爲周兵將軍疾卒後帝追録先朝功臣以玄伯配饗廟廷
陸麗在文成時以輔立功遷司徒公爲乙渾所害獻文甚追惜
麗謚曰簡王陪葬金陵帝追録先朝功臣以麗配饗廟庭
薛眞度自帝遷洛每處計於帝勸先取樊鄧後攻南陽故爲帝
所賞賜帛一百匹又加持節正號冠軍改封臨晉縣開國公食
邑三百戸詔曰獻忠盡心人臣令節標善之賞有國攸範故一
言可以興邦片辭可以喪國得無遠録前謀以褒厥善眞度爰

府一百三十二　十三

自遷京每在戎役沔北之計常所與聞知無不言頗見采納及
六師南邁朕欲超據新野群情皆異眞度獨與朕同撫寧蠻夷
寔有勤績可增邑二百戸轉征虜將軍豫州刺史
李崇文成元皇后兄子也帝南討氐揚靈珍遣弟婆羅與子雙
領騎萬餘襲破武興詔崇都督隴右諸軍討之崇大破之斬婆
羅靈珍走奔漢中帝在南陽覽表大悦曰使朕無西顧之憂者
李崇之功也以崇爲都督梁秦二州諸軍事本軍將軍梁州刺
史帝手詔曰今仇隴克清鎮捍以德文人威惠既宣寔爲遠寄
故勅授梁州用寧邊服便可善思經略去其可除安其可育公
私所患悉令芟夷
任城康王雲孫嵩爲武衛將軍從帝伐齊斬獲萬計勇冠三軍
帝大悦而言曰任城康王大有福德文武出其門以功賜爵高
平縣侯賚帛一千五百匹
高閭爲鎮南將軍相州刺史及帝車駕至鄴帝頻幸其州館詔

曰閭昔在中禁有定禮正樂之勳作藩於州有廉清公幹之美
自大軍停軫庶事咸豐可謂國之老成善始令終者也每惟厥
德朕甚嘉焉可賜帛五百匹粟一千斛馬一匹衣一襲以褒厥勳
韓顯宗自帝南伐爲右軍府長史征虜將軍統軍軍次赭陽南
齊戍主成公期遣其軍主胡松高法援等并引蠻人來擊軍營
顯宗親率拒戰遂斬法援首顯宗至新野帝詔曰卿破賊斬帥
殊益軍勢朕方攻堅城何爲不作露布也顯宗曰臣頃聞鎮南
將軍王肅獲賊二三驢馬數匹皆爲露布臣在東觀私每哂之
近雖仰憑威靈得摧醜虜兵寡力弱擒斬不多脱復高曳長縑
虚張功捷尤而效之其罪彌甚臣所以斂毫卷帛解上而已帝
笑曰如卿此勳誠合茅社須赭陽平定撿審相酬新野平以顯
宗爲鎮南廣陽王嘉諮議參軍
宣武以王肅自南齊來歸孝文時爲將相有大功及薨於壽春
帝爲舉哀詔曰肅奄至不救痛惋兼懷可遣中書侍郎賈思伯

府一百三十二　十四

兼通直散騎常侍撫慰厥孤給東園祕器朝服一襲錢三十萬
帛一千匹布五百匹蠟三百斤并問其卜遷遠近專遣侍御史
一人監護喪事務令優厚又詔曰死生動靜卑高有域勝達所
居存亡崇顯故杜預之殁窆於首陽司空李沖覆舟是託顧瞻
斯所誠亦二代之九原也故揚州刺史肅誠義結於二世英惠
符於李杜平生本意願終京陵既有宿心宜遂先志其令葬於
沖預兩墳之間使之神遊相得也贈侍中司空
邢巒爲安東將軍大破梁兵帝賜璽書曰知大戡醜虜威振
賊庭淮外霧披徐方卷壒王略遠疾混一維始公私慶泰何快
如之賊衍此舉實爲傾國此者宿豫陷歿淮陽嬰城凶狡偷張
規抗王旅將軍忠規協著火烈霜摧雷動谷隂風掃沂嶧遂令
逋誅之寇一朝殲夷元鯨大憝千里折首殊勳茂捷自古莫二
但揚區未安餘燼宜盪乘勝掎角勢不可遺便可率厲三軍因
將經略申威東南清彼江介志此仍勞用圖永逸進退規度委

之高筭

後周太祖河橋之戰馬中流矢墜地都督李穆以馬授帝遂得俱免擢授武衞將軍加大都督車騎大將軍儀同三司進爵安武郡公增邑一千七百戶前後賞賜不可勝計久之帝美其忠節乃歎曰人之所貴唯身命耳李穆遂能輕身命之重濟孤於難雖復加之以爵位賞之以玉帛未足爲報也乃特賜鐵券恕以十死進驃騎大將軍開府儀同三司侍中初穆授帝以驄馬其後中廐有此色馬者悉以賜之穆爲并州總管長子惇授車騎大將軍儀同三司大都督進爵爲公帝令功臣世子並與略陽公遊處惇於時輩之中特被引接每有遐方服玩異域珍奇無不班錫仍授小武伯進爵安樂郡公高琳爲衞將軍從擒莫多婁貸文仍戰河橋琳先驅奮擊勇冠諸軍帝嘉之謂之曰公即我之韓白也

赫連達字朔周盛樂人勃勃之後曾祖庫多汗因避難改姓杜氏初從賀拔岳西征及岳爲侯莫陳悅所害達馳詣帝引軍平悅帝謂諸將曰當清水公（清水公即賀拔岳也）遇禍之時君等性命懸於賊手雖欲來告其路無從杜朔周冒萬死之難遠來見及遂得共盡忠節同雪讎恥雖藉衆人之力實賴杜子之功勞而不酬何以勸善乃賜馬二百匹

宇文貴爲大將軍破支羌於栗坂帝美其功遂於栗坂立碑以紀其績

趙昶自以被拔擢居將帥之任傾心下士虜獲氐羌撫而使之皆爲昶盡力帝曰不煩國家士馬而能威服氐羌者趙昶有之矣

明帝武成二年十二月辛巳以功臣瑯邪貞獻公賀拔勝等十三人配享太祖廟庭

武帝以韋孝寬立勳玉壁遂於玉壁置勳州刺史又以孝寬爲驃騎大將軍鎮玉壁後帝東伐過幸玉壁觀禦敵之所深歎美之移時乃去

宇文慶深沈有器局屬文州民夷相聚爲亂慶從募征賊探擾巖谷徑路懸絕慶束馬而進襲破之以功授都督從帝拔晉州及破高緯拔高壁克并州下信都擒高湝功並居最帝詔曰慶勳庸早著英聲華遠出內之績簡在朕心戎車自西俱總行陣東夏蕩定實有茂功高位縟禮宜崇榮冊於是進位大將軍封汝南郡公邑千六百戶

册府元龜卷第一百三十三

帝王部

褒功第二

隋高祖受禪周法尚爲巴州刺史破三鵶叛蠻於鐵山復從柱國王誼擊走陳寇遷衡州總管四州諸軍事改封譙郡公邑二千户後帝幸洛陽召之及引見賜金鈿酒鍾一雙綵五百段良馬十五匹奴婢三百口給鼓吹一部法尚固辭帝曰公有大功於國特給鼓吹者欲令公卿間知朕之寵公也固與之

宇文忻從韋孝寬平尉迥帝顧謂忻曰尉迥傾山東之衆連百萬之師公奉無遺策戰無全陣誠天下之英傑也進封英国公增邑三千户

賀婁子幹初爲後周泰州刺史及尉迥作亂子幹與宇文述從從韋孝寬討之遇賊圍懷州子幹與宇文述等擊破之帝大悦手書曰逆賊尉迥敢遣蟻衆作寇懷州公授命誅討書舍南陽

郡公衮炤巳等並德惟神降村與運生道叶台嶽名書讖緯寔亮帝載勳勞王家參復禹之嘉謀奉昇唐之景命惟徂謝易久而勲烈益彰樂彝鼎以念功想旂常而增感緬道攸實用表徽懿俾列在清廟登于明堂克申從祀之儀式茂疇庸之典並可配享中宗孝和皇帝廟庭

十年十一月景申朔方軍節度大使兵部尚書信安郡王禕破突厥凱旋引將士等見帝置酒享之勑曰禕摠戎朔陲經畧萬里賦車籍馬精卒銳兵自其有虞莫不素練而既屬胥誕偏師致誅謀若有神取如俯拾雖厯屬之去遠亦將士之力焉威武載揚頑凶且懾窮寇獲衆以奔北羣帥捍鞅而來歸因其凱旋聊加宴樂各宜坐飲相與盡歡

十二年隴右節度使鄯州都督王君㚟破吐蕃來獻戎捷帝置酒于内殿享之謂曰卿能振国威遐破醜虜既著俘獲又多疇庸策勲已有處分卿及將士等並宜飲燕兼有賜物各宜

領取

公親率所部應機奮擊沉溺俘獲殿功甚茂又閱師旅進取江州行軍總管襄邑公賀若弼既獲京口新義公韓擒虎尋剋始孰驍騎既渡江岸所在横行晉王兵馬即入建業清蕩吳越旦夕非遠驍騎高才壯志是朕所知善爲經略以取大賞使富貴功名永垂竹帛也[illegible]

韓擒虎平金陵執陳後主叔寶時賀若弼亦有功帝下詔於晉王曰此二公者深謀大畧東南逋寇朕本委之靜地恤民悉如朕意九州不一已數百年以名臣之功成太平之業天下盛事何用過此聞以忻然實深慶快平定江表二人之力也賜物萬

段又下優詔於擒虎弼曰申国威於萬里宣朝化於一隅使東南之民俱出湯火數百年之寇旬日廓清專是公之功也高名塞於宇宙盛業光於天壤逖聽前古罕聞其匹班師凱入誠知非遠相思之甚寸陰若歲

賀若弼字輔伯平陳之役爲行軍總管晉王以弼先期決戰違軍命於是以弼屬吏帝驛召之及見迎勞曰克定三吳公之功也命登御坐賜物八千段加位上柱国進爵宋国公真食邑三千户加以寶劒寶帶金盤各一并雉尾扇曲蓋雜綵二千段女樂二部又賜陳叔寶妹爲妾拜右領軍大將軍

王韶字子相伐陳爲元帥府司馬及克金陵帝謂公卿曰晉王以幼稚出藩遂能剋平吴越綏静江湖子相之力也於是進位柱国賜奴婢三百口綵絹五千段

達奚長儒爲上大將軍破突厥沙鉢畧可汗帝下詔曰突厥猖狂輙犯邊塞犬羊之衆彌亘山原而長儒受任北鄙式遏寇賊

所部之内少將百倍以晝通宵四面抗敵凡十有四戰所向必摧兇徒就戮過半不及鋒刃之餘亡竄竄迹自非英威奮發奉国情誠撫御有方士卒用命豈能以少破衆若斯之偉言念勳庸宜隆名器可上柱国餘勳迴授一子

李安為楊素司馬仍領行軍摠管襲破陳師帝嘉之詔書勞曰陳賊之意自言水戰為長險隘之間彌謂官軍所憚開府親將所部夜動舟師摧破賊徒生擒虜衆益官軍之氣破賊人之膽副朕所委聞以欣然進位上大將軍除郢州刺史

元諧為行軍元帥討吐谷渾名王公侯來降帝大悦下詔曰褒善疇庸有聞前載元諧識用明達神情警悟文規武畧蓄派朝野申威柘土功成疆埸深謀大節實簡朕心加礼延世宜隆賞典可柱国別封一子縣公諧拜寧州刺史

韋冲為南寧州摠管持節撫慰冲既至南寧渠帥爨震及西爨首領皆詣府参謁帝大悦下詔褒楊之

豆盧毓為漢王諒府主簿諒作乱毓苦諫不從見害諒平帝下詔曰褒顯名節有国通規加等飾終抑惟令典毓深識大義不顧姻親出於万死首建奇策去逆歸順殉義亡身追加榮命宜優常礼可贈大將軍封正義縣公賜帛二千匹謚曰愍

衛玄與代王留守京師會楊玄感圍逼東都玄率步騎七万援之苦戰賊稍却既而玄感西遁玄遣斛斯万善監門直閣龐玉追之及于閿鄉與宇文述等合擊破之車駕至高陽徵詣行在所帝勞之曰社稷之臣也使朕无顧之憂仍下詔曰近者妖氛充斥擾動関河文昇率勵義勇應機響赴表裏奮擊摧破兇醜宜昇榮命式弘賞典可右光禄大夫賜以良田甲弟資物鉅万

樊子蓋為東都留守楊玄感作逆來逼王城盡銳攻城不能克車駕至高陽追詣行在所既而引見高祖逆勞之曰昔高祖留蕭何於関西光武委冠恂以河内公其人也子蓋謝曰臣任重器小寧可竊辟兩賢但以陛下威靈小盜不足除耳進位光禄大夫封子蓋建安侯尚書如故賜縑三千匹女樂五十人子蓋固讓優詔不許後車駕還東都帝謂子蓋曰玄感之反神明故以彰公赤心耳折珪進爵宜有令謨是日下詔進爵為濟公言其功濟天下特為立名無此郡国也賜縑三千匹奴婢二十口後與蘇威宇文述陪宴積翠亭帝親以金杯屬子蓋酒曰良算嘉謀俟公後動即以此杯賜公用為永年之瑞并綺羅百匹

麥鐵杖為右屯衛大將軍遼東之役與賊戰死帝為流涕購得其屍下詔曰鐵杖志氣驍果夙著動庸陪麾問罪先登陷陣節高義烈身殞功存興言至誠追懷傷悼宜賴殊榮用彰飾往可贈光禄大夫宿国公謚曰武烈子孟才嗣尋授光禄大夫孟才有二弟仲才季才俱拜正議大夫賵贈鉅万賜轀輬車給前後部羽葆鼓吹平壤道敗將宇文述等百餘人皆執紼王公已下送至郊外

楊恭仁大業初轉吏部侍郎楊玄感作乱帝詔恭仁率兵經畧

與玄感戰於破陵大敗之玄感兄弟挺身遁走恭仁又與屈突通等追討擒之軍旋帝召入殿内謂曰我聞破陵之陣唯卿力戰功最此雖知卿奉法清慎都不知勇決如此也納言蘇威曰仁者必有勇固非虛也

張須陁大業中爲齊郡丞賊帥王薄聚結數萬人寇掠郡境須陁擊破之露布以聞帝大悦優詔褒楊使者圖其形容而奏之

唐高祖武德元年八月下詔曰朕自起義晉陽遂登皇極經綸天下實仗群才尚書令秦王世民尚書右僕射寂或契合元謀或同心運始並蹈義輕生捐家殉節艱辛備履金石不移論此忠勤特宜優異官爵之榮抑惟舊典勳賢之議宜有別恩其罪非叛逆可聽恕一死其太原元謀勳効者宜以名聞及所司進導裴寂劉文靜加恕二死長孫順德劉弘基趙文恪竇琮劉政會劉世龍絮開山柴紹唐儉武士彠張平高許世緒李思行李高遷並恕一死

李襲譽少通敏有識度隋末為冠軍府司兵時隂師輔代王於京師留守所在多盜賊隂師遣襲譽募山南士馬以援京師襲譽既至漢中會帝已定長安遣使授襲譽為漢道招慰大使仍令承制封拜襲譽率漢川之衆西指成都蜀郡段綸為益州揔管代襲譽招撫襲譽乃入拜右光禄大夫太府少卿帝嘉其功命為三從姪詔曰安康郡公襲譽我之同姓派別枝分惟厥祖考世敦恭睦襲譽率宗人協同義举立功巴蜀誠節開基宜有褒榮用超階序特聽合譜宗正恩禮之差同諸服屬

劉贍為浩州刺史時劉武周連年為冦隣城多陷賊數攻之輙為贍所敗帝下書勞之曰浩州之全卿之力也功績並成念自勗勵富貴之事非卿而誰

馬三寶本柴紹家僮奉平陽公主遁於司竹及義兵濟河三寶以衆數萬詣軍後領平道軍將賓從幸司竹帝顧謂三寶曰是汝建英雄邪衛青大不惡

太宗貞觀初代州行軍揔管李靖撫納降附突厥頡利可汗歸款太宗甞謂之曰昔李陵提步卒五千不免身降匈奴尚得書名竹帛卿以三千輕騎深入虜庭克復定襄威振北狄古今未有足報往年渭水之役也武德九年八月帝初即位突厥入寇至渭水帝与頡利盟于便橋突厥引兵而退

五年李子和從太宗平劉黑闥陷陣有功賜姓李氏拜右武衛將軍

七年右武候將軍張士貴破反獠而還帝勞之曰聞公親蒙矢石為士卒先雖古名將何以加也况朕常聞以身報国者不顧性命但聞其語未覩其實於公方見之矣

十二年四月左武衛大將軍秦叔寶卒贈徐州都督陪葬于昭陵令所司於其塋內立石人馬以旌戰陣之功焉

十三年特進楊恭仁卒冊贈開府儀同三司潭州都督陪葬昭陵謚曰孝

十四年詔淮安王神通與河間王孝恭贈陝州大行臺右僕射鄖節公殷開山贈民部尚書渝襄公劉政會配饗高祖廟庭

十六年宇文士及卒初士及為右衛大將軍尋録其功别封一子為新城縣公在職七年復為殿中監加金紫光禄大夫及疾篤太宗親臨撫之流涕及卒贈左衛大將軍凉州都督陪葬昭陵

十七年二月戊申詔曰自古皇王褒崇勳德旣勒銘於鍾鼎又圖形於丹青是以甘露良佐麟閣著其美建武功臣雲臺紀其跡司徒趙国公無忌司空楊州都督河間王孝恭故司空萊文成公如晦故司空相州都督太子太師鄭文貞公徵司空梁国公玄齡開府儀同三司尚書右僕射申国公士廉開府儀同三司鄂国公敬德特進衛国公靖特進宋国公瑀故韓国大將軍夔国公弘基故尚書左僕射蔣忠公通故陝東道大行臺尚書左僕射鄖節公開山故荆州都督譙襄公紹故荆州都督邳襄公順德洛州都督鄖国公張亮光禄大夫吏部尚書陳国公侯

君集故左驍衛大將軍郯襄公張公謹左領軍盧国公程知節故禮部尚書永興文懿公虞世南故戶部尚書渝襄公劉政會光禄大夫戶部尚書莒国公唐儉光禄大夫兵部尚書英国公李勣故徐州都督胡壯公秦叔寶等材惟棟梁謀猷經遠綱紀惟帳經綸霸圖或学綜經籍德範光隱犯同致忠讜曰聞或竭力義旗委質藩邸一心表節百戰標奇或受脤廟堂闢土方面重氛載朗王略遐宣並契闊屯夷劬勞師旅贊景業於草昧翼淳化於隆平茂績嘉庸冠冕列辟昌言直道牢籠縉紳固以贍伊呂而連衡邁周召而長騖者矣宜酌故實弘兹令典可並圖畫於凌煙閣庶念功之懷無謝於前載旌賢之義永貽於後昆

二十年八月丁亥詔曰周室姬公陪于畢陌漢庭蕭相附彼高園寵錫墳塋聞諸上代從窆之陵邑信有舊章蓋以懿戚宗臣類同本之枝幹元功上宰猶在身之股肱哀榮之義寔隆始終之契斯允今宜聿遵故實取譬拱辰庶在爲樂之地無虧魚水之道

宜令所司於昭陵南左右廂封境取地仍即標誌壇域擬爲葬所以賜功臣其有文祖陪陵子孫欲來從葬者亦宜聽允

丘行恭爲光禄大夫從討王世充會戰於邙山之上太宗欲知其虚實強弱乃與數十騎衝之直出其後衆皆披靡莫敢當其鋒所殺傷甚衆既而限以長堤與諸騎相失唯行恭獨從尋有勁騎數人追及太宗矢中御馬行恭乃迴騎射之發無不中行恭然後下馬拔箭以其所乘馬進太宗行恭於御馬前步執長刀巨躍大呼斬數人突陣而出入太軍貞觀中有詔刻石爲人馬以象行恭拔箭之狀立於昭陵闕前

郭孝恪武德中爲宋州刺史令與徐勣經營武牢已東所得州縣委以選補其後竇建德率衆來援王世充孝恪於青城宮進策於太宗曰世充日踧月迫力盡計窮懸首面縛翹足可待建德遠來助虐粮運阻絶此是天喪之時請固武牢屯軍汜水隨機應變則易爲剋殄帝然其計及破建德平世充帝於洛陽置酒高會謂諸將曰郭孝恪謀擒建德之策王長光龍門下米之功皆出諸人之右也

長孫無忌爲司空太宗追思王業艱難佐命之力又作威鳳賦以賜焉又嘗謂無忌曰朕即位之初上書者或言人主必須威權獨運不得委任羣下或欲耀兵振武懾服四夷唯有魏徵勸朕偃革興文布德施惠中國既安遠人自服朕從其語天下大寧絶域君長皆來朝貢九夷重譯相望於道此皆魏徵之力也

河間王孝恭自隋大業末群雄競起皆爲太宗所平謀臣猛將並在麾下罕有別立勳庸唯孝恭著方面之功聲名甚盛及卒太宗素服舉哀哭之甚慟贈司空揚州都督陪葬獻陵謚曰元配享高祖廟庭

楊弘禮爲兵部侍郎專典兵機之務太宗征遼引禮入參謀議出則統衆攻戰駐驊之陣領馬歩二十四軍出其不意以擊之所向摧破太宗自山下見引禮所統之衆人皆盡力殺獲居多甚壯之謂許敬宗等曰越公兒郎故有家風矣

高宗嗣位詔以長孫無忌配享太宗廟庭

李勣爲司空初貞觀中太宗以勣勲庸特著嘗圖其像於凌煙閣至是高宗又命寫形焉仍親爲之序勣嘗侍從墜馬帝親閤以所乘馬賜之後勣寢疾詔以勣弟晉州刺史弼爲司衛正卿使得視疾尋薨帝爲之舉哀輟視朝七日謚曰貞武給東園秘器陪葬昭陵令司平太常伯楊昉攝同文正卿監護及葬帝幸未央故城登樓臨送望柳車慟哭并爲設祭皇太子亦從駕臨送哀慟悲感左右詔百官送至故城西北所築墳一准衛霍故事象陰山鐵山及烏德鞬山以旌破突厥薛延陁之功

顯慶三年十二月鄂國公尉遲敬德卒許敬宗奏請加贈帝曰敬德功業誰之儔也對曰武德末年二凶構亂經綸中興之業能致宗廟之安有敬德功當第一太尉無忌曰敬德早從征伐勲庸著貞觀之初特効殊績比諸將帥超越等倫李靖南定荊吳北平突厥外内之功雖別論之勲効實宜相准帝以爲然爲之舉哀廢朝三日令京官五品已上及朝集使赴哭冊贈司徒賜東園秘器陪葬昭陵

儀鳳中司列少常伯安撫大食使裴行儉擒偽可汗都支及李遮匐還帝賜宴謂行儉曰卿文武兼資今都授卿二職即日拜禮部尚書兼檢校右衛大將軍

中宗神龍元年十一月襄州刺史漢陽郡王張柬之抗表請辭王位帝不許因下書曰卿履謙尚遜忌盈戒滿詞旨懃懃請謝王位然懸爵所以勸善申至公也列土所以疇庸非殉私也故漢德之盛異姓而王者八人魏祚之隆同功而邑者千户今卿列爵之貴未越於漢圖食邑之豐纔半於魏制而遠形簡牘一何甚也朕承三代之丕業荷七廟之威靈惟唐據承祧之尊於周係元良之重至於復子休命配天大業雖曆數有歸亦謳謌所繼然狐鼠不極終貽城社之憂頑兇未夷實負朝廷之懼卿誠兇白日志勵秋霜懷直道以立身固一心而徇國自二兇構

奉潛圖不軌惡跡初彰興舉翦鋤實卿之大節義在不顧烈士之
首期於必碎及難作宮禁禍生肘腋卿上銜天命外發兵符行
正卯之戮既於兩觀磔蚩尤之屍俄成四冢曾不延晷載成大
功分壤錫珪固其宜矣行當勉以自愛享此眉壽秉几杖之榮
極卿國之樂崇讓小節念勿爲也
睿宗初即位下詔曰尚書右僕射同中書門下三品監修國史
許國公蘇瓌自周旋近密損益樞機謨猷有成弼贊無忌頃者
若遺恩顧託先意昭明對回動搖內外危逼獨申讜議實挫邪
謀况藩邸寮屬念舊惟舊無德不報抑惟令典可尚書左僕射
景雲二年冬十月甲辰以吏部尚書劉幽求爲侍中降璽書曰
頃者王室不造中宗厭代內戚專政姦臣擅國將傾社稷幾遷
龜鼎朕與王公皆將及于禍難卿見危思奮在變能通翊贊儲
君叶和義士殄殲元惡流放凶徒我國家之復存繄茲是賴厥
庸甚茂朕用嘉焉故委卿以衡軸胙卿以茅土然征賦未廣寵

錫猶輕昔西漢行封更擇多戶東京定賞復增大邑故加賜卿
實封二百戶兼舊七百戶使夫高岸爲谷長河如帶子子孫孫
與國無絕又以卿忘軀徇難宜有恩榮故特免十死並書諸金
鐵俾傳傳後卿其保茲功業永作國楨可不美歟
太極元年四月詔曰朕聞御宸極握靈圖爲天下之尊居域中
之大者上以奉宗廟下以育黎元迹宜彰於簡編事須聞於朝
野朕高宗少子特蒙慈愛顧復之至禮絕諸王運屬上僊遭家
難文明嗣歷中宗出藩大聖天后以權臨朝立朕爲嗣朕自惟
虛薄固讓中宗誠願上從用寧社稷此居藩邸深喜清閑不意
景龍之間先帝升遐天下凶族潛計謀覆邦家高祖之間先帝
于地皇太子隆基忠孝天感仗義行誅一夕之間戡定禍難朕
當宿久初不聞知及見事平且悲且慰方與四海同奉嗣君而
溫王幼冲頻屬艱疚因發驚悸日夜啼號固以先聖立朕爲太
弟之意令鎮國太平長公主諫議大夫薛稷等奉成先旨朕固

誠請至于再三乃使中書舍人蘇頲奉表陳乞襄王便不肯過
事避于別宮中外遑遑莫知所向隆基鎮國太平長公主成器
範業薛稷劉幽求麻嗣宗等以爲宗廟不可無主萬機不可暫
曠且從人望因定策禁中朕又固辭僉謀卿士得蕭至忠崔湜
韋嗣立趙彥昭麻嗣宗薛徵鄭萬均唐晙等同詞勸進以爲幼
主之心既不可奪先聖之旨固不可違事不獲已乃順衆望要
盟之言其文猶在朕篡承洪業于今三年謁廟郊天大禮斯備
永惟所以獲奉宗祧臨兆人者蓋非朕之本心實乃鎮國太平
長公主皇太子諸王羣公之意也雖顒顒之誠四海同望然因事
致力在此數人已依西漢舊章各酬其德董狐執筆闕而未書
宜勒左右編于史冊
玄宗先天元年封魏知古爲梁國公初竇懷貞等將謀逆也知
古獨密奏其事及懷貞誅賜實封二百戶物五百段仍以前賞
猶薄又手勅曰魏知古去年七月已前屢申啓沃每竭忠誠姦

臣有謀先奏其兆事君之忠良可嘉歎可更賜實封一百戶
開元二年六月丁卯北庭大都護瀚海軍使阿史那獻以都擔
首獻于闕下并擒其孥及胡祿等部落五萬餘帳內屬帝降書
謂獻曰十姓部落比多款附蕞爾都擔獨爲背誕卿以忠果令
其討伐遂斬首喪元并兒及妻兼復胡祿屋闕啜等五萬餘帳
盡發塞陌襁負而來自非信著遠蕃何以翕然至此邊陲寧謐
緊卿是賴雖鄭吉之護南道班超之臨西域無以過焉言念勤
勞豈忘鑒寐
是年又詔曰疇庸賞善百王攸先追遠飾終千載同德故尚書
左丞相太子少傅贈司空荊州大都督許國文貞公蘇瓌領正
體道外方內直悉心奉上畢身率禮叶贊帷幄三朝有鹽梅之
任變諧台衮九命爲社稷之臣先朝晏駕釁起宮掖國擅稱制
之姦人懷綴旒之懼凶威孔熾宗祀幾傾顧命遺恩大皇輔政
逆臣刑削韋氏臨朝遂能首發昌言偘然正色列諸視聽暴於

朝野於櫝已遠風烈猶存緬懷誠節良深耿歎可賜實封一百
户至四年召与徐国公幽求配享睿宗廟庭

三年二月郭虔瓘庭北為都護累破吐蕃及突厥默啜斬獲不
可勝紀以其俘來獻玄宗置酒勞之及將士等並賜帛手詔謂
曰默啜殘兇屈強邊徼吐蕃小醜孤負聖恩我國家務在懷柔
未遑弔伐而乃敢肆蜂蠆屢犯疆陲虔瓘心蘊六奇折衝千里
追奔邁於三捷受降逾於萬計建功若此朕實嘉之

六年六月丁亥詔曰凡有功者銘書於王之太常祭於大烝司
勳詔之允所謂疇庸紀勞須賞旌善藏于天府饗于廟庭眷言誠
其道光也故尚書左僕射太子少傅贈司空荊州大都督許文
貞公環開邪存誠允迪厥德故尚書右丞相太子少保郴州刺
史徐国公幽求閑義盡節克茂乃勳並儀形群后左右厥辟直
道周鈌危言孔臧景雲末年邦国多難愷悌君子服勞王家或
親受顧託以安劉氏或潛圖翼贊頼奉唐侯績乃舊服協于先

契引濟弼亮厥猷茂焉俾台小子嗣守文武之業獲奉宗廟之
靈寔資元輔是懋末命兹予大享于先王爾祖其從祀以配我
有唐之休烈並可配享睿宗大聖真皇帝廟庭又詔曰皇輿鑾
建必有輔佐之臣天步艱難炎伏經綸之業故侍中譙国公桓
彦範故侍中平陽郡公敬暉故中書令兼吏部尚書漢陽郡公
張柬之故特進博陵文貞公崔玄暐故中書令南陽郡公袁恕
己等並德惟神降材與運生道叶台嶽名書讖緯寅亮帝載勳
勞王家參復禹之嘉謀奉昇唐之景命惟徂謝易久而動烈益
彰撫彝鼎以念功想旂常而增感緬遵故實用表徽猷俾列在
清廟登于明堂克申從祀之儀式茂疇庸之典並可配享中宗
孝和皇帝廟庭

十年十一月景申朔方軍節度大使兵部尚書信安郡王禕破
突厥凱旋引將士等見帝置酒享之勑曰禕總戎朔陲經畧萬
里賦軍籍馬精卒銳兵自其有屢貢不素練而醜虜背誕偏師
致誅謀若有神取如俯拾雖廟畧之去遠亦將士之力焉威武
載揚頑凶且嚼窮寇覆巢以奔北羣師振旅而來歸因其凱旋
聊加宴樂各宜坐飲相與盡歡

十二年隴右節度使鄯州都督王君㚟破吐蕃來獻戎捷帝置
酒于内殿享之謂曰卿能振国威悈邊破敵誠節既著俘獲又
多疇庸策勳已有處分卿及將士等並宜歛燕兼有賜物各宜
領取

十七年三月瓜州刺史墨離軍使張守珪沙州刺史賈順等大
破吐蕃帝降書謂守珪曰吐蕃小寇干我邊鄙頻經丧衂竟不
悛懲卿等早懷勇烈久司戎旅各効忠誠暗申計畧遠聞決勝
嘉慰良深守珪及思順並宜賜紫其立功人叙録具狀奏聞必
須據實務使踰濫今内出緋紫袍卿等領取量功分賞其被傷
人仍給醫藥使得安全陣亡人具名録奏當加優贈

天寶六載正月南郊禮畢詔太廟配享功臣高祖室宜加裴寂

劉文静太宗室加長孫無忌李靖杜如晦高宗室加褚遂良高
季輔劉仁軌中宗室加狄仁傑魏元忠王同皎文武之道既推
並用宗敬之儀不可獨闕

肅宗至德二年十月郭子儀既復東都加司徒封代国公實封
一千户尋來朝兵仗迎于灞上帝見之曰雖吾家国實卿再造
之子儀頓首謝恩加中書令

乾元二年二月丁未郭子儀破逆賊執其將車昂獻俘于朝徇
于東西兩市而斬之御製郭子儀李光弼苗晉卿李麟李輔国
考詞

代宗寶應元年五月丁酉詔文武官應在凌霄門内謁見者并
飛龍射生等並宜加寶應功臣七月乙巳射生使李進諒藥子
昂步軍使彭體盈張知節並賜名寶應功臣八月壬戌殿中少
監專知尚食李恕宜賜為寶應功臣

三年七月上尊號大赦河北副元帥懷恩河東副元帥光弼幽

州節度懷仙李抱玉郭英乂辛雲京侯希逸田神功孫志直白孝德令狐彰李寶臣薛嵩田承嗣張獻誠魚朝恩程元振僕固瑒高彥崇渾日進李建義李光逸楊崇光李懷光張如嶽白元光溫如雅拓跋澄泌高暉盧欽友成惟良曹昇楚王等各賜鐵券以名藏太廟畫像於凌煙之閣并冠難已來將相勳業高者其名籍圖書亦准此

廣德元年吐蕃陷京師乘輿東幸郭子儀至吐蕃乃退代宗還京師見子儀曰用卿不早遂及於是乃賜鐵券圖形凌煙閣

德宗建中元年十二月丁酉令詳定國初已來將相功臣名跡崇高功効明著者爲二等總一百八十七人武德已來宰相以房玄齡杜如晦蕭瑀高士廉魏徵王珪戴冑岑文本馬周劉洎褚遂良于志寧張行成高季輔韓瑗來濟張文瓘郝處俊李義琰裴炎蘇良嗣狄仁傑婁師德王方慶王及善魏元忠姚崇朱敬則蘇瓌宋璟魏知古陸象先蘇頲張嘉貞李元紘韓休張九

齡三十七人爲上等竇威陳叔達等四十人爲次等功臣以裴寂劉文靜長孫无忌河間孝王恭李勣尉遲敬德屈突通殷開山劉引長孫順德唐儉柴紹段志玄劉政會張公謹程知節秦叔寶虞世南李傑張柬之崔玄暐敬暉桓彥範袁恕己張仁愿劉幽求崔日用郭元振張說王琚王晙三十四人爲上等淮安王神通等五十人爲次等至德已來將相既殁者以裴冕房琯杜鴻漸李嗣業劉正臣顏杲卿袁履謙張巡許遠盧弈南霽雲十一人爲上等李光弼等十五人爲次等

二年十二月詔曰忠臣之事君也碩隳家以奉國良將之養士也或均財以周惠爰自古昔其儔蓋鮮故竇嬰陳金於廊廡趙奢散財於部曲皆受之天府不取私門猶能垂名史冊遺芳千載而況執上將之旗鼓率先登之士卒將行命賞罄乃家財上以彰愛國之誠下以竭奉公之効不有褒美孰旌忠賢河東節度使馬燧誠美夙著宏略載宣克揚經武之規寔重安人之寄屬問朔干紀磁邢當寇而能終義奮發奉辭問罪出師之際宣布明誠誓將貲產分給戰士故得三軍之衆相與感激百勝之績於茲競勸朕嘗遂其懇懷以成厥美殊常之跡古人所難奉而行之用明信賞仍班王府之貨式表忠臣之節宜令度支出錢充給將士其馬燧家資並却還之

興元元年四月帝在梁州詔諸軍從奉天隨從將士並賜爲元從奉天定難功臣從谷口已來隨從將士賜名元從功臣

六月副元帥李晟討朱泚既收復京城以露布聞帝覽之感泣百官皆出涕因上壽稱萬歲曰李晟虔奉聖謨盪滌凶逆然古之樹勳力復都邑者往往有之至於不驚宗廟不易市肆長安人不識旗鼓安堵如初三代已來未之有也帝笑曰天生李晟爲社稷萬人不爲朕也百官再拜而退拜晟司徒賜永寧里第及涇陽上田延平門之林園女樂八人晟入所賜永崇里甲第帝令宰相及諸節將會送是日特賜京兆府供饌具鼓吹迎導集宴京

師以爲榮觀　女樂八人及銀器等又令太常教坊備樂

七月壬午車駕自興元至京師帝既還宮每間日宴勳臣於麟德殿必親閱酒饌盛陳音樂極歡而罷其所須賜李晟首之渾瑊次之諸宰臣及節將又次之所以褒元功示秩序也

九月詔靈州大都督渾瑊入所賜大寧里第特賜女樂五人及錦綵銀器等仍令宰臣節將會送有司備樂供饌

貞元二年八月李懷光平詔曰河東保寧等軍節度并管內諸軍節度副元帥檢校司徒平章事北平郡王馬燧惟嶽降生爲時傑秀上有匪躬之節訓師懷盡敵之謀嘉猷屢聞能事畢備朔方河中同絳陝虢等州節度及管內諸軍行營兵馬副元帥侍中咸寧郡王渾瑊堅持不奪之志亟陳必勝之畧輯睦士旅崇功允協乃二帥一其誠心奉行天誅同獎王室是加寵命以答殊勳燧可兼侍中仍與一子五品正員官并階餘並如故瑊可檢校司空仍與一子五品正員官并階餘並如故華州潼關鎮國

軍節度檢校尚書右僕射駱元光邠寧慶節度察等使檢校尚
書左僕射韓遊瓌鄜坊丹延等州節度觀察使檢校兵部尚書
唐朝臣等並節著艱危功成討伐可各賜實封二百户仍各與
一子六品正員官并五品階餘並如故應諸軍同討懷光將士
宜共賜三十萬端匹以充宴賞並各放歸本道仍令所司叙録
以超資與改轉
三年三月詔加李晟太尉依前兼中書令四月帝御宣政殿備
禮冊拜晟受冊訖具羽儀乘輅謁太廟遂赴上於尚書省帝令
中官就省賜晟良馬二匹錦綵一千匹銀器十餘事并酒餚等
以寵之
五年九月西平王李晟與侍中馬燧召見於延英殿帝嘉其大
勳乃詔曰昔我烈祖乘乾坤之蕩滌掃隋季之荒屯體元御極
作人父母則亦有熊羆之士不二心之臣左右經綸參翊締構
聿文德恢武功威不若康不乂用端命于上帝付畀四方宇宙

既清日月既貞王業既成太階既平乃圖厥容列于斯閣懋昭
績效表式儀形一以不忘於朝夕一以永垂乎來裔君臣之義
厚莫重焉貞元已巳歲秋九月我行西宮瞻宏閣崇構見老臣
遺像顒然肅然和敬在色想雲龍之叶應感致業之艱難覩往
思今取類非遠且功與時並才為代生苟藴其才遇其時尊主
庇人何代不有在中宗則桓彦範等著其推戴之績在玄宗則
劉幽求等申其夾輔之勳在肅宗則郭子儀掃殄氛祲今則李晟
等保寧朕躬咸宜力肆勤光復宗祐訂之前烈夫豈多謝闕而
未録孰謂旌賢況念功紀德文祖所為也在予曷其敢忘有司
宜叙年代先後各圖其像列於舊臣之次仍令皇太子書于壁
庶播嘉庸昭明天下俾後之來者知元勳不朽又書以賜晟刻
石於門左於是史官考其功績第其先後以褚遂良蘇定方郝
處俊等二十七人充之
憲宗元和初杜黄裳為相劉闢作亂黄裳堅請討除及闢平宰
臣入賀帝獨目黄裳曰即卿之功也
四年四月制曰夫定社稷濟生人存不朽之名垂可久之業者
必報以殊常之寵待以親比之恩與國無窮時惟茂典故奉天
定難功臣太尉兼中書令上柱國西平郡王食實封一千五百
户贈太師李晟間代英賢自天忠勇邁濟時之宏筭抱經武之
長材貫以丹誠協于一德嘗遭屯難之際實著戡定之功締紀
既殲宫廟斯復眷茲勳伐則既褒榮永言入步之夷載懷邦傑
之力是加崇於往烈爰協此於後昆睦以宗親將于厚意其家
宜令編附屬籍
八月詔曰朕聞昔之佐時制物者咸有大功是惟五官以配五
帝自時厥後有國家者莫不以輔弼之奇社稷之勳登名大烝
陪饗清廟苟非茂德孰允盛儀贈太尉晃望重嵓廊時為貞幹
藴武艱阻首賛經綸宣力股肱平心鼎餗佐戡定之成業推翼
戴之嘉猷贈太師晟識精韜鈐神假雄武建中寇孽躬踐憂虞

垂餌虎狼致威縛組刷宫廟之塵穢廻日月之光輝贈太尉秀
實氣全剛柔節固金石兇渠僭逆潛蹶根萌矯命還師衷刃決
死紓阽危於怵迫挫狂狡之姦謀並材為時生用當運否感雲
龍而應變炳辰象以降靈光復寰區振揚風烈勳庸藏於盟府
寵飾備於前朝光陰不追盛烈如在朕頃因郊祀爰舉典常俾
差茂勳以配郊祭惟咸有一德允屬乎三臣庶昭示於將來式
崇恩於既往晃宜配饗
肅宗廟庭晟秀實宜配饗德宗廟庭
馬摠元和中為安南都護以綏蠻功就加金紫
文宗大和元年十一月勅故太尉兼中書令李晟勲業崇高銘
在鍾鼎其神道碑宜令所司建立
二年二月丁亥朔太子詹事段伯倫奏亡父贈太尉秀實往前
後勅制令所司置廟立碑今營造已畢取今月二十五日行外
祔禮詔曰段秀實忠衛宗社功配廟食義風所激千載興起聞

代勲力須異等夷宜賜綾絹五百匹以度支物充仍令所司洪少牢并給幽簿人夫兼令常博士一人撿校

後唐莊宗同光元年三月詔隨駕收復汴州并扈從到洛及南郊立仗都將已下至節級長行軍將等朕自削平中夏掃蕩群兇被介冑以征行歷星霜而扈從凡經百戰盡立殊功永念丹心眞同赤子若無旌賞豈表恩榮其都將官員司並賜協謀定亂佐國功臣自僕射尚書常侍至大夫中丞宜並賜忠勇拱衛功臣其初帶銜宜並賜忠烈功臣已有功臣名者不在此限其節級長行軍將並賜扈蹕功臣

十月巳卯入汴巳亥宴於崇元殿偽將段凝霍彥威戴思遠王瓚等侍酒酣帝以酒屬明宗曰今辰宴客皆吾前日之勍敵也一旦與吾同筵蓋卿前鋒之効也偽將等泥首稱謝帝曰吾與搃管話舊公輩勿以爲嫌因賜服玩撫慰之

郭崇韜自莊宗嗣位爲中門使從擒王彥章誅梁氏降段凝皆崇韜贊成其也莊宗至汴州宰相豆盧革在魏州令崇韜權行中書事俄拜侍中兼樞密使及郊禮畢以崇韜兼領鎮與節度使進封郡公邑二千戶賜鐵券恕十死

周德威同光初追贈太師大成中詔與李嗣昭符存審配饗莊宗廟庭

朱友謙自梁歸順破梁軍加守太尉西平王同光初莊宗滅梁友謙覲於洛陽莊宗置宴饗勞寵錫無算親酌觴屬友謙曰成吾大業者公之力也

符彥超同光末赴北京巡撿先是朝廷令內官二人在太原一監兵一監倉庫及明宗入洛皇弟存霸單騎奔河東與內官謀殺彥超與留守張憲彥超覺之密與憲謀未決部下大譟州兵畢集張憲出奔是夕軍士殺內官存霸於衙城詰旦開洛城禍變彥超告諭三軍明宗又令其弟龍武都虞候存御馳騎安撫後彥超入覲明宗召見撫諭守授晉州留後未行會其弟前磁州刺史彥饒平宣武亂軍明宗喜召彥超謂之曰吾得爾兄弟力餘更何憂爾爲我往河東撫育耆舊即授北京留太原尹

明宗天成四年三月辛巳王晏球至自定州帝以中山悖逆勞卿攻討今已掃蕩兼敗鮮卑中興已來未有立功如卿者晏球曰臣謬董兵權不能尋振皇威久煩饋運上賴睿筭薄有所成天律是懼臣有何功命樂舉酒錫賚殊異移授天平軍節度

晉高祖天福三年正月乙丑西京留守李周奏乞改鄉名里號勅李周位列藩宣秩居台輔忠能佐國孝以成家今貢表章請改鄉里既允符於舊典當普示於新恩宜賜俞允兼諸道旌節平章事已上並准唐長興二年正月十五日勅命施行

周世宗顯德四年七月巳丑賜宰臣李穀對親征圖一面其文翰林學士承旨陶穀之所撰也先是帝征淮南以壽春久拔時穀臥疾未愈詔宰臣范質王溥就第以問之穀因上章陳親征之利若三發城拔帝以其表示從臣且曰臣之事君不當有隱觀李穀奏表誠可嘉亦爲賢述其以勸來者因有是賚

冊府元龜卷第一百三十三

册府元龜卷第一百三十四

帝王部一百三十四

念功

夫八辟麗灋周官之明訓十世猶宥左氏之格言是知帝王存志過之德恢包荒之度念基業之綿構知臣下之勤勞莫不疏以大封啓之好爵其或罹乎憲網屬諸吏議而能追其舊績錄功恕罪責其後效屈法以申恩所以使忠者竭誠而勳臣競勸也若乃子孫席其舊德朝廷命以世封或自貽伊戚或坐招官謗而復念勳伐之後哀門戶所寄或全其嗣息或復其邑封茲義士所以忘死而賢人所以發憤也

漢宣帝甘露中丙吉子嗣博陽侯顯有罪削爵爲關內侯元帝時長安士伍尊上書（先嘗有爵經奪免之而與士卒爲伍故謂士伍其人名尊）言臣少時爲郡邸小吏竊見孝武皇帝曾孫遭離無辜吉仁心感動涕泣悽惻選擇復作胡組養視皇孫吉常從臣尊日再侍臥庭上（郡邸之庭也律謂□皆之也□皇孫後弱常在獄故指言臥也）後遭條獄之詔吉扞拒大難不避嚴刑峻法既遭大赦吉謂守丞誰如皇孫不當在官（守丞者守獄官之丞）（誰如其姓名也謂皇孫不當在獄宜屬郡縣也）誰如移書京兆尹遣與胡組俱送京兆尹不受復還及組日滿當去皇孫思慕吉以私錢顧組令留與郭徵卿並養數月乃遣組去後少內嗇夫白吉曰食皇孫亡詔令（少內掖庭主府藏之官也亡無也無詔令不得其廩具）時吉得食米肉月月以給皇孫吉即時病（有病時也）輒使臣尊朝夕請問皇孫視省席蓐燥濕候伺組徵卿不得令晨夜去皇孫敖盪（去離也敖盪遊戲也）數奏甘毳食物（奏進也毳讀與脆同）所以擁全神靈成育聖躬功德已亡量矣時豈豫知天下之福而徼其報哉（徼要也）誠其仁恩內結於心也雖介之推割肌以存君不足以比（晉公子重耳之亡也里鳧須從因盜其資而逃重耳無糧餒不能行介子推割其股肉以食重耳乃能行也）孝宣皇帝時臣上書言狀幸得下吉吉謙讓不敢自伐刪去臣辭專歸美於組徵卿組徵卿皆以受田宅賜錢吉封爲博陽侯臣尊不得比組徵卿臣年老居貧死在旦暮欲終不言

恐使有功不著吉子顯坐微文奪爵爲關內侯臣愚以爲宜復其爵邑以報先人功德先是顯爲太僕十餘年與官屬大爲姦利臧千餘萬司隸校尉昌案劾罪至不道奏請逮捕帝曰故丞相吉後有舊恩朕不忍絕免顯官奪邑四百戶後復以爲城門校尉

後漢光武建武十五年南郡太守劉隆坐度田不實徵下獄其疇輩十餘人皆死帝以隆功臣特免爲庶人

張純高祖父安世宣帝時封富平侯純少襲爵光武初先來詣闕故得復封後爲五官中郎將有司奏列侯非宗室不宜復國光武曰張純宿衛十有餘年其勿廢更封武始侯食富平之半（武始縣屬魏郡富平縣屬平原郡也）

朱浮初從光武爲大司馬主簿遷偏將軍破邯鄲爲大將軍討定北邊建武二十五年復封浮爲新息侯帝以浮陵轢同列每銜之惜其功能不忍加罪

魏文帝爲魏王時賈逵爲丞相主簿祭酒嘗坐人爲罪王曰叔向猶十世宥之況逵功德親在其身乎一無所問

明帝即位時驃騎將軍野王侯曹洪既免官削爵土洪先帝功臣時人多爲觖望帝拜爲後將軍更封樂城侯邑千戶位特進復拜驃騎將軍

丁謐父斐從太祖爲典軍校尉總攝內外謐少不肯交游但博觀書傳爲人沈毅頗有才略明帝太和中常佳鄴借人空屋居其中而諸王亦欲借之不知謐已得直開門入謐望見王交脚臥而起而呼其僕曰此何等人呵使去王怒其無禮還具上言明帝收謐繫鄴獄以其功臣子原出後帝聞其有父風召拜度支郎中

齊王正始中夏侯霸爲討蜀護軍右將軍封博昌亭侯霸素爲曹爽所厚聞爽誅自疑亡入蜀以父淵舊勳赦霸子侯樂浪郡

陳留王景元五年春鍾會爲鎮西將軍伐蜀謀反誅其兄毓以

四年冬先薨會晉末知問會兄子邕隨會亦與俱死會所養兄子毅及峻迪等下獄當伏誅司馬文王表天子下詔曰峻等祖父繇三祖之世極位台司佐命立勳饗廟庭父毓歷職內外幹事有績昔楚思子文之治不滅鬬氏之祀晉錄成宣之忠用存趙氏之後以會邕之罪而絕繇毓之類吾有愍然峻迪兄弟特原有官爵者如故惟毅及邕息伏法

晉武帝泰始九年詔曰鄧艾有功勳受罪不逃刑而子孫為民隸朕常愍之其以嫡孫朗為郎中

穆帝升平三年下詔後征虜將軍州陵縣侯毛寶本封寶守邾城石季龍將功邾城城陷赴江溺死詔曰寶之傾敗宜在貶裁然蘇峻之難致力王室今咎其過故不加贈祭之可也其後公言寶人有重勳加死王事不宜奪爵故復本封

安帝隆安初虞嘯父為吳國內史徵補尚書未發而王廞舉兵叛以嘯父行吳興太守嘯父入吳興聚衆應廞及廞敗有司奏嘯父與廞同謀罪應斬詔以嘯父祖潭舊勳聽以贖為庶人渾以趙義軍討武充功封秦縣侯又以前後功進爵武昌縣侯渾父昭爵

桓茂遠荊州刺史沖孫也為中書令玄篡位為吏部尚書隨玄西奔玄死歸降孝武詔曰夫善著則祚遠勳彰故事殊以宣孟之忠蒙後晉國子文之德世嗣獲存故太尉沖昔藩陝西忠誠王室諸子淡凶自貽罪戮念沖遺勳用愴于懷其孫宜見矜宥以獎為善可特全生命徙于新安

後魏道武以庾岳為將以功至司空岳兄子路有罪誅父兄弟悉從特赦岳父子叔孫建少以智勇著稱道武之幸賀蘭部建常從左右參軍國之謀後為并州刺史以公事免守鄴城園明元即位念建前功乃以建為正直將軍相州刺史

來大千代人也父初真從道武避難比族山參翔業之功官至後將軍武原侯與在八議稜崇代人也道武之居獨孤部崇常往來奉給後劉顯之謀逆也崇來告難太祖驛如賀蘭部太祖季父窟咄之難崇甥于桓執太祖以應之告崇崇乃夜告道武

（第四葉至第九葉原闕）

使給十人衣糧以時存問初仁擢出官日華自謂代之既授張元芝日華忿於衆曰吾於國有功且久次當遷今以大將軍授元芝吾寧與黜不能事也朝廷用人失序何以致理太訴拂衣而出監軍竇文場大怒列狀請誅帝念其功故但黜謫之

七年十月詔曰郭瑞男鋼在法叛亡已上道者斬父母妻子皆有連坐朕以先尚父翼戴肆勤安固邦國不忍以子忘其先勞今並原之俾復其位其諸不坐皆釋放初鋼之走吐蕃吐蕃疑之不納置於河拔丛流以歸杜希全得之以聞召至京是日賜自盡

穆宗長慶二年十二月勅贈工部尚書曲顥凤彰忠勇累效勤勤方議擢能遽聞褒代永言嗟悼須有優矜宜賜絹布一百五十匹端度支逐便支給仍令所在州縣傳遞送至許州委李光顏官給葬事其男克素待過卒哭亦委本道量與軍中職事收管驅使顥前為李光顏都將淮西之役累有勝捷其後王師征討顥常在戰陣以忠勇著聞及汴州平叛勳拜宋州刺史人皆謂顥宜受方任會以疾卒

敬宗寶曆二年正月御史臺奏右贊善大夫李方現杷笏擊搶內園品官李重寶款狀明具勅李方現不自謹身有此喧競假如品官凌忽只合詣實奏聞輒肆狂躁恣行毆擊傷人見血理在難容但以父有勤勞身叨宗屬特從輕典粗以繩違宜罷官兩月俸

文宗大和四年前豐州刺史充天德軍使渾鐬坐贓七千餘貫貶袁州司馬帝以咸寧王勳烈特異故特命有司俯從輕文至五年春以鐬爲州刺史業鐬鈍贊以父太師忠武故也

五年春盧龍軍節度觀察等使李載義為其部下楊志誠所逐因入覲帝以載義有平滄景之功又能恭順朝廷冊拜太保同平章事其年以山南西道節度觀察等使兼興元尹

後唐明宗長興四年八月顧謂侍臣曰前洋帥陳皐稱病其

致仕信乎對曰實然帝因撫然改容良久曰陳杲昔爲健兒從吾征伐橫戈擐甲氣吞豺狼今衰落如此浮生壯健都幾何時哉咄嗟久之因令孟漢瓊往勞問（王思同當明宗朝伐蜀之役爲先鋒指揮使思同持勇先入劍門大軍未相繼復爲董璋兵逐出之及班師思同以曾獲劍門之功授鎭山南西道

冊府元龜卷第一百三十四

冊府元龜卷第一百三十五

帝王部一百三十五

愍征役　好邊功

愍征役

昔軒轅氏撫萬民度四方天下有不順者從而征之則征役之興有自來矣然而王者致治貴於無爲聖人用兵蓋不得已一夫不獲則曰時予之辜一物失所則若納之於隍況乎蒙霜露冒鋒鏑行有攻戰之苦居有保戍之勤而可不愍之者哉是以歷代帝王下鐲復之詔降振給之命存者待以爵賞沒者斂以衣衾故曰悅以使民民忘其死君子之於人序其情而閔其勞詩之東山所由作也今之紀者非唯乘塞守邊飛芻輓粟之謂凡干力役第而次之

周文王爲西伯之時西有昆夷之患北有玁狁之難以殷王之命命其屬爲將帥將戍役禦西戎及北狄之難以守衛中國故歌采薇以遣之詩曰采薇采薇薇亦柔止（柔始生也）曰歸曰歸心亦憂止憂心烈烈載飢載渴我戍未定靡使歸聘

漢高祖爲漢王四年八月下令軍士不幸死者吏爲衣衾棺斂轉送其家四方歸心焉

八年十一月令士卒從軍死者爲槥（槥音衛小棺也今謂之櫝）歸其縣縣給衣衾棺葬具（[illegible]櫝至縣更給[illegible]其葬具耳）祠以少牢長吏視葬

九年三月行如雒陽令吏卒從軍至平城及守城邑者（平城左右諸被[illegible]能堅守也）皆復終身勿事

武帝建元元年秋七月詔曰衛士轉置送迎二萬人（[illegible]氏曰去[illegible]）其省萬人

元光六年冬詔曰夷狄無義所從來久間者匈奴數寇邊境故遣將撫師古者治兵振旅因遭虜之方入將吏新會上下未輯代郡將軍敖鴈門將軍廣所任不肖校尉又背義妄行棄軍而北少吏犯禁用兵之法不勤不教將率之過也教令宣明不能盡力士卒之罪也將軍已下廷尉使理正之而又加法於士卒二者並行非仁聖之心朕閔衆庶陷害欲刷恥改行復奉正義厥路亡繇（繇由也）其赦鴈門代郡軍士不循法者

元狩三年減隴西北地上郡戍卒半

宣帝五鳳元年夏赦徒作杜陵者

元帝初元三年六月詔曰惟烝庶之飢寒遠離父母妻子勞於非業之作衛於不居之宮（不急之事故云非業）恐非所以佐陰陽之道也其罷甘泉建章宮衛令就農百官各省費

成帝永始元年七月詔曰將作大匠萬年（[illegible]）言昌陵三年可成作治五年中陵司馬殿門內尚未加功天下虛耗百姓罷勞（[illegible]）客土疏惡（取他處土以增高爲客土）終不可成朕惟其難怛然傷心（[illegible]）其罷昌陵及故陵勿徙吏民令天下無有動搖之心

後漢質帝永嘉元年五月詔兵役連年死亡流離或支骸不斂或停棺莫收朕甚愍焉昔文王葬枯骨人賴其德今遣使者案行若無家屬及貧無資者隨宜賜卹以慰孤魂

桓帝建和元年四月詔曰比起陵塋彌歷時歲力役既廣徒隸尤勤頃雨澤不沾密雲復散儻或在茲其令徒作陵者減刑各

魏太祖爲漢丞相以建安七年令曰吾起義兵爲天下除暴亂舊土人民死喪略盡國中終日行不見所識使吾悽愴傷懷其舉義兵已來將士絕無後者求其親戚以後之授土田官給耕牛置學師以教之爲存者立廟使祀其先人魂而有靈吾百年之後何恨哉

十四年令曰自頃已來軍數征行或遇疫氣吏士死亡不歸家室怨曠百姓流離而仁者豈樂之哉不得已也其令死者家無基業不能自存者縣官勿絕廩長吏存卹撫循以稱吾意

文帝初爲魏王漢延康元年下令曰諸將征伐士卒死亡者或未收斂吾甚哀之其告郡國給槥櫝殯斂送致其家官爲設祭

齊王嗣位詔諸所興作宮室之役皆以遺詔罷之

齊王正始七年八月詔曰吾乃當以十九日親祀而昨出已見治道得雨當復更治徒棄功夫每念百姓力少役多夙夜存心道路但當期於通利聞乃櫺箄老小務崇脩飾疲困流離以至哀歎吾豈安乘此而行致馨德於宗廟邪自今已後明申勑之

高貴鄉公正元二年八月蜀將姜維寇狄道九月姜維退還詔曰朕以寡德不能式遏寇虐乃令蜀賊陸梁邊垂洮西之戰至取負敗將士死亡計以千數或沒命戰場寃魂不反或牽掣虜手流離異域吾深痛愍爲之悼心其令所在郡典農及安撫夷二護軍各部大吏慰卹其門戶無差賦役一年其力戰死事者皆如舊科勿有所漏

十一月詔曰往者洮西之戰將吏士民或臨陣戰亡或沉溺洮水骸骨不收弃於原野吾常痛之其告征西安西將軍各令部人於戰處及水次鉤求屍喪收斂藏埋以慰存亡

晉武帝太康元年五月庚午詔諸士卒年六十已上罷歸于家

惠帝永安元年十二月詔曰自頃戎車屢征勞費人力供御之物皆減三分之二戶調田租三分減一蠲除苛政愛人務本清通之後當還京師

成帝咸康二年三月旱詔免所旱郡縣役

孝武帝太元四年三月詔凡諸役費自非軍國事要皆宜停省以固時務

後魏孝文延興三年二月太上皇帝至自北討死王事者復其家又詔畿內民從役死事者郡縣爲迎喪給以葬費又詔醴陽被掠之兵有得還者賜絹二十匹南部尚書公孫邃奏爲貴賤等級帝稱善

太和六年二月詔曰蕭道成逆亂江淮戎旗頻舉七州之民既有征軍之勞深乖輕徭之義朕甚愍之其復常調三年

八年五月己卯詔賑賜河南七州戍兵

十七年十二月詔隱恤軍士死亡病喪務令優給

十九年二月南伐齊幸八公山路中雨甚詔去蓋見軍士病者親隱恤之八月詔諸從兵從征被傷者皆聽還本處

宣武正始四年十二月詔兵士鍾離沒落者復一房田租三年

孝明熙平元年七月詔兵士征硤石者復租賦一年

二年五月詔曰楊州硤石荆山新淮鄉城兵士戰沒者追給斂財復一房五年若無妻復其家一人二年身被三瘡賞一階雖一瘡而四體癈落者亦同此賞

孝莊永安二年二月詔諸禁衛之官從戎有功及傷痍者起還先叙

出帝永熙三年六月詔曰頃年已來天步時阻干戈不戢料隸斯生或殉節戚恩奮不顧命式臨戎對敵赴難如歸身首橫分體骨不收勳誠靡錄榮贈莫加寤寐矜之良有嗟悼可普告內外咸許言列若無親近聽故友陳之尚書檢實隨狀料贈庶祖慰寃魂少申惻隱

後周明帝武成元年六月詔曰潁川從我是曰元勳無忘父城實起王業文考屬天地草昧造化權輿極彼橫流興茲頹運賴英賢盡力文武同心翼贊大功克隆帝業而被堅執銳櫛風沐雨求言疇昔良用憮然至若功成名遂建國剖符乎惟休也其有致死王事妻子無歸者朕甚傷之凡是從先王向夏州從來見在及薨亡者並量賜錢帛稱朕意焉

武帝平齊之役見軍士有跣而行者帝親脫鞾以賜之每宴會將士必自執盃勸酒或手付賜物

建德元年三月詔曰民亦勞止則星動於天作事不時則石言於國故知爲政欲靜在寧民爲治欲安在息役與造無度徵發不已加以頻歲師旅農畝廢業去秋災蝗年穀不登民有散亡家空杼軸朕每旦恭己夕惕兢懷自今正調以外无妄徵發庶時殷俗阜稱朕意焉

隋文帝開皇元年九月詔戰亡之家遣使賑給仍令使者就家勞問

六年八月詔大象已來死事之家咸令賑恤

煬帝大業四年九月詔免長城役者一年租賦

八年二月詔曰朕觀風燕裔問罪遼濱文武叶力爪牙思奮莫不執銳勤王捨家從役罕蓄倉廩之資兼損播殖之務朕所以夕惕愀然慮其匱乏雖復素飽之衆情在忘私悅使之人宜從其厚諸行從一品以下佽飛募人以上家口郡縣宜數存問若有粮食乏少皆宜賑給或有田疇貧弱不能自耕種可於多丁富室勸課相助使夫居者有斂積之豐行役無顧後之慮

十年二月詔曰竭力王役致身戎事咸由徇義莫匪勤誠委命草澤棄骸原野興言念之每懷愍惻往年出軍問罪將屆遼濱廟筭勝略具有進止而楊諒惛凶罔識成敗高頴傲很本無智謀臨三軍猶兒戲視人命如草芥不遵成規坐貽撓退遂令死亡者衆不及埋藏今宜遣使人分道收葬設祭於遼西郡立道場一所恩加泉壤庶弭窮魂之冤澤及枯骨用弘仁者之惠

唐高祖武德三年六月以汾州被圍一載忠勤可嘉乃以絹三千疋頒賜將士

八年八月令民部尚書皇甫無逸於并州設祭戰亡將士

太宗貞觀十年十月征遼迴次營州詔遼東道戰亡人骸骨並集柳城東南有司設太牢以祭之太宗臨哭盡哀從臣無不流涕御製祭文曰夫忠烈忘世往賢明軌志身殉國先哲良規惟爾等心苞鐵石志烈風霜勇氣雄圖衝冠裂眥懷忠立節重義輕生奮劒提戈摧城陷陣冒鋒刃而不顧赴湯火而如歸殞命戰場殘形寇壘膏原潤鐵身喪名存摇落寒関遂非生入營魂雷野無復餘蹤涉出塞之前途掩靈櫬而反骨歌陽春之往路黷長夜之歸魂山川死其不殊存亡颯焉非昔然則身者今之所重名者後之所貴身乃常有而愚夫怯焉功則難立惟烈士成焉若以一生之短期收千載之令譽此聖賢之操也豈直忠勇者乎所以按轡停輿撫膺一慟嘉乃誠節痛爾遺靈酒俎既陳魂其斯享

十五年十一月贈戰亡將士官三轉聽授一子遞其尸櫝還鄉棺斂而葬焉

十九年三月征遼輿駕在定州將士每到者遣於定州北門過太宗御城樓撫慰之明告賞罰優劣甚至悉踊躍歌呼足蹈手舞有從卒一人病不能進太宗召至御牀親加慰撫付州縣廩療之是以將士莫不欣然願從其役有不預征名而請以私裝從軍者動以千計皆去不願受國家官賞乞於高麗城下效一旦之命詔皆不許其人心齊一自古出師命將未之有也七月詔以征遼從行及遼東平壤二道軍人戰死者各加四級聽一子承襲分遣使人就家弔祭又詔從軍死亡之徒恐致堙沒埋殯之處宜立標牓軍迴之日各令將還并給棺以葬焉

二十二年二月制渡遼有功之徒未授勳班而犯罪者與成官同優之也六月令陝州刺史孫伏伽於河南太子詹事張行成於河北渭州覩見父老存撫百姓從軍之家州縣為之營農

高宗龍朔中左武衛大將軍鄭仁泰等討鐵勒無功遣右驍衛大將軍契苾何力為鐵勒道安撫使左衛將軍姜恪為副以輯其餘衆其兵士道死者令所在差軍收瘞之仍蠲免其家

睿宗唐隆元年六月即位詔諸道征鎮人家令州縣撿校

玄宗開元二年六月詔曰吐蕃小寇僻處大荒先朝外撫許其內屬結以和戎之好優以外臣之礼野心易動朝獎遄忘不度德以量力敢窺邊而犯塞許訥等擁旌為將按節持兵驅之逐之指期殄滅使苞桑莫繫破竹無遺實賴宗廟之靈兼資將士之力比來酬叙多歷歲年命賞踰時有乖勸善已令紫微舍人倪若水就軍叙録即有處分

五年五月詔曰王者制五服綏四方申畫郊畿填固封守是乃

選徒興役禦寇備邊欲若前載率由茲道朕以薄德紹膺丕運奉天明命為人父母永懷綏養監寐以之每念征戍良可矜者其有涉河渡磧冒險乘危多歷年所遠辭親愛壯齡應募華首未歸眷此勞止期於折衷但磧西諸鎮道阻且長數有替易難於煩擾其鎮兵宜以四年為限散支州縣務取當戶丁多差遣後量免戶納雜科稅其諸軍鎮兵近日邊加年限者各依舊以三年二年為限仍並不得延留其情願留鎮者即稍加賜物得代願往聽令復行為貴勞逸且均公私咸適宣布遐邇識朕意焉

九年二月詔諸府衛士役重人微既每征行又常番上言念艱辛更無是過不稍優矜何以存濟自今已後征鎮及當番處衛士除公乘配手力驅事及復身以外官人輒私抽役使宜令御史金吾按察使嚴加採察

十二年九月詔曰為國之道莫不欲家給人足令行禁止而旋讀者苦邊疆之戍役稱語者傷戶口之凋殘且夫懷土重遷人之常性離邦去里孰無其情或委非其財或政非其要致令父不保子兄不寧弟井邑有流離之怨道路有呼嗟之聲靜言思之良可歎息是以晝分不食夜不分寢庶息彼弊政就此涼風故發使車以巡郡縣其承前處置不便不利於人即宜當處商量隨事釐革其緣邊兵士等或遠辭鄉壤久事戎旃飢寒而衣食不充疾病而醫藥不拯邊烽忽警將何以堪宜令使人各親勞苦其有年齒衰暮或抱疾羸弱即與軍司選擇給粮放還行人之家委州縣優卹所到宣撫稱朕意焉

十三年正月詔曰陽和布氣是物萌牙仁者用心無遺枯朽自開元元年已來諸軍兵士殞歿骸骨不歸墳壠者宜令軍使為造棺遞送本貫委州縣府助其埋殯河曲隴外往歲戰場殞歿無歸陰雨猶哭言念於此良用惻然亦委朔方隴右河西節度使聚斂骸骨就高燥處同葬祭以酒脯高大築墳使久遠標識

又詔曰乘塞守邊義不可輟遠征久戍人亦告勞朕身處九重心在四遠因時遇物無日不思亭障有行役之勤室家無矜卹之用不以優借何以為安方春發生須急農事其諸軍長征人家單貧乏牛力者宜令本管州縣勸率有家助其營種者秋望

十四年六月詔曰朕為人父母撫有海內以百姓為心恐一夫失所至於兵募尤令存恤去給行賜還給程糧以此優矜不合辛苦如聞比來兵募年滿者皆食不充口衣不蔽形驅募什物散落略盡致不能致便流浪不歸丁壯減耗實由於此自今已後諸鎮兵募每准額至交替時所司預撿勘兩月以前奏聞當差御史分道撿察若有欺隱委御史彈奏其有衣資盡者量以進死兵衣給三兩軍使得安濟如病患者遞給驢乘令及伴侶

十五年二月命中官李善才宣慰于河南河北州縣制曰北河遭水處城旁及諸蕃投降人先令安置及州縣被差征行人家口等去年水潦損田苗宜遣使人所在巡撫兼令州縣倍加矜恤不知並得安存以否今舊穀既役新麥未登丁壯皆差遠行老小慮不安濟朕身居黃屋念在蒼生每思優養無忘鑒寐今故遣中使左監門衛將軍李善才重此宣慰宜令州縣撿責有乏絕者准例給粮俾令安堵以副朕意

十六年三月詔曰諸軍鎮行人家緣其身在征戍事須優矜此來頻有處分令州縣長官存問撿校如聞每事牽挽不異居人音不存恤是何道理宜令所司申明前後勅嚴加處分如是擾擾委御史臺採訪奏聞

十二月詔曰邊鄙未清尚須式遏既加鎮守遂勞力役朕宵衣旰食務在安人求瘼恤隱宜從簡要如聞諸軍兵募處置多乖年滿之日逃亡甚衆自今已後各委本道節度使及兵部侍郎裴光庭同檢校年終類會聞奏健兒長鎮何以克堪可分為五番每年放一番洗沐先取遠年人為第一番周而復始每五年

共酬勳五轉

二十年四月詔曰王者經略以正區夏武夫干城式固封域將以戢兵禁暴安國庇人朕所以選擇忠良鎮守壇場念踐更之役有徭戍之勤備以武守示之威惠故得夷狄款附靡然順風九有晏如四方無事雖備豫之誡不可蹔闕而鰥煢之徒思有矜憫其天下諸州鎮兵募及健兒等或年月已久頗亦辛勤或老疾尫羸或單弱貧窶或親老孤獨致闕晨昏言念於斯深用矜歎宜委節度使及軍州簡擇有如此色一切放還咸宜精審以稱朕意

二十六年春正月親迎氣於東郊畢制曰朕每念黎甿弊於征戍親戚多別離之怨關山有往復之勤何嘗不惻隱於懷寤寐增歎所以別遣召募以實邊軍錫其厚賞使令長住今諸軍所召人數向足在於中夏自可罷兵既無金革之事足保農桑之業自今已後諸軍兵健並宜停遣其見鎮兵並一切放還京畿之內雜役勞繁言念劬勞豈忘優恤

二十九年詔曰諸軍行人皆遠離鄉貫扞彼壇場動即淹年言念艱勞豈忘優恤有疾病老弱不堪鬬戰者委節度揀擇放還

天寶三載正月詔曰凡在黎獻實資存恤一失生業則流庸不歸每軫于懷深可矜愍諸色當番人應送資課者宜當郡具申尚書省勾覆如身至上處勿更抑令納資致使往來辛苦從閏二月至六月已來其當上人中有單貧老弱者委郡縣長官與所由計會便放營農

十二月制曰諸軍行人遠為邊扞脩短之分雖有定期從役而終良深軫念其有陣亡及在軍亡歿骸骨當還本貫者宜令節度使給其棺櫬遞歸本鄉若家內無人付近親收葬仍令所由郡縣量事優恤使得濟辦

八載閏六月上尊號大赦詔曰征鎮之役其來自久雖存素備諒在變通頃者用兵蓋非獲已今西戎摧殄北虜歸降南蠻東夷咸來稽顙亦可謂四海無事萬里廓清減戍息人思弘善貸其軍鎮兵非切要可均減者宜令本道節度使與所司商量處置聞奏其百姓有類經鎮戍者已後差點之次不在取限

十載正月南郊詔曰京兆府及三輔三郡百役勞繁自今已後應差防丁屯丁宜令所由支出別郡

肅宗至德二年詔陣亡將士郡縣其棺櫬瘞埋之遇傷者特加卹養

十二月詔曰陣亡人令所在郡收骸骨瘞埋具酒食致祭各與追贈其家給復二載

乾元元年四月甲寅詔曰陣亡人家并損免戶州縣隨事優恤賑給

上元二年正月詔曰百司及州縣與功力役不急之務一切並停諸軍兵健應在行營有羸老病疾不任戰陣者各委節度使速揀擇放還路次州縣量加濟卹諸色番役各令所司減省放其營農

代宗廣德二年二月南郊祀昊天上帝禮畢制曰自凶孽亂常王室多故干戈不息今已十年軍國務繁關輔尤劇念茲疲耗久困徵科其京城諸司諸使應配彍騎官散官諸色丁匠幕士供膳音聲人執祭齋郎問事掌閑魚師并諸司門僕京兆府驛丁屯丁及諸色納資人每月總八萬四千五十八人數內宜每月共支二千九百四十四人仍令河東關內諸州府配不得偏出京兆府餘八萬一千一百一十四人並停所須諸衛役使宜撙節定數官給資錢不得干擾百姓又曰征人不息勤戍斯久丁壯疲弊老弱困窮光武有言頃須為白戢藏鋒刃牧養元元方面重臣宜悉朕意

大曆七年十一月詔以淮南數州秋夏無雨楊洪宣等三州作坊往以軍興是資戎器既屬時歲大歉慮乎人不寧居徵夫役工損費尤甚務從省約以息疲人亦宜並停

九年四月制曰在軍將士有力竭所傷久嬰沉疾者或力殫場致身鋒刃各委所由量給藥物厚加優當其陣亡將士亦仰本使瘞事優恤妻子各申錫賚

十二年十一月日長至帝不受朝賀以防秋將士暴在野故也

德宗建中元年六月命給事中蔣鎮弔祠涇州將士之戰亡者

三年二月既誅李惟岳下詔易定深趙常冀節度觀察管內自官軍出征所有誅戮並令州縣瘞埋勿令暴露有家屬者並許收葬

興元元年四月帝在梁州山南地偏及夏尤熱將士未給春服帝亦御袷服以視朝左右請御衫帝曰將士從我者冬服未易我豈可獨衣衫乎將士聞之無不感涕至五月諸道財賦稍至先令給將士衣服而後御衫

六月帝發興元辰七月至京師帝自發興元即路踰月時當盛暑帝日未嘗張蓋加帳左右數以爲請帝曰從官將士皆以朕之故尙靡寧未靖戎事朕寧以己之適而不同其寒暑也竟不從

貞元二年四月李希烈平詔曰淮西百姓等久經淪陷兼被傷夷想茲彫殘實足哀愍除供當道軍用之外宜給復二年將吏之中不樂在軍願歸農業者委節度使刺史量給逃戶田宅并借貸種糧優復終身使之存濟

三年閏五月崔漢衡副渾瑊會盟吐蕃漢衡及判官鄭叔矩皆爲吐蕃所執六月辛亥詔賜崔漢衡鄭叔矩家粟帛

四年正月赦書涇隴邠寧振武靈鹽夏官健常例之外每年加賜兩段

三月涇原節度劉昌以平涼盟會所亡殁將士體骨在焉乃令聚而坎瘞之因感夢於昌有媿謝之意遂以上聞帝乃下詔深自尅責仍遣秘書少監孔述睿及中官以御廚饌物及內造衣服數百襲令劉昌收其骸骨以歸分爲大將三十人將士一百人皆棺櫝殮以衣服葬於淺水原置二塚其大將曰旌義塚將士曰懷忠塚詔翰林學士撰二塚誌文及祭文其日劉昌盛陳兵於葬所先設幕次具牢饌祖祭之禮昌及大將皆素服臨之焚其衣及紙錢千幅又立二堠題以塚名表於道傍師人觀之莫不感泣

十五年四月詔應在城諸州軍及畿內諸縣鎮兼京西步驛并奉天行營雜職掌所由兼長行官健共五萬八千二百七十一人宜令所司每人賜粟一石

憲宗永貞元年八月詔曰諸道節度使團練經略防禦等將士父兄于戈式遏封略勤勞王室深用嘉之據其優勞並與甄錄各委本軍本使即具名銜聞奏

元和二年春正月南郊大赦天下京兆府諸司色役人各令條流簡省

十一年春正月朔不受朝賀以師在原野故也

十二年十月淮西平詔其陣亡將士等各委所由即與瘞贈其家口委本軍優當仍五年不停衣食其將士因戰陣傷損尤甚優以至殘廢者各委本軍厚加優恤仍勿停衣糧其陷在賊中官吏將士百姓等應節義著明無辜受戮者宜令長吏致祭收葬並委節度使具名跡聞奏當有褒贈仍優當其家

穆宗長慶元年七月十八日詔應經戰陣之處所在州縣收葬遺骸仍量事與棺櫝兼以禮致祭

敬宗以長慶四年正月即位十月賜山陵持路夫絹各二疋時屬連雨役人飢凍頗甚至有持鍤抱笙而死者帝聞而憫然故有是賜

文宗大和二年七月賜魏博行營將士果衣紫帛一千疋金鑾鍍一千貼便令奏事官押送本道

四年七月內庫出綾三千疋赴宥州賜修城將校

七年正月詔諸色功役非灼然交切者勒停

開成元年十月京兆尹薛元賞奏昆明池修掏功畢欲大爲其防上曰時方凝沍築堤可否元賞曰正當入閑上曰王者動作必法時令不計入閑遂罷之

二年正月帝御紫宸殿宰臣鄭覃李石奏襄陽殷侑論當道防秋兵請就邊上招召徐泗薛元賞請留舊防秋兵二年帝曰殷侑所請邊上募兵恐不得其實又遷動農者防秋既有年限元賞豈得苟留念其邊戍鄉情不可爽及瓜之信

懿宗咸通五年五月丁酉詔邕州已西黎巂界内昨因蠻寇卒有殺傷宜令本道收拾埋瘞量設祭酹

後唐莊宗初嗣晉王位栢鄉之役日晚戰酣突陣都將遼州刺史安元信傷重帝自臨傳藥撫諭

同光元年十二月勑自十數年來累經戰陣殺傷暴露有足憫嗟其德勝寨莘縣楊劉鎮通津鎮胡柳陂戰陣之所宜令逐處差人檢收骸骨埋瘞取係省錢備酒紙招祭以慰亡魂

明宗天成二年五月丙寅差供奉官張郛祢押夏衣一萬副賜湖南行營將士

十月詔曰嫌疑之釁多起於蒼黄必是之名卒難於明辨應去年四月一日諸州府軍變内有詿誤身歿者並許子孫禮葬頃以兩軍對壘仍歲交鋒亡歿甚多暴露不少宜令滑濮鄆澶衛等州各據地界内應有暴露骸骨並與埋瘞

長興三年三月帝謂六軍副使石敬瑭曰神武馬軍就糧鞏縣昨日雨甚何不賜油衣敬瑭對曰去京師近不敢奏請帝曰百寮入朝至近尚須油衣縱與未必獲濕然表朕意耳十二月賜修洛水堤岸工徒每夫酒一外十夫共一羊癸丑帝幸龍門觀工徒修伊河石堰以羊酒賜役夫觀洛堰例伊水中流榜夫墮水遣人拯之以錦袍賜之

四年二月乙丑勑倉門黑河役夫數百春寒稍甚宜俟晴暖作役

十一月樞密使安重誨奏欲近南别開一河以導水計功六十萬權倩京師戸人帝曰勞役百姓不宜有此商量遂止

末帝清泰元年七月甲子詔鳳翔西面來往兵士或疾病損傷者留醫養候任行李則人給千錢勒歸本處

晉高祖天福二年十二月宣遣承旨劉肖義押鳳翔往軍前賜傷中將校

少帝開運二年二月乙酉勑曰契丹違天背惠猾夏渝盟無名侵犯於封疆縱暴殺傷於生聚毒流數郡怒積群情果敗衂於漳川乃退歸於燕塞今則長驅虎旅誓滅胡塵雪萬姓之沉冤期四方之昭泰每念蕃寇經過之處邊隅陷没之人未掩殭尸何安恨魄軫傷既切惠澤宜加其常定邢洺管界蕃寇經過之處枉遭殺害無主收葬者宜令本州差大將一人所在收瘞量事祭奠訖具事以聞

漢隱帝乾祐元年四月庚辰勑青州收瘞用兵討楊光遠時骸骨癸卯勑三京鄴都諸道州府自北虜入寇羣盜劫傷所有被殺暴露骸骨及墳墓被發掘者並令逐處長吏據地分收拾埋瘞初契丹犯關四郊墳墓無不發掘故有是詔

三年正月丙寅詔遣供奉官梁再鈞使河中侯樞使鳳翔並爲收拾用兵時城内外殺傷餓殍遺骸令瘞而祭之時已有僧收拾尸首至二十萬

周太祖廣順二年五月平慕容彦超於兖州詔諸軍將士等有殁於王事者各等第給孝贈仍以本人半分衣粮給與本家一年有親子者官中並與收録安排自軍使都頭已上皆與贈官九月勑兖州自逆臣盜據多有殺傷求爲葬祊之仁式示掩骸之義宜令樂院使黄知鈞往兖州收暴露骸骨於高地爲壙埋瘞祭奠以聞

世宗顯德元年正月赦文諸軍將士年老病患不任征行情願歸農者本軍具以名聞給憑由放免

四月討太原迴詔兆殺戮職軍處四面山谷間屍首此多宜令逐處官吏差人收斂埋瘞勿令曝露

二年十一月以秦鳳平詔城下劝役百姓爲矢石所害致死者本戶除二税外放免三年差徭仍賜本家孝服絹三疋其部署人夫州縣官並與加階減選

四年二月壬戌詔諭淮南招討使李重進都監向訓盧州行府劉重進等令於淮南管内戰陣之處收其骸骨悉埋瘞之

三月詔曰自攻討壽州已來應有將士殁於王事者宜差殿直劉漢卿於壽州四面收斂其屍以官物殯葬本家仍與優給有男者量與叙用

五年五月帝以征淮南迴降德音云疾風勁草旣驗忠誠臨難捐軀所宜旌異應淮南行營將士殁於王事者各與贈官逐人若有親的子孫並與叙録内有傷中殘廢不任征行者等第給救接錢帛排難疆場馬革無歸於壯志遺骸暴露牛岡有軫於深仁載循掩骼之文俾釋窮泉之恨凡經戰陣處應有暴露骸骨仰逐處州縣收拾埋瘞淮南界内逐處墳墓有曾遭發掘處委逐州縣差人掩閉

好邊功

聖人制兵以威天下五材並用弗可闕也然而有道之守實在於外夷好戰之危蓋存於深戒其或中區大定海内同軌乃復恃其富疆肆其尉力釆疆吏之甘言信行人之詭計貪其土地利其俘獲出師命將窮兵黷武靡思餽饟之苦罔念征戍之役以致百姓騷動中國罷弊損多益寡得虛喪實久而迷復何救於治哉

周穆王將征犬戎犬一作畎戎祭公謀父諫祭畿内之國周公之後爲王卿士謀父字也曰不可犬戎氏以其職來王天子曰予必以不享征之且觀之兵無乃廢先王之訓而王幾頓乎吾聞犬戎樹敦樹立也一言犬戎立性敦篤也率舊德而守終純固其有以禦我矣王遂征之得四白狼四白鹿以歸自是荒服者不至

漢武帝建元六年八月閩越王郢攻南越遣大行王恢將兵出豫章大司農韓安國出會稽擊之未至而越人殺郢以報恢因兵威使番陽令唐蒙風曉南粵番音潘風讀曰諷蒙歸至長安上書曰南粵王黄屋左纛言爲天子之車服地東西萬餘里名爲外臣實一州主今以長沙豫章往水道多絶難行竊聞夜郎所有精兵可得十萬浮船牂柯出不意此制粵一奇也誠以漢之彊巴蜀之饒通夜郎道爲置吏甚易帝許之乃拜蒙以郎中將將千人食重萬餘人食謂糧食重謂衣被及直用物也從巴莋關入遂見夜郎侯多同多同其侯名也厚賜諭以威德約爲置吏其子爲令旁小邑皆貪漢繒帛以爲漢道險終不能有也迺且聽蒙約還報迺以爲犍爲郡發巴蜀卒治道自僰道指牂柯江蜀人司馬相如亦言西夷邛莋可置郡使相如以郎中將往諭皆如南夷爲置一都尉十餘縣屬蜀元光四年夏發巴蜀治南夷道作者數萬人千里負擔餽饟餽音饋饟式亮反率十餘鍾致一石言其勞費用功重散幣於邛僰以輯之邛今邛州也僰今僰道縣也輯與集同謂安定也數歲而道不通蠻夷因以數攻吏發兵誅之悉巴蜀租賦不足以更之悉盡也更償也租賦不足償其功費也更言使酒募豪民田南夷入粟縣官而内受錢於都内都内京師主藏者也大司農屬官有都内令丞也西南夷又數發兵興擊耗費亡功帝患之使公孫弘往視問焉還報言其不便及弘爲御史大夫時築朔方據河逐胡弘等因言西南夷爲害言通西南夷大爲損害可且罷專力事匈奴帝許之罷西夷獨置南夷兩縣一都尉稍令犍爲自保就其業令自保守且皆成其業犍爲今嘉州縣

元朔二年春收河南地置朔方五原郡興十餘萬人築衛朔方築城其上以衛守之轉漕甚遠自山東咸被其勞費數十百鉅萬數十萬乃至百鉅萬府庫並虛迺募民能入奴婢得以終身復爲郎增秩入奴婢則復終身先爲郎者就增其秩也一曰入奴婢以自免爲良者得爲郎舊爲郎更增秩也及入羊爲郎是時主父偃盛言朔方地肥饒外阻河蒙恬城以逐匈奴内省轉輸戍

漕廣中國滅胡之本也上覽其說下公卿議皆言不便公孫弘曰秦時常發三十萬衆築北河終不可就(就成也)已而棄之朱買臣難詘弘遂置朔方本偃計也

元狩元年博望侯張騫言使大夏時見邛竹杖蜀布問安得此大夏國人曰吾賈人往市之身毒國(毒音篤一名天篤則浮屠胡是也)身毒國大夏東南可數千里其俗土著(土著謂有城郭常居不隨畜牧移徙也著音直略切其下亦同)與大夏同而卑溼暑熱其民乘象以戰其國臨大水焉以騫度之(度計)大夏去漢萬二千里居西南今身毒又居大夏東南數千里有蜀物此其去蜀不遠矣今使大夏從羌中險羌人惡之少北則爲匈奴所得從蜀宜徑又無寇(徑直也宜當也從蜀向大夏其道當直)天子既聞大宛及大夏安息之屬皆大國多奇物所著頗與中國同俗而兵弱貴漢財物其北則大月氏康居之屬兵彊可以賂遺設利朝也(設施也施利以誘令入朝)誠得而以義屬之(謂不以兵)則廣地萬里重九譯致殊俗威德徧於四海天子欣然以騫言爲然迺令因蜀爲發閒使四道並出(閒使者求閒隙而行)出駹出莋出徙邛出僰(皆夷名駹音尨莋音才各切徙音斯僰音蒲北切)皆各一二千里其北方閉氐莋(漢使見閉)南方閉巂昆明(巂昆明亦夷名也巂先蘂切)昆明之屬無君長善寇盜輒殺略漢使終莫得通然聞其西可千餘里有乘象國名滇越(滇音顛[illegible]出其國)而蜀賈閒出物者或至焉(閒出物謂私往市者)於是漢以求大夏道始通滇國時吏士爭上書言外國奇怪利害求使天子爲其絶遠非人所樂聽其言(人皆不樂去故有自請者即聽而遣之)予節募吏民無問所從來(不爲限禁遠近皆應募)爲具備人衆遣之以廣其道來還不能無侵盜幣物及使失指(失天子指意)天子爲其習之輒覆按致重罪(言其串習不以爲難當更求充使也)以激怒令贖(令立功以贖罪)復求使使端無窮而輕犯法其吏卒亦輒盛推外國所有言大者予節言小者爲副故妄言無行之徒皆爭相效其使皆私縣官齎物(言所齎官物竊自用之同於私有)欲賤市以私其利(所市之物得利多者不盡入官也)外國亦厭漢使人人有言輕重(漢使言於外國人人輕重不實)度漢兵遠不能至而禁其食物以苦漢使(苦令其苦也)漢使乏絶責怨至相攻擊[illegible]姑師小國當空道(空孔也)攻刼漢使王恢等尤甚而匈奴奇兵又時時遮擊之使者爭言外國利害(言服之利不討則爲害)皆有城邑兵弱易擊於是天子遣從票侯趙破奴將屬國騎(屬國騎謂外國降漢者)及郡兵數萬(擊姑師也)至姑師王恢數爲樓蘭所苦帝令恢佐破奴將兵破奴與輕騎七百人先至虜樓蘭王遂破姑師因暴兵威以動烏孫大宛之屬(暴謂顯露也)還封破奴爲浞野侯恢爲浩侯於是漢列亭障至玉門關矣(玉門關在燉煌界)而大宛諸國發使隨漢使來觀漢廣大以大鳥卵及黎軒眩人獻於漢(大鳥卵大如汲水瓮眩讀與幻同即今吞刀吐火植瓜種樹屠人截馬之術是也)天子大說

太初元年八月遣貳師將軍李廣利發屬國六千騎及郡國惡少年數万人伐宛期至貳師城取善馬故浩侯王恢使道軍號西過鹽水當道小國各堅城守不肯給食攻之不能下下者得食不下者數日則去比至郁成士財有數千(比音必寐切財與纔同)皆飢罷(罷讀曰疲)攻郁成城郁成距之所殺傷甚衆貳師將軍與左右計至郁成尚不能舉況至其王都乎引而還往來二歲至燉煌士不過什一二(十人之中一二人得還)使使上書言道遠多乏食且士卒不患戰而患飢人少不足以拔宛願且罷兵益發而復往(益多也)天子聞之大怒使使遮玉門關曰軍有敢入斬之貳師恐因留屯燉煌其夏漢亡浞野之兵二萬餘於匈奴(趙破奴後封浞野侯浞音士角切)公卿議者皆願罷宛軍專力攻胡天子業出兵誅宛小國而不能下則大夏之屬漸輕漢而宛善馬絶不來烏孫輪臺易苦漢使(易輕也輪臺亦國名)爲外國笑迺案言伐宛尤不便者鄧光等(案其罪而行罰)赦囚徒扞寇盜(使從軍扞禦)發惡少年及邊騎歲餘而出燉煌六万人(與發部曲乃得行)負私從者不與(負私糧食及私從者不在六万人數中也與讀曰豫)牛十万馬三万匹驢橐駝以万數齎糧兵弩甚設(施張具也)天下騷動轉相奉伐宛五十餘校尉宛城中無井汲城外流水於是遣水工徙其城下水空以穴其城(空孔也徙其城下水者令從他道流不迫其城亦也以穴其城者皆圖而攻)

之亾作孔使穿穴也下云以其水原移之又云圍其城攻之其再敵其事也穿曰穴決其水下令穴城下而因其舊引水入其城之孔而汇之孔也益發甲卒十八万酒泉張掖北置居延休屠以衛酒泉或立二縣以衛邊也或曰置二都尉而發天下七科適曰適讀曰謫及載糒給貳師糒乾飯轉車人徒相連屬至燉煌而拜習馬者二人爲執驅馬校尉習便也一人爲執馬校尉一人爲驅馬校尉備破宛擇取其善馬云於是貳師後復行兵多所至小國莫不迎出食給軍至輪臺不下數日屠之自此而西平行至宛城平行言無所鬭也兵到者三萬宛兵迎擊漢兵漢兵射敗之宛兵走入保其城貳師欲攻郁城成恐留行而令宛益生詐留行謂軍留止其行迺先至宛決其水原移之則宛固已憂困圍其城攻之四十餘日宛貴人謀曰王毋寡匿善馬殺漢使毋寡宛王名今殺王而出善馬漢兵宜解即不迺力戰而死未晚也宛貴人皆以爲然共殺王其外城壞虜宛貴人勇將煎靡宛之貴人爲將而勇者煎靡其名也宛大恐走入中城相與謀曰漢所爲攻宛以王毋寡持其頭遣人使貳師約曰漢無攻我我盡出善馬恣所取而給漢軍食即不聽我我盡殺善馬康居之救又且至至我居內康居居外與漢軍戰孰計之何從令貳師孰計之而欲取我乎是時康居候視漢兵尚盛不敢進貳師聞宛城中新得漢人知穿井而其內食尚多計以爲來誅首惡者毋寡頭已至如此不許則堅守而康居候漢兵罷來救宛破漢軍必矣罷讀曰疲軍吏皆以爲然許宛之約宛迺出其馬令漢自擇之而多出食食漢軍下食讀曰飤漢軍取其善馬數十匹中馬以北牡三千餘匹而立宛貴人之故時遇漢善者名昧蔡爲宛王昧音本末之末蔡音千曷切與盟而能兵終不得入城中罷而引歸賈捐之曰武帝元狩中太倉之粟紅腐而不可食粟久腐壞則色紅赤也都內之錢貫朽而不可校校謂計數也迺採平城之事追讎高帝平城之事録冒頓以來數爲邊害籍兵厲馬因富民以攘服之攘卻也西連諸国至于安息東過碣石以玄菟樂浪爲郡樂音洛浪音郎北卻匈奴萬里更起營塞制南海以爲八郡則天下斷獄萬數民賦數百造鹽鐵酒榷之利以佐用度猶不能足當此之

時寇賊並起軍旅數發父戰死於前子鬭傷於後女子乘亭鄣孤兒號於道老母寡婦飲泣巷哭泣流入口故言飲泣遥設虛祭想魂乎萬里之外淮南王盜寫虎符陰聘名士關東公孫勇等詐爲使者是皆廓地泰大征伐不休之故也

後魏太武神䴥二年練兵于南郊將襲蠕蠕公卿皆不願行保太后固止帝皆不聽唯太常卿崔浩贊成帝從浩計而行帝緣栗水西行過漢將竇憲故壘平城三千七百餘里分軍搜討東至瀚海西接張掖水北渡燕然山東西五千餘里南北四千里

隋煬帝大業三年令羽騎尉朱寬入海求訪異俗海師何蠻言每春秋二時天清風靜東望依俙似有煙霧之氣亦不知幾千里遂與蠻俱往因到流求国言不相通掠一人而返明年帝復令寬慰撫之流求不從取其布甲而還時倭國使來朝見之曰此夷邪久国人所用也帝遣武賁郎將陳稜朝請大夫張鎮州率兵自義安浮海擊之至高華嶼又東行二日至黿鼊嶼又一日便至流求初稜將南方諸國人從軍有崑崙人頗解其語遣人慰諭之流求不從拒逆官軍稜擊走之進至其都頻戰皆敗焚其宮室虜其男女數千人載軍實而還自尓遂絶

五年五月吐谷渾王率衆保覆袁川帝分命將擊之六月癸卯大斗拔谷山路隘險魚貫而出風霰晦暝與後宮相失士卒凍死者太半

八年正月親征高麗大軍集于涿郡摠管一百一十万三千八百号二百万其饋運者倍之三月帝御師于遼水四月進遼東時諸將各奉旨不敢赴機既而高麗各城守攻之不下六月已未幸遼東責怒諸將止城西數里御六合城七月壬寅宇文述等敗績于薩水右屯衛將軍辛世雄死之九軍並陷一日一夜還至鴨渌水行四百五十里初度遼九軍三十萬五千人及還至遼東城惟二千七百人既班師敗將宇文述于仲文等除名爲民斬尚書右丞劉士龍以謝天下

九年正月徵天下兵募民爲驍果集于涿郡復宇文述等官爵又徵兵討高麗四月庚午車駕度遼壬申遣宇文述楊義臣趣平壤六月禮部尚書楊玄感反於黎陽遂攝東都兵部侍郎斛斯政奔于高麗帝乃班師

十年二月詔百寮議伐高麗數日無敢言者遂下詔親征三月壬子行幸涿郡四月甲午次北平七月甲子高麗遣使降囚送斛斯政帝大悅遂班師初帝以天下承平日久召募行人分使絕域諸蕃至者厚加禮賜有不恭命以兵擊之盛興屯田於玉門柳城之外課天下富室益市武馬疋直十餘萬富彊坐而凍餒者十家而九

唐太宗貞觀十八年二月謂侍臣曰莫離支賊弑其主盡殺大臣用刑有同坑穽百姓轉死怨痛在心道路以目夫出師弔伐須有其名因其弑君虐下取之甚易也十九年命刑部尚書張亮爲平壤道行軍大總管領將常何等率江淮嶺硤勁卒四萬

戰船五百艘自萊州汎海趍平壤又以特進英国公李勣爲遼東道行軍大總管禮部尚書江夏王道宗爲副領將軍張士貴等率步騎六萬趨遼東兩軍合勢太宗親御六軍以會之後張亮與高麗再戰於建安城下皆破之及道宗遣果毅都尉傅伏愛領隊兵於山頂以防敵土山自高而陊排其城城隤會伏愛私離所部高麗百人自頹城而戰遂據有土山而塹斷之積火縈排以自守固太宗大怒斬伏愛以徇命諸將擊之三日不能克太宗以遼東倉儲無幾士卒寒凍乃詔班師二十二年又遣右武衛大將軍薛萬徹等往青丘道伐之萬徹渡海入鴨淥水進破其泊灼俘獲甚衆太宗又命江南造大船遣陝州刺史孫伏伽召募勇敢之士萊州刺史李道裕運糧及器械貯於烏湖島將欲大舉以伐高麗不果行初太宗征高麗雖有功所損亦甚謂左右曰使朕有魏徵在必無所行

高宗嗣位又命兵部尚書任雅相左武衛大將軍蘇定方左驍衛大將軍契苾何力等前後討之皆無大功而還乾封元年十一月命司空英國公李勣爲遼東道行軍大總管率裨將郭待封等以征高麗總章元年十一月拔平壤

冊府元龜卷第一百三十五

册府元龜卷第一百三十六

帝王部一百三十六

慰勞

周禮小行人之職國師役則犒之所以省卹罷勞激勸壯武也詩云我姑酌彼金罍維以不永懷又以均錫宴飲昭示慈惠也自小雅之作厥義彌著施及後世斯可既舉若乃遣師徂征宿兵在野邊候方警戍守斯久迨夫弔伐弭寧振旅凱入則必親迓戎輅巡省和門亦復臨遣將臣申諭恩旨是皆古者撫士慰下勞還勤歸之道也至於敦諭反側綏懷寇亂安輯降附案發護累戚政之大者良可述焉

周文王爲西伯之時以帮王之命命將率遣戍役以守衛中國故歌采薇以遣之出車以勞還杕杜以勤歸又使臣以王事往來於其職於其來也陳其功苦以歌樂之故作四牡詩

漢高祖初爲漢王二年十一月自廣武之閒西入關至櫟陽存問父老置酒留四日復如軍

文帝六年匈奴大入邊以宗正劉禮爲將軍軍霸上祝茲侯徐厲爲將軍軍棘門以河内守周亞夫爲將軍軍細柳以備胡帝自勞軍

魏明帝景初二年司馬宣王爲太尉帥師討公孫文懿于遼東既平天子遣使者勞軍于薊

齊王正始二年司馬宣王破吴軍追至三州口斬獲萬餘人收其舟船軍資而還天子遣侍中常侍勞軍于宛

嘉平三年司馬宣王帥中軍至甘城縛王淩以歸京師天子遣侍中韋誕持節勞軍于五池

高貴鄉公甘露元年七月安西將軍鄧艾大破蜀大將姜維於上邽詔曰兵未極武醜虜摧破斬首獲生動以萬計自頃戰克無如此者今遣使者犒賜將士大會臨饗飲宴終日稱朕意焉

陳留王即位使侍中衛瓘慰勞河北

晉武帝太康元年三月龍驤將軍王濬平吴詔遣使者犒濬軍又遣兼侍中張側黄門侍郎朱震分使揚越慰其初附

穆帝永和十年桓温北伐進至霸上苻健以五千人深溝自固居人皆安堵復業持牛酒迎温於路者十八九耆老感泣曰不圖今日復見官軍初温恃麥熟取以爲軍資而健芟苗清野軍糧不屬收三千餘口而還帝使侍中黄門勞温于襄陽

海西公太和四年桓温北伐至枋頭爲慕容垂所敗温甚恥之歸罪於袁真表廢爲庶人真怨温誣己據壽陽以自固潛通苻堅慕容暐帝遣侍中羅含以牛酒犒温於山陽使會稽王昱會温于涂中

簡文咸安二年詔曰吾承祖宗洪基而昧于政道懼不能允釐天工克隆先業夕惕惟憂若涉泉水賴宰輔忠德道濟伊望羣后竭誠協契斷金内外盡翼贊之規文武致匪躬之節巽因斯道終克弘濟每念干戈未戢公私疲悴藩鎮有疆埸之務征戍

懷東山之勤或白首戎陣忠勞未叙或行役彌久擔石靡儲何嘗不昧旦晨興夜分忘寢雖未能撫而巡之且欲達其此心可遣大使詣大司馬并問方伯逮于邊戍宣詔大饗求其所安又壽量賜給悉令周普

孝武太元八年謝玄謝琰桓伊等破苻堅詔衛將軍謝安勞旋師于金城

後魏孝文太和十七年十二月帝罷南伐巡省六軍

宣武正始三年四月詔遣使者巡慰北邊酋庶

永平元年鎮北將軍李平討京兆王愉於冀州既平宣武遣兼給事黄門侍郎秘書丞元忻宣旨慰勞

孝明孝昌元年徐州刺史元法僧叛入于梁梁遣其豫章王蕭綜入據彭城時安豐王延明爲大都督大行臺率臨淮王彧等衆軍討之既而蕭綜降附徐州清復遣散騎常侍常景兼尚書持節馳驛行臺都督觀機部分時尚書令蕭寶夤都督崔延伯

都督北海王顥都督車騎將軍元常等並各出特詔慰諭軍
宣旨勞問
又撫軍將軍兼行臺尚書源子雍破賊大破蕭寶夤帥佗單步胡
提於曲沃堡帝璽書勞勉之子雍在白水郡復破阿非軍於白
水郡多所斬獲詔遣侍中尚書令城陽王徽於潼關宣旨慰勞
廢帝普泰初以李裔爲特節散騎常侍安北將軍兼給事黃門
侍郎慰勞山東大帥
出帝永熙三年五月丁酉帝幸華林都亭集京畿都督及軍士
三千餘人慰勉之
後周太祖爲西魏相国大統八年十月北齊神武以衆攻玉壁
城晉州刺史韋孝寬拒之苦戰六旬神武夜遁太祖嘉孝寬功
令殿中尚書長孫紹遠左丞王悅至玉壁勞問授驃騎大將軍
武帝保定四年十月詔大冢宰護等伐齊丁卯幸沙苑勞師癸
酉還宮

建德五年東伐十二月次於晉州初齊攻晉州恐王師卒至於
城南穿塹自喬山屬於汾水庚戌帝帥諸軍八萬人置陣東西
二十餘里帝乘常御馬從數人巡陣處分所至輒呼主帥姓名
以慰勉之將士感見知之恩各思自勵
隋煬帝以仁壽四年即位八月并州總管漢王諒反詔左僕射
楊素并州道行營總管討平之帝遣素弟脩武公約齎手詔勞
素曰我有隋之御天下也于今二十有四年雖復外夷侵叛而
內難不作修文偃武四海晏然朕以不天銜恤在疚號天叩地
無所逮及朕本以蕃王謬膺儲副復以庸虛纂承鴻業然天下
者先皇之天下所以戰戰兢兢弗敢失墜況復神器之重生民
之大哉賊諒苞藏禍心自幼而長爭爲兇虐假託名譽不奉國
諱先圖叛逆違君父之命成莫大之罪詐惑良善妄任姦回稱
兵內侮毒流百姓私假署置擅相誅戮小亦不少衆長民怨神
怒衆叛親離爲惡不同同歸於亂朕寡兄弟猶未忍言是故開
關門而待寇戢干戈而不發朕聞之天生蒸民爲之置君御惟
先旨每以子民爲念朕豈得枕伏苫廬顧而不救也大義滅親
春秋高義周旦以誅二叔漢啓以戮七藩義在茲乎事不獲已
是以授公戎律問罪太原且逆子賊臣何代不有豈意今者近
出家國所歎荼毒甫爾便及此事由朕不能和兄弟不能安蒼
生德澤未弘兵戈先動兹亂者止一人塗炭者乃衆庶非唯寡
畏天威亦乃孤負付屬慚德厚顏愧乎天下公乃先朝功臣勳
庸克茂至如皇基草創百物惟始便匹馬歸朝誠識兼至汴部
鄭州風卷秋籜荊南塞北若火燎原早建殊勳夙著誠節及獻
替朝端具瞻惟允爰弼朕躬以濟時難昔周勃霍光何以加也
賊乃竊據蒲州關梁斷絕公以少擊衆指期平殄高壁據嶮抗
拒官軍公以深謀出其不意霧廓雲除冰消瓦解長驅北邁直
趣巢窟晉陽之南蟻徒數萬諒不量力猶欲舉斧公以稜威外
討發憤於內忘身殉義親當矢石兵刃蹔交魚潰鳥散僵屍蔽

野積甲若山諒遂守窮城以拒鈇鉞公董率驍勇四面攻圍使
其欲戰不敢求走無路智力俱盡面縛軍門斬將搴旗伐叛柔
服元惡既除東夏清晏嘉庸茂績於是乎在昔武安平趙淮陰
定齊豈若公遠而不勞速而克捷者也朕殷憂諒闇不得親御
六軍未能問道於上庠遂使劬勞於行陣言念於此無忘寢食
公乃建累世之元勳執一心之確志古人有言曰疾風知勁草
世亂有誠臣公得之矣方乃銘之常鼎豈止書勳竹帛哉功績
克諧哽歎無已稍冷公如宜軍旅務殷殊當勞慮故遣公弟指
宣往懷迷塞不次素上表陳謝曰臣自惟虛薄志不及遠州郡之職敢憚劬勞輔相之榮無階覬望特逢昌運王業惟新追清流赴海誠心屢竭輕塵集嶽功九蓋微從以南陽里習蓋從子弟高位重爵榮顯一時遂復入參朝端出總戎律受文武之任預帷幄之謀豈臣才能實由恩澤欲報之德義極昊天伏惟陛下體重離之明養繼天之德收臣於躓跡遠與臣以光暉南服隆相道之書春宮奉肅成之旨蔦草林無識尚榮枯假押凡百有實自效無路晝夜回徨寢食慚惕勞瞿朝露奄至虐負聖慈賊諒背恩包禍心有自來矣因幸國家便肆凶逆稱兵弩弋搖蕩山東陛下授臣以發臣以戎律蕞爾育之窮凛平亂之規蕭王赤心人皆為死廣皇大呀天下無歸故思奮淺豈臣之力無暮使臣弟約齎詔書問勞高旨無無有

[illegible]

唐高祖初爲唐王隋義寧二年四月勞東都旋師於長樂宮

武德元年十月遣右武候大將軍龐玉率兵西討帝幸開遠門勞將士而還

十一月秦王征薛仁杲凱旋帝享勞旋師

三年四月秦王平并州帝遣司農卿享雲起勞軍

四年三月益州道行營僕射竇軌率兵擊東都帝引其將校五百人宴賜而遣之

四月皇太子討張長遜迴班師帝於玄武門宴勞將士賜帛各有差

五月王世充降遣尚書右僕射裴寂持節勞軍又遣侍中陳叔達齎百牢上尊酒醼勞秦王於近郊

五年十二月皇太子建成與劉黑闥戰於魏州城下破之闥抽軍北遁詔尚書右僕射裴寂馳往勞之

六年十月秦王屯并州以備突厥及班師帝迎勞於忘武頓

太宗貞觀十六年遣安西都護郭孝恪伐焉耆虜其王龍突騎帝大悅璽書勞之曰知破焉耆虜其僞王功立威行深副所委但焉耆絕域地阻天山恃遠憑深敢懷叛逆卿望崇位重報効情深遠涉沙場龔行罰罪取其堅壁曾不崇朝再廓遊魂遂無遺寇緬思竭九必大艱辛超險成功深足嘉尚

十九年帝征遼二月李勣所領之衆頓於幽州詔遣通事舍人臺師讓齎璽書詣軍中勞勉之將士咸悅人百其武焉

二十年六月平薛延陀詔曰朕聞獯獫強暴歷代憑凌結瑙凶都凝氛大漠家山宅野時散聚而爲分幕巷廬聲作踰蹙而擒奏退因利鉤進爲財變前王弊其貪殘中夏憚其桀食然而三策知虜非爲禦寇之方千里長城豈謂靜邊之計故以百王罷服千古不賓種落眞繁齊尊乳職武德之際飲馬渭濱貞觀之初敢恣凌逼朕載懷慷慨命將出師旗鼓一臨沙漠大定雪涇陽之恥報白登之漢讎截瀚海以開地籠天山而築苑其餘醜類自已羈縻勞我邊甿軫余遐念將奮鈇鉞受命上玄延陁惡積禍盈今日爽滅毗徒內潰凶黨外離契苾款降其餘相率歸附唯僕骨同羅猶懷假息冰銷雹碎匪夕伊朝豈朕威恩所懷故乃蒼旻之惠觀賊此勢何能自全今不乘機恐貽後悔故欲暫往靈州親自招撫安邊靜亂下固甿基一軌同文求弘家業使萬里之外不有半烽百郡之中猶無一戍求絕鎮防之役豈非黎元樂歟雖復去歲東征士馬勞倦甫旋京邑曾未踰年今秋複行理多疲頓但以良藥苦口非病者甘之而必服焉思去膏肓之疾秋種弊力豈農夫樂焉而必履之求其倉庫之益斯皆忍小惡而成大美就勤害而得殊功朕積歲累時令尚虛擬必欲奉衛就路以赴天機百辟士庶幸勿辭也遼東從征皆不差發布告天下悉朕意焉

二十二年三月庚戌遣通事舍人韋揮往使崑丘道行軍曾尉

王衆是年右武候將軍梁建方擊松外蠻破之其酋帥遂稽顙請降遣首領千人來謁軍門建方振旅而還及至帝勞其勤苦賜以上駟

高宗永徽四年十月以睦州女子陳碩眞率衆反揚州長史房仁裕平之詔刑部尚書唐臨馳傳按覆被詿誤者矜免之人吏爲賊所殺者官爲殯斂

龍朔元年遼東道行軍總管蘇定方拔百濟之眞都擒其王義慈來降遣左衛郎將王文度齎璽書勞定方已下將士及百濟百姓各令安堵如舊有才者節級錄用若能便經略高麗者委定方揀擇將士可否聞奏

玄宗開元三年三月遣兵部員外郎王上客刑部員外郎楊敬明等分往諸軍宣慰將士

四年十二月命衛尉少卿李暠齎璽書勞朔方將戶

九年九月詔曰如聞鹽夏兩州百姓及六州胡等被胡賊殺掠

宜令御史韓朝宗皇甫翼齎書分往慰問使覆損數其被損之家務令存恤應須給貸蠲免量事處置訖迴日奏聞

十二年七月以黔州道招討使內侍楊思勗討溪州賊帥有功特加輔國大將軍兼內侍祿俸防閤一事已上並依品給宴思勗以下立功將士於朝堂謂曰蠻夷不道賊害平人卿等竭誠一舉而定窮深盡險罔不率從往返若飛當甚勞弊各賜卿少物宴畢領取

十五年凉州都督王君㚟破吐蕃凱旋詔置食朝堂宴之及將士等並賜物有差帝謂君㚟及將士等曰吐蕃小醜敢懷逆命輒窺亭鄣以逞凶狂卿等智勇夙彰軍威克振纔整旗鼓屢翦渠魁深入寇庭當甚勞耳

十六年二月乙未令湖方節度副大使左金吾衛大將軍信安郡王禕宣慰嶺南

二十六年十月壬申命侍御史陳谿使于劍南安戎城宣慰將士勑曰吐蕃醜類背約孤恩卿等同族寇讎為國展効深入賊境久冒艱危至於勤勞豈不知委頃聞在彼小有喪敗卿等非不盡力自是主將無謀古之用兵在於貴師王昱緣此亦已貶官卿等但須悉心不可因茲沮氣遞相激勵以保功名戰亡之人深可憫惜並申弔祭用慰幽魂其瘡痍及陣亡之家宜委陳谿與州縣相知優恤

天寶十四載十一月命榮王琬為元帥東征安祿山帝御勤政樓宴將士

肅宗至德元年十月皇弟潁王璬陳王珪自蜀至上皇有詔慰問朝臣及將士等

代宗寶應元年冬以初平河朔拜宗正少卿李涵左庶子兼御史中丞河北宣慰使

廣德二年正月以尚書右丞顏眞卿為刑部尚書兼御史大夫充朔方宣慰使

永泰元年七月遣尚書左丞李涵以本官兼御史大夫使于河北道宣慰

大曆二年九月詔曰河朔一隅地方千里外捍夷狄內輔成周撫勤王之師修任土之貢顧其方鎮可謂宗臣眷我侯伯是有勳勞且將相朕之股肱兆庶君之支體事同休戚寧忘鑒寤思撫巡而未獲念征鎮而求懷爰命宗臣往申旨諭銀青光祿大夫行尚書左丞襄武縣開國公李涵朕之茂親腹心攸寄純固所以致命文質所以經邦溫恭禮讓誠信易直勵匪躬之節秉憂國之心美其公才當所委任再令宣撫皆合事宜既述𢤱誠之詞兼陳理化之績慰我憂念意甚嘉之今秋冬在候徭戍勤止將校有介冑之勞黎元有稅賦之役代予親問詔爾使臣仍兼副相之勞式重登車之務可兼御史大夫充河北宣慰使

三年閏六月命兵部侍郎李涵兼御史大夫充河北道宣慰使幽州之難故也

六年八月命左散騎常侍孟皞使于河北道宣慰

八年八月辛未幽州盧龍節度觀察等使檢校左散騎常侍幽州大都督府長史朱泚遣弟滔領防秋兵馬五千騎至自幽州詔發六軍將士千餘騎迓于國門許便道由皇城南面出開遠門赴涇州行營命有司大置酒於開遠門宴慰遣之騎卒精銳冠絕諸軍道路觀者如堵

十年正月命內侍孫知古使于魏州宣慰因曉示田承嗣各守封疆

德宗建中四年三月遣太子太師顏眞卿宣慰淮寧節度李希烈

十二月帝在奉天加給事中孔巢父兼御史大夫淄青宣慰使以潼關防禦鎮國軍使華州刺史董晉為國子祭酒兼御史大夫河北宣慰使

興元元年正月帝在奉天以兵部員外郎李充兼御史中丞鎮冀宣慰使

四月帝在梁州以屯田郎中沈房為太常少卿兼御史中丞入蕃計會及安西北庭宣慰使

六月乙巳詔曰朕獲承先顧付以大器懼德不類貽列聖羞虔恭惕厲罔敢暇逸將期布令齊一致俗和平然而誠信未孚衆心遂阻理化乖當百度失中君臣之間黷擾壅不達致寇雖深於罪已興戎尚昧於省躬思靖亂以濟人反勞師而黷武行者被殺傷之苦居者重賫送之勤四海騷然靡有寧處京邑之下烽燧亦空環列之中微發靡息略內以勤遠居安而忘危賊臣誘姦乘間竊發豺狼熾于宮闕士庶陷于塗炭作威肆毒橫視我人萬姓嗷嗷呼天無告有隕踣以抗節有脅從以假命且一夫不獲辜實在予況君臨萬邦作人父母旣不克以覆育又從而咎之其心愧耻一食三歎出舍內省介于梁岷庶乎有瘳以荅譴戒皇天悔禍社稷降靈腹心爪牙奮謀宣力元惡稽顙脫身遁逃餘孽拒威所向摧殄掃氛沴而闢閭闔剪鯨鯢以清郊原函夏載寧室家相慶非我將相夾輔王室卿士交脩予違軍旅協心畢命盡敵豈伊寡昧克復興運戡定大難念之感懷宜令吏部侍郎班宏充宣慰使勞問將士撫諭蒸黎必躬必親如朕臨莅朕當整飭法駕即日還京策勳行賞大報忠烈銘功百代與國同休然後請罪祖宗不敢自赦宣布中外明朕意焉

七月命給事中兼御史大夫孔巢父宣慰河中李懷光

貞元元年六月以兵部侍郎李紓宣慰于河東諸軍中書舍人齊映宣慰于朔方河中同絳陝虢等州諸軍兵部尚書崔漢衡宣慰于幽州

二年四月淮西李希烈平命尚書左丞鄭叔則往淮西宣慰詔曰自希烈叛命于今五年王澤不通下情亦阻所且宣我信命以釋危疑敷我惠和以慰傷瘵滌清汙俗咸與惟新式綏一方以稱朕意

十六年七月以徐州張建封卒其子愔為將校所迫俾領軍務詔書諭譬不備者即其軍以諭之遂命吏部員外郎李鄘為宣慰使

憲宗元和元年正月庚午詔萬年縣令薛丹赴彰義軍宣慰

二年八月戊寅命給事中房式充幽州成德義武等軍宣慰使時三節度劉濟王貞張茂昭各持宿嫌交惡聞於朝故有是命

四年八月命京兆少尹裴武宣慰于鎮州

十二月以太府卿鄧沫為東道行營諸軍宣慰使左武衛大將軍田景度為北道行營諸軍宣慰使

十年正月丙戌以左羽林軍李文通為左金吾衛將軍兼御史中丞充壽州宣慰使

十一年五月丁亥易定節度使渾鎬以累敗承宗之衆上聞即日命中使宣勞

六月庚子命給事中柳公綽宣慰于淄青右補闕張宿為判官

八月命尚書右丞許孟容宣慰汴宋陳許河陽行營諸軍

十一月己巳命比部員外郎張宿宣慰隨唐等州軍

十三年正月庚寅命諫議大夫張宿往淄青宣慰李師道以起居舍人庾敬休為副宿至東都暴卒命左常侍李遜宣慰于淄青仍依前以庾敬休副之

十四年二月壬戌魏博田弘正奏淄青兗鄆十二州平詔戶部侍郎楊於陵以本官兼御史大夫充淄青宣撫使

六月癸酉制曰周禮政官之屬掌導王志以巡天下之邦國況六郡統臨二庭縣邈居必申儆動當攝懷自頃東夏有虞近郊多壘沙漠之外翦為寇戎亭障烽櫓之嚴遐張塞下使譯道途之要遠闊屋中今妖氛甫清師旅方息思敬肅關隴之右此制昆夷於盛秋而慮師無見糧亦有虛籍久守與之全備積歲數之餘音臨軒永懷宜俾宣導非夫忠良練達文武兼備信厚足以得人心恪恭足以奉王事則何以膺茲選任布我憂勞至於關戍役之勤詳山澤之要稽軍實之名數計餽餉之盈虛宿弊

有未除衆情有未達兵機虜態一以上聞寔在此行所至循拊宜令左金吾衛大將軍兼御史大夫胡証充京西京北巡邊使所經過州鎮與節度防禦使刺史審量利害具事實聞奏因程异之請也

穆宗以元和十五年正月即位二月命監察御史楊虞卿盧周仁高鉄路群分往京西京北監賞設將士

十月成德軍節度王承宗卒弟承元密獻忠款命起居舍人栢耆往鎮州宣慰

十一月命諫議大夫鄭覃往鎮州宣慰以起居舍人王璠副之

長慶元年正月丁巳以京兆府司録參軍温造為太原鎮州等道宣慰使以王承元請入朝也

二月辛未命給事中韋弘景為岑州邑州安南宣慰使監察御史杜周士副焉

九月辛亥遣太子中允兼侍御史蔡京往幽州宣慰

二年正月命太子中允李寮宣慰深州及魏博行營以鎮州兵亂殺節度使田弘正而牛元翼不從亂固守深州也

二月詔雪鎮州王廷湊仍令兵部侍郎韓愈充宣慰使又命户部郎中崔護宣慰于昭義軍時劉悟為昭義節度監軍劉承偕頗恃恩權嘗對衆辱悟又縱其下以亂法悟不能平異日有中使至承偕宴之請悟悟欲往左右皆曰往則必為其困辱矣軍衆因亂悟不止之遂擒承偕至牙門殺其二傔欲并害承偕悟救之獲免故有慰撫之命

七月甲寅命司勳郎中崔護均王府長史李岑瓊分往昭義魏博兩道宣慰又以沐州李介叛命光禄少卿李寮宣撫沐州

文宗大和元年十一月天平橫海等軍節度使烏重胤卒命吴守志宣慰于鄆州仍頒繒帛五萬匹就賜軍士以鄆帥新歿撫而安之也

二年三月辛亥命司封郎中王彥威魏博宣慰五月命左散騎常侍馮宿往河南道行營宣慰以滄州李同捷拒命而諸軍進討也

七月命諫議大夫栢耆往昭義宣慰

十二月又命栢耆往魏博宣慰仍與河陽滑州討會發軍使以兩處兵勢俾喻魏博將士令知赴救之師四面皆至

三年正月命鴻臚卿張賈往昭義魏博宣慰

三月命諫議大夫栢耆往德州城下宣慰

五月命給事中崔琯往幽州宣慰中書舍人韋詞往德州宣慰

四年正月勑諫議大夫崔戎宜充劍南西川宣撫使以南蠻入寇也

二月興元三軍作亂節度使李絳及家並被處置詔命給事中崔琯充山南西道宣慰使户部員外郎嚴譽爲副又命中使似先義逸赴興元宣慰

武宗會昌三年七月以御史中丞李回使幽鎮魏三道時中書奏云秋氣已至將議進軍幽州須早取可汗鎮魏須速平劉稹

各要遣使諭旨兼採三鎮軍情今日延英面奉聖旨欲遣張賈充使臣等續商量張賈雖有才甚諳軍中體勢然性稍直氣慮不安帖恐不如且輟李回充使若以臺綱不可暫闕即兵部侍郎鄭涯又充戎鎮判軍精敏雖無詞辯言亦分明官重事閑最以相稱帝乃以李回使焉

昭宗乾寧二年十二月以前大理卿李埛爲黔中宣諭使制曰將我詔命使于四方必惟其人剝乃舊服咨于輔相僉曰汝諧用之不疑行矣惡濟李埛國朝名相之令嗣也文行显業雅有家風政事規爲克紹先志踐履亟更於中外練達深得其本根頃鎮黔江洽聞善政四年問俗五郡懷仁恩信被於昆夷威名振於谿道尋移旆蓋往理桂林載揚休聲屢著嘉績兩地遺愛萬人去思今聞黔巫易帥之時頗失撫隣之道虞或背淚又動干戈念遠俗之無辜向中宵而不寐是用爾授路爲五品使星尚念漢世人情必懷龔遂河内風俗未忘寇恂宜其宣我憂勤導予

賞杵強者抑之弱者撫之無俾黥人又隨塗灾用尒輿達膺予簡求佇其謳風聞爾稱職殊恩好爵無所悋焉

後唐莊宗同光四年二月丁巳遣宣徽使宋唐玉往鄴都宣諭諸軍

明宗天成二年四月有内臣自荊南至云暑雨方甚兵士苦之及劉訓有疾是日差孔循徑往勞問及續賜孔循詔曰朕以荊門伐叛方委勳臣而閫統帥縈㓛戎機勤劬王事致乖攝理深軫寢懷輟樞近之繁速我優隆之旨固於旬朔已就痊和苟或尚未全平且要暫還本道便於將息亦可允俞委卿精明凡事詳酌審於進節無協籌諜料度攻收撫綏軍旅咸繫明略更集殊庸倚注之心再三在念

九月戊午北面屯戍上言經夏戰馬多死是日出内廄馬三百匹賜之帝猶慮邊將憂虞召來人慰諭之曰盛夏酷熱人尚多疾其况馬邪但令勉於王事無以此為恐仍以搶劍賜其主將又曰沿路芻粟館驛相接爾須勿擾人

三年六月命閤門使馮知兆往定州犒宴將校

末帝清泰元年十二月壬申遣李讓勲馳騎代北犒享防邊將士

三年八月詔端明殿學士呂琦往河東忻代諸屯戍犒軍

晉少帝天福九年三月契丹陷河北帝親征駐蹕澶淵丙午先鋒指揮使石公霸遇賊數萬騎於戚城之北為賊所圍高行周符彥卿在戚城之東南方息於林下忽聞賊至驟擐甲而進纔數千騎衆寡不校行周遣人馳告景延廣請益師延廣遲留候帝進止既而行周等為賊圍之數重三人大譟瞋目奮擊賊衆傷死者甚衆帝自御親兵援之前軍獲免帝登戚城南古臺置酒以勞二將

漢高祖天福十二年十月討杜重威於魏府二十日帝案馬環城李副部署慕容彥超尚洪千郝章周彤等營遍加撫喻衆心感懌

十一月將伐鄴壬午車駕次長垣因賜宰臣竇貞固蘇逢吉蘇禹珪李濤及從官食帝曰朕少親戎馬險阻艱難備嘗之矣公等儒臣也從朕蒙犯霜露得無勞苦乎羣公蹈舞稱謝

周太祖廣順二年五月親征兗州至兗州城下於西屯寨下慰勞兵士賜監押使臣將校茶酒

十一月荊南上言覘知湖南事宜郎州大將劉言十月三日以兵入長沙界十五日至潭州其淮南所署偽節度使邊鎬焚城而遁岳州偽刺史宋權亦棄城去帝遣供奉官齊藏珍乘駟往湘潭慰撫三軍將吏

三年九月邢州節度使史懿疾復作遣客省使楊廷章往知州賜襲衣銀帶縑帛詔諭將軍民吏曰朕以史懿自鎮邊藩克勤王事眷言勳舊深副倚毗爰自近年多嬰疾苦涵來頻有發動乞赴闕尋醫既覽奏陳須議俞允已差客省使楊廷章往彼知軍州事即令史懿發來京師朕念邢州久來瘡痍之地軍人百姓撫愛皆同今已指揮楊廷章候到日凡事倍加撫安不得輒有科率俾令黎庶皆泳蘇舒

世宗顯德元年五月親征河東丁丑觀兵於城下帝巡撫諸軍親自慰勉錫賚有差

五年四月丁丑吳越王錢俶上言四月十日夜杭州火災燒府署殆盡帝憫之遽命内臣齎璽書恤問

冊府元龜卷第一百三十六

冊府元龜卷第一百三十七

帝王部一百三十七

旌表

王者甄明高義顯異至行所以激揚風化敦率人倫也蓋天下至大士民至衆不可家諭而戶曉故顯其忠所以勵事君也褒其孝所以勸事親也尊賢者所以獎善也表烈士所以興義也或援之爵秩或祿其子孫或旌其門閭或賜以穀帛以至復其征賦申以祠祀皆因事以立教興一而勸百故能述宣王度丕變澆俗民德歸厚有恥且格蓋上之行化速於置郵下之從風易如偃草由斯道矣

周武王既克商釋箕子之囚封比干之墓表商容之閭

惠王二十一年齊會諸侯伐楚許穆公卒于師葬之以侯禮（凡諸侯薨于朝會加一等死王事加二等於是有以袞斂）

漢高帝五年既平項羽齊王田橫迺與其客二人乘傳詣洛陽至尸鄉自剄令二客奉其頭馳奏之高帝曰嗟乎有以起布衣兄弟三人更王（師古曰謂儋若榮及橫）豈非賢哉爲之流涕而拜其二客爲都尉發卒二千以王者禮葬橫

十二年十二月詔曰秦皇帝楚隱王（陳涉）魏安釐王（昭王子）齊愍王（宣王子）趙悼襄王（孝成王之子）皆絕亡後其與秦始皇帝守冢二十家楚魏齊各十家趙及魏公子亡忌各五家（亡忌信陵君也）令視其冢復亡與它事初帝微時數聞魏公子亡忌賢及即天子位每過大梁常祠公子至是擊黥布還爲公子置守冢五家世世歲以四時奉祠公子成帝時爲霍光置守冢百家吏卒奉祠焉

平帝元始二年詔曰漢興以來股肱在位身行儉約輕財重義未有若公孫弘者也位在宰相封侯而爲布被脫粟之飯奉祿以給故人賓客無有所餘可謂減於制度（[illegible]）而率下篤俗者也與內厚富而外爲詭服以釣虛譽者殊科夫表德章義所以率世厲俗聖王之制也其賜弘後子孫之次見爲適者

爵關內侯食邑三百戶

後漢光武時來歙攻公孫述爲刺客所中自書表訖投筆抽刃而絕帝聞大驚省書覽涕乃賜策曰中郎將來歙攻戰連年平定羌隴憂國忘家忠孝彰著遭命遇害嗚呼哀哉使太中大夫贈歙中郎將征羌侯印綬謚曰節侯謁者護喪事還洛陽乘輿縞素臨弔送葬以歙有平羌隴之功故改汝南之當鄉縣爲征羌國焉

常少張隆初事公孫述少隆皆勸述降述不從並以憂死及述既滅帝下詔追贈少爲太常隆爲光祿勳以禮改葬之其忠節志義之士並蒙旌顯

劉茂太原人爲郡門下掾建武二年赤眉二十餘萬衆攻郡縣殺長吏及府掾史茂負太守孫福踰牆藏空穴中得免其暮俱奔盂縣晝則逃隱夜求糧食積百餘日賊去乃得歸府明年詔書求天下義士福言茂曰臣前爲赤眉所攻吏民壞亂奔走趣山臣爲賊所圍命如絲髮賴茂負臣踰城出保盂縣茂與弟觸冒兵刃緣山負食臣及妻子得度死命節義尤高宜蒙表擢以厲義士詔書即徵茂拜議郎

譙玄巴郡閬中人也能說易春秋公孫述遣使者備禮徵之若不起便賜以毒藥玄受毒藥其子瑛泣血叩頭於太守奉錢千萬以贖父死述許之玄遂隱藏田野終述之世建武十一年卒明年天下平定玄弟慶以狀詣闕自陳帝美之策詔本郡祠以中牢敕所在還玄家錢

李業廣漢梓潼人也公孫述聞業賢徵之業固疾不起述羞不致之乃使大鴻臚尹融持毒酒劫業業遂飲毒而死蜀平帝詔曰表其閭益部紀載其高節圖畫形像

溫序爲護羌校尉隗囂別將苟宇所拘伏劍而死主簿韓遵從事王忠持其喪歸斂帝聞而憐之命忠送喪到洛陽賜城傍爲冢地賜穀千斛縑五百匹除三子爲郎中

李善淯陽人本同縣李元蒼頭也元死唯孤兒續始生數旬貲財千万諸奴婢欲殺續而分其財善不能制乃負續逃亡瑕丘界中十余歲與歸本縣修理舊業特鍾離意爲瑕丘令上書薦善行狀帝詔拜善及續並爲太子舍人

明帝永平二年十一月遣使者以中牢祠蕭何霍光帝謁陵園過式其墓

姜詩廣漢人事母至孝母好飲江水嗜魚鱠夫婦力作供鱠舍側忽有涌泉味如江水每旦輒出雙鯉魚常以供母膳永平三年察孝廉帝詔曰大孝入朝凡諸孝者一聽平之由是皆拜郎中

章帝建初七年西巡狩幸長安以中牢祠蕭何霍光

元和二年東巡狩至沛使使祠故六安郡丞桓譚冢鄉里以爲榮

和帝永元三年十一月有事十一陵遣使者以中牢祠蕭何曹參（蕭何墓見上注曹參墓在長陵旁道北）

安帝永初二年劉雄爲平原令劇賊畢豪等入平原界雄將吏士乘船追之至厭次河與賊合戰雄敗執雄以矛刺之時小吏所輔前叩頭求哀願以身代雄豪等縱雄而刺輔貫心洞背而死東郡太守捕得豪等具以狀上詔書追傷之賜錢二十万除父奉爲郎中

元初中鮮卑數百余騎寇漁陽太守張顯率吏士追出塞遥望虜營煙火急趣之兵馬掾嚴授慮有伏兵苦諫止不聽顯蹙令進授不獲已前戰伏兵發授身被十創歿於陣顯拔刃追散兵不能制虜射中顯主簿衛福功曹徐咸遽赴之顯遂墮馬福以身擁蔽虜并殺之朝廷愍授等節詔書褒歎厚加賞賜各除子一人爲郎中

延光三年幸長安以中牢祠蕭何曹參霍光

桓帝延熹三年武陵蠻寇江陵荊州刺史劉度謁者馬睦南郡太守李肅並奔走肅主簿胡爽扣馬諫止肅遂殺爽而走帝聞之徵肅棄市度睦減死一等復爽門閭拜家一人爲郎中

王渙爲洛陽令以平正居身得寬猛之宜元興元年病卒民思其德爲立祠安陽亭延熹八年壞郡国諸房祀唯特詔密縣存故太傅卓茂廟洛陽留渙祠焉

靈帝中平中陳寔子紀字元方遭父憂每哀至輒歐血絕氣雖衰服已除而積毀消瘠殆將滅性豫州刺史嘉其至行表上尚書圖象百城以厲風俗

袁祕汝南汝陽人也爲郡門下議生黃巾起祕從太守趙謙擊之軍敗祕與功曹封觀主簿陳端門下督范仲禮賊曹劉偉德主記史丁子嗣記室史張仲然等七人擢刃突陣與戰並死謙以得免詔復祕等門閭號曰七賢獻帝初即位遣使弔祠故太傅陳蕃大將軍竇武又贈射聲校尉沮儁爲弘農太守旌死節也

王允爲司徒爲李傕郭汜所害後帝遷都於許思允忠節使改殯葬之遣虎賁中郎將奉策弔祭賜東園祕器贈以本官印綬送還本郡封其孫黑爲安樂亭侯食邑三百户

元尚爲兗州刺史袁術將僭號欲以尚爲太尉尚拒之建安初逃還爲術所害其後尚喪與太傅馬日磾喪俱至京師帝嘉尚忠烈爲之咨嗟詔百官弔祭拜子瑋郎中而日磾不與焉

魏太祖北征柳城過涿郡令告太守曰故北中郎將盧植名著海內學爲儒宗士之楷模乃国之楨幹也昔武王入殷封商容之閭鄭喪子產而仲尼隕涕孤到此州嘉其餘風春秋之義賢者之後有異於人敬遣丞掾脩墳墓并致薄醊以彰厥德植仕漢爲尚書以老疾去官隱居上谷軍都山獻帝初平三年卒

衛茲字公振陳留襄邑人也少有大節不應三公之辟太祖初至陳留茲曰平天下者必此人也太祖亦異之數詣茲議大事從討董卓戰于滎陽而卒太祖每涉郡境輒遣使祠焉

應余爲南陽郡功曹宛將侯音劫射太守東里衮余以身捍衮冒被七創而死及征南將軍曹仁討平音表余行狀并脩祭醊太祖聞之嗟歎良久下荊州復表門閭賜穀千斛文帝行幸自

譙過梁遣使以太牢祀漢太尉橋玄

黄初初大理王郎與太尉鍾繇連名表上主簿趙郡張登昔為本縣主簿值黑山賊圍郡登與縣長王儁帥吏兵七十二人直往赴救與賊交戰吏兵散儁殆見害登手格二賊以全儁命又守長夏逸為督郵所枉登身受考掠理逸之罪義濟二君宜加顯異兼稱登在職勤勞詔曰登忠義彰著在職功勤名位雖卑直亮宜顯饔膳近任當得此吏今以登為太官令朗太祖初以曹表聞太祖以所急者多未遑選擢至是復表之乃有此命

明帝青龍中東征乘輦入故豫州刺史賈逵祠詔曰昨過項見賈逵碑像念之愴然古人有言患名之不立不患年之不長逵存有忠勳沒而見思可謂死而不朽者矣其布告天下以勸將來

齊王嘉平中吳將諸葛恪圍於合肥新城將城中遣士劉整及鄭像出城傳消息皆為所執皆守節不回為其所害後毌丘儉上言因下詔曰夫顯爵所以褒元功重賞所以寵烈士整像召募通使越蹈重圍冒突白刃輕身守信不幸見獲抗節彌厲揚六軍之大勢安城守之懼心臨難不顧畢志傳命昔解揚執楚有隕无貳齊路中大夫以死成命方之整像所不能加今追賜整像爵關中侯各除士名使子襲爵如部曲將死事科

高貴鄉公甘露二年四月詔曰玄菟郡高顯縣吏民反叛長鄭熙為賊所殺民王簡負擔熙喪晨夜星行遠致本州忠節可嘉其特拜簡為忠義都尉以旌殊行

十月車駕東征屯項復入賈逵祠下詔曰逵沒有遺愛歷世祀追聞風烈朕甚嘉之昔先帝東征亦幸于此親發德音褒美排徊之心益有慨然夫礼賢之義或掃其墳墓或脩其以崇敬也其掃除祠堂有穿漏者補治之

昔燕刺王謀反韓誼等諫而死漢朝顯登其子諸葛誕創逆主簿宣隆部曲督秦絜秉節守義臨固爭為誕所比干之親而受其戮者其以隆絜子為騎都尉加以

□以殊忠義

□詔曰昔南陽郡山賊擾攘欲劫質故太守東里□身捍衮遂免於難余顛沛隕斃殺身濟君其下□吏使蒙伏節之報

蜀將軍傅僉前在關城身拒官軍致死不顧僉父□戰亡天下之善一也豈由彼此以為異僉息著□□□□官免為庶人

□始□年以東海劉儉有至行拜為郎中

五年詔諸葛亮孫京隨才署吏

李密字令伯犍為人也父早亡母更適人密見養於祖母蜀平後帝徵為太子洗馬密上疏曰臣生孩六月慈父見背行年四歲舅奪母志祖母劉愍臣孤弱躬見撫養臣無祖母無以至今日祖母無臣無以終餘年母孫二人更相為命是以區區不敢廢遠臣今年四十有四祖母劉今年九十有六是臣盡節於陛下之日長報養劉之日短也烏鳥私情願乞終養臣之辛苦非徒蜀之人士及二州牧伯所見明知皇天后土實所共鑒願陛下矜愍愚誠聽臣微志庶劉僥倖保卒餘年臣生當隕首死當結草臣不勝犬馬怖懼之情帝覽表曰密不空有名也嘉其誠款賜奴婢二人下郡縣供養其祖母

惠帝永康元年詔以光禄大夫劉頌誅賈謐督攝眾事有功追封梁鄒縣侯食邑千五百户

索靖太安末為游擊將軍領雍秦涼義兵與賊戰被傷而卒追贈太常後又贈司空進封安樂亭侯謚曰莊靖

周處義興陽羨人也為御史中丞征氐人齊萬年力戰而沒帝追贈平西將軍賜錢百萬葬地一頃京城地五十畝為第又賜王家近田五頃詔曰處母年老加以遠人朕每愍念給其醫藥酒米賜以終年

劉殷新興人也性至孝曾祖母王氏盛冬思堇而不言食不飽

者一句矣與府年九歲乃於墓中哭不絕聲者旬半月董爲歎焉大傅楊駿輔政備禮聘者府以母老固辭駿於是表之優詔褒揚其高志賜終色養則於所在供其衣食蠲其徭賦賜帛二百匹穀五百斛

元帝爲左丞相承制以嵇紹死節事重而贈禮未副勳德表贈太尉祠以太牢及即位賜謚曰忠穆復加太牢之祠

虞悝長沙人也與弟望並有士操譙王承之討王敦以悝爲長史望爲司馬督諸軍湘東太守鄭澹敦之姊夫也不順承旨遣望討之望率一旅直入郡斬澹以徇四境及魏乂來攻望每先登力戰而死城破悝復爲乂所執將害之子弟對之號泣悝謂曰人生有死闔門爲忠義鬼亦何恨哉及王敦平贈悝襄陽太守望滎陽太守遣謁者至墓祭以少牢

許孜東陽吳寧人也惠帝元康中郡察孝廉不起巾褐終身年八十餘卒于家邑人號其居爲孝順里咸康中太守張虞上疏

曰臣聞聖賢明訓存乎舉善褒貶所興不遠千載謹案所領吳寧縣物故人許孜至性孝友立節清峻與物恭讓言行不貳當其奉師則在三之義盡及其喪親實古今之所難咸稱殊類致感猛獸弭害雖臣不及見然備聞斯語竊謂蔡順董黯無以過之孜没積年其子尚在性行純愨今亦家於墓側臣以爲孜之履操世所希逮宜標其令跡甄其後嗣以彰既往以獎方來春秋傳曰善善及其子孫臣不達大體請臺量議疏奏詔旌表門閭蠲復子孫

卞壺爲尚書令右將軍蘇峻稱兵壺率衆戰死之二子眕盱見父没相隨赴賊同時見害眕子誕嗣咸康六年成帝追思壺下詔曰壺立朝忠恪喪身死寇所封縣遠租秩薄少妻息不贍以爲慨然可給實口廩其後盜發壺墓尸僵鬢髮蒼白面如生兩手悉拳爪甲穿達手背安帝詔給錢十萬以脩塋兆

虞潭母孫氏吳郡富春人吳大帝族孫女也永嘉末潭爲南康太守值杜弢構逆率衆討之孫氏勉潭以必死之義傾其資產以饋戰士潭遂克捷及蘇峻作亂潭時守吳興又假節征峻孫氏戒之曰吾聞忠臣出孝子之門汝當捨生取義勿以吾老爲累仍盡發其家僮令隨潭助戰貿其所服環珮以爲軍資于時會稽內史王舒遣子允之爲督護孫氏又謂潭曰王府君遣兒征汝何爲獨不遣即以子楚爲督護與允之合勢其憂國之誠如是拜爲武昌侯太夫人加金章紫綬潭立養堂於家王導以下皆就拜謁咸和末卒年九十五成帝遣使弔祭謚曰定夫人

張茂妻陸氏吳郡人也茂爲吳郡太守被沈充所害陸氏傾家產率茂部曲爲先登以討之充敗陸詣闕上書爲茂謝不尅之責詔曰茂夫妻忠誠舉門義烈宜追贈茂太僕

穆宗升平中慕容恪侵逼山陵時冠軍將軍陳祐守洛陽衆不過二千時有沈勁者少負志節自表求配祐効力因以勁補冠軍長史令自募壯士得千餘人以助祐擊賊頻以寡制衆而糧

盡援絶祐懼不能保全會賊寇許昌祐因以救許昌爲名興寧三年留勁以五百人守城祐率衆而東會許昌已没祐因奔崖塢勁志欲致命於獲死所尋爲恪所攻城陷被執神氣自若恪奇而將宥之其中軍將軍慕容虔曰勁雖奇士觀其志度終不爲人用今若赦之必爲後患遂遇害恪還從容言於慕容暐曰前平廣固不能濟辟閭今定洛陽而殺沈勁實有愧於四海朝廷聞而嘉之贈東陽太守子赤黔爲大長秋

毛寶爲征虜將軍豫州刺史州陵縣開國侯守邾城石季龍遣將攻邾城城陷寶率左右突圍出赴江溺死穆帝詔曰寶之傾敗宜在貶裁然蘇峻之難致力王室今咎其過故不加贈祭之可也其後公卿言寶有重勳加死王事不宜奪爵升平三年乃下詔復本封

孝武大元中功臣晉被減削司空何充等止得六家守冢以故司空興平伯陸玩有佐命之勳先陪陵而葬由是特置興平伯

官爵以衛墓又詔曰褒德顯忠哲王令典故太尉忠穆公[illegible]也執德高邈在否彌宣貞絜之風義著千載每念其事愴然傷懷忠貞之裔蒸嘗宜遠所以大明至節崇獎名教可訪其宗裔襲爵主祀

丁穆為順陽太守苻堅兵至為其所執至長安稱疾不仕僞朝堅又傾國南寇穆與關中人士唱義謀襲長安事泄遇害臨死作表以付其妻周其後周得至京師詣闕上之帝下詔曰故順陽太守真定侯丁穆力屈身滅而誠節彌固直亮壯勁義貫古烈其喪柩始反言尋傷悼可贈龍驤將軍雍州刺史賻賜一依周虓故事爲營立屋宅并給其妻衣食以終厥身

周虓為西夷校尉領梓潼太守陷于苻堅不屈節而死其子興迎致其喪冠軍將軍謝玄親臨哭之因上疏曰臣聞旌善表功崇義明節所以振揚聲教垂美來葉故西夷校尉梓潼太守周虓執心忠烈厲節寇庭[illegible]冥泉臣每悲其志以為蕃武之賢不復過也前宣告并州訪其虓喪并求其家負荷數千始得來至即以資送還其舊隴伏願聖朝追其忠心表其殊節使負荷之志不墜於地則榮存亡惠被幽顯矣帝詔曰虓厲志貞亮無愧古烈未及拔身奄隕軀命甄表義節國之典也贈龍驤將軍益州刺史賻錢二十萬布百疋又特賜其家

謝琰隆安四年討孫恩兵敗琰帳下督張猛於後斫琰馬琰遂遇害後左里之捷宋高祖令擒猛送琰小子混混刳肝生食之詔以琰父子隕於君親忠孝萃於一門贈琰侍中司空諡曰忠肅二子肇峻[illegible]峻以琰勳封建昌侯及沒於賊詔贈肇散騎常侍峻散騎侍郎

安帝義熙初檀憑之與[illegible]皇甫敷戰死贈冀州刺史詔曰夫旌善紀功有國之通典沒而不朽節義之篤行故冀州刺史檀憑之忠烈果毅亡身為國既義敦其情故臨危授命者宜諸旌寵古人無以遠過者之[illegible]可加贈散騎常侍本

官如故既隕身王事亦宜追論封賞可封曲阿縣公邑三千戶

孫季高義熙中討盧循于番禺循走交州季高病卒贈龍驤將軍宋高祖為南海太守念季高之功乃表曰孫季高顯南之勳已蒙褒贈臣更思惟盧循稔惡一紀據有全城若令根本未拔投奔有所招合餘燼猶能為虞懸師遠討方勤廟算而季高汎海萬里投命洪流波激電邁指日遄至遂梯定南海覆其巢窟使循進退靡依輕舟遠迸曾不旬月妖凶殲殄蕩滌之功實為大往年所贈猶為未優愚謂宜更贈一州即其本號庶令忠勳不湮勞臣增厲重贈交州刺史將軍如故

何無忌義熙元年遷都督江荊二州進鎮南將軍征盧循兵敗握節死之詔曰無忌秉哲履正忠亮明允亡身殉國則契協英謨經綸屯昧則重氛載廓及數致方夏寔播風惠妖寇構亂侵擾邦畿投袂致討志清王略而事出慮外臨危彌厲握節隕難誠貫古賢朕用傷慟于厥懷其贈侍中司空本官如故諡曰忠肅

毛璩為征西將軍督益梁秦寧涼五州軍事譙縱之亂被遇害及璩弟瑾瑗子璩之在蜀者一時殄沒璩子弘之嗣義熙中蔣延祖為始康太守上疏訟璩兄弟於是詔曰故益州刺史璩西夷校尉瑾蜀郡太守瑗勤王忠烈事乖慮外葬送日近益懷傷悼可追贈先所授官給錢三十萬布三百疋論璩討桓玄功追封歸鄉公千五百戶又以祐之斬玄功封夷道縣侯

後魏盧道[illegible]武平中原贈秦[illegible]將軍蘭陵太守懷怡靜好學有聲趙魏間至是已亡帝哀惜之故有是命

王憲字顯則北海劇人祖猛苻堅丞相父休河東太守憲幼孤隨伯父永在鄴苻丕稱尊號復以永為丞相永為慕容永所殺憲奔清河匿於民家皇始中輿駕次趙郡之高邑憲乃歸誠帝見之曰此王猛孫也厚禮待之以為本州中正領選曹事兼掌門下

大武封[illegible]撻[illegible]帝[illegible]然動容送下詔為立廟令一州之

民四時致祭岳先事道武爲將有謀略名冠軍中道武猜忌誅之
叚進爲白道守將蠕蠕大擅入塞圍之力屈被執進抗聲大罵
遂爲賊所殺帝愍之追贈安北將軍賜爵顯美侯謚曰莊
石文德中山蒲陰人也有行義真君初縣令黃宣在任喪亡宣
單貧無朞親文德祖父苗以家財殯葬持服三年奉養宣妻二
十餘載及亡又衰絰斂附率禮無闕自苗逮文德刺史守令卒
官者制服送之五世同居門庭雍睦又梁州上言天水白石縣
人趙令安孟蘭彊等四世同居行著州里詔並標牓門閭
獻文末當農武陝人王玄威立草廬於州城門外衰服蔬粥哭
踊無時刺史苟頹以事表聞詔令問狀云先帝澤被蒼生玄威
不勝悲慕恋心如此不知禮式詔問玄威欲有所訴聽爲表列
玄威云聞諱悲號竊謂臣子同例無所求訴及至百日乃自竭
家財設四百人齋會忌日又設百僧供至大除日詔送白紬褲
褶一具與玄威釋服下州令表異焉

孝文帝初都洛陽幸鄴還幸洪池命任城王澄侍昇龍舟
因賦詩以序懷帝曰朕昨夜夢一老公頭鬢皓白正理冠服拜
立路左朕怪而問之自云晉侍中嵇紹故此奉迎神爽卑懼似
有求焉澄對曰晉世之亂嵇紹以身衛主殞命御側亦是晉之
忠臣比干遭紂凶虐忠諫剖心可謂殷之良士二人俱死於王
事墳塋並在於道周然陛下徙御瀍洛經殷墟而弔比干至洛
陽而遺嵇紹當是希恩而感夢帝曰朕何德能幽感達士也然
實思追禮先賢樹楊忠懿比干嵇紹皆是古之誠烈而朕務濃
比干禮略嵇紹情亦有愧然既有此夢或如任城所言於是求
其兆域遣使弔祭焉
郭祚從帝出征及還正授黃門車駕幸長安行經渭橋過郭淮
廟問祚曰是卿祖宗所承也祚曰是臣七世伯祖帝曰先賢後
哲頓在一門祚對曰昔臣先人以通儒英博唯事魏文徽臣虛
薄遭奉明聖自惟幸甚因敕以太牢祭淮廟令祚自撰祭文

吴悉達河東聞喜人也刺史以悉達兄弟行著鄉里板贈其父
渤海太守悉達後欲改葬亡失墳墓推尋弗獲號哭之聲晝夜
不止叫訴神祇忽於悉達足下地陷得父銘記因遷葬曾祖已
下三世九喪傾盡資業不假於人哀感毀悴有司奏聞帝詔令
標閭復役以彰孝義
石祖興常山九門人太守田文彪縣令和真等喪亡祖興自出
家絹二百餘疋營護喪事州郡表列帝嘉之賜爵二級
閻元明河東安邑人也少而至孝行著鄉閭太和五年除北隨
郡太守元明以違離親養興言悲慕母亦慈念泣淚喪明元明
悲號上訴許奉養一見其母母目便開刺史呂壽恩列狀上聞
詔下州郡表爲孝門復其租調兵役令終母年
貞女兕先氏涇州人也嫁彭老生爲妻娉幣既畢未及成禮兕
先率行貞淑居貧常自谷汲以養父母老生輒往逼之女曰與
君禮命雖畢二門多故未及相見何由不稟父母擅見陵辱若

苟行非禮正可身死耳遂不肯從老生怒而刺殺之取其衣服
女尚能言臨死謂老生曰先身何罪與君相遇我所以執節自
固者寧更有所邀正欲奉給君耳今反爲君所殺若魂靈有知
自當相報言終而絕老生持女珠瓔至其叔宅以告叔叔曰此
是汝婦奈何殺之天不祐汝遂執送官太和七年有司劾以死
罪詔曰老生不仁侵陵貞淑原其彊暴便可戮之而女守禮履
節沒身不改雖處草萊行合古跡宜賜美名以顯風操其標墓
旌善號曰貞女
太和十八年春正月戊辰車駕南巡經殷比干之墓祭以太牢
十一月甲申經比干之墓傷其忠而獲禍親爲弔文樹碑而刊之
十九年九月遣黃門郎以太牢祭比干之墓滎陽史映周妻同
郡耿氏女年十七適於映周後映周卒耿氏恐父母奪其志因
葬映周哀哭而殯見者莫不悲歎屬大使觀風以狀具上二十
三年詔標牓門閭

宣武景明三年九月車駕幸鄴詔使者弔劉比干墓
董吐渾東郡小黄縣人也吐渾養兄事親至孝三世同居閨門有禮景明中畿内大使王凝奏請標異詔從之
正始元年六月立周公旦夷齊廟於首陽山李伯貴宣武時爲郡守有孝行居父喪哀戚過禮遂以毁卒帝嘉之賜勃海相
王續生滎陽京縣人也遭繼母憂居喪杖而後起及終禮制鬚鬢盡落有司奏聞帝詔標旌門閭蠲其傜役
劉侯仁豫州人也永平元年城人白早生殺刺史司馬悦據城南叛悦息朏走投侯仁賊雖加購募又殿其捶撻侯仁終無漏泄朏遂免禍事寧有司奏其操行請免府籍敘一小縣詔可
李謐延昌四年卒其年四門小學博士孔璠等四十五人上書論其行業帝詔曰謐屢辭徵辟志守沖素儒隱之操可以嘉美可遠傍惠康近准玄晏謚曰貞靜處士并表其門閭以旌高節於是表其門曰文德里曰孝義
高道悦爲太子中庶子太子

詢以道悦數規諫殺之高祖甚加悲惜謚曰貞侯至帝又追錄拜其子給事中
秦榮先性至孝遭父母喪哀慕不已遂以毁卒邑里化其孝行帝嘉之乃下詔曰孝爲政本德乃化先既表天經又明地義居喪致死至感過人窮號不反迄乎滅性行標當世理鏡幽明此而不顯道將何述可贈滄州刺史以旌厥異
晃清遼東人也祖暉濟州刺史潁川公清襲祖爵例降爲伯爲梁城戍將梁武攻圍糧盡城陷清抗節不屈爲賊所殺帝嘉美贈樂陵太守謚曰忠
孝明正光三年太保崔光奏劉昞著業涼城遺文在兹篇籍之美頗足觀採如或愆衅當蒙數世之宥况乃維祖逮孫相去未遠而令久淪皁隸不獲收異儒學之士所爲竊歎臣忝職史教曾以奏聞乞敕尚書檢徃所爲甄免碎役用廣聖朝旌善繼絶敦化厲俗詔曰昞德冠前世蔚爲儒宗太保啓陳寔合[illegible]善其孫等三家特可聽免河西人以爲榮
高諒正光中爲驍騎將軍徐州行臺屬元法僧反叛逼諒同之諒不許爲法僧所害時年四十一朝廷痛惜之贈左將軍滄州刺史
馮景正光中爲蕭寶寅關西大行臺都令從寶寅征討寶寅將舉兵景固諫不從寶寅敗後景還洛朝廷先聞景有諫言故免之除奉車都尉
貞孝女宗者趙郡栢仁人趙郡太守李叔胤之女范陽盧元禮之妻率性至孝聞於州里父卒號慟幾絶者數四賴母崔氏慰勉之得全三年之中形骸銷瘠非人扶不起及歸夫氏與母分隔便飲食日損涕泣不絶日就羸篤盧氏令家人慰喻不解乃遣歸寧還家乃復如故此者八九焉後元禮卒李追亡撫存禮無違者事姑以孝謹著母崔以神龜元年終於洛陽凶問初到舉聲慟絶一宿乃蘇水漿不入口者六日其姑慮其不濟親送

奔喪而氣力危殆自范陽向洛八日方達攀撫棺號慟遂卒有司以狀聞詔曰孔子稱毁不滅性蓋爲其廢養絶類也李既非嫡子而孝不勝哀雖乖俯就而志厲義遠若不加旌異則無以勸引澆浮可追號曰貞孝女宗易其里爲孝德里標李盧二門以惇風俗
王榮世陽平館陶人也爲三城戍主方城縣子梁武攻圍力窮知不可全乃先焚府庫後殺妻妾及梁軍陷城與戍副鄧元興等俱以不屈被害帝下詔褒美忠節進世爵爲伯贈光州刺史元興開國子贈洛州刺史
莊帝建義初以鄭仲明兄洪建李沖女婿仲明舅氏之親其弟與謀扶戴仲明之死也且有奉國之意乃追封安平縣開國侯邑七百戶贈侍中車騎大將軍儀同三司尚書左僕射雍州刺史
永安初彭城呂縣人孫道登初爲梁武將韋休等所虜面縛臨刃巡遠村塢令其招降鄉曲道登厲聲唱呼但當努力賊所不

能遂屠戮之荆州被圍行臺宗靈恩遣使宗女等四人入城曉諭為賊將所獲執女等巡城令其改辭女等大言天軍垂至堅守莫降賊怒各刳其腹然後斬首二州表其節義道登等並賜五品郡五等子爵聽子弟承襲遣使詣所在弔祭

廢帝時刁思遵妻魯氏女也始笄為思遵所聘未踰月而思遵亡其家矜其少寡許嫁已定魯聞之自誓父母不違其志遂經郡訴稱刁氏悋護寡女不使歸寧魯乃與老姥[illegible]戍詣司徒府自告情狀晉泰初有司聞奏帝詔曰貞夫節婦古今同尚可令本司依式標牓

冊府元龜卷第一百三十七

冊府元龜卷第一百三十八

帝王部一百三十八

旌表第二

西魏武帝永熙中以故豳州刺史鄭椿兄弟父子並死王事朝野傷歎特贈侍中都督冀定相三州諸軍事驃騎大將軍儀同三司冀州刺史

倉跋滎陽京縣人也喪母水漿不入口五日吐血數升居憂毀瘠見稱州里有司奏聞帝詔標門閭

楊引鄉郡襄垣人也三歲喪父為叔所養母年九十三引年七十五哀毀過禮三年服畢恨不識父追服斬衰食粥麤服誓終身命經十三年哀慕不改為鄉縣鄉閭三百餘人上狀稱美有司奏宜旌賞復其一門樹其純孝詔別勅集書標揚引至行又可假以散員之名也自引以下十人史不載年月今附於本朝之末

鄭文恭太原平遙人為太平縣令年踰七十父母喪亡文恭孝慕罔極乃居祖父墓次晨夕拜跪跣足負土培祖父二墓寒暑竭力積年不已見者莫不哀歎尚書聞奏標其門閭董洛生居父喪過禮詔遣秘書中散溫紹伯奉璽書慰之令自抑割以全孝道又詔其宗親使相喻獎勿令有滅性之譏

王崇字乾邕陽夏雍丘人也兄弟並以孝稱身勤稼穡以養二親仕梁州鎮南府主簿母亡扶而後起鬢髮墮落未及葬權殯宅西崇廬於殯所晝夜哭泣鳩鴿群至一小鳥素質黑眸形大如雀栖於崇廬朝夕不去母喪始闋復丁父憂哀毀過禮是年夏風雹所經處禽獸暴死草木摧折至崇田畔風雹便止禾麥十頃竟無損落及過崇地風雹如初咸稱至行所感崇雖除服仍居墓側於其室前生草一根莖葉甚茂人莫能識至冬中復有鳥巢崇屋乳養三子毛羽成長馴而不驚守令聞之親自臨視州以聞之奏標其門閭

張昇滎陽人居父母喪鬢墜落水漿不入口吐血數升詔表門閭

王閭北海密人也數世同居有百口又太山劉業興四世同居魯郡蓋攜六世同居並共財產家門雍睦鄉里敬異有司申奏皆標門閭

張安祖河陽人也襲世爵山北侯時有元承貴曾為河陽令家貧且赴尚書求選逢天寒甚遂凍死路側一子年幼停屍門巷棺歛無託安祖悲哭盡禮買木為棺手自營作歛殯周給朝野嘉歎尚書聞奏標其門閭

馬八龍武邑武強人也輕財重義友人武遂縣尹靈哲在軍喪亡八龍聞即奔赴負屍而歸以家財殯葬爲制緦服撫其孤遺恩如所生州郡表列詔表門閭

李几博陵安平人也七世共居同財家有二十二房一百九十八口長幼濟濟風禮著聞至於作役卑幼競進鄉里嗟美標其門閭

邵洪哲上谷沮陽人也縣令范道榮先自朐城歸款以除縣令道榮鄉人除孔明妄經公府訟道榮非勳道榮坐除名羈旅孤貧不能自理洪哲不勝義憤遂代道榮詣京師明申曲直經歷寒暑不憚劬勞道榮卒得復雪又北鎮反亂道榮孤單無所歸附洪哲兄伯川復率鄉人來相迎接送達幽州道榮感其誠節訴省由聞詔下州郡標其里閭

後周太祖時荊可河東猗氏人喪母悲號擗踊絕而後蘇者數四廬於墓側負土成墳鄉人以可孝行之至足以勸勵風俗乃上言焉帝令州縣表異之

竇榮定文帝欲以為三公榮定上書固辭陳畏懼之道帝乃止前後賞賜不可勝計及卒帝為之廢朝令左衛大將軍元旻監護喪事賻絹三千匹上謂侍臣曰吾每欲致榮定於三事其人固讓不可今欲贈之重違其志於是贈冀州刺史陳國公謚曰懿

令狐熙早以名德著聞仕歷瓜州司馬燉煌郡守鄯州刺史西

魏文帝大統末卒於家帝傷悼之遣使者監護喪事又勑鄉人爲營墳壟贈龍驤將軍瓜州刺史

武苗初河東安邑人也紐回性至孝武成中父母喪廬於墓側負土成墳廬前生麻一株高丈許圍之合拱枝葉欝茂冬夏常青烏棲其上因舉聲哭烏即悲鳴時人異之帝表其閭擢授壯崇令

慕容三藏爲右衛將軍周師入鄴齊後主失守東道委三藏等留守鄴宮齊之王公以下皆降三藏猶率麾下抗拒周師及齊平帝引見恩禮甚厚詔曰三藏父子誠節父聞宜加榮秩授開府儀同大將軍

建德元年晉公護誅乃詔曰故使持節柱國大將軍大都督陽平郡開國公李遠早蒙驅任夙著勳績內參帷幄外屬藩維竭誠王室乃罹橫禍言念貞良追增傷悼宜加榮寵用彰忠節贈本官加陝熊等十五州諸軍事陝州刺史謚曰忠遂初爲晉公

護之所害也

六年詔曰偽齊之末姧佞擅權濫罰淫刑動挂羅網偽右丞相咸陽王故斛律明月偽侍中特進開府故崔季舒等七人或功高獲罪或直言見誅朕兵以義動剪除凶暴表閭封墓事切下車宜追贈謚并加其見在子孫各隨蔭敘錄家口田宅沒官者並還之

秦族性至孝母沒哭泣無時唯飲水食菜而已終喪之後猶蔬食不入房室二十許年鄉里咸歎異之其邑人王元達等七十餘人上狀有詔表其門閭

張元字孝始祖父成沒元號踴絕而後蘇後其父延儁卒水漿不入口三日鄉里咸歎異之縣博士楊軌等二百餘人上其狀有詔表其門閭

皇甫遐河東汾陰人遭母喪廬於墓側負土爲墳郡縣表上其狀有詔旌異之

隋文帝開皇初下詔曰昔漢高欽無忌之義魏武挹子幹之風前代名賢後王斯重魏故度支尚書美陽伯蘇綽文雅政事遺跡可稱展力前王垂聲著績宜開土宇用旌善人於是追封邳國公邑三千戶

宇文孝伯以忠諫爲周宣帝所殺及帝踐極以孝伯及王軌忠而獲罪並令收葬復其官爵又嘗謂高熲曰宇文孝伯實有周之良臣若使此人在朝我輩無措手處也

紆士雄回之子也少質直孝友喪父廬於墓側負土成墳其廷前有一槐樹先甚欝茂及士雄居喪樹遂枯死服闋還宅死槐復榮帝聞之歎其父子至孝詔書褒揚號其所居爲累德里

郎方貴淮南人也少有志尚與從父弟雙貴同居開皇中方貴嘗因行出遇雨淮水汎長於津所寄渡船人怒之撾方貴臂折至家其弟雙貴發憤問所由方貴具言之雙貴恚恨遂向津毆擊船人致死守津者執送之縣官案問其狀以方貴爲首當死雙

貴從坐當流兄弟二人爭爲坐首縣司不能斷送詣州兄弟各引咎州不能定二人爭欲赴水而死州狀以聞帝聞而異之特原其罪表其門閭賜物百段

田德懋觀國公仁恭之子也少以孝友著名開皇初以父軍功賜爵平原郡公授太子千牛備身丁父艱哀毀骨立廬於墓側負土成墳高祖聞而嘉之遣員外散騎侍郎元志就弔焉復降璽書曰皇帝謝田德懋知在窮疚哀毀過禮倚廬墓所負土成墳朕孝理天下思引名教復與爾通家情義素重有聞孝感嘉歎兼深春日暄和氣力何似宜自抑割以禮自存也兼賜縑二百匹米百石後下詔表其門閭

杜猷爲濟陰太守開皇三年死王事詔曰行仁蹈義名教所先厲俗敦風宜見褒獎往者山東河表經此叛亂孤城遠守多不自全濟陰太守杜猷身陷賊徒命懸寇手郡省事范臺玫傾產營護免其戮辱眷言誠節實有可嘉宜超常賞用明沮勸臺玫可

大都督假湘州刺史

薛濬開皇中爲考功侍郎丁母艱不勝喪病卒有司以聞帝爲之悄涕降使齎册書弔祭曰皇帝咨故考功侍郎薛濬於戲惟爾操履貞和器業詳敏允膺列宿勤養克彰及遘私艱奄從毀滅嘉爾誠孝感于朕懷與爵有加抑惟朝典故遣使人指申往命魂而有靈歆茲寵渥嗚呼哀哉

楊慶字伯悦年二十五　郡察孝廉以侍養不行其母有疾不解襟帶者七旬及居憂哀毀骨立負土成墳齊世表其門閭賜帛三十疋綿十屯粟五十石高祖開皇中屢加褒賞

郭儁字弘文太原文水人也家門雍睦七葉共居犬豕同乳烏鵲通巢時人以爲義感之應州縣上其事高祖遣平昌公宇文弢詣其家勞問之持書御史柳彧巡省河北表其門閭

劉方爲驩州都督平林邑國紀功而還方在道遇患而卒帝甚傷惜之乃下詔曰方肅承廟略恭行天討飲冰遄邁視險若夷摧鋒直指出其不意鯨鯢殄殲巢穴咸傾役不踰時肅清海外致身王事成績可嘉可贈上柱國盧國公

煬帝大業二年五月乙卯詔曰旌表先哲式存饗祀所以優禮賢能顯彰遺愛朕永鑒前修尚想名德何嘗不興歎九原屬懷千載其自古已來賢人君子有能樹聲立德佐世救時博利殊功有益於人者並宜營立祠宇以時致祭墳壟之處不得侵踐有司量爲條式稱朕意焉

三年四月己亥次赤岸驛以太牢祭故太師李穆

五年二月戊戌次于閿鄉詔祭開皇功臣墓三月庚午有司言武功男子史永遵與從父昆弟同居帝嘉之賜物一百段米二百石表其門閭

陶模爲嵐州司馬漢王諒據并州反刺史喬鍾葵發兵赴逆模諫之鍾葵失色曰司馬反邪臨之以兵辭氣不撓鍾葵義而釋之軍吏進曰若不斬模何以厭衆心於是囚之於獄悉掠取資財分賜黨與及諒平帝嘉之拜開府授大興令

皇甫誕爲漢王諒并州司馬諒反誕諫之爲諒所囚及楊素至諒屯清源誕出獄謀閉城拒之又爲諒所害煬帝以誕亡身殉国嘉悼者久之下詔曰褒顯名節有国通規加等飾終抑惟令典并州總管司馬皇甫誕性理淹通志懷審正効官贊務聲績克宣值狂悖稱禍凶威孔熾確殉單誠不從妖逆雖幽執寇手而雅志弥厲遂潛與義徒據城抗節衆寡不敵奄致非命可贈柱国封弘義公謚曰明

華秋汲郡臨河人也事母以孝聞母終廬於墓側大業初調狐皮郡縣大獵有一兔人逐之奔入秋廬中匿秋膝下獵人至廬所異兔之自爾此兔常宿廬中匿秋膝下馴其左右郡縣嘉其孝感具以狀聞帝降使勞問而表其門閭

翟普林楚丘人也性仁孝事親以孝聞州郡辟命皆固辭不就躬耕色養鄉隣謂爲楚丘先生後父母疾親易燥濕不解衣者七旬大業初父母俱終哀毀殆將滅性廬於墓側負土成墳盛冬不衣繒絮唯著單縗而已家有一烏犬隨其在墓若普林哀臨犬亦悲號見者嗟異焉有二鵲巢其廬前樹每入其廬馴狎無所驚懼大業中司隸巡察奏其孝感擢授孝陽令

游元大業中爲侍御史奉使黎陽楊玄感作乱元數其罪玄感怒而囚之屢脅以兵竟不屈節於是害之帝甚嘉歎贈銀青光禄大夫賜縑五百匹拜其子仁宗爲正議大夫弋陽郡通守

松贇大業末爲石門府隊正賊帥楊厚執之令告北海縣云郡兵已破宜早歸降贇至城下言賊弱不足憂遂爲厚所害帝遣戸曹郎郭子賤討厚破之以贇亡身殉節嗟悼不已上表奏之優詔褒揚贈朝散大夫本郡通守

唐高祖武德元年八月以高熲賀若弼張衡宇文弼薛道衡董純等忠於前朝李金才李敏見忌隋室皆被煬帝所誅於是贈其官爵

裴仁基初仕隋爲左光禄大夫陷於王世充後謀歸國事洩遇害武德中贈原州都督謚曰忠

二年五月詔曰民稟五常仁義斯重士有百行孝敬爲先自古哲王經邦致治設教垂範莫尚於茲叔世澆訛民多僞薄脩身克己事資誘勸朕恭膺靈命臨馭遐荒慜茲獘俗方思遷道雍州萬年縣樂遊鄉民王世貴孝性自天力行無怠喪其所怙哀毀絶倫負土成墳結廬墓側鹽酪之味在口不嘗哭泣之聲感於行路安福鄉民宋興貴立操雍和志情友睦同居合爨累世積年務本力農崇謙履順弘長名教敦厲風俗宜加褒顯以勸將來可並旌表門閭蠲免課役布告天下使明知之

四年褒南豐州漢陽縣令姜世雄之閭褒義門也世雄立性仁厚夙敦教義私門之内友悌著聞累葉共居合宗同爨鄉黨稱茂曾無間言屬隋末寇盜經其里者皆感其義御不忍侵掠帝聞而嘉焉尚言其孝行堪勵風俗下詔褒美課役並從蠲免

楊大寶武德初爲龍門令劉武周陷晉絳攻之不降城破被害褒贈金節侯

劉感岐州鳳泉人後魏司徒高昌王豐生之孫也武德初以驃騎將軍鎮涇州薛仁杲率衆圍之感嬰城拒守城中糧盡遂殺所乘馬以分將士感一無所噉唯煮馬骨取汁和木屑食之城垂陷者數矣長平王叔良援兵至仁杲解圍而去感與叔良出戰爲賊所擒仁杲復圍涇州令感語城中云援軍已敗徒守孤城何益也宜早出降以全家室感許之及至城下大呼曰逆賊飢餓亡在朝夕秦王率數十萬衆四面俱集城中勿憂宜各自勉以全忠節仁杲大怒執感於城邊埋脚馳騎射殺之至死聲色逾厲賊平帝購得其屍祭以少牢贈瀛州刺史封平原郡公謚曰忠壯令其子襲官爵并賜田宅

常達陝人也初仕隋爲鷹擊郎將數從帝征伐甚蒙親待及義兵起達在霍邑從宋老生來拒戰老生敗達懼自匿不出高祖

謂達已死令人圖求之及達來見高祖大悅以爲統軍武德初拜隴州刺史時薛舉屢攻之不能克乃遣其將仵士政以數百人僞降達達不之察厚加撫接士政伺隙以其徒劫達擁城中二千人而叛牽達以見於舉達詞色抗厲不爲之屈舉指其妻謂達曰識吾后不達曰止是癭老嫗何足可識見釋之有奴賊帥張貴謂達曰汝識我不答曰汝逃死奴瞋目視之貴怒拔刀將斫達人救獲免及仁杲平帝見達謂曰卿之忠節便可求之古人命起居舍人令狐德棻曰劉感常達須載之史策也執仵士政撲殺之賜達布帛三百段復拜隴州刺史卒官

魏衡妻王氏梓州郪人也武德初薛仁杲舊將房企地侵掠梁郡因獲王氏逼而妻之後企地漸強盛衡謀以城應賊企地領衆將趨梁州未至數十里飲酒醉臥王氏取其佩刀斬之携其首入城衆乃散帝大悅封爲崇義夫人仍赦衡同職之罪

獨孤武都謀叛王世充歸國事覺見誅死武都子師仁年始三歲世充以其年幼不殺使禁掌之乳母王氏號蘭英請髡鉗求入保養世充許之蘭英撫育提攜備盡艱力時喪亂年饑人多餓死蘭英扶路乞丐捃拾遺有所得便歸與師仁蘭英唯啖土飲水而已後詐採拾乃竊師仁歸于京師帝嘉其義下詔曰師仁乳母王氏慈惠有聞撫育無倦提攜遺幼背逆歸朝宜有褒隆以錫其號可封永壽鄉君

張善相許州襄城人也大業末爲里長每督縣兵逐小盜爲衆所附遂據本郡歸於李密密敗以城歸國帝授伊州總管王世充數攻之善相頻遣使請救兵既不赴城中糧盡自知必敗謂寮屬曰吾荷國恩要當效命諸君無爲同死當斬吾頭以歸世充衆皆泣曰寧與公同死終不獨生後城陷被執送於世充所辭色不撓罵世充極口尋被害帝歎曰吾負善相善相不負吾封其子爲襄城郡公

張志寬河東安邑人也武德八年丁母憂廬於墓側負土成墳

有烏巢於廬前樹上志寬哭臨烏輒悲鳴帝聞之遣使就第弔授員外散騎常侍賜物三十段表其門閭

太宗貞觀元年勅召臨淮劉子翼入京辭以繼母年老不赴色養之美鄉里稱焉江南道大使李襲譽奏旌表之仍賜以米布改所居爲孝慈里及母卒擗踊傷感行路二年九月涇陽人田仁明高陵寡婦李氏各賜帛三十匹旌孝義也

六年正月蠲布衣邊鳳舉聶弘宗崔定仁陳嗣等四家課役褒孝義也鳳舉渤海人弘宗巴西人並以至孝聞於鄉黨葬父母以廬墓次負土成墳鳳舉植栢而爲嘉樹弘宗廬前生芝草七十餘莖見者以爲孝感丁父母憂繇服齊居二十餘年不釋定仁將陵人爲偶像晨昏定省若平生焉隋末群賊蜂起莫不侵掠者嗣隴西人四葉同居稱爲邑睦帝異之並下書褒美

七年十一月以少牢祭杜如晦杜淹李綱之墓

十二年二月帝幸長春宮表王隴德之閭旌節義也隴德本馮翊人王藏仁之蒼頭也藏仁父母先歿未獲合葬既而從役物故其妻孀居旁無親屬隴德迎致其屍并其父母而葬之因廬其墓次負土成墳每有白雉悲鳴於墳上焉

十月表通事舍人薛萬備之閭旌孝行也萬備者營州都督萬徹之季弟也初丁母艱截髮爲繩以充斂及葬廬於墓次負土成墳帝聞而嘉之降璽書弔慰焉

十五年二月表華州鄭人王瞿曇之閭旌孝行也瞿曇事親以孝養聞閭里稱其敬讓葬祖父母及伯父皆負土成墳三年乃畢母終亦如之晝夜悲號哀感行路頭髮盡落形體枯悴墓門三年不櫛夜常寢於棺側服終之後仍不離墓焉

十一月壬戌賜孝女夏侯碎金布帛二十段粟十石仍標其門閭碎金滑州胙城人先適河間劉氏已產二女其父因疾喪明碎金遂求離其夫以終侍養夫不違其志分留一女碎金供養其父兼事後母以孝聞鄉里方之曾閔父亡號哭之聲朝夕不絕哀毀之至殆不勝喪寒不衣絮被髮徒跣負土成墳廬於墓側至是已歷五年日一食而止

十七年齊王祐舉兵祐初遣水昌君蒼將數百騎擊平陵平陵人拒守獲全詔嘉之改平陵爲全節縣

十九年二月庚戌輿駕發洛陽丁巳詔曰昔晉諸列國之相漢主尚求其後夷吾勁直之臣魏君猶禮其墓況乎直道邁青松而孤絕忠勇之操掩白玉而振彩者哉殷故少師比干身一表德鄉幾成性以明允之量屬無妄之辰玉馬遘馳慝其邦之殄瘁寶衣將燎惜其君之復亡其義不回懷忠蹈節讜言幾發輕百齡之命甘刑既逞碎七尺之軀雖復周王封墓莫救燹園之禍孔聖稱仁寧追剖心之痛朕自趙魏問罪遼碣經途秀麥之墟緬懷梓林之地駐蹕而瞻荒隴顧以爲臣撫躬而想幽泉恩聞其諫豈可使慎終之義久闕於往冊易名之典無聞於後代宜錫寵命以展宿心可追贈太師謚曰忠烈所司崇其墓而葺祠堂州縣春秋二時祀以少牢給隨近五戶以供灑掃帝自爲祭文壬戌次安陽遣使以少牢祭隋清河王高岳之墓

是年帝征遼攻安市城不剋其城中皆屏聲偃幟城主升城拜手奉辭太宗嘉其堅守賜絹百匹以勵事君之節

又遼東城長史爲部下所殺而省事趙煒鄧攜其妻子奔白巖城降帝義之賜省事帛五匹仍爲造靈輿歸平壤

二十一年二月甲戌賜滑州胙城女子劉少娘粟帛仍表其閭旌孝行也少娘母夏侯碎金亦以至孝聞少娘年十五而母亡遂廬於墓側負土成墳

許坦豫州人也年十歲餘父入山採藥父爲猛獸所噬即號叫以杖擊之獸遂奔走父以得全帝聞而謂侍臣曰坦雖幼童遂能致命救親至孝自衷深可嘉尚授文林郎賜物五十段

堯君素隋大業末爲鷹揚郎將鎮河中義兵起固守不下高祖遣其妻至城下諭令降君素引弓射殺後人心離叛左右斬之

傳首京師梟於都市後帝幸河中歎其忠於隋室贈蒲州刺史以勵事君

楊三安妻李氏雍州涇陽人也事舅姑以孝聞及舅姑亡没三安亦死二子孩童家貧窶李晝則力田夜則紡績數年間葬舅姑及夫并夫之叔姪兄弟七喪深爲遠近所嗟尚帝聞而異之賜帛二百段遣州縣存恤

孝女衛氏字無忌絳州夏縣人也初其父爲鄉人衛長則所殺無忌時年六歲母又改嫁更無兄弟及長常思復讎無忌從伯嘗設宴爲樂長則時亦預坐無忌以塼擊殺之既而詣吏稱父讎既報請就刑戮巡察大使黄門侍郎褚遂良以聞帝嘉其孝烈特令免罪給傳乘徙於雍州并給田宅仍令州縣以禮嫁之

王少玄者博州聊城人也父隋末於郡西爲亂兵所害少玄遺腹生年十餘歲問父所在其母告之因哀泣便欲求屍以葬時白骨蔽野無由可辨或曰以子血霑父骨即滲入焉少玄乃刺

其體以試之凡經旬日竟獲父骸以葬盡體病創歷年方愈貞觀中本州聞薦拜徐王府參軍

阿史那社爾本突厥處羅可汗第二子貞觀中爲行軍總管以伐高昌凱旋帝謂社爾曰諸軍並分外求財爾獨能不取深可尚也高昌有一寶鈿刀是其國所寶即以賜之并雜綵千段

李乾祐爲侍御史母卒廬於墓側負土成墳帝遣使就弔仍旌表其門

高宗永徽三年九月以周司休大夫裴融尚書左丞封孝琰有忠節於前代制擢其子孫以旌介烈

五年二月庚申故洛州都督贈尚書左僕射屈突通故吏部尚書贈陝東道大行臺尚書右僕射殷開山並贈司空故潭州刺史贈荊州都督邳國公長孫順德贈開府儀同三司故左領軍大將軍竇琮贈特進故右武衛大將軍史大柰贈輔國大將軍故禮部尚書盧大雅贈尚書右僕射故太僕卿贈兵部尚書弘壽贈太子少師故洪州都督贈戶部尚書劉政會故荊州都督贈禮部尚書應國公武士彠並贈并州都督故襄州都督左驍衛大將軍張公謹贈荊州都督故貝州刺史李高遷贈州都督故嘉州刺史李思行贈洪州都督故右光祿大夫張平高贈潭州都督並追錄武德功臣也

六年正月親謁昭陵詔貞觀以來勳賢大臣陪葬者宜以少牢於墓致祭其子孫有官爵者所司奏聞

三月丁酉遣比部員外郎李文禮致祭名臣圖形於凌煙閣者凡七人故太子太師魏徵右僕射高士廉特進蕭瑀輔國大將軍段志玄蘷國公劉弘基徐州都督秦叔寶秘書監虞世南皆始終著名者也

四月丙寅鎮軍大將軍阿史那社爾卒贈并州都督陪葬昭陵謚曰元仍令起冢象葱山以旌平龜茲之功也

顯慶元年八月賜相州司兵參軍武弘度宋州人程䄍師粟帛

標其門閭旌孝行也

二年二月高宗在洛陽宮遣使祭伊尹周公伯夷叔齊許學廟

十月車駕幸許州次白善頓遣有司祭鄭子產及漢太丘長陳寔之墓

五年二月車駕幸并州其義旗初職事五品已上身亡没墳墓在州者令所司致祭

麟德元年十月巳卯詔曰周京兆尹少冢宰廣陵郡守宇文孝伯忠允基心貞堅表志偃刑既迕方納諫而求仁忍忌將加甘梢驅而徇節年祀雖永風烈猶生宜峻徽章式旌華胄其孫左威衛長史思純可朝散大夫

二年十月命有司致祭伊尹周公桓榮楊彪杜預等墓及祠廟

十一月巳卯至滎陽祭紀信墓追贈驃騎大將軍

三年有事泰山路過鄆州閱壽張人張公藝九代同居帝親幸其宅問其義由其人請紙筆但書百餘忍字帝爲之流涕賜以

絹帛焉（初壯奉夫蕭嘉王言樂詔宅哭思旌表唐朝皇中大使給物　陽公原子恭義慰撫重表其門自鄉十詩勑更加旌表）

咸亨三年十月丁亥詔修黃傳說祠廟仍令所司以牢致祭

儀鳳二年吐蕃寇扶州之臨河鎮鎮將杜孝昇爲賊所執賊令送書松州以遂其降孝昇身遭六割竟不從俄而賊衆捨孝昇而退又率餘衆拒守詔授孝昇游擊將軍以旌其忠烈仍賜物二百段孝昇俄以創甚去職詔令給祿終身

三年九月詔賜雍州司法參軍楊諲故妻韋氏物百段旌孝行也韋氏鄭州刺史吉甫之女其父初嬰疾疾累月不解衣而寢及父卒一慟而絕帝嘉其至行特賜縑帛仍令編入史

永隆二年四月贈故吉州長史陳行焉睦州刺史旌忠節也初行焉使吐蕃吐蕃大臣欽陵使行焉拜伏行焉擁節不屈臨之以兵竟不從因被拘留十餘年而卒至是喪還帝深嘉歎之故贈官焉

永淳二年正月車駕發東都遣使祭巢父許由等祠廟

三月以雍州人元讓爲太子右內率府長史旌孝行也讓弱冠明經擢第以母疾遂不求仕躬親藥膳蒸蒸致養不出閭里十餘年及母終廬於墓側蓬髮不櫛沐菜食飲水而已咸亨中孝敬監國下令表其門閭至是巡察使奏讓孝悌殊異由是拜職

孝女賈氏濮州鄄城人也年始十五其父爲宗人玄基所害其弟彊仁年幼賈氏撫育之誓以不嫁及彊仁成童思共報復乃候玄基殺之取其心肝以祭父墓遣彊仁自列於縣司斷以極刑賈氏詣闕自陳已爲請代彊仁死帝哀之特下制賈氏及彊仁免罪移其家於洛陽

東夷都護張儉第二女左千牛于敏直之妻性至孝數歲時父母微有病瘵即觀察顏色晝夜不離左右初聞儉有疾自傷不獲奔赴期於必死及凶問至號叫一慟而絕帝聞之而下詔褒美賵物一百段仍令編入國史

楊紹宗妻王氏華州華陰人也初年三歲所生母亡爲繼母鞠養至年十五父又征遼而歿繼母尋亦卒王乃收所生及繼母屍柩并立父形像招魂遷葬訖廬於墓側陪其祖及父母墳永徽中詔曰故楊紹宗妻王氏因心爲孝率性成道年迫桑榆筋力衰謝以往在隋朝父歿遼左招魂遷葬負土成墳又葬其祖父母等竭此老年親加板築痛結晨昏哀感行路永言志行嘉尚良深宜標其門閭用旌敏德賜物三十段粟五十石

蘇定方爲左武衛大將軍卒帝傷惜之又謂侍臣曰蘇定方於國有功例合褒贈卿等不言遂使哀榮未及興言及此不覺嗟悼遽下詔贈幽州都督謚曰莊

冊府元龜卷第一百三十八

冊府元龜卷第一百三十九

帝王部

旌表第三

唐中宗神龍元年詔曰虢州人故楊初成往者運屬艱難家懷忠讜將迎六飛之駕奄罹五刑之罰身既伏誅家又從坐言念誠節深可哀矜宜有褒榮式旌忠順可贈左驍衛左二府郎將初成虢州人垂拱中爲冊郎將於東都市宣勑募人欲迎帝於房陵事覺坐斬籍沒其家至是旌表焉又故司空太子太師英國公李勣往坐其孫敬業構逆毀廢墳塋至是帝思其佐命功追復官爵命所司爲起墳改葬

三月以故司僕少卿徐有功執法平恕追贈越州都督仍遣使就其家弔祭令所司與一子官

二年十二月贈廣州刺史宋敬則以書處褒異行也敬則是州人與其三從兄同居四十餘年財物無異

三年六月乙亥旌表江夏潘元祚門閭以其居喪結廬墓次負土成墳也

睿宗唐隆元年六月下詔曰故許州司兵燕欽融先陳忠讜顏列章奏雖在非其位而進不顧身永言奄忽誠可傷悼方開諫路宜慰幽泉可贈諫議大夫仍令備禮改葬初景龍四年欽融以韋后干政連上疏切諫韋氏等大怒勸中宗召之欽融因而致死帝踐祚以其言多切三下制贈焉

郎岌定州人也亦備諫韋氏韋氏又勸杖殺之帝即祚甚加傷悼贈諫議大夫

又制曰飾終追遠斯乃舊章表德旌賢有光常典故中書令裴炎含和稟粹履信居貞望重國華才爲人秀惟幾成務績著於代工偶俱無猜義深於奉上文明之際王室多虞保乂朕躬實著誠節而危疑起疊君巫罹災歲月屢遷丘封莫樹永言先正感悼良多宜追貴於九原俾增榮於万古可贈益州大都督

先是永淳中天后臨朝武承嗣請立武氏七廟中書令裴炎進諫天后不悅而止後崔詧上言炎有異圖胡元範劉行儉皆明其無罪太后不納令斬于都亭驛前故有是贈

七月冊立皇太子大赦天下自神龍已來直諫枉遭非命咸令封植其墓又追贈故韋月將爲宣州刺史

景雲二年八月追贈故滑州韋城縣尉孫仲之爲虢州長史旌義烈也

玄宗即位下制曰以忠報國典冊所稱式義徇名節斯在故右羽林衛大將軍上柱國遼陽郡王李多祚三韓貴種百戰餘雄席寵禁營宣力王室挺玆誠信翊贊謀美頗彼神明重覆妖懸永言徽烈深合褒崇宜追歿後之榮以復生前之命可還舊官仍宥其妻子多祚初爲右羽林將軍節愍太子之舉兵也令多祚率衆先至玄武樓下冀帝聞以誅三思之意竟案兵不戰餓爲左右所殺時年五十餘是日并其二子壻俱殞命焉妻子並從籍沒至是追復又下制曰故蘇安常文學基身鍊直成操往年抗疏忠讜可嘉屬回邪擅權奄從非命興言軫悼用惻于懷宜贈寵章式旌徽烈可贈諫議大夫仍宥其妻子安常中宗時以事連節愍太子被殺故旌之

先天二年七月詔曰太平公主子薛崇簡執心奉国勵節忘私早辯忠邪母有規諫因被嫌嫉加以鞭笞事不見從忠實可紀宜甄逆順復其官爵仍賜姓李太平公主謀逆諸子皆伏誅唯崇簡以先諫公主屢被鞭撻故得賜姓官爵如故

是歲有司奏孝子王知道母患骨蒸醫云須得生人肉食之知道遂密割股上肉半斤許加五味以進母母食之便愈即託他疾臥不令母知州縣以狀聞宰相請賜束帛帝曰宜與一官以旌孝行是年江西道案察使上言東陵人唐君節喪母哀感鄉曲廬於墓側有芝草三莖生焉長沙人嚴待封以爲祖母所養祖母死居喪三載負土成墳手植松檟百餘株濮陽人張仁禀

五代同居其家堂後生一草彩色甚茂並有勑旌表門閭

開元二年正月乙酉制曰崔玄暐張東之等往以神龍之初保乂王室妒臣所忌謫居炎海流落安裏感激忠義玄暐嗣子吏部郎中璩清守雅韻靜守專直東之嫡孫愿祖考繼叙遺孤可傷没勳業之下淪於名賢之必復是得景倩而非仲宣者也高足封樂毅之後武帝求蕭何之裔斯不遠哉邵於德及緬懷前烈宜加後命璩愿並可朝散大夫

二月乙亥以徐有功之之子曰倫自大理司直爲恭陵令勑曰其父昔爲理官時寄刑網遂能堅守忠直每抗回邪海內稱其不冤朝廷賴其惟恤求之言種德必歸餘慶宜甄嗣子俾勸群臣

十月帝以王海賓單騎赴難勇冠群師及臨兆之役輕敵致陷身没功存誠節尤著乃詔贈左金吾衛大將軍賻物三百匹米粟三百石喪事並官供命紫微舍人倪若水吊祭仍與一子五品官下制曰盤矛赴敵義光忠壯免胄捐軀情深悼惜故防禦

群牧使豐安軍使右衛率府率王海賓七年貞幹方里長城挹鐵石於胸襟運韜鈐於掌握屬大羊爲寇收團推從出車衛其征討躍馬先其推鋒挫彼鋒銳殲厥渠魁充國持邊行縱文略建威臨陣忽奏驍雄與言震懷思有旌美宜加大將之禮兼茂右艮之秩

四年十一月黃門監盧懷慎卒明年帝於城南望見懷慎別業方設大祥齋帝憫其貧困難恕久之下詔曰故銀青光祿大夫檢校黃門監上柱國范陽縣開國伯贈荊州都督盧懷慎衣冠重望廊廟周材許讓當三傑之一季行擬四科之二等平之輔漢同季父之相魯即聯於古人實可歸雖清白燕翼舊金非寶然喪事貧窶稽石屢空言念平昔彌深軫悼宜恤表統之孤用旌晏嬰之德宜賜其家物一百段米粟二百石因制中書侍郎蘇頲爲之碑文仍親札焉

六年十二月以鄂州人潘元祚屢辟弓旌獨守朱墓行推勵俗

學可爲師拜左拾遺內供奉仍直左春坊侍皇太子讀書

十一年行幸并州太原人趙楠栖桐隱居有道年耆壽恒詔武賞其私第拜著作郎仍聽致仕賜帛五十匹

十四年宋州奏單父人劉九江三代同居有慈烏巢于庭戶鄉里榮之名其鄉曰邕睦鄉里曰同居里請旌表其門許之

是年鎮州鹿泉人李慶恭張義貞青州北海人呂元簡定州鼓城人敬思義及蔡州孝女楊氏等並以孝義聞旌表其門慶恭與義貞異姓同居于今三代凡百餘年元簡四代同居所食六畜皆異母共乳思義居喪至孝廬於墓側有嘉禾生及白兔馴擾

十五年九月制曰故益州長史張守契故桂州都督扈嘉靜等並擢委藩鎮克著勤勞奄隨化往良深震悼言念旅櫬猶在遐方用加優恤以慰泉壤宜官造靈轝給傳遞還鄉所緣葬事並委有司支給是歲華陰人韓思訥六代同居特旌其門

二十年三月以右驍衛將軍同正員安金藏忠節見于先朝特封爲代國公仍於東嶽西嶽等鐫碑勒其名制曰義不辭難忠爲令德保祐君上安固邦家則必荷龍光之休膺土宇之錫安金藏忠義奉國精誠事君往屬酷吏肆兇潛行誅構當兇懼之際激忠烈以之誠突刃刻心保明先聖見危授命沮折邪之匿轉禍存福獲明哀之貞雖嗚王衛株巳備於休命而疇庸賦爵未洽於殊榮宜錫寵於珪組兼勒名於金石

二十三年三月河北採訪使張守珪奏相州湯陰縣有孝子右件奴請旌表門閭許之件奴三歲喪親一至于真觀凡二十餘年塋內有枯樹重生枝葉群鳥馴擾鄉里咸歎異之閭十一月又奏孝子石件叔塋內生雙竹抽笋又勅十歡塋生芝數莖亦並孝異詔許之

二十四年制曰貴德尊賢節義爲急往此聖人所以理天下厚風俗也王友貞業氣元精恕大朴孝惟不匱獨貴於明時道則難名高蹈於人代言念哲方期仍從遐耳偶殂良深愍悼生無

大位雖闕外臣之儀沒有餘榮宜贈上卿之服可贈光祿大夫仍令州縣長官以時祭友貞長安中歷位長水縣令後罷歸田里中宗在春宮召爲司議郎不就神龍初又拜太子舍人仍令所司以禮徵赴及以疾辭制曰敦夷齊之行可以激貪尚顏閔之道用能勸俗新除太子中舍人王友貞德義泉藪人倫茂異孝愛始於事親忠信表於行已富在文史廉於財貨久歷官常累聞課績有古人之風保君子之德乃抗志塵外棲情物表深歸解脫之門誓守薰修之誡須加徵命作護儲闈固在辭榮陳情懇至朕方崇獎廉退鎮靜澆浮雖思廊廟之賢豈違山林之願宜加優秩仍遂雅懷可太子中舍人員外置給全祿以畢其身任其在家修道仍令所在州縣存問四時送祿至其住所睿在東宮又表請備禮徵之以年老竟辭疾不赴是歲九十餘卒於家有褒贈

二十五年五月己亥京兆人張阿九母疾阿九割股肉饋之厥疾遂愈先是同郡趙言亦以割股養母聞帝嘉之賜阿九及言物各五十段以旌孝行

天寶四載二月京兆府奉天縣人趙正言母病割股肉以餌母疾瘳賜物五十段以資孝養華原人韓難陀父亡廬于墓側凡十六載金城女董氏家無兄弟孝養不嫁父亡廬於墓側凡六載並表其門閭賜以粟帛

三月陳留郡封丘人楊嵩珪母亡負土成墳於所居別立靈几畫父母形貌享祀十有餘載尉氏縣人楊思貞父亡廬於墓二十有八載有芝草白兔甘露等瑞並賜粟帛旌表門閭

四月冀州人燕遺債既孤於堂中刻木爲父母形像施帷帳衣服如存朝夕奠祭鄉閭甚敬異之

蜀郡人郭景華孝行過人父喪明景華晝夜啼泣宅中忽湧甘泉因以洗目漸明東陽郡人應先父亡廬于墓側有芝草連理生並旌表門閭以昭孝行

十五載秦光庭爲伊州刺史祿山之亂西北邊戍兵入赴難河隴郡邑皆爲吐蕃所拔惟光庭守伊州累年外救不至虜百端誘說終不降屈部下如一及矢石既盡糧儲並竭城將陷沒光庭手殺其妻子自焚而死朝廷聞之贈工部尚書

王君㚟判涼州都督爲吐蕃所殺帝甚痛惜之制贈特進荊州大都督給靈轝遞歸京師葬事並官給賻物三百段粟三百斛仍令鴻臚卿一人充使監護

韓思復睿宗朝爲給事中活嚴善思於雷霆之下拒武三思於諂附之中帝御筆題碑云有唐忠孝韓長公之墓

肅宗至德二年二月大赦詔自賊陷兩京文武常參官及諸州刺史有絕脰卽藥不事叛人爲衆所知者量加優贈十二月詔曰忠臣事君有死無貳烈士徇義雖滅猶存其李憕盧弈顏杲卿袁履謙許遠張巡張介然蔣清龐堅等卽與追贈（昭䲭若等日自李[illegible]已下並爲安祿山亂死王事也）

三年正月詔內外文武官陷在賊中潛藏不出或託疾不仕忠節可嘉並與改考是月京兆尹李峴奏奉天縣百姓滑清泌父茂先疾亟清泌割右股肉方圓二寸與父食之病乃痊詔清泌宜與一官以旌孝道

二月詔天下州縣有遭逆賊攻擊堅守不下竟以獲全其官人百姓中有誠効灼然爲衆所知者宜令本道使案驗奏聞據狀跡酬其官賞身亡沒者重加褒贈有父母存者仍與一官及邑號無父母者與一官如有一家丁壯盡被屠害其父母妻子仍令州縣以官物賑恤并量造舍宇使得安存

乾元二年北庭行營使李嗣業自正月與諸將同圍相州是時築隄引漳水灌城經月餘城不拔將軍無統帥諸將各曰圖全人無鬭志賊每出戰嗣業被堅衝突履鋒冒刃爲流矢所中數日瘡欲愈臥於帳中忽聞金鼓之聲因而大叫瘡中血出數升注地而卒帝聞之[illegible]久之詔曰臨難亡身爲臣之大

節念功加贈經國之常典故衛尉卿兼懷州刺史充北庭行營節度使虢國公李嗣業植操沉厚秉心忠烈懷幹時之勇略有戡難之遠謀久仕邊陲備經任使自兇渠搆亂中夏不寧特感勵之誠揔驍果之衆親當矢石頻立勳庸壯節可嘉將謀於百勝忠誠未遂空恨於九原言念其功良深憫悼死於王事礼有可加宜增列土之封用廣飾終之義可贈武威郡王其賵贈及緣葬事所司倍於常式仍令官給靈轝遞還所在以其子佐國襲其官爵食實封二百戶

代宗寶應元年鳳翔天興人楊播隱居以孝行旌表門閭一云播登進士第隱居不仕玄宗徵為諫議大夫棄官就養以孝行旌拜表其門閭肅宗就加散騎常侍賜號玄靜先生初播父哲以孝行有異旌其門閭後播子炎為起居舍人辭祿就養歧下丁父憂廬於墓前號泣不絶聲有紫芝白雀之祥又表其門閭孝者三代門樹六闕焉

八月梁州刺史臧希讓上言南鄭縣百姓李貞古孝行彰聞請付所司旌表從之貞古六歲而姑母欲改嫁貞古雨泣留之母遂守志母未食寢貞古不食寢及母亡貞土成墳廬於墓側有猛虎馴於廬前白鼠見於墓門村人異之

永泰元年正月京兆尹第五琦奏奉天縣竇昇朝二女伯娘仲娘雖長於村野而幼有志操住與邠州接界草賊數千人持兵刃入其村落行剽劫聞二女有容色姊年十九妹年十六歲藏於巖窟間賊徒擬為逼辱乃先曳伯娘出行數十步又曳仲娘出賊相顧自慰行臨深谷伯娘曰我豈受賊汚辱乃投身於谷賊方驚駭仲娘又投於谷谷深數百尺姊尋卒仲娘脚折面破血流被體氣絶良久而蘇賊義而去琦感其貞烈奏之詔旌表門閭仍長免丁役二女葬事官給京兆戶曹陸海首賦詩以美之

三月河南等道都統黃門侍郎同中書門下平章事王縉奏徐州處士皇甫弼養母以孝聞請旌表門閭許之

是月追贈故徐州蘄縣令李瀾瀾弟渤等官先是東都未平梁宋間群盜連聚或至二千餘衆攻陷城邑瀾守蘄縣力屈為盜所執將害之瀾弟渤詣盜請代兄死瀾又請殺身留弟兄弟爭死俱為盜害瀾女原武尉盧甫妻也見父被執號泣請代死亦為盜所害宣慰使吏部侍郎李季卿以節義聞有尉氏尉王洛妻裴氏儀王傅巨卿之女也素有容範為賊所俘賊逼之裴曰吾衣冠之子當死即死終不苟全一命受汚於賊賊情之臨之以兵逼之以力裴堅詈抗之賊怒乃支解裴氏至死不屈季卿亦以狀聞詔曰鄭州原武尉盧甫云妻李氏汴州尉氏尉王洛妻裴氏等懿範傳家柔明植性頃因冦難克彰義烈或請代父死表因心之孝或甘言逐夫亡標難奪之節宜膺贈飾俾光休美李氏可贈孝昌縣君裴氏贈河東縣君仍編入史冊瀾渤亦贈官秩

三年六月賜安南節婦金氏兩丁侍養金氏本賊帥陶齊亮之母以忠義訓齊亮齊亮不受遂與齊亮絶自績而衣自田而食州里稱之仍詔本道使每季給銀二兩并衣服以終其身

大曆四年二月左千牛薛鋒母病割股肉啖母病愈詔下有司旌表門閭

三月睦州司士參軍許利川居母喪以孝聞有芝草八莖及連理樹一株産于墓廬詔旌表其門

六月詔曰武德貞觀之間有君親徽王珪李靖李勣房玄齡杜如晦等扶翼大運勤勞王家尊主庇人匪躬致命咸有一德格于皇天緬然長懷風烈猶在其後嗣沉翳特加優獎如廟宇毀即宜修葺無德不報何日忘之

六年十月邛州上言依政縣百姓樊濟居父母喪負土成墳廬於側有兎鴿馴擾木連理慈竹自生詔旌其門

七年七月鎮州上言藁城縣人陳卬居父喪被髮廬於墓側不櫛不沐哀毀過礼至旌表門閭許之

十一月京兆府上言櫟陽縣人董思寵五代同居子孫凡八十餘人友愛敦睦鄉里稱之天寶末寇盜剽掠村閭此家獨全年遭水旱此家獨免至於征稅每先於人伏望旌表門閭編諸史冊許之

八年十二月江南西道觀察使路嗣恭上言信州弋陽人張球父殁五年廬於墓側哀毀過禮墓門塼上生芝草七莖有鵲巢于墓之叢竹請旌表門閭許之

九年二月庚辰追贈故河西隴右副元帥都知兵馬使秦州刺史郝廷玉為工部尚書録勳也

四月追贈故平盧節度使柳城郡太守劉正臣為工部尚書正臣本名客奴初禄山叛逆正臣越海遣使奉順帝録其誠節故寵之

德宗建中元年十一月詔故侍中平陽郡公贈秦州刺史敬暉重贈太尉故吏部尚書漢陽郡公贈中書令越州刺史張東之贈司徒故侍中扶陽郡公贈兗州刺史桓彥範贈司徒故中書令博陵郡公贈幽州刺史崔玄暐贈太子太師故中書令南陽郡公贈洪州刺史袁恕己贈太子太傅故中書令贈荆州大都督張九齡贈司徒故中書令越国公鍾紹京贈太子大傅時以國朝將相雖嘗贈而未稱者再贈之故有是命

二年三月代州刺史贈太子太師賈循重贈太尉并妻子皆備禮改葬故鄭州刺史贈華州刺史姚誾重贈潞州大都督與其子一人官皆以死王事也

五月以澤州人雍仙五代共居表其門閭

七月贈故伊州刺史袁光庭工部尚書初光庭守伊州虜圍之連歲不能拔及力竭將陷先刃其孥而自焚死焉

三年二月贈故成德軍節度判官檢校司封郎中兼御史中丞邵真戶部尚書與一子五品正員官真嘗為李寶臣掌文翰深所信任寶臣死其子惟岳偽領父衆李正巳田悅欲其同反各

遣使於惟岳真泣諫曰先公位兼將相受國厚恩大夫縗絰之中遽欲違命同隣道之惡背先公之志不可田悅與我為通絶之恐速禍正巳稍遠絶之易耳但令悅使還報請徐思其宜執正巳使于京師因請致討朝廷必嘉大夫忠而旌節得矣若受節於正巳即當臣之為之奈何惟岳許之令真草奏將發孔目吏胡震頗任事言於惟岳曰此事非細請與諸將吏議之至會議其鎮州刺史畢華曰先公與二道親好二十年一朝背之不可今執其使送京師大善脫未為朝廷所信正巳兵彊忽來襲我孤軍無援何以敵之不若仍舊勿絶徐觀其變惟岳又從之真又勸惟岳遣其弟惟簡入朝仍遣軍吏薛蘊詣河東節度馬燧軍請從順乞兵東處田悅聞其謀使使讓惟岳曰邵真惑亂軍政必速殺之不然吾且自討其罪矣惟岳懼遂殺之故有褒贈

四月贈故右僕射褚遂良太尉

五月詔曰故河西兼伊西北庭節度觀察使檢校工部尚書兼御史大夫贈太子太保楊休明故河西節度觀察使檢校工部尚書兼侍御史大夫周鼎故西州刺史兼御史中丞李秀璋故瓜州刺史兼御史中丞知河西節度留後張銑或寄崇方鎮或攝總留務時屬艱虞並抗貞節率勵將吏誓一其心固守西陲以俟朝命羌戎乘間驟逼城池國家方有內虞未遑外救河隴之右化為虜場俾我忠良歿身異域彌歷年紀以逮于茲旅柩方旋誠深憫悼故遽加寵贈俾極朝榮式彰茂烈永賁幽壠休明可贈司空鼎可贈太保秀璋可贈戶部尚書銑可贈兵部侍郎休明等自至德後陷沒於吐蕃至是其族各以其柩至故加褒贈休明男燁并將校等追贈者十餘人仍官為殯葬

八月太子賓客第五琦卒琦之子峯峯婦鄭氏女皆以孝著旌表其門

四年二月將作監田昻亡母亡姨亡妻汾州刺史李再春亡妻

其子瑶亡妻等並追贈國夫人昴瑶亡子亡女皆贈官封初昴
春瑶弃其族來降田悅盡滅其家少長無類瑶至京師授左
監門衛將軍冉春爲汾州刺史兼寵贈其家
三月贈故淮寧軍都虞候兼御史大夫實封一百户周曾太尉
益實封二百户故許州鎮遏兵馬使兼御史中丞實封五十户
王玢司徒益實封一百五十户故淮寧軍兵馬使兼御史中丞
實封五十户吕從賁左僕射益實封一百户故十將試太常卿
康秀琳右僕射益封一百户故節度押衙監察御史裏行姚憺
兵部尚書賜實封二百户故十將試太子賓客梁興朝户部尚
書賜實封一百户故十將試太常卿賈樂卿刑部尚書賜實封
一百户故試太常卿侯仙欽工部尚書實封一百户命散騎常
侍蕭昕往汝州境上以禮致祭并委李勉哥舒曜訪其家以名
聞有子者得回父官爵子孫三代過犯者減一等論以淮寧軍
節度押衙試殿中監韋清爲太子賓客兼御史中丞封安定郡
王賜實封一百户其周曾等所賜實封可載於典策傳其子孫
初李希烈愍哥舒曜收汝州令周曾等以兵三万來擊曜曾玢
憺清等自號四公子因希烈之親吏梁銑動静輒馳告勉至是
曾乃謀於周志欲迴軍據蔡州手玢應於許州姚憺韋清居中
殺希烈議定密令奏之且請毒藥以寘其食得陳蔡一丸無效
曾等以故久不發初希烈令養子十人從曾曾次襄城欲行其
志養子等知其謀亡告希烈乃使其將李克誠率騾軍千人攻
殺曾等而收其兵復殺玢憺等始韋清紿事洩無得相引清以
故幸免然終懼不得脫乃說希烈曰今兵寡弱不足以集事
請與朱滔使宋少直詣滔乞師希烈信然遣之夜次襄邑境乃
奔歸劉洽希烈聞曾等有變兵亂乃閉壁數日鄭州尉氏賊亦
惶駭奔去希烈乃上疏歸罪曾等率兵還保蔡州
是月又贈故衛尉卿兼御史中丞顏杲卿司徒故常山郡太守
袁履謙左散騎常侍故許州長史龐堅右散騎常侍[illegible]

贈蔣清禮部侍郎并録其子孫履謙妻封氏封由國夫人[illegible]
自杲卿已下並以常山郡死王事也
又贈故右驍衛將軍代國公安金藏兵部尚書授其子承恩銀
青光禄大夫試殿中監兼廬州長史
四月贈故禮部尚書李之芳亡女隴西郡夫人初李克誠既陷
汝州殺掠居人士女賊至李氏家李氏恐逼辱遂投井死
八月贈曹孝昌左僕射實封二百户孝昌李希烈之將孝昌以
隨州降尋爲其將康叔夜所殺復叛故有是贈
十月贈左龍武大將軍吕希倩太尉賜實封三百户子孫不絶
官爵又贈將軍高仲傑司空實封三百户子孫不絶官爵初帝
避難于奉天朱泚之賊於城東西南三面偷城渾瑊率招召突
將三百人分道連戰翌日辰時殺傷大甚賊力屈而退希倩死
之仲傑復攻城重傷力戰而死故有是贈仍官給棺櫬衣服遣
李昌宣旨致祭
興元元年二月帝在奉天詔曰見危致命之謂忠臨義有勇之
實惟勳克勤臣節不憚殺身惟予式嘉乃勳懋昭大典曰合不
德罔克若天遘兹毁憂遷是都邑惟爾御士歘然靡依逼畏所
加淄澠共混故開府儀同三司檢校禮部尚書司農卿上柱國
張掖郡王段秀實操行獻立忠厚精至義形於色勇必有仁頃
者嘗鎮涇原克著威惠兵卒知訓洛南以誠賊泚藏姦數爾以
詐守人目之大節見元惡之深情端委國門挺身白刃誓殄兇
渠之首以敵君父之讎視死如歸履虎致噬嗟天未悔禍事乖
垂成雄風壯圖振駭群盜昔王蠋守死必全節周顗正色不抗
彌惟我信臣無愧前哲聲聞衆宇義冠古今足以激勸人倫光
照史册不有殊等之賞孰表非常之功爰議賜崇特超檢限著
之甲令樹此風聲可贈太尉謚曰忠烈宣付史官仍賜實封五
百户莊宅各一區長子與三品正員官諸子並與五品正員官
仍廢朝三日收京城之後以禮葬祭旌表門閭朕承天子人臨

馭億兆一夫不獲則予之辜況誠信不違屢致寇戎使抱義之臣陷于凶逆有臨危致命殁而愈彰有因事成功權以合道茍利社稷存亡一致疇報之典豈限常倫並委所司訪其事跡續具條奏當加褒異錫其井賦圖形雲閣書功鼎彝以彰我有服節死誼之臣傳于不朽是月又贈故商州刺史謝良輔左散騎常侍初涇原兵亂京師後數日商州團練兵亦作亂害良輔焉及此追贈

四月贈故吏部郎中郭雄同州刺史詔曰朕越自邦畿至于梁漢而庶尹卿士各勤其職雄以鋒刃之下蒼卒遇害艱厥阻絶孤寃何依豈不以予一人不德而使子大夫罹其禍也永言惻惻增軫于懷爰申寵贈俾加常典六月故神策京西兵馬使檢校工部尚書兼御史大夫楊惠元贈右僕射仍賻絹百匹惠元男故尚食奉御晟贈殿中監故左衛兵曹參軍嵩贈邠州刺史褒死難也惠元以兵屬李懷光建中四年冬自河朔同赴國難解奉天之圍明年二月懷光既圖叛逆惠元義不受汙脫身奔竄至奉天會乘輿南幸懷光怒惠元之逸令其將冉宗以百餘騎追及於好畤縣惠元計窮父子三人並投入家井中冉宗並出而害之及是各加追贈焉

是月給事中孔巢父往河中宣慰李懷光遇害帝聞而警悼久之贈尚書左僕射賜其家布帛米粟甚厚仍授一子正員官收復河中日所司備禮葬祭之

七月詔曰贈太尉段秀實天授貞烈激其頹風蒼黃之中寄蘊雄斷將紓国難詭收寇兵挽其兇謀果集吾事挺身徑進奮擊梟魁英名凜然振邁千古宜差官致祭并旌表門閭緣葬所要一切官給仍於墓所官爲立碑以揚徽烈諸軍將士有身死王事者委本使具名銜聞奏即與褒贈

又贈故左驍衛大將軍樂平郡王劉海賓太子太保追贈實封一百三戶[illegible]

八月詔贈太尉段秀實宜令所司即與置廟立碑

九月贈故原涇都知兵馬使試太常卿何明禮兵部尚書故推官試晉州別駕岐靈岳贈同州刺史旌死節也初段秀實與劉海賓及明禮靈岳潛與約剋期誅朱泚事洩皆遇害故有斯贈

十月以前太常卿蕭定爲太子少師前大理卿蔣沇爲右常侍前秘書監程鎮之爲太子賓客並以陷賊不仕之也

十二月以前祠部郎中王䃂爲比部郎中前起居舍人鄭南史爲司封員外郎前工部員外郎史館修撰荀尚爲駕部員外郎前左庶子張彧爲壽州刺史䃂等並朱泚時潛藏不仕也

貞元元年正月詔曰君臣之義生錄其功沒厚其禮況才優居國忠至滅身朕每興歎勞于寤寐故光祿大夫守太子太師上柱國魯郡公顏真卿器質自天公忠傑出出入四朝堅貞一志屬賊臣擾亂委以存諭拘脅累歲死而不撓稽其盛節寔謂猶生朕致發斯禍慙悼靡及式崇嘉命兼延兩嗣可贈司徒仍贈絹帛五百端米三百石男頵碩等至喪制終後所司聞奏超授官秩時李希烈陷汝州宰相盧杞奏真卿使諭之既爲所追不從遂縊殺之

四月加朔方將石崇寰檢校工部尚書東來重隨檢校太子詹事兼御史中丞初馬燧渾瑊統兵討李懷光懷光俾部將徐光將數千衆保長春宮復俾石崇寰將驍兵北徐光崇寰以數十騎來降懷光遂屠其家故加官

九月贈朔方節度都虞候吕鳴岳工部尚書鳴岳前欲圖李懷光以從順事洩爲懷光所殺故追贈焉

十一月贈朔方邠寧節度兵馬使兼御史大夫石演芬兵部尚書仍賜錢三百千演芬本西域胡人以武勇爲朔方節度李懷光養子以至右武鋒都將時懷光軍屯三橋將與朱泚通謀演芬乃使食客郜成義齎疏且言懷光反狀請即罷其總統成義至奉天乃反以其言告懷光子璀璀密報其父懷光乃召演芬責

之曰我以爾爲子奈何欲破我家乎不死可乎演芬對曰天子以公爲腹心公以演芬爲腹心公上負天子安可下負演芬且演芬胡人不解異心欲守死以事一人幸得免呼爲賊死當分也懷光初使左右臠食之皆曰此忠烈之士也可令使死乃以刀斷其頸至是上念其義烈故加追贈

二年十月以前淮西行軍司馬檢校左庶子兼御史中丞呂仲容爲刑部郎中前濠州刺史張應爲吉州刺史仲容應皆陷李希烈援其僞署官數有章表陳賊中■宜帝每嘉歎及希烈平繼至特加賜賚而命官焉

三年四月贈故淮西節度使檢校工部尚書兼御史大夫陳仙奇太子太保賻布帛米粟有差喪事官給仙奇起於行間性特忠果自李希烈死頗竭誠節而吴少誠輩十數大將素兇悖醜正遂結黨害仙奇焉

閏五月朔方河中副元帥渾瑊與蕃相尚結贊會盟於平涼城與副使兵部尚書崔漢衡監軍特進宋奉朝等皆入幕次結贊伐鼓三聲其衆呼譟而至瑊遁出自幕後偶得他馬奔歸奉朝爲亂兵所殺六月贈奉朝開府儀同三司右衛大將軍以死王事也

十一月彭城孝子尹務榮喪親廬於墓側六年有芝草之祥詔旌其門閭

五月建州奏邵武縣人黄天爽母廬于墓側有紫芝生詔旌其門閭

五年二月潤州奏句容人張常洧居父喪孝行著聞詔旌表其門閭

八年正月贈故御史中丞張巡妻隴西郡夫人李氏申国夫人帛百匹追舊勳也巡事具祠白錄若詩自

十二年七月宣武軍節度李万榮疾病牙者其子迺爲兵馬使遍報大將伊婁涗張伾監官劉叔向等大將鄧惟恭等執乃送京師詔涗等三人委中書門下即兩追贈仍各與一子八品正員官

順宗以貞元二十一年正月即位六月詔曰前昭義軍泗州行營衙前兵馬使太中大夫試太子賓客兼監察御史張重政門有勳力性推毅勇夙聞克家之美嘗稱撫衆之才近者其父初亡群小窃惑誘以奇計俾執重麾而重政與其母兄號泣固拒遂全懸願奔告元戎不爲利回成其先志於家為孝子在国為忠臣軍郡乂安行義昭著念茲名節感歎良深宜洽恩榮俾弘激勸礼無避於金革理當申於權奪戎章憲府式示兼孝可起復雲麾將軍守左金吾衛大將軍員外置同正員檢校太子詹事兼御史中丞仍委淮南節度使與要職事任使重政泗州刺史伾之子伾在州十余年拜金吾詔未至病卒軍令欲令重政代為將重政与其母徐氏拒不從獲免故寵之

七月贈故忠州別駕陸贄兵部尚書故道州刺史陽城左散騎常侍仍賜其家錢二百千令所在州縣給遞以喪柩

冊府元龜卷第一百三十九

册府元龜卷第一百四十

帝王部一百四十

旌表第四

唐憲宗元和元年十二月贈故嘉州刺史崔佐時大理卿佐時為西州留後劉闢所殺故也

二年七月詔曰王者旌表通乎異代況音徽未遠名迹可尋風流所傳弊俗興起思其遺直足勸事君故朝議大夫守給事中襲南陽郡公袁高茂功之後清德冠時貞元初職在論駁當執讜議封還詔書居平蹈常則泯然而無迹會節有立皆卓爾而難踰故能望重朝端行滿天下未踰大任遂歿中身德之不忘久而彌著朕方弘景化寤寐前良用旌尚德之懷俾申加等之贈辰榮所被勸獎斯存可贈禮部尚書高貞元初抗論盧杞中外相賀數正直者以高為第一李吉甫為相備陳其事遂贈詔

十月潤州李錡平制曰王澹趙琦等伏節死義殺身成仁無罪見害受茲殘酷所宜褒表以勸忠貞可並加追贈仍令州府致祭收葬其王澹如有子弟服滿日與一子八品正員官如更無辜受戮及脫身效順者亦委李元素具事跡聞奏當有褒贈及加甄錄如受戮之中有長行官健勿停糧賜優給其家初澹為錡判官及錡言歸闕署澹為留後錡既無行意尋稱疾屢發期澹與中使頻諭之錡不悅澹既總留務或有制置錡益不能平澹諷親兵令殺澹者數矣因散冬衣澹入謁錡兵士數百人持刃曳於堦下臠食之監軍聞亂遣衙官趙琦慰諭又臠食之及錡敗故有詔贈

三年二月贈故布衣崔善貞睦州司馬旌忠諫也初李錡鎮浙西恃恩驕恣善貞詣闕上封言錡罪狀德宗械送錡錡坑殺之錡敗贈官

五年正月贈故左神策軍大將軍陽山郡王康定進兵部尚書賜布米粟有差定進[illegible]驍勇將嘗征蜀有功及討王承宗力戰陣[illegible][illegible]馬倒賊識曰鄜王也遂為所害官軍為之喪氣由是褒贈

四月睦州上言州人方良稷六代同居請表其門閭從之

五月贈故昭義軍將曹公又左金吾衛大將軍公又母鄭氏封武威郡太夫人仍賜錢三十万先是誅檮竄從史公又參之奮卒為亂兵所害故加贈而又褒封其母焉

六月丁亥贈故禮部尚書鄭叔矩太常卿贈故朔方河中副元帥判官檢校户部郎中兼侍御史路泌絳州刺史仍各賜其家絹二百匹至葬日委所在州府量給人夫事泌為渾瑊從事貞元三年隨瑊與吐蕃會盟而陷既在絕域棲心於釋氏之教為贊普所重待以賓禮貞元十九年吐蕃遣邊將書求和以子隨哀泣跡陳願允其請表三上德宗命中使諭旨以朝廷欲其宿詐悞更要於後信竟數歲不報及帝即位前年蕃使復款塞隨五獻章上陳又投書宰相裴珀李藩皆協力為奏言帝允之命徐復等報聘乃特於答詔疏名氏令以歸中國吐蕃因[illegible]與還遣使來朝遂以泌及叔矩之喪與銘及遺錄至朝野傷歎帝憫之命贈賻焉

六年二月浙江西道觀察使以前集賢殿校書郎丁公著孝行聞詔曰丁公著辭官侍親不顧榮利高行至性人倫所稱今執喪致毀又聞過禮其所請旌表門閭宜依仍委本州刺史親自慰問并量給粟帛

三月甲子贈故金吾衛張克讓尚書右僕射克讓茂昭長男也前為易定將木力溝之捷克讓有功焉

七年十二月贈故嶲州刺史陳孝陽洪州大都督旌善狀也

八年四月贈故左神策軍兵馬使嚴秦刑部尚書追平蜀之功也

七月以蜀將郝同美爲黎州刺史褒其節也同美元和初以劉闢之叛來歸而闢屠其家故旌寵之

十二月勅張茂昭立功河朔舉族歸朝義烈之風史冊彼載或

闕身歿之後家無餘財追懷舊勳特越常典宜每年賜其家絹二千匹春秋二時給付

元年閏八月詔曰存樹風節謂之立名歿加殊飾所以勸善故朝散大夫試秘書省著作郎兼侍御史甄濟昔以文雅見稱當時甞因辟召亦佐戎府而能保堅貞之正性以顧危機覩逆亂之潛萌不從脅汙義烈可傳於竹帛顯贈未賁於松楸藩方上陳允叶彝典追加命秩尚用殊榮可贈秘書少監濟初為安祿山范陽掌書記天寶十三年濟察祿山有異圖謀以智免以衛縣令齊死誠信可託乃求使至衛縣與以誠告令弟澄密求羊血以為備至夜偽嘔血疾不能支遂舁歸及祿山反使偽節度使蔡希德領行戮者李櫕等二人封刀來召濟詐不起即就戮之濟以左手書云不得李櫕持刀而前濟引首以待希德歎嗟賞李櫕等退以實報後慶緒繼逆又使郡縣強舁至東都安國觀經月餘代宗統師收東都濟起詣軍門表送上都肅宗館于三司使目於賊者瞻望以愧其心尋授秘書郎轉太子舍人宝應初拜刑部員外郎因蕃寇逃難客於襄州大曆中江西觀察使魏少遊奏授著作郎兼侍御史充其使副使終于襄州至是山南東道節度使來瑱奏其節操與權皋同科合載国史勅甄濟頃逢危難不受染汙風塵之內名跡獨全宜付史館旋又下制褒贈焉

是月又詔曰孝子劉敦儒生於儒門禀此至性王祥篤行起孝敬而不移曾參養志積歲年而罔怠用敦勸獎宜服官常分曹洛師俾遂私志可守右龍武軍兵曹參軍分司東都敦儒子玄之曾孫母終居喪致毀洛中謂之劉孝子權德輿留守東都表其志行故授以官

十月虢州湖城縣百姓閻昭五代同居命旌表之

十年四月贈工部尚書致仕高彥昭陜府都督如有子孫委中書門下服闋後量材叙用彥昭不知何許人初事李正己及李納叛彥昭以濮州降于河南都統劉玄佐納怒殺其妻子有女九歲初見其母兄將就害拜天而祝女問其故答曰以天之神明將有祈也女曰天如神明豈使吾母兄順而族戮也如其無知即又何拜獨不拜而死帝聞詔下太常謚曰愍女當時文士屬詞以誄之

十一月贈故壽州死難之將張抱知劉榮周和等刺史仍以米粟給其家自欽若詩曰時討淮西夫

十一年正月贈故成德軍節度掌書記殿中侍御史李存工部郎中存字安平人百藥五代孫奉進士嘗助王士真署為掌書記士真死存後以他事忤承宗被殺故加贈

四月山南東道故大將軍李仲曇呂中庸石鍠黃士榮等以死難皆贈刺史時討淮西之役州王承宗叛也

五月山南東道故將南珍賺等十六人忠武軍故將喬錡等三人河東故將徐宙等二人並以死難贈刺史亦以鎮州叛故也

十二年三月贈故冀州刺史王怡尚書左僕射仍令存訪親族授以封爵怡武俊從子以戰功歷深冀趙三州刺史承宗之叛怡守南宮縣以當王師及王士則為刑州刺史怡誠款通之及士則去刑州怡情頗洩於賊遂遇害并屠其家怡男元伯先潛來京師過定州張茂昭知而留之及是授兼監察御史委茂昭軍中任使

七月昭義故將衛重興等三十二人以死難並贈刺史

十一月以楊元卿為左金吾將軍元卿以淮西從事內朝其妻及男五人皆為所害及賊平朝廷方驗其事命中使至宅為發哀故有此授

十四年四月詔曰圖難忘死為臣之峻節顯忠旌善有國之令猷日者妖豎反覆侮我朝章而濮州刺史高沐刼在兗底潛輸忠款諷其不庭之咎將冀革心數其黃入海之饒聿求利國伏奏以陳其逆節濡師常破其陰謀竟以盜憎遂使王事殁而不朽

風聲暨稟訖式表漏泉之澤且彰勁草之節可贈吏部尚書仍委馬總訪其遺骸以禮收葬優恤其家如有子孫具名聞奏沐爲李師古判官師道擅襲每諫不順沐廣引古今成敗諭之前後說師道爲善者數千言判官李文會等構於師道沐遂遇害

九月贈淄州刺史張頊左散騎常侍登州刺史高曙右散騎常侍萊州刺史李庭崧洪州都督萊州長史蔡成鄆州左司馬尚根兗州長史沈皆並贈刺史皆以嘗諫殺李師道歸國爲師道所害故也

李湍妻湍吳元濟之軍人也元和中淮西未平湍心懷向順乃忽渡溵河來降烏重胤爾其妻遂爲賊束縛在樹臠而食之至死叫其夫曰善事烏僕射觀者義之至是烏以其事請列于史策十三年憲宗下詔從之

董昌齡母楊氏昌齡嘗爲涵長史世居于蔡少孤受訓於母累事吳少誠少陽至元濟時爲吳房令楊氏潛誡曰逆順之禮成

敗可知汝宜圖之昌齡志未果元濟又署爲郾城令楊氏復誡曰逆黨欺天天所不福汝當速降無以前敗爲慮無以老母爲念汝爲忠臣吾雖歿無恨矣及王師逼郾城昌齡乃以城降且說賊將鄧懷金歸款於李光顏憲宗聞之喜急召昌齡至闕眞授郾城令兼監察御史仍賜緋魚昌齡泣謝曰皆老母之訓憲宗嗟嘆良久元濟因楊氏欲殺之而止者數矣蔡平楊氏幸無恙元和十五年陳許節度使李遜跡楊氏之雅明節義以聞乃封北平郡太君

孝女王和子者徐州人其父及兄爲防秋卒戍涇州元和中吐蕃寇邊父兄戰死無子母先亡和子時年十七聞父兄殁於邊上被髮徒跣縗裳獨往涇州乞取父兄之喪歸徐營葬手植松栢剪髮壞形廬於墓所節度使王智興以狀聞詔旌表之

穆宗長慶元年正月以前坊州刺史班肅爲司封員外郎時宰臣上言曰將欲清風俗必在厚人倫竊見皇甫鎛擢位盛時班行之中多所親附及得罪後議論立彰曾無如鄰俗之褰薄一至於此唯班肅以曾爲郎官判度支案終始如一獨送出城周行之間多羨其美今郎秩已罷望受一省官以表其行故有是拜

是月河陽奏百姓劉士約母疾割股肉以奉母請表門閭從之羣皆以神農紀録藥物凡諸行求謝草伏太極金石之效荒譜之靈可攻於疾者元不悉載未嘗言人之肌膚可以愈疾及開元末有明州賊門山里人陳藏器著本草拾遺大人肌宇羸疾自後閭閻相傚自殘往往而有

二年正月詔曰故魏博等州節度觀察處置等使起復寧遠將軍檢校工部尚書兼魏州大都督府長史御史大夫賜紫金魚袋田布朕以寡昧臨御万邦威刑不能禁于紀之霧道化不能馴多僻之俗致使上公罹禍田氏積冤妾發旅以祖征每然食而三歎自茲弔伐驟涉寒暄雖良將銳師皆云協力而俟時觀釁未即齊驅嗟我誠臣結其哀憤引遷延之咎以自刻責奮徒列之志以謝君親白刃貫於肝心鴻毛諭其生死忠臣孝子一舉而全晉稱卞氏之門漢表尸卿之節比方於布今古爲隣況

其臨命須臾處之不撓載飛章表益見深衷問使發函悼心疾首從先臣於厚載竊則無愧覩遺像於麟閣于何可堪端揆崇名職喪舉曲能以爲報䘏擾求懷可尚書右僕射賻布三百段米粟二百石

六月乙酉詔曰田布頃因戎旅發憤自裁言念忠誠豈忘瞻䘏宜賜錢一千貫絹一千疋以充葬用

九月贈汴州故將郭昌晏禮部尚書昌晏前欲密謀誅留後李齐以其謀通於韓充臣欽若等曰李齐汴州之牙將逐其帥李愿自稱留後韓充弘之弟也事洩被害故加寵贈

三年十月以潞州左司馬賈直言爲諫議大夫直言以孝聞人稱其代父飲酖救得不死而手足枯瘁於鄆州累有忠言激李師道不聽亦不忍殺

敬宗寶曆元年六月虢州刺史陸亘上言玉城縣百姓鄭寧五代同居請旌其門閭兼追贈鄭玉父庭訓一官從之

文宗以寶曆二年即位賜劉克明母錢一千貫絹五百疋絣二
人以其不從克明爲亂賞之也
大和二年九月詔曰見危致命之死不故慶其義則白刃可蹈
得其所則鴻毛猶輕此忠臣烈士所以垂名於不朽者也
故棣州刺史充本州鎮遏兵馬使蕭豪秉正氣發揮壯猷屬
逆豎亂常反形潜具蕭於此時密獻成筭朕且欲諭以文告革
其非心重難興師因寢其奏而兇謀中泄遽茲深冤言此心
傷恨何已可贈工部尚書仍許歸葬上都令所在路次州縣供
熟食兼遞夫等凡緣葬事所須並令官給賊平之後仍訪其子
孫親屬
三年六月録諸道戰殁大將並贈以官
四年正月故東川將李載等九人並加褒贈殁於蠻寇故也
六年九月贈故幽州觀察判官攝監察御史韋雍妻蕭氏蘭陵
縣君雍故太子賓客張弘靖在幽州日所署判官當是時劉朝
廷制置未備幽州俗本兇悍尤不樂文儒爲王帥賓佐君於常
態忘其變通議論不密卒然起亂雍時家亦從刼暴蕭氏聞難
號呼哥執夫袂左右格去以死不從及雍臨刃蕭氏涕而告曰
妾不幸年少義不苟活今日之事願先就死執刃者斷其臂詞
氣不撓雖兇悍圍視無不傷歎其夕蕭氏亦卒幽州節度使楊
志誠表明其事故追封焉
十月山南東道觀察使奏郢州長壽縣竟陵鄉山村孝子史轉
年齒尚幼母亡廬墓被髮泣血誓志終身詔表其門閭
十二月宣州觀察使沈傅師奏涇縣遊道鄉百姓萬要自高祖
顥至仲芳五代同居詔表其門閭
七年三月壬子浙江東道奏越州蕭山縣百姓李謂幼失父母
與兄二人同居兄病謂割股療之因差後兩兄俱死奉寡嫂孤
姪二十餘年衣食無偏莊田租稅謂自主辦資財究錄寡嫂掌
之孤姪婦孫共三十三人其家生芝草請旌表從之

開成元年贈太尉段秀實子太僕卿伯倫卒宰臣李石奏曰伯
倫秀實之子自古没身以利社稷者無如秀實之賢帝憫然曰
伯倫宜加賻贈仍輟朝一日以禮忠臣之嗣
二月丙戌詔曰故邕州都督府録事參軍衛方厚妻程氏乃者
吏爲不道虐殺爾夫詣闕申冤徒歩万里崎嶇偪畏瀕於危亡
血誠既昭幽憤果雪雖古之烈婦何以加焉如聞孤孀無依晝
哭待盡俾榮禄養仍錫疏封可武昌縣君仍賜一子九品正員
官方厚爲董昌齡所殺程氏知其夫爲昌齡所害力不能免遂
抑其哀如非寃者昌齡雅不疑聽其歸喪故得以徒行詣闕帝
因諫官論昌齡不宜爲郡再讉昌齡遂有此命
是月以鹽鐵宣歙院官檢校膳部員外郎顔從覽爲王客員外
郎贈太師顔真卿曾孫弘式爲同州參軍詔曰朕毎覽國史見
忠烈之臣未嘗不嗟嘆久之思有以報如聞從覽弘式寔杲卿
真卿之孫永惟九原既不可作旌其事嗣續諒叶典彝考績已
深於官途者命列於中臺官次未登於縉紳者俾佐於左輔庶
使天下再新義風
三年十一月甲戌户部侍郎李珏奏廬州舒城縣太平鄉百姓
徐行周叔致兄弟五代同居請免其同籍户稅從之
十二月宣歙觀察使崔鄲奏溧陽縣百姓陳珽五代同爨請蠲
除賦稅旌表門閭從之
四年十二月贈故易定觀察判官兼侍御史李士季給事中其
家季韓咸安存喪事官給仍賜一子官待服闋日具名聞奏士
季爲易定節度張璠從事璠卒之初士季知留務三軍欲立璠
之子元益士季不從遂爲亂兵所害至是舉褒贈之典
武宗會昌元年三月贈裴度太師制曰尭之舊臣伯益頌虞於
舜禹周之元老邵公流美於咸康未惟其人是屬良相裴度岱
以謀策除害佐烈祖之中興終以忠貞立朝毗累聖之鴻業經
緯之志華皓不衰功勳爛然圖史輝焕姦邪所忌毓慨于時[illegible]

分霧既開魚水將協條風動見其善愠零雨皆美其來歸未幾
明廷瀛變況痼威鳳莫翔於舊沼虛舟長往於夜川殂謝之初
朋黨異議贈典不稱人情鬱然屬告類上玄遂流大號載懷先
正宜有優寵既及於維師恩有加於在昔豈必望鄭侯之壟
方念茂功過梁道之詞乃思遺美以茲爲勸可不務乎
宣宗太中六年六月兗海節度使蕭倣奏臣當道先差赴慶州
行營陣殁押官鄭神佐在室女年二十四先亡父未行營已前許
與嫁右驍雄將官健李玄慶並未受財禮阿鄭知父神佐陣殁
遂與李玄慶休親截髮壞形自往慶州北淮安鎮收亡父遺骸
到兗州瑕丘縣與亡母合葬訖便於塋內廬墓手植松柏誓不
適人伏以閭里之中罕知禮教女子之性尤昧義方阿鄭痛結
窮泉哀深陟岵投身砂磧收父遺骸遠自邊陲得還閭里感蓼
莪以起恨手丘墓以誓心此皆陛下孝理孔深德風潛被遂發
獷野之性潛知禮義之方求之古人斯爲烈女臣不廉察敢不
上聞伏望天恩宣下有司特賜旌表仍放李尸兩稅以彰至行
勅旨宜依
懿宗咸通三年正月壽州奏裨將何武討賊死於威唐驛詔贈
檢校左散騎常侍制曰地連山藪境有逋逃武能首率鄉兵身
殁王事既嘉忠盡宜示褒稱不惟慰彼漏泉將亦激其群校
鄭畋爲鳳翔節度使檢校司空同中書門下平章事卒昭宗冊
贈司徒謚曰文昭初李茂貞表曰臣聞有勳不廢前代格言無
美不稱先王令典示垂休於國諜將衍示於孫謀其有蓬閣元
勳岐山茂政霜露已彫於大樹蓬蒿將没於豐碑歎泉扃而縟
禮未加顧藩翰而清風盡在是敢敷陳往事啓迪前功庶雅頌
而重興冀徽猷而復舉臣伏見故鳳翔尹同中書門下平章事
鄭畋瑞應星精祥開月角建洪鑪於聖代成庶類於明時爲毛
方浴於春池龍節忽移於右輔旋於群鷄聚噪方蝟攢鋒碧黄
而王輦省方次弟而金門撤鏁九州相望初猶豫以從風百辟

無歸半孤疑而委質鄭畋義冠皇猷褒袖運籌羅將校於帷幄
列貔貅於麾下乃言曰封豕肆兇長鯨噴毒寘生靈於塗炭委
神器於腥膻我國家時運雖艱天曆方遠豈可以大朝簪紱當
屈節於豺狼近甸藩籬欲輸誠於虺蜴由是埋牲誓衆貫甲出
師飛羽檄於四方會諸侯於万里擊迴地軸決驚波而盡入東
溟扭轉天關舉列宿而咸尊北帝雷喧鼙鼓山矗旌旗五兵纔
入犬牙一陣盡塗龍尾值大憝遠飆之勢在元臣反掌之間不
意天柱朝摧將星夜殞竹帛徒懸於皎日衣冠已隔於佳城始
舉義師爰從指顧禀三令五申之訓職賓砂減竈之謀今則謬
以微功叨居重鎮仰高蹤而始在念遺烈而未書伏乞皇帝陛
下顯舉舊勳榮加盛禮俯盡褒酬之典遐追鐫勒之功俾四海
有聞致九泉無恨特朝廷覽表方有是贈
哀帝天祐元年十月朗州節度使雷彦恭奏楚大夫屈原廟在
當道請賜封崇勅曰楚三閭大夫屈原正直事君文章飾己當
椒蘭之是佞俾蕙茝以不香顯比干之赤心蹈彭咸於緑水雖
楚煙荆雨隨強魄於故鄉而福善禍淫播明靈於巨屏名早流
於竹素功有益於州閭爰表厥封用旌良美宜封爲昭靈侯
後唐莊宗同光元年四月即位於魏州下制曰應有奉使蕃邦
羅殃殊域既遭陷害深可憫傷如伊鐔蓋寓戴漢超李承勳之
徒並仰所司具名録奏朝廷必議褒贈
十月平汴州詔有交鋒戰陣殁於王事未經追贈各與贈官
二年三月安義李存霸奏屯留縣坊市百姓韓德兄弟累世同
居母死割乳以祭廬於墓側累年種瓜合歡同蔕旌表之
明宗天成二年十一月勅太宗朝僕射李靖冊贈太保鄭州僕
射陂改爲太保陂（此陂後魏時爲僕射李沖之李靖非也）
三年九月密州上言輔唐縣民華延福事父母有至孝之行旌
表之
十一月詔賜故夔州節度使西方鄴男錢絹各五百貫匹布一

百疋米麥共二百石以父殁王事故也
夏魯奇天成四年鎮遂州軍府將吏上言以節度使到任已來有善政七條以安百姓奉勅魯奇宣力兩朝統戎三鎮居富庶之地無貪饕之心上爲國家下安生聚每行公道全塞倖門黨非大洽人情靡謹遠聞深聽有兹爲作宜示褒稱仍下諸州令各知委時孟知祥董璋據有兩川魯奇僻居南鄙董璋之叛爲知祥攻遂州旬月援路斷絕兵盡食窮勢知必屈乃自刎而卒上以其盡節王事閔其死也慟哭久之給其家錢百万絹千匹粟麥等贈太師封府國公
長興元年正月賜故靈武行營馬軍指揮使邢彥洪男思進錢絹米麥以其父殁王事故也
十二月邢州奏堯山彭爽四世義居乞改鄉里名號從之已未滄州乾符縣人張建立乾寧二年割股治母病母卒刺心瀝血祭辦終身足廬於墓所二十年勑旌以其鄉爲孝友鄉和順里

二年九月登州黄縣人苗珣四世義居宜改爲和孝鄉邕順里
十月棣州渤海縣人邢釗四世義居旌表門閭
四年正月丙戌磁州武安縣崇禮鄉万善里人馬肇三世義居旌表門閭仍改崇禮鄉爲崇孝鄉万善里爲和慶里
九月青州奏登州黄縣累世義居人王義雲下所司旌表門閭所司勘會自喪亂已來亡失舊表式樣令式樣據司別已製度奏聞今據王守敦者取義雲之孫自言累代義居令從里尚有載初元年旌表門閭見在載初中奏臣遠祖六代同居有白坐繼孫之職其旌表門閭株請下本州檢驗以聞即詔房忠溫瑗盡工至王義雲銀里畫門習以進於有司乃得安行
末帝清泰二年七月鎮州元氏縣文成鄉七義里民曹重興七世義居孝義聞於鄉黨詔文成鄉改爲仁孝鄉七義里改爲旌義里仍委本道依令式旌表門閭其曹重興宜令授本府不赴任文參
十一月晉州臨汾縣平陽鄉聖泉里民宗連同縣原烈鄉百社里民劉環累世同居義聞州里詔改平陽鄉聖泉里爲敦俗鄉崇仁里劉環改爲廣孝鄉永和里仍委本道嚴署文參之名
晉高祖天福元年閏十一月壬午勑應自起義已來或盡節捐軀殁於王事宜加褒贈兼恤妻孥俾義激於忠貞庶恩霑於幽
二年四月丁亥制曰過榮陽而因思紀信居夷門而尚想侯嬴蓋高義者猶足歎嘉蹈忠節者固宜旌賞事資激勸恩在褒揚梁故滑州節度使王彥章効命當時致身所事凛千年之生氣沐百代之令名宜令超贈太師子孫量才敘録
六月宗正卿石光贊奏昔周武王奄有天下過商容之閭必軾見比干之墓即封蓋褒賞賢良尊崇忠義伏惟皇帝陛下顯膺天命闡創鴻圖解網行仁救時順動樂業不知於帝力恍惚但聽於山呼盛德難名太平可待臣伏見榮陽道左有万石君廟本前漢太中大夫石奮之廟奮有子四人各二千石祿景帝曰人臣尊寵畢集其門故號万石君德行懿績備列前書唐大中十三年鄭州司馬石貫稱裔孫刊石廟廷備紀其事伏遇皇帝

行幸浚郊經過榮水展義以聞於此路覃恩宜布於幽明其万石君廟伏乞俯引宸衷特降封崇俾光遠祖之徽猷益茂我朝之盛典勑漢太中大夫石奮德盛軒裳道光簡素享万石休明之祿成一門忠孝之名載茂寶於前修契興隆於景運宗正卿石光贊特上章疏欲示封崇冀表深源式昭豐祚宜贈太傅
七月詔曰東郡奏留守判官监左藏庫李遐當張從賓作亂之際遣李彥珣強取錢帛李遐稱不奉詔旨安敢從命尋遇害朕以李遐讀古人書持君子行攻若食淡承家不墜於素風激濁揚清歷官咸推於貞操一昨叛臣猖獗凶黨憑凌而能守一不回臨難無懼忘身徇節雖死猶生若無優異渥恩何以光揚忠烈仍聞母老子幼鄉遠家貧宜超贈於華資兼賞延於嫡嗣是覃渥澤慰彼沈冤可贈右諫議大夫其母田氏封京兆郡太君所有子孫候服闋日量才叙録朝廷雖已特支救接錢帛粟麥其本官賻贈物色宜依常例指揮仍長給遐在生官俸祿終母一

世嘆朕以薄德屬茲多難致害忠良實多彰惻以子之俸終母之年用表盡傷俾慰存殁布告中外當體朕懷

是月又以東頭供奉官王思勳前齎詔撫喻河陽為張從賓所害制曰思勳早承家蔭久列內廷奉王命而不辟艱難賊衆而無懼宣揚朝旨勸諭兵師遂被兇徒横加殺害而聞厥父抱疾其家甚貧不有旌酬何彰忠烈可贈左武衛大將軍仍以思勳舊請俸禄終王元正一世思勳男倏有長成者量才叙録兼令所司厚給賻贈嘆以子之俸終父之年足表渥恩以慰存殁布告中外咸使聞知

四年正月尚書戸部奏深州司功參軍李自倫六世義居奉勅準格處分按格勅節文孝義旌表苟存虛濫不可褒稱必在累世同居一門和穆尊卑有序財食無私遐迩欽承鄉閭推伏州縣親加按驗狀迹殊尤檢覆既同准令申奏方得旌表當司當本州奏到鄉老呈言等自倫高祖訓訓生粲粲生則則生忠忠生自倫自倫生光厚六從弟兄同居不妄勅以所居飛鳧鄉為孝義鄉孚惠里為仁和里仍准式旌表門閭自倫委吏部以本道一官注擬[illegible]七月丙子尚書戸部奏李自倫義居六世准勅旌表門閭先有登州義門王仲昭六代同居其旌表有廳事步欄前列屏樹烏頭正門閥閱一丈二尺二柱相去一丈柱端安瓦桶墨染號為烏頭築閥一丈在烏頭之南三丈七尺夾街十有五步槐柳成列今據此為例則令式不該勅王仲昭正襲為頭門等事不載令文又无勅命既非故事難遵大倫凡別業之翰永理是務靜執守常之本動為經久之規志在詳矜人肯永孚王化請自倫之家所立實耀時風徵弊學之語便行何成世範至於同古官於鄉子得壁典於狀生以昔方今彼均此異宜從令式只表門閭於李自倫所居之前量地之宜高其外門門安綽楔門外左右各建一臺高一丈二尺廣狹方正論臺之形圬以白泥四隅染赤其行列樹植聽其事力使不孝者見以勸心不義者聞而易行豈獨榮於一鄉固實亦光於晉朝廣訓黎蒸永標青史其同籍課役一准令文

十月故房州刺史李廷誥贈太保張從賓虎牢之乱没于王事故也

十二月丁未趙郡民曹興義居七世表其門閭

五年七月己巳詔曰故銀青光禄大夫檢校左散騎常侍兼御史大夫賈仁沼頃自內廷出為外職李金全愚頑而猜忌故漢

狥邪佞而貪殘竟罹坌地之殃誠堪歎惜爰示漏泉之澤用表襃崇必有其死欽茲茂典可贈右衛將軍又曰故安州馬步軍副都指揮使桑千威和指揮使王万金成彥温等皆精武略咸著軍功或列偏裨或當屯戍當藩臣之叛国或執節不從全烈士之徇名或銜寃而死實與永歎宜示追崇或列兩符或升環衛賁諸幽壤彰彼明誠千可贈峽州刺史万金可贈左監門衛將軍彥温可贈左千牛衛將軍

八月辛亥磁州武安民郝平義居五世改所居武成鄉為興孝鄉崇福里為光和里仍旌表其門閭

六年十月壬寅詔曰唐室中玘賢臣挺生凜然英風迴冠千古不有典冊曷旌忠良唐梁国公狄仁傑稟五行正氣登九諫直臣鼎祚危而復安黔庶否而獲泰惠流河共名振寰中惟爾事君無愧臣節用光遺像式示民明恩祠備室廟者周官之貴位真魂英爽煥耀土之靈祠歆是寵嘉永光秩典可追贈太師仍令所司擇日備礼冊命

七年閏三月辛丑旌表陳州西華縣人張厚昭門閭仍改礼教鄉為孝義鄉株林里為和順里厚家四十餘口五世聚居家門雍睦鄉黨稱之本州以聞故有是命

六月戊午勅故襄州元隨都押衙王令謙贈忠州刺史押衙潘知麟贈順州刺史令謙與知麟早事節度使安從進歷數鎮從進臨漢上所為多不法令謙知麟每諫之及萌逆節數形讜言會從進子引超自宮苑副使省父至郡郡有山寺引超率令謙登賞酒酣臨峭壁使人推落誣云令謙因醉墮崖而死皆從進之意也知麟相次遇害朝廷聞其事故有贈典旌其忠也時詔旨仍委高行周候收復城池訪覓兩家骨肉切加安撫具以名聞當為叙錄潘知麟本貫陝州兼下本處如有親的骨肉亦仰錄奏

少帝開運元年勅曰故淄州刺史翟進宗不毅不德營兵叛子

曾蘭厲階力屈遇害念茲忠懇寧實用盡傷蜀主怒其黃權負公誅其卜國皆非罪也吾將贈之用慰貞魂宜頒渥澤可贈左武衛上將軍

曹敏蔡州汝陽縣判河鄉蘇村人數世義居鄉人耿温等五十五人詣奏請加旌表勑曰判河鄉宜改爲孝義鄉貴鄭里改爲仁和里

二年勑孟州奏河陰縣版籍鄉謝明里義居百姓王均宜改版籍鄉爲孝悌鄉謝明里爲積慶里餘准格文處分

漢隱帝乾祐三年春汝州防禦使劉審交卒汝爲近輔號爲難治審交盡去煩弊無擾於民百姓歌之及卒郡人聚哭於柩所列狀乞留葬本州界立碑起祠以時致祭本州以聞詔曰朝廷之制皆有舊章牧守卒官比無贈典其或政能殊異惠及烝黎生有令名歿留遺愛褒賢獎善豈限彝章可贈太尉吏部所請宜依

周太祖廣順元年八月契丹遣幽州教練使曹繼筠護送趙瑩喪柩至其家制曰禮云利祿先死者而後生者則民不偝先亡者後存者則民可以託聖人垂訓與我同心因嗟既歿之賢俾舉追崇之典晉故中書令趙瑩行高言善性達心平鼎鉉函牛斯爲重器翎稱輔馬可謂靈辭遺請自於子孫行忠信於蠻貊斷魂外境歸骨中華於是盡傷載深軫悼俾贈三師之秩以伸一去之悲可贈太傅

二年三月乙丑故控鶴指揮使郭超贈鎮海軍節度使從曹英攻兗州用命中流矢而卒

四月乙未供奉官蓋繼明自樂壽來言滄州兵作亂之日只有鎮州雄勝都頭楊肇十將李鐸二人部署兵士登城守禦遂保安城池詔褒之

五月太祖平兗州乃下勑曰閻弘魯崔周度義死之臣禮加二等所以溥漏澤而賁黃泉也爾等貞節昭彰正容肅厲以從順爲己任以立義作身謀發此禍機併罹寃横宜伸贈典以慰貞魂弘魯贈驍衛大將軍周度贈祕書少監

六月壬子以故虎捷左第三都指揮使景進贈靜江軍節度使故虎捷第七都指揮使杜珣贈武定軍節度使皆軍與兗州時歿於王事也

三年五月戶部言潁州金鄉縣民索修己陳州項城縣民常真皆散髮跣足守墳本州以聞戶部以敕書節文孝子義夫所宜旌表以厚時風勑宜依令文施行

顯德元年正月丙子詔赦文自開創已來諸軍將校死王事者軍使都頭已上並與追贈已追贈者更追贈有親嫡子孫量才錄用

世宗以顯德元年正月丙申即位三月詔諸軍將校自開拓已來有歿於戰陣及身死疆場者並與追贈如有親嫡子孫未曾錄用者並與錄用

七月辛卯制曰故輸忠翊戴功臣鎮國軍節度華商等州觀察處置等使兼河東道行營先鋒都指揮使檢校太保史彥超嚴能齊勇武可摧兇振鐸號軍伸其膽勇登鋒捍寇誓以身先一昨北戎阻兵同惡相濟爾乃力排群醜體中重瘡雖虜騎以大奔而將軍之先歿祚金革而剛強已矣聽鼓鼙而傷歎如何言念純臣宜膺褒美俾贈於崇秩用報慰於重泉可贈檢校太師

三年二月庚辰贈故右金吾衛將軍蕭處仁漢州防禦使處仁晉漢之閒由通事舍人歷閤門客省之職而昇於環衛繼護兵於外頗有聲望帝率兵渡淮以爲先鋒兵馬都監攻陷滁州日爲流矢所中而卒以其歿於王事故優其贈典

九月庚寅朔辛卯贈故衛州刺史李實睦州防禦使贈故蘄州刺史解行德明州防禦使贈故引進使王演太府卿皆以淮甸之役歿於王事故也

六年贈故華州節度使史彥超爲太師先是大軍至河東城下

契丹營於忻代之間遥應賊勢詔天雄軍節度使符彦卿率諸
將屯忻州以拒之彦卿襲契丹於忻口彦超以先鋒軍追蕃寇
離大軍稍遠賊兵伏發為賊所陷世宗痛惜久之故有是命

冊府元龜卷第一百四十

府一百四十　十七

冊府元龜卷第一百四十一

帝王部一百四十一

念良臣　䘏外戚　尊外戚

念良臣

良臣之於君也有股肱之義有腹心之寄故存則倚任沒而追思此哲王之所以厚於臣下乃有懷其勳烈念其才德形於震悼發乎嘆嗟以至申命文臣頌其畫像親枉輿駕臨其館舍或躬述其懿範或存記其讜言辭詠發于章句賵賻越於彝等逮夫罷宴停樂食流涕廢消日而發哀遣輦車而增慟極云亡殄舉之痛深慈遺孫子之恩斯足以篤愛賢之心厚同體之義昔傳所謂聽鼓鼙之聲而必有所思焉其是之謂矣

漢成帝時西羌嘗有警帝思將帥之臣追美趙充國乃召黄門郎揚雄即充國圖畫而頌之充國宣帝時以功德與霍光等列畫未央宫

後漢光武時祭遵為征虜將軍屯隴下建武九年春卒於軍光武服縞悼之甚及喪至河南縣詔遣百官先會喪所車駕素服臨之望哭哀慟還幸城門過其車騎涕泣不能已喪禮成復親祠以太牢既葬車駕復臨其墳存見夫人室家其後會朝帝每嘆曰安得憂國奉公之臣如祭征虜者乎遵之見思若此帝數坐衛尉銚期見帝感慟對曰陛下至仁哀念祭遵不已群臣各懷慚懼

祭彤為太僕坐伐北匈奴逗撓下獄免歐血死帝雅重彤方更任用聞之大驚召問其疾狀嗟歎者良久焉

賈復與五校戰於真定大破之復傷創甚光武大驚曰我所以不令賈復別將者為其輕敵也果然失吾名將聞其婦有孕生女邪我子娶之生男邪我女嫁之不令其憂妻子也

明帝永平四年郭丹為司徒坐事免卒於家後帝因朝會問群臣郭丹家今何如宗正劉匡對曰昔孫叔敖相楚馬不秣粟妻不衣帛子孫竟蒙寢丘之封丹出典州郡入為三公而家無遺產子孫困匱帝乃下南陽訪求其嗣

鍾離意為僕射以上疏出為魯相後德陽殿成百官大會帝思意言謂公卿曰鍾離尚書若在此殿不立

章帝建初三年光祿大夫周澤卒朝廷以奉清公亮直方以為宰相深痛惜之乃詔告光祿勳汝南太守曰昔在前世求賢如渴封墓軾閭以光賢哲故公叔見誄寧嬴蒙述所以昭忠厲俗作範後昆故光祿大夫周澤性侔夷魚鮑魚史魚也忠踰隨管隨會管仲前授牧守及還納言出入京輦有獻哉之績在禁闈有密靜之風予錄乃勳用登九列方欲式序百揆克協三事不永夙殞用悼遠圖朝廷愍悼良為愴然詩不云乎肇敏戎功用錫爾祉其令將大夫以下到喪終日復會弟加賜錢十萬以旌委蛇素絲之節

靈帝時楊賜為太尉以職延先是黄巾帥張角等執左道稱大賢以誑耀百姓天下襁負歸之賜時在司徒召掾劉陶告曰張角等遭赦不悔而稍益滋蔓今若下州郡捕討恐更騷擾速成其患且欲切勑刺史二千石簡別流人各護歸本郡以孤弱其黨然後誅其渠帥可不勞而定何如陶對曰此孫子所謂不戰而屈人之兵廟勝之術也賜遂上書言之會去位事留中後帝徙南宮閱錄故事得賜所上張角奏及前侍講注籍乃感悟下詔封賜臨晉侯邑千五百戸

獻帝時尚書令荀彧卒帝哀惜之祖日為之廢讌樂祖日謂祭祖神之日因為之廢讌樂也共工氏之子日脩好遠游祀以為祖神

魏太祖時郭嘉字奉孝為軍祭酒深見委遇會疾篤帝問疾者交錯及薨臨其喪哀甚謂荀攸等曰諸君年皆孤輩也惟奉孝最少天下事竟欲以後事屬之而中年夭折命也夫又與荀彧書追傷嘉曰郭奉孝年不滿四十相與周旋十一年險阻艱難皆共罹之又以其通達見世事無所疑滯欲以後事屬之何意

卒爾失之悲痛傷心今表增其子滿千户然何益亡者追念之感深且奉孝乃知孤者天下人相知者少又以此痛惜奈何奈何又與彧書曰追惜奉孝不能去心其人見時事事過絶於人又人多畏病南方有疫常言吾往南方則不生還然與共論計之當先定此為不但見計之忠厚必欲立功分棄命定事人心乃爾何得使人忘之後太祖征荆州還於巴丘遇疾疫燒船歎曰郭奉孝在不使孤至此初陳群非嘉不治行檢數廷訴嘉嘉意自若太祖愈益重之然以群能持正亦悅焉傅子曰太祖又云哀哉奉孝痛哉奉孝惜哉奉孝又表於天子曰臣聞褒忠寵賢未必當身念功惟績恩隆後嗣是以楚宗孫叔顯封厥子岑彭既没爵及支庶故軍祭酒郭嘉忠良淵淑體通性達每有大議發言盈庭執中處事動無遺策自在軍旅十有餘年行同騎乘坐共幄席東禽呂布西取眭固斬袁譚之首平朔土之眾踰越險塞盪定烏丸震威遼東以梟袁尚雖假天威易於指麾至於臨敵發揚誓命凶逆克殄勳實由嘉方將表顯短命早終上為朝廷悼惜良臣下自毒恨喪失奇佐宜增嘉封并前千戶褒亡為存厚往勸來也

王粲字仲宣為侍中從征吳道卒二子為魏諷所引誅後絶太祖時征漢中聞粲子死歎曰孤若在不使仲宣無後

荀攸字公達為尚書令從征孫權道薨太祖言則流涕令曰孤與荀公達周遊二十餘年無毫毛可非者真賢人也

明帝太和中中護軍蔣濟上疏曰宜遵古封禪詔曰聞濟斯言使吾汗出流足事寢歷歲後遂議脩之使高堂隆撰其禮及帝聞隆没歎息曰天不欲成吾事高堂生舍我亡也

晉武帝時太保睢陵公王祥薨時文明皇太后喪始踰月其後詔曰為睢陵公發哀事乃至今雖每為之感傷要未得特叙哀情今便哭之

劉毅為青州大中正卒武帝撫机驚曰失吾名臣不得生作三公即贈儀同三司使者監護喪事

羊祜為征南大將軍都督荆州諸軍事及薨武帝素服哭之甚哀是日大寒帝涕泣霑鬚鬢皆為冰焉

李裔為司徒薨武帝後思其清節詔曰故司徒李裔太常彭灌並履忠清儉身没家無餘積賜裔家錢二百萬穀千斛灌家半之

惠帝時嵇紹為侍中成都王穎舉兵向京師帝出禦之紹從駕於帝側血濺御服及事定左右欲浣衣帝曰此嵇侍中血勿去之

明帝時王廙為荆州刺史及卒明帝與大將軍溫嶠書曰痛謝鯤未絶於口世將繼殞傷至於此並盛年雋才不遂其志痛切于心廣明古今通練有識致其言雖未足令人改聽然咏之不倦近未易有也坐視盡如何

成帝時劉超為右衛將軍為帝所親遇蘇峻之亂超侍帝石頭峻使任讓將兵入收超及侍中鍾雅帝抱持悲泣曰還我侍中右衛任讓不奉詔因害之及峻平任讓與陶侃有舊侃欲特不誅之乃請於帝帝曰讓是殺我侍中右衛者不可宥由是遂誅讓及超將改葬帝痛念之不已詔遣高顯近地葬之使出入得瞻望其墓追贈衛尉謚曰忠

穆帝時荀羨為兗州刺史鎮下邳以疾篤解職升平二年卒帝聞之歎曰荀令則王敬和繼凋落

股肱腹心將復誰寄乎

後魏太武時國以穆觀為右弼出則統攝朝政入則應對左右事無巨細皆關決焉泰常八年暴疾薨帝親臨其喪悲動左右及即位每與群臣談宴未嘗不嗟息殷勤以為自泰以來佐命勳臣文武兼濟無及之者其見稱如此

于栗磾為鎮南將軍卒栗磾自少治戎迄于白首臨事善斷所向無前加以謙虛下士刑罰不濫太武甚悼惜之

屈垣為鎮東大將軍歷觀公正帝信任之眞君四年墜馬卒時太武幸陰山恭宗遣使乘傳奏狀太武甚惜之謂使人曰汝等殺朕良臣何用乘馬遂令步歸贈征西大將軍

崔浩為司徒浩死後太武北伐時宣城公李孝伯疾篤傳者以為卒帝聞而悼之謂左右曰李宣城可惜又曰朕向失言崔司徒可惜李宣城可哀

孝文時李沖為僕射卒葬於覆舟山後帝車駕自鄴還洛路經

冲墓左右以聞帝時臥疾望墳慟哭久之詔曰司空文穆公德爲時宗勳簡朕心不幸徂謝言訪墳坰嶺旋鑾覆舟郊聯瑩或悲仁惻舊有慟朕哀可遣太牢之祭以申吾懷及與留京百官相見皆敘冲亡沒之故言及流涙

孝明時崔光爲車騎大將軍儀同三司薨車駕親臨撫屍慟哭御輦還宮流涕於路爲減常膳言則追傷每至光坐講讀之處未曾不改容悽悼

孝莊帝時李苗爲冠軍將軍討尒朱世隆於河南橋左右死盡浮于河帝聞苗死哀傷久之曰苗若不死當應更立奇功

後周太祖時蘇綽爲大行臺度支尚書卒於位帝痛惜之哀動左右及將葬乃詔公卿等曰蘇尚書平生謙退敦尚儉約吾欲全其素志便恐悠悠之徒有所未達如其厚加贈謚又乖宿昔相知之道進退爲谷孤有疑焉尚書令史麻瑶越次而進曰昔晏子齊之賢大夫一狐裘三十年及其死也遣車一乘齊侯不奪其志綽既操履清白謙挹自若愚謂宜從儉約以彰其美太祖稱善及綽歸葬武功唯載以布車太祖與羣公皆步送出同州郭門外太祖親於車後酹酒而言曰尚書平生爲事妻子兄弟不知者吾皆知之惟尔知吾心吾知尔意方欲共定天下不幸遂捨我去奈何因與聲慟哭不覺失卮於手至葬日又遣使祭以太牢太祖自爲其文

劉亮爲車騎大將軍東州刺史卒喪還京師太祖親臨之泣而謂人曰股肱喪矣腹心何寄

隋文帝時劉行本爲太子左庶子太子虛心敬憚未幾卒官帝甚傷惜之及太子廢帝曰嗟乎若使劉行本在勇不及此乎又裴政爲太子左庶子多所規正見稱純愨出爲襄州總管卒官及太子廢高祖追憶之曰向遣裴政劉行本在共輔弼之應不至此哉

王韶字子相爲晉王并州行臺右僕射秦王俊爲并州總管仍爲長史歲餘馳驛入京勞弊而卒時年六十八高祖甚傷惜之謂秦王使者曰語尔王我前令子相緩來如何乃遣馳驛殺我子相豈不由汝邪言甚悽愴使有司爲之立宅曰性者何用宅爲但以表我深心耳又曰子相受我委寄十有餘年終始不易寵章未極舍我而死乎發言流涕因命取子相封事數十紙傳示群臣帝曰其直言規正裨益甚多吾每披尋未嘗釋手

元巖爲蜀王秀益州總管長史王性好奢侈憚巖爲人每循法度巖卒之後王漸致非法寮佐無敢諫正者及秀得罪帝曰元巖若在吾兒豈有是乎

郟裒開皇初爲曹州刺史高祖愍裒定策功欲加榮秩將徵之顧問朝臣曰曹州刺史何當入朝或對曰即今冬也帝乃止裒尋卒高祖傷惜者久之

煬帝時長孫晟爲右驍衛將軍卒帝深悼惜之賻贈甚厚後突厥圍鴈門帝歎曰向使長孫晟在不令匈奴至此

元壽爲右光祿大夫大業七年兼左翊衛將軍從征遼東行至涿郡遇疾卒時年六十三帝悼惜焉哭之甚慟贈尚書右僕射光祿大夫後帝追思之擢子敏爲守內史舍人

唐高祖武德中許紹爲陝州刺史行軍總管趙郡王孝恭之擊蕭銑也復令紹將兵以圖荊州會紹卒帝聞而傷惜爲之流涕

太宗貞觀四年尚書右僕射杜如晦薨帝手詔著作郎虞世南曰朕與如晦君臣義重不幸奄從物化追念勳舊痛悼于懷卿體吾此意爲製碑文也後因食瓜而美愴然悼之遂輟食之半遣使置之靈坐焉後賜房玄齡黃銀帶因謂玄齡曰如晦與公同輔朕今日所賜唯獨見公因泫然下泣以黃銀辟惡恐爲鬼神所畏令取金帶遣玄齡親送于靈所其後帝夢見如晦若平生及旦以告玄齡言發歔欷侍衛莫不掩涕因遣送御食以祭焉明年如晦亡日帝復遣尚宮至第慰問妻子其國官府佐皆不之罷終始恩遇未之有焉

六年襄州都督張公謹卒太宗聞而嗟悼出次發哀有司奏言陰陽書曰子在辰不可哭泣又爲流俗所忌帝曰君臣之義同

於父子情發於中安避辰日遂哭之

十二年弘文館學士虞世南卒帝手勅魏王泰曰虞世南於我猶一體也拾遺補闕無日暫忘實是當代名臣人倫準的吾有小失必犯顔而諫之今其云亡石渠東觀之中無復人矣痛惜豈可言耶未幾於詩一篇追思往古興亡之道既而嘆曰鍾子期死伯牙破琴朕之此篇將何所示因令起居郎褚遂良詣其靈座讀而焚之冀世南神識感寤

十六年太子太師魏徵薨帝追思不已謂侍臣曰夫以銅爲鏡可以正衣冠以古爲鏡可以知興替以人爲鏡可以明得失朕嘗保此三鏡以防已過今魏徵殂逝遂亡一鏡矣

十八年宴司徒長孫無忌以下十餘人於丹霄殿各賜以貂皮右衛大將軍薛萬徹豫焉帝意在賜萬徹而誤呼其兄萬均愴然不樂曰萬均朕之兄舊不幸早亡朕不覺呼名豈其魂靈欲朕之賜也因令取皮呼萬均以同賜而焚之於前侍坐者無不感歎是歲右衛大將軍工部尚書李大亮卒帝素服哭於洛陽苑甚慟

十九年車駕征遼中書令岑文本卒帝親臨視撫之流涙其夕帝聞嚴鼓之聲曰文本殞逝情深惻怛今宵夜警所不忍聞遂命停之溫彦博爲中書令薨太宗謂侍臣曰彦博以憂國之故勞精竭神我見其不逮已二年矣恨不縱其閑逸致夭性靈姜確爲左屯衛將軍遼東之役以行軍總管督兵攻蓋牟城中流矢而卒時年五十一太宗甚哀悼之爲五言詩曰鑿門初奉律仗節始臨戎振鱗方躍浪騁翼正凌風未展六奇術先虧一簣功防身不足智徇命有餘忠悲驂嘶向路哀笳咽遠空淒涼大樹下流悼滿深衷時人榮之子簡嗣以確死王事拜朝散大夫

高宗總章二年司空英國公李勣薨帝謂左相姜恪等曰英國之初勳已經事朕在藩之間四十餘載歲月既久情素可知此人奉上忠貞事親孝謹執心平直終始不渝歷事三朝未嘗有愆自古賢臣卒有其比忽此殂逝痛悼良深此公爲性廉慎不營産業今既亡殁當無餘財所有賵賻務令優厚因泣下久之

開耀元年十二月太子少保郝處俊卒贈開府儀同三司荆州大都督帝甚傷悼之顧謂侍臣曰處俊志存忠正兼有學識至於雕飾服翫雖極知無益然常人不能抑情棄捨皆好尚者修處俊常保其質素終始不渝雖非元勳佐命固亦多時驅使又見遺表憂國忘家今既云亡深可傷惜即於光順門舉哀一日不視事祭以少牢

玄宗開元八年右散騎常侍褚元量卒帝痛悼久之謂宰相宋璟蘇頲等曰元量碩儒且有德業朕早所師習每用尊崇三史九經前言往行有可以裨益時政規正朕躬未嘗不造膝切論朕聞其病篤之時惟以修書爲意永念其逝寔軫于懷庶事宜皆優厚

十五年蘇頲卒其葬日帝遊咸宜宮將出獵聞頲喪出惻然曰

蘇頲今日葬吾寧忍娛遊遂中路還宮

二十二年八月追贈故大理卿李仁敬爲趙州刺史仁敬修身觸倫爲政以清介稱帝思其爲人乃詔褒贈

肅宗時辛雲京太原節度迴紇畏之數年無烽警及雲京卒肅宗爲之流涕後宰臣子儀元載等見帝言及雲京泫然久之

代宗大曆中宰相楊綰薨帝驚悼久之詔贈司空仍宣旨謂百官曰天不使朕致太平奪我楊綰之速也俯及大斂與卿等悲悼可懷宰輔賻贈恩禮哀榮之盛近來未有其比

德宗興元元年二月在奉天贈故永平軍節度行營兵馬使右散騎常侍兼御史大夫武威郡王賈隱林左僕射賜實封三百户隱林累有殊功性頗朴直初奉天圍解百寮稱賀隱林拜舞因奏言曰朱泚奔遁臣下大慶此皆宗社無疆之休然陛下性靈太急不能容忍若舊性不改雖朱泚敗亡臣亦恐憂未艾也帝盛懷納之及是思其讜言初效故褒贈有加焉仍贈絹百匹

米吉石長官給

自元九年八月西平王李晟既卒時初城鹽州復鹽池帝賜李將新鹽則若思之命致鹽於於靈座又時遣中使至晟第存撫諸子教戒備至閭愿等有一善帝喜見於色九月以贈太師李晟第百近罷九日宴會

十一年十一月辛亥以前太子賓客李愿爲左領軍大將軍李憑爲右威衛大將軍依前兼中丞皆太尉晟之子以免喪故晟諸子同日授官者凡九人晟夙李愿及諸弟等九人召見於延英帝見愿等憫然久之曰朕雖在此常念卿等追懷勳德何日忘之卿等咸喜居喪或出於等倫朕甚嘉之各賜衣一襲帛三十匹張孔靖爲監察御史時德楊公主下嫁治地將侵孔靖家廟孔靖拜章陳情具述祖考之德（孔靖祖晏自相玄宗父延賞相德宗）德宗慰撫之不令毀廟

憲宗元和四年覽貞觀故事見侍中魏徵諫諍匪躬詔令京兆尹訪其子孫及故居其居在永興坊已質賣更無魏姓指爲九家宅帝愍之出內庫錢二百萬贖之以賜其孫稠及善乃禁其質賣

文宗開城四年司徒中書令裴度以疾歸第帝思其勳舊勞問賜與中使旁午乃形於詠言御札及門度已薨殷帝震悼久之重令繕寫置於靈座

周太祖時翟光鄴權知京兆尹光鄴卒帝初聞訃至愀然驚歎曰天不助余爲治賢良之臣遽此奄忽非獨余之不幸亦民之不幸也傷哉

世宗顯德六年三月樞密使王朴暴卒帝聞之駭愕即時幸其第及柩前以所執玉鉞卓地而慟者數四

抑外戚

王者膺天祿之重履至尊之勢非獨內德茂也蓋有外戚之助焉其所由來尚矣然而地居貴寵家承豐富驕侈不期而自至

禮度因縱而致敗自非見之於未朕防之於將然曷以免夫禍機而綏乎吉祿者矣故有挺英果之斷躬哲惠之美志絕乎私愛義極乎幾深避閨閫之嫌思名器之重察其守鑒乎古昔但加禮貌之禮莫乘帷幄之義至有爲惡自取責之於輿刑撿身無狀申之以教督抑損斯在懲艾兼至用能恢至公之道得大中之訓垂之嘉話爲方來之軌範焉

漢文帝以皇后弟竇廣國賢有行欲相之曰恐天下以吾私廣國久念不可而高祖時大臣餘見無可者觀（觀音館）乃以御史大夫嘉爲丞相（嘉申屠嘉也）

宣帝后霍光女也宣帝自在民間聞知霍氏尊盛日久內不能善光薨帝始躬親朝政御史大夫魏相給事中光妻顯謂其子禹雲山曰汝曹不務奉大將軍餘業（業謂事業也）今大夫給事中他人壹間汝能復自救邪會魏大夫爲丞相數宴見言事平恩侯與侍中金安上等徑出入省中時霍山自若領尚書（自若如故也）帝令吏民得奏封事不關尚書群臣進見獨往來（獨往獨來不由尚書也）於是霍氏甚惡之

元帝時馮野王爲大鴻臚數年御史大夫李延壽病卒在位多舉野王帝使尚書選第中二千石（選其高下也）而野王行能第一帝曰吾用野王三公後世必謂我私後宮親屬以野王爲比（野王昭儀之兄）乃下詔曰剛強堅固確然亡欲大鴻臚野王是也心辨善辭可使四方少府五鹿充宗是也廉絜節儉太子少傅張譚是也其以少府爲御史大夫上繇下第而用譚越次避嫌不用野王以昭儀兄故也野王乃歎曰人皆以女寵貴我兄弟獨以賤野王雖不爲三公甚見器重有名當世成帝立有司奏野王王舅不宜備九卿以秩出爲上郡太守哀帝少在國見成帝委政外家王氏僭盛常內邑邑即帝位多欲有所規正封拜丁傅奪王氏權

後漢光武時馮衍與外戚陰興陰就交結帝懲西京外戚賓客

故皆以法繩之大者抵死徙其餘至貶黜

明帝永平中馬援女立爲皇后帝圖畫建武中名臣列將於雲臺以椒房故獨不及援東平王蒼觀圖言於帝曰何故不畫伏波將軍像帝笑而不言馬防以特進就第多牧馬畜賦斂羌胡帝不善之數加譴勑所以禁遏甚備由是權勢稍損賓客亦衰

館陶公主爲子求郎明帝不許而賜錢千萬謂曰郎官上應列宿出宰百里有非其人則民受其殃是以難之

閻章永平中爲尚書以二妹爲貴人章精力曉舊典久次當遷以重職帝以後宮親屬竟不用出爲步兵校尉

魏太祖初卞后弟秉當建安時得爲別部司馬后常對太祖怨言太祖答言但得與我作婦弟不爲多邪后又欲太祖給其錢帛太祖又曰但汝盜與不爲足邪故訖太祖世秉官不移財亦不益又詔曰后族之家不得當輔政之任又不得橫受茅土之爵以此詔傳後世若有背違天下共誅之

文帝黃初中欲封太后父母尚書陳群奏曰陛下以聖德應運受命創業革制當永爲後式按典籍之文無婦人分土命爵之制在禮典婦因夫爵秦違古法漢氏因之非先王之令典也帝曰此議是也其勿施行以作著詔下藏之臺閣永爲後式

後魏孝文時李屯思皇后從父鳳之子也爵栢人侯弟安祖浮陽侯興祖安喜侯道念貞定侯昆弟四人以外戚蒙見詔謂曰卿之先世內外有犯得罪於時然官必用才以親非興邦之選外氏之寵超於末葉從今已後自非奇才不得復外戚謬班抽夆既無殊能今且可還復例降爵安祖等改侯爲伯並去軍號

唐德宗貞元六年閏四月詔原鄗平令侯遵罪停其官初遵縣人李載配納元陵園黃兩車從期或譖毀載於遵者因寄怒以痛繩之載所負之直不過數千而罰之三百貫文枷禁捶辱爲載妹婿昭德皇后弟王杲奏言帝命御史臺鞫之具款伏宰臣董晉竇參進曰李載不納羌科未爲巨蠹侯遵峻其懲罰頗越常倫況是國親去就有禮毀損過甚理當罪責望貶澧州司戶參軍帝不欲以戚屬之故而貶吏故有是命

憲宗元和元年九月戊戌詔曰公主郡主駙馬等所養鷹鷂鷄按放但於城南不得輒越諸界其故違者府縣切加檢察錄名聞奏

十一年十二月以駙馬都尉張克禮鄭何劉士涇等並停正官以戚屬不修官業故也

文宗開成四年正月丁卯夜於咸泰殿觀燈延安公主衣裾寬大即時遣歸駙馬都尉竇澣待罪勑曰公主入參衣服踰制從夫之義過有所歸竇澣宜奪兩月賜錢

宣宗大中五年八月庚子勑曰應公主家有莊宅邸店宜依百姓例差役徵科如邑司擅行文牒影庇兼藏匿要人便委諸道諸使及府縣當時捕捉收禁聞奏其邑司官吏及印本緣徵封須行文牒今即便因他事攪擾府縣自今以後除徵封外如緣公事並令邑司申宗正寺寺司與酌量公事行牒其邑司並不得擅行文牒

尊外戚

春秋者褒紀之義大雅詠申伯之風蓋外戚之尊其所由來者尚矣爰自周室降及漢行厥政弥文其制增重崇母后之族貴皇孋之親褒延祖考寵被存沒或追崇名謚建置寢園或茂錫珪璋大啓土宇盡篤終之禮以賁於泉扃極加等之榮以光其門閥蓋王者展因親之孝重承體之道焉然能抑河潤之勢鑒肺腑之私時中而行蓋可宗也

周桓王將納后於紀紀本子爵故先褒爲侯一云天子將娶於紀與之奉宗廟傳之無窮故封之百里蓋以爲天子得娶庶人女以其得尊封也

漢高祖爲漢王元年封呂后父呂公爲臨泗侯

文帝即位薄太后母前死葬櫟陽北帝乃追封太后父爲靈文侯會稽郡置園邑三百家長丞以下使奉守寢廟上食祠如法

櫟陽亦置靈文夫人園令如靈文侯園儀（文景竇皇后家前母也親至孝弟敬準傳）（太后詔有司推封竇后父為安成侯母曰安成夫人令清河置園邑二百家長丞奉守比靈文園法）

武帝即位尊皇太后（帝母景帝王后母也）母臧兒為平原君追尊皇太后父仲為共侯仲槐里人也槐里起園邑二百家長丞奉守及平原君薨葬長陵亦置園邑如共侯法

昭帝即位追尊皇太后（帝母武帝趙倢伃也）外祖趙父為順成侯詔右扶風置園邑二百家長丞奉守如法

上官安上官皇后父左將軍桀子也初安女入為昭帝倢伃安為騎都尉月餘立為皇后安以后父封桑樂侯遷車騎將軍后母前死葬茂陵郭東追尊曰敬夫人置園邑二百家長丞奉守如法

宣帝地節三年求得悼后（帝母史皇孫王夫人也）母王媼制詔御史賜外祖母號為博平君以博平蠡吾兩縣戶萬一千為湯沐邑追賜外祖王迺始諡曰思成侯詔涿郡治冢室置園邑四百家長丞

奉守如法歲餘博平君薨諡曰思成夫人詔徙思成侯合葬奉明顧成廟南置園邑長丞（本葬廣明故戾太子傅云皇孫及王夫人皆葬廣明其後以置園邑奉守）（改曰奉明）罷涿郡思成園

許廣漢宣帝許皇后父也帝即位歲餘封為昌成君後封為平恩侯位特進廣漢薨諡曰戴侯葬南園旁置邑三百家長丞奉守如法王奉光宣帝王皇后父也后立帝封奉光為邛城侯元帝即位二年奉光薨諡曰共侯葬長門南園邑二百家長丞奉守如法

元帝即位以太子母王妃為倢伃封其父禁為陽平侯後三日倢伃立為皇后禁位特進永光二年薨諡曰頃侯

成帝許皇后父平恩侯嘉元帝舅也嘉自元帝時為大司馬車騎將軍輔政八九年矣及成帝立久之以特進侯就朝位後歲餘薨諡曰恭侯

趙臨成帝趙后父也后初入宮為倢伃帝封臨為成陽侯哀帝傅皇后定陶傅太后從弟子也哀帝即位傅太后封傅妃父晏為孔鄉侯傅氏既盛晏最尊重

後漢光武郭皇后父昌真定人仕郡功曹娶真定恭王女號主（恭王名普景帝七代孫）建武二十六年后母郭主薨帝親臨送葬百官大會遣使者迎昌喪柩與主合葬追贈昌陽安侯印綬諡曰思侯

陰陸光烈陰皇后父也南陽人建武九年追爵諡陸為宣哀侯

樊重光武外祖也建武十八年帝南祠章陵過湖陽祠重墓追爵諡為壽張敬侯立廟於湖陽

章帝竇皇后父勳大司徒融孫也建初七年追爵諡勳安成思侯

和帝永元九年追尊貴人（帝母章帝梁貴人也）為恭懷皇后制詔三公大鴻臚曰夫孝莫大於尊尊親親其義一也詩云父兮生我母兮鞠我撫我畜我長我育我顧我復我出入腹我欲報之德昊天罔極朕不敢興事覽于前世太宗中宗是有舊典（太宗文帝中宗宣帝）追命外祖以篤親親其追封諡皇太后父竦為褒親愍侯比靈文

順成侯魂而有靈嘉斯寵榮好爵顯服以慰母心遣中謁者與嫂及宦者備禮西迎竦喪（竦死漢陽獄故西迎也）詣京師改殯賜東園畫棺玉匣衣衾建塋於恭懷皇后陵傍帝親臨送葬百官畢會

鄧訓鄧皇后父也為護羌校尉永元二年卒官十四年后立元興元年和帝以訓皇后之父使謁者持節至訓墓賜策追封諡曰平壽敬侯中宮自臨百官大會安帝永初元年爵號太夫人為新野君萬戶供湯沐邑

安帝元初二年立閻貴人為皇后二年以后父侍中暢為長水校尉封北宜春侯食邑五千戶四年卒諡曰文侯延光元年追尊后母宗為滎陽君

宋楊女為章帝貴人安帝之祖母也安帝即位追封諡楊為當陽穆侯

順帝梁皇后父商恭懷皇后弟乘氏侯雍子也為黃門侍郎永建元年襲父封三年選商女及妹入掖庭遷侍中屯騎尉陽嘉

元年女爲皇后妹爲貴人加商位特進更增国土賜安車駟馬其歲拜執金吾三年以商爲大將軍固稱疾不起四年使太常桓焉奉策就第即拜商乃詣闕受命明年夫人陰氏薨追號開封君贈印綬

桓帝鄧皇后父香和熹皇后從兄子也后立帝追贈香車騎將軍安陽侯印綬封后母宣爲昆陽君宣卒贈賻葬礼皆依后母舊儀

竇武扶風平陵人桓思皇后父也延熹八年后初入掖庭爲貴人帝拜武郎中其冬立爲皇后武遷越騎校尉封槐里侯五千户明年冬拜城門校尉靈帝立拜武爲大將軍更封武爲聞喜侯

靈帝建寧四年宋皇后立帝拜后父酆執金吾封不其鄉侯何真南陽宛人靈思皇后父也后以選入掖庭光和三年立爲皇后明年追號真爲車騎將軍舞陽宣德侯因封后母興爲舞陽君

獻帝伏皇后父完爲侍中興平二年后立完遷執金吾建安元年拜完輔国將軍儀比三司

魏明帝太和元年三月以中山魏昌之安城鄉戶千追封帝母文昭甄皇后父上蔡令逸謚曰敬侯

毛嘉河内人明悼毛皇后父也太和元年后立明帝拜嘉騎都尉進爲奉車都尉又封博平鄉侯遷光禄大夫

卞廣文帝母武宣皇后祖父明帝太和四年追謚廣曰開陽宮侯后父遠曰敬侯祖母周封陽都君爲恭侯夫人皆賜印綬

郭永安平廣宗人文德皇后父也明帝太和四年追謚永爲安陽鄉敬侯母董爲都鄉君青龍三年又追改封永爲觀津敬侯世婦董爲堂陽君使使者奉策祠以太牢

齊王甄后文昭皇后兄儼孫女也后立父巳沒帝封后母爲廣樂鄉君

郭滿西平人明元皇后父也齊王即位追封謚滿爲西都定侯太后母杜爲郃陽君

高貴鄉公卞后父隆武宣皇后弟秉孫也以后父爲光禄大夫位特進封睢陽侯妻王爲顯陽鄉君追封隆前妻劉爲順陽鄉君后親母故也

陳留王卞后父琳秉弟蘭子也后立時琳已沒封琳妻劉爲廣陽鄉君

晉武帝泰始九年追贈景獻羊皇后母漢左中郎將羊衜妻陳留蔡氏爲濟陽縣君謚曰穆

王肅妻羊氏武帝母文明王皇后母也未崇謚號泰始三年下詔曰昔漢文追崇靈文之號武宣有平原博平之封咸所以奉尊尊之敬廣親親之恩也故衛將軍蘭陵景侯王肅夫人羊氏含章體順仁德醇備内承世冑出嬪大國三從之行率礼无違仍遭不造頻丧統嗣撫育衆胤克成家道母儀之教光于邦族誕啓聖明祚流万國而早世殂殞不遇休寵皇太后孝思烝烝永慕罔極朕感存遺訓追遠傷懷其封夫人爲縣君依德紀謚主者詳如舊典於是使使持節謁者何融追謚爲平陽靖君其後帝追慕不已復下詔曰外曾祖母故司徒王朗夫人楊氏舅氏尊屬鄭劉二從母先后至愛每惟聖善教誨遺言渭陽之感永懷靡及其封楊夫人及從母爲鄉君邑各五百戶太康七年追贈繼祖母夏侯氏爲滎陽鄉君

楊文宗武元皇后父也初事魏爲通事郎早卒武帝以后父追贈車騎將軍謚曰穆皇后終于明光殿詔曰皇后逮事先后常冀能終始永奉宗廟一旦殂殞痛悼傷懷每自以夙喪二親於家門之情特隆又有心欲改葬父祖以頃者務崇儉約初不有言近垂困說此意情益愍之其使領前軍將軍駿告自克改葬之宜至時主者供給葬事賜謚母趙氏爲縣君以繼母段氏爲鄉君傳不云乎愼終追遠民德歸厚且使亡者有知尚或嘉之

楊駿武悼皇后父也爲鎮軍府司馬武帝以后父超居重位自鎮軍將軍遷車騎將軍封臨晉侯惠帝即位進駿爲太傅大都

督假黄鉞録朝政
惠帝賈皇后父充為太宰魯公愍帝即位充備廟之脩之樂母
郭氏為宜城君及郭氏亡謚曰宣將加殊禮
羊玄之惠帝羊皇后父也初為尚書郎帝以后父拜光祿大夫
特進散騎常侍更封興晉侯遷尚書右僕射加侍中進爵為公
成都王穎之攻長沙王乂也以討玄之為名遂憂懼而卒追贈
車騎將軍開府儀同三司
明帝即位追贈元敬虞皇后父故南陽王文學豫為散騎常侍
驃騎大將軍開府儀同三司平山縣侯又追懷母養之恩贈豫
妻王氏為初陽縣君
庾琛明穆皇后父也為丞相軍諮祭酒卒官明帝以后父追贈
左將軍妻毋丘氏追封鄉君子亮陳先志不受咸和中成帝又
下詔追贈琛驃騎將軍儀同三司亮又辭焉
成帝恭杜皇后父乂鎮南將軍預孫襲封當陽侯為丹陽丞卒

府一百四十一　十七

咸康初追贈金紫光祿大夫謚曰穆后母裴氏封高安鄉君至
孝武帝崇進為廣德縣君裴氏[illegible]號曰[illegible]
康帝即位徵拜褚皇后父裒豫章太守裒為侍中遷尚書封后母
謝氏為尋陽鄉君穆帝即位尊后曰皇太后帝幼冲未親國政
太后臨朝有司以裒皇太后父議加不臣之禮拜侍中衛將軍録
尚書事永和五年卒贈侍中太傅謚曰元穆六年正月帝臨朝
以裒喪故懸而不樂十二年正月帝臨朝又以裒妻皇太后母
之喪懸而不樂
穆帝即位徵拜何皇后父準散騎侍郎不起卒升平元年追贈
金紫光祿大夫封晉興縣侯子談以父素行高潔表讓不受
哀帝即位贈王皇后母爰氏為國安鄉君
孝武寧康初追贈簡文順王皇后父故光祿勳遐為光祿大夫加
散騎常侍
王蘊孝武定王皇后父也為吳興太守定后立蘊以后父遷光
祿大夫領五兵尚書封建昌縣侯蘊不肯拜乃授都督京口諸
軍事左將軍徐州刺史假節鎮于京口徵拜左僕射遷丹楊尹
復為都督浙江東五郡鎮軍將軍會稽内史太元九年卒贈左
光祿大夫開府儀同三司
安帝即位追贈王皇后父故中書令獻之侍中特進光祿大夫
恭帝褚皇后父爽為義興太守早卒帝以后父追贈金紫光祿
大夫
後魏道武慕容皇后立母孟氏為漂陽君
文成和平二年追贈母閭后祖父延襲康公成定襄懿王
馮熙文成馮皇后父為太師内都大官文成每詔熙上書不臣
入朝不拜孝文太和十九年薨於代將葬贈假黄鉞侍中都督
十州諸軍事大司馬太尉冀州刺史加黄屋左纛備九錫前後
羽葆鼓吹依晉太宰安平王故事
宣武立高貴嬪為皇后以肇奏對后母王氏為武邑郡君

府一百四十一　十八

高颺宣武母文昭皇后父也景明中贈驃騎左光祿大夫賜爵渤
海公母蓋氏追封清河郡君
于勁宣武于皇后父也初為征虜將軍宣武納其女為后封太
原郡公妻劉氏為章武郡君勁卒贈司空
孝明踐祚以宣武胡后帝母父河州刺史國珍為光祿大夫後
妻梁氏為趙平君
唐高宗王皇后父仁祐為羅山令高祖為皇太子以仁祐為陳
州刺史永徽初以仁祐為特進魏國公母柳氏為魏國夫人仁
祐尋卒贈司空
中宗和思趙皇后父瓌為壽州刺史坐越王貞連謀被誅神龍
元年贈左衛大將軍
韋玄貞中宗韋庶人父也為普州參軍庶人初納為太子妃以
玄貞為豫州刺史神龍元年中宗即位追贈玄貞為上洛郡王
睿宗肅明劉皇后父延景陝州刺史景雲元年追贈尚書右僕

豳國公
竇希瓘睿宗昭成竇皇后父也爲濁州刺史景雲元年追贈太
尉邠國公
玄宗王皇后父仁皎下邽人先天元年以仁皎爲太僕卿累加
開府儀同三司祁國公
肅宗張皇后父去逸爲太僕卿肅宗即位贈左僕射母竇氏封
義帝縣主
代宗寶應二年追贈肅宗章敬吳皇后代宗母也祖神泉司徒贈后
父令珪太尉贈后母李氏秦國夫人
德宗建中元年贈代宗睿真沈皇后德宗母也父故秘書監易直太
師貞元七年詔外曾祖隨令沈琳贈司徒追封徐國公與外祖
易直等立五廟以琳爲始祖緣祠廟所須官給
王遇德宗昭德王皇后順宗母也父也官至秘書監貞元中贈楊州
大都督

順宗莊憲王皇后憲宗母也曾祖思敬試太子賓客祖難得英
武軍使贈潞州都督父子顏衛尉卿順宗內禪贈司徒難
得太傅子顏太師
穆宗即位詔皇太后憲宗懿安郭皇后穆宗母也曾祖贈太保追封岐國公
敬之贈太傅太后父駙馬都曖太尉母虢國大長公主贈齊國
大長公主敬宗即位崇重母族贈穆宗恭僖王皇后敬宗母也父故
婺州金華令詔卿司空母張氏贈趙國夫人
文帝即位贈穆宗貞獻蕭皇后文宗母也曾祖錢爲太保祖恐爲太
傅父俊爲太師

冊府元龜卷第一百四十一

冊府元龜卷第一百四十二

帝王部一百四十二

弭兵　和好

弭兵

夫王者之兵本於禁暴聖人之武先乎不殺用以拯弱豈云耀威其出征也慰時雨之望其成功也思燎原之戒雖有忘戰必危之論亦著佳兵不祥之說歷觀中古以汔後世或因疆理之甫定乘寇之方息以殘民蠹財而爲念將戢戈櫜弓之是圖繇是濬發明詔深惟遠馭示不復用以愛養於群生悉罷以歸田轉緣於農作以至歆於遠略疲於出師謹守備以息攻節經費而完物力使夫金革罔試而方夏以寧養老長幼不失其所斯之謂至德矣

周武王既克商乃偃武脩文（倒載干戈包以虎皮示不用行礼射設庠序脩文教）歸馬於華山之陽放牛於桃林之野示天下弗服（山南曰陽桃林在華山東皆非長養牛馬之地欲使自生自死示天下不復乘用礼記曰武王克商濟河而西車甲衅而藏之府庫而弗復用倒載干戈包之以虎皮將帥之士使為諸侯名之曰建櫜然後天下知武王之不復用兵也史記云武王縱馬于華山之陽放牛于桃林之虛偃干戈振兵釋旅示天下不復用也）

漢高祖五年十二月既平項羽五月兵皆罷歸家帝下令曰兵不得休八年萬民與苦甚前或相聚保山澤不書名數（保守也安也守而安之以辯也名數謂戶籍也）今天下已定令各歸其縣復故爵田宅（復還也）吏以文法教訓辯告勿笞辱（辯告者分別義理以曉諭之）

武帝征和四年封丞相田千秋為富民侯以明休息思富養民也初帝通西域置校尉屯田渠犂是時軍旅連出師行三十二年海內虛耗貳師將軍李廣利以軍降匈奴帝既悔遠征伐而搜粟都尉桑弘羊與丞相御史奏言故輪臺東捷枝渠犂皆故國地廣饒水草有溉田五千頃以上處溫和田美可益通溝渠種五穀與中國同時熟其旁國少錐刀貴黃金采繒可以易穀食宜給足不可乏（言以錐刀及黃金綵繒與此旁國易穀食可以給田卒不憂乏糧）臣愚以為

可遣屯田卒詣故輪臺以東置校尉三人分護各舉圖地形通利溝渠務使以時益種五穀張掖酒泉（益多也）遣騎假司馬為斥候屬校尉事有便宜因騎置以聞（騎置即今之驛馬也）田一歲有積穀募民壯健有累重敢徙者詣田所（累重謂妻子家屬也）就畜積為本業益墾溉田稍築列亭連城而西以威西國輔烏孫為便臣謹遣徵事臣昌分部行邊嚴敕太守都尉明烽火選士馬謹斥候蓄茭草願陛下遣使使西國以安其意臣昧死請帝迺下詔深陳既往之悔曰前有司奏欲益民賦三十助邊用（三十者每口轉增三十錢也）是重困老弱孤獨也而今又請遣卒田輪臺輪臺西於車師千餘里前開陵侯擊車師時（開陵侯匈奴介和王來降者）危須尉犂樓蘭六國子弟在京師者皆先歸發畜食迎漢軍（畜謂馬牛羊等也）又自發兵凡數萬人王各自將共圍車師降其王諸國兵便罷力不能復至道上食漢軍（食讀曰飼）漢軍破城食至多然士自載不足以竟師（士雖各自載糧而在道已盡至於歸塗尚若乏食不足不能終竟師旅之事也）彊者盡食畜産羸者道死數千人朕發酒泉驢橐駝負食出玉門迎軍吏卒起張掖不甚遠然尚廝留甚衆（廝留言其前後離廝不相逮及也廝音斯）曩者朕之不明以軍候弘上書言匈奴縛馬前後足置城下馳言秦人我匄若馬（謂中國人為秦人習故言也匄乞與也若汝也乞音氣）又漢使者久留不還故興遣貳師將軍（興軍而遣之）欲以為使者威重也古者卿大夫與謀（與讀曰預）參以蓍龜不吉不行（謂公卿大夫謀事尚不專決猶雜問蓍龜也）迺者以縛馬書徧視丞相御史二千石諸大夫郎為文學者（視讀曰示為文學謂經書之人）迺至郡屬國都尉成忠趙破奴等皆以虜自縛其馬不祥甚哉以為欲以見彊（見顯）夫不足者視人有餘（言其夸張也視亦讀曰示）易之卦得大過爻在九五（其爻辭曰枯楊生華象曰枯楊生華何可久也謂匈奴破不久也）匈奴困敗公車方士太史治星望氣及太卜龜蓍皆以為吉匈奴必破時不可再得也（今使利之時後不可再得）又曰北伐行將於鬴山必克卦諸將貳師最吉（遣諸將而貳師最吉也）故朕親發貳師下鬴山詔之必毋深入（鬴音釜也）今計謀卦兆皆反繆（言不效也）重合侯得虜候者言聞漢軍當來匈奴使巫埋羊牛所出

諸道及水上以詛軍（於軍所行之道及水上埋牛羊）單于貴天子馬裘常使巫祝之縛馬者詛軍事也又卜漢軍一將不吉匈奴常言漢極大然不能飢渴（能音耐）失一狼走千羊乃者貳師敗軍士死略離散（言死及被虜略并自離散也）悲痛常在朕心今請遠田輪臺欲起亭隧（隧者依深險之處開通行道也）是擾勞天下非所以優民也今朕不忍聞大鴻臚等又議欲募囚徒送匈奴使者明封侯之賞以報忿五伯所弗能為也（伯讀曰霸五霸尚不為況今大漢也）且匈奴得漢降者常提掖搜索問以所聞（提掖搜索者恐其或懷文書也）今邊塞未正闌出不禁障候長吏使卒獵獸以皮肉為利卒苦而烽火乏失亦上集不得（言邊塞有闌出逃亡之人而主者不禁又長吏於皮肉多使卒獵獸之事故令烽火有乏之又其人勞苦因致奔亡凡有此類設令失者皆不集於上文書後）降者來若捕生口虜乃知之（覺不上書所以當時不知至有降者來及捕生口或虜得匈奴人言乃知此事）當今務在禁苛暴止擅賦力本農修馬復令（馬復因養以免徭）以補缺毋乏武備而已郡國二千石各上進畜馬方略補邊狀與計對（與上計者偕來對也）由是不復出軍

宣帝地節三年十月詔曰朕既不德不能附遠是以邊境屯戍未息今復飭兵重屯久勞百姓非所以綏天下也其罷車騎將軍右將軍屯兵

後漢光武建武六年關東悉平帝積苦兵間以隗囂子內侍公孫述遠據邊垂乃謂諸將曰且當置此兩子於度外耳因數騰書隴蜀告示禍福

十二年既平隴蜀帝在兵間久厭武事且知天下疲耗思樂息肩自隴蜀平後非警急未嘗復言軍旅皇太子嘗問攻戰之事帝曰昔衛靈公問陳孔子不對此非爾所及

二十七年臧宮乃與楊虛侯馬武上書曰匈奴貪利無有禮信窮則稽首安則侵盜緣邊被其毒痛中國憂其抵突虜今人畜疫死旱蝗赤地疫困之力不當中國一郡萬里死命縣在陛下福不再來時或易失豈宜固守文德而墮武事乎今命將臨塞厚縣購賞喻告高句驪烏桓鮮卑攻其左發河西四郡天水隴

西羌胡擊其右如此北虜之滅不過數年臣恐陛下仁恩不忍謀臣狐疑令萬世刻石之功不立於聖世詔報曰黃石公記曰柔能勝剛弱能制強柔者德也剛者賊也弱者仁之助也強者怨之歸也故曰有德之君以所樂樂人無德之君以所樂樂身樂人者其樂長樂身者不久而亡舍近謀遠者勞而無功舍遠謀近者逸而有終逸政多忠臣勞政多亂人故曰務廣地者荒務廣德者強有其有者安貪人有者殘殘滅之政雖成必敗今國無善政災變不息百姓驚惶人不自保而復欲遠事邊外乎孔子曰吾恐季孫之憂不在顓臾且北狄尚強而屯田警備傳聞之事常多失實誠能舉天下之半以滅大寇豈非至願苟非其時不如息人自是諸將莫敢復言兵事者

魏文帝討孫權臨江而還詔三公曰三世為將道家所忌窮兵黷武古有成戒況連年水旱士民損耗而功作倍於前勞役兼於昔進不滅賊退不和民夫屋漏在上知之在下然迷而知反失道不遠過而能改謂之不過今將休息棲備高山沈權九淵割除擯棄投之畫外車駕當以今月中旬到譙淮漢眾軍亦各還反不臧丙歸矣

隋高祖開皇元年正月丙子陳國平四月壬戌詔曰往以吳越之野群黎塗炭干戈方用積習未寧今率土大同含生遂性太平之法方可流行凡我臣僚澡身浴德開通耳目宜從茲始喪亂已來逾將十載君無君德臣失臣道父有不慈子有不孝兄弟之情或薄夫婦之義或違長幼失序尊卑錯亂朕為帝王志存愛養時有臻道不敢寧息內外職位遐邇黎人家家自修人人克念使不軌不逞之輩俱除兵可立威不可不戢刑可助化不可專行禁衛九重之餘鎮守四方之外戎旅軍器皆宜停罷代路既夷群方無事武力之子俱可學文人間甲仗悉皆除毀

唐太宗貞觀十五年八月職方郎中陳大德使高麗迴言於帝曰其國聞高昌之滅大懷震懼大德對盧三至館候五接之禮

加於常數太宗曰高麗所居本四郡發卒數萬攻遼東諸城其國精兵必來救援又遣舟師自東萊橫海以趣平壤水陸合勢此因取之不難但關東諸州户口未復朕意在含育不欲勞之耳

十六年十一月亳州刺史裴思莊奏請伐高麗帝曰高麗附庸之主朝貢不絕聞有簒弑哀之甚深因喪至討乘危取亂雖必得之君子不貴且復山東諸州彫弊未復吾不忍發言舉兵耳

高宗龍朔三年八月御内殿謂侍臣曰比爲海東負疊須申伐是以數年已來頻有勞役所在百姓誠大辛苦況緣軍機調發科喚百端貪殘之徒恣意侵暴兼復造舡諸州辛苦更甚前令借問異欲知其事實然四方使至略不盡言表跡所陳皆涉顧旨我密加廉察在下非無怨咨如聞隋朝破亡緣爲征役不息晴土何必不由此相傳共有此議且越海行兵備經難阻或斃鋒刃或遭沉溺追想非命有惻於懷昔漢武帝征伐四夷户口耗減晚年感悟封丞相爲富人侯此即故事分明足爲龜鏡

前令三十六州造船舫者今欲悉停使遠近百姓無役豈不善哉即日下詔曰朕以寡昧纂承鴻烈肅康寅畏之上嚴若承喬之義取奉深於日慎諸祉存於勿休勉已勵精詳求大化往爲奉成先志雪恥黎元是以數年之間稱兵遼海雖除凶戮暴義匪諸身疲人竭財役興於下泛滄流而遐濟踐危途而遠襲風之競海或取淪亡鋒鏑交揮非有損什懷惟匪德事有班於七旬在躬延責情致勤於四海湯年罪己鑒寐斯在漢載富人周旋切念日者翹車黜聘賁帛相輝庖鼎之前猶潛秀異關柝之下未盡英奇佇俺翰於西雍明殊賢於東序比王師薦發戎務實繁州縣官僚多兹生過力役無度賄賂公行蠹政傷風莫斯爲甚前令三十六州造船已備東行者即宜並停凡百在位宜極言得失悉心無隱以救不逮

玄宗開元二年十月薛訥引兵至渭源遇吐蕃戰擊克捷帝遂停親征乙丑勅曰大戎背恩豕突爲孽犯塞侵牧秉兆洮渭朕託王公之上居司牧之尊憫彼蒼生情勤拯救誠毅有曰先命偏師前驅進討桓茯撫背拉朽摧枯今諸將追奔相望獻捷道途已來邊鄙方寧矢出師天上觀兵塞下所以用威武也念人勞弊與人休息所以暢恩惠也彼戎狄之爲患必往誅其尚黎元之獲安寧宜順動況去有徒費追無所及兼懷供帳之勞宜輟共行之典前取今月十二日親征者宜停

二十五年六月勅曰今邊隅無事寰宇乂安甸内置烽誠則非要其蒲綠等二十二州置烽師等共一萬八千九十八人宜並停勒還本邑

代宗廣德二年二月制應諸州團練將士等委本道節度及都防禦使等審與州府商議如地非要害無所防虞其團練人等並放營農休息

六月勅曰自中有事海内不康黷檄渠魁人自爲戰其死亡者可勝紀乎非其父兄即其子弟責奮由朕禍非自天念兹匈匈

痛入骨髓明神獸亂元惡就誅四胡既平周不相賀遂欲衣裳爲會天下偃兵備七德之武同五星之色成朕之志實惟良臣關内河東副元帥朔方河東節度使司兼侍中書令汾陽郡王子儀邁德濟時盡忠憂國切勤王之義急僵仆之期思拯生人免其湯火善陳利害屢進封章以關陝匪寧務於清靜地非要害不可猶開幕府事無防遏不可更置轅門請停河中節度并耀德軍宜依罷兹凶器姑欲息人離散可要瘡痍可復率是道也仁遠乎哉朕心所嘉期于至理宜示中外明政體焉大曆五年正月罷河南淮西淮南山南東道副元帥其所管兵馬權隸東都留守時四方無虞務息人也

憲宗元和十二年十一月淮西平御史中丞崔元略論侍御史唐武當改官帝曰人之取名多矣何必武爲蠢特將武巳請改矣遂改唐武爲慶時議者見淮西初平謂帝遂喜武功及見改唐武名乃知帝猒兵人人相賀

和好

自建安之末三国鼎分當塗以禪吴蜀近爽及西晉喪乱五胡僭竊琅邪南渡司牧遺黎其後元魏勃興以承正統諸国迭王分據中原秣陵更乎五朝華夏禅於三姓附之高齊載於二百當其繇兵闘亡傳世撫封疆埋兵侵于戈迭用及夫天將悔禍民思息肩繇是冠蓋相望玉帛修聘咸桀待賓之館相高尊對之能遂使烽皷稍停耕桑漸復免罹鋒鏑之苦少救塗炭之災適俊雖與取乱之師亦行継絶之礼遵用古道良足稱焉

魏文帝黄初二年八月吴孫權遣使奉章并遣于禁等還丁巳使太常邢貞持節拜權為大將軍封吴王加九錫帝又欲封權子登年幼上書辭封重遣西曹掾沈珩陳謝并獻方物

三年正月吴孫權上書說劉備支黨四万人馬二三千匹出秭歸請往掩撲以克捷爲效帝報曰昔隗囂之斃禍發栒邑子陽之禽變起扞關將軍其亢厲威武勉蹈奇功以稱吾意以（云帝素書所著典論及詩賦餉權又以紙寫一通與張昭）

晉武帝泰始二年吴少帝孫皓遣人來弔祭有司奏爲答詔帝曰昔漢文光武懷撫尉佗公孫述皆未正君臣之儀所以羈縻未賓也皓遣使之始未知国慶但以書答之

後魏道武天興三年五月詔謁者僕射張濟使於後秦姚興

六年冬十月晉遣使來聘

明元神瑞元年八月詔馬邑侯元陋孫使聘於姚興又詔平南將軍相州刺史尉大眞與晉大尉劉裕相聞使博士王諒假爲平南参軍將命焉後劉裕伐姚泓詔長孫嵩持節督山東諸軍事傅詣平原緣河北岸列軍次於畔城軍頗失利詔假裕道裕於舟中望嵩麾蓋遺以酃酒及江南食物嵩皆送京師詔嵩厚答之

泰常六年宋遣使來聘

太武始光二年四月詔龍驤將軍步堆謁者僕射胡覲使於宋

三年八月宋遣使來聘

四年四月詔員外散騎常侍步堆謁者僕射胡覲等使於宋

神䴥二年四月宋遣使來聘

四年六月詔散騎侍郎周紹使于宋

延和元年五月宋遣使來聘

六月詔兼散騎常侍鄧穎使於宋

二年二月詔兼散騎常侍宋宣使於宋

九月宋遣使朝貢奉馴象一

十二月詔兼散騎常侍盧玄使於宋

太延二年三月宋遣使朝貢

七月詔散騎侍郎廣平子游雅等使於宋

三年三月宋遣使來聘

四年十二月詔兼散騎常侍高雅使於宋

五年十一月宋遣使朝貢并獻馴象一

太平眞君元年十二月詔假通直常侍邢穎使於宋

二年四月宋人來聘

八月詔散騎侍郎張偉使於宋

十二月宋人來聘

五年八月詔員外散騎常侍高濟使於宋

十一月宋人來聘

六年正月詔兼員外散騎常侍宋愔使於宋

九年正月宋人來聘

十一年十二月南伐車駕至臨江宋文帝使獻百牢貢其方物又請進女於皇孫爲昏致馬通問焉

正平元年十月宋人來聘詔殿中將軍郎法祐使於宋

文成和平元年正月詔散騎侍郎馮闡使於宋

七月宋遣使朝貢

十一月詔散騎侍郎盧度世員外郎朱安興使於宋

二年三月宋遣使朝貢
十月詔假員外散騎常侍游明根員外郎昌邑侯和天德使於宋
三年三月宋遣使朝貢
十月詔員外散騎常侍游明根員外郎昌邑侯和天德使於宋
四年十月詔員外散騎常侍游明根驍騎將軍昌邑子婁內近
寧朔將軍袞奉于丁李五驎使於宋
獻文皇興元年正月癸巳宋遣使來聘[illegible]
二年三月戊午宋遣使來聘
三年四月壬辰宋遣使來聘
四年六月宋遣使來聘
孝文延興元年八月宋遣使來聘
二年正月詔假員外散騎常侍邢祐宋於使
四年宋遣使來聘（是月宋明帝殂子昱嗣立）
三年正月詔員外散騎常侍崔演使宋

九月宋遣使來聘
四年三月詔員外散騎常侍許赤虎使於宋
十月宋遣使來聘
五年五月詔員外散騎常侍許赤虎使於宋
十一月宋遣使來聘
太和元年八月宋遣使朝貢（是年七月宋廢帝嗣立）
十一月詔員外散騎常侍李長仁使於宋
二年四月宋遣使朝貢
十月詔員外散騎常侍鄭羲使於宋
三年四月宋遣使來聘（是年宋順帝禪位齊高帝）
五年秋七月齊遣使來聘
七年七月詔假員外散騎常侍李彪員外郎蘭英使於齊（齊武帝嗣也）
十一月齊遣使來聘
八年五月詔員外散騎常侍李彪員外郎蘭英使於齊

九月齊遣使來聘
十一月詔員外散騎常侍李彪員外郎蘭英使於齊
九年五月齊遣使朝貢
十月復詔員外散騎常侍李彪尚書郎公孫阿六頭使於齊
十年三月齊遣使來聘
十三年八月詔兼員外散騎常侍邢產兼員外散騎侍郎侯靈
紹使於齊
十二月齊遣使來聘
十四年四月詔兼員外散騎常侍邢產兼員外散騎侍郎蘇李
運使於齊
十一月齊遣使來聘
十五年四月詔員外散騎常侍李彪尚書郎公孫大頭使於齊
九月齊遣使來聘
十一月詔假通直散騎常侍李彪假散騎侍郎蔣少游使於齊

十六年三月齊遣使朝貢
七月詔兼員外散騎常侍宋弁兼員外散騎侍郎房亮使於齊
十二月齊遣使來聘
十七年正月詔兼員外散騎常侍邢巒兼員外散騎侍郎劉承
叔使於齊
九月詔兼員外散騎常侍高聰兼員外散騎侍郎賈禎使於齊
時帝定都洛陽追詔聰等曰比於洛陽剏卿仍居瀍洛周視舊
業依然有懷固欲先之後乃薄伐且以蕭昭業殞喪南兩使適在昔
秉危幸凶君子弗取是用輟旆前圖遠期來會君息六師三川
是宅將底居成周永嗝皇宇今更造璽書以代往詔比所勑授
隨宜變之善勗皇華無替指意
十八年二月齊遣使來聘
六月詔兼員外散騎常侍盧昶兼員外散騎侍郎王清石使於
齊（七月齊鬱林王為明帝所殺立弟昭文是為海陵王十月又殺之自立）

十二月車駕南伐遂絕齊和好初梁武帝屢侵魏邊豫州城人
成早生以城歸之詔遣中書舍人董紹慰勞紹至上蔡為梁軍
所襲囚送江東仍被禁錮領軍將軍吕僧珍與紹言便相器
重梁武聞之遣使勞紹云忠臣孝子不可無之今當聽卿還國
紹對曰孝母在洛無復方寸既奉恩貸實若更生梁武又遣主
書霍靈超謂紹曰今放卿還令卿通兩家之好彼此息民豈不
善也對曰通好息民乃兩國之事既蒙恩及輙當聞奏梁
武賜紹衣物引入見之令其舍人周捨慰勞并稱戰爭多年民
物塗炭是以不恥先言與魏朝通好比亦有書都無報者卿宜
備申此意故遣傳詔霍靈秀送卿至國遲有嘉問又令謂紹曰
卿知所以得不死不今者獲卿乃天意也夫千人之聚不散則
亂故須立君以治天下不以天下養一人凡在民上胡不思此
若欲通好今以宿豫還彼彼當以漢中見歸先是詔有司以所
獲梁將齊苟兒等二人欲以換紹及紹還宣武愍之永平中除

給事中仍兼舍人紹雖陳說和計朝廷不許

後周高祖武帝保定元年六月遣治御正殷不害等使於陳

十二月陳遣使來聘

二年正月以陳主弟頊為柱国送還江南

九月陳遣使來聘

三年七月陳遣使來聘

十月陳遣使來聘

四年九月陳遣使來聘

五年十一月陳遣使來聘

天和三年八月齊請和親遣使來聘詔軍司馬陸逞兵部尹公正
報聘焉

十一月遣開府崔彥穆小賓部元暉使於齊時韋孝寬為驃騎大
將軍鎮玉壁齊人遣使至玉壁求通互市晉公護以其相持日
久絕無使命一日忽來求交易疑別有故又以皇姑皇世母先
沒在彼因其請和之際或可致之遂令司門下大夫尹公正至
玉壁共孝寬詳議孝寬乃於彼城設幕令公正接對使人兼
述皇家親屬在東之意使者辭色甚悅時又有汾州胡抄得關
東人孝寬復放東還并致書一牘具陳朝廷欲敦隣好遂以
禮送皇姑及護母等先是護母閻姬與皇第四姑及諸戚先沒
在齊皆被幽縶護為宰相之後每遣間行尋求莫知音息至是
並許還朝且請和好四年皇姑先至齊主以護既當權重乃留
其母以為後圖仍令人為閻為書與護曰天地隔塞母子異所
三十餘年存亡斷絕肝腸之痛不能自勝想汝悲思之懷復何
可處吾自念十九入汝家今已八十矣凡生汝輩三男三女今
日目下不覩一人興言及此悲纏肌骨賴皇齊恩恤差安衰暮
又得汝楊氏姑及汝嫂劉及汝新婦等同居頗亦自適但為微
有耳疾大語方聞行動飲食幸無多損今大齊聖德遠被特降
鴻慈既許歸吾於汝又聽先致音耗積稔長悲豁然獲展此乃

仁侔造化將何報德汝與吾別之時年尚幼小以前家事或不
委曲昔在武川鎮生汝兄弟大者屬鼠第二屬兔汝身屬蛇鮮
于脩禮起日合家大小先在博陵郡住相將欲向左人城行至
唐河之北被定州官軍打敗汝祖及第二叔時俱戰亡汝叔母賀
拔及兒元寶汝叔母紇干及兒菩提并吾與汝六人同被擒捉
入定州城未幾間將吾及汝送與元寶掌賀拔紇干各別分散
寶掌東營在唐城內經停三日寶掌所掠得男夫婦女可六七
十人悉送向京吾時與汝同被送限至定州城南夜宿鄉人姬
庫根家茹茹奴望見鮮于脩禮營火語吾云我今走向本軍既
至營遂告吾在此明旦日出汝叔將兵邀截吾及汝等還得
向營汝年十二共吾並乘馬隨軍可不記此由緣也於後吾共
汝在壽陽住時元寶菩提及汝姑兒賀蘭盛洛并汝身四人同
學博士姓成為人嚴惡汝等四人謀欲加害吾共汝叔母聞知
各捉其兒打之唯盛洛無母獨不被打其後爾朱天柱亡歲賀

拔阿㕽在關西遣人迎家累時汝叔亦遣汝來富迎女亦盛洛等汝時著緋陵袍銀裝帶盛洛着紫織成襖通身黃綾裹並乘騾同去盛洛小於汝汝等二人並喚吾作阿摩敦如此之事當分明記之耳今又寄汝小時所着錦袍表一領至宜檢看知吾含悲抱戚多歷年祀屬千載之運逢大齊之德矜老開恩許得相見一聞此言死猶不朽況如今者勢必聚集禽獸草木母子相依吾有何罪與汝分隔今復何福還望見汝言此悲喜死而更蘇世間所有求皆可得母子異國何處可求假汝貴極王公富過山海有一老母八十之年飄然千里死亡旦夕不得一朝相見不得一日同處寒不得汝衣飢不得汝食汝雖窮貴極盛光耀世間汝何用為於吾何益今日之前汝既不得申其供養事往何論今日已後吾之殘命唯繫於汝耳戴天履地中有鬼神勿云冥昧而可欺負楊氏姑今雖炎暑猶能先發關河阻遠隔絕多年書依常體慮汝致惑是以每存款質兼亦載吾姓

名當識此理不以為怪護性至孝得書悲不自勝左右莫能仰視報書曰區宇分崩遭遇災禍違離膝下三十五年受形稟氣皆知母子誰同薩保如此不孝宿殃積戾合鍾此身豈悟網羅上嬰慈母但立身立行不負一物明神有識宜見哀憐而子為公侯母為俘隸熱不見母熱寒不見母寒衣不知有無食不知飢飽泯如天地之外無由暫聞晝夜悲號繼之以血分懷冤酷終此一生死若有知冀奉見於泉下耳不謂齊朝解網惠以德音摩敦四姑並許歸放初聞此旨魂爽飛越號天叩地不能自勝四姑即蒙禮送平安入境還奉顏色崔動肝腸但離絕多年存亡阻隔相見之始口未忍言唯叙齊朝寬弘每存大德云與摩敦雖處宮禁常蒙優禮摩敦垂勅曲盡悲酷備述家事伏讀未周心情磨割書中所道無一事敢忘摩敦年尊又加憂苦常謂寢膳貶損或多遺漏伏奉論述次第分明一則以悲一則以喜當鄉里敗破之初薩保年已十餘歲隣曲舊事猶自記憶況家門

禍難親戚流離乖舛時節先後怨訓刻肌刻骨常纏心府天長喪亂四海横流太祖乘時齊朝撫運兩河三輔各值神機原其事迹非相負背太祖外遐未定天保薩寶屬當猶子之長親受顧命雖身居重任職當憂責至於歲時稱慶子孫在庭顧視悲摧心情斷絶胡顏戴履負愧神明今齊朝霈然之恩既已沾洽愛敬之至施及傍人草木有心禽魚感澤況在人倫而不銘戴有國有家信義為本伏度來期已應有日一得奉見慈顏永畢生願生死內骨豈過今恩負山戴岳未足勝荷二國分隔理無書信主上以彼朝不絶母子之恩亦賜許奉答不期今日得通家問伏紙嗚咽言不宜心蒙寄薩寶別時所留錦袍表年歲雖久宛然猶識抱此悲泣至于拜見事歸忍此知復何心齊朝不即發遣更令重與護書要護重報護復書往返至於再三而母竟不至朝議以失期信令有司移齊書曰夫有義則存無信不立山嶽猶輕兵食非重故立誓為盟重耳所以霸國說史無混隨會

所以為盟來有司牧生民君臨有國可以忘義而多食言者也自數屬屯夷時鍾圮隔皇家親戚淪陷三紀仁姑世母望絕生還彼朝以去夏之初德音爰發已送仁姑許歸世母乃稱煩暑指克來秋謂其信必由衷嘉言無爽今落木戒時申霜行及方為世母虛設詭辭未議言歸更徵酬答子女玉帛既非所須保境寧民又云匪報詳觀此意全乖本図愛人以禮豈為姑息要子責誠質親求報實傷和氣有悖天經戒之周室太祖之天下也焉可損國顧家殉名虧實不害所養其曰仁人即敢僭鋒動函谷則韓列為三安得獨全謂無損益大冢宰位隆將相情兼家國銜悲茹血分畢冤魂豈意無指可尋倚門應至徒聞善始卒無令終百辟震驚三軍憤悒不為孝子當作忠臣去歲北軍深入數俘城下雖曰班師餘功未遂今秋馬首南向更期重入晉人弄之戒之職矣聞諸道路早已戒嚴非直北拒又將南略

歡欣自送此之願也如或嬰城未能求敵詰朝請見相與周旋
爲惠不終徒增深怨愛親無慢事訓臣父矜恤窮老貽則周文
環玦之義事不由此自應內省豈宜有問移書未送而毋至
四年正月遣司會河陽公李綸等會葬於齊仍吊賻焉
四月齊遣使來聘
六年五月遣納言鄭詡使於陳
十月遣右武伯谷會琨御正蔡斌使於齊
十一月齊遣使來聘
建德元年二月遣司宗李除小賓部賀遂禮使於齊
三月齊遣使來朝聘
四月遣工部成公建小禮部辛彥之使於齊
七月陳遣使來聘
十一月遣小匠師楊勰齊馭唐則使於陳
二年閏正月陳遣使來聘

二月遣司會侯莫陳凱太子宮尹鄭譯使於齊
九月陳遣使來聘
十月齊遣使來聘
三年四月齊遣使來會塟太后葬
十月詔御正楊尚希禮部盧愷使於陳
四年三月遣小司寇淮南公元偉治納言伊婁謙使於齊
七月陳遣使來聘
五年八月陳遣使來聘
十二月陳遣使來聘
六年五月陳遣使來聘是歲帝既平北齊後梁明帝蕭巋朝於
鄴帝雖以禮接之然未之重也巋知之後因宴承間乃[illegible]其父
荷太祖拯救之恩幷敘二國艱虞脣齒掎角之事辭理辯暢因
涕泗交流帝亦爲之歔欷自是大加賞異禮遇日隆後帝復與
之宴齊氏故臣叱列長叉亦預焉帝指謂巋曰是登陴罵朕者
也巋曰長叉未能輔桀翻敢吠堯帝大笑及酒酣又命琵琶自
彈之仍謂巋曰當爲梁主盡歡巋乃起請舞帝曰梁主乃能爲
朕舞乎巋曰陛下既親撫五絃臣何敢不同百獸帝大悅賜雜
繒萬段良馬數十匹幷齊後主妓妾及帝所乘五百里駿馬
以遺之
宣帝大象元年九月遣御正杜杲禮部薛舒使於陳
隋高祖開皇元年二月丁未梁主蕭巋使其太宰蕭巖司空劉
義來賀
四月陳遣散騎常侍韋鼎兼通直散騎常侍王瑳來聘於周而
帝已受周禪致之介國
二年正月陳遣使請和歸胡墅
三年四月陳郢州城主張子譏遣使請降帝以和好不納遣兼
散騎常侍薛舒兼通直散騎常侍王劭使於陳
十二月陳遣散騎常侍周墳通直散常侍袁彥來聘

閏月遣兼散騎常侍曹令則通直散騎常侍魏澹使於陳
四年正月梁明帝蕭巋來朝（初帝在周執政時尉遲迥王謙司馬消難等各起兵時巋將帥皆勸巋舉兵與迥等爲連衡之勢進可以盡節於周氏退可以席卷山南巋固以爲不可未幾而消難奔陳迥等相次破滅及帝踐阼恩禮彌厚遣使賜金五百兩銀千兩布帛萬疋馬五百匹開皇二年帝備禮納巋女爲晉王妃又欲以其子瑒尚蘭陵公主由是罷江陵總管巋專制其國至是來朝長安帝甚敬待之詔巋位在王公之上賜縑萬疋珍玩稱是及還親執其手謂之曰梁主久滯荊楚未復舊都故鄉之念良軫懷抱朕當振旅長江相送旋返耳）
七月陳遣兼散騎常侍謝泉兼通直散騎常侍賀德基來聘
十一月遣兼散騎常侍薛道衡兼通直散騎常侍豆盧寔使於陳
五年七月陳遣兼散騎常侍王話兼通直散騎常侍阮卓來聘
九月遣兼散騎常侍李若兼通直散騎常侍崔君瞻使於陳
六年四月陳遣兼散騎常侍江椿來聘
八月遣使散騎常侍裴豪兼通直散騎常侍劉顗聘於陳
七年二月陳遣兼散騎常侍王亨兼通直散騎常侍王眘來聘
四月遣兼散騎常侍楊同兼通直散騎常侍崔儦使於陳

八年正月陳遣散騎常侍袁雅兼通直散騎常侍周正來聘
二月甲戌遣兼散騎常侍　尚賢兼通直散騎常侍韋亶使於陳

冊府元龜卷第一百四十二

冊府元龜卷第一百四十三

帝王部一百四十三

弭災

傳曰天之愛民甚矣豈使一人肆於民上若乃司牧之重政治或失必示災祥以申警戒聖帝明王覩而脩德懼刑政之壅蔽則勤於聽納恐驕盈之易至則身先節儉憂黎憲兆之未泰則矜恤郵隱念賦役之尚繁則省財節用思忠賢之未進則寤寐遺逸慮邪佞之或邇則斥去羣小轉禍爲福變災成祥惟德是輔其理何遠是以堯之水湯之旱大戊之桑穀高宗之雊雉皆明德格天至誠感神而咎徵自消妖不能勝矣

商湯時大旱七年洛川竭使人持三足鼎祝於山川曰政不節邪使人疾邪苞苴行邪讒夫昌邪宮室榮邪女謁行邪何不雨之極也殷使卜曰當以人禱湯曰吾所爲請雨者民也若必以人禱吾請自當遂齋戒剪髮斷爪以己爲犧禱於桑林之野祝曰惟予小子履（履湯名）敢用玄牡告于上天后土曰今天大旱即當朕身履未知得罪于上下有善不敢蔽有惡不敢赦簡在帝心萬方有罪即當朕躬朕躬有罪無以爾萬方無以一人之不敏使上帝鬼神傷民之命言未已而雨大至方數千里

大戊時亳有祥桑穀共生於朝一暮大拱（祥妖怪也穀楮也二木合生不恭之罰兩手搤之曰拱）大戊懼問其相伊陟（伊尹之子）伊陟曰臣聞妖不勝德帝之政其有闕與帝其修德大戊從之而祥桑枯死（與讀曰歟）

武丁祭成湯之明日有飛雉登鼎耳而呴（呴古豆切）武丁懼祖己曰（祖己賢臣名）王勿憂先修政事祖己乃訓王曰唯天監下民典厥義（言天視下民以義爲常也）降年有永有不永非天夭民民中絕其命民有不若德不聽罪天既孚命正厥德（若順也聽服也不順德言無義也不服罪不改修也天以言命正其德謂其有永有不永）乃曰其奈何嗚呼王嗣敬民罔非天繼常祀毋禮于棄道（王者主民當敬民事無非天嗣天常祀也祭祀有常不當特豐於近也）武丁修政行德天下咸驩殷道復興

周文王之莅國八年六月文王寢疾五日而地動東西南北不出國郊有司皆曰地之動也人主也今者君王寢疾五日而地動四面不出國郊羣臣皆恐曰請移之文王曰奈何其移之也對曰興事動衆以增國城其可移之乎文王曰不可夫天之道見妖以罰有罪也我必有罪也故以此罰我也今又專興事動衆以增國城是重吾罪也昌也請改行重善移之其可以免乎於是遂謹其禮節秩皮革以交諸侯飭其辭令幣帛以禮俊士頒其爵列等級田疇以賞羣臣行此幾何而疾止文王即位八年而地動之後四十三年凡莅國五十一年而終此文王之所以踐妖也詩曰畏天之威于時保之此之謂也

宣王時天大旱二年王以不雨遇災而懼側身脩行欲消去之祈于羣祀珪璧旣卒乃雨大夫仍叔作雲漢之詩以美之

漢文帝二年十一月癸卯晦日有食之詔曰朕聞之天生民爲之置君以養治之人主不德布政不均則天示之災以戒不治（治音直吏切）乃十一月晦日有食之適見于天（適讀曰謫謫責也見音乎電切）災孰大焉（災莫大於此）朕獲保宗廟以微眇之身託于士民君王之上天下治亂在予一人唯二三執政猶吾股肱也朕下不能治育羣生上以累三光之明（累音力瑞切）其不德大矣令至其悉思朕之過失（令此謂詔書）及知見之所不及匄以啓告朕（匄音蓋乞也言以過失告朕是則於朕爲恩惠也）及夫賢良方正能直言極諫者以輔朕之不逮

景帝後二年春以歲不登禁內郡食馬粟沒入之

武帝建元六年四月壬子高園便殿火（凡言便殿便室便坐者皆非正大之處所以就便安也園者於陵上作之既有正寢以象平生正殿又立便殿爲休息閒宴之處耳也）帝素服五日

昭帝始元六年夏旱大雩不得舉火（抑陽助陰也）

元鳳四年五月丁丑孝文廟正殿火帝及羣臣皆素服

宣帝本始四年四月壬寅郡國四十九地震或山崩水出詔曰蓋災異者天地之戒也朕承洪業奉宗廟託于士民之上未能和羣生乃者地震北海琅邪壞祖宗廟朕甚懼焉丞相御史其

與列侯中二千石博問經學之士有以應變輔朕之不逮毋有所諱令三輔太常內郡國舉賢良方正各一人律令有可蠲除以安百姓條奏被地震壞敗甚者勿收租賦大赦天下帝以宗廟在郡國素服避正殿五日（辟與避同）

地節三年十月詔曰迺者九月壬申地震朕甚懼焉有能箴朕過失及賢良方正直言極諫之士以輔朕之不逮毋諱有司（皆言其過也有司無加讁之）

甘露元年四月丙申太上皇廟火甲辰孝文廟火帝素服五日

元帝初元元年六月以民疾疫令大官損膳減樂府員省苑馬以振困乏

九月關東郡國十一大水飢或人相食轉旁郡錢穀以相救詔曰間者陰陽不調黎民飢寒無以保治惟德淺薄不足以充入舊貫之居（言已德淺薄不足入居先帝之舊室）其令諸宮館希御幸者勿繕治太僕減穀食馬水衡省肉食獸

二年二月戊午地震三月詔曰蓋聞賢聖在位陰陽和風雨時日月光星辰靜黎庶康寧考終厥命（言得壽考終其天命）今朕恭承天地託于公侯之上明不能燭德不能綏災異並臻連年不息乃二月戊午地震于隴西郡毀落太上皇廟殿壁木飾壞敗豲道縣城郭官寺及民室屋壓殺人衆（豲道天水之縣也寺謂官府豲音桓）山崩地裂水泉涌出天惟降災震驚朕師（師衆也）治有大虧咎至於斯夙夜兢兢不通大變深惟鬱悼未知其序（鬱不通意也）間者歲數不登元元困乏不勝飢寒以陷刑辟朕甚閔之郡國被地動災甚者無出租賦赦天下有可蠲除減省以便萬姓者條奏毋有所諱丞相御史中二千石舉茂材異等直言極諫之士朕將親覽焉

六月關東飢齊人相食七月詔曰歲比災害民有菜色（五穀不收人但食菜故其顏色變惡）慘怛於心已詔吏虛倉廩開府庫振救賜寒者衣今秋禾麥頗傷一年中地再動北海水溢流殺人民陰陽不和其咎安在公卿將何以憂之其悉意陳朕過靡有所諱

三年四月乙未晦茂陵白鶴館災詔曰迺者火災降於孝武園館朕戰栗恐懼不燭變異咎在朕躬羣司又未肯極言朕過以至於斯將何以寤焉百姓仍遭凶阨無以相振（阨古阸字）加以煩擾虖苛吏拘牽乎微文不得永終性命（虖與乎同）朕甚閔焉其赦天下

五年四月有星孛于參詔曰朕之不逮序位不明（逮及也言官失其次序也）衆僚久懬（懬古曠字）未得其人元元失望上感皇天陰陽為變咎流萬民朕甚懼之迺者關東連遭災害飢寒疾疫夭不終命詩不云乎凡民有喪匍匐救之其令太官毋日殺（不許日殺）所具各減半（食具也）乘輿秣馬無之正事而已

永光二年二月詔曰蓋聞唐虞象刑而民不犯殷周法行而姦軌服（軌與宄同外曰姦在內曰宄）今朕獲承高祖之洪業託位公侯之上夙夜戰栗永惟百姓之急未嘗有忘焉然而陰陽未調三光晻昧（晻與暗同又音烏感切）元元大困流散道路盜賊並興有司又長殘賊失牧民之術是皆朕之不明政有所虧咎至於此朕甚自恥（恥音…）

民父母若是之薄謂百姓何其大赦天下

三月壬戌朔日有蝕之詔曰朕戰戰栗栗夙夜思過失不敢荒寧惟陰陽不調未燭其咎婁敕公卿日望有效（婁古屢字）至今有司執政未得其中（中音竹仲切）施與禁切未合民心（施惠也禁切謂令峻苛）暴猛之俗彌長和睦之道日衰百姓愁苦靡所錯躬（錯置也錯音措）是以氛邪歲增侵犯太陽正氣湛掩日以奪光（湛讀與沉同若見淹而湛沒也）迺壬戌日有蝕之天見大異以戒朕躬朕甚悼焉其令內郡國舉茂材異等賢良直言各一人

四年六月甲戌孝宣園東闕災戊寅晦日有蝕之詔曰蓋聞明王在上忠賢布職則羣生和樂方外蒙澤今朕晻于王道夙夜憂勞不通其理靡瞻不眩靡聽不惑（眩視亂也惑聽亂也）是以政令多還民心未得（還反也）邪說空進事亡成功此天下所著聞也公卿大夫好惡不同（好惡各異）或緣姦作邪侵削細民元元安所歸命哉迺六月晦日有蝕之詩不云乎今此下民亦孔之哀（孔甚也言多哀也）

繇自今以來公卿大夫其勉思天戒慎身修永以輔朕之不逮（謂當慎修其身思爲長久之道也）直言盡意無有所諱

成帝建始元年二月詔曰迺者火災降於祖廟有星孛于東方始正而虧（言始即帝位而有星孛之虧也）咎孰大焉書云惟先假王正厥事（假至也言先古至道之君欲有變則正其行事以應之）羣公孜孜帥先百寮輔朕不逮崇寬大長和睦凡事恕己毋行苛刻（恕者仁也以己之心度於物）其大赦天下使得自新

三年十二月日有蝕之夜地震未央宮殿中詔曰蓋聞天生衆民不能相治爲之立君以統理之君道得則草木昆蟲咸得其所（昆衆也昆蟲言衆蟲也）人君不德謫見天地災異婁發以告不治朕涉道日寡舉錯不中乃戊申日蝕地震朕甚懼焉公卿其各思朕過失明白陳之女無面從退有後言（言我有違道汝當正之無得面從退後則有謗讟之言也）丞相御史與將軍列侯中二千石及內郡國舉賢良方正能直言極諫之士詣公車朕將覽焉

河平元年四月己亥晦日有食之既詔曰朕獲保宗廟戰戰栗栗未能奉稱（不稱先帝之業）傳曰男教不修陽事不得則日爲之蝕天著厥異辜在朕躬公卿大夫其勉悉心輔不逮百寮各修其職惇任仁人退遠殘賊（惇厚也）陳朕過失無有所諱

永始二年二月乙酉晦日有蝕之詔曰乃者龍見于東萊日有蝕之天著變異以顯朕郵（郵與尤同謂過也）朕甚懼焉公卿申敕百寮深思天誡有可省減便安百姓者條奏所振貸貧民勿收

四年六月詔曰迺者地震京師火災婁降朕甚懼焉有司其悉心明對厥咎朕將親覽焉

元延元年七月有星孛于東井詔曰迺者蝕星隕謫見于天大異重仍在位黙然罕有忠言今孛星見于東井朕甚懼焉公卿大夫博士議郎其各悉心惟思變意明以經對無有所諱

哀帝以綏和二年四月即位是秋詔曰朕承宗廟之重戰戰兢兢懼失天心間者日月亡光五星失行郡國比比地動（言比比者猶言頻頻也）迺者河南潁川郡水出流殺人民壞敗廬舍朕之不德民反蒙辜朕甚懼焉已遣光祿大夫循行舉籍（舉其名籍）賜死者棺錢人三千

元壽元年正月辛丑朔日有蝕之詔曰朕獲保宗廟不明不敏宿夜憂勞未皇寧息（皇暇也）惟陰陽不調元元不贍未覩厥咎婁敕公卿庶幾有望至今有司執法未得其中或上暴虐假勢（借勢）獲名溫良寬柔陷於亡滅是故殘賊彌長睦和日衰百姓愁怨靡所錯躬乃正月朔日有蝕之厥咎不遠在余一人公卿大夫其各悉心勉帥百寮敦任仁人黜遠殘賊期於安民陳朕之過失無有所諱其與將軍列侯中二千石舉賢良方正能直言者各一人

平帝元始二年大旱遣使者捕蝗民捕蝗詣吏以石𣂋受錢天下民貲不滿二萬及被災之郡不滿十萬勿租稅民疾疫者舍空邸第爲置醫藥賜死者一家六尸以上葬錢五千四尸以上三千二尸以上二千罷安定呼池苑以爲安民縣（中山之安定[illegible]也池音大[illegible]切）起官寺市里募徙貧民縣次給食至徙所賜田宅什器假與犂牛種食又起五里於長安城中（民居之里）宅二百區以居貧民

後漢光武建武七年三月癸亥晦日有蝕之帝避正殿寢兵不聽事五日詔曰吾德薄致災謫見日月戰慄恐懼夫何言哉今方念愆庶消厥咎其令有司各修職任奉遵法度惠玆元元百僚各上封事無有所諱其上書者不得言聖

二十二年九月戊辰地震裂詔曰日者地震南陽尤甚夫地者任至重靜而不動者也而今震裂咎在君上鬼神不順無德災殃將及吏人朕甚懼焉其令南陽勿輸今年田租芻稾遣謁者案行其死罪繫囚在戊辰以前減死罪一等徒皆弛解鉗衣絲絮賜郡中居人壓死者棺錢人三千其口賦逋稅而廬宅尤破壞者勿收責吏人死亡或在壞垣毀屋之下而家羸弱不能收拾者其以見錢穀取傭爲尋求之

明帝永平三年八月壬申晦日有蝕之詔曰朕奉承祖業無有善政日月薄蝕彗孛見天水旱不節稼穡不成人無宿儲下生愁墊雖夙夜勤思而智能不逮昔楚莊無災以致戒懼魯哀禍大天不降譴今之動變儻尚可救有司勉思厥職以輔無德古者卿士獻詩百工箴諫其言事者靡有所諱

八年十月壬寅晦日有蝕之既蝕盡也詔曰朕以無德奉承大業而下貽人怨上動三光日蝕之變其災尤大春秋圖讖所為至譴永思厥咎在予一人羣司勉修職事極言無諱於是在位者皆上封事各言得失帝覽章深自引咎乃以所上班示百官詔曰羣僚所言皆朕之過人冤不能理吏黠不能禁而輕用人力繕修宮宇出入無節喜怒過差昔應門失守關雎刺世春秋說題辭曰人主不正應門失守故歌關雎以感之注曰應門聽政之處也言不以政事為務則有宣淫之心關雎樂而不淫思得賢人與之共化修應門之政者也飛蓬隨風微子所歎管子曰無儀法程式飛搖而無所定謂之飛蓬之問明王不聽此言微子未詳永覽前戒竦然兢懼徒恐薄德久而致怠耳

十三年十月壬辰晦日有蝕之三公免冠自劾制曰冠履勿劾災異屢見咎在朕躬憂懼遑遑未知其方將有司陳事多所隱諱使君上壅蔽下有不暢乎昔衛有忠臣靈公得守其位今何以和穆陰陽消伏災譴刺史太守詳刑理冤存恤鰥孤勉思職焉

十八年四月己未詔曰自春已來時雨不降宿麥傷旱秋種未下政失厥中憂懼而已其理冤獄錄輕繫二千石分禱五嶽四瀆郡界有名山大川能興雲雨者周禮職方氏掌天下之地揚州其山曰會稽其川曰三江荊州其山曰衡山其川曰江漢豫州其山曰華山其川曰滎洛青州其山曰沂山其川曰淮泗兗州其山曰岱其川曰河泲雍州其山曰嶽其川曰涇汭幽州其山曰醫無閭其川曰河泲冀州其山曰霍其川曰漳并州其山曰常其川曰滹沱此謂九州之名山大川浸澍音子樹切長吏各潔齋禱請冀蒙嘉澍

章帝以永平十八年八月即位十一月晦日有蝕之於是避正殿寢兵不聽事五日詔有司各上封事

建初五年二月庚辰朔日有蝕之詔曰朕新離供養愆咎衆著上天降異大變隨之詩不云乎亦孔之醜又久旱傷麥憂心慘切公卿已下其舉直言極諫能指朕過失者各一人遣詣公車將親覽問焉其以巖穴為先勿取浮華又詔曰春秋書無麥苗重之也去秋雨澤不適今時復旱如炎如焚凶年無時而為備未至朕之不德上累三光震慄忉忉痛心疾首前代聖君博思咨諏雖降災咎輒有開匱反風之應令予小子徒慘慘而已其令二千石理冤獄錄輕繫禱五嶽四瀆及名山能興雲致雨者冀蒙不崇朝徧雨天下之報務加肅敬焉

和帝永元七年四月辛亥朔日有食之帝引見公卿問得失令將大夫御史謁者博士議郎郎官會廷中各言封事

八年九月京師蝗吏民言事者多歸責有司詔曰蝗蟲之異殆不虛生萬方有罪在予一人而言事者專咎自下非助我者也朕寤寐恫矜思弭憂釁昔楚嚴無災而懼成王出郊而反風將何以輔朕不逮以塞災變百寮師尹勉修厥職刺史二千石詳刑辟理冤虐恤鰥寡矜孤弱思惟致災興蝗之咎

十六年秋七月戊午詔曰今秋稼方穗而旱雲雨不霑疑吏行慘刻不宣恩澤妄拘無罪幽閉良善所致其一切囚徒於法疑者勿決以奉秋令禮記月令曰孟秋之月命有司修法制繕囹圄具桎梏斷薄刑決小罪方察煩苛之吏顯明其罰

安帝永初三年三月京師大飢民相食壬辰公卿詣闕謝詔曰朕以幼沖奉承鴻業不能宣流風化而感逆陰陽至令百姓飢餓更相噉食永懷悼歎若墜淵水咎在朕躬非羣司之責而過自貶引重朝廷之不德其務思變復以助不逮

四年正月元日會以年飢徹樂不陳充庭車每大朝會必陳乘輿法物車輦於庭故曰充庭車也

建光元年十一月郡國三十五地震或坼裂詔三公已下各上封事陳得失

順帝永建三年七月丁酉茂陵園寢災帝縞素避正殿

陽嘉元年二月京師旱庚申詔郡國二千石各禱名山嶽瀆遣

大夫謁者詣嵩高首陽山并詞河洛請雨戊辰雩甲戌詔曰政失厥和陰陽隔并冬鮮宿雪春無澍雨分禱祈請靡神不禜（諸深）恐在所慢違如在之義今遣侍中王輔等持節分詣岱山東海滎陽河洛心祈焉（濟水四瀆之一至河內溢爲滎澤故於滎陽祠焉）

二年四月己亥京師地震五月庚子詔曰朕以不德統奉鴻業無以奉順乾坤協序陰陽災眚屢見咎徵仍臻地動之異發自京師矜矜祗畏不知所裁羣公卿士將何以輔朕不逮奉答戒異異不空設必有所應其各悉心直言厥咎靡有所諱

桓帝建和三年四月丁卯晦日有食之五月乙亥詔曰蓋聞天生蒸民不能相理為之立君使司牧之君道得於下則休祥著乎上庶事失其序則咎徵見乎象閒者日食毀缺陽元晦暗朕祗懼潛思匪遑啓處傳不云乎日食修德月食修刑昔孝章帝愍前世禁徒故建初之元並蒙恩澤流徙者使還故郡沒入者免為庶民先皇德政可不務乎其自永建元年迄乎今歲凡諸妖惡支親從坐及吏民減死徙邊者悉歸本郡唯沒入者不從此令

永興二年九月詔曰朝政失中雲漢作旱川靈涌水蝗螽孳蔓殘我百穀太陽虧光飢饉荐臻其不被害郡縣當為飢餒者儲天下一家趣不糜爛則為國寶其禁郡國不得賣酒祠祀裁足

延熹九年正月詔曰比歲不登人多飢窮又有水旱疾疫之困盜賊徵發南州尤甚災異日食遣告累至政亂在予仍獲咎徵其令大司農絕今歲調度徵求及前年所調未畢者勿復收責其災旱盜賊之郡勿收租餘郡悉半入

明帝太和五年三月辛巳以四年十月至是月不雨大雩

景初二年有彗星見張宿史官言於帝曰此周之分野也洛邑惡之於是大脩禳禱之術

齊王正始元年三月以旱詔令獄官亟平冤枉理出輕微羣公卿士讜言嘉謀各悉乃心

晉武帝太始七年閏五月大雩大官減膳

咸寧二年正月以疾疫廢朝

二月帝不豫及瘳羣臣上壽詔曰每念頃遇疫氣死亡為之愴然豈以一身之休息忘百姓之艱邪諸上禮者皆絕之

四月丁巳詔曰諸旱處廣加祈請五月庚午始祈雨于社稷山川

五年二月以百姓饑饉減御膳之半

愍帝建興元年六月旱帝親雩

元帝太興元年十一月詔曰朕以寡德纂承洪緒上不能調和陰陽下不能濟育羣生災異屢興咎徵仍見壬子乙卯雷震暴雨蓋天災譴誡所以彰朕之不德也羣公卿士其各上封事具陳得失無有所諱將親覽焉

二年五月以三吳大饑詔曰天下凋弊加以災荒百姓困窮國用並匱吳郡饑人死者百數天生蒸黎而樹之以君選建明哲以左右之當深思以救其弊昔吳起為楚悼王明法審令損不急之官除廢公族疏遠以附益將士而國富兵彊況今日之弊百姓凋困邪且當去非急之務非軍事所須者皆省之又使黃門侍郎虞𩦎（音斐）桓彝開倉廩振給并省眾役百官各上封事

成帝咸和九年六月以大旱詔太官徹膳省刑恤孤寡貶節用

咸康二年三月以旱詔太官減膳免所旱郡縣繇役

哀帝隆和元年四月以旱詔出輕繫振困乏十二月詔曰戎旅路次未得輕簡賦役玄象失度亢旱為患豈政事未治將有板築渭濱之士邪其搜揚隱滯蠲除苛碎詳議法令咸從損要

孝武太元元年十一月己巳朔日有蝕之詔太官徹膳

四年二月詔曰年穀不登百姓多匱其詔御所供事從儉約九親供給眾官廩俸權可減半凡諸役費自非軍國事要皆宜停省以周時務

後魏文成和平五年四月帝以旱故減膳責躬是夜澍雨大降

孝文時太極殿成將行考室之禮引集羣臣而雪不克饗帝曰

展經始正殿功構初成將條奉考行大禮然冒雲仍結霏雪聯事將由寡昧未能仰荅天心此之不德咎實焉在卿等宜各陳所懷以救不逮鎮東將軍定州刺史樓毅稽首對曰雪霜風雨天地之常夏霖冬霰四時之節今隆冬雨雪固是其時又禮云雨沾服失容則廢禮自沾而然不足為異帝曰昔劉秀將濟呼沱為之冰合但朕德謝古人不能仰感天意

太和四年二月癸巳詔曰統承乾緒君臨海内夙興昧旦如履薄冰今東作方興庶類萌動品物資生膏雨不降歲一不登百姓飢乏朕甚懼焉其勑天下祀山川羣神及能興雲雨者修飾祠堂薦以牲璧民有疾苦在所存問

五年四月甲寅詔曰時雨不霑春苗萎悴諸有骸骨之處皆勑埋藏勿令露見有神祇之所悉可禱祈

十二年九月甲午詔曰日月薄蝕陰陽之常度耳聖人懼人君之放怠因之以設誡故稱日蝕脩德月蝕脩刑迺癸巳夜月蝕

盡公卿已下宜慎刑罰以荅天意

十五年正月不雨至于四月有司奏祈百神詔曰昔成湯遇旱齊景逢災並不由祈山川而致雨皆至誠發中澍潤千里萬方有罪在予一人今普天喪恃幽顯同哀神若有靈猶應未忍安饗何宜四氣未周便欲祀事唯當考躬責己以待天譴時帝居太后喪故有此詔

十七年五月丁丑以旱撤膳

宣武景明四年四月戊戌詔曰酷吏為禍縣古同患孝婦淫刑東海燋壤今不雨十旬意者其有冤獄乎尚書鞫京師見囚務盡聽察之理己亥帝以旱減膳撤懸辛丑澍雨大洽

正始元年六月以旱撤懸減膳見公卿已下引咎責躬詔曰朕以菲德政刑多舛陽旱歷旬京甸枯悴在予之責夙宵疚懷有司可循案舊典祗行六事囹圄冤滯平處決之庶尹廢職量加脩舉鰥寡困窮在所存恤役賦繁煩咸加蠲省賢良讜直以禮進之貪殘佞諛時加屏黜男女怨曠務令媾會稱朕意焉又親爲享於太廟及録京師見囚殊死已下皆減一等鞭杖之坐悉皆原之

永平元年五月帝以旱故減膳撤懸

二年五月帝以旱故減膳撤懸禁斷屠殺

延昌元年四月丁丑帝以旱故減膳撤懸詔尚書與羣司鞫理獄訟又詔食粟之畜皆斷之

三年二月詔曰肆州秀容郡敷城縣鴈門郡原平縣並自去年四月以來山鳴地震于今不已告譴彰咎朕甚懼焉祗畏兢兢若臨淵谷可恤瘼寬刑以荅災譴

孝明熙平元年五月丁卯朔詔曰炎旱積辰苗稼萎悴比雖微澍猶未霑洽晚種不納企望憂勞在予之責思自兢厲尚書可釐恤獄犴辯其淹枉簡量輕重隨事以聞無使一人怨嗟增傷和氣土木作役權皆休罷勸農之司肆力田疇庶嘉澤近降豈

年可以

神龜二年二月詔曰農要之月時澤弗應嘉穀未納三麥枯悴德之無感歎懼兼懷可勑内外依舊雩祈率從祀典察獄理冤掩骼埋胔冀瀛之境狂寇暴野死者既多白骨橫道可遣專令收葬賑窮恤寡救疾存老准訪前式務令周備三月澍雨大洽

正光元年五月詔曰朕以寡薄運膺寶圖雖未明求衣惕懼終日而闇昧多闕炎旱為災在予之愧無忘寢食今刑獄繁多囹圄尚積且敷仁惠以濟斯民八座可推鞫見囚務申枉濫又詔曰禳災招應脩政為本民乃神主寔宜率先刺史守令與朕共治天下宜哀矜勿喜視民如傷況今炎旱歷時萬姓畏獎而不撫恤窮究理決庶訟可嚴勑州郡善加綏隱務盡聰明加之祗肅必使事允人神時至靈應其賦役不便於民者具以狀聞當便蠲罷

二年七月癸丑詔曰時澤弗降禾稼彫損在予之責夙宵震懼雖

剋躬撤降仍無招感有司可循索舊典祗行六事國扞灌枉隨速鞫決無尹廢職量加脩厲鰥獨困窮在所存恤役賦煩民或加蠲省賢良讜直以時昇進貪殘邪佞即就屏黜男女怨曠務令會偶無華正懲違有彌災沴

三年六月詔曰朕以沖昧夙纂寶歷不能祗奉上靈威延和氣致令炎旱頻歲嘉雨弗洽百稼燋萎晚種未下將成災年秋稔莫覬在予之責憂懼震懷今可依舊分遣有司馳祈嶽瀆及諸山川百神能興雲雨者盡其虔肅必令感降玉帛牲牢隨應薦享上下羣官側躬自勵理冤獄正土功減膳撤懸禁止屠殺

四年八月戊寅詔曰朕以眇闇忝承鴻緒因祖宗之基託王公之上每鑒殊屬慮思康億兆比雨旱愆時皇運升錯政理闕和靈祇表異示譴夕惕載而于懷宜詔百司各勤所職諸有緣旁窮疾冤滯不申者並加聲恤若孝子順孫廉貞義節才學超異獨行高蹈者異以言上朕將親覽加以旌命

後周武帝保定二年二月以久不雨降宥罪人京城三十里內禁酒四月又禁屠宰

建德元年五月帝以大旱集百官於庭詔之曰盛農之節元陽不雨氣序愆度蓋不徒然豈朕德薄刑賞乖中歟將公卿大臣或非其人歟宜盡直言無得有隱公卿各引咎自責其夜澍雨

二年三月不雨至于七月集百寮於大德殿帝責躬罪已問以治政得失

宣帝太象元年十二月戊午以災異屢見帝御路寢見百官詔曰穹昊在上聰明自下吉凶由人妖不自作朕以寡德君臨區寓大道未行小信非福始於秋季及此玄冬幽顯殷勤屢貽深戒至有金入南斗木犯軒轅熒惑干房又與土合流星照夜東南而下然則南斗主於爵祿軒轅爲於後宮房曰明堂布政所也火土則憂孽之兆流星乃兵凶之驗豈其官人失序女謁尚行政事乖方憂患將至何其昭著若斯之甚上瞻俯察朕實懼焉將避正寢齋居克念惡衣減膳去飾撤懸披不諱之誠開直言之路欲使刑不濫及賞勿踰等選舉以才宮闈脩德宜諸內外庶盡弼諧允叶民心用銷天譴於是舍仗衛往天興宮百官上表勸復寢膳許之甲子還宮

隋高祖開皇三年四月旱帝親祀雨師於國城之西南

十四年正月以歲旱祠太山以謝愆咎大赦天下

冊府元龜卷第一百四十三

冊府元龜卷第一百四十四

帝王部　一百四十四

弭災第二

唐高祖武德二年閏二月乙卯詔曰酒醪之用表節制於歡娛芻豢之滋致甘旨於豐衍然而流湎之輩絕業亡資惰窳之民騁嗜奔慾方今烽燧尚警兵革未寧年數不登市肆騰踊趣末者衆浮冗尚多肴羞麴蘖重增其費救弊之術要在權宜關內諸州官民宜斷屠酤

四年三月帝以旱故親錄囚徒俄而澍雨

太宗貞觀元年七月關東河南隴右及緣邊諸州霜害秋稼九月辛酉詔曰虫霜爲害風雨不時政道未康咎徵斯在朕祗奉明命撫育黔黎憂愍之至實切懷抱輕徭薄賦務本勸農必望民殷物阜家給人足而陰陽不和氣候乖舛永言罪己撫心多愧河北燕趙之際山西并潞所管及蒲虞之郊豳延以北或春

府一百四十四　一

逢亢旱秋遇霜淫或蝝蟲成災嚴凝早降有致飢饉憗惕無忘特宜矜恤救其疾苦可令中書侍郎溫彥博尚書右丞相魏徵治書侍御史孫伏伽檢校中書舍人辛諝等分往諸州馳驛檢行其苗稼不熟之處使知損耗多少戶口乏糧之家存問若爲支計必當細勘速以奏聞待使人還京量加賑濟

十月丁酉以歲飢貶膳

三年正月丙午以旱甚避正殿六月詔曰朕以眇身祇膺大寶託王公之上居億兆之尊勵志克己詳求至治兢兢業業四載于茲矣上不能使陰陽順序風雨以時下不能使禮樂興行家給人足而關輔之地連年不稔自春及夏亢陽爲虐雖復絜誠祈禱靡愛斯牲膏雨愆應田疇廢業斯乃上玄貽譴在予一人元元何辜罹此災害朕是用食不甘味寢不安席瞻西郊而載惕仰雲漢而疚心內顧諸己永懷前載既明不自見德不被物豈賞罰不衷任用失所將奢侈未革苞苴尚行者乎文武百辟宜各上封事極言朕過勿有所隱是月遣開府儀同三司長孫無忌左僕射房玄齡工部尚書段綸刑部尚書韓仲良祈雨於名山大川

八年七月隴右山摧大蛇見山東河南淮海之地多大水帝以問祕書監虞南曰是何祥也修何術可以禳之對曰蛇見山澤蓋深山大澤必有龍蛇亦不足怪也山東足雨雖則其常然陰慘過久恐有冤獄伏願科省係囚庶幾或當天意且妖不勝德唯修德可以消變帝然之遣使者分道賑恤飢人申理獄訟多所原免

十月彗星見帝謂羣臣曰天見彗星是何妖也祕書監虞南對曰昔齊景公時有彗星見公問晏子晏子對曰公穿池沼畏不深起臺榭畏不高行刑罰畏不重是以天見彗星爲公誡景公懼而修德後十六日而星沒臣聞天時不如地利地利不如人和若政德不修麟鳳數見終是無補但使百姓安樂朝無闕政

府一百四十四　二

雖有災變何損於時然願陛下勿以功高古人而自矜大勿以太平漸久而自驕怠慎終如始彗見未足爲憂帝曰吾之治國良無景公之過但吾纔弱冠舉義兵年二十四平天下未三十而居大位自謂三代以降撥亂之主莫臻於此重以薛舉之驍雄宋金剛之鷙猛竇建德跨河北王充據洛陽當此之時足爲勍敵而皆爲我所擒及逢家難吾復決意安社稷遂登九五降服北夷吾頗有自矜之意以輕天下之士此吾之罪也上天見變良爲是乎秦始皇平六國隋煬帝富有四海既驕且逸一朝而敗吾亦何德自驕也言念於此不覺惕焉懼矣溫彥博進曰昔宋公一言法星三徙陛下見變而懼災其消乎

十一年七月車駕巡洛陽詔以水災諸司供進悉令減省凡在供役量事停廢

十五年六月有星孛于太微宮帝既罷封禪於是避正寢減常饍中以祇誡星退乃復

十七年三月甲子以久旱詔曰去冬之間雪無盈尺今春之內雨不及時載想田疇恐乖豐稔農爲政本食乃人天百姓嗷然萬箱何冀昔潁城之婦隕霜之臣至誠所通感天地今州縣獄訟當有冤滯者是以上天降鑒延及兆庶宜令覆囚使至州縣科簡刑獄以申枉屈務從寬宥以布朕懷庶使桑林自責不獨美於殷湯齊郡表墳豈自高於漢代

六月癸巳以旱不視朝乙巳謂侍臣曰殷湯周宣來雨懇倒昔聞其語今見其心比望雲蒸雨灑重於金膏玉液又詔曰朕以寡德祗膺寶命而政慚稽古誠闕動天和氣愆於陰陽亢旱涉於春夏靡愛斯牲莫降雲雨之澤詳思厥咎在予一人今避茲正殿以自剋責尚食常膳亦宜量減京官五品以上各進封事極言無隱朕將親覽以荅天譴

高宗永徽五年正月以時旱手詔京文武九品已上及朝集使各進封事極言厥咎

顯慶元年二月上封人奏稱去歲粟麥不登百姓有食糟糠者帝命取所食物視之驚歎手詔曰上封人所進食極惡情之憂灼中宵輟寐永言給足取愧良深夫國以人爲本人以食爲天百姓不足君孰與足朕臨御天下于今七年每留心庶績軫慮農畝而政道未凝仁風猶鬱致令九年無備四氣有乖遂使去秋霖滯便即罄竭所以佇西郊而結念眷東作以勞懷豈下之農夫上甘珍饌宜令所司常進之食三分減二羣臣奏言伏見手詔以近畿諸州百姓乏食特爲減膳去年雖不善熟未是大飢陛下憂勞情深發使賑給復爲減膳在外黎庶不勝喜慶帝曰比日亦聞百姓乏食不爲至是非所見者乃非人所食物朕聞天子以百姓心爲心豈有見有如此一身獨侯豐饌自見此食憂歎不能已也三月澍雨百寮請復常膳許之

四年七月以亢旱避正殿

總章元年四月丙辰彗星見於五車帝避正殿御延福殿前東廊事令中御減膳奉常停樂仍令內外文武九品已上各上封事極言得失勿令有隱太子少師許敬宗等奏稱星雖孛而光芒小此非國眚不足上勞聖慮請御正殿復常膳帝曰朕獲奉宗廟臨馭億兆謫見於天誠朕之不德也不從所請敬宗等又奏曰陛下至仁被物克享靈心東封告成休徵應兆伐叛懷柔無遠不屆若不上符天意豈能致此惟有高麗一隅尚阻王命天軍問罪殄滅有期謫見東北當其分野上玄垂象見彼咎徵臣等不勝慶悅帝曰天道甚遠非人所測我爲萬國主豈可推過於小蕃哉戊辰彗星滅

三年二月戊申以旱親慮京城囚徒其天下見禁囚委當州長官慮之仍令所司分禱名山大川

咸亨元年三月以歲旱數責詔司成孔文崇賢館及書算律醫胡書等諸色學生并別勑貸爲經書官典及書手等官供食料者宜並權停其有職任者各還本司自餘放歸本貫秋熟已後更聽進止

六月以時旱親慮囚徒多有原宥仍令沛王賢周王顯慮洛州及兩縣囚

上元二年四月以久旱避正殿減膳撤懸兼令百官極言得失勿有所隱仍令禮部尚書楊思敬往中嶽以申祈禱

三年七月彗星見於東井光芒長至三丈掃中台指文昌宮帝避正殿詔殿中撤膳太常停樂兼減食粟之馬遣使慮岐州及京城囚徒內外文武官各進封事無有所隱

八月青州大風齊淄等七州大水詔停北中尚梨園等作坊減少府監雜匠放還本邑兩京及九成宮土木功作亦罷之天下囚徒委諸州長官慮之

儀鳳三年四月朔以旱避正殿親慮京城繫囚悉原宥之

永隆二年正月己亥詔曰朕聞受上天之命者其道在乎愛人膺皇王之位者其功先於濟物然則所修在德池籞可以假貧

人所寶惟賢珍翫不足奉諸已自朕臨馭天下三十餘年永念黎元情深撫育頻頒制命猶未遵行所有差科尚多勞擾關中地狹衣食難周山東漕挽粮儲或少刺史縣令寄以字人長史司馬職惟貳若能恤隱求瘼清直無私則囹圄於是空虛鞭寡自然蘇息而在外官司罕能奉法志存苟且不舉綱維欲使訟息刑清家給人足無爲而化其路何由令當勵精求政先身理物救之賙無自近及遠凡在黎庶宜識至懷其殿中太僕寺馬並令減送羣收諸方貢獻物及供進口味百司支料並宜量事減省雍岐華同四州六等已下戶宜免兩年地稅河北澇損戶常式蠲放之外特免一年調其有屋宇遭水破壞及粮食全絕者令州縣勸課助修并加給貸

永淳元年正月朔以年飢受朝賀而不設會放雍州諸府兵士於鄧綏等州就穀

中宗神龍三年正月以旱親録囚徒多所原宥其東都及天下諸州委所在長官詳慮又遣使祭五嶽四瀆并諸州名山大川能興雲雨者

五月以旱避正殿尚食減膳

睿宗延和元年七月丙戌以災旱命減膳囚徒並決斷勿使寃滯土木之功並停

玄宗先天二年六月以久霖雨告乾陵及太廟帝減膳避正殿

開元二年正月關中飢下制曰朕聞諸易曰先天而天不違後天而奉天時天且弗違況於人乎因斯而言則君事於天養於人行月令順時物也朕以不德恭膺斯運靜言詢政每用憂勞屬獻歲發春東風解凍土膏將散草樹自榮而天久不雨元元何幸孰可以授於農事極彼饑者豈布德利施慶惠尚不及歟豈掩骼埋胔無譔無外尚不及歟豈名山大川脩祭命祀尚不及歟欽若令典惟增所懼緬懷大猷思補其闕有司可搭春令以稱朕心其有直諫昌言弘益政理者朕將親覽罔或懲違不

急之務一切停息見禁囚徒速令勘置宜從寬大勿使稽寃本州本軍刺史軍將境内所有名山大川能興致雲雨者並宜祈祭其有僵屍暴骸無主收斂者亦仰埋掩量致祭訖各具狀奏聞應須酒脯宜用官物古者雪冤婦於東海問刑人於北寺則以旱之故應時如響至於山不童澤不竭使雲然以降興而致之復何遠也將達精誠務脩蠲潔俾幽沉遂性飛走從宜則與天之愛人月離于畢顒顒之望感而遂通布告遐邇令知此意

二月帝親慮囚徒宰臣等奏曰陛下緣亢旱親降德音減膳撤樂朝野之人無任欣感然食粟之馬在廄猶多臣請馬料量減其半廻給飢戶則人畜皆濟免供億之多許之

四月壬子以久雨命有司禜京城門

三年五月戊　以旱故下詔曰司收生人愛之如子睠茲災旱倍切憂勤將理政不明邪冤因有滯邪疵癘道長邪陰陽未調邪何崇朝密雲希未洽也載加寅畏弗敢荒寧誠不動天戴深罪已思從避減以塞愆尤俾月離有期星退何遠朕今避正殿減常膳仍令諸司長官各言時政得失以輔朕之不逮天下見禁囚徒中或以痛自誣若各令長官審加詳覆疑有冤濫隨事案理仍告於社稷備展誠祈諸州旱處有山川能興雲致雨者亦委州縣官長速加禱祀

四年五月甲辰詔曰今年蝗蟲暴起乃是孽生所由官司不早除遏信蟲成長閉食田苗不恤人災自爲身計向若信其拘忌不有指麾則山東之苗掃地俱盡使人等至彼催督其中猶有推拒以此當官實負朝委亦有勤勞用命保護田苗須有褒貶以明得失宜令前後使人等審定功過各具所由州縣長官等姓名聞比蟲若不盡除今年還更生子委使人分州縣計會勿使遺類是時山東諸州蝗蟲五月末在處生子陂澤鹵田尤甚縣官或隨處穿坑埋瘞放火焚滅殺百萬餘石餘皆高飛遶海蔽天掩野會潮水至盡漂死焉蝗蟲積成堆岸及[illegible]

練鵲所食類種遂絶
八月詔河南北檢校蝗蟲使狄光嗣康敬昭高道昌賈彥璿等
宜令待蟲盡看刈禾有次第然入京奏事恐山澤之内或有遺子
息農隙已後各令州縣長官檢校仍告案察使如來年巡察更令
蟲出所由官量事貶降
六年七月帝以亢旱不御正殿於小殿視事詔曰皇天應人必
有所謂此月少雨蓋匪徒然深慮繫囚或有冤滯京城内諸司
見禁囚徒並以來日過朕將親慮所司量准舊典其杖已下情
不可恕者速決自餘即放却
七年五月朔日有蝕之帝素服以俟變徹樂減膳令中書門下
省察囚繫及天下水旱之州皆令賑恤不急之務一切停罷諸
七月詔曰今月之初雖降時雨自此之後頗愆甘液如聞側近
禾豆微致焦萎深用憂勞式資祈請丘禱則久常典宜遵即令
禮部侍郎王丘太常少卿李暠分往華嶽河瀆祈求甲申親慮

囚於宣政殿事非切害悉原之詔曰朕以菲德嗣膺丕命雖日
慎爲誠政期以康而天災流行誠或未感自孟秋在候雨澤愆
愆示念農畝用懷憂盱在予之責萬方何罪視人如傷一物增
沐且夫修政之要恤刑之重雖得情勿喜察獄無濫猶恐此輩
猶有冤人或傷于和而作此厲法惟明慎事藉躬親故爰加案
省開其幽滯雖士師不寃時稱閲實而愚者自陷朕甚愍焉故
屈常法特申寬典丙戌詔曰爰自春首頗愆甘澤眷茲近甸將
損嘉苗人天謂何夙夜增怵豈刑罰莫省罪獄其繁儻致吁嗟
是生災元故京師囚繫親慮原減而郡縣從寬將何慎恤平分
之道載軫于懷天下諸州見繫囚徒宜令所由長官便慮有司
即比類作條件處分
九年夏五月己未勅諸州水旱時有其五嶽四瀆宜令所司差
使致祭自餘名山大川及古帝王并名賢將相陵墓並令所司
州縣長官致祭仍各修飾灑掃

十二年七月河東河北旱命中書舍人寇泚宣慰河東道給事
中李昇期宣慰河北道百姓有匱乏者量事賑給帝親禱于内
壇場三日曝立
十四年六月丁未以久旱分命公卿祭山川詔曰五嶽視三公
之位四瀆當諸侯之秩載於祀典抑惟國章方属農功頗增旱
暵虔誠徒積神道未孚用申釐愛之勤冀通能潤之感宜令工
部尚書盧從愿祭東嶽河南尹張敬忠祭中嶽御史中丞兼戶
部侍郎宇文融祭西嶽及西海河瀆太常少卿張九齡祭南嶽
及南海黄門侍郎李暠祭北嶽右庶子何鸞祭東海宗正少卿
鄭繇祭淮瀆少詹事張暐祭江瀆河南少尹李暈祭北海及濟
瀆且潤萬物者莫先乎雨動萬物者莫疾乎風眷彼靈神是稱
師伯雖有常祀今更陳祈宜令光禄卿孟温祭風伯左庶子吳
兢祭雨師各就壇壝務加崇敬但羞蘋藻不假牲牢應緣奠祭
尤宜精潔壬戌以旱及風災命官及州縣長官上封事指言時

政得失無有所隱
十六年九月以久雨帝思宥罪緩刑乃下制曰古之善爲邦者
重人之命執法之中所以和氣洽嘉生茂今秋京城連雨隔月
恐耗其稾粒而害於粢盛抑氓之不明何政之闕也永惟久雨
者陰氣凌陽冤塞不暢之所致也持獄之吏不有刑罰生於刻
薄輕重出於愛憎邪詩曰此宜無罪汝反收之刺壞法也書曰
與其殺不辜寧失不經明慎刑也好生之德可不務乎兩京及
諸州繫囚應推徒已下罪並宜釋放死罪及流各減一等庶得
解吾人之愠給迎上天之福祐布告遐邇知朕意焉
二十一年四月以久旱命太子少保陸象先戶部尚書杜暹等
七人往諸道宣慰賑給仍令黜陟官吏疏决囚徒
天寶十二載八月京師連雨二十餘日米湧貴令中書門下就
京兆大理疏决囚徒
十四載三月詔曰近日已來時雨未降在於宿麥慮有所傷雖

憂勤之心不忘於黎庶而精誠之至與展於靈祇宜令太子太師陳希烈祭玄冥光祿卿李憕祭風伯國子祭酒李麟祭雨師仍兼取今月二十三日各申誠請務令蠲潔如朕意焉又詔曰關輔都邑霖澤頗稀京城左近時雨未降是用軫慮匪寧于懷其諸郊壇雖已勤請攸資遍祭庶達誠心宜令文部侍郎蔣冽今月二十五日祭皇地祇給事中王維等分祭五星壇務申虔絜以副朕懷

肅宗至德二年三月癸亥大雨至癸酉不止帝令恤獄緩刑詔三司條件疏理處分甲戌雨止

乾元元年五月巳亥亢旱陰陽人李奉先自大明宮出金龍及紙錢太常音樂迎之送于曲江池投龍祈雨宰相及禮官並於池所行祭禮畢奉先投龍於池

二年三月癸亥以久旱徙東西二市於是祭風伯雨師修雩祀壇為泥人土龍及望祭名山大川而祈雨

府一百四十四　九

代宗永泰元年七月以久旱遣近臣分録大理京兆囚徒

二年六月庚子以大旱分遣左僕射裴冕等禱祀川瀆及徙市閉諸坊門祀風伯雨師是日乃雨

大曆四年自四月雨連霖至秋京師米斗至八百官出米二萬石分場出糶貧人閉坊市北門門置土臺及黄幡以祈晴是日雨止

德宗貞元元年五月癸卯命右庶子裴諝殿中少監馬錫鴻臚少卿韋傑分禱終南秦嶺諸山以祈雨

十二月丁亥詔曰朕以眇身繼明列聖不能纂修先志以洽升平馴致寇戎屢興兵革上玄降譴蝗旱為災年不順成人方歉食言念於此實用傷懷是以齋心別宮與人祈穀雖陽和在候而黔首無聊稱慶於予竊所不敢其來年正月一日朝賀宜罷

二年正月壬辰朔以關輔荒饉停朝賀之禮丙申詔曰朕以薄德託于人上勵精思理期致雍熙而鑒之不明百度多缺傷痍未瘳而征役荐起流亡既甚而賦斂彌繁人怨上聞天災下降連歲蝗旱蕩無農收惟茲近郊遭害尤甚豈非昊穹作沴深儆予衷蹈躇憂慚罔知攸措今穀價騰踊人情震驚鄉閭不居骨內相弃流離殞斃所不忍聞公私之間廩食俱竭既無賑恤猶復徵求財殫力痛捶楚仍及既征則軍莫之贍厚取則人何以堪念茲困窮痛切心骨思所以濟浩無津涯補過實在於增修救患莫如於息費致災之本既由朕躬謝譴之誠當自朕始尚食每日所進御膳宜各減一半應宮內人等每月唯共給糧米一千五百石其飛龍廐馬從今已後至四月三十日並減半料京兆府應科徵諸色名目一切並停如有能減有均無賙救貧乏者當甄獎以官秩

五月百寮上表請復御膳先以旱蝗寇盜充斥故從貶省至是從之

六年三月以旱故遣使分禱山川是春京畿關輔河南大無麥苗

府一百四十四　十

十一年五月以旱故令禮部尚書董晉巡覆百司禁囚

十三年四月以久旱令百司疏決囚徒

十五年三月以久旱令李嶸鄭雲逵於炭谷秦嶺祈雨

四月以久旱令陰陽術士陳混常呂廣順及摩尼師祈雨

十九年正月至于六月不雨分公卿望祈于嶽鎮海瀆名山大川精禱于太社太稷太廟神州地祇五天帝皇地祇及山川能出雲氣為雨者

六月詔曰京師近郊時雨未洽慮囹圄冤滯致傷和氣是用軫于朕心其御史臺大理寺及京兆府等諸司繫囚中書門下與有司亟議條理冤濫以聞

憲宗元和七年三月庚午以旱故詔京畿內禁囚徙據罪輕重宜疏理處分

八年六月辛丑命出宮人二百車許人得娶以為妻以水害誡陰盈故也

卷末

冊府元龜卷第一百四十五

帝王部一百四十五

弭災第三

唐穆宗長慶三年十二月己亥詔曰自冬以來甚少雨雪農耕方始災旱是虞慮有冤滯感傷和氣宜委御史臺大理寺及府縣長吏自錄囚徒仍速決遣除身犯罪懸支證追呼禁繫者一切並令放出須辨對者任五責保冀得克消沴氣延致休祥

四年六月辛巳詔曰近者夏麥垂熟霖雨稍多雖不甚爲損傷亦是陰陽小沴必慮囚徒之中或有冤濫宜令御史中丞刑部侍郎大理卿同疏理決遣訖聞奏其在內諸軍使囚徒亦委本司疏決聞奏

敬宗寶曆二年六月癸亥詔曰近日京城雖已得雨畿甸之內霑灑未周災歉是虞黎元重困救旱之備深所注懷宜令京兆府各勸諸縣令長疏理見禁囚徒除首罪外餘支證並責保放出其有法不得原情有可恕者府司一一條舉當爲釋免御史臺大理寺亦委本司長官親自覆視准前處分炎熾方甚狴牢可矜京城及畿內諸獄亦宜並與除放冀得存活

文宗大和元年六月庚子詔緣自夏少雨應見禁囚徒宜差清疊御史各就諸司巡勘速理聞奏無令冤滯是月以霖潦詔京城見禁囚徒慮有冤滯宜令御史臺府縣及諸司各量輕重疏決三日內聞奏

六年五月庚申詔曰朕聞王者之理天下一物失所與納隍之各一夫不獲歎時予之辜雖饑疫凶荒國家代有而陰陽復沴儆戒朕躬自諸道水旱害人疫疾相繼宵旰罪己興寢疚懷屢降詔書俾副勤恤發廩蠲賦救患賑貧亦謂至矣今長吏申奏札瘥猶甚蓋教化未感於蒸人精誠未格於天地法令之或爽吏之或非百姓侵冤稅役多弊姦贓未去農業失時有一于茲皆傷和氣並委內外文武常參官一一條疏各具所見聞奏

必當親覽無憚直言其諸道應災荒處疾疫之家有一門盡歿者官給凶具隨事瘞藏一家如有口累疫死一半者量事與本戶稅錢三分中減一分死一半已上者與減一半本戶稅其疫未定處並委長吏差官巡撫量給醫藥詢問救療之術各加拯濟事畢條疏奏來其有一家長大者皆死所餘孩稚十二至襁褓者不能自活必致夭傷長吏勸其近親收養仍官中給兩月糧亦具都數聞奏江南諸道既有凶荒賦入上供恐多蠲減國用常限或慮不充宗廟切急所須外所有舊例市貢財備雜物一事已上並仰權停待歲熟時和則舉處分於戲朕自臨御于今七年兢兢乾乾不敢自逸而沖昧寡德未能燮調艱旱水災或罹於藩郡夭亡疾苦或害於生人惕于厥心省已自責其州府長吏各奉詔條勉加拯卹

七月壬寅詔曰秋稼方茂時稍愆亢慮有冤繫致傷和氣應內外諸司見禁囚徒各委本司長吏隨罪疏決務從寬典副我憂懷

七年正月壬子詔曰朕承上天之眷佑荷累聖之丕圖宵旰兢勞不敢暇逸思致康乂八年于今而水旱流行疾疫作沴兆庶艱食札瘥相仍蓋德未動天誠未感物一類失所有過在予載懷罪己之心深軫納隍之歎宜敷惠澤式表憂勤如聞去年以來河東關輔亢旱爲患秋稼不收人甚窮困今方春之時須務農事若不賑救恐至流亡其京兆府河中等九州府宜賜七萬石同華陝虢晉等州各賜十萬石並以常平義倉及折糴斛斗充無本色以運米折給委本州府長吏明作等第差官專對面宣賜先從貧下起給京兆府大和六年青苗榷酒錢在百姓腹內者並放免京兆河中同華陝虢晉絳等州府自大和六年秋稅以前諸色逋懸在百姓腹內悉放免議獄恤刑前王攸重苟有冤滯即傷陽和應在城諸司諸使應有囚徒限七月內處分訖奏聞河南府八州府敕到准此處分諸色一切役非灼然交切

者勅停旗管内名山大川能致風雨者委長吏精誠禱請水旱之數雖云常理導化失節亦致咎災顧惟寡昧敢忘科責常參官及外州府長吏如有規諫者各上封事極言得失俟有規正期于早安咸啓乃誠用致予理无或有隱以忝在公内外官有令長殘虐政害人者臺司紀察聞奏朕爲人父母虔奉丕業夕惕若厲夙興匪寧減膳撤懸庶答天戒咨尒長吏實分予憂勉加撫綏用副惻隱庶切救災之義爰申爲上之懷中外臣僚宜體朕意

七月巳酉勅曰今緣稼穡方滋旬月少雨慮其寃滯或有感傷宜委左僕射李程及御史大夫鄭覃同就尚書省疏理諸司囚徒務從寬降限五日内畢聞奏其外州府爲有稍旱處委長吏速准此處分壬子以旱命吏部尚書令狐楚御史大夫鄭覃同疏決囚甲寅從市

閏七月乙卯詔曰朕嗣纂丕圖覆育生類兢業寅畏上承天休而陰陽失和膏澤愆候害我稼穡災于黔黎有過在予敢忘咎責是用避殿徹樂減膳省刑思弭患慮以罪忠誠而致雨時澤未降已來朕當避正殿減供膳太常教坊習樂權停閑司飛龍廐馬量減食粟其百司官署廚饌亦宜權減陰陽鬱堙蕩擊傷害有素和氣是乖變調今放出宫人一千人其諸道今年合進鷹犬宜數内停減一百頭聯在五坊者宜減放一百頭聯京城囚徒慮有寃滯已委疏決務從寬降宜令鄭覃令狐楚逐具條疏聞奏内外諸司先有修造稍非急切者並宜停省公卿百寮及戚里舊將相之家如有脩造踰制者委御史臺糾察聞奏諸州府長吏及縣令有貪縱苛暴者委御史臺訪察聞奏名山大川及能興雲致雨者各委長吏精誠祈禱於戲朕受天眷佑爲人父母曠旱作沴焦勞匪寧徧祀山川靡愛珪璧非食罪已緩獄錄災載深勤雨之心與軫納隍之戒凡百士庶宜諒于懷時以久旱雨祈徧走羣望至是復有此詔旣而甘澤普霑人心大悅

八年六月甲午詔曰近者多徵所集陽亢成災靡神不宗未獲嘉應豈刑政之尚乖其當將獄犴之未察其寃夙興以思庶答天譴宜令尚書右僕射李逢吉御史大夫鄭覃於尚書省疏理刑獄輕繫者咸從於決遣重條者議所以矜寬小大以情必詳必慎致誠无怠稱朕意焉丁酉詔曰時屬亢陽慮有寃繫應諸州府囚徒各委所在長吏疏理處分務從寬降其緣制獄未決遣者委刑部大理寺速立限奏覆稍涉留滯者仍令御史臺糾舉奏

九年三月乙丑制以仍歲水旱黎人艱食其守牧非才貪殘爲害及承前積獘須有條疏或寃獄留滯速宜疏決者並委觀察使糾察詳款具狀聞奏用弭天眚

七月詔曲江雩土龍

開成二年三月壬申以妖星見望京城百司及天下州府見禁囚徒死者從流流已下並釋放膏澤不愆播種伊始土木興役恐妨農功禁中及百司所有修造並宜權停詔陽御辰生氣方盛思全物類以順天時内外五坊凡有籠養鷹鷂及雞鴨鳥雀狐兔等悉宜放之朕今素服避殿命太常撤樂太官減膳一日常參爲一旬常參官及諸州府長吏如有規諫者各上封事極言得失陳救災之本明致理之方咸竭乃心以輔厥辟於戲朕明誠未感化理未孚譴告在天丁寧斯甚所宜兢懼與同憂勉進嘉言共凝庶績弼違納誨副茲虛懷宣示内外各令知悉甲戌以彗星見命京師諸佛寺開仁王經道場

四月戊申詔曰自春已來未降甘澤從來但以過時死雨公議祈禱及至降灋已似後時令雖未旱亦要霑洽各宜差官精誠祈禱

七年夏午詔曰農人徧野甘澤稍愆眷言時苗未保收穫爾心懇禱猶望有成各宜差長吏所在靈廟禱祈乙亥以久旱移市閉坊市南門乙酉詔曰秋旱未雨慮有幽寃繫禁多時須議疏

決京司刑獄宜令右僕射兼門下侍郎平章事鄭覃親往疎理乃分命宰臣祈雨于太廟太社白帝壇巳丑遣侍御史崔蠡等乾各往諸道巡覆蝗虫并加宣慰

三年正月乙亥京兆尹崔珙奏畿內去冬少雪宿麥未滋今欲差少尹於終南廣惠公廟祈禱諸縣各委令長於靈跡處精誠祈請從之癸未詔曰朕自守丕訓恭臨大寶兢兢業業十有三年何嘗不惠下以愛人克己以利物外充畋遊之樂內絕土木之功況衣非食宵興多惕厚於身者无不去便於人者无不行損羣方之氐貢驅時風於朴素將以弘祖宗法制致夷夏雍熙勤求理道日冀平泰而去秋旱蝗所及稼穡卒瘁哀此蒸人懼罹艱食是用順時布令助駒育之深仁施蕩覆恩法雨露之殊澤其淄青兗海鄆曹濮去秋蝗蟲害物偏甚其三道有去年上供錢及斛斗在百姓很內者並宜放免今年夏稅上供錢及斛斗亦宜全放仍以當處常平義倉斛斗速加賑救京兆府諸州府應有蝗蟲米穀貴處亦宜以常平義倉及側近官中所貯斛斗量加賑賜閑糴禁錢爲時之蠹方將革弊允藉通商其見錢及斛斗所在方鎮州府輒不得擅有壅遏任其交易必使流行仍委出使郎官御史及所在度支鹽鐵巡院切加勾當兼委轉運使設法般運江淮糙米於河陰貯積以備節級賑救應方鎮州府借便度支鹽鐵戶部錢物斛斗經五年已上者並宜放免刑獄之重人命所懸將絕冤濫必資慎恤京城百司及畿甸見禁囚徒委中書門下差官疎理無使滯冤於戲唯此凶災是彰菲德猜敢忘於罪己惠所貴於及人施令布和期於蘇息凡厥臣庶宜體朕懷主者施行

十一月壬戌帝以妖星見詔京城百司及諸道州府十一月八日已前見禁囚徒未經勑斷者犯死罪並降從流流已下遞減一等其十惡及謀殺人劫盜賊并官典犯贓不在此限諸道今年遭水及蝗蟲州縣人戶等宜委觀察使與州縣長吏[illegible]精加察訪勿憚奏論諸道所有進獻時新委中書門下更點勘撙減以稱朕意京畿之內百役繁興欲其阜安切在優卹其今年二月一十五日勑賑貸諸縣百姓糧種粟八萬四千九百七十八石如聞數內半是義倉斛斗此乃救災之備豐年自合收填其餘有戶部管係者並且停徵以俟來歲畿內諸縣應有開成元年已前諸色逋欠仍委度支與府司同檢勘聞奏如是官吏破用不在此限皇太子葬事緣卜日稍近但令粗及禮制不必過務盡儀以恣繁冗則須裁減與無害物夫豈傷恩易定兩州地理深阻近者守臣喪歿軍中初有異圖累遣詔書申明事理革心遷善章表繼來張元益出定州後應是初扶樹元益有違朝旨者自將校至于官健委新節度使安存慰諭並從洗釋如或輒相告訐卻以其罪罪之冀使藩方永無疑懼文武百寮及諸色人有能通達刑政之源參考天人之際任各上章疏指言得失至於撤樂減膳抑亦舊章使當內自指揮不復更形綸綍宣示中外宜體至懷

懿宗咸通十年六月戊戌制曰動天地者莫若精誠致和平者莫若修政朕顧惟庸昧託于王公之上于茲十一年矣祇荷丕構寅畏小心慕帝堯之欽若昊天遵周王之昭事上帝念茲夙夜靡替虔恭同馭朽之憂勤思納隍之軫慮內戒奢靡外罷畋遊匪敢期於雍熙祈自得於清淨上望寰區無事稼穡有年然而燭理不明涉道唯淺氣多堙鬱誠未感通旱暵是虞蟲蝗爲害蠻蜑未賓於退裔寇盜復竊於中原尚駕戎車益調兵食俾黎元之重困每宵旰而忘安今盛夏驕陽時雨久曠憂勤蒸庶旦夕焦勞內修香火以虔祈外罄牲玉以精禱仰俟玄貺必致甘滋而油雲未興秋稼闕望覩茲愆亢軫于誠懷復慮暴政煩刑強官酷吏侵漁囊橐陷害孤煢致有冤抑之人搆成災沴之氣主守長吏無志奉公伐叛興師蓋非獲已除姦討逆必使當辜苟或陷及平人自然風雨愆候凡行營將帥切在審詳昭示

惻憫之心敬聽勤卹之旨應京城天下諸州府見禁囚徒除十惡五逆官典犯贓故意殺人合造毒藥光火持杖開劫墳墓及關連徐州逆黨外並宜量罪輕重速令決遣無久繫留雷雨不周田疇方疵誠宜愍物以示好生其京城未降雨間宜令坊市權斷屠宰亦陝虢中使迴方知蝗旱有損處諸道長吏分憂共理宜各推公共思濟物界内有飢歉切在慰安哀此蒸人無俾艱食徐方寇孽未殄師旅有征凡合誅鋤審分淑慝無令脅從横死元惡偷生宜申告伐之文使知逆順之理於戲每思禹湯之罪己其庶成康之措刑孰謂德信未孚教化猶梗咨尔多士毗予一人既引過在躬亦漸幾于理布告中外稱朕意焉

哀帝天祐二年三月詔曰朕以宿麥未登時陽久亢慮闕粢盛之備軫予宵旰之憂所宜避正位於宸居減珍羞於常膳諒惟眇質深合罪躬庶其昭感之祥以致滂沲之澤自今月八日已後不坐正殿及減常膳

四月壬申詔曰朕以冲幼克嗣丕基業業兢兢夕惕今以彗星謫見深宜罪躬雖已降恩赦更避今月二十四後避正殿減常膳明自思過咎也已未司天臺奏星文變見請於太清宮建黃籙道場從之

三年九月詔以久雨恐妨農事遣工部侍郎孔續禜定鼎門如不止止於三日【後唐莊宗同光元年十二月庚寅自冬無雪差官分道禜於百神

二年二月自冬不雨命禱百神

三月勑時雨稍愆差官祈禱

八月乙未勑旬日霖雨恐傷秋稼須命祈止冀獲開晴司差官分禱祠廟

九月有司上言以八月二日夜五鼓四籌時熒惑犯星二度星周之分請依法禳之於京城四門懸東流水一甕兼令閉坊都市嚴備盜火止絕夜行從之

十二月戊寅勑節及秋冬稍愆時雪須命祈禱以濟農功宜令有司差官分命祈祭諸神廟乙酉車駕幸廣化寺祈雪

三年正月戊午時雨稍愆命興唐府差官分禱祠廟二月辛丑帝祈雨於郭泊神祠

四月丁卯勑時雨稍愆恐妨農事須命祈禱冀遂豐登宜令差官分道祈禱百神癸酉租庸院奏時雨稍愆恐傷宿麥兼慮有妨耕稼請諸道州府依法祈禳從之辛巳勑亢陽稍甚祈禱未徹將致感通難避勞擾宜令河南府於府門造五方龍集巫禱祭徙市

五月壬子勑時雨尚未沾足宜令河南府徙市閉坊門依法畫龍置水祈請令宰臣於諸寺燒香戊申帝幸龍門之廣化寺開佛塔請雨

七月丁酉勑河南尹依法祈晴巳亥勑霖雨稍甚宜差官分道祈晴

九月辛卯朔勑霖雨未止恐傷苗稼及妨持穫宜令差官於諸寺觀神祠虔心祈禱仍令河南府差官應有靈迹處精虔祈止丙午勑霖雨未晴宜令宰臣尚書丞郎分於寺觀祈晴

四年正月諸道各奏進宣爲去年十月地震命僧道置消災道場

明宗天成元年五月辛未以時雨稍愆分命朝臣禱祠岳瀆

八月勑久雨未晴慮傷農稼可申命禱禜仍曉諭天下州府疏理繫囚無令寃滯

十月己丑日月色皆赤庚寅日月尚赤遣使祠五岳丁酉勑自秋涉冬稍愆雨雪慮傷宿麥宜命禱祠分遣朝臣告祠羣望宜付所司二年正月司天奏今年歲日五鼓後東方有青黑雲主歲多陰雨宜行禳禜禱祠從之

六月癸未宣宰臣於諸寺祈雨辛丑勑近以時雨稍愆恐傷禾稼爰命祈禱果獲感通宜令本官各於本處賽謝

三年七月霖雨稍甚命宰臣散於寺觀祈晴八月汴州稍旱命

丞相祈雨於寺觀

十二月以十月至是月少雪命公卿散禱於祠廟

四年十二月丙午中書舍人程遜奏三冬未降時雪請命臣寮虔申祈禱從之

長興元年四月甲辰勑自夏巳來稍愆時雨宜差官祈禱

二年三月勑自春巳來稍愆時雨宜分命朝臣祈禱

四月乙巳帝幸龍門寺祈雨至晚還宮乙卯勑久愆時雨深疚予心雖徧虔祈猶未溥足宜廣推恩之道更敷恤物之懷貴獲感通必彰靈應宜令諸道州府各委長吏親問刑獄省察寃濫應見禁囚徒除犯死刑外餘畫時疏放除省司主持迴圖敗闕軍將及諸色人等見別指揮三司商量或有情可矜憫或非欺罔積年致有逋懸各具分析續行勑命并公私債負放至秋熟填納今年取者不在此限

八月丙子勑陰雨稍頻慮妨收穫宜令河南府依古法祈晴

三年三月丙申帝以春雨稍頻慮妨耕種宜令河南府依古法祈晴帝問翰林參謀趙延乂自春巳來頻雨何故奏曰緣火犯井所以頻雨兼雷聲似夏並不益時乞寬刑獄從之壬寅司天奏以時雨過多請差官禱祭從之六月辛酉命文武百官應在京寺觀神祠祈晴又勑霖雨積旬尚未晴霽睠言刑獄慮有滯淹京城諸司繫囚並宜疏理釋放

七月以久雨未晴分命禱祭勑天下州府見禁囚徒據事理疾速斷決不得滯淹久雨未晴恐至滯淹

四年七月壬午勑時雨稍愆慮傷時稼分命朝臣禱祭諸神

末帝清泰元年六月丙子詔內外差官祈雨自去年秋不雨冬無雪帝初至至德宮雨數寸至是旱京師暍死十數人帝命韓昭胤開廣化寺三藏塔是夕雨三寸丁酉以久旱京師酷熱自七日至十三日暍死者數百道路死者相望帝深閔惻日遣中使往龍門廣化寺禱雨百寮奔走祠宇至十三日雨四寸

七月巳亥分命宰臣百寮諸祠廟祈雨甲辰幸龍門佛寺禱雨至晚還宮又詔以京畿旱遣供奉官賀守圖湯王廟取聖水澤州西界有析城山山巔有池水水側有湯廟士人遇旱取水禱雨多驗先是帝憂旱甚房暠言聖水可以致雨故也

八月甲申詔曰霖雨稍頻慮妨收穫分命朝臣諸祠宇祈晴乙未詔曰苦雨連綿巳踰旬浹差官祈祭尚未晴明宜令宰臣李愚劉昫盧文紀姚顗各於諸寺觀虔告自十一日後霖不止至是日稍霽

九月巳亥詔曰久雨未霽禮有祈禳禜都城門三日不止乃祈山川告宗廟社稷宜令太子賓客李延範等禜諸城門太常卿李懌工部尚書崔居儉告宗廟社稷甲辰詔曰霖霪稍甚恐伏為災朕燭理不明慮傷和氣都下諸獄委御史臺差官慮問西都差留守判官藩鎮差觀察判官刺史州委軍事判官諸縣委令録據見繫罪人一一親自録問恐姦吏逗留致其淹抑晝時

疏理如是大獄即具奏聞癸卯司天監靈臺郎李德舟以霖雨為災獻唐初太史令李淳風祈晴法天皇大帝北極北斗壽星九曜二十八宿天地水三官五岳神又有陪位神五岳判官五道將軍風伯雨師名山大川醮法用紙錢馳馬有差詔曰李德舟顯陳藝術特貢封章以霖雨之爲災恐粢盛之不稔請修祈醮以示消禳恭以天地星辰宗廟社稷雨師風伯皆遵祀典薦告不虧名山大川屢行祈禱今據德舟所陳據祠禱不該者所司嚴潔祠祭以表精虔

十一月辛亥詔曰朕君於人上燭理不明自冬初迄今未降雪深虞愆伏災及黎民宜令宰臣百寮分詣諸祠壇祈告

十二月戊子以自冬無雪詔宰臣盧文紀祈嵩嶽庚寅幸龍門廣化寺開無畏塔祈雪自卯至申時還宮又侍御史陳保極上疏云冬告謝密雪未零竊慮今夏龍德啓圖鸞旌赴闕擁十萬衆騎九重城闉怖龍神震驚方位致癘札爲沴風雨失時請在

京諸寺觀置迎年消災資福安土地龍神道場從之甲午詔司空李元龜宜處法司次當候對以稍愆於時雪請特降於優恩初則以聚諸官士歿外州令客歸葬次則以亡歿者兒孫絶嗣請本處瘞埋宜依所陳頒告諸道時元龜為刑部郎中上言以開成格凡賊降官本處春秋以有亡歿者如歿於賊有骨肉請歸葬如無骨肉本處便與葬埋故有是命

二年三月丙申詔宰臣姚顗告嵩岳右丞鄭韜光告亳州太清宮祈雨

四月壬午以京畿旱命宰臣盧文紀告太微宮太廟姚顗告嵩岳

七月戊辰以京師苦雨遣右武衛將軍穆延輝嵩山祈晴

九月乙酉京師以大雨霖祈晴

十二月癸未詔曰陰陽愆候時雪稍愆分命臣寮諸祠廟祈請

三年正月戊戌以自去冬少雪幸龍門廣化寺開無畏師塔祈禱

三月庚寅詔曰時雨稍愆宜分命朝臣詣寺觀祈禱

五月庚午詔曰時雨稍愆害傷農稼分命朝臣祈禱居數日以庶官禱請不應乃命宰臣盧文紀禱太微宮姚顗宗道宮馬裔孫請宮嵩嶽又無雨帝問宰臣愆伏之故文紀等奏曰愆失之本洪範有其說若考校往代理又相違臣等思之此蓋時數若求於政失則兵戰之氣生陰靈撓擾之氣生蝗旱稍近理也自頃皇綱甫寧徵求過當雖宸念哀矜事不獲已無足論其變沴也帝俛首而已

七月丁亥同華言自夏不雨京畿旱遣供奉官杜紹瓌往析城山取聖水

晉高祖天福元年十二月辛卯以自秋不雨經冬無雪命羣官散禱山川

二年十二月甲辰幸相國寺祈雪

四年六月己亥司天臺奏七月一日太陽有虧缺於北極於東於南未盈而沒太常禮官詳舊制日有變天子素服避殿太史以所司救日于社陳五兵五鼓麾東戟南矛西弩北楯中央置鼓服從其位百職廢務素服守司重列於庭每等異位向日而立明復而罷今所司法物咸不能具且去歲正旦日有蝕之唯謹藏兵仗皇帝避正殿尚素食百官守司而已中書奏欲行近禮從之

十二月丁巳帝御便殿謂馮道曰大雪害民五旬不止京城之下十八神祠六寺二觀悉令祈禱了無其驗得非朕之涼德不儲神休者乎道對曰陛下克己恭儉無荒無怠推恩四海必合天心但愛民慎刑始終如一雖景宿之變水旱之沴亦將警聖人而成其德也帝曰朕聽斷有悞卿當再三正之安靜小心共相保守因令出薪炭米粟給軍士貧民等七年三月壬戌以春旱分命朝臣詣寺觀神祠禱雨丁丑詔宰臣馮道等於開元諸寺及紫極宮祈雨少帝天福八年五月癸巳勑以久愆時雨遣宰臣馮道等諸寺觀宮祈其餘祠廟仍下開封府徧差官禱之

甲辰勑以飛蝗作沴時雨又愆應三京鄴都諸道州府見禁罪人除十惡行劫諸殺人者及僞行印信合造毒藥官典犯贓外罪者減一等餘並放內有欠官錢者宜令三司酌量與限監出徵理乙巳幸相國寺祈雨

六月庚戌宣差侍衛馬軍都指揮使李守貞以蝗為害往皐門村祭告丁巳宣遣供奉官衛延韜嵩山投龍祈雨壬戌宣供奉官朱彥威等七人各部領奉國兵士一指揮於封丘長垣陽武浚儀酸棗中牟開封等縣捕蝗又遣內班秦宗超亳州太清宮祈雨

開運元年九月詔曰朕虔承顧命獲嗣丕基常懼顛危不克負荷宵分日昃罔敢怠遑夕惕晨興每懷祗畏但以恩信未著德教未敷理道不明咎徵斯至向者頻年災沴稼穡不登萬姓飢荒道殣相望上天垂譴涼德所招仍屬干戈尚興邊陲多事倉廩不足則輟人之粮食帑藏不足則率人之資財兵士不足則

取人之丁中戰騎不足則假人之乘馬雖事不獲已而理將若
何訪聞差去使臣殊乖體認不能勤於勉諭而乃臨以威刑自
有所聞益深愧悼旋屬寇臣叛命戎虜犯邊致使甲兵不暇休
息軍旅有戰征之苦人民有飛輓之勞瘡痍未蘇科徭尚急言
念于此寢食何安得不省過興懷側身罪己載深減損思召和
平所宜去無用之資罷不急之務棄華取實惜費省功一則符
先帝慈儉之規一則慕前王朴素之德向者造作軍器破用稍
多但取堅剛不須華靡今後作坊製造器械不得更用金銀裝
飾比於遊畋素非所好凡諸服御尤欲去奢應天下州府不得
以珍寶玩好及鷹犬爲貢在昔聖帝明君無非惡衣菲食况予
薄德所合恭行今後太官常膳減去多品衣服帷帳務去華飾
在禦寒暑而已峻宇彫墻昔人攸誡玉杯象箸前代所非今後
凡有營繕之處丹堊雕鏤不得過度宮闈之內有非理費用一
切禁止於戲繼聖承祧握樞臨極冞於至道若履春冰屬以天

災流行國步多梗因時致懼引咎推誠期於將來庶幾有補更
賴王公將相貴戚豪宗各竭乃心率由茲道共臻富庶以致康
寧凡百臣寮宜體朕意
三年二月壬辰勑今以漸及春農久愆時雨深慮囹圄或有滯
淹宜卹刑章用召和氣其諸道州府見禁人等並須據罪輕重
疾速斷遣仍限半月內有斷遣訖奏
四月乙未以久旱命宰臣趙瑩與群官禱雨戊寅帝幸相國寺
祈雨
漢隱帝乾祐元年四月庚辰朔以自春不雨勑青州收瘞用兵
討楊光遠時骸骨丁亥以旱幸道宮佛寺禱雨賜僧道帛有差
未時還宮
五月戊午勑以旱分命群官於諸寺觀神祠禱雨
七月乙卯以久旱帝幸道宮佛寺禱雨仍分命群官祈諸神祠
賜僧道帛有差日晡還宮是日雲四布猛風北至俄而澍雨尺餘

人情熙熙
周太祖廣順二年夏四月戊子勑以旱分命群臣於諸祠廟祈
禱雨
三年正月丁卯以自去冬京師無雪是日分命朝臣於祠宇祈
禱

冊府元龜卷第一百四十五

冊府元龜卷第一百四十六

帝王部一百四十六

恤下

周官大司徒之職以慈幼養老振窮恤貧寬疾之道佐天子保安萬民傳亦云孤獨矜寡天民之窮而無告者也皆有常餼蓋任天下之重司生民之命一夫不獲其所若已推之溝中斯堯舜之用心也中代而下哲王繼踵取憲前軌勤恤人隱乃有哀其惸獨軫其凶沴賜穀帛以助其養葺廬舍以寧其居流徙者加之存撫夭札者與之藏斂復丁年以侍老闢寬鄉以利民獸為暴者為之驅除行所過者賑以物直蒐狩之所及戒其侵暴寒暑之盛蠲資以醫砭以至羣司百執咨居朝夕或畏景流爍嚴飈栗列登濟沮洳亦免其朝謁斯皆在人上者厚下安宅表微惻隱之至也詩曰哿矣富人哀此惸獨易所謂損上益下民說無疆者是之謂歟

漢文帝十三年六月賜天下孤寡布帛絮各有數

景帝元年正月詔曰間者歲比不登民多乏食夭絕天年朕甚痛之郡國或磽陿無所農桑毄畜磽謂磽确陿謂陿隘也毄謂食養之畜謂牧放也或地饒廣薦草莽水泉利而不得徙薦讀曰荐一曰草稠曰薦深曰莽其議民欲徙寬大地者聽之

武帝元狩元年四月詔曰朕哀夫老眊孤寡鰥獨八十九十曰耄眊不瞻或匱於衣食甚憐愍焉其遣謁者巡行天下存問致賜致謂送至也

九十已上及鰥寡孤獨帛人二匹絮三斤八十已上米人三石

六年六月遣博士大等六人褚大等也分循行天下存問鰥寡廢疾無以自振業者貸與之

元封元年十月行所巡至博奉高蛇丘歷城梁父加年七十已上孤寡帛人二匹

二年春幸緱氏遂至東萊四月還祠泰山至瓠子臨決河賜所過孤獨高年米人四石

六年三月幸汾陰祠后土神光三燭賜天下貧民布帛人一匹

太始三年二月行幸東海琅邪登之罘浮大海賜行所過户五千錢鰥寡孤獨帛人一匹

昭帝始元四年七月詔曰比歲不登民匱於食流庸未盡還流庸謂去其本鄉而行為人庸作往時令民共出馬其止勿出諸給中都官者且減之

元鳳二年六月詔曰朕閔百姓未贍前年減漕三百萬石頗省乘輿馬及苑馬以補邊郡三輔傳馬其令郡國毋斂今年馬口錢所謂六畜也

宣帝地節三年三月詔曰鰥寡孤獨高年貧困之民朕所憐也前下詔假公田貸種食其加賜鰥寡孤獨高年帛

二千石嚴教吏謹視遇毋令失職失職謂失其常業也

四年九月詔曰朕惟百姓失職不贍遣使者循行郡國問民所疾苦吏或營私煩擾不顧厥咎朕甚閔之今年郡國頗被水災已振貸鹽民之食而賈咸貴衆重困其減天下鹽賈

元康元年三月以鳳皇集泰山甘露降未央宮賜鰥寡孤獨帛

二年三月以鳳皇甘露降集賜天下鰥寡孤獨高年帛三年春以神爵數集泰山賜鰥寡孤獨高年帛

四年三月詔以神爵集長樂未央宮賜鰥寡孤獨帛各一匹

神爵元年三月改元賜鰥寡孤獨高年帛

四年二月以修興泰一五帝后土之祠神光顯著賜鰥寡孤獨高年帛

五鳳三年三月以鸞鳳又集長樂宮加賜鰥寡孤獨高年帛

元帝初元元年四月賜鰥寡孤獨帛人二匹

五年四月賜鰥寡孤獨帛人二匹

永光元年三月賜鰥寡孤獨高年帛

二年二月賜鰥寡孤獨高年帛

四年十月詔曰安土重遷黎民之性骨肉相附人情所願也頃者有司緣臣子之義奏徙郡國民以奉園陵令百姓遠棄先祖墳墓破業失產親戚別離人懷思慕之心家有不安之意是以

重被虚耗之害關中有無聊之民非久長之策也詩不云虖民亦勞止迄可小康惠此中國以綏四方今所爲初陵者勿置縣邑使天下咸安土樂業亡有動揺之心布告天下令明知之

五年秋潁川水出流殺人民吏從官縣被害者與告(從官即上侍從之官也言凡爲吏及從官其本縣有被害者皆與休告)士卒遣歸

成帝建始元年二月賜鰥寡孤獨錢帛各有差

河平四年三月遣光祿大夫博士嘉等十一人行舉瀕河之郡(巡行而舉其狀瀕水厓也瀕河謂傍河也)水所毀傷困乏不能自存者財振貸(財與纔同謂量其等差而振貸之)其爲水所流壓死不能自葬令郡國給槥櫝葬埋(槥音衛謂小棺)已葬者與錢人二千避水它郡國在所冗食之(冗散也謂散廩食使生活不占著戶給役使也)謹遇以文理無令失職

陽朔二年秋關東大水詔流民欲入函谷天井壺口五阮關者勿苛留(天井在上黨高都壺口在壺關五阮在代郡苛細刻也)遣諫大夫博士分行視

鴻嘉元年二月詔加賜鰥寡孤獨高年帛

四年正月詔水旱爲災關東流冗者衆(冗散失其事業也)青幽冀部尤劇朕甚痛焉已遣使者循行郡國流民欲入關輒籍内(籍其名而内之)所之郡國謹遇以理(理法也)務有以全活之思稱朕意

哀帝以綏和二年四月即位是年秋詔曰迺者河南潁川郡水出流殺人民壞敗廬舍遣光祿大夫循行舉籍(舉其名籍)賜死者棺錢人三千

平帝元始二年四月郡國大旱民疾疫者舍空邸第爲置醫藥給之賜死者一家六尸以上葬錢五千四尸以上三千二尸以上二千起官寺市里募徙貧民縣次給食至徙所賜田宅什器假與犂牛種食又起五里於長安城中宅二百區以居貧民

四年二月賜天下鰥寡孤獨高年帛

後漢光武建武六年正月詔曰往歲水旱蝗蟲爲災穀價騰躍人用困乏朕惟百姓無以自贍惻然愍之其命郡國有穀者給稟高年鰥寡孤獨及篤癃無家屬貧不能自存者如律(漢律今亡)二千石勉加循撫無令失職

二十二年九月詔曰日者地震南陽尤甚賜郡中居人壓死者棺錢人三千吏人死亡或在壞垣毀屋之下而家羸弱不能收拾者其以見錢穀取傭爲尋求之

二十九年二月丁巳朔日有食之賜天下鰥寡孤獨篤癃貧不能自存者粟人五斛

三十年五月大水賜天下鰥寡孤獨篤癃貧不能自存者粟人六斛

明帝永平二年十月行養老禮詔有司其存耆耋恤幼孤惠鰥寡稱朕意焉

二年二月立皇太子賜天下鰥寡孤獨篤癃貧不能自存者粟人五斛

十二年五月賜天下鰥寡孤獨篤癃貧無家屬不能自存者粟人三斛

十七年五月賜天下鰥寡孤獨篤癃貧不能自存者粟人三斛

十八年四月詔自春已來時雨不降宿麥傷旱秋種未下其賜天下鰥寡孤獨篤癃貧不能自存者粟人三斛

章帝以永平十八年八月即位十月大赦賜鰥寡孤獨篤癃貧不能自存者粟人三斛

建初元年正月詔三州郡國方春東作恐人稍受稟往來煩劇或妨耕農(稟給也稍謂少少給之不頻與也)其各實覈尤貧者計所貸并與之流人欲歸本者郡縣其實稟令足還到聽過止官亭無雇舍宿長吏親躬無使貧弱遺脫小吏豪右得容姦妄詔書既下勿得稽留刺史明加督察尤無狀者

三年三月立皇后賜鰥寡孤獨篤癃貧不能自存者粟人五斛

四年四月立皇太子賜鰥寡孤獨篤癃貧不能自存者粟人五斛

元和元年二月詔曰自牛疫已來穀食連少其令郡國募人無田欲徙他界就肥饒者恣聽之到在所賜給公田爲雇耕傭賃

稗餉（餉饋也與餉同）貰與田器勿收租五歲除筭三年其後欲還本鄉者勿禁

二年正月詔曰蓋君人者視民如父母有憯怛之憂有忠利之教開習之救其嬰兒無父母親屬及有子不能養食者廪給如律

和帝永元三年十月行幸長安賜行所過鰥寡孤獨篤癃貧不能自存者粟人三斛

五年二月詔曰去年秋麥入少恐民食不足其上尤貧不能自給者戶口人數往者郡國上貧民以衣履釜鬵爲貲而豪右得其饒利（言曰鬵自關而東謂之鬵貧人既計釜鬵以爲資財勸於役重多即賣之以避科稅豪富之家乘賤買故得其饒利）詔書實覈欲有以益之而長吏不能躬親反更徵召會聚令失農作愁擾百姓若復有犯者二千石先坐

八年二月立皇后賜天下鰥寡孤獨篤癃貧不能自存者粟人三斛

十二年二月詔賜被災諸郡鰥寡孤獨不能自存者及郡國流民聽入陂池漁采以助蔬食

三月詔曰比年不登百姓虛匱（匱乏也）京師去冬無宿雪（以其經冬故謂之宿雪也）今春無澍雨黎民流離困於道路其賜鰥寡孤獨篤癃貧不能自存者粟人三斛

十五年閏正月詔流民欲歸還本而無糧食者過所實稟之疾病加致醫藥其不欲還歸者勿強

元興元年十二月立皇太子賜天下鰥寡孤獨篤癃貧不能自存者粟人三斛

安帝永初元年十一月勑司隸校尉冀并二州刺史民訛言相驚棄捐舊居老弱相攜窮困道路其各勑所部長吏躬親曉諭若欲歸本郡在所爲封長檄不欲勿強（封謂印封之也長檄猶今長牒也欲歸者皆給以爲驗）

元初六年二月詔曰夫政先京師後諸夏月令仲春養幼小存諸孤季春賜貧窮賑乏絕省婦使（婦使謂組紃之事）表貞女所以順陽氣崇生長也其賜尤貧困孤弱單獨穀人三斛

四月會稽大疫遣光祿大夫將太醫循行疾病死者賜棺木除田租口賦

永寧元年四月賜鰥寡孤獨貧不能自存者穀人三斛

十一月郡國三十五地震或坼裂遣光祿大夫案行賜死者錢人二千

延光元年三月改元大赦加賜鰥寡孤獨篤癃貧不能自存者粟人三斛是歲京師及郡國二十七雨水大風殺人詔賜壓溺死者年七歲以上錢人二千其壞廬舍失穀食粟人三斛若一家皆被災害而弱小存者郡縣爲收斂之

順帝永建元年正月大赦賜鰥寡孤獨篤癃貧不能自存者粟人五斛

二年二月詔荊豫兗冀四州流冗貧人所在安業之疾病致醫藥

三年正月京師地震漢陽地裂詔實覈傷害者賜年七歲以上錢人二千一家被害郡縣爲收斂

四年正月帝加元服賜鰥寡孤獨篤癃不能自存帛一匹八月以五州雨水遣使實覈死亡收斂稟賜陽嘉元年正月立皇后賜鰥寡孤獨篤癃貧不能自存者粟人五斛

十一月甲申望都蒲陰狼殺女子九十七人詔賜狼所殺者錢人三千

永和二年十月行幸長安所過鰥寡孤獨貧不能自存者賜粟人五斛

三年二月京城及金城隴西地震山摧地陷遣使按行二郡賜壓死者七歲以上錢人二千一家皆被害爲收斂之

建康元年正月辛丑詔曰隴西漢陽張掖北地武威武都自去年九月已來地百八十震山谷坼裂壞敗城寺殺害民庶夷狄叛逆賦役重數內外怨曠惟咎歎息其遣光祿大夫案行宣暢恩澤惠此下民勿爲煩擾

質帝本初元年二月庚辰詔曰九江廣陵二郡數罹寇害殘夷最甚生者失其資業死者暴尸原野昔之爲政一物不得其所若已爲之況我元元嬰此困毒方春戒節賑濟乏厄掩骼埋胔之時其調比郡見穀出稟窮弱收葬枯骸務加埋卹以稱朕意

五月海水溢使謁者按行收葬樂安北海人爲水所漂沒死者

桓帝建和元年正月大赦賜鰥寡孤獨篤癃貧不能自存者粟人五斛

三年十一月詔曰朕攝政失中災眚連仍三光不明陰陽錯序監寐寤歎疢如疾首（監寐言寢寐而不寐也寤覺也）今京師廝舍死者相枕郡縣阡陌處處有之甚違周文掩骼之義其有家屬而貧無以葬者給直人三千喪主布三匹若無親屬可於官壖地葬之表識姓名爲設祠祭又徒在作部疾病致醫藥死亡厚埋藏民有不能自振及被災者稟穀如科州郡檢察務崇恩施以康我民

元嘉元年正月京師疾疫使光祿大夫將醫藥按行

永興二年六月詔司隸校尉部刺史曰蝗災爲害水變仍至五穀不登人無宿儲其令所傷郡國種蕪菁以助人食

永壽元年六月洛水溢又南陽大水詔被水死流失尸骸者令郡縣鉤求收葬及所唐突壓溺物故七歲以上賜錢人二千

永康元年八月六州大水勃海溢詔州郡賜溺死者七歲以上錢人二千一家皆被害者悉爲收斂

靈帝建寧四年三月大疫使中謁者巡行致醫藥

熹平二年正月大疫使使者巡行致醫藥

光和二年春大疫使常侍中謁者巡行致醫藥

魏明帝太和六年三月癸酉行東巡所過存問高年鰥寡孤獨賜穀帛

晉武帝泰始七年六月大雨霖伊洛河溢流居人四千餘家殺三百餘人有詔賑貸給棺咸寧二年七月河南魏郡暴水殺百餘人詔給棺

三年三月帝將射雉慮損麥苗而止

太康元年三月改元大赦詔卹孤老困窮

惠帝永平元年五月賜鰥寡帛人三匹

明帝太寧三年三月立皇太子賜鰥寡孤獨帛人二匹

成帝咸和元年二月改元大赦賜鰥寡孤老米人二斛

康帝建元元年正月改元振恤鰥寡孤獨

穆帝升平元年八月立皇后賜鰥寡米人五斛

五年正月戊戌大赦賜鰥寡孤獨不能自存者粟人五斛

海西公太和六年四月賜窮獨米人五斛

簡文帝咸安元年十一月即位賜鰥寡孤獨米人五斛

孝武帝太元五年六月以比歲荒儉大赦其鰥寡孤獨老不能自存者人賜米五斛

安帝義熙元年正月賜鰥寡孤獨穀人五斛

後魏道武天興元年正月庚子自中山行幸常山之真定次趙

郡之高邑遂幸于鄴民有老不能自存者詔郡縣賑恤之

太武太延元年二月詔長安及平涼民徙在京師其孤老不能自存者聽還鄉里

三年二月幸幽州存卹孤老問民疾苦

獻文皇興四年三月詔曰朕思百姓病苦民多非命明發不寐疢深疚首是以廣集良醫遠採名藥欲以救護兆民可宣告天下民有病者所在官司遣醫就家診視所須藥物任醫量給之

孝文延興三年九月詔曰今京師及天下囚未判在獄致死無近親者給衣衾棺櫝葬之不得暴露

太和三年十一月賜京師貧窮高年疾患不能自存者衣服布帛各有差

五年二月大赦賜孤貧不能存者穀帛各有差

六年三月辛巳幸武州山石窟寺賜貧老者衣服

四月甲辰賜畿內鰥寡孤獨不能自存者粟帛有差

七年四月壬子幸崞山賜所過鰥寡不能自存者衣服粟帛
十二年正月詔曰鎮戍流徙之人年滿七十孤單窮獨雖有妻妾而無子孫諸如此等聽解名還本諸犯死刑者父母祖父母年老更無成人子孫旁無朞親者具狀以聞
十三年四月詔曰朕儉散物以賚百姓至使人馬騰踐多有毀傷今可斷之以本所費之物賜窮老貧獨者
十七年七月立皇太子賜鰥寡孤獨不能自存者粟人五斛
九月幸并州詔洛懷并肆所過四州恤鰥寡孤獨各有差
十八年正月南巡詔相兗豫三州恤鰥寡孤老各有差
八月幸懷朔武川撫冥柔玄等四鎮問人疾苦貧窘孤老者賜以粟帛又詔御夷城人年滿七十已上及廢疾之徒校其元犯以準新律事當徒坐者聽一身還鄉又令一子扶養終命之後乃遣歸邊自餘之處如徒之犯年八十已上皆聽還
十一月詔冀定二州恤鰥寡各有差

十二月南伐詔郢豫二州恤鰥寡孤老各有差
十九年四月曲赦徐豫二州恤孤寡老疾各有差
六月南伐還詔車駕所經者恤孤寡老疾各有差
十月幸鄴還詔曲赦相州恤孤老痼疾各有差
二十年七月丁亥詔疾苦六極人神所矜宜時訪恤以窮廢鰥寡困之不能自存者皆加矜恤令得存濟又詔夫婦之道生民所先仲春奔會禮有達式男女失時者以理會之
二十一年五月幸長安還汎渭入河詔孤寡鰥貧爲賜穀帛
九月丙申詔曰哀貧恤老王者所先鰥寡六疾尤宜矜愍可勅司州洛陽之民年七十已上無子孫六十已上無朞親貧不自存者給以衣食及不滿六十而有廢痼之疾無大功之親窮困無以自療者皆於別坊遣醫救護給太醫師四人豫請藥物以療之
宣武景明二年三月詔曰比年以來連有軍旅役務既多百姓彫弊宜時矜量以拯民瘼正調之外諸妨害損民一時蠲罷
永平三年十月詔曰朕乘乾御曆年周一紀而道謝擊壤教慚刑措至於下民之茕鰥疾苦心常愍之此而不恤豈爲民父母之意也可勅太常於閑敞之處別立一館使京畿內外疾病之徒咸令居處嚴勅醫署分師療治考其能否而行賞罰雖齡數有期脩短分定然三疾不同或賴針石庶秦扁之言理驗今日又經方浩博流傳處廣應病投藥卒難窮究更令有司集諸醫工尋篇推簡務存精要取三十餘卷以班九服郡縣備寫布下鄉邑使知救患之術耳
延昌元年四月詔曰肆州地震陷裂死傷甚多言念毀沒有酸懷抱亡者不可復追生病之徒宜加療救可遣太醫折傷醫并給所須之藥就治之
六月詔曰去歲水災今春炎旱百姓飢餒救命靡寄雖經蠲目不能贍濟今秋輸將及郡縣期於責辦尚書可嚴勒諸州量民

資產明加檢校以救艱弊
二年十二月詔以鎮肆地震人多離災其有課丁沒盡老幼單立家無受復各賜廩粟以接來稔
孝明熙平元年十二月詔洛陽河陰及諸曹雜人年七十已上鰥寡貧困不能自存及年雖少而痼疾長廢窮苦不濟者崇司研實具列以奏聞
神龜元年正月詔賜京畿及諸州鰥寡孤獨粟帛
出帝太昌元年五月丁未詔曰無侮惸獨事炳前經憂此鰥寡聲留往冊朕以薄德作民父母乃眷元元寤言增歎今理運惟新哀矜伊始如有孤老疾病無所歸依者有司明加隱括依格賑贍
後周明帝武成元年六月大霖雨詔遭水者有司時巡檢校條例以聞
武帝建德三年十月詔蒲州民遭饑乏絕者令向郿城以西及

州兴管内就食

六年二月平齊詔曰無侮煢獨事顯前書哀彼矜人惠流往訓爲齊末政昏虐實繁吳其稽天毒流比屋無罪無辜係虜三軍之手不欽不食僵仆九逵之間朕爲民父母職養黎人念甚泣辜誠深罪已除其苛政事屬改張宜加寬宥兼行賑卹其癃殘孤老饑餒絕食不能自存者仰刺史守令及親民長司躬自檢校無親屬者所在給其衣食務使存濟

隋高祖開皇十四年八月關中大旱人饑行幸洛陽因令百姓山東就食從官並準見口賑給不以官位爲限

十二月東巡狩關中戶口就食洛陽者道路相屬帝勑斥候不得輒有驅逼男女參厠於仗衛之間遇逢扶老攜幼者輒引馬避之慰勉而去至艱險之處見負擔者遽令左右扶助之

冊府元龜卷第一百四十六

册府元龜卷第一百四十七

帝王部一百四十七

恤下第二

唐高祖武德元年五月即位詔鰥寡孤獨量加賑恤

七月己酉詔曰隋政不綱行止無度東西奔馳靡歲寧遂使父子乖離室家分析親老絕晨昏之養嬰孩無撫育之恩人懷戀本之心室有望鄉之歎朕上膺靈命下字黔黎一物失宜情深軫悼思俾惠澤逮于鰥寡其隋代公卿已下爰及民庶身往江都家口在此不預義軍者所有田宅並勿追收老幼窮糧食交絕具錄名薄速加賑贍

四年六月庚寅詔鰥寡孤獨以時恤理

七月丁卯大赦詔高年惸獨量加賑恤

六年三月詔曰詩不云乎民亦勞止汔可小康自有隋失馭政刑版蕩豺狼競起肆行暴虐徵求無度侵奪任己下民困擾各靡聊生喪亂之餘百不存一上天降鑒爰命朕躬廓定凶災乂寧區域念此黎庶凋弊日久新獲安堵衣食未豐所以每給優復蠲減徭賦不許差科輕有勞役義行簡靜使務農桑至如大河南北離亂永久師旅薦興加之饑饉百姓勞弊此焉特甚江淮之間爰及嶺外塗路懸阻土曠民稀流寓者多無宜存恤此等諸處往緣寇戎自經開泰歲月未久猶恐士民積習不改簡弊州縣官人未稱所委迎送往來尚致勞費其河北江淮以南及荊州大總管向西諸州所司宜便班下自今以後非有別勅不得輒差科徭役及迎送供承庶令安逸明加檢約稱朕意焉

四月詔曰隋末喪亂豺狼競逐率土之衆百不一存干戈未靜桑農咸廢凋弊之後饑寒重切永言於此悼于厥心今寇賊已平天下無事百姓安堵各務稱職家給人足即事可期所以新附之民特蠲徭賦欲其休息更無煩擾使獲安靜自脩產業尚恐所在州縣未稱朕懷道路迎送廨宇營築率意徵求擅相呼召諸如此例悉宜禁斷非有別勅不得差科不如詔者重加推罰布告天下咸知此意

太宗以武德九年八月即位詔鰥寡孤獨不能自存者量事優恤

貞觀元年二月詔曰昔周公治定制禮垂裕後昆命媒氏之職以會男女每以仲春之月順時行令蕃育之理既弘邦家之化攸在及政教陵遲諸侯力爭官失其守人變其風致使謠俗有失時之譏鰥寡無自存之術漢魏作教事非師古道隨世隱義逐時乘重以隋德淪胥數鍾迍剝五都但覆萬方咸蕩巷無參遲奮旅救彼艱危區縣削平總其圖籍顧瞻禹跡提封尚存乃眷周餘撫拙咸盡痛心疾首寤寐無忘蓋惟上玄之大德曰生蒸民以最靈爲貴一經喪亂多罹豺狼朕肅奉天命爲之父母平定甫爾劬勞未康卓生樂業尚多睽簡永言孝育用切於懷若不申之以婚姻明之以顧復便恐中饋之禮斯廢繼嗣之賢方深有懷怨曠之情或致淫奔之辱憲章典故實所庶幾宜令有司所在勸勉其庶人男女之無室家者並仰州縣官人以禮婚娶皆任其同類相求不得抑取男年二十女年十五已上及妻喪達制之後孀居服紀已除並須申以媒媾令其好合若貧窶之徒將迎匱乏者仰於其親近及鄉里富有之家衰多益寡使得資送以其鰥夫年六十寡婦年五十已上及婦人雖尚少而有男女及守志貞絜者並任其情無勞抑以嫁娶

七月詔曰周氏設官分掌邦事漢家創制允定章程故使百工咸理五材異用雖沿革有時而此途莫爽但欽明之后役自子來昏亂之朝刑盡民力或祁寒隆暑未獲小康或俾夜作明繼之以燭徭費不已凋喪爲期朕祗奉明命撫臨億兆愛育之心發於寤寐每咨謀卿士詢訪芻蕘何嘗不以節儉爲懷息役在慮自非田疇耘耔軍國資須未曾別使一人輒求一物每有丁匠之所常申戒作之司令其寬大功程務從閒逸少府僚屬

不聞知而營造牟鹽催督非理竭人之力以求已功朝夕左右
尚乘期約遠方勞役何以克堪雖四海之內死餘綏始然繕治
器械修葺城隍及堤防浸決橋梁壞毀事不獲已必籍人功須
慰彼民心緩其日用宜班告天下知朕意焉
六年三月幸九成宮詔雍岐豳三州行經之所鰥寡惸獨賜以
粟帛
九年三月大赦鰥寡惸獨不能自存者所在官司量加賑恤
十年關內河東疾病命醫齎藥療之
十一年二月幸洛陽宮詔從兵有父母年八十已上者悉罷遣
七月詔曰洛陽宮室創自有隋朕因其成功死所改作令屋宇
淫褻者宜量加修葺使纔充居處自外材木宜分賜洛州郭內
貧民因水損屋宅者是月以發明德宮之玄圃院分給河南洛
陽遭水者
十三年正月朝獻陵詔鰥寡惸獨有篤疾者賜物各有差

十五年正月幸洛陽詔從行士卒家貧親老者並放還所過賜
高年篤疾穀帛有差
三月戊辰如襄城宮澤州疾疫遣醫就療
十六年夏穀涇徐虢戴五州疾疫遣賜醫藥焉
十七年四月中郎將李安儼與太子承乾謀反誅籍沒其家其
父年九十餘太宗愍焉特賜奴婢以養之
閏六月潭濠廬三州疾疫遣醫療焉
十八年自春及夏廬濠巴普郴五州疾疫遣醫往療
二十一年十二月大寒帝謂侍臣曰朕在九重之內身御珍裘
且將臨朝猶覺氣之嚴厲況目下遠趨並闕豕犯霜露乎朕思
若此遂減衣裘而出
二十二年九月邠州大疫詔醫療之
高宗永徽元年六月新豐南大雨零口山水暴出漂廬舍溺死
者九十餘人詔賜死者絹布三匹仍給棺槥埋之乏絕者給貸
之宜欽饒常等州暴雨水漂殺四百餘人詔官為瘞埋仍給貸
之
六年六月辛丑商州山水漂壞居人廬舍遣使存問之
顯慶元年七月己卯宣州涇縣山水暴長高四丈餘漂蕩村落
溺殺二千餘人制賜死者物各五段廬舍損壞者量為營造并
賑給之十一月饒州火焚州城廨宇倉獄延燒居人廬舍有死
者詔賜死者家布帛以葬之
四年七月連州山水暴漲漂沒七百餘家詔鄉人為造宅宇仍
賑給之
龍朔二年十二月詔曰海東二蕃久從職貢近者命帥薄伐軍
務事殷緣河州縣勞於征役比雖多有蠲免庶事優矜萬邦俱
會恐致煩擾勞逸二途理死兼遂介丘大禮及幸東郡並宜且
停
總章二年九月海水泛溢壞永嘉安固二縣郛居人廬舍六千
餘家遣使修葺宅宇溺死者各賜物五段

咸亨元年八月以天下四十餘州旱及霜蟲百姓飢乏關中尤
甚詔雍同華蒲絳五州百姓乏絕者聽於興鳳梁等州逐糧
十月詔貧窶之家有年十五已下親屬不能收養者並聽為男
女及驅使京官六品已下情願將家口歸本貫及往豐熟之處
並聽之
上元三年八月青州大風海水泛溢漂損居人廬宅五千餘家
淄等七州大水詔賑貸貧乏溺死者賜物埋殯之舍宅壞者助
其營造
儀鳳三年四月以同州飢沙苑及長春宮並許百姓樵採漁獵
永隆元年秋河南北諸州大水詔遣使分往存問其漂溺死者
各給棺槥仍贈其物七段屋宇破壞者勸課鄉閭助其修葺糧
食乏絕者給貸之
二年八月河南河北大水詔溺死者各贈物三段

中宗神龍元年四月雍州同官縣大雨雹鳥獸死又大水漂流居人四五百家遣員外郎一人巡行賑給被溺死者官為埋殯

七月洛水暴漲壞人廬舍二千餘家溺死者數百人令御史存問賑卹官為瘞埋

景龍二年三月築朔方軍城四月以兵匠有疾病者令醫人齎藥巡療

玄宗先天二年五月詔曰卑宮致美愛人之力露臺罷營重費之廣景彼前烈吾無間然頃以所居殿院素非弘敞特方暑雨頗有鬱蒸上稟聖慈式遵時令將修剏寢順彼高居雖役定徒所須止於番匠補葺所擬無煩外力然以麥秋爰及農務方勤維夏在辰執役為弊營之則衆物有勞而一身逸罷之則我躬未泰而萌庶安夫生人樹君將利之也勞人自奉予所不為其修大明宮宜即待至閑月方使畢功宣示具寮使知朕意所有先役工匠即優還價直勿令懸欠仍即放散

開元二年七月詔曰古之為國者藏之於人百姓不足君孰與足比者山東邑郡歷年不稔朕為之父母欲安黎庶恤彼貧弊拯其流亡靜而思之非不勤矣今者風雨咸若京坻可望若貸糧地稅庸調正租一時併徵必無辦法河北諸州宜委州縣長官勘責灼然不能支濟者稅租且於本州納不須徵腳待至春中更別處分有貸糧迴博等亦量事減徵

四年正月詔曰如聞江淮南諸州大蟲殺人村野百姓頗廢生業行路之人常遭死失州縣不以為事遂令猛獸滋多泗州連水縣令李全確前任宣州秋浦縣令界內先多此獸全確作法遮捕掃除略盡近今人得夜行百姓實賴其力宜令全確馳驛往淮南大蟲為害州指授其教與州縣長官同除其害緣官路兩邊去道各十步草木常令芟伐使行人往來得以防備

七年九月詔曰東都道俗有來請駕者東西來去雖則為常每歲來請豈能無擾宜以理告示仍於朝堂賜食即發遣并敕陸象先莫令更相倣効

八年六月河南府穀洛瀍三水泛漲漂溺居人四百餘家壞田三百餘頃諸州當防丁當番衛士掌閑廐者千餘人遣使賑恤及助修屋宇其行客溺死者委本貫存恤其家

十年五月東都大雨伊汝等水泛壞河南府及許汝仙陳四州廬舍數千家溺死者甚衆詔河南府巡行所損之家量加賑貸并借人力助營宅屋

十一年七月丁亥敕曰神農嘗草以療人疾岐伯品藥以輔人命朕銓覽古方永念黎庶或榮衛內壅或寒暑外攻因而不救良可歎息今遠路僻州醫術全少下人疾苦將何恃賴宜令天下諸州各置職事醫學博士一員階品同于録事每州寫本草及百一集驗方與經史同貯其諸州于録事各省一員中下州先有一員者省訖仰州補勳散官充帝新製廣濟方頒於天下

十二年三月詔曰河南河北去歲雖熟百姓之間頗聞辛苦今

農事方起蠶作就功宜令御史分往巡行其有貸糧未納者並停到秋收

十三年十二月詔曰應緣朕巡幸處有損百姓竹樹者所司即酬其錢

十四年七月以懷鄭許滑衛等州水潦遣右監門衛將軍知內侍省事黎敬仁宣慰如有遭損之處應須營助賑給並委使與州縣相知量事處置

九月命御史中丞兼戶部侍郎宇文融往河南河北道遭水州宣撫若屋宇摧壞牛畜俱盡及征人之家不能自存立者量事助其修葺

十一月詔曰近聞河南宋亳等州百姓多有流迯熟去者須知所詣有以安存宜令本道勸農使與州縣檢責具所去及所到戶數奏聞

十五年四月制曰河南河北諸州去年緣遭水澇雖頻加賑貸

而恐未小康言念於茲無忘鑒寐爰自春夏雨澤以時兼聞盡
苗非常茂好既即收穫不慮少糧然以産業初營儲積未贍若
無寬恩不免艱辛其貸糧麥種穀子迴轉變造諸色欠負等並
放候豐年以漸徵納蠶麥事畢及至秋收後並委刺史縣令專
勾當各令貯積勿使妄有費用明加曉喻知朕意焉
十六年正月庚申御興慶樓宴羣臣下制曰朕昔在藩國此惟
邸第乾坤未泰陰陽尚蒙則有神物効靈祥符肇既飛佳氣於
在田之際屢瑞日於或躍之他惟此舊居式加新宇周墻僅板
於百堵甲宮不階於三尺棟梁之用毀撤所餘聊以紀天地之
休徵貽子孫之儉約耳屬春令爰始時惟發生萬方來朝千官
入賀既稱觴以獻壽宜施惠以布德况田農在候稼穡方興或
迫於程徭不遂農桑之務言及於此軫歎良深其徒已下且令
責保并應當番兵士等灼然單貧者所由勘會並放營農所在
訴訟長官隨事疏理勿使冤滯非軍國所要餘不急之務一切

並停乃加勸課脩植農穡其河北水損戶既屬春事慮有乏絕
不支濟者宜委採訪使與州縣相知量加賑恤諸處行人之家
及鰥寡惸獨不能自存者州縣長官親加優撫使得存濟應有
差科量事矜放且宣風緝化職在令長有司銓擇之次特宜審
擇其才惟德與刑為政之要須無聞於風化多取威於横楚理
人之道其若是乎愚昧之流或輕抵犯宜加曉喻使識章程其
含生之類不得輒有屠殺天下捕獵亦宜禁斷仍嚴加捉搦百
司各遵時令務弘寬大之典使政理無失稱朕意焉
二十三年五月詔曰如聞關輔蠶麥雖稍勝常年百姓所收纔
得自給若無優假還慮艱弊其先欠百司職田及諸色應合至
蠶麥特徵者已有處分訖其公私舊債亦宜停徵負下百姓有
傭力買賣與富兒及王公已下者任依常式
天寶三載八月詔曰育物者所貴於從宜養人者必資於遂性
况加疾苦豈忘哀矜內外廓二衛彍騎等如聞因當上染患者
番滿之後既不勝致還鄉又不容在職掌將息進退無據何所
依投攜扶是憂宜謀朝夕永言及此深軫于懷自今已後如有
此色宜移就三衛厨給食料將養各委左右金吾將軍存意檢
校所須藥物仍與大常計會量事供擬并差醫人救療其諸門
及諸鋪職掌人等各移就本衛將養所須食料各委將軍以當
衛諸色迴殘官物等且量事支給其醫藥宜准內外廓例自餘
諸色當番人等有疢疾者並准此處分其死者各委所由隨事理
瘞當日牒報本貫令家人親族運致還鄉
五載八月癸未詔曰朕頃所撰廣濟方救人疾患頒行已久計
傳習亦多猶慮單貧之家未能繕寫閭閻之內或有不知儻將
療失時因致夭橫性命之際寧忘惻隱且令郡縣長官就廣濟
方中逐要者於大板上件錄當村坊要路牓示仍委採訪使勾
當無令脫錯
十三載二月詔鰥寡惸獨之絕者量加賑給

肅宗至德三年正月大赦詔左降官非反逆緣坐及犯惡逆名
教枉法強盜贓如有親年八十已上及疾患在牀枕者不堪扶
侍更無兄弟許其停官終養其流人亦准此
乾元元年四月詔曰應緣南郊百司張設有損百姓苗稼者委
京兆尹隨損多少陪酬所損錢物便即聞奏
十月詔曰應行營人家及羸老單貧鰥寡惸獨已頻有處分宜
令州縣長官倍加優恤
上元二年九月詔鰥寡惸獨不能存立者委刺史縣令量加賑恤
代宗寶應元年十月乙卯敕曰浙江東西去歲旱損所出租賦
頗甚艱辛今秋已來復聞遭水百姓重困何以克堪朕所以宵
明求衣日旰忘食思弘理道良用疚懷今所徵收唯正租庸而
已其餘差役咸使矜量頻亦申明冀稍安輯如聞諸道節度使
不承正敕妄有徵科州縣望風便行文牒務為逼迫自應誅求
事且因循轉用生弊不有懲革何以息人自今已後宜令本道

觀察及租庸使嚴加訪察其州縣除正勑支遣外不得轉承諸使文牒徵率一物已上如或有犯便仰停務具名彈奏又聞抗越間疾疫頗甚户有死絶未削版圖至於稅賦或無舊業田宅延及親隣言念疲人豈堪兼役致令逃散誠可哀矜亦委租庸使與本州審細勘責據實户差遣處置訖具狀聞奏仍委刺史縣令設法招攜課最之間襃貶斯在其有死絶家無人收葬仍令州縣埋瘞朕臨御寰瀛為人父母一物失所每軫罪已之心四方未寧彌軫納隍之慮庶尹卿士友邦冢君宜悉朕懷共敷至理

大曆九年四月制曰其百姓鰥寡孤獨不能存濟者困窮無主誠可哀傷仰所在州縣府長官每年以諸色官物量加賙恤令其得所

德宗貞元元年正月詔曾陷賊百姓屋宇焚毀貧病老弱咸加優恤

十二年越州刺史皇甫政奏去貞元十年綾穀一千七百匹至汴州值兵潰叛物皆散失請舉新來客户續補前數帝謂宰臣曰百姓有業則懷土為居户失業則去鄉為客户去鄉者咸遭羅苛暴瘡痍之人豈可重傷可罷其舉特免所失物

十四年閏五月貶太子詹事蘇弁為汀州録事參軍又貶其兄贊善大夫衮為永州司户俄降勑曰左降官蘇衮貶官本緣弟連坐矜其年暮加以疾患宜令所在勸迴任歸私第衮年七十兩目無所見已逾年以弁之故責未停官及貶帝聞之哀憫故許還家

十八年七月詔曰朕獲主兆人以臨方夏憂勤于政思底康寧然而理化未孚水旱為沴或傷壞廬舍漂損田疇朕為人父母用切于衷其諸道應遭水損州縣今委本道觀察使速具條疏聞奏當有處分又詔曰政在養人實為邦本朕庶存節用以拯為我咨爾長吏宜加安撫申明曉示令悉朕懷

十九年七月以關輔飢饉今歲吏部選集

憲宗元和二年八月以没蕃人僧良闡等五百五十人自吐蕃復還中國命京兆府勘責先身云及送在神策軍餘三百九十人詔良闡等頃因淪陷久在殊方或有平日遺人或是衣冠舊族萬里歸國尤所哀矜應歸及分配并侍親等人委所在特加優卹

四年九月晉寧公主奏出城行田帝令中使彭希昭宣以禾稼初登或慮蹂踐且歸第以俟來月

七年十月制冊皇太子其天下高年癈疾者委所管州縣各加存恤

十年二月以朗州司馬劉禹錫為播州刺史中丞裴度奏禹錫母年八十今播州乃猿狖所居人跡罕至禹錫誠合得罪然其老母必去不得則須與子為死別傷陛下孝理之風伏請屈制稍移近處使得終養帝曰夫為人子者每事尤須修謹常恐貽親之憂今禹錫所坐更合重於他人豈可以此論救度不能對帝乃曰我所言是責人子之事然終不能傷其所親之心明日改授禹錫連州刺史

十二年二月撰貞元集要廣利方憲宗親為之制序散題於天下通衢其方揔六千三種五百八十六首

九月詔諸道遭水州府其人户中有漂溺致死者委所在收瘞其屋宇摧倒亦委長吏量事勸課修葺使得安存

穆宗長慶元年七月大赦制天下百姓年九十以上委所在長吏量加存問

文宗大和元年十一月詔應配流靈夏等州及天德軍人等自今後宜許將家口赴流所除本身外亦據口數給糧食遞送

六年正月詔京城内有鰥寡孤獨不能自濟瘖聾跛躄窮無告者委京兆尹量事賑恤具所破數聞奏

五月庚申詔諸道應災荒處疾疫之家有一門盡殁者官給凶

貝晴事委藏一家如有口累疫死一半者量事與本戶稅錢三分中減一分死一半已上者與減一半本戶稅其疫未定處並委長吏差官巡撫量給醫藥詢問救療之術各加救濟事具條疏奏來天下有家長大者皆死所餘孩稚十二至襁褓者不能自活必致夭傷長吏勸其近親收養乃官中給兩月糧亦具都數聞奏江南諸道既有凶荒賦入上供悉多蠲減國用常恨或虞不充宗廟切急所須外有舊例市買助備雜物一事已上並仰權停待歲熟時和則舉處分

七年八月詔百姓困窮弊由姦吏政尚不擾人皆自安其司農寺供宮內及諸厨冬藏菜並委本寺自供其菜價仍委京兆府約每年時價支付更不得配京兆府和市其諸陵守當夫宜委京兆府以價直送陵司令自雇召並不得差配百姓應寒食雜差配及樀栽修橋柴木選場棘等使於戶稅錢內克折不得更令和市天下諸州府應納義倉及諸色斛斗二合耗外切宜禁斷乃委度支鹽鐵分巡院及出使郎官切加訪察

九年八月以前授閬州刺史權璩為鄭州刺史璩宰相文公德輿之子少負名稱籍甚於士大夫閒會德輿門生李宗閔為相璩為中書舍人宗閔敗璩不自安頻露上章自雪黨比遂致授閬州及是帝知璩所生母抱病因有是命

開成元年正月己巳東都留守司徒兼中書令裴度上言前懷州武德縣令王贇以失縣庫子贇乃盡償所欠緡錢庫子莫可得獄因雖見河陽節度使溫造嚴刻禁贇三年母老不得侍疾母亡不得服喪大理寺執文斷疏雖似之閒寬滯深久帝方留情州獄聞之即時詔釋贇

宣宗大中四年正月詔有水旱處宜令州縣長吏多方優恤務使安存如有甚不支濟仰具事由聞奏別議處分

懿宗咸通四年七月勅制曰安南寇陷之初流人多寄溪洞其安南將吏官健走至海門者人數不少宜令宋戎李良英察訪人數量事救卹

哀帝天祐二年四月詔鰥寡孤獨不濟者長吏量加賑恤

後唐莊宗天祐二十年四月即位制曰應諸道管內有高年踰百歲者便與給復永俾除名自八十至九十者與免一子色役州縣不得差徭

同光元年十月詔應鰥寡惸獨無所告命者所在各議拯救或有年過八十者免一子從征

十一月勅左降官均州司馬劉岳有母親年踰八十近聞自故既鮮弟兄別無骨肉孤孀旅寄誰為蓋撫准本朝故事許歸終三年喪服闋如未量移即赴貶所

明宗天成三年十一月己丑出潛龍宅粟以賑百官

長興二年十二月丁丑帝謂三司使曰先是兩川陣過兵士所有家屬常加贍給勿令失所（時孟知祥初有全蜀之地）

三年七月丙戌詔賜諸軍救接有差

四年九月丁丑范延光奏兩川兵士家口自來支給衣糧今緣國討不充欲權停支給帝曰彼非願留因事睽阻父子仳離非人情也不可頓絕支給其間頗歸猶貴者從之如有子弟許繼其父兄本軍名糧如無鄉里可歸無子弟承繼且量支一年以是曉諭其家

漢高祖即位太原至東京謂左右曰過陝擒見百姓柔棗空有餘析其廬室悉墻垣耳因荒邦因兵邪左右對曰此契丹犯闕時杜重威宿漢軍之所也上惻然逶歎曰重威破国殘物一至於此而不討是朕養惡若姦何以為倉生父母副海內徯望之心也左右皆稱萬歲

周太祖廣順元年八月契丹瀛莫幽州界大水民饑饉流散過負而歸者不可勝計北界州縣亦不禁止太祖聞之詔沿邊州鎮安卹流民仍口給斗粟前後繼至數十萬口

三年正月庚午萊州刺史葉仁魯犯贓法寺斷處死賜自盡將

死太祖遣中使賜酒食宣曰汝自抵刑憲國法如此爾有老母當遣存卹耳仁魯感恩泣下尋死之

顯德元年正月赦天下年高殘疾鰥寡孤獨所屬官吏務行存恤

冊府元龜卷第一百四十七

冊府元龜卷第一百四十八

帝王部一百四十八

知子　知臣

知子

夫帝王者淵默而神清明在躬精鑒外融靈機內照有所燭覩合若符契況乃父子之際天性之親故可以察其心誠臏其微隱則有鑒乃偉量可付大事宜承天位能繼緒業精斷之下無所差焉若乃堯廢丹朱周舍伯邑戒吳濞之必反鑒蜀秀之終惡帝王之識不其明歟所謂知臣莫若君知子莫若父在於斯矣

堯曰疇咨若時登庸（疇誰庸用也誰能順是事將登用之）放齊曰胤子朱啓明帝曰吁嚚訟可乎（放齊臣名胤國子爵朱名啓開也吁疑怪之辭言不忠信為嚚又好爭訟可乎言不可）一說堯知子丹朱之不肖不足授天下於是乃權授舜授舜則天下得其利而丹朱病授丹朱則天下病而丹朱得其利堯曰終不以天下之病而利一人而卒授舜

舜子商均亦不肖舜乃豫薦禹於天遂禪禹

周文王為西伯舍伯邑考而立武王

漢高祖十二年封兄仲之子沛侯濞為吳王已拜受印帝召濞相之曰若狀有反相（若汝也）獨悔業已拜（獨悔者心自懷悔不以語人也既以封拜為事）（臣下怨故不敢）之因拊其背曰漢後五十年東南有亂豈若邪然天下同姓一家慎無反濞頓首曰不敢景帝立濞果反

宣帝時元帝為太子嘗侍燕從容言陛下持刑太深宜用儒生帝作色曰漢家自有制度本以霸王道雜之奈何純任德教用周政乎且俗儒不達時宜好是古非今使人眩於名實不知所守何足委任迺嘆曰亂我家者太子也

後漢章帝時和帝為皇子自岐嶷至於總角孝順聰明寬和篤仁帝由是深珍之以為宜承天位

魏太祖時文帝子明帝生而有岐嶷之姿帝異之曰我基於爾三世矣每朝宴會同與侍中近臣並列帷幄

晉宣帝為魏太傅時將誅曹爽其深謀祕策獨與景帝潛畫文帝弗之知也將發夕乃告之既而使人覘之景帝寢如常文帝不能安席晨會司馬門鎮靜內外置陣甚整宣帝曰此子竟可也

後魏道武時太武以皇孫生於東宮體貌瓌異道武奇而悅之曰成吾業者必此子也

太武時北巡文成以皇孫從在後逢虜帥桎一奴欲加其罰文成謂之曰奴今遭我汝宜釋之帥奉命解縛太武聞之曰此兒雖小欲以天子自處意奇之

後周太祖兄子護魏晉泰初始自晉陽至平涼時年十七太祖諸子並幼遂委護以家務內外不嚴而肅太祖乃歎曰此兒志度類我及太祖西巡至牽屯山遇疾馳驛召護護至涇州見太祖太祖疾已綿篤謂護曰吾形容若此必是不濟諸子幼小寇賊未寧天下之事屬之於汝宜勉力以成吾志護涕泣奉命時嗣子沖弱彊寇在近人情不安護綱紀內外撫循文武於是衆心乃定先是太祖嘗云我得胡力當時莫曉其言至是人以護字當之

武帝太祖第四子也幼而孝敬聰敏有器質太祖異之曰成吾志者必此兒也

齊煬王憲太祖第五子太祖常賜諸子良馬惟其所擇憲獨取駮者太祖問之對曰此馬色類既殊或多駿逸若從軍征伐牧圉易分太祖喜曰此兒智識不凡當成重器後從獵隴上經官馬牧太祖每見駮馬輒曰此我兒馬也因令左右取以賜之

隋高祖第四子秀有膽氣容貌瓌偉美鬚髯多武藝甚為朝臣所憚帝每謂文獻皇后曰秀必以惡終我在當無慮至兄弟必反秀初鎮蜀兵部侍郎元衡使於蜀秀深結於衡以左右為請衡既還京師請益左右帝不許大將軍劉噲之西討爨也高祖令上開府楊武通將兵繼進秀使嬖人萬智光為武通行軍司

爲帝以秀任非其人譴責之因謂群臣曰壞我法者必在子孫乎譬如猛虎物不能害反爲毛間虫之所損食耳於是遂分秀所統

唐高祖初爲唐公太宗旣舉義師高祖知其英略入神軍機大事皆令所司諮決因從容謂太宗曰汝功業旣重成事之後天下由汝致之吾當以爲太子太宗拜謝且固辭

太宗貞觀十八年四月己酉御兩儀殿高宗時爲皇太子侍側太宗謂侍臣曰太子志行性度外人頗亦知否司徒長孫无忌曰古人云桃李不言下自成蹊殿下仁孝自然德義高遠四海之内莫不聞知太宗曰朕如某年某縞性頗不依節度其自幼歲便懷寬厚生男如狼猶恐其尫奠其年齒轉壯或自不同今日无忌曰陛下雄武冠時誠撥亂之才殿下仁愛自天乃守文之德所向雖別而各當其分此上天所授以養蒼生者也是年十一月乙酉日南至皇太子王公已下展賀於貞觀殿太宗曰朕一二年中始見太子拜賀太子宗社之本四海所繫而某夭資仁孝内外傾服朕之此辛无愧於人神也

後唐太祖龍紀元年討孟方立於邢州旋師于潞因校獵於三垂岡有玄宗原廟太祖於祠前置酒樂作伶人奏有年歌者陳其衰老之歲声調悽苦太祖引滿捋鬚指莊宗曰老子壯心未已二十年後此郎子必戰於此及夾城之役果符是言時莊宗纔五歲及太祖有疾召監軍使張承業大將吳珙謂曰吾常愛此子志氣遠大可付後事

周太祖微時世宗事之以孝謹聞太祖嘗謂人曰此吾家之寶也

知臣

書曰知人則哲惟帝其難之非夫躬循睿之美蘊聰明之德英識卓越傳量深遠旌別淑慝而无所凝滯選任賢能而適其位量文畧能屛斥巧佞黜放姦兇使梟獍去而鸞鵠並進者乎

自帝堯欽明擢知臣之譽漢高善任載良史之談由是之後以叡智而處民上者或疇咨俊乂並居左右或東拔豪英委之經略揣摩其志輒申之保任楊榷其器質形於品藻用能幹事功於一代樹風聲於永裔譪然佳話斯可述焉

帝堯曰疇咨若時登庸疇誰庸用也誰能咸熙庶績順是事者將登用也放齊曰胤子朱啓明放齊臣名胤國子爵朱名啓開也帝曰吁嚚訟可乎吁疑怪之辭言不忠信爲嚚又好爭訟

帝曰疇咨若予采采事也復求誰能順我事者驩兜曰都共工方鳩孱功驩兜臣名都於歎美之辭共工官稱鳩聚孱見也歎共工能方方聚見其功帝曰吁靜言庸違象恭滔天靜謀滔漫也言共工自爲謀言起用行事而背違之貌象恭敬而心傲很若漫天言不可用

帝曰咨四岳四岳卽上羲和之四子分掌四岳之諸侯故稱焉湯湯洪水方割湯湯流貌洪大割害也言大水方方爲害蕩蕩懷山襄陵浩浩滔天蕩蕩言水奔突有所滌除懷包襄上也包山上陵浩浩盛大若漫天下民其咨有能俾乂俾使乂治也言民咨嗟憂愁病水困苦故問四岳有能治者將使之僉曰於鯀哉僉皆也鯀崇伯之名朝臣舉之帝曰吁咈哉方命圮族凡言吁者皆非帝意咈戾圮毀族類也言鯀性佷戾好比方名命而行事輒毀敗善類岳曰异哉試可乃已异已也退也言餘人盡已惟鯀可試無成乃退帝曰往欽哉勑鯀往治水命使敬其事堯知其性很戾圮族未明其所能而據衆言可試故遂用之九載績用弗成載年也三考九年功用不成則放退之

漢高祖五年置酒雒陽南宮帝曰通侯諸將毋敢隱朕皆言其情吾所以有天下者何項氏之所以失天下者何高起王陵對曰漢帝紀作高起王陵高帝時有信平侯陵音離武侯陛下嫚而侮人項羽仁而敬人然陛下使人攻城略地所降下者因以與之與天下同利也項羽妬賢者疑之戰勝而不與人功得地而不與人利此其所以失天下也帝曰公知其一未知其二夫運籌帷幄之中決勝千里之外吾不如子房填填與鎭同國家撫百姓給餉餽不絕糧道吾不如蕭何連百萬之衆戰必勝攻必取吾不如韓信三者皆人傑吾能用之此吾所以取天下者也項羽有一范增而不能用此所以爲我禽也群臣說服

陳平因魏無知求見漢王漢王召入是時萬石君石奮爲中涓受平謁平等十人俱進賜食王曰罷就舍矣平曰臣爲事來所

言不可以過今日於是漢王與語而説之問曰子之楚何官平曰爲都尉是日拜平爲都尉使參乘典護軍諸將盡讙（師讙）曰大王一日得楚之亡卒未知高下而即與共載使監護長者漢王聞之愈益幸平

周勃爲人木強敦厚（木強謂質樸）高帝謂可屬大事（屬委也）高帝疾甚呂后問曰陛下百歲後蕭相國既死誰令代之帝曰曹參可問其次曰王陵可然少戇陳平可以助之陳平智有餘然難獨任周勃重厚少文然安劉氏者必勃也可令爲太尉呂后復問其次帝曰此後亦非乃所知也及呂后崩朝諸呂將危劉氏勃平等誅之

惠帝時相國蕭何病帝自臨視何疾因問曰君即百歲後誰可代君對曰知臣莫若主帝曰曹參何如何頓首曰帝得之矣何死不恨矣

文帝末周亞夫爲中尉帝戒太子曰即有緩急周亞夫真可任將兵及景帝即位亞夫爲車騎將軍三年吳楚反亞夫以中尉爲太尉東擊吳楚平之

景帝時竇嬰以太后宗屬封魏其侯桃侯免相（劉舍）竇太后數言魏其侯帝曰太后豈以臣有愛相魏其者（愛猶惜也）魏其沾沾自喜耳多易（沾沾輕薄也）難以爲相持重遂不用用建陵侯衛綰爲丞相

武帝時韓安國爲御史大夫爲人多大略知足以當世取舍（言可取則取可止則止）而出於忠厚貪耆財（耆與嗜同）利然所舉皆廉士賢於己者於梁舉壺遂臧固至他皆天下名士（於梁舉二人至於他士亦皆名士）士亦以此稱慕之唯天子以爲國器

汲黯爲九卿多病病且滿三月帝賜告者數終不瘉最後嚴助爲請告帝曰汲黯何如人也曰使黯任職居官亡以瘉人（瘉與愈同）然至其輔少主守成雖自謂賁育弗能奪也（孟賁夏育古之勇士也）帝曰然古有社稷之臣至如汲黯近之矣

兒寬爲廷尉史以不習事除爲從史之北地視畜數年（之往也畜謂廷尉之畜者今諸司公廨牛也）還至府上畜簿會廷尉時有疑奏已再見卻矣（卻退）掾史莫知所爲寬爲言其意掾史因使寬爲奏成讀之皆服以白廷尉湯湯大驚召寬與語乃奇其材以爲掾上寬所作奏即時得可異日湯見帝問曰前奏非俗吏所及誰爲之者湯言兒寬帝曰吾固聞之久矣湯由是鄉學（鄉讀曰嚮）以寬爲奏讞掾以古法義決疑獄甚重之

褚大爲梁相通五經爲博士時兒寬爲弟子及御史大夫缺褚大爲梁相詔徵自以爲得御史大夫至洛陽聞兒寬爲之褚大笑及至與寬議封禪於上前大不能及退而服曰上誠知人

李廣文帝時爲郎騎常侍數從射獵格殺猛獸帝曰惜廣不逢時令當高祖世萬户侯豈足道哉及孝武時爲前將軍與大將軍衛青俱擊匈奴青陰受武帝指以爲李廣數奇（言廣數爲匈奴所敗奇隻不耦合也）毋令當單于恐不得所欲果以失道自殺

霍光爲奉車都尉衛太子爲江充所敗而燕王旦廣陵王胥皆

多過失是時武帝年老寵姬鉤弋趙倢伃有男（[illegible]）帝心欲以爲嗣命大臣輔之察群臣唯霍光任大重可屬社稷帝迺使黄門畫者畫周公負成王朝諸侯以賜光（黄門之署職任親近以供天子百物在焉故亦有畫工）後元二年春帝游五柞宮病篤光涕泣問曰如有不諱誰當嗣者帝曰君未諭前畫意邪立少子君行周公之事光頓首讓曰臣不如金日磾日磾亦曰臣外國人不如光帝以光爲大司馬大將軍日磾爲車騎將軍及太僕上官桀爲左將軍搜粟都尉桑弘羊爲御史大夫皆拜臥內牀下（臥內天子所寢）受遺詔輔少主明日太子襲尊號是爲孝昭皇帝帝年八歲政事壹決於光

宣帝時大將軍霍光薨子禹復爲大司馬兄子山領尚書（[illegible]）親屬皆宿衛内侍地節三年夏京師雨雹蕭望之因是上疏願賜清閒之宴口陳災異之意（閒讀曰閑）帝自在民間聞望之名曰此東海蕭生邪下少府宋畸問狀無有所諱拜爲

謁者歲中三遷官守少府宣帝察望之經明持重論議有餘材可任宰相欲詳試其政事復以爲左馮翊入爲御史大夫

後漢光武嘗與功臣諸侯讌語從容言曰諸卿不遭際會自度爵祿何所至乎高密侯鄧禹先對曰臣少嘗學問可郡文學博士帝曰何言之謙乎卿鄧氏子志行脩整何爲不掾功曹餘各以次對至馬武曰臣以武勇可守尉督盜賊帝笑曰且勿爲盜賊自致亭長斯可矣

馬援爲伏波將軍善兵策帝常言伏波論兵與我意合每有所謀未嘗不用

賈復爲漢中王劉嘉校尉更始以光武爲大司馬安撫河北復持嘉書及光武於柏人因鄧禹得召見光武奇之署復破虜將軍督盜賊官屬以復後來而好陵折等輩調補鄗尉光武曰賈督有折衝千里之威方任以職勿得擅除東觀記曰時帝署兩府官屬賈復與段孝共坐孝謂復曰卿將軍督我司馬督不得共坐復曰俱劉公吏有何尊卑官屬以復不遜調官屬補長吏共白欲以復爲鄗尉上署討也光武至信都以復爲偏將軍復從征伐未嘗喪敗與諸將潰圍解急身被十二創帝以復敢深入希令遠征而壯其勇節常自從故復少方面之勳東觀記曰吳漢擊蜀未破上書請復自助上獨遣諸將每論功自伐復未嘗有言帝輒曰賈君之功我自知之

寇恂爲河內太守更始遣將朱鮪攻之時傳聞鮪破河內帝以爲不然有頃恂檄至恂大破鮪等光武大喜曰吾知寇子翼可任也

劉嘉字孝孫光武族兄義兵起嘉隨更始征伐封漢中王赤眉破其相李寶等聞鄧禹西征擁兵自守勸嘉且觀成敗光武聞之告禹曰孝孫素謹善少且親愛當是長安輕薄兒誤之耳禹即宣帝旨嘉乃因來歙詣禹於雲陽三年到洛陽從征伐拜爲千乘太守

明帝時牟融爲大司農是時方勤萬機公卿數朝會每輒延謀政事判折獄訟融經明才高善論議朝廷皆服其能帝數嗟歎

以爲才堪宰相明年代伏恭爲司空舉動方重甚得大臣節

質帝少而聰慧知梁冀驕橫嘗朝群臣目冀曰此跋扈將軍也冀聞深惡之

魏太祖知人善察難眩以僞拔于禁樂進於行陣之間取張遼徐晃於亡虜之內皆佐命立功列爲名將其餘拔出細微登爲牧守者不可勝數

荀攸字公達太祖每稱曰公達外愚內智外怯內勇外弱內強不伐善無施勞智可及愚不可及雖顏子甯武不能過也又下令曰孤與荀公達周遊二十餘年無毫毛可非者又曰荀公達真賢人也所謂溫良恭儉讓以得之孔子稱晏平仲善與人交久而敬之公達即其人也文帝在東宮太祖謂曰荀公達人之師表也汝當盡禮敬之荀彧初爲漢尚書令所舉者命世大才攸後爲魏尚書令亦推進賢士太祖曰二荀令之論人久而益信吾沒世不忘

曹純所督虎豹騎皆天下驍銳或從百人將補之太祖難其帥純以選爲督撫循甚得人心及卒有司白選代太祖曰純之比何可復得吾獨不中督耶遂不選

郭嘉字奉孝潁川人先是潁川戲志才籌畫士也太祖甚器之早卒太祖與荀彧書曰自志才亡後莫可與計事者汝潁固多奇士誰可以繼之彧薦郭嘉召見論天下事太祖曰使孤成大業者必此人也嘉出亦喜曰真吾主也表爲司空軍祭酒嘉深通有算略達於事情太祖稱之曰唯奉孝爲能知孤意

程昱爲衛尉性剛戾與人多迕人有告昱謀反太祖賜待益厚

晉宣帝輔政時鄧艾少爲典農綱紀上計吏因使見帝帝奇之辟之爲太尉掾

荀顗字景倩魏尚書令彧之第六子以父勳除中郎宣帝輔政見顗奇之曰荀令君之子也擢拜散騎侍郎

石苞字仲容景帝初以爲中護軍司馬宣帝聞苞好色薄行以

讓景帝高答曰苞雖細行不足而有經國才略夫貞廉之士未
必能經濟世務是以齊桓忘管仲之奢僭而錄其糾合之大謀
漢高捨陳平之汙行而取其六奇之妙算苞雖未可以上儔二
子亦無今日之選也意乃釋後苞武帝世以功至司徒
明帝時紀瞻爲僕射帝嘗獨引瞻於廣室慨然憂天下曰社稷
之臣欲無復十人如何因屈指曰君便其一瞻辭讓帝曰方欲
與君善語復云何崇謙讓邪
爵文帝爲相時謝安寓居會稽累辟不就帝謂人曰安石旣與
人同樂必不得不與人同憂召之必至後卒爲相
王述字德祖簡文帝每言述才旣不長直以真率便敵人耳謝
安亦歎美之
後魏道武初許謙爲右司馬時慕容寶來寇也道武使謙告難
於姚興興遣將來援明年慕容垂復來寇帝謂謙曰今事急矣
非卿豈能復致姚師卿其行也謙未發而垂退乃止

太武能知人拔士於卒伍之中惟其才所長不論本末古弼爲
尚書令弼頭尖帝常名之曰筆頭是以時人呼爲筆公車駕畋
於山北大獲麋鹿數千頭詔尚書發車牛五百乘以運之太武
尋謂從者曰筆公必不與我汝輩不如馬運之速遂還行百餘
里而弼表至曰今秋穀懸黃麻菽布野豬鹿竊食鳥鴈侵費風
波所耗朝夕三倍乞賜矜緩使得收載太武謂左右曰筆公果
如朕所卜可謂社稷之臣
李訢爲中書學生太武幸中書學見而異之謂從者此小兒終
效用於朕之子孫矣因識眄之太武舅陽平王杜超有女將許
貴戚太武聞之謂超曰李訢後必官達益人門户以女妻之勿
許他族遂勸成婚杜超之死也太武親哭三日訢以超壻得在
喪位出入帝因而指之謂左右曰觀此人舉動豈不有異於衆
必爲朕家幹事之臣後爲侍中鎮南將軍卒
李孝伯美風儀動有法度從兄順言之於太武徵爲中散太武
見而異之謂順曰眞卿家千里駒也
文成時李伯尚少有重名弱冠除秘書郎文成每云此李氏之
千里駒
陸馛父俟封東平王聰慧有策略馛多智有父風文成見馛而
悅之謂朝臣曰吾常歎其父智過其軀是復踰於父矣
孝文時穆弼有風格汎獵經史孝文欲以弼爲國子助教會司
州牧咸陽公禧入孝文謂禧曰朕與卿作州都舉一主簿即令
弼謁之因爲孝文所知輿駕南征特敕隨從
于烈爲散騎常侍穆泰等謀反舊京伏法烈一宗無所染孝文
歎曰元儼治斷威恩深自不惡然而爲臣盡忠猛吏不如烈也
頃日烈在代都必即斬其五三元首耳烈之節槩不謝金日磾
也詔除領軍將軍
崔亮爲尚書二千石郎孝文在洛欲刱革舊制選置百官謂群
臣曰與朕舉一吏部郎必使才望兼允者給卿三日假又一日

孝文曰朕已得之不煩卿輩也馳驛徵亮兼吏部郎亮崔光爲散
騎常侍兼侍中雖處機近曾不留心文案唯從容論議參贊大
政而已孝文每對群臣曰以崔光之高才大量若無意外咎譴
二十年後當作司空其見重如是光後至司徒
裴聿字外興以操尚貞立爲孝文所知自著作佐郎出爲北中
府長史孝文以聿與中書侍郎崔亮並清貧欲以幹祿優之乃
以亮帶野王縣聿帶温縣時人榮之
張烈孝文時入爲太子步兵校尉南齊將陳顯達治兵漢南謀
將入寇順陽太守王青石世官江南荆州刺史廣陽王嘉慮其
有異表請代之孝文詔侍臣各舉所知乎有申薦孝文曰此郡
今當必爭之地須得堪濟之才何必汎舉也太子步兵張烈每
論軍國之時有會人意處朕用之何如彭城王勰稱讚之遂除
陵江將軍順陽太守
劉道斌舉孝廉入京拜校書郎轉主書尋爲孝文所知從征南

陽渠加積射將軍給事中李文謂黃侍郎邢巒曰道元是良之舉使畢奮流矣卒於岐州刺史

宣武時李虔自太尉從事中郎出為河清太守屬京兆王愉反虔棄郡奔闕宣武聞虔至謂左右曰李虔在冀州日久恩信著物今拔難而來眾情自解矣乃令虔別領軍從前驅勞

孝武初楊寬被散騎常侍驃騎將軍給事黃門侍郎監內典書事時夏州戍兵數千人據兖州反詔寬兼侍中節度諸軍討平之中尉綦儁與寬有宿憾誣以他罪劾之孝武謂侍臣等曰楊寬清直朕極知其無罪但不枉法官之奏耳事下廷尉尋得申釋

後周太祖時王述驃騎大將軍羆之孫少聰敏有識度年八歲太祖見而奇之曰王公有此孫足為不朽即以為鎮遠將軍拜太子舍人

蘇綽為行臺郎中太祖與僕射周惠達論事惠達不能對請出外議之乃召綽告以其事綽即為量定惠達入呈太祖稱善謂惠達曰誰與卿為此議者惠達以綽對因稱有王佐之才太祖曰吾亦聞之久矣尋除著作佐郎

蘇椿魏孝明正光四年出為武都郡守改授西夏州長史除帥都督行弘農郡事當官強濟特為太祖所知

宇文測為大都督行汾州事或有告測與外境交通懷貳心者太祖怒曰測為我安邊吾知其無貳志何為間我骨肉生此貝錦乃命斬之仍許測以便宜從事

李昶初謁太祖太祖深奇之厚加資給令入太學太祖每見學生必問才行於昶昶神情清悟應對明辯太祖每稱歎之

韓擒虎少慷慨以膽略見稱容貌魁岸有雄傑之表性又好書經史百家皆略知大旨太祖見而異之令與諸子遊集後以軍功拜都督新安太守

薛端為吏部郎中軍東討齊柱國李弼為別道元帥妙簡英僚

數日不定太祖謂端曰為公思得一長史無過尋端弼對曰真才也乃遣之

趙剛為潁川郡守時高仲密以北豫州來附兼大行臺左丞持節赴潁川節度義軍師還剛別破侯景前驅於南陸復獲其郡守二人時有流言傳剛東叛齊神武因設反間聲遣迎接剛乃率騎襲其下鳩拔之帝知剛無貳乃加賚焉除營州刺史進爵為公

武帝平北齊其大理正公孫茂甚有能名帝聞而召見與語嘉之授濟北太守

隋高祖時蘇威為太子少保漸見親重與高熲參掌國政尋兼大理卿京兆尹御史大夫官悉如故治書侍御史梁毗劾威兼領五職安繁戀劇無舉賢自代之意高祖曰蘇威朝夕孜孜志存遠大舉賢有闕何遽迫之顧謂威曰用之則行舍之則藏唯我與爾有是夫因謂朝臣曰蘇威不值我無以措其言我不得蘇威何以行其道楊素才辯無雙至若斟酌古今助我宣化非威之匹也蘇威若逢亂世南山四皓豈易屈哉其見重如此又謂群臣曰世人言蘇威詐清家累金玉此妄言也然其性很戾不切世要求名太甚從己則悅違之必怒此其大病耳

李景遼東之役為馬軍總管及還配事漢王高祖奇其壯武使袒而觀之曰卿相表當位極人臣後至柱國

楊義臣為陝州刺史性謹厚能馳射有將領之才由是高祖甚重之

煬帝時薛世雄為右監門郎將帝嘗從容謂群臣曰我欲舉好人未知諸君識否群臣咸曰臣等何能測聖心帝曰我欲舉者薛世雄群臣皆稱善帝復曰世雄廉正節概有古人之風於是超拜右翊衛將軍

李密以父蔭為左親侍嘗在仗下煬帝顧見之退謂許公宇文述曰向者左仗下黑色小兒為誰許公對曰故蒲山公李寬子密也帝曰個小兒瞻視異常勿令宿衛他日述謂密曰弟聰令

如此當以才学取官三衛叢脞非養賢之所帝大喜因謂房專以讀書為事時人希見其面

唐高祖時姜寶誼為右武候大將軍與尚書右僕射裴寂拒宋金剛于介州戰始合寂棄軍而走兵遂大潰寶誼為賊所擒高祖初聞其沒也泣曰寶誼烈士必不生降賜其家物千段米三百石寶誼後謀背賊事洩遇害臨死西向大言曰臣无狀負陛下被屠潰是所甘心但敗軍喪師九泉所恨

太宗謂司徒長孫无忌等曰朕今面談公等得失以為鑒誡言之者可以无過聞之者可以自改侍臣拜謝太宗曰長孫无忌善避嫌疑應物敏速至於決斷事理求之古人而惣兵攻戰非其所長也高士廉涉獵古今心術聰悟臨難既不改節為官亦无朋黨所少者骨鯁規諫耳唐儉言辭俊利善和解人稱村疏行發言啓齒事朕三十載遂无一言論国家得失楊師道性行純善自无愆過而情實怯懦未甚更事緩急不可得力岑文本性道敦厚文章自其所長而持論常據經遠自當不負於物劉洎性最堅貞有利益然而意尚然諾偏於朋友能自補闕亦何以尚焉馬周見事敏速性甚貞正至於論量人物直道而言朕比任使多所稱意褚遂良学問稍長性亦堅正既寫忠誠甚親附於朕譬如飛鳥依人自加憐愛比日以來每試鞫大獄狩有任使亦可以加之

薛万徹為右衛大將軍太宗從容謂近臣曰當今名將唯李勣道宗万徹三人而已李勣道宗不能大勝亦不大敗万徹非大勝即大敗

契苾何力為葱山道副大揔管討平高昌時何力母姑臧夫人及母弟賀蘭州都督沙門並在涼府何力歸省其母兼撫巡部落時薛延陁強盛契苾部落皆願從之於是衆兵執何力至延陁致於可汗牙前何力箕踞而坐拔佩刀東向大呼曰豈有大唐烈士受辱蕃庭天地日月願照我心又割左耳以明志不可奪也可汗怒欲殺之為其妻所抑而止或言於太宗曰人心各樂其土何力今入延陁猶魚之得水也太宗曰不然此人心如鐵石必不背我會有使自延陁至具言其狀太宗謂群臣曰契苾何力竟如何遽令兵部侍郎崔敦礼持節入延陁許以公主以和何力由是得還

代宗時裴遵慶為吏部尚書右僕射復知選事敦宗儒行老而弥謹嘗為屬任族姪謅登聞鼓告以不順代宗知其大謬不省其見信如此

大曆中鳳翔李抱玉奏馬燧為隴州刺史會抱玉入覲燧與俱來留京師久之代宗知其能召見拜商州刺史兼御史中丞防禦水陸運使

德宗時渾瑊為金吾大將軍兼左街使李希烈遣間諜詐為瑊書與希烈通瑊奏其狀德宗特保證之仍賜瑊馬一疋并鞍轡綵二百疋

崔縱為京兆尹德宗在奉天數奏李懷光剛愎反復宜陰備之及行幸梁州左右或短之曰縱素善懷光必不來矣帝曰他人不知縱吾可保不數日縱至拜御史大夫

竇申為給事中宰相參之族子也與從父舅嗣虢王則之相得歡甚挾以為重嘗同宴遊參特愛申每議除授多詢於申申或泄之招權受賂每所至人謂之喜鵲德宗頗聞其事數謂參曰卿他日必為申所累不如出之以厭衆三曰臣无強子姪申雖踈屬臣親之不忍出請保无他犯德宗曰卿雖自保如衆人何三固如前對申聞之不悛後果敗焉

李藩為徐州從事節度使張建封卒濠州刺史杜兼誣奏藩搖動軍情德宗詔杜佑殺之及杜佑救解德宗怒釋亟追藩赴闕及召見望其儀形曰此豈作惡事人乃釋然除秘書郎後為給事中制勑有不可遂於黄勑後批之吏曰宜別連白紙藩曰別以白紙是文狀豈曰批勑裴垍言之憲宗以為有宰相器

綱羅兗孫拜黄門下侍郎平章事武元衡為御史中丞齊因延英對罷德宗目送指示左右曰武元衡真宰相器也後果為相

憲宗時鄜坊士美為昭義節度使號令甚肅及討王承宗士美以兵馬使王獻領勁卒一萬為前鋒獻亂逗撓不進遙使召至數其罪立斬之且令曰敢後出者斬士美親鼓之兵既合而賊軍大敗下三營環栢鄉以告語聞憲宗大悦曰吾固知士美之能辦吾事鄭餘慶居將相出入垂五十年所得分給親黨家然寒素自至德已來方鎮除授必遣中使領旌節就第宣賜皆厚以金帛求媚者唯恐其少故王人一來有獲錢數百萬者餘慶每授方任憲宗必誡其使曰餘慶家貧不得妄有求取

後唐莊宗初為晉王梁冀王朱友謙為友珪所伐乞師於帝帝親總軍赴援與汴軍遇於平陽大破之因與友謙會於猗氏友謙盛陳感慨願敦盟約帝歡甚友謙乘醉寢於帳中帝熟視之謂左右曰冀王真貴人也但恨其臂短耳

明宗初入洛遽謂近臣安重誨曰先帝時馮道郎中何在重誨曰近除翰林學士明宗曰此人朕素諳委甚好宰相遂大用又嘗謂侍臣曰馮道性純儉頃在德勝寨所居一茅菴與從人同器食卧則芻藁一束其心晏如及以父憂退歸鄉里自耕耘樵採與農夫雜處略不以素貴介懷真士大夫也

大成元年以康思立為應州刺史思立本出陰山諸部性純厚善撫御帝素重之故即位之始以應州所生之地授焉其後歷二郡三鎮皆有百姓之譽

册府元龜卷第一百四十八

冊府元龜卷第一百四十九

帝王部一百四十九

辯謗　捨過

辯謗

邪逕之敗良田蒼蠅之玷垂棘聖賢所共患也乃有臨宸極之重躬濬哲之姿深居高視遊聽虛受辯浸潤之譖悟萋斐之謗燭其丹腑保其素履俾服讒蒐慝者無所施巧含忠履絜者有以自明孤直者不憚於回邪中立者靡畏於朋比大臣任重而無懼賢者盡節而不疑緝緝翩翩之道消平平蕩蕩之化洽蓋虞舜之寬而有辯成湯之勇智文王之迪哲率由是矣

漢昭帝即位霍光爲大將軍政事壹決於光光長女爲左將軍上官桀子安妻桀因帝姊鄂邑蓋主內安女後宮爲倢伃數月立爲皇后父安爲票騎將軍封桑樂侯桀父子既尊盛而德長公主(寵其恩惠也)公主近幸河閒丁外人桀安欲爲外人求封以列侯尚公主光不許長主以是怨光桀父子並爲將軍皇后親安女光乃其外祖而顧專制朝事(顧猶反也)繇是與光爭權燕王旦自以昭帝兄常懷怨望及御史大夫桑弘羊建造酒榷鹽鐵爲國興利伐其功(伐矜也)欲爲子弟得官亦怨恨光於是蓋主上官桀安及弘羊皆與燕王旦通謀詐令人爲燕王上書言光出都肄郎羽林道上稱蹕(都試也肄習也謂總閱試習武備也)太官先置(供食之具)又引蘇武前使匈奴拘留二十年不降還迺爲典屬國而大將軍長史敞亡功爲搜粟都尉(楊敞也)又擅調益莫府校尉(調選也莫府大將軍府也)光專權自恣疑有非常臣旦願歸符璽入宿衛察姦臣變候伺光出沐日奏之桀欲從中下其事(下謂下有司也)桑弘羊當與諸大臣共執退光書奏帝不肯下明旦光聞之止畫室中不入(畫室雕畫之室也)帝問大將軍安在左將軍桀對曰以燕王告其罪故不敢入有詔召大將軍光入免冠頓首謝帝曰將軍冠(令復著冠也)朕知是書詐也將軍亡罪光曰陛下何以知之帝曰將軍之廣明都郎屬耳(之往也廣明亭名也屬耳近耳也)調校尉以來未能十日燕王何以得知之且將軍爲非不須校尉(言將軍欲反不由一校尉)是時帝年十四尚書左右皆驚而上書者果亡捕之甚急桀等懼白上小事不足遂(遂竟也不須窮竟)帝不聽後桀黨與有譖光者帝輒怒曰大將軍忠臣先帝所屬以輔朕身(屬委也)敢有毀者坐之自是桀等不敢復言

元帝時夏寒日青無光弘恭石顯及許史皆言周堪張猛等用事之咎詔左遷堪猛後三歲餘孝宣廟闕災其晦日有蝕之於是帝召諸前言日變在堪猛者責問皆稽首謝乃因下詔曰河東太守堪先帝賢之命而傅朕資質淑茂道術通明論議正直秉心有常發憤悃愊(悃愊至誠也)信有憂國之心以不能阿尊貴孤特寡助抑厭遂退(謂不伸也)卒不克明往者衆臣見異(異災異也)不務自修深惟其故而反晻昧說天託咎此人(晻昧不明也)朕不得已出而試之以彰其材堪出之後大變仍臻衆亦嘿然堪治未期年而三老官屬有識之士詠頌其美使者過郡靡人不稱此固足以彰先帝之知人而朕有以自明也俗人乃造端作基非議詆欺或引幽隱非所宜明意疑以類欲以陷之朕亦不取也朕迫于俗不得專心乃者天著大異朕甚懼焉今堪年衰歲暮恐不得自信(信讀曰伸)排於異人將安究之哉(究竟也)其徵堪詣行在所拜爲光祿大夫秩中二千石領尚書事猛復爲太中大夫給事中

哀帝即位初傅氏在位者(傅太后之親)與朱博爲表裏共毀譖丞相博山侯孔光既策免退閭里杜門自守(杜塞也)而朱博代爲丞相數月坐承傅太后指妄奏事自殺平當代爲丞相數月薨王嘉復爲丞相數諫爭忤指旬歲閒閱三相(閱歷也)議者皆以爲不及光帝由是思之後因問日蝕事帝說賜光束帛拜爲光祿大夫秩中二千石給事中次丞相及御史大夫賈延免光復爲御史大夫二月爲丞相復故国博山侯帝迺知光前免非其罪以過近臣毀短光者免傅喜曰前爲侍中毀諸仁賢誣愬大臣令俊艾者久失其位喜傾覆巧僞挾姦以罔上崇黨以蔽朝傷善以

君意詩不云乎讒人罔極交亂四國小雅蠅之請其免善爲庶人歸故郡

後漢章帝爲太子時楊仁爲北宮衛士令明帝崩代諸馬盛貴各爭欲入宮仁被甲持戟嚴勒門衛莫敢輕進者帝既立諸馬共譖仁刻峻帝知其忠愈善之

班超率疏勒康居于寘拘彌兵攻姑墨石城破之超欲因此巨平諸国巨猶遂也乃上疏請兵建初八年遣衛候李邑護送烏孫使者賜大小昆彌以下錦帛李邑始到于寘而值龜兹攻疏勒恐懼不敢前因上書陳西域之功不可成又盛毀超擁愛妻抱愛子安樂外国無内顧心超聞之歎曰身非曾參而有三至之讒恐見疑於當時矣遂去其妻帝知超忠乃切責邑曰縱超擁愛妻抱愛子思歸之士三千餘人何能盡與超同心乎令邑詣超受節度

順帝時梁商爲大將軍商檢御門族未曾以權盛干法而性慎弱無威斷頗溺於内豎以小黄門曹節等用事於中遂遣子冀不疑與爲交友然宦者忌商寵任反欲陷之永和四年中常侍張逵蘧政内者令石光尚方令傅福冗從僕射杜永連謀共譖商及中常侍曹騰孟賁云欲徵諸王子圖議廢立請收商等案罪帝曰大將軍父子我所親騰賁我所愛必無是但汝曹共妒之耳逵等知言不用懼迫遂出矯詔收縛騰賁於省中帝聞震怒勑宦者李歙急呼騰賁釋之收逵等悉伏誅

魏太祖時蔣濟爲揚州別駕民有誣告濟爲謀叛主率者帝聞之有令與左將軍于禁沛相封仁等曰蔣濟寧有此事有此事吾爲不知人也此必愚民樂亂妄引之耳促理出之辟爲丞相主簿西曹屬

明帝時陳矯爲尚書令劉曄以先進見幸因譖矯專權矯懼以問長子本本不知所出次子騫曰主上明聖大人大臣今若不合不過不作公耳後數日帝見矯矯又問二子騫曰陛下意解故見大人也既入盡日帝曰劉曄構君朕有以迹君朕心故已了以金五餅授之矯辭帝曰豈以爲小惠君已知朕心顧君妻子未知故也

後魏文成帝時源賀爲冀州刺史武邑郡姦人石華告沙門道可與賀謀反有司以聞帝謂群臣曰賀誠心事国朕爲卿等保之無此明矣乃精加訊檢華果引誣於是遣使者詔賀曰卿以忠誠款至著自先朝以丹青之契而受茲魑魅之汙朕登時研檢已加極法故遣宣意其善綏所涖勿以冒謗之言致損慮也賀上書謝書奏文成顧謂左右曰以賀之忠誠尚致其誣不若是者可無慎乎

薛虎子爲徐州刺史沛郡太守邵安下邳太守張攀咸以贓汚虎子按之於法安等遣子弟上書誣虎子南通于宋文成曰此其妄矣朕度虎子必不然也推按果虛乃下詔曰夫君臣體合則功業可興上下猜懼則治道替矣沛郡太守邵安下邳太守張攀咸以貪惏獲罪各遣子弟詣闕告刺史虎子縱民通賊妄構無端安宜賜死攀子僧保鞭一百配燉煌安息他生鞭一百可集州官兵民等宣告行史塞彼輕狡之源開此陳力之効

後周太祖時唐瑾爲吏部尚書于謹伐江陵以瑾爲元帥府長史及軍還諸將多因虜掠大獲財物瑾一無所取唯得書兩車載之以歸或白太祖曰唐瑾大有輜重悉是梁朝珍玩帝初不信之然欲明其虛實密遣使檢閱之唯見墳籍而已乃歎曰孤知此人來二十許年明其不以利干義向若不令檢視恐常人有投杼之疑所以益明之耳凡受人委任當如此也

宇文測歷位侍中開府儀同行汾州事政在簡惠頗得人和地接東魏數相抄竊或有獲其爲寇者多縛送之測皆命解縛置之賓館然後引與相見如客禮焉仍設酒饌放還其国衛送出境自是東魏人大慙乃不爲寇兩界遂通慶弔時論方之羊叔子或有告測懷貳文帝怒曰測爲我安邊何爲間我骨肉乃命斬

之仍許則便宜從事

隋文帝初韋沖爲南寧州總管兄子伯仁隨沖在府掠人之妻士卒縱暴邊人失望帝聞之大怒令蜀王秀按其事益州長史元巖性方正按沖無所寬貸竟坐免官其弟太子洗馬世約譖巖於皇太子帝謂太子曰古人云酤酒酸而不售者爲噬犬耳今何用約乎世約遂除名

高熲開皇中爲晉王元帥長史伐陳及軍還熲以功授上柱國進爵齊國公文帝因勞之曰公伐陳後人言公反朕已斬之君臣道合非青蠅所間也是後衛將軍龐晃及將軍盧賁等前後短熲於帝帝怒之皆被疎黜因謂熲曰獨孤公猶鏡也每被磨瑩皎然益明（熲父賓仕周爲獨孤信寮佐賜姓獨孤氏）

唐高祖武德初皇甫無逸爲御史大夫時益部新開長吏橫恣帝令無逸持節巡撫之有皇甫希仁者見無逸專制方面懼上變云自父見在洛陽無逸爲母之故陰遣目與王充相知高

祖審其詐斬之曰無逸備於王充棄母歸朕今之委任異於衆人其在益州極爲清正此蓋群小不耐欲譖之也此乃離間我君臣惑亂我視聽於是斬希仁於順天門遣給事中李公昌馳往慰諭之俄而有告無逸陰與蕭銑交通者無逸時與益州行臺僕射竇璡不協於是上表自理又言璡狀帝覽之曰無逸當官執法無所迴避必邪佞之徒惡其直醜正共相構扇也因令劉世龍溫彥將按其事卒無驗而止所告者坐斬竇璡亦以罪黜無逸旣反命帝勞之曰公立身行己朕之所悉比多譖訴者但爲正直致邪佞所憎耳無逸頓首陳謝帝又曰卿不負朕何煩多謝

崔善爲武德中爲尚書左丞甚獲當時之譽諸令史惡其明察爲謗書曰崔子曲如鉤隨例得封侯高祖[illegible]勞勉之曰[illegible]之後人多醜正昔齊末姦吏歌斛律明月高緯愚闇遂滅其家朕雖不明幸免斯事因下勅購流言者將加罪焉

太宗貞觀初司空裴寂以罪流靜州俄逢山羌爲亂或言僚反劫寂爲主太宗聞之曰我國家於寂有性命之恩必不然矣未幾果稱寂率家僮破賊

劉師立爲左驍衛將軍奉使幽州道簡點軍團陝州楊表上書告師立自云眼有赤光體有非常之相姓氏又應符讖及師立還太宗謂之曰人言卿欲反師立大懼曰臣仕於隋不過六品身才駑下不敢輒希富貴過蒙陛下非常之遇常以性命許國而陛下功成事立臣致位將軍顧己循省實踰涯分臣是何人輒敢言反帝笑曰知卿不然此人妄言耳宜勿爲懷賜帛六十匹召入卧內而慰諭

中宗朝節愍太子舉兵遇魏元忠子昇於永安門脅令從己因爲亂兵所殺是時宗楚客等執證元忠及昇云素與節愍同謀請夷三族制不許俄而監察御史袁守一彈之遂左授元忠務川尉守一又奏言昔在三陽宮則天皇后不豫內史狄仁傑奏請陛下監國元忠密進狀云不可據此則知元忠懷逆日久伏請

加以天誅帝謂宰臣曰以朕思之此是守一大錯人臣事主必在一心豈有主上少有不安即請太子知事乃是狄仁傑樹私恩未見元忠有失守一假借前事羅織元忠無罪甚爲非豈是道理

憲宗元和三年十月以御史中丞竇羣爲潭州刺史充湖南觀察等使旣行又貶爲黔州刺史充黔中觀察等使羣初與李吉甫善吉甫擢爲御史中丞性險躁喜去爲及得權反與知雜事呂溫侍御史羊士諤等黨比同構陷吉甫每陰伺其過吉甫常召術者陳登宿於安邑里第翌日羣命吏捕登考鞫僞帶吉甫陰事密以上聞帝召登面辯其僞貶溫爲均州刺史士諤資州刺史羣亦再貶焉自天寶末李林甫專權傾覆人家誣構左道及建中初盧杞楊炎作相誣陷亦比比有之及是帝英悟立斷故邪黨不能構其險天下之人無不推仰聖德焉

敬宗寶曆二年二月以山南西道節度使裴度爲司空門下侍郎平章事初李逢吉在相位不直中外人情咸思度入相帝亦

微問其事每有中官出使至與元必傳秘旨且有徵還之約及獻疏請覲逢吉之徒皆不自安百計傾沮拾遺張權輿者既爲所嫉尤出死力乃上疏云度名應圖讖宅據岡原不召而來其旨可見蓋嘗有人與爲作讖詞云非衣小兒坦其腹天上有口被驅逐言度曾征討淮西平吳元濟也又帝城東西橫亘六岡持易象乾卦之數度永樂里第偶當第五岡故權輿得以爲詞晝發成事賴帝聽察竟不能動搖

捨過

周太祖時慕容彥超鎮兖州進呈鄆州節度使高行周來書其書意即行周毀讟太祖結連彥超之意帝覽之笑曰此必是彥超之詐也試令驗之果然其鄆州印元有缺文不相接其僞印即無缺處帝尋令齎書示諭行周行周上表謝恩辯認姦詐

君之於臣也有罪既斥之有才復用之不以一眚掩大德於是乎有捨過之道焉有自新之義焉何則人之行已必有過差人

之負釁皆欲漸洗圖其新而棄其舊掩所失而彰所能或起於縲囚或召於亡命或拔於反側之際或任於僨者之後責功補過唯明王能之君陳曰爾無忿疾于頑無求備於一夫又曰必有忍其乃有濟有容德乃大斯其義也

漢文帝時魏尚爲雲中守以罪削爵後帝輦過郎中署問馮唐以趙將李齊之賢唐對曰齊尚不如廉頗李牧之爲將也帝乃拊髀曰嗟乎吾獨不得廉頗李牧爲將豈憂匈奴哉唐曰主臣(恐懼之辭)陛下雖有廉頗李牧不能用也帝復問唐曰公何以言吾不能用頗牧也唐對曰臣竊聞魏尚爲雲中守軍市租盡以給士卒出私養錢五日壹殺牛(私養錢也)以饗賓客軍吏舍人是以匈奴遠避不近雲中之塞虜嘗一入尚帥車騎擊之所殺甚衆夫士卒盡家人子起田中從軍安知尺籍伍符(家人子謂庶人之家子也尺籍書軍令之板也伍符伍伍相保之符信也)終日力戰斬首捕虜上功莫府一言不相應文吏以法繩之其賞不行吏奉法必用愚以爲陛下法太明賞太輕罰太重且雲中守尚坐上功首虜差六級陛下下之吏削其爵罰作之繇此言之陛下雖得李牧不能用也臣誠愚觸忌諱死罪文帝說是日令唐持節赦魏尚復以爲雲中守

景帝時韓安國爲梁孝王國中大夫坐法抵罪蒙(蒙縣之獄也)居無幾梁內史缺(缺未補也)漢使使者拜安國爲梁內史起徒中爲二千石

宣帝五鳳中京兆尹張敞坐與光祿勳楊惲厚善惲坐大逆誅公卿奏惲黨皆免而敞奏獨寢不下敞使賊曹掾絮舜有所案驗舜以敞劾奏當免不肯爲敞竟事曰五日京兆耳敞聞舜語即部吏收舜繫獄晝夜驗治致其死事棄市會立春行寃獄使者出舜家載尸自訴使者奏敞賊殺不辜天子薄其罪欲令敞得自便利即先下敞前坐楊惲奏免爲庶人敞詣闕上印綬便從闕下亡命而冀州部中有大賊天子思敞功效使使者即家在

所召敞(就其所居而召之)敞身被重劾(謂前有殺不辜之事)及使者至妻子家室皆泣惶懼而敞獨笑曰吾身亡命爲民郡吏當就捕今使者來此天子欲用我也裝隨使者詣公車上書曰臣前幸得備位列卿待罪京兆坐殺賊捕掾絮舜舜本臣敞素所厚吏數蒙恩貸以臣有章劾當免受記考事(謂被書記令其考事)便歸臥家謂臣五日京兆背恩忘義傷薄俗化臣竊以舜無狀枉法以誅之臣敞賊殺無辜鞫獄故不直雖伏明法死無所恨天子引見敞拜爲冀州刺史

元帝建昭中西域副校尉陳湯與西域都護騎都尉甘延壽共矯制誅斬郅支單于先是中書令石顯嘗欲以姊妻延壽延壽不取及丞相御史亦惡其矯制皆不與湯(不與湯也)湯素貪所鹵獲財物入塞多不法司隸校尉移書道上繫吏士按驗之湯上疏言臣與吏士共誅郅支單于幸得禽滅萬里振旅宜有使者迎勞道路今司隸反逆收繫按驗是爲郅支報讎也帝立出吏士

令縣道具酒食以過軍後封延壽義成侯湯關內侯食邑各三百戶

後漢光武初爲蕭王時岑彭爲更始潁川太守會舂陵劉茂起兵略下潁川彭不得之官乃與麾下數百人從河內太守邑人韓歆會光武徇河歆議欲守彭止不聽既而光武至懷歆迫急迎降光武知其謀大怒收歆置鼓下將斬之召見彭彭因言韓歆南陽大人（大人謂大家豪右）可以爲用乃貰歆（貰寬也）以爲鄧禹軍師

王梁建武二年爲大司空與大司馬吳漢等俱擊檀鄉有詔軍事一屬大司馬而梁輒發野王兵帝以其不奉詔勑令止在所縣而梁復以便宜進軍帝以梁前後違命大怒遣尚書宗廣持節軍中斬梁廣不忍乃檻車送京師既至赦之月餘以爲中郎將行執金吾事宋浮建武三年爲幽州牧漁陽太守彭寵攻浮浮城中糧盡人相食會上谷太守耿況遣騎來救浮浮乃得遁走南至良鄉其兵長反遮之浮恐不得脫乃下馬刺殺其妻僅以身免城降於寵尚書令侯霸奏浮敗亂幽州構成寵罪徒勞軍師不能死節罪當伏誅帝不忍以浮代賈復爲執金吾

董宣建武中爲北海相大姓公孫丹令子殺人宣收丹父子殺之丹宗黨三十餘人稱冤宣使書佐水丘岑盡殺之坐徵詣廷尉當刑同刑九人次應及宣光武馳使騶騎特原宣刑且令還獄遣使者詰宣多殺無辜宣具以狀對言水丘岑受臣旨意罪不由之願殺臣活岑使者以聞有詔左轉宣懷令

鮑永爲東海相坐事被徵至成皋詔書逆下求為兗州牧

章帝時楊終爲蘭臺校書坐事繫獄帝徵諸儒論定五經於白虎觀博士趙博校書郎班固賈逵等以終深曉春秋學多異聞表請之終亦上書自訟即日貰出乃得與於白虎觀焉

魏太祖建安初舉魏种孝廉爲內黃太守屬以河北事及兗州叛帝曰唯魏种且不棄孤也及聞种走帝怒曰种不南走越北走胡不置汝也既下射犬生禽种帝曰唯其才也釋其縛而用之

文帝黃初中復于禁等官禁初守樊城兵敗降關羽會孫權禽羽獲其衆禁復在吳及帝踐阼權稱藩遣禁還帝引見禁鬚髮皓白形容憔悴泣涕頓首帝慰喻拜爲安遠將軍制曰昔荀[illegible]父敗績於邲孟明喪師於殽秦晉不替使復其位其後晉[illegible]土秦霸西戎區區小國猶尚若斯而況萬乘乎樊城之[illegible]暴至非戰之咎其復禁等官

晉惠帝時傅祗當趙王倫之纂爲右光祿開府加侍中及帝宫祗以經受僞職請退不許（先是孫秀與義陽王威等十餘人預撰儀式禪文及倫敗齊王冏以侍中劉逵常侍騶捷杜育黃門郎陸機右丞周導王尚等付廷尉以禪文出中書復議處祗罪會赦得原後以禪文草本非祗所撰於是詔復光祿大夫）

明帝時既平王敦有司奏江州刺史王彬及安成太守籍之並是敦親皆除名詔曰司徒導以大義滅親其後昆雖或有違猶將百世宥之況彬等公之近親乃原之徵拜光祿勳

後魏太武時高陽侯和歸以罪從配涼州爲民蓋吳作亂於關中復拜歸龍驤將軍往討之　盧度世以崔浩事逃於高陽鄭

羆家後太武臨江宋文帝使其殿上將軍黃延年朝貢太武問延年曰汝陽盧度世坐與崔浩親通逃命應已至彼延年對曰都下無聞當必不至太武詔東宮赦度世宗族逃亡及籍沒者度世乃出赴京拜中書侍郎西魏文帝時賀拔勝都督荊州爲侯景所敗南奔于梁三年乃求還既至長安詣闕謝罪朝廷喜其還乃授太師

後周宣帝時鄭譯尚梁國公主爲內史下大夫譯頗專權時帝幸東京譯取官材以自營寺坐是復除名爲民御正劉昉數言於帝帝復召之顧待如初

唐高祖鎮并州李靖爲馬邑郡丞會突厥入寇高祖率兵至馬邑擊虜敗之靖察高祖將有四方之志因而上變至長安高祖由是惡之及剋京城執靖將斬之靖厲聲大叫曰公起義兵爲天下除暴亂救蒼生安得挾私怨而殺義士邪高祖奇而捨之後爲將破開州蠻賊高祖甚悅手詔勑靖曰既往不咎何憂

懼今日必去心中更不須憂恩舊事吾久忘之矣

太宗貞觀初徵鄧改為國子主簿初王充兄子太之守何陽也引鑒為賓客大見親遇及太宗攻洛陽遣書謝太令為太宗書言辭不遜洛陽平後隆懼罪變姓名自號隱玄先生竄於白鹿山黃冠野服不接人事至是徵之與博陵崔仁師昌黎孫慕容善仁引農劉顗新野庾安禮河東敬播具為修史學士隆貞名郢懼不自安太宗聞之遣房玄齡謂之曰爾為王充作書誠合重責但各為其主然朕有惡朕今為天子何能追責匹夫之過爾宜坦然勿懷危懼也遂授著作佐郎

高宗咸亨初薛仁貴為邏沙道行軍大總管擊吐蕃官軍大敗仁貴坐除名尋而高麗餘衆相率復叛詔起仁貴為雞林道總管以經略之上元中坐事徙象州會赦歸高宗思其功開耀元年復召見謂曰往九成宮遭水無卿已為魚矣卿又北伐九姓東擊高麗漢北遼東咸遵聲教者並卿之力也卿雖有過豈可相忘有人云卿烏海城下故不擊賊致使失利朕所恨者唯此事耳今西邊不靜瓜沙路絕卿可高枕鄉邑不為朕指揮耶於是起瓜州長史尋拜右領軍衛將軍檢校代州都督

玄宗開元二年八月吐蕃寇臨洮軍又寇蘭州及渭州之渭源縣侵我牧圉乃詔薛訥白衣攝左羽林軍將軍為隴右防禦使與太僕少卿王晙等率兵擊之敕曰棄瑕錄用有國通典捨罪責功先王舊式薛訥韞韜鈐之略總文武之任委以分閫冀著邊塵遂闕衷律實負朝寄惟其所犯合寘嚴刑言念老臣寬其小眚既捨孟明之罪仍收馮異之功可隴右道防禦軍大使是年訥為大武軍將軍為之敗黜為庶人至是復用之

肅宗至德二年十二月既收洛陽元兵博陵太守張萬頃陷賊偽授河南尹安撫百姓全活宗枝帝嘉之捨其罪授濮陽太守

德宗建中四年汾陽郡王郭子儀子曖尚代宗外平公主坐事留之於下中曖亦不令出入既而朱泚之亂不知德宗幸奉天為賊所迫欲授偽官曖辭以居喪被疾既而與兄曙弟暎募公主背奔奉天德宗喜並釋前咎待之如初復銀青光祿大夫檢校左散騎常侍

興元二年朱泚平御史臺奏賊中守舊官人及被迫賊除官不出者先奉進止並宜釋放未奉正敕不敢不奏詔賊中守舊官人並宜却復本官

貞元九年滄景節度使程懷直畋遊無度不恤其下為衆所逐遂來歸帝優容之除統軍依舊檢校僕射

憲宗元和元年程異以王叔文黨貶柳州司馬鹽鐵使李巽薦異曉暢錢穀請棄瑕錄用由是拔為御史

後唐莊宗同光初既平朱梁齊州刺史孟璆上章請死帝原之璆初為騎將天祐十三年帝與劉鄩對壘於莘縣璆領七百騎奔投于梁末帝以為齊州刺史至是首過帝報之曰爾當吾急時引我七百騎投賊何過之有但予推心御物不欲生故我不以爾來將何面相視耶璆叩頭泣請死帝恕之復為貝州刺史

明宗天成三年二月敕朕聞為賢諱過兮有匿瑕而皆載在春秋顯於簡冊是以孟明不懈遂霸西戎曹沫有謀克定東魯列國之臣尚爾西國異為貴授檀州刺史劉訓早負驍勇感推忠壯自黑川而向化總領竹符平汶上以立功遂分茅社去春以荊門叛逆須議討除將戮賊臣俾司戎律攻城稍滯略地未前屬炎熇以班師責逗遛而削爵自居遠郡俄換年華聞惕厲以自新宜降恩華而求舊使昇環列取勇鋼陳可守右龍武大將軍長興二年八月庚申以右金吾衛大將軍充街使高允貞為右衛大將軍先是以據占編戶役于伏下故免其官今復敘仁

晉高祖天福三年四月詔吏司殷朝散大夫衛尉寺丞陳保極凡疑于名早登科第暫居班列深感君恩能近者受限既違朝旨是宜自開左降深居前非宜推宥罪之恩俾奉司新之命保極復繼以陂遭可復授行尚書倉部員外郎賜紫金魚袋

卷末

冊府元龜卷第一百五十

帝王部一百五十

寬刑

書曰與其殺不辜寧失不經斯寬刑之謂也故虞夏之道寡怨於人漢興之初禁網疏闊爾後或下民多辟自投罪𦊅為之司牧不忘隱惻以至理官閱實法科無爽申嚴伇屬國章是舉而乃録其昔歎察其素心申恩以矜老推仁而錫類寬其連及之典恕以狂愚之罰奉順時令重惜髮膚霽雷霆之威狀川澤之量霈然發號以原以降斯皐陶所謂好生之德仲尼所述濟猛之善政者也

漢文帝十三年太倉令淳于意有罪當刑少女緹縈上書曰妾父為吏齊中皆稱其廉平今坐法當刑妾傷夫死者不可復生刑者不可復屬（屬猶聯也一作續）雖後欲改過自新其道亡繇也妾願沒入為官婢以贖父刑罪使得自新書奏帝憐悲其意除肉刑（具刑法官定律令門）

後漢光武建武中董宣為北海相大姓公孫丹子殺人宣收丹父子殺之丹宗黨三十餘人稱冤宣使書佐水丘岑盡殺之坐徵詣廷尉當刑同刑九人次應及宣光武馳使騶騎特原宣刑且令還獄遣使者詰宣多殺無辜宣具以狀對言水丘岑受臣旨意罪不由之願殺臣活岑使者以聞有詔左轉宣懷令令青州勿案岑（[illegible]）

二十八年十月癸酉詔死罪繫囚皆一切募下蠶室其女子宮（謂幽閉也）

三十一年九月甲辰詔令死罪繫囚皆一切募下蠶室其女子宮

章帝建初中有人侮辱人父者而其子殺之帝貰其死刑而降宥之

和帝永元元年十月令郡國弛刑輸作軍營其徙出塞者刑雖未竟皆免歸田里

十一年二月詔郡國中都官徒及篤癃老小女徒各除半刑其未竟三月者皆免歸田里

順帝即位初詔司隸校尉惟閻顯江京近親當伏辜誅其餘務崇寬貸

陽嘉元年九月詔郡國中都官繫囚皆減死一等亡命者贖各有差

楊倫順帝時為侍中會邵陵令任嘉臧罪千萬倫上請并罪本舉之主尚書奏倫知密事徼以求直坐不敬結鬼薪（結正其罪也鬼薪以給宗廟三歲刑也）詔書以倫數進忠言特原之免歸田里

魏太祖時魏諷反劉廙弟偉為諷所引當相坐帝下令曰叔向不坐弟虎古之制也特原不問徙署丞相倉曹屬廙上疏謝曰臣罪應傾宗禍應覆族遭乾坤之靈值時來之運揚湯止沸使不燋爛起煙於寒灰之上生華於已枯之木物不荅施於天地子不謝生於父母可以死效難用筆陳

文帝黃初中韓宣為尚書郎嘗以職事當受罰於殿前已縛束杖未行帝輦過問此為誰左右對曰尚書郎勃海韓宣也帝追念前臨菑侯說乃寤曰是子建所道韓宣邪（[illegible]）特原之遂解其縛時天大寒宣前以當受杖豫脫袴纏褌面縛及其原褌腰不下乃趨而去帝目而送之笑曰此家有瞻諦之士

晉武帝太始中西平人麹路伐登聞鼓言多祅謗有司奏棄市帝曰朕之過也釋而不問

元帝時羊聃為廬陵太守疑郡人簡良等為賊殺二百餘人有司奏聃當死兄子賁尚公主自表求解婚詔曰罪不相及古今之令典也聃雖極法於賁何有其特不聽離婚琅邪太妃山氏聃之甥也入殿叩頭請命王導又啓聃罪不容恕宜極重法山太妃憂感成疾陛下罔極之恩宜蒙生全之宥於是詔下曰太妃惟此一舅發言摧咽乃至吐血情慮深重朕往丁荼毒受太

妃茂育恩同於慈親若不堪冀忍之痛以致頓殞朕亦何顏以寄今便原雖生命以慰太妃渭陽之思於是除名

後魏明元時封玄之坐與司馬國璠溫楷等謀亂伏誅臨刑帝謂之曰終不令絕汝種也將宥爾一子玄之請曰弟虔之子悉㚣字君平早孤乞全其命乃殺玄之四子而赦悉㚣孝文太和五年三月詔曰法　妖詐亂常妄說符瑞蘭臺御史張求等一百餘人招結奴隷謀為大逆有司科以族誅誠合刑憲但矜愍重命猶所弗忍其五族者降止同祖三族止一門門誅止身

陸叡為征北將軍與穆泰等同謀構逆賜死獄中免孥戮徙其妻子為遼西郡民詔僕射李沖領軍于烈曰陸叡元年且蒙寵祿位極人臣矣自與卿等同受非常之詔朕許以不死之言思得上下齊信以保大義朕於卿等常志矩寒非務相含養豈謂陸叡無心之甚一至於斯乃與穆泰結禍數圖反噬以朕遷洛內懷不可擬舉諸王誅引子恂若斯之論前後非一始欲推故

南安王次推陽平王若不肯從欲逼樂陵王詘謗郭汗書言㚣然事既無戮以洛都休明勸令小緩於是之後兩人復謀然猶隱而弗聞賴陽平王忠貞奮發獲泰之言便爾馳表得使王人糾慝常岳無塵是以叡之姦失處入門誅朕諦尋前言許不盡法反逆之志自負幽冥違誓在彼不關朕也反心逆意既異餘犯雖欲矜恕無如之何然猶憶先言兼以未塞異議聽自死別府免厥孥戮其一門子孫永不齒元丕二子一弟自為賊端其父無人明證理在可觀但以言無炳灼隱而弗窮以連坐處死特恕為民朕本期有終而彼自棄卿等之間忽及今日違心乖念一何可悲此別兩想無致怪也誅反之外莪如白日耳沖烈表曰臣等邀逢幸會生遇昌辰才非利用坐班位列功無汗馬猥受山河叨忝之寵終古無比莫大之施萬殞靡酬而叡丕識乖犬馬心同梟鏡潛引童稚構茲妖逆違天常罪踰萬殺叡結豐在心陰構不息同謀戚審擬窺亂象雖覩休平不懷熒戚何宥片辭披露宿志原心語事實君冠首入之二子從惡思年父肩東西規擾并夏觀此狀無容不知聖恩含育乞活其生命其若天地何其若神祇何夫效誠盡節為下之常節逆天無赦在上之常法况曲蒙莫大之恩契以忠貞之義而尹逆天背道包藏姦逆求情推理罪乃常誅而慈造寬渥更垂恩貸賜叡三斬之戮還丕已絕之魂二三縱宥實虧憲典猶復止延天眷宜念疇日以臣等昔負餘黨別垂明詔再宣爵信之恩重荷皎日之言伏讀悲慙惟深愧惕

沈保沖為南徐州冠軍長史坐援連口二十數若時同孝文大赦詔辦啉連退敗有司處之死刑孝文詔曰保沖文秀之子可特原命

新興公丕子隆謀舉兵斷關不當連坐孝文以先許不死之詔躬非染逆之身聽免死仍為太原百姓其後妻二子聽隨隆母弟及餘庶兄弟皆徙敦煌

配洛陽作部終身既而獲免

李彪為散騎常侍孝文南伐彪為度支尚書與僕射李沖任城王等參治留臺事彪素性剛豪與沖等意義乖異沖積其前後罪過奏之帝在懸瓠覽表歎悵曰意留京如此也有司處彪大辟帝恕之除名而已

宣武時蕭寶夤以南齊宗室來奔除為鎮東將軍及中山王英南伐寶夤又表求征乃為使持節鎮東將軍別將以繼英配羽林虎賁五百人與英頻破梁軍乘勝逐攻鍾離淮水汎溢寶夤與英狼狽引退士死沒者十四五有司奏寶夤守東橋不固軍敗由之處以極法詔曰寶夤因難投誠宜加矜貸可恕死免官削爵還第

隋高祖開皇六年詔免尉遲迥王謙司馬消難三道逆人家口配沒者悉官酬贖使為編戶因除孥戮相坐之法

陸讓為番州刺史贓貨當死母馮氏上表求哀詞甚切文帝愍然為之改容獻皇后甚奇其意致請於帝治書侍御史柳彧

違同馮氏母德之至有感行路如或殺之何以爲勸帝於是集京城士庶於朱雀門遣舍人宣詔曰馮氏以嫡母之德足爲世軌慈愛之道義感人神特宜矜免用獎風俗讓可減死除名爲民

賀若弼平陳之役自謂功名出朝臣之右每以宰相自許與高熲楊素爲右僕射弼仍爲將軍甚不平形於言色由是免官弼怨望愈甚後數年下弼獄文帝謂之曰我以高熲楊素爲宰相汝每唱言云此二人惟堪噉飯耳是何意也弼曰熲臣之故人素臣之舅子臣並知其爲人誠有此語公卿奏弼罪當死帝惜其功於是除名爲民

唐高祖武德四年二月親録囚徒謂僕射裴寂曰離亂之後仁法者多若限以常條死者便衆其本賊傳財空征人逃走官人枉法如此之徒理在難恕自餘之輩朕欲法外赦之於是多所原放

太宗貞觀十六年十一月廣州都督党仁弘坐枉法取財及受所監臨贓百餘萬當死太宗哀之曰吾一昨見大理進殺仁弘

第五奏中心惻然臨哺食遂令撤案然以其白首就戮將全活之而爲其求理求無濟路今由法就公等乞之其十二月壬午朝召五品以上於太極殿前而謂之曰夫人君執賞罰責在必信同天地法四時也党仁弘犯罪當死朕欲哀矜是朕自弄其法誠負天地臣有過請罪於君君有過須請罪於天因命有司設草席於南郊擯內日一進蔬食朕將三日告天請罪房玄齡等曰陛下躬履行陣撥亂反正救天下口千萬賴陛下而生禮俗化行咸寬刑措仁弘受財義當爲法陛下哀其耄年賜以更生殺生之柄屬在人主今欲請罪於天臣等不勝惶懼請停太宗不聽自辰至巳入一百寮於殿庭頓首三請且至日昃太宗乃手詔答曰夫爲政之大慎在刑獄縱捨任心以欺衆庶罪一也知人不明委用貪冒罪二也善善未賞惡惡不誅罪三也若斯三者豈得無過以公固諫且依來請於是黜仁弘爲庶人徙欽州

十七年吏部尚書侯君集以反伏誅臨刑容色不撓謂監刑將軍曰君集豈反者乎蹉跌至此然昔日藩邸早奉驅馳及擊取高昌實當分閫擊滅二國頗有微功爲言於陛下乞令一子以爲種祀由是特原其妻及子爲庶人徙嶺南

二十一年九月齊州人段志沖上封事請致政於皇太子太子聞之憂見於色發言涕流長孫無忌等請誅志沖帝手詔曰朕聞以德下人者昌以貴高人者亡是以五岳凌霄四海亘地納汙藏疾無損高深志沖欲以匹夫解位天子朕若有罪是其直也若當無罪是其狂也譬尺霧鄣天不虧於大寸雲點日何損於明今卿等皆欲致以極刑實所不忍可更詳議任遂寺

高宗永徽四年十二月代州都督劉大器坐妄說圖讖情有猶豫前將免死流配峯州手詔示百寮曰頃者圖讖以以立身成疾斯慢自貽殺戮歷代舊章今大器乃與妖人往還處占禍福矯託天命苟蓄逆心非貴自彰以歸嚴憲今屈法免死者由朕昔

在藩邸致故也去春遺愛等並起逆於前今年大器謀亂於後一歲之內再有此釁朕實興自思非無深愧御史大夫長孫祥大理卿段寶玄奏言劉大器包藏禍心罪合極法天命寬容特免其罪自聞君親無將將而必誅此法歷代常行大器不可縱捨乞等忝是法官敢以死請帝曰卿等執奏動知奉法朕以始其些命不欲二三宜赦之

睿宗景雲二年十二月張奉先詐稱尚乘奉御爲宣敕取六廄馬司農丞獨孤璿犯贓並命斬之臨刑有制免死各杖一百放于嶺表

太極元年金城人段萬謙昇太極殿登御床自稱天子呼宿衛兵士令稱萬歲有司請誅之帝以爲風狂特免其死配流嶺表

玄宗開元二年九月己亥詔曰明王垂訓則罪不相及善人暨罰則刑不可濫由是毋書有言由坐趙括負既從馮亭遺救向古之道也朕所務焉衛尉少卿崔滌弟誠素因志章君曾同

下社之遊顧上中陽之舊識表於先覺節全於後周其兄湜素
蓄異圖交結兇黨滌雖懷在原之急深憂闕室之刑動靜則聞
始終必盡爲臣無隱惟滌有之言念厥功曷云從坐況老父就
養諸兄並殁孫蒸嘗奉有聞矜憫賞罰勸沮宜判忠邪滌家除
兄湜一房外餘並不須爲累

十四年詔曰陳州刺史李樂詐盜受贓其數甚廣法司斷死國
有常刑時屬發生特申寬典宜免死貶爲欽州道化縣尉員外
置長任二十五年正月宣州溧陽令宋廷暉涇州良原令周仁
公寧州彭原令裴裔皆犯贓坐死刑帝以陽和在候特恕之並
杖六十配流于驩州

是年四月皇太子瑛鄂王瑤光王琚駙馬都尉薛鏽並得罪特
免瑤妃韋氏詔曰鄂王瑤妃韋氏特稟令德作配藩邸夫也義
薄婦道愈勤規誡之言無由見納輔佐之道空竭乃誠但恭肅
以奉上每柔明以撫下周旋禮度固所未聞不有家風何至於
此今因罪累例如奪[illegible]有善不紀何以勸下其韋氏不須爲累

德宗貞元六年閏四月詔原富平令宋遵貶但停其官初遵與
人李戴叔納元陵園菓兩車愆期或請毀戟於遵遵因寄怒以
禰䵝之戴訴負之直不過數千而罰之三百貫文枷禁棰辱焉
戴妹婿昭德皇后弟王果奏言帝命御史臺鞫之遵具款伏宰
臣董晉竇參進曰李戴不納差科朱爲臣棄侯遵峻其懲罰頗
越常倫況是國親未就有禮毀損過甚理當罪責望貶澧州司
戶參軍帝不欲以戚屬之故而罪吏故有是命

憲宗元和十二年七月宰相裴度爲淮西行營處置使用兵討
吳元濟建牙赴行營表用左武衛將軍張茂和爲都押衙茂和
嘗以膽氣才略自贊於相府故度奏用之茂和憂度無功淮蔡
不可平乃辭之以疾度怒甚奏請斬茂和以厲行者憲宗曰予
以其家行忠順爲卿遠貶

十二月戊寅以隴西降將曹重貢爲春州司戶委朝廷播州司

戶吳元濟拒命重貢等屢與官軍力戰李愬平蔡州始來降以
先許其不死故遠貶焉

十四年五月戊寅前平盧營田判官陸行儉忍棄慈親偷安吳
俗日久既廢子道亦虧顧其積惡合寘重典但以好生爲[illegible]
遠爲心姑務含弘示其養理可守高州司戶參軍

己亥詔李師古脅從任使待以始終雖是師道近親與章宜有
差降其妻裴氏及女宜娘並於鄧州安置淄青平帝謂宰臣曰
李師古雖自襲祖父然朝廷待以終始其妻於師道即嫂叔也
雖曰逆人親屬量其輕重亦宜降等故有是詔

七月鹽鐵福建院官權長孺坐贓一萬三百餘貫詔付京兆府
杖殺之其母劉求哀於宰相崔羣因對之帝歎其老母乃曰朕將
捨長孺之死何如羣對曰陛下即捨之當速使人往若待正勑
不及矣帝乃使品官馳往止之翌日詔杖八十長流康州

李宗奭爲棣州刺史與本道節度鄭權不叶不稟節制權奏之
憲宗令中使追之宗奭諷州留巳上言懼亂未敢離郡滄州將
吏懼其逐宗奭宗奭奔歸京師詔以悖慢之罪斬於獨柳之下
後下詔曰李宗奭本於兇很自抵誅夷用戒獨在合從孥戮顧其
微細已正刑章特示含弘載寬緣坐其妻韋氏及男女等先收
在掖庭並宜放出前數日帝謂宰臣曰李宗奭雖抵嚴憲其事
情比之大逆亦有不同其妻士族也今與其子女俱在掖庭於
法皆以過深卿等留意否崔羣對曰聖情仁惻罪止其身其
妻子近屬儻獲寬恕實合弘覆之道帝遂出之准法逆人親屬
得原免者唯止一身至是其奴婢資貨悉令還付

穆宗長慶二年六月有于方者故司空頔之子欲以奇謀求進
言於宰臣元稹稱有奇士王昭等可反間出牛元翼於深州之
圍復請兵吏部印僞告身二十通以便宜給賜稹皆然之尋有
告事人李賞上言稹設計陰謀令王昭等三人謀害宰相裴度
詔三司按鞫無害裴度事而餘事並露獄成詔曰于方罪犯合

寬其刑以其父頤頃在襄陽能幾諫不陷不義方實有之又念其弟李友耆聯國姻特宜免死長流崖州李賁流潮州郭玄覽于啓明王昭以于方既從減論並放杖郭玄覽配流封州于啓明配流新州王昭配流雷州

敬宗寶曆三年正月御史臺奏右贊善大夫李方現犯[illegible]內園品官李重實款狀明具判李方現不自謹身有此罪[illegible]如品官凌忽只合詣實奏聞輒肆狂躁恣行毆擊傷人見血理在難容但以父有勤勞身功宗廟特從輕典粗以繩違宜量罰兩月俸料

三月丙子御史臺推勘京兆府藍田縣令劉伉在任日將諸色隱沒破用九十餘萬制曰劉伉所犯贓私其數至廣恣為負犯固越刑章若據本條合當極法以其大父於國有勞特為矜量俾從寬宥宜除名流雷州伉故宰相晏之孫也

文宗大和三年五月滄州平制李同捷力屈計窮方圖轉禍在

途陰懷狡計夜縱火號潛誘家僮更謀網漏自速梟獻其母并妻男及家口等宜並特從寬宥令於湖南管內諸有空閑處安置是月李載義進滄鎮兩州生口除在路死損外見在將健共七百五人鎮州三百九十人已誅元惡按問其餘並宜減死分配邊州充填諸州防秋便充正額官健度支給衣糧

六月勑李同捷弟同志久因累讁不涉逆謀又知畏出特寬緣坐宜聽隨母於所配居止

六年七月刑部奏大理寺申斷和州刺史徐登加徵稅錢據其贓犯合處極法特勑徐登減死決四十流潮州

七月慈州刺史杜悰近犯贓法當賜死庚申詔叔近以特寬元賜務從寬宥決八十流儋州

後唐明宗以同光四年四月即位下詔曰朕臨御寰區當明賞罰刑既加於有罪道貴洽於無私況據覩陳宜分阜白將行寬宥俾釋[illegible]疑罪人元行欽孔謙及應犯法人田宅已從籍沒其資人使下生從穩便不詰罪尤仍然有才能者仍許所司錄出

長興三年三月殿直張紹謙奏父靈武節度使希崇先措官馬十五疋違重將裴邵隱等二人進納其人與進奏官死顯之隱呢一匹合抵極法帝曰不可以一馬而戮三人皆而釋之

十一月甲辰勑龍勝毛璋陷死曹廷隱成景弘等或子或弟本無相及之刑宜示寬恩令其連坐止令州府別係職官而閑收管已來庶幾之後頗極窮困宜放營生仰逐處開落姓名仍給公憑放逐穩便

末帝清泰元年七月詔曰朕自中春豐生家國長子重吉遠陷無辜其供奉官楚祚秉幼主之猜嫌徇賊臣之指使縶留差使遽自請行坐情過甚於仇讎論法不依於制度恣加淩辱陷李資身縱使盈於族誅亦未平於深恥朕再惟大體不欲極刑抑沉痛於恩情示好生於天道且令遠斥稍釋幽冤宜配登州長流百姓常知所在其父西京到指揮使處章放令自便縱逢恩

赦不在齒錄之限重吉明宗時為控鶴指揮使鄴王時朱馬息嫉出為亳州團練使重吉初不奉詔弘昭令宋州節度使召赴州令楚祚往害之帝息觽不多併羅非禍言發涕悉[illegible]祚安重吉時詰厚留掠以責家財時祚在外位立令追攝將[illegible]其刑諸將皆言帝王天下君父臣下皆為赤子論刑定罪須治人心共祚承命檢校家財理須窮詰若以此加法懼失物情今便放其祚之門亦逝者何救且受恩殊等安敢惜言帝曰吾兒不可復得殺一楚祚何足與言帝性仁恕終為韓開釋而祚免死

是年詔隨州放左龍武統軍王景崇絳州刺史萇從諫先是二人從康義誠出軍皆為部下所執歸帝初欲誅之從諫太言曰臣從殿下千征萬戰臣之材力殿下所知豈僅聖輩安能制臣詩召歸首勸以為擒面欺也帝皆其才用令拘於隨州至是釋之

晉高祖天福二年七月諸衛將軍婁繼英坐張從賓叛事貶一勑河府奏收到婁繼英男為汝令懷德據婁繼英三行[illegible]

籍沒官其妻廣德令河府追取舊受告身毀抹特從釋放
三年八月大理寺以左街使從人韓延嗣招為百姓李延暉衝
街使遮喝不住遂驅趂毆擊致李延暉身死准律鬭毆人者
元無殺心因相鬭毆而殺人者絞故殺人者斬其韓延嗣准律
合斬准刑法統類節文絞斬刑決重杖一頓處死勑曰韓延嗣
出別喝見不避路者輙行毆擊致傷人命法寺定刑比不因鬭
而毆傷人辜內死者依殺人論蓋做相類且非本條罪有所欵
法官在宥宜決脊杖十八劄面配華州發運務收管

周太祖廣順二年九月同州節度使薛懷讓并子有光受夏陽
縣民張延徽獻送迫促判官劉震斷殺里人康重等其親屬詣
寃臺司奏薛懷讓并子有光及隨幕判官軍將等並令追攝勘
問帝以懷讓武臣位兼使相不欲責辱只令臺司據見勘到欵
占結案獄成上付大理寺詳斷劉震王延誨並處死刑部郎中
劉從評覆評

冊府元龜卷第一百五十

冊府元龜卷第一百五十一

帝王部一百五十一

慎罰

夫震曜殺戮上天之顯道也刑罰威獄王者之大柄也聖人則象天明司牧民命所以糾虔姦慝章明軌度則刑辟之設禮樂之助也然而丕蔽或爽頗纇有彰巧詆致其深文平民陷於非辟則常寃惣至作沴於陰陽胥怨汲閭無措於手足是故帝嬀勑法形欽恤之言穆滿制刑敦簡孚之訓皐陶作士寧失於不經盤庚誥民敢動於非罰皆所以昭明慎之旨懲放紛之弊也稽諸舊史足示方來后辟紛綸光猷輝映至如齊居論決深刑於勤恤覆讞惻憯無憚於淹久動遵經義以取乎大中時下教告式申於服念若斯之類寔繁其徒有足明徵並從論次

舜既受禪乃命象以典刑（象法也法用常刑用不越法）流宥五刑（宥寬也以流放之法寬五刑）鞭作官刑（以鞭為治官事之刑）扑作教刑（扑榎楚也不勤道業則撻之）金作贖刑（金黃金誤而入刑出金以贖罪）眚災肆赦怙終賊刑（眚過災害肆緩賊殺也過而有害當緩赦之怙姦自終當刑殺之）欽哉欽哉惟刑之恤哉皐陶曰帝德罔愆臨下以簡御眾以寬（愆過也善則歸君人臣之義）罰弗及嗣賞延于世（嗣亦世俱謂子延及也父子罪不相及而及其賞道德之政）宥過無大刑故無小（過誤所犯雖大必宥不忌故犯雖小必刑）罪疑惟輕功疑惟重（刑疑附輕賞疑從重忠厚之至）與其殺不辜寧失不經好生之德洽于民心茲用不犯于有司（辜罪經常司主也皐陶因帝勉已遂稱帝之德所以明民不犯上也）（寧失不常之罪不枉不辜之善仁愛之道）

漢高祖七年制詔御史獄之疑者吏或不敢決有罪者久而不論無罪者久繫不決自今已來縣道官獄疑者各讞所屬二千石官二千石官以其罪名當報（當謂處斷也）所不能決者皆移廷尉廷尉所不能決謹具為奏傳所當比律令以聞

景帝中元五年九月詔曰法令度量所以禁暴止邪也獄人之大命死者不可復生吏或不奉法令以貨賂為市朋黨比周以苛為察以刻為明令亡罪者失職朕甚憐之（職常也失其常理也）有罪者不伏罪姦法為暴甚亡謂也諸獄疑若雖文致於法而於人心不厭者輒讞之後元年正月詔曰獄重事也人有智愚官有上下獄疑者讞有司有司所不能決移廷尉有令讞而後不當讞者不為失（假令讞訖其理不當所讞之人不為罪失）欲令治獄者務先寬

宣帝即位以武帝末法令滋彰禁網寖密時廷尉史路溫舒上疏言秦有十失其一尚存治獄之吏是也帝深愍焉迺下詔曰間者吏用法巧文寖深是朕之不德也夫決獄不當使有罪興邪不辜蒙戮（當重而輕使有罪者起邪惡之心也無罪者反陷罪刑是決獄不平也）父子悲恨朕甚傷之今遣廷史與郡鞫獄任輕祿薄（鞫謂窮獄事窮竟也）其為置廷平秩六百石員四人其務平之以稱朕意於是選于定國為廷尉求明察寬恕黃霸等以為廷平季秋後請讞時帝常幸宣室齋居而決事（未央宮中有宣室殿賈誼傳亦云受釐坐宣室蓋其殿在前殿之側也齋則居之）獄刑號為平矣

地節四年九月詔曰令甲死者不可生刑者不可息此先帝之所重而吏未稱今繫者或以掠辜若飢寒瘐死獄中（瘐病也囚以飢寒而死曰瘐）何用心逆人道也朕甚痛之其令郡國歲上繫囚以掠笞若瘐死者所坐名縣爵里丞相御史課殿最以聞

元康二年詔曰獄者萬民之命所以禁暴止邪養育群生也能使生者不怨死者不恨則可謂文吏矣今則不然用法或持巧心析律貳端深淺不平增辭飾非以成其罪奏不如實上亦亡繇知此朕之不明吏之不稱四方黎民將何仰哉二千石各察官屬勿用此人吏務平法或擅興繇役飾廚傳稱過使客越職踰法以取名譽譬猶踐薄冰以待白日豈不殆哉

後漢光武建武二年詔曰頃獄多冤人用刑深刻朕甚愍之孔子云刑罰不中則民無所措手足其與中二千石諸大夫博士議郎議省刑法

明帝永平三年詔曰有司其詳刑慎罰明察單辭夙夜匪懈以稱朕意

章帝建初五年三月甲寅詔曰孔子曰刑罰不中則民無所措手足今吏多不良擅行喜怒或案不以罪迫脅無辜致令自殺者一歲且多於斷獄甚非爲人父母之意也有司其議糾舉之

質帝本初元年正月丙申詔曰昔堯命四子以欽天道鴻範九疇休咎有象夫瑞以和降異因逆感禁微應大前聖所重頃者州郡輕慢憲防競逞殘暴造設科條陷入無罪或以喜怒驅逐長吏恩阿所私罰枉仇隙至令守闕訴訟前後不絕送故迎新人離其害怨氣傷和以致災眚書云明德慎罰方春東作育微敬始其勑有司罪非殊死且勿案驗以崇在寬

靈帝熹平五年四月使侍御史行詔獄亭部理冤枉原輕繫休囚徒

魏武帝令曰夫刑百姓之命也而軍中典獄者或非其人而任以三軍死生之事吾甚懼之其選明達法理者使持典刑於是置理曹掾屬

文帝黄初五年詔曰近之不綏何遠之懷今事多而民少上下相蒙以文法百姓無所措其手足昔泰山之哭者以爲苛政甚於猛虎吾備儒者之用服聖人之遺教豈可以目翫其辭行違其誠者哉廣議輕刑以惠百姓

明帝太和三年十月改平望觀曰聽訟觀帝常言獄者天下之姓名也每斷大獄常幸觀臨聽之

青龍四年六月壬申詔曰有虞氏畫象而民弗犯周人刑措而不用朕從百王之末追望上世之風邈乎何相去之遠法令滋章犯者彌多刑罰愈衆而姦不可止往者案大辟之條多所蠲除思濟生民之命此朕之至意也而郡國斃獄一歲之中尚過數百豈朕訓導不醇俾民輕罪將苛法猶存爲之陷穽乎有司其議獄緩死務從寬簡及乞恩者或辭未出而獄以報斷非所以究理盡情也其令廷尉及天下獄官諸有死罪具獄以定非謀反及手殺人亟語其親治有乞恩者使與奏當文書俱上朕將思所以全之其布告天下使明朕意

晉武帝太康九年詔郡國五歲刑以下决遣無留庶獄

後魏明帝永興三年十二月詔南平公長孫嵩任城公嵇拔白馬侯崔宏等坐朝堂録決囚徒務在平當

太武太平真君六年詔諸有疑獄皆付中書以經義量決

獻文末年尤重刑罰言及常用惻愴每於獄案必令覆鞫諸有囚繫或積年不斷群臣頗以爲言帝曰獄滯雖非治體不猶愈乎倉卒而濫也夫人幽苦則思善故囹圄與福堂同居朕欲其改悔而加以輕恕耳由是囚繫雖淹滯而刑罰多得其所

孝文延興四年以中書覆案頗上下其法遂罷之獄有大疑乃評議焉先是諸曹奏事多有疑請又口傳詔勑或致矯擅於是時事無大小皆令據律正名不得疑奏合則制可失衷則彈詰之盡從中墨詔自是事咸精練羣下莫敢相罔

大和四年幸廷尉籍坊二獄引見諸囚詔曰廷尉者天下之平

民命之所懸也朕得惟刑之恤者在獄官之稱其任也一夫不耕將或受其餒一婦不織將或受其寒今農時要月百姓肆力之秋而愚民陷罪者甚衆宜隨輕重決遣以赴耕耘之業

五年五月朔詔曰迺者邊兵屢動勞役未息百姓因之輕陷刑網獄訟煩興四民失業朕每念之用傷懷抱農月時要民須肆力其勑天下勿使有留獄久囚

十一年十一月戊申詔曰朕惟上政不明令民陷身罪戾今寒氣勁切杖捶難任自今月至來年孟夏不聽拷問罪人又歲既不登民多飢窘輕繫之囚宜速決了無令薄罪久留獄犴

二十年七月丁亥詔曰法爲治要民命尤重在京之囚不命將奏朕將親案以時議決

宣武永平元年七月詔曰察獄以情審之五聽枷杖小大各宜定准然比廷尉司州河南洛陽河陰及諸官鞫訊之理未盡矜恕掠拷之苦每多切酷非所以祗慮量衷慎刑重命者也

推濫究枉良軫於懷可付尚書精檢枷杖違制之由斷罪聞奏

出帝永熙三年五月庚寅詔諸幽枉苿串事經一周已上悉據華林將親覽察既事已經年有司不列者聽其人各自陳訴若事連州郡由緣淹歲月亦仰尚書揔集以聞

隋文帝開皇五年侍官慕容天遠糾都督田元冒請義倉事實而始平縣律生輔恩舞文陷天遠遂更反坐帝聞之乃下詔曰人命之重懸在於法律文刊定科條易曉分官命職常選循吏小大之獄理無疑舛而因襲往代別置律官報判之時推其爲首殺生之柄常委小人刑罰所以未清威福所以妄作爲政之失莫大於斯其大理律博士尚書刑部曹明法州縣律生並可停廢自是諸曹決事皆令具寫律文斷之

十二年帝以用律者多致踳駁罪同論異八月甲戌制天下死罪諸州不得便決皆令大理覆治事盡然後上省奏裁

十六年詔死罪者三奏而後行刑

唐高祖武德四年四月詔曰緩刑議獄哲后彝訓解網泣辜前王茂軌朕君臨海內撫育黎元一物乖所納隍興慮其益州道行臺及夔州揔管府衆務臻集統攝遐長囚徒禁繫其數不少或控告未申多有冤屈或注引肆志濫及貞良致使文案稽延獄訟繁雜念彼枉滯情深愍惻其益州揔管內諸州委御史大夫無逸檢校夔州管內委趙郡公孝恭檢校所有囚禁悉令覆察務從寬簡小大以情但有負罪逃亡離棄鄉邑無問輕重悉令歸首明加勸道務修墾植庶使家給人足稱朕意焉

太宗貞觀元年七月戊申詔曰朕恭膺寶命撫臨率土永鑒前王憲章典故雖文質遞變沿革不同而發號施令殊途一揆皆所以成當世之典謨開生民之耳目納之軌度令其禁止自律令班下積有歲時內外群官多不尋究所行之事動乖文旨此乃臣有所隱民不見德與夫不令而誅何以異也斯豈任道履正徇公奉法者乎自今以後官人行事與律乖違者仰所司糾勑其以名聞

二年三月帝謂侍臣曰古者斷獄必訊於三槐九棘之官自今大辟罪皆令中書門下五品已上及尚書議之庶無冤濫

三年四月詔曰泣辜慎罰前王所重在繫一日事等三秋州縣法司特宜存意普告天下知朕意焉

五年八月制決死刑雖令即決仍三覆奏十二月制決死囚二日中五覆奏下諸州三覆奏行之其日尚食勿進酒肉皆令門下覆鞫有據法當死而情有可矜者錄狀奏聞

十七年九月丁亥帝謂大理卿孫伏伽曰夫作甲者欲其堅恐人傷作箭者欲其鋭恐人不傷何則各有司存利在其中故也朕常問刑部輕重每稱法網寬於往代仍恐主獄之吏利在殺人危人自達以釣聲價今所憂正在此耳深宜防禦務在寬平

二十年帝征遼迴二月行次靈石縣指獄而謂皇太子曰此何謂也皇太子對曰此所謂圓獄將繫罪人帝因曰文王作罰刑玆無赦而漢文帝志在輕刑但以平允爲佳非謂有罪即釋也濫殺無辜則政道缺久滯有罪則怨氣生圓土之中視青天有同懸鏡而鐵械膚體鬱結其中夫修諸已者可以知物傳曰其恕乎由此言之不可不慎

高宗以貞觀二十三年即位九月帝問大理卿唐臨獄繫囚之數臨對曰見囚五十餘人唯二人合死帝聞囚數不多怡然形於顏色謂臨曰昔東宮卿已事朕朕承大位卿又居近職以疇日相委故授卿此任然爲國之要在於刑法刑急則人殘法寬則失罪務令折中稱朕意焉

永徽六年十一月癸巳詔曰朕聞小大以情義重前誥哀矜勿喜道光遐冊朕恭膺景業嗣臨億兆留心聽斷劬勞日昃一物乖方納隍軫慮今既科格咸備憲制久行訊鞫之法律條具載深文之吏猶未遵奉肆行條虐曾靡仁心在含氣之倫稟柔脆之質乃有懸枷著樹經日不解脫衣迴立連宵忍凍動轉有礙食飲乖節殘酷之事非復一塗楚痛切身何求不得言念於此

罪以矜懷又設匿名書國有常禁凡厥寮庶咸應具悉近滋有
人向朝堂之側投書於地隱其名姓誣人之罪朕察其所陳皆
緣虛妄此風若扇爲蠹方深自今已後内外法司及別勑推事
官並依律文勿更別爲酷法其匿名書亦宜准律處分庶使江
事之情遂覃於四海卹刑之旨長垂於萬葉
聖曆二年八月詔曰哀敬折獄義光呂訓明慎用刑事昭姬
典以寡昧嗣登宸極思闡大猷式隆景運路水是懼屢相於
中御朽彌兢馳禁於俗下虛已待物每從寬政如聞畢上州縣
留獄尚繫困於囚繫致於病死一歲之中數盈二百蓋由上廷
亭育之化下乖兗舜之心深責在躬興言多媿抑又聞之共我
理天下者其惟良二千石今之所任或虧政道未詳欽恤之旨
但徇苛刻之情幽繫困滞證逮遐廣寒暑相襲風露交侵淹乎
年月成其疾苦加以搒笞失度桎梏違方巧詆深文去將安適
獄市之寄何其爽歟自茲已後宜革前獘罪無大小不得稽留

其因病患及罪輕并笞杖等雖法有常規恐與吏妄生威福宜
人不存撿校或顏面囑請觸類以之若仍舊不悛當加重罰必
告天下知朕意焉
麟德二年三月戊午詔曰今陽和布氣東作聿興甘澤雖零猶
未周洽眺茲南畝彌用憂勤瞻彼西郊良深兢惕宜順發生之
序以申簡恤之恩西京及東都諸司雍洛二州見禁囚徒宜准
龍朔元年處囚例處分其西京令左侍極兼撿校大司憲陸敦
信充使東都令右肅機盧承慶充使必令息彼寃滞稱朕意焉
咸亨三年十一月駕幸許汝等州分遣使覆見禁徒囚
中宗神龍元年三月制曰自今内外法官咸宜敬慎其文深次
骨跡徇凝脂高下任情輕重失衷必寘嚴典以彰癉惡
景龍二年七月大理正王志愔奏言法令者人之堤防堤防不
立則人無所禁猶見大理官寮多不奉法以縱罪爲寬恕以守
文爲苛刻臣愚以執刑典即爲衆所謗帝謂曰法急則傷人寬
則漏罪情賞罰在於中平宜慎之志愔因奏上應正論以見意
玄宗先天二年四月詔曰法憲之設期於無私本以救人蓋非
獲已故德情有於勿喜折獄貴於哀矜至如斷決諸罪皆著科
條守而不失自爲良吏如聞近日州縣單習章程率情嚴酷或
致殂殞假令事應重辟固當明啓刑書豈可輒因攢捶輕絕人
命太上皇仁覃萬寓澤被羣生子愛黎甿慎恤刑罰朕恭承天
訓虔奉睿圖旰食載勤納隍兢慮凡厥長吏宜達此懷務遵法
式勿仍前獘如或有違當寘嚴法宣示黎庶咸使聞知
開元三年二月庚午詔曰無職之徒自罹刑憲一遭縲絏坐變
星霜長吏依違不時疎決適成滞獄豈曰當官況三陽在辰德
澤惟布一物失所勤恤是勞惟懷永圖俾申幽枉其所在見禁
囚未斷結者令所在長官親加按理仍令御史及按察使訪察
隨事糾繩
六年二月己卯詔曰仲春在候膏雨頻流故當法天布和順時

行令天下諸繫囚宜令所由速疎理斷決勿有寃滞
八年詔曰庸愚之人自犯疎網至於公憲識則難容然服念泣
辜昔賢懿躅惟刑是恤不可暫忘如聞囚徒或有寃滞久在幽
繫情何以堪其外州已有使覆京城内宜令中書門下就禁司
按理如有枉濫隨事奏聞
十四年四月詔曰時屬正陽事殷蠶穡眷彼囹圄或多寃濫宜
弘慎恤之恩俾助生育之德其所有囚徒除死囚已外所司長
官即疎決處分庚戌又詔曰孟夏麥秋尚決小罪況時候漸熱
深慨繫囚宜令中書門下巡城内囚徒量事處置畿甸囚徒亦
委縣令疎理斷決勿滞禁人
二十年十月駕發東都北巡狩中命宰臣所在疎決囚徒
二十三年四月壬子詔曰農作是時人無棄日所在獄訟或有
滞留其都城已令中書門下疎理其京城及北都各委留守天
下諸州委本道採訪使及本州長官各隨事決斷勿令寃繫徒

已下罪並量決罰使放其官典犯贓宜准常法

二十五年正月壬午制曰朕猥集休運多謝哲王然而哀矜之情大小必慎自臨寰宇子育黎烝未嘗行極刑起大獄上玄降鑒應以祥和思叶平邦之典致之仁壽之域自今有犯死罪除十惡宜令中書門下與法官詳所犯輕重具狀奏聞

天寶十載正月詔曰法以輔德刑以閑邪豈在煩苛必資簡易朕永懷至理思致還淳每懷哀矜之心屢申寬大之詔蓋是欲人皆知禁化洽無為頃者已令法官每刊刑典蓋由此也

肅宗乾元三年閏四月己卯御明鳳門大赦改元詔曰自古百王欽慎刑法蓋以法者人之命刑者國之權苟或失其科條固難措其手足頃以姦臣擅命中典不修造次便行哀矜何在自今已後其有犯極刑者宜命本司依舊三覆庶平反之際人謂不冤幽明之間理皆無濫

代宗寶應三年七月壬寅大赦改元制曰天下刑獄須大理正斷刑部詳覆不得中書門下便即處分

大曆四年七月癸未詔曰如聞州縣官比來率意恣行鞭杖不依格令致其殞斃深可哀傷頻有處分仍聞乖越自今已後非灼然蠹害者不得輒加非理仍委觀察節度使嚴加捉搦勿令有犯錄名聞奏宣示中外宜悉朕懷

德宗貞元六年十一月南郊赦書近日州縣官吏專殺立威杖或踰制自今已後有責情決罰致死者宜令本道觀察使具事由聞奏并申報刑部御史臺

順宗初即位制曰天下官吏應行鞭捶本罪不至死者假以責情致令殞斃每念於此良增惻然宜切加察訪

憲宗元和二年正月制曰天下官吏應行鞭捶責情致死者切令察訪

三年九月給事中穆質奏諸州府鹽鐵使巡院應決私鹽死囚請州縣同監免有冤濫從之

四年正月詔曰自今已後在京諸司應決死囚者不承正勅並不在行決之限如事並兇險須速決遣并特勅處分亦宜令一度覆奏（時左街功德使吐突承璀牒京兆府稱奉進止令杖死殺人僧惠寂府司以不覆奏便行御史臺奏故有是詔）

九年八月袁州刺史李將順坐枉禁人貶道州司戶參軍大僚詔執政以為刺史抵禁不經按詳遽貶官恐不可乃追詔遣御史馳往推究

穆宗長慶元年七月赦書刑獄所繫理道最切如聞比來多有稽滯一拘囹圄動涉旬時自今已後宜令御史臺切加訪察每季差御史巡囚事涉情故或斷結不當有失政刑具事由聞奏其天下州縣並委御史臺并出使郎官御史兼諸道巡院切加察訪

四年三月壬子赦書天下諸州府縣官吏應行鞭捶本罪不至死者假以責情致令殞斃每念於此良增惻然宜委御史臺及出使郎官御史等切加察訪具事由聞奏

敬宗寶曆元年四月制如聞京城諸司捕繫推鞫動經旬時每季御史巡囚罕能全刻積成冤滯為弊頗深宜重舉明長慶元年七月十八日赦件聞奏

文宗大和四年四月丁丑詔曰如聞時稼甚滋人心望歲近者時雨稍乏憂懷載深慮有留獄致傷和氣應京城諸司見禁囚徒宜令御史臺選清強御史二人各就司疏決處分具輕重以聞

六月壬申詔如聞御史臺大理寺京兆府及諸縣囚徒近日詳鞫例多停滯自今以後宜令所司速詳決處分其諸司應推獄有稽緩稍甚與奪或乖者仍委尚書左右丞及分察御史糾舉以聞

十月詔自今已後有特決囚不令覆奏者有司亦須準故事奏覆（先是命中人送教坊樂官劉楚才等四人付京兆府杖殺之不令覆奏又送宮人張十十等十人於西內處置宰臣楊嗣復等奏伶人賤類出入宮禁定刑議罪有異平人若不痛繩難施書法宜各決痛杖一頓處死事亦相當緣宣下之時未有正勅府司准宣處置又不覆奏稍乖常例有惑衆情詔答日宣下之時不令覆奏稍乖舊典用憲慚然遂有是詔）

五年二月丁丑詔以方春用事寒氣稍侵京城見禁囚徒處有
冤結宜令御史兩人各就本司疎理以聞
七年正月壬子詔曰議獄恤刑前王攸重苟有冤滯即傷陽和
應在城諸司諸使有囚徒限七日內處分訖奏聞河南府八州
府敕到准此處分
閏七月乙卯朔詔京城囚徒處有冤滯已委疎決務從寛降宜
令鄭覃令狐楚速具條疏聞奏
八年四月景戌詔曰朕比暑暇日周覽國史伏覩太宗因閱明
堂經見五藏之系咸附于背乃下制決罪人不得鞭背且人之
有生繫於藏府針灸失所尚致夭傷鞭扑苟施能無枉橫況五
刑之內笞最為輕豈可以至輕之刑傷至重之命朕躬承丕業
思奉貽謀言念于茲載懷惻隱其天下州府應犯輕罪人除情
狀巨蠹法所難原者其他過誤罪愆及尋常公事違犯並宜准
貞觀四年十月十七日制處分不得鞭背今年已後每至夏至

已後立秋已前就州府常條之中亦宜量與矜減速為疎理不
得久令禁繫委御史臺切加糾察永為常式
五月辛亥朔癸丑詔如聞大理寺所覆諸州府刑獄皆盤葛微
細節目不早詳斷道路遐遠往返經年非唯囚禁多時有傷和
氣兼亦覬望恩澤故涉稽留為弊頗深須有提舉宜令御史臺
切加糾察准敕限校料唯推狀中有轉數異同及罪人伏款未
盡者即許移牒盤問其他煩碎事條不關要節者並不得更令
移牒勘覆
開成四年四月詔曰京城百司及府縣禁囚動經歲年推鞫未
畢蓋由官吏因循致茲留獄鬱蒸在候冤滯難堪宜付御史臺
委中丞高元裕與強明御史三兩人各就本司應見禁囚分闘
審據理疎決聞奏
宣宗大中四年四月詔法司使法或持巧詐分律兩端遂成其
罪純奸吏得計則黎庶何安自今後應集罪定刑宜令直指其
事不得舞文妄有援引頒示天下長吏嚴加覺察不得輒使奸
吏如有此色當議停解
九月御史臺奏准舊例京兆府准敕科決囚徒合差監察御史
一人到府門監決伏請自今已後許令御史到府粗將引問以
究獄情如因不稱冤然許行決冀其濫刑永息冤濫獲申敕旨
宜依其河南府亦令准此諸州應有死囚仍委長吏差官監決
八年三月甲辰詔此後除巨蠹所不原外每立夏至立秋前犯
罪人就州府常條之中量與減貸速為疎理無令淹繫
懿宗咸通元年詔曰王道所先刑柄最切向聞鞫斷動隔炎涼
不惟理且未伸多致疾而成天冤靈既聚和氣乃傷日月星辰
由茲失度水旱蟲螟所以為災自此委刑法官條示天下州府
長吏旋旋疎理無致淹延
後唐莊宗天祐五年四月下令曰議獄卹刑比求冤濫頑民下
輩輕侮憲章苟非五聽之通明何辨二門之邪正自今後法司

如有疑獄予自據格令以決之此法既行雖親無赦
同光二年六月己巳敕應御史臺河南府行營馬步司左右軍
巡院見禁囚徒據罪輕重限十日內並須決遣申奏仍委西京
諸道州府見禁囚徒速宜疎決不得淹停兼恐內外形勢官員
私事寄禁切要止絕俾無冤滯
三年五月己未在京及諸道州府所禁罪人如無大過速令疎
決不得淹滯
六月甲寅敕刑以秋冬雖關惻隱罪多連累翻慮淹滯若或十
人之中正為一夫抵死豈可以輕附重禁錮逾時言念哀矜又
難全廢其諸司囚徒罪無輕重並宜各委本司據罪詳斷申奏
輕者即時疎理重者候過立春至秋分然後行法如是事繫軍
機須行嚴令或謀惡逆或畜蠱邪或行劫殺人難於留滯並不
在此限
明宗天成元年十一月庚申敕應天下州使繫囚除大辟罪已

上委所在長吏速推勘決斷不得旁追證對經過食宿之地除當死刑外並仰釋放兼不許徵治

二年春左拾遺李同上言天下繫囚請委長吏逐旬親自引問察其罪狀真虛然後論之以法庶無枉濫從之

六月大理少卿王鬱上言凡決極刑合三覆奏近年已來全不守此式令後前一日令各一覆奏奉勅宜依

八月西京奏奉近勅在京犯極刑者令決前一日各一覆奏伏緣當府地遠此後凡有極刑不審准條覆奏奉勅旨昨六月二十日所降勅文紙爲應在洛京有犯極刑者覆奏其諸道已降旨命准舊例施行今詳西京所奏尚未明近勅兼慮諸道有此疑惑故今曉諭

十月辛丑德音爲政之要切在無私聽訟之方唯期不濫天下諸州府官員如有善推疑獄及曾雪冤濫兼有異政者當具姓名聞奏別加甄獎

三年正月丁巳内出御札曰朕聞堯舜有恤刑之典貴務好生禹湯由罪己之言庶明知過今月七日據巡檢軍使渾公兒口奏稱有百姓二人以竹竿習戰鬭之事朕初聞奏報實所不容率爾傳宣令付石諱處置今旦安重誨數奏方知悉是幼童爲戲既載聆讜議方覺失刑循揣再三愧惕非一亦以渾公兒誣誣頗甚石諱詳覆稍乖致人當枉法而殂處朕於有過之地今減常膳十日以謝幽冤其石諱是朕懿親合從規諫既茲錯誤宜示肯循可罰一月俸渾公兒決脊杖貳拾仍削在身職銜配流登州常知所在其小兒骨肉各賜絹五十匹粟麥各百石便令如法埋葬兼此後在朝及諸道州府凡有極刑須子細裁遣不得因循付中書門下百寮進表稱賀十二月癸丑諸州使敘奏囚人死於獄中奉勅朕以握圖纘位端已臨民每於刑獄之間倍軫憂勤之念慮多淹滯累降指揮儻一物以銜冤撫萬機而是愧近聆數處申奏囚人獄内身殂事既不明理難取證將絕罔欺之弊須須條理之丈宜令今後凡有刑獄切依准前勅命旋行斷遣不得淹停如有贓徒推尋支證斷遣未間在獄疾病者委隨處官吏當面録問令醫人看候無致推司官吏別啓倖門

長興元年二月郊祀畢下制曰欲通和氣必在申冤將設公方實資獎善州縣官寮能雪冤獄活人生命者許非時選仍加階超資注官與轉服色已著緋者與轉兼官

二年二月辛亥勅朕猥以眇躬荷承鴻業念彼疲瘵勞於寤興或慮官不得人因成紊亂或虞刑非其罪遂致怨嗟王化所興獄訟爲本苟無訓勵必有滯淹近日諸道百姓或諸色違犯或小可鬬爭官吏曲縱吏人巧求瑕釁初則滋張節目作法拘囚終則誅剝貨財爲恩出放外邀公道内徇私情無理者轉務遷延有理者却思退縮積成訛弊漸失紀綱自今後切委逐處官吏州牧縣宰等深體余懷各舉爾職凡關推究速與剸裁如敢

苟縱依違遂成枉濫或經臺訴盈或投匭申冤勘問不虛其元推官典並當責罰其逐處觀察使刺史別議朝典宜令諸道州府各依此處分所管屬郡委本道嚴切指揮

八月丁卯勅三京諸道州府刑獄近日訪聞依前禁繫人多不旋決諸道宜令所在各委長吏專切推鞫不得有滯淹

愍帝應順元年三月戊午詔曰刑法爲制禮之先獄訟乃有國之重成共守四海同文咸符欽卹之言乃致和平之道以近及遠列職分司申明皆有其舊規決斷各由其所屬惟理則罪疑可定惟正則刑措可期諒在舉行方無壅滯應三京諸道州府繫囚據罪輕重疾速斷遣此來停滯須奏取裁不便區分故爲留滯今後凡有刑獄據理斷遣如有勅推按理合奏聞不在此限

末帝清泰元年五月丁丑詔在京諸獄及天下州府見繫罪人正當暑毒之時未免拘囚之苦誠知自罪特軫予懷慮法吏生情滯於決斷詔至所在長吏親自慮問據輕重疾速斷遣無令

淹滯

二年四月辛卯詔曰運當昭泰時屬樂康思欲導和氣於雍熙布休光於幽隱將期恤物必軫深仁令以俯及蕤賓適茲炎毒宜弘好生之德俾敷在宥之文足以寬肺石之冤辭叶董風之解愠庶導時令獲奉天心宜令御史臺河南府軍巡諸道州府自五月一日已前見繫罪人常赦不原及已見情狀之外悉令疾速斷遣勿至淹停

晉高祖天福三年正月勑應諸道州府刑獄慮有淹延宜令逐處應用禁繫人等並仰各據罪戾詳事理疾速斷遣不得停滯仍付所司

三月庚午詳定院奏前守洪洞縣主簿盧琰進策云伏以刑獄至重朝廷所難尚書省分職六司天下謂之會府且諸道決獄若關人命即刑部不合不知欲請州府凡斷大辟罪人訖逐季具有無申報刑部仍具録案款事節并本判官馬部都虞候司法參軍法直官馬部司判官名銜申聞所貴或有案內情由不圓刑部可行覆勘如此則天下覺守法律不敢輕易刑書非唯免有銜冤抑亦勸其立政者臣等參詳伏以人命至重國法須精雖載舊章更宜條理誠爲允當望賜施行從之

五月詔曰刑獄之難古今所重但關人命實動天心或有冤寃則傷和氣應諸道州府凡有囚徒據推勘到案款一一盡理子細撿律令格勑其間或有疑者准令文讞大理寺亦疑申尚書省省寺明有指歸州府然可決遣

五年三月丙子詔曰自大中六年已來勢耳稱冤決杖流配訴雖有理不在申明今後據其所陳與爲勘斷勢耳之罪准律別科

六年秋七月庚辰詔曰政教所切獄訟惟先推窮須察於事情斷遣必遵於條法用弘欽恤以致和平應三京鄴都及諸道州府見禁諸色人等宜令逐處長吏常切提撕疾速遣每務公當勿使滯淹

少帝天福八年四月壬申勑朕自臨寰宇思致和平以四海爲家慮一物失所每念狴牢之內或多枉橈之人屬此炎蒸倍加軫憫冀絕滯淹之嘆用資欽恤之仁應三京鄴都及諸道州府見禁罪人等宜令逐處長吏嚴切指揮本推司及委本判官疾速結絕斷遣不得淹延及致冤濫仍付所司

開運二年五月壬戌殿中丞桑簡能上封事曰伏以天地育萬物廣博厚之恩帝王牧黎元行寬大之令是知恤刑緩獄乃爲致之先布德行惠實爰民之本今盛夏之月農事方殷是雷風長養之時乃動植蕃蕪之際宜順時令以弘至仁竊以諸道州府都郡縣應見禁罪人或有久在囹圄稍滯區分胥吏侮文枝蔓乃衆搖犴之下或陷無辜縲紲之中莫能自理苟一人拘繫則數人營財物用既殫工業亦罷若此之類寔繁有徒切恐官吏因循寖成斯弊伏乞降詔旨令所在刑獄委長吏親自録問量罪疾速斷遣務絕冤濫勿得淹留庶免虛禁平人妨奪農力冀召和氣以慶明時勑曰囹圄之中縲紲之苦奸吏苟窮於枝蔓平人用費於貨財由茲滯淹兼致屈塞桑簡能體茲軫憫宜有數陳請長吏躬親免獄官抑逼深爲允當宜再頒行宜依

十月甲子祕書省著作郎邊玗上封事曰臣聞從諫如流人君之令範極言無隱臣子之常規蓋欲表大國之任人致萬邦之無事前文備載可舉而行伏以皇帝陛下德合上玄運膺下武旰食宵衣而軫念好生惡殺以推仁凡措典刑固無冤枉然以照臨之內州郡尤多若不再具舉明伏恐漸成奸弊臣竊見諸道刑獄前朝曾降勑文凡是禁繫罪人五日一度録問但以年月稍遠漸致因循或長吏事煩不暇躬㸃撿或胥徒啓倖妄要追領證明慮有涉於淫刑即恐傷於和氣伏乞特降詔勑自今後諸道並委長吏五日一度當面同共録問所冀慮法者無恨銜冤者獲伸俾令四海九州咸謌聖德五風十雨求致昌期勑曰人之命無以復生國之刑不可濫舉雖一成之典務在公平

法章之道以弘恕物之心今則方屬炎蒸正當長養貴以繫熱宜矜非罪之人丹筆重輕切戒舞文之吏凡有獄訟不得淹延務令囚絕拘留刑無枉濫冀叶雍熙之化用符欽恤之情應京都諸道州府見禁人等宜令逐處長吏限勅到應有獄囚當面錄問事小者便須決遣案未成者即嚴切指揮疾速勘鞫據罪詳斷疏放勿令停滯及致冤抑庶召和氣俾悅群心

三年四月壬辰勅朕以寡昧獲主黎元將以召天地之和每思去刑政之弊寅恭于此宵旰為勞今以節及長嬴時臨暑熱耕農之戶蠶麥將壯宜於獄訟之間特示憂勤之旨應有刑獄切慮滯淹詔至所有輕重繫囚疾速勘鞫斷遣無令冤抑慮有淹延若輕罪晝時決遣其婚田爭訟務內勿治若事要定奪即須疾速區分若斷遣不平許人糾告官典必議徵斷

三年四月乙亥勅朕以時當化育氣屬炎蒸乃思縲紲之人是軫哀矜之念慮其非所控鞫淹延或枉濫窮屈而未得伸宜或飢渴疾病而無所控告以罪當刑者唯彼自召法不可移非理受苦者為上不明安得無慮欽卹之道夙宵靡寧應諸道州府見繫罪人宜令官吏疾速推鞫據輕斷遣不得淹滯仍令獄吏灑埽牢獄常令虛歇洗滌枷械無令蚤虱供給水漿無令飢渴如有疾患令其家人看承囚人無主官差醫工診候勿致病亡循典法之成規順長嬴之時令俾無淹滯以致治平又賜諸州詔曰朕以敷政之勤惟刑是重既未能化人於無罪則不可為上而失刑況時當長嬴事貴清適念囹圄之閑固復桎梏之拘察勵於炎蒸何異焚灼在州及所屬刑獄見繫罪人卿可躬親錄問省略區分干入務不行者令候務開繫有理須伸者速期疏決俾皆平允無至滯淹又以獄吏是任情之所囚人被非法之苦宜加撿察勿縱侵欺常令淨埽獄房洗刷枷匣知其饑渴供與水漿有病者聽骨肉看承無主者遣醫工救療勿令非理致斃以致和氣有傷卿忠幹分憂仁明蒞事必能參詔體我用

而三覆其詞所宜詳審凡居法吏合究獄情遏玗近彫周行俄陳讜議更彰欽恤宜允申明

三年十一月丁未左拾遺竇儼上疏曰臣伏覩名例律疏云死刑二古先哲王則天垂象本欲生之義期止殺絞斬之坐皆刑之極也又准天成三年閏八月二十三日勅行極法日宜不舉樂減常膳又刑部式決重杖一頓處死以代極法斯皆仁君哀矜不捨之道也竊以蚩尤為五虐之科尚行鞭扑漢祖約三章之法止有死刑絞者筋骨相連斬者頭頸異處大辟之目不出兩端淫刑所興近聞數等蓋緣外地不守通規肆率情性或以長釘貫簶人手足或以短刀臠割人飢膚乃至累朝半生半死俾冤聲而上達致和氣以有傷將弘守位之仁在峻惟行之令欲乞特下明勅嚴加禁斷者勅曰文物方興刑罰須當有罪宜從於正法去邪漸契於古風竇儼所貢奏章實裨理道宜依所奏准律令施行

漢隱帝乾祐三年正月勅政貴寬易刑尚哀矜慮滋蔓之生軒寔軫傷而是念今屬三元啟候四序履端將冀和平無如獄訟應三京鄴都諸道州府見繫罪人委逐處長吏躬親慮問其於決斷務在公平但見其情即為具獄勿令牽引遂致淹停無縱舞文有傷和氣

四月甲午勅曰月戒正陽候當小暑乃甄重出輕之日是恤刑議獄之辰有罪者速就勘窮薄罰者畫時疏決用符時令勿縱滯淹三京鄴都諸道州府在獄見繫罪人宜令所司疾速斷遣無致淹滯枉濫

五月辛未勅政化所先獄訟攸切不唯枉撓兼慮滯淹適當長養之時正屬歊蒸之候累行條貫俾速施行靡不丁寧未聞奏報再頒告諭無或因循應三京鄴都諸道州府詔至宜具疏放已行未行申奏無致逗留

周太祖廣順元年五月壬戌朔勅朕肇啓丕基躬臨庶政深慕

心曉夕焦于茲興寐無巳餘從勑命處分

世宗顯德元年十一月帝謂侍臣曰天下所奏獄訟多追引支證甚致淹延有及百餘日而未決者其中有徒黨及告者劾主陳許者及妄遭牽引者慮獄吏作倖遲留致生人休廢營業朕每念此彌切疚懷此後宜條貫所在藩郡令選明幹察吏掌其訴訟如獄不滯留人無枉橈明具聞奏量與甄獎

冊府元龜卷第一百五十一

冊府元龜卷第一百五十二

帝王部一百五十二

明罰

雷電有震曜之象，秋冬行肅殺之令，王者法之以制刑典，其來尚矣。故士師用辟於王教，犯雖小而必刑；王制具列於四誅，害為大而無赦。蓋聖人躬明哲之性，通天地之心，徙德以威，順時行罰，威克厥愛而事允濟，罰當其罪而衆知勸。大則殛竄殊死，非所以為重也；小則鞭扑入贖，非所以為輕也。然而閱罪簡孚，有司之詳慎；好生宥過，王者之寬恕。不及于嗣，所期無刑；隨世損益，厥有倫要。呂刑云：「屬于五極，咸中有慶。」其是之謂乎。

舜流共工于幽洲（象恭滔天，足以惑世，故流放之。幽洲北裔，水中可居者曰洲），放驩兜于崇山（黨於共工，罪惡同。崇山南裔），竄三苗于三危（三苗國名，縉雲氏之後，為諸侯，號饕餮。三危西裔），殛鯀于羽山（方命圯族，績用不成，殛竄放流皆誅也。異其文，述作之體。羽山東裔在海中），四罪而天下咸服。

府一百五十二　一

周武王既伐紂，乃赦惡來。來，紂臣，善讒，毀諸侯。

漢高祖賁為項羽將，丁公逐窘（[illegible]）高祖彭城西，短兵接，漢王急，顧謂丁公曰：「兩賢豈相戹哉！」丁公引兵而還。及項王滅，丁公謁見高祖，以丁公徇軍中，曰：「丁公為項王臣不忠，使項王失天下者也。」遂斬之，曰：「使後為人臣無傚丁公也。」

文帝十六年，東茅侯劉告坐事國人過員免（事謂役使之。員，數也）。

景帝三年冬十二月，詔曰：襄平侯嘉（紀通子也）子恢說不孝，謀反，欲以殺嘉，大逆無道（恢說有私怨於其父，而自謀反，欲令其父坐死也。說讀曰悅）。其赦嘉為襄平侯，及妻子當坐者復故爵（嘉等大逆不道，父母妻子同産皆棄市。今赦其餘子不與恢說謀者，復其故爵）。論恢說及妻子如法。

武帝元封六年，黎侯召延坐不出持馬，要斬（時發馬給軍，匿而不出也）。

征和二年春，制詔御史：故丞相賀（臣瓚曰：若等賀姓公孫）倚舊故乘高勢而為邪（帝為太子，賀已為舍人，故云舊故），興美田以利子弟賓客，不顧元元，無益邊穀（戍邊卒糧之不能為方計以益之也），貨賂上流（丞相貪冒受賂于下，故使衆庶貨賂上流執事），朕忍之久矣。終不自革（革改也），迺以邊為援（使內郡自作事，耕者自轉，所以饑邊，所以行恩施為己名援也。或曰以胡為援所），使內郡自省作車（邊州無事之時宜自治作車，以給軍用，而令內郡自省減），又令耕者自轉（諸侯動用而作事也。各音所領切）（自轉於邊），數以困農，煩擾畜者，重馬傷耗（重謂懷孕者，言轉運之勞苦畜產，或因傷耗），武備衰減（以減武備也），下吏妄賦，百姓流亡。又詐為詔書，以姦傳朱安世（[illegible]捕也），獄已正於理。

元帝時，諸葛豐為司隸校尉，以春夏繫治人，在位多言其短，徙豐為城門校尉。豐上書告光祿勳周堪、光祿大夫張猛，帝不直豐，迺制詔御史：城門校尉豐，前與光祿勳堪、光祿大夫猛在朝之時，數稱言堪、猛之美。豐前為司隸校尉，不順四時，脩法度，專作苛暴，以獲虛威。朕不忍下吏，以為城門校尉。不內省諸已（省者，省察也），而反怨堪、猛以求報舉（舉謂舉言其事以報怨也），告案無證之辭，暴揚難驗之罪，毀譽恣意，不顧前言（前言謂譽堪猛之美，今乃更言其短，是不顧也），不信之大者也。朕憐豐之耆老，不忍加刑，其免為庶人。

府一百五十二　二

成帝即位，丞相御史條奏長信中大僕石顯舊惡，及其黨牢梁、陳順皆免官。顯與妻子徙歸故郡，憂滿不食，道病死。先是元帝時，顯為中書令，巧慧習事，能探人主微指，深賊持詭辯，以中傷人。至是免官，及諸所交結以顯為官皆廢。

永始二年十二月，詔曰：故將作大匠萬年佞邪不忠，妄為巧詐，多賦斂，煩繇役，興卒暴之作，卒徒蒙辜，死者連屬，毒流衆庶，海內怨望，雖蒙赦令，不宜居京師。於是湯與萬年俱徙燉煌（初，作將大匠解萬年與陳湯封事起昌陵，其後萬年不能上）。

哀帝建平二年秋八月，詔曰：待詔夏賀良等建言改元易號，增益漏刻，可以永安國家。朕過聽賀良等言（過，謬也），冀為海內獲福，卒亡嘉應，皆違經背古，不合時宜。六月甲子制書，非赦令也，皆蠲除之（[illegible]元易號，大赦天下，以求延作，而不蒙福，哀帝悔之，故更下制書，非赦罪事皆除之，改易號令皆復故也。非）

[illegible]令也[illegible]言自非教令耳也語終辭也[illegible]議者不[illegible]改也為他字失本文也賀良等反道惑衆下有司皆伏辜

平帝即位以冷襃段猶等哀帝時定議尊定陶傅太后為太皇太后丁后為帝太后與太后同尊又為共皇立廟京師儀如孝元皇帝襃猶皆徙合浦復免高昌侯宏為庶人又有司奏方陽侯孫寵及右師譚等皆造作姦謀罪及王者骨肉雖蒙赦令不宜處爵位在中土皆免寵等徙合浦郡

後漢明帝時何湯為郎中守開陽門候帝微行夜還湯閉門不納更從中東門入明旦召詣太官賜食諸門候皆奪俸

北鄉侯初即位大將軍耿寶中常侍樊豐侍中謝惲周廣乳母野王君王聖坐相阿黨豐惲廣下獄死寶自殺聖徙鴈門

順帝為太子江京樊豐共構陷廢為濟陰王中黃門孫程等十九人迎立之閻顯兄弟聞帝立率兵入北宮尚書郭鎮與交鋒刃遂斬顯弟衛尉景遣使者入省奪得璽綬乃幸嘉德殿遣侍

御史持節收閻顯及其弟城門校尉耀執金吾晏並下獄誅

永建元年虞詡代陳禪為司隸校尉數月間奏太傅馮石太尉劉熹中常侍程璜陳秉孟生李閏等百官側目號為苛刻三公劾奏詡盛夏多拘繫無辜為吏人患詡上書自訟曰法禁者俗之堤防刑罰者人之銜轡今州曰任郡郡曰任縣更相委遠百姓怨窮以苟容為賢盡節為愚臣所發舉臧罪非一二府恐為臣所奏遂加誣罪臣將從史魚死即以尸諫耳順帝省其章乃為免司空陶敦

桓帝延熹元年梁冀以罪自殺其它所連及公卿列校刺史二千石死者數十人故吏賓客免黜者三百餘人朝廷為空

獻帝誅議郎侯祈尚書馮碩侍中壺崇討有罪也

魏齊王芳嘉平中夏侯玄與李豐張緝蘇鑠劉賢樂敦同謀害司馬景王景王聞其謀先召李豐殺之事下有司收玄緝鑠敦賢等送廷尉鍾毓奏豐等謀迫脅至尊擅誅冢宰大逆无道請論如法於是會公卿朝臣廷尉議咸以為豐等各受殊寵典綜機密緝承外戚椒房之尊玄備世臣居列位而苞藏禍心構圖凶逆交關閹豎授以姦計畏憚天威不敢顯誅乃欲要君脅上肆其詐虐謀誅良輔擅相建立將以傾覆京室顛危社稷毓所正皆如科律報毓施行詔書齊長公主先帝遺愛匄其三子死命李豐子韜尚公主於是豐玄緝敦賢等皆夷三族其餘親屬徙樂浪郡

晉武帝時石鑒轉尚書時秦涼為虜所敗遣鑒都督隴右諸軍事坐論功虛偽免官後為鎮南將軍豫州刺史坐討吳賊虛張首級詔曰昔雲中守魏尚以斬首不實受刑武牙將軍田順以詐增虜獲自殺誣罔敗法古今所疾鑒備大臣吾所取信往者西事公欺朝廷以敗為得竟不推究中間黜免未久尋復授用與能補過而乃與下同詐所謂大臣義得爾乎有司奏是也顧未忍耳今遣歸田里終身不得用勿削爵土也

穆帝升平二年佽飛督王饒獻鴆鳥帝怒鞭之二百使殿中御

史焚其鳥於四達之衢

後魏道武天興三年李粟為左將軍性簡慢矜寵不率礼度每在帝前舒放倨傲帝積其宿過誅之於是威嚴始厲制勒羣下盡卑謙之礼自粟始也

天賜六年秋七月慕容支屬百餘家謀欲外奔發覺伏誅死者三百餘人

太武太平真君五年二月中山王辰等八人以北伐後期斬于那南

八年六月西征諸將軍扶風公處真等八將坐盜沒軍資所在虜掠贓各千萬計並斬之封磨奴渤海人被刑為官人崔浩之誅也太武謂磨奴曰汝本應全所以致刑者由于浩之故

文成興安二年十一月辛酉行幸信都中山觀察風俗十二月誅河間鄚民為賊盜者男年十五以下為生口班賜從官各有差

孝文延興四年十二月詔西征吐谷渾兵在句律城初叛軍者

斬次分配柔玄武川二鎮斬者千餘人
城陽王徽與安南將軍盧淵李佐攻赭陽不利敗退而還時孝文幸瑕丘齊爲請罪行宮孝文引見徽等責之曰卿等撓率戎徒義旗奮節而進不能夷拔賊城退不能殄茲小寇虧損王威罪應大辟朕革變之始事從寬貸今捨卿等死罪城陽降爵定襄縣王削户五百古者軍行必載廟社之主所以示其威惠各有攸歸今數卿等敗軍之罪於社主之前以彰厥咎
李洪之爲秦益二州刺史洪之素非廉清每多受納時孝文始建祿制法禁嚴峻司察所聞無不窮糾遂鏁洪之赴京孝文臨太華庭集群官有司奏洪之受贓狼藉又以酷暴孝文親臨數之以其大臣聽在家自裁
宣武時高聰爲散騎常侍兼護軍藉貴因權耽於声色賄納之音聞於遐邇中尉崔亮面陳聰罪帝乃出聰爲平北將軍孝明踐祚以其素附高肇出爲幽州刺史

孝莊建義三年四月尒朱天光討醜奴蕭寶寅於安定破擒之送於京師醜奴斬於都市寶寅賜死於駝牛署
後周閔帝元年二月丁亥楚國公趙貴謀反伏誅詔曰朕聞文考皆與群公洎列將衆官同心勠力共治天下　始終二十三載迭相輔弼上下無怨是以群公等用升余于大位朕雖不德豈不識此是以朕於群公同姓者如弟兄異　一心平定宇內各令子孫享祀百　而朕不明不能輯睦致使楚公貴不悅于朕與侯幾通叱奴與王龍仁長孫衍等陰相假署圖危社稷事不克行爲開府宇文盛等所告及其推究咸伏厥辜興言及此心焉如痗（音每病也）但法者天下之法朕既爲天下守法安敢以私情廢之書曰善善及後世惡惡止其身其貴通與龍仁罪止一家衍止一房餘皆不問
武帝建德六年伐齊於陣獲其齊昌王莫多婁敬顯帝責之曰汝有死罪三前從幷走鄴　妾棄母是不孝外爲僞主戮力內實通啓於朕是不忠送款之後猶持兩端而是不信如此用懷不死何待遂斬之
隋高祖開皇九年以陳都官尚書孔範散騎常侍王瑳王儀御史中丞沈觀等邪佞於其主以致亡滅比投之邊裔
沈君公自梁元帝敗後常在江陵禎明中與蕭瓛蕭巖叛隋歸陳後主擢爲太子詹事君公博學有才辯善談論後主深器之陳亡隋文帝以其叛亡命斬于建康
王誼爲郢國公以恩禮稍薄頗懷怨望上柱國元諧亦頗失意誼數與相往來言論醜惡胡僧告之公卿奏誼大逆不道罪當死帝見誼愴然曰朕與公舊爲同學甚相憐愍將奈國法何於是下詔曰誼有周之世早預人倫朕共遊庠序遂相親好然性懷險薄巫覡盈門鬼言怪語稱神道聖朕受命之初深存誡約口言改悔心實不悛乃說四天王神道誼應受命書有誼讖天有誼星桃鹿二岐州之下歲在辰巳興帝王之業密令卜問伺殿省之災又說其身是明

王信用左道所在詿誤自言相表當王不疑此而赦之將或爲亂禁暴除惡宜伏國刑帝復令大理正趙綽謂誼曰時命如此將若之何於是賜死於家
煬帝大業元年八月幷州摠管漢王諒反左僕射楊素討平之三年正月癸亥勑幷州逆黨已流配而逃亡者所獲之處即宜斬決
九年斛斯政奔高麗十年帝親征高麗高麗囚送政帝大悅八月班師十月帝還京師十一月支解政於金光門外
唐高祖武德元年十一月高祖見奴賊帥張貴數之曰汝之爲賊事絶人理不可忍言至乃對人父壻辱其妻女古來群盜未有如斯之酷爲人若此何可久全左右操而腰斬之
三年太宗破王行本面縛請降引見於華陰高祖恐其亡逃尉勉之還令入城高祖尋至蒲州數之曰汝請援建德求助武周彌歷多時竟無至者知窮食盡方始出降遂使城內官民久羅

荼毒若不戮波何謝冤魄於是斬之籍沒其妻子

太宗貞觀二年六月下詔曰天地定位君臣之義以彰卑高既陳人倫之道斯著是用篤厚風俗化成天下雖復時經治亂主或昏明疾風勁草芬芳無絕剖心焚體赴蹈如歸夫豈不愛七尺之軀重百年之命諒由君臣義重名教所先故能明大節於當時立清風於身後至如趙高之殞二世董卓之鴆弘農人神所疾異代同憤況凡庸小豎有懷凶悖遐觀典策罔不誅夷辰州刺史長蛇男裴虔通昔在隋氏委質晉藩煬帝以舊邸之情特相愛幸遂乃志蔑君親潛圖弒逆密伺間隙招結羣醜長戟流矢一朝竊發天下之惡孰云可忍宜其夷宗焚首以彰大戮但年代異時累逢赦令可特免極刑投之四遠用明逆順之理以獎君臣之義可除名削爵遷配驩州初宇文化及得志大見親委及王充敗以彭城歸國高祖方以綏懷爲務不之罪也初授徐州總管太宗嘗從容讌侍臣曰君雖不君臣不可以不臣虔通煬帝故人也而親爲亂首朕方崇獎義何得置之後數日而發詔虔通平常時每云身除隋室以啓大唐自以爲功頗有驕色及得罪怨憤

七月戊申詔涼州刺史牛方裕絳州刺史薛世良廣州都督府長史唐奉義隋武牙郎將元禮並於隋代俱蒙任使乃協契宇文化及構成弒逆宜依裴虔通除名配流嶺表

七年春正月戊子詔曰宇文化及弟智及司馬德戡裴虔通孟景元禮楊覽唐奉義牛方裕元敏薛世良馬舉元武達李本李孝質張愷許弘仁令狐行達席德方李覆等大業季年咸居列職或恩結累世任重一時乃包藏凶慝志茲忠義爰在江都遂行弒逆罪百閻趙釁深梟鏡雖事是前代歲月已久而天下之惡古今同疾宜從重典以厲臣節其子及孫並宜禁錮勿令齒敘化及既爲魁首又竊名號一門之內凶惡尤甚但其弟士及不預逆謀雖云昆季僅免誅戮自委質皇朝勳庸克著彰善癉惡抑有舊章士及一房不在此例布告天下咸使聞知

十九年十一月庚辰帝征遼迴次易州界司馬陳元璹令百姓種蔬坑上而微火煦之欲其速生以擬供進太宗聞之責其諂媚詔免官

高宗永徽四年二月甲申司徒荊王元景司空吳王恪房州刺史駙馬都尉房遺愛寧州刺史駙馬都尉薛萬徹嵐州刺史駙馬都尉柴令武等坐謀反遺愛萬徹令武並斬元景及恪遺愛妻高陽公主令武妻巴陵公主並賜死帝引遺愛謂曰與卿親故何很遂欲謀反遺愛曰臣苞藏姦慝誠合誅夷但臣告吳王恪冀以贖罪竊見貞觀中紇于承基游文芝並與侯君集劉蘭同謀不軌於後承基告君集文芝告劉蘭並全首領更加官爵帝曰卿承藉緒餘身尚公主豈比承基等且告吳王反事無乃晚乎遺愛遂伏罪

龍朔三年四月壬辰右史董思恭以知考功貢舉事預賣策問受贓帝令於朝堂斬之百寮畢集帝使謂之曰古者帝王皆不獨理藉股肱舟楫共安百姓今委寄公等本望副朕心

膂思恭賣策問取錢物悉已搜獲亂我憲章蠹害特甚事須以殺止殺懲惡勸後來公等宜看決思恭與衆共棄又使語思恭曰汝是百代寒微未及倫伍只如右史簡要爲之爲汝溝解文章所以不次擢授計汝必自竭勵深荷恩榮遂敢狼藉取錢自觸刑網汝須甘心服死天下鑒誡思恭臨刑告變免死長流嶺表

咸亨二年婺州司馬秦懷恪坐贓特令朝堂斬之仍集百寮及朝集使宣勅謂之曰王者統天理物莫不先安百姓安者止在黎庶察朕所以每精簡岳牧及諸州上佐自非素誠清白景行循良者不得輒當此職庶其各申智效以稱政道秦懷恪法司抵罪但合處流朕以刑故之典須誡常憲豈不知哀敬折獄矜恤惟矜但以殺止殺義在懲肅又以刑人於市與衆棄之故對公等加其顯戮但法者國之權衡時之准繩也權衡所以定輕重准繩所以正曲直罪惡難容者雖小必刑情狀可原者雖大必宥此乃舜典非故濫誅公等諸人當識朕意足爲鑒誡各宜勉之

中宗神龍元年三月制曰國之大綱惟刑與政刑之不中政乃必虧劉光業王德壽王處貞屈貞筠鮑思恭劉景陽等庸流淺識姦吏險夫以酷暴爲能官以凶殘爲奉法往從按察害虐在心倏忽加刑呼吸就戮曝骨流血其數甚多寃濫之聲盈於海内朕惟新布澤恩被人群撫事長懷尤深惻隱光業等五人積惡成釁並謝生涯雖其人已殂而其跡可貶光業所有官爵並宜追奪其枉被殺人各令州縣鄉里埋殯還其官蔭劉景陽身雖見在情不可矜特以會恩免其嚴罰宜從貶降以雪寃情

是月又制酷吏丘神勣來子珣萬國俊周興來俊臣魚承曄王景昭索元禮傅遊藝王弘義張知默裴籍焦仁亶侯思止郭霸李敬仁皇甫文備陳嘉言等雖已身死並遣除名

睿宗唐隆元年六月以越州長史宋之問饒州刺史冉祖雍並交通凶逆徙於嶺表

景雲元年九月制曰路州刺史趙彥昭交結回邪諂附凶孽與

金輦貨冒寵祈榮可歸州刺史先是巫嫗趙氏昵於韋庶人得封爲隴西夫人與彥昭游居因附焉及趙氏誅自其家獲彥昭納賄賂故貶官

玄宗平韋庶人以左御史大夫竇懷貞諂事逆徒貶授濠州司馬員外置

先天二年九月壬戌貶特進李嶠之子太子率更令暢爲虔州刺史嶠隨暢之任勑曰事君之節危而不變爲臣則忠貳乃無捨特進致仕李嶠往緣宗韋弒逆謀行戡定揖讓之際天命有歸嶠妄有窺覦不知逆順狀陳詭計朕親覽之以其早負詞學累居台輔忍而莫言將掩其惡今忠邪既辯與物惟新賞罰儻乖下人安勸雖經赦典猶宜放斥矜其老疾俾遂餘生宜聽隨子暢赴任

十月癸卯帝親講武於驪山之下徵兵二十萬旌旗連亙五十餘里戈鋋金甲照曜天地列大陣於長川坐作進退以金鼓之聲節之三軍出入號令如一帝親擐戎服持沉香大鎗立於陣前威振宇宙長安士庶奔走縱觀填塞道路兵部尚書郭元振以虧失軍容坐于纛下將斬之宰相劉幽求張說跪馬前諫曰元振翼戴上皇有大功於國雖犯軍令不可加刑伏望寬宥以從人望帝乃捨之配流新州給事中知禮儀事唐紹以草軍儀有失坐於纛下斬之

先天三年正月以郯王府長史崔恪與昆弟不睦異州刺史平嗣先以闕溫清之禮並解見任

二月戊子勑曰涪州刺史周利貞滑州刺史裴談饒州刺史張利貞大理評事張思敬大理評事王承本京兆府華原令劉暉貝州鄃縣令楊允陳州太康令康瑋侍御史封詢行及判官張芝之衛遂之公孫琰申州司馬鍾思廉等十三人皆為酷吏比周興來俊臣侯思止等事跡稍輕並宜放歸草澤終身勿齒

三月丙午鄜州刺史左感意坐贓杖殺勑曰好生之德雖叶於

天意止殺之義用勸於人靈生者因而不犯殺者豈以爲暴前鄜州刺史左感意頃居塞上擢自行間薄效未輸率情狂鄙輕侮蕃憲侵擾公私贓數既多割剝滋甚曾餓狼之不若固害馬之宜除比令按問咸自承伏且緣邊人徭役辛苦朕常思惠養特所哀憐寧有作牧宜條恣行非法儻不峻於常典何以塞彼深愆宜其處置以謝百姓

四年正月癸未皇后妹壻尚衣奉御長孫昕與其妹壻楊仙玉於里巷間毆擊御史大夫李傑初昕以細故與傑不協自負懿戚遂肆其豪縱辱之即日傑上表自訴曰髮膚見毀雖則痛心冠冕被凌誠爲辱國帝大怒令於朝堂斬昕等左散騎常侍馬懷素以陽和之月不可行刑累表陳謝乃下詔曰夫爲令者自近而及遠行罰者先親而後疏長孫昕楊仙玉等憑恃戚屬恣行兇險輕侮常憲損辱大臣情特難容故令斬決今羣官等累陳表疏故有誠請以陽和之節非肅殺之時援引古今詞義深

懇朕志雖從諫情亦惜法宜寬異門之罰聽從枯木之斃即
宜決殺以謝百寮仍降勅書慰諭傑曰長孫昕等朕之密戚不
能相遵以禮而使委犯衣冠雖寘以極刑俾之謝罪卿志氣忠
亮為國枉臣宜以剛腸疾惡勿以兇人介意
十年閏五月乙酉上封人蔣宏言事決杖四十流于藤州勅
曰朕以菲德恭承大寶執天下之政奉宗廟之靈于今十載矣
何嘗不日慎一日雖休勿休夙夜憂勞兢兢業業永惟萬事之
統恐累三光之明幸天地休和羣生樂業尚且內惟輔弼外咨
牧宰微諫納善舉才任賢冀求瘼以利人思進道以益化宇宙
至大軍國是殷慮一物之失所當萬方之重責故設匭鼓以通
諫許士庶之盡言而政教未孚澆訛日甚獻書者苟求自達論事
者多涉於妄国子進士常州人蔣宏學不師古識未知今或離
間君臣或非毀骨肉固是異端阿僻之說甚乖輸忠效直之意
若浸以成風則姦險道長人而無禮法所宜誅朕志在好生情

求進善恐來者未悟僅戮而不言思存大猷務設寬典宜決杖
一頓移貫藤州為百姓自今已後貢舉及陳奏上封者必須景
行循謹无使僥倖求名若制令有虧禮刑致紊失於政理責在
朕躬則斧衍昌言法當無隱百辟兆庶識朕意焉
十一年帝謂宰臣曰昨聞萬年縣界崇仁坊有黃衣長上斫煞
人不見州縣奏來是何道理時左金吾衛黃衣長上楊駱持刀
入烏那昇家傷昇妻女僅而免死有司懼罪將擒之及是張說
等且以實奏曰陛下至明無幽不燭臣等闇劣誠負聖朝帝曰
事在有司非卿之過且令京兆尹孟溫即收駱集衆杖煞
十五年趙州平棘縣人趙乾祐獻書妄引經義論及休咎配流
安南
是年尚書左丞相張說御史大夫崔隱甫中丞宇文融以朋黨
坐說致仕隱甫免官侍母融出為魏州刺史
十七年七月丁巳吏部侍郎齊澣坐交遊非道制曰朕聞四時

之義信在不言三代之風德以歸厚道可光乎訓俗理必由乎
在位有犯無隱名教之攸先上和下睦憲章之惟舊其有矯言
亂政賣誠嫉善爲偽行登朝深懲舊典朝請大夫守吏部侍郎上
護軍齊澣累踐清要誠宜至公承議郎守興州別駕麻察頻經
殿逐理合遷善乃交搆將相離間君臣作謟黷之笙簧是德義
之蟊賊都水監丞齊敷靈州都督府兵曹參軍郭稟等趨走末
品姦譎在心左道與人擯議於下並青蠅可鑒吉馬難容或任
高星象或名微草芥上恥大夫之辱下著徒隸之刑特解嚴誅
宜從遠逐澣可高州良德縣丞員外置長任察可潯州皇化縣
尉員外置長任敷宜量決一百長流崖州稟亦量決一百長流
白州仍並差使馳驛領送雖萬方之過情切在予而四罪以聞
刑其自爾且如非賢匆理食祿憂政庶乎文武百辟忠公一不
聞惟長者之遊言必先王之道光昭雅訓可不務乎如或迹在
不羈思出其位雖輕勿捨抑有常法布之朝列知朕意焉

二十年六月幽州長史趙含章坐盜用庫物左監門員外將軍
楊元方受含章饋餉並於朝堂決杖流瀼州皆賜死于路
二十四年四月詔曰武溫眘聚合姦黨託附權要妄搆異端爲
其魁傑兼有私撓合當極法宜重杖決一百河南府福昌縣主
簿魏萱削睦州桐廬縣尉王延祐相為黨與朝夕談議既涉非
違宜各決一頓長流賓州
天寶二年正月貶吏部侍郎苗晉卿吏部侍郎宋遙時李林甫
為尚書專在廟堂銓事唯委晉卿及宋遙主之選人既多每年
兼命他官有識者同考定書判務求其實是載春御史中丞張
倚男奭參選晉卿與遙以倚初承恩欲悅附之考選人判等第
凡六十四人分甲乙丙科奭在其首衆知奭不讀書論議紛然
有蘇孝韞者嘗爲范陽薊令事安祿山具其事告之祿山恩寵
特異謁見不常因而奏之玄宗大集登科人御花萼樓親試升
第者十無一二爲奭手持試紙竟日不下一字時謂之曳白帝

懲貶晉卿爲安康郡太守遐爲武當郡太守倚爲淮陽郡太守
勑曰門庭之間不能訓子選調之際仍以託人時士子皆以爲
戲笑考判官禮部郎中裴朏起居舍人張烜監察御史宋昱右
拾遺孟匡朝皆貶官嶺外
五載十月河北道黜陟使以鄚郡淦陽縣令楊濛等十五人清
狀及善狀聞劍南道黜陟使以江油郡太守趙燈等六人贓狀
聞初詔委周親舉守令及是考績乃下詔曰朕憂彼黎元寄之
牧宰常慮授任非當撫字乖方頃所以設舉親之科廣得賢之
路爰初詔闕示既明試以言及乎從政必欲深考其實懲之賞
罰要以始終近日分遣使臣因之巡察善惡之驗事既足明懲
勸之端言斯可復其楊濛等七人黜陟使並奏清狀宜與改轉
其所舉主六品已下付所司准此處分五品已上各賜一上下
考李連等八人既奏善狀除已改官者至選日各減三兩選仍
稍優與處分一中上考趙燈等六人但犯贓私除以流貶者自

餘並準律科斷其舉主各量犯者罪狀輕重咸從貶黜仍宣
示中外咸使知委
六載二月丁酉嶺南五府經略採訪使彭果坐贓伏罪詔曰嶺
南五府經略採訪使光祿少卿兼南海郡太守攝御史中丞彭
果頃者擢以非次鎮彼方隅不能慎守名檢克副朝寄而乃貪
婪匪極求欲無厭官吏恣其侵漁蒼生受其塗炭醜聲轉露獄
迹彌彰及令推窮並自招伏計其贓數十萬有餘議以常科法
當殊死但尚寬常典免寘嚴誅宜從杖罰俾從荒徼即就大理
寺門決六十除名長流溱溪郡仍即差使馳驛領送至彼捉搦
勿許東西
十四載正月左降官澧陽郡長史吉溫坐非法伏罪詔曰太中
大夫澧陽長史員外置同正員吉溫頃因任使輒肆威福行刻
物之法人殆不堪奮自賢之心士無敢忤況私徇傾險公行毀
譽飾僞言而集詐崇謗行以釣名離貳朝廷猜携倫伍近皆發

露薄從貶黜而作孽未弭隱慝更彰且縱姦非逼人子女復受
賄賂莫懼彝章或侵漁田宅取納口馬尚恐誣謬審令按覈及
尋枝葉咸悉根源人之無良乃至於此國有常憲合寘極刑特
屬陽生特從寬議宜謫遐裔以戒庶寮可晉康郡端溪縣尉員
外置長任所在即馳驛發遣十一月范陽節度安祿山反兵向
闕是月斬其男太僕卿慶宗
肅宗幸靈武至安定郡初帝之北新平太守薛羽安定太守徐
瑴皆棄郡走吏人驚散左右勸帝斬之以勵天下帝斬之而後行
至德元年九月肅宗引潼關敗將王思禮呂崇賁李承光等於
纛下將斬之文部尚書平章事房琯救之獨斬承光餘並釋放
二年鳳翔張謙收附子告謙與逆賊爲細作三司推鞫虛妄乃
下詔曰周以五聲聽訟漢以三章約法自下訟上敗俗亂常矯
誣之詞妄稱不軌忿毒之意圖有誅夷朕處分中書門下弗令
按問構茲闕賞其妄告張謙收附子宜付鳳翔郡集衆決殺

十月帝自鳳翔還京西京文武脅從官免冠徒跣朝堂謝罪收
付大理京兆獄分繫之十二月授賊僞官陳希烈達奚珣等二
百餘人並禁楊國忠宅付三司推鞫丙戌東京脅從官免禁繫
者數百人引於朝堂免冠徒跣泣叩頭謝罪辛亥又遣禮部
尚書李峴兵部侍郎呂諲爲三司詳理使是月三司所推受賊
僞官陳希烈等定六等罪於尚書省集議皆以爲極重刑之於
市與衆棄之其次自盡及重杖一其次三等皆流貶壬申以歲
除之日行刑於子城西南隅柳樹下集百寮觀焉自盡於大理
寺決杖於京兆府門詔曰人臣之節有死無二爲國之體將而
必誅況乎委質賊庭宴安逆命航受寵祿淹延歲時不顧恩義
助其效用此其可宥法將何施達奚珣等或受任台輔位極人
臣或累葉寵榮姻聯戚里歷踐臺閣職通中外夫以犬馬微賤
之畜猶知戀主龜蛇蠢動之類皆能報恩豈曰人臣曾無感激
有靦面目事於寇讎亂臣賊子何以過也自逆賊作難傾覆邦

家凡在僇元皆合憤怒殺身殉國者不可勝數此等黔首獨背國恩豈有列在崇班荷兹禄位不思君親之分唯與凶逆同心受任於梟鏡之間諮謀於豺虺之輩静言思此情何可矜朕志在含弘法務寬貸然凶惡之類自招其咎人神所棄天地不容原其本心皆合殊死就中情狀仍有處分達奚珣等一十八人並宜處斬陳希烈等七人並賜自盡前大理卿張均特宜免死長流合浦郡

代宗永泰元年殿中侍御史內供奉李鈞鈞弟京兆府法曹參軍鍔並不守名教配流鈞于施州鍔于辰州縱會非常之赦不在免限鈞鍔溫州人也天寶中州舉道舉咸赴京師既升第祭官遂割貫長安與鄉里絕凡二十余載母死不舉溫州別駕知州事嗣曹王皋具以事聞下憲司訊問鈞等俱伏罪帝歎息久之曰三千之刑莫大於此合真轘裂豈止謫竄焉

大曆二年正月逆賊周智光男元幹華州司馬元耀判官監察御史邵賁都虞候蔣羅漢並伏誅其元幹邵賁処極刑要斬勑曰大逆不道抵夷族之誅同惡相濟當棄市之法以懲干紀式按彝章周元幹賊臣之子兇悖成性與父階乱厥罪惟均邵賁敢有包藏恣其悖虐怙威滅義奪攘往來虔戮无辜罪浮於帥宜並處極法其周元耀蔣羅漢尹元經毛崇林李尚林等共肆醜圖同惡相濟猶捨斧鑕俾全胥領其劉憲周封崔勸等同附姦邪俱行剪戮以斯情罪議法從寬周元清年在幼沖法當覆設並准法処分朕自臨万國思措五刑不虞兇殘有此冒犯冀以明憲期於止殺凡百御士知朕意焉

四年正月辛卯詔曰悖衆專殺謂之乱常合族併命謂之不道按以春秋重其責帥況自悖人理實生厲階合從棄市之論尚就議親之減夷州流人前潁州刺史李岵幸以宗屬列於諸侯致之不滑乱是用長輕侮法令動擾軍州御史姚奭巡至所部其弟參於法理諸將素有猜嫌欲加之罪不可死狀遂言使者之來事在不測俾其完聚甲兵交更將守潛跡其意以構禍萌而岵親自點竄詐云奭之遺墮以此疑衆因而合謀兄弟同誅宗黨咸論胥而斃又陷數家勒兵抗威以拒統人不堪命一方騷然須發近臣審令按理醜圖既露姦狀甚明薄示戒懲已從流斥詢于羣議頗乖常典朕思以道德在宥天下庶使一代之人登於仁壽之域風俗猶薄政教不明致令長吏專此威暴無罪死辜濫分身首冤氣鬱結有傷元和惕然增懷良亦自咎期於止殺不可措刑寬其斧鑕之誅降從盤水之礼宜賜自盡雖恩不掩義道在無私而礼有緣情誠亦多愧王者之法敢忘至公凡百御士宜知朕意初岵專殺有司以岵當流罪帝務息人慮三軍不安乃按軍令癸巳詔曰蓋議獄之道期于無刑有明罰以教其犯者有立訓以導其迷者有捨過以矜其才者有諭旨以愧其心者在於聽理必參而用之朝奉郎守京兆府奉先縣令賜緋魚袋張增忝為奉法之吏不具獄論而自專威命雖義形嫉惡而情近深文鄜坊都防禦使衙前將右驍衛大將軍員外置同正員賜紫金魚袋叔孫勝不率戎訓自抵彝章恣其奮猛以至凌犯豈非專姦縱暴者歟凡人之情各於其黨皆不能屈心引義同合至公過用此生刑用此作詢于御士咸引正議朕以增之宰邑頗有政能惠於疲人可謂良吏勝亦久服戎事備經戰守鄜虞已來累有勳績並寬以常憲惜其所長俾從罷黜用佇來效宜各解見任其叔孫勝仍付抱玉軍前驅使初勝之屬怒率麾下數十人突入公府增遣毆辱僅而獲全帝聞而怒之發御史訊鞫咸得其狀故有是命也

六年上封人李少良告宰臣元載陰事復又漏言於韋頌等帝大怒乃勑曰李少良韋頌等兇險悖戾反常逆理恣其讒說將構禍階離間君臣矯誣中外醜圖姦狀按驗皆明殿中侍御史陸珽忝清憲之職仍參儒館之待交結非類包藏不測豈有周行之列容此凶邪既同惡法當均罪並宜付京兆府各決

重杖一頓朕每以君子小人身同心異必先觀行然後察言豈惑諸讒能迴聽斷夫招賢納諫君之體也獻可替否臣之節也朕乃虛心理行聞政道豈謂姦邪幽隱紊我彝倫須別是非用分涇渭再加詳鞫然正刑典凡百存位宜悉朕懷時元載專政用事所居第宅崇侈子弟縱横貨賄公行士庶咸嫉之少良怨不見用乘衆怒以抗疏帝聞之留少良於禁中客省少良友人韋頌因至禁門訪少良少良漏其言頌不慎密遂爲載備知其言班國子司業善經之子也少傳父業頗通經史性浮躁而踈故俱及於難自是載之惡始彰也

十二年五月元載黨卓英倩李待榮李季連並付京兆府集衆杖煞

十月京畿水旱京兆尹黎幹奏損田戶部侍郎判度支韓滉執奏幹不實乃命巡覆時渭南縣令劉澡曲附度支且于善名以縣界田並無損白于府及戶部分巡御史趙計不欲忤度支奏與澡協帝覽奏以爲水旱咸均不宜渭南獨免申命侍御史朱敖再覆覆敖得渭南損田三千餘頃帝歎息久之大怒澡因謂敖曰縣令職在字人不損猶宜稱損損而不問豈有恤隱之意耶御之此行可謂稱職下有司訊覆澡及趙計並伏罪乃罷澡爲萬州南浦縣員外尉計爲澧州員外司戶參軍

十三年三月隴右節度判官御史裴昕及昭義軍節度使李承昭之子潤之並專殺伏罪勑曰自古制刑煞人者死法不可縱斷之則行裴昕頃在軍幕遂知留務內懷私怨敢蓄凶謀曾無罪名專煞良將處同擒閱致占明白殺逾京師擅行威戮宜付京兆府集衆決殺又李潤之賊殺無辜于涂屬窮籍與衆同棄何必甸人朕於勲臣子孫皆欲優異但煞人之罪法不可寬國有舊條是用恭守及茲即戮悉惻良深亦宜付京兆府集衆決煞昕左僕射冕之從父弟也隴右副元帥李抱玉引爲判官有吏幹抱玉卒掌留務於盩厔行營以法繩下有兵馬使大將張肅恥爲所屬頗慢易之昕方以嚴毅取名異其越拜會是激怒因杖煞之三事場駭軍吏馳騎以聞帝異之下有司訊鞫昕詞無所屈承罪而已潤之晃悖之徒也父承昭掌方面家產優厚肆其狂悖因女奴逼使酒煞人事泄金吾擒之以聞

冊府元龜卷第一百五十二

帝王部一百五十三

明罰第二

唐德宗大曆十四年即位五月丙申詔曰兵部侍郎黎幹害若特狼特進劉忠翼掩義隱賊並除名長流既行皆賜死

貞元四年四月貶前福建觀察使吳詵爲涪州刺史初詵爲叛兵所逐奔至建州遣乞師於江西浙東將議進討帝責其失於撫馭故貶之自永泰大曆已來侯帥遂李忠臣皆爲叛卒所逐張伯儀大敗於安州李勉陷失汴州朝廷旣優容之不寵任及是方懲誡書議者以爲稱其行焉

八月辛巳以前黔中觀察使李模爲雅王傅以其未奉命擅離所部赴京師示薄懲也

八年六月詔曰前祠部員外郎于公異頃以才藝升於省闥其少也爲父母之所不容宜其引慝在躬行孝不匱匿名遠跡啟候安否於門閭俾其親之過不彰庶其誠之至必感此閔子騫王休徵所以著名於前古也而公異安於棄斥遊學遠方忘其溫凊之戀竟至存亡之隔爲人子者忍至是乎宜放歸田廬俾自循省

十一年五月以左神策軍健兒朱華枉法受贓并強奪人妻宜付本軍准法決杖八十配流嶺南朱華者以按摩得幸於左神策監軍竇文場軍中補署皆出於華又強奪軍人妻置之於外無何爲人告之按驗皆首服又得贓數萬貫其護軍節度觀察吏昭遺累日與本軍隱匿不敢奏至是伏法軍中皆喜焉

十二年七月詔曰干紀犯邪罪在無捨立忠効節賞不踰時善惡之理既明懲勸之義攸著李萬榮男迺苟藏姦險違背君親悖慢朝章扇動軍旅縱其豺狼之性徇其梟鏡之心迫脅使臣妄有希覬聚蠹其父謀害其兄名教之所不容人臣之所同棄而又恣爲不道虐及無辜伊婁說張伾劉沐收向並是忠良擯遺殺戮萬榮自疾不能制止永言及此深用軫懷李迺怒其貪盈見三刑典仍勅陰陽人張玄素以與李迺同惡付京兆府集衆決殺萬榮鎮宋州疾甚署迺爲都知兵馬使專政事拒朝命後爲軍中所逐故有是命

十五年十二月中書令史段秀琳決痛杖一頓處死以選人賄濫故也帝自閱吏部手案方定罪加刑

十六年七月杖殺絳崖岩丁匠李藏等三十人以毒殺長吏故也

是月李倚誅稱彭城郡王并其黨七人並杖死

鄭絪爲豐州刺史其人喻悉不任職請罷之德宗令中使召還錮耀弃吐蕃疑之不納置於河隴以流以歸召至京賜自盡

憲宗貞元二十一年八月即位改元永貞元年制曰銀青光祿大夫守左散騎常侍翰林學士上柱國富陽縣開國男王伾將仕郎前守尚書戶部侍郎充度支及諸道鹽鐵轉運等副使賜紫金魚袋王叔文等夙以薄伎並參近署階緣際會遂洽恩榮驟居左掖之秩超贊中邦之賦曾不自厲以効其誠而乃漏泄密令張臣王威福自恣曾進擢實負彰聞跡其敗類載深驚歎夫去邪屛枉爲國之要懲惡勸善制政之先恭聞上皇之旨俾遠不仁之害宜從貶削猶示優容伾可開州司馬員外置同正員叔文可守渝州司戶參軍員外置同正員並馳驛發遣

十一月詔貶撫州刺史韓泰爲虔州司馬河中少尹陳諫爲台州司馬邵州刺史柳宗元爲永州司馬連州刺史劉禹錫爲朗州司馬池州刺史韓曄爲饒州司馬和州刺史凌準爲連州司馬岳州刺史程异爲郴州司馬泰等皆以朋黨於王叔文前自郎官出爲刺史議猶謂貸法故再貶焉

元和元年六月庚戌詔曰李承光身無職位假託姦遊妄談異端指斥中外付京兆府決重杖一頓處死其家口委京兆府收捕承光通于中貴人囚卜射於人曰其爲某官吾爲求得之某某官由我而黜之朝士與之交通者非一事彰故伏法

四年二月丁未國子監學生百餘人入監丞郭現家恣其詬辱

破什器既而逃逸擒獲九人決配流天德軍主簿啖元茂罰一月俸料四月貶沈遠爲泉州參軍徐肇爲建州參軍二人爲李府掾各請演州愛州瑁假御史臺奏皆萬里之外量其秩滿借有假程請重徵擾易五月長安縣令鄭易以擅發永平坊開渠貶汀州刺史京兆尹楊憑以不聞奏罰一月俸料左巡使殿中御史李虞不覺察罰兩月俸料

九月堂後主書滑渙貶爲雷州司戶渙久爲主書通於內樞密劉光琦宰相杜佑鄭絪等皆低意善視之諺者至謂佑等私呼爲滑八宰相每議爲光琦所異同者使渙通意未嘗不得所欲四方通貨無虛日其弟泳官至刺史及鄭餘慶爲相渙每指陳是非餘慶惡其吏人而參與政事叱之後數日餘慶罷爲太子賓客及罪發帝命宰臣閱中書四門搜檢盡得姦狀籍沒家財凡數千萬中外書問細密不可勝紀

五年三月戶部尚書李元素免官以出妻無狀故也元素再娶

妻王氏石泉公方慶諸孫性柔弱元素爲郎官時娶之甚禮重及貴溺情僕妾遂薄之且又無子而前妻之子已長無良元素寢疾昏惑聽譖遂出之給與非厚妻族上訴乃詔曰李元素病中上表懇切披陳去妻王氏禮義殊乖願從離絕初謂素有醜行不能顯言以大官之家所以令自處置訪聞不曾告報妻族亦無明過可書蓋是中情不和遂至於此脅以王命當日遣歸給送之間又至單薄豈惟王氏受辱實亦朝情共駭如此理家合當懲責宜停官仍令與王氏錢物通所奏數滿五千貫

十一月庚子以右金吾衛大將軍伊愼爲右衛將軍初愼以錢三千萬賂右神策軍護軍中尉第五從直求爲河中節度從直恐事洩奏之帝怒入其賦一千五百萬仍黜其官其通家近坐死者三人

六年正月癸丑禮部奏國子監學生郭東野怒決棘籬折明經畢義勝毀裂詔杖東野五十配流韶州

八月甲子勑賀州知場官李褕持劍殺妻雖是宗姓無可議之刑委觀察使使重杖一頓處死

十二月勑萬年縣令杜羔長安縣令許季同並宜停見任京兆尹元義方宜罰一季俸祿初義方以兩縣納稅踰程繫縣吏二令交救抗詞辯列督責不爲之釋而獻訓之言屬於是二令見執政請移授散官因俱詞以府政細刻力不能奉故兩責焉甲申勑立戟官中大夫守京兆尹上柱國臨淄縣開國男賜紫金魚袋元義方朝議大夫守尚書戶部侍郎判度支護軍賜紫金魚袋盧坦立戟雖令式所著似有關文而臺閣相承久爲定制盧坦元義方如有所見即合上聞造次而行殊乖審愼宜各罰一月俸料其戟仍令所司收納左司郎中陸則勾檢之任發付不精禮部員外郎崔備工部員外郎元佑等或以禮許人或守官假器比於申請其過尤深各罰一季俸料緣兵興已來勳賞超越其所立戟須有明文宜令所司準舊制待官階勳至三品

然後申請仍編於格令永爲常式近例立戟者率有銀青階而義方獨據令上柱國官三品者十二戟以階叙戟之文牒省司不能詰准式立戟之後勅當四品官者自非敗授兼前勳階其戟不奪既而盧坦以前任宣州刺史是三品兼常侍又請立戟已列於門詳者以坦居四品官歟允無據臺司將刻而未舉吏部尚書鄭餘慶議稱舊章至自東都揚言於朝以爲大不可臺司因發牒詰禮部令文內只言勳官並不言階而自貞元已來立戟一十八家並無銀青已下階者遂以上聞故皆坐罰而申明之續敕崔備元佑俸料甲申勅盧坦等所罰錢宜令御省收覽充脩禘已後別勅量罰並送都省財勳每至歲終奏數其餘贓罰依前御史臺收管

閏十二月戊申貶試太子通事舍人李涉硤州司倉參軍涉識有詞藝而性狂險辛自惡其爲人久不得用涉常窺隙求進屬初殺劉希光黜吐突承璀二人皆以久居權任莫敢竊議帝斷而不疑特稱聖明涉乘釁謀結中要將投匭奏疏稱二人冤崇寵之委以腹心不當疎斥而加刑戮知匭使諫議大夫孔戣見其副章詰而不受涉遂進於光順門故爲戣所論奏而貶焉

七年六月戊戌杖僧文漵一百勒返俗配流天德軍文漵面佞口給每開筵講經專爲詼談諂笑庸人觀者奔走如不及相與

效其聲調同於閭閻至是奸穢大發故及焉

八年二月御史臺奏前永樂縣令吴憑爲僧鑒虛受託與故邠寧節度使高崇文處納賄錢四萬五千貫並付杜黄裳男載韜許引伏敕吴憑曾佐使府忝履官途自宜畏法慎身豈得爲人掌貨事關非道理合懲懲宜配流昭州其付杜載錢物宰輔之任寵寄實深致兹賄財不能拒絕已令勘問悉合懲收貴全終始之恩俾張寬大之典其所用錢物特宜矜免杜載並釋放僧鑒虛付京兆府決重杖一頓處死其財産奴婢官收鑒虛在貞元中以講說丐歛用貨利交權貴因得交結王恩陰挾用事每受賄方鎮以厚自奉養晝服布褐夕御纖麗皆無償行至是發覺贓錢六十餘萬焉黄裳爲近代名相然其家遠寫貲私秦隔無所勳君子惜之

七月丁丑桂管觀察使房啓降授太僕少卿由前慢命故也

九月戊午重陽節賜宰臣已下宴于曲江辛酉罰國子司業韋縝等一十四人各一月俸以其不赴曲江之宴也是日中官李建章坐受桂州觀察使房啓之賂杖一百處死癸亥貶太僕少卿房啓爲虔州長史啓先賂建章口十五人既怨其後啓告事乃具其言帝既殺建章并黜啓

九年正月己未詔曰光祿大夫行太子詹事駱起正議大夫四州刺史田景度俱非類意並爲成迹既於邪慕罪難逃於典憲恕可吉州刺史景度可處州刺史右武衛將軍薛昌朝識於班誘進是貨財可丹王府長史右衛將軍趙良金莫能檢妄有交通可撫州刺史

四月癸未詔曰信州刺史李位心希秘術跡涉匪人謂搞異之可求乃先風之是黜名教之內本無異端典刑之中豈容僻好可守建州司馬初上密遣中使往洪州評事朝野莫知其故及觀察使裴堪奏到方知信州小將韋岳告州刺史李位太逆及追至京下三司使推所告不實貶位而韋岳杖死位好黄老及鍊氣金丹道士人王仁恭爲之兼修道教殺所求不遂遂誣告位於當道監軍使與簽書士羣於非至以三司按得情實故有是命是日京兆府奏故法曹參軍男貞会與兄濟文居喪衣華服飲酒食肉於坊市詔各決四十遣黜流循州博文處歸本貫

六月庚辰勑京兆府奏推勘進狀人康南史與弟邸稱同州韓城縣黄河兩岸龍門山尋獲銅銀鑛及朱砂等銷鍊得成令中使領到山中尋問皆妄康南史宜決六十配流梧州康邸論罪非首據年當贖尚能同惡亦合小懲宜決四十放

庚子勑河南尹職在摘姦盜隱伏無遺今河南府劫殺崔應家賊彰暴若斯收擒不獲致使漏網得非慢官其河南尹及本縣令捕賊官宜各罰一月俸料其捕賊官至散考日欠書下考其留守下本巡所由宜委權德輿節級科罰

十年五月辛未朔詔曰河南少尹潘高陽頃以母老見患懇求歸覲覽其章奏用遂孤誠而乃自求宴安致茲遲緩理裝踰月即路遂有所乖人情頗致物議憲司舉劾宜有懲懲可朔王府長史

十一月戊寅盜焚獻陵寢宮永巷陵臺令武金森以無庸罰一月俸宫吏節級科罰

十一年正月甲申盜斫建陵門戟四十七竿執戟官及臺令宗正卿等削罰有差其戟令所司造供

七月戊子朔勑前同州澄城縣丞王澄挾恨告人出言狂妄准律誣人之罪合以本罪加之宜付京兆府決痛杖一頓處死內弓箭庫使王國文及弟國良國成各決一百配諸陵仍並爲白身初澄告國文等欲爲亂遺其書於中書省門外宰臣裴度得之密以聞上命中官陳弘志李寔輔雜議考覈並所發故論澄死又怒國文等交通狂妄杖而黜之

十一月元陵火詔罰臺令李佑一月俸

十二年三月甲申勑河中觀察使趙宗儒所收管內諸州錢狀

奏既有勑文所宜遵守縱緣軍用亦合奏陳宜罰一月俸料崔郾所令勘覆頗未詳盡以茲奉職可謂慢官宜罰一季俸

是月重貶江陵府兵曹參軍韋楚材爲澧州司法參軍制曰頃因按事兼舉憲章閱實繩違有乖詳審既逋其責乃掾大藩載令研究其端頗見異同之狀況戒途祗命淹駐近郊苟於造次之間靡懷祗慎之義既茲速戾豈謂周防更移遙藩俾自懲省初楚材爲監察御史請按河中觀察使趙宗儒擅用賦備錢米貲石數至八萬詔發監察御史崔鄰覆之則宗儒以行營軍且有詔命分數不同勑趙宗儒取當絳等州錢物事皆有由水旱錢物亦爲明據遂放罰俸料以楚材舉不當貶江陵府參軍今爲有是命

十四年五月勑淄青營田副使兼齊州刺史嚴纂頃在賊中頗聞惡迹此於流類自合加刑況昔歲赴官便道潛窺兇狂之狀物議不容投彼遐荒尚謂弘貸宜除名配流雷州

七月丁丑勑魏博執送淄青兇黨王士元等一十六人並付京兆府杖殺之初盜殺武元衡捕之未獲王承宗之叔父士平上

封稱賊出於承宗乃詔悉收承宗將卒得張晏等二十八人初付臺內獄鞫不得情詔送京兆府命監察御史陳中師與尹裴武周鞫之獄成皆處斬及田弘正平淄青又奏擒獲殺元衡賊二人既至詔三司使推問以其黨與散亡情實難驗既審爲師道所指使故皆笞殺之後究其實乃田弘正知承宗深以狀賊窮相爲承審詰於弘正既平師道將入覲欲遂抵承宗至闕以爲巳功許以繼張晏之獄黜陳中師貶裴武爲解又要取東平因以師道殺元衡蹤跡寘於鄆州之丈簿以實其事時崔羣爲相參驗前後本末知其不可且以元衡六月三日遇害前二日承宗奏事官武廷秀巳印券於滋水伺待賊閒知元衡死乃倍道歸報京兆尹裴武知其事奏請追擒廷秀帝慮其或差互則使承宗有詞故不之許張晏獄既具其後廷秀至太原王鍔鞫問奏具獄情無差大抵山東謀結連接勢有脣齒之恐約以朝廷征討則或殺宰相劫東都焚揚州以沮大計若舉事則首尾相應此時鎮鄆各二相持以固各有所謀劉承宗入關詐附見久竊其計皆然求賞其情如此故再讞之而京師猶惑之

九月斬沂州叛將王六東市北街

十二月庚申判度支皇甫鎛奏去十一月四日失火准勑推問得雇吏等狀所燒文案並是貞元巳前皆其近年文案見在曹司房並未納庫勑專子趙興決杖處死餘節級科罰

穆宗元和十五年正月即位閏月丁未於西宮朝臨集羣臣於月華門外貶門下侍郎平章事皇甫鎛爲崖州司戶參軍制曰朕顧以眇身初膺大寶思有以上諧天意下悅人心將澄理化之源必分邪正之路言念輔弼方俟忠賢其或挾姦容身斂怨歸國罪巳暴於天下法宜行於事初不速去之曷明予志皇甫鎛器本凡近性惟險狹行靡所顧文無可觀雖早踐朝倫而素乖公望自掌邦計屬當軍興以剝下爲徇公既鼓衆怒以矯迹爲孤立用塞人言洎塵台司益蘊奸政不知經國之大體不慮安邊之遠圖二年多凍餒

之士百姓深有愁歎之弊事皆周徹言者盡陳延近咸知朝野同怨而又廣稱方士上惑先朝藐涸若人罪在難捨合加貶竄以正刑章俾夫遐荒尚存寬典凡百在位宜悉朕懷先是鎛爲門下侍郎平章事時裴度有平齊蔡及招來鎮冀之功鎛嫉之與奸人合力擠度於太原崔羣有公望爲搢紳所重鎛惡之因議加尊號奏云羣惡以下借孝德二字憲宗怒羣貶湖南又與李道古可爲以欺誘引方士柳泌等內將軍吐突承璀恩寵莫二鎛復通書往來帝在東宮備聞其狀至是不俟聽政而逐之士君子相賀於朝六軍百姓相賀於市道四方之怨聲始息壬子詔曰左金吾衛將軍兼御史大夫李道古幸以宗枝早參名級出分專面入踐通班誠宜祗慎周行恪居官次而乃利於苟進忘彼潔身持左道以事君將行險以徼倖因緣藥術薦達妄庸上惑先朝俯悅物議亦其事狀合正刑章我以臨御之初務存寬大特從投荒之典俾從遠郡以示無私憲容而忍可貸可守循州司馬又詔曰山人

欺沙彌以左道上惑先朝固求牧人貴欲疑衆自知虛誕亡逃
波詭僧大通當死不精加詳皆妄既延禍舋俱是妖邪我國
有常刑宜並付京兆府决痛杖一頓處死其
醫官蕭弘景香準山人李元戢田佐元並流嶺表

八月甲申御史臺奏推勘景陵工石作專知官京兆府戶曹參軍韋正牧咸刻工匠價錢廚料充私用計贓八千七百余貫文於陵所私造石器等詔付京兆府决重杖一頓處死景陵皇堂石作專知官奉先縣令于[illegible]虛破物價及破米麪共計贓錢一萬三千六百四十六貫石數內八千餘貫石入己餘充賂遺并官典破用詔付京兆府决重杖一頓處死

長慶二年三月景公寺僧歡以妖言惑衆下杖內獄之多引中人無驗竟杖殺之其坐死者數人

八月汴州平丁亥逆賊李介梟首及其男四人至京師命獻太廟太清宮詔曰汴州逆賊李介竊據城池

坐邀符節率其兇黨敢拒王師今既梟首於闕下宜令所司准式其男道源道樞道倫道安等叛逆之子固不可原理須正刑宜集衆處斬以左右神策兵各三百人防押即日行刑於京城之西市

四年八月勅薛渾李元本乘於檢慎陷在典常貸以微生斯為至法薛渾杖八十流崖州李元本杖六十流象州薛樞導誘薛渾等事情難恕理須懲戒以謹無良杖四十流辰州渾士族元本故鳳翔節度使李惟簡之子皆白皙少年渾為進士元本為京兆府參軍時屬襄陽公主數遊市井駙馬張克礼不能止之樞居近主第遷因之與元本俱得幸於主主尤厚於渾母嘗[illegible]詬渾居渴渾母行婦姑之礼有吏誰何者皆重賂以免馬克礼一日不勝其忿遂詣闕陳訴帝怒立召主囚於宮中命杖內藉渾樞元本欲杖殺之宰臣以渾樞皆衣冠元本祖宰臣及父皆經重任救之以免

敬宗寶曆元年六月鄧州長壽縣尉馬洪訴告刺史馮定[illegible]己妻及將闕官職田祿粟糶貨收錢入己等事詔監察御史李頵行推鞫獄具上聞制曰馮定經使臣推問無入己贓私所告罰錢又皆公用然長吏之體有涉无儀刑賞或乖宴遊不節緣坐恩赦難更科書猶持郡符公議不可宜停見任

閏七月同州韓城縣百姓王文秀等於本縣左神策軍渚田內放牧馬羣收小將劉興裔撾鞭計攝令李元珪遣縣吏李從朴與裔送州刺史蕭俛方結其狀而軍司上聞命監察御史崔蕆就按得實勅劉興裔付本軍科决停職李元珪罷攝仍罰俸四十日袖策兵分鎮畿縣及近甸諸州若羣牧採造之名其類不一干法亂政為蠹頗甚及罪興裔而猾黨為斂

九月丁丑衛尉卿劉遵古役人安再榮告前萊王府長史武昭謀害右僕射平章事李逢吉庚辰詔侍御史温造刑部郎中李行修大理正元從質充三司按武昭獄十一月甲子三司上言

准勑推勘安再榮所告張少騰等三人擬潛害宰臣李逢吉事關連人並按問得實勅前萊王府長史武昭及弟褒役人張少騰宜付京兆府各决痛杖一頓處死前本部郎中李仍叔可道州司馬待服闋赴任河陽節度掌書記李仲言流象州左金吾衛兵曹參軍茅彙流崖州太學博士李涉流康州大理卿劉遵古役人安再榮山人劉審等二人續議優賞昭本陳留人性險誕元和中王師討淮西以策謁丞相裴度及度督軍因得署軍職至鄆城又遣昭使蔡冠懼之以兵而昭神色不變奇之後至太原奏為石州刺史無何昭除王府官以地散意悒曰前李涉茅彙在長安中以義俠相許是時宰臣李逢吉李程不叶而此輩皆乘勢售己乎游其門李仍叔素依附李程知昭不得志卬之以誠恐亦誣昭云程欲與昭官為逢吉所阻昭果懟與劉審及張少騰潛謀害逢吉之計後審乃以昭之言告於張權輿權輿遂告逢吉逢吉召審本其狀因令茅彙致昭到所居與

之深相結納而疑貳之意並息居數月少騰漏語於再榮再榮遂以狀密告因成其獄仲言於逢吉爲近從子常此際亦欲助逢吉以傾程乃陰識茅彙曰言武昭與李程同謀則活否則死彙曰冤死甘心誣人以自免所不爲也初逢吉之遇茅彙甚厚嘗與彙書云足下當　字僕曰自求僕字足下曰利見文字往復昵無虛　曰其間參誅議之密受金帛之賜不宜示於衆者近十餘幅異哉逢吉與程俱在相位而日與閹寺微類如此款密獄既明具詞皆牽連天下之人無不指笑

二年四月戊午出右拾遺張權輿爲河中府虞鄉縣令坐前侵毀裴度故也庚申京兆尹劉棲楚奏准御史臺劾光陵造作東渭橋虛堅物價及將錢市絹擡估給用并役功不還價直又率斂工匠錢物充官典等諸色破用都計贓二萬一千七十九貫石本典鄭位本判官司錄參軍令任水部員外郎鄭復長橋道使前尹令任戶部侍郎崔元略勑鄭位所犯罪固難容宜付京兆

尹准條科決崔元略不能檢下有涉慢官宜罰一季俸料鄭復專判文案致令隱欺宜罰五箇月俸料

九月出右拾遺程昔範爲陝州安邑縣令以其附會李逢吉與張權輿毒論裴度也

文宗以寶曆二年十二月自江王入討內難甲辰詔殿前兵馬使王士遷李忠亮張士岌各杖一百流天德軍飛龍排馬官樊惟良閻文穎各杖一百流靈州道士趙歸眞流儋州僧惟貞流羅州僧齊賢流雷州僧正簡流辯州待詔辛自政杖二百流承州飛龍小兒五人各杖一百流康羅等州高品杜金立許士邑各杖一百流儋州品官部士忠李務貞閻敬宗李文各杖一百流瓊振崖等州左右軍杖殺重將于登王日榮等六人並於本軍杖殺之又勑道士紀處玄楊沖虛伎術人李元戢王信並配流嶺南供奉官孫從義三從素並決六十配陵前宣徽使馮志恩勒隨靈駕赴西內劉克明男行信孔目官陳簡樊園白身李進朝各決二十處死以盜王業銀器故也

是月又詔曰其大逆魁首蘇佐明王嘉憲石定寬閻惟直及因兇賊姦計[illegible]與同謀人劉克明田務澄許文端等汚潴無赦梟鏡與倫已處斬訖家並籍沒妖妄僧惟貞道士趙歸眞等或假於卜筮或託以醫方疑衆挾姦矯誣干禁並從流竄以靖京師其情非姦謀迹涉詿誤者自今已後一切不問兇徒所染蒙宥佇康載與今猷用弘庶績

大和元年三月勑前鄉貢進士熊望孔門高懸百行由至順君其身必榮朝廷廣設衆官踐正途者其道必達爾乃因緣險薄偷異藝幸營居中之密職擾惡朝權蔽偪下之實聲因緣邪僻及衆議沸騰累月不寧司門驗繇累至三四考覆保任乃非坦途朕大啓康莊以端群士俾從投裔之典用正浮淺之流可守漳州司戶參軍員外置同正員仍即所在馳驛發遣望性險果而辯口語性性得游公卿間率以大言詭意指使時政既用此而

得進士第益務干進劉棲楚時以不次居上列廣樹朋黨門庭無晝夜填雜不息望出入棲楚家雖密戚無異陰語潛畫人無知者先帝遊宴之餘亦時以工畫綴詩留意每將召翰林學士礙於禮敬乃議別置東頭學士以備曲讌命採諸卑官才堪任學士者棲楚輩即以望名字求宰臣奏署事未及行至是黜加衆逐議者皆以爲幸棲楚任京兆尹附權枯寵旦夕俟大用因詔出言請斷吏詞氣強厲悖宰相尋處厚不堪其傲既而面折棲楚遂陳請告歸第帝聞之立出棲楚爲桂管都防禦觀察使

二年十二月壬子朔御史中丞溫造奏去十一月二十二日初聞宮中遺火緣妖賊並禁在臺恐有奸謀遂追集人吏設備隄防然後奔走入朝到稍在後兩巡使姚合其日臺中忽聞有火遂追集所領赴朝堂到稍在後目等職列紀律之次無察動皆取則若不重罰難勵衆情自罰三十直宜合請各罰二十直宰目等奏禁中失火火焰所及迫近正衙宰相已下皆在火

所御史中丞合率察屬先至闕下其日兩巡使直至由特人減駐到中丞隨宿追朝隨例方至物情不可謙詣喧然其所請罰請比奉鋪失脫已上聞又不待罪有乖敬慎必須別議責罰奉勅事出非常臺有妖賊官曹備警亦謂處周則合待罪朝堂候進止分量罰自許事涉乖儀盡造姚合崔言等各罰一月俸所請罰錢宜並放

三年三月勅三司推勘吏部論濫官事其間要切節目皆如臺奏李賓過狀稱楊虞卿妝受錢三百千勘是前年虞卿察知自送府縣收已決責錢亦納官又稱送錢并買婢等事悉無證據但虞卿兩年專判曹務偽濫六十餘人連甲團坐近日無例遂令祿位制自爲徒雖能續自舉明終失從前舒韜況勘官知偽久不公論隱闕報銓每將私用公私旦乖於檢下事理固難於守官宜停見任餘准前勅處分

四年三月御史臺奏據京兆府狀稱於馮叔達邊卜射武昭錢五十貫文准去年十一月十八日赦文節目合得洗雪人前門下主事由伾勅田伾犯罪亡命經恩不首縱寬本坐合准赦條宜配流昭州

五年五月御史中丞宇文鼎奏當司前後推覆造偽出身文書賣官并造偽印行用等囚張譸劉常建胡伯忠犯罪並在大和三年十一月十八日恩赦前准刑部大理寺詳斷悉處極刑准斷獄律赦前斷罪不當者若處輕爲重宜改從輕處重爲輕即依輕法者臣以前件囚等並抵極法悉經殊恩自赦文全生或因起請減等伏緣俱引需澤累陳訴詞若非得所恐未服罪昨者一與一奪事關起請既生又死稍覺二三臣所見伏請赦書以前所犯者特許減論赦書以後所犯者不得援例庶使後無僥倖令絕披陳勅張譸胡伯忠劉常建等宜准元勅處分

六年五月丙辰貶左衛勳貳府中郎將左街副使田鑄遂川縣尉以葬妻輜車僭後至袝因遇駕異之即貶時京兆當督備下尤

不制及舉是典人皆悅之

開成元年二月鄜坊節度使蕭洪奏亡妻蕭氏後娶王氏請賜邑號勅方鎮班行散官至朝散大夫已上者自於有司陳狀請妻封邑本司磨勘然合奏成如妻已亡又無此例蕭洪黷於常典輒自奏章宜罰一月俸

二年六月荆南觀察使韋長奏教坊樂人八人到本道求乞詔令錮身送入城委本司各杖四十

三年二月甲午詔京兆府捕捉正月五日賊徒經月未獲官吏慢易須有科懲京兆尹崔珙宜罰一季俸兩縣捕賊官烏行矩崔文卿並停見任餘准正月二十四日勅處分

六月詔曰鄭州中牟縣私置壇場度僧一百六十人並卻勒歸俗色役其刺史李款罰一季俸料攝縣令前管城縣令秦叔良停攝官仍殿本官兩選

四年七月貶襄王傅徐元弼爲杭州長史大理少卿李衢爲光王府長史皆坐贓罪也

十一月鄭滑節度使裴弘泰奏慶成節日於當州因從以資聖壽詔曰弘泰以慶成令節擅放罪囚雖云竭誠且爲干禁恐開後例無示薄懲宜罰一月俸料

武宗會昌四年八月平澤潞勅曰古者陳甲兵以正其刑伐鍾鼓以聲其罪爰用重典以清亂邦郭誼狐鼠之妖依上穴以自固牛羊之力得水草以愈充久從叛臣首負祗氣劉公直安全慶各憑地險屢抗王師每肆悖言罔懷革面及刑名歸款陳許進軍賣壘輿櫬以求全據城而請命擐甲期于標納兼君以盡前從天地神祇所難容赦其劉公直王協安全慶李道德李佐堯並處斬其家屬從別勅處分張谷陳揚廷等皆凶愚無行狡詐多端頃在京師人皆嫌惡自知險薄無所容身投迹戎藩寄命從諫久懷怨望陰謀或妄設妖言或其逆志或爲草章表斷以浮詞既無禮於君親曾不愧於日月自朕君臨萬寓沽

務舍弘而怙亂益堅苞藏未息誘受亡命招聚逋徒志猶行兇
金湯心不利于王室近又敢爲狂計助此凶人汚我忠義之軍
叶其豺豕之黨人之所棄神得而誅劉稹姨曹九滿郎君郎妹
四孃堂兄漢卿周堂弟魯卿堯張谷并男涯涯男觧愁陳楊廷
并弟宣力男醜奴張溢并男歡郎三寶門客甄弋伎術人郭誼
將譚逆賊李訓兄仲京王涯姪孫羽韓約男茂章茂實王璠男
涯並惑軒夫爲善者天報以福爲惡者天報以殃今沴氣既消
逆節咸服方布和于四海庶息患於五兵宣示中外各令知悉
宣宗會昌六年即位五月詔誅道士劉玄靖及山人等十二人
時帝以玄靖等自會昌中以妖道出入禁中惑武宗以留學之術故也
大中五年十二月盜斫景陵神門戟詔罰京兆尹傅兩月俸料
宗正卿李文舉睦州刺史陵令妻閣岳州司馬奉先令裴讓隋
州司馬
九年三月吏部試宏詞舉人漏洩題目爲御史臺所劾侍郎裴
諗改國子祭酒郎中周敬復罰兩月俸料考試官刑部郎中唐
技出爲虔州刺史監察御史馮顓罰一月俸料其登科十人並落
十一年四月以朝議大夫權知京兆尹崔郢爲濮王傅分司東
都以決殺府吏也
十月以入迴鶻冊禮使衛尉少卿王端章貶賀州司馬副使國
子禮記博士李潯爲郴州司馬判官河南府士曹參軍李寂爲
永州司戶參軍端章等出塞爲黑車子阻路而迴也
懿宗咸通十年八月和州防禦行官石偉等一百三十人狀訴
刺史崔雍稱賊龐勛初劫烏江縣雍令步奏官二人探知雍猶
不信二人並被枷栶續差人探見賊已去州十里賊尋逼州城
崔雍與賊頭吳約於鼓角樓上飲酒許與賊同又認軍事判官
李謙爲親弟表狀驅使官張立爲男只乞二人并身其餘將士
一任處置便勅分押牙李詞等六人下衣甲防禦官徒束手被
斬者八百餘人行官石瓊脫衣甲稍遲便被崔雍遣賊勅斬其

崔雍亦有料錢并家口累差人同送往採石今在潤州豈有求
一十人兵士之命贖拔己之一身不唯孤其神明實亦生負聖
主兼料配軍州官吏修葺城池妄稱出料錢修城者勅曰臣子
之節無如盡忠士人之風宜當遠恥崔雍任居牧守賊犯州城
黨狩曾不發言從容乃與命酒況石瓊未脫衣甲志在當鋒不
能獎其亦誠難令擒送賊所原其深意與賊通和臣節全虧情
狀可見將行朝典更要推窮其崔雍家口並在宣州宜令宣歙
觀察使追崔雍收禁勘責逆狀事由申奏尋勅曰當崔雍守郡
之日是龐勛肆逆之初屬狂寇奔衝望風和好置酒以邀賊將
啓關而納兇徒城內不許持兵皆令解甲致使三軍百姓收血
衵視連頭受誅初聞奏陳深駭觀聽鄒錫茅守城而死已有追榮
杜滔孤壘獲全尋加殊獎既察忠節難赦罪人王一石因分懲勸
斯在將垂戒於四海尚何愛於一夫其崔雍宜差內養孟公度
專往宣州賜自盡公度至雍死於廣陽館其男黨兒歸僧配流
康州錮身遞送司勳郎中崔厚貶柳州司戶比部員外郎崔福
昭州司戶長安縣令崔訥澧州司戶左拾遺崔庾連州司戶判
南觀察支使崔序衡州司戶荊南觀察支使崔序衡州司戶旨
雍之親黨也
十三年五月以左羽林軍統軍張直方貶康州司馬同正以部
下爲盜也

冊府元龜卷第一百五十三

冊府元龜卷第一百五十四

帝王部一百五十四

明罰第三

後唐莊宗同光元年十月入汴州詔曰朕既殄僞庭顯平國患好生之令含弘雖切於予懷懲惡之規決斷難違於衆請況趙巖趙鵠等自朕收城數日布恵四方尚匿迹以潛形罔悛心而革面須行赤族以謝衆心其張漢傑昨于中都與王彥章同時俘獲洎際未詳行止偶示哀矜今既上將陳詞羣情激怒徙日酷彰於僭濫此時難漏于網羅宜寘國刑以塞羣論除妻兒骨肉外其他疎屬僕使並從釋放敬翔李振首佐朱溫共傾唐祚屠害宗屬殺戮朝臣既窠宇以皆知在人神而共怒敬翔雖闔自盡未豁幽冤宜與李振　並族於市疎屬僕使並從原宥朱珪素聞狡蠹唯務讒邪鬪惑人情枉害良善將清內外須切去除況衆狀指陳亦宜誅戮契丹撒剌阿撥既棄其母又背其兄朕比重懷來厚加恩遷看同骨肉錫以姓名兼分符竹之榮疊被殊恩之渥而乃輒孤重恵復背明庭困顧𢿙違竄歸僞室既同梟鏡難貸刑章可幷妻子同戮於市其朱氏近親趙鵠正身趙巖家屬仰嚴加擒捕其餘文武職貞將校一切不問是日趙巖趙鵠張希逸張漢傑張漢倫張漢㩦朱珪敬翔李振及契丹撒剌阿撥等幷其妻孥皆斬於汴橋下並梁室巨佐也

二年正月丙午前新鄉鎮將李洪致詣闕首罪斬於天津橋南洪致先以城歸梁故也

六月蕃漢總管李嗣源遣使部送安義賊首領楊立左重趙賓韓貴等二十人到闕令兩軍號令磔於鎮國橋〔十二月壬午勑周易博士奚彰昂磁州司戶禮記博士宋澶裴石州司戶春秋博士陳夙中責授國子監丞俟縱選人故也選人吳延嗣取亡叔告身改爲名行事何河南府處死銓吏尹玫職居行首但恣奸欺示衆徵職於行職積惡須去其元惡可免死鄭濤身爲堂吏事昧公心勾當踰濫選人委曲寫造文狀保明斯在情故可矜可決流邠州弟盲官王凱璩是臺司首吏職名不卑誠宜勵意府之準繩豈得叶選人之踰濫決流忻州裴溫王皇甫遜四仁部勾當選人有訛濫或出公驗都昧精詳各決杖退充本司最下令史三銓主事崔沂等既已錄諸刻其有司與載與諸令史共爲囊橐故也

三年正月丁酉中書門下奏選人劉邦麻溫田昭遠田昌義盧璘皆是家狀內收翌丁父母憂年月不同已牓示駁放劉邦麻溫遠毀告身委本州重點巳役田昭遠巳下殿五選從之

明宗天成元年四月辛丑勅鄧州節度使李紹欽太子少保李紹沖汴州都教練使辛廷蔚李繼宣等並勒歸田里紹欽本姓溫名昭圖紹沖本姓段名凝皆僞開封尹王瓚之牙將也朱友貞時依瓚事曲法亂政汴人深惡之繼宣汴將孟審澄之子審澄誅亡命歸莊宗劉皇后畜之爲子時宮禁之間穢聲流聞凡之四者帝在藩邸時惡其爲人故並誅戮之

二年二月丙午以從馬直指揮使郭從謙爲景州刺史尋令中使誅於郡夷其族以其首謀大逆弑莊宗也

三年閏八月滑州掌書記孟昇匿母憂大理寺斷流奉勅朕以允從人望嗣守帝圖政必究於化源道每崇於德本貴全國法以正人倫孟昇身被儒冠職居賓幕此資籌講畫以贊盤維而乃都昧操修但貪榮祿匿母喪而不舉爲人子以何堪瀆污時敗傷名教五刑是重十惡難寬雖遣投荒無如去世孟昇賜自盡觀察使觀察判官錄事參軍失其糾察各有懲罰襄邑縣民周威父爲人所殺不雪父寃有狀和解奏勅處死

九月勅先監送諸州罪人溫韜等流言亂政在惡典以難容㧾惡害災固人祇之共怒溫韜生爲盜首起自綠林依憑中夏干戈刼盜本朝陵寢段凝材狼類性梟鏡爲謀無辜而幾害平人得便而常懷逆節閩記曾司藩翰恣行貪財自處寬流猶興怨

望石知訥比居寶佐合務贊禮當守叅閑擄夷門發文字扇搖戎帥叅與擢從班列委佐親賓不守條章擅買店宅其後細論行止頗駭聽聞喪妻未及於半年别成婚嬿棄毋動逾於千里不奉晨昏而皆自抵刑章各居寶遂都死省過但出怨詞在朕意雖欲含弘於物論固難容捨尚全大體只罪一身並令本處賜死

十月宗正卿李紓先補虛稱試銜權公稱攝殿臺令紓影補公爵請假與公爵狀不同大理少卿張仁愿詳斷以報上不實者徒一年李紓前犯詐假是重今犯報上不實是輕准律雖覺酌情尤重請降特勑指揮奉勑李紓縱横詐僞重疊欺君雖奪一任告身尚居大朝憲法玷予宗籍弊乃姧訛宜奪應歷任告身仍配隴州徒一年

四年二月車駕自汴還京至汜水東都留司官太子少傅李琪等奏曰伏以陛下暫違清廟纔過周星初平作孽之守勞次戮不臣之庭珖今者敗契丹之兇黨破真定之逆城大振皇威咸

田賽臣等久違宸極俱戀聖恩恨不隨獸舞於汴郊拜龍顏於梁死豈可只於清洛坐俟迴鑾願於次舍之閒得展會同之礼庶傾就望咸竭歡呼臣等今乞從復師東排班迎駕稱賀後先赴洛陽東祗候奉勑契丹即爲兇黨真定不是逆城蓋闕君詳有茲差誤李琪罰一月俸先是定州王都叛命琪不詳鎮州爲真定誤用之故及於罰

六月有內班石重千等六人控鶴官三人矯傳聖旨宣諭臣寮多受其遺賂是日發覺殺四人鞭五人背

十二月蔡州西平縣令李商爲百姓告陳不公大理寺斷止贓銅以官當罪勑旨李商招狀且在案款大理定罪備引格條然亦事有所未圓理有所未盡古之立法意在惜人況自列聖相承溥天無事人皆知禁刑遂從輕喪亂已來廉恥者少朕一臨寰海四換星灰常宣無外之風每堇從前之奬勤修一德深念五刑寬則不威暴則死惠唯期不濫皆守无私李商不務養民專謀潤己初聞告不公之事件汝彼狀頭又爭奪有主之莊田捷其本戶国家給州縣篆印只爲行遣公文而乃將印曆下鄉從人戶取物據茲行事何以當官令王饒所告李商並招實罪宜奪歷任官重杖一頓處死元論人王饒四人並宜放仍令所在長吏徧示衆多居高者不得貪以凌卑在下者不得驕而訕上躰泣辜之意聽祝網之言各守公途共資王道

長興元年正月乙亥御史臺奏京兆府牒送到爭論莊田人詳牒內本府元未曾推勘便送赴臺伏准舊例諸道州府責勘尋常公事如曾經斷遣不了方且奏聞候勑下付臺始行追勘且死州縣直牒送臺請行推勘兼夾府尹判語指揮臺司勑旨爲官未可避事夾判不合申臺旣有舉明須行責罰府司官吏已下等第書罰

九月庚午齊州進僞造嘉禾七莖共兩穗本州長吏皆罰直

十月吏部侍郎王權將作監王澄太僕少卿魏仁鍔庫部郎中

孔崇弼司門郎中李參夢河南縣令郭正封等六人妻叙封郡君縣君者勑旨叙封之例勑格甚明況在所司備經其事既成差誤蓋是因循顯有紕彈實爲允當欺即難恕錯即可矜然欲示戒懲須行責罰本行令史馬仁珪決臀杖十七勒停本判郎中裴坦罰兩月俸王權等六人妻進封叙封郡縣邑號官告宜令所司追納毀廢初郊天後赦書節文云朝臣並與追封贈及叙封制後不在此限其年七月十二日中書以前赦書節文不該據品秩依格例施行又奏發在朝臣寮限兩月內一齊聞奏並據品秩依格例施行河南縣令郭正封制前任考功員外郎朝議郎階俱是六品制後遷河南縣令加朝請大夫正五品其妻乃叙封縣君內彈侍御史呂琦舉劾乃招僞濫有涉情故

二年三月礼部令史吳知已指政大廟齋郎李詛勑甲及堂判姓名爲張昭因僞出給優牒與張昭齋郎呂圖陳告其偽捕詳於御史臺張照呂圖李詛是諫議大夫張延雍將作少監呂道

明宗正卿李玩之子也以季富補獄成吳知己款伏緣張延
雍委吳知己爲部官令知己專主張其子齋郎文書緣奏覆未成延
雍東京遣人催促及召至面前奇克以此怕懼遂將改李誼勑用
書張照姓名兼改家狀本司官人出給憂牒爲吏符印有司尋申奏
大理寺定罪少卿路沆詳斷准格詐僞制勑僞行符印罪當絞
其令史吳知己准格重杖一頓處死本司官祠部郎中王承弁
初不精詳致被罔冒准詐僞律合杖九十如已去官則原李令
王承弁已別除官憑格放罪門下令史陳延祐雖不與吳知己
同情看洗嚵訖准律杖一百放堂後官何康初言嚵訖不至叛
事准律放罪品道昭李行邑國事勑解違別無深罪准格並合
釋放諫議大夫張延雍補蔭自有格文催促失於事體言訖克
之語雖覺見人攄引驗之詞蓋亦虛指伏候勑處分勑旨曰張
延雍守官舊居首罪子令補齋郎爲僞假擬遺於本司催促
奇克從責已該肆赦之恩引驗無聞自掐而辭之語致奇析獄

宜示罰金宜罰一季俸餘依法寺詳斷
四月以振武節度使李承約皆百卒爲宽衛爲忠武軍行軍司馬度徵雁門人
始爲郡吏而突重誨信受之至是聚斂縣職行己之道非其正
也重誨出鎮故有是命
五月丙子国子勤留官張崇遠受賂補人法寺定罪爲無祿者
減死一等又引四月二十六日恩赦俾從釋放帝問張崇遠本
官又無料錢今有贓罪遂月糧者勑首設將任能立法懲惡
否遵犯須舉憲刑張崇遠流外授官監中司職御官私受
祿而職見請於不糧贓罪既彰死刑難貸宜決重杖一頓處死
閏五月誅河中節度新除太子太師致仕安重誨詔曰[illegible]
以躬邸纘承丕構欲華夷之共泰於刑賞以無私若有枉橈
臣寵踰涯分擅威權荒積惡詞揚素以雜吞苟縱刑章身諮以
憑安重誨始從幼稚復備指呼既荷從以斷深亦從酬而益其
自朕紹興王業亲登寶極[illegible]官列三公位崇出輔謂勤劬之可

每率暴以居懷旦孟知祥董璋自守藩維表啟二君節鉞從間諜
令負疑擢任姻親性分符竹潛設犄防之計擅興討撥之言
兩川歛恨以俱深一旦飛章而頓絶又錢鏐位冠三公常輸款
載朕方禮優元老思遇遠人而重誨探撥瑕玭遽行止絶且去
年郊天禮畢率土人康重誨既綰國權復希兵柄輒出渡淮之
語貴邀統衆之名事雖不行謀實可懼其後終興戈甲遠討巴
邛將士疲勞舳艫阻絶及遣專諮案所俾料軍儲恣威虐以侵
多致兵民之共怨朕尚存大體特示優恩爰自禁庭委之藩翰
方緊共理旋乃責章豈謂別有動搖潛懷怨望長子崇緒親居
內職次子崇贊顯列朝行遣彼元隨偷歸本道據茲情迹須究
端由勞千里以興師致四方之駭聽果明罪釁難逭誅夷其安
重誨宜削奪在身官爵仍并男崇贊崇緒及安重誨妻向張等
四人宜並賜死
七月澤州沁水縣令李照共滑樂鈞兩相鬪毆及追至本州不

肯受罰牌印大理刑部詳斷其罪准律罪當徒又會罰銅緣並該今年
四月二十六日恩赦勑旨同官相毆據法當徒大理寺以所犯罪名
合該恩勑雖備陳格律而合議矜寬但李照與樂鈞等勑命佐之資
屬治之行既爲且鬪自盡矜情加以危亢使符占留縣印全乖事體
大紊彝綱至於侵在勑前合從赦限宜可違茲常輩親我渡民充刑
已是僥引復職實非允當其李照樂鈞宜並勒停見任餘依所奏
三年正月北京大將等離歸本道賜物有羌將有識林都長行
一人退及南衙有言鬪於殿上乃宣問其稱爲量減下秋衣錢
一千文別添逐月料錢五百文而不知所減少而益多帝責其
退後有言容歸田里
四月御史臺奏禮部貢
院散從官呼延昭送到應舉究科人李咸雍稱於省門前鳥聲
稱云勑曰李咸雍既是書生合知禮顧凡關事理祇可披論尚
書省前喧呼之所主司在內何與詬罵之言雖妄指陳實
爲凶頑苟無懲誡難倒輩流宜令御史臺監送本貫且[illegible]

十二月勑曰国計之重軍食爲先比防主守之隱欺遂致監臨之鈐轄丁延徽監從禁職委以倉儲蓄藉忠勤特添俸給所宜廉慎以副指呼而敢與專知官田繼勳杜延德副知趙德遵楊仁祚等相徇私情擅出官物脚夫論告贓狀分明及遣推窮即稱貸借甚乖律則罪加於凡盗准後勑則名犯於極刑況兩司檢詳再經議讞定法既當於不濫懲姦斷在於必行又據宰臣所問五條康澄從陳兩表雖爲滞獄且貴盡心但丁延徽所出軍須已離當處本无文記豈是公官宜同入巳而論難逭減身之罪宜依兩司詳議斷遣處分其丁延徽田繼勲贓滿三十四並決重杖一頓處死杜延德巳下各依本罪決杖配流貢元告人絹二十四丁延徽爲供奉官監倉與倉官田繼勳杜延徳共盗倉粟三百五十石脚夫論告左軍巡禁誥稱官米爛折借粟變米填官數及勘变米粟不曾至碾乃是糶貨錢亦破使詋刑部引統類監臨官典犯一四巳上入巳者不在赦限同入巳之贓今約丁延徽粟價計贓絹六十五匹二丈合犯絞二人專知官田繼勳等計贓絹三十七匹二丈爲首合犯絞副知趙德遵合流三千里其次決流有差刑部據法律定罪而大理少卿詹上表論以爲借粟有還意合減等

四年四月大理寺奏滑州人程洪與隣人一不協自焚其屋延及隣人屋焼家財蕩盡伏緣三經恩赦例合原罪令償所焼財物勑旨程洪宜配流徳州常知所在餘依奏

五月僊嘉縣令盧高以户民閔延韜不伏責問喧悖令從人曳撲良久致死大理寺斷既閔威力之條合處殺人之罪但以情非巨蠹事准格文爰該免死之科式表好生之徳盧高准格配流天徳曳撲人王光祚配流登州勑旨盧高尚容恩宰邑造次怒人不知法以行刑遂至斃而致死原情則本非故殺據律則當處極刑小不忍而難追内自訟而何及法不可隳義亦須明但究根由以緣公事非急遽重理稍可矜疑行則慮致濫輕怒則恐滋酷吏求從寬特貸餘生聊以慰狂者之魂兼可流爲官之驕盧高宜配蔚州長流百姓縱逢恩赦不在放歸之限其出身歷任告身付所司焚毁餘依省寺詳斷

十月户部奏諸州所貢物舊例毎年冬至後到京准備正仗於殿前陳列據房州常貢物至今年三月方至京有違常式勑旨方州所尚土貢爲先苟有稽遲誠爲怠易須加懲罰俾効恭勤其録事參軍孔霸文宜罰一季俸刺史尹暉緣元勑不該宜放本典巳下宜令本道觀察史量罪科責訖以聞

末帝自鳳翔問君側之罪至乾壕南院宣徽使孟漢瓊以帝河中失守在清化第時明宗王淑妃常令侍教牲來錫賜謂於巳厚見帝大哭欲有所陳帝曰事不言可知仍自預從臣之列卽命斬之路隅漢瓊者鎮州王鎔之小竪也明宗在真定時入侍性通黠能交搆朋黨初見秦王權重乃挾妃子勢援傾心事之及朱弘昭馮贇誅去秦王又與之締結長興之季氣焰熏灼開府縣騎之資其月遍歷西軍既叛人主拱手待斃鄂王急召漢瓊欲先令入鄴漢瓊匿不奉召知帝及陜乃單馬趍陜至澠池西斬于路左

清泰元年五月中書門下言以改元分命朝臣奏告其應州四廟差左監門衛將軍孔知鄴稱疾改差右驍衛將軍華光遠稱墜馬傷足詔曰改元重事告廟常規凡在班行宜思策勵孔知鄴等方當年使皆合恪恭豈可居常則各冒寵光臨事則自圖便穏苟無懲誡何肅紀綱孔知鄴華光遠並停見任其告廟宜差右武衛將軍高允崇

三年二月禮儀使奏薦饗太廟其月十九日尚書省受誓戒故事諸行事官質明至省候太尉其日行事官與攝太尉宰臣□先到其攝司空吏部侍郎龍敏後至雖乃受誓戒并不候太尉違礼詔罰一季俸料

十月詔□州軍將成都監陳宗儼先是蜀人以鉄錢與偷不嚴突

至涿、水寧失守故也

十二月司天冬官正宋毅訟本監胡杲通言前監徐鴻亡在殯鴻男浩方行服杲通署爲監丞下御史臺鞫問杲通言自授官後有監丞高誨上言曆筭事徐浩攻於推步其祖保謙嫈僕所以權署攝不知徐鴻死及在殯其罪徐浩緣曆筭事大詔曰徐浩伎術勘造且宜落下別候處分高誨備知徐浩居喪不合薦舉宜停見任胡杲通已下並釋放

晉高祖天福二年五月乙丑御史臺奏六宅使王繼弘前洺州團練使高信於崇祀門內相詬已伏欵罪勅曰高信曾剖郡符繼弘方參禁職凡於語默合曉規儀豈得輒於內庭恣行私忿肆諠譁而頗甚侮憲法以若無既駭物情尤傷事體苟無懲沮何弭諠違尚示含容止從譴逐高信宜授復州牧[illegible]王繼弘勳[illegible]授儀州倚郭仍常知所在

四年十月勅李道牧前爲陸渾縣主簿欠　求官強詞抗勅

厚誣等輔累犯兼興措言馭顧於午尊構意只謀其擅政特懲校盡須舉典刑宜令決杖配流永不齒錄

少帝開運二年春誅青州節度使楊光遠部下指揮使張迴等五人時光遠叛命帝以戎事方興慮其扇搖故也

周太祖廣順元年五月甲申勅考城縣巡檢供奉官馬彥勍處死以在巡檢所停匿赦書殺獄囚故也

二年八月勅前明經劉繼倫決杖仍令奪出身文書先是繼倫醉酒於臨街民家踞牀而坐攄知開封府家義前驅導道吏之不起又加侵罵所司詰之以聞遂有是責

三年正月責教坊樂人張錦繡等四人各杖脊十七除籍控編官將虞候賈超等二人各決杖二十配流商州坑冶務收管錦安州節度使王令溫受代入朝樂人與在轝官詬令溫求一不祖有之故有是責

三月勅貝州少尹桑能貴授鄧州長史能故[illegible]維翰之庶弟也維翰父某有愛妾生子歲餘其母始來出遂棄兒而去即能也其後莫知所之及維翰貴潛遣人求訪音問微知在青州會戶部侍郎王松權知青州時維翰鎮兗州以誠託松松至郡訪能果得之於博興縣民家能母適玄氏能即玄氏子松即送能至維翰所維翰表其事有頃曾祖授能協律郎維翰鎮京兆以能爲衙內都指揮使維翰再入中書改太常丞累遷司封員外郎能幼稚流落長於他族不識文字性格鄙俗及維翰薨諸子幼弱能以維翰舊第得錢千緡典貼與人其宅本辛氏之業也辛氏定年限典貼與維翰及年限滿能出爲鳳翔少尹辛氏乃詣維翰子坦贖之坦辭以俟取能旨辛氏訴於官樞密使王峻素知其事深所不平即追能證問能具伏其罪故貶逐之又相之湯陰民焦遠詣闕門代鼓訟鎮將李柔豪奪二女詔開封府鞫劾勅李柔配役作坊

世宗顯德元年九月辛丑斬供奉官副都知竹奉璘於寧陵縣

以其先奉命在彼巡檢有羣盜掠其客舡而不能登時捕獲故也

十月杖死供奉官郝光庭於府門以其在葉縣巡檢日[illegible]私斷殺平人故也

四年三月追奪前許州行軍司馬韓倫在身官爵仍配沙門島縱逢恩赦不在放還之限倫侍衛馬軍都指揮使令坤之父也令坤兼鎮陳州倫罷職於許而居於陳軍州政事多所干預及自於衙署開壚以貨酒掊斂之暴公私患之爲項城民武都等所訟帝命殿中侍御史率汀按之倫詐報汀云准詔赴闕汀即奏之帝愈怒遽令追劾盡得事實令坤數於帝前泣請父命故罪止於追削配流而已

五年十二月楚州兵馬都監武懷恩棄市以其擅殺降卒豪約等四人故也

六年二月放落第舉人趙贊朱夢叶竇儼等於省門外仍配逐郡先是禮部貢院上言贊等酗酒罵聲詬其考試官下御史府

評之伏罪改杖之

冊府元龜卷第一百五十四

府 一百五十四 十一

冊府元龜卷第一百五十五

帝王部

督吏

夫官者治亂之攸繫吏者師表之斯屬自堯舜無替夏商周又逮夫周室有以寧之盛斯皆官得其人民安其業上下熙洽同底于道者也及叔世多僞淳風不競群吏之政或縱或忘罕能修舉幾於曠廢或以滅裂爲簡或以苛刻爲公官邪而姦生禁密而俗弊淪胥以敗罔克攸濟於是乎申嚴號令誕布條教肖旋敷諭丁寧款密乃至形於歎息以儆其違峻其舉察以繩其枉乃至丞郄之重左右之寄誥之以告猷訓之以裕蠱逮乎寇竊姦軌董其逐捕慶其條稽急其剿誅斯亦敷政之大端著其實之舊典也已

漢景帝後二年夏四月詔曰彊毋攘弱衆毋暴寡老耆以壽終幼孤得遂長今歲或不登民食頗寡其咎安在或詐僞爲吏自詐緩使吏以貨賂爲市漁奪百姓侵牟万民牟食苗根蟲也縣丞長吏也姦法與盜盜甚無謂也知法而作姦也與盜者當治而共爲盜也其令二千石各脩其職不事官職耗亂者丞相以聞請其罪耗不明也讀與眊同布告天下使明知朕意

武帝時郡守尉諸侯相二千石欲爲治者大抵盡效王溫舒等而吏民益輕犯法盜賊滋起滋益也南陽有梅免百政梅百皆姓也楚有段中杜少吁讀曰吁齊有徐勃燕趙之間有堅盧范主之屬大群至數千人擅自號攻城邑取庫兵釋死罪釋解也縛辱郡守都尉殺二千石爲檄告縣趨具食趨讀曰促小群以百數掠鹵鄉里者不可稱數於是帝始使御史中丞丞相長史使督之督察也猶弗能禁禁居禁切乃使光祿大夫范昆諸部都尉及故九卿張德等衣繡衣持節虎符發兵以興擊以軍興之法而討擊也斬首大部或至万餘級及以法誅通行飲食坐相連郡甚者數千人數歲頗得其渠率渠大也散卒失亡復聚黨阻山川往往而群無可奈何於是作沈命法沈藏也匿也沈命謂沒其命也曰群盜起不發覺發覺而弗捕滿品者品率也以人數爲率也二千石以下至小吏主者皆死其後小吏畏誅雖有盜弗敢發恐不能得坐課累府府亦使不言累力端切故盜賊寖多寖漸也上下相爲匿以避文法焉

宣帝黄龍元年詔曰蓋聞上古之治君臣同心舉措曲直各得其所是以上下和洽海内康平其德弗可及已朕既不明數申詔公卿大夫務行寬大順民所疾苦將欲配三王之隆明先帝之德也今吏或以不禁姦邪爲寬大縱釋有罪爲不苛或以酷惡爲賢皆失其中奉詔宣化如此豈不繆哉方今天下少事繇役省減兵革不動而民多貧盜賊不止其咎安在上計簿具文而已務爲欺謾以避其課三公不以爲意朕將何任諸請詔省卒徒自給者皆止時有請詔使出者省卒徒以其直自給不復取稟假有進入於官非舊章也故絕之又曰先是武帝以用度不足且有以益官者或奉使求不受奉祿內省其徒衆以取其稟者或自給於是姦吏緣以爲利所得多於本祿故絕之

後漢光武建武十五年詔考實二千石長吏阿枉不平者

明帝永平十八年詔曰三事大夫莫肯夙夜小雅之所傷也予違汝弼汝無面從股肱之正義也群后百僚勉思厥職各貢忠誠以輔不逮申勑四方稱朕意焉

章帝建初元年正月詔曰比年牛多疾疫墾田減少穀價頗貴人以流亡方春東作宜及時務二千石勉勸農桑弘致勞來群公庶尹各推精誠專急人事罪非殊死須立秋案驗有司明慎選舉進柔良退貪猾順時令理冤獄五教在寬帝典所美愷悌君子大雅所歎布告天下使明知朕意

二年春三月詔曰比年陰陽不調饑饉屢臻深惟先帝憂人之本詔書曰不傷財不害人誠欲元元去末歸本而今貴戚近親奢縱無度嫁娶送終尤爲僭侈有司廢典莫肯舉察春秋之義以貴理賤今自三公並宜明糾非法宣振威風朕在弱冠未知稼穡之艱難區區管窺豈能照一隅哉其科條制度所宜施行

任事者備爲之禁先京師而後諸夏

和帝永元五年三月詔曰選舉良才爲政之本科別行能必由鄉曲而郡國舉吏不加簡擇故先帝明勑在所令試之以職乃得充選又德行尤異不須經職者別署狀上而宣布以來出入九年二千石曾不承奉恣心從好司隸刺史訖無糾察今新蒙赦令且復申勑後有犯者顯明其罰在位不以選舉爲憂督察不以發覺爲負非獨州郡也是以庶官多非其人民被姦邪之傷由法不行故也

八年九月詔百僚師尹勉修厥職刺史二千石詳刑辟理寃虐恤鰥寡矜孤弱思惟致災興蝗之咎

十二年三月詔曰比年不登百姓虛匱京師去冬無宿雪今春無澍雨黎民流離困於道路朕痛心疾首靡知所濟瞻仰昊天何辜今人三公朕之腹心而未獲承天安民之策數詔有司務擇良吏今猶不改競爲苛暴侵愁小民以求虛名委任下吏假埶行邪是以令下而姦生禁至而詐起巧法折律飾文增辭貨行於言罪成乎手朕甚病焉公卿不思助明好惡將何以救其咎罰咎罰既至復令災及小民若上下同心庶或有瘳

安帝永初三年秋七月海賊張伯路等寇略緣海九郡遣侍御史龐雄督州郡兵討破之四年伯路復與勃海平原劇賊劉文河周文光等攻厭次殺縣令遣御史中丞王宗督青州刺史法雄討破之

元初三年春三月蒼梧鬱林合浦蠻夷反叛二月遣侍御史任逴督州郡兵討之（逴音能犿丁）

靈帝光和元年妖異數見制下太尉司徒司空曰夫瑞不虛至災必有緣朕以不德秉統未明以招祆僞將何以昭顯憲法哉三司任政者也所當夙夜而各拱默訖未有聞將何以奉答天意救寧我人其各悉心思所崇改務消復之術稱朕意焉

晉武帝泰始四年詔曰郡國守相三載一巡行屬縣必以春此

古者所以述職宣風展義也見長吏觀風俗協禮律考度量存問耆老親見百年錄囚徒理寃枉詳察政刑得失知百姓所患苦無有遠近便若朕親臨之敦諭五教勸務農功勉勵學者思勤政典無爲百家庸末致遠必泥士庶有好學篤道孝悌忠信清白異行者舉而進之有不孝敬於父母不長悌於族黨悖禮棄常不率法令者糾而罪之田疇闢生業修禮教設禁令行則長吏之能也人窮匱農事荒姦盜起刑獄煩下陵上替禮義不興斯長吏之否也若長吏在官公廉慮不及私正色直節不飾名譽者及身行貪穢諂黷求容公節不立而私門日富者並謹察之揚清激濁舉善彈違此朕所以垂拱總綱責成於良二千石也於戲戒哉

太康九年春詔曰興化之本由政平訟理也二千石長吏不能勤恤人隱而輕挾私故興長刑獄又多貪濁煩撓百姓其勑刺史二千石糾其能否議其黜陟令内外群官舉清能拔寒素

元帝太興元年詔曰王室多故姦凶肆暴皇綱弛墜顛覆大猷朕以不德統承洪緒夙夜憂危思改其弊二千石令長當祗奉舊憲正身明法抑齊豪強存恤孤獨隱實戶口勸課農桑州牧刺史當互相檢察不得顧私虧公長吏有志在奉公而不見進用者有貪惏穢濁而以財勢自安者若有不舉當受故縱蔽善之罪有而不知當受闇塞之責各明慎奉行

後魏明元神瑞二年三月詔曰刺史守宰率多逋慢前後怠惰數加督罰猶不悛改今年貲調懸違者謫出家財充之不聽徵發於民文成太安四年五月詔曰朕即祚至今屢下寬大之旨蠲除煩苛去諸不急欲令物獲其所人安其業而牧守百里不能宣揚恩意求欲無厭斷截官物以入於己使課調懸少而深文極墨委罪於民苟求免咎曾不改懼國家之制賦役乃輕比年已來雜調减省而所在州郡咸有逋懸非在職之官綏導失所貪穢過度誰使之然自今常調不充民不安業宰民之徒加

以死罪申告天下稱朕意焉
獻文以和平六年五月即位九月詔曰先朝以州牧親民宜置
良佐故勑有司班九條之制使前政選吏以待後人必謂銓衡
允衷朝綱應叙然牧司寬縱不祗憲旨舉非其人愆于典度今
制刺史守宰到官之日仰自舉民望忠信以爲選官不聽前政
共相干冒若簡任失所以罔上論
孝文太和二年十一月詔曰懸爵於朝而有功者必縻其賞懸
刑於市而有罪者必罹其辜斯乃古今之成典治道之實要諸
州刺史牧民之官自頃以來遂各怠慢縱姦納賂背公緣私致
令賊盜並興侵劫滋甚姦宄之聲屢聞朕聽承太平之運屬千
載之期思光洪緒惟新庶績亦望藩翰群司敷德宣惠以助沖
人共成斯美幸剋已復禮思愆改過使寡昧無愧於祖宗百姓
見德於當世有司明爲條禁稱朕意焉
六年十二月詔曰朕以寡薄政缺平和不能仰緝緯象蠲茲六

沴去秋淫雨洪水爲災百姓嗷然朕用嗟愍故遣使者循方賑
恤而牧守不思利民之道期於取辦愛毛反裘甚無謂也今課
督未入及將來租算一以正之有司勉加勸課以要來穰稱朕
意焉
九年帝嘗引見王公卿士責留京之官司州牧咸陽王禧等曰
昨望見婦女之服仍爲夾領小袖我徂東山雖不三年既離寒
暑卿等何爲而違前詔禧對曰陛下聖過堯舜光化中原臣雖
仰禀明規每事乖舛將何以宣布皇經敷贊帝則舛違之罪實
合刑憲帝曰若朕言非卿等當奮臂廷論如何入則順旨退有
不從昔舜語禹汝無面從退有後言其卿等之謂乎又謂尚書
等曰朕仰纂乾構君臨万宇往者稽古典章樹茲百職然尚書
之任樞機是司豈惟揔括百揆緝和人務而已朕之得失寔在
於斯自卿等在任年垂二周未嘗言朕之一失獻可否之片規
又不嘗進一賢而退一不肖此二事罪之大者

宣武景明二年三月詔曰諸州刺史不親民事緩於督察郡縣
稽逋旬月之間總一覽決淹獄久詔動延時序百姓怨嗟方成
困弊尚書可明條制申下四方令日親庶事嚴勤守宰不得因
循寬怠虧政六月考諸州刺史加以黜陟
孝明孝昌初梁武遣將裴邃等寇淮南詔行臺酈道元都督河
間王琛討之停師城父累月不進勑廷尉少卿崔孝芬持節齎
齊軍力催令赴接賊退而還
後廢帝中興二年正月詔曰自中興草昧典制權輿郡縣之官
率多行督假有正者風化未均眷彼周餘專爲漁獵朕所以夙
興夜寐有惕於懷有司明加糾罰稱朕意焉
唐太宗貞觀十六年四月帝謂褚遂良曰卿爲諫議比來何爲
不諫遂良曰臣聞木從繩則正君從諫則聖而歷代帝王進納
忠讜從善如流者國常獲安化洽聲稱厥後絶忠臣之路惡諫
諍之言沉迷者欲賊害良善者何嘗不國敗身亡以爲後誡陛

下功德之盛古今莫二視朝之餘假以顏色獎誘愚臣使罄瞭
瞽臣實惷駑下不稱万戶祿素餐誠負陛下
高宗乾封元年十一月帝引朝集使相州刺史許圉師等謂曰
與朕共理在於牧守必在賢明方膺此選去歲東封觀諸州刺
史大有老弱者比令改移猶未能盡此朕所以憂也又封禪舉
人比望有經綸之才遺逸藪澤者乃聞多是不第進士豈實無
人物可言爲復卿等不能用心蔽賢濫舉殊不稱求賢之意何
也圉師等引咎而退
中宗景龍元年十月令内外諸司長官具僚佐功過遞相勗勵
勉修其職
玄宗先天元年十一月謂御史等曰卿處憲司職當彈糾如聞
百寮非常弛慢即宜訪察聞奏以其實繩國有常典
開元二年六月詔曰尚書禮閣國之政本郎官之選實藉良才
如聞諸司郎中員外郎怠於理煩業惟養望凡厥案牘每多停

掩蓋從輿吏仍有貨賕欲使四方何以取則事資先令義貴能改宜令當司長官設勸示論并委左右丞勾當其有與奪不當及稽滯稍多者各以狀聞

五年四月帝以尚書省天下政本乃令有司各言職事吏部員外郎裴璩等十人案牘稽滯詔曰朕居万人之上以百姓爲心常恐有冤不申有理見滯憂勤庶績實所興懷且六官分事四方取則尚書郎皆是妙選須稱其職焉可尸祿悠悠曾無斷決昨者試令詢問遂有如此稽逋動即經年是何道理至如行判程限素編令式今便准法科責乃是尋常但爲積習貫踈欲得申明告諭自今已後各宜懲革若有犯者別當處分

十年三月詔曰國之設法本以閑邪苟無所施雖立安用朕以寡昧纂承丕業夙夜怵惕恐不克勝馭朽徒知其所危涉川罔知其所濟是用寢興永歎常患罪己冕旒不欲見其瑕含垢黈纊不欲聞其是非隱忍含容十載于茲矣不能使令行禁止訟息刑清家有禮讓之教人知廉恥之節此朕之不德也河南府洛陽縣主簿王鈞貪殘其性暴虐其心輕侮我章程割剝我黎獻贓事不遵于法理贓貨不知其紀極此而可恕孰不可容且輦轂之下事猶如此想於遠郡又何以堪然而當發生之時膺陽和之月朕情存惡殺不加殊死且從杖罪以肅朝端可於朝堂集衆決殺自今已後內外官有犯贓至解免以上縱使逢恩非免並宜勿齒終身御史憲司職當推劾不存糾舉多有顧情綱紀不施誰任其咎又府縣寮寀上下相承犯法公然無聞按詰若或知而故縱即是職務不舉各自思審何以當官自今已後所進擬御史皆須歷職清白衆所推者不得虛相引進俾所榮凡厥朝臣宜悉朕意

十一年六月帝謂宰臣曰尚書省諸司事多因循頗有稽緩或爲濫之罪緣此得行可令左右丞申明勾當使更然

十二年二月詔曰如聞在外官人罕遵法式孤弱被抑冤不獲申者有勢之家頗遭逼迫侵刻之吏務欲加誣州縣有好長官下寮皆敢違法御史執憲綱紀是司多循人情未聞正色內外同此何致至公宜令刺史縣令嚴加捉搦御史按其有犯彈奏

代宗大曆六年四月詔曰弛張刑政興化阜俗使吏無貪殘之欲下無愁恨之聲不惟良二千石亦在郡主簿縣大夫親其教訓舉其綱目微察善惡惠養窮人方伯得以考求殿最故漢置刺史廉課郡國周制官刑糾繩邦理其義明矣朕思舉舊典以清時俗頻詔長吏精擇此官如聞近日猶有惡濫或未習吏事素無令問因依請託尸曠祿位邪枉附法懦弱廢官人獘於下怨歸於上閭井減耗職此之由豈所謂建明職守共副憂勤者也又別駕秩位頗崇若郡守廢闕掌同其任舊例補署或匪其才既不稱職則多傷害自今後別駕縣令錄事參軍有犯贓私并暗弱老耄疾患不稱所職戶口流散者並委觀察節度等使與本州刺史計會訪察聞奏與替其犯贓私者便禁身推問具狀聞奏其疾患者准式解所職老耄暗弱及無贓私才不稱職者量資考改與員外官餘官准前後勅處分其刺史不能覺察觀察節度使具刺史名品聞奏如觀察節度管內不能察當與官御史出入訪察聞奏

德宗貞元六年二月制曰朕嗣守丕圖于茲七稔每念万方亦本惟在一人百姓未康豈忘終食故所以賑贍優貸思致乂安方鎮牧守誠宜遵奉如有違越委御史臺及出使郎官御史訪察以聞於是宰臣等表賀焉

文宗大和三年十一月詔刺史分憂得以專達事有違法觀察使然後奏聞如聞州司常務巨細所裁官吏移攝將士解補占留支用刑獄等動須申稟不得自專雖有政能無所施設選擇長吏將何責成宜委御史臺及出使郎官御史嚴加察訪廉使奏聽違上本判官不能規正及刺史不守朝章並量加貶降其所管州郡應接蕃夷軍戎之間事資權制即不在此限

宣宗大中四年正月詔曰應天下州縣或土風各異或物產不同或制置乖宜或章條舛謬或去施之歲久或緣礙于勑文有利於人而可舉行者有害於物而可革去者並委所任縣令錄事參軍備論列於刺史具以上聞委中書門下據事件一一觀察使詳研列奏當與改更各從便安自當蘇息如或在官因循不舉後來者無以申明利害較然違慢可見必當重加懲罰仍更不得授縣令錄事參軍則必委中書門下具名聞奏別議懲戒又曰每思前賢設官分職豈徒然哉今州有上佐縣有丞簿俗謂閑官不領公事殊乖制作之本意也自今後州縣公事上佐丞簿得失須共參詳如有敗闕或不遵法理及百姓流亡不先舉明並須連坐冀得人展其才官無冗食又曰刑獄之內吏得使情推斷不平因成冤濫無問有贓無贓並不在原免之限

六年十二月中書門下奏諸道觀察使職當廉問位在藩閫受人主之寵榮同國家之休戚不可自專富貴惟貪優游雅聲色以自娛顧凋殘而不問縱逃顯責必受陰誅自今後請責其成効專被事權使得展意盡心恢張皇化敬事以守法度節用以減征徭有利於國者必行不以近名為慮有害於人者必去不以循例為辭絕連夜之酣歌務盡忠之讜論常准此道方免曠官其巡屬州縣須知善惡具以上聞隱而不言罪歸廉帥應有論薦須是直書強能立事者上陳不得蔽善懦弱失職者奏免非可徇情如此則遠近相臨上下相制共為致理同歸至公勑曰卿等所言甚為切務可速行之

後唐莊宗同光四年二月吏部侍郎盧文紀上疏請責內外百司各舉其職明行考課以激其能從之

明宗長興二年閏五月勑曰要道纔行則千歧共貫宏綱一舉則万目皆張前王之法制固殊百代之科條悉在無煩改作各有定規守度程者必逸日休率胸臆者心勞日拙天垂万象星辰之分野靡差地載群倫岳瀆之方隅不易儻各司其局則皆盡其心且律令格式六典凡關庶政亦有區分久不舉行遂至隳紊宜准舊制令百司各於其間錄出本局公事巨細抄寫不得漏落纖毫集成卷軸兼粉壁書在公廳若未有廨署者其文書委官司主掌仍每有新授官到令自寫錄一本披尋或因詢問之時應對須知次第無容曠廢每在執行使庶寮則守法奉公宰臣則提綱振領必當彝倫攸敘所謂至道不繁向必恭從告諭催促限兩月內抄錄及粉壁書寫須畢其間或有未可便行及曾釐革事件委逐司旋申中書門下當更參酌奏聞施行

閔帝應順元年閏正月詔吏部三銓南北曹禮部貢院注擬考試依格敕速發遣勿令虛有滯留

冊府元龜卷第一百五十五

帝王部 一百五十六

誡勵

書曰戒之用休董之用威又曰凡我有官君子欽乃攸司周禮天官小宰之職正月令于百官府曰各修乃職攷乃法待乃事以聽王命其有不恭則國有大刑斯所以允釐百工慎乃在位勉修厥職無從匪彝也故詩曰凡百君子各恭爾身傳曰惟德惟義時乃大訓斯乃王者欲抑得其所人不踰閑去末歸本有耻且格故誕告多方申明約束使其感激自勵遠罪遷善蠲遠弗届同底于道所以立大中之訓成一定之令也

帝舜曰咨汝二十有二人禹垂益伯夷夔龍六人新命有職四岳十二牧凡二十二人特勑命之欽哉惟時亮天功各敬其職惟是乃能信立天下之功三載考績三考黜陟幽明三年有成故以考功九歲則能否幽明有別黜退其幽者升進其明者庶績咸熙分北三苗考績法明衆功皆廣三苗幽闇君臣善否分北流之不令相從善惡明帝曰吁臣哉鄰哉鄰哉臣哉禹曰俞鄰近也言君臣道近相須而成帝曰臣作朕股肱耳目言大體若身予欲左右有民汝翼左右助也助我所有之民富而教之汝翼成我予欲宣力四方汝爲布力立治之功汝羣臣當爲之予欲觀古人之象欲觀示法象之服制日月星辰山龍華蟲日月星爲三辰華象草華蟲雉也畫辰山龍華蟲於衣服旌旗作會宗彝會五采也以五采成此畫焉宗廟彝樽亦以山龍華蟲爲飾藻火粉米黼黻絺繡藻水草有文者火爲火字粉若粟冰米若聚米黼若斧形黻爲兩巳相背葛之精者曰絺五色備曰繡以五采彰施于五色作服汝明天子服日月而下諸侯自龍袞而下至黼黻士服藻火大夫加粉米上得兼下下不得僭上以五采明施于五色作尊卑之服汝明制之予欲聞六律五聲八音在治忽以出納五言汝聽言欲以六律和聲音在察天下治理及忽怠者又以出納仁義禮智信五德之言施于民以成化汝當聽審之予違汝弼汝無面從退有後言我違道汝當以義輔正我無得面從我違而退後有言我不可弼

殷湯既黜夏命復歸于亳作湯誥曰凡我造邦無從匪彝無即慆淫戒諸侯與之更始彝常慆慢也無從非常無就慢過禁之各守爾典以承天休守其常法承天美道爾有善朕弗敢蔽罪當朕躬弗敢自赦惟簡在上帝之心所以不蔽善人不赦己罪以其簡在天心故

周成王封康叔爲衛侯作酒誥康叔監殷民殷民化紂嗜酒故以戒酒誥王若曰明大命于妹邦周公以成王命誥康叔順其事而言之欲令明施大教命於妹國妹地名紂所都朝歌以北是乃穆考文王肇國在西土父昭子穆文王第稱穆將言始國在西土西土岐周之政厥誥毖庶邦庶士越少正御事朝夕曰祀茲酒文王其所告慎衆國衆士於少正官御治事吏朝夕勑之惟祭祀而用此酒不常飲惟天降命肇我民惟元祀惟天下教命始令我民知作酒者惟爲祭祀天降威我民用大亂喪德亦罔非酒惟行天下威罰使民亂德亦無非以酒爲行者言酒本爲祭祀亦惟亂行越小大邦用喪亦罔非酒惟辜於小大之國所用喪亡亦無不以酒爲罪也文王誥教小子有正有事無彝酒小子民之子孫也正官治事謂下羣吏教之皆無常飲酒越庶國飲惟祀德將無醉於所治衆國飲酒惟當因祭祀以德自將無令至醉惟曰我民迪小子惟土物愛厥心臧文王化我民教道子孫惟土地所生之物皆愛惜之則其心善聰聽祖考之彝訓越小大德小子惟一言子孫皆聰聽父祖之常教於小大之人皆念德則子孫惟專一妹土嗣爾股肱純其藝黍稷奔走事厥考厥長今往當使妹土之人繼汝股肱之教爲純一之行其當勤種黍稷奔走事其父兄肇牽車牛遠服賈用孝養厥父母農功既畢始牽車牛載其所有求易所無遠行賈賣用其所得珍異孝養其父母厥父母慶自洗腆致用酒其父母善子之行子乃自絜厚致用酒養也庶士有正越庶伯君子其爾典聽朕教衆伯君子長官大夫統衆士有正者其汝常聽我教勿違犯爾大克羞耇惟君爾乃飲食醉飽汝大能進老成人之道則爲君矣如此汝乃飲食醉飽之道先戒羣吏以聽教次戒康叔以君義丕惟曰爾克永觀省作稽中德我大惟教汝曰汝能長觀省古道爲考中正之德則君道成矣爾尚克羞饋祀爾乃自介用逸能考中德則汝庶幾能進饋祀於祖考矣能進饋祀則汝乃能自大用逸之道茲乃允惟王正事之臣汝能以進老成人爲醉飽考中德爲用逸則此乃信任王正事之大臣茲亦惟天若元德永不忘在王家言此非但正事之臣亦惟天順其大德而佑之長不見忘在王家王曰封我西土棐徂邦君御事小子尚克用文王教不腆于酒我文王在西土輔訓往日國君及御治事者下民子孫皆庶幾能用上教不厚於酒言不常飲故我至于今克受殷之命以不厚於酒故我至于今能受殷王之命王曰封我聞惟曰在昔殷先哲王迪畏天顯小民聞之於古殷先智王謂湯蹈道畏天明著小民經德秉哲自成湯咸至于帝乙成王畏相能常德持智從湯至帝乙中間之王猶保成其王道畏敬輔相之臣不敢爲非惟御事厥棐有恭不敢自暇自逸惟殷御治事之臣其輔佐畏相之君有恭敬之德不敢自寬暇自逸豫矧曰其敢崇飲崇聚也自暇自逸猶不敢況敢聚會飲酒乎明無也

越在外服侯甸男衛邦伯於在外國侯服甸服男服衛服國伯諸侯之長言皆化湯畏敬之德越在內服百僚庶尹惟亞惟服宗工於在內服治事百官眾正及次大夫服事尊官亦不自逸越百姓里居於百官族姓及卿大夫致仕居田里者罔敢湎于酒不惟不敢亦不暇自外服至里居皆無敢沈湎於酒非徒不敢志在助君敬法亦不暇飲酒惟助成王德顯越尹人祗辟所以不暇飲酒惟助其君成王道明其德於正人之道必正身敬法其身正不令而行我聞亦惟曰在今後嗣王酣身嗣王紂也酣樂其身不憂政事厥命罔顯于民祗保越怨不易言紂暴虐施其政令於民無顯明之德所敬所安皆在於怨不可變易誕惟厥縱淫泆于非彝紂大惟其縱逸於非常用燕安用燕喪威儀民罔不盡傷心喪其威儀民無不盡然痛傷其心惟荒腆于酒不惟自息乃逸言紂大厚於酒晝夜不念自息乃過差厥心疾很不克畏死紂疾很其心不能畏死言無忌憚辜在商邑越殷國滅無罹紂聚罪人在都邑而任之於殷國言無憂懼弗惟德馨香祀登聞于天誕惟民怨紂不念發聞其德使祀見享升聞於天大行淫虐惟為民所怨咎庶群自酒腥聞在上故天降喪于殷罔愛于殷惟逸紂眾群臣用酒沈荒腥穢聞在上天故天下喪亡於殷無愛於殷以紂奢逸故天非虐惟民自速辜言凡為天所亡天非虐民惟民行惡自召罪王曰封予不惟若茲多誥我不惟若此多誥汝我親行之古人有言曰人無於水監當於民監古賢聖有言人無於水監當於民監視水見己形視民行事見吉凶今惟殷墜厥命我其可不大監撫于時今惟殷紂無道墜失天命我其可不大視此為戒撫安天下於是予惟曰汝劼毖殷獻臣劼固也我告汝曰汝當固慎殷善臣信用之侯甸男衛矧太史友內史友侯甸男衛之國當慎擇之況太史內史掌國典法所賓友乎越獻臣百宗工矧惟爾事服休服采於善臣百尊官不可不慎況汝身事服行美道服事治民乎矧惟若疇圻父薄違農父圻父司馬農父司徒身事且宜敬慎況所順疇之司馬乎況能迫回萬民之司徒乎若保宏父定辟矧汝剛制于酒宏大也宏父司空當順安之況能定法之司空乎司馬司徒司空列國諸侯三卿厥或誥曰群飲汝勿佚其有誥汝曰民群聚飲酒不用上命則汝收捕之勿令失也盡執拘以歸于周予其殺盡執拘群飲酒者以歸京師我其擇罪重者而殺之又惟殷之迪諸臣惟工乃湎于酒勿庸殺之又殷家蹈惡俗諸臣惟眾官化紂日久乃沈湎於酒勿用法殺之姑惟教之有斯明享以其漸染惡俗故必三申法令且教之則汝有此明訓以享國乃不用我教辭惟我一人弗恤弗蠲乃事時同于殺汝若忽怠不用我教辭惟我一人不憂汝乃不絜汝政事是汝同於見殺之罪王曰封汝典聽朕毖汝當常聽念我所慎而篤行之勿辯乃司民湎

于酒辯使也勿使汝主民之吏湎於酒言當正身以帥民又作梓材告康叔以為政之道亦如梓人治材王曰封以厥庶民暨厥臣達大家言當用其眾人之賢者與其小臣之良者以通達卿大夫及都家之政於國以厥臣達王惟邦君汝當信用其臣以通王教於民通民事於國惟乃國君之道汝若恒越曰我有師師汝惟君道使順常於是我有典常之師可師法曰司徒司馬司空尹旅曰予罔厲殺人言國之三卿正官眾大夫皆順典常而曰我無厲虐殺人之事如此則善亦厥君先敬勞肆徂厥敬勞亦其為君之道當先敬勞民故汝往治民必敬勞來之肆往姦宄殺人歷人宥以民當敬勞之故汝往之國又當詳察姦宄殺人賊所過歷之人有所寬宥以敬勞之肆亦見厥君事戕敗人宥聽訟折獄當務從寬恕汝亦當見其為君之事察民以過誤殘敗人者當寬宥之王啓監厥亂為民言王者開置監官其治為民不可不勉曰無胥戕無胥虐至于敬寡至于屬婦合由以容當教民無得相殘傷相虐殺至於敬養鰥寡至於存恤妾婦和合其教用大道以容之無令見冤枉王其效邦君越御事厥命曷以王者其效實國君及於御治事者知其教命所施何用不可不勤引養引恬自古王若茲監罔攸辟能長養民長安民用古王道如此監無所復罪當務之惟曰若稽田既勤敷菑惟其陳修為厥疆畎言為監之道若農夫之考田已勞力布發之惟其陳列修治為其疆畔畎壟然後功成以喻教化若作室家既勤垣墉惟其塗塈茨如人為室家已勤立垣墉當塗塈茨蓋之若作梓材既勤樸斲惟其塗丹雘為政之術如梓人治材為器已勞力樸治斲削惟其當塗以漆丹以朱而後成以言教化亦須禮義然後治今王惟曰先王既勤用明德懷為夾言武王已勤用明德懷遠為近汝治國當法之庶邦享作兄弟方來亦既用明德眾國朝享於王又親仁善鄰為兄弟之國方方皆來賓服亦已奉用先王之明德后式典集庶邦丕享君天下能用常法則和集眾國大來朝享皇天既付中國民越厥疆土于先王肆大天已付周家治中國民矣能遠拓其界壤則於先王之道遂大王惟德用和懌先後迷民用懌先王受命今王惟用德和悅先後天下迷愚之民先王受命之義已若茲監惟曰欲至于萬年惟王為監所行已如此所陳法則我周家惟欲使至於萬年承奉王室子子孫孫永保民又欲令其子孫累世長居國以安民

又成王既滅淮夷還歸在豐作周官言周家設官分職用人之法王曰嗚呼凡我有官君子欽乃攸司慎乃出令令出惟行弗惟反有官君子大夫已上戒之使敬汝所司慎汝出令從政之本令出於口必行之不惟反改若二三其令亂之道以公滅私民其允懷從政以公平滅私情則民其信歸之學古入官議事以制政乃不迷言當先學

古訓然後入官治政凡制事必以古義議度終始政乃不迷錯其爾典常作之師無以利口亂厥官其欲爲政當以舊典常故事爲師法無以利口辯佞亂其官蓄疑敗謀怠忽荒政不學牆面莅事惟煩積疑不決必敗其謀怠惰忽略必亂其政人而不學其猶正牆面而立臨政事必煩戒爾卿士功崇惟志業廣惟勤惟克果斷乃罔後艱此戒凡有官位但言卿士擧其掌事者功高由志業廣由勤惟能果斷行事乃無後難言多疑必致患位不期驕祿不期侈貴不與驕期而驕自至富不與侈期而侈自來驕侈以行己所以速亡恭儉惟德無載爾偽言當恭儉惟以立德無行詐偽作德心逸日休作偽心勞日拙爲德直道而行於心逸豫而名日美爲偽飾巧百端於心勞苦而事日拙不可爲居寵思危罔不惟畏弗畏入畏言雖居貴寵當思危懼无所不畏若乃不畏則入可畏之刑推賢讓能庶官乃和不和政厖賢能相讓俊乂在官所以和諧厖亂也擧能其官惟爾之能稱匪其人惟爾不任所擧能脩其官惟亦汝之功能擧非其人惟亦汝之不勝其任王曰嗚呼三事暨大夫敬爾有官亂爾有政敬而勉之公卿已下各敬居汝所有之官治汝所有之職以佑乃辟永康兆民万邦惟無斁言當勉治官政以助汝君長安天下兆民則天下万国惟乃无厭我周德

漢景帝後二年詔曰彊毋攘弱衆毋暴寡老耆以壽終幼孤得遂長今歲或不登民食頗寡其咎安在或詐偽為吏詐自偽吏吏以貨賂為市漁奪百姓侵牟万民牟食苗根蟲也縣令丞長吏也姦法與盜盜甚無謂也姦法因法作姦也與盜盜謂盜者也當治而知情反縱與之是則共盜无異也其令二千石各修其職不事官職耗亂者丞相以聞請其罪耗不明也讀與眊同音莫報切布告天下使明知朕意

宣帝元康二年詔曰獄者万民之命所以禁暴止邪養育群生也能使生者不怨死者不恨則可謂文吏矣今則不然用法或持巧心析律貳端深淺不平增辭飾非以成其罪奏不如實上亦亡繇知此朕之不明吏之不稱四方黎民將何仰哉二千石各察官屬勿用此人吏務平法或擅興繇役飾廚傳稱過使客越職踰法以取名譽譬猶踐薄氷以待白日豈不殆哉

成帝建始元年二月詔曰迺者火灾降於祖廟有星孛于東方始正而虧言始即帝之正而有孛星之虧也咎孰大焉書云惟先假王正厥事假至也言先至道之君遭遇灾變則正其行事修德以應之群公孜孜帥先百寮輔朕不逮

崇寬大長和睦凡事恕己毋行苛刻恕者仁也仁之心心度於物

後漢光武時馮勤為司徒先是三公多見罪退帝賢勤欲令以善自終乃因讌見從容戒之曰朱浮上不忠於君下陵轢同列竟以中傷至今朱浮爲大司空坐賣弄國恩免又爲陵轢同列帝惜其功不忍加罪死生吉凶未可知豈不惜哉人臣放逐受誅雖復追加賞賜賻祭不足以償不訾之身訾量也言无量可比之貴重之極也訾與訾同忠臣孝子覽照前世以為鏡誡能盡忠於国事君無二則爵賞光乎當世功名列於不朽可不勉哉勤愈恭約盡忠號稱任職

中元二年詔曰今選擧不實邪佞未去權門請託殘吏放手百姓愁怨情無告訴有司明奏罪名并正擧者又郡縣每因徵發輕為姦利詭責羸弱先急下貧其務在均平無令枉刻

明帝永平十八年詔曰三事大夫莫肯夙夜小雅之所傷也予違汝弼汝无面從股肱之正義也群后百僚勉思厥職各貢忠誠以輔不逮申敇四方稱朕意焉

章帝建初元年詔曰比年牛多疾疫墾田減少穀價頗貴人以流亡方春東作宜及時務二千石勉勸農桑弘致勞來群公庶尹各推精誠專急人事罪非殊死須立秋案驗有司明慎選擧進柔良退貪猾順時令理冤獄五教在寬帝典所美愷悌君子大雅所歎布告天下使明知朕意

二年三月詔曰比年陰陽不調飢饉屢臻深惟先帝憂人之本詔書曰不傷財不害人誠欲元元去末歸本而今貴戚近親奢縱無度嫁娶送終尤為僭侈有司廢典莫肯擧察春秋之義以貴理賤今自三公並宜明糾非法宣振威風朕在弱冠未知稼穡之艱難區區管窺豈能照一隅哉其科條制度所宜施行在事者備為之禁先京師而後諸夏

和帝永元八年九月京師蝗詔百僚師尹勉修厥職刺史二千石詳刑辟理冤虐恤鰥寡矜孤弱思惟致灾興蝗之咎

十二年三月詔曰比年不登百姓虛匱京師去冬無宿雪今春

無虧兩黎民流離困於道路朕痛心疾首靡知所濟瞻仰昊天何辜今人三公朕之腹心而未獲承天安民之策數詔有司務擇良吏今猶不改競爲苛暴侵愁小民以求虛名委任下吏假埶行邪是以令下而姦生禁至而詐起巧法析律飾文增辭貨行於言罪成乎手朕甚病焉公卿不思助明好惡將何以救其咎罰咎罰既至復令災及小民若上下同心庶或有瘳

安帝元初四年七月京師及郡國十雨水詔曰今年秋稼茂好垂可收穫而連雨未霽懼必淹傷夕惕惟憂思念厥咎夫霖雨者人怨之所致其武吏以威暴下文吏妄行苛刻鄉吏因公生姦爲百姓所患苦者有司顯明其罰又月令仲秋養衰老授几杖行糜粥方今按比之時郡縣多不奉行雖有糜粥糠秕相半長吏怠事莫有躬親甚違詔書養老之意其務崇仁恕賑護寡獨稱朕意焉

五年七月丙子詔曰舊令制度各有科品欲令百姓務崇節約遭永初之際人離荒厄朝廷躬自菲薄去絶奢飾食不兼味衣無二綵比年雖獲豐穰尚乏儲積而小人無慮不圖久長嫁娶送終紛華靡麗至有走卒奴婢被綺縠著珠璣京師尚若斯何以示四遠設張法禁懇惻分明而有司惰任訖不奉行秋節既立鷙鳥將用且復重申以觀後效　桓帝永興二年詔曰比者星辰謬越坤靈震動災異之降必不空發勑已修政庶望有補其輿服制度有踰侈長飾者皆宜損省郡縣務存儉約申明舊令如永平故事

靈帝光和元年妖異數見制下太尉司徒司空曰天端不虛至災必有緣朕以不德秉統未明以招妖僞將何以昭顯愆法哉三司任政者也所當夙夜而各拱默訖未有言將何以奉荅天意救寧我人其各悉心思所崇改務消復之術稱朕意焉

魏太祖征孫權使臨菑侯植留守鄴戒之曰吾昔爲頓丘令年二十三思此時所行無悔於今今汝年亦二十三矣可不勉與

又代郡烏丸反以鄢陵侯彰爲北中郎將行驍騎將軍臨發太祖戒彰曰居家爲父子受事爲君臣動以王法從事爾其戒之

護軍將軍夏侯淵雖數戰勝太祖常戒曰爲將當有怯弱時不可但恃勇也將當以勇爲本行之以智計但知任勇一匹夫敵耳

晉武帝泰始四年詔曰郡國守相三載一巡行屬縣必以春此古者所以述職宣風展義也長吏觀風俗協礼律考度量存問耆老親見百年録囚徒理寃枉詳察政刑得失知百姓所患苦無有遠近便若朕親臨之敦喻五教勸務農功勉勵學者思勤政典无爲百家庸末致遠必泥士庶有好學篤道孝弟忠信清白異行者舉而進之有不孝敬於父母不長弟於族黨悖礼棄常不率法令者糾而罪之田疇闢生業脩礼教設禁令行則長吏之能也人窮匱農事荒姦盗起刑獄煩下陵上替礼義不興斯長吏之否也若長吏在官公廉慮不及私正色直節不飾名譽者及身行貪穢諂黷求容公節不立而私門日富者並謹察之揚清激濁舉善彈違此朕所以垂拱總綱責成於良二千石也於戲戒哉

咸寧三年詔曰宗室戚屬國之枝葉欲令奉率德義爲天下式然處富貴而能慎行者寡召穆公糾合兄弟而賦棠棣之詩此姬氏所以本枝百世也今以衛將軍扶風王亮爲宗師所當施行皆咨之於師也

太康九年春詔曰興化之本由政平訟理也二千石長吏不能勤恤人隱而輕挾私故與長刑獄又多貪濁煩撓百姓其勑刺史二千石糾其能否議其黜陟令內外群官舉清能拔寒素

荀勖爲尚書令在尚書課試令史以下覈其才能有闇於文法不能決疑處事者即時遣出武帝嘗謂曰魏武帝言荀文若之進善不進不止荀公達之退惡不退不休二令君之美亦望於君也

元帝太興元年三月壬申詔曰昔之爲政者勤人以行不以言

應天以實不以文故我清淨而人自正共次要言觀行明試以功其有政績可述刑獄得中人無怨讟又而日新及當官載弱姦柔吐剛行身穢濁脩飾時譽者各以名聞令在事之人毀譽前烈同心戮力深思所以寬衆息役惠益百姓無廢朕命遠近禮貴一切斷之

十二月戊申詔曰王室多故姦凶肆暴皇綱弛墜顛覆大猷朕以不德統承洪緒夙夜憂危思改其弊二千石令長當祗奉舊憲正身明法抑齊豪彊存恤孤獨隱實戶口勸課農桑州牧刺史當互相檢察不得顧私虧公長吏有志在奉公而不見進用者有貪穢濁而以財勢自安者若有不舉當受故縱蔽善之罪有而不知當受闇塞之責各明慎奉行

簡文咸安二年詔曰朕居阿衡三世不能濟彼時雍乃至海西失德殆傾皇祚賴祖宗靈祇之德皇太后淑體應期藩輔忠賢百官勤力用能蕩氛霧於昊蒼耀晨輝於宇宙遂以眇身託于王公之上思賴群賢以弼其闕夫敦本息末抑絶華競使清濁異流能否殊貫官無秕政士無謗讟不有懲勸則德禮焉施且彊冠未弭役未息自非軍國戎祀之要其華飾煩費之用皆省之夫肥遯窮谷之賢滑泥揚波之士雖抗志玄霄潛默幽岫含貞無高尚之道以隆協贊之美孰與自足山水栖遲丘壑徇匹夫之潔而忘兼濟之大邪古人不借賢於曩代朕所以虛想於今日內外百官各勤所司使善無不達惡無不聞令詩人無素飡之刺而吾獲虛心之求焉

後魏道武天興三年大史屢奏天文錯亂帝親覽經占多云改政易代數革官號一欲防塞凶狡二欲消災應變已而慮群下疑惑心謗腹非乃下詔戒勵天下丙申復詔曰上古之治尚德下名有任而無爵易治而事序故邪謀息而不起姦慝絶而不作周姬之末下凌上替以號自定以位制祿卿世其官大夫遂事陽德不暢議發家陪故釁由此起兵由此作秦漢之弊舍德崇侈能否混雜賢愚相亂庶官失序任非其人於是忠義之道寢廉恥之節廢退讓之風絶毀譽之議興莫不由乎貴尚名位而禍及之矣古置三公職大憂重故曰待罪宰相將委任責成非虛寵祿也而今世俗僉以台輔爲榮貴企慕而求之夫此職司在人主之所任耳用之則重舍之則輕所貴者至矣何取於鼎司之虛稱也夫桀紂之南面雖高而可薄姬旦之爲下雖卑而可尊一官可以効智蓽門可以垂範苟以道德爲實賢於覆餗蔀家矣故量己者令終而義全昧利者身陷而名滅利之與名毀譽之疵競道之與德神識之家寶是故道義治之本名爵治之末名不本於道不可以爲宜爵無補於時不可以爲用用而不禁爲病深矣能通其變不失其正者其惟聖人乎來者誠思成敗之理察治亂之由鑒殷周之失革秦漢之弊則幾於治矣

太武神䴥三年五月詔曰夫士之爲行在家必孝處朝必忠然後身榮於時揚名後世矣近遺尚書封鐵剪除亡命其所部將士有盡忠竭節以殞軀命者今皆追贈爵號或有蹈鋒履難以自効者以功次進位或有違犯軍法私離幢校者以軍法行戮夫有功蒙賞有罪受誅國之常典不可暫廢自今以後不善者可以自改其宣勑內外咸使聞之

太延元年詔曰操持六柄王者所以統攝平政理訟公卿之所司存勸農平賦宰民之所專急盡力三時黜陟之所趣濟各修其分謂之有序今更不然何以爲治越職侵官紛紛亂亡無定令民知何從自今以後亡匿避難羈旅他鄉皆當歸還舊居不問前罪民相殺害牧守依法平決不聽私輒報復敢有報者誅及宗族鄰伍相助與同罪州郡縣不得妄遣吏卒煩擾民庶若有發調縣宰集鄉邑三老計貲定課裒多益寡九品混通不得縱富督貧避強侵弱太守覆檢能否覈其殿最列言屬州刺史明考優劣抑退姦吏升進貞良歲盡舉課上臺牧守荷治民之任

當宣揚恩化奉順憲典與國同憂直道正身肅居官必不亦善乎

源賀爲征西將軍從駕臨江爲前鋒大將賀爲人雄果每遇強寇輒自奮擊太武戒之曰兵凶戰危不宜輕犯卿可運籌處分勿恃身力也

張黎常山王素長子可悉陵年十七從太武獵遇一猛獸陵遂空手搏之以獻帝曰汝才力絶人當爲國立功立事勿如此也

文成太安四年五月壬戌詔曰朕承洪緒至今屢下寛大之旨蠲除煩苛去諸不急欲令物獲其所人安其業而牧守百里不能宣揚恩意求欲無厭斷絶官物以入於己使課調懸少而深文極墨委罪於民苟求免咎曾不改懼國家之制賦役乃輕比年已來雜調減省而所在州郡咸有逋懸非在職之官綏導失所貪穢過度誰使之然自今常調不充民不安業宰民之徒加以死罪申告天下稱朕意焉

獻文以和平六年五月即位九月詔曰先朝以州牧親民宜置良佐故勅有司班九條之制使前政選吏以待後人必謂銓衡允衷朝綱應叙然牧司寛縱不祗憲旨舉非其人然于典度今制刺史守宰到官之日仰自舉民望忠信以爲選官不聽前政共相干冒若簡任失所以罔上論

皇興中蠕蠕犯塞仇池氐羌又反叛秦益二州刺史呂羅漢大破之詔羅漢曰卿以勳勞獲叙于能致用內撫禁旅外臨名岳襲寵之隆可謂備矣自非盡節竭誠將何以垂名竹帛仇池地接邊境兵革屢興既勞士卒然亦動民庶皆由鎮將不明綏禁不理之所致也卿應機赴擊殄此凶醜隴右土險民亦剛悍卿可召集豪右擇其事宜以利民爲先益國爲本隨其風俗以施恩惠其有安土樂業奉公勤私者善加勸督明相宣告稱朕意焉

孝文臨朝堂謂群臣曰兩儀既闢人生其間故上天不言樹君以代是以堯舜三考之績虞書去考成之章自皇王已降斯道靡易朕以寡德猥承洪基思與百辟允釐庶務然朕識乏知人不能使朝絶素飡之譏野無考槃之刺夙宵寤寐載懷怵惕卿等皆是朝賢國彥輔朕是寄各罄乃心以旌考績之義如乖忠正國有常刑賢者雖疎必進不肖者雖親必黜又謂尚書等曰朕仰纂乾構君臨万宇往者稽古典章樹茲百職然尚書之任樞機是司豈惟總括百揆繩和人務而已朕之得失寔在於斯自卿等在任年垂二周未嘗言朕之一失獻可否之片規又不嘗進一賢而退一不肖此二事罪之大者又引見王公卿士責留京之官曰昨望見婦女之服仍爲夾領小袖我徂東山雖不三年既離寒暑卿等何爲而違前詔咸陽王禧曰陛下聖過堯舜光化中㝢臣雖仰稟明規每事乖互將何以宣布皇經敷贊帝則徒違之罪實合刑憲高祖曰若朕言非卿等當奮臂廷論如何入則順旨退有不從昔舜語禹汝無面從退有後言其卿等之謂乎後皇太子恂冠孝文臨光極東堂引恂入見誡以冠義曰夫冠禮表之百代所以正容體齊顏色順辭令容體正顏色齊辭令順故能正君臣親父子和長幼然毋見必拜兄弟必敬責以成人之禮字汝元道所寄不輕汝當尋名求義以順吾旨二十年改字宣道遷洛詔恂詣代都其進止儀禮孝文皆爲定及恂入辭孝文曰今汝不應向代但太師薨於恒壤朕既居皇極之重不容輕赴舅氏之喪欲使汝展哀舅氏拜汝母墓一寫爲子之情山陵在北海汝至彼太師事畢後日宜一拜山陵拜訖汝族祖高安可一就問訊在途當溫讀經籍如每日親見吾也

南安王楨性忠謹事母以孝聞詔徵講武孝文引見於皇信堂戒之曰翁孝行著於私庭令問彰於邦國每欽忠懿思一言展故因講武遂徵赴闕但念仁慈情在未已但長安鎮年饑民儉理須綏撫不容久留翁今還州其勤隱恤無令境內有飢餒之民翁既國之懿親終無貧賤之慮所宜慎者略有三事一者恃親驕矜違禮僭度二者傲慢貪奢不恤政事三者飲酒遊逸不擇交友三者不去患禍將生但能慎此足以全身遠害光國榮

家肆始之德成矣

趙郡王幹都督關右諸軍事孝文既篤愛諸弟以幹總戎別道誡之曰司空穆亮年器可師散騎常侍盧淵才堪詢訪湯其師之又除都督冀定瀛三州諸軍事孝文親餞於近郊詔幹曰夫刑獄之理先哲所難然既有邦國得不自勵也汝我之懿弟當棄修厲德光崇有魏深思遠圖如臨深履薄若恃親重不務世政國有常憲方增悲感北海王詳行中領軍留守孝文賜詳璽書曰比遊神何業也丘墳六籍何事非娛善正風猷肅是禁旅後朝行宮及還洛高祖餞之詔詳曰昔者淮夷叛命故有三年之墾鬼方不令乃致淹載之師況江吳竊命于今十紀朕必欲濟滌南海然後言歸今夏停此故與汝相見善守京邑副我所懷

廣陵王羽孝文南伐除開府青州刺史親餞之華林園後詔羽曰吾因天歷運乘時樹功開荊拓沔威振楚越時暨炎夭息駕洪賴勢臨荊徐燮過江外未容解甲凱入三川築兵修律佇秋方舉海服之寄故惟宗良善開維蕃寧我東夏敬慎汝儀勿墜嘉問唯酒唯田可不戒歟後為太保録尚書事孝文臨朝堂謂政事謂羽曰遷都洛陽事格天地但汝之迷徙未開況鄙耳朕家有四海往來何難朕初發洛陽教示永壽皆謂分別比自來後諸處分之事已差前勑命舉大功事為虛費且朕無周邵之弟豈容宴安自逸今便汝巡邊留之事當任朕懷

咸陽王禧字永壽為中都大官孝文以諸弟典三都戒禧等曰汝等國之至親皆幼年任重三都折獄特宜用心夫未能操刀而使割錦非傷錦之尤實授刀之責皆可修身慎行勿有乖爽又曰文王小心翼翼聿懷多福如有周公之才使驕且吝其餘不足觀汝等宜小心畏慎勿自驕怠出為使持節開府冀州刺史高祖又以濟陰王鬱枉法賜死之事遣使告禧因而戒之

高陽王雍除使節鎮北將軍相州刺史常侍如故孝文戒雍曰相州乃是舊都自非懿賢德望無由居此是使汝作牧為牧之

道亦難亦易其身正不令而行故易其身不正雖令不從故難又當愛賢士存信約無用人言而輕與奪也

慕容契為中散初南安王楨有貪暴之響遣中散閭文祖察之文祖受賂隱而不言事發殺之孝文太后引見群臣謂之曰前論貪清皆云克修文祖時亦在中後竟犯法以此言之人心不可知孝文曰古者待放之臣亦有離俗之士卿等自審不勝貪心者聽辭位歸第契進曰臣卑微小人聞識不達遇蒙曲照出忝今職小人之心無定帝王之法有常以無常之心奉有常之法非所克堪乞垂退免孝文曰昔鄭相嗜魚人有獻魚者相告曰若取此魚恐削名祿遂不肯受契若知心不可常即知貪之惡矣何為求退遷契宰官令

蕭昭胄為太子中舍人使南齊孝文詔昭胄曰卿使至彼勿存彼我密邇江揚不早當晚會是朕物卿等欲言便言無相疑難又勑副使王清石曰卿莫以本是南人言語致慮若彼先有所知識欲見便見須論即論盧昶正是寬柔君子無多文才或主客命卿作詩可率卿所知莫以昶不作便復罷也凡使人之體以和為貴勿迭相矜誇見於色貌失將命之體卿等各率所知以相規誨

宣武時盧昶為鎮東將軍徐州刺史既克梁朐山戍累表乞師帝遣虎賁四千人赴之又詔昶曰取朐置戍並是卿計始終成敗悉歸於卿以兵計請為今已送卿本意如聞東南陸道甚狹一軌之外皆是大水彼必據之以斷軍路若已如此更設何策其軍奇兵變應以表聞又聞蕭衍軍時將帥每有流言云魏博淮陽宿豫乃是兩宜若實有此卿可量朐山薪水得支幾時脫事容往返馳驛速聞如薪水少急即可量計若理不可兩亦將軍裁決昶既儒生本少將略又手祉子燮為昶司馬專征戎事擒昶耳目將士怨之朐山戍主傅文驥糧樵俱罄以城降梁

後周武帝建德三年正月景子停二十四軍督將已下誡以軍

旅之法縱酒盡歡

宣帝之在東宮也武帝慮其不堪承嗣遇之甚嚴朝見進止與諸臣無異雖隆寒盛暑亦不得休息世既嗜酒武帝遂禁醞不許至東宮帝每有過輒加棰扑嘗謂之曰古來太子被廢者幾人餘兒豈不堪立邪於是遣東宮官屬錄帝言語動作每月奏聞帝憚武帝嚴矯情修飾以是過惡遂不聞

冊府元龜卷第一百五十六

册府元龜卷第一百五十七

帝王部一百五十七

誡勵第二

隋高祖見太子勇文飾蜀鎧恐致奢侈之漸因而戒之曰我聞天道無親唯德是與歷觀前代帝王未有奢華而長久者汝當儲后若不上稱天心下合人意何以承宗廟之重居兆民之上吾昔日衣服各留一物時復看之以自警戒今以刀子賜汝宜識我心

秦孝王俊以奢侈免官就第薨於秦邸後所爲侈麗之物悉命焚之勅送終之具務從儉約以爲後法也王府僚佐請立碑高祖曰欲求名一卷史書足矣何用碑爲若子孫不能保家徒與人作鎮石耳

韋洸開皇中平陳之後爲江州總管進圖嶺南高阻遺洸書曰公爲勲大業名高望重率將戎旅撫慰彼方風行電掃咸應稽顙者使干戈不用兆庶獲安方副朕懷是公之力

煬帝大業初元德太子初薨朝野注望皆以齊王當立帝方重王府之選拜拜黄門侍郎柳謇之爲齊王長史帝法服臨軒備儀衛命齊王立於西朝堂之前北面遣吏部尚書牛弘内史令楊約左衛大將軍宇文述等從殿庭引謇之詣齊王所西面立牛弘宣勅謂齊王曰我昔階緣恩寵啓封晉陽出藩之初時年十二先帝立我西朝堂乃令高熲虞慶則元旻等從内送王子相於我于時誡我曰以汝幼冲未更世事今令子相作輔於汝事無大小皆可委之無得昵近小人疏遠君子若從我言者有益於社稷成立汝名行如不用此言唯國及身敗無日矣吾受勅之後奉以周旋不敢失墜微子相之力吾無今日矣若與謇之從事一如子相也又勅謇之曰今以卿作輔於齊善思極救之理副朕所望若齊王德業修備富貴自當鍾卿一門若有不善罪亦相及

唐高祖武德元年十一月太宗降薛仁杲凱旋獻俘於太廟高祖享勞旋師因謂群臣曰諸公共相翊戴以承帝業今若天下晏安使得同守富貴若使王充得志公等豈有種乎止如薛仁杲君臣不能自守致此顛覆可爲殷鑒也

二年命秦王鎮長春宮初秦王自幼年常從高祖及起義或總戎在外事畢則還未嘗久別至是作鎮悲不自勝高祖戒曰汝之於家則父子出則君臣父子之道豈容分別但安天下耳汝既情深家國特宜勉之

太宗以武德九年即位從容謂公卿曰朕思所以安天下者有二事唯在朕與公輩耳既注田獵殺戮任情此人君之惡也私樹朋黨阿諛順旨人臣之惡也宜各制其慾則爲治不難矣

貞觀元年正月謂侍臣曰自古帝王不能獨治惟藉輔佐共安天下古人恥其君不如堯舜諸公宛思此義焉

十一月謂群臣曰朕聞忠臣之事君猶孝子之事父母務致其

樂不遺其憂公輩亦當濟朕所憂致朕所樂若以聲色珍奇娛朕耳目未足爲歡也唯當撫養百姓訓諭其下使朕眼不見犯法之事耳不聞刑殺之聲此則朕之歡娛公之報効耳

二年六月謂侍臣曰朕觀隋煬帝文集博而有才亦知悦堯舜而惡桀紂何言行之相反也杜如晦對曰能言之者未必能行魏徵又對曰爲人君者智者爲其謀勇者爲其戰雖聖哲稱垂旒黈纊以杜聰明隋煬雖有俊才而無人君之量所謂非知之難行之實難雖解口談堯舜而躬行桀紂此其所以亡也太宗曰然昔漢武征役不息户口減半中途能改還得傳祚子孫向使隋王早寤亦當不至於滅前事不遠朕與公輩當思自勉

三年三月帝謂房玄齡杜如晦曰公爲僕射當須廣開耳目求訪賢哲有武藝謀略才堪撫衆者任以邊事有經明德修性理通情者任以侍臣有明斷清慤處事公平者任以劇務有學識今古識達政術者任以理人此乃宰相之引益也又聞聽受辭

訟日不暇給安能助朕求賢哉因勑尚書細務屬左右丞惟枉屈大事合聞奏者關於僕射

八年十一月謂大理卿寶誕曰法官卿爲之長也武德之時爲息隱王所囑便迴改文案苟事曲從此卿之短也朕以至公臨天下法之所行無捨親暱卿當保所長而棄所短無負朕意以辱憲典

十二月黜西征將帥帝誡之曰吐谷渾妄自矜大失藩臣之礼數爲草竊侵我邊陲是行也以寡制衆良在不疑然敵不可輕寇不可翫閫外之事將軍裁之制變應機不可預筭官賞罪罰並在此行當思自勉也

十年三月諸王出藩帝嗚咽爲别既而顧謂房玄齡曰朕歷觀前代撥亂創業之主生長民間識達情僞罕至於破亡逮乎繼世守文之君生而富貴不知疾苦動至夷滅朕少小以來經營多難備知天下之事猶恐有所不逮至如諸弟生自深宮識不及遠豈能念此哉朕每一食便念稼穡之艱難每一衣則思紡績之辛苦諸弟何能學朕乎今選良佐以爲藩弼庶其習近善人得免於愆過耳

十五年正月誡朝集使曰禮義者人倫紀綱卿等頗能由之百姓自然而化導德齊禮豈不善邪若南方諸州多統夷獠官人於彼言語不通里吏鄉首侵漁匹庶不勝忿怨挺刃相讎因是叛亡輕犯州縣興兵討捕即致傷殺每念於此常爲惕然卿當深識朕情制茲撫弱又不肖長吏或與富室交通積成欵狎怠忽刑典是惟蠹政特宜禁絶

四月甲午謂諸衛將軍曰元首股肱千載難合卿今委質於朕寔望魚水相資或薦所知或救不逮有犯無隱是曰人臣頃者武官多相攜二一欲有論爭衆挫必使其愆所謂不自爲善而惡人獨善者也宜致斯弊

八月謂侍臣曰朕邇觀尚書帝王之道坦然可見因顧左僕射房玄齡曰卿爲百司之首佐理陰陽朕有不逮宜矯其失謂吏部尚書侯君集曰職在選擧發言朕聽宜屏黜不肖進用賢才謂戶部尚書唐儉曰朕情存兆庶誡不懈怠宜知其疾苦體其虛實謂工部尚書杜楚客曰人君欲奇服異器以散府藏當諫而勿爲也謂鴻臚卿劉善因曰今遠方之人朝貢不絶來數則煩迎送拒之便絶通和宜處之以道令懷而不怨朕每庶幾唐虞亦欲卿等齊肩稷契耳書云可愛非君可畏非民天子者有道則人推而爲王無道則人弃而不用誠可畏也

九月謂公卿曰朕昨閱帝系略有八十餘君亡國喪身者多興邦利物者少覽此興亡極懷戰惕觀其明主皆能任用賢才弊其闇君必以聰明自任但天下至大萬機事廣以一人之身總四海之事縱令聖叡豈能無失朕今任用公等必望庶事咸舉方今地平天成亦是公等振鱗之日捐軀報國盡忠奉上尊止戎朱紫於當今亦獲嘉名於後代耳

十一月朝集使貢庭實帝謂曰情在萬邦欲其家給人足州縣官寮不識朕意耳崇虛略實激聲要譽春虫始蔟即呼呈瑞植苗未生已求墳穀斯實深煩百姓觀者或似至公刺史一州之長縣鄉取則其下或有煩勞爲朕禁制又蒲州刺史趙元楷課父老服黄紗單衣迎謁路左盛飾廨宇修營樓雉欲以求媚又潛飼羊百餘口魚數百頭將饋貴戚太宗知而數之曰朕巡省河洛經歷數州凡有所須皆資官物卿飼羊養魚雕飾院宇此乃亡隋弊俗不可復行當識朕心改卿舊態也元楷在隋陷邪佞之目太宗故發此言以誡之又喬軌爲左驍衛左監門將軍兼左武衛大將軍出爲夏州都督軌性疎傲不能以禮自居將發太宗誡之曰恭者禮之本慎者人之行卿在宿衛頗失此道以爲階陛恐長卿之過夏州重鎮卿其勉之

十六年四月帝謂褚遂良曰卿爲諫議此來何爲不諫遂良曰臣聞木從繩則正后從諫則聖而歷代帝王進納忠讜從善如

流者以嘗獲安化治聲稱厥後絶忠臣之路惡諫諍之言沉迹時俗賊害良善者何嘗不國敗身亡以爲後誡陛下功德之盛古今莫二視朝之餘假以顔色獎誘愚臣使罄瞽言實慙駑下不稱萬一尸禄素餐誠負陛下

五月謂侍臣曰自知者明信爲難矣至如屬文之士伎巧之人皆自謂已長他人弗及若名公文匠商略詆訶蕪音拙跡於是乃見況一人聽斷一日萬機雖復憂勞何能盡善常念魏徵正諫多中朕失明鏡鑒形無以加也因舉觴屬房玄齡等數人以勗之

十七年正月謂漢王元昌等曰人有事不可奪汝知之乎咸曰不知帝曰爾等禄位我得奪之行善潤身我不能奪然善事非自爾身亦貽爾子孫矣又謂侍臣曰頃頻有妖言謀反者此皆不識天時自取亡滅運屬太平誰與爲亂且帝王必俟符命班叔皮論之詳矣自非上天睠顧何以克當譬之賣物人皆競選或先署其貢衆便絶言朕署名天下十有餘載所謂分定可絶覬覦矣朕雖不及堯舜而以公等爲稷契共安天下可不勉哉又謂侍臣曰自古開基之主至子孫多亂何也司空房玄齡曰此爲幼主不賢所以致亂太宗曰公意推過於主朕意歸罪於臣夫功臣子弟多無才行藉祖考基蔭遂處大官德義不修奢淫是好崇小人之附勢蔑君子之嗔謙以無賴之臣事幼弱之主顛而不扶豈能無亂隋煬帝録宇文述在藩之功擢化及於高位不思報効翻行弑逆此豈非臣下之過歟朕發此言欲公等誡勗子弟使無愆犯即家國之慶也

是月漢王元昌霍王元軌舒王元名滕王元嬰密王元曉越王貞紀王慎晉王治皆侍坐帝謂曰我弱冠之年頗愛遊獵蘧伯玉云行年五十知四十九年非非之是今復非之頃來不好遊觀不覧苑囿唯披覧書籍中宵乃寢有益於時少爲之三復方知事師古無以爲訓

四月立晉王爲皇太子己亥帝御兩儀殿皇太子侍則陳孝德以戒之是月又累歎侯君集大臣懷姦承乾爲逆因謂侍臣曰夫不善者善人之資朕常語皇太子以承乾爲元龜公等亦以君集爲鑒戒

閏六月帝謂侍臣曰朕自皇太子立也遇物必誨見其將飯告曰稼穡艱難不奪農時乃可常有其食見其乘舟謂曰舟況人君水況黎庶水能載舟亦能覆舟爾方爲人君可不畏懼見其休於曲木之下謂曰木雖曲從繩則正后雖暗從諫則聖耳

七月謂侍臣曰天子有二難退跡上古事嘗不稱爲一難思安兆庶而或未得所二難也而爲臣亦有一難企踵昔賢盡心事上爲一難仰止前哲居官必理爲二難然天子慕堯舜則堯舜之侶慕桀則桀之徒臣慕賢與不肖亦猶是矣

十月朔帝召雍州諸縣令誡之曰夫人君爲心百姓爲體安則心樂苦則心危然手足寒則痛心政令急而傷下爾等或飾厨要聲譽非朕所尚平法恩安黎元使老幼孤獨皆得其所宜家室不有侵漁朕所孜孜在此而已

十二月帝謂吳王曰父之於子恩愛是常子能仁孝不愆父亦恩情自重若不順其親數有罪惡刑戮將及何愛之有昔漢武立昭帝燕王旦請張不服霍光遣一折簡至身死國除爲人臣不得不慎

十八年九月帝謂侍臣曰凡性含水待月而水生木性懷火因燧而發人性含靈待學而成美卿等其勉之

十月帝謂侍臣曰皇太子志學之歲須日聞所不聞乃詔太子就席而謂太子太師司徒長孫無忌等曰夫生於深宮之中未嘗知憂未嘗知懼未嘗知危未嘗知哀未嘗知勞頃公等爲陳以啓其意無忌答曰太子外溫內敏夙受多才但勤於傅學事無不勝太宗曰公知其梗槩而未得其理夫人主日出視朝賢人君子傾首在列而已負扆以制御之一物失理亂亡之端以

此思憂則憂可知矣行至郊野周覽遠望亡國之墟將有數矣此古昔之國其亡尚爲今焉者皆王不求賢佐不能盡心事大國吾遣偏師擊之係頸至此流飄萬里自致滅亡以此思懼則懼可知矣夫有天下者以政化爲本以人心爲國古人有言君者舟也人者水也水所以載舟亦所以覆舟以此思危則危可知矣夫將爲人君則躬事宗廟入廟而右登自阼階俯察几筵仰覩榱桷其器皆在其親不見以此思哀則哀可知矣古之太子行則撫軍今六軍行從是所目覩爾則乘堅驅良彼則負重致遠以此思勞則勞可知矣皇太子謝曰臣德義無聞超居上嗣投足憂懼如臨冰谷蒙陛下誘訓愚闇遂廣條流親承音旨得聞五事皆是發慮安危致言經遠臣謹奉以周旋不敢失墜

十九年帝征遼留皇太子在定州既將發皇太子對帝悲啼者巳數日帝謂曰承乾凶悖爾非次而得立自爲嫡長常在吾膝前與嬰兒孺子異與哉而宮寮皆天下著名之士吾今東征故留爾作鎮亦冀天下之人見汝風彩夫爲國施化賢者須進不肖者須黜爲善必賞積惡必誅心存於公事不偕濫勉行此而巳亦安用悲乎太子曰念臣七歲偏孤蒙陛下手加鞠養自朝及夕未嘗違離明旦辭違隕心泣血今日頓鍾於臣因悲不自支帝亦爲之灑淚又韋挺時爲御史大夫封平陽縣男帝從容謂之曰卿之此任獨朕意耳左右大臣無爲卿地者卿其勉之

二十年十二月謂群臣曰朕聞以愚事聖爲難以明事暗亦難所以自古君臣難以道合諫由於此朕自方禹湯以上恐有不逮至乎秦漢以降頗亦可知而宇宙康寧蠻夷懾伏自謂古今未有然自惟昭短事藉明哲卿等並朕之股肱心腹寄以共政必匪竭心啓沃無所私隱中書門下古稱喉舌者出納言語之謂而比拱默寂寥罕聞陳說當謂朕不能受所以杜口邪[illegible]不能悉也

楊師道尚桂陽公主爲太常卿駙馬都尉師道

豫之人不肖薄行太宗嘗謂群臣曰夫子有孝與不孝臣有忠與不忠公等見不孝之子不忠之臣豈不同嫉然不孝之子父母亡沒已後肆情爲惡虧犯名教良由闕於義方今緣師道兒喪虧禮冒誠所難恕若訓導合宜縱其頑鄙猶不至狼狽公等各有子弟咸須示語無賴者亦勿存育

二十一年正月謂司空房玄齡等曰朕撫四海二十餘載年已五十餘歲不我與古人輕尺璧而重寸陰然賢人君子立身成名各欲及時雖自勵不怠但恐歲月如馳德不周物因勑百官各勤其事

二十二年二月朝集使奉辭引五品以上外殿宴謂之曰調風化俗莫尚於文潤德光身孰先於學是以海蚌不剖明珠不見崐竹不斷鳳音不彰故隱俊以博識洽聞立名國家以任賢使能致治我每殷勤約束務在勤學其所貢舉兢得其人今年貢人不多外第又少豈非公等失於勸導之所致又曰育物濟人必資於食家給人足本藉於農縱使瓦礫盡作隨珠沙石皆爲和璧玩寶盈目何解飢寒比年以來亦大豐稔纔有一兩州水旱即須開倉賑給良以不勸此積朕爲公等不取又曰我共公等三年一度相見今日所見或非舊人我見公等非常慰意公等見我想亦歡忻宜各爲我樂飲會訖又曰古人贈遺不貴珍寶其所重者相贈以言公等在州撫　馭百姓若能威惠兼舉信義不虧奉國之情無忘忠節唯以公方爲意不以私務爲心雖不求安而安自至雖不求名而名自顯若所行反道與措乖方身名俱喪危亡斯及但正塗難踐斜逕易登各宜勉遵善道勿貽咎累朝集使等承旨下拜其預聞詔誨者並皆悅服

又皇太子獻玉華宮山銘太宗讀之以示群公曰朕以暇日常教其文體觀其辭彩見欲相類然詩賦非政道之急必在匡巳下人至如漢武窮奢極靡肆情縱欲而得身不顛滅貽厥子孫者正以賢臣輔弼所致卿等東宮遵官九有具瞻宜各守其業

以相翊賛無忌曰陛下自方漢武臣所未安臣等遂擬前代賢誠多歎恧然有角折盛事不兩兼幸蒙成矜敢不自勉

高宗永徽初蜀王愔爲虢州刺史遊獵馳騁典軍楊道整叩馬陳諫愔曳而撻之又嘗毆擊所部縣令帝聞而泣謂荆王元景等曰先朝櫛風沐雨平定四方遠近肅清車書混一朕纂承鴻業懼均御朽與王共戚同憂爲家爲國蜀王畋獵無度侵擾黎甿縣令典軍無辜被罰阿諛即喜忤意便嗔如此居官何以共理歷觀古來諸王若能動遵禮度慶流子孫違越朝章誅不旋踵愔爲法司所劾朕甚恥之

隴西郡王博乂有妓妾數百人皆曳羅綺餘粱肉與其弟渤海王奉慈俱以貪縱爲時所鄙高宗嘗謂曰我怨讎有善猶擢以不次況於親戚而不委任乎聞叔等唯昵近小人好爲不軌先王墳典不聞習學今賜絹二百疋可各買經史習讀務爲善道也

中宗景龍二年七月大理正王志愔奏言法令者人之堤防堤防不立則無所禁竊見大理官寮多不奉法以縱罪爲寬恕以守文爲苛刻臣愚以執刑典即爲衆所謗帝謂曰法急則傷人寬則漏罪所貴於中平宜慎之志愔因奏上應正論以見意

四年正月丁巳內出歌器以示侍臣曰古有欹器朕今造成置之座右以戒盈滿卿等當思自勗常保寵榮

睿宗景雲元年十二月帝以諸王及皇親任刺史別駕多有從過手勑戒之曰朕聞司牧兆人有國彝訓敦叙九族前王令典念此宗枝久遭沉翳近從班命庶展才能或授外藩或居內職留念訪察屬想風謡卒立嘉聲或聞蠹政當官不存於職務處事多陷於偏私崇荒酒德者蓋多樂善尊賢者全少將性之昏昧違此義方豈朕之不明成爾導德當從戒慎勉遂悛改如迷而不復自速愆尤已實爲之悔之無及即宜遞相告示以副朕懷

三年三月朝集使辭帝謂之曰頃年已來國家多難朕以導德德薄不逮庶政不暇未能遠圖四海凋殘百度隳廢端憂永念水炭盈懷劉等夙荷朝榮位班列牧正當與朕同此憂心令若考課已終各還所部將何以闡揚朝典慰彼黎甿勉思良圖以新政理年終奏計佇有所聞朕當遣人分道廉問

十二月制曰設官分職本期致理惟賢是任匪私親昵若使才勝其任望重於時一日累遷固未爲速如或代工無取考績非明十年不調豈應論函頃者官失其人僥倖路開人不務德惟速是視在職無幾妄希遷陟又每謁見之時多請仗下奏事可聞公議唯乞榮班王爵與能豈由干請朕雖遠慙聖哲多媿大明自臨寰宇斯焉兩載卿士人材皆所知悉不被昇擢蓋自取之當務責躬何宜進訴且難進而易退君子格言後已而先人往哲明訓周文多士虞舜舉于克讓滿朝故稱爲理今位參臺省階列通班唯務趨競爲何足紀朕方欲大革澆浮俾歸淳俗自今已後謁見之日若更有干冒祈榮者雖地處親勳才稱俊秀皆當格之清議一從貶黜以勵廉恥之節以洽昇平之化

玄宗先天二年九月制曰法之所設本以懲非令之必行期於禁止致理爲要何莫由斯至如官典受贓國有常法承前雖經勳分在外多未遵奉且不戒視成爲暴不令而罰[illegible]豈含容之既久將訓導之未明數朕情存畫一過不欲貳恐愚人罔累莫識隄防姦吏徇私自娶徽纆永言於此明發興懷今日已前既往不咎從今已後有犯必繩朕不食言爾無荒怠所以勤勤懇懇戒爾凡百者蓋以罰止罰可不慎哉告示遐邇令知朕意

十月引京畿縣令入見謂之曰聞百畿輔之地水旱有災朕務在恤人將幸于洛恭承嚴旨遂輟東巡百姓等或有出關恐至失業朕每自節儉專養黎元卿等深體朕懷各勤乃事時太上皇有誥不令東幸也

開元五年六月突騎施酋長蘇祿潛窺亭障安西都護郭虔瓘及十姓可汗阿史那獻皆反側不安各以表聞乃遣使齎璽書

賜勅書之并降書謂虔瓘及獻曰朕聞師克在和不在於衆懷遠以德不獨以兵卿等或宿將重名或賢王貴種咸負才略受任邊陲當須戮力同心盡誠報國捨嫌望讓忘軀立事近得表狀更相異同又請益兵乃非長筭自從開四鎮列諸軍控扼有常置額以定卿等所統蕃漢相兼以之制邊綽有餘裕在乎善用豈藉新加或云突騎施圍逼石城則緣史獻致寇或云葛邏祿欲發兵馬則被虔瓘沮誹進退遂有所嫌畏懼必然三人若大將不協小人間之自保不遑何功可就卿等去日朕已面命不謂即今尚猶如此且史獻十姓酋長先拜可汗一方歎無共矢所屬突騎施部落雖云稍衆當應履信思順安可恃力爭高虔瓘頃將嘉言且以忠道比除尤資史獻未可即來入朝蘇祿先是大將軍未經制命今故遣左武衛翊府中郎將王惠充使宣我朝恩冊爲國公令識朝序并賜物二千段及器物等務於綏懷得所不欲征討示威史獻前擬發兵葛邏祿其時遣衆處

爲勞擾當更審思其中權宜屬在卿等王惠迴日一一奏聞昔相如能屈廉頗吾展功業寇恂不校賈復終承光武命率由公道匪徇私情明鏡靈龜各以爲鑒

七月諸州朝集使辭詔曰朕聞御寰瀛者不可以乖化恭黎獻者必存於從理故專一方親百姓有愁苦之聲非牧伯之德所以精求臺閣歷選搢紳常本百寮之要以允出刺之重豈想住政用成庶績自冬入計者則循名責實詢事考言雖不無等差然未有殊異得非歲時或淺風教未洽耶故一切不遷各冊臨所典至於耆老恤煢弱止姦盜伏豪強人不忍欺吏不敢犯田疇墾闢獄圄空虛賦役平通逃自復門杜請謁庭無滯留若是者迺聞舉職思可爲致至於弭災害集休祥尚德義崇禮樂儒風大長道化滂流耕夫克讓織婦知節草木不夭昆蟲咸遂扇彼淳源登茲壽域若是者亦弘之在我仁遠乎哉豈惟祿秩就加當以公卿入拜其或靡副朝獎不恭厥言既有之黜

故宜及勉旃俞往名勤我之休命

八月詔曰分命督將保寧疆場且安無寇之俗長爲不叛之臣必也仁明在乎清慎若脂膏不潤毫髮無欺開懷納戎張袖延狄彼當愛官吏猶父母安國家如天地欲其亡叛豈可得乎若其心不公所視惟利放縱部曲阿容子弟此乃求鷹鸇以馴鳥使豺狼以掌牧欲其輯寧庸可得也往年趙翽在營府總統乖方近日張知運在單于徵調失所遂令東胡喪亂勇披猖安撫征戍之勤頗致瘡痍之酷言念於此可爲深戒今諸蕃歸降色類非一在蕃者則漢官押領入附者或邊陲安置風俗未通言語不達至於畜養貿易務綏懷宜令所在軍州牧將等倍加存恤申其冤盡其理問疾苦知飢寒公私不得有侵巨細必令無擾僭濫處驅多儕威恩不孚龜玉之毀典刑斯及御史出日仍訪察以聞

七年正月京畿縣令朝見勑之曰諸縣令等親百姓之官莫先

於邑宰或一年之事特要於春時卿等列在王畿各知人務宜用心勸課以副朕懷農功不可奪蠶事須勿擾市獄在簡典正宜禀搉賦須平豪強勿恣凡著能賢必無獲黜即宜好去

二月朝集使還本任勑之曰朕聞天生烝人溥于四海大有成命予于萬邦必內立公卿外建侯伯官非賢罔使賢非否罔事借耳以廣聽假目以遐覽則諭上旨通下情庶政諧而群萌樂矣由是三考黜陟百官會計若昔之訓茲焉是取朕以薄德祇膺寶位受乾坤之顧荷宗廟之靈懍乎若涉春冰懼若在司牧所寄分憂局寄不想望賢才襲著至化七年于茲矣爾羣爲是邦之良朕每勤政途深佇嘉績豈爲吏宰久與人未信何尤異甚絕寂寥厥聲寂寞無聞當副虛屬孔子曰苟有用我者三年有成漢宣曰庶人安其田里無愁恨之心政平訟理也以爲太守數易則下不安誠哉是言今之牧守古之諸侯寵數收加情寄尤切故爲卿廷力則欽食宜與飭召龔黃又至朕前

則數往以柬命膺而對所異仁且不遠言之必行以厥憂勞之
心託卿勤恤之助御等各宜慎厥始成厥終往欽哉祗守爾典
操一州之統分六條之察念茲在茲用光我班瑞之命有賞有
罰朕無戲言

八年二月勅朝集使曰古者觀群臣以邦国黜幽陟明循政
思理同云廢也朕以虛薄屬當期運受命穹昊司牧黎元何曾
不中夜求衣分晝忘食欲其日月所燭霜露所墜不獨親其親不
獨子其子五穀豐殖萬物阜安焉至登畢先事典能共化于茲八年矣
而淳源未還至道猶鬱豈朕之不德耶將吏之不賢耶徭賦或
繁耶綱維或紊耶故延入軒陛躬問得失如卿所對則朕無憂
矣書曰非知之艱語曰仁遠乎哉我欲仁斯仁至矣卿等宜祗
典厥職先正其身循于国章允茲朝寄因平風俗示之訓誘必
也導德齊禮以公滅私田里息愁恨之聲邦家闡寬厚之化乃
當優賞如或依勢作威倚法以削流亡未至教令不行必加其

罰自餘宜依別勅處分勤恤人隱以副朕懷又詔曰朕聞諸礼
曰刑禁暴爵賞賢則政均矣好惡著則賢不肖別矣朕之虛薄
祗膺景命荷宗廟之靈當億兆之責曷嘗不早朝晏坐惠元愛
人思欲保其和樂躋於仁壽則與我共理者其惟良二千石乎
每詩吏選州與之陛見示其賞罰錫以龍章亦云爾而已矣朝
集使孫州刺史裴綱久典劇務為政煩苛頃年不登〻議綱復
部人有訴便致科繩縣長為言乃遭留繫御史推案遽以實聞
虐政弊人一至於此朕夙夜兢惕匪皇寧居尋遣使存問諸道
有以損惠已量加賑恤水旱不時是朕之過惠養失所寄之
由是用黜綱於嶺裔誡彼群牧朕於蒼生若保赤子為之均井
邑制田廬必欲其時和年登蒸安遐邇訖于牧宰代以躬親故
歷世雖其官誠經国致理之意也夫德惟善政政在養人故主
煩則草木不長水煩則魚鼈不大必也寬恕貴乎清淨諸州刺
史都督宜問疾苦恤貧窮杜侵漁察冤獄至於識良大貢減省

苛刻為事人何以堪亦在求理務從折衷用存惜式其有不便
於人者隨事條奏朕將親覽欽爾有官勤爾有政如風化允緝課
績殊尤當權之不次擢乃厥美凡百庶邦尚副朕命

冊府元龜卷第一百五十七

帝王部

誡勵第三

唐玄宗開元九年三月勅朝集使等曰卿兼承朝委分職外臺秉國之法制爲人之師長將何以宣政要阜安甿俗熙我淳德以臻大和頃年已來戶口逃逸波迸而往井邑虛弊州縣不以爲事逋亡乃是其常言念下人豈無懷土之戀思皇多士未有移風之術緝寧政教仁遠乎哉提振公方道存於爾宜加招撫咸使安服又去年諸州申有旱澇流亡雖聞蠲放莫能平允多非清正守法或以喑憚順情在於公私俱不折衷自今已後務從於實卿等職在親人稍存意於此宜躬問疾苦務崇簡惠勸以桑稼敦其學校利而勿害靜則自安卿等每還之時朕亦常有其誡及聞至彼多不遵行咸以爲朝廷常務會同常禮因循既久罔以爲意卿宜數弘朕意宣慰人心勉思政途以奉朝獎如仍舊相習當別有處置事有不便於人者各與按察使商量奏聞

十年正月朝集使各還本州勅曰朕承天休命子育萬方樹之師長俾敷景化特以固茲邦本致諸外平而大道緬然淳風未暢租賦雖減戶口猶虛水旱相仍耕桑莫贍豈朕之不德而吏之無方言念於茲良增歎息卿等與朕共理實曰分憂各勉思政途以輔不逮若人有疾苦卿有惡豪不勤農蠶不崇學校並宜敦勸以正風俗以臺省處分不便於時者具利害聞奏勿復依違以損百姓爾其留意綏我兆人

九月勅曰朕君臨寰宇子育黎元內脩睦親以叙九族外協庶政以濟兆人勳戚極襃厚之恩兄弟盡友于之至務崇敦本克愼明德今小人作孽已抵憲章恐不逞之徒猶未能息凡在宗屬用申懲戒自今已後諸王公主駙馬外戚等家除非至親以外不得與餘人交結其卜祝占相及非類惡人亦不得遣出入門庭妄說言語所以共存至公之道永協雍和之化克固藩翰以保厥休貴戚懿親宜書座右又下制曰百官等祿秩既優勳賢是寄皆合守其正道無宜聽彼異端至如卜祝之流妄陳休咎占候之輩假託徵祥誑惑既生愆違斯作因搆讒慝遂行訕毀取陷網羅良增歎息懲一足以勸百有犯不可無刑姦狡以此累以百寮誠宜誡已自今已後各宜謹愼並不得與如此等色及無識人交遊來往仍令御史訪察有即彈奏當加嚴罰

十二月朝集使各還本州勅之曰朕君臨宇內子育黎元何嘗不簡易爲人勤䘏庶政天下至廣不能獨任故擇之牧宰咨其共理而淳化未敷至道猶鬱庸賦尚減戶口且虛水旱相仍倉儲莫贍無聞慈惠之政未息凋弊之流豈朕之不明吏之無術每念於此用慨于懷卿等是行勉思歐政百姓間有鰥寡惸獨不能存濟者務令優養游業無憑不勤稼穡者特令正肅敦以學校勸以農桑差役之閒務使平允逃亡之戶兼語招携令其下人使得蘇息諸州遭澇之處多是政理無方或陂堰不修或溝渠未浚頻已處分昔無承禀常破租庸是何撿校至州之日各宜勸勉應合修塞開導宜預施功若不暫勞何以獲利宜勵所職勿犯常科

十三年三月詔曰御史出使舉正不法身苟不正焉能正人如州縣祇迎相望道路牧宰祇候僮僕不若作以威福其爲人如闘自今已後宜申明格勅不得更爾違者州縣科罪御史貶降

十六年二月諸州朝集使還帝謂之曰朝集使等弘風善俗寄於良吏求瘼䘏隱職在親人朕並建藩牧擇其師長欽若古訓俾人用康而教化或未洽黎甿或未寧擾竊者時有犯禁逋亡者罕聞復業豈朕教諭之道尚闕而牧宰之訓未明歟永念於此不忘旰昃卿等咸承朝寄分掌外臺共理之道期於康濟至若率身以正馭衆以仁而下不化者未之有也卿等還州宜禁侵漁絕浮惰恤惸獨孤寡尤貧窮去姦妖訛特宜禁[illegible]其征鎮人

每須優當丑斂之事必在均平頃者水災荐及河朔朕思無不至憂彼元元發倉廩漕汴淮以賑之免租稅停征役以安之今屬春陽布和農事方起或慮乏絶致妨耕桑雖已遣使宣撫或恐事未周贍如有不支濟者即更量事賑給諸道有損之處亦宜准此朕不欲一物失所衆情不遂納群生於壽域躋大化於昇平卿等各宜恭守朝章宣布朕意雖万方有罪敢忘在予而三載考績須徵行事安人稱職不可勉歟

七月詔曰州縣牧宰等並受朕之寄助國為理寔與共康庶績俾乂群甿頻經處分令盡誠節仍有不遵法式自紊紀綱貿遷營利或縱親識侵暴下人或在郵傳規求貨馬諸如此類不可具言豈教之不明而人之多僻當乎遐想深傷于懷各宜徇公以副所委

十八年正月識縣令朝見敕之曰諸縣令等撫綏百姓莫先於宰字興育黎民須自於厥德卿等列在京畿各親吏理務在用心以安夜聚庶期成政以副朕懷

二十年正月敕曰政在養人人安其業先王所以用明察之長求忠信之帥務斯道也朕勤恤庶政保綏群元濟育之誠不違於終食聽理之慮每軫於宵興將使載其清淨息其煩費如聞輦轂之下政令猶煩或廣修器物將有供待或羌斂人户以充府費豈副朕薄賦輕徭息人減費之意其洛陽令韋紹縣尉顏思賓輒有科率擬備祗供雖事未行終是專擅宜貶出河南尹孟溫禮雖不覺察狀異知情宜特貸捨自今已後府縣宜洗心滌慮革不得更然其或不悛仍有勞擾仰百姓即詣匭使具狀奏聞輒不得稽留所犯之人當有處分

二十二年三月命有司引新授縣令等見敕之曰新除河南府密縣令張援等令長之任黎庶尤切比嘗選衆未盡得人然而勇進之流乃非其好矯弊之政豈為所華今既各膺此命當盡良能周月政成風謠各著所列清要唯待才賢既爾亦有聞不患無位各宜勉勵以副朕心

二十四年二月宴新授縣令於朝堂敕之曰自古致理在其命官今之所切莫如守宰朕每嘗留意尤重此官有善者雖遠必升無能者縱近必廢唯取才實非務官資事亦坦然天下所見而浮競之輩未識朕懷俾其宰邑便為棄地或以煩碎而不專意或以僻遠而不專心或以徇己而貪求或以畏法而選愞侵深成俗妨奪為常嗷嗷下人於何寄命朕所以寢興軫念思以濟人故命吏曹精選才幹卿等各膺推擇用簡朕心若能理化有聲名實相副必有超擢終不食言如其謂人不知唯利是視自速身敗兩喪身名智者所圖應不至是各宜勉勵以副勤屬并製令長新誡一篇頒賜天下縣令其詞曰我求令長保乂下人人之所為必有所因侵漁浸廣賦役不均使夫離散莫保其身徵諸善理寄爾良臣與之革故政在惟新調風變俗背偽歸真教先為富惠恤於貧無大無小以躬以親責躬勸農其惟在勤墨綬行令孰不攸遵曷云被之我澤如春

二十五年正月詔曰宰輔之任簡在朕心亦既同德是為一體其有惡直醜正以私害公結構黨醜圖議離間忝我軌度莫甚於斯御史中丞盧怡累登清顯委繩準宜遵國典正以朝綱而乃妄起猜嫌輒為朋黨交通小吏傾側大臣潛求罔極之言欲陷无辜之善雖浸潤之譖縱盈篋而不疑而回邪之端若燎火而難近宜從遠退以戒具寮可潮州司馬員外置且清淨者政之本和平者國之福詩多君子可不務乎如或妄動以干時矯舉以濁道近相姦惡更作比周斯為亂常必有明罰凡厥在位知朕意焉

七月以宗正少卿崔秀為太子右庶子司農少卿皇甫惟明檢校司農卿少府少監李齊國檢校少府監邠王府司馬杜鵬舉為豐王府長史課勤也敕曰古者官宿其業吏不數變寔欲觀其始終因以別其能否若用捨非當遲速不備是開僥競之門

豈曰和均之道宗正少卿崔秀等名行早著朝廷所推各效一官已經四載器能有過久次當遷宜副僉諧俾膺殊命且承平日久從任者多必憑考績方為進轉但須慎守豈滯其能如或躁求是招其累速則不達謙而必通凡今庶寮宜悉朕意

八月御製戒六篇以示諸王共育蓋明君臣父子之義爵祭稼穡之事也忠王璵等上表請宣付史官及示百寮許之宰臣李林甫等奏曰臣等伏以聖慈書訓煇映千古頒示朝廷未及天下兼望宣布中外帝手詔謂曰周公聖人攝行王政猶伯禽曰死以魯國驕人朕方聖雖慙豈忘戒子聊示庭訓何足以宣布中外耶

二十九年十二月帝謂新授刺史縣令等曰卿等須因內舉並曆明試朕廣推薦之路而一縣盡牧乃至授官率皆優假朝恩若此不亦厚歟以卿等器能久從官政所涖之處固必有聲然今茲舉人斯勵天下高懸賞罰俾自懲勸尤宜自勉以副朕心卿所舉人皆別標名曆待知卿等能否褒貶必擬同之無累爾親當深所薦言可復世宜悉至懷可詔公卿各舉所親為牧宰及對策單上必舉目推薦也臺志議遷舉之各以賞勸焉

天寶元年十月諸州朝集使迴敕曰今之牧守古之諸侯撫育黎元歲有朝會蓋問之疾苦審以安危必在適時期於不擾洎告辭勉分師古前規如聞適自朝廷初到郡縣便遣追僧道處說微藥山谷往還日夜殊能適資當之此事俗吏誠恐有之朕夙夜道心期之清淨頃聞此說深爽西懷宜體前非俾無後悔當道採訪固不得達素友之間遞相戒勵宜知朕意各守章程並宜好去

三載五月長安令柳昇坐贓於朝堂杖殺之詔曰朕恭守丕業臨照百官與君臣一心中外勵節長安縣令柳昇徑因推薦寘彼周行而乃恩非回邪恣情聚斂納于貨賄忝我紀綱是而可容孰不可赦故令鞫按用致嚴刑豈惟懲息姦源抑欲庶寮知戒況罰朝廷卿士多與交遊此之罪人門通賂遺用乖寬典咸為匿瑕且古人以廉恥立名清白貽範苟斯罰斯衛諸恭前修況身荷恩榮家享重祿陳力無聞徇財已甚取愧素餐自投憲網每念於此良用憮然凡在百寮宜為殷鑒仍宣示中外令知朕懷

五載七月以縉雲郡太守韋堅為江夏郡司馬乃下詔曰書曰無褻貸罪生生自庸傳曰官之失德寵賂彰也則古先哲王不聞姑貸貪墨以明戒飭無易紀綱然法貴變通刑宜平典罪止其惡過從寬宥庶乎有勸冀乎有懲韋堅是司漕運妄事興易驕遣朝廷討其積贓數目甚廣朕以衣冠之士豈往來之而數回之人是為抑與韋堅已別有處分所司已一切不問咸令自新海有彙類咸予懷化各思忠節無貳過焉宣示中外令知此意

十三載六月引吏部新授縣令見敕曰唐虞之理命以子男周漢是官委以令宰朕稽古前哲甚為懷至于考之銓衡慎擇銅墨至於上裁親臨下宇何人顧其修養察其才力使任其稱者宜之猶又毋俾闕之者賴之以安全然後入仕須能六條寬舉庶以令善粉署授以緋簡翻喜吏奉乃身效官於忠入仕榮家報國豈不美歟若徇已冒私撓人敗政有懷潤屋無慢害公豈唯刑網所及抑亦名節盡棄蓋士君子之深恥亦名教之罪人焉漸于盤豈不勉也今卿等新欲赴官朕之所言提撕之耳所謂聽訟吾猶人也必也使無訟乎況今之人也與古人不殊今之官與古者異別教銅印其猶昔榮而卓茂魯恭迥然無繼將勵將來之道不至豈淳朴之風未還撫事君臨載深慮想今首庶予卿等能勵此心賞既超倫刑必當罪各宜勉勵敷我皇猷無頤大為回舉必遵並即於朝堂賜食食訖好去

代宗大曆五年制曰朕覽漢文詔書云為和之時草木群生之類皆有以自樂而吾百姓或阽於死亡而莫之省緬然遐想感歎錯懷文今之人又甚於昔思有賑恤俾安其居觀察節度使

及刺史各宜訓勵所部使奉科條變貪官之節㮣循吏之行其清白明著政理殊尤者具以名聞必加獎擢若冒于貨賄黍我紀綱切宜糾按當峻刑憲其官人犯贓經恩免罪者並宜申報中書門下及所司不得容其却上自王室多故積有歲時皆我文武之臣中外戮力今天下既定崇德報功與之剖符傳代不絕至於莅官述職各宜明慎刑典貽慶子孫

憲宗元和四年正月以左司郎中鄭敬使淮南宣歙吏部郎中崔芃使浙西浙東司封郎中孟簡使山南東道荆南湖南京兆少尹裴武使江西鄂岳等道宣撫行日並召對告之曰朕宮中用度一疋已上皆有簿曆惟拯救百姓則不計費焉卿等今者賑卹災旱當勤於奉職勿如潘孟陽所到務飲酒遊山寺而已仍許卿等以便宜從事

七年六月中使梁守謙傳宣曰自今史官記事每須詣實不得虛美時帝讀肅宗實錄見大臣傳多浮詞飾美故有是誡

穆宗長慶元年四月制曰昔者卿大夫相與讓於朝士庶人相與讓於列周成王刑措不用漢文帝恥言人過眞理古也朕甚慕焉中代以還爭端斯起掩抑其言則專蔽誘掖其說則侵誣自非責實循名不能彰善癉惡故孝宣必有敢告乃下光武不以單辭遽行語稱訕上之非律有匿名之禁所以防三至之毀重兩造之明是以爵人於朝則皆勸刑人於市則皆懼罪有歸而當於事也末代偷巧内荏外剛卿大夫無進思盡忠之誠多退有後言之謗士庶人無切磋琢磨之益多銷鑠浸潤之譏進則諛言諂笑以相求退則群居雜處以相議留中不出之請蓋發其陰私公論不容之談是生於朋黨擢一官則曰恩皆自我黜一職則曰事出他門此周之跡已彰尚稱介獨由徑之蹤盡露自謂貞方居省寺者不能以勤恪莅官而曰務從易簡提紀綱者不以準繩檢下而曰密奏風聞獻章疏者更相是非備顧問者互有憎愛苟非秦鏡照膽堯羊觸邪時君聽之安可不惑參斷一譯俗化益訛禍發齒牙言生枝葉率是道也朕甚憫焉我國家貞觀開元同符三代風俗歸厚禮讓偕行兵興已來人散久矣姑欲導之以德不欲驅之以刑然而信有未孚理有未至曾無耻格益用凋刓小則綜覈之權見侵於下輩大則樞機之重旁撓於薄徒尚念因而化之亦既去其尤者而宰臣等懼其寖滛未克澄清備引祖宗之書願垂戒勵之詔遂申告戒頗用殷勤各當自省厥躬與我同底于道凡百多士宜體朕懷

文宗大和四年四月壬戌詔曰蓋儉以足用令出惟行著在前志實爲理本朕自臨四海憫元元之大困日昃忘食宵興致懷躬絕文繡之飾尚慍茅茨之儉亦喻鄉士形于詔條如聞積習流弊餘風未革車服第室相高以華靡之利資用貨室固啓于貪冒之源有司不禁後俗滋扇是朕之教導未敷使兆庶昧於耻尚也其何以足用行令臻于致理歟永念勤歎追茲申勑自今內外列職位之士其各務素朴弘茲國風有僭差尤甚者御

史列上主者宣示知朕意焉自艱難以還制度等衰蕩而無級矣帝薄於自奉布聞天下時相大臣與左右並削後權貴之臣不導揚上意廣素朴以形于下雖赦令每以爲言建此深詔皆不聞以爲懲懼

七月以鴻臚卿張賈爲衢州刺史帝頗謂賈曰聞卿大善長行賈知帝不喜博遂自解說乃曰臣公事之餘聊與賓客爲戲非有所妨也帝曰豈謂好之而不妨事也自後刺史面辭帝必盼勸戒飭曰無耆博無欲酒

七年八月詔御史臺所置六察分糺百司比來因循鮮能舉職起今以後諸司如有身名偽濫隱盜官錢及違法等事他處發覺者本察御史並當貶斥

九年正月戊午對賀正使于麟德殿既退復召諸道判官孔溫質李暨苗惲等九人問以出身所由詞學所工德音誨勉至于再三各別賜綵絹十四

開成元年四月庚午詔召御史中丞李訶兵部尚書判戶部王起禮部侍郎高鍇鴻臚卿李述司農卿李玭等各問本司事帝曰朝廷事在衆官戮力同心方得必理勉務躬親公事

十二月庚子御史中丞狄兼謨謝官帝曰御史中丞朝廷紀綱一臺理則朝廷理朝廷理則天下理無曠厥職兼謨奏曰凡天下有礙法不得中道事臣盡得以彈奏帝曰大抵以顧望畏忌爲心者自失職業卿梁公之後將嗣家聲不可不留意

四年四月壬戌帝御紫宸殿問宰臣曰皇城使上言太廟中有麞走出安有宗廟之中得此野獸宰臣請宣示宗正寺使令巡撿帝曰可召宗正卿來朕自戒勵之遂召宗正卿李踐方至帝曰宗廟至重卿宜恪勤官業勿俾太廟有所褻隳勿拘陰陽不旋踵脩葺漢有昭陽未央尚猶崇飾潔淨況宗廟乎無長蒿萊以藏野獸言訖泫然踐方叩頭請罪久之帝自即位宗廟祀事未嘗不戒勵有司俾其嚴潔

武宗會昌元年正月詔曰州縣官比聞縱情盃酒之間施刑喜怒之際致使簿書停廢獄訟滯冤其縣令每月非假日不得輒會賓客遊宴其刺史除假日外有賓客須申宴餞者聽之仍須簡省諸道觀察使任居廉察表率一方宜自勤清規以爲程法

四年潞州劉從諫子稹拒命詔晉絳石雄等討之七月賜雄詔書曰古者有必勝之將無必勝之人將立奇功實在謀帥朕所以求鷙鶚於累百得飛將於無雙拔卒諸軍以臨賊境眷言勳績深注予懷近聞劉從諫時百姓相驚云卿以七千兵至數吉于衆視兆于人今天策向晨巳及戍軍之候龍驤建旆必叶渡江之謠舊史昭然宜符可驗加以天道在于西北順歲有功福星煥于天庭爲國太慶勉乘方略契此休徵昔鍾會以二十万兵頓于劍閣鄧艾衆纔一万直抵成都只在決機豈由衆寡知卿能辦故諭此懷然觀卿自履軍中當先士卒號爲輕敵夫八足擢奇惜卿一年之功將亦必擒之計勇雖爲本怯亦有時勇怯之間在乎得中況卿爲萬人之帥啓十乘之行舉必責謀動資持重畢圖在於平賊不在輕身爲將本於全籌寧勞陷陣想眠此誠常自書紳務立功名副茲委遇

後唐莊宗同光二年三月勅選舉二門仕進根本當擬掄於多士全委伏於有司苟請託是從則踰濫斯極況方行公事已集群材須行戒勵之文俾絕僥求之路宜令吏部禮部論材考藝必盡於精詳滅私徇公無從于請託仍委三銓貢院牓示省門曉告中外

明宗天成二年二月勅曰君使臣以禮臣事君以忠禮不可一日不備忠不可一夕不念二者全則上下順一途虧則出入差須振紀綱以嚴規矩凡在策名之列皆知辨色之朝儻不夙興是曠匪懈君上恩政猶自求衣未明爲下服勤固合假寐待旦宜令御史臺備示文武兩班自此每日早赴朝參職司既得整齊公事的無擁滯如或尚茲懈怠具錄奏聞

八月以鄆州連帥陶玘貪黷得罪降詔諭天下云夫有功不賞何以激盡忠有罪不刑何以戒爲惡二者不失庶務有成朕自統華夷不求奢侈臨食念兵師之餓披衣思黎庶之寒仗中外勳賢爲國家基址邇者熒惑犯而自退太陽薄蝕而還圓百果無不熟之方五穀無不豐之歲顧茲寡德何稱嘉祥惟陝府石敬瑭晉州安崇阮洛州張万進耀州孫岳等杜絕誅求尋加獎賞今陶玘與亳州李鄴輕爲聚斂自掇悔尤功過既分黜陟斯在玘鄴尋寘於法書

九月新授汝州防禦使長簡辭帝臨階召之曰爾父從征伐甚有戰功語其威名乃閃張之比也前後郡牧累任郡符皆有詬累之名委卿理人不謂以狼牧羊乎朕今嘉爾驍雄復委邊滴於上郡汝能改節擁旄仗鉞豈後於他人如未省前非國有常典朕不能爲功臣終曲其法爾宜勉焉簡拜謝而去

十一月新授鄜州節度使米君立辭帝謂之曰擢汝於行伍令

遵吾民物以左右小輩妄亂政事須與賓佐官吏而吾賞罰無私女宜聽之

三年八月下制誡勸長吏曰朕自承天命恭臨帝圖務令黎元永安非止皇居獨樂當與廣乂除兵良持共靜區寰方躋泰之時於諸侯不恪官爵既酬勳而示寵賴撫俗以經心託在無私期於共理有功者切於褒賞有過者非所顧問陶玘以偶違制條無奈何而從謫官（陶玘為亳州刺史嚴察謫後坐外斬酷吏嵐州司馬）廷隱以全虧公道不獲已而就極刑（曹廷隱為齊州防禦使委奏引臣吏狀法不實務已盡）乃朝典之須行警朕心之不樂倫幹汎章之念更嚴知禁之規況在藩方皆明理本節度使等時為山河之主縣令亦人呼父母之君並功為時皆勸布化不獨榮於身世兼乃慶及子孫當廣夕惕之懷同臻日新之政各處有功之地永為無過之人宜體朕懷共資王道

四年十月乙巳帝御中興殿謂宰臣馮道曰盧質近日嬰酒否道奏曰盧質到中書每勸酒不過三爵別處即不聞飲酒帝

曰盧質與朕家同好酒相從多矣得不慎哉道曰酒是狂藥聖賢人也若不節飲便致患生陛下望讀雅符古道乙丑新授閬州節度使李仁矩辭帝謂之曰卿今為節度使人臣之貴不比過去勿作昔政以害生民便孤朝寄也

長興元年七月宣徽南院使判三司馮贇為北京留守贇毋辭赴太原明宗賜衣服銀器因謂贇曰吾輩老矣贇非衆總角趨走吾左右今日便得力吾頃事莊朝為將帥視節度使官貴極矣彼時吾不望為山河主況贇乎姥至鄉中常存內訓勿令失禮於耆舊也

二年九月前泰州和順縣令劉震慶上言時務云里俗有父母在而析財別居又宗族之間或有不義吏其孤弱者請行止絕敕旨王者以孝理萬邦化敦兆庶每勸勵而按部專刑賞以重風化在懲勸知方統臨得術氏屋有可封之俗大親無不和之人劉震慶曾州縣為官見鄉閭之弊事宜加條理免亂彝倫宜令諸道長吏嚴行誡約如有違者准法加刑

三年正月詔鄜延綏福從方渠鎮討虎頭叛命者于西康福奏率騎軍先進帝御興教門撫諭以賞罰之令而遣之

三月神武兵士衛縣就糧滑州帝誡之曰無擾吾民

四月李贊華赴任滑州帝誡之曰吾命藩侯郡守蓋為養軍民恐卿久在我行未諳民事吾今慎擇參佐判於公事宜與之參決勿自執所見也

十月丁巳前涇原節度使李金全弄進馬十五匹帝不納召而諭之曰公患馬多耶頻有所貢金全曰臣在西邊把截異産得此駿馬在京無所使願進以益邊軍帝曰卿在鎮為治何如吳事以馬為事金全謝之帝雖優假之而心不平金全邊人累更名郡藩鎮所在掊斂聚財賂結權要帝揣其弊政之迹帝頗聞其不廉故以言譏之

己巳安審琦率捧聖龍武馬軍北戍代州召將校至中興殿面

戒勵曰邊人生梗不奈侵擾爾等咸宜戢斂苟處軍地當事害城池常須謹完軍旅之間須明賞罰壬子秦王從榮入謁帝語之曰爾軍務之餘習何事對曰臣公事之暇讀書與諸儒講論經義帝曰經有君臣父子之大要論之益人智思吾少鍾喪亂馬上取功名不暇留心經籍在藩邸時每見判官論說經義予雖不能深達其旨大綱令人開悟今朝廷有正人端士宏才碩學者可親附之庶幾有益吾見先帝在藩時愛自作歌詩將家子文非素習未能盡妙諷於人口恐被諸儒竊笑吾老矣不能勉強於此唯書義尚欲耳裹頗聞時從榮方聚新進浮薄之以歌詩吟詠為事帝道此言規諷之

四年七月辛巳帝御廣壽殿新授滄州節度使李金全赴鎮辭帝戒之曰聞爾為治愛擾人長吏當以卹民為務爾事于吾小校今位旌乘鉞為節度使當改故態分吾憂吾民慎勿擾也帝素知金全為人故面自戒勵之

末帝清泰元年七月宰臣李愚劉昫因論事於政事堂相詬
詬甚鄙惡各欲非時見訟是非帝令劉延朗宣諭卿皆輔弼之
臣當國大事不宜如是此後不得更然

二年詔曰近日官告勅牒書寫差誤裝褫不堪若不改更何以責
今後書札裝褫並宜如法中書舍人辭語亦可以其人揚歷功
業或訓或誡並宜允當又須體認謹切如有差錯當時應副無
令稽遲

晉少帝天福元年四月分令文武百寮三十六人使洛陝孟滑
鄜邠鄧宿襄秦鄆徐兖相滑邢洺澤衛潞絳陳宋同後遣鄧
安蔡汴晉隸懷磁濮單州率民財粟以資軍用將行帝召厲語
令戒之曰朕承德嗣位天降荐饑強胡作梗河北屢興社稷所
賴在軍士乎乏衣匱食危之道也事不獲已議及於斯卿等宜
體朕意乃切戒左右勿爲滋章以重取怨讟也

周世宗顯德三年十一月諸道定稅使臣奉辭帝臨軒諭之曰
天下以民爲本民本立則國家安朕以近代已來賦租不等貧者
既困而無告富者有餘以不平州縣以舊額爲規官吏以相承
爲恒遵守之用致群弊一一宜正身蒞事副朕茲意仍與逐
處長吏和商權但務從長一集其事毋使朕之赤子枉罹於
暴法也

册府元龜卷第一百五十八

府　一百五十八　十三

冊府元龜卷第一百五十九

帝王部一百五十九

革弊

春秋傳曰上思利民忠也董仲舒有言譬之琴瑟不調甚者必解而更張之乃可鼓也爲政而不行甚者必變而更化之乃可理也若夫堯舜禹之相繼也守一道而政和平蓋三統更王載祀彌久夏之忠商之質周之文若循環然迭來以救其弊豈不以繼治世者其道同繼亂世者其道變禮樂之沿襲者有損益之殊刑法之制作有貪涼之異自非酌之以隨時之義斷之以大中之討固將流宕忘返驅斯民於塗炭矣故易曰革之時義大矣哉聖人所以明物成務由斯道也

漢元帝初元五年四月詔罷角抵

成帝建始二年三月罷六廄技巧官巧謂技之

後漢明帝永平十二年五月詔車服制度恣極耳目田荒不耕游食者衆有司其申明科禁宜於今者宣下郡國

和帝永元十一年秋七月辛卯詔曰使民踰僭厚死傷生是以舊令節之制度頃者貴戚近親百僚師尹莫肯率從有司不舉怠放日甚又商賈小民或忘法禁奇巧靡貨流積公行其在位犯者當先舉正市道小民但申明憲綱勿因科令加虐羸弱

孝殤延平中罷魚龍曼延百戲漢官典職曰作九賓樂利之獸從西方來戲於庭入殿前激水化成比目魚跳躍漱水作霧障日畢化成黃龍長八丈出水遨戲於庭炫燿日光曼延獸名也張衡西京賦曰巨獸百尋是爲曼延

安帝永初元年七月庚午詔三公申明舊令禁奢侈無作浮巧之物殫財厚葬

順帝陽嘉中大司農劉據以職事被譴召詣尚書傳呼促步又加以捶撲尚書令左雄上言九卿位亞三事班在大臣行有佩玉之節動有庠序之儀孝明皇帝始有撲罰皆非古典帝從而改之其後九卿無復捶撲者

桓帝延熹八年四月丁巳壞郡國諸房祀房謂祠堂也王渙傳曰延熹中桓帝事黃老道悉毀諸房祀唯特詔密縣存故太傅卓茂廟洛陽留令王渙祠

魏文帝黃初五年十二月詔曰先王制禮所以昭孝事祖大則郊社其次宗廟三辰五行名山大川非此族也不在祀典叔世衰亂崇信巫史至乃宮殿之內戶牖之間無不沃酹甚矣其惑也自今其敢設非祀之祭巫祝之言皆以執左道論著于令典

明帝青龍元年五月丁酉詔諸郡國山川不在祀典者勿祠

晉武帝泰始元年十二月詔曰昔聖帝明王修五嶽四瀆名山川澤各有定制所以報陰陽之功故也然以道蒞天下者其鬼不神其神不傷人故祝史薦而無愧辭是以其人敬慎幽冥而淫祀不作末世信道不篤僭禮瀆神縱欲祈請曾不敬而遠之徒偷以求幸妖妄相煽舍正爲邪故魏朝疾之其按舊禮具爲之制使功著於人者必有其報而妖淫之鬼不亂其間

二年正月有司奏春分祠厲殃及禳祠詔曰不在祀典除之又

遣兼侍中侯史光等持節四方循省風俗除禳祝之不在祀典者又罷鷄鳴歌又除漢宗室禁錮

八年二月乙亥禁雕文綺組非法之物

成帝咸康七年除[illegible]

[illegible]

孝武寧康元年三月癸丑詔除丹陽竹格等四桁稅

後魏太武太平真君九年十月癸卯以婚姻奢靡喪葬過度詔有司更爲科限

孝文太和六年三月庚辰行幸虎圈詔曰虎狼猛暴食肉殘生取捕之日每多傷害既無所益損費良多從今勿復捕貢

七年十有二月癸丑詔曰淳風行於上古禮化用乎近葉是以夏殷不嫌一族之婚周世始絶同姓之娶斯皆教隨時設治因事改者也皇運初基中原未遑釐政後遂因循迄茲莫變朕屬百年之期當後仁之政思易其舊式昭惟新自今悉禁絶之原

祀以不道論

九年正月戊寅詔曰圖讖之興起於三季既非經國之典徒為妖邪所憑自今圖讖秘緯及名為孔子閉房記者一皆禁之留者以大辟論又諸巫覡假稱神鬼妄說吉凶及委巷諸卜非墳典所載者嚴加禁斷非帝以諸有禁忌禳厭之方非出典籍者一皆除罷

十三年四月丁卯詔曰昇樓散物以賚百姓至使人馬騰踐多有毀傷今可斷之以本所費之物賜窮老貧獨者

孝明帝神龜二年十二月庚申詔除淫祠禁諸雜神

北齊後主天統二年十二月丁亥以北宮安立碑頌飄興寺塔第宅豐後與高歟詔中尉端衡肅厲威風以見事糾七品六品祿足代耕者不聽錮與店肆爭利抵帝也

後周高宗建德六年六月丁卯詔曰同姓百世婚姻不通蓋惟重周道然也而娶妻買妾有納母之族雖曰異宗猶為混雜自今已後悉不得娶母同姓以為妻妾其已定未成者即令改聘

隋高祖開皇元年四月戊戌詔太常散樂並放為百姓禁雜百戲

十八年正月辛丑詔曰吳越之人往承弊俗所在之處私造大船因相聚結致有侵害其江南諸州人間有船長三丈已上悉括入官

仁壽元年正月辛丑詔曰君子立身雖云百行唯誠與孝最為其首故投生殉節自古稱難至於殞身王事禮加二等而世俗之徒不達大義至有致命戎旅不入兆域虧孝子之意傷人臣之心興言念此每深愍歎且入廟祭祀並不廢闕何止墳塋却在其外自今已後戰亡之徒宜入墓域

煬帝大業元年四月乙卯詔曰夫帝圖草創王業艱難咸仗股肱之力同德用能底帝運克膺大寶然後疇庸茂賞開國承家誓以山河傳之不朽近代喪亂四海未一茅土妄假名實相乖歷茲永久莫能懲革皇運之初百度伊始猶循舊貫未暇改

作令天下文表文牒收同宜遵先典永垂大訓自今已後唯有功勳乃得賜封仍令子孫承襲

唐太宗武德九年八月甲子即位九月壬子詔民家不得輒立妖神妄設淫祀非禮所禱一皆禁絕其龜易五兆之外諸雜占卜亦宜停斷

十月壬子詔曰立人之道曰仁與義為國之基德歸於厚自有隋家守政刻刑須上懷猜阻之心下無和暢之志遂使朋友遊兄嫂弟不通卿士聯官請問斷絕至有里門相接致胡越之乖委懿親身忘救恤之義風頹俗弊一至於此化民以德豈斯之慮朕君臨累歷年期思弘至道因兆民之所賴求万国之歡心乃蠲除煩苛咸使輯睦君臣之際期於無隱求言前失將宜敦勵自今內外官人須相存問勿致疑阻有遇疾疾遂加訪問為營醫療知其增損不幸物故及遭憂卹隨事慰省以申情好務從敦厚合存周厚朝廷無拘忌之節交遊有久要之歡遵道而行率礼不越斯則上下交泰品物咸亨惠政所加達於四表布告天下咸知朕意

貞觀十六年六月己酉詔曰氏族之盛實繫於冠冕婚姻之道莫先於仁義自有魏失御齊氏云亡市朝既遷風俗陵替燕趙右姓多失衣冠之緒齊韓舊族或乖德義之風名雖著於州閭身未免於貧賤自號膏粱之胄不敦匹敵之儀問名唯在於竊貲結縭必歸於富室乃有新官之輩豐財之家慕其祖宗競結婚媾多納財貨有如販鬻或貶其家門受屈於姻婭或矜其舊望行無禮於舅姑積習成俗迄今未已既紊人倫寔虧名教朕夙夜兢惕憂勤政道往代蠹害咸已懲革唯此弊風未能盡變自今已後明加告示使識嫁娶之序務合典禮稱朕意焉

七月庚申制曰自今已後自刑害人據法加罪仍從賦役初自隋季政亂徵役繁多人不聊生又自折支體謂為福手福足以避征戍無賴之徒尚習其俗未盡故制之

十二月庚申詔曰盜賊之作為害寔深州縣官人多求虛名苟有

盜發不欲陳告鄉材長三年其此情遠相勸止十不言一假有披論先朔物主爰及隣伍乆嬰縲絏有一於斯甚虧政化自今已後勿使更然所司明加採察隨事糾繩

十七年三月壬子詔曰朕聞死者終也欲物之反於真也葬者藏也欲人之不得見也上古垂風未聞於封樹後聖貽範始備於棺槨譏僭侈者非愛其厚費美儉薄者寔貴於無危是以唐堯聖帝也穀林有通樹之說秦穆明君也橐泉無丘壠之處仲尼孝子也防墓不墳延陵慈父也嬴博可隱但乎闔廬違禮珠玉爲鳧鴈始皇無度水銀爲江海因多藏以速禍由有利以招辱朕居四海之尊承百王之獘未明求衣中宵載惕雖送往之典詳諸儀制失禮之禁著在刑書而勳戚之家多流遁於習俗閭閻之內或侈靡而傷風以厚葬爲奉終以高墳爲孝行遂使衣衾棺槨極彫刻之華靈輀盟器窮金玉之飾富者越法度以相高貧者破資產而不逮徒傷教義無益泉壤爲害既深宜有懲革其王公已下爰及黎庶送終之具有乖令式者明加檢察隨狀科罪在京五品以上及勳戚之家錄狀聞奏

十九年六月丁未車駕發自遼東丙辰次於安市城列營進兵以攻之詔曰自莫離支爲主官以賄成單貧之家困於稅斂一馬匹布隻兔纖鱗或進城主或輸權臣其有自給頗加籍沒編戶飢寒莫知告訴爰斯責罰即用夷刑及接鋒鏑下手無數殘深使意然後乃已所以陳兵伐罪兼暢皇風使懷附之徒同沾聲教息彼貪殘除其獘俗令遼東之野各置州縣或行舊法餘風未殄宜即禁斷令遵國憲

高宗顯慶元年正月丙戌御安福門樓觀大酺胡人欲持刀自刺以爲幻戲帝不許之乃下詔曰如聞在外有婆羅門胡等每於戲處乃將劍刺肚以刀割舌幻惑百姓極非道理宜並發遣還蕃勿令久住仍約束邊州若更有此色並不須遣入朝

二年夏四月丙子詔曰朕撫育黎庶思求政道欲使以訓俗盡以移風非良卑宮庶幾前軌比至五月五日及寒食等諸節日并有歡慶事諸王妃主及諸親等皆造衣物雕鏤雞子競作奇巧以相進獻巧麗過度靡費極多皆由不識朕心遂至於此又自顯慶年中已有約束自今以去並宜停斷所司明加禁察隨事糾正

龍朔元年五月庚申禁婦人雜戲

二年夏四月甲戌詔曰如聞父母初亡臨喪嫁娶積習日久遂以爲常亦有送葬之時共爲讌飲遞相酬勸酣醉而歸或寒食上墓復爲歡樂坐對松檟曾無戚容既玷風猷並宜禁斷仍令州縣捉搦勿使更然

麟德二年三月丙午禁不因大禮輒獻食者帝因謂侍臣曰吾聞隋煬帝巡遊無度志在華侈不憂人力供頓之外獻食者多州縣官人更相譏尚所進之餘埋之於野此事虛費煬帝亦頗知之許敬宗奏曰隋時李安期家有一孔雀亦遂責買以充獻

食自此競爲珍奇無所愛惜

咸亨二年九月丁酉詔曰百官家口咸預士流至於衢路之間豈可全無障蔽比來多著帷帽遂棄冪䍦曾不乘車別坐檐子遞相倣效浸成風俗過爲輕率深失禮容前者已令漸改如聞猶未止息又命婦朝謁或將馳馬車乘既入禁門有虧肅敬此並乖於儀式理須禁斷自今已後勿使更然

永隆二年正月己亥帝以頻年飢儉百姓匱乏召雍州長史李義琰及萬年等四縣令謂曰朕每念還淳返樸示天下以質素必欲化行於上事成於下如聞游手墮業此類極多時稍不熟便致飢饉須加勸勵令免困乏異色綾錦并花間裙衣等靡費既廣俱害女工天后我之匹敵常著七破間裙豈不知更有靡麗服飾務遵節儉耳紫服赤衣以辨貴賤遂有閭閻賤僕公然服用又庶人之旋商賈雜類爲厚非違越舊章但雍州列郡之首四方取則則卿等即宜加捉搦勿使更然之

中宗神龍元年九月壬午制曰在外百官遭憂之家吉凶未行三親戚猶停哀之際更即成婚遂輟苴絰之容敢申牢饌之礼㝡慼之心安寄罔極之志闕如敗俗傷風莫過於此自今已後宜即禁斷

睿宗景雲元年八月罷斜封官先是中宗時官爵僭濫因依妃主墨勅而受官者謂之斜封至是並令罷免

玄宗開元元年十二月己亥禁乞寒胡戲以殊中國之儀也

二年正月丙寅紫微令姚崇上言請檢責天下僧尼以偽濫還俗二萬餘人

四月丁酉詔曰朕聞鬬鴨坊比供米粟恨不早知久今虛費今百姓饑阻未能周給烏鳥人食是何理焉其料宜即停并雞坊亦准此

七月戊申制曰如聞百官家多以僧尼道士等為門徒往還妻子等無所避忌或詭託禪觀妄陳禍福事涉左道深斁大猷自今已後百官家不得輒容僧尼道士等至家緣吉凶要須設齋者皆於州縣陳牒寺觀然後依數聽去仍令御史金吾明加捉搦

丙子詔曰佛教者在於清淨存乎利益今兩京城內寺宇相望凡欲歸依足申禮敬下人淺近不悟精微覩葉希金逐燄思水浸以流蕩頗成蠹弊如聞坊巷之內開鋪寫經公然鑄佛口食酒肉手漫羶腥尊敬之道既虧慢狎之心斯起百姓等或緣求福因致飢寒言念愚蒙深用嗟悼殊不知佛非在外法本居心近取諸身道則不遠溺於積習實藉申明自今已後村坊市等不得輒更鑄佛寫經為業須瞻仰尊容者任就寺禮拜須經典讀誦者勒於寺贖取如經本少僧為寫供諸州寺觀並准此

八月壬戌詔曰朕聞樂者天地之和心者動於物物不正則不可為樂樂不正則不能理人況天生蒸黎區別男女外則導之以礼中則申之以樂苟或不臧失之于遠徑自有濟頹弊以彰欽聲溺於鄭衛衒色矜行於燕趙廣場角抵長袖從風聚而觀之浸以為俗所以戎王奪志夫子遂行朕方大變澆訛用清淄蠹眷茲女樂事切驕淫傷風害政莫斯為甚既違令式尤宜禁斷自今已後不得更然仍令御史金吾嚴加捉搦如有犯者先罪長官務令杜絕以稱朕意

九月甲寅詔曰自古帝王皆以厚葬為戒以其無益亡者有損於生業故也近代已來共行奢靡遞相倣效浸成風俗既竭家產多至凋弊然則魂魄歸天明精識之已遠卜宅於地盖思慕之所存古者不封未為非達且墓為真宅自有便房今乃別造田園名為下帳又明器等物皆競驕侈失禮違令殊非所宜戮屍暴骸實由於此承前雖有約束所司曾不申明喪葬之家無所依准宜令所司據品命高下明為節制明器等物仍定色數長短大小園宅衣帳並宜禁絕墳墓塋域務遵簡儉凡諸送終之具並不得以金銀為飾如有違犯者先決杖一百州縣長官不能舉察並貶授遠官

三年二月丙辰制曰帝王之政必厚風俗男女不別深蠹禮經至如別宅婦人久未悛革近令檢括配入掖庭將示小懲使及知禁朕念其愚惑尚在含弘思與常處許其遷善特放出令府縣知配嫁不得影認更為藏匿畜別宅人容其自新並宜放免自今已後更有犯者並准法科斷五品已上仍貶授遠惡處官婦人配入掖庭縱是媵妾亦不得別處安置即為恒常式

十一月乙未詔曰釋氏汲引本歸正法仁王護持先去邪道失其宗旨乃般若之罪人成其詭怪豈涅槃之信士不存懲革遂廢津梁眷彼愚蒙將陷坑阱比者白衣長髮假託彌勒下生因為妖訛廣集徒侶稱解禪觀妄說災祥別作小經詐云佛說或詐云弟子號為和尚多不婚娶眩惑閭閻觸類實繁蠹政為甚刺史縣令職在親人拙於撫馭是容姦宄自今已後宜嚴加捉搦仍令按察使採訪如州縣不能覺察所由長官並量貶降

六年七月丙寅詔曰兩京來去乃是尋常緣須所經行所在長吏至於百姓縱暫祇承處置有條不令辛苦其中侵擾豈非於予或漁獵畜養以將進獻鵰鶻遞使役以徇聲名實由綱紀未備教令不明去年從京向都皆亦處分蒲州刺史程行諶同州刺史李朝隱陝州刺史姜師度各于其州界咸有進奉惜其能官害政故乃虧法收恩懷之於今豈能無怪冬中西幸不可踵前其有輒進送及餉遺從官并別有煩擾者必科以法御史仍明加糾察隨事奏聞

九年三月庚午濮州聖佛寺僧多摩持異說惑百姓大聚財物勒其僧還俗納其財

四月壬寅詔曰內典幽微惟宗一相大乘妙理寧啓二門聞化度寺及福先寺三階僧創無盡藏每年正月四日天下士女施錢名爲護法稱濟貧弱多肆姦欺事非真正即宜禁斷其藏錢付御史臺京兆河南府勾會知數明爲文簿待後處分

六月丁亥詔化度寺無盡藏財物田宅六畜並宜散施京城觀寺先用修理破壞尊像堂殿橋梁有餘入常住不得分與私房從貧觀寺給仍令御史張擇與禮部侍郎崔擴京兆尹孟溫禮取元奏狀揀京城大德戒行灼然者共檢校量事均融處置訖奏聞諸州長官及按察使所察錢物以委州使者此共勾當散訖錄分訖申所司

十年二月庚寅詔曰釋道二門施其戒律緇黃法服衆亦崇尚苟有踰濫虧無憲章如聞道士僧尼多有虛挂名籍或權隸他寺或侍養私門託以爲詞避其所管相揜匿共成姦詐甚非清淨之意也自今已後更不得於州縣權隸侍養師主父母此色者並宜括還本寺觀

八月戊戌詔曰如聞百官及庶人家殯葬頗違古則無復哀戚遂相誇尚富者踰於禮法貧者殫其資產無益於死徒損於生傷風敗化斯莫大焉自今已後送終之儀一依令式至於墳所仍不得輒有飲食宴會所由嚴加禁斷更有違者科違勅罪

十四年四月壬戌詔曰如聞道俗之間妄有占筮詐言災禍詭託從祥兼託符咒遞行左道惑人今案斷不合更然仍慮愚下未能悛革宜令所司申明格勅嚴加察訪

七月丁卯勅曰雕文刻鏤傷農事錦繡纂組害女工業本之本或斷飢寒之患斯及朕故結誥於令具列刑章冀以還淳庶皆知禁如聞三公已下爰及百姓等罕聞節儉尚縱奢者器玩猶擅珍華車服未捐珠翠此非法之不著當由吏之不舉也宜令所司申明格令禁斷

十六年二月癸未詔曰養民施惠惠在不均裒多益寡務資適中比來公私舉放取利頗深有損貧下事須釐革自今已後天下私舉質宜四分收利官本五分收利

十七年三月己巳詔曰遠方織綾錦等頗有處分如聞尚未斷絕宜令府縣申明前勅一切禁斷所由官長不存捉搦專事縱捨

十九年四月癸未詔曰釋迦設教出自外方漢主中年漸於東土說茲因果廣樹筌蹄事涉虛玄渺同河漢故三皇作乂五帝乘時亦聞方便之門自有邕熙之化朕念彼流俗深迷至理盡軀命以求緣竭資財而作福未來之勝因莫効見在之家業已空事等繫風猶無所得愚人寡識屢陷刑科近日僧徒此風尤甚因緣講說眩惑州閭谿壑無厭唯財是斂津梁自壞其教安施無益於人有蠹於俗或出入州縣假託威權或巡歷鄉村恣行教化因其聚會便有宿宵左道不常異端斯起自今已後僧尼除講律之外一切禁斷六時禮懺須依律儀午後不行宜守俗制如有犯者先斷還俗仍依法科罪所在州縣不能捉搦并官吏輒與往還各量事科貶六月乙未詔曰夫釋氏之旨義歸眞寂爰置僧徒以奉法教而趨末忘本攈華棄實假託權便之門以爲利養之府徒蠲賦役積有姦訛至於浮俗奔馳左道穿鑿言念淨域浸成通藪非所以叶和至理弘振王猷宜有澄清

以正風俗朕先知此弊故預塞其源不度人來向二十餘載訪
聞在外有三十已下小僧尼宜令所司及州府括責處分又曰
惟彼釋道同歸凝寂各有寺觀自合住持或寓跡幽閑潛行閭
里陷於非辟有足傷嗟如聞遠就山林別爲蘭若兼亦聚衆公
然往來或妄託生緣輒有俗家居止即宜一切禁斷

二十年四月丙申詔曰寒食上墓禮經無文近代相傳浸以成
俗士庶有不合廟享何以用展孝思宜許上墓拜掃申禮於塋
南門外奠祭撤饌訖泣辭食餘任於他處不得作樂仍編入五
禮永爲常式

二十五年五月庚子詔曰道釋二教必在護持須置威儀令自
整肅徒衆既廣統攝尤難苟相是非却成煩弊自今已後京都
檢校道僧威儀事並停或恐先有猜嫌因此妄相糾告所由不
須爲理

二十六年春正月丁丑親迎氣於東郊畢制曰書不云乎不作
無益害有益語不云乎奢則不遜儉則固緬懷前古常所在心
將斷彫以爲樸斯上行而下效自今已後王公並不得以珍物
進獻所司應緣宮室修造務從節儉但蔽風雨勿爲華飾至如
金玉器物諸色雕鏤朕緣蕃客所要將充宴賞今流俗之間遞
相倣效競損財於無益仍作巧以相矜敗俗傷農莫斯爲甚宜
一切禁斷以絶浮華

二十七年夏四月癸酉詔曰古之聖王先禁左道爲其蠹政亦
必加刑至如占相吉凶妄談休咎假託卜筮幻惑閭閻矜彼愚
蒙多受撚詐宜申明法令使有懲革自今已後緣婚禮喪葬卜
擇者聽自餘一切禁斷

二十八年秋七月庚子詔曰頃緣諸州寺觀僧道闕人所以精
選行業用填其數如聞因此之際私度者多妄冒名觸類非
一遂使是非齊列眞僞難分若不澄其源流何以革茲積弊天
下諸州寺觀有此色者限敕到陳首免罪還俗

二十九年三月丁酉詔曰古之送終所尚乎儉此來習俗漸至
於奢苟逞浮侈於衢路復何益於泉壤又凡庶之中情禮多闕每
因送葬或酣飲而歸及寒食上墓之時亦便爲宴樂在於風俗
豈成敦禮自今已後其緣葬并等事有不依禮法者委所由州縣
并左右街使嚴加捉搦一切禁斷其有犯者官人殿黜白身人
所在決一頓凡是四人不兼二業成有衣冠之內寡於廉隅專
以貨殖爲心商賈爲利須革其弊以清品流有犯者委京前御
史臺及諸道採訪使具以狀聞當則處分宣布中外咸使知聞

六月丙辰詔曰先置陸驛以通使命苟無闕事雅適其宜如聞
河南江淮兼有水驛費人之費馬其事勞也且使臣受命遠赴
程期豈有自求閑安故爲勞擾其應置水驛宜並停是歲京兆
府奏兩京之間多有百姓僦驢俗謂之驛驢往來甚速有同驛
騎犯罪之人因茲奔竄臣請禁絶從之尋又不行

天寶元年三月甲寅詔曰移風易俗王化之大猷掩骼埋胔時
令之通典如聞江左百姓之間或家遭疾疫因而致死皆棄之
中野無復安葬情禮都闕一至於斯習以爲常乃成其弊今
已後宜委郡縣長官嚴加誡約俾其知禁勿使更然其先未葬
者即勒本家收葬如或無親族及行客身亡者仰所在村隣相
共埋瘞無使暴露庶叶禮經諸道有此同者亦宜准此

九載十月戊辰詔曰南北衛百官等如聞昭應縣兩市及近坊
處廣造店鋪出賃與人干利商賈莫甚於此自今已後其所賃
店鋪每間月估不得過伍伯文其清資官准法不可置者容其
出賣如有違犯具名録奏

肅宗乾元二年三月丁亥詔曰比者不急之務尋已詔停如聞
所司未全省減載求人瘼實切朕懷固當革弊息人勵精爲理
自今已後內外不得輒別徵求妄爲進奉諸色力役造作非軍
國灼然要急及諸色率稅亦一切並停太常音聲除祭禮用雅樂
外並於坊市量入等並令所司處置其教坊非祠祭大祀及

宜蓄養馬不得輒有進奉其內作使坊監及諸供司丁匠等名仰長官逐要量留餘者並委御史臺點簡奏如有違犯具錄奏播宣示中外咸令知朕意

册府元龜卷第一百五十九

冊府元龜卷第一百六十

帝王部

革弊第二

唐德宗大曆十四年五月癸亥即位六月己亥朔赦書應士庶自艱難已來田宅踰制車服奢侈仰所司詳前後格勅明立法度王公百官既處崇班宜知廉慎如聞坊市之內置邸鋪販鬻與人爭利並宜禁斷仍委御史臺及京兆尹糾察七月壬申毀元載馬璘劉忠翼之第自天寶中京師堂寢已極弘麗而第宅未甚逾制然衛國公李靖廟已爲嬖人楊氏廄矣及安史二逆之後法度擺壞大臣宿將競崇棟宇臺榭之飾無復界限力窮乃止人謂之木妖而馬璘之堂尤盛計錢二十萬貫佗室稱是既而璘卒於軍以喪歸京師士庶欲觀其宏麗假名於故吏投刺會弔者數十百人故命撤毀之自是京師樓榭之踰制者皆毀七月己卯令王公百官及天下長吏無得與人爭利先於揚州置邸肆貿易者皆罷之先是諸道節度觀察使以廣陵當南北之衝百貨所集多以軍儲貨販列置邸肆名託軍用實私其利焉至是乃絕

府一百六十　一

貞元三年十一月壬戌罷浙西雜罰錢初浙西觀察使王緯以諸州人吏爲前使韓滉所濫罰錢凡欠十八萬滉留府吏何士幹奏請徵以進奉緯抗疏曰滉懲人吏皆是罰錢格式正贓流徙合免況多雜罰耳已當辜縱有欠數僅存家資估責盪盡以滉至苛至切比年猶徵不得日自發上都頌言載路及到所部有所傳聞臣謬寄方隅特蒙大造奉辭之日親承德音令自開闢田疇安輯黎庶豈敢流毒無告勸人自容特請停徵以綏下土從之

順宗以貞元二十一年正月丙申即位二月甲子大赦制舊事宮中所要市外間物令官吏主之與人爲市隨給其直貞元末以宦者爲使抑買人物稍不如本估末年不復行文書置白望數十百人於兩市及要鬧坊閭人所賣物但稱宮市則斂手付與眞僞不復可辨無敢問所從來及論價之高下者率用直百錢物買人直數千貫物仍索進奉門戶及脚價錢人將諸市者至有空手而歸者名爲宮市而實奪之嘗有農夫以驢負柴至城賣之遇內官稱宮市取之纔與絹數尺又就索門戶仍邀以驢送柴農夫啼泣以所得絹付之不肯受曰要須汝驢送柴至內農夫曰我有父母妻子待此然後食今以柴與汝不取直而歸汝尚不肯我有死而已遂毆內官街吏擒以獻詔黜此內官而賜農夫絹十匹然宮市亦不爲之改易諫官御史數奏疏諫不聽帝初即位即禁之及大赦又明禁焉又貞元中內要乳母皆令選京城寺觀婢以充之而給與其直例多不中選寺觀次當出者皆賣産業割院及地賣之貴買有姿貌者以進其徒苦之及此亦禁焉貞元末五坊小兒張捕鳥雀於閭里者皆爲暴橫以取人錢物至於張羅網於門不許人出入者或以張井上使不得汲者近之輒曰汝驚供奉鳥雀即痛毆之出錢物求謝乃去或相聚飲食於酒食之肆醉飽而去賣者或不知就索其直多被毆罵或時留蛇一囊爲質曰此蛇所以致鳥雀而捕之者今留付汝幸善飼之勿令飢渴賣者媿謝求哀乃攜挈而去帝在春宮時則知其弊常欲禁之及即位遂推而行之人情大悅

府一百六十　二

憲宗永貞元年九月己巳罷教坊樂人授正員官之制

元和七年二月癸丑詔自今應有入蕃使不得與私覿正員官別給錢物以充私覿舊使絶域者許奏兩十數員官取貲以充私覿容優假遠使然殊非典法至是革焉

八年四月乙未罷宣徽院樂人所借官宅自貞元已來選樂工三十餘人出入禁中號宣徽院長入供奉皆假以官第每奏伎樂稱旨輒蒙厚賜及帝即位令分番上下更無他賜至是收所借宅

九月詔曰比聞嶺南五管并福建黔中等道多以南口餉遺及於諸處博易骨肉離析良賤難分念茲遠人受抑無告所以去歲處分諸道不令進獻近因聽覽事覺方驗詔旨不行雖量輕重各正刑典猶慮未能明勅尚有因循自今嶺南諸道輒不得以口餉遺及將諸處博馬又有求利之徒以口博易關鎮人吏容縱頗多並勒所在長吏嚴加捉搦如更違犯必重科懲如長吏不存勾當委御史臺察訪聞奏因是宣罷口馬等使

九年十一月丙子詔如聞比來京兆府每及畿日府縣捕養狐兔以充進獻深乖道理既違天性又勞人力自今已後宜並停

十一年十一月壬申門下省奏諸道奏事官非急切者不得乘驛馬從之時未班師詔命日宣洎諸軍之奏請所至驛騎不足以充傳州縣發公私乘以濟之中使力奪道中往來馬有餘則驅之以行拒者輒毆辱之雖執公券銜王命至大鎮賓倅或爲其凌折於是有緣經山谷歷倚險冒棊會而行都邑大道乘者幾絶中人每至之處又遣驛吏揔發往來私馬驛吏因執馬求賂厚者免之甚爲時害

十三年十二月辛亥詔左右龍武六軍及威遠營應納課户共一千八百人所請衣糧宜勒停仍各委本軍具姓名牒送府縣收管自貞元已來長安富户皆隸要司求影庇禁軍挂籍者什五六焉至有恃其多藏安處闤闠身不宿衛以錢代行謂之納課户至是禁絶

十四年二月壬子詔如聞諸道州府長吏等或有本任得替後於當處買百姓莊園舍宅或因替代情庇便破除正額兩稅不出差科自今已後有此色並勒依元額爲定

穆宗元和十五年正月辛丑即位二月丁丑赦詔如聞度支鹽鐵院等所在影占富商高户厭入院司不伏州縣差科疲人偏苦事轉不濟如有此色仰當日勒歸州縣

文宗以寶曆二年十二月乙巳即位庚申詔曰蓋君天下者莫

尚乎崇儉洎乎固窮遵道以端本推誠而逹下故聖祖之誡以慈儉爲寶大易羽訓垂簡易之文未有上敦而下不豊欲寡而求不給朕以眇薄遭逢内難嗣君父之仇恥纂億兆之哀煢而股肱大臣羣御庶士引義抗情至于再三以國宗社之安以咨華夷之望俯從衆欲夙夜震兢思所以克己復禮修政安人宵興匪寧旰食勞慮夫儉過則酌之以禮文勝則矯之以質庶乎俗登太古道洽生靈蠲刑邦家以化天下長春宮見在綱牛及絲草席等依前戸部收管鄠縣渼陂鳳翔府谷地並還府縣教坊樂官翰林待詔伎術官并總監諸色職掌中冗員者共一千二百七十人並宜停廢總監中一百二十四人先屬諸軍各並歸本營先供教坊衣糧一百分廟家及諸司新加衣糧三千分並宜停給應緣田獵鷹鷂雕獸犬等並宜放除五坊加配諸道鷹鶻等長慶已來常進外宜索自今已後一切停進其須備蒐狩量留者宜准憲宗朝故事其今年新宣附食每支衣糧小兒一百人並宜停罷應别詔宣索纂組雕鏤不在常貢内者並停度支鹽鐵户部及州府百司應供宮禁年支一物已上並准貞元額爲定度支檢勘具元和已來加配合停色數二十日内分析聞奏先造供禁中牀褟以金飾琵琶瑟瑟寶鈿真珠馬腦裝者悉宜停進東頭御馬坊毬場宜却還左龍武軍其殿及亭子令所司拆收餘舍並賜龍武軍收管應行從處張設不得用花纈詰綵華飾今年已來諸道所進音聲女人各賜束帛放還本道應城外壇墓先有開鑿道路以備行幸處宜令兩軍及府縣曉示百姓任其修塞於戲昔漢文顧千金之産而天下乂安我太宗文皇帝勤四海之理而帝業隆盛暨乎列聖罔不承式而歲代滋久訛弊以生仍屬艱故未遑改作朕祇荷重器思臻大寧將正躬以立訓爰取新而革故繇爾百辟卿士外服侯衛其諭朕意永堅乃心無縱慾而敗度自底身於不類率是教典用文悠踰布告中外咸使知悉上登極從儉旬日盡要所革皆出宸

百中外慶抃見貞觀之風復行於今矣

大和二年十月勑嶺南福建桂管邕管安南等道百姓禁掠賣餉遺前後勑制處分重疊非不分明近日儔中行李元忠等雖云買致數實至多宜令本道舉行元和四年閏三月五日及八年九月十八日勑文切加約勒逐道各著判官一人專知即定名聞奏如已後發覺當重加貶降

五年十月中書門下奏應屬諸軍諸使內外百司度支戶部鹽鐵在城及諸監院畿內并諸州監牧公主邑司等將健官典所由等准承前例皆令先居挾名勑牒州府免本身色役自艱難已後事或因循多無挾名私自補置恣行影占侵害平人自元和二年長慶元年寶曆元年大和三年前後赦令約勒皆令條疏及勒具挾名聞奏所司竟未遵行姦弊日深須有釐革況聖王在上百度惟新內外有司悉心奉法改更制置今亡其府臣等若又依違營生何由蘇息望各令本軍本使本司勘會據元

勑元管數額合食衣糧資課糧料人具挾名補置年月鄉里分析聞奏此外不得更有影占自此之後有逃死補替仍每年終具替人名挾關聞奏其挾名限勑下三箇月內聞奏畢左右神策六軍威遠營除請衣糧一切委本軍將疏理訖具數聞奏其餘諸司諸使並令御史臺勾當依限申奏仍切加訪察勿許因循從之

七年七月勑諸道如有兵革水旱州府殘破及不存濟爲遠近所知者除朝廷特有借賜外輒不得自請賞設錢物又諸道戎帥除替後倉庫便屬後人賞設三軍須待新使近日皆有留別賞給自行私惠頗紊朝章向後諸道節度觀察使除替後並須待新使賞設不得更有留別

九年十二月丁丑東川節度使馮宿奏准勑禁斷印曆日版劍南兩川及淮南道皆以版印曆日鬻於市每歲司天臺未奏頒下新曆其印曆已滿天下有乖敬授之道故命禁之

開成元年正月戊辰勑度支自此後不得收貯杉木如或宣索即以其直市與諸色作料亦如之（先是度支奏議管右神策軍及諸色人假商人名中納本計支價直三十三萬二千四百餘貫所中杉木並無至者命史臺推鞫皆王播受王守澄囑請託中納故有是命）

十二月戊申詔曰仕雜工商實因鬻爵尚須命使改以賜財其入蕃使舊例與私覿官十員宜停別與錢五千貫文令度支分付充爲定例

二年十月詔天后所撰十二字並却書其本字

十二月丁未詔曰制服輕重必資典禮如聞往者駙馬常爲公主服三年緣情之義殊非故實違經之制今乃聞知宜令行杖周通制便爲定儀（時駙馬杜悰以公主薨日近除官未謝帝問戶部侍郎李珏以近例奏聞因言士族不願尚國家蓋由此也帝聞之大驚遂正是詔）

三年九月癸未詔曰左右神策所奏將吏改轉比多行牒中書門下便覆奏處置起今已後宜令軍司一一聞奏狀到中書然後檢勘進覆自開成初軍人奏官多不先聞奏轉遷相次僅無

虛日至是方發舉之

四年六月乙丑中書門下奏請停堂廚捉錢官從之（先是宰相盧貢召人以廚錢收息利謂之堂廚捉錢官影占富豪爲弊日久至是李石楊嗣復請罷之）

武宗會昌元年正月赦節文每有過客衣冠皆求應接行李苟不供給必致怨尤刺史縣令但取虛名不惜百姓夫畜皆配民戶酒食科率所由蠹政害人莫斯爲甚宜委本道觀察使條疏量縣大小及道路要僻各置本錢逐月收利或前觀察使刺史前任臺省官不乘館驛者許量事供給其錢便以留州留使錢充每至季終申觀察使如妄破官錢依前科配並同入已贓論仍委出使御史糾察聞奏

宣宗大中四年五月御史臺奏所在物產自有時價官人買賣合准土宜近日相承皆置供應戶既資影庇多是富豪州縣科差盡歸貧下不均害理爲弊頗深自此已後委觀察使嚴加覺察宜並禁斷切慮諸道州府尚有此色請各牒諸州府勘會且

細申臺以憑覆理從之

六年十二月勅准開元十三年八月二十四日及大和八年二月十三日勅文撾耳稱冤先決四十然後依法勘當近日無良之徒等閑詣闕撾耳每驚物聽皆為抱冤及令推窮多是虛妄若不止絕轉恣兇狂宜自今後應有人欲論訴事自審看必有道理即任詣闕及經臺府披訴當為盡理推勘不令受冤更不得輙有詣街撾耳前有犯者便准前勅處分後配流遠處從有道理亦不為申明時御史臺奏覆驗撾鼓人多虛妄耳稱冤甘伏科罪故降是勅

後唐莊宗同光二年二月制鄉村糴貨斛斗及賣薪炭等物多被牙人於城外接賤糴買到房店增價邀求遂使貧困之家常買貴物稱量之際又困平人宜令府縣及御史臺於諸門嚴切條流不得更令違犯又国以人為本人困則国何所依人以食為天食艱則人何以濟蓋聞僞朝已來恣為掊斂至於雜色斛斗柴草受納倉場邀頡人户分外誅求納一斗則二斗未充納一束則三束不了互相蒙蔽上下均分疲弊生靈莫斯為甚自今後仰長吏選清彊官吏充主納仍須嚴立條制以防姦欺兼具逐色所納加耗申奏當官者宜守於勅章力田者宜遵於王制苟容徼倖必乱規繩訪聞富户田疇多投權勢影占州縣不敢科役貧下者更代征徭轉致彫殘最為蠹弊將安疲瘵須擇循良

明宗天成元年四月誅租庸使孔謙停租庸名額依舊為鹽鐵户部度支三司委宰臣豆盧革專判中書門下奏請停廢諸道監軍使内句司租庸院大程官出放豬羊柴炭户括田竿尺一依偽梁制度仍委節度使刺史通田三司不得差使量檢州使公廨錢物先被租庸院一切管係今據數却還州府州府不得科率百姓先遇赦所放逋稅租庸違制徵收並與除放令欲曉告河南府及諸道准此施行從之

九月都官員外郎于鄴奏請指揮不得書契券輙賣良人從之

二年六月詔以僧尼不歸寺院競占民舍以居之訛濫日甚勅除有名額寺院外無堂殿佛像者並勒毀之

三年八月以山南西道人從偽命有不益於国為患於民者六事咸命除之

是月帝聞隨鄧復郢均房之間父母骨肉有疾以竹竿遙致粥食於病者之側出嫁女父母有疾夫家亦不令知聞哀始奔喪者勅曰万物之中人最為貴百行之内孝道為先凡戴北辰並遵皇化備聞南北多襲時風皆傾事鬼之心不守敬親之道於父母如此無行披日月何以立身訓父積於鄉閭化全由於長吏昔西門豹一縣令耳尚能投巫百姓保女子之愛絕河伯之虞斷自一時傳於千古況位居侯伯化洽封巡豈不能宣北闕之風変南方之俗宜令逐處觀察使刺史丁寧曉告自今後父母骨肉有疾者並須日夕専切不離左右看侍使子奉其父母婦侍其舅姑弟不慢於諸兄姪不怠於諸父如或不移故態者卧病少者不勤侍奉子女弟姪並加嚴斷出嫁女父母有疾不令知者當罪其夫及其舅姑

閏八月吏部郎中何澤請廢户部蠲紙奏勅日月流行之處王人億萬之家既絕煩苛無濫力役唯忠孝二柄可以旌表户門若廣給蠲符深為蠹事昨者所為地圖方域逐閏重疊上供州郡之中皆須厚斂而循尋降誡束並勒廢停今此倖端豈合更啓逐年蠲紙宜令削去

四年六月乙丑勅自天成纘紹之初曾降勅應隨駕并内外將校職員許奏名銜當議遷陞俾行賞舊之恩以報惟新之命自後累據奏薦人數極多已經數載尚有奏陳既是論乞新恩豈宜積年申奏兼恐有後來補署繼改職名更望官資國子爵命若無止絕慮啓倖門此後諸州諸使不得更有論請新恩如是顯立功勞要行酬奬即委本處長吏特具奏聞酌其績效當議施行夫爵賞之權国家利器頃因多事散以賞功苟利社稷夫

何殄為近以來肆赦方方陪臣例許昇轉且閑亂離已前諸節度州職掌自一兩使已上或因立效或遇覃恩許奏憲銜每使不過十數人矣軍府有額守之不踰自偽梁已還侯伯死若狀每將去任遷補不常至於守門掌庫簡札小胥上祝優倡例稱衙門劇職奏請天命少則三二百通多則五六百通三公八座之秩往往有為金章紫綬不間於小胥賤吏於此之中猶多謬濫帝知其事故令止之

長興元年七月勑訪聞諸道州縣官自衒虛名不惜人户皆於省限已前行帖催驅須令人户貴買充納且徵私租賦乃是常規所務事集人安不必先徵暴斂況累降勑命非不丁寧只據規程勿令踰僭此後為徵科事辦亦不酬勞本州不得申奏如違限稽慢即准條流責罰如妨鈇添得給賜著招得流民死害於公私者可具事由奏聞得特行優獎同光時租庸使孔謙惻自胥徒不知大體方中原未平府庫不充財賦不集乃奏請州縣官有徵科先了者則行賞罰或聯章厚賂由是長吏競為苛刻務求省限齊本徵暴斂以希曲恩或蠹未蘇而徵斂交并而增税皆出利求孫其貲數皆人苦哭泣而死誰自天成已來猶仍舊數更吏以避成風計司奏請先已賞罰其如是優奏故掌憚求能壯其偉哉又勑京百司不許影庇州縣戶人盡出課利

二年四月夏詔罷州縣官到任後率斂為地圖

五月詔曰近聞百執事等或親居内職或貴列庭臣或宣達君恩或勾當公事緫由列鎮干撓諸侯指射職員安排親昵或潛申意旨或顯發書題自今後一切止絶有所犯者發薦人與官求薦人流配如逐處長吏自徇人情只仰被替人詣闕上訴長吏罰兩月俸發薦人更加一等被替人却令依舊

末帝清泰二年五月庚戌詔曰朕聞奇伎淫巧增賁損功古先哲王常戒其事朕纂章古代臨御万方以其欲致延鴻必絶驕奢之漸将期富庶須除蠹耗之原每務責以去華期化民而成俗近者諸色進奉寶裝龍鳳雕鏤刺作組織之異曾經禁止尚敢踰違宜再舉行貴於遵守今後此色裝諸物不得進奉所封

司不得輒滯

晉高祖天福元年閏十一月壬午勑曰奇技淫巧之作詭不容務實去華昔王所尚爰有浮虛假偽之物不得貨鬻於市肆委所在常加覺察犯者重加刑責

二年九月將作少監高濬奏伏覩近年已來士庶之家死喪之苦當殯葬之日被諸色音聲伎藝人等作樂求覓錢物伏乞頒降勑文特行止絶或所在官吏等通容不與覺察請行消典勑喪葬有期哀情極其或舉樂可謂乖儀始因伎藝求遂致澆訛漸起所陳章疏頗正時風宜下有司求令止絶

十月詳定院奏前滄州鹽山縣主簿苑懿進策五件可行者有二其一云伏見諸道行遣公事皆有前後通規定知後所由置遞符腳力每遇緩急常遣往來既有嚴程孰敢慢事近日州使多差虞候散從承符步探官等下縣追督公事始發一替尋人又致繼催使者事則一件兩件使乃五人七人非唯剝削蒸黎實謂摭煩縣邑其官吏死損區分庶事唯當祗奉專人如此弊訛特望條貫若令佐稍虧職分或後公期顯有愆尤請行典法其二曰自前兩稅徵斂已立三限條流官負懼殿罰之威節級長科徵之罪苟非水旱致名區分未嘗有不了之州何煩是不斷之縣臣今覩諸道省限未滿州使先追仍勒官自部領胥徒去與倉庫會抹務行誅剝因作瘡痍全死軫恤之心但恣貪求之意外邑所由等不免牽費非理盤纏例總破家皆闕進役自今後伏乞只憑倉廩納數點算便即委知仍取縣司申聞勘會以明同異若實違省司期限請依常典指揮會抹之名特乞停罷者臣等參詳苑懿所陳事件要絶煩苛當務息民以俾求理誠為允當望賜施行從之

少帝開運二年秋左諫議大夫李元龜奏請禁止天下僧尼典買院舍從之

宋高祖天福十二年左衛將軍許從遷奏臣伏見天下鞍轡器

設立取契丹樣裝飾以爲美好安有中國之人反效戎虜之俗請下明詔毀棄須依漢境舊儀勅曰近年中華亢人浮薄不依漢禮却慕胡風果致狂戎來侵諸夏應有契丹樣鞍轡器械服裝等並令逐處禁斷

隱帝乾祐二年國子司業樹倫上言游惰之民多歸僧舍朝廷用兵須豐軍食請三五年間止絕僧尼戒壇兼禁私行剃度從之

乾祐三年九月甲申詔諸道州府自行軍副使已下至令録佐掾不得於本部内影庇人户多爲伏事自是州縣官合職役人多除宿租放之

周太祖廣順元年正月勅天下諸侯皆有親校自可慎擇委任當必禆奉朝廷若更別差理或未當宜矯前失庶協通規其先於在京諸司差軍將充諸州郡元從都押牙孔目官内知客等並可停廢

三月壬申勅前朝於諸州府差散從親事官等前朝創置蓋出

權宜苟便一時本非舊貫迹甚繁擾議兼採封章具言前件抽差於理不甚允當一則礙州縣之色役一則妨春夏之耕耘貧乏者困於供須豪富者幸於影庇既爲煩擾須至改更况當東作之時宜罷不急之務其諸州所差散從親事官並宜放散自逐它處自去年四月已前州縣元管係人數一切如舊其遞鋪祀已前招到者且仰仍舊今後更不得招召其諸處場院並不得影庇兩税人户所有河北諸州及澤潞晉絳慈隰鄜等州於先差散從親事官内選弓箭手只且留在本州管係其餘放散先是漢末離亂諸州府百姓内多投散從親事官又及下三司諸場務名占役以避其不復差下至是羣屬公私便之

四月皇子鎮寧軍節度使榮奏請並言屬州帳内有羊豬紙炭等户并羊毛紅花紫草及進奏官月料並是影占大户凡差役者是貧下之人並欲放免爲散户詔褒之曰卿作鎮王畿留心政道雖米鹽細務不懈於躬親而會斂無名盡思於蠲放能惠窮困深協睿懷已降宣命指揮使並放爲散户

二年四月勅諸縣鎮令佐鎮將不得乞年常替人斛斗

八月甲午勅諸州縣吏民緇黄継來詣闕舉留刺史縣令此蓋之任委寄非輕繫蒸庶之慘舒布朝廷之條法若乘勤奉職撫字及民自有政聲達於朝聽何勞民庶遠致舉留既妨農養之時又耗路途之費所宜釐革免致勞煩起今刺史縣令顯有政能觀察使審詳事狀朝廷當議獎升百姓僧道更不得舉請一切止絕

十月庚寅詔諸州或罷任或朝覲不得以器械進貢先是諸道州府各有作院每日課定造軍器逐季般送京師進納其逐州每年占留係省錢資金不少謂之甲料仍更於本部内廣配土產物又徵斂數倍部民苦之然上供軍器外節度使刺史又私造器甲以進貢爲名功費又倍悉取之於民帝以諸州上供器甲造作不精兼占留屬省物用過當乃令罷諸州作院召募

□□□□□甲分選□□□作工赴京作坊以備役使三日詔諸道州府所差知館驛人不得於縣界别差人户帮助致擾黎民

十一月丙子勅曰古者立封樹之制定喪葬之期著在典經是爲名教洎乎世俗衰薄風化陵遲親歿而多闕送終身亡而便爲無主或羈束於仕宦或拘忌於陰陽旅櫬不歸遺骸何託但以先王垂訓孝子因心非以厚葬爲賢只以稱家爲禮掃地而祭尚可以告虔負土成墳所貴乎盡力宜頒條令用警因循庶使九原絶抱恨之魂千古無不歸之骨搢紳人士當體茲懷應内外文武臣寮幕職州縣官選人等今後有父母祖父母亡歿未經遷葬其主家之長不得輒求仕進所由司亦不得申舉解送如是卑幼在下者不在此役其合赴舉選者或是葬事禮畢或是卑幼在下勒於納家狀内具言不得隱昧當令御史臺及吏部本司長官所由司覺察糾舉違犯者當行典憲如是不切覺察亦糾在因冒罷在糾舉之司其中有兵戈阻隔或是朝廷特差人除授

罷廢及外官宣職員皆以金革從事並不拘此例亦可敕前
任職員官及今年舉選人等不在糾舉之限是月鄜鄴言義
州蕃部買牛入蕃多是宰殺乞止絶沿路州縣道路百姓不得
殺牛貨賣與蕃人從之
三年五月敕隴州曉諭管內諸縣民等省前節度使常思所
進絲四萬一千四百七兩言出放在民例以五月內徵納其絲
並還元契除放如已納到者委巡檢使柴進據數追戶責領歸
還仍到速告報知委
世宗顯德三年十一月敕廢天下淫祠仍禁擅興祠宇如有功
績灼然合建置廟貌者奏取處分自是諸道奏不合典禮祠寺
觀舍等咸毀之
五年正月詔復淮南諸免處四楚海揚泰滁和等州管內罪人
及鹽茸丁錢稅榷徵泊諸科率之物先是吳人於所部[illegible]及鹽[illegible]戶口[illegible]又歲率[illegible]謂之[illegible]以[illegible]直[illegible]

册府元龜卷第一百六十

府一百六十　十三

冊府元龜卷第一百六十一

帝王部一百六十一

命使

周官小行人之職達六節辯五物以周知天下之故其往也賦皇華以遣之其還也歌四牡以勞之蓋所以重王命之寄慰宇役之勤斯古道也得非王者居九重之深御四海之廣慮下情之未達懼一物之失所繇是慎擇其人俾專厥任若乃察謠俗采方言賑鄉孤窮舉孝秀辨庶工之淑慝平獄訟之僞擾至有乾文謫見天災流行或推錫祖之恩或舉申冤之典斯皆因時立制以裨政治者也

周平王四十九年使凡伯聘魯

桓王六年使南季聘魯

十二年使宰渠伯糾聘魯宰官渠氏伯糾名也王官之宰當以才授而伯糾攝父之職出聘列國故書名以譏之

十三年使仍叔之子來聘魯

漢武帝元狩元年詔曰朕嘉孝悌力田哀夫老眊孤寡鰥獨或致匱於衣食甚憐愍焉其遣謁者巡行天下存問致賜曰皇帝使謁者賜縣三老孝者帛人五匹鄉三老弟者力田帛人三匹年九十以上及鰥寡孤獨帛人二匹絮三斤八十以上米人三石有冤失職使者以聞縣鄉即賜毋贅聚贅會也令勿擅徵召會聚

六年六月詔曰日者有司以幣輕多姦幣錢也輕者若一焉直二十萬幣輕而物重也農傷而末衆又禁兼幷之徒故改幣以約之更去半兩錢行五銖及幣以檢約稽諸往古制宜於今廢期有月而山澤之民未諭夫仁行而從善義立則俗易意奉憲者所以導之未明與將百姓所安殊路而撟虔吏因乘勢以侵蒸庶邪撟與矯同其字從手撟託也虔固也妄託上命而堅固為之何紛然其擾也今遣博士大等六人分循行天下存問鰥寡廢疾無以自振業者貸與之諭三老孝悌以為民師舉獨行之君子徵詣行在所朕嘉賢者樂知其人廣宣厥道士有特招使者之任也士有殊才異行當特招者任使者分別之詳問隱處亡位及冤失職姦猾為害野荒治苛者舉奏郡國有所以為便者上丞相御史以聞

元鼎二年九月詔曰仁不異遠義不辭難今京師雖未為豐年山林池澤之饒與民共之今水潦移於江南迫隆冬至朕懼其飢寒不活江南之地火耕水耨方下巴蜀之粟致之江陵遣博士中中博士名也等分循行諭告所抵毋令重困吏民有振救飢民免其厄者具舉以聞

天漢二年秋泰山琅邪群盜徐勃等阻山攻城阻山者依山之險以自固也道路不通遣直指使者暴勝之等衣繡衣杖斧分部逐捕刺史郡守以下皆伏誅

昭帝始元元年九月遣故廷尉王平等五人前為此官今不居者皆謂之故也持節行郡國舉賢良問民所疾苦冤失職者

宣帝本始元年正月遣使者持節詔郡國二千石謹牧養民而風德化

元康四年正月遣太中大夫彊等十二人循行天下存問鰥寡覽觀風俗察吏治得失舉茂材異倫之士

五鳳四年四月辛丑晦日有蝕之詔曰皇天見異以戒朕之不逮吏之不稱也以前使使者問民所疾苦復遣丞相御史掾二十四人循行天下舉冤獄察擅為苛禁深刻不改者

元帝初元元年四月詔曰朕承先帝之聖緒獲奉宗廟戰戰兢兢閒者地數動而未靜懼於天地之戒不知所繇繇與由同方田作時朕憂蒸庶之失業臨遣光祿大夫褒等十二人褒名乃臨面約之循行天下存問耆老鰥寡孤獨困乏失職之民延登賢俊招顯側陋因覽風俗之化相守二千石誠能正躬勞力宣明教化以親萬姓則六合之內和親庶幾虖無憂矣書不云乎股肱良哉庶事康哉布告天下使明知朕意

建昭四年夏四月詔曰朕承先帝之休烈夙夜栗栗懼不克任

問者陰陽不調五行失序百姓饑饉惟烝庶之失業臨遣諫議博士賞等二十一人循行天下存問耆老鰥寡孤獨乏困失職之人舉茂材特立之士相將九卿其帥意毋怠使朕獲觀教化之流焉

成帝建始三年九月詔曰迺者郡國被水災流殺人民多至千數京師無故訛言大水至吏民驚恐奔走乘城殆苛暴深刻之吏未息元元冤失職者眾遣諫大夫林等循行天下

河平四年三月遣光祿大夫博士嘉等十一人行舉瀕河之郡水所毀傷困乏不能自存者

陽朔二年秋關東大水流民欲入函谷天井壺口五阮關者勿苛留遣諫大夫博士分行視

鴻嘉元年春二月詔曰朕承天地獲保宗廟明有所蔽德不能綏刑罰不中眾冤失職趨闕告訴者不絕是以陰陽錯謬寒暑失序日月不光百姓蒙辜朕甚閔焉書不云乎即我御事罔克耆壽咎在厥躬（[illegible]）方春生長時臨遣諫大夫理等（[illegible]）舉三輔三河弘農冤獄公卿大夫部刺史明申敕守相稱朕意焉

永始三年春正月己卯晦日有蝕之詔曰天災仍重朕甚懼焉惟民之失職臨遣太中大夫嘉等循行天下存問耆老民所疾苦其與部刺史舉惇樸遜讓有行義者各一人

平帝元始元年正月遣諫大夫行三輔舉籍吏民以元壽二年倉卒時橫賦斂者償其直

二年九月使謁者大司馬掾四十四人持節行邊兵遣執金吾候陳茂假以鉦鼓（將帥乃有鉦鼓今茂官卑所以假鉦鼓者欲重其威也）

四年遣太僕王惲等八人置副假節分行天下覽觀風俗

後漢光武建武二年使太中大夫伏隆持節安輯青徐二州招張步降之

二十九年二月遣使者舉冤獄出繫囚

安帝延光三年遣侍御史分行青冀二州災害督錄盜賊

順帝漢安元年八月遣侍中杜喬光祿大夫周舉守光祿大夫郭遵馮羨欒巴張綱周栩劉班等八人分行州郡班宣風化舉實臧否

建康元年正月詔曰隴西漢陽張掖北地武威武都自去年九月已來地百八十震山谷坼裂壞敗城寺殺害民庶夷狄叛逆賦役重數內外怨曠惟咎歎息其遣光祿大夫案行宣暢恩澤惠此下民勿為煩擾

靈帝熹平五年四月使侍御史行詔獄亭部理冤枉原輕繫休囚徒

獻帝初平三年四月誅董卓遣使者張种撫慰山東

八月遣太尉馬日磾及太僕趙岐持節慰撫天下

魏文帝初嗣魏王遣使者循行郡國有為理㧖克暴虐者舉其罪

黃初六年遣使者循行許昌以東盡沛郡問民所疾苦貧者振貸之

高貴鄉公正元元年十月遣侍中持節分適四方觀風俗勞士民察冤枉失職者

晉武帝泰始二年春正月遣兼侍中侯史光等持節四方循省風俗除禳祝之不在祀典者

四年詔刺史二千石長吏曰古之王者以歲時巡狩方岳其次則二伯述職不然則行人順省故雖幽遐側微心無壅隔下情上通上指遠諭至于鰥寡罔不得所用垂風遺烈休聲猶存朕在位累載如臨深谷夙興夕惕明發不寐坐而待旦思四方水旱災眚為之怛然勤躬約已欲令事事當宜常恐眾吏用情誠心未著萬機兼猥慮有不周政刑失謬而弗獲備覽萬姓有過在予一人惟歲之不易未遑卜征巡省之事下之未乂其何以恤之今使使持節侍中副給事黃門侍郎銜命四出周行天下

或見刺史二千石長吏申諭朕心訪求得失損益諸宜觀省政教問人間患苦周典有之曰其萬姓之利害為一書其禮俗政事刑禁之逆順為一書其悖亂作慝犯令為一書其禮喪凶荒厄貧為一書其康樂和親安平為一書每國辨異之以反命于王舊章前訓今率由之還具條奏俾朕昭然鑒于幽遠若親行焉大夫君子其各悉乃心敬乃事嘉言令圖苦言至戒與使者盡之無所隱諱方將虛心以俟其勉哉勗之稱朕意焉

是年又遣使者侯史光循行天下

太康七年十二月遣侍御史巡遭水諸郡

後魏道武天興元年八月遣使循行郡國舉奏守宰不法者親覽察黜陟之

三年正月分命諸官循行州郡觀民風俗察舉不法

四年二月分命使者循行州郡聽察辭訟糾劾不法

天賜元年四月詔尚書郎中公孫表使於江南以觀桓玄之釁也值玄敗而還

明元即位詔鄭兵將軍山陽侯奚斤巡行諸州問民疾苦撫恤窮之

永興三年春詔北新侯安同等持節巡行并定二州及諸山居雜胡丁零問其疾苦察舉守宰不法其冤窮失職弱強相凌孤寒不能自存者各以事聞

泰常二年春詔九州之民隔遠京邑時有壅滯守宰至不以聞今東作方興或有貧窮失農務者其遣使者巡行天下省諸州觀民風俗問民疾苦守宰治行諸有不能自申皆因以聞

七年九月分遣使者循行州郡觀察風俗

太武太平真君元年正月分遣侍臣巡行州郡觀察風俗問人疾苦

文成太安元年六月詔曰夫為治者因宜以設官舉賢以任者故上下和平民無怨謗若官非其人姦邪在位則政教陵遲至於彰善隱惡明黜陟以隆治道今遣尚書穆伏真等三十人巡行州郡觀察風俗入其境農不墾殖田畝多荒則徭役不時廢於力也耆老飯蔬食少壯無衣褐則聚斂煩數匱於財也閭里空虛民多流散則綏導無方疏於恩也盜賊公行劫奪不息則威禁不設失於刑也眾謗並興大小嗟怨善人隱伏佞邪當途則為法混淆昏於政也諸如此比黜而戮之善於政者褒而賞之其有阿枉不能自申聽詣使告狀使者檢治若信清能眾所稱美誣告以求直反其罪使者受財斷察不平聽詣公車上訴其不孝父母不順尊長為吏姦暴及為盜賊各具以名上其容隱者以所匿之罪罪之

孝文延興二年十一月分遣使者巡省風俗問民疾苦

三年十一月詔以河南牧守多不奉法致新邦之民莫能上達遣使者觀風察獄黜陟幽明

四年十一月分遣侍臣循河南七州觀察風俗撫慰初附

太和二年八月分遣使者考察守宰問民疾苦

六年八月分遣大使巡行天下遭水之處丐民租賦貧儉不自存者賜以粟帛

八年正月詔隴西公元琛尚書陸叡為東西二道大使褒善罰惡

十四年二月詔遣侍臣循行州郡問民疾苦

十八年冬十月分遣侍臣巡民問所疾苦

二十一年正月己亥遣兼侍中張彝兼散騎常侍劉藻巡方省察問民疾苦黜陟守宰宣揚風化

宣武以太和二十三年四月即位六月分遣侍臣巡行郡國問民疾苦考察守令黜陟幽明文武懸求道著丘園者皆如禮賓為又云宣武時遣使巡行四方以直閤將軍薛曇寶為持節兼散騎常侍龍驤將軍南道大使

景明二年正月帝始親政詔曰朕幼承寶曆艱憂在疚庶事未親風化未洽今始覽政務義協惟新思使四方風從率由可分遣大使黜陟幽明是年以源懷為車騎大將軍詔為使持節加侍中行臺巡行常燕朔三州賑給貧乏兼採

風俗考論殿最事之得失皆先決後聞

正始二年六月詔尚書李崇太府卿于忠散騎常侍游肇諫議大夫鄧羨崇忠使持節並兼侍中羨兼黃門俱為大使糾斷外州畿內其守令之徒咎失彰露者即使施決州鎮重職聽為表聞

七月詔曰朕纂承寶曆於今七載德澤未敷鑒燭不遠知人之寬瘼所在猶滋而糾察之獄未暢于下賢愚靡分皁白均貫非可以革民耳目使善惡勵心今分遣大使省方巡檢隨其愆負與風響相符者即加糾黜以明雷霆之威以申旌軒之舉因以觀風辨俗採訪功過襃賞貞孝糾罰淫慝理窮恤弊以稱朕心

三年四月詔遣使者巡慰北邊酋庶

孝明熙平二年正月詔遣大使巡行四方問疾苦恤孤寡黜陟幽明又詔選曹舉用必在得才廣求栖遁共康治道州鎮城隍各令嚴固齋會聚集糾執妖謳囹圄皆令造屋桎梏務存輕小工巧浮逬不得隱藏絹布繒綵長短合式偷竊軍階亦悉沙汰籍貫不實普使糾察聽自歸首逋違加罪

正光元年冬十月遣侍中持節分適四方觀風俗勞士民察冤枉失職者

四月詔尚書長孫稚巡撫北蕃觀察風俗

孝昌元年徐州刺史元法僧以城叛入梁梁遣蕭綜來據彭城時遣大都督安豐王延明督臨淮王彧討之盤桓不進乃詔尚書三公郎兼司州別駕前將軍辛雄副太常少卿元誨為使給齊庫刀持節乘驛催軍有違即令斬決肅宗謂雄曰誨朕家諸子標以親懿定策機計仗卿取勝耳到軍勒令並進徐州綜送降款

孝昌末魏蘭根為光祿大夫河北流人南度以蘭根兼尚書使齊濟青兗四州安撫置縣郡

孝莊建義元年五月以尚書右僕射元羅為東道大使征東將軍光祿勳元欣副之巡方黜陟先行後聞

後周閔帝元年正月即天王位詔曰上天有命革魏于周致一人受時太廟予惟古先聖王罔弗先于省視風俗以求民瘼然後克治剡子朕又當草昧若弗尚于達四聰明四目之訓者其有闕之哉有司宜分命方別之使所在巡撫五教何者不宣時政有何不便得無脩身潔己才堪佐世之人而不為上所知冤枉受罰幽辱于下之徒而不為上所理孝義貞節不為有司所申鰥寡孤窮不為有司所恤暨黎庶衣食豐約賦役繁省災厲所興水旱之處並宜具聞若有八十已上所在就加禮餼

明帝元年六月遣使分行州郡理囚徒察風俗撫散理宥

武成二年以車騎大將軍儀同三司梟雋為大使巡歷州郡察風俗理冤滯還拜小御

武帝保定元年二月遣大使巡察天下

五年七月遣大使巡察天下

天和五年四月遣大使巡天下

建德五年正月詔曰朕克己思治而風化未弘永言刑古載懷夕惕可分遣大使周省四方察訟聽謠問民恤隱其獄犴冤草侵漁黎庶隨事究驗條錄以聞若政績有施治綱克舉及行宣圭華道著丘園並須檢審依名騰奏其鰥寡孤獨實可哀矜亦宜振給務使周贍

六年平齊詔曰東夏既平王道初被齊氏弊政餘風未殄朕劬勞萬機念存康濟恐清淨之志未形四海下民疾苦不能上達寢興軫慮用切於懷宜分遣使人巡方撫慰觀風省俗宣揚治道有司明立條科務在弘益

宣帝即位遣大使巡察諸州

隋高祖開皇元年即位遣八使巡省風俗

三年十一月遣使巡省風俗詔曰朕君臨區宇深思治術欲使生人從化以德代刑求草萊之善旌閭里之行民間情偽咸欲備聞已詔使人所在賑恤揚鑣分路將遍四海必令為朕耳目

如有文武才用未為時知宜以禮發遣朕將銓擢其志節高妙越等超倫亦使人就加旌異令一行一善獎勸於人遠近官司遐邇風俗巨細必記還日奏聞庶使不出戶庭坐知萬里

四年八月甲午遣十使巡省天下

六年正月遣民部尚書蘇威巡省天下

十年八月遣柱國襄陽郡公韋洸上開府東萊郡公王景並持節巡撫嶺南百越皆服

十五年七月遣邳國公蘇威巡省江南

十七年三月遣治書侍御史柳彧皇甫誕巡省河南河北

仁壽元年遣十六使巡省風俗

煬帝大業元年正月發八使巡省風俗下詔曰昔者哲王之治天下也其在愛民乎既富而教家給人足故能風淳俗厚遠至邇安治定功成率由斯道朕嗣膺寶曆撫育黎獻夙夜戰兢若臨川谷雖則聿遵先緒弗敢失墜永言政術多有缺然況以四

海之遠兆民之衆未獲親臨問其疾苦每慮幽仄莫舉冤屈不申一物失所用傷和氣萬方有罪責在朕躬所以監寐增歎而夕惕載懷者也今既布政惟始宜存寬大可分遣使人巡省方俗宣揚風化薦拔淹滯申達幽枉孝悌力田給以優復鰥寡孤獨不能自存者量加賑濟義夫節婦旌表門閭高年之老加其板授並依別條賜以粟帛篤疾之徒給侍丁者雖有侍養之名曾無賙贍之實明加檢校使得存養若有名行顯著操履脩潔及學業才能一藝可取咸宜訪採將身入朝所在州縣以禮發遣其有蠹政害民不便於時者使還之日具錄奏聞

二年遣十使併省州縣

唐高祖武德元年六月遣太僕卿宇文明達招慰山東之地

七月遣黃臺公瑗安撫山南之地

十月詔曰隋德下衰政荒民散九州幅裂四海瓜分元元無辜困豺狼之吻慄慄黔首罹兵革之災朕祗膺寶圖救其危墜一物失所情深納隍今趙魏之人俱承大化海岱之境思稟朝章然而尚迫寇戎受拘凶暴綏遏阻未由自達宣風布教必佇循良柔服招攜爭資明恕右翊衛大將軍上柱國淮安王神通地惟近屬功參運始杖節建旟允當重寄可山東道安撫大使其山東諸軍事並受節度

二年閏二月詔曰隋末道消運窮陽九盜賊蜂起饑饉荐臻四海之民墜於塗炭是以上天降鑒爰命朕躬綏靜黔元克定凶醜府庫倉廩所在開發流冗之民甚加鎮撫言念亭育寤寐匪忘然年穀不登民多困乏一物失所有甚納隍宜加存問救其疾苦可令皇太子建成巡京城側近諸縣秦王巡京城以東右僕射裴寂巡京城以西詣彼閭閻見其耆老觀省風俗察吏民之絕之徒量加賑給如有冤滯並為申理高年疾病就致粟帛是月遣兵部丞李靖前康城縣令元元瑀慰撫嶺南

四月遣大理卿郎楚之安撫山東夏侯端安撫淮左奏九部

突厥安而遣之

五月遣黃門侍郎楊恭仁安撫河西之地

三年二月詔曰朕承天明命撫育萬方康俗濟民無忘監寐西蜀僻遠控接巴夷厥土沃饒山川遐曠往者隋末喪亂盜寇交侵流寓之民遂相雜擾游手墮業其類寔繁頻遭寇虐因此而作王業伊始務從草創牧宰兵僚隨事遷易州縣分析權宜廢置然而王道未洽民瘼猶存靜言思之夙興軫念澄源正本義在更張可令秦州總管鄭國公軌御史大夫滑國公無逸為益州道安撫大使宣揚朝典進擢廉平貶黜苛暴申理冤滯孝悌貞節表其門閭鰥寡孤惸量加賑恤事有便宜並委處分

四年六月既平王世充遣右驍衛將軍盛彥師安撫河南之地

九年七月遣諫議大夫魏徵宣慰山東

太宗貞觀三年五月旱六月令中書舍人杜正倫崔敦禮守給事中尹文憲張玄素等往關內諸州分道撫慰問人疾苦見禁

囚徒量事斷決人有冤枉不能自申者具狀理之事有不便於人及官人貧殘爲患者並具狀還日以聞困窮之徒此雖賑贍仍有乏絶者亦量加支給在京見禁囚徒亦令所司量事斷決務從寛簡稱朕意焉

六年三月幸九成宮發使存問高年鰥寡

七年七月遣大理少卿李弘節太子中允張文素都水使者長孫師巡撫嶺南

八年正月詔曰昔者明王之御天下也内列公卿允釐庶績外建侯伯司牧黎元惟懼淳化未敷名教或替故有巡狩之典黜陟幽明行人之官存省方俗用能遐邇遂性情僞無遺時雍之宜率由茲道朕祗膺寶命臨御帝圖稟過庭之義方荷上玄之嘉祉四荒八表無思不服而夙興夕惕勤躬約己日愼一日雖休勿休欲萬國懽心兆民有賴推誠待物近取諸身實賴群官受拜咸能自勵乃聞遠鄙刺舉或乖共理之寄縣司主吏尚多贓貨之罪有一於此責在朕躬是用中夜撫然昃景輟食宜遣大使分行四方申諭朕心延問疾苦觀風俗之得失察政刑之苛弊耆年舊齒孝悌力田義夫節婦之家疾廢惸嫠之室須有旌賞賑贍聽以倉庫物賜之若有鴻材異學留滯未班哲人奇士隱淪屠釣宜精加搜訪進以殊禮務盡使乎之旨俾若朕親覩焉於是分遣蕭瑀李靖楊恭仁王珪竇靜李大亮劉德威皇甫無逸韋挺李襲譽張亮杜正倫趙弘智等巡省天下

十八年十一月庚辰遣使齎璽書詣鄭汝懷澤四州巡問高年宴賜各有差

二十年正月丁丑遣大理卿孫伏伽黄門侍郎褚遂良尚書左丞楊纂太子少詹事張行成太僕少卿蕭銑光禄少卿馮怦司農卿達奚懷義雍州司馬李賢督給事中張歡册御史中丞唐臨中書舍人崔仁師柳奭太子中允宇文節太子中舍人賀拔玄一萬年縣令宋行質長安縣令李乾祐戸部郎中劉翔勅刑部侍

郎劉燕客王昕尚乘奉御長孫知人大理正郭文宗李鏡玄等以六條巡察四方各以澄清爲務多所黜舉奏及使者還詣闕黜免者前後相屬因令褚遂良一其類具狀以聞帝親自臨決牧宰巳下以能官進擢者二十人以罪死者七人其流罪以下及免黜者數百千人

八月幸靈州行所經州縣並遣使存問老疾并加賑恤

九月遣霍王府長史段寶玄滄州別駕張開諒同州別駕張文會等三道使巡察嶺南諸州

二十二年六月令陝州刺史孫伏伽於河南太子詹事張行成於河北渭州親見父老存撫百姓從軍之家州縣爲之營農

二十三年八月以晉州地震令尚書郎中一人充使存問舍宅損壞者給復一年

高宗永徽四年十月甲辰遣使存問鰥寡惸獨不能自存者

五年六月詔工部侍郎王儼往河北檢行遭水諸州乏絶者賑貸之仍慮囚徒

顯慶元年正月令宗正卿隴西郡王博又刑部尚書長孫祥大理卿段寶玄於畿内諸州巡撫百姓給貧乏絶

二年十月幸許州遣少府少監鄭欽泰等分往許汝州及所經縣省録囚徒並搜訪孝義及經學之士

龍朔元年十二月戊寅詔諸州霜旱蟲澇之處分道遣使存問賑給并慮囚徒

三年八月詔分遣巡察大使問人疾苦黜陟官吏

乾封二年十月遣守大司憲樂彥瑋司平少常伯皇甫公義太子左中護楊思徹兼西臺舍人李虔澤等分往長安萬年城外諸縣巡問百姓親檢校田苗賑給乏絶

總章二年四月令右肅機兼檢校沛王府長史皇甫公義往雍岐州諸縣囚徒量事原免之

二年二月遣使存問諸州逐糧百姓漸令復業乃令州縣檢校

優恤之其未情願者聽之

十一月辛亥許汝壽州分遣通事舍人員外郎御史等問所經州縣老疾及鰥寡惸獨仍賜復見禁囚徒等

儀鳳二年十二月詔黃門侍郎同中書門下三品來恒為河南道大使中書侍郎同中書門下三品薛元超為河北道大使尚書左丞崔知悌國子司業鄭祖玄為江南道大使分道巡撫申理冤屈賑貸乏絶

冊府元龜卷第一百六十一

冊府元龜卷第一百六十二

帝王部 一百六十二

命使第二

唐中宗神龍二年二月遣十使巡察風俗下制曰古之御天下者以大寶爲公器以崇高爲外物仰則乾行順性命之理俛思坤載成博厚之德將以財成至道保邦靜人用清三微（三微謂三正也天地人三正之始萬物皆微故王者謹焉）以齊七政能臻夫此者豈一人之力哉寔賴群方共康庶績自季葉淪替酒棄公道官匪其人教無所習懷才修絜者則依違以自容通方宏偉者則放蕩以求利由是淳化日削澆風歲長典章訛弊土俗凋殘遷延陵頹莫能振理朕以薄德丕承寶命夙夜惟寅憂勞無怠昧旦端冕心彼黎獻日晏罷朝念問黎庶頃者屢精推擇傍求牧宰冀聞善政克康乃人匪巳勵勤美化猶息貪官激吏屢黷於愛奪失職流亡殊深淪於版籍豈刑賞之柄不協其中將仁恩之誠未孚于下永言國本良深乾惕古者天子巡狩省方觀俗而錫鑾備駕或以爲煩故分命輶軒博採謠誦將以彰善癉惡激濁揚清散皇明以燭幽揚仁風以被物寶資令德允屬通才惟懷永圖式鑒成憲宜於左右臺及內外五品巳上官識理通明立性堅白無所撓志在澄清者二十人分爲十道巡察使二周年一替以廉察州部俾其董正群吏觀撫兆人議獄緩刑扶危拯滯若能抗詞直筆不憚權豪仁恕爲懷黜陟咸當別加獎擢優以名器如脂韋苟全遂蔭庶施高下在心顧望依附者將遷削屏棄肅以憲章咸竭迺心以副朕意遂命易州刺史姜師度攝右御史以充此使

景龍三年八月遣十使巡察天下

睿宗唐隆元年六月庚子平韋庶人壬寅降十道使齎璽書宣撫

景雲元年八月制出十道使持節巡撫天下

二年二月降十道使案察

七月分遣都督刺史十道案察

十一月出十道使巡撫

太極元年二月出十道使巡撫

玄宗先天元年太上皇誥曰朕恭巳無爲留神玄默俯順曆數僉謀公卿式命元子祗膺寶位今庶政道新光華肇啓但恐天下至廣未達朕心故臨遣使臣宣揚朝典宜以膳部郎中蕭璿爲河南道宣勞使諫議大夫楊虛受爲河北道宣勞使贊善大夫薛植爲淮南道宣勞使殿中丞薛璘爲隴右道宣勞使宗正卿姜晞爲河東道宣勞使司門郎中李讓爲關內道宣勞使工部郎中高紹爲劍南道宣勞使太子右諭德蕭憼爲山南道宣勞使宋王府司馬裴綱爲江南道宣勞使兼諫議大夫賈膺福爲嶺南道宣勞使

二年七月壬申命益州長史畢構宣撫劍南及山南道少府監[illegible]宣撫關內及河東道太子右庶子陸餘慶宣撫河北道宗正少卿韋琮宣撫江南及淮南道光祿少卿杜元琰宣撫隴右道廣州都督周利貞宣撫嶺南道制曰昔者明王之御天下也內有公卿大夫庶績外有方伯司牧群黎猶懼至道未孚淳風或替故有巡狩之典黜幽陟明行人之官省方察俗用能遐邇咸乂情僞無遺於變時邕率由其道也朕祇膺嗣德恭守帝圖上稟過庭之義下惠兆庶之力竭精思理兩載于茲冀逮小康漸臻至化而區宇遐曠風教未同負扆長懷責深在己近者姦回構釁竊起蕭牆宗社降靈旋時戡殄今又承恭聖訓總統大猷率彼百官齊茲七政恐倉廩不實禮節未興吏靡息於貪殘人或滯於幽枉永言於此明發疚懷今下征未習時遂仍遠宜分命輶軒慰撫黎庶畢構等並操履公清識見明允茂績彰於歷試嘉聲滿於周行宜膺行李載光原隰所至之處申諭朕心並令屏絕浮華敦崇仁厚務修孝悌勤事農桑耆老鰥惸征人家口不自存者咸加恤問德舉言揚惟賢是急若有良材異行

藏器下潦哲人奇士隱淪屠釣審知才行灼然者各以名聞凡
百牧宰洎乎吏人咸悉朕心各敬迺事勤則不匱庶遂乎哉勉
旃勗之以副朕意
開元二年四月己巳勑曰淮海淮楊是稱彌險山川重複水陸
輻湊去歲田收稍歉豈稔今茲人庶頗致飢乏朕為之父母深
用惕然近聞雨澤應節苗稼有望目前之困餉乃猶切思從優
眷用救荒歉宜令給事中楊虛受往江東道安撫存問觀察災
苦詳理冤滯百姓間有儁才異行藏鱗戢羽隱淪屠博栖遲閭
閻官人內外有負冒者得背公狥私或循己自守養望充位者具
目各以名聞所至之州具令宣布求瘼恤隱稱朕意焉
五年二月詔曰伊昔明王奉若天道所寶惟穀所仗惟賢故能
務穡勸分興利除害朕以薄德纂承洪緒政期克己誠不動天
頃歲河南河北諸州蝗蟲為災雖當遣使除瘞恐今又生育
天戒若曰朕甚懼焉罪實在予夜當移歲且牧宰之任朝寄所
委實得良才式敷惠訓古有壽張飛蝗避中牟不入者斯其効也
刺史縣令等當各竭乃心用攘厥患方茲休咎大明黜陟惟爾
凡百可不勉歟宜令戶部郎中裴容往河北道侍御史崔喬往
河南道觀察百姓間利害便與州縣籌度隨事處置還日奏聞
六年八月辛巳詔曰朕自臨御天下介于人上萬邦在念百姓
為心積日以兢因時載惕春茲茂育寧忘寤寐今歲河南諸州
頗多水潦稼穡不稔閭閻阻飢方屬西巡更深東顧不加存問
孰副憂勤宜令工部尚書劉知柔馳驛充使往河南道巡歷檢
問瘼免租庸及賑恤並量事便處分兼察人民疾苦官吏善惡
還日奏聞宋亳陳許之間遭澇尤甚其賑給據卹宜倍優當
八年五月置十道按察使八月以御史大夫王晙充關內道按
察使楊州長史王怡充淮南道按察使右庶子齊澣充河南道
按察使少府監楊孚充劍南道按察使秦州都督張守契充隴
右道按察使荊州長史盧逸充山南道按察使鴻臚少卿蕭嵩

充河南道按察使襄州刺史裴觀為梁州都督山南道按察使
潤州刺史趙昇御充江南東道按察使宣州刺史霍廷玉充淮
南西道按察使仍下制曰奇寔不作人斯無怨寬猛相濟政是
以和故周禮以官刑糾邦理以官敘正群吏允迪前烈式惟舊
章且夫寰宇至大不可以周覽黎甿至夥不可以獨化興我庶
政是惟羣才非其才周以稱理朕惟是夙夜不遑寧處開元
之初分遣按部糾摘姦宄頗聞懲息以其事久則煩尋亦從其
停廢繇以歲月寖成寬弛今聞在外官寮多違憲法牧守則寄
任茲重令長則祿秩且優亟聞侵獨屢有章奏雖賜金為惠宋
魏張武之心還珠表德罕見孟嘗之政豈敢諭之意未孚於就
列將與高之節有謝於前脩永懷於此良用沉歎且政寬而慢
法弊則通弛而張之其可致理御史大夫王晙等並識通政要
位以才達茂其聲實弘此憲章宜分命巡按以時糾察巡內有
長吏貪縱獄訟冤滯瘖懦尸祿苛虐在官即宜隨事案舉所犯
狀並推勘准格處分聞奏仍便覆囚夫牧宰之職教導是先
錄曹之任紀綱斯在其有政理殊尤清直獨立者咸以名薦餘
官有清白著稱及諸色不等各別為科目同狀奏聞其尋常平
狀並不須通俾夫善取其大罰無所濫疎而不漏察不可苛必
將正其源流弘彼綱目不可掇此煩碎擾其吏人應是州縣常
務事非損益者使之更不平預其百姓交不支濟應須處置事
狀不便於釐革者與州縣商量處分訖奏聞以副虛佇之心以
光澄清之舉
九年八月詔曰朕身居九重心在萬姓恐情未達下政或乖方
頃者故命近臣分道巡撫為屬農月且停使車今秋稼方收時
亦將隙命中書舍人何鸞等宜所到之處宣慰百姓令悉朕懷
其有水旱之州或須賑給不可遠更奏聞宜便量事處置征鎮
之家各令州縣撿校優當其中無兼丁存濟者仍加賑卹
十一年五月命左拾遺徐楚璧大理丞王瑒大理評事宋詢班

景倩河南府法曹參軍元將茂太原府司録參軍張珣太原府兵曹參軍宋希玉長安縣主簿韋利涉長安縣尉王冰洛陽主簿劉日正長安縣尉裴寬萬年縣尉崔希逸三原縣尉喬夢松告成縣尉徐鍔汜水縣尉薛侃同州司法參軍邊沖寂汾州録事參軍韋洽榆次縣尉郭庭等攝監察御史分巡諸道詔曰國之三典令于四方歲終則巡聽其獄訟頃因水旱貨食不足或徭稅徵逸多不折衷或租調蠲除事涉欺隱皆吏之不稱政之不修是用命兹使臣委其詳覆除楚璧等並清白自立茂有政聲必使事合權宜刑無冤濫不損於物有益於公往欽哉休副兹推擇並可攝監察御史句當租庸地稅兼覆囚

十三年正月制天下見禁囚徒死罪降至流流已下悉原之都城内委中書門下當日疏決處分京城委留守制到日處分仍令中丞蔣欽緒往河南大理少卿明珪往關內刑部郎中張嶟往河東水部郎中崔珣往山南東道右庶子高仲舒往江西道職方郎中鄭續之往劍南道祕書丞張履冰往淮南道殿中侍御史孫濟往隴右道贊善大夫張景幽往河西道右諭德李林甫往山南西道主客郎中張烈往江南東道並即馳驛發遣所至之處疏決囚徒宣慰百姓其有窮之交不存濟及侍老行人之家有疾苦者各令州縣量加醫療及賑恤其嶺南五府磧西四鎮非流配效力等見禁囚徒各委節度使及本管都督府處分布告遐邇知朕意焉

十四年七月詔曰朕撫有天下寅畏上玄思保太和用康庶類頃秋夏之際水潦不時懷鄭許滑衛等州皆遭泛溢苗稼潦漬屋宇傾摧有切納隍之憂良深在予之責宜令右監門衛將軍知內侍省事黎敬仁速往宣慰如有遭損之處應須營助賑給並委使與州縣相知量事處置及所在堤堰不穩便者檢行具利害聞奏

九月詔曰頃秋夏之閒水潦方降閭閻損壞稼穡漂溺常切恐一物之違況乃數州之弊故發中使循于外臺章奏屢聞州鄉稍輯朕視之如子若納諸隍于再于三情猶馭朽審求人瘼重遣信臣中丞兼戶部侍郎宇文融忠公竭誠夙夜匪懈當安人之任有利物之能眷彼使乎宜膺其選可往河南河北道遭水州宣撫仍審察有不支濟者宜更量加賑貸若屋宇摧壞牛畜俱盡及征人之家不能自存立者量事助其修葺其有官吏縱捨賑給不均亦須糾正回日聞奏

十五年三月制曰河北遭水處城旁及諸蕃降人先令安置及緣州縣被差征行人家口等去年水潦漂損田苗頻遣使人所在巡撫兼令州縣倍加矜恤不知並得安存以否今舊穀既沒新麥未登丁壯既差遠行老小慮不支濟朕居黃屋未忘在蒼生每思優養無忘贍卹今故遣中使左監門衛將軍李善才重此宣慰宜令州縣即時檢責有乏絕者准例給粮俾令安堵以副朕意

七月詔曰同州鄜州近屬霖雨稍多水潦為害念彼黎人載罹憂傷宜令侍御史劉彥回乘傳宣慰其有百姓屋宇田苗被漂損者量事賑恤

八月制曰河北州縣水災尤甚言念蒸人何以自給朕當宁興想有勞旰昃在予之責用軫于懷宜令所司量支東都租米二十萬石賑給乃令魏州刺史宇文融充宣撫使便巡撫水損應須憂恤及合析免并存立閭舍一事已上與州縣相知逐穩便處置具務從簡易勿致勞擾

十六年九月詔曰河南道宋亳許仙徐鄆濮兗州奏旱損田宜令右監門衛大將軍黎敬仁往彼巡問如有不支濟戶應須賑恤與州縣長官相知量事處置訖回日具狀奏聞

二十一年二月以檢校尚書右丞皇甫翼充河南淮南道宣慰使檢校尚書吏部侍郎劉彤充江東江西道宣慰使尚書兵部侍郎李暠充山南道宣慰使制曰去年江南淮南有微遭旱處

河南數州亦有水損百姓等皇甫翼等咸謂能賢武將朕命其闕之絶應須賑貸便量事處置回日奏聞

四月以旱命太子少保陸象先戶部尚書杜暹等七人往諸道宣慰賑給仍令黜陟官吏錄決囚徒

二十二年二月壬寅詔曰秦州地震譴見后土朕每克念何以臻茲仲尼有云丘禱久矣而精意以告或通神明祭國公蕭嵩地在輔弼朝之端右欲重將命暫爲此行宜往秦州致祭山川凡緣所損百姓間事皆委嵩隨事處置回日以聞辛亥初置十道採訪處置使命御史中丞盧絢爲都畿採訪使御史中丞裴曠爲京畿採訪使國子祭酒汴州刺史嗣魯王道堅爲河南道採訪使華州刺史李尚隱爲關內道採訪使太原尹崔隱甫爲河東道採訪使禮部侍郎兼魏州刺史宋瑶爲河北道採訪使太常卿兼廣州事嶺南經略使李朝隱爲嶺南道採訪使揚州長史韋虛心爲淮南道採訪使太僕卿兼判涼州都督持節河

西節度等副大使牛仙客爲河西道採訪使益州長史持節劍南節度副大使王昱爲劍南道採訪使荆州長史韓朝宗爲山南道採訪使潤州刺史劉日正爲江南道採訪使秦州刺史裴敦復爲隴右道採訪使梁州刺史宋詢爲山南西道採訪使宣州刺史班景倩爲江南道採訪使詔曰言念蒼生心必徧於天下自古良牧福猶潤於京師所以歷選列城聿求連率豈徒刺察將委緝寧朝散大夫檢校御史中丞關內宣諭賑給使上柱國盧絢等佳譽已深聲實兼茂咸貫通於理道益純固於公心或華髮不衰或白珪無玷可以軌儀郡國康濟黎元間歲已來數州失稔頗致流冗能勿軫懷而吏或不畏不仁或不安不便誠須矯過必在仗賢而前此使輩不無所鑒事皆掣肘務欲揔權小有舉於毫髮大莫振於綱領卒令條舉却用煩苛永言所期豈云自弊今既各膺重寄允於通財以蠲疾苦之源當協大中之義若今行一道利及萬人朕所設官以俟能者朝之優秩

上歸令譽豈可復也宜副朕懷

十一月詔令給事中喜常巡關內道中書舍人李彭年巡河南道並與本道採訪使及所由長官商量回日奏聞

二十九年五月命大理卿崔翹尚書右丞席豫工部侍郎郭虛己御史中丞張倚中書舍人孫逖給事中趙安貞太常卿韋常班景倩分行天下詔曰三載考績以黜吏能八使觀風因求人瘼茲事體大致理之由朕受命昊穹臨御寰宇處乎一物有所不安徧于萬方無忘軫念而宇宙之內官吏至多儻有政失其宜即萬人受弊崔翹等或文學有稱或負白流譽通於理道勵是公心俾爾澄清式當委寄至如黜陟之道國之所務苟有不當將何勸人頃年使臣例皆通狀其盡善者多有請求爲選調之資不善者以凡碎見輕責課之數若此銜命豈副虛懷卿等所到之州宜具宣朕意其百姓間事或有須釐革者宜與所由長官商量處置回日聞奏其官吏中有貪冒贓私及犯名教

或衰老疾病或無政理者刺史已下宜停務奏聞其守職公清爲政尤異事堪激勸遠近知者具以名聞其諸道有遭損下人乏須賑給先須有處分猶慮艱弊豈忘矜恤亦宜審與州縣商量務令周濟又聞河堤穿決致有漂流諒由州縣寬疎不時修葺亦便檢行處置勿使更然其天下道學固已有置者并鄉學等此並切於生人比來與置蓋爲教導各宜敦勸使有成益其征鎮之間或有單貧老弱不自存濟者宜令所由倍加優當其浮寄逃亡等亦頻處分頃來招攜未有長策又江淮之間有深居山洞多不屬州縣自謂莫侵何得因循致使如此並與州縣商量處置一時錄奏卿等既當巡察受委非輕是宜勉爾良圖以副朝選無或致有回避不竭公忠朕之責成深宜自效

天寶五載正月命禮部尚書席豫御史中丞王鉷蕭隱之諫議大夫韋見素李麟尚書左丞崔翹鴻臚少卿源光譽分道巡察天下風俗及黜陟官吏詔曰黜幽陟明所以察風俗求瘼恤隱

所以慰黎烝不有其人孰可將命禮部尚書韋陟等並直清節經通大才多識前言備聞時政或以歷任使或參入侍之列或夙蘊忠公必副四方之委宜宣懷兆庶用寄澄清陟巡河北道鉷巡京畿關內及河東道陟之巡東畿及河南道晃宜巡山南東道江南西道黔中嶺南等道麟巡河西隴西磧西等道翹巡劍南及山南西道光聲巡淮南及江南東道其百姓之間及官吏之事或事或未該須有處置者仍委量事處置回日奏聞其嶺南黔中磧西途路遥遠若使臣一一自到應有稽遲任各精擇判官准舊例分往

十四載三月命給事中裴士淹禮部侍郎楊浚太常少卿姚子彥往河南河北江淮宣慰

肅宗至德二年十二月大赦令中書門下簡使郎分道宣慰所至郡縣審問百姓間利害有須發遣處置者一一聞奏

代宗廣德二年三月庚戌詔曰歲之不易征賦繁興河南蕭然江外尤劇供上都之國用給諸道之軍須庶務繁求未遑小息火耕水耨夏首冬末充饋運而廩實空戎衣而不足農人必而困竭困編戶流而罕歸自古之化未停大東之詞方切君爲心也朕甚痛然今區宇漸寧瘡痍已甚惕然未已姑務息人匪遑寧處之無告思省方以親問時邁未可日昃增勞載懷鴻鴈之詩用解吾人之恤必資循行悉以周爰皇皇者華中喻朕志宜令太子賓客兼御史大夫劉晏往諸道宣慰應百姓有徵科煩重人戶逃亡及水旱所損不能支濟者並與本道節度使計會蠲削安存逐便處置訖具狀聞奏官吏之政在邦必聞知無不爲公道斯在其租庸使及刺史及縣令錄事參軍有精於政理賦役均平州縣之間稱爲良吏者具名聞奏別有甄異如或殘忍慢法貪污敗官有害於人不應時務者亦具狀以聞仍與本道觀察節度使計會聚按四海至廣九重至深思使下情上通常令上旨下達務以審慎稱朕意焉

大曆二年八月以潭衡水災命給事中賀若察使于湖南宣慰

九月命比部員外郎蕭藏用使于嶺南宣慰

十二年八月以京畿水旱分命御史巡苗

德宗即位初湖南山洞中王國良者聚衆爲盜都官員外郎關播往宣撫之臨行召對於別殿播奏曰臣今奉詔撫國良如不受命臣請便宜恩命詰鄭州速出兵剿除帝曰卿言深合朕意

建中元年二月發黜陟使分往天下以右司郎中兼侍御史庾何巡京畿職方郎中劉灣往關內刑部員外郎裴伯言往河東澤潞磁邢等道司勳郎中韋楨往山南西道劍南東西川禮部郎中趙贊往山東荊南黔中湖南等道諫議大夫洪經綸往魏博成德幽州等道給事中盧翰往河南淄青東都畿等道吏部郎中李承往淮西淮南等道諫議大夫柳載往浙江東西道刑部郎中鄭叔則往江南江西福建等道禮部員外郎衛晏往嶺南五管詔曰朕聞唐虞聖王之理三載考績黜陟幽明而遐施教之者亦命八使遍于天下朕承丕業思欲緝熙雖王公卿士內勤夙夜藩岳守將外盡公忠而兵革未寧戎夷未靜紀綱未振法令未敷封圻郡縣賦税不一師旅上下勞逸不均所以終宵積慮寤寐增惕爰命群士往代予言行乎四方以聽于理舉其百事以歸于正朕之深願可不勤副也

興元元年正月帝在奉天詔曰古者天子有巡狩之義以考國典以觀人風在時多虞良或未暇乃命近士使于四方問人疾苦廉吏善惡苟副所任則如親臨在理平之時尚資勤恤況流散之後得無省憂朕以不敏不明肆于人上撫育失道誠信未孚寇盜繁興阻兵拒命京我臣庶壓于匪人顛越田疇耗爲戎場農工廢業其生業商賈咨嗟於道路軍戎日益閭巷日空凋察愈窮費用愈廣以財力之有限供求取之無涯怨氣上騰咎徵斯應疫癘薦至水旱相乘又罹於災誰任其責朕自嗣位迨

今六年連兵不解已逾四稔雖本非獲已義在濟人而事有重勞良深罪己皆以朕之寡昧居安忘危致寇之由實在於此予則不德人亦何辜媿恨積哀痛心疾首昨者改元施令悔往布新將使反側獲安干戈自息猶懼恩慮不周於庶務誠感未達於遐方一理失中一夫不獲則何以謝天譴致人和俾代予言其在良弼宜令門下侍郎平章事蕭復充山南東西荆湖淮南江西鄂岳浙江東西福建嶺南等道宣慰安撫使嗚呼往率乃職敬敷朕命慰勉征戍勞徠困窮訪其所安察其所弊滯淹必達冤濫必申無擇幽遠而不波無略細微而不恤其諸道將士在前制嚴備疆場勿使侵擾仍各令本使具名銜聞奏悉與甄敘殊功勁節別條狀跡當特優獎百姓兩稅以外徵率一切並停諸道事緣急切交須處分即與長吏商度務合便宜其餘利害並逐日條奏朕當詳覽以擇厥中宣布遠近咸令知悉

是月給事中杜黃裳兼御史中丞江淮宣慰使

十月辛丑詔工部尚書賈耽往河陽魏博道宣慰兵部侍郎李紓往河東宣慰

十一月丁丑以秘書監崔漢衡爲兵部尚書東都河陽魏博宋亳淄青賑給宣慰使工部侍郎劉太真爲河東澤潞鎮冀易定賑給宣慰使

貞元元年二月遣工部尚書賈耽工部侍郎劉太真宣慰于東都河南（是時東都米每斗直一千錢饑饉塞道前年蝗蟲大起自山而東竟于海亘天被野草木無遺河北諸州米斗直錢九百餓死者枕藉道路）

八年八月詔曰朕以薄德託於人上勵精庶政思致雍熙而誠不動天政或多闕陰氣作沴暴雨荐臻自江淮而及于荆襄歷陳宋而施於河朔其間郡邑連有水災城郭多傷公私爲害損壞廬舍浸敗田苗或親戚漂淪或資産沉溺爲之父母所不忍聞興言永懷良深惻愴夙夜祗畏少怦于厥心是用寢不獲安食而忘味特且賑恤庶洽幽明宜令中書舍人奚陟往江陵襄郢鄂申光蔡等州左庶子樊澤往陳許宋亳徐泗等州秘書少監雷咸往鎮冀德棣深趙等州京兆少尹韋武往楊楚廬壽滁潤蘇常湖等州宣撫使諸州百姓因水不能自存者委宣撫使賑給死者各加賜物所在官爲收斂埋瘞其田苗所損委宣撫使與所在長吏具奏於戲一夫不獲一物失所刑罰不中賦斂不均皆可以失陰陽之和致水旱之沴其繫囚及獄訟久未決者委所在長吏即與疏理務從寬簡俾伸冤滯貪官暴吏倚法害公特加懲肅用明典憲災傷之後切在撫綏咨爾方鎮之臣洎于守宰咸宜悉乃心力以恤凶災宣布朕懷使各知悉

是秋河南河北山南江淮凡四十餘州大水漂溺死者二萬餘人帝乃見奚陟等於延英殿臨遣

憲宗以永貞元年八月即位詔曰理天下者先修其國國命之重寄在方鎮方鎮共理寔惟列城列城爲政繫乎屬縣屬縣則四夫之耕匹婦之織積微成著以供國計永念蒸庶厥惟艱哉頃年以江淮租賦爰及榷稅委在藩服使其平均太上皇君臨之初務從省便遂令使府歸在中朝或恐巡院既多職因交替自新制未立舊綱已紊況河汴而東瀕海之右名都奧壤疆理接連如或征賦不均徵輸難濟物輕貨重法斁人勞又聞江淮數道比經時雨深憂黎庶之不足軍國之關供政有所不宜事有所未便牧宰有課績官吏有否臧爰選使臣申我休命宜令度支及諸道鹽鐵轉運副使戶部侍郎兼御史大夫潘孟陽專往宣諭慰安疲甿詢訪便宜蠲除疾苦安人利國稱朕意焉

元和四年正月以災旱命左司郎中鄭敬使淮南宣歙吏部郎中崔芃使浙西浙東司封郎中孟簡使山南東道荆南京兆少尹裴武使江西鄂岳等道宣撫（帝召對告之曰卿等憂恤災旱當勤於奉職勿如潘孟陽所到務飲酒遊山寺而已仍許卿等以便宜從事）

穆宗長慶元年八月丁亥以殿中侍御史溫造爲起居舍人充鎮州四面諸軍宣慰使造前以京兆府司錄宣慰兩河殺椎其

析故有是命遷起居舍人無何范陽以其將朱克融爲節鎮州殺節度使田弘正奏至又以造爲鎮州四面河東魏博澤潞橫海深冀易定等軍宣慰使

文宗大和三年正月癸丑諫議大夫柏耆以奉使召對於延英九月命監察御史孟琯往淮南浙右巡察米價

五年七月甲申詔曰蓋天人之際相應如響祥禄之來各惟厥事乃者兵革始罷黎庶甫寧而蜀土載罹虐癘方務綏緝今又水潦爲沴沉溺實多載省奏章益深惕厲詠以朕澤不逮下誠無感通五事致咎此方何罪夙夜兢愧憫歎良深宜令戶部郎中李践方充兩川宣撫使

開成元年二月庚寅中書門下奏准赦文諸道黜陟使以給事中盧鈞司農卿李玘吏部郎中許廷老太常少卿盧貞刑部郎中房直温分命之

三年八月丁酉詔曰大河西南幅圓千里楚澤之北連亘數州近以水潦暴至隄防潰溢既壞廬舍復損田苗言念黎元罹此災沴或生業蕩盡或農收索然困餒凋殘豈能自濟是用勤灼疚于中懷今故臨遣使臣詳問病害紓其墊溺之苦申以勞倈之方勉諭師徒安存孤老將我惠澤與蘇疲人宜令給事中盧弘宣往許鄭滑鄆曹濮等道宣慰刑部郎中崔瑨往山南等道鄂岳等道宣慰於戲朕自君臨勵求理道常恐一物失所每以萬姓爲心誠無感通時有災害夙夜媿悼不知所然宜示藩方諭茲詔命使寬其徭役禁其侵漁多方葺綏俾速完復布告四庶知朕意焉

昭宗天復二年三月詔遣諫議大夫張顗宣諭太原汴州使息兵通和太原後唐太祖也汴州梁太祖也

後唐明宗天成二年三月癸丑遣供奉官賈俊使淮南

晉高祖天福六年冬十月丁亥朔遣鴻臚少卿魏玭將作少監霍廷讓左領軍衛將軍安傪右驍衛將軍田峻于滑濮鄆澶四州檢河水害稼勵并安撫百姓

周世宗顯德元年八月以諸州編戶皆以雨水害稼上訴遣兵部郎中麻麟等二十三人分案之

冊府元龜卷第一百六十二

文帝元年以南粤王佗親冢在真定迺爲置守邑（謂守冢邑也父）歲時奉祀召其從昆弟尊官厚賜寵之詔丞相陳平舉可使粤者平言陸賈先帝時使粤帝召賈爲太中大夫謁者一人爲副使賜佗書曰皇帝謹問南粤王甚苦心勞意朕高皇帝側室之子（言非正嫡所生也）棄外奉北藩于代道里遼遠壅蔽樸愚未嘗致書（言未通使後矣）高皇帝棄羣臣孝惠皇帝即世高后自臨事不幸有疾日進不衰（言疾病益甚也）以故誖暴乎治（誖乖也）諸呂爲變故亂法不能獨制迺取他姓子爲孝惠皇帝嗣賴宗廟之靈功臣之力誅之已畢朕以王侯吏不釋之故（辭讓帝位不見聽也）不得不立今即位乃者聞王遺將軍隆慮侯書求親昆弟請罷長沙兩將軍（佗之昆弟在本鄉者求訪之而兩將軍將兵擊城者請罷之以賓南粤漢也言親昆弟者謂有服屬者也）朕以王書罷將軍博陽侯親昆弟在真定者已遣人存問脩治先人冢前日聞王發兵於邊爲寇災不止當其時長沙苦之南郡尤甚雖王之國庸獨利乎（言越兵寇邊長沙南郡皆厭苦之而漢軍亦當相拒方有戰鬪於越亦非利也）必多殺士卒傷良將吏寡人之妻孤人之子獨人父母得一亡十朕不忍爲也朕欲定地犬牙相入者以問吏吏曰高皇帝所以介長沙土也（介隔也）朕不得擅變焉吏曰得王之地不足以爲大得王之財不足以爲富服領以南王自治之（山領名也長沙南界也）雖然王之號爲帝兩帝並立亡一乘之使以通其道是爭而不讓仁者不爲也願與王分棄前惡（彼此共棄故云分棄）終今以來通使如故（從今通使至於終久故云今以來也）故使賈馳諭告王朕意王亦受之毋爲寇災矣上褚五十衣中褚三十衣下褚二十衣遺王（以綿裝衣曰褚上中下者綿之多少薄厚之差也）顧王聽樂娛憂存問鄰國（謂東越及駱等）陸賈至南粤王恐乃頓首謝願奉明詔長爲藩臣奉貢職因使者獻白璧一雙翠鳥千犀角十紫貝五百桂蠹一器（桂樹中蝎蟲也漢書常以獻陵廟載以赤轂小車此蟲食桂故味辛而漬之以蜜食之也）生翠四十雙孔雀二雙

平帝元始二年募汝南南陽勇敢吏士三百人諭說江湖賊成重等二百餘人皆自出送家在所收事（言身既自出又各送其家人詣本屬縣邑從賦）

（第一葉原闕）

賊重連雲陽（重成連也作長帥故徙之也）賜公田宅

後漢光武建武元年九月辛卯朱鮪舉城降初帝即位拜岑彭廷尉行大將軍事與大司馬吳漢大司空王梁建義大將軍朱祐右將軍萬脩執金吾賈復驍騎將軍劉植楊化將軍堅鐔積射將軍侯進偏將軍馮異祭遵王霸等圍洛陽數月朱鮪等堅守不肯下帝以彭嘗爲鮪校尉令往說之鮪在城上彭在城下相勞苦歡語如平生彭因曰彭往者得執鞭侍從蒙薦舉拔擢常思有以報恩今赤眉已得長安更始爲三王所反皇帝受命平定燕趙盡有幽冀之地百姓歸心賢俊雲集親率大兵來攻洛陽天下之事逝其去矣公雖嬰城固守將何待乎鮪曰大司徒被害時鮪與其謀（與音預）又諫更始無遣蕭王北伐誠自知罪深彭還具言於帝帝曰夫建大事者不忌小怨鮪今若降官爵可保況誅罰乎河水在此吾不食言（指河以爲信言其明白也）彭復往告鮪鮪從城上下索曰必信可乘此上彭趣索欲上鮪見其誠即許降後五日鮪將輕騎詣彭顧勅諸部將曰堅守待我我若不還諸君徑將大兵上轘轅歸郾王乃面縛與彭俱詣河陽帝即解其縛召見之復令彭夜送鮪歸城明旦悉其衆出降拜鮪爲平狄將軍封扶溝侯

二年正月更始復漢將軍鄧曄輔漢將軍于匡降皆復爵位

三年西州大將軍隗囂奉奏帝素聞其風聲報以殊禮言稱字用敵國之儀所以慰藉之良厚（慰安也藉薦也言安慰而薦藉之良甚也）初囂據涼州鄧禹承制遣使持節命囂爲西州大將軍得專制涼州朔方事及赤眉去長安欲西上隴囂遣將軍楊廣迎擊破之又追敗之於烏氏涇陽間囂既有功於漢又受鄧禹爵署其腹心議者多勸通使京師囂乃上書詣闕時陳倉人呂鮪擁衆數萬與公孫述通寇三輔囂復遣兵佐征西大將軍馮異擊之走鮪遣使上狀帝報以手書曰慕樂德義思相結納昔文王三分猶服事殷但駑馬鈆刀不可強扶數蒙伯樂一顧之價而蒼蠅之飛不

過數歲即託驥尾得以絕羣隔於盜賊聲問不數將軍操執款款扶傾救危南拒公孫之兵北禦羌胡之亂是以馮異西征得以數千百人躑躅三輔微將軍之助則咸陽已爲他人禽矣今關東寇賊往往屯聚志務廣遠多所不暇未能觀兵成都與子陽角力（臣欽若等曰子陽公孫述字也）如令子陽到漢中三輔願因將軍兵馬鼓旗相當儻肯如言蒙天之福即智士計功割地之秋也管仲曰生我者父母成我者鮑子自今以後手書相聞勿用傍人解構之言自是恩禮愈篤其後公孫述數出兵漢中遣使以大司空扶安王印綬授囂囂自以與述敵國恥爲所臣乃斬其使出兵擊之連破述軍以故蜀兵不復北出是年劉永將慶吾斬永首降封吾爲列侯帝又徵馮勤爲虞令勅當王莽末四方潰畔豪傑各招聚徒作營壍以待所歸待真主也特天下未定而四方之士擁兵矯稱者甚衆唯勤自守兼有方略帝聞而嘉之徵詣行在所見於雲臺拜官

五年四月河西大將軍竇融始遣使貢獻帝賜融璽書黃金二百斤授涼州牧後融與五郡太守共砥厲兵馬上疏請師期以討隗囂帝深嘉美之賜融以外屬圖及太史公五宗外戚世家（景帝子十三人王而同母者五人爲宗親五宗言景帝以十三人爲王而其母五人爲宗）魏其侯列傳詔報曰每追念外屬孝景皇帝出自竇氏定王景帝之子朕之所祖昔魏其一言繼統以正長君少君尊奉師傅修成淑德施及子孫（長君竇后兄也少君竇后弟也）此皇太后神靈上天祐漢也從天水來者寫將軍所讓隗囂書痛入骨髓畔臣見之當股慄慙愧忠臣則酸鼻流涕義士則曠若發矇非忠孝慤誠孰能如此豈其德薄者所能趨邪囂自知失河西之助族禍將及欲設間離之說亂惑真心轉相解構以成其姦又京師百僚不曉國家及將軍本意多能採取虛偽誇誕妄談令忠孝失望傳言乖實毀譽之來皆不徒然不可不思今關東盜賊已定大兵今當悉西將軍其抗厲威武以應期會融被詔即與諸郡守將兵入金城後融歸朝拜冀州牧尋遷大司空

十月好時侯耿弇等擊破張步軍於臨淄步走還劇帝幸劇至臨淄謂弇曰田横烹酈生及田横降高帝詔衛尉不聽爲仇張步前亦殺伏隆（三年帝遣隆諭步步殺之）若步來歸命吾當詔大司徒釋其怨（大司徒伏湛隆父）步乃肉袒負斧鑕於軍門封安丘侯

十二月西州大將軍隗囂遣長子恂入侍帝以爲胡騎校尉封鐫羌侯（[illegible]）

六年帝與公孫述書曰圖讖言公孫即宣帝也代漢者當塗高君豈高之身邪（一云光武與述書曰承赤者黃姓當塗其名高也）乃復以掌文爲瑞（妄引讖記及刻其掌文曰公孫帝也）王莽何足効乎君非吾賊臣亂子倉卒時人皆欲爲君事耳何足數也君日月已逝妻子小當早爲定計可以無憂天下神器不可力爭宜留三思署曰公孫皇帝述不荅是年隗囂使周游詣闕先到馮異營游爲仇家所殺帝遣衛尉銚期持珍寶繒帛賜囂期至鄭被盜（鄭縣屬京兆今華州縣也）亡失財物帝稱囂長者務欲招之聞而歎曰吾與隗囂事欲不諧使來見殺得賜道亡帝復使來歙至汧賜隗囂書曰昔柴將軍與韓信書云（柴將軍柴武也韓信韓王信也）陛下寬仁諸侯雖有亡叛而後歸輒復位號不誅也以囂文吏曉義理故復賜書深則似不遜略言則事不決今若束手復遣恂弟歸闕庭者則爵祿獲全有浩大之福矣（浩大也）吾年垂四十在兵中十歲厭浮語虛辭即不欲報

七年以隗囂所署明威將軍王遵爲太中大夫遵字子春霸陵人雖與囂舉兵而常有歸漢意囂既稱臣於公孫述帝因令來歙以書招遵乃與家屬東詣京師拜爲太中大夫封向義侯（[illegible]）是冬盧芳（臣欽若等曰芳王莽末起兵自稱上將軍西平王匈奴立爲漢帝）所置朔方太守田颯雲中太守喬扈各舉郡降帝令領職如故

八年隗囂大將十三人衆十餘萬降囂奔西城帝復詔告隗囂曰若束手自詣父子相見保無佗也高皇帝云橫來大者王小者侯若遂欲爲黥布者亦自任也

十二年公孫述弟恢及子壻史興並爲大司馬吳漢輔威將軍臧宮所破戰死自是將帥恐懼日夜離叛述雖誅滅其家猶不能禁帝必欲降之乃下詔諭述曰往年詔書比下開示恩信勿以來歙岑彭受害自疑今以時自詣則家族完全若惑不諭委肉虎口痛哉奈何將帥疲倦吏士思歸不樂久相屯守詔書手記不可數得朕不食言述終無降意

是歲盧芳將隨昱欲脅芳降芳知心膂內潰遂亡入匈奴其衆盡歸昱乃隨使者程恂詣闕拜昱爲五原太守封鐫胡侯昱弟憲武進侯十六年盧芳入居高柳（縣名故城在定襄）與閔堪兄林使使請降乃封芳代王堪爲代相林爲代太傅賜繒二萬匹因使和集匈奴

魏太祖爲漢大將軍建安四年四月圍射犬張楊故長史薛洪河內太守繆尚率衆降封爲列侯

十一月張繡率衆降封列侯

十二月袁術所置廬江太守劉勳率衆降封爲列侯

八年十月袁尚將呂曠呂詳叛尚屯陽平率其衆降封爲列侯（是年吳以太史慈爲建昌都尉治海昏太祖聞其名遺慈書以篋封之發省無所道而但貯當歸）

十年正月袁熙大將焦觸張南等叛攻熙熙并弟尚奔三郡烏丸觸等舉其縣降封爲列侯

四月黑山賊張燕率其衆十餘萬降封爲列侯

十三年七月太祖征劉表八月表卒其子琮嗣屯襄陽大將蒯越從事中郎韓嵩東曹掾傅巽等說琮歸太祖後太祖軍到襄陽琮舉州太祖以琮爲青州刺史封列侯蒯越等侯者十五人越爲光祿勳韓嵩大鴻臚鄧羲侍中劉先尚書令其餘多至大官又以表大將文聘爲江夏太守使統本兵

十六年十月北征楊秋圍安定秋降復其爵位使留撫其民人

二十年七月破漢中賊帥程銀侯選詣太祖降皆復官爵銀選及李堪皆河東人興平之亂各有衆千餘家與馬超合超破從堪臨陣死銀選南入漢中至是來降

十一月張魯自巴中將其餘衆降封魯及五子皆爲列侯

文帝初爲魏王延康元年五月爲胡山賊帥甘王照率衆降皆封列侯（魏書曰初鄭甘王照及盧水胡率其屬來降王得降書以示朝曰前欲有令吾討鮮卑者吾不從而降又有欲使吾及今秋討盧水胡者吾不聽今又降昔魏武侯一謀而當有自得之色見譏李悝吾今說此非自是也徒以爲坐而降之其功大於動兵革也）

七月蜀將孟達率衆降帝自筆手令曰吾前遣使宣國威靈而達即來吾惟春秋褒儀父即封拜遣使還領新城太守近復有扶老攜幼首向王化者吾聞夙沙之民自縛其君以歸神農豳國之衆襁負其子而入豐鎬斯豈驅略迫脅之所致哉乃風化動其情而仁義感其衷歡心內發使之然也以此而推西南將萬里無外權備將與誰守死乎（臣欽若等曰權備謂吳蜀主也）

黃初三年八月蜀大將黃權及領南郡太守史郃等三百一十八人詣荊州刺史奉上所假印綬棨戟幢麾牙門鼓車權等詣行在所帝置酒設樂引見於承光殿權郃等人人前自陳帝爲論說軍旅成敗去就之分諸將無不喜悅賜權金帛車馬衣裘帷帳妻妾下及偏裨皆有差拜權爲侍中鎮南將軍封列侯即日召使驂乘及封史郃等四十二人皆爲列侯爲將軍郎將百餘人

明帝太和二年蜀將諸葛亮寇邊帝幸長安露布天下并班告益州曰劉備背恩自竄巴蜀諸葛亮弃父母之國阿殘賊之黨神人被毒惡積身滅亮外慕立孤之名而內貪專擅之實劉升之兄弟守空城而已亮又侮易益土虐用其民是以利狼宕渠高定青羌莫不瓦解爲亮仇敵而亮反裘負薪裏盡毛殫刖趾適屨刻肌傷骨反更稱說自以爲能行兵於井底游步於牛蹄自朕即位三邊無事猶哀憐天下數遭兵革且欲養四海之耆老長後生之孤幼先移風於禮樂次講武於農隙置亭寺未以爲虞而亮懷李熊愚勇之智不思荆邯度德之戒驅略吏民盜

利祁山王師方振膽破氣奪馬謖高祥望旗奔敗虎臣逐北蹈尸涉血亮也小子震驚朕師猛銳踊躍咸思長驅朕惟率土莫非王臣師之所加刑棘生焉不欲使十室之邑忠信貞良與夫淫昏之黨同受塗炭故先開示以昭國誠勉思變化無滯亂邦巴蜀將吏士民諸為亮所劫迫公卿已下皆聽束手

是年魏興太守申儀來朝拜樓船將軍在禮請中初儀兄耽漢末在西平上庸閒聚數千家後與張魯通又遣使詣太祖加其號為將軍因使領上庸都尉至建安末為蜀所攻以其郡西屬黃初中儀復來還詔即以兄故號加儀因拜魏興太守封侯後與新城太守孟達不和數上言達有貳心於蜀及達反儀絶蜀道使救不到達死後儀詣宛見司馬宣王勸使來朝故有是命一太儀久在魏興專威疆埸輒承制刻印多所假授孟達既誅有自疑心時諸郡守以司馬宣王新克捷奉禮求賀皆聽之宣王使人諷儀至問承制狀執之歸于京師

青龍元年遼東太守公孫淵通於孫權國家知淵兩端而恐遼東吏民為淵所誤故公文下遼東因赦之曰告遼東玄菟將校吏民逆賊孫權遭遇亂階因其先人劫略州郡遂成羣凶自擅江表含垢藏疾冀其可化故割地王權使南面稱孤位以上將禮以九命權親叉手北向稽顙假人臣之寵受人臣之榮未有如權者也狼子野心告令難移卒歸反覆背恩叛主滔天逆神乃敢僭號恃江湖之險阻王誅未加比年已來復遠遣船越度大海多持貨物誑誘邊民邊民無知與之交關長吏以下莫肯禁止至使周賀浮舟百艘沈滯津岸貿遷有無既不疑拒齎以名馬又使宿舒隨賀通好十室之邑猶有忠信陷君於惡春秋所書也今遼東玄菟奉事國朝紆青拖紫千百為數戴纓垂緌咸佩印綬曾以無規正納善之言龜玉毀於匱虎兕出於匣是誰之過歟國朝為子大夫羞之昔狐突有言父教子貳何以事君策名委質貳乃辟也今乃阿順邪謀脅從姦惑豈獨父兄之教不詳子弟之舉習非而已哉若苗穢害田隨風烈火芝艾俱

焚安能自別乎且又此事固然易見不及鑒古成敗書傳所載也江南海北有萬里之限遼東君臣無怵惕之患利則義所不利貴則義所不貴此為厭安樂之居求危亡之禍賤忠貞之節重背叛之名蠻貊之長猶知愛禮以此事人亦難為顏且又宿舒無罪擠使入吳奉不義之使始與家訣涕泣而行及至賀死之日覆衆成山舒雖脫死魂魄離身何所逼迫乃至於此今忠臣烈將咸忿遼東反覆攜貳皆欲乘桴浮海期於肆意朕為天下父母加念天下新定既不欲勞動干戈遠涉大川費役如彼又悼邊陲遺餘黎民迷誤如此故遣郎中衛慎邵瑁等且先奉詔示意若股肱忠良能効節立信以輔時君反邪就正以建大功福莫大焉儻恐自嫌已為惡逆所見染汙不敢倡言永懷伊戚其諸與賊使交通皆赦除之與之更始是歲公孫淵斬送孫權所遣使張彌許晏首帝於是拜淵大司馬封樂浪公持節領郡如故

高貴鄉公甘露二年六月乙巳詔吳使持節都督夏口諸軍事鎮軍將軍沙羨侯孫壹賊之枝屬位為上將畏天知命深鑒禍福翻然舉衆遠歸大國雖微子去殷樂毅遁燕無以加之其以壹為侍中車騎將軍假節交州牧吳侯開府辟召儀同三司依古侯伯八命之禮袞冕赤舄事從豐厚

陳留王咸熙元年九月辛未詔曰吳賊政刑暴虐賦斂無極孫休遣使鄧句敕交阯太守鎖送其民發以為兵吳將呂興因民心憤怒又承王師平定巴蜀即糾合豪傑誅除句等驅逐太守長史撫和吏民以待國命九真日南郡聞興去逆即順亦齊心響應與興協同興移書日南州郡開示大計兵臨合浦告以禍福遣都尉唐譜等詣進乘縣因南中都督護軍霍弋上表自陳又交阯將吏各上表言興創造事業大小承命郡有山寇入連諸郡懼其計異各有攜貳權時之宜以興為督交阯諸軍事上大將軍定安縣侯乞賜褒獎以慰邊荒乃心款誠刑於辭旨

儀父朝魯春秋所美竇融歸漢待以殊禮今國威遠震撫懷六合方包舉殊裔混一四表興首向王化舉衆稽服萬里馳義請吏帥職宜加寵遇崇其爵位既使興等懷忠感悅遠人聞之必皆競勸其以興爲使持節都督交州諸軍事南中大將軍封定安縣侯得以便從事先行後上策命未至興爲下人所殺

十月丁亥詔曰昔聖帝明王靜亂濟世保大定功文武殊塗勳烈同歸是故或舞干戚以訓不庭或陳師旅以威暴慢至於愛民全國康惠庶類必先脩文教示之軌儀不得已然後用兵此盛德之所同也往者季漢分離九土顛覆劉備孫權乘間作禍三祖綏寧中夏日不暇給遂使遺寇僭逆歷世幸賴宗廟威靈宰輔忠武爰發四方拓定庸蜀役不浹時一征而克自頃江表衰弊政刑荒闇巴漢平定孤危無援交荊揚越靡然向風今交阯僞將呂興已帥三郡萬里歸命武陵邑侯相嚴等糾合五縣請爲臣妾豫章廬陵山民舉衆叛吳以助北將軍爲號又孫林

府一百六十三　十

疲殘王隴改易國內乘違人各有心僞將施績懷疑自猜深見忌疑衆叛親離莫有固志自古及今未有亡徵若此之甚若六軍震曜南臨江漢吳會之域必扶老攜幼以迎王師必然之理也然興動大衆猶有勞費宜告諭威德開示仁信使知順附和同之利相國參軍事徐紹水曹掾孫彧昔在壽春並見虜獲紹本僞南陵督才質開壯彧孫權支屬忠良見事其遣紹南還以彧爲副宣揚國命告諭吳人諸所示語皆以事實若其覺悟不損征伐之計蓋廟勝長筭自古之道也其以紹兼散騎常侍加奉車都尉封都亭侯彧兼給事黃門侍郎賜爵關內侯紹等所賜妾及男女家人在此者悉聽自隨以明國恩不必使還以開廣大信

晉武帝泰始八年吳西陵督步闡來降拜衛將軍開府儀同三司封宜都公

咸寧二年六月吳京下督孫楷帥衆來降以爲車騎將軍封丹陽侯

成帝時涼州牧張駿遣護羌參軍陳㝢從事徐虓華馭等至京師征西大將軍庾亮上疏曰陳㝢等冒險遠至宜蒙銓叙詔除㝢西平相虓等爲縣令

孝武帝時涼州牧張天錫既降苻堅後堅寇淮南大敗于淮肥將天錫爲苻融征南司馬於陣歸國詔曰昔孟明不替終顯殽功豈以一眚而廢才用其以天錫爲散騎常侍在員外後

後魏道武皇始二年二月幸楊城大破慕容寶寶所署尚書閔亮秘書監崔逞太常孫沂殿中侍御史孟輔等並降降者相屬賜拜職爵各有差初其將張驤李沉慕容文等先來降尋皆亡還是日復獲之皆赦而不問

三月慕容寶走和龍寶魏郡太守高湖率戶三千歸國帝賜爵東阿侯加右將軍總代東諸部

五月以中山城內爲慕容普鄰所脅而大軍迫之欲降無路乃

府一百六十三　十一

密招諭之是歲寶鉅鹿太守高常率郡降賜爵經縣侯加龍驤將軍仍守鉅鹿以寶唐郡內史遼東公子文括第一客是時代人薛達頭自姚萇率部落歸國帝嘉其忠款賜爵聊城侯散員大夫待以上客之禮達頭閑雅恭慎帝深器之

明元泰常二年八月宋滅姚泓勃海刁雍等歸國上表陳誠於南境自效帝許之假雍建義將軍

十二月詔河東河內有姚泓子弟播越民間能有送致京師者賞之

七年山陽公奚斤南討軍至潁川宋陳留太守嚴稜率文武五百人詣斤降驛送稜朝帝於冀州嘉其誠款拜平遠將軍賜爵郃陽侯假荊州刺史隨駕南討還爲上客是時赫連昌寧東將軍貴峻率衆來降拜龍驤將軍賜爵襄爲公

太武神䴥四年二月冠軍將軍安頡等平滑臺擒宋將朱脩之帝善其固守授以內職以宗室女妻之

延和元年七月伐和龍馮跋石城太守李崇率十餘郡歸降帝甚禮之呼曰李公以崇爲平西將軍北幽州刺史固安侯是年河西王禿髮傉檀子保周棄沮渠蒙遜來奔以保周爲張掖公

太延五年九月西征涼土乞伏西秦大夏鎮將常但子奭與兄仕國歸款軍門帝嘉之賜仕國爵五品顯美男奭爲六品拜宣威將軍

太平眞君元年八月沮渠無諱降尋拜爲征西大將軍涼州牧酒泉王

三年四月涼武昭王孫李寶據燉煌遣使內附十二月遣使授寶使持節侍中都督西垂諸軍事鎮西大將軍開府儀同三司領護西戎校尉沙州牧燉煌公仍鎮燉煌四品已下聽承制假授寶隴西狄道人伯父歆爲沮渠蒙遜所滅寶從於姑臧歲餘隨舅唐契北奔伊吾臣於蠕蠕其遺民歸附者稍至二千寶傾身禮接甚得其心衆皆樂爲用每希報讎屬帝遣將討沮渠無諱於燉煌無諱捐城遁走寶自伊吾南歸燉煌遂脩繕城府規復先業遣弟懷達奉表歸誠帝嘉其忠款故有是拜仍以懷達爲散騎常侍燉煌太守

十一年十一月南伐至鄒山太山鉅平人羊祉與魯郡太守崔邪利及其屬縣徐遜愛猛之等俱降賜祉爵鉅平子拜鴈門太守是時合鄉令張忠歸降賜爵新昌男拜新興太守高育爲馮文通建德令值太武東封率其所部五百餘家歸命軍門帝授以建德將軍齊郡建德二郡太守賜爵肥如子

獻文即位初遼東高崇歸國賜爵陽關男居遼東詔以沮渠牧犍女賜潛爲妻封武威公主拜駙馬都尉

天安元年九月宋徐州刺史薛安都以彭城內屬宋將張永沈攸之擊安都詔北部尚書尉元爲鎮南大將軍都督諸軍事孔伯恭爲副出東道救彭城時宋明帝自立羣情不協共立前廢帝弟晉安王子勛安都與沈文秀崔道固常珍奇等舉兵應之明帝遣將張永等討安都安都遣使來降請兵救援帝召羣臣議之羣官咸曰昔世祖常有并義隆之心（目諡若詩曰世祖太武諡諱諡宋文帝召）故親御六軍遠臨江浦今江南阻亂內外離心安都今者求降千載一會機事嗟遇時不可違取亂侮亡於是乎在帝納之安都又遣第四子道次爲質并與李敷等書驛相繼乃遣尉元等率騎一萬赴之拜安都使持節散騎常侍都督徐南北兗州青冀五州豫州之梁郡諸軍事鎮南大將軍徐州刺史賜爵河東公勳安都之子散騎常侍駙馬都尉拔詣彭城勞迎除拔冠軍將軍南豫州刺史

十一月宋兗州刺史畢衆敬遣使內屬

皇興元年閏正月宋青州刺史沈文秀冀州刺史崔道固並遣使請舉州內屬詔平東將軍長孫陵平南將軍侯窮奇赴援之

二年二月鎮東大將軍尉元討徐州羣盜平之宋冠軍將軍東徐州刺史張讜順於元元亦表授冠軍東徐州刺史遣中書侍郎高閭與讜對爲刺史

是年薛安都與畢衆敬朝于京師大見禮重子姪羣從並處上客皆封侯至于門生無不收叙焉又爲起第宅館宇崇麗資給甚厚安都從祖弟眞度初與安都南奔及安都爲徐州眞度爲長史頗有勇幹爲其爪牙從安都來降爲上客衆敬弟衆愛隨兄歸國以勳爲第一客賜鉅平侯衆敬子元賓爵須昌侯加平遠將軍與聘濟河司馬房法壽與弟從并州刺史崇吉及冀州刺史崔道固兗州刺史劉休賓俱至京師以法壽爲上客崇吉爲次客崔劉爲下客法壽供給亞於薛安都等以功賜爵莊武侯加平遠將軍給以田宅奴婢

孝文太和十七年齊尚書左僕射王奐子肅以其父及兄弟俱爲齊武所殺乃自建業來奔帝虛衿待之除輔國將軍長史賜爵開陽伯肅固辭伯爵許之

十八年十月詔曰北闍緣邊之蠻多有竊掠致有父子乖離室

家分絶既虧和氣有傷仁厚方一區宇子育萬姓若苟如此南人豈知朝德哉可詔荆郢東荆三州勤勒蠻民勿有侵暴十九年二月車駕至鍾離軍士擒齊卒三千帝曰在君爲君其民何罪於是免歸是年拜光城蠻酋田益宗員外散騎常侍都督光城弋陽汝南新蔡宋安五郡諸軍事冠軍將軍南司州刺史光城縣開國伯食蠻邑一千户以益宗十七年自齊歸款故也二十一年南討既剋宛外城命舍人公孫延景宣詔於南陽太守房伯玉曰天無二日土無兩王是以躬總六師蕩一四海宛城小戍豈足以禦抗王威深可三思封侯胙土事在俯仰伯玉對曰外臣最荷國恩忝任疆境爲臣之道未敢聽命伏惟遊鑾遠涉願不損神又遣謂曰朕親率麾旆遠戡清江此之小戍豈足徘徊王師但戎路所經纖介須殄宜量力三思自求多福且蒙武帝殊常之眷曾不懷恩報以塵露蕭鸞妄言入繼道成胤子一無遺卿不能建忠於前君方立節於逆豎卿之罪一又

殺傷我偏師卿之罪二今鑾旆親戎清一南服不先面縛待罪麾下卿之罪三卿之此戍多則一年中則百日少則三旬尅殄豈遠宜善思之後悔無及伯玉對曰昔蒙武帝愷悌之恩忝侍左右此之厚遇無忘夙夜但繼主失德民望有歸主上龍飛踐極光紹大宗非直副億兆之深望寔兼武皇之遺敕是以懃懃懇懇不敢失墜往者北師深入寇擾邊民輒厲將士以救蒼生此乃邊戍常事陛下不得垂責及尅宛伯玉面縛而降帝引見伯玉并其參佐二百人特宥之時伯玉從祖弟三益南陽內附孝文與之語善之三益殊不恧拜員外散騎侍郎

册府元龜卷第一百六十三

冊府元龜卷第一百六十四

帝王部一百六十四

招懷第二

後魏宣武景明元年正月齊豫州刺史裴叔業遣子芬之及兄女夫韋伯昕奉表以壽春內附驃騎大將軍彭城王勰車騎將軍王肅率步騎十萬赴之詔曰叔業明敏秀發英穎早悟馳表送誠忠高振古宜加褒授以彰先覺可使持節散騎常侍都督豫州雍兖徐司五州諸軍事征南將軍豫州刺史封蘭陵郡開國公食邑三千戶又賜叔業璽書曰前後使反有敕想卿具一二寳卷昏狂日月滋甚虐編宰輔暴加戚屬淫刑既逞朝無孑遺國有瓦解之形家無自安之計卿兼茲智勇深慕乃勳前即敕豫州緣邊諸鎮兵馬行往赴援楊大眼奚康生鐵騎五千星言即路彭城王勰尚書令肅精卒十萬絡驛繼發將以長驅淮海電擊衡巫卿其并心勠力同斯大舉殊勳茂績職爾之由崇名厚秩非卿誰賞并有敕與州佐使及彼土人士其有微功片績必加褒異軍未渡淮叔業病卒芬之以父勳授通直散騎常侍上蔡縣開國伯食邑七百戶叔業八才心膂所寄者裴智淵授中郎將封浚儀縣王昊左軍將軍封汝陰縣趙華右中郎將封西宋縣叔業姻婭柳玄達輔國將軍封南頓縣女夫韋伯昕封雲陵縣並開國男食邑二百戶玄達頗涉書史初仕齊歷諸王參軍叔業之鎮壽春表以爲府及叔業之被猜疑將謀歸款玄達贊成其計前後表啓皆玄達之辭伯昕叔業以其有大志故遂遣子芬之爲質李道真右軍將軍陽縣開國子食邑五百戶胡文盛右軍將軍封剛陵縣魏承祖右軍將軍封平春縣並開國子各食邑三百戶以叔業司馬帶汝陰太守李元護爲輔國將軍齊州刺史廣饒縣伯食邑一千戶便道赴職初叔業歸順元護贊同其謀及叔業疾病外內阻貳元護督率上下以俟援軍壽春剋定元護頗有力焉又以陳郡太守尹挺爲輔國將軍南司州刺史譙郡太守楊令寶爲輔國將軍南兖州刺史皆以參叔業歸誠之謀也

三年三月南齊鄱陽王蕭寳夤以梁高祖既克建業殺其兄弟將害寳夤來奔壽春四月以寳夤爲鎮東將軍東楊州刺史封齊王閏四月詔曰寳夤深識機運歸誠有道冒險履屯投命絳闕微子陳韓亦曷以過也可遣羽林監領主書劉桃符詣彼迎接其資生所須之物及衣冠車馬在京邸館付尚書悉令豫備及至京師禮之甚重

正始元年詔中山王英所執梁冠軍將軍監司州事蔡靈恩等隨才擢叙

永平元年八月冀州京兆王愉反詔赦冀州民雜工役爲元愉所詿誤者其能斬獲逆黨別加優賞

孝明孝昌元年齊東昏侯寳卷子贊來奔先是梁武滅寳卷寳卷宮人吴氏始孕匿而不言梁武納之生贊以爲已子封豫章王及長其母告之以實贊常有來奔之志及後爲南兖徐二州刺史會帝遣臨淮王彧討之贊密告誠款夜投彧軍至是届于洛陽陛見之後就館舉哀追服三載贊叔父寳夤時在關西遣使觀察聞其形貌斂眉悲感朝廷賞賜豐渥禮遇隆厚授司空封高平郡開國公丹揚王食邑七千戶是年北鎮降民二十餘萬詔給事黄門侍郎楊昱爲使分散於冀定瀛三州就食

三年邢杲反於青光之間杲光禄大夫蘭根之甥詔蘭根銜命慰勞

孝莊永安中宋廬江太守劉宗之子藻與姊夫李嶷俱來歸賜爵易陽子

後廢帝中興二年韓樓反於幽州樓將王懷知其無成陰結所親叛樓歸國拜征虜將軍第一領民酋長武周縣侯是時樓將薛孤延與懷等密計討樓爲樓別帥乙弗醜所覺力戰破醜遂相率歸行臺劉貴表爲都督加征虜將軍賜爵永固縣侯

出帝永熙三年二月梁假節豫州刺史南番三毛香率城內附授以持節安南將軍信州刺史義昌王

西魏恭帝三年梁將王琳遣使來附以琳爲大將軍
後周太祖爲西魏丞相敗齊神武於沙苑東魏河北郡守裴果率其宗黨歸闕帝嘉之賜田宅奴婢牛馬什物等
叱列伏龜仕東魏爲大都督沙苑之敗隨例來降太祖以其豪門解縛禮之仍以邵惠公女妻之
史寧仕東魏爲涼甘瓜三州諸軍事遣使詣太祖請事太祖即以所服冠履衣被及弓箭甲矟等賜寧謂其使人曰爲我謝涼州孤解衣以衣公推心以委公公其善始令終無功名也
賀若統初爲東魏潁州長史大統二年執刺史田迅以州降至長安太祖謂統曰卿以潁川從我何日能忘即拜右衛將軍散騎常侍兖州刺史
高賓初仕東魏爲立義都督同列有忌其能者譖之於齊神武賓懼及於難大統六年乃棄家屬間行歸闕太祖嘉之授安東將軍

楊乾運仕梁爲車騎將軍鎮潼州令其兄子略將二千人鎮劍閣又遣其壻樂廣鎮安州仍誡略等曰吾欲歸附關中但未有由耳若有使來即宜盡禮迎接會太祖令乾運孫法洛及使人牛伯友等至略即夜送之乾運遂令使人李若等入闕送款太祖乃密賜乾運鐵券授持節驃騎大將軍開府儀同三司侍中梁州刺史安康郡公
扶猛上甲黃土人初仕梁爲南洛北司二州刺史封宕渠縣男及侯景作亂猛乃擁衆自守未有所從大統十七年大將軍王雄定魏興猛率其衆據險爲保壁特遣使微通饋餉而已魏廢帝元年魏興叛雄復率師進討猛勒兵拒戰雄擊破之猛遂以衆降太祖以其世據本鄉乃厚加撫納授車騎大將軍儀同三司加散騎常侍復爵宕渠縣男割二郡爲羅州以猛爲刺史
任果南安人梁沙州刺史褒之子世爲方隅豪族果性勇決志在立功魏廢帝元年率諸部來附太祖嘉其遠至待以優禮果因面陳取蜀之策太祖深納之乃授使持節車騎大將軍儀同三司大都督散騎常侍沙州刺史後爲始州刺史在任未久果請入朝太祖許之以其方隅首望早立忠節乃進爵樂安郡公
席固襄陽人初仕梁爲興州刺史以地來附時太祖方欲南取江陵西定蜀漢聞固之至甚禮遇之乃遣使就拜使持節驃騎大將軍儀同三司大都督侍中豐州刺史封新豐縣公邑二千戶後轉湘州刺史固以未經朝謁遂荷榮授心不自安啟求入覲太祖許之及固至太祖與歡讌賞賜甚厚進爵靜安郡公增邑并前三千三百戶
蕭圓肅梁武陵王紀之子紀建號圓肅守蜀太祖師至遂降封戟城郡公文以圓肅有歸款之勳別賜食思君縣五百戶收其租稅
明帝武成初南齊北豫州刺史司馬消難舉州來附帝遣柱國高陽公達奚武與大將軍楊忠率衆迎之

武帝保定二年詔曰梁故汝南王蕭大封晉熙王蕭大圜等梁國子孫宜加優禮式貴茅土寔允舊章大封可封晉陵縣公大圜可封始寧縣公邑一千戶又加大圜車騎大將軍儀同三司并賜田宅奴婢牛馬粟帛等（大封大圜梁簡文子以魏恭帝二年歸太祖至是封焉）
建德五年十二月帝伐齊丁巳次并州齊主高緯留從兄延宗等守并州輕騎走鄴是日詔齊王公以下曰夫樹之以君司牧黔首蓋以除其苛慝恤其患害朕君臨萬國志清四海思濟一世之人寘之仁壽之域嗟彼齊趙獨爲匪民乃睠東顧載深長想僞主涼德早聞醜聲夙著酒色是耽盤游是悅閹豎居阿衡之任胡人寄脣舌之重棟梁骨鯁翦爲仇讎狐趙餘緒降成阜隸民不見德唯虐是聞朕懷茲漏網置之度外正欲各靜封疆共紓民瘼故也爾之主相曾不是思欲構厲階反貽其梗我之率土咸求傳刃帷幄獻兼弱之謀爪牙奮干戈之勇亡羸糧坐甲若赴私讎是以一鼓而定晉川再舉而摧遒醜僞丞相高阿那

瓌驅逼餘燼竊據高壁僞定南王韓建業作守介休規相抗擬
聊示兵威應時奔潰那瓌則單馬宵遁建業則面縛軍和爾之
逃卒所知見也若其懷遠以德則爾難以德綏處鄰以義則爾
難以義服且天與不取道家所忌攻昧侮亡兵之上術朕今親
馭羣雄長驅寧內六軍舒旆萬隊啓行勢與雷電爭威氣逐風
雲齊舉王師所次已達近郊望歲之民室家相慶來蘇之后思
副𢰅誠僞主若必盡人謀深達天命牽羊道左銜璧轅門當惠
以焚櫬之恩待以列侯之禮僞將相王公已下衣冠士民之族
如有深識事宜建功立效官榮爵賞各有加隆若下愚不移守
迷莫改則委之執憲以正刑書爰爾庶士胡寧自棄或我之將
卒逃彼逆朝無問貴賤皆從蕩滌善求多福無貽後悔璽書所
至咸使聞知自是齊之將帥降者相繼封其特進開府賀拔伏
恩爲邵國公其餘官爵各有差又詔高緯及王公以下若釋然
歸順咸許自新諸士入僞朝亦從寬宥官榮次序依例無失其

舊制僞令即宜削除鄴曾督攝紳幽并騎士一介可稱並宜銓録
百年去殺雖或難希朞月有成庶幾可勉六年正月齊平
陸玄齊大司空騰之子仕齊爲奉朝請歷成平縣令齊平武帝
見玄特加勞勉即拜地官府都上士
隋高祖初爲周相後梁蕭巋令鴻臚卿柳莊奉書入關時二方
構難高祖懼巋有異志及莊還謂莊曰孤昔以開府從役江陵
深蒙梁主殊眷今主幼時難猥蒙顧託中夜自省實懷慙懼梁
主奕葉重光委誠朝廷而今已後方見松筠之節君還本國幸
申孤此意於梁主也遂執莊手而别時梁之將帥咸潛請興師
與尉迥等爲連衡之勢進可以盡節於周氏退可以席卷山南
唯巋疑爲不可會莊至自長安具申高祖結託之意巋深以爲
然衆議遂止
唐高祖初爲唐公舉義兵於太原五原太守張長遜遣使歸附
帝甚嘉之授光禄大夫封安化郡公及至河東縣賊帥孫華謁
帝於汾陰具舟楫以待義師拜華爲光禄大夫前軍總管旣入
關鄭縣令段確以縣來降拜御史大夫渭北賊帥李仲文遣使
歸附拜上柱國襲父真爵爲晉寧郡公弘農賊帥張士貴以所
統精兵及户口簿帳遣使送款拜右光禄大夫
義寧元年十二月河池郡守蕭瑀與梁泉令豆盧寬率郡内文
武官歸國授瑀光禄大夫上柱國封宋國公食邑三千户寬銀
青光禄大夫仍遣還河池撫慰
二年四月賊帥王君廓以衆歸國拜上柱國假河内太守封常
山郡公食邑二千户尋轉遷州刺史封上谷郡王
六月隋安陽令吕珉以相州來降拜相州刺史
七月榆林賊帥郭子和遣使來降拜爲靈州總管
八月涼州賊帥李軌遣使來請降以軌爲涼州總管封涼王
十月李密爲王充所敗率衆二萬來降高祖禮之常呼爲弟拜
爲光禄卿上柱國封邢國公

十一月隋東郡丞王軌以滑州來降拜滑州總管
十二月隋襄平太守鄧暠以柳城北平二郡來降以暠爲營州
總管
武德二年閏二月辛丑可達寒賊朱粲遣使請降命前御史大
夫段確使於粲
王世充將李公逸來降拜上柱國杞州總管陽夏郡公邑二千
户公逸黄人也隋末喪亂與其族弟善行答居雍丘以義勇爲
人所附初歸王世充知其必敗遂間遣使請降遂有是命因以
雍丘置杞州
七月海岱賊帥徐圓朗以數州之地遣使請降即授兖州總管
是月王世充遣其將羅士信侵穀州士信率其衆千餘人來降
世充遣步騎五千躡之不及帝素聞其勇及是大悦遣使迎勞
賜物五千段稟食上音禀下音嗣其所部焉
九月王世充將張鎮州侵南陽帝遣使者諭之仍拜鎮州爲右

武候大將軍是月以和州賊杜伏威爲淮南道安撫大使和州總管伏威大業末越王侗以爲東道大總管封楚王太宗之圍王世充遣使招之伏威請降故有是拜

三年正月黎州總管李世勣於竇建德中自拔來歸帝大喜遣使迎勞之詔授黎州總管上柱國萊國公尋加右武候大將軍改封曹國公勣本姓徐賜姓李氏賜良田五十頃甲第一區

三月以石州賊帥劉季真爲石州總管賜李氏封彭山郡王

四月戊午太宗討劉武周于柏壁其將尉遲敬德與宋金剛來拒王師敬德屯介休帝擊金剛大破之追奔至于介休乃遣李文士及任城王道宗等往諭敬德遂奉城來降太宗大悅賜以曲宴授秦府統軍

六月以和州總管淮南道安撫大使杜伏威爲總管江淮以南州諸軍事揚州刺史東南道行臺尚書令上柱國封吳王食邑五千戶賜姓李氏附屬籍

七月王世充右建威將軍田世闍來降帝嘉之待遇甚厚

九月甲午王世充將張鎮州來降拜左衛將軍封黃國公食邑三千戶

戊申高開道遣使來降乃下詔曰褒德叙功有國彝訓任賢賞善列代通規僞燕王高開道家本海隅志懷慷慨有隋之末州域彫殘招集徒旅自保邊塞繕脩斥候捍禦寇戎氏吏肅清倉庫完實既而審達機變遠慕朝風闔境獻誠歸款内屬請申經略輯寧燕代厥功以茂宜從褒寵禮命之善用超常級可使持節蔚州諸軍事蔚州總管加授上柱國賜姓李氏上籍宗正封北平郡王食邑五千戶

是月王世充豫州蔡右楊仲達以三州之地來降拜仲達爲上柱國賜食邑三千戶其子行規爲豫州總管行摠息州刺史

四年正月竇建德行臺尚書令胡大恩以太安鎮來降詔曰晉衛旌善哲王彝訓任賢使能有國通典胡大恩往因隋季夷狄交侵繕甲聚徒輯寧邊境既而阻隔戎寇自保方隅遠慕朝風因機立效摧破凶黨亭徼無虞抗疏闕庭以申誠節忠義克著宜隆寵命因其所統即加榮秩可使持節代州諸軍事代州總管加授上柱國封定襄郡王食邑五千戶賜姓李氏上屬籍宗正

五月周法明以蘄春等四郡之地歸國拜黃州刺史封譙郡公初法明叔李密寄敵由是來降

是月竇建德所署右僕射裴矩將建德之妻及傳國等八璽來降封矩安邑縣公

六月海州賊臧君相以五州來降拜海州總管

八月詔曰三楚之地江山遐阻五嶺之表經塗遼遠自有隋失馭盜賊交侵聲教莫通方隅圮絶朕受圖膺運君臨區宇率土之濱情均撫字方今函夏寧乂文軌大同尉候無虞要荒率職然而江嶺之外咸阻寇戎閩禺之鄉未聞正朔左武候將軍黃國公張鎮州大將軍合浦縣公張知略二方首族早從歷任

恩展誠效緝寧州里鎮州可淮南道行軍摠管智略可嶺南道行軍摠管以安撫之

九月甲子僞吳王汪華以黟歙五州之地來降華隋大盜汪寶權之族子也大業末爲山賊有兵一万至是拜歙州摠管封越國公丁卯文登賊帥淳于難率衆來降以其地爲登州拜難爲登州刺史上柱國封萊國公食邑三百戶

十一月遣安撫大使李靖徇嶺南諸州皆下之詔襄州道行臺兵部尚書劉瞻綏集嶺南

五年二月江南賊帥張善安以虔吉等五州之地來降拜洪州總管邳國公

四月隋鴻臚卿寗長真以寧越鬱林之地來降以長真爲摠管長真世爲渠帥其父猛力陳末爲太守陳亡猛力自云與叔寶同日生當爲天子不肯入朝隋師討之阻瘴不能剋猛力卒以長真爲刺史隋師之討林邑也長真助軍後樵部落得數千人

從征遼左煬帝嘉之拜鴻臚卿大業十年遣梁顗表爲安撫大使遇隋亡以其地歸於蕭銑帥五越之衆攻丘和於交阯至是來降交愛之道自此始通也

五月隋日南太守李晙遣使請降以晙爲南德州總管

是年七月丁酉隋漢陽太守馮盎以越南之衆來降高祖以其地爲高羅等八州仍授盎高州總管累封国公拜其子智戴春州刺史智彧東合州刺史尋徙封盎耿国公盎北燕人也初馮弘投高麗也遣其子業以三百人浮海歸宋遇弘爲魏所滅業留居番禺之新會其孫融梁初仕羅州刺史其子寶娶越女冼氏爲妻因爲南越首領自融至盎代爲牧守隋末高涼通守冼寶徹反盎擊破之因北吞廣州西并蒼梧南牧朱崖之地自稱總管至是來降嶺表悉定矣

郭孝恪隋末率鄉曲數百人附於李密因與李勣守黎陽密敗勣令孝恪入朝送款高祖授上柱国封陽翟郡公宋州刺史令與李勣經營武牢巳東所得州縣委以選補

丘和隋大業末爲交阯太守隋滅遂以州從蕭銑及銑平和以海南之地歸國詔使李道裕即授上柱国譚國公交州總管和遣司馬高士廉奉表請入朝詔許之

楊恭仁大業末爲宇文化及所署吏部尚書隨至河北爲化及守魏縣時元寶藏據有魏郡會行人魏徵說下寶藏執恭仁送于京師高祖甚礼遇之拜黄門侍郎封觀國公

李襲志隋末封始安郡公守本郡經二年而無援卒爲蕭銑所陷銑署爲工部尚書檢校桂州總管武德初高祖遣其子玄嗣齎書召之襲志乃密說嶺南首領隨永平郡守李光度與之歸國高祖又命間使齎書諭襲志曰卿昔述父在桂州仍屬隋室運終四方圮絶率衆保境未知所統朕撫臨天下志在綏育眷彼幽遐思沾聲教況卿朕之宗姓情異於常一家弟姪並立誠效公又分遣首領申論諸州情深奉国甚副所望卿之子弟並

據州縣俱展誠績每所嘉歎不能已巳今並入屬籍著於宗正

張長遜仕隋爲五原太守天下大乱遂附於突厥尚莫賀咄設結爲兄以自固突厥號長遜爲割利特勤及義兵起遣使歸附高祖甚嘉之授左光禄大夫封安化郡公

李藝隋末爲幽州總管聞高祖踐祚歎謂官屬曰建德開道皆劇賊耳宇文化及弑逆无道吾皆不能從之唐公起兵事符衆望入據關右自古必成吾率衆歸之意巳决矣會唐使張何傳檄至薊藝奉表歸國於是璽書封王賜姓李氏

常辯守令言隋末高居東都及王充僭號署辯爲左龍驤將軍辯私謂鎮將楊慶安李君義等曰充雖據有洛陽無人君之量大唐巳定關中即真主也乃共慶安君義等遣使人京密申忠款高祖欲發兵攻洛陽潜令以書召辯辯奉書即帥部兵入京

李育徳趙郡人也祖諤隋通州刺史育居武陟隋末乱乃繕修器械嬰古城以自保遠近多附之王徳仁等攻之皆不能剋后聞隋滅爲河内郡掾柳燮河陽都尉獨孤武都同降李密以育德爲總管及密爲世充所破育德以城歸国拜陟州刺史

蠶祖尚以以俠氣聞爲州里所歸屬宇文化及之乱遂舉兵據郡自稱刺史尋附東都越王侗署爲光州總管沈国公后遇世充篡位遂爲之絶遣使歸国因復其本任封弋陽郡公

田留安初爲王世充征南將軍大破恩遇欸陰謂所親曰吾嘗聞李氏當王天下今長安威德日隆天人所尚吾知歸矣遂率所部二千人來降高祖大悅拜上柱国雲麾將軍封懷化郡公賜物七百段太宗在藩引爲右四統軍從擊宋金剛徐圓朗皆有戰功

太宗貞觀元年五月乙丑常安賊帥苑君璋以衆來降拜隰州都督君璋初爲劉武周腹心武周又歸突利可汗后見頡利政亂兆異每趣知其必敗乃率所部來降頡利遣兵追躡逆擊走之至大州遣子孝政先入朝於是拜爲都督封国公邑三千户

賜帛四十匹

十月以嶺南首領馮崙談殷等尚阻兵更相侵掠時議者請發兵擊之帝不許因遣員外散騎侍郎李公淹持節宣諭之使者所至之處溪洞酋領皆來聽命南方悉定崙遣子智戴奉表入朝帝嘉其誠款賞賜甚厚拜衛尉少卿

九年十二月吐谷渾王慕容順爲其下所殺國中大亂乃下詔曰近以吐谷渾恃其遐阻屢擾疆埸肆行凶虐種類乖離妄命將士申茲弔伐有征無戰所向摧殄渠魁竄迹自貽滅亡朝威遠暢邊亭静謐朕君臨衆宇志在含弘不欲因彼危亂絶其宗祀乃立偽王之子大寧王慕容順招撫餘燼守其舊業而順背不感恩遠懷貳志種落之内人思憤恚遂創大義郎加勦絶雖復權立其子所部又致擾亂兢動干戈各行所欲朕憂勞兆庶無隔華夏遐聽西顧良用矜惕若不星言極救便恐塗炭未已兵部尚書潞國公侯君集等咸才兼文武奇深内外嘉謀著於朝堂茂績書於王府必能宣風閫外克定遐方可量其事機綏撫經略分遣使人明加曉諭如有不遵朝旨敢與即合精鋭隨便翦撲盡感懷之道稱朕意焉

十六年正月乙丑遣使往西州撫慰其舊首望有景行淳直者量擬騎都尉以下官奏聞百姓疾患賜醫藥老病獨惸糧食乏絶者咸加振給

十九年六月伐遼東命諸將攻白巖城陷其西北城主孫伐音請降遂受降帝以白巖城爲巖州以孫伐音爲中大夫守巖州剌史上輕車都尉賜帛二百匹馬一匹衣一襲金帶一同謀而降者並賜戎袟及諸衣物焉

肅宗至德元年七月甲子即位於靈武赦書應逆賊李林甫王鉷楊國忠近親合累者不在免限百姓官吏能率親屬去逆歸順者官加其優獎斬得逆賊父子不問首從當賜封王別有褒崇

二年十二月安祿山偽范陽節度使思明遣使以兵八萬上表來降兼之授御史大夫兼范陽節度使令使統所部以討殘寇

三年正月庚子滄州刺史烏知義延王傳樊澄並背逆歸順知義爲滄州刺史澄爲涼王傳二月癸卯偽淄青節度太常卿兼御史大夫能元皓及子偽太子家令昱背逆歸順有詔嘉其忠義以元皓爲銀青光祿大夫鴻臚卿攝御史大夫充河北招討使子昱朝散大夫守太僕少卿

乾元元年二月丁巳逆賊軍將幽州節度副使特進獻誠王向史那承慶特進左威衛大將軍安守忠左羽林大將軍順化王阿史那從礼祭希德李庭訓符敬等使人齎表状歸順詔曰承慶可太保封定襄王守忠可左羽林大將軍封歸德郡王從礼可太傅封歸義郡王希德可德州刺史庭訓可邢州刺史敬可洺州刺史

十月甲辰帝御宣政殿册成王爲皇太子詔大赦天下今餘寇未殄有脅在賊中未歸順者一切不以爲罪其受賊節制能以兵降者別其封爵

二年五月丁卯河北破賊生擒賊八人來獻帝並釋之各賜乾元錢十千文及器仗一副馬一匹絹一束並放歸賊中勅之曰任汝所適八人皆自刺臂爲盟約誓梟賊首以報聖恩

九月史思明寇陷洛陽叔冀守汴州戰不勝與董秦降思明十一月甲子以開府儀同三司兼殿中監董秦封隴西郡開國公食邑三千户仍賜姓李氏改名忠臣爲秦陷賊歸順故寵之也

十月賊將高庭暉投降自五臺府果毅拜特進兼右武衛大將軍李日越投降授特進兼右金吾衛大將軍員外置同正

上元二年正月詔曰比緣寇盗之内干戈脅從白刃臨頸苟存忍死所以陷於凶黨嚮免者多前後詔書頻已該及其史思明將士及偽署官屬等有束身歸順并率衆來降官爵如初一無所問以城邑降者仍別加封爵餘凶黨之流亦同此例天寶臨照朕無食言

五月甲午逆賊史朝義下偽滑州使刺史兼鄭汴等節度使令狐彰
斬逆賊大將軍二人并破杏園渡口賊二千餘衆以滑州歸順
帝嘉之拜滑州刺史攝御史中丞充滑亳衛相魏六州節度
使仍加銀青光祿大夫
九月壬寅赦書其史朝議若能翻然改圖改逆歸順罪無所問
加以勳封
元年建丑月賊中官游少連蘇茂珍等歸降以少連為驃騎大
將軍兼少府監員外置同正員仍封臨洺縣公茂珍為左金吾
大將軍員外置同正員仍封扶風縣子
代宗寶應元年八月劍南狂賊徐知道麾下將李忠勇殺知道
以降劍南州縣叢平帝以忠勇為蜀州刺史封臨晉郡王賞功
也
十月東都平史朝義北奔汴州賊將張獻誠不納率所統兵歸
國詔拜汴州刺史充汴宋節度

十二月元帥雍王上言偽鎮州節度使張忠志以趙定深鎮易
五州歸順拜忠志檢校禮部尚書兼常州刺史充武德軍節度
使賜姓李名寶臣
廣德二年二月南郊大赦天下所有諸色結聚及羌渾党項等
能悔過自陳各歸生業一切並捨其罪其中有能率先來者仍
特加官賞
六月癸未詔曰佐命大臣自天所授納于將相委以腹心休戚
寧同始終無易太保兼中書令靈州大都督府長史單于鎮北
副大都護充朔方節度關內支度營田鹽池押諸蕃部落副大
使知節度事六城水運使兼河中副元帥上柱國大寧郡王懷
恩朕之元輔上帝賚予道備五才能包三傑長策制敵精誠感
神夙奉先朝志平多難援旗朔野崑躍岐山前驅啓行所指皆
剋收關河之襟帶復都邑之衣冠以義斷恩毀家徇國躬擐甲
冑驅馳十年遇戰則酣逢堅必脆總統戎旅道和夷狄決策東
向殲厥渠魁掃清祅孽雖遺梗海隅万里一舉蕩平遂欲息
馬投戈坐而論道當朝大政並以諮之聽康載之歌為千古之
式移軍汾上方歎凱旋疑隙之端構於群小浮言初起且以強
大自嫌邪說又生或謂功高不賞以茲淹恤因有沉猜撫之若
驚諭之未解朕以白日精信明神鑒心若有負功臣是大欺天
下為人君者豈有此乎尋聞聚族而謀知欲番棄入覲其子猶
懷反側更有廷延少年輕能操履非正私庭毆邑違背君親朔
方義師心如父子怒其懷貳遂共梟懸凶子既誅大軍方擾蒼
黃奔竄遠在邊州察其深衷本無他志蓋緣憂懼遂及於斯眷
念之下無忘鑒寐況勳書盟府像列雲臺錄功念勞豈以小而
累大君臣之義情實如初厚祿榮班固宜仍舊但以河北諸將
自竭忠誠朔方三軍已有管屬不可更置統領復為節制其先
任靈州都督府長史單于鎮北副大都護及河北副元帥朔方
節度等使宜並停其太保兼中書令上柱國大寧郡王並如故

但當詣闕更復何疑再三言提庶早歸復欽令方寸懸示万邦
爾无我虞朕言不再久勞于外終必無成永之桑榆殊未為晚
甘言之誘王者不為危而悔之將何及矣切令宣示遠副朕懷
大曆七年五月制巴南諸州仍歲水旱迫於凍餒或至流離因
有剽求苟全性命懼刑網之所及姑嘯聚以相依抑有由焉蓋
非獲已永言其弊用軫于懷如能相率來歸各安生業並無所
問咸許自新宣示中外咸使知悉
十一月詔如聞巴南道州自頃年已來其有結聚或攻陷城邑
者申明朝旨曉諭令歸各許自新一切不問庶亦隨材敘用俾
効誠勤各復其居勉從所務展歲時伏臘之祀洽宗黨鄰里之
歡人之常情當所思慕必在長吏敦率設法安存勸其農耕恤
其疾苦如刺史縣令有能政字人民使流亡日還戶口歲益宜
委觀察使錄狀奏聞當別加超獎宣示士庶令知朕意
十一年九月以汴宋節度兵馬使攝節度副使開府儀同三司

鴻臚卿兼御史中丞上柱国壽国公李僧惠為宋州刺史充本州團練守捉使仍封合川郡王食邑三千户以太中大夫檢校尚書兵部員外郎兼侍御史賜紫金魚袋高瑀為曹州刺史充本州團練守捉使以開府儀同三司攝鄆州刺史石隱金為鄆州刺史充本州鎮遏使仍封洛交郡王食邑三千户李靈耀之叛也僧惠為之謀主至是相率歸順故有是命

冊府元龜卷第一百六十四

冊府元龜卷第一百六十五

帝王部 一百六十五

招懷第三

唐德宗建中初，原州別駕劉文喜閉城拒守，帝命朱泚等攻之，城中將士當受春服賜予如故。

二年十月，徐州刺史李洧弃淄青李納，以其州來降，加御史大夫，食實封二百戶，仍充招討使。

十二月，以淄青李納之降將攝密州刺史馬萬通為密州刺史，兼御史中丞。

三年正月，魏博田悅將任履虛偽以衛州降，便授衛州刺史，兼御史中丞、河陽節度行軍司馬。

二月，以田悅降將博州刺史兼御史中丞李再春檢校右常侍，兼本官，賜實封二百戶，魏博招討副使。初，再春子瑶為田悅裨將，悅敗於洹水，瑶自魏州出降馬燧，再春因以其州降，遷瑶銀青光祿大夫、試太常卿，兼侍御史。

三月，田悅將攝洺州刺史田昂以州降，授檢校右常侍，兼洺州刺史、御史中丞，實封一百戶。

四月，李納將攝德州刺史李士真、攝棣州刺史李長卿皆以州降，因授士真兼御史中丞、德州刺史，長卿檢校秘書監、兼棣州刺史，各實封一百戶。

是月，宣武軍節度劉洽攻李納之濮陽，降其守將高彥昭，平恩郡王，賜實封五十戶。

七月，以盧龍軍節度掌書記、檢校祠部員外郎鄭雲逵為諫議大夫。雲逵以朱滔反，因出軍，乃逃歸京師，帝嘉其來，超拜之，而留於客省。

興元元年二月，鎮州王武俊集三軍削偽號，詔國子祭酒兼御史大夫董晉、中使王進傑自行在往鎮州，宣命授武俊檢校兵部尚書、成德軍節度使。三月，加司空、同平章事，兼幽州盧龍兩

道節度使。時朱滔連結迴紇奚契丹，阻絕王命，武俊既首倡歸順，帝嘉之，故擢拜宰相，并授幽州。武俊遂悉師攻滔，竟殲衂焉。

五月庚寅，詔贈故平盧軍淄青節度使、司空、平章事、饒陽郡王李正己為太尉。自正己卒，其子納即阻兵構逆，故追贈不及焉。至是歸順，故有斯命。

七月庚辰，詔曰：「李懷光往因職任，頗著幹能。朕嗣位之初，首加拔擢，託為心膂，授以旌旄。頃歲河朔不寧，令往征討，任兼將相，恩極寵榮。及朱泚猖狂，誘姦作亂，擾動京邑，逼迫奉天，懷光率領全軍，奔赴國難，克殄逆逃，遁宗社再寧，保安朕躬，實有所賴。委元帥河中府之權，兼太尉中書令之秩，廣增真食，賞及宗親，人臣之盛，莫與為比。豈朕於懷光不盡，豈朕報懷光不崇？京邑未收，嫌釁已構，被朱泚潛使姦人說誘，又受張昭、韋諧等惑亂之辭，曾不覺知，自生疑阻，遂與元惡通和往來。朕志在推誠，事皆掩覆，懷礼遇轉厚，委任轉深，都不悛心，凶惡日甚，勅書慰問將士，懷光並不令宣，三軍咸欲收城，懷光並不令出，自云已共朱泚定約，不能更事國家。兼朱泚所遣來人，令見宣慰勅使，公言迫脅。先後君臣，朕以眇身，獲承鴻業，務全大計，遷幸山南，蒼黃之間，備歷危險。賴朔方等軍將士保守忠義，恥陷惡名，不諧同辭，誓守臣節。懷光知將士之意不可改移，徑往河中，偷安朝夕，據有罪跡，情實難原。然以奉天解圍，嘗著勳烈，昨又遣男璀、惛等謝罪懇請，束身歸朝。朕憫其改過之誠，念其赴難之効，以功贖罪，務在優容。令給事中兼御史大夫孔巢父齎先授懷光太子太保勅牒，往河中宣慰，許三日內便與懷光同赴上都，所在保護，不得邀截驚動。還若授以軍令，仍許懷光將百人已下隨身防援。如欲便令家口同行，亦聽。懷光若到闕庭，必保全終始，厚恩寵待之，初仍賜實封五百戶，子孫承襲，代代無絕，信如皦日，朕不食言。朔方軍素推忠義，國家每有危難，未嘗不立大功。子儀西收京城，皆是此軍之力。昨又遠從河北，來赴奉天，逆賊畏威，望風奔遁。眷言殊績，朕豈暫忘？其軍事將士各竭忠志，叶心戮

力撗遭迫脅無路自申每一念之痛心自咎此者君臣阻隔只爲懷光一人今懷光自請入朝悔捨其罪况諸將士並是功臣各宜坦然更勿憂慮所有官爵實封并賜名定難功臣一切如故仍准元勑超五資與改轉

九月詔曰朱滔受任籓門累著誠績委寄既重祿秩亦崇臣節中虧自貽伊阻洎賊泚搆逆僭竊上言以弟兄之親在法無捨朕以罪不相及情有可原特以如初之誠廣其自新之路執迷不復固敢是求感義而歸旣困方悟累獻款疏深陳懇誠省之惻然良用憫歎雖將相嫉惡之志固所難容以居上懷柔之情未忍拒絶且善莫大於改過德莫盛於好生宜委武俊抱眞開示大信深加曉諭若誠心益固名跡先彰朕當掩覆録與與之昭雪宣告衆庶咸使聞之

十月李希烈僞署滑州節度李澄以所部歸順和澄檢校兵部尚書汴滑節度使次月封武威郡王賜實封五百戶

是月詔朔方及諸軍在河中絳州朝邑將士等難危已來常濟國難去歲朕在奉天兇黨攻逼解圍赴急亦賴此軍言念勲勞情均骨肉濟朕危厄感之豈忘頃以懷光背恩自生猜阻焚惑將士汚脅忠良朕頻降詔書皆被懷光隱匿朕之誠素昔未數揚今時屬嚴凝例須衣賜豈以懷光一人拒命遂令衆不霑恩朕於功臣義存終始其朔方將士等今年春冬衣并賞錢宜令所司別收貯待道路通流當時支遣如有歸順者續到續給其大將先有實封並准元勑配州給牒委馬燧渾瑊逐便分付令其差人請受仍明宣諭令悉朕懷懷光擁逼朔方及諸軍將士據河中同絳等州凡數萬衆度支奏懷光下將士旣同叛逆請除其冬衣不給帝謂之曰懷光一人反叛朔方將士累代忠義何罪而不給故有此命

閏十月詔曰朕臨御萬方失於君道兵革不息于今五年憫衆庶之勞悔征伐之事而李希烈棄義奔德反天虐人朕哀彼生雖陷于逆黨苟存救物不難屈身故於首春特布鴻恩赦其殊死待以初誠使臣爵叨於郊畿臣猶已聞於僭竊賊烈縱甚吞噬無獸將綱大臣咸懷賡敷繼陳章疏固請討除朕所行天誅本去人害兵戈既接玉石難分言念生靈遭罹脅制雖欲改節履路無由乃受汚終身猶冤沒代倫常以虧誠足痛傷言轉自一夫而毒流百姓爲人父母能不動懷宜令諸節度使將欲進軍先加曉諭王師致討唯在元兇所是脅從一切勿問如能去逆効順因事建功明設科條以示獎勸

貞元元年三月己未以光州固始縣令孫液爲鄭州刺史兼御史中丞始液因官陷賊李希烈寇汴州逼迫武牢尺爲所制託液心腹授偏師鎮鄭州希烈敗退保蔡州液以州來歸

四月詔朔方及諸軍應在河中將士頃赴奉天濟朕危難皆是功臣懷光脅其妻孥脫身無路朕屬者下詔招諭官爵實封一切如舊雖獲於陣上亦無所傷蠢蠢此心無負忠義今馬燧渾

瑊并諸軍臨擣賊巢河中將校歸降相繼衆皆奉國捐家足以見軍士之心與言感歎宜加優獎宜以馬燧渾瑊充招撫使并逋歸順一切不問歸順將士仍別建營壘優給任用各盡其才所在誘諭務稱朕意

八月李懷光平詔曰國家多難二紀于茲朕嗣位七年連兵五載追惟往事悔恨盈懷今二孽繼誅諸方甫定哀彼淮右獨爲匪人其帥不龔其衆何罪諸道應與淮西連接宜各守封壃非彼侵軼不須進討仍委所在長吏明加招諭宣布朕懷李希烈若能歸降待之以不死其餘將士官吏百姓等一切洗滌與之更新期示庶邦自求多福無有遐邇咸使聞知

二年二月詔曰李希烈負恩作亂劫脅平人朕念生靈無辜務欲息兵捨罪累行赦令皆許自新言必再三事出誠素此朕含垢忍恥屈法爲人之心天下所明知也希烈又因執兇圖驅脅將士違我詔命傾我甲兵今月三日遣僞署申蔡唐鄧四州都

知兵馬使杜文朝率馬歩五千人入襄州北界介山南東道節度使樊澤勤兵馬與戰大破其徒斬級擒生盡除畧盡又於陣上生擒杜文朝及大將馬坦然等此皆朕德不昭感教未敷行致使平人爲脅從逆命其帥有罪其人何辜朕所以省表惕心感事增歎循與致過尚可息兵再明屈己之心式洽好生之義其陣上生擒將士馬坦然等七百九十人宜令樊澤給衣服糧食並放却還并寫前後赦文勅命宣示淮寧將士等有能向化者准赦令一切不問官爵如初其傷痍未勝致者並委醫療令其得所其陣上所殺人宜差所由官於側近埋瘞兼立牌記無使曝露懋吾春和其杜文朝身領全軍事得由己不能歸順力屈就擒待到日當有處分

七月以許州鎮遏使李光暉爲許州刺史薛翼爲唐州刺史光州鎮遏使夏侯沼爲光州刺史隨州鎮遏使李惠登爲隨州刺史褒歸順也

十年七月昭義行軍司馬元誼據洺州以謀亂誼之弟諒時爲兵部員外郎素服待罪闕下帝令復職且遣諒以書諭誼爲

十一年九月昭義軍節度掌書記試秘書郎盧頊爲洺州別駕知州事賜緋魚袋賞有功也時元誼據洺州頊白於節度王處休請入城說下之頊見誼爲陳利害誼請隨頊歸朝故頊不次授官誼亦竟不赴京師

憲宗元和元年正月命高崇文討劉闢三月丙子山南西道節度使嚴礪奏収梓州破賊千餘人丁丑制曰朕聞皇祖玄元之誡曰兵者凶器也不得已而用之恭惟聖謨常所祗服故雖文告有所不至誠信有所未孚姑務安人必能忍耻朕之此志亦可明徵近者德宗皇帝舉柔服之規授宰衡之任弘我廟勝遂康巴庸故得南招入貢西虜寢患成績始究元臣喪亡劉闢乗此變故坐邀符節朕以枉成命者雖乖於理體從權便者斯異於輯寧竟違卿士之議遂允僥求之志朕之於闢恩亦弘矣曾不知負牛羊之力飽則逸咒有貪戾之心馴之益驕縱惡士伍圍逼梓州誘陷戎臣塞絶劍路師徒所至燒掠無遺千絶之辜擢髮難數朕爲人司牧育彼黎元如闢之罪非朕敢捨是用叶群帥之謀除百姓之害永清妖孽底定一方伐罪弔人於是乎在其逆賊劉闢在身官爵宜並削除今王師致行尋擲天險將潼城守已解攻圍壓卵在笑坐看撲滅其西川將士如有乘此聲勢翻然改圖梟斬凶魁以効誠節者必當特加爵秩高位重賞朕無愛焉其餘將吏等但能去逆効順以所領歸降者超三資授官以一身降者亦與改轉長行官健歸順者並與叙録仍加賞給其西川管內刺史等當其阻亂執克靜柯雖章表未通而衷誠可見今能歸款亦仍舊職如或棄城立効因事建功並特加酬賞務極優厚夫皇王之道弔伐所加我在除殘情非樂戰故脅從罔理必誡於徂征梟獍是求俾興於綏懷禁暴止亂其在茲乎況有跡將危心罪非首惡歸我無路遂至淪胥言念斯況尤深衆惻所以明諭將帥罪止渠魁其餘詿誤一切不問布告遐邇宜悉朕懷

九月以西川降將李文悅爲戎州刺史仇良輔爲嶲州刺史

二年十月潤州將張子良等既擒逆賊李錡制曰浙西管內官吏及職掌人若備迫脅驅使者但情非同惡一切不問

三年六月癸亥以邕管將黃少卿爲歸順州刺史弟少高少溫並授官少卿西原蠻酋也貞元中屢爲邊寇至是相率歸款

四年鎮州王承宗拒命以護軍中尉吐突承璀將兵討之詔曰自古哲王之有天下者懲其暴亂則法所宜加察其情狀則罪有不及況故太尉兼中書令武俊忠扶邦國節著艱難嘗覩冊書頗見風槩而承宗毀弃門戶違悖君親遽騁姦凶自貽討伐欒盈干紀宰志武子之勳蕭望絶封無廢酇侯之嗣緬焉忠而見節礼以議親屈降深恩庶行中典載明樵採之禁兼茂歸降之制好生之德俾浹人心止殺之源用孚朕志其王士平士則並

宜各守舊官其武俊實封仍特賜士則承襲鎮州大將昔著茂勳言念其勞每用增歎其有食實封者並宜依舊不須停給如領兵軍將以所領歸降者超二資與官賜實封二百戶仍賞錢一萬貫文其武俊士眞松楸墳墓行營諸軍並不得輒有毀伐除暴勝殘事非獲已布德施惠仁豈遠乎用歇帛伐之師式示皇王之道宣布內外宜悉朕懷

十一月丁未詔鎮冀管內諸州百姓等莫匪王人皆同赤子蓋戀生業遂迫兇威暴賊急征既嗟於無告冒鋒觸刃又慮其俱焚言念于茲良深憫嘆其應討伐鎮州諸軍所到之處宜先存撫百姓使安其業勿令虜掠傷害以副朕心

八年八月丁未辰州賊帥張伯靖降于荊南九月辛亥以伯靖爲右衛翊府中郎同正員兼歸州司馬仍委荊南節度使量前驅使

九年十月甲子制曰朕嗣膺寶位于茲十年虔推至誠以御方夏庶以仁化臻於大和宵衣旰食意屬於此今淮西一道未達朝經擅自繼襲肆行寇掠將士等迫於受制非是本心思去三面之羅庶遵兩階之義宜以山南東道節度使嚴綬兼充申光蔡等州招撫使仍與諸道行營將帥等即同糾率共申曉諭其淮西將士官吏等如有歸國者仰量其高下便授職任仍具聞奏即超官爵縱舊有罪犯一無問吳元濟如束身歸朝亦當棄瑕錄用其百姓有歸投者仰便給糧食仍與田宅務加存恤使其安堵事平之後淮西將士宜共賜錢二百萬貫百姓給復三年詔書所不該者嚴綬量其所宜條流聞奏庶盡綏懷之義以申生育之恩若尚執迷不能遷善至於問罪自有常刑宜以誠懷使其知悉乙丑命內常侍知省事崔談峻都監申光蔡等州招撫使及山南東道節度兵馬使仍與嚴綬及諸道計會逐便宣慰

十二年二月庚申勅淮西賊中百姓窮困相率歸順其數甚多言念生人載懷哀憫必資綏撫使獲安存於許汝行營側近置

行郾城縣委韓弘計議揀穩便處置又於唐州側近置行吳房縣仍令本界節度觀察使擇幹了官知縣事兼量置兵馬防護使免憂危特行營諸軍共招得淮西百姓五千餘口賊以西南戰力者三年賦歛內外調發食共衣戰卒之外多無羨食水竭其魚鱉蒲茨蔬盡其走獸畜產以及草木又苦賦令許雪相帥而出賊亦慮其負不復禁之

三月己巳以太子僕楊元卿爲蔡州刺史兼御史中丞本州團練鎮遏使詔曰淮蔡近郊久隔皇化本殲兇虐在拯生靈況今賊黨攜離相繼効順思俾阽危之俗盡霑牧養之恩勞徠招綏令之所切其新除蔡州刺史楊元卿宜令與李愬商量計會且於唐州東界選擇要便權置行蔡州如百姓官健有歸順者便准勅優卹存撫令知國恩必使全活

四月己亥詔曰刑賞大信國令必行義勇深誠旌答斯在西文城柵歸降都將吳秀琳堅拒逆之計結勤王之心翻然令圖克効前款高秩厚賜宜疇爾勞可試秘書監兼御史中丞封濮陽郡王賜實封二百戶賞錢萬貫仍令李愬署以重職以獎忠臣

五月辛未詔曰見機効節識固於危途秉義懷忠福生於死地挈其全邑誓彼万心事且超於等倫賞豈限於班次郾城降將殿中監鄧懷金自王師壓境詔命先施識祝網之深恩感投身之有地纍俘以列介士無譁披於凶壘造我營部聞之者響振慕之者風趨銷遏亂源導迎善氣固可勤功王府播美天閽拜爵當特傳封後裔可檢校太子賓客兼御史大夫封新平郡王并賜實封二百戶賞錢萬貫文委李光顏署以重職仍加銀青光祿大夫

十三年正月一日赦書鎮州王承宗若能束身赴闕捨而不問仍加官爵又制曰王承宗先祖武俊有勞王家雖弄焉之師每從人欲而十代之宥常切朕懷近以三朝稱慶八表流澤廣此鴻霈開其自新而承宗果能翻然改圖披露表懇遠遣二子進陳表章緘圖印以上聞獻德棣之名部發困奉棄并歸貢盟諒申効順之心足見納忠之志抑而不撫何以示懷其王承宗所

有瑕釁特冝洗雪依前銀青光祿大夫檢校吏部尚書餘如故其管內四州百姓委承宗厚加安慰先是命尚書右丞崔從使鎮州賜之璽書期以自新承宗素服俟罪奉表陳白帝益矜之遂復爵命以華州刺史鄭權檢校工部尚書兼德州刺史充橫海軍節度德棣滄景觀察使

四月甲寅魏博遣使將押送王承宗男知感知信及其將石汎等至臺門請罪中使宣旨令於客省安置俄有詔移館於禮賓院魏博監軍遣使獻王承宗德棣二州圖印兼請入管內租稅

七月詔復承宗實封三百户

十二月戊寅魏博及義成軍送到擒獲逆賊李師道下都知兵馬使夏侯澄兵馬使朱澄等四十七人並從釋放仍却遞送魏博義成軍營妥收管驅使如緣父母猶在賊中或羸老疾病情切歸還者仍量事優當放去務於全貸何所疑留及澄等至行營賊覬知之潛相傳告由是叛徒皆感朝恩繼有降者

十四年正月淄青僞署海州沭陽縣令兼鎮遏兵馬使梁洞以縣降于楚州刺史李聽詔授洞檢校殿中少監兼侍御史知沭陽縣事賜實封一百户賞錢五千貫并令淮南節度使李夷簡授之重職其縣權隸楚州加聽兼御史大夫

穆宗以元和十五年正月即位十一月癸卯制曰朕聞帝王之宅四海子群生如天無不覆如日無不燭其發號施令也如雨化有所未至恩有所不周乃睠冀方初喪戎帥念乎三軍之士故能上符天道下感人心朕自嗣守寶圖將欲恢弘王略嘗懼洎乎四州之人或懷忠積誠而恩用莫展或災荒兵役而望恤何階今則昌運一開誠節咸著王承元首陳章疏願赴闕庭恩保父兄之名克固君臣之義已加殊獎別委重藩又念成德軍將士等叶心嚮義丹款載申方欲効其器能各冝列於爵秩大將史重歸牛元翼等已並超授榮寵今加都加厚賜普示深恩兼以四州貧下百姓當敷賑贍之惠俾識含育之仁冝令諫議大夫鄭覃往鎮州宣慰親諭朕意仍共賜賞錢一百萬貫以內庫及户部見在疋段支送充賞給將士兼代四州貧下毛科州縣之中或有殘破頗甚者委田弘正量便冝優卹務令存濟朕又以王澤所洽天綱方收宥過釋愆與人休泰其管內見禁囚徒罪無輕重並冝赦免其大將等雖已頒賜官爵或慮有遺并判官等且委弘正具名銜聞奏如或父母在者別具上聞當加優卹當道從前已來官吏將校等或忠義可嘉而刑戮濫及如有此色亦條錄奏聞當加追贈如子孫見在者厚加優卹仍具聞奏四州之內有高年惸獨或承平遺老咸覩皇風或孤獨癈疾不能自存者委官就問量給粟帛四州之內有素藏清勤惠及百姓者具事跡聞奏當量加進改如有隱居山谷退在丘園行義素高名節可尚或才兼文武卓然可稱者具名薦聞朕以武俊之勳勞光于彝鼎士真之恭恪繼被節旄承宗感恩亦克立勳永言十代之宥俾賜一門之榮承宗兄弟並已授官爵如

或未葬者及亦當具名聞奏其承宗葬事亦委官句當禮物之間務令周厚嗚乎錄其遺忠延乎後嗣旌其衆善被于一方國有彝尉不恡於邸隱朕有好爵無愛於功賞庶使八表大同五兵永戢宣示中外冝體朕懷

長慶元年八月鎮州監軍使宋惟澄奏七月二十八日夜節度使田弘正爲亂兵所殺并家屬元從將吏合三百餘人共推都將王庭湊知兵馬事下詔曰朕嗣續丕元書至於偃兵者具樂殺人因念自孩名之逮于羈丱不三十年不能爲成人豈忍以一朝之忿驅而殺之然而田弘正首以六州之衆歸於朝廷開先帝之雄圖變河朔之舊俗除去苛暴昭宣惠和愛人如身養士如子拊循教訓必忠孝爲先是以魏之師徒一年而知恩二年而知禮三年而相與讓於道矣故南征淮蔡東伐青齊北定趙地元勳茂績皆自魏師肆我憲宗付之心膂入則輔弼出則藩垣推誠不疑近貴無此顧朕小子獲受丕圖嗣守不

皇何暇恢復而王元逵請贊其願奮身何非勳賢不敢輒授是用答我元老臨於是邦而又寵諸將以參官加三軍以厚賜復其租入惠役蕃衆於此一方之人可謂無有不至而梟音未革狼貪猶存忍害忠良恣為殘賊臨軒震悼撫几興嗟天乎不仁一至於此朕下為居父上奉祖宗毀丹擲於鯨鯢鳴股肱於蛇豕尚欲因循忍恥僶俛偷安非唯傷心於田氏之子孫亦將何顏謁先帝之陵廟人神共憤鄉士叶謀咸願誅夷用申寃痛便合興師進討以翦姦兇尚念一軍之中豈无義勇誓牟變動必非衆謀為得其魁餘復何罪宜令魏博橫海昭義河東義武等軍各出全軍以臨界首仍各飛書檄具諭朝旨如王庭湊能執首謀為國奮勳三軍者送至隣道或就州縣處置然後束身歸朝必當超獎授三品正員官并與實封五百戶其餘三軍將士一切不問并大將等或有能相勸諭翻然改圖者各隨事跡當加寵擢如王庭湊執迷不悛討逆宜便進軍以時翦滅有不得已至於界首其有效忠則宜懸賞如有梟斬元兇者先是六品已下官並與三品正員官先是五下節級累進仍與實封三百戶莊宅各一區錢二萬貫以一州歸順者便與當州刺史仍賜實封二百戶如先是本州刺史以一州歸順者超三資與官仍與實封二百戶一縣歸順者超兩資與官實封二百戶如有能率所管兵馬并以城鎮來降者並超三資與官賜爵實封一百戶賜錢一萬貫以身降者亦準前例處分其有城鎮將士百姓等守節拒賊身死王事各委長吏優給其家仍具事跡聞奏當加褒贈其有潛謀誅斬渠魁被其屠戮者宜便加追贈并賜錢帛仍與一子官諸軍所至不得妄加殺戮焚燒廬舍擄掠資産并有拘執以為俘馘其管內州縣有自置鎮營堡柵王師所至能相率來歸各加酬勞時當秋候務切農功邊界之人懼廢耕織應緣軍務所須不得干擾百姓如要車牛夫役工匠之類並宜和雇情願仍優給價錢賊平之後應立功將士並與超資改官節

級賜物其長行官健歸降者亦當優賜粟賞幽陵繼授誠謂鄭常以其考善賞來壽加台鉉校其勇重示以招攜尚闕迷復之門用廣自新之路如聞賊中文牒妄作異端皆指朝廷徵兵欲戍邊塞此皆狂詐扇動人心况今邊上甲兵足以備禦欲令知悉故重宣明仍委所在節將以此告諭者竟蒸之俗此至可投虞芮之人讓畔可感仁義則水火可蹈忠信則蠻貊可行由是言之亦在化之而已違我長理何其遠哉豈朕之薄假甚寧自聖而不可教也將朝之悍悟骨俗自持而負我念耶二者之來皆朕不敏內省終夕其心浩然於是封域之中干戈作矣廟朝縛組无忘弭寧布告朕懷以須良畫文宗初即位以故横海節度李全略子同捷為兖海節度同捷託以三軍乞留拒命

大和元年八月庚子詔曰王者之御天下也推其志誠格以大順臣子之奉君父也務以奔走竭其忠貞故能上下交感家邦用寧其有專土周旋干紀悖戾忿弃彝典矯誣當時固人神之所不容古今未能制者也朕以菲德祗荷鴻業將臻俗於至厚之域致人於無過之地永用勞慮惕然疚懷李同捷幸席舊勳不思纘緒輒為未幾私行畢纏毒殺忠良擅惑部校稽之国憲難逭常刑朕以頃在先朝已稽中貫寬宥成命未議致圖庶乎無階以服有苗因罪而降當國使且勞午優詔稍明而又越留務之權擬之戎帥授負海之地置之中華推恩含垢斯亦至矣而同捷益懷迷執閉境授兵大詬隣封拒捍中使假遏人情恣中外驚嗟叛命既彰大義當絕事非獲已良用憮然其季同捷在身官爵並削奪朕以滄景之地凋瘵尤甚今若恣茲小醜遂致大刑處金革一揮玉石同碎吊人之義深塈未安宜令四面節度使各以本鎮兵鉾共固疆守絕其覘伺之路撫其離叛之人嚴戈矛之備以待其窮據山川之要以張我武如叛徒驚擾潛有侵軼當隨機禦遏以自保兖勿使凌犯為虞覽防或弛其濯暑將士如有能奮揚忠義執縛渠魁者先是六品已下官者便授三

品正員官。其先是五品已下官者，節級超擬，仍賜莊宅各一區、錢二萬貫，文武並別加寵任。如能率所管兵馬以州郡來降者，超三資與官，便授正牧，賜錢一萬貫；以城鎮來降者，超兩資與官，仍賜錢五千貫；以一身降者，亦與改轉，仍賜錢帛。其同謀如能知義悔過，束身歸朝，並與洗雪，仍加寵獎。若不能悛悟，自取誅夷，罪止一身，其餘脅從，一切不問。於戲！佳兵者聖祖之所誡，文德者前哲之所崇。肆余寡昧，敢忘丕訓？兼以齊庶方者，號令立人紀者，君臣斯制，苟渝大倫，安設是用？絕其奔軼，誠以申嚴，行無戰於文告，庶有畏於迷復。待此來遠，諒非初心。布告內外，咸使知悉。

二年三月己卯，徐州節度使王智興奏於棣州界破賊五百餘人，悅却棣州三面城門。庚辰，敕曰：如聞招討棣州，計日降下，賊收百姓多在城中，時方春農，必多驅迫。歸降之後，宜委智興撫戶口人數，節級賑賜，使各安生業。仍以度支供軍斛斗數內充

其失家業者，仍以空閑屋居田地，逐便安存。

九月辛丑，授棣州降將劉志清為正議大夫、檢校太子詹事，兼侍御史；龐再忠為朝散大夫、檢校少府監、殿中侍御史、滄州臨山縣主簿、知州事；張叔連為福王友。

八年十二月庚寅，詔邕府招討使董昌齡曰：邕州累平溪洞，兵威所向，首惡皆擒。言念蒼生，無非赤子，況在荒徼，尤當撫循。其溪洞如有未歸附者，向後非因侵擾西一，不用進討，仍加存撫，各使懷安。所獲黃洞百姓，並分配側近州縣，令自營生，不得沒為奴婢，將充賞賜。

開成二年三月壬申，詔唐州湖縣官捷桂管聚集妖人，或始於計窮，或迷於誘導，嘯集未散，伏藏山林者，各委本處長吏遣人宣諭恩旨，並放令歸鄉貫田里，俾安家業，易更根尋。

武宗會昌三年八月，昭義軍劉稹叛，命令河朔三鎮討稹，命徐、許、滑、孟、魏、鎮、幽、并八鎮之師四面進攻。制曰：成德軍節度使王元逵、魏博軍節度使何弘敬，或姻連王室，或任重藩維，頃陳一至之誠，願揚九伐之命。吳漢任職，受詔而初無辭難；或竭忠未戰，而義形於色。況成德軍嘗以梟騎摧陣，首破朱滔，吉甫方討再迴魯陽之日，鼓音未息；三周不注之山，魏博軍亦以大旆涉河，賁殲師道，建十二州之旗鼓，以列降人，削六十年之鷹隼，盡歸皇化。士傳餘勇，軍有雄心，必能禀鄰帥之指蹤，成高亮之討伐。茲兩二帥，朕所注懷。元逵守本官，充北面招討澤潞使；弘敬守本官，充東面招討澤潞使。潞州暴亂者，列祖在藩，先天啓聖，瑤聯續事，接于後卒，鑾輅巡遊，金石刻于代邸，寶書可封之俗，又為仁壽之鄉。艱難已來，頗著誠節，必非同惡，咸許自新。其昭義軍舊將士及百姓等，如原初心，並赦而不問。其大將等如能拾逆效順，以州郡兵來降者，必加封賞。如能擒逆賊劉稹者，別授土地，以報勳庸。其諸道進軍，不得焚燒廬舍，發掘丘墓。仍澤潞兩道三戌元同力攻討。朕以群臣執義固爭，謀非獲已，布告

中外，用申予懷。

宣宗大中三年正月，涇原節度使康季榮奏：吐蕃宰相論恐熱以秦、原、安樂三州歸國。七月，三州七關軍人百姓皆河隴遺黎數千人見于闕下，帝御延喜門撫慰，令其解辮，賜之冠帶，共賜絹十五萬疋。

懿宗咸通四年七月，詔徐州銀刀官健，其中先有逃竄者，累降敕旨，不令捕逐。其今年四月十八日草賊頭首已抵極法，其餘徒黨各自奔逃，所在更勿捕逐。

僖宗光啓元年閏三月，詔諭秦宗權逆鎮制曰：我國家天曆自歸，君臨無外，十七聖涉流玄澤，積潤生靈，三百年保定鴻基，方延運祚。其間數經災運，禍起兇狂，纂竊命之秋，已觸震驚之怒。或復心生變，或骨肉相圖，近事可明，靈誅不漏。蓋人祇之共棄，乃宗社之儲休。亦頃中外重臣佐佑，遠大恥既雪，小康可期。凶渠首禍之勤，用致綏懷之旨。而宗權潛圖收竄，倚伏特深

章表繼來皆識可驗而兵戈未戢牧論猶疑是生交構之端益感親隣之聽況位崇將相爵極侯王圖功則國禍可平校之而家室已憂勸忠勇於部伍莫若率先鑿戍敗於古今當思釋禍猶冒屬厭之誠適括亂之機且患難繁封疆有制各國侵軼自撥悔尤高潯之下澤州將攻偽師周岌之窺臨汝本利危邦謝為致寇之資蓋昧啓衅之釁得土地為他人所有得貨財亦他人所資勢敵則相傾力均則相忌害莫深於歸怨利莫厚於圖安況井邑皆空耕桑盡廢歎瘡痍而未復慙哀痛而難忘且洛邑通都非列藩之所汴河陽要地亦諸夏之必爭若不制自本朝豈可公然竊據節旄罷授須侯王人賦稅均輸合資國用至於封疆隣接鎮可商議指揮但將遺舊先藉近鎮繼聞蒲陝已受攻圍河外變事於投絕關中自妨於漕轉迴車或阻奉國貪官今者先在息兵各令守境爵位寧非愛惜君臣足保初終尚[illegible]方知罪討甚法制不行必一興師征伐須徇於衆情人亦有言理難為容萬方之罪當責朕躬而九廟之威靈憑天力紙以義旗頻盛宮闕曾會諸徒既戮元兇須遵後命祈以塞輿愈慮之稟殷勤猶期遠保宥心不欲便棄衆怒山河著誓當明指日之心聖哲尊生必用舞干之德佇披深款勉踐良圖

昭宗以文德元年三月即位十二月蔡州牙將申叢執秦宗權獨折其足乞降詔中使宣諭便以叢權知留後以中使至別將郭璠殺申叢執宗權送汴州

大順元年六月太原節度李克用大將權知邢洺兵馬留後安建上表請以三州歸朝遣中使往勞之

乾寧二年八月邠州王行瑜將蓋寓李存信副判官王讓李襲吉等並降詔加錫賚

哀帝天祐三年十二月兩浙奏淮南楊行密偽署宣州都團練觀察處置等使檢校司徒前守舒州刺史王茂章去今年正月八日部領首下馬步進發當道其人是淮南第一都將情以本竟知邦來慕大朝明盛觀茲忠孝合具奏聞者訖曰王茂章能分逆順洞彼狂迷弃楊渥之亂邦不同荼毒投錢鏐之巨鎮忠託賢良既明向國之心頗見立身之道元戎所薦義節昭然宜行激勸之規用示獎酬之寵宜授金紫光祿大夫檢校太保兼御史大夫

冊府元龜卷第一百六十五

冊府元龜卷第一百六十六

帝王部一百六十六

招懷第四

後唐武皇大順二年三月邢州節度使安知建叛入汴軍武皇令李存孝定邢洺因授之節鉞時幽州李匡威與鎮州王鎔攝弱中山將中分其疆土定州王處存求援于武皇武皇命存孝侵鎮趙之南鄙又令李存信李存審率師出井陘以會之併軍攻臨城柏鄉李匡威救至且議旋師

乾寧元年五月鄆州節度使朱瑄爲汴軍所攻遣使來乞師武皇遣騎將安福順安福慶安福遷督精騎五百假道於魏州以應之

三年正月汴人大舉以攻兗鄆朱瑄朱瑾再乞師於武皇武皇假道於魏州羅弘信許之乃令都指揮使李存信將步騎三萬與李承嗣史儼會軍以拒汴人存信軍於莘與朱瑾合勢頻挫汴軍

四年九月河中王珂來告急言王珙引汴軍來寇武皇遣李嗣昭將兵三千以授之屯於胡壁堡汴軍萬餘人來拒戰嗣昭擊退之

天復三年梁太祖所署昭義節度丁會以潞州歸帝納之賜甲第於太原位在諸將上

莊宗初爲晉王天祐八年正月南伐至邢州遣李存璋治城攻城時梁將王檀爲邢帥乃約矢飛書諭以禍福曰天雖祐順神亦害盈有道即興無道即滅昔漢朝中否俄成王莽之妖晉祚中微復起桓玄之禍莫不因緣多難構合異圖謂天地可以心欺謂帝王可以力取殊不知雪霜之後寒松驗貞堅之姿喪亂之期義士見忠勤之節是故南陽宗室京口英雄皆禀仗順之秋謀遏建平宛之策浦盧崔蒲餘孽畎畝微民因黃巢將敗之秋於白水退師之後自知勢蹙遂乃向明聖朝以方切招懷頓行愿遲便從賊將委以齊壇錫全忠之嘉名居夷門之重地爾後連侵四鎮疊擁雙旌非聖朝恩澤不深非聖朝有負此賊而乃結連姦逆攻逼河岐謀害近臣劫遷鑾輅終成大逆遂弒昭皇投戮宗枝逼辱妃后萬民相顧而拭淚百辟飲恨以吞聲以致神堯高代之基陷入碭山豎子之手人祇痛憤天地慘傷况復自潛號已來猜狂愈甚忌勳舊則殺傷已盡貪財貨則溪壑難盈氏叔琮朱友恭之徒蔣玄暉張廷範之輩罪無毫髮皆被誅夷王重師覆族於前劉知俊脫身於後如斯統馭何以扶持稍成爪牙之壞便中讒邪之口且鎮定兩地聖唐重藩皆世嗣山河代分旄鉞各以生靈是念封壤求安既拜表以稱臣又輸財而入貢而逆溫不察忠淬潛肆窺圖詐稱應援之師益取深冀兩郡見利忘義一至於斯欲令天下歸心乃至舟中敵國昨鎮定大王特差人使徑告斃藩予遂統師徒躬來應援逆溫已令其將王景仁等七八萬衆屯據栢鄉日令步騎攻圍其賊然不出闘遂令引退即使前來旣洛穀中須施毒手東西掎擊勢若山摧擒戰將二百餘員奪鐵騎五千餘疋橫屍滿野皆龍驤神捷之徒棄甲如山悉長劍銀槍之類程恩權綵陳光本張壽亦備述事機燃董卓之臍何煩再舉斬桓玄之首正在此時近又波下淮南皆通間使咸期春首同起義師計栢鄉之勝捷凛[illegible]在兩地之戈鋋轉急天時人事昭然可知伏以公綠橫名[illegible]唐勳族因襲國難偶在賊庭當華夷無事之時滿朝朱紫簪社稷中興之後足顯勳名子胥門自憲宗朝世闕已來世荷恩寵敢因此際誓復聖居必不與碭山田夫同戴天而履地子嘉賓王緘僕射九月中鳳翔使迴劉知俊令公因貽書示兼傳密意具述足下相於之分最異他人兼憑附送絹書尋令通送又出示得潞州相公家兄文字及招得魏博子將問得逆溫於公君臣之分已有猜嫌曾於故鎮著人密欲窺算皆言紀綱不少謀害稍難頗得事機極不盡諸且公坐門侍中之後為勳業播在

史書豈忍屈節賊庭點汙盛族轉禍爲福去就奚安箕子去殷項伯歸漢棄骨肉猶稱先智全宗留貴固是良圖今三鎭歃師已及城下敢傾丹抱卯達英聰儻蒙俯賜忠言見機知變叶同討逆興復聖唐則身與金石齊堅名與天地同固豈以久欽重德是敢先貢直言如明鑒未迴丹誠尚阻則長壕巨壍築室返耕候飛走以无門固展龍而有日

二月南伐鄆州步騎三千自黎陽歸國其都指揮使張從楚曹儒謁見帝賜衣袍鞍馬頗其兵爲左右定霸命從楚爲都將俱賜姓李氏從楚改名紹文曹儒曰紹武

十二年八月攻邢衛洛磁下之相州節度張筠棄城遁去邢州節度閻寶嬰城自守帝令軍士諭以張筠宵遁令降將張温率汴軍五百於城下招諭之寶知勢危窘援軍路絶請以城降帝嘉之進位檢校太尉同平章事遥領天平節度東南面招討等使待以賓禮位在諸將上

九月梁將戴思遠爲滄州帥時巳定魏博思遠勢蹙棄州遁毛璋（毛璋本滄州小校）棄虛據之以城歸國因授貝州刺史又轉滄州

十四年二月梁將謝彦章帥衆數万逼楊劉城帝自魏州馳之輕騎趣於河上賊軍遂壘以自固又決河水彌漫數里以限我軍我軍大得進自破安彦之後其潰亡之卒多嘯聚於兗鄆山谷間觀時勝負有投來者帝以書諭之曰夫相時進退乃爲智士之良圖擇福知機蓋丈夫之能事故有竄身山谷不恤危邦今古收同英豪共貫近聞鄆州山寨聚徒是數並是汴洛舊人兗鄆奇士見河用之失險知偽數之必亡猷血刃於連年避淫刑於僞主必相元元失所恤恤无依莫知投足之方未有息肩之地予自去冬親提虎旅徑取楊劉旣獲通津已諧六計覩茲壁而便同机上一鼓梁園而巳在彀中謝彦章營壘嘯聚河上撩虎頭而難逃碎首伸螗臂而何暇爭鋒今則虐使生民決開天塹築隄壅水自固軍營偷生取笑於庸夫作盡頌同於兒戲公私塗炭内外分離旣阪蕩以不技固氷銷而在邦予俯詳人事仰察天時旣畫成謀已圖大舉控新爵之鐵騎劫日之雄戈伍指定期長驅決戰誓予國耻須復家仇靡妖祲於四郊拳中興於方業諸君等或中州義士或大国遺民因兵革而不保田園避殘酷而深藏溪洞向余義卒計各權然今旣屯聚衆多已相統屬須自謀畫自立功名或則攻取城池便可跨據州縣因茲事勢以決遠圖梁寇旣西有多虞固不暇分其東未有兗則死人之境鄆則思亂之州彼若圖之必定成事斯爲上策不可後時凡有兵機予能應接當俟寰區一統游内爲家可於所得封疆遂其富貴之願蒼穹白水予所不欺若守險偷生潛身匿迹終爲亡命自棄何多時不再来機須速決長謀遠算自可擇焉自是兗鄆羣盜往往率衆歸于行臺

十五年梁河中節度朱友謙來乞師友謙本名簡（梁太祖畜爲）假子以爲陝州節度後爲河中節度及友珪弑逆意頗不懌友

謙徹之友謙不奉命友珪令其將韓勍等將兵攻之友謙乞師於帝帝赴援大敗汴軍與友謙會於猗氏陳飼歷款願爲附庸帝嘉其忠頗賞待之

十六年攻下濮陽擒其長吏乃下敎告諭曹濮百姓曰干紀亂常人神共怒殺君盜国天地何容激忠良仗順之心拯黎庶倒懸之急予援從近歲親率義師每惟戡難之謀所切予民之患而賊黨不分逆順憑附妖兇唯偷晷漏之生不慮覆亡之禍去秋予暫歸晉觀留侍并都賊將王瓚輒渡洪河偷營與兗不敢前來決戰遠出交兵唯壁偷安可知羸懦予親臨賊壘率士登城賊送出營門与吾合戰纔交鋒刃便委干戈戮甲士二万余人奪鐵騎三千余疋萬千李立之輩已畢戮於軍前拱宸侍衛之徒尽獲晁於大野所殘兇黨不日翦除料彼友貞難逃鈇鉞豈能保完生聚撫擇疆陲予昨控出偏師徊地曹濮盼其蘇息罹此百殃空六名轉鬪之勞殊失保全之望予示其禍福各擇安危

勿附賊以土家須決機而保族寧能自攜老幼歸我封疆亦議撫綏俾令蘇息如懷鄉戀土者則免待時則須遠避兵鋒慎於去就俘平兇醜奠復鄉園其行營軍兵士州縣長吏等自解圍上黨對陣相鄉華縣交兵楊劉接戰亦合諸君機略可料曩義何必阿附元兇自貽伊戚不如嚮義自卜永圖且旦之懷元元共悉

十七年秋七月梁將劉鄩尹皓寇同州先是河中節度使朱友謙取同州以其子令德主留務請梁主降節梁主怒不與遂請旄節於帝梁主乃遣劉鄩與華州節度使尹皓帥兵圍同州友謙來告難帝遣蕃漢總管李存審昭義節度使李嗣昭代州刺史王建及率師赴援九月師至河中朝夕濟梁人不意王師之至望之大駭明日次於朝邑與朱友謙謀遲明進軍距梁壘梁人悉衆以出蒲人在南王師在北騎軍既接蒲人小却李嗣昭以輕騎抗之梁軍奔潰追斬二千餘級是夜劉鄩收餘衆保營自是閉壁不出數日鄩遂宵遁王師追及於渭河所棄兵仗輜重不可勝計劉鄩尹皓單騎獲免未幾鄩以憂懟發病而卒

二十年四月莊宗即位制曰偽梁濫封疆兄弟之國追思舊好言念疲民惠在綏懷恩加招撫各仰沿路鎮及所命宣陳咸令樂業營生無使侵擾為患

同光元年八月梁行營右先鋒指揮使康延孝自高陵津渡剽於臨河帝以騎軍挑戰延孝率百餘騎倒戈來歸延孝本晉陽人家世部族少隸太祖軍負罪奔於梁衛至偏裨性驍烈負氣不居人下知賊庭終敗來奔帝虛懷引見解御衣金帶以賜之翌日賜田宅于鄴以為捧日都軍使兼南面招討都指揮使檢校司徒守博州刺史時河朔危急延孝至軍情稍壯

十月己卯車駕至汴州梁開封尹王瓚恐懼出城迎降伏地請死帝曰朕與卿家世密親兵戈阻闊卿即時竭心所事人臣之節也何罪之有乃命復舊職（初誅張漢傑朱珪輩瓚大恐又啟自安帝有詔慰諭方入見帝慰諭之然以憂疑病卒）壬午梁將段凝所部馬步軍五萬解甲於封丘勑首令於州城北十里排立俟而段凝等率大將先至泥首請死帝慰之曰偽主詿誤御軍非卿等罪各賜錦袍御馬錢帛有差帝出封丘門撫勞兵士歡呼之聲聲動天地帝諭之曰爾等皆吾赤子被賊驅率暴路征行數十年來不安耕織今誅逆孽平一天下自此休征罷戰何樂如之可各復本營餘勿憂懼

癸巳勅朕親舉義旗徑下偽京兇醜雖已翦除內外或聞攜擾責行招諭以示綏懷應諸色官員並宜仍舊勾當軍人百姓各自安居永無勞弊之虞共睹昇平之代如無良之輩扇動人情便仰密加追捕嚴行處斷貴從寧謐當體朕懷是月入洛偽洛京留守河南尹張全義嬴老不勝拜蹈帝令人掖之臨軒慰勞稠沓初全義棄澤州而趨河陽弟全武及家屬為我軍所得歸之太原太祖給賜田宅厚加撫卹天復中密令人通情至是帝重其宿望謂之曰張侯無恙卿識機知變無由與我早通卿家弟姪幸復相見全義悲涕謝恩進弊馬千計謝恩帝命皇子繼岌皇弟存紀等兄事之是月詔叛之則伐服之則捨蓋前經之興言爲當代之通規既屬纂承是務遵守應舊偽庭位居藩翰任處專城或掌握兵權或捍防邊鄙各為其主以全其名既解甲以歸明或飛章而送款變通斯覩忠節可嘉其逐處節度觀察防禦團練等使及諸州刺史監押及偽庭先差出行營將校都監等並頒恩詔不議改更仍許且稱舊銜當俟別加新命是月偽梁宋州節度使袁象先至覲於玄德殿泥首待罪詔赦之

十一月梁河中節度使西平王朱友謙自河中至見於玄德殿進金幣名馬帝慰勞加等友謙乞割磁隰依舊為蒲之屬郡乃以絳州隸之又求為安邑解縣兩池榷鹽使亦許之尋加守太師尚書令進邑至一萬八千戶西平王如故又賜姓名繼麟兼賜鐵券恕死罪

是月中書奏河南諸方鎮節度刺史昭洗之後未有新官每上表章只書名姓未領渙汗必負憂疑望宣付各降制命以表新

恩從之
二年二月遣左武衛大將軍張紹處押國信宣賜淮南
五月潞州賊首領楊立遣子將薛暉奉表乞行赦宥帝令樞密副使宋唐玉齎勑招撫
四年二月癸丑中書門下奏僞蜀官員先有勑旨黜降近者員數極多相次到闕並是未承前勑處猶憂疑宜令御史臺具所到官員出身歷任三代家狀約僞官品秩准前勑次第當擬開正官奏復如是僞蜀將相家屬將校即於山東州府安置如在卑家屬少者或是本朝舊人有骨肉見在班行即任便居止或是三川居人願還本土亦候三兩日放歸本處或有本朝曾登科第歷任班行材器爲衆所知可以甄錄即續具人才酌量奏擬從之是時僞蜀宰相王鍇庾傳素張格皆本朝衣冠之後世豆盧革韋說素知之既覩歸款意欲勵之善地故有是條奏以俟其求

孫彥韜字德光少以勇力聞於鄉里唐末朱氏將圖革命兼鎮四鎮擢彥韜於伍卒歷諸軍校偏及朱氏僭竊軍鋒屢爲莊宗所敗彥韜北兇河上知大事不濟乃間行由官渡委質來歸帝嘉而納之授親從定捷右廂指揮使
劉玘梁貞明末爲晉州觀察留後莊宗收復汴州玘來朝玘在平陽八年日與上黨太原之師交鬬境上莊宗見而勞之曰吾侯無恙爾控吾晉陽之南鄙歲時久矣不早相聞今日見訪不其晏歟玘頓首謝之郊天後復令歸鎮正授旄節尋有詔改授安遠軍
明宗初以天祐九年領內衙親兵時周德威攻圍幽州劉守光困蹙令元行欽於山北募兵以應契丹時帝攻行欽於山北與之接戰矢及帝馬鞍既而以勢迫來降帝憐其有勇奏隸爲假子後因從征恩禮特隆常臨敵擒生必有所獲名聞於軍中
大成元年八月以僞蜀開府儀同三司行尚書右僕射兼中書侍郎同中書門下平章事上柱國趙國公食邑五千戶張格可金紫光祿大夫檢校兵部尚書守太子賓客上柱國仍封南陽縣開國伯食邑七百戶右三司副使從判三司事自任圜所奏請也
九月幽州奏契丹平州守將僞署幽州節度使盧文進率戶口歸明所率降戶華夷人口在平州西首尾約七十里十一二戶皆州又奏文進所率歸業戶口蠲放稅租三年仍每口給糧五斗
是月文進及將吏四百人見賜鞍馬玉帶衣被器玩錢帛有差乃下制契丹盧龍軍節度使檢校太尉盧文進遼西飛將薊北雄才頃以被讒因而避禍雖作尚毛之俗長懷向國之誠將軍寧屈於虜庭校尉終還於漢壘洎予纂紹果卜旋歸鑾雁足之書累於龍庭之處前冒白刃中推赤心擁塞垣之車帳八千復專土之軍民十萬氣吞沙漠義貫神明每降寵章以旌壯節可將進依前檢校太尉同中書門下平章事使持節渭州諸軍

事守滑州刺史充義成軍節度滑濮等州觀察處置等使仍封范陽郡開國侯食邑一千三百戶兼賜推忠翊聖保義功臣
二年十月汴州節度使朱守殷叛帝親平之辛丑德音曰衞主亡軀推忠效命偶徇脅從之勢終懷忠盡之誠首識向明理宜行賞昨車駕初到城下之時有將士率先開門及下城朝見宜令石敬瑭奏聞當與甄酬
三年四月制夫忠而能力蓋臣子之嘉猷賞不逾時乃君親之大義其有一心奉國萬里勤王宜系化於遐陬振威聲於異俗宜昇寵秩式示優恩竭忠建策興復功臣東南面行營副招討使寧江軍節度觀察等使光祿大夫檢校司徒使持節都督夔州諸軍事守夔州刺史西方鄴壯節挺生英材間出居家克孝事主能忠撫銳旋以遄征飛捷書而荐至一日千里復峽內之五郡七縱七擒掃荊門之氣祲近令偏將徑取歸城運籌之智神輸破竹之威雷速漸平兇穴當覆梟巢方堅倚伏之誠宜降褒崇

之命俾兼為保釐重殿邦畿虎踞於上流行鯨吞於下瀨於戲功名與立節義彌高鼎鍾方示於鐫銘綸綍寧煩於訓誡唯期帶礪永協雲龍可檢校 太保使持節都督夔州諸軍事守夔州刺史寧江軍節度觀察等使

十月戊午契丹署平州刺史張希崇將麾下八十餘人歸闕見於文德殿便召赴宴例如賞賜希崇幽州人陷蕃歲久契丹署於平州至是殺其蕃兵率平營人戶來歸

四年二月丁亥夏州行營都監安重益率師赴西軍時夏州李仁福身亡其子彝超擅稱留後詔邠州藥彥稠總兵赴夏州至此因降敕書曉諭夏綏銀宥等州將吏百姓曰近據西北藩鎮聞奏定難軍節度使李仁福薨變朕以仁福自分戎閫遠鎮塞垣感恩俱行忠孝兼著當本朝搆起之後及先皇興創之初或大勳惟從或遙遵聖主夙夜每勤於規救始終罔怠於傾輸暨及眇躬益全大節協和群屬惠養黎民致朕端拱無為修文偃武績彼統臨有術綏遠肅邇安委任方深凋殞何早忽覽所奏深愴于懷不朽之功既存於社稷有餘之慶宜及於子孫但以彼藩地鄰窮邊每資經略彝超年纔弱冠未歷艱難或虧禦侮之方定啟姦邪之便今令嗣襲貴示優恩必若蹈彼危機不如置之安地其李彝超已除延州節度觀察留後前延州節度使安從進却除夏州節度留後各降宣命指揮便勒赴任但夏銀綏宥等州最居邊遠久屬亂離多染夷狄之風少識朝廷之命既作當於移易宜普示於渥恩應夏銀綏宥等州管內罪無輕重常赦所不原者并公私債負殘欠稅物一切並放兼自刺史已下指揮使押衙已下皆勒仍舊勾當及與各轉官資宜令安從進到日倍加安撫速具名銜分析聞奏朕自總萬機唯弘一德內安華夏外撫戎夷先既懷之以恩後必示之以信且如李從曮之守岐隴疆土尋寬高允韜之鎮鄜延甲兵亦眾咸能識我知變舉族歸朝從曮則見領大梁允韜則尋除鉅鹿次及昆仲並建節旄下至將校悉分符竹又若王都之貪上谷李賓之竊方或則結構契丹偷延旦夕或則依憑兇黨竊據山河罔稟除移唯謀旅拒比及朝廷差命良將徵發銳師謀悉萬全戰皆百勝纔興討伐已見覆亡數萬騎之契丹隻輪莫返幾千族之党項一散俄平是以孤城盡誅群黨無遠無近悉見悉聞何必援引古今方明利害只陳近事聊諭將來彼或要獲旌旄之秩則王都李賓足為鑒戒彼或要全身之福則允韜從曮可作規繩朕設兩途爾宜自擇無貽後悔有玷前修今以天命初行人情未定或慮將校之內親要之間幸彼幼沖恣其熒惑遂成搖動致累生靈今特差邠州節度使藥彥稠部領馬步兵士五萬人騎送安從進赴任兼已別降宣命嚴切指揮安從進等委其訓誡師徒務詳事理從命者秋毫勿犯違命者全族必誅先令後行有犯無捨更慮孤兒之輩樂禍之徒居安則廣造異端貴於擾亂臨難則却謀相害自要功勳宜令李彝超體認朕懷宣諭彼眾無聽邪說有災姦幾宣布丁寧咸令知悉

六月權知荊南節度高從誨上章乞許自新重修職貢初從誨父季興以請峽內三州事豫城阻命結甲通結島夷從誨至是諫不從及王師問罪孔循令門客李湜見季興諭以禍福季興附慢不遜從誨俟其有間私於湜曰今公性僻不能遠圖此事予當號泣言之竟未聽從然予之操心必不負於國家苟王師退舍聖上許其啟圖予必可致令公首過公為予言於執政至是季興卒從誨屢遣使致書於湖南襄陽師請上章保明願垂昭洗先是湖襄表章交至是從誨復自上章首罪帝曰先已叛命不須從誨事可待之如初

長興元年九月淮南降將海州馬步軍都指揮使王傳拯率黑雲都兵士七百三十五人見於內殿各賜鞍馬衣服錢帛袍帶有差

三年三月辛丑以淮南降人潤州觀察巡官蔡澤為亳州推

令仍賜絹

晉高祖天福二年二月勅訪聞諸道州府等非以朝廷近有指揮捕羅官健震驚居民擾動鄉原致彼編甿不思樂業結集徒伴藏避山林其間亦有因便為非率意行劫事不獲已想亦故心今既國家安寧春事興作宜行告諭各使歸還復務耕農況無徭役切慮有無知之輩拒罷不歸須示條流其令安靜所勅到後與量地里遠近須限各令復業已前為非一切不問如限內不來者其物業許隣近人請射承佃或有不認招攜尚行偷劫者一縣若係及諸近人密來陳告便許占射賊人物業亦賞如賊無物業即委逐處指揮每告一人即與賞錢貳拾貫文如至十人已上更賜銀鞍轡馬一匹此外並依所告得人數支與賞錢仍據所獲賊便與補職安排委逐處長吏遍下管內令於山谷道口津渡如法粉壁曉諭仍不得差人四向專切招攜如是不能改過尚務結集者委逐處分兵士擒殺

七月勑昨者魏府臣僚忽興狂悖河陽兵士小有驚擾已各命於誅除竊盡平於集黨亦軍興之際賊計多在每發細人密有擾羣慝在離間上下黙彼忌良朕固無疑人何懷懼近聞尹暉怨然出外不延朝參又去安繼英誤有傳聞亦茲猜疑且尹暉身安繼英位居班列事合審詳不諳此時偶乖對訴倉惶遂致殞歿閔恩在矜寄雖遣招攜尚猶議辭放各安家人諸處招喚出來都令如舊一切不問此後諸處收捉到姦細文字等其從事人依舊支給優當其細人畫時處斬文字當處焚燒冀表推誠免令惑衆布告中外咸使聞知仍付所司暉魏州人也少以勇健事建節楊師厚為小牙將莊宗併其地累為小校從戰河上每於馬前步鬬有功莊宗即位連改諸軍指揮使明宗天成後歷數郡刺史應順中王師討潞王於岐下暉與楊思權首歸潞王潞王納以鄴圍長之潞王即位帝入洛嘗遇暉通衢暉馬上揖轡帝甚甚怒之及因朝謁請偽主曰尹暉常才以歸命稍先陛下欲今此頓名賚及諭旨云不當偽主乃授應州節度帝即位改西衛將軍范延光以暉失意密使間人以榮利啖之暉懼沿汴水欲奔淮南未出王畿為人所殺

繼英未詳何許人也事偽梁歷為內職唐莊宗朝歷諸衛將軍出為絳州刺史明宗天成中改冀州北面水陸轉運使旋授隰州團練使入為執金吾轉左監門衛上將軍繼授懷州金州加檢校太保帝即位復居西衛至是以有弟為魏州子城都虞候故延光使人誘焉繼英不自安逃詣許州留後所親温延沼求以繼英有女嫁延沼之故也竟不為温氏兄弟所容會張從賓據水叛命繼英從之尋為杜重威所擒送闕梟首北市時繼英有子曰懷德而萬泉令涌中逆帥安審信擄而妻之尋有詔追戮所愛生赤樺之以繼英因屈身不容本非為逆故也凡將授光遠討范延光于鄴送賊軍都頭王洪等十人至大寧宮前並釋放

三年三月詔送箭書三百道楊光遠射入賊城諭范延光外並不爲罪

八月帝以范延光據鄴城攻之經歲不下以師老兵勞思寢其役遣謁者入謂之曰卿勢危蹙敗在朝夕若能改圖請親來歸我我當以大藩處之如降而殺之則何以享國明日可質是言因賜鐵券改封高平郡王移鎮天平延光謂門人李式曰主上敦信明義言無不踐許之不死則不死矣乃撤去守備請服請降

十月制亡卒師徒五營吏士偶因罪累遂至逋逃念曾效於忠勤宜顯行於招誘自用軍已來應有亡卒及諸色負罪逃竄諸色人等限一百日內許所在陳首並不問罪卻與收管如限內不出復罪如舊諸州府應有見禁此色人家口骨肉並從釋放

五年五月安州節度使李金全叛歸淮南帝命馬全節以汴洛兵鄭單宋陳蔡曹濮申唐之兵討之帝使供奉官劉處琛馳詔諭

李金全曰邊藩都護三載一更古之制也嗣君世及則勞逸不
均朕俾全節代卿將授卿以重鎮何循稔熒惑而有異圖近覽
復州上言太東麥洄口官波三戍皆稱江夏鳩集水軍大發樓
稽與卿應援又貢貞蔡進等咸以蠟書章表來投闕庭故旋命
六將徵兵三萬如能轉禍從順朕亦待爾如初予之食言有以
耳國若其迷途不返即釁從昧則夷宗覆族良可哀也
六月淮南僞安州節度使李承裕率衆大掠華其資貨而夜遁
擒其監軍杜光業及部下將毛琇孫厚言太余孔李重福等三
七百人露布詣闕帝曰此等何罪乃以所獲之馬與器械并資裝
豐厚而錫之及侍以館穀光業等無不仰天感激涕泣請死帝
終不殺一人悉放之故
六年八月制曰天覆地載無所不容改過自新於斯為美應亡
命山澤負罪潛匿者並放罪招攜各令歸業所在切加安撫如
過百日不出者復罪如初

十一月襄州投來將士三百餘人到闕宣付侍衛司安排其首領
賜衣帛有差
七年正月鎮州安重榮僞署深州刺史李從楨肯遣使張仁希
并都頭十將長行共九十七人先歸降到闕見賜衣物有差尋
入押赴鎮州
少帝開運二年宣收降到泰州刺史晉廷謙軍州官吏已下至
行宮前勅令釋縛賜晉廷謙器帛鞍馬銀帶公裳又賜錄事參
軍李崇義司法參軍張唯諫清苑主簿李正佐部署指揮使劉
繼暉器帛有差
漢高祖以天福十二年四月即位於太原五月至霍邑詔諭鎮
州趙贇曰卿燕臺大族唐室懿親作鎮方隅既多善政應時制
置素有嘉謀寶兼文武之才此擅方圓之譽惟爾之身久從迫
脅居胡土而當全骨肉還漢疆而近脫銜羈並遺河祇冀素霑惠
舒卷非由於己意想其拒朕嘗所吞聲朕猥以眇躬式隆丕構
承昊天眷命副群后樂推方救阽危用拯塗炭昨契丹見輩人
不材專已促裝今酋長為神物所誅俄聞暴卒興亡之兆其理
昭然其永康王道入鎮州與卿顯相疑貳今日一旦於侍衛所
內已被繫俘所有寶貨糧斛並遭誅戮窮奢盜賊脩性可量想
訃聞之必多酸楚卿一門忠孝三代公王須自雪家冤當共清
國難於我則既明向日於彼則無與同天自然壽土分茅長居
爵位重茵列鼎永慶來雲孟津之會宜先塗山之期勿後況車
駕按幸已及晉州無致他人別邀富貴臨軒雕注寤寐不忘所
有諸道申奏蕃賊等逃遁事由表章文狀等並同封往其三軍
官吏僧道百姓等別降勅曉示撫問用符衆意當體朕懷
六月至洛詔應有契丹除授諸道節度觀察防禦團練使刺史
及令錄賓僚將吏等並各安職不議改更
十一月杜重威據鄴城拒命城中散指揮使穆彥章相次與軍
士等來歸彥章賜帛百疋銀帶器皿鞍馬等餘有差

乾祐元年詔曰其有先曾仕契丹分有骨肉見在契丹者其本
人本家所在切須安存不得忘有恐動
隱帝乾祐二年正月乙巳朔制曰河府李守貞鳳翔王景崇永
興趙思綰等比與國家素無纖釁偶因疑懼遂致叛違所以命
將陳師徵辭問罪止期旦夕必見改收然以彼之提封朕之赤子
庶乂陷孤壘可念非辜易子析骸填溝委壑為人父母寧不軫
傷但以盈已變人先王厚德荒舍垢列聖美談宜弘濟物之
恩用彰好生之道其李守貞王景崇趙思綰等宜令逐處都部
署分明曉諭若能翻然歸順朕並待之如初當保始終享其富
貴明申信誓固無改移其或不認推誠堅欲拒命便可應時攻
擊剋日盪平候復收城池罪止元惡其餘詿誤一切不問仍須
告諸軍破城日不得殺人放火諸處草寇等拋棄耕農聚集林
藪晝伏夜動害物殘人前後累令翦除繼行招諭尚恐疑懼特
示寬恩如能改過知非出來陳首者應已前所有非為一切不

闕宜令逐處節度刺史及巡檢使臣明行曉示宣諭朕意言
念其歸業嘗切撫安不得信任節級所由乘私恐動重念征討
已來勞役滋甚兵猶在野民未息肩急聚徵斂殫於匱竭
之澤未暇大疲羸愁嘆之聲幾盈於道路尚以軍旅未息帑廩
無餘雖稽滋復之恩空懷惻愴之意即俟烽燧少弭國患漸除
當議優饒與獲蘇息諸道藩侯郡守等咸分寄任共體憂勞更
宜念彼瘡痍倍加勤卹究鄉閭之疾苦去州縣之煩苛勸課耕
桑以宏寬恤共振政理用副憂勞凡百臣僚當體朕意辛未夏
州節度使李彝殷獻馬謝赦靜州為蜀郡彝殷祖拓跋思恭唐
光啓初得夏州節鉞自相繼襲後唐明宗時命藥彥稠等討之
彝殷拒引党項攻奪糧道食不能給彝殷登城言曰夏州貧名
耳無珍寶部藏貢賦朝廷但以父祖相傳寓居此郡或朝廷宥
俾征伐願率衆先登若國家哀憐臨是赦之自是徵視中原陰
結叛臣朝廷知其心而羈縻之四月系與趙思綰遣牙將劉成

府一百六十六　十五

請關乞降制遂授思綰華州節度留後俄拜太保以系與城內
都指揮使常彥卿為號州刺史九月以契丹偽署前武州刺史
高奉明為右衛將軍奉明曾任蔚州錄事參軍滇歲契丹陷蔚
州奉明為蕃將南大王養子累授刺史戎王死永康立以奉明
為邢州節度使以代麻荅時麻荅王留鎮州未幾隨高祖南渡高
唐英死於安陽心不自安乃請麻荅署其部都指揮使留鍠為
本州副使尋令知軍府事奉明歸於鎮州麻荅被逐表以赴闕
故授環衛之官
三年三月徐州部送所獲淮南都將李暉等三十人徇于市帝
給與衣服放還淮南

册府元龜卷第一百六十六

冊府元龜卷第一百七十一

帝王部一百七十一

求舊

孔子曰故舊不遺則民不偷蓋以君子化民莫先敦本上行下效謂之德風王者居天下之尊崇政教之本欲民歸厚斯不務乎歷觀前世淵潛草昧之際有過從狎昵之鄉風雲感會之辰有攀附飛外之佐逮臨辰極靡忘平生遂乃幸其故地示留連張飲之恩懷其久極萬戶千鍾之賜豈惟報德亦所推誠故與賞多編次咸在

周文王燕朋友故舊作伐木之詩曰伐木丁丁鳥鳴嚶嚶（丁丁伐木聲嚶嚶兩鳥聲）

漢高祖五年正月封丞相蕭何爲酇侯（酇音贊）食邑八千戶初何以文毋害爲沛主吏掾（文無害者言無比也一云無人能傷害之）高祖爲布衣時數以吏事護高祖（護謂保護之）高祖爲亭長常佐之（佐助也）高祖以吏繇咸陽（繇讀曰徭）吏皆送奉錢三何獨以五至是復益何二千戶曰繇咸陽時送我獨贏錢二也（言何獨贏錢二百也）

九月封盧綰爲燕王綰豐人與高祖同里綰親與高祖太上皇相愛（謂綰父與太上皇相愛也）及生男高祖綰同日生里中持羊酒賀兩家及高祖綰壯學書又相愛也里中嘉兩家親相愛生子同日壯又相愛復賀羊酒高祖爲布衣時有吏事辟匿綰常隨上下（辟匿謂避宅也上下謂隨其所之也）及高祖初起沛綰以客從入漢爲將軍常侍中從東擊項籍以太尉常從出入卧內衣被食飲賞賜群臣莫敢望雖蕭曹等特以事見禮至其親幸莫及綰者封爲長安侯綰從擊燕王臧荼皆破平時諸侯非劉氏而王者七人高祖欲王綰爲群臣觖望（觖謂相觖望也）及虜臧荼乃下詔詔諸將相列侯擇群臣有功者以爲燕王群臣知高祖欲王綰皆曰太尉長安侯盧綰常從平定天下功最多可王高祖乃立綰爲燕王諸侯得幸莫如燕王者

十二年十月封郎中單右車爲中牟侯始高祖微時有急給高祖一馬故得侯

是月帝過沛留置酒沛宮悉召故人父老子弟佐酒（佐行酒也）發沛中兒得百二十人教之歌酒酣帝擊筑（筑似琴而大頭以竹擊之）自歌曰大風起兮雲飛揚威加海內兮歸故鄉安得猛士兮守四方令兒皆和習之帝乃起舞忼慨傷懷泣數行下謂沛父兄曰游子悲故鄉吾雖都關中萬歲之後吾魂魄猶思沛且朕自沛公以誅暴逆遂有天下其以沛爲朕湯沐邑（凡言湯沐邑者謂以其賦稅供湯沐之具也）復其民世世無有所與沛父老諸母故人日樂飲極驩道舊故爲笑樂十餘日帝欲去沛父兄固請帝曰吾人衆多父兄不能給乃去沛中空縣皆之邑西獻（獻牛酒也言有所獻故縣中皆空）帝留止張飲三日沛父兄皆頓首曰沛幸得復豐未得唯陛下哀矜帝曰豐者吾所生長極不忘耳（極至也言至不忘之）吾特以其爲雍齒故反我爲魏沛父兄固請之迺并復豐比沛

文帝三年五月幸甘泉因之高奴幸太原見故群臣皆賜之舉功行賞諸民里賜牛酒復晉陽中都民三歲留游太原十餘日

宣帝微時與杜陵陳遵有故相隨博弈（博六博弈圍棊也）數負進（進者會禮之財也謂博所賭也）及即位用遵稍遷至太原太守迺賜遵璽書曰制詔太原太守官尊祿厚可以償博進矣妻君寧時在旁知狀（君寧遵妻名也言其妻知博負之狀）遵於是辭謝因曰事在元平元年赦令前其見厚如此

元康元年詔爲故掖庭令張賀置守冢三十家帝自處置其里居冢西鬬雞翁舍南帝少時所嘗游處也賀安世之兄初幸於衛太子太子敗賓客皆誅安世爲賀上書得下蠶室（謂腐刑也凡養蠶者欲其溫而早成故爲蠶室畜火以置之而新腐刑亦有中風之患須入密室乃得以全因呼爲蠶室耳）後爲掖庭令而宣帝以皇曾孫收養掖庭賀內傷太子無辜而曾孫孤幼所以視養拊循恩甚密焉及曾孫壯大賀教書令受詩爲取許妃以家財聘之曾孫數有徵怪賀聞知爲安世道之稱其材美安世輒絕止以爲少主在上不宜稱述曾孫及宣帝即位而賀

已死帝謂安世曰掖庭令平生稱我將軍止之是世帝追思賀恩欲封其冢為恩德侯置守冢二百家（賀身死追封故封冢也）賀有一子蚤死無子子安世小男彭祖彭祖又小與帝同席研書指欲封之先賜爵關內侯故安世深辭賀封又求損守冢戶數稍減至三十戶帝曰吾自為掖廷令非為將軍也安世乃止不敢復言

二年封御史大夫丙吉為博陽侯初武帝末巫蠱事起吉以故廷尉監徵（故廷尉監召也）詔治巫蠱郡邸獄時宣帝生數月以皇曾孫坐衛太子事繫吉見而憐之又心知太子無事實重哀曾孫無辜吉擇謹厚女徒令保養曾孫置閒燥處曾孫病幾不全者數焉吉數敕保養乳母加致醫藥視遇甚有恩惠以私財物給其衣食吉為人深厚不伐善自曾孫遭遇吉絕口不道前恩故朝廷莫能明其功也及霍氏誅宣帝躬親政省尚書事是時掖廷宮婢則（則婢名也）令民夫上書自陳嘗有阿保之功（謂未為宮婢時有舊夫見在俗間者）閵章下掖庭令民夫上書自陳嘗考問則辭引使者丙吉知狀

掖庭令將則詣御史府以視吉吉識謂則曰汝嘗坐養皇曾孫不謹督笞汝安得有功獨渭城胡組淮陽郭徵卿有恩耳分別奏組等共養勞苦狀詔吉求組徵卿已死有子孫皆受厚賞詔免則為庶人賜錢十萬帝親見問然後知吉有舊恩而終不言帝大賢之制詔丞相朕微眇時御史大夫吉與朕有舊恩厥德茂焉詩不云虖亡德不報其封吉為博陽侯邑千三百戶臨當封吉疾病帝將使人加紼而封之及其生存也（吉時疾不能起欲如君視疾加朝服拖紳就封之紼印之組也）帝憂吉疾不起太子太傅夏侯勝曰此未死也臣聞有陰德者必饗其樂以及子孫今吉未獲報而疾甚非其死疾也後病果𤻲（𤻲與愈同）吉上書固辭自陳不宜以空名受賞帝報曰朕之封君非空名也而君上書歸侯印是顯朕之不德也方今天下少事君其專精神省思慮近醫藥以自持又詔曰朕微眇時御史大夫丙吉中郎將史曾史玄長樂衛尉許舜侍中光祿大夫許延壽皆與朕有舊恩及故掖庭令張賀輔道朕躬修文學經術恩惠卓異厥功茂焉詩不云乎無德不報其封賀子弟子侍中中郎將彭祖為陽都侯追賜賀謚曰陽都哀侯吉曾玄舜延壽皆為列侯故人下至郡邸獄復作嘗有阿保之功皆受官祿田宅財物各以恩深淺報之時張賀有孤孫霸年七歲拜為散騎中郎將賜爵關內侯食邑三百戶

哀帝為定陶王時韋賞以明詩為太傅及帝即位賞以舊恩為大司馬車騎將軍列為三公賜爵關內侯食邑千戶

後漢光武建武初徵樊曄為侍御史遷河東都尉引見雲臺帝微時嘗以事拘於新野曄為市吏餽餌一笥帝德之不忘仍賜曄御食及乘輿服物因戲之曰一笥餌得都尉何如曄頓首辭謝

二年更始所署廷尉行南陽太守事王常將妻子詣洛陽肉袒自歸帝見常甚歡勞之曰王廷尉良苦每念往時共更艱危何日忘之（艱危謂帝敗小長安進常壁與常共破甄阜及王尋等也）莫往莫來豈違平生之言乎常頓首謝曰臣蒙大命得以鞭策託身陛下始遇宜秋後會

昆陽幸賴靈武輒成斷金更始不量愚臣任以南州赤眉之難喪心失望以為天下復失綱紀聞陛下即位河北心開目明今得見闕庭死無遺恨帝笑曰吾與廷尉戲耳吾見廷尉不憂南方矣乃召公卿將軍以下大會具為群臣言常以匹夫興義兵明于知天命故更始封為知命侯與吾相遇兵中尤相厚善特加賞賜拜為左曹封山桑侯

三年徵房子侯鄧晨還京師數讌見說故舊平生為歡晨從容謂帝曰僕竟辦之（王莽末讖言劉秀當為天子或云是國師劉秀光武謔晨云何用知非僕乎故晨有此言也之）帝大笑

六年春征西將軍馮異來朝異字公孫初從光武徇河北及王郎起光武自薊東南馳晨夜草舍至饒陽無蔞亭時天寒烈眾皆飢疲異上豆粥明旦光武謂諸將曰昨得公孫豆粥飢寒俱解及至南宮遇大風雨光武引車入道旁空舍異抱薪鄧禹熱火光武對竈燎衣異復進麥飯菟肩因復度虖沱河建武三年拜

征西大將軍六年來朝京師引見帝謂公卿曰是我起兵時主
簿也既罷使中黄門賜以珍寶錢帛詔曰倉卒無蔞亭豆粥虖
沱河麥飯厚意久不報異頓首謝
十七年十月帝幸章陵脩園廟祠舊宅觀田廬置酒作樂賞賜
時宗室諸母因酣悅相與語曰文叔少時謹信與人不款曲唯
直柔耳今乃能如此帝聞之大笑曰吾理天下亦欲以柔道行
之乃悉爲舂陵宗室起祠堂
十九年九月帝幸汝南南頓縣舍置酒會賜吏人復南頓田租
歲父老前叩頭言皇考居此日久陛下識知寺舍（寺謂官府所止皆曰寺）
（時光武嘗從皇考至南頓故識知官府舍宇）每來輒加厚恩願賜復十年帝曰天下
重器常恐不任日復一日安敢遠期十歲乎吏人又言陛下實
惜之何言謙也帝大笑復增一歲二十六年光武延集內戚讌
會歡甚諸夫人各各前言趙熹篤義多恩往遭赤眉出長安皆
爲熹所濟活帝甚嘉之後徵熹入爲太僕引見謂曰卿非但爲

英雄所保也婦人亦懷卿之恩厚加賞賜
張充與光武同學光武即位求問充充已死
朱暉父岑與光武俱學長安有舊故及即位求問岑已卒乃召
暉爲郎
朱祐初學長安光武往候之祐不時相勞苦而先升講舍光武
即位後車駕幸其第帝因笑曰主人得無捨我講乎以有舊恩
數蒙賞賚（祐蜜一石光武在長安時嘗與祐共買蜜合藥帝追念之以口問何如在長安時共買蜜乎其親厚如此）
嚴光字子陵一名遵少與光武同游學及光武即位光乃變姓
名隱身不見帝思其賢乃令以物色訪之後齊國上言有一男
子披羊裘釣澤中帝疑其光乃備安車玄纁遣使聘之三反而
後至舍於北軍給床褥太官朝夕進膳司徒侯霸與光素舊遣
使奉書使人因謂光曰公聞先生至區區欲即詣造迫於典司
是以不獲願因日暮自屈語言光不荅乃投札與之口授曰君
房足下位至鼎足甚善懷仁輔義天下悅阿諛順旨要領絕

霸得書封奏之帝笑曰狂奴故態也車駕即日幸其館光臥
不起帝即其臥所撫光腹曰咄咄子陵不可相助爲理邪光又
眠不應良久乃張目熟視曰昔唐堯著德巢父洗耳士故有志
何至相迫乎帝曰子陵我竟不能下汝邪於是升輿歎息而去
復引光入論道舊故相對累日帝從容問光曰朕何如昔時對
曰陛下差增於往因共偃臥光以足加帝腹上明日太史奏客
星犯御坐甚急帝笑曰朕故人嚴子陵共臥耳除爲諫議大夫
不屈乃耕於富春山後人名其釣處爲嚴陵瀨焉建武十七年
復特徵不至年八十終於家帝傷惜之詔曰下郡縣賜錢百萬
穀千斛
魏太祖以丁斐同鄉里特饒愛之斐性好貨數請求犯法輒得
原宥與典軍校尉總攝內外每所陳說多見從之建安末從太
祖征吳斐隨行自以家牛羸困乃私易官牛爲人所白被收送
獄奪官其後太祖問斐曰文侯（文侯斐字也）印綬所在斐亦知見戲對

曰以易餅耳太祖笑顧謂左右曰東曹毛掾數白此家欲令我
重治我非不知此人不清良有以也我之有斐譬如人家有盜
狗而善捕鼠盜雖有小損而完我囊貯遂復斐官聽用如初
令狐邵字孔叔父仕漢爲烏丸校尉建安初袁氏在冀州邵宰
去本郡家居鄴九年暫出到武安毛城中會太祖破鄴遂圍毛
城城破執邵等輩十餘人皆當斬太祖閱見之疑其衣冠也問
其祖考而識其父乃解放署軍謀掾仍歷宰守後從丞相主簿
王淩爲發干長遇事髡刑五歲當道埽除時太祖車過問此何
徒左右以狀對太祖曰此子師兄子也（子師王允字）所坐亦公耳於
是主者選爲驍騎主簿
王儁汝南人太祖之爲布衣時愛儁以壽終于武陵太祖聞而
哀傷及平荆州自臨江迎喪改葬于江陵表爲先賢也
司馬芳字建公爲尚書右丞太祖爲北部尉建公所舉也及太
祖爲王召建公到鄴與歡飲謂建公曰孤今日可復作尉否建

公曰昔舉大王時適可作尉耳王大笑

橋玄爲太尉初太祖微時人莫知者嘗往候橋玄玄見而異焉謂曰今天下將亂安生民者其在君乎太祖常感其知己及後經過玄墓輒悽愴致太牢祭奠自爲其文爰嘗入今文曰故太尉橋公誕敷明德汎愛博容國念明訓士思令謨靈幽體翳邈哉晞矣吾以幼年逮升堂室特以頑鄙之姿爲大君子所納增榮益觀皆由獎助猶仲尼稱不如顔淵李生之厚歎賈復士死知己懷此無忘又承從容約誓之言殂逝之後路有經由不以斗酒隻雞過相沃酹車過三步腹痛勿怪雖臨時戲笑之言非至親之篤好胡肯爲此辭乎匪謂靈忿能詒己疾懷舊惟顧念之悽愴奉命東征屯次鄉里北望貴土乃心陵墓裁致薄奠公其尚饗

劉勳與太祖有舊後爲廬江太守爲孫策所破自歸太祖封列侯

婁圭字子伯少與太祖有舊初平中在荊州北界合衆後詣太祖寵秩子伯家累千金曰婁子伯富樂於孫但勢不如孤耳

衞臻茲之子爲漢黃門侍郎東郡朱越謀反引臻太祖令曰孤與卿君同共舉事加欽令問始聞越言固自不信及得荀令君書具亮忠誠會奉詔命聘貴人于魏因表留臻參丞相軍事追錄臻父舊勳賜爵關內侯

文帝初爲魏王延康元年六月南征軍次于譙大饗六軍及譙父老百姓于邑東設伎樂百戲令曰先王皆樂其所生禮不忘其本譙霸王之邦真人本出其復譙租稅二年三老吏民上壽日夕而罷

吳質字季重文帝爲世子時嘗在坐席後爲元城令帝即王位與質書曰南皮之游存者三人烈祖龍飛或將或侯今惟吾子棲遲下士從我游處獨不及門瓶罄罍恥能無愧懷路不去遠今復相聞初曹真曹休亦與質等俱在渤海游處時休真亦以宗親並受爵封出爲列將而質故爲長史王顧質有望故稱二人以懟之

路粹漢末爲秘書令坐事伏法文帝素與粹善聞其死爲之歎惜及即帝位特用其子爲長史

楊脩字德祖坐與陳思王交遊爲太祖所殺死後百餘日而太祖崩太子立遂有天下初脩以所得王髦劍奉太子太子常服之及即尊位在洛陽從容出宮追思脩之過薄也撫其劍駐車顧左右曰此楊德祖昔所說王髦劍也髦今焉在及召見之賜髦穀帛

何夔爲文帝太子太傅遷太僕帝踐祚封成陽亭侯邑三百戶疾病屢乞遜位詔報曰蓋禮賢親舊帝王之常務也以親則君有輔弼之勳焉以賢則君有醇固之茂焉夫有陰德者必有陽報今君疾未瘳神明聽之矣君其即安以順朕意

邢顒文帝爲太子時顒爲太傅及帝踐祚以顒爲侍中尚書僕射賜爵關內侯

明帝爲平原侯時毋丘儉爲文學及即位爲尚書郎遷羽林監以東宮之舊甚見親待

晉宣帝爲魏太尉景初二年征遼東天子詔弟孚子師送過溫賜以穀帛牛酒勑郡守典農已下皆往會焉見父老故舊讌飲累日帝歎息悵然有感爲歌曰天地開闢日月重光遭遇際會畢力遐方將埽群穢還過故鄉肅清萬里總齊八荒告成歸老待罪舞陽

武帝即位就家拜崔遊爲郎中初遊爲文帝相府舍人以疾辭於家帝錄敘文帝故府僚屬故及之

羊琇少與武帝通門甚相親狎及帝踐祚累遷中護軍典禁兵放恣犯法每爲有司所貸其後司隸校尉劉毅劾之應至重刑武帝以舊恩直免官而已尋以侯白衣領護軍頃之復職武帝又云與羊琇周旋少小嘗謂帝曰若富貴見用任領護各十年帝戲而許之及帝爲撫軍請琇參軍事帝即王位擢琇爲左衞將軍封甘露亭侯帝踐祚累遷中軍加散騎常侍琇在位十三年典禁兵豫機密寵遇甚厚

何邵字敬祖少與武帝同年有總角之好帝爲王太子以邵爲中庶子及即位轉散騎常侍甚見親待

鄭默爲散騎常侍初武帝以貴公子當品鄉里莫敢與爲輩求之州內於是十二郡中正僉共舉默文帝與其父袤書曰小兒得廁賢子之流愧有竊賢之累及武帝出祠南郊詔使默驂乘因

書監曰卿知所以得幸乘車者州里舊也[illegible]有[illegible]舊
遂問政事
華廙少爲武帝所禮累遷侍中中書中郎將都督河北諸軍事坐
事免官與陳勰共造腯蘭於宅側帝嘗出視之問其故左右以
實對帝心憐之帝後又登陵雲臺望見廙苜蓿園阡陌甚整依
然感舊太康初大赦乃得襲封久之拜城門校尉遷左衛將軍
數年以爲中書監
劉弘有幹略政事之才少家洛陽與武帝同居永安里又同年
共研席帝以舊恩起家太子門大夫累遷率更令轉太宰長史
元帝太興三年七月丁亥詔曰先公武王先考恭王臨君琅邪
四十餘年惠澤加於百姓遺愛結於人情朕應天符創基江
表兆庶宅心繼承子來琅邪國人在此者近有千戶今立爲懷
德縣統丹陽郡昔漢高祖以沛爲湯沐邑光武亦復南頓優復
之科一依漢氏故事

府一百七十一　九

康帝初封琅邪王及即位詔琅邪國及府吏進位各有差
穆帝以王洽爲中書令固讓表疏十上帝曰敬和（洽字敬和[illegible]若辭曰）
情裁責令昔爲中書郎吾時尚小數呼見意甚親之今所以用
爲令既機任須才且欲時時相見共講文章耳以友臣之義而
累表固讓甚違本懷其催洽令拜洽苦讓遂不受
後魏道武天賜元年追錄舊臣加以封爵各有差
明元即位初問左右曰舊臣之中爲先帝所親信者有誰時新
息公王洛兒對曰有李先者爲先帝所知帝召先引見問曰卿
有何功行而爲先帝所識先對曰臣至愚智才行無聞遇以忠
直奉上更無異能帝曰卿試言舊事先對曰臣聞堯舜之教化
民如子二王任賢天下懷服今陛下躬秉勞謙六合歸懷士女
能言莫不慶忭
文成在東宮時賈秀爲太子中庶子及即位[illegible]曹事帝以秀
東宮舊臣進爵陽都子加振威將軍又以爲[illegible]散騎常侍[illegible]

[illegible]長史李靈爲平南將軍洛州刺史李訢爲儀曹尚書領中秘書
賜爵扶風公加安東將軍洪靈訢皆授帝經以舊恩拜又贈訢
母孫氏爲容城君帝謂羣臣曰朕始學之歲情未能專既總萬
機溫習靡暇是故儒道寔有闕焉豈惟予咎抑亦師傅之勤所
以爵賞仍隆者蓋不遺舊也訢免冠拜謝
獻文與陸定國自孩襁同處及踐祚拜定國散騎常侍特賜封
東郡王加鎮南將軍定國以承父襲辭不許又求以父爵讓弟
叡乃聽之俄遷侍中儀曹尚書
孝文延興二年十二月詔以代郡事同豐沛代民先配邊戍者
皆免之
宣武景明初自皇太子即位詔宮臣增位一級
前廢帝普泰初廣同除侍中進號驃騎將軍左光祿大夫同時
久病強牽從務晉乞儀同初同之爲黃門也與帝俱在門下同
異其爲人素相欽託至是帝以恩舊許之除儀同三司餘官如故

府一百七十一　十

出帝永熙二年平東將軍致政董徵卒帝以徵昔授父業故優
贈散騎常侍都督相殷滄三州諸軍事車騎大將軍儀同三司
尚書左僕射相州刺史諡曰文烈
後周太祖時侯莫陳順少豪俠有志度從征伐有功累遷驍衛
將軍從魏孝武入關順與太祖同里閈素相友善日弟崇先在
關中太祖見之甚歡
明帝爲公子時與小司馬蔡祐特相友昵及即位禮遇彌隆御
膳每有異味輒以賜祐羣臣朝宴每別被留或至昏夜列炬鳴
笳送祐還宅
武帝及齊王憲之在襁褓也以避忌不利居宮中太祖令於瓜
州刺史李賢家處之六載乃還宮因賜賢妻吳姓宇文氏養爲
姪女賜與甚厚及武帝西巡幸賢第詔曰朕昔沖幼爰寓此州
使持節驃騎大將軍開府儀同三司大都督瓜州諸軍事瓜州
刺史賢斯土良家勳德兼著受委居蕃輔導[illegible]功

冊府元龜　卷一七一　帝王部　求舊　三九一

勞其茂食彼桑椹尚懷好音矧茲惠矣其庸可忘令總管臣
本殊代邑舉目依然益增舊想雖無屬籍朕處之若親凡厥臣
子乃至子姪等可並預宴賜於是令中侍上士尉遲愷往瓜州
降勅書勞賢賜衣一襲及被褥并御所服十三環金帶一具中
廐馬一匹金裝鞍勒雜綵五百段銀錢一萬賜賢弟申國公穆
亦如之子姪男女中外諸孫三十四人各賜衣一襲又拜賢嫡
孫叔樂為儀同賢門生昔經侍奉者二人授大都督四人授帥
都督六人別將奴已免賤者五人授軍主未免賤者十二人酬
替放之

宇文孝伯安化公深之子其生與武帝同日太祖甚愛之養於
第內及長又與武帝同學後帝從容謂之曰公之於我猶漢高
之盧綰也乃賜以十三環金帶

隋高祖少時與雒陽元諧同受業於國子甚相友愛後以軍功
累遷大將軍及高祖為丞相引致左右諧白高祖曰公無黨援

譬如水間一堵牆大危矣公其勉之尉遲迥作亂遣兵寇小鄉令
諧擊破之及高祖受禪顧諧笑曰水間牆竟何如也於是賜宴
極歡進位上大將軍封樂安郡公食邑千戶

郭衍初仕後魏大統末為同州司馬與高祖有舊徵後官至洵
州刺史安城縣公及高祖受禪拜太僕卿

宇文慶初仕周歷延寧二州總管高祖為丞相以行軍總管征
江表次白帝以勞進上大將軍與慶有舊甚見親待令督丞相
軍事委以心腹尋加柱國開皇初拜左武衛將軍進上柱國數
年除涼州總管歲餘徵還不任以職初帝龍潛時嘗與慶言謂
曰天元實無積德視其相貌壽亦不長加以法令繁苛耽恣聲
色以吾觀之殆將不久又諸侯微弱各令就國曾無深根固本
之計羽翮既翦何能及遠尉遲迥貴戚早著聲望國家有釁必
為亂階然智量庸淺子弟輕佻貪而少惠終致亡滅司馬消難
反覆之虜亦非池內之物變在俄頃但輕薄無謀未能為害不

過自竄江南耳庸蜀險隘易生艱阻王謙愚蠢素無籌略但為
人所誤不足為虞未幾帝言皆驗及此慶恐帝遺忘不復收用
欲見舊恩願且錄前言為表奏之帝省表大悅下詔曰朕言之
驗自是偶然公乃不忘弥表誠節深感至意嘉尚無已自是帝
每加優禮

李諤初仕周為天官都上士開皇中累遷治書侍御史高祖謂群
臣曰朕昔為大司馬每求外職李諤陳十二策苦勸不許朕遂
決意在內今此事業諤之力也賜物二千段累遷治書侍御史

韋師初仕後周為賓部大夫高祖受禪拜吏部侍郎後兼晉王
廣司馬從帝幸醴泉宮召師與左僕射高熲上柱國韓擒虎等
於卧內賜宴令各叙舊事以為笑樂

鄭譯初仕後周定策以高祖輔政開皇初有罪除名尋授開府
隆州刺史請還治疾有詔徵之見於醴泉宮帝賜宴甚歡因謂
譯曰貶退已久情相矜愍於是復爵沛國公上柱國帝顧謂侍

臣曰鄭譯與朕同生共死間關危難興言念此何日忘之譯因
奉觴上壽

竇榮定初仕後周為洛州總管高祖受禪來朝京師帝顧謂群
臣曰朕少惡輕薄性相近者唯竇榮定而已賜馬三百匹部曲
八十戶而遣之

司馬消難初仕後周為安州總管時高祖秉政消難與尉遲迥
不受命遂奔陳初消難自北齊歸周高祖父迎消難遂結為兄
弟情好甚篤高祖每以叔禮事之至是陳平至京特免死配為
樂戶經二旬放免猶被舊恩

長孫覽初仕後周為大都督周武帝在藩與覽親善及即位彌
加禮焉超拜車騎大將軍每公卿上奏必令省讀開皇中高祖
嘗命覽與安德王雄上柱國元諧李充左僕射高熲右衛大將
軍虞慶則吳州總管賀若弼等同宴帝曰朕昔在周朝備展誠
節但苦猜忌每致寒心為臣若此竟何情賴朕之於公義則君

臣恩猶父子朕當與公共享終吉罪非謀逆一無所問朕亦知公至誠特付太子宜數參見之庶得漸相親愛柱臣素望實爲於公宜識朕意其恩礼如此又爲蜀王秀納覽女爲妃

楊義臣代人本姓尉遲氏父崇仕周爲大將軍知高祖相貌非常每自結納開皇初封秦興縣公歲餘從行軍揔管達奚長儒擊突厥於周盤力戰而死贈大將軍豫州刺史以義臣襲其官時義臣尚幼養於宮中年未弱冠奉詔宿衛如千牛者數年賞賜甚厚帝嘗從容言及恩舊顧義臣嗟歎久之因下詔曰朕受命之初群凶未定明識之士有足可懷尉義臣與尉迥本同骨肉既在悖作亂鄴城其父崇時在常山典司兵甲与迥隣接又是至親知逆順之理識天人之意即陳丹款盡除惡徒自執有司請歸相府及北夷內侵横戈制敵輕生重義馬革言旋標義存亡事貫幽顯雖高官大賞延及於世未足表松筠之志彰節義之門義臣可賜姓楊氏賜錢三萬貫酒三十斛米麥各百斛

編之屬籍爲皇從孫

劉昶仕周尚公主官至柱国彭國公數爲將帥位望顯隆與高祖有舊及受禪甚親任歷左武衛大將軍慶州總管

郭榮初爲高祖相府樂曹參軍俄以本官復領蕃部大夫高祖受禪引爲內史舍人以龍潛之舊進爵蒲城郡公

盧賁開皇初爲右將軍與華州刺史張賓等謀黜高熲蘇威事泄免死及爲齊州刺史民飢穀米涌貴閉人來而自糶之坐是除名爲民後從幸洛陽帝從容謂賁曰我始爲大司馬時卿以布腹心於我及揔百揆頻繁左右與卿足爲恩舊卿若无過者位與高熲齊坐與凶人交構由是廢黜言念晝昔之恩復當牧伯之位何乃不思報効以至於斯吾不忍殺卿是屈法申私耳賁俯伏陳謝詔復本官

虞慶則與高祖有舊因觀群臣宴射慶則進曰臣蒙賚酒食令盡樂御史在側恐醉而被彈帝賜御史酒因遣之出慶則奉觴上壽極歡帝謂諸公曰飲此酒願我與諸公等子孫常如今日世守富貴

權武自高祖爲丞相引致左右及受禪增邑五百户後六歲拜淅州刺史伐陳之役以行軍揔管從晉王出六合還拜豫州刺史在職數年以創業之舊進位大將軍檢校潭州揔管

煬帝大業二年七月壬戌擢藩邸舊臣鮮于羅等二十七人官爵有差

九年冬十月乙酉詔曰博陵昔爲定州地居衝要先皇歷試所基王化斯遠故以道冠豳風義高姚邑朕巡撫氓庶爰届茲邦瞻望郊壥懷敬思止所以宣播德澤覃被下人崇紀顯號式光令緒可改博陵爲高陽郡赦境內死罪巳下給復一年於是召高祖時故吏皆量才授職

趙才帝爲晉王時以上儀同三司配事及爲太子拜右虞候率帝即位轉左備身驃騎後遷右驍衛將軍帝以才藩邸舊臣漸見親待才亦恪勤匪懈所在有聲歲餘轉右武候衛將軍

張威虔煬帝爲晉王時爲司刑參軍及王爲太子爲太子舍人帝即位授內史舍人儀同三司尋以藩邸之舊加開府尋拜謁者大夫

段達煬帝爲晉王時爲參軍大業初以藩邸之舊拜左翊衛將軍

裴虔通河東人煬帝爲晉王時以親信從稍遷至監門校尉及即位擢舊左右授宣惠尉遷直閤

獨孤盛上柱国楷之弟也性剛烈有膽氣煬帝在藩盛以左右從累遷爲車騎將軍及嗣位以藩邸之舊漸見親待累轉爲左屯衛將軍

諸葛穎煬帝爲太子時爲藥藏監及即位爲著作郎後以恩舊授朝請大夫帝嘗賜穎詩其卒章曰參翰長洲苑侍講肅成門名理窮研覈英華恣討論實錄資平允傳芳導後昆其見待遇如此

冊府元龜卷第一百七十一

册府元龜卷第一百七十二

帝王部一百七十二

求舊第二

唐高祖初為唐公在京師隋左翊衛寶靖得以親故之恩見之甚悅歷并州大總管司馬遷長史

武德元年五月即位凡有賓客故吏咸加昇擢率意進用不限階資

二年閏二月甲寅帝引見并州元從將校以下謂之曰朕起義并州以救元元之命實諸君之力也卿輩執鞿羈從我已三歲矣朕每念之無忘寢食待東都平定當放卿還故鄉衆皆曰幸遇龍興從展微効俱沾不次之賞今天下未定豈敢辭勞但陛下初發太原許定天下之後與臣輩同幸并州今鑾輿未動臣下何能獨去帝曰昔有此言朕所不忘於是廩食其妻子是月己巳隋吏部侍郎楊恭仁進見帝為之興引與同坐言疇昔為歡者久之

三年二月辛丑隋殿內少監豆盧達自東都來奔與帝有舊引入臥內讌賜甚厚

三月戊辰隋尚食奉御郭弘道自東都來歸弘道字大寶帝初爲殿內少監深善之及踐祚弘道在東京帝每遣門人訪其存沒聞其來也遂遣使迎勞於道及此引見謂道曰臣識龍顏在天下之先今拜闕庭在衆人之後臣之罪也於是引入臥內言及疇昔夜久乃罷賞賜萬計拜同州刺史在州忠慕不肯理事徵拜衛尉卿尤蒙親狎乃下優詔毋參見奏事特令昇殿

孔紹安隋末為監察御史監帝軍深見接遇帝受禪紹安自洛陽間行來奔帝見之甚悅拜內史舍人

陳政初任隋為謁者兵曹宇文化及之亂以為太常卿委之樂海政數勸化及歸國化及不能乃去歸長安化及失敗之後三軍奪氣兵勢益弱帝與之有舊聞其來也大悅遣使迎勞及至賜宴極歡帝拜內史舍人

許紹初仕隋為夷陵郡通守後遣使歸國拜陝州刺史封安陸郡公帝與紹有舊因下詔曰昔在青衿同遊庠序博士吳琰其妻姓仇追想此時宛然在目荏苒歲月遂成累紀且在安州之日公家乃莅岳州渡遼之時伯裔又同戎旅安危契闊累葉同之其間遊處觸事可想公追覩庸之舊歡存通家之曩好爰自荊門馳心絳闕覽此忠至彌以慰懷

張瑾隋末陷王充及洛陽平詔徵瑾入朝以舊恩授右衛大將軍軍器大監帝哀其年老從容謂之曰公筋力漸衰過爾勞曳無乃辛苦耶朕不惜官但恐相損瑾固請曰幸遇明時願得陪奉帝頓之及爲羽林將軍遇突厥來寇瑾不戰保于豳州帝以其年老拜冠軍將軍優以散秩

太宗以武德九年八月即位九月戊戌賜舊邸僚舊下逮府吏兵各有差又宴舊府佐及學士於弘教殿賜物各有差

貞觀十五年五月壬申并州道士及僧父老等二百人詣闕上表稱太原王業龍興之地登封禮畢伏願臨幸（[illegible]泰山故父老因有封禪畢臨幸之請）帝賜宴于武成殿顧謂侍臣曰朕少在太原喜群聚博戲暑往寒襲將三十年矣因與舊識者陳說往事以為笑樂又謂之曰他人之說或至面諛卿等朕之故人以實告朕即日政教於百姓何如人間得無疾苦邪故老咸稽顙言四海太平百姓歡樂陛下之力也臣等餘年日惜一日但眷戀聖化不知其苦因固請幸并州帝曰飛鳥過故林尚徘徊躑躅況朕太原起義遂定天下永言懷舊誠所不忘俟東封還或與公相見耳各賜物而遣之其不來者仍降璽書存問之曰昔隋末喪亂百姓彫殘酷法濫刑役繁賦重農夫釋耒工女下機徵召百端寇盜蜂起人懷怨憤各不聊生水火之切未足為喻此朝不忍塗炭思濟黎元朕與稟承神算奮劒南起與彼境英雄同心戮力不顧軀命以救蒼生爰自晉陽舉兵仗義推鋒撥亂櫛風沐

雨除凶去暴布德行仁天下乂安戎車止息九夷八狄莫不來庭以至于今二十餘載豈予一人所能致此寔賴天地之靈宗社之福賢人君子爲朕股肱文士盡其才智武夫宣其勇力朕端拱無爲庶幾王道然漢祖悲歌常思豐沛晉皇吟詠唯在温原此人情也況并部之地創業之基與諸父老首立大事引領北望感慕兼深思與父老一日叙舊懷之在心所不忘也但海内務廣萬機事多巡省四方未復周悉父老宜約勤鄉黨教導後生親疎子弟務在忠孝必使風俗敦厚異於他方副朕此懷光示遠邇使旌表門閭榮寵家國書名竹帛豈不美乎夏序甚熱想各平安善自怡養動靜聞奏故有此勅想見朕心

十六年十一月甲子帝幸慶善宮召武功之邰城立節三時豐義四鄉士女七十已上及居宮側數百人賜宴焉帝謂之曰朕幼遭隋亂櫛風沐雨饑不遑食以救蒼生百姓得無死亡二十餘年矣今重遊舊鄉與父老相見此宮先皇所居朕之生處至

此傷心觸物增感因泣下霑襟群臣莫不歔欷又曰今召父老言宴少自寬割耳又謂從臣曰人或時覽物不能自知朕昔在隋朝五品初不可望公等其時多有未仕朕今君臨四海公等並居高列君臣相遇千載一時朕與諸公豈各自知也遂縱酒盡歡其父老中或宿經役事或舊嫗含頭皆蹈舞歡醉爭前上壽或因言屈滯者帝咸理之宴畢賜帛各有差其無官者並加泛級

二十年帝征遼還幸并州引從官及太原父老宴賜物有差因下詔曰太原之地與運所階金晉之人義深惟舊自朕恭膺寶曆二紀于茲何嘗不御宸長懷想晴陵之風雨臨軒遂感念大麓之雲雷當於此時乃志負而拯溺實賴同德並藉衆而樂推役不踰年遂清區域諒由成都之衆謳訟[illegible]之功戰牧之徒歌舞與周王之業伏茲協力竟至外平懷彼勤勞何忘寤刻既因垂拱之暇再省創業之方周歷郊原究如疇昔訪其父老已多長謝不見所識魏后遂以興嗟卹彼故人漢皇因而式宴前王是日哀樂交懷在朕深衷義符於此是用具陳廣樂共申高宴取譬還譙之賞同彼幸代之情仍曲赦并州管内大辟罪已下繫囚見徒皆赦除之常赦所不免者不在赦例又以前銀青光祿大夫遂山縣伯溫昂爲金紫光祿大夫褒晉陽之舊也

二十一年開府儀同三司高士廉薨帝聞之流慟將臨哭之房玄齡頓首諫曰陛下久御藥石不可臨喪去歲聖躬不安康復甫爾臣等敢以死請帝曰朕此行也豈獨君臣之禮兼以故舊情深姻戚義重一朝長逝忍而不哭之乎卿等勿復言也乃從數百騎出興安門司徒長孫無忌哭於輿側留駕求進往奏見涕泣焉前諫曰餌石臨喪經方明忌臣之目見誠有所徵陛下含育黎元須爲宗社珍愛臣亡舅士廉知將不救嘗謂臣曰至尊覆載恩隆不遺簪履亡沒之後或致親臨生存虛荷榮班無酬聖德安可以朽首更令輿回鑾駕魂而有靈負譴斯及不

願親臨期於必遂其言甚切帝終不聽無忌中道伏臥涕泣交流帝感之還入東苑南望而哭雨泗沾衣從官無不隕涕

戴胄初仕隋爲鄭州長史帝克武牢而得之引爲士曹參軍武德末以藩邸之舊除兵部郎中

薛萬徹以舊有戰功拜上柱國封武城郡公帝與之有舊引爲護軍及嗣位拜右領軍將鎭黃龍檢校東校尉

崔善爲尚書左丞後歷太府大理司農陝秦二州所在之職皆名幹理雜頗以罪失官然以相府僚舊旋被昇用

蕭璟隋煬帝蕭后之弟義寧中隋王充爲工部尚書帝之平東都也引爲諮議貞觀中以藩邸僚寀歷黃門侍郎太子右庶子

褚亮爲通直散騎常侍致仕歸于家帝行幸洛陽及成皋微宮賜亮詩每有憐闊相思之句及駕幸遼東亮子遂良爲黃門侍郎詔遂良謂亮曰昔興師旅卿常入幕今茲遐伐君已懸車儻忽之間移三十載眷言疇昔我勞如何今將遂良東行想公於

慶未悟一見於膝下耳故遣陳觽意善居加食元泰表陳謝其爲款舊如此及至寢疾詔令高手醫將藥救療中使候問不絶卒時年八十八帝甚哀惜之再三言及流涕

張後胤初在太原侍帝講經史貞觀初爲燕王諮議從王入朝帝被召見屢蒙顧問後胤因奏言陛下龍潛之日嘗問臣隋氏運終何族當得天下臣對曰李姓必得拯厥横流實賴仁聖公家德業天下係心若於此首謀順天而動黄河以北指撝可定然後長驅關右以圖帝業萬姓喁喁孰不幸賴帝曰此事並記之耳因賜讌於月池言及平昔乃從容謂後胤曰今日弟子何如後胤奏曰昔孔子領徒三千達者無子男之位臣翼贊一人即爲萬乘之主計臣此功踰於先聖帝以爲笑樂乃令群臣遞起問後胤左傳謂之曰朕昔就卿受春秋今猶不忘後胤謝曰陛下天縱聖德稟自生知臣不敢貪天之功以爲己力帝大悦賜以御馬及雜物遷燕王府司馬後爲睦州刺史因入朝乞骸骨帝召問曰朕與卿刺史資以自養何謂卽求致仕後胤對曰年老筋力不逮望得還私第時見闕庭帝曰卿氣力猶強欲何官也後胤陳謝不敢帝曰朕昔從卿讀書卿今日從朕求官但言所欲不相隔也時國子祭酒缺後胤奏言之因授國子祭酒歲還散騎常侍又請致仕許之加金紫光祿大夫聽朝朔望

裴寂既流靜州會山羌爲亂寇率家僮破之帝思其佐命之舊徵入朝會卒帝聞而傷之贈相州刺史工部尚書河東郡公

高宗在春宮時蕭德言爲侍讀及嗣位以師傅恩加銀青光祿大夫特令全給祿俸遣通事舍人就家致問仍令乘輿至肅章門引見優禮甚厚賜帛百匹因是晉府及東宮舊侍讀許叔牙等身没者子孫並增秩賜物焉

永徽二年十二月贈故中書令馬周爲尚書右僕射以東宮舊寮故也

顯慶二年十月幸鄭州以高祖在隋嘗牧滎陽有經事高祖在鄭州者布衣以上身見在即以名聞

五年正月幸并州至澤州之長平頓帝以歷試此境賜父老等布帛有差

龍朔元年九月幸天宮寺以是高祖龍潛舊第賜綃五百匹度僧二七人

麟德元年八月丙子幸自萬年宮便幸舊宅停七日丁丑宴群臣賜物有差

總章二年九月幸岐州以高祖仕隋爲扶風太守故曲赦岐州仍賜高年衣物粟帛各有差

中宗神龍元年四月宴房州父老於洛城南門各賜勳一級帛十五段又以衛尉卿同平章事魏元忠爲兵部尚書韋安石爲吏部尚書太子賓客鄭縣公李懷遠爲右散騎常侍兵部尚書同中書門下三品酒泉縣公唐休璟爲輔國大將軍中書令博陵郡公崔玄暐爲特進檢校益州都督府長史判都督事京師留守戶部尚書同中書門下三品兼檢校雍州長史弘農郡公楊再思兼檢校揚州大都督府長史判都督事國子祭酒同中書門下三品祝欽明爲刑部尚書仍並同中書門下三品帝在春宮元忠等并爲左右庶子等官至是故有斯授又追贈故文昌左相劉仁軌爲太尉故太子詹事蔣儼爲禮部尚書皆以春宮舊僚故也

三年四月庚寅幸薦福寺其故吏周府官從至寺者各賜勳一轉

崔敬嗣則天初爲房州刺史帝爲廬陵王安置在州官吏多無禮惟敬嗣獨申禮致敬又供給豐贍帝常德之及登位有益州長史崔敬嗣既同姓名每進擬官皆御筆超拜之者數四後引與語方知誤訪敬嗣已卒乃遣中書令韋安石授其子官

睿宗景雲二年二月故吏部尚書張嘉福追復官爵嘉福神龍初爲吏部尚書兼相府長史景龍元年同中書門下三品河北道宣勞使嘉福臨宗楚客附悖逆庶人及楚客盡誅有制斬之使

未至嘉福次褒州牒令恭鋹司法遽殺之尋後勑放于嶺表而嘉福已死帝即位以藩邸舊臣復官焉

玄宗初在春宮者無量為國子司業兼太子侍讀及即位遷郯王傅兼国子祭酒尋以師傅恩遷左散騎常侍仍兼国子祭酒封国公賜實封三百戸

開元二年八月詔曰朕聞士之生代始於事親中於事君終於立身此其本也若乃移孝成忠策名委質命有太山之重義徇則為輕事有疾風之力節全則為勁況君臣之相遇而故舊之不遺乎銀青光祿大夫殿中監楚国公姜皎替緒聯華珪璋特秀寬厚為量深沉合謀靜而安仁動能體国往居藩邸濟款風雲亦猶彭祖之同書子陵之共學朕嘗遊幸于外至長楊鄠杜之間皎於此時與之累宿私謂朕曰太上皇即當九五王必為儲副凡如此者數四朕叱而後止寧知非僕雖玩於御晨可收護軍遂詞於朱祐皎復言於朕兄弟及諸駙馬等因聞徹太上皇太上皇遽奏於中宗孝和皇帝皇帝尋遣嗣王邕等鞫問皎保護無忌詞意轉堅李適之讖記不言田叔之駭鉗网憚仍為宗楚客紀處訥等密奏譴皎炎荒中宗特降恩私遷潤州長史讒邪每構忠懇逾深戴于朕躬憂存王室以為天且有命預觀成龍之徵人之無禮常懷逐鳥之志游藝柱陷旋罹貶斥嚴憲將及殆見誅夷覆危本於初九遭險期於不貳雖禍福之際畢然可圖而艱難之中是所緊賴洎朕祇膺寶位文共翦好臣拜以寵光不忘撝挹敬愛之極神明所知造膝則曾莫詭隨匪躬則動多規諫補朕之闕斯人孔藏而悠悠之談嗷嗷妄作醜正惡直竊生於謗考言詢事益亮其誠昔漢昭帝之保霍光魏太祖之明程昱朕之不德庶幾於此剋于否當其悔則滅宗毀族朕負之必深泰至其享則如山如河朕酬之未補豈流言之足聽而厚德之遂忘謀始有之国終可也宜告中外咸令悉知

九月詔曰明王垂訓則罪不相及善人懼罰則刑不可濫由是

毋掌有言豈坐趙括魚既從戮寧遺叔向古之道也朕所務焉衛尉少卿崔滌竭誠奉国志體事君曾同下杜之遊頗若中陽之舊誠表於先覺節全於後属其兄湜表裏異圖交結凶黨滌雖懷在原之急深憂闔室之刑動靜則聞始終必盡為臣無隱唯滌有之言念厥功曷云從坐況老父就養諸兄繼殁揺落變衰有足矜憫賞罰勸沮宜判忠邪滌家除兄湜一房外餘並不須為累（滌本名澄玄宗在藩邸與之同里而居由是有舊景龍中玄宗之潞州寮友餞別者自国門而旋滌獨從至于華及登極恩眷甚厚賜爵相繼恩渥之盛當時無與比帝以其朝夕宮掖出入無間慮有漏洩乃於滌笏上親札慎密二字以誠之）

五年七月制曰西漢諸將多以權貴不全南陽故人宜以優閑自保觀夫先後吉凶之數較然可知良有以也太常卿上柱国楚国公監修国史姜皎衣纓奕代忠讜立誠明識比於橋玄密私方於朱祐朕昔在藩邸早申款洽宜傅我以不遺亦起予以自愛及膺大位屢錫崇班茅土列爵河山傳誓備蒙光寵特冠等夷朕每欲其戒盈用克終吉未若避荣公府守靖私第自弘高尚之風不涉囂塵之境保我恩貸庇爾子孫宜歸田園以恣娛樂散官勳封並如故特皎弟晦為吏部侍郎兄弟當朝用事侍中宋璟以其權寵太盛恐非久安之道屢奏請稍損之故有是命後坐漏洩禁中語配流於雪州死於中路帝思皎舊勳令遞其柩還制曰念舊節終抑惟令典故秘書監姜皎頃在屯難頗申誠績運屬光華遂延恩澤而過由驕忽遽隔幽明言念徃初有深矜悼宜寵泉穸以示不忘可贈澤州刺史

六年二月以少府監齊景胄為益州大都督府長史充劍南道支度防禦兼松當姚巂等州處置兵馬使以隰州刺史兗国公陸象先為潤州刺史岳州刺史燕国公張說為荊州大都督府長史海州別駕貞外置同正員韋嗣立為陳州刺史汾州刺史張庭珪為蘇州刺史洋州刺史賈曾為慶州刺史皆坐累久之特恩甄叙念其舊也

十一年正月幸潞州以歷試舊宅為飛龍宮詔曰朕巡狩晉陽

觀風問俗肆覲群后存問百年候於境者抑惟故事今停蹕潞州勞以牛酒其外州刺史及迎駕父老道士女道士僧尼等遠來至此頗亦艱辛宜並令預會刺史賜物四十匹父老已下各賜物三匹又勑太原府境内其有沈淪草澤抱德栖遲及武德功臣子孫并元從子孫才堪文武所屬官者並委府縣搜揚具以名薦辛卯詔并州置北都改州爲太原府癸巳親製起義堂頌刻石紀功于太原府之南街

二十年十月北狩至潞州勑曰朕往在藩邸游歷潞城歲月頗多人情亦厚今因巡省再過此邦初至歡呼皆有由衷之感將去佇立益知戀主之誠言念此心孰不能變雖天下爲一政有何殊而王者無私義不謂此特宜優異以納群心其潞府百姓丁壯等免征行令其分番宿衛定名長從仍委長史專虛心審問父老百姓等如此處置可否奏聞

天寶七載正月制曰哲王垂範既有寵於勳庸先聖立謨諒不

遺於故舊贈澤州刺史姜皎貞心敏識雅量通才夙懷經濟之能且著文詞之美往居藩邸早奉欵誠及登寶位常進忠讜漢高之念盧綰魏祖之重撝玄彼此一時我亦無愧永言徽烈豈忘褒崇宜加贈於八座更開封於百室可贈吏部尚書仍賜實封三百户與子孫永充享祀

肅宗以至德元年七月即位於靈武詔東宮官屬既會邑期合承寵命量加改轉

李泌自天寶末待詔翰林仍東宮供奉帝甚禮之泌爲楊國忠所忌出蘄春郡及帝即位遣使訪召會泌自嵩潁間行至彭原郡謁見陳今古成敗安危之機契於宸衷延致卧内動皆顧問泌稱山人故辭禄秩以散官寵之特拜銀青光禄大夫仍知元帥廣平王行軍司馬事

杜鴻漸爲朔方節度判官會帝承命北巡徵兵討逆屯于靈武鴻漸得謁見及即位之際鴻漸以定策功擢中書舍人兼判兵部侍郎

代宗寶應元年八月優詔東宮官僚並與改轉學守本官者亦聽

李進初爲帝東征從事又爲皇太子元帥參佐後至兵部侍郎卒帝甚悼之制曰朕在藩邸理兵六酉爰逮于元子受律東討賴更不乖再同休戚其恩遇如此贈禮部尚書

德宗即位初以國子博士翰林學士張涉爲左散騎常侍仍爲學士帝自居春宮涉常爲侍讀及嗣位後庶政小大皆咨之恩禮甚厚涉多新孔六臟受前湖南觀察使辛京杲金事覺以恩舊不之罪歸第家

建中初帝以駙馬都尉柳譚子晟常有硯席之舊日加渥澤

興元初贈尚書左丞趙涓禮部尚書涓永泰初爲御史禁中失火焚屋室數十間與東宮稍逼近代宗深驚疑之涓時爲巡使俾令即訊涓周歷墉圃按驗證據乃上直官遺火所致也推鞫明審頗盡事情既奏聞代宗甚嘉賞焉帝時在東宮常感涓之究理詳細及爲衢州刺史年考既深又與觀察使韓滉不相得滉奏請免其官帝見其名謂宰相曰豈非永泰初御史趙涓乎對曰然即日拜尚書左丞俄知吏部選事屬從梁州而卒

順帝以貞元二十一年正月即位制以給事中馮伉爲兵部侍郎以兵部員外郎史館修撰歸登爲給事中修撰如故伉及登皆帝在東宮時侍讀以師傅恩拜

憲宗在藩邸張宿因軍使張茂宗得出入東宮辯譎敢言洎監撫登位之際驟承顧倖擢居諫列以舊恩數召入禁中終諫議大夫

武元衡仕德宗爲御史中丞順宗即位王叔文等不悦之罷爲右庶子帝始冊爲皇太子元衡贊引因識之及登極復拜御史中丞

穆宗以元和十五年正月即位閏月以駕部員外郎丁公著爲給事中兵部郎中薛放爲工部侍郎咸以東宮舊恩起拱初放爲皇太子侍讀及嗣位未聽政間放多在左右密參機命帝嘗

詔敕曰小子初承大寶懼不克負荷先生宜為相以救不逮欽
叩頭曰臣實庸淺不足當重任乞陛下授以能者帝尤用嘉
歎賜以金紫加集賢殿學士雖事任非切而恩顧轉隆又轉兵
部二侍郎禮部尚書兼學士如故
二月御丹鳳樓大赦詔東宮官及侍讀並見恩之外賜爵加階仍
並與進改
三月以檢校司空兼太子少師判國子祭酒事鄭餘慶為檢校
司徒餘如故加太子少傅兼判太常卿事韓皋檢校右僕射並
以東宮師保之舊進秩也以太子賓客李益為右散騎常侍太
子詹事分司東都鄭晉之為河南尹太子賓客由融為太子少
保兼太子詹事依前留司益等亦以春宮舊寮進秩
四月以前慶州刺史韋綬為尚書右丞綬前為諫議大夫侍讀
東朝帝深禮敬至是以舊恩超擢未幾復加集賢學士
敬宗長慶四年正月即位三月以太子少保張弘靖為太子少

師分司東都太子賓客令狐楚為河南尹兼御史大夫太子賓
客李益為左散騎常侍太子賓客張賈為右散騎常侍並以官
僚加恩也
文宗初封江王寶曆二年十二月即位大和元年正月赦江王
府官去年十二月已前在任者並與進改
後唐莊宗同光元年十二月車駕在洛京丁丑太原耆老薛漢
等八十人詣闕稱慶見于嘉慶殿帝以豐沛之民親自撫諭給
賜有差
二年六月贈故河東節度副使右諫議大夫李襲吉禮部尚書
故河東節度副使禮部尚書蘇循為尚書左僕射故河東節度
副使戶部侍郎盧汝弼為兵部尚書故河東營內觀察判官檢
校尚書左僕射司馬揆為司空故河東留守判官工部尚書李
敬義為尚書左僕射皆河東舊僚也
十一月贈故天雄軍節度副使王緘為司徒緘燕人初為劉仁
恭幕吏天祐四年仁恭遣緘使鳳翔路由太原及復命燕晉不
通帝留之言不遜命繫於獄尋脫之署巡官帝待之甚厚時有
馬郁者亦仁恭之幕賓也三年冬仁恭令郁將兵三萬會于晉
陽攻潞州因茲亦留於晉帝以郁為留守判官郁緘俱有文才
然郁博通多識才性敏俊下筆成章郁死軍書墨制多出於緘
初從定魏州為節度判官朞年為副使帝寵顧甚隆及胡柳之
役緘於輜重間為亂兵所殺帝聞之欷歔曰副使應至不測耶
日得其喪以歸至是追贈
明宗在潛時同光中賜得梁祖庸使趙巖洛中宅宅雖華以趙
內遠乃羅周敬易其第諾之其第即周敬父紹威前唐時所建
在福善里後帝即位一日夢中見一人儀形瓌秀若素識昔帝
夢中曰此得非前宅主羅氏乎及寤訪其子孫左右對曰周敬
見列明廷召至果符夢中所見帝謂侍臣曰朕不欲使大勳之
後久無土地因授左馮非承家為善何以致此

天成元年七月中書門下奏太原潛龍宅請以積慶宮為名從
之是月勅漢朝昇沛魏祖封譙當化家為國之時行奉先思孝
之道豈惟應郡跡乃帝鄉宜師古而建邦亦推恩而及物俾崇
国本以洽人情其應州宜置彰國軍節度仍以興唐府為雲州
隸彰國軍
九月己未幸前隰州刺史袁建豐之第帝在藩邸嘗為副相得
甚歡至是建豐風病沈廢於私第以舊愛親幸撫慰之
二年四月贈故振武軍節度使李嗣昭為太尉嗣昭天祐十五
年卒於太原帝舊敦分義臨御之後念深故人故有是詔
十一月乙卯平盧軍節度使霍彥威天平軍節度符習入覲召昇
殿命樂舉酒語及佐命決策之事歡話移時
長興元年三月以忻代谷渾萬遷為嵐州刺史與帝有舊故也
十月北京留守馮贇謝恩賜母衣服銀器物贇父在太原潛龍
第為家老母出入第中恩意甚厚贇自宣徽使居守晉陽特文

任贊毋辭於宮中帝謂贊毋曰吾輩老矣贊昨來總角兒走吾前令曰便得氣力吾頃在太原為偏將視節度使富貴極矣彼時吾不敢准望將師今贊為留守節度使耳姥更宜內訓撫我鄉里生民是日錫以金繒及至任毋因中使往即慰問之

二年三月以李從臻檢校尚書右僕射右衛將軍劉遂凝檢校戶部尚書右監門衛將軍韓昭裔檢校戶部員外郎守太子左贊善大夫仍賜紫金魚袋趙鈞檢校兵部尚書皇再友檢校刑部尚書胡違檢校國子祭酒史延韜檢校左散騎常侍皆帝在藩舊寮佐也

四年八月乙丑帝顧謂侍臣曰前洋帥陳皐稱病甚乞致仕信乎對曰實然帝因愴然改容良久曰陳皐昔為健兒從吾征伐擐戈擐甲氣吞豺虎今衰落如此浮生壯健都幾何時哉咄嗟久之因令立漢殞往勞問

安金全初事莊宗為騎將與帝尤相善天成初召金全歸朝授

振武節鉞同平章事

何瓚初事莊宗判留守於北京及帝纘嗣召瓚歸闕見於秘殿帝念及故舊召問久之回加賜賚

李建崇初事莊宗以不能巧宦久滯偏裨帝嘗掌牙兵與建崇共事甚愍之連授磁沁二州刺史

曹英本常山真定人父金武事趙王鎔為列校英因得隸鎔帳下及莊宗奄有其地錄其左右收為散指揮使帝即位英侍於仗下問其祖考英以實對帝曰乃朕之舊臣也擢本班行首每加顧遇

藥縱之初依帝攝代州衙推及鎮邢洺為書記自是移鎮常山歷天平宣武兩鎮節度副使帝鎮常山被病不適又踐祚縱之請見于洛邑安重誨怒其覬望半歲餘無所授言事者聞於帝帝曰德勝用兵時縱之飢寒相半不離我左右今有天下何人不富貴獨棄縱之何以勸勞臣遽召見之旬浹除磁州刺史

愍帝長興四年十一月即位丙辰以天雄軍節度判官唐汭為左諫議大夫掌書記趙象為起居郎觀察推官吳承範為左拾遺左都押衙宋令詢為磁州刺史皆帝帥鄴時文武參佐也唐汭舉進士自帝帥宣武時從事歷太原真定三府帝喜儒學汭之所啓也故有此授又以天雄軍巡官殷鵬為右拾遺鵬與吳承範俱魏州人舉進士會帝為帥歸鄉里依之故有是超授焉

應順元年正月以前洺州團練使皇甫立為保大軍節度立明宗微時舊人也性不超競同時數輩皆秉節鉞唯立纔及二千石朱馮舉其勞舊故有是命（明宗時朱弘昭馮贇皆當權專柄）

末帝初天成中出鎮河中府房暠者京兆長安人也少為唐宰相崔魏公家臣後因亂客於蒲州於路左迎謁帝求事軍門帝受之使治賓客乃登極歷南北院宣徽使

清泰元年以左諫議大夫盧損為右散騎常侍損昔奉命使河中與帝款接故也

五月以右千牛衛上將軍符彥饒充左右嚴衛都指揮使彥饒舊典禁軍明宗朝立定亂之功今春以伯氏安州不治而入宿衛帝游舊也故復委任之

六月以前均州刺史韓遂為羽林將軍前中州刺史李千為右驍衛將軍前河東行軍司馬李繼忠為左驍衛將軍前鄜州行軍司馬韓昭為左武衛將軍前彰義行軍司馬喬神翊為右武衛將軍前青州行軍郭師翼為右武衛將軍前安州行軍司馬石延賢為右監門衛將軍前同州行軍司馬趙彥鐸為左監門衛將軍帝久親戎事皆舊部校也故有是獎錄焉辛巳以太子太傅致仕王建立兼侍中充天平軍節度鄆齊棣等州觀察處置等使建立以微賤事明宗與帝少而周旋備嘗艱苦明宗鎮真定詔入朝以建立巡檢知留守事及即位遂用為節度使後歷數鎮長興中致仕帝與之親舊乃有是拜

七月詔禮部郎中知制誥呂琦賜紫金魚袋初帝河中失守歸

清化里第罕得出入琦寓止在帝左右凡有奏請謀度之事遣
韓昭諮於琦而後行既君天下深念曩昔故前命知制誥至是
有金章之錫庚申贈前京兆府高陵令郝詡爲兵部郎中故鳳
翔節度押衙朱廷乂爲尚書右僕射初帝在岐陽將起兵召謀
略之士詡自言有鬼谷捭闔之術廷乂自許氣俠令二人相繼
往長安說王思同二人未還會藥彥稠至知是岐下來思同不
獲已拘詡送京師廷乂初謂帝曰必令思同效用事或蹉跌勞
一匕首耳從者以此語告思同乃殺之故有是贈
二年九月詔以曩移同州長流人放歸鄉里司徒詡爲相州司
馬詡與帝有肩從之舊初流寧州移同州又放歸本貫路由都
下遣人慰勞便欲留之韓昭曰同例八人詡獨異之非典也用
之非晚至是欲召還昭又曰八人類例止可復資無宜異等故
有此授初帝在河中詡爲判官明宗時諸子中秦王為河南尹
判六軍王府最盛詡因入貢祈安重誨願不歸蒲中乃授右補

闕史館修撰無幾爲戶部員外郎充河南府判官明宗寢疾秦
王構禍詡與諸從至天津秦王兵敗各貶爲庶民洎帝御極詡
益懷憂悖帝念舊至是先復資旋用爲兵部員外郎
晉高祖天福元年以王岖為將作監岖河內人歷河陽度支使
鄴都河東少尹與帝潛龍時有舊也
四年二月中書門下上言陛下應天順人握圖御宇電繞虹流
之地既煥禎符出潛離隱之鄉宜光稱謂其太原潛龍莊望建
爲慶昌宮使相鄉望改爲龍飛鄉都尉里望改爲神光里從之
李瓊初仕後唐隸明宗麾下爲小校同光二年明宗受詔以李
記兵送糧入薊門時帝從行至涿州與虜相遇帝陷於圍中瓊
顛譖軍已退密牽帝之衣揖東而遁至劉李河為虜所襲瓊呼
水先至南岸帝至河中馬倒順流而下瓊以所執長矛援帝出
之又以所跨馬奉帝瓊徒步言之奔十里餘乃入涿州帝薦於
明宗明宗賞之尋超授軍職帝即位補護聖都虞候又念昔

輟馬導護之力前後所賜金帛甚厚久之領攝州刺史遷申州
刺史安審暉為河東行軍司馬常龍飛以覇府上寮授振武兵
馬留後遷河陽節度使不踰月移鎮鄆州
李崧後唐長興中為樞密直學士時北虜寇雲中明宗欲命重
將鎮太原時帝為六軍副使以秦王從榮不軌懇求外任深有
北門之望而大臣以帝方權兵柄難以議之翌日明宗怒其未
奏范延光趙延壽等無對退歸本院共議其事方欲以康義誠
爲之時崧最在下位聳立請曰朝廷重兵多在北邊須以重臣
爲帥以某所見非石太尉不可也會明宗令中使促之衆乃從
其議翌日帝既受太原之命使心腹達意於崧云壘浮圖須與
合却尖表感之深也及清泰末帝入洛崧與呂琦俱竄匿於伊
闕民家旬日帝召爲戶部侍郎判戶部踰月拜中書侍郎平章
事與桑維翰並兼樞密使
王繼弘初爲後唐明宗爪牙時帝為偏將與梁人戰於河壖短

兵相接帝為梁人所襲而馬甲連茧斷會漢高祖以馬授之獲
濟繼弘適在其部有援助之力帝即位擢爲六宅副使
漢高祖踐祚以郭謹鄉国舊臣加檢校太尉移鎮滑臺乾祐初
復授彰德軍節度使二年就加檢校太師三年春入朝加食邑
是歲冬十月卒於位年六十輟視朝兩日贈侍中
周太祖廣順元年三月幸城西城南御園及史弘肇園帝嘗與
弘肇遊宴其間臨觴嗟吒久之
七月歸義節度使常思上言曰臣妻王氏入貢蒙陛下致敬臣
堂恐無容自處詔曰朕以君臣之道則外有朝廷之儀骨肉之
親則內有少長之敬且朕與卿當夙昔之共事實敢叙於周親
安可此時使渝曩分卿執恭為行懲懇上章雖謙謙之道可嘉
而親親之義難替家人之禮朕當必行帝微時常思在上黨思
夫婦奉帝甚謹帝德之及貴遇思益厚雖居至尊之位猶行家
人之禮

二年三月賜刑部郎中景範金紫服霸府舊寮也

二年八月以安國軍節度使劉詞爲河陽三城節度使詞性忠實帝龍潛時累同征伐頗深委信來覲節來朝帝內殿與詞從容話舊曰吾輩老矣自覺心力減耗於前事兒輩幹於旌事後公近鎮與易相面

王峻爲樞密使性輕躁率易帝以故舊諳其爲人且以佐命之故每優容之峻年長於帝二歲帝雖登大位時以兄呼之有時呼字不忘布衣之契峻以此益自負焉

世宗即位初以給事中張可復有潛淵幕府之舊除爲右散騎常侍

周彥顒與帝有舊及即位超授內客省使未幾知相州軍府事尋改延州兵馬留後到鎮頗以殖貨爲意竊圖厚利侵漁蕃漢部人群情大擾會帝南征蕃部結聚圍迫州城彥顒閉壁自守求援於鄰道賴救兵至乃解帝不悅徵赴京師然猶委曲庇護竟不之責

王朴自帝鎮澶淵朝廷以朴爲記室及帝爲開封尹拜右拾遺充開封府推官帝嗣位授比部郎中賜紫

冊府元龜卷第一百七十二

冊府元龜卷第一百七十三

帝王部一百七十三

繼絕

自古受命及中興之君莫不興滅繼絕以歸天下之心焉書稱虞賓在位群后德讓謂雖丹朱之不肖而以帝堯神明之後尊而禮之故周武克商未及下車追存賢聖爵而祿之以奉祭祀俾故老遺俗咸仁澤之至厚繼體守文存鑒戒之攸遠致恭三恪其義益顯炎漢而下封崇尤盛至於六國餘烈佐命元勳籍其名數開有家食斯又念功勸勞之深旨也

夏禹踐天子之位堯子丹朱舜子商均皆有疆土(以唐封堯之子以虞封舜之子)以奉其先祀服其服禮樂如之以客見天子天子弗臣示不敢專也

周武王勝殷封紂子武庚祿父以續殷祀使管叔蔡叔傅相之又追思先聖王乃褒封神農之後於焦(弘農陝縣有焦城故焦國也)黃帝之後於祝帝堯之後於薊(燕國有薊縣)帝舜之後於陳(舜妻堯之二女居于嬀汭其後因以為氏舜子商均為封國夏后之時或失或續至是求舜後得嬀滿封之以奉舜祀)大禹之後於杞(禹之後殷時或封或絕至是求禹之後得東樓公封之以奉夏后氏祀)成王即位少周公旦代立行政當國管蔡疑之乃與武庚作亂欲襲成王周公(一云欲襲成周)周公既承成王命誅武庚殺管叔放蔡叔乃命微子開代殷後奉其先祀作微子之命(封命之書)王若曰猷殷王元子(微子帝乙元子順道本而稱之)惟稽古崇德象賢(惟考古典有尊德象賢之義言)統承先王修其禮物(言二王之後各修其典禮正朔服色與時王並通三統)作賓于王家與國咸休永世無窮(為時王賓客與時皆美長世無竟)嗚呼乃祖成湯克齊聖廣淵(言汝祖成湯能齊德聖達廣大深遠)皇天眷佑誕受厥命(大天眷顧湯佑助之大受其命謂天命)撫民以寬除其邪虐(撫民以寬政除其邪虐謂除桀)功加于時德垂後裔(言湯立功加於當時德澤垂及後世)爾惟踐修厥猷舊有令聞(汝微子踐修湯道故有令聞)恪慎克孝肅恭神人(言微子敬慎能孝嚴恭神人)予嘉乃德曰篤不忘(言我善汝德謂厚不可忘)上帝時歆下民祗協庸建爾于上公尹茲東夏(言汝華德之人祭祀則神歆事人則人和用是封立汝於上公之位正此東方華夏之國宋在京師東)欽哉往敷乃訓慎乃服命率由典常以蕃王室(言當敬哉往布汝教訓慎汝服命率用舊典無失其常以蕃屏周室)弘乃烈祖律乃有民永綏厥位毗予一人(大汝烈祖成湯之道以法度齊汝所有之人則長安其位以輔我一人言上下同榮慶)世世享德萬邦作式(言微子累世享德不忝厥祖雖同公侯而特為萬國法式)俾我有周無斁(汝世世享德則使我有周好汝無斁)嗚呼往哉惟休無替朕命微子乃代武庚殷之餘民甚愛戴之故周頌有客微子來見祖廟也振鷺二王之後來助祭也(二王夏殷也其後杞宋也)

漢高帝十年帝至邯鄲求樂毅後得其孫叔封之樂鄉(在北新城)號曰華成君

文帝元年封舞陽侯樊噲庶子市人為侯初噲子伉呂后妹呂須之子嗣舞陽侯高后崩大臣誅呂須等因誅伉數月帝立迺復封市人為侯復故邑

後三年以絳侯周勃子亞夫為條侯初勃子勝之嗣絳侯尚公主不相中(意不相得也)坐殺人死國絕一年帝乃擇勃子賢者河內太守亞夫嗣勃後

景帝二年制詔御史故相國蕭何高皇帝大功臣所與為天下也(為治也一曰共其功業)今其祀絕朕甚憐之其以武陵縣戶二千封何孫嘉為列侯(一作武陽嘉兄有罪免)

六年以絳侯周勃子堅為平曲侯續絳侯後(以勃子亞夫有罪死國絕)

中元年以高景侯周成孫應紹封高景侯(初成以父苛罵項籍死事封子侯文帝五年謀反誅)

三年以曲周侯酈商子堅紹封曲周侯(初商子寄嗣有罪免)

六年以河陵侯郭亭孫延居紹封河陵侯(初亭孫客嗣有罪免)費侯陳賀子最紹封費侯(初賀子常嗣有罪)

後元年以杜衍侯王翥子郢人紹封杜衍侯(初翥孫市臣嗣亡後)

武帝元光二年以平定侯齊受曾孫延居紹封平定侯(初受孫嗣亡後)

元狩三年詔御史以鄼戶二千四百封蕭何曾孫慶為鄼侯布告天下令明知朕報蕭相國德也(初何曾孫勝嗣坐不齋耐為隸)

元鼎四年帝祠后土還至洛陽求周苗裔封其後嘉三十里地比列侯奉其先祭詔曰祭地冀州瞻望河洛巡省豫州觀于周

室遞而無祀詢問耆老乃得孽子嘉紹繼也其封嘉爲周子南君

後元年以游擊將軍按道侯韓說子增（一作曾）紹封龍頟侯初說子興嗣征和四年坐巫蠱誅（一云坐祝詛要斬）帝曰游擊將軍死事無論坐者（說掘蠱於太子宮爲太子所殺死非罪事與興以巫蠱見誅其興弟宗族應從坐者可勿論之）乃復封興弟增爲龍頟侯

宣帝地節四年詔丞相御史求問蕭相國後在者得玄孫建世等十二人復下詔以酇戶二千封建世爲酇侯

元康元年復高皇帝功臣絳侯周勃等百三十六人家子孫令奉祭祀世世勿絕其毋嗣者復其次

元帝初元五年正月以周子南君（姓姬名延嘉之孫也）即爲周承休侯（承休國在潁川）位次諸侯王（是時帝使諸大夫博士求殷後分散爲十餘姓郡國往往得其大家推求子孫絕不能紀時丞相匡衡議以爲王者存二王後所以尊其先王而通三統也其犯誅絕之罪者絕而更封他親爲始封君上承其王者之始祖春秋之義諸侯不能守其社稷者絕今宋國已不守其統而失國矣則宜更立殷後爲始封君而上承湯統非當繼宋之絕侯也宜明得殷後而已今之故宋推求其嫡嫡之先已絕不當得立禮記孔子曰丘殷人也先師所共傳宜以孔子世爲湯後以其語不經遂見寑）

府一百七十三　三

成帝鴻嘉元年制詔丞相御史蓋聞褒功德繼絕統所以重宗廟廣賢聖之路也故博陽侯丙吉以舊恩有功而封今其祀絕朕甚憐之夫善善及子孫古今之通誼也其封吉孫中郎將關內侯昌爲博陽侯奉吉後國絕三十二歲復續

元延元年十月封蕭相國後（一云玄孫之子）南緣長喜（一作嘉南緣邑名加爲此縣長）爲酇侯（時功臣子孫多廢絕社稷議曰昔唐以万國至時雍之政虞夏以之多羣后饗共己之治湯法三聖殷氏太平周封八百重譯來賀是以内恕之君樂繼絕世隆名之主安立亡國至於不及下車德念深矣成王察牧野之克顧羣后之勳知其恩結於民心功光于王府也故追述先父之志錄遺老之策高其位大其寓愛敬飭盡命賜備厚大孝之隆於是爲至至其没也世主歎其功無民而不思所息之樹且猶不伐況其廟乎是以燕翼之祀與周並傳子繼弟及至載不墮豈無刑辟繇祖之竭力故支庶賴焉亦漢興功臣亦皆剖符世爵受山河之誓存以著其號亡以顯其賞亦不細矣百餘年間而襲封者盡或絕失姓或乏無主朽骨孤於墓苗裔流於道生爲愍隸死爲轉以往況今甚可悲傷聖朝憐閔詔求其後四方所忻不以心出入數年而不省察恐議者不思大義設言虛亡則厚德褒息遠宋本章非所以視化勸後世也三人爲衆雖難盡繼宜從尤功於是成帝復封蕭何）

綏和元年二月詔曰蓋聞王者必存二王之後所以通三統也（天地人是爲三統二王之後并己爲三）昔成湯受命列爲三代（夏殷周也）而祭祀廢絕考求其後莫正孔吉（殷後孔吉最正也）其封吉爲殷紹嘉侯三月進爵爲公及周承休侯皆爲公地各百里子世吉（一云二月甲子封殷紹嘉侯子何齊爲殷紹嘉公）（侯後六月進爵爲公地方百里元始二年更爲宋公）

哀帝元壽二年封平陽侯曹參玄孫之孫本始爲平陽侯（參玄孫宗初宗有罪完爲城旦至是以本始嗣封）

平帝元始元年正月令諸侯王公列侯關内侯亡子而有孫若子同産子者皆得以爲嗣（子同產子者謂昆弟之子爲子者謂養子爲嗣）公列侯嗣子有罪耐以上先請宗室屬未盡而以罪絕者復其屬於是封龍頟侯韓增兄子岑爲龍頟侯（初增子寶亡子一作共侯岑一作共）

六月封周公後公孫相如爲褒魯侯

二年四月封故大司馬博陸侯霍光從父昆弟曾孫陽宣平侯張敖玄孫慶忌絳侯周勃玄孫共舞陽侯樊噲玄孫孫之子章皆爲列侯復爵賜故曲周侯酈商等後玄孫酈明友等百一十三人爵關内侯食邑各有差（是歲賜曲逆侯陳平代後者嗣爵關内侯不言世）

府一百七十三　四

後漢光武建武二年五月封周後姬常爲周承休公（承休所封故城在今汝州東）

五年七月壬申封殷後孔安爲殷紹嘉公

十三年二月庚午以殷紹嘉公孔安爲宋公周承休公姬常爲衛公（以爲漢賓在三公上）

明帝永平十四年封安豐侯竇融孫嘉爲安豐侯初融子穆勳俱以罪死詔還融夫人與小孫一人居洛陽家舍至是封融孫嘉爲安豐侯食邑二千戶奉融後

章帝建初元年封膠東侯賈復小子邯爲膠東侯邯弟宗爲即墨侯各一縣初復子忠嗣忠卒子敏嗣坐誣告母殺人國除

二年封平陽侯曹參後湛爲平陽侯又封東光侯耿純孫盱爲高亭侯初純子阜嗣徙封莒鄉侯永平四年坐同族耿歙與楚

及顔忠辭語相連國除

十年十月西巡狩數名奉車都尉董彪入問三輔舊事禮儀風俗彪因建言今西巡舊都宜追錄高祖中宗功臣褒顯先勳紀其子孫帝納之行至長安乃制詔京兆尹右扶風求蕭何霍光後時光無苗裔唯封何末孫熊為酇侯

八年以廣平侯吴漢孫旦為灌陽侯灌陽縣名屬汝南郡旦卒無子國除帝封旦弟筑陽侯盱為平春侯平春縣名屬江夏以奉漢嗣

和帝永元三年十一月幸長安詔曰高祖功臣蕭曹為首有傳世不絕之義曹相國後容城侯無嗣朕望長陵東門見二臣之壟蕭何墓在長陵東司馬門道北百步曹參冢在長陵旁道北近蕭何冢循其遠節每有感焉忠義獲寵古今所同可遣使者以中牢祠大鴻臚求近親宜為嗣者須景風紹封以章厥功大鴻臚掌封拜諸侯及其嗣春秋考異郵曰夏至四十五日景風至則封有功也

安帝永初六年詔曰夫仁不遺親義不忘勞興滅繼絕善及子孫古之典也論語曰興滅國繼絕世公羊傳曰善善及子孫惡惡止其身昔我光武受命中興復引聖緒橫被四表昭假上下昭明也假至也上下天地也光耀万世祉祚流衍垂於罔極予末小子夙夜永思追惟勳烈披圖案籍建武元功二十八將佐命虎臣讖記有徵蓋蕭曹紹封傳繼於今和帝紹封蕭曹之後以彰厥功也況此未遠而或至乏祀朕甚愍之其條二十八將無嗣絕世若犯罪奪國其子孫應當統後者分別署狀上將及景風章叙舊德顯茲遺功焉初膠東侯賈復孫平鄉侯普有罪國除於是紹封普子晟為平鄉侯明年二十八將絕國者皆紹封焉

七年紹封安平侯蓋延曾孫沂為蘆亭侯初延子扶嗣扶卒子側嗣永平十三年坐與楚王英謀反伏誅國除揚虛侯馬武孫震為滲亭侯初武子檀嗣坐兄伯濟與楚王英黨顔忠謀反國除昆陽侯傅俊孫鐵為高置亭侯初俊子昌嗣徙封元侯建初中遭母憂上書以國貧不願之封乞錢五十万為關內侯章帝怒貶為關內侯竟不賜錢參蘧鄉侯杜茂孫奉為安樂亭侯初茂子元嗣永平十四年坐與東平王等謀反減死一等國除欒陽侯景丹孫遽為監亭侯初丹子尚嗣徙封余吾侯尚卒子苞嗣苞卒子臨嗣臨卒無子國絕鬲侯朱祐曾孫沖為鬲侯初祐子商嗣商卒子演嗣永平十四年坐從兄伯為外孫陰皇后巫蠱事免為庶人槐里侯萬脩曾孫豐為曲平亭侯初脩子普嗣徙封扶柳侯普卒子親嗣徙封弦氏侯親卒無子國除中水侯李忠孫純為琴亭侯初忠子威嗣威卒子純嗣永平九年坐母殺純叔父國除一云殺威弟季許侯馬光子朗為合鄉侯初光坐與竇憲謀逆自殺

元初元年封靈壽侯邳彤孫音為平亭侯初彤子湯嗣湯卒子某嗣臣欽若等曰史闕名無子國除於是紹封

三年封順侯馬廖孫度為潁陽侯初廖子遵嗣徙封程鄉侯遵卒無子國除於是紹封

永寧元年封朗陵侯臧宮曾孫由為朗陵侯初由兄松嗣侯元初四年與母別居國除至是封由

建光元年封舞陰侯岑彭舞陰一作舞陽曾孫杞為細陽侯初彭征蜀薨子遵嗣徙封細陽侯細陽縣名故城在今潁州汝陰縣西遵卒子伉嗣伉卒子杞嗣杞一作起元初三年坐事失國至是復封

順帝陽嘉三年封林慮公主子耿寶子箕為牟平侯初寶弟子承襲公主爵為林慮侯後閻太后以寶等阿附嬖倖共為不道策免寶及承皆貶爵為亭侯遣就國寶於道自殺國除大貴人耿請乃召封之

桓帝延熹二年紹封全椒侯馬成玄孫昌為益陽亭侯成六世孫酆嗣豐侯以罪失國於是封之槐里侯萬脩玄孫恭為門德亭侯初脩曾孫豐為曲平亭侯豐卒子闕名無子國除

魏文帝黃初中賜脩令亭侯田疇從孫續爵關內侯以奉其嗣疇從太祖平烏丸有功封亭侯邑五百户疇固讓不受及卒子又早死於是封其從孫疇紹封陵樹亭侯荀攸孫彪為陵樹亭侯初攸子緝嗣無子國除都亭侯任峻中子覽為關內侯初峻子先嗣無子國除都亭侯蘇則子愉為都亭侯初則子怡嗣無子

明帝青龍二年三月庚寅山陽公薨漢獻帝也八月壬申葬于山陽國適孫桂氏鄉侯康嗣立為山陽公

高貴鄉公正元年紹功臣世封荊州牧昌陵鄉侯夏侯尚從孫本為昌陵亭侯邑三百户以奉尚後初尚子玄嗣以謀司馬景王夷三族誅

甘露二年詔封河東太守豐樂亭侯杜畿孫預為豐樂亭侯邑百戶初畿子恕嗣免為庶人徙章武郡是歲河東樂詳年九十餘上書訟畿之遺績朝廷感焉

陳留王景元四年封蘭陵侯王肅子恂為蘭陵侯

晉武帝泰始元年十二月詔曰昔太尉王淩謀廢齊王而王竟不足以守位征西將軍鄧艾矜功失節實應大辟然被書之日罷遣人衆束手受罪比於求生遂為惡者誠復不同今大赦得還若無子孫者聽使立後令祭祀不絕

元帝時以太尉臨淮公荀顗兄玄孫序為顗後封臨淮公又封蘭陵公衛瓘玄孫崇為江夏郡公

明帝太寧三年七月詔曰三恪二王世代之所重興滅繼絕政道之所先又宗室哲王有功勳於大晉受命之際者佐命功臣碩德名賢三祖所與共維大業咸開國胙土誓同山河者而並廢絕禋祀不傳甚用怛傷主者其詳議諸應立後者以聞

成帝咸和元年十月封魏武帝玄孫曹勱為陳留王

咸康二年十月詔曰歷觀先代莫不褒崇明祀賓禮三恪故杞宋啓土光于周典宗姬侯衛垂美漢冊自頃喪亂庶邦殄悴周漢之後絕而莫繼其詳求衛公山陽公近屬有履行修明可以繼承其祀者依舊典施行

孝武帝太元二年正月繼絕世紹功臣詔曰故太尉西平公張軌著德遐域世襲前勞強兵縱害遂至失守散騎常侍天錫拔迹登朝先祀淪替用增矜慨可復天錫西平郡公爵又封太尉臨淮公荀顗兄玄孫序之子為臨淮公以繼顗後又封周陵王沈從孫道素為博陵公又封高平公陳騫玄孫龔為高平公以奉騫孫粹嗣侯遇害國除也

後魏太武時求故司空封西昌公庾岳子孫任為將帥者得其子陵從征有功聽襲爵岳道武時誅之時人咸冤惜之

延和初詔曰故征西將軍爵臨淮公丘堆國之肺腑勳著先朝

西征安人師遂從軍法國除祀絕朕甚愍之可賜其子爵淮陵侯初堆與奚斤進平赫連昌斤追擊昌弟定留堆守輜重斤為定所擒堆棄甲走長安大武遣安頡斬之

孝文延興元年冬詔訪舜後獲東萊郡民嬀苟之復其家畢世以彰盛德之不朽

宣武繼絕世詔以故万騎大將軍封常山王奚斤諸弟子鑒特紹其後以承封邑初斤長子他觀襲爵為將征懸瓠卒參軍子延襲爵出為下城鎮將卒子緒襲爵開建五等封常山郡開國侯食邑三百戶後例降為侯封澄城縣開國侯增邑九百戶卒子遵襲封卒無子國除又詔復故試守河內郡陸琇爵以子景祚襲陸侯為征西大將軍封東平王薨子琇襲爵降為侯尚書免官試守河內郡咸陽王禧謀反事發琇聞禧敗斬其首奔京師以不先送獄病死琇弟獻上書訴冤乃詔復之

隋文帝以周後宇文洛為介國公賓于隋

煬帝大業四年十月辛亥詔曰昔周王下車首封唐虞之裔漢帝承曆亦命殷周之後皆所以褒立先代憲章在昔朕嗣膺景業傍求雅訓有一弘益欽若令典以為周兼夏殷文質大備漢有天下車書混一魏晉沿襲風流未遠並宜立後以存繼絕之義有司可求其胄緒別聞

唐高祖武德元年五月二十三日詔曰革命創制禮樂變於三王修廢繼絕德澤隆於二代是以鳩條剋翦杞用夏郊牧野降休宋承殷祀爰及魏晉禪代相仍山陽賜號於當塗陳留受封於典午上天迴睠授曆朕躬隋氏順時遜其寶位欽奉休命敢不對揚永作我賓宜開土宇其以莒之酅邑奉隋帝為酅公行隋正朔車旗服色一依舊章仍立周後介公共為二王後二年五月酅公薨追崇為隋帝謚曰恭

太宗貞觀二年八月制曰二王之後禮數宜崇寢廟不修禋祀多闕非所以追崇先代式敬國賓可令所司量置國官營立廟宇

中宗神龍元年五月制仍舊以周隋為二王後[illegible]

玄宗開元三年十二月勅二王後每年四時饗廟牲及祭服祭器

亞官給其帷帳凡案有闕亦官給主客司四時省問子孫准同正三品蔭陪後每年給絹二百匹米粟二百石並春秋支給仍准見承襲人親兄爲分襲者與三分餘各一分兄弟有得職事官者其物即還見襲人

五年二月行幸東都大赦制武德身觀已來勲臣子孫無位者吏詳求其後奏聞

十一年十一月南郊大赦詔武德已來實封功臣知政宰輔有身無大故而云官失封子孫論理者所司勘責具以狀聞存者可時其官殁逝者當録其嗣使幽明同慶知有今辰

十五年閏九月勅二王後有賓者會聘同京官正三品其夫人亦同諸王公以下無子孫及兄弟爲後曾經侍養者聽承襲賜爵姓若死王事雖不曾經侍養亦聽承襲又二王後犯罪當爵者改立次賢

二十五年六月辛酉制曰夏與有虞賓之位周書載微子之封皆所以啓迪前王發揮後嗣故介國公宇文超更晏偉彼茂緒曰子嘉容肅雅成性温潤合禮雅有助祭之容宛是宜邦之具宜復爾國以承天休可襲封介國公

天寶七載五月詔曰自古帝王建邦受命必敬先代以循舊章周備禮文既存三恪之位漢從損益惟立二王之後自茲已降且復因循將廣繼絶之恩式弘復古之道宜於後魏子孫中簡擇謹屬灼然淵承者一人委所司勘責准鄰公例定爲三恪

八載制曰胡公啓陳微子分宋位存三恪鉄此二王後魏孝文帝十代孫元伯明器蘊中和業崇前烈保大名之餘慶擢於叢之良才謙而不逾信而可復固當纂承舜後式備虞賓爾屬單恩爰崇繼絶主祀者非爾而誰受茲寵章無忝負荷宜大啓於土宇俾光膺於禮物可襲封韓國公食邑三千戶

九載處士崔昌上封事推五行之運以國家合承周漢其周隋不合爲二王後請廢詔下尚書省集公卿議昌負獨見之明辯

辭不屈會集賢院學士衛包抗表陳論議之夜[illegible]天意昭然帝心遂定乃求殷周漢後爲三恪廢韓介酅等公以昌爲左贊善大夫包爲虞部員外郎

肅宗乾元元年四月大赦天下詔曰二王三恪各與一子官德宗以大曆十四年即位詔二王三恪襃聖侯各與一子官

貞元五年三月詔曰褒舊念功仁之大也興滅繼絶義之弘也昔蔡叔犯族周公封其子於東土韓信干紀漢后爵其孥以弘高侯君集之不率景化我太宗存其嗣以王祀詳考先王之道洎乎列祖之訓皆以刑佐德俾人遷善方剔斧鉞之誅申兵之伐蓋不得已而用也曩藏逆臣竊發國步多虞朕狩于近郊指期薄伐將拒咸陽之旅以興豕韋之功徵師未達于諸侯嘗十月寢于七萃而李懷光三軍咸駕千里勤王止假雷霆之威下逐犬狼之衆議功方始守節靡終潛搆禍胎拒違朝命棄同即異捨順效逆爲臣至此在法必誅猶示殺懷無其奔後而暴益彰豨突豕豈遷大戮可加曾無噍類雖自貽伊戚與衆棄之而言念爾勞何嘗及此以其前功猶在孤魂無歸懷之悵然是用降宸衷予欲大陳大信異以化成保合大和期於刑措宜以懷光外孫燕八八賜姓李氏名承緒授左衛率府冑曹參軍承懷光之後仍賜錢一千貫任於懷光墓側置立莊園侍養懷光妻王氏并備四時享薦之禮嗚呼朕實不德臨於兆人泣辜有罪袁誠所志爾其保姓受氏宜力承家勉紹乃考之建國庸無忝爾父之違王命初懷光授首其子璀璨等皆死唯妻王氏在帝特將其死及是又思懷光舊勲哀其絶後乃命承緒繼之

九年十一月日南至郊祀禮畢大赦天下詔九廟配享功臣封爵廢絶者宜令紹封以時享祀

十三年五月封前右衛率府兵曹同正元份爲襲三恪韓國公

憲宗以貞元二十一年正月即位制曰二王三恪襃聖侯各與一子官

穆宗以元和十五年即位閏正月二王介國公宇文仲業卒命
有司舉舊典葬祭
敬宗寶歷元年八月戊申以故酅國公楊造男前行左內率府
曹參軍元湊襲酅國公食邑三千戶
文宗大和五年正月酅國公楊元湊奏臣先祖隋文帝等陵四
所在鳳翔一所在楊州兩所在京兆府准去年四月九日敕二
王後介國公先祖陵例每陵每年合給看守丁三人鳳翔府已
差給丁其京兆府及楊州未蒙准敕旨各令京兆府准元敕與分
後唐莊宗同光二年二月詔曰二王御宇禮三恪而為賓士敦
風教五常而濟世當宜封崇後裔以奉前脩應前代二王三恪
及文宣王之後並可各令繼襲仍加恩命所有祖宗廟宇亦宜
各與增修其隨與合得俸戶并子孫戶下差稅徭役仍委中書
門下檢本朝格律施行
明宗天成四年八月以二王後前河清縣令襲封酅國公食邑
三千戶楊仁矩為秘書丞長興三年五月以二王後前唐秦王府
司直楊延紹為右贊善大夫仍襲封酅國公食邑三千戶
末帝清泰二年將作監丞襲封介國公宇文頡奏蒙恩襲封除
官無祿奉爵俸給詔特給本官俸
晉高祖天福二年正月敕周以杞宋封夏殷之後為二王後以陳
封舜之後為三恪唐以周隋之後封公又封䣊之後為三恪夫
應天開國恭己臨人宜覃繼絕之恩以廣延洪之道宜於唐朝
宗屬中取一人封公世襲兼隋之酅公為二王後以後周介公
備三恪其主祀及赴大朝會委所司具典禮申奏其唐朝宗屬
中舊在朝及諸道為官者各據資歷考限滿日循品秩序遷已
有出身者任令參選十一月二王後太子右贊善大夫襲酅國
公楊延壽父大理評事鄴贈太子中舍
四年九月癸未敕周受龍圖立夏殷之祀唐膺鳳曆封酅介之
封歷代相沿百王不易朕顯膺景運肇啓丕基乃睠前朝載稽

舊典宜開土宇俾奉宗祧用推繼絕之仁以示惟新之德宜以
酅國三千戶封唐許王李從益為酅國公奉唐之祀服色旌旗
一依舊制以西京至德宮為廟其器服悉從官給
五年正月庚寅以二王後前太子右贊善大夫襲封酅國公食
邑三千戶楊延壽為太子左諭德三恪後汝州襄城縣令襲介
國公宇文頡加食邑三千戶
六年二月以三恪後汝州襄城縣令襲封介國公食邑三千戶
宇文頡為太子率更令
漢隱帝即位詔唐晉兩朝求訪子孫立為二王後
周太祖廣順元年正月五日制以晉漢之裔為二王後委中書
門下處分
其年十月以李重玉為右監門衛將軍重玉明宗之孫也父從
璨莊宗末遇害至太祖授重玉官秩令主祭念諸孤郇王者之
後也

冊府元龜卷第一百七十三

冊府元龜卷第一百七十四

帝王部一百七十四

修廢

蓋夫興滅修廢者仁政之攸先也古之哲后未有不先於茲焉而天下歸心焉若乃躬膺天祿陟于元后享歷彌久傳祚悠遠雖宗祀已絶而德惠施於已其或遺風餘烈藹于舊史鴻猷大業流于載籍屬巡狩之所出睹軌迹而匪遐因慶賞之云始著徭式而咸備繇是增飾園寢申嚴廟貌謹樵蘇之禁給掃除之户秩以祀典垂于今甲雖餘分閏位亦循及之蓋德之盛者莫以加此矣

漢高祖十二年詔其與秦始皇帝守冢二十家令視其冢復亡與它事（師古曰復除也言其不預它事）

武帝元封元年十月帝行自朔方還祠黃帝（在上郡陽周縣橋山黃帝冢）

五年冬南巡狩至于盛唐望祀虞舜于九疑

後漢章帝元和二年二月詔使使者祠唐堯於成陽靈臺（成陽縣屬濟陰郡成陽縣東南有堯冢靈臺上有祠廟堯母慶都陵俗亦名靈臺大冢）

安帝延光三年二月庚寅遣使者祠唐堯於成陽

魏文帝黃初二年正月校獵至原陵遣使者以太牢祠漢世祖

明帝景初二年五月詔曰昔漢高創業光武中興謀除殘暴功昭四海而墳陵崩頹童兒牧豎踐踏其上非大魏尊崇所承代之意也其表高祖光武陵四面百步不得使民耕牧樵採

後魏道武天興三年五月東巡幸涿鹿遣使者以太牢祠帝堯帝舜廟

明元泰常七年九月幸橋山遣有司祀黃帝唐堯廟

太武神䴥元年八月東幸廣寧臨觀溫泉以太牢祭黃帝堯舜廟

文成和平元年正月帝東巡歷橋山祀黃帝

孝文太和十六年二月詔祀唐堯於平陽虞舜於廣寧夏禹於安邑周文於洛陽

十九年四月幸小沛遣使以太牢祭漢高祖廟

二十年五月初營方澤於河陰遣使者以太牢祭漢光武及明章三帝陵又詔漢魏晉諸帝陵各禁方百步不得樵蘇踐踏

二十一年三月南巡至平陽遣使者以太牢祭唐堯

四月庚申幸龍門遣使者以太牢祭夏禹癸亥行幸蒲坂遣使者以太牢祭虞舜戊辰詔修堯舜夏禹廟丙戌遣使者以太牢祀漢帝諸陵

五月遣使者以太牢祭周文王於酆祭武王於鎬

孝明熙平元年七月詔曰先賢列聖道冠生民仁風盛德煥乎圖史暨曆數永終迹隨物變陵隧杳藹鞠為茂草古帝諸陵多見踐藉可明勑所在諸有帝王墳陵四面各五十步勿聽樵牧

隋文帝開皇十四年十月詔曰齊梁陳往皆創業一方綿歷年代既宗祀廢絶祭奠無主興言矜念良以愴然莒國公蕭琮及高仁英陳叔寶等宜令以時脩其祭祀所須器物有司給之

煬帝大業二年十二月詔曰前代帝王因時創業君民建國禮尊南面而曆運推移年世永久丘壟殘毀樵牧相趨塋兆堙蕪封樹莫辨興言淪滅有愴于懷自古以來帝王陵墓可給隨近十戶蠲其雜役以供守視

五年二月次于閿鄉詔祭古帝王陵

唐高祖武德七年幸樓觀以太牢祭隋文帝陵

太宗貞觀四年九月詔曰朕丕承先緒積慶累仁上纂鴻基克隆景命欽若稽古緬想往冊英聲茂實志深褒尚始茲巡省睠言[illegible]秦漢氏諸陵丘阜斯託寂寥千載邈而無祀攬轡興懷深爲追念開闢以降肇有司收歷選列辟遺跡可觀良宰之爲者徽不滅宜令所司普加研訪爰自上古洎于隋室諸有明王聖帝盛德宏功定亂弭災安民濟物及賢臣烈士立言顯行緯武經文致君利俗丘壠可識塋兆見在者各隨所在條錄申奏每加迴護禁芻牧春秋二時爲其致祭其有頹壞即宜修補務令

圖書以稱朕意
六年三月以少牢祭漢惠帝陵
閏六月遣使以少牢祭隋文帝陵
十一年二月幸洛陽勑有司祭漢文帝於霸上
十五年二月行所經古帝王陵並遣使致祭十月行經隋文帝
陵祭以太牢
高宗顯慶二年二月帝在洛陽宮遣使以少牢祭漢光武帝陵
魏孝文帝等陵帝自爲文
十月幸許州次白善頓遣使祭魏明帝高平陵帝自制祭文又
遣使祭後漢光武原陵明帝顯節陵晉武帝峻陽陵
麟德二年十月命有司祭殷湯晉文帝武帝陵墓及祠廟
中宗神龍二年四月制自古帝王及聖賢墓並禁樵採
三年冬幸溫湯境内有自古帝王陵致祭
玄宗開元十二年十一月幸東都古帝王陵並精意致祭
十六年四月謁諸陵赦制自古帝王陵宜令所在州縣致祭
十八年正月親迎氣於東郊赦制自古帝王先有祠廟者各令
郡縣逐處設祭
二十年二月赦制自古聖帝明王各令致祭務盡誠潔
二十二年十二月勑靈州置後魏文帝祠堂一所有司以時
享祭是州有魏故明堂遺跡乃置廟焉
二十三年正月籍田赦制自古聖帝明王並令所在長官以禮
致祭
天寶元年正月丁未朔受朝賀赦制自古帝王並令所由州縣
致祭
三載五月置周文王廟乃以同德十人四時配享
十二月祀九成宮禮畢詔自古聖帝明王忠臣烈士墓有頹毀者宜令
管内量事修葺仍明立標記禁其樵採
六載正月詔曰三皇五帝道冠開闢創物垂範永光王業[illegible]

之德在墳典而昭著勤人之祀於禮文而尚闕永言龜鏡宜示
欽崇其三皇置一廟五帝亦置一廟即令所司卜擇吉地營建
仍以時致祭其廟共置令太常寺檢校自古聖帝明王忠臣烈
士陵墓有頹毀者先令修葺並禁其樵採歲月深久推壞或
宜令所由郡縣明申前勑處分
七載五月詔曰古之君人存諸號氏雖事先書契而道著皇王
緬懷厥初寧忘咸秩其三皇已前帝王宜於京城共置一廟仍
與三皇五帝廟相近以時致祭自古受命之主創業之君皆經
濟艱難戡定禍亂雖道謝於往古乃功施於生人用率典章亦
崇禋祀其歷代帝王肇跡之處未有祠宇者宜令所由郡量置
一廟以時享祭取當時將相德業可稱者二人配祭仍並圖畫
立像如先有祠宇未霑享祭者亦宜准此
九載十一月周武王漢高祖於京城同置一廟并置官吏
十載九月初置三皇已前帝王廟
肅宗以至德元年七月即位詔自古聖帝明王並令所在致祭
上元元年閏四月改元赦制自古明王聖帝並委州縣長吏擇
日致祭
二年九月赦制明王聖帝所在廟祠各委州縣長官虔潔致祭
代宗廣德二年二月南郊赦制自古聖帝明王宜令所管致祭
永泰二年五月詔道州舜廟宜蠲近廟兩戶掃除從刺史元結
請也大曆四年四月鄜坊等州節度使臧希讓上言坊州有軒
轅黄帝陵闕請置廟四時享祭列於祀典從之
德宗貞元元年正月受朝賀赦制自古聖帝明王祠宇委長吏
致祭
憲宗元和二年正月南郊赦詔自古聖帝明王各以禮祭
十四年正月詔以周文王武王祠宇在咸陽縣俾有司精加修飾
穆宗長慶元年七月冊尊號禮畢赦制自古聖帝明王各令所
在致祭

後唐莊宗同光三年六月巡檢諸陵使工部郎中李途奏脈討三十三陵及合重修下宮殿宇法物等勑關內諸陵頃因喪亂例遭穿穴多未掩修其下宮殿宇法物等各令奉陵州府據所管陵園修製仍四時各依例薦饗及逐陵仰差近陵百姓二十戶放雜差遣充陵戶備灑掃其壽陵等一十陵亦一例修掩可量置陵戶是月勑刑部尚書李琪可充昭宗少帝改卜園陵禮儀使又勑工部郎中李途授京兆府少尹充修奉諸陵使

明宗天成二年三月丙寅宗正丞李郁奏兩京畿甸園陵之制其地十里曰封山爰自偽室已來以存公田之籍今方紹襲宜正規儀四月勑三京諸縣有園陵每縣宜只置一員陵令都勒撿校勾當

三年八月勑諸陵凡有列聖真容處並令修飾

長興元年十月辛丑宗正丞李嶠奏京畿內列聖園陵自兵亂後來人戶多於陵封內開掘燒墫陶竈掘斷岡阜驚動神靈此後請嚴切禁止奉陵州縣凡有封內窯竈並宜修塞從之

末帝清泰元年十一月己未宗正寺書御史臺轉報百司各擬六典令式內本司事舉行職典宗廟陵園列聖陵寢多在關西梁季為賊臣盜發同光初曾差供奉官李說工部郎中李途往關西巡陵祭告屬朝廷有故不行

明宗天成初差丞李郁撿校又長興四年詔掩閉無主墳墓況列聖陵寢伏遇中興雖有修奉之言而無掩閉之實乞差官撿計修奉置陵令一員應屬陵之四封各乞寺司管係詔曰所請修奉列聖陵寢及差官宜依其陵令候事畢日以聞

十二月丁卯詔曰列聖陵寢多在關西中興已來未暇修奉宜令京兆河南鳳翔等府耀州乾州奉陵諸縣其陵園有所闕備本處量差人功修奉仍人給日食其祭告下太常宗正寺參詳聞奏

三年五月丁酉詔京兆河南府鳳翔耀州乾州等奉陵州縣[illegible]本朝陵寢宜為益發修奉未備宜令本管州府量事差人修奉其人功給食錢料並從官給

晉高祖天福三年三月詔巡幸汴州中書奏車駕經過河南府河陽鄭州汴州管界所有帝王陵廟車駕經過日以酒脯祭告從之

十一月河陽侯益奏伏自收復汜水關日以逆賊張從賓於莊宗舊蓋亭子上與官軍鬬敵臣以為莊皇曾數駐蹕精爽猶存願静祆氛特立祠廟果應虔禱尋復開防臣欲排比瓦木往就修營從之

四年十一月乙亥太常禮官議立唐廟按武德故事祀隋之三帝請立近朝莊宗明宗閔帝三代廟合依前規詔曰德莫盛於繼絕禮莫重於尊先莊宗立興復之功明宗垂光大之業逮乎閔帝亦曩在本枝然以丕緒洪源皆尊唐氏繼周者須崇后稷嗣漢者必奉高皇將啓嚴祠當從茂典宜立高祖太宗及莊宗明宗閔帝五廟

漢高祖乾祐元年正月詔曰天下名山大川聖帝明王忠臣烈士祠廟墳墓委所在量加修葺又詔曰恭惟烈祖園陵諸墓詞廟祭田變海當時之弓劍猶存積爽在天終古之威靈不泯載惟追感誠切永懷其雍州西京及諸州府應有諸帝陵廟仰所在修奉務令完葺

隱帝乾祐二年勑我國家肇基豐沛膺籙并汾蓋承積德之靈且歷天之業四百年之洪緒一千載之遺風乃祖陵園先時賊自亂奄冢朝之隳越詠如在之因循將明追孝之心當盡奉先之敬天下州府應有西漢諸帝王陵園廟宇宜令所屬長吏撿討量加修飾其陵園仍禁止芻牧樵採[illegible]

周太祖廣順元年正月制曰近代帝王所在陵寢並令禁樵採俾[illegible]唐莊宗明宗晉高祖各置守陵十戶以近陵人戶充漢

高祖皇帝陵及寢宮職員及守宮人等時月薦饗并守陵人戶等一切如故仍以晉漢之裔爲二王後委中書門下處分是月守正卿高罷祠祭二仲行享禮令准敕宜以晉漢之二王後其晉王廟令署修之

是月宗正寺言漢朝諸陵二仲差官朝拜今緣命帶周不合差係伏准敕書睿陵宮人職員時日薦享如舊二仲令差官朝拜勅睿陵如舊餘准令式處分

二月中書門下以太常禮院言准敕遷漢廟入昇平宮故書其爾朔皆五廟遷移今漢七廟未審移只移五廟敕宜依前敕並移於昇平宮其法物神廚齋院祭器祭服饌料皆於中祠例用少牢光祿等寺給其讀文大祝及奉禮郎太常寺差仲子以漢宗子爲三獻從之

十一月敕唐明宗五廟在至德宮宜置其徽陵上下宮所管土田舍宇宜令新除右監門衛將軍李重玉爲主其徽陵下宮及至德宮緣廟合留物外宜令內養劉延韜於金銀器數內量事給李重玉還葬故淑妃王氏及許王外餘並付李重玉并充東京惠燈惠嚴等令重玉以時祀陵廟初在豐契重玉即故皇城使李從璨之子明宗之孫也

三年八月辛亥敕漢宮陵穎陵今後宜係鴻臚寺

顯德元年正月赦文前代帝王陵廟及名臣墳墓無後有所在官吏檢校勿令樵採耕犁

冊府元龜卷第一百七十四

冊府元龜卷第一百七十五

帝王部一百七十五

悔過　罪己

悔過

易曰不遠復無祗悔傳曰過而能改善莫大焉蓋君人者居治民之上總万樞之劇雖復逵聰明目遊覽而慮受無適無莫不得不迎其或蕣佞之言類夫忠信誣構之狀成乎疑似事決機而欲速剋失中而致濫而乃洗然革慮霈然出令深悟不追之悔亟救已然之非翦滅凶醜追痛賢彦發於明詔垂之話言史傳所記咸得而叙矣

商太甲既立不明（不明居喪之禮）伊尹放諸桐（湯葬地）三祀十有二月朔（湯以元年十一月崩至此二十六月服闋）伊尹以冕服奉嗣王歸亳（冕冠也）王拜手稽首曰予小子不明于德自底不類（[illegible]）欲敗度縱敗禮以速戾于厥躬（[illegible]）罪於天作孽猶可違自作孽不可逭（孽災逭逃也言天災可避自作災不可逃）既往背師保之訓弗克於厥初尚賴匡救之德圖惟厥終（言己往前不能修德於其初今庶幾賴教訓之德謀終於善悔過之辭）

漢景帝既誅晁錯謁者僕射鄧公為校尉擊吳楚還上書言軍事見帝帝問曰道軍所來（[illegible]）聞晁錯死吳楚罷不鄧公曰吳為反數十年矣發怒削地以誅錯為名其意不在錯也且臣恐天下之士鉗口不敢復言矣帝曰何哉鄧公曰夫晁錯患諸侯彊大不可制故請削之以尊京師萬世之利也計畫始行卒受大戮（[illegible]）内杜忠臣之口外為諸侯報仇（[illegible]）臣竊為陛下不取也於是帝喟然長息曰公言善吾亦恨之迺拜鄧公為城陽中尉

武帝時李陵為騎都尉擊匈奴詔強弩都尉路博德將兵半道迎陵軍博德羞為陵後距奏言方秋未可與戰帝怒疑陵悔不欲出而教博德上書迺詔博德引兵走西河遮匈奴營之道（[illegible]博德遮之）詔陵九月發出遮虜鄣陵既敗帝悔陵無救曰陵當發出塞迺詔強弩都尉令迎軍坐預詔之得令老將生姦詐（坐預詔強弩都尉路博德使老將出意詐不至令陵兵沒也）迺遣使勞賜陵餘軍得脫者

戾太子以巫蠱事自經死久之巫蠱事多不信武帝知太子惶恐無他意而車千秋復訟太子冤帝遂擢千秋為丞相而族滅江充家焚蘇文於橫橋上（渭橋也）及泉鳩里加兵刃於太子者初為北地太守後族之帝憐太子無辜乃作思子宮為歸來望思之臺於湖（[illegible]）天下聞而悲之

元帝時前將軍蕭望之被石顯所譖飲鴆而死帝聞之驚拊手曰曩固疑其不就牢獄果然殺吾賢傅是時太官方上晝食帝乃卻食為之涕泣哀慟左右（[illegible]）於是召顯等責問以議不詳（[illegible]）皆免冠謝良久然後已望之有罪死有司請絕其爵邑有詔加恩長子及嗣為關內侯天子追念望之不忘每歲時遣使者祀祭望之冢

成帝永始元年七月詔曰朕執德不固謀不盡下（[illegible]）過聽將作大匠萬年（解萬年也）言昌陵三年可成作治五年中陵司馬門內尚未加功（[illegible]）天下虛耗百姓罷勞客土疏惡（[illegible]）終不可成朕惟其難怛然傷心（[illegible]）夫過而不改是謂過矣其罷昌陵勿徙吏民令天下無有動搖之心

哀帝建平二年六月寢疾待詔夏賀良等言赤精子之讖漢家曆運中衰當再受命宜改元易號詔以建平二年為太初元年號曰陳聖劉太平皇帝漏刻以百二十為度月餘帝疾自若賀良等復欲妄變政事大臣爭以為不可許賀良等奏言大臣皆不知天命宜退丞相御史以解光李尋輔政帝以其言亡驗遂下賀良等吏而下詔曰朕獲保宗廟為政不得變異蠭起[illegible]戰栗未知所繇待詔賀良等建言改元易號增益漏刻可以永[illegible]

帝曰朕信道不篤過聽其言[illegible]爲百姓獲福[illegible]
文王爲弱以周賞良等對屢復改制要皆背經誼違聖制不合
時宜夫過而不改是爲過矣六月甲子詔書非赦令也皆蠲除
之[illegible]賀良等反道惑衆[illegible]光祿勳
平當[illegible]毛莫如與御史中丞[illegible]雜治當賀良等執左
道亂朝政[illegible]上不道賀良等皆伏誅
尋等[illegible]以救星郡
[illegible]
[illegible]爲侍中萌爲人遜順甚見信愛帝常稱曰可以託六
尺之孤寄百里之命者龐萌是也拜爲平狄將軍與蓋延共擊董
憲時詔書獨下延而不及萌萌以爲延譖己自疑遂反帝聞之
大怒乃自將討萌詔諸將曰吾常以龐萌社稷之臣將軍得無
笑其言乎

和帝時馬人鄭解告鄧弘孝者帝大怒賜弘死長水校尉樊準
上疏曰[illegible]大聖兆人獲所尚德[illegible]之獄厭服海內之
心使天下咸知然後[illegible]罰浮[illegible]而未違人懸宜下廷尉
吏者其事帝亦悔之

大司徒韓歆以直言被責自殺歆素有重名死非其罪衆多不
厭帝乃追賜錢穀以成禮葬之[illegible]

安帝時太尉楊震被譖自殺時連有災異帝感震之枉乃下詔
策曰故太尉震正直是與俾匡時政而青蠅點素同茲在藩上
天降威災眚屢作而卜兆適惟震之故朕之不德用彰厥咎山
摧棟折我其危哉今使太守丞以中牢具祠魂而有靈儻其歆享

桓帝時張角爲左道妖惑小民侍御史劉陶與樂松袁貢[illegible]
上疏宜下明詔重募角等賞以國土帝殊不悟明年張角[illegible]
海內鼎沸帝思陶言封中陵鄉侯

魏太祖爲公時北征三郡烏丸天寒之引兵自柳城還時寒且
旱二百里無復水軍又乏食殺馬數千匹以爲糧鑿地入三十
餘丈乃得水既還科問前諫者衆莫知其故人人皆懼公皆厚
賞之曰孤前行乘危以徼倖雖得之天所佐也顧不可以爲常
諸君之諫萬安之計是以相賞後勿難言之太祖既殺華佗後
愛子倉舒病困太祖歎曰吾悔殺華佗令此兒彊死也又太祖
常置校事盧洪趙達等使察群下法曹掾高柔諫曰設官分
職各有所司今置校事既非居上信下之旨又達等數以憎愛擅作
威福宜檢治之太祖曰卿知達恐不如吾也要能刺舉而辨衆
事使賢人君子爲之則不能也昔叔孫通用群盜良有以也達
等後姦利發太祖殺之以謝於柔

晉景帝爲魏相輔嘉平中雍州刺史陳泰求勅并州并力討胡景
帝從之未集而新興二郡以爲將遠役遂驚反帝謝朝士曰

我之過也非玄伯之責於是魏人愧悅人思其報

元帝時爲安東將軍以賀循爲吳國內史與循言及吳時事
因問曰孫皓嘗燒鋸截一賀頭是誰邪循未及言帝悟曰是賀
劭循流涕曰先公遭遇無道循創巨痛深無以上答帝甚愧
之三日不出

[illegible]初以梟恭[illegible]尚書王歸帝以爲御史中丞詔
[illegible]以王導爲書吏百道賜進死後晉[illegible]州刺史司馬休之等
數十人爲桓玄所逐皆將來奔至陳留南分爲二輩一奔長安
一奔廣固帝切責休之等亦降大悅後詮其不至詔兗州尋訪
獲其從者問其故皆曰國家威聲遠被是以休之等咸欲歸闕
及聞崔浩被殺故奔二處帝深悔之自是士人有過者多見優容

太武時李順以使沮渠蒙遜崔浩言其受金又言姑臧事不實
帝怒遂殺之順死後數年其從父弟孝伯爲太武知重居中[illegible]
由大浩之誅太武怒甚謂孝伯曰卿殊兄往雖誤國于朕亦不

候至少尹浩譖毁朕忿遂誡殺卿從兄者浩也[illegible]
時韜[illegible]公李孝伯疾篤傳者以爲卒帝聞而悼之謂左右曰李宣城可惜又曰朕向失言崔司徒可惜李宣城可哀

孝文時李韶爲太子右詹事尋出爲安東將軍兖州刺史太子恂廢爲庶人帝自鄴還洛韶朝於路言及恂事帝曰卿若不出東宮或未至此

後周太祖既平鄴都衣冠士人多没爲賤太史庾季才散所賜物購求親故帝問何能若此季才曰僕聞魏克襄陽先招異度晉平建業喜得士衡（陸機字士衡）伐國求賢古之道也今郢都覆敗君信有罪搢紳何咎皆爲賤隸鄙人羈旅不敢獻言誠竊哀之故贖購耳太祖乃悟曰吾之過也微君遂失天下之望因出令免梁俘爲奴婢者數千人

宣帝昏皇淫甚京兆郡丞樂運輿櫬入事切諫帝大怒將戮之内史元巖等救而獲免翌日帝頗感悟召運謂之曰朕昨夜思卿所奏實是忠臣先皇聖明卿數有規諫朕既昏暗卿復能如此乃賜御食以罷之朝之公卿初見帝盛怒莫不爲運寒心後見運獲宥皆相賀以爲幸免虎口

隋煬帝東征欲詢上書曰遼東不可伐師必無功帝大怒命左右執之何稠苦諫得免及平壤之敗帝以詢言爲中以詢守太史丞

唐太宗貞觀中太常少卿祖孝孫以教宮人聲樂不稱旨爲帝所讓王珪及溫彥博諫曰孝孫妙解音律非不用心但恐陛下顧問不得其人以惑陛下視聽且孝孫雅士陛下忽爲教女樂而怪之臣恐天下怪愕太宗怒曰卿皆我之腹心當進忠獻直何乃附下罔上反爲孝孫言也彥博拜謝珪獨不拜曰臣本事前宮罪已當死陛下矜恕性命不以不肖置之樞近責以忠直今臣所言豈是爲私不意陛下忽以疑事誚臣是陛下負臣臣不負陛下帝默然而罷翌日帝謂房玄齡曰自古帝王能納諫者固難矣昔周武王尚不用伯夷叔齊宣王賢主杜伯猶以無罪見戮朕夙夜庶幾前聖恨不能仰及古人昨責彥博王珪朕甚悔之公等勿以此而不進直言也

盧祖尚爲瀛州刺史咸稱政理時朝廷以前後作牧交州者多使勳戚憑恃阻遠率爲縱過知其幹略於是徵令入朝引之内殿恩礼殊厚太宗謂之曰交州重鎮自非宗英莫勵其任然朕子弟不才恐不稱職今以委卿無辭遠也一二年便當召卿祖尚拜謝而出既而悔之自言舊不飲酒以肩癘爲辭太宗令杜如晦申諭之祖尚固辭不肯奉詔又遣其妻兄周範務勸喻之曰常人之交猶篤言信卿許天子安可退而致辭又不納於是引見太宗親問其故祖尚執益堅太宗大怒曰我使人不得行以爲政法令不可以不行驕臣不可以不罰因命左右曳出斬之于朝堂尋亦大悔命所司復其官蔭

張蘊古爲大理丞貞觀中河内人李好德風疾瞀亂有妖妄之言詔按其事蘊古奏好德顚病有徵法不當坐持書御史權萬紀劾蘊古貫在相州好德之兄厚德爲其刺史情在阿縱奏事不實太宗曰吾嘗禁囚蓋琮於獄而蘊古與琮弈棊今復阿縱好德是亂吾法也遂斬東市既而悔之因下制令死刑雖令即決仍三覆奏

文宗以莊恪太子宴遊敗度不可教導欲加廢黜迫於公卿之議乃止太子終不悛改至開成三年暴薨時傳太子德妃之出也晚年寵衰賢妃楊氏恩渥方深懼太子他日不利於己故日加誣譖太子終不自辯明也太子既薨帝意追悔四年因會寧殿宴小兒尋竿有一夫在下憂其墜地有若狂者帝問之乃其父也因感泣謂左右曰朕富有天下不能全一子遂召樂官劉楚才女樂張十十[illegible]等責之曰陷吾太子皆爾曹也今已有太子更欲踵前也立命擒去案詰前事誅之

後唐莊宗初爲晉王既誅從事司空頲尋亦悔之同年駐軍於河上軍校郭從義者有罪伏誅元行欽已下惜其驍勇列狀以

赦之帝厲聲曰殺司空頲將兩等何不赦邪其追悔之意如此

明宗天成三年正月丁巳内出御札曰朕聞堯舜有恤刑之典賢務好生禹湯申罪己之言庶明知過今月七日據巡檢軍使渾公兒口奏稱有百姓二人以竹竿習戰鬬之事朕初聞奏報實所不容率爾傳宣令付石敬瑭處置今旦安重誨敷奏方知悉是幼童爲戲戲此謠議方覺失刑循揣再三愧惕非一亦以渾公兒誑誣頗甚石敬瑭詳覆稍乖致人當枉法而殂傷朕爲有過之地今罰常膳十日以謝幽冤其石敬瑭是朕懿親合施規諫既茲錯誤宜示省循可罰一月俸渾公兒決脊杖貳拾仍削在身職銜配流登州常知所在其小兒骨肉各賜絹五十匹粟麥各百石便令如法埋葬兼此後在朝及諸道州府凡有極刑並須子細裁遣不得因循付中書門下百寮進表稱賀

末帝清泰三年千春節魏國長公主自河東入覲既上壽辭歸帝酒酣謂曰何不且留闕下俟去欲與石郎反邪時以晉高祖去年爲總管巡忻州軍亂欲推崇高祖爲天子高祖斬其魁首奏之故有是語以戲之及醒左右具告深悔焉

罪己

書曰萬方有罪在予一人　詩曰謂天蓋高不敢不局斯戒懼之謂矣蓋夫居司牧之重爲神祇之主克相上帝以綏四方其或民之多辟自投于罪罟天或降災以至於謫見事有過舉之失歲罹荐饑之患德教之靡究風化之或紆乃復歸過於躬引咎自責周旋祗畏不遑寧處以至貶損奉養之具咨求忠讜之議發於感激以致其誠心形於詔令以申乎誕告天地之官勿移於股肱民庶之辜不加乎刑辟用能精衷内激善氣交應群倫奮而思効見象滅而韜光盛德孔昭大勳畢集傳所謂禹湯罪己其興也悖焉茲不誣也

夏禹見罪人下車泣而問之左右曰夫罪人不順故使然焉君王何爲痛之至於斯禹曰堯舜之時民皆用堯舜之心爲心今予爲君而百姓各以其心爲心是以痛之

啓與有扈戰於甘而不勝（有扈夏同姓諸侯也）六卿請復之（復謂更戰也）夏后曰不可吾地不淺（淺薄也）吾民不寡（寡少也）戰而不勝是吾德薄而教不善也於是乎處不重席食不貳味琴瑟不張（張施也）鍾鼓不脩（脩治也）子女不飾（不文飾也）親親長長（親親長長者也）尊賢使能朞年而有扈服（服從也）

商湯既黜夏命作湯誥曰罪當朕躬弗敢自赦惟簡在上帝之心其爾萬方有罪在予一人（自責化不至）予一人有罪無以爾萬方（我用爾萬方言非所及）

漢文帝二年十一月癸卯日有食之詔曰朕聞之天生民爲之置君以養治之人主不德布政不均則天示之災以戒不治乃十一月晦日有食之適見于天災孰大焉朕獲保宗廟以微眇之身託于士民君王之上天下治亂在予一人唯二三執政猶吾股肱也朕下不能治育群生上以累三光之明其不德大矣令至其悉思朕之過失繆書（謂此）及知見之所不及匄以啓告朕（匄乞也啓告之也）

武帝時衛太子爲江充所譖敗父之高寢郎田千秋上急變訟太子冤（言非常急變）帝見而說之後拜丞相始視事見帝連年治太子獄誅罰尤多群下恐懼思欲寬廣帝意慰安衆庶迺與御史中二千石共上壽頌德美勸帝施恩惠緩刑罰玩聽音樂養志和神爲天下自虞樂（虞與娛同）帝報曰朕之不德自左丞相與貳師陰謀逆亂巫蠱之禍流及士大夫（謂與太子同死者也）朕日一食者累月迺何樂之聽痛士大夫常在心既事不咎（言既往之事不可追咎）雖然巫蠱始發詔丞相御史督二千石求捕（謂督責也）廷尉治未聞九卿廷尉有所鞠也（鞠謂窮問也）曩者江充先治甘泉宮人轉至未央椒房（椒房皇后所居也以椒和泥塗壁取其温而芬芳也）以及敬聲之疇李禹之屬謀入匈奴有司無所發丞相親掘蘭臺蠱驗所明知也至今餘巫頗脫不止（謂往往尚有）陰賊侵身遠近爲蠱朕媿之甚何壽之有敬不

舉君之觴謹謝丞相二千石各就館謝告也館官舍也書曰毋偏毋黨
王道蕩蕩周書洪範之辭也毋有復言
魏文帝黃初二年六月戊辰晦日有食之有司奏免太尉詔曰
災異之作以譴元首而歸過股肱豈禹湯罪己之義乎其令百
官各虔其職後有天地之眚勿復劾三公
後魏孝明孝昌二年六月詔曰自運屬艱棘歷載於茲烽驛交
馳旌鼓不息祖宗盛業危若綴旒社稷洪基殆將淪墜朕咸德
不能遐被經略無以及遠俾令蒼生罹此荼炭何以苟安黃屋
無愧黔黎今便避居正殿蔬飡素服當親自招募收集忠勇其
有直言正諫之士敢決徇義之夫二十五日悉集華林東門人
別引見共論得失班告內外咸使聞知
隋高祖嘗遇關中饑遣左右視百姓所食有得豆屑雜糠而奏
之者帝流涕以示群臣深自咎責爲之撤膳不御酒肉者殆將
一朞
唐高祖武德二年二月武功人嚴甘羅行劫爲吏所拘高祖謂
曰汝何爲作賊甘羅言饑寒交切所以爲盜高祖曰吾爲汝君
使汝窮乏吾之罪也因命捨之
太宗貞觀二年三月己巳謂侍臣曰水旱不調皆爲人君失德
朕之不修天當責朕百姓何罪而尚多窮困聞有鬻男女者朕
甚愍焉於是遣御史大夫杜淹巡關內諸州出御府金寶贖之
還其父母
十七年廢太子承乾帝自制文詣太廟陳謝曰臣上蒙穹昊明
命中賴宗社餘祉自惟不德濫承寶位既乏元首之能實乖教
子之道遂有承乾不軌君集無君元昌懷逆祐亦好亂臣暗昧
既彰誠謗多闕負罪引慝憂懼增深謹遣庭階躬申拜謝後隴
右山摧大蛇屢見山東及江淮多大水帝以問祕書監虞世南
對曰春秋時山摧晉侯召伯宗而問焉對曰國主山川故山摧
川竭君爲之不舉降服乘縵徹樂出次祝幣以禮焉梁山晉君

主也晉侯從之故得無害漢文帝元年齊楚地二十九山同日
摧水大出令郡國無來貢獻施惠於天下遠近歡洽亦不爲災
後漢靈帝時青蛇見御坐晉惠帝時大蛇長三百步見齊地經
市入廟蛇宜在草野而入市廟所以可爲怪耳今蛇見山澤
蓋深山大澤必有龍蛇亦不足怪也又山東足雨雖則其常然
陰潛過久恐有冤獄宜省繫囚庶幾或當天意且妖不勝德唯
脩德可以銷變帝以爲然因遣使者賑恤饑餒申理獄訟多所
原宥後有星孛于虛危歷于氐百餘日乃滅帝謂群臣曰天見
彗星是何妖也世南曰昔齊景公時有彗星見公問晏嬰對曰
公穿池沼畏不深起臺榭畏不高行刑罰畏不重是以天見彗
星爲公誡耳景公懼而脩德後十六日而星沒臣聞天時不如
地利地利不如人和若德義不脩雖獲麟鳳終是無補但政事
無闕雖有災何損於時然願陛下勿以功高古人而自矜伐勿
以太平漸久而自驕怠慎終如始彗星雖見未足爲憂帝斂容
謂曰吾之撫國良無景公之過但吾纔弱冠舉義兵年二十四
平天下未三十而居大位自謂三代以降撥亂之主莫臻於此
重以薛舉之驍雄宋金剛之鷙猛竇建德跨河北王世充據洛
陽當此之時足爲勍敵皆爲我所擒及逢家難復決意安社稷
遂登九五降服北夷吾頗有自矜之意以輕天下之士此吾之
罪也上天見變良爲是乎秦始皇平六國隋煬帝富四海既驕
且逸朝夕而敗吾亦何得自驕也言念於此不覺惕然震懼
德宗興元元年正月制曰致禮興化必在推誠忘己濟人不吝
改過朕嗣服丕構君臨萬邦失守宗祧越在草莽不念率德誠
莫追於既往永言思咎期有獲於將來明徵其義以示天下小
子懼德不嗣罔敢怠荒然以長於深宮之中暗於經國之務積
習易溺居安忘危不知稼穡之艱難不恤征戍之勞苦澤靡下
究情未上通事既擁隔人懷疑阻猶昧省己遂用興戎徵師四
方轉餉千里賦車籍馬遠近騷然行齎居送眾庶勞止或一日

蠹妖鋒起或連年不解甲冑輓輿之士室家駢於死生流離怨
氣凝結力役不息田萊多蕪暴令峻於誅求疲甿空於杼柚轉
死溝壑離去鄉閭邑里丘墟人煙斷絕天譴於上而朕不寤人
怨於下而朕不知遂致亂階變興都邑既昌梟巢獍肆逆滔天曾
莫知愧敢行凌偪萬品失序九廟震驚上累于祖宗下負于烝
庶痛心靦貌罪實在予永言愧悼若隊深谷賴天地降祐人祇
叶謀將相竭誠爪牙宣力群盜斯屏皇維載張將引永圖必布
新令朕晨興夕惕惟念前非乃者公卿百寮甲加盛美以聖神
文武之稱拔蒙闇寡昧之躬固辭不獲俯遂群議昨因內省良
所惶然體陰陽不測之謂神與天地合德之謂聖豈伊淺劣所
敢當仁文者所以化成武者所以定亂朕自臨御於今六載化
之不被亂是用興豈可苟徇群情猥當徽號重予不德益甲懷
慙自今已後中外所上書奏不得更言聖神文武之號[illegible]
同元二年十二月詔曰昔我皇祖光宅天下底綏四方修德以

安邊悅近而來遠朕嗣守丕業姑務息人頃以西蕃藏申信約
盡欲惠康庶士協靜封陲而戎狄無厭大乖明義入我河曲害
我生靈鹽夏兩州淪陷蕃醜哀此蒸庶家業流離去父母之邦
捐骨肉之愛由朕薄德俾人罹殃興言疚懷若墜冰炭則身避
處豈敢違寧所宜省躬深自咎戒今視朝避正殿十五日百寮
奏事悉於延英殿分慮祗懼以謹用儆深衷咨爾三事大夫洎于
百辟所宜一乃心力共弼予違式佇嘉謀克清寇患宣示中外
使悉朕懷
晉高祖天福四年十二月丁巳御便殿謂宰臣馮道曰大雪害
民五旬不止京城之下十八神祠六寺二觀悉令祈禱了無其
驗得非朕之涼德不能神休者乎道對曰陛下克己恭儉無荒
無怠拯恩四海必合天心矣父民慎刑始終如一雖景宿之變
水旱之沴亦終繫人而成其德也帝曰朕聽斷有缺思以弭
三止之安靜小心共相保守因令出薪炭米粟給軍士窮民等

下闕

册府元龜卷第一百七十六

帝王部一百七十六

姑息

王者握圖御歷，統制寰區，必若賞罰刑威善惡獲所，高明之道以馭群下，體剛健之德以制多方。若乃運屬艱難，數當百六，干紀者授彼天階，竊柄者稅乎國經，上失其權，下無其輔，姑息之道繇是用焉。其或閫寵有故邑之臣，藩翰有驕蹇之將，或奉款來附，內持於兩端，或違衆竊立，坐邀乎九命，或跨據河山之固，包於禍心，或恃雲雨之施，圖其非望。繇是申招攜之意，緩黷武之禍，加之爵秩，厚其恩賚，此固不得已而用之者焉。

後漢靈帝光和中，賊帥常山人張燕輕勇趫捷，故軍中號曰飛燕，善得士卒心，乃與中山、常山、趙郡、上黨、河內諸山谷寇賊更相交通，衆至百萬，號曰黑山賊，河北諸郡縣並被其害，朝廷不能討。燕乃遣使至京師，奏書乞降，遂拜燕平難中郎將，領河北諸山谷事，歲得舉孝廉計吏。

府一百七十六　一

獻帝初平四年，袁紹與公孫瓚交惡，天子使太傅馬日磾、太僕趙岐和解關東。岐別詣河北，紹出迎於百里上，拜奉帝命。岐住紹營，移書告瓚，瓚遣使具與紹書曰：「趙太僕以周召之德，銜命來征，宣揚朝恩，示以和睦，曠若開雲見日，何喜如之。昔賈復、寇恂亦爭士卒，欲相危害，遇光武之寬，親俱陛見，同輿共出，時人以為榮。自省邊鄙，得與將軍共同此福，此誠將軍之眷，而瓚之幸也。」紹於是引軍南還。帝以紹為太尉，轉為大將軍，封鄴侯，紹讓侯不受。

建安初，馬騰為征西將軍，與鎮西將軍韓遂始甚相親，後以部曲相侵，連兵不解。時國家綱紀始弛，乃使司隸校尉鍾繇、涼州牧韋端和解之。

魏明帝太和二年十二月，遼東太守公孫恭兄子淵劫奪恭位，遂以淵領遼東太守。

晉簡文帝時，桓溫為揚州牧，既廢海西公，立帝，乃復還白石，上疏求歸姑孰。詔曰：「夫乾坤合體而化成萬物，二人同心則不言所利。古之哲王，咸賴元輔，姬旦光于四表而周道以隆，伊尹格于皇天而殷化以洽。大司馬明德應期，光大深遠，上合天心，含章特發，用集大命，在予一人，功美博陸，道固萬世。今進公丞相，其大司馬本官皆如故，留公京都以鎮社稷。」溫固辭，乃請還鎮，遣侍中王坦之徵溫入相，增邑為萬戶，又辭。詔以西府經袁真事故，軍用不足，給溫世子熙布三萬匹、米六萬斛，又以熙弟濟為給事中。

晉安帝隆安元年四月甲戌，兗州刺史王恭、豫州刺史庾楷舉兵，以討尚書左僕射王國寶、建威將軍王緒為名。甲申，殺國寶及緒以悅于恭，恭乃罷兵。

元興二年，盧循寇海，破廣州，獲刺史吳隱之，自攝州事，號平南將軍，遣使朝貢。時朝廷新誅桓氏，中外多虞，乃權假循征虜將軍、廣州刺史、平越中郎將，以其同黨徐道覆為始興相。

府一百七十六　二

後魏宣武時，田益宗為安南將軍王稍衰老，聚斂無厭，兵民患其侵擾，諸子及孫競規賄貨，部內苦之，咸言欲叛。帝益深慮焉，乃遣中書舍人劉桃符宣旨慰喻，庶以安之。桃符還，啓益宗侵略之狀，帝詔之曰：「風聞卿息魯生在淮南貪縱，擾亂細民，又橫殺梅伏生，為爾不已，損卿誠効，可令魯生與使赴闕，當加任使。如欲外祿，便授中畿一郡。」

前廢帝初，以尒朱仲遠為都督三徐二兗諸軍事，加大將軍，又兼尚書令，竟不之州，遂鎮於大梁。仲遠遣使請准朝式，在軍鳴騶，帝覽啓，笑而許之，其肆情如此。時尒朱世隆兄弟群從各擁強兵，割剝四海，世隆尋讓太傅，改授太保，又固辭，帝特置儀同三司之官，次上公，以世隆為之。贈其父買珍使持節、侍中、相國、錄尚書事、都督定相冀青兗五州諸軍事、大司馬、定州刺史。

唐玄宗先天元年八月，睿宗為太上皇，是月六日，僕射劉幽求史中丞兼左羽林將軍張暐左金吾大將軍兼御史中丞光寶並放于嶺表先是太平公主之引崔湜蕭至忠也幽求等恐其爲變乃密有奏請除太平所嫉帝不獲已奏之故有此放

肅宗元年建卯月河東節度鄧景山爲下所殺帝聞以景山統御失所恐因此以爲亂不復究驗其罪遣使慰諭之軍中因請以鄧知兵馬使代州刺史辛雲京爲節度使從之

代宗寶應元年五月壬寅以檢校戶部尚書安州刺史充淮西等十州節度使來瑱他見反復爲襄州刺史充山南東道兼陳蔡淮西等十州節度觀察等使初淮西節度王仲昇兵敗陷入賊詔瑱代仲昇爲淮西節度兼許蔡等十州以瑱爲行軍司馬兼御史中丞裴茙爲襄州刺史瑱以淮西適賊日尋干戈且遏不進茙密表以聞瑱又陳表朝廷姑務息人復以瑱依舊爲襄州刺史山南東道節度其使仍兼安州刺史淮西節度裴茙初以行軍司馬鎮于穀城即表瑱不奉詔擁瑱領兵來拒乃率麾下精銳赴州襲瑱爲瑱所敗詔罷茙

二年閏正月癸亥宥史朝義降將薛嵩田承嗣李寶臣等並以賊之所署僞刺史授以朝命也嵩爲檢校刑部尚書相州刺史相衛等州節度使承嗣爲檢校戶部尚書魏州刺史魏博節度防禦使李懷仙爲檢校侍中兼幽州大都督府長史范陽節度使

廣德二年三月許河北四節度使立碑紀其誠節初王師討平河朔州縣風靡向化相州薛嵩魏州田承嗣鎮州張忠志幽州李懷仙皆爲賊守閒詔書一切不問遂俱歸恩焉首乞行尚自効懷恩包藏貳心乃表請以僞署舊官依任之嵩等遂分鎮河北一道各擁精兵數萬爲帝姑務安人含弘之實不懷因將之也

其八月襄州兵馬使梁崇義殺本州大將李昭薛南陽并其衆矯狀以聞朝廷以襄州昔屢兵禍盜失含容授崇義爲襄州刺史山南東道節度留後姑務息人也

永泰元年七月以鄭王邈爲開府儀同三司充平盧淄青節度大使兼營田等大使先是平盧淄青李正己表侯希逸爲副將李懷玉所逐希逸奔于滑州上疏請罪特詔捨希逸罪乃以鄭王爲大使令懷玉權知留後姑務息人也

二年正月同華節度使周智光以專殺鄜坊節度使杜冕家屬懼罪召之不赴命朝廷外示優容俾杜冕使于梁州實避讎也

大曆三年七月瀘州刺史楊子琳爲所部兵叛寇成都府遂據其城以討崔寧爲名劍南節度留後寧之弟寬攻破之子琳潰走子琳蜀人初爲瀘南賊帥人甚惡之後有詔招撫子琳來歸歸罪劍南節度使驅使之守瀘州時崔寧爲西山兵馬使專殺節度使郭英乂及成都兵亂子琳率麾下士乃募山洞群盜表請討寧寧甚懼濮州縣官吏以其奉順多有歸者寧與弟寬分將精卒各數萬爲之備亦以表聞帝恐平人罹其害子琳及寧二表俱不報遣宰臣杜鴻漸出鎮成都宣恩招撫鴻漸懼寧兵強不敢同異時子琳與邛州兵馬使柏貞節掎角相應者以剽掠

爲事鴻漸姑務息事寧乃表讓劍南節制與寧并奏貞節爲邛州刺史子琳爲瀘州刺史知鴻漸之至既受命隨鴻漸入覲留弟寬守成都子琳聞寧出乘間以精騎數千突入成都及子琳兵潰收合餘燼沿江而下朝廷聞之慮爲亂階特詔荊南節度使衛伯玉撫之

三年夏以殿中監王昂爲江陵尹兼御史大夫充荊南節度時荊南節度觀察使衛伯玉以丁母憂去職故命昂代之昂既行伯玉諷荊南大將楊鉥等拒昂乞留伯玉優詔許之

六年四月澧州刺史兼御史中丞楊子琳至自澧州赴召也初子琳自成都喪敗退守瀘州增修軍政招延亡命之士累月後衆數千人乃具舟沿江而揚言歸朝渝州忠州萬州皆震懾備禦子琳軍至涪州有司華峽路之險者守捉王守仙伏兵五百人於此子琳盡剿驅未擒之以歸至忠州盡殺之惟守仙獲免子琳遂入夔州殺別駕張忠而以城守遣使詣闕請罪帝務安人又以子琳本謀近忠姑容之乃以爲峽州刺史子琳益不

自安又移授澧州刺史遣卽所州鎮遏使在澧州二年至是表
乞朝謁帝特容之及至引見于延英殿與之語甚悅賜名猷
十年詔授幽州權知留後朱滔檢校左散騎常侍兼御史中丞
幽州盧龍軍節度留後洮初隸幽州李懷仙爲十將取經略副
使朱希采殺李懷仙自爲節度以洮宗姓甚委信之希采爲
苛酷人不堪命竟爲孔目官李瑗所殺希采卒之際未有所從洮
營在城北弟滔主衙内兵亦得衆心滔變詐多端潛使百餘人
於衆中大言曰節度使非城北朱使君莫可衆旣無從因共推洮
洮遂權知留後遣使奉表京師遂有是命
十一年正月魏博田承嗣以束身歸朝將淄青節度李正己上
表亦許承嗣自新承嗣乃上表帝以久勞師旅姑務息人乃下
詔曰臣子之義違而必懲春秋之辭服而先捨故武威以制其
不恪文德以懷其自新田承嗣或迷或致邪謀干紀律朝有彝憲
當壓典刑猶示含容冀令降黜冀其遷悔全彼平人不忍所貶

之官再任造端之將遲迴節旅綿引旬時朕猶憫然冀從悔悟茲併
命其人何罪顧臣增懷深思改過之期以救無辜之禍而承嗣
果能剋責賁誠辭氣惻切願束身請歸闕輸心涯懇備在封章
而正己地邇蕃隣具昭誠款遂屢有陳奏達其深衷故宜宥以
悔非之誠全其改往之志翻然効順頗用嘉之卽宜與子姪家
口等同赴上都當待以殊恩永守終吉豈不美歟其魏博所管
官吏將士僧道耆壽百姓等初因迫脅冒受驅馳或久抗官軍
爵不獲已或徵科郡邑出入門庭皆懼於不全蓋素非元惡並
往之咎並與惟新一無所問或先在昭義軍管内請州者並宜
却還本貫各安舊業其昭義所管官吏將士或身及家
口元在魏博等州者亦有驅逼各被羈留原其初心本非己罪
旣因詿誤先合蠲除卽歸本州亦一切莫問各守所務無相
奪倫王其無私信存賞罰脅從罔理前聖嘉謨歸命者必全知
過者皆宥今旣納承嗣之懇請亦已處懷捨脅從之前非悉令
原免如其猶詭將日猶事逗留國有常刑法難屢屈過期不至
獲罪如初其諸道兵馬卽宜同力協心大軍剋期不可追悔轉
禍爲福唯在此時至于再三非不深切想及官吏將士已下奉
而行之知朕懷也承嗣竟逗留不赴朝
十二年三月庚午宥左降官永州刺史田承嗣復舊官爵詔曰
昔在虞舜舞干羽兩階而苗人服自漢高肯遺陸賈宣赦南越
光武亦下璽書招附竇融然則太上以德撫人其次因宜制事
或有阻兵便地未從紀律將興刑以糾逆俟文告而斯懷則明
恕之道宥過爲大其來久矣永州刺史前魏博等七州節度觀
察處置管内度支營田等使開府儀同三司太尉檢校尚書左
僕射同中書門下平章事兼魏州大都督府長史上柱國雁門
郡王食實封一千戶田承嗣頃因封壤之外或收郡邑是以下
尺一之詔徵縣道之師取剌零陵式彰典憲而國家十連將帥
千里推轂車騎橫屬於山河樓船鱗結於淮海而承嗣款門宿

將方面舊臣授鉞持衡素經委寄乃繕甲修備越河應敵然未
離魏郊壁壘自固頻遣章奏申聞款誠懇祈華心亦用遷善又
聞聚族興歎常思更新廢食遺寢沉憂成疾夫爲君之者承天
子人兼育爲覆一夫不獲則曰時予之辜今河南河北之人皆
朕之人也豈可不念隱恤求遂其心令甘父兄乘城子弟攻取
矢石之下骨肉相殘邑里之間敵讎交斃而又兵連禍結廪餼
取資暴賊急征井間殫竭男罷耒耜女廢蠶桑流離東郊濟于
溝壑亦以勞師贖武必舉彝章終久惟慮誠所未忍且使蒼生
罹此塗炭皆由朕司牧無方非朕不德誰之過也今將投膺撤
懸内省歸咎以責承嗣宜並復承嗣本官爵仍委在彼勾當軍
州事不須入朝弟庭琳及子姪等凡所連坐乘降者一切釋放
並還本官仍各依舊職掌驅使其魏博相衛等管內諸州判官
兵馬使已下及州縣將吏百姓及汴宋過河將兵奉琪亮并
將士等並從原宥一無所問於戲以兹從人必求諸道澤消兵

禁仁有被於泉魚癃豸不傷德可懷於鳥獸今則偃戈務全兆
庶以盡明誠上答天眷公卿百辟悉朕意焉又詔曰潞州帶水
縣百姓田悦等王者之於典刑也舉達是故聞義則歸雖齊桓
有常亦宥而不過況平於黜免各從郭繫今追之更始宜復官
常當思遷善之規載勤事上之命田悦可依舊魏博節度中軍
兵馬使銀青光祿大夫檢校左散騎常侍兼魏州大都督府左
司馬御史中丞潮州程鄉縣尉田綰可依舊檢校尚書駕部郎
中兼御史中丞郴州義章縣尉田淸可依舊試京兆府參軍萬
州南浦縣尉田滁可依舊試大理評事
四月命給事中杜亞使于魏州宣慰田承嗣賜承嗣鐵券
十二月以淄青節度使李正己之子前淄州刺史納爲青州刺
史仍賜實封五千戶
十三年正月淄青節度使李正己請附入屬籍帝從之
三月命諫議大夫將鎮使于魏州宣慰以田承嗣有疾表故也

十四年二月癸未魏博七州節度使檢校尚書左僕射同中書
門下平章事田承嗣卒甲申以前魏博節度中軍兵馬使檢校
右散騎常侍兼魏州大都督府左司馬御史中丞田悦依前本
官兼御史中丞充魏博節度觀察等使留後悦承嗣姪也承嗣
軍務親兵多委其統制及承嗣死悦即代領其衆朝廷因授焉
四月成德軍節度太子太傅檢校尚書左僕射兼御史大夫檢
校司空同中書門下平章事淸河郡王張寶臣依舊賜姓李復
封隴西郡王寶臣奚之種類本姓張名忠志以武勇再陷逆賊
僞職寶應元年河朔平僕固懷恩奏爲將帥鎮常州帝方綏懷
四海乃加其恩寵特賜宗姓列屬籍前年抗表請歸本姓帝從
之及是心不遑安又抗表乞從賜姓帝又許之廣恩也
德宗建中二年正月成德軍節度使李寶臣卒子惟岳匿父喪
以求代帝難之乃遣給事中班宏問疾且諭惟岳
四月加山南東道節度使梁崇義平章事初崇義不朝兇詐曰
其屬僚或有忠言沮勸多遭傷害將辟兇方自疑懼朝廷將推
仗大信欲來而安之以示天下故加崇義同平章事其妻子悉
加封賞且賜鐵券誓之淮西節度使李希烈數請與師討崇義
崇義懼軍旅之事加嚴焉流人郭昔告其變崇義聞之請罪昔
坐決杖配流命金部員外郎李舟諭旨以安之
三年四月戊寅以中書侍郎平章事張鎰爲鳳翔尹隴右節度
觀察兼支度營田等使以代朱泚初泚弟滔叛於幽州故罷泚
兵柄加泚實封五百戶一子五品官又賜寶貨名園莊水上腴
田并重錦五綵帛金銀器甚厚以安其意
興元元年正月帝罪已大赦反側王武俊弃三軍削僞號先是
武俊僭稱趙王以鎮州爲真定府僞命官秩會大赦遂削號帝
詔國子祭酒兼御史大夫董晉中使王進傑自行在往鎮州宣
命授武俊檢校兵部尚書成德軍節度使尋加司空同平章事
兼幽州盧龍兩道節度使又魏博田承嗣子緒殺田悦朝廷因

授緒魏博節度時朱滔率兵兼引回紇之衆南侵緒遣兵助王
武俊李抱眞等大破滔衆以功加檢校工部尚書貞元元年以
嘉誠公主下降加緒駙馬都尉尋遷檢校右僕射賜實封五百
戶是歲加同平章事及卒廢朝三日贈司空賻物有差又易定
節度使張孝忠使衙前將程日華使滄州州兵殺其刺史李固
烈而推日華爲刺史日華遣使間道聞於梁州因拜橫海軍節
度但令歲以滄州稅錢十二萬貫資孝忠軍焉
二月甲子加朔方邠寧節度支度營田觀察六城水運押諸蕃
部落鹽池兼河中晉絳慈隰等州節度觀察等使充朔方邠寧
同華陝虢河中晉絳慈隰等州及管內諸軍行營兵馬副元帥
開府儀同三司行中書令兼靈州大都督單于鎮北大都護河
中尹上柱國趙城郡王李懷光太尉加實封至二千戶仍賜鐵
券恕三死
十月劉怦爲幽州長史兼御史大夫盧龍軍節度副大使知節

度患初怦爲滄州刺史朱滔每有征伐必令怦幽州留後時朱滔死怦素爲衆所服因有其兵地

貞元元年九月范陽節度劉怦卒其州軍人習河朔舊事請其子行軍司馬濟代父爲帥朝廷姑務便安因而從之累加檢校兵部尚書

二年三月詔授淮西李希烈裨將吳少誠申光蔡等州節度觀察兵馬留後初希烈叛少誠頗爲其用希烈死少誠等初推陳仙奇統戎事朝廷已命之仙奇尋被少誠等謀殺衆共推少誠朝廷遂有是命尋正除節度等使

三年七月宣武軍兵馬使劉昌率其衆自坊州趨還鎮既失三原遂縱掠一夕方定淮西散兵百餘人隸於昌及是昌歸罪於涇西兵盡殺之尋以昌爲本軍京西行營節度使初昌東俾戍壘至三原後各欲散歸昌招撫之乃定因加昌以董之改戎鎮遂

四年福建觀察使吳詵爲叛卒所逐詵奔建州初詵從李晟於浙西以猛毅自許及領福建頗輕忽越兵薄其糧賜苦其役使而不恤也衆卒咸散數讓詵而逐之且請於詵廉用大將郝誠溢掌留後而殺詵之腹心將薛太清等十餘人而聽命於誠溢秋毫無所犯乃抗表請罪焉帝命中使就赦而安之

五年十月詔曰法令者國之典章藩岳者朕之屏翰封域既列疆理有經必守信誠用永終始舉紀勳於常宣念功宜賞於新恩酌于厥中是有茲命義武軍節度易定觀察等使檢校司空平章事張孝忠受委旄鉞作鎮方夏頃與士族擅入邊城聞命既臨不遠而復有過能改此誠可嘉是用左授之授俾參論道之職然昭來効勿替舊勳可檢校尚書左僕射同平章事如故於戲君人執信臣人執忠戒懼允叶邦家乃乂朕恭祖宗之憲期於悠守許王公之上務以推誠晝野分圻皆有定制章朝彼此交懸保封疆則茲庶績安偃甲息人所存者大咨爾方岳弘宣永圖各守爾典欽承王度斯績列辟宜體至懷初李忠以兵襲蔚州驅掠人畜帝遣詔責之諭旬方還所部由是降其詔焉

六年四月庚寅以前汴州長史劉士寧起復左金吾大將軍同正兼汴州刺史御史大夫宣武軍節度觀察使士寧故宣武節度玄佐子也初玄佐薨諸將校列狀請監軍上奏請士寧爲節度使且曰朝廷或不從必令數萬之衆東向以求生也蓋招李納以懼命帝乃召宰相入議竇參先與吳湊不相得且曰若不許恐合於李納則汴鄭非朝廷有也因請授士寧節度使帝從之故有是命[illegible]

九年四月以海州刺史本州團練使張昇璘官仍令昇璘兄昇雲示兵試校昇雲爲定州節度昇璘娶淄青李納女用仕於納

以定襲大祥歸定州尋於公坐慢罵成德軍節度使王武俊武俊大怒以事上聞詔中使詣定州臨決遇昇璘於太原杖而囚於別州武俊素以定州爲富局屢曾欲攻奪因是遣深州出兵襲取義豐又出兵驅掠安喜無極萬餘口徙於德棣恐取其粟帛牛畜昇雲嬰城自固累遣使謝過於武俊方止

十一年九月橫海軍大將程懷信逐其節度使程懷直歸京師懷信遂領軍士尋詔以虔王諒爲橫海軍節度使以橫海節度兵馬使試殿中監程懷信起復左武衛大將軍同正兼滄州刺史橫海軍節度營田滄景觀察留後依前兼御史大夫虔王諒不出閣故也

十二年正月庚子洺州叛將元誼與其衆李文通常悅石定蕃康秀琳等率洺州城內兵五千幷家口萬餘人叛奔田緒累路潰散入魏州者三千餘人中使吳朝珍爲亂兵所殺二月丙午以元誼李文通等皆有勳寓久於戎旅頃者事因疑誤城守

經時自致危懼以獻章表請率師之願赴京西四年申誠効亦遣使宣諭待之如初俟至闕庭期於任使而行李之際士衆攜貳雖非本圖情亦可恕且處之東夏鎮在西郊皆我王事誠為一體況田緒任兼將相寄重方州委之撫綏必能加輯言念將士素著勤勞旣有申明各宜安堵仍委田緒切加存恤以副朕懷其元誼男承嗣並先在城又特召對仍令中使送赴魏州

是月以成德軍節度支度營田常冀深趙德棣觀察使開府儀同三司檢校司徒平章事兼常州長史琅邪郡王王武俊為檢校太尉兼中書令依前兼常州長史節度等使以朔方河中絳邠寧慶兵馬副元帥河中絳州節度支度營田觀察使元從奉天定難功臣開府儀同三司檢校司徒兼侍中河中尹上柱國咸寧郡王渾瑊為檢校司徒兼中書令依前兼侍中河中尹充副元帥節度等使己巳加山南西道節度支度營田觀察檢校左僕射兼興元尹御史大夫嚴振魏博等州節度營田支度觀察使檢校右僕射兼魏州大都督府長史兼御史大夫駙馬都尉田緒幽州盧龍節度支度營田觀察押奚契丹兩蕃經略盧龍軍使檢校右僕射兼幽州大都督府長史御史大夫劉濟劒南西川節度支度營田觀察統押近界諸蠻及西山八國兼雲南安撫使檢校右僕射兼成都尹御史大夫韋皐並同平章事

乙亥加陳許等州節度使檢校兵部尚書兼許州刺史御史大夫曲環淮南節度觀察營田使檢校刑部尚書兼揚州長史御史大夫賜紫金魚袋杜祐邠寧節度檢校刑部尚書兼邠州刺史御史大夫張獻甫義成軍節度鄭滑觀察營田使檢校刑部尚書兼滑州刺史御史大夫賜紫金魚袋李復並檢校左僕射山南東道節度觀察使檢校禮部尚書襄州刺史御史大夫賜紫金魚袋樊澤四鎮北庭行營兼涇原節度使檢校禮部尚書兼涇州刺史御史大夫劉昌右神策軍行營節度隴右觀察支度營田使檢校工部尚書兼鳳翔尹御史大夫邢君牙左神策

府一百七十六　十一

軍行營節度檢校工部尚書兼御史大夫韓全義平盧軍淄青節度支度營田觀察陸運押新羅渤海兩蕃使檢校禮部尚書兼鄆州長史御史大夫李師古劒南東川節度營田營察使靜戎軍使檢校工部尚書兼梓州刺史御史大夫王叔邕申光蔡支度營田等使檢校工部尚書兼蔡州刺史御史大夫吴少誠徐泗濠節度觀察支度營田使檢校禮部尚書兼徐州刺史御史大夫張建封並檢校右僕射又加振武麟勝節度營田觀察押蕃落使單于大都護兼御史大夫范希朝鄜坊丹延節度觀察使鄜州刺史兼御史大夫王栖曜夏綏銀節度觀察押蕃落使夏州刺史兼御史大夫韓潭並檢校禮部尚書荆南節度觀察使江陵尹兼御史大夫裴胄宣武軍節度支度營田汴宋亳潁等州觀察使汴州刺史兼御史大夫李万榮昭義軍節度營田澤潞磁邢洺觀察使潞州長史兼御史大夫王虔休浙江西道都團練觀察及諸道鹽鐵轉運使潤州刺史兼御史大夫王緯並檢校工部尚書又以河東節度支度營田觀察留後太原尹兼御史大夫北都副留守李說為檢校工部尚書河陽三城懷州節度營田使又加朔方靈鹽豐西受降定遠城天德軍節度營田觀察押蕃落使靈州長史兼御史中丞李欒浙江東道都團練觀察使越州刺史兼御史中丞皇甫政宣歙池都團練觀察採石軍使宣州刺史御史中丞劉贊鄂州刺史兼御史中丞何士幹等並兼御史大夫又加

府一百七十六　十二

冊府元龜卷第一百七十七

帝王部　一百七十七

姑息第二

唐順宗貞元二十一年正月即位二月壬子淄青節度使李師古以師次滑州西界初告哀使未至鄭滑軍裨將吏自京師得遺詔本歸以示節度使李元素元素以師古隣接欲為不自外使密以其本示之師古不受曰京師無訃告何故妄言杖其使幾死舉兵以脅元素元素懼上表請自懇朝廷兩懇解之初師古聞消息遂以師至濮州伺隙為變借元素為名以動衆及聞帝即位詔罷兵云

憲宗永貞元年十二月己酉以新授給事中前劍南西川攝御史行軍司馬知留後兼御史中丞劉闢為檢校工部尚書兼成都尹御史大夫充劍南西川節度副大使知節度事管內支度營田觀察處置統押近界諸蠻及西山八國兼雲南安撫等使于時韋皋新歿闢阻兵以求節度詔除給事中異其入朝闢不受故降斯命貞元舊風也

元和元年六月淄青李師古死弟師道擅命遣判官崔承寵孔目官林英相繼奏事時杜黃裳作相欲乘其未定也以計分削之帝以蜀川方擾不能加兵於師道遂命建王審遙領節度以師道為留後歲餘竟授以旌節

二年八月命給事中房式充幽州成德義武等軍宣慰使時三節度劉濟王士真張茂昭各持宿嫌交惡聞於朝故有是命

四年三月以淮南節度判官孔戣為衛尉寺丞分司東都戣嘗佐昭義軍節度使盧從史數以事爭論不從因謝病去從史彊以禮遣而陰銜之居東都久之為淮南節度使李吉甫所辟而從史忿嫉累請黜降故有是命

十一月彰義軍節度吳少誠卒五年二月授遂王宥節度以彰義軍兵馬使兼申州刺史吳少陽為銀青光祿大夫檢校左散騎常侍權知蔡州刺史兼御史大夫充彰義軍節度事先蔡等州觀察等使留後乃務上柱國初少誠疾亟家僮單于熊兒者偽以少誠意取少陽至時少誠已不知人乃偽署少陽攝副使知軍州事少誠子元慶年二十餘先為軍職少陽密害之及少誠死少陽自為留後時王承宗求繼士真位不受詔帝業以討承宗不欲兵連兩河乃以宥王遙領少陽為留後焉

五年七月庚子鎮州王承宗遣節度巡官崔遂上表二封乞自陳首兼請吏貢輸其常賦是月制曰夫蓋之如天容之如地王者之盛德叛而伐之服而捨之魯史之明義將敦化之未引不患威令之不震所患恩德之過當不患臣妾之不恭是忿惡以彰典刑納裹誠以滌瑕釁苟有罪其在斯乎朕嗣守丕圖虔奉先訓明有所未燭信有所未孚德罔洽人而澤化延之未一道靡化物而風俗之未齊頃者誤於知人因以動衆餘亂是用長俾披于荒而嘗以自思敢忘其過故太尉中書令武俊嘗效勳庸有大勳力宜以親戚連其子孫壯吝圖於縑緗書於鍾鼎十代之後尚延其寵況四履之內豈利其土田我之初心蓋不如此盧從史首獻章表深陳便宜以是頗疑於向公如流遂非於進熟乃割二郡別為一鎮付其密親以示無外而承宗不諭朝旨遂干国章以至于斯事豈得已既而將師同德于戈四臨幽薊以節制之衆收城池易定以雄征之師獻俘馘火則方燎天其可逃然而大兵所羅無物皆殞叢叢遂廢於壠畝老幼咸膏於鋒鏑為之父母深用憫然王承宗困而能通迷而斯復冒于白刃貢以赤誠仰日月以激於中腸罄封部而誓於後效賦奉其常數官奉其闕員以關境之性命祈肆赦之恩澤我亦思省至于再三違命而用刑蓋有常憲順命而赦罪是亦前經寰海之饒爭私於救縣之地雨露之溥豈遺於一境之人如恩俾復其土疆改過是還其官秩其王承宗將雪洗雪依前恩復雲麾將軍守左金吾衛大將軍員外置同正員檢校工

營田等使兼鎮州大都督府長史御史大夫上柱國充成德軍節度管內支度營田等使仍賜旌節深冀趙德棣等州觀察處置使成德軍將士官爵賞封等一切如舊待之如初諸道行營將士等皆賈雄心爭輸忠力以戰則勝以攻則摧加以跋涉道途暴露原野各宜賞給仍並歸還宜共賜物二十八萬四百二十端疋並令度支隨便近即時支遣仍令諸使與本軍計會速具處分於戲帝王作兵以輔文德雷雨施澤亦動人情況乎忠烈之後勳戚之後每稱破敵常用愧懷固瞿然而增懷實所深念而與歟一夫不獲尚並於前王百姓何辜罹禍於茲日謀為彼制政非吾人事尚便時朕寧屈己庶當修政思理推誠致和奉天地之心大祖宗之業姑以濟物豈務中茲虞訓之征益示兩階之舞帝王之綱式弘三面之仁宜以此旨示暨宗安部元者多士宜該予懷初王士真卒三軍推承宗為留後朝廷久其除命承宗自不得承宗懼上表請獻德棣二州由是起復拜成德軍節度使又授

德州刺史薛昌朝為德棣觀察使承宗遣數百騎往德州虜昌朝以歸乃詔削承宗官爵命左神策護軍中尉吐突承璀以討之是後也招討之任非中外所期又諸軍多觀望義宦遂留不進轉餉糜費自以鎮藩淄青幽州累有章表請赦承宗帝乃因從史之罪歸其惡而宥承宗不得已而為之也己酉加義武軍節度使張茂昭檢校太尉兼太子太傅幽州節度使劉濟檢校司徒兼中書令魏博節度使田季安檢校司徒兼太子太保平章加河東節度使范希朝檢校司徒淄青節度使李師道檢校尚書右僕射橫海軍節度使程執恭檢校尚書右僕射並以其罷兵加賞也丁亥幽州節度劉濟為其子總所殺朝廷不知其事以總為起復檢校工部尚書兼幽州大都督府長史充幽州盧龍軍節度管內支度營田觀察處置押奚契丹兩蕃經略盧龍軍等使

七年十月魏博監軍奏當道三軍舉其將田興知軍州事軍府

制曰經邦制理先務於安人崇義勸忠諒存乎輔國其有正性勳舍衆心才當與能善足勵則宜荷推寵之寄以分閫之重是使自師宣我利澤魏博軍兵射都知兵馬使同節度副使檢校秘書監兼御史中丞沂國公田興深明有識忠孝是行介若金石通乎弛張敏用思齊於昔賢宣誠期報於君父生此王國蹈論戎藩逢時乃宣會節有立曰元臣即代為子弟年小人任事以作威諸將爭息而禮權收理遂恭刑章遽乖群臣危疑幾至顛越朕用憂惘方圖綏寧而興仕在戟門深惟大體宣勇斷奮越兜伏享士心所歸不令而肅征鎮安固嚴肅北邊所而保貴胄之家將致上國之故師之續永復中軍表章屋陵之德備至以勳則特異以義則可觀周旋令圖無有懈怠朕亮哥命以待能賢宜旌殊勞允宜崇實宜爵訓即邠寵帝章於詩書漢將錄功寵標賞於名鄉魏巨鎮河上奥區杖鉞可以宣國威持風可以平戎俗至於不廢殊吏而流康作元

尚書用寄心膂崇級仍登於七命顯秩超遷於六卿仍兼副相之雄以重元戎之委服茲休命其懋戒哉可銀青光祿大夫檢校工部尚書兼魏州大都督府長史御史大夫充魏博等州節度管內支度營田觀察處置等使勳封如故初貞元中昭義軍節度使李抱真卒洺州刺史元誼以州兵五千叛歸田緒後季安納誼女為妻及季安以風疾發亂頗虐殺人子懷諫年十一為府司馬兼御史中丞節度副使元氏乃召諸將指明稱諸約立懷諫為副皆唯唯莫敢違乃遷季安於別寢月餘季安卒有家僮蔣士則主親兵持權數易大將懷諫出令盡士則之為也軍中以朝廷久無命衆情不固田興者其先與季安別族後稍為從祖兄少在魏軍以武藝信厚為衆所服興因寓直而巡更卒迭來勸興興懼深拒之質明入衙兵卒數千家衆興興遽頓仆於地其衆連呼不散興揚言曰爾欲聽吾令且勿犯副大使衆皆曰諾乃亂兵殺蔣士則等十數人而止即日發懷諫於

外興既立爲留後葬李士眞送懷諫於京師十一月辛酉制曰奉君親竭忠孝人倫之大端也賢智所以盡心賞功勞懋名節國家之急務也皇王所以致理朕嗣服丕業恭臨萬邦每念政之未孚化有不暨怵惕惟厲載勤于懷常以爲宵質衆盡瘁思嚮善亦勤明撫導推示至誠樹績必使其光華懼患必圖共安緝求言及此終食豈忘魏博大藩東夏雄鎮戎勇於見義務庶懷于有台司中原始兵革之際河朔爲用武之地抱才器者或感恩而盡力申節效者興因事而彰明將大軍斯獲予志非者田季安薨謝其子幼童叛邪惡依義肆威福一境危悍懼致覆亡比塗周傷痍於杼軸田興本戴義發翦立懷人大安方隅集獻忠懇達三軍奉上之志激千里望闕之誠並遵典彝不棄舊俗忠誠指切感于朕心是用特授旌旄俾增封略言念將士同德叶謀守政如金石之堅凌寒松柏之操垂令名於不朽示臣節於將來清風載揚丹款可嘉嘉尚歎息夢寐興言久

爾特式示旌勸其管內百姓等身勞耕稼力竭征徭每念于懷用當憂惻宜令司封郎中知制誥裴度往魏博宣慰親諭朕意仍賜錢一百五十萬貫以河陰院諸道合進內庫綾絹絲紬充送充賞給將士及州縣百姓差科宜給復一年使之蘇息州縣之中或有殘破偏甚者委田興逐便宜處分朕以布澤之時務從人欲好生之德期洽衆心魏博管內宜赦見禁囚徒其與田興叶心立功大將及判官等委田興具名銜聞奏當有甄升如有父母在別加優恤當道從前已來官吏將校等或忠義可嘉而刑戮監及如有此色委田興條錄奏聞當加追贈如有家口見存宜厚加優恤管內高年惸獨或天資遺人夙露皇化或孤獨廢疾不能自存委田興差官存問仍量給粟帛管內有賢勤孝聯爲時所推者委田興具事跡奏聞當加進改如身在兵圍行義素著或才兼文武名節可稱亦委田興具名聞薦渭太尉許安烟戚舊臣常任將相節鉞之典宜示優崇其葬事委田興差官勾當禮物之間務從周厚田懷諫在疚之初政出群小因致軍府騷然不寧以其幼年有足矜閔待其到京之日一門量加存郵嗚呼爲善念功唯恐不極罰人厚下唯恐不豐庶乎大洽邕熙永櫜弓矢爲仁由己其道信然樹德務滋在乎終始凡百多士宜悉朕懷田興頗觀書知君臣父子之道常力行之朝廷知其嚮順垂臣李絳上請命使招諭及厚加賞賜及裴度至興極懼又請度至封內州縣宣揚德澤至己以前魏博節度副使兼馬步都知兵馬使田懷諫爲右驍衛將軍守右監門衛將軍仍賜宅及錢米等

十年正月乙酉進位檢校司空韓弘守司徒依前同中書門下平章事弘元初懲宗方以公相寵勳厚寧相重列官氏於制藩者多至八九及數年考者下世鎮守者無功逆不加其名元和初于章事在藩鎮不遇一二而已至三年始加引檢校司空同平章事後王鍔以救不司徒凡歷三大鎮及太宗有功李吉甫請授許同平章引自銅汴州以撫徵兵李重吉在鎰不每逢吉南及吉南辛乃致書於宰相武元衡以兵分屬其目處師二十年未嘗親魏瑯延亦未能以誠信待到方敵用共獻以歸淮西敵命守司備以加銅戶驛辭其秋出師遂命弘爲淮西諸軍行營都統遣其子公武以兵万三千人會于行營十二年賊平就加兼侍中累拜封許國公又以公武爲鄜坊節度使

十一年十一月丙寅幽州節度使檢校司空劉總就加同中書門下平章事鄆州節度使李師道進位檢校司空初師道本吳元濟之亂因寇徐州及李光顏拔凌雲柵師道懼乃僞貢誠款帝以力未可并討乃遣給事中柳公綽往宣慰且觀其所爲師道苟以遜順爲言故有加命焉

十四年二月乙巳加王承宗與三軍將士韓忠效賞叶志同心恭守典章並除兇慝俗化丕變風歌特高頗資以旦之餘供賞未贍務令濟於洽飽和宜賜綾絹萬布共萬端疋

初王師討吳元濟承宗與李師道繼獻章表請宥元濟其乎尚尹少卿奏事至中書見宰相語意不遜武元衡叱出之承宗益不順遣盜殺元衡帝赫然命六節度之衆討之時淮西用兵

國用虛竭詔權寵爲至十二年誅元濟承宗始懼求救於田弘正遣人送其子及牙將至闕下帝以弘正表跡相繼重違其意而有斯命

八月己酉制曰納大忠樹嘉績爲臣所以明極節錫殊寵進秩有國所以待元臣況乎邦教誕敷王言總會百辟攸憲四方式瞻永念于懷久虛其位載揚成命僉曰休哉宣武軍節度副大使知節度事汴宋亳潁等州觀察處置等使開府儀同三司守司徒兼侍中使持節汴州諸軍事汴州刺史上柱國許國公食邑三千戶韓弘降神挺材積厚成器中蘊深閎之量外標嚴重之姿有輔國濟時之心推誠不耀有夷冒禁暴之略杖義益彰自鎮浚郊二十餘載師徒奠訓而咸肅吏士奉法而愈明俗臻和平人用焉當感聲之重隱若山崇屬茲淮瀆罹征命統群帥克殄殘孽惟乃有指蹤之功及齊境興妖分師進討遂梟元惡惟乃有略地之效既周旋旆偃請執珪深陳魏闕之誠遠繼

韓侯之志朝天有度就日方申又抗表章固辭旄旂三加敦諭所守彌堅于藩于宣諒切於匡輔我弼我諧宜邀其懇式遂良願載兼上司論道之崇因之以齊八政中樞之長畀之以贊萬務玄袞赤舄備于寵光不有其人孰膺斯任於戲出總兵柄入參廟謨家國之慶盈門君臣之道交泰爲我柱石古今爲儔服而添恭以佑乃辟可守司徒兼中書令此官汾陽王子儀西平王晟以後代未嘗輕授而居之弘二十年不入朝累其遷轉至於斯焉蓋朝廷以苟且姑息用大將其勢然也弘鎮大梁一十餘載所管四州征賦皆以自贍未嘗有上供書事務聚財積家欲謀富貴或而言陽以清多為未幸封少錢古昊少誠輩皆抗之二人使其間弘多佐朝廷無為蓋覆其後劳屬入覲坐貽乃以海寺人臣之幸如弘者蓋寡焉

穆宗長慶元年三月乙卯以權知京兆尹盧士玫爲檢校右散騎常侍兼瀛州刺史御史大夫充瀛莫等州都團練觀察等使時幽州節度使劉總奏涿州刺史張臯女臯即士玫有內外之屬故請析瀛莫二州爲聯絡以士玫上請因而用之非選衆任能也

七月幽州監軍使奏軍亂囚節度使張弘靖於別館推朱洄知兵馬事洄推其子克融統軍務詔諸軍討之十二月乙酉制赦幽州軍拘留張弘靖盧士玫專害府寮之罪以幽州都知兵馬使檢校殿中監兼監察御史朱克融爲檢校左散騎常侍幽州節度使自憲宗皇帝削平羣叛之後紛藏空虛帝踐阼之初錫賚過制及幽鎮事起徵發賞賜財力殫竭又行營諸鎮兵又須偏師者皆有監軍使監陣悉選驍騎號衙隊自防衛列於陣者皆羸懦之衆故戰則奔北鮮有成功議者以是咎命將非不多而兵非不多而死尺寸之效者制置不一朝廷以克融叛全弘靖爲名因而赦之以延湊叛兼弘正之罪故一併兵赦之頗物力事勢然爾

八月鎮州兵亂殺節度使田弘正推都將王廷湊知兵馬事弘正子布鎮涇原朝廷急徵布爲魏博節度布既須資軍士乃選其將史憲誠爲先鋒兵馬使以憲誠前出巳壁下必能輸竭故盡以精銳付焉是時屢有中使責急詔促其進兵布遂以全軍三万七千出屯駐於冀州南宮縣進軍下賊二柵而魏人怯於格戰且以寒雪餽餉不給變無鬭志憲誠故嘗懷二因從而間

之俄有詔分布軍與李光顏合勢東救深州其衆因大潰多爲憲誠所有布提兵八千以十二月十日還魏州十一日會諸將復議興師而將卒益驕惰皆曰尚書能行河朔舊事則死生行之若使戰皆不能也布自度其下終不爲用歎曰功無成矣布即日密表陳軍情入啓心靈抽刃刺心而逝乃以魏博中書先鋒兵馬使史憲誠爲檢校二部尚書兼魏州大都督府長史充魏博等州節度觀察等使先是田布爲裨將則遇憲誠於行伍間累進戎職皆由布薦寵及布統魏師待之益厚兼命其子爲親將竟謀非叛布死而據其城府朝廷不得已因命焉

二年二月甲子制曰朕以非德纂承鴻緒屬先皇掃刷中寓康濟兆人八表晏然五兵咸息常兢懷於繼述思致俾於和平豈以樂戰爲心佳兵在念而鎮州以承宗去世自歸誠款幽州以劉總懇志願釋兵符相繼來同無思不服非朕勤於遠略力以致之亦既綏柔咸加霈澤不愛金帛以惠於戎士不懌爵賞以

龍其偏裨復一二台臣推讓厚庶將朕志以靖方隅而以於兢夫莫能退患曾未累月旋聞叛離朕亦欲因其人心以命長帥顧念引正盡忠先朝身嬰戎害家受屠戮為之元首能不痛心是用下制先申告諭求其兇惡冀釋脅從仍令四面節制各守封疆不欲遽加明罰所望自效忠誠而將士等寧罹罪以相保王庭湊為衆之所迫固其州壤捍以兵鋒每聞戰爭永念黎庶為之君父又可忍乎是用輟食忘寢晝夜焦慮其惟烈祖之訓以用兼愛之心務以安仁為國本不以窮武為威力顧予寡昧敢忘纘承爰念而興師已極君臣之分為軫憂而捨罪豈非帝王之道況王庭湊倉卒之際固非始謀撫之以恩榮自當展其志義委之以戎鎮必冀效於勳庸禍福無門行之即是說誠出我用亦何常苟推信誠便保忠順苟得其衆孰非吾人擢而任之式示榮寵宜特捨雪仍授檢校右散騎常侍兼鎮州大都督府長史御史大夫充成德軍節度鎮冀深趙等州觀察處置等使應誠成德軍將士官爵一切依舊待之如初仍令兵部侍郎韓愈充宣慰使亦以戒朕於彼三軍患非不至於彼隨境恩非不周今弘寬大之恩以應陽和之令使離散者見親愛之樂暴露者獲室家之安各宜感悅以就寧泰布告中外體朕意焉是時河朔復亂庭湊首叛殺害長帥其支黨從而響應其逆如故朝廷普赦舍罪受以節制蓋兵不得已八年愛人舍此出宜以為丙寅制以前成德軍節度鎮冀深趙等州觀察處置等使金紫光祿大夫檢校工部尚書兼鎮州大都督府長史御史大夫上柱國隴西縣開國男食邑三百戶牛元翼為檢校工部尚書兼襄州刺史御史大夫充山南東道節度觀察處置臨漢監牧等使初元翼以守深州功有成德鎮冀之命庭湊以己罪未赦圍元翼益急凡官軍救元翼三面而至皆屈於芻食不能進雖李光顏亦堅壁而已日與軍士分採芻薪更之給以紅粥之至人不及勺庭湊以故得設數重之圍承是不得已授庭湊節而寵元翼以漢南焉三月盧龍軍節度使朱克融成德軍節度使

王庭湊並進位檢校工部尚書時庭湊雖得節制怒元翼之堅守故深州之圍不解克融以兵同守其惡至是有宣慰中使至幽州朱克融上言前月得裴度書令解深州之圍以今月一日抽兵還本道訖庭湊兵亦稍解故並以尚書寵之

是月徐州監軍使奏當道節度副使王智興自河北行營領兵迴以今月十四日入城逐其節度使崔羣智興因領軍務己未以武寧軍節度副使兼御史大夫王智興為檢校工部尚書兼徐州刺史御史大夫充武寧軍節度徐泗濠等州觀察處置等使智興始自武寧行伍累至大將元和末將徐兵北討李師道常以少擊衆聲振海岱間累佯沂州刺史及奉詔會討王庭湊智興領兵三千仍加御度副使以寵之本軍有勇敢者多在其所統既居戎倅以功位自[illegible]崔羣亦慮其歸恐非己能制累表請追智興授以他官事未行詔班師智興以幽鎮二方怙亂愛節由是萃心益熾先期入境羣畏之遣使從事勞問且言先輸其器甲仍留其衆於城外以十騎自隨智興不從塹衆斬關而入見羣三及監軍使拜而伏曰此軍情也乃為羣具行夫騎乘無不周悉及判官從吏皆如其儀焉又殺不同己者十餘人然後兵送至埇橋遂掠鹽鐵院錢帛及汴路進物商旅資貨率取其三分之二又以兵劫濠州刺史侯引度棄城走朝廷以新罷兵力未能討遂以節授之

四月王庭湊奏請追贈三代乃贈庭湊曾祖五哥之越州都督又贈其祖末怛活左散騎常侍父升朝禮部尚書兼兵特請也文宗大和元年五月丙子以太平軍節度使守司徒同中書門下平章事烏重胤為横海軍節度兼滄州刺史充滄景德棣等州觀察使處置等使以前橫海軍節度副使檢校國子祭酒滄州長史侍御史李同捷起復為雲麾將軍守右衛大將軍兼[illegible]外置同正員檢校右散騎常侍兼兗州刺史御史大夫充兗海沂等州節度觀察處置等使勳加魏博節度使檢校司空

史憲誠檢校司空同中書門下平章事丁丑就加幽州節度使檢校戶部尚書李載義檢校尚書右僕射平盧軍節度使檢校工部尚書康志睦爲檢校戶部尚書鄆州節度使檢校司空王廷湊爲檢校司空是時既以李同捷節度兗海尚憂羣帥生事故咸有就加之命以寵安之

二年九月滄州節度使李寰爲夏州刺史充夏綏銀宥等州節度觀察押蕃落等使以前檢校左僕射寰前在滄州擁兵不進知中外議論自懷不安遂請入覲詔許因有是命

十一月賜易定幽州綾絹各伍万匹昭義綾絹三万匹時有中使自易定來奏諸道行營節度賞薄爲詞故累加給賚是時易定兵未平[illegible]

三年三月乙巳太原奏中使杜英奇到易定行營宣與當道兵馬使傅毅充易定節度三軍不受兵年易定都知兵馬使張璠

其傅毅爲軍三三二十八走投本道戊申以張璠爲檢校左散騎常侍易定節度使己酉以張璠判上賜帛五万匹

七月癸未先送魏博史憲誠還鎮中使劉引逃奏去六月二十五日到魏州二十六日夜三軍殺史憲誠奉大將何進滔其新節度使李聽入城不得壬子召宰臣延英播路隨對于延英詔以魏博節度衙內都知兵馬使檢校秘書監兼侍御史何進滔爲檢校左散騎常侍充魏博節度使庚申詔王廷湊復[illegible]金紫光祿大夫檢校司徒太原公成德軍節度使先是滄州李同捷承代父任詔授以兗海同捷不奉詔投款於廷湊廷湊出兵撓魏北境以援之詔絕廷湊進奉持河朔連兵日久朝廷益苦饋餉之費及同捷敗首廷湊亦懼露誠款於陛封帝端知中外之心所冝故有恩宥之詔

九月以王廷湊洗雪命有司先籍入其留邸及店鋪等並令却付官吏所由移隸諸州者並放還

五年正月庚申幽州盧龍軍上言節度使李載義於毬場送宣賜德政碑中使後院副兵馬使楊志誠同牙將志誠等遂以毬場叫呼謀亂載義當日走投易州又奏志誠殺莫州刺史張慶初以載義姻黨故也帝聞之驚促召宰臣入對時兵部尚書平章事牛僧孺早入先召見帝惕然曰幽州今日之事可奈何僧孺曰此不足煩聖慮臣被召疾趨谷臣稍得息耳以條對帝曰又曰卿以爲不足憂何也僧孺曰陛下以范陽得失繫國家憂戚邪且自安史亂後范陽非國家所有前時劉總向化以土地歸闕朝廷約用錢八十萬貫而未嘗得范陽尺布斗粟上供天府則今日志誠得猶前日載義之得也陛下但因而撫之六年之冝也且范陽國家亦賴者以其北捍突厥不令南寇今若假志誠節鉞惜其土地必自爲力爪牙之用固不計於逆順臣固曰不足煩聖慮帝大喜曰如卿之言吾洗然矣壬戌李載義遣從事上言自破滄州後累表請赴闕庭數奉詔旨不許今月

十三日於毬場爲管衙兵馬將楊志誠等動亂其日辰時將男三元并隨從軍兵奔赴闕庭帝令中使至太原已來宣慰并賜以書詔紫衣牙笏玉帶并寶一合銀器一角所在宣賜仍賜載義永寧里第一所壬辰載義爲太保同中書門下平章事仍令所司擇日冊命以嘉王運爲幽州盧龍節度使觀察處置等使以志誠爲幽州節度觀察等使留後是日詔中使以米麵粟豆油鹽共一千石錢二千貫綾絹三千匹柴四十車草一萬束就永寧里第宣賜載義又令尚食日給十人生料是日又命以良馬一匹并鞍轡以賜之及賓佐將吏無不賞賚有差

四月以楊志誠爲檢校工部尚書兼幽州大都督府長史充幽州盧龍軍節度副大使知節度事管內觀察押奚契丹兩蕃經略等使七年八月楊志誠就加檢校右僕射用勸之典也初志誠轉吏部尚書部下進奏官徐迪詣中書白宰相曰軍中不識朝廷事體只知自尚書改僕射爲遷不知以工部轉吏部爲

表且軍士盡飾以待新恩一旦復爲尚書軍中必恐今中使往其勢必不得出及使至其傔奔還奏曰志誠起不得羨三軍亦有怨言中使並爲志誠所留矣志誠遣使讓官須賜官告其使不受而歸朝廷納裴度之言務以含弘故再加僕射[illegible]載義[illegible]

[illegible]志誠復爲部下所逐過太原載義自毆辱之[illegible]以免[illegible]志誠之妻孥[illegible]由法下將

開成三年六月壬寅以康州流人王晏平爲永州司戶參軍員外置同正員晏平爲靈武節度使去任日取征馬四百餘匹及借兵器千餘事遂還沒妾爲申破臺司推勘獄狀悉且計贓七千餘貫以晏平之父智興嘗有戰功故特免死從流未至流所魏博鎮州幽州三節使有表請雪遂除撫州司馬給事中韋溫薛廷老盧弘宣等封勑敗授永州司戶韋溫等又封還帝命中人宣諭溫等制命始行時晏平在縲絏之中未至流所廣以金帛交結中外既得免死旋又除官復假三鎮之勢以迫朝廷而執事者但務姑息河北不守法理時論惜之

冊府元龜卷第一百七十七

册府元龜卷第一百七十八

帝王部　一百七十八

姑息第三

唐宣宗大中四年幽州戎師周綝以疾表乞以都知兵馬使張仲武為留後朝廷可其奏加右散騎常侍其年冬詔賜旌節遷檢校工部尚書

僖宗廣明元年以巢賊陷關帝巡狩于襄斜西川節度使陳敬瑄迎邑至蜀行闕之事一以委焉以功加開府儀同三司檢校太尉同中書門下平章事封潁川郡王及駕迴賜鐵券恕其十死

中和四年正月制授鹿晏洪山南西道興元節度管內觀察處置使興元尹晏洪本許州牙校中和初從忠武軍監護楊復光討賊京師賊平復光卒軍無所統乃以其本軍并徐宋之兵西上[illegible]山南陷興鄉及下金州洋州路直抵興元初則云西赴行在及所歷封壤悉皆屠之軍士驕猾晏洪不得制因逐涌興元

其帥牛勗不能拒奔走成都朝廷以京邑初平議其姑息詔授留後至是加節制焉

光啟元年三月以徐州節度使時溥為鉅鹿郡王制曰天用日月司之以晦明帝賴股肱寄之以休戚念其功則報無所憾厚其賞則誠在可虔兩勿徇於驕盈吾靡務於姑息也時溥為將除出覊難慨然用禮樂為身基知德刑為戰器文惟附衆武足取威萬旅先譁一方底定朕以彭門人兼儋楚控淮河因命專征果聞善訓公忠所化氣俗自平極將相之崇高所藩宣之軌則噫成功未易持祿尤難倚伏相循安危是繫朕嘗覧祖宗之紀每歎兼濟之圖尚父汾陽王太尉武穆王皆遭遇中興勲高往烈然子儀以懷引歸国保富貴於永年而光弼雖剛正奉公積猜嫌於晚節蓋坦懷未至則全美或虧言念大臣足為前鑒惟爾竭誠保奉著節始終疇咨雖顯於上台制爵且加於異姓彼邦遺事汝是當傳勿忘銘鼎之恭用永紳河之誓服茲休寵典乃令國庶俾君臣示於竹帛也

昭宗大順元年制以德州刺史權知滄州兵馬留後盧彥威檢校尚書右僕射兼滄州刺史御史大夫充義昌軍節度滄德觀察處置等使彥威光啟末逐其帥楊全玫求旌節朝廷以彥[illegible]都將曹誠為滄德節度誠雖不至任而彥威之請不行至是王鐸羅弘信因張濬用兵為彥威論請故有斯授

二年三月制以青州留後王師範加檢校兵部尚書平盧軍節度使是歲鎮州王鎔曾有表薦曰臣聞推士固存古有明義興滅繼絕書著前文蓋聖王引延賞之恩哲后開勸能之道故吳君錄舊育凌統之孤兒漢帝追功與張良之愛子臣伏見故淄青節度使檢校司空同中書門下平章事王敬武將星發彩金貴傳符進心皆務於政經勤力每勤於王室自艱難變運鑾輅省方海岳一隅不廢方貢[illegible]義路常走梯航加以淪落衣冠流亡民庶皆能賑卹盡致昭蘇可謂輔國藎臣佐時良牧而不

幸秋蘭敗葉朝露晞光俄成就木之悲不盡登壇之寄其男檢校工部尚書權知留後事師範親為嫡長才負瓌奇早繼父兵夙知軍志張飛之敵每氣先前魏萬之名咸言必大頃以元戎物故外府事殷[illegible]人情[illegible]騷動之虞[illegible]河之隅以至連營義旅比屋蒸黎追蔡社以增哀思郡牧而[illegible]變從苦塊抑主兵戎分少梯寒盡同赤子望雲就日傾罄丹誠今則去戰罷尋光陰已變險夷一致首尾二年雄據真是其將門造次俞於臣[illegible]雖皇華[illegible]安[illegible]道[illegible]而精[illegible]油幢[illegible]明其擬議何以[illegible]諸[illegible]成季[illegible]之後[illegible]伏惟皇帝陛下信敷九有仁覆萬方當惟新革故之恩就裕理人之道克全[illegible]俾早委節旌俾其[illegible]日人人無虞盡覩青天晉而時不辜之功救五郡倒懸之苦貝豈繼白灵及夏咸知煦嫗之恩誠亦在存與亡俱荷生成之施初師範父敬武本青州無隸人少為牙將會安師儒乾符中為

詔遣平賊有功允龍之及巢寇犯長安逐師儒自爲留後時朝廷多故因授正命累加至檢校司空平章事去年敬武卒三軍以師儒爲留後表請旌節朝廷不允制以前陣許節度使崔安潛爲節棣州刺史張蟾迎之師範遣將盧弘攻蟾弘復叛迴軍以攻青州師範雖年小多智數乃遣人重賂迎弘請避路亡守先人墳墓全首領而已弘然之既入師範伏壯士擒而殺焉安潛乃歸闕如此二年朝廷未降節鉞至是以常山表薦爲名乃加是命

景福二年正月鳳翔李茂貞奏以興元知軍府事李繼密卒軍越援梓州從之初梓州顧彥暉兄彥朗以大順初卒三軍以彥暉爲留後茂貞表薦遂加正命及降旌節爲興元楊守亮所滯後茂貞敗守亮收復興元曾有表請再降東川制命詞曰臣聞鐘鼎書所以歸於勳德分茅建社允屬於賢良明朝無濫賞之文聖代絕且僥之論其有功標峴首業著燕然殊恩寧降於

虎將賛遷已領於龍節旋遇坎壈翔棲棘植銅梁遥日月之迴光阻山河而倒浪今則初開九折漸洞長鯨宜宣既往之恩合舉三行之命臣慕潛通論方敢上聞儻無棄於昔言然有華於玄鑒臣伏見東川節度使顧彥暉門傳將略代襲軍功佩董卓之雙鞬繼由基之一鏃南金鍊質經大冶而彌堅東箭推心遇繁霜而轉勁伏自頃嶽蚊醫聚響螗斧稱威風搖而海嶽將傾火烘而蕭蘭不辨顧彥暉與亡兄彥朗提戈驥塞奮臂龍沙同驅貔貅之師入奉紀綱之僕青黃府下辛勤累建於勳庸赤白囊中動靜因違於稹制伏以先皇帝鑾旌反正鳳輦初安爰置酒以論功遂圖儀而表德顧彥暉亡兄彥朗由是榮頒劍履顯誓山河飾金之象猶新垂露之文未滅豈謂憂時積疹奉國勞神三秋而大樹忽凋半夜而將星潛殞是致人皆罷市里爲輟舂渙汗雖沒於高衷書緣但宣於蘭鼓顧彥暉以三軍擁路百姓排闈感手枯之遺心請馮君之繼理伏自暫持紀律權總戎

孫謝玄用王子雖後發而有任句踐撫士卒　觴豆而酒沽大蒙皇帝陛下俯念羣情乃齊畢政降旌幢而示寵宣玉音以詶功風行而天下皆聞日照而人咸見不謂綿州刺史楊守亮纔張要路據蒙通津擅抑光泥強留瑞節召兵戈於武定阻賦貢於褒梁大肆虔劉將營統制臣與邠州節度使王行瑜同興義旅共伐姦謀一彈而梟鵩離巢再戰而猿猱失木既通劍路尋達刀州顧彥暉履捧詔書曾賓旌鉞非是萌樹之戲巳承裂地之封需函而難滯舊恩錫賚而願加新節猶希進秩因表優賢臣忝竊臨戎常思舉善敢邀先茅之賞無避連茹之文時朝廷遂命使再降旌節以臣茂貞保薦之力也是月彥暉與西川王建爭由疆理相失遂搆鬭不絕既乞援茂貞乃以兵赴焉

三月制以辛日部員陳珮爲廣州刺史嶺南東道節度使崔暉都頭曹誠爲□州刺史黔中節度使耀德都頭李鋋爲潤州刺史鎮海軍節度使□□都頭□性晟爲江陵尹荊南節度使並

加特進同平章事各令赴鎮並落軍權時朝議以李茂貞傲很王命武臣難制欲用杜讓能又兼王與禁兵故罷五將之權兼以平章事悅其心

六月制以鳳翔隴州節度使檢校太尉中書令鳳翔尹上柱國岐王食邑四千五百戶李茂貞爲興元尹山南西道節度使實

十月詔貶晉州司戶參軍杜讓能賜自盡於藍田驛初讓能爲太尉與李茂貞不協景福初楊守亮爲茂貞所敗以朝廷欲寵畀閬州姑息之茂貞怒陳言譏能曰宰相外鎮亞夷內安百姓陰陽不順猶資燮理之功宇宙將傾尚假扶持之力即萬邦舒慘四海安危盡繫朝綱咸由弼諧既爲重任方屬元臣況國步多艱皇居未壯曩日九衢三市草棘荒丘當時萬戶千門霜林寂白骨大廈頗歎而未已沉痾綿息以無餘皆云非賢臣無以拯社稷之危非真宰無以革寰區之弊今公捨策入夢投竿爲師踐履中台制臨外闕不究與亡之理罕聞決斷之機盡意有所不

乃心有歸未嘗興兵上聞頗當威誅竊見楊守亮擅舉干戈侵軼四鄰兼國割據名城跨川居邑實為　蠻貊猿狖在於漢致十年荆襄梁閬敗亡相繼茂貞任既前去而不諳思寄歸而無地當道守邠州見為阻隔綱運方舉問罪師徒忽朝廷授武定之旄旋割梁閬之兩郡未審是何名目酬何功勞紊大國之紀綱為天子之州縣非唯取笑於童稚抑亦貽羞於馬牛儻請奇謀信為猶見伏慮　明公實逆黨無君　之子一懷忠臣奉國之心豆兵勁守邪須擢正直又聞公切於保位利在安家商量不自於出書割劍全遂於內地雖知淵奧罕悟崖涯亦聞殺異群情頻是謹騰衆口未敢便陳章表明述是非伏冀明知特示審言用祛疑惑桐走抱歸時議能抗答之茂貞由是轉恣強後以茂貞跋扈既甚帝請讓能曰春秋之義將而必誅安有甸服之間頓違朝旨而侍慢如此我若不討四方其為我何讓能奏曰叛離之來行自元故事姑息茂臣久矣根牢蒂織附之者衆一旦難驟

革之京師去岐咫尺人心易以危懼設有凌犯損威命益頗悠下徐解雷霆而熟計之昔漢文帝以吳濞不朝賜之几杖正為此也帝曰政刑出朝令不出都門斯乃賈生慟哭之秋也書不云乎藥不瞑眩厥疾不瘳朕不欲辱辱守治兵以凌削因除宰臣徐彥若鎮鳳翔以茂貞為興元尹時以嗣覃王率禁軍送彥若茂貞拒不受代即攻之軍旅所定一委讓能讓能因上言曰陛下憤藩臣倔強必欲強幹弱枝以隆王室則誼宜召中外大臣與臣同心勠力以成陛下之志不宜獨任臣也帝曰卿位居元輔與朕休戚共之[illegible]為宰輔讓能曰臣待罪合司所未允者思有以報陛下也安敢愛身以避責況陛下之志憲宗之志也但時有所不便勢有所必然他日臣雖受晁錯之辜不足以弭七國之患敢不奉詔繼之以死及禁兵將出險人妄騰謗言比之舉也非朝廷之謀讓能報私怨也二評既敗茂貞向闕帝御安福門斬軍容使西門重遂樞密使李周潼

以徇茂貞茂貞進兵臨皐驛抗表曰無辜加兵社讓能之為詐也非中使之罪請殺讓能讓能奏曰臣固預言之矣今獨有請罪于臣可以紓國難帝不得已貶雷州司戶參軍乃詔送茂貞軍前茂貞[illegible]杜讓能遣之害讓能以聽之

十一月制以鳳翔節度使李茂貞守中書令進封秦王兼興元尹山南西道節度使邠州節度使王行瑜賜號尚父賜鐵券

乾寧三年鳳翔李茂貞逼京師諸王率禁兵奉車駕將幸太原次渭北華州韓建遣子充奉表請駐蹕華州乃詔曰鎮國軍節度使韓建忠貫雪霜義堅金石十陳章表備竭憂國之誠一詣行宮但謝愛君之志況華州城壘牢固糧儲豐盈又免遠行車輿且總從駕將詔下之後信宿而至華以華之公署為行宮

八月又付韓建詔曰卿武抱七德瑞應四靈挺生德門佐我邦綵衣識養深知百行之原布政奉家不似三公之貴朕開

高節獎卿崇勳遂幸已來社稷是託卿宜毎事輔政莫惜揣摩既位列大臣亦不為越分至于道路營壁候晨不隄防皆[illegible]良策用致高枕無令奔軼以勵集勞諸道節度使知卿至忠服勳勵望卿宜各務禁戢告以安危使有兵者陳勤王赴難之謀豈時[illegible]合成忠孝[illegible]中興[illegible]上山河為誓不在他人初帝在冨平以人情沮撓召建請之建既至跪露首罪言發涕流帝亦為之色動竟未知其心也及入鎮公卿近侍皆與建暱固不敢專行制令故下詔使建揣摩誘得失咫尺告諭茂貞鎮將建乃上言云昔先皇帝幸蜀都之日陳瑄守鎮錦城過恃寵私多所條擬所以遠方觀聽物論諠然臣豈敢遵彼覆車同其濫吹至于隄防道路供衛乘輿夙夜在心是臣之職

四年三月丙子制賜韓建資忠靖國功臣封昌黎郡王五月乙亥以建八表讓昌黎郡王詔曰卿始以勤身鎮守封[illegible]

建近以忠赤意和鑾立大朝綱紀試欲備盡豐省中是下有顯於孝思上無累於世僭創行廟之功也群后在廷咸思復累朝之廢墜崇萬代之本根建儲宮之効也而又請敘兵年大千斯邪忠言舉議成績可數以身許國其心動天雖仲尼興從營之言漢祖有必勃之謂用方經濟殊日寂寥永言茂恩再苦異數但念成人之美君子所先執德不回格言斯尚是用優美覽重封之澤就謙光崇讓之娟足以激勸貪夫教化後公已識故允允切歎於

九月癸酉詔以太子太師盧知猷撰韓建德政碑文前戶部侍郎司空圖為頌建累表堅讓從之初是歲春華人表請為建立碑特建上第三表讓至是知猷與圖詞成會令琢其二碑建又固奏堅乞寢勑其碑竟不立

十月癸卯制韓建兼韓国軍節度長春宮使初李濬領司州璿以貞之養子也時帝自播遷已來怒茂貞未已將遣宰臣孫偓

理駕下軍及率諸鎮討之韓建累諫故夫累行瑞節之事逃歸鳳翔至是命建兼之時建亦陳讓詔曰卿才本濟時道惟師古致君不期於辱市憂国每至於忘家自朕薄狩近闕倏踰周歲備見忠勤之効莫非傾盡之心允謂良臣宜膺重寄會同州元戎失職軍旅不安況接行朝尤思得帥是用資爾兼領鎮乎危邦冀渡除之漸蘇而慓塵之撫警已示乃遽陳章表堅有撝沖方藉當仁豈宜多讓固難依允無至再三尋遣使奏官祁李祥宣賜旌節宣告至建理所尋授焉建已兼判京尹有鼓章之志而致璿之去鎮人亦意建所搖動也

光化元年九月戊辰制加韓建守太傅兼中書令興德尹潁川郡王并賜鐵券仍令所司擇日備礼冊命

十月丁酉敕封潁川郡王韓建為許国公又賜鐵券

是月魏博節度使羅弘信卒三軍立其子副大使紹威知兵馬事尋以為之宗鉞

天復三年五月辛丑勑以兩收宮闕扶危保国功臣鳳翔隴右兼四鎮北庭行營兵馬副元帥涇原渭武等州觀察營田押蕃落等使開府儀同三司守尚書令兼侍中鳳翔尹李茂貞可檢校太師守中書令茂貞自天復初反正之後朝廷多故書云并河西四鎮及秦隴四州山南八州父子兄弟方救十郡入朝廷姑息不暇遂加尚書令進封岐王至是失勢以朱全忠官纔中書令心不自安乃累上表乞罷尚書令有詔允之改授太師

後唐莊宗天祐十八年鎮州大將張文禮殺其帥王鎔文礼請旌節於帝帝以文禮之罪期於不赦適當斬首以謝冤魂詎敢邀于旌節賓客曰王氏之寃實文礼礼方事之勢且須含垢不欲與人生事但假之以吾命徐為後圖帝不得已從之四月乃遣上介璽贊承制授文禮鎮州兵馬留後（文礼既殺王鎔父子幸獻其狀惟留鎔下和義朱氏以通梁人尋同處告曰王氏度恭軍音宰公主與養文礼卿賜張友順淋請因為留後恭遷賊檢更以事上表兼受節旄亦奉誥勅建斜赤鐵節旄會要而于其請）

明宗天成元年九月制扶天輔国同佐功臣天策上將軍武安等軍節度湖南鄂岳等道管內觀察處置兼三司水陸發運等使開府儀同三司守太師兼尚書令潭州大都督府長史使持節都督鄂州諸軍事守鄂州刺史上柱国楚王食邑一萬七千戶食實封一千五百戶馬殷可檢校太師守尚書令餘並如故（天策上將軍之號舊無此官名偽梁封馬殷驕僭求尚書令以為唐太宗此官唐靜不置今無為之勢又以太宗為天策上將紀慢求之梁宣於制冊曰又加軍字馬殷以殷論詞數四且云人目舊無此號將來更有官累人下諸將之龜不能辭至於今號為難）

十月壬子制叶謀輔国功臣靜江軍節度使桂管管內觀察處置等使開府儀同三司檢校太師兼中書令使持節桂州諸軍事守桂州刺史上柱国扶風郡王食邑六千戶馬賨可加食邑一千戶食實封一百戶（其制云累邑名家聲華三勳品秩則選惟以井田增益此要勳以報自從人及其遺僅以兵數息者宛之宗）

二年四月兗州節度使充北面招討使房知溫奏虜寇至卒中兵殺

冀州刺史招討副使烏震初詔震代知溫歸鎮知溫怒震遂至有怨言因縱博誘牙兵殺震於帝上會次將安審通保騎軍隔河按甲不動知溫懼其不濟乃束身渡水復結審通逐其亂軍以奏朝廷姑息乞溫下詔鄴盡殺軍兵家口老幼數萬衞淇爲之變色尋詔遣知溫就便之鎮以安反側

十月青州節度霍彥威差人走馬進箭一對稱賀殺逆黨帝却賜彥威箭一對傳箭者蕃家之符信也起軍令衆即傳之今霍彥威蕃將人爲臣下而傳箭於君上不典之故也

四年七月荆南節度行軍司馬高從誨遣都押衙劉謙已進贖罪銀三千兩從誨父季興自爲梁荆南節度有其地莊宗平中原季興懼自請入覲復令歸鎮及帝嗣位季興表請峽內諸州仍舊圖隸屬朝廷護允季興所謀後取其歸王夔忠平兩川舟運奇貨數據下大將爲季興所掠據城自守帝命襄帥劉訓率師討之遇水潦還季興乃臣於吳受偽命冊季興死從誨歸國謙已至帝御中興殿陳荆州之貢求歸順謂侍臣曰父子罪不相及季興負恩我身死從誨悔過乃心本朝于以還信待人有何不可要重誨拜而言曰陛下以德于人不侯彝千載一時心從仁臣等拜賀

長興元年正月荆南奏峽州刺史高季雍歸州刺史孫文允且僚舊任從之

四月河中楊彥溫叛遣殿直都知范延盈押金鞍轡馬金帶散馬衣一襲及絳州刺史官告敕牒往河中賜彥溫

十二月戊午制荆南節度使高從誨亡父扶天輔國翊佐功臣荆南節度歸峽等州觀察處置等使開府儀同三司檢校太尉尚書令江陵尹上柱國南平王食邑八千戶食實封五百戶高季興可贈太尉從誨母趙國夫人朱氏可贈吳國太夫人

二年正月勑故保邦崇德忠略康濟功臣天策上將軍開府儀同三司守太師尚書令上柱國楚王食邑一萬八千戶食實封一千六百戶馬殷品位俱高封崇已極無官可贈宜賜謚兼神道碑文仍以王禮葬是月静江軍節度使馬賓卒廢朝贈尚書令賓楚王殷之弟也

三年五月東川董璋爲孟知祥所殺樞密使范延光等奏曰劍南所奏兩川事宜雖未有興元奏報此事的不虛臣等料孟知祥若兼有兩川雖除心腹之患然其軍衆皆吾將士寧不思歸知祥縱若專制兩南仍憂此輩謀變料其籌算必欲外恃朝廷形勢以制諸軍然陛下苟不能屈意招撫彼亦無由革面帝曰知祥予故人也以賊臣間諜致茲阻隔撫吾故人何屈意之有即令供奉官李瓌使西川賜知祥詔曰省洋州及興元奏探得董璋把截劍門關路不通利州與西川往來兼縱董璋自領徒黨侵逼西川管界西川已出兵士禦備次其利州人情不安未知兩川的實音耗等事朕聞天惟福善神必禍淫玄鑒昭然冥符定矣故積功累仁者無所不濟窮兵黷武者未或不亡是以齊國尊周終全霸業吳王伐越自取喪亡略驗古今足分成敗卿時推閒傑世仰全材知治亂於未萌測安危於未兆首參締構再復宗祧英謀逈擅於耿吳茂業遐超於申甫[illegible]功爲最錫壤居先自居守於北門往鎮臨於西蜀安民有術撫衆多恩方

靜治於龜城期永扶於鳳闕董璋比膺朝寄莅鎮戎郊曾無犬馬之勞但縱豺狼之性頃歲潛懷逆節密設姦機志欲兼并懸謀間諜始奏卿之得失知朕不容後說朝廷之短長圖卿相信只憑詭詐便欲侵吞欲西犯於蜀川遂東窺於閫外不煩醜纏可驗苞藏亂常之罪惡既彰伐叛之刑書難赦朕乃睠求良師殄滅兇渠此際尋委卿兼都川行營供饋使援使宜將士於咸藩牧阻與兵恐境路岐雖隔清好如初中間令進奏官蘇愿及進奏軍將杜紹本等相次歸還令傳詔旨想其到彼備達于懷卿料敵多方抗衡有備能深識惡猶示睦隣尚抑驍雄觀其豐隟而董璋果然顛蹶盡露姦邪初往犯於閬州遽侵驗於錦里爲吉若此滅族非遥卿可嚴誡師徒妙施籌畫接秉良便速從元兇朕亦尋遣軍前經臨境上爲卿犄角扼賊咽喉佇揚盪於氛霾復通流於信便當覃異渥式獎殊功卿宜審固遠圖秉持大節保君臣之重義成家世之美名況卿骨肉至多丘園在此自來

存問並得安全可表朕之倚仰所冀卿之爲朕佇觀英斷定集大勳豈惟只委於節旄長居貴盛兼俟別須於綸綍更廣封崇妍醜以分始終可鑒其爲眷注無忘寤寐與今遣卿外甥李瓌齎詔慰諭想宜知悉

九月乙未供奉官李瓌自西川使迴進呈西川節度使孟知祥表三封并信物先賜金盤盞注子鈔羅孟子等又奏福慶長公主以今年正月十二日薨兩川因瓌而通也（宗[illegible]祖第忻州刺史克寧子也克寧事見莊宗實錄克寧妻孟氏知祥之妹克寧寃誅歸孟氏特隨知祥雄蜀朝廷既聞知祥殺董璋收復東川知祥既無人使通信乃令李瓌省母因齎詔慰諭知祥瓌至具陳朝廷相厚之意知祥復稱藩如初然自此驕倨不法矣）甲辰先遣供奉官陳延矩往遂合等州偵董璋叛隅在西川至是延矩與李瓌同來齎到孟知祥表三道一謝昭雪一請酬獎破董璋立功將校趙季良等五人乞加節鉞一部内刺史令録官員乞許行墨制乙巳遣閤門使劉政思充西川宣諭使與知祥詔曰省所奏東川董璋妄自爲隣從初不睦常厚誣於表疏每深間於朝廷欲竊兵權來并土宇忽去四月二十八日暴興兵士至五月一日驟入漢州尋差馬步都指揮使兼知武信軍節度留後李仁罕右廂馬步都指揮使兼知寧江軍節度兵馬留後張知鄴衙内都指揮使兼知昭武軍留後李肇等各於界分營備又令副使權知武泰軍節度留後趙季良在府巡守其左廂馬步都指揮使兼知保寧軍節度留後趙廷隱先次部領兵士三萬人出次新都卿自統領衙隊二萬人騎繼進至三日交戰殺敗董璋斬首万餘級執八千人擒賊將校八十餘負甲馬七百匹收衣甲器械十萬事其董璋與男光嗣四日巳時走入東川前陵州刺史王暉斬璋父子首級來獻軍門尋収下東川城又表今夏方議賞功其文武將吏等衆意難違已取六月十一日權兼東川指揮公事具悉朕以董璋位列山河名兼將相全昧輸忠事主以禮睦隣輒恣兇狂擬謀吞噬諸鄰則妄陳章誹朕則欲竊兵權姦謀不成賊機尋露既無間於構惑唯有志以攻侵御雖詔苞藏久從含忍但務戰兵而靜治只期應敵以禦衛侯落穀中即加剪撲若居度外且示協和而董璋果出妖巢暴興叛黨忽犯成都之境驟踰漢郡之疆蟻聚蜂屯鴟張豕突謂錦川而可取謂天網而可逃及卿密運戎機大張軍勢劍戟山排而亘野旌旗雲布以蔽天鵝鸛纔交豺狼已殄棄甲者追擒既盡投戈者勦戮無遺尋迫元兇遁歸孤壘不暇守陴而慟哭俱當傳首以迎降惡蔓頓除禍胎全拔永肅潼江之波浪盡收郪道之封疆不有賢能誰分憂寄黨非英特孰靜方隅紀功而煥耀於常彛德而輝華簡冊捷音初至慶快良深嘉歎之餘旌酬是切況聞衆懇已請兼權實契朕懷即加直命其爲瞻矚無忘寤寐與其立功將校權兼留務李仁罕張知鄴李肇趙季良已下成者忠良亦須正授續行渥澤相次獎酬想宜知悉又詔曰朕猥以眇躬纘承丕構賴忠良之共理冀寰宇之永康將念元勳早聯懿戚永保君臣之分足諭終始之心卿出還貞期生符間氣洞曉地橋之兵略玄通渭水之戎韜重整漢儀首叅大計再隆周道迴立殊功寵有令名載於良史是膺朔獎繼領藩宣外則覃聲教於百蠻内則效忠勤於雙闕久修職貢備竭臣誠方表率於諸侯永扶持於景運不謂董璋夙懷蠆毒潛貯狼貪擬吞併於全封誹傾輸於直節密飛章奏累述事機或叙卿之短長或報卿之動靜無非鬪㪅每欲攻侵朝廷責要協和久從隱忍表文具在事狀甚明及知不納其讒邪乃去反陳於離間仍於隣道須起釁端乃遷誑惑之詞便縱窺覦之暴既干紀律須舉懲尋妥命師臣共平寇孽此際遂委卿兼東川行營供饋運接使如斯倚注豈有猜嫌渥澤方行使車將發旋屬道途之阻塞復當邊境之沸騰由是去意莫通來音亦絶偶致閡防之多事久閒分野之延災蓋以朕至德未孚純風未洽每自責躬非已敢忘旰食宵衣況卿動稟箴規深懷鑒識從初料其操守豈虧徇彼狂迷只應衆中巧言偶生疑論遂且滁觀其向背終圖

自別於研串其間但務訓兵止斯應敵退思勤王之力詎後再圖之心所以中間先令進奏官蘇愿及進奏軍將杜紹本等迴次歸還式明安慰朕又知董璋罪就鼠竊轉恣鴟張輒侵岷岳之宗封俄逃梓潼之末界示宗茲詭計究彼初心附皮毛脣齒之歡足明矯妄窺郡邑金湯之利可驗苞藏朕乃尋遣近臣徑齎明詔示其犄角表此招懷仍許優恩別傳密旨果聞俯意備體子懷即淩遠圖亟四英斷驅馳旅而既殲寇黨取唐城而方勤渠魁爰効至忠克全大節盡傾東蜀疊貢封章併法往日之疑襟細述此時之我事大朝正祠奉之不渝列鎮規程守之無易仍遵支其館穀濟僻過之王人載認恭勤益明尊奬尚來外捍得以平持今後協和自然慇魚水之情究在山河之任永言疋係勲榮轉斯富貴生於封賞固不食言凡在繫衣更宜宣力嘉歎之外注矚斯深

十月己酉朝帝見群臣於端明殿再遣李環奉使劍南初同光末魏王繼岌平定兩川及班師留兵五千人鎮守自後安重誨潛議兵欲圖兩川每除授川中刺史必以兵從小部不下五百人以牙隊爲隊名先是夏魯奇所率兵二千人赴鎮遂州及董璋先留東川兵士我之精甲不下三萬人陷在蜀川孟知祥豐給厚賜將校與妻奴田宅邀其死力而朝廷懸李仁罕李肇等皆吾之將校也知祥自補校將鎮知祥既敗董璋兼東川亦不還使以聞洎李環往宣詔旨知祥驕矜自恃乃上章云臣當道先隨留川中兵士乞發遣家口骨肉來入川今再遣李環與知祥詔曰供奉官陳延延迴覽所奏遂閱黔夔等州自此已來所屯軍都將士等當府已厚給衣糧盡令處安足其指揮部頭各隨職次悉已安排雖因事以在川固係籍而爲國但念各有家口骨肉在本營軍營居此者已有生涯在彼者守無離怨伏在勑見任營幕校前件將士家口入川等事具悉切自累發起程解從延己蜀由茲對藏最親盡臣明堅遣以不通備猜嫌而莫解果契神感自就天誅卿有勇有謀元忠元孝雖偶遭詿誤而每切推崇率師徒而繼殄隣兇貢表章而尋輸臣節兼以諸方或卒皆厚給於衣糧數遣王人亦優加於供待周勤若是嘉歎良深并奏人名已係兵籍朕既推誠而待物卿方盡瘁以事君鄉安即是朕家在彼何殊在此所爲家眷東地更乞發遣西行既覩奏章固難俞允尋命宣茲表意深彼與言皆以父抱睽離程思圓聚但以捨茲九族就彼一身雖紛離集之情分飛甚苦而於栢丘園之戀托弃尤難又知已有生涯不慮却相棄擲況聞兩川曾經鬬戰必有殺傷無難自識從來兼恐不實其將没切恐去不拒凡往無所依歸今兩地之望竟致一家之沉没聞茲哀耕又可觀懷其家口數目多地里極遠或正身自來般取即應此輩不得憂疑卿可察彼人情詳茲物理妙加辭受貴叶便宜故茲詔示想宜知悉知祥別表兩川部內將校州縣官員緣地里遥遠晝時奏聞不暇乞許臣權行墨制補訖聞奏與知祥詔曰據所奏以文武之將察有才可之官賞諸郡自補王爵擁旄制書卿以未經先奏不寢聽不欲便亦於衆意却緣熊羆之武旅懷鐵石之壯心或立功勞須加爵賞難以具排官氏繫奏聖聰敢希顯降明文許行墨制亦自朝廷之成命委藩翰之奉宣凡有施行後當聞奏免憂遲滯庶從便宜等事具悉卿等最親最舊不溢不驕爰自中興夙參佐命既當大權而不廢守高節以自全成茲令名標於信史洎於兹十乘鎮彼一隅不幸當貴爲心惟以邦家是念盡血誠而推戴竭土甚以貢輸每念忠良正深繫類忽被董璋之逼迫遷令蜀部以襟繼卿雖外合元兇而内全大節文翰每深於恭恪使臣盡厚於旌延兼聞曾具議於東川欲拜章於北闕支既他説與雜猶行察卿此際之誠與朕往初之料今則詔書纔降章表繼來但推勸之衆情爰轉王爵執變通之獨見遽貢臣誠去假號而就真封抑異卿而今天討非卿不能戡此寇非朕不能恶此心載閲敷

嗟呼詳披歷自然可久可大傳子傳孫長爲一面之寄離求仁
四方之表式其文武將寮等或武有折衝之術文多經濟之材
咸能贊佐元戎削平大憝功勳顯著酬獎必行所請權行制書
責從宜便雖隨方設教叶遠藩衆庶之情而引古議今異本朝
全盛之事切念道途久絶人使纔通在朕方務於綏懷於卿固
無於愛惜湎思盡節必認注心自今已後劍南諸道應節度使
刺史并州縣官軍府文武將吏等或昇降賢愚或黜陟功過一
切委卿逐便選擇差署施行訖奏朝廷更不除人豈惟叶彼權
宜抑亦表吾委仗故兹詔示想宜知悉知祥別表又奏大將軍
趙季良李仁罕趙廷隱張知鄴李肇等五人亦有破董璋之大
功已權補充五鎮兵馬留後伏乞正授節旄者與知祥詔曰
據所奏節度副使知武泰軍節度兵馬留後趙季良馬步諸軍
都指揮使知武信軍節度兵馬留後李仁罕左廂馬步都指揮
使知保寧軍節度兵馬留後趙廷隱右廂馬步都指揮使知寧
江軍節度兵馬留後張知鄴衙內馬步都指揮使知昭武軍節
度兵馬留後李肇等臣各了簡書列爲委之共理休乞特旌主
命各降真恩僅蒙委叙節旌則超付臣壹賜仍希皆澤各轉官
階等事具悉卿則鎮彼遠方迫於近寇欲作婉成之計須爲苟
合之容果中含弘自貽安戢趙季良等體卿忠孝感卿撫綏或
獻謀於帷幄之間或効勇於戰陣之下輔兹會發致彼廓清今
則纔勤先陣尋輸忠節雖知祥之通變亦季良之贊成況彼皆
是重藩並雖虛位言念數子參佐一心不性功人無奚酬兼亦村
堪任又但能致理何爽從權所委留司悉諧朕意應希望澤並
可允前但緣卿自建大勳未加殊寵即俟旬次便與施行其旌
節官告等更不差使頒宜亦便委卿分付所乞墨制已從別詔
處分故兹詔示想宜知悉更令李瓌押賜晉國雍順長公主緣
贈絹三千匹及賜知祥□□□等
四年二月戊子商■西川進奏使宋混於中興殿因問知祥比

日可以對曰自秦得賓癸亥制推忠再造致理功臣劍南西川
節度管內觀察處置統押近界諸蠻兼西山八國雲南安撫制
置等使開府儀同三司檢校太尉兼中書令行成都尹上柱國
清河郡開國公食邑一千五百户食實封一百户孟知祥可衣
前檢校太尉兼中書令行成都尹劍南東川西川節度管內觀
察處置統押近押諸蠻兼西山八國雲南安撫制置等使仍封
蜀王加食邑一千五百户賜忠貞佐國保大功臣四月庚午正
衙命使冊西川節度使孟知祥爲蜀王
八月夏州自署李彝敏爲綏州刺史乞正授從之
十月壬戌制權知夏州事起復雲麾將軍檢校司空兼御史大
夫上柱國李彝超可依前起復檢校司徒使持節都督夏州諸
軍事夏州刺史兼御史大夫充定難軍節度夏銀綏宥等州押
蕃落等使彝超仁福之次子仁福卒三軍立爲帥矯仁福奏乞
降真命帝遷之以彝超爲延州留後以延州安從進爲夏州留
後朝廷慮不從命詔邠州藥彥稠等送從進赴鎮乃降詔諭之
彝超奏緣三軍擁隔未放離任從進出軍攻之王師加討無功
彝超遣使求雪因以授之

冊府元龜卷第一百七十八

冊府元龜卷第一百七十九

帝王部 一百七十九

姑息第四

後唐閔帝應順元年正月西川孟知祥上言給事中韋勳賜五鎮旌節官告進銀一千五百兩繒綵一千五百匹時知祥專制劍南勳多姑息初奏李肇而下五人分諸州爲五帥請朝廷降使及韋勳至成都不甚禮待聊以貢奉尋僭號于蜀

廢帝清泰元年五月以天平軍節度使檢校太師中書令岐國公食邑七千户食實封五百户李從曮可鳳翔尹充鳳翔節度使加邑千户食實百户初帝起鳳翔將藏匿之從曮家獻錦袍銀帶甲仗諸物以助軍實及帝將赴京師岐人叩馬頭願以從曮臨藩許之王建立乃代從曮七月條奏從曮在任所用過省錢詔蠲除之

六月平盧軍節度使房知溫封東平王知溫始與帝嘗失意於杯盤間以白刃相恐及帝即位知溫憂甚帝乃封王爵以寧之知溫徑赴洛陽申其宿過且感新恩帝開懷以厚禮慰而遣之

十二月詔以故武安軍節度使檢校司空彭城郡侯邑千户劉建峯東贈太傅封贈太尉其妻庫狄氏贈韓國夫人建峯唐光啓中蔡賊秦宗權之黨淮南之亂與孫儒寇陷楊州儒令建峯將兵寇衡潭諸州建峯乃自爲湖南歲餘爲別將馬殷所代帥其衆馬氏深德之前後屢表建峯請贈官至是有此贈

三年六月以右千牛衛將軍權知魏府事張令昭爲齊州防禦使捧聖右第二指揮使开立爲憲州刺史捧聖第五指揮使康福進爲莫州刺史先是令昭爲鄴都屯駐捧聖都虞候逐節度使劉延晧據城叛翌日右副使邊仁嗣已下逼令奏請節旄改授將軍權知而立及福進等與令昭同謀聽太原逐延晧朝廷故並授郡印累遣使宣諭託以諸軍虐留未能輕解其意蓋俟太原成敗爾至是除郡又促令赴任以觀其心

十二月以前坊州刺史劉景嚴爲彰武軍節度留後景嚴故河西鄜延帥高萬金之將校累任至坊州刺史家在延州父子豪右私家有丁夫兵仗勢傾郡邑邑人憚其強多推服之會楊漢章帥延州無政失蕃漢之私是時有詔借括戰馬及壯丁漢章以數千人將赴軍期其兵仗鞍馬闕之于野而便成行景嚴密令人謗之言契丹在河東丁壯有去無歸衆心懼殺漢章乃以其衆至景嚴墅推爲留後朝廷不獲已而命之

是年詔放澶州刺史馮暉屬省錢一百萬暉以犒軍爲辭故有是命

晉高祖天福元年封天雄軍節度使范延光臨清王帝建義太原唐末帝遣延光以本部兵二萬屯遼州與趙延壽掎角合勢及延壽兵敗延光促還心不自安帝入洛尋封列土以寬反側

二年安州屯將王暉殺節度使周瓌詔遣滄州節度使李金全以騎兵千人鎮撫其地未及境暉爲部下所殺金全至亂軍數百人不自安金全說遣赴闕密伏兵於野以祖之座上擒其軍校武彥和等數十人斬之彥和臨刑宣言曰周瓌儉嗇多疑設刑峻令暉麤率悖慢然其約束以至飛語手間各爲防虞暉乃無疾針砭數月不出話所爲矛圖爲竊發須其事者暉與腹心數人而已行間之卒皆受其制心雖有異敢不從之連雞不棲物之常理夫亂者必戮軍令有之然則王暉元惡天子猶賜之信誓許爲郡守我等見殺非其罪也若朝廷之命是食前言苟將軍之令得無冤乎既戮彥和等其徒皆以兵送赴闕下初金全之將行也帝謂之曰王暉之亂罪莫大焉但慮乎封守不寧則民受其弊故折矢飛詔約之以不戮一人授暉爲淮安守所外次校以主其兵卿之此行無失吾信至是以彥和等當爲亂之日劫掠郡城三日所獲財貨在焉遂殺而奪之帝聞之以姑息金全不究其事授以旄節

三年五月賜汴州節院使揚承祚衣一襲通犀帶靴笏銀鞍轡

馬等物又太妃皇后各有所賜帝以鄴城將下光遠方抗兵柄故通姻好以固之所賜詐俗謂之繫女婿十月宣遣東上閤門副使張瓊祚押福建進來牙一株犀三株珷瑂三十斤銀盆四口臘面茶三十斤香藥二百斤往魏府賜楊光遠十一月制曰王者居城中之大以天下爲家兩曜照臨必覃聲教二儀覆載咸布寵綏矧夫地鎮南　臺心傾北闕適識興隆之運顯輸拱載之誠得不併峯徽章式旌亮節爰當吉日遂降明恩威武軍節度福建管內觀察處置等使光禄大夫檢校太保兼御史大夫上柱國瑯邪縣開國伯食邑七百戸王繼恭淮水源長閩山系遠代襲弓裘之業家承帶礪之勳劍有龜文乃是千星之器玉稱龍輔居爲照廡之珍當年已得於佩刀繼世遽持於瑞節紅蓮淥水幕中多倚馬之賓貝胄犀渠帳下悉貔牛之將號令而秋霜肅物撫綏而時雨隨車岳鎮一方風行萬里而況誠專會禹道著尊周桂帆檣而遠涉滄波貢章表而備陳丹懇蓍筆舉主無虧任土之儀玉帛咸來悉是充庭之寶函能若此朕實嘉焉是用益以井田錫之懿冕階昇峻級爵極真王異旌奉上之心仍錫推忠之號於戲航深梯險爾無怠於恭虔崇德報功朕敢稽於渥澤勉承休命永保令圖可特進檢校太傅福州大都督府長史威武軍節度福建管內觀察處置兼三司發運等使封臨海郡王加食邑二千戸食實封三百戸賜推忠奉節功臣繼恭圖閩王昶而自立故有是命

五年八月以西京留守楊光遠守太尉兼中書令充平盧軍節度使封東平王是時光遠有功每以爲帝懼已稍稍干預政事帝亦從之以其子承祚尚主次子承信等皆與美官而恩遇殊等爲當時之冠時桑維翰爲樞密使往往御前而折其事光遠密知心銜之及范延光歸命光遠面奏維翰等擅權帝以光遠方有功於國乃出維翰領安陽光遠爲西京留守兼鎮河陽罷其兵權光遠由此怨望朝廷潛貯異圖多以珍玩奉契丹訴已之屈又私養部曲千餘人撓法犯禁河洛之人常如備盜尋冊守太尉特范廷光致仕輦橐裝妓妾居河陽光遠利其奇貨且慮爲子孫之讎因奏延光不家汴洛而出舍外藩非南走淮則北走蕃宜早除之高祖以許之不死鐵券在焉持疑未允光遠乃遣子勲以甲士圍其第逼令自裁延光曰天子在上安得如此光遠尋遣爪牙請移洛下及浮橋推落水中流尸至繆家灘奏云延光自投於河朝廷頗知之以姑息不暇莫能理其事後踰歲入覲帝爲置曲宴時教坊樂官皆家在洛陽以光遠左右多蠻暴取深銜之因陳戲譏光遠而光遠無赧色帝曰元城之役御左右皆立功未曾酬奬今各與一郡赴任以榮之因命爲刺史者數人乃命青州節度使王建立移鎮潞州遂以光遠代爲光遠面奏請與長子同行尋授承勲萊州防禦使及赴任僕從姬媵行李至數千騎滿盈僭侈爲方岳之最下車之後惟以刻剝爲事

少帝天福八年遣内班曹延丕押玉帶衣一襲衣着三百匹銀器二百兩御馬二疋賜青州楊光遠

是年以單州刺史楊承祚爲登州刺史其官告遣前華州節度副使周光遜送之

九年遣使詔駙馬都尉楊承祚送長安公主乳母傅蝋等一十二人歸于青州示柔服也開運二年杜重威進軍糧九萬八千石檜一千二百條並在鎮州重威在鎮州日重斂多納與腹心數十輩分利而奐皆爲宮室會有命移鎮而公私未剖朝廷察知遣殿中監王欽祚權知鎮州軍府事降詔以和糴爲名比户籍之欽祚性傲訐好邀功利既至真定乃痛劾掌事者盡抉擿重威一行所聚儲蓄而條奏爲重威聞之大怒表曰不知臣有何罪王欽祚封鎖臣貸糴口食詞甚不遜朝廷不欲傷其意竟不區分尋追還欽祚故重威有是獻將弭其事詔賜重威茶萬斤絹萬匹充軍糧價又賜重威器帛氈帳後薦別賜公主衣着

百匹以姑息之

漢隱帝時湖南馬希廣兼弟希萼爲朗州節度使怨希廣立不以長由是日尋干戈相侵伐希廣希萼交訴於朝廷累降詔和解之

周太祖廣順二年八月樞密使王峻貢第三表辭解重任賜詔不允詔曰峻入朝進謝恩馬三匹峻自居密地常恃舊恩以國政爲己任帝頗亦姑息之李重進鄭仁誨向訓等皆帝親舊腹心也峻潜忌之每見仁誨等在帝左右漸見進用尤所不平至是連拜三章求解樞務帝累遣中使就第宣諭每對使者詞氣益厲又發諸道節將書祈請保證旬日之間諸藩皆遣驛執奏進納峻書帝驚駭久之又遣近臣召令視事稱疾慰勉兼宣云若卿尚未入朝朕當親自迎請峻得宣殊未迴意且言車駕若來應是致臣於不測之禍也帝知樞密直學士陳觀與峻情通乃詔觀諭意令王峻第觀迴奏曰峻意解矣望陛下聲言擬幸但嚴鸞駕以待之峻聞車駕將至即馳至帝僶勉從之峻果入朝謁見於便殿帝慰勞久之即令視事其要君無礼也如此

十二月戊申以左千牛衛將軍歐引練爲嘉州刺史京兆少尹張仲荀爲渝州刺史並放歸本道引練仲荀皆故湖南馬希萼之牙將也引練以進奉入朝值本鎮乱歸計阻絶仲荀本叔官馬氏既亡朝廷以壖衛貳尹授之至是劉言與引練等書言已爲故府攘除寇盜權主山河都無舊人同議藩任已具聞奏請速旋歸故有是命

是月丙戌武平軍兵馬留後劉言上表曰臣聞域中王大須歸正統之君海内稱尊合奉真朝之主事既縁其道阻欲且務於從權關河之信使不通戎鎮之牋章未達寔爲吳越羅蜀稽留臣前年以馬氏弟兄熊湘魚實是希崇之失禦致邊鎬之侵疆當道節度使馬光惠早副羣情方於庶政遂多耽惑將乱紀綱三軍商量乃行廢黜臣謬居上將忽被衆推尋且奉表東吳所立與且安西土不謂湖南節度使邊鎬多行間謀常畜陰謀致半年未降於新恩而中使遽來於急詔而又縱横肆意亂誘五谿蠻王文書曾賫金帛將謀會合欲舉攻收臣請節度副使王進逵行軍司馬何敬眞别奏指揮使周行逢朱全琇張倣等賢北蕞討惡致危亡乃舉兵師去年以元冦自十月三日水陸發兵順水至五日收下沅江九日又下益陽十四日克復湖南城池邊鎬見其危迫陸路奔逃見發奇兵擒後追逐料其狼狽必恐收擒臣素昧兵鈐曾無將略幸處軍中之長叨司閫外之權念臣節以徒堅壁堯階而尚奠既復瀟湘之土宇永依日月之照臨幸成破竹之功敢慢傾葵之懇且馳單介徑達皇都謹差節度押牙張崇嗣奉表以聞去十月内言收湖湘尋差人上章至荆南高保融留之自先奏其事言聞其未達乃復令張崇嗣奉表兼别具奏緣述其事曰當道去年以湖南馬希萼弟兄傷寔家國陵夷淮南差邊鎬潛入長沙便爲據守扶風一族楚水萬家並押送東吳國無留者當道有兵士二千來衆亦被括將累乞放迴意未允許今春前節度使馬光惠耽荒稍其僭侈非常三軍商量乃行廢黜臣以位居遷貳衆意推崇辭讓既難藩方無主此際以馬光惠早歸東國累降須宣臣等例奉勤昇未遑迴變方思述職降道可明不謂湖南頻行間關彼衆將行討伐當軍須舉兵師與其先定於熊湘復歸明于象闕東吳早以臣權知戎閫未降明恩尋有命徵並令歸國其邊鎬唯懷詭詐多畜姦謀況五溪八州是武陵舊地邊鎬暗賫金帛密與鈎連計料加兵欲謀攻取致界首益陽縣下屯兵聚食屯師自謂士卒精強壞遠年固當道節度副使王進逵行軍司馬何敬眞指揮使周行逢朱全琇潘公益等去十月二日部署大齊雲戴波魚龍戰棹等三百餘艘計三萬人并陸路指揮使張倣董從德等押馬步兵士二萬餘人同日進發五日收下沅江縣獲賊都監劉承遇其賊將李師德等五百餘人並束甲歸降至九日到益陽寨賊

旋一戰除人堅守抵扞攻擊自辰至未其眾自潰殺戮八千餘人擒得都指揮使夏昌浩等八百餘人至十一月橋口湘陰數處相次歸降至十三日當軍水陸俱上經長沙城下邊鎬見其兵勢不敢拒張營夜取東路奔逃至十四日進達敬真差發五千餘人追襲邊鎬先次奔竄外掩殺賊眾五百餘人即日進達敬真入湖南城安撫軍民訖其東吳岳州刺史宋德權尚守孤壘亦驟强兵探知賊下舟船亦無鬬志十月十八日差指揮使蒲公益押戰舟五十隻兵士三千人到岳州城下其宋德權即時棄城而竄便令蒲公益權主岳州招撫生聚其澧州上江諸郡邑見差守宰招安次且言潭州兵戈之後焚燒殆盡乞移使府於朗州帝從之詔升朗州為都督府在潭州之上

三年正月丙辰制武平軍節度留後檢校太尉武城郡侯食邑一千戶劉言可檢校太師同中書門下平章事行朗州大都督充武平軍節度管內觀察處置兼三司水陸發運等使制置武安靜江等軍事進封公邑千實封三百戶賜推誠定難忠義功臣又以武平軍節度副使權知潭州軍州事檢校太傅新泰縣子邑五百戶王進逵可檢校太尉潭州刺史充武平軍節度使改郡侯加邑五百戶賜協謀宣力功臣武安軍節度行軍司馬兼衙內步軍都指揮使檢校太傅廬江縣子邑五百戶何敬真可檢校太尉行桂州刺史靜江軍節度使進封侯加邑五百戶賜協謀宣力功臣皆劉言之請也又以張倣領眉州刺史充武平軍節度副使朱元琇領黃州刺史充靜江軍節度副使守文瓊領海州刺史充武安軍節度副使周行逢領集州刺史充武安軍節度行軍司馬自倣已下皆劉言同起之將校也言又遣崇嗣入朝知進奏院賜靴衫銀帶又賜劉言詔曰卿早立功勳明彰令節俾馬氏所亡之地安楚人仍舊之邦一境土疆方資鎮制大朝藩屏殊切倚毗凡於錫賜之恩皆異削平之勳惟卿敏達紀綱朕懷今賜卿舊屬湖南在京及諸處莊宅樓店邸務舍

屋等又以檢校太保　左衛將軍楊琛加檢校太傅領涪州刺史武平軍節度行軍司馬從劉言奏也

册府元龜卷第一百七十九

册府元龜卷第一百八十

帝王部一百八十

失政　濫賞

失政

粤若居大寶之位守富有之業莫不議道自己制法於民政令由我而行風教從我而立億兆繫於舒慘宗社屬於安危本或先蘄道之斯廣若乃驕非期而自至欲敗度以收繩喻於五音也宮亂則荒著於六籍也禮失則奢德之下衰天或是厭唐虞以前禮俗樸素書之於策無越厥猷夏商而降物儀明備役志於享衮職或闕故有徵求皇訓以著乎深戒數陳前說以忘其失德及乎小雅興刺近臣獻規皆所以文修彌縫之深切者也

夏太康尸位以逸豫滅厥德黎民咸貳在位二十九年失政而亡

孔甲立好方鬼神事淫亂夏后氏德衰諸侯叛之

桀不務德而虐傷百姓百姓不堪乃召湯而囚之夏臺已而釋之湯修德諸侯皆歸湯湯遂率兵以伐桀桀走鳴條遂放而死桀謂人曰吾悔不遂殺湯於夏臺使至此也

商太甲立三年不明暴虐不遵湯法

紂厚賦稅以實鹿臺之錢而盈鉅橋之粟以西伯昌鬼侯邢侯為三公鬼侯有女入之紂鬼侯女不喜淫紂殺之而醢鬼侯邢侯爭之并脯之西伯聞之竊嘆崇侯虎知之以告紂紂囚西伯羑里既而釋之

周厲王即位三十年好利近榮夷公以為卿士用事王行暴虐侈傲國人謗王王怒得衛巫（衛國之巫）使監謗者以告則殺之國人莫敢言道路以目三年相與叛襲厲王出奔於彘（彘晉地漢為縣屬河東）

宣王不修籍於千畝虢文公諫曰不可王弗聽宣王既亡南國之師（敗於姜戎時所亡也）乃料民於太原（料數也）仲山甫諫曰民不可料也王弗聽

幽王以虢石父為卿用事國人皆怨石父為人佞巧善諛好利而王用之

桓王失於信禮義陵遲男女淫奔讒偽並作諸侯背叛構怨連禍九族不親故詩人刺之

僖王自即位以來變文武之制作玄黃華麗之飾宮室崇峻而奢侈故孔子譏焉

惠王即位奪其大臣蔿國之田以為圃大夫邊伯等五人作亂（五人者蔿國邊伯詹父子禽祝跪也）

靈王二十五年穀雒鬬將毀王宮王欲壅之太子晉諫不聽卒壅之亂於是始

漢元帝被疾不親政事方隆好於音樂以中書令石顯久典事中人無外黨精專可信任遂委以政事無大小因顯白決貴幸傾朝百僚皆敬事顯

成帝耽于酒色飛燕亂內外家擅朝

哀帝即位待詔夏賀良等言赤精子之讖漢家歷運中衰當再受命今且改元易號乃以建平二年為太初元年號曰陳聖劉太平皇帝漏刻以百二十為度又大司馬董賢見幸武庫禁兵尚方珍寶選物上第盡在董氏乘輿乃其副也

後漢安帝之初委政太后十有餘年及親萬機佞邪始進閹官用事寵加私愛阿母王聖勢傾朝廷遂樹姦黨搖動儲副山陵未乾蕭牆作難兵交禁省社稷殆危

桓帝惡大將軍梁冀輔政縱橫為亂與中常侍單超等五人共謀誅之於是封超等為五侯五侯暴恣日甚毒流天下白馬令李雲坐直諫誅名臣少府李膺等並為閹人所譖誣為黨人下獄死（又云帝封殖宦豎群妖滿側恭興賢良被辜敢荒民徵云徵瀰横）

靈帝收天下田畝十錢以治宮殿發太原河東豫章材木黃門常侍斷截州郡送材文石掌主吏譴呵不中度責之貴戚因緣賤買十倍入官其貴戚所入者然後行中宮室連年不成州郡因增加調發刺史二千石遷除皆責助治宮錢大郡至二千石

諸詔所徵皆令西園騶密約勑號曰中使恐動州郡多受財賂天下騷動起爲盜賊矣一云靈帝不恤宗緒不禮天命爵服橫流官以賄成自公侯卿士降於皁隸遷官襲級死不以貨刑戮無辜摧抑忠賢佞諛在位直言不聞是以頑智遇而禍疾忠良擯於下位遂至蕪邪嬖倖起法防壞陵夷狀元佞盜賊繁滋小者帶城邑大者連州郡婦戶騷動人人思亂矣

魏明帝於芳林園中立八坊諸才人以次序處其中其秩石擬百官之數帝遂宴在內乃選女子知書可付信者六人以爲女尚書使典省外奏事處當畫可

晉武帝平吳之後天下人安遂怠於政術耽遊宴寵愛后黨親貴當權舊臣不得專任彝章紊廢請謁行矣又云武帝平孫皓納吳妓五千是同晉之弊亂人之封六國亂政造亂外曾祖母違古之道凡此非事並見前書諫有執於殺獻史所不承書也

惠帝在位政出群下紀綱大壞貨賂公行勢位之家以貴陵物忠賢路絕讒邪得志更相薦舉天下謂之互市焉

孝武帝初耽酒色末年殆爲長夜之飲醒日既少多居內殿留連於盤觴之間時張貴人寵冠後宮威行閨內

後周宣帝大象元年二月傳位於皇太子自稱天元皇帝所居稱天臺冕二十有四旒車服旗鼓皆以二十四爲節內史御正皆置上大夫皇帝稱正陽宮置納言御正諸衛等官准天臺尊皇太后爲天元皇太后十二月行幸洛陽帝親御驛馬日行三百里四皇后及文武侍衛數百人並乘驛以從令四后方駕齊驅或有先後便加譴責人馬頓仆相屬於道二年正月造二衮晝日月象以置左右二月改制詔爲天制勑爲天勑三月詔天臺侍衛之官皆著五色及紅紫綠衣以雜色緣名曰品色衣有大事與公服間服之是月詔內外命婦皆執笏其拜宗廟及天臺皆俛伏帝自禪位之後彌復驕奢耽酗於後宮或旬日不出公卿近臣請事者皆附閹官奏之唯自尊崇無所顧憚國典朝儀率情變改後宮位號莫能詳錄每對臣下自稱爲天以五色土塗所御天德殿各隨方色群臣朝天臺者致齋三日清身一日車旗章服倍於前王之數既自比上帝不欲令人同已常自帶綬及冕通天冠加金附蟬顧見侍臣武弁上有金蟬及王公有綬者並令去之又不聽人有高者大者之稱諸姓高者改爲姜九族稱高祖者爲長祖曾祖爲次祖官稱名位謂上及大者改爲長又禁天下婦人皆不得施粉黛唯宮人得焉又恐群臣規諫不得行已之志常遣左右密伺察之動止所爲莫不抄錄小有乖違輒加其罪自公卿已下皆被楚撻其間誅戮黜免者不可勝言每捶人皆以百二十爲度名曰天杖宮人內職亦如之又令拜者皆以三拜成禮

隋高祖仁壽中用法益峻帝既喜怒不常不復依准科律時越國公楊素正被委任素又稟性高下公卿股慄不敢措言素於鴻臚少卿陳延不平經番客館庭中有馬屎又庶僕氈上樗蒱旋以白帝帝大怒曰主客令不灑掃庭內掌固以私戲汙敗官氈罪狀何以加此皆於西市棒殺而榜箠陳延殆至於死

煬帝大業末軍國多務日不暇給帝方驕怠惡聞政事冤屈不

治奏請罕決

唐高宗永徽六年十月廢皇后王氏爲庶人立昭儀武氏爲皇后乾封元年正月己巳封泰山庚午禪於社首以皇后武氏爲亞獻越國太妃燕氏爲終獻上元二年三月帝風疹不能聽朝政事皆決於皇后自誅上官儀之後帝每視朝皇后垂簾於御座後政事大小皆預聞之內外稱爲二聖帝欲下詔令皇后攝國政中書侍郎郝處俊諫止之

中宗神龍初立妃韋氏爲后時昭容上官氏常勸后行則天故事乃上表請天下士庶爲出母服喪又請百姓以年二十三爲丁五十九爲免後改易制度以收時望制皆許之又左右內職時許出禁中上官氏及宮人貴倖者皆立外宅出入不節朝官邪佞者候之恣爲狎遊祈其賞秩以至要官時侍中敬暉謀去諸武武三思患之乃結上官氏以爲援因得幸於韋后潛入宮中謀議乃諷百官上帝尊號爲應天皇帝韋后爲順天皇后三

年九月帝與后親謁太廟告謝受尊號之意是月改元景龍三思驕橫用事敬暉桓彥範相次夷滅天下咸歸咎於韋后景龍三年十一月乙丑親祀南郊皇后亞獻左僕射舒國公韋巨源爲終獻皇后又欲寵樹安樂公主乃制公主開府置官屬議比親王長寧安樂二府不置長史而已宜城公主以非后所生請各減太平之半安樂恃寵驕恣賣官鬻獄勢傾朝廷常自草制勅掩其文而請帝畫焉帝笑而從之竟不省視又上官昭容與其母鄭氏及尚宮柴氏賀婁氏樹用親黨廣納貨賂別降墨勑斜封授官出於屠販之類累居榮秩

玄宗天寶四載冊太真妃楊氏爲貴妃范陽節度使安祿山請爲貴妃養兒入對皆先拜太真遂命楊銛已下並約爲兄弟十一載十一月以貴妃從祖兄御史大夫國忠爲右相十三載正月祿山謁於華清宮請爲閑廏隴右群牧等都使又請知總監事帝節腳馬皆陰選擇之三月歸范陽人言反者帝必大怒縛送與之十四載十一月祿山果叛矯稱奉命以兵討逆賊楊國忠是時天下承平日久人不知戰聞其兵起朝廷震驚十二月祿山渡河遂入陳留郡又入東京十五載六月潼關不守帝乃幸蜀憲宗元和末謂宰臣曰朕讀玄宗實録見開元初銳意求理至十六年已後稍似懈倦開元末又不及中年何也崔群對曰玄宗少歷民間身經屯難故即位之初知人疾苦躬勤庶政加之姚崇宋璟蘇頲盧懷慎等守正之輔孜孜獻納故致治平及後承平日久安於逸樂漸遠端士而近小人宇文融以聚斂媚上心李林甫以姦邪惑上意終之以國忠故及於亂

肅宗至德二年六月將軍王玄榮殺本縣令杜徽罪合死帝以其能修守備之器特放逸令於河東承天軍效力中書舍人賈至上封事執之勑下百寮議咸與至同帝以寇逆未平藉其殊藝竟捨之

德宗建中三年以戶部侍郎趙贊判度支括率富商錢以給軍京兆少尹韋禎督責頗峻長安尉荷校乘車搜人財貨意其不實即行榜箠人不勝冤痛或有自縊而死者京師囂然如被賊盜長安爲之罷市又令神策軍使白志貞募致禁軍皆以京城沽販之徒以塡其闕其人皆在市鄽及涇師犯闕詔神策軍拒賊無一人至者貞元三年八月辛巳朔日有蝕之有司准禮將伐鼓於太社不許太常卿董晉奏曰伐鼓于社所以責群陰助陽光可將宣昭日禮合經義寢不報

十六年六月令三司使推鞫永州刺史陽履時觀察使呂渭奏履犯贓履又表自言當州營備錢物上獻爲觀察使所鞫案令中使王文湊就州取履至京師三司使詰其所妄破用履云市馬進訖及詰其馬於何人處買及價直齒歲履合狀馬主東西南北貴公子也今不知所在言馬齒歲案禮經齒路馬者當誅今不敢言其他狀欺多此類帝悅其進奉之言不責也但令免官而已十八年七月嘉王諮議高弘本正衙奏事自理逋債詔曰朕勵精庶政博求嘉言比者百官正衙奏事至有移時者公卿庶寮屬當寒暑爲弊亦深在於朕懷豈謂優禮自今勿正衙奏事如陳奏者宜延英門請對正衙奏事不易之制也武德貞觀之間孜孜論道君臣講陳政事謁見無時不容疎矣其後正朝奏御凡在列位無不上達高弘本黷禮罪之可也因一人而廢其事不可也帝自貞元八年貶竇參十年陸贄免相之後躬親庶政不復委成宰相廣其備員行文書而已除守宰御史皆自選擇然居深宮所狎而取信者裴延齡李齊運王紹李實韋執誼韋渠牟皆權傾相府延齡李實姦邪多用其術傷國體紹謹密無所發明而渠牟名素輕頗恃恩勢以招權者帝旣偏有所聽信待之者卒皆本依進不惠藏以諂德皆奔請鬻刊踏甘辭以附渠牟

憲宗元和十三年九月以戶部侍郎判度支皇甫鎛衞尉卿充諸道鹽鐵轉運使程异同平章事並依前判使是時帝切於誅賊汲用聚斂之臣居相位詔書旣下物情駭異至於賈販無識亦相嗤誚宰相崔群裴度以物議上聞帝怒而不聽度上疏論之是時帝以世道漸平欲肆意娛樂池臺館宇稍增崇飾而异鎛探知上旨數貢羨餘以備經構故帝獨排物議相之見度疏以爲朋黨竟不省覽

敬宗以長慶四年正月丙子即位三月甲寅始對群臣等於紫

英殿戊辰百寮入閤日絶高未坐帝既位已來坐朝皆晚此日尤甚群臣候立紫宸門外有不任其久欲顛踣者諫議大夫李渤出次白宰相曰昨日已有疏論坐晚今日又益晚今不能迴上意是渤之罪請出閤赴金吾仗待罪有頃駕坐百官班退左拾遺劉栖楚獨留帝前進諫曰臣歷觀前王嗣位之初莫不躬勤庶政坐以待旦陛下即位以來放情嗜寢樂色忘憂安卧宮闈日晏方起西宮密邇未過山陵鼓吹之聲日喧於外伏以憲宗皇帝大行皇帝皆是長君恪勤庶政四方猶有叛亂陛下運當少主即位未幾惡德布聞臣恐福祚之不長也臣忝諫官致陛下有此請碎首以謝遂以額叩龍墀久之不已宰相李逢吉出位宣曰劉栖楚休叩頭候進止栖楚捧首而起因更陳論檻額見血帝爲之動容以袖連揮令出栖楚又云不可臣奏臣即碎首而死中書侍郎牛僧孺復宣示栖楚曰所奏知門外待進止栖楚即拜舞而出待罪於金吾仗然後宰臣更貫其事於帝前

命中人就仗宣諭并李渤並令各且歸第寶曆元年七月拾遺李漢舒元褒薛廷老於閤內論近日除授往往不由中書進擬多是內中宣出臣恐紀綱寖壞姦邪恣行伏希詳察帝然之是歲詔度支進銅鏡三千片金薄十萬番修清思院新殿及歸德殿圖障帝性本好土木自春至冬興作相繼嘗幸擬碧池令兵士千餘人於池中取大魚送入新池又好深夜自捕狐狸宮中謂之打夜

文宗開成元年三月皇城留守郭旼奏以城內諸司所管弓儀法物內槍刀利器等納入軍器使如本司要立仗行事請給儀刀從之凡朝廷法物各有司存而以訓注之禍懼內官猜阻而輕廢舊典上位者不能正特論尤之

後唐莊宗同光二年五月以教坊使陳俊爲景州刺史內園使儲德源爲憲州刺史皆梁之伶人也初帝平梁俊與德源皆爲寵伶周匝所薦帝因許除郡樞密使郭崇韜以爲不可伶官言之者衆帝密召崇韜謂之曰予已許除郡經年未行我慙見二人卿當屈意行之故有是命十一月癸卯帝畋於伊闕命從官拜梁祖之陵物議非之十二月庚午帝與皇后劉氏幸河南尹張全義第酒酣帝命皇后拜全義爲養父全義皇恐致謝復出珍貨貢獻翌日皇后傳旨令學士草謝全義書趙鳳密疏陳國后無拜人臣爲父之禮帝雖嘉之竟不能已其事是月以教坊使王承顏爲興州刺史末年誅郭崇韜朱友謙之後閹豎伶官交相讒諂邦國大事皆聽其謀由是漸多猜惑及魏博軍變宰臣豆盧革率百官上表請出內府金帛優給將士不報時知星者上言客星犯天庫宜散府藏又云流星犯天棓主御前有急兵帝召宰臣於便殿皇后出宮中粧奩銀盆各二并皇子滿哥三人謂宰臣曰外人謂內府金寶無數向者諸侯貢獻旋供賜與今宮中有者粧奩嬰孺而已可鬻之給軍革等皇恐而退

明宗天成元年九月北京奏准宣旨於係省貢麯錢上每貫剋

留二百文充本府公使初以朱守殷爲河南尹守殷位兼平章事與諸貴要近臣等執交歡宴會時集於府守殷復又妓侍盈室每見安重誨任圜言將司無利潤支費不充執政計無從出郎以分割麯錢議聞奏從之諸道州使因以爲例

長興三年七月邠州奏丹山縣令張浩爲新平縣令昨奏奏院遞到正授告身欲給之時再問行止乃稱丹山縣令名銜是亡兄承禋浩即曾有三處欄牒恐礙格條不敢給授其告身却進納中書引驗其前任告身名承禋勑旨並令焚毀赦浩冒名之罪凡中書除官堂吏必依格條追前任名銜而將承禋爲浩僞豔顯然而蓋藏其姦有此除授而又特赦冒名不罪堂吏則賄賂囊橐之弊無時能革時有田審回者論冒名得官人逐城縣令魏欽緒事下御史臺推劾欽緒兼市令赦承禋而罪欽緒法令如此可謂大衰矣

濫賞

夫慶賜之行貴於至當祿秩之設戒乎虛授故司勳職彼已之剌興賞罪雖功不辟之說著允矣哉太宰之八柄其爲御下之要也周室之後王綱或紊以至饗宥之數不協於禮文賞賚之典或私於嬖倖以官爵爲市寵思於任良行姑息之政類加於倖賜其或以宴樂爲務狎優笑之流專耳目之翫喜奇巧之技或雖其詭訐之用啓乎媮薄之源錄其纖微之勞紊乎經常之制傳曰古之善爲國者賞不僭僭則懼及淫人斯可戒矣

周惠王時虢公晉侯朝王王饗醴命之宥皆賜玉五瑴馬三匹非禮也（雙玉爲瑴）王命諸侯名位不同禮亦異數（侯而與公同賜是借人禮）

漢文帝時鄧通濯船爲黃頭郎帝尊幸之賞賜通鉅萬以十數（每賜輒鉅萬如此者十數）官至上大夫

十五年趙人新垣平以望氣見帝於是貴平至上大夫賜累千金

武帝即位明年齊人少翁以方見帝迺拜少翁爲文成將軍賞賜甚多以客禮之

元狩元年春樂成侯登上書言欒大大夫膠東宮人（王家人）言黃金可成而河決可塞不死之藥可得僊人可致迺拜大爲五利將軍居月餘得四印封爲樂通侯賜列侯甲第童千人乘輿斥車馬帷帳器物以充其家（斥不用者）又以衛長公主妻之齎金十萬斤

又韓嫣帝爲膠東王時嫣與帝學書相愛及即位欲事伐胡而嫣先習兵以故益尊貴官至上大夫賞賜擬鄧通

成帝時淳于長遷水衡都尉侍中至衛尉九卿久之趙飛燕貴幸帝欲立以爲皇后太后以其所出微難之長主往來通語東宮（東宮太后）歲餘趙皇后得立帝甚德之迺追顯長前功下詔曰前將作大匠解萬年奏請營作昌陵罷弊海內（罷讀曰疲）侍中衛尉長數白宜止徙家反故處（陵置邑以徙人以實之長奏令止徙之家各還本處）朕以長言下公卿議者皆合長計首建至策民以康寧（康安也）其賜長爵關內侯後遂封爲定陵侯大見信用貴傾公卿外交諸侯牧守賂遺賞賜亦絫鉅萬（絫古累字也其下亦同）

張放襲富平侯臨子也母敬武公主（帝之姊也）鴻嘉中成帝欲遵武帝故事與近臣游宴放以公主子開敏得幸放取皇后弟平恩侯許嘉女帝爲放供張賜甲第充以乘輿服飾號爲天子取婦皇后嫁女大官私官並供其第（私官皇后之官也）賞賜以千萬數

哀帝爲太子時董賢爲舍人哀帝立拜爲黃門郎旬月間賞賜累鉅萬貴震朝廷爲賢起大第北闕下重殿洞門木土之功窮極技巧柱檻以綈錦下至賢家僮僕皆受上賜及武庫禁兵上方珍寶其選物上第盡在董氏而乘輿所服迺其副也帝欲侯賢而未有緣會待詔孫寵息夫躬等告東平王雲后謁祠祀祝詛下有司治皆伏其辜帝於是令躬寵爲因賢告東平事者迺以其功下詔封爲高安侯

後漢桓帝延熹中連歲征伐府帑空虛乃假百官奉祿王侯租稅中常侍侯覽亦上縑五千匹賜爵關內侯又託以與議誅梁冀功進封高鄉侯

靈帝初中常侍曹節與長樂五官史朱瑀從官史共普張亮中黃門王尊長樂謁者騰是等十七人矯詔以長樂食監王甫爲黃門令將兵誅竇武陳蕃武等已誅節遷長樂衛尉封育陽侯增邑三千戶甫遷中常侍黃門令如故瑀封都鄉侯千五百戶普亮等五人各三百戶十一人皆爲關內侯歲食租二千斛先是瑀等陰於明堂中禱皇天曰竇氏無道請皇天輔皇帝誅之令事必成天下得寧既誅武等詔令太官給塞具（塞報祠也音蘇代切）賜瑀等錢五千萬餘各有差後更封華容侯二年節病困詔拜爲車騎將軍有頃疾瘳上印綬罷復爲中常侍位特進秩中二千石尋轉大長秋節又與王甫等誣奏桓帝弟渤海王悝謀反誅之以功封者十二人甫封冠軍侯節增封育陽侯亦增邑四千六百戶并前七千六百戶

後魏宣武時左中郎將王仲興值咸陽王之出奔也當時上下微爲駭震宣武於乾脯山遣仲興馳入金墉城安慰後參機要

茲自理爲圖侍文帝疾及入侖會之功乃同元賞遂封〻黨郡開國公食邑二千戶後以功進爲國公賞報遂優北海王詳璧面啓奏請降減事〻不許

莊帝即位以叔中山王英弟怡爲驃騎大將軍太尉公雍州刺史扶風王先是怡爲鄢一將軍以貪暴爲有司所糾廷尉中平怡尔朱榮婦兄也至是贖焉

唐太宗貞觀十九年征遼帝次北平登臨海戍峰望大營戍王瑀對稱給增秩四等

中宗神龍二年五月己亥帝以穀價踴貴召太府卿紀處訥親問其故翌日右驍衛將軍兼知太史事迦葉志忠太史令傅孝忠奏言其夜有攝提星入太微至帝座此則王者與大臣私相擬大臣能納忠故有其應德靜郡王武三思陰諷之也孝忠既有此奏帝以爲然降詔曰古王垂範必在於奬賢前聖義規務歸於賞善左衛將軍兼檢校太府卿紀處訥執心忠正守志廉平夙夜匪懈勤務靡倦職兼侍衛既展爪牙之勤列寺當官克彰出納之客頃米價騰踴義切司存明九府之規擴陳四人之利屢采芻析衷妙識時宜懇欵發於丹襟精誠徹於玄象星官奏奏且史書可紀宜申賜賚之榮以廣獻能之路可賜衣裳一副物六十段

崔湜中宗景龍朝爲中書門下三品睿宗即位出爲華州刺史初湜於中宗時奏開南山新路以通商州水陸之運役功數萬死者十三四歲竟不就至是追論湜開山路功加銀青光祿大夫依舊爲太平公主所引復遷中書門下三品

憲宗元和十二年以武寧軍節度行營董重質爲左神武將軍知軍事兼御史中丞重質本吳元濟大將少誠之婿也賊將吉用兵及元濟拒命重質又爲之謀主言其可以決機變領大軍當王師致今有兵連禍結皆重質之謀也蔡城陷重質歸帝欲誅之李愬保持得免請於本軍驅使至是裴度入覲總兵悉以功高給與有功者等

穆宗以元和十五年正月即位賜左右神策軍兵士錢每人五十貫六軍威遠每人三十貫左右金吾每人五十貫非故事也自憲宗御宇至穆宗登祚及長慶二年十八年矣凡討方吳蜀淮山東兩河累興問罪之師其間兵戈不息者故帝自知聞軍旅之事謂戎臣武卒常宜姑息雖統之始則以給賚神策禁旅泊左右三軍兵健號長行者其名最衣人尚厚優之萬至於非時賜與不可勝紀驕横難戢其勢已甚令又悉假之詔俾其書大復有功賈胥吏窺覗觀者厚衿繒貲溢後給大鎮帑剩者即以大將持符節之爲其職秩年月未幾刻方鎮開处曰其以儀久宜遷其以殊勳合奏若目奏擧下等王官也禮玺兵復於慶宮清其品蕭矣

敬宗以長慶四年正月即位二月辛卯召家令寺典張銖入內賜緋魚袋甲午以銖爲家令寺小吏賜緋之後又連有是命又頗異之三月壬子帝幸内園賜優人康赫赤金紫丁卯帝幸神策軍賜力士韓筋撞錦綵三十四銀器二事庚午賜教坊錢一萬貫以備行幸樂官一十三人並賜緋乙亥帝幸教坊賜緋優綾絹三千五百匹十一月丁未賜教坊樂人李鑠緋并賜翊善坊宅一區時穆宗擴宮已啓五日矣龍輴動朝期在旦夕而甲第朱衣之賜遽及倡優衆皆竊議

寶曆元年七月癸酉賜善奕待詔王倚緋及綾絹銀器

閏七月壬申賜教坊樂官任自達大寧坊宅一區

二年十一月己卯賜翰林僧惟貞絹五十匹惟貞以異術人出入禁中者故横及焉

文宗大和五年三月辛卯以右神策軍散兵馬使檢校太子賓客豆盧著守本官兼殿中侍御史賞告宋申錫謀反故也

後唐莊宗同光元年十月入汴州賜樂人周匝幣帛周匝者帝之寵伶也胡柳之役陷於賊帝素喜優笑每思之至是復得匝賦接周匝敘其逞奉契闊因言偶獲全者皆僞庭教坊使陳俊之恩也乖匝保薦請除郡守即時許之議者憤其僥倖

明宗天成元年七月庚辰賜諫議大夫蕭希甫衣段二十匹銀

器五十兩以訟豆盧革韋說之罪非賞典也

八月癸巳賜攝湯陰縣令王延禧主簿劉永翰等緋魚以帝今春赴難時經過供頓之勞也然主簿賜緋賞典太過

安重霸初爲蜀守秦州聞明宗起河北即時遣使以秦成等州來降天成初用爲閬州團練使未幾召還爲左衛大將軍常以舊使探人主意明宗尤愛之長興末明宗謂侍臣曰安重霸朕之故人以秦州歸國其功不細纔以團練防禦恐非懷來之道范延光曰將校內有自河東河北從陛下龍飛故人尚有未及團防者今若遽授重霸方鎮恐爲竊議明宗不悅未幾竟以同州節鉞授之

晉少帝開運三年詔宋州節度使李守貞近以援送軍儲殺戮蕃賊備聞勍捷宜示褒崇護聖奉國興順宗順興國諸軍都指揮使各給十匹餘自都虞候至散卒七匹至一匹其隨行人負輿諸州本城將士亦有等第賜賚史官曰昔衛青霍去病深入虜庭以斬首加級用爲定規故謂首虜級比其義也守貞前引大軍然取瀛州境一獲刺史以還此將言安幽薊撫張六軍觀蕃校而同徵師五萬運粮十里行庖所過秦國一空將吏師餞百舉皆除遂使河北生民無措足之所而又軍去惟賜謂之挂錢求剿賞謂之甲錢或有立功名目皆次第優給繒帛動計二十萬數國力其何以濟良可痛矣良可歎矣

漢高祖以晉天福十二年即位將司天監趙延乂冬官正吳正巳徐延浩等進來年曆日賜器皿繒帛有差星官有祿給造曆日業也前代太史預言象水旱灾變使國有備可賞之矣至於中秋老人星見日月薄蝕皆常事也賜尚非失騐况曆日乎

冊府元龜卷第一百八十

三十四太子曰立是為明帝在位二十三載年四十四太子琮立二年隋文帝徵入朝因留不遣

陳高祖武帝姓陳氏吳興長城下若里人漢太丘長寔之后世居潁川寔玄孫準晉太尉準生康康生達永嘉南遷為丞相掾歷太子洗馬出為長城令悅其山水遂家焉達生康康生盱眙太守英英生尚書郎公弼公弼生步兵校尉鼎鼎生散騎常侍高高生懷安令詠詠生安安生太守猛猛生太常卿道巨道巨生文讚文讚生帝梁敬帝太平二年十月以陳王受禪即皇帝位母曰董氏安皇后帝在位三年年五十七兄子臨川郡王蒨紹位是為文帝在位八年太子伯宗紹位是為廢帝母曰沈皇后在位二年太皇太后令降為臨海郡王以始興昭烈王第二子太傅安成王頊紹位是為孝宣帝在位十四年年五十三太子叔寶紹位母曰柳皇后在位八年貞明三年正月為隋所滅遂降于隋至仁壽四年薨于洛陽年五十二

東魏孝靜帝姓元氏后魏孝文帝之曾孫清河王懌之孫嗣清河王亶之世子母曰胡妃孝武帝永熙三年八月拜開府儀同三司孝武入關太將軍渤海王高歡為百官會議推帝以奉明帝之后時年十一在位十七年禪于北齊明年薨于中山國年二十八

北齊顯祖文宣帝姓高氏渤海脩人七世祖隱晉玄菟太守隱生慶慶生泰泰生湖三世仕慕容氏及慕容寶敗國亂湖率衆歸魏為右將軍湖生四子第三子謐仕魏位至侍御史坐法徙居懷朔鎮謐生樹樹生歡仕東魏為丞相歡薨長子澄嗣澄嗣遇害帝以母弟嗣位天平八年六月以丞相齊王受禪即皇帝位母曰婁太后在位十年年三十一太子殷紹位是為廢帝母曰李皇后在位一年年十七文宣母弟常山王演立是為孝昭帝在位一年年二十七母弟長廣王湛立是為武成帝在位五年禪位于太子緯是為后主（武成年三十一）后主母曰胡皇后在位十二年為后周所滅年二十二

梁太祖神武元聖孝皇帝姓朱氏宋州碭山人其先舜司徒虎之后高祖黯曾祖茂琳祖信父誠帝即誠之第三子母曰文惠王皇后唐哀帝天祐四年四月以相国梁王受禪即皇帝位在位八年年六十一明年第四子東京留守均王友貞平庶人友珪紹位是為末帝母曰元貞張皇后在位十一年為后唐所滅

誕生

夫天命所祐運歷攸歸有開必先休應斯見故其生也必有冥符之朕神靈之紀以啓其祚焉非獨秉五勝而起繼三微而王者有是徵也至於居餘分之次擅一方之地者亦復嘉祥貴象兆於厥初斯蓋上稽靈心雖殊於天序下觀人事亦異於常民表神道之玄遠咸史氏而昭著者矣

秦始皇以昭王四十八年正月生於邯鄲及生名為政（以正月旦生也）

吳武烈帝堅母懷妊夢腸出繞吳昌門寤而懼之以告鄰母鄰

母曰安知非吉徵也

大帝母吳氏孕而夢月入其懷既而生策及帝在孕又夢日入其懷以告堅曰昔妊策夢月入我懷今也又夢日入我懷何也堅曰日月者陰陽之精極貴之象吾子孫其興乎

廢帝亮以赤烏七年三月生於內殿

宋高祖以晉哀帝興寧元年歲次癸亥三月壬寅夜生神光照室盡明是夕甘露降于墓樹

少帝以晉義熙二年生於京口高祖年踰不惑尚未有男及帝生甚悅

文帝以晉義熙三年生於京口

孝武帝以文帝元嘉七年八月庚午夜生有光照室

前廢帝以元嘉二十六年正月甲申生

明帝以元嘉十六年十月戊寅生

后廢帝以大明七年正月辛丑生於衛尉府

順帝以泰始五年癸丑生

南齊高祖以宋元嘉四年丁卯生

武帝以元嘉二十七年六月巳未生於建康縣之青溪宅其夜陳孝后高帝母劉昭后帝母也同夢龍據屋上故小字龍兒

梁高祖以宋孝武大明八年甲辰歲生于秣陵縣同夏里三橋宅初帝母張后嘗夢抱日巳而有娠其後忽見庭前昌蒲花光采非常遂取吞之是月生帝將産之夕有異光后見庭內若有衣冠倍列焉

簡文帝以天監二年十月丁未生于顯陽殿

孝元帝母阮脩容夢龍罩其床一云夢月墮懷中天監七年八月丁巳生帝于後宮舉室中非常香有紫胞之異

陳高祖以梁天監二年癸未歲生於吳興長城下若里

廢帝以梁承聖三年五月庚寅生

宣帝以梁大通二年七月辛酉生有赤光滿堂室

後主以梁承聖二年十一月戊寅生于江陵

北齊文宣帝母婁太后既孕每夜有赤光照室私常怪之及産帝之日候尼鮮卑言有相子也初婁太后有孕共男二女皆感夢孕文襄則夢一斷龍　文宣則夢一大龍首尾屬天地張口動目勢狀驚人孝昭則夢蠕龍於地武成則夢龍浴於海

後主母胡后夢於海上坐玉盆日入裙下遂有娠天保七年五月五日生於并州邸

幼主母穆皇后武平元年六月生於鄴

梁太祖以唐大中六年壬申歲十月二十一日生于碭山縣午溝里是夕所居廬舍之上有赤氣上騰里人望之皆驚奔衆曰朱家火發矣及則廬舍儼然旣而鄰人以誕孩告衆咸異之開平元年五月辛巳有司奏以降誕之日爲大明節休假前後各一日十月庚午大明節內外臣寮各以奇貨良馬上壽故事內殿開宴召釋道二教對御談論宣旨罷之命閤門使以香合賜宰臣佛寺行香二年十月巳未大明節諸道節度刺史各進獻鞍馬銀器綾帛以祝壽宰臣百官設齋於相國寺三年十月癸未大明癸未大明節帝御文明殿設齋僧道召宰臣翰林學士預之諸道節度刺史及內外諸司使咸有進獻踐祚日梁太祖實錄自開平四年後不書誕節

末帝以唐文德元年戊申歲九月十二日生於東京乾化三年三月文武百官上言請以九月十二日帝降誕日爲明聖節休假三日從之

名諱

名以制義所以著家類之說諱不偏下所以申臣子之情是知名諱之來古今通道而餘分之在位亦偏方之所奉雖本以嘉稱期於象德或求諸義訓契彼未然蓋成敗之有端若符應之素定然則稽之人事察彼天道諒盛衰之在德豈名稱之足去乎

秦始皇帝名政以昭王四十八年正月生於邯鄲一云名正以正月旦生故也

二世皇帝名胡亥始皇時燕人盧生奏圖書曰亡秦者胡也始皇不知此爲人名反備北胡

蜀先主名備字玄德

後主名禪字公嗣譙周曰春秋傳桓二年晉穆侯名太子曰仇弟曰成師師服曰異哉君之名子也嘉耦曰妃怨耦曰仇今君名太子曰仇　弟曰成師始兆亂矣兄其替乎其後果如服言及漢靈帝名二子曰史侯董侯旣立爲帝後皆免爲諸侯與師服言相似也先主諱備其訓具也後主諱禪其訓授也如言劉巳具矣當授與人也意者甚於穆侯靈帝之名子爲蜀亡咸以周言爲驗

吳大帝名權字仲謀

廢帝名亮字子明

景帝名休字子烈

後主名皓字元宗一名彭祖字皓宗
宋高祖名裕字德輿小字寄奴〔孔子河洛讖曰空穴不主奇入中女子獨立又為雙〕
少帝名義符小字車兵
文帝諱義隆小字車兒
孝武帝諱駿字休龍小字道人
前廢帝諱子業小字法師
明帝諱彧字休景小字榮期
後廢帝諱昱字德融小字慧震初明帝諸子在孕皆以周易筮
之即以所得之卦為小字故帝字慧震其餘皇子亦如之
順帝諱準字仲謀小字知觀
南齊太祖諱道成字紹伯小字鬬將王子年歌曰欲知其姓草
蕭蕭穀中最細低頭熟穀中精細者稍即道也熟猶成也孝經
鉤命決曰誰者起視將皆帝之符應也〔事具閏位符應門〕
武帝諱賾字宣遠小字龍兒生於建康青溪宅其夜陳孝后劉昭后同

夢龍據屋上故字焉
鬱林王諱昭業字元尚小字法身
海陵王諱昭文字季尚
明帝諱鸞字景栖小字玄度
東昏侯諱寶卷字智藏本名明賢明帝輔政後改焉〔諱者曰名以名行義姓
賢毋夢筆而之神術士識之東昏以卷矣天蔵以終之其兆先徵蓋亦天所命全〕
和帝諱寶融字知昭
梁高祖諱衍字叔達小字練兒帝初為梁王將受齊禪沈約言
於帝曰讖之行中水作天子此乃歷然在記
簡文帝諱綱字世纘小字六通
元帝諱繹字世誠小字七符
敬帝諱方智字惠相小字法真
後梁宣帝諱詧字理孫
明帝諱巋字仁遠

召國公諱琮字溫文
陳高祖諱霸先字興國小字法生
文帝諱蒨字子華
廢帝諱伯宗字奉業小字藥王
宣帝諱頊字紹世小字師利
後主諱叔寶字元秀小字黃奴初文帝謂宣帝曰我諸子皆以
伯為名汝諸子宜用叔為稱宣帝因以訪毛喜喜即條自古名
賢杜叔英虞叔卿等二十餘人以啓之文帝稱善或言後言名
叔寶反語為少福敗亡之徵也
東魏孝靜帝諱善見
北齊文宣帝諱洋字子進毌武明太后初孕帝每夜有赤光照
室太后私怪之及產命之曰侯尼鮮卑言有相子也以生於晉
陽與其後童謠曰一束藁兩頭然河邊羖羝飛上天藁然兩頭
於文為高字河邊羖羝為水邊羊指帝名也

廢帝諱殷字正道初文宣命邢邵為帝名字從而尤之曰殷家
弟及正字一止吾身後兒不得也邵懼請改焉文宣不許曰天也
孝昭帝諱演字延安
武成帝諱湛
後主諱緯字仁綱初清河末武帝夢大蝟攻破鄴城故索境內
蝟膏以厭之識者以後主名聲與蝟相協亡齊之徵也
梁太祖諱晃初名溫唐僖宗中和三年授宣武軍節度使賜名
全忠天祐四年受禪下令曰王者創業興邦立名傳世必難知
而示訓從易避以便人或稽其符命應彼開基之義垂諸象德
之言要考簡書求於往代周王昌發之號漢帝詢衎之文或崇
一德以徽稱或為二名而更易先王令典布在縑緗寡人本名
兼於二字且異帝王之稱仍兼避易之難郡職縣官多須改換
況宗廟不迁之業憲章百世之規事叶典儀豈憚華易寡人今
改名晃以天意雅符於明德日光顯契於瑞文昭融万邦理斯

在庶順玄穹之意永臻康濟之期宜令有司分告天地宗廟其舊名中外章疏不得更有迴避

末帝諱瑱初名友貞即位下制曰朕仰膺天眷近雪家讎旋聞將相之謀請紹祖宗之業羣情見迫三讓莫從祇受推崇彌懷不負荷方欲恭臨寢廟禮類郊丘合徵定體之稱用表事神之敬其或於文尚淺在理未周亦異隨時別爲制義雖臣子行孝宜更名於已孤而君父稱尊貴難知而易避今則虔尊古典詳考前聞允諧龜筮之占庶合帝王之道載惟凉德尤愧嘉名中外羣寮當體朕意宜改名鍠貞明中又改爲瑱或解云瑱字一十十月一八果以十一年十月九日亡

冊府元龜卷第一百八十二

册府元龜卷第一百八十三

閏位部二

勳業

自秦承六世之餘烈并吞宇内武功震耀遂建大號玄德湮淪宗室之緒仲謀藉父兄之業遭值世亂分據勢勝奄宅吴蜀是爲鼎國宋齊梁陳迭王南紀東魏北齊創都於鄴莫不因敵之資糾桓之旅或扶義慷慨或乘機奮發解紛排難夷兇禁暴感懷兼濟以成厥功咸能驅策賢智而任其謀訓練驍果而盡其力勤身變伐以清外侮積日累勞以檢民聽然後謳訟咸集署欲將至端委揖讓南面而君民者焉

秦始皇帝莊襄王之子（臣欽若等曰自莊襄王已上事具列國君部諸明）年十三代莊襄王立爲秦王當是時秦地已并巴蜀漢中越宛有郢置南郡北收上郡以東有河東太原上黨郡東至滎陽滅二周置三川郡呂不韋爲相招致賓客游士欲以并天下李斯爲舍人（[illegible]東官名或曰侍從賓客謂之舍人也）蒙驁王齮（齮一作齕）麃公爲將軍（麃秦邑）王年少初即位委國事大臣元年晉陽反蒙驁擊定之二年麃公將卒攻卷斬首三万三年蒙驁攻韓取十三城又攻魏氏暘有詭四年拔之五年攻魏魏定酸棗（陳留有酸棗縣）燕虛長平（平一作千毋南有長平縣）雍丘山陽（陳留有雍丘縣河内有山陽縣）皆拔之取二十城六年韓魏趙衛楚共擊秦取壽陵秦出兵五國兵罷拔衛迫東郡其君角率其支屬徙居野王阻其山保魏之河内七年蒙驁死以攻龍孤慶都（慶一作燕）還兵攻汲八年王弟長安君成蟜將軍擊趙九年攻魏垣蒲陽十一年將軍王翦桓齮楊端和攻鄴取九城王翦攻閼與橑楊（在并州）十三年桓齮攻趙平陽殺趙將扈輒斬首十万十四年攻趙軍於平陽取宜安破之殺其將軍定平陽武城十五年大興兵一軍至鄴一軍至太原取狼孟（屬太原）十六年發卒受地韓南陽假守騰魏獻地於秦秦置麗邑十七年内史騰攻韓得韓王安盡納其地十八年大興兵攻趙王翦將上地（蓋咸陽西爲上地也）下井陘（名山）端和將河内圍邯鄲城羌瘣伐趙十九年瘣與王翦盡定取趙地東陽得趙王引兵欲攻燕屯中山趙公子嘉率其宗數百人之代自立爲代王東與燕合兵軍上谷二十年使王翦辛勝攻燕燕代發兵擊秦軍秦軍破燕易水之西二十一年王賁攻薊乃益發卒詣王翦軍遂破燕軍取燕薊城得太子丹之首二十二年王賁攻魏引河溝灌大梁城壞其王請降盡取其地二十三年王翦擊荆取陳以南至平輿（平輿縣在汝南）虜荆王二十五年大興兵使王賁將攻燕遼東得燕王喜還攻代虜代王嘉王翦定荆江南地降越君二十六年齊王建與其相后勝發兵守其西界不通秦秦使王賁從燕南攻齊得齊王建遂并天下爲始皇帝

蜀先主涿郡涿縣人祖雄父弘世仕州郡（臣欽若等曰自弘已上事具閏位姓氏門吴及宋齊已下倣此）先主少孤好交結豪俠年少爭附之中山大商張世平蘇雙等貲累千金乃多與之金財先主由是得用合徒衆後漢靈帝末黄巾起先主率其屬從校尉鄒靖討賊有功除安喜尉（縣名屬中山）督郵以公事到縣先主求謁不通直入縛督郵杖二百解綬繫其頸著馬枊棄官亡命頃之大將軍何進遣都尉毋丘毅詣丹楊募兵先主與俱行至下邳遇賊力戰有功除爲下密丞復去官後爲高唐尉遷令爲賊所破往奔中郎將公孫瓚瓚表爲別部司馬使與青州刺史田楷拒冀州牧袁紹數有戰功試守平原令後領平原相郡民劉平素輕先主耻爲之下使客刺之客不忍刺語之而去袁紹攻公孫瓚先主與田楷東屯齊曹公征徐州徐州牧陶謙遣使告急於田楷楷與先主俱救之時先主自有兵千餘人及幽州烏丸雜胡騎又略得飢民數千人既到謙以丹楊兵四千益先主先主遂去楷歸謙謙表爲豫州刺史屯小沛謙病篤謂別駕麋竺曰非劉備不能安此州也謙死竺率州人迎先主先主未敢當下邳陳登謂先主曰今漢室陵遲海内傾覆立功立事在於今日彼州殷富戶口百万

欲屈使君撫臨州事先主曰袁公路近在壽春此君四世五公海内所歸君可以州與之登曰公路驕豪非治亂之主今欲為使君合歩騎十万上可以安主濟民成五霸之業下可以割地守境書功於竹帛若使君不見聽許登亦未敢聽使君也北海相孔融謂先主曰袁公路豈憂國忘家者冢中枯骨何足介意今日之事百姓與能天與不取悔不可追先主遂領徐州獻陳登等遣使詣袁紹曰天降災沴禍臻鄙州州將殂殞生民無主恐懼姦雄一旦承隙以貽盟主日昊之憂輒共奉故平原相劉備府君以為宗主永使百姓知有依歸方今寇難縱橫不遑釋甲謹遣下吏奔告于執事紹答曰劉玄德弘雅有信義今徐州樂戴之誠副所望也袁術來攻先主拒之於盱眙淮陰曹公表先主為鎮東將軍封宜城亭侯是歲建安元年也先主與術相持經月呂布乘虛襲下邳下邳守將曹豹反間迎布布虜先主妻子先主轉軍於海西楊奉韓暹冦徐楊間先主邀擊盡斬之先主求和於呂布布還其妻子先主遣關羽守下邳遂還小沛復合兵得万餘人呂布惡之自出兵攻先主先主敗走歸曹公曹公厚遇之以為豫州牧將至沛收散卒給其軍糧益與兵使東擊布布遣高順攻之曹公遣夏侯惇往不能救為順所敗復虜先主妻子送布曹公自出東征助先主圍布於下邳生禽布先主復得妻子從曹公還許表先主為左將軍禮之愈重出則同輿坐則同席袁術欲經徐州北就袁紹曹公遣先主督朱靈路招要擊術未至術病死先主未出時獻帝舅車騎將軍董承辭受帝衣帶中密詔當誅曹公先主未發是時曹公從容謂先主曰今天下英雄惟使君與操耳本初之徒不足數也先主方食失匕箸時正當雷震先主謂曹公曰聖人云迅雷風烈必變良有以也一震之威乃可至於此遂與承及長水校尉种輯將軍吳子蘭王子服等同謀會見使未發事覺承等皆伏誅時承等與先主謀未發而先主出承謂服曰郭多有數百兵壞李傕數万人但足下與吾同不耳昔呂不韋之門須子楚而後高今吾與子由是也服曰惶懼不敢當且兵又少承曰舉事訖得曹公成兵顧不足邪服曰今京師豈有所任乎承曰長水校尉种輯議郎吳碩是吾腹心辦事者遂定計先主據下邳靈等還先主乃殺徐州刺史車冑留關羽守下邳而身還小沛東海昌霸反郡縣多叛

曹公為先主衆數万人遣孫乾與袁紹連和曹公遣劉岱王忠擊之不克五年曹公東征先主先主敗績曹公盡收其衆虜先主妻子并禽關羽以歸先主走青州青州刺史袁譚先主故茂才也將歩騎迎先主先主隨譚到平原譚馳使白紹紹遣將道路奉迎身去鄴二百里與先主相見駐月餘日所失亡士卒稍稍來集曹公與袁紹相拒於官渡汝南黄巾劉辟等叛曹公應紹紹遣先主將兵與辟等略許下關羽亡歸先主曹公遣曹仁將兵擊先主先主還紹軍陰欲離紹乃說紹南連荆州牧劉表紹遣先主將本兵復至汝南與賊龔都等合衆數千人曹公遣蔡楊擊之為先主所殺曹公既破紹自南擊先主先主遣糜竺孫乾與劉表相聞表自郊迎以上賓禮待之益其兵使屯新野荆州豪傑歸先主者日益多表疑其心陰禦之先主駐荆州數年嘗於表坐起至廁見髀裏肉生慨然流涕還坐表怪問備曰平常身不離鞍髀肉皆消今不復騎髀裏肉生日月若馳老將至矣而功業不建是以悲耳表使先主拒夏侯惇于禁等於博望久之先主設伏兵一旦自燒屯偽遁惇等追之為伏兵所破十二年曹公北征烏丸先主說表襲許表不能用曹公南征會表病篤託國於先主曰我兒不才而諸將並零落我死之後卿便攝荆州先主曰諸子自賢君其憂病或勸先主宜從表言先主曰此人待我厚今從其言人必以我為薄所不忍也表卒其子琮代立遣使乞降曹公不告先主先主亦不知久之乃覺遣所親問琮琮令宋忠詣先主宣旨是時曹公在宛先主乃大驚駭謂忠曰卿諸人作事如此不早相語今禍至方告我不亦太劇乎引刀向忠曰今斷卿頭不足以解忿亦恥大丈夫臨別復殺卿輩遣忠去乃呼部曲議或勸先主刼將琮及荆州吏士徑南到江陵先主荅曰劉荆州臨亡託我以孤遺背信自濟吾所不為死何面目以見劉荆州乎乃駐馬呼琮琮懼不能起琮左右及荆州人多歸先主先主過辭表墓涕泣而去比到當陽衆十

餘万輛重數千兩日行十餘里別遣關羽乘舩數百艘使會江陵或謂先主曰宜速行保江陵今雖擁大衆被甲者少若曹公兵至何以拒之先主曰夫濟大事必以人為本今人歸吾吾何忍棄去曹公以江陵有軍實恐先主據之乃釋輜重輕軍到襄陽聞先主已過曹公將精騎五千急追之一日一夜行三百餘里及於當陽之長坂先主棄妻子與諸葛亮張飛趙雲等數十騎走曹公大獲其人衆輜重先主斜趨漢津適與羽舩會得濟沔遇表長子江夏太守琦衆万餘人與俱到夏口先主遣諸葛亮自結於孫權權遣周瑜程普等水軍數万與先主并力與曹公戰于赤壁大破之焚其舟舩先主與吳軍水陸并進追到南郡時又疾疫北軍多死曹公引歸先主表琦為荊州刺史又南征四郡武陵太守金旋長沙太守韓玄桂陽太守趙範零陵太守劉度皆降廬江雷緒率部曲數万口稽顙琦病死群下推先主為荊州牧治公安江表傳曰備立營於油口改名為公安權稍畏之進妹固好先主至京見權綢繆恩紀十六年益州牧劉璋遙聞曹公將遣鍾繇等向漢中討張魯內懷恐懼別駕從事蜀郡張松說璋曰曹公兵強無敵於天下若因張魯之資以取蜀土誰能禦之者乎璋曰吾固憂之而未有計松曰劉豫州使君之宗室而曹公之深讎也善用兵若使之討魯魯必破魯破則益州強曹公雖來無能為也璋然之遣法正將四千人迎先主前後賂遺以巨億計正因陳益州可取之策先主前見張松後得法正皆厚以恩意接納盡其殷勤之歡因問蜀中闊狹兵器府庫人馬衆寡及諸要害道里遠近松等具言之又畫地圖山川處所由是盡知益州虛實也先主留諸葛亮關羽等據荊州將步卒數万人入益州至涪璋自出迎相見甚歡張松令法正白先主及謀臣龐統進說便可於會所襲璋先主曰此大事也不可倉卒璋推先主行大司馬領司隸校尉先主亦推璋行鎮西大將軍領益州牧璋增先主兵使擊張魯又令督白水軍先主并軍三万餘人車甲器械資貨甚盛是歲璋還成都先主北到葭萌未即討魯厚樹恩德以收衆心明

年曹公征孫權權呼先主自救先主遣使告璋曰曹公征吳吳憂危急孫氏與孤本為脣齒又樂進在青泥與關羽相拒今不往救羽進必大克轉侵州界其憂有甚於魯魯自守之賊不足慮也乃從璋求万兵及資實欲以東行璋但許兵四千其餘皆給半先主激怒其衆曰吾為益州征彊敵師徒勤瘁不遑寧居今積帑藏之財而恡於賞功望士大夫為出死力戰其可得乎張松書與先主及法正曰今大事垂可立如何釋此去乎松兄廣漢太守肅懼禍逮己白璋發其謀於是璋收斬松嫌隙始構矣璋勑關戍諸將文書勿復關通先主先主大怒召璋白水軍督楊懷責以無禮斬之乃使黃忠卓膺勒兵向璋先主徑至關中質諸將并士卒妻子引兵與忠膺等進到涪據其城璋遣劉璝冷苞張任鄧賢等拒先主於涪皆破敗退保緜竹璋復遣李嚴督緜竹諸軍嚴率衆降先主軍益彊分遣諸將平下屬縣諸葛亮張飛趙雲等將兵泝流定白帝江州江陽惟關羽留鎮荊州先主進軍圍雒時璋子循守城被攻且一年十九年夏雒城破進圍成都數十日璋出降群璋遣帳下司馬張裔詣先主先主許以禮其君而安其人也裔還城門乃開先主以裔為巴郡太守蜀中殷盛豐樂先主置酒大饗士卒取蜀城中金銀分賜將士還其穀帛先主復領益州牧諸葛亮為股肱法正為謀主關羽張飛馬超為爪牙許靖麋竺簡雍為賓友二十年孫權以先主已得益州使使報欲得荊州先主言須得涼州當以荊州相與權忿之乃遣呂蒙襲奪長沙零陵桂陽三郡先主引兵五万下公安令關羽入益陽是歲曹公定漢中張魯遁走巴西先主聞之與權連和分荊州江夏長沙桂陽東屬南郡零陵武陵西屬引軍還江州今渝州也遣黃權將兵迎張魯張魯已降曹公曹公使夏侯淵張郃屯漢中數數犯暴巴界先主令張飛進兵宕渠與郃等戰於瓦口破郃等收兵還南鄭先主亦還成都二十三年先主率諸將進兵漢中分遣將軍吳蘭雷銅等入武都皆為曹公所沒先主次于陽平關與淵郃等相拒二

十四年春自陽平南渡沔水緣山稍前於定軍山勢作營淵將兵來爭其地先主命黄忠乘高鼓譟攻之大破淵軍斬淵郃及曹公所署益州刺史趙顒等曹公自長安舉衆南征積月不拔亡者日多乃引軍還先主遂有漢中遣劉封孟達李平等攻申耽於上庸是秋群下上先主為漢中王表於漢帝於是還治成都時關羽攻曹公將曹仁禽于禁於樊俄而孫權襲殺羽取荆州二十五年魏文帝稱尊號改年曰黄初或傳聞漢帝見害乃發喪制服追謚曰孝愍皇帝是後在所並言衆瑞日月相屬群臣上尊號即皇帝位於成都武擔之南

吳孫堅吳郡富春人少為縣吏年十七與父共載船至錢唐擊殺海賊胡玉等由是顯聞府召署假尉會稽妖賊許昌起於句章自稱陽明皇帝與其子韶扇動諸縣衆以万數堅以郡司馬募召精勇得千餘人與州郡合討破之是歲熹平元年刺史臧旻列上功狀詔書除堅鹽瀆丞數歲徙盱眙丞又徙下邳丞歷三縣所在有稱吏民親附中平元年黄巾賊帥張角起於魏郡託有神靈遣八使以善道教化天下而潛相連結自稱黄天泰平三月甲子三十六万一旦俱發天下響應燔燒郡縣殺害長吏（角稱天公將軍角弟寶稱地公將軍寶弟梁稱人公將軍）漢遣車騎將軍皇甫嵩中郎將朱儁將兵討擊之儁表請堅為佐軍司馬鄉里少年隨在下邳者皆願從堅又募諸商旅及淮泗精兵合千許人與儁并力奮擊所向無前（一云堅乘勝深入於西華失利堅被創墮馬臥草中軍衆分散不知堅所在堅所騎驄馬馳還營踣地呼鳴將士隨馬於草中得堅堅還營十數日創少愈乃復出戰）汝潁賊困迫走保宛城堅身當一面登城先入衆乃蟻附遂大破之儁具以狀聞上拜堅別部司馬邊章韓遂作亂涼州中郎將董卓拒討無功中平三年遣司空張温行車騎將軍西討章等温表請堅與參軍事尋拜議郎中時長沙賊區星自稱將軍衆万餘人攻圍城邑乃以堅為長沙太守到郡親率將士施設方略旬月之間克破星等（堅到郡郡中震服任用良吏敕吏曰謹遇良善治官曹文書必循治以盜賊付太守）周朝郭石亦帥徒衆起於零桂與星相應遂越境尋討三郡肅然（堅為長沙太守是時廬江太守陸康從子作宜春長為賊所攻遣使求救於堅堅整嚴救之主簿進諫堅答曰太守無文德以征伐為功越界攻討以全異國以此獲罪何媿海內乎乃進兵往救賊聞而走之）漢朝録前後功封堅烏程侯董卓擅朝政橫恣京城諸州郡並興義兵欲以討卓堅亦舉兵荆州刺史王叡素遇堅無禮堅過殺之比至南陽衆數万人南陽太守張咨聞軍至晏然自若堅以牛酒禮咨咨明日亦答詣堅酒酣長沙主簿入白堅前移南陽而道路不治軍資不具請收主簿推問意故咨大懼欲去兵陳四周不得出有頃主簿復入白堅南陽太守稽停義兵使賊不時討請收出案軍法從事便牽咨於軍門斬之郡中震慄無求不獲（一云南陽太守張咨聞兵至不給軍糧又不肯見堅堅欲進兵恐有後患乃詐得疾舉軍震惶迎呼巫醫禱祀山川遣所親人說咨言病困欲以兵付咨咨聞之心利其兵即將步騎五六百人詣營省堅堅臥與相見無何卒然而起案劍罵咨遂執斬之）前到魯陽與袁術相見術表堅行破虜將軍領豫州刺史遂治兵於魯陽城當進軍討董卓遣長史公仇稱將兵從事還州督促軍糧施帳幔於城東門外祖道送稱官屬並會卓遣步騎數万人逆堅輕騎數十先到堅方行酒談笑敕部曲整頓行陣無得妄動後騎漸益堅徐罷坐導引入城乃謂左右曰向堅所以不即起者恐兵相蹈藉諸君不得入耳卓兵見堅士衆甚整不敢攻城乃引還堅移屯梁東大為卓軍所攻堅與數十騎潰圍而出復相收兵合戰於陽人大破卓軍梟其都督華雄等是時或間堅於袁術術懷疑不運軍糧陽人去魯陽百餘里堅夜馳見術術踧踖即調發軍糧堅還屯卓憚堅猛壯乃遣將軍李傕等來求和親令堅列疏子弟任刺史郡守者許表用之堅曰卓逆天無道蕩覆王室今不夷汝三族縣示四海則吾死不瞑目豈將與乃和親邪復進軍大谷距洛九十里卓自出與堅戰於諸陵墓間卓敗走却屯黽池聚兵於陝堅進洛陽宣陽城門更擊呂布復破走堅乃掃除宗廟平塞諸陵分兵出函谷關至新安黽池間以截卓後卓謂長史劉艾曰關東諸將數敗矣無能為也唯孫堅小戇諸將軍宜慎之是時關東

州郡務相兼并以自彊大袁紹遣會稽周喁爲豫州刺史來襲取州堅慨然歎曰同舉義兵將救社稷逆賊垂破而各若此吾當誰與勠力乎言發涕下初平三年袁術使堅征荊州劉表表遣黃祖逆於樊鄧之間堅擊破之追渡漢水遂圍襄陽單馬行峴山爲祖軍士所射殺一云堅率其衆攻表表閉門夜遣將黃祖潛出發兵祖將兵欲還堅逆與戰祖敗走竄峴山中堅乘勝夜追祖祖部兵從竹木間暗射堅殺之時年三十七又云劉表將呂公將兵緣山向堅堅輕騎尋山討公公兵下石中堅頭應時腦出兄子賁帥將士衆就術術表賁爲豫州刺史權踐稱尊號謚堅曰武烈皇帝

策堅之長子初興義兵策將母徙居舒與周瑜相友收合士大夫江淮間人咸向之堅薨還葬曲阿已乃渡江居江都徐州牧陶謙深忌策策舅吳景時爲丹楊太守策乃載母徙曲阿與呂範孫河俱就景因緣召募約數百人時張紘有母喪策數詣紘咨以世務曰方今漢祚中微天下擾攘英雄儁傑各擁衆營私未有能扶危濟亂者也先君與袁氏共破董卓功業未遂卒爲黃祖所害策雖暗稚竊有微志欲從袁揚州求先君餘兵就舅氏於丹楊收合流散東據吳會報讎雪恥爲朝廷外藩君以爲何如紘荅曰既素空劣方居縗絰之中無以奉贊盛略策曰君高名播越遠近懷歸今日事計決之於君何得不紆慮啓告副其高山之望若微志得展血讎得報此乃君之勳力策心所望也因涕泣橫流顏色不變紘見策忠壯內發辭令慷慨感其志言乃荅曰昔周道陵遲齊晉並興王室已寧諸侯貢職今君紹先侯之軌有驍武之名若投丹楊收兵吳會則荊揚可一讎敵可報據長江奮威德誅除群穢佐輔漢室功業侔於桓文豈徒外藩而已哉方今世亂多難若功成事立當與同好俱南濟也策曰一與君同符合契同有永固之分今便行矣以老母弱弟委付於君策無復回顧之憂策徑到壽春見袁術涕泣而言曰亡父昔從長沙入討董卓與明使君會於南陽同盟結好不幸遇難勳業不終策感惟先人舊恩欲自憑結願明使君垂察其

誠術甚貴異之然未肯還其父兵術謂策曰孤始用貴舅爲丹楊太守賢從伯陽爲都尉彼精兵之地可還依召募策遂詣丹楊依舅得數百人而爲涇縣大帥祖郎所襲幾至危殆於是復往見術術以堅餘兵千餘人還策太傅馬日磾杖節安集關東在壽春以禮辟策表拜懷義校尉策騎士有罪逃入術營隱於內廄策指使人就斬之訖詣術謝術曰兵人好叛當共疾之何爲謝也由是軍中益畏憚之術欲攻徐州從廬江太守陸康求米三万斛康不與術遣策攻康拔之先是劉繇爲揚州刺史州舊治壽春壽春術已據之繇乃渡江治曲阿時吳景尚在丹楊策從兄賁又爲丹楊都尉繇至皆迫逐之景賁退舍歷陽繇遣樊能于麋陳橫屯江津張英屯當利口以距術術自用故吏琅邪惠衢爲揚州刺史更以景爲督軍中郎將與賁共將兵擊英等連年不克策乃說術乞助景等平定江東策說術云家有舊恩在東願助舅討橫江橫江拔因投本土召募可得三万兵以佐明使君匡濟漢室術知其恨而以劉繇據曲阿王朗在會稽謂策未必能定故許之術表策爲折衝校尉行殄寇將軍兵財千餘騎數十匹賓客願從者數百人比至歷陽衆五六千策母先自曲阿徙於歷陽策又徙母阜陵渡江轉鬭所向皆破莫敢當其鋒而軍令整肅百姓懷之策年少雖有位號而士民皆呼爲孫郎百姓聞孫郎至皆失魂魄長吏委城郭竄伏山草及至軍士奉令不敢虜略雞犬菜茹一無所犯民乃大悅競以牛酒詣軍劉繇既走策入曲阿勞賜將士遣將陳寶詣阜陵迎母及弟發恩布令告諸縣笮融等故鄉部曲來降首者一無所問樂從軍者一身行復除門戶不樂者勿彊也旬日之間四面雲集得見兵二万餘人馬千餘匹威震江東形勢轉盛吳人嚴白虎等衆各万餘人處處屯聚吳景等欲先擊破虎等乃至會稽策曰虎等群盜非有大志此成禽耳遂引兵渡浙江據會稽屠東冶白虎高壘堅守使其弟輿請和許之輿請獨與策會面約既會策引白刃斫席輿體動策笑曰聞卿能坐躍勦捷不常聊戲卿耳輿曰我見刃乃然

策知其無能也乃以手戟投之立死與有勇力白虎衆以其死
也甚懼進攻破之盡虜劉長吏策自領會稽太守復以吳景爲
丹楊太守以孫賁爲豫章太守分豫章爲廬陵郡以賁弟輔爲
廬陵太守丹楊朱治爲吳郡太守彭城張昭廣陵張紘秦松陳
端等爲謀主時袁術僭號策以書諫曰董卓無道陵虐王室禍
加太后暴及弘農天子播越宫廟焚毁是以豪傑發憤沛然俱
起元惡既斃幼主東顧乃使王人奉命宣明朝恩偃武修文與
之更始然而河北異謀於黑山曹操毒被於東徐劉表僭亂於
荆南公孫叛逆於朔北正禮阻兵玄德争盟是以未獲從命櫜
弓戢戈當謂使君與國同規而舍是弗恤完然有自取之志懼
非海内企望之意也成湯討桀稱有夏多罪武王伐紂曰殷有
重罰此二王者雖有聖德假使時無失道之過無由逼而取也
今主上非有惡於天下徒以幼小脅於彊臣異於湯武之時也
又聞幼主明智聰敏有夙成之德天下雖未被其恩咸歸心焉

若輔而興之則旦奭之美率土所望也使君五世相承爲漢宰
輔榮寵之盛莫與爲比宜効忠守節以報王室時人多惑圖緯
之言妄牽非類之文苟以悅主爲美不顧成敗之計古今所慎
可不孰慮忠言逆耳駮議致憎苟有益於尊明無所敢辭術不
納策遂絶之曹公表策爲討逆將軍封爲吳侯一云建安二年夏漢朝遣議郎
王誧奉戊辰詔書曰董卓逆亂凶國害民先將軍堅念在平討雅意未遂厥美著聞策遵善道求福不回今以策爲騎都尉襲
爵烏程侯領會稽太守策上表謝曰臣以固陋孤特邊陲陛下廣播高澤不遺細微以臣襲爵兼典名郡仰榮顧寵所不克堪
興平二年十二月二十日於吳郡曲阿得袁術所呈表以臣行殄寇將軍至被詔書乃知詐擅雖輒捐廢猶用悚悸臣年十
七喪失所怙懼有不任堂構之鄙以忝析薪之戒誠無去病十八建功世祖列將弱冠佐命臣初領兵年未弱冠雖駑懦不武
然思竭微命惟術狂惑爲惡深重臣憑威靈奉辭伐罪庶必獻捷以報所授袁術死長史楊弘大將
張勳等將其衆欲就策廬江太守劉勳要擊悉虜之收其珍寶
以歸策聞之僞與勳好盟勳新得術衆時豫章上繚宗民萬餘
家在江東策勸攻勳勳既行策輕軍晨夜襲拔廬江勳衆
盡降勳獨與麾下數百人自歸曹公江表傳曰策被詔敕與司空曹公衛將軍董承益州

牧劉璋等并力討袁術劉表軍嚴當進會術死術從弟胤女婿黃猗等畏懼曹公不敢守壽春乃共舁術棺柩扶其妻子及部
曲男女就劉勳於皖城勳糧食少無以相振乃遣從弟偕告糴於豫章太守華歆歆郡素少穀遣吏將偕就海昏上繚使諸宗
帥共出三萬斛米以與偕偕往歷月纔得數千斛偕乃報勳具說形狀使勳來襲取之勳得偕書便潛軍到海昏邑下宗帥知
之空壁逃匿勳了無所得時策西討黃祖行及石城聞勳輕身詣海昏便分遣從兄賁輔率八千人於彭澤待勳自與周瑜率
二萬人步襲皖城即克之得術百工及鼓吹部曲三萬餘人并術勳妻子表用汝南李術爲廬江太守給兵三千人以守皖皆
徙所得人東詣吳賁輔又於彭澤破勳勳走入楚江從尋陽步上到置馬亭聞策等已克皖乃投西塞至沂築壘自守告急於
劉表求救於黃祖祖遣太子射船軍五千人助勳策復就攻大破勳勳與偕北歸曹公射亦遁走策收得勳兵二千餘人船千
艘遂前進夏口攻黃祖時劉表遣從子虎南陽韓晞將長矛五千來爲黃祖前鋒策與戰大破之吳錄載策表曰臣討黃祖
以十二月八日到祖所屯沙羨縣劉表遣將助祖並來趣臣臣以十一日平旦部所領江夏太守行建威中郎將周瑜領桂陽
太守行征虜中郎將呂範領零陵太守行蕩寇中郎將程普行奉業校尉孫權行先登校尉韓當行武鋒校尉黃蓋等同時俱
進身跨馬櫟陳手擊急鼓以齊戰勢吏士奮激踊躍百倍心精意果各競用命越渡重塹迅疾若飛火放上風兵激煙下弓弩並
發流矢雨集日加辰時祖乃潰爛鋒刃所截猋火所焚前無生寇惟祖迸走獲其妻息男女七人斬虎狼韓晞已下二萬餘級
其赴水溺者一萬餘口船六千餘艘財物山積雖表未禽祖宿狡猾爲表腹心出作爪牙表之鴟張以祖氣息而祖家屬部曲埽地
無餘表孤特之虜成鬼行尸誠皆聖
朝神武遠振臣討有罪得効微勤是時袁紹方強而策并江

東曹公力未能逞且欲撫之乃以弟女配策小弟匡又爲子章
取賁女皆禮辟策弟權翊又命揚州刺史嚴象舉權茂才建安
五年曹公與袁紹相拒於官渡嗟欲襲許迎漢帝密治兵部署
諸將未發會爲故吳郡太守許貢客所殺先是策殺貢貢小子
與客亡匿江邊策單騎出卒與客遇客擊傷策江表傳曰廣陵太守陳登治射陽登即瑀之從兄子也策前西征登陰復遣間使以印綬與嚴白虎餘
黨圖爲後害以報瑀見破之辱策歸復討登軍到丹徒須待運糧策性好獵將步騎數出策驅馳逐鹿所乘馬精駿從騎絕
不能及初吳郡太守許貢上表於漢帝曰孫策驍雄與項籍相似宜加貴寵召還京邑若被詔不得不還若放於外必作世患
策候吏得貢表以示策策請貢相見以責讓貢貢辭無表策即令武士絞殺之貢奴客潛民間欲爲貢報讎獵日卒有三人即貢
客也策問爾等何人答云是韓當兵在此射鹿耳策曰當兵吾皆識之未嘗見汝等因射一人應弦而倒餘二人怖急便舉弓射
策中頰後騎尋至皆刺殺之創甚請張長史
昭等謂曰中國方亂夫以吳越之衆三江之固足以觀成敗公
等善相吾弟呼權佩以印綬謂曰舉江東之衆決機於兩陣之
間與天下爭衡卿不如我舉賢任能各盡其心以保江東我不
如卿至夜卒時年二十六權稱尊號追謚策曰長沙桓王權策

之弟策既定諸郡時權年十五以爲陽羨長郡察孝廉州舉茂才行奉義校尉建安四年從策征廬江太守劉勳勳破進討黃祖於沙羨五年策薨以事授權權哭未及息策長史張昭謂權曰孝廉此寧哭時邪乃改易權服扶令上馬使出巡軍曹公表權爲討虜將軍領會稽太守屯吳使丞之郡行文書事待張昭以師傅之禮而周瑜程普呂範等爲將率招延俊秀聘求名士魯肅諸葛瑾等始爲賓客分部諸將鎮撫山越討不從命初孫策表用李術爲廬江太守策亡之後術不肯事權而多納其亡叛權移書求索術報曰有德見歸無德見叛不應復還權大怒乃以狀白曹公曰嚴刺史昔爲公所用又是州舉將而李術凶惡輕犯漢制殘害州司肆其無道宜速誅滅以懲醜類今欲討之進爲國朝埽除鯨鯢退爲舉將報塞怨讎此天下達義夙夜所甘心術必懼誅復詭說求救明公所居阿衡之任海內所瞻願敕執事勿復聽受是歲舉兵攻術於皖城閉門自守求救於

曹公曹公不救糧食乏盡婦女或丸土而吞之遂屠其城梟術首徙其部曲三万餘人八年權西伐黃祖破其舟軍惟城未克而山寇復動還過豫章使呂範平鄱陽會稽程普討樂安太史慈領海昏韓當周泰呂蒙等爲劇縣令長十年權使賀齊討上饒分爲建平縣十二年西征黃祖虜其人民而還十三年春權復征黃祖祖先遣舟兵拒軍都尉呂蒙破其前鋒而淩統董襲等盡銳攻之遂屠其城祖挺身亡走騎士馮則追梟其首虜其男女數万口荊州牧劉表死權將魯肅往奔命弔表二子且以觀變肅未到而曹公已臨其境表子琮舉衆以降劉備欲南濟江肅與相見因傳權旨爲陳成敗備進住夏口使諸葛亮詣權權遣周瑜程普等行是時曹公新得表衆形勢甚盛諸議者皆望風畏懼多勸權迎之曹公與權書曰近者奉辭伐罪旄麾南指劉琮束手今治水軍十万衆方與將軍會獵於吳權得書以示羣下莫不響震失色惟瑜肅執拒之議意與權同瑜普爲左右督各領万人與備俱進遇於赤壁大破曹公軍公燒其餘船引

退士卒饑疫死者太半備瑜等復追至南郡曹公遂北還留曹仁徐晃於江陵使樂進守襄陽權自率衆圍合肥使張昭攻九江之當塗昭兵不利權攻城踰月不能下曹公自荊州還遣張喜將騎赴合肥未至權退十四年瑜仁相守歲餘所殺傷甚衆仁委城走權以瑜爲南郡太守劉備表權行車騎將軍領徐州牧備領荊州牧屯公安十六年權徙治秣陵十七年城石頭作濡須塢十八年正月曹公攻濡須權與相拒月餘曹公望權軍歎其齊肅乃退曹公出濡須作油船夜渡洲上權以水軍圍取得三千餘人其沒溺者亦數千人權數挑戰曹公不出權乃自來乘輕船從濡須口入公軍諸將皆以爲是者欲擊之公曰此必孫權欲身見吾軍部伍也勑軍中皆精嚴弓弩不得妄發權行五六里迴還作鼓吹公見舟船器仗軍伍整肅喟然歎曰生子當如孫仲謀劉景升兒子若豚犬耳十九年五月權征皖城閏月克之獲廬江太守朱光及參軍董和男女數万口是歲劉備定蜀權以備已得益州令諸葛瑾從求荊州諸郡備不許曰吾方圖涼州涼州定乃盡以荊州與吳耳權曰此假而不反而欲以虛辭引歲遂置南三郡長吏關羽

盡逐之權大怒遣呂蒙督鮮于丹徐忠孫規等兵二万取長沙零陵桂陽三郡使魯肅以万人屯巴丘巴丘今巴陵以禦關羽權住陸口爲諸軍節度蒙到二郡皆服惟零陵太守郝普未下會備到公安使關羽將三万兵至益陽權乃召蒙等使還助肅蒙使人誘普普降盡得三郡將守因引軍還與孫皎潘璋并魯肅兵並進拒羽於益陽未戰會曹公入漢中備懼失益州使使求和權令諸葛瑾報更尋盟好遂分荊州長沙江夏桂陽以東屬權南郡零陵武陵以西屬備備歸而曹公已還權反自陸口遂征合肥合肥未下徹軍還兵皆就路權與凌統甘寧等在津北爲魏將張遼所襲統等以死扞權權乘駿馬越津橋得去二十一年冬曹公次于居巢遂攻濡須二十二年春權令都尉徐詳詣曹公請降公報使修好誓重結婚二十四年關羽圍曹仁於襄陽曹公遣左將軍于禁救之會漢水暴起羽以舟兵盡虜禁等精騎三万送江陵惟城未拔權內憚羽外欲以爲己功牋與曹

公亦以討羽自効曹公且欲使羽與權相持以鬬之驛傳權書使曹仁以弩射示羽羽猶豫不能去閏月權征羽先遣呂蒙襲公安獲將軍士仁蒙到南郡南郡太守麋芳以城降蒙據江陵撫其老弱釋于禁之囚陸遜別取宜都獲秭歸枝江夷道還屯夷陵守峽口以備蜀關羽還當陽西保麥城權使誘之羽僞降立幡旗為象人於城上因遁走兵皆解散尚十餘騎權先使朱然潘璋斷其徑路十二月璋司馬馬忠獲羽及其子平都督趙累等於章鄉遂定荊州曹公表權為驃騎將軍假節領荊州牧封南昌侯二十五年正月曹公薨太子丕代為丞相魏王是年冬魏受漢禪明年四月劉備稱帝於蜀權自公安都鄂魏文帝策封權為吳王加九錫又明年正月權遣陸遜部將軍宋謙等攻蜀五屯皆破之所斬及投兵降首數万人劉備奔走僅以身免初權外託事魏而誠心不欵魏欲遣侍中辛毗尚書桓階與權盟誓并徵任子權辭讓不受魏乃命曹休張遼臧霸出洞口曹仁出濡須曹真夏侯尚張郃徐晃圍南郡權遣呂範等督五軍拒之權遂改元黃武臨江拒守使太中大夫鄭泉聘劉備于白帝然猶與魏文帝相往來至後年乃絕八年春公卿百司皆勸權正尊號四月丙申遂即皇帝位

冊府元龜卷第一百八十三

閏位部 三

勳業第二

宋高祖武皇帝漢高帝弟楚元王交二十一世孫初為晉冠軍孫無終司馬安帝隆安三年十一月妖賊孫恩作亂於會稽衛將軍謝琰前將軍劉牢之東討牢之請帝參府軍事十二月牢之至吳而賊緣道屯結牢之命帝與數十人覘賊遠近會遇賊至衆數千人高祖便進與戰所將人多死而戰意方厲手奮長刀所殺傷甚衆牢之子敬宣疑高祖淹久恐為賊所困乃輕騎尋之既而衆騎並至賊乃奔退斬獲千餘人推鋒而進平山陰恩遁還入海四年五月恩復入會稽殺衛將軍謝琰十月劉牢之復率衆東征恩退走牢之屯上虞使帝戍句章城既卑小戰士不盈數百帝常被堅執銳為士卒先每戰輒摧鋒陷陣賊乃退還浹口時東伐諸帥御軍無律士卒暴掠甚為百姓所苦唯

帝法令明整所至莫不親賴焉五年春孫恩頻攻句章帝屢摧破之恩復走入海三月北出海鹽帝追而翼之築城于海鹽故治賊日來攻城城內兵力甚弱帝屢出破之（欽若等曰事具閏位謀略門）五月孫恩破滬瀆殺吳國內史袁崧死者四千人是月帝復破賊於婁縣六月恩乘勝浮海奄至丹徒戰士十餘万劉牢之猶屯山陰京邑震動帝倍道兼行與賊俱至于時衆力既寡加以步遠疲勞而丹徒守軍莫有鬬志恩率衆數万鼓譟登蒜山居民皆荷擔而立帝率領數百奔擊大破之投巘赴水死者甚衆恩以彭排自載僅得還船雖被摧破猶恃其衆力徑向京師樓船高大值風不得進旬日乃至白石尋知劉牢之已還朝廷有備遂走向鬱洲八月以帝為建武將軍下邳太守領水軍追討至鬱洲復大破恩恩南走十一月帝追恩於滬瀆及海鹽又破之三戰並大獲俘馘以万數恩自是飢饉疾疫死者太半自浹口奔臨海元興元年驃騎將軍司馬元顯西伐荆州刺史桓玄玄

亦率荆楚大衆下討元顯遣鎮北將軍劉牢之拒之帝參其軍事次溧洲玄至帝請擊之不許將遣子敬宣詣玄請和帝與牢之甥東海何無忌並固請不從遂遣敬宣詣玄玄剋京邑殺元顯以牢之為會稽內史懼而告帝曰便奪我兵禍其至矣今當北就高雅於廣陵舉事卿能從我去乎答曰將軍以勁卒數万望風降服彼新得志威震天下三軍人情都已去矣廣陵豈可得至耶吾當反服還京口耳牢之叛走自縊死何無忌謂帝曰我將何之帝曰鎮北去必不免卿可隨我還京口桓玄必不能守節北面我當與卿圖之今方是玄矯情任算之日必將用我輩也桓玄從兄脩以撫軍鎮丹徒以帝為中兵參軍孫恩自奔敗之後徒旅漸散懼生見獲乃於臨海投水死餘衆推恩妹夫盧循為主桓玄欲且緝寧東土以循為永嘉太守循雖受命而寇暴不已五月玄復遣帝東征時循自臨海入東陽二年正月玄復遣帝破循於東陽循奔永嘉復追破之斬其大帥張士道

追討至于晉安循浮海南走六月加帝彭城內史十二月桓玄篡立帝從桓脩入朝玄見帝謂司徒王謐曰昨見劉裕風骨不常蓋人傑也每遊集輒引接慇懃贈賜甚厚帝愈惡之或說玄曰劉裕龍行虎步視瞻不凡恐不為人下宜早為其所玄曰我方欲平蕩中原非劉裕莫可付以大事關隴平定然後當別議之耳玄乃下詔曰劉裕以寡制衆屢摧妖鋒汎海窮追十殄其八諸將力戰多被重瘡自元帥以下至于將士並宜論賞以叙勳烈先是帝東征盧循何無忌隨至山陰勸於會稽舉義帝以為玄未據極位且會稽遙遠事濟為難俟其篡逆事著徐於京口圖之不憂不剋至是桓脩還京帝託以金創疾動不堪步從乃與無忌同船共還建興復之計於是與弟道規沛郡劉毅平昌孟昶任城魏詠之高平檀憑之琅邪諸葛長民太原王元德隴西辛扈興東莞童厚之並同義謀時桓脩弟弘為征虜將軍青州刺史鎮廣陵道規為弘中兵參軍昶為州主簿乃令毅潛

往就昶聚徒於江北謀起兵殺弘長民爲豫州刺史刁逵左軍府參軍謀據歷陽相應元德厚之謀於京邑聚衆攻玄並剋期齊發三年二月己丑朔乙卯帝託以遊獵與無忌等收集義從凡同謀何無忌魏詠之詠之弟欣之順之檀憑之從子韶弟祗隆與叔道濟道濟從兄範之帝弟道憐沛郡劉藩河內向彌平昌孟懷玉管義之陳留周安穆臨淮劉蔚從弟珪之東莞臧熹從弟寶符從子穆生童茂宗陳郡周道民漁陽田演譙國范清等二十七人願從者百餘人丙辰詰旦城開無忌服傳詔服稱詔居前義衆馳入齊聲大呼吏士驚散莫敢動即斬桓脩以徇帝哭甚慟厚加殯斂孟昶勸弘其日出獵未明開門出獵人昶道規毅等率壯士五六十人因開門直入弘方噉粥即斬之因收衆濟江義軍初剋京城脩司馬刁弘率文武佐吏來赴帝登城謂之曰郭江州已奉乘輿反正於尋陽我等並被密詔誅除逆黨同會今日賊玄之首已當梟於大航矣諸君非大晉之臣乎今來欲何爲弘信之收衆而退毅既至帝命誅弘衆推帝爲盟主先移檄於京邑曰夫治亂相因理不常泰狡焉肆虐或值聖明自我大晉陽九屢構隆安已來難結皇室忠臣碎於虎口貞良斃於豺狼逆臣桓玄陵虐人鬼阻兵荊郢肆暴都邑天未亡難凶力繁興踰年之間遂傾皇祚主上播越流幸非所神器沈淪七廟毀墜夏后之離浞羿有漢之遭莽卓方之於玄未足爲喻自玄篡逆于今歷年亢旱彌時民無生氣加以士庶疲於轉輸文武困於造築父子乖離室家分散豈唯大東有杼軸之悲摽梅有傾筐之歎而已哉仰觀天文俯察人事此而能久孰有可亡凡在有心誰不扼腕裕等所以叩心泣血不遑啓處者也是故夢寐宵興搜獎忠烈潛構崎嶇險過履虎輔國將軍劉毅廣武將軍何無忌鎮北主簿孟昶兗州主簿魏詠之寧遠將軍劉道規龍驤將軍劉藩振威將軍檀憑之等忠烈斷金精貫白日荷戈奮袂志在畢命益州刺史毛璩萬里齊契掃定荊楚

江州刺史郭昶之奉迎主上宮于尋陽鎮北參軍王元德等並率部曲保據石頭揚武將軍諸葛長民收集義士已據歷陽征虜參軍庾賾之等潛相連結以爲內應同力協規所在蜂起即日斬僞徐州刺史安城王脩青州刺史弘首義衆既集文武爭先咸謂不有一統則事無以輯裕辭不獲已遂總軍要庶上憑祖宗之靈下罄義夫之力翦馘逋逆蕩清京輦公侯諸君或世樹忠貞或身荷爵寵而並俛眉猾豎自効莫由顧瞻周道寧不弔乎今日之舉良其會也裕以虛薄才非古人勢接於已踐之機受任於既頹之運丹誠未宣感慨憤躍望霄漢以永懷眄山川以增厲授檄之日神馳賊庭帝乃以孟昶爲長史總攝後事檀憑之爲司馬百姓願從者千餘人三月戊午朔遇吳甫之於江乘甫之玄驍將也其兵甚銳帝躬執長刀大呼以衝之衆皆披靡即斬甫之進至羅落橋皇甫敷率數千人逆戰寧遠將軍檀憑之與帝各御一隊憑之戰敗見殺其衆退散帝進戰彌厲前後奮擊應時摧破即斬敷首玄聞敷等並沒愈懼使桓謙屯東陵口卞範之屯覆舟山西衆合二萬己未旦義軍食畢弃其餘糧進至覆舟山東使張旗幟於山上以爲疑兵玄又遣武騎將軍庾禕之配以精手利器助謙等帝躬先士卒以奔之將士皆殊死戰無不一當百呼聲動天地時東北風急因命縱火煙熛張天鼓譟之音震京邑謙等諸軍一時奔潰玄始雖遣軍置陣而走意已決別使領軍將軍殷仲文具舟於石頭仍將子姪浮江南走庚申帝鎮石頭城立留臺官焚桓溫神主於宣陽門外造晉新主立于太廟遣諸將帥追玄尚書王嘏率百官奉迎乘輿司徒王謐與衆議推帝領揚州固辭乃以謐爲錄尚書事領揚州刺史以帝爲使持節都督揚徐兗豫青冀幽并八州諸軍事領軍將軍徐州刺史先是朝廷承晉氏亂政百司縱弛桓玄雖欲釐整而衆莫從之帝以身範物先威禁內外百官皆肅然奉職二三日間風俗頓改時諸葛長民失期不得發刁逵執

送之未至而玄敗玄經尋陽江州刺史郭昶之備乘輿法物資之玄收略得二千餘人挾天子走江陵冠軍將軍劉毅輔國將軍何無忌振武將軍劉道規率諸軍追討四月奉武陵王遵爲大將軍承制大赦天下唯桓玄一祖後不在赦例玄子詔又聚衆向歷陽高祖命輔國將軍諸葛長民擊走之無忌道規破玄大將鄭鈴等于桑落洲衆軍進據尋陽加高祖都督江州諸軍事玄既還荆郢大聚兵衆召水軍造樓船器械率衆二万挾天子發江陵浮江東下與冠軍將軍劉毅等相遇於崢嶸洲衆軍大破之玄弃衆復挾天子還復江陵玄黨殷仲文奉晉二皇后還京師玄至江陵因西走南郡太守王騰之荆州別駕王康產奉天子入南郡府初征虜將軍益州刺史毛璩遣從孫祐之與參軍費恬送弟喪下有衆二百璩弟子循之時爲玄屯騎校尉誘玄以入蜀至枚回洲恬與祐之迎射之益州督護馮遷斬玄首傳京師又斬玄子昇於江陵市初玄敗於崢嶸洲義軍以爲大事已定追躡不速玄死幾一旬衆軍猶不至玄從子振逃於華容之浦中招聚逆黨數千人晨襲江陵城居民競出赴之玄從兄謙先匿於沮川亦聚衆以應振爲玄舉哀立喪庭謙乃率衆官奉璽綬于安帝無忌道規既至江陵與桓振戰于靈溪玄黨馮該又設伏于楊林義軍奔敗退還尋陽兗州刺史辛禺懷貳會北青州刺史劉該反禺求征該次淮陰又反禺長史羊穆之斬禺傳首十月帝領青州刺史甲仗百人入殿劉毅諸軍復進至夏口毅攻魯城道規攻偃月壘皆拔之十二月諸軍進平巴陵義熙元年正月毅等至江津破桓振江陵平天子至自江陵以帝爲侍中車騎將軍都督中外諸軍事使持節徐青二州刺史帝固讓加録尚書事又不受屢請歸藩天子不許遣百僚敦勸又親幸帝第帝惶懼詣闕陳請天子不能奪是月旋鎮丹徒天子重遣大使敦勸又不受乃改授都督荆司梁益寧雍涼七州并前十六州諸軍事盧循浮海破廣州二年三月督交廣二州

十月帝上言曰昔天禍皇室巨狡縱篡臣等義惟舊隷豫蒙国恩仰契信順之符俯厲人臣之憤雖社稷之靈抑亦事由衆濟其翼獎忠勲之佐文武畢力之士敦執在己之謙用虧國體之大輔中撫衆軍先上同謀起義始平京口廣陵二城臣及撫軍將軍毅等二百七十二人并後起義出都緣道大戰所餘一千五百六十六人又輔國將軍長民故給事中王元德等十人合一千八百四十八人已正其西征衆軍須論集續上於是尚書奏封習謀主鎮軍將軍裕豫章郡公食邑万戶賜絹三万疋其餘封賞各有差鎮軍府佐吏降故太傅謝安府一等十一月壬子重申前令加帝侍中進號車騎將軍開府儀同三司固讓詔遣百寮敦勸三年二月帝還京師將詣廷尉天子先詔獄官不得受詣闕陳讓乃見聽旋于丹徒四年正月天子徵帝入輔授侍中車騎將軍開府儀同三司楊州刺史録尚書徐兗二州刺史如故帝表解兗州先是遣冠軍劉敬宣伐蜀賊譙縱無功而返九月以敬宣挫退遜位不許乃降爲中軍將軍五年二月南燕鮮卑慕容超大掠淮北執陽平太守劉千載濟南太守趙元驅略千餘家三月帝抗表北討以丹楊尹孟昶監中軍留府事四月舟師發京都泝淮入泗五月至下邳留船艦輜重步軍進琅邪所過皆築城留守鮮卑梁父莒城二戍並奔走六月慕容超遣五樓及廣寧王賀賴先據臨朐城既聞大軍至留羸老守廣固乃悉出臨朐有巨蔑水去城四十里超告五樓曰急往據之晉軍得水則難擊也五樓馳進龍驤將軍孟龍符領騎居前奔往爭之五樓乃退衆步進有車四千兩分車爲兩翼方軌徐行車悉張幔御者執稍又以輕騎爲遊軍軍令嚴肅行伍齊整未及臨朐數里賊鐵騎万餘前後交至帝命兗州刺史劉藩弟并州刺史道憐諮議參軍劉敬宣陶延壽參軍劉懷玉愼仲道索邈等齊力擊之遣諮議參軍檀韶直趨臨朐韶剋臨朐悉虜超輜重超聞臨朐已拔引衆走帝親鼓之賊乃大奔超遁還廣

固獲超馬偽輦王璽豹尾等送于京師斬其大將段暉等十餘人其餘斬千餘計明日進軍𡨋固即居大城超退保小城於是設長圍守之圍高三丈外穿三重塹停江淮轉輸館穀於齊土撫納降附華戎歡悅援才授爵因而任之七月詔加帝北青冀二州刺史超大將垣遵遵弟苗並率衆歸順帝方治攻具城上人曰汝不得張綱何能為也綱者超偽尚書郎其人有巧思會超遣綱稱藩於姚興乞師請救興偽許之而實憚帝不敢遣綱從長安還泰山太守申宣執送之乃升綱於樓上以示城內城內莫不失色於是使綱大治攻具超求救不獲綱反見虜轉憂懼乃請稱藩求割大峴為界獻馬千疋不聽圍之轉急河北居民荷戈負糧至者日以千數九月進帝太尉中書監固讓十月張綱治攻具成設諸奇巧飛樓木幔之屬莫不畢備城上火石弓矢無所用之六年二月丁亥屠廣固超踰城走征虜賊曹喬胥獲之殺其王公以下納口万餘馬二千疋送超京師斬于建

康市帝之北伐也徐道覆至番禺說盧循乃循率衆過嶺寇南康廬陵豫章諸郡守皆委任奔走于時平齊問未至既馳使徵帝帝之初剋齊也欲停鎮下邳清盪河洛既而被徵使至即日班師鎮南將軍何無忌與徐道覆戰于豫章敗績無忌被害內外震駭朝廷欲奉乘輿北走就帝尋知賊定未至人情小安帝至下邳以船運輜重自率精銳步歸至山陽聞無忌被害慮京邑失守乃卷甲兼行與數十人至淮上問行旅以朝廷消息人曰賊尚未至劉公若還便無所憂也帝大喜單船過江還至京口衆乃大安四月癸未帝至京師解嚴息甲循之初下也使道覆向尋陽自寇湘中諸郡荆州刺史道規遣軍至長沙為循所敗循徑至巴陵與道覆連旗而下帝以南蕃覆沒表送章綬詔不聽五月劉毅敗績于桑落洲問至內外恟擾時北師始還多創痍疾病京師戰士不盈數千賊既破江豫二鎮戰士十餘万舟車百里不絕奔敗還者並聲其雄盛孟昶諸葛長民懼寇漸逼欲擁天子過江帝不聽昶固請不止帝曰今重鎮外傾強寇內逼人情危駭莫有固志若一旦遷動便自瓦解江北亦豈可得至設令得至不過延日月耳今兵士雖少自足以一戰若其剋濟則臣主同休苟厄運必至我當以死衛社稷橫尸廟門遂其由來以身許國之志不能遠竄於草間求活也我計決矣昶勿復言於是開賞募投身赴義者一同登京城之科發居民治石頭城建牙誡嚴帝率劉義諸葛長民北出拒之七月庚申群賊自蔡洲南走還屯尋陽遣輔國將軍王仲德廣川太守劉鍾河間太守蒯恩追之帝還東府大治水軍皆大艦重樓高者十餘丈十月率兗州刺史劉藩寧朔將軍檀韶等舟師南伐以後將軍劉毅監太尉留守府後事皆委焉是月徐道覆率衆三万寇江陵荆州刺史道規又大破之斬首万餘級道覆走還盆口初帝之遣索邈也邈在道為賊所斷道覆敗後方達自循東下江陵斷絕京邑之問傳者皆云已沒及邈至方知循走循初

自蔡洲南走留其親黨范崇民五千人高艦百餘戍南陵王仲德等聞大軍且至乃進攻之十一月大破崇民軍焚其舟艦收其散卒循廣州守兵不以海道為防是月建威將軍孫季高乘海奄至而城池峻整兵猶數千季高焚賊舟艦悉力而上四面攻之即日屠其城循父以輕舟奔始興季高撫其舊民戮其親黨勒兵謹守初帝之遣季高也衆咸以海道艱遠必至為難且分撤見力二三非要帝不從敕季高曰大軍十二月之交必破妖虜卿今時當至廣州傾其巢窟令賊奔走之日無所歸投季高受命而行如期剋捷循方治兵艦設諸攻備帝欲御以長算乃屯軍雷池賊揚聲不攻雷池當乘流逕下帝知其欲戰且慮賊敗或於京江入海遣王仲德以水艦三百於吉陽下斷之十二月循道覆率衆數万方艦而下前後相抗莫見舳艫之際公悉出輕利鬬艦躬提幡鼓命衆軍齊力擊之又上步騎於西岸右軍參軍庾樂生乘艦不進斬而徇之於是衆軍並踊騰爭先軍

中多万鈞神弩所至莫不摧陷帝中流蹙之因風水勢賊艦悉泊西岸上軍先備火具乃投火焚之煙燗張天賊衆大敗追奔至夜乃歸循等還尋陽初分遣步軍莫不疑怪及燒賊艦衆乃悅服召王仲德請還爲前驅留輔國將軍孟懷玉守雷池循聞大軍上欲走向豫章乃悉力柵斷左里帝攻柵而進循兵雖殊死戰弗能禁諸軍乘勝奔之循單舸走所殺及投水死凡万餘人循收散卒尚有數千人逕還廣州帝庚自左里天子遣侍中黃門勞師于行所七年正月振旅于京師改授大將軍楊州牧二月盧循至番禺爲孫季高所破收餘衆南走劉藩孟懷玉斬徐道覆于始興交州刺史杜慧度斬盧循傳首京師八年四月以後將軍劉毅爲荆州刺史毅與帝俱舉大義興復晉室既有雄才大志厚自矜許與尚書僕射謝混相結帝知毅不能居下終爲異端密圖之毅表求從弟兖州刺史藩以爲副貳九月藩入朝帝收藩及混並於獄賜死自表討毅壬午發自京師遣參軍王鎮惡襲江陵十月剋之毅及黨與皆伏誅十一月帝以西陽太守朱齡石爲益州刺史率衆伐蜀進帝太傅楊州牧九年二月乙丑至自江陵初諸葛長民貪淫驕橫爲士民所患劉毅既誅將謀作亂帝密命左右壯士丁旿等自幔後出於坐拉殺之死於牀側輿尸付廷尉并誅其弟黎民七月朱齡石平蜀斬僞王譙縱傳首京師十年荆州刺史司馬休之宗室之重又得江漢人心帝疑其有異志而休之子譙王文思在京師招集輕俠帝執文思送還休之令自爲其所休之表廢文思十一年正月帝收休之子文寶兄子文祖並於獄賜死率衆軍西討三月軍次江陵休之奔襄陽四月帝復率衆進討至襄陽休之奔姚興八月甲子至自江陵十二年三月加中外大都督初帝平齊乃有定關洛之意值盧循侵逼故其事不諧荆雍既平方謀外略會姚興死子泓立兄弟相殺關中擾亂帝乃戒嚴北討加領征西將軍司豫二州刺史又加北雍州刺史九月次于彭城加

領徐州刺史先是遣冠軍將軍檀道濟龍驤將軍王鎮惡步向許洛羌緣道屯守皆望風降服僞兖州刺史韋華先據倉垣亦率衆歸順帝又遣北兖州刺史王仲德先以水軍入河仲德破索虜於東郡涼城進平滑臺十月衆軍至洛陽圍金墉泓弟僞平南將軍洸請降送于京師脩復晉五陵置守衛天子以帝爲相國封宋公加九錫十三年正月帝以舟師進討二月檀道濟等次潼關三月庚辰大軍入河後魏步騎十万營於河津帝命諸軍濟河擊破之帝至洛陽七月至陝城龍驤將軍王鎮惡伐木爲舟自河浮渭八月扶風太守沈田子大破姚泓於藍田王鎮惡克長安生擒泓九月帝至長安長安豐稔帑藏盈積帝先收其彝器渾儀土圭之屬獻于京師其餘珍寶珠玉以班賜將帥執送姚泓斬于建康市十月進爵爲王十四年正月還京固讓進爵六月受相國宋公九錫之命十二月晉大司馬琅邪王即位元熙元年徵公入輔又申前命進爵爲王七月乃受命二年四月徵王入輔六月至京師晉帝禪位于宋遂即帝位

孝武帝文帝第三子元嘉十二年立爲武陵王十六年爲湘州刺史十七年遷南豫州刺史並領石頭戍至二十八年爲江州刺史四郡諸軍事時緣江蠻爲寇文帝遣太子步兵校尉沈慶之等伐之使帝總統衆軍三十年正月帝出次西陽之五州會元凶劭弒逆以帝爲征南將軍帝率衆入討荆州刺史南譙王義宣雍州刺史臧質並舉義兵四月辛酉次溧洲癸亥冠軍將軍柳元景前鋒至新亭脩建營壘甲子賊劭親率衆攻元景大敗退走丙寅帝次江寧丁卯大將軍江夏王義恭來奔表上尊號戊辰至于新亭己巳即皇帝位五月甲戌輔國將軍申坦克京城乙亥輔國將軍朱脩之克東府丙申克定京邑劭及始興王濬諸同逆並伏誅庚辰解嚴南齊太祖高皇帝宋右軍將軍南泰山太守承之之子年十三治礼及左氏春秋宋元嘉十七年大將軍彭城王義康黜鎮豫章承之領兵防守帝捨棄南行

十九年竟陵蠻動文帝遣帝領偏軍討沔北蠻二十一年伐魏至兵櫨山並破走二十三年雍州刺史蕭思話鎮襄陽啓帝自隨戍沔北討樊鄧諸山蠻破其聚落初爲右軍中兵參軍二十七年魏軍圍汝南戍主陳憲臺遣寧朔將軍臧質安蠻司馬劉康祖救之文帝使帝宣旨授節度聞魏太武向彭城質等迴軍救援至盱眙帝與質別軍主胡宗之等五軍步騎數千人前驅魏主已潛過淮卒相遇於莞山下合戰敗績緣淮奔退宗之等皆陷没帝還就質固守爲虜所攻圍甚危急事寧還京師二十九年領偏軍征仇池梁州西界舊有武興戍晉隆安中没屬氏武興西北有蘭皋戍去仇池二百里帝擊二壘皆破之遂從谷口入關未至長安八十里梁州刺史劉秀之遣司馬馬汪助帝攻談堤城拔之虜偽河間公奔走虜救兵至帝軍力疲少乃燒城還南鄭襲爵晉興縣五等男孝建初除江夏王大司馬參軍隨府轉大宰還員外直閤中書舍人西陵王撫軍參軍建康令

新安王子鸞有盛寵簡選僚佐爲北軍中郎中兵參軍母陳氏憂起爲武烈將軍復爲建康令中兵如故景和中除後軍將軍值明帝立爲右軍時四方反叛會稽太守尋陽王子房及東諸郡皆起兵加輔國將軍率衆東討至晉陵與賊前鋒將程扞孫曇瓘等戰一日破賊十二壘分軍定諸縣晉陵太守袁標棄城走東境諸城相繼奔散徐州刺史薛安都及彭城遣從子索兒寇淮陰山陽太守程天祚舉城叛徐州刺史申令孫又降徵帝討之時帝平東賊還又將南討出次新亭前軍已發而索兒自睢陵渡淮馬步万餘人擊殺臺軍主孫耿縱兵逼前軍張永營告急明帝聞賊渡遽追帝往救之屯破釜索兒向鍾離永遣寧朔將軍王寬據盱眙遏其歸路索兒擊破臺軍主高走之於石鱉將西歸王寬與軍主任農夫先據白鵠澗張永遣帝馳督寬索兒東要擊帝使不得前帝勒行結陣直入寬壘索兒望見不敢發經數日索兒引軍頓石梁帝追之至葛冢候騎遂去賊至

帝乃頓軍引營分兩馬軍夾營外以待之俄頃馬步奄至又推火車數道攻戰相持移日乃出輕兵攻賊西使馬軍合擊其後賊衆大敗追奔獲其器仗進屯　石梁澗北索兒夜遣千人來斫營營中驚帝臥不起宣令左右案部不得動須臾賊散帝議欲於石梁西南高地築壘通南道斷賊走路索兒果來爭之帝率軍擊破之賊馬自相踐藉死索兒走向鍾離帝追至騶縣而還除驍騎將軍封西陽縣侯邑六百户遷巴陵王衛軍司馬鎮會稽江州刺史晉安王子勛遣臨川内史張淹自鄱陽嶠道入三吴臺軍主沈思仁與偽龍驤將軍任皇鎮西參軍劉越緒各據險相守明帝遣帝領三千人討之夜舉火進軍賊望見恐懼未戰而走還除桂陽王征北司馬東海太守行南徐州事初明帝遣張永沈攸之以衆諭降薛安都安都引魏軍敗沈攸之於彭城淮南孤弱以帝爲假冠軍將軍持節都督北討前鋒諸軍事鎮淮陰泰始三年沈攸之吴喜北敗於睢口諸城戍太小悉

奔歸虜遂退至淮北圍角城戍主賈法度力弱不敵諸將勸帝渡岸救之帝不許遣軍主高道慶將數百張弩浮艦淮中遥射城外虜弩一發數百箭俱去虜騎相引避之乃命進戰城圍即解遷督南兖徐二州諸軍事南兖州刺史五年進督兖青冀三州刺史六年除黄門侍郎領越騎校尉不拜復授冠軍將軍留本任明帝常嫌帝非人臣相而民間流言云蕭道成當爲天子明帝愈以爲疑遣冠軍將軍吴喜以三千人北使令喜留軍破釜自持銀壺酒封賜帝帝戎服出門迎即酌飲之喜還明帝意乃悦七年徵還京師部下勸勿就徵帝曰諸卿闇於見事主上自誅諸弟爲太子稚弱作万歲後計何關他族唯應速發事幾必見疑今骨肉相害非靈長之運禍難將興方與卿等勠力耳拜散騎常侍太子左衛率時帝世子以功當別封贛縣帝以一門二封固辭不受詔許之加邑二百户明帝遺詔爲右衛將軍領衛尉加兵五百人與尚書令袁粲護軍褚淵領軍劉勔共掌

權事又別領東北選事尋解衛尉加侍中領石頭戍軍事初明帝誅戮藩戚江州刺史桂陽王休範以人凡獲全及蒼梧王立更有窺窬之望密與左右閽人於後堂習馳馬招聚亡命元徽二年五月舉兵於尋陽收略官民數日便辦衆二万人騎五百延發盆口悉乘商旅船舫大雷戍主杜道欣鵲頭戍主劉𢢔期告變朝廷遑駭帝與護軍褚淵征北張永領軍劉勔僕射劉秉游擊將軍戴明寶驍騎將軍阮佃夫右軍將軍王道隆中書舍人孫千齡員外郎楊運長集中書省計議莫有言者帝曰昔上流謀逆皆因淹緩至於覆敗休範必遠懲前失急下乘我無備今應變之術不宜念遠若偏師失律則大沮衆心宜頓新亭白下堅守宮掖東府石頭以待賊千里孤軍後無委積求戰不得自然瓦解我請頓新亭以當其鋒征北可以見甲守白下中堂舊是置兵地領軍宜屯宣陽門爲諸軍節度諸貴安坐殿中右軍諸人不須競出我自前驅破賊必矣因索筆下議並注同孫千

齡與休範有密契獨曰宜依舊遣軍據梁山魯顯閒右衛若不出白下則應進頓南州帝正色曰賊今已近梁山豈可得至新亭即是兵衝所以欲死報國耳常乃可屈曲相從今不得也坐起帝顧謂劉勔曰領軍已同鄙議不可改易乃單車白服出新亭加帝使持節都督征討諸軍平南將軍加鼓吹一部治新亭城壘未畢賊前軍已至帝方解衣高臥以安衆心乃索白虎幡登西垣使寧朔將軍高道慶羽林監陳顯達員外郎王敬則浮舸與賊水戰自新林至赤岸大破之燒其船艦死傷甚衆賊步上新林帝馳使報劉勔急開大小桁撥淮中船舫悉渡北岸休範乘肩輿率衆至壘上遣寧朔將軍黃回馬軍主周盤龍將步騎出壘對陣休範分兵攻壘東短兵接戰自巳至午衆皆失色帝曰賊雖多而亂尋破也楊運長領三齊射手七百人引強命中故賊不得逼城未時張敬兒斬休範首帝遣隊主陳靈寶送首還宮靈寶路中遇賊軍埋首道側臺軍不見休範首愈疑賊衆

亦不知休範已死別率杜黑蠡急攻壘東司空主簿蕭惠朗數百人突入東門叫噪至堂下城上守門兵披退帝挺身上馬率數百人出戰賊皆推楯而前相去數丈分兵橫射帝引滿將發左右將戴仲緒舉楯扞之箭應手飲羽傷百餘人賊死不能當乃却衆軍復得保城與蠡拒戰自晡達明旦矢石不息其夜大雨鼓叫不復相聞將士積日不得寢食軍中馬夜驚城內亂走帝秉燭正坐厲聲呵止之如是者數四賊帥丁文豪設伏破臺軍於皂莢橋直至朱雀桁劉勔欲開桁王道隆不從勔及道隆並戰沒賊進至杜姥宅車騎典籤第恬開東府納賊冠軍將軍沈懷明於石頭奔散張永潰於白下宮內傳新亭亦陷太后執蒼梧王手泣曰天下敗矣帝遣軍主陳顯達任農夫張敬兒周盤龍等從石頭濟淮間道從承明門入衛宮闕休範既死典籤許公輿詐稱休範在新亭士庶遑惑詣壘投名者千數帝隨得輒燒之乃列兵登城北謂曰劉休範父子先昨皆已即戮屍在

南岡下身是蕭平南諸軍善見觀君等名皆已焚除勿有懼也臺分遣衆軍擊杜姥宅宣陽門諸賊皆破平之帝振旅凱入百姓緣道聚觀曰全國者此公也帝與袁粲褚淵劉秉引咎解職不許遷散騎常侍中領軍都督南兗徐青冀五州諸軍事鎮軍將軍南兗州刺史持節如故進爵公增邑二千户帝固讓又與褚淵袁粲書求讓意淵粲答書固勸乃受命帝欲分其功請益粲等户四年加尚書左僕射本官如故休範平後蒼梧王漸行凶暴南徐州刺史建平王景素以有令譽朝野歸心景素亦潛爲自全之計布款誠於帝帝拒而不納七月羽林監袁祗奔京素便舉兵帝出屯玄武湖遣衆軍北討事平乃還帝威名既重蒼梧深相猜忌幾加大禍陳太妃罵之曰蕭道成有功於国今若害之後誰復爲汝著力者乃止帝密謀廢立五年七月戊子楊玉夫陳奉伯等二十五人殺蒼梧王持首送帝帝夜開承明門乘常所騎馬走入殿中殿中驚怖既知蒼梧王死咸稱万歲

巳丑帝戎服出殿君表粲褚淵劉秉等議迎立順帝甲午帝發鎮東府與粲等各甲仗五十人入殿丙申進位侍中司空錄尚書事驃騎大將軍封竟陵郡　公邑五千户給油幢輅車班劍三十人帝固辭上台即驃騎大將軍開府儀同三司庚戌進督南徐州刺史封楊王夫等二十五人爵邑各有差十月戊辰又進督豫司二州初荆州刺史沈攸之與帝同直殿省申以歡好帝以長女妻攸之第三子文和帝既廢立攸之舉兵東下京師恐懼是歲十二月九卯帝入居朝堂命諸將西討前湘州刺史王藴太后兄子遭毋喪罷任還至巴陵停舟一月與攸之密相交構還至東府期帝出弔帝既不出外謀愈固司徒袁粲尚書令劉秉見帝威權稍盛慮不自安與藴相結舉事帝遣諸將攻石頭並擒斬之帝屯閲武堂馳結軍旅閏月辛丑詔假黃鉞率大衆出屯新亭中興堂治嚴築壘二年正月攸之攻郢城不克衆潰自經死傳首京邑丙子帝旋鎮東府二月癸未加太尉增封三千户都督

南徐南兗徐兗青冀司豫荆雍湘郢梁益廣越十六州諸軍事帝解驃騎辭都督不許乃表送黃鉞三月巳酉增班劍為四十人甲仗百人入殿丙子加羽葆鼓吹辛卯封帝為齊公備九錫之禮加璽紱遠遊冠位在諸王公上加相國緑綟綬其驃騎大將軍楊州牧南徐州刺史如故三讓公卿敦勸固請乃受甲寅策相國齊公曰天地变通莫大乎炎涼懸象著明莫崇乎日月嚴冬播氣貞松之操自高光景時昏若華之映彌顯是故英睿當屯亂而不回忠賢臨危而盡節自景和昏虐王綱弛紊太宗受命紹開中興運屬屯難四郊多壘蕭將軍威宣資義烈康國濟民於是乎在朕以不造夙罹閔凶嗣君失德書契未紀威侮五行虐劉九縣神歇靈繹海水群飛彝器已遷宗祧誰主綴旒之殆未足為譬豈直小宛興刺黍離作歌而已哉天贊皇宋實啓明宰爰登寡昧纂承大業鴻緒再維宏基重造高勳至德振古絶倫昔保衡翼殷博陸佐漢方斯蔑如也今將授公典禮其敬

聽朕命乃者袁鄧構禍臣欽若等曰刺顗鄧琬舉兵向闕寔繁有徒子房不臣臣欽若等曰尋陽王子房舉兵反齊公東討平之稱兵協亂跨蹈五湖馮凌吳越浮禍辰沉氛晦景桴鼓振於王畿鋒鏑交乎天邑顧瞻宫掖將成茂草言念邦國翦為仇讎當此之時人無固志公投袂殉難超然奮發執金板而先驅登寅車而飛路軍政端嚴卒乘輯睦麾鉞一臨凶黨冰泮此則霸業之基勤王之始也安都背叛臣欽若等曰薛安都為徐州刺史引魏軍侵叛竊據徐方敢率犬羊陵虐淮泗索兒愚悖臣欽若等曰索兒安都從子也攻淮陰齊公破走之同惡相濟天祚無勇皆順歸逝北鄙黔黎奄墜塗炭均人廢職邊師告警公授命宗祊精貫朝日擁節私門氣踰霄漢破釜之捷斬馘蔽野石梁之戰禽其渠帥保境全民江陽即序此又公之功也張淹迷昧臣欽若等曰晉安王子勛遣臨川内史張淹自鄱陽入三吳齊公討之弗顧本朝爰自南區志圖東夏潛軍間入竊覬不虞于時江服未夷皇塗荐阻而忠誠慷慨在險彌亮深識九变妙察五色以寡制衆所向風偃朝廷無東顧之憂閩越有來蘇

之慶此又公之功也匈奴野心侵掠疆埸前師失律王旅撓撓灑飛成川伏尸千里醜羯倍張勢振彭泗臣欽若等曰魏師寇彭泗乘勝長驅窺覦京甸冠帶之軌將湮被髮之容行及公奉辭伐罪戒旦晨征兵車始交氣禄時蕩弔死撫傷引宣皇澤俾我淮淝訖此威化此又公之功也自兹一歐後渝猶孔熾封豕長蛇重窺上國而世故相仍師出日老戰士無臨陣之心戒卒有懷歸之思是以下邳精甲望風振恐甬城高壘指日淪陷公眷言王事發憤忘食躬擐甲胄視險若夷短兵纔接巨猾鳥散分疆畫界開創青兗此又公之功也泰始之末入參禁旅任兼軍國事同顧命桂陽負衆臣欽若等曰桂陽王休範舉兵向闕輕問九鼎裂冠毀冕拔本塞源擢戈萬里之國頻戰象魏之下烈火焚於王城飛矢集乎君屋機變倏忽終古莫二群后憂遑元戎無主公按劍凝神則奇謀貫世秉旄指麾則懦夫成勇曾不崇朝新亭獻捷信宿之間宣陽底定雲霧廓清區宇康乂此又公之功也皇室多難釁

起感蕃邦萱旐爲讎敵建平失啚（目欽若等曰建平王景素爲南徐州刺史舉兵爲逆自詔）興兵內侮公又指授六師義形乎色役未踰旬朱方寧晏此又公之功也蒼梧肆虐（目欽若等曰蒼梧王昱也廢帝也）諸夏糜沸淫刑以逞誰則無罪火炎崑岡王石俱焚黔首相悲朝不謀夕高祖之業已淪文明之軌誰嗣公遠稽殷漢之儀近遵魏晉之典猥以眇身入奉宗祐七廟清謐九區反政此又公之功也袁粲無質劉秉儁貳（目欽若等曰司徒袁粲尚書令劉秉爲黄回內應）韞述相扇成此亂階（目欽若等曰領軍劉韞度弟也述謀未獲）醜圖潛構危機竊發據有石頭志犯應路公神謨內運霜鋒外舉妖沴載澄國塗悅穆此又公之功也沈攸之苞藏禍釁（目欽若等曰攸之爲荊州刺史舉兵攻郢城）歲月滋彰蜂目豺聲阻兵安忍哀彼荊漢獨爲匪民乃眷西顧緬同異域而經綸維始九伐未申長惡不悛遂逞凶逆驅合豺回勢過彪虎朝野憂疑三軍沮氣公秉鉞出關疑威江甸正情與曒日同亮明略與秋雲競爽至義所感人百其心叢鼓一麾夏首寧謐雲梯未舉魯山

寬定積年逋誅一朝顯戮沮浦安流章臺啟軌此又公之功也公有濟天下之勳重之以明哲道庇生民志扶宇宙勠力一心劬勞王室自東徂西靡有寧晏險阻艱難備嘗之矣若乃締搆宗祊之勤造物資始之澤雲布霧散光被六幽弼予一人永清四海是以秬草騰芳於郊園景星垂暉於清漢遐方款關而慕義荒服重譯而來庭猗哉邈乎無得而名焉朕聞疇庸表德前王感典崇樹侯伯有國攸同所以文命成功玄珪顯錫姬旦秉哲曲阜啟蕃或敗王以引風或非土以宣化禮絕常班寵貫群辟爰逮桓文車服異數惟公勳業超於先列而褒賞闕於舊章古今之道何其爽歟靜言欽歎良有缺然今進授相國以青州之齊郡徐州之梁郡南徐州之蘭陵魯郡琅邪東海晉陵義興揚州之吳郡會稽凡十郡封公爲齊公錫茲玄土苴以白茅定爾邦家用建冢社斯實尚父故蕃世作盟主紀綱侯甸率由舊則往者周邵遘國師保兼任毛畢執珪入作卿士內外之寄同規

在昔司命使持節兼太尉侍中中書監司空衛將軍雩都縣開國侯淵（褚淵也）授相國印綬齊公璽紱持節兼司空副守尚書令僧虔（王僧虔也）授齊公茅土金虎符第一至第五左竹使符第一至第十相國位揔百辟秩踰三鉉職以禮移號隨事革其以相國揔百辟去錄尚書之稱送所假節侍中貂蟬中外都督太傅太尉印綬竟陵公印策其驃騎大將軍揚州牧南徐州刺史如故又加公九錫其敬聽後命以公秉禮引律儀形區宇遐邇一體民無異業是用錫公大輅各一玄牡二駟公崇脩南畝所寶唯穀王府充實百姓繁阜是用錫公袞冕之服赤舃副焉公造物以義鎔鈞庶品罔不和悅是用錫公軒縣之樂六佾之舞公翼贊王猷聲教遠洽変夷竭款回首內附是用錫公朱戶以居公明鑒人倫澄辯涇渭官方與能英乂克舉是用錫公納陛以登公保佑皇朝厲身化下杜漸防萌含生黄式是用錫公虎賁之士三百人公禦宄以刑禦斬以德君親無將將而必誅是用錫

公鈇鉞各一公鳳舉四維龍驤八表威靈所振異域同文是用錫公彤弓一彤矢百玈弓十玈矢千公明發載懷肅恭禋祀孝敬之重義感靈祇是用錫公秬鬯一卣珪瓚副焉齊國置丞相以下一遵舊式往欽哉其祗聽朕命經緯乾坤宏亮洪業茂昭尒大德闡揚我高祖之休命又詔齊公十郡之外隨宜除用齊國初建給錢五百万布五千疋絹千疋四月癸酉詔進齊公爵爲王九月丙午進位假黄鉞都督中外諸軍事太傅領揚州牧劒履上殿入朝不趨贊拜不名置左右長史司馬從事中郎掾屬各四人使持節太尉驃騎大將軍錄尚書南徐州刺史如故固辭詔遣敦勸乃受黄鉞辭殊礼甲寅給三望車三年正月丁巳命太傅府依舊辟召丁卯給甲仗五百人出入殿省甲子重申前命劒履上殿入朝不趨贊拜不名三月甲辰增封陳郡潁川陳留南兖州之盱眙山陽秦郡廣陵南沛十郡改立王社丙戌命齊王冕十有二旒建天子旌旗出警入蹕乘金根車駕六

册府元龜卷第一百八十五

閏位部四

勳業第三

梁高祖武皇帝南齊丹陽尹順之之子博學多通好籌略有文武才幹時流名輩咸推許之起家巴陵王南中郎法曹行參軍遷衛軍王儉東閣祭酒竟陵王子良開西邸招文學帝與沈約等號爲八友累遷隨王鎮西諮議參軍時順之征魚復侯子響於射堂縊殺之後齊武既憶子響順之懼感病遂以憂卒及鬱林王失德齊明帝作輔將爲廢立計帝欲助齊明傾齊武之嗣以雪心恥齊明亦知之每與帝謀時齊明將追隨王恐不從又以王敬則在會稽恐爲變以問帝帝曰隨王雖有美名其實庸劣既無智謀之士爪牙惟仗司馬垣歷生武陵太守卞白龍耳此並惟利是與若啗以顯職無不載馳隨王止須折簡耳敬則志安丘東窮其富貴宜選美女以娛其心齊明曰亦吾意也

即徵歷生爲太子左衛率白龍爲游擊將軍並至續召隨王至都賜自盡豫州刺史崔慧景以齊武舊臣不自安齊明憂之乃起帝爲寧朔將軍鎮壽陽外聲備魏實防慧景師次長瀨慧景待罪白服來迎帝撫而宥之將軍房伯玉徐玄慶並曰慧景反跡既彰寔是見賊我曹武將譬如韝上鷹將軍一言見命便即制之帝笑曰其如掌內嬰兒殺之不武於是曲意和釋之慧景遂安隆昌元年歷太子庶子中書黃門侍郎入直殿省建武二年後魏遣將劉昶王肅帥衆寇司州以帝爲冠軍將軍軍主隸江州刺史王廣爲援距義陽百餘里衆以魏軍盛莫敢前帝欲大振威略謂諸將曰今屯下梁之城塞鑿峴之險守雉脚之路據賢首之山以通西關以臨賊壘三方掎角出其不備破賊必矣廣等不從後遣徐玄慶進據賢首山魏絕其糧道衆懼莫敢援之唯帝獨奮請先進於是廣之益帝精甲銜枚夜前失道望見如持兩炬者隨之果得道徑上賢首山魏之圍因得前魏軍來

勝帝堅壁不進時王肅自攻城二鼓而退劉昶有疑心帝因與諸軍成其隙一旦有風從西北起陣雲隨之來當肅營尋而風廻雲轉還向西北帝曰此所謂歸氣魏師遁矣令軍中曰望麾而進聽鼓而動肅乃傾壁十萬陣水北帝揚麾鼓譟響振山谷敢死之士執短兵先登長戟翼之城中見援至因出軍攻魏柵軍表裏受敵因大敗肅昶單馬走斬獲千計流血絳野得肅昶巾箱中魏帝敕曰聞蕭衍善用兵勿與爭鋒待吾至若能擒此人則江東吾有也軍罷以帝爲右軍晉安王司馬淮海太守還太子中庶子領羽林監頃之出鎮石頭四年魏帝自率大衆寇雍州明帝令帝赴援十一月至襄陽詔又遣左民尚書崔慧景總督諸軍帝及雍州刺史曹武等並受節度五年三月慧景與帝進行鄧城魏主帥十萬餘騎奄至慧景失色欲引退帝固止之不從乃狼狽自拔魏騎乘之於是大敗帝獨率衆距戰殺數十百人魏騎稍却因得結陣斷後至夕得下船慧景軍死傷略

盡唯帝全師歸俄以帝行雍州事十月授持節都督雍梁南北秦四州郢州之竟陵司州之隨郡諸軍事輔國將軍雍州刺史其年東昏即位揚州刺史始安王遙光尚書令徐孝嗣尚書右僕射江祏侍中江祀衛尉劉暄更直內省分日帖敕帝聞之謂從舅張弘策曰政出多門亂其階矣詩云一國三公吾誰適從況今有六而可得乎嫌隙若成方相誅滅當今避禍唯有此地勤行仁義可坐作西伯諸弟在都恐離世患須與益州圖之耳時帝長兄懿罷益州還仍行郢州事乃使張弘策詣郢陳計於懿曰昔晉惠庸主諸王爭權遂內難九興外寇三入今六貴爭權人握王憲制主畫敕各欲專威睚眦成憾理相屠滅且嗣主在東宮本無令譽媟近左右蜂目忍人一總萬機恣其所欲豈肯虛坐主諾委政朝臣積相嫌貳必大誅戮始安欲爲趙倫形迹已見蹇人上天信無此理且性甚猜狹徒取亂耳所可當軸唯有江劉而已祏怯而無斷暄弱而不才折鼎覆餗翹足可待

蕭坦胷懷猜忌動言相傷徐孝嗣才非柱石聽人穿鼻若隙開釁起必中外土分今得守外藩幸圖身計智者見機不俟終日及今猜防未生宜召諸弟以時聚集後相防疑拔足無路郢州控帶荊湘西注漢沔雍州士馬呼吸數萬虎視其間以觀天下世治則竭誠本朝世乱則為国剪暴可得與時進退此蓋萬全之策如不早圖悔無及也懿聞之亦變色心未之許弘策還帝乃啓迎弟偉及憺是歲至襄陽於是潛造器械多伐竹木沈於檀溪密為舟裝之備永元二年冬懿被害信至帝密召長史王茂中兵吕僧珍別駕柳慶遠功曹史吉士瞻等謀之既定以十一月乙巳僚佐集於廳事謂曰昔武王會孟津皆曰紂可伐今昏主惡稔窮虐極暴誅戮朝賢罕有遺育生民塗炭天命殛之卿等同心疾惡共興義舉公侯將相良在今日各盡勳効我不食言是日建牙於是收得甲士萬人馬千餘匹船三千艘出檀溪竹木裝艦先是東昏以劉山陽為巴陵太守配精兵三千使過荊

州就行州事蕭穎胄以襲襄陽帝知其謀乃遣參軍王天虎龐慶国詣江陵偏與州府人書及山陽西上帝謂諸將曰荊州本畏襄陽人加脣亡齒寒自有傷弦之急寧不闇同邪我若總荊雍之兵掃定東夏韓白重出不能為計況無算之昏主役御刀應勑之徒哉我能使山陽至荊便即授首諸君試觀何如及山陽至巴陵帝復令天虎齎書與穎胄兄弟去後帝謂張弘策曰夫用兵之道攻心為上攻城次之心戰為上兵戰次之今日是也前遣天虎往州府人皆有書今段乘驛甚急止有兩封與行事兄弟云天虎口具及問天虎而口無所說行事不得相聞不容妄有所道天虎是行事心膂彼聞必謂行事與天虎共隱其事必人人生疑山陽惑於衆口判相嫌貳則行事進退無以明必漏吾謀内是馳兩空函定一州矣山陽至江安聞果疑不上穎胄大懼乃斬天虎送首山陽信之將數十人馳入穎胄伏甲斬之送首于帝仍以南康王尊號之議來告且曰時月未利當

須來年二月遽便進兵恐非廟筭帝答曰今坐甲十萬糧用自竭況所藉義心一時驍銳事事相接猶恐疑怠頓兵十旬必生悔吝童兒立異便大事不成今太白出西方杖義而動天時人謀有何不利處分已定安可中息昔武王伐紂行逆太歲復須待年月乎竟陵太守曹景宗遣杜思冲勸帝迎南康都襄陽待正尊號然後進軍帝不從王茂又私於張弘策曰我奉事節下義無進退今者以南康置人手中彼便挾天子以令諸侯而節下前去為人所使此豈歲寒之計弘策言之帝曰若使前途大事不捷故自蘭艾同焚若功業克建威讋四海號令天下誰敢不從豈是碌碌受人處分至石城當面曉王茂曹景宗也於沔南立新野郡以集新附三年二月南康王為相国以帝為征東將軍給鼓吹一部戊申帝發襄陽留弟偉守襄陽城總州府事憺守壘城府司馬莊丘黑守樊城功曹史吉士詢兼長史白馬戍主黄嗣祖兼司馬鄀令杜永兼別駕小府録事郭儼知轉漕

移檄京邑曰夫道不常夷世無永治廢興相沿晦明非一皆因屯困而復亨資多難以啓聖故昌邑悖德孝宣聿興海西乱政簡文升歷並拓緒開基紹隆寶命理驗前經事昭往策獨夫擾乱天常毀棄君德姦回淫縱歲月滋甚挻虐於髫剪之年植險於冠卝之日猜忌凶毒觸途而著暴戾昏荒與事而發自大行告漸喜容前見梓宮在殯靦無哀色懽娛遊宴有過平常奇服異衣更極誇麗至於選采妃嬪姊妹無別招侍巾櫛姑姪莫辯掖庭有稗販之名姬姜被干殳之服至乃形體宣露褻衣頗闕斬斮其間以為懽笑騁肆淫放驅屏郊邑老弱波流士女塗炭行產盈路輿尸竟道母不及抱子不遑哭劫掠剽虜以日繼夜晝伏宵遊曾無休息淫酗肆縱歌壚邸寵恣愚竪乱惑妖孽梅蟲兒茹法珍臧獲斯小專制威柄誅翦忠良屠滅卿宰劉鎮軍舅氏之尊盡忠奉国江僕射外戚之重竭誠事上蕭領軍葭莩之宗志存柱石徐司空沈僕射搢紳冠冕民望攸歸或渭陽餘

感或勳庸允穆或誠著艱難式効勞王室並受遺詔同參顧命送往事居俱竭心力宜其慶溢當年祚隆後裔泰帝一朝豪釐粉拔稚無遺人神怨結行路嗟憤韻令公幹世之才識貫幽顯往年冠賊遊寬商鄭危逼拔刃飛泉孤城獨振及中流逆命憑陵京邑謀猷禁省指授羣帥剋翦鯨鯢清我王度崔慧景奇鋒迅駭兵交象魏武士喪寬義夫奪膽投名送款比屋交馳負糧景從愚智競赴復誓旅江甸奮不顧身裁厲義徒電掩強敵剋殲大憝以固皇基功出桓文道逾伊呂而勞謙自巳事照心迹功遂身退不祈榮滿敦賞未聞禍酷遄及預稟精靈孰不冤痛而羣孽放命蜂蠆懷毒乃遣劉山陽驅扇逋逃招逼亡命潛圖密構規見掩襲蕭右軍夏侯征虜忠斷夙舉義形於色奇謀宏振應手梟懸天道禍淫罪不容戮悖禮違教傷化虐民射天彈路比之猶善刳胎斮腦方之非酷盡寓縣之竹未足紀其過窮山澤之兎不能書其罪自草昧巳來圖諜所記昏君暴后未有若斯

之甚者也既人神乏主宗社阽危海內沸騰民庶波蕩百姓懍懍如摧厥角蒼生喁喁投足無地幕府荷眷前朝義均休戚上懷委付之重下惟在原之痛豈可卧薪引火坐觀傾覆至尊體自高宗特鍾慈寵明並日月粹昭靈神祥啓元龜符驗當璧作鎮陝蕃化流西夏謳謌攸奉萬有樂推右將軍穎胄征虜將軍夏侯祥並同心翼戴即宮舊楚三靈再朗九縣更新升平之運此焉復始康哉之盛在乎茲日然帝德雖彰區宇大定元惡未黜天邑猶梗仰稟宸規率前啓路即日遣冠軍將軍竟陵內史曹景宗等二十軍主長槊五萬驍騎爲羣鶚視爭先能驤並驅步出橫江直指朱雀長史冠軍將軍襄陽太守王茂等率三十軍主戈船七萬乘流電激推鋒扼險斜趣白城南中郎諮議參軍蕭偉等三十九軍主巨艦迅檝衝波噎水旗鼓八萬焱集石頭南中郎諮議參軍軍主蕭憺等四十二軍主熊羆之士甲楯十萬沿波馳艓掩據新亭益州刺史劉季連梁州刺史柳惔司州刺史王僧景魏太守裴師仁上庸太守韋叡新城太守崔僧季南秦明詔龔行天討蜀漢果銳沿流而下淮汝勁勇望波遄鶩幕府總率貔貅驍勇百萬繕甲燕弧屯兵冀馬撫金沸地鳴鞞聒天霜鋒曜日朱旗絳寓方舟千里駱驛係進蕭右軍訏謨上才兼資文武英略峻遠執鈞輔世擁荊南之衆董四方之師宣讚中權奉衛輿輦旌麾所指威稜無外龍驤獸步並集建業黜放愚狡均禮海昏廓清神甸埽定京宇譬猶摧太山而注熛燼豈有不殄滅者哉今資斧所加止梟兒法珍而巳諸君或世冑羽儀書勳王府皆俛眉姦黨受制凶威若能因變立功轉禍爲福並誓河岳永紆青紫若執迷不悟無廻王師大衆一臨刑玆罔赦所謂火烈高原芝蘭同泯勉求多福無貽後悔賞罰之科有如白水帝至竟陵命長史王茂與太守曹景宗爲前軍中兵參軍張法安守景陵城茂等至漢口輕兵濟江逼郢城其刺史張沖置陣據石橋浦義師與戰不利軍主朱僧起死之諸將

議欲併軍圍郢分兵襲西陽武昌帝曰漢口不闊一里箭道交至房僧寄以重兵固守爲郢城掎角若悉衆前進賊必絕軍後一朝爲阻則悔無所及今欲遣王曹諸軍濟江與荊州軍相併以逼賊壘吾自後圍魯山以通沔漢鄖城竟陵間粟方舟而下江陵湘中之兵連旗接刃資糧既廣士衆稍多圍守兩城不攻自拔天下之事卧取之耳諸將皆曰善乃命王茂曹景宗師衆濟岸進頓九里其日張沖出軍迎戰茂等邀擊大破之皆棄甲奔走荊州遣冠軍將軍鄧元起軍主王世興田安等數千人會大軍於夏首帝築漢口城以守魯山令水軍主張惠紹朱思遠等遊遏中江絕郢魯二城三月乃命元起進軍南堂西渚田安之頓城北王世興頓曲水故城是月南康王即帝位於江陵改元爲中興元年遥廢東昏爲涪陵王以帝爲尚書左僕射加征東將軍都督征討諸軍事假黃鉞西臺又遣冠軍將軍蕭穎達領兵會于軍四月帝出沔命王茂蕭穎達等進軍逼郢城元嗣屢

戰頻北因不敢出諸將議欲攻之帝不許五月東昏遣寧朔將軍吳子陽軍主光子衿等十三軍救郢州進據巴口六月西臺遣衛尉席闡文勞軍齎蕭穎胄等議謂帝曰今頓兵兩岸不併軍圍郢定西陽武昌取江州此機已失莫若請救於魏與連和猶爲上策帝謂闡文曰漢口路通荆雍控引秦梁糧運資儲聽此氣息所以兵壓漢口連絡數州今日併軍圍城又分兵前進魯山必阻沔路所謂搤喉若糧運不通自然離散何謂持久鄧元起近欲以三千兵往定尋陽彼若擢然悟機一酈生亦足脫拒王師故非三千能下進退無據未見其可西陽武昌取便得耳取得便應鎮守守兩城不減萬人糧儲稱是卒無所出脫賊軍有上者萬人攻一城兩城勢不能相救若我分軍應援則首尾俱弱如其不遣孤城必陷一城既沒諸城相次土分天下大事於是去矣若郢州既被席卷沿江西陽武昌自然風靡何遽分兵散衆自貽其憂且丈夫舉動言靜天步況擁數州之兵以誅群豎懸河注火奚有不滅豈容北面請救以自示弱彼未必能信徒貽我醜聲此之下計何謂上策卿爲我白鎮軍前途攻取但以見付事在目中無患不捷借鎮軍靖鎮之耳吳子陽等進軍武口帝乃命軍主梁天惠蔡道祐據漁湖城唐脩期劉道曼屯揚壘夾兩岸而待之子陽又進據加湖去郢三十里傍山帶水築壘柵以自固魯山城主房僧寄死其衆復推助防張樂祖代之七月帝命王茂帥軍主曹仲宗康絢武會超等潛師襲加湖將逼子陽水涸不通艦其夜暴長衆軍乘流齊進鼓譟之賊俄而大潰子陽等竄走衆盡溺于江王茂虜其餘而旋於是郢魯二城相視奪氣先是東昏遣冠軍將軍陳伯之鎮江州爲子陽等聲援帝乃謂諸將曰夫征討未必須實力所聽威聲耳今加湖之敗誰不弭服陳虎牙卿伯之子狼狽奔歸彼間人情理當兇懼我謂九江傳檄可定也因命搜所獲俘囚得伯之軍主蘇隆之厚加賞賜使致命焉魯山城主張樂祖郢城主程茂

薛元嗣相繼請降初郢城之閉將佐文武男女口十餘萬人疾疫流腫死者十七八及城開帝並加隱卹其死者命給棺先是汝南人胡文超起義於溳陽求討義陽安陸等郡以自效帝又遣軍主唐脩期攻隨郡並克之司州刺史王僧景遣子貞孫入質司部悉平陳伯之遣蘇隆反命求未便進軍帝曰伯之此言意懷首鼠及其猶豫急往逼之計無所出勢不得異乃命鄧元起帥衆即日沿流討之八月天子遣兼黃門郎蘇回勞軍帝登舟命諸軍以次進路留上庸太守韋叡守郢城行州事鄧元起至尋陽陳伯之猶猜懼乃收兵退保湖口留其子虎牙守盆城及帝至乃束甲請罪九月天子詔帝平定東夏並以便宜從事是月留府長史鄭紹叔守江州前軍次蕪湖南豫州刺史申胄棄姑孰走大軍進據之仍遣曹宗蕭穎達領馬步進頓江寧東昏遣征虜將軍李居士帥步軍迎戰景宗擊走之於是王茂鄧元起呂僧珍進據赤鼻邏曹景宗陳伯之爲遊兵是日新亭城主江道林率兵出戰衆軍擒之於陣大軍次新林命王茂據越城景宗據阜莢橋鄧元起據道士墩陳伯之據籬門道林餘衆退屯航南義軍迫之因復散走退保朱爵憑淮以自固時李居士猶據新亭壘請東昏燒南岸邑屋以開戰場自大江以西新亭以北蕩矣十月東昏石頭軍主朱僧勇率水軍二千人歸降東昏又遣征虜將軍王珍國帥軍主胡虎牙等列陣於航南大路悉配精手利器尚十餘萬人閹人王佷子持白虎幡督帥諸軍又開航背水以絕歸路王茂曹景宗等犄角奔之將士皆殊死戰無不一當百鼓譟震天地珍國之衆一時土分投淮死者積尸與航等後至者乘之以濟於是朱爵諸軍望之皆潰散義軍追至宣陽門李居士以新亭壘徐元瑜以東府城降石頭白下諸軍並宵潰壬午帝鎮石頭命衆軍圍六門東昏悉焚燒門內驅逼營署官府並入城有衆二十萬青州刺史桓和給東昏出戰因以其衆來降帝命諸軍築長圍初義師之逼東昏遣寧主

左僕射寵鎮京口常僧景鎮廣陵李叔獻屯瓜步及申胄自姑孰奔歸又使屯破墩以為東北聲援至是帝遣使曉喻並率眾降乃遣弟輔國將軍秀鎮京口輔國將軍恢屯破墩從弟寧朔將軍景鎮廣陵吳郡太守蔡夤棄郡赴義十二月丙寅旦兼衛尉張稷北徐州刺史王珍國斬東昏送義師帝命呂僧珍勒兵封府庫及圖籍收嬖妾潘妃及凶黨王咺之以下四十八人屬吏誅之宣德皇后令追廢涪陵王為東昏侯依漢海昏侯故事授帝中書監都督揚南徐二州諸軍事大司馬錄尚書驃騎大將軍揚州刺史封建安郡開國公邑萬戶給班劍四十人依晉武陵王遵承制故事百僚致敬二年正月壬寅詔進大司馬都督中外諸軍事劍履上殿入朝不趨贊拜不名加前後部羽葆鼓吹置左右長史司馬從事中郎掾屬各四人并依舊辟士餘並如故甲寅詔大司馬進位相國總百揆揚州牧封十郡為梁公詔曰夫日月麗天高明所以表德山岳紀地柔博所以成功故

能庶物出而資始河海振而不泄二象貞觀代之者人是以七輔四叔致無為於軒昊韋彭齊晉靖衰亂於殷周大司馬有縱自天體茲齊聖文洽九功武包七德欽惟厥始徽猷早樹誠著艱難功參帷幕錫賦開壤式表厥庸建武外虞邊隙屢啓公釋書輟講經營四方司豫懸切樊漢危殆覆彊寇於沔瀆僵胡馬於鄧城永元肇號難結群醜專威擅虐毒被含靈溥天惴惴命懸晷刻否終有期神謨載挺首建大策惟新鼎祚投袂勤王沿流電舉魯城雲撤夏首霧披加湖群豎一鼓殄拔姑孰連旗倏焉冰泮取新壘其如拾撲朱雀其猶掃塵霄又駭省闕內偃餘醜纖蠹蛾緣必盡覆彼已溺解此倒懸塗歡里抃自近及遠載甸夷穆方外肅寧解茲虐網被以寬政積[illegible][illegible][illegible]一朝載[illegible][illegible]敎遐漸無思不被雖伊尹之執茲壹德姬旦之光于四海方斯蔑如也昔呂望翼佐聖君猶享四履之命文侯立功平后尚荷二弓之錫況於盛德元勳超邁自古黔首傑業特以爲命收其

已焚拯其方溺式閭表墓未或能比而大輅渠門轅而莫授者言前訓無忘終始便宜敬外大典式允群望其進位相國總百揆揚州牧封十郡為梁公備九錫之禮加璽紱遠遊冠位在諸王上加相國綠盭綬其驃騎大將軍如故依舊置梁百司策曰二儀寂漠由寒暑而化行三才並用資立人以為寶故能流形品物代彼天工允茲元輔應期挺秀裁成天地之功幽協神明之德撥亂反正濟世寧民盛烈光於有區茂勳振於無外雖伊陟之保乂王家姬公之有此丕訓方之蔑如也今將授公典策其敬聽朕命上天　不造難鍾皇室世祖以休明早世世宗以仁德不嗣高宗襲統宸居弗維夙夜劬勞而隆平不洽嗣君昏暴書契弗覩朝權國柄委之群孽剿戮忠賢誅殘台輔含冤抱痛噍類靡餘寔繁非一並專國命嗔笑致災睚眦及禍嚴科毒賦載離比屋溥天熬熬寘身無所冤頸引決道樹相望無近無遠號天靡告公藉昏明之期因兆民之願援帥聖后翊成中興

宗社之危已固天人之望允塞此實公紐我絕綱大造皇家者也永明季年邊隙大啓荆河連率招引戎荒江淮擾逼勢同履虎公受言本朝輕兵赴襲縻以長算制之環中排危冒險彊柔遞用坦然一方還成藩服此又公之功也在昔隆昌洪基已謝高宗慮深社稷將行權道公定策帷帳激揚大節廢帝立王謀猷深著此又公之功也建武闡業厥猷雖遠戎狄內侵憑陵關塞司部危逼淪陷指期公治兵外討卷甲長騖接交綏電激風掃擒堅覆銳咽水塗原執俘象魏獻馘海渚焚廬毀帳號哭言歸此又公之功也樊漢阽切羽書續至公星言鞠旅稟命徂征而軍機戎統事非已出善策嘉謀抑而莫允鄧城之役胡馬卒至元帥潛及不相報告弃甲捐師餌之虎口公南收散卒北禦雕騎全衆方軌案路徐歸拯我邊危重獲安堵此又公之功也漢南迥弱咫尺勍寇兵糧蓋闕器甲靡遺公作藩爰始因資靡託治兵訓卒蒐狩有序俾我危城翻為彊鎮此又公之功也永

元紀號瞻烏已及雖秋晉有典而伊霍稱難公首建大策爰立
明聖義踰邑綸勳高代入易亂以洽俾昏作明此又公之功也
文王之風雖被江漢京邑蠢蠢漂爲洪流句吳於越巢幕匪喻
公投袂萬里事惟拯溺義聲所罩無思不肆此又公之功也會
城夏汭捷據中流乘山置壘縈川自固公御此烏集變兹地險
頓兵坐甲寒往暑移我行永久士志歸願經以遠圖御以長策
費無遺矢戰未窮兵踐華之固相望俱拔此又公之功也惟此
羣凶同志相濟緣江負險螘聚加湖水陸盤據規援夏首桴檜
一臨應時瓶潰此又公之功也蕃醜震惶復懷舉斧蓄兵九泒
用擬勤王公稜威直指勢踰風電旌號未臨全州稽服此又公
之功也姑熟衝要密邇京畿凶徒熾聚斷塞津路公偏師啓塗
排方繼及兵威所震望旗自駭焚舟委辭卷甲宵遁此又公之
功也羣醜倡狂志在借一（古倲切士昔反借言借以一戰也）豕突淮涘武騎如雲
公爰命英勇國機驍銳氣冠彼梟勢踰湹水追奔逐北奄有通

淮肥用比峻未足云擬雖水不流曷其能匹此又公之功也琅
邪石首襟帶岨固親壘東膺金湯是恃憑險作守兵食兼資風
嗽電駭莫不震壘城復于隍於是乎在此又公之功也獨夫昏
很憑城靡懼鼓鐘鏜鞳若有餘狎是邪孽忌斯冠冕凶狡因
之將逞孝武公奇謀密運威略潛回忠勇之徒得申勦劾白旗
宣室未之或比此又公之功也公有拯億兆之勳重之以明德
爰初厲志服道儒門濯纓來仕清猷映世時運艱難宗祀危殆
崐岡已燎玉石同焚驅率貔貅抑揚霆電義等南巢功齊牧野
若夫禹功寂漠微管誰嗣拯其將魚驅其被髮解兹亂網理此
棼絲復禮衽席返樂河海永平故事聞之耆艾息司報舊章見
之者隕涕請我民命還之斗極憫憫縉紳重荷戴天之慶哀哀
黔首復蒙覆地之恩德踰嵩岱功隣造物超哉邈矣越無得而
言焉朕又聞之疇庸命德建侯作屏咸用克固四維永隆萬葉
是以二南流化九伯斯征王道淳洽刑措罔用覇政弗興厥兹

永久如燬既及晉鄭靡依惟公經綸天地寧濟區夏道冠乎伊
稷賞薄於桓文豈所以憲章齊魯長轡宇宙者惟前烈朕甚懼
焉今進授相國改揚州刺史爲牧以豫州之梁郡歷陽爲徐州
之義興揚州之淮南宣城吳興會稽新安東陽十郡封公爲梁
公錫兹白土苴以白茅爰定爾邦建兹冢社在昔旦奭入居保
佐逮于畢毛亦作卿士任兼內外禮實宜之今命使持節兼太
尉王亮授相國揚州牧印綬梁公璽紱使持節兼司空王志授
梁公茅土金虎符第一至第五左竹使符第一至第十左相
國位冠羣后任總百司常典彝數宜與事華其以相國總百揆
去録尚書之號上所假節侍中貂蟬中書監印中外都督大司
馬印綬建安公印策驃騎大將軍如故又加公九錫其敬聽後
命以公禮律兼脩刑德備舉哀矜折獄罔不用情是用錫公大
輅各一玄牡二駟公勞心稼穡念在民天丕崇務本惟穀是寶
是用錫公袞冕之服赤舄副焉公鎔鈞所被變風以雅易俗陶

民載和邦國是用錫公軒懸之樂六佾之舞公文德廣覃義讓
遠被椎髻髽首夷歌請吏是用錫公朱戶以居公揚清抑濁官方
有序多士聿興棫樸流詠是用錫公納陛以登公正色御下以
身範物式遏不虞折衝惟遠是用錫公虎賁之士三百人公威
同夏日志清姦宄放命圮族刑兹罔赦是用錫公鈇鉞各一公
跨躡嵩溟凌厲區宇譬諸日月容光必至是用錫公彤弓一彤
矢百旅弓十旅矢千公永言惟孝至感通神恭嚴祀典祭有餘
敬是用錫公秬鬯一卣圭瓚副焉梁國置丞相以下一遵舊式
欽哉其敬循往策祇服大禮對揚天眷用膺多福以弘我太祖
之休命梁公固辭府僚勸請乃受二月丙戌詔曰嵩高惟嶽配
天所以流稱大啓南陽霸德所以光闡忠誠簡帝眷君臨上爵
之尊勤勞王室婣公增附庸之地前王令典布諸方策長世字
氓罔不由此相國梁公體兹上哲齊聖廣淵文教內洽武功外
揚推轂作藩則威懷被於殊俗治兵教戰則雷霆赫於萬里道

褒時昏讒邪孔熾豈徒宗社如綴神器莫主而已哉至於兆庶殲士衣冠殄滅餘類殘喘指命崇朝含生業業投足無所遂乃山川反覆草木塗地與夫仁被行葦之時信及豚魚之日何其遼夐相去之遠歟公命師鞠旅指景長鶩而本朝危切樊鄧遐遠凶徒盤據水陸相望爰自姑孰届于夏首嚴城勁卒憑川爲固公蘘浮江電激風掃舟徒水覆地險雲頽藉義勇前無強陣拯危京邑清我帝畿撲既燎於原火免將誅於此屋悠悠兆庶命不在天茫茫六合咸受其賜易俗正本民不失職仁信並行禮樂同暢伊周未足方軌桓文遠有慙德而爵後藩牧地約秦楚非所以式酬茂烈允答元勳寔由公履謙爲本形於造次嘉數未申晦朔增佇便宜崇斯禮秩允副遐邇之望可進梁公爵爲王以豫州之南譙廬江江州之尋陽郢州之武昌西陽南徐州之南琅邪南東海晉陵揚州之臨海永嘉十郡益梁國并前爲二十郡其相國揚州牧驃騎大將軍如故公固辭有詔斷表

相國左長史王僧辯等率百僚敦請三月丙午命王冕十有二旒建天子旌旗出警入蹕乘金根車駕六馬備五時副車置旄頭雲罕樂舞八佾設鍾虡宮懸王妃子王女爵命之號一依舊儀四月丙寅遂按齊禪即皇帝位

世祖元皇帝武帝第七子天監十三年封湘東王邑二千戶初爲會稽太守入爲侍中宣威將軍丹陽尹普通七年出爲使持節都督荊湘郢益寧南梁六州諸軍事西中郎將荊州刺史大通四年進號平西將軍大同元年進號安西將軍三年進號鎮西將軍五年入爲護軍將軍領石頭戍軍事六年出爲使持節都督江州諸軍事鎮南將軍江州刺史太清元年徙爲使持節都督荊雍湘司郢寧梁南北秦九州諸軍事鎮西將軍荊州刺史三年三月侯景寇沒京師四月太子舍人蕭韶至江陵宣密詔以帝爲侍中假黃鉞大都督中外諸軍事司徒承制是月帝徵兵於湘州刺史河東王譽譽憚所遣七月丙午遣世子方等帥衆討譽方等戰敗死又遣鎮兵將軍鮑泉代之九月乙卯雍州刺史岳陽王詧舉兵反來寇江陵帝嬰城拒守乙丑詧將杜崱與其兄弟及楊混各率其衆來降丙寅詧遁走鮑泉攻湘州不剋又遣左衛將軍王僧辯代將四年（館歛若等曰是讖文之改元大寶而元帝讐編）歡五月辛未僧辯剋湘州斬河東王譽湘州平六月江夏王大款山陽王大成宜都王大封自信安閒道來奔九月辛酉以前郢州刺史南平王恪爲中衛將軍王僧衛爲領軍是月侯景將任約寇西陽武昌遣左衛將軍徐文盛右衛將軍陰子春太子右衛率蕭慧正巴州刺史席文獻等下武昌拒約以南平王恪爲荊州刺史鎮武陵十一月甲子恪及大款大成等府州國一千人奉牋上帝相國總百揆帝下令不許十二月壬辰以兗州刺史蕭勃爲鎮南將軍廣州刺史遣護軍將軍尹悅巴州刺史王珣定州刺史杜多安帥衆下武昌助徐文盛五年三月侯景遣兵西上會任約軍閏四月丙午約與宋子仙襲郢州執方諸反

中徐文盛陰子春等奔歸王珣尹悅杜多安並降賊庚戌領軍將軍王僧辯帥衆屯巴陵甲子景進寇巴陵五月癸未帝遣游擊將軍胡僧祐信州刺史陸法和帥衆下救陵任約衆景遂遁走拜王僧辯爲征東將軍開府儀同三司尚書令胡僧祐爲領軍陸法和爲護軍將軍仍令僧辯率衆追景所至皆捷八月僧辯下次湓城九月以僧辯爲江州刺史是月僧辯等奉表勸請不許賊司空東南道大行臺劉神茂率儀同劉歸義留異起義奉表請降六年二月僧辯衆軍發自尋陽帝馳檄告四方曰夫剝極生災乃及龍戰師貞終吉方制積氛豈不以侵陵蕩薄沴之者亂階龕定艱難成之者忠義故羿澆滅於前莽卓誅於後是故使桓文之勳復興於周代溫陶之績彌盛於金行粤若梁興五十餘載平壹宇內德惠悠長仁育蒼生義征不服佐伊右瀍咸皆仰化濁涇清渭靡不向風建翠鳳之旗則六龍驤首擊靈鼉之鼓則百辟麗風牧方邵之賢衛霍辛趙之將羽林黃

頭之士獸賁緹騎之夫叱咤則風雲興起鼓動則嵩華倒拔自桐栢以北孤竹以南碣石之前流沙之後延頸舉踵交臂屈膝胡人不敢牧馬秦士不敢彎弓叶和萬邦平章百姓十堯九舜曷足云也賊臣侯景匈奴叛臣鳴鏑餘嗟懸瓠空城本非國寶壽春幾要資不踰月開海陵之倉賑常平之米撤九府之貴錫三官之錢冒于貨賄不知紀極敢興逆亂梗我王畿賊臣正德怙兵安忍日者結怨江芋遠適單于筋膚屢彰彭生之寃未弭驟斂無厭豪猾之誚巳及爲獸傳翼遂相招致虔劉我生民離散我兄弟我是以董率梟貔躬擐甲冑霜戈照日則霞離奪暉龍騎縱野則平原捲色信與江水同流氣與寒風俱憤凶醜畏威投命下吏乞活淮汜苟存徐兗既行絲綸爰被我是以班師凱歸休牛息馬賊猶不悛遂復矢流王屋兵躔象魏紛章之袛非復聽訟之堂甘泉之宮永乖避暑之地坐召憲司臥制專宰矯詐天命僞作符書重憎賦斂肆意梟剝生者悲窮死者

暴尸道路以目庶僚鉗口刑戮失衷爵賞由心老弱波流士女塗炭饑饉之人五宗及賞搢紳之士三族見誅穀粟騰踴自相吞噬味味黔首路有銜索之哀蠢蠢黎民家懷常山之泣偃師南望無復儲胥露寒河陽北臨或有穹廬氈帳南山之竹未足言其愆西山之兔不足書其罪外監陳瑩之至伏承先帝登遐宮車晏駕奉諱驚號五內摧裂煩冤荼毒無地容身景阻飢既篡氏且很顧遂侵軼我彭蠡憑陵我郢邑竊據我江夏稱襲我巴丘是以義勇爭先忠貞盡力斬馘免俘不可稱筭汲同赤岸水似絳河任約泥首於安南化仁面縛於漢口子仙乞活於鄢郢希勞敗績於柴桑侯景爭竄十鼠爭穴郭默清夷晉熙附義討窮力屈反殺生人畢原酆郇並離禍患凡蔣邢茅皆伏鈇鑕是可忍也孰不可容幕府據有上流寔惟分陝投袂荷戈志在畢命昔周依晉鄭漢有虛牟彼惟末屬猶能如此況聯華日月天下不賤爲臣爲子兼國兼家哉咸以義旗既建宜須總一共推幕府寔用主盟粵以不佞謬董連率庶惟國難不遑寧處中權後勁龔行天罰提戈蒙險隕越以之天馬千群長戟百萬驅貪殘之士賁智勇之力大蹀踰荊山淺源度彭蠡舳艫汎水以掎其南輜軿委輸以衝其北華夷百濮贏糧景從雷震風駭直指建鄴按劍而叱江水爲之倒流抽戈而揮旼日爲之還舍方駕長驅百道俱入夷山殆谷充原蔽野挾輈負牛之侶拔拒垂石之夫騎則逐日追風弓則吟猿落鴈捧崑崙而壓卵傾渤海而灌熒如駟馬之載鴻毛若奔牛之觸魯縞以此衆戰誰能禦之脫復蜂蠆有毒獸窮則鬬謂山蓋高則四郊多壘謂地蓋遠則三千非遠如彼怒蛙譬諸螳臂豈費萬鈞無勞百溢加以日臨黃道兵起絳宮三門既啓五將咸發舉正正之旗掃亭亭之氣故以睽機密運非賊所解奉義而誅何罪不服今遣使持節大都督征東將軍開府儀同三司江州刺史尚書令長寧縣開國侯王僧辯率衆十萬直指金陵鳴鼓聒天挑金振地朱旗夕

建如赤城之霞起戈舸夜動若滄之奔流計其同惡不盈一旅君子在野小人在比周何校滅耳匪朝伊夕春長秋之嘆繫郅支之頸今司寇明罰鈇鑕所誅止侯景而巳黎元何辜一無所問諸君或世樹忠貞身尚寵爵羽儀鼎族書勳王府俛眉猾竪無由自効豈不下慚泉壤上愧皇天矢忠與義難以自立想誠南風西瞻西顧因變立功轉禍爲福有能縛侯景及送首者封萬戶開國公絹布五萬匹有能率動義衆以應官軍保全城邑不爲賊用上賞方伯下賞剖符並裂山河以紆青紫昔由余入秦禮同卿佐日磾降漢且珥金貂必有其才何恤無位若能迷不反拒逆王師大軍一臨刑玆罔赦孟諸焚燎芝艾俱盡宣房河決玉石同沈信賞之科有如皎日黜陟之制事均白水檄布遠近咸使知聞三月王僧辯等平侯景傳其首於江陵戊子以賊平告明堂太社巳丑僧辯等又奉表勸進不許五月庚午司空南平王恪及宗室王侯大都督王僧辯等復拜表上尊號帝

固讓不受庚辰以愔爲鎮東將軍揚州刺史僧辯爲司徒鎮東將軍乙酉斬賊左僕射王偉尚書呂季略少卿周石珍舍人嚴亶於江陵市十月四方征鎮王公卿士復勸帝即尊號表三上從之十一月丙子即皇帝位

册府元龜卷第一百八十五

冊府元龜卷第一百八十六

閏位部五

勳業第四

陳高祖武帝少俶儻有大志不治生產既長讀兵書多武藝明達果斷爲當時所推服梁大同初新喻侯蕭暎爲廣州刺史以帝爲中直兵參軍隨府之鎮暎令帝招集士馬衆至千人仍命帝監宋隆郡安化二縣元不賓帝討平之尋監西江督護高要郡守先是武林侯蕭諮爲交州刺史以掊克失衆心土人李賁連結數州豪桀同時反臺遣高州刺史孫冏新州刺史盧子雄將兵擊之冏等不時進皆於廣州伏誅子雄弟子略與冏子姪及其主帥杜天合杜僧明共舉兵執南江督護沈顗進寇廣州晝夜苦攻州中震恐帝率精兵三千卷甲兼行以救之頻戰屢捷天合中流矢死賊衆大潰僧明降梁武帝深歎異焉授直閤將軍封新安子邑三百戶仍遣畫工圖帝容貌而觀之其年冬蕭暎卒帝送喪還都至大庾嶺會有詔以帝爲交州司馬領武平太守與刺史楊瞟南討帝益招勇敢器械精利瞟喜曰能克賊者必陳司武也委以經略帝與衆軍發自番禺是時蕭勃爲定州刺史於西江相會勃知軍士憚役陰購誘之因說瞟瞟集諸將問計於帝對曰交阯叛換罪由宗室遂使僭亂數州弥歷年稔定州復欲昧利目前不顧大計節下奉辭伐罪故當生死以之豈可畏憚宗室輕於國憲今若奪人沮衆何必交州討賊問罪之師即迴有所指矣於是勒兵鼓行而進十一年六月軍至交州賁衆數萬於蘇歷江口立城柵以拒官軍瞟推帝爲前鋒所向摧陷賁於屈獠界立砦大造船艦充塞湖中衆軍憚之頓湖口不敢進帝謂諸將曰我師已老將士疲勞歷歲相持恐非良計且孤軍無援入人心腹若一戰不捷豈望生全今藉其屢奔人情未固夷獠烏合易爲摧殄正當共出百死決力取之無故停留時事去矣諸將皆默然莫有應者是夜江水暴起七丈注湖中奔流迅激帝勒所部兵乘流先進衆軍鼓噪俱前賊衆大潰賁竄入屈獠洞中屈獠斬賁傳首京師是歲太清元年也賁兄天寶遁入九真劫帥李紹隆收餘兵二萬殺德州刺史陳文武進圍愛州帝率衆討平之除振遠將軍西江督護高要太守督七郡諸軍事

二年冬侯景寇京師帝將率兵赴援廣州刺史元景仲陰有異志將圖帝帝知其計與成州刺史王懷明行臺選郎殷外臣等密議戒嚴三年七月集兵於南海馳檄以討景仲景仲窮蹙縊于閤下帝迎蕭勃鎮廣州是時臨賀內史歐陽頠監衡州蘭裕蘭京禮扇誘始興十郡共舉兵攻頠頠請援於勃勃令帝率衆救之悉擒裕等仍監始興郡十一月帝遣杜僧明胡穎將二千人頓于嶺山并厚結始興豪傑同謀義舉侯安都張偲等率千餘人來附蕭勃聞之遣鍾休悅說帝曰侯景驍雄天下無敵前者援軍十萬士馬精強然而莫敢當鋒遂令羯賊得志君以區區之衆欲何所之如聞嶺北王侯又皆鼎沸河東桂陽相次屠戮邵陵開建親尋干戈李遷仕許身當陽便奪馬仗以君疏外何自能投若且住始興遙張聲勢保此太山自求多福帝泣謂休悅曰僕本庸虛蒙國成造往聞侯景渡江即欲赴援遭值元蘭梗我中道今京都覆沒主上蒙塵君辱臣死誰敢愛命君侯體則皇枝任重方嶽不能摧鋒萬里雪此冤痛見遣一軍猶賢乎已若降後旨使人慨然僕行計決矣憑爲披述乃遣間道往江陵稟承軍期節度時蔡路養起兵據南康勃遣腹心譚世遠爲曲江令與路養相結同遏義軍大寶元年正月帝發自始興次大庾嶺路養出軍頓南野依山水立四城以拒帝帝與戰大破之路養脫身竄走帝進頓南康湘東王承制授帝員外散騎常侍持節明威將軍交州刺史改封南野縣伯六月帝脩崎頭古城徙居焉高州刺史李遷仕據大皐遣主帥平虜率千人入灨石魚梁命周文育將兵擊走遷仕奔寧都承制授帝通直散騎

常侍使持節信威將軍豫州刺史豫章内史改封長城縣侯尋授散騎常侍持節都督六郡諸軍事軍師將軍南江州刺史餘如故時寧都人劉藹等資遷仕舟艦兵仗將襲南康帝遣杜僧明等率二萬人據白口築城以禦之遷仕亦立城以相對二年三月僧明等攻拔其城生擒遷仕送南康帝斬之承制命帝進兵定江州仍授江州刺史餘如故六月帝發自南康是時承制遣東將軍王僧辯督衆軍討侯景八月僧辯軍次湓城帝率杜僧明等衆軍及南川豪帥合三萬人將會焉時西軍乏食帝先貯軍糧五十萬石至是分三十萬以資之仍頓巴丘會侯景廢簡文帝立豫章嗣王棟帝遣兼長史沈充奉表于江陵勸進十一月承制授帝使持節都督會稽東陽新安臨海永嘉五郡諸軍事平東將軍揚州刺史領會稽太守豫章内史餘如故三年正月帝率甲士三萬人強弩五千張舟艦二千乘發自豫章二月次桑落洲遣中記室參軍江元礼以事表江陵承制加帝鼓吹一部是時僧辯已發湓城帝率衆會于白茅灣乃登岸結壇刑牲盟約進軍次蕪湖侯景城主張黑棄城走帝與諸軍進剋姑熟仍次蔡洲侯景以舫艦貯石沈塞淮口緣淮作城自石頭迄青溪十餘里中樓雉相接諸將未有所決僧辯遣杜崱問計於帝帝曰前柳仲礼數十萬兵隔水而坐韋粲之在青溪竟不度岸賊乃登高望之表裏俱盡肆其兇虐覆我王師今圍石頭須渡北岸諸將若不能當鋒請先往立柵帝即於石頭横隴築柵衆軍次連八城直出東北賊恐西州路斷亦於東北果林作五城以遏大路景率衆萬人鐵騎八百餘匹結陣而進帝曰軍志有之善用兵者如常山之蛇首尾相應今我師既衆賊徒甚寡應分賊兵勢以弱制強何故聚其鋒銳令必死於我乃命諸將分處置兵賊直衝王僧志僧志小縮帝遣徐度領弩手二千横截其後賊乃去帝與王琳杜龕等以鐵騎悉力乘之賊退據其柵景儀同盧暉略開石頭北門來降幢主戴晃曹宣等攻拔果林

三

一城衆軍又剋其四城賊復還殊死戰又大奔所得城柵帝大怒親率攻之士卒騰柵而入賊復散走景與百餘騎棄矟執刀左右衝陣不動景衆大潰逐北至西明門景至闕下不敢入臺遣腹心取其二子而遁帝率衆出廣陵應接景將郭元建會元建奔齊帝納其部曲三千人而僧辯啓帝鎮京口五月北齊遣將辛術圍嚴超達於秦郡帝命徐度領兵助其固守齊衆七萬填塹起土山穿地道攻之甚急帝乃自率萬人解其圍縱兵四面擊齊軍弓弩亂發齊平秦王中流矢死斬首數百級齊人收兵而退帝振旅南歸遣記室參軍劉本獻捷于江陵承制授帝使持節散騎常侍都督南徐州諸軍事征北大將軍開府儀同三司南徐州刺史及王僧辯率衆征陸納於湘州承制命帝代鎮揚州梁元帝承聖二年旋鎮京口三年三月進位司空十一月西魏攻陷江陵帝與僧辯等進啓江州請晉安王以太宰承制又遣長史謝哲奉牒勸進十二月晉安王至自尋陽入居朝堂給帝班劍二十人四年五月北齊送貞陽侯蕭淵明還主社稷僧辯納之即位改元天成以晉安王爲皇太子九月壬寅帝召徐度侯安都周文育等討僧辯甲辰帝步軍至石頭前進選勇士自城北踰入擒僧辯及子頠縊殺之丙午貞陽侯遜位百僚奉晉安王上表勸進十月己酉即位改元紹泰元年以帝爲侍中大都督中外諸軍事車騎將軍揚南徐州刺史甲杖百人出入殿省震州刺史杜龕僧辯之婿也據吳興與義興太守韋載同舉兵反帝命周文育率衆攻戰于義興龕遣其從弟杜北叟將兵拒戰敗歸義興辛未帝表自東討留高州刺史侯安都石州刺史杜棱宿衛臺省甲戌軍至義興丙子拔其水柵秦州刺史徐嗣徽據其城以入齊又要南豫州刺史任約共舉兵應龕載齊人資其食嗣徽等以京師空虛率精兵五千奄至闕下侯安都領驍勇五百人出戰嗣徽等退保石頭丁丑載及北叟來降帝撫而釋之以嗣徽寇逼卷甲還都命周文育進

四

討杜龕十一月己卯北齊遣兵五千濟渡據姑孰帝命合州刺史徐度於冶城等立柵南抵淮渚齊又遣安州刺史翟子崇楚州刺史劉仕榮淮州刺史柳達摩領兵萬人於胡墅渡米粟三萬石馬千匹入于石頭癸未帝遣侯安都領水軍夜襲胡墅燒齊船千餘艘周鐵武率舟師斷齊運輸擒其北徐州刺史張領州獲運舫米數千石仍遣韋載於大航築城使杜稜據守齊人又於倉門水南立二柵以拒官軍甲辰嗣徽等攻冶城柵帝領鐵騎精甲出自西明門襲擊之賊衆大潰嗣徽留柳達摩等守城自率親屬腹心往南州採石以迎齊援十二月癸丑帝遣侯安都領舟師襲秦郡破嗣徽家口于秦州俘獲數百人宣進連艦塞淮以斷賊水路丙辰帝盡命衆軍分部甲卒對冶航渡兵攻其水南二柵柳達摩等渡淮置陣帝督兵疾戰縱火燒柵煙塵漲天賊潰爭舟相排擠溺死者以千數時百姓夾淮觀戰呼聲震天地軍士乘勝無不一當百盡收其船艦賊軍懾氣是日嗣徽約等

領齊兵水步萬餘人還石頭帝遣兵往江寧據要險以斷賊水步萬餘人還石頭帝遣兵往江寧據要險以斷賊水步不敢進頓江寧浦口帝遣侯安都領水軍襲破之嗣徽等乘單舸脫走丁巳攻石頭南岸柵移度北岸起柵以絕其汲路又堙塞東門故城中諸井齊所據城中無水水一升貿米一升米一升貿絹一疋或炒米食之達摩謂其衆曰聞在北童謠云石頭擣兩襠擣青復擣黃侯景服青身倒於此今吾徒衣黃豈謡言驗耶庚申達摩遣使侯子欽劉仕榮等潛來請和帝許之乃於城門外刑牲盟約其將士部曲一無所問從其南北辛酉帝出石頭南門陳兵數萬送齊人歸北者壬戌　和州長史烏丸遠自南州奔還歷陽江寧令陳嗣黃門侍郎曹郎據姑孰反帝命侯安都徐度等討平之斬首數千級聚爲京觀石頭採石南州悉收其馬仗船米不可勝計是月杜龕以城降三年正月癸未誅杜龕于吳興龕從弟北叟司馬沈孝敦並賜死二月庚申帝遣侯安

都周鐵虎率舸艦備江州仍頓梁山起柵甲子敕司空有軍旅之事可乘馬出入城内三月戊戌北齊遣水軍儀同蕭軌等率衆十萬出柵口向梁山帝遣侯安都及定州刺史沈泰吳郡太守吳毓共據梁山以禦之五月乙亥帝率宗室王侯及朝臣將帥於大司馬門外白獸闕下刑牲告天以齊人背約發言慷慨涕泗交流同盟皆莫能仰視士卒觀者益奮丙申齊兵至秣陵故治六月丙子至玄武湖乙卯帝率帳内麾下衆軍首尾齊舉臨水大戰破之帝表解南徐州以授安都七月丙子詔授帝中書監司徒揚州刺史進爵爲公增邑并前五千户食安吉武康二縣侍中使持節都督諸軍事并給碧幢皁輪車是月侯瑱以江州入附遣侯安都鎮上流定南中諸郡九月壬寅改年曰太平元年進帝位丞相錄尚書事鎮衛大將軍改刺史爲牧進封義興郡公二年二月庚午蕭勃舉兵自廣州渡嶺頓南康遣其將歐陽頠傅泰及其子孜爲前軍至于豫章分屯要險南江州

刺史余孝頃起兵應勃帝命周文育侯安都率衆討平之八月甲午進位太傅加黃鉞（詔劍履上殿入朝不趨贊拜不名[illegible]）是月湘州刺史王琳擁兵不應命帝遣周文育侯安都率衆討之九月辛丑詔曰肇昔元台剖判太素氤氳崇建人皇必憑忠宰故賢哲之后永伯征于四方神武之君大監治乎萬國又有一匡九合畢門之蹤以隆戮帶圖溫行宮之寵斯茂時危所以貞固運泰所以光照斯乃千載同風百王不刊之道也太傅義興公允文允武迺聖迺神國天生德康濟黔首昔在休期早隆朝寄遂踰渚海大極交越皇運不造書契未聞中國其亡兵凶投至哀哀醜類蹐音彼窮年悠悠上天莫云斯極否終泰始元輔應期將此方推援茲亡溺乘舟履險浮深經略中途畢臧羣醜洎乎石頭姑孰流離傾陽一朝拓揭六合清晏是用先朔下武翼亮中都雲三后之勛鞏夷三靈之巨麗堯台禹佐未始能階殷相周帥固非去擬重之以屯剝餘象荆楚大推天地無心乘輿委御五胡

奪食覺謀諸夏八方其蔚莫有稗救彊臣放命黜我冲人顛影於奈孺之寃甘心於窮獨之辱刼棲下邑求哀之路莫從竊鈇逃債容身之地無所公神兵奄至不日清蕩惟是冢舟膺天祿斯又魏魏蕩蕩無得所稱焉加以仗茲忠義屠彼秋逆震部夷宗稽山罷祲番禺靜澤北鄙西郊殲厥凶徒鞏無遺種斯則兆民之命倫紐所繫茲王之基興亡是賴於是刑禮兼訓公章有章中外咸平遐邇寧一用能使陽光合曜象至暉樓閣游庬袍仁含信宏動該於厚地大道格于玄天義農炎昊以來卷領垂衣之世聖人濟物未有如斯者也夫備物典策桓文是膺助理陰陽蕭曹不讓未有功高於寓縣而賞薄於伊周凡厥人祇固懷延佇寔由公謙撝自牧降損爲懷嘉數遐回永言增歎豈可申茲雅尚久廢朝獻宜戒司勳敬昇爲典且重華大聖媯汭惟賢纘德之祀無忘公侯之間必復是以殷嘉曾甫繼后稷之官寵命義和纂重黎之位況其茲技攸建宜誓山河者乎其

進公位相國總百揆封十郡爲陳公備九錫之禮加璽紱遠游冠綠綟綬位在諸侯王上其鎮衛大將軍揚州牧如故策曰大哉乾元資日月以貞觀至哉坤元憑山川以載物故惟天爲大陟配者欽明惟王建國𥚃輔者齊聖是以文武之佐磻溪縕其玉璜光宅之臣滎河錄其金版況乎體得一之鴻姿寧陽九之危厄拯橫流於碣石撲燎火於崑岑驅馭於皐鼓跨躡於齊晉神功行而靡用聖道運而無名者乎今將授公典策其敬聽朕命曰者昊天不弔鍾亂于我國家綱漏吞舟疆胡內㬱茫茫宇宙惵惵黎元方趾圓顱焉不遺一太清古元橋山之痛巳深大寶屯如平陽之禍相繼上宰膺運康救兆民翰旌於橫池之南揚旌於桂嶺之北懸三光於墜謡四海於羣飛景樹崇於中原斮鯨鯢於濛汜蕩寧上國光啓中興此則公之大造於皇家者也旣而天未悔禍夷醜猶獯南夏沸騰西京蕩覆皐胡孔熾羯亂東周推納番枝盜假神器冢司昏撓旁引寇讎旣見聚於桐宮

方謀危於漢閣皇運巳殆何殊贅旒中國搖然非徒如綫公赫然投袂將救本朝復若齊都平我王室朕所以還膺寶曆重饗宸居挹堯武之風獻詩宣王之雅頌此又公之再造於皇家者也公膺務之初登庸惟始二川五嶺莫不寧臨銀洞珠宮所在寧謐孫盧寶釁越貊爲群番部阽危勢將淪殄公赤旗所指祆壘同開白羽纔撝兇徒粉潰非其神武又夷南藩此又公之功也大同之末邊政不修李賁狂迷竊我交愛敢稱大號驕塞甚於尉佗據有連州雄豪熾於梁碩公英謨雄筭電掃風行馳御樓船直跨滄海新昌盡徹備履艱難經歷嘉寧盡爲京觀三山獠洞八角蠻陬逖矣水宮之鄉悠哉火山之國馬援之所不屆陶璜之所未聞莫不懼我王靈爭朝邊候歸琛天府獻狀鴻臚此又公之功也自寇虜陵江宮闈幽辱公枕戈嘗膽提劒拊心氣涌清霄神飛紫閣而番禺連率本自諸夷言得其朋是懷同惡公仗此忠誠秉機勦定執沛公而釁鼓平新野而摧鋒此又

公之功也世道初艱方隅多難蘭裕蘭京作亂衡疑兵切池隍衆兼夷獠公以圖盜邊境知無不爲協是同盟誅其醜類莫不魚驚鳥散面縛懸頭南土黎庶重保蘇息此又公之功也長驅蔡嶠夢想京畿緣道酋豪互爲榛梗路養梟巢全據大都蕭勃聚通逃方謀阻亂百樓不戰雲梯之所未窺萬弩齊張高翰之所非敵公龍驤虎步噓吒風雲山靡堅城野無彊陣清祆氛於灝石滅沴氣於雩都此又公之功也遷仕凶慝屯據大皐（日瞰䞍）（斗垛大皐嶺州南康刺史）乞活類馬騰之軍流民多杜弢之衆推鋒轉鬬自北徂南頻歲稽誅寔惟勍虜公坐揮三略遙制六奇義勇同心貔貅騁力風驅電擊谷靜山空列郡無犬吠之驚菁蕭萬罷狐鳴之盜此又公之功也王師討虜次屆淪波兵乏兼儲士有飢色公迴墾濬積穀巴丘億庾之詠斯豐壺漿之迎是衆軍民轉漕曾無砥柱之難艫舳相望如運敖倉之府畢粟具胄斷魁氐留遲高艦層樓仰捫霄漢故三軍勇悅百戰無前承此兵

犨遂誅兇逆此又公之功也若夫英圖邁俗義旅如雲盜壘倩攜用淹戎略公志唯同舉師克在和鵠塞悲虞鴻門是會且君晉侯之誓白水如蕭王之推赤心屈禮與盟人祇感咽故能使舟師並路遂通明心此又公之功也姑孰襟要崎嶇憑凌寇虜據其關梁大盜負其扃鐍公一校裁捻三雄並奮左賢右谷濁沙瀆土分木甲遺於中原疆乘赴於江水佗佗藉藉萬計千群郭汝之隘斯開夷庚之進無塞此又公之功也義軍大衆俱會高京逆豎兇徒猶屯皇邑若夫表裏山河金湯嶮固蹯龍首以抗殿負華嶽以為城雜虜憑焉彌兵自若公迴茲地軸抗此天羅曾不崇朝俾無遺噍單容甚穆國政方脩物重觀於衣冠民還聆於禮樂楚人滿道爭覩於棠公漢老銜悲俱歎於司隸此又公之功也內難初靜諸侯出關外郡傳烽鮮卑犯塞莫非且渠當戶中貴名王冀馬列於淮南胡塵動於徐北公舟師將甲亘野横江殲厥群羝遂殫封豕莫不絓木而止戎車靡遺禺溪而

府一百八十六　九

旋歸驂盡殪此又公之功也公克平禍難勳勞皇室而孫甯之黨蝟聚狄心伊洛之間咸為虜境雖金陵佳氣石壘天險荊門武塵夜喧胡鼓公三籌既畫八陣斯張爰舉蜚鉦未抽金僕咸俘醜類悉反高墉異李廣之皆誅同龐元之盡赦此又公之功也任約叛換梟聲不悛戎羯貪婪狄心無厭公左驅右落箕張翼舒掃是攙搶驅其猰㺄憓狄之長埋於國門稚髮之酋冒於軍市投秦坑而盡弊壹灉水而不流此又公之功也一相居中自安暑鼎五湖小守妄懷同惡公夙駕兼道衣甲枚戈王斧將揮金鉦且戒袄酋震懾遽請灰釘爰擒以表其含弘挾書以安其反側此又公之功也賊龕兇檇淩虐具區卿鬪糯耕蚓搆鱗鱗轢蹂躪昊阻兵安忍憑災怙亂自古難言鳥迹渾沌洪荒人或虔劉未此殘酷公雖宗居汝穎世寓東南有堅誕賢之鄉含章挺生之地眷言桑梓公私慣切卓爾英猷承規奉算剋此大憝如烹小鮮此又公之功也劉雖求久擧盜孔多浙左巢遂兵

構逆豈止千兵五校白帷以來而已哉公以中軍典師選是親賢每寇途窮淮泗冰泮刑潛之所交命動其大威霍門之間勾踐行其嚴誓英規聖迹異代同風此又公之功也同姓有扈逍兇不賓憑藉宗盟圖危社稷覬其匯澤勢竊京師驅率蕃邑為東帝公論兵於廟堂之上決勝於樽俎之間冠賈樊滕浮江下瀬一朝翦撲無待甸師萬里澄清非勞新息此又公之功也豫章袄寇依憑山澤縫甲完聚多歷歲時結從連橫爰洎交廣呂嘉既獲尉佗已從命我還師征其不恪連營盡拔偽壘斯摘曜聖武於廬山迴神姦於蠡泒此又公之功也自八紘九野害豆分窺帝俞王連州比縣公武靈已暢大德又宣折簡馳書風猷斯遠至於蒼蒼浴日杳杳無雷北洎幽都南踰丹徼莫不屈膝服拜求吏款關此又公之功也京師禍亂函積膻羶闕低昂九門寰谿亭秦宮之可顧豈曾殿之猶存五郡諸并百僚卿士胡服纓纓咸為戎俗高冠厚履若復華風宋微子麥秀之次

府一百八十六　十

周大夫黍離之歎方之於斯未足為悲矣公求衣昧旦仄席高春興構宮闈具瞻遐邇郊庠宗稷之典六符十等之章還聞大始之始之風高重覩永平之遺事此又公之功也公有濟于鄉之勳重之以疑神體道合德符天用百姓以為心隨萬機以日務恥一物非唐虞之民歸含靈於仁壽之域上德不德無為以為夏長春生顯仁藏用忠信為寶風雨弗衍心仁惠為基馬牛勿踐功成治定樂奏咸雲安上治民禮兼文質物色立園衣裾里巷朝多君子野無遺賢菽粟同水火之饒工商富倚頓之旅是以天無藏寶地有呈祥濟藝卿雲朝圖晚映山車澤馬服駁登閒既炳煥於圖書方策雖於史諜高勳踰於象緯積德冠於嵩華固無得而稱者矣朕又聞之前王宰世茂賞尊賢式樹藩長總征羣伯二南崇絕四履遐廣泱泱表海啓土維齊巖巖泰山俾侯于魯抑又勤王反鄭夾輔還周呂伯之命斯隆河陽之禮咸備況復經營宇宙豈僅斷鼇足之功引濟蒼生非直鑿龍門

之險而嚮膺報德寂爾無聞朕所以垂拱當中載懷懃佇者也今授公相國以南豫州之陳留南丹陽宣城揚州之吳興東陽新安寧國南徐州之義興江州之鄱陽臨川十郡封公為陳公錫之青土苴以白茅爰定爾邦用建冢社昔旦奭分陝俱為保師晉鄭諸侯咸作卿士兼其内外禮實攸宜今命侍郎兼太尉王通授相國印綬陳公璽紱使持節兼司空王瑒授陳公茅土金虎符第一至第五左竹使符第一至第十相國秩踰三鉉任揔百司位絶朝班禮由事華其以相國揔百揆除録尚書之號上所假節侍中貂蟬中書監印章中外都督太傅印綬義興公印策其鎮衛大將軍揚州牧如故又加公九錫其敬聽後命以公禮為楨幹律等銜策四維皆舉八柄有章是用錫公大輅戎各一玄牡二駟以公賤寳崇穀疏爵待農室富京坻民知榮辱是用錫公衮冕之服赤舄副焉以公調理陰陽燮諧風雅三靈允降萬國同和是用錫公軒懸之樂六佾之舞以公宣導王猷

弘闡風教光景所照禮象必通是用錫公朱户以居以公振揚清濁發德進賢髦士盈朝幽人虚谷是用錫公納陛以登以公嚴然廊廟為世鎔範持衡四表臨御八荒是用錫公虎賁之士三百人以公執玆明罰期在刑措象恭無赦干紀必誅是用錫公斧鉞各一以公英猷遠量跨厲嵩溟包一車書括囊寰宇是用錫公彤弓一彤矢百盧弓十盧矢千以公天經地義貫徹幽明春露秋霜允恭粢盛是用錫公秬鬯一卣圭瓚副焉陳國置丞相已下一遵舊式往欽哉其恭循朕命克相皇天弘建邦家允興洪業以光我高祖之休命十月戊辰進陳公爵為王以揚州之會稽臨海永嘉建安南徐州之晉陵信義江州之尋陽豫章安成廬陵并前二十郡益封陳國其相國揚州牧鎮衛大將軍並如故又命陳王冕十有二旒建天子旌旗出警入蹕乘金根車駕六馬備五時副車置旄頭雲罕樂舞八佾設鍾虡宮懸王妃王子王女爵命之號陳臺百官一依舊典是月辛未遂受梁禪

世祖文帝始興昭烈王之子火沈敏有識量留意經史舉動方雅造次必遵禮法高祖甚愛之侯景之亂鄉人多依山湖寇抄帝獨保家無所犯時亂日甚乃避地臨安及高祖舉義兵侯景使收帝及衡陽王獻王帝乃密褁小刀冀因入見而害景至便屬吏故其事不行高祖大軍圍石頭景欲加害者數矣會景敗乃得出起家吳興太守時宣城劫帥紀機郝仲等各聚衆千餘人侵暴郡境帝討平之梁承聖二年授信武將軍監南徐州三年高祖北征廣陵使帝為前軍每戰克捷高祖之討王僧辯也先召帝與謀時僧辯女壻杜龕據吳興兵衆甚盛高祖令帝還長城立柵以備龕帝收兵纔數百人戰備又少龕遣其將杜泰領精兵五千乘虛奄至將士相視失色而帝言笑自若部分益明於是衆心乃定泰知柵内人少日夜苦攻帝激厲將士身當矢石相持數旬泰乃退走高祖遣周文育率兵討龕兵尚衆斷

據要衝水步連陣相結帝命將軍劉澄蔣元舉率衆攻龕龕軍大敗窘急因請降東揚州刺史張彪起兵圍臨海太守王懷振懷振遣使求救帝與周文育輕兵往會稽以掩彪彪將沈泰開門納帝帝盡收其部曲家累彪至又破走若耶村民斬彪傳其首以功授持節都督會稽等十郡諸軍事宣毅將軍會稽太守山越深險皆不賓附帝分命討擊悉平之威惠大振高祖即位封為臨川郡王邑二千户拜侍中安東將軍及周文育侯安都敗於沌口詔帝入衛軍儲戎備皆以委焉尋命率兵城南皖永定三年六月即帝位

北齊高祖神武皇帝勃海蓨人高樹之子素家貧自隊主轉輸為函使與懷朔省事雲中司馬子如及秀容人劉貴中山人賈顯智爲奔走之友懷朔户曹史孫騰外兵史侯景亦相友結柔玄鎮人杜洛周反於上谷帝與同志從之醜其行事私與尉景段榮蔡儁圖之不果而逃奔葛榮又亡歸尔朱榮以帝為信都

都督時後魏孝明銜鄭儼徐紇逼靈太后未敢制私使榮舉兵内向榮以帝爲前鋒至洛會孝莊立以定策勳封銅鞮伯及尒朱榮擊葛榮令帝喻下賊别稱王者七人後與行臺于暉破羊侃于太山又與元天穆破邢杲于濟南累遷第三鎮人酋長晉州刺史於是大聚斂因劉貴貨榮下要人盡得其意及孝莊誅榮其從子兆自晉陽舉兵入洛執孝莊立長廣王曄改元建明封帝爲平陽郡公及費也頭紇豆陵步藩入秀容逼晉陽兆徵帝帝將往賀拔焉過兒請緩行以弊之帝乃往逗遛辭以河無橋不得渡步藩軍盛兆敗走初孝莊之誅尒朱榮知其黨必有逆謀乃密勑步藩令襲其後步藩既敗兆等以兵勢日盛兆又請救於帝帝内圖兆復慮步藩後之難除乃與兆并力破之藩死兆深德於帝誓爲兄弟時尒朱榮從弟度律從父弟世隆及彦伯共執朝政（從祖兄仲遠據東郡）天光據關右兆據并州各擁兵爲暴天下苦之葛榮衆流入并肆者二十餘萬爲契胡陵暴皆不聊生大小二十六反誅夷者半猶草竊不止兆患之問計於帝帝曰六鎮反賊不可盡殺宜選王素腹心者私使統焉若有反者直罪其帥則所罪者寡兆曰善誰可行也賀拔允時在坐帝拳毆之折其一齒曰生平天柱時（[illegible]）分如鷹犬今日天下安置在王而阿鞠泥敢誣下罔上請殺之兆以帝爲誠遂以委焉帝以兆醉恐醒後或致疑貳遂出宣言受委統州鎮兵可集汾東受令乃建牙陽曲川陳部分有款軍門者絳中袍自稱梗楊驛子願則左右訪之則以力闘眷於并州市搭殺人者乃署爲親信兵士素惡兆而樂神武於是莫不皆至居無何又使劉貴請兆以并肆頻歲霜旱降户掘黄鼠而食之皆面無穀色徒汙人國土請令就食山東待温飽而處分之兆從其議其長史慕容紹宗諫曰不可今四方擾擾人懷異望況高公雄略又握大兵將不可爲兆曰香火誓重何所慮也紹宗曰親兄弟尚難可信何論香火時兆左右已受帝金印諂

紹宗與帝舊有隙兆乃禁紹宗而催帝帝乃自晉陽出滏口路逢尒朱榮妻鄉郡長公主自洛陽來馬三百匹盡奪易之兆聞乃釋紹宗而問焉紹宗曰猶掌握中物也於是自追帝至襄垣會漳水暴長橋壞帝隔水拜曰所以借公主馬非有他故備山東盜耳王受讒言自來賜追今渡河而死不辭此衆便叛兆乃陳無此意因輕馬渡與帝坐幕下陳謝授刀引頭使帝斫己帝大哭曰自天柱薨背賀六渾（神武字賀六渾也）更何所仰願大家千萬歲以申力用今爲人構間至此大家何忍復出此言兆投刀於地遂刑白馬而盟誓爲兄弟留宿夜飲尉景伏壯士欲執兆帝齧臂止之曰今殺之其黨必奔歸聚結兵飢馬瘦不可相支若英雄崛起則爲害滋甚不如且置之兆雖勁捷而凶狡無謀不足圖也旦日兆歸營又召帝帝將上馬詣之孫騰牽衣乃止隔水肆罵馳還晉陽兆心腹念賢領帝户家累别爲營帝僞與之善觀其佩刀因取之以殺其從者盡散於是士衆咸悦倍願附從既出滏口倍加約束纖毫之物不聽侵犯將過麥地帝輒步牽馬遠近聞之皆稱高儀同將兵整肅益歸心焉遂前行屯鄴求糧於相州刺史劉誕誕不供有車營租米帝自取之魏普泰元年二月神武自軍次信都高乾封隆之開門以待遂據冀州是月尒朱度律廢長廣王而立節閔封帝爲渤海王四月又加東道大行臺第一鎮人酋長龐蒼鷹自太原來奔帝以爲行臺郎尋以爲安州刺史神武自向山東養士繕甲禁侵掠百姓歸心乃詐爲書尒朱兆將以六鎮人配契胡爲部曲衆皆愁又爲并州符徵兵討步落稽發萬人將遣之孫騰尉景爲請留如此者再帝親送之郊雪涕執别人皆號慟哭聲動地帝乃喻之曰與爾俱失鄉客義同一家不意在上乃爾徵發直向西已當死後軍期又當死配國人又當死奈何衆曰唯有反耳帝曰反是急計須推一人爲主衆曰願奉帝曰爾鄉里難制不見葛榮乎雖百萬衆無刑法終自灰滅今以吾爲主當與前異不得欺

儀見不得犯軍人令生死任吾則可不爾不能爲取笑天下衆皆恇懼死生唯命帝曰君不得已明日椎牛饗士喻以討尒朱之意封隆之進曰千載一時普天幸甚帝曰討賊大順也拯時大業也吾雖不武以死繼之何敢讓焉六月庚子建義於信都尚未顯背尒朱氏及李元忠與高乾平殷州斬尒朱羽生首來謁帝撫膺曰今日反決矣乃以元忠爲殷州刺史是時兵威旣振乃抗表罪狀尒朱氏世隆等祕表不通八月尒朱兆攻陷殷州李元忠來奔孫騰以爲朝廷隔絶不權立天子則衆望無所係十月壬寅奉章武王融子勃海太守郎爲皇帝年號中興是爲廢帝時尒朱度律仲遠軍次洛陽尒朱兆會之帝用竇泰策縱反間度律仲遠不戰而還帝乃敗兆於廣阿十一月攻鄴相州刺史劉誕嬰城固守帝起土山爲地道往往建大柱一時焚之城陷入地麻祥時爲場陽令帝呼之曰麻都祥慙而死求賜元年正月壬午拔鄴城據之廢帝進帝大丞相柱國大將軍太師

是時青州建義大都督崔靈珍大都督耿翔皆遣使歸附行汾州事劉貴棄城來降閏三月尒朱天光自長安兆自并州度律自洛陽仲遠自東郡同會鄴衆號二十萬挾洹水而軍節閔以長孫承業爲大行臺總督焉帝令封隆之守鄴自出頓紫陌時馬不滿二千步兵不至三萬衆寡不敵乃於胡陵爲圓陣連牛驢以塞歸道於是將士皆爲死志四面赴擊之尒朱兆責帝以背已帝曰本戮力者共輔王室今帝何在兆曰永安枉害天柱我報讎耳帝曰我昔日親聞天柱計汝在戶前立豈得言不反耶且以君殺臣何報之有今日義絶矣乃合戰大敗之尒朱兆對慕容紹宗叩心曰不用公言以至於此將輕走紹宗反旗鳴角收聚散卒成軍容而西上高季式以七騎追奔度野馬崗與兆遇高昂望之不見哭曰喪吾弟矣夜久季式還血滿袖斛斯椿倍道先據河橋四月斛斯椿執天光度律以送洛陽長孫承業遣都督賈顯智張歡入洛陽執世隆彥伯斬之兆奔并州

仲遠奔梁州遂死焉時魏帝既除朝廷慶悅帝至洛陽廢節閔及中興王而立孝武孝武卽位以帝爲天柱大將軍太師世襲定州刺史增封并十五萬戶帝自滏口入尒朱兆大掠晉陽北保秀容并州平帝以晉陽四塞乃建大丞相府而定居焉兆旣至秀容分兵守險出入冦抄帝揚聲討之師出止者數四兆意怠帝揣其歲首當宴會遣竇泰以精騎馳之一日一夜行三百里帝以大軍繼之二年正月竇泰奄至尒朱兆庭軍人因宴休惰忽見泰驚走追破之於赤洪嶺兆自縊帝親臨厚葬之初帝之入洛也尒朱仲遠部下都督喬寧張子期自滑臺歸命帝以其助亂且數反覆皆斬之斛斯椿由是內不自安乃與南陽王寶炬及武衞將軍元毗魏光王思政搆帝於孝武舍人元士弼又奏帝受勑大不敬故孝武心貳於賀拔岳時司空高乾密啓帝言孝武之貳帝封呈孝武殺之天平元年二月封隆之與孫騰私言隆之喪妻孝武欲妻以妹騰亦未之信隆之泄其言於

斛斯椿以白孝武又孫騰帶仗入省擅殺御史並亡來奔并譙孝武猶舍人梁續於前光祿少卿元子幹攘臂擊之謂騰曰爾高王元家兒拳正如此領軍婁昭辭疾歸晉陽魏帝於是以斛斯椿兼領軍分置督將及河間關西諸刺史華山王鷙在徐州帝使邸珍奪其管籥建州刺史韓賢濟州刺史蔡儁皆帝同義魏帝忌之故省建州以去賢使御史中尉綦儁罪以開府賈顯智爲濟州儁拒之魏帝逾怒五月下詔云將征句吳發河南諸州兵增宿衞守河橋六月丁巳密詔帝曰宇文黑獺自平破秦隴多求非分脫有變非事資經略但表啓未全背戾進討事涉忿忿遂召羣臣議其可否僉言假稱南伐內外戒嚴一則防預不虞二則以威吳楚時魏帝將伐帝部署帝部將帥慮疑故有此詔帝乃表曰荊州綰接蠻左密邇畿服關隴恃遠將有逆圖臣今潛勒兵馬三萬擬從河東而渡又遣恒州刺史庫狄干瀛州刺史郭琛汾州刺史斛律金前武衞將軍彭樂擬兵四萬從其

來遼津渡遣領軍將軍婁昭相州刺史竇泰前燕州刺史堯雄并州刺史高隆之擬兵五萬以討荆州遣冀州刺史尉景前冀州刺史高敖曹濟州刺史蔡儁前侍中封隆之擬山東兵七萬突騎五萬以征江左皆約勒所部伏聽處分魏帝知覺其變乃出帝表令羣官議之欲止帝諸軍帝乃集在并州僚佐令其博議還以表聞仍以信誓自明忠款曰爲嬖佞所間陛下一旦賜疑今猖狂之罪尔朱時討臣若不盡誠竭節敢負陛下則使身受天殃子孫殄絕陛下若垂信赤心使干戈不動佞臣一二人願斟量廢出辛未魏帝復錄在京文武議意以答帝使舍人溫子昇草勑子昇逡巡未敢作魏帝據胡牀拔劍作色子昇乃爲勑曰前持心血遠以示王深冀彼此共相體悉而不良之徒坐生間貳近孫騰倉卒向彼致使聞者疑有異謀故遣御史中尉綦儁具申朕懷今得王啓言誓懇惻反覆思之猶所未解以朕眇身遇王武略不勞尺刃坐爲天子所謂生我者父母貴我者高王今若無事背王規相攻討則使身及子孫還如王誓皇天后土實聞此言近慮宇文爲亂賀拔勝應之故戒嚴欲與王俱爲聲援宇文今日使者相望觀其所爲更無異迹賀拔在南開拓邊境爲國立功念無可責君若欲分討何以爲辭東南不賓爲日已久先朝已來置之度外今天下戶口減半未宜窮兵極武朕既闇昧不知佞人是誰可列其姓名令朕知也如聞庫狄干語王云本欲取懦弱者爲主王無事立此長君使其不可駕御今但作十五日自可廢之更立餘者如此議論自是王間勳人豈出佞臣之口去歲封隆之背叛今年孫騰逃走不罪誰不怪王騰既爲禍始曾無魏王若事君盡誠何不斬送二首王雖啓圖西去而四道俱進或欲南度洛陽或欲東臨江左言之者猶恠聞之者寧能不疑王若守誠不貳晏然居北在此雖有百萬之衆終無圖彼之心王脫信邪棄義舉旗南指縱無匹馬隻輪猶欲奮空拳而爭死朕本寡德王立之百姓無知或謂實可

府一百八十六　十七

君爲他所圖則彰朕之惡假令還爲王殺幽辱虀粉了無遺恨何者王既以德見推以義見舉一朝背德舍義便是過有所歸本望君臣一體若合符契不圖今日分疎到此古語云越人射我笑而道之吾兄射我泣而道之朕既親王情如兄弟所以投筆拊膺不覺歔欷初帝自京師將北以爲洛陽久經喪亂王室衰盡雖有山河之固土地褊狹不如鄴請遷都魏帝曰高祖定鼎河洛爲永永之基經營制度至世宗乃畢王既功在社稷宜遵太和舊事帝奉詔至是復謀焉遣三千騎鎮建興益河東及濟州兵於白溝虜船不聽向洛諸州和糴粟運入鄴城魏帝又勑帝曰王若厭伏人情杜絕物議唯有歸河東之兵罷建興之戍送相州之粟追濟州之軍令蔡儁受代使邸珍出徐止戈散馬各事家業脫須糧廩別遣轉輸則讒人結舌疑悔不生王高枕太原朕垂拱京洛終不舉足渡河以干戈相指王若馬首南向問鼎輕重朕雖無武欲止不能必爲社稷宗廟出萬死之策決在於王非朕能定爲山止簣相爲惜之魏帝時以任祥爲兼尚書左僕射加開府祥棄官走至河北據郡待帝魏帝乃勑文武官北來者任去留下詔罪狀帝爲北伐經營帝亦勒馬宣告曰孤遇尔朱擅權舉大義四海奉戴主元武怒幽明横爲斛斯椿讒構以誠節爲逆首昔趙鞅興晉陽之甲誅君側惡人今者南邁誅椿而已以高昂爲前鋒曰若用司空言豈有今日之舉司馬子如答帝曰本欲立小者正爲此耳魏帝徵兵關右召賀拔勝赴行在所遣大行臺長孫承業大都督潁川王斌之斛斯椿共鎮武牢汝陽王暹鎮石濟行臺長孫子彥帥前弘農太守元洪略鎮陝賈顯智豫州刺史斛斯元壽伐蔡儁帝使竇泰與左廂大都督莫多婁貸文逆顯智韓賢逆暨元壽軍降泰貸文與顯智遇於長壽津顯智陰約降引軍退軍司元玄覺之馳還請益師魏帝遣大都督侯幾紹赴之戰於滑臺東顯智以軍降紹死之七月魏帝躬率大衆屯河橋帝至河北十餘里再遣口

府一百八十六　十八

中流殺魏帝不報乃引軍渡河魏帝問計於羣臣或云南依賀拔勝或云西就關中或云守洛口死戰未決而元斌之與斛斯椿爭權不睦斌之棄椿徑還紿魏帝云帝兵至即日魏帝逃於長安己酉帝入洛陽於永寧寺八月甲寅召集百官謂曰為臣奉主拯救危亂若處不諫爭出不陪隨緩則耽寵爭榮急便逃竄臣節安在遂收開府儀同三司叱列延慶兼尚書左僕射辛雄兼吏部尚書崔孝芬都官尚書劉廞兼度支尚書楊機散騎常侍元士弼並殺之誅其貳也士弼籍沒家口帝以萬機不可曠廢乃與百僚議以清河王亶為大司馬居尚書下舍而承制決事焉王稱警蹕帝醜之尋至弘農遂西剋潼關執毛鴻賓進軍長城龍門都督薛崇禮降帝退舍河東命行臺尚書長史薛瑜守潼關大都督庫狄溫守封陵於蒲津西岸築城守華州以薛紹宗為刺史高昂行豫州事帝自發晉陽至此凡四十啟魏帝皆不答九月庚寅帝還至洛陽乃遣僧道榮奉表關中又不答乃集百寮四門耆老議所推立以為自孝昌喪亂國統中絕神主靡依昭穆失序永安以孝文為伯考永熙遷孝明於夾室業喪祚短職此之由議立清河王世子善見是為孝靜帝魏於是始分為二帝以孝武既西恐逼崤陝洛陽復在河外接近梁境如向晉陽形勢不能相接依議遷鄴護軍祖瑩贊焉詔下三日車駕便發戶四十萬狼狽就道帝留洛陽部分事畢還晉陽自是軍國政務皆歸相府二年正月西魏渭州刺史可朱渾道元擁眾內屬帝迎納之壬戌帝襲擊山胡劉蠡升大破之是月孝靜詔以帝為相國假黃鉞劍履上殿入朝不趨帝固辭三月帝欲以女妻蠡升太子候其不設備辛酉潛師襲之其北部王斬蠡升首以送其眾復立其子南海王帝進擊之又獲南海王及其弟西海王北海王皇后公卿以下四百餘人胡魏五萬戶三年正月甲子帝帥庫狄干等萬騎襲西魏夏州身不火食四日而至縛矟為梯夜入其城於是生禽費也頭斛拔俄彌突

府一百八十六　十九

因而用之留都督張瓊以鎮守遷其部落五千戶以歸西魏靈州刺史曹泥與其壻涼州刺史劉豐遣使請內屬周太祖圍泥水灌其城不沒者四尺帝命阿至羅發騎三萬徑度靈州繞出西後獲馬五十匹西師乃退帝率騎迎泥豐生拔其遺戶五千以歸復泥官爵孝靜詔加帝九錫固讓乃止二月帝令阿至羅逼西魏秦州刺史建忠王万俟普撥帝以眾應之三月普撥與其子太宰壽會于鄜蒲津以冰薄不得赴救乃班師是月高昂剋上洛十一月壬辰帝西討自蒲津濟眾二十萬周太祖軍於沙苑帝以地阨少却西人鼓譟而進軍大亂棄器甲十有八萬帝跨橐駝候船以歸元象元年三月辛酉帝固請解丞相孝靜許之七月壬午行臺侯景司徒高昂圍西魏將獨孤信於金墉西魏帝及周太祖並來赴救大都督庫狄干帥諸將前驅帝總眾繼進八月辛卯戰於河陰大破西魏軍俘獲數萬司徒高昂大都督李猛宋顯死之西師之敗獨孤信先入關周太祖留其都督長孫子彥守金墉遂燒營以遁帝遣兵追奔至崤不及而還初帝知西師來侵自晉陽率眾馳赴至孟津未濟而軍有勝負既而帝渡河子彥亦棄城走帝遂毀金墉而還十一月庚午朝京師十二月壬辰還晉陽興和元年七月丁丑孝靜進帝為相國錄尚書事固讓乃止十二月乙丑帝以新宮成朝於鄴辭渤海王及都督中外諸軍事詔不許四年五月辛巳朝鄴六月甲辰還晉陽九月帝西征十月己亥圍西魏儀同三司王思政於玉壁城欲以挑敵西師不敢出武定元年二月壬申北豫州刺史高慎據虎牢西叛三月壬辰周太祖率眾援高慎圍河橋南城戊申帝大敗之於芒山擒西魏督將已下四百餘人俘斬六萬計是時軍士有盜殺驢者軍令應死帝弗殺將至并州決之明日復戰奔西軍告帝所在西師盡銳來攻眾潰帝失馬赫連陽順下馬以授帝與蒼頭馮文洛扶上俱走西魏太師賀拔勝以十三騎逐帝河州刺史劉洪徽射中其二勝矟將中帝段

府一百八十六　二十

先襆射勝馬殪遂免遂洛二年平帝使劉豐追奔至引農還八月孝靜詔帝爲相國録尚書事固辭乃止十二月巳卯朝京師庚辰還晉陽二年三月癸巳帝巡行冀定二州因朝京師四月丙辰還晉陽十一月帝討山胡破平之俘獲一萬餘户口分配諸州三年正月甲午開府儀同三司尒朱文暢開府司馬任胄都督鄭仲禮中府主簿李世林前開府參軍房子遠等謀賊帝因十五夜打簇懷刃而入其黨薛季孝以告並伏誅三月乙未帝朝鄴丙午還晉陽四年八月帝將西伐自鄴會兵於晉陽九月圍玉壁以挑西師不敢應西魏晉州刺史韋孝寬守玉壁城中出鐵面帝使元盜射之每中其北北天險也乃起土山鑿十道又於東面鑿二十道以攻之城中無水汲於汾帝使移汾一夜而畢孝寬奪據土山頓軍五旬城不拔死者七萬人聚爲一冢是月帝有疾十一月庚子輿疾班師以無功表解都督中外諸軍事五年正月丙午終於晉陽天保初文宣即位追崇爲獻武帝廟號太祖

武帝廟號太祖

世宗文襄皇帝神武長子魏中興元年爲勃海王世子二年加侍中開府儀同三司尚孝靜帝妹馮翊長公主天平元年加使持節尚書令大行臺并州刺史三年入朝輔政加領左右京畿大都督興和二年加大將軍領中書監武定四年十一月神武西討不豫班師帝馳赴軍所侍衛還晉陽五年正月神武晏駕七月魏帝詔以帝爲使持節大丞相都督中外諸軍録尚書事大行臺勃海王八月戊辰文襄啓申神武遺令請減國邑分封將督各有差辛朱朝鄴固辭丞相魏帝詔曰既朝野攸憑安危所繫不得令遂本懷須有權奪可復前大將軍餘如故七年十月辛卯遇盜而終文宣受禪追謚爲文襄皇帝廟號太宗顯祖文宣皇帝神武第三子每天平二年授散騎常侍驃騎大將軍儀同三司左光禄大夫太原郡開國公武定元年加侍中二年轉尚書左僕射領軍將軍五年授尚書令中書監京畿大都督

武定七年七月文襄遇害帝乃赴晉陽親摠庶政十一月梁齊州刺史茅靈斌德州刺史劉領隊南豫州刺史皇甫晉等並以州內屬八年正月魏帝詔進帝位使持節丞相都督中外諸軍録尚書事大行臺齊郡王食邑一萬户三月進封齊王五月進相國摠百揆封冀州之渤海長樂安德武邑瀛州之河間高陽章武定州之中山常山博陵十郡邑二十萬户加九錫殊礼齊王如故遣兼大尉彭城王韶司空潘相樂冊命曰於戲敬聽朕命夫唯天爲大列略宿而垂象謂地蓋厚疏川嶽以阜物所以四時代序萬類騁羅庶品得性羣形不上然則皇王統曆深視高居拱默垂衣寄成師相此則夏伯殷尹竭其股肱周成漢昭無爲而治也往者天下多難國命如旒則我太廟之業將墜於地齊獻武王奮迹風雲大濟區域援翼朕躬國爲再造經營庶士以至勤憂及文襄承構愈廣前業康邦夷難道格穹蒼王縱德應期千齡一出唯幾唯深乃神乃叡大崇霸德寬廣相猷譬冥切姒實顏絕言象摽聲示迹典禮宜宣今申後命其敬虛受

冥切姒實顏絕言象摽聲示迹典禮宜宣今申後命其敬虛受

王搏風初舉建旟上地庇民立政特雨滂流下識廉耻仁如水陸移風易俗自齊變魯此王之功也仍攝天臺摠參戎律策出若神威行朔土引弓竄跡松塞無煙此又王之功也逮先統前緒持衡九合華戎混一風海調夷日月光華天地清晏聲援響隨無思不偃此又王之功也逖矣炎方逋違正朔懷文曜武授略中規淮楚遠城灌於桑落此又王之功也關峴矜帶殘靈蕭條勝胃之地嶽立鴟跱偏師纔指渙同氷散此又王之功也晉熙之所險薄江雷迴隔聲教迷方朱改命將鞠旅覆其巢穴威略風騰傾懾南海此又王之功也群蠻跋扈世絕南疆搖蕩邊垂丞爲塵梗懷德畏威向風請順傾陬盡落其至如雲此又王之功也胡人別種延蔓山谷酉渠萬族廣袤千里憑險不恭忿其猴黠有樂導風相携叩款槩帛之調王府充積此又王之功也洸洸渤海世敦諸華風行鳥逝倏來忽往既飲醇醪附同歷

滌氈裘委牣奇獸銜尾此又王之功也泰川尚阻作我仇讎爰拖檄蘭飛書請好天動其衷歸罪禮厚區宇又寧遐邇畢至此又王之功也江陰告禍民無適歸蕭宗子弟尚想投戾如鳥還山猶川赴海荆江十部俄而獻劉秉此會也將泯朱方此又王之功也天平地成率土咸茂禎符顯見史不停筆既連百木兼呈九尾素過秦雀蒼比周烏此又王之功也搜揚管庫衣冠積序禮云樂云銷沉俱振輕徭撤賦矜獄寬刑大信外彰深仁遂洽此又王之功也王有安天下之大勳加以表光明之盛德寔賛洪猷以左右朕言昔旦奭外分毛畢又佐出内之任王宜揔之人謀鬼謀兩儀協契錫命之行義申公道以王踐律蹈禮軌物蒼生圓首妥志率心歸道是以錫王大輅戎輅各一玄牡二駟王深重民天唯本是務衣食之用榮辱所由是用錫王衮冕之服赤舄副焉王深賡惠和易調風化神祇且華功德可象是用錫王軒懸之樂六佾之舞王風聲振赫九域咸綏遠人率俾奔走委盡是用錫王朱户以居王求賢選衆草萊以盡陳力就列罔非其人是用錫王納陛以登王英圖猛槩抑揚千品毅然之節肅是非違是用錫王虎賁之士三百人王興王所繫制禦幽顯糾行天討罪人斯得是用錫王鈇鉞各一王鷹揚豹變寔扶下土狼顧鴟張罔不彈射是用錫王彤弓一彤矢百盧弓十盧矢千王孝悌之至通於神明率民興行感達區宇是用錫王秬鬯一卣圭瓚副焉往欽哉其祗順往冊保綏皇家用終爾休德對揚我太祖之顯命又詔以齊國太妃為王太后戊午遂授梁帝禪

册府元龜卷第一百八十六

閏位部六

勳業第五

梁太祖神武元聖孝皇帝宋州碭山縣人也未冠而孤母王氏携養寄於蕭縣人劉崇之家帝既壯以雄勇自負唐僖宗乾符中關東荐饑羣賊嘯聚黃巢因之起於曹濮飢民願附者凡數萬帝乃辭崇家與仲兄存俱入巢軍以力戰屢捷得補爲隊長唐廣明元年十二月甲申黃巢陷長安遣帝領兵屯于東渭橋是時夏州節度使諸葛爽率所部屯于櫟陽巢命帝招諭爽爽遂降于巢中和二年二月巢以帝爲東南面行營先鋒使令攻南陽下之六月帝歸長安巢親勞于灞上七月巢遣帝西拒邠岐鄜夏之師于興平所至皆立功二年二月巢以帝爲同州防禦使使自攻取帝乃自丹州南行以擊左馮拔之遂據其郡時河中節度使王重榮屯兵數萬糾合諸侯以圖興復帝時與之

鄰封屢爲重榮所敗遂請濟師于巢表章十上爲偽軍使孟楷所蔽不達又聞巢軍勢蹙諸校離心帝知其必敗九月帝遂與左右定計斬偽監軍使嚴實舉郡降於重榮重榮即日飛章上奏時僖宗在蜀覽表而喜曰是天賜予也乃詔授帝左金吾衛大將軍充河中行營副招討使仍賜名全忠自是帥所部與河中兵士偕行所向無不克捷三年三月僖宗制授帝宣武軍節度使依前充河中行營副招討使仍令候收復京闕即得赴鎮四月巢軍自藍關南走帝與諸侯之師俱收長安乃率部下一旅之衆仗節東下七月丁卯入於梁苑是時帝年三十有二時蔡州刺史秦宗權與黃巢餘孽合從肆虐共圍陳州久之僖宗乃命帝爲東北面都招討使時汴宋連年阻饑公私俱困帑廩皆虛外爲大敵所攻內則驕軍難制交鋒接戰日甚一日人皆危之惟帝銳氣益振是歲十二月帝領兵於鹿邑與巢衆相遇縱兵擊之斬首二千餘級乃引兵入亳州因是兼有譙郡之地

四年春帝與許州田從異下諸軍同收瓦子寨殺賊數萬衆是時陳州四面賊寨相望驅虜編氓殺以充食號爲舂磨寨帝分兵翦撲大小凡四十戰四月丁巳收西華寨賊將黃鄴單騎奔陳帝乘勝追之鼓譟而進會黃巢遁去遂入陳州刺史趙犨迎於馬前俄聞巢黨尚在陳北故陽壘帝遂徑歸大梁是時河東節度使李克用奉僖宗詔統騎軍數千同謀破賊與帝合勢於中牟北邀擊之賊衆大敗於王滿渡多束手來降時賊將霍存葛從周張歸厚張歸霸皆匍匐於馬前乞宥而納之遂逐殘寇東至於寃句五月甲戌帝與晉軍振旅歸汴館克用於上源驛既而備犒宴之禮克用乘醉任氣帝不平之是夜命甲士圍而攻之會大雨雷電克用因得於電光中踰垣遁去惟殺其部下數百人而已六月陳人感解圍之惠爲帝建生祠堂於其郡是歲黃巢雖殄而蔡州秦宗權繼爲巨孽有衆數萬攻陷鄰郡殺掠吏民屠害之酷更甚巢賊帝患之七月遂與陳人共攻蔡賊

於溵水殺數千人九月己未僖宗就加帝檢校司徒同平章事封沛郡侯食邑千户光啓元年春蔡賊掠亳潁二郡帝帥師以救之遂東至於焦夷敗賊衆數千生擒賊將殷鐵林梟首以徇于軍而還三月僖宗自蜀還長安改元光啓四月戊辰就加帝檢太保增食邑千五百户十二月河中太原之師逼長安觀軍容使田令孜奉僖宗出幸鳳翔二年春蔡賊益熾時唐室微弱諸道州兵不爲王室所用故宗權得以縱毒連陷汝洛懷孟唐鄧許鄭圍輻數千里殆絕人煙惟宋亳滑穎僅能閉壘而已帝累出兵與之交戰然或勝或負人甚危之三月庚辰僖宗降制就封帝爲沛郡王是月僖宗移幸興元五月嗣襄王熅僭即帝位於長安改元爲建貞遣使齎偽詔至汴帝命焚之于庭未幾襄王果敗七月蔡人逼許州節度使鹿晏弘使來求救帝遣葛從周等率師赴援師未至而城陷晏弘爲蔡賊所害十一月滑州節度使安師儒以怠於軍政爲部下所殺帝聞之乃遣朱珍

李唐實襲而取之由是遂有滑臺之地十二月僖宗降制就加
帝檢校太傅改封吳興郡王食邑三千户是歲鄭州爲蔡賊所
陷刺史李璠單騎來奔帝宥而納之以爲行軍司馬宗權既得
鄭益驕帝遣裨將邏於金隄驛與賊相遇因擊之賊衆大敗追
至武陽橋斬首千餘級帝每與蔡人戰於四郊既以少擊衆常
出奇以制之但患師少未快其旨宗權又以巳衆十倍於帝耻
於頻敗乃益聚衆堅欲以攻夷門既而獲蔡之諜者備知其事遂
謀濟師焉三年春二月乙巳承制以朱珍爲淄州刺史俾募兵
於東道且慮蔡人暴其麥苗期以夏首迴歸珍既至淄棣旬日
之内應募者萬餘人又潛襲青州獲馬千疋鎧甲稱是乃鼓行
而歸四月辛亥達於夷門帝喜曰吾事濟矣是時賊將張晊屯
於北郊秦賢屯於版橋各有衆數萬樹柵相連二十余里其勢
甚盛帝謂諸將曰此賊方今息師蓄鋭候其時必來攻我況宗
權度吾兵少又未知珍來謂吾畏懼止於堅守而已今出不意

不如先擊之乃親引兵攻秦賢寨將士踴躍爭先賊果不備連
拔四寨斬首萬餘級時賊衆以爲神助庚午賊將盧瑭領萬餘
人於圃田北萬勝戍夾汴水爲營跨河爲梁以扼運路帝擇精
鋭以襲之是日昏霧四合兵及賊壘方覺遂突入掩殺赴水死
者甚衆盧瑭自投于河河南諸賊連敗不敢復駐皆併在張晊
寨自是蔡寇皆懷震懼往往軍中自相驚亂帝旋師休息大行
犒賞由是軍士各懷憤激每遇敵無不奮勇五月丙子出酸棗
門自卯至未短兵相接賊衆大敗追斬二十餘里僵仆相枕宗
權恥敗益縱其虐乃自鄭州親領突將數人徑入張晊寨其日
晩大星殞於賊壘有聲如雷辛巳兖鄆滑軍士皆來赴援乃陳
兵於汴水之上旌旗器甲甚盛蔡人望之不敢出寨翌日分布
諸軍齊攻賊寨自寅至申斬首二萬餘級會夜收軍獲牛馬輜
重生口器甲不可勝計是夜宗權晊遁去遲明逐之至陽武橋
而還宗權至鄭州乃盡焚其廬舍屠其郡人而去始蔡人分兵

寇陝洛孟懷許汝皆先據之因是敗也賊衆恐懼咸棄之而遁
帝乃愼選將佐俾完緝壁壘爲戰守之備於是遠近流亡復歸
者衆矣是時楊州節度使高駢爲俾將畢師鐸所害復有孫儒
楊行密互相攻伐朝廷不能制乃就加帝檢校太尉兼領淮南
節度使九月亳州裨將謝殷逐刺史宋衮自據其郡帝領親軍
屯於太清宮遣霍存討平之帝之禦蔡寇也鄆州朱瑄兖州朱
瑾皆領兵來援及宗權既敗帝以瑄瑾宗人也又有力於巳皆
厚禮以歸之瑄瑾以帝軍士勇悍私心愛之乃密於曹濮界上
懸金帛以誘之帝軍利其貨而赴者甚衆帝乃移檄以讓之自
朱瑄來詞不遜乃命朱珍侵曹伐濮以懲其姦未幾珍拔曹州
執刺史丘禮以獻遂移兵圍濮兖鄆之衆自兹而始矣十月禧
宗命水部郎中王贊撰紀功碑以賜帝是月帝賜親騎數千巡
師於濮上因破朱瑄援軍於范縣丁未攻陷濮州刺史朱裕單
騎奔鄆尋爲鄆人所敗踰月乃還十二月僖宗遣使賜帝鐵券

又命翰林承旨劉崇望撰德政碑以賜帝閏月甲寅帝請行軍司
馬李璠權知淮南留後乃遣大將郭言領兵援送以赴楊州文
德元年正月帝率師東赴淮海行次宋州聞楊行密巳拔楊州
遂還是時李璠郭言行至淮上爲徐戎所扼不克進而迴帝怒
遂謀伐徐二月丙戌僖宗制以帝爲蔡州四面行營都統由是
諸鎭之師皆受帝之制度三月庚子昭宗即位是月蔡人石璠
領萬衆以剽陳亳帝遣朱珍率精騎數千擒璠以獻四月戊辰
魏博樂彦禎失律其子從訓出奔相州使來乞師帝遣朱珍領
上軍濟河連收黎陽臨河二邑既而魏軍推小校羅弘信爲帥
弘信既立遣使送欵於汴帝優而納之遂命班師是月河南尹
張全義襲李罕之於河陽克之罕之單騎出奔因乞師於太原
李克用爲發萬騎以援之罕之遂收其餘衆與晉軍合勢急攻
河陽全義危急遣使求救於汴帝遣丁會牛存節葛從周領兵
赴之大戰於溫縣晉人與罕之俱敗於是河橋解圍全義歸於

洛陽因以丁會河陽留後五月己亥昭宗制以帝檢校侍中增食邑三千户戊辰詔改帝鄉曰衣錦鄉里曰沛王里是月徐以兼有洺孟之地無西顧之患將大整師徒畢力誅蔡會蔡人趙德諲舉漢南之地以歸於朝廷且遣使送款於帝仍誓勠力同討宗權帝表其事朝廷因以德諲為蔡州四面副都統又以河陽保義義昌三節度為帝行軍司馬兼粮料應接使至是帝領諸侯之師會德諲以伐蔡敗蔡賊於汝水之上遂傅其城五日之内樹二十八寨以環之蓋象列宿之數也時帝親臨矢石一日飛矢中其左腋血漬單衣顧謂左右曰勿洩九月以糧運不繼遂班師是時帝知宗權殘孽不足為患遂移兵以伐徐十月先遣朱珍領兵與時溥戰于吴康鎮徐人大敗連收豐蕭二邑溥携散騎馳入彭門帝命分兵以攻宿州刺史張友携符印以降既而徐人閉壁堅守遂命龐師古屯兵守之而還是月蔡賊孫儒攻陷揚州自稱淮南節度使龍紀元年正月龐師古攻下

宿遷縣進軍於呂梁時溥領軍二萬晨壓師古之軍而陣師古促戰敗之斬首二千餘級溥復入於彭門二月蔡將申叢遣使來告縛秦宗權於帳下折其足而囚之矣帝即日承制以叢為淮西留後未幾叢復為都將郭璠所殺是月璠執宗權來獻帝遣行軍司馬李璠牙校朱克讓檻進於長安賊至昭宗御延喜樓受俘即斬宗權於獨柳樹下蔡州平昭宗詔加帝食實封一百户賜莊宅各一區三月又加帝檢校太尉兼中書令進封東平王賞平蔡之功也大順元年四月丙辰宿州小將張筠逐刺史張紹光擁衆以朋時溥帝率親軍討之殺千餘人筠遂堅守乙卯時溥出兵暴碭山縣帝遣朱友裕以兵襲之敗徐軍三千餘衆獲沙陀援軍石君和等三十人斬於宿州城下六月辛酉淮南孫儒遣使修好于帝帝表其事請以淮南節制授于儒焉辛未昭宗命帝兼宣義軍節度使充河東東面行營招討使時朝廷宰臣張濬將兵討太原故也八月甲寅昭義都將馮霸殺沙陀所署節度使李克恭來降帝請河陽節度使朱崇節為潞州留後戊辰李克用自率蕃漢步騎數萬以圍潞州帝遣葛從周率驍勇之士夜中銜枚犯圍而入于潞九月壬寅帝至河陽遣都將李讜引軍趨澤潞行至馬牢川為晉人所敗帝又遣朱友裕張全義率精兵至澤州北以為應援既而崇節從周棄潞來歸戊申帝徒責諸將敗軍之罪斬李讜李重裔以徇遂班師焉十月乙酉帝自河陽赴滑臺時奉詔將討太原先遣使假道于魏魏人不從先是帝遣行人雷鄴告糴于魏既而為牙軍所殺羅弘信懼故不敢從命遂通好於太原十二月辛丑帝遣丁會葛從周率衆渡河取黎陽臨河又令龐師古霍存下淇門衛縣帝徐以大軍繼其後二年春正月魏軍屯于内黄丙辰帝與之接戰自内黄至永定橋魏軍五敗斬首萬餘級羅弘信懼遣使持厚幣請和帝命止其焚掠而歸其俘弘信由是感悅而聽命焉乃收軍屯於河上八月己丑帝遣丁會急攻宿州刺史張

筠堅守其壁會乃率衆於州東築堰壅汴水以浸其城十月壬午筠遂降宿州平十一月丁未曹州裨將郭紹賓殺刺史郭饒舉郡來降是月徐將劉知俊率衆二千來降自是徐軍不振十二月兗州朱瑾領軍三萬寇單父帝遣丁會領大軍襲之敗於金鄉界殺二萬餘衆瑾單馬遁去景福元年正月遣丁會於兗州界徙其民數千户於許州二月戊寅帝親征鄆先遣朱友裕屯軍于斗門甲申次衛南有飛鳥止於峻堞之上鳴噪甚厲副使李璠曰將有不如意之事是夜鄆州朱瑄率步騎萬人襲朱友裕於斗門友裕拔軍南去乙酉帝晨救斗門不知友裕之退前至斗門者皆為鄆人所殺帝追襲鄆至瓠河不及遂領兵於村落間時朱瑄尚在濮州丁亥遇朱瑄率兵將歸于鄆遂來衝擊帝棄馬南馳為賊所追甚急前有溝塹躍馬而過張歸厚援稍力戰於其後乃免時李璠與都將數人皆為鄆軍所殺五月丙午遣朱克讓率衆略兗鄆之麥十一月遣朱友裕率兵攻濮

州下之擒刺史邵儒以獻濮州平遂命移軍伐徐州二年八月帝遣龐師古移兵攻兗駐於曲阜與朱瑾屢戰皆敗之十二月師古遣先鋒葛從周引軍以攻齊州刺史朱威告急于兗鄆既而朱瑄以援兵至遂圍其壘乾寧元年二月帝親領大軍由鄆州東路北次於魚山朱瑄覘知即以兵徑至且圖速戰帝整軍出寨時瑄瑾已陣於前須臾東南風大起帝軍旌旗先次其懼色帝即令騎士揚鞭呼嘯俄而西北風驟發時兩軍皆在草莽中帝因令縱火而煙燄亘天乘勢以攻賊陣瑄瑾大敗殺萬餘人餘衆擁入清河因築京觀於魚山之下駐軍數日而還二年正月癸亥遣朱友恭帥師復伐兗遂塹而圍之未幾朱瑄自鄆率步騎援糧欲入于兗友恭設伏以敗之盡奪其餉於高吳因擒蕃將安福順安福慶二月己酉帝領親軍屯於單父以爲友恭之援四月濠壽二州復爲楊行密所陷是時太原遣將史儼兒李承嗣以萬騎馳入于鄆朱友恭遂歸於汴八月帝領親軍

伐鄆至大仇遣前軍挑戰設伏於梁山以待之既而獲蕃將史完府並馬數百匹朱瑄脱身遁去復入于鄆十月帝駐軍於鄆齊州刺史朱瓊遣使請降瓊即瑾之從父兄也帝因移軍至兗瓊果來降未幾瓊爲朱瑾所紿掠而殺之帝即以其弟玭爲齊州防禦使十一月朱瑄復遣將賀瓌柳存及蕃將何懷寶等萬餘人以襲曹州庶解兗州之圍也帝知之自兗領軍策馬先路至鉅野南追而敗之殺戮將盡生擒賀瓌柳存何懷寶及賊黨三千餘人是日申時狂風暴起塵沙沸湧帝曰此乃殺人未足耳遂下令盡殺所獲因停風亦止焉翌日縶賀瓌等以示于兗帝素知瓌名乃釋之惟斬何懷寶於兗城之下乃班師十二月葛從周領兵復伐兗既至與朱瑾戰於壘下殺千餘衆擒其將孫漢筠已下二十人遂旋師三年正月河東李克用既破邢州欲誅爭勳乃遣蕃將張汚落以萬騎寨於河北之莘縣聲言欲救兗鄆魏博節度使羅弘信患之使來求援四月辛酉河東泛

漲將壞滑城帝令決隄岸以分其勢爲二河夾滑城而東爲害滋甚是月帝遣許州刺史朱友恭領兵萬人渡淮以便宜從事時洪鄂二州累遣使求援故有是行五月命葛從周統軍屯于洹水以備蕃軍六月李克用帥蕃漢諸軍營于斥丘遣其男落落將鐵林小兒三千騎薄于洹水從周與戰大敗之生擒落落以獻克用悲駭請脩舊好以贖其子帝不許遂執落落送于羅弘信斬之越七日我軍還屯楊留以伐鄆八月復壁于洹水是時昭宗幸華州遣使就加帝檢校太師守中書令四年正月帝以洹水之師大舉伐鄆辛卯營于濟水之次龐師古令諸將撤木爲橋乙未夜師古以中軍先濟聲振于鄆朱瑄聞之棄壁夜走葛從周逐之至中都北擒瑄并其妻男以獻尋斬汴橋下鄆州平己亥帝入于鄆以朱友裕爲鄆州兵馬留後時帝聞朱瑾與朱儼兒在豐沛間搜索糧饋惟留康懷英以守兗州帝因承勝遣葛從周以大軍襲兗懷英聞鄆失守俄又我軍大至乃出

降朱瑾史儼兒遂奔淮南兗海沂密等州並平乃以葛從周爲兗州留後八月陝州節度使王珙遣使來乞師是時珙弟珂實爲蒲帥迭相憤怨日尋干戈而珙兵寡故來求援帝遣張存敬楊師厚等領兵赴陝既而與蒲人戰于猗氏大敗之九月帝以兗鄆既平士雄勇遂大舉南征伐命龐師古以徐宿宋滑之師直趨清口葛從周以兗鄆曹濮之衆徑赴安豐淮人遣朱瑾領兵以拒師古因決水以浸軍遂爲淮人所敗師古歿焉葛從周行及濠梁聞師古之敗亦命班師光化元年正月帝遣葛從周統諸將略地於山東遂次于邢洺三月昭宗以帝兼領天平軍節度使餘如故四月滄州節度使盧延彦爲燕軍所攻棄城奔于魏魏人送于汴是月帝以大軍至鉅鹿屯于城下敗晉軍萬餘衆於青山口俘馬千餘匹丁卯遣從周分兵攻洺州刺刺史邢善益擒將五十餘人五月己巳邢州刺史馬師素棄城遁去辛未惠州刺史袁奉滔自剄而死五日之内連下三州因以葛

從周兼邢州昭義軍節度留後帝遂班師是時襄州節度使趙凝聞帝軍有清口之敗密附於淮夷七月帝遣氏叔琮率師伐之未幾其泌州刺史趙璠越墉來降隨州刺史趙璘臨陣就擒二年正月淮南楊行密舉全吳之衆精甲五萬以伐徐州帝領大軍禦之行密聞帝親征乃收軍而退時幽州節度使劉仁恭大舉蕃漢兵號十萬以伐魏遂攻陷貝州州民萬餘户無少長悉屠之進攻魏州魏人來乞師帝遣朱友倫張存敬李思安等先屯于內黄帝遂親征三月與燕軍戰于內黄北燕軍大敗殺二萬餘衆奪馬二千餘疋擒都將單無敵已下七十餘人是月葛從周自山東領其部衆馳以救魏翌日乘勝諸將張存敬已下連破八寨遂逐燕軍北至于臨清擁其殘寇于御河溺死者甚衆仁恭奔于滄州六月帝表丁會爲潞州節度使以李罕之疾亟故也又遣葛從周由固鎮路入于潞州以援丁會七月壬辰朔海陳漢賓擁所部三千奔于淮南戊戌晉人陷澤州帝遣

召葛從周於潞留賀德倫以守之未幾德倫爲晉人所逼遂棄潞而歸由是潞州復爲晉人所有十一月陜州都將朱簡留後李璠自稱留後送款于帝三年四月遣葛從周以兖鄆滑魏之師伐滄州五月庚寅攻德州拔之梟刺史傅公和於城上己亥進攻浮陽六月燕帥劉仁恭大舉來援從周與諸將逆戰于乾寧軍老鴉隄大破之殺萬餘衆俘其將佐馬愼交已下百餘人旣而以連雨遂班師八月河東遣李進通襲陷洺州執刺史朱紹宗帝遣葛從周自鄴縣渡漳水屯于黄龍鎮親領中軍涉洺而寨晉人懼而宵遁洺州復平九月帝以仁恭進通之入寇也皆由鎮定爲其嚮導卽以葛從周爲上將以伐鎮州遂攻下臨城渡滹沲以環其城帝領親軍繼至鎮帥王鎔懼納質請盟乃獻文繒二十萬以犒戎士帝許之十月晉人以帝宿兵於趙遂南下太行急攻河陽留後侯言與都將閻寶力戰固守僅而獲全十一月以張存敬爲上將自甘陵發軍北侵幽薊連拔瀛莫

二郡遂移軍以攻中山定帥王郜以精甲二萬戰于懷德亭盡殪之郜懼奔于太原遲明大軍集于城下郜季父處直持印鑰乞降亦以繒帛三十萬爲獻帝卽以處直代郜領其鎭焉是月燕人劉守光赴援中山寨于易水之上繼爲康懷英張存敬等所敗斬獲其衆由是河朔知懼皆歸伏焉是歲唐左軍中尉劉季述幽昭宗於東內立皇子德王裕爲帝仍遣其養子希度來言願以唐之神器輸於帝時帝方在河朔聞之遽還于汴大計未決會李振自長安使迴因言於帝曰夫豎刀伊戾之亂所以資霸者之事也今閹豎幽辱天子王不能討無以令諸侯帝悟因請振復使于長安與時宰潛謀反正天復元年正月乙酉朔唐宰相崔胤潛使人以帝密旨告于侍衛軍將孫德昭已下令誅左右中尉劉季述王仲先等卽時迎昭宗於東內御樓反正癸巳降制進封帝爲梁王酬反正之功也昭宗之廢也汴之邸吏程巖率昭宗衣下殿帝聞之乃召巖至汴折其足送于長安杖

殺之是時河中節度使王珂結援於太原帝怒遣大將張存敬率將涉河由含山路鼓行而進戊申攻下絳州壬子晉州刺史張漢瑜舉郡來降帝卽以大將侯言權領晉州何絪權領絳州晉絳平己未大軍至河中存敬命繚其垣而攻之壬戌蒲人颺素璠以請降庚午帝至河中以張存敬權領河中軍府事河中平帝乃東還是月李克用遣牙將張特來聘請尋舊好帝亦遣使報命三月癸未朔帝自河中是月遣大將賀德倫氏叔琮領大軍以伐太原叔琮等自太行路入魏博都將張文恭自磁州新口入葛從周以兖鄆之衆自土門路入洺州刺史張歸厚以本軍自馬嶺入定州以本軍自飛狐入晉州侯言自陰地入澤州刺史李存璋棄郡奔歸太原叔琮引軍過潞州節度使遷乞降河東屯將李審建王周領步軍一萬騎二千詣叔琮歸命乃進軍趨太原四月乙卯大軍出石會關營於洞渦驛都將白奉國自井陘入收承天軍張歸厚引兵至遼州刺史張鄂迎降氏

敬琮曰興諸軍至陽城下城中雖時出精騎來戰然危蹙是至甚將謀遁矣會敬琮以芻糧不給遂班師五月癸卯昭宗以帝兼領護國軍節度使河中尹六日庚申帝發自大梁丁丑視事於河中七月甲寅帝東還京郊十月戊戌奉密詔赴長安是時朝廷既誅劉季述以韓全海張弘彥爲兩軍中尉袁易簡周敬容爲樞密使是時軍國大政專委宰相崔胤崔每事裁抑宦官宦官側目崔一日於便殿奏欲盡去之全誨等屬垣聞之皆於昭宗前祈哀自訴自是昭宗勑崔每有密奏令進囊封全誨等乃訪京城美婦人十數以進使求宮中陰事昭宗不悟崔謀漸泄中官視崔皆裂以重賂甘言誘藩臣以爲城社非因讒聚則相向流涕時崔掌三司貨泉全誨等教禁兵伺崔出聚而呼譟訴以冬衣減損又於昭宗前訴之昭宗不得已罷崔知政事崔懼急乃密請以兵入輔故有是行戊申行次河中同州留後司馬鄴華州幕吏也舉郡來降辛亥駐軍於渭濱華帥韓建遣使奉牋納款又以銀三萬兩助軍是日行次零口癸丑聞長安亂昭宗爲閹官韓全誨等劫遷西幸鳳翔蓋避帝之兵鋒也翌日遂命旋師夕次于赤水乙卯大軍集于華下韓建惶駭失措即以城降丙辰帝表建權知忠武軍事促令赴任同華二州平是時唐太子太師盧知猷等二百六十三人列狀請帝速謀迎奉已未遂帥諸軍發自赤水壬戌次于咸陽偵者云天子昨暮至岐山且日不文通邑躍入其闉矣是時岐人遣大將符道昭領兵萬人屯于武功以拒帝帝遣唐懷英敗之虜甲士六千餘衆乙丑次于岐山文通遣使奉書自陳其失請帝入覲丙辰及岐闉文通諭納閉壁不獲通復次于岐山是時昭宗累遣使齎朱書御札賜帝遣帝收軍速還本道帝診之曰此必文通全誨之謀也皆不奉詔癸酉飛章奉辭且移軍北伐乙亥至邠州節度使李繼徽舉城降繼徽因請去文通所授李姓復本宗楊氏又請[illegible]其子以爲質帝皆從之仍易其名曰崇本邠州平己丑唐丞

相崔胤京兆尹鄭元規至自華州以速迎奉爲請許之二年正月帝復次于武功岐人堅壁不下乃迴軍於河中二月聞晉軍大舉南下聲言來援鳳翔帝遣朱友寧帥師會晉州刺史氏叔琮以禦之帝以大軍繼其後三月友寧叔琮與晉軍戰于晉州之北大敗之生擒克用男廷鸞以獻帝喜謂左右曰此岐人之所恃也今既如此岐之變不久矣四月岐人遣符道昭領大軍屯于虢縣康懷英帥驍騎敗之丁酉唐丞相崔胤自華來謁帝屢述艱運危急事不可緩又屢舉觴捧昭宗幸蜀且告帝爲之動容崔將辭啓宴于府署帝舉酒崔情激於衷因自持樂版聲曲以侑酒帝甚悅座中以良馬珍玩荅之既行命諸將繕戎具五月丁巳帝復西征六月丁丑次于虢縣癸未與岐軍大戰自辰至午殺萬餘衆擒其將校數百人乘勝遂逼其壘七月丙午岐軍復出求戰帝軍不利是月遣孔勍帥師取鳳隴成三州皆下之是時岐民相率結寨於諸山以避帝軍帝分兵以討之浹旬之內並平之九月甲戌帝以岐軍諸寨聯絡稍盛因親統千騎登高望之是時帝以岐人堅壁不戰且慮師老思欲旋旆以歸河中因密召上將數人語其事時親從指揮使高季昌獨前出抗言曰天下雄傑窺此舉者一歲矣今岐人已困願少俟之帝嘉其言因曰兵法已正理以奇勝奇者詐也乘機集事必由是乎乃命季昌密募人入岐以紿之尋有騎士馬景堅願應命且曰是行也必無生理願錄其孥帝悽然止其行景固請乃許之明日軍出諸寨屏匿如無人景因躍馬西走直叩岐闉詐以軍怨東遁爲告且言列寨尚留萬餘人俟夕將遁矣宜速掩之李茂貞信其言遽啓二扉悉衆來寇時諸軍已介馬侍之中軍一鼓百營俱進又分遣數騎以塞其闉岐人進不能駐其趾退不能入其壘殺戮蹂踐不知其數茂貞由是喪膽但閉壁而已十一月癸卯鄜帥李周彝統兵萬餘人屯于岐之北原與城中舉烽以相應翌日帝以周彝既離本部鄜時必無守備因命孔勍

乘虛襲下之甲寅鄜州平周彝聞之收軍而遁茂貞既失鄜州之援愕然有瓦解之懼由是議還蹕誅閹寺以自贖焉三年正月甲寅岐人啓壁昭宗降使宣問慰勞兼傳密旨尋又命翰林學士韓渥趙國夫人寵顏齎詔押賜帝紫金酒器御衣玉帶丙辰華州留後李存遣飛騎來告青州節度使王師範遣牙將張厚輦甲冑弓槊詐言來獻欲盜據州城事覺已擒之矣是日師範又遣其將劉鄩盜據兖州丁巳昭宗遣中使押送軍容使韓全海已下二十餘人首級以示帝甲子昭宗發離鳳翔幸左劒寨權駐蹕焉帝素服待罪昭宗命學士傳宣免之帝即入見稱罪拜伏者數四俄而促召外殿密邇御座且曰宗廟社稷是卿再造朕與親屬是卿再生因解所御玉帶面以賜帝亦以玉鞍勒馬金器紋錦御饌酒果等躬自拜進焉及舉輦東行帝匹馬前導十餘里宣令止之己巳昭宗至長安謁太廟御長樂樓禮畢謂帝曰朕生入舊京是卿之力也自古救君之危曾無有如是者況今日再及清廟得親奉觴酒奠於先皇帝室前卿之德朕知不能報矣即召帝執手舉淚俱發者久之翌日詔官第五可範等五百餘人于內侍省二月庚辰制以帝爲守太尉兼中書令宣武宣義天平護國等軍節度使諸道兵馬副元帥加食邑三千戶實封四百戶仍賜迴天再造竭忠守正功臣戊戌帝建旆東還昭宗御延喜樓送之既辭遣內臣賜帝御製楊柳詞五首三月戊午至大梁時以青州未平命軍士休澣以俟東征四月丙子帝巡師於臨朐亟命逼其城與青州戰于城下大敗之是夕淮將王景仁以所部援軍宵遁帝遣楊師厚追及輔唐殺千人乘勝攻下密州八月戊辰以伐叛之柄委于楊師厚帝乃東還九月癸卯師厚率大軍與王師範戰于臨朐青軍大敗殺萬餘人并擒師範弟既克卯時徙寨以逼其城辛亥偽將劉重霸擒棣州刺史邵播來獻播師範之謀主也帝命斃之戊午師範舉城請降青州平翌日分命將校略地於登萊淄棣

等州皆下之由是東漸至海皆爲梁土也帝復命師範權知青州軍州事師範乃請以錢二十萬貫犒軍帝許之十月辛巳護駕都指揮使朱友倫因擊鞠墮馬卒于長安訃至帝大怒以爲唐室大臣欲謀沮己致友倫暴死十一月丁酉青將劉鄩舉兖州來降鄩王師範之將也師範令竊據兖州久之及聞師範降鄩乃歸命帝以鄩善事其主待之甚優尋署爲元帥府都押牙權知鄜州留後天祐元年正月己酉帝發自大梁西赴河中京師聞之爲之震懼是時將議迎駕東幸洛陽慮唐室大臣其議帝乃密令護駕都指揮使朱友諒矯昭宗命收宰相崔胤京兆尹鄭元規等殺之時又邠岐兵士侵逼京畿帝因是上表堅請昭宗幸洛昭宗不得已而從之帝乃率諸道丁匠財力同構洛陽宮不數月而成二月乙亥昭宗駐蹕於陝帝自河中來覲謁見行宮因歔欷而言曰李茂貞等竊謀禍亂將迫乘輿老臣無狀請陛下東遷爲社稷大計也昭宗延命於寢室見何皇后面賜酒器及衣物何后謂帝曰此後大家大婦委身於全忠矣因歔欷泣下後數日帝開宴於陝之私第請駕臨幸翌日帝辭歸洛陽昭宗開內宴時有宮人與昭宗附耳而語韓建躡帝之足帝遂出以爲圖己因連上章請車駕幸洛三月丁未昭宗制以帝兼判左右神策及六軍諸衛事是時昭宗累遣中使及內夫人傳宣謂帝曰皇后方在草蓐未任就路欲以十月幸洛帝以陝州小藩非萬乘久留之地兩以四月內東幸閏月丁酉昭宗發自陝郡壬寅次于穀水是時昭宗左右唯小黄門及打毬供奉內園小兒共二百餘人帝猶忌之是日密令醫官許昭遠告變乃設饌於別幄召而盡殺之皆坑于幕下先是選二百餘人形貌大小一如內園人物之狀至是使一人擒二人縊於坑所即衣其衣及戎具自飾昭宗初不能辯久而方察自是昭宗左右前後皆梁人矣甲辰車駕至洛都帝與宰相百官道導駕入宮乙卯昭宗以帝爲宣武宣義護國忠武四鎮節度使時帝請以鄆

州授張全義故有此命五月丙寅昭宗宴群臣曰昨來御樓前一夜亡失赦書賴梁王收得副本不然誤事宰執不得無過矣是日宴次昭宗入內召帝於內殿曲宴帝不測其事不敢奉詔又曰卿不欲來可令敬翔入來帝密遣翔出乃止己巳帝辭東歸乙亥至大梁六月帝遣都將朱友裕率師討邠州時節度使楊崇本叛故也癸丑帝西征遂朝於洛陽七月甲子昭宗宴帝於文思鞠場乙丑帝發東都壬申至河中八月壬寅昭宗遇弒於大內遺制以輝王柷為嗣乙巳帝自河中引軍而西癸丑次於永壽邠軍不出九月辛未班師十月癸巳至洛陽詣西內臨於梓宮前畢祇見于嗣君辛丑制以帝至自西征十一月辛酉光州遣使來求援特光州歸款於帝尋為淮人所攻故來乞師戊寅帝南征渡淮次于霍丘大掠廬壽之境淮人乃棄光州而去二年正月庚申進攻壽州壽人堅壁不出丁亥帝自霍丘班師二月辛卯帝至自南征甲午青州節度使王師範至大梁帝

待以賓禮尋表 七月辛酉天子賜帝御製紀功碑樹於洛陽庚午遣大將 厚率前軍討趙凝于襄州辛未帝南征表趙凝罪狀請削奪官爵八月楊師厚進收唐鄧復郢隨均房等七州帝駐軍漢江 壬午經度濟師之所九月甲子師厚於隂谷江口造梁以濟師趙凝率兵二萬振于江湄師厚麾兵進擊襄人大敗殺萬餘衆乙丑趙凝焚其州率親軍載輕舸沿漢而遁丙寅帝濟漢至中流舟壞將沒者數四以及岸舟沉是日入襄州帝因周視府署其帑藏悉空惟於西廡下有亭窓戶儼然扃鐍甚密遂令破鑠啓扉中有一大匱緘鐍甚至又令破其匱內有金銀數百鋌帝因歎曰亂兵既入公私財貨固無孑遺矣此帑當有陰物主之不令常人所得俟我以有之邪遂以百餘鋌賜楊師厚襲荊州留後趙明井城上峽奔蜀荊襄二州平帝以都將賀瓌權領荊州楊師厚權領襄州即表其事十月丙戌朔天子以帝為諸道兵馬元帥辛卯帝自襄州引軍

由光州路趨淮南將發敬翔切諫請班師以全軍勢帝不聽壬辰次于棗陽遇大雨頗沮師行之勢軍至壽春壽人堅壁清野以待帝帝乃退舍於正陽十一月丙辰大軍北濟帝至汝陰深悔淮南之行躁撓尤甚丁卯帝至自南征辛巳天子命帝爲相國總百揆以宣武宣義天平護國天雄武順佑國河陽義武昭義保義戎昭武定泰寧平盧匡國武寧忠義荊南等二十一道為魏國進封帝為魏王入朝不趨劍履上殿讚拜不名兼備九錫之命癸未唐中書門下奏中書印已送相國中書公事權用中書省印甲申中書門下奏天下州縣名與相國魏王家諱同者請易之十二月乙酉朔帝讓相國魏王九錫之命丙戌京百司各差官齎本司須知孔目并印赴魏國送納甲午天子以帝堅讓九錫之命乃命宰相柳璨來使且述揖讓之意丁酉帝又讓九錫之命詔略曰但以鴻名難掩懿實須彰宜且徇於奏陳未使行於典冊又改諸道兵馬元帥為天下兵馬元帥是時帝

以唐朝百官服飾多闕乃製造逐色衣服請朝廷等第賜之其所給俸錢仍請自來年正月全支三年正月幽滄稱兵將寇于魏魏人來乞師且以牙軍驕悍謀欲誅之遣親吏臧延範密告于帝帝陰許之乙丑北征先是帝之愛女適羅氏是月卒於鄴城因以兵仗數千事實於槖中遣客將馬嗣勳領長直軍千人雜以工匠丁夫肩其槖而入于魏聲言爲帝女以設奠魏人信而不疑庚午夜嗣勳率其衆與羅紹威親軍數百人同攻牙軍遲明盡殺之死者七千餘人洎于嬰孺亦無留者是日帝次于內黃聞之馳騎至魏時魏之大軍方與帝軍同伐滄州聞牙軍之死即時奔還帝之軍追及歷亭殺戮幾半餘衆乃擁大將史仁遇保于高唐帝遣兵圍之是月天子詔河南尹張全義部署脩制相國魏王法物三月甲寅天子命帝兼判鹽鐵度支戶部等三司事帝再上章切讓之乃止四月癸未攻下高唐軍民無少長皆殺之生擒逆首史仁遇以獻 支解之未幾又攻下澶

傳貝衛等州皆謂魏軍殘黨所據故也是時晉人圍邢州刺史午存節堅壁固守帝遣符道昭帥師救之晉人乃遁去五月帝略地于洺州既而復入于魏七月己未自魏班師是日收復相州自是魏境悉平壬申帝歸自魏八月甲辰以滄州未平復命北征九月丁卯營于長蘆一夕帝夢白龍附于右肩左右瞻顧可畏怳然驚悟十月辛巳邠州楊崇本以鳳翔邠寧涇鄜秦隴之衆合五六萬來寇屯于美原列十五寨其勢甚盛帝命同州節度使劉知俊都將康懷英帥師禦之知俊等大破邠寇殺二萬餘衆奪馬三千餘匹擒其列校百餘人楊崇本朝章僅以身免十一月庚戌康懷英乘勝進軍遂收鄜州十二月乙丑帝以文武常參官每月一五九日赴朝奏請備廊食詔從之閏月晉人燕人同攻潞帥丁會舉城降于太原帝聞之遂自長蘆班師時寨內糧糗山積帝命焚之滄帥劉守文以城中絶食因致書于帝乞留餘糧以救饑民帝為留十餘囷以與之四年正月丁

亥帝廻自長蘆次于魏州節度使羅紹威以帝迴軍慮有不測之患由是供億甚至因密以天人之望切陳之帝雖拒而不納然心德之壬寅帝至自長蘆甲辰天子遣御史大夫薛貽矩來傳禪代之意貽矩請帝陳北面之禮帝揖之升階貽矩曰殿下功德及人三靈所卜已定皇帝方議裁詔行舜禹之事臣安敢違既而拜伏於砌下帝側躬以避之四月內出傳國寶玉冊受禪寶及文物儀仗朝于梁國改元開平

冊府元龜卷第一百八十七

景帝休大帝第六子太元二年封琅邪王居虎林後從會稽太平三年九月戊午休從弟大將軍綝以兵召大臣會宮門黜亮爲會稽王使宗正孫楷與中書郎董朝迎休十月戊寅及布塞亭武衛將軍孫恩行丞相率百寮以乘輿法駕迎於永昌亭築宮以武帳爲便殿止住使孫楷先見恩楷還休乘輦進羣臣再拜稱臣休外便殿謙不即御坐止東廂户曹尚書前即階下讀丞相奉璽符休三讓羣臣三請休曰將相諸侯咸推寡人寡人敢不承受璽符羣臣以次奉引休就乘輿百官陪位綝以兵千人迎於半野拜于道側休下車答拜即日御正殿

後主皓大帝孫廢太子和之子初封烏程侯就國永安七年七月景帝休殂是時蜀初亡而交阯攜叛國內震懼貪得長君左典軍萬彧昔爲烏程令與皓相善稱皓才識明斷是長沙桓王之疇也又加之好學奉遵法度屢言之於丞相濮陽興左將軍張布興布說休妃太后朱氏欲以皓爲嗣朱曰我寡婦人安知社稷之

慮苟吳國無隕宗廟有賴可矣於是遂迎立皓時年二十三

宋少帝義符武帝長子永初元年武帝受禪立爲皇太子三年五月癸亥武帝晏駕是日太子即皇帝位

文帝義隆武帝第三子永初元年封宜都王景平二年五月江州刺史檀道濟揚州刺史王弘入朝乙酉宣太后令廢少帝爲滎陽王立義隆令曰宜都王仁明孝悌著自幼辰德業沖粹識心明允冝纂洪統光臨億兆主者詳依典故以時奉迎未亡人嬰此百罹雖存若殞永悼情事撫心摧塞是日檀道濟入守朝堂六月傅亮率行臺迎義隆于江陵八月丁酉於中堂即皇帝位以徐羨之爲司徒傅亮爲尚書令時有司奏車駕依舊臨華林園聽訟詔曰政刑多所未悉可先二公推訃元嘉二年羨之與亮上表歸政曰臣聞元首司契運樞成務臣道代終事盡宣翼是旒之道理絶於上皇拱已之事不行於中古故高宗不言以三齡爲斷冢宰聽政以再碁爲節百王以降罔或不然陛下聖德紹興負荷洪業德兆顯顯思陶盛化而聖言諸哀成辭司自大礼告終鑽燧三改大明佇照遠邇傾屬臣等雖率誠憂閣未能仰感致籍品物之情謹因眷庄之志伏願陛下遠存周文日昃之道近思皇室締構之艱時覽萬機躬親朝政廣闢四聰博詢庶業則雍熙可臻有生幸甚帝未許羨之等重曰近陳寫下情言爲心聲奉被還詔覽許未迴豈惟愚臣秉心有在詢之朝野人无異議何者形風四方寔繫王德一国之事本之一人虽世代不同時殊風異至於主運臣贊古今一揆未有淳心委任而休明可期此之非宜布自遐邇臣等荷遇二世休戚以均情爲国至豈容順默重披丹心冒昧以請帝猶辭羨之等又固陳曰此表披陳辭誠俱盡詔旨沖遠未垂聽納三復屏營伏增憂歎臣聞克隆先構幹蠱之盛業昧旦丕顯帝王之高義自皇宋創運英聖有造鞠憂未闋艱患仍纏賴天命有底聖明承業將屯国故猶在民心太山之安未易可保昏明隆替繫在

聖躬斯誠周詩夙興之辰邵王待旦之日豈得苟爲挹己復玄古之風遂謙虛拘匹夫之事伏願以宗廟爲重百姓爲心引大業以嗣先軌隆聖道以增前烈愚瞽丹獻情盡於此乃許之

孝武皇帝駿文帝第三子元嘉十二年封陵王累遷都督江州荆州之江夏豫州之西陽晉熙新蔡四郡諸軍事二十年元凶劭弑逆帝率衆入討荆州刺史南譙王義宣雍州刺史臧質並奉義兵四月丙寅次江寧丁卯大將軍江夏王義恭來奔奉表上尊號戊辰至于新亭己巳即皇帝位改新亭爲中興亭五月甲戌輔国將軍申坦克京城乙亥輔国將軍朱脩之克東府丙申克定京邑劭及始興王濬諸同逆並伏誅

前廢帝子業武帝長子孝建元年立爲皇太子八年閏五月庚申即皇帝位年十六以太宰江夏王義恭録尚書事

明帝彧文帝第十一子元嘉二十五年封淮陽王二十九年改封湘東王永光元年出爲豫州刺史都督南豫豫司江四州揚

(第一葉原闕)

州之宣城諸軍事景和末入朝被留時廢帝猜畏諸父將加禍害帝與腹心阮佃夫李道兒等密謀結廢帝於後堂外西堂登御坐召見諸大臣雖未即位凡衆事悉稱令書施行十二月丙寅即皇帝位

後廢帝昱明帝長子泰始二年立爲皇太子泰豫元年四月庚子即皇帝位

順帝準明帝第三子泰始七年封安成王爲撫軍將軍前廢帝即位初爲楊州刺史元徽二年加車騎將軍都督楊南豫二州諸軍事四年進號驃騎大將軍開府儀同三司班劍三十人五年七月戊子夜前廢帝殂奉迎入居朝堂壬辰即皇帝位

南齊武帝賾太祖長子建元元年立爲皇太子四年三月壬戌即皇帝位

鬱林王昭業武帝子文惠太子長懋之長子也永明十一年正月長懋薨四月立爲皇太孫居東宮七月戊寅即皇帝位

海陵王昭文鬱林王弟也永明四年封臨汝公十一年封新安王隆昌元年七月丁酉明帝爲大將軍廢鬱林王立昭文爲帝宣皇太后令曰新安王體自文皇睿哲天秀宜入嗣鴻業永寧四海即以礼奉迎是日即皇帝位以明帝爲大將軍錄尚書事

明帝鸞太祖兄始安王道生之子永明十一年七月武帝遺詔爲侍中尚書令隆昌元年加鎮軍大將軍太傅宣城王是年七月廢鬱林王立海陵王十月又廢之宣皇太后令曰太傅宣城王遺體宣皇鍾慈太祖識冠生民功高造物符表夙著謳頌有在宜入承寶命式寧宗祏癸亥即皇帝位

東昏侯寶卷明帝第二子建武元年立爲皇太子永泰元年七月己酉即位

和帝寶融明帝第八子建武元年封隨郡王永元元年改封南康王持節督荊雍益寧梁南北秦七州軍事西中郎將荊州刺史二年十一月甲寅長史蕭穎胄殺輔國將軍巴西梓潼二郡太守劉山陽奉雍州刺史蕭衍舉義以衍爲使持節都督前鋒諸軍事左將軍穎胄爲右將軍都督行留諸軍事十二月壬辰驃騎將軍夏侯亶自京師至江陵稱宣德太后令曰西中郎將南康王宜纂承皇祚光臨億兆方俟清宮未即大號可且封宣城南琅邪南東海東陽臨安新安尋陽南郡竟陵宜都十郡爲宣城王相國荊州牧加黃鉞置僚屬選百官西中郎府南康國並如故須軍次近路主者詳依舊典法駕奉迎三年正月建牙于城南二月羣僚上尊號立宗廟及南北郊三月乙巳即皇帝位十二月丙寅雍州刺史王國珍侍中張稷廢東昏侯建康城平封東昏侯爲涪陵王

梁簡文帝綱高祖第三子昭明太子統母弟天監五年封晉安王大通三年立爲皇太子太清三年五月辛巳即皇帝位

元帝繹高祖第七子天監十三年天監十三年封湘東王太清元年爲荊州刺史都督荊雍九州諸軍事三年三月侯景寇建

業簡文密詔帝爲侍中假黃鉞都督中外諸軍事司徒承制徵兵討景是年簡文帝爲景所立明年改元大寶又明年逼禪于豫章王棟改元天正而帝在江陵只稱太清五年又明年三月王僧辯等平侯景傳其首至江陵十一月丙子即帝位

敬帝方智元帝第九子承聖三年以晉安王出爲江州刺史三年十一月江陵爲西魏所陷太尉楊州刺史王僧辯司空南徐州刺史陳霸先等定議以帝爲太宰承制奉迎還京師四年二月入居朝堂三月北齊遣其上黨王高渙送貞陽侯蕭淵明來主梁嗣至東關吳興太守裴之橫與戰敗績僧辯率衆出屯姑孰七月辛丑僧辯納淵明自采石濟江甲辰入于京師以帝爲皇太子九月甲辰霸先奉義兵襲殺僧辯黜淵明丙午帝即皇帝位齊之遣貞陽侯也高祖以爲不可遣使詣僧辯苦爭之反覆數四僧辯不從高祖居常憤歎竊謂所親曰武皇雖磐石之宗遠布四海至於剋雪讎恥寧濟艱難唯孝元而已功業茂盛前代未聞我與王公俱受重寄語未絕音聲猶在耳豈期一旦便有異圖嗣主高祖之孫元皇之子海內屬目天下宅心竟有何辜坐致廢黜假立非次其

此皆方可知矣乃盜其袍裘千餘疋綵綺金銀以賞賜之隨月壬寅高祖詔發使侯安都等文帝等謀之收錄部曲士分軍金銀珠之陳帝甚是夜果參衆會並王僧辯平辰高祖率軍至石頭蔡景歷勇士自城北濟入群衆號方覗事畢白旦兵戢兩兵自內出僧辯遑遽走與其第三子頠相遇俱出閣左右諸將十人益戰高祖大兵繼至僧辯衆寡不敵走登城南門樓拜請求哀高祖火縱之方就執是夜縊殺之僧辯及頠帝大尉陽侯淵明位司空敬帝晉安王上表勸進十月己酉晉安王即位

後梁宣帝詧昭明太子統第三子中大通三年封岳陽郡王大同元年出爲雍州刺史太清三年高祖以詧兄江東王譽爲湘州刺史徙湘州刺史張纘爲雍州以代詧屬侯景寇建業詧不受代西魏恭帝元年後周太祖輔政令在園于謹平江陵立詧爲梁主居江陵東城資以江陵一州之地其襄陽所統東歸于魏詧稱皇帝於其國

孝明帝巋宣帝太子詧殂太子嗣位

後主琮明帝巋之子初封東陽王尋立爲太子巋殂太子嗣位後歸于隋

陳世祖文帝蒨高祖兄始興昭烈王之長子永定初封臨川郡王三年高祖崩是年六月丙午高祖遺詔徵入纂位甲寅至自南皖入居中書省章皇后令曰昊天不弔上玄降禍大行皇帝奄捐万國率土哀號普天如喪窮酷煩冤無所追及諸孤藐亦反國無期須立長主以寧寓縣侍中安東將軍臨川王蒨體自景皇屬惟猶子建殊功於牧野敷盛業於戡黎納麓時叙之辰負扆乘機之日並佐時雍是同草創祧祐所繫遐迩宅心宜奉大宗嗣膺寶錄使七廟有奉兆民寧晏未亡人假延餘息嬰此百罹尋繹纏綿興言感絕帝固讓至于再三羣公卿士固請其日即皇帝位於太極前殿

廢帝伯宗文帝嫡長子永定二年立爲臨川王世子文帝嗣位立爲皇太子天康元年四月癸酉即皇帝位于太極前殿詔曰上天降禍大行皇帝奄棄万國攀號擗踊及五內摧殞朕以涼德嗣膺寶命煢煢在疚瞿然纊疏方賴宰輔救其不逮其令內外文武各復其職遠方悉停奔赴

宣帝頊始興昭烈王第二子文帝嗣位封安成王廢帝光大二年累加太傅領司徒十一月甲寅慈訓太后令降廢帝爲臨海郡王以帝入纂令曰太傅安成王固天生德齊聖廣淵二后鍾心三靈佇眷自前朝不悆任總邦家威惠相宣刑禮兼設指揮嘯咤湘郢廓清闢地開疆荊益風靡若太戊之承殷歷中宗之奉漢嗣校以功著曾何等級且地彰王圖天表長彗（且封若等）（□長歲五月帝爲太傅□王璽六月彗星見）布新除舊禎祥咸顯文皇知子之鑒事甚帝堯傳弟之懷又符太伯今可還申曩志崇立賢君方固宗祧載貞辰象中外宜依舊典奉迎輿駕未亡人不幸屬此殷憂不有崇替容危社稷何以拜祠高寢歸祔武園號咷憯然兼懷悲慶三年正月甲午即皇帝位于太極前殿

後主叔寶宣帝嫡長子天嘉三年封安成王太建元年立爲皇太子十四年正月丁巳即皇帝位于太極前殿

東魏孝靜帝清河王亶世子永熙三年八月孝武帝既入關十月大將軍高歡乃與百寮會議推帝以奉明帝之後即皇帝位位于洛城東北是月北遷于鄴

北齊廢帝殷文宣帝長子天保元年立爲皇太子十年十月癸卯即帝位於晉陽宣德殿

孝昭帝演字延安文宣母弟也天保元年封常山王十年十一月廢帝嗣位乃即朝班除太傅錄尚書事朝政皆決於帝月餘乃居漳邸自是詔勅多不關帝客或言於帝曰鷙鳥捨巢必有探卵之患今日之地何宜屢出乾明元年從廢帝赴鄴居于領軍府時楊愔燕子獻可朱渾天和宋欽道鄭子默等以帝望既重內懼權逼請以帝爲太師司牧錄尚書事長廣王湛爲大司馬錄幷省尚書事解京畿大都督帝以尊親而見猜斥乃與長廣王期獵謀之於野三月甲戌帝初上省旦發領軍府大風暴起壞所御車幔帝甚惡之及至省朝士咸集坐定酒數行於坐執尚書令楊愔右僕射燕子獻領軍可朱渾天和侍中宋欽道

等於座帝戎服與平原王叚韶平秦王高歸彦領軍劉洪徽入自雲龍門於中書省前遇散騎常侍鄭子默又執之同斬於御府之內帝至東閤門都督成休寧抽刃呵帝帝令高歸彦喻之休寧厲聲大呼不從歸彦既為領軍素為兵士所服悉皆弛仗休寧方歎息而罷帝入至昭陽殿幼主太皇太后皇太后並出臨御坐帝奏愔等罪求伏專擅之罪時庭中及兩廊下衛內二千餘人皆被甲待詔武衛娥永樂武力絕倫又被文宣撫刃思効廢帝性吃訥兼倉卒不知所言太皇太后又為皇太后誓言帝無異志唯去逼而已高歸彦宣刺勞衛士解嚴永樂乃內刀而泣帝乃令歸彦引侍衛之士向華林園以京畿軍入守門閤斬娥永樂於園詔以帝為大丞相都督中外諸軍錄尚書事帝尋如晉陽有詔軍國大政咸諮決焉帝既當大位知無不為乾明元年八月壬午宣太后令降廢帝為濟南王是日即位於晉陽宣德殿

武成帝諱湛孝昭帝母弟天保元年封長廣王皇建元年為右丞相孝昭幸晉陽留帝守鄴二年十一月甲辰孝昭詔曰朕嬰此暴疾奄忽無逮今嗣子沖眇未聞政術社稷業重理歸上德右丞相長廣王研機測化體道居宗人雄之望海內瞻仰同胞共氣家國所憑可遣尚書左僕射趙郡王叡喻旨徵王統茲大寶手書云宜將吾妻子置一好處勿學前人也帝乃自鄴至晉陽宮發喪於崇德殿皇太后令所司宣遺詔左丞相斛律金率百僚敦勸三奏乃許之癸丑即皇帝位於南宮

後主諱緯武成帝長子大寧二年立為皇太子河清四年四月太史奏天文有變其占當有易主丙子乃使太宰段韶兼太尉持節奉皇帝璽綬傳位於皇太子於是群公上尊號為太上皇帝軍國大事咸以奏聞[illegible]

梁末帝瑱太祖第四子開平元年封均王四年出爲東京馬步軍都指揮使乾化二年六月二日庶人友珪弒逆篡位明年改元鳳歷是年二月侍衛親軍使袁象先引禁兵誅友珪遣趙巖賚傳國寶至東京請帝即位於洛陽帝報之曰夷門太祖創業之地公等如堅推戴冊禮宜在東京賊平之日即謁洛陽陵廟是月帝即位於東京乃去鳳曆之號復稱乾化三年

年號

自漢武紀元立號而後代因之逮于鼎國以至江左亦皆建正朔備制度或標瑞應之日或取休美之稱或宣紀德化或章明功烈紀年頒歷於是乎在今考於舊史洎東魏北齊以及朱梁條次比叙咸可見矣

蜀先主以後漢建安二十六年四月即皇帝位於成都是歲魏黃初二年先主諱備[illegible]大赦改元章武盡三年四月

後主以章武三年四月即位改元建興盡二十年

延熙元年正月大赦改元盡二十年

景耀元年史官言景星見於是大赦改年盡六年夏

炎興元年夏大赦改元[illegible]此以下不書月者皆史闕

吳大帝初爲吳王以魏黃初三年九月改元黃武盡七年

黃龍元年四月夏口武昌並言黃龍鳳皇見丙申南郊即皇帝位大赦改年盡三年

嘉禾元年黃龍三年十月會稽南始平言嘉禾生十二月丁卯大赦改明年元盡七年七月

赤烏元年八月武昌言麒麟見有司奏言麒麟者太平之應宜改年號詔曰間者赤烏集於殿前朕親見若神靈以為嘉祥者改年宜以赤烏為元羣臣奏曰昔武王伐紂有赤烏之祥君臣觀之遂有天下聖人書策載述最祥者以為近事既嘉親見又明也於是改年盡十三年四月

太元元年五月立皇后潘氏大赦改元盡明年正月

神鳳元年二月大赦改元盡其年三月

廢帝亮以神鳳元年四月即位大赦改元建興盡二年

五鳳元年建興二年十一月有大鳥五見于春申明年改元盡三年十月
太平元年十一月巳酉大赦改元盡三年九月
景帝以太平三年九月即位大赦改元永安盡七年七月
後主以永安七年七月即位大赦改元元興盡其年
甘露元年四月蔣陵言甘露降於是大赦改元盡二年七月
寶鼎元年八月所在言得大鼎於是大赦改元盡四年九月
建衡元年十月大赦改元盡三年
鳳皇元年建衡三年西苑言鳳皇集改明年元盡三年
天冊元年吳郡言掘地得銀長一尺廣三分刻上有年月字於是大赦改元盡其年
天璽元年吳郡言臨平湖自漢末草穢壅塞今更開通長老相傳此湖塞天下乱此湖開天下平又於湖邊得石函中有小石青白色長四寸廣二寸餘刻上作皇帝字於是大赦改元盡其年
天紀元年鄱陽言歷陽山石文理成字文吳興陽羡山有空石長十餘丈名曰石室在所表為大瑞乃遣兼司徒董朝兼太常周處至陽羡縣封禪國山改元大赦以協石文盡四年三月降于晉

宋高祖以晉元熈二年六月受禪改元永初盡三年
少帝以永初三年五月即位明年正月巳亥朔大赦改元景平盡二年七月
文帝以景平二年七月自宜都王即位大赦改元元嘉盡三十年
孝武帝以元嘉三十年四月即位明年正月親祠南郊大赦改元孝建盡三年
大明元年正月辛亥朔大赦改元盡八年
前廢帝以大明八年閏五月即位明年正月乙未朔大赦天下改元永光盡其年八月
景和元年八月誅太宰江夏王義恭等改元盡其年
明帝以景和元年十二月丙寅自湘東王即位大赦改元泰始盡七年

泰豫元年正月甲寅朔帝有疾不朝會以疾患未瘳故改元泰豫盡其年
后廢帝以泰豫元年四月即位明年正月戊寅朔大赦改元元徽盡五年七月
順帝以元徽五年七月即位大赦改元昇明盡三年
南齊太祖以宋昇明三年四月受禪大赦改元建元盡四年二月
世祖武皇帝以建元四年三月即位改元永明盡十一年
鬱林王以永明十一年七月即位明年正月丁未大赦改元隆昌盡其年七月
海陵王以隆昌元年七月即位改元延興盡其年十月
明帝以延興元年十月即位大赦改元建武盡四年
永泰元年四月甲寅赦三署囚改元盡其年
東昏侯以永泰元年七月即位明年正月大赦改元永元盡三年二月
和帝以永元三年三月即位于江陵大赦改元中興盡二年四月

梁高祖天監元年以齊中興二年四月受禪改元天監盡十八年
普通元年正月乙亥大赦改元盡七年
大通元年三月大赦改元盡二年
中大通元年十月巳酉大赦改元盡六年
大同元年正月戊申朔大赦改元盡十一年
中大同元年四月大赦改元盡其年
太清元年四月丁亥大赦改元盡三年
簡文帝以太清三年五月即位明年正月辛亥朔大赦改元大寶盡二年七月侯景逼帝禪于豫章王棟改元天正
元帝以太清六年十一月即位改元詔曰昔虞夏商周年無嘉號漢魏晉宋因循以朕雖云撥乱自非創業思得上繫宗祧下惠億兆可改太清六年為承聖元年
敬帝紹泰元年以承聖三年十一月元帝都江陵陷于盡三年十一月禪于陳魏明年十月帝為陳霸先所立即位於建業大赦改元盡二年八月

太平元年九月壬寅改元（盡二年十月禪于陳）
后梁宣帝以后魏恭帝元年為后周太祖所立居江陵東城稱皇帝於其國年號大定（盡八年）
明帝以大定八年嗣位改元天保（盡二十三年）
后主以太子嗣位改元廣運（盡二年歸于隋）
陳高祖以梁太平二年十月受禪大赦改元永定（盡三年）
文帝以永定三年六月即位明年正月癸丑大赦改元天嘉（盡六年）
天康元年三月大赦改元（盡其年）
廢帝以天康元年四月癸酉自太子即位明年正月大赦改元光大（盡二年）
宣帝以光大二年十一月自太傅入纂明年正月甲午即位改元太建（盡十四年）
后主以太建十四年正月即位明年正月壬寅大赦改元至德（盡四年）

禎明元年正月戊寅大赦改元（盡三年正月為隋所滅）
東魏孝靜帝以后魏永熙三年十月為高歡所立即皇帝位於鄴城東北大赦改元天平（盡四年）
元象元年正月有巨象自至碭郡陂中南兖州獲送于鄴大赦改元（盡其年）
興和元年十月癸亥以鄴都新宮成大赦改元（盡四年）
武定元年正月壬戌朔大赦改元（盡八年五月禪于北齊）
北齊文宣以東魏武定八年五月受禪南郊禪畢大赦改元天保（盡十年初帝改年識者曰天保之字一大人只十帝其不過十年乎）
廢帝以天保十年十月即位明年正月癸丑朔大赦改元乾明（盡其年八月）
孝昭帝以乾明元年八月即位於晉陽宣德殿大赦改元皇建（盡二年十一月）
武成帝以皇建二年十一月癸丑即位於南宮大赦改元大寧（盡二年三月）
河清元年四月以河濟清改元（盡三年三月）
後主以河清四年四月即位大赦改元天統（盡五年）
武平元年正月乙酉朔大赦改元（盡七年十）
隆化元年十二月丁巳大赦改元（盡其年）
幼帝以隆化二年正月乙亥即位大赦改元承光元年在位十八日與後主俱走青州為後周所滅
梁太祖以唐天祐四年四月受禪改元開平（盡五年四月）
乾化元年五月甲申朔御朝元殿大赦改元（盡六年六月）
末帝以乾化三年二月即位於大梁五年十一月改元貞明（盡六年四月先是乾化二年六月庶人友珪弑逆明年正月改元鳳曆是年二月誅友珪帝復稱乾化至是改焉）
龍德元年五月丙戌朔改元（盡三年十月為後唐所滅）

冊府元龜卷第一百八十八

冊府元龜卷第一百八十九

閏位部

孝德　奉先　尊親

孝德

夫孝德之本也故王者之德莫大於孝上所以寧宗廟下所以教人民是以揚徽聲感勵風俗無加於此焉若乃淩晨問安時刻靡失逾月侍疾衣帶不解躬親脂澤至於感動親臨祭享罔不流涕所以雲物變采井泉湧發蓋天性之所感故明靈之攸答傳示後葉美莫大焉

宋高祖以時家貧有大志不治廉隅事繼母以孝謹稱及即大位春秋已高每旦入朝太后未嘗失時刻

梁高祖生知淳孝年六歲獻皇太后崩水漿不入口三日哭泣哀苦有過成人內外親黨咸皆敬異及丁文皇帝憂時為齊隨王諮議隨府在荊鎮髣髴奉聞便投劾星馳不復寢食倍道就路[illegible]止高祖形容本壯及還至京都銷毀骨立親表士友不復識焉望宅奉諱氣絕久之每哭輒歐血數升服內不復嘗米惟資大麥日止二溢拜埽山陵涕淚所灑松草變色及居帝位即於鍾山造大愛敬寺青溪邊造智度寺又於臺內立至敬等殿又立七廟堂月中再過設淨饌每至展拜常涕泗滂沱哀動左右

大同十年三月謁建寧陵有紫雲蔭陵上食頃乃散帝望陵流涕所霑草皆變色陵傍有枯泉至是而流水香潔辛丑哭于脩陵

簡文帝居穆貴嬪憂哀毀骨立晝夜號泣不絕聲所坐之席霑濕盡爛

後梁宣帝性不飲酒安於儉素事其母以孝聞

明帝孝悌慈仁有君人之量四時祭享未嘗不悲慕流涕

北齊孝昭帝性至孝太后不豫出居南宮帝行不正履容色貶悴衣不解帶殆將四旬殿去南宮五百餘步雞鳴而去辰時方還來去徒行不乘輿太后所苦小增便即寢伏閤外食飲藥物皆躬親太后常心痛不自堪忍帝立侍帷前以爪掐手心血流出袖友愛諸弟無君臣之隔

梁太祖性孝愿奉太后未嘗小失色朝夕視膳為士君子之規範帝嚴察用法無纖毫假貸太后言之常頻為省刑

奉先

夫有國家者曷嘗不宗祀以本仁作朝以觀德尊祖以致孝奉先以盡禮自秦還周鼎頗違古制逮於吳蜀僭號江左禪代莫不追加號謚充奉園邑增建廟貌聿修時祭親執邑躬謁松檟載籍所記可得而詳世東魏北齊以及朱梁雖國褊運促日不暇給而崇薦尊稱蘭祀常事亦未曾闕焉

秦始皇二十六年初并天下采上古帝位號號曰皇帝追尊莊襄王為太上皇

二十八年為太極廟

二世元年下詔增始皇寢廟犧牲及山川百祀之禮令群臣議尊始皇廟群臣皆頓首言曰古者天子七廟諸侯五大夫三雖萬世世不軼毀今始皇為極廟四海之內皆獻貢職增犧牲禮咸備毋以加先王廟或在西雍或在咸陽天子儀當獨奉酌祠始皇廟自襄公已下軼毀所置凡七廟群臣以禮進祠以尊始皇廟為帝者祖廟

蜀先主章武元年四月即皇帝位于成都立宗廟祫祭高皇帝以下（裴松之云先主雖云出自孝景而世數悠遠昭穆難明既紹漢祚不知以何帝為元祖以立親廟于時英賢作輔儒生在官宗廟制度必有憲章而載記闕略良可恨哉）

後主以章武三年五月襲位於成都是月先主梓宮自永安宮還成都謚曰昭烈皇帝追尊母甘皇后曰昭烈皇后

吳太帝權黃龍元年四月即皇帝位追尊父破虜將軍堅為武烈皇帝廟曰始祖皇后母吳氏為武烈皇后（孫盛以破虜有破走董卓扶持漢室之勳討逆平定江東建立大業宜以昭公義[illegible]大帝以自[illegible]非[illegible]闕也）

廢帝亮建興元年四月即位上大帝尊謚曰大皇帝墓曰蔣陵
五鳳二年十二月作太廟太平元年正月爲大帝立廟稱太祖廟
景帝即位遣使追尊母王夫人曰敬懷皇后改葬敬陵
後主皓元興元年八月即位謚休曰景皇帝葬定陵
九月追謚父和曰文皇帝初尊和爲昭獻皇帝後改爲文皇帝改葬明陵置園
邑二百家令丞奉守
寶鼎元年十月分吳郡丹陽九縣爲吳興郡治烏程置太守四
時奉祠文皇帝
二年有司奏言文皇帝宜立廟京邑是年七月使守大匠薛珝
營立寢堂號曰清廟十二月遣守丞相孟仁太常姚信等備官
寮中軍步騎二千人以靈輿法駕東迎神於明陵皓引見仁親
拜送於庭比仁還中使手詔日夜相繼奉問神靈起居動止巫覡言見和被服顏色如平生日皓悲喜涕淚悉召公卿尚書詣闕門下受賜靈輿當至使丞相陸凱奉三牲祭於近郊皓於
金城外露宿明日望於東門之外其明日拜廟薦祭歔欷悲感

又追尊和母王夫人曰大懿皇后
宋高祖初爲宋王立廟於彭城祭高祖已下四世
永初元年六月即位追尊皇考爲孝皇帝皇妣爲穆皇后
七月戊申遷神主於太廟車駕親奉
少帝以永初三年五月即位上武帝謚曰武皇帝廟號高祖葬
初寧陵
九月有司奏武皇帝配南郊武敬皇后配北郊
文帝元嘉元年八月丁酉謁初寧陵還即位戊午拜太廟甲辰
追尊所生胡婕妤爲皇太后謚曰章皇太后陵曰熙寧立廟於
京師
四年二月乙卯行幸丹徒謁京陵
二十六年二月己亥車駕陟道幸丹徒謁京陵
二十八年三月拜初寧陵
孝武帝以元嘉三十年四月即位于新亭崇改太祖文皇帝謚
謚初元凶劭弑逆上謚曰景皇帝廟號中宗至是改焉
五月甲午謁初寧陵
大明二年正月壬戌拜初寧陵
六年正月辛卯宗祀文皇帝于明堂以配上帝
八年正月辛巳宗祀文皇帝于明堂
前廢帝以大明八年閏五月即位上孝武皇帝尊謚廟號世祖
九月祔葬文穆皇太后于景寧陵
明帝太始元年十二月即位乙亥追尊所生沈婕妤曰宣皇太
后陵號崇寧壬午車駕謁太廟
後廢帝以泰豫元年四月即位上明皇帝尊謚廟號太宗
順帝昇明元年七月壬辰即位癸卯車駕謁太廟
南齊太祖高皇帝建元元年四月即位追尊皇考曰宣帝皇妣
爲孝皇后陵曰永安
六月庚辰法駕奉七廟主于太廟

十月己卯車駕躬祠太廟
武帝以建元四年三月即位上高皇帝尊謚廟號太祖
五月庚申以高皇帝配南郊高昭皇后配北郊
永明五年四月庚午車駕躬祠太廟
九年詔太廟四時祭宣皇帝薦起麪餅鴨臛孝皇后薦筍鴨卵脯
醬炙白肉高皇帝薦肉膾葅羹昭皇后薦茗粣炙魚並平生所
嗜也
十年十月車駕躬祠太廟
鬱林王以永明十一年七月即位上武皇帝尊謚廟號世祖
九月辛酉追尊父文惠太子爲世宗文皇帝隆昌元年正月戊
午車駕拜崇安陵
明帝建武元年十月即位十一月追謚父始安貞王道生爲景
皇妃江氏爲懿后別立寢廟陵號脩安
四年八月追尊景皇所生王氏爲恭太后

東昏侯以永泰元年七月即位上高宗尊謚曰明皇帝
梁高祖武帝初封梁公立四親廟
天監元年四月即位追尊皇考爲文皇帝廟號太祖皇妣爲獻
皇后陵號建寧
十一月己未立小廟
十二年六月癸巳新作太廟增基九尺
十五年六月丙申改作小廟畢
大同十年三月甲午輿駕幸蘭陵謁建陵至修陵壬寅詔曰朕
自違桑梓五十餘載乃眷東顧靡日不思今四方款關海外有
截獄訟稍簡國務小閑始獲展敬園陵但增感慟伏悲感但於延陵所夢河對容罔曰臣聞孝悌之至通於神明陛下性與天道感於夢上極知之使有拜陵之舉
簡文帝以太清三年五月辛巳即位癸未追尊所生穆貴嬪爲
穆皇太后
十一月上武皇帝尊謚廟號高祖陵號脩陵

元帝以承聖元年十一月即位于江陵追尊所生妣阮脩容爲文宣太后
後梁宣帝以大定元年追尊其父統爲昭明皇帝廟號高宗統
妃蔡氏爲昭德皇后
明帝巋以大定八年二月嗣位上宣皇帝尊謚廟號中宗改元
天保
五月太皇太后龔氏崩謚曰元太后
九月所生母曹太妃薨謚曰孝皇太妃
二年皇太后王氏崩謚曰宣靜皇后
陳高祖武帝永定元年十月即位追尊皇考曰景皇帝廟號太
祖陵曰瑞陵皇妣董太夫人曰安皇后依梁初園陵故事遷景
皇帝神主祔于太廟
四月甲子親祠太廟
文帝以永定三年六月即位上武皇帝尊謚廟號高祖
太建元年六月辛巳改謚皇祖妣景安皇后曰景文皇后甲午
追策故始興昭烈王妃曰孝妃始興王文帝父也
二年十二月甲申立始興國廟於京師用王者之禮帝自入嗣興昭烈王廟在始興謂之東廟至是從東廟神主於京之小廟於丹陽廟設用天子儀
廢帝以天康元年四月即位六月上文皇帝尊謚廟號世祖
十月庚申親祠太廟
光大元年十月甲申親祠太廟
二年七月丙午親祠太廟
九月戊午親祠太廟
宣帝太建元年正月甲午即位乙未謁太廟戊午親祠太廟
十月壬午親祠太廟
二年春正月丙午親祠太廟
閏四月戊申謁太廟
十月乙酉親祠太廟
三年十月甲申親祠太廟

四年十月庚午親祠太廟
十月乙酉親祠太廟
五年正月甲午親祠太廟
六年正月壬午親祠太廟
四月甲午親祠太廟
八年四月乙未親祠太廟
東魏孝靜帝以天平元年十月丙寅即位壬申享太廟
四年四月辛未遷七帝神主入新廟
北齊文襄帝初爲魏相置王高祖秦州使君王曾祖太尉武貞
公王祖太師文穆公王考相國獻武王凡四廟
文宣帝天保元年五月即位己未追尊皇祖文穆王爲文穆皇
帝皇祖妣爲文穆皇后皇考獻武王爲獻武皇帝皇兄文襄王
爲文襄皇帝甲辰遷神主於太廟
二年正月乙丑有事於太廟

十月丁卯文襄皇帝神主入于廟文宣帝受禪置六廟曰皇司空公廟皇祖吏部尚書廟皇祖秦州使君廟皇祖文穆皇帝廟太祖獻武皇帝廟世宗文襄皇帝廟為太廟獻武皇帝己下不毀已上則遞毀並同廟而別室既而遷神主於太廟文襄文宣並太祖之子文宣初疑其昭穆之次欲別立廟衆議不同至二年冬始祔太廟春祠夏礿秋嘗冬烝皆以孟月并臘凡五祭禘祫如梁之制每祭室一太牢始以皇后預祭至河清定令四時祭廟禘祫及元日廟庭並設庭懸二佾

廢帝乾明元年二月上文宣皇帝尊謚廟號高祖

孝昭帝皇建二年正月壬子禘於太廟

武成帝大寧元年十一月即位上孝昭皇帝尊謚

河清元年正月壬午享太廟

五月祔葬武明皇后于義平陵

二年正月以武明皇后配祭北郊

後主天統元年十一月己丑太上皇詔改太祖獻武皇帝為神武皇帝廟號高祖獻明皇后為武明皇后其文宣謚號委有司議定

十二月庚午有司奏改高祖文宣皇帝為威宗景烈皇帝

二年正月癸巳祫祭於太廟

四年十二月上大上皇尊謚曰武成皇帝廟號世祖

武平元年十月己丑復改威宗景烈皇帝謚號顯祖文宣皇帝

梁太祖初為梁王以唐乾寧二年二月領親軍屯於單父會寒食帝乃親拜文穆皇帝陵於碭山縣午溝里開平元年四月即位追尊四代廟號高祖嫣州府君上謚曰宣元皇帝廟號肅祖太廟第一室陵號興極祖妣高平縣君范氏追謚宣僖皇后皇曾祖宣惠王上謚曰光獻皇帝廟號敬祖第二室陵號永安祖妣秦國夫人楊氏追謚光孝皇后皇祖武元王上謚曰昭武皇帝廟號憲祖第三室陵號光天祖妣吳國夫人劉氏追謚昭懿皇后皇考文明王上謚曰文穆皇帝廟號烈祖第四室陵號咸寧皇妣晉國太夫人王氏追謚文惠皇后

五月甲午詔天下管屬及州縣官名犯廟諱者各宜改換城門郎改為門局郎避廟諱茂州改為汶州避考諱桂州慕化縣改為歸化縣潘州茂名縣改為越裳縣癸卯司天監奏曰辰內有戊字請改為武從之

六月己亥帝御崇元殿內出追尊四廟上謚號玉冊寶共八副宰臣文武百官儀仗鼓吹導引至太廟行事

三年正月己巳奉遷太廟四室神主赴西京太常儀仗鼓吹導引齊車文武百官奉辭于開明門外甲戌帝發東都己卯至西都庚寅親饗太廟

二月丙午宗正寺請修興極永安光天咸寧陵並令添修上下宮殿栽植松柏制可癸亥敕豐沛之基寢園所在悽愴動關於情理充奉自繫于國章宜設陵臺令丞升其輝州碭山縣宜升為赤縣仍以本縣令兼四陵臺令

七月丙寅命宰臣楊涉赴西都以孟秋享太廟

乾化元年十月有司以立冬太廟薦饗上言詔丞相杜曉赴西都攝祭行事

二年正月丙戌有司以孟春太廟薦饗上言命丞相杜曉攝祭行事

末帝即位追尊母賢妃張氏為元貞皇太后祔葬宣陵

貞明三年十二月幸洛陽遂幸伊闕拜宣陵

尊親

夫王者之政不可得而變革者尊尊也親親也所以宣孝愿之德崇教化之本況夫躋尊飾闈之數富霸王之資當創物之初暨繼明之始莫不采有司之奏稽歷代之典緣禮經之大義傳春秋之深旨尊以徽號崇以宮名昭備物之章極奉親之意誠有國者之要道也雖云角立其可闕諸

蜀後主章武三年五月襲位於成都尊先主皇后曰皇太后

吳孫皓元興元年八月即位九月尊母何姬為昭獻皇后稱升平宮月餘進為皇太后

宋高祖永初元年六月即位尊王太后蕭氏爲皇太后有司奏曰臣聞道積者慶流德洽者禮備故祇嗣表於崇高嘉號彰於盛典伏惟太后母儀之德佑穆不言保翼之訓光被洪業雖幽明同慶稱謂未窮稽之前代禮有常準宜式遵舊章允副群望臣等請上宋王太后號曰皇太后

少帝永初三年五月即位尊皇太后曰太皇太后

景平元年七月尊所生母張夫人爲皇太后有司奏曰臣聞嚴親爲始所因者本克孝之道由中被外伏惟夫人德並坤元徽音光紹發祥兆慶誕啓聖明宜崇極徽號永備盛則春秋母以子貴之義遵漢晉推愛之典謹上尊號爲皇太后宮曰永樂

孝武帝元嘉三十年四月即位尊所生路淑媛爲皇太后有司奏曰歷集周邦徽音克嗣靈承漢國沙麓發祥昔在上代業隆祚遠未有不敷陰教以闡洪基膺淑慶以載聖哲者也伏惟淑媛柔明內映徽儀外範含靈初迪則燕熙仰燿引訓蕃闈則家邦被德民應惟和神歆維祉故能誕鍾叡躬用集大命固靈根於既殞融盛烈於中興載厚化深聲詠永緝宜式諧舊典恭享極號謹奉尊號曰皇太后宮曰崇憲

前廢帝大明八年閏五月即位崇皇太后曰太皇太后皇后曰皇太后宮曰永訓

明帝泰始元年十二月即位太皇太后復號崇憲皇太后後廢帝泰豫元年四月即位七月尊皇后曰皇太后宮曰弘訓崇拜所生陳貴妃爲皇太妃有司奏曰臣聞河龍啓聖理映明祥郊電基皇慶爍天地故資敬之道將古銘風以貴之誼歷代寔則伏惟貴妃含和月晷表淑星樞徽音峻古柔光照世曆華帝掖軌秀天嬪景娥皇明徐昌睿命而備物之章未煥孚策遠酌前王允陟鴻典臣等參議謹上尊號曰皇太妃輿服一如晉孝武李太妃故事宮曰弘化

順帝即位昇明元年崇拜帝所生陳昭華爲皇太后

南齊鬱林王即位尊母文惠太子妃爲皇太后稱宣德宮

梁敬帝紹泰元年十月即位尊所生夏貴妃爲皇太后

後梁宣帝詧爲周太祖所立居江陵東城稱皇帝於其國尊其所生母龔氏爲皇太后

明帝巋嗣位之元年尊其祖母龔太后曰太皇太后嫡母王皇后曰皇太后所生母曹貴嬪曰皇太妃

陳文帝永定三年六月即位七月尊皇后章氏爲皇太后宮曰慈訓

廢帝天康元年四月即位五月尊皇太后曰太皇太后皇后沈氏曰皇太后宮曰安德

後主太建十四年即位尊皇后柳氏爲皇太后宮曰弘範

北齊文宣帝天保元年五月即位尊王太后婁氏爲太皇后宮曰宣訓

廢帝天保十年十月即位尊皇太后爲太皇太后皇后李氏爲皇太后

孝昭帝皇建元年八月即位詔奉太皇太后還稱皇太后皇太后稱文宣皇后

後主天統四年十二月太上皇帝殂上太上皇后尊號爲皇太后

冊府元龜卷第一百八十九

冊府元龜卷第一百九十

閏位部

姿表　智識　聰察　器度　才藝

姿表

洪範五事一曰貌貌曰恭是以八彩重瞳表唐堯虞舜之異龍顏日角彰漢高光武之奇大勳既協於天人純粹必形於體貌自繼統之外代有其君至若姿表端莊神明爽邁方頤大口龍顏鍾聲或貴兆已形致異人之默識或天光峻發使外國以仰觀亦有贍顧非常眉目如畫挺神仙之骨格儼鸞鳳之儀容若加之以才智辯明器度雄遠皆可亞眞人之奇表紹有國之基祐也

秦始皇蜂準（蜂一作隆）長目摯鳥膺豺聲

蜀先主身長七尺五寸垂手下膝顧自見其耳

吳武烈帝孫堅容貌奇絶

（吳）大帝方頤大口紫髯長上短下漢末劉琬能相人見大帝兄弟曰孫氏兄弟雖各才智明達然祿祚不終惟中弟孝廉形貌奇偉骨體不常有大貴之表年又最壽爾試識之（時郡察孝廉）

宋高祖身長七尺六寸風骨奇特晉世桓玄篡位從兄撫軍將軍脩在京口以高祖爲中兵參軍從脩入朝至建業玄宿憚高祖威名又悅高祖之風儀姿貌謂司徒王謐曰昨見劉裕卿乃不得獨擅其清（或說玄曰劉裕龍行虎步瞻顧不凡恐不爲人下宜早爲其所玄曰我方欲平蕩中原非裕莫可付以大事待關隴平定然後當別議之耳又云桓玄謂王謐曰昨見劉裕風骨不常蓋人傑也）

文帝年十四身長七尺五寸

孝武帝少機穎神明爽發

前廢帝蜂目鳥喙長頸銳下

順帝姿貌端華眉目如畫見者以爲神人

南齊高帝姿表英異龍顙鍾聲長七尺五寸鱗文遍體

梁武帝狀貌殊特日角龍顏重嶽虎顧舌文八字項有浮光身映無影兩骻駢骨項上隆起有文在右手曰武初爲司州刺史有沙門自稱僧惲謂帝曰君項有伏龍非人臣也復求莫知所之

簡文帝方頤豐下鬚鬢如畫直髮委地雙眉翠色項毛左旋連錢背手執玉如意不相分辯眄睞則目光燭人

元帝背生黑子巫媼見曰此大貴兆當不可言（又云帝初生患眼高祖自下意治之遂盲一目）

陳武帝身長七尺五寸日角龍顏垂手過膝

文帝美容儀舉動方雅造次必遵禮法

宣帝美容儀身長八尺三寸手垂過膝有勇力

北齊神武帝目有精光長頭高顴齒白如玉

文襄帝年十三神情儁爽便若成人

文宣帝黑色大頰兌下鱗身重踝

孝昭帝身長八尺腰帶十圍儀望風表迥然獨秀

武成帝儀表瓌傑神武爲帝娉蠕蠕太子菴羅辰女號隣和公主帝時年八歲冠服端嚴神情閑遠華戎歎異

後主美容儀

梁大帝山庭月角舜目堯眉鸞鳳之姿自然也

明帝美容儀

智識

眞人未興雄才間出雖統乎舊物尚闕於皇階而式遏橫流頗關於識慮其或智參妙有識光機先發而能通謀無遺諸稽成敗於度內權禍福於彀中燦書史而可觀騰風徽於無際豈惟人謀允協俾黎獻之宅心將亦天險未夷假偶賢而授手取其成算著之于篇

蜀先主與龐統從容宴語問曰卿爲周公瑾（瑜）功曹孤到吳聞此人密有白事勸仲謀（孫權字）相留有之乎在君爲君卿其無隱統對曰有之先主歎息曰孤時危急當有所求故不得不往殆不免周瑜之手天下智謀之士所見略同耳時孔明（諸葛亮字）諫孤莫行其意獨篤亦慮此也孤以仲謀所防在北當賴孤爲援

故決意不疑此誠出於險塗非萬全之計也

吳孫堅漢靈帝末爲別部司馬時邊章韓遂作亂涼州中郎將董卓拒討無功中平三年遣司空張溫行車騎將軍西討章等溫表請堅與參軍事屯長安溫以詔書召卓卓良久乃詣溫溫責讓卓卓應對不順堅時在坐前耳語謂溫曰卓不怖罪而鴟張大語宜以召不時至陳軍法斬之溫曰卓素著威名於隴蜀之間今日殺之西行無依堅曰明公親率王兵威震天下何賴於卓觀卓所言不假明公輕上無禮一罪也章遂跋扈經年當以時進討而卓云未可沮軍疑衆二罪也卓受任無功應召稽留而軒昂自高三罪也古之名將仗鉞臨衆未有不斷斬以示威者也是以穰苴斬莊賈魏絳戮楊干今明公垂意於卓不即加誅虧損威刑於是在矣溫不忍發擧乃曰君且還卓將疑人堅因起出章遂聞大兵向至黨衆離散皆乞降軍還議者以軍未臨敵不斷功賞然聞堅數卓三罪勸溫斬之無不歎息拜堅

議郎後靈帝晏駕卓擅朝政橫恣堅聞之拊膺歎曰張公昔從吾言朝廷今無此難也

大帝父堅士兄策起事大帝常隨從每參同計謀策甚奇之自以爲不及也劉備定蜀大帝以備已得益州令諸葛瑾從求荊州諸郡備不許曰吾方圖涼州涼州定乃盡以荊州爲吳耳大帝曰此假而不反而欲以虛辭引歲遂置三郡長吏分荊州東西

嘉禾四年魏文帝遣使求雀頭香大貝明珠象牙犀角瑇瑁孔雀翡翠鬭鴨長鳴雞群臣奏曰荊揚二州貢有常典魏所求珍玩之物非禮也宜勿與大帝曰昔惠施尊齊爲王客難之曰公之學去尊今王齊何其倒也惠子曰有人於此欲擊其愛子之頭而石可以代之子頭所重而石所輕也以輕代重何爲不可乎方有事於西北江表元元恃主爲命非我愛子邪彼所求者於我瓦石耳孤何惜焉彼在諒闇之中而所求若此寧可與言禮哉皆具以與之

赤烏七年步騭朱然等上疏云自蜀還者咸言欲背盟與魏交通多作舟船繕治城郭又蔣琬守漢中聞司馬懿南向不出兵乘虛以掎角之反委漢中還近成都事已彰灼無所復疑宜爲之備大帝揆其不然曰吾待蜀不薄聘享盟誓無所負之何以致此又司馬懿前來入舒旬日便退蜀在萬里何知緩急而便出兵乎昔魏欲入漢川此間始嚴亦未擧動會聞魏還而止蜀寧可復以此有疑邪又人家治國舟船城郭何得不護今此間治軍寧復欲以禦蜀邪人言苦不可信朕爲諸君破家保之蜀竟自無謀如大帝所籌

朱異爲揚武將軍得魏將文欽詐降密書與異欲令自迎異表呈欽書因陳其僞不可便迎大帝詔曰方今北土未一欽云欲歸命宜且迎之若嫌其有譎者但當設計網以羅之盛重兵以防之耳乃遣呂據督二萬人與異幷力至北界欽果不降

景帝時諸葛恪爲峻所殺後朝臣有乞爲恪立碑以銘其勳績

者博士盛沖以爲不應帝曰盛夏出軍士卒傷損無尺寸之功不可謂能（臣欽若等案諸葛恪傳盡衆出軍無功而還）受託孤之任死於豎子之手不可謂智沖議爲是遂寢

宋高祖時毛脩之父瑾爲梁州刺史爲譙縱所殺脩之西討不克後遣朱齡石伐蜀脩之固求行高祖慮脩之至蜀必多所誅殘土人既與毛氏有嫌亦當以死自固故不許

梁簡文帝年十一便能親庶務歷試藩政所在著美特爲高祖所愛焉

北齊神武帝以杜弼爲大行臺郎中弼以文武在位罕有廉絜言之於帝帝曰弼來我語爾天下濁亂習俗已久今督將家屬多在關西黑獺常相招誘（黑獺後周文帝也）人情去留未定江東復有一吳兒老翁蕭衍者專事衣冠禮樂中原士大夫望之以爲正朔所在我若急作網法不相饒借恐督將盡投黑獺士子悉奔蕭衍則人物流散何以爲國耳宜少待吾不忘之

文襄帝爲渤海王世子時年十二神情俊爽便若成人神武試
問以時事得失辯析無不中禮自是軍國籌策皆預之
文宣帝少有大度志識沈敏外柔内剛果敢能斷雅好吏事測
始知終理劇處繁終日不倦初踐大位留心政術以法馭下公
道爲先或有違犯憲章雖密戚舊勳必無容舍外内清靜莫不
祗肅至於軍國幾策獨決懷抱規謨宏遠有人君大略
廢帝爲皇太子時年六歲性敏惠初學反語於跡字下注云自
反時侍者未達其故太子曰跡字足傍亦爲跡豈非自反邪嘗
宴北宮獨令河間王勿入左右問其故太子曰世宗遇賊處河
間王復何宜在此
孝昭帝自居臺閣心政術閑明簡練頗更所不逮及正位宸居彌
所克勵輕傜薄賦勤恤人隱内無私寵外收人物雖后父位尊
亦待遇無別日昃臨朝務知人之善惡

聰察

夫表微之監禮經實著於嘉猷辨惑之辭先聖嘗稱於善者苟
甄明之或爽將邪正以罔分是以南面之君嚮明而治必資淵
哲以燭不圖曆數或屯餘閏斯作妣觀敏識咸契言幾知臣者
有則哲之明擿伏者無非辜之舉雖謳謡獄訟顧寶命之未融
而憬達聰明諒簡書而可挹
蜀先主定益州以李恢爲功曹書佐主簿後爲亡虜所誣引恢
謀反有司執送先主明其不然更遷恢爲別駕從事
吳大帝年少時兄策使呂範典主財計帝時私從有求範必關
白不敢專許當時以此見望大帝守陽羨長有所私用策或料
覆功曹周谷輒爲傳著簿書使無譴問大帝臨時悅之及後統
事以範忠誠厚見信任以谷能欺更簿書不用也後範爲揚州
牧性好威儀時人有白範與賀齊奢麗夸綺服飾僭擬王者大
帝曰昔管仲踰禮桓公優而容之無損於霸今子衡公苗子衡呂範字
公苗賀齊字身無夷吾之失但其器械精好舟車嚴整耳此適足作
軍容何損於治哉告者乃不敢復言
廢帝出西苑方食生梅使黃門至中藏取蜜漬梅蜜中有鼠矢
召問藏吏藏吏扣頭帝問吏曰黃門從汝求蜜邪吏曰向求實
不敢與黃門不服侍中刁玄張邠啓黃門藏吏辭語不同請付
獄推盡帝曰此易知耳令破鼠矢矢裏燥帝大笑謂玄邠曰若
矢先在蜜中中外當俱溼今外溼裏燥必是黃門所爲黃門首
服左右莫不驚悚一本云廢帝使黃門以銀椀并蓋就中藏吏取交州所獻甘蔗餳黃門先恨藏吏以鼠矢投
餳中啓言藏吏不謹帝呼吏持餳器入問曰此器既蓋之且有掩覆無緣有此黃門將有恨於汝邪吏叩頭曰嘗從某求宮中
莞席寵有數不敢與亮曰必是此也覆問黃門具首伏即於目前加亮髡鞭斥付外署
宋文帝時孟顗爲會稽太守謝靈運以侍中退居郡中頗輕顗
所爲遂構讎隙顗因靈運橫恣百姓驚擾乃表其異志發兵自
防露板上言靈運馳至京都詣闕上表帝知其見誣不罪也不
欲使東歸以爲臨川内史加秩中二千石
孝武帝時王玄謨爲雍州刺史民間訛言玄謨欲反時柳元景

當權元景弟僧景爲新城太守以元景之勢制令南陽順陽上
庸新城諸郡並發兵討玄謨玄謨令内外晏然以解衆惑馳啓
帝具陳本末帝知其虛馳遣主書吳喜公撫慰之
南齊太祖初爲齊公時四貴輔政員外郎卞彬謂太祖曰外間
有童謡云可憐可念尸著服孝子不在日代哭列管暫鳴死滅
族尸著服褚字邊衣也孝除子以日代者謂褚淵也列管蕭也
彬退太祖笑曰彬自作此
武帝永明元年謝超宗既賜死明年超宗門生王永先又告超
宗子才卿死罪二十餘條世祖疑其虛妄以才卿付廷尉辨以
不實見原永先於獄盡之
梁高祖時劉之亨爲湘東王行臺丞嘗督衆大致剋復軍士有
功皆錄唯之亨爲蘭欽所訟執政因而陷之故封賞不行但復
本位而已及之帝讀陳湯傳恨其立功絶域而爲文吏所抵官
者強僧高曰外間論者竊謂劉之亨似之帝感悟乃封爲臨江

子國爵不拜

北齊神武爲東魏大將軍時李密爲襄州刺史侯景外叛誘密執之授以官密從景敗歸朝帝以密從景非元心不之罪也

文襄帝爲東魏大將軍時宋遊道爲高隆之等所誣是時朝士皆分爲遊道不濟而帝聞其與隆之相抗之言謂楊遵彦曰此眞是鯁直大剛惡人遵彦曰譬之畜狗本取其吠今以數吠殺之恐將來無復吠狗詔付廷尉遊道坐除名帝使元景康謂曰卿早逐我向幷州不爾他經略殺卿遊道從至晉陽以爲大行臺吏部

梁太祖開平中晉州汾西縣百姓蔡奉言論本州游弈將李建不法一十二事帝覽奏曰李建職司防察事極重難若徇愛憎便罹刑網則何以委用邊吏因命奉言移貫內地

器度

夫所享厚者其器必大所圖廣者其志必遠況據偏方而鼎峙

承閏位而分疆元攺號開国承家故有英異之姿發於經綸之際宏遠之度存於聽斷之間不爲疑駭而變常不爲喜怒而改色使仇敵不能以計撓臣下不得以智闚威服賢豪容畜民衆所以能成其基業者其由是夫

蜀先主微時舍籬上有桑樹生高五丈餘遙望見童童如小車蓋先主與宗中諸小兒於樹下戲言吾必當乘此羽葆蓋車先主不甚樂讀書喜狗馬音樂喜怒不形於色好交結豪俠年少爭附之既爲益州牧時馬超來降先主待之厚超常呼先主字關羽怒請殺之先主曰人窮來歸我卿等怒以呼我字故而殺之何以示於天下也張飛曰如是當示之以禮明日大會請超入羽飛並杖刀立直超顧坐席不見羽飛見其直也乃大驚遂止不復呼字明日歎曰我今乃知其所以敗爲呼人主字幾爲關羽張飛所殺自後乃尊事先主

吳大帝性度弘朗仁而多斷好俠養士始有知名侔於父兄矣

南齊太祖少沉深有大量寬嚴清儉喜怒無色從諫察謀以威重得衆（一云少有大量喜慍不形於色深沉難測常有霸王之心）

梁簡文帝器宇寬弘未嘗見喜慍色

陳高祖少倜儻有大志不治生產既長讀兵書多武藝明達果斷爲當時所推服

宣帝器度弘厚有人君之量

北齊神武深沉有大度輕財重士爲豪俠所宗

文宣帝不好戲弄深沉有大度神武嘗試觀諸子意識各使治亂絲帝獨抽刀斬之曰亂者須斬神武是之又各配兵四出而使甲騎僞攻之文襄等怖撓帝乃勒衆與彭樂敵樂免胄言情猶擒之以獻幼時師事范陽盧景裕默識過人景裕不能測也神武爲東魏相国既薨猶祕凶事衆情疑駭帝雖內嬰巨痛外若平常人情頗安及文襄遇害事出倉卒內外震駭帝神色不變指麾部分自若親斬群賊而漆其頭徐宣言曰奴反大將軍被傷無大苦也當時內外莫不驚異焉乃赴晉陽親總庶政務從寬厚有不便者咸蠲省焉

孝昭帝聰敏有識度深沉能斷不可窺測

梁太祖多大略恢弘遠度合於霸王之道

才藝

夫以亶民將聖之姿不妄於鄙事姬旦事神之旨自謂於多材相遺藉之芳風亦先民之懿範或彌綸百揆總制萬機而能游發清衷旁精曲藝雖人君之度豈獨在茲然天縱之能蓋其餘力傳諸汗簡有助徽音

宋高祖初不能書劉穆之謂曰但縱筆爲大字一字徑尺無嫌大既足有所包且其名亦美高祖從之所書一紙不過六七字

文帝善隸書

孝武帝雄決愛武長於騎射

後廢帝凡諸鄙事過目則能鍛金銀裁衣作帽莫不精絕未嘗

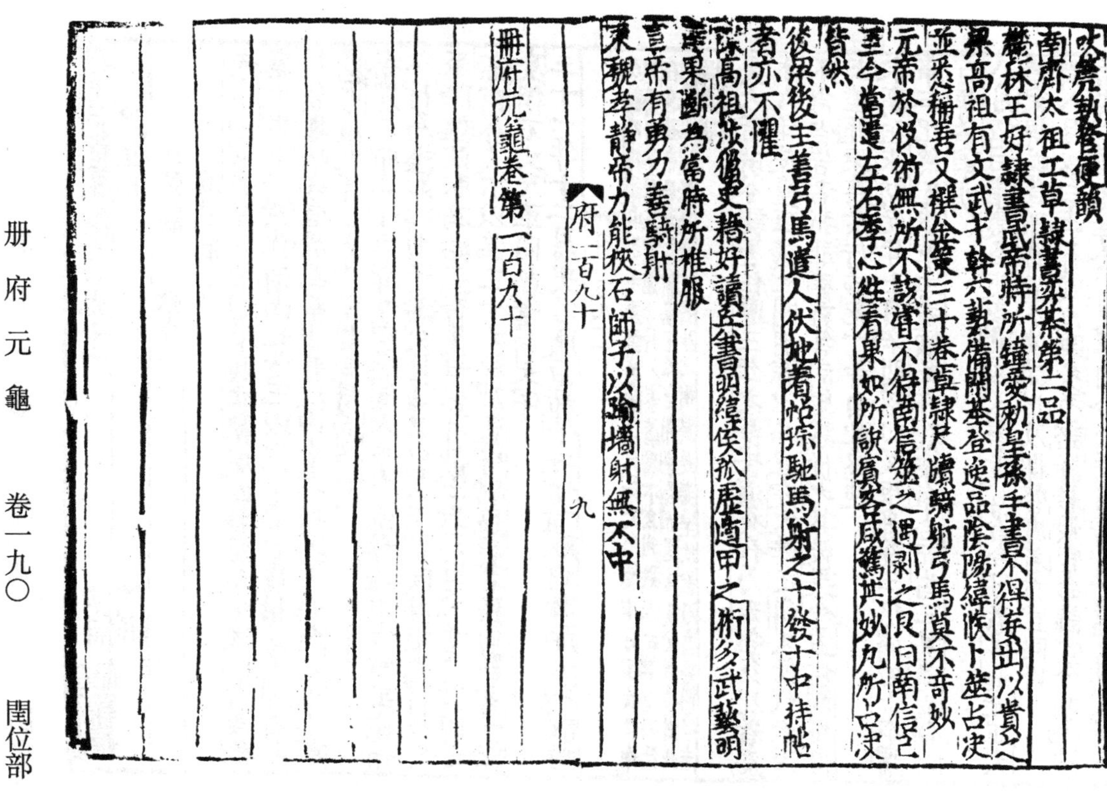
以筆執管便韻

南齊太祖工草隸書弈棊第二品

鬱林王好隸書武帝特所鍾愛勅皇孫手書不得妄出以貴之

梁高祖有文武才幹六藝備閑棊登逸品陰陽緯候卜筮占決並悉稱善又撰金策三十卷草隸尺牘騎射弓馬莫不奇妙

元帝於伎術無所不該嘗不得南信忌之遇剝之艮曰南信已至今當遣左右季心往看果如所說賓客咸驚其妙凡所占決皆然

後梁後主善弓馬遣人伏地著帖孫馳馬射之十發十中持帖者亦不懼

陳高祖涉獵史籍好讀兵書明緯侯孤虛遁甲之術多武藝明達果斷為當時所推服

宣帝有勇力善騎射

東魏孝靜帝力能挾石師子以踰牆射無不中

府一百九十　九

冊府元龜卷第一百九十

冊府元龜卷第一百九十一

閏位部

立法制　政令

立法制十

夫有國家者曷嘗不制事典立軌度因時變而建民極者哉嬴秦之世多所改作洎南北迭王以迄于梁亦復損益前訓有所更創斟酌物宜於焉垂法蓋以申畫一之文著惟行之令壹統類而嚴紀律也史氏所記咸得而徵焉

秦始皇帝二十六年制曰朕聞太古有號毋謚中古有號死而以行為謚如此則子議父臣議君也甚無謂朕弗取焉自今已來除謚法朕為始皇帝後世以計數二世三世至于万世傳之無窮分天下以為三十六郡郡置守尉監更名民曰黔首一法度衡石丈尺車同軌書同文字

三十一年十二月更名臘曰嘉平太原真人茅盈內紀曰始皇三十一年九月庚子盈曾祖濛乃於華山之中乘雲駕龍白日昇天先是其邑謠歌曰神仙得者茅初成駕龍上升入泰清時下玄洲戲赤城繼世而往在我盈帝若學之臘嘉平始皇聞謠歌而問其故父老具對此仙人之謠歌勸帝求長生之術於是始皇欣然乃有尋仙之志因改臘曰嘉平

吳大帝時令諸居任遭三年之喪皆須交代乃去然多犯者嘉禾六年使羣臣議立制胡綜以為宜定大辟之科又使代未至不得告告者抵罪顧雍等同綜議從之其後吳令孟仁聞喪輒去陸遜陳其素行減死一等自此遂絕

宋高祖永初元年七月辛酉詔曰反叛淫盜三犯補冶士本謂事三犯終無悛革主者頃多并數衆事合而為三甚違立制之旨普更申明

八月詔曰諸處冬使或遣或不事役宜省今可悉停唯元正大慶不得廢耳郡縣遣冬使詣州及都督府者亦宜同停

閏八月詔曰主者處按雖多所諮詳若衆官命議宜令明審自頃或總稱參詳於文漫略自今有厝意者皆當指名其人所見不同依舊繼啓

二年三月制限荆州府置將不得過二千人吏不得過一万人州置將不得過五百人吏不得過五千人兵士不在此限

孝武帝即位初置殿門及上閤屯兵

孝建元年江夏王義恭与驃騎大將軍竟陵王誕奏曰臣聞佾縣有數等級異儀珮笏有制卑高殊序斯蓋上哲之洪摹範世之明訓而時至弥流物无不弊僭侈由俗軌度非古晉代東徙舊法淪落侯牧典章稍与事曠名實一差難以卒変章服崇濫多歷年所今樞機更造皇風載新耗弊未充百用思約宜品備式之律以定損獻之條臣等地居枝昵位參台輔遵正之首請以爵先致與之端宜從廞始輒因暇日共參愚懷應加省易謹陳九事雖懼匪衷庶竭微款伏願陛下聽覽之餘薄垂昭納則上下相安表裏和穆矣詔付外詳有司奏曰車服以庸虞書茂典名器慎假春秋明誡是以尚方制漢有嚴律於諸侯竊服雖

親必罪降于頃世下僭滋極器服裝飾樂舞音容通玩公王達於衆庶上下無辨民志靡一義恭所陳實允礼度九條之格猶有未盡謹共附益凡二十四條聽事不得南向坐施帳并藩国官正冬不得跣登国殿及夾侍国師傅令及油戟公妃傅令不得朱服轝不得重楣鄣扇不得雉尾劍不得鹿盧形槊毦不得孔雀白氅夾轂隊不得絳襖平乘誕馬不得過二匹胡伎不得綵衣舞伎正冬著袿衣不得莊面冬會不得鐸舞杯柈舞長蹻透狹舒劍博山緣大橦外五案自非正冬會奏無曲不得舞諸妃主不得着綎帶信幡非臺省官悉用絳郡縣內史相及封內官長於其封君既非在三罷官則不復追敬不合稱臣宜從下官而已諸鎮常行車前後不得過六隊白直夾轂不在其限刀不得過銀銅為飾諸王女分縣主諸王子孫襲封王王之妃及封侯者夫人行並不得鹵簿諸王子繼躰為王者婚葬吉凶悉依諸國公侯之禮不得同皇弟皇子車非軺車不得油幢平乘

詔皆下兩頭作露平形不得擬象龍舟悉不得朱油帳鑄不得
作五花及豎笥形詔可
二年制中丞與尚書令分道雖丞郎下朝相值亦得斷之餘內
外衆官皆受停駐
大明元年三月制大臣加班劍者不得入宮城門
二年十二月諸王及妃主庶姓位從公者喪事聽設凶門餘悉斷
六年九月制沙門致敬人主
七年四月詔曰自非臨軍戰陣一不得專殺其罪甚重辟者皆
如舊先上須報有司嚴加聽察犯者以殺人罪論
五月詔曰自今刺史守宰動民興軍皆須手詔施行唯邊隅外
警及姦釁內發變起倉卒者不從此例
長沙王道憐孫祗大明中為中書郎太宰江夏王義恭領中書
監服親不得相臨表求解職世祖詔曰昔二王兩謝俱至崇礼
自今三臺五省悉同此例

沈統大明中為著作佐郎先是五省官所給幹僮不得雜役太
祖世坐以免官者前後數百人統役輕過差有司奏免世祖詔
曰自頃幹僮多不祗給主可量聽行杖得行幹杖自此始也
明帝泰始元年詔諸將吏二千石以下遭三年喪聽居終寧庶
人復除徭役
三年制太子乘象輅
六年制太子元正朝賀服衮冕九章衣
南齊武帝永明七年十月詔曰三季澆浮舊章陵替吉凶奢靡
動違矩則或裂錦繡以競車服之飾塗金鏤石以窮塋域之麗
至班白不婚露棺累葉苟相姱衒罔顧大典可明為條制嚴勒
所在悉使畫一如復違犯依事糾奏永明中世祖以婚礼奢費敕諸王納妃上御及六宮
依礼止棗栗腶脩加以香澤花粉其余衣物皆停唯公主降嬪則止遺舅姑而已
明帝建武元年十一月革永明之制依晉宋舊典太子以師礼
敬二傅

梁武帝天監三年都令史王景之列自江左以來郊廟祭已帝
已入齋百姓尚哭以為乖礼何佟之等奏案禮國門在皐門外
今之籬門是也今古殊制若禁凶服不得入籬門為太遠宜以
六門為斷詔曰六門之內士庶甚多四時蒸嘗俱斷其哭若有
死者推喪須來既許其大而不許其細也致齋日太廟二百步
斷哭
北齊文宣帝受禪詔曰頃者風俗流宕浮競日滋家有吉凶務求
勝異婚姻喪葬之費車服飲食之華動竭歲資以營日富又奴
僕帶金玉婢妾衣羅綺始以剏出為奇後以過前為麗上下貴
賤無復等差今運屬惟新思蠲往弊反朴還淳納民軌物可量
事具立條式使儉而獲中
梁太祖開平元年四月詔在京百司及諸軍州縣印一例鑄換
其篆文則各如舊
八月詔曰朝廷之儀封冊為重用報勳烈以隆恩榮而合親臨

式光典礼義章交缺自我復行今後每封冊大臣宜令有司備
臨軒之禮冊庶竟焉
九月勑以近年文武官諸道奏使皆於所在分外停住逾年涉
歲未聞歸闕非唯勞費州郡抑且侮慢國經且節既虧憲章安
在自今後兩浙福建廣州安南邕容等道使到發許住一月湖
南洪鄂黔桂許住二十日荊襄同雍鎮定青滄許住十日其余
側近歇三五日凡來往道路據遠近里數日行兩驛如遇疾患
及江河阻隔委所在長吏具事由奏聞如或有違當行朝典命
御史點檢糾察以儆慢官
二年七月帝曰車服以庸古之制也貴賤無別罪莫大焉應內
外將相許以銀飾鞍勒其刺史都將內諸司使已降秖許用銅
鼻定尊卑永為條制仍令執法官糾察之
八月兩浙錢鏐奏請重鑄換諸州新印
三年七月勑大內皇牆使諸門素來未得嚴謹將令整肅須示

條章宜令控鶴指揮使應於諸門各添差控鶴官兩人守怗把門其諸司使并諸司諸色人並勒於左右銀臺門外下馬不得將領行官一人輒入門裏其逐日諸道進奏客省使於千秋門外排當訖勒控鶴官舁擡至內門前准例令黃門殿直已下舁進輒不得令諸色一人到千秋門內其章善門仍令長關鏁不用逐日開閉是日又勅皇牆大內本尚深嚴宮禁諸門豈宜輕易未當條制交下因循苟出入之无常且公私之何辨須加鈐轄用戒門閭宜令宣徽院使等切准此處分

八月勅建國之初用兵之際諸道章表皆繫軍機不欲滯留用防緩急其諸道所有軍事申奏令宜至右銀臺門委客省畫時引進諸道公事即依前四方館准例收接

十月勅司門過所先是司門郎中員外郎出給今以寇盜未平恐漏姦詐宜令宰臣趙光逢專判凡諸給過所先具狀經中書點檢判下即本判郎官據狀出給

四年正月勅公事難於稽遲居處悉皆遥遠其逐日當直中書舍人及吏部司封知印郎官少府監及篆印文兼書鳥告身人吏等並宜輪次於中書側近宿止

四月帝過朝邑見鎮將位在縣令上問左右或對曰宿官秩高帝曰令長字人也鎮使捕盜耳且鎮將多是邑民奈何得居民父母上是无禮也至是勅天下鎮使官秩無高卑位在邑令下

九月勅魏博管內刺史比來州務並委督郵遂使曹官擅其威權州牧同於閑冗俾循通制宜塞異端並宜依河南諸州例刺史得以專達昔日憲宗時烏重胤為滄州節度使上言河朔六十年能抗拒朝命者以奪刺史與縣令職而自作威福若二千石各得其柄又有鎮兵雖安史之姦豈能得一州而叛哉遂奏以所管德棣景三州各還刺史職分州兵主將權是後雖燕魏三鎮以河朔舊風自相傳襲唯滄州一道得稟命受代自重胤處置使也則梁氏之更張正合其事矣

十一月乙巳詔曰關防者所以譏異服察異言也况天下未息兵民多姦改形易衣覘我戎事此者有謀皆以詐敗而未嘗所過地界將逃卒竊其妻孥而影附使者亦未嘗詰其所詣今海內未同而綾法弛禁非所以息姦詐止奔亡也應在京諸司不得擅給公驗如有出外須執憑由者其司門過所先須經中書門下點檢宜委宰臣趙光逢專判出給俾由顯重冀絶姦源仍下兩京河陽及六軍諸衛御史臺各加鈐轄公私行李不得帶挾家口向西其襄鄧鄜延等道並同處分

五年二月詔左右金吾大將軍待制官各奏事

乾化元年五月詔左右銀臺門朝叅諸司使庫使已下不得帶從人出入親王許一二人執條襆手簡餘悉止門外闌入者抵律閽守不禁與所犯同先時通內无門籍且多勳戚車騎衆者尢不敢訶察至是有以客星凌犯上言者遂命止隔

末帝龍德元年春正月癸巳詔諸道入奏判官且令御史臺點檢各從正衙退後便於中書門下公叅辭謝如有違越具名銜聞奏應司勘章服仍令閤門使取本官狀申中書門下受勅後方可給入新銜

政令

漢高帝伐秦繼周以次承木說者謂秦爲閏位而蜀吳宋齊僭乎朱梁妄義均年莫立其政其施令出于君而被于民者或適一時之宜或為子孫之法載於方策亦有可觀然而史遷紀秦陳壽志吳蜀其事多略宋齊而下乃章章焉古人有言非知之艱行之惟艱若夫林東昏之時雖有政令顧其治何如哉

秦始皇十六年九月初令男子書年

三十三年初縣禁不得祠

蜀後主建興二年春閉關息民

吳大帝黃武五年春令曰軍興日久民離農畔父子夫婦不能相卹孤甚愍之今北虜縮竄方外无事其下州郡有以寬息

嘉禾三年正月詔曰兵久不輟民困於役歲或不登其寬諸逋

太元元年十二月詔省徭役減征賦除民所患苦

宋高祖永初元年六月即位詔曰夫銘功紀勞有國之要典愼終追舊在心之所隆自大業創基十有七載世路迍邅戎車歲動自東徂西靡有寧日實賴將帥竭心文武盡效寧內拓外迮用有成威靈遠著寇逆消蕩遂當揖讓之禮猥饗天人之祚念功簡勞无忘鑒寐凡厥誠勤宜同國慶其酬賞復除之科以時論舉戰亡之身厚加復贈

七月丁亥詔原放劫賊餘口沒在臺府者諸徙家並聽還本土及運船不復下諸郡輸出悉委都水別量臺府所須皆別遣主帥與民和市即時裨直不復更責租民求辦又停廢虜車牛不得以官威假借又以市稅繁苦優量減降從征關洛殞身戰場幽沒不反者贍賜其家

二年正月丙寅詔斷金銀塗己卯禁喪事用銅釘

四月己卯朔詔曰淫祠惑民費財前典所絕可並下在所除諸房廟其先賢及以勳德立祠不在此例

文帝元嘉四年三月壬寅禁斷夏至日五絲命縷之屬富陽令諸葛闡之之議也

八年三月戊申詔曰軍役殷興國用增廣資儲不給百度尚繁宜存簡約以應事實內外可通共詳思務令節儉

十七年十一月詔曰州郡估稅所在市調多有煩刻山澤之利猶或禁斷役召之品遂及稚弱諸如此傷治害民自今咸依法令務盡優允如有不便即依事別言不得苟趣一時以乖隱卹之旨主者明加宣下稱朕意焉

孝武帝以元嘉三十年四月即位七月辛酉詔曰百姓勞弊徭賦尚繁言念未乂宜崇約損凡用非軍國宜悉停功可省細作并尚方雕文靡巧金銀塗飾事不關實嚴為之禁供御服膳減除遊侈水陸捕採各順時月官私交市務令優衷其江海田池公家規固者詳所開弛貴戚競利悉皆禁絕

孝建元年正月戊申詔曰首食尚農經邦本務貢士察行寔朝常道內難甫康政訓未洽衣食有仍耗之弊選造无觀国之美昔衛文勤民高宗恭默卒能收賢興儉大化克昌朕每側席疚懷无忘鑒寐凡諸守莅親民之官可詳申舊條勸尽地利力田善蠶者所在具以名聞褒甄之科精為其格四方秀孝非才勿舉獻荅允值即就銓擢若止无可採猶賜除署若有不堪酬奉虛竊榮薦遣還田里加以禁錮尚書百官之元本庶績之樞機丞郎列曹局司有在而頃事无巨細悉歸令僕非所以衆材成構羣能濟業者也可更明體制咸責厥成糾覈勤惰嚴施賞罰

大明二年閏十二月庚子詔曰夫山處巖居不以魚鼈為禮頃歲多虞軍調繁切違方設賦本濟一時而主者玩習遂為常典杶幹瑤琨具土作貢積羽羣輕終致深弊永言弘革无替朕心凡寰衛貢職山淵採捕皆當詳辯産殖考順歲時勿使牽課虛懸睽忤氣序庶簡約之風有孚於品性惠敏之訓无漏於幽仄

七年二月丙子詔曰自今刺史守宰動民興軍皆須手詔施行唯邊隅外警及姦釁內發變起倉卒者不從此例七月丙申詔曰前江海田池與民共利歷歲未久浸以弛替名山大川往往占固有司嚴加檢糾申明舊制

八年正月甲戌詔曰東境去歲不稔宜廣商貨遠近販鬻米者可停道中雜稅其以仗自防悉勿禁

前廢帝以大明八年閏五月即位六月辛未詔曰朕以眇身夙紹洪業欽御天威欽對靈命仰遵凝緒日鑒前圖思所以拱默守成詒風長世而寶位告始萬國改屬惟德弗明昧于大道思宣睿範引茲簡恤可具詢執事詳訪民隱凡曲令密文繁而傷治關市僦稅事施一時而姦吏舞文妄興威福加以氣緯舛玄偏頗滋甚宜其寬惠以救民切御府諸署事不須廣雕文篆刻无施於今悉宜并省以酬氓願藩王貿貨壹皆禁斷外便具條以聞

明帝泰始元年八月丁酉詔曰古者衡虞置制蝝夭不收川澤産育登器充御所以繁阜民財養遂生德頃商販逐末競早争新折未實之果收豪家之利籠非膳之羞爲戲童之資豈所以還風尚本捐華務實且循道布仁以革斯蠹自今鱗介羽毛肴核衆品非時月可採器味所須可一皆禁斷嚴爲科制

六年十二月癸巳以邊難未息制父母陷異域悉使婚官

南齊太祖建元元年四月詔曰自廬井毀制農桑易業鹽鐵妨民貨鬻傷俗歷代成俗流蠹歲滋思極遺弊革末反本使公不專利氓無失業二宮諸王悉不得營立屯邸封畧山湖太官池塞宜停稅入

五月辛未詔曰設募取將懸賞購士蓋出權宜非曰常制頃世道艱險浸以成俗且長逋逸開罪山湖是爲黥刑不辱士寘無咎自今已後可斷衆募

二年四月詔曰婚禮下達人倫攸始周官有媒氏之職國風興及時之詠四爵內陳義不期侈三鼎外列事豈存奢晚俗浮麗歷茲永久每思懲革而民未知禁乃聞同牢之費華泰尤甚膳羞方丈有過王侯富者扇其驕風貧者耻躬不逮或以供帳未具動致推遷年不再來盛時忽往宜爲節文頒之士庶並可擬則公朝方樣供設合卺之禮無虧革儉之儀斯在如故有違繩之以法

武帝永明七年詔曰春頒秋斂萬邦所以惟懷柔遠能邇兆民所以允植鄉單宰邑因姓立名主潛剖符户口殷盛今産子不育雖炳常禁比聞所在猶或有之誠復禮以貧殺抑亦情由俗澹宜節以嚴威敦以惠澤主者尋舊制詳定竭卹之宜務存優恤

永明中勅親近不得輒有申薦人士免宦寒人難一貫

鬱林王隆昌元年正月辛亥詔詢訪獄市博聽謡俗傷風損化各以條聞主者詳爲條格

海陵王即位詔曰周設媒官趨及時之制漢務輕傜在休息之典所以布德引教寬俗阜民朕君制八紘志敷九塞而習俗之風爲弊未改靜言多愠無忘昏嫁宜嚴更申明必使禽帛以時摽梅息怨正厨諸役舊出州郡徵吏民以應其數公獲二旬私累數朔又廣陵年常遞出千人以助淮戍勞擾爲煩抑亦有宜是省今並可長停別量所出諸使村長路都防城直縣爲劇尤深亦宜禁斷延興元年八月乙卯申明織成金薄綵花錦繡履之禁

明帝建武元年詔曰頃職之吏多違舊典存私害公實興民蠹今商旅稅石頭後渚及夫鹵借倩一皆停息所在凡厥公宜可即符斷三[illegible]許爲其制憲司明加聽察

十月詔曰自今雕文篆刻歲時光新可悉停省

十一月詔曰邑宰祿薄雖任土恒貢亦爲勞費自今悉斷

東昏侯初即位詔辨括選序訪搜貧屈

永元元年詔[illegible]百司

梁高祖初爲南雍大司馬録尚書事下令曰永元之季乾維落紐政實多門有殊衛文之世權移於下事等曹恭之時遂使閹尹有翁媼之稱高安有法堯之旨鬻獄販官圖山護澤開塞之機奏成小醜直道正義擁抑彌年懷怨抱理莫知誰訴姦吏因之筆削自己豈直賈生流涕許伯哭世而已哉今理運惟新政刑得所矯革流弊實在兹日可通檢尚書衆曹東昏時諸諍訟失理及主者淹停不時施行者精加訐辨依事議奏

天監元年詔曰成務弘風肅厲內外實由設官分職互相懸糾而頃壹拘常准以見失方奏多容違惰莫肯執咎憲綱日弛漸以爲俗今端右可以風聞奏依元熙舊制

四年正月丙午省鳳皇銜書伎

六年正月己卯詔曰夫有天下者義非爲己凶荒疾癘兵革水火有一於斯責歸元首今祝史請禱繼諸不善以朕身當之永

災害不及萬姓俾茲下民長蒙寧息不得爲朕祈福以增其過特此遠邇咸令遵奉

六年五月己亥詔曰朕達聽思治無忘日昃而百司群務其途不一隨時適用各有攸宜若非總會衆言無以備茲親覽自今臺閣省府州郡鎮戍維有職僚之所時共集議各陳損益具以奏聞

十五年正月己巳詔曰觀時設教王政所先兼而利之實惟務本縁風致治咸由此作頃因革之令隨事必下而張弛之要未臻厥宜民瘼猶繁廉平尚寡所以藉旒纊而載懷朝玉帛而興歎可申下四方政有不便於民者所在具條以聞守宰若清潔可稱或侵漁爲蠹分別奏上將行黜陟長吏勸課躬履隄防勿有不修致妨農事關市之賦或有未允外時參量優減舊格

十七年正月丁巳朔詔曰夫樂所自生含識之常性厚下安宅馭世之通規矜此庶氓無忘待旦亟弘生聚之略每布寬恤之

恩而編戶未滋遷徙尚有輕去故鄉豈其本志資業殆闕自返莫由巢南之心亦何能弭今開元發歲品物惟新思俾黔黎各安舊所使居無曠土邑靡游民雞犬相聞桑柘交畛凡天下之民有流移他境在天監十七年正月一日以前可開恩半歲悉聽還本蠲課三年其流寓過遠者量加程日若有不樂還者即使著籍爲民准舊課輸若流移之後本鄉無復居宅者村司三老及餘親屬即爲詣縣占請村内官地官宅令相容受使戀本者還有所託凡坐爲市埭諸職割盜衰減應被籍者其田宅車牛是民生之具不得悉以沒入皆優量分留使得自止其商賈富室不得頓相兼併遁叛之身罪無輕重並許首出還復民伍若有拘限自還本役爲之條格咸使知聞

普通三年五月詔四方民所疾苦咸即以聞

大同五年三月己未詔曰朕四聰既闕五識多蔽晝可外諜或致紕繆凡是政事不使於民者州郡縣即以時言勿得欺隱使有怨訟當境任失而今而後以爲永準

六年八月辛未詔曰經國有體必諮諸朝所以尚書置令僕丞郎旦旦上朝以議時事前共籌懷然後奏聞頃者不爾每有疑事倚立求決古人有云主非堯舜何得發言便是故放勛之聖猶咨四岳重華之叡亦待多士豈朕寡薄所能獨斷自今尚書中有疑事前於朝堂參議然後啓聞不得習常其軍機要切前須諮審自依舊典

七年十二月壬寅詔曰古人云一物失所如納諸隍未是切言也朕寒心消志爲日久矣每當食投箸方眠徹枕獨坐懷憂憤慨申旦非爲一人萬姓故耳州牧多非良才守宰虐而傅翼搏噬以是憂憤寘詛所以流滯至於閒諜求取萬端或供厨帳或供厩庫或遣使命或待賓客皆無自費取給於民又復多遣遊軍稱爲防遏姦盜不止暴掠繁多或求供設或責脚步又行劫縱更相枉逼良人命盡富室財殫此爲怨酷非止一事亦頻勑

禁斷猶自不息外司明加聽採隨事舉奏又復公私傳屯邸冶爰至僧尼當其地界止應依限守視乃至廣加封固越界分斷水陸採捕及以樵蘇遂致細民措手無所凡自今有越界禁斷者禁斷之身以軍法從事若是公家創内止不得輒自立屯與公競作以收私利至百姓樵採以供烹爨者悉不得禁及以採捕亦勿呵問若不遵承皆以死罪結正

十一年三月庚辰詔曰皇王在昔澤風未遠故端居玄扈拱默巖廊大道既淪澆波斯逝動競日滋情僞彌作朕負扆君臨百年將半宵漏未分躬勞政事白日西浮不遑飧飯退居猶於布素含茲匪過藜藿寧以萬乘爲貴四海爲富唯欲億兆康寧下民又安雖復三思行事而百慮多失凡遠近分置内外條流四方所立屯傳邸冶市埭桁渡津税田園新舊守宰遊軍戍邏有不便於民者尚書州郡各速條上當隨言除省以舒民患

太清元年八月乙丑王師北伐以南豫州刺史蕭淵明爲大都

資詔曰今汝帝新復萬類載清瞻言遺黎有勞鑒寐宜覃寬惠與之更始緣邊初附諸州部內百姓先有負罪流亡逃叛入北一皆曠蕩不問往愆并不得挾以私讎而相報復若有犯者三以裁問

元帝承聖元年四月既平侯景下令曰軍容不入國國容不入軍雖子產獻捷戎服從事亞夫弗拜義止將兵今凶醜殲夷逆徒冰潰九有既載四海又安漢官威儀方陳盛禮衛多君子宜是式瞻便可解嚴以時登勸

敬帝太平元年九月詔飢難流移勸歸本土

陳文帝天嘉元年詔曰汚樽土鼓誠則難追畫卵彫薪或可易革梁氏末世奢麗已甚芻豢厭於胥史歌鐘列於管庫土木被朱丹之采車馬飾金玉之珍逐欲澆流遷訛遂遠朕自諸生頗為內足而家敦朴素室靡浮華觀覽時俗常所扼腕今妄假時乘臨馭區極屬當澆季思聞治道菲食卑宮自安儉陋俾茲薄俗獲反淳風維雕鏤淫飾非兵器及國容所須金銀珠玉衣服雜玩悉皆禁斷

六年詔曰宗室多故禍亂相尋兵甲紛紜十年不解不逞之徒虐流黔萬無賴之屬暴及徂魂江左肇基王者攸宅金行水位之主木運火德之君時更四代歲逾二百若有經綸三業搢紳民望忠臣孝子何世無之而零落山丘變移陵谷咸皆翦伐莫不侵殘玉杯得於民間漆簡傳於世載無復五株之樹罕見千年之表自大祚光啟景業惟揚爰暨朕躬事循祖武雖役旅郡邑猶行杞宋之邦車駕巡遊或瞻河雒之路故喬山之祀蔣葉弗虧驪山之墳松柏常守唯戚藩舊館士子女庶掩殖未周樵牧猶聚或親屬流隸負土無期子孫冥滅手植何寄漢高祖留連於無忌武帝惆悵於子房丘墓生哀性靈如側者也其所以興言不日思發幽泉繼削王侯自古忠烈墳冢被發絕無後者可檢行修治墓中樹木勿得推採庶幽顯咸暢稱朕意焉

宣帝太建四年八月戊寅詔曰國之大事受脤與戎師出以律稟策於廟所以乂安九月丸成七德自貞揚於羣機廓清諸夏乃貔貅之勇力亦帷帳之運籌雖左衽已戡干戈載戢呼韓來謁亭鄣無警但不教民戰是謂棄之仁必有勇無忘武備谿溪之傳郭戈穀城之授神符文武懸制我規孟德顧言又畧朕既敦盲味良皆披尋兼昆縱習戎備宜行陳兵以七步肅之三駭得自胸衿指掌可述並令條制凡十三科宜即班宣以為永準時黃門侍郎毛喜撰軍制十三條詔頒天下

十一年五月乙巳詔曰昔軒轅命于風后力牧放勳咨爾稷契朱虎熊羆甫世化致隆平爰逮漢列五曹周分六職設官理務各有攸司亦幾刑措十世彌永並賴羣才用康庶績朕日昃劬勞思弘治要而機事尚擁政道未凝夕惕于懷罔知攸濟方欲仗茲舟檝委成股肱微彼責實取宰多士自今維尚書府寺內省監司文案宜務議分判其軍國興造徵發選序三獄等事前須詳斷者然後啟聞凡諸辨決務令清允然法可制盡若一不得前後并乎自相矛楯致有枉滯纖文糾案所知靡有攸毀

十二月己巳詔曰昔堯舜在上茅茨不翦禹為君桀宮卑服至如甲帳珠絡華榱壁璫未能雅俗從風後欲朕企仰前聖思求至政道之道多違流風靡又至今貴里豪家金鋪玉舄貧居陋巷彘食牛衣稱物平施何其遼遠爰從息役與賦兼勞文吏姦貪妄動科格重以旗亭關市稅歛繁多不廣都內之錢非供水衡之費逼遏商賈營謀私蓄靖懷眾欺宜事改張弗引王道安極民蠹今可宣勒主衣尚方諸堂署等自非軍国資須不得繕造眾物後宮僚列若有游長掖庭啟奏即皆量遣大子秘戲非會禮經樂府倡優不合雅正並可刪改市估律稅軍令國章更須詳定唯務平允別觀離宮郊間野外非常饗宴勿復修治并勸內外文武車馬宅舍皆循儉約勿尚奢華違我皆規抑有刑憲所由具為條格標榜宣示稱朕心焉

後主以太建十四年嗣立四月庚子詔曰朕臨御區宇撫育黔黎方欲康濟洪溥黜省繁費奢僭華靡寶宜防斷組鏤金銀薄及變物化生土木人綵花之屬及布帛幅尺短狹輕踈者並傷財廢業尤成蠹患又僧尼道士挾邪左道不依經律民間淫祀祅書諸珍怪事詳爲條制並皆禁絶癸卯又詔曰中歲剋定淮泗爰涉青徐彼土酋豪並欵誠分遣親戚爲質任今舊土淪陷復成異域南北阻遠在得會同念其分乖殊有愛戀夷狄吾民斯事一也何獨譏禁使彼離析外不即檢任子館及東館并帶保任在外者並賜衣粮頒之酒食遂其鄉路所之阻遠便發遣船仗衛送必令安達若已預仕官及别有事義不欲去者亦隨其意

東魏孝靜天平元年十一月自洛遷都于鄴十二月詔内外解嚴百司悉依舊章從容雅服不得以褶袴從事

北齊文宣帝天保元年六月詔自今以後諸有文啓論事并陳

要密有司悉爲表聞

武成帝大寧元年詔曰王者所用唯在賞罰賞貴適理罰在得情然理容進退事涉疑似盟府司勳或有開塞之路三尺律令未窮畫一之道思文王之官人念宣尼之止訟刑賞之宜思獲其所自今諸應賞罰皆賞疑從重罰疑從輕

後主天統四年十二月詔細作之務及所在百工悉罷之

梁太祖開平元年六月癸亥詔以前朝官僚譴逐南荒積年未經雪其間有襃抱邦器爲時所嫉者深負冤抑乃令録其名姓盡復官資兼告諭諸道令津致赴闕如已亡殁並許歸葬以明恩蕩

十二月棣州蒲臺縣百姓王知嚴妹以亂離併失怙恃因舉哀追感自截兩指以祭父母帝以遺體之重不合毀傷言念村閭何知禮教自今後所在郡縣如有截指割股不用奏聞（先是軍人百姓割股青齊河朔尤多帝曰此若因心亦足為孝但苟免徭役自殘形骸以庇身有能療疾並宜止絶）

二年詔禁戢諸軍節級兵士及供奉官殿直已下各修禮節

三年正月辛酉京勅近年以風俗未泰兵革且繁正月燃燈廢停已久今屬創開鴻業初建路都方在上春務達陽氣宜以正月十四十五十六日夜開坊市門一任公私燃燈祈福

八月勅所在長吏放雜差役兩稅外不得妄有科配自今後州府鎮縣凡使命經過若不執勅文券並不得妄差人驢及取索一物已上又今歲秋田皆期大稔仰所在切如條流本分納稅及加耗外勿令更有科率切戒所由人吏不得於鄉村乞託擾人

九月制内外使臣復命未見便歸私第者朝廷命使臣下奉行唯於辭見之儀合守欽恭之道近者凡差出使往復皆越常規或已辭而尚在本家或未見而先歸私第但從已便莫稟王程在禮敬而殊乖宜典章而斯墜宜令御史臺列具條流事件具黜罰等第奏聞是月河中奏准宣詔度有銅牌者所至即易騎以遣

十一月甲午祀南郊戊戌制曰夫嚴祀報本所以通神明流澤垂休所以惠黎庶斯蓋邦家不易之道皇王自昔之規敢斁大猷寧惟古義朕受命于今三年何嘗不宵畏晨興從勞夕惕師唐虞之典上則於乾坤紹夏殷之源下爾於民極欲使萬方有裕六辯无愆然而志有所未孚理有所未達致若兇作叡霧蠢爲盜驕將守邊擁干旗而背義積惡聚氣凌王爛以干和載寄休徵式昭至鑒吿蹇是以仰高俯厚靡惜於責躬履薄臨淵巽駭於玄鑒兢兢慄慄夙夜匪寧及夫動干戈而必契靈誅陳鐵齊而克彰善應苟非天垂丕祐神贊殊休則安可致東兇梟戮不戰之功變沴氣作有年之慶況靈旗北指喪犬羊於亂轍之間飛騎西臨下鄜瞿若走丸之易息一隅之煙燧復千里之封疆而又掃蕩玄碼討除崐首故得外戎内夏益知天命之攸歸嘯息跂行共識皇基之永固仰懷昭應欲報無階是因南至之辰親展圓丘之禮茲惟大慶必及下民乃弘渙汗之恩以鼎澤

蕭之辛所冀漸與蘇息亟致和平噫朕自渡淮巳來歲無寧尚憂氛昏未殄討伐猶頻甲兵須議於饋糧飛輓煩勞於編戶事非獲巳慮若納隍宜所在長吏倍切撫綏明加勉諭毋官中抽差係役休精吏廣斂貪求免至流散雖依凋弊人不寧宜令河南府開封府及諸道觀察使切加點轄刺史縣令不得因緣賦斂分外擾人凡關庶獄每尚輕刑只候纔罷用軍必當更議優恤應音節文內有未該者宜令所司類例條件聞奏

四年五月甲辰詔曰就以亂正假儀奪真斯刑典之不容宜行遏而勿赦雍東西兩京及諸道州府裝造假金玉真珠翡翠常璧珥并諸色裝用等一切禁斷不得輒更造作如公私人家先巳有者所在投納長吏對面毀棄如行敕後有人固違必當極法仍委所在州府差人檢察收捕明行處斷[illegible]雖不盡令亦不禁止

六月乙未朔詔軍鎮勿奪士功

九月戊寅詔兵馬今先是王師擊賊獲生者皆令巳獻至是乃止之蓋欲邀其奮擊之效也

五年正月庚寅制曰雇氏不恭固難去戰曹劉方未服尚或勞師其餘聚結妖狐鳴醜類棄天常而拒命據地險以偷生言事討除將期戡定問罪止誅於元惡拯災可憫於黎庶每念從軍良深罷戰憊天兵所至之地宜令將帥御衆嚴戒軍士不得焚燒廬舍開發丘壠殺戮黎庶驅係士女俾其背叛之咎知予弔伐之心又制曰戎機方切國用未那養兵須藉於租稅聚粟尚資於力役所在長吏不得因緣徵發自務貪求尚有固違必行重典江法垂制辭刑定科寡之無窮守而勿失中書門下所奏新定格式律令巳頒下中外各委所在長吏切務遵行無輒違越庶除枉濫用副哀矜之旨無違欽恤之言

乾化二年正月宣上元夜任諸寺及坊市各點綵燈金吾不禁先是近年巳來以都下聚兵太廣未嘗令坊市點燈故也

冊府元龜卷第一百九十二

閏位部十一

文學　好文　頌美

文學

夫文以成天下之化學以通聖人之業是故有國者大教所由興文學昭也執之以為要道行之以為大法然後予言可觀矣自三國既分六朝更王純粹攸鍾賢明間作亦有耽翫墳史博綜墳籍或賦詠寄於一時或著述流於冊府乃至博通異深究至理專精舉擬成乎素業蓋江左文物之盛由乎上之所好也其或溺彫蟲之巧昧經國之圖胥胥然緣情是勤屬詞以惑君臣相尚以成風俗流蕩靡宕而忘返斯其敝也東據此方頗有章句之學亦有可稱焉

吳大帝嘗謂呂蒙及蔣欽曰卿今並當塗掌事宜學問以自開益蒙曰在軍中常苦多務恐不容復讀書帝曰孤豈欲卿治經為博士邪但當令涉獵見往事耳卿言多務孰若孤孤少時歷詩書禮記左傳國語惟不讀易至統事以來省三史諸家兵書自以為大有所益如卿二人意性朗悟學必得之寧當不為乎宜急讀孫子六韜左傳國語及三史孔子言終日不食終夜不寢以思無益不如學也光武當兵馬之務手不釋卷孟德亦自謂老而好學不自勉勗邪

景帝休年十三從中書郎射慈郎中盛沖受學休銳意於典籍欲畢覽百家之言又好射雉春夏之間常晨出夜還

宋文帝好儒雅博涉經史善隸書

孝武帝少機穎神明爽發讀書七行俱下才藻甚美

前廢帝少好講書頗識古事自造世祖誄及雜篇往往有辭采

明帝好讀書愛文義在藩時撰江左以來文章志又續衛瓘所注論語二卷行於世帝寬仁待物才學之士多蒙引進參侍文籍應對左右於華林園含芳堂講周易嘗自臨聽又嘗造皇業頌通國風辭天符頌明德頌帝圖頌治兵大雅上紓篇大雅

齊帝太祖年十三受業於雷次宗治禮及左氏春秋其後閔貴之尤善左氏春秋帝為領軍素好此學送春秋五經康之手自點定并得論禮記十餘條帝甚悅寶愛之在位所著文詔中書侍郎江淹撰次之又詔東觀學士撰史林三十篇魏文帝皇覽之流也

梁高祖文思欽明能事畢究少而篤學洞達儒玄雖萬機多務猶卷不輟手然燭側光常至戊夜造制旨孝經義周易講疏及六十四卦二繫文言序卦等義樂社義毛詩春秋答問尚書大義中庸講疏孔子正言老子講疏凡二百餘卷並正先儒之迷開古聖之旨王侯朝臣皆奉表質疑帝皆為解釋天監初則何佟之賀瑒嚴植之明山賓等覆述制旨并撰吉凶賓軍嘉五禮凡一千餘卷帝稱制斷疑又造通史躬製贊序凡六百卷天情睿敏下筆成章千賦百詩直疏便就皆文質彬彬超邁今古詔銘讚誄箴頌牋奏爰初在田洎登寶曆凡諸文集又百二十卷六藝備閑又撰金策三十卷草隸尺牘莫不奇妙

劉孺為太子中舍人嘗侍宴壽光殿詔群臣賦詩時孺與張率並醉未及賦帝取孺手板題戲之曰張率東南美劉孺雒陽才攬筆便應就何事久遲回

簡文帝幼而敏睿識悟過人六歲便屬文高祖驚其早就弗之信也乃於御前面試辭采甚美高祖歎曰此子吾家之東阿書則十行俱下九流百氏經目必記篇章辭賦操筆立成博綜群書善言玄理雅好題詩其序曰余七歲有詩癖長而不倦然傷於輕艷當時號曰宮體所著昭明太子傳五卷諸王傳三十卷禮大義二十卷老子義二十卷莊子義二十卷長春義記一百卷法寶連璧三百卷文集百卷並傳於代太清中侯景謀反合州刺史鄱陽王範司州刺史羊鴉仁並累有啓聞帝中領軍朱异謂曰可以景孤立寄命必應不爾朝廷不為之備及景城門內外文武咸充之太子製圍城賦其末云彼高冠及厚履並

晁食而乘肥外紫宵之丹地排玉殿之金扉贊謀謨之啓沃宣政刑之福威四郊以之多壘萬邦以之未緩聞豺狼其何者訪虺蜴之爲誰盖以拍於旨吾因斯憤發病乎先見文士王融謝朓沈約文章始用四聲以爲新變至是轉拘聲韻彌尚麗靡復踰於往時帝初爲太子時與湘東王書論之曰吾輩亦無所游賞止事披閱性既好文時復短詠雖是庸音不能閣筆有慚伎癢更同故態比見京師文躰儒鈍殊常競文浮疎爭爲闡緩玄冬脩夜思所不得既殊比興正背風騷若夫六典三礼所施則有所未聞吟詠情性反擬內則之篇操筆寫志更摹酒誥之作遲遲春日翻學歸藏湛湛江水遂同大傳吾既拙於文不敢輕有掎摭但以當世之作歷方古之才人遠則揚馬曹王近則潘陸顏謝而觀其遣辭用心了不相似若以今文爲是則昔人爲非昔賢可稱則今體宜棄俱爲盍各則未之敢許又時有效謝康樂裴鴻臚文者亦頗有惑焉何者謝客吐言天拔出於自然時

有不拘是其糟粕裴氏乃是良史之才了無篇什之美是爲學謝則不屆其精華但得其冗長師裴則蔑絕其所長唯得其所短謝故巧不可階裴亦質不宜慕故胷馳臆斷之侶好名忘實之類方分肉於仁獸逞却克於邯鄲入鮑忘臭效尤致禍決羽謝生豈三千之可及伏膺裴氏懼兩唐之不傳故玉徽金銑反爲拙目所嗤巴人下里更合郢中之聽陽春高而不和妙聲絕而不尋竟不精討錙銖覈量文質有異巧心終愧妍手是以握瑜懷玉之士瞻鄭邦而知退章甫翠履之人望閩鄉而歎息詩既若此筆又如之徒以煙墨不言受其驅染紙札無情任其搖襞甚矣哉文之橫流一至於此至如近謝朓沈約之詩任昉陸倕之筆斯實文章之冠冕述作之楷模張士簡之賦周升逸之辯亦成佳手難可復遇文章未墜必有英絕領袖之者非弟而誰每欲論之無可與語思吾子建一共商榷辯茲清濁使如涇渭論茲月旦類彼汝南朱白既定雌黃有別使夫懷鼠知慚濫竽自恥譬斯袁紹畏見子將同彼盜牛遙羞王烈相思不見我勞如何

元帝聰悟俊朗天才英發年五歲高祖問汝讀何書對云能誦曲禮高祖曰汝試言之即誦上篇左右莫不驚異帝好學博總羣書下筆成章出言爲論才辯敏速冠絕一時著述詞章多行於世所著孝德傳三十卷忠臣傳三十卷丹陽尹傳十卷注漢書一百一十五卷周易講疏十卷內典博要一百卷連山三十卷詞林三卷玉韜金樓子十卷老子講疏四卷全德志懷舊志江州記貢職圖古今同姓名録各一卷筮經十二卷式贊三卷文集五十卷性愛書籍既患目多不自執卷置讀書左右番次上直晝夜爲常略無休已雖睡卷猶不釋五人各伺一更常致達曉常眠熟大鼾左右有睡讀失次第或偷卷度紙帝必驚覺更令追讀加以檟楚雖戎略殷湊機務繁多軍書羽檄文章詔誥點毫便就殆不遊手常曰我韜於文士愧於武夫論者以爲

得言

初劉孝綽爲廷尉卿坐攜妾入官府免官時帝出爲荊州至鎮與孝綽書曰君屏居多暇差得肆意典墳吟咏情性比復稀數古人不以委約而能不伐養且虞卿史遷由斯而作想摛屬之興益當不少洛地紙貴京師被此一時何其盛也近在道務閑微得點翰雖紀行之作頗有懷舊之篇至此以來衆諸屑役小生之詆恐取笑於盧江遙道之妻虞與謀於從事方且褰帷自厲坐模不休筆墨之功曾何暇豫至於心乎愛矣未嘗有歇思樂惠音清風靡闋夫夢想溫玉飢渴明珠雖愧卞隨猶爲好事新有所製想能示之必等清虛徒虛其請無由賞悉遙此代懷數路計行遲還芳杜縱蹐無孝綽答曰伏承自辭皇邑爰至荊臺未勞刺舉且摛高麗近雖預觀尺錦而不覩全玉昔臨淄詞賦息與楊脩未殫寶翰高賢先哲渚宮舊俗朝衣夕故李固之薦二賢燭導賀純以虛聲掣李國長荊州聞孝綽於天子有謝樹用徐璆之奏五郡

□□□□□□有感懷之道兼而有之當欲使金石流功取用翰墨垂迹辭知二偶達聖心爰有退居素里却投窮閈類揚倫之不出譽張摯之杜門趙卿窮愁肆言得失漢臣著志厲叙盛衰篇之一時寵非其正竊以文豹何辜以文爲罪由此而談文何容易故□□□□□□□□□□□□□□一歌之微所通渭水之賦經以自固獻笑少醉竊秀且才乖體物不擬作於玄祇事殊宿諾寧貽懼於朱亥顧□夕躬載傳累息但聽言冀賓艷若天淀區區一心分宵九逝殿下降情勻屋存問相尋食椹懷音列伊人矣

後梁宣帝詧幼而好學善屬文篤好文義所著文集十五卷華嚴般若法華金光明義疏三十六卷遂行於世

明帝巋機辯有文學所著文集及孝經周易義記及大小乘幽微並行於世

陳後主所製文筆卷軸甚多乃別寫一本付姚察有疑悉令刊

定後主又善作詩及儕其後江總□作詩不輟及朝宵文帝東巡登芒山侍飲賦詩

東魏孝靜帝好文每嘉辰宴會多命群臣賦詩從容沈雅有孝文風

北齊廢帝爲太子時文宣召朝臣文學者及禮學官於宮宴會令以經義相質親自臨聽太子手筆措問在坐莫不歎美

孝昭帝所覽文籍源其指歸而不好文彩爲志讀漢書

後主幼而令善及長頗學綴文置文林館引諸文士焉

好文

夫宰性冥宗雅意好文服勤從政之道寓色偏方之業開諸國史真可尚也或知禮樂庠黃集儒雅或會文華觀者聲詩德素風於人士流懷獻酬於域中與夫樂在耽游勤於宴喜書之簡策我無斁焉

吳後主建衡中薛瑩爲太子少傅後主追數瑩父綜遺文且命瑩繼作瑩亂四言詩三百餘言

宋文帝好儒雅命丹陽尹何尚之立玄素學著作郎何承天立史學司徒參軍謝元立文學各聚門徒多就業者江左風俗於斯爲美後言政化稱元嘉焉

孝武若達初檀超坐事徙梁州板宣威府參軍帝聞超有文章敕還立東宮除驍騎參軍立靈鞠爲員外郎孝武殷貴妃亡靈鞠獻挽歌詩三首云雲橫廣階闇霜深高殿寒帝摘句嗟賞

明僧暠僧紹之弟亦好學孝武見文迎須其名時人以爲榮

明帝時立巨源以文學爲時所知使參詔誥引在左右

南齊武帝時顧歡卒帝詔歡諸子撰歡文議三十卷

梁高祖即位引後進文學之士劉苞及從兄孝綽從弟孺吳郡陸倕張率並以文藻見知多預讌坐雖仕進有前後其賞賜不殊帝雅好辭賦時獻文於南闕者相望其藻麗可觀或見賞擢

秦峻天監初爲鄱陽王恢郡曹參軍擬揚雄官箴奏之高祖嘉

焉賜束帛尋除員外散騎侍郎直文德學士省奉勑與陸倕各製新闕銘張率爲秘書丞天監四年三月褉飲華光殿其日河南國獻舞馬詔率賦之時又與到洽周興嗣同奉詔爲賦高祖以率及興嗣爲工

周興嗣善屬文高祖革命奏休平賦其文甚美帝嘉之擢直文德壽光省是時帝以三橋舊宅爲光宅寺勑興嗣與陸倕各製寺碑及成俱奏帝用興嗣所製者自是銅表銘柵塘碣北伐檄次韻王羲之書千字文並使興嗣爲之每奏帝輒稱善

到沆與從弟溉洽俱爲太子舍人高祖御華光殿詔洽及沆蕭琛任昉侍讌賦二十韻詩以洽辭爲工賜絹二十匹高祖謂昉曰諸到可謂才子昉對曰臣常竊議宋得其武梁得其文

丘遲遷平南□高祖府侍詔文德殿帝著連珠詔遲與羣臣繼作者數十人

劉孝綽爲水部郎高祖雅好蟲篆時因宴幸命沈約任昉等言

志賦詩
到沆爲太子洗馬時文德殿置學士省召高才碩學者待詔其中使校璅史記沆通籍焉盧柔初爲後魏賀拔勝荆州大行臺郎中隨勝南奔梁丁柔之勝爲表梁求歸高祖覽表嘉其辭彩既知柔所製遣舍人勞問并遺縑錦元帝時何遜文章與劉孝綽並見重於世世謂之何劉帝著論之云詩多而能者沈約少而能者謝朓何遜陳後主時姚察爲吏部尚書後主所製文筆卷軸甚多乃別寫一本付察有疑悉令刊定察亦推心奉上事在無隱後主常從容謂朝士曰姚察達學洽聞手筆典裁求之於古猶難輩匹在於今世足爲師範且訪對不休聽之使人忘倦察每製文筆敕便索本常曰我於姚察文章非唯翫味無已故是所匠北齊文宣帝天保八年三臺成帝曰臺成須有賦楊愔先以告魏收收上皇居新殿臺賦其文壯麗作者自邢邵以下咸不逮焉

後主頗好諷詠幼稱聰曾讀詩賦語人云終有解作此理否及長亦少留意初因畫屏風勑通直郎蘭陵蕭放及晉陵王孝式錄古名賢列士及近代輕艷諸詩以充圖畫帝彌重之後復追齊州錄事參軍蕭慤趙州功曹參軍顏之推同入撰錄猶依霸朝謂之館客放及之推意欲更廣其事又祖珽輔政愛重之推又託鄧長顒漸說後主屬意斯文三年祖珽奏立文林館於是更召引文學士謂之待詔文林館焉（之推後爲黄門侍郎與中書侍郎李德林同判文林館事）

頌美

夫善則稱君人臣之道也頌以揚德有司之職也自王澤下流詩人攸作莫不述宣盛烈褒贊猷光俾休德清英久而彌劭曰是道也秦氏以降迨于六朝或以成武勞勳或以遊巡薄覽或景命之始集或嘉瑞之荐臻斯皆羣臣文士思揚懿範亦乃揚順德美追繼雅頌俾茂功徽烈清猷不泯激聲餘裕彬蔚可觀斯亦風雅之亞也是皆推尊君上分竭臣子之忠拳拳而不能自已者焉

秦始皇二十八年東行郡縣上鄒嶧山（鄒縣北有嶧山）立石與魯諸儒生議刻石頌秦德議封禪望祭山川之事乃遂上泰山立石封祠祀（增天之高歸功於天天高不可及於泰山上立封禪而祭之冀近神靈也積土爲封謂負土於泰山上爲壇而祭之）禪梁父（禪廣土地也古者聖王封泰山禪梁父梁父泰山下小山除地爲墠後改墠曰禪）刻所立石其辭曰皇帝臨位作制明法臣下脩飭二十六年初并天下罔不賓服親巡遠方黎民登茲泰山周覽東極從臣思迹本原事業祗誦功德治道運行諸產得宜皆有法式大義休明垂于後世順承勿革皇帝躬聖既平天下不懈於治夙興夜寐建設長利專隆教誨訓經宣達遠近畢理咸承聖志貴賤分明男女禮順慎遵職事昭隔內外（隔一作融）靡不清淨施于後嗣化及無窮遵奉遺詔永承重戒於是乃並勃海以東過黄腄窮成山登之罘立石頌秦德焉而去南登琅邪作琅邪臺立石刻頌秦德明得意曰維二十六年皇帝作始端平法度萬物之紀以明人

事合同父子聖智仁義顯白道理東撫東土以省卒士事已大畢乃臨于海皇帝之功勤勞本事上農除末黔首是富普天之下摶心揖志器械一量同書文字日月所照舟輿所載皆終其命莫不得意應時動事是維皇帝匡飭異俗陵水經地憂恤黔首朝夕不懈除疑定法咸知所辟方伯分職諸治經易舉錯必當莫不如畫皇帝之明臨察四方尊卑貴賤不踰次行姦邪不容皆務貞良細大盡力莫敢怠荒遠邇辟隱專務肅莊端直敦忠事業有常皇帝之德存定四極誅亂除害興利致福節事以時諸產繁殖黔首安寧不用兵革六親相保終無寇賊驩欣奉教盡知法式六合之內皇帝之土西涉流沙南盡北戶東有東海北過大夏人迹所至無不臣者功蓋五帝澤及牛馬莫不受德各安其宇維秦王兼有天下立名爲皇帝乃撫東土至于琅邪列侯武城侯王離列侯通武侯王賁倫侯建成侯趙亥倫侯昌武侯成倫侯武信侯馮毋擇丞相隗林丞相王綰卿李斯卿王戊五大夫楊樛從與議於海上曰古之帝者

地不過千里諸侯各守其封域或朝或否相侵暴亂殘伐不止猶刻金石以自爲紀古之五帝三王知教不同法度不明假威鬼神以欺遠方實不稱名故不久長其身未殁諸侯倍叛法令不行今皇帝并一海内以爲郡縣天下和平昭明宗廟體道行德尊號大成羣臣相與誦皇帝功德刻于金石以爲表經

二十九年始皇東游登之罘刻石其辭曰維二十九年時在中春陽和方起皇帝東遊巡登之罘臨照于海從臣嘉觀原念休烈追誦本始大聖作治建定法度顯著綱紀外教諸侯光施文惠明以義理六國回辟貪戾無猒虐殺不已皇帝哀衆遂發討師奮揚武德義誅信行威燀旁達莫不賓服烹滅彊暴振救黔首周定四極普施明法經緯天下永爲儀則大矣哉宇縣之中承順聖意羣臣誦功請刻于石表垂于常式其東觀曰維二十九年皇帝春游覽省遠方逮于海隅遂登之罘昭臨朝陽觀望廣麗從臣咸念原道至明聖法初興清理疆内外誅暴彊武威旁暢振動四極禽滅六王闡并天下甾害絶息永偃戎兵皇帝明德經理宇内視聽不怠作立大義昭設備器咸有章旗職臣遵分各知所行事無嫌疑黔首改化遠邇同度臨古絶尤常職既定後嗣循業長承聖治羣臣嘉德祗誦聖烈請刻之罘

三十二年始皇之碣石刻碣石門其辭曰遂興師旅誅戮无道爲逆滅息武殄暴逆文復無罪（復一作傚）庶心咸服惠論功勞賞及牛馬恩肥土域皇帝奮威德并諸侯初一太平墮壞城郭決通川防夷去險阻地勢既定黎庶無繇天下咸撫男樂其疇女修其業事各有序惠被諸產久並來田（久一作分）莫不安所羣臣誦烈請刻此石垂著儀矩

三十四年始皇置酒咸陽宫僕射周青臣進頌曰他時秦地不過千里賴陛下神靈明聖平定海内放逐蠻夷日月所照莫不賓服以諸侯爲郡縣人人自安樂無戰爭之患傳之萬世自上古不及陛下威德始皇悦

三十七年始皇上會稽立石刻頌秦德其文曰皇帝休烈平一宇内德惠脩長三十有七年親巡天下周覽遠方遂登會稽宣省習俗黔首齋莊羣臣誦功本原事迹追首高明秦聖臨國始定刑名顯陳舊章初平法式審別職任以立恒常六王專倍貪戾傲猛率衆自彊暴虐恣行負力而驕數動甲兵陰通閒使以合從爲辟方内飾詐謀外來侵邊遂起禍殃義威誅之殄熄暴悖亂賊滅亡聖德廣密六合之中被澤無疆皇帝并宇兼聽萬事遠近畢清運理羣物考驗事實各載其名貴賤並通善否陳前靡有隱情飾省宣義（誼一作非）有子而嫁倍死不貞防隔内外禁止淫泆男女絜誠夫爲寄豭殺之無罪男秉義程妻爲逃嫁子不得母咸化廉清大治濯俗天下承風蒙被休經皆遵度軌和安敦勉莫不順令黔首脩絜人樂同則嘉保太平後敬奉法常治無極輿舟不傾從臣誦烈請刻此石光垂休銘

吳大帝黄武八年夏黄龍見遂稱尊號因瑞改元又作黄龍牙在中軍胡綜作賦上焉

宋文帝元嘉十八年八月庚午會稽山陰商世寶獲白鳩眼足並赤揚州刺史始興王濬以獻太子率更令何承天上表曰謹考尋先典稽之前志王德所覃物以瑞顯是以玄扈之鳳昭帝軒之鴻烈酆宫之雀徵姬文之徽祚伏惟陛下重光嗣服永言祖武洽惠和於地絡燭皇明於天區故能九服混心萬邦含愛員神降祥方祇薦裕休珍雜沓景瑞畢臻去七月上旬時在昧旦黄暉洞照宇宙開朗徽風恊律甘液灑灑雖朱火旲瑰於運衡榮光圖霧於河紀曾以尚茲臣不量卑賤竊慕擊蘇有作相祈成謳近又豫曰鳩之觀目覩奇偉心歡盛烈謹獻頌一篇野思古拙意及庸陋不足發揮清英敷讚幽旨瞻前鑽後亦君其志謹冒以聞其白鳩頌曰三極協情五靈會性理感宜衍道實玄聖於赫有皇先天配命朝景升臺八維同映休符襲表榮光載燮星辰昭爛日月光華陶山練澤是生柔嘉回龙表粹[illegible]

合柯耨耨者鵠亦資其暉理翮合嶺揚鮮芮識匪臣莫集匪德
莫歸慕從儀鳳栖閣麐麟表哉明后昧旦乾乾惟德之崇其從
如山惟澤之譫其潤如淵禮樂四備頌聲遐宣窮髮納貢九譯
尊言伊昔唐萌爰蔓慶亦余生既辰而年之暮提止今耄式歌
王度晨曦承風夕漱甘露思樂靈臺不遐有固
二十四年七月嘉禾旅生華林園及景陽山園又海道念以聞
太尉江夏王義恭上表曰臣聞天高聽卑上帝之功天且弗違
聖王之德故能影響三儀二甄陶萬有鑒觀今古採驗圖緯未有
道闕化虧而禎物著明者也自皇運受終辰曜交和是以卉木
表靈山淵效寶伏惟陛下體乾統極休符襲逮若乃鳳儀西郊
龍見東邑海酋獻改緒之羽河祇開俟清之源三代象德不能
過也有幽必闡無遠弗屆重譯歲至符瑞月臻前者躬藉南畝
嘉穀仍植神明之應在斯尤盛四海既穆五民樂業思述汾陽
暨始靈囿林甫樹嘉穀頻秀板築初就翔禽如積太平之符

於是乎在臣以寡立承乏慨竊沐浴芳津預觀冥慶不勝抃舞
之情謹上嘉禾甘露頌一篇不足稱揚美烈追用悚汗其頌曰
二象收分三靈樂主震應合從在今猶古天道無親唯仁斯輔
皇功帝績理冠區宇四民均極我后體茲惟機惟神欽昭文思
九族既睦萬邦允釐德以位叙道致雍熙於穆不已顯允東储
王知風叡嶽茂淵虛因心則哲令問引敷繼徽下武儷景宸居
軒制合宮漢興未央列伊聖朝九有已康率由舊典思燭前王
乃造凌霄遂作景陽有譪景陽天淵之涘清暑爽立雲堂特起
動物斯生植類斯止極望江波觀對岳峙化德惟逵休瑞惟祉
誕降嘉種呈祥初構甘露春凝禎穟秋秀含滋匪烈龢歲仍富
昔在放勳曆莢數朝降及重華何扇清庖爍矣皇慶比物競昭
倫收典策被此風謠咨臣六蔽任兼兩司既恧什來又慙鄭緇
豈走衛汝樂道明時式述朱社愧闕令辭又中領軍吉陽縣侯
沈演之奏上嘉禾頌曰嫚炳禎靈昭晰瑞典運鍾万閱時于姬

瓌緒狀舞章爲文斯辯於皇聖辟宸物紀遠明兩辰麗昱運天
衍理數位崇事神叢盛淵渥德澤虛寂道政協化空心顯樂移
性王衡徒體瑶光得正日星拱采景雲立慶慥仁所被田畝不
長至和所感靡覿弗彰鳳鳴丹穴鵠起西洲白鹿踰海素鳥遠江
結聲旦雲陰儀形鍾陽治人奉天乃勤乃恪黑秉俶載高廩已積
嘉禾重穋甘露流液擢秀辰昔揚穎角霄澤穟合豪桀區陰斤
盈箱懺邦貴桑表周今我大宋基既綢繆帝終撝謙繹思勿休
躬薦宗廟溫恭率由降福以誠孝享虔羞頌社推功登徽觀記
恩單惟賦賞延荒徼河傾濂美山華嶽曜慓深貲書貴兼澤委效
日表地外致服請教茂對咸時綏萬邑禮獻獻歸素秩秋大同
上藏諸用下知化工式我王度脩歌南風鴻名稱首永保無窮
九月白鳩又見中領軍沈演之上表曰臣聞貞祇之美介於盛
王休瑞之臻固尊哲后故鳴鳳表垂衣之化翔鵠徵解網之仁
陛下道德嗣基聖明纘世教清鳥紀治昌雲官禮暢同川澤洽

朱徽天嘉明懿民樂黃鳳星辰以之炳煥日月以之光華神圖
祇緯盈觀閱序白質黑章充牣靈囿應感之符畢臻而因心之
祥京屬以素鳩自遠矯翰歸飛安性閑淑羽貌鮮麗既闡之兆
說又親覩嘉祥不勝藻抃上頌一首辭不稽典識之采章愧不
足式昭皇慶崇讚盛美蓋率輿誦備之篇末其頌曰有哲其儀
時惟睿哲爲性總五教名編素丘殷薦方邑婉翔來遊漢錄克韡
爰降茲休於頌盛烈叡慶遐傳聖皇在上道昭鴻軒稱施既亚
孝思永言人神於地神祿於天禮樂孔秩瑞物咸昭白雀集林
丹鳳棲郊文鵷儷跡同穎擢苗馴翰羽從化馴朝豈伊起林
必周之栩豈伊歸義必商之所惟德是依惟仁是處育景陽春
翟安帝囿刑晉頌興理感洪通雖飛越棠驚起西雍蒸然爰止
贊兼斯容壹茲民聽穆是王風
梁武帝天監元年就受禪周興嗣奏休平賦其文甚美
十二年改構太極殿功畢太子洗馬王規獻新殿賦其辭甚工

大通元年白雀集東宮太子率更劉孝儀上頌其辭甚美

大同中嘗驟雨殿前往往有雜色寶珠帝觀之甚有喜色宣城國王常侍虞寄上瑞雨頌後于聲學子士林館中講修獻言深頌帝嘉之

太清元年四月神馬出皇太子獻寶馬頌

陳高祖永定二年幸大莊嚴寺其夜甘露降于鎮衛府錄事兼記室參軍顧野王獻甘露頌詞義該典高祖甚奇之

冊府元龜卷第一百九十二

册府元龜卷第一百九十三

閏位部　十二

崇祀　弭災

崇祀

古者天子祭天地禋六宗四方山川迨夫大祀凡有功及物德施於下生民仰賴靈貺孔答者非此族靡著乎典故周禮之所以敬神洪範之政厥用成教非鬼而祭謂之諂瀆神之祀必遵聖人之制祭祀也不亦重乎雖霸王之[illegible]八神致享稍異古制孫劉跨據舊章克率其下咸有司存[illegible]圭幣豐腆精意自非至誠明德或增慢瀆者乎

秦始皇二十八年東巡郡縣祠騶嶧山（嶧山在魯國鄒縣北）東游海上行禮祠名山川及八神八神將自古而有之或曰太公已來作之齊所以為齊也（[illegible]）其祀絕莫知起時八神一曰天主祠天齊（[illegible]）[illegible]山下下者二曰地主祠泰山梁父蓋天好陰祠之必於高山之下小山之上命曰畤（[illegible]）地貴陽祭之必於澤中圜丘（[illegible]）云三曰兵主祠蚩尤蚩尤在東平陸監鄉齊之西境也（[illegible]）四曰陰主祠三山（三山謂三神山）五曰陽主祠之罘（之罘山在東萊腄縣）六曰月主祠之萊山（在東萊長廣）皆在齊北並勃海七曰日主祠盛山盛山斗入海（盛山在東萊不夜縣斗入海也）最居齊東北陽以迎日出云八曰四時主祠琅邪琅邪在齊東北蓋歲之所始（琅邪臺在琅邪[illegible]）皆各用牢具祠而巫祝所損益圭幣雜異焉（[illegible]）

三十七年十一月出游行至雲夢望祀虞舜於九疑山浮江下觀籍柯渡海渚過丹陽至錢塘臨浙江（[illegible]）水波惡乃西百二十里從狹中渡（[illegible]）上會稽祭大禹望于南海

二世襲位下詔增山川百祀之禮

蜀先主章武二年十月詔丞相諸葛亮營南北郊於成都

吳太帝初都武昌及建業不立郊兆至太元元年十一月始祭南郊其地今秣陵縣南十餘里郊中是也

宋高祖永初元年皇太子拜告南北郊

二年正月辛酉車駕祠南郊

少帝景平元年正月辛巳祀南郊

文帝元嘉二年正月車駕祀南郊

三年帝西征謝晦幣告二郊

四年正月辛巳車駕親祀南郊

六年正月辛丑車駕親祀南郊

十二年正月辛未車駕親祀南郊

十四年正月辛卯車駕親祀南郊

二十年正月辛亥祀南郊

二十六年正月辛巳車駕親祀南郊

孝武孝建元年正月己亥朔車駕親祀南郊

六月癸巳八座奏劉義宣臧質干時犯順滔天作虐戒嚴之日二郊廟社皆已遍陳其義宜以牲告南北二郊詔可

二年正月有司奏今月十五日南郊詔可

三年正月車駕親祀南郊

大明二年正月車駕祀南郊

四年正月辛未車駕祀南郊

六年正月車駕親祀南郊是日又宗祀明堂

七年二月甲寅車駕巡南豫南兗二州丙辰詔曰江漢楚望咸秩周禋禮九疑於盛唐祀蓬萊於渤海皆前載流訓列聖遺式霍山是曰南嶽實維國鎮蘊雲呈瑞肇光宋道朕仔彈止聖有事岐陽瞻聘風雲徘徊以想可遣使奠祭

明帝泰始二年十一月辛酉詔今九服既康百祀咸秩宜聿遵前典郊謁上帝有司奏檡十一月吉日詔可

四年正月己未車駕親祀南郊
六年正月乙亥詔自今可間二年一祭南郊間一年一祭明堂
後廢帝元徽三年正月辛巳車駕親祀南郊明堂
南齊太祖建元二年正月辛丑車駕親祀南郊
武帝永明元年正月辛亥車駕祀南郊
三年正月辛卯車駕祀南郊
二月辛丑祀北郊
九年正月辛丑車駕祀南郊
鬱林王隆昌元年正月辛亥車駕祀南郊二月辛卯祀明堂
東昏侯永元元年正月辛卯車駕祀南郊
三年正月辛亥車駕祀南郊
梁高祖天監四年正月戊申詔曰天地郊祀禮帝至敬攸在致誠
盡敬恒有遵而往代多令宮人縱觀茲禮帷宮廣設輜軿耀
路非所以仰虔蒼昊昭感上靈屬車之間見譏前世便可自今

停止是月辛亥輿駕親祀南郊
八年正月辛巳輿駕親祀南郊
九年詔曰祭祀用盥盤中水盥仍又滌爵爵以禮神宜窮精潔
而一器之內雜用洗手外可詳議於是御及三公應盥及洗
爵各用一匜
十年正月辛丑輿駕親祀南郊
二月辛酉祀明堂
十二年正月辛卯輿駕親祀南郊
十月丁亥詔曰明堂地勢卑濕未稱乃心外可量就埤起以盡
誠敬
十四年正月辛亥輿駕親祀南郊
十六年正月辛未輿駕親祀南郊
十七年帝以雩既仍[illegible]五天帝於[illegible]則上[illegible]下則[illegible]南
郊祭天皇大帝等則有明堂之祀不須重設又郊祭二十八
宿而無十二辰神於義闕然於是南郊始除五帝祀加十二辰
座與二十八宿各於其方而為壇（天監中太常丞王僧崇稱五[illegible]在北郊圜丘不宜重設）
（帝曰五行之氣天地俱有故宜[illegible]祭又曰風伯雨師[illegible]一[illegible]矣而分[illegible]祀並二星[illegible]斷[illegible]手祀典[illegible]日其[illegible]有是[illegible]十八[illegible]之名[illegible]自是[illegible]畢[illegible]雨[illegible]非[illegible]）
十八年正月辛卯輿駕親祀南郊
普通二年正月辛巳輿駕親祀南郊
二月辛丑親祀明堂
四月改作南北郊
四年正月[illegible]輿駕親祀南郊丙午親祀明堂
六年正月辛亥輿駕親祀南郊
大通元年正月辛未輿駕親祀南郊
中大通元年正月辛酉輿駕親祀南郊辛巳親祀明堂
三年正月辛巳輿駕親祀南郊
二月辛丑親祀明堂

五年正月辛卯輿駕親祀南郊辛亥親祀明堂
大同元年正月辛巳輿駕親祀明堂
三年正月辛丑輿駕親祀南郊
五年正月辛未輿駕親祀南郊
七年正月辛巳輿駕親祀南郊辛丑親祀明堂
中大同元年二月辛巳輿駕親祀明堂
太清元年正月辛酉輿駕親祀南郊甲子親祀明堂
陳高祖永定元年即位初輿駕幸鍾山祀蔣帝廟
二年正月辛丑輿駕親祀南郊乙巳親祀北郊
文帝天嘉元年正月辛酉輿駕親祀南郊辛未親祀北郊
三年正月庚戌設帷宮於南郊幣告胡公以配天辛亥輿駕親
祀南郊辛酉輿駕親祀北郊
五年三月辛巳輿駕親祀北郊
廢帝光大元年正月辛卯輿駕親祀南郊

宣帝太建元年正月辛丑輿駕親祀南郊

二年正月辛酉輿駕親祀南郊

二年二月辛巳輿駕親祀明堂

五年正月辛巳輿駕親祀南郊

三月辛丑親祀明堂

六年正月辛卯輿駕親祀北郊

東魏孝靜帝天平二年十一月祀圜丘

武帝二年十一月祀圜丘

北齊文宣帝天保元年既受魏禪詔分遣使人致祭於五岳四瀆其堯祠舜廟下及孔父老君等載於祀典者咸秩罔遺

二年正月辛亥有事于圜丘以神武皇帝配

八年八月庚辰詔曰丘郊禘祫時祀皆仰市取少牢不得刲割有司監視必令豐備農社先蠶酒肉而已雩禖風雨司民司祿靈星雜祀果餅酒脯唯當務盡誠敬義同如在

帝皇建二年正月辛亥祀圜丘

武成帝河清元年正月乙巳祀南郊

二年正月丁丑祭北郊

後主天統二年正月辛卯祀圜丘

武平二年正月乙巳祀南郊

梁太祖開平元年九月兩浙錢鏐奏鎮東軍神祠頗有靈驗乞與祈福人民賴之特請封崇賜號為崇福侯

十一月福建王審知奏閩縣界砧碕里古廟祈禱有靈鄉閭父老皆有陳請望賜封崇遂名之曰昭福廟

二年正月辛巳上表請郊天詔太廟命有司擇日備儀因先布告岳牧方伯於是太常禮院選用四月二十四日有事于南郊壬寅應郊社大禮儀仗車輅鹵簿法物祭器樂懸各令所司修飾以河南尹張宗奭充都點集諸司法物使三月帝以魏博鎮定助修西都宮內工役方興禮容未備且郊天謁廟宜於秋冬別擇良日

七月詔曰祀祭之典有國之大事也如聞官吏怠於饗獻禮容匪敬有異精虔宜令御史臺糾舉條件以聞詳定禮儀使奏得太常禮院狀選用今年十一月己丑冬至有事于南郊奉勑西都宮內修造尚未畢功過此一冬方當絕手宜令於來年正月內選日申奏十一月太常禮院奏選用來年正月二十四日辛卯親拜南郊司之詔以左千牛衛上將軍胡規充南郊儀仗使金吾衛將軍趙麓充車路法物使時以執儀仗將軍輅從武士故分二將以董之是月冬至命宰臣祀昊天上帝于圜丘

三年正月乙酉詔曰初宅洛都將行郊祀應嶽瀆名山大川及諸州府有靈迹封崇祠廟各宜遣官吏精虔祭告是月禮儀使奏請皇帝宿府三日庚寅親饗太廟辛卯親祀昊天上帝于圜丘是日降霜盈尺不及升壇而止

三月遣宰臣薛貽矩以孟夏雩祀昊天上帝宜告于郊廟暨太廟並赴西都甲戌車駕發西都庚辰至河中府分命群官告於山川靈迹

七月甲戌詔曰朕自膺眷佑勉副樂推三載于茲多難未弭但蒙靈貺每慮休徵致祿穡之有年乃陰陽之克敘昨者以兇興右地叛結左馮連沙陀之兇狂擾關河之險固王師纔進逆黨生擒寸刃未施重門盡啟以至元凶自遁諸壘皆降賊除不出於浹旬兵罷匪踰於一月而況時當炎暑路涉惡山風迎高以納涼雲隨車而不雨功因捷速而免滯留非歸質之致虔寧穫上玄之垂佑合申告謝用表精虔宜令所司擇日親拜郊祀

八月詔曰封岳告功前王重事祭天肆覲石國常規朕自以眇身恭臨大寶既功德未敷於天下而災祥互作於域中慮於告謝之儀有闕齊虔之禮宜循昭報用契幽通宜令中書侍郎同平章事于兢往東嶽祭拜祀訖聞奏

九月詔曰秋令之際陰雨稍頻所司選日拜郊　武處臨將坊事

宣令別更擇日謂奏是月禮儀使奏今據所司申奏書日内十一月二日冬至祀昊天上帝于圜丘今參詳十月十七日巳後入十一月節十一月二日冬至一陽生之辰宜行親告之禮從之

十一月癸卯朔帝齋於内殿不視朝甲午日長至五更一點自大内出於文明殿受宰臣已下起居自五鳳樓出南郊左右金吾太常兵部等司儀仗法駕鹵簿及左右内直控鶴等引從赴壇文武百官太保韓建已下班以俟至帝昇壇告謝是歲降制國之大事唯祀與戎祭法所標禮經尤重其齋必至備物精豐方感召於神祇乃降祥於福祐近者所司祠祭或闕官吏因循虛破支供動多懸瞞致陰陽之失序仍水旱以為災每一念思空懷憂若宜加提舉用復欽崇須委元臣尊重事自今後應在京四時大小祀及諸色祠祭並委宰臣點定專判躬親監檢無令怠墮有失典常又詔以所率官寮俸錢脩文宣王廟分一半脩武明王廟

四年八月車駕西征次于陝命宰臣杜曉祭華岳兵禱也

九月丁亥朔車駕在陝府命宰臣于兢赴西都祀昊天上帝于圜丘

乾化元年北巡迴次孟州命散騎常侍孫騭右諫議大夫張衍光祿卿李翼各齎香合祝版告祭于孟津之望祠

二年正月庚辰有司以南郊上辛祈穀命丞相趙光逢攝太尉行事

弭災

夫天災流行國家代有而南面之君克承靈命側身戒懼又思宥不消咎徵而道著業者自孫吳崛起保界川險劉宋乘勢王江左迨夫朱氏垂及千祀其或天象譴見五行衍沴旱蝗為眚孽風雨愆度莫不降詔書下民而能罪己引咎克謹天戒脩補闕政申嚴祀典寬惠黎庶郵措恤獄訟不辭罪己之道奉答勤民之意焉

太元十一年二月地仍震詔曰朕以寡德過奉先帝遺業不聰撫讓靈祇夙夜惕戒若不終日群僚其各盡規思朕過失勿有所諱

宋少帝景平元年以旱詔赦五歲刑以下罪人

文帝元嘉五年正月詔以陰陽愆序求讜言

八年三月大雩

六月旱故又大雩

閏六月遣使者省行獄訟簡省徭役

孝武帝大明七年八月詔曰昔匹婦含怨山焦北鄙孀妻懷憤臺傾東國良以誠之所動在微必著感之所發雖厚必摧朕臨察九野志深待旦非能使爛然成章各如其節遂災精指物陽偏不施歲云不稔斯寔朕由太官供膳宜從貶撤近道刑獄當親料省其王畿内及神州所統可遣尚書與所在共詳讞外州委之刺史并詳省律令思存利民其考詳覆奏在大明七年以前一切勿治尤貧之家勿收租

後廢帝元徽元年京師旱詔曰兆元存褰慶留蓄虐有傷秋稼方貽民瘼朕以眇疾未弘政道囹圄尚繁枉滯猶積夕厲晨矜每懷于懷尚書令可與執法以下就訊眾獄使冤訟洗遂困弊昭蘇頒下州郡咸令無壅

南齊武帝即位詔曰水潦為患星躔乖度京都囚繫可克日訊決諸遠獄委刺史以時察判

梁高祖大同十一年正月雩華林園光嚴殿重雲殿帝自履拜謝一天累刻乃止

陳高祖永定三年夏久旱閏四月丙午帝幸鍾山祀蔣帝廟是日降雨迄于月晦

宣帝太建十二年三月乙卯以旱大雩壬午丙

梁高祖開平二年二月自去冬少雪春深農事方興久無時雨兼慮有災疾帝深憂下民遂命庶官遍祀于群望掌祠者令

近鎮案古法以禳祈旬日乃止

五月己丑令下諸州去年有蝗蟲下子處蓋前冬無雪今春亢陽致為災沴實傷隴畝必慮今秋重困稼穡自知多在荒陂榛蕪之內所在長吏各須分部地界精加翦撲以絕根本壬辰夜火星犯月太史奏災分合在荊楚乃令嚴武備寬刑罰恤人禁暴以禳之

六月辛亥以亢陽慮時政之闕乃詔曰恐吉下民或罹法吏雖文銓衡所失於選求州縣又無其舉刺風俗未厚獄訟寔繁職之此由上忝天譴至是決遣囚徒及戒勵中外丙寅月犯角宿帝以其分野在兗州乃令主吏治戎事設武備省獄訟卹疾病祈福禳災以順天戒

三年六月己亥以久雨命官祈禱於神祠靈迹

八月丑年以秋稼將登霖雨特甚命宰臣已下禱於社稷諸祠

四年五月乙丑朔以久雨不止至壬辰御文明殿命宰臣分拜

祠廟

八月車駕西征己亥次陝府是時愆雨旦命宰臣從官分禱靈迹既中而雨翌日上甚大悅

九月辛丑以久雨命宰臣薛貽矩崇政門趙光逢禱嵩岳

十一月戊辰詔曰自朔至今暴風未息諒惟不德致此咎徵豈天動威罰我不遑寧宜命祈禱副朕意焉差官分往祠所止風

乾化元年三月丙戌以日有蝕之帝素服避殿百官守司以恭天事明須而止庚寅制曰兩癸已來日蝕地震司官各上封事指陳得失今茲謫見當有咎徵其令列辟群寮危言正諫

三月辛卯以久旱令宰臣分禱靈迹翌日大澍雨丙子復以雨命宰臣分往嵩華祈禱

十一月宣宰臣各赴望祠禱雨故事皆以兩省無功職事為之帝憂民重農尤以是念乃兵為念爰自御極無愆陽積陰多命丞相將其事至是雨雪專委宰臣及文武節長各奉表禱焉

十二月詔以時雪稍愆命丞相及三省官各於近祠祈禱

二年正月甲申以時雪久愆命丞相及三省官詣望祈禱

二月癸丑勑曰今載春寒頗甚雨澤仍愆司天監占以夏秋必多霖潦宜令所在郡縣告諭百姓備淫雨之患

三月丙午帝北巡次至滏源縣詔曰緻律將還戶隅頗甚宜令魏州差官攬龍祈禱俾申雨澤愆期禱祈未應宜令宰臣各於魏州靈祠精加祈禱

四月甲寅久月犯心大星丙辰勑近者星辰違度式在修禳宜令兩京及宋州魏州取此月至五月禁斷屠宰仍各於佛寺開建道場以迎福應

五月丁亥以彗星謫見詔兩京見禁囚徒大辟罪已下遞減一等限三日內疎理訖聞奏

辛卯詔曰亢陽滋甚農事已傷宜令宰臣于兢赴中嶽杜曉赴西嶽精切祈禱其近京靈廟宜委河南尹五帝壇風師雨師九宮貴神委中書各差官祈之

冊府元龜卷第一百九十三

册府元龜卷第一百九十四

閏位部一十三

崇儒　崇釋老

崇儒

昔魯哀公聞仲尼之對終身不敢戲儒言加信行加義故以區
區小國與周升降蓋能重聖人之教而保世延祚者也彼孫劉
而下咸裂壤分王歷世綿久非有山川之阻甲兵之利誠亦與
刑不亡風教可尚也亦[illegible][illegible]封聖緒增嚴祀典申禁
丘壠以至詳延國胄使之誦藝精選鴻儒職茲講授其或親臨
闕總推之宴賜皆所以歎尚素業潤色政典考之遺籍斯可與矣

蜀先主初定成都于時喪亂歷紀學業衰廢乃鳩合典籍沙汰
衆學以許慈胡潛並為博士與孟光來敏等典掌舊文

吳大帝權黃龍二年正月詔立都講祭酒以教諸子

景帝休永安元年十二月詔曰古者建國教學為先所以道世
治性為時養器也自建興以來時事多故吏民頗以目前趨務
去本就末不循古道夫所尚不淳則傷化敗俗其按古置學官
立五經博士核取應選加其寵祿科見吏之中及將吏子弟有
志好者各令就業一歲課試差其品第加以位賞使見之者樂
其榮聞之者羨其譽以敦王化以隆風俗

宋高祖初鎮京口與鎮南將軍臧燾書曰頃學尚廢弛後進頹
業衡門之內清風輟響良由戎車屢警禮樂中息浮夫近志情
與事遷豈可不敷崇墳籍敦厲風尚此境人士子姪如林明發
搜訪想聞令軌然荊玉含寶要俟開瑩幽蘭懷馨事資扇發獨
習寡悟義著周典今經師不遠而赴業無聞非惟志學者鮮或
是勸誘未至邪想復弘之

永初三年正月詔曰古之建國教學為先弘風訓世莫尚於此
發蒙啓滯咸必由之故爰自盛王迄于近代莫不敦序學藝修
建庠序自昔多故戎馬在郊旍旗卷舒日不暇給遂令學校荒
廢講誦蔑聞軍旅日陳俎豆藏器訓誘之風將墜于地後生大
懼於牆面故老竊歎於子衿此國風所以永思小雅所以慨古
今王略遠屆華域載清仰風之士日月以冀便宜博延胄子陶
獎童蒙選備儒官弘振國學主者考詳舊典以時施行

文帝元嘉十五年徵雷次宗至京師開館於雞籠山聚徒教授
置生百餘人會稽朱膺之潁川庾蔚之並以儒學監總諸生時
國子學未立帝留心藝術使丹陽尹何尚之立玄素學太子率
更令何承天立史學司徒參軍謝元立文學凡四學並建各聚
門徒多就業者江左風俗於斯為美後言政化稱元嘉焉又車
駕數幸次宗學館資給甚厚

十九年正月詔曰夫所因者本聖哲之遠教本立化成教學之
為貴故昭以三德崇以四術用能納諸義方致之軌度盛王聖
世咸必由之永初受命憲章弘遠將陶鈞庶品混一殊風有詔
典司大啓庠序而頻遘屯夷未及修建永瞻前猷思敷鴻烈今
方隅乂寧戎夏慕嚮廣訓胄子實維時務便可式遵成規闡揚
景業

十二月丙申詔曰胄子始集學業方興自微言泯絕逝將千祀
感事思人意有慨然奉聖之後可速議繼襲於先廟地特為營
造依舊給祠直令四時饗祀闕里往經寇亂黌校殘毀并下魯
郡修學舍採召生徒昔之賢哲及一介之善猶或衛其丘壠禁
其芻牧況尼父德表生民功被百代而墳塋荒蕪荊棘弗翦可
蠲墓側數戶以掌灑掃魯郡上民孔景等五戶居近孔子墓側
蠲其課役供給灑掃并種松柏六百株

二十三年九月車駕幸國子學策試諸生荅問凡五十九人十
月詔曰庠序興立累載胄子肄業有成近親策試睹濟濟之美
緬想洙泗永懷在昔諸生荅問多可採覽教授之官並宜沾賚
賜帛各有差

孝武帝孝建元年十月詔曰仲尼體天降德維周興漢經緯三

搢冠冕百王爰自前代咸加襃述典司失人用闕宗祀先朝遠存遺範有詔繼立世故妨道事未克就國難頻深忠勇奮厲實憑聖義大教所敦永惟兼懷無忘待旦可開建廟制同諸侯之禮詳擇爽塏厚給祭秩

大明五年八月詔曰自靈命初基聖圖重遠藻正樂職感神明之應崇殖禮囿舊至德之光聲寔同和文以均節化調其俗物性其情故臨經釋奠爍乎炳發道喪世屯學落年永獄訟微衰息之術百姓忘退素之方今息警夷嶂恬波河渚棧山航海風慕義化民成俗茲焉時矣來歲可修葺庠序旌延國冑是歲豫章王子尚領會稽太守帝使子尚上表立左學召生徒置儒林祭酒一人學生師敬位比州治中文學祭酒一人以西曹勸學從事二人比祭酒從事

明帝好讀書愛文義才學之士多蒙引進參侍文籍應對左右於華林園講周易常自臨聽

泰始六年九月立總明觀徵學士以充之置東觀祭酒訪舉各一人舉士二十人分為儒道文史陰陽五部學言陰陽者遂無其人

南齊太祖建元四年正月詔曰夫膠庠之典彝倫攸先所以招振才端啓發性緒弘字黎庶納之軌義是故五禮之迹可傳六樂之容不泯朕自膺曆受圖志闡經訓且有司群僚奏議咸集蓋以戎車時警文教未宣思樂泮宮永言多既今關燧無虞時和歲稔遠通同風華夷慕義便可式遵前准修建學舍精選儒官廣延國冑時立國學置學生百五十人其有位樂入者五十人生年十五以上二十以下選取王公以下至三將著作郎廷尉正太子舍人領護諸府司馬諮議經除敕者諸州別駕治中等見居官及罷散者子孫悉取家去都二千里為限

武帝永明三年正月詔曰宣尼誕敷文德峻極自天發揮七代陶均萬品英風獨舉素王誰匹功隱於當年道深於日月感麟厭世緬邈千祀川竭谷虛丘夷淵塞非但洙泗湮淪至乃饗嘗之主一前王亍有仰崇修寢廟歲月亟流鞠為茂草今學敩興立實禀洪規撫事懷人彌增欽屬可改築宗祊務在爽塏量給祭秩禮同諸侯奉聖之爵以時紹繼

四年三月國子學講孝經車駕幸學賜祭酒博士助教絹各有差

七年正月詔春秋國語云生民之有學敩猶樹木之有枝葉果行育德咸必由茲在昔開運光宅華夏方引典謨克隆教義命彼有司崇建庠塾甫就經始乃羅屯故仰瞻徽猷歲月彌遠今遐邇一體車軌同文宜高選學官廣延冑子

明帝建武四年正月詔曰嘉肴停俎定旨於必甘良玉在攻表珪璋於既就是以陶均萬品務本為先經緯九區學敩為大往因時康崇建庠序屯虞薦有權從省廢謳誦寂寥倏移年稔永言古昔無忘旰昃今華夏乂安要荒慕嚮綿修東序寔允適時便可式依舊章廣延國冑引敦景業光被後昆

永泰元年三月詔曰仲尼明聖在躬允光上哲弘厥雅道大訓生民師範百王軌儀千載立人斯仰忠孝攸出玄功潛被至德

[illegible]開[illegible]及被遐暨而敬為靡闕特祭舊品秩比諸侯頃歲以來祀典陵替俎豆寂寥牲奠莫舉豈所以克昭盛烈永隆風教者哉可式循舊典詳復祭秩使牢餼備禮欽饗兼申

梁高祖天監四年六月立孔子廟又詔曰二漢登賢莫非經術服膺雅道名立行成魏晉浮蕩儒教淪歇風節罔樹抑此之由朕日昃罷朝思闡後異收士得人實惟酬獎可置五經博士各一人廣開館宇招納後進乃以平原明山賓吳興沈峻建平嚴植之會稽賀瑒補博士各主一館館有數百生給其餼廩其射策通明者即除為吏十數年間懷經負笈者雲會京師又選遣學生如會稽雲門山受業於廬江何胤分遣博士祭酒到州郡立學初胤退居東山帝以右光祿大夫徵之不就乃詔曰頃者學業淪廢儒術將盡閭閻搢紳鮮聞好事吾每思弘獎其風與言爲歎本欲屈卿暫出開導後生既屬廢業此懷未遂延佇之勞載盈夢想理舟虛席須俟來秋所望賁然申其宿抱耳沖淵

徙中經明行修厥數有幾且欲瞻彼堂堂寘此周行使可具名以聞副其勞望又曰比議學者殊爲寡少良由无復聚徒設教經斯廢每一念之慨然卿居儒宗加以德素當勑後進有意向者就卿受業想深思誨誘使斯文載興於是遣胄子叨孔壽等六人於東山受學

七年正月詔曰建國君民立教爲首不學將落嘉植靡由朕肇基明命光宅區宇雖耕耘雅業傍闡藝文而成器未廣志本猶闕非所以鎔範貴遊納諸軌度思欲式敦讓齒自家形國今聲訓所漸戎夏同風宜大啓庠斆博延胄子務彼十倫弘此三德使陶均遠被徽言載表又云是年皇太子宗室王侯始就學受業武帝幸國學親釋奠先師先聖申之以讌語勞之以束帛濟濟焉斯盛之徒也盛哉

九年三月車駕幸國子學臨講賜祭酒已下帛各有差十二月幸國子學策試胄子

大同七年十二月於宮城西立士林館領軍朱异太府卿賀琛舍人孔子袪等遞相講述皇太子宣城王亦於東宮宣猷堂及揚州廨開講於是四方郡國趨學向風雲集於京師

元帝初爲荊州刺史起州學宣尼廟嘗置儒林參軍一人勸學從事二人生三十人加稟餼帝工書善畫自圖宣尼像爲之贊而書之時人謂之三絶

敬帝太平二年正月詔曰夫子降靈體哲經仁緯義允光素王載闡玄功仰之者彌高誨之者不倦立忠立孝德被蒸民制禮作樂道冠群后雖泰山頹峻一簣不遺而泗水餘瀾千載猶在自皇圖屯阻祧廟不修奉聖之門胤嗣殲滅敬神之寢簋簠寂寥永言聲烈寔兼欽愴可搜舉魯國之族以爲奉聖侯并繕廟堂備祀典四時薦秩一皆遵守

陳廢帝光大元年十二月以兼從事中郎孔英爲奉聖亭侯奉孔子祀

後主至德二年十一月詔曰宣尼誕膺上哲體資至聖祖述憲章之典並天地而合德樂正雅頌之奧與日月而偕明垂後昆之訓範開生民之耳目而梁季湮微靈寢忘處鞠爲茂草三十餘年敬仰如在永惟懷息今雅道雍熙由庚得所斷琴故履零落不追闕里聞書无因循復可詳之禮典改築舊廟蕙房桂棟咸使惟新芬蘩潔潦以時饗奠

十二月辛丑釋奠于先師禮畢設金石之樂會宴王公卿士

東魏孝靜帝武定四年八月移洛陽漢魏石經于鄴

北齊文宣帝天保元年六月詔封崇聖侯邑一百戶以奉孔子之祀并下魯郡以時修治廟宇務盡褒崇之至八月詔郡國修立黌序廣延髦俊敦述儒風其國子學生亦仰依舊銓補服膺師說研習禮經往者文襄皇帝所運蔡邕石經五十二版即宜移置學館依次修立

孝昭帝皇建元年八月詔國子寺可備立官屬依舊置生講習經典歲時考試其文襄帝所運石經宜即施列於學館外州大學亦仰典司勤加督課

梁太祖開平元年十月山南東道節度楊師厚進納趙凝東第書籍先是收復襄漢帝聞其圖書至是命師厚進焉

三年十二月國子監奏創造文宣王廟仍請率在朝及天下見任官僚俸錢每貫每月尅一十五文充土木之直允之是歲以州率官僚俸錢修文宣王廟

崇釋老

司馬遷之叙六家談大道之要其論詳矣自竺乾之典流于中夏妙苦空之旨顯悲濟之用奉其教者又豈勝道哉洎衰之世崇尚斯篤乃至增建淨剎講求梵譯度桑門之衆申血食之禁營齋造像極其信向而玄元之訓亦資演暢東魏北齊暨于朱氏何莫由斯也已其或冥符玄感神期脗合肸蠁之應非可度思若乃殖衆德之本以濟於仁恕洞无爲之妙以臻乎清淨斯固有助於治者也

吳大帝赤烏十年胡人康僧會入境置經行於朝夕禮念有司以聞帝曰昔漢明帝感夢金人使往西方求之得摩騰竺法蘭來中國立經行教今無乃是遺類乎因引見僧會其言佛教滅度已久唯有舍利可以求請遂於大內立壇結靜三七日得之帝崇佛道以是江東初有佛法

宋文帝元嘉十二年丹陽尹蕭摹之奏曰佛化被于中國已歷四代而自頃已來更以奢競為重請自今已後有欲鑄銅像者悉詣臺自聞興造塔寺精舍皆先列言須許報然後就功詔可又沙汰沙門罷道者數百人

孝武帝孝建元年率群臣於中興寺八關齋中食竟侍中袁愍孫即袁粲舊名與黃門郎張淹更進魚肉食尚書令何尚之奏法憲請劾以白帝帝使御史中丞王謙之糾奏並免官

大明二年有曇標道人與羌人高闍謀反帝因是下詔所在精加沙汰後有違犯嚴其誅坐於是設諸條禁自非戒行精苦並使還俗而諸寺尼出入宮掖交關妃后此制竟不能行

明帝以宅起湘宮寺費極奢侈以孝武莊嚴剎七層帝欲起十層不可分立為兩剎各五層新安太守巢尚之罷郡還見帝曰卿至湘宮寺未我起此寺是大功德通直散騎侍郎虞愿在側曰陛下起此寺皆是百姓賣兒貼婦錢佛若有知當悲哭哀愍有何功德尚書令袁粲在座為之失色帝大怒使人驅下殿愿徐去無異容以舊恩俄復召入帝頗好玄理以周顒有辭義引入殿內親近宿直帝所為慘毒之事顒不敢顯諫輒誦經中因緣罪福事帝亦為之小止

南齊武帝時王奐為將軍欲請車駕幸府帝晚信佛法御膳不宰牲使王晏謂奐曰吾前去年為斷殺事不復幸詣大臣已判無容欻爾也

梁高祖天監十六年四月初去宗廟牲詔曰大神無常饗饗于克誠所以西鄰禴祭實受其福宗廟祭祀猶有牲牢無益至誠

有司又奏自今已後祭菁外可量代八座議以脯代一元大武八座又奏既停宰殺無復省牲之事請立省饌儀其衆官陪列並同省牲帝從之

十月詔曰今雖無復牲腥猶有脯脩之類即之幽明義為未盡可更詳定悉薦時蔬左丞司馬筠等參議大餅代大脯餘悉用蔬菜帝從之又舍人朱异議二廟祀相承止有一鉶羹盃祭祀之禮應有兩羹相承止於一鉶即禮為乖請加熬油蓴羹一鉶帝從之於是起至敬殿景陽臺立七廟座月中再設淨饌自是訖於臺城諸廟遂不血食

中大通元年九月癸巳輿駕幸同泰寺設四部無遮大會上釋御服披法衣行清淨大捨以便省為房素牀瓦器乘小車私人執役甲午升講堂法座為四部大衆開涅槃經題

十月己酉設四部無遮大會道俗五萬餘人會畢帝御金輅還宮

二年四月幸同泰寺設平等會

三年冬十月己酉行幸同泰寺高祖升法座為四部衆說大涅槃經義迄于乙卯

十一月乙未行幸同泰寺高祖升法座為四部衆說摩訶般若波羅蜜經義訖于十二月辛丑

五年二月癸未幸同泰寺設四部大會升法座發金字波若經題訖于己丑

大同元年三月丙寅幸同泰寺設無遮大會

四月幸同泰寺鑄十方銀像并設無导會

二年三月戊寅幸同泰寺設平等法會

九月辛亥幸同泰寺設四部無导法會

十月壬午幸同泰寺設無导大會

三年五月癸未幸同泰寺鑄十方金銅像設無导法會

八月辛卯輿駕幸阿育王寺大赦天下

四年五月癸亥詔以東冶徒李胤之降如來真形舍利大赦天下

五年扶南國王遣使貢獻又言其國有佛髮長一丈二赤詔遣沙門釋雲寶隨使往迎之先是三年八月高祖改造阿育王寺塔出舊塔下舍利及佛爪髮髮青紺色衆僧以手伸之隨手長短放之則旋屈為蠡形按僧伽經云佛髮青而細猶如藕莖絲佛三昧經云我昔在宮沐頭以尺量髮長一丈二赤放已右旋還成蠡文則與高祖所得同也阿育王即鐵輪王王閻浮提一天下佛滅度後一日一夜役鬼神造八万四千塔此即其一也吳時有尼居其地為小精舍孫綝尋毀除之塔亦同泯吳平後諸道人復於舊處建立焉晉中宗初渡江更修飾之至簡文咸安中使沙門安法師程造小塔未及成而亡弟子僧顯繼而修立至孝武太元九年上金相輪及承露其後西河離石縣有胡人劉薩何遇疾暴亡而心下猶煖其家未敢便殯經七日更蘇說云有兩吏見錄向西北行不測遠近至十八重地獄隨報重輕受諸楚毒見觀世音語云汝緣未盡若得活可作沙門洛下齊城丹陽會稽並有阿育王塔可往礼拜若壽終則不墮地獄語竟如墮高崖忽然醒寤因此出家名慧達遊行礼塔次至丹陽未知塔處乃登越城四望見長干里有異氣色因就礼拜果是育王塔所屢放光明由是定知必有舍利乃集衆就掘入一丈得三石碑並長六尺中一碑有鐵函函中又有銀函函中有金函盛三舍利及爪髮各一枚髮長數尺即遷舍利近北對簡文所造塔西造一層塔十六年又使沙門僧尚伽為三層即高祖所開者也初穿土四尺得龍窟及昔人所捨金銀鐶釧釵鑷等諸雜寶物可深九尺許方至石磚磚下有石函函內有鐵壺以盛銀坩坩內有金鏤甖盛三舍利如粟粒大圓正光潔函內又有琉璃椀內得四舍利及髮爪爪有四枚並為沉香色至其月二十七日高祖又到寺礼拜設无遮大會大赦天下是日以金鉢盛水泛舍利其最小者隱鉢不出高祖禮拜數十拜舍利乃於鉢內放光旋迴久之乃當鉢中止高祖問大僧正慧令曰見不可思議事不慧令答曰法身常住湛然不動高祖曰弟子欲請一舍利還臺供養至九月五日又於寺設無遮大會遣皇太子王侯朝貴等奉迎是日風景明和京師傾屬觀者百數十万人所設金銀供具等物並留寺供養并施錢一千万為寺基業至四年九月十五日高祖又至寺設无遮大會豎二刹各以金甖次玉甖重盛舍利及爪髮內七寶塔中又以石函盛寶塔分入兩刹下及王侯妃主百姓富室所捨金銀鐶釧等珍寶充積十一年十一月二日寺僧又請高祖於寺發般若經題爾夕二塔俱放光明勅鎮東將軍邵陵王綸製寺大功德碑文先是二年改造會稽鄮縣塔開舊塔出舍利遣光宅寺釋敬脫等四僧及舍人孫照暫迎還臺高祖禮拜竟即送還縣入新塔下此縣塔亦是劉薩何所得也晉咸和中丹楊尹高悝行至張侯橋見浦中五色光長數赤不知何怪令人於光處掊視之得金像未有光趺悝乃下車載像還至長干巷首牛不肯進悝乃令馭人任牛所之牛徑牽車至寺悝因留像付寺僧每至中夜常放光明又聞空中有金石之響經一歲臨海漁人張係世於海口忽見有銅花趺浮出水上係世取送縣縣以送臺乃施像足宛然合會簡文咸安元年交州合浦人董宗之採珠沒水於底得佛光豔交州押送臺以施像又合焉自咸和中得像至咸安歷三十餘年光趺始具初高悝得像後有西域胡僧五人來詣悝曰昔於天竺得阿育王造像來至鄴下值胡亂埋像於河邊今尋覓失所五人當其夜俱夢見像曰已出江東為悝所得乃送此五僧至寺惠邃欲模寫像形寺主僧尚慮虧損金色謂惠邃曰若能令像放光迴身西向乃可相許惠邃便懇禱拜請其夜像即轉座放光迴身西向且便許摸之像趺先有外國書莫有識者後有三藏那求跋摩識之云是阿育王第四女所造也及大同中出舊塔舍利勅市寺側數百家以廣寺

府一百九十四　九

域造諸堂殿并瑞像周迴閣等窮於輪奐焉其圖諸經變並吳人張僧繇運手繪丹青之工一時冠絕

中大同元年三月庚戌法駕出同泰寺省講金字三慧經夏四月丙戌於同泰寺解講設會

太清元年三月庚子帝幸同泰寺設無遮大會帝升光嚴殿講堂坐師子座講金字三慧經帝素歸心釋教每發誓願常云若有衆生應受諸苦悉請身代當帝大長釋典製涅槃大品淨名三慧諸經義記復數百卷聽覽餘閑即於重雲殿及同泰寺講說名僧碩學四部聽衆常萬餘人

元帝承聖三年九月辛卯於龍光殿述老子義尚書左僕射王褒為執經

後梁宣帝詧好學善屬文尤長於佛義著內典華嚴般若法華金光明義疏三十六卷遂行於世初詧以岳陽王鎮荊州甄玄成為詧中記室參軍掌書記頗參政事後以江陵甲兵殷盛遂懷貳心密與元帝具申誠款或有得其書者送之於詧詧深信佛法常願不殺誦法華經人玄成素誦法華遂以此獲免詧復見之常曰甄公得法華經力

府一百九十四　十

陳高祖永定元年十月詔出佛牙於杜姥宅集四部設無遮大會高祖親出闕前禮拜初齊故僧統法獻於烏纏國得佛牙常在定林上寺梁天監末為攝山慶雲寺沙門興所得惠興將終以屬弟惠志及承聖末惠志密送于帝至是乃出

二年十月輿駕幸莊嚴寺發金光明經題

十二月甲子輿駕幸大莊嚴寺設無遮大會捨乘輿法物群臣備法駕奉迎即日還宮

文帝天嘉四年四月設無遮大會於太極前殿

後主太建十四年九月丙午設無遮大會

東魏孝靜帝時杜弼為通直散騎常侍從高歡于晉陽歡命弼奉使詣闕帝見之於九龍殿曰朕始讀莊子便值秦名定是體道得真玄同齊物聞卿釋學聊有所問經中佛性法性為一為異弼對曰佛性法性止是一理詔又問曰佛性既非法性何得

爲之對曰性無不在故不說二詔又問曰談者皆言法性寬狹
性陿寬陿既別非二如何彌又對曰在寬成寬在陿成陿若論
性體非寬非陿詔又問曰既言成寬成陿何得非寬非陿若定
是陿亦不能成寬對曰以非寬陿故能成寬陿所成雖異能成
常一帝悅稱善乃引入經書庫賜地持經一部帛一百匹後四
月八日帝集名僧於顯陽殿講說佛理彌與吏部尚書楊愔中
書令邢卲祕書監魏收并侍法進勅彌昇師子座當衆敷演
詔玄都僧達及僧道頻並緇林之英問難鋒至往復數十番莫
有能屈帝曰此賢若生孔門則何如之
興和二年春詔以鄴城舊宮爲天平寺世宗以來至武定末
沙門知名者有惠猛惠辯惠深僧暹道銀僧獻道晞僧深惠光
惠顒法營道長並見重於當世自魏有天下至於禪讓佛經流
通大集中國凡有四百一十五部合一千九百一十九卷正光
已後天下多虞王役尤甚於是所在編民相與入道假慕沙門
實避調役猥濫之極自中興之有佛法未之有也略而計之僧
尼大衆二百万矣其寺三万有餘

北齊文宣帝天保九年起大莊嚴寺
武成帝河清二年五月詔以城南雙堂之苑迴造大總持寺
八月詔以三臺宮爲大興聖寺
後主天統二年太上皇帝詔以三臺施興聖寺以赦降禁囚
五年正月詔以金鳳等三臺未入寺者施大興聖寺
四月詔以幷州尚書省爲大基聖寺晉祠爲大崇皇寺

梁太祖開平元年五月廢雍州太清宮改西都太微宮亳州太
清宮皆爲觀諸州紫極宮皆爲老君廟又泉州僧智宣自西
域迴進辟支佛骨及梵甲經律決僧自壯歲西遊及還已老矣
既偶新朝又傳佛教亦聖德之所感契六月改耀州報恩禪院
爲興國寺
九月浙西奏埼門威廣鄭章道士夏隱言焚修精志妙達希夷
推諸輩流實有道業鄭章宜賜號玄一大師乃名玄章隱言賜
紫衣
二年六月邕州奏鎮鄉山僧法通道璘有道行各賜紫衣
八月兩浙錢鏐奏改管內紫極宮爲真聖觀
三年福建節度使王審知奏捨錢造寺一所請賜寺額勅名大
泉萬歲之寺仍許度僧四十九人
四年正月賜湖南開元寺禪長老可復號慧光大師仍賜紫衣
五年二月泌州置善護寺
乾化元年六月詔修天宮佛寺又湖南奏澧州僧洪恩桂州僧
歸真並乞賜紫衣可之
二年夏文武官並詣佛寺爲皇帝設齋命閤門使李元持香合
賜之又中書奏爲皇帝於長壽寺啟消災道場
末帝龍德初祠部員外郎李樞上言請禁天下私度僧尼及不
許妄求師號紫衣如願出家受戒者皆須赴闕比試藝業施行
願歸俗者一聽自便詔曰兩都左右街賜紫及師號僧委功德
使具名聞奏今後有闕方得奏薦仍須道行精至夏臘高深方
得補填每遇明聖節兩街各許官壇度七人諸道如要度僧亦
仰就京官壇仍令祠部給牒今後只兩街置僧錄諸道僧正並廢

册府元龜卷第一百九十四

册府元龜卷第一百九十五

閏位部一十四

惠民　仁愛　恤征役

惠民

書稱先王之德曰保惠于庶民又曰子惠困窮又曰惠鮮鰥寡蓋恤艱周急賙無振乏歷代之令典也漢道既衰方國列峙咸能撫養萌庶救其窮絶發倉廩之積弛山澤之禁給糧種以資其用廢林苑以還其主用能消弭灾沴保集流徙使下無菜色而安於土著者由兹道也然而秦號富疆蜀稱天府施惠濟衆史無其傳故今之詮次始於江左終於朱氏云

吴大帝赤烏三年十一月民饑詔開倉廩以振貧窮

十三年八月丹楊句容及故鄣寧國諸山崩鴻水溢詔原逋責給貸種食

宋高祖永初三年三月秦雍流户悉南入梁州送綵絹萬匹荆雍州運米委州刺史隨宜賦給

文帝元嘉五年正月京邑大火遣使巡慰賑賜

六月以京邑大水遣使檢行賑贍

十二年六月丹楊淮南吴興義興大水京邑乘船以徐豫南兖三郡會稽宣城二郡米穀百萬斛賜五郡遭水民

十八年五月沔水汎溢六月戊辰遣使巡行賑贍

十九年閏五月京邑雨水遣使巡行賑卹

二十年諸州郡水旱傷稼民大饑遣使開倉賑卹給賜糧種

二十一年正月大赦詔諸逋債在十九年以前一切原除去歲失收者疇量申減尤弊之處遣使就郡縣隨宜賑卹凡欲附農而糧種匱之者並加給貸

六月連雨水丁亥詔曰霖雨彌月水潦爲患百姓積儉致兹乏匱二縣官長及營署部司各隨統檢實給其柴米必使周悉

二十五年正月詔曰以冰雪經旬薪粒踊貴貧弊之室多有窘罄可檢行京邑二縣及營署賜以柴米

二十九年正月詔曰經寇六州居業未立仍值災澇饑困荐臻可速符諸鎮優量救卹今農事行興務盡地利若須田種隨宜給之

六月以京邑雨水詔部司巡行賜樵米給船

三十年正月青徐州饑二月壬子遣運部賑恤

孝武孝建二年八月癸酉以三吴民饑詔所在賑貸丙子詔曰諸苑禁制綿遠有妨肆業可詳所開施假與貧民

大明元年正月京邑雨水辛未遣使檢行賜以樵米

五月吴興義興大水民饑乙卯遣使開倉賑卹

二年正月詔曰去歲東土多經水灾春務已及宜加優課糧種所須以時貸給

二月詔曰政道未著俗弊尚深豪侈兼并貧弱困窘存闕衣裳没無斂櫝朕甚傷之其明勑守宰勤加存卹賻贈之科速爲條品

八月襄陽大水遣使巡行賑贍

四年八月雍州水甲寅遣使軍郡賑給

五年七月詔曰雨水猥降街衢泛溢可遣使巡行窮弊之家賜以薪粟

七年八月以歲不稔詔尤弊之家開倉賜給

九月詔曰近炎精亢序苗稼多傷今二麥未晚甘澤頻降可下東境郡勤課墾殖尤弊之家量貸麥種

十月南巡豫州詔曰雖秋澤頻降即夏旱嬰弊可即開倉並加賑賜

八年一月詔曰去歲東境偏旱田畝失收使命來者多至乏絶或下窮流冗頓伏街巷朕甚憫之可出倉米付建康秣陵二縣隨宜贍卹若濟拯不時以至捐棄者嚴加糾劾

前廢帝大明八年閏五月即位八月以京師雨水遣御史與官長隨宜賑卹

明帝泰始二年六月京師雨水遣殿中將軍撿行賑卹

三年閏正月京師大雨雪遣使巡行賑賜各有差

後廢帝以泰豫元年四月即位六月京師雨水詔賑卹二縣貧民

元徽元年六月壽陽大水遣殿中將軍賑卹慰勞

三年三月以京師大水遣尚書郎官長撿行賑賜

四年正月躬耕籍田貸貧民種糧

南齊太祖建元二年二月遣大使巡慰淮肥徐豫邊民尤貧遭難者刺史二千石量加賑卹

武帝以建元四年即位三月庚辰詔曰比來未稔貧窮不少京師二岸多有其弊遣中書舍人優量賑卹

四月癸未詔曰頃水雨頻降潮流薦滿二岸居民多所淹漬遣中書舍人與兩縣官長優量賑恤

永明五年正月詔曰朕昧爽丕顯思康民瘼雖年穀亟登而饑饉代有今履端肇運陽和告始宜協時休覃茲黎庶諸孤老貧

病並賜糧餼遣使覘賦每存均普

六月詔曰比霖雨過度水潦洊溢京師居民多罹其弊遣中書舍人二縣官長等隨宜賑賜

八年八月詔京邑霖雨既過居民泛濫遣中書舍人二縣官長賑卹

十月丁丑詔吳興水淹過度開所在倉賑賜

十年十月詔曰頃來霖雨樵糧稍貴京邑居民多罹其弊遣中書舍人二縣官長賑賜

十一年六月壬午詔霖雨既過遣中書舍人二縣官長賑賜京邑居民

七年丁巳詔曰頃風水為災二岸居民多罹其患加以貧病六疾孤老稚弱彌足矜念遣中書舍人履行沾卹

明帝建武元年十一月詔省新林苑先是民地悉以還主原責本直

東昏侯永元三年六月京邑雨水遣中書舍人二縣官長賑賜有差

梁高祖天監元年九月丁亥詔曰芻牧必往姬文垂則雉兔有刑姜宣致貶藪澤山林毓材是出斧斤之用比屋所資而頃世相承並加封固豈所謂與民同利惠茲黔首凡公家諸屯戍世見封熂者可悉開常禁

十六年正月南郊詔曰朕當扆思治政道未明昧旦劬勞亟移星紀今太皞御氣句芒首節升中就陽禋敬克展務承天休布茲利澤尤貧之家勿收今年之調其無田業者所在量宜賦給若民有產子即依格優蠲孤老鰥寡不能自存咸加賑卹

普通元年正月乙亥改元大赦詔曰鰥寡孤獨並加贍卹

陳高祖永定三年閏四月庚寅詔曰開廪贍絕育民之大惠巡方卹患前王之令典朕當斯季俗膺此樂推君德未孚民瘼猶甚重茲多壘弥疚納隍良由四聽弗遠千里勿應博施之仁何其有爽殘弊之軌致此未康吳州晉州去歲蝗旱郢田雖稔鄱境絕涸室靡盈積之望家有　塡壑之嗟百姓不足兆民何賴

近已遣中書舍人江德藻銜命東陽與令長二千石問民疾苦仍以入臺倉見米分恤雖德非既飽庶微慰阻饑

東魏孝靜天平元年十月遷都於鄴出粟一百三十萬石以振貧人是時六坊之衆從武帝而西者不能萬人餘皆北從並給常廪春秋二時賜帛以供衣服之費

北齊神武為東魏大將軍天平三年四月乙酉并肆汾建晉東雍南汾秦陝九州霜旱人饑流散請所在開倉振給

廢帝乾明元年四月詔河南定冀趙瀛滄南膠光青九州往因螽水頗傷時稼遣使分塗贍卹

武成帝河清二年四月并汾晉東雍南汾五州蟲旱傷稼遣使賑恤

梁太祖開平四年十二月己巳詔曰滑宋輝亳等州水潦敗傷人戶憫歎朕為父母良用疚心其令本州各等給賑貸所在長吏監臨周給務令存濟壬辰賑貸東都畿內如宋滑例

仁愛

傳曰上思利民忠也書曰民罔常懷懷于有仁是知仁之爲德本乎惻隱恤患推恩濟衆誠在上者之所急也故有軫其札瘥之殃救其凶荒之災矜窮是念道瘞斯掩弛悼耄之憲釋兵驕之役優穹孕育疏迪幽閟皆愛人之深旨爲邦之要道也至於禁燎原之暴罷竭澤之取開闔罪以順時訓逐鷙禽以育生物斯又惠達於飛潛仁被於品物者矣蓋惻怛之愛好生之德聖人之所先載籍之攸述可不務乎

宋文帝元嘉四年五月京師疾疫遣使存問給以藥其死者若無家屬賜以棺器

十年正月大赦詔孤老六疾不能存者人賜穀五斛

二十四年六月京邑疫癘丙戌使郡縣及營署部司普加履行給以醫藥

二十八年三月行幸丹徒詔遣使巡行百姓問所疾苦孤老鰥寡六疾不能自存者人賜穀五斛

孝武大明四年四月詔曰都邑節氣未調癘疫猶衆言念民瘼情有矜傷可遣使存問并給醫藥其死亡者隨宜賑卹

後廢帝元徽二年五月討平桂陽王休範詔建康秣陵二縣埋藏所殺賊屍

南齊太祖初爲齊公平袁粲等屯新亭中興堂教曰河南摧慈部由掩尚廣漢流仁實存殯朽近袁粲茲營崇嶺浚塹古墟壘壘時有湮移深松茂草或至刑殘暫動撥巡隍者惜宜並爲收葬并設薄祀

建元元年六月乙亥詔曰宋末頻年戎寇兼災疾凋損或枯骸不收毀櫬莫掩宜速宣下埋藏營卹若標題猶存性字可識可即運載致還本鄉有司奏遣外監典事四人周行離門外三十五里爲限其餘班下州郡無棺器標題者屬所以臺錢供市

武帝永明二年八月甲子詔曰交枯掩骼義重前誥卹老甘瘞寔爲令典朕永思民瘼弗忘鑒寐眷被未數物多乖京師二縣或有久墳毀發可隨宜掩埋遺骸未櫬並加斂瘞疾病窮困不能自存者詳爲條格並加沾賚

四年閏正月辛亥籍田詔孤老貧窮賜穀十石

五年正月辛卯賜孤寡老疾各有差

六年八月詔吳興水潦被水之鄉賑賜痼疾篤癃口二斛老落一斛小口五斗

十年正月詔賜孤老六疾人穀五斛

鬱林王即位詔曰近北掠餘口悉充軍實刑故無小罔或攸赦撫辜興仁事深睿範宜從蕩宥許以自新可一同放遣還復民籍已賞賜者亦皆爲贖

明帝建武二年正月辛未詔京師二縣有毀發墳壠隨宜脩埋

東昏侯永元九年七月丁亥京師大水死者衆詔賜死者材器并賑卹

梁高祖初爲大司馬承制下令以朱雀之捷逆徒送死者特許家人殯葬若無親屬或有貧苦二縣長尉即爲埋掩建康城內不達天命自取淪滅亦同此科

天監元年四月丙寅即位詔曰宋氏以來並恣淫虐傾宮之富遂盈數千推算五都愁窮四海並嬰罹冤横拘逼不一撫弦命管良家不被彌織室繡房幽厄猶見役姦國傷和莫斯爲甚凡後宮樂府西解暴室諸如此例一皆放遣若衰老不能自存官給廩食

十一年正月壬辰詔曰夫刑法悼耄罪不收孥禮著明文史彰前事蓋所以申其哀矜故罰有弗及近代相因厥網彌峻髫年華髮同坐入愆雖懲惡勸善宜窮其制而老幼流離良亦可愍自今逋謫之家及罪應質作若年有老小可停將送

四月戊子詔曰去載朐山大殲醜類宜爲京觀用旌武功但伐罪弔民皇王盛軌掩骼埋胔仁者用心可下青州悉使藏瘞

十二年二月丙寅詔曰掩骼埋胔義重周經槥櫝有加事美

[illegible]陝尚隅戰陳每勤造次收藏之命亟下哀矜而寓懸遐深遠近未洽骼胔路隅往往而有言念沉枯潸然傷惻可明下遠近各巡境界若委骸不葬或除衣莫改即就收斂量給棺具庶夜哭之魂斯慰霑霜之骨有歸

十六年正月南郊詔民有產子依格優蠲孤老鰥寡不能自存咸加賑䘏

十七年八月詔以兵騶奴婢男年登六十六女年登六十免爲平民

普通二年正月南郊詔曰春司御氣虔恭報祀陶匏克誠蒼璧禮備思隋乾覆布茲亭育凡民有單老孤稚不能自存主者郡縣咸加收養贍給衣食每令周足以終其身又於京師置孤獨園孤幼有歸華髮不匱若終年命厚加料理尤貧之家勿收租賦

四年正月詔經當窮病咸加賑䘏

大同七年十一月詔停在所役使女子丁

十年四月乙卯詔鰥寡孤獨尤貧者贍䘏各有差

陳文帝天嘉元年正月大赦詔鰥寡孤獨不能自存主者賜穀人五斛

三年三月詔侯景以來遭亂移在建安晉安義安郡並許還本土其被略爲奴婢者釋爲良民

宣帝太建五年四月癸亥詔北伐衆軍所殺齊兵並令埋掩

東魏孝靜天平二年三月以旱故詔京邑及諸州郡縣收瘞骸骨

二年五月賜鰥寡孤獨貧窮衣物者各有差

四年六月詔尚書掩骸埋胔

北齊文宣帝天保七年五月以肉爲斷慈遂不復食

八年四月詔諸取蝦蟹蜆蛤之類悉令停斷唯聽捕魚　又詔公私鷹鷂俱亦禁絕

九年二月己丑詔限仲冬一月燎野不得他時行火損昆蟲草木

廢帝乾明元年詔諸良口配没官內及賜人者並放免

孝昭帝皇建元年八月乙酉詔宮奴婢年六十以上免爲庶人

武成帝河清元年正月詔普斷屠殺以順春令

後主天統四年十二月甲申詔掖庭晉陽中山宮人等及鄴下并州太官官口二處其年六十已上及有癃患者仰所司簡放

五年二月乙丑詔應宮刑者普免爲官口又詔禁網捕鷹鷂及[illegible]之物

武平七年正月壬辰詔去秋已來水潦人饑不自立者所在付大寺及諸富戶濟其性命

梁太祖開平元年九月辛丑西京大內放出西宮內人及前朝宮人任其所適

十一月壬寅帝以征討未寧調補爲先遂命盡赦逃亡背役髠黥之人各許歸鄉里之是黥黥也昔口方赤子二十年之來兵戈地擒得禁人爲將中子弟逐黥之以記[illegible]號從其逃逸遠于年月寖遠陵于征役爰竄鄉土遂多奔所在關防察而執之皆爲之背軍復送本所無不誅者近年亡多出色洎潛竄之後鄉里不容乃皆聚其山藪之間以來亡因之爲盜實州邑之大患今乃許歸鄉里與問從來名籍[illegible]侯者[illegible]國[illegible]之徒判[illegible]九壽[illegible]亦[illegible]致此

二年七月癸巳勅禁屠宰兩月

八月辛亥勅應有暴露骸骨各委差人埋瘞

乾化二年五月丁亥詔曰生育之仁爰當暑月乳哺之愛方及薰風儻肆意於刲屠豈推恩於孳養俾無暴殄以助發生宜令兩京及諸州府夏季內禁斷屠宰及採捕天民之窮諒田賦分國章所載亦務興仁所在鰥寡孤獨廢疾不濟者委長吏量加賑䘏史載葬枯用彰軫惻禮稱掩骼將致和平應兵戈之地有暴露骸骨委所在長吏差人專切收瘞國醫之文尚標七祀良藥之効亦載三醫用療無告之人宜徵有喜之術凡有疫之處委長吏撿尋醫方於要路曉示如其家無骨肉兼困窮不濟者即仰長吏差醫賚給藥救療之

恤征役

周公東山之詩所以閔征役之勞也故曰說以使民民忘其死

其是之謂矣始於孫吳逮于宋齊屬至閏之迭興實金革之靡
息人差于役之苦戶捲其空之詠繇是下寬大之詔敦休息之
義惠澤浹於存沒仁風動於邇遐斯所以得為國之體叶養民
之道者也
吳大帝黃武五年春令曰軍興日久民離農畔父子夫婦不能
相衈孤甚愍之今北虜縮竄方外無事其下州郡有以寬息
景帝永安元年詔曰諸吏家有五人三人兼重為役父兄在都
子弟給郡縣吏既出限米軍出又從至於家事無經護者朕甚
愍之其有五人三人為役聽其父兄所欲留為留一人除其米
限軍出不從
宋高祖初為晉太尉凡南北征伐戰亡者並列上賻贈尸喪未
反遣主師迎接到還本土
永初元年七月詔從征關洛殞身戰場幽沒不反者贈賜其家
文帝元嘉四年二月行幸丹徒詔登城三戰及大將家隨宜卹

二十六年二月幸丹徒詔登城三戰及大將戰亡墜沒之家老
病單弱者普加䘏賚
孝武帝以元嘉三十年五月即位八月詔武皇帝舊役軍身嘗
在齋內人身猶存者普賜解戶又以新亭戰亡者復同京城
大明三年八月詔曰近北討文武於軍亡沒或殞身矢石或癘
疾死亡並勤盡王事而斂櫬卑薄可普更賻給務令豐厚
明帝泰始三年二月為戰亡將士舉哀
後廢帝即位初詔緣戍兵老疾者悉聽還
元徽二年五月討平桂陽王休範詔建康秣陵二縣收斂諸軍死者
南齊高祖建元四年詔曰比歲申威西北義勇爭先殞身寇場
命盡王事戰亡蠲復雖有常典主者遵用每傷簡薄建元以來
戰亡賞蠲租布二十年雜役十年其不得收屍主軍保押亦同
此例
武帝詔王奐為鎮北將軍雍州刺史帝以行北諸戍士卒多襤
縷送擣衣三千具令奐分賦之
明帝建武元年十一月詔細作中署材官車府凡諸工可悉開
番假遞令休息
三年詔去歲索虜寇邊緣邊諸州郡將士有臨陣及疾病死亡
者並送還本土
東昏侯即位初詔雍州將士與虜戰死者復除有差
永元元年太尉陳顯達救幽州敗績於馬圈詔為戰亡將帥舉哀
梁高祖初為大司馬承制下令以義師臨陣致命及疾病死亡
者並加葬斂收恤遺孤
陳文帝天嘉四年詔贈討周迪將士死王事者
五年十二月曲赦建安晉安二郡討陳寶應將士死王事者並
給棺櫬送還本鄉并復其家瘡痍未瘳者給其醫藥
少帝光大二年正月庚子詔討華皎軍人死王事者並給棺槥
送還本鄉仍復其家

宣帝太建二年二月丙午詔自討周迪華皎已來兵交之所有
死亡者並令收斂并給棺櫬送還本鄉瘡痍未瘳者各給醫藥
七年六月丙戌為北討將士死王事者剋日舉哀
十年四月庚戌詔曰樵賞之言明於訓誥挾纊之美著在撫巡
近歲薄伐廓清淮泗摧鋒致果文武畢力櫛風沐雨寒暑亟離
念功在茲無忘終食宜班榮賞用鄰馭勞進在軍者可並賜爵
二級並加賚郵付選即便量處
北齊文宣帝天保二年九月壬申詔免諸伎作屯收雜色役隸
之徒為白戶
孝昭帝即位詔軍人戰亡死王事者以時申聞當加榮贈
梁太祖開平元年十二月辛亥詔曰潞寇未平王師在野攻戰
之勢難緩於寇圍飛輓之勤實勞於人力永言繫未深用軫懷
宜令長吏丁寧布告期以兵罷之日給復賦租於是戶人聞之
皆忘其倦

二年二月辛亥澤州下詔以去年六月後昭義行營陣歿都將吏卒死於王事追念忠赤乃錄其名氏各下本軍令給衣糧妻孥三年内官給糧賜

三年七月乙丑敕行營將士陣歿者咸令所在給轝櫝津置歸鄉里戰卒聞之莫感涕

八月辛亥制諸都如有陣歿將士仰逐都安存家屬如有弟兄男姪便給與衣糧充役

冊府元龜卷第一百九十五

冊府元龜卷第一百九十六

閏位部一十五

建都　封建　勤政　誡厲

建都

先王之制封畿建都邑必即土中而爲民極自秦據勢勝宅於咸雍固河踐華遂吞六國蜀專西海之利而啓國成都吳保石頭之固而定居建業宋齊四代丕承晉緒南面君民載祀三百東魏遷鄴高齊是繼朱梁革命洛郊攸宅皆辨方正位經營卜築作都制畿保姓傳祚至若隋氏之始肇基於武昌梁德之季改卜於荆渚亦著于篇云

秦始皇帝初爲秦王都咸陽（今京兆府是也秦自孝公作爲咸陽築冀闕事具列國君都建國門）二十六年徙天下豪富於咸陽十二萬戶諸廟及章臺上林皆在渭南秦每破諸侯寫放其宮室作之咸陽北阪上（在長安西北漢武帝所別名渭城）南臨渭自雍門（在高陵縣）以東至涇渭殿屋複道周閣相屬所得諸侯美人鍾鼓以充入之二十七年作信宮渭南已更命信宮爲極廟象天極自極廟道通酈山作甘泉前殿築甬道（築垣墻如街巷）自咸陽屬之是歲賜爵一級治馳道（馳道天子道也道若今之中道然漢書賈山傳曰秦爲馳道於天下東窮燕齊南極吳楚江湖之上瀕海之觀畢至道廣五十步三丈而樹厚築其外隱以金椎樹以青松）三十五年除道道九原（地理志五原郡有九原縣）抵雲陽（徐廣曰表云道九原通甘泉）塹山堙谷直通之始皇以爲咸陽人多先王之宮庭小吾聞周文王都豐武王都鎬豐鎬之間帝王之都也乃營作朝宮渭南上林苑中先作前殿阿房東西五百步南北五十丈上可以坐萬人下可以建五丈旗周馳爲閣道自殿下直抵南山表南山之顛以爲闕爲複道自阿房渡渭屬之咸陽以象天極閣道絕漢抵營室也阿房宮未成成欲更擇令名名之作宮阿房故天下謂之阿房宮隱宮徒刑者七十餘萬人乃分作阿房宮或作酈山發北山石槨乃寫蜀荆地材皆至關中計宮三百關外四百餘於是立石東海上朐界中以爲秦東門因徙三萬家酈邑五萬家雲陽皆復不事十歲

二世元年十二月就阿房宮

蜀先主以漢獻帝建安十九年降劉璋于成都自領益州牧二十六年即皇帝位都成都先是諸葛謂先主曰荆州北據漢沔利盡南海東連吳會西通巴蜀此用武之國益州險塞沃野千里天府之土高祖因之以成帝業將軍既帝室之冑若跨有荆益保其巖阻西和諸戎南撫夷越結好孫權內脩政理天下有變則命一上將將荆州之軍以向宛洛將軍身率益州之衆出於秦川百姓孰敢不簞食壺漿以迎將軍者乎先主從之

吳大帝以後漢獻帝建安六年爲會稽太守屯吳使丞之郡十六年徙治秣陵初張紘謂帝曰秣陵楚武王所置名爲金陵地勢岡阜連石頭訪問故老云昔秦始皇東巡會稽經此縣望氣者云金陵地形有王者都邑之氣故掘斷連岡改名秣陵今處所具存地有其氣天之所命宜爲都邑帝善其議未能從也後劉備之東宿於秣陵周觀地形亦勸都之帝曰智者意同遂都焉十七年城石頭改秣陵爲建業

魏文帝黃初二年自公安都鄂改名武昌以武昌下雉尋陽陽新柴桑沙羨六縣爲武昌郡八月城武昌

黃武二年正月城江夏山

黃龍元年九月遷都建業因故府不改館

赤烏八年遣校尉陳勳將屯田及作士三萬人鑿句容中道自小其至雲陽西城通會市作邸閣

十年三月改作太初宮諸將及州郡皆義作

後主甘露元年九月從西陵督步闡表徙都武昌御史大夫丁固右將軍諸葛靚鎮建業

寶鼎元年十二月還都建業衛將軍滕牧留鎮武昌

二年六月起顯明宮十二月移居之

宋高祖受晉禪都建業

文帝元嘉二十年正月於臺城東西作萬春千秋二門

二十五年四月乙巳新作閶闔廣莫二門改先廣莫門曰承明開陽門曰津陽

孝武帝孝建元年正月起正光殿

大明三年以揚州所統六郡爲王畿以東揚州爲揚州

四年四月以南瑯邪隸王畿

五年初立馳道自閶闔至于朱雀門又自承明門至于玄武湖

六年新作大航門

前廢帝景和元年以石頭城爲長樂營東府城爲未央宮罷東揚州并州以北邸爲建章宮南第爲長揚宮又以王畿諸郡爲揚州以揚州爲東揚州

南齊太祖受宋禪都于建業建元二年五月立六門都牆（宋世外六門設竹籬帝卽位有發白虎樽者言白門三重關竹籬穿不完帝感其言改立都牆王儉諫之帝曰吾欲令后世無以加也）

梁高祖受齊禪都建業

天監六年九月改閱武堂爲德陽堂聽訟堂爲儀賢堂

七年正月作神龍仁獸闕於端門大司馬門外

二月新作國門于越城南

九年正月新作緣淮塘北岸起石頭迄東冶南岸起後渚籬門迄三橋

十年作宮城門三重樓及開二道

十二年二月辛巳新作太極殿改爲十二間三月庚子太極殿成

元帝爲荊州刺史太清三年侯景陷建業承聖元年十一月卽位于荊州

二年八月詔曰夫爰始居亳不廢先王之都受命于周無改舊邦之頌頃戎旃既息關柝無警去魯興歎有感宵分過沛殞涕寔勞夢寐仍以瀟湘作梗蠻弱阻兵命將授律指剋定今八表乂清四郊無壘宜從青蓋之典言歸白水之鄉江湘委輸方船連舳巴峽舟艫精甲百萬先次建業行宮宜京邑然後六軍遊征九旂揚旆拜謁塋陵修復宗社王者詳依舊典以時宣勒初帝以建業凋殘方須修葺江陵殷盛便欲安之又其故府臣僚皆楚人也並願卽都荊郢嘗召群臣議之領軍將軍胡僧祐吏部尚書宗懍太府卿黃羅漢御史中丞劉瑴等曰建業雖是舊都王氣已盡且與北寇鄰接止隔一江若有不虞悔无及矣臣等又嘗聞之荊南之地有天子氣今陛下龍飛纂業其應斯乎天時人事徵祥如此臣等所見遷徙非宜元帝深以爲然時左僕射王褒尚書周弘正咸侍坐乃顧謂褒等曰卿意以爲何如褒性謹慎知元帝多猜忌弗敢公言其非當時唯唯而已後因清閒密諫言辭甚切元帝頗納之然其意好荊楚已從僧祐等策明日乃於衆中謂褒曰卿昨日勸還建業不爲無理褒以宣室之言豈宜顯之於衆知其計之不用也於是帝不復言

敬帝太平元年十一月起雲龍神獸門

後梁宣帝初爲雍州刺史稱藩于後魏時周太祖爲丞相命帝爲梁王帝乃於襄陽置百官承制封拜太祖令柱國于謹伐江陵帝以兵會之及江陵平太祖立帝爲梁王居江陵東城資以江陵一州之地其襄陽所統盡歸於魏帝乃稱皇帝於其國其慶賞刑政官方制度並同王者唯上疏則稱臣奉西魏正朔

陳高祖受梁禪都建業

永定二年七月起太極殿初侯景之平也火焚太極殿承聖中議欲營之獨闕一柱至是有樟木大十八圍長四丈五赤流泊陶家後渚監軍鄒子度以聞詔中書令沈衆兼起部尚書少府卿蔡儔兼將作大匠起太極殿

文帝天嘉五年九月城西城

六年九月新作大航

宣帝太建四年十二月丁卯詔曰梁氏之季兵火荐臻承華焚蕩頓無遺構寶命惟新迄將二紀頻事戎旅未遑脩繕今工役

丟閑椽楹有擬求敞開肇創築東宮可權置起部尚書將作大匠用主監作

七年六月己酉改作雲龍神虎門

九年十二月戊甲東宮成皇太子移于新宮

後主末年起齊雲宮國人歌曰齊雲宮觀來無際畔

東魏孝靜帝天平元年十月即位于洛成之東是月車駕北遷于鄴詔齊獻武王高歡留後部分為司州為洛州以尚書令元弼為儀同三司洛州刺史鎮洛陽十一月車駕至鄴居北城相州之廨改相州刺史為司州牧魏郡太守為魏尹徙鄴舊徑百里以居新遷之人分鄴置臨漳縣以魏郡林慮廣平陽丘汲郡黎陽東濮陽清河廣宗等郡為皇畿起部郎中辛術奏曰今皇居徙御百度創始營構一興必宜中制上則憲章前代下則模寫洛京今鄴都雖舊基址毀滅又圖記參差事宜審定臣雖曰職司學不稽古國家大事非敢專之通直散騎常侍李業興碩學通儒博聞多識萬門千戶所宜訪詢今求就之披圖按記考定是非參古雜今折中為制召畫工并所須調度具造新圖申奏取定庶經始之日執事無疑詔從之

二年八月發衆七萬六千人營新宮

興和元年九月發畿內十萬人城鄴四十日方罷

北齊文宣帝受東魏禪都鄴天保二年改顯陽殿為昭陽殿起宣光建始嘉福仁壽諸殿又修廣三臺宮殿

七年詔造金華殿時高隆之為尚書右僕射領營構大將京邑制造莫不由之增築南城周回二十五里以漳水近於帝城起長堤以防汎溢之患又鑿渠引漳水周流城郭造水治碾磑並有利於時

九年八月發丁匠三十餘萬營三臺於鄴下因其舊基而高博之大起宮室及遊豫園至是三臺成改銅爵曰金鳳金獸曰聖應冰井曰崇光

府 一百九十六 五

第六葉原闕

等九縣宜並割屬開封府仍升為畿縣

七月改章善門為左右銀臺門其左右銀臺門却改為左右興善門

十一月勅改乾文院為文思院行從殿為興宅殿毬場為安秋陽文改弓箭庫為宣威殿

封建

草昧建侯義易之教顯武成分土周書之制存皆所以褒德疇庸藩屏王室自運衰曲午祚啓餘分何嘗不錫壤開封報功懷遠梁承唐弊方夏不寧恩極於誓山河寵踰於賜履務豐姑息之意非復選建之規名器假人於斯為甚五等之爵蓋其常制由是略而勿論一字之封茲為殊典聊用存而垂誡

宋順帝昇明二年立故武昌太守劉琨息頒為南豐縣王

梁高祖普通六年正月魏徐州刺史元法僧以彭城來降授司空封始安郡王二月改封宋王時魏宗正卿元樹以尒朱榮亂歸國封為鄴王

大清元年魏大將軍侯景降請元氏宗屬與奉為王詔封元貞為咸陽王以天子禮遣還北景敗而反

東魏孝靜帝武定七年正月梁北徐州刺史蕭正表以鎮內附封蘭陵郡公吳郡王

北齊文宣帝天保元年即位詔封功臣高隆之為平原王庫狄干為章武王斛律金為咸陽王賀拔仁為安定王韓軌為安德王可朱渾道元為扶風王彭樂為陳留王司空公潘相樂為河東王

五年八月武衛將軍長樂郡公段韶降梁將東方白額執而斬之并其諸弟等傳首京師江淮帖然民皆安輯帝嘉其功詔賞吳口七十人封平原郡王

七年正月封司空侯莫陳相為白水郡王

十年正月太尉長樂郡公尉粲肆州刺史濮陽公婁仲達並進爵為王

府 一百九十六 七

孝昭帝皇建元年封瀛州刺史婁叡爲東安王

武成帝封妻定遠爲臨淮郡王

後主天統五年四月封開府城陽郡公慕容儼爲義安王

武平二年九月左丞相平原王段韶病篤詔封其子深爲濟北王以慰其意

梁太祖開平元年四月即位制武安軍節度使馬殷進封楚王

五月進封河南尹兼河陽節度使張全義爲魏王兩浙節度使錢鏐進封吴越王

二年五月封義昌軍節度使劉守文加中書令封大彭王盧龍軍節度使劉守光封河間郡王許州節度使馮行襲封長樂王

三年三月進封朔方節度使潁川郡公韓遜爲潁川郡王

四月制易定節度使王處直進封北平王福建節度使王審知封閩王廣州節度使劉隱封南平王同州節度使劉知俊封大彭郡王山南東道節度使楊師厚封弘農郡王

七月進封[illegible]節度使[illegible]王劉守光爲燕王

乾化元年五月封延州節度使高萬興爲渤海郡王

七年封保義[illegible]節度使王[illegible]爲琅邪郡王

末帝以乾化三年二月即位尋以太子太師致仕葛從周爲潞州節度使封陳留郡王

三月制進封天雄軍節度使弘農郡王楊師厚爲鄴王夏州節度李仁福封隴西郡王

貞明元年二月進封延州節度使渤海郡王高萬興爲渤海王

六年四月進封延安王

勤政

夫君人者惟政是務爲政者惟勤是治故傳曰文王猶勤況寡德乎若乃據有疆宇抗行正統有或逸豫靡戒怠荒是忘既法制之罔愆豈民心而可固則有雞鳴發寢日昃視朝量書有程投鐵自整雖簿領之細躬加受奏獄訟之繁親爲臨決勞精麾

十二月戊戌於華林園聽訟

二年三月丁卯於華林園聽訟

九月癸卯於華林園聽訟

閏十二月庚申於華林園聽訟

三年四月癸卯於華林園聽訟

九月己巳詔自今囚至辭具並即以聞朕當悉詳斷庶無留獄

十二月戊午於華林園聽訟

四年五月庚辰於華林園聽訟

九月甲申於華林園聽訟

十二月乙未於華林園聽訟

五年五月丙辰幸閱武堂聽訟

七年二月幸南豫州帝於行所詳溧陽永世丹陽縣囚

八月幸建康秣陵縣詳獄囚

九月車駕幸廷尉訊獄囚

十月行幸江寧縣訊獄囚

十一月車駕習水軍於梁山原放行獄徒繫

明帝泰始五年三月丙寅幸中堂聽訟

六年十月己酉幸東堂聽訟

後廢帝元徽三年四月丙戌車駕幸中堂聽訟

南齊太祖建元二年十二月乙巳車駕幸中堂聽訟

武帝永明二年六月癸卯車駕幸中堂聽訟

三年七月詔丹陽所領及餘二百里內見囚同集京師自此以外委州郡決斷

八月乙未車駕幸中堂聽訟

明帝建武二年四月己亥詔三百里內獄訟同集京師克日聽覽

梁高祖微時知民疾苦逮踐皇極躬覽庶事日昃聽政求民之瘼乃命輶軒以省方俗置肺石以達窮民務加隱恤舒其急病每至冬月四更竟即勑燭看事執筆觸寒手爲皴裂糺姦擿伏

（第九葉原闕）

洞盡物情常有懷哀矜泣涕然後可奏日止一食膳無鮮腴雖
豆羹麤糲

陳高祖以永定元年十月即位其月戊寅輿駕幸華林園親覽
詞訟臨赦囚徒

二年三月乙卯帝幸後堂聽訟

三年六月癸卯帝疾小瘳臨評獄訟

孝文天嘉元年八月癸未臨景陽殿聽訟帝每有主者奏決妙
識眞偽一夜內刺閨取外事分判者前後相續每雞人伺漏傳
更籤於殿中乃刺送者必投籤於階石上令鎗然有聲云吾雖
眠亦令驚覺也

東魏孝靜帝天平四年六月己巳幸華林園理訟

元象元年六月壬辰帝幸華林都堂聽訟

武定元年三月帝親聽訟

北齊文宣天保六年三月戊戌臨昭陽殿聽獄決訟

七年二月癸未詔常山王演等於涼風堂讀尚書奏按論定得
失帝親決之

廢帝乾明元年正月甲辰幸芳林園親錄囚徒死罪已下降免
各有差

誠勵

伊訓曰儆于有位洪範云是彝是訓自昔哲王曷嘗不敢勵[illegible]
族俾克由禮敷言庶列罔或曠官藹然令猷布於簡冊自漢鼎
既輕幅員分裂英雄崛起各據勢勝臣民主祀萃先風教若夫
繼體承業負邦作翰蓋由本閨門篤愛是以勗以道義責成
寄任窒其嗜好禁其驕縱至有肅奉軍志力扶義舉專牢牧之
任參刑法之重分職聯事交修庶務莫不順考古訓申明戒誥
以至臨遣諭旨督誨切至蓋御下之明略垂世之隆範也

蜀先主遺詔後主曰勿以惡小而爲之勿以善小而不爲惟德
能服於人汝父德薄勿效之可讀漢書禮記閑暇歷觀諸子及
六韜商君書益人意智聞丞相爲寫申韓管子六韜一通已畢
未送道亡可自更求聞達後主時來敏爲輔軍將軍坐事去職
後爲大長秋又免後累遷于光祿大夫復坐過黜前後數貶削
皆以語言不節舉動違常也後以敏爲執慎將軍欲令以官重
自警戒也

吳大帝謂呂蒙及蔣欽曰卿今並塗掌事宜學問以自開益蒙
曰在軍中常苦多務恐不容復讀書帝曰孤豈欲卿治經爲博
士邪但當令涉獵見往事耳卿言多務孰若孤孤少時歷詩書
禮記左傳國語惟不讀易至統事以來省三史諸家兵書自以
爲大有所益如卿二人意性朗悟學必得之寧當不爲乎宜急
讀孫子六韜左傳國語及三史孔子言終日不食終夜不寢以
思無益不如學也光武當兵書之務手不釋卷孟德亦自謂老
而好學卿何獨不自勉勗邪蒙始就學篤志不倦其所覽見舊
儒不勝後魯肅上代周瑜過蒙言議常欲受屈肅拊蒙背曰吾

謂大弟但有武略耳至於今者學識英博非復吳下阿蒙蒙曰士
別三日即更刮目相待大兄今論何一稱穰侯乎兄今代公瑾
既難爲繼且與關羽爲鄰斯人長而好學讀左傳略皆上口梗
亮有雄氣然性頗自負好陵人今與爲對當有單複以卿待之
密爲肅陳三策肅敬受之秘而不宣帝常歎曰人長而進益如
呂蒙蔣欽蓋不可及也富貴榮顯更能折節好學耽悅書傳輕
財尚義所行可迹並作國士不亦休乎帝嘗下令諸將曰夫存
不忘亡安必慮危古之善教昔雋不疑漢之名臣於安平之世
而刀劍不離於身蓋君子之於武備不可以已況今處身疆畔
豺狼交接而可輕忽不思變難哉頃聞諸將出入各尚謙約不
從兵甚非備慮愛身之謂夫保已遺名以安君親孰與危辱宜
深警戒務崇其大副孤意焉

建昌侯慮有才名時丞相顧雍等請開府假節大帝乃詔曰期
運擾亂凶邪肆虐威罰有序干戈不戢以慮氣志休懿武略風

昭必能為國佐定大業故授以上將之位顯以殊特之榮寵以
兵馬之勢委以偏方之任外欲威振敵虜厭難萬里內欲鎮撫
遠近尉恤將士誠慮建功立事竭命之秋也慮其內脩文德外
經武訓持盈若沖則滿而不溢苟慎乃心無忝所受
宋高祖微時有納布衫襖等衣皆是敬皇后手自作高祖既貴
以此衣付長女會稽公主曰後世若有驕奢不節者可以此衣
示之永初末高祖疾甚召太子誡之又為手詔曰朝廷不須復
有別府宰相帶揚州可置甲士千人若大臣中任要宜有爪牙
以備不祥人者可以臺見隊給之有征討悉配以臺見軍隊行
還復曰後世若有幼主一朝事一委宰相母后不煩臨朝仗既不
入臺殿門要重人可詳給班劒
文帝時劉道濟為振武將軍益州刺史長史費謙別駕張熙參
軍楊德年等並聚斂興利而道濟委任之傷政害民民皆怨毒
帝聞之與道濟詔戒之曰聞卿在任未盡清省又頗殖貨若萬

一有此必宜改之比傳人情不止紛紜當以法御下深思自警
以副本望
衡山王義季為荊州刺史素嗜酒自彭城王義康廢後為長夜
之飲略少醒日文帝累加詰責義季引愆陳謝帝詔報之曰誰
能無過改之為貴耳此非唯傷事業亦自損性命世中比比皆
汝所諳近長沙兄弟皆緣此致物故將軍蘇徽耽酒成疾旦夕
待盡吾試禁斷并藥膳至今休然此自是可節之物但嗜者不
能立志裁割耳晉元帝仁主尚能感王導之諫終身不復飲酒
汝既有美尚加以吾意殷勤何至不能慨然深自勉厲乃復須
嚴相割截生諸紛紜然後少止者幸可不至此一門無此酣酒
汝於何得之臨書歎塞義季雖奉此旨酣從如初遂以成疾帝
又詔之曰汝飲積食少而素羸多風常慮至此今果委頓縱不
能以家國為懷近不復顧性命之重可歎可恨豈復一條本望
能以理自厲未欲相苦耳今遣孫道裔就楊佛等令晨夕視汝

（下闕）

原闕

冊府元龜卷第一百九十七

閏位部 一十六

朝會　宴會　慶賜　納貢獻

朝會

朝會者禮之經也嬴秦罷侯守不越境歲時班制又匪經見吳蜀而下時時間作事之細者史或失傳至於聲明文物表著名數存諸類例此不復陳沿革在斯粗可綱舉儀於大國雖則多慙君彼一隅斯亦爲政云爾

吳景帝永安元年十二月戊辰臘百僚朝賀

宋文帝元嘉三十年正月乙亥朔會羣臣於太極前殿

明帝泰始二年正月己丑朔以軍事不朝會

南齊武帝永明六年十月庚申立冬初臨太極殿讀時令

梁太祖開平元年十月癸酉御史司憲薛廷珪奏請文武百官仍舊朝參先是帝欲親征共勇命朝臣先赴洛都至是緩其期

原闕

三十六年三月宴于丹徒宮

南齊太祖建元元年九月戊申幸宣武堂宴會詔諸王公以下賦詩

二年三月己亥幸樂遊苑宴會王公以下賦詩

武帝永明二年七月詔曰夫樂所以生先哲垂誥禮不忘本積代同風是以漢明遲回於南陽魏文殷勤於譙國青溪宮體天含暉則地栖寶光定靈源允集符命在昔期運初開經綸方遠繕築之勞我則未暇時滌事往永惟哽咽朕以寡薄嗣奉鴻基思存締構式表王迹考星創制揆日興功子來告畢規摹昭備宜申燕享之禮以暢感慰之懷可克日小會八月丙午車駕幸舊宮小會設金石樂在位者賦詩

四年正月以藉田禮畢幸閱武堂勞酒小會詔賜王公以下在位者帛有差

五年三月戊子幸芳林園禊宴戊申車駕幸芳林園宴

九月詔九日出商飈館登高宴群臣辛卯車駕幸商飈館是館
帝所立在孫陵崗世呼為九日臺
十二月戊子太子長子欝林王昭業冠于東宮崇正殿其日小
會賜王公以下帛各有差
東昏侯永元二年六月庚寅車駕於樂遊苑内會如三元京邑
女人放觀
和帝中興元年五月車駕幸竹林寺禪房宴群臣
梁高祖大同十年三月庚戌幸迴賓亭宴帝鄉故老及所經近
縣奉迎侯者少長數千人各賚錢二千
太清元年五月丁酉輿駕幸德陽堂宴群臣設絲竹樂
陳高祖永定二年十二月太極殿東堂宴群臣設金石之樂以
路寢告成也
宣帝太建七年閏九月甘露降樂遊苑丁未車駕幸樂遊苑採
甘露宴群臣詔於苑龍舟山立甘露亭

八年四月甲寅詔曰元戎凱旋群帥振旅旌功策賞宜有饗宴
今月十七日幸樂遊苑設絲竹之樂大會文武
後主至德元年十二月辛丑釋奠于先師禮畢設金石之樂會
宴王公卿士
東魏孝靜帝天平三年正月癸卯朔饗群臣於前殿
四年九月甲午輿駕幸玄武湖肄艫艦閱武宴群臣賦詩
北齊文宣帝天保元年七月詔曰古人鹿皮為衣書囊成帳有
懷盛德風流可想其魏朝御府所有珍奇雜綵常所不給人者
徒為之積宜命悉出送内後園以供七日宴賜
九年十一月登三臺御乾象殿朝讌群臣並命賦詩
梁太祖開平元年五月丙申御玄德殿宴犒諸軍使劉捍符道
昭已下賜物有差是月青州許州定州三鎮節度使請開内宴
各進方物
六月戊寅幸乾元院宴召宰臣學士及諸道入貢陪臣

二年三月幸澤州辛巳以同州節度使劉知俊為潞州行營招
討使壬午宴扈駕群臣并勞知俊賜以金帶戰袍寶劍茶藥
四月丁未自澤州還至懷州宴宰臣文武百官
九月丁亥西幸至陳州錫宴扈從官
十月乙巳御内殿宴宰臣扈從官共四十五人丙午御毬場殿
宣夾馬都指揮使尹皓韓瑭以下將士五百人賜酒食庚戌至
西都御文思殿辛亥宰臣百寮起居於殿前遂宣赴内宴賜分
物有差丁巳至東都壬戌御宣和殿宴宰臣文武百官
十一月辛未御宣和殿宴宰臣文武百官以大駕還京故也庚
辰御宣和殿宴宰臣文武百官乙未又宴宰臣文武百官於宣
和殿
三年正月甲午御文思殿宴群臣賜金帛有差
二月丁酉宴群臣於崇勳殿甲辰又宴群臣於崇勳殿盖藩臣
進賀勉而從之

三月丙寅朔御崇勳殿視朝遂宴群臣
四月車駕在河中府己亥御前殿宴宰臣及與王友謙扈從官
甲寅宴宰臣及扈從官於内殿
五月乙丑朔視朝遂命宰臣及文武百官宴於内殿己卯車駕
至西京癸未御崇勳殿宴宰臣及文武官四品已上己丑復御
崇勳殿宴宰臣文武官四品已上
九月甲午宴百官于崇勳殿丙辰御崇勳殿召韓建楊涉薛貽
矩趙光逢杜曉河南尹張宗奭襄州節度使楊師厚宣州節度
使王景仁等賜食賜宰臣銀鞍轡馬分物銀器細茶等庚申御
崇勳殿宴宰臣及文武百官
四年正月壬寅幸保寧毬場錫宴宰臣及文武百官
二月戊辰宴於金鑾殿甲戌以春時無事頻命宰臣及勲烈宴
於河南府泄亭辛巳楊師厚赴鎮于陝寒食假諸道節度使郡
守勲臣競以春服賀又連清明宴以鞍轡馬及金銀器羅錦進

者迨千万乃御宣威殿宴宰臣及文武官四品已上
三月壬辰幸崇政院宴勲臣己亥幸天驥院宴侍臣壬寅幸甘
水亭宴宰臣勲烈翰林學士辛亥宴宰臣於内殿丙辰於興安
毬場大饗六軍樂春時也
四月乙丑宴崇政院帝在藩及踐祚勵精求理深戒逸樂未嘗
命堂上歌舞是日止令内妓昇階擊鼓弄曲甚懽至午而罷
七月壬子宴宰臣河南尹翰林學士兩街使于甘水亭丙辰宴
群臣于宣威殿
八月西征庚午次陝府辛未宴本府節度使楊師厚及從官于
行宮賜師厚帛千疋仍授西路行營招討使丙子宴文武從官
軍使已下設龜茲樂
九月甲午至西京乙卯宴會群臣于宣威殿
十月己卯以新修天驥院闕宴落之内外並獻馬而魏博進絹
四万疋爲驅價

壬午以冬設禁軍幸興安鞠場召文武百官宴
十一月辛卯宴文武四品已上于宣威殿庚戌幸左龍虎軍宴
群臣甲寅幸右龍虎軍宴群臣
十二月辛酉宴文武四品已上于宣威殿
五年三月丙申幸甘水亭召宰臣翰林學士尚書侍郎孔績已
下八人扈從宴樂甚懽戊戌幸右龍虎軍召文武官四品已上
宴于新殿甲辰幸左龍虎軍新殿宴文武官四品已上
四月丁卯幸龍門召宰臣學士金吾上將軍大將軍侍宴廣化
寺丁丑幸宣威殿宴文武官四品已上及軍使蕃客己卯又幸
左龍虎軍宴群臣
乾化元年五月甲申朔大赦改元宴于宣威殿壬辰宴于河南尹
翰林學士軍使于宣威殿
八月癸亥詔宰臣文武百寮宴于河南府
九月己丑宴群臣于興安殿

十月辛相州癸亥令諸軍指揮使及四蕃將軍賜食于行宮之
外甞戊辰幸邑西之白龍潭潭水豆土許步南北五之一焉風
觸拆岸遼然有江湖之狀潭之北立神祠祠前亭宇引敞下植
波際帝登臨凝睇飜目舒悦即命丞相與翰林六學士侍膳于
左右又命魚艇數十以釣網進觀歡焉
十一月甲申至黎陽縣乙酉命從官丞相已下宴于行次
二年二月庚戌中和節御崇勲殿召丞相六學士河南尹略對
詩於万春門外賜以酒食
是月庚申御宣威殿開宴丞相洎文武官屬咸彼召列侍竟日
而罷
三月北巡還至貝州辛卯召丞相翰林六學士文武從官都招討
使及諸軍統軍指揮使等賜食于行殿壬辰命以羊酒等各賜
從官己未次黎陽縣東都留司官吏奉表起居賜丞相從官酒
食有差己巳至東都博王友文以新創食殿上言并進准備内

宴錢三千貫銀器一千五百兩辛未宴于食殿召丞相及文武
從官等侍焉

慶賜

傳曰行慶施惠闓有不當孟子稱有言曰推恩足以保四海古之
令王何莫由茲道也自嬴氏力政并吞諸夏申詔爵之典兆群
飲之禁逮氣王南紀時更五代元魏之季高齊嗣興莫不因事
以大賚昭德以行賞或進位以寵文武版授以尊耆夏恤民之
隱則有穀帛之賜與人同樂則有牛酒之惠至於善人女子亦
以霑恩及遠夫朱梁率由是矣其或折俎之宴有東帛之賚蓋代
木之詩所謂將其厚意者也
秦始皇二十五年五月天下大酺（周禮族師掌春秋祭酺爲人物災害之神　蘇林曰陳留俗三月上巳臨水敍食爲酺）
二十六年更名民曰黔首（黔黎黑也）大酺
二十七年賜爵一級

三十一年十二月更命臘曰嘉平賜黔首里六石米二羊

三十六年徙民於北河榆中拜爵一級

吳大帝黄龍元年四月即皇帝位是日將吏皆進爵加賞

景帝永安元年十一月紹位詔曰諸將吏奉迎陪位在永昌亭者皆加位一級

宋高祖永初元年六月即位改元大赦賜民爵二級鰥寡孤獨不能自存者人穀五斛

少帝景平元年正月己亥朔大赦改元文武進位二等

文帝即位初文武賜位二等

元嘉六年三月立皇子劭爲皇太子賜文武位一等

十四年正月南郊大赦文武賜位一等孤老六疾不能自存者人賜穀五斛

十七年十月大赦天下文武賜爵一級

二十四年春大赦文武賜位一等繫囚降宥諸逋負責減各有差

孤老六疾不能自存者賜穀五斛

是年以林邑所獲金銀寶物班賚各有差

二十六年幸丹徒詔二千石官長並勤勞王務宜有沾錫

孝武孝建元年正月立皇子子業爲皇太子賜天下爲父後者爵一級孝子順孫義夫節婦粟帛各有差

七月大赦賜文武爵一級

大明二年詔曰先帝靈命初興龍飛西楚歲紀浸遠感往纏心奉迎文武情深常隸宜沾殊澤以申永懷吏身可賜爵一級軍戶免爲平民

三年七月大赦孝子順孫義夫節婦賜粟帛各有差

四年車駕躬耕籍田大赦天下力田之民隨才敘用孝悌義順賜爵一級孤老貧疾人穀十斛籍田職司優沾重賚百姓之粮逋債宜貸給吏宣勸有章者詳加褒進

六年正月祀南郊大赦天下孝子順孫義夫悌弟賜爵一級鰥姑節婦及孤老六疾賜帛五疋穀十斛

七年二月車駕巡南豫南兖二州賜民爵一級女子百戶牛酒刺守邑宰及民夫從蒐者普加沾賚又詔蠲歷陽郡租輸三年遣使巡慰問民疾苦鰥寡孤老六疾不能自存者厚賜粟帛

十月壬寅太子冠賜王公以下帛各有差

十二月行幸歷陽郡賜女子百戶牛酒高年孤疾賜帛十疋

前廢帝永光元年八月誅太宰江夏王義恭等改元景和文武賜位二等

景和元年皇子生少府劉勝之子也大赦天下賜爲父後者爵一級

明帝即位初大赦天下改泰始元年賜民爵二級鰥寡孤獨不能自存者穀人五斛

二年既討平江郢荆雍湘五州六軍解嚴大赦天下賜民爵一級

五年車駕躬耕籍田大赦天下賜力田爵一級

後廢帝元徽二年加元服大赦天下賜民男子爵一級爲父後及三老孝悌力田爵二級鰥寡孤獨篤癃不能自存者穀五斛年八十以上加帛一匹大酺五日賜王公以下有差

是年江州刺史桂陽王休範舉兵反討平之詔京邑二縣埋藏所殺賊并戰亡者復同京城是日解嚴大赦天下文武賜位一等

四年正月車駕躬耕籍田大赦天下賜力田爵一級

順帝元徽五年七月即位大赦天下賜文武位二等

南齊太祖建元元年四月受禪大赦賜民爵二級文武位二等鰥寡孤獨不能自存者穀人五斛

六月詔諸將及義勳力艱難盡勤直衛其從還宮者普賜位一階

武帝永明二年八月幸青宮領宮職司詳賜幣帛

四年閏正月辛亥籍田詔孝悌力田詳授爵位孤老貧窮賜穀十石甲寅幸閱武堂勞酒小會詔賜王公以下在位者帛有差

是年三月國子講孝經車駕幸學賜國子祭酒博士助教絹

各有差
五年十一月戊子皇孫冠於東宮崇政殿其日小會賜王公以
下帛各有差
十一年四月立皇太孫詔賜天下爲父後者爵一級孝子順孫
義夫節婦粟帛各有差
明帝建武元年立皇太子寳卷詔天下孝子順孫義夫節婦普
加敦賜明揚表其衡閭賚以束帛
二年寢朝成詔監作長師可賜位一等役身遣假一年非役者
蠲租同假
三年皇太子冠賜王公以帛各有差爲父後者賜爵一級
四年四月改元永泰文武賜位二等
普通元年正月改元賜文武勞位孝悌力田爵一級尤貧之家
勿收常調鰥寡孤獨並加贍䘏
三年八月辛酉作二郊及籍田並畢班賜工匠各有差

府一百九十七　九

四年二月乙亥籍田詔孝悌力田賜爵一級預耕之司剋日勞
酒三日
大通元年正月辛未詔孝悌力田賜爵一級
中大通元年正月辛酉輿駕親祠南郊大赦天下孝悌力田賜
爵一級
三年七月乙亥立晉安王綱爲皇太子大赦天下爲父後者及
出處忠孝文武清勤並賜爵一級
五年正月辛卯輿駕親祠南郊赦天下孝悌力田賜爵一級
六年二月癸亥輿駕親耕籍田大赦天下孝悌力田賜爵一級
大同三年正月辛丑輿駕親祠南郊大赦天下孝悌力田賜爵
一級
五年正月辛未輿駕親祠南郊詔孝悌力田及州閭鄉黨稱孝
爲善人者各賜爵一級并勤所屬即時騰上
十年三月駕幸蘭陵謁建陵至脩陵壬寅詔故鄉老少接遝者

至情獨孜孜若歸塋父宜有以慰其此心並可錫位一階并加
頒賚內外從官軍主左右錢米各有差癸卯詔園陵職司恭事
勤勞並賜位一階并加頒賚是月幸迴賓亭宴帝鄉故老及所
經近縣奉迎候者少長數千人各賚錢二千
中大同元年四月大赦改元孝悌力田爲父後者賜爵一級賚
宿衛文武各有差
太清元年四月丁亥輿駕自同泰寺還宮大赦改元孝悌力田
爲父後者賜爵一級在朝群臣宿衛文武並加頒賚
元帝承聖元年十一月即位改元大赦孝子從孫可悉賜爵
敬帝紹泰元年十月即位大赦改元內外文武賜位一等
太平元年九月壬子改元孝悌力田賜爵一級
陳高祖永定元年十月受禪大赦改元賜民爵二級文武二等
鰥寡孤獨不能自存者人穀五斛
文帝永定三年六月即位詔文武內外量加爵敘孝悌力田爲

府一百九十七　十

父後者賜爵一級
九月立皇太子伯宗王公以下賜帛各有差
天嘉元年正月癸丑大赦改元孝悌力田殊行異等加爵一級
辛酉輿駕祠南郊賜民爵一級
三年正月初祠南郊詔曰朕負荷寳圖亟迴星琯兢兢業業庶
幾治定而德化不孚俗澆茲甚永言念之無忘日夜陽和布氣
昭事上玄躬奉牲玉誠兼饗敬思與黎元被斯寬惠可普賜民
爵一級其孝悌力田別加
七月己丑皇太子納妃王氏在位文武賜帛各有差孝悌力田
爲父後者賜爵二級
六年正月甲午皇太子加元服王公以下賜帛各有差孝悌力
田爲父後者賜爵一級鰥寡孤獨不能自存者穀人五斛
天康元年四月乙卯皇孫至澤生在位文武賜絹帛各有差爲
父後者賜爵一級

廢帝光大元年正月大赦改元孝悌力田賜爵一級
七月戊申立皇子至澤為皇太子賜天下為父後者爵一級王
公已下賚帛各有差
宣帝太建元年正月甲午即位大赦改元在位文武賜位一階
孝悌力田及為父後者賜爵一級異等殊才並加策序鰥寡孤
獨不能自存者人賜穀五斛
七月辛卯皇太子納妃王公以下賜帛有差
五年二月己丑皇孫生詔曰皇孫載誕國祚方隆思與羣臣共
同斯慶內外文武賜帛各有差為父後者爵一級
後主太建十四年正月丁巳即位大赦在位文武及孝悌力田
為父後者並賜爵一級孤老鰥寡不能自存賜穀人五斛帛二匹
四月丙子永康公為皇太子賜天下為父後者爵一級王公已
下賚帛各有差
至德二年七月壬午太子加元服在位文武賜帛各有差孝悌

力田為父後者各賜爵一級鰥寡癃老不能自存者人穀五斛
東魏孝靜帝天平三年五月賜鰥寡孤獨貧窮者衣服各有差
興和元年十月以新宮成大赦改元年八十已上賜綾帽及杖
七十以上賜帛及有癈疾者各賜帛粟
二年正月從新宮大赦內外百官普進一階營構主將別優一階
北齊文宣帝天保元年五月受禪南郊禮畢大赦改元百官進
階男子賜爵鰥寡六疾義夫節婦旌賞各有差
九年十一月以新宮成丁酉大赦內外文武普汎一大階
廢帝天保十年十一月癸卯即位大赦內外百官普加汎級
孝昭帝皇建元年十一月立世子百年為太子賜天下為父後
者爵一級
武成帝河清元年正月以子緯為皇太子大赦內外百官普加
汎級諸為父後者賜爵一級
後主天統三年二月帝加元服大赦九州職人各進四級內外

百官普進二級
十一月以晉陽大明殿成大赦文武百官普進二級
武平元年六月以皇子生大赦內外百官普進二級九州職人
普進四級
梁太祖開平元年四月己未將受唐禪賜文武百官一百九十
六人各　本色衣一副　丁卯大酺賞賜有差
二年十一月戊子賜文武百官帛
三年正月賜南郊行事官禮儀使趙光逢已下分物甲午上御
文思殿宴群臣賜金帛有差甲申賜文武百官帛有差命宣徽
使王郎押絹一万匹并茵褥圖帟二百六十件賜張宗奭
九月御崇勳殿宴群臣文武百官賜張宗奭楊師厚白綾各三
百匹銀鞍轡馬丁酉上幸崇政院宴內臣賜院使敬翔直學士
李珽等繒綵有差
四年正月壬寅幸保寧毬場錫宴宰臣及文武百官賜宰臣張

宗奭已下分物有加又賜廣王分物
七月丙辰宴群臣于宣威殿賜物有差
八月車駕西征次陝府丙子宴文武從官軍使已下設龜茲樂
賜物有差
五年三月丙申幸甘水亭召宰臣翰林學士尚書侍郎孔績已
下八人扈從宴樂上甚懽賜物有差
四月丁卯幸龍門召宰臣學士金吾上將軍大將軍侍宴于廣
化寺賜物有差
乾化元年五月甲申朔大赦改元詔方伯州牧近未加恩者並
遷爵秩優賚軍旅傳宴于宣威殿賜帛各有差
三年四月幸魏州之金波亭賜宰臣文武官及六學士至酒有差
末帝龍德元年正月改元詔曰郊禋大禮舊有覃恩御殿改元
以無賞賚給今則不循舊例別示特恩其行營將士賞賚已給行
本家宜令招討使霍彥威副招討使王彥章陳州行營都指揮

[illegible]漢僭號示諸軍知委

納貢獻

天子制貢職所以均財用諸侯歸時事所以陳藝極是以明上下之序聿成經久之法昔漢室淪喪三國鼎峙孫劉而下暨有江吳北齊朱梁奄宅中土而皆祇宣法式寵綏遐邇故荒服之長中外之臣莫不遵時會之文修任土之貢亦有獻瑞物而表寶器者咸用論次焉

吳大帝漢建安末為吳侯安遠將軍領交阯太守士燮每遣使致雜香細葛輒以千數明珠大貝琉璃翡翠瑇瑁犀象之珍奇物異果蕉邪龍眼之屬無歲不至燮弟合浦太守壹時貢馬凡數百匹帝輒為書厚加寵賜以答慰之

嘉禾元年十月魏遼東太守公孫淵遣使奉表獻貂馬帝大悅加淵爵位

宋明帝泰始四年二月丙申豫章望蔡獲古銅鼎高一尺七寸太守張辯以獻

南齊武帝永明五年益州刺史始興王鑑獻龍角一枚長九尺三寸色紅有文

六年七月齊郡太守劉元寶於郡城塹得錢三十七萬徑一寸半以獻帝以為瑞班賜公卿

崔惠景為南郡內史梁南秦二州刺史又為司州刺史惠景每罷州輒貢獻奉動數百萬武帝以此嘉之

梁武帝大通初陶弘景獻二刀於高祖其一名善勝一名成勝並為佳寶

陳宣帝太建七年四月郢州獻瑞鍾

十二月南康郡獻瑞鍾

北齊文宣帝天保七年梁湘州刺史王琳獻馴象

梁太祖開平元年五月壬午保義軍節度使王友謙進百官衣二百副

其月廣州進奇寶名藥品類甚多河南尹張全義進開平元年已前羨餘錢十萬貫紬六千匹綿三十萬兩仍請每年上供定額每歲貢絹三萬匹以為常式荊南高季昌進瑞橘數十顆質狀百味倍常芳且橘當冬熟今方中夏特以咸異其實因稱為瑞

十月廣州進獻助軍錢二十萬又進龍腦腰帶真珠枕玳瑁香藥等

十一月廣州進龍形通犀腰帶金托裹含稜玳瑁器百餘副香藥珍巧甚多

二年正月幽州劉守文進海東鷹鶻蕃馬氈罽方物

九月福州貢玳瑁琉璃犀象器并珍玩香藥奇品海味色類良多價累千万

十一月諸道節度刺史各進賀冬田器鞍馬綾羅等

三年四月幽州節度使劉守光進蕃中生異馬一匹鞍後毛長五寸名烏龍兩浙節度使錢鏐進睦州大茶三百一十籠洞牙琴百枚桐木遂二千條吳越進奉使紀君武銀帛有差

是年冬諸道節度使刺史咸貢戰馬銀綿綺羅疋

四年五月自朔旦至癸巳內外以午日奉獻巨万計馬三千蹄餘稱是復相率助修內署時南北征伐版籍未有定賦帝每[illegible]營造故四方不賦[illegible]而[illegible]方[illegible]獻

八月福州獻山[illegible][illegible]盡之剝平[illegible]於[illegible]室矣

七月福州貢方物獻桐皮扇廣州貢犀玉獻舶上薔薇水

十月己卯新修天驥院帝閱宴賜之內外臣獻馬而銀博進絹四方匹帛為驗價

乾化元年兩浙進大方茶二万斤漆畫宮衣五百副廣州貢犀象奇貨及金銀等其估數千万安南兩使留後曲美進筒中蕉五百匹龍腦鬱金各五瓶他海貨等有差又進南蠻通好金器六物銀器十二并乾陁綾花縑越𣰽等雜織奇巧者凡三十件福建進戶部支榷錢萬三万五千匹

是年冬諸道節度使刺史咸貢鞍馬銀緡綺羅賀王
四年五月自朔旦至癸巳內外以午日奉獻巨万計馬三千蹄
餘稱是復相率助修內壘時南北征伐藩未有定雖帝每誡營造及節序無不咸獻而南方數鎮入相調外山澤魚鹽之利卒轄於縣官矣
七月福州貢方物獻桐皮扇廣州貢犀玉獻舶上薔薇水
十月己卯新修天驥院帝閱宴落之內外並獻馬而魏博進絹
四方匹爲騶價
乾化元年兩浙進大方茶二万斤瑒畫宮衣五百副廣州貢犀
象奇貨及金銀等其估數千万安南兩使留後曲美進筒中蕉
五百匹龍腦鬱金各五瓶他海貨等有差又進南蠻通好金器
六物銀器十二并乾陁綾花緤越睡等雜紬奇巧者合三十件
福建進戶部度支榷課葛三万五千匹
二年四月廣州獻金銀犀牙雜寶貨及名香等合估數千万
是月客省引進使韋堅使廣州迴以銀茶上獻其估凡五百餘

府一百九十七　十五

万福建進供御金花銀食器一百件各五千兩
是年天下郡國各下助郊天及賀正貢獻相次而至

冊府元龜卷第一百九十七

冊府元龜卷第一百九十八

閏位部

耕籍　務農　節儉

耕籍

周礼有王籍之制以時入之上以供粢盛下以致畜殖所農務
籍於是乎在而羸氏并吞收太半之賦孫劉鼎峙定三分之業
甸師所掌史策无聞故不可得而論也若乃由宋洎陳迭王江
左北齊高氏建都鄴下皆親御耒耜率勸農功所謂国之大典
民之大事于斯而已矣其或致誠齋祭草具礼儀除壇於国之
震離十月於春之孟仲遵時沿革亦載于篇也

宋文帝元嘉二十年十二月詔曰古者從時脉土以訓農功躬
耕帝籍敬供粢盛仰瞻前王思遵令典便可量處千畝考卜元
辰朕當親率百辟致礼郊甸庶幾誠素將被斯氏初帝將親耕
而其儀久廢使何承天撰定儀注研史學生山謙之已私鳩集

因以奏聞於是斟酌衆條造定圖注先立春九日尚書宣攝内
外各使隨局從事司空大農京尹令尉度宫之辰地八里之外
整制千畝開阡陌立先農壇於中阡西陌南御耕種壇於中阡
東陌北將耕宿設青幕于耕壇之上皇后帥六宮之人生穜稑
之種付籍田令耕日太祝以一太牢告祠先農悉如祠帝社之
儀孟春之月擇上辛後吉亥日御乘耕根三蓋車駕蒼駟青旂
著通天冠青幘朝服青衮帶佩蒼玉蕃王巳下至六百石皆衣
青唯三臺武衛不耕不改服章車駕出衆事如郊廟之儀車駕
至籍田侍中跪奏尊降車臨壇大司農跪奏先農已享請皇帝
親耕太史令讚曰皇帝親耕三推三反於是群臣以次耕王公
五等開国諸侯五推五反孤卿大夫七推七反士九推九反籍
田令率其屬耕竟畝灑種即耰礼畢

孝武大明四年正月乙亥躬耕籍田

明帝泰始五年正月癸亥躬耕籍田

後廢帝元徽四年正月巳亥躬耕籍田

南齊武帝永明三年十二月詔曰九穀之重八財為本是故架
粢豐盛祝史无愧於辞不籍千畝周宣所以貽諫昔期運初啓
庶政草昧三推之典我則未暇朕嗣奉鴻基思隆先軌載耒躬
親率由舊式可以開春發歳敬簡元辰鳴青鸞於東郊冕朱紘
而莅事仰薦宗禋俯勗黔阜將使困庾内充遺秉外牧既富而
教兹焉攸在

四年閏正月辛亥親耕籍田

梁高祖天監十三年二月丁亥親耕籍田先是籍田依宋齊以
正月用事不齋不祭帝以為啓蟄而耕則在二月節内書云以
殷仲春理在建卯於是改用二月

十六年二月辛亥耕籍田

普通二年四月丙辰詔曰夫欽若昊天歴象无違躬執耒耜尽
力致敬上協星鳥俯訓民時平秩東作義不在南前代因襲有

乖礼制可以震方簡求沃野具兹千畝庶允舊章於是徙籍田
於建康北岸築兆域大小列種梨柏便殿及齋官省如南北郊
別有望耕臺在壇東帝親耕畢登此臺以觀公卿之推伐又有
祈年殿云

四年二月乙亥躬耕籍田詔曰夫耕籍之義大矣哉粢盛由之
而興礼節因之以著古者哲王咸用此作春言八政致兹千畝
公卿百辟恪恭其儀九推礼畢馨香靡替兼以風雲叶律氣象
光華屬覧休辰思加獎勸可班下遠近廣闢良疇公私畎畝務
尽地利若欲附農而粮種有乏亦並加貸給每使優徧孝悌力
田賜爵一級預耕之司尅日勞酒

中大通六年二月癸亥親耕籍田

大同元年二月丁亥躬耕籍田

二年二月乙亥躬耕籍田

三年二月丁亥親耕籍田

四年二月巳亥親耕籍田

六年二月巳亥親耕籍田

七年二月辛亥親耕籍田

太清元年二月丁亥躬耕籍田

陳宣帝太建元年二月乙亥親耕籍田

三年二月丁酉親耕籍田

六年二月辛亥親耕籍田

九年二月壬午親耕籍田

十一年二月癸亥親耕籍田

十三年二月乙亥親耕籍田

北齊文宣帝天保二年正月辛亥親耕籍田于東南其制千畝內種赤粱白穀大豆赤黍小豆黑穄麻子小麥色別一頃自餘一頃地中通阡陌作祠壇於陌南阡西廣輪三十六尺高九尺四陛三壝四門又為大營於外設御耕壇於阡東陌北每歲正月上辛後吉亥使公卿以太牢祠先農神農氏於壇上无配饗祭訖親耕先祠司農進穜稑之種六宮主之行事之官並齋設齋省於壇所列宮懸又置先農坐於壇上衆官朝服司空一獻不燎祠訖帝乃服通天冠青紗袍黑介幘佩蒼玉黃綬青帶襪舄備法駕乘木輅耕官青朝服從駕中監進御耒於壇南百官定列帝出便殿升耕壇南陛即御坐應耕者各進於列帝降自南陛至耕位釋劍執耒三推三反升壇即坐耕官一品五推五反二品七推七反三品九推九反籍田令帥其屬以牛耕終千畝以青箱奉穜稑種跪呈司農詣耕所灑之種訖司農省功奏事畢帝降之便殿更衣饗宴禮畢班賚而還

務農

夫四人之業農居其一焉盖務穡播穀所以厚下而豐財授時勉人所以敦本而成務致國於富彊濟俗於仁壽未始不由茲道也嬴秦肆暴靡修稼政孫劉裂壤南北更王以迄于朱梁或勸課纖悉形於詔令或優恤深篤著於條禁以至蠶月云及中其帛衰之刑耕事方急緩其繫絏之戮親臨甽畝形於奬誨縱後餘糧委於甫田游手緣於東作既富而教可以君國而永命也

蜀後主建興二年春詔務農植穀閉關息民

吳大帝黃武五年陸遜以所在少穀表令諸將增廣農畝報曰甚善今孤父子親自受田車中八牛以為四耦雖未及古人亦欲與衆均等其勞也

赤烏三年正月詔曰蓋君非民不立民非穀不生頃者以來民多征役歲又水旱年穀有損而吏民不良侵奪民時以致饑困自今以來督軍郡守其謹察非法當農桑時以役事擾民者舉正以聞

景帝永安二年三月詔曰朕以不德託于王公之上夙夜戰戰忘寢與食今欲偃武脩文以崇大化推此之道當由士民之贍必須農桑管子有言倉廩實知禮節衣食足知榮辱夫一夫不耕有受其飢一婦不織有受其寒飢寒並至而民不為非者未之有也自頃年已來州郡吏民及諸營兵多違此業皆浮長江賈作上下良田漸廢見穀日少欲求大定豈可得哉亦由租入過重農人利薄使之然今欲廣開田業輕其賦稅差科彊羸課其田畝務令優均官私得所使家給戶贍足相供養則愛身重命不犯科法然後刑罰不用風俗可整以群僚之忠賢若盡心於時雖太古盛化未可卒致漢文升平庶幾可及及之則臣主俱榮不及之則損削侵辱何可從容俯仰而諸卿尚書可共咨度務取便佳田桑已至不可後時事定施行稱朕意焉

宋文帝元嘉八年閏六月詔曰自頃農桑惰業遊食者衆荒萊不闢督課無聞一時水旱便有罄匱苟不深存務本豐給靡因郡守賦政方畿縣宰親民之主宜思獎訓導以良規咸使肆力地無遺利耕蠶樹藝各盡其力若有力田殊衆歲竟條名列上

二十年十二月詔曰國以民為本民以食為天故一夫輟稼飢

者必及倉廩既實禮節以興自頃在所貧罄家無宿積賦之暫偏則人懷愁墊歲或不稔而病之比室誠由政德弗孚以臻斯弊抑亦耕桑未廣地利多遺宰守微化導之方萌庶忘勸分之義永言弘濟明發載懷雖制令亟下終莫懲勸而坐望滋殖庸可致乎有司其班宣舊條務盡敦課遊食之徒咸令附業考覈勤惰行其誅賞觀察能殿嚴加黜陟

二十一年七月詔曰比年穀稼傷損淫亢成災亦由播殖之宜尚有未盡南徐兖豫及揚州浙江西屬郡自今悉督種麥以助闕乏速運彭城下邳郡見種委刺史貸給徐豫土多稻田而民間專務陸作可符二鎮履行舊陂相率脩立并墾闢使及來年凡諸州郡皆令盡勤地利勸導播殖蚕桑麻紵各盡其方不得奉行公文而已

孝武帝大明三年三月以田農要月太官停殺牛

明帝泰始三年正月以農役將興太官停宰牛

南齊武帝永明三年正月詔曰守宰親民之要刺史案部所先宜嚴課農桑相土揆時必窮地利若耕蚕殊衆足厲浮惰者州在郎便列奏其違方矯矜佚事妨農亦以名聞將明賞罰以勸勤怠校覈殿最以申黜陟

鬱林王隆昌元年正月詔曰執耜勤是虧懸磬必室秉機或惰無褐終年非怠非荒雖由王道不茂不秀實賴民和頃歲多稼無爽遺秉如積而三登之美未臻萬斯之基尚遠且風土異宜百姓殊務刑章治緒未必同源妨本害政事非一揆晃旒矯念無忘夙興可嚴下州郡務滋耕殖蠲畝闢疇廣開地利深樹國本克正天民

明帝建武二年正月詔曰食惟民天義高姬載蠶實生本教重軒經前哲盛範後王茂則布令審端咸必由之朕肅承寶籙鄉思孔風訓深務八政永鑒在勤靜言日昃無忘寢興守宰親民之主牧伯調俗之司宜嚴課農桑罔或懈倦俾景肆力必窮地利

修固堤防考校殿最若耕蚕殊衆具以名聞游怠害業即便列奏主者詳為條格

梁簡文大寶二年正月甲戌下令曰軍國多虞戎旗未靜青領雖熾黔首宜安時惟星鳥表年祥於東秩春紀宿龍歌歲取於南畯況三農務業尚看天桃敷水四人有令猶及落杏飛花化俗移風常在所急勸耕且戰弥須自許豈直燕垂寒谷積黍自溫寧可墮此玄苗坐飡紅粒不植鷓鴣空侯蟬鳴可悉深耕溉種安堵復業無棄民力並分地利班勸州郡咸使遵承

陳文帝天嘉元年三月詔守宰明加勸課務急農桑庶鼓腹含哺復在茲日

八月詔曰菽粟之貴重於珠玉自頃寇戎游手者衆民失分地之業士有佩犢之譏朕哀矜黔庶念康弊俗思俾阻饑方存富教麥之為用要切斯甚今九秋在節萬實可收其班宣遠近並令播種守宰親臨勸課務使及時其有尤貧量給種子

後主太建十四年正月即位二月詔曰躬耕為勸義顯前經力農見賞事昭往誥斯乃國儲是資民命攸屬豐儉隆替靡不由之夫入賦自古輸藁惟舊沃饒貴于十金磽确至於三易腴墝既異盈縮不同詠僞日興簿書歲改稻田使者著自西京不實峻刑聞諸東漢老農懼於祛絓俗吏因以侮文輟耒成群游手為作永言妨蠹良可太息今陽和在節膏澤潤下宜展春耨以望秋坻其有新闢塍畎進墾蒿萊廣袤勿得度量征租悉皆停免私業久廢咸許占作公田荒縱亦隨肆勤儻良守教耕淳民載酒有茲督課議以賞擢外可為格班下稱朕意焉

北齊文宣帝天保元年八月詔諸牧民之官仰專意農桑勤心勸課廣收天地之利以備水旱之災

武成帝河清三年定令每歲春月各依鄉土早晚課人農桑自春及秋男子十五已上皆就田畝蚕桑之月婦女十五已上皆營蚕桑孟冬刺史聽審邦教之優劣定殿最之科品有人力無

牛無人力有牛者須令相便皆得納種使地無遺利人無游手焉

梁太祖開平三年八月己卯幸西苑觀稼

四年二月乙丑出光政門至谷水觀麥

五年二月甲子幸曜村民舍閱農事

乾化元年五月癸巳觀稼于伊水

八月戊辰幸故上陽宮至榆林觀稼

節儉

夫節用愛人宣尼之教也去奢去泰玄元之旨也蓋有国有家者曷嘗不遵卑菲之訓申奇巧之禁厚生而務本克己以率下然後致民於富庶享祚於悠久者也自江吳傳国遠于北齊朱梁亦嘗斥棄珍玩禁止貢獻裁减玉食之制削去輿服之飾戒風俗之踰侈化民德以歸厚或形於詔誥或著之行事亦有始初清明急章稽古中道而廢不終令問傳所謂非知之艱行之惟艱又曰其身不正雖令不從雖復條教周悉亦何益於治乎

吳大帝赤烏五年四月禁進獻御减太官膳

十年三月改作太初宮諸將及州郡皆義作帝詔曰建業宮乃朕從京來所作將軍府寺耳材柱率細皆以腐朽常恐損壞今未復西可徙武昌宮材瓦更繕治之有司奏言曰武昌宮已二十八年恐不堪用宜下所在通更伐致帝曰大禹以卑宮為美今軍事未已所在多賦若更通伐妨損農桑徙武昌材瓦自可用也

宋高祖清簡寡欲嚴整有法度未嘗視珠玉輿馬之翫後庭無紈綺絲竹之音寧州嘗獻虎魄枕光色甚麗價盈百金時將北征以虎魄治金創帝大悅命擣碎分付諸將平關中得姚興財帛皆在外府內无私藏宋臺既建有司奏東西堂施局脚牀銀塗釘帝不許使用直脚牀釘用鐵廣州嘗獻入筒細布一端八丈帝惡其精麗勞人即付有司彈太守以布還之并制嶺南禁作此布帝素有熱病并患金創末年尤劇坐卧常須冷物後有獻大石牀寢之極以為佳乃歎曰木牀且費而况石耶即令毀之制諸主出適遣送不過二十万無錦繡金玉內外奉禁莫不節儉性尤簡易常着連齒木屐好出神虎門逍遥左右從者不過十餘人諸子旦問起居入閤脫公服止著裙如家人之礼（孝武大明中壞帝所居陰室於其處起玉燭殿與羣臣觀之牀頭有土鄣壁上有葛燈籠麻繩拂侍中袁顗盛稱帝儉素之德孝武不答獨曰田舍公得此以為過矣）

文帝元嘉八年三月詔曰頃軍役殷興国用增廣資儲不給百度尚繁宜存簡約以應事實內外可通共詳思務令節儉帝性存儉約不好奢侈車府令嘗以輦篷故請改易之又輦席舊以烏皮緣故欲代以紫皮帝以竹篷未至於壞紫色貴並不聽改其率素如此

孝武帝元嘉三十年四月即位五月詔曰興王立訓務引治節輔臣佐時勤獻政要仰惟聖規每存茲道猥以眇躬屬承景業闡揚遺澤允廢厥心夫量入為出邦有舊典而經給之宜多違

常度兵役糜耗府藏散減外內衆供未加損約非所以奉遵先旨敬奉遺命自今諸可薄已厚民去煩從簡悉宜施行以稱朕意

七月辛酉詔崇儉約禁浮侈

大明四年四月詔曰黃代衣御寓貶甘示節土簋臨人飭儉昭度朕纘帛之念无忘于懷雖深詔有司抑游務寔而歲用兼積年量虛廣豈以捐豐從損允稱約心四時供限可詳減太半庶裘絺頒與有偃民華纂組傷功无競廛市

明帝泰始元年十二月詔曰皇室多故糜費滋廣且久歲不登公私歉弊方刻意從儉弘濟時艱政道未孚慨愧兼積太官供膳可詳所減撤尚方御府彫文篆刻無益之物一皆蠲省務存簡約以稱朕心

二年十一月詔曰治崇簡易化嫉繁侈遠聞隆替明著軌跡者也朕綏斯墜運屬此屯極仍之以彫耗因之以師旅而識昧前王務艱昔代舊賦既失爲費彌廣鑒寐庶務每思引革方欲綏

漢後謂愛民為先有司詳加寬惠更立科品其方物職貢各順土宜來獻納貢獻依時令凡諸署局辭奸民之事趨末違本之業雕華靡麗奇器異技並嚴加裁斷務歸要實左右尚方御府諸署供御制造盛存儉約弘淳風至敦徵遵太古阜財興讓以敦季俗

後廢帝元徽二年五月詔曰項國賦多從公儲罕給近治戎雖淺而軍費已多府藏虛罄難用取遠宜矯華淫長務在節儉供奉服御悉就減撤雕文靡麗廢而勿修凡游費一皆禁斷外可詳為科格

三年閏三月詔曰頃民俗滋弊國度未殷歲時屢儉編戶不給且邊虞尚警徭賦繁衆永言夕惕寤興增歎思弘豐耗之制以惇約素之風庶在拯民以康法道太官珍膳御府雕服諸所供擬一皆減撤可詳為其格務從簡衷

順帝昇明元年七月詔曰露臺息費儲義光漢德雅裘焚制書因晉道故以檢奢軌化敦儉馭俗項甸服未靜師旅連年委輸[illegible]空勞弊莫偃而丹臒之飾爽粢耗難嗤嗟寶賂之費徵賦靡計今宜服儀制罷宜約損使徽章有存勿得侈溢可罷省御府二署凡工巧雕鏤傷風毀治一皆禁斷庶永昭憲則引茲始政

南齊太祖即位後身不御精細之物敕中書舍人桓景真曰主衣中似有玉介導此制始自大明末得泰始增光其麗留此置主衣正是興長疾源可即時打碎凡復有異物皆宜隨例毀棄後宮器物欄檻以銅為飾者皆改用鐵內殿施黃紗帳宮人著紫皮履華蓋除金花瓜用鐵迴釘每曰使我治天下十年當使黃金與土同價欲以身率天下移變風俗

武帝雖治總大體以富國為先頗不喜遊宴雕綺之事言常恨之未能頓遣又詔凡諸游費宜從休息自今遠近薦獻務存節儉不得出界營求相高奢麗金粟繒纊弊民已多珠玉玩好傷工尤重嚴加禁絕

明帝初封西昌侯王子侯舊乘緣帷車帝獨乘下帷車儀從如素士

建武元年十月詔曰自今雕文篆刻歲時光新可悉停省蕃牧守宰或有薦獻事非任土嚴加禁斷

二年十月詔曰軌世去奢事殷哲后訓物以儉理鏡前王朕屬流弊之末襲澆浮之季雖恭己敷化刻意隆平而禮讓未興侈華猶競永鑒玄風兢言集愧思所以還淳反俗反古移民可罷東田毀興光樓并詔水衡量省御乘

二年三月詔車府乘輿有金銀飾校者皆剔除制御親幸自下當清蹕使寒人不得用四幅繖大存儉約罷武帝所起新林苑以地還百姓廢文惠太子所起東田斥賣之永明中輿輦舟乘悉剔取金銀還主衣庫以牙角代之嘗用皂莢訖授餘濼與左右曰此猶堪明日用太官進御食有裹蒸帝曰我食此不盡可四片破之餘充晚食而武帝掖庭宮殿服御一無所改其儉約如此

梁高祖初仕齊府録尚書事下令曰在上化下草偃風從世之澆淳恒由此作自永元失德書契未紀窮凶極悖焉可勝言既而皇室外構傾宮內積奇技異服殫所未見上慢下暴淫侈離靡國命朝權政移近習販官鬻爵賄貨公行並甲第康衢漸臺廣室長袖低昂等和戎之賜珍羞百品同伐冰之家愚民因之浸以成俗驕艷競爽夸麗相高至乃市井之家貂狐在御工商之子緹繡是襲日入之次夜分未反昧爽之朝期之清旦聖明肇運厲精惟始雖曰纘戎殆同創革且淫費之後繼以興師巨橋鹿臺凋罄不一孤秦倚大寵務在澄清思所以仰述皇朝大帝之旨齋鹿微躬庶婁之義解而更張斲雕為樸自非可以奉粢盛修紱冕習禮樂之容繕甲兵之備此外衆費一皆禁絕御府中署量宜罷省掖庭備御妾之數大子絕鄭衛之音其中有可以率先卿士准的甿庶非食舊衣請自孤始加群守並勤九位

咸事若能人務退食競存約已後風易俗庶甚得肯亢昔毛玠在朝士大夫不敢靡衣偷食魏武歎曰孤之法不如毛尚書卧雖德謝往賢任重先達實紀多士得其此心外可詳爲條格及即位身服浣濯之衣御府無文飾宮掖不過綾絲無珠璣錦繡太官撤牢饌每日膳菜蔬按不過三醆以儉先海内身衣布衣木綿皁帳一冠三載一被二年嘗克儉於身凡皆此類五十外便斷房室後宮職司貴妃已下六宮褘褕三翟之外皆衣不曳地傍無錦綺不飲酒不聽音聲非宗廟祭祀大會饗宴及詔法事未嘗作樂

陳高祖以儉素自率常膳不過數品私饗曲宴皆瓦器蚌盤肴核庶差裁令充足而不爲虛費初平侯景及立紹泰[illegible]子女玉帛皆班將士其充闈房者衣不重綵飾無金翠歌鍾女樂不列於前及乎踐祚彌厲恭儉故隆功茂德光有天下焉

文帝天嘉元年八月詔曰汙鐏土鼓誠則難追畫卵雕薪或可

易葦梁氏之末奢麗已甚芻豢厭於胥史歌鍾列於管庫土木被朱丹之采車馬飾金玉之珍逐欲澆流遷訛遂遠朕自諸生頗爲内足而家敦朴素室靡浮華觀覽時俗常所扼腕今妄假時乘臨馭區極屬當彫弊思聞治道菲食卑宮自安儉陋俾兹薄俗獲反淳風往者雕鏤淫飾非兵器及國容所須金銀珠玉衣服雜玩悉皆禁斷帝起自艱難知百姓疾苦國家資用務從儉約常所調金事未獲已者必咨嗟改色若在諸身

宣帝太建七年四月監豫州陳桃根上織成羅文錦被表各二詔於雲龍門外焚之

十一年四月詔曰惟堯葛衣鹿裘則天爲大伯禹弊衣非食夫子曰無間然故儉德之恭約失者鮮朕君臨宇宙十变年紀旰日勿休乙夜忘寢跂予思治若濟巨川念兹在兹懍同馭朽非貪四海之富非念黄屋之尊導仁壽以寘羣生爰勞役以奉諸己但承梁季亂離斯濵宮室禾黍有名亡處雖輪奐未覩頗事經營尺素尺甚猶爲勞費加以戎車屢出千金日[illegible]府帑未充疲征賦百姓不足君孰與足興言静念夕惕懷抱[illegible]圻多慙鏤雕爲朴庶幾可慕雉頭之服既焚弋綈之衣[illegible]撤之制前自朕躬草偃風行冀以變俗往者御府[illegible]禮樂儀服軍器之外其餘悉皆停息掖庭常供王侯妃主[illegible]俸邮並各量減

十三年十二月己巳詔非軍國所須多所減損歸于儉約

北齊神武帝雅尚儉素刀劍鞍勒無金玉之飾少能劇飲自大任不過三爵

文宣天保元年七月詔曰古人鹿皮爲衣書囊成帳[illegible]風流可想其魏朝御府所有珍奇雜綵常所不給[illegible]積宜命悉出送内後園以供七日宴賜

梁太祖開平二年六月詔曰敦尚儉素抑有前聞年[illegible]臻至理如聞近日貢奉競務奢淫或奇巧蕩心或雕鏤[illegible]

殫貧用有費工庸此後應諸道進獻不得以金寶裝飾[illegible]戟至於鞍勒不用塗金及雕刻龍鳳如有此色所司不得[illegible]

册府元龜卷第一百九十八

冊府元龜卷第一百九十九

閏位部 一十八

命相　選將

命相

稚秦氏據有宇内孫劉三分天下宋齊四代載祀三百東魏高齊建於梁室莫不咨求賢英置之宰弼財成國務彌綸統紀至乃備物典策以優其命敷委任責成以寄其心膂賛万樞以賦致總百官以承式時惟棟幹之重允助陶甄之化得賢之盛何代無之其或由勲烈而踐衡石以恩倖而外公衮罹負乘之誚致鼎餗之傾者亦可以垂鑒者已

秦始皇帝初爲秦王以呂不韋爲相国封十万户號文信侯其後有相国呂平君昌文君其姓氏史失及即皇帝號有丞相隗林丞相王綰丞相李斯

二世時去疾爲右丞相李斯爲左丞相斯已死以趙高爲中丞

相事無大小輒決於高

蜀先主章武元年四月即帝位策諸葛亮爲丞相録尚書事曰朕遭家不造奉承大統兢兢業業不敢康寧思靖百姓懼未能綏於戲丞相亮其悉朕意無怠輔朕之闕助宣重光以照明天下君其勗哉又以許靖爲司徒策曰朕獲奉洪業君臨万国夙宵惶惶懼不能綏百姓不親五品不遜汝作司徒其敬敷五教在寬君其勗哉秉德無怠

後主建興八年詔策諸葛亮曰街亭之役咎由馬謖而君引愆深自貶抑重違君意聽順所守前年燿師馘斬王雙今歲爰征郭淮遁走降集氐羌興復二郡威震凶暴功勲顯然方今天下騷擾元惡未梟君受大任幹国之重而久自挹損非所以光揚洪烈矣今復君丞相君其勿辭

十二年八月丞相亮卒以丞相留府長史蔣琬爲尚書令揔統國事（亮嘗密表後主曰臣若不幸後事宜以付琬）

原闕

十三年四月進蔣琬位爲大將軍録尚書事以後軍師費禕爲尚書令（時戰國多事公務煩猥禕識悟過人每省讀書記舉目暫視已究其旨意）

延熙二年三月進蔣琬位爲大司馬

六年十一月以尚書令費禕爲大將軍録尚書事

十年以衛將軍姜維與大將軍費禕共録尚書事

十九年春進姜維位爲大將軍

吴大帝黄武元年以車騎長史孫邵爲丞相

四年六月以太常顧雍爲丞相

赤烏七年正月以上大將軍陸遜爲丞相詔曰朕以不德應期踐運王塗未一姦宄充路夙夜戰懼不遑監寐惟君天資聰叡明德顯融統任上將匡国弭難夫有超世之功者必膺九大之寵懷文武之才者必荷社稷之重昔伊尹隆湯呂尚翼周内外之任君實兼之今以君爲丞相使使持節守太常傅常授印綬君其茂昭明德脩乃懿績敬服王命綏靖四方於乎揔司三事

前[廢帝]景和元年八月以始興公沈慶之爲太尉
後廢帝即位初以尚書令袁粲護軍將軍褚淵共輔朝政
元徽二年九月以袁粲爲中書監領司徒褚淵爲尚書令
順帝昇明元年七月即位領軍將軍蕭道成出鎮東城輔政[illegible]
[illegible]以袁粲爲中書監司徒
二年二月以褚淵爲中書監司空
南齊太祖建元二年正月以司空褚淵爲司徒
武帝即位初以司徒褚淵錄尚書事尚書左僕射王儉爲尚書
令輔政
永明十一年正月以驃騎大將軍豫州刺史王敬則爲司空海
陵王即位初以車騎大將軍陳顯達爲司空前司空王敬則爲
太尉
明帝建武元年十月以司空陳顯達爲太尉
東昏侯即位初内外衆事無大小委中書監徐孝嗣右僕射江

祏侍中江祀衛尉劉暄領軍蕭坦之始安王遥光時號六貴
皆宰相也
永元元年八月以徐孝嗣爲司空
和帝中興元年十二月以征東大將軍蕭衍爲大司馬錄尚書
事驃騎將軍揚州刺史
梁高祖天監元年四月以相國左長史王瑩爲中書監
二年六月以新除左光禄大夫謝朏爲司徒尚書令
九年正月以太常卿王亮爲中書令
十一年正月以驃騎將軍王茂爲司空
普通三年正月以尚書令袁昂爲中書監
中大通四年正月尚書令袁昂進位司空
大同五年十二月以吳郡太守謝舉爲中書監
元帝承聖三年三月以司徒王僧辯爲太尉僧辯爲司徒時帝居王位承制除之
護軍將軍郢州刺史陸法和爲司徒
敬帝即位初以太尉王僧辯爲中書監錄尚書事
太平元年七月以開府儀同三司侯瑱爲司空
後梁宣帝即位以雍州刺史蔡大寶爲侍中尚書令
明帝嗣位以尚書令蔡大寶爲司空中書監郢州刺史王操爲
侍中尚書令
陳高祖永定元年即位以梁朝左民尚書沈衆爲中書令
二年正月以車騎將軍侯瑱爲司空時尚書右僕射王通中書令謝哲並兼太宰史失年月
文帝即位初以司空侯瑱爲太尉以南豫州刺史侯安都爲司
空以南徐州刺史徐度爲侍中
廢帝即位初以中軍大將軍[開府]徐度爲司空
光大元年三月以尚書右僕射沈欽爲侍中尚書僕射
宣帝大建八年二月以開府儀同三司吳明徹爲司空帝即位後章昭
達爲司空王瑒爲中書監史失年月
後主時江揔爲尚書令姚察沈文理爲侍中史失年月

東魏孝靜帝天平元年十月即位軍國政事皆歸於丞相高歡以開府儀同三司高盛為司徒高昂為司空

二年三月以司徒高盛為太尉司空高昂為司徒

三年二月以尚書令大行臺并州刺史高澄入輔朝政

興和元年正月以尚書令孫騰為司徒

三年十一月以度支尚書胡僧敬為司空

四年四月以尚書右僕射高隆之為司徒

武定元年五月以吏部尚書侯景為司空

二年三月以開府儀同三司孫騰為太保以高澄為大將軍領中書監

十一月以前大司馬婁昭為司徒

三年十二月以司空侯景為司徒以中書令韓軌為司空軌為中書令史失年月

五年五月以開府儀同三司庫狄干為太師以録尚書事孫騰為太傅以汾州刺史賀拔仁為太保以司空韓軌為司徒以領軍將軍可朱渾道元為司空

六年三月以開府儀同三司高岳為太尉

七年十月以開府儀同三司潘相樂為司空

十二月以并州刺史彭樂為司徒

八年二月以尚書令高隆之為太保

北齊文宣帝天保元年六月以太師庫狄干為太宰司徒彭樂為太尉司空潘相樂為司徒開府儀同三司司馬子如為司空

二年六月以前司空司馬子如為太尉

五年八月以司空尉粲為司徒粲為司空遷失年月

八年四月以太師咸陽王斛律金為右丞相前大將軍扶風王可朱渾道元為太傅開府儀同三司賀拔仁為太保

九年十二月以太傅可朱渾道元為太師司徒尉粲為太尉冀州刺史段韶為司空

廢帝即位初以右丞相斛律金為左丞相司空段韶為司徒

武成帝即位初以太尉尉粲為太保以豐州刺史婁叡為司空

河清元年七月以大司馬段韶為太傅以司空婁叡為司徒以尚書令斛律光為司空

三年二月以司空斛律光為司徒

五月以前司徒婁叡為太尉以太傅段韶為太師

十二月以太師段韶為太宰以司徒斛律光為太尉

後主天統元年四月以太保賀拔仁為太師太尉侯莫陳相為太保瀛州刺史尉粲為太尉

二年十二月以太保侯莫陳相為太傅

三年八月太上皇詔以太宰大司馬婁叡為太傅大將軍斛律光為太保

四年三月以開府儀同三司徐顯秀為司空

五年三月以司空徐顯秀為太尉

十二月以太保斛律光為太傅大司馬

武平元年二月以太傅斛律光為右丞相

二年二月以録尚書事趙彥深為司空

十一月以右丞相斛律光為左丞相

四年四月以開府儀同三司趙彥深為司空

六月以録尚書事高阿那肱為司徒

十二月以司徒高阿那肱為右丞相

六年閏八月以司空趙彥深為司徒斛律阿列羅為司空臣欽若等案北齊書後主時和士開唐邕魏收段孝言陽休之並為中書監叱列長叉崔季舒張彫虎並為侍中史失年月

梁太祖開平元年五月以唐朝宰臣張文蔚楊涉並為門下侍郎平章事以御史大夫薛貽矩為中書侍郎平章事

是月以青州節度使韓建守司徒平章事帝以建有文武材且詳於稼穡利害軍旅之事籌度經費欲以詢焉恩澤特異于時罕有比者遂拜為上相錫賚甚厚

二年四月以吏部侍郎于兢爲中書侍郎平章事以翰林學士承旨
學士張策爲刑部侍郎平章事時帝在澤州拜二相於行在
三年九月太常卿趙光逢爲中書侍郎平章事翰林學士奉旨
工部侍郎知制誥杜曉爲戶部侍郎平章事
十一月戊子御文明殿冊太傅張宗奭爲太保
韓建受冊畢金吾仗引昇輅車儀仗導謁太廟訖赴尚書省上
末帝即位初以御史大夫姚洎爲中書侍郎平章事
貞明二年八月以太子太保致仕趙光逢爲司空兼門下
侍郎平章事弘文館大學士延資庫使充諸道鹽鐵轉運使
十月以中書侍郎兼吏部尚書同平章事敬翔爲右僕射兼門
下侍郎平章事監修國史判度支以中書侍郎同平章事鄭珏
爲刑部尚書平章事集賢殿大學士判戶部[illegible]
[illegible]
四年四月以吏部侍郎蕭頃爲中書侍郎同平章事
六年四月以尚書左丞李琪爲中書侍郎同平章事

選將

夫其閏餘之數主征伐之柄曷嘗不慎擇英傑爲之將帥以
師旅之重委之討襲之事因之以殄勍敵剪逋寇震揚武怒遏
暴威靈而克昌於基緒而底寧其守宇焉若夫詩禮兼資是爲
義府仁賢並用叶于善經蓋夫制中權握兵要爲王者之爪士
乃生民之司命鑿門之寄舉善致俊繫聞鼙之思倚屬斯在固宜
審其才智諒其誠心然後分之以旌旄之任責之以推轂之效
若也

秦始皇初爲秦王時滅三晉走燕王而數破荊師秦將李信者
年少壯勇嘗以兵數千逐燕太子丹至於衍水中卒破得丹
始皇以爲賢勇於是始皇問李信吾欲攻取荊於將軍度用幾何
人而足信曰不過用二十萬人始皇問王翦王翦曰非六十萬人不
可始皇曰王將軍老矣何怯也李將軍果勢壯勇其言是也遂
使李信及蒙恬將二十萬南伐荊王翦言不用因謝病歸老於
頻陽李信攻平輿蒙恬攻寢寢縣名屬汝南大破荊軍信又攻鄢郢破
之於是引兵而西與蒙恬會城父荊人因隨之三日三夜不頓舍大
破李信軍入兩壁殺七都尉秦軍走始皇聞之大怒自馳如頻
陽見謝王翦曰寡人以不用將軍計李信果辱秦軍今聞荊兵
日進而西將軍雖病獨忍棄寡人乎王翦謝曰老臣罷病悖亂
唯大王更擇賢將始皇謝曰已矣將軍勿復言王翦曰大王必
不得已用臣非六十萬人不可始皇曰爲聽將軍計耳於是王
翦大破荊軍平荊地爲郡縣

蜀先主初爲漢中王還治成都當得重將以鎮漢川衆論以爲
必在張飛飛亦以心自許先主乃拔牙門將軍魏延爲督漢中
鎮遠將軍領漢中太守一軍盡驚先主大會群臣問延曰今委
卿以重任卿居之欲云何延對曰若曹操舉天下而來請爲大
王拒之偏將十萬之衆至請爲大王吞之先主稱善衆咸壯其言

張飛爲車騎將軍領司隸校尉進封西鄉侯策曰朕承天序嗣
奉洪業除殘靖亂未燭厥理今寇虜作害民被荼毒思漢之士
延頸鶴望朕用怛然坐不安席食不甘味整軍誥誓將行天罰
以君忠毅侔蹤召虎宣功遐邇故特顯命高墉進爵兼司于京
其誕將天威柔服以德伐叛以刑稱朕意焉詩不云乎匪疚匪
棘王國來極肇敏戎功用錫爾祉可不勉歟

馬超爲驃騎將軍領涼州牧進封斄鄉侯策曰朕以不德獲繼
至尊奉承宗廟曹操父子世載其罪朕用慘怛疢如疾首海內
怨憤歸正反本暨于氐羌率服獯鬻慕義以君信著北土威武
並昭是以委任授君抗颺虓虎兼董萬里求民之瘼其明宣朝
化懷保遠邇肅慎賞罰以篤漢祐以對于天下

吳大帝時偏將軍領尋陽令呂蒙虎睨還尋陽未期而廬陵賊起
諸將討擊不能禽大帝曰鷙鳥累百不如一鶚復令蒙討之蒙
至誅其首惡餘皆釋放復爲平民

朱據字子範大帝以呂蒙卒發憤歎息追思呂蒙張溫以爲據
才兼文武可以繼之由是拜建義校尉領兵屯湖孰
宋高祖初譙縱叛亂自稱成都王帝以西陽太守朱齡石爲益
州刺史寧朔將軍臧熹下邳太守劉鍾蘭陵太守蒯恩等率衆
二万自江陵討縱初謀元帥僉難其人齡石資名素淺帝違衆
拔之授以麾下之半臧熹帝后弟也位出其右又隸焉及戰克
捷衆咸服帝之知人又美齡石之善於其事
南齊太祖建元二年以柳世隆進號安西將軍是時魏寇壽陽
帝勅世隆曰歷陽城大恐不可卒治宜近出隱之深爲保固處
分百姓若不將家守城單身亦難可委信也尋又勅曰吾更歷
陽外城若有賊至即勒百姓守之故應勝割棄也垣崇祖因啓
虜上欲罷併二豫勅世隆曰比思江西蕭索二豫兩辦爲難議
者多云省一足一於事爲便吾謂非乃乖謬殊以爲云何可具
以聞

武帝永明二年江州蠻動勅寧朔將軍曹虎領兵戍尋陽助豫
蠻將軍輔國軍主
蕭景先爲征虜將軍丹陽尹永明五年荒人桓天生引蠻虜於
雍州界上司部以北人情騷動帝以景先諳究司土詔曰得雍
州刺史張瓌啓事蠻虜相扇容或侵軼蟻聚有毒背時剿蕩可
遣征虜將軍丹陽尹景先總率步騎直指義陽可假節司州諸
軍皆受節度景先至鎮屯軍城北百姓乃安牛酒來迎軍
明帝時陳顯達爲太尉侍中時虜頻寇雍州衆軍不捷失沔北
五郡永泰元年乃遣顯達北討詔曰晉氏中微宋祚繼謝諸夏
外叛要荒內侮天未悔禍左衽亂華巢穴神州逆移年載朕嗣
膺景業踵武前王靜言隆替思雪國恥但多難甫夷恩化肇洽
興師擾衆非政所先蹤使國疲恤北略異戎亦以卒夷懷我好
音而凶醜剽狡專事侵掠驅斯異類蟻聚西偏乘彼自來之資
撫其天亡之會軍無再駕民不更勞傳檄以定三秦一舉而平
禹頭在安賊擧矣且中原士庶久望皇威乞師請援結軌道路
不可失時宜然朝宜分命方鎮因茲大號侍中顯達可率軍北討
蠻前義兵擧中外衆嚴加顯達使持節向襄陽
梁高祖天監四年冬十月丙午北伐以中軍將軍揚州刺史臨
川王宏都督北討諸軍事尚書右僕射柳惔爲副
普通二年秋七月丁酉假大匠卿裴邃節督衆軍北討
五年六月庚子以員外散騎常侍元樹爲平北將軍北青兖二
州刺史率衆北伐
六年春正月詔曰剛議已定王略方舉侍中領軍將軍西昌侯
淵藻可便親戎以前啓行鎮北將軍南兖州刺史豫章王綜董馭
雄桀風馳次邁其餘衆軍計日差遣初中後師善得嚴辦朕當
六軍雲動飛舟濟江
五月壬子遣中護軍夏侯亶督壽陽諸軍北伐
大通元年十二月乙卯以中護軍蕭淵藻爲北討都督征北大
將軍鎮渦陽

中大通六年冬十月丁卯以信武將軍元慶和爲鎮北將軍率
衆北伐
孝元帝承聖二年十一月遣豫州刺史侯瑱據東關壘徵吳興
太守裴之橫帥衆繼之
王僧辯爲驃騎大將軍在揚州西魏相宇文泰遣兵及岳陽王
詧合五萬將襲江陵元帝遣主書李膺徵僧辯於建業爲大都
督荊州刺史別勅僧辯云泰背盟忽便舉斧國家猛將多在下
流荊陝之衆悉非勁勇公宜率貔虎星言就路倍道兼行赴
倒懸也僧辯因命豫州刺史侯瑱等爲前軍兖州刺史杜僧明
等爲後軍處分既畢乃謂膺曰泰兵驍猛難與爭鋒衆若集
吾便直指漢江截其後路凡千里饋糧尚有飢色況賊越數千
里者乎此孫臏剋龐涓時也
陳宣帝時嘗議北伐帝謂左僕射徐陵曰朕意已決卿可舉元

帥衆議咸以中權將軍淳于量位重當使之陵獨曰不然吳明徹家在淮左悉彼風俗將略人才當今亦無過者於是爭論累日不能決都官尚書裴忌曰臣同徐僕射陵應聲曰非但明徹良將裴忌即良副也是日詔明徹爲大都督令忌監軍事遂克淮南數十州之地

北齊文襄將高岳討侯景未克文襄欲遣潘相樂副散騎常侍陳元康曰相樂緩於機變不如慕容紹宗且先王有命稱其堪敵侯景公但推赤心於此人則侯景不足憂也是時紹宗在遠帝欲召見之恐其驚叛元康曰紹宗知元康特蒙顧待新使人來餉金以致其誠款元康欲安其意故受之而厚答其書保無異也帝乃任紹宗遂以破景

梁太祖開平元年八月久潞州軍前屯師旅壁壘未收乃別議戎帥於是以亳州刺史李思安充潞州行營都統

五年正月詔徵陝州鎮國軍節度使楊師厚至京見于崇勳殿帝拓授方略依前充北面都招討使君恩賚甚厚便督軍進發

冊府元龜卷第一百九十九

冊府元龜卷第二百

閏位部二十二

倚任

夫作朕心膂使如臂指其倚任之謂乎三正既往嬴氏獨立然強兵之重必委謀臣及衆盜負阻江吴分據取威定霸得士者昌南北變風政俗有異賢哲是賴寵用彌篤蓋以其才略明淳屢用謹飭時名攸重舊勲斯茂亦以攀附自始勤勞夙著凡所更事允合上意繇是小大之務中外迭委或參侍左右斯須罔離或疇咨機謀款密曲盡靡限資地專委要劇乃至總統政治咸取論決形於付囑無所嫌間非夫忠信慱厚之君子孰克荷於待遇者哉

秦始皇時蒙恬北逐戎狄收河南築長城威振匈奴始皇甚尊寵蒙氏信任賢之而親近恬弟毅位至上卿出則參乘入則御前恬任外事而毅常為內謀名為忠信故雖諸將相莫敢與之爭焉

蜀先主病篤召諸葛亮屬以後事又勑後主曰汝與丞相從事事之如父

龐統字士元蜀先主大器之以為治中從事親待亞於諸葛亮遂與亮並為軍師中郎將

董和字幼宰劉璋以為益州太守先主定蜀徵和為掌軍中郎將與軍師將軍諸葛亮並署左將軍大司馬府事獻可替否共為歡交

後主建興元年封諸葛亮武鄉侯開府治事頃之又領益州牧政事無巨細咸決於亮

蔣琬後主時為尚書令總統國事費禕為大將軍錄尚書事自琬及禕雖自身在外慶賞威刑皆遙先諮斷然後乃行其推任如此

吳孫策以虞翻為功曹策謂翻曰孤昔再至壽春見馬日磾及與中州士大夫會語我東方人多才耳但恨學問不博語議之間有所不及耳孤意猶謂未耳卿博學洽聞故前欲令卿一詣許交見朝士以折中國妄語兒卿不願行便使子綱恐子綱不能結兒輩舌也翻曰翻是明府家寶而以示人人儻留之則去明府良佐故前不行耳策笑曰然因曰孤有征討事未得還府卿復以功曹為吾蕭何守會稽耳後三日便遣翻還郡

大帝初張紘為會稽東部都尉時帝初承統春秋方富太夫人以方外多難深懷憂勞數有優令辭謝付屬以輔助之義紘輒拜牋答謝思惟補察每有異事密計及章表書記與四方交結常令紘與張昭草創撰作及帝討江夏以東部少事命紘居守遙領所職

甘寧字興霸初歸吳周瑜呂蒙共薦達帝加異同於舊臣寧乃陳計於帝宜先取黃祖西據楚關以漸規巴蜀帝深納之張昭時在坐難曰吳下業業若軍果行恐必致亂寧謂昭曰國家以

蕭何之任付君君居守而憂亂奚以希慕古人乎帝舉酒屬寧曰興霸今年行討如此酒矣決以付卿卿但當勉建方略令必克祖則卿之功何嫌張長史之言乎帝遂西果禽祖盡獲其士衆遂授寧兵屯當口

薛綜赤烏中為太子少傅領選職綜以名儒居師傅之位仍兼選舉甚為優重

陸遜為荊州牧時劉備病亡子禪襲位諸葛亮秉政與大帝連和時事所宜帝輒令遜語亮并刻帝印以置遜所帝每與禪亮書常過示遜輕重可否有所不安便令改定以印封行之遜嘗陳便宜勸以施德緩刑寬賦息調又云忠讜之言不能極陳求容小臣數以利聞帝報曰夫法令之設欲以遏惡防邪儆戒未然也焉得不有刑罰以威小人乎此為先令後誅不欲使有犯者耳君以為太重者孤亦何利其然但不得已而為之耳今承來意當重諮謀務從其可耳且近臣有盡規之諫親戚有補察之

議亦以諫君一心之二心忠信也書載予違汝弼汝無面從孤豈不
樂忠信之言以自裨補耶而云不敢極陳何得爲忠讜哉若小臣
之中有可納用者寧得以人廢言而不采擇乎徒但諂媚取容
雖闇亦所明識也至於發諷者徒以天下未定事以衆濟君徒
守江東脩崇寬政兵自足用復用之爲顧坐自守可陋耳若下
豫調恐臨時未可便用也又孫與君分義特異榮戚實同來表
云不敢隨衆容身苟免此實甘心所望於君也於是令有司盡
寫科條使郎中褚逢齎以就遜及諸葛瑾意所不安令損益之
是儀字子羽漢末依劉繇避亂江東繇軍敗儀徙會稽大帝承
攝大業徵儀到見親任專典機密拜騎都尉後破曹休入閤省
尚書事外總平諸官兼領辭訟又令教諸公子書學
朱桓爲前將軍領青州牧因事託狂發詣建業治病大帝使子
異攝領部曲令醫視護數月復遣還屯帝自出祖送謂曰今寇
虜尚存王塗未一孤當與君共定天下欲令君督五萬人專當
一面以圖進取想君疾未復發也桓曰天授聖姿當君臨
四海猥重任臣以除姦逆臣疾當自愈
呂範爲征虜中郎將征江夏還平鄱陽孫策薨奔喪于吴大帝
復征江夏範與張昭留守又爲裨將軍領彭澤太守劉備詣京
見帝範密請留備後遷平南將軍屯柴桑帝討關羽過範館謂
曰昔早從卿言無此勞也今當上取之卿爲我守建業
宋高祖初謝景仁爲高祖鎮軍司馬尋遷吏部尚書時從兄混
爲左僕射依制不得相臨高祖啓晉帝依僕射王彪之尚書王
劭前例不解職
劉粹爲中軍諮議參軍盧循逼京邑京口任重高祖使粹奉文
帝鎮京城轉游擊將軍
朱齡石爲左將軍高祖北伐配以兵力守衛殿省劉穆之甚加
信仗內外諸事皆與謀焉王鎮惡平長安高祖留第二子桂陽
公義真爲安西將軍雍秦二州刺史鎮惡以征虜將軍領安西

司馬馮翊太守委以扞禦之任
謝晦爲侍中轉領軍將軍散騎常侍依晉中軍羊祜故事入直
殿省總統宿衛高祖不豫給班劍二十人與尚書令徐羨之中
書令傅亮鎮北將軍檀道濟並侍醫藥高祖崩受遺詔同被顧
命輔政
孟懷玉爲江州刺史督江州豫州之西陽新蔡汝南潁川司州
之松滋六郡諸軍事南中郎將刺史如故時荊州刺史司馬休
之居上流有異志故高祖授懷玉此任以防之
沈林子爲高祖參軍有功朝議欲授以一州八郡高祖器其才
智不使出也故出仕以來便管軍要自非戎車所指未嘗外出
焉後文帝出鎮荊州議以林子及謝晦爲蕃佐高祖曰吾不可
頓無二人林子行則晦不宜出乃以林子爲中郎晦爲中兵參軍
文帝時沈璞爲揚州刺史始興王濬主簿時順陽范曄爲長史
行州事曄性頗疏帝召璞謂曰王識之政既不可不理濬以委
年臨州萬物皆屬耳目賞罰得失特宜詳慎范曄性疏必多不
同卿腹心所寄當密以在意彼雖行其實委卿璞以任遇既深
乃夙夜匪懈其有所懷輒以密啓每至施行必從中出曄正謂
聖明留察故深更恭慎而莫見其際也
謝弘微文帝即位爲黃門侍郎與王華王曇首殷景仁劉湛等
號曰五臣遷尚書吏部郎參預機密尋轉右衛將軍諸故吏臣
佐並委弘微選擬
沈演之爲右衛將軍范曄爲左衛將軍二人對掌禁旅同參機
密演之又爲吏部尚書兼太子右衛率雖未爲宰相任寄不異
也素有心氣疾病歷年文帝使臥疾治事
何尚之爲尚書左僕射致仕於方山著退居賦以見志詔書敦
勸文帝又與江夏王義恭詔曰今朝賢無多且羊孟尚不得告
謝（羊玄保孟顗）尚之任遇有殊便未宜申許耶義恭答曰尚之
清忠貞固歷事唯允雖年在懸車而體猶克壯未相申許下情

尚同尚之復攝職號還任事帝待之愈隆是時復遣軍北伐資給戎旅悉以委之

王弘為侍中鎮江州時徐羨之等以廢弑之罪將見誅弘既非首謀弟曇首又為文帝所親委事將發密使報弘羨之等誅徵弘為侍中司徒揚州刺史錄尚書給班劍三十人帝西征謝晦弘與驃騎彭城王義康居守入住中書下省引隊仗出入司徒府權置參軍

殷景仁為侍中元嘉三年車駕征謝晦司徒王弘入居中書下省景仁長直共掌留任晦平代到彥之為中領軍侍中

戴法興為文帝征虜記室史孝武典籤帝即位法興與典籤戴明寶蔡閑界遷南臺侍御史同兼中書通事舍人法興等專管內務權重當時轉給事中太子旅賁中郎將孝武親覽朝政不任大臣而腹心耳目不得無所委寄法興頗知今古素見親待雖出侍東宮而意任隆密魯郡巢尚之人士之秀元嘉中侍始興

王讀書亦涉獵文史為帝所知孝建[illegible]郎仍兼中書凡選授遷轉誅賞處分帝皆與法[illegible]

徐爰為員外散騎侍郎文帝每出軍行師常授兵略王玄謨等北伐配爰五十人隨軍向碻磝[illegible]中[illegible]騎宣示

沈慶之為太子步兵校尉北[illegible]評議文帝謂之曰河上處分皆合事宜惟恨不棄碻[illegible]左右[illegible]正復違詔濟事亦無嫌也

孝武即位何偃遷侍中領驍騎將[illegible]舊臣

劉延孫孝武初位侍中東遷尚[illegible]判大[illegible]為鎮軍將軍南徐州刺史先是高祖遺詔京口要地去都邑密邇自非宗室近戚不得居之延孫與帝[illegible]同是彭城人別屬呂縣劉氏居彭城縣者又分為三里帝[illegible]綏輿里左將[illegible]里豫州刺史劉懷武居叢亭里三里及呂縣凡四劉[illegible]延元王由來不序昭穆延孫於帝室本非同宗不應有[illegible]授[illegible]

王竟陵王誕為徐州孝武深相畏忌[illegible]京口遷之於廣陵廣陵[illegible]劉延[illegible]腹心為徐[illegible]以防誕故以南徐授[illegible]而與之[illegible]諸王奉親

劉道隆為龍驤將軍孝武分麾下以為三幢道隆與中兵參軍王謙之馬文恭各領其一大明中歷黃門侍郎徐青冀三州刺史前廢帝景和中為右衛將軍委以腹心之任

顏竣為吏部尚書南郡王義宣臧質等反以竣兼領軍義宣等諸子藏匿建康秣陵湖熟江寧縣界孝武大怒免丹楊尹褚湛之官收四縣官長以竣為丹楊尹加散騎常侍

顏師伯為侍中親幸隆密群臣莫二遷吏部尚書右軍如故孝武不欲威柄在人親覽庶務前後領選者唯奉行文書師伯專情獨斷奏無不可其後孝武遺詔江夏王義恭解尚書令加中書監柳元景領尚書令入住城內事無巨細悉關二公大事與

沈慶之參決若有軍旅征討悉委慶之[illegible]統尚書中書事委師伯外監所統委王玄謨

王玄謨為金紫光祿大夫領太常及建明堂以本官領起部尚書又領北選與柳元景俱受孝武顧命以外監事委玄謨

明帝時沈攸之監豫州之西陽司州之義陽二郡軍事進號鎮軍將軍泰豫元年與蔡興宗同預顧命進號安西將軍加散騎常侍給鼓吹一部未拜會巴民李承明反執太守張澹[illegible]二縣擾時荊州刺史建平王景素被徵新除荊州刺史蔡興宗未之鎮乃遣攸之權行荊州事攸之既至會承明已平仍以攸之都督荊湘雍益梁寧南北秦八州諸軍事鎮西將軍荊州刺史持節常侍如故

王景文為鎮南將軍江州刺史徵為左僕射領吏部揚州刺史加太子詹事辭內授明帝手詔譬之曰尚書左僕射卿已經此任東宮詹事用人雖美職次正可比中書令互為之作揚州

徐于木王休元毅輔並勳之不辭卿清令于無二可罷休元職贊中興豈謝于木絪縕相與一同後郡鐵耶司徒以宰相不應帶神州遂據先言京口鄉基義重密邇畿內又不得不用驃騎陝西任要由來用宗室驃騎既去巴陵理應居之中流雖曰閑地控帶二江通接荊郢經途之要由來有重鎮如此則揚州自成闕刺史彌苦有爵更不知誰應處之此選大備與公卿謀懷非卿誰也

袁粲為尚書令與右僕射褚淵元領軍劉勔並受明帝顧命加班劍二十人給鼓吹一部（[illegible]太祖與粲褚淵劉秉共掌機事更日入直決事號為四貴）（[illegible]）

南齊張岱仕宋孝武時為驃騎長史領廣陵太守新安王子鸞以盛寵為南徐州割吳郡屬焉高選佐吏帝召岱謂之曰卿美效夙著兼資宦已多今欲用卿為子鸞佐兼刺史之任無謂小屈終當大用也

劉懷珍仕宋明帝時為巴陵王景素征西右司馬寧朔將軍帝手詔懷珍曰卿性忠謹吾所委賴在彼與年少共事不可深存委益景素乃佳但不能接物頗亦惜事卿每諫之懷珍奉旨帝寢疾又詔懷珍曰卿不應乃佐景素佐才薦所寄今徵卿參二衛直後為太祖太宰參軍時虜圍泗口懷珍將兵數千破之拜建武將軍濮陽河間二郡太守賜爵廣晉縣侯明年懷珍啓求還孝武答曰邊維須才未宜陳請

李安民仕宋明帝時為寧朔將軍山陽太守三巳擾亂太守張滄棄郡城走以安民假節都督討蜀軍事輔師將軍五撩亂懷中敕安民迴軍至魏興事平還至夏口後廢帝元徽初除督司州軍事司州刺史領義陽太守假節將軍如故別敕安民曰九江防邊備禦且東今有此授以增郢鄂之勢無所致辭北

太祖時蘇侃為太祖冠軍錄事參軍是時張永沈攸之敗後新失淮北始求胡達太尉比戍不滿千人每歲秋冬間邊淮驚動

常慮邊寇至太祖遣侃進偵候安集兼發丁營繕城府在兵中久見疑於時太祖乃作塞客吟以喻志侃達帝此旨更自勤勵委以府事深見知待又沈邪略有剛氣昇明末為相國西曹太祖嘗之及即位謂王儉曰南士中有沈邪何承天之儉曰臣巳有擬奏轉前軍將軍帝不欲違可其奏尋遷為中書郎尋兼建武將軍桂陽王作難詔復以侃為平南錄事領軍主從頓新亭使分金銀賜諸將事寧除步兵校尉又為黃門郎領射聲校尉任以心膂

垣崇祖為豫州刺史進號平西將軍太祖遣使入關參虜消息還敕崇祖曰卿視吾是守江東而巳耶所少者食卿但努力營田自然平殄殘醜敕崇祖修治芍陂田

江謐為左民尚書諸皇子出閤用文武主帥皆以委謐太祖崩敕還曰江謐寒士誠當不得競等華然甚有才幹堪為委遇可遷掌吏部謐于長刀筆所在事辦

劉懷慰初與帝善齊國建帝欲置齊郡於京邑議者以江右土沃流民所歸乃治瓜步以懷慰為輔國將軍齊郡太守帝謂懷慰曰齊邦是王業所基吾方以為顯任經理之事一以委卿又手敕曰有文事者必有武備今賜卿玉環刀一口

劉善明為右衛將軍太祖踐祚以善明勳誠欲與善明祿乃謂之曰淮南近畿國之形勝自非親賢不使居之卿為我卧治也代明帝為征虜將軍淮南宣城二郡太守遣使拜授封新淦伯邑五百戶

桓康為游擊將軍太祖謂康曰卿隨我日久未得方伯亦當有解我意正欲與卿先共滅虜耳虜軍既動遣康行假節濮陽太守驍騎將軍

陳顯達為護軍將軍建元二年元魏寇壽陽淮南江北百姓搔動帝以顯達為使持節散騎常侍都督南兖兗徐青冀五州諸軍事平北將軍南兗州刺史鎮之虜退帝敕顯達曰虜經破敗

後當無復犯關理但國家邊防自應過存備豫
宋元嘉二十七年後江夏王作南兖徙鎮盱眙沈司空亦以孝
建初鎮彼正當以淮上要於廣陵耳卿謂前代此處分云何今
僉議皆云卿應據彼地吾未能決乃當以擾動文武爲勞若是
公計不得憚之
柳世隆建元三年出爲使持節督南兖兖徐青冀五州軍事安
北將軍南兖州刺史江北畏虜寇擾動不安太祖勑世隆曰比
有北信賊猶治兵在彭城年已垂盡或當未必送死然豺狼不
可以理推爲或備不可懈彼郭既無關要用宜開除使去金城
也此政佳耳發民治之無嫌若作三千人食者已有幾米可指
牒付信還民間若有丁多而細口少者悉令成非疑也又勑曰
聆夜得北使啓鍾離閭誠巳渡淮既審送死便當制加剿撲鄉
好參候之有急令諸小戍還鎮不可賊至不覺也賊既過淮不
容爾退散要應處送死者定攻壽陽吾當遣援軍也又遣軍助

世隆并給軍糧虜退帝欲土斷江北又勑世隆曰呂安國近在
西土斷郢司二境上雜民殆無驚恐近又令垣豫州斷其州内
商得崇祖啓事巳行竟近無云殊稱前代舊意卿視兖部中可
行此事不若無所擾春便就手也其見親委如此
荀伯玉爲輔國將軍武帝初在東宮用事不法任左右張景真
多僭侈伯玉密啓太祖收景真殺之太祖嘉伯玉盡心愈見親
信軍國密事多委使之時人爲之語曰十勑五令不如荀伯玉
命太祖末年指伯玉謂武帝曰此人事我忠我身後人必爲其
作口過汝勿信也可令往東宮長侍
武帝時曹虎爲廣陵太守帝勑虎曰廣陵須心腹非吾意可委
者不可得處此任隨郡王子隆代巴東王子響爲荆州備軍容
西上以虎爲輔國將軍鎮西司馬南平内史
王儉爲左僕射領選太子少傅衛將軍丹陽尹武帝深委仗之
士流選用奏無不可五年即本號開府儀同三司固讓六年重
申前命先是詔儉三日一還朝尚書令史出外諮事帝以往來
煩數復詔儉還尚書下省月聽十日出外
蕭諶爲步兵校尉武帝齋内兵仗悉付之心膂密事皆使參掌
除正員郎轉左中郎將後軍將軍太守如故武帝臥疾延昌殿
勑諶左右宿直鬱林即位深委信諶每請急宿出帝通夕不得
寐諶還乃安
張欣泰累除尚書都官郎武帝與欣泰早經款遇及即位以爲
直閤將軍領禁旅
蔡約爲宜都王冠軍長史淮南太守行府州事武帝謂約曰今
用卿爲近蕃上佐想副我所期約曰南豫密邇京師不治自理
臣亦何人爝火不息
樂藹爲荆州刺史豫章王嶷主簿後爲大司馬中兵參軍轉署
記室永明八年荆州刺史巴東王子響稱兵反既敗焚燒府舍
官曹文書一時蕩盡武帝引見藹問以西事藹上對詳敏帝悅

乃用爲荆州治中勑付以修復府州事藹還州繕修廨署數百
區職事而役不及民荆部以爲自晉王悅移鎮以來府舍未之
有也
崔文仲爲徐州刺史時淮北義民桓磊魂於抱犢固與虜戰大
破之文仲馳啓帝勑曰北間起義者衆深恐良會不再至卿善
獎沛中人若能一時攘袂當遣一佳將直入也
明帝永泰元年遺詔曰徐孝嗣可重申八命中書監本官悉如
故沈文季可左僕射常侍護軍如故江祏可右僕射江祀可侍
中劉暄可衛尉卿軍政大事委陳太尉内外衆事無大小委徐
孝嗣遥光坦之江祏其大事與沈文季江祀劉暄參懷心膂之
任可委劉悛蕭惠休崔惠景
沈文季爲護軍將軍王敬則反詔文季領兵屯湖頭備京路隆
昌元年復爲領軍侍中如故後豫廢鬱林明帝欲以文季爲江
州遣左右單景儁宣旨文季口自陳讓稱年老不願外出因問

右執法有人宋景儁驗其言之征典八元年遷尚書右僕射後同受顧命

褚淵轉吏部尚書建安王休仁南討義嘉賊屯鵲尾遣淵詣軍選將帥以下勳階得自專決又朝廷機事多與諮謀每見從納禮遇甚重淵後爲吳郡太守明帝寢疾危殆馳使召之欲託後事及至召入帝坐帳中流涕曰吾疾篤故召卿欲使著黃羅襦耳指牀頭大函曰文書皆函內置此函得不復開彥回亦悲不自勝黃羅襦乳母服也帝雖小間猶懷身後慮建安王休仁人才美物情宗向帝與彥回謀誅之彥回以爲不可帝怒曰卿癡不足以議事彥回懼而奉旨復爲吏部尚書

梁高祖時呂僧珍初歸高祖大軍發郢謀留守將帝難其人久之顧僧珍曰棄騏驥而不乘焉遑遑而更索即日以爲冠軍將軍江夏太守行郢府事

柳慶遠爲侍中高祖初平建業城內嘗夜失火禁中驚懼高祖時居宮中悉斂諸鑰問柳侍中何在慶遠至悉付之其見任如此

周捨爲尚書吏部郎太子右衛率將軍雖居職屢徙而常直內省得休下國史詔誥儀體法律軍旅謀謨皆兼掌之日夜侍上預機密二十年未嘗離左右

臧厥爲散騎常侍中書通事舍人兼司農卿卒官厥前後居職所掌之局大事及蘭臺廷尉所不能決者敕並付厥辯斷精詳咸得其理厥卒後有撾登聞鼓訴者求付清直舍人高祖曰臧厥既亡此事便無可付其見知如此

蕭介爲武陵王府長史高祖謂何敬容曰蕭介甚貧可處以一郡敬容未對高祖曰始興郡頻無良守嶺上民頗不安可以介爲之由是出爲始興太守介至任宣布威德境內肅清

羊侃大通三年自魏歸梁隨太尉元法僧北討高祖乃召侃問方略侃具陳進取之計侃曰臣拔跡還朝常思効命然實未曾與法僧同行北人雖謂臣爲吳南人已呼臣爲虜今與法僧同行還是群豹相逐非止有乖素心欲使匈奴輕漢高祖曰朝廷今日要須卿行乃詔以爲大軍司高祖謂侃曰軍司廢來已久故爲卿置之

賀琛每進見高祖與語常移晷刻故省中語曰上殿不下有賀雅琛容止閑雅故時人呼之遷散騎常侍參禮儀如故

郭祖深普通中爲南津校尉加雲騎將軍秩二千石使募部曲三千及南州公廨清刻由來主侯勢家出入南津不忌憲綱俠藏亡命祖深搜檢奸惡不避強禦動致刑辟奏江州刺史邵陵王太子詹事周捨贓罪遠近側足莫敢縱恣遷南太守畏之如上府

孔休源爲金紫光祿大夫監揚州每車駕巡幸常以軍國事委之昭明太子薨有敕夜召休源入宴居殿與群公參定謀議立晉安王綱爲皇太子

元帝時徐文盛爲仁威將軍秦州刺史授以東討之略於是文盛督衆軍東下至武昌遇侯景將任約遂與相持久之帝又命護軍將軍尹悅平東將軍杜幼安巴州刺史王珣等會之並受文盛節度擒任約於貝磯約大敗退保西陽

劉璠爲徐州刺史蕭循記室參軍後爲華陽太守屬侯景濟江梁室大亂循以璠有才略甚親委之時寇難繁興未有所定璠乃喟然賦詩以見志其末章曰隨會平王室夷吾成霸功虛薄無所用徒然慕二風循開府置佐史以璠爲諮議參軍仍領記室元帝承制授冠軍將軍鎮西府諮議參軍賜書曰鄧禹文學尚或執戈葛洪書生且云破賊前脩無遠屬望良深

顏晃初爲邵陵王記室侯景之亂西奔荊州承聖初除中書侍郎杜龕爲吳興太守專好勇力其所部多輕險少年元帝患之乃使晃管其書翰仍敕龕曰卿年時尚少習讀未晚顏晃文學之士使相毗佐造次之間必宜諮禀及龕誅晃歸帝以書記親遇甚篤

陳高祖時章昭達為定州刺史吳興賀昊擁兵據東陽私署守宰高祖患之乃使昭達為長山縣令居其心腹

沈禮明為通直散騎常侍初高祖輔政禮明宜居王佐軍國大政多預謀謨

周寶安為吳興太守父文育為熊曇朗所害徵寶安還起為猛烈將軍領其舊兵仍令南討文帝即位深器重之寄以心膂精卒利兵多配焉

文帝時華皎為左軍將軍時王琳東下皎隨侯瑱拒之琳平逹湓城知江州事時南州守宰多鄉里酋豪不遵詔憲帝令皎以法馭之王琳奔散將卒多附於皎

韓子高天嘉元年為右軍王琳至于柵口子高宿臺內及琳平子高所統益多將士依之者子高盡力論進文帝皆任焉

趙知禮為吳州刺史知禮沉靜有謀謨每軍國大事文帝輒令璽書問之

陸繕為左僕射領揚州大中正別賜敕令與徐陵等七人參議政事

孔奐為御史中丞深達治體每所敷奏帝未嘗不稱善百司滯事皆付奐決之天嘉四年重除御史中丞尋為五兵尚書常侍中正如故時文帝不豫臺閣眾事並令僕射到仲舉共奐決之

吳明徹遷鎮東將軍吳興太守及辭之郡文帝謂明徹曰吳興郡雖以帝鄉之重故以相授君其勉之

到仲舉為左僕射時文帝積年寢疾不親御万機尚書中事皆使仲舉斷決

陸瓊為殿中郎表有令名深為帝所賞及討周迪陳寶應等都官符及諸大手筆並中敕付瓊至德元年除度支尚書參選事掌詔誥并判廷尉建康二獄事遷吏部尚書著作如故瓊詳練譜諜有雅鑒先是吏部尚書宗元饒卒右僕射袁憲舉瓊宣帝未之用也至是居之號為稱職後主甚委任焉

宣帝時孫瑒為通直散騎常侍帝即位以瑒功名素著深委任焉

袁憲為右僕射宣帝不豫憲與吏部尚書毛喜俱受顧命始興王叔陵之肆逆也憲指麾部分預有力焉後主被瘡病篤執憲手曰我兒尚幼後事委卿憲曰群情喁喁冀聖躬康復後事之旨未敢奉詔以功封建安縣伯邑四百户領太子中庶子餘並如故

後主時蔡徵為中書舍人掌詔誥尋授左民尚書與僕射江總知撰五禮事尋加寧遠將軍帝器其材幹任寄日重遷吏部尚書安右將軍每十日一往東宮於太子前論述古今得喪及當時政務又敕以廷尉寺獄事無大小取徵議決俄有敕遣徵收募兵士自為部曲徵善撫卹得物情旬月之間眾近一萬人

北齊高祖時高乾初解官歸鄉里後聞尒朱榮死乾馳赴洛陽莊帝見之大喜時尒朱黨擁兵在外莊帝以乾為金紫光祿大夫河北大使令招集鄉閭為表裏形援乾垂涕奉詔弟昂拔劍起舞請以死自効

封隆之魏中興初拜左光祿大夫吏部尚書尒朱兆等軍於廣阿高祖與戰大破之乃遣隆之持節為北道大使高祖將擊尒朱兆等於韓陵留隆之鎮鄴城尒朱兆等走以隆之行冀州事仍領降俘三万餘人分置諸州

杜弼初坐事左遷灌下鎮司馬魏元象初高祖徵弼為大丞相府法曹行參軍署記室事轉大行臺郎中尋加鎮南將軍高祖又引弼典掌機密甚見信待或有造次不及書教直付空紙印令宣讀

趙起性沉謹有幹用義旗建高祖以段榮為定州刺史以起為榮典籤除奉車都尉天平中徵為相府騎曹累加中散大夫文襄嗣事出為建州刺史累遷侍中起於高祖世類為相府騎兵二曹典知兵馬十有餘年至顯祖即祚之後起罷州還闕雖歷位九卿侍中常以本官監兵馬出內異使居腹心之寄

崔暹以趙郡公琛鎮定州辟爲開府諮議隨琛往晉陽高祖與語悦之兼丞相長史高祖擧兵將入洛留暹佐琛知後事謂之曰丈夫相知豈在新舊軍戎之事留守任功家弟年少未閑事宜凡百後事一以相屬握手殷勤至於三四

慕容紹宗爲高祖所恩礼初遷都鄴庶事未周乃令紹宗與高隆之共知府事圖籍諸事

李愍初擁衆數千人赴高祖除相州刺史令愍率本衆西還舊鎮高祖親送愍愍至鄉據馬鞍山依險爲壘徵糧集兵以爲盤勢尒朱兆出井陘高祖敗兆於廣阿愍統其本衆來赴故城以備尒朱兆相州既平命愍還鄴除西南道行臺都官尚書後守故城尒朱兆等將至高祖徵愍參守鄴城

盧勇初赴晉陽高祖署爲丞相主簿屬山西霜儉運山東租輸皆令載實違者治罪令勇典其事鄉黨公王盧懺千餘車勇並劾之公王訴於高祖而勇守法不屈高祖謂郭秀曰盧勇懍懍有不可犯之色真公人也方當委之大事豈直納租而已後爲楊州刺史鎮宜陽叛民韓木蘭陳忻等常爲邊患勇啓求入朝高祖賜勇書曰吾委卿楊州唯安枕高卧無西南之慮矣但卿朝廷所委表啓宜停卿之妻子任在州往當使漢兒之中無在卿前者

陳元康爲開封司馬加輔國將軍所歷並皆爲稱職高祖聞而徵焉稍被任使以爲相府功曹參軍内掌機密高祖經綸大業軍務煩廣元康承受意旨甚濟速性又柔謹通解世事文襄入輔京室崔暹崔季舒崔昂等並被任使張亮張徽纂並高祖所待遇然委任皆出元康之下時人語曰三崔二張不如一康

李稚廉高祖擢爲泰州開府長史平北將軍稚廉緝諧將士軍民樂悦高祖平河東大相賞歎轉爲文襄驃騎府長史諸以濟州控帶川陸接對梁使尤須得人文襄薦之除濟州儀同長史

張纂爲高祖行臺右丞事高祖二十餘歲傳通教令甚見親賞

張亮爲高祖丞相府參軍專掌衛身侍委以書記之任天平中爲文襄行臺郎中兼七兵事雖爲臺郎而常在高祖左右遷行臺右丞後爲尚書右僕射亮性質直勤力強濟深爲高祖文襄所信委以腹心之任

皮景和少通敏善騎射初以親信事高祖後補親信副都督

段韶高祖既征玉壁會不豫攻城未下召集諸將共論進止之宜謂大司馬斛律金司徒韓軌左衛將軍劉豐等曰吾每與段孝先論兵殊有英略若使比來用其謀亦可無今日之勞矣吾患勢危篤恐或不虞欲委孝先以鄴下之事何如金等咸曰知臣莫若君實無出孝先者仍謂韶曰吾昔與卿父冒涉險艱同獎王室建此大功今病疾如此殆將不濟宜善相翼佐克茲負荷即令韶從文宣鎮鄴召文襄赴軍高祖疾甚顧命文襄曰段孝先忠亮仁厚智勇兼備親戚之中唯有此子軍旅大事宜共籌之明年侯景構亂文襄還鄴韶留守晉陽文襄還賜女樂十數人金十斤繒帛稱是封長樂郡公

文襄爲帝時崔讓字伯謙爲瀛州刺史駕帝以爲京畿司馬帝將之晉陽謂讓曰卿騁足瀛部已著康歌督府務殷是用相授臨別又馬上曰執子之手與子偕老卿宜深體此情

唐邕爲尚書令封晉昌王録尚書事既在被遇意氣漸高其未經府寺陳訴起覽詞牒條數甚多俱爲鄭臺及左丞彈糾並御注放免

李繪字敬文爲高陽内史時文襄嗣業普代山東諸郡其特降書徵者唯繪與清河太守辛術二人而已至補大將軍從事中郎遷司馬文襄以前司徒侯景進賢冠賜繪曰卿但直心事孤當用卿爲三公及侯景叛也及文宣嗣事仍爲丞相

尉瑾爲中書舍人文襄入朝因命瑾在鄴北宮共高德正典機密兼吏部尚書武成踐阼趙彦深本子如寮舊元文遥和士開並帝鄉故舊共相薦達任遇彌重吏部銓衡所議

事參祕密由是朝之機事亦預聞焉文襄右僕射攝選高澄又襄引爲大將軍西閤祭酒輔中外府中兵參軍機事強濟爲文襄所知言其終可大用王思政見獲於潁川文襄重其才識澄曾從容云文襄云思政不能死節何足可重文襄謂左右曰我有蘆潛便是更得一王思政

封子繪爲大行臺吏部郎中後文襄以子繪爲勃海太守令馳館赴任之文襄親執其手曰誠知此郡未允勳望但時事未安須卿鎮撫但衣錦晝游古人所貴善加經略綏靜海隅不勞學常太守向州參也仍聽收集部曲一千人未幾進秩一等加驃騎將軍後爲都官尚書特高歸彥作逆召子繪入見昭陽殿武成親詔子繪曰冀州密邇京甸歸彥敢肆凶悖已勑大司馬平原王段孝先擁戰重兵乘機電發司空東安王婁叡督率諸軍絡繹繼進卿世載名德恩洽彼州故遣參贊軍事隨便慰撫宜善加謀略以稱所寄因以其日馳傳赴軍子繪祖父世爲本州百

府二百　十七

姓素所歸附至巡城諭以禍福民吏降款日夜相繼賊中動靜小大必知賊平仍勑子繪權行州事

文宣帝時魏收爲散騎常侍文宣如晉陽令與黃門郎崔季舒高德正吏部郎中尉瑾於北第掌機密

崔昂文宣時累遷度支尚書有風調才識舊立堅正剛直之名然好探揣上意感激時主或列陰私罪失深爲顯祖所知賞發言讜直人莫之能毀議曹律令京畿密獄及朝之大事多委之

崔劼爲給事黃門侍郎直內省典機密清慎勤慎甚爲文宣所知遇孝深封安國縣伯文宣嗣位仍典機密進爵爲侯天保初累遷秘書監以爲忠謹每郊廟必兼太僕執御陪乘轉大司農帝或巡幸即輒贊太子知後事

辛術爲東南道行臺中書令與一郡東徐州刺史邢志殺郡守文宣聞之勑術自今所統十餘州地諸有犯法者刺史先啓聽報以下先斷後表聞齊代行臺兼總人事自術始也

孝昭帝爲常山王時王晞爲王友及即位詔晞與尚書陽休之鴻臚卿崔劼等三人每日本職務罷並入東廊共舉錄歷代禮儀樂職司廢置朝饗異同輿服增損或道德高儁久在沈淪或寃濫言辭妖邪害政及田市舟車徵稅遷塞婚葬儀軌貴賤齊衰有不便於時而古今行用不已者或自古利用而當今毀棄者悉令詳思以漸條奏未待頓備遇憶續聞朝晡給御食畢景聽還

武成帝時王峻從拜祠部尚書詔詣晉陽檢校兵馬俄而還鄴轉太常卿及車駕巡幸常與吏部尚書尉瑾輔皇太子諸親王同知後事仍監食梁郡幹遷侍中除都官尚書及周師寇洛詔峻以本官與東安王婁叡武興王晉等自鄴率衆赴河陽禦之車駕幸洛陽以懸瓠爲周人所據復詔峻爲南道行臺與婁叡率軍南討未至周師棄城走乃使慰輯永鄧二州

府二百　十六

冊府元龜卷第二百

册府元龜卷第二百一

閏位部二十一

祥瑞

善之著者天乃降祥德之應者物斯爲瑞其所由來尚矣自建安之際寓内分裂江表僭祚高齊革命施及梁室實分正閏而建邦立社創業數政苟非膺神明之眷集玄黄之祐亦安能端委南面拱揖羣后哉故其穹旻之錫祉昭於懸象動植之效靈彰于品物實藏攸發坤珍總萃斯皆稽篇章而可復列圖品而焯叙形於感召謂之休徵者焉

蜀後主景耀元年史官言景星見於是大赦改元

吴大帝以漢建安二十五年四月自公安都鄂改名武昌是歲五月建業言甘露降（臣欽若等曰此已下凡不書日者史臣闕）

黄武元年三月鄱陽言黄龍見

二年五月曲阿言甘露降

四年六月皖口言木連理

五年七月蒼梧言鳳皇見

黄龍元年四月夏口武昌竝言黄龍鳳皇見因改元黄龍

三年夏有野蠶成繭大如卵由拳野稻自生改爲禾興縣

十月會稽南始平言嘉禾生

嘉禾五年三月武昌言甘露降於禮賓殿

赤烏元年二月零陵言甘露降

八月武昌言騏驎見有司奏言騏驎者太平之應宜改年號詔曰閒者赤烏集於殿前朕所親見若神靈以爲嘉祥者改年宜以赤烏爲元羣臣奏曰昔武王伐紂有赤烏之祥君臣觀之遂有天下聖人書策載述最詳者以爲近事既嘉親見又明也於是改年

二年三月零陵言甘露降

五年三月海鹽縣黄龍見

六年正月新都言白虎見

七年秋宛陵言嘉禾生

九年四月武昌言甘露降

十一年四月雲陽言黄龍見黄龍二又見武陵吴壽光色炫燿

五月鄱陽言白虎仁（瑞應圖曰白虎仁者王者不暴虐則仁虎不害也）

十二年六月戊戌寶鼎出臨平湖

八月癸丑白鳩見於章安

廢帝建興二年十一月大鳥五見于春申

五鳳元年交阯稗草化爲稻

景帝永安三年三月西陵言赤烏見是歲得大鼎於建德縣

四年九月布山言白龍見

五年七月始新言黄龍見

六年四月泉陵言黄龍見

是歲青龍見於長沙白燕見於慈湖赤雀見於豫章

後主甘露元年四月蔣陵言甘露降於是改年大赦

寶鼎元年八月所在言得大鼎於是改元

四年正月西苑言鳳皇見

建衡三年西苑言鳳皇集改明年元爲鳳皇天璽元年吴郡言掘地得銀一長尺廣三分刻上有年月字

宋高祖永初元年七月青龍見義興陽羨

八月癸巳白虎見枝江是月青龍二見南郡江陵

九月庚辰甘露降丹徒峴山

十月庚午甘露降興寧永寧二陵彌冠百餘里二年六月丁酉白鳥見吴郡婁縣太守孟顗以獻

少帝景平元年五月癸未白麞見義興陽羨太守王準之獲以獻

十月白虎見桂陽耒陽

文帝初封宜都王景平二年六月將入奉大統白麞見南郡江陽太守王華獻之以爲休祥

元嘉元年七月壬戌白鷰集盈郡城遊翔庭宇經九日乃去衆
鷰隨從無數已巳白雀見盈郡昌國
二年五月北征長史廣陵太守范邈上言所領與縣前有大浦
控引潮流水常洪濁自此以來源流清潔纖鱗呈形故老相傳
以爲休瑞
十月嘉禾生潁川陽翟太守垣苗以聞
十一月丙辰白烏見山陽太守阮寶以聞
三年閏正月己丑甘露降吳興烏程太守王韶之以聞
三月甲戌丹陽湖孰薛爽之獲白烏以獻
四年五月辛巳甘露降齊郡西安臨朐城
七月乙酉白雀見北海劇縣
十一月辛未朔甘露降初寧陵己丑甘露降南海熙安廣州刺
史江桓以聞
五年四月乙巳白麞見汝南武津太守鄭據獲以獻

五月庚辰白雉見東莞莒縣太守劉玄以聞
七月丙戌白麂見東莞莒縣峋峨山太守劉玄以聞
六年九月長廣昌陽淳于邈獲白兔青州刺史蕭思話以獻
七年七月乙酉建寧郡頟擔湖二蓮一蔕
八年四月乙亥東莞莒縣樹連理太守劉玄以聞
五月辛丑白雀集左衞府
是月甘露降南海番禺
閏六月丁亥司徒府白從伊生於淮南繁昌獲白兔以獻
八月木連理生東安新泰縣
九年正月白鹿見南譙譙縣豫州刺史長沙王義欣以獻
三月嘉禾生義陽豫州刺史長沙王義欣以獻
六月木連理生營陽冷道太守王展禽以聞
十一月壬子甘露降初寧陵
十年七月己丑華林天淵池芙蓉異花同蔕

八月嘉禾生汝南苞信豫州刺史長沙王義欣以聞
十二月營城縣民成公會之於廣陵高郵界獲白麞麂以獻
十一月五月丁酉齊郡西安宗顯獲白雀青州刺史段宏以獻
六月乙巳吳郡海鹽王悅獲白烏揚州刺史彭城王義康以獻
八月甲辰甘露降費縣之泌里琅邪太守呂綽以聞
是月嘉禾一莖九穗生北汝陰太守王玄謨以獻
是年（臣欽若等曰此巳下凡不書月並文臣闕）朱草生蜀郡郫縣王之家益州甄法
崇以聞
十二年正月白麞見東萊黃縣青冀二州刺史王方回以獻
二月丁卯南郡江陵庾和園甘樹連理荆州刺史臨川王義慶以聞
是月馬頭濟陽柞樹連理豫州刺史長沙王義欣以聞
是年衡陽湘鄉醴泉出縣庭荆州刺史臨川王義慶以聞
十三年二月丁卯甘露降上明巴山
是月甘露降吳縣武康董道蓋家園樹

三月戊辰義興陽羨令獲白烏太守以獻甲午甘露降初寧陵
四月辛丑武昌縣章山水側自開出神鼎江州刺史南譙王義
宣以獻
七月甲戌濟南朝陽王道獲白兔青州刺史段宏以獻
五月己酉會稽郡西南向曉忽天光明有青龍騰躍凌雲久而
後滅吳興諸處並以其日同見光景揚州刺史彭城王義康以聞
十四年正月丙申白兔見山陽縣山陽太守劉懷之以獻
二月宮內螽斯室前梨樹連理豫州刺史長沙王義欣以聞
五月甲午白雀集費縣員外散騎侍郎顏敬家獲以獻是年白
雀二見荆州府客館白鹿見文鄉白鷰集荆州府門刺史臨川
王義慶以聞
十五年六月白雀見建康定陰里揚州刺史彭城王義康以獻
七月壬申山陽師盈獲白兔南兗州刺史江夏王義恭以獻
八月白雀見西陽江州刺史南譙王義宣以獻白雀集建康都

亭里楊州刺史彭城王義康以聞
十六年二月白雉見陳郡豫州刺史長沙王義欣以聞
三月巳卯甘露降廣州城北門揚州刺史陸徽以聞
七月壬申華林池雙蓮同幹
十七年四月丁丑甘露降廣陵永福里梁昌季家樹西兖州刺
史江夏王義恭以聞
五月甲午白鹿見南汝陰宋縣太守文道恩以獻壬寅白雀二
見荆州後園刺史衡陽王義季以聞
七月武昌崇讓鄉程僧愛家俠楓木連理江州刺史臨川王義
慶以聞
十月尋陽弘農湖芙蓉連理義慶以聞
十一月乙酉甘露降樂游苑
是年甘露降高平金鄉富民村方三十里中徐州刺史趙伯符
以聞

十八年二月癸亥白雉見南汝陰宋縣太守文道恩以獻
五月甲申甘露降丹楊秣陵衛將軍臨川王義慶園揚州刺史
始興王濬以聞
六月白鵲產丹徒縣南徐州刺史南譙王義宣以聞
甘露降廣陵孟玉秀家樹南兖州刺史臨川王義慶以聞
七月吳郡鹽官于玄獲白雀太守劉禎以獻
八月庚午會稽山陰商世寶獲白鳩眼足並赤揚州刺史始興
王濬以獻
十二月木連理生歷陽劉成之家南豫州刺史武陵王駿以聞
十九年四月戊申白龜見吳興餘杭太守文道恩以獻
五月丁卯甘露降建康司徒參軍督護顧俊之宅竹柳乙亥甘
露降馬頭濟陽宋慶之園樹太守荀顗以聞
是月山陽張休宗獲白麞海陵王文秀獲白烏南兖州刺史臨
川王義慶以獻

七月白烏產晉陵暨陽僑民彭城劉原秀宅樹原秀以聞
八月壬子楊州後池二蓮合華州刺史始興王濬以獻
九月戊申廣陵肥如石梁澗中出石鍾九口大小行次引列南
向南兖州刺史臨川王義慶以獻
十月白虎見弋陽期思二縣南豫州刺史武陵王駿以聞
二十年四月辛卯白龜見吳興餘杭揚州刺史始興王濬以聞
五月丁丑白雀二見京都材官吏黄公歡軍人丁田夫各獲以
獻廬陵郡池芙蓉二花一蔕太守王淵以聞
白鷰集南平郡府內史臧綽以聞赤雀集南平郡府內史臧綽
以聞
六月壬寅華林天淵池芙蓉二花一蔕園丞陳襲祖以聞
是月白雉見高平方與縣徐州刺史臧質以獻嘉禾一莖九穗
生上庸新安梁州刺史劉道以獻
七月吳興郡後池芙蓉二花一蔕太守孔山士以聞彭城劉原

又獲白烏以獻盱眙考城縣柞樹二株連理南兖州刺史臨川
王義慶以聞
八月揚州後池芙蓉二花一蔕刺史始興王濬以獻白鹿見譙
郡蘄縣太守琬以獻白麞見江夏安陸內史劉思考以獻
是月木連理生汝陰豫州刺史劉遵考以聞
是年夏永嘉郡後池芙蓉二花一蔕太守臧藝以聞秣陵衛猗
之獲白雀丹楊尹徐湛之以獻
二十一年三月白兎見東萊當利青州刺史杜巽以聞
四月甘露頻降樂遊苑甘露降義陽平陽太守龐秀之以聞
甘露降彭城綏輿里徐州刺史臧質以聞
六月丙午華林園天淵池二蓮同幹園丞陳襲祖以聞
十月巳丑永嘉永寧見黄龍自雲而下太守臧藝以聞
十二月新陽獲古鼎於水側有篆書四十二字雍州刺史蕭思
話以獻

是年甘露降益州府內黎李梢刺史庾俊之以聞木連理生晉陵無錫南徐州刺史南譙王義宣以聞

湘州刺史南平王鑠獻赤鸚鵡木連理生歷陽烏江南豫州刺史武陵王譚以聞白鸚鵡見廣陵南兗州刺史廣陵王誕以獻

是年嘉禾生新野鄧縣雍州刺史蕭思話以獻

二十二年二月白鹿見建康縣揚州刺史始興王濬以聞又白鹿見南康贛縣南康相劉興祖以獻

四月丙子白雀見東安郡徐州刺史臧質以獻

是月樂遊苑池二蓮同幹苑丞梅道念以聞

閏五月丙午白雀見華林園員外散騎侍郎長沙王瑾獲以獻

六月庚子南彭城蕃縣時佛護獲白雀以獻

是月嘉禾生藉田一莖九穗

七月癸酉嘉禾生平虜陵徐州刺史臧質以獻辛巳南頓櫟連理豫州刺史趙伯符以聞

是月東宮玄圃園池二蓮同幹內監殿守舍人宮勇民以聞

九月木連理生建康建康令張永以聞嘉禾生揚州東耕田刺史始興王濬以聞嘉禾生太尉府田太尉江陵王義恭以聞

十一月辛巳甘露降南郡江陵方城里荊州刺史南譙王義宣以聞

十二月丁酉甘露降長寧陵陵令包誕以聞是年木連理生武昌江州刺史廬陵王紹以聞白鵲見新野鄧縣雍州刺史蕭思話以聞豫章守縣出銅鍾江州刺史廣陵王紹以獻嘉禾生華林園百六十穗園丞陳襲祖以聞嘉禾生潁川陽曲豫州刺史趙伯符以聞

二十三年二月戊戌白鹿見兗州刺史檀和之以獻丁未甘露降樂遊苑苑丞張寶以聞

辛亥木連理生南陰柔縣太守以聞

五月甲寅東宮隊白從陳超獲魚麏於肥如縣皇太子以獻

六月辛丑太子西池二蓮同幹池統劉承祖以聞壬寅華林天淵池芙蓉二花一蔕園丞陳襲祖以聞丙辰白鹿見彭城尉征北將軍衡陽王義季獲以獻

七月乙丑嘉禾生籍田籍田令褚熙伯以聞

庚午嘉禾生丹楊秣唐里揚州刺史始興王濬以聞

庚辰嘉禾生醴湖屯屯主王世宗以聞

八月乙酉嘉禾生華林園園丞陳襲祖以聞魚邑三周池二蓮同幹園丞徐道與以聞

九月庚辰嘉禾生沛郡蕭縣征北大將軍衡陽王義季以聞

丙子甘露降長寧陵陵令華林以聞

十月辛巳東宮將魏榮獲青麞於秣陵

十二月庚子甘露降襄陽郡治雍州刺史武陵王駿以聞

辛丑甘露頻降樂遊苑苑丞何道令以聞

是年吳郡嘉興鹽官縣野稻自生三十許種揚州刺史始興王濬以聞是年醴湖屯生嘉禾一莖九穗屯主王世宗以聞木

連理生淮南營壘揚州刺史始興王濬以聞嘉禾生豆夏汝南豫州刺史南譙王義宣以聞

二十四年三月壬午臨川王第梨樹連理臨川王燁以聞

戊戌河濟俱清龍驤將軍青冀二州刺史杜坦以聞

己亥庚子甘露頻降景陽山山監張績以聞又是月己亥三月丙辰甘露降尋陽松滋江州刺史廬陵王紹以聞

四月癸未甘露降尋陽松滋丙申又降江州城內桐樹丁酉又降近城數里之中江州刺史廬陵王紹以聞白雀產吳郡鹽官民家太守劉禎以獻

五月辛未白鸞集司徒府西園太尉江夏王義恭以聞

六月己亥白雀五集長沙廟長沙王瑾以聞

七月己酉白兔見東莞太守趙球以獻壬子晉陵無錫穀櫟樹連理南徐州刺史廣陵王誕以聞乙卯木連理生會稽鄮諸揚州刺史始興王濬以聞又會稽太守羊玄保上啟連理所生處容

亭村爲木連理臨川王衆梨樹連理臨川王燁以聞甘露降京師
揚州刺史始興王濬以聞丁巳白兎見兖州刺史徐瓊以聞丁
卯禾旅生華林園及景陽山園丞梅道念以聞
是月甘露降襄城治下無量寺雍州刺史武陵王駿以聞
八月乙□卯禾生魚城內白烏見晉陵南徐州刺史廣陵誕以聞
九月白鳩見
十月甲午甘露降魏興郡內太守韋寧民以聞揚州刺史始興
王濬獲白龜以獻
二十五年二月乙丑白麞見淮南太守王休獲以獻巳亥白虎
見武昌武昌太守蔡興宗以聞
四月戊午白麞見南琅邪太守王遠獲以獻戊辰木連理生晉
陵南徐州刺史廣陵王誕以聞
五月辛未朔華林園白麞生二子皆白園丞梅道念以聞丁丑
黑龍見玄武湖北苑丞王世宗以聞戊戌黑龍見玄武湖東北

隄揚州從史張丞之以聞
六月壬寅嘉禾旅生華林園十株七百穗園丞梅道念以聞壬
子嘉黍生籍田籍田令褚熙以聞
七月壬辰嘉禾生北海青冀二州刺史王坦以聞
八月丙午嘉禾生太尉江夏王義恭果園江夏國典書令陳頫
以聞辛亥黃龍見會稽太守孟顗以聞又廣陵有龍自湖水外
天百姓皆見壬子嘉禾生建康化義里令丘珍孫以獻又白鸑
見廣陵城南兖州刺史徐湛之以聞癸丑嘉禾生華林園園丞
梅道念以聞
十一月丁丑白虎見蜀郡二赤虎道前益州刺史陸徽以聞庚
辰甘露降南郡荊州刺史南譙王義宣以聞乙未甘露降丹陽
秣陵巖山是月嘉禾生巴東荊州刺史南譙王義宣以聞
二十六年三月壬午甘露降景陽山華林園園丞梅道念以聞
戊寅白雉見東安沛郡各一徐兖二州刺史武陵王駿以獻庚
寅癸巳甘露頻降武昌江州刺史廬陵王紹以聞
四月戊戌白虎見南琅邪半陽山二虎隨從太守王僧達以聞
甲辰丙午戊申甘露頻降豫章南昌太守劉思考以聞
五月癸酉白鵲見建康崇孝里揚州刺史始興王濬以獻戊寅
白鸑產龠陽王墓亭郎中令朱曠之獲以聞丙戌白麞見馬頭
豫州刺史南平王鑠以獻
六月甲寅嘉禾生籍田籍田令褚熙伯以獻
七月嘉禾生巴東朐䏰荊州刺史南譙王義宣以獻
二十七年正月己丑白麞見濟陰徐州刺史武陵王駿以聞
二月壬辰白兎見竟陵荊州刺史南譙王義宣以獻又白兎見
濟陰徐州刺史武陵王以聞
四月癸丑華林園白麞生一白子園丞梅道念以聞
乙卯丙辰丁巳甘露頻降豫章南昌戊午午時天氣清明有綵
雲映覆郡邑甘露又白雲降太守劉思考以聞

五月甲戌甘露降南東海丹徒南徐州刺史始興王濬以聞
六月壬辰白鸑見秣陵丹陽尹徐湛之以獻丙午白兎見南汝
陰豫州刺史南平王鑠以獻乙卯白雀見濟南郡薛榮以獻
十月己丑嘉禾生北海青州刺史杜坦以聞
二十八年正月戊子木連理生尋陽柴桑又生州城內江州刺史建
平王宏以聞
二月戊辰甘露降鍾山延賢寺揚州刺史廬陵王紹以聞壬午
甘露降徽音殿前果樹
是月甘露降合殿後香花諸草
七月戊戌嘉禾生廣陵邵伯埭兖州刺史江夏王義恭以聞癸
卯尋陽柴桑萩栗旅生彌漫原野江州刺史建平王宏以聞
八月己巳崇義軍人獲白雀一雙太子左率王錫以獻
二十九年四月癸丑白雀見會稽山陰太守東海王禕獲以獻
六月壬戌白麞見晉陵暨陽南徐州刺史始興王濬以獻

八月癸酉白鹿見鄧南中郎將武陵王以獻
十月丁未木連理生南琅邪太守劉成以聞
三十年十一月壬午白鹿見南琅邪琅邪太守王僧虔以獻十
二月癸亥白鹿見武建郡雍州刺史朱脩之以聞
孝武帝孝建元年三月丙辰甘露降華林園五月己亥臨沂縣
魯尚期於城上獲赤雀太傅假黃鉞江夏王義恭以獻
二年正月庚戌白兔見淮南太守申坦以聞
三月己酉甘露降丹楊秣陵中里路與之墓樹又木連理生南
郡江陵荆州刺史朱循之以聞辛亥甘露降長寧陵松樹戊午
甘露降丹楊秣陵尚書謝莊園竹林莊以聞
是月甘露降襄陽民家梨樹
六月丙子左衛軍獲白雀以獻庚寅玄武湖二蓮同幹癸巳嘉
禾二株生江夏王義恭東田
七月癸丑黃龍見石頭城水濱中護軍湘東王以聞

是月木連理生歷陽太守袁敳以聞
九月己丑朔嘉禾異畝同穎生齊郡廣饒縣
三年二月乙丑白兔見原州獲以獻
三月庚子白鹿見臨川西豐縣壬子白虎見臨川西豐縣
閏三月辛酉黃門侍郎庾徽之家獲白雀以獻
四月丁亥臨川宜黃縣民田中得銅鍾七口內史傅徽以獻甲
辰晉陵延陵得古鍾六口徐州刺史竟陵王誕以獻
五月己未龍見臨川郡江州刺史東海王以聞丁卯白雀見建
康獲以獻木連理生北海都昌冀州刺史垣護之以聞
六月癸巳白麞見廣陵南兗州以獻
七月庚午嘉禾生吳興武康
九月甲戌細仗隊省井泉春夏深不盈尺忽至一丈有五色水
清澄醴味汲引不窮
是月濟河清冀州刺史垣護之以聞

大明元年正月乙亥木連理生高平
二月己亥白麑見會稽諸暨縣獲以獻壬寅華林園雙橘樹連
理
四月甲申白鹿見南平白烏見南郡江陵癸卯甘露降華林園
桐樹戊申白雀見尋陽
五月壬子紫氣從景陽樓上層出狀如烟迴薄良久甲寅白雀
二見勃海獲以獻戊午嘉禾一株五莖生清暑殿鷄尾中癸亥
黑龍見晉陵占石村改村爲津里甲子白雀見建康獲以獻丁
丑蒼烏見襄陽縣戊寅江乘縣民朱伯地中得玉璧徑五寸八
分以獻
六月丁亥白雀見零陵祁陽獲以獻庚子白兔見即墨獲以獻
七月辛亥白雀見南陽宛獲以獻丁丑白麞見東萊曲城縣獲
以獻八月　嘉禾生青州異根同穗
九月乙丑華林園梨樹連理

十月乙丑朔木連理生豫章南昌
二年正月壬戌白麞見山陽內史程天祚以聞
二月辛丑白麞見濟北太守殷孝祖以獻
三月壬子北汝陰樓煩平地出醴泉豫州刺史宗慤以聞己巳
白雉雌雄各一見海陵南兗州刺史竟陵王誕以獻
四月甲申蒼烏見襄陽雍州刺史王玄謨以獻己丑白鹿見桂
陽郴縣湘州刺史山陽王休祐以獻辛丑木連理生汝南豫州
刺史宗慤以聞
五月乙巳白鷰產南郡江陵民家荆州刺史朱循之以獻丁未
白雀見建康揚州刺史西陽王子尚以獻甲子白鷰二產山陽
縣舍南兗州刺史竟陵王誕以獻
六月甲戌白鷰產吳郡城內太守王翼之以獻丁亥白雀見河
東定襄縣荆州刺史朱循之以聞
三年正月癸巳白鹿見南琅邪江乘南徐州刺史劉延孫以獻

丙申婺皇國獻赤白鸚鵡各一
三月己卯甘露降樂遊苑梅樹戊子甘露降宣城郡舍太守張
辯以聞戊子毛龜見宣城廣德太守張辯以獻辛卯白鹿見廣
陵新市太守柳光宗以聞四月庚戌白雀見秣陵丹楊尹劉秀
之以獻
五月壬午太宰府崇藝華人獲白雀太宰江夏王義恭以獻甲
申白鷺產武陵臨沅民家郢州刺史孔靈符以聞
九月乙亥嘉禾生北海昌樂縣青州刺史顔師伯以聞甲午木
連理生丹楊秣陵村官將軍范悅時以聞
四年正月壬辰甘露降初寧陵松樹
二月丙申甘露降丹楊秣陵龍山丹楊尹孔靈符以聞乙巳徐
州刺史劉道隆於泝水得白玉戟以獻
三月丁亥木連理生華林園曜靈殿北
四月壬子木連理生華林園白觀臺北

五月辛巳白雀見廣陵侍中顔師伯以獻
六月戊戌木連理生會稽山陰揚州刺史西陽王子尚以聞壬
寅車駕幸籍田白龜見于千畝尚書右僕射劉秀之以獻乙卯
白鷺見平昌青州刺史劉道隆以獻
五年正月丙子交州刺史垣閎獻白孔雀
四月庚戌白雀見晉陵太守沈文叔以獻辛亥甘露降吳興安
吉太守歷陽王子頊以聞乙卯甘露降吳興烏程太守歷陽王
子頊以聞
五月丙寅白鹿見南東海丹徒南徐州刺史劉延孫以獻癸未
白雀二見尋陽汗州刺史桂陽王休範以獻癸未白雀二見濟
南青州刺史劉道隆以獻嘉瓜生建康蔣陵里丹楊尹王僧朗
以獻
九月庚戌河泲俱清平原太守申纂以聞己巳白麞見南陽雍
州刺史永嘉王子仁以獻

閏九月木連理生邊城豫州刺史垣護之以聞
十二月戊寅淮南松木連理豫州刺史尋陽王子房以聞白雉
見泰郡南兗州刺史晉安王子勛以獻
是年籍田芙蓉二花同帶大司農蕭邃以獻
六年二月戊午甘露降建康靈耀寺及諸苑園及秣陵龍山至
于婁湖是日又降句容江可一縣乙丑木連理生晉陵南徐州
刺史新安王子鸞以聞
三月丙午青雀見華林園
四月戊辰木連理生營陽湘州刺史建安王休仁以聞又白麞
見休仁以獻
六月乙丑白兎見青冀二州刺史劉道隆以獻
八月乙丑木連理生彭城徐州刺史王玄謨以聞辛未嘉禾生
樂陵青冀二州刺史劉道隆以聞辛巳白雀見齊郡道隆以獻
是月白兎見北海

七年正月庚寅白麞見南陽荆州刺史臨海王子頊以獻己酉
珊瑚連理生鬱林始安太守劉勔以聞
三月辛巳白鵲見汝南安陽太守申令孫以獻丙申甘露降尋
陽松滋太守劉滕以聞
四月乙未白雀見廬陵王第廬陵王敬先以獻己未甘露降荆
州城内刺史臨海王子頊以聞乙丑白雀見歷陽太守建平王
景素以獻
五月辛未白雀見汝陰豫州刺史垣護之以獻
六月己未白麞見武陵臨沅太守劉衍以獻
是月白雀見寶成南豫州刺史尋陽王子房以獻
是月江夏蒲圻獲銅路鼓四面獨足郢州刺史安陸王子綏以聞
八月乙未毛龜見新安王子鸞第獲以獻
九月癸未白麞見南陽雍州刺史劉秀之以獻
十月乙卯白雀見建康揚尹永嘉王子仁以獻

十一月車駕幸南豫州習水軍於梁山有白爵二集華蓋有司奏改大明七年爲神爵元年詔不許

十二月辛丑朔甘露降吴興烏程令荀卞之以聞

八年六月甲子白鹿見衡陽郡湘川刺史江夏王世子伯禽以獻

八月丁卯白鴿見南郡江陵荆州刺史臨海王子頊以獻

前廢帝永光元年正月丙午白雉見勃海青州刺史王玄謨以獻

三月甲午朔白雉見新蔡豫州刺史劉德願以獻

四月乙亥白雀見會稽東揚州刺史尋陽王子房以獻

六月丙子白雀見彭城徐州刺史義陽王昶以聞

册府元龜卷第二百一

册府元龜卷第二百二

閏位部十一

祥瑞第二

宋明帝泰始元年十二月丙寅揚州淮水清潔有異於常州治中從事史張諮以聞乙亥白鹿見宣城宣城太守劉韞以聞巳亥白鹿見長沙湘州刺史劉韞以獻

二年二月丙午黃紫雲從景陽樓出隨風迴久乃消華林園令臧延之以聞

四月巳未甘露降上林苑苑令徐承道以獻

庚申甘露降華林園園令臧延之以獻

五月甲寅豬中獲石栢長三尺二寸廣三尺五寸揚州刺史建安王休仁以獻乙亥甘露降丹楊秣陵縣舍齋前竹丹楊尹王景文以獻

六月丁巳白烏見吳郡海鹽太守顧覬之以獻巳卯日入後有黃白赤白氣東西竟天光明潤澤久乃消是月白鷰見零陵獲以獻

七月戊子白雀見虎檻洲都督征討諸軍建安王休仁以聞巳酉嘉禾生會稽永興太守巴陵王休若以聞

八月丙辰朔四眼龜見會稽會稽太守巴陵王休若以獻五城溴池二蓮同幹都水使者羅僧愍以獻戊午嘉瓜生南豫州刺史山陽王休祐以獻巳未豫州刺史山陽王休祐獻蓮二秩一蔕丙寅六眼龜見東陽長山文如爻卦太守劉勰以獻

是月於赭圻城南得紫玉一段圍三尺二寸長一尺太宗攻爲二爵以獻武文二廟

九月庚寅青雀見京城内南徐州刺史桂陽王休範以獻壬寅白烏見吳興烏程太守郗顒以獻

十月巳巳華林天淵池白魚躍入御舟

三年二月壬寅白鼠見樂安青州刺史沈文秀以獻

五月癸酉白麞見南東海丹徒南徐州刺史桂陽王休範以獻乙亥白鴝鵒見京兆雍州刺史巴陵王休若以獻巳卯白麞見北海都昌青州刺史沈文秀以獻

十一月乙卯盱眙獲石栢寧朔將軍段佛榮以獻庚申甘露降晉陵太守王蘊以聞癸亥甘露降南東海丹徒建岡南徐州刺史桂陽王休範以聞

十二月壬午甘露降崇寧陵揚州刺史建安王休仁以聞

四年十一月辛未崇寧陵上書言自大明八年至今四年二月宣太后陵明堂前後有光及五色雲又芳香四滿又五綵雲在松下狀如車蓋

五年正月癸卯白麞見汝陰樓煩豫州刺史劉勔以獻

五月壬戌豫章南昌獲古銅鼎容斛七斗江州刺史王景文以獻

六月甲子嘉蓮生湖孰南臺侍御史笁曾慶以聞

十月庚辰郢州獲玄璧廣八寸五分安西將軍蔡興宗以獻

六年六月壬子嘉蓮生東宮

七月壬午白雀二見廬陵吉陽内史江孜以聞

九月巳巳八眼龜見吳興故鄣太守褚淵以獻

十二月乙未白鹿見梁州刺史杜幼文以聞

十年四月戊申夜京邑崇虛館堂前有黃氣狀如寶蓋高十許丈漸有五色道士陸脩靜以聞

六月甲寅義陽郡獲銅鼎受一斛並隱起鏤豫州刺史段佛榮以獻

泰豫元年四月乙酉會稽山陰思義醴泉出太守蔡興宗以聞

六月辛丑白雀見廣州刺史孫超以聞

十月壬戌白麞見義興國山太守王蘊以獻義興陽羨縣獲毛龜太守王蘊以獻

後廢帝元徽元年正月甲午白麞見海陵寧海太守孫嗣之以獻

二年二月甲子白鹿見鬱州青冀二州刺史西海太守劉善明

以獻

四年三月醴泉出昌國白鹿山其味甚甘

十一月乙巳甘露降吳興烏程太守蕭惠明以聞

五年四月巳巳白雀二見尋陽柴桑江州刺史邵陵王友以獻

順帝昇明二年十一月甘露降南東海武進彭山太守謝顗以聞又甘露降長城下山太守王奐以聞

十二月甘露降建康禁中里

是年宣城山中生紫芝一株在所獲以獻

三年三月白虎見歷陽龍亢縣新昌村新昌嘉名也瑞應圖曰王者不暴白虎出白虎仁獸也

是年騶虞見東安縣五界山師子頭虎身龍脚詩傳云騶虞義獸白虎黑文不食生物至德則出

南齊太祖建元元年正月拜皇太子日有慶雲在日邊又新蔡郡固始縣嘉禾一莖五穗

四月有司奏延陵令戴景度稱所領季子廟舊有湧井二所廟祝列云舊井北忽聞金石聲即掘深三尺得沸泉其東忽有聲錚錚又掘得泉沸湧若浪中得一銀木簡長一尺廣二寸隱起文曰廬山道人張陵再拜謁詣起居簡木堅白而字色黃謹案瑞應圖浪井不鑿自成王者清靜則仙人主之孔氏世録云叶精帝道孔書明巧當在張陵宋均注云張陵佐封禪一云陵仙人也

五月白烏見巴郡又木連理生安成新喻縣又生南安陳縣郢州丁坡屯獲白雀一頭

閏月瓚明殿外閣南槐樹連理

八月新蔡縣獲嘉禾二莖九穗一莖七穗鹽官縣內樂村木連理又男子王約獲白雀一頭

九月甘露降淮南郡桃石榴二樹有司又奏甘露降汲縣王安世園樹秣陵縣獲白雀一頭

十月涪陵郡蜑民田健所住巖間常留雲氣有聲響徹若龍吟求之積歲莫有見者去四月二十七日巖數里夜忽有雙光至明往獲古鍾一枚又有一器名淳于蛋人以為神物奉祠之

十一月固始縣獲嘉禾一莖九穗

是年（臣欽若等曰史闕不書）月郢州監利縣天井湖水色忽澄清出綿百姓採以為纊

武帝永明二年正月冠軍將軍周普孫於石頭北廂將堂見地有異光照城堞往獲玉璽一鈕方七分文曰明玄君

四月白雀集郢州府館又甘露降南郡桐樹

五月白雀見會稽永興縣

七月新治縣槐栗二木合生異根連理去地數尺中央小開上復為一尺烏程縣陳文則家槿樹連理

九月有司奏上虞縣楓樹連理兩根相去九尺雙株均聳去地九尺合成一幹故鄣縣楓樹連理兩株相去七尺大八圍去地

一丈仍相合為樹泯如一木山陽縣界若耶村有一槐木合為連理淮陰縣建業寺木連理建康縣梨樹耀榱五圍連理六枝

十一月魏國民齊祥歸入靈丘關　聞鄴然有聲仰視之見山側有紫氣如雲衆馬騰踊其間祥往氣所獲璽方寸四分獸鈕文曰坤維聖帝永昌送與魏太后師道人慧度欲獻魏主慧度觀其文竊謂當今衣冠正朔在于齊國遂附道人慧藏送京師因羽林監崔士亮獻之

是年江陵縣獲白鼠一頭又休安陵獲玄龜一頭又彭澤縣獲白雉一頭又順陽丹光縣山下得古鼎一枚又護軍府門外桑樹壹株並有蠶絲緜被枝葉漢光武時有野蠶成繭百姓得以衣服今則浮波暮樹其亦此之類乎又越州南高涼俚人海中網魚獲銅獸一頭銘曰作寶鼎齊臣萬年子孫承寶又彭澤縣獲白雉一頭

三年正月安城縣榆樹二株連理

四月白雀見臨汝縣

七月安城王昺高第獲白雀一頭又始興郡民龔玄宣去年二月忽有一道人乞中食因探懷中出篆書真經一卷六紙又表代極一紙又移付羅漢居上一紙云從兜率天宮下使送上天子因失道人所在玄宣又稱神人授皇帝璽龜形長五寸廣二寸厚二寸五分上有天地字中央蕭字下萬世字

八月梁郡睢陽界野田中獲嘉禾一莖二十三穗

九月南郡江陵縣獲白雀一頭又句陽縣之穀山榿樹連理異根雙挺共抄爲一

十一月永寧左郡楠木連理是年華林園醴泉堂東忽有瑞雲周圓十許丈高下與景雲樓平五色藻密光彩映山徘徊良久轉南行過長船入華池大鳥集東陽郡太守沈約表云鳥身備五采赤色居多案樂緯叶圖徵云焦明鳥質赤至則德之感也

四年二月甘露降臨湘縣李樹

三月甘露降南郡桐樹三足烏巢南安中陶縣庭中又秣陵縣喬天明園中李樹連理生高三尺五寸兩枝別生復高三尺合爲一幹又白虎見安蠻虔化縣

四月甘露降睢陽縣桃樹是年丹楊縣獲白兔一頭東昌縣山自比歲以來常發異響去二月十五日有一巖穨落縣民方元泰往視於巖下得古鐘一枚青龍見順陽郡清水縣平泉湖

五年正月秣陵縣華僧秀園中四樹連理

三月豫寧縣長崗山獲神鐘一枚

四月甘露降荆州府中閤外桐樹

六月建城縣昌城田獲四目龜一頭腹下有萬齊字

八月延陵縣王惠獲六目龜一頭腹下有萬歡字并有卦兆

九月莒縣獲嘉禾一株是年山陰縣孔廣家園種樹十二層會稽太守隋王子隆獻之種芳林苑鳳光殿西武騎常侍唐潛上青毛神龜一頭望蔡縣獲白鹿一頭南豫州刺史建安王子真表獻金色魚一頭又望蔡縣獲白鹿一頭

六年四月江寧縣北界賴鄉齊平里三成邏門外路東大常蕭惠基園楊樹二株連理其高相去二尺南大北小小者傾柯南附合爲一枝葉繁茂圓密如蓋

是年白鼠見芳林園蒲壽縣亮野村獲白麞一頭甘露降芳林園故山堂桐樹

七年六月鹽官縣獲白雀一頭是年黃龍見曲江縣黃池中一宿二日越州獻白珠自然作思惟佛像長三寸上越禪靈寺置剎下江寧縣李樹二株連理兩根相去一丈五尺鬱林獲白雉一頭荆州獲白麞一頭又吳郡太守江斆於錢塘縣獲蒼玉璧一枚以獻又齊興太守劉元寶治郡城於塹中獲錢數萬百形極大以獻臺爲瑞世但班賜朝臣以下各有差又主書朱靈讓於浙江得靈石十人舉乃起在水深三尺而浮世祖親投于天淵池試之刻爲佛像鬱林獲白雉一頭荆州獲白麞一頭

八年三月武陵白沙戍槐木連理相去五尺俱高三尺東西二枝合而通柯

四月陽羨縣獲白烏一頭

五月陽城縣獲紫芝一株

十二月紫秦縣陶委天家樹連理

是年餘干縣獲白麞一頭天門臨澧縣獲白雀一頭巴陵郡連理四株又天忽黃色照地衆莫能解司徒法曹王融上金天頌曰是非金天所謂榮光武帝大悅始興郡昌樂村獲白鳩一頭又餘干縣獲白麞一頭

九年五月長山縣獲神龜一頭腹有巽兌卦

七月吳郡錢塘縣獲白雀一頭

八月豫州獲白雀一頭甘露上定林寺堂庭中天如雨遍地如雪其氣芳其味甘耀日僚風至晡乃止爾後頻降鍾山松樹四十餘日乃止

十月甘露降太安陵樹
十一月寧蜀廣漢縣田所墾地入尺四寸獲古鍾二枚形高三
尺八寸圍四尺七寸懸柄長一尺二寸合高五尺四面各九孔
夜中於陶所瓦間見有白光窺尋無物自後夜夜輒復有光既
經旬日村民張慶宣瓦作屋又於屋間見光照内外慶宣疑之以
告休光乃共發視獲玉璽一鈕璧方八方上有鼻文曰帝真又
曲阿縣民黄慶宅左有園園東南廣袤四丈每種菜輒鮮異雖
加採掇隨復更生夜中常有白光皎質屬天狀似懸絹慶疑非
常請師卜候道士傅德占使掘之深三尺獲玉印一鈕文曰長
承萬福是年臨湘縣獲白鹿一頭義陽安昌縣獲白麞一頭秣
陵縣鬭場里安明寺有古樹衆僧以架屋宇伐以爲薪剖樹木
裏自然有法大德三字始興郡本無棠樹調味有闕世祖在郡
堂屋後忽生一株臨湘縣獲白鹿一頭義陽安昌縣獲白麞一
十年五月齊郡獲白雀一頭

六月海陵齊昌縣獲嘉禾一莖六穗
是年青州獲白雉一頭司州清激戍獲白麞一頭蘭陵民齊伯
生於六合山獲金璽一鈕文曰年子主青州涎庾戍獲白雉一
頭司州清激戍獲白麞一頭
十一年九月睢陽縣田中獲嘉禾一株
是年廣陵海陵縣獲白麞一頭
鬱林王隆昌元年正月襄陽縣獲紫芝一莖四月陽羨縣獲白烏一
和帝中興二年正月邏將潘道蓋於山石穴中獲毛龜一頭
二月白虎見東平壽張安樂村
三月甘露降茅山彌漫數里
是年山上雲障四塞頃有玄黄五色如龍長十餘丈從西北升天
梁高祖天監元年七月癸卯鸞鳥見樂遊苑
四年四月自甲寅至壬戌甘露連降華林園
五月建康縣朔陰里生嘉禾一莖十二穗

八月庚子老人星見
五年四月丙申廬陵高昌之仁山獲銅劍二始豐縣獲八目龜一
八月戊戌老人星見
六年二月甲辰老人星見
六月新吴縣獲四目龜一
九月嘉禾一莖九穗生江陵縣
七年四月辛未秣陵縣獲靈龜
八月甲戌老人星見
十一月辛巳鄮縣言甘露降
八年二月壬戌老人星見
八月戊午老人星見
九年七月巳巳老人星見
十年二月戊申騶虞一見荆州華容縣五月癸酉安豐縣獲一
角玄龜乙酉嘉蓮一莖三花生樂遊苑

十二月癸酉山車見于臨成縣
十一年二月新昌濟陽二郡野蠶成繭
十三年二月丁亥老人星見
十四年二月戊戌老人星見
八月乙未老人星見
十五年八月老人星見
十六年二月庚戌老人星見
四月瀨溪獲白雀
八月辛丑老人星見
十七年二月甲申老人星見
八月壬寅老人星見
十八年二月戊午老人星見
七月甲申老人星見
普通元年二月壬子老人星見

八月庚戌老人星見
二年七月甲寅老人星見
三年八月甲子老人星見
四年二月庚午老人星見
八月丁卯老人星見
五年二月丁丑老人星見
六年二月丁丑老人星見
八月壬午老人星見
七年二月丁亥老人星見
大通元年八月壬辰老人星見
二年二月甲子老人星見
中大通二年正月癸未老人星見
三年二月甲寅老人星見
八月癸巳老人星見

是歲吳興縣生野穀堪食
四年二月壬寅老人星見丙辰邵陵縣獲白鹿一
五年正月辛卯輿駕親祠南郊先是一日景夜南郊令解滌之
等到郊所履行忽聞空中有異香三隨風至及將行事奉樂迎
神畢有神光圓滿壇上朱紫黄白雜色食頃方滅兼太宰武陵
王紀等聞
二月巳丑老人星見
八月庚申老人星見
大同元年三月巳卯老人星見
七月乙卯老人星見
二年二月丙戌老人星見
三年二月乙酉老人星見
八月甲申老人星見
六年二月秦郡獻白麞一

六月丁未平陽縣獻白鹿一
九月始平太守崔碩表獻嘉禾一莖十七穗敬帝
紹泰元年冬至二年三月甘露頻降于鍾山梅崗南澗及京口
江寧縣境或至三斛外大如弈棊子陳高祖表以獻臺
二年二月前寧遠石城公外兵參軍王位於石頭沙際獲玉璽
四陳高祖表以送臺
陳高祖永定元年十一月甘露降于鍾山松林彌滿巖谷庚子
開善寺沙門採之以獻勑頒賜羣臣
二年四月重雲殿東鴟尾有紫煙屬天
文帝天嘉元年正月辛未輿駕親祠北郊日有冠
廢帝光大二年五月丙辰太傅安成王獻玉璽一
宣帝太建二年閏四月乙卯儀同黄法𣰰獻瑞璧一
四年八月丁丑景雲見
十二月壬寅甘露降

樂游苑
五年五月癸丑景雲見
七年四月壬子郢州獻瑞鍾六
閏九月壬辰甘露頻降樂遊苑
十二月甲子南康郡獻瑞鍾一
八年正月庚辰西南有紫雲見
東魏孝靜天平二年二月員外散騎常侍穆禮得玉板一廣三
寸長尺五寸頭有兩孔以獻
四月臨水縣木連理
五月北豫州獻白雀
七月齊獻武王獲白烏以獻魏郡木連理
八月光州獻白兎
三年正月青州獻白雉
五月司州上言清河郡木連理

七月魏郡獻嘉禾京師獲白雀
四年二月青州獻白雉
四月西兗州獻白狐
六月廣平郡上言木連理
七月兗州獻白雀光州獻白兔又獻九尾狐
八月并州上言木連理又獻嘉禾京師又獲嘉禾虞曹郎中司
馬仲璨又獻嘉禾一莖五穗
十二月梁州獻白雉
元象元年正月有巨象自至碭郡陂中南兗州獲送于鄴大赦
改元
二月洛州上言木連理
四月光州獻九尾狐
五月冀州獲白烏林慮縣上言木連理京師獲白雀徐州獲白兔
六月京師獲白雀齊獻武王獲白兔以獻

濮陽郡獻白兔齊獻武王獲白麞以獻
七月肆州獻白雀是月齊獻武王獲白雀以獻
八月東雍州獻嘉禾上黨郡言大連理西中府獻白鷰
興和元年正月魏郡繁陽縣獻白雉
二月光州獻九尾狐
三月甘露降於京師
四月京師獲三足烏
五月京師獲白雀
六月齊文襄王獲白雀以獻南兗州獲白雀
七月京師獲白雀
八月徐州表濟陰郡廳事前槐樹烏巢於上烏母死有鵲銜食
哺烏兒不失其時並皆長大賞太守帛十疋
九月有司奏西山採材司馬張神和上言司穴谷木連理
二年四月光州上言蒙縣木連理京師獲白雀徐州獻白兔

閏月京師獲白雀
五月京師獲白鵲又獲白鷰
六月京師獲白兔光州獻白雀
七月京師獲白雀
三年二月東郡白馬縣民獻玉印一
五月司州獻九尾狐京師獲白雀
八月南青州獻嘉禾
十二月魏郡獻白狐
四年正月京師獲白雀光州獻白兔
四月魏郡貴鄉縣獲白烏魏縣瀛州獻白狐二
五月京師獲白烏陽夏郡獻白烏濟州獻蒼烏
六月京師獲白雀
七月瀛州獻蒼烏鄴縣民獻白玉一璞北豫州獻白烏京師獲白雀
八月京師西獲嘉禾

十月瀛州獻白烏
武定元年正月廣宗郡獻白雉兗州獻白雉
三月瀛州獻白兔青州獻白雉
四月兗州獻蒼烏
五月梁州獲白雀濟州獻蒼烏
六月兗州獻白麞京師獲白雀東郡民獻白鷰
七月京師獲白雀幽州獲白狐以獻
八月西兗州上言濟郡木連理
九月齊獻武王上言并州木連理汲郡獻白兔
十月兗州獻白雀
二年五月京師獲蒼烏
七月林慮縣獻白鵲
八月京師獲嘉禾
三年五月瀛州獻三足烏北豫州獻白烏廣宗郡獻白烏又潁州

獻白烏梁州獲白雀
六月京師獲蒼烏滄州獻白烏京師又獲白鵲北豫州獻白鸞
七月瀛州獻白狐二牡一牝光州獻蒼烏京師獲白雀
八月并州獻嘉禾
九月西兗州獻白狐瀛州上言河間郡木連理
十月有司奏南兗州陳留郡民賈冥達於家庭得毛龜一兗州
獻白雀
四年三月青州獻白雉
四月獻白烏潁州獻三足烏
五月濟州獻白烏潁州又獻三足烏
六月京師獲白雀
八月陽夏郡獻白烏
五年十月甘露降齊文襄王第門柳樹
十一月汾州上言木連理

六年三月甘露降於京師
四月太山郡上言甘露降
五月晉州上言木連理
六月京師獲白雀
十一月武平鎮獻白兔
七年七月瀛州獻白麞
八年四月青州上言齊郡木連理
北齊文宣帝以東魏武定八年五月受禪是日京師獲赤雀獻
於南郊又光州獻九尾狐武成帝河清元年四月青州刺史上
言今月庚寅河濟清敗大寧二年爲河清
梁太祖開平元年正月壬寅帝至自長蘆是日有五色雲覆于
府署之上又丙辰慶雲見丁巳宋州刺史王皋進赤烏一
四月乙丑潁州刺史張實進白兔一戊辰宋州刺史王皋進兩
岐麥陳州袁象先進白鹿一付史館編錄兼示百官

五月丙戌荆州高季昌進瑞橘七十顆是月亳州刺史王二[illegible]進
白兔一濮州刺史圖嘉禾瑞麥以進
八月甲子平明前老人星見于南極壬申蔡州進嘉禾文有金
獸榆樹並圖形以獻是月隰州奏大寧縣至固鎮上下二百里
今月八日黃河清至十日如故
十一月黃南管內獲白鹿并圖形來獻耳有兩缺按符瑞圖鹿
壽千歲變白耳一缺今驗此鹿耳有二缺且獸與色皆應金行
[illegible]嘉瑞
二年四月鄢陵居人程震以兩岐麥穗并畫圖來進
八月甲寅太史奏壽星見于南方甲子廣州上言白龍見圖形
以進
三年八月司天臺奏今月二十七日平明前東南丙上去山高三
丈已來老人星見測在井宿十一度其色光明潤大
十一月司天臺奏冬至日自夜半後祥風微扇帝座澄明至曉
黃雲捧日

四年四月丁卯宋州節度使衡王友諒進瑞麥一莖三穗
八月辛未老人星見
乾化元年八月癸亥老人星見

册府元龜卷第二百二

閏位部二十二

徵應

自古帝王世之季豪傑並起雖雄視一方而[illegible]不絕若[illegible]大意諄諄贊明群衆之所嚮也若夫筆自載育玄感特異語該吉著神貺彌昭或應讖自許軌迹有開或物色紛紜符[illegible]斯合豈獨觀奇表命元龜而後知其享國保民也

蜀先主涿郡涿縣人少孤與母販履織席為業舍東南角籬上有桑樹生高五丈餘遙望見童童如小車蓋往來者皆怪此樹非凡或謂當出貴人先主少時與宗中諸小兒於樹下戲言吾必當乘此羽葆蓋車叔父子敬謂曰汝勿妄語滅吾門也又漢靈帝時董扶為侍中私謂太常劉焉 京師將亂益州分野有天子氣焉信之遂求出為益州牧扶亦求為蜀郡屬國都尉其後先主稱天子於蜀皆如扶言

吳大帝權母吳夫人初孕而夢月入其懷既而生策及權在孕又夢日入其懷以告其夫堅曰昔妊策夢月入我懷今也又夢日入我懷何也堅曰日月者陰陽之精極貴之象吾子孫其興乎初堅世仕吳家于富春葬於城東冢上數有光怪雲氣五色上屬於天曼延數里衆皆往觀視父老相謂曰是非凡氣孫氏其興矣及母懷妊堅夢腸出繞盈昌門寤而懼之以告鄰母鄰母曰安知非吉徵也

景帝亮母潘夫人既得幸有娠夢有以龍頭授己者己以蔽膝受之遂生亮

景帝休初封瑯邪王居會稽夢乘龍上天顧不見尾覺而異之及亮廢休立七年亮孫晧悉誅其子

宋高祖生夕甘露降于墓樹嘗伐荻新洲見大蛇長數丈射之傷明日復至洲裏聞有杵臼之聲往覘之見童子數人皆青衣於榛中擣藥問其故答曰我王為劉寄奴所射合散傅之[illegible]帝曰王神何不殺之答曰寄奴王者不死不可殺帝叱之皆散乃收藥而反又遇一沙門于道旅沙門言及中原事故因云江表尋當喪亂高祖曰當有拯之者不沙門曰能拯之者其唯君乎其意甚至初帝先患手創積年未療沙門曰此瘡難治先有良藥當以相與因出懷中黃散治瘡一傳而愈餘散寶錄之被金瘡輒用有驗又嘗遊京口竹林寺獨臥講堂前上有五色龍章衆僧見之驚以白帝帝獨喜曰上人無妄言帝皇考墓在丹徒之候山其地秦史所謂曲阿丹徒間有天子氣者也時有孔恭者妙善占墓帝嘗與經墓問之曰此墓何如孔恭曰非常地也帝由是益自負行止時見二小龍附翼樵漁山澤同侶或亦覩焉及貴龍形更大帝東征孫恩至會稽過孔季恭宅季恭正晝臥有神人衣服非常謂曰起天子在門既而失之遽出適見武帝延入結交執手曰卿後當大貴願以身為託於是曲意禮接甚厚及將受晉禪太史令駱達陳天文符瑞數十條

文帝初為荊州刺史廢帝景平中有龍見西方半天騰上蔡五綵雲京都遠近聚觀太史奏曰西方有天子氣帝入奉大統帝及議者皆疑不敢下鎮西長史王曇首與到彥之從兄華固勸帝猶未許曇首又固陳并言天人符應帝乃下率府州文武嚴兵自衛臺所遣百官衆力不得近部伍中兵參軍朱容子抱刀處平乘戶外不解帶者累旬既下在道有黃龍出負上所乘舟左右皆失色帝謂曇首曰此乃夏禹所以受天命我何堪之

孝武帝初封武陵王為北中郎將以顏竣為府主簿沙門僧含粗有學義謂顏竣曰貧道粗見讖記當有真人應符名稱次第屬在殿下竣在彭城嘗向親人敘之言遂宣布聞於太祖時元凶巫蠱事已發故帝不加推治

南齊太祖生二歲乳人乏乳皇妣孝皇后夢人以兩甌麻粥與之覺而乳大出異而說之帝舊宅在武進縣宅南有一桑樹擢

三文橫生四枝狀似華蓋帝年數歲好戲其下從兄敬宗曰此樹爲汝生也帝年十七夢乘青龍西行逐日日將薄山乃止覺而恐懼家人問占者云至貴之象也蘇侃云青者木色日者宋氏末運也宋泰始三年明帝遣前淮南太守孫奉伯往淮陰監元會奉伯舊與帝款是行也帝與奉伯同室臥奉伯夢帝乘龍上天於下捉龍脚不得及覺敘夢因謂曰兖州當大庇生靈而弟不得與也奉伯竟卒於宋世帝在淮陰治城得一錫趺大數尺下有篆文莫能識者紀僧眞曰何須辯此文字此自久遠之物九錫之徵也帝曰卿勿妄言又宋世有謗國相希利貫解星筭數術通胡漢語嘗言南方有姓名齊者其人當興又宋朝初議封帝爲梁公輔國主簿崔祖思啓帝曰讖書云金刀利刃齊刈之今宜稱齊實應天命從之帝居武進彭山岡阜相屬數百里不絶其上常有五色雲又有龍出焉帝時已貴矣明帝甚惡之遣善占墓者高靈文往墓所占相靈文先給事太祖還詭答曰不過出方伯耳密白太祖曰貴不可言明帝意猶不已遣人踐藉以左道厭之後於所樹華表柱忽龍鳴震響山谷及明帝寢疾爲身後之慮多翦功臣帝亦見疑每以蕭道成有不臣相帝府鎮淮陰每[illegible]夢[illegible]冠冕神人謂帝曰無所憂子孫當昌盛元徽四年太祖從南郊望氣者陳安寶見太祖身上黃紫氣屬天安寶謂親人王洪範曰我少來未嘗見軍上有如此氣也又[illegible]天謂曰蕭道成是我弟十九子我去年已授其天子位考自三皇五帝已降受命之次至帝爲十九也又所居武進縣有一道相傳云天子路或謂秦皇所游或云孫氏舊迹時訛言東城天子出其後建安王休仁鎮東府明帝懼殺休仁而常閉東府不居明帝又屢幸以厭王氣又使子安成王居之及蒼梧王敗安成王代立時咸言爲驗術數者推之帝舊居武進東城村東城之言其在此也昇明二年冬延陵縣季子廟沸井之北忽聞金石聲疑其異鑿深三尺得沸井奔湧若浪其地

又響即復鑿之復得一井湧沸亦然井中得一木簡長一尺廣二分上有隱起字曰廬山道士張陵再拜詣闕起居簡大堅白字色乃黃會稽剡縣有山名刻石父老相傳云山雖名刻石而不知名字所在昇明末縣人倪翼祖行獵忽見石上有文字凡三處苔生其上字不可識乃去苔視之其大石文曰此齊者黃公之化氣也立石文曰黃天星姓蕭字道成得賢師天下太平小石文曰刻石者紹會稽南山李斯刻秦望之峯也河洛讖曰歷年七十水滅緒風雲俱起龍鱗舉又曰肅草成道德盡備宋水德也義熙元年宋武帝王業之始至齊受命七十年又讖曰蕭爲二士天下樂二士主字也案文與金雄記曰當後有作肅入草也王子年歌曰金刀治世後遂苦帝王昏亂天神怒災異屢見戒人主三分二叛失州土三王九江一在吳餘悉稚小早少孤一國二主天所驅金刃劉也三分二叛宋明帝世也二王九江者孝武於九江興晉安王子勛雖不終亦稱大號後世祖又於九江基霸迹此三王也一在吳謂齊氏桑梓亦寄治南吳也一國二主謂太祖符運潛興爲宋氏驅除寇難歌又曰三木摧榛林茂草金刀利刃齊刈之金刀劉也刈翦也欲知其姓草肅肅穀中最細低頭熟鞠身甲體不與福穀中精細者稻也即道也熟猶成也孔子河洛讖曰揚河梁塞龍泉消除水災泄山川水即宋也宋氏爲災害故曰水災梁亦水也揭河梁則行路通路猶道也消除水災除宋水氏之災害也河圖讖又曰上參南斗第一星下立草屋爲紫庭龍神之岡梧桐生鳳鳥戢翼朝皇鳴南斗天分野也草屋者居上蕭字象也天子何在草中宿宿蕭也又蕭管之器像鳳鳥翼也又曰先是益州有山古老相傳曰齊后山昇明三年四月二十三日有沙門玄暢者於此山立精舍其日上登尊位其月二十四日滎陽郡人尹千於嵩山東南隅見天雨石墜地石門有玉璽在其中璽方三寸文曰戊丁之與道俱肅然入草應天符掃平河洛清魏都又曰皇帝

運與千秦璽語雍州刺史蕭赤斧以獻又宋武帝於嵩高山得玉璧三十二枚神人云此是宋卜世之數三十二者二世也宋自受命至禪齊凡六十年然則帝之符應也

武帝小字龍兒以宋元嘉十七年六月巳未夜生於建康青溪宅其夜陳孝后劉昭后同夢龍據屋上故字帝焉又其夕無火婢吹灰而火然年十三夢人以筆畫身左右爲兩翅又着孔雀羽衣裳空中飛舉體生毛髮長至足有人指上所踐地曰周文王之田又於所住堂內得璽一枚文曰皇帝行璽又得異錢文爲北斗星雙刀雙貝又有人形帶劒焉仕宋爲贛令江州刺史晉安王子勛反帝不從命南康相沈肅之縶帝郡獄族人蕭欣祖門客桓康等破郡迎出帝帝遂率部曲百餘人起義避難揭陽山有白雀來集聞山中有清聲傳響又於山累石爲佛圖其側忽生一樹狀若華蓋青翠扶踈有殊群木帝將討戴凱之大饗士卒是日大熱帝各令折荆枝自蔽言未終而有雲垂陰正當會所會畢雨乃散及爲廣興相嶺南積旱連水阻澗商旅不通帝部伍既至無雨而川流暴起遂得利涉後爲左衛將軍於盆城禦沈攸之盆城掘壍得一大錢文曰太平百歲于時城內乏水欲引水入城始鑿城內遇伏泉涌出如此者九處用之不竭

和帝即位於江陵建武中荆州大風雨龍入柏齋中柱壁上有爪足處刺史蕭遙欣恐畏不敢居之至是以爲嘉福殿

梁高祖母張皇后嘗於室內忽見庭前昌蒲生華光照灼非世中所有后驚視謂侍者曰汝見不對曰不見后曰嘗聞見者富貴因遽取吞之又嘗夢抱日已而有娠遂產帝將產之夜后見庭內若有衣冠陪列焉生而有奇異兩胯駢骨頂上隆起有文在右手曰武帝所居室常若雲氣人或過者體輒肅然嘗行經牛渚逢風入泊龍瀆有一老人謂帝曰君龍行虎步相不可言天下方亂安之者其在君乎問其名氏忽然不見陰智伯與帝鄰居少相友善嘗入帝卧內見有異光成五色因握帝手曰公後必大貴非人臣也天下方亂安蒼生者在君乎帝曰幸勿多言於是情好轉密帝每有求索如外府焉帝在襄陽住齊常有五色迴轉狀若蟠龍其上紫雲騰起形如繖蓋初齊高帝夢屐而登殿顧見武明二帝後一人手張天地圖而不識問之荅曰順子後及崔惠景之逼長沙宣武王入援至越城夢乘馬飛半天而墜帝所馭化爲赤龍騰虛獨上時臺內有宿衛士爲覡常見大極殿有六龍各守一柱未忽失其二後見在宣武王宅時宣武爲益州覡乃往蜀以事及宣武在郢此覡還都乃見六龍俱在帝所寢齋遂去郢之難中途遇疾且死謂同侶曰蕭雍州必作天子具以前事語之推此而言蓋天命也齊中興二年正月始爲梁公南兖州隊主陳文興於桓城內鑿井得玉鏤騏驎金縷玉璧水精環各二枚又建康令羊瞻解稱鳳凰見縣之桐下里齊宣德皇后稱美符瑞歸于相國府又延陵縣華陽邏主戴車牒稱去十二月乙酉甘露降茅山彌漫數里正月巳酉邏將潘道蓋於山石穴中得毛龜一二月辛酉邏將徐靈符又於山東見白麞一丙寅平旦山上有雲霧四合須臾有玄黃五色狀如龍形長十餘丈乍隱乍顯久乃從西北外天丁卯兖州刺史馬元和籤所領東平郡壽張縣見騶虞

元帝高祖弟七子初高祖夢眇目僧執香鑪稱託王宮既而帝母在采女次侍始褰帷有風迴裾高祖意感幸之采女夢月墮懷中遂孕天監七年八月丁巳生帝舉室中非常香有紫胞之異高祖奇之因賜采女姓阮進爲脩容帝在尋陽夢人曰天下將亂王必維之又背生黑子巫媼見曰此大貴不可言時賀革爲帝府諮議使講三禮革西上意甚不悅過別御史中丞江革江革告之曰吾嘗夢王上遍見諸子至湘東王脫帽授之此人後必當壁卿其行乎革領之大寳元年帝在江陵正月辛亥朔左衛將軍王僧辯獲禽三十子共帝以獻二月甲戌衡陽內史周弘直表言鳳皇見鄂界二年十月辛丑朔有紫雲如車蓋臨江陵城三年遂即帝位

陳高祖漢太丘長寔之後世居潁川寔六世孫達出爲長城令悅其山水遂家焉嘗謂所親曰此地山川秀麗當有王者興二百年後我子孫必鍾斯運帝嘗遊義興館於許氏夜夢天開數丈有四人朱衣捧日而至令帝開口納焉及覺腹中猶熱帝心獨負之梁太寶初侯景寇京師帝起義發自南康南康灨石舊有二十四灘灘多巨石行旅者以爲難帝之發也水暴起數丈三百里間巨石皆沒進軍頓西昌有龍見于水濱高五丈許文采鮮耀軍民觀者數萬人既次蔡洲侯景登石頭城觀望形勢意甚不悅謂左右曰此軍上有紫氣不易可當嘗夢梁武帝以寶刀授已又嘗獨坐胡床於閤下忽有神光滿閤廊廡之間並得相見趙知禮侍側怪而問帝帝笑不荅梁敬帝紹泰二年二月前寧遠石城公外兵參軍王位於石頭沙際獲玉璽四七月太府卿何敬新州刺史華志各上玉璽一高祖表以送臺紹歸之高祖太平元年九月中散大夫王彭牋稱今月五日平旦於御路[illegible]自太社至象闕亘三四里帝既即位于南郊柴燎告天是氣霧晝夜晦冥至于是日景氣清晏識者知有天道焉

文帝微時嘗詣劉仲舉時天陰雨仲舉獨坐齋內聞城外蕭鼓之聲俄而帝至仲舉異之乃深結託帝又嘗因飲夜宿仲舉帳中忽有神光五采照于室內由是祇承益恭梁太清初夢兩日鬬一大一小大者光滅墜地色正黃其大如斗帝因一懷之

宣帝梁大通二年七月辛酉生有赤光滿堂室事梁元帝爲中書侍郎時有馬軍主李㥘與帝有舊每同遊處帝嘗夜被酒張燈而寐㥘適出尋反乃見帝身是大龍

北齊神武帝皇考樹生通率不事家業居住白道南數有赤光紫氣之異鄰人以爲怪帝欲徙居以避之皇考曰安知非吉居之自若後神武自隊主轉輸爲函使嘗乘驛過建興雲霧晝晦雷聲隨之半日乃絕若有神應者每行道路往來無風塵之色又嘗夢履衆星而行覺而內喜又與懷朔省事雲中司馬子如及秀容人劉貴中山人賈顯智爲奔走之友懷朔戶曹史孫騰外兵史侯景亦相友結劉貴嘗得一白鷹與神武及尉景蔡儁司馬子如賈顯智等獵於沃野見一赤兔每搏輒逸遂至迴澤澤中有茅屋將奔入有狗自屋中出噬之鷹兔俱死神武怒以鳴鏑射之狗斃屋中有二人出持神武襟其母兩目盲曳杖呵其二子曰何故觸大家出甕中酒烹羊以飯客因言暗相諸人皆曰貴而指麾俱由神武又曰子如歷位顯智不善終飯竟出行數里還更訪之則本無人居乃向非人也由是諸人益加敬異後抵揚州邑人龐蒼鷹止團焦中每從外歸主人遙聞行響動地蒼鷹母數見團焦赤氣赫然屬天又蒼鷹嘗夜欲入有青衣人拔刀叱曰何觸王言訖不見始以爲異密覘之唯見赤蛇蟠床上乃益驚異因殺牛分肉厚以相奉蒼鷹母求以神武爲義子及得志以其宅爲第號爲南宅雖門巷開廣堂宇崇麗其本所住團焦以石堊塗之留而不毀至文宣時遂爲宮初魏眞君中內學者奏言上黨有天子氣去在壺關大王山太武於是南巡以厭當之累石爲三封斬其北鳳皇山以毀其形後上黨人居晉陽者號上黨坊神武實居之普泰初歲星熒惑鎭星太白聚於觜參色甚明太史占云當有王者興是時神武起於信都破尒朱兆等天平元年二月永寧寺九層浮圖災既而人有從東萊至云及海上人咸見之於海中俄而霧起乃滅說者以爲天意若永寧見災魏不寧矣飛入東海渤海應矣三年六月壬申神武如天池中獲瑞石隱起成文曰六王三川于時陽休之爲行臺郎中帝獨在帳中問之此文字何義對曰六者是大王之字王者當有天下此乃大王符瑞命之徵既於天池中得此石可謂天意王命也　吉不可言帝又問三川何義休之曰河洛伊爲三川亦云涇渭洛爲三川河洛伊洛陽也涇渭洛今

雍州也大王若受天命終應統有關右帝曰世人無事常道我欲反今聞此更致紛紜慎莫妄言也初帝從父弟岳家于洛邑帝每奉使入洛岳母山氏嘗夜起見帝室中有光密往覘之乃無燈即移帝於別室如前所見怪其神異詣卜者筮之遇乾之大有占之曰吉此飛龍在天大人造也飛龍九五大人之卦貴不可言山氏歸報帝後帝起兵於信都山氏聞之大喜謂岳曰赤光之瑞今當驗矣汝可間行從之共圖大計岳遂往信都帝見之大悅

文襄帝高祖長子母婁太后初夢一斷龍遂孕帝

文宣帝文襄母弟太后夢大龍首尾屬天地張口動目勢狀驚人因孕帝每夜有赤光照室后私嘗怪之初神武之歸尒朱榮時經危亂家徒壁立后與親姻相對共憂寒餒帝時尚未能言欻然應曰得活太后及左右大驚而不敢言及長鱗身重踝不好戲弄深沈有大度晉陽曾有沙門乍愚乍智時人不測呼為阿秃師帝曾與諸童共見之歷問祿位至帝舉手再三指天而已口無所言見者異之

神武常從諸子過鳳陽明有龍在上惟神武與帝見之後從文襄行過遼陽山獨見天門開餘人無見者東魏武定七年赴晉陽揔庶政八年進封齊王自居晉陽寢室夜有光如晝既為王夢人以筆點已額旦以告館客王曇哲曰吾其退乎曇哲再拜賀曰王上加點便成主字乃當進也[illegible][illegible]二年二月文襄終時訛言上黨出聖人帝聞之將從一郡郡人張思進上言殿下於南宮坊名上黨出聖人帝悅而止先是童謡曰一束藁兩頭然河邊羖羝飛上天藁然兩頭於文為高河邊羖羝為水邊羊指帝名也於是徐之才盛陳宜受禪又讖云羊飲盟津角拄天盟津水也羊飲水王名也角拄天大位也又陽平郡界迴星驛傍有大水土人常見群羊數百立臥其中就視不見事與讖合願王勿疑帝以問高德正德正又贊成之於是始決乃使李密

下之遇大橫曰大吉漢文帝之卦也帝乃鑄像以卜之一寫而成及將受禪是年四月夜禾生於魏帝銅研旦長數寸有穗

孝昭帝文宣母弟太后夢蝺龍於地遂孕帝

武成帝孝昭母弟太后夢龍浴於海遂生帝

後主武成帝長子母曰胡皇后夢於海上坐玉盆日入裙下遂有娠天保七年五月五日生帝於并州邸

梁太祖以唐大中六年歲在壬申十月二十一日夜生於碭山縣午溝里是夕所居廬舍之上有赤氣上騰里人望之皆驚奔而來曰朱家火發矣及至則廬舍儼然既而鄰人以誕孩告衆咸異之帝昆仲三人俱未冠而孤母王氏攜養寄於蕭縣人劉崇之家帝既壯不事生業以雄勇自負里人多厭之崇以其慵惰每加譴扶唯崇母自幼憐之親為櫛髮嘗誡家人曰朱三非常人也汝輩當善待之家人問其故荅曰我嘗見其熟寐之次為一赤蛇然衆亦未之信也唐乾符中木星入南斗數夕不退諸道都統晉國公王鐸觀之問諸知星者吉凶安在咸曰金火土犯斗即為災惟木當應為福耳或亦然之時有術士邊岡者洞曉天文博通陰陽曆數之妙窮天下之奇秘有先見之明雖京房管輅不能過也鐸召而質之岡曰惟木為福神當以帝王占之然則非福於金必當有驗於後未敢言之請他日證其所驗一日又密召岡因堅請語其祥至于三四岡辭不獲諾乃屏去左右岡曰木星入斗帝王之兆也木在斗中朱字也以此觀之將來當有朱氏為君者也天戒之矣且木之數三其禎也應在三紀之內乎鐸聞之不復有言及為梁王迎駕於鳳翔天復二年九月甲辰帝以敵寨聯絡稍盛躬統千騎乘高訴之時秋空澄霽四絕纖靄望者見龍旌上紫雲如蓋徐邁同矚或曰焉氣上騰往往若是或曰前後騎士屯集豈一二乎曷無是邪茲固奇端非常者所當也三年十月甲午有大聲出於梁邸之廳事帝甚驚駭占者曰當有大慶後封魏王天祐四年正月自河

找遂壬寅至梁是日有五色雲覆于府署之上士庶靡不覩者又軍庫前有苦井當以備灑濟之用一旦其味忽變甘美若飴冠于他井今見在焉二月戊申朔家廟主者言廟之左棟産五色芝狀如芙蓉紫煙蒙護數日不散是日福建帥遣吏持牋幣通好仍以白鸚鵡一同至自爾旬朔之内諸州郡継以白烏白雀白兔洎白蓮之並蔕者相次來獻上睹之謙畏彌極咸命具表歸天朝四月帝將受禪宋州刺史王皐進赤烏一隻又宰臣張文蔚正押傳國寶玉冊金寶及文武群官諸司儀仗法物及金吾左右三軍離鄭州丙辰達上源驛是日慶雲見

册府元龜卷第二百三

冊府元龜卷第二百四

閏位部一十三

知子　知臣　念良臣

知子

夫知子莫若父知臣莫若君蓋父子之間不藏易辨君臣之際情已彰若能鑒其誠明遺其文飾闚其好弄之意觀以成人之風自邇察遐將爲通允夫負英武之略應偏霸之位固宜念家國之重審繼嗣之能建爲元良付大業而不墜委之國事被讒間以無疑事諸簡編亦君父之懿德也

吳孫堅爲下邳丞時權始生兄策起事江東權常隨從性度弘朗仁而多斷好俠養士始有知名侔於父兄矣每參同計謀策甚奇之自以爲不及也每請會賓客常顧權曰此諸君汝之將也策臨終呼權佩以印綬謂曰舉江之衆決機於兩陳之間與天下爭衡卿不如我舉賢任能各盡其力保江東我不如卿

宋臨川王義慶高祖中弟道憐子也出繼叔父道規後義慶幼爲高祖所知常曰此我家豐城也

梁臨川王宏太祖第六子也齊明帝時爲桂陽王功曹史衛陽王暢有美名爲始安王蕭遥光所授及遥光作亂逼暢入東府高祖在雍州常懼諸弟及禍謂南平王偉曰六弟明於事必先還臺及信至果如高祖策

南平王偉高祖之弟也幼清警好學齊世爲晉安王外兵高祖爲雍州慮天下將乱求迎偉俄聞已入沔高祖欣然謂佐吏曰吾無憂矣

南康王子通理高祖孫也父死服闋見高祖悲泣不自勝高祖謂左右曰此兒大必爲奇士

陳高祖母弟休先少倜儻有大志梁簡文之在東宮深被知遇太清中既納侯景有事北方乃使休先召募得千餘人爲文帝主帥頃之卒高祖之有天下也每稱休先曰此弟若存河洛不足定也

文帝始興昭烈王長子也高祖甚愛之常稱此兒吾宗英秀

北齊文宣帝高祖第二子世宗母弟也內雖明敏貌若不足世宗每嗤之云此人亦得富貴相法亦何由可解惟高祖異之謂薛琡曰此兒意識過吾

上黨剛肅王渙字敬壽神武第七子也天姿雄傑俶儻不群雖在童幼常以將略自許神武壯而愛之曰此兒似我

馮翊王潤神武第十四子也幼時神武稱曰此吾家千里駒也爲定州刺史時監王開府王迴洛與六州大都督獨孤枚侵竊官田受納賄賂潤按舉其事二人表言出送臺使登魏城文宣使元文遥就州宣勅曰馮翊王少小謹慎在州不爲非法朕信之熟矣登高遠望人之常情鼠輩欲輕相間構曲生眉目於是迴洛決鞭二百獨孤決杖一百

北平王貞字仁堅武成第五子也沉審寬恕帝常曰此兒我鳳毛

知臣

夫有國者莫不急於選士務在官人詢之以計畫委之以事任故能創業垂統名與功偕傳世祚於後裔著諸言於可久者也自東漢之季吳蜀分起莫不擥覽豪傑保守封域當其君臣之分甫定疆埸之事日駭而能審其才用亮其誠明或委之以腹心或仗之以師旅雖讒間之言日至疑似之迹屢彰而任之如初不以屑意其或察其操履恐其素尚位未充量姑待以遠期若名浮於實前知其敗事傳所謂惟君知臣者蓋得之矣由宋氏而下逮夫梁陳高齊咸奮振方承用髦士三王於知人善任訖爵物官盡臣下之心悉忠讜之分亦皆可述焉

蜀先主初見諸葛亮因屏人語而稱善於是與亮情好日密關羽張飛等不悅先主解之曰孤之有孔明猶魚之有水君勿復言亮後爲丞相

鄧芝爲郫邸閣督先主出至郫與語大奇之擢爲郫令遷廣漢

太守所在清嚴有治績

趙雲字子龍先主之敗有人言雲已北去者先主以手戟擿之曰子龍不棄我走也頃之雲至後為鎮軍將軍

劉巴字子初初先主辟為左將軍西曹掾先主曰子初才智絶人如孤可任用之非孤者難獨任也

馬謖字幼常以荊州從事隨先主入蜀除綿竹成都令越巂太守才器過人好論軍計丞相諸葛亮深加器異先主臨薨謂亮曰馬謖言過其實不可大用君其察之亮猶謂不然以謖為參軍每引見談論自晝達夜後謖與魏將張郃戰于街亭謖違亮節度為郃所破亮戮謖以謝衆

張飛為車騎將軍領司隸校尉為其帳下將張達范疆所殺持其首順流而奔孫權飛營都督表報先主先主聞飛都督之有表也曰噫飛死矣

吳孫策初為豫章太守得太史慈命往豫章安撫士衆左右皆曰慈必北去不還策曰子義捨我當復與誰餞送昌門把腕別曰何時能還答曰不過六十日果如期而反（策初遣慈也議者紛紜謂慈未可信或云與華子魚州里恐留彼為籌策或疑慈西託黃祖假路還北多言遣之非計策曰諸君語皆非也孤斷之詳矣太史慈雖氣勇有膽烈然非縱橫之人其心有士謨志經道義貴重然諾一以意許知己死亡不相負諸君勿復憂也慈從豫章還議者乃始服慈見策曰華子魚良德也然非籌略才無他方規自守而已又丹楊僮芝自擅廬陵詐言被詔書為太守鄱陽民帥別立宗部阻兵守界不受子魚所遣長吏言我以別立郡須漢遺真太守來當迎之耳子魚不但不能諧廬陵鄱陽近自海昏有上繚壁有五六千家相結聚作宗伍惟輸租布於郡耳發召一人遂不可得子魚亦觀視之而已策拊掌大笑仍有兼并之志矣頃之遂定豫章）

張昭初為孫策長史昭每得北方士大夫書疏專歸美於昭昭欲默而不宣則懼有私宜之則恐非宜進退不安策聞之歡笑曰昔管子相齊一則仲父二則仲父而桓公為霸者宗今子布（張昭字）賢我能用之其功名獨不在我乎

大帝初移都建業大會將相文武特謂嚴畯曰孤昔歎魯子敬比鄧禹呂子衡方吳漢聞卿諸人未平此論今定云何畯退

帝曰臣未解指趣請畢其說（徐衆數過實）大帝曰昔鄧仲華初見光武光武時受更始使撫河北行大司馬事耳未有帝王之志禹勸之以復漢業是禹開初議之端矣子敬英爽有殊略孤始與一語便及大計與禹相似故比之呂子衡忠篤亮直性雖如奢然以憂公為先不足為損避袁術自歸於兄兄作大將別領部曲故憂兄事乞為都督辦護脩整加之恪勤與吳漢相類故方之皆有旨趣非孤私之也畯乃服

諸葛瑾代呂蒙領南郡太守住公安蜀先主東伐吳吳王求和瑾與先主牋曰奄聞旗鼓來至白帝或恐議臣以吳王侵取此州危害關羽怨深禍大不宜答和此用心於小未留意於大者也試為陛下論其輕重及其大小陛下若抑威損忿暫省瑾言者計可立決不復咨之於群后也陛下以關羽之親何如先帝荊州大小孰與海內俱應仇疾誰當先後若審此數易於反掌時或言瑾別遣親人與先主相聞大帝曰孤與子瑜有死生不易之誓子瑜之不負孤猶孤之不負子瑜也（瑾之在南郡人有密讒瑾者此語頗流聞於外陸遜表保明瑾無此宜以散其意大帝報曰子瑜與孤從事積年恩如骨肉深相明究其為人非道不行非義不言玄德昔遣孔明至吳孤嘗語子瑜曰卿與孔明同產且弟隨兄於義為順何以不留孔明孔明若留從卿者孤當以書解玄德意自隨人耳子瑜答孤言弟亮以失身於人委質定分義無二心弟之不留猶瑾之不往也其言足貫神明今豈當有此乎孤前得妄語文疏即封示子瑜并手筆與子瑜即得其報論天下君臣大節一定之分孤與子瑜可謂神交非外言所聞也知卿意至輒封來表以示子瑜使知卿意）

魯肅初為中護軍周瑜所薦才宜佐時大帝見肅甚悅之張昭非肅謙下不足頗訾毀之云肅年少麤疎未可用大帝不以介意益貴重之賜肅母衣服幃帳居處雜物富擬其舊

潘濬字承明為太常時濬姨兄零陵蔣琬為蜀大將軍或有間濬於武陵太守衛旌者云濬遣密使與琬相聞有自託之計旌以啓大帝大帝曰承明不為此也即封旌表以示於濬而召旌還免官

是儀為侍中時時有所進達未嘗言人之短事國數十年未嘗

有遏臣壹歷臣將相大臣或一人以罪謫者數四獨無以白儀大帝歎曰使人盡如此吾無憂矣寧安用科法為儀後為尚書僕射儀事上勤與人恭不治產業不受施惠為屋舍財足自容鄰家有起大宅者大帝出望見問起大室者誰左右對曰似是儀家也大帝曰儀儉必非也問果佗家其見知信如此

宋高祖初為晉太尉時或薦王鎮惡於高祖時鎮惡為天門臨澧令即遣召之既至與語甚異焉因留宿明旦謂諸佐曰鎮惡王猛之孫所謂將門有將也即以為青州治中從事史行參中軍太尉軍事署前部賊曹

朱齡石為寧遠將軍寧蠻護西陽太守高祖伐蜀將謀元帥而難其人乃舉齡石眾咸謂自古平蜀皆雄傑重將齡石資名尚輕慮不辦克諫者甚眾高祖不從乃分大軍之半猛將勁卒悉以配之臧熹敬皇后弟也資位在齡石之右亦令受其節度是行亦不淹時一戰克捷眾咸服高祖之知人又美齡石之善於

其事

徐羨初為晉大司馬典軍從高祖北征微密有意理為高祖所知蔡廓為豫章太守徵為吏部尚書廓曰我不能為徐干木署紙尾羨之乃徙廓為祠部尚書初高祖常云羊徽密可平世三公之材徐羨

王曇首有識局智度喜愠不見於色太祖鎮江陵曇首自功曹為長史隨府轉鎮西長史高祖甚知之謂太祖曰王曇首沈毅有器度宰相才也汝每事咨之

王智有高名高祖甚重之常云見王智使人思仲祖與劉穆之謀討劉毅而智在焉佗日穆之白高祖伐國重事也公何乃使王智知高祖笑曰此人高簡豈聞此輩論議其見知如此

檀道濟為護軍丹陽尹高祖不豫出為鎮北將軍南兗州刺史高祖疾甚召太子誡之曰檀道濟雖有幹略而無遠志非如兄韶有難御之氣也徐羨之傅亮當無異圖謝晦數從征伐頗識機變若有同異必此人也可以會稽江州處之

孝武帝初為徐兗二州刺史以崔道固為從事西曹美形容善舉止便弓馬好武事孝武稍嘉之會青州刺史新除過彭城孝武謂之曰崔道固人身如此豈可為寒士至老乎而世人以其偏庶便相陵武可為歎息

明帝時沈憲少有幹局為駕部郎帝謂憲曰卿廣州刺史才也

南齊太祖初為宋大將軍輔政以劉懷珍為內資深微為都官尚書領前軍以第四子寧朔將軍晃代為豫州刺史或疑懷珍不受代太祖曰我布衣時懷珍便推懷投款況在今日寧當有異晃發經日而疑論不正乃遣軍主房靈民領百騎追送晃謂靈民曰論者謂懷珍必有異同我期之有素必不應爾卿是鄉里故遣卿行非唯衛新亦以迎故也懷珍還仍受相國右司馬

垣崇祖初為宋義陽王道隆征北參軍道隆被誅薛安都反宋明帝遣沈攸之等討安都安都將裴祖隆引崇祖共拒戰眾敗與祖隆俱走彭城後魏陷徐州彭祖將部曲據朐山因遣使歸

命齊太祖在淮陰崇祖初見太祖便自比韓信白起咸不信唯太祖獨許之崇祖再拜奉旨後為豫州刺史後魏遣馬步二十萬寇壽春崇祖堰肥水卻淹為三面之險魏眾集堰南分軍內薄攻小城崇祖決堰水勢奔下魏攻城之眾人馬溺死數千大眾皆退走太祖謂朝臣曰崇祖許為我制壽春果如其言其常自擬韓白今真其人也

劉繪父勔宋末權貴繪為太祖太尉行參軍太祖見而歎曰劉公為不亡也

明帝時西江公遙欣髫齡十便嶷然帝謂江祐曰遙欣雖幼觀其神彩殊有局幹必成令器未知年命何如耳安陸昭王緬曰不患其兄弟不富貴但恐緬不及耳言之悽然而悲裴叔業為右軍將軍東中郎將諮議參軍明帝見而奇之謂之曰卿有如是志相何慮不大富貴深宜勉之

梁高祖為太子中庶子時王約發鋼帝嘗謂約曰卿方富貴

必不容乆滯屈及帝作輔謂曰我嘗相卿當富貴不言卿今日冨貴使當見由歷侍中左户尚書廷尉

沈約爲高祖驃騎司馬帝將革命令約草其事并諸選置帝初無所改後召范雲謂曰生平與沈休文群居不覺有異人處今日才智縱横可爲明識

王國珍爲大司馬中兵參軍高祖雅相知賞每歎曰晚代將家子弟有如國珍者少矣

王訓字懷範左僕射暕之子年十六召見文德殿應對爽徹高祖目送久之謂朱异曰可謂闇有相矣後累遷侍中既拜入見帝從容何敬容曰褚彦回年幾爲宰相對曰少過三十帝曰今之王訓無謝彦回

張纘字伯緒年十一尚武帝女冨陽公主年十七身長七尺四寸眉目疎朗神采爽發高祖異之甞曰張壯武云後八葉有逮吾者其此子乎

柳慶遠始高祖爲雍州慶遠爲别駕帝謂曰昔羊公語劉弘卿後當居吾處今相觀亦復如是曾未十年而慶遠督府談者以爲逾於魏詠之

元帝初爲湘東王鎮荆州以庾曼倩爲主簿遷中録事每出帝常目送之謂劉之遴曰荆南信多君子雖美歸田鳳清屬桓階賞德標奇未過此子

歐陽頠爲臨賀內史元帝承制以爲東衡州刺史侯景平元帝遍問朝宰今天下始定極須良才卿各舉所知群臣未有對者帝曰吾已得 人侍中王褒進曰未審爲誰帝云歐陽頠公正有兼濟之才恐蕭廣州不肯致之乃授武州刺史

陳高祖初爲大將軍與諸將讌杜僧明周文育侯安都爲壽各稱功伐高祖曰卿等悉良將也而並有所短杜公志大而識暗狎於下而驕於尊矜其功不收其拙周侯交不擇人而推心過差居危履險猜防不設侯郎傲誕而無厭輕佻而肆志並非全身之道率皆如言

毛喜爲西昌侯記室參軍高祖素知於喜及鎮京口命喜與高宗俱往江陵仍勑高宗曰汝至西朝可諮稟毛喜喜與高宗同謁梁元帝以高宗爲領直喜爲尚書侍郎

北齊神武爲東魏大丞相謂文襄曰庫狄干鮮卑老公斛律金勑勤老公並性純道直終不負汝可朱渾道元劉豐生遠來投我必無異心賀拔焉過兒樸實無罪過潘樂本作道人而心和厚汝兄弟當得其力韓軌少戇宜寬借之彭相樂心腹難得宜防護之少堪敵侯景者惟有慕容紹宗我故不貴之留以與汝宜深加殊禮委以經略後紹宗爲徐州刺史侯景叛梁武遣其兄子深明率衆十萬與景掎角紹宗大破之擒深明及其將帥景遂奔逃

崔謙初爲齊神武相府功曹神武稱曰崔謙清直奉公眞良佐也

趙隱字彦深初爲神武大丞相功曹參軍神武甞與對坐遣造

軍令以手捫其額曰若天假卿年必大有所至每謂司徒孫騰曰彦深小心恭慎曠古絕倫

斛律金仕東魏爲冀州刺史神武重其古質每誡文襄曰爾所使多漢有讒此人者勿信之及文襄嗣事爲肆州刺史

宋游道在東魏爲司州中從事神武自太原來朝見之曰此人是游道邪常聞其名今日始識其面遷游道别駕後日神武之司州饗朝士舉觴屬游道曰飲高歡手中酒者大丈夫卿之爲人合飲此酒及還晉陽百官辭於紫陌神武執游道手曰甚知朝貴中有憎忌卿者但用心莫懷畏慮當使卿位與之相似

文宣嘗幸東宮九卿以上陪集帝指崔昂 尉瑾司馬子瑞謂太子曰此是國家柱石可宜記之未幾復侍讌金鳳臺帝歷數諸人或有罪負至昂曰崔昂直臣魏收才士婦兄妹夫俱省罪過

念良臣

夫琴瑟是聽君子有志義之思卿佐或虧元首有股肱之痛君

臣之道不亦重乎與若天曆餘分鼎峙立國宋齊而下亥卓霸業必有良士勳賞令圖或以武以著能或緯俗而底績及夫守節死義先時物故竭誠率職奄忽淪謝是用震悼上心悲滲斯集形於嗟歎發乎言誥乃至撤去威食具乃素服託深儕於文誄攄哀興於風什躬設祖奠親臨弔祭易徽名而表行卑數以報功賜予便蕃追敘優渥諒非德侔感一情敦終始者曷克以當之哉

蜀先主初爲荊州牧以漢建安十九年入蜀進圍雒縣軍師中郎將龐統率衆攻城爲流矢所中卒時年三十六先主痛惜言則流涕拜統父議郎遷諫議大夫諸葛亮親爲之拜追賜統爵關內侯謚曰靖侯

法正有智術先主甚信任之爲尚書令護軍將軍卒時年四十五先主爲之流涕者累日謚曰翼侯賜子邈爵關內侯

霍峻爲梓潼太守裨將軍卒還葬成都先主甚悼惜乃詔諸葛亮曰峻既佳士加有功於國欲行酹遂親率群寮臨會弔祭因留宿墓上

吳大帝初爲吳侯偏將軍南郡太守周瑜卒時年三十六大帝素服舉哀感動左右喪當還吳又迎之流涕曰公瑾有王佐之資今忽短命孤何賴哉後大帝稱尊號謂公卿曰孤非周公瑾不帝矣

魯肅字子敬爲橫江將軍既卒後大帝稱尊號臨壇顧謂公卿曰昔魯子敬嘗道此可謂明於事勢矣

凌統爲偏將軍在軍旅親賢接士輕財重義有國士之風卒時年四十九大帝聞之拊牀起坐哀不能自止數日減膳言及流涕使張承爲作銘誄二子烈封年各數歲大帝內養於宮愛待與諸子同賓客進見呼示之曰此吾虎子也及八九歲令葛光教之讀書十日一令乘馬追錄統功封烈亭侯還其故兵後烈有罪免封復襲爵領兵

原闕

呂範字子衡爲揚州牧封亭侯奉法大帝嘉其以忠誠厚見愛生還大司馬印綬未下疾卒及大帝還都建業過範墓呼曰子衡言及流涕祀以太牢

闞澤爲太子太傅領中書令諸官司有所患疾欲增重科防以檢御臣下澤每曰宜依禮律其和而有正皆此類也及卒大帝痛惜感悼食不進者數日

呂蒙以擒關羽之功爲南郡太守封孱陵侯卒大帝哀痛甚爲之降損蒙未死時所得金寶諸賜盡付府藏勑主者命絕之日皆一還喪事務約大帝聞之益以悲感

朱然爲左大司馬右軍師氣候分明內行脩絜其所文采惟施軍器餘皆質素終日欽欽常在戰場臨急膽定尤過絕人年六十八赤烏十二年卒大帝素服舉哀爲之感慟

宋高祖初爲宋公時左僕射劉穆之以晉義熙十三年卒高祖在長安聞問驚慟哀惋者數日及受禪撫牀歎之曰穆之不死

原闕

明帝即位初謂僕射徐孝嗣曰劉懷慰若在朝廷不憂無清吏也先是懷慰爲齊郡太守太祖手勅襃賞後出監東陽郡爲吏民所安梁高祖爲梁公時給事黄門侍郎陶季直辭疾還鄉里天監初就家拜太中大夫高祖曰梁有天下遂不見此人到沆勤學善屬文爲人不自伐不論人長短高祖甚愛其才以爲太子洗馬遷中書舍人又爲北中郎諮議參軍天監五年卒官年三十高祖甚傷惜焉任昉爲新安太守爲政清省吏民便之視事朞歲卒於官舍時年四十九高祖聞問方食西苑綠沉瓜投之於盤悲不自勝因屈指曰昉少時常恐不滿五十今四十九可謂知命即日舉哀哭之甚慟臧厥爲散騎常侍中書通事舍人兼司農卿卒官厥前後居職所掌之局大事及蘭臺廷尉所不能决者勅並付厥厥辨斷精詳咸得其理厥卒後有撾登聞鼓訴者求付清直舍人高祖曰

臧厥既亡此事便無可付其見知如此孔休源爲金紫光禄大夫監揚州中大通四年薨於官高祖爲之流涕顧謂謝舉曰孔休源奉職清忠當官無私方欲共康治道以隆王化奄至殞沒朕甚痛之舉曰此人清介彊直當今罕有臣竊爲陛下惜之鄭紹叔爲左將軍散騎常侍卒後高祖嘗潸然謂朝臣曰鄭紹叔立志忠烈善則稱君過則歸己當今無比其見賞惜如此元帝初爲湘東王時都督雍梁等州軍事平北將軍張纘爲杜岸所執送岳陽王詧詧殺爲防人所害帝承制贈侍中衛將軍開府諡簡憲公纘有鑒識自見帝便推誠委結及帝即位追思之嘗爲詩其序曰簡憲之爲人也不事王侯負才任氣見余則申旦達夕不能已已懷夫人之德何日忘之後梁明帝天保十四年尚書令王操卒帝舉哀於朝堂流涕謂其群臣曰天不使吾平蕩江表何奪吾賢相之速也及葬親祖於瓦官門贈司空陳高祖永定三年五月北江州刺史熊曇朗殺都督周文育舉兵反及文育之柩至自建昌高祖素服哭于朝堂哀甚北齊高祖至冀州追憶故刺史封隆之顧謂冀州行事司馬子如曰封公積德履仁體通性達自出納軍國垂二十年契闊艱虞始終如一以其忠信可寄方以後事託之何期報善無徵奄從物化言念忠賢良可痛惜爲之流涕令參軍宋仲羡以太牢就祭焉孫搴爲散騎常侍司馬子如與高季式召搴飲酒醉甚而卒時年五十三高祖親臨之子如叩頭請罪帝曰折我右臂仰覓好替還我子如舉魏收季式舉陳元康以繼搴焉武成帝天統初祕書監張耀奏事遇疾仆於御下臨視嘘欷聲不應帝泣曰豈失我良臣也旬日卒時年六十三詔稱耀忠身平直溫恭廉慎贈開府儀同三司尚書右僕射瀛州刺史諡曰簡梁太祖開平四年五月魏博節度使守太師兼中書令鄴王羅

紹威薨帝上哀慟曰天不使我一海内何奪忠臣之速也詔贈尚書令

冊府元龜卷第二百四

新刊監本冊府元龜卷第二百四十九

列國君部一十五

攻伐第二

成公二年春齊侯伐我北鄙圍龍(龍魯邑在泰山博縣西南)頃公之嬖人盧蒲就魁門焉(門攻龍門也)龍人囚之齊侯曰勿殺吾與而盟無入而封(封竟)弗聽殺而膊諸城上(膊磔也)齊侯親鼓士陵城三日取龍遂南侵及巢丘

夏四月丙戌衛孫良夫帥師及齊師戰于新築衛師敗績(新築衛地皆陳曰戰)初衛侯使孫良夫石稷甯相向禽將侵齊與齊師遇(齊伐魯還相遇於衛地)石子欲還孫子曰不可以師伐人遇其師而還將謂君何(言無以答君)若知不能則如無出今既遇矣不如戰也石成子曰(石成子石稷也)師敗矣子不少須衆懼盡子喪師徒何以復命皆不對又曰子國卿也隕子辱矣(隕見獲)子以衆退我此乃止(我於此止禦齊師)且告車來甚衆(新築人救孫桓子故詐告令軍中)齊師乃止次于鞫居(鞫居衛地)新築人仲叔于奚救孫桓子桓子是以免(于奚守新築大夫)

六月癸酉季孫行父臧孫許叔孫僑如公孫嬰齊帥師會晉郤克衛孫良夫曹公子首及齊侯戰于鞌(鞌齊地)初魯衛乞師於晉晉侯許之師從齊師于莘(莘齊地)六月壬申師至于靡笄之下(靡笄山名)癸酉師陳于鞌齊師敗績

冬楚師鄭師侵衛遂侵我于蜀使臧孫往(臧孫宣叔)辭曰楚遠而久固將退矣無功而受名臣不敢當楚侵及陽橋(陽橋魯地)孟孫請往賂之以執斲執鍼織紝(執斲匠人執鍼女工織紝織繒布者)皆百人公衡為質以請盟楚人許平

三年春正月公會晉侯宋公衛侯曹伯伐鄭次于伯牛(伯牛鄭地)討邲之役也遂東侵鄭(晉軍深入)鄭公子偃帥師禦之(偃鄭穆公子)使東鄙覆諸鄤(鄤鄭地覆伏兵)敗諸丘輿(丘輿皆鄭地晉偏軍為鄭所敗)

夏鄭公子去疾帥師伐許許恃楚而不事鄭鄭子良伐許

秋叔孫僑如圍棘取汶陽之田棘不服故圍之(僑如叔孫得臣子)

四年冬十一月鄭公孫申帥師疆許田許人敗諸展陂鄭伯伐許取鉏任泠敦之田(展陂亦許地)晉欒書將中軍荀首佐之士燮佐上軍以救許伐鄭取氾祭(氾祭鄭地成皐縣東有氾水)楚子反救鄭

六年二月取鄟(鄟附庸國也)言易也

三月晉伯宗夏陽說衛孫良夫甯相鄭人伊雒之戎陸渾蠻氏侵宋(夏陽說晉大夫蠻氏戎別種)以其辭會也(辭會在前年)師于鍼衛人不保說欲襲衛曰雖不可入多俘而歸有罪不及死伯宗曰不可衛唯信晉故師在其郊而不設備若襲之是棄信也雖多衛俘而晉無信何以求諸侯乃止師還衛人登陴(陴堞)

秋孟獻子叔孫宣伯侵宋晉命也楚子重伐鄭鄭從晉故也

冬晉欒書救鄭與楚師遇於繞角(繞角鄭地)楚師還晉師遂侵蔡楚公子申公子成以申息之師救蔡(申息楚二縣)禦諸桑隧(汝南朗陵縣東有桑里)

七年春吳伐郯郯成季文子曰中國不振旅蠻夷入伐而莫之或恤無弔者也夫詩曰不弔昊天亂靡有定其此之謂乎

秋楚公子嬰齊帥師伐鄭師于氾(氾鄭地在襄城縣南)諸侯救鄭鄭共仲侯羽軍楚師(二子鄭大夫)囚鄖公鍾儀獻諸晉

八年春晉欒書帥師侵蔡(六年未得志故)遂侵楚獲申驪(楚大夫)楚師之還也(謂六年遇於繞角時)晉侵沈獲沈子揖初從知范韓也(沈國今汝南平輿縣)是行也鄭伯將會晉師(會伐蔡之師)門于許東門大獲焉(過許見其不備因攻之)

冬叔孫僑如會晉士燮齊人邾人伐郯初士燮來聘言伐郯也以其事吳故(郯十年與吳成)公賂之請緩師文子不可(文子季文子)曰君命無貳失信不立禮無加貨事無二成(公賂士燮不成)君後諸侯是寡君不得事君也(則不得事晉)燮將復之季孫懼使宣伯帥師會伐郯

九年秋鄭伯如晉晉人討其貳於楚也執諸銅鞮(欒書伐鄭)

鄭人使伯蠲行成

是秋楚子重公子嬰齊侵陳以救鄭陳與晉故

冬十一月楚子重自陳伐莒圍渠丘渠丘城惡衆潰奔莒戊申楚入渠丘明六莒人囚楚公子平楚人曰勿殺吾歸而俘莒人殺之楚人圍莒莒城亦惡庚申莒潰楚遂入鄆莒無備故也

是月秦人白狄伐晉諸侯貳故也鄭人圍許示晉不君者也鄭伯是則公孫申謀之曰我出師以圍許示不爲將改立君者而紓晉使紓緩也勿亟使晉知不欲更立君晉必歸君明年晉歸鄭伯

十年春衛子叔黑背侵鄭晉命也晉命衛侵鄭

五月公會晉侯齊侯宋公衛侯曹伯伐鄭初鄭人殺繻立髡頑子如奔許髡頑鄭成公太子欒武子曰鄭人立君我執一人焉何益不如伐鄭而歸其君以求成焉晉立太子州蒲以爲君而會諸侯伐鄭鄭子罕賂以襄鍾子罕穆公子襄鍾鄭襄公廟鍾子然盟于脩澤子駟爲質子然子駟皆穆公子脩澤在滎陽卷縣東有脩武亭辛巳鄭伯歸

十三年五月公會晉侯齊侯宋公衛侯鄭伯曹伯邾人滕人伐秦及秦師戰于麻隧秦師敗績獲秦成差及不更女父不更秦爵曹宣公卒于師師遂濟涇及侯麗而還涇水出安定東南經扶風京兆高陵縣入渭也

十四年八月鄭子罕伐許敗焉爲許所敗戊戌鄭伯復伐許庚子入其郛郛郭也許人平以叔申之封四年鄭公孫申疆許田許人敗之不得定其封疆今許以是歸鄭封田於鄭

十五年三月癸丑公會晉侯衛侯鄭伯曹伯宋世子成齊國佐邾人同盟于戚討曹成公也討其殺太子自立事在十三年晉侯執曹伯歸于京師不稱人以執者曹伯罪不及民歸之京師禮也六月楚子侵鄭及暴隧遂侵衛及首止鄭子罕侵楚取新石新石楚邑欒武子欲報楚韓獻子曰無庸庸用也使重其罪民將叛之背叛無民孰戰明年晉楚戰于鄢陵

十六年四月鄭子罕伐宋鄭叛晉與楚宋有喪而伐宋宋將鉏樂懼敗諸汋陂敗鄭師也樂懼戴公六世孫將鉏樂氏族退舍於夫渠不儆宋不設備鄭人覆之敗諸汋陵獲將鉏樂懼宋恃勝也汋陂夫渠汋陵皆宋地

是月衛侯伐鄭至于鳴鴈爲晉故也鳴鴈在陳留雍丘縣西北

是月晉侯將伐鄭范文子曰若逞吾願諸侯皆叛晉可以逞逞快也晉厲公無道三郤驕故欲使諸侯叛冀其懼而思德若唯鄭叛晉國之憂可立俟也欒武子曰不可以當吾世而失諸侯必伐鄭乃興師欒書將中軍士燮佐之代荀庚郤錡將上軍代士燮荀偃佐之代郤錡荀偃荀庚子韓厥將下軍郤至佐新軍荀罃居守荀罃下軍佐於三郤韓厥代郤犫郤至代趙旃將新軍上下軍罷矣郤犫如衛遂如齊皆乞師焉欒黶來乞師孟獻子曰有勝矣甲氏有禮故知其將勝楚戊寅晉師起鄭人聞有晉師使告于楚姚句耳與往句耳鄭大夫與往使也非爲先歸張本楚子救鄭司馬將中軍子反令尹將左子重右尹子辛將右公子壬夫五月晉師濟河聞楚師將至范文子欲反曰我偽逃楚可以紓憂紓緩也夫合諸侯非吾所能也以遺能者我若群臣輯睦以事君

多矣武子曰不可六月晉楚遇於鄢陵范文子不欲戰郤至曰韓之戰惠公不振旅衆散敗也在僖十五年箕之役先軫不反命死於狄也在僖三十三年邲之師荀伯不復從荀林父奔走不復故道在宣十二年皆晉之恥也子亦見先君之事矣見先君成敗之事今我辟楚又益恥也文子曰吾先君之亟戰也有故亟數也秦狄齊楚皆彊不盡力子孫將弱今三彊服矣齊秦狄敵楚而已唯聖人能外内無患自非聖人外寧必有内憂據元則憂患生也盍釋楚以爲外懼乎甲午晦楚晨壓晉軍而陳壓笮其未備軍吏患之范匄進范匄士燮子曰塞井夷竈陳於軍中而疏行首疏行首者當陳前開營壘爲戰道晉楚唯天所授何患焉文子執戈逐之曰國之存亡天也童子何知焉欒書曰楚師輕窕固壘而待之三日必退退而擊之必獲勝焉郤至曰楚有六間不可失也其二卿相惡子重子反王卒以舊罷老不代鄭陳而不整不整列蠻軍而不陳蠻夷從楚者陳不違晦晦月終陰之盡故兵家以爲忌在陳而囂囂喧嘩也合而加囂

（[illegible]）各顧其後，莫有鬬心（人懷去就）。舊不必良，以犯天忌，我必克之。楚子登巢車，以望晉軍（巢車，車上為櫓）。子重使大宰伯州犁侍于王後（州犁，晉伯宗子，前年奔楚）。王曰：騁而左右，何也（騁，走也）？曰：召軍吏也。皆聚於中軍矣。曰：合謀也。張幕矣。曰：虔卜於先君也（虔，敬也）。徹幕矣。曰：將發命也。甚囂且塵上矣。曰：將塞井夷竈而為行也（夷，平也）。皆乘矣，左右執兵而下矣。曰：聽誓也（左，將帥；右，車右）。戰乎？曰：未可知也。乘而左右皆下矣。曰：戰禱也（禱請鬼神）。伯州犁以公卒告王（公卒，晉侯親兵）。苗賁皇在晉侯之側，亦以王卒告（賁皇，楚鬬椒子，宣四年奔晉）。皆曰：國士在，且厚，不可當也（[illegible]）。苗賁皇言於晉侯曰：楚之良在其中軍王族而已。請分良以擊其左右，而三軍萃於王卒（萃，集也），必大敗之。有淖於前（淖，泥也），乃皆左右相違於淖（違，辟也）。步毅御晉厲公，欒鍼為右（步毅，即郤毅）。彭名御楚共王，潘黨為右。石首御鄭成公，唐苟為右。欒、范以其族夾公行（二族強，故在公左右）。陷於淖。

欒書將載晉侯，鍼曰：書退！國有大任，焉得專之（在君前，故子名其父）？且侵官，冒也（載公為侵官）；失官，慢也（失將而御，[illegible]）；離局，姦也（遠其部曲為離局）。有三罪焉，不可犯也。乃掀公以出於淖（掀，舉也）。癸巳，潘尪之黨與養由基蹲甲而射之，徹七札焉（黨，潘尪之子。蹲，聚也。一發達七札，言其能）。以示王，曰：君有二臣如此，何憂於戰（二子以射自多）？王怒曰：大辱國（[illegible]）。詰朝爾射，死藝（言汝以射自多，當以藝死也。詰朝，猶明朝，是戰日）。呂錡夢射月，中之，退入於泥（呂錡，魏錡）。占之，曰：姬姓，日也（周世姬姓尊）；異姓，月也（異姓卑）；必楚王也。射而中之，退入於泥，亦必死矣（錡自入，亦死）。及戰，射共王中目。王召養由基，與之兩矢，使射呂錡，中項，伏弢（弢，弓衣）。以一矢復命（言一發而中）。郤至三遇楚子之卒，見楚子，必下，免胄而趨風（疾如風）。楚子使工尹襄問之以弓（問，遺也），曰：方事之殷也（殷，盛也），有韎韋之跗注，君子也（韎，赤色。跗注，戎服，若袴而屬於跗，與袴連）。識見不穀而趨，無乃傷乎（[illegible]）？郤至見客，免胄承命，曰：君之外臣至，從寡君之戎事，以君之靈，間蒙甲胄（[illegible]），不敢拜命（[illegible]）。敢告不寧君命之辱，為事之故，敢肅使者（言君辱命來問，以有軍事不得答，故肅使者。肅，手至地，若今揖）。三肅使者而退。晉韓厥從鄭伯（從，逐也）。其御杜溷羅曰：速從之，其御屢顧，不在馬，可及也。韓厥曰：不可以再辱國君（二年，韓厥已辱齊侯）。乃止。郤至從鄭伯，其右茀翰胡曰：諜輅之（輕兵單進，以距鄭伯車前），余從之乘而俘以下（欲自後登其車以執之）。郤至曰：傷國君有刑。亦止。石首曰：衛懿公唯不去其旗，是以敗於熒（熒之戰在閔二年）。乃內旌於弢中。唐苟謂石首曰：子在君側，敗者壹大（[illegible]）。我不如子，子以君免，我請止。乃死。楚師薄於險（薄，迫也）。叔山冉謂養由基曰：雖君有命（王有死藝之命），為國故，子必射。乃射，再發，盡殪（[illegible]）。叔山冉搏人以投，中車折軾。晉師乃止（[illegible]）。囚楚公子茷（[illegible]）。欒鍼見子重之旌，請曰：楚人謂夫旌，子重之麾也。彼其子重也。日臣之使於楚也，子重問晉國之勇，臣

對曰：好以眾整。曰：又何如？臣對曰：好以暇（暇，閑暇）。今兩國治戎，行人不使，不可謂整；臨事而食言，不可謂暇（食言，[illegible]）。請攝飲焉（攝，持也，持飲往飲子重）。公許之。使行人執榼承飲，造于子重（承，奉也），曰：寡君乏使，使鍼御持矛（御，侍也）。是以不得犒從者，使某攝飲。子重曰：夫子嘗與吾言於楚，必是故也，不亦識乎（知其以往言好暇，故致飲）？受而飲之，免使者而復鼓（免，脫也）。旦而戰，見星未已。子反命軍吏察夷傷（夷亦傷也），補卒乘（補死傷），繕甲兵（繕，治也），展車馬（展，陳也），雞鳴而食，唯命是聽。晉人患之。苗賁皇徇曰：蒐乘補卒（蒐，閱也），秣馬利兵（秣，穀馬也），脩陳固列（[illegible]），蓐食申禱（申，重也），明日復戰。乃逸楚囚（逸，縱也）。王聞之，召子反謀。穀陽豎獻飲於子反，子反醉而不能見（穀陽，子反內豎）。王曰：天敗楚也夫！余不可以待。乃宵遁。晉入楚軍，三日穀（食楚粟三日也）。范文子立於戎馬之前，曰：君幼，諸臣不佞（佞，才也），何以及此？君其戒之（戒，勿驕）！周書曰：惟命不于常，有德之謂（周書康誥，言勝無常命，惟德是與）。楚

師還及瑕楚地王使謂子反曰先大夫之覆師徒者君不在謂子玉敗城濮時王不在軍子無以爲過不穀之罪也子反再拜稽首曰君賜臣死死且不朽王引過亦所以責子反臣之卒實奔臣之罪也子重使謂子反曰初隕師徒者而亦聞之矣盍圖之聞子玉自殺然二卿相惡對曰雖微先大夫有之大夫命側側敢不義言以義命已不敢不受側亡君師敢忘其死王使止之弗及而卒

秋公會尹子晉侯齊國佐邾人伐鄭尹子王卿士子爵還于制田熒陽宛陵縣東有制澤知武子佐下軍武子荀罃以諸侯之師侵陳至于鳴鹿陳國武平縣西南有鹿邑遂侵蔡未反侵陳蔡不書公不與諸侯遷于潁上戊午鄭子罕宵軍之宋齊衛皆失軍將主與軍相失宋衛不書後也

十七年正月鄭子駟侵晉虛滑虛滑晉二邑滑故滑國爲秦所滅時屬晉後屬周衛北宮括救晉侵鄭至于高氏高氏在陽翟縣西南

五月楚公子成公子寅戍鄭公會尹武公單襄公及諸侯伐鄭自戲童至于曲洧晉未能服鄭故假天子之威周使二卿會之今新汲縣治曲洧城

六月楚子重救鄭師于首止諸侯還畏楚強

冬諸侯伐鄭前夏未得志故十月庚午圍鄭楚公子申救鄭師于汝上

十一月諸侯還畏楚救不成圍而還

是月齊侯使崔杼爲大夫使慶克佐之帥師圍盧討高弱

十二月楚人滅舒庸舒庸人以楚師之敗也敗於鄢陵舒庸東夷國道吳人圍巢伐駕圍釐虺巢駕釐虺楚四邑遂恃吳而不設備楚公子橐師襲舒庸滅之

十八年六月鄭伯侵宋及曹門外曹門宋城門遂會楚子伐宋取朝郟楚子辛鄭皇辰侵城郜取幽丘同伐彭城朝郟城郜幽丘彭城皆宋邑納宋魚石向爲人鱗朱向帶魚府焉五子以十五年出奔楚獨書魚石爲帥告以三百乘戍之而還

襄公元年春正月仲孫蔑會晉欒黶宋華元衛甯殖曹人莒人邾人滕人薛人圍宋彭城彭城成十八年楚取彭城以封魚石夫子治春秋追書爲宋此爲宋討也彭城降晉晉人以宋五大夫在彭城者歸寘諸瓠丘瓠丘晉地河東東垣縣東南有壺丘五大夫魚石向爲人鱗朱向帶魚府齊人不會彭城晉人以爲討

夏五月晉韓厥荀偃帥諸侯之師伐鄭入其郛敗其徒兵於洧上徒兵步兵洧水出密縣東南至長平入潁於是東諸侯之師次于鄫以待晉師齊魯曹邾杞晉師自鄭以鄫之師侵楚焦夷及陳晉侯衛侯次于戚以爲之援爲韓厥聲援

秋楚子辛公子壬夫救鄭侵宋呂留呂留二縣今屬彭城郡鄭子然侵宋取犬丘譙國酇縣東北有犬丘城

二年春正月鄭師侵宋楚令也以彭城故齊侯伐萊萊人使正輿子賂夙沙衛以索馬牛皆百匹齊師乃還

六月晉師宋師衛甯殖侵鄭鄭成公疾子駟請息肩於晉欲叛楚從晉以負擔肩公曰楚君以鄭故親集矢於其目謂鄢陵戰晉射楚王目非異人任寡人也言楚子任以惎爲他人蓋左不若背之是棄力與言其誰暱我言盟誓之言免寡人唯二三子秋七月庚辰鄭伯睔卒於是子罕當國攝君事子駟爲政爲政卿子國爲司馬晉師侵鄭晉伐喪非禮諸大夫欲從晉子駟曰官命未改成公未葬嗣君未免喪故言未改不欲違先君意

三年春楚子重伐吳爲簡之師簡選練克鳩茲至于衡山鳩茲吳邑在丹陽蕪湖縣東今皐夷也衡山在吳興烏程縣南使鄧廖帥組甲三百被練三千以侵吳吳人要而擊之獲鄧廖其能免者組甲八十被練三百而已子重歸既飲至三日吳人伐楚取駕駕良邑也鄧廖亦楚之良也君子謂子重於是役也所獲不如所亡當時君子

秋楚司馬公子何忌侵陳陳叛故也

冬晉知武子帥師伐許許靈公事楚不會于雞澤

四年三月陳成公卒楚人將伐陳聞喪乃止軍禮不伐喪陳人不聽命不聽楚命臧武仲聞之曰陳不服於楚必亡大國行禮焉而不服

在大猶有咎而況小乎

夏楚彭名侵陳陳無禮故也

秋楚人使頓間陳而侵伐之間伺間隙故陳之圍頓冬十月邾人莒人伐鄫臧紇救鄫侵邾敗於狐駘臧紇武仲也鄫屬魯故救之狐駘邾地魯國蕃縣東南有目台亭國人逆喪者皆髽魯於是乎始髽髽麻髮合結也遭喪者多故不能備凶服髽而已國人誦之曰臧之狐裘敗我於狐駘臧紇時服狐裘我君小子朱儒是使朱儒朱儒使我敗於邾襄公幼弱故曰小子臧紇短小故曰朱儒

五年冬諸侯戍陳備楚楚公子貞帥師伐陳初子囊爲令尹公子貞范宣子曰我喪陳矣楚人討貳而立子囊必改行改子辛所行而疾討陳疾急也陳近於楚民朝夕急能無往乎有陳非吾事也無之而後可言晉勤不能及陳故十一月甲午公會晉侯宋公衛侯鄭伯曹伯齊世子光于城棣以救之城棣鄭地陳留酸棗縣西南有城棣

六年秋莒人滅鄫鄫恃賂也鄫有貢賦之賂在魯恃之而慢莒故滅之

十一月齊侯滅萊萊恃謀也賂夙沙衛之謀也事在二年於鄭子國之來聘也四月晏弱城東陽而遂圍萊子國聘在五年二年晏弱城東陽至五年四月復託治城因遂圍萊甲寅堙之環城傅於堞堞女牆也堙土山也周城爲土山及女牆及杞桓公卒之月此年三月乙未王湫帥師及正輿子棠人軍齊師王湫故齊人十八年奔萊正輿子萊大夫棠萊邑也北海郎墨縣有棠鄉三人帥別邑兵來解圍齊師大敗之敗狀丁未入萊萊共公浮柔奔棠正輿子王湫奔莒莒人殺之四月陳無宇獻萊宗器于襄宮無宇桓子陳完玄孫襄宮齊襄公廟晏弱圍棠十一月丙辰而滅之遷萊于郳遷萊子於郳國高厚崔杼定其田定其疆界高厚高固子

七年冬楚公子貞帥師圍陳十月二月公會晉侯宋公陳侯衛侯曹伯莒子邾子于鄬以救之晉會諸侯

八年夏四月庚寅鄭子國子耳侵蔡獲蔡司馬公子燮鄭侵蔡欲以求媚於晉子耳子良之子不言敗唯以獲告鄭人皆喜唯子產不順子產子國子不順衆而喜曰小國無文德而有武功禍莫大焉楚人來討能勿從乎從之晉師必至晉楚伐鄭自今鄭國不四五年弗得寧矣子國怒之曰爾何知國有大命而有正卿童子言焉將爲戮矣大命起師行軍之命

五月莒人伐我東鄙以疆鄫田莒既滅鄫魯侵其西界故伐魯東鄙以正其封疆冬楚子囊伐鄭討其侵蔡也子駟子國子耳欲從楚子孔子蟜子展欲待晉待晉來救子孔穆公子子蟜子游子子展子罕子乃及楚平

九年秋秦人侵晉晉饑弗能報也

冬十月公會晉侯宋公衛侯曹伯莒子邾子滕子薛伯杞伯小邾子齊世子光伐鄭鄭從楚也庚午季武子齊崔杼宋皇鄖從荀罃士匄門于鄟門鄭城門也三國從中軍衛北宮括曹人邾人從荀偃韓起門于師之梁師之梁亦鄭城門三國從上軍滕人薛人從欒黶士魴門于北門二國從下軍杞人郳人從趙武魏絳斬行栗二國從新軍行栗表道樹甲戌師于氾衆軍還聚氾氾鄭地東氾令於諸侯曰脩器備兵器戰備盛餱糧餱乾食歸老幼示將久師居疾于虎牢虎牢已屬晉故使諸軍疾者息其中肆眚圍鄭肆緩也眚過也不書圍鄭逆服不成圍鄭人恐乃行成行成求和也晉中行獻子曰遂圍之以待楚人之救也而與之戰不然無成獻子荀偃也恐楚救鄭鄭復屬之知武子曰許之盟而還師以敝楚人敝罷也吾三分四軍分四軍爲三部與諸侯之銳以逆來者來者楚也於我未病楚不能矣晉各一動而楚三來故曰不能猶愈於戰戰勝暴暴骨以逞不可以爭言爭當以謀不可以暴骨大勞未艾君子勞心小人勞力先王之制也艾息也言當從勞心之勞諸侯皆不欲戰乃許鄭成晉人不得志於鄭以諸侯復伐之十二月癸亥門其三門三門鄟門師之梁北門也癸亥月五日晉果三分其軍各攻一門閏月戊寅濟于陰阪侵鄭以此歷參校上下此年不得有閏月戊寅戊寅是十二月二十日疑閏月當爲門五日以癸亥始攻攻輒五日凡十五日鄭故不服而去明日戊寅濟于陰阪復侵鄭外邑陰阪洧津次於陰口而還陰口鄭地名子孔曰晉師可擊也師老而勞且有歸志必大克之子展曰不可

是月楚子伐鄭與晉成故子駟將及楚平子孔子蟜曰與大國盟口血未乾而背之可乎子駟子展曰吾盟固云唯彊是從今楚師

至晉不我救則楚彊矣盟誓之言豈敢背之且要盟無質神弗臨也（質主也）及楚平楚莊夫人卒（共王母）王未能定鄭而歸

十年夏四月戊子諸侯會于祖（經書春書始行也戊午月一日）晉荀偃士匄請伐偪陽而封宋向戌焉（以宋常事晉而向戌有賢行故欲封之為附庸）荀罃曰城小而固勝之不武弗勝為笑固請丙寅圍之弗克（丙寅四月九日）孟氏之臣秦堇父輦重如役（堇父孟獻子家臣步挽重車以從師）偪陽人啓門諸侯之士門焉（見門開故攻之）縣門發郰人紇抉之以出門者（門者諸侯之士在門內者也紇郰邑大夫仲尼父叔梁紇也郰邑魯縣東南莝城是也言紇多力抉舉縣門出在內者）狄虒彌建大車之輪而蒙之以甲以為櫓（狄虒彌魯人也櫓大楯）左執之右拔戟以成一隊（百人為隊）孟獻子曰詩所謂有力如虎者也（詩邶風也）主人縣布堇父登之及堞而絕之（偪陽人縣布以試外勇者）隊則又縣之蘇而復上者三主人辭焉乃退（主人嘉其勇故辭謝不復縣布）帶其斷以徇於軍三日（帶其斷布以示勇）諸侯之師久於偪陽荀偃士匄請於荀罃曰水潦將降懼不能歸（夏向秋恐有久雨從丙寅至庚寅二十五日故曰久）請班師（班還）知伯怒（知伯荀罃）投之以机出於其間（出偃匄之間）曰女成二事而後告余（二事伐偪陽封向戌）余恐亂命以不女違（既成以為亂命）女既勤君而與諸侯牽帥老夫以至於此既無武守（無武功可執守）而又欲易余罪曰是實班師不然克矣（謂偃匄將言爾）余羸老也可重任乎（不任受女此責）七日不克必爾乎取之（言當取女以謝不克之罪）五月庚寅（四日明）荀偃士匄帥卒攻偪陽親受矢石（躬在矢石間）甲午滅之（明八）

六月楚子囊鄭子耳伐宋師于訾毋庚午圍宋門于桐門衛侯救宋師于襄牛鄭子展曰必伐衛不然是不與楚也得罪於晉又得罪於楚國將若之何子駟曰國病矣（師數出疲病也）子展曰得罪於二大國必亡病不猶愈於亡乎諸大夫皆以為然故鄭皇耳帥師侵衛楚令也（亦兼受楚之勑命皇耳皇戍子）孫文子卜追之獻兆於定姜姜氏問繇（繇兆辭）曰兆如山陵有夫出征而喪其雄姜氏曰征者喪雄禦寇之利也大夫圖之衛人追之孫蒯獲鄭皇耳于犬丘（蒯孫林父子也）

是月晉荀罃伐秦報其侵也（侵在九年）

秋七月楚子囊鄭子耳侵我西鄙還圍蕭八月丙寅克之（蕭宋邑）

九月鄭子耳侵宋北鄙孟獻子曰鄭其有災乎師競已甚（競爭競也）周猶不堪競況鄭乎（周謂天王）有災其執政之三士乎（鄭簡公幼少子駟子國子耳秉政故知三士）（為下盜殺其三大夫傳）莒人間諸侯之有事也故伐我東鄙（諸侯有討鄭之事）

諸侯伐鄭齊崔杼使大子光先至于師故長於滕（大子宜賓之以上卿而晉悼以一時之宜令在滕侯上故傳徒而澤之）己酉師于牛首（鄭地）諸侯之師城虎牢而戍之晉師城梧及制（欲以偪鄭也不書城魯不與也梧制皆鄭舊地）士魴魏絳戍之書曰戍鄭虎牢非鄭地也言將歸焉（二年晉城虎牢而居之今鄭復叛故脩其城而置戍鄭服則欲以還鄭故夫子追書繫之于鄭以見晉志）鄭及晉平楚子囊救鄭十一月諸侯之師還鄭而南至於陽陵（陽陵鄭地）楚師不退知武子欲退曰今我逃楚楚必驕驕則可與戰矣欒黶曰逃楚晉之恥也合諸侯以益恥不如死我將獨進師遂進己亥與楚師夾潁而軍（潁水出城陽至下蔡入淮）子蟜曰諸侯既有成行必不戰矣（言有成去之志）從之將退不從亦退（從猶服也）退楚必圍我猶將退也不如從楚亦以退之（以退楚）宵涉潁與楚人盟（晉知之變退）欒黶欲伐鄭師（伐涉潁者）荀罃不可曰我實不能禦楚又不能庇鄭鄭何罪不如致怨焉而還（致怨為後伐之資）今伐其師楚必救之戰而不克為諸侯笑克不可命（勝負難要不可命以必克）不如還也丁未諸侯之師還侵鄭北鄙而歸（欲以致怨）楚人亦還（鄭服故也）

十一年四月鄭公孫舍之帥師侵宋初宋向戌侵鄭大獲子展曰師而伐宋可矣若我伐宋諸侯之伐我必疾吾乃聽命焉且告於楚師至吾又與之盟而重賂晉師乃免矣（言如此乃免於晉楚之難）是月諸侯伐鄭己亥齊大子光宋向戌先至于鄭門于東門（傳釋所以書上也向戌不書衆會故）其莫晉荀罃至于西郊東侵舊許（許之舊國）

鄭新邑衛孫林父侵其北鄙六月諸侯會于北林師于向向鄭地潁川長社縣東北有向城右還次于瑣此行而西爲右還熒陽宛陵縣西有瑣侯亭圍鄭觀兵于南門示威也西濟于濟隧濟隧水名鄭人懼乃行成楚子囊乞旅于秦乞師旅於秦秦右大夫詹帥師從楚子將以伐鄭鄭伯逆之丙子伐宋鄭從楚故更伐宋也秦師不書不與伐宋而還九月諸侯悉師以復伐鄭此頃諸侯皆來故曰悉師鄭人使良霄大宰石㚟如楚告將服于晉曰孤以社稷之故不能懷君君若能以玉帛綏晉不然則武震以攝威之孤之願也楚人執之諸侯之師觀兵于鄭東門鄭人使王子伯駢行成十一月庚辰救鄭四昔禮而歸之納斥候不相侵備也禁侵掠秦庶長鮑庶長武帥師伐晉以救鄭鮑長秦爵也不書救鄭已屬晉非救鮑先入晉地士魴禦之少秦師而弗設備壬午武濟自輔氏從輔氏渡河與鮑交伐晉師己丑秦晉戰于櫟晉師敗績易秦故也

十二年春莒人伐魯東鄙圍台季武子救台遂入鄆取其鐘以爲公盤

冬楚子囊秦庶長無地伐宋師于揚梁以報晉之取鄭也取鄭在前年揚梁宋國睢陽縣東有地名揚梁

十三年夏取邿邿亂分爲三師邿國分爲三部志力各異救邿遂取之

秋吳侵楚養由基奔命子庚以師繼之子庚楚司馬養叔曰吳乘我喪謂我不能師也養叔養由基也必易我而不戒戒備也子爲三覆以待我覆伏兵我請誘之子庚從之戰于庸浦庸浦楚地大敗吳師獲公子黨君子以吳爲不弔弔相恤不用天道詩曰不弔昊天亂靡有定言不爲昊天所恤則致罪也

十四年夏四月叔孫豹會晉荀偃齊人宋人衛北宮括鄭公孫蠆曹人莒人邾人滕人薛人杞人小邾人伐秦以報櫟之役也櫟役在十一年晉侯待于竟使六卿帥諸侯之師以進不書晉侯經不書卿及涇不濟諸侯之師不肯渡也涇水出安定朝那縣至京兆高陵縣入渭叔向見叔孫穆子穆子賦匏有苦葉詩邶風義取於深則厲淺則揭言已志在於必濟叔向退而具舟魯人莒人先濟鄭子蟜見衛北宮懿子曰與人而不固取惡莫甚焉若社稷何懿子說二子見諸侯之師而勸之濟濟涇而次傳言北宮括所以書秦人毒涇上流師人多死飲毒水故鄭司馬子蟜帥鄭師以進師皆從之至于棫林棫林秦地不獲成焉不服秦荀偃令曰雞鳴而駕塞井夷竈唯余馬首是瞻言進退從己欒黶曰晉國之命未是有也余馬首欲東乃歸欒黶惡荀偃自專故棄之歸下軍從之左史謂魏莊子曰不待中行伯乎中行伯荀偃也左史晉大史莊子魏絳也莊子曰夫子命從帥謂荀偃欒伯吾帥也吾將從之從帥所以待夫子也以從命爲待荀偃也欒黶下軍帥莊子爲佐故曰吾帥伯游曰吾令實過悔之何及多遺秦禽軍帥不和恐多爲秦所禽獲乃命大還晉人謂之遷延之役遷延却退欒鍼曰此役也報櫟之敗也役又無功晉之恥也吾有二位於戎路鍼欒黶弟也二位謂黶將下軍鍼爲戎右敢不恥乎與士鞅馳秦師死焉士鞅反士鞅士匄子欒黶謂士匄曰余弟不欲往而子召之余弟死而子來是而子殺余之弟也弗逐余亦將殺之士鞅奔秦欒黶[illegible]逐士鞅

秋楚公子貞帥師伐吳楚子囊爲庸浦之役故役在前年子囊師於棠以伐吳吳不出而還子囊殿殿後軍以吳爲不能而弗儆吳人自皋舟之隘要而擊之皋舟吳險阨之道楚人不能相救吳人敗之獲楚公子宜穀傳言不備不可以師

十五年夏齊侯伐我北鄙圍成公救成至遇遇魯地書至遇公畏齊不敢至成

秋邾人伐我南鄙亦貳於晉故使告于晉晉將爲會以討邾莒十二年十四年莒人伐晉未之討也晉侯有疾乃止

十六年春齊侯伐我北鄙齊貳於晉故

是春許男請遷于晉許欲叛楚諸侯遂遷許許大夫不可晉人歸諸侯唯以其師討許之不肯遷鄭子蟜聞將伐許遂相鄭伯以從諸侯之師欲以討其許有宿怨故其君親行穆叔從公從公齊子帥師會晉荀偃

夏六月次于棫林庚寅伐許次于函氏（棫林函氏皆許地）晉荀偃欒黶帥師伐楚以報宋楊梁之役（晉師獨進楊梁役在十二年）楚公子格帥師及晉師戰于湛阪（襄城昆陽縣北有湛水東入汝）楚師敗績晉師遂侵方城之外復伐許而還

秋齊侯伐我北鄙圍成（成魯孟氏邑貳晉故伐魯）孟孺子速徼之（孟獻子之子莊子速也徼要也）齊侯曰是好勇去之以為之名速遂塞海陘而還（海陘魯隘道）

十七年春宋莊朝伐陳獲司徒卬卑宋也（司徒卬陳大夫卑宋不設備）

夏衛石買帥師伐曹（買石稷子）衛孫蒯田于曹隧（越竟而獵孫蒯林父之子）飲馬于重丘（重丘曹邑）毀其瓶重丘人閉門而不詬之（詬罵）曰親逐而君爾父為厲（厲惡鬼林父逐君在十四年）是之不憂而何以田為衛石買孫蒯伐曹取重丘曹人愬于晉（明年晉人執石買）

秋齊侯伐我北鄙圍桃（弁縣東南有桃虛）高厚圍臧紇于防（防臧紇邑）師自陽關逆臧孫至于旅松（陽關在泰山鉅平縣東旅松近防地也魯師畏齊不敢至防耳）叔紇臧疇臧賈帥甲三百宵犯齊師送之而復（郰叔紇孔子父）（臧疇臧賈臧紇之兄弟也三子與臧紇共在防故夜送臧紇於旅松而復還守防）齊師去之（失臧紇故）齊人獲臧堅（臧堅臧紇之族）齊侯使夙沙衛唁之且曰無死（使無自殺）堅稽首曰拜命之辱抑君賜不終姑又使其刑臣禮於士以杙抉其傷而死（言使閹人來言已是惠賜不終也夙沙衛奄人故謂之刑臣）

冬邾人伐我南鄙為齊故也（齊未得志於魯故邾助之）

十八年秋齊人伐我北鄙

冬十月公會晉侯宋公衛侯鄭伯曹伯莒子邾子滕子薛伯杞伯小邾子同圍齊（齊數行不義諸侯同心俱圍之）齊侯禦諸平陰塹防門而守之廣里（平陰城在濟北盧縣東北其城南有防防有門於門外作塹橫行廣一里故經書圍）夙沙衛曰不能戰莫如守險（謂防門不足為險）弗聽諸侯之士門焉齊人多死范宣子告析文子（析文子齊大夫子家）曰吾知子敢匿情乎魯人莒人皆請以車千乘自其鄉入既許之矣若入君必失國子盍圖之子家以告公公恐晏嬰聞之曰君固無勇而又聞是弗能久矣（不能久敵晉）齊侯登巫山以望晉師（巫山在盧縣東北）晉人使司馬斥山澤之險雖所不至必旆而疏陳之（斥候也疏陳旌旗以為陳示衆也）使乘車者左實右偽以旆先（偽以衣物為人形建旆以先驅也）輿曳柴而從之（以揚塵）齊侯見之畏其衆也乃脫歸（脫不張旗幟）丙寅晦齊師夜遁師曠告晉侯曰鳥烏之聲樂齊師其遁（鳥烏得空營故樂也）邢伯告中行伯（邢伯晉大夫邢侯也中行伯獻子）曰有班馬之聲（夜遁馬不相見故鳴班別也）齊師其遁叔向告晉侯曰城上有烏齊師其遁十一月丁卯朔入平陰遂從齊師夙沙衛連大車以塞隧而殿（此衛所欲下險）殖綽郭最曰子殿國師齊之辱也（衛奄人殿師故以為辱）子姑先乎乃代之殿衛殺馬於隘以塞道（塞道欲根二子使晉得之）晉州綽及之射殖綽中肩兩矢夾脰（脰頸也）曰止將為三軍獲不止將取其衷（不止復欲射兩矢中央）顧曰為私誓州綽曰有如日（言必不殺汝明如日）乃弛弓而自後縛之（反縛之）其右具丙亦舍兵而縛郭最皆衿甲面縛（衿甲不解甲）坐于中軍之鼓下晉人欲逐歸者魯衛請攻險（攻險守險者）己卯荀偃士匄以中軍克京茲（在平陰城東南）乙酉魏絳欒盈以下軍克邿（邿在平陰西有邿山）趙武韓起以上軍圍盧弗克十二月戊戌及秦周伐雍門之萩（秦周魯大夫趙武及之伐萩也雍門齊城門）范鞅門于雍門其御追喜以戈殺犬于門中（閭殺犬示閒暇）孟莊子斬其橁以為公琴（孟莊子速橁木名）己亥焚雍門及西郭南郭劉難士弱率諸侯之師焚申池之竹木（二子晉大夫）壬寅焚東郭北郭范鞅門于揚門（齊西門）州綽門于東閭（齊東門）左驂迫還于門中以枚數闔（枚馬檛也闔門扇也數其板示不恐）齊侯駕將走郵棠（郵棠齊邑）大子與郭榮扣馬（大子光也郭榮齊大夫）曰師速而疾略也（言欲略行其地無久攻意）將退矣君何懼焉且社稷之主不可以輕輕則失衆君必待之將犯之大子抽劍斷鞅乃止甲辰東侵及濰南及沂（濰水在東莞東北至北海都昌縣入海沂水出東莞蓋縣至下邳入泗）

是月楚公子午帥師伐鄭初鄭子孔欲去諸大夫（欲專權）將叛晉而起楚師以去之使告子庚子庚弗許（子庚楚令尹公子午）楚子聞之使楊豚尹宜告子庚曰國人謂不穀主社稷而不出師死不從禮（不永先君之業死將不得從先君之禮）大夫圖之其若之何子庚歎曰君王其謂午懷安乎吾以利社稷也帥師治兵於汾（襄城縣東北有汾丘城）於是子蟜伯有子張從鄭伯伐齊（子蟜公孫蠆伯有良霄子張公孫黑肱）子孔子展子西守二子知子孔之謀（二子子展子西）完守入保子孔不敢會楚師楚師伐鄭次於魚陵（魚陵魚齒山也在南陽犨縣北鄭地）右師城上棘遂涉潁次于旃然（將涉潁故於水邊權築小城以爲進退之備旃然水出滎陽成皋縣東入汴）蔿子馮公子格率銳師侵費滑胥靡獻于雍梁（胥靡獻于雍梁皆鄭邑河南陽翟縣東北有雍氏城）石回梅山（在滎陽密縣東北）侵鄭東北至于蟲牢而反子庚門于純門信于城下而還（信再宿）涉於魚齒之下（魚齒山之下有滍水故言涉）甚雨及之楚師多凍役徒幾盡

十九年二月晉欒魴帥師從衛孫文子伐齊（欒魴欒氏族）七月晉士匄帥師侵齊至穀聞齊侯卒乃還

二十年秋孟莊子伐邾以報之（既與而又伐之非）初邾人驟至以諸侯之事弗能報也（驟數也謂十五年十七年伐魯）

二十三年秋齊侯伐衛先驅穀榮御王孫揮召揚爲右（先驅前鋒軍）申驅成秩御莒恒申鮮虞之傅摯爲右（申驅次前軍傅摯申鮮虞之子）曹開御戎晏父戎爲右（公御右也）貳廣上之登御邢公盧蒲癸爲右（貳廣公副車）啓牢成御襄罷師狼蘧疏爲右（左翼日啓）胠商子車御侯朝桓跳爲右（右翼日胠）大殿商子游御夏之御寇崔如爲右（大殿後軍）燭庸之越駟乘（四人共乘殿車也傳具載此言莊公廢舊臣任武力）自衛將遂伐晉晏平仲曰君恃勇力以伐盟主若不濟國之福也不德而有功憂必及君崔杼諫曰不可臣聞之小國閒大國之敗而毀焉必受其咎君其圖之弗聽陳文子見崔武子（文子陳完之玄孫武子崔杼也）曰將如君何武子曰

速與之（未寧時有范中行之難）士蔑乃致九州之戎（九州戎在晉陰地陸渾者）將裂田以與蠻子而城之（以詐誘蠻子）且將爲之卜（卜立蠻子）蠻子聽卜遂執之與其五大夫以畀楚師于三戶（今丹水縣北三戶亭）司馬致邑立宗焉以誘其遺民（楚復詐爲蠻子邑立其宗主）而盡俘以歸

五年夏齊侯伐宋晉趙鞅伐衛范氏之故也遂圍中牟（衛助范氏故也）

六年春晉趙鞅帥師伐鮮虞治范氏之亂也（四年鮮虞納荀寅于柏人）吳伐陳復脩舊怨也（元年吳伐陳未得志故）楚子曰吾先君與陳有盟不可以不救乃救陳師于城父卜戰不吉卜退不吉王曰然則死也再敗楚師不如死（前已敗於柏舉今復敗是再敗）棄盟逃讎亦不如死一也其死讎乎將戰王有疾攻大冥卒于城父（大冥陳地吳師所在）

冬仲孫何忌帥師伐邾宋向巢帥師伐曹

七年春宋皇瑗帥師侵鄭叛晉故也（定八年鄭叛晉）

晉魏曼多帥師侵衛衛不服也（五年晉伐衛至今未服）

秋公伐邾初季康子欲伐邾乃饗大夫以謀之子服景伯曰小所以事大信也大所以保小仁也背大國不信（大國吳也）伐小國不仁民保於城城保於德失二德者危將焉保（二德信仁也）孟孫曰二三子以爲何如（諸大夫不對故問之）惡賢而逆之（孟孫言景伯欲使大夫不從其言惡欲安）對曰禹合諸侯於塗山執玉帛者萬國（諸大夫對也諸侯執玉附庸執帛塗山在壽春東北）今其存者無數十焉唯大不字小小不事大也（言諸侯相伐以來）知必危何故不言（知伐邾必危自當言今不言者不危故也大夫以答孟孫所怪何問季孫）魯德如邾而以衆加之可乎（孟孫忿答大夫今魯德無以勝邾但欲恃衆可乎言不可）不樂而出（季孟意異不同故罷饗）直秋伐邾及范門（范門邾郭門也）猶聞鐘聲（邾子不恤國）大夫諫不聽茅成子請告於吳（成子邾大夫茅夷鴻）不許曰魯擊柝聞於邾（言以近）吳二千里不三月不至何及於我且國內豈不足（言足以距魯）成子以茅叛（茅高平西南有茅鄉亭）師遂入邾處其公宮衆師晝掠（取財物也）邾衆保于繹（繹邾邑也在鄒縣北）師宵掠以邾子益來（益邾隱公也傳言魯不字小）獻于亳社（以其亡國與殷同）囚諸負瑕負瑕故有繹（負瑕魯邑高平南平陽縣西北有瑕丘城繹者傳得邾之繹民使在負瑕故使繹邑以辱之）

府二百五十　八

（僅存一葉）

府二百五十　九

三十年秦與晉戰岸門
三十四年秦拔韓宜陽
三十六年秦敗魏將龍賈軍四萬五千于雕陰（雕陰在上郡）
是年楚圍齊於徐州（楚威王七年）趙圍魏黄不克
三十七年魏與齊伐趙（魏襄王三年齊宣王十一年）趙決河水灌之兵去
是年齊伐燕取十城（燕易王元年齊宣王十一年四燕喪伐之蘇秦説齊還燕十城）
三十九年秦圍魏焦曲沃（秦惠王八年）魏予秦河西之地
四十年秦度河取魏汾陰皮氏圍焦降之
是年魏伐楚敗之陘山（陘山在密縣西南）
四十一年秦公子桑圍魏蒲陽降之
是年趙疵與秦戰敗秦殺疵河西取趙藺離石
四十四年魏敗韓韓舉（韓宣惠王八年）
四十五年秦相張儀將兵取陝

四十六年楚使柱國昭陽將兵而攻魏破之於襄陵得八邑又移兵而攻齊齊王患之（懷王六年昭陽移和而攻齊軍門日和）陳軫適爲秦使齊齊王曰爲之奈何陳軫曰王勿憂請令罷之即往説昭陽昭陽引兵去
四十七年秦取魏曲沃平周
慎靚王三年秦擊韓取鄢（於乾切今鄢陵縣）
三年魏韓趙楚燕五國擊秦不勝而去（是歲秦惠文王後七年魏哀王元年韓宣惠王十五年趙武靈王八年楚懷王十一年燕王噲三年）
四年趙韓魏共擊秦秦敗趙斬首八萬級又敗韓于脩魚虜得韓將鯁申差於濁澤（一云鯁申差　長社有濁澤）韓氏急公仲謂韓王曰與國非可恃也今秦之欲伐楚久矣王不如因張儀爲和於秦賂以一名都具甲與之南伐楚此以一易二之計也韓王曰善乃警公仲之行將西講於秦楚王聞之大恐召陳軫告之陳軫曰秦之欲伐楚久矣今又得韓之名都一而具甲秦韓并兵而伐楚此秦所禱祀而求也今已得之矣楚國必伐矣王聽臣爲之警四境之内起師言救韓命戰車滿道路發信臣多其車重其幣使信王之救已也縱韓不能聽我韓必德王也必不爲鴈行以來是秦韓不和也兵雖至楚不大病也爲能聽我絶和於秦秦必大怒以厚怨韓韓之南交楚必輕秦輕秦其應秦必不敬是因秦韓之兵而免楚國之患也楚王曰善乃警四境之内興師言救韓命戰車滿道路發信臣多其車重其幣謂韓王曰不穀國雖小已悉發之矣願大國遂肆志於秦不穀將以楚徇韓韓王聞之大説乃止公仲之行公仲曰不可夫以實伐我者秦也以虚名救我者楚也王恃楚之虚名而輕絶彊秦之敵王者爲天下大笑且楚韓非兄弟之國也又非素約而謀伐秦也已有伐形因發兵言救韓此必陳軫之謀也且王已使人報於秦矣

今不行是欺秦也夫輕彊秦而信楚之謀臣恐王必悔之韓王不聽遂絶於秦秦因大怒益甲伐韓大戰楚救不至
是年齊敗魏趙于觀澤（一作觀津　赧王七年）
五年秦使司馬錯擊蜀滅之
是年秦取趙中都西安陽邑（一云西都及中陽　又云中都西陽）
六年秦伐取韓石章敗趙將軍英（一作趙將泥　一作趙將莊）
赧王元年秦使樗里子伐魏焦降之（一云取曲沃）
敗韓岸門斬首萬其將犀首走
二年秦樗里子擊趙藺虜趙將公子繇通（一云虜將　又趙莊）
三年秦庶長章與韓擊楚於丹陽虜其將屈匄斬首八萬又攻楚漢中取地六百里置漢中郡楚圍雍氏秦使庶長疾（樗里子也）助韓而東攻齊到蒲助魏攻燕
是年齊趙攻魏魏擊齊虜聲子於濮與秦擊燕初燕噲讓王立以

（第一葉至第十葉原闕）

國讓其相子之事皆受於子之三年國大亂將軍市被與太子平
攻子之不克將軍市被及百姓反攻太子平將軍市被死以
徇因構難數月死者數萬衆人恫恐百姓離志孟軻謂齊王曰
今伐燕此文武之時不可失也王因令章子將五都之兵（章子齊人
見孟子）以因北地之衆以伐燕燕王卒不戰城門不閉燕君噲死齊
大勝（年表云君及太子噲子之皆死汲冢紀年曰齊人禽子之而醢其身）
四年秦伐楚取召陵魏圍衛
七年秦使甘茂庶長封伐韓宜陽（秦武王三年韓襄王四年）
八年秦拔宜陽斬首六萬涉河城武遂
是年趙王北略中山之地至房子遂之代北至無窮西至河登
黄華之上
九年秦擊魏皮氏未拔而解（秦昭王元年）
是年趙王略中山地至寧葭西略胡地至榆中林胡王獻馬歸
使樓緩之秦仇液之韓王賁之楚富丁之魏趙爵之齊代相趙
固主胡致其兵
十一年趙王攻中山趙袑爲右軍許鈞爲左軍公子章爲中軍（趙
王并將之）牛翦將軍騎趙希并將胡代趙與之陘（陘一作陸又陘或宜言趙與
之陘陘山絕之名常山有井中山有苦陘上黨有關與）攻取丹丘華陽鴟之塞（華一作爽鴟一
作鴻）王軍取鄗石邑（在常山）封龍東垣中山獻四邑和王許之罷兵
十二年秦拔魏蒲坂晉陽封陵取韓武遂
是年趙攻中山
十四年蜀反秦司馬錯往誅蜀守煇（一作輝）
是年秦取韓穰趙攻中山魏韓齊與秦擊楚敗楚將唐昧於
重丘齊使公子將大有攻秦庶長奐斬首二萬
十五年秦擊楚斬首三萬攻襄城（一作新成）殺景缺（一作景快）
是年趙攻中山攘地北至燕代至雲中九原

十六年秦使將軍芊戎攻楚取新市八城（江夏有新市縣）
十七年魏韓齊共擊秦於函谷敗之
是年秦敗楚十六城（楚頃襄王元年）
十九年魏韓齊宋中山五國共擊秦至鹽氏而還（一作監氏）
秦與韓武遂和（一云秦與韓魏河北及封陵）
二十年秦尉錯拔魏襄城（魏昭王元年）
是年趙與齊燕共滅中山遷其王於膚施（在上郡是年趙惠文王四年一號在三年）
二十一年魏與秦戰解不利
是年秦向壽伐韓武始（魏郡有武始縣）左更白起攻新城
二十二年韓使公孫喜率周魏繫秦秦左更白起敗韓魏二十
四萬于伊闕虜公孫喜拔五城（韓釐王三）
二十三年秦大良造白起攻魏取垣復予之攻楚取宛
二十四年秦左更錯取軹及鄧（河內有軹縣南陽有鄧縣）拔韓宛城
二十五年趙梁將與齊合軍攻韓至魯關下
二十六年秦客卿錯擊魏至軹取城大小六十一
二十七年秦拔趙梗陽（在太原）
是年趙董叔與魏氏伐宋得河陽於魏
二十八年秦拔魏新垣曲陽之城
是年趙趙梁將兵攻齊
二十九年秦將錯攻魏魏安邑秦出其人又敗韓兵夏山（趙韓
徐爲將攻齊
是年齊伐宋秦昭王怒曰吾愛宋與愛新城陽晉同韓聶與吾
友也而攻吾所愛何也蘇代爲齊謂秦王曰韓聶之攻宋所以
爲王也齊彊輔之以宋魏楚必恐恐必西事秦是王不煩一兵
不傷一士無事而割安邑也此韓聶之所禱於王也秦王曰吾
患齊之難知一從一衡其說何也對曰天下國令齊可知乎齊

以攻宋其知事秦以萬乘之國自輔不西事秦則宋治不安中國白頭遊敖之士皆積智欲離齊秦之後伏式結軼西馳者未有一人言善齊者也伏式東馳者未有一人言善秦者也何則皆不欲齊秦之合也何晉楚之智而秦之愚也晉楚合議齊秦齊秦合必圖晉楚請以此使諭秦王曰諾於是齊伐宋宋王出亡死於溫

三十年秦將蒙武拔齊列城九（一云趙相國樂毅將趙秦韓魏燕攻齊取靈丘）

三十一年秦尉斯離與韓魏燕趙共擊齊攻之是時燕以樂毅爲上將軍與秦楚三晉合謀以伐齊齊兵敗湣王出亡於外燕兵獨追北入至臨菑盡取齊寶燒其宮室宗廟城之不下者獨唯聊莒即墨其餘皆屬燕

三十二年秦拔魏安城（安城在汝南）兵至大梁而還（燕趙救之）

是年趙廉頗將攻齊昔陽取之（樂平治有昔陽縣）

三十三年齊拔趙兩城是時樂毅將趙師攻魏伯陽而秦怨趙不與己擊齊乃伐趙

三十四年秦拔趙石城（石城右北平有石城縣）

是年趙王再之衞東決河水伐魏氏

三十五年秦白起擊趙取光狼城首二萬（一云三萬）地動壞城趙將趙奢將攻齊麥丘取之

是年秦將錯發隴西因蜀擊楚黔中拔之楚與秦漢及上庸地

三十六年秦拔楚鄢西陵（一云鄢鄧非人置之）（楚頃襄王十九年）

是年趙廉頗將攻齊

三十七年秦白起擊楚拔郢燒夷陵更東竟陵以爲南郡楚頃襄王亡走陳

三十八年秦蜀守若伐楚拔巫黔中

三十九年秦白起拔魏兩城（一作兩城安釐王元年）又拔楚丘方

是年趙樓昌將攻魏幾不能取廉頗將攻幾取之

四十年秦拔魏兩城軍大梁城韓使暴鳶來救爲秦所敗與秦溫以和

是年趙廉頗將攻魏房子（屬常山）拔之因城而還又攻安陽取之

四十一年趙與魏共擊秦秦將白起破趙華陽得一將軍又拔魏四城斬首四萬

四十二年秦客卿胡傷攻魏卷（河南有卷縣）蔡陽長社取之擊芒卯華陽破之（華陽亭名在密縣）斬首十五萬魏入南陽以和

四十三年楚使三萬人助三晉伐燕

四十四年趙藺相如伐齊至平邑

四十五年秦韓相攻而圍閼與（音焉與在上黨）趙使趙奢將擊秦大破之

是年秦以客卿竈攻齊取剛壽予穰侯

四十六年秦中更胡傷攻趙閼與不拔

四十七年秦聽范唯謀使五大夫綰伐魏拔懷城

四十九年秦拔魏廩丘懷（或作邢丘又作郪丘）

五十年秦拔趙三城（趙孝成王元年）趙王新立太后用事秦急攻之趙氏求救於齊齊曰必以長安君爲質乃出太后不肯左師觸龍諫之於是爲長安君約車百乘質於齊齊兵乃出

是年齊田單將趙師攻燕中陽（一作中人）拔之又攻韓注人拔之（韓邑）

（五十七年）

五十一年秦拔韓陘城汾旁一云白起攻韓拔九城斬首五萬

五十二年秦擊韓於太行

五十三年秦五大夫賁攻韓取十城取楚州

五十四年趙使廉頗距秦於長平初秦擊韓於太行上黨守馮

亭使者至趙曰韓不能守上黨入之於秦其吏民皆安爲趙不欲爲秦有城邑十七願再拜入之趙財王所以賜吏民王大喜召平陽君豹告之曰馮亭入城市邑十七受之何如對曰聖人甚禍無故之利王曰人懷吾德何謂無故乎對曰夫秦蠶食韓氏地中絶不令相通固自以爲坐而受上黨之地也韓氏所以不入於秦者欲嫁其禍於趙也秦服其勞而趙受其利雖彊大不能得之於小弱小弱顧能得之於彊大乎豈可謂非無故之利哉且夫秦以牛田之水通糧蠶食上乘倍戰者裂上國之地其政行不可與爲難必勿受也王曰今發百萬之軍而攻踰年歷歲未得一城也今以城市邑十七幣吾國此大利也趙豹出吾王趙平原君與趙禹而告之對曰發百萬之軍而攻踰歲未得一城今坐受城市邑十七此大利不可失也王曰善乃令趙勝受地告馮亭曰敝國使者臣勝敝國君使勝致命以萬戶都三封太守千戶都三封縣令皆世世爲侯吏民皆益爵三級吏民能相安皆賜之六金馮亭垂涕不見使者曰吾不處三不義也爲主守地不能死固不義一矣入之秦不聽主令不義二矣賣主地而食之不義三矣趙遂發兵取上黨廉頗將軍軍長平

五十五年秦將白起破趙齊楚救之秦計曰齊楚救趙親則退兵不親遂攻之趙無食請粟於齊齊不聽周子曰不如聽之以退秦兵不聽則秦兵不卻是秦之計中而齊楚之計過也且趙之於齊楚扞蔽也猶齒之有脣也脣亡則齒寒今日亡趙明日患及齊楚且救趙之務宜若奉漏甕沃焦釜也夫救趙高義也却秦兵顯名也義救亡國威却彊秦之兵不務爲此而務愛粟爲國計者過矣齊王弗聽秦破趙於長平四十餘萬遂圍邯鄲

五十六年秦軍分爲三軍白起歸王齕將伐趙白起攻皮牢拔之司馬梗北定太原盡有韓上黨正月兵罷復守上黨其十月五大夫陵攻趙邯鄲

五十七年正月秦益發卒佐陵陵戰不善令王齕代將其十月將軍張唐攻魏爲蔡尉捐弗守

五十八年十月秦張唐攻鄭拔之十二月益發卒軍汾城旁王齕攻邯鄲不拔（一云魏公子無忌楚春申君救邯鄲秦兵罷去）去還奔汾軍餘攻秦軍斬首六千晉楚流外死河二萬人（楚一作走）攻汾城即從唐拔寧（一作安趙）新中寧新中更名安陽（魏郡有安陽縣）

五十九年秦將軍摎攻韓取陽城負黍斬首四萬攻趙取二十餘縣首虜九萬

是年燕攻趙昌壯（一作）五月拔之趙將樂乘慶舍攻秦信梁軍破之（韓魏楚救趙新中秦兵罷是周赧王卒此後以秦年爲首）

秦昭王五十二年楚取徐（楚考列王八年）

五十六年燕伐趙（燕王喜四年）爲趙所破殺栗腹初燕王令丞相栗腹約驩以五百金爲趙王酒還歸報燕王曰趙氏壯者皆死長平其孤未壯可伐也王召昌國君樂閒而問之對曰趙四戰之國也其民習兵伐之不可王曰吾以衆伐寡二而伐一可乎對曰不可王曰吾即以五而伐一可乎對曰不可燕王大怒羣臣皆以爲可燕卒起二軍車二千乘栗腹將而攻鄗（作常山今高邑）卿秦將而攻代廉頗爲趙將破殺栗腹虜卿秦樂閒（世家云乘頗閒燕）

莊襄王元年秦使蒙驁伐韓韓獻成皋滎陽秦界至大梁

是年楚滅魯趙假相大將武襄君樂乘攻燕圍其國

三年趙廷陵鈞率師從相國信平君助魏攻燕

是年秦使蒙驁攻魏高都拔之又攻趙榆次新城狼孟取三十七城

三年秦將王齕擊韓上黨拔之

是年魏公子無忌率五國兵敗秦軍河外走蒙驁趙孝成王二

十一年趙廉頗將攻繁陽(在頓丘)取之(是歲秦始皇三年此後秦諸侯並入位勳業門)

悼襄王二年趙使李牧將攻燕拔武遂(屬河間一云屬安平)方城(屬有督亢亭)

三年趙使龐煖將攻燕禽其將劇辛初劇辛故居趙與龐煖善已而亡走燕燕見趙數困于秦而廉頗去令龐煖將也故因趙弊攻之問劇辛辛曰龐煖易與耳燕使劇辛將擊趙趙使龐煖擊之取燕軍二萬殺劇辛

四年龐煖將趙楚魏燕之鋭師攻秦蕞(在新豐)不拔移攻齊取饒安(在渤海又云饒屬北海安屬平原)

五年傅抵將居平邑慶舍將東陽河外師守河梁陽在河門又

九年趙攻燕取貍陽城兵未罷秦攻鄴拔之(今鄴縣云故)閼與鄴九城

新刊監本册府元龜卷第二百五十一

列國君部十八

復邦

古之諸侯選賢立嫡樹之成法所以寅奉宗廟長守富貴者也乃有立嗣非賢淑慝棄先業流離奔走不保其社稷者矣復有貽謀弗臧延及後嗣艱難勤苦克復其強土若周室之興也列爵分土及其衰也以衆暴寡攻戰守禦日不暇給民棄不保時而有之至於因人以興或大其祚修德以復或啓其宗或霸主以大義固存或國人以衆心見納繇是將奉祭酌以見宗祏不失舊物而惠於民上傳曰或多難以固其國非德義其孰能之哉

魯隱公五年春晉曲沃莊伯以鄭人邢人伐翼王使尹氏武氏助之翼侯奔隨（曲沃晉別封文侯弟成師之邑莊伯成師之子翼晉舊都尹氏武氏周大夫也晉侯君翼故謂之翼侯）

六年翼九宗五正頃父之子嘉父逆晉侯于隨（五正五官之長九宗一姓為九族頃父之子嘉父晉大夫）納諸鄂晉人謂之鄂侯（鄂侯晉別邑不得復入翼故別居鄂）

十一年七月公會齊侯鄭伯伐許壬午入許許公奔衛鄭伯使許大夫百里奉許叔以居許東偏（許叔許莊公之弟）莊桓公十六年許叔入于許

桓公三年芮伯萬之母芮姜惡芮伯之多寵人也故逐之出居于魏四年秋秦師侵芮敗焉冬王師秦師圍魏執芮伯以歸（芮伯出居魏芮更立君秦為芮所敗故以芮伯歸將欲納之）十年秋秦人納芮伯萬于芮

十一年夏鄭莊公卒初祭封人仲足有寵於莊公莊公使為卿為公娶鄧曼生昭公故祭仲立之（鄧曼鄧姓昭公名忽）宋雍氏女於鄭莊公曰雍姞生厲公（雍氏姞姓宋大夫也）雍氏宗有寵於宋莊公故誘祭仲而執之曰不立突將死（突厲公名）亦執厲公求賂焉祭仲與宋人盟以厲公歸而立之九月丁亥昭公奔衛己亥厲公立十五年春祭仲專鄭伯患之使其壻雍糾殺之雍姬知之遂告祭仲仲殺雍糾厲公出奔蔡六月乙亥昭公入九月鄭伯突因櫟人殺檀伯而遂居櫟（櫟鄭別都也檀伯鄭守櫟大夫）十七年鄭高渠彌殺昭公而立公子亹十八年齊人殺子亹祭仲逆鄭子于陳而立之（昭公弟子儀也）莊公十四年春厲公自櫟侵鄭及大陵獲傅瑕傅瑕曰苟舍我吾請納君與之盟而赦之六月甲子瑕殺鄭子及其二子而納厲公

十六年十一月衛侯朔出奔齊（惠公名朔）初衛宣公烝於夷姜生急子屬諸右公子為之娶於齊而美公取之生壽及朔屬諸左公子宣姜與公子朔構急子（宣姜宣公所娶急子妻）公使諸齊使盜待諸莘將殺之壽子載其旌以先盜殺之急子至又殺之二公子故怨惠公左公子洩右公子職立公子黔牟惠公奔齊莊公五年公會齊人宋人陳人蔡人伐衛納惠公六年夏六月衛侯入于衛放黔牟殺左右公子

僖公十五年九月晉惠公與秦穆公戰于韓原秦獲晉侯以歸晉大夫反首拔舍（反首亂髮垂下也拔草舍止壞形毀服）秦伯使辭焉曰二三子何其戚也寡人之從君而西也亦晉之妖夢是踐豈敢以至（狐突不寐而與神言故曰妖夢突與申生言帝許罰有罪今將晉君而西以厭息此語踐厭也）晉大夫三拜稽首曰君履后土而戴皇天皇天后土實聞君之言穆姬聞晉侯至以大子罃弘與女簡璧登臺而履薪焉（罃康公名弘其母弟也簡璧罃弘姊妹古之宮閉者皆居之臺以抗絕之穆姬晉獻公之姊欲自罪故登臺而薦之以薪左右上下若皆履薪乃得）使以免服衰絰逆且告（免衰絰遭喪之服令行人服此服迎秦伯且告將以恥辱自殺）曰上天降災使我兩君匪以玉帛相見而以興戎若晉君朝以入則婢子夕以死夕以入則朝以死唯君裁之乃舍諸靈臺

在京兆鄭縣周之故壘亦所以抗絶令不得通外內大夫請以入公曰獲晉侯以厚歸也既而喪歸焉用之若將晉侯入則夫人或自殺大夫其何有焉何有猶何得且晉人慼憂以重我謂反首拔舍天地以要我不圖晉憂重其怒也我食吾言背天地也食消也重怒難任背天不祥必歸晉君任當也公子縶曰不如殺之無聚慝焉公子縶秦大夫恐夷吾歸復相聚為惡子桑曰歸之而質其大子必得大成晉未可滅而殺其君祇以成惡祇適也且史佚有言無始禍史佚周武王太史尹佚無怙亂恃人亂為己利無重怒重怒難任陵人不祥乃許晉平晉侯使郤乞告瑕呂飴甥且告之郤乞晉大夫也瑕呂飴甥即呂飴甥字子金晉侯聞秦將許之平故告呂甥召使迎己子金教之言曰朝國人而以君命賞恐國人不從故先賞之於朝且告之曰孤雖歸辱社稷矣其卜貳圉也貳代也圉惠公太子懷公眾皆哭哀國君不還晉於是乎作爰田分公田之稅應入公者爰之於所賞之衆呂甥曰君亡之不恤而群臣是憂惠之至也將若君何眾曰何為而可對曰征繕以輔孺子征賦也繕治也孺子大子圉

諸侯聞之喪君有君群臣輯睦甲兵益多好我者勸惡我者懼庶有益乎衆說晉陰飴甥會秦伯盟于王城陰飴甥即呂甥也食采於陰故曰陰飴甥王城秦地馮翊臨晉縣東有王城今名武鄉秦伯曰晉國和乎對曰不和小人恥失其君而悼喪其親痛其親為秦所殺不憚征繕以立圉也曰必報讎寧事戎狄君子愛其君而知其罪不憚征繕以待秦命曰必報德有死無二是以不和秦伯曰國謂君何對曰小人慼謂之不免君子恕以為必歸小人曰我毒秦秦豈歸君毒謂三施不報君子曰我知罪矣秦必歸君貳而執之服而舍之德莫厚焉刑莫威焉服者懷德貳者畏刑此一役也言還惠公使諸侯威服復可當一事之功秦可以霸納而不定廢而不立以德為怨秦不其然秦伯曰是吾心也改館晉侯饋七牢焉十一月晉侯歸

二十一年邾人滅須句須句子來奔因成風也須句成風家成風為之言於公曰崇明祀保小寡周禮也明祀太皞有濟之祀保安也蠻夷猾夏周禍也此邾滅須句而曰蠻夷昭二十三年叔孫豹曰邾又夷也然則邾雖曹姓之國迫近諸戎雜用夷禮故極言之猾夏亂諸夏若封須句是崇皞濟而脩祀紓禍也二十二年春伐邾取須句反其君焉禮也得恤寡小之禮

二十八年夏晉侯及楚戰于城濮衛侯鄭出奔楚初文公將伐曹假道于衛衛人弗許還自南河濟侵曹伐衛取五鹿五鹿衛地城濮之戰楚師敗衛成公聞之懼出奔楚遂適陳使元咺奉叔武以受盟或訴元咺於衛侯曰立叔武矣其子角從公公殺之咺不廢命奉夷叔以入守夷叔武謚六月晉人復衛侯甯武子與衛人盟于宛濮衛侯先期入叔武將沐聞君至喜捉髮走出前驅射而殺之元咺出奔晉元咺以衛侯驅入殺叔武故至晉訴之衛侯與元咺訟不勝執衛侯歸之于京師三十年魯公為請納玉於王與晉侯皆十瑴王許之乃釋衛侯歸于衛衛侯使賂周歂冶廑曰苟能納我吾使爾為卿二子衛大夫周冶殺元咺及子適子儀子適子儀咺子弟也書殺賊也公

入祀先君周冶既服將命服卿服將入廟受命周歂先入及門遇疾而死冶廑辭卿見周歂死而懼是年晉文公執曹伯晉侯有疾曹伯之豎侯獳貨筮史豎掌通內外者筮史晉史使曰以曹為解以滅曹為解故齊桓為會而封異姓邢衛今君為會而滅同姓曹叔振鐸文之昭也叔振鐸曹始封君文王之子先君唐叔武之穆也且合諸侯而滅兄弟非禮也與衛偕命私許復曹衛而不與偕復非信也同罪異罰非刑也衛已復故禮以行義信以守禮刑以正邪舍此三者君將若之何公復曹伯

成公九年秋鄭伯如晉晉人討其貳於楚也執諸銅鞮公孫申謀之曰我出師以圍許示不畏晉為將改立君者而紓晉使紓緩也勿亟遣使諸晉示欲更立君晉必歸君十年四月欒武子曰鄭人立君我執一人焉何益不如伐鄭而歸其君以求成晉侯有疾五月晉立太子州蒲以為君而會諸侯伐鄭鄭子罕賂以襄鍾子罕穆公子襄鍾鄭襄公之廟鍾

子狄盟于脩澤子駟爲質子駟鄭卿脩澤在滎陽卷縣東有脩武亭辛巳鄭伯歸
十三年五月公會諸侯伐秦曹伯廬卒于師曹宣公也曹人使公
子負芻守使公子欣時逆曹伯之喪負芻曹成公也秋負芻殺其太子
而自立也諸侯乃請討之晉人以其役之勞請俟他年十五年
三月公會諸侯盟于戚晉人執曹伯歸于京師十六年六月曹
伯歸自京師爲晉侯所赦故書歸
襄公十四年二月衛侯衛獻公也出奔齊初獻公戒孫文子甯惠
子食皆服而朝敕戒二子欲共宴食服朝服待命於朝日旰不召射鴻於囿二子從之不釋皮
冠而與之言二子怒孫文子如戚孫蒯入使蒯文子之子公飲之酒
使大師歌巧言之卒章巧言詩小雅其卒章曰彼何人斯居河之麋無拳無勇職爲亂階公欲以譬文子居河上而爲亂大
師辭師曹誦之蒯懼告文子文子曰君忌我矣弗先必死欲先公作亂公使
子蟜子伯子皮與孫子盟于丘宮丘宮近戚地孫子皆殺之四月己
未公如鄄使子行於孫子孫子又殺之公出奔齊孫氏追之敗公

徒于河澤衛人立公孫剽剽穆公孫二十年衛甯惠子疾召悼
子悼子甯喜曰吾得罪於君悔而無及也名藏在諸侯之策曰孫
林父甯殖出其君君入則掩之若能掩之則吾子也若不能猶有鬼神
吾有餒而已不來食矣悼子許諾惠子遂卒二十五年八月衛獻公入
于夷儀使與甯喜言求復國也甯喜許之右宰穀曰不可獲罪於兩
君謂出獻公殺剽天下誰畜之悼子曰吾受命於先人不可以貳二
十六年二月庚寅甯喜右宰穀伐孫氏不克甯子出舍於郊欲奔
國人召甯子復攻孫氏克之孫林父以戚如晉以邑屬晉甲午衛侯
入衛獻公奔齊殤公立封公孫林父於伯十二年甯喜與孫林父爭寵相惡殤公使甯喜攻孫林父林父奔晉復求入故衛獻公獻公在齊景公聞之與衛獻公如晉求入晉乃伐衛誘與盟衛殤公會晉平公平公執殤公與甯喜而復入衛獻公獻公立在外十二年而入
昭公三年北燕伯款出奔齊簡公也公多嬖寵欲去諸大夫而立
其寵人燕大夫比以殺公之外嬖比相也外嬖嬖大夫公懼奔齊十二年高偃
帥師納北燕伯于唐因其衆也唐燕別邑中山有唐縣不言于燕未得國都
二十年六月衛公孟縶狎齊豹公孟靈公兄也狎輕也
奪之司寇與鄄鄄豹邑有役則反之無則取之縶足不良故有役則以官邑還豹使
行公孟惡北宮喜褚師圃欲去之喜貞子也丙辰衛侯在平壽衛下邑
公元公孟有事於蓋獲之門外齊子氏帷於門外而伏甲焉用
戈擊公孟殺之公聞亂乘驅自閱門入公載寶以出如死鳥死鳥衛地
齊氏之宰渠子召北宮子北宮喜也北宮氏之宰不與聞謀
殺渠子遂伐齊氏滅之丁巳晦公入與北宮喜盟于彭水之上
七月戊午朔盟國人
定公四年冬蔡侯吳子唐侯伐楚十一月庚午二師陳于柏舉
楚師亂吳師大敗之五戰及郢己卯楚子楚昭王也取其妹季芈
畀我以出涉睢庚辰吳入郢楚子奔鄖鄖公之弟懷曰平王殺
吾父懷父蔓成然今我殺其子不亦可乎鄖公止之然恐其弑昭王乃

與王出奔隨昭王之出郢也使申包胥楚大夫王孫包胥請救於秦秦
以車五百乘救楚楚亦收餘散兵與秦擊吳十一年六月敗吳
於稷楚地也會吳王弟夫槩見吳王兵傷敗乃亡歸自立爲王闔
閭聞之引兵去楚歸擊夫槩夫槩敗奔楚楚封之堂谿號爲堂
谿氏九月昭王歸入郢
哀公二年衛侯元卒乃立輒輒元之孫蒯聵之子六月晉趙鞅納衛太子
于戚衛太子蒯聵也十五年冬孔文子之豎渾良夫與太子入舍孔
泰衛侯輒來奔十七年三月晉趙鞅使告于衛曰君之在晉也
志父爲主請君若太子來以免志父不然寡君其曰志父之爲
也恐晉君謂志父不來衛侯辭以難太子又使椓之六月趙鞅圍
衛十月復伐衛入其郛將入城衛人出莊公而與晉平晉立襄
公之孫般師而還十一月衛侯自鄄入莊公也般師入辛巳石圃
作難公入于戎州己氏己氏戎人遂殺之衛人復般師而立之十

二月齊人伐衛立公子起（起靈公子）執般師以歸舍諸潞十八年衛石圃逐其君起起奔齊衛侯輒自齊復歸

七年魯人伐邾遂入邾以邾子益來（益邾隱公也）獻于亳社（以其亡國與殷同）因諸負瑕故有繹（負瑕魯邑高平南平陽縣西北有瑕丘城諸魯得邾之繹民徙在負瑕故使相就以享之）邾茅夷鴻以束帛乘韋自請救於吳（無君命故言自）

八年吳伐我爲邾故伐魯吳人行成（求與魯成）齊侯使如吳請師將以伐魯乃歸邾子邾子又無道吳子使太宰子餘討之囚諸樓臺栫之以棘（栫擁也）使諸大夫奉太子革以爲政十年邾隱公來奔遂奔齊二十二年自齊奔越曰吳爲無道執父立子越人歸之太子革奔越

訓練

昔祿去周室三道寖衰故禮樂征伐自諸侯出衆者得以暴寡强者得以凌弱其國大者或僭作五軍其土狹者亦竊置三軍其有以大閱於秋治兵於廟定霸爭雄更勝迭負蓋亦有黷武佳兵之志無卹民罔罪之衆徒使蟣虱生於甲胄肝腦橫於原野覽之信史良有悲夫

魯桓公六年秋大閱（齊爲大國以戎事徵諸侯之戍魯人懼之故以非時簡車馬）

莊公八年正月甲午治兵（治兵於廟習號令將以圍郕）治兵於廟禮也

僖公二十七年秋楚子將圍宋使令尹子文治兵於睽（子文時不爲令尹故云使治兵習號令也睽楚之邑）終朝而畢不戮一人（終朝自旦及食時也子文欲委重於子玉故略其事）子玉復治兵於蔿（子玉爲令尹蔿楚邑）終日而畢鞭七人貫三人耳冬楚子及諸侯圍宋宋公孫固如晉告急於是乎蒐于被廬（晉常以春蒐禮改政令敬其始也被廬晉地）作三軍（閔元年晉獻公作二軍今復大國之禮）

二十八年冬晉侯作三行以禦狄荀林父將中行屠擊將右行先蔑將左行（晉置上中下三軍今復置三行以辟天子六軍之名三行無佐疑大夫將）

三十一年秋晉蒐于清原作五軍以禦狄（前作三行今罷之更爲上下新軍河東聞喜縣有清原）

文公六年春晉蒐于夷舍二軍（前作五軍今舍二軍復三軍之制也夷晉地）

宣公十四年夏晉侯伐鄭告於諸侯蒐焉而還（蒐簡閱車馬）

昭公八年秋大蒐于紅自根牟至于商衛革車千乘（大蒐數軍實簡車馬也根牟魯東界琅邪陽都縣有牟鄉商宋地衛在宋西竟接宋衛也言千乘明大蒐且見魯衆之大數也）

十年秋七月伐莒取郠（郠莒邑也）

十三年夏晉將以諸侯來討叔向曰諸侯不可以不示威（知晉德薄欲以威服之）乃並徵會會于良七月治兵于邾南甲車四千乘（三十萬人）叔向曰諸侯有閒矣不可以不示衆八月辛未治兵（習戰）建而不旆（建立旌旗不曳其旆旆游也）壬申復旆之諸侯畏之（軍將戰則旆也曳旆以恐之）

十一年五月大蒐于比蒲

二十二年大蒐于昌閒

定公十三年夏大蒐于比蒲（夏蒐非時）

禦備

春秋左氏傳曰預備不虞古之善政又曰無備雖衆不可恃也是知備禦之略有國者之所急也矧周室既衰諸侯力政彊凌弱衆暴寡交相侵伐無歲不有申嚴警備惟敵是禦於是乎興版築之役以峻其城壘行蒐田之令以簡其車實斯所以謹其武守固其邦國者焉

魯隱公七年夏城中丘（中丘在琅邪臨沂縣東北）

九年夏城郎

桓公五年城祝丘（齊將襲紀紀人懼而來告故城祝丘）

十六年冬城向書時也

莊公二十八年冬築郿（郿魯下邑傳曰邑曰築）非都也凡邑有宗廟先君之主曰都無曰邑邑曰築都曰城

二十九年十二月城諸及防（諸防皆魯邑）

僖公二年春王正月城楚丘（楚丘衛邑不言城衛衛未遷）

十有四年春諸侯城緣陵（緣陵杞邑辟淮夷遷都於緣陵）

三十一年秋晉蒐于清原作五軍以禦狄（二十八年晉作三行今罷之更爲上下新軍河東聞喜縣北有清原）

文公七年三月城郚（因伐邾師以城郚郚魯邑卞縣南有郚城備邾難）

十二年冬季孫行父帥師城諸及鄆（鄆莒魯所爭者城陽姑幕縣南有負亭即鄆邑故其遝稱外國故帥師城之）

十三年春晉侯使詹嘉處瑕以守桃林之塞

襄公十三年冬城防書事時也（土功雖有常節通以事間爲時）於是將早城臧武仲請俟畢農事禮也

十五年夏齊侯圍成貳於晉故也（不畏霸主故敢伐魯）於是乎城成郛（郛郭也）

十九年冬十一月城西郛懼齊也（前年與晉伐齊又鑄其器爲鍾故懼）齊及晉平盟于大隧（大隧地闕）故穆叔會范宣子于柯穆叔歸曰齊猶未也不可以不懼乃城武城

昭公元年六月楚公子圍使公子黑肱伯州犁城犨櫟郟（黑肱王子圍之弟子晳也犨縣屬南陽郟縣屬潁川櫟今河南陽翟縣三邑本鄭地）

四年冬吳伐楚入棘櫟麻（棘櫟麻皆楚東鄙邑譙國酇縣東北有棘亭汝陰新蔡縣東北有櫟亭）以報朱方之役（朱方役在此年秋）楚沈尹射奔命於夏汭（夏汭漢水曲入江今夏口也吳兵在東北楚盛兵在東南以絕其後）箴尹宜咎城鍾離（宜咎本陳大夫襄二十四年奔楚）薳啓彊城巢然丹城州來（然丹鄭穆公孫襄十九年奔楚）東國水不可以城彭生罷賴之師（彭生楚大夫罷鬬韋龜城賴之師）

十九年楚工尹赤遷陰于下陰（陰縣今屬南鄉郡）令尹子瑕城郟叔孫昭子曰楚不在諸侯矣其僅自完也以持其世而已（遷陰城郟皆欲以自完守）

二十三年冬楚囊瓦爲令尹（囊瓦子囊之孫子常也）城郢（楚用子囊遺言已築郢城矣今畏吳復增脩以自固）

二十九年冬晉趙鞅荀寅帥師城汝濱（趙鞅趙武孫也荀寅中行荀吳之子汝濱晉所取陸渾地）

定公六年冬城中城（公爲晉侵鄭故懼而城之）

十四年秋城莒父及霄（公叛晉助范氏故懼而城二邑也）

哀公三年五月季孫斯叔孫州仇帥師城啓陽（公與晉貳黨范氏故備晉也啓陽今琅邪開陽縣）

四年城西郛（魯西郭備晉也）

五年春城毗（備晉也）

六年春城邾瑕（備晉也任城亢父縣北有邾婁城）

十一年夏公會吳子伐齊大敗齊師秋季孫命備守備曰小勝大禍也齊至無日矣（備齊）

鄭繻公十五年韓景侯伐鄭取雍丘鄭城京趙獻侯十三年城平邑

肅侯十七年築長城

武靈王三年城鄗

惠文王八年城南行唐（在常山）

孝惠王十一年城元氏（常山有元氏縣）

幽繆王遷城柏人

悼襄王元年大備（備一作脩）魏欲通平邑中牟之道不成

二年城韓皋

魏文侯六年城少梁

武侯二年城安邑王垣（垣縣有王屋山也）

八年復城少梁

十六年伐秦築臨晉元里

十七年擊宋中山伐秦至鄭還築洛陽（一云擊中山置合陽入世家云攻秦至鄭而還築洛陰合陽）

三十二年伐鄭城酸棗

惠王五年城武都

十九年諸侯圍我襄陵築長陵塞固陽

秦厲公十六年塹阿旁築龐戲城紀作何旁

二十六年城南鄭

靈公元年城塹河瀕

十年補龐城城籍姑

簡公七年塹洛城重泉

獻公二年城櫟陽

孝公十九年城武城

惠王五年城武都

十九年築長城塞固陽

武王四年拔韓宜陽涉河城武遂

楚懷王十年城廣陵

交質

戰國之時諸侯並爭干戈日尋變詐鋒起既失盟誓之信乃有交質之約或因危以結好或匿詐以圖利締結未已禍敗隨焉雖其至親無所顧惜禮所謂大信不約傳有云信不由中質無其時何救於患

鄭武公莊公為平王卿士王貳于虢鄭伯怨王王曰無之故周鄭交質王子狐為質於鄭公子忽為質於周王子狐平王子

魯文公十七年晉鞏朔行成於鄭趙穿公壻池為質焉十月鄭太子夷石楚為質于晉

宣公十二年楚子圍鄭三月克之許之平潘尫入盟子良出質潘尫楚大夫子良鄭伯弟

成公二年九月楚侵魯及陽橋孟孫請往賂之以公衡為質公衡成公子楚人許平

十七年夏五月鄭太子髡頑侯獳為質於楚侯獳鄭大夫

襄公元年正月諸侯之師圍宋彭城齊人不會彭城晉人以為討二月齊太子光為質於晉光齊靈公太子

定公三年蔡侯如晉以其子元與其大夫之子為質焉而請伐楚初蔡昭侯為兩佩與兩裘以如楚獻一佩一裘於昭王佩佩玉也昭王服之以享蔡侯蔡侯亦服其一子常欲之弗與三年止之蔡人固請獻佩于子常蔡侯歸及漢執玉而沈曰余所以濟漢而南者有若大川四年晉人使蔡滅沈楚為沈故圍蔡蔡昭侯以其子乾與其大夫之子為質於吳與吳子伐楚

越王勾踐自會稽反國使范蠡與大夫柘稽行成為質於吳二歲而吳歸蠡

韓宣惠王十九年秦伐韓韓太子倉質於秦以和

楚懷王二十六年齊韓魏三國兵伐楚楚使太子入質於秦而請救秦遣兵救楚三國引兵去

二十七年秦大夫有私與楚太子鬭楚太子殺之而亡歸

二十九年秦復攻楚大破楚軍死者二萬殺將軍景缺懷王恐乃使太子為質於齊以求平

楚頃襄王二十七年復與秦平而入太子為質於秦楚使左徒侍太子於秦三十六年頃襄王病太子亡歸

齊湣王二十四年秦使涇陽君質於齊二十五年歸涇陽君于燕陳翠合齊燕將令燕王之弟為質於齊燕王許諾太后聞之大怒曰陳公不能為人之國亦則已矣焉有離人子母者老婦欲得志焉陳翠欲見太后王曰太后方怒子子其待之陳翠曰無害也遂入見太后曰何臞也太后曰賴得先王鴈鶩之餘食不宜臞者憂公子之且為質於齊也陳翠曰人主之愛子也不如布衣之甚也非徒不愛子也又不愛丈夫子獨甚太后曰何也

對曰太后嫁女諸侯奉以千金齎地百里以爲人之終也今王願封公子百官持職羣臣効忠曰公子無功不當封今王之以公子爲質也且以爲公子功而封之也而太后弗聽臣是以知人主之不愛丈夫子獨甚也且太后與王幸而在故公子貴太后千秋之後王棄國家而太子即位公子賤於布衣故非及太后與王封公子則公子終身不封矣太后曰老婦不知長者之計乃命公子束車制衣爲行具

晉惠公八年使太子圉質秦秦歸河東而妻之

趙孝成王元年秦伐趙拔三城趙王新立太后用事秦急攻之趙求救於齊齊曰必以長安君爲質兵乃出太后不肯大臣彊諫太后明謂左右曰復言長安君爲質者老婦必唾其面左師觸龍言願見太后太后盛氣而胥之入（胥猶須也穀梁徐邈曰胥其出也）徐趨而坐自謝曰老臣病足曾不能疾走不得見久矣竊自恕太后體之

有所苦也故願望見太后太后曰老婦恃輦而行曰食得毋衰乎曰恃粥耳曰老臣閒者殊不欲食乃彊步日三四里少益嗜食和於身也太后曰老婦不能太后不和之色少解左師公曰老臣賤息舒祺最少不肖而臣衰竊憐愛之願得補黑衣之缺以衛王宮昧死以聞太后曰敬諾年幾何矣對曰十五歲矣雖少願及未填溝壑而託之太后曰丈夫亦愛憐少子乎對曰甚於婦人太后笑曰婦人異甚對曰老臣竊以爲媼之愛燕后賢於長安君太后曰君過矣不若長安君之甚左師公曰父母愛子則爲之計深遠媼之送燕后也持其踵爲之泣念其遠也亦哀之矣已行非不思也祭祀則祝之曰必勿使反豈計長久爲子孫相繼爲王也哉太后曰然左師公曰今三世以前至於趙王之子孫爲侯者其繼有在者乎曰無有曰微獨趙諸侯有在者乎曰老婦不聞也曰此其近者禍及其身遠者及其子孫豈人主之子侯則不善哉位尊而無功奉厚而無勞而挾重器多也今媼尊長安君之位而封之以膏腴之地多與之重器而不及今令有功於國一旦山陵崩長安君何以自託於趙老臣以媼爲長安君之計短也故以爲愛之不若燕后太后曰諾恣君之所使之於是爲長安君約車百乘質於齊齊兵乃出

魏安釐王三十年信陵君無忌率五國兵敗秦軍河外時魏太子增質於秦秦怒欲囚魏太子增或爲增謂秦王曰公孫喜固謂魏相曰請以魏疾擊秦秦王怒必囚增魏王又怒擊秦秦必傷今王囚增以喜之計中也故不若貴增而合魏以疑之於齊韓秦乃止

秦昭襄王爲質於燕武王死燕人送歸得立四十年悼太子質於魏者死歸葬芷陽

四十二年立次子安國君爲太子太子有子二十餘人中男子

楚爲質於趙昭王五十年使王齮圍邯鄲急趙欲殺子楚子楚與呂不韋謀行金六百斤予守者吏得脫亡赴秦軍遂以得歸（一云秦太子質子異人質於趙處於聊城）

始皇四年秦質子歸自趙趙太子出歸國（趙世家云秦召春平君因而留之泄鈞爲之謂文信侯曰春平君者趙王甚愛之而郎中妒之故相與謀曰春平君入秦秦必留之故相與謀而內之秦也今君留之是絕趙而郎中之計中也君不如遣春平君而留平都春平君者言行信於王王必厚割趙而贖平都文信侯曰善因遣之）

十五年燕使太子丹入質於秦丹亡歸

行罰

夫作刑之意法天之震曜明罰之義本易之噬嗑蓋所以齊衆而禁暴輔世而助治者焉春秋列國力政專命至於誅殺討貳聞邪懲敗亦必明其罪戾寘于典刑繇是定霸之舉衆心以服干紀之戮一成不變斯所以臨長臣庶申明憲度寧四封之守糾諸司之邪慝至於保世以滋大靖國而永命者曷嘗不由

是哉

魯莊公六年夏衛侯入臣欽若等曰衛惠公朔也在位三年左公子洩右公子職立公子黔牟惠公奔齊八年而後入放公子黔牟于周放甯跪于秦殺左公子洩右公子職甯跪衛大夫宥之以遠曰放乃即位

十六年夏鄭伯治與於雍糾之亂者臣欽若等曰鄭厲公突在位四年祭仲專政公令雍糾殺之雍姬知之告其父遂殺雍糾公出居櫟十七年復入九月殺公子閼刖强鉏二子祭仲黨殺之刖足曰刖公父定叔出奔衛共叔段之孫定諡也三年而復之曰不可使共叔無後於鄭使以十月入曰良月也就盈數焉數滿於十君子謂强鉏不能衛其足言其不能早辟害

十八年夏楚子殺其大夫閻敖初楚武王遷權于那處使閻敖尹之權國名南郡當陽縣東南有權城那處南郡編縣東南有那口城及文王即位巴人伐申而驚其師驚巴師巴人叛楚而伐那處取之遂門于楚攻楚城門閻敖游涌而逸涌水在南郡華容縣閻敖既不能守城又游涌水而走楚子殺之

僖公四年夏齊人執陳轅濤塗初齊侯以諸侯之師伐楚楚屈完及諸侯盟陳轅濤塗謂鄭申侯曰師出於陳鄭之間國必甚病申侯鄭大夫當有共給之費若出於東方觀兵於東夷循海而歸其可也東夷郯莒徐夷也觀兵示威申侯曰善濤塗以告齊侯許之許出東方申侯見曰師老矣若出於東方而遇敵懼不可用也若出於陳鄭之間共其資糧屝屨其可也屝草屨齊侯說與之虎牢還以鄭邑賜之執轅濤塗以濤塗為誤軍道秋伐陳討不忠也

十五年夏秦伯伐晉晉侯三敗慶鄭諫弗聽及戰于韓原公號慶鄭慶鄭曰愎諫違卜固敗是求又何逃焉遂去之秦獲晉侯以歸及晉侯歸臣欽若等曰晉惠公即位六年為秦所虜復之殺慶鄭而後入

二十八年春晉侯伐曹令無入僖負羈之宮而免其族報施也報飧璧之施臣欽若等曰晉文公亡過曹僖負羈饋飧寘璧焉魏犫顛頡怒曰勞之不圖報於何有二子各有從亡之勞爇僖負羈氏魏犫燒魏犫傷於胸中公欲殺之而

愛其材材力使問且視之病將殺之魏犫束胸見使者曰以君之靈不有寧也言不以病故自安寧距躍三百曲踴三百距躍超越也曲踴跳踴也百猶勵也乃舍之殺顛頡以徇于師夏與楚戰于城濮晉中軍風于澤牛馬因風而走皆失之亡大旆之左旃大旆旗名繫旐曰旆通帛曰旃祁瞞奸命掌此二者而不脩為奸軍令司馬殺之以徇于諸侯使茅茷代之師還濟河舟之僑先歸士會攝右代舟之僑士蔿之孫秋七月振旅愷以入于晉殺舟之僑以徇于國民於是大服君子謂文公其能刑矣三罪而民服三罪顛頡祁瞞舟之僑詩云惠此中國以綏四方不失賞刑之謂也

是年夏楚子玉與晉戰敗于城濮楚王使謂之曰大夫若入其若申息之老何申息二邑子弟皆從子玉而死言何以見其父老子西孫伯曰得臣將死二臣止之曰君其將以為戮孫伯即大心子玉子也二子以此言止子玉欲令王殺及連穀而死至連穀王無赦命故自殺也

是年冬衛侯與元咺訟爭殺叔武事甯武子為輔鍼莊子為坐士榮

為大士衛侯不勝殺士榮刖鍼莊子謂甯俞忠而免之

文公九年正月己酉晉箕鄭父先都士縠梁益耳蒯得使賊殺先克乙丑靈公殺先都梁益耳三月甲戌靈公殺箕鄭父士縠蒯得初文公六年夷之蒐晉侯將登箕鄭父先都而使士縠梁益耳將中軍先克曰狐趙之勳不可廢也從之先克奪蒯得田于堇陰故箕鄭父先都士縠梁益耳蒯得作亂

十八年冬宋武氏之族道昭公子將奉司城須以作亂文公殺昭公故武族欲因其子以作亂司城須文公弟十二月宋公殺母弟須及昭公子使戴莊桓之族攻武氏於司馬子伯之館戴族華樂也莊族公孫師桓族向魚鱗蕩也司馬子伯華耦也遂出武穆之族穆族黨於武氏故

宣公元年夏晉人討不用命者放胥甲父于衛胥甲下軍佐文十二年戰河曲不肯薄秦於險而立胥克克甲之子先辛奔齊辛甲之屬大夫十三年冬晉人殺其大夫先縠初十二年晉師救鄭荀林父為中軍先縠佐之及河聞鄭及楚平桓子欲還先縠曰不可以中軍佐濟故敗是年

赤狄伐晉及清先縠召之也冬晉人討邲之敗與清之師歸罪於先縠而殺之盡滅其族君子曰惡之來也已則取之其先縠之謂乎

成公六年秋宋公子圍龜為質于楚而歸圍龜文公子華元享之請鼓譟而出鼓譟以復入出入轅擊鼓曰習攻華氏宋公殺之宣公十五年宋楚于後元使圍龜代已為質故怨而欲攻之

十八年春正月晉周子立悼公周朝于武宮武公曲沃始命君逐不臣者七人夷羊五之屬等皆厲公嬖臣也

是月齊為慶氏之難前年國佐殺慶克故甲申晦齊侯使士華免以戈殺國佐于內宮之朝華免齊大夫內宮夫人宮師逃于夫人之宮伏兵內宮恐不勝書曰齊殺其大夫國佐棄命專殺以穀叛故也國佐本疾淫亂殺慶克齊以是討之嫌其罪不及死故明言其三罪使清入殺國勝國勝國佐子前年待命于清者國弱奔魯弱勝弟王湫奔萊湫國佐黨

襄公二年冬楚公子申為右司馬多受小國之賂以偪子重子辛子重令尹子辛右尹偪勢楚人殺之故書曰楚殺其大夫公子申言所以致國討之文

六年春宋華弱與樂轡少相狎長相優又相謗也子蕩怒以弓梏華弱于朝子蕩樂轡也張弓以貫其頸若械之在手故曰梏平公見之曰司武而梏於朝難以勝矣司武司馬言其懦弱不足以勝敵遂逐之華弱奔魯司城子罕曰同罪異罰非刑也專戮於朝罪孰大焉亦逐子蕩

十九年秋鄭子孔之為政也專國人患之乃討西宮之難十年尉止等作難於西宮子孔知而不言與純門之師前年楚師至純門子孔召之子孔當罪以其甲及子革子良氏之甲守子產子西率國人伐之殺子孔

二十一年晉欒盈出奔初箕遺及黃淵嘉父作亂不克而死箕遺黃淵嘉父皆晉大夫欒黶娶范宣子之女曰欒祁生盈黶卒祁與其老州賓通盈患之祁懼而愬諸宣子曰盈將為亂盈好施士多歸之宣子畏其多士信之城著而遂之其黨箕遺黃淵等知之而作亂宣子殺箕遺黃淵嘉父及司空靖羊舌虎等十人公遂逐群賊群賊欒盈之黨知起中行喜州綽邢蒯之屬遂之出奔齊謂陽畢曰自穆侯以至於今亂兵不輟陽畢晉大夫穆侯唐叔八世之孫桓叔之父也晉亂自桓叔始嘗止也民志無厭禍敗無已厭足也已止也離民且速寇恐及吾身若之何召速陽畢對曰本根猶樹本根謂欒氏猶尚樹木也枝葉益長本根益茂是以難已也今若大其柯以伐木柯斧所操以伐木去其枝葉絕其本根可以少間間息也謂滅欒氏而去其黨公曰子實圖之陽畢曰圖在明訓明訓在威權言既有明訓教當有威權以行之也威權在君言不在臣君論賢人之後有常位於國者而立之論擇也常位謂世有功列於國中嘗者亦論逞志虧君以亂國者之後而去之逞快也是遂威而遠權遂申也遠權及後嗣也民畏其威而懷其德莫能勿從言皆從君也若從則民心皆可畜皆可畜養而教誨之畜其心而知其欲惡民孰偷生欲好也惡惡也若不偷生則莫思亂矣且夫欒氏之誣晉國久矣誣以惡取善曰誣謂欒書雖殺厲公然民被其德不以為惡傳曰武子之德在民如周人之思召公也欒書實覆宗殺厲公以厚其家覆敗也宗大宗也謂殺厲公立悼公以取重於國厚其家也若滅欒氏則民威矣威畏也今吾若起瑕原韓魏之後而賞立之則民懷矣瑕瑕嘉原原軫韓韓萬魏畢萬之後威與懷各當其所則國安矣言有常術於國者也

君治而國安欲作亂者誰與君曰欒書立吾先君先君悼公欒盈不獲罪如何言盈不得罪於國何可滅也陽畢曰夫正國者不可以暱於權暱近也言當遠權為久長計也行權者不可以隱於私以私隱其罪無以正國也暱於權則民不導不可導也行權隱於私則政不行政不行何以導民民之不導亦無君矣與無君同則其為暱與隱也復產害矣且勤身復反也勤勞也反勞其身以害國也君其圖之若愛欒盈則明逐群賊而以國倫數而遣之群賊盈之黨倫理也厚箴戒國以待之戒備也彼若求逞志而報於君罪孰大焉滅之猶少猶少滅之恐少也彼若不敢而遠逃乃厚其外交而勉之以報其德不亦可乎謂賂其所適之國而勤之公許諾盡逐群賊而使祁午及陽畢適曲沃逐欒盈祁午晉大夫曲沃欒盈邑欒盈出奔楚遂令於國人曰自文公以來有力於先君而子孫不育者將授立之得之者賞授之爵位而立之也居三年後三年也欒

盈晝入爲賊于絳欒盈在楚一年而奔齊襄二十三年齊莊公使析歸父以藩載其士納之曲沃夏四月盈帥曲沃之甲因魏獻子以晝入絳也范宣子以公入于襄公之宮襄宮完固故就之傳曰奉公以如固宮也欒盈不克出奔曲沃傳曰晉人圍曲沃也遂刺欒盈滅欒氏判絕也傳曰晉人殺欒盈于曲沃盡殺欒氏之族黨也是以沒平公之身無内亂

二十六年夏齊烏餘以廩丘奔晉烏餘齊大夫廩丘今東郡廩丘縣故城是襲衛羊角取之今廩丘縣所治羊角城是遂襲我高魚高魚城在廩丘縣東有大雨自其竇入雨故水竇瀆介于其庫入高魚庫而介其甲以登其城克而取之取魯高魚无所諱而不書其義未聞又取邑于宋於是范宣子卒宣子范匄諸侯弗能治也及趙文子爲政乃卒治之文子言於晉侯曰晉爲盟主諸侯或相侵也則討而使歸其地今烏餘之邑皆討類也言於此類宜見討而貪之是無以爲盟主也請歸之公曰諾孰可使也對曰胥梁帶能無用師晉侯使往胥梁帶晉大夫能無用師言有權謀至二十七年春胥梁帶使諸喪邑者具車徒以受地必周諸喪邑謂齊魯宋也周密也必密來勿以受地爲名使烏餘具

車徒以受封烏餘以地來故詐許封之烏餘以其衆出出受封也使諸侯僞效烏餘之封者效致也使齊魯宋爲若致邑封烏餘者而遂執之盡獲之皆獲其徒衆皆取其邑而歸諸侯諸侯是以睦於晉傳言趙文子賢故平公雖失政而諸侯猶睦

昭公十四年八月楚令尹子旗鬬成然有德於王不知度有立王之德與養氏比而求無厭養氏子旗之黨養由基之後王患之九年甲午楚子殺鬬成然而滅養氏之族使鬬辛居鄖以無忘舊勳辛子旗之子鄖公辛

定公十年夏晉人討衛之叛故曰由涉佗成何剸澤之盟成何曰衛吾溫原也爲尋盟視諸侯涉佗捘衛侯手故於是執涉佗以求成於衛衛人不許晉人遂殺涉佗成何奔燕君子曰此之謂棄禮必不鈞言必見殺不得與人等詩曰人而無禮胡不遄死涉佗亦遄矣哉詩鄘風遄速也

哀公二十二年十一月越王勾踐既滅吳而誅太宰嚭以不忠於其君而外受重賂與己比周也

新刊監本冊府元龜卷第二百五十二

新刊監本冊府元龜卷第二百五十三

列國君部十九

識闇　李彥　信讒

識闇

夫分土于社以啓疆宇受爵于朝以治人民皆親親賢賢褒德報功之舉也及乎象賢以主祀繼世而爲邦於是無克肖之姿罔慎脩之志或憒於知臣所任而非人或昧於察已所作而非或用武無謀以自受其弊或出令不慎以終致其凶至於禍亂將成尚忽忠臣之諫同邪已熾方思古人之功大以覆宗小以失位軍旅亡於外宗祏廢其祀蓋智有所不至謀有所不臧雖天命之難知故人事之可鑒者也

鄭文公大夫高克好利而不顧其君文公惡而欲遠之不能使高克將兵而禦狄于竟音境陳其師旅翱翔河上久而不召衆散而歸清人之詩

齊襄公無禮義而求大功不脩德而求諸侯志大心勞所以求者非其道甫田之詩刺襄公也

陳僖公愿而無立志故作衡門之詩以誘掖其君也

宋襄公伐鄭楚伐宋以救之襄公與楚成王戰于泓楚人未濟公子目夷曰彼衆我寡及其未濟擊之公不聽已濟未陳又曰可擊公曰待其已陳陳成宋人擊之宋師大敗襄公傷股國人皆怨公公曰君子不困人於阨不鼓不成列軍法以鼓戰以金止不鼓不戰也不成列未陳子魚曰子魚目夷字兵以勝爲功何常言與一云尚何言與必如公即奴事之耳又何戰爲

晉厲公令胥童以兵八百攻殺三郤胥童因以劫欒書中行偃于朝曰不殺二子憂必及公公曰一旦殺三卿寡人不忍益也對曰人將忍君公弗聽謝欒書等以誅郤氏罪大夫復位厲公游匠驪氏欒書中行偃以其黨襲厲公而殺胥童迎公子周而立之

陳厲公佗取蔡女數如蔡厲公所殺桓公太子免之三弟共令蔡人誘厲公以好女與蔡人共殺厲公

齊景公與衛伐晉將濟河諸大夫皆曰不可邴意茲曰可乃伐河內齊侯皆斂諸大夫之軒唯邴意茲乘軒以其言當齊侯欲與衛侯乘共載與之宴而駕乘廣載甲焉使告曰晉師至矣齊侯曰比君之壯也寡人請攝以巳書攝代衛車乃介而與之乘驅之或告曰無晉師乃止傳言齊侯輕詐以不能成出

田乞爲齊大夫其收賦稅於民以小斗受之其粟與民以大斗行陰德於民而景公弗禁由此田氏得齊衆心宗族益彊晏子數諫景公景公不聽

齊簡公之在魯也闞止有寵焉簡公悼公陽生子壬也闞止子我也事在六年及即位使爲政陳成子憚之驟顧諸朝成子陳常心不安故諸御鞅言於公曰陳闞不可並也君其擇焉公弗聽後陳常執公于舒州公曰吾早從鞅之言不及此又云簡公以田常監止一作闞俱爲左右監止幸於簡公田常心害之大夫朝御鞅諫曰田監不可並也公弗聽監止舍公宮田常兄弟四人乘如公殺子我子我閉門簡公與婦人飲檀臺將欲擊田常太史子餘曰田常非敢爲利將除害簡公乃止田常擊子我殺之簡公奔莒

衛靈公時公叔氏以蒲畔靈公聞孔子來喜郊迎問曰蒲可伐乎對曰可靈公曰吾大夫以爲不可今蒲衛之所以待晉楚也以衛伐之無乃不可乎孔子曰其男子有死之志公叔氏欲以蒲適他國而男子欲死之不樂適他婦人有保西河之志婦人恐懼欲保西河無畔意也吾所伐者不過四五人本與公叔同畔者靈公曰善然不伐蒲

魯昭公伐季氏季平子登臺請曰君以讒不察臣罪誅之請遷沂上弗許請囚於鄪弗許請以五乘亡弗許子家駒曰君其許之政自季氏久矣爲徒者衆將合謀弗聽郈昭伯曰必殺之季氏與叔孫氏孟氏共

伐公公奔齊吳王夫差悉發精兵擊越敗之夫椒越王乃以餘兵五千人保棲於會稽吳王追而圍之越王謂范蠡曰以不聽子故於此爲之奈何蠡對曰持滿者與天定傾者與人節事者以地卑辭厚禮以遺之不許而身與之市句踐曰諾乃令大夫種行成於吳膝行頓首曰君王亡臣句踐使陪臣種敢告下執事句踐請爲臣妻爲妾吳王將許之子胥言於吳王曰天以越賜吳勿許也種還以報句踐句踐欲殺妻子燔寶器觸戰以死種止句踐曰夫吳太宰嚭貪可誘以利請閒行言之於是句踐乃以美女寶器令種閒獻吳太宰嚭嚭受乃見大夫種於吳王種頓首言曰願大王赦句踐之罪盡入其寶器有倖不赦句踐將盡殺其妻子燔其寶器悉五千人觸戰必有當也嚭因說吳王曰越以服爲臣若將赦之此國之利也吳王將許之子胥進諫曰今不滅越後必悔之句踐賢君種蠡良臣若反國將爲亂吳王弗聽卒赦越罷兵而歸

韓宣惠王十六年秦伐韓急韓相公仲謂韓王曰與國非可恃也今秦之欲伐楚久矣王不如因張儀爲和於秦賂以一名都具甲與之南伐楚此以一易二之計也韓王曰善乃警公仲之行將西購於秦楚王聞之大恐召陳軫告之軫乃警四境之內興師言救韓命戰車滿道路發信臣多其車重其幣謂韓王曰不穀國雖小已悉發之矣願大王遂肆志於秦不穀將以楚殉韓韓王聞之大說乃止公仲之行公仲曰不可夫以實伐我者秦也以虛名救我者楚也王恃楚之虛名而輕絕彊秦之敵王必爲天下大笑且楚韓非兄弟之國也又非素約而謀伐秦也已有伐形因發兵言救韓此必陳軫之謀也且王已使人報於秦矣今不行是欺秦也夫輕欺彊秦而信楚之謀臣恐王必悔之韓王不聽遂絕於秦秦因大怒益甲伐韓大戰楚救不至大

次我岸類滄有岸亭

燕王噲以子之爲相貴重主斷蘇秦之在燕與子之爲婚而蘇代與子之交蘇秦死蘇代爲齊使於燕燕王問曰齊王奚如對曰必不霸燕王曰何也對曰不信其臣蘇代欲以激燕王以尊子之也於是燕王大信子之子之因遺蘇代百金而聽其所使鹿毛壽作厝毛人陵縣本名厝甘謂燕王不如以國讓相子之人之謂堯賢者以其讓天下於許由許由不受有讓天下之名而實不失天下今王以國讓於子之子之必不敢受是王與堯同行也燕王因屬國於子之子之大重或曰禹薦益已而以啓人爲吏及老而以啓人爲不足任天下傳之於益已啓與交黨攻益奪之天下謂禹名傳天下於益已而實令啓自取之今王言屬國於子之而吏無非太子人者是名屬子之而實太子用事也王因收印自三百石吏已上而効子之子之南面行王事而噲老不聽政顧爲臣國事皆決於子之三年國大亂

齊王建以后勝爲相后勝受秦間金多使賓客入秦秦又多予金客皆爲反間勸王去從朝秦不脩攻戰之備不助五國攻秦秦以故得滅五國五國亡秦兵卒入臨淄民莫敢格者王建遂降遷于共故齊人怨王建不蚤與諸侯合從攻秦聽姦臣賓客以亡其國

楚懷王時秦昭王與楚婚欲與懷王會懷王欲行大夫屈平曰秦虎狼之國不可信不如無行懷王稚子子蘭勸王行柰何絕秦歡懷王卒行入武關秦伏兵絕其後因留懷王三十年入秦以求割地懷王怒不聽亡走趙趙不內復之秦竟死於秦

奢僭

列國之君數世而下席祖宗之勲烈承霸王之基高奢侈而生驕僭自至瀆宗廟之儀廣宮室之制暨乎濫施名器罔顧典彝

增飾冠服務奇曲蜉蝣之刺於是興焉

曹昭公好奢而任小人將無所依焉故詩人賦蜉蝣以刺之

魯隱公五年九月考仲子之宮初獻六羽（持羽而舞天子八佾諸公六諸侯四魯僭諸公也）

桓公惠公之子也禮緇布冠繢緌諸侯之冠也玄冠丹組纓諸侯之齊冠也玄冠紫緌自魯桓公始也（蓋僭宋王者之後服也緌當用繢）

楚子熊通立三十五年伐隨隨曰我無罪楚曰我蠻夷也我有敝甲欲以觀中國之政請王室尊吾號隨人為之周請尊楚王室不聽還報楚楚熊通怒曰吾先鬻熊文王之師也早終成王舉我先公乃以子男田令居楚蠻夷皆率服而王不加位我自尊耳乃自立為武王與隨人盟而去

魯莊公二十三年秋丹桓宮楹（楹柱）禮天子諸侯黝堊大夫蒼士黈（黈黃色）丹楹非禮也

二十四年春刻桓宮桷禮天子之桷斲之礱之加密石焉（礱以礪石磨之）諸侯之桷斲之礱之大夫斲之士斲本刻桷非正也夫人所以崇宗廟也取非禮與非正而加之於宗廟以飾夫人非正也（非禮謂娶讎女非正謂刻桷丹楹也本非宗廟之宜欲日加言將親迎欲為夫人飾又非正也）

齊桓公設庭燎之百禮曰庭燎之百由桓公始也（僭天子也庭燎之差公五十侯伯子男皆三十）

晉靈公壯侈厚斂以雕牆

宋文公卒始厚葬用蜃炭益車馬始用殉（燒蛤為炭以瘞壙多埋車馬用人從葬非也）重器備（重猶多也）椁有四阿棺有翰檜（四阿四注椁也翰旁飾檜上飾皆王禮）

晉景公十二年始作六軍（初作六軍僭王也）

楚靈王會諸侯于申楚子示諸侯侈椒舉諫弗聽後使蕩侯等帥師圍徐以懼吳楚子次于乾谿（在譙國城父縣南）以為之援雨雪王皮冠秦復陶（秦所遺羽衣）翠被（以翠羽飾被）豹舄（以豹皮為履）

魯昭公將弒季氏（傳言弒者從昭公之辭）告子家駒曰季氏為無道僭於

公室久矣（諸侯稱公室）吾欲弒之何如（詔公素畏季氏意者以為如人君故不言殺）子家駒曰諸侯僭於天子大夫僭於諸侯久矣昭公曰吾何僭矣哉（失禮成俗不自知也）子家駒曰設兩觀（禮天子諸侯臺門天子外闕兩觀諸侯內闕一觀）乘大路（天子大路諸侯路車大夫大車士飾車）朱干（干楯也以朱飾楯）玉戚（戚斧也以玉飾斧）以舞大夏（大夏夏樂也周所以舞夏樂者王者始起未制作之時取先王之樂與己同者假以風化天下天下大同乃自作樂取夏樂者與周俱文也文舞于宗廟之中舞先王之樂明有法也舞己之樂明有制也四夷之樂大德廣及之也東夷之樂曰[illegible]南夷之樂曰任西夷之樂曰禁北夷之樂曰[illegible]）八佾以舞大武此皆天子之禮也

齊景公為西曲潢其深滅軌高三仞橫木龍蛇立木鳥獸公衣黼黻衣素繡之裳一衣而五采[illegible]帶玉而冠且被髮亂首南面而立傲然

吳王夫差出師在陳楚大夫皆懼曰闔廬惟能用其民以敗我於柏舉今聞其嗣又甚焉將若之何子西曰二三子恤不相睦無患吳矣今聞夫差次有臺榭陂池焉（[illegible]）宿有妃嬙嬪御焉（妃嬙貴者嬪御賤者皆內官）一日之行所欲必成玩好必從珍異是聚觀樂是務視民如讎而用之日新夫先自敗也已安能敗我

信讒

夫讒言敗善君子之所憂偏聽生姦先民之攸戒蓋夫浸潤之譖膚受之愬其言孔甘內深次骨非夫特蘊明識洞察情偽將詒禍於賢哲兆亂於邦家者焉矧乃分五等之爵臨千乘之國有人民以為政有家臣而就列乃復昵比憸佞寘於左右啓納邪蠱甲之誅罰俾忠守道之士愍然隱憂寃匿險中之夫得肆其志斯小雅風人之所傷也

陳宣公多信讒君子憂懼焉作防有鵲巢憂讒賊也

鄭厲公時齊人伐鄭孔叔言於鄭伯曰諺有之曰心則不競何憚於病（競彊也病猶難也）既不能彊又不能弱所以斃也國危矣請下齊

以救國公曰吾知其所由來矣姑以待我（欲以申侯說）對曰朝不及夕何以待君於是鄭殺申侯以說于齊且用陳轅濤塗之譖也（五年濤塗怨鄭申侯反已於召陵故勸之城其賜邑曰美城之大名也子孫不忘吾助子請乃為之請於諸侯而城之美遂譖諸鄭伯曰美城其賜邑將以叛也申侯由是得罪）

晉獻公立驪姬為夫人生奚齊及將立奚齊既與中大夫成謀姬謂太子曰君夢齊姜必速祭之（齊姜太子母言夢見）太子祭于曲沃歸胙于公（胙祭之酒肉）公田姬寘諸宮六月公至毒而獻之（毒酒經宿輒敗而經六日明公之惑）公祭之地地墳與犬犬斃與小臣小臣亦斃姬泣曰賊由太子太子奔新城（新城曲沃）公殺其傅杜原款或謂太子子辭君必辯焉（以六日之狀自理）太子曰君非姬氏居不安食不飽我辭姬必有罪君老矣吾又不樂（言自理則姬死姬死則君必不樂不樂亦自吾也）曰子其行乎太子曰君實不察其罪被此名也以出人誰納我縊于新城姬遂譖二公子曰皆知之重耳奔蒲夷吾奔屈詩之唐風采苓刺獻公好聽讒焉

楚成王時晉陽處父侵蔡令尹子上救之夾泜而軍子上欲涉大孫伯曰晉人半涉而薄我悔敗何及不如紓之乃退舍陽子宣言曰楚師遁矣遂歸楚師亦歸太子商臣譖子上曰受晉賂而辟之楚之恥也罪莫大焉王殺子上

衛成公出奔楚使元咺奉叔武以受盟于諸侯或訴元咺於衛侯曰立叔武矣其子角從公公使殺之（子角元咺子）咺不廢命奉夷叔以入守

晉厲公五年三郤譖伯宗殺之（伯宗晉大夫三郤郤錡郤犨郤至）厲公多外嬖姬歸欲盡去羣大夫而立諸姬兄弟寵姬兄曰胥童胥童與郤至有怨及欒書又怨郤至不用其計而遂敗楚（欒書欲待楚師退而擊之郤至欲速戰）（有六間不可失也）乃使人間謝楚楚來詐厲公曰鄢陵之戰實至召楚欲作亂內子周立之會與國不具是以事不成厲公告欒書欒書曰其殆有矣願公試使人之周（周京師）微考之果使郤至於周欒書又使公子周見郤至郤至不知見賣也厲公驗之信然遂怨郤至欲殺之八年厲公獵與姬飲郤至殺豕奉進宦者奪之郤至射殺宦者公怒曰季子欺予（公反以為郤至奪豕也）將誅三郤未發也郤錡欲攻公曰我雖死公亦病矣郤至曰信不反君智不害民勇不作亂失此三者誰與我死耳公令胥童以兵八百人襲攻殺三郤

魯昭公十三年會諸侯于平丘莒人愬于晉曰魯朝夕伐我幾亡矣（自昭公即位邾魯同好又不朝夕伐莒無故怨愬晉人信之所謂讒慝弘多）我之不共魯故之以（不共晉貢以魯故也）晉侯不見公使叔向來辭曰諸侯將以甲戌盟寡君知不得事君矣請君無勤（託謙辭以辭魯）子服惠伯對曰君信蠻夷之訴（蠻夷謂莒）以絕兄弟之國棄周公之後亦唯君寡君聞命矣

齊靈公時慶克通于聲孟子與婦人蒙衣乘輦而入于閎（聲孟子靈公母）（又蒙衣亦婦人服與婦人相冒閎巷門）鮑牽見之以告國武子（武子國佐）武子召慶克而謂之慶克久不出（慙皆於家人所以恥之）而告夫人曰國子謫我（謫責也）夫人怒國子相靈以會（會伐鄭）高鮑處守及還將至閉門而索客（索備姦人）孟子訴之曰高鮑將不納君而立公子角國子知之（靈公刖鮑牽而逐高無咎無咎奔莒）

宋平公共公子也初芮司徒生女子（芮司徒宋大夫）赤而毛棄諸堤下共姬之妾取以入（共姬宋伯姬也）名之曰棄長而美平公入夕（平公共姬子也）共姬與之食公見棄也而視之尤（尤甚也）姬納諸御嬖生佐（佐元公）惡而婉（貌惡而心順）太子痤美而很（貌美而心狠）合左師畏而惡之（合左師向戌）寺人惠牆伊戾為太子內師而無寵（惠牆氏伊戾名）楚客聘於晉過宋太子知之請野享之公使往伊戾請從之公曰夫不惡女乎（言太子惡女）對曰小人之事君子也惡之不敢遠好之不敢近敬以待命敢有貳心乎縱有共其外莫共其內（伊戾為太子內師不行恐內待闕）臣請

往也。遣之。至則歃血用牲加書徵之（詐作盟處為太子反徵驗），而騁告公（馳也）。曰：太子將為亂，既與楚客盟矣。公曰：為我子，又何求？對曰：欲速（言欲速得位）。公使視之，則信有焉（有盟處）。問諸夫人與左師，則皆曰固聞之。公囚太子，太子乃縊而死。

景公時，皇瑗之子麇（瑗，宋右師）有友曰田丙，而奪其兄酁般邑以與之。酁般慍而行，告桓司馬之臣子儀克（克在下邑，不與子儀克難之亂，故在），適宋，告夫人曰：麇將納桓氏。公問諸子仲（子仲，皇野也）。初，子仲將以杞姒之子非我為子（為適子。杞姒，子仲妻）。麇曰：必立伯也（伯，非我兄），是良材。子仲怒，弗從，故對曰：右師則老矣，不識麇也（言右師老不能為亂，麇不可知）。公執麇，皇瑗奔晉。

楚靈王時，成虎為大夫，或譖成虎於楚子。楚子謂成虎若敖之餘也，遂殺之（成虎，令尹子玉之孫，與鬭氏同出於若敖。宣四年鬭椒作亂，今楚子信譖而討若敖之餘）。

齊景公時，田穰苴為將軍，扞燕晉之師，晉師罷去，燕師度水而解。追擊之，遂取所亡邦內故境，而引兵歸。景公既見穰苴，尊為大司馬，田氏日以益於齊。已而大夫鮑氏、高國之屬害之，譖於景公。景公退穰苴，苴發疾而死。時景公任用讒佞，賞無功，罰不辜。晏子諫曰：臣聞明君望聖人而信其教，不聞聽讒佞以誅賞。

及問晏子曰：治國之患亦有常乎？對曰：讒夫佞人之在君側者，好惡良臣而行與小人比，國之常患也。公曰：讒佞之人則亦誠不善矣，雖然，則奚曾為國常患乎？晏子曰：君以為耳目而好縱也。夫上亂君之耳目，下使群臣皆失其職，豈不誠足患哉。

楚平王七年，殺其大夫伍奢、伍尚。太子建奔宋。初，楚子之在蔡也，郹陽封人之女奔之，生太子建。及即位，使伍奢為師，費無極為少師，無寵焉，欲譖諸王曰：建可室矣。王為之聘於秦，無極與逆，勸王取之。又言於楚子曰：晉之伯也，邇於諸夏，而楚辟陋，故不能與爭。若大城城父而置太子焉，以通北方，王收南方，是得

天下也。王說，從之，故太子建居于城父。無極言於楚子曰：建與伍奢將以方城之外叛，自以為猶宋鄭也，齊晉又交輔之，將以害楚，其事集矣。王信之，問伍奢，伍奢對曰：君一過多矣（一過，納建妻），何信於讒？王執伍奢（怒奢切諫），使城父司馬奮揚殺太子。未至而使之（知太子寃），故遣令去。三月，太子建奔宋。王召奮揚，奮揚使城父人執己以至。王曰：言出於余口，入於爾耳，誰告建也？對曰：臣告之。君王命臣曰：事建如事余。臣不佞（佞，才也），不能苟貳，奉初以還（奉初命以周旋）。不忍後命，故遣之。既而悔之，亦無及已。王曰：而敢來，何也？對曰：使而失命，召而不來，是再奸也（奸，犯也）。逃無所入。王曰：歸從政如他日（善其言，舍使還）。無極曰：奢之子材，若在吳，必憂楚國，盍以免其父召之。彼仁，必來。不然，將為患。王使召之，曰：來，吾免而父。棠君尚謂其弟員（棠君，奢之長子尚也，為棠邑大夫。員，尚弟子胥）曰：爾適吳，我將歸死。吾知不逮，我能死，爾能報。聞免父之命，不可以莫之奔也。親戚為戮，不可以莫之報也。奔死免父，孝也。度功而行，仁也。擇任而往，知也。知死不辟，勇也。父不可棄，名不可廢，爾其勉之，相從為愈。

歸奢。闔員不來。曰：楚君大夫其旰食乎。楚人皆殺之。

衛靈公時，孔子居衛，或譖孔子於靈公，靈公使公孫余假一出一入（臣欽若等按：史記音義曰：以兵仗入出孔子），孔子恐獲罪焉，居十月去衛。

齊悼公（[illegible]）譖胡姬於齊侯（胡姬，景公妾）曰：安孺子之黨也。齊侯殺胡姬（安孺子，景公太子荼也）。

吳王夫差時，太宰伯嚭數與伍子胥爭越議，因讒子胥曰：伍員貌忠而實忍人，其父兄不顧，安能顧王？王前欲伐齊，員彊諫，已而有功，用是反怨王。王不備，伍員必為亂。與逢同共謀讒之王。王始不從，乃使子胥於齊，聞王託子於鮑氏，王乃大怒曰：伍員果欺寡人。欲反，使人賜子胥屬鏤劍以自殺。子胥大笑曰：我令而父霸，又立若。若初欲分吳國半予我，我不受，已今若反以

誅我嗟乎嗟乎一人固不能獨立兼使者曰必取吾眼置東吳門以觀越兵入也

衛出公逐其臣大叔遺初衛侯占夢嬖人（以能占夢見使）求酒於大叔僖子（僖子太叔遺）不得與小人比而告公曰君有大臣在西南隅弗去懼害（詐占夢而計）乃逐大叔遺遺奔晉

衛元公時吳起為將攻齊大破之人或惡吳起曰起之為人猜忍之也其少時家累千金游仕不遂遂破其家鄉黨笑之吳起殺其謗己者三十餘人而東出衛郭門與其母訣齧臂而盟曰起不為卿相不復入衛遂事曾子居頃之其母死起終不歸曾子薄之而與起絕起乃之魯學兵法以事君殺妻以求將夫魯小國而有戰勝之名則諸侯圖魯矣且魯衛兄弟之國也而君用起則是棄衛魯君疑之謝吳起

魏武侯時吳起為西河守公叔為相尚魏公主而害吳起公叔

之僕曰起易去也公叔曰柰何其僕曰吳起為人節廉而自喜名也君因先與武侯言曰夫吳起賢人也而侯之國小又與彊秦壤界臣竊恐起之無留心也武侯即曰柰何君因謂武侯曰試延以公主起有留心則必受之無留心則必辭矣以此卜之君因召吳起而與歸即令公主怒而輕君吳起見公主之賤君也則必辭於是吳起見公主之賤魏相果辭魏武侯武侯疑之起懼得罪遂去即之楚

魯平公將出嬖人臧倉者請曰他日君出則必命有司所之今乘輿已駕矣有司未知所之敢請（平諡也嬖人愛幸小人也）公曰將見孟子（平公敬孟子有不敢請召將往就見之也）臧倉曰何哉君所為輕身以先於匹夫者以為賢乎禮義由賢者出而孟子之後喪踰前喪君無見焉（匹夫也臧倉言君何以為輕千乘而先匹夫子以為孟子賢者當行禮義而孟子前喪父約後喪母奢君無見者也）公曰諾

楚懷王時屈原為左徒博聞彊志明於治亂嫻（音閑）於辭令入則與王圖議國事以出號令出則接遇賓客應對諸侯王甚任之上官大夫與之同列爭寵而心害其能懷王使屈原造為憲令屈原屬草藁未定上官大夫見而欲奪之屈原不與因讒之曰王使屈原為令眾莫不知每一令出平伐其功曰以為非我莫能為也王怒而疏屈原

燕惠王為太子時嘗不快於樂毅是時樂毅為上將軍并護趙楚韓魏燕之兵以伐齊破之濟而諸侯兵罷歸而燕軍樂毅追至于臨菑下齊七十餘城皆為郡縣以屬燕唯獨莒即墨未服會惠王即位齊之田單聞之乃縱反間於燕曰齊城不下者兩城耳然所不早拔者聞樂毅與燕新王有隙欲連兵且留齊南面而王齊齊之所患唯恐他將之來於是燕惠王固已疑樂毅得齊反間乃使騎劫代將

魏安釐王時公子無忌率五國之兵破秦軍於河外走蒙驁遂

乘勝逐秦軍至函谷關抑秦兵秦兵不敢出當是時公子威振天下諸侯之客進兵法公子皆名之故世俗稱魏公子兵法秦王患之乃行金萬斤於魏求晉鄙客令毀公子於魏王曰公子亡在外十年矣今為魏將諸侯將皆屬諸侯徒聞魏公子不聞魏王公子亦欲因此時定南面而王諸侯畏公子之威方欲共立之秦數使反間偽賀公子得立為魏王未也魏王日聞其毀不能不信後果使人代公子將公子自知再以毀廢乃謝病不朝與賓客為長夜飲飲醇酒多近婦女日夜為樂飲者四歲竟病酒而卒

趙王遷時秦使王翦攻趙趙使李牧司馬尚禦之秦多與趙王寵臣郭開金為反間言李牧司馬尚欲反趙王乃使趙怱及齊將顏聚代李牧李牧不受命趙使人微捕得李牧斬之廢司馬尚後三月王翦因急擊趙大破之殺趙怱虜趙王遷及其將顏

聚遂滅趙

魏王時史不書王謚龐恭與太子質於邯鄲恭謂魏王曰今一人言市有虎王信之乎王曰否二人言市有虎王信之乎王曰寡人疑之矣三人言市有虎王信之乎王曰寡人信之矣龐恭曰夫市之無虎明矣然而三人言而成虎今邯鄲去大梁也遠於市而議臣者過於三人矣願大王察之於是辭行而讒言先至恭果不見魏君矣

新刊監本冊府元龜卷第二百五十三

新刊監本冊府元龜卷之二百五十四

列國君部二十

失政　失禮

失政

宗周之季，王道版蕩，列國之際，亂政亟行，或作法於貪而不勝其弊，或布賞無藝而不撫其民，苟從匪彝，罔迪率典，由是蒸黎瘵瘼，田野汙萊，禮義不脩，讒慝並進，上下黷亂，君臣詛盟，寵賂是彰，女謁敗度，及其微弱，不能自存，以至陵遲，莫保其宗社者矣。

鄭莊公不勝其母以害其弟，弟叔失道而公弗制，祭仲諫而公弗聽，小不忍以致大亂焉（莊公之母謂武姜生莊公及弟叔段段好勇而無禮公不早為之所而使驕），國人賦將仲子以刺之。叔多才而好勇，不義而得衆也。又賦太叔于田以刺之。其後齊侯伐許，潁考叔先登，子都自下射之顛。鄭莊公使卒出豭，行出犬雞，以詛射潁考叔者（百人為卒二十五人為行行亦卒之行列疾射潁考叔者故令卒及行閒皆詛之）。君子謂莊公失政刑矣，政以治民，刑以正邪，既無德政，又無威刑，是以及邪（大臣不睦又下用詛於邪人），邪而詛之，將何益矣。

魯桓公六年八月壬午，大閱。大閱者何？閱兵車也。脩教明諭，國道也（王之教以明民之道），平而脩戎事，非正也（禮因四時之隙以習用戎事存不忘危之道平謂無事而脩之）。其日以為崇武，故謹而日之，蓋以觀婦人也。

齊襄公無禮義而求大功，不脩德而求諸侯，志大心勞，所以求若非其道，大夫作甫田詩以刺之。

魯莊公二十九年春，新作延廐。書不時也。凡馬日中而出，日中而入（日中者春秋分也治廐當以秋分因馬入而脩之今以春作故曰不用）。

鄭文公時，大夫高克好利而不顧其君，文公惡而欲遠之，不能，

使高克將兵而禦狄于竟，陳其師旅，翱翔河上，久而不召，衆散而歸，高克奔陳。公子素惡高克進之不以禮，文公退之不以道，危國亡師之本也，國人賦清人之詩以刺之。

楚成王時，鄭伯始朝于楚（中國無楚霸故）。楚子賜之金，既而悔之，與之盟曰：無以鑄兵（楚金利故），故以鑄三鐘（古者以銅為兵言楚無霸者遠略）。

魯僖公二十年春，新作南門。書不時也（加時）。民啓塞從時。

宋襄公十四年，疾死泓戰。公之不葬何也？失民也。其失民何也？以其不教民戰，則是棄其師也。為人君而棄其師，其民孰以為君哉（所謂教民戰者習之也春秋貴偏戰而惡詐戰襄公所以敗于泓者言濡戰也非不教其民也孔子曰君子去仁惡乎成名造次必於是顛沛必於是天守以敗而惡之也公羊以為不書葬為襄公諱背殯出會所以美其有承齊桓尊周室之心鄭君釋之曰教民習戰而不用是亦不教也詐戰謂不期而戰矣當觀敵為策則致敵獨戰必死守今襄公于泓之戰違之又不用其臣之謀而敗故徒善不用賢良不足以興霸王之功是言下無霸之謀不足以交鄰國會遠疆故易稱鼎折足詩刺不用良此善也）。

魯文公二年，自十有二月不雨，至于秋七月（[illegible]），歷時而言不雨，文不憂雨也（僖公憂民[illegible]文公不憂四時乃書[illegible]）。不憂雨者，無志乎民也（[illegible]）。又十一年，自正月不雨，至于秋七月，歷時而言不雨，文不閔雨也。不閔雨者，無志乎民也。公四不視朔（天子告朔于諸侯，受乎禰廟，神也（每月天子以朔政下諸侯受而納之禰廟告以羊今公自二月不視朔至于五月是後視朔之禮遂廢故子貢欲去其羊）。公四不視朔，公不臣也，以公為厭政以甚矣（天子班朔而公不視是不臣也）。

陳靈公時，定王使單襄公聘于宋（王卿士單朝也），遂假道於陳以聘於楚。火朝覿矣，道茀不可行（大火心星覿見謂之三十月最見於辰也路為茀穢），候不在疆（候人掌道賓客者也疆境），司空不視塗（掌道路），澤不陂（陂鄣也古不鄣澤故謂之），川不梁（流曰川梁深也古不吻川故梁之），野有庾積（庾露穀也詩曰曾孫之庾如坻如金），場功未畢，道無列樹（列樹以表道且為城守之用也），墾田若蓺（穫田曰墾藝猶蒔也其稀少若蓺之也），膳宰不致餼（一日[illegible]），司里不授館（司里里宰也掌授客館），國無寄寓（寓亦寄也無寄寓者不為客舍），

以守寄寓旅客也縣無施舍四句為縣方十六里舍者所以施舍賓客負任之處民將築臺於夏氏夏徵舒之家也及陳陳靈公孔寧儀行父南冠以如夏氏留賓弗見南冠楚冠也單襄公單子歸告王曰陳侯不有大咎國必亡王曰何故夫辰角見而雨畢辰角大辰蒼龍之角角星名見者朝見東方建戌之初寒露節也雨畢者殺氣日盛雨氣盡也天根見而水涸天根亢氐之間也涸竭也謂寒露雨畢之後五日天根朝見水潦盡竭也月令仲秋水始涸[illegible]乃盡竭也本見而草木節解本氐也謂寒露之後十日陽氣盡草木之枝節皆理解也駟見而隕霜駟天駟房星也隕落也謂見戌之中霜始降火見而清風戒寒霜降之後清風至所以戒人為寒備也故先王之教曰雨畢而除道水涸而成梁草木節解而備藏備藏蓄聚也隕霜而冬裘具清風至而脩城郭宮室謂火見之後建亥之初故夏令曰夏令夏后氏之令周所因也九月除道十月成梁其時儆曰收而場功偫而畚挶儆戒也偫具也畚器挶舉土之器營室之中土功其始營室定星也火之初見期於司里司里之官也此先王之所以不用財賄而廣施德於天下者也今陳國

火朝覿矣而道若塞野場若棄澤不陂陂障也川無舟梁是廢先王之教也周制有之曰列樹以表道立鄙食以守路[illegible]國有郊牧國外曰郊郊外曰牧放牧之地也疆有寓望疆境也寓寄也境界之上有寄寓候望之人藪有圃草澤無水曰藪圃大也大之草以供財用囿有林池所以禦災也災兵其餘無非穀土言常用也民無懸耜入土曰耜耜柄曰耒野無奥草奥[illegible]不奪民時不蔑民功蔑棄有優無匱有逸無罷國有班事國城邑也班次也班事有次也縣有序民序次所有事今陳國道路不可知田在草間功成而不收民罷於逸樂是棄先王之法制者也周之秩官有之秩官周常官篇名曰敵國賓至關尹以告行理以節逆之理吏逆迎執瑞節為信也行理小行人也候人為導候人掌送迎賓至以郊也卿出郊勞聘禮曰賓至於近郊君使卿朝服用束帛勞門尹除門宗祝執祀宗宗伯祝大祝賓將有事於廟則宗祝佐其祭祀之禮也司里授館司徒具徒其徒役道之委積也司空視塗視險易也司寇詰姦虞人入材供祭祀賓客之材甸人積薪甸人主供薪蒸之事火師監燎水師監濯監修滌濯之事者膳宰致饔饔熟食廩人獻

餼餼米也禾司馬陳芻芻人以馬芻工人展車展省察車有損敗也百官以物至賓入如歸是故小大莫不懷愛其貴國之賓至則以班加一等益虔至于王吏則皆官正莅事官正官長也上卿監之若王巡狩則君親監之今雖朝也不才有分族於周單子王之族也承王命以為過賓於陳而司事莫至是蔑先王之官也先王之令有之曰天道賞善而罰淫故凡我造國無從非彝彝常也無即慆淫慆慢也各守爾典以承天休典常也今陳侯不念胤續之常棄其伉儷妃嬪而帥其卿佐以淫於夏氏不亦嬻姓矣乎嬻汙也卿佐謂孔寧儀行父孔寧陳公子夏之子[illegible]陳我大姬之後也棄袞冕而南冠以出不亦簡彝乎彝常也是又犯先王之令也昔先王之教懋帥其德猶恐隕越若廢其教而棄其制蔑其官而犯其令將何以守國居大國之間晉楚而無此四者其能久乎四者謂教制官令六年單子如楚定王六年魯宣公八年也八年陳侯殺

于夏氏九年楚子入陳楚子莊王也齊靈公伐萊萊人使正輿子賂夙沙衛以索馬牛皆百匹夙沙衛齊寺人齊閹[illegible]齊師乃還君子是以知齊靈公之為靈也謚法亂而不損曰靈楚康王時為舟師以伐吳舟師水軍不為軍政不設賞罰之差無功而還魯襄公十一年王正月作三軍作為也古者天子六師諸侯一軍作三軍非正也周禮司馬法曰王者有六軍大國三軍次國二軍小國一軍其將皆命卿二千五百人為師然則此言天子六師[illegible]國三軍則三萬七千五百人諸侯[illegible]一軍又非制也昭五年經曰舍中軍傳曰卑公室也然則魯有二軍今云作三軍增置中軍魯為次國於此為明晉平公十一年衛侯如晉晉人執而囚之士弱士弱晉大夫衛人歸衛姬于晉乃釋衛侯衛侯以女說晉而後得釋君子是以知平公之失政也言晉[illegible]十四年平人使知悼子合諸侯之大夫以城杞杞平公之母出也故治杞孟孝伯會之鄭子大叔與伯石往子大叔見大叔文子文子衛大叔

儀與之語文子曰甚乎其城杞也子大叔曰若之何哉晉國不恤周宗之闕而夏肄是屏(周宗諸姬也夏肄杞也肄餘也屏城也)其棄諸姬亦可知也已諸姬是棄其誰歸之吉也聞之棄同即異是謂離德詩曰協比其鄰昏姻孔云(言王者和協近親則昏姻甚歸附)晉不鄰矣其誰云之是年平公又使女叔侯來治杞田(使魯歸前侵杞田)弗盡歸也晉悼夫人慍曰齊也取貨(夫人平公母杞女也謂叔侯取貨於魯故不盡歸杞田)先君若有知也不尙取之(不尙叔侯之取貨)公告叔侯叔侯曰虞虢焦滑霍楊韓魏皆姬姓也(八國皆晉所滅焦在陝縣楊屬平陽郡)晉是以大若非侵小將何所取武獻以下兼國多矣(武公獻公晉始盛之君)誰得治之杞夏餘也而即東夷(行夷禮)魯周公之後也而睦於晉以杞封魯猶可而何有焉(何有魯歸之)魯之於晉也職貢不乏玩好時至公卿大夫相繼於朝史不絕書(書魯之貢聘)府無虛月(無月不受魯貢)如是可矣何必瘠魯以肥杞且先君而有知也毋寧夫人而焉用老臣(言先君毋寧夫人之所為先用責我)十

五年平公築銅鞮之宮數里(銅鞮晉離宮)而諸侯舍於隸人二十四年成虒祁(在昭八年)諸侯朝而歸者皆有貳心(貳其心者也)爲取郠故(魯取郠在昭十年)晉將以諸侯來討叔向曰諸侯不可以不示威(示晉德諱欲以威服人)及並徵會于吳秋晉侯會吳子于良(下邳有良城縣)水道不可吳子辭乃還(辭不會)

鄭簡公二十三年及其大夫盟(駟良爭故)君子是以知鄭難之不已也(鄭伯微弱不能制其臣下君臣屢盟故曰亂未已)

陳哀公二十六年鄭子產如陳莅盟歸復命告大夫曰陳亡國也不可與也(不可與結好)聚禾粟繕城郭恃此二者而不撫其民其君弱植公子侈太子卑大夫敖政多門(政不一門)以介於大國(楚晉之閒)能無亡乎不過十年矣

楚靈王三年以諸侯伐吳執齊慶封而盡滅其族(慶封以襄二十八年奔吳)將戮慶封椒舉曰臣聞無瑕者可以戮人慶封唯逆命是以在此(逆命謂抗不恭順)其播於諸侯焉用之(播揚也)王弗聽負之斧鉞以徇於諸侯使言曰無或如齊慶封殺其君弱其孤以盟大夫(齊崔杼弒君慶封其黨也故以弒君非責之)慶封曰無或如楚共王之庶子圍弒其君兄之子麇而代之以盟諸侯王使速殺之七年就章華臺(南郡華容縣有臺在城內)下令內亡人實之八年公子棄疾遷許于夷實城父(此時改城父為夷城父屬譙郡)取州來淮北之田以益之(益許田)伍舉授許男田然丹遷城父人於陳以夷濮西田益之(以夷田在濮水西者與城父人)遷方城外人於許(成十五年許遷於葉因謂之許今許遷於夷故以方城外人實其處言靈王使民不安)初楚子之為令尹也殺大司馬薳掩而取其室(在襄三十年)及即位奪薳居田(居掩之族薳氏所以怨)遷許而質許圍(遷許在九年圍許大夫)蔡洧有寵於王王之滅蔡也其父死焉(楚滅蔡在十一年洧仕楚其父在國故死)王使與於守而行(使洧守國王行至乾谿)申之會越大夫戮焉(申會在昭四年)王奪鬬韋龜中犨(韋龜令尹子文玄孫中犨邑名)又奪成然邑而使為郊尹(成然韋龜子郊尹治郊竟大夫)蔓成然故事

蔡公(蔡公棄疾也故猶舊也韋龜以棄疾有當璧之命使成然事之)故薳氏之族及薳居許圍蔡洧蔓成然皆王所不禮也因羣喪職之族啓越大夫常壽過作亂(常壽過申會所戮者)圍固城克息舟城而居之(息舟楚邑城之堅固者)

晉昭公不能脩道以正其國有財不能用有鐘不能以自樂有廷不能灑埽政荒民散將以危亡四鄰謀取其國家而不知國人作山有樞詩以刺之

齊景公十二年如晉請伐北燕晉人許之十二月遂伐北燕明年正月癸巳齊侯次于虢(虢燕境)燕人行成曰敝邑知罪敢不聽命先君之敝器請以謝(敝器瑤甕玉櫝之屬)公孫晳曰受服而退俟釁而動可也(晳齊大夫)二月戊午盟于濡上(濡水出高陽縣東北至河閒鄚縣入易水)燕人歸燕姬(嫁女齊侯)賂以瑤甕玉櫝斝耳不克而還(瑤玉也櫝匱也斝耳玉爵)二十二年伐徐二月丙申齊師至蒲隧(蒲隧徐地下邳取慮縣東有蒲如陂)徐人行成徐子及郯人莒人會齊侯盟于蒲隧賂以甲父之鼎(甲父古國名高平昌邑亭)

（東南有甲父亭徐人得甲父鼎以賂齊）叔孫昭子曰諸侯之無伯害哉（為小國害）齊君之無道也與師而伐遠方會之有成而還莫之亢也（亢禦也）無伯也夫詩曰宗周既滅靡所止戾正大夫離居莫知我勩（戾定也勩勞也）（言周舊為天下宗今乃衰滅亂無息定執政大臣離居異心無有念民勞者）其是之謂乎

陳惠公十年宋衛陳鄭皆火鄭子產禳火宋衛皆如是陳不救火許不弔災君子是以知陳許之先亡也（不義所以亡）

楚平王五年滅州來沈尹戌曰楚人必敗（沈尹戌乃莊王曾孫葉公諸梁父也）昔吾滅州來（在十三年）子旗請伐之王曰吾未撫吾民今亦如之而城州來以挑吳能無敗乎侍者曰王施舍不倦息民五年可撫之矣戌曰吾聞撫民者節用於內而樹德於外民樂其性而無寇讎今宮室無量民人日駭勞罷死轉（轉遷徙也）忘寢與食非撫之也（平王所以不能霸）九年大夫遠越使告于宋曰寡君聞君有不令之臣為君憂無寧以為宗羞（無寧寧也言華氏為宋宗廟之羞恥）寡君請受而戮之對曰孤不佞不能媚於父兄（華向公族也故稱父兄）以為君憂拜命之辱抑君臣日戰君曰余必臣是助亦唯命人有言曰唯亂門之無過君若惠保敝邑無亢不衷以獎亂人孤之望也唯君圖之楚人患之（患宋以義距之）

魯昭公三十九年公在鄆十月鄆潰潰之為言上下不相得也上下不相得則潰矣亦譏公也（公既出奔不能改德脩行居鄆小邑復使潰亂譏之不見如此之以）昭公出奔民如釋重負

晉定公六年假羽旄於鄭鄭人與之（析羽為旌王者遊車之所建鄭執有之因請之羽旄借觀之）明日或旆以會（或賤考也繼旆曰旆令賤人將其旆執以從會示畀鄭）晉由是乎失諸侯（晉所以遂弱）

曹伯陽十年宋人圍曹初曹人或夢衆君子立于社宮（社宮社也）而謀亡曹曹叔振鐸請待公孫彊許之（振鐸曹始封君）旦而求之曹無之戒其子曰我死爾聞公孫彊為政必去之及曹伯陽即位好田弋曹鄙人公孫彊好弋獲白鴈獻之且言田弋說說之因訪政事大說之有寵使為司城以聽政彊言霸說於曹伯曹伯從之乃背晉而奸宋宋人伐之晉人不救築五邑於其郊曰黍丘揖丘大成鍾邗（梁國下邑縣南有黍丘亭）四明年宋公入曹以曹伯陽歸

衛莊公元年飲孔悝酒於平陽（東郡燕縣東北有平陽亭）重酬之大夫皆有納焉（納財賄也）醉而送之夜半而遣之（從遣者載孔悝不欲令人見）載伯姬於平陽而行（伯姬悝母）孔悝出奔宋

邾隱公自齊奔越曰吳為無道執父立子越人歸之太子革奔越邾子又無道越人執之以歸而立公子何何亦無道（何太子革弟）

燕易王卒子燕噲既立齊人殺蘇秦蘇秦之在燕與其相子之為婚而蘇代與子之交及蘇秦死而齊宣王復用蘇代子之相燕貴重主斷蘇代為齊使於燕燕王問曰齊王奚如對曰必不霸燕王曰何也對曰不信其臣蘇代欲以激燕王以尊子之也於是燕王大信子之子之因遺蘇代百金聽其所使鹿毛壽（作厝毛又曰甘陵毛辛名厝）謂燕王不如以國讓相子之人之謂堯賢者以其讓天下於許由許由不受其讓天下之名而實不失天下今王以國讓於子之子之必不敢受是王與堯同行也燕王因屬國於子之子之大重或曰禹薦益已而以啟人為吏及老而以啟為不足任天下傳之於益已而啟與交黨攻益奪之天下謂禹名傳天下於益已而實令啓自取之今王言屬國於子之而吏無非太子者是名屬子之而實太子用事也王因收印自三百石吏以上而效子之子之南面行王事而噲老不聽政顧為臣國事皆決於子之三年國大亂

失禮

夫宅天衷建皇極誕為民紀率由禮經若乃制度云為適其會節軌量物采陳之表儀然後百度緝熙庶功明究所以治政何

莫由斯道不虛行人存則舉嗟夫昨土命氏體國君民將以寅亮帝功光輔王室然或功虧爲翰業曠象賢減德立違長傲縱欲從耳目之常視忽經紀之遠圖謂權衡爲可欺以舊坊爲無用非獨何見旣自取於凶行無耜而耕終雁成於昏作國家之敗於是在焉期不方來用從詮次

魯桓公二年夏四月取郜大鼎于宋戊申納于大廟非禮也

三年秋公子翬如齊逆女齊侯送姜氏非禮也凡公女嫁于敵國姊妹則上卿送之以禮於先君公子則下卿送之於大國雖公子亦上卿送之於天子則諸卿皆行公不自送於小國則上大夫送之

十八年春桓公將有行遂與姜氏如齊（始議行事）申繻曰男有家女有室無相瀆也謂之有禮易此必敗（女安夫之家夫安妻之室違此則爲瀆今公將姜氏如齊故知其當致禍亂）

莊公四年秋七月公及齊人狩于禚（公越竟與齊微者俱狩失禮可知）

十年冬齊師滅譚譚無禮也初齊侯之出也過譚譚不禮焉及其入也諸侯皆賀譚又不至

二十二年冬莊公如齊納幣（公不使卿而親納幣非禮也母喪未再期而圖昏）

二十四年秋哀姜至莊公使宗婦覿用幣非禮也（傳不言大夫唯舉非常）

二十五年夏六月辛未朔日有食之用牲于社非常也（非常鼓之月長曆推之辛未實七月朔置閏失所故致月錯）唯正月之朔慝未作（正月夏之四月周之六月謂正陽之月今書六月而傳云唯者明此月非正陽月也慝陰氣）日有食之於是乎用幣于社伐鼓于朝（日食歷之常也然食於正陽之月則諸侯用幣于社請救於上公伐鼓于朝退而自責以明陰不宜侵陽臣不宜掩君以示大義）

是年秋大水鼓用牲于社于門亦非常也（失常禮）凡天災有幣無牲（天災日月食大水也祈請而已不用牲也）非日月之眚不鼓（眚猶災也月侵日爲眚陰陽逆順之事賢聖所重故特鼓之）

二十七年春公會杞伯姬于洮非事也（非諸侯之事）天子非展義不巡守（天子巡守所以宣布德義）諸侯非民事不舉卿非君命不越竟

二十一年夏六月齊侯來獻戎捷非禮也凡諸侯有四夷之功則獻于王王以警于夷（以警懼夷狄）中國則否諸侯不相遺俘（雖夷狄俘猶不相遺）

閔公二年夏吉禘于莊公速也（三年喪畢致新死者之主於廟廟之遠主當遷入祧因是大祭以審昭穆謂之禘莊公喪制未闋時別立廟廟成而吉祭又不於大廟故詳書以示譏）

僖公八年秋禘而致哀姜焉非禮也凡夫人不薨于寢不殯于廟不赴于同不祔于姑則弗致也

九年夏公會宰周公齊侯宋子衛侯鄭伯許男曹伯于葵丘宋其稱子何也未葬之辭也禮柩在堂上孤無外事今背殯而出會以宋子爲無哀矣（禮不如掩奎之曰殯殯于兩楹之閒周人殯于西階之上宋殯後也）

二十二年十一月宋公及楚人戰于泓鄭文夫人羋氏姜氏勞楚子於柯澤（楚子過鄭鄭文公夫人羋氏楚女姜氏齊女也柯澤鄭地）楚子使師縉示之俘馘（師縉楚樂師也俘所得囚馘所截耳）君子曰非禮也婦人送迎不出門見兄弟不踰閾（閾門限）戎事不邇女器（器物也言俘馘非近婦人之物）丁丑楚子入享于鄭（爲鄭所享）九獻（用上公之禮九獻酒而禮畢）庭實旅百（庭中所陳品數百也）加籩豆六品（食物六品加於籩豆籩豆禮食器）享畢夜出文羋送于軍取鄭二姬以歸（二姬文羋女也）叔詹曰楚王其不沒乎（以壽終）爲禮卒於無別無別不可謂禮將何以沒諸侯是以知其不遂霸也

二十三年夏五月宋公茲父卒（宋襄公）初襄公葬其夫人醯醢百甕曾子曰既曰明器矣而又實之（言名之爲明器而與祭器皆實之是亂鬼器與人器）

文公二年冬公子遂如齊納幣譏喪娶也在三年之外則何譏乎喪娶（[illegible]）三年之內不圖婚（僖公以十二月薨至此未滿二十五月又禮先納采問名納吉乃納幣此四者皆在三年之內故云爾）吉禘于莊公譏然則曷爲不於祭焉譏（祫吉禘於莊公譏始不三年大事閔俱不三年大事閔從吉禘不復譏）三年之恩疾矣（痛）非虛加

之也（非虛加責之）以人心爲皆有之（以人心爲皆有痛疾不忍娶）以人心爲皆有之則曷爲獨於娶焉譏（據孝子疾痛吉事皆不當爲非獨娶也）娶者大吉也（娶之二好合之於無廟故爲大吉）非常吉也（與大吉異）其爲吉者主於己（主於己自不知念先祖尚有人之心）以爲有人心焉者則宜於此焉變矣（人心念親者聞有歎變者變動哭泣也有爲己國婚則當變動哭泣矣況乃至于納幣成婚哉）

四年夏逆婦姜于齊卿不行非禮也（禮諸侯有故則使卿逆）君子是以知出姜之不允於魯也（允信也始來不見尊貴故終不爲國人所敬信也文公薨而見出故曰出姜）曰貴聘而賤逆之（公子遂納幣是貴聘也）君而卑之立而廢之（君小君也不以夫人禮迎是廢之）棄信而壞其主在國必亂在家必亡（主內主也）不允宜哉詩云畏天之威于時保之敬主之謂也

六年閏月不告朔猶朝于廟（諸侯每月必告朔聽政因朝宗廟文公以閏非常月故闕不告朔）閏月不告朔非禮也（經稱告月傳稱告朔明告月必以朔）閏以正時（四時漸差則致閏以正之）時以作事（順時命事）事以厚生（事不失時則年豐）生民之道於是乎在矣不

告閏朔棄時政也何以爲民

七年公伐邾間晉難也（公因晉有難而侵小）三月取須句寘文公子焉非禮也（邾文公子叛在魯故公使爲守須句大夫絕大皞之祀以與鄰國叛臣故曰非禮）

十五年六月辛丑朔日有食之鼓用牲于社非禮也（得常鼓之月而於社用牲爲非礼）日有食之天子不舉（去盛饌）伐鼓于社（責群陰）諸侯用幣于社（社尊於諸侯故請救而不敢責之）伐鼓于朝（退自責）以昭事神訓民事君（天子不舉諸侯用幣所以事神尊卑異制所以訓民）示有等威古之道也

是年秋齊侯（懿公）侵我西鄙謂諸侯不能也（不能討己）遂伐曹入其郛討其來朝也（曹伯朝魯）季文子曰齊侯其不免乎己則無禮（執王使而伐无罪）而討於有禮者曰女何故行禮禮以順天天之道也己則反天而又以討人難以免矣詩曰胡不相畏不畏于天畏天之威于時保之不畏于天將何能保以亂取國奉禮以守猶懼不終多行無禮弗能在以（闕文）

宣公三年春正月郊牛之口傷改卜牛牛死乃不郊猶三望不郊而望皆非禮也（言牛雖傷死當更改卜取其吉者郊不可廢也）望郊之屬也不郊亦無望可也

八年夏六月辛巳有事于大廟仲遂卒于垂（有事祭也仲遂卒與祭同日略書有事爲繹張本垂齊地非魯竟故書也）壬午猶繹萬入去籥（繹又祭陳昨日之礼所以賓尸萬舞名籥管也猶者可止之辭魯人知卿佐之喪不宜作樂而不知廢繹故內舞去籥惡其聲聞）非礼也

十七年春晉侯（景公）使郤克徵會于齊（徵召也欲與爲斷道會）齊頃公帷婦人使觀之郤子登婦人笑於房（跛而登階故笑之）獻子怒出而誓曰所不此報無能涉河（不復渡河而來）

成公二年十一月晉侯（景公）使鞏朔獻齊捷于周王弗見使單襄公辭焉曰蠻夷戎狄不式王命（式用也）淫湎毀常王命伐之則有獻捷王親受而勞之所以懲不敬勸有功也兄弟甥舅侵敗王略（兄弟同姓國甥舅異姓國略經略法度）王命伐之告事而已不獻其功所以敬親暱（告伐事而不獻囚俘）禁淫慝也今叔父克遂有功于齊（克能也）而不使命卿鎮撫王室所使來撫余一人而鞏伯實來未有職司於王室（鞏朔上軍大夫非命卿名位不達於王室）又奸先王之礼（謂獻齊捷）余雖欲於鞏伯（欲受）其敢廢舊典以忝叔父夫齊甥舅之國也而大師之後也（齊世與周昏故曰甥舅）寧不亦淫從其欲以怒叔父抑豈不可諫誨士莊伯不能對（莊伯鞏朔）王使委於三吏（委屬也三吏三公）禮之如侯伯克敵使大夫告慶之禮降於卿禮一等王以鞏伯宴而私賄之使相告之曰非礼也勿籍（相相礼者籍書也）

六年二月季文子以鞌之功立武宮非礼也（鞌戰在二年）聽於人以救其難而以立武立武由己非由人也（言請人救難非己功）

十七年晉侯（厲公）與婦人先殺而飲酒後使大夫殺（傳言厲公无道先婦人而後卿）

襄公二年夏齊姜薨齊侯（靈公）使諸姜宗婦來送葬（宗婦同姓大夫之婦婦人

越疆送葬作礼

四年春楚師爲陳叛故猶在繁陽（前年何忌之師侵陳今猶未還繁陽楚地在汝南鮦陽縣南）陳成公卒楚人將伐陳聞喪乃止（軍礼不伐喪）陳人不聽命（襄公）魯大夫臧武仲聞之曰陳不服於楚必亡大國行禮焉而不服在大猶有咎而況小乎夏楚彭名侵陳陳無禮故也

二十三年春杞孝公卒晉悼夫人喪之（悼夫人晉平公母杞孝公姊妹）平公不徹樂非禮也（徹去）禮爲鄰國闕（礼諸侯絶其故以鄰國責之）

二十九年春公在楚楚人使公親襚（諸侯有遣使賵襚之礼今楚欲公遣使之比時使東王也）公患之穆叔曰祓殯而襚則布幣也（先使巫祓除殯之凶邪而行襚礼與朝而布幣無異）乃使巫以桃茢先祓殯（茢黍穰）楚人弗禁既而悔之（礼君臨臣喪乃祓殯故楚悔之）

昭公九年晉知悼子卒未葬（悼子晉大夫荀盈）平公飲酒（與羣臣燕平公晉侯彪之）師曠李調侍（侍與君飲也燕禮李調晉嬖侍臣）鼓鍾（樂也燕礼賓入門奏肆夏既獻而樂闋君亦如也）杜蕢自外來聞鍾聲曰安在（怪之也杜蕢或作屠蒯）曰在寢（燕於寢）杜蕢入

寢歷階而升酌曰曠飲斯又酌曰調飲斯又酌堂上北面坐飲之降趨而出（三酌皆罰）平公呼而進之曰蕢曩者爾心或開予是以不與爾言（曩鄉也始欲入時謂諫爭有所發起）爾飲曠何也曰子卯不樂（紂以甲子死桀以乙卯亡王者謂之疾日不以舉樂爲吉事所以自戒懼）知悼子在堂斯其爲子卯也大矣（言大臣喪重於疾日也雜記曰君於卿大夫比葬不食肉比卒哭不舉樂）曠也大師也不以詔是以飲之也（詔告也大師典奏樂）爾飲調何也曰調也君之褻臣也爲一飲一食忘君之疾是以飲之也（言調貪酒食褻嬖近臣亦當說君疾憂）爾飲何也曰蕢也宰夫也非刀匕是共又敢與知防是以飲之也（防禁放溢）平公曰寡人亦有過焉酌而飲寡人（聞義則服）杜蕢洗而揚觶（舉爵於君也禮揚作騰揚舉也騰送也揚近得之）公謂侍者曰如我死則必毋廢斯爵也（欲後世以爲戒）至于今既畢獻斯揚觶謂之杜舉（此爵遂因杜蕢爲名畢獻獻賓與君）

定公元年秋立煬宮（煬公伯禽子廟毀已久）立者不宜立者也

十五年春邾子來朝（邾隱公名益）子貢觀焉邾子執玉高其容仰公受玉卑其容俯子貢曰以禮觀之二君者皆有死亡焉夫禮死生存亡之體也將左右周旋進退俯仰於是乎取之朝祀喪戎於是乎觀之今正月相朝而皆不度（不合法度）心已亡矣嘉事不體何以能久（闕文）高仰驕也卑俯替也驕近亂替近疾君爲主其先亡乎（為是年公薨哀七年以邾子益歸傳）

哀公十二年夏五月甲辰孟子卒孟子者何（据魯大夫無孟子）昭公之夫人也其稱孟子何（据不稱夫人姓氏）諱娶同姓蓋吴女也（礼不娶同姓買妾不知其姓則卜之爲同宗共祖亂人倫與禽獸無別昭公既娶諱而謂之吴孟子春秋不繫吴者禮婦人繫姓不繫國雖不諱猶不繫國也不繫夫人不言薨不書葬者深諱之）

二十四年公子荆之母嬖（荆哀公庶子）將以爲夫人使宗人釁夏獻其禮（宗人礼官也）對曰無之公怒曰女爲宗司立夫人國之大禮也何故無之對曰周公及武公娶於薛（武公敖也）孝惠娶於商（孝公稱惠公弗湟商也）自桓以下娶於齊（桓公始娶文姜）此禮也則有若以妾爲夫人則固無其禮也公卒立之而以荆爲太子國人始惡之（惡公）

新刊監本册府元龜卷之二百五十四

復侍寢門省藥視膳不離左右乃於大宗寢殿側別置一院令太子居焉

太子賢高宗第六子咸亨三年立爲皇太子尋令監國賢處事明審爲時論所稱手勅褒之曰皇太子賢自頃監國留心政要撫字之道既盡於哀矜刑網所施務存於審察加以聽覽餘暇專精墳典往聖遺編咸窺壺奧先王冊府備討菁華好善載彰作貞斯在家國之寄深副所懷可賜物五萬段

中宗爲皇太子長安二年七月丙戌則天以時熱詔皇太子外朝令用扇障日太子抗表固讓優制不許

肅宗爲皇太子天寳八年玄宗製仁孝詩六章札於步障以賜太子令中官高力士以示朝臣宰相李林甫陳希烈等奏曰伏見太子生日撰仁孝詩障子并書臣等伏以宸章煥發寳札凝暉懸日月而爲光自雲霄而下濟蕭心靡懾動色相歡太子稟

自生知備承聖訓中姿有裕令望夙彰陛下亦以義方形於翰墨爰於誕育之日授以仁孝之經上揚宗祖之美旁考天人之際錫賚所弘教養斯遠足可發揮前古垂範將來凡在衣冠之流咸知父子之道豈比周稱教諭還藹胄於上庠漢寵元良但詔賢於上死王化之本實此知歸人倫所資罔不由勸臣等遇陋諺典樞衡特奉鴻私幸覩殊貺捧天書而竊抃仰聖澤以無窮無任悅豫之至仍望具寫六章頒示中外兼編諸簡策傳之不朽上手詔報曰詩者志之所之也將以導達性情宣揚教義耳朕承五聖之業萬方之寄主鬯吋於神心元良貞於國本美其兄弟仁孝恭修友睦深慰于懷不覺形之諷詠今請具寫六章頒示中外兼編諸簡策以傳不朽亦欲自家刑國以訓人倫宜依來請

追謚

古者諸侯薨則請行以賜謚列大明兩之位主器攸重不幸奄忽寢悼于宸極易名之典由是行焉若乃岐嶷天資溫文表哲卅正萬邦而降年不永適固宗本而誣構及禍亦有嫉忌發憤殞命不勝遭世中圯或罹兵難莫不申哀節惠追加寵數其或違背師訓稔惡弗革干紀敗度罹於廢黜司籍所紀書法不隱懲勸之義于斯見矣至于崇置園邑升列廟饗亦并叙之

漢戾太子據武帝長子元狩元年立爲皇太子征和二年以擅發長樂宮衛斬江充兵敗自剄於湖（今陝州湖城縣）及太子孫即位（宣帝也）詔曰故皇太子在湖未有號謚歲時祀其議置園邑有司奏謚請曰謚者行之迹也皇太子謚曰戾置奉邑二百家

吳太子登太帝長子赤烏四年薨謚曰宣太子（初葬句容置園邑奉守如法後三年改葬蔣陵）

晉愍懷太子遹惠帝長子即位立爲皇太子元康九年爲賈后

中譖廢爲庶人幽于金墉城殺之及賈后廢遹子尚爲皇太孫乃冊復太子曰嗚呼維爾少資岐嶷之質荷先帝殊異之寵大啓土宇奄有淮陵朕奉遵遺旨越建爾儲副以光顯我宗祧爾德行以從保傅事親孝敬禮無違者而朕昧于凶構致爾于非命之禍俾申生孝己復見於今賴宰相賢明人神憤怨用啓朕心討厥有罪咸伏其辜何補於荼毒寃魂酷痛哉是用忉怛悼震動於五內今追復皇太子謚曰愍懷

哀太孫臧愍懷太子子永康元年四月立爲皇太孫永寧元年廢被害太安初追謚曰哀

沖太孫尚愍懷太子子永寧元年立爲皇太孫太安元年薨謚曰沖

南齊文惠太子長懋武帝長子即位立爲皇太子永明十一年薨帝幸東宮臨哭盡哀詔斂以袞冕之服謚曰文惠

梁昭明太子統武帝長子即位立為皇太子大通三年薨帝幸東宮臨哭詔斂以袞冕謚曰昭明

哀太子大器簡文帝嫡長子即位立為皇太子大寶二年為侯景所害承聖元年追謚曰哀

愍懷太子方矩元帝第四子帝承制拜為王太子改名元良承聖元年帝即位為皇太子及江陵陷為魏師所害敬帝承製追謚曰愍懷太子

後梁孝惠太子𡩋宣帝長子帝初為梁王立為世子病卒及帝稱大號追謚孝惠太子

隋孝懷太子克高祖之子帝初封隋王立為世子及受禪追謚孝懷

唐隱太子建成高祖長子武德九年以謀害太宗伏誅貞觀元年追封息王謚曰隱十六年詔曰昔炎圖敗德西都表其號謚楚英干紀東漢錫其湯沐斯皆亟邦國之禁申骨肉之恩也息隱王地乃居長守器運初自貽伊戚陷於禍難日月逾邁松檟成行朕嗣守鴻基頌尋遺烈何嘗不陟彼崗而兆覿瞻同株而疚懷思備哀榮式加禮命可追復皇太子謚仍前陵曰隱陵皆令以下官并加戶守衛

太子弘高宗五子初封代王顯慶元年立為皇太子上元二年薨于合璧宮之綺雲殿詔曰朕肅承鴻緒無忘馭朽之懷虔奉聖謨每切臨深之懼幸以穹昊垂祐宗社降靈公卿盡叶贊之謀黎庶遂懷生之望故得乾坤交泰日月休徵垂衣而晏九瀛端拱而家六合方將迴鑾嵩岫迪禮高尚於對皇肱從汾川追迹軌於伊后成功弗處思遵象帝之規守器斯傳用申知子之授皇太子弘生知誕質惟幾毓性肅敬著於三朝仁孝聞於四海若使負荷宗廟寧濟邦家必能永保昌圖克延景曆豈謂遽嬰

霧露遂至彌留顧惟輝掌之珍特切鍾心之念庶其痊復以禪鴻名及腠理微和將遜于位而弘天資仁厚孝心純確既承朕命掩欷不言因茲感結舊疾增甚億兆攸係方崇下武之基五福無徵俄遷上賓之駕天性之重追懷哽咽宜申往命加以尊名夫謚者行之迹也號者事之表也慈惠愛親曰孝死不忘君曰敬可謚為孝敬皇帝仍遵典故式備徽章布告遐邇使知朕意

神龍元年六月祔神主于太廟號義宗有司奏言義宗孝敬皇帝昇太廟聯祖宗其名准禮合諱從之遂改弘文館為修文館弘福殿為崇福殿號州弘農縣為常農縣

章懷太子賢高宗第六子上元二年立為皇太子調露二年則天令人發其陰事廢為庶人遷于巴州卒中興初追贈司徒使迎其喪柩陪葬乾陵睿宗踐祚追贈皇太子曰章懷廟號陵同

懿德太子重閏中宗長子初生于東宮立為皇太孫聖曆初改封邵王大足元年為人所搆則天杖殺之神龍元年追贈皇太子謚曰懿德

節愍太子重俊中宗第三子神龍二年立為皇太子三年矯制發左右羽林兵殺武三思及其子宗訓入求韋庶人不克而死景雲元年制曰朕聞曾氏之孝也慈親惑於疑聽趙虜之族也明主哀而望思歷考前聞率由舊典重俊大行之子元良守器往罹構閒困於讒嫉莫顧鈇鉞輕盜甲兵有此誅夷無不悲悼今四凶咸服十起何追方申赤暈之寃以紓黃泉之痛可贈皇太子謚曰節愍陪葬定陵時太府少卿韋湊上疏駮之不納疏諫官奏議門

廢太子瑛玄宗第二子開元三年立為皇太子二十五年為中書令李林甫所構廢為庶人賜死於城東驛寶應元年詔贈[illegible]

皇太子
惠昭太子寧憲宗長子元和四年立爲皇太子六年薨謚曰惠昭七年立廟在懷真坊置官吏四時置享
莊恪太子永文宗長子大和六年立爲皇太子開成三年十一月薨謚曰莊恪十二月太常禮院奏莊恪太子准惠昭太子例合立廟請下有司從之

新刊監本冊府元龜卷之二百六十一

府二百六十一

新刊監本册府元龜卷第二百六十二

宗室部

總序

古者糾合宗族所以展親建立子孫用為夾輔故能庇於本根謂之藩屏分以寶玉禮之服備故孝悌之道達骨肉之恩厚焉雖復商周已往典籍靡全然其大抵亦可槩見昔者黄帝二十五子凡一十四姓故其裔緒後世尤盛高陽氏生一子後世有才子八人是曰八凱高辛氏生四子皆有天下後世有才子八人是曰八元又黄帝之後有讙兜少昊之後有共工顓頊之後有鯀雖帝者之胄而其德不類焉堯有庶子九人舜亦有庶子其嫡子不肖故庶子之封爵無聞焉然自黄帝以迄舜禹皆同姓而異号則其宗枝盛矣禹之後以国為氏者凡十有三人蓋夏后氏有扈氏有男氏斟尋氏彤城氏褒氏費氏杞氏繒氏辛

氏冥氏斟氏戈氏焉其孫太康有弟五人号曰五觀即夏書所謂五子之歌者也湯之後以国為氏者凡七蓋商氏來氏宋氏空桐氏稚氏北殷氏目夷氏焉其後帝乙正妃生三子微子微仲紂也庶妃生一子箕子也紂生一子武庚也紂雖失国武庚雖不祀而微子箕子皆聞於周焉周初封国八百而同姓者五十有餘国詩謂周文王則百斯男經史所載正妃太姒之子十人餘莫可知其国存者十六而已文武周公之胄分封而受国者即左氏所謂管蔡郕霍魯衛毛聃郜雍曹滕畢原酆郇文之昭也邘晉應韓武之穆也凡蔣邢茅胙祭周公之胤也秦氏分封以国為姓有徐氏郯氏莒氏終黎氏運奄氏菟裘氏將梁氏黄氏江氏脩魚氏白冥氏蜚廉氏始皇并有天下而子弟不得封建長子扶蘇及諸公子將閭昆弟皆為胡亥所殺故其祚殲焉漢制非劉氏不王皇子封王金璽盭綬掌治其国高祖尊王子弟大啓九國連城數十景帝用晁錯削地之謀而吴楚七国皆叛及七国既誅五年乃令諸侯王不得治国又以諸侯王疆土過制或僭差失軌而子弟為匹夫輕重不相準於是制詔諸侯王或欲推恩分子弟邑者令各條上自是支庶畢侯矣然而藩国自析其後皇子始封者大国不過十餘城至於哀平之際皆繼體苗裔宗屬疎遠不為士民所尊勢與富室亡異後漢皇子為王皆安車朱班輪青蓋畫轓文輈金塗故名曰王青蓋車赤綬四采長二丈一尺三百首皇孫緑車名曰皇孫車諸侯王家官屬傅相已下皆備鹵簿似京都官騎張弓帶鞬遮迾出入稱課促封者受茅土歸立社稷為宫室其列侯以肺腑在京都者亦隨時見食位在博士議郎下謂之猥侯諸王皆就封東平王蒼以明帝母弟為驃騎大將軍輔政後亦罷歸因其余宗室以才能為公卿者多矣晉制諸侯王青蓋車皇孫緑蓋車並駕

三左右騑諸王有勳德者特加皂蓋車国初諸王皆在京都武帝中衛將軍楊珧與中書監荀勗以齊王攸有時望所歸懼有後難同追故司空裴秀立五等封建之旨共言於武帝以為異姓諸將居邊宜參以親戚帝下詔議其制有司奏從制為大国次国小国非皇子不得為王而諸王之支庶亦各以土推恩受封其大国次国始封之王支子為公所封王之支子為侯繼承王之支子為伯小国五千戶已上始封王之支子為子不滿五千戶始封王之支子及始封公侯之支子皆為男大国中国置三軍中軍二千人上下軍各千五百人次国二軍上軍二千人下軍千人小國一軍其未之国大国置守士百人次国八十人小国六十人西晉諸王皆主兵臨州以威勢相凌干戈並構隊于屠滅蓋有漸亦宋世諸王得白服裠帽出入齋閣唯太極四朝乃備朝服孝武以南郡王義宣乱逆由於强盛欲削弱之江

及王義恭乃表請省易九事有司附益凡成二十條聽事不得南向坐施帳并帷國官正冬不得跣登國殿及夾侍國師傅令及細戟公主妃傅令不得朱服輦不得重楣鄣扇不得雉尾劒不得鹿盧形槊不得孔雀白氅夾轂隊不得絳襖平乘俱馬不得過二四胡伎不得綵衣舞伎正冬著袿衣不得裝面正冬會不得鐸舞林長蹻秀狹舒劒博山緣大橦升五案自非正冬會奏舞曲不得舞諸妃主不得著綅帶信幡非臺省官悉用絳郡縣內史相及封內長吏於其封君既非在三罷官則不復追敬不合稱臣宜從下官而已諸常行車前後不得過六隊白直夾轂不在其限刀不得過銀銅為飾諸王女封縣主諸王子孫襲封之王妃及封侯者夫人行並不得鹵簿諸王子繼體為王者婚葬吉凶悉依諸國公侯之禮不得同皇弟皇子車非軺車不得油幢平乘舫皆下兩頭作露平形不得擬象龍舟悉不得朱油

帳鉤不得作五花及豎笥形詔可又王之世子金印紫綬進賢兩梁冠佩山玄玉支子為侯者食邑皆千户南齊諸王遠遊冠左纓紱附蟬平冕各以組為纓八流衣山龍九章纁朱綬赤黃縹紺金璽龜紐又四中郎將晉世庶姓為之宋齊以來以處諸王而劉氏蕭氏宗室諸子多罹非命其傳爵土蓋亦鮮矣梁制諸王皆假金虎符第一至第五左領使第一至第十其言曰令境內稱之曰殿下自稱曰寡人並乘通幰平乘車其有勳德者亦時皆駕皁輪車其封公侯者皆假銅虎符竹使符第一言曰敎境內稱曰第下自稱寡人國相以下公文上事皆詣典書自諸王皇宗並青傘朱裏此雖太梁制然江左相承有自來矣陳氏梁制有親王嗣王藩王之別親王起家則為侍中皇太子冢嫡封王起家依諸王餘子並封公起家中書郎諸王子并詣侯世子起家給事江左承西晉諸王開國並以戶數相差為大小三品

陳自永定訖于禎明唯衡陽王昌特加至五千户自餘不過二千小國至千户後魏皇子封王宮室立宗師州置三卿刺郡置三太守縣置三令長其一以宗室為之北齊親王位列大司馬上多與梁制同其封內之調盡以入臺三分食一隋制皇伯叔昆弟皇子謂之親王乘通幰車初受冊入朝助祭親迎則服袞冕青珠九旒九章常服則遠遊三梁冠黑介幘纁朱綬長一丈八尺二百四十首自漢而下五輅之制金象革木通得乘之但戎輅章駕馬以為等級自晉親王公以下車服卑雜故不得乘焉唐制宗正寺掌九族六親之屬籍以別昭穆之序凡五等親有外降皆立簿籍三年一遣凡大祭祀及冊命朝會之禮皇親應陪位預會者亦為宗皇弟兄皆封籍國謂之親王王之子承嫡者謂之嗣王皇太子諸子並封郡王王子承恩澤者亦封郡王諸子封郡公其嗣王郡王及特進王子孫承襲者降封國公

舊制親王食封八百户有至千户高宗朝以沛縣三王武后所生食封逾於常制神龍初有封五千户三千户者相王封五千户衛王封三千開元之後明皇睦親以寧王最長封至五千五百户岐薛悉以茂勳至五千户申王家微至四千户邠王以外枝至一千八百户其後皇子封王者二千户舊以七丁為限至是以三丁為限降封國公先是高祖受禪以天下未定廣封宗室以威天下皇從弟及姪年始孩童數十人皆封為郡王又文皇即位因舉宗正屬籍以問侍臣尚書右僕射封德彝謂非至公之道於是宗室率以屬疏降爵為郡公唯有功者封王貞觀十年又詔諸王為代襲刺史都督俄又罷之文皇至高宗朝其親王有年雖長而不出閤者其出閤者皆為刺史都督上佐亦有為卿監將軍同正員開元之後皆為大都護節度大使者皆不之任以副都護副大使典其事先天之後皇子幼則居內東封年以漸成

長乃於安國寺東附苑城同爲大宅分院居爲十王宅令中官押之於夾城中起居每日家令進膳又引詞學工書之人入教謂之侍讀十王謂慶忠棣鄂榮光潁永延濟蓋舉全數其後盛儀壽陳豐恒涼六王又就封入內宅二十五年鄂光得罪忠繼大統天寶中慶棣又殁唯榮儀等十四王居院而府幕列於外坊歲時通名起居而已外諸孫成長又於十宅外置百孫院每歲幸華清宮宮側亦有十王院百孫院宮人每院四百餘人百孫院三四十人又於宮中置維城庫諸王月俸物約之而給用諸孫納妃嫁女亦就十宅中太子不居於東宮但居於乘輿所幸之別院太子亦分院而居婚嫁則同親王公主在於崇仁之禮院天寶之末祿山犯順得明皇之子儀頴而下十一王及邑從其餘宗室多罹於兵難然而天寶艱難之後宗室子弟賢而立功者唯鄭王曹王子孫耳代宗大曆九年諸王皆幼多未封建大臣奏議請封親王分領戎師以威天下於是皇子之未封者皆盡加王爵而不出閤建中初詔親王子弟帶開府制狀者出就本班自先天兵興之後皇族子弟皆散棄無位或流落他邦湮沈不齒無異匹庶及德宗即位叙用枝屬公族長幼莫不悲感將有大禮必徧諸父昆弟同其齋沐五代之制大約遵於唐氏夫以託霄極之尊依離圖之盛承本枝之蕃茂爲盤石之跡封昆曰君宗咸居屬籍雖親疏之節著於宗人而善惡之分紀于惇史或以德行振或以才藝外或以悖逆廢或以荒怠黜或以循然擯或以至親顯非著之簡編垂夫龜鑑見善善之有因惡惡之無爽也凡宗室部四十二門

封建

太史公稱封建之制商氏以前尚矣周監二代列爵五等三聖之法厥用垂世詩云懷德惟寧宗子維城豈徒敦叙宗黨推廣仁愛蓋欲其枝葉相持臂指易使犬牙交錯盤石彌固者爾然而俗有淳漓道或消長泥於古者未爲適變故秦據勢勝專宰禦理矯枉過正蕩滅禮義炎漢建業大啓藩垣既失厥中流濫致滋先儒之論蓋亦多矣自茲已降或沿或革究其始終隨時彊弱天之視聽在民耳目深根忠附能持于茲若夫展親睦族典章優渥雖或不以德舉亦彊幹作翰之旨也

舜踐帝位封弟象爲諸侯封之有庳在零陵今庳亭是　夏少康封庶子史闕其名於會稽以奉守禹之祀

周武王克商平天下封功臣昆弟於是封叔鮮於管管在滎陽京縣東北封叔度於蔡二人相紂子武庚祿父治殷遺民封叔旦於魯而相周爲周公一大封周公旦於少昊之虛曲阜是爲魯公臣欽若等曰周公留相於王子伯禽就封　封叔振鐸於曹封叔武於成封叔處於霍叔封季載皆少未得封　求太伯仲雍之後得周章周章已君吳因而封之乃封周章弟虞仲於周之北故夏虛在河東太陽縣是爲虞仲列爲諸侯

成王即位唐有亂周公誅滅唐成王與叔虞戲削桐葉爲珪以與叔虞曰以此封若史佚曰天子無戲言言則史書之禮成之樂歌之於是遂封叔虞於唐唐在河汾之東方百里　周公既誅武庚殺管叔放蔡叔而分殷餘民爲二其一封微子啓於宋以續殷祀其一封叔封於衛又封季載於冉臣欽若等按左傳管蔡郕霍魯衛毛聃郜雍曹滕畢原酆郇文之昭也邘晉應韓武之穆也凡蔣邢茅胙祭周公之胤也今據史記所封八國餘皆闕又封伯禽於魯曰生以養周公死以爲周公後

宣王二十二年封庶子弟友於鄭一大母弟鄭桓公也

平王封其弟于河南是爲桓公以續周公之官職

漢高祖六年十二月詔曰齊古之建國也今爲郡縣其復以爲諸侯將軍劉賈數有大功及擇寬惠脩絜者王齊荆地正月丙午韓王信等奏請以故東陽郡鄣郡吳郡五十三縣立劉賈爲

荊王以碭郡薛郡郯郡三十六縣立弟文信君交爲楚王壬子以雲中鴈門代郡五十三縣立兄宜信侯喜爲代王以膠東膠西臨淄濟北博陽城陽郡七十三縣立子肥爲齊王賈高祖從父兄有功交高祖同父弟與蕭曹等俱從高祖入武關至霸上封文信君從入蜀還定三秦及即帝位常出入卧內高祖廢楚王信分其地爲二國立賈爲荊王交爲楚王先有功也肥之母高祖微時外婦食七十餘城諸民能齊言者皆與齊王肥爲大國以海內初定子弟少懲秦孤立亡藩輔故大封同姓以鎭天下

七年十二月匈奴攻代代王喜棄國自歸洛陽赦爲合陽侯立子如意爲代王是年封兄子姓爲頡羹侯

十一年十二月封兄子濞爲沛侯

正月詔曰代地居常山之北與夷狄邊趙乃從山南有之遠數有胡寇難以爲國頗取山南太原之地益屬代代之雲中以西爲雲中郡則代受邊寇益少矣王相國通侯吏二千石擇可立爲代王者燕王綰相國何等三千三十人皆曰子某文帝名賢知溫良請立爲代王都晉陽

三月詔擇可以爲梁王淮陽王者燕王綰相國何等請立子恢爲梁王子友爲淮陽王罷東郡頗益梁罷穎川郡頗益淮陽

七月詔王相國擇可立爲淮南王者羣臣請立子長爲王

十二年十月詔曰吳古之建國也日者荊王兼有其地今死亡後朕欲立吳王其議可者長沙王臣等言沛侯濞重厚請立爲吳王初黥布反高祖自將往誅之濞年二十以騎將從破布軍高祖患吳會稽輕悍無壯王塡之諸子少乃立濞

十一月封兄子廣爲德侯

二月詔諸侯王議可立爲燕王者長沙王臣等臣者長沙王吳濞之子請立子建爲燕王

高后元年立惠帝後宮子強爲淮陽王不疑爲常山王弘爲襄城侯朝爲軹侯武爲壺關侯一云皆呂氏子

二年五月封楚元王子郢爲上邳侯齊悼惠王子章爲朱虛侯

六年四月封齊悼惠王子興居爲東牟侯

七年正月立營陵侯劉澤爲琅邪王澤高祖從祖昆弟

文帝元年十二月立趙幽王子遂爲趙王徙琅邪王澤爲燕王呂氏所奪齊楚地皆歸之二年三月有司請立皇子爲諸侯王詔曰前趙幽王幽死朕甚憐之已立其太子遂爲趙王遂弟辟彊辟彊言辟彊邪宗者一云闢彊言闢土地也衛侯朝於周周行人問其名衛侯曰辟彊行人還之曰啓彊天子之號也諸侯弗得用更其名曰燬其義兩說並通及齊悼惠王子朱虛侯章東牟侯興居有功可王乃遂立辟彊爲河間王章爲城陽王興居爲濟北王因立皇子武爲代王參爲太原王揖爲梁王

四年九月封齊悼惠王子十人爲列侯[illegible]管侯[illegible]將閭爲楊虛侯辟光爲朸侯志爲安都侯卬爲平昌侯賢爲武成侯雄渠爲白石侯

八年五月封淮南厲王長子四人爲列侯安爲阜陵侯勃爲安陽侯賜爲陽周侯良爲東城侯

十六年五月立齊悼惠王子六人安都侯志爲濟北王朸侯辟光爲濟南王武城侯賢爲菑川王平昌侯卬爲膠西王白石侯雄渠爲膠東王淮南厲王子三人阜陽侯安爲淮南王安陽侯勃爲衡山王陽周侯賜爲盧江王皆爲王

景帝元年四月封楚元王寵子五人子禮爲平陸侯富爲休侯歲爲沈猶侯王子侯表屬千乘高苑埶爲宛朐侯調爲棘樂侯

二年三月立皇子德爲河間王閼爲臨江王餘爲淮陽王非爲汝南王彭祖爲廣川王發爲長沙王發母唐姬故程姬侍者景帝召程姬程姬有所避不願進謂月事而飾侍者唐兒使夜進上醉不知以爲程姬而幸之遂有身已乃覺非程姬也及生子因

名曰發長沙王生乃發病已之禮幸唐姬以其母微無寵故王卑溼貧國

三年立皇子端爲膠西王勝爲中山王是年吳楚反膠西菑川濟南發兵應圍齊孝王將閭急陰與三國通謀漢將欒布擊破三国兵齊孝王懼飲藥自殺帝以爲齊首善以迫劫有謀非其罪也召立孝王太子壽是爲懿王衡山王勃堅守無二心吳楚破來朝帝勞苦之曰南方卑溼徙王於齊北以褒之

七年十一月封故皇子越爲廣川王寄爲膠東王

三年五月立皇子舜爲常山王封梁孝王子買爲乘氏侯明爲桓邑侯

六年四月梁孝王薨竇太后泣極哀不食帝哀懼不知所爲與長公主計之迺分梁爲五國盡立孝王子男五人爲王乘氏侯買爲梁王桓邑侯明爲濟川王彭離爲濟東王定爲山陽王不識爲濟陰王

新刊監本冊府元龜卷之二百六十二

將軍[illegible]者衆十餘萬人

魏任城威王彰太祖子也少善射御膂力過人手格猛獸不避險阻數從征伐志意慷慨太祖常抑之曰汝不念讀書慕聖道而好乘汗馬擊劍此一夫之用何足貴也課彰讀詩書彰謂左右曰丈夫之爲衛霍將十萬騎馳沙漠驅戎狄立功建號耳何能作博士邪太祖常問諸子所好使各言其志彰曰好爲將太祖曰爲將柰何對曰被堅執銳臨難不顧爲士卒先賞必行罰必信太祖大笑彰北征入涿郡界叛胡數千騎卒至時兵馬未集唯有步卒千人騎數百匹用田豫計固守要隙虜乃散退彰追之身自搏戰射胡騎應弦而倒者前後相屬戰過半日彰鎧中數箭意氣益厲乘勝逐北至于桑乾（桑乾縣屬代郡今并虜居之號索干都）去代二百餘里長史諸將皆以爲新涉遠士馬疲頓又受節度不得過代不可深進違令輕敵彰曰率師而行唯利所在何節度乎胡走未遠追之必破從令縱敵非良將也遂上馬令軍中後出者斬一日一夜與虜相及擊大

破之斬首獲生以千數彰乃倍常科大賜將士將士無不悅喜時鮮卑大人軻比能將數萬騎觀望彊弱見彰力戰所向皆破乃請服北方悉平太祖嘗在漢中而劉備栖於山頭使劉封下挑戰太祖罵曰賣履舍兒長使假子拒汝公乎待呼我黃鬚來令擊之乃召彰彰晨夜進道西到長安而太祖以還從漢中而歸彰鬚黃故以呼之

靈壽亭侯真嘗獵爲虎所逐顧射之應聲而倒太祖壯其鷙勇使將虎騎討靈丘賊拔之封靈壽亭侯

晉長沙厲王乂武帝第六子開朗果斷才力絶人

吳昭義中郎將靜字幼臺堅之季弟堅始舉事靜糾合鄉曲及宗室五六百人以爲保障衆咸附焉策破劉繇定諸縣進攻會稽遣人請靜靜將家屬與策會于錢塘

丞相大將軍督中外諸軍事峻靜之曾孫也少便弓馬精果膽決

偏將軍領丹陽太守翊大帝弟也驍悍果烈有兄策風

南齊豫章文獻王嶷太祖第二子有大才之量當桂陽王範之役太祖出頓新亭壘拔嶷爲寧朔將軍領兵衛從範率士卒攻壘南嶷執白幡督戰屢摧却之及太祖在領軍府嶷居青溪宅蒼梧王夜中微行欲掩襲宅內嶷左右儛刀戟於中庭蒼梧從牆間窺見以爲有備乃去

長沙威王晃太祖第四子也少有武力爲太祖所愛昇明二年代兄映爲寧朔將軍淮南宣城二郡太守初沈攸之事起晃便弓馬多從武客煇赫都街時人爲之語曰煥煥蕭四繖世祖常幸鍾山晃從駕以馬矟刺道邊枯櫱上令左右數人引之銀纏皆卷聚而矟不出乃令晃復馳馬拔之應手便去每遠州獻駿馬帝輒令晃於華林中調試之

魚復侯子響勇力絶人彎弓四斛力數在園池中帖騎馳走竹樹下身無虧傷

曲江公遙欣爲右將軍荆州刺史好勇聚畜武士以爲形援

梁西昌侯藻武帝長兄懿之子天監初出爲持節都督益寧三州諸軍事冠軍將軍益州刺史時天下草創邊徼未安州民焦僧護聚衆數千擄郫繁作亂藻年未冠集僚佐議欲自擊之或陳不可藻大怒斬于階側乃乘平肩轝巡行賊壘賊聚弓亂射矢下如雨從者舉楯禦箭又命除之由是人心大安賊乃夜遁藻命騎追之斬首數千級遂平之進號信威將軍

豫章王綜武帝第二子也有勇力手制奔馬

廬陵王續武帝第五子少英果旅力絶人馳射游獵應發命中帝常歎曰此我之任城也嘗與臨賀王正德及胡貴通趙伯超等馳射帝大悅

永安侯確邵陵王綸之次子也少驍勇有文才常在第中習騎射學兵法時人皆以爲狂左右或以進諫確曰聽吾爲國家破賊使汝知之除秘書丞太子中舍人鍾山之役確苦戰所向披靡群虜憚之確每臨陣對敵意氣詳贍帶甲據鞌自朝及夕馳驟往返不

以爲勞諸將服其壯勇

河東王譽昭明太子之第二子也爲湘州刺史幼而驍勇兼有膽氣能撫循士卒甚得衆心及被圍既久雖内外斷絶而備守猶固

綏建王太摯簡文之子也幼雄壯有膽氣及京城陷乃歎曰大丈夫會當滅虜屬姊娼驚掩其口曰勿妄言禍將及大摯笑曰禍至非由此言

後魏西河公敦平文帝曾孫道武初從征名居諸將後從征中山所向無前

扶風公處真烈帝之後也少以壯烈聞位殿中尚書吐京胡曹僕渾等叛招引朔方胡爲援處真與高涼王那等討滅之

秦明王翰昭成帝次子少有高氣年十五便請征伐昭成壯之使領騎二千長統兵號令嚴信多有剋捷翰子衞王儀少能舞劔騎射絶人道武幸賀蘭部侍從出入登國初從破諸部有戰功儀膂力過人弓力將十石陳留公稍大稱異時人云衞王弓桓王稍太武之初育也道武喜夜召儀入曰卿聞夜喚乃不怪懼乎儀曰怪則有之懼實無也

儀弟陰平王烈剛武有智略元紹之逆百寮莫敢有聲唯烈行出外詐附紹募執明元紹信之自延秋門出遂迎立明元

烈弟觚勇烈有膽氣少與兄儀從道武侍衞左右使於慕容垂垂末年政在群下遂止觚以求賂道武絶之觚率左右馳還

衞王孫禎膽氣過人太武時從征蠕蠕忽遇賊别部多少不敵禎乃就山解鞍被馬以示有伏賊果疑而避之

常山王遵昭成帝孫少而壯勇不拘小節道武初有佐命勳賜爵略陽公慕容寶之敗也别率騎七百邀其歸路由是有參合之捷

陳留王虔昭成帝孫也姿貌魁傑武力絶倫每以常稍細短大作之猶患其輕復綴鈴於刃下其弓力倍加常人以其殊異於世代京武虔常在而志之虔常臨陣以稍刺人遂貫而高舉又背以一手頓稍於地馳馬僞退敵人爭取引不能出虔引弓射之一箭殺二三人搖矟之徒亡魂而散徐乃令人取矟而去每從征討常先登陷陣勇冠當時敵無衆寡莫敢抗其前者

河南王曜道武子武藝絶人與陽平王熙等並督諸軍講武衆服其勇

陽平王他道武帝孫性謹厚武藝過人從太武討胡白龍於西河屠其城別破餘黨斬首千級

安康縣伯均長子忻之性麤武有氣力釋褐定州平北府中兵參軍

長壽子鸞以武藝著稱頗爲北都大將

常山王素子可悉陵年十七從太武獵遇一猛獸陵遂空手搏之以獻帝曰汝才力絶人當爲國力功立事勿如此也即拜内行阿干又從平涼州沮渠茂䖍令一驍將與陵相擊兩槊皆折陵抽箭射之墜馬陵恐其救至未及拔劔以刀子戾其頸使身首異處帝壯之即日拜都幢將

永昌王健明元帝次子姿貌魁壯太武襲蠕蠕越涿邪山詔健殿後矢不虛發所中皆應弦而斃威震漠北健子仁亦驍勇有父風太武奇之

魏興王融字叔融貌甚短陋驍武過人莊帝誅殺爾朱榮以融爲直閤將軍

任城王澄子嵩爲左中郎將從孝文南伐齊將陳顯達率衆拒戰嵩身備三仗免冑直前將士從之顯達潰斬獲萬計嵩於爾日勇冠三軍

華山王鷙字孔雀文皇帝之後容貌魁壯膂帶十圍有武藝木訥少言

北齊清河王岳神武從父弟初神武與四胡戰于韓陵神武將中軍高昂將左軍岳將右軍中軍敗績賊乘之岳舉麾大呼横衝賊陣高祖方得迴師表裏奮擊因大破賊

上黨剛肅王渙神武第七子天姿雄傑俶儻不群雖在童幼常以將略自許神武壯而愛之曰此兒似我及長力能扛鼎材武絶倫

元象中封平原郡公文襄之遇賊渙年尚劫在西學聞宮中讙驚曰大兄必遭難矣彎弓而出

蘭陵武王長恭一名孝瓘文襄第四子累遷并州刺史突厥入晉陽長恭盡力擊之芒山之敗長恭爲中軍率五百騎再入周軍遂至金墉之下被圍甚急城上人弗識長恭免冑示之面乃下弩手救之於是大捷武士共歌謡之爲蘭陵王入陣曲是也後爲太尉與段韶討柏谷又攻定陽韶病長恭揔其衆前後以戰功別封鉅鹿長樂樂平高陽等郡公芒山之捷後主謂長恭曰入陣太深失利悔無所及對曰家事親切不覺遂然帝嫌其稱家事遂忌之

安德王延宗文襄第五子以平陽之役後主自禦之命延宗率右軍先戰城下擒周開府宗挺及大戰延宗以麾下再入周軍莫不披靡諸軍敗延宗猶全軍延宗容貌充壯坐則仰偃則伏人笑之乃蹶然奮發氣力絶異馳騁行陣劲捷若飛後禦周齊王於城北奮大稍往來督戰所向無前

後周東平公神擧文帝族子膂力絶人彎弓數百斤能左右馳射

莒莊公洛生少任俠尚武藝及壯有大度好施愛士北州賢俊皆與之遊而才能多出其下葛榮破鮮于仲禮乃以洛生爲漁陽王領德皇帝餘衆時人呼爲洛王善撫將士帳下多驍勇至於戰陣莫有當鋒者是以剋獲常冠諸軍爾朱榮定山東收諸豪傑遷晉陽洛生時在屬中榮雅聞其名心憚之爲榮所害

章武公導少雄豪太祖愛之及入關導嘗從征伐太祖討侯莫陳悦以導爲都督鎮原州及悦走故塞導追斬之

杞簡公連臨敵果毅隨德皇帝追賊定州戰歿

齊王憲太祖第五子也武帝保定中憲爲雍州牧及晉國公護東伐尉遲迥爲前鋒圍洛陽憲與達奚武王雄等軍於邙山自餘諸軍各分守險要齊兵數萬奄出軍後諸軍震駭並各退散唯憲與雄等率衆拒之而雄爲齊人所敗三軍震懼憲親自督勵衆心乃安建德五年大擧東伐憲爲前鋒憲度汾而西及帝於王壁帝又令憲率兵六萬還援晉州憲遂進軍營于涑水齊主攻圍晉州晝夜不息間諜還者或云已陷憲乃遣柱國越王盛大將軍尉遲迥開府宇文神擧等輕騎一萬夜至晉州憲進據蒙坑爲其後援知城未陷乃歸涑川尋而高祖東轅次于高顯憲率所部先向晉州明日諸軍揔集稍逼城下齊人亦大出兵陣於營南帝召憲馳往觀之憲返命曰易與耳請破而後食帝悦曰如汝所言吾無憂矣內史柳昂私謂憲曰賊亦不少王安得輕之憲曰憲受委前鋒情兼家國掃此逋寇事等摧枯商周之事公所知也賊雖衆其如我何既而諸軍俱進應時大潰其夜齊主遁走憲輕騎追之既及永安高祖續至齊人收其餘衆復據高壁及洛女砦高祖命憲攻洛女破之明日與大軍會於介休時齊主遂奔鄴留其從兄安德王延宗據并州延宗因僭僞號帝圍其城憲攻其西面克之擒延宗以功封第二子質爲河間王拜第三子賓皀一云爲大將軍仍詔憲先驅趣鄴

汝南郡公慶衞王直鎮山南引爲左右慶善射有膽氣好格猛獸直甚壯之後從武帝攻河陰先登攀堞與賊短兵相接中石乃墜元而後蘇帝勞之曰卿勇可以賈人也復從武帝拔晉州齊兵大至慶與齊王憲輕騎覘卒爲賊所窘憲挺身而遁慶退據汾橋衆賊爭進慶射之所中人馬必倒賊乃稍却及拔高壁剋并州下信都禽高階功並居最

隋蜀王秀高祖子有膽氣多武勇甚爲朝士所憚

唐淮陽王道玄高祖從父兄子也武德初從太宗擊宋金剛于介州先登陷陣時年十五太宗壯之賞物千段後討王世充頻戰皆捷竇建德至武牢太宗以輕騎誘賊令道玄率伏兵於道左會賊至追擊破之又從太宗轉戰于汜水麾戈陷陣直出賊衆披靡後衝突而歸太宗大悦命副乘以給道玄又從太宗赴賊再入再出飛矢亂下箭如蝟毛猛氣益厲射人無不應弦而倒東都平拜洛州揔管後爲劉黑闥所擒太宗嘗從容謂侍臣曰道玄終始從朕

見朕深入賊陣所向必剋意嘗企慕所以每陣先登蓋學朕也惜其年少不遂遠圖因爲之流涕贈左驍衛大將軍謚曰壯

江夏王道宗道玄從父弟也武德初從太宗平竇建德破王世充屢有殊效五年授靈州摠管梁師都據夏州遣弟洛兒引突厥兵數萬至于城下道宗閉門拒守伺隙而戰賊徒大敗高祖聞而嘉之謂僕射裴寂中書令蕭瑀曰道宗今能守邊以寡制衆昔魏任城王彰臨戎却敵道宗勇敢有同於彼初突厥連於梁師都其郁射設入居五原舊地道宗遂出之振耀威武開拓疆界斥地千餘里邊人悅服貞觀三年爲大同道行軍摠管遇李靖襲破頡利可汗頡利以十餘騎來奔其部道宗引兵逼之徵其執送頡利以數騎夜走匿于荒谷沙鉢羅懼馳追獲之遣使送於京師吐谷渾寇邊詔右僕射李靖爲崑丘道行軍大總管道宗與吏部尚書侯君集爲之副賊聞兵至走入嶂山已行數千里諸將議欲息兵道宗固請追討李靖然之而君集不從道宗遂率邊師并行倍道去大軍

十日追及之賊據險苦戰道宗潛遣千餘騎踰山襲其後賊表裏受敵一時奔潰十四年大軍討高麗令道宗與李勣爲前鋒濟遼水剋蓋牟城逢賊兵大至軍中僉欲深溝保險待太宗至徐進道宗曰不可賊赴急遠來兵實疲頓恃衆輕我一戰必摧昔耿弇不以賊遺君父我既職在前軍當須淸道以待輿駕李勣然之乃與壯士數十騎直衝賊陣左右出入勣同合擊大破之太宗既親討高麗初遣營州都督張儉統輕騎先渡遼觀賊形勢儉懼不敢深入道宗固請將百騎覘賊太宗許之因問往還幾日對曰往十日還十日周覽十日總經一月望謁陛下遂秣馬束兵帶歷險阻直趨遼東城南山觀其地形險易安營置陣之所及還賊已引兵過長城斷其路道宗斬關而出焉既還見太宗嗟歎曰賁育之勇何以過此賜金五十斤絹千匹

梁郴王友裕太祖之長子也氣貌雄傑幼即明敏常從征伐破黃巢於陳又破賊於冤句後討蔡寇於溵水又戰於斤溝秦宗權來寇也領馬軍翼帝於府西板橋大勝之又從破張晊於封丘南破鄆之范縣寨擒都將尹萬榮敗魏卒於黎陽臨河

後唐贈太保從璟明宗長子性忠勇沈厚摧堅陷陣人罕偕焉

晉韓王暉高祖從弟高祖初爲河東節度使張敬達之圍晉陽也高祖署暉爲突騎都將常引所部出敵之不意深入力戰雖夷傷流血矢鏃貫其骨而辭氣益厲高祖壯之

剛正

夫有託景宸極維翰帝室奮乎剛毅克揚威稜非天姿挺特內蘊忠亮臨事有守居正不撓又曷能申疾風勁草之節彰烈火貞玉之操啓發憤悱至於茂烈者乎由漢而還可以槩舉至有外屬彊熾怙寵干紀權臣以是放命肆虐而能激昂正說斥挫驕勢嫉邪蹈險執義不回乃至恪守官以廉受私請修明職事弗畏彊禦惡無禮於君側折諸短於言下賦性質重未嘗矢差斯亦各秉志尚以樹英聲者爾

漢朱虛侯章齊王肥子也高后稱制立諸呂爲三王擅權用事明年章入宿衛章年二十有氣力忿劉氏不得職嘗入侍燕飲高后令帝爲酒吏章自請曰臣將種也請得以軍法行酒高后曰可酒

酣章進歌舞已而曰請爲太后言耕田欲申諷諭也高后兒子畜之比之於子也笑曰顧乃父之田耳顧念也乃汝也父謂高帝也若生而爲王子安知田乎章曰臣知之太后曰試爲我言田意章曰深耕穊種立苗欲疏穊稠也穊種者言多生子孫也疏立者四散置之令爲藩輔也非其種者鉏而去之以斥諸呂也太后默然頃之諸呂有一人醉亡酒避酒而逃章追拔劍斬之而還報曰有亡酒一人臣謹行軍法斬之太后左右大驚業已許其軍法亡以罪也因罷酒自是後諸呂憚章雖大臣皆依朱虛侯劉氏爲彊

魏任城王彰初治鄴陵堵薄使治中牟及文帝受禪因封爲中牟王是後大駕幸許昌北州諸侯上下皆畏彰之剛嚴每過中牟不敢不速

晉成都王穎爲車騎將軍賈謐嘗與皇太子博爭道穎在坐厲聲呵謐曰皇太子國之儲君賈謐何得無禮謐懼由此出穎爲平北將軍鎮鄴

嗣譙王尚之爲前將軍兄弟俱典兵後將軍元顯寵倖張法順每

宴會坐起無別尚之入朝正色謂元顥曰張法順驅之小人有何才異而暴被拔擢當今聖世不宜如此元顥默然尚之又曰宗室雖多規諫者少王者尚納芻蕘之言況下官與使君骨肉不遂蒙眷累世何可坐視得失而不盡言因叱法順令下與坐失色尚之言笑自若元顯深銜之後符下西府令出勇力二千人尚之不與曰西藩濱接羌餘寇虜無常兵止數千不足戍備無復可分徹者元顯尤怒

祠譙王恬爲御史中丞值海西廢簡文帝登阼未解嚴大司馬桓溫也中堂吹警角恬奏劾溫大不敬請科罪溫視奏歎曰此兒乃敢彈我眞可畏也恬忠正有幹局在朝憚之

東安王繇性剛毅有威望

後魏華山王鷙學孔雀爲大司馬侍中鷙木訥少言性方厚每息直省閨雖暑月不解衣冠曾於侍中高岳之席咸陽王坦恃力使酒衆皆下之坦謂鷙曰孔雀老武官何因得王鷙荅曰斬反人元

禧首是以得之衆皆失色鷙怡然如故禧坦之父也

女陵伯萇性剛毅雖有吉慶未嘗開口而笑孝文遷都萇以代尹留鎮懷朔鎮大將因別賜萇酒雖拜飲而顏色不泰帝曰聞公一生不笑今方隔山河當爲朕笑竟不能得

美陽公暉業爲特進中書監錄尚書事齊文襄執政嘗問之曰比何所披覽對曰所尋伊霍之傳不讀曹馬之書

建忠伯志字猛略爲洛陽令不避彊禦與御史中尉李彪爭路俱入見面陳得失彪言御史中尉避承華蓋駐論道劍鼓安有洛陽縣令與臣抗衡志言神鄉縣主普天之下誰不編戶豈有俯同衆官趨避中尉孝文曰洛陽我之豐沛自分路揚鑣自今以後可分路而行及出與彪折尺量道各取其半帝謂邢巒曰此兒亦可所謂王孫公子不鏤自彫巒曰露竹霜條故多勁節非鸞則鳳其在本枝也

東平王字建扶性耿介有氣節宣武即位累遷給事黃門侍郎時茹皓始有寵百寮微憚之帝曾於山陵還詔建扶陪乘又命皓登車皓褰裳將上建扶諫帝推之令下皓恨建扶失色當時壯其忠謇後爲特支尚書時宣武委政於高肇宗室傾憚唯建扶與肇抗衡先自造棺置於廳事意欲輿棺詣闕論肇罪惡自殺切諫肇聞而惡之

東阿縣公順任城王澄之子起家爲給事中時尚書令高肇帝舅權重天下人士望塵拜伏順曾懷刺詣肇門門者以其年少荅云在坐大有貴客不肯爲通順叱之曰任城王兒可是賤也及見直往登牀捧手抗禮王公先達莫不怪慴而順辭吐傲然若無所覩肇謂衆賓曰此兒豪氣尚尒況其父乎及出肇加敬送及爲給事黃門侍郎時領軍元乂威刑尤盛凡有遷授莫不造門謝謁順拜表而已曾不詣乂乂謂順曰卿何清耶不見我順正色曰天子富於春秋委政宗輔叔父宜以至公爲心舉士報國如何賣恩責人私謝豈所望也至於朝論得失順常鯁言正議曾不阿旨由此見

憚出除平北將軍常州刺史順謂乂曰北鎮紛紜方爲國梗桑乾舊都根本所繫請假都督爲國捍屏乂疑難不欲授以兵官謂順曰此朝廷之事非我所裁順曰叔父既握國柄殺生由已自言天之曆數應在我躬何得復有朝廷也乂彌忿憚之乂既解領軍順累遷侍中初中山王熙起兵討元乂不果而誅及靈太后反政乃得改葬順侍坐西遊園因奏太后曰臣昨往看中山家葬非唯宗親哀其冤酷行路士女見其一家七喪皆爲潸然莫不酸泣乂妻時在太后側順指之曰陛下奈何以一妹之故不伏元乂之罪使天下懷冤太后嘿然不語後營州城民就德興反使尚書盧同往討之大敗而返屬侍中穆紹與順侍坐因論同之罪同先有近宅借紹紹頗欲爲言順勃然曰盧同終將無罪太后曰何得如侍中之言順曰同有好宅與要勢侍中豈慮罪也紹懼不敢復言後徐紇間順於靈太后出順爲護軍將軍太常卿順奉辭於西遊園紇侍側順指謂靈太后曰此人魏之宰嚭魏國不滅終不死亡紇脅

胥而出順遂抗聲叱之曰尒刀筆小人正堪爲机案之吏寧應恭執戟戲我彝倫遂振衣而起靈太后黙而不言尋除吏部尚書兼右僕射與城陽王徽同日拜職　舍人鄭儼於止車門外先謁徽後拜順順怒曰卿是佞人當拜佞王我是直人不受曲拜儼深慚謝順曰卿是高門子弟而爲北宮幸臣僕射李思沖尚與王洛誠同傳以此度之卿亦應繼其卷下見者爲之震動而順安然自得時三公曹令史朱暉素事録尚書高陽王雍雍欲以爲廷尉評頻頻訊順順不用爲雍遂下命用之順投之於地雍聞大怒昧爽坐都廳召尚書及丞郎畢集欲待順至於衆挫之順日高方至雍攘袂撫几而言曰身天子之子天子之叔天子叔祖四海之内親尊莫二元順何人以身成命投弃於地順鬚鬢俱張仰面看屋憤氣奔涌長歔而不言以之揺一白羽扇徐而謂雍曰高祖遷宅中土捌定九流官方清濁軌儀萬古而朱暉小子身爲省吏何合爲廷尉清官殿下既先皇同氣宜遵成旨自有短垣而復踰之也雍曰身爲丞相録尚書如何不得用一人爲官曰庖人雖不治庖尸祝不得越樽俎而代之未聞有別旨令殿下參選事順又厲聲曰殿下必如是順當依事奏聞雍遂笑而言曰豈可以朱暉小人便相忿恨遂起呼順入室與之極飲順之容貌不撓皆此類也

北齊趙郡王叡累拜太尉監與馮翊王潤安德王延宗及元文遥奏後主去和士開不宜仍居内任并入奏太后因出士開爲兖州刺史太后曰士開舊經驅使欲留過百日叡正色不許數日之内太后數以爲言有中官要人知太后密旨謂叡曰太后意既如此殿下何宜苦違叡曰吾國家事重死且不避若貪生苟全令國家擾攘非吾志也況受先皇遺旨委寄不輕今嗣主幼沖豈可使邪臣在側不守之以正何面戴天遂重進言詞理懇切太后令酌酒賜叡叡正色曰今論國家大事非爲卮酒言訖便出及明日入朝妻子咸諫止之叡曰自古忠臣皆不顧身命社稷事重吾當以死効之豈容令一婦人傾危宗廟且和士開何物竪子如此縱横吾

寧死事先皇不忍見朝廷顛沛至殿門又有人曰願殿下勿入慮有危變叡曰吾上不負天死亦無恨入見太后太后復以爲言叡執之彌固出至永巷遇兵被執送華林園於雀離佛院令劉桃枝拉而殺之

安樂王勱性剛直有才幹甚爲時人所重斛律明月雅敬之每有征伐則引之爲副遷侍中尚書右僕射及後主爲周師所敗勱奉太后歸鄴時宦官放縱儀同荀子溢尤稱寵幸勱將斬之以徇太后救之乃釋劉文殊竊謂勱曰子溢之徒言成禍福何得如此勱攘袂曰今者西寇日侵朝貴多叛由此輩弄權致使衣冠解體若得今日殺之明日受誅無所恨也文殊甚愧

唐惠文太子範睿宗子玄宗時王毛仲等本起微賤皆崇貴傲於朝廷諸王每相見假以引待獨範見之色莊

嗣吳王巘貞元中爲宗正卿性介直每與人言論好面折其短

册府元龜卷二百七十一

宗室部十一

令德

天體自帝室茵於宗戚慶有惇叙之美出有藩維之重自非挺信厚之質流愷悌之譽則何以堤擢民望表儀公族哉麟趾以來封建尤盛乃有粹和中積淑美兼著事神撫人而咸悅守法奉上而匪懈樹善以濟物推誠而待下勞謙不伐純儉無矯體仁好施居簡多恕行已以周慎處事以方正寬厚以容衆賢明而通理是皆宗室之英本枝之秀足以隆王國之垣屏藹策書之徽譽者已善夫立愛親親雖古之道又曷嘗不建賢尚德以成固本之義歟

周公旦者多材多藝能事鬼神

衛康叔封冉季載周公母弟也皆有馴行於是周公舉康叔爲周司寇冉季爲周司空以佐成王治皆有令名於天下

蔡侯胡叔度之子也度旣遷而死胡乃改行率德馴善周公聞之

而舉胡以爲魯卿士魯國治

漢陽城侯德楚元王曾孫地節中以親親行謹厚封爲陽城侯子安民爲郎中右曹宗家以德得官宿衛者二十餘人德寬厚好施生（言好施恩惠於人而生全之）每行京兆尹事多所平反罪人（反音幡罪人謂使從輕也）家產過百萬則以振昆弟賓客食飲曰富民之怨也宗正向初以行修飭擢爲諫大夫

淮南王安厲王之子爲人好書鼓琴不喜弋獵狗馬馳騁亦欲以行陰德拊循百姓流名譽

河間獻王德修學好古及薨中尉常麗以聞曰王身端行治溫仁恭儉篤敬愛下明知深察惠于鰥寡大行令奏謚法曰聰明睿知曰獻宜謚曰獻

楚孝王囂成帝河平中入朝時被疾天子閔之下詔曰蓋聞天地之性人爲貴人之行莫大於孝楚王囂素行孝順仁慈之國以來二十餘年纖介之過未嘗聞朕甚嘉之

後漢城陽恭王祉行淳厚宗室皆敬之

宜春侯正爲人謙遜

東海頃王肅恭王彊之子性謙儉循恭王法度

肅子孝王臻性敦厚有恩和睦兄弟恤養孤弱至孝純備仁義兼著

楚思王孫般宣帝之玄孫也初宣帝封子囂於楚是爲孝王孝王生思王衍衍生王紆紆生般自囂至般積累仁義世有名節而紆尤慈篤般子愷愷子茂皆以禮讓至三公也

沛王輔光武之子矜嚴有法度在國謹節終始如一稱爲賢王明帝愛重數加賞賜

瑯邪孝王京光武之子京性恭孝好經學明帝才愛幸賞賜恩寵殊厚莫與爲比

東平王蒼光武之子永平十一年蒼朝京師月餘還國明帝遣使手詔國中傅曰日者問東平王處家何等最樂王言爲善最樂其言甚大副是要腹矣（蒼腰帶八圍故明帝言之）

彭城王恭敦厚威重舉動有節度吏人敬愛之恭子孝王和敬賢樂施國中愛之

魏鄧哀王沖幼才敏太祖尤愛之沖每見當刑者輒探覩其冤枉之情而微理之及勤勞之吏以過誤觸罪常爲太祖陳說宜寬有之辯察仁愛與性俱生

吳丹徒侯桓字叔武堅族子河之子器懷聰叡大帝常稱爲宗室顏淵

都鄉侯松丹楊太守翊之子善與人交輕財好施鎮巴丘數咨問遜以得失嘗有小過遜面責松松意色不平遜觀其少釋謂曰君過聽不以其鄙數見訪及是以承來意進盡言便變色何也松笑曰屬亦自忿行事有此豈有望也

假節開府處大帝子也性聰體達所尚日新以皇子之尊富於春秋遠近嫌其不能留意及至臨事遵奉法度延納師友過於衆望

晉安平王孚宣帝次弟也孚溫厚謙讓性通恕以貞白自立未嘗

有怨於人武帝元會詔孚乘輿車上殿帝於阼階迎拜既坐帝親奉觴上壽如家人禮帝每拜孚跪而止之又給以雲母輦青蓋車孚雖見尊寵不以爲榮常有憂色

高密王泰性廉靜不近聲色事親恭謹居喪哀戚謙虛下物爲宗室儀表當時諸王惟泰及下邳王晃以節制見稱雖並不能振施其餘莫得比焉

孝王略泰之子也孝敬慈順小心下士少有父風

東海獻王越略之弟也少有令名謙虛持布衣之操爲中外所宗

琅邪王伷宣帝拜大將軍開府儀同三司既戚屬尊重加有平吳之功克己恭儉無矜滿之色僚吏盡力百姓懷化

扶風王駿清貞守道宗室之中最爲儁望

齊獻王攸字大猷少而岐嶷及長清和平允親賢好施才望出武帝之右宣帝每器之武帝踐阼攸雖未之國文武官屬下至士卒分租賦以給之疾病死喪賜與之而時有水旱國內百姓則加振貸須豐年乃責十減其二國內賴之及爲驃騎將軍時驃騎當罷營兵兵士數千人戀攸恩德不肯去遮京兆主言之帝乃還攸兵攸以禮自拘鮮有過事就人借書必手刊其謬然後反之武帝亦憚之每引之同處必擇言而後發

長沙王乂開朗果斷虛心下士甚有名譽　歎顒可爲諸國儀表

河間王顒少有清名輕財愛士與諸王俱來朝武帝

會稽文孝王道子少以清澹爲謝安所稱

下邳王晃孝友貞廉謙虛下士甚得宗室之稱

譙王承爲東海太守有犯夜者爲吏所拘承問其故答去從師受書不覺日暮承曰鞭撻寧越以立威名非政化之本使吏送令歸家其從容寬恕若此又小吏有盜池中魚者綱紀推之承曰文王之囿與衆共之池魚復何足惜耶

宋長沙王道憐子義宗愛士樂施兼好文籍世以此稱之義宗子秉泰始中累遷吏部尚書時宗室雖多才能寡秉少自砥束甚得朝野之譽故爲太宗所委

臨川王義慶性謙虛簡素寡嗜欲受任歷藩無浮淫之過

建平王宏少而閑素篤好文籍爲人謙儉周慎明練政事

南齊豫章王嶷性汎愛不樂聞人過失左右有投書相告置鞾中竟不視取火焚之齋庫失火燒荊州還資評直三千餘萬主局各杖數十武帝遣嶷拜陵還過延陵季子廟觀沸井有水牛突部伍值兵執牛推問不許取絹一匹橫繫牛角放歸其家爲存寬厚故得朝野歡心及薨群吏中南陽樂藹彭城劉繪吳郡張稷最被親禮藹與竟陵王子良牋曰道德以可久傳聲風流以浸遠標稱雖復青簡締芳未若玉石之不朽飛翰圖藻豈伊雕篆之無沫丞相沖粹表於天真淵懿殆乎幾象經邦緯民之範體國成務之規故以業茂惟賢策功惟哲神輝眇邈叡筭不追感遲奉車悒百寮帶下官夙稟名節懷恩軫慕埏隧結哀輒欲率刑江湘三州僚吏建碑壟首庶徽猷有述茂則方存昔子香淳德留銘江介鉅平遺烈墮淚漢南況道冠前徃惠積聯緜者哉下官今復反假無由躬事刊斲須至西州鳩集所資託中書侍郎劉繪營辦藹又與右率沈約書曰夫道宣鑠烈功帛有時先朽德孚遺事金石更非後亡丞相獨秀生民旁照日月標勝丘園素履穆於忠義譽應華袞功迹著於蕃諸無得而稱理絕昭載若夫日用闃寂雖無取於錙銖歲功宏達諒有寄於衡石竊承貴州士民或建碑表俾我荊南闕感無地且作紀江漢道基分陝衣冠禮樂咸被後昆若其望碑盡禮我州之舊俗傾壚罷肆鄙土之遺風庶幾引烈或不泯墜荊江湖三州策名不少並欲各率毫釐少申景慕斯文之託歷選惟疑必待文蔚辭宗德僉茂發非高明而誰豈能騁無愧之辭訓式瞻之望吾西州窮士一介寂寞恩周榮譽澤遍衣食永惟道廕日月就遠緬尋遺烈觸目摧心常謂福齊南生慶鍾仁壽吾儕小人歸塵惟蓋豈圖一旦遂投此請約答曰丞相風道弘曠獨秀生民凝猷盛烈方軌伊旦攀遺之感朝野同悲承當刊石紀功傳華千載宜須

臧述實允來談郭有道漢末之匹夫非蔡伯喈不足以偶三絶詢
安石素族之台輔時無麗藻迺有碑無表文獻王冠冕彝倫儀
刑寓內自非一世辭宗難或與此約閭門鄙人名不入第欽酬令旨
便是以禮許以聞命慙顔已不覺汗之沾背也建武中第二子子
恪託約及太子詹事孔稚珪爲文
臨川王映爲揚州刺史國家初創映以年少臨神州吏治聰敏府
州曹局皆重足以奉禁令自宋彭城王義康以後未之有也武帝
嘗問映居家何事映曰正使劉瓛講禮顧越講易朱廣之講莊老
臣與二三諸彥兄弟友生時復擊贊以此爲樂帝大賞之他日謂
豫章王嶷曰臨川爲善遂至於斯嶷曰此大司馬公之次弟安不
爾帝仍以王如意指嶷曰未若皇帝之次弟爲善最多也嶷常戒
諸子曰凡富貴少不驕奢以約失之者鮮矣漢世已來侯王子弟
以驕恣之故大者滅身喪族小者削奪邑地可不戒哉映應接賓
客風韻韶靡及薨朝野莫不惋惜焉

鄱陽王鏘和悌美令有寵於武帝在官理事無壅當時稱之
始興王鑑爲益州刺史不重華飾器服請素有高士風與記室參
軍蔡仲熊能登張儀樓商略先言往行及士人物鑑言辭和辯仲
熊應對無滯當時以爲盛事
南平王銳爲左民尚書朝直勤謹未嘗屬疾上嘉之十年出爲持
節都督湘州諸軍事以賞銳
江夏王鋒清悟有學行爲南豫州刺史都督二州軍事雖未經庶
務而雅得人心及鎮姑孰于時人發桓溫女冢得金巾箱織金篾
爲之嚴器又有金蠶銀繭等物甚多條以啓聞鬱林敕以物賜之
鋒曰今取往物後取今物如循環豈可熟念使長史蔡約自往
修復纖毫不犯永明中制諸王年未三十不得畜妓及武帝晏駕
後有勸取左右者鋒曰在內不無使役既先朝遺旨何忍而違
竟陵王子良少有清尚京邑大水吳興偏劇子良開倉賑救貧病
不能立者第北立解收養給衣及藥子良每勸人善未嘗厭倦以
此終致盛名子良薨故吏范雲上表爲子良立碑事未行
南豐縣伯赤斧太祖從祖弟也歷官爲奉朝請以和謹爲太祖所知
南康王子通理性慷慨慕立功名每讀書見忠臣烈士未嘗不廢
卷歎曰一生之內當無愧古人
梁文宣侯尚之敦厚有德器仕齊爲司徒建安王中兵參軍一府
稱爲長者琅邪王僧虔尤善之每事多與議決至天監初追謚文
宣侯
吳平侯景子辯識斷益政佐時蓋宗室令望景子勵弱不好弄喜
慍不形於色性率儉而器度寬裕左右嘗將羹正覆前翻之顏色
不異徐呼更衣
長沙元王弟藻性謙退不求聞達善屬文詞尤好古體自非公讌
未嘗妄有所爲縱有小文成輒弃本頻莅數鎮民吏稱之推善下
人常如弗及性恬靜獨處一室床有塵痕宗室衣冠莫不楷則常
以爵祿太過每思屏退門庭閑寂賓客罕通太宗尤敬愛之

桂陽王象容止閑雅簡於交游位丹陽尹始親庶政舉無失德朝
廷稱之
臨川靖惠王宏性寬和篤厚在州二十餘年未嘗以吏事按郡縣
世稱其長者
安成王秀性方靜雖左右近侍非正衣冠弗之見由是親友及家
人咸敬焉秀爲平南將軍江州刺史將發主者取堅舟以爲齋舫
秀曰吾豈愛財而不愛士教所由以牢者給參佐下者載齋物既
而遭風齋舫遂破秀有容觀每在朝百寮目爲仁恕喜慍不形於
色左右嘗以石擲殺所養鶡齋帥請案其罪秀曰吾豈以鳥傷人
在京師且臨公事廚人進食誤而覆之去而登車竟朝不飯亦弗
之詰也秀於高祖布衣昆弟及爲君臣小心畏敬過於疏賤者高
祖益以此賢之及薨故佐吏夏侯亶等表立墓碑詔許焉當世高
才遊王門者東海王僧孺吳郡陸倕彭城劉孝標河東裴子野各
製其文古未之有也

南平元襄王偉性多恩惠尤愍窮乏常遣腹心左右歷訪里閭人士貧困吉凶不舉者即遣贍䘏太原王曼穎士家貧無以殯友人江革往哭之其妻兒對革號訴革曰建安王當知必爲營理言未訖偉使至給其喪事得周濟焉每祁寒積雪則遣人載樵米隨乏絶者即賦給之

鄱陽忠烈王恢通恕輕財好施凡歷四州所得奉禄隨而散之

恢子範溫和有氣識爲衛尉卿每夜自巡警武帝嘉其勞苦

邵陵王綸武帝第六子輕財愛士不競人利府無儲積聞有輒求既得即散士亦以此歸之

武陵王紀少而寬和喜怒不形於色

後梁安平王巖性仁厚善於撫接歷侍中荆州刺史尚書令

東平王岌性敦和而好學

義興王巏幼有令德能屬文特爲明帝所愛

陳始興郡王伯茂性聰敏好學謙恭

鄱陽王伯山舉止閑雅喜慍不形於色

永陽王伯智少敦厚有器局

尋陽王叔儼性凝重舉止方正

後魏華山王鷙有武藝木訥少言性方厚每息直省閨闥雖暑月不解衣冠

松滋侯子華爲齊州刺史在官不爲矯絜之行

陽平王熙聰達有雅操爲宗屬所欽重

樂平王丕少有才幹爲世所稱明元愛其器度特優異之

樂安王範爲長安鎮都大將謙恭惠下推心撫納百姓稱之

東平王翰太武之子初封秦王拜侍中中軍大將軍參典都曹事忠貞雅正百寮憚之

淮陵王大頭性謹密文成甚重之

常山王素宗屬之懿而年老文成每引入訪以政事固辭疾歸第雅性方正居官五十載終始若一時論賢之

武昌悼王鑒沉重少言寬和好士

京兆王繼寬和容裕號爲長者

繼子羅字仲綱爲散騎常侍雖父兄貴盛而虛己謙退恂恂賓物

彭城王勰姿性不群小心謹慎初無過失雖閑居宴處亦無[illegible]情容愛敬儒彥傾心禮待清正儉素門無私謁性仁孝咸陽王禧謀反被害後諸子每乏衣食唯勰歲中再三賑給之

清河王懌寬仁容裕喜怒不形於色

河間公子蘭以忠謹見寵孝文初賜爵建陽子

京兆王孫悰寬和有度量美容貌風望儼然得喪之間不見於色性清儉不營產業身死之日家無餘財

趙郡王弟譚性頗強立少爲宗室所推敬

高陽王雍子叡輕忽榮利愛翫琴書起家拜通直散騎侍郎

廣陽簡王建子嘉少沉敏喜慍不形於色

任城王澄子順宣武帝時四方無事國富民康豪貴子弟率以朋遊爲樂而順篤志愛古性謇諤澹於利

北齊平陽靖翼王淹性沉謹以寬厚稱

齊安王廓字仁引性長者無過行

趙郡王琛除使持節督定州刺史推誠撫納拔用士人甚有聲譽

北平王貞沉審寬恕武成曰此兒得我鳳毛

清河王岳長而敦直沉深有器量

蘭陵王長恭嘗入朝而僕從盡散唯有一人長恭獨還無所譴罰

後周邵公顥第二子也導爲大將軍性寬明善撫御凡所引接人皆盡誠臨事敬慎常若不及太祖每出征討導常居守深爲吏人所附朝廷亦以此重之

豳公廣文帝曾姪孫時晉公諸子及杞公亮等服翫侈靡踰越制度廣獨率由禮則朝野稱焉

虞國公仲德子興性引厚有志度雖流離世故而風範可觀

廣川公測性仁恕好施在洛陽之日曾被竊盜所失物即其妻陽

平主之衣邪世州縣禽盜并物俱獲測恐此盜坐之以死不認焉遂過赦免盜既感恩請爲測左右及測從孝武西遷事極恭狽盜人亦從測入關竟無異志測弟深少喪父事兄甚謹從神興神慶乃深撫訓之義均同氣世亦以此稱焉

東平公神舉在職當官每著聲績兼好施愛士以雄豪自負故得任兼文武聲彰內外百寮無不仰其風則先華舊齒至于今稱之

隨穆王瓚甚有令名於當世時人號曰楊三郎

衛昭王爽有器局所治甚有聲

右衛將軍劉綱高祖族父爲性質直在官宏濟亦爲當時所稱

秦孝王俊伐陳之役以爲山南道行軍元帥督三十總管水陸十餘萬屯漢口爲上流節度陳將周羅睺荀法尚等以勁兵數萬屯鸚鵡洲總管崔弘度請擊之俊慮殺傷不許羅睺亦相率而降於是遣使奉章詣闕垂泣謂使者曰謬當推轂愧無尺寸之功以此多慚耳上聞而善之

上開府達奚爲人弘厚有局度楊素每言曰有君子之貌兼君子之心者唯楊達耳

唐江夏王道宗敬慕賢士不以地勢凌人宗室中唯道宗及河間王孝恭昆季最爲當代所重

淮陽王道玄性謹厚好學多武藝進止閑雅

廬江王瑗頗尚儒雅爲公子而勵布衣之操

河間王孝恭少沈敏有識量性寬厚以仁孝見稱太宗甚親顧之諸宗室中莫與爲比然崇退讓無矜伐驕貴之色

韓王元嘉閨門脩整有類寒素士大夫其修身潔己內外如一諸王莫能及者唯霍王元軌抑其次焉

元嘉子譔以才行見知諸王子之中與琅邪王沖爲一時之秀凡所交結皆當代名流

霍王元軌謙慎自守與物無忤爲人不妄接士在徐州唯與處士劉玄平爲布衣之交或問玄平王之所長玄平曰無長問者怪而後之玄平曰夫人有短所以見其長至於霍王無所不備吾何以稱之哉嘗使國令徵封令曰請依諸國賦物貿易取利元軌曰汝爲國令當正吾失乃說吾以利邪拒而不納元軌初封吳王太宗嘗問群臣曰朕子弟孰賢侍中魏徵對曰臣愚闇不盡知其能唯吳王數與臣言未嘗不自失太宗曰朕亦器之卿以爲前代誰比徵曰經學文雅亦漢之間平也由是寵遇彌厚因令娶徵女焉

同安郡王瑜修身淳謹不自矜貴閨門之內默如也

信安郡王禕居家嚴整善訓諸子皆有令名禕子峘以門蔭早仕質性簡淡好古慕善在宗室中推爲循良

榮王琬素有雅稱風俗秀整祿山反以琬爲元帥數日薨于時士庶冀琬有所成功既殂謝遠近咸失望焉

嗣吳王嶼爲宗正卿恤孤遺甥姪友愛過人深爲士大夫之有禮教者稱慕

平王道立曾孫涵簡素恭慎有名宗室官至右僕射

鄭王曾孫勉爲太子太師貞亮素淡好古尚奇清廉簡易爲宗臣之表勉二子續約皆廉介有節

後唐武皇季弟克寧凡征行無不衞從於昆仲之間最推仁孝小心恭謹武皇尤友愛之

晉楚王重信歷事後唐明宗及閔帝末帝不恃貴戚能克己復禮常恂恂如也甚爲時論所稱

韓王暉爲曹州防禦使廉愛恤下不營財利不好妓樂部人安之

漢魏王承訓少弘厚美姿儀從帝在藩邸輯睦宗親接下僚友有士君子之風晉高祖器之每遣從帝主帳下親軍軍中有便宜事則馳以入奏奏必稱旨屢有恩錫常歎曰此諸侯賢子弟也少帝時累官至檢校司空及義旗南向贊開創之業人皆服其規略車駕入汴命爲汴尹尹正之務委親決之每因問安事有利於國者必具以聞帝素加納之及杜重威叛換帝幸鄴以爲東都留守俾之監撫內外咸畏而愛之及薨帝左右公卿大夫聞之者無不流涕 卷末

冊府元龜卷第二百七十三

宗室部一十二

智識

智者心之符天下之達德也大則周物而不遺小則見事於未兆析疑辨惑存乎明識而振振公族源深慶厚天姿英異不亦多乎由漢已來可得而舉或神鋒穎朗智慮淵遠奇謀先見越世出類至於封章奏議練達治體[illegible]以應對聰合事機決政務而撥其煩閱簿領而糾其繆權宜以救患精辯而垂裕遠夫明哲保身卷舒由道觸類而長其流寔繁非夫天下之至精又孰能與於此也

漢陽城侯德有智略少時數言事召見甘泉宮武帝謂之千里駒（言若駿馬可致千里也年齒幼少故謂之駒）

後漢北海靖王興為人有明略為引農太守明帝器重興每有異政輒乘驛問焉

興子敬王睦少好學博通書傳中興初禁網尚闊而睦性謙恭好士千里交結自名儒宿德莫不造門由是聲價益廣永平中法憲頗峻睦乃謝絕賓客放心音樂然性好讀書常為愛翫歲終遣中大夫奉璧朝賀（中大夫王國官也大夫比六百石掌奉王使京都奉璧賀正月及使諸國本皆持節後去節）召而謂之曰朝廷設問寡人（朝廷謂天子也）大夫將何辭以對使者曰大王忠孝慈仁敬賢樂士臣雖螻蟻敢不以實睦曰吁子危我哉此乃孤幼時進趣之行也（東觀記續漢書並云是吾幼時狂惷之行也）大夫其對以孤襲爵以來志意衰惰聲色是娛犬馬是好使者受命而行其能屈申若此

清河王慶中傅衛訢私為臧盜千餘萬詔使按理之并責慶不舉之狀慶曰訢以師傅之尊選自聖朝臣愚惟知言從事聽不甚有所糾察章帝嘉其對悉以訢臧財賜慶

魏陳思王植上疏陳審舉之義曰臣聞天地協氣而萬物生君臣合德而庶政成五帝之世非皆智三季之末非皆愚用與不用知與不知也既時有舉賢之名而無得賢之實必各援其類而進矣諺曰相門有相將門有將夫相者文德昭者也將者武功烈者也文德昭則可以輔國朝致雍熙稷契夔龍是也武功烈則可以征不庭威四夷南仲方叔是矣昔伊尹之為媵臣至賤也呂尚之處屠釣至陋也及其見舉於湯武周文誠道合志同玄謨神通豈復假近習之薦因左右之介哉書曰有不世之君必能用不世之臣用不世之臣必能立不世之功殷周二王是矣若夫齷齪近步遵常守故安足為陛下言哉故陰陽不和三光不暢官曠無人庶政不整者三司之責也疆埸騷動方隅內侵沒軍喪衆干戈不息者邊將之憂也豈可虛荷國寵而不稱其任哉故任益隆者負益重位益高者責益深書稱無曠庶官詩有職思其憂此其義也陛下體天真之淑聖登神機以繼統冀聞康哉之謌偃武行文之美而數年以來水旱不時民困衣食師徒之發歲歲增調加東有覆敗之軍西有殪沒之將至

使蚌蛤浮翔於淮泗鼲鼬讙譁於林木臣每念之未嘗不輟食而揮餐臨觴而搤腕矣昔漢文發代疑朝有變宋昌曰內有朱虛東牟之親外有齊楚淮南琅邪此則磐石之宗願王勿疑臣伏惟陛下遠覽姬文二號之援中慮周成召畢之輔下存宋昌磐石之固昔騏驥之於吳阪可謂困矣及其伯樂相之孫郵御之形體不勞而坐取千里蓋伯樂善御馬明君善御臣伯樂馳千里明君致太平誠任賢使能之明效也若朝司惟良萬機內理武將行師方難克弭陛下可以雍容都城何事勞動鑾駕暴露於邊境哉臣聞羊質虎皮見草則悅見豺則戰忘其皮之虎也今置將不良有似於此故語曰患為之者不知知之者不得為也昔樂毅奔趙心不忘燕廉頗居楚思為趙將臣生乎亂長乎軍又數承教于武皇帝伏見行師用兵之要不必取孫吳而闇與之合竊揆之於心常願得一奉朝覲排金門蹈玉陛列有職之臣賜須臾之間使臣得一散所懷攄舒蘊積死不恨矣被

鴻臚所下發士息書朝會甚急又聞豹尾已建戎軒鶩駕陛下將復勞玉躬擾挂神思臣誠諫息不遑寧處願得策馬執鞭首當塵露撮風后之奇推孫吳之要追慕卜商起予左右效命先驅畢命輪轂雖無大益冀有小補然天高聽遠情不上通徒獨望青雲而拊心仰高天而歎息耳屈平曰國有驥而不知乘焉皇皇而更索昔管蔡放誅周召作弼叔魚陷刑叔向佐國三監之釁臣自當之二南之輔求必不遠華宗貴族藩王之中必有應斯舉者故傳曰無周公之親不得行周公之事唯陛下少留意焉近者漢氏廣建藩王豐則連城數十約則饗食祖祭而已未若姬周之樹國五等之品制也若扶蘇之諫始皇淳于越之難周青臣可謂知時變矣夫能使天下傾耳注目者當權者是矣故謀能移主威能僵下豪右執政不在親戚權之所在雖疏必重勢之所去雖親必輕蓋取齊者田族非呂宗也分晉者趙魏非姬姓也惟陛下察之茍吉專其位凶離其患者異姓之臣

也欲國之安祈家之貴存共其榮沒同其禍者公族之臣也今反公族疏而異姓親臣竊惑焉臣聞孟子曰君子窮則獨善其身達則兼善天下今臣與陛下踐冰履炭登山浮澗寒溫燥濕高下共之豈得離陛下哉不勝憤懣拜表陳情若有不合乞且藏之書府不便滅棄臣死之後事或可思若有豪氂少挂聖意者乞出之朝堂使夫博古之人糾臣表之不合義者如是則臣願足矣帝輒優文荅報

植子齊王志字允恭好學有才行晉武帝初為中撫軍迎常道鄉公于鄴志夜與帝相見帝與語從暮至旦甚器之

都亭侯仁初為議郎督騎從太祖圍壺關太祖令曰城拔皆坑之連月不下仁言於太祖曰圍城必示之活門所以開其生路也今公告之必死將人自為守且城固而糧多攻之則士卒傷守之則引日久今頓兵堅城之下以攻必死之虜非良計也太祖從之城降

晉新野王歆為荊州都督將之鎮與齊王冏同乘謁陵因說冏曰成都至親（臣欽若等曰成都王穎也）同建大勳今宜留之與輔政若不能耳當奪其兵權冏不從俄而冏敗歆懼自結於成都

秦王柬武帝子帝嘗幸宣武場以三十六軍兵簿令柬料校之柬一省便擿脫謬帝異之於諸子中尤見寵愛後為大將軍錄尚書事時楊駿伏誅柬既痛舅氏覆滅甚有憂危之慮屢述武帝旨請還藩而汝南王亮留輔政及亮與楚王瑋被誅時人謂柬有先識

譙王承元帝時為散騎常侍領左軍將軍王敦有無君之心表疏輕慢帝夜召承以敦表示之曰王敦頃年位任足矣而所求不已言至於此將若之何承曰陛下早裁之難將作矣帝以承為湘州刺史時王敦據上流承赴任行達武昌擇戎備見王敦敦與之宴欲觀其意謂承曰大王雅素佳士恐非將帥才也承曰公未見知耳鉛刀豈不能一割乎承以敦欲測其情故發此

言敦果謂錢鳳曰彼不知懼而學壯語此之不武何能為也聽承之鎮

宋長沙王義欣鎮壽陽時淮西江北長吏悉敘勞人武夫多無政術義欣陳之曰江淮左右土瘠民疎頃年以來荐飢相襲百城彫弊於今為甚綏牧之宜必俟良吏勞人武士不經政術統內官長多非才授東南殷實猶或簡能況貧荒垂而可輒采頓闕願勑選部必使任得其人庶得不勞而治

廬陵王義真鎮東城高祖始踐祚義真意色不悅讀博士蔡茂之問其故義真曰安不忘危休泰何可恃

江夏王義恭孝武世以酉陽王子尚有寵解揚州以避之乃進位太宰領司徒義恭慮為孝武所疑及海陵王休茂於襄陽為亂乃上表曰古先哲王莫不廣植周親以屏帝宇諸侯受爵亦顧求匡邦家至有管蔡梁燕致禍周漢上乖顯授之恩下志血食之業夫善積慶深宜享長久而歷代侯王甚乎危殆豈

異姓皆賢宗室恐不實生於深宮不覩稼穡左右近習未宜可蘇寫貴驕奢自然而至聚毛折軸遂及危禍漢之諸王皆置傅相猶不能禁遏七國連謀寔由強盛晉氏列封正足成永嘉之災尾大不掉終古同疾不有更張則其源莫救三者庶人恃親始傾王業去歲西寇藉寵幾敗皇基不圖襄妾復生今豈良以地勝兵勇授成亂莛前事之不忘後事之明兆陛下大明紹祚垂法萬葉臣年邁意蹇無所知解然皇族耆長轍懷內深思管見裨崇萬一竊謂諸王貴重不應居邊當於華州優地時可勳處出既已有州不須置相若位登三事止乎長史掾屬若宜鎮衛別有扞城大將若情樂沖虛不宜逼以戎事若崇文好武尤宜禁塞僚佐文學足充話言遊從之徒一皆勿許文武從鎮以時休止妻子之累系須自隨百僚脩詣宜遵晉令悉須宴齊到備列賓主之則衡泌之士亦無須干近諸王器中於私為用蓋寡自金銀裝刀劍戰具之服皆應輸送還本曲突徙薪防之有素戒善者無懼惡者止姦

彭城王義康為司徒録尚書事聰識過人聞必記常所暫遇終生不忘稠人廣席每標擧所憶以示聰明人物益以此推服之

南齊豫章王嶷太祖第二子太祖帶南兖州鎮軍府長史在鎮憂危既切期渡江北起兵嶷諫曰主上狂凶人不自保單行道路易以立功外州起兵鮮有克勝物情疑惑必生人受禍今於此立計萬不可失會蒼梧王殞太祖報嶷曰大事已判汝明早可入及為荊州刺史辭讓之間世祖欲速定大業嶷依違其事默無所言建元元年太祖即位赦詔未至嶷先下令蠲除國內昇明二年以前逋負後出鎮東府先是王蘊薦部曲六十人助為城防實以為內應也嶷知蘊懷貳不給其仗散處外省及難作搜檢皆已亡去

始興王鑑為益州刺史州城北門常閉不開鑑問其故於府僚答曰蜀中多夷暴有時抄掠至城下故相承閉之鑑曰古人云善閉無關楗且在德不在門即令開之戎夷慕義自是清謐

宋鄱陽忠烈侯王恢在荊州嘗從容問賓客曰中山好酒趙王好吏二者孰愈（臣欽若等曰中山王勝趙王彭祖皆漢景帝子也）眾未有對者恢謂長史蕭琛曰漢時王侯藩屏而已視事親民自有其職中山聽樂可得任性彭祖代吏近於侵官今之王侯不守藩國當佐天子臨民清白其優乎坐者咸服

長沙嗣王業幼而明敏識度過人

南海王大臨字仁宣為輕車將軍琅邪彭城二郡太守時侯景之亂為使持節宣惠將軍屯新亭俄又徵還屯端門都督城南諸軍事時議者皆勸收外財物擬供賞賜大臨獨曰物乃賞士而牛可犒軍命取牛得千餘頭城內賴以饗士及為吳郡太守張彪起義於會稽吳人陸令公潁川庾孟卿等勸大臨走投彪大臨曰彪若成功不資我力如其撓敗以我說焉不可往也

後魏陳留王崇性沉厚初衛王儀坐事賜死後道武欲敦宗親之義詔引諸王子弟入宴常山王素等三十餘人或謂與衛王相坐疑懼皆出逃遁將奔蠕蠕唯崇獨至道武見之甚悅厚加禮賜遂寵敬之素等於是亦安

樂平王丕明元子初馮弘之奔高麗太武詔遣送之高麗不遣太武怒將討之丕上疏以為和龍新定宜復之使廣修農殖以饒軍實然後進圖可一舉而滅帝納之乃止

元城侯屈明元時居門下出納詔命性明敏善奏事每合上旨

永昌王健所在征戰皆有大功才藝比陳留桓王而智略過之

常山王素為內都大官文成即位務崇寬征罷雜調有司奏國用不足固請復之唯素曰臣聞百姓不足君孰與足帝善而從之

高陽王雍初封潁川王加侍中征南大將軍或說雍曰諸王皆待士以營聲譽王何以獨否雍曰吾天子之子位為諸王用聲名何為

東陽王丕獻文時為侍中司徒公時有諸疑事三百餘條勅丕制決率皆合允及為太尉録尚書事孝文文明太后重年敬舊

存周周還不載氣高勗德民言國事饗宴之際常居坐端必抗音大言叙列既往成敗帝目敬納焉咸陽王禧為冀州刺史後朝京師孝文謂王公曰皇太后平日以朝儀闕然遂命百官更欲撰緝今將舉修遺志卿等謂可行不當各盡對無以面從禧對曰儀制之事用捨各隨其時而人可使由之不可使知之臣謂宜述先志備行朝式孝文然之任城王澄為徐州刺史朝於京師引見於皇信堂孝文詔澄曰昔鄭子產鑄刑書而晉叔向非之此二人皆是賢士得失竟誰對曰鄭国寡弱介於強鄰民情去就非刑莫制故鑄刑書以示威雖乖古式合今權道隨時濟世子產為得而叔向譏議示不忘古可與論道未可語權孝文曰任城當欲為魏之子產澄曰子產道合當時聲流竹素家宜文德以懷天下江外之阻車書未一季世之民易以威伏難以禮治愚謂子產之法猶可暫用大同之後使以道化之孝文必方革變深善其對笑曰非任城

無以識變化之體朕方欲朝制當與任城共萬世之功耳及為尚書孝文外示南討意在謂還齋於明堂左个詔太常卿王諶親令龜易筮南伐之事其兆遇革孝文曰此是湯武革命順人之卦也群臣莫敢言澄進曰易言革者更也將欲應天順民革君臣之命湯武得之為吉陛下帝有天下重光累葉今日卜征乃可伐叛不得云革命此非君人之卦未可全為吉也孝文厲聲曰此象云大人虎變何言不吉也澄曰陛下龍興既久何方同虎變孝文勃然作色曰社稷在我任城而欲沮衆也澄曰社稷誠知陛下之社稷然臣是社稷之臣子豫參顧問敢盡愚衷孝文既銳意必行惡澄此對久之乃解曰各言其志亦得何傷車駕還宮乃召澄未及昇階遥謂曰向者之革卦今更欲論之明堂之忿懼衆人競言阻我大計故厲色怖文武耳想解朕意也乃獨謂澄曰今日之行誠知不易但国家興自北土徙居平城雖富有四海文軌未一此間用武之地非可文治其欲移風易俗信為甚難崤函帝宅河洛王里因茲大舉光宅中原任城意以為何如曰伊洛中區均天所據陛下撫制華夏諧平九服蒼生聞之此應當大慶孝文曰北人戀本忽聞將移能不驚擾也澄曰此既非常之事當非常人所知唯須決之聖懷此輩亦何能為也孝文曰任城便我之子房加撫軍大將軍太子少保又兼尚書左僕射及駕幸洛陽定遷都之策孝文詔曰遷移之旨必須訪衆當遣任城馳驛向北問彼百司論擇可否近日論革今真所謂革也王其勉之既至代都衆聞遷詔莫不驚駭澄援引今古徐以曉之衆乃悅伏澄遂南馳還報會車駕於滑臺孝文大悅曰若非任城朕事業不得就也時南齊雍州刺史曹虎請以襄陽內附分遣諸將車駕將自赴之豫州又表虎奉誠之使不復重來孝文乃引澄及咸陽王禧彭城王勰司徒馮誕司空穆亮鎮南李沖等議之孝文曰比得邊州表云襄陽慕化朕將鳴鑾江沔為嚴勢今後表稱更無後信於行留之計竟欲如

何禧等或云宜行或言宜止孝文曰衆人紛紜意見不等朕莫知所從必欲盡行留之勢使言理俱暢者宜有客主共相起發任城與鎮南為應留之議朕當為宜行之論諸公俱坐聽得失長者從之於是孝文曰二賢試言留計也沖對曰臣等正以從御草創人斯樂安內而應者未審不宜輕爾動發孝文曰襄陽款問似當是虛亦知初遷之民無宜勞役脫歸誠有實即當乘其悅附遠則有會稽之會近則略平江北如其送款是虛且可遊巡淮楚問民之瘼使彼士蒼生知君德之所及復何所損而惜此一舉脫降問是實而停不撫接不亦稽阻款誠毀朕大略也澄曰降問若審應有表質而使人一返靜無音問其詐也可見今代遷之衆人懷戀本細攜妻就洛邑居無一椽之室家闕擔石之糧而使怨苦即戎泣當白刃恐非歌舞之師也今茲區宇初構又東作方興正是子來百堵之日農夫肆力之秋宜寬彼逋誅急此民病且三軍已援無稽赴接若其送實力足經營

待剋平襄丙然後動駕今無故勞役空爲往返心挫損天威重成賊膽願上覽盤庚始遷之艱難下矜詩人由庚之至詠輯寧新邑惠康億兆而司空亮以爲宜行公卿皆同之澄謂亮曰公在外見旌鉞既張而有變色每聞談論不顧此行何得對聖顔更如斯之語也面背不同事涉欺佞非所謂論道之德更宜士之體或有傾側當由公輩每目李冲曰任城王可謂忠於社稷願陛下深察其言臣等在外皆憚征伐唯賢與愚不謀同辭懇聖心裁其可否孝文曰任城適以公等從朕有如此論不從朕者何必皆忠而通識安在也小忠是大忠之賊無乃似諸澄曰小忠要是適盡微數不知大忠者竟何據孝文曰任城脫居台鼎之任欲令大忠在己也澄曰臣誠才非台鼎智闕和鼎脫得濫居公鉉庶當官而行不敢愚志孝文大笑澄又謂亮曰昔汲黯於漢武前面折公孫食脫粟飯臥布被云其詐也于時公孫謙讓下之武帝歎汲黯至忠公孫謙讓二人稱賢公既道消

府二百七十三　九

士願思長者之言孝文笑曰任城欲自比汲黯也且所言是公未知得失所在何便謝司空也及駕遂南伐宣武時揔督揚江二州攻梁獲其冠軍將軍張惠紹後梁武有移求換惠紹澄表請不許詔付八座會議尚書令廣陽王嘉等奏宜遂之詔乃聽還後果復寇邊孝明時澄以北邊鎮將選舉彌輕恐賊虜闚邊山陵危迫奏求重鎮將之選脩警備之嚴詔不從賊虜入寇至於舊都鎮將多非其人所在叛亂犯逼山陵如澄所慮

彭城王勰孝文時爲中書令孝文與侍臣昇金墉城顧見堂後桐竹曰鳳皇非梧桐不棲非竹實不食今桐竹並茂詎能降鳳乎勰對曰鳳皇應德而來豈桐竹能降孝文曰何以言之勰曰昔在虞舜鳳皇來儀周之興也鸑鷟鳴於岐山未聞降桐食竹孝文笑曰朕亦未望降之也後從孝文征沔北爲使持節都督南征諸軍事中軍大將軍開府詔曰明便交敵可勑將士肅爾軍儀勰於是親勑大衆須臾有二大鳥從南而來一向行宮一向府幕各爲人所獲勰言於孝文曰始有一鳥望旗顛仆臣謂大吉高祖戲之曰鳥之畏威豈獨中軍之略吾亦分其一耳此乃大善兵法成說至明便大破齊將崔惠景蕭衍其夜大雨帝曰昔聞國軍獲勝每逢雲雨今破新野南陽及摧此賊果降時澍誠哉斯言勰對曰水德之應遠稱天心宣武時爲太師議律令勰與高陽王雍八坐朝士有才學者每旦集參論軌制應否之宜而勰夙侍孝文兼聰達博聞凡所裁決時彥歸仰

清河王懌宣武初爲尚書僕射懌才長從政明於斷決割判衆務甚有聲名

廣陽王嘉之子深孝明時以沃野鎮人破六韓陵拔反叛臨淮王彧討之失利詔深爲北道大都督受尚書令李崇節度乃李崇徵還深專總戎政拔陵避蠕蠕南移渡河先是別將李叔仁以拔陵來逼請求迎援深赴之前後降附二十萬人深與行臺元纂表求常州北別立郡縣安置降戶隨宜賑賚息其亂心不

府二百七十三　十

從詔遣黃門郎楊昱分散之於冀定瀛三州就食深謂纂曰此輩復爲乞活矣禍亂當由此作既而鮮于脩禮叛於定州杜洛周反於幽州

常山王素孫暉宣武初爲黃門侍郎初孝文遷洛舊貴皆難移時欲和衆情遂許冬則居南夏便居北宣武頗惑左右之言外人遂有還北之問至於牓賣田宅不安其居暉乃請間言事曰奏所聞曰先皇移都以百姓戀土故發冬夏二居之詔權寧物意耳乃是當時之言先皇深意且比來遷人安居歲久公私計立無復還情伏願陛下終高祖既定之業勿信邪臣不然之說宣武從之

北齊趙郡王琛子叡閑習吏職有知人之鑒

後周齊王憲字毗賀突太祖嘗賜諸子良馬唯其所擇憲獨取駁者太祖問之對曰此馬色類既殊或多駿逸若從軍征伐牧圉易分太祖喜曰此兒智識不凡當成重器後從獵隴上經官馬牧太祖每見駁馬輒曰此我兒馬也因令左右取以賜之

汝南公慶字祚夔沉深有器局少以聰敏見知初受業東觀頗涉經史既而謂人曰書記姓名而已安能久事筆硯爲腐儒乎時文州賊亂慶應募從征以功授都督

隋河間王弘性明悟有文武幹略數從征伐累遷開府儀同三司

觀德王雄高祖族子也有器度或奏高熲朋黨者高祖詰雄於朝雄對曰臣忝衛宫闈朝夕左右若有朋附豈容不知至尊欽明睿哲萬機親覽熲用心平允奉法而行此乃愛憎之理惟陛下察之高祖深然其言

唐河間王孝恭性寬恕退謙無驕矜自伐之色嘗悵然謂所親曰吾所居宅微有壯麗非吾心也將賣之別營一所粗令充事而已身歿之後諸子若才守此足矣如其不才冀免他人所利也初爲山南道招慰大使自金州出于巴蜀招攜以禮降附者三十餘州孝恭進擊朱粲破之諸將曰此食人賊也爲害實深請坑之孝恭曰不可自此已來皆爲寇境若聞此事豈有來降者乎盡赦而不殺由是書檄所至相繼降款文輔公祏據江東反發兵寇壽陽命孝恭爲行軍元帥以擊之孝恭自荊州趣九江時李靖李勣黄君漢張鎮州盧祖尚並受孝恭節度將發與諸將宴集命取水忽變爲血在座者皆失色孝恭舉止自若徐諭之曰禍福無門唯人自召自顧無負於物諸君何見憂之深公祏惡積禍盈今承廟筭以致討盃中之血乃公祏授首之徵遂盡飲而罷時人服其識度而能安衆後公祏窮蹙棄揚州東走孝恭命騎將追之至武康擒公祏及其僞僕射西門君儀等數十人致于麾下江南悉平

江夏王道宗爲禮部尚書時侯君集立功於高昌潛有異志道宗嘗因侍宴從容曰君集知小言大舉止不倫以臣觀之必爲戎首太宗曰何以知之對曰見其恃有微功深懷矜伐恥在房玄齡李靖之下雖爲吏部尚書未滿其志非毀時賢常有不平之語太宗曰可億度浪生猜貳其功業才用無所不堪朕豈惜重位但次第未到耳俄而君集謀反誅太宗笑謂道宗曰君集之事果如公所揣

霍王元軌爲定州刺史突厥之入寇也州人李嘉運與賊相連謀爲内應高祖令收按其黨元軌以强寇在境人心不安唯殺嘉運餘無所及因自刻違制高宗覽表大悦謂使者曰朕亦悔之向無王則失定州矣後因入朝屢上疏陳時政得失多所裨益高宗甚尊重之及在外藩朝廷每有大事或密制問焉

潁王璬天寶末祿山之亂璬爲劍南節度大使初奉命之藩卒遽不遑受節綿州司馬史賁進説曰王帝子也且爲節度大使今之藩而不持節單騎徑進人何所瞻請建大槊蒙之油囊爲旌節狀先驅道路是以威衆璬曰但爲真王何用假旌節

嗣曹王臯多智數善因事以自便奉太妃鄭氏

晉秦王萬友子暉生而庬厚剛毅雄直有器局行不由徑臨事多智故高祖於宗屬之中獨優禮厚遇

冊府元龜卷第二百七十三

册府元龜卷第二百七十四

宗室部一十三

友愛　辨惑　畏慎　悔過

友愛

夫因心則友詩所美也教人以悌禮之經也若乃鍾天倫之愛厚同氣之親人無間言家用輯睦故曰友于兄弟施于有政矜夫肺腑之親本枝之重而能恊比式好敦叙著稱以貴介之英修布素之行長惠幼順發于天性字孤撫弱篤於人倫棠棣由是騰芳葛藟無所興刺也

漢陽城矦德爲宗正家產過百萬則以振昆弟（振辛救之）

楚王紆尤慈篤早失母同廬弟原鄉矦平尚幼紆親自鞠養常與共卧起飲食及成人未嘗離左右平病卒紆哭泣歐血數月亦没

春陵矦敞謙儉好義盡推父時金寶財產與昆弟荊州刺史上其義行拜廬江都尉（南陽郡是荊州所管故刺史上其行義也矦等助祭明堂以例益户二百敞以有行義拜爲廬江都尉）

後漢趙孝王良字次伯光武之叔父也平帝時舉孝廉爲蕭令光武兄弟少孤良撫循甚篤

北海王睦靖王興子旣嗣王爵悉推財產與諸弟雖王車服珍寶非列侯制皆以爲分然後隨以金帛贖之

濟南王香篤行好經書初叔父篤有罪不得封西平昌侯昱坐法失侯香乃上書分爵土封篤子丸昱子嵩皆爲列侯

東海王臻性敦厚有恩常分租秩賑給諸父昆弟國相籍褒具以狀聞順帝美之詔曰東海王臻和睦兄弟恤養孤弱至孝純備仁義兼弘朕甚嘉焉今增臻封五千户

魏陳王植黃初四年封雍丘王其年朝京師是時待遇諸國法峻任城王彰暴薨諸王旣懷友于之痛植及白馬王彪還國欲同路東歸以叙隔闊之思而監國使者不聽

晉臨川獻王郁孝武世其兄會稽王世子道生初以無禮失旨郁數勸以敬慎之道道生不納郁爲之涕泣簡文帝深器異之

宋晉熙王昶文帝之子孝武孝建三年以兄竟陵王誕反伏誅前廢帝即位昶爲征北將軍徐州刺史道經廣陵上表曰竊聞淮南中務眷求遺緒楚英流殛愛存丘墓並雖結兩臣義開二主法雖事斷礼或情申伏見故賊劉誕稱戈犯即自貽逆命膏斧嬰戮在憲已彰但尋屬忝皇枝位叨列辟而一以罪終魂骸莫赦生均宗籍死同匹豎旅窆委雜封樹不脩今歲月逾邁怨流疊徙踐墳興懷感事傷目陛下繼明升運咸與維新大德方臨哀矜未及夫欒布哭市義犯雷霆田叔鉗赭志於夷戮況在天倫何獨無感伏願稽若前准降申丹志乞薄改楄柎微表窀穸則朽骨如榮窮泉識荷臨紙哽慟辭不自宣詔曰征北表如此省之慨然誕及妻女並可以庶人礼葬并置守衛

南齊豫章王嶷以弟長沙王晃畜私仗武帝將紏以法嶷於御前稽首流涕曰晃罪誠不足宥陛下當憶先朝念白象（白象晃小字）帝亦垂泣又武陵王曄亦嶷弟也曄數以語言忤武帝武帝孝嶷東田宴諸王獨不召曄嶷曰風景殊美今日甚憶武陵帝乃呼之曄善射屢發命中顧謂四坐曰手何如帝神色甚姓嶷曰阿五（曄高帝弟五子也）常日不爾今可謂仰藉天威帝意乃釋

竟陵王子良初送文惠太子葬夾石先是豫章王葬金牛山子良臨望祖硎山悲感歎曰北瞻吾叔前望吾兄死而有知請葬茲地旣薨遂葬焉

曲江遥欣子幾字德玄年十歲能屬文早孤有弟九人並皆稚小幾恩愛篤睦聞於朝野

梁始興王憺爲荊州刺史同母兄安成康王秀偏孤憺尤篤愛自天監中常以所得俸中分與秀秀稱心受之亦不辭多也昆弟之睦當世歸之憺天監十四年爲都督荊湘雍寧梁南北秦七州諸軍事鎮右將軍荊州刺史秀將之雍州薨于道憺聞哀自

根于地席蒿哭泣不飲食者數日傾財産葬送部伍小大皆
足焉天下稱其悌

後魏中山王英子熙少有文才而輕躁英深慮非保家主欲廢之而立第四子略爲世子宗議不聽略又固請乃止

臨淮王昌弟孚爲冀州刺史後爲葛榮所陷爲榮所執兄祐爲防城都督兄子禮爲録事參軍榮欲先害子禮孚請先死以贖子禮叩頭流血榮乃捨之又大集將士議其死事孚兄弟各誣已引過爭相爲死又州人張孟都潘紹等數百人皆叩頭就法請活使君榮曰此魏之誠臣義士也凡同禁五百人皆得免

北齊安德王延宗兄蘭陵王死妃鄭氏以頸珠施佛廣寧王使贖之延宗手書以諫而淚滿紙河間王琬死延宗哭之淚亦甚

河間王孝琬兄河南王之死諸王在宮内莫敢舉聲唯孝琬大哭而出

後周安化公深性仁愛從弟神舉神慶幼孤深撫訓之義均同

氣出以此稱焉

隋觀德王雄周時爲邗国公高祖受禪封廣平王以邗公削封一子雄請封弟士貴朝廷許之

唐襄邑王神符淮安王神通弟也幼孤事兄以友悌聞

韓王元嘉與其弟靈夔甚相友愛兄弟集見如布衣之禮

信安郡王禕少有志尚撫繼母所生弟祗等以友愛稱

嗣信郡王瓊許王素節子爲宗正卿友悌聰敏宗子中有一善無不薦拔故宗枝居省闥者多瓊之所舉

辯惠

傳曰生而知之詩云克岐克嶷皆幼惠早成之謂也乃有席天宗之貴出帝者之胄流光濬厚蹈靈毓德肇自童丱廼彰聰悟彊記默識經目而不忘知幾會理發言而可述兼[illegible]道藝智略超邁若老成之美有先見之明孝以武著政術[illegible]嗜好絶俗者[illegible]用能[illegible]名於宗[illegible]傳望於王室[illegible]之懿增

本文之璧者也

周王孫滿魯僖公三十三年春秦師過周北門左右免胄而下（王城之北門胄兜鍪兵車非大將御者在中故左右下御不下）超乘者三百乘王孫滿尚幼觀之言於王曰秦師輕而無禮必敗（謂過天子門不卷甲束兵超乘示勇）輕則寡謀無禮則脫（脫易也）入險而脫又不能謀能無敗乎（後秦師果爲晉所敗於殽）

漢陽城侯德楚元王交之後有智略少時數言事召見甘泉宮武帝謂之千里駒（言若駿馬可致千里也年幼故謂之駒）

魏陳思王植字子建年十歲餘誦讀詩論及辭賦數十萬言善屬文

鄧哀王沖字倉舒少聰察岐嶷生五六歲智意所及有若成人之智時吳曾致巨象太祖欲知其斤重訪之羣下咸莫能出其理沖曰置象大船之上而刻其水痕所至稱物以載之則校可知矣太祖大悦即施行焉

晉扶風武王駿字子臧宣帝子幼聰惠年五六歲能書疏諷誦

經籍見者奇之齊王立駿年八歲爲散騎常侍〻講〻

武陵王澹宣帝孫有罪徙遼東其子禧年五歲不肯隨去曰要當爲父求還無爲俱徙陳訴歷年然後得還

武陵王遵年十二右將軍桓伊嘗詣遵〻曰門何爲通桓氏左右曰伊與桓溫疎宗相見無嫌遵曰我聞人姓木邊便欲殺之況諸桓乎由是少稱聰惠

齊獻王攸字大猷文帝子少而岐嶷

臨川獻王郁字深仁簡文帝子幼而敏惠其兄道生初以無禮失旨郁數勸以敬慎之道〻生不納郁爲之涕泣帝深器異之

辯惠十

宋南譙王義宣子恢字景度既嫡長少而辯惠義宣甚愛重之年十一拜南譙王世子

南齊臨川王映少而警悟美言笑善容止

江夏王鋒十歲便能屬文

宜都王鏗年十歲時與吉景雅哥略先言往行左右誤排楇瘞
屏風倒壓其背顔色不異言談無輟亦不顧視巴陵王昭冑初
爲竟陵世子舅袁彖監吳興郡事坐逆用祿錢免官付東冶昭
冑時年八歲見武帝而形容憔悴帝問其故昭冑流涕曰臣舅
負罪今在尚方臣母悲泣不食已積日臣所以不寧帝曰特爲
兒赦之既而帝遊孫陵望東冶曰冶中有一好貴囚數日與朝
臣幸冶履行庫藏因宴飲賜囚徒酒肉勑見彖與語明日釋之
曲江公遙欣年七歲出齋時有一左右小兒善彈飛鳥无不應
弦墜落遙欣曰樂事多端何急彈此鳥自空中翔飛何關人事
無趣殺此生亦復不急左右感其言遂不復彈鳥時少年通好
此事所在遂止
竟陵王子良幼聰敏武帝爲贛縣時與裴后不諧遣船送后還
都已登路子良時年小在庭前不悅帝謂曰汝何不讀書子良
曰孃今何處何用讀書帝異之即召后還縣南康縣侯子恪豫

章王嶷第二子年十二和從兄司徒竟陵王高松賦衛將軍王
儉見而奇之
子恪弟寧都侯子顯幼聰慧嶷異之愛過諸子
梁鄱陽忠烈王恢字弘達太祖子幼聰穎年七歲能通孝經論
語義發擿無所遺
吳平侯景字子照高祖從父弟八歲居喪以毀聞既長好文才
辯能斷
南康簡王績高祖子爲南徐州刺史時年七歲主者有受貨洗
改解書長史王僧孺弗之覺績見而輒詰之便即時首服衆咸
歎其聰警
續子會理字長才少聰慧好文史年十一而孤特爲高祖所愛
尋陽王大心簡文子年十三出爲郢州刺史雖不親州務發言
每合於理衆皆驚服

建平王大球簡文子性明惠夙成初侯景圍京城高祖素歸心
釋教每發誓願常云若有衆生應受諸苦悉諦身代當時大球
年甫七歲聞而驚謂母曰官家尚爾兒安敢辭乃六時禮佛亦
云凡有衆生應受諸苦報悉大球代受其早慧如此
西陽王大鈞簡文子年七歲高祖嘗問讀何書對曰孝詩因命
諷誦音韻清雅高祖因賜王羲之書一卷
陳衡陽獻王昌高祖子爲吳興太守時年十六昌雅性聰辯明
習政事高祖遣陳郡謝哲濟陽蔡景歷輔昌爲郡又遣吳郡杜
之偉授昌以經書讀書一覽便誦明於義理剖析如流
晉安王伯恭字肅之宣帝子初爲平東將軍吳郡太守置佐史
時伯恭年十餘歲留心政事官曹治理
南平王嶷字承嶽後主第二子方正有器局年數歲風采舉動
有若成人
後魏任城王澄子順字子和九歲師事樂安陳豐書王羲之小

字篇數千言晝夜誦之旬有五日皆通利豐奇之白澄曰豐十五
從師迄白首耳目所經未見此比江夏黃童不得無雙也澄笑
曰藍田生玉何容不爾
彭城王勰字彥和獻文子少而岐嶷姿性不羣
江陽王繼子乂字景詰少而機警尤爲父所寵愛
清河王懌字宣文幼而敏惠孝文愛之
元文遙昭成皇帝六世孫也敏惠夙成濟陰王暉業每云此子
王佐才也暉業嘗大會賓客有人將何遜集初入洛諸賢皆賛
賞之河間邢劭試命文遙誦之幾遍可得文遙一覽便誦時年
十歲濟陰王曰我家千里馬今定如何邢云此殆古未有
北齊永安王浚字定樂神武第三子八歲時問於博士盧景裕
曰祭神如神在爲有神耶無神耶對曰有神當云祭神浚曰神
在何煩如字景裕不能答
彭城王浟字子深神武第五子元象二年拜通直散騎常侍封

長樂郡公博士韓毅教於書見澈筆迹未工戲澈曰五郎書畫如此忽爲常侍開國今日后宜更用心澈正色答曰昔甘羅幼爲秦相未聞能書凡人唯論才具何如豈必動誇筆迹博士當今能者何爲不作三公時年蓋八歲矣毅甚慚

清河王岳子勱字當德幼聰敏美風儀以仁孝聞爲高祖所愛年七歲襲爵

後周齊煬王憲字毗賀拔太祖第五子性通敏有度量雖在童齔而神彩嶷然世宗初除益州總管益寧巴瀘等一十四州諸軍事益州刺史進封齊國公邑萬戶初平蜀之後太祖以其形勝之地不欲使宿將居之諸子之中欲有推擇遍問高祖已下誰欲安此任並未及對憲先請太祖曰刺史當撫衆治人非爾所及以年授者當歸爾兄憲曰才用有殊不關大小試而無効甘受面欺太祖悅之以憲年幼未之遣也世宗追遵先旨故有此授時年十六

憲子貴字乾福少聰敏涉獵經史尤便騎射始讀孝經便謂人曰讀此一經足爲立身之本天和四年年十歲封安定郡公邑一千五百戶

東平公神舉太祖族子早歲而孤有夙成之量族兄安化公深器之

宇文深字奴干太祖族子性鯁正有器局年數歲便累石爲營伍并折草作旌旗布置行列皆有軍陣之勢父永遇見之乃大喜曰汝自然知此於後必爲名將

宋獻公震字彌俄突幼而敏達年十歲誦孝經論語毛詩尚書

隋道王靜煬帝子年七歲聰令帝有所製詞賦靜多能誦之

唐衛王玄霸高祖第三子也幼而聰敏言辭辯惠有異常童

許王素節高宗子年六歲封雍王能日誦古詩賦五百餘言受業於率更令徐齊聃精勤不倦帝甚愛之

永王璘玄宗子少聰敏好學

壽王瑁玄宗子開元十五年封永王已下幼小不於殿庭引謝瑁纔八歲請從諸兄行玄宗異而許之殿庭拜伏趨舞深合禮法

晉高祖幼子重睿少帝嗣位初拜開封尹以年幼未出閤命左散騎常侍邊蔚知府事時少帝戲謂重睿曰已降銜命使臣有何例物待之重睿曰例物出於內庫臣何憂焉少帝嘉之

畏慎

中庸曰戒慎乎其所不睹恐懼乎其所不聞蓋耳目之未萌思言動之必中是故夕惕若厲君子所以无咎日嚴祗肅大夫所以有家若乃聯暉本支帝胄天族表顯寵於異禀挺淑哲於令器爵祿之重冠絕於等夷車服之崇輝映於表著復有權參機要職分內外紀律斯在休戚攸繫而能處貴思降居安慮危裁損儀衛之容固專賞罰之柄凡所興事必遵旨意至有罷去娛玩謝絕還往特避威勢靡求虛稱語默兢慄出處端莊協克己之方得率性之理茲所謂淑人君子者歟

後漢清河孝王慶章帝子母曰宋貴人慶初立爲皇太子後被譖廢慶時雖幼而知避嫌畏禍言不敢及宋氏帝更憐之勅皇后令衣服與太子齊等太子特親愛慶入則共室出則同輿慶小心恭孝自以廢黜尤畏事愼法每朝謁陵廟常夜分嚴裝衣冠待明約勅官屬不得與諸王車騎競驅

北海敬王睦性謙恭好士千里結交自名儒宿德莫不造門由是聲價益廣永平中法憲頗峻睦乃謝絕賓客放心音樂然性好讀書常爲愛翫歲終遣中大夫奉璧朝賀召而謂之曰朝廷設問寡人大夫將何辭以對使者曰大王忠孝慈仁敬賢樂士臣雖螻蟻敢不以實睦曰吁子危我哉此乃孤幼時進趣之行也一云是吾幼時在慕之行也大夫其對以孤襲爵以來志意衰惰聲色是娛犬馬是好使者受命而行

魏中山恭王袞少好學每兄弟游娛袞獨覃思經典文學防輔相與言曰受詔察公舉錯有過當奏及有善亦宜以聞不可匿

其美也遂共表稱陳袁衮闡之大驚懼責讓文學曰脩身自守常人之行耳而諸君乃以上聞是適所以增其負累也且如有善何患不聞而遽共如是非益我者其誡慎如此

晉安平獻王孚武帝時為太宰父子位極人臣子孫咸居大官出則旌旗節鉞入則貂蟬袞冕公族之寵亦始有也孚年九十然而夙夜慈恭常有履冰之懼元會詔孚輿車上殿帝親奉觴上壽如家人禮又給以雲母輦青蓋車孚雖見尊寵不以為榮常有憂色

宋臨川王義慶少善騎乘及長以世路艱難不復跨馬南齊豫章王嶷武帝時為侍中先是宋元嘉世諸王入齋閤得白服裙帽見人主自此已來此事一斷帝與嶷同生相友睦宮內曲宴許依元嘉嶷固辭啓自陳曰臣自還朝便省刀捉左右十餘亦省唯郊外遠行或儀衛有入殿亦省服身今所牽仗二俠轂二白直共七八十人事無大小臣必欲上啓伏度聖心脫未委曲或有言其多少附事實仰希即賜垂勅又啓揚州刺史舊有六白領合扇二白拂臣脫以為疑不審此當云何行園苑中乘轝出籬門外乘轝鳴角皆相仍如此非止於帶神州者未審此當云何方有行來不可失哀帝答曰儀刀捉刀不應省也俠轂白直乃可共百四五十以還正是耳亦不曾聞人道此吾自不使諸王無仗況復汝耶在私園苑中乘此非疑郊外鳴角及合扇并拂先乃有不復施用此來甚久凡在鎮自還異還京師先廣州乃立鼓吹交部遂有輦事隨時而改亦復有可得依舊者汝若有疑可與王儉諸人量衷但令人臣之儀無失便行也又啓曰臣拙知自處闇於疑訪常見素姓扶詔或着布屩不意為異臣在西朝拜王儀飾悉依宋武陵事例有二鄣扇仍此下都脫不為疑小兒奴子並有青布袴衫臣齋中亦有一人意謂外庶所服不疑與羊車相類曲荷慈旨今悉改易臣昔在邊鎮不無羽衛自歸朝以來便相分遣俠轂白直格置三百許人今亦減

所引不過一百常謂京師諸王不煩牽仗若郊外遠行此所不論有仗者非臣一人所以不容方幅啓省又因王儉備宣下情臣出入榮顯禮容優泰第宇華曠事乖素約雖宋之遺製恩處有在猶深非服之慙威衛之請仰希曲照帝答曰傳詔臺家人耳不足涉嫌鄣扇吾識及以來未見放者勅耳小兒奴子本非嫌也吾有所聞豈容不勑汝知令物致議耶吾已有勑汝一人不省俠轂但牽之吾昨不通仗事儉已道吾即令答不煩有此啓須聞言自更一二又啓曰違遠侍宴將踰一紀憂苦聞之始得開顏近頻侍坐不勝悲喜沾飲過量實欲仰示恩狎令自下知見以杜遊塵陛下留恩子弟此情何異外物政自強生間鄣聲其後薄伏度或未上簡臣前在東田飲酒過醉實思歎往秋之誘故言啓至切亦令羣物聞之伏願已照此心前侍幸請宅課妙臣依常乗車至仗監司不能示臣可否使牙競啓聞云臣逼突黃屋窄如欲相巾推此用意亦何容易仰賴慈明即賜垂勅不爾臣終不知闇貽此累比曰禁斷整密此自常理外聲乃云起臣在華林輙捉御刀因此更嚴度情推理必不容爾為復上啓知其但風塵易至和會實難伏願猶憶臣石頭啓無生間者比閑侍無次略附茹亮口宣臣由華蕃已具上簡每欲存衰智慮不周或有乖當臣五十之年為翫幾時為此亦復不復以理內自勵比第舊邸本自甚華臣改脩正而已小小製置已自仰簡往歲收合得少雜材并蒙賜故板啓榮內許作小眠齋始欲成就皆補接為辦無乖格製要是櫂柏之華一二處任時雜淨東府又有齋亦為華屋而臣頓有二處任止下情竊所未安許訪東宮玄圃乃有栢屋製甚古拙內中無此齋臣乃欲壞取以奉太子非但失之於前且補接既多不可見移亦恐外物或為異論不審可有垂許送東府齋理下臣公家住止率爾可安臣今之啓實無意識亦言者太子不知臣有此屋正以東宮無而臣有自處之體下豈兩耳所啓家允臣便當敢成第屋安

之不疑陛下若不照體臣心便當永廢不脩臣自請今啓非但是自處宜然實爲微臣從事伏願必垂降許伏見以諸王與佐屬交際嚴言少拙曾星已應上簡府州郡邸舍非臣私有今臣細所資皆是公潤臣私累不少未知將來罷州之後或當不能不試學營覓以自贍延年累疾餘顏影單迴無事畜聚唯逐手爲樂耳帝答曰茹亮今啓汝所懷及見別紙汝勞疾亦復那得不動何意爲作煩長啓事凡諸普敕此意可尋當不關汝一人也宜有敕事者亦必道頃見汝自更委悉畫異不欲多及登事愼勿強晉此意向澤亦當不解何意爾

江夏王鋒明帝輔政時藩邸危懼江祐嘗謂王晏曰江夏王有才行亦善能匿迹以琴道授羊景之著名而江夏播能於世非七絃而已百氏亦復如之鋒聞對曰江祐遂後爲混沌畫眉欲益反弊耳寡人聲酒是耽猶馬是好豈復一豪於平生哉當時以爲話言常忽忽不樂著脩柏賦以見志

河東王鉉建武初爲散騎常侍鎮軍將軍置兵佐建武之世高武子孫憂危鉉朝見常鞠躬俯僂不敢平行直視

梁南平王偉子靜何敬容欲以女妻之靜忌其太盛拒而不納時論服焉

南郡王大連與兄大臨並從高祖征朱方高祖問曰汝等習騎不對曰臣等未奉詔不敢輒習敕各給馬試之後梁宣都郡王大圜簡文帝子侯景之亂歸江陵時元帝多忌大圜恐讒愬生焉乃屏絕人事門客左右不過三兩人不妄游狎兄姊之間止淺而已常以讀詩禮書易爲事

後魏廣平王文貞王正景穆帝孫爲洺州刺史嘗憚茹皓懼爲所害兼愼自脩甚有聲績

北齊蘭陵王長恭在定陽其屬尉相願謂曰王既受朝寄何得如此貪殘長恭未答相願曰豈不由芒山大捷恐以威武見忌欲自穢乎長恭曰然相願曰朝廷若忌王於此犯便當行罰求福反以速禍長恭泣下前膝請以安身術相願曰王前既有勳今復告捷聲大重宜屬疾在家勿預事長恭然其言未能退及江淮寇擾恐復爲將歎曰我年面腫今何不發自是有疾不療

後周代奰王達爲荊州刺史所管澧州刺史蔡澤黷貨被訟贓狀分明達以其世著勳庸不可加戮若曲法貸之又非奉上之體乃令所司精加案察密表奏之事竟得釋終亦不言其處事周愼如此

隋蔡王智積父景王首高祖龍潛時景王與高祖不睦其太妃尉氏又與獨孤皇后不相諧以是智積常懷危懼每自貶損高祖知其若是亦哀憐之人或勸智積治產業者智積曰昔平原露朽財帛苦其多也吾幸無可露何更營乎有五男止教讀論語孝經而已亦不令交通賓客或問其故智積答曰卿非知我者其意恐兒子有才能以致禍也開皇二十年徵還京第無他職任闔門自守非朝覲不出煬帝卽位滕王綸以讒構得罪高陽

公智明亦以交遊奪爵智積愈懼大業七年授引農太守委政寮佐淸靜自居

悔過

蓋崇高莫大於富貴而宴安斯爲之酖毒若夫貴而思降富而無驕乃良士之吉德也其或憑藉威寵熏灼勢望未嘗知於憂懼寧復畏於盛滿溺於因習徇乎耳目自非大雅明哲上智下君者又孰能無過哉乃有克己引咎悼心追悔折節改行銜媿沒齒春秋傳曰人誰無過過而能改善莫大焉易所謂不遠而復斯可尚也已

漢梁孝王文帝子也時鄒陽爲上客羊勝公孫詭欲使王求爲漢嗣王又嘗上書願賜容車之地徑至長樂宮自使梁國士衆築作甬道朝太后爰盎等皆建以爲不可(建謂)天子不許梁王怒令人刺殺盎帝疑梁殺之使者冠蓋相望責梁王梁王恐與勝詭有謀陽爭以爲不可故見讒枚先生嚴夫子皆不敢諫詳

枚乘子嚴忌及不事敢勝詭死孝王恐誅迺思陽言深辭謝之初孝王怒下陽吏將殺之陽客游以讒見禽恐死而負累迺從獄中上書書奏孝王孝王立出之卒為上客

膠東康王寄以孝景中二年立淮南王謀反時寄微聞其事私作兵車鏃矢（鏃矢之也辟所以看敵國營壘之處也又一說兵車鐵矢乾鏃之矢令以戰矢前者也）戰守備淮南之起及吏治淮南事辭出之（辭所連出其事）寄於帝最親（寄母王夫人皇后之妹於上為從母故言最親也此下有常山王太子勃不親其喪義亦同）意自傷發病而死不敢置後

東平王宇事太后內不相得元帝遣使奉璽書敕諭之宇慙懼因使者頓首謝死罪願洒心自改後又殺姬朐臑有司奏請逮捕有詔削樊亢父二縣後三年天子乃詔有司曰蓋聞仁以親親古之道也前東平王有闕（闕失也謂過）有司請廢朕不忍又請削朕不敢專惟王之至親未嘗忘於今聞王改行自新尊修經術親近仁人非法之求不以奸吏朕甚嘉焉傳不云乎朝過夕改君子與之其復前所削縣如故

後漢梁節王暢少貴驕頗不遵法度又聽從官下忌乳母王禮等諂媚言王當為天子暢心喜與相應答永元五年豫州刺史梁相舉奏不道考訊不服有司請徵詣廷尉詔獄和帝不許有司重奏除暢國徙九真帝不忍但削成武單父二縣暢慙懼上疏辭謝曰臣天性狂愚生在深宮長養傅母之手信惑左右之言及至歸國不知防禁從官侍史利臣財物熒惑臣暢無所昭見始自悔無所復及自謂當即時伏顯誅魂去身分歸黃泉不意陛下聖德枉法曲平不聽有司（[illegible]）橫貸赦臣戰慄連月未敢自安上念以負先帝而令陛下為臣汙天下（汙謂忝累天下以帝赦王為[illegible]）[illegible]元氣以負慚骨不相離臣暢知大貸不可再得自誓束身約妻子不敢復出入失繩墨不敢復有所橫費租入有餘乞裁食睢陽穀熟虞蒙寧陵五縣還餘所食四縣臣暢小妻三十七人其無子者願還本家自選擇謹敕奴婢二百人其餘所受虎賁官騎及諸王技鼓吹倉頭奴婢兵弩廄馬皆上還本署臣暢以骨肉近親亂聖化汙清流既得生活誠無心面目以凶惡復居大宮食大國張官屬藏什物願陛下加大恩開臣自悔之門假臣小善之路令天下知臣蒙恩得去死就生頗能自悔臣以公卿所奏臣罪惡語著常置於前晝夜誦讀以小人負見明持不能即時自引佯陛下哀臣令得喘息漏刻若不聽許臣實無顏以久生下入黃泉無以見先帝此誠臣至心臣欲多還所受恐天恩不聽許節量所留於臣暢饒足詔報曰朕惟王至親之屬淳淑之美傅相不良不能防邪至令有司紛紛有言今王深思悔過端自克責朕甚然傷之志匪由子咎在彼小子（謂傅相也）詩云[illegible]一日克己復禮天下歸仁王其安心靜意茂率休德易不云乎一謙而四益小有言終吉彊食自愛暢固讓章數上卒不許

魏陳思王植任性而行不自彫勵飲酒不節嘗乘車行馳道中

開司馬門出人祖太怒植內不自安及曹仁為關羽所圍太祖以植為南中郎將行征虜將軍欲遣救仁呼有所勅戒植醉不能受命文帝即位植與諸侯並就國黃初二年監國謁者灌均希指奏植醉酒悖慢劫脅使者有司請治罪帝以太后故貶爵安鄉侯其年改封鄄城侯三年立為鄄城王四年徙封雍丘王其年朝京都上疏曰臣自抱釁歸藩刻肌刻骨追思罪戾晝分而食夜分而寢誠以天罔不可重離聖恩難可再恃竊感相鼠之篇無禮遄死之義形影相弔五情愧赧以罪棄生則違古賢夕改之勸忍活苟全則犯詩人胡顏之譏伏惟陛下德象天地恩隆父母施暢春風澤如時雨是以不別荊棘者慶雲之惠也七子均養者尸鳩之仁也舍罪責功者明君之舉也矜愚愛能者慈父之恩也是以愚臣徘徊於恩澤而不能自棄者也前奉詔書臣等絕朝心離志絕自分黃耇無復執珪之望不圖聖詔

猥垂齒召至止之日馳心輦轂係戀西館未奉覲展踊躍之懷瞻望反仄謹拜表獻詩二篇文帝嘉其詞義優詔答勉

中山恭王袞明帝青龍中來朝犯京師禁爲有司所奏削縣袞憂懼戒勅官屬愈謹帝嘉其意二年復所削縣

樂陵王茂性傲佷無寵於太祖文帝太和元年徙封聊城公少不閑禮教長不務善道先帝以爲古之立諸侯也皆命賢者故姬姓有未爲侯者是以獨不王茂太皇太后數以爲言如聞茂頃來少知悔昔之非今封茂爲聊城王

晉司馬彪字紹統高陽王睦之長子也出後宣帝弟敏少篤學不倦然好色薄行爲睦所責故不得爲嗣雖名出繼實廢之也彪由此不交人事而專精學習故得博覽群情藉終其綴集之務

宋彭城王義康輔政十餘年素無學術闇於大體長史劉斌等以朋黨伏誅義康出鎮豫章帝遣沙門釋惠琳視之義康曰弟子有還理不惠琳曰恨公不讀數百卷書後以范曄謀反事免

爲庶人徙安成因讀書見淮南厲王長事廢書歎曰前代乃有此我得罪爲宜

南齊豫章王嶷後房千餘人潁川荀丕獻書於嶷極言其失嶷咨嗟良久爲書答之爲之減遣

梁蕭昱字子真高祖從父弟也少而狂狷不拘禮度異服危冠交遊冗雜尤善屠牛業以爲常於宅內沽酒好騎射位中書侍郎每求試邊州帝以其輕脫無威望抑而不許遷給事黃門侍郎上表請自解帝手詔責之坐免官因此杜門絕朝覲普通五年坐於宅鑄錢爲有司所奏下廷尉得免死徙臨海郡行至上虞有勑追還令受菩薩戒既至恂恂盡禮改意蹈道持戒又精潔帝甚嘉之以爲晉陽太守

南平王恪位雍州刺史年少未閑庶務委之羣下百姓每通一辭數處輸錢方得聞徹賓客有江仲舉蔡薳王臺卿庾仲容四人俱被接遇並有蓄積故人間歌曰江千萬蔡五百王新車庾大宅遂達武帝揆之曰主人憒憒不如客尋以廬陵王代爲刺史恪還奉見武帝以人間語問之恪大慚不敢一言後折節學問所歷以善政稱

後魏秦明王翰孫纂太武踐祚爲定州刺史封中山王纂好酒愛佞政以賄成太武殺其親嬖人後悔過脩謹拜大將軍居官清約簡慎吏稱廉平

濟陰王鬱孫暉業少險薄多與寇盜交通長乃變節涉子史亦頗屬文而慷慨有志節歷位司空太尉

北齊永安簡平王浚及長嬉戲不節曾以屬請受納大見杖罰拘禁府獄既而見原後稍折節頗以讀書爲務

安德王延宗爲定州刺史驕縱多不法武成使撻之殺其昵近九人從是深自改悔

唐彭王元則高祖第十二子初爲遂州都督坐事免及遷澧州折節自脩甚著聲績

後唐太祖母弟嗣昭沉毅不羣初嗜酒樂太祖微申戒約自是終身不飲

册府元龜卷第二百七十四

冊府元龜卷第二百七十五

宗室部二十四

褒寵

古之有天下者莫不封建宗子夾輔王室親之以賑膰之禮厚之以寳玉之賜既以旌賢而章德亦以脩睦而申恩成周以來或加之殊禮推以蕃錫異其車服之數厚以宴私之意寵遇官屬增給騎從國益賦邀賞延世圖像以昭其美下詔以揚其善乃至耆年尊屬優以几杖之賜送終即遠殊其窀穸之制極禮命之優渥聳藩維之風望皆所以彊幹固本興仁宣化法敦族於唐典遵立愛於商訓者也

周公旦武王崩歸政成王欲老成王留之爲大師履赤舄（赤舄人君之盛屨也）周公既平成王乃命魯得郊祭文王魯有天子禮樂者以褒周公之德也又分魯公以大路大旂（魯公伯禽也大路金路錫同姓之諸侯車也交龍爲旂同姓以封）禮夏后氏之璜封父之繁弱（封父古諸侯也繁弱大弓名）以昭周公之明德

衛康叔封武王弟也成王賜衛寳祭器以章有德分康叔以大路少帛綪茷旃旌（少帛雜帛也綪茷大赤取染草名也通帛爲旃析羽爲旌）大呂（鍾名）

唐叔虞武王成王分唐叔以大路密須之鼓（密須國名）闕鞏卸沽洗（鍾）魯公康叔唐叔三叔者有令德故昭之以分物

漢楚元王交高祖同父少弟六年立爲楚王文帝尊寵元王子生爵比皇子（元王生子封爵皆比皇子所以爲尊寵也）

濟北王敦淮南厲王長子初封廬江王七國反吳使者至廬江廬江王不應堅守無二心孝景四年吳楚已破衡山王朝帝以爲貞信迺勞苦之曰南方卑濕徙王王於濟北以褒之

梁孝王武文帝子竇太后少子太后愛之賞賜不可勝道得賜天子旌旗從千乘萬騎

江都易王非景帝子吳楚反時非年十五上書自請擊吳景帝賜非將軍印擊吳吳已破以軍功賜天子旗

淮南王安菑川王志元朔二年冬皆賜几杖毋朝

廣陵王胥武帝子昭帝初立益封胥萬三千戶元鳳中入朝復益萬戶賜錢二千萬黃金二千斤安車駟馬寶劍及宣帝即位封胥四子聖曾寶昌皆爲列侯又立胥小子弘爲高密王所以褒賞甚厚

陽城侯德楚元王曾孫少時數言事召見甘泉宮武帝謂之千里駒地節中以親親行謹厚封爲陽城侯子安民爲郎中右曹宗家以德得官宿衛者二十餘人甘露三年單于始入朝帝思股肱之美迺圖畫其人於麒麟閣法其形貌署其官爵姓名凡十一人其八曰宗正陽城侯劉德皆有功德知名當世是以表而揚之明著中興輔佐列於方叔召虎仲山甫焉

淮陽王欽宣帝子成帝即位以淮陽王屬爲叔父敬寵之異於它國

楚孝王囂宣帝子成帝河平中入朝時被疾天子閔之下詔曰蓋聞天地之性人爲貴人之行莫大於孝楚王囂素行孝順仁慈之國以來二十餘年纖介之過未甞聞朕甚嘉之今迺遭命離于惡疾夫子所痛曰蔑之命矣夫斯人也而有斯疾也朕甚閔焉夫行純茂而不顯異則有國者將何勗哉書不云乎用德章厥善今王朝正月詔與子男一人俱（從王朝也）入其以廣戚縣戶四千二百封其子勳爲廣戚侯

河間王良獻王後也脩獻王之行太后薨服喪如禮哀帝下詔褒揚曰河間王良喪太后三年爲宗室儀表益封萬戶

後漢城陽王祉光武族兄建武二年封賜乘輿御物車馬衣服十一年疾病上城陽王璽綬願以列侯奉朝請帝以賜有恩信故親厚之

安成侯賜光武族兄以列侯奉先人祭祀帝自臨其疾數蒙讌私時幸其弟恩賞特異賜輒賑與故舊無有遺積帝爲營冢起祠廟置吏卒如舂陵孝侯

成武侯順與光武同里閈少相厚成武邑戶最大租入倍宗室

詣家建武十一年卒帝使使者迎喪親自臨界
杼秋侯劉般宣帝玄孫建武十九年行幸沛詔問郡中諸侯行能太守薦言般束脩至行為諸侯師帝聞而嘉之乃賜般縉錢百万繒二百匹二十年復與車駕會沛因從還洛陽賜穀什物留為侍祠侯永平元年徙封居巢侯就國數年楊州刺史觀恂薦般在國口無擇言行無怨惡宜蒙旌顯明帝嘉之十年徵般行執金吾事從至南陽還為朝侯明年兼屯騎校尉時五校官顯職閑而府寺寬敞輿服光麗伎巧畢給故多以宗室肺腑居之每行幸郡國般常將長水胡騎從帝即位以為長樂少府建初二年遷宗正般妻卒厚加賵贈及賜冢塋地於顯節陵下
東海恭王彊光武長子建武十年封為東海王二十八年就國帝以彊廢不以過去就有禮故優以大封兼食魯郡合二十九縣賜虎賁旄頭宮殿設鍾虡之縣擬於乘輿彊臨之國數上書讓還東海又因皇太子固辭帝不許深嘉歎之以彊章宣示公

卿初魯恭王好宮室起靈光殿甚壯麗是時猶存故詔彊都魯永平元年彊病顯宗遣中常侍鉤盾令將太醫乘驛視疾詔沛王輔濟南王康淮陽王延詣魯及薨臨命上疏謝曰臣蒙恩得備蕃輔特受二國宮室禮樂事事殊異巍巍無量訖無報稱而自脩不謹連年被疾為朝廷憂念皇太后陛下哀憐臣彊感動發中數遣使者太醫令承方伎道術絡驛不絕臣伏惟厚恩不知所言臣內自省視氣力羸劣日夜浸困終不復望見闕庭奉承帷幄孤負重恩銜恨黃泉身既夭命孤弱復為皇太后陛下憂慮誠悲誠慙息政小人也猥當襲臣後必非所以全利之也誠願還東海郡天恩愍哀以臣無男之故處臣二女小國侯此宿昔常計今天下新罹大憂惟陛下加供養皇太后數進御餐臣彊困劣言不能書願並謝諸王不意永不復相見也天子覽書悲慟從太后出幸津門亭發哀使大司空持節護喪事大鴻臚副宗正將作大匠視喪事贈以殊禮升龍旄頭鸞輅龍旂虎賁百人詔楚王英趙王栩北海王興館陶公主比陽公主及京師親戚四姓夫人小侯皆會葬帝追惟彊深執謙儉不欲厚葬以違其意於是特詔中常侍杜岑及東海傅相曰王恭謙好禮以德自終遣送之物務從約省衣足斂形茅車瓦器物減於制以彰王卓爾獨行之志將作大匠留起陵廟
東平王蒼光武子少好經書雅有智思明帝甚愛重之及即位拜為驃騎將軍置長史掾史員四十人位在三公上(四府掾史皆無四十人今特置以優之)蒼上疏乞上驃騎將軍印綬退就蕃國優詔不聽其後數陳乞辭甚懇切永平五年乃許還國而不聽上將軍印綬以驃騎長史為東平太傅掾為中大夫令史為王家郎加賜錢五千萬布十萬匹六年冬帝幸魯徵蒼從還京師明年蒼乃歸國特賜宮人奴婢五百人布二十五萬匹及珍寶服御器物蒼為人美須髯要帶八圍明帝手詔國中傅曰日者問東平王處家何等最樂言為善最樂其言甚大副是要腹矣今送列侯印

十九枚諸王子年五歲已上能趨拜者皆令帶之十五年春行幸東平賜蒼錢千五百万布四万匹章帝即位尊重恩禮踰於前世諸王莫與為比建初元年地震蒼上便宜三事朕親自覽讀反覆數周心開目明曠然發矇(韋昭注國語曰有眸子而無見曰矇)間吏人奏事亦有此言但明智淺短或謂儻是復慮為非何者災異之降緣政而見今改元之後年飢人流此朕之不德感應所至又冬春旱甚所被尤廣雖內用克責而不知所定得王深策恢然意解詩不云乎未見君子憂心忡忡既見君子我心則降思惟嘉謀以次奉行冀蒙福應彰報至德特賜王錢五百万六年冬蒼上疏求朝明年正月帝許之特賜裝錢千五百万其餘諸王各千万帝以蒼冒涉寒露遣謁者賜貂裘(說文曰貂鼠屬也大而黃黑出丁零國)及太官食物珍果使大鴻臚竇固持節郊迎帝乃親自循行邸第豫設帷牀其錢帛器物無不充備下詔曰禮伯父歸寧乃國(儀禮曰覲禮諸侯至于郊王使皮弁用璧勞侯氏亦皮弁迎于帷門之外再拜天子賜舍曰賜伯父舍同姓西面北上異姓東面北)

上（侯氏裼冕釋幣于禰乘龍車載龍旂弧韣乃朝以瑞玉有繅天子負斧扆曰伯父實來余一人嘉之人奉束帛匹馬卓上馬避之奠幣再拜侯氏升天子許於侯氏曰伯父死事歸寧乃邦侯氏再拜稽首而歸也）詩云叔父建爾元子（詩魯頌之文也叔父謂周公也建元子謂封伯禽也）敬之至也昔蕭相国加以不名優忠賢也（見前書王莽傳）況兼親尊者乎其沛濟南東平中山四王讃皆勿名（讃謂讃者不習其名）蒼既至外殿乃拜天子親答之舊典諸王女皆封鄉主乃獨封蒼五女為縣公主三月大鴻臚奏遣諸王歸国帝特留蒼賜以祕書列僊圖道術祕方至八月飲酎畢有司復奏遣蒼乃許之手詔賜蒼曰骨肉天性誠不以遠近為親踈然數見顏色情重昔時念王久勞思得還休欲署大鴻臚奏不忍下筆顧授小黄門中心戀戀惻然不能言（大鴻臚奏王事因小黄門授詔者）於是車駕祖送流涕而訣復賜乘輿服御珍寶輿馬錢布以億萬計蒼還国疾病馳遣名醫小黄門侍疾使者冠蓋不絶於道又置驛馬千里傳問起居明年正月薨詔遣大鴻臚持節五官中郎將副監喪及將作使者凡六人令四姓小侯諸国王主悉會葬東平奔喪賜錢前後一億布九萬匹及葬策曰惟建初八年三月己卯皇帝曰咨王丕顯勤勞王室親受策命昭于前世出作蕃輔克慎明德率禮不越傳聞在下昊天不弔不報上仁俾屏余一人夙夜煢煢靡有所終今詔有司加鑾輅乘馬龍旂九旒虎賁百人送王行匪我憲王其孰離之魂而有靈保兹寵榮嗚呼哀哉元和三年行東巡守幸東平宮帝追感念蒼謂其諸子曰思其人至其鄉其處在其人亡因泣下沾襟遂幸蒼陵為陳虎賁鑾輅龍旂以章顯之祠以太牢親拜祠坐哭泣盡哀賜御劍于陵前

中山王焉光武子以郭太后少子故獨留京師顯宗永平二年冬諸王來會辟雍事畢歸蕃詔焉與俱就国從以虎賁官騎焉疏辭讓明帝報曰凡諸侯出境必備左右故夾谷之會司馬以從今五国各官騎百人稱娖（稱娖猶齊整也）前行皆北軍胡騎便兵善射弓不空發中必決者夫有文事必有武備所以重蕃職也王

其勿辭帝以焉郭太后偏愛特加恩寵獨得往來京師永元二年焉薨自中興至和帝時皇子始封薨者皆賻錢三千萬布三萬匹嗣王薨賻錢千萬布萬匹是時竇太后臨朝竇憲兄弟擅權太后及憲等東海王出也故睦於焉而重於禮加賻錢一億詔濟南東海二王皆會大為修冢塋開神道平夷吏人冢墓以千數作者萬餘人發常山鉅鹿涿郡柏黄腸雜木三郡不能備復調餘州郡工徒及送致者數千凡徵發揺動六州十八郡制度餘国莫及

琅邪孝王京光武之子性恭孝好學顯宗尤愛幸賞賜恩寵殊異莫與為比

楚王英光武子少時好游俠交通賓客晚節更喜黄老學為浮屠齋戒祭祀明帝永平八年詔令天下死罪皆入縑贖英遣郎中令奉黄縑白紈三十匹詣国相曰託在蕃輔過惡累積歡喜大恩奉送縑帛以贖愆罪國相以聞詔報曰楚王誦黄老之微言尚浮屠之仁祠絜齋三月與神為誓何嫌何疑當有悔吝其還贖以助伊蒲塞桑門之盛饌（伊蒲塞即優婆塞也中華翻為近住言受戒行堪近僧住也桑門即沙門）因以班示諸国中傅

下溥侯張酺武王縯孫以善論議永平十六年與奉車都尉竇固等並出擊匈奴後進者多害其能數被譖訴建初中卒章帝下詔褒揚之復封張子它人奉其祀

下邳王衍明帝子永平十五年封衍有容貌章帝即位常在左右建初初冠詔賜衍師傅已下官屬金帛各有差

清河王慶章帝子建初四年立為皇太子十年廢為清河王母宋貴人自殺慶時雖幼而知避嫌畏禍言不敢及帝憐之勅皇后令衣服與太子齊等太子特親愛入則共室出則同輿及太子即位是為和帝待慶尤渥諸王莫得為比常共議私事永元四年移幸北宮章德殿講於白虎觀慶得入省止宿中傅衛訢私為賊盜千餘萬詔使案理之并責慶不舉之狀慶曰訢以師傅之

尊還自聖朝臣愚唯知言從事聽不甚有所糾察帝嘉其對悉
以許藏財賜慶殤帝即位諸王就國鄧太后特聽清河王置中
尉内史賜什物取乘輿上御以外家宋衍等並爲清河中大夫
鄧太后以殤帝襁抱留慶長子祜居清河邸後立是爲安帝慶
薨遣司空持節與宗正奉弔祭使車騎將軍鄧隲護喪事又使
長樂謁者僕射中謁者二人副護喪事賜龍旂九旒虎賁百人
儀比東海恭王太后使掖庭丞送安帝所生母左姬喪與王合
葬廣丘

濟北惠王壽章帝子立三十一年薨永初已後戎狄叛亂國用
不足始封王薨減賻錢爲千萬布萬匹嗣王薨五百萬布五千
匹時惟壽最尊親特賻錢三千萬布三萬匹

東海王臻恭王彊曾孫性敦厚有恩常分租秩賑給諸父昆弟
國相籍褒其以狀聞順帝美之制詔大將軍三公大鴻臚曰東
海王臻以近蕃之尊少襲王爵膺受多福未知艱難而能克已

率禮孝敬自然事親盡愛送終竭哀降儀從士寢苫三年和睦
兄弟恤養孤弱至孝純備仁義兼弘朕甚嘉焉夫勸善厲俗爲
國所先曩者東平孝王敞兄弟行孝喪母知禮有增户之封詩
云永世克孝念兹皇祖今增臻封五千户臻弟儉五百户光啓
土宇以酬厥德

彭城王和性至孝太夫人薨行喪陵次毀胔殊禮傳相以聞桓
帝詔使奉牛酒迎王還客

魏任城王彰武帝子黄初初就國詔曰先王之道庸勳親親並
建母弟開國承家故能藩屏大宗禦侮厭難彰前受命北伐清
定朔土厥功茂焉增邑五千前萬户四年朝京都疾薨于邸謚
曰威至葬賜鑾輅龍旂虎賁百人如漢東平王故事

陳思王植武帝之子初封雍丘王黄初六年文帝東征還過雍
丘幸植宫增户五百

彭城王據武帝子初封義陽文帝以南方下濕又以據太妃彭
城人徙封彭城

中山恭王袞武帝子黄初三年封北海王其年黄龍見鄴西漳
水袞上書贊頌詔賜黄金十斤詔曰昔唐叔歸禾東平獻頌斯
皆骨肉贊美以彰懿親王研精墳典耽味道真文雅煥炳朕甚
嘉之王其克慎明德以終令問袞有令德青龍三年秋得疾病
詔遣太醫視疾殿中虎賁齎手詔賜珍膳相屬又遣太妃沛王
林並就省疾及薨詔沛王林留訖葬使大鴻臚持節典護喪事
宗正弔祭賵賜甚厚

安陽鄉侯休太祖族子少值喪亂渡江至吴太祖舉義兵北歸
見太祖太祖謂左右曰此吾家千里駒也使與文帝同止見待
如子常從征伐使領虎豹騎宿衛及爲鎮南將軍假節都督諸
軍事車駕臨送帝乃下輿執手而別陳侯仁太祖從弟也爲征
南將軍以從事鄢陵侯彰北征烏丸文帝在東宫爲書戒彰曰
爲將奉法不當如征南邪及即王位拜仁車騎將軍都督荆揚

益州諸軍事增邑二千前三千五百户追賜仁父熾謚曰陳穆
侯置守冢十家

邵陵侯眞太祖族子也明帝時爲大將軍蜀諸葛亮圍祁山眞
督諸軍軍郿亮圍陳倉已有備而不能克增邑并前二千九百
户四年朝洛陽遷大司馬賜劒履上殿入朝不趨眞病帝自幸
其第省疾眞薨帝追思眞功詔曰大司馬蹈履忠節佐命二祖
内不恃親戚之寵外不驕白屋之士可謂能持盈守位勞謙其
德者也其封眞五子爲列侯

武安侯爽邵陵侯眞子少以宗室謹重明帝在東宫甚親愛之
及即位累遷城門校尉加散騎常侍轉武衛將軍寵待有殊齊
王即位賜劒履上殿入朝不趨贊拜不名

晉安平王孚宣帝次弟武帝受禪拜太宰持節都督中外諸軍
有司奏諸王未之國者所置官屬權未有備帝以孚明德屬尊
遂備置官屬焉又以孚内有親戚外有交游惠下之費而用不

豐奏絹二千匹元會詔安平王孚乘輿車上殿帝於阼階迎拜既坐帝親奉觴上壽如家人禮帝每拜孚跪而止之又給以雲母輦青蓋車孚雖見尊寵不以爲榮常有憂色孚薨武帝於太極東堂舉哀三日詔曰王勳德超世尊寵無二期頤在位朕之所倚庶永百齡諮仰訓導奄忽殂隕哀慕感切其以東園溫明祕器朝服一具衣一襲緋練百匹絹布各五百匹錢百萬穀千斛以供喪事諸所施行皆依漢東平獻王蒼故事帝再臨喪親拜盡哀及葬又幸都亭望柩而拜哀動左右給鑾輅輕車介士武賁百人吉凶導從二千餘人前後鼓吹配饗太廟

平原王幹宣帝子武帝踐阼給鼓吹駙馬二匹加侍中之服太康末加侍中特假金章紫綬班次三司惠帝即位劒履上殿入朝不趨

琅邪武王伷宣帝子太康四年薨疾篤賜牀帳衣服錢帛秔粱等物遣侍中焉

扶風武王駿宣帝子咸寧中以氐戶在國界者增封給羽葆鼓吹病薨追贈大司馬加侍中假黃鉞

汝南王亮宣帝子武帝踐阼封扶風王三年徙封汝南王鎮南大將軍都督豫州諸軍事開府假節之國給追鋒車皁輪犢車錢五十萬徵爲侍中武帝寢疾出爲大司馬假黃鉞大都督豫州諸軍事出鎮許昌加軒懸之樂六佾之舞楊駿誅亮爲太宰錄尚書事入朝不趨劒履上殿增掾屬十人給千兵百騎爲楚王瑋矯詔所殺瑋死追復爵位給東園溫明祕器朝服一襲錢三百萬布萬匹絹三百匹喪禮如安平王故事廟設軒懸之樂

義陽王望安平王子泰始三年詔進位太尉中領軍如故置太尉軍司一人參軍事六人騎司馬五人又增置官騎十人并前三十假羽葆鼓吹

高陽元王珪安平王子泰始十年薨詔遣兼大鴻臚持節監護喪事贈車騎將軍儀同三司珪有美譽於世而帝甚悼惜之

彭城穆王權宣帝弟東武城侯馗子武帝受禪爲北中郎內都將鄴城守諸軍事泰始中入朝賜衮冕之服

太原王瓌安平王孫泰始二年就國四年入朝賜衮冕之服遷東中郎將十年薨詔曰瓌乃心忠篤智器雅亮歷位文武有幹事之績出臨封土夷夏懷附鎮守許都思謀可紀不幸早薨朕甚悼之今安厝在近其追贈前將軍

齊獻王攸文帝子景帝無後命攸爲嗣武帝踐阼封齊王太康三年詔曰齊王攸明德清暢忠允篤誠以母弟之親受台輔之任佐命立勳劬勞王室宜登顯位以稱具瞻其以爲大司馬都督青州諸軍事侍中如故假節將本營千人親騎帳下司馬大車皆如舊增鼓吹一部官騎滿二十人置騎司馬五人明年詔攸曰惟我有晉受天明命光建群后越造王國于東土錫茲青社用藩翼我邦家茂哉無怠以永保宗廟又詔下太常議崇錫之物以濟南郡益齊國又以攸子寔爲北海王於是備物典策

設軒懸之樂六佾之舞黃鉞朝車乘輿之副從焉攸薨詔喪禮依安平王孚故事廟設軒懸之樂配饗太廟

河間王顒太原王瓌子初襲父爵咸寧三年改封河間少有清名輕財愛士與諸王俱來朝武帝歎顒可以爲諸國儀表

西陽郡王羕汝南王亮子永嘉中度元帝承制拜撫軍大將軍及元帝踐阼進位侍中太保以羕屬尊元會特爲設牀太興初錄尚書事尋領大宗師加羽葆斧鉞班劒六十人進位太宰及王敦平領太尉明帝即位以羕宗室元老特爲之拜明帝寢疾羕與王導同受顧命輔成帝時帝幼沖詔羕依安平獻王孚故事設牀帳於殿上帝親迎拜

汝南王祐汝南王亮孫永安中從惠帝北征帝遷長安祐反國及帝還洛以征南兵八百人給之特置四部牙門

秦王柬武帝子於諸子中尤見寵愛以左將軍居齊獻王故府甚貴寵爲天下所屬元康元年薨朝野痛惜之葬禮如齊獻王攸

王攸故事廟設軒懸之樂

武陵王晞元帝子穆帝即位累遷太宰太和初加羽葆鼓吹入朝不趨贊拜不名劔履上殿固讓

琅邪王煥元帝子鄭夫人所生母有寵元帝特所鍾愛疾篤帝爲之徹膳而薨年二歲帝悼念無已將葬以煥既封列國加以成人之禮詔立凶門柏歷備吉凶儀服營起陵園功役甚衆

會稽王昱元帝子太和元年進位丞相録尚書事入朝不趨贊拜不名劔履上殿給羽葆鼓吹班劔六十人昱固讓

會稽王道子簡文子太元初進驃騎將軍録尚書六條事領司徒謝安薨詔領揚州刺史録尚書假節都督中外諸軍事衛府文武一以配驃騎府固讓不受公卿又奏進位丞相揚州牧假黄鉞羽葆鼓吹並不受安帝即位有司奏進位太傅假黄鉞備殊禮又不受後并世子元顯俱爲桓玄所害及玄敗大將軍武陵王遵承制下令曰故太傅公阿衡二世契闊皇家親賢之重

地無與二驃騎大將軍内總朝維外宣威略志蕩世難以寧國祚天未静亂禍酷備鍾悲動區宇痛貫人鬼感惟永往心情摧隕今皇祚反正幽顯式叙宜崇明國體以述舊典便可追崇太傅爲丞相加殊禮一依安平獻王故事追贈驃騎爲太尉加羽葆鼓吹丞相墳塋翳然飄薄非所須南道清通便奉迎神柩太尉宜更遷改可下太史詳吉日定宅兆於是遣通直常侍司馬珣之迎道子柩于安成時寇賊未平喪不時達義熙元年合葬于王妃陵追謚會稽文孝王道子世子元顯曰忠

武陵忠敬王遵威王子桓玄簒位安帝蒙塵于尋陽義旗興寄詔遵總攝萬機及安定反正更拜太保加班劔二十人義熙四年薨詔賜東園温明秘器朝服一具衣一襲錢百萬布千匹策贈太傅葬加殊禮

琅邪王德文安帝母弟元興初桓玄執政進位太宰加衮冕之服緑綟綬桓玄平拜大司馬領司徒加殊禮義熙五年置左右長史司馬從事中郎四人加羽葆鼓吹詔曰大司馬明德懋親太尉道勳光大並徽序彝倫爕和二氣疑俊引領思佐鼎餗而雅尚沖挹四門弗闢誠合大雅謙虚之道寔違急賢共世之務昔甫輪載徵異人並出東平開府奇士嚮臻濟濟之盛朕有欽焉可才二府依舊辟召必將明敭俊乂嗣軌前賢矣於是始辟召掾屬時太尉裕都督中外諸軍事詔曰大司馬地隆任重親莫二雖府受節度可身無致敬

冊府元龜卷第二百七十五

（第一葉至第四葉原闕）

乃還宮詔曰疑明哲至親勳高業始德懋王朝道光區縣甚至薨逝痛酷抽割不能自勝奈何今便臨哭九命之禮宜備其制歛以衮冕之服溫明祕器命服一具衣一襲喪事一依漢東平王故事大鴻臚持節護喪事大官朝夕送奠大司馬太傅二府文府悉停過葬竟陵王子良上啓曰臣聞春秋所以稱王母弟者以尊其所重故也是以禮秩殊品爵命崇異在漢則梁王備出警入蹕之儀在晉則齊王具殊服九命之贈江左以來尊親是闕故致衮冕之典廢而不傳寔由人缺其位非禮虧省齊王故事與今不殊締搆正業功迹不異凡有變革隨時之宜者正緣恩情有輕重德義有厚薄若事與前規禮無異則且梁齊闕令終之美猶與殊寵之榮況故大司馬仁和著於天性孝悌終於士身節義表於勤王寬猛彰於御物奉上無鄭劬之貌接下無傲侮之容淡矣止於清身無喜愠之色悠然掇於靜默號之服詩去靡不有初鮮克有終夫終之者理實爲難在於行無發斯德東平樂於小善河間悅於詩書勳績無聞鄭范不涉尚致卓尔不群英聲萬代況今協贊皇基經綸霸始功業高顯清譽踰於富貴隆直靡絜彌峻等古形今孰類茲美臣忝忖度未有斯例凡庶族同氣愛睦尚少豈有仰覩陛下弗友于之性若於此者乎共起布衣俱登天貴生平游處何事不同分甘均味何珍不等未嘗不覩貌而天心懽見形而聖儀悅若忽痛危捨命親瞻喘息萬分之際沒在聖目號酷動乎天地感慟驚乎鬼神乃至撤膳移寢坐泣遷祖神儀損耗隔宿改容率晬望顏誰不悲悚壁古所未聞記籍所不載既有若斯之大德實不可見與服之贈不彰如其脫致黜志追改爲煩不令千載之下物有遺恨其德不具美者尚荷嘉隆之命況事光先烈者寧可缺茲盛典臣恐有識之人容致其義[illegible]近代桓溫庾亮之

類亦降殊命伏度天心已當有在又詔曰寵章所以表德秩禮所以紀功愼終追遠前王之盛策褒行蹟列代之通誥故使持節都督揚南徐二州諸軍事大司馬領太子太傅揚州刺史新除中書監豫章王嶷體道秉哲經仁緯義挺清譽於弱齡發韶風於早日締綸霸業之初翼贊皇基之始孝睦著於鄉閭忠謀彰乎邦邑及秉德論道摠牧神甸七教必荷六符咸理振風潤而無譽於時俟卹民拯物有篤於矜懷雅容廊廟之華儀形列郡之觀神凝自遠具瞻允集朕友于之深情兼家國方授以神圖委諸廟勝緝頌九紘陪禪五嶽不憖遺德奄焉薨逝哀痛傷惜震慟乎厥心今先遠戒期龜筮襲吉宜加茂典以協徽猷可贈假黃鉞都督中外諸軍事丞相揚州牧綠綟綬具九服錫命之禮侍中大司馬太傅王如故給九旒鸞輅黃屋左纛虎賁班劍百人轀輬車前後部羽葆鼓吹葬送儀依東平王故事

臨川獻王映太祖第三子出爲都督荊湘等九州諸軍荊州將軍給鼓吹一部永平二年給油絡車七年薨詔賜東園秘器朝服一具衣一襲贈司空

長沙威王晃太祖第四子世祖即位進號車騎將軍侍中如故給油絡車鼓吹一部永明八年薨賜東園秘器朝服一具衣一襲即本號贈開府儀同三司太祖常曰此我家任城也世祖緣此贈謚曰威

武陵昭王曄太祖第五子母羅氏從太祖在淮陰以罪誅故曄見愛世祖即位爲丹陽尹常侍將軍如故始不復置行宮侍自親政轉侍中護軍將軍給油絡車又給扶二人世祖遺詔爲衞將軍開府儀同三司給鼓吹一部隆昌元年薨賜東園秘器朝服贈司空侍中如故給節班劍二十人

鄱陽王鏘太祖第七子鏘和悌美令有寵於世祖永明十一年

爲領軍將軍領軍之授齊室諸王所未爲車駕遊幸常甲仗衛從見待次豫章王嶷其年給油絡車隆昌元年假還侍中驃騎將軍開府儀同三司領兵置佐

桂陽王鑠太祖第八子性清羸有冷疾常枕卧世祖臨視賜床帳衾褥

始興簡王鑑太祖第十子永明九年進爲散騎常侍領石頭戍事世祖以與鑑久別車駕幸石頭宴會賞賜

竟陵王子良武帝第二子建元二年爲丹陽尹制東宮官僚以下致敬子良永明元年從爲侍中都督南兗徐青冀五州征北將軍南兗州刺史持節如故給油絡車明年入爲護軍將軍兼司徒領兵置佐侍中如故領西州三年給鼓吹一部四年進號車騎將軍五年進位司徒給班劒二十人八年給三望車蕭林即位進位太傅增班劒三十人隆昌元年加殊禮劒履上殿

朝不趨贊拜不名其年薨蕭林常慮子良有異志及薨甚悅給東園溫名秘器斂以袞冕之服東府施喪位大鴻臚持節監護太官朝夕送祭又遣追崇假黃鉞侍中都督中外諸軍事太宰領大將軍揚州牧綠綟綬備九服錫命之禮使持節中書監王如故給九旒鸞輅黃屋左纛轀輬車前後部羽葆鼓吹挽歌二部虎賁班劒百人葬禮依晉安平王孚故事

晉安王子懋武帝第七子永明十一年爲使持節都督雍梁寧四州二郡諸軍事征北將軍雍州刺史給鼓吹一部豫章王喪服未畢帝以邊州須威望許得奏之

隨郡王子隆武帝第八子帝以子隆能屬文謂王儉曰我家東阿重出實爲皇家藩屏永明八年爲使持節荆雍六州諸軍事荆州刺史給鼓吹一部

南康王子琳武帝子以母寵故最見愛太尉王儉因請婚武帝悅而許之群臣奉寶物名好盡直數百金武帝爲之報答亦如此及應封而好郡已盡乃以宣城封之既而以宣城屬揚州不欲爲王國改封南康公褚蓁爲巴東公以南康爲王國封子琳

新吳侯景先太祖從子也武帝即位爲侍中領左軍將軍尋兼領軍將軍景先事帝盡心故恩寵特密初西還帝坐景陽樓召景先語故舊爲豫章王一人在席而已轉中領軍車駕射雉郊外行游景先常甲仗從廉察左右永明五年爲征虜將軍丹陽尹總率步騎屯義陽遇疾卒帝傷惜之詔曰西信適至景先奄至喪逝悲懷切割不能自勝今便舉哀贈錢十萬布二百匹景先喪還詔曰新吳侯景先器懷開亮幹局通敏綢繆少長義兼勳戚誠著夷險績茂所司方外寵榮用伸任寄奄至喪逝悲痛良深贈侍中征北將軍南徐州刺史給鼓吹一部假節侯如故謚曰忠侯

南豐伯赤斧太祖從祖弟也世祖親遇與諸王景先相比及卒儲積無絹爲衾帝聞之愈悼惜詔賻錢五萬上材一具布百疋蠟二百斤追贈金紫光祿大夫謚曰懿伯子穎胄起家秘書郎太祖謂赤斧曰穎胄輕朱被身覺其趣轉美足慰人意遭父喪感腳疾數年然後能行世祖有詔慰勉賜醫藥穎胄好文弟穎基好武世祖登烽火樓詔賦詩合旨帝曰卿文弟武宗室便不乏才明帝廢立賜穎胄常所乘白榆牛中興元年爲侍中尚書令監八州軍事行荆州刺史及卒和帝出臨詔賜侍中丞相太宰如故前後部羽葆鼓吹班劒三十人轀輬車黃屋左纛

曲江縣公遙光太祖兄衡陽元王道度之子明帝初即位誅賞諸事唯遙光共謀議建武二年進號撫軍將軍加散騎常侍給通幰車鼓吹後加侍中中書令給扶永元元年給班劒二十人即本號開府儀同三司

豐城縣公遙光遙昌弟也建武中官至征虜將軍豫州刺史永泰元年卒帝愛遙昌兄弟如子甚痛惜之贈車騎將軍儀同三司帝以問徐孝嗣孝嗣曰豐城本資尚輕贈以班台如爲小過帝曰卿乃欲存萬代準則此我孤兄弟子不得與計

南郡王昭業文惠太子長子永明七年有司奏給班劍二十人鼓吹一部高選友學十一年給皁輪三望車詔[illegible]國官巴陵王寶義明帝長子爲南徐州刺史東昏即位[illegible]大將軍開府儀同三司給仗永元元年給班劍二十人

梁長沙王業武帝長兄懿之子也仕齊[illegible]侍中尚書令征虜將軍爲東昏侯所害和帝中興元年追贈侍中中書監司徒太右臨朝改贈太傅天監元年追崇丞相王爵給九旒鸞輅轀輬車黃屋左纛前後部羽葆鼓吹挽歌二部武賁班劍百人一依晉安平王故事

臨川靖惠王宏太祖第六子天監元年爲[illegible]又給鼓吹一部七年三月以疾累表自陳[illegible]臨川四月薨自疾至于薨輿駕七出臨視及葬詔曰侍中大[illegible]王宏器宇冲貴雅量弘通爰初弱齡行彰素履[illegible]戴緝自昇業起基地惟介弟久司神甸歷位台階[illegible]無異識朕友于之至家國兼情方弘燮贊儀形列辟天不憖遺奄爲薨逝哀痛抽切震動于厥心宜增崇禮秩式[illegible]侍中大將軍揚州牧假黃鉞王如故并給羽葆鼓吹一部增班劍爲六十人給溫明祕器斂以袞服

安成康王秀太祖第七[illegible]監五年以右將軍加領軍中書令給鼓吹一部十六年爲[illegible]州刺史寧蠻校尉十七年薨高祖聞之甚痛惜遣皇子南康[illegible]績緣道迎侯

南平元襄王偉太祖[illegible]州刺史[illegible]天監元年進督荆寧二州俄給鼓吹一部十三年改爲左光祿大夫加親信四十人歲給米萬斛布絹五千匹藥直三百四十萬廚供月二十萬并二衛兩營雜役二百人先置防閤白直左右職局一百人偉末年疾浸劇不復出藩故偉秩加爲大通四年遷中書令大司馬五年薨詔斂以袞冕給溫明祕器又詔曰矜德紀功前王令典慎終追遠列代通規故侍中中書令大司徒南平王偉器宇宏曠鑒識弘簡爰在弱齡清風載穆翼佐草昧勳高樊沔契闊艱難劬勞任寄及贊務論道弘茲袞職俄爲薨逝朕用震慟于厥心宜降寵命式昭茂典可贈侍中太宰王如故給羽葆鼓吹一部并班劍四十人

鄱陽忠烈王恢太祖第九子天監十一年爲平西將軍雍州刺史給鼓吹一部七年爲荆州刺史進號驃騎大將軍普通七年九月薨于州詔曰故使持節散騎常侍都督荆湘雍梁益寧

北秦八州諸軍事驃騎大將軍開府儀同三司荆州刺史鄱[illegible]王恢風度開朗器情凝質爰在弱歲美譽克宣泊于從政嘉猷載緝方入正論道弘燮台階奄焉薨逝朕用傷慟于厥心宜隆寵命以申朝典可贈侍中[illegible]事

始興忠武王憺太祖第十子天監初爲平西將軍荆州刺史三年加鼓吹一部十四年遷鎮右將軍荆州刺史十八年徵爲侍中中撫軍將軍開府儀同三司領軍將軍普通三年十一月薨追贈侍中司徒驃騎將軍給班劍三十人羽葆鼓吹一部冊曰咨故侍中司徒驃騎將軍始興王夫忠爲令德武謂止戈于以用之載在前志王有佐命之元勳利人之厚德契闊二紀終始不渝是用方軌往賢稽擇故訓鴻名美號允臻其極今遣大鴻臚程爽謚曰忠武魂而有靈歆茲寵號嗚呼哀哉

四[illegible]侯藻長沙王懿[illegible]由三年爲[illegible]將軍太子詹事[illegible]

（下闕）

忠第一

後魏高涼王孤平文皇帝之第四子也烈帝顧命迎立昭成羣臣咸以新有大故宜立長君大人梁蓋等共推孤孤不肯乃自詣鄴奉迎請身留為質石季龍義而從之昭成即王位乃分國半部以與之

上谷公紇羅神元皇帝之曾孫也初從道武自孤獨如賀蘭部與弟建勸賀蘭訥推道武為王

文安公泥國之疏族也性忠直道武厚遇之元城侯屈子磨渾少為明元所知元紹之逆也明元潛隱於外磨渾與叔孫詐云明元所在紹使帳下二人隨磨渾往規為逆磨渾既得出便縛帳下詣明元斬之帝得磨渾大喜為羽翼以勳賜爵長沙公拜尚書

陰平王烈剛武有智略元紹之逆百僚莫敢有聲唯烈行出外詐附紹募執明元紹信之自延秋門出遂迎立明元以功進爵陰平王武遂子拔干遼西公意烈子道武以宗親委之心腹屢效忠勤明元踐祚賜爵武遂子

順陽王郁桓帝之後也少忠正亢直文成時位殿中尚書賜爵順陽公文成末乙渾專權郁從順德門入欲誅渾渾窘怖遂奉獻文臨朝後謀殺渾為渾所誅獻文録郁忠正追贈順陽王謚曰簡

南平公目辰桓帝之後也乙渾謀亂目辰與順陽王郁謀殺之事發逃免獻文傳位有定策功進爵為王

東陽公丕烈帝之孫也乙渾謀反丕以奏聞詔收渾誅之

河間公齊列帝之玄孫也少雄傑魁岸太武征赫連昌太武馬蹶賊逼帝齊以身蔽拒決死力戰賊乃退帝得上馬是日微齊帝幾至危殆帝以微服入其城齊固諫不許乃與數人從帝入城內既覺諸門悉閉帝及齊等因入其宮中得婦人裙繫之槊上帝乘而上因此得拔於難齊有方焉賜爵浮陽侯

任城王楨性忠謹孝文微赴講武引見戒之曰每欽忠懿思一言展故因講武遠徵赴闕建中伯志河間王齊之孫為孫事中郎孝文南征微服觀戰所有箭欲犯帝志以身障之帝使得免矢中志目因此一目喪明以志行常州事

安樂王長樂子詮為定州刺史及京兆王愉之反詐言國變在北州鎮咸疑朝廷有釁遣使觀詮動靜詮具以狀告州鎮帖然愉奔信都詮與李平高殖等四面攻燒愉突門而出尋除侍中兼以告首之功除尚書左僕射

彭城王勰孝文時為中書監侍中正中軍大將軍開府勰表以一歲國秩職俸親恤以裨軍國詔曰割身存國理為遠矣但汝以我親乃減已助國職俸便停親國二事聽三分受一孝文不豫勰內侍醫藥外總軍國之務遐邇肅然人無異議徐謇當世之上醫也先是假還洛陽及召至勰引之別所泣涕執手而謂之曰君今世元化至尊氣力危惙顯君竭心善思方治若聖體日康令四海有賴當獲意外之賞不然便有不測之誅非但榮辱乃存亡由此君其勉之左右見者莫不嗚咽及引入謇便欲進治勰以孝文神力虛弱唯令以食味消息勰乃密為壇於汝水之濱依周公故事告天地顯祖請命乞以身代孝文日有瘳損自懸瓠幸鄴勰常侍坐輿輦晝夜不離於測飲食必先嘗之而後手自進御從孝文征沔北還以功為司徒太子太傅侍中如故俄而蕭寶卷將陳顯達內寇孝文復親討之詔勰使持節都督中外諸軍事總攝六師是時孝文不豫勰辭曰臣侍疾無暇六軍須有所託事不兩興情力又竭更請一王總當軍要孝文曰戎務侍疾皆憑於汝牽痾如此吾深慮不濟安六軍保社稷者捨汝而誰何容方更請人以違心寄宗祐所賴唯在於汝諸葛孔明異姓受託而況汝乎行次淯陽孝文謂勰曰吾患轉惡汝

其努力事駕至馬圈去賊營數里顯達等出戰諸將大破之勰部分諸軍將攻賊壘其夜奔追孝文疾甚謂勰曰脩短命也死生大分今吾氣力危惙當成不濟矣雖敗顯達國家安危在此一舉社稷所仗惟在汝身霍子孟以異姓受付况汝親賢可不勉也勰泣曰士於布衣猶爲知己盡命况臣託靈先皇聯暉陛下誠應竭股肱之力加之以忠貞但臣出入喉膂每跨時要及於寵靈輝赫聞之遐邇復參宰匠機政畢歸震主之聲風忌必矣此乃周旦遁逃成王疑惑陛下愛臣便爲未盡始終之美非所以惡華捐勢非所以辭勤請逸正希仰成陛下日鏡之明下念愚臣忘退之禍孝文久之曰吾尋思汝言理實難奪乃手詔宣武曰汝第六叔勰清規懋賞與白雲俱潔厭榮捨紱以松竹爲心吾少與綢繆提攜道趣每請解朝纓恬真丘壑吾以長兄之重未忍離遏何容仍屈素業長嬰世網吾百年之後其聽勰辭蟬捨冕遂其沖挹之性也使成王之明翻從爾舉不亦善乎

汝爲孝子勿違吾勑及孝文不起于行宮遏秘喪事獨與右僕射任城王澄及入知平常視疾進膳可決外奏累日達宛城乃夜進安車於郡廳事得加斂櫬還載臥輿六軍內外莫有知者遣中書舍人張儒奉詔徵宣武會駕梓宮至魯陽乃發喪行服宣武即位勰跪授孝文遺勑數紙咸陽王禧疑勰爲變停在魯陽郡外久之乃入謂勰曰汝非但辛勤亦危險至極勰恨之對曰兄識高年長故知有夷險彥和握蛇騎虎不覺艱難禧曰汝恨吾後至耳自孝文不豫勰常居中親侍醫藥夙夜不離左右至於衣帶罕解亂首垢面帝患多忿因之以遷怒勰每被誚詈言至厲切威責近侍動將誅斬勰承顏悉心多所規濟及孝文崩遐陳顯達奔遁始爾處凶問洩漏致有逼迫勰內雖悲慟外示吉容出入俯仰神貌無異及至魯陽也東宮官屬多疑勰有異志竊懷防懼而勰推誠盡禮卒無纖介宣武立頻幸勰第及京兆廣平暴虐不法詔宿衛隊主率羽林虎賁幽守諸王於其第勰上表切諫宣武不納勰既无山水之適又絕知己之遊唯對妻子鬱鬱不樂

清河王懌宣武初爲尚書僕射時司空高肇以帝舅寵任既擅威權謀去良宗屢譖懌及京兆王愉等愉不勝其忿怒遂舉逆冀州肇因愉之逆又構殺彭城王勰懌恐不免肇又錄囚徒以立私惠懌因侍宴酒酣乃謂肇曰天子兄弟詎有幾而炎炎不息昔王莽頭禿亦藉渭陽之資遂篡漢室今君曲形見矣恐復終成亂階又言於宣武曰臣聞唯器與名不可以假人是故季氏旅岱宣尼以爲深譏仲叔軒懸丘明以爲至誡諒以天尊地卑君臣道別宜杜漸防萌无相僭越至於減膳錄囚人君之事今乃司徒行之詎是人臣之義且陛下脩政斷獄訟則時雨可降王獨知和何使明君失之於上姦臣竊之於下長亂之基於此在矣宣武咲不應後靈太后委以朝政懌竭力佐輔以天下爲已任領軍元乂太后之妹夫懌裁之以法乂忻疾乂黨人通

直郎宋維受乂旨告懌謀反禁懌門下訊問左右及朝貴分明得雪懌以忠而獲謗乃鳩集昔忠烈之士爲顯忠錄二十卷以見意焉

陽平王新成長子頤爲懷朔大將都督後除朔州刺史及常州刺史穆泰謀反遣使推頤爲主頤密以狀聞泰等伏誅帝甚嘉

冀州刺史元嚴子顯和爲徐州安東府長史刺史元法僧叛顯和與戰被擒執手命與連坐顯和曰顯和與阿翁同源別派皆是盤石之宗一朝以地外叛若遇董狐能免慙德遂不肯坐法僧猶欲慰喻顯和曰乃可死作惡鬼不能生爲叛臣及將殺之神色自若建義初贈泰州刺史

彭城王勰子劭善武藝少有氣節孝明初梁武遣將犯邊劭上表曰儻賜遊魂闚覦邊境勞兵兼時日有千金之費臣仰籍先資紹饗厚秩思以埃塵用裨山海臣國封徐州去軍差近謹奉粟九千斛絹六百匹國吏二百人以充軍用靈太后嘉其至

意而不許之起家爲宗正少卿
中山獻武王子熙延昌中出爲相州刺史聞劉騰元叉隔絶二
宮矯詔殺清河王懌熙乃起兵上表云元叉㪍逆如此孰可忍
之臣忝籍枝萼思盡力命碎首屠肝甘之若薺今輒率義兵實
甲八萬大徒既進文武爭先與并州刺史城陽王徽常州刺史
廣陽王淵徐州刺史齊王蕭寶夤等俱發燕仰憑祖宗之靈俯
聲義夫之命掃翦兇醜更清京邑臣親總三軍星邁赴難置兵
溫城伏聽天旨熙兵起甫十日爲其長史柳元章等所執遇害
靈太后反正贈使持節都督冀定瀛相幽五州諸軍事大將軍
太尉公謚曰文莊王
臨淮王昌弟孚爲尚書右丞靈太后臨朝宦者干政孚乃總括
古今名妃賢后凡爲四十卷奏之遷冀州刺史又爲葛榮所執榮
卒還冀州刺史元顥入洛授孚東道行臺彭城郡王孚封顥逆
書送朝廷天子嘉之顥卒封孚萬年鄉男

東阿侯忻之清河王紹之孫性麤武有力孝莊帝之圖尒朱榮
元天穆也忻之密啓臨事之日乞得侍立手斬二人及榮之死
百寮入賀忻之獨蒙問
青州刺史昂弟暹爲南兗州刺史元顥入洛暹據州不屈莊帝
還宮封汝陽王
北齊趙郡王琛高祖之弟也少時便弓馬有志氣高祖既輔天
子以琛後廢帝中興初授琛散騎常侍鎮西將軍既居禁衛恭
勤慎密率先左右
彭城景思王浟爲太師録尚書自武成帝車駕巡幸浟常留鄴
河清三年三月羣盜田姓也子禮等數十人謀劫浟爲主詐稱使
者徑向浟第至內室稱敕牽浟上馬臨以白刃欲引向南殿浟
大呼不從遂遇害朝野痛惜焉
任城王湝爲瀛州刺史後主特奔鄴加湝大丞相及安德　加
尊號於晉陽使劉子昂脩啓於湝至尊出奔宗廟既重羣公勸
迫權主號令事寧終歸叔父湝曰我人臣何容受此啓執子昂
送鄴帝至濟州禪位湝啓竟不達湝與廣寧王孝珩於冀州召
募得四萬餘人拒周軍周齊王憲來伐先遣送書并赦詔湝並
沉諸井戰敗湝孝珩俱被擒憲　任城王何苦至此湝曰下官
神武帝子兄弟十五人幸而獨存逢宗社顛覆今日得死無愧
墳陵憲壯之歸其妻子將至鄴城湝馬上哭自投于地流血滿
面至長安尋逢首死面長齊不言笑而終妻乃爲尼
廣寧王孝珩文襄第二子也承光後主年號即位以孝珩爲太宰與
呼延族莫多婁敬顯尉相願同謀期正月五日孝珩於千秋門斬
高阿那肱相願在內以禁兵應之族與敬顯自遊豫園勒兵出
既而阿那肱從別宅取便路入宮事不果乃求出拒西軍謂阿
那肱韓長鸞陳德信等云朝廷不賜遣擊賊豈不畏孝珩反耶
破宇文邕遂至長安反時何與国家事以今日之急猶作如此
猜高韓恐其變出孝珩爲滄州刺史至州以五千人會任城王

於信都共爲興復之計周齊王憲來伐兵弱不能敵怒曰由高
阿那肱小人吾道窮矣齊叛臣乞扶令和稍刺孝珩墜馬奴白
澤以身扞之孝珩猶傷數處遂見虜齊王憲問孝珩自陳国難辭
淚俱下俯仰有節憲爲之改容親爲洗瘡傅藥禮遇甚厚孝珩
獨歎曰嗣君無獨見之明宰相非柱石之寄恨不得握兵符受
廟筭展我心力耳至長安依例授開府縣侯後周武帝在雲陽
宴齊君臣自彈胡琵琶命孝珩吹笛辭曰亡国音不足聽也固
命之舉笛裁至口淚下嗚咽武帝乃止
范陽王紹義文宣第三子也後主奔鄴以紹義爲尚書令定州
刺史周武帝剋并州以封輔相爲北朔州總管此地齊之重鎮
諸勇士多聚焉前率長趙穆司馬王當萬等謀執輔相迎任城
王於瀛州事不果迎紹義至馬邑輔相及其屬朝阿各奴等數
十人皆齊叛臣自肆州以北城戍二百八十餘盡從輔相及紹
義至皆反焉紹義與靈州刺史袁洪猛引兵南出欲取并州新

興丙肆州已爲周守前隊二儀同以所部降周周兵擊顯州執
刺史陸瓊又攻陷諸城紹義還保北朔州將宇文神擧軍逼馬
邑紹義遣杜明達拒之兵大敗紹義曰有死而已不能降人遂
奔突厥衆三千家令之曰欲還者任意於是哭拜別者太半
襄城王亮值後主敗奔鄴亮從焉遷兼太尉大傅周師入鄴亮
於啓夏門拒守諸軍皆不戰而敗周軍於諸城門皆入亮方退
走亮入太廟行馬内慟哭拜辭然後爲周軍所執
安德王延宗後主平陽之敗後主將奔晉陽延宗言大家但在
營莫動以兵馬付臣臣能破之帝不納及至并州又聞周軍已
入鼠雀谷乃以延宗爲相國并州刺史總山西兵事謂曰并州
阿兄取兒今去也延宗曰陛下爲社稷莫動臣爲陛下出死力
戰駱提婆曰至尊計已成王不得輒沮後主竟奔鄴
後周邵惠公顥德皇帝與衛可孤戰於武川臨陣墜馬顥奔救
擊殺数十人賊衆披靡德皇帝（太祖父也）乃得上馬引去顥遂戰没

保定初追贈太師
越王招率奴從高祖東伐東夏底定招出就國宣帝不豫徵招
及陳越代滕五王赴闕比招等至而隋文帝輔政加招等殊礼
入朝不趨劒履上殿隋文帝將遷周鼎招密欲圖之以扶社稷
乃招文帝至第飲於寢室招子貞貫及妃弟魯封所親人史胄
皆先在左右佩刀而立又藏兵刃於帷席之間後院亦伏壯士
文帝從者多在閤外唯楊弘元胄果威及陶徹坐戶側招屢以
佩刀割瓜啗隋文隋文未之疑元胄覺變扣刀而入招乃以大
觴親飲胄酒又命胄向厨取漿胄不爲之動滕王逌後至隋文
降階迎胄因得耳語曰形勢大異公宜速出隋文共逌就坐須
更辭出後事覺陷以謀反誅之并其子弟
齊王憲太祖第五子高祖之世爲晉國公護所委任天和已後
護欲有所陳多令憲聞其間或有可否憲慮主相嫌隙每曲而
暢之高祖亦悉此心故護誅憲得免患開府裴文擧憲之侍讀
高祖嘗御内殿引見之謂曰晉公不臣之迹朝野所知朕所以
泣而誅者安国家利百姓耳昔魏末不綱太祖佐補元氏有周
受命晉公復執威權積習生常謂法應須爾豈有三十年天子
而可爲人所制乎且近代以來又有一弊暫經隷屬便即禮若
君臣此乃亂臣之權宜非經国之治術詩云夙夜匪懈以事一
人一人者本據天子爾雖陪侍齊公不得即同臣主且太祖十
子寧可盡爲天子耶宜規以正道勸以義方輯睦我君臣協和
我骨肉無令兄弟自致嫌疑文擧拜謝而出歸以白憲憲指心
撫几曰吾之宿心公寧不悉但當盡忠竭節耳知復何言高祖
將欲東討獨與内史王誼謀之餘人莫知後以諸弟才略無出
於憲右遂告之憲即贊成其事乃大將軍出憲表上私財以助
軍食曰臣聞撫機適運一理藉時來兼弱攻昧事資權道伏惟陛下
繼明作聖闡業引風思順天心用恢武略方使長蛇外剪宇宙
大同軍民内向車書混一竊以龍旗雷動天網雲布錫粟犒師

或須周給昔邊隅未静卜式願上家財江湖不澄衛兹請獻私
粟臣雖不敏敢忘景行謹上金寶等一十六件少助軍資詔不
納而以憲表示公卿曰人臣當如此朕但愧其心耳寧須物乎
乃詔憲率衆二萬爲前軍趣黎陽高祖親圍河陰未克憲攻拔
武濟進圍洛口拔其東西二城以高祖疾班師是歲初置上柱
國官以憲爲之
襲安化縣公孝伯其生與武帝同日又與帝同学帝即位引置
左右孝伯竭心盡力無所回避至於時政得失及間細事皆以
奏聞宣帝即位授小冢宰帝忌齊王憲意欲除之謂孝伯曰公
能圖之當以其官位相授孝伯叩頭曰齊王戚近功高棟梁所
寄臣若順旨則臣爲不忠陛下孝之子也帝因踈之
隋觀德王雄高祖族子也周大象中進爵邗國公高祖爲丞相
雍州牧畢王賢謀作難雄時爲別駕知其謀以告高祖賢伏誅
河間王弘高祖從祖弟高祖爲丞相常置左右委心腹高祖詔

周趙王宅將及於難引時立於戶外以衛高祖

唐宋王成器睿宗長子景雲二年以晉州刺史蕭志忠為祕書監同州刺史崔湜為中書侍郎時太平公主謂成器曰樹擬湜謀至忠到當軸政廢太子以兩代之成器馳告皇太子太子與成器奏之故令停湜等官

舒王誼本代宗子昭靖太子邈之子德宗命為己子建中四年涇原兵亂誼奉德宗出幸奉天賊之攻城誼晝夜傳詔慰勞諸軍僅不解帶者月餘

後唐贈太保從璟明宗長子明宗在魏府為軍士所逼莊宗召從璟謂曰爾父於國有大功忠孝之心朕自明信今爲亂兵所刼爾宜自去宣朕言無令有疑從璟行至中途為元行欽所制復與歸洛下莊宗改其名為繼璟以為己子命再往從璟固執不行願死於御前以明丹赤從莊宗赴汴州明宗之親舊多棄馬而去左右或勸從璟令自脫終無行意尋為元行欽所殺天

成初贈太保

册府元龜卷第二百八十六

冊府元龜卷第二百八十七

宗室部　二十六

忠諫

古人有言曰忠臣雖在畎畝猶不忘君惓惓之義也矧骨肉之親本根攸庇若乃朝政有闕君道或愆豈當引嫌无竟忠言並用而能諫之以德竭其誠心務進讜言期於開悟蓋情兼家國義在君親者也與夫信而後諫不聽則去者異矣詩曰雖有他人不如我同姓其是之謂歟

殷王子比干紂之親戚也見箕子諫不聽而為奴則曰君有過而不以死爭則百姓何辜乃直言諫紂紂怒曰吾聞聖人之心有七竅信有諸乎乃遂殺王子比干刳視其心（紂作炮烙之刑王子比干曰主暴不諫非忠臣也畏死不言非勇士也見過則諫不用則死忠之至也遂進諫三日不去朝紂囚而殺之）

秦公子扶蘇始皇長子始皇益發謫徙邊扶蘇諫曰天下初定遠方黔首未集諸生皆誦法孔子今上皆重法繩之臣恐天下不安唯上察之始皇怒使扶蘇北監蒙恬於上郡子嬰二世兄子二世時趙高親近日夜毀惡蒙氏求其罪過舉劾之子嬰進諫曰臣聞故趙王遷殺其良臣李牧而用顏聚燕王喜陰用荊軻之謀而倍秦之約齊王建殺其故世忠臣而用后勝之議此三君者皆各以變古者失其國而殃及其身今蒙氏秦之大臣謀士也而主欲一旦棄去之臣竊以為不可臣聞輕慮者不可以治國獨智者不可以存君誅殺忠臣而立无節行之人是內使群臣不相信而外使鬭士之意離也臣竊以為不可二世不聽

漢淮南王安厲王長之子武帝建元六年閩越復興兵擊南越南越守天子約不敢擅發兵而上書以聞帝多其義大為發興遣兩將軍將兵誅閩越安上書諫曰陛下臨天下布德施惠緩刑罰薄賦斂哀鰥寡恤孤獨養耆老振匱乏盛德上隆和澤下洽近者親附遠者懷德天下攝然（攝安也奴協切）人安其生自以沒身不見兵革今聞有司舉兵將以誅越臣安竊為陛下重之越方外之地劗髮文身之民也（劗古剪字）不可以冠帶之國法度理也自三代之盛胡越不與受正朔（正朔謂曆數也）非彊弗能服威弗能制也以為不居之地不牧之民不足以煩中國也故古者封內甸服（封內謂封圻千里之內也甸服主治王田以共祭祀也）封外侯服（封外謂千里之外也侯者斥候也）侯衛賓服（侯服之外又有衛服賓見於王也侯衛二服同為賓也）蠻夷要服（要者要也言以文德要來之耳）戎狄荒服（此在九州之外者也荒言其荒忽絕遠來去无常者也）其遠近勢異也自漢初定已來七十二年吳越人相攻擊者不可勝數然天子未嘗舉兵而入其地也臣聞越非有城郭邑里也處谿谷之間篁竹之中（竹田曰篁）習於水鬭便於用舟地深昧而多水險中國之人不知其勢阻而入其地雖百不當其一得其地不可郡縣也攻之不可暴取也以地圖察其山川要塞相去不過寸數而閒獨數百千里（閒中閒也）（或八九百里或千里也）阻險林叢弗能盡著視之若易行之甚難天下賴宗廟之靈方內大寧戴白之老不見兵革民得夫婦相守父子相保陛下之德也越人名為藩臣貢酎之奉不輸大內（言其國僻遠於奇之貢宗廟之祭皆不與也大內都內也國家寶藏也治粟屬官有都內令丞也）一卒之用不給上事自相攻擊而陛下發兵救之是反以中國勞蠻夷也且越人愚戇輕薄負約反覆其不用天子之法度非一日之積也一不奉詔舉兵誅之臣恐後兵革无時得息也間者數年歲比不登民待賣爵贅子以接衣食（贅子謂令子出贅家為贅婿耳）賴陛下德澤振救之得毋轉死溝壑四年不登五年復蝗民生未復今發兵行數千里資衣糧入越地輿轎而隃領（轎今竹輿車也言以轎過領耳）柁舟而入水行數百千里夾以深林叢竹水道上下擊石林中多蝮蛇猛獸夏月暑時歐泄霍亂之病相隨屬也曾未施兵接刃死傷者必衆矣前時南海王反陛下先臣使將軍間忌將兵擊之（先臣淮南厲王長也間忌人姓名）以其軍降處之上淦後復反會天暑多雨樓船卒水居擊櫂未戰而疾死者過半親老涕泣孤子謕號破家散業迎尸千里之外裹骸骨歸悲哀之氣數年不息長老至今以為記曾未入其地而禍已至此矣臣聞軍旅之後必有凶年言民之各以

其愁苦之氣薄陰陽之和感天地之精而災氣爲之生也陛下德配天地明象日月恩至禽獸澤及草木一人有饑寒不終其天年而死者爲之悽愴於心今方內無狗吠之警而使陛下甲卒死亡暴露中原霑漬山谷邊境之民爲之早閉晏開鼂（鼂古朝字）不及夕臣安竊爲陛下重之不習南方地形者多以越爲人衆兵彊能難邊城淮南全國之時多爲邊吏（全國謂未分爲三之時也淮南人於邊爲吏）（言實越甚易故不知其地形）臣竊聞之與中國異限以高山人迹絕車道不通天地所以隔外內也其入中國必下領水之山峭峻漂石破舟不可以大船載食糧下也越人欲爲變必先田餘干界中（越邑今鄱陽縣北）積食糧迺入伐材治船邊城守候誠謹越人有入伐材者輒收捕焚其積聚雖百越柰邊城何且越人緜力薄材（緜弱也言其柔弱劣也）不能陸戰又無車騎弓弩之用然而不可入者以保地險中國之人不能其水土也臣聞越甲卒不下數十萬所以入之五倍迺足輓車奉饟者不在其中（饟亦餉也）南方暑溼近夏癉熱（癉黃病）暴露水居蝮蛇蠚生（蠚毒也）疾癘多作兵未血刃而病死者什二三雖舉越國而虜之不足以償所亡臣聞道路言閩越王弟甲弑而殺之（甲者閩王之弟）甲以誅死其民未有所屬陛下若欲來內處之中國使重臣臨存施德垂賞以招致之此必攜幼扶老以歸聖德若陛下無所用之則繼其絕世存其亡國建其王侯以爲畜越（言畜養之也）此必委質爲藩臣世共貢職陛下以方寸之印丈二之組（組者印綬）填撫方外（方外之）不勞一卒不頓一戟而威德並行今以兵入其地此必震恐以有司爲欲屠滅之也必雉兔逃入山林險阻（如雉兔之逃竄入山林險阻之中）背而去之則復相群聚留而守之歷歲經年則士卒罷勌食糧乏絕男子不得耕稼樹種婦人不得紡績織紝丁壯從軍老弱轉餉居者無食行者無糧民苦兵事亡逃者必衆隨而誅之不可勝盡盜賊必起臣聞長老言秦之時嘗使尉屠睢擊越（尉郡尉屠睢名也）又使監祿鑿渠通道（監郡御史也名祿）越人逃入深山林叢不可得攻留軍屯守空地曠日引久士卒勞倦越迺出擊之秦兵大破迺發適戍以備之當此之時外內騷動百姓靡敝（靡讀曰縻縻散也）行者不還往者莫反皆不聊生亡逃相從群爲盜賊於是山東之難始興此老子所謂師之所處荊棘生之者也兵者凶事一方有急四面皆從臣恐變故之生姦邪之作由此始也周易曰高宗伐鬼方三年而克之鬼方小蠻夷高宗殷之盛天子也以盛天子伐小蠻夷三年而後克言用兵之不可不重也臣聞天子之兵有征而無戰言莫敢校也如使越人蒙徼幸以逆執事之顏行（顏行猶雁行在前行故曰顏也行胡郎切）廝輿之卒有一不備而歸者雖得越王之首臣猶竊爲大漢羞之陛下以四海爲境九州爲家八藪爲囿江漢爲池生民之屬皆爲臣妾人徒之衆足以奉千官之共租稅之收足以給乘輿之御玩心神明秉執聖道負黼依（黼文如斧形依如屏風而曲之畫以黼文張於戶牖間依讀曰扆）馮玉几南面而聽斷號令天下四海之內莫不嚮應陛下垂德惠以覆露之（覆露謂之使霑潤澤也或覆露言養育也）使元元之民安生樂業則澤被萬世傳之子孫施之無窮天下之安猶泰山而四維之也夷狄之地何足以爲一日之閒而煩汗馬之勞乎詩云王猶允塞徐方旣來言王道甚大而遠方懷之也臣聞之農夫勞而君子養焉愚者言而智者擇焉臣安幸得爲陛下守藩以身爲鄣蔽人臣之任也邊境有警愛身之死而不畢其愚非忠臣也臣安竊恐將吏之以十萬之師爲一使之任也（言漢發一使鎮撫之則越人賓服不煩兵役）是時漢兵遂出踰領適會閩越王弟餘善殺王以降漢兵罷帝嘉淮南之意

劉向初名更生爲諫議大夫給事中元帝初即位太傅蕭望之爲前將軍少傅周堪爲諸吏光祿大夫（加官也百官公卿表云諸吏所加或列侯將軍卿大夫得舉不法也）皆領尚書事甚見尊任更生年少於望之堪然二人重之薦更生宗室忠直明經有行擢爲散騎宗正給事中與侍中金敞拾遺於右古四人同心輔政患苦外戚許史在位放縱而中書宦官弘恭石顯弄權望之堪更生議欲白罷退之未白而語泄遂爲許史及恭顯所譖愬堪更生下獄及望之

以充官其春地震夏客星見昴卷舌間（見於昴與卷舌之間也）上感悟下詔賜望之爵關內侯奉朝請秋徵堪向欲以為諫大夫恭顯白皆為中郎冬地復震時恭顯許史子弟侍中諸曹皆側目於望之等更生懼焉乃使其外親上變事（非常之事故謂之變也）言竊聞故前將軍蕭望之等皆忠正無私欲致大治忤於貴戚尚書（忤逆也）今道路人聞望之等復進以為且復見毀讒必曰嘗有過之臣不宜復用是大不然（言不宜用之臣者此議非也）臣聞春秋地震為在位執政太盛也不為三獨夫動亦已明矣（謂蕭望之周堪及向三獨夫也）且往者高皇帝時季布有罪至於夷滅後赦以為將軍高后孝文間卒為名臣（卒終也）孝武帝時兒寬有重罪繫按道侯韓說諫曰（說讀曰悅）前吾丘壽王死陛下至今恨之（恨悔也）今殺寬後將復大恨矣上感其言遂貰寬（貰謂緩恕其罪）復用之位至御史大夫御史大夫未有及寬者也又董仲舒坐私為災異書主父偃取奏之下吏罪至不道幸蒙不誅復為太中大夫膠東相以老病免歸漢有所欲興常有詔問（與謂作憲章）仲舒為世儒宗定議有益天下孝宣皇帝時夏侯勝坐誹謗繫獄三年免為庶人宣帝復用勝至長信少府太子太傅名敢直言天下美之若乃群臣多此比類難一二記有過之臣無負國家有益天下此四臣者足以觀矣前弘恭奏望之等獄決三月地大震恭移病出（謂移書言病也一曰以病移出不居官府）後復視事天陰雨雪由是言之地動殆為恭等（殆近也）臣愚以為宜退恭顯以章蔽善之罰（章明也）進望之等以通賢者之路如此太平之門開災異之原塞矣書奏恭顯疑其更生所為白請考姦詐辭果服遂逮更生繫獄下太傅韋玄成諫大夫貢禹與廷尉雜考劾更生前為九卿坐與望之堪謀排車騎將軍高許史氏侍中者毀離親戚欲退去之而獨專權為臣不忠幸不伏誅復蒙恩徵用不悔前過而教令人言變事誣罔不道更生坐免為庶人而望之亦坐使子上書自冤前事恭顯白令詣獄置對（置謂考其辭對也）望之自殺天子甚悼恨之乃擢周堪為光祿勳堪弟

子張猛光祿大夫給事中大見信任恭顯憚之數譖焉更生見堪猛在位幾已得復進（幾讀曰冀）懼其傾危乃上封事諫曰臣前幸得以骨肉備九卿奉法不謹乃復蒙恩竊見災異並起天地失常徵表為國（徵證也）欲終不言念忠臣雖在甽畝猶不忘君惓惓之義也（甽者田中之溝也工犬切惓惓忠義之意其員切）況重以骨肉之親又加以舊恩未報乎欲竭愚誠又恐越職然惟二恩未報（惟思也）忠臣之義一杼愚意退就農畝死無所根（杼謂引而泄之也）臣聞舜命九官（舜命禹作司空棄后稷契司徒咎繇作士垂共工益朕虞伯夷秩宗夔典樂龍納言）濟濟相讓和之至也衆賢和於朝則萬物和於野故簫韶九成而鳳皇來儀擊石拊石百獸率舞（簫韶舜樂名舜之樂簫管之屬示其備也於韶樂九奏則鳳皇見其容儀擊鐘鳴磬而百獸相率來舞言感至和也）四海之內靡不和寧及至周文開基西郊（言文王始受命作周也）雜遝衆賢罔不肅和（雜遝聚積之貌）崇推讓之風以銷分爭之頌文王既沒周公思慕歌詠文王之德其詩曰於穆清廟肅雍顯相濟濟多士（周頌清廟之詩也於歎美也穆美也肅敬也雍和也顯明也相助也濟濟盛也言文王有清淨之化敬而且和光明著見故濟濟之衆士皆執行文王之德也於讀曰烏）當此之時武王周公繼政朝臣和於內萬國驩於外故盡得其驩心以事其先祖其詩曰有來雍雍至止肅肅相維辟公天子穆穆（周頌雝禘大祖之詩也辟公諸侯也相助也言來之時和而來至也肅者乃助王祭之人百辟與諸侯耳於是天子則穆穆然也）言四方皆以和來也諸侯和於下天應報於上故周頌曰降福穰穰（此執競之篇武王之詩也穰穰多也）又曰飴我釐麰（此思文之篇以后稷配天之詩也言天遺以此物也飴讀與貽同）釐麰麥也始自天降此皆以和致和獲天助也下至幽厲之際朝廷不和轉相非怨（厲王夷王之子生宣王宣王生幽王）詩人疾而憂之曰民之無良相怨一方（此小雅角弓之篇刺幽王之詩也良善也言人之不善其意乖戾相怨也各守一方謂自守一方而不相從也）衆小在位而從邪議歙歙相是而背君子故其詩曰歙歙訿訿亦孔之哀謀之其臧則具是違謀之不臧則具是依（此小旻之篇刺幽王之詩也言在位小人上下歙歙然患其上訿訿然不供職甚可哀痛也謀之善者則背違之不善者則依從而行之大臣以不肯為衆所同也）君子獨處守正不橈衆枉（橈曲也不為衆曲不自屈也）勉強以從王事則又見憎毒讒愬故其詩曰密勿從事不敢告勞無罪無辜讒

口囂囂此小雅十月之交篇刺幽王之詩也言臣黽勉從事囂囂衆聲也言王黽勉行事不敢自陳勞苦無罪辜而被讒然甚愍也當是之時日月薄蝕而無光薄迫也謂被迫也其詩曰朔月辛卯日有蝕之亦孔之醜醜自此已下至百川沸騰皆十月之交詩也孔甚也醜惡也周之十月夏之八月朔日有辛卯日月交會而日見蝕陰侵於陽辛金也卯木也以卯侵金則臣侵君故甚惡也又曰彼月而微此日而微今此下民亦孔之哀微謂不明也言彼月者當有虧耳而今此日乃復微也言君臣失道是為災異故今人哀也又曰日月告凶不用其行四國無政不用其良告也言日月不用其常行之道以告災者由四方之國無政理不能用善人也天變見於上地變動於下水泉沸騰山谷易處其詩曰百川沸騰山冢崒崩高岸爲谷深谷爲陵哀今之人胡憯莫懲沸湧出也騰乘也冢山頂也崒盡也胡何也憯曾也懲乂也言百川沸涌而相乘陵山頂崔嵬而盡崩壞陵谷易處尊卑失序各異大矣誠可畏懼哀哉今之人何爲莫之懲乂也霜降失節不以其時其詩曰正月繁霜我心憂傷民之訛言亦孔之將言民以是爲非衆大也正月夏之四月也正陽之月故謂之正月繁多也訛僞也孔甚也將大也此言王政純陽也多霜害於生物故己心爲憂傷而衆庶之人共爲僞言以是爲非指斥賢人爲禍甚大也皆嘗不和賢不肖易位之所致也賢人在下不肖居上故云易位自此之後天

下大亂簒殺殃禍並作厲王奔彘厲王無道下不堪命乃相與畔襲厲王厲王出奔於彘幽王見殺爲犬戎所殺至乎平王末年魯隱之始即位也平王幽王之子周大夫祭伯乖離不和出奔於魯隱元年祭伯來穀梁傳曰奔也而春秋爲諱不言來奔傷其禍殃自此始也是後尹氏世卿而專恣春秋公羊經隱公三年四月尹氏卒傳曰尹氏者何天子之大夫也其稱尹氏何貶也曷爲貶譏世卿世卿非禮也又詩小雅節南山云尹氏大師詩人師尹不平謂何刺之也諸侯背畔而不朝周室卑微二百四十二年之間謂從隱公元年至哀公十四年獲麟也隱公十一年桓公十八年莊公三十二年閔公二年僖公三十三年文公十八年宣公十八年成公十八年襄公三十一年昭公三十二年定公十五年哀公十四年凡二百四十二年日食三十六謂隱三年二月己巳桓三年七月壬辰朔十七年十月朔莊十八年三月二十五年六月辛未朔二十六年十二月癸亥朔三十年九月庚午朔僖五年九月戊申朔十二年三月庚午十五年五月文元年二月癸亥朔十五年六月辛丑朔宣八年七月甲子十年四月丙辰十七年六月癸卯成十六年六月丙寅朔十七年十二月丁巳朔襄十四年二月乙未朔十五年秋八月丁巳二十年冬十月丙辰朔二十一年九月庚戌朔冬十月庚辰朔二十三年二月癸酉朔二十四年秋七月甲子朔八月癸巳朔二十七年冬十二月乙亥朔昭七年夏四月甲辰朔十五年六月丁巳朔十七年夏六月甲戌朔二十一年秋七月壬午朔二十二年十二月癸酉朔二十四年夏五月乙未朔三十一年十二月辛亥朔定五年三月辛亥朔十二年十一月丙寅朔十

五年八月庚辰朔凡三十六也地震五謂文九年九月癸酉襄六年五月甲子昭十九年五月己卯二十三年八月乙未哀三年四月甲午凡五也山陵崩二謂僖十四年八月辛卯沙鹿崩成五年夏梁山崩以上也沙鹿下頹壞彗星三見謂文十四年秋七月有星孛入于北斗昭十七年冬有星孛于大辰哀十三年冬十一月有星孛于東方凡三見夜常星不見夜中星隕如雨一事在莊七年夏四月辛卯火災十四桓十四年秋八月壬申御廩災莊二十年夏齊大災僖二十年五月乙巳西宮災成三年二月甲子新宮災襄九年春宋火三十年五月甲午宋災昭九年夏四月陳火十八年夏五月壬午宋衛陳鄭災定二年夏五月壬辰雉門及兩觀災哀三年五月辛卯桓宮僖宮災四年六月辛丑亳社災凡十四長狄入三國謂春秋文十一年經書冬十月甲午叔孫得臣敗狄于鹹公羊傳曰狄者何長狄也兄弟三人一者之齊一者之魯一者之晉之齊榮如之魯喬如之晉焚如長狄鄋瞞之種五石隕墜六鶂退飛多麋有蜮蜚鸜鵒來巢者皆一見謂僖十六年正月戊申朔隕石于宋五是月六鶂退飛過宋都莊十七年冬多麋十八年秋有蜮二十九年秋有蜚昭二十五年夏有鸜鵒來巢蜮短狐也鶂水鳥也蜚負蠜也晝冥晦僖十五年九月己卯晦震夷伯之廟穀梁傳曰晦冥也雨木冰事在成十六年正月雨木冰木冰者氣著樹木結爲冰也今俗呼爲樹介李梅冬實七月霜降草木不死僖三十三年經書冬十二月隕霜不殺草李梅實今注言李梅冬實又云七月霜降草木不死與今春秋不同未見義所出八月殺菽謂定公元年十月隕霜殺菽周之十月夏之八月也大雨雹事在僖二十九年秋及昭

三年冬四年正月雨雪雷霆失序相乘隱九年三月癸酉大雨震電庚辰大雨雪桓八年冬十月雨雪僖十年冬大雪皆是也霆古之雷字也霆雷之急者也水旱饑蝝螽螟蠭午並起蠭午猶雜沓也謂桓元年秋大水十三年夏大水莊七年秋大水十一年秋宋大水二十四年秋大水二十五年秋大水宣十年秋大水成五年秋大水襄二十四年秋七月大水莊二十一年夏大旱宣七年秋大旱宣十年冬饑十五年冬蝝生饑襄二十四年冬大饑桓五年秋螽僖十五年八月螽文三年秋雨螽于宋八年螽宣六年八月螽十三年秋十五年秋螽襄七年八月螽哀十二年十二月螽十三年九月螽十二月螽隱五年九月螟八年九月螟莊六年秋螟皆是也螽即螟也螟蟲之食苗心者也螽音終螟音冥當是時禍亂輒應弒君三十六謂隱公四年衛州吁弒其君完十一年羽父使賊弒公于寪氏桓二年宋督弒其君與夷七年曲沃伯誘晉小子侯殺之十七年鄭高渠彌弒昭公莊八年齊無知殺其君諸兒十二年宋萬弒其君捷十四年傅瑕弒其君子儀三十二年共仲使圉人犖賊子般閔二年共仲使卜齮賊公于武闈僖十年晉里克弒其君卓二十四年晉弒懷公于高梁文元年楚太子商臣弒其君頵十四年齊公子商人弒其君舍十六年宋人弒其君杵臼十八年齊人弒其君商人魯襄仲殺子惡莒弒其君庶其宣二年晉趙盾弒其君夷皋四年鄭公子歸生弒其君夷十年陳夏徵舒弒其君平國成十八年晉弒其君州蒲襄七年鄭子駟使賊夜弒僖公二十五年崔杼弒其君光二十六年衛甯喜弒其君剽二十九年閽弒吳子餘祭三十年蔡太子般弒其君固三十一年莒人弒其君密州昭元年楚公子圍弒其君麇而弒之十三年楚公子比弒其君虔于乾谿十九年許世子止弒其君買二十七年吳弒其君僚定十三年薛弒其君比哀

四年盜殺蔡侯申六年齊陳乞殺其君荼十年齊人殺悼公凡三十六亡國五十二謂桓五年州公如曹莊四年紀侯大去其國十年齊師滅譚十三年齊人滅遂十四年楚子滅息十六年楚滅鄧閔元年晉滅霍魏僖五年楚滅弦晉滅虢虞十二年楚人滅黃十七年楚滅項十九年秦人取梁二十五年衛侯燬滅邢二十六年楚人滅夔三十三年秦滅滑文四年楚滅江五年楚人滅六蓼十六年楚人秦人巴人滅庸宣八年楚滅舒蓼九年取根牟十二年楚子滅蕭十五年晉師滅赤狄潞氏成六年取鄟十七年楚滅舒庸襄六年莒人滅鄫齊侯滅萊十年諸侯滅偪陽十三年取邿二十五年楚滅舒鳩昭四年楚子滅賴十二年晉滅肥十六年楚子取戎蠻氏十七年晉滅陸渾戎二十二年晉滅鼓三十年吳滅徐定四年蔡滅沈五年楚滅唐六年鄭滅許十四年楚人滅頓十五年楚人滅胡哀八年宋公滅曹邾滅須句楚滅權晉滅焦揚楚滅道房申凡五十二諸侯奔走不得保其社稷者不可勝數也謂桓十五年鄭伯突出奔蔡襄十四年衛侯出奔齊昭三年北燕伯款出奔齊二十三年莒子庚輿來奔之類是此也周室多禍晉敗其師於貿戎貿戎地名也公羊成元年秋王師敗績于貿戎書曰孰敗之蓋晉敗之也伐其郊郊周邑也昭二十三年正月經書晉人圍郊也鄭傷桓王王以諸侯伐鄭鄭伯禦之射王中肩事在桓五年秋戎執其使隱七年冬經書天王使凡伯來聘戎伐凡伯于楚丘以歸衛侯朔召不往齊逆命而助朔春秋桓十六年書衛侯朔出奔齊穀梁傳曰天子召而不往也五大夫爭權三君更立莫能正周景王崩單穆公劉文公單簡公尹平大夫相責爭奪更立王子猛公卒次立子朝及敬王是爲三君也遂至陵夷不能復興陵夷日替也由此觀之和氣致祥乖氣致異祥多者其國安異衆者其國危天地之常經古今之通義也今陛下開三代之業招文學之士優游寬容使得並進今賢不肖渾殽言雜亂也白黑不分邪正雜糅忠讒並進糅和也章交公車人滿北軍漢儀注中壘校尉北軍壘門內尉一人主上書者獄上章於公車有不如法者以付北軍尉北軍尉以法治之朝臣舛午膠戾乖剌言志不合相違背也更相讒愬轉相是非傳授增加文書紛糾前後錯繆毀譽渾亂言各私其情不得其實所以營惑耳目感移心意不可勝載言其語多不勝載也分曹爲黨往往群朋曹輩也將同心以陷正臣正臣進者治之表也正臣陷者亂之機也乘治亂之機未知孰任而災異數見此臣所以寒心者也六乘權藉勢之人子弟鱗集於朝言其相次如魚鱗也羽翼陰附者衆輻湊於前如車輻之湊轂也毀譽將必用以終乖離之咎言讒佞之人毀譽得進則忠賢被斥所以乖離也是以日月無光雪霜夏隕海水沸出陵谷易處列星失行皆怨氣之所致也夫遵衰周之軌迹循詩人之所刺而欲以成太平致雅

頌猶卻行而求及前人也初元以來六年矣案春秋六年之中災異未有稠如今者也稠多也夫有春秋之異無孔子之救猶不能解紛紛亂也況甚於春秋乎原其所以然者讒邪並進也讒邪之所以並進者由上多疑心既已用賢人而行善政如或譖之則賢人退而善政還還謂收還也夫執狐疑之心者來讒賊之口持不斷之意者開群枉之門枉曲也讒邪進則衆賢退群枉盛則正士消故易有否泰小人道長君子道消君子道消則政日亂故爲否否者閉而亂也君子道長小人道消小人道消則政日治故爲泰泰者通而治也詩又云雨雪麃麃見晛聿消此小雅角弓篇刺幽王好讒佞之詩也麃麃盛也是無雲也晛日氣也聿辭也言雨雪之盛麃麃然至於無雲日氣始出而雨雪皆消釋矣喻小人雖多王若欲興善政則賢者外用而小人誅滅矣與易同義昔者鯀共工驩兜與舜禹雜處堯朝鯀崇伯之名即檮杌也共工少皞氏之後即窮奇也驩兜帝鴻氏之後即渾敦也周公與管蔡並居周位當是時迭進相毀迭互也流言相謗豈可勝道哉帝堯成王能賢舜禹周公而消共工管蔡故以大治榮華至今孔子與季孟偕仕於魯季孟謂季孫孟孫皆桓公之後代執國命而卑公室也李斯與叔孫俱宦於秦叔孫者叔孫通也定公始皇賢季孟李斯而消孔子叔孫故以大亂汚辱至今故治亂榮辱之端在所信任信任既賢在於堅固而不移詩云我心匪石不可轉也此邶柏舟之詩也言石性雖堅尚可轉移己志貞固執德不傾過於石也言守善篤也易曰渙汗其大號此易渙卦九五爻辭也言王者渙然大發號令如汗之出也言號令如汗汗出而不反者也今出善令未能踰時而反是反汗也一時三月也用賢未能三旬而退是轉石也論語曰見不善如探湯論語載孔子之言探湯言其除難無所避也今二府奏佞讇不當在位歷年而不去二府丞相御史也讇古諂字故出令則如反汗用賢則如轉石去佞則如拔山如此望陰陽之調不亦難乎是以群小窺見間隙緣飾文字巧言醜詆詆毀辱也流言飛文譁於民間譁讙也故詩云憂心悄悄慍于群小此邶柏舟言仁人而不遇之詩也悄悄憂貌慍怒也小人成群誠足慍也昔孔子與顏淵子貢更相稱譽不爲朋黨事具論語禹稷與皋陶傳相汲引不爲比周事具尚書舜典何則忠於爲國無邪心

也故賢人在上位則引其類而聚之於朝易曰飛龍在天大人造也（此乾卦九五象辭也言聖王在上位臨馭萬方則賢人君子皆來見也）在下位則思與其類俱進易曰拔茅茹以其彙征吉（彙類也茹牽引也茅喻君有絜白之德臣下引其類而仕之此泰卦初九爻辭征行也）在上則引其類在下則推其類故湯用伊尹不仁者遠而衆賢至類相致也今佞邪與賢臣並交戟之內（交戟謂宿衛者）合黨共謀違善依惡歙歙訿訿數設危險之言欲以傾移主上如忽然用之此天地所以先戒災異之所以重至者也自古明聖未有無誅而治者也故舜有四放之罰（流共工於幽州放驩兜于崇山竄三苗於三危殛鯀于羽山）而孔子有兩觀之誅（少正卯魯人之姦雄孔子為司寇七日誅之於兩觀之下兩觀謂闕也）然後聖化可得而行也今以陛下明知誠深思天地之心迹察兩觀之誅（尋其衆迹而察之）覽否泰之卦觀雨雪之詩歷周唐之所進以為法原秦魯之所消以為戒（歷謂歷覽之原謂思其本也）考祥應之福省災異之禍以揆當世之變（省視也揆度也）放遠佞邪之黨壞散險詖之聚（險詖言曰詖）杜閉群枉之門廣開衆正之路（杜塞也）決斷狐疑分別猶豫使是非炳然可知則百異消滅而衆祥並至太平之基萬世之利也臣幸得託肺附（舊解云肺附者猶言心膂也一說肺附為斫木之肺札也自言於帝室猶肺札附於大材木也）誠見陰陽不調不敢不通所聞竊推春秋災異以救今事一二條其所以（以由也）不宜宣泄臣謹重封昧死上恭顯見其書愈與許史比而怨更生等成帝即位顯等伏辜更生乃復進用更名向時帝元舅陽平侯王鳳秉政倚太后專國權數有大異向見尚書洪範箕子為武王陳五行陰陽休咎之應（休是）（世音許蚩數時）向乃集合上古以來歷春秋六國至秦漢符瑞災異之記推迹行事連傳禍福著其占驗比類相從各有條目凡十一篇號曰洪範五行傳論奏之天子心知向忠精故為鳳兄弟起此論也然終不能奪王氏權久之營起昌陵數年不成復還歸延陵制度泰奢向上疏諫曰臣聞易曰安不忘危存不忘亡是以身安而國家可保也（易下繫之辭）故賢聖之君博觀終始窮極事情而是非分明王者必通三統（三統謂天地人之始也天統謂周十一月建子與己為二統）

為天統（天始施之端也二曰地統謂殷以十二月建丑為地始化之端也三曰人統謂夏以十三月建寅為正人始成之端也言王者各象天地人之三統故有三代也）明天命所授者博非獨一姓也孔子論詩至於殷士膚敏祼將于京（此大雅文王之篇殷士殷之臣也膚美也敏疾也祼灌鬯也將行也京周京也言殷之臣有美德而敏疾乃來助祭于周行祼鬯之事是天命無常歸於有德也）喟然歎曰（喟歎息）大哉天命善不可不傳于子孫是以富貴無常不如是則王公其何以戒慎民萌何以勸勉（萌與甿同無知之貌）蓋傷微子之事周而痛殷之亡也雖有堯舜之聖不能化丹朱之子雖有禹湯之德不能訓末孫之桀紂自古及今未有不亡之國也昔高皇帝既滅秦將都雒陽感寤劉敬之言自以德不及周而賢於秦遂徙都關中依周之德因秦之阻世之長短以德為效（效謂驗也）故常戰栗不敢諱亡孔子所謂富貴無常蓋謂此也孝文皇帝居霸陵北臨廁（廁近水也霸陵山北頭廁近霸水帝登其上以遠望也）意悽愴悲懷顧謂群臣曰嗟乎以北山石為槨用紵絮斮陳漆其間（斮斬也陳謂布陳其間也美石出京師北山今宜州石是也故云以北山石為槨紵絮斮而陳其間又從而漆之也）豈可動哉張釋之進曰使其中有可欲雖錮南山猶有隙使其中無可欲雖無石槨又何戚焉（有可欲謂多藏金玉而厚葬之人皆欲取之是有間隙也無可欲謂不具器備而薄葬人無欲取之故無憂戚也錮謂鑄塞也南山者取其深大假為喻也）夫死者無終極而國家有廢興故釋之言為無窮計也孝文寤焉遂薄葬不起山墳易曰古之葬者厚衣之以薪藏之中野不封不樹（厚衣之以薪謂以薪覆之也不封謂不積土為墳也不樹謂不種樹也）後世聖人易之以棺槨棺槨之作自黃帝始黃帝葬於橋山（在上郡陽周縣）堯葬濟陰丘壠皆小葬具甚微（丘壠冢言）舜葬蒼梧二妃不從（二妃堯之二女）禹葬會稽不改其列（不改樹木百物之列）也殷湯無葬處（謂不見傳記也）文武周公葬於畢（畢陌在長安西四十里也）秦穆公葬於雍橐泉宮祈年館下樗里子葬於武庫（樗里子秦惠王異母弟也樗里其號且死曰我死必葬於渭南章臺之東後百年當有天子宮夾我墓及漢興長樂宮在其東未央宮在其西武庫正直其上也）皆無丘壠之處此聖帝明王賢君智士遠覽獨慮無窮之計也其賢臣孝子亦承命順意而薄葬之此誠奉安君父忠孝之至也夫周公武王弟也葬兄甚微孔子葬母於防（防魯邑名也）稱古墓

而不墳(墓謂壙穴也墳謂積土也)曰丘東南西北之人也不可不識也(東西南北言周遊以行其道不得在本邦故墓須表記)爲四尺墳遇雨而崩弟子修之以告孔子孔子流涕曰吾聞之古者不修墓蓋非之也(事見禮記)延陵季子適齊而反其子死葬於嬴博之間(嬴博二縣名在泰山郡其間)穿不及泉斂以時服封墳掩坎其高可隱(隱謂人立可隱肘也)而號曰(號謂哭且言也)骨肉歸復於土命也魂氣則無不之也夫嬴博去吳千有餘里季子不歸葬孔子往觀曰延陵季子於禮合矣(事亦見禮記)故仲尼孝子而延陵慈父舜禹忠臣周公弟弟(弟弟者言爲弟能順也)其葬君親骨肉皆微薄矣非苟爲儉誠便於禮也宋桓司馬爲石槨仲尼曰不如速朽(桓魋爲石槨事在禮記)秦相呂不韋集知略之士而造春秋亦言薄葬之義皆明於事者也逮至吳王闔閭違禮厚葬十有餘年越人發之及秦惠文武昭嚴襄五王(嚴襄者莊襄秦始皇父也)皆大作丘隴多其瘞藏(瘞埋也)咸盡發掘暴露甚足悲也秦始皇帝葬於驪山之阿(阿謂山曲也)下錮三泉上崇山墳其高五十餘丈周回五

里有餘石槨爲游館(多累石作槨於壙中以爲別館也)人膏爲燈燭水銀爲江海黃金爲鳧鴈珍寶之藏機械之變(巧作機發木人之屬始皇本紀令匠)(作機弩矢有所穿近輒射之又言工匠爲機咸皆知之已下羨門皆殺工匠人也)棺槨之麗宮館之盛不可勝原(言不能盡其本數)又多殺宮人生薶工匠計以萬數天下苦其役而反之驪山之作未成而周章百萬之師至其下矣(周章陳勝之將)項籍燔其宮室營宇往者咸見發掘(言往至其墓所者皆見發掘)其後牧兒亡羊羊入其鑿(鑿謂所穿冢藏者)牧者持火照求羊失火燒其臧槨自古至今葬未有盛如始皇者也數年之間外被項籍之災內離牧豎之禍(禍謂遭也)豈不哀哉是故德彌厚者葬彌薄知愈深者葬愈微無德寡知其葬愈厚丘隴彌高宮廟甚麗發掘必速由是觀之明暗之效葬之吉凶昭然可見矣周末既衰而奢侈宣王賢而中興更爲儉宮室小寢廟詩人美之斯干之詩是也(斯干小雅篇名美宣王考室也)(其首章曰秩秩斯干幽幽南山言宣王之德如澗水之源秩秩流出無極已也)上章道宮室之如制下章言子孫之衆多也(宮室如制謂指其宜也子孫衆多謂有熊羆

男子之祥虺蛇女子之祥也)及魯嚴公(魯莊公也)刻飾宗廟多築臺囿後嗣再絕(謂子般閔公皆被弒死也)春秋刺焉周室如彼而昌魯秦如此而絕是則奢儉之得失也陛下即位躬親節儉始營初陵其制約小天下莫不稱賢明及徙昌陵增埤爲高(埤下也)積土爲山發民墳墓積以萬數營起邑居期日迫卒(卒讀曰猝)功費大萬(大萬謂億也)死者恨於下生者愁於上怨氣感動陰陽因之以饑饉物故流離以十萬數(物故謂死也流離謂亡其居處也)臣甚惽焉(惽謂不了一曰惽古閔字憂病之貌也)以死者爲有知發人之墓其害多矣若其無知又安用大焉謀之賢知則不說以示衆庶則苦之(說讀曰悅下亦同)若苟以說愚夫淫侈之人又何爲哉陛下慈仁篤美甚厚聰明疏達蓋世宜弘漢家之德崇劉氏之美光昭五帝三王而顧與暴秦亂君競爲奢侈比方丘壟(壟謂冢也)說愚夫之目隆一時之觀違賢知之心亡萬世之安臣竊爲陛下羞之唯陛下上覽明聖黃帝堯舜禹湯文武周公仲尼之制下觀賢知穆公延陵樗里張釋之之意孝

文皇帝去墳薄葬以儉安神可以爲則秦昭始皇增山厚藏以侈生害足以爲戒初陵之橅宜從公卿大臣之議(橅音模規摹之摹謂規制也)以息衆庶書奏上甚感向言而不能從其計向睹俗彌奢淫而趙衛之屬起微賤踰禮制(趙皇后衛婕妤也)向以爲王教由內及外自近者始故採取詩書所載賢妃貞婦興國顯家可法則及孽嬖亂亡者(孽庶也嬖愛也)序次爲列女傳凡八篇以戒天子及采傳記行事著新序說苑凡五十篇奏之數上疏言得失陳法戒書數十上以助觀覽補遺闕帝雖不能盡用然內嘉其言常嗟歎之時帝無繼嗣政由王氏出災異浸甚(浸漸也)向雅奇陳湯智謀與相親友獨謂湯曰災異如此而外家日盛其漸必危劉氏吾幸得同姓末屬累世蒙漢厚恩身爲宗室遺老歷事三主上以我先帝舊臣每進見常加優禮吾而不言孰當言者向遂上封事極諫曰臣聞人君莫不欲安然而常危莫不欲存然而常亡失御臣之術也夫大臣操權柄持國政(操持執也)未有不爲害者

也昔晉有六卿齊有田崔衛有孫甯魯有季孟常掌國事世執朝柄終後田氏取齊六卿分晉崔杼弑其君光孫林父甯殖出其君衎弑其君剽季氏八佾舞於庭三家者以雍徹並專國政卒逐昭公周大夫尹氏筦朝事濁亂王室子朝子猛更立連年乃定故經曰王室亂又曰尹氏殺王子克甚之也（言其大甚也）春秋舉成敗錄禍福如此類甚衆皆陰盛而陽行下失臣道之所致也故書曰臣之有作威作福害于而家凶于而國（而汝也）孔子曰祿去公室政逮大夫危亡之兆秦昭王舅穰侯及涇陽葉陽君（穰侯魏冄也涇陽葉陽皆其弟也）專國擅執上假太后之威三人者權重於昭王家富於秦國國甚危殆賴寤范睢之言而秦復存二世委任趙高專權自恣壅蔽大臣終有閻樂望夷之禍（二世齋於望夷之宮閻樂兵殺之）秦遂以亡近事不遠即漢所代也漢興諸呂無道擅相尊王呂産呂祿席太后之寵據將相之位（席猶因也言若人之坐於席也）兼南北軍之衆擁梁趙王之尊驕盈無厭欲危劉氏賴忠正大臣絳侯朱

府二百八十七　十五

虛侯等竭誠盡節以誅滅之然後劉氏復安今王氏一姓乘朱輪華轂者二十三人青紫貂蟬充盈幄內魚鱗左右（言在帝之左右相次若魚鱗也）大將軍秉事用權五侯驕奢僭盛並作威福擊斷自恣行汙而寄治身私而託公（寄託也內為身私之行而外託公之道也）依東宮之尊假甥舅之親以爲威重（東宮太后所居也）尚書九卿州牧郡守皆出其門（言為其僚吏者皆居顯要之職）管執樞機朋黨比周稱譽者登進忤恨者誅傷游談者助之說執政者爲之言排擯宗室孤弱公族其有智能者尤非毁而不進遠絶宗室之任不令得給事朝省恐其與已分權數稱燕王蓋主以疑上心（示宗室親反逆也）避諱呂霍而弗肯稱（呂后霍光二家皆坐僭擅誅故王氏諱而不言也）內有管蔡之萌外假周公之論兄弟據重宗族磐互（磐結而交互也）歷上古至秦漢外戚僭貴未有如王氏者也雖周皇甫秦穰侯漢武安呂霍上官之屬皆不及也（皇甫周卿士之字也周后寵之故勲於威位擅黨於朝詩人刺之武安侯田蚡也）物盛必有非常之變先見爲其人微象孝昭帝時冠石立於泰山（泰山下有石自立三石為足一石在上故曰冠石）仆柳起於上林（其樹已死僵仆於地也而更起生）而孝宣帝即位今王氏先祖墳墓在濟南者其梓柱生枝葉扶疏上出屋根垂地中雖立石起柳無以過此之明也事勢不兩大王氏與劉氏亦且不並立如下有泰山之安則上有累卵之危陛下為人子孫守持宗廟而令國祚移於外親降為皁隸縱不為身奈宗廟何婦人內夫家外父母家此亦非皇太后之福也孝宣皇帝不與舅平昌侯權所以全安之也夫明者起福於無形銷患於未然宜發明詔吐德音援近宗室親而納信（援引也）黜遠外戚全其宗族誠東宮之意外家之福也王氏永存保其爵祿劉氏長安不失社稷所以褒睦外內之姓子子孫孫無疆之計也如不行此策田氏復見於今六卿必起於漢為後嗣憂昭昭甚明不可不深圖不可不蚤慮易曰君不密則失臣臣不密則失身幾事不密則害成唯陛下深留聖思審固幾密覽往事之戒以折中取信居萬安之實用保宗廟久承皇太后（言社稷不安則太后亦不得久安也）天下幸甚書奏天子召見向歎息悲傷其意謂曰

府二百八十七　十六

君且休矣吾將思之（且令出外休息）以向為中壘校尉元延中星孛東井蜀郡岷山崩壅江向惡此異懷不能已復上奏曰臣聞帝舜戒伯禹毋若丹朱敖周公戒成王毋若殷王紂詩曰殷監不遠在夏后之世亦言湯以桀為戒也聖帝明王常以敗亂自戒不諱廢興故臣敢極陳其愚惟陛下留神察焉謹按春秋二百四十二年日蝕三十六襄公尤數率三歲五月有奇而一食（奇謂餘數之餘不滿者也）漢興訖竟寧孝景帝尤數率三歲一月而一食臣向前數言日當食今連三年比（比頻也）自建始以來二十歲間而八食率二歲六月而一發古今罕有異有小大希稠占有舒疾緩急而聖人所以斷疑也易曰觀乎天文以察時變昔孔子對魯哀公並言夏桀殷紂暴虐天下故歷失則攝提失方孟陬無紀（攝提星名也隨斗柄建十二月歷不正則失其所指首春為孟正月為陬也）此皆易姓之變也秦始皇之末至二世時日月薄食山陵淪亡辰星出於四孟（四孟四時之孟月也當見四仲也）太白經天而行（太白陰星出東當伏東出西當伏西過午為經天者也）無雲而雷（雷當

讖云趙爲君之詐臣也二世不由天下入有狀之象獨號令而無臣也枉矢夜光流星也其射地天然行不正故曰枉矢流而代亂熒惑襲月熒惑主內亂月主刑故謂趙高殺二世也孽火燒宮孽災野禽戲廷野鳥入處廷主人將去都門內壞長人見臨洮石隕于東郡星孛大角以云流星孛大角大角因伏不見觀孔子之言考暴秦之異天命信可畏也乃項籍之敗亦孛大角漢之入秦五星聚于東井得天下之象也孝惠時有雨血日食於衝滅光星見之異日月行交道之衝也相掩薄而出之孝昭時有泰山卧石自立上林僵柳復起大星如月西行衆星隨之此爲特異孝宣興起之表天狗夾漢而西流星也下墜地者爲天狗皆從星久陰不雨者二十餘日昌邑不終之異也皆著於漢紀觀秦漢之易世覽惠昭之無後察昌邑之不終視孝宣之紹起天之去就豈不昭昭然哉高宗成王亦有雊雉拔木之變能思其故故高宗有百年之福成王有復風之報神明之應應若影響世所同聞也臣幸得託末屬誠見陛下寬明之德冀銷大異而興高宗成王之聲以崇劉氏故狠狠好死亡之誅今日食尤屢星孛東井攝提炎及紫宮有識長老莫不震動此變之大者也其事難一二記故曰書不盡言言不盡意是以設卦指爻而復說義書曰伻來以圖伻使也使人以圖來示成王明口說不了指圖乃了也天文難以相曉臣雖圖上猶須口說然後不知顧賜清燕之間指圖陳狀帝輒入之謂入也詔然終不能用也向每召見數言公族者國之枝葉落則本根無所庇廕方今同姓疏遠母黨專政祿去公室權在外家非所以彊漢宗卑私門保守社稷安固後嗣也向自見得信於帝故常顯訟宗室譏刺王氏及在位大臣其言多痛切發於至誠

劉輔河間宗室也成帝時爲諫大夫帝欲立趙倢伃爲皇后先下詔封倢伃父臨爲列侯輔上書言臣聞天之所與必先賜以符瑞天之所爲必先降以災變此神明之徵應自然之占驗也昔武王周公承順天地以饗魚烏之瑞謂伐紂時有白魚赤烏之瑞也然猶君臣祗懼動色相戒況於季世不蒙繼嗣之福屢受威怒之異者虖雖夙夜自責改過易行畏天命念祖業妙選有德之世考卜窈窕之女窈窕幽閑也以承宗廟順神祇心塞天下望塞滿也子孫之祥猶恐晚暮今迺觸情縱欲傾於卑賤之女欲以母天下不畏于天不媿于人惑莫大焉里語曰腐木不可以爲柱卑人不可以爲主天人之所不予必有禍而無福市道皆共知之市道市中之道也朝廷莫肯一言臣竊傷心自念得以同姓拔擢尸祿不忠汙辱諫爭之官不敢不盡死唯陛下深察書奏帝使侍御史收繫掖庭秘獄減死罪一等論爲鬼薪

冊府元龜卷第二百八十七

冊府元龜卷第二百八十八

宗室部二十七

忠諫第二

後漢東平王蒼光武之子明帝永平四年春車駕近出觀覽城第蒼聞當遂校獵河內蒼即上書諫曰臣聞時令盛春農事不聚衆興功傳曰田獵不宿食飲不享出入不節則木不曲直此失春令者也臣知車駕今出事從約省所過吏人諷誦甘棠之德雖然動不以禮非所以示四方也惟陛下因行田野循視稼穡消搖仿佯弭節而旋皆遊散之意也弭節猶按節也至秋冬乃振威靈整法駕備周衛設羽旄詩云抑抑威儀惟德之隅抑抑密也隅廉也臣不勝憤懣伏自手書乞詣行在所極陳至誠帝覽奏即還宮章帝時欲為原陵顯節陵起縣邑蒼聞之遽上疏諫曰伏聞當為二陵起立郭邑臣前頗謂道路之言疑不審實近令從官古霸問涅陽主疾涅陽主光武女也使還乃知詔書已下竊見光武皇帝躬履儉約之行深覩始終之分勤勤懇懇以葬制為言故營建陵地具稱古典詔曰無為山陵陂池裁令流水而已孝明皇帝大孝無違奉承貫行貫行猶言一行遵奉也至於自所營創尤為儉省謙德之美於斯為盛臣愚以園邑之興始自彊秦古者丘隴且不欲其著明豈況築郭邑建都郛哉上違先帝聖心下造無益之功虛費國用動搖百姓非所以致和氣祈豐年也又以吉凶俗數言之亦不欲無故繕修丘墓有所興起考之古法則不合稽之時宜則違人求之吉凶復未見其福陛下履有虞之至性追祖禰之深思然懼左右過議以累聖心臣蒼誠傷二帝純德之美不暢於無窮也惟蒙哀覽帝從而止自是朝廷每有疑政輒驛使諮問蒼悉心以對皆見納用

晉齊王攸文帝之子武帝時以比年饑饉議所節省攸奏議曰臣聞先王之教莫不先正其本務農重本國之大綱當今方隅清穆武夫釋甲廣分休假以就農業然守相不能勤心恤公以

盡地利昔漢宣歎曰與朕理天下者惟良二千石乎勤加賞罰黜陟幽明于時翕然用多名守計今地有餘羨而不農者衆加附業之人復有虛假通天下之謀則饑者必不少矣今宜嚴敕州郡檢諸虛詐害農之事督實南畝上下同奉所務則天下之穀可復古政豈患於暫一水旱便憂饑餒哉考績黜陟畢使嚴明畏威懷惠莫不自厲又都邑之內游食滋多巧伎末業服飾奢麗富人兼美猶有魏之遺弊染化日淺靡財害穀動復萬計宜申明舊法必禁絕之使去奢即儉不奪農時畢力稼穡以實倉廩則榮辱禮節由之而生興化反本於茲為盛轉鎮東大將軍扶風王駿以齊王攸出鎮駿表諫切以帝不從遂發病薨

范陽王虓宣帝之姪孫元帝時河間王顒表立成都王穎為太弟弟為王浚所破虓與東平王楙鎮東將軍周馥等上言曰自陵壞被害皇儲不建委重前相輒失臣節是以前年太宰與臣永惟社稷之貳不可久空所以共啟成都王穎以為國副受重之後而弗克負荷小人勿用而以為腹心骨肉宜敦而猜佻荐至險詖宜遠而讒說殄行此皆臣等不聰不明失所宗賴遂令陛下謬於降授雖戮臣等不足以謝天下今大駕還宮文武空曠制度荒破靡有孑遺臣等雖劣足輔王室而道路之言謂張方與臣等不同既惜所在興異又以太宰惇德允元著於具瞻每當義節輒為社稷宗盟之先張方受其指教為國效節昔年之舉有死無貳此即太宰之良將陛下之忠臣但以受性強毅不達變通遂守前志已致紛紜然退思惟既是其不易之節且遠事觀之後為天下所罪故未即西還耳原其本事實無深責臣聞先代明主未嘗不全獲功臣令福流子孫自中間已來陛下功臣初無全者非獨人才皆劣其於取實由朝廷棄之失宜不相容恕以一旦之咎喪其積年之勳既違周禮議功之典且使天下之人莫敢復為陛下致節者臣等此言豈獨為一張方實為社稷遠計欲令功臣長守富貴臣愚以為宜委太宰以關

右之任一方爭重又自州郡已下選舉授任一皆仰成若朝之大事廢興損益每輒疇諮此則二伯述職周召分陝之義陛下得行於今時遐方遠郡令群后申志時定王室所加方官請悉如舊此則忠臣義士有勸功臣必全矣司徒戎異姓之賢司空越公族之望並忠國愛主小心翼翼宜幹已事委以朝政安北將軍王浚佐命之裔率身履道忠亮清正遠近所推如今日之大舉實有定社稷之功此是臣等所以歎息歸高也浚宜特崇重之以副群望遂撫幽朔長為北藩臣等竭力扞城藩屏皇家陛下垂拱而四海自正則四祖之業必隆於今日月之暉昧而復曜乞垂三思察臣所言又可以臣表西示太宰又表曰成都王失道為姦邪所誤論王之身不宜深責且先帝遺体陛下群弟自元康以來罪戮相尋實海內所為匈匈臣等所以痛心今廢成都更封一邑宜其必許若廢黜尋有禍害既傷陛下矜慈之恩又令遠近常謂公族无復骨肉之情此實臣等內省悲慟光

顏於四海也乞陛下察臣忠款宋建平王宏孝武帝時曾責百官讜言宏議曰臣聞建国之道咸殊興王之政不一至於開諫致寧防口取禍固前王同軌后主共則奏朗之敗語戮刺亡周漢之盛謗外箴滿陛下以至德神臨垂精思治進儒礼而崇寬教哀獄訟而黜嚴刑表忠行而舉貞節辟廞士而求賢異脩廢官而出滯賞撤大膳而重農良禁貴遊而施推酤通川澤而易關門固已海內仰道天下知德今復開不諱之塗甄直辭之路四海希風普天幸甚臣蒙採問敢不悉心謹條鄙見冒陳如左辭理遲謬伏用震戰夫用兵之道自古所慎頃干戈未戢戰備宜脩而卒不素練兵非夙習且戍衛之職多非其才或以貧厚素加祿薄帶恃或寵由權門恩自私假既無將領虛尸榮祿至於邊城舉燧羽驛交馳而望其擐甲推鋒立功閫外譬緣木求魚不可得矣常謂臨難命師皆出倉卒驅烏合之衆隸造之主貌疎情乖有若胡越豈能使其同力救危濟難故奔北相望覆

數繼有今欲改選將校皆得其人分臺見將各以配給領護二軍為其總統令撫養士卒使恩信先加農隙校獵以習其事三令五申以齊其心使動止應規進退中律然后蓄銳觀釁因時而動權敵陷堅折衝于外孫子曰示卒如赤子故可為之共死所以張拳效事先之心既雍致必盡之命豈不由恩著者士輕其生令昭者卒畢其力考心迹事如或有在宴陳庸短退懼罪謬江夏王義恭為太宰時竟陵王誕舉兵反孝武遣沈慶之討伐值雨不得攻城及晴孝武怒使太史擇發日將自濟江義恭上表諫曰誕素无才略畜養文寡自柜王命士庶離散城內之粮罌械不足徒賴免兵倉頭三四百人造次相附退怨夙結自始短慮謂一旬可殄而假息淹遷七十餘日上將受律群黨兵峙銳卒精旅動以万計大威所震未有成功臣雖凡怯猶懷憤陛下入翦封豕出討長蛇兵不血刃乘輿七百而蕞尒小醜遂延晷漏致皇赫斯怒將動乘之此實臣下素食尸鴛之責行留

百司莫不仰慙俯愧今盛暑被甲日費千金天威一麾孰不幸甚臣謹尋晉文王征淮南淹師出二百日方能制寇今誕糇粮垂竭背逆者多慶之等輒悟遲重之非漸見乘亡之利且成旨頗降必應旦夕夷殄愚又以廣陵塗近人信易達雖為江水約示不難且觀理者寡闇塞者衆忽見雲旗移次京都既當祇悚四方之志必有未達臣愚伏重思討今寧不當計小醜省生命以安遐邇之情又以長江險闊風波難期王者尚不乘危況乃汎不測之水今雖先天不違動干休慶龍舟所幸理必利涉然居安慮危不可不懼私誠款款冒啓赤心追用悚汗不自宣盡南齊竟陵王子良為會稽太守宋世元嘉中皆責成郡縣孝武徵求急速以郡縣遲緩始遣臺使自此公役勞擾太祖踐阼子良陳之曰前臺使督逼切調常聞相望於道及臣至郡亦殊不踈凡此輩使人既非詳善勤順或貪險崎嶇要求此役朝辭禁門情態即異暮宿村縣威福便行但令朱鼓裁完鈹鎧微具顧

貽左右叱咤自專擿宗斷族排輕丘寶質遏津埭恐喝傳郵破崗水逆商旅半引逼令倒下先過已船浙江風猛公私畏渡脫舫在前驅令俱發呵蹙行民固其常理侮折守宰出變無窮既瞻郭望境便飛下嚴符但稱行臺未顯所督先訶彊寺却攝羣曹開亭正榻便振荊革其次絳標寸紙一日數至徵村切里俄刻十催四鄉所召莫辯枉直孩老士庶共令付獄或尺布之逋興以當匹百錢之稅且增為千或誑應質作尚方寄繫東冶萬姓駭迫人不自固遂漂衣斂力競致兼倍值今夕酒肉飫即許附申格明日禮輕貨薄便復不入恩科雖貢微闕總捷肆情風壓毀謗隨恣而發及其豚蒜轉積鵞粟漸盈遠則分鬻他境近則託貿吏民反請郡邑助申容緩回刺言臺推信在所如聞頃者令長守收離此每實非復近歲愚謂并諸檢課宜停遣使密畿州郡則指賜敕令遙外鎮宰明下條源既各奉別旨人競自罄雖復臺使盈湊會取正屬所徒相疑憤反更淹懈凡預衣

冠符恩盛世多以闇緩貽愆少為欺猾入罪若類以宰收隸政則觸事難委不課逋上綱編齊非才但者促差降各賜一期如乃重遠應緩自顯依違糾坐之科不必須重但令必行其甘可蕃且兩裝之船充擬千緒三坊寡役呼訂萬計每一事之發彌衣方辯粗計近遠率遣一部職散人領死減二十舟船所資皆復稱是長江萬里費固倍之較略一年脫得省者息船優役實為不少兼折姧減竊遠近暫安及王畝則為會稽太守會土民無士庶皆保役爵則以工有餘悉評斂為錢送臺庫以為便子良啓曰伏尋三吳內地國之閫輔百度所資民庶彫流日有困殆蠶農當復饑寒尤甚富者稍增其饒貧者轉鍾其弊可為痛心難以辭盡須錢貴物賤殆欲兼倍凡在觸類莫不如茲稼穡難劬斛直數十機杼勤苦匹裁三百所以然者實亦有由年常歲調既有定期僮卹所上咸是見直東閒錢[illegible]復完者公家所受必須負大以兩代一困於所無[illegible]益致無聊臣昔忝會稽粗閑物俗塘丁所上本不入官良由陂湖宜壅橋路須通均夫計直民自為用若甲分毀壞則年一修改若乙限堅完則終歲無役今郡通課此直悉以還臺租賦之外更生一調致令塘路隳蕪湖源泄散害民損政實此為劇建元初狡虜遊魂軍用殷廣浙東五郡丁稅一千乃有質賣妻兒以充此限道路愁窮不可聞見所逋尚多收上事絕臣登具啓聞即蒙蠲原而此年租課三分逋一明知徭民實自弊國愚謂塘丁一條宜還復舊在所逋卹擾量原除凡應受錢不限大小仍令在所折市布帛若民有親物是軍國所須者聽隨價准直不必更應送錢於公[illegible]虧其用在私實荷其渥昔晉氏初遷江左草創絹布所直十倍於今賦調少多因時增減永初中官布一匹直錢一千而民間所輸聽為九百漸及元嘉物價轉賤私貨則束直六千官受則匹准五百所以每欲優民必為降落今入官好布匹堪百餘其四民所送猶依舊制昔為刻上今為刻下氓庶空儉豈

不由之救民拯弊莫過減賦時和歲稔尚爾虛乏儻值水旱寧可熟念且西京熾強實基三輔東都全固實賴三河歷代所同古今一揆石頭以外裁足自供府州方山以東深關朝廷根本夫股肱要重不可不恤宜蒙寬政少加優養略其目前小利取其長久大益無患民貧不殷國庚不阜也宗臣重寄咸云利國竊如愚管未見可安帝不納又武帝新親政水旱不時子良密啓曰臣思水潦成患良田沃壤變為汙澤農政吉祥因高肆務揆殖既周繼以旱虐黔庶呼嗟相視斂氣夫國資於民民資於食匪民何以能政臣每一念此寢不便席本始中郡國大旱宣帝下詔除民租今聞所在逋欠尚多守宰嚴期兼夜課切新稅方向無從故調於何取給正當相驅為盜耳愚謂逋租宜皆原除少降停恩微紓民命自宋道無章王風淩替竊官假號騁門連室今在民所撿動以萬計漸漬之來非復始適先朝政理以致沸騰小人之心罔思前過申之以威反怨後罰數窮則觸事在匪

輕齎有天下日淺恩洽未布一方或飢掌加優養惠謂自可依源削除未宜便充猥役且部曹撿考誠存精察令史奸黠鮮不容情情既有私理或枉謬耳目有限群狡無極變易是非居然可見詳而後取於事未遲明詔深矜獄圄恩文累達今科綱嚴重稱爲峻察負罪罹愆充積牢戶暑時欝蒸加以金鐵聚憂之氣足感天和民之多怨非國福矣頃土木之務甚爲殷廣雖役未及民勤費已積炎旱致災或由於此皇明載遠書軌未一緣淮帶江數州地耳以魏方漢猶有一郡之譬以今比古復爲遠矣何得不愛其民緩其政救其危存其命哉湘區奧密蠻寇熾彊如聞南師未能挫剿百姓齊民積年塗炭疽食侵漁邊虞分重交州夐絕一垂寔惟荒服恃遠後賓固亦常事自青徐啓運款關受職置之度外不足經言今縣軍遠伐經途萬里衆寡懸殊客主勢異以逸待勞全勝難必又緣道調兵以足軍力民丁烏合事乖習銳廣州積歲無年越州兵粮素之加以發借必致

驚擾愚謂叛獻所請所宜聽從取亂侮亡便侯後會雖緩歲日必有可禽之理差息發動費役之勞劉楷見甲以助湘中威力既舉蟻聚自服又詔折租布二分取錢子良又啓曰一月入朝六登文陛廣殿攝我奉顏色雖有所懷豈敢自達比大旱亟見地孽亟臻民下妖訛好生噂嗒穀價雖和比室飢嗛縑纊雖賤駢門褫質臣念此痛入心骨三吳奧區地惟河輔百度所資罕不自出宜在蠲優使其全富而守宰相継務存掊刻園桑品屋以准貲課致令斬樹發瓦以達重賦破民敗產要利一時在所相承准令上直每至州臺使命切求懸急逢充猥役必由窮困乃有畏失嚴期自殘軀命亦有斬絕手足以避傜役生育弗起殆爲常事守長不務先富民而唯言益國豈有民貧於下而國富於上耶又泉鑄歲遠類多翦鑿江東大錢十不一在公家所受必須輪郭遂買本一千加子七百求請無地棰革相継尋完者爲用既不兼兩迴復遷貿會非委積縱令小民每嬰困苦

且錢帛相半爲制永久或聞長宰須令輸直進違舊科退容姦利八屬近縣既在京畿發借徵調寔煩他邑民特尤貧連年失稔草衣藿食稍有流亡今農政就興宜蒙賑給若逋課未上許以申原兗豫二藩雖曰舊鎮往屬兵虞累棄鄉土密邇寇庭下無安志編草結菴示違涼暑扶攜流落靡有生向但冀人靈獨絕溫飽而賦頃多少尚均沃實謂凡在荒民應加蠲減又司市之要自昔所難頃來此役不由才舉並條其重貲許以衒鬻前人增估求俠後人加稅請代如此輪迴終何紀極兼復交關要共相脣齒愚野未閑必加凌誑罪無大小橫没貲載凡求試穀帛類非廉謹未解在事所以開容夫斷獄惟平畫一在制雖恩家得罪必宜申憲鼎姓貽釁最合從綱若罰典惟加賤下書必蠲世族懼非先王立理之本尚書列曹上應乾象如聞議所出先詰於都都既下意然後付郎謹爲開行愚謂郎官宜推擇宋運告終戎車屢駕寄名軍牒動竊數等故非分充朝

殷積但廣越守宰梁益郡邑悉差調補寔允事機且此徒冗雜罕遵王憲嚴加廉視隨違彈斥一二年間可減太半永明初王輅爲重蓋又作麒麟頭采畫以馬首戴之子良啓曰臣聞車旗有章載自前史器必依禮服無殊法凡蓋員象天軫方法地上無二天之儀下設兩蓋之飾求之志録恐爲乖衷又假爲麟首加乎馬頭事不師古鮮或可施武帝好射雉子良諫曰竊聞亟動天蹕屢巡陵犯風煙驅馳野澤萬乘至重一羽甚微貪甚微之髮忽至重之誡頃郊郛以外科禁嚴重匪直芻牧事罷遂乃窮擒殆廢且蠶月在登桑時皆士女呼嗟易生噂議棄民從欲理未可安暴時巡幸必盡威防領軍景先詹事赤斧堅甲利兵左右衛令馳騖谷野交侍蹕閭晨出晚還頓遺清道此實愚臣最所震迫狡虜玩威甫獲款關二僕全富猶加曲待如聞使臣頻示怨望前會東宮遂形言色昔宋氏遣使舊列階下劉纘銜使始登朝殿今鋋天命宜賜優增伏謂中堂雲構寔惟峻

府二百八十八　九

絶檐陛深嚴事隔涼暑而別爲一室知或有疑邊帯黄途訛言孔熾致立之易禍於尊園若依舊通敞賓公卿聽其市司驅翦祖告過刻吹毛求瑕疵察相繼被以小罪責以重罹愚謂宜勑有司更詳優恪臣在方朝賢寄未相及以管窺天猶知失得廊廟之士豈闇其非未聞一人爲陛下憂國家非但面從亦畏威耳臣若不啓陛下於何聞之求明未又將射雉子良復諫曰忽聞外議伏承當更射雉臣下情震越心懷憂悚猶謂疑妄事不必然伏度陛下以信心明照故所以傾金寶於禎靈仁愛廣倍得使禽魚養命於江澤豈唯國慶民懽乃以斟祚治樂夫衛生保命人獸不殊重軀愛體彼我無異故禮云聞其聲不食其肉見其生不忍其死且萬乘之尊降同疋夫之樂夫殺無辜傷仁害福之本菩薩不殺壽命得長施物安樂自無恐怖不惱衆生身無患苦臣見功德有此果報所以日夜劬勤厲身奉法實顧聖躬康衛若此每寢夢眠有異見不覺身心立就燋爛陛下常曰捨財修禍臣私心顒顒尚限其少豈可今日有見此事一旦捨危業追悔便難臣此啓聞私心實切若是大事不易可改亦願陛下照臣此誠曲垂三思況此嬉遊之間非關當否而動靈聖實可深慎雖不盡納而深見寵愛

豫章王嶷爲侍中楊州刺史唐㝢之賊起啓曰此段小寇出於凶愚天綱宏單理不足論但聖明御世幸不可令此群醜聲去有由而然豈得不仰啓所懷少陳心款山陰宗深臣絳係安樂公情頗於此可見齊有天下歲月未久澤沾萬民其實未多百姓猶險懷惡者衆陛下曲垂流愛每存優旨但頃小大士庶每以小利奉公不顧所損者大擿藉檢巧誠非不密小簡丁既目凡諸條制實長怨府此目前交利非天下大計一室之中尚不可精寓宙之内何可周洗公家何嘗不知民之多巧僞古今以政不可細碎故不爲耳爲此者實非識理者百不有一陛下弟兒大臣猶不能伏其況復天下悠悠萬品怨積兇迷相類止於一處何足不除就復多所虔戍紛紛多欲止啓閉侍無因謹陳愚管伏願特留神思答曰江郡何可容宋世混亂以爲是不蚊蟻何足爲憂已爲義勇所破官軍昨至令都應散滅吾政恨其不辯大耳亦何時無亡命邪後乃詔聽復籍注

府二百八十八　十

後魏任城王雲獻文集群寮欲禪位於京兆王子推王公卿士莫敢先言雲進曰陛下方隆太平臨覆四海豈得上違宗廟下弃兆民父子相傳其來久矣宜魏之興有章皇儲正統聖德夙章陛下必欲捐形塵務頤神清曠者冢嗣之寄宜紹寶歷若或欲捨儲宮輕移宸極恐非先聖之意駭動人情又天下是祖宗之天下而陛下輒改神器上乖七廟下長姦亂之道此是禍福所由願深思慎之太尉源賀又進曰陛下今欲外選諸王而禪位于皇叔者臣恐春秋蒸嘗昭穆有亂脫萬世之後必有逆饗之機深願思任城之言東陽公元丕等進曰皇太子雖聖德夙彰然實沖幼陛下富於春秋始覽機政普天景仰率土係心欲隆獨善不以萬物爲意其若宗廟何其若億兆何獻文曰儲宮正統受終文祖群公相之有何不可於是傳位於孝文

任城王澄爲吏部尚書値車樹反叛孝文將欲討之澄表諫不宜親行會江楊王繼平之乃止宣武即位澄表曰臣參訓先朝藉規有日前言舊軌頗亦聞之又昔在常代親習皇宗熟秘序庭無闕日臣每於侍坐先帝未嘗不以書典在懷禮經爲業周旋之則不輟於時自鳳舉中京方隆禮教宗室之範每蒙委及四門之選負荷銓量自先皇升遐未遑修述學宮虚荷四門之名宗人有闕四時之業青衿之緒於茲將落臣每惟其事竊所傷懷伏惟聖略宏遠四方罕務宴安之辰於是乎在何爲太平之世而令子衿之歎興焉聖明之日而使宗人之訓闕焉是謂可勑有司修復皇宗之學開闢四門之教使墜落之訓日就月將詔曰胄子崇業自古盛典國均之訓無應久廢尚書更可量宜修立及孝明時靈太后臨朝澄上表曰伏惟世宗宣武皇

帥命將授旗隨陛啓顙運籌制勝誰漢自賓節用勞心志清六
合是故纘武修文仍世彌盛陛下當周康靖治之時豈得晏安
於玄默然取外之理要由內強善人之本先在自備蕭衍雖
危使其民而窺覦不已若遇我虛疲士民彫窘賊衍年老志
張思播毒此之弗圖恐受其病伏惟陛下妙齡在位聖
德方昇皇太后總御天機乾乾夕惕若留意於負荷忿東
書之未一進賢拔能重官人之舉褒賞忠清旌養人之器
修干戈之用畜熊虎之士愛時鄙財輕寶重穀七八年間
陛下聖略方剛親王德幹並茂將相齊力未衰愚臣猶望
戎伍荷戈帶甲之衆畜銳於今然弧矢之威充仞在昔
文賊衍惡積禍盈勢不能久子弟闇悖釁迹已彰亂亡之
兆灼然可見兼弱有徵天與不遠大同之機宜須蓄備昔
漢帝力疾討滅英布高皇臥病親除顯逆夫以萬
乘之主豈忘息安實以侵名亂正討不得已今宜纂

二帝之遠圖以肅寧為大任然頃年已來東西難寇艱
虞之興首尾連接雖尋得翦除亦大損財力且飢饉之
氓散亡莫保收入之賦不增出用之費彌衆不愛力以探民無
豈資以待敵此臣所以夙夜懷憂悚息不寧者也易曰何以守
位曰仁何以聚人曰財故曰財者非天不生非地不長非時不
成非人不聚財如此之難守位若此之重興替之道焉可不慮
又古者使民歲不過三日食壯者之糧任老者之智此雖太平
之法難卒而用然妨民害財亦不宜不戒今墉雉素脩廩庫崇
列雖府寺隳墊必有未周大抵省府粗得庇憩理務寺塔足致
衆講道唯明堂辟雍國禮之大來冬司徒兵至請營量減徵尊
力經營務令早就其廣濟施之肆酬商市之興凡所營造自非
供御切須戒伏急懸亦宜微減以務阜積庶無擁撓民有全力
夫食土簋而堯德昭寢卑室而禹功盛章華麗而楚力衰阿宮
壯而秦財竭存亡之由灼然可觀願思前王一同之功畜力聚

財以待時會靈太后銳於善興在京師則起永寧太上公等佛
寺功費不少外州各造五級佛圖又數為一切齋會施物動至萬
計百姓疲於土木之功金銀之價為之踴上削奪百官事力費
損庫藏兼曲賚左右日有數千澄故有表諫雖卒不從而常優答
禮之
清河王懌宣武初司徒高肇以帝舅寵任擅權懌上言曰聞唯
器與名不可以假人是故季氏旅岱宣尼以為深譏仲叔軒懸
丘明以為至誠諒以天[illegible]君臣道別宜杜漸防萌無相僭
越至於減膳錄囚人君之事今乃司徒行之詎是人臣之義
陛下修政教解獄訟則[illegible]降玉燭知和何使明君失之
上新臣竊之於下長亂之基於此在矣帝笑不應孝明時有
門患憐者自云呪水飲人能差諸病病人就之者日有千數靈
太后詔給衣食事重力使於城西之南治療百病懌表諫曰臣
聞律深惑衆之科禮絕妖淫之禁皆所以大明

居正防遏姦邪昔在漢末有張角者亦[illegible]熒惑當時論
所行與今不異遂能誑誘生人致黃巾之禍天下塗炭數十年
間角之由也昔新垣之姦不登於明堂[illegible]詐終嬰於顯[illegible]
任城王澄子順屬靈太后頗事莊飾數出[illegible]幸順面諍曰禮婦
人夫喪自稱未亡人首去珠玉衣不被[illegible]母臨天下年垂
不惑過甚修飾何以示後世靈太后慚而不[illegible]還入宮責順曰
千里相徵豈見衆辱也順曰陛下盛服炫[illegible]畏天下所笑
恥臣之一言乎臨淮王孝友明於政理嘗奏表曰令制百家為
黨族二十家為閭伍家為比鄰百家之內有帥二十五徵發皆
免苦樂不均羊少狼多復有蠶食此之為弊久矣京邑諸坊或
七八百家唯一里正二史庶事無闕而況外州乎請依舊置三
正之名不改而百家於四閭閭二比計族少十二丁物十二匹
貲絹略計見管之戶應二萬族一歲出貲絹二十四萬匹十五
丁出一番兵計得一萬六千兵此富國安人之道也古諸侯娶

九女士有一妻二妾晉令諸王置妾八人郡君侯妾六人官品令第一第二品有四妾第三第四有三妾第五第六有二妾第七第八有一妾所以陰教聿修繼嗣有廣廣繼嗣孝也修陰教禮也而聖朝忽棄此數由來漸久將相多尚公主王侯娶后族故無妾媵習以爲常婦人多幸生逢今世舉朝既是無妾天下殆皆一妻設令人強志廣娶則家道離索事皆遞遭內外親知共祠嗤怖凡今人□□准貴父母嫁女則教之以妬姑姊逢迎必相勸以忌持制夫爲婦德以能妬爲女工自云不受人欺畏他笑我王公猶自一心已下何敢二意夫妬忌之心生則妻妾之禮廢妻妾之禮廢則姦淫之兆興斯臣所以毒恨者也請以王公第一品娶八通妻以備九女稱事二品備七三品四品備五五品六品則一妻二妾限以一周悉令充數自不充數及待妾非禮使妻妬加捶撻免所居官其妻免子而不娶妾斯則自絕無以血食祖父請科不孝之罪離遣其妻臣之赤心義唯家國欲使吉凶

無不合礼貴賤各得其宜去人帥以出兵丁立倉儲以豐穀食設賞格以擒姦盜行典令以示朝章庶使足食足兵人信之矣又冒申妻妾之數正欲王侯將相功臣子弟苗胤滿朝傳祚無窮此臣之志也詔付有司議奏不同孝友又言今人生爲皂隸葬擬王侯存沒異途無復節制崇壯丘隴盛飾祭儀鄰里相榮稱爲至孝又夫婦之始王化所先共食合瓢足以成礼而今之富者彌奢同牢之設甚於祭槃累魚成山川有林木之像鸞鳳斯存徒有煩勞終成委弃仰惟天意其或不然請自茲以後若婚葬過禮者以違旨論官司不加糾劾即與同罪

琅邪王彧孝莊時追崇文武宣王爲文穆皇帝廟號肅祖母李妃爲文穆皇后將遷神主於太廟以孝文爲伯考彧表諫以爲漢祖創業香街有太上之廟光武中興南頓立春陵之寢元帝之於光武疏爲絶服猶尚身奉子道入繼大宗高祖之於聖朝親實猶子陛下既纂洪緒豈宜加伯考之名且漢宣之繼孝昭斯乃上後叔祖豈忘宗承孝然以大義斯奪及金德將興宣王受寄景王意在毀冕文王心規裂冠雖祭則魏王而權歸晉室昆之與季實傾曹氏且子元宣王冢息文王成其大業故晉武繼文祖武宣有伯考之稱以今類古恐或非倫高祖德溢寰中道超無外肅祖雖勳格宇宙猶曾奉贄稱臣穆后禀德坤元復將配享乾位此乃君臣並筵嫂叔同室歷觀墳籍未有其事時莊帝意銳朝臣無敢言者唯彧與吏部尚書李神儁並有表聞詔報曰文穆皇帝勳格四表道邁百王是用考循舊軌恭上尊號三表云漢太上於香街南頓於春陵漢高不因瓜瓞之緒光武又死世及之德皆身受䇿命不由父祖別廟異寢於理何差文穆皇帝天眷人宅曆數有歸朕忝承下武遂主神器既帝業有統漢氏非倫若以昔況今不當移寢則魏太祖晉景帝雖王跡已顯皆以人臣而終豈得與余帝別廟有闕餘序漢郡國立廟者欲尊高祖之德使饗遍天下非關太廟神王獨在外祠

薦漢宣之父亦非勳德所出雖不追尊不亦可乎伯考之名自是尊卑之稱何必唯古而言非義也復云君臣同列嫂叔共室當以文穆皇帝昔遂三道以此爲疑礼天子元子猶士禘祫豈不同室乎且晉之文景共爲一代議者云世限七室主无定數昭穆既同明有共室之理礼既有祔嫂叔何嫌禮大祖祢一廟豈先婦舅共室也若專以共室爲疑容可更議遷毀莊帝既遣諸妹之請此祠意黃門侍郎常景中書侍郎邢子才所贊成也又追尊兄彭城王爲孝宣皇帝彧又面諫曰陛下作而不法後世可觀歷尋書籍未有其事帝不從及神主入廟復敕百官悉陪從一依乘輿之式彧上表以爲爰自中古迄於下葉崇尚君親褒明功勞乃自皇號終無帝名今若去帝直留皇名求之古義少有依准又不納

濟陰王暉業弟昭業頗有學尚位諫議大夫莊帝將幸洛南昭業立於閶闔門外扣馬諫帝避之而過後勞勉之

北齊永安簡平王浚保定初進爵為王文宣末年多酒浚謂親近曰兄舊來不甚了了自登祚已後識解頓進今因進敗德朝臣無敢諫者大敵未滅吾甚以為憂欲乘驛至鄴面諫不知用吾不人有知密以白帝因見銜八年來朝從幸東山帝裸裎為樂雜以婦女又作狐掉尾戲浚進言此非人主所宜帝甚不悅浚又於屏處召楊遵彦譏其不諫帝特不欲大臣與諸王交通遵彦懼以奏帝帝大怒曰小人由來難忍遂罷還宫

河南王孝瑜文襄長子也武成常使和士開與胡后對坐握槊孝瑜諫曰皇后天下之母不可與臣下接手帝深納之後又言趙郡王父死非命不可而親

河間王孝琬文襄第三子天統中累遷尚書令初突厥與周師入太原武成避之而東孝琬叩馬諫請委趙郡王部分之必整武成從其言孝琬免冑將出帝使追還周軍退拜并州刺史

冊府元龜卷第二百八十八

册府元龜卷第二百八十九

宗室部 二十八

圖興復

古者封建子弟藩屏王室平居則共其樂多難則同其憂所謂宗子維城本支百世也故有窮之難少康以厄正而復舊物新都之篡光武以諸生而致中興雖復藉祖宗之道德因億兆之懷思蓋由天姿異常靈命夙集耳其有屬居宗室世值艱虞或祀器將移或王業既墜乃將糾率義旅殄滅鯨鯢或投間於中或稱兵於外而天未悔禍時方不利志雖自激功卒无成豈謀慮之未臧蓋鎡基之靡固耳亦有流寓絶域羈旅鄰邦思借人之兵以復已之圖而運移勢去終底滅亡區區之心有足悲也與夫歸國邑獻符命以圖生者豈不遠乎

漢安衆侯崇長沙定王六世孫平帝時與春陵侯敞俱朝京師助祭明堂(平帝時王莽輔政祫祭明堂諸侯王二十八人列侯百二十人宗室子九百餘人徵助祭也)崇見王莽將危漢室私謂敞曰安漢公擅國權羣臣莫不迴從(迴曲也)社稷傾覆至矣太后春秋高天子幼弱(謂元后平帝也)高皇帝所以分封子弟蓋爲此也敞心然之及莽居攝崇與相張紹謀曰安漢公莽專制朝政必危劉氏天下非之者乃莫敢先舉此宗室恥也吾帥宗族爲先海內必和紹等從者百餘人遂進攻宛不得入而敗(張紹從弟竦)莽汙池其室宅

徐鄉侯快(一云名快)膠東恭王子聞王莽僭位乃結黨數千人起兵於其國欲誅莽快兄殷爲扶崇公使攻即墨殷閉城門自繫獄吏民距快快敗走至長廣死是時陵鄉侯曾(楚思王子)扶恩侯貴(不知誰孫子)皆以起兵誅莽敗

春陵侯敞二弟弘梁弘先起義兵卒梁少以俠氣聞更始元年起兵豫章欲徇江東自號就漢大將軍暴疾卒

後漢光武族兄玄字聖公春陵戴侯熊渠曾孫也王莽地皇二年新市人王匡王鳳馬武王常成丹等攻拔竟陵(縣名今復州)轉擊雲杜安陸(安陸今湖縣)三年與其支黨朱鮪張卬等北入南陽號新市兵公自稱將軍平林人陳牧廖湛復聚千餘人號平林兵以應之聖公因往從牧等爲其軍安集掾是時光武及兄伯升亦起舂陵與諸部合兵而進四年正月破王莽前隊大夫甄阜屬正梁丘賜斬之號聖公爲更始將軍衆雖多而無所統一諸將遂共議立更始爲天子二月辛巳設壇場於淯水上沙中陳兵大會更始即帝位南面立朝羣臣素懦弱羞愧流汗舉手不能言於是大赦天下改元更始元年悉拜置諸將以族父良爲國三老王匡爲定國上公王鳳成國上公朱鮪大司馬族弟伯升大司徒陳牧大司空餘皆九卿將軍五月伯升拔宛(於元切縣名在南陽)六月更始入都宛城盡封宗室及諸將爲列侯者百餘人更始忌伯升威名遂誅之以光祿勳劉賜爲大司徒前鍾武侯劉望起兵略有汝南時王莽納言將軍嚴尤秩宗將軍陳茂既敗於昆陽往歸之八月望遂自立爲天子以尤爲太司馬茂爲丞相

王莽使太師王匡(與更始所署國公同姓名)國將哀章守洛陽(哀姓魯哀公之後)更始遣定國上公王匡攻洛陽西屏大將軍申屠建丞相司直李松攻武關三輔震動是時海內豪桀翕然響應皆殺其牧守自稱將軍用漢年號以待詔命旬月之間徧於天下長安中起兵攻未央宮九月東海人公賓就斬王莽於漸臺(公賓姓就名漸臺臺在池中也)收璽綬傳首詣宛更始時在便坐黃堂取視之喜曰莽不如是當與霍光等寵姬韓夫人笑曰若不如是帝焉得之乎更始悅乃縣莽首於宛城市是月拔洛陽生縛太師王匡國將哀章至斬之十月使奮威大將軍劉信擊殺劉望於汝南并誅嚴尤陳茂更始遂北都洛陽以劉賜爲丞相申屠建李松自長安傳送乘輿服御又遣中黃門從官奉迎遷都二年二月更始自洛陽而西至長樂宮初王莽敗唯未央宮被焚而已其餘宮館一无所毀宮女數千備列後庭自鍾鼓帷帳輿輦器服太倉武庫官府市里不改於舊李松與棘陽人趙萌說更始宜悉王諸功臣

朱鮪爭之以爲高祖約非劉氏不王更始乃先封宗室太常將軍劉祉爲定陶王劉賜爲宛王劉慶爲燕王劉歙爲元氏王大將軍劉嘉爲漢中王劉信爲汝陰王後遂立王匡爲比陽王王鳳爲宜城王朱鮪爲膠東王衛尉大將軍張卬爲淮陽王廷尉大將軍王常爲鄧王執金吾大將軍廖湛爲穰王申屠建爲平氏王尚書胡殷爲隨王柱天大將軍李通爲西平王五威中郎將李軼爲舞陰王水衡大將軍成丹爲襄邑王大司空陳牧爲陰平王驃騎大將軍宋佻爲潁陰王尹尊爲郾王唯朱鮪辭曰臣非劉宗不敢干典遂讓不受乃徙鮪爲左大司馬劉賜爲前大司馬使與李軼李通王常等鎮撫關東以李松爲丞相趙萌爲右大司馬共秉內任萌專權威福自己郎吏有說萌放縱者更始拔劍擊之自是无敢復言萌私忿侍中引下斬之更始救請不從時李軼朱鮪擅命山東王匡張卬橫暴三輔其所授官爵者皆羣小賈豎或有膳夫庖人多著繡面衣錦袴襜褕諸于諸于大掖衣也襜褕其短者罵詈道中長安爲之語曰竈下養中郎將爛羊胃騎都尉爛羊頭關內侯十二月赤眉西入關三年正月更始使蘇茂拒赤眉於弘農茂拒赤眉於弘農茂軍敗死者千餘人三月遣李松會朱鮪與赤眉戰於務鄉地名在虢州湖城縣之間松等大敗棄軍走死者三萬餘人時王匡張卬守河東爲鄧禹所破還奔長安卬與諸將議曰赤眉近在鄭華陰間旦暮且至今獨有長安見滅不久不如勒兵掠城中以自富轉攻所在東歸南陽收宛王等兵事若不集復入湖池中爲盜耳申屠建廖湛等皆以爲然共入說更始更始怒不應莫敢復言及赤眉立劉盆子更始使王匡陳牧成丹趙萌屯新豐李松軍掫以拒之新豐有鴻門亭掫城是也張卬廖湛胡殷申屠建等與御史大夫隗囂合謀欲以立秋日貙膢時共劫更始貙名以立秋日祭獸其州也膢以八月朝作飲食爲膢俱成計侍中劉能卿知其謀以告之更始託病不出召張卬等皆入將悉誅之唯隗囂不至更始狐疑使卬等四人且待於外廬卬與湛殷疑有變

遂突出獨申屠建在更始斬之卬與湛殷遂勒兵掠東西市昏時燒門入戰於宮中更始大敗明旦將妻子車騎百餘東奔趙萌於新豐更始復疑王匡陳牧成丹與張卬等同謀乃並召入牧丹先至則斬之王匡懼將兵入長安與張卬等合李松還從更始與趙萌共攻卬等城內連戰月餘卬等敗走更始徙居長信宮赤眉至高陵卬等迎降之遂共連兵而進居城守使李松出戰敗死者二千餘人赤眉生得松時松弟汎爲城門校尉赤眉使使謂之曰開城門活汝兄汎即開門九月赤眉入城更始單騎走從廚城門出長安城北面東門也諸婦女從車呼曰陛下當下謝城更始即下拜復上馬去至高陵止傳舍遣劉恭請降赤眉使其將謝祿往受之十月更始隨祿降赤眉封長沙王祿縊殺之齊武王縯字伯升光武長兄性剛毅慷慨有大節自王莽篡漢常憤憤懷復社稷之慮不事家人居業傾身破產結交天下雄俊莽末盜賊羣起南方尤甚伯升召諸豪傑計議曰王莽暴虐百姓分離今枯旱連年兵革並起此亦天下之時復高祖之業定萬世之秋也衆皆然之於是分遣親客使鄧晨起新野光武與李通李軼起於宛伯升自發舂陵子弟合七八千部署賓客自稱柱天都部柱天者若天之柱也都部者都統其衆也使宗室劉嘉往誘新市平林兵王匡陳牧等合軍而進屠長聚及唐子鄉殺湖陽尉進拔棘陽因欲攻宛至小長安與王莽前隊大夫甄阜屬正梁丘賜戰時天密霧漢軍大敗姊元弟仲皆遇害宗從死者數十人伯升復收會兵衆還保棘陽阜賜乘勝留輜重於藍鄉今唐州比陽縣有藍鄉引精兵十萬南渡潢淳潢水二湖流注合爲黃水又南出棘陽縣之黃淳聚又謂之黃淳水在今唐州比陽縣臨比水阻兩川間爲營絕後橋示無還心新市平林見漢兵數敗阜賜軍大至各欲解去伯升甚患之會下江兵五千餘人至宜秋宜秋聚名在比陽縣乃往爲說合從之埶下江從之伯升於是大饗軍士設盟約休卒三日分爲六部潛師夜起襲取藍鄉盡獲其輜重明旦漢軍自西南攻甄阜下江兵自東南攻梁

五賜至食時賜陳潰阜軍望見散走漢兵急追之却迫潢淳水
斬首溺死者二萬餘人遂斬阜賜王莽納言將軍嚴尤秩宗將
軍陳茂聞阜賜軍敗引欲據宛伯升乃陳兵誓衆焚積聚破釜甑
鼓行而前（破釜甑示必死也鼓行而前言無所畏也）與尤茂遇育陽下戰大破之斬
首三千餘級尤茂棄軍走伯升遂進圍宛自號柱天大將軍自
阜賜死後百姓日有降者衆至十餘萬諸將會議立劉氏以從
人望豪桀咸歸於伯升而新市平林將帥樂放縱憚伯升威明
而貪聖公懦弱先共定策立之策後使騎召伯升示其議伯升
曰諸將軍幸欲尊立宗室其德甚厚然愚鄙之見竊有未同今
赤眉起青徐衆數十萬聞南陽立宗室恐赤眉後有所立如此
必將内爭今王莽未滅而宗室相攻是疑天下而自損權非
所以破莽也且首兵唱號鮮有能遂陳勝項籍即其事也舂陵
去宛三百里耳未足爲功遽自尊立爲天下準的使後人得承
吾敝非計之善者也今且稱王以號令若赤眉所立者賢相率

而往從之若無所立破莽降赤眉然後舉尊號未晚願各思之諸將
多曰善將軍張卬拔劍擊地曰疑事無功今日之議不得有二衆皆從之聖公既
即位拜伯升爲大司徒封漢信侯由是豪傑失望不服五月伯升拔宛六月
光武破王尋王邑自是兄弟威名益甚更始君臣不自安遂共
謀誅伯升乃大會諸將以成其計初伯升部將宗人劉稷將兵
擊魯陽（魯陽今汝州魯山縣）聞更始立怒曰本起兵圖大事者伯升兄弟也
今更始何爲者邪更始君臣聞而心忌之以稷爲抗威將軍稷
不肯拜更始乃與諸將陳兵數千人先收稷將誅之伯升固爭
李軼朱鮪因勸更始并執伯升即日害之
中山王茂泗水王歙從父弟年十八漢兵之起茂自號劉失職
亦聚衆京密間（京密二縣俱屬河南）稱厭新將軍攻下潁川汝南衆十餘
萬人光武既至河内茂率衆降
晉南陽王保愍帝時爲相國都督陝西諸軍事帝之蒙塵也保
自稱晉王建元署置百官遣使拜涼州張寔爲征西大將軍儀
同三司増邑三千戶俄而保爲都尉陳安所攻氐羌皆應之保
窘迫遂去上邽遷祁山寔遣將韓璞步騎五千赴難陳安退保
緜諸歸上邽未幾保復爲安所敗使詣寔乞師寔遣宋毅赴之
而安退會保爲劉曜所逼遷于桑城將謀奔寔寔以其宗室之
望若至河右必動物情遣其將陰監逆保聲言翼衛實禦之也
會保薨其衆散奔涼州者萬餘人
司馬楚之宣帝弟太常馗之八世孫年十七值宋高祖輔政誅
夷司馬戚屬楚之乃亡於汝潁之間楚之少有英氣能折節待
士與司馬順明道恭等所在聚黨及高祖自立楚之規欲報復
收據長社歸之者常万餘人高祖深憚之楚之尋奔于後魏爲
征西將軍并州刺史與山陽公奚斤共平河南
宋劉秉長沙王道憐孫順帝即位初爲尚書令中軍時齊王輔
政袁粲鎮石頭粲潛與秉及諸大將軍黄回等謀欲作亂本期
夜會石頭且乃率兵秉素怯懦騷動擾不自安再晡後便自丹

陽郡車載婦女盡室奔石頭部曲數百赫弈滿道既至見粲粲
驚曰何遽便來事今敗矣秉曰今得見公万死亦何恨從弟中
領軍韞直在省内與直閤將軍卜伯興謀其夜共攻齊王會秉
去事泄齊王夜使驍騎將軍王敬則收韞韞已戒嚴敬則率壯
士直前韞左右皆披靡因殺之伯興亦伏誅粲敗秉踰城出走
於額檐湖見擒與二子承俣並死
後魏始平縣公孝矩爲南豐州刺史時見周太祖專政將危元
氏孝矩每慨然有興復社稷之志陰謂昆季曰昔漢氏有諸呂
之變朱虚東牟卒安劉氏今宇文泰之心路人所見顛而不扶
焉用宗子盍將啚之爲兄則所遏孝矩乃止
北齊范陽王紹義投奔突厥他鉢可汗謂文宣英雄天子以紹
義重踝似之（踝[illegible]骨踵也[illegible]）甚見愛重凡齊人在北者悉隷紹義
遂即皇帝位稱武平元年以趙穆爲天水王他鉢聞寧室得平
州亦招諸部各率兵南向云共立范陽王作齊帝爲其報讎周

武帝大集兵於雲陽將親北伐遇疾暴終紹義聞之以為天贊已盧昌期據范陽亦表迎紹義俄而周將宇文神舉攻滅昌期其日紹義適至幽州聞周總管出兵于外欲乘虛取薊城烈天子旌旗登燕昭王冢乘高望遠部分士衆神舉遣大將軍宇文恩將四千人馳救幽州半為齊軍所殺紹義聞范陽城陷素服舉哀迴軍入突厥周人購之於他鉢又使賀若誼往說之他鉢猶不忍遂偽與紹義獵於南境使誼執之流于蜀紹義妃渤海封孝琬女自突厥逃歸紹義在蜀遣妃書云夷狄無信送吾於此竟死蜀中

隋越王侗煬帝諸孫大業十三年帝幸江都令侗與金紫光祿大夫段達太府卿元文都攝民部尚書韋津右武衛將軍皇甫無逸等總留臺事宇文化及之弒逆也文都等議以侗元德太子之子屬最為近於是乃共尊立大赦改元曰皇泰謚帝曰明廟號世祖追尊元德太子為孝成皇帝廟號世宗尊其母劉良

娣為皇太后未幾宇文化及立秦王子浩為天子來次彭城所經城邑多從逆黨侗懼遣使者蓋琮馬公政招懷李密密遂遣使請降侗大悅禮其使甚厚即拜密為太尉尚書令魏國公令拒化及下書曰我大隋之有天下於茲三十八載高祖文皇帝聖略神功載造區夏世祖明皇帝則天法地財一華戎東暨蟠木西通細柳前蹤丹徼後日幽都日月之所臨風雨之所至圓首方足稟氣食毛莫不盡入提封皆為臣妾加以寶貺畢集靈瑞咸臻作樂制禮移風易俗智周寰海萬物咸受其賜道濟天下百姓用而不知世祖往因歷試統臨南服自居皇極順茲望幸所以往歲省方展禮肆覲停鑾駐蹕按駕清道八屯如昔士卒不移豈意釁起非常逮於軒陛災生不意延及冕旒奉諱之日五情哀隕攀號荼毒不能自勝且聞之自古代有屯剝賊臣逆子無世無之至如宇文化及世傳庸品其父述往屬時來早沾厚遇賜以婚媾置之公輔位尊九命祿重万鍾禮極臣人榮

冠世表徒承海嶽之恩未有涓塵之答化及以此下材夙蒙顧眄出入外內奉望階墀昔陪藩國統領禁衛及從升皇祚陪列九御但本性凶狠恣其貪穢或交結惡黨或侵掠貨財事重刑篇狀盈獄簡在上不遺簪履恩加草芥應至罪辜每蒙恕免三經除解尋復本職再徙邊裔仍即追還生成之恩昊天罔極獎擢之義人事罕聞化及梟獍為心禽獸不若縱毒興禍傾覆行宮諸王子弟一時殘酷痛暴行路世不忍言有窮之在夏時犬戎之於周代釁辱之極亦未是過朕所以刻骨摧心飲膽嘗血譬天視地無處容身今王公卿士庶寮百辟咸以大寶鴻名不可顛墜元凶巨猾須早殄翦翼戴朕躬嗣守寶位顧惟寡薄志不逮此今者出黼扆而杖旄鉞釋衰麻而擐甲胄銜冤誓衆忍淚治兵指日遄征以平大盜且化及偽立秦王之子幽遏比於囚拘其身自稱霸相專擅擬於九五履踐禁御據有宮闈昂首揚眉初無慙色衣冠朝望外懼兇威志士誠臣內皆憤怨以我

義師順彼天道梟夷醜族匪夕伊朝太尉尚書令魏公丹誠內發宏略外舉率勤王之師討違天之逆果毅爭先熊羆競逐金鼓振讋若火焚毛鋒刃縱橫如湯沃雪魏公志在扶翊投袂前驅朕親御六軍星言繼進以此衆戰以斯順舉擘山可以動射石可以入況擁此徒皆有離德京都侍衛西憶家鄉江左淳民南思江邑此來表書駱驛人信相尋若王師一臨舊章暫覩自應解甲倒戈冰銷葉散且聞化及自恣天奪其心殺戮不辜挫辱人士莫不道路以目號天蹐地朕今復讎雪恥梟轘者一人拯溺救焚所哀者士庶唯天鑒孔邇祐我宗社億兆感義但會朕心梟戮元兇策勳飲至四海交泰稱朕意焉兵術軍機並受魏公節度密見使者大悅北面拜伏臣禮甚恭密遂東拒化及士貴頗不協（臣欽若等曰士貴謂元文都皇甫無逸等士人）陰有相圖之計未幾元文都盧楚郭文懿趙長文等為世充所殺皇甫無逸歸長安世充既破李密為鄭王總百揆加九錫備物侗不能禁世充又逼侗遜位

幽於含涼殿月餘遇害

唐瑯邪王沖越王貞之子垂拱四年為博州刺史據州舉兵初韓王元嘉魯王靈夔霍王元軌越王貞及元嘉子黄公譔靈夔子范陽王藹元軌子江都王緒等自則天臨朝常怏怏有不平之志密有異圖是歲七月譔作謬書與貞云內人病漸重必須早療若至今冬恐成痼疾宜早下手乃速相報至是以明堂將成追皇宗赴集因遞相語云大享之際神皇必遣人大行誅戮皇家子弟无遺種矣譔詐為皇帝璽書與沖云朕被幽縶王等宜各發兵救援我也沖又偽為帝璽書云神皇欲傾李家社稷移国祚於武氏沖乃呼長史蕭德琮等令召募兵士分報韓魯霍越紀等五王各令起兵應接以赴神都於是制左金吾將軍丘勣為行軍大揔管以討沖初沖募得五千餘人將武水縣令郭務悌赴魏州請援魏州莘縣令馬玄素領兵千七百人在路要截恐力不及敵先入武水城閉門拒守沖乃令積草車上

放火燒城南門擬乗火突入火之未起南風甚急及草已然遂迴為北風未至城門燒草已盡沖軍由是沮氣有堂邑縣董玄寂為沖統率兵仗及沖擊武水玄寂曰瑯邪王與國家交戰此乃反也沖聞之斬玄寂以徇兵衆懼而散入草澤不可禁止唯有家僮左右不過數十而已乃却走入博州城為守門者所殺傳首神都梟於闕下沖起兵凡七日而敗初沖與諸王連及沖先發而莫有應者唯沖父豫州刺史越王貞獨以本兵以應之尋遣兵攻上蔡縣既聞沖敗恐懼索鎖欲自拘馳驛詣闕謝罪會其所署新蔡令傅延慶募得勇士二千餘人貞遂有拒敵之志乃宣言於其衆曰瑯邪王已破魏相數州兵至二十萬朝夕即到爾宜勉之徵屬縣兵至五千人分為五營貞自為中營署其所親汝陽丞裴守德為大將軍內營總管趙成美為左郎將押左營閭弘道右中郎將押右營安摩訶為郎將後軍總管王孝忠為右將軍前後軍總管又以豫州長史韋慶禮為銀青光祿大夫行其府司馬凡署九品已上官五百餘人令道士及僧轉讀諸經以祈事捷家僮及戰士咸帶符以辟兵其所授官皆以迫脅見從本无鬬志唯裴守德實與之同守德有膂力善騎射貞將起事使以其女良鄉縣主妻之而委以爪牙心腹之任九月景辰命左豹韜衛大將軍麴崇裕為中軍大揔管夏官尚書岑長倩為後軍大揔管率兵十萬討之仍令鳳閣侍郎張光輔為諸軍節度削貞及沖屬籍改姓虺氏官軍至豫州城東四十里貞命子規及裴守德拒戰規等兵潰而歸貞大懼閉門自守裴守德排閤入問王安在意欲以貞自購也貞自仰藥而死規又自殺守德携良鄉縣主亦同縊而死丙寅豫州平崇裕傳貞父子及守德等首梟於闕下貞起兵凡二十日而敗初越王貞之起兵也而韓王元嘉與其子譔實為謀首於是皇宗國戚內外相連者甚廣魯王靈夔子范陽王藹遣使貞及子沖曰若四面同來事无不濟諸道計會未審而先發兵倉卒唯貞應之諸道莫有赴者故其事不成坐致誅滅

册府元龜卷第二百八十九

册府元龜卷第二百九十

宗室部二十

立功

古人有言曰太上立德其次立功功也者輔世排難戡濟生民之謂也矧乃挺生公族內懷毅勇練達才志激卬忠力以奉辭伐罪殲亂逆之黨秉時沓肅參締構之業其或壞却戎虜保完城堞陵威震於鄰敵動伐申於郵戴斯所以彰夾輔之美著維屏之績蓋周之並建賢戚漢之大封子弟風聲攸著載祀彌久其於保邦固本之義豈不韙哉魏晉而下筆牘所紀皆可觀也

周公旦武王弟武王十一年伐紂周公佐武王破殷人商宮巳殺紂周公把天鉞召公把小鉞以夾武王釁社告紂之罪于天及殷民其後成王少周公恐天下畔周乃踐阼代成王攝行政當國管蔡武庚等率淮夷而叛周公乃奉成王命興師東伐誅管叔武庚放蔡叔以殷餘民以封康叔於衛封微子於宋以奉殷祀寧淮夷東土二年而畢定諸侯咸服

郇侯文王之子為州伯有治諸侯之功故下泉詩云四國有王郇伯勞之（四国管蔡商奄也有王謂諸侯朝于巳）

漢荆王賈高帝從父兄高帝初為漢王元年還定三秦賈為將軍定塞地（司馬欣之国）從東擊項籍漢王敗成皐北度河得張耳韓信軍軍脩武深溝高壘使賈將二萬人騎數百擊楚度白馬津入楚地燒其積聚（倉廩芻稾之屬）以破其業無以給項王軍食已而楚兵擊之賈輒避不肯與戰而與彭越相保（保謂依恃以自固）漢王追項籍至固陵使賈南度淮圍壽春還至使人間招楚大司馬周殷（間謂私求間隙而招之）周殷反楚佐賈舉九江迎英布兵皆會垓下共誅項籍漢王因使賈將九江兵與太尉盧綰西南擊臨江王共尉（共敖之子也）尉死以臨江為南郡

燕王澤高祖從祖昆弟高祖十一年以將軍擊陳豨將王黃封為營陵侯

楚元王交高祖同父少弟高祖初為沛公景駒自立為楚王交與蕭曹等俱從高祖見景駒遇項梁共立楚懷王因西攻南入武關與秦戰於藍田至霸上封交為文信君從入蜀漢還定三秦誅項籍

城陽景王章齊悼惠王肥次子高后封為朱虛侯文帝在代時趙王呂祿為上將軍呂王產為相國皆居長安中聚兵以威大臣欲為亂章以呂祿女為婦知其謀乃使人陰出告其兄齊王欲令發兵西（西詣京師）章與弟東牟侯興居欲從中與大臣為內應以誅諸呂祿產欲作亂章與太尉勃丞相平等誅之章首先斬呂產太尉勃等乃盡誅諸呂而迎立文帝

章弟濟北王興居呂后封為東牟侯與章俱入宿衛與大臣共立文帝於代邸曰誅呂氏臣無功請與太僕滕公俱入清宮（滕公夏侯嬰也）遂將少帝出迎皇帝入宮

梁孝王武文帝子景帝時吳楚齊趙七国反先擊梁棘辟（地名）殺數萬人梁王城守睢陽（據睢陽城而自守）而使韓安国張羽等為將軍以距吳楚吳楚以梁為限不敢過而西與太尉亞夫等相距吳楚破而梁所殺虜略與漢中分（梁所虜吳楚之捷各與漢同）

江都易王非景帝子初封汝南王吳楚反時非年十五有材氣上書自請擊吳景帝賜非將軍印擊吳吳巳破從王江都治故吳国（治[illegible]都之故劉濞所居也）以軍功賜天子旗

後漢城陽恭王祉光武族兄春陵康侯敞之子光武起兵祉兄弟相率從軍更始立以祉為太常將軍紹封春陵侯從西入關封為定陶王別將擊破劉嬰於臨涇及更始降於赤眉祉乃閒行亡奔洛陽是時宗室唯祉先至光武見之甚歡封為城陽王

順陽懷侯嘉光武族兄義兵起嘉隨更始征伐為偏將軍及攻破宛封興德侯遷大將軍擊延岑於冠軍降之始都長安封漢中王

安成侯賜光武族兄自伯升起兵賜乃隨從攻擊諸縣更始既

立以賜爲光祿勳愛伯升被害代爲大司徒加丞相吏始都長安封賜爲宛王拜前大司馬使持節鎮撫關東建武初聞光武即位乃詣洛陽

成武侯順光武族兄建武八年使擊破六安賊因拜爲六安太守

陳王寵明帝子陳敬王之孫中平中黃巾賊起郡縣皆棄城走寵善弩射十發十中中皆同處（寵射其秘法以天覆地載參連爲奇又有三微三小三微爲經三小爲緯經緯相將萬勝之方然要在機牙）寵有彊弩數千張出軍都亭（軍營於國之都亭）國人素聞王善射不敢反叛故陳獨得完百姓歸之者衆十餘萬人

魏任城王彰太祖子漢末封鄢陵侯建安二十三年代郡烏桓反以彰爲北中郎將行驍騎將軍討之彰北入涿郡界叛胡數千騎卒至時兵馬未集唯有步卒千人騎數百匹用田豫計固守要隙虜乃散退彰追之身自搏戰射胡騎應弦而倒者前後相屬戰過半日彰鎧中數箭意氣益厲乘勝逐北至于桑乾去代二百餘里長史諸將皆以爲新涉遠士馬疲頓又受節度不得過代不可深進違令輕敵彰曰率師而行唯利所在何節度乎胡走未遠追之必破從令縱敵非良將也遂上馬令軍中後出者斬一日一夜與虜相及擊大破之斬首獲生以千數彰乃倍常科大賜將士將士無不悅喜時鮮卑大人軻比能將數万騎觀望彊弱見彰力戰所向皆破乃請服北方悉平

陳侯仁太祖從弟從太祖爲別部司馬行厲鋒校尉太祖之破袁術仁所斬獲頗多從征徐州仁常督騎爲軍前鋒別攻陶謙將呂由破之還與大軍合彭城大破謙軍從攻費華即墨開陽謙遣別將救諸縣仁以騎擊破之

太祖征呂布仁別攻句陽拔之生獲布將劉何太祖平黃巾迎天子都許仁以有功拜廣陽太守後太祖征張繡仁別徇旁縣虜其男女三千餘人太祖軍還爲繡所追軍不利士卒喪氣仁率厲將士甚奮太祖壯之遂破繡太祖與袁紹久相持於官渡紹遣劉備徇諸縣太祖使仁將騎擊備破走之盡復收諸叛縣

（第四葉原闕）

降耳遂自縛出三郡皆平

吳奮威將軍瑜堅弟靜之子漢建安九年爲丹陽太守與周瑜等共討麻保二屯破之後屯溧陽從屯牛渚瑜以求安人歸助爲襄安長無錫人顏連爲居巢長使招納廬江二郡各得降附

瑜弟皎漢建安中爲護軍校尉領衆二千餘人是時曹公數出濡須皎每赴拒號爲精銳後與呂蒙襲南郡皎爲後繼禽關羽定荊州皎有力焉

皎弟沙羨侯奐建安末代皎統其衆領江夏太守黃武五年大帝攻石陽奐以地主使所部將軍鮮于丹帥五千人先絕淮道自帥吳碩張梁五千人爲軍前鋒降高城得三將拜揚威將軍

孫輔堅之兄子以揚武校尉佐長沙桓王策平三郡策討丹陽七縣使輔西屯歷陽以拒袁術并招誘餘民鳩合遺散又從策討陵陽生得祖郎策西襲廬江太守劉勳輔隨從身先士卒有功策以輔爲廬陵太守

桓堅族子河之子年二十五拜安東中郎將與陸遜共拒劉備備軍衆甚盛彌山盈谷桓投刀奮命與遜勠力備遂敗走桓斷上夔道截其徑要備踰山越險僅乃得免備忿恚歎曰吾昔初至京城桓尚小兒而今迫孤乃至此桓以功拜建武將軍封丹徒侯

晉琅邪王伷泰始中爲鎮東大將軍平吳之役率衆數萬出涂中孫皓奉箋送璽綬詣伷請降詔曰琅邪王伷督率所統連據涂中使賊不得相救又使琅邪相劉弘等進軍逼江賊震懼遣使奉僞璽綬又使長史王恒率諸軍渡江破賊邊守獲督蔡機斬首降附五六萬計諸葛靚孫奕等皆歸命請死功勳茂著其封子二人爲亭侯各三千戶賜絹六千疋

汝陰王駿爲鎮西將軍都督雍涼等州咸寧初羌虜樹機能等叛駿遣衆討之斬三千餘級進位征西大將軍又詔駿遣七千人代涼州守兵樹機能侯彈勃等欲先劫佃兵駿命平虜護軍文俶督涼秦雍諸軍各進屯以威之機能乃遣所領二十部乃

彈教函締軍門各遣入質子安定北地金城諸郡酋豪羅侯金多及北虜勃囧等二萬口又來降

淮陵王漼初封廣陵公爲散騎常侍趙王倫之篡也三王起義漼與左衞將軍王輿攻殺孫秀因而廢倫以功進封爲王

東海王越懷帝永嘉三年九月丙寅劉聰圍洛陽遣平北將軍曹武討之丁丑王師敗績越入保京城聰至西明門越禦之戰於宣陽門外大破之

南頓王宗初封南頓公討劉喬有功進封王增邑五千并前萬戶

譙王尚之初爲會稽王道子驃騎諮議與弟允之並居列職兗州刺史王恭忌其盛也與豫州刺史庾楷並稱兵以討尚之爲名南連荊州刺史殷仲堪南郡公桓玄等道子命前將軍王珣右將軍謝琰討恭尚之距楷允之與楷子鴻戰於當利鴻走斬楷將段方楷單馬奔桓玄道子以尚之爲建威將軍豫州刺史假節一依楷故事

宋長沙景王道憐晉末爲建威將軍南彭城內史時北青州刺史劉該反引魏人爲援清河陽平二郡太守孫全聚衆應之義熙元年後魏遣豫州刺史索度眞大將軍斛蘭寇徐州攻相縣執鉅鹿太守賀申進圍彭城將軍羊穆之於彭城穆之告急道憐率衆救之軍次陵柵斬全進至彭城眞蘭退走道憐率龍驤將軍孔隆及穆之等追眞蘭走奔相城又追躡至光水溝斬劉該魏衆見殺及赴水死略盡以破索度眞功封新渝縣男食邑五百戶從高祖征廣固常爲軍鋒及城陷慕容超將親兵突圍走道憐所部獲之以廣固功改封竟陵縣公食邑千戶

臨川武烈王道規高祖少弟少倜儻有大志高祖奇之與謀桓玄時桓弘鎮廣陵以爲征虜中兵參軍高祖尅京城道規以其日與劉毅孟昶共斬弘收衆濟江進平京邑玄敗走晉大將軍武陵王遵承制以道規爲振武將軍義昌太守與劉毅何無忌追桓玄遇玄於崢嶸洲大敗玄軍玄與郭銓單舸走江陵不復能守欲入蜀爲馮遷所斬義軍遇風不進桓謙桓振復據江陵毅留巴陵道規與無忌俱進攻桓謐於馬頭桓蔚於龍州皆破之復進軍夏口爲鎮軍將軍馮該戍夏口東岸揚武將軍孟山圖據魯城輔國將軍桓仙客守偃月壘於是毅攻魯城道規無忌攻偃月並克之生禽仙客山圖其夕該遁走進平巴陵道規留夏口進號輔國將軍督淮北諸軍事并州刺史義昌太守如時荊州湘江豫猶多桓氏餘燼往往屯結復以本官進督江州之武昌荊州之江夏隨郡義陽綏安豫州之西陽汝南潁川新蔡九郡諸軍事隨宜翦撲皆悉平之

竟陵王誕爲揚州刺史孝武帝孝建初南郡王義宣舉兵反有荊州江兗豫四州之力勢震天下孝武即位日淺朝野大懼帝欲奉乘輿法物以迎義宣誕固執不可曰奈何持此座與人帝加誕節仗士五千人出入六門上流平定誕之力也

始安王休仁明帝即位爲揚州刺史會諸方逆命休仁都督征討諸軍事增班劍三十人出據虎檻進據赭圻尋領太子太傅總統諸軍隨宜應接泰始二年拜司徒休仁率衆軍大破賊斬僞尚書僕射袁顗進討江郢荊雍湘五州平定之

巴陵王休若泰始二年爲鎮軍將軍時方反叛休若進號衛將軍雍州刺史率諸軍破賊於吳興會稽平定三郡同逆皆伏誅三年薛安都子伯令略據雍州四郡休若討斬之

晉熙王燮廢帝元徽二年爲征虜將軍郢州刺史時江州刺史桂陽王休範反燮遣中兵參軍馮景祖襲尋陽休範中兵參軍毛惠等居守開門降燮進號安西將軍督江州諸軍事

南齊豫章文獻王嶷宋建元元年爲都督揚州南徐二州諸軍事驃騎大將軍二年春魏軍寇司豫州嶷表遣南蠻司馬崔慧景北討又分遣中兵參軍蕭惠朗援司州也西關虜軍濟淮攻壽春分騎當出隋郡衆以爲憂嶷曰虜入春夏非動衆時令豫司疆守遏其津要彼見堅嚴自當潰散必不敢越二鎮而南也

是時纂嚴疑以荊州隣接蠻蜑慮其生心令鎭为旹綏服既而魏軍竟不出樊鄧於壽春敗走尋給班劒二十人

梁長沙王懿齊永明季授持節都督梁南北秦沙四州諸軍事加冠軍將軍是歲魏人入漢中遂圍南鄭懿隨機拒擊傷殺甚多乃解圍遁去懿又遣互帥楊元秀攻魏歷城睪蘭骆大仇池等六戍剋之魏人震懼邊境遂寧永元年裴叔業據豫州反授持節征虜將軍督豫州諸軍事討叔業叔業懼降于魏既而平西將軍崔慧景入寇京邑奉江夏王寶玄圍臺城齊室大亂詔徵懿懿時方食投箸而起率銳卒三千人援城慧景遣其子覺來拒懿奮擊大破之覺單騎走乘勝而進慧景衆潰追斬之遷尚書令都督征討水陸諸軍事持節將軍如故

懿子西昌侯藻天監元年爲持節都督益寧二州諸軍事冠軍將軍益州刺史時天下草創邊徼未安州民焦僧護聚數萬據郫繁作亂藻年未弱冠集僚佐議欲自擊之或陳不可藻大怒

斬于階側乃乘平肩輿巡行賊壘賊聚弓亂射天下如雨從者舉楯禦箭又命除之由是人心大安賊乃夜遁藻命騎追之斬首數千級遂平之

始興忠武王憺齊末爲給事黄門侍郎巴東太守蕭慧訓子璝及巴西太守魯休烈舉兵逼荊州屯軍上明鎭軍蕭穎胄暴疾卒西朝甚懼尚書僕射夏侯詳議徵兵雍州南平王偉遣憺赴之憺以書諭璝等旬日皆請降

吴平侯景爲寧蠻校尉雍州刺史元志率衆七萬寇滍溝驅迫羣蠻蠻悉渡水來降因命司馬朱思遠寧蠻長史曹義宗中兵參軍孟惠儁擊志於滍溝大破之生擒志長史杜景斬首萬餘級流屍蓋漢水

南郡王大連太清元年爲使持節輕車將軍東揚州刺史三年會稽山賊田領郡聚黨數萬來攻大連命之中兵參軍張彪擊斬之

陳遂興侯詳高祖疎屬也高祖東征杜龕詳別下安吉原鄉故鄣三縣龕平以功授散騎侍郎假節雄信將軍青州刺史

後魏上谷公紇羅初從道武自獨孤如賀蘭部與弟建勸賀蘭納推道武爲主及道武即帝位以援立功與建同日賜爵爲公

武陵侯因從道武平中原以功封曲逆侯太武時改封

曲陽侯素延以小統從道武征討諸部初定并州爲刺史道武之驚於柏肆也道武征慕容寶軍于鮮虞之柏肆爲其夜寶悉衆犯營帝驚而起并州守將封寶眞爲逆素延斬之

吉陽男比干以司衛監討白澗丁零有功

平陽王眞樂高涼王孤平文孫也頻有戰功

樂城侯謂烈帝子與其子烏眞俱隨道武征討屢有戰功新興公丕子儁邕並有軍功儁封新安縣男邕封涇縣男

秦明王翰昭成子年十五便請征伐昭成壯之使領騎二千長統兵號令嚴信多有剋捷

翰子衞王儀登國初破諸部有謀戰功皇始二年十月遣儀將

三萬騎攻慕容德於鄴天興元年正月慕容德走保滑臺儀克鄴收其倉庫詔賞將士各有差

常山王遵道武初爲慕容寶所敗別率騎七百邀其歸路由是有參合之捷及平中山拜尚書左僕射加侍中領渤海之合口及博陵勃海羣盜起遵討平之

陳留王虔登國初與衞王儀破黜弗部後衞辰慕容寶來寇虔絶其左翼寶敗

虔弟崇爲并州刺史從道武討蠕蠕別督諸軍出大澤越耶山威懾漠北

永昌王健所在征戰常有大功從太武破赫連昌遂西略至木根山討和龍健別攻拔建德後平叛胡白龍餘黨于西海帝襲蠕蠕越涿邪山詔健殿後矢不虛發所中皆應弦而斃威震漠北又從征平凉州健功居多又討破禿髮保周自殺傳首京師

臨淮王佗太武之討胡白龍於西河屠其城佗別破餘黨斬首

數千後與武昌王提率并州諸軍討吐京叛胡曹僕渾於河西平之拜使持節前鋒大將軍督諸軍北討蠕蠕破之後劉義隆遣將寇邊佗從征於懸瓠破之拜使持節都督雍秦二州諸軍事鎮西大將軍武昌王提太武時爲使持節鎮東大將軍平原鎮都大將軍臨淮王佗討平吐京叛胡還車騎大將軍

提子平原襲爵獻文時蠕蠕犯塞從駕擊之平原戰功居多爲鎮南大將軍齊州刺史孝文時妖賊司馬小君自稱晉後聚黨三千餘人屯聚平陵年號聖君攻破郡縣殺長吏平原身自討擊殺七人擒小君送京師斬之又有妖人劉舉自稱天子扇惑百姓復討斬之晉王伏羅爲車騎大將軍督高平涼州諸軍討吐谷渾慕利延軍至樂都遂間道行至大母橋慕利延衆驚奔白蘭慕利延子拾寅走河曲斬首五千餘級降其一萬餘落

河間公齊從太武征赫連昌帝馬蹶賊逼帝齊以身蔽捍決死

力戰賊乃退帝得上馬是日微齊帝幾至危殆帝以微服入其城齊固諫不許乃與數人從帝入城內旣覺諸門悉閉帝乃齊等因入其宮中得婦人裙繫之槊上帝乘而上因此得拔於齊有力焉賜爵浮陽侯從征和龍以功拜尚書進爵爲公後坐事免官爵守將裴方明陷仇池太武復授齊前將軍與建興公古弼討之遂克仇池威振羌氐復賜爵河間公與武都王楊保宗對鎮駱谷時保宗弟文德說閉險自有期矣秦州主簿邊固知之密告齊晨詣保宗呼曰古弼至欲宣詔保宗出齊叱左右扶保宗上馬馳驛送臺氐遂推文德爲主求援於宋宋遣將房亮之符昭啖龍等率衆助文德齊擊斬殺龍擒亮之氐遂平以功拜內都大官

臨淮王譚太武南討爲中軍大將軍初宋文帝以鄒山險固乃積糧爲守禦之備譚率衆攻之獲米三十萬以供軍儲宋人恃淮之阻素不設備造筏數千潛軍而濟賊衆驚潰斬其將胡崇之及賊首萬餘級

陽平王新成長子熙爲懷朔鎮大將都督三道諸軍北討詔徵赴京勗以戰伐之事對曰當仰伏廟筭使呼韓同渭橋之禮帝曰壯哉王言朕所望也乃與陸叡集諸將議軍途所詣於是中道出黑山東道趣士盧河西道向侯延河軍過大磧大破蠕蠕頤入朝詔曰王之前言果不虛也

濟陰王小新成子麗爲宗正右衛將軍時秦州屠各王法智推州主簿呂苟兒爲主號建明元年置立百官攻逼州郡涇州人陳瞻亦聚衆自稱王號聖明元年以麗爲使持節都督與楊椿討之苟兒率衆十餘萬屯孤山別據諸險圍逼州城麗出擊大破之便進軍水洛賊徒逆戰麗攻擊走之行秦州事李韶乘勝進掩苟兒遂率其公二千餘人降麗

上黨王長孫觀獻文時以征西大將軍假司空督河西七鎮諸軍討吐谷渾部帥拾寅過藏掠其所居城邑而還孝文初拜殿

中尚書侍中吐谷渾又侵逼復假觀司空討降之任城王雲獻文時蠕蠕犯塞雲爲中大都督從獻文討之遇於大磧及仇池氐反雲爲征西大將軍討平之

雲子澄爲征北大將軍孝文時蠕蠕犯塞加澄使持節督北諸軍事以討之蠕蠕遁走後爲揚州刺史時梁將張囂寇夷陵戍澄遣輔国將軍成興步騎赴討大破之復木陵戍遁走又遣長風戍主奇道顯攻梁陰山戍破之斬其戍主龍驤將軍都亭侯梅興祖仍引攻白槀戍又破之斬其寧朔將軍關內侯吳道爽澄表請南伐詔發二萬人馬千五百匹并壽陽先兵三萬委澄經略乃遣統軍傅豎眼王神念等進次大峴東關九山淮陵皆分部諸將倍據之揔勒大衆絡驛相接而神念剋其關要穎川二城斬梁軍主費尼而寧朔將軍韋惠龍驤將軍李伯由乃固大峴澄遣統軍党法宗傅豎眼等進軍剋之遂圍白塔牽城數日之間便即逃遁梁清溪戍望風散走梁徐州刺史司馬明素

率衆三千欲援九山徐州長史潘伯鄰規固淮陵寧朔將軍王燮貪陰焦城法宗進旦焦城破焦陵擒伊素斬伯鄰且濟陰太守王厚強廬江太守裴邃亦奔退詔曰將軍文德内昭武功外揚奮揚大略將蕩江吳長旌始舒賊徒懾氣鯨鯢方馳東關席卷想江湖弭波在旦夕耳所送首虜並已聞之

登子嵩宣武時爲安南將軍楊州刺史梁湘州刺史楊公則率衆二萬屯軍洛口姜慶真領軍五千據於首陂又遣其左軍將軍寨小眼軍主何天祚張後興等率衆七千攻圍陸城嵩遣統軍封邁王會昌寺步騎八千討之邁達陸城賊皆夜遁追擊破之斬獲數千公則慶真退還馬頭梁徐州刺史昌義之屯據高皇遣三軍將寇陰陵以水淺涸不通船艦屯於馬頭梁將田道龍何景先等領卒三千已至衡山規寇陸城並充逼嵩遣兼統軍李叔仁等援合肥小峴楊石頻戰破之梁寧朔將軍趙草頓於黃口嵩遣軍司趙熾等往討之先遣統軍安伯醜潛師夜渡伏兵下蔡草率卒四千逆來拒戰伯醜與下蔡戍主虎等前後俠擊大敗之俘斬溺死四千餘人統軍李叔仁等夜襲硤石之敗又破之梁將姜慶真專據肥汭冠軍將軍曹天寶屯於雞口軍主尹明世屯東硤石嵩遣別將羊引次于淮西去賊營十里司馬趙熾率一万爲表裏声衆軍會分擊賊之四壘四壘之賊戰敗奔走斬獲數千溺死万數統軍牛敬賓攻硤石明世宵遁慶真合餘燼浮淮下下蔡戍主王略截流擊之俘斬太半於是威名振

江陽王繼孝文時爲安北將軍留守洛京時高車酋帥樹者擁部民反叛詔繼都督北討諸軍事繼推撿斬僞首一人餘加慰喻於是叛徒歸順

北海王顥爲徐州刺史撫軍將軍免其後賊帥宿勤明達叱于騏驎等寇亂豳華諸州乃復顥王爵以本將軍使持節征西將軍都督華豳東秦諸軍事兼左僕射西道行臺以討明達顥轉戰而前頻破賊衆解豳華之圍以功增封八百戶進號征西將軍

彭城王勰從孝文征沔北爲使持節都督南征諸軍事中軍大將軍開府時詔曰明便交敵可勅將士肅爭軍儀勰於時親勸大衆至明大破齊將崔慧景等車駕還京會宴百寮於宣極堂行飲至策勳之禮命舍人宣旨勰翼弼六師纂戎荊楚沔北之勳每暇爾筭從討新野有苞城之詠受命鄧城致大捷之効功爲群將之最也別當授賞不替厥庸以破慧景等勳增邑五百戶宣武時爲司徒領楊州刺史楊州所統建安戍主胡景略猶爲寶卷拒守不下勰水陸討之景略面縛出降自勰之至壽春東定城戍至於陽石西降建安山蠻順命斬首獲生數以萬計進位大司馬領司徒增邑八百戶又寶卷遣將陳伯之屯於肥口胡松又據梁城水軍相繼二百餘里勰部分將士分攻賊營伯之胡松率衆出戰諸將擊之斬首九千俘獲一萬伯之等僅以身免屯於烽火艦又分命諸將頻戰伯之計窮宵遁淮南平詔曰王威尊上輔德勳莫二孤心猶識訓保仗憑比以壽春初開封壃任重故令王親董元戎遠撫淮外冒茲炎蒸衡蓋飄飆經略踰時必有虧損淹違詔覲夙夜係情兼制勝宣規威効兼著公私允稱義所欽嘉雖凱旋有期無申矣屬可遣給事黃門侍郎鄭道昭就彼抵勞徵勰還朝

中山王英孝文南伐英爲梁漢別道都將後大駕臨鍾離詔英率衆備寇境上英以未張西救漢中有可乘之會表求進討孝文許之師次沮水齊將蕭懿遣將尹紹祖梁季羣等領衆二萬繳山立柵分爲數處居高視下隔水爲營英謀曰彼帥賤民慢莫能相服若選精卒并攻一營彼不相救我剋必矣若剋一軍四營自拔於是簡兵三面騰上果不相救既破一處四面俱潰生擒梁季羣斬三千餘級俘七百人齊白馬戍將其夜逃潰乘勝長驅漢川之民相率歸附宣武即位詔英持節假鎮南將軍都督征義陽諸軍事率衆南討梁武司州刺史蔡道恭聞英將至遣其驍騎將軍楊由率城外居民三千餘家於城西南十里

賢首山即嶺岳三柵作表裏之勢英勒諸軍圍賢首山樊柵門陽由乃擊之斗從營而出維之以兵軍人避斗師遂退一下尋分兵圍守其下柵民任馬駒斬曰以降民皆安堵梁平西將軍曹景宗後將軍王僧炳等率步騎三萬來救義陽僧炳統衆二萬據鑿峴景宗率一萬繼後英遣冠軍元遥揚烈將軍曹文敬進據樊城以抗之英部勒將士掎角討之大破僧炳軍俘斬四千餘人英又於士雅山結壘與景宗相持分遣諸統伏於四山示之以弱梁將馬仙琕率萬餘來掩英營英命諸軍僞北誘之既至平地統軍傅永等三軍擊之梁軍便奔退進擊潰之斬首二千三百級斬其羽林監軍鄧終年仙琕又率一萬人重來決戰英勒諸將隨便分擊又破之復斬梁將陳秀之統軍王買奴別破東嶺之陣斬首五百道恭憂死驍騎將軍行州事蔡靈恩後馮窮城絕兵日接昇山仙琕知城將拔盡鋭決戰一日三交皆大敗而返靈恩勢窘遂降三關戍聞之亦棄城而走梁又以

將寇肥梁詔英使持節加散騎常侍征南將軍都督楊徐二道諸軍事率衆十萬討之所在皆以便宜從事英擊破陰陵斬梁將二十五人及虜首五十餘級又頻破賊軍於梁城斬其支將四十二人殺獲及溺死者將五萬梁中軍大將軍臨川王蕭宏尚書右僕射柳惔等大將五人俱棄淮南走凡收米三十萬石英追至馬頭梁馬頭戍主委城遁走郢州治中督榮祖潛引梁軍以義陽應之三關之戍並據城降梁郢州刺史婁悦嬰城自守懸瓠城民白早生等殺豫州刺史司馬悦據城南判梁將齊苟仁率衆守懸瓠悦子尚華陽公主立并爲所劫又詔英使持節都督南征諸軍事假征南將軍出自汝南宣武以荆蠻頻破己生詔英南赴義陽英輒與邢巒分兵攻懸瓠剋之乃引軍而進初苟仁之據懸瓠梁寧朔將軍張道凝等率衆據楚城聞英將至棄城南走英追擊斬道凝及梁虎賁中郎曹苦生盡俘其衆既次義陽將取三關英策之曰三關相須如左右手若剋一關兩關不待攻而定攻難不如攻易東關易攻宜須先取即黃石公所請戰如風發如河決英恐其并力於東乃使長史李華率五統向西關分其兵勢身督諸軍向東關英至長薄梁將馬廣夜遁入於武陽英進師攻之梁遣其冠軍將軍彭甕驃騎將軍徐起援武陽英乃緩軍曰縱之使入此城吾先曾觀其形勢易攻耳吾取之如拾遺也諸將未之信甕等既入武陽英促圍攻之六日而廣等降於是進擊黃峴梁太子左衛李元履棄城奔竄又討西關梁司州刺史馬仙琕亦即退走果如英策凡擒獲其大將二十人卒七千米四十萬石軍資稱是

安定王休爲外都大官持蠕蠕犯塞出爲使持節征北大將軍撫冥鎮大將休身先將士擊虜退之

高陽王雍孫端爲鎮東將軍兖州刺史時梁將從寇徐兖圍逼州城端率文武拒守以功封安德縣開國公食邑五百戶

章武王融宣武時爲驍騎將軍梁將寇逼淮陽梁城陷沒詔融

假節征虜將軍別將南討大摧賊衆還復梁城

安豐王猛子延明孝明時爲尚書右僕射及元法僧叛詔爲東道行臺徐州大都督節度諸軍事與都督臨淮王彧尚書李憲等討法僧深遣其豫章王綜鎮徐州延明先牧徐方甚得人譽招懷舊土遠近歸之綜既降延明因以軍乘之復東南之境至宿豫而還

册府元龜卷第二百九十

冊府元龜卷第二百九十一

宗室部

立功第二

王岳中興初為武衛將軍高祖為四胡戰于韓陵高昂將左軍岳將右軍中軍敗績賊乘之岳舉麾大呼横衝賊陣高祖方得迴師表裏奮擊因大破賊武定元年為晉州刺史侯景叛文襄徵岳共圖取景之計而梁兵聞遣其貞陽侯明率衆於寒山擁泗水灌彭城為景為掎角聲援岳總率諸軍南討為行臺慕容紹宗等擊明大破之臨陣擒明及其大將胡貴孫自余俘馘數万景乃擁衆於渦陽為左衛將軍劉豐等相持岳迴軍追討又破之景單騎北竄又為使持節河南總管大都督統慕容紹宗劉豐等討王思政於長社思政嬰城自守岳等引洧水灌城紹宗劉豐為思政所獲閑西出兵援思政岳內外防禦甚有謀筭城不沒者三板會文襄親至城乃下獲

思政等以功別封真定男任城王湝為青州刺史崔蔚波等夜襲州城湝部分倉卒之際咸得齊整擊賊大破之

蘭陵武王長恭為并州刺史突厥入晉陽長恭盡力擊之芒山之敗長恭為中軍率五百騎再入周軍遂至金墉之下被圍甚急城上人弗識長恭免胄示之面乃下弩手救之於是大捷武士共詞謡之又為段韶討百谷又攻定陽前後以戰功別封鉅鹿長樂樂平高陽等郡公

安德王延宗后主世為太尉及平陽之役後主自禦之命延宗率右軍先戰城下擒周開府宗挺及大戰延宗以麾下再入周師莫不披靡諸軍敗延宗軍獨全

後周章武公導太祖入關昔從征伐太祖討侯莫陳悅以導為都督鎮原州及悅奔敗導追斬之傳首京師魏文帝之東伐西導為華州刺史及趙青雀于伏德慕容思慶等作亂導自華州率兵擊之擒伏德斬思慶遂屯渭橋會太祖至平進爵章武公

晉蕩公護初從太祖擒竇泰復弘農破沙苑戰河橋並有功為鎮東將軍右為于謹征江陵為前鋒拔城鎮擒候騎斷江津收舟艦以待大軍之至圍而剋之襄陽蛮帥向天保等万有余落恃險作梗及師還護率軍討平之

宇文貴為大將軍時羌酋傍乞鐵忩因梁企定之反據有渠株川為渭州人鄭五醜扇惑諸羌同反太祖令貴討平之斬鐵忩五醜於渠株川置岷州朝廷美其功遂於栗坂立碑以紀其績

齊煬王憲保定中為雍州牧及晉公護東伐尉遲迥為前鋒圍洛陽憲與達奚武王雄等軍於邙山自余諸軍各分守險齊軍數万奄出軍右諸軍恇駭並各退散唯憲與雄等率衆拒之雄為齊人所敗三軍震懼憲親自督勵衆心乃安天和四年齊將斛律明月率衆四万築壘洛南五年憲涉洛邀之明月遁走憲追之及于安業屢戰而反是歲明月又率大衆於汾北築城西至龍門六年憲率衆六万出自龍門齊將新蔡王王康德以憲

兵至潛軍宵遁憲乃西歸仍掘移汾水南堡壁復入於齊人謂略不及遠遂弛邊備憲乃渡河攻其伏龍等四城二日盡拔又進攻張壁克之獲其軍實夷其城壘斛律明月時在華谷不能救之乃北攻姚襄城陷之時汾州又見圍日久糧援路絕憲遣柱国宇文盛運粟以饋之憲自入兩乳谷襲克齊柏社城進軍姚襄齊人嬰城固守憲使柱国譚公會築石殿城以為汾州之援齊平原王段孝先蘭陵王高長恭引兵大至憲命將士陣而待之將軍韓歡為齊人所乘遂以奔退憲身自督戰齊衆乃退會日暮乃各收軍高祖東征憲衆為前軍趣黎陽高祖親圍河陰未克憲攻拔武濟進圍洛口拔其東西二城高祖疾乃班師五年大又軍東伐憲以精騎二万復為前鋒守雀鼠谷高祖圍晉州進兵剋洪洞永安二城及師還憲為右拒齊主自率衆來追至於高梁橋憲以精騎二千阻水為陣為開府宇文忻各統精卒百騎為殿以拒之斬其騎將賀蘭豹子山褥懷等百余人

齊人乃度汾而西及高祖於三壁高祖又令憲率兵六万還援晉州齊主攻圍晉州晝夜不息間諜還者或云已陷憲乃遣柱國越王盛大將軍尉遲迥開府宇文神舉等輕騎一萬夜至晉州憲進據蒙坑為其後援知城未陷乃歸涑川尋而高祖東轅次于高顯憲率所部先向晉州明日諸軍大集稍逼城下齊人亦大出兵陣於營南高祖召憲馳往觀之憲返命曰易與耳請破而後食帝悦曰如汝所言吾無憂矣内史柳昂私謂憲曰賊亦不少王安得輕之憲受委前鋒情兼家國掃此逋寇事等摧枯商周之事公所知也賊雖衆其如我何既而諸軍俱進應時大潰其夜齊主遁走憲輕騎追之既及永安高祖續至齊人收其餘衆復據高壁及洛女砦高祖命憲攻洛女破之明日與大軍會于介休齊主遂奔鄴留其從兄安德王延宗據并州延宗因僭號高祖圍其城憲攻其西面克之擒延宗明年進剋鄴城齊任城王湝廣寧王孝珩據信都有衆數万高祖復詔憲討之

仍令齊主手書與湝曰朝廷遇緯甚厚諸王無恙叔若釋甲則無不優湝不納乃大開賞募多出金帛沙門求為戰士者亦數千人憲軍過趙州湝令間諜二人覘視形勢候騎執以白憲憲乃集齊之舊將遍示二人又謂之曰吾所爭者大不在汝等今放汝還可即充我使乃與湝書曰山川有間每深勞佇仲春戒節納履惟宣承始届兩河圖三魏二者交戰想無虧德昔魏曆云季海内橫流我太祖撫運乘時大庇黔首皇上嗣膺下武式隆景業與稽山之會總盟津之師雷駭唐郊則野無橫陣雲騰晉水則地靡嚴城龔魏之酋既奔竄於草澤鞠號之長亦委命於旌門德義振於無垠仁風被於有截彼朝宿將舊臣良家戚里俱升榮寵皆縻好爵是使臨漳之下効死爭驅營丘之前奮身畢命此豈惟人事抑亦天時宜訪之道路無俟傍說吾不武任總元戎受命變邊路指幽冀列邑名藩莫不屈膝宣風導禮皆何來蘇足下高氏令王英風夙著古今成敗備諸懷抱豈不知一木不維大廈三諫可以逃身哉且夥微去商侯服周代項伯背楚賜姓漢朝去此弗圖苟殉亡轍家破身殞為天下笑又足下諜者為候騎所拘軍中情實具諸執事知以弱卒瑣甲欲抗堂堂之師縈帶孤城冀保區區之命戰非上計無待卜疑守乃下策或未相許已勒諸軍分道並進相望非遠憑軾有期兵交命使古今通典不俟終日所望知機也憲至信都登張耳冢以望之俄而湝領軍尉相願偽出略陣遂以衆降相願湝之心腹也衆駭因破之擒湝及孝珩汝南公慶從武帝拔晉州齊兵大至慶爲齊王憲輕騎覘卒爲賊窘憲挺身而遁慶退據汾橋衆賊爭進慶射之所中人馬必倒賊乃稍却及拔高壁剋并州下信都擒高湝功並居最

宇文神舉爲司武上大夫武帝親戎北伐令神舉與原國公姚穎等率兵五道俱入帝至雲陽疾甚乃班師幽州人盧昌期祖英伯等聚衆據范陽反詔神舉率兵討擒之又屬稽胡反叛入

寇西河神舉又率衆與越王盛討之時突厥與稽胡連和遣騎赴救神舉以奇兵擊之突厥敗走稽胡於是款服即授并潞肆石等四州十二鎮諸軍事并州總管

隋河間王弘高祖即位初突厥屢爲邊患以弘爲行軍元帥率衆數万出靈州道與虜相遇戰大破之斬數千級賜物二千段拜寧州總管

衛昭王爽高祖大舉北伐爽爲元帥時河間王弘豆盧勣竇榮定高穎虞慶則等分道而進俱受爽節度爽親率李充節等四將出朔州遇沙鉢略可汗於白道接戰大破之虜獲千餘人驅馬牛羊鉅万沙鉢略可汗中重瘡而遁高祖大悦賜爽真食梁安縣千户

蔡王智積大業中爲弘農太守楊玄感作亂自東都引軍西智積謂官屬曰玄感聞大軍將欲至圖關中若成其計則根本固矣當以計縻之使不得進不出一旬自可擒耳及玄感以軍至

城下智積登陴詈辱之玄感怒甚留攻之城門為賊所燒智積乃更益火賊不得入數日宇文述等援軍至合擊破之

越王侗大業中楊玄感作亂之際與民部尚書樊子蓋拒之及玄感平朝於高陽拜高陽太守

唐淮安王神通隋末義師起隋人捕之神通乃與京師大俠史万寶河東裴勣柳崇礼等舉兵應義師遣使與司竹賊帥何潘仁連結潘仁奉平陽公主而至神通與之合勢進下鄠縣衆踰一萬高祖聞之大悅授光祿大夫從平京師為宗正卿武德二年攻宇文化及之魏縣斬其武賁郎將王𨱇童獲其將軍季白文俘二千餘人

襄邑王神符武德四年為并州總管突厥頡利可汗率衆來寇神符出兵與戰於汾水東敗之斬首五百級虜其馬二千匹又戰於沙河之北獲其乙利達官并可汗所乘馬及甲獻之由是召拜太府卿

河間王孝恭高祖定京師拜左光祿大夫為山南道招慰大使自金州出于巴蜀招携以禮降附者三十餘州孝恭進擊朱粲破之武德三年將圖蕭銑以孝恭為荊湘道行軍總管統水陸十二總管發硤州進軍江陵攻其水城尅之高祖大悅拜孝恭荊州大總管使畫工貌而視之荊襄雖定嶺表尚未悉平孝恭分遣使撫慰嶺南四十九州皆來款附及輔公祏據江東反發兵寇壽陽命孝恭為行軍元帥以擊之七年孝恭自荊州趣九江時李靖李勣黄君漢張鎮州盧祖尚並受孝恭節度公祏遣其偽將馮惠亮陳當時領水軍屯于博望山陳正通徐紹宗率步騎軍于青林山孝恭至堅壁不與鬬使奇兵斷其糧道賊漸餒夜薄我營孝恭安卧不動明日縱羸兵以攻賊壘使盧祖尚率精騎列陣以待之俄而攻壘者敗走賊出追奔數里遇祖尚軍與戰大敗之正通弃營而走復與馮惠亮保梁山孝恭乘勝攻之破其梁山別鎮赴水死者數千人正通率陸軍夜遁總管李勣又下廣陵城拔揚子鎮公祏窮蹙弃丹陽東走孝恭命騎追之至武康擒公祏及其偽僕射西門君儀等江南悉平自大業末群雄競起皆為太宗所平謀臣猛將並在麾下罕有別立勳庸者唯孝恭著方面之功聲名甚盛厚自崇重欲以威名鎮遠築宅於石頭厲儆以自衛

淮陽王道玄武德元年授右千牛將軍從太宗擊宋金剛于介州先登陷陣時年十五太宗壯之賞物千段後討王世充頻戰皆捷竇建德至武牢太宗輕騎誘賊令道玄率伏兵於道左會賊至追擊破之又從太宗轉戰于氾水麾戈陷陣直出賊衆披靡復衝突而歸太宗大悅命副乘以給道玄又從太宗赴賊再出飛矢亂下箭如蝟毛猛氣益厲射人無不應弦而倒東都平拜洛州總管

江夏王道宗武德元年從太宗討劉武周戰于介州一戰滅之從平竇建德破王世充屢有殊效五年授靈州總管梁師都據

夏州遣弟洛兒引突厥兵數万至于城下道宗閉門拒守伺隙而戰賊徒大敗高祖聞而嘉之貞觀三年為大同道行軍總管遇李靖襲破頡利可汗頡利以十餘騎來奔其部道宗引兵逼之徵其執送頡利以數騎夜走匿于荒谷沙鉢羅惶駭追獲之遣使送于京師以功賜實封六百户為刑部尚書及吐谷渾寇邊詔右僕射李靖為崑丘道行軍大總管道宗與吏部尚書侯君集為之副賊聞兵至走入嶂山已行數千里諸將議欲息兵道宗固請追討李靖然之而君集不從道宗遂率偏師并行倍道去大軍十日追及之賊據險苦戰道宗潛遣千餘騎踰山襲其後賊表裏受敵一時奔潰貞觀五年突厥斛薛部叛於靈州道宗與霍國公柴紹追擊破之虜男女六畜万餘後大軍討高麗令道宗與李勣為前鋒濟遼水尅蓋牟城逢賊兵大至軍中僉欲深溝保險待太宗至徐進道宗曰不可賊赴急遠來兵實疲頓恃衆輕我一戰必摧昔耿弃不以賊遺君父我既職在前

軍當須清道以待輿駕李勣然之乃與壯士數十騎直衝賊陣左右出入勣同合擊大破之太宗至深加賞勞

齊王元吉武德四年從太宗討王充於東都充時竇建德兵援充太宗自出拒之留元吉與屈突通圍王充充出兵拒戰元吉設伏擊破之斬首八百級生擒其大將軍樂仁昉甲士千餘人

吳國公孝逸則天朝為左衛將軍光宅元年徐敬業據揚州作亂孝逸為左玉鈐衛大將軍揚州大總管督軍以討之孝逸引軍至淮而敬業方南攻潤州遣其弟敬猷屯兵淮陰偽將韋超據都梁山以拒孝逸都將馬敬臣擊斬賊之別將尉遲昭夏侯瓚超乃擁眾憑山以自固孝逸乃進兵擊超賊眾欲伏官軍登山急擊之殺數百人日暮圍解超銜枚夜遁孝逸引兵擊淮陰又破敬猷之眾時敬業迴軍屯於下阿溪以拒官軍孝逸度溪以擊之敬業初勝後敗孝逸乘勝追奔數十里敬業窘迫與其黨攜妻子北入海曲孝逸進據揚州盡捕斬敬業等振旅而還

以功進授鎮軍大將軍

信安王禕玄宗開元十五年為左金吾大將軍朔方節度副大使知節度事先是石堡城為吐蕃所據侵擾河右詔禕與河西隴右議取之禕到軍總率士卒克期攻之或曰此城據險又為吐蕃所惜今縣軍深入賊必併力拒守事若不捷退則狼狽不如按軍持重以觀形勢禕曰人臣之節豈憚艱險必期眾寡不敵吾則以死繼之苟利國家此身何惜於是督率諸軍倍道兼進并力攻之遂拔石堡城斬獲首級并獲糧儲器械其數甚眾仍分兵據守以遏賊路帝聞之大悅始改石堡城為振武軍十九年契丹衙官可突干殺其王邵固率部落降于突厥玄宗以忠王為河北道行軍元帥以討奚及契丹兩蕃以禕為副王既不行禕率戶部侍郎裴耀卿等諸副將分道統兵馬出於范陽之北大破兩蕃之眾擒其酋長餘黨竄入山谷軍還以功加開府儀同三司

禕子峘從玄宗幸蜀健兒郭千仞夜謀亂帝御玄英樓招諭不從峘與六軍兵馬使陳玄禮等討平之以功加金紫光祿大夫

岐王範先天中以左羽林大將軍從玄宗討竇懷貞蕭至忠等以功加賜實封滿五千戶

薛王業先天中以秘書監從玄宗誅蕭至忠岑義等功加實封通前滿五千戶

建寧王倓天寶末祿山之亂玄宗幸蜀肅宗為太子倓兄弟典親兵扈從車駕渡渭百姓遮邀乞留太子太子諭之曰至尊奔播吾不忍違離左右倓吾見上奏聞倓於行宮謂太子曰逆胡犯順四海亂離不因人情何以興復夫有國家者大孝莫若尊社稷今從至尊入蜀則散關以東非復皇家所有何以維屬人情殿下宜購募豪傑暫往河西收拾牧馬點集防邊將卒不下十萬人光弼子儀全軍河朔謀為興復計之上也廣平王亦贊言之於是令李護國奏聞玄宗忻然聽納乃分從官士卒以遣

之時敗卒膽破兵仗不完太子既北上渡渭一日百戰倓自選驍騎數百衛從每蒼黃顛沛之際血戰在前太子或時不得食倓涕泗不自勝太子尤憐之諸軍屬目焉

嗣曹王皐德宗建中年為江西道節度使時李希烈反皐繕甲兵戰艦將兵二萬餘與賊夾西為軍令伊慎將先鋒皐率軍繼之大破賊斬首數百級賊又樹堡柵於蔡山皐度峻險不可攻乃聲言西取蘄州理戰艦分傍南涯與舟師泝江而上賊以老弱守柵引軍循江隨戰艦南北與皐兵相直去蔡山三百餘里皐令步兵登舟順流東下不日拔蔡山賊還救間一日方至大破之因進拔蘄州降其將李良又取黃州斬級千餘兵益振舒王為元帥加皐前軍兵馬使德宗居奉天淮南節度使陳少遊強取鹽鐵錢其使包佶以財幣泝流次于蘄口時希烈已陷汴州又遣驍將杜少誠將步騎万餘來寇蘄黃將絕江道皐遣伊慎將七千衆禦之遇于永安城慎列三柵相去纔四里列鼓角

於中柵少誠至分兵圍之部隊未嚴聲鼓而三柵齊出大詟擊不爲行陣賊亂少誠敗走斬首万級封尸爲京觀以功加銀青光祿大夫進封五百户又遣伊慎王鍔將兵於安州州城阻溳水爲固攻之累不下希烈遣甥劉戒虛將步騎八千來援臯命李伯潛分兵邀擊於應山獲戒虛大將二裨將二十斬首千餘面縛戒虛等之城下乃使人說之賊得大將及賓佐一二人爲信當降臯乃使王鍔馬彝縋城而入城中大呼乃出降希烈又遣兵援隨州臯令伊慎擊於厲鄉大破之復平靜白鴈等關希烈懼乃戢兵貞元初爲江陵節度使江漢倚臯爲固未幾李惠登以隨州降凡下州四縣十七大小十餘陣未嘗敗衂

梁朱王友裕唐末爲宣武軍牙校景福元年總大軍伐徐時朱瑾領兗鄆之衆爲徐戎外援陣於鼓門南石佛山下友裕進兵擊之斬獲甚衆瑾領殘黨宵遁

安王友寧唐末太祖鎮汴累署軍職從太祖征討繼立軍功爲

杭州刺史太祖迎昭宗於岐下遣友寧部兵先歸於梁以備守禦靑齊帥王師範構亂以關東諸鎮兵悉在岐隴欲乘虛竊發自齊魯至於華下羅布黨詐以委輸貢奉爲名陰與淮南并門結好會有青人詣裴迪言其狀迪以事告友寧不俟命乃率兵万餘人東討師範遣其弟將兵圍齊州友寧引兵救之青寇大敗棄馬四千蹄斬首數千級

密王友倫年十九爲宣武軍校太祖征兗鄆友倫勤所部兵收聚糧穀以濟軍須綏滄軍至內黃友倫以前鋒夜渡河擊賊奪馬千匹擒斬甚衆因引軍往入議開卒逢晉軍万餘騎友倫乃分布兵士多設疑軍因聲鼓誓衆士伍奮躍追斬數十里後李罕之以上黨來歸爲晉軍所圍太祖遣友倫總步騎數万越嶮救應遂大破晉軍天復元年岐隴用兵晉人乘虛侵於北鄙友倫卒徒兵三万徑往磐山晉人望塵奔遁友倫與氏叔琮等躡其轍追至太原擊蟲拔戰獲牛馬万餘二年領所部兵西赴鳳翔前後累接戰以功爲寧遠軍節度使

後唐李克讓武皇仲弟咸通中從獻祖討龐勛以功爲振武都校及王仙芝陷荆襄朝廷徵兵克讓率師平賊以功爲金吾將軍

李克脩武皇從父弟武皇入關討黃巢克脩爲先鋒破黃揆於華陰敗尚讓於梁田坡戰黃巢於光順門每戰皆捷其年潞州牙將安居受來乞師請復昭義武皇遣將以兵從與孟方立戰於銅鞮不利武皇乃令克脩將兵繼進遂平潞州斬其刺史李殷銳武皇表克脩爲昭義節度使光啓二年九月克脩出師山東收復邢洺十一月拔故鎮孟方立遣將吕臻來援戰於焦崗大敗之擒吕臻俘斬万計進拔武安臨洺諸屬縣乘勝圍邢州鎮州王鎔出師三万援邢洺克脩軍乃退及李罕之來歸武皇授以澤州刺史與克脩合勢進攻河陽逮歲出師以晉懷孟子月孟方立遣將奚忠信將兵三万襲遼州克脩設伏於遼之東山大敗賊軍擒忠信以獻

克脩子嗣肱少有膽畧累立戰功夾城之役從周德威爲前鋒時兄嗣弼爲昭義副使與李嗣昭守城凡兒內外奮戰忠力感壯感動三軍潞圍乃解以功加檢校僕射天祐八年與李存審援河中敗汴軍于胡壁堡獲汴將龐讓十年與李存審屯趙州擊汴人於觀津時梁祖新屠棗強其將賀德倫急攻蓚縣梁祖率師五万合勢營於蓚之西嗣肱自下博率騎三百薄暮與梁之樵芻者相雜日既晡入梁軍營門諸騎相合大譟弧矢星發虓闞馳突汴人不知所爲營大擾既瞑斂騎而退是夜梁祖燒營而遁解蓚之圍以功授蔚州刺史十九年新州刺史王郁叛入契丹嗣肱進軍定嬀儒武等三州乃授山北都團練使

李克寧武皇季弟初從起雲中爲奉誠軍使赫連鐸之攻黄花城也克寧武皇登城血戰三日矢盡備竭殺賊万計燕軍之攻蔚州克寧與仲嬰城拒敵晝夜輟寢食者旬日從伐韃靼部及入關逐黃寇凡征行無不衛從

魏王繼岌莊宗子同光三年代蜀以繼岌爲都統郭崇韜爲招討使十月戊寅至鳳州武興軍節度使王承捷以鳳興文扶四州降甲申至故鎮康延孝收興州時僞蜀主王衍率親軍五万在利州令步騎之師三万逆戰於三泉康延孝李嚴以勁騎三千犯之蜀軍大敗斬首五千級餘各奔潰王衍聞其敗也奔利州奔歸西川斷吉栢津浮梁而去己丑繼岌至興州僞蜀東川節度使宋光葆以梓綿劍龍普等州州來降武定軍節度使王承肇以洋蓬壁三州符印降興元節度使王宗威以梁開通渠麟等五州符印來降階州王承岳納符印秦州節度使王承休棄城而遁辛丑繼岌過利州甲辰至劒州己酉至綿州王衍遣使上牋乞降丁巳入成都自興師出洛至定蜀計七十五日尧丸之勢前代所無

李從謹明宗弟頻領親軍數戰有功官至檢校司空

李從璟明宗長子從莊宗於河上累有戰功莊宗嘉賞之用爲金槍指揮使

冊府元龜卷第二百九十一

冊府元龜卷第二百九十二

宗室部三十三

禮士

書曰位不期驕傳稱寵而能降者鮮矣蓋夫承榮其緒長於宮闈狀飫輕煖豈安富貴非明誠異禀卓爾不群者其孰能折節下士流譽於方來者哉自姬文好賢逮兩漢而下或優禮髦彥降志逋逸置之於幕府待之以師友資以遺餉厚其供擬詢之政務接其游宴乃至列郡圖像以極於欽崇講學論文以申於博約原其尊賢好士之意其於進德隆道不亦多乎哉詩云彼交匪教万福來求又曰宗子維城懷德維寧是之謂矣

周公旦曰我文王之子武王之弟成王之叔父我於天下亦不賤矣然我一沐三捉髮一飯三吐哺起以待士猶恐失天下之賢人

漢楚元王交少時嘗與穆生白生申公俱受詩於浮丘伯既至楚以穆生白生申公爲中大夫王敬禮申公等穆生不耆酒元王每置酒常爲穆生設醴

龔舍楚人也好學明經楚王入朝聞舍高名聘舍常侍

梁孝王武貴盛待士於是鄒陽枚乘嚴忌從孝王游

焦延壽字贛梁人也贛貧賤以好學得幸梁王梁王共其資用令極意學

後漢趙節王栩光武叔父趙王良之子閑樸學少習嚴氏春秋有稱鄉閭遣使齎玉帛請以爲師望不受

東平王蒼聞吳良名辟之署爲西曹蒼甚相敬愛之

北海王睦光武兄齊武王縯孫中興初禁網尚闊而睦性謙恭好士千里交結自名儒宿德莫不造門由是聲價益廣

魏陳思王植初封臨菑侯時邯鄲淳博學有才章太祖召見甚敬異之植求淳太祖遣淳詣植植初得淳甚喜

白馬王彪雅好文學相賈洪善能談戲彪常師宗之過於三卿

府二百九十二　一

沛穆王林初封譙王黃初中隗禧爲王郎中王宿聞其儒者尊虛心從學禧亦敬恭以授王由是大得賜遺

晉成都王穎推功不居勞謙下士陸機洛感全濟之恩又見朝廷屢有變難謂穎必能康隆晉室遂委身焉穎以機參大將軍軍事

河間王顒武帝時平吳除吳興爲顒相從清虛無欲進退以禮在吳歷清官顒素聞聲名尊敬禮之

東海王越討汲桑命苟晞爲前鋒晞破汲桑定鄴而還越以晞復其讎恥甚德之引升堂結爲兄弟

江統陳留人司徒左長史東海王越爲兗州牧以統爲別駕委以州事與統書曰昔王子師爲豫州未下車辟荀慈明下車辟孔文舉貴州人士有堪應此者不統舉高平郗鑒爲賢良陳留阮脩爲直言濟北程收爲方正時以爲知人

王承字安期東海王越鎮許以爲記室參軍雅相知重勑其子毗曰夫學之所益者淺體之所安者深閑習禮度不如式瞻儀形諷味遺言不若親承音旨王參軍人倫之表汝其師之在府數年見朝政漸替辭以母老求出越不許

譙王承爲湘州刺史長沙人虞悝與弟望並有士操承臨州知其名檄悝爲長史未到遭母喪會王敦作逆承往弔悝因留與語曰吾前被詔遣鎮此州正以王敦專擅防其爲禍今敦果爲逆謀吾受任一方欲率所領馳赴朝廷而衆少糧乏且始到貴州恩信未著卿兄弟南夏之翹儁而智勇遠聞古人墨絰即戎況今鯨鯢塞路王室危急安得遂罔極之情忘忠義之節乎如今起事將士器械可以濟不悝望對曰王敦居分陝之任一旦構逆圖危社稷此天地所不容人神所忿疾大王不以猥劣枉駕訪及悝兄弟並受國恩敢不自奮今天朝中興人思晉德大王以宗子之親奉信順而誅有罪孰不荷戈致命但鄙州荒弊糧器空竭舟艦寡少難以進討宜且收衆固守傳檄四方其勢必分然後圖之事可捷也承以爲然乃命悝爲長史望爲司馬

府二百九十二　二

司馬楚之東武侯馗八世孫也楚之年十七值劉裕誅夷司馬戚屬楚之乃亡於汝潁之間楚之少有英氣能折節待士與司馬順明道恭等所在聚黨及劉裕自立楚之規欲報復收衆據長社歸之者常萬餘人劉裕深憚之遣刺客沐謙害楚之楚之待謙甚厚謙夜詐疾知楚之必自來因欲殺之楚之聞謙病果自齎湯藥往省之謙感其意乃出匕首於席下以狀告之曰將軍爲裕所忌憚願不輕率以保全爲先楚之歎曰若如來言雖有所防恐有所失謙遂委身以事之其推誠信物得士之心皆此類也

宋臨川王道規爲征西將軍王敬弘爲諮議參軍時府主簿宗協亦有志趣道規並以事外相期嘗共酣飲致醉敬弘因醉失禮爲外司所白道規即更引還重申初讌

道規子義慶嗣爵臨川王招聚文學之士遠近必至太尉袁淑文冠當時義慶在江州請爲衛軍諮議參軍其餘吳郡陸展東

海何長瑜鮑照等並爲辭章義慶引爲佐史國臣太祖與義慶書常加意斟酌

彭城王義康爲司徒録尚書事府門每旦常有數百乘車雖復位卑人微皆被引接

衡陽王義季爲衡州宗炳高尚有志操義季親至炳室與之歡讌命爲諮議不起

戴顒字仲若性高尚居於吳義季鎮口長史張邵與顒姻通迎來止黄鵠山山北有竹林精舍林澗甚美顒憩于此澗義季亟從之游顒服其野服不改常度

劉凝之隱居不仕時荆州年飢義季慮凝之餓餽錢十万

江夏王義恭出鎮盱眙平原人劉懷珍爲本州主簿義恭道遇懷珍以應對見重取爲驃騎長

始興王濬爲揚州雖曰親覽州事一以委沈璞太祖從容謂濬曰沈璞奉時以纖介之失居家有孝友之稱學優才贍文義可觀而沉深守靜不求名譽甚佳汝但應委之以事乃宜引與狎對濬既素加賞遇又敬奉此旨璞嘗作舊宮賦久而未畢濬與璞疏曰卿嘗有沭舊宮賦何其淹耶想行就耳璞因事陳答辭義可觀濬重教曰向聊相敦問還白斐然遂兼紙翰昔曹植有言下筆成章良謂逸才吾遠愧楚元門盈申白之賓近愧梁孝庭列枚馬之客薄因末牘以代一面

建平王景素爲征北將軍南徐州刺史以劉璡爲征北主簿深見禮遇又以何昌寓爲府主簿以風素見重景素好文章書籍招集才義之士傾身禮接以收名譽由是朝野翕然莫不屬意焉

南齊豫章王嶷爲中書監司空時陸慧曉爲武陵王曅征虜功曹廬江何點薦慧曉於嶷補司空掾加以恩禮

劉繪爲豫章王驃騎主簿繪聰警有文義善隷書數被賞召進對華敏僚吏之中見遇莫及琅邪王詡爲功曹以吏能自進嶷謂僚佐曰吾雖不能得應嗣陳蕃然閤下自有二驥也

何點永明元年徵中書郎豫章王命駕造門點從後門逃去竟陵王子良聞之曰豫章王尚不屈非吾所議遺點稽叔夜酒杯徐景山酒鎗以通意

潁川庾銑善屬文見賞於豫章王引至大司馬記室參軍

劉虬字靈預南陽人宋太始中仕至晉平王驃騎記室當陽令罷官歸家靜處斷穀餌朮及胡麻建元初豫章王爲荆州牧辟虬爲別駕與同郡宗測新野庾易並遣書禮請虬等各修牋荅而不應辟命永明三年刺史廬陵王子卿表虬及同郡宗測宗尚之庾易劉昭五人請加蒲車束帛之命詔徵爲通直郎不就竟陵王子良致書通意虬荅曰虬四節臥病三時營灌暢餘陰於山澤託暮情於魚鳥寧非唐虞重恩周邵宏施虬進不研機入玄無洙泗稷館之辯退不凝心出累非冢間樹下之節遠澤既灑仁規先著謹收樵牧之嫌敬加軾蠅之義

庾易志性恬隱不交外物建元元年豫章王辟爲驃騎將軍不

齊臨川王映臨川獨車易上表薦之餉麥百斛易謂使人曰民樵採麋鹿之伍終其解毛之衣馳騁日月之車得保自耕之祿於大王之恩亦已深矣辭不受

宗測字敬微南陽人宋徵士炳孫也世居江陵測少靜退不樂人間豫章王復遣書請之辟爲參軍測荅曰性同鱗羽愛止山壑眷戀松筠輕迷人路縱宕巖流有若狂者忽不知老至而今讀已白豈容課虛責有限魚慕鳥哉

杜栖吳郡錢塘人有志行能言刺史豫章王聞其名辟議曹從事仍轉西曹佐竟陵王子良數致禮接

安成王暠以庾仲容爲主簿時平原劉孝標亦爲府佐並以強學爲王所禮接

竟陵王子良以劉瓛儒學冠於當時子良親往脩謁表爲瓛立館以揚烈橋故主第給之生徒皆賀瓛曰室美豈爲人哉此華字豈吾宅哉幸可詔作講堂猶恐見害也未及從居遇病子良遣從瓛學者彭城劉繪順陽范縝將廚於瓛宅營齋

王融爲中書郎會魏軍動子良於東府募人板融寧朔將軍軍主融文辭辯捷尤善屬綴有所造作援筆可待子良持相友好情分殊常

謝璟少與從叔朓俱知名子良開西邸招文學璟亦預焉子良有清尚禮才好士居不疑之地傾意賓客天下才士好學皆遊集焉善立勝事夏月客至爲設瓜飲及甘果著之文教士子文章及朝貴辭翰皆發教撰錄時梁高祖與沈約謝朓王融蕭琛范雲任昉陸倕等並遊焉號曰八友

江革舉高第耽學不勤王聞其名引爲西邸學士

王瞻授太子舍人初爲南海王友尋轉司徒竟陵王從事中郎王甚相賓禮

范縝爲尚書殿中郎于時竟陵盛招賓客縝亦預焉

沈約爲黃門侍郎與蘭陵蕭琛琅邪王融陳郡謝朓南鄉范雲樂安任昉等皆遊焉當世號爲得人

范雲字彥龍建元初子良爲會稽太守雲始隨王王未之知也會遊秦望使人視刻石文時莫能識雲獨誦之王悅自是寵冠府朝王爲丹陽尹召爲主簿深相親任

王亮時爲桂陽王文學南郡王友宗史少勤學有局幹歷臨川王常侍驃騎參軍竟陵王集學士於西邸使工圖畫其像亮史亦預焉

晉安王子懋戍石頭以張率爲雲麾中記室王遷南兗州轉宣毅諮議參軍並兼記室王還都率除中書侍郎王爲荊州復以率爲宣惠諮議領江陵令府遷江州以諮議領記室出監豫章臨川郡率在府十年恩禮甚篤

劉遵爲晉安王宣惠雲麾二府記室甚見賓禮

隨王子隆以謝朓爲文學子隆在荊州好辭賦數集僚友朓以才文尤被賞愛流連晤對不捨日夕

梁建平王宏禮賢接士

始興忠武王憺性勞謙常降意接士與賓客造膝而坐時論稱之

安成王秀爲江州刺史將發主者求堅船以爲齋舫秀曰吾豈愛財而不愛士教所由以牢者給參佐下者載齋物既而遭風齋舫遂破時諸王並下士建安安城二王尤好人物以二方重士方之四豪及至州秀聞前刺史取徵士陶潛曾孫爲里司秀歎曰陶潛之德豈可不及後世即日辟爲西曹掾秀遷荊州刺史進號安西將軍下車立學校招隱逸下教曰夫鶉火之禽不匿影於丹穴昭華之寶乍耀采於藍田是以江漢有濯纓之歌空谷著來思之詠弘風闡道靡不由茲處士河東韓懷明南平韓望南郡庾承先河東郭麻並脱落風塵高蹈其事兩韓之孝友純深庾郭之形骸枯槁或橡飯菁羹惟日不足或葭牆艾席樂在其中昔伯武貞堅就仕河内史雲孤劭屈志陳留豈曰塲由寶惟攻玉可加引辟並遣喻意既同魏侯致禮之請庶無

毋強三緘之歎

南平王偉初封建安王偉篤誠通恕趨賢重士常如弗及由是四方遊士當世知名者莫不必至齊世青溪宮改爲芳林苑天監初賜偉爲第偉又加穿築增植嘉樹珍果窮一時之壯麗每與賓客遊其中命從事中郎蕭子範爲之記

何遜天監中起家奉朝請遷中衛建安王水曹行參軍兼記室王愛文學之士日與游宴及遷江州遜猶掌書記

鄱陽王恢爲益州刺史以羅研爲別駕其後西昌嗣王範牧西蜀謂曰吾昔在蜀每事委羅研汝遵而勿失範至復以爲別駕

廬陵王續爲荆州刺史以天門太守歐陽頠伐蠻左有功續深嘉之引爲賓客升堂拜母蜀人榮之

邵陵王綸出爲江州刺史以太史叔明少善莊老兼治孝經禮記攜叔明之鎭王遷郢州又隨府所至輒授江外人士皆傳其學焉

孫瑒少倜儻好謀略博涉經史爲邵陵王水曹中兵參軍士王出鎭郢州盡室隨府甚被賞遇

皇侃爲國子助教丁母憂解職還鄉里邵陵王欽其學厚禮迎之

武陵王紀出鎭江州時江革爲都官尚書紀乃曰我得江革文華淸贊豈能一日忘之當與其同飽乃表革同行除明威將軍南中郎長史尋陽太守

衡陽王元簡爲會稽太守時何胤居秦望山元簡甚加禮敬及元簡去郡入山與胤別送至都賜埭去郡三里因曰僕自棄人事交遊路斷自非降貴山藪豈容復望城邑此埭之遊於今絶矣執手涕零

臨城公大連出牧東揚州張彪率所領客馬始爲防閤後爲中兵參軍禮遇甚厚

陳永陽王伯智爲吳郡太守本郡陸慶少好學徧通五經天嘉初徵爲通直散騎侍郎不就伯智聞其名欲與相見慶固辭以疾時宗人陸榮爲郡五官慶嘗詣焉王乃微服往榮穿壁以覩之王謂榮曰觀陸慶風神凝峻殆不可測嚴君平鄭子眞何以尚茲

鄱陽王伯山爲江州刺史時徐伯陽爲新安王記室伯陽嘗奉使造焉王率府僚與伯陽登正覺寺置宴酒酣命筆賦劇韻二十伯陽與祖孫登前成上賜以奴婢雜物

始興郡王伯茂謙恭下士

建安王叔卿以虞寄爲東中郎諮議寄辭以疾不任旦夕王於是特令停王府公事其有疑議就以決之但朔望牋修而已

後魏衞王儀初封平原公先是上谷侯岌張袞代郡許謙等有名于時初來入軍聞儀待士先就儀儀並禮之共談當世之務謙等三人曰平原公有大才百世之略吾等宜附其尾

江陽王繼次子羅字仲綱爲青州刺史羅兄乂當朝專政羅望傾四海于時才名之士王元景邢子才李獎等咸爲其賓客從遊青土

義陽王子孝愛士搢紳歸之賓客常滿終日無倦

京兆王愉好文章頗著詩賦時才人宋世景李神儁祖瑩邢晏王道業張始均等共申嘉宴招四方儒學賓客嚴懷眞等數十人館而禮之所得穀帛率多散施

任城王澄以高徽聰敏有氣幹深所知賞

杜弼中山曲陽人任城王澄爲定州牧長史甄琛簡試諸生而弼義解閑明應答如響琛所歎大澄聞而召問深相嗟賞許以王佐之才澄還洛稱之於朝高陽王等更相招命

崔挺放邁自高不拘常檢爲中書博士樂陵內史雅爲澄所禮待及澄爲定州刺史挺了無人敬王忻然容下之

張普惠爲澄所知及轉諫議大夫澄謂普惠曰不喜君得諫議惟喜諫議得君

北海王詳爲司徒以前光州刺史崔挺爲府司馬後詳攝選與

人競稱考弟以求遷叙埏獨無言詳大相稱歎自擬爲司馬懿
未曾呼名常稱崔光州以示優禮
平原王叡雅有志業墍東徐州刺史博陵崔鑒女路由冀相聞
李彪名而詣之脩師友之禮稱之於郡舉孝廉至京師館而受
業焉
清河王懌以韓子熙少自脩整頗有学識引爲常侍毋亡居喪
有禮子熙爲懌所眷遇遂闕位待其畢喪後復引用又以劉懋
性沉雅厚重尤禮重懋令諸子師之
辛纂爲太尉騎兵三軍每爲懌所賞及欲定考懌曰辛騎兵有
學有才宜爲上弟轉越騎校尉
廣陽王淵以狄勝因父遇害與弟俱奔于淵勝便弓馬有武幹
淵厚待之表爲强弩將軍充帳内軍主
中山王英平義陽獲馮亮亮南陽人博覽諸書又篤好佛理英
素聞其名以禮待接亮至洛隱居嵩山感英之德以時展覲及
英亡亮奔赴盡其哀慟

彭城王勰以鹿悆好兵書陰陽釋氏之學召爲館客
宋世景遷總府法曹參軍勰愛其才学雅相器敬
東陽王榮爲瓜州刺史州人令狐整字延保幼聰敏沉深有識
量学藝騎射並爲河右所推榮辟爲主簿加盪寇將軍整進趣
詳雅對揚辯暢謁見之際州府傾目榮器整德望嘗謂僚屬曰
令狐延保西州令望方成重器豈州郡之職所可縶維但一日
千里必基武步寡人當委以庶務畫諾而已
北齊襄城王淯弱年有器望齊氏諸王選國臣府佐多取富商
群小鷹犬少年唯襄城廣寧蘭陵等頗引文藝清識之士當時
以此稱之
趙郡王琛出鎮定州聞馮偉聰敏無所不通以禮迎接命書
三至縣令親至其門猶辭疾不起王將命駕致請佐史前後星
馳報之縣令又自爲其整冠履不得已而出王下廳事迎之止
其拜伏分階而上留之賓館甚見禮重王將舉充秀才固辭不
就歲餘請還王知其不願拘束以禮發遣贈遺甚厚一無所納
唯受時服而已
後周齊王憲引樊叔略爲園苑監時憲素有吞關東之志叔略
因事數進兵謀憲甚奇之
賀若誼少慷慨有大志驍勇便弓馬解屬文博涉書記有重名
於當世憲聞而敬之引爲記室
冀王通楊汪爲侍讀王甚重之每曰楊侍讀德業優深孤之穆
生也
隋秦王俊爲并州總管二十四州諸軍事河東入柳謇自廣德
守退居鄉里閉門自守時論方之王烈前後總管到官皆親至
謇家問疾遂以爲故事秦王俊臨州賚以几杖并致衣物謇唯
受几杖餘並固辭其爲當時所重如此
齊王暕初封豫章王時崔賾爲河南豫章二王侍讀每更日來

往二王之第及河南爲晉王轉記室參軍自此去豫章王重之
不已遺賾書曰昔漢氏西京梁王建國平臺東苑慕義如林馬
卿辭武騎之官枚乘罷弘農之守每覽史傳嘗竊怪之何乃脫
略官榮栖遲藩邸以今望古方知雅志彼二子者豈徒然哉足
下博聞強記鈎深致遠視漢臣之三傑以陟蒙山對梁相之五
車若吞雲夢吾兄欽賢重士敬愛忘疲先築郭隗之宮常置穆
生之醴今者重開土宇更誓山河地方百二平籠曲阜城兼七
十包举臨淄大啓南陽方開東閤想得奉飛蓋曳長裾藉玳筵
躡珠履歌山桂之偃蹇賦池竹之檀欒其崇貴也如彼其風流
也如此幸甚幸甚何樂如之高視上京有懷德祖才謝天人多
慙子建書不盡意寧俟繁辭賾答曰一昨伏奉教書榮貺非常
心靈自失若乃理高象繫管輅思而不解事富山海郭璞注而
未詳至於五色相宣八音繁會鳳鳴不足爲諭龍章莫之能比
吳札之論周頌詎盡揄揚郢客之奏陽春誰堪赴節伏惟令王

殿下稟潤天潢承輝日觀雅道貫於東平文藝高於北海運鼎
馬邊簫笙曙則裴楷張華雞樹騰聲鳳池播美望我清塵悠然
路絕祖濬濬字燕南贅客河朔墮遊本無意於希顏豈有心於
慕藺未嘗聚螢映雪懸頭刺股讀論唯取一篇披莊不過盈尺
復況桑榆漸暮藜藿屢空舉燭無成穿楊盡棄但以勢求焉首
辟養雞鴨謬齒鴻儀虛班驥阜陝太山而超海此報德而非難
陋崐崘以為池匹鯤息而及易忽蠡居硯鑄瑞磨水承家門有
將相樹宜桃李直能將下誰好有名譜次先進何須別聽但慾
言仰揚損上益下江海所以稱王亦竊為之不讓曹植儀豫顧
高論則不損令名楊脩若竊在下風亦詎虧淳德無任荷戴之
至謹奉啓以聞豫章王得書賚米五十碩并衣服錢帛
王貞字孝逸梁郡人善屬文不事產業齊王暕鎮江都聞貞名
以書召之曰夫山藏美玉光照鄰廡之間地蘊神劒氣浮星漢
之表是知毛遂穎脫義感平原孫甚文詞來于東海顧循寡薄

有懷髦彥籍甚清風為日久矣未獲披覿良深佇遲比高天流
火早應涼飈陵雲仙掌方承清露想攝衛攸宜與時休適前園
後圃從容丘壑之情左琴右書蕭散煙霞之外茂陵謝病非無
封禪之文彭澤辭榮先有歸來之作優遊儒雅何樂如之余屬
當藩屏宣條揚越坐棠聽訟事絕詠詞攀桂摛詞眷言高遁至
於揚旌北渚飛蓋西園託乘之應劉置醴之賢申穆背淮之賓徒
聞其語趨燕之客罕值其人卿道冠應揚聲高鳳舉儒墨泉涌
詞章苑囿棲遲衡泌懷寶迷邦徇茲獨善良以於邑今遣行人
具宣往意側望起予甚於飢渴想便輕舉副此虛心無信投石
談空慕鑿坯之逸書不盡言更慙詞費及貞至王以客禮待之
朝夕遣問安不又索文集貞啓謝曰屬賀德仁宣教須以來所
有拙文昔公旦之才藝能事鬼神夫子之文章性與天道雅志
傳於游夏餘波鼓於屈宋雕龍之跡其在風騷而前賢後聖代相
師祖貢逐時移出門分路變清音於正始體高致於元康咸言

坐握蛇珠誰許獨為麟角孝逸生於戰爭之季長於風塵之世
學無半古才不逮人往屬休明寸陰已昱雖居可封之屋每慚
負俗之恥適鄢郢而迷塗入邯鄲而失步歸來反覆心灰遂寢
豈謂橫議過實虛塵睿覽枉高車以載鼷費明珠以彈雀遂得
裹糧三月重高門之餘地背淮千里望章臺之後塵與鵷鷺而
並肆將騏驥而同皁終朝擊缶匪黃鍾之所諧日暮却行何前
人之能及觀想平生觸塗多慰但以積年沉痼遺忘日久拙思
所有纔成三十三卷仰而不至方見學仙之遠窺而不覩始知
遊聖之難咫尺天人周章不暇怖甚真龍之降慙過白豕之歸
伏紙陳情形神悚越齊王覽所上集善之賜良馬四匹貞復上
江都賦王賜錢十萬馬二匹未幾以疾甚還鄉里終于家
楊子崇高祖族弟子愛賢好士
蔡王智積為同州刺史在州未嘗嬉戲遊獵聽政之暇端然讀
書門無私謁有侍讀公孫尚儀山東儒士府佐楊君英蕭德言

並有文學時延於座
唐鄧王元裕高祖子元裕好學善談名理與典籤盧照鄰為布
衣之交及薨照鄰為千字詩以傷之
霍王元軌時定州新樂人郎餘令為府參軍數上詞賦元軌深
禮之先是餘令從父知年為霍王友亦見推仰元軌謂人曰郎
氏兩賢人之望也相次入府不意梧棲而松柏成林
濮王泰太宗子太宗特令泰府中別置文學館任自引召學士
官給酒饌泰於是奏引著作郎蕭德言秘書郎顧胤記室參軍
蔣亞卿功曹參軍謝偃等就府撰括地志五百五十卷奏上之
歧王範雅愛文章之士士無貴賤盡以禮接待閻朝隱劉廷琦
張諤鄭繇皆以文詞友善飲酒賦詩更唱迭和

冊府元龜卷第二百九十二

宗室部

薦賢　儉約　抑損　好尚

薦賢

夫樂善好賢戚藩之令範也由東京以來宗哲繼武乃能察豫屬之才美詢士類之行義隱淪胥洎仄陋咸達或形於薦之疏或應辛知之詔或白之於清宴或升之於有司莫不佐官僚亞飛声騰實上以增多士彬彬之盛下以隆公族振振之德又何愧知人之為哲薦賢之為賢者哉

漢東平王蒼上疏薦吳良曰臣聞為国所重必在得人報恩之義莫大薦士竊見臣府西曹掾齊國吳良資質敦固公方廉恪躬儉安貧白首一節又治尚書學通師法經任博士行中表儀宜備宿衛以輔聖政臣蒼榮寵絕矣憂責深大私慕公叔同升之義懼於臧文竊位之罪敢秉愚瞽犯冒嚴禁顯宗以示公卿曰前以事見良鬚髮皓然衣冠甚偉夫薦賢助國宰相之職蕭何舉韓信設壇而拜不復考試今以良為議郎蒼又上書薦名士左馮翊桓虞虞已礼下與參政事

晉成都王穎表論興義功臣盧志和演董洪王彥趙驤等五人皆封開國公侯

宋臨川王義慶出為荊州刺史元嘉十二年普使內外群官舉士義慶上表曰詔書疇咨群司延及連牧求賢仄陋拔善幽遐伏惟陛下惠哲光宣經緯明遠皇階濬曜風猷昊昺而猶詢芻室之令典蔑明臺之歎訓降流惠於管庫紆聖思乎夜桑故以道邈往載德高前王臣敢竭虛闇祗承明旨伏見前臨沮令新野庾寔秉直履約愛敬淳深昔在母憂毀瘠過禮今罹父疚泣血有聞行成閨庭孝著鄰黨足以敦化率民齊教軌俗前徵奉朝請武陵龔祈恬和平簡貞潔純素潛居研志耽情墳籍亦足以鎮息頹競獎勗浮動處士南郡師覺授才學明敏操介清修業均井渫志固冰霜臣往年辟為州祭酒未汙其慮若朝命遠暨玉帛遐臻異人間出何遠之有

江夏王義恭元嘉九年帝詔百官舉才義恭上表曰臣聞雲和備樂則繁會克諧驥騄服駟則致遠斯効陛下順黃大化文明在躬玉衡既正泰階載一而猶深慮英髦垂情仄陋幽谷空同顯著揚歷是以潛鱗佇利見之期翔鳳渴翼應來儀之感竊見南陽宗炳操履閑遠思業貞純砥節丘園息賓盛世貧約而苦內無改情軒冕屢招確爾不拔若以蒲帛之聘感以大倫之美庶投竿釋褐翻然來儀必能毗燮九官宣贊百揆尚書金部郎臣徐森之臣府中直兵參軍事臣王天寶並局力允濟忠盡款誠往年逆臣叛逸華陽失守森之全境寧民績章危棘前者經略伊瀍元戎表旅天寶北勤河朔東援營兵勳勇既昭心事兼竭既經夷險未蒙才宜並可授以邊藩展其志力交州遼邈累喪藩將政刑每闕撫莅惟艱南中貿遷風謠迥隔蠻獠狡竊邊民荼毒宜須練實以綏其艱謂森之可交州刺史天寶可寧州刺史庶足威懷荒表肅清遐服昔魏戊之賢切存薦士趙武之明事彰管庫臣誠愧前良理謝先哲率舉所知仰酬採訪退懼瞽言無足甄奬

長沙王義欣上言所統威遠將軍北譙梁二郡太守關中侯申季曆自奉職邦畿于茲五年信惠並宣威化兼著外清暴亂內輯民黎促賦均平闔境嗇穡綏穆初附招攜荒遠郊境之外仰澤懷風爵賞之授績能是顯宜升階秩以崇奬勸進號寧朔將軍

南齊竟陵王子良武帝子武帝詔舉士子良薦王思遠及吳郡顧暠之陳郡殷叡

始安王遙光為揚州刺史明帝建武初有詔舉士遙光表薦王棟王僧孺曰竊聞求賢暫勞垂拱永逸方之疏壤取類導川伏惟陛下道隱旒纊信充符璽白駒空谷振鷺在庭猶懼隱鱗卜祝藏器屠保物色關下委裘河上非取制於一狐諒求味於兼

采而三聲雀響九工是詢寢議朝堂與褒卑宮克壁重義兼家邦實欲名實大遠徵胡路絶勢門上品猶當格以清談英交下僚不可限以位貌竊見秘書丞琅邪王暕年二十七葉衷光海內冠冕神清氣茂允迪中和叔寶理遣之談彦輔名教之樂故以暉映先達領袖後進居无塵雜家有賜書辭賦清新屬言玄遠室邇人曠物疎道親養素丘園台階虛位庠序公朝方夫頃望豈徒荀令可想李公不亡而已哉前晉安郡候官令東海王僧孺年三十五理尚棲約思致恬敏旣筆耕為養亦傭書成學至乃聚螢映雪編蒲緝柳先言往行人物雅俗甘泉遺儀南宮故事畫地成圖抵掌可述豈直鼮鼠有必對之辯竹書無落簡之謬聰坐鎮雅俗弘益已多僧孺訪對不休質疑斯在並東序之秘寶瑚璉之茂器誠言以人廢而才實世資帝乃以暕為騎從事中郎僧孺為尚書儀曹郎曲江公遙欣與始安王遙光等參預政事凡所談薦皆得其人由是朝野輻湊軒蓋盈門

後魏高陽王雍宣武正始中詔百官各舉所知雍以司書參軍事辛少雍為舉首遷給事中侍中

清河王懌舉李平行臺七兵郎陽固除部兵校尉領汝南王悅郎中令尋加寧遠將軍時悅年少行多不法屑近小人固上疏切諫并面陳往代諸王賢愚之分以感動悅悅甚敬憚之懌大悅以為舉得其人

臨淮王彧為僕射表薦涿郡人祖鴻勳有文學宜試以一官勅除奉朝請人謂之曰臨淮舉卿便以得調竟不相謝恐非其義鴻勳曰為國舉才臨淮之務祖鴻勳何事從而謝之彧聞而喜曰吾得其人矣

彭城王勰宣武初為司徒成淹為羽林監領主客知左右二都水事勰曰先帝本有成旨淹有歸國之誠兼歷官著稱宜加優陟高祖顧命詔勰在耳乃銜聞選曹加淹右軍領左右都水乃主客令復按驗騎將軍加輔國將軍都水主客如故尋又每遷

尚書祠部郎宋世景精學尚書僕射才也

汝南王悅宣武時詔四門博士董徵教授悅徵自安州刺史入為司農少卿光祿大夫徵出州入卿並蒙學業所致亦由悅以其師資之義為啓請焉

任城王澄臨薨啓請太常少卿張普惠為尚書右丞靈太后從之

北齊任城王湝為定州刺史舉諸李德林云竊聞蔽賢蒙顯戮久令君沉滯吾獨得潤身朝廷縱一不見尤亦懼明靈所譴於是舉秀才奉德林者文章學識固不得言觀其風神器宇終為棟梁之用至於經國大體是賈生晁錯之儔彫蟲小技殆相如子雲之輩今雖唐虞君世俊乂盈朝然脩大廈者豈厭夫良材之積也吾嘗見孔文舉薦禰衡表云洪水橫流帝思俾乂以正平比夫大禹常謂擬諭非倫今以德林言之便覺前言非大

後唐雍王重美為河南尹時馬裔孫為禮部侍郎翰林學士請為中書舊臣昭裔孫為樞密使劉延朗李專美為宣徽使河南尹雍王重美不平之密奏曰馬裔孫若只令視草恐未得宜帝然之令掌貴要尋拜中書侍郎平章事

儉約

傳曰儉德之共侈惡之大斯皆元儒之所訓方策之深戒也乃有體白玄極列於宗藩承慶雲之餘着處富貴之地挈而能躬履素行志修廣節循乎三慶庶尚無麗居官以清白處躬以簡儉去泰室欲慎終如始斯固秉上智之質為宗室之範者焉

後漢東海恭王彊光武子也彊深執謙儉及薨帝不欲厚葬以違其意詔曰王恭謙好禮以德自終遣送之物務從約省衣足斂形茅車瓦器物減於制以彰王卓爾獨行之志

東海頃王肅彊之子也性謙儉循恭王法度

魏陳思王植武帝子也性簡易不治威儀輿馬服飾不尚華麗植之薨也遺令薄葬

中山恭王袞武帝子也黄初七年徙封濮陽太和二年就國尚約儉敎勑妃妾紡績織絍習爲家人之事

晉高密文獻王泰宣帝弟也泰武帝時録尚書事性廉靜不近聲色雖爲宰輔食大國之租服飾肴膳如布衣寒士

譙王承宣帝孫也元帝大興初爲輔國將軍領左軍將軍居官儉約家無別室及爲湘州刺史湘土荒殘公私困弊承躬自儉約乘葦茭車而傾心綏撫甚有能名

宋臨川烈武王道規高祖少弟也道規無子以長沙景王第二子義慶爲嗣義慶性謙虚素寡嗜欲受任歷藩無浮淫之過爲荆州刺史始至及去鎭迎送物並不受

衡陽文王義季武帝子也爲荆州刺史先是臨川王義慶在任巴蜀亂擾師旅㞜接府庫空虚義季躬行節儉畜財省用數年間還復充實徵爲都督南徐兖青冀幽六州諸軍事南兖州刺史發府之日帑藏器械諸陪刺史者悉留之荆州以爲美談

建平王景素文帝孫也性甚儉素爲荆州時州有高齋刻櫨栭欂櫨景素嘗不處朝廷頻賜以甲第辭而不當兩宮所遺珍玩塵於笥飲食常不過一肉器用瓦素時有獻鏐玉器景素顧主簿何昌寓曰我持安所用哉乃謝而反之

南齊始興王鑑高帝子也爲益州刺史於州園地得古冢無復棺但有古㭪桐器十餘種並古形玉璧三枚珍寶甚多不可皆識金銀爲蠶蛇形者數斗計又以朱沙爲阜水銀爲池左右咸勸取之鑑曰皇太子昔在雍有發古冢者得玉鏡玉屏風玉匣之屬皆將還都吾意常不同乃遣功曹何佇爲之起墳諸寶物一不得犯性甚清在蜀積年未嘗有所營造資用一歳不滿三萬王儉常歎云始興王雖尊貴而行履都是素士

梁鄱陽王恢太祖子也時有進筒中布者恢以奇貨異服即命焚之

南康簡王績高祖子也寡玩好少嗜慾居無僕妾躬事約儉所有租秩悉寄天府及薨後府有南康國無名錢數千萬

長沙王懿子藻爲益州刺史初鄧元起之在蜀也崇於聚斂財貨山積金玉珍帛爲一室名爲内藏綺縠錦罽爲一室號曰外府藻以外府賜將帥内藏歸王府不有私焉及還朝輕裝就路

始興王憺子暎常乘折角牛轂木履被服比於儒者名馳内爲宗室推重

後魏任城王雲景穆子也廉謹自脩及薨遺令薄葬

廣陵王衍景穆孫也衍性清慎所在廉潔又不營產業亡日無斂屍具

京兆王曾孫琛爲大尉録尚書事性清儉不營產業身亡之日家無餘財

彭城王勰獻文子也清正儉素門無私謁

北齊彭城景思王浟高祖子也自定州刺史徵爲侍中人吏送別悲號有老翁數百人相率具饌白自殿下至來五載人不識吏吏不欺人百姓有識已來始逢今化殿下唯飲此鄉水未食百

姓食聊獻疏薄浟重其意爲食一口

蘭陵王長恭一名孝瓘文襄第四子也芒山之捷武成賞其功命賈護爲買妾二十人惟受其一有千金責券臨死日盡燔之

後周代奰王達文帝子也雅好節儉食無兼膳侍姬不過數四皆衣綈衣又不營資產國無儲積左右嘗以爲言達從容應之曰君子憂道不憂貧何煩於此

隋蔡王智積高祖弟整之子也初爲開府時延侍讀府佐於堂所設唯餅果酒纔三酌家有女妓唯年節嘉慶奏於太妃之前其簡如此

唐鄭王元懿曾務勉爲太子太師率性素淡清廉簡易爲宗臣之表二子璥約皆廉介有節

潁王璬玄宗第十三子也爲蜀郡大都督璬性儉率將度綿州江登舟見以絲綠帶爲纜者顧曰此可以爲褒卿奈何踐之命徹去之

嗣吴王巘建中貞元間為道虔滁等州刺史入拜宗正卿歷官清白居處衣服不充風雨寒暑及卒家無斗儲公卿以下率斂以賻凶事

晉韓王嬋為曹州防禦使廉慤恤下不營財利不好聲樂部人安之

抑損

古者建國之制名山大澤不以封周室列爵惟王分土為三使上下相維其彊易制也漢興之初海内甫定鑒姬周衰輔之弊懲亡秦孤立之失而子弟寡少並建不足大封同姓以鎮天下或夸州兼郡連城數十然而矯枉之道亦云過矣是以有莫大之患逆亂之萌小者驕佚越法大者阻強放命觸罪絕國勢使之然故賈誼之論晁錯之議主父之策咸以救一時之弊自是之後寖以微弱當塗而下或以疏遠降其爵或以法制損其勢而彊弱之道始終可究得失之理於是存焉

漢高祖時諸侯皆賦（國所出有者）得自除内史以下漢獨為置丞相黄金印諸侯自除御史廷尉正博士擬於天子自吳楚反後五宗王世漢為置二千石去丞相曰相銀印諸侯獨得食租稅奪之權其後諸侯貧者或乘牛車也

武帝時主父偃說帝曰古者諸侯地不過百里彊弱之形易制今諸侯或連城數十地方千里緩則驕奢易為淫亂急則阻其彊而合從以逆京師今以法制割削則逆節萌起（萌謂事之始生如草木之萌牙也）前日朝錯是也今諸侯子弟或十數而適嗣代立餘雖骨肉無尺地之封則仁孝之道不宣願陛下令諸侯得推恩分子弟以地侯之彼人人喜得所願上以德施實分其國必稍自銷弱矣於是帝從其計令諸侯以私恩自裂地分其子弟而漢為定制封號輒別屬漢郡漢有厚恩而諸侯地稍自分析弱小（初文帝采賈生之議分齊趙景帝用晁錯之計削吳楚武帝施主父之策下推恩之令使諸侯王得分戶邑以封子弟不行黜陟而藩國自析自此已來齊分為七謂齊城陽濟北濟南菑川膠西膠東也趙分為六謂趙平原真定中山廣川河間也梁分為五謂梁濟川濟東山陽濟陰也淮南分為三謂淮南衡山廬江也皇子始立者大國不過十餘城長沙燕代雖有舊名皆亡南北邊矣長沙之南更置郡燕代以北更置緣邊郡其所有饒利兵馬器械三國皆失之也景遭七國之難抑損諸侯減黜其官省御史大夫廷尉少府宗正博士官大夫謁者諸官長丞皆損其員武有衡山淮南之謀作左官之律人道上右今舍天子而仕諸侯故謂之左官也左官猶言左道也言僻左不正漢時依上古法朝廷之列以右為尊故謂降秩為左遷仕諸侯為左官也諸侯惟得衣食稅租不與政事）

衡山王賜所為不法有司請逮治武帝不許為置吏二百石以上（漢儀注中令以王之下）百石（以下自除國）

後漢光武建武十三年二月詔曰長沙王興真定王得河閒王邵中山王茂皆襲爵為王不應經義其以興為臨湘侯（臨湘縣屬長沙）得為真定侯邵為樂成侯（樂成縣屬勃海郡）茂為單父侯（單父縣屬山陽）其宗室及絕國封侯者凡一百三十七人丁巳降趙王良為趙公太原王章為齊公魯王興為魯公

十五年（大將軍……）加王……爵……

魏文帝黄初五年詔曰先王建國隨時而制漢祖增秦所置郡

至光武以天下損耗并省郡縣以今比之益不及焉其改封諸王皆為縣王猶法制待藩國舅后峻迫寮屬皆賈豎下才不過給其殘老大數不過二百人

陳思王植初封東阿王時大發士息及諸國士植以近前諸國士息已見發其遺孫稚弱在者無幾而復被取乃上書曰臣聞古者聖君與日月齊其明四時等其信是以戮凶無重賞善無輕怒若驚霆喜若時雨恩不中絕教無二可以此臨朝則臣下知所死矣受任在萬里之外審主之所以受官必以之所投命雖有搆會之徒泊然不以為懼者蓋君臣相信之明效也昔章子為齊將人有告之反者威王曰不然左右曰王何以明之王曰聞章子改葬死母彼尚不欺死父顧當叛生君乎此君之信臣也昔管仲親射桓公後幽囚從魯檻車載使少年挽而送齊管仲知桓公之必用己懼魯之悔謂少年曰吾為汝唱汝為和聲和聲宜走於是管仲唱之少年走而和之日行數百里宿昔

而至至則齊相比臣之信君也臣初受封策書曰植受茲青社封于東土以屏翰皇家爲魏藩輔而所得兵百五十人皆年在耳順或不踰矩虎賁官騎及親事凡二百餘人正復不老皆使年壯備有不虞檢校乘城顧不足以自救況皆復耄耋罷曳乎而名爲魏東藩使屏翰王室臣竊自羞矣就之諸國國有士子合不過五百人伏以爲三軍益損不復賴此方外不定必當須辦者臣願將部曲倍道奔赴夫妻負襁子弟懷糧蹈鋒履刃徇國難何但習小業兒戲愚誠以揮涕增河鼷鼠飲海於朝萬無損益於臣家計甚有廢損又臣士息前後三送兼人已竭惟尚有小兒七八歲已上十六七已還三十餘人今部曲皆年耆臥在牀席非糜不食眼不能視氣息裁屬者凡三十七人疲瘵風靡疣盲聾聵者二十三人惟正須此小兒大者可備宿衛雖不足以禦寇粗可以警小盜小者未堪大使爲可使耘鉏穢草驅護鳥雀休候人則一事廢一日猶則衆業廢不親自經營則功不攝常自躬親不委下吏而已陛下至仁恩詔三至士子給國長不復發明詔之下有若晦日保金石之恩必明神之信畫然自固如天如地定習業者並復見送晦若晝晦悵然失圖伏以爲陛下既爵臣百寮之右居藩國之任爲置卿士屋名爲宮冢名爲陵不使其危居獨立無異於凡庶若柏成欣於野耕子仲樂於灌園蓬户茅牖原憲之宅也陋巷簞瓢顏子之居也臣才不見效用常慨然執斯志焉若陛下聽臣悉還部曲罷官屬省監官使解璽釋紱追柏成子仲之業營顏淵原憲之事居子臧之廬宅延陵之室如此雖進無成功退有可守身死之日猶松喬也然伏度國朝終未肯聽臣之若是固當羈絆於世繩維繫於祿位懷屑屑之小憂執無已之百念安得蕩然肆志逍遥於宇宙之外哉此願未從陛下必欲崇親親篤骨肉潤白骨而榮枯木者惟遂仁德以副前恩詔皆遂還之

宋孝武以荊郡王義宣亂逆由於强盛欲削王侯江夏王義恭希旨請省錄尚書上從之又與驃騎大將軍竟陵王誕奏陳裁損之格九條詔外詳議於是有司奏九條之格猶有未盡更加附益凡二十四條大抵聽事不得南向坐施帳國官正冬不得跣登國殿公主妃傅令不得朱服輿不得㩧部扇不得雉尾劒不得鹿盧形槊毦不得孔雀白鷺夾轂隊不得絳襖平但乘馬不得過二匹胡伎不得綵衣舞伎正冬着袿衣不得裝面諸妃主不得着緄帶信幡非臺省官悉用絳郡縣內史相及封內長官於其封君罷官則不復追敬不稱臣諸鎮常行車前不得過六隊刀不得銀銅飾諸王女封縣主諸王子孫襲封王之妃及封侯者夫人行並不得鹵簿諸王子繼體爲王者婚葬吉凶悉依諸國公侯之禮不得同皇弟皇子車頭作露平形不得擬象龍舟詔可

後魏孝文太和十六年春正月乙丑制諸遠屬非太祖子孫及異姓爲王皆降爲公公爲侯侯爲伯子男仍舊皆除將軍之號

唐高祖受禪以天下未定廣封宗室以威天下皇從弟及姪年始孩童者數十人皆封爲郡王太宗即位因舉宗正屬籍問侍臣曰遍封宗子於天下便乎尚書右僕射封德彝對曰歷觀往古封王者今最爲多兩漢已降唯封帝子及親兄弟若宗室疏遠者非有大功如周之郇滕漢之賈澤並不得濫封所以別親疏也先朝敦睦九族一切封王爵命既隆多給力役蓋以天下爲私殊非至公馭物之道太宗曰朕理天下本爲百姓非欲勞百姓以養己之親也於是宗室率以屬疏降爵爲郡公唯有功者數十人封王

後唐末帝清泰元年皇子河南尹重美表前壽安令賈譚添民户希别授官中書門下奏親王無薦士例帝曰有例亦不可況無例乎

好尚

禮曰天命之謂性語曰性相近也習相遠也則知性有智愚習有善惡乃有荷茅土服膳之寄居藩屏夾輔之尊純懿內融清

明外發沖屋自守承老氏之玄言空寂爲心洞金仙之妙[illegible]
偏伍之向背窮韜昝之幽微或求訪圖書或繕完器翫搜奇採
異商意忘勞雖趣尚不同同歸於善乃流濕就燥之義豈好尚非
素之附也

漢陽城侯德少修黃老術常持老子知足之計

廣川王去景帝孫也其殿門有成慶畫短衣大絝長劍（成慶衛人荊軻也衛人謂之慶卿燕人謂之荊卿成慶古之勇士事見淮南子）又去好之作七尺五寸劍被服皆
效焉

後漢楚王英喜黃老學爲浮屠齋戒祭祀

宋臨川王義慶受任歷藩無浮淫之過唯晚節奉養沙門頗致
費損

南齊竟陵王子良爲會稽太守郡閣下有虞翻舊床罷任還乃
致以歸後於西邸起古齋多聚古人器服以充之子良好釋氏
敬信尤篤數於邸園營齋戒大集朝臣衆僧至賦食行水或躬
親其事文招致名僧講語佛法造經唄新声道俗之盛江左未
有也

衡陽王鈞居身清率言未及時事會稽孔珪家起園列植桐柳
多構山泉殆窮真趣鈞往遊之珪曰殿下處朱門遊紫闥詎得
山人之邪答曰身處朱門而情遊江海形入紫闥而意在青雲
珪大美之吳郡張融清抗絶俗雖王公貴人視之傲如也唯雅
重鈞謂從兄緒曰衡陽王飄飄有陵雲氣其風韻清爾足可
懷勘與之遊不知老之將至見賞如此

梁南平王偉文帝子齊世青溪宮改爲芳林苑天監初賜偉爲
第偉又加穿築果木珍奇窮極雕靡有侔造化立遊客省寒暑
得宜冬有籠爐夏設飲扇每與賓客遊其中命從事中郎蕭子
範爲之記梁藩邸之盛無過焉偉晚年崇信佛理尤精玄學著
二旨義別為通又制性情幾神等論義僧寵及周捨殷鈞陸
倕並名精解而不能屈

長沙嗣王業性敦篤所在留惠深信因果篤誠佛法高祖每嘉
歎之

後魏京兆王愉崇信佛道用度常至不接

京兆王太興遇患請諸沙門行道所有資財一時布施乞求
病愈名曰散生齋及齋後僧皆四散有一沙門方言乞齋餘食
太興戲之曰齋食旣盡唯有酒肉沙門曰亦能食之因出酒一
斗手脚一隻食盡猶言不飽及辭出後酒肉俱在出門追之無
所見太興遂佛前乞願向者之師當非俗人若此病得差即捨
王爵入道未幾便愈遂請爲沙門表十餘乃見許時孝文南討
在軍詔皇太子於四月八日為之下髮施帛二千匹旣為沙門
更名僧懿居嵩山

後周長宗侯深年數歲便累石為塔折草作旌旗布置行伍皆
有軍陣之勢及長好讀兵書

隋秦王俊仁恕慈愛崇敬佛道請爲沙門不許

唐韓王元嘉少好學聚書至萬卷又搜採碑文古跡多得異本

舒王元名爲石州刺史向二十年性高潔貫玩林泉有塵外之意

岐王範多聚書畫古跡爲時所稱

冊府元龜卷第二百九十三

冊府元龜卷第二百九十四

宗室部 三十三

退讓　專政

退讓

易曰卑而不可踰書美羣后德讓蓋讓之爲德也其至矣哉矧乃聯華帝胄廁于藩戚而能識知退之理踐崇讓之言思害盈福讓之誠杜過制失軌之漸是之謂令德也三代以上靡得而記漢室而下訖于隋唐乃有固守謙退不求聞達懇畏盛滿捨去權寵或稱疾以求奉祀或辭賞以懼公議或願寢殊禮以申素志或表讓兵政以授能者或退身以應天變或推功以避封爵斯皆深達損益之理能守止足之訓蓋富而無驕寵而能隆者素士之所難也矧於公族乎斯足以稱賢矣

漢楚元王孫辟彊武帝時隨二千石論議冠諸宗室清靜少欲不肯佐

後漢順陽懷侯嘉光武族兄也建武三年從到洛陽從征伐拜爲千乘太守六年病上書乞骸骨徵詣京師

城陽王祉光武族兄春陵康侯敞之子也建武十一年祉疾病上城陽王璽綬願以列侯奉先人祭祀帝自臨其疾

東海恭王彊光武子也建武二十年帝優以大封兼食魯郡合二十九縣賜虎賁旄頭宮殿設鍾虡之縣擬於乘輿彊臨之國數上書讓還東海又因皇太子固辭帝不許深嘉歎之

東平王蒼光武子也爲驃騎將軍位在三公上永平四年蒼以在朝數載名所隆益而自以至親輔政聲望日重意不自安上疏歸職曰臣蒼疲駑特爲陛下慈恩覆護在家備教導之仁外朝蒙爵命之首制書褒美班之四海舉負薪之求（負薪謂小人子）外君子之器凡匹夫一介尚不忘簞食（簞竹器也圓曰簞方曰笥）之惠況臣居宰相之位同氣之親哉宜當暴骸膏爲百僚先而愚頑之質加以固病誠羞負乘辱汙輔將之位將被詩人三百赤紱之刺（赤紱大夫之服）今方域晏然蕃荒無儆將遵上德無爲之時也文官猶可并省武職尤不宜建昔象封有鼻不任以政誠由愛深不忍揚其過惡前事之不忘來事之師也自漢興以來宗室子弟無得在公卿位者惟陛下審覽虞帝優養母弟遵承舊典終卒厚恩乞上驃騎將軍印綬退就蕃國願蒙哀憐帝優詔不聽其後數陳乞辭甚懇切五年乃許還國而不聽上將軍印綬章帝建初六年詔沛濟南東平中山四王贊皆勿名蒼既至外殿乃拜天子親荅之其後諸王入宮輒以輦迎至省閤乃下蒼以受恩過禮情不自寧上疏辭曰臣聞貴有常尊賤有等威卑高列序上下以理陛下至德廣施慈愛骨肉既賜奉朝請咫尺天儀而親屈至尊降禮下臣每賜讌見輒興席改容中宮親拜事過典故臣惶怖戰慄誠不自安每會見踧踖每所措置此非所以章示羣下安臣子也帝省奏歎息愈褒貴焉

晉齊獻王攸武帝子也帝詔諸藩王令自選國內長吏攸奏議曰昔聖王封建萬國以親諸侯軌迹相承莫之能改誠以君不世居則人心偷幸人無常主則風俗偽薄是以先帝深覽經遠之統思復先哲之軌分土畫疆建爵五等或以進德或以酬功伏惟陛下應期創業樹建親戚聽使藩国自除長吏而今草創制度初立雖庸蜀順軌吳猶未賓宜俟清泰乃議復古之制書比三上輒報不許其後國相上長吏缺典書令請求差選攸下令曰忝受恩禮不稱惟憂至於官人叙才皆朝廷之事非國所宜裁也其令自上請之時王家人衣食皆出御府攸表租秩足以自供求絕之前後十餘上帝不許

會稽文孝王道子簡文子也孝武太元初拜散騎常侍中軍將軍進驃騎將軍後公卿奏道子親賢莫二宜正位司徒固讓不拜使錄尚書六條事尋加開府領司徒及謝安薨詔曰新喪哲輔華戎未一自非明賢懋德莫能綏御內外司徒琅邪王道子體道自然神識穎遠實當旦奭之重宜總二南之任可領揚州

刺史録尚書假節都督中外諸軍事衛府文武一以配驃騎府讓不受數年領徐州刺史太子太傅公卿又奏宜進位丞相揚州牧假黃鉞羽葆鼓吹並讓不受及恭帝爲琅邪王道子受封會稽國并宣城爲五萬九千戶安帝踐阼有司奏道子宜進位太傅揚州牧中書監假黃鉞備殊禮固讓不拜又解徐州詔內外衆事動靜諮之帝既冠道子稽首歸政王國寶始擅國權勢傾朝廷王恭乃舉兵討之道子收國寶斬之乃乞解中外都督録尚書以謝方岳詔不許

武陵威王晞孝武帝子也初穆帝時爲太宰海西公太和初加羽葆鼓吹入朝不趨贊拜不名劒履上殿皆固讓

宋臨川烈武王道規高祖少弟也爲輔國將軍以義勳遷使持節都督荆寧秦梁雍六州司州之河南軍事領護南蠻校尉荆州刺史道規辭南蠻以授殷叔文

臨川王義慶道規子也元嘉中爲丹陽尹加右僕射會太白犯

左執法義慶懼有災禍乞求外鎮文帝詔譬之曰玄象茫昧既難可了且史家諸占各有異兵星王時有所干犯乃桓玄當誅以此言之益無懼也鄭僕射亡後左執法當有變王光祿至今平安日蝕三朝天下之至忌晉孝武初有此異彼庸主耳猶竟無他天道輔仁福善謂不足橫生憂懼兄與後軍各受內外之任本以維城表裏經之盛衰此懷實有由來天必降災寧可千里逃避耶既非遠者之事又不知吉凶定所若在都則有不測去此必保利身者豈敢苟違耶義慶固求解僕射乃許之加中書令進號前將軍常侍尹如故

江夏文獻王義恭武帝子也武帝即位授持節都督揚州南徐二州諸軍事孝建元年十一月還鎮京口二年春督東南兗二州徵爲揚州刺史加入朝不趨贊拜不名劒履上殿義恭固辭殊禮又解持節都督

南譙王義宣武帝子也文帝時爲中軍將軍揚州刺史值元凶弑立孝武入討義宣遣參軍徐遺寶率衆三千助爲前鋒孝武即位以義宣爲中書監都督揚豫二州丞相録尚書六條事改封南郡王進謚義宣所生爲獻太妃封次子宜陽侯愷爲南譙王食邑千戶義宣固辭內任及愷王爵於是改授都督荆湘雍益梁寧南秦八州諸軍荆湘二州刺史持節侍中丞相如故降愷爲宜陽縣王

南平穆王鑠文帝弟四子元嘉二十六年進號平西將軍讓不拜

始安王休仁文帝第十二子明帝即位爲揚州刺史時諸方逆命休仁督征討諸軍事中流平定休仁之力也乃增休仁邑四千戶固辭乃受千戶上流雖平薛安都據彭城拒引後魏復都督北討諸軍事又增食邑三千戶不受

南齊豫章王嶷太祖第二子也武帝永明元年領太子太傅解中書監手啓帝曰陛下以叡孝纂業萬寓惟新諸弟有序自屢荷隆愛叨授台首不敢固辭先卿祇寵心魂如失負重量力古

今同規日窮生如浮質摽空素生居累存已終氣序自頃以來宿疾稍纏心慮恍忽表於容狀視此根侯常恐命不勝恩加以星緯屢見災祥雖脩短有常能不耿介此心欲從俗啓解今職但歷齡爲鄙或貽物哨所以息意緘默一委時運而可復加寵榮增其顛墜且儲傅之重實非常選遂使太子見臣必束帶宮臣時再拜二三之宜何以當此臣近亦侍言太子告意子良臣因王儉申啓未知粗上聞否福慶方隆國祚永始若天假臣年得預人伍唯當請降貂璫以飾微軀永侍天顏以惟畢世此臣之願也服之不衷猶爲身災況寵爵乎殊榮厚恩必誓以命請帝荅曰事中恐不得從所陳三年文惠太子講孝經畢求解太傅不許皇孫婚竟又陳解詔曰公惟德惟行無所厝辭且魯且衛其誰與二方式範當時流聲史藉豈容屢秉撝謙以乖朝寄嶷常慮盛滿又因言宴求解揚州授竟陵王子良帝終不許曰畢汝一世無所多言嶷自以地位隆重深懷退讓北宅舊有園

田之羨乃感脩理之七年啓求還第帝令世子子廉代鎮東府嶷進位大司馬八年給阜輪車尋加中書監固辭

梁臨川靖惠王宏太祖第六子也宏有七子正義正德正則正立正表正信世子正仁爲吳興太守有治能天監十年卒謚曰哀世子無子高祖詔羅平侯正立爲世子由宏意也宏薨正立表讓正義爲嗣高祖嘉而許之封正立千戶侯正義先封平樂侯正德西豐侯正則樂山侯正立羅平侯正表封山侯正信封化侯

長沙元王弟藻文帝孫也武帝天監十年自南琅邪太守入爲侍中藻性謙退不求聞達後出爲丹陽尹大通六年入爲尚書左僕射加侍中藻固辭不就詔不許

後魏武昌簡王平原道武子河南王曜之孫也平原有五子長子和爲沙門捨其子顯以爵讓其次弟鑒固辭詔許其身鑒終之後令顯襲爵鑒乃受之

京兆王繼道武曾孫南平王霄第二子也以藩王宿官舊貴孝文時歷內外顯任意遇已隆靈太后臨朝入居心膂兼處門下歷轉台司繼子又又居權重榮赫一世繼頻表遜位乞以司徒授崔光詔遣侍中安豐王延明給事黃門侍郎盧同敦勸繼又啓固讓轉太保侍中如故加後部鼓吹頻表陳辭不許又轉太傅侍中如故頻讓不許又遣使敦勸乃受之靈太后臨朝除特進驃騎將軍侍中領軍如故繼頻表固讓許之及門下八坐奏追論繼太和中慰喻高車安輯四鎮之勳增邑一千五百戶繼又上表陳讓詔聽減五百城陽王壽景穆之子也壽子徽爲吏部尚書加侍中征東將軍遷衛將軍右光祿大夫拜尚書左僕射轉車騎將軍儀同三司固辭不拜轉驃騎侍中然後受詔後以從莊帝北巡之功除侍中大司馬大尉公邑二萬戶徽表辭官封前後屢上又啓云河上之功將士之力求迴所加授諸勳義徽爲莊帝親待尒朱榮等故有此辭以防外議莊帝識其誠必聽其辭封不許讓官

彭城王勰獻文子也孝文時爲中書監侍中孝文南討漢陽假勰中軍大將軍加鼓吹一部勰以寵授頻煩乃面陳曰臣聞兼親疏而兩並異同而建此既成文於昔臣願誦之於後陳思求而不允愚臣不請而得豈但今古去殊遇否大異非獨曹植遠羨於臣是亦陛下賤魏文而不顧帝大笑執勰手曰二曹才名相忌吾與汝以道德相親緣此而言無慙前烈汝但剋己復禮更何多及又從孝文征沔北及車駕還京行飲至策勳之禮增邑一千戶勰辭曰臣受遇緣親榮枯事等以此獲賞深乖情願乞追成旨用息謗言詔以勰爲司徒太子太傅

高陽王雍獻文子也靈太后時鎮司州牧詔雍乘步挽出入掖門又以本官錄尚書事雍頻表辭遜優答不許詔侍中敦諭前

廣陵王羽獻文子也領廷尉卿車駕南討命羽留守羽表辭廷尉不許

趙郡王幹獻文子也幹子謐爲鴻臚少卿遷後將軍泗州刺史固辭不拜後以親例封上蔡縣開國公食四百戶讓而不受

後周齊王憲太祖第五子高祖時累有戰功自以威名日重潛思屏退及帝欲親征北蕃乃辭之以疾帝變色曰汝若憚行誰爲吾使憲懼曰臣陪奉鑾輿誠爲本願但身嬰疹疾不堪領兵帝許之

隋觀德王雄高祖族子也初政封安德王歲餘授懷州刺史尋拜京兆尹帝親征吐谷渾詔雄總管澆河道諸軍及還政封觀德王上表讓曰臣早逢興運預班末屬有命有時藉風雲之會無才無德濫公卿之首蒙先皇不次之賞荷陛下非分之恩久忝台槐常慮盈滿豈可仍叨非服重竊鴻名臣實面牆敦緣從例臣誠昧寵交懼身責昔劉賈封王豈備三階之任曹洪上將寧超五等之爵況臣忝章踰於帝子京尹亞於皇枝錫土列藩紀金開國於臣何以自處在物謂其乖分是以露款懃懇

祈恩固守伏願陛下曲留慈照特鑒丹誠頻觸宸嚴伏增祇惕優詔不許

唐宋王成器睿宗子也玄宗先天初進位太尉成器固辭太尉之命帝嘉其意許之制曰宋王成器溫良恭儉明允篤誠朕之元昆人之師表間者虛席虛位台階俟能堅守謙詞願移成命宜聯華於補職更參議於論道可開府儀同三司開元十四年兼太常卿成器又上言曰臣聞選賢任職量能授官苟非其才坐貽厥咎臣本愚劣累忝榮任叨居禮樂之司實乖河海之任吹庭鍾鼓克諧謝於昔人辨署威儀爲政慙於往哲黽俛從事于茲六年詩稱素餐於是乎在伏惟開元神武皇帝陛下繼業昭暢仁化清和秉服奏薰風之琴追賞聚雲和之曲典章斯備雅亮攸歸遠美咸英獨冠三五臣幸膺國戚久忝台階兼綰寺御實曠朝憲惡盈之誠列在前經過寵之談復聞斯日顧矜其庸昧授以良能人無異言官無曠位使晨趨北闕奉漢幄之龍顏夕赴西園飛魏庭之華蓋則臣之願畢矣聖主之恩浮矣不任悚望翹勤之至謹詣朝堂奉表陳讓以聞帝覽表重違其意手詔曰開府儀同三司兼太常卿寧王憲秉德夷遠體道淳深頃以茂親典司宗祏禮經之文既備鍾律之度已和成而不居謙以自牧固辭兼領情所重違宜遂雅懷俾停劇務

專政

夫並建周親藩屏王室所以深根固本爲不可拔者也故詩曰大宗維翰又曰懷德維寧是以內有骨肉之親外有藩翼之衛強弱相制枝葉相持此周漢所以爲得也吳晉之後法制過差始以親親假其勢位終以驕蹇顛乎威福或本根之莫庇或干戈之口尋小者踰越法度大者傾敗邦政斯所謂寵之適所以禍之也得失之際可不監哉是以著其始終盛衰之變以存歷代之戒焉

魏曹爽太祖族子真之子爲大將軍假節鉞都督中外諸軍事錄尚書事封武安侯邑萬二千戶賜劍履上殿入朝不趨贊拜不名丁謐畫策使爽白天子發詔轉宣王爲太傅外以名號尊之內欲令尚書奏事先來由己得制其輕重也

吳孫峻大帝末爲侍中受遺輔政領武衛將軍既誅諸葛恪遷丞相大將軍督中外諸軍事初羣臣上奏共推峻爲太尉議滕胤爲司徒時有媚峻者以爲大統宜在公族若滕胤爲亞公聲名素重衆心所附不可貳也乃表以峻爲丞相又不置御史大夫士人皆失望矣

孫綝廢帝時自偏將軍代孫峻爲侍中武衛將軍領中外諸軍事知朝政景帝時綝一門五侯皆典禁兵權傾人主自吳國朝臣未嘗有也

晉趙王倫既誅賈后遂爲使持節大都督中外諸軍事相國侍中一依宣文輔魏故事百官總己聽於倫

齊王冏既誅趙王倫因留輔政坐拜百官符勑臺府淫縱專驕不一朝覲此任恣不肅之容也天下莫不高其功而慮其亡也冏終弗改遂至夷滅

成都王穎爲太尉大將軍都督中外諸軍事假節加黃鉞錄尚書事鎮鄴及齊王冏之敗穎懸執朝政事無巨細皆就鄴諮之

東安公繇既誅楊駿後專斷刑賞威振內外

會稽王道子爲錄尚書都督中外諸軍事世子元顯時年十六爲侍中心惡王恭請道子討之乃拜元顯爲征虜將軍其先衛府及徐州文武悉配之于時王恭威振內外道子甚懼復引譙王尚之以爲腹心尚之說道子曰藩伯彊盛宰相權輕宜密樹置以自藩衛道子深以爲然乃以其司馬王愉爲江州刺史以備恭與尚之等日夜謀議以伺四方之隙王恭知之復舉兵以討尚之爲名荊州刺史殷仲堪豫州刺史庾楷廣州刺史桓玄並應之道子使人說楷曰本情相與可謂斷金往年帳中之飲結帶之言寧可忘邪卿今棄舊交結新援忘王恭疇昔陵侮之

恥乎若乃欲委體而臣之若恭得志以卿爲反覆之人必不相信何富貴可保禍敗亦旋及矣楷怒曰王恭昔赴山陵相王憂懼無計我知事急即勒兵而至去年之事亦俟命而奮我事相王無相負者既不能距恭反殺國寶自爾已來誰復敢攘袂於君之事乎吏楷實不能以百口助人屠滅當與天下同舉誅鉏姦臣何憂府不開爵不至乎時楷已應恭檄正徵士馬信反朝廷憂懼於是內外戒嚴元顯攘袂慷慨謂道子曰去年不討王恭致有今役今若復從其欲則太宰之禍至矣道子日飲醇酒而委事於元顯元顯雖年少而聰明多涉志氣果銳以安危爲己任尚之爲之羽翼時相傅會者皆謂元顯有明帝神武之風於是以爲征討都督假節統前將軍王珣左將軍謝琰及將軍桓之才毛泰高素等伐恭滅之既而楊佺期桓玄殷仲堪等復至石頭元顯於竹里馳還京師遣丹陽尹王愷鄱陽太守桓放之新蔡內史何嗣潁川太守溫詳新安太守孫泰等發京邑士庶數

萬人據石頭以距之道子將出頓中堂忽有驚馬蹂藉軍中因而擾亂赴江而死者甚衆仲堪既知王恭敗死狼狽西走與桓玄屯于尋陽朝廷嚴兵相距內外騷然詔元顯甲杖百人入殿尋加散騎常侍中書令又領軍持節都督如故會道子有疾加以昏醉元顯知朝望去之謀奪其權諷天子解道子揚州司徒而道子不之覺元顯自以少年頓居權重慮有譏議於是以琅邪王領司徒元顯自爲揚州刺史既而道子酒醒方知去職於是太怒而無如之何廬江太守會稽張法順以刀筆之才爲元顯謀主交結朋援多樹親黨自桓謙以下諸貴遊皆斂衽請交元顯性苛刻生殺自已法順屢諫不納又發東土諸郡免奴爲客者號曰樂屬移置京師以充兵役東土嚻然人不堪命天下苦之矣既而孫恩乘釁作亂加道子黃鉞元顯爲中軍以討之又加元顯錄尚書事然道子更爲長夜之飲政無大小一委元顯道子爲東錄元顯爲西錄西府車騎填湊東第門下可設雀

羅矣元顯無良師友正言弗聞諂譽日至或以爲一時英傑或謂爲風流名士由是自謂無敵天下故驕侈日增帝又以元顯有翼亮之功加其所生母劉氏爲會稽王夫人金章紫綬會洛陽覆没道子以山陵幽辱上疏送章綬請歸藩不許及太皇太后崩詔道子乘輿入殿元顯因諷禮官下議稱已德隆望重既錄百揆內外羣寮皆應盡敬於是公卿皆拜于時軍旅荐興國用虛竭自司徒已下日廩七升而元顯聚斂不已富過帝室及謝琰爲孫恩所害元顯求領徐州刺史加侍中後將軍開府儀同三司都督十六州諸軍封其子彥璋爲東海王尋以星變元顯解錄復加尚書令會孫恩至京口元顯柵斷石頭率兵距戰頻不利道子無他謀略唯日禱蔣侯廟爲厭勝之術既而孫恩遁于北海桓玄復據上流致牋於道子曰賊造近郊以風不得進以雨不致火食盡故去耳非力屈也昔國寶卒後王恭不乘此威入統朝政足見其心非侮於明公也而謂之非忠今之貴要

腹心有時流清望者誰乎豈可云無佳勝直是不能信之耳用理之人然後可以信義相期來利之徒豈有所惜而更委信邪爾來一朝一夕遂成今日之禍矣阿衡之重言何容易求福則立至于忤或致禍在朝君子豈不有懷但懼害及身耳玄忝任在遠是以披寫事實元顯覽而大懼張法順謂之曰桓玄承籍門資素有豪氣既并殷楊專有荊楚然桓氏世在西藩人或爲用而第下之所控引止三吳耳孫恩爲亂東土塗地編戶饑饉公私不贍玄必乘此縱其姦凶竊用憂之元顯曰爲之柰何法順曰玄始據荊州人情未輯方就綏撫未遑他計及其如此發兵誅之使劉牢之爲前鋒而第下以大軍繼進桓玄之首必懸於麾下矣元顯以爲然遣法順至京口謀於牢之而牢之有疑色法順還說元顯曰牢之言色必貳於我未若召入殺之不爾敗人大事元顯不從道子尋拜侍中太傅置左右長史司馬從事中郎四人崇異之儀備盡盛與其驃騎將軍僚佐文武即配

大傅府加元顯侍中驃騎大將軍開府征討大都督十八州諸軍事儀同三司加黃鉞班劍二十人以伐桓玄諮以牢之爲前鋒法順又言於元顯曰自舉大事未有威斷桓謙兄弟每爲上流耳目斬之以孤荊楚之望且事之濟不繼在前軍而牢之反覆萬一有變則禍敗立至可令牢之殺謙兄弟以示不貳若不受命當逆爲其所元顯曰非牢之無以當桓玄且始事而誅大將人情必動二三不可于時楊土饑虛運漕不繼玄斷江路商旅遂絶於是公私匱乏士卒唯給粰橡大軍將發玄從兄驃騎長史石生馳使告玄玄進次尋陽傳檄京師罪狀元顯俄而玄至西陽帝戎服餞元顯于西池始登舟而玄至新亭元顯棄舡退屯國子學堂明日列陣於宣陽門外元顯佐吏多散走或言已至大桁劉牢之遂降于玄元顯迴入宣陽門牢之參軍張暢之率衆逐之衆潰元顯奔入相府唯張法順隨之問計於道子道子對之泣玄遣太傅從事中郎毛泰收元顯送于新亭縛於船前

而數之元顯答曰爲王誕張法順所誤於是送付廷尉并其六子皆害之玄又奏道子酣縱不孝當棄市詔徙安成郡使御史杜竹林防衛竟承玄旨酖殺之時年三十九帝三日哭於西堂

宋彭城王義康爲侍中都督南徐兖三州諸軍事司徒録尚書事南徐州刺史與揚州刺史王弘共輔朝政弘既多疾且每事推謙自是内外衆務一斷之義康性好吏職鋭意文案既專總朝權事決自己生殺大事以録命斷之凡所陳奏無不可方伯以下並委義康授用由是朝野輻湊勢傾天下

後魏元乂江陽王繼之第二子靈太后臨朝以乂妹夫累遷侍中領軍既在門下兼總禁兵深爲靈太后所信委及清河王懌被殺與高陽王雍等輔政常直禁中孝明呼爲姨夫自後專綜機要巨細決之威振於内外百寮重跡

後周晉公宇文護文帝之兄子也爲大冢宰武帝立百官總於護自文帝爲丞相立左右十二軍總屬相府後皆受護處分凡所徵發非護不行護屯兵禁衛盛於宮闕事無巨細皆先斷後聞

冊府元龜卷第二百九十四

冊府元龜卷第二百九十五

宗室部卌二

復爵

自成周以來並建懿戚大啓土宇所以彊榦弱枝傳祚遐世顧豈歆絕之者哉其或返道敗德弗率王度作威弛禁侵害吏治則削而絀之用殄厥世斯蓋不得已而爲之也然後推敦族之恩申猶宥之典赦其罪戾還其璽綬或則加禮謚於既沒復爵土於嗣子俾宗祊無隕邦畿如舊忝然渥縟興之更始亦有被誣見疑非辜遘禍率用追復以申其冤斯皆厚親親之仁成元宗之美也

漢淮南王長高祖少子以謀反遷蜀道死民有作歌歌淮南王曰一尺布尚可縫一斗粟尚可舂兄弟二人不相容一尺布可縫而共衣一斗粟可舂而共食況以天下之廣而不相容也文帝聞之曰昔堯舜放逐骨肉鯀及共工皆堯舜之同姓皆去骨肉周公殺管蔡天下稱聖不以私害公天下豈以爲我貪淮南地邪迺徙城陽王王淮南故地而追尊淮南王爲厲王置園如諸侯儀

後漢楚王英以逆謀廢徙丹陽涇縣明年至丹陽自殺詔遣光祿大夫持節弔祠贈賵如法加賜列侯印綬以諸侯禮葬於荊元和三年又遣謁者備王官屬迎英喪改葬彭城加王赤綬羽蓋華藻如嗣王儀追爵謚曰楚厲侯

阜陵王延以逆謀貶爵爲侯帝章行幸九江賜延書與車駕會壽春帝見延及妻子愍然傷之乃下詔曰昔周之爵封千有八百而姬姓居半者所以楨幹王室也朕南巡望淮海意在阜陵遂與侯相見侯志意衰落形體非故瞻省懷感以悲今復侯爲阜陵王增封四縣并前爲五縣

齊王晃光武兄伯升曾孫晃與太姬宗更相誣告章和元年有司奏請免晃爵爲庶人徙丹徒帝不忍下詔貶晃爵爲蕪湖侯遣謁者收晃璽綬晃立十七年而降爵晃卒子無忌嗣帝以伯升首創大業而後嗣罪廢心常愍之將北海亦絕無復遺詔令復二國永元二年乃復封無忌爲齊王

勃海王悝謀爲不道有司請廢之桓帝不忍貶爲癭陶王食一縣悝後因中常侍王甫求復國許謝錢五千萬桓帝遺詔復爲勃海王魏巳氏公琮坐於中尚方作禁物貶爵都鄉侯明帝景初三年復巳氏公

吳齊王奮廢帝徙後廢帝太平三年封爲章安侯詔曰齊王奮前坐殺吏廢庶人連有赦令獨不見原縱未宜復王何以不侯又諸孫兄弟作將列在江渚孤有兄獨爾云有司奏可就拜爲侯

晉高陽王睦宣帝弟子也初封中山王坐誘逋亡貶封丹水縣侯太康初詔復爵有司奏封江陽王武帝曰睦退靜悔過改脩其德今有爵土不但以赦江陽險遠其以高陽郡封之乃封爲高陽王

汝南王亮爲楚王瑋所害及瑋誅追復亮爵位喪葬之禮如安平獻王孚故事廟設軒懸之樂

淅南郡王羕汝南王亮之子永興初爲侍中以長沙王乂黨廢爲

庶人惠帝還洛復羕封爲撫軍將軍又以汝南期思西陵益其國

齊王冏爲長沙王乂所害惠帝光熙初追冊曰咨故大司馬齊王冏王昔以宗藩穆胤紹世緒于東國作翰許京允鎮靜我王室誕率義徒同盟觸還克成元勳大濟潁東朕用應嘉茂績謂篤爾勞俾式先典以疇茲顯懿廓土殊分跨兼吳楚崇禮備物寵侔蕭霍庶憑翼戴之重永隆邦家之望而恭德不建取侮二方有司過舉致王于戮古人有言曰用其法猶思其人況王公諸朕身勳存社稷追惟既往有悼於厥心哉今復王本封命嗣子還紹厥緒禮秩典變一如舊制使持節大鴻臚即墓賜策祠以太牢魂而有靈祇服朕命肆寧爾心嘉茲寵榮子超嗣爵永嘉中懷帝下詔重述冏唱義元勳還贈大司馬加侍中假節追謚

成都王穎既死汲桑戴穎棺於軍每事啓靈以行軍令桑敗棄棺於故井中穎故臣收之改葬于洛陽懷帝加以縣王禮

東安王繇以專行誅賞免官因僭諸之汝南王亮惑其說免官

以八公就第坐有悖言廢徙帶方惠帝永康初徵繇復封後遭母喪在鄴勸成都王穎解兵爲穎所害永寧元年九月追復其爵

河間王顒安平獻王孚孫爲南陽王摸使人扼殺之成帝咸和六年六月復顒爵位

棘陽王奇義陽王望孫望薨奇襲坐遣三部吏到交廣商貨爲有司所奏武帝太康九年詔貶爲三縱亭侯後復立爲棘陽王

東萊王蕤齊王冏兄冏輔政蕤與左衛將軍王輿謀共廢冏事覺免爲庶人尋詔徙蕤上庸後封微陽侯上庸内史陳鍾承冏旨害蕤冏死詔誅鍾復蕤封改葬以王禮

吴王晏武帝子與兄淮南王允共攻趙王倫允敗倫貶晏爲賓徒縣王後徙封代王倫誅復本封

武陵王晞爲太宰爲桓温所忌温逼新蔡王晃自誣與晞及晞子綜等謀逆請誅之簡文帝不許温奏徙新安郡家悉從之太元六年晞卒孝武帝三日臨于西堂詔曰感惟摧慟便奉迎靈柩并改

移妃應氏及故世子梁王諸喪家屬悉還復下詔曰故前武陵王體自皇極剋已思愆仰惟先朝仁宥之旨豈可情禮靡寄其追封新寧郡王邑千戶十二年追復晞武陵國

梁王逢晞子出繼梁王翹與父晞俱廢薨子龢嗣孝武太元中復國

宋廬陵王義真高祖子也少帝失德徐羨之等密謀廢立則次第應在義真以義真輕訬不任主社稷因其與少帝不協乃奏廢爲庶人徙新安郡景平二年六月羨之等遣使殺於徙所文帝元嘉元年八月詔曰前廬陵王靈柩在遠國封墮替感惟抽慟情若貫割王體自天極地戚屬尊豈可令情禮永淪終始無寄可追復先封特遣奉迎并孫修華謝妃一時俱還言增摧哽三年正月誅徐羨之傅亮等是日詔曰故廬陵王含章履正英哲自然道心内昭徽風遐被遭時多難志立權逼天未悔禍運鍾屯險群凶肆醜專竊國柄禍心潛構釁生不圖朕每永念雖恥含痛内結遵養斯懸情懷未申今王道既孚政刑始判宣昭國章於是乎在可追崇侍中大將軍王如故庶慰冤魂少申悲憤

江夏王義恭高祖子也爲前廢帝所害太宗定亂令書曰故中書監太宰領太尉錄尚書事江夏王道性淵深睿鑒通遠樹聲列藩宣風鉉德位隆姬輔任屬負圖勤勞國家方熙託付之重盡心毗導永融雍穆之化而凶醜忌威奄加冤害夷戮有暴殯窆無聞憤達幽明痛貫朝野朕蒙險在難含哀莫申幸賴宗祐之靈克纂祈天之祚仰惟勳戚震慟厥心昔梁王徵庸警蹕備禮東平好善黃屋在御況公德猷引懋彝典未殊者哉可追崇使持節侍中都督中外諸軍事丞相領太尉中書監錄尚書事王如故給九旒鸞輅虎賁班劍百人前後部羽葆鼓吹轀輬車

安隆王叡江夏王義恭子也爲元凶所害孝武大明二年追封安隆王追謚宣王

贈江夏王伯禽亦義恭子也伯禽官輔國將軍爲前廢帝所害謚曰哀世子又追贈江夏王改謚曰愍伯

始平王子鸞孝武之子孝武諸子多爲前廢帝所害廢帝素疾子鸞有寵遣使賜死同生弟妹並死及明帝即位詔曰夫紹寃申湣雖從必追緣情測愛感事彌遠故使持節都督南徐州諸軍事撫軍南徐州刺史新安王子鸞夙表成器早延殊寵方樹美業克光蕃維而凶心肆忌奄罹橫禍興言永傷有兼常懷宜旌天秀以雪沉魄可贈使持節侍中都督南徐兖二州諸軍事司徒南徐州刺史王如故弟二皇子子師俱嬰謬酷有增酸悼子師復先封爲南海王並加徽謚

南齊明帝初輔政所誅諸王及即位後復屬籍各封諸子爲侯

梁長沙元王弟藻武帝普通三年還領軍將軍加侍中六年爲軍師將軍與西豐侯正德北伐渦陽輒班師爲有司所奏免官削爵十七年起爲宗正卿八年復封爵

臨賀王正德普通六年逃奔于魏七年又自魏逃歸高祖不之過也復其封爵

後魏河間公齊太武時坐事免官爵後爲前將軍剋仇池戍枚羌氐復賜爵河間公襲江陽王繼爲青州刺史後入爲度支尚書繼在青州之日民飢餧爲家僮取民女爲婦妾又以良人爲婢爲御史所彈坐免官爵靈太后臨朝復繼尚書本封

襲廣陽王深爲葛榮所害莊帝追復王爵謚曰忠武

汝陰王天賜爲懷朔大將軍坐貪殘恕死削除官爵卒孝文器於恩政觀贈本爵葬從王禮謚曰靈王

東平王正爲度支尚書又兼宗正卿每有奏請尚書令任城王澄時致執奪正剛隘內遂不平澄因是奏正罪狀三十餘條廷尉處以死刑詔付八議特加元宥削爵除官孝明孝昌初卒追復本爵改封濟南王

中山王英爲鎮南將軍行揚州梁遣將寇肥梁詔英率衆討之英表云可剋後水盛英及諸將狼狽奔退士衆没者十五六有司奏英經略失圖棄劾處死詔恕死爲民後復王封邑千戶

樂陵王思譽爲鎮北大將軍及穆泰陰謀不軌思譽知而不告恕死削封爲庶人孝文太和末復還其王爵

京兆王愉出爲冀州刺史謀逆事敗見執徵赴京師至野王絶氣而死或云高肇令人殺之後靈太后令愉之四子皆附屬籍追封愉臨洮王子寶月乃改葬父母追服三年

齊郡王琛以討鮮于脩禮敗免官爵後討汾晉胡蜀卒於軍追復王爵

北海王詳獻文子也宣武親政尚書高肇譖詳與茹皓等謀爲逆亂付廷尉治罪詔免爲庶人別營坊館如法禁衛限以終身詳哭數聲而暴死停殯五載永平元年十月詔曰故太傅北海王體自先皇特鍾友愛受遺訓輔沖昧依託不寄暮節晦德終斁戎榮使可追復王封剋日營厝少慰幽魂以旌陰戚謚曰平王

咸陽王禧謀反賜死後孝明正光中復禧王爵葬以王禮

襲趙郡王謐在母喪聽音聲飲戲爲御史中尉李平所彈遇赦復封

樂良王長命坐殺人賜死國除子忠明帝時復前爵位

襲安樂王鑒爲北討大都督討葛榮與都督裴衍共救信都鑒謀反降葛榮都督源子邕與裴衍圍鑒斬首傳洛詔改姓元氏莊帝初許復本族又特復鑒王爵贈司空

略陽王羯兒督諸軍討梁坐貪暴降爵爲公後統河西諸軍襲蠕蠕至於漠南仍復王爵

慶陽王嘉之孫湛弟瑾以謀殺齊文襄王事泄合門伏法湛先有婢紫光生子法輪齊王矜湛覆滅啓原之復其爵土

襲京兆王大興拜長安鎮大將以黷貨削除官爵後除秘書監仍復前爵

後周常武公普邵惠公孫仞封譚國公後與晉公護同誅建德三年追復封爵常武公

唐巢王元吉高祖第四子武德元年封爲齊王九年與太子建成謀逆伏誅貞觀元年追封海陵郡王謚曰剌十六年六月又詔曰有虞受終引肆赦之典隆周革命篤親親之恩海陵剌王元吉地惟藩翰夙承朝寵陷於不軌得罪君親朕嗣膺靈命無忘敦睦同生之重既切於本枝在原之悼寔纏於歲月宜申泉壤恩備寵章可追封巢王謚仍依舊

荊王元景高祖第六子武德三年封趙王貞觀十年徙封荊王永徽三年坐與房遺愛謀反賜死國除後追封沈黎王備禮改葬

韓王元嘉高祖第十一子武德四年封宋王五年徙荆王貞觀十年改封韓王垂拱四年則天誅戮宗室諸王不附己者元嘉大懼與其子黃公及越王貞父子謀起兵坐誅神龍元年追復爵土封其第五子訥爲嗣韓王是年二月制皇室子孫諸王自垂拱已來非命者皆不堪殯宜令所司尋求處所以時致祭乃追復官爵備禮改葬其王並令陪葬昭獻二陵有嗣者即令承襲無息嗣者取近親爲後

霍王元軌高祖第十四子武德六年封蜀王八年徙封吳王貞觀十年改封霍王垂拱四年坐與韓王元嘉連謀起兵事覺徙居黔

州至陳倉而死長子緒封江都王坐與裴炎子光文通被誅神龍元年並追復爵土封緒孫暉爲嗣霍王

舒王元名高祖第十八子貞觀五年封譙王十年徙封舒王永昌中與其子豫章王亶俱爲丘神勣所陷被殺神龍元年復其官爵仍令以禮改葬封亶子津爲嗣舒王

魯王靈夔高祖第十九子貞觀五年封魏王十年徙燕王十四年改封魯王垂拱四年與韓王子黃國公譔結謀起兵事洩流振州縊死有二子長子清河王誘少子范陽王藹亦爲酷吏所陷神龍元年追復靈夔官爵仍令以禮改葬封藹子道堅爲嗣魯王

江夏王道宗高祖從父兄之子永徽四年房遺愛伏誅長孫無忌褚遂良素與道宗不協上言道宗與遺愛交結配流象州道病卒及無忌遂良得罪乾封元年追復道宗官爵

吳王恪太宗第三子貞觀三年封蜀王十年徙吳王永徽四年房遺愛謀反遂因事誅恪以從衆望子四人仁瑋琨璄並流于嶺表

尋追封恪爲鬱林王又封仁爲鬱林侯

蜀王愔太宗第六子吳王恪之母弟貞觀五年封梁王十年改封蜀王恪既誅愔黜爲庶人從巴州尋改爲涪陵王咸亨初追復爵土陪葬昭陵謚曰悼封子璠爲嗣蜀王

越王貞太宗第八子貞觀五年封漢王十年徙原王尋改封越王垂拱四年貞及其子琅邪王沖坐與韓王元嘉結謀起兵被誅改姓虺氏神龍元年追復爵土與子沖俱復舊姓

紀王慎太宗第十子貞觀五年封申王十年改封紀王垂拱中越王貞將起事慎不肯同謀及貞敗慎亦下獄臨刑於免改姓虺氏配流嶺表至蒲州而卒中興初追復官爵

澤王上金高宗第三子永徽元年封杞王文明元年封畢王又改澤王永昌元年出爲隨州刺史武承嗣使酷吏周興誣告上金謀反召至都恐懼自縊死神龍元年追復上金官爵封庶子義珣爲嗣澤王

許王素節高宗第四子永徽二年封雍王尋徙郇王改葛王又進封許王出爲舒州刺史與澤王上金同被誣告追赴都縊死則天以庶人禮葬之神龍元年追封許王以禮改葬封少子瓘爲嗣許王

成王千里吳王恪之長子本名仁封鬱林侯中興初進封成王爲左金吾衛將軍三年節愍太子謀殺武三思兵敗與其子天水王禧俱被誅改姓蝮氏景雲元年詔曰故成王千里保國安人克成忠義頃除兇醜翻陷誅夷永言淪沒良深痛悼宜復舊官爵復本姓

歸政郡王俊吳王恪第四子本名璄中興初封歸政郡王宗正卿坐兄千里事貶南州司馬卒景雲元年追復宗正卿歸政郡王官爵

常山公倩越王貞第二子垂拱中坐與父貞兄沖連謀起兵被誅神龍初侍中敬暉等以沖父子翼戴皇家義存社稷請復其官爵武三思令上官昭容代中宗手詔不許開元四年詔追復爵土令備禮改葬

棣王琰玄宗第四子也坐二孺人不相叶乃密求巫者書符置於

琰履中以求媚琰監院中官密奏於玄宗玄宗令人推問之竟孺人也玄宗猶疑琰知情乃囚於鷹狗坊中絕朝請憂懼而死代宗寶應元年贈其王位

鄂王瑤玄宗第五子開元二十五年得罪廢寶應元年追復

光王琚玄宗第八子也有才力玄宗愛之以母見疏薄嘗有怨言爲人所構得罪寶應元年追復

齊王湊穆宗第六子也初封漳王後爲鄭注誣告言與宋申錫謀不軌除封巢縣公卒開成三年正月追封爲齊王

梁博王友文爲庶人友珪所害末帝即位詔曰我國家賞功罰罪必叶舊章報德伸冤敢欺天道苟顯違于法制雖是滯於歲時然振大綱須歸至理重念太祖皇帝嘗開霸府有事四方迨建皇朝載遷都邑每以主留重務居守難才慎擇親賢方膺寄任故博王友文才兼文武識達古今俾分憂於在浚之郊亦共立於興王之地一心無易二紀于茲嘗施惠於士民實有勞於家國去歲郢王

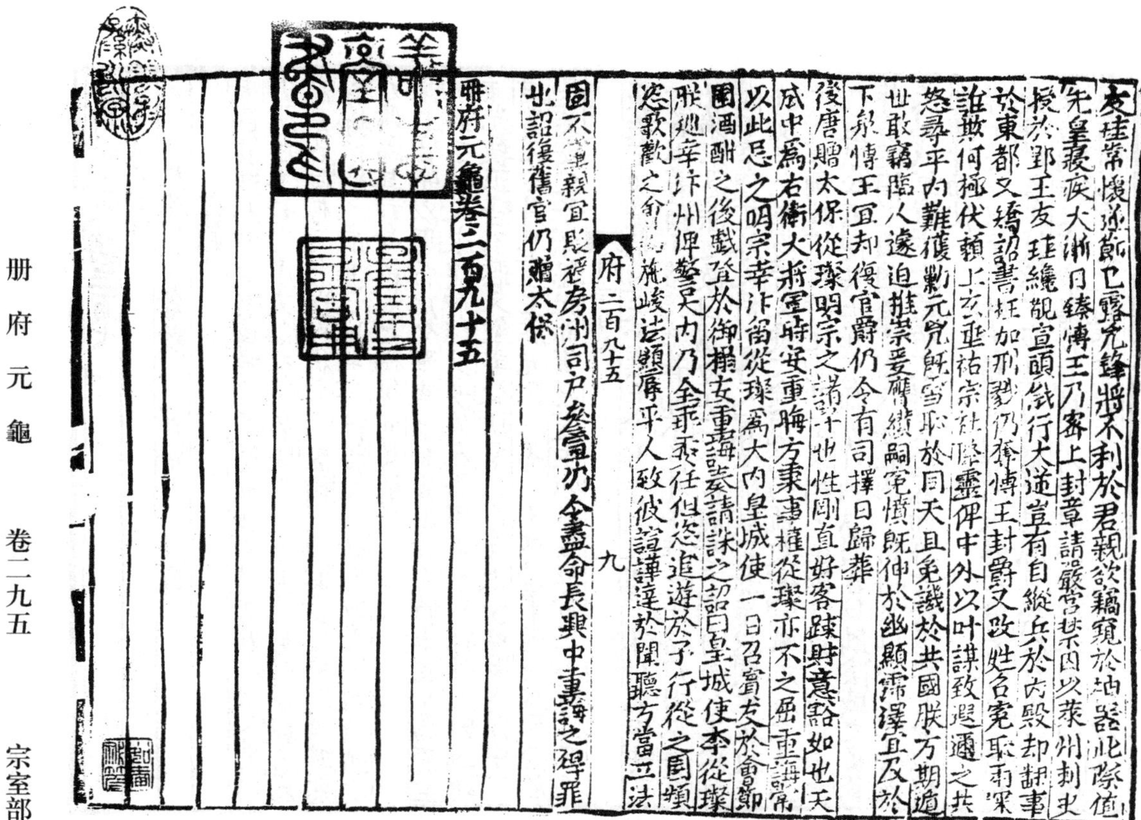

友珪常懷逆節已露兇鋒將不利於君親欲竊窺於神器此際值先皇寢疾大漸日臻博王乃密上封章請嚴宮禁因以萊州刺史授於郢王友珪纔覩宣頭俄行大逆豈有自縱兵於內殿却翻事於東都又矯詔書枉加刑戮仍奪博王封爵又改姓名冤恥兩深誰欺何極伏賴上玄垂祐宗社降靈俾中外以叶謀致遐邇之共怒尋平內難獲翦元兇既雪恥於同天且免譏於共國朕方期遁世敢竊臨人遂迫推崇爰膺纘嗣冤憤既伸於幽顯霈澤宜及於下泉博王宜却復官爵仍令有司擇日歸葬

後唐贈太保從璨明宗之諸子也性剛直好客疎財意豁如也天成中爲右衛大將軍時安重誨方秉事權從璨亦不之屈重誨常以此忌之明宗幸汴留從璨爲大內皇城使一日召賓友於會節園酒酣之後戲登於御榻安重誨奏請誅之詔曰皇城使李從璨朕巡幸汴州俾警巡內乃全乖委任但恣追遊於予行從之園頻恣歌歡之會仍施峻法顯示平人致彼諠譁達於聞聽方當立法固不以親宜貶授房州司户參軍仍令盡命長興中重誨之得罪也詔復舊官仍贈太保

府二百九十五　九

册府元龜卷二百九十五

冊府元龜卷第三百七

外戚部八

姦邪　貪黷　害賢　讒讓

姦邪

夫姦其迹邪其謀有國者之所防也故書曰去邪勿疑又傳曰去惡務本若乃席天姻之勢居肺附之地因緣會遇盜竊名器繇是飾險偽之行逞邪辟之志誣搆以縱其毒諛佞以極其惡專權怙寵忌前擁已以至忘社稷之計致邦家之亂者咸載之方冊焉其亡身覆族之禍復何足道哉

漢上官安以昭帝后父為車騎將軍數守大將軍霍光為蓋主所幸丁外人求侯（謂求封之）及安父左將軍桀妾官祿外人（衡曲故茲）妾光執正皆不聽又桀妻父所幸充國為太醫監闌入殿中下獄當死冬月且盡主為充國入馬二十四贖罪迺得減死論於是桀安父子深怨光而重德蓋主知燕王旦帝兄不得立亦怨望桀安即說光過失予燕王令書告之又為丁外人求侯燕王大喜上書稱子路喪姊朞而不除孔子非之子路曰由不幸寡兄弟不忍除之故曰觀過知仁今臣與陛下獨有長公主為姊陛下幸使丁外人侍之外人宜蒙爵號書奏帝以問光光執不許及告光罪過帝又疑之愈親光而疏桀安【王】鳳元后之兄為大將軍輔政成帝時定陶共王來朝因留國邸旦夕侍帝帝甚親重鳳心不便共王在京師會日蝕鳳因言日蝕陰盛之象為非常定陶王雖親於禮當奉藩在國今留侍京師詭正非常故天見戒宜遣王之國帝不得已於鳳而許之共王辭去帝與相對涕泣而決

淳于長以元后姊子為黃門侍郎未進幸會大將軍王鳳病長侍病晨夜扶承左右甚有甥舅之恩鳳且終以長屬託太后及弟（屬音之欲切）成帝嘉長義拜為列校尉諸曹遷水衡都尉侍中至衛尉九卿之趙飛燕貴幸帝欲立以為皇后太后以其所出微賤之長主往來通語東宮歲餘趙皇后得立帝甚德之乃追託其請罷昌陵功賜爵列侯【王】根成帝舅為驃騎將軍成帝無繼嗣中山王定陶王皆入朝定陶傅太后多珍寶賂遺趙昭儀及根陰為王求漢嗣皆見帝無子欲豫自結為久長計更稱譽定陶王帝亦自器之遂立為太子

王莽以孝元皇后之弟子封新都侯時太后姊子淳于長以材能為卿先進在莽右（名位居其右右在前也）莽陰求其罪過因大司馬曲陽侯根白之長伏誅莽以獲忠直根因乞骸骨薦莽自代平帝遂擢為大司馬莽以大司徒孔光名儒相三主太后所敬天下信之於是盛尊事光引光女婿甄邯為侍中奉車都尉諸哀帝外戚及大臣居位素所不說者（說讀曰悅）莽皆傅致其罪（傅讀曰附益而引致之令入罪）為請奏令邯持與光光素畏慎不敢不上之莽白太后輒可其奏於是前將軍何武後將軍公孫祿坐互相舉免丁傅及董賢親屬皆免官爵徙遠方紅陽侯立太后親弟雖不居位莽以諸父內敬憚之畏立從容言太后令已不得肆意（肆方也）乃復令光奏立舊惡前知定淳于長犯大逆罪多受其賂為言誤朝（安謂為之蕃蔽朝廷也）謀後白以官婢楊寄私子為皇子衆言曰呂氏少帝復出紛紛為天下所疑難以示來世成襁褓之功請遣立就國太后不聽莽曰今漢家衰比世無嗣（比頻也）太后獨代幼主統政誠可畏懼力用公正天下尚恐不從（力勉也）今以私恩逆大臣議如此羣下傾邪亂從此起宜可且遣就國安後復徵召之（綏猶安也）太后不得已遣立就國莽之所以脅持上下皆此類也

後漢竇憲章帝竇后之兄竇后之譖梁貴人憲等豫有謀焉

耿寶女弟為清河孝王妃及安帝立以妃為甘園大貴人帝以寶元舅之重使監羽林左車騎位至大將軍而附事內寵與中常侍樊豐帝乳母王聖等譖廢皇太子為濟陰王及排陷太尉楊震（讒以白怨之）

晉羊琇（以景獻羊后從父弟為中護軍）豪侈無度恨然黨慕勝己其

所推奉使盡心无貳窮害之徒特能振恤選用多以得意者居先不盡銓次之理將士有冒官位者爲其致節不惜軀命

楊駿以武悼皇后父爲車騎將軍武帝疾篤未有顧命功臣皆已没矣朝臣惶惑計无所從而駿盡斥羣公親侍左右因輒改易公卿樹其心腹會帝小間見所用者非乃正色謂駿曰何得便尔乃詔中書以汝南王亮與駿夾輔王室駿恐失權寵從中書借詔觀之得便匿藏中書令華廙恐懼自往索之終不肯與信宿之間帝疾遂篤后乃奏帝以駿輔政帝頷之

駿弟珧爲衛將軍初以退讓稱晚乃合朋黨搆出齊王攸中護軍羊琇與北軍羊琇與北軍中候成粲謀欲因見珧而手刃之珧知而辭疾不出諷有司奏琇轉爲太僕自是舉朝莫敢枝梧而素論盡矣

賈模太尉充之從子賈后既豫朝政擢爲侍中加授光祿大夫模潛執權勢外形欲遠之每有啓奏賈后事入輒取急或託疾

府三百七　三

以避之至於素有嫌忿多所中陷朝廷甚憚之

賈謐母賈午太尉充少女也謐以充外孫嗣爲魯公賈后母郭槐欲以謐父韓壽女爲愍懷太子妃太子亦欲婚韓氏自固而壽妻賈午及后皆不聽而爲太子聘王衍小女惠風太子聞衍長女美而賈后爲謐聘之心不能平頗以爲怨謐嘗與太子圍碁爭道成都王穎見而訶謐謐意愈不平因此譖太子於后曰太子廣買田業多畜私財以結小人者爲賈氏故也密聞其言云皇后萬歲後吾當魚肉之非但如是宮車晏駕彼居大位依楊氏故事誅臣等而廢后於金墉如反手耳不如早爲之所更立慈順者以自防衛后納其言又宣揚太子之短布諸遠近于時朝野咸知賈后有害太子意

後魏盧道虔尚孝文女濟南長公主道虔外生李彧尚莊帝子豐亭公主因相藉託

唐武三思則天皇后之兄子爲特進太子賓客性傾巧便辟善事人又以宗室中近屬特蒙信任天后數幸其第賞賜甚厚時薛懷義張易之張昌宗相繼被寵幸三思與從父兄承嗣每折節事之懷義將欲乘馬三思等必爲之執轡又贈昌宗詩稱爲王子晉後身極筆褒美三思以天后厭居深宮又欲與張易之兄弟扈從馳騁以弄其權乃請創造三陽宮于嵩山興泰宮于萬壽山請天后每歲臨幸前後工役甚衆百姓怨之神龍三年五月已亥中宗以穀價踊貴召太府卿紀處訥問其故對曰左驍衛將軍兼知太史令傅孝忠奏言其夜有攝提星入太微至帝座此則王者與大臣私相接大臣能納忠故有其應三思陰諷之也

韋溫庶人從父兄神龍中以后族累遷戶部尚書爲人庸昧李多祚舉兵之後韋氏不安拜溫爲太子少保同中書門下三品以自固及韋氏臨朝溫爲謀首

楊國忠貴妃從父之子玄宗天寶中爲監察御史時帝春秋高

府三百七　四

意有所惡故國忠以此得深探上旨其擿觖皆以是中驟遷侍御史度支員外郎給事中御史中丞兼掌錢穀出入禁闈日加親幸武部侍郎吉溫爲國忠陳移奪執政計國忠深納之刑部尚書兼京兆尹蕭炅御史中丞宋渾皆李林甫所親善國忠以飛言奏貶林甫不能救御史大夫兼京兆尹王鉷勢與国忠侔位望居其右国忠忌其與已分權會鉷弟銲與邢縡有姦謀事洩国忠因而陷之坐以大逆代鉷爲御史大夫權知京兆尹五日窮竟邢縡枝黨獄成而罷又密奏林甫黨與交私阿布思狀哥舒翰陳希烈附會證成之帝由此疎林甫天寶末官至司空玄宗聞河朔變起欲以皇太子監国而自親征謀於国忠国忠大懼歸謂姊妹曰我等死在旦夕今儲宮監国當與娘子等併命矣姊妹入訴於貴妃貴妃銜土請命其事乃止

貪黷

夫徇財曰貪貪財官爲墨而有處帝戚之重緣外氏之恩專怙威

權閫飾篋貨益託勢貴寵負氣驕吝受賕以薦士通賄以亂政招克是是聚斂無厭乃至陷人非辜安忍取貨濫聲遠播醜跡自彰用速簡書斯可痛惜者已

漢田蚡景帝王皇后同母弟也武帝時為太尉親貴用事時梁內史韓安國坐法失官家居以五百金遺蚡蚡言安國太后帝素聞安國賢即召以為北地都尉

田祖景帝王皇后同母弟勝子也嗣勝為周陽侯武帝元狩三年坐當歸輕侯宅不與免[illegible]

後漢竇憲章德竇皇后兄也和帝時為侍中虎賁中郎將侍宮掖聲勢遂以賤直請奪沁水公主園田（沁水公主明帝女）主畏逼不敢計

梁冀順烈梁皇后兄也為大將軍扶風人士孫奮居富而性吝冀因以馬乘遺之從貸錢五千萬奮以三千萬與之冀大怒乃告郡縣認奮母為其守藏婢云盜白珠十斛紫金千斤以叛遂收考奮兄弟死於獄中悉沒資財億七千餘萬

陳宋佛念後廢帝陳太妃叔父也為步兵校尉大通貨賄侵亂朝順政及順帝昇明初賜死

後魏高肇文昭皇太后之兄也宣武景明初封平原郡公數日之間富貴赫弈是年咸陽王禧誅財物珍寶奴婢田宅多入高氏

北齊尉景仕東魏為太傅景妻神武之姊也以勳戚每有軍事常被委重而不能忘懷財利神武每嫌責之轉冀州刺史又大納賄發夫獵死者三百人庫狄干與景在神武坐干請作御史中尉神武曰何意下求卑官干曰欲捉尉景神武大笑令優者石董桶戲之董桶剝景衣曰公剝百姓董桶何為不剝公神武誡景曰可以無貪也

婁叡武明皇后母弟昭子也叡以外戚貴幸縱情財色為瀛州刺史聚斂無厭

婁定遠武明皇后之姪也武成帝時封臨淮王武成大漸與趙郡王等同受顧命拜司空趙郡王之奏黜和士開遠與其謀遂納士開賄成趙郡之禍其貪鄙如此

唐蕭鉅隋大業時以后族歷太府卿巴東太守所在之職多以黷貨[illegible]於外戚累原其罪

賀蘭敏之則天皇后姊子也則天繼母榮國夫人楊氏卒則天內出大瑞錦令敏之造佛像追福敏之自隱用之

竇琰昭成皇后之兄玄宗開元初以舅氏封畢國公而兄弟希瑊希玠皆貪鄙過自封植琰又甚焉

王守一玄宗王庶人同母雙生也性貪鄙積聚巨萬開元十一年自太子少保坐與庶人潛通左道左遷柳州別駕籍沒其家財帛不可勝計

薛諗玄宗甥也性貪狠恃託國戚恣行兇忍常於私第使臺奴以重貫於坊市誘販繒帛者悉於後園椎殺之竊其財經歲乃為所告帝深惡之長流瀼州死于路

張清尚玄宗公主為駙馬都尉肅宗乾元元年二月贊善大夫張奭狀首清受錢二千貫許奏免父倚罪帝乃清子[illegible]不寘于法勑清母決四十放贓錢初奭父為御史夫夫玄宗欲幸蜀敗

戶部尚書長安失沒於賊偽授侍中至德初克復倚懼更遂納賄於清以求免罪

梁趙巖尚太祖女長樂公主授衛尉卿末帝即位為租庸使守戶部尚書巖以勳戚自負貨賂公行天下之賄半入其門豐其飲饌動費萬錢傲然歆絢商其徒如市權勢燻灼人皆阿附

害賢

害仁以求生先聖之深戒傷賢而被禍往志之明徵粤自漢行政化多歧寵母后之黨貴皇孋之族位高而難制勢去而莫遏故有竊弄政柄擅作威虐光寵支附忌克忠良造為飛條誣以深釁諷希指之吏極文致之辜俾良士滯於下僚忠臣陷於非辟天之癉惡戚亦自貽故自之明主所以右賢而左戚者誠有旨哉

漢田蚡以孝景王皇后同母弟為丞相初魏其侯竇嬰聞有朔即陽病非不食欲死或聞帝無意殺嬰復食治病議定不死矣迺有飛語為惡言聞上（蚡為作飛揚誹謗之語也）故嬰論棄市渭城

王莽以元后之子爲大司馬初前將軍何武舉後將軍公孫祿可大司馬而祿亦舉武太后竟用莽莽風有司劾奏武祿互相稱舉皆免武就國元始三年呂寬等事起武在見誣中大理正檻車徵武武自殺

後漢竇憲以章德皇后之兄爲大將軍初梁諷爲憲軍司馬後坐憲意髡輸武威武威太守承旨殺之又何敞數切諫言諸竇罪過憲等深怨之時濟南王康尊貴驕甚憲乃白出敞爲濟南太傅

梁商以順烈皇后之父爲大將軍初王堂爲汝南太守商及尚書令袁湯以屬不行並恨之後廬江賊迸入弋陽界堂勤兵追討賊使奔散而商湯猶因此風州奏堂在任無警免歸家

梁冀以順烈皇后之兄爲大將軍時太尉李固議立清河王蒜爲嗣冀不從後歲餘甘陵劉文魏郡劉鮪共爲妖言下獄門生勃海王調貫械上書證固之枉河內趙承等數十人亦要鈇鑕詣闕通訴（字林曰鈇鑕椹也鑕音質椹知林切）太后明之乃赦焉及出獄京師市里皆稱万歲冀聞之大驚畏固名德終爲己害乃更據奏前事遂誅之又皇甫規舉賢良方正對策冀忿其刺己以規爲下第拜郎中託疾免歸州郡承冀旨幾陷死者再三又杜喬爲太尉在位數月以地震免官者唐衡左悺等因共譖於帝曰陛下前當即位喬與李固抗議言上不堪奉漢宗祀帝亦怨之及清河王蒜事起冀遂諷有司劾喬及李固與劉鮪等交通請逮案罪而梁太后素知喬忠但策免而已冀愈怒使人脅喬曰早從宜妻子可得全喬不肯明日冀遣騎至其門不聞哭者遂白執繫之死獄中妻子歸故郡冀又聞郎崔琦才請與交琦作外戚箴白鵠賦諷冀冀怒遣歸後除爲臨濟長不敢之職解印綬去冀遂令刺客陰求殺之又种暠爲益州刺史時永昌太守冶鑄黃金爲文蛇以獻冀暠糾發逮捕馳傳上言而二府畏懦不敢案之冀由是銜怒於暠會巴郡人服直聚黨數百人自稱天王

暠與太守應承討捕不克吏人多被傷害冀因此陷之傳逮暠承太尉李固上疏梁太后省奏乃赦暠罪免官而已又馬融爲南郡太守先有事忤冀冀諷有司奏融在郡貪濁免官髡徙朔方自刺不死得赦還又陳龜爲度遼將軍既到職州郡重足震慄鮮卑不敢近塞冀與龜素有隙譖其沮毀國威挑取功譽（挑猶取也獨取其義如挑戰之義）不爲胡虜所畏坐徵還遂乞骸骨歸田復徵爲尚書冀暴虐日甚龜自知必爲冀所害不食七日而死

晉楊駿以武悼皇后之父爲車騎將軍輔政惠帝即位以張華爲太子少傅與王戎裴楷和嶠俱以德望爲駿所忌皆不與朝政

唐武承嗣以則天兄子爲文昌左相時張嘉福等請立承嗣爲皇太子則天以問地官尚書格輔元固稱不可承嗣譖之故及於禍天授三年一月御史中丞來俊臣奏言鳳閣侍郎任知古地官侍郎狄仁傑冬官侍郎裴行本司農卿裴宣禮前文昌右丞盧獻司御史中丞魏元忠潞州刺史李嗣真並謀逆請誅之制不許仵令免死承嗣奏曰仁傑等苞藏逆節事迹並彰陛下雖欲屈法申恩無以懲其凶慝帝曰朕好生惡殺志在恤刑涣汗已行不可更返殿中侍御史霍獻可奏曰陛下不殺裴宣礼等臣請絕命於前遂以頭觸殿階流血覆面獻可即宣禮之甥以此表人臣之節鳳閣舍人向光道侍御史張知默又極言請誅之不許唯左授知古江夏縣令仁傑彭澤令宣禮夷陵令元忠涪陵令獻可西鄉令行本嗣真流于嶺表

武三思以則天兄子爲司空同中書門下三品初敬暉等立功後即專知國事桓彥範爲侍中時韋皇后既干朝政三思又居中用事以則天爲彥範等所廢常深憤怨又慮彥範等漸除武氏乃先事圖之皇后韋氏既雅爲帝所信寵言無不從三思乃日夕譖毀彥範等帝竟用三思計進封彥範爲扶陽郡王敬暉爲平陽郡王張柬之爲漢陽郡王崔玄暐爲博陵王袁恕己爲南陽郡王並加特進令罷知政事三思又慮其更爲己患乃令其子崇

訓因安樂公主構䁪等並流于嶺表而死雍州人韋月將高軫等並上疏言三思父子必爲逆亂三思知而求索其罪有司希旨奏月將坐當棄市軫配流嶺外黄門侍郎宋璟執奏月將所犯不合死三思怒竟斥璟爲外職

楊國忠以玄宗貴妃之從祖兄也爲右相初顔真卿天寶中爲殿中侍御史東都畿内採訪判官轉侍御史武部員外國忠惡其不附已出爲平原太守

譴讓

夫寵而不驕其人蓋寡爲難久恃在理固然夫以姻婭夭枝覯連帝冑咳唾生珠玉呼吸下霜露膏粱之性斯居安而忘危高明之家故蒙禍而常酷誠防閑之失道亦漸靡之使然是以傳右于朝稚游數以爲諫東平致問肅宗笑而不言良有以哉、

漢薄昭以文帝舅爲將軍封軹侯十年昭殺漢使者帝不忍加誅使公卿從之飲酒欲令自引分昭不肯使羣臣喪服往哭之

乃自殺

竇嬰孝文皇后從兄子景帝即位爲詹事太后愳嬰亦薄其官因病免太后除嬰籍不得朝請

霍禹以宣帝后兄嗣父光博陸侯爲右將軍初帝始立帝微時許妃爲皇后光夫人顯愛小女成君欲貴之私使乳醫淳于衍行毒藥殺許后（乳醫視産乳之疾者乳音而樹切）因勸光内成君代立爲后光薨後語稍泄於是帝始聞之未察（未知其實）迺徙光女壻度遼將軍未央衛尉平陵侯范明友爲光禄勳次壻諸吏中郎將羽林監任勝出爲安定太守數月復出光姊壻給事中光禄大夫張朔爲蜀郡太守羣孫壻中郎將王漢爲武威太守頃之復徙光長女壻長樂衛尉鄧廣漢爲少府更以禹爲大司馬冠小冠亡印綬罷其右將軍屯兵官屬特使禹官名與光俱大司馬者（祇但也）又收范明友度遼將軍印綬但爲光禄勳及光中女壻趙平爲散騎都尉光禄大夫將屯兵又收平騎都尉印綬諸領胡越騎羽林及兩宫衛將屯兵悉易以所親信許史子弟代之

王商以元后弟封成都侯商嘗病欲避暑從成帝借明光宫（黄圖云明光宫在城内近桂宫也）後又穿長安城引内澧水注第中大陂以行船立羽蓋張周帷輯濯越歌（輯與楫同濯與櫂同皆所以行船也令執楫櫂人爲越歌也若也今吴越之人呼爲橋音饒越歌爲越之歌也）帝幸商第見穿城引水意恨内銜之未言後微行出過曲陽侯第又見園中土山漸臺似類白虎殿（黄圖云在未央宫）於是帝怒以讓車騎將軍音商根兄弟自黥劓謝太后帝聞之怒迺使尚書責問司隸校尉京兆尹知成都侯商擅穿帝城決引澧水曲陽侯根驕奢僭上赤墀青瑣（孟康曰以青畫戶邊鏤中天子制也師古曰青瑣者刻爲連瑣文而青塗之也）紅陽侯立父子藏匿姦猾亡命賓客爲羣盜司隸京兆皆阿縱不舉奏正法二人頓首省戶下又賜車騎將軍音策書曰外家何甘樂禍敗（言此並自取罪禍爲之）而欲自黥劓相戮辱於太后前傷慈母之心以危亂國外家宗族強上一身寖弱日久（寖漸也）今將一施之（行刑罰）君其召諸侯令待府舍（令悉召音之府舍待詔命）是

日詔尚書奏文帝時誅將軍薄昭故事車騎將軍音藉稾請罪（藉稾上言請刑戮也）商立根皆負斧謝帝不忍誅然後得已

商子況嗣成都侯綏和二年坐山陵未成置酒歌舞免

王莽以元后兄子爲大司馬封新都侯哀帝時傅太后丁姬皆稱尊號丞相朱博奏莽前不廣尊尊之義抑貶尊號虧損孝道當伏顯戮幸蒙赦令不宜有爵土請免爲庶人帝曰以莽與太皇太后有屬勿免遣就國

王邑以元后兄子爲侍中矯稱太皇太后指白哀帝爲求特進給事中帝復請之事發覺（哀帝更以此事請於太皇太后太后不知此言故矯事發覺也復音扶目反）太后爲謝帝以太后故不忍誅之左遷邑爲西河屬國都尉削千戶

後漢竇融爲衛尉子穆尚内黄公主穆子勳尚沘陽公主明帝永平二年融從兄子護羌校尉林以罪誅帝由是數下詔切責融戒以竇嬰田蚡禍敗之事（田蚡武帝王皇后異父弟也竇嬰孝文竇皇后從兄子也蚡與嬰相攀會賓嬰之罪使至誅戮）融惶恐乞骸骨詔令歸第養病歲餘聽上衛尉印綬穆等遂交通

□□屬託郡縣干亂政事以封在安豐欲令姻戚悉據故六安國遂矯稱陰太后詔令六安侯劉盱去婦因以女妻之五年時盱婦家上書言狀帝大怒乃盡免穆等官諸竇爲郎吏皆將家屬歸故郡獨留勳京師

梁松尚舞陰長公主爲大鴻臚竇固尚涅陽公主爲中郎將明帝永平初越騎司馬杜保仇人上書訟保爲行浮薄亂羣惑衆伏波將軍馬援書以誡兄子而梁松竇固以之交結將扇其輕僞敗亂諸夏書奏帝召責松固以訟書及援誡書示之松固叩頭流血而得不罪詔免保官

馬廖以明德皇后兄封順陽侯章帝建初四年以特進就第是時馬氏失勢廖性寬緩不能教勒子孫子豫爲步兵校尉遂投書怨誹又廖弟防光奢侈好樹黨與八年有司奏免豫遣廖防光就封豫隨廖歸國考擊物故

竇憲以章德皇后兄爲虎賁中郎將憲恃宮掖聲埶遂以賤直請奪沁水公主園田（沁水公主明帝女）主逼畏不敢訴後章帝駕出過園指以問憲憲陰喝不得對（陰喝猶壅塞也陰音於禁切喝音一介切或作噎音烏故切）後發覺帝大怒召憲切責曰深思前過奪主田園時何用愈趙高指鹿爲馬（愈猶差也）久念使人驚怖昔永平中常令陰黨陰博鄧疊三人更相糾察（以陰鄧皆外戚恐僭踰故使更相糾察也陰博陰興之子）故諸豪戚莫敢犯法者而詔書切切猶以舅氏田宅爲言（切切勤勤也）今貴主尚見枉奪何況小人哉國家棄憲如孤雛腐鼠耳（鶵鳥子生而啄者曰鶵）憲大震懼皇后爲毀服深謝良久乃得解使以田還主不繩其罪然亦不授以重任

晉庾亮明穆皇后之兄也明帝末爲護軍將軍南頓王宗素被親信成帝初亮輔政宗謀廢執政亮殺宗帝不之知及蘇峻平問亮曰常日白頭翁何在亮對以謀反伏誅帝泣謂亮曰舅言人作賊便殺之人言舅作賊復若何亮懼變色庾懌以成帝舅爲西中郎將鎮蕪湖嘗以毒酒餉江州刺史王允之允之覓其有毒飲犬犬斃乃密奏之帝曰大舅已亂天下小舅復欲爾邪懌聞遂飲鴆而卒

梁王寔尚武安公主爲南康嗣王湘州長史王三日出禊寔衣冠傾崎王性方嚴見之意殊忌寔稱主名謂王曰蕭王詎念寔殿下何見憎王驚赦即起後密啓之因此廢錮

後魏馮脩以文明太后兄子爲尚書封東平公其兄誕性淳篤脩乃浮競誕亦未能誨督其過數時言於太子孝文嚴責之至於楚撻

唐程昌裔尚廣寧公主天寶十載正月望夜楊貴妃家五宅夜遊與公主騎從爭西市門楊氏奴揮鞭及公主衣公主墮馬昌裔扶公主因及數撾公主泣奏之帝令殺楊氏奴昌裔亦停官

王士平尚德宗女義陽公主爲駙馬都尉貞元十二年五月經代宗忌辰駙馬諸親表詣銀臺奉慰及迴士平遂邀駙馬郭曖張昭與張怙及女壻嗣許王昭暇堂弟聰雕并教坊音聲人曾自慶並於宅中飲樂德宗怒之下詔曰先聖忌辰纔經叙慰戚里之内固在肅恭而乃遽從宴遊飲酒作樂既乖禮法須有所懲前邠州長史郭駒宜於袁州安置前鄠縣尉郭聰於柳州安置曹自慶配流永州其駙馬郭曖王士平仍令並歸私第是歲士平與公主忿爭帝使奏其狀令公主入内安置中使鎮士平於私宅不許出入

崔杞尚順宗女東陽公主爲駙馬都尉憲宗元和五年正月勑公主及杞所賜錢粟等並宜權停

于季友司空頔第四子尚憲宗女永昌公主爲殿中少監駙馬都尉季友兄敏誘梁正言之僮支解棄於溷中敏坐王再榮詣銀臺門告詔三司使按問乃捜死奴於其第獲之頔服爲恩王傅敏長流雷州季友追奪兩任官階令在家循省

韋讓爲駙馬都尉敬宗寶曆元年以擅决百姓罰兩季俸料

劉珀爲駙馬都尉文宗大和三年任隴州刺史於本道節度使

禮不恭為其所奏貶為果州刺史又潛入京詔下臺司鞫問翌日放歸私第尋除陝州刺史馳驛赴任

韋處仁為駙馬都尉嘗入見巾夾羅巾以進文宗曰本慕卿門戶清素故俯從選尚如此巾服從他諸戚為之耳不須為也

竇澣尚延安公主為駙馬都尉大和四年正月勅以公主衣服踰制從夫之義過有所歸宜罰澣兩月俸錢

冊府元龜卷第三百七

冊府元龜卷第三百九

宰輔部二

佐命第二

晉何曾字穎考陳國陽夏人初仕魏累遷侍中司隸校尉時曹爽專權曾謝病爽誅乃起視事魏帝之廢也曾預其謀咸熙初拜司徒封朗陵侯文帝爲晉王曾與高柔鄭沖俱爲三公將入見二人推而曾獨致拜武帝襲王位以曾爲晉丞相加侍中與裴秀王沈等勸進踐祚拜太尉進爵爲公食邑千八百戶累遷司徒太傅

裴秀字季彥河東聞喜人初仕魏爲黃門郎廷尉正歷文帝安東及衞將軍司馬軍國之政多見信納遷散騎常侍帝之討諸葛誕也秀與尚書僕射陳泰黃門侍郎鍾會以行臺從豫參謀略誕平進尚書遷尚書僕射封秀濟川侯初文帝未定嗣而屬意舞陽侯攸武帝懼不得立問秀曰人有相否因以奇表示之

秀後言於文帝曰中撫軍人望既茂天表如此固非人臣之相也由是世子乃定武帝即王位拜尚書令開府及受禪加左光祿大夫封鉅鹿郡公邑三千戶泰始四年拜爲司空

陳騫臨淮東陽人起家尚書郎歷中山安平太守徵爲相國司馬長史與賈充石苞裴秀等俱爲心膂而騫智度過之蜀賊寇隴右以尚書持節行征蜀將軍破賊而還會諸葛誕之亂復以尚書行安東將軍壽春平拜都督淮北諸軍事轉都督豫州又轉都督江南徙荆州累處方任爲士庶所憶武帝受禪以佐命之勳進車騎將軍封高平郡公累遷太尉大司馬

賈充字公閭平陽襄陵人初爲魏黃門侍郎汲郡典農中郎將參大將軍軍事從景帝討毋丘儉文欽於樂嘉後爲文帝大將軍司馬轉右長史帝新執朝權恐方鎮有異議使充詣諸葛誕圖欲伐吳陰察其變充既論說時事因謂誕曰天下皆願禪代君以爲如何誕厲聲曰卿非賈豫州子乎世受魏恩豈可欲以社稷輸人乎若洛中有難吾當死之充默然及還白帝曰誕在揚州威名夙著能得人死力觀其規略爲反必也今徵之反速而事小不徵事遲而禍大帝乃徵誕爲司空而誕果叛復從征誕充進計曰楚兵輕而銳若深溝高壘以逼賊城可不戰而克也帝從之城陷帝登壘以勞充帝先歸洛陽使充統後事累遷廷尉中護軍時軍國多事朝廷機密皆與籌之帝甚信重充與裴秀王沈羊祜荀勗同受腹心之任五等初建封臨沂侯爲晉元勳初文帝以景帝恢贊王業方傳位於舞陽侯攸充稱武帝寬仁且又居長有人君之德宜奉社稷及文帝寢疾武帝請問後事文帝曰知汝者賈公閭也帝襲王位拜充晉國衞將軍儀同三司給事中改封臨潁侯及受禪充以建明大命轉車騎將軍散騎常侍尚書僕射更封魯郡公泰始中拜司空太尉

石苞字仲容勃海南皮人初爲景帝中護軍司馬從掾典農中郎將歷東萊琅邪太守文帝敗於東關也苞獨全軍而退帝指

所持節謂苞曰恨不以此授卿以究大事乃遷苞爲奮武將軍假節監青州諸軍事頃之代王基都督揚州諸軍事苞因入朝當還辭魏高貴鄉公留語盡日既出白文帝曰非常主也數日而有成濟之事後進位征東大將軍文帝崩賈充荀勗議葬禮未定苞時奔喪慟哭曰基業如此而以人臣終乎葬禮乃定後每與陳騫諷魏帝以歷數已終天命有在及禪位苞有力焉武帝踐阼遷大司馬封樂陵郡公泰始五年拜爲司徒

王導字茂弘光祿大夫覽之孫鎮軍司馬裁之子司空劉寔引爲東閤祭酒遷祕書郎太子舍人尚書郎並不行後參東海王越軍事時元帝爲琅邪王與導素相親善導知天下已亂遂傾心推奉潛有興復之志帝亦雅相器重契同友執帝之在洛陽也導每勸令之國會帝出鎮下邳請導爲安東司馬軍謀密策知無不爲及徙鎮建康吳人不附居月餘士庶莫有至者導患之會從兄大將軍敦來朝導謂之曰琅邪王仁德雖厚而名論

猶輕兄威風已振宜有以拯濟者會三月上巳帝親觀禊乘肩轝具威儀敦導及諸名勝皆騎從吳人紀瞻顧榮皆江南之望竊覘之見其如此咸驚懼乃相率拜於道左導因進計曰古之王者莫不賓禮故老存問風俗虛己傾心以招俊乂況天下喪亂九州分裂大業草創急於得人者乎顧榮賀循此土之望未若引之以結人心二子既至則無不來矣帝乃使導躬造循榮二人皆應命而至由是吳會風靡百姓歸心焉自此之後漸相崇奉君臣之禮始定俄而洛京傾覆中州士女避亂江左者十六七導勸帝收其賢人君子與之圖事時荆揚晏安戶口殷實導爲政務在清淨每勸帝克己勵節匡主寧邦於是尤見委杖情好日隆朝野傾心號爲仲父帝嘗從容謂導曰卿吾之蕭何也永嘉末遷丹楊太守累加振威將軍晉國既建以導爲丞相軍諮祭酒累遷驃騎將軍都督中外諸軍事領中書監錄尚書事及帝登尊號進驃騎大將軍儀同三司封武岡侯進位侍中

司空

宋徐羨之爲桓修撫軍中兵參軍與高祖同府深相親結義旗建高祖板爲鎮軍參軍尚書庫部郎領軍司馬與謝混共事混甚知之累遷大司馬從事中郎將高祖北伐轉太尉左司馬掌留任以副貳劉穆之穆之卒羨之代爲丹陽尹總知留任高祖踐阼進號鎮軍將軍加散騎常侍以佐命之功封南昌縣公遷尚書令又拜司空録尚書事

傅亮字季友北地靈州人仕晉歷中書黃門侍郎直西省高祖時爲太尉欲以爲東陽郡亮馳見高祖曰伏聞恩旨賜擬東陽家貧忝禄私計爲幸但憑蔭之願實結本心乞歸天宇不樂外出高祖笑曰謂卿之須禄耳若能如此甚所望也會西討司馬休之以亮爲太尉從事中郎掌記室從征關洛還至彭城宋國建除侍中領世子中庶子從中書令從還壽陽高祖有受禪意而難於發言乃集朝臣宴飲從容言曰桓玄暴篡鼎命已移我首唱大義興復皇室南征北伐平定四海功成業著遂荷光錫今年將衰暮崇極如此物戒盛滿非可久安今欲奉還爵位歸老京師群臣唯盛稱功德莫曉此意日晚坐散亮還外乃悟旨而宮門已閉亮於是叩扉請見高祖即開門見之亮入但曰臣暫宜還都高祖達解此意無復他言直云須幾人自送亮曰須數十人便足於是即便奉辭亮既出已夜見長星竟天亮拊髀曰我常不信天文今始驗矣至都即徵高祖入輔及受禪以佐命功封建城公添食邑三千戶少帝即位進位中書監尚書令

南齊王儉字仲寶琅邪臨沂人初尚宋明帝陽羨公主累遷黃門吏部郎太祖爲太尉引爲右長史恩禮隆密專見任用轉左長史及太傅之授儉所唱也少有宰相之志物議咸相推許時大典將行儉爲佐命禮儀詔策皆出於儉褚淵唯爲禪詔又使儉參治之齊臺建遷右僕射領吏部時年二十八太祖從容謂儉曰我今日以青溪爲鴻溝對曰天應民從庶無楚漢之事建

元元年改封南昌縣公食邑二千戶持朝廷初基制度草創儉識舊事問無不答太祖歎曰詩云維岳降神生甫及申今亦天爲我生儉也太祖欲出遺詔以儉爲侍中尚書令初儉素知太祖雄異先於領府閒言於太祖曰功高不賞古來非一以公今日位地欲北面可得人臣可乎帝正色裁之而神采內和儉因又曰儉蒙公殊眄所以吐所難吐何賜拒之深宋以景和元徽之淫虐非公豈復寧濟但人情澆薄不能持久公若小復推遷則人望去矣豈唯大業永淪七尺亦豈可得保太祖笑曰卿言不無理儉又曰公今名位故是經常宰相宜禮絕群后微示變革當先令褚公知之儉請銜命太祖曰我當自往經少日太祖自造彥回款言移晷乃謂曰我夢應得官彥回曰今授始爾恐一二年間未容便移且吉夢未必應在旦夕太祖還告儉儉曰褚是未達理虞整時爲中書舍人甚閑辭翰儉乃自報整使作詔及太祖爲太傅引爲右長史奉事見任轉左

梁王茂字休遠太原祁人齊末爲雍州太守高祖義師起茂私於張弘策勸高祖迎和帝高祖以爲不然既發雍部每遣茂爲前驅師次郢城茂進平加湖破光子衿吳子陽等斬馘萬計獻捷于穎川郢魯既平從高祖東下復爲軍鋒師次秣陵東昏遣大將王珍國盛兵朱雀門衆號二十萬度

航請戰茂與曹景宗等會擊大破之縱兵追奔積屍與航欄等其赴淮死者不可勝筭長驅至宣陽門建康城平以茂爲護軍將軍戚還侍中天監十一年進位司空

王僧辯字君才右護衛將軍神念之子天監中隨父東奔元帝爲湘東王時僧辯爲王國左常侍帝尹丹陽轉府行參軍帝出守會稽及爲荊州皆以爲中兵參軍帝爲護軍及江州又以僧辯爲司馬帝再爲荊州又以爲府諮議參軍事代柳仲禮爲竟陵太守屬侯景反帝命僧辯假節總督舟師一萬兼糧餽赴援纔至京都宮城陷沒天子蒙塵僧辯與柳仲禮兄弟及趙伯超等先屈膝於景然後入朝景悉收其軍實而厚加綏撫未幾遣僧辯歸于竟陵於是倍道兼行西就于帝帝承制以僧辯爲領軍將軍代鮑泉討平湘土時侯景浮江西寇僧辯爲大都督督巴陵城拒之景既遁帝命僧辯率諸軍沿流討景師次郢城步攻魯山魯山城主支化仁景之騎將也率其黨力戰衆軍大破化仁乃降僧辯仍督諸軍渡江攻郢即入羅城宋子仙蟻聚以城拒守攻之未剋子仙使其黨時靈護率衆三千開門出戰僧辯又大破之生擒靈護斬首千級子仙衆退據金城門帶江阻險衆軍攻之頻戰不剋景既聞魯山已沒郢鎮復失羅城乃率餘衆倍道歸建業子仙等困蹙計無所出乞輸郢城身還就景僧辯僞許之命給船艘數百以老其意子仙謂爲信然浮舟將發僧辯命杜龕率精勇千人攀堞而上同時鼓譟掩至倉門水軍主宋遙率樓船暗江四面雲合子仙行戰行走至于白楊浦乃大破之生擒子仙即率諸軍進師九江賊僞儀同范希榮盧暉略尚據湓城及僧辯軍至希榮等因挾江州刺史臨城公棄城奔走加侍中尚書令征東大將軍僧辯於是發自江州直指建業既剋定京都帝即位以僧辯爲司徒加鎮衛將軍永寧郡公食邑五千户侍中尚書令並如故

後梁蔡大寶自宣帝爲岳陽郡王以大寶爲諮議參軍梁元帝與相東王纍結謀大寶使任陂還白帝云相東必有異圖僞亂將作不可不授臺版帝納之及爲梁王除中書侍郎兼吏部郎掌大選事俄轉吏部尚書軍國之事咸委焉帝於江陵稱帝以大寶爲侍中尚書令大寶性嚴整有智謀雅達政事文辭贍速帝之章表書記教令詔冊並大寶專掌之帝推心委任以爲謀主時人以帝之有大寶猶劉先主之有諸葛焉

後魏長孫嵩代人年十四代父仁爲南部大人後歸于道武累著軍功歷侍中司徒明元即位與奚斤等八人坐止車門右聽理萬機明元寢疾問後事於嵩嵩曰立長則順以德則人服今長皇子賢而世嫡天所命也請立乃定策詔太武臨朝監國嵩爲左輔太武即位進爵北平王累遷太尉

奚斤道武皇始初從征中原爲征東長史遷晉兵將軍明元即位以斤爲鄭兵將軍累遷左丞相與司徒長孫嵩等八人坐止車門右聽理萬機太武之爲皇太子臨朝聽政以斤爲左輔

丘堆爲散騎常侍太武監國臨朝堆與太尉穆觀等爲右弼

攻允爲侍中值孝文帝將出山東允素知帝非常人早自結託以北土之望尤親禮之遂與允出信都參定大業中興初轉司徒領尚書令

北齊杜弼爲中書令弼志在匡贊知無不爲文宣將受魏禪自晉陽至平城都命弼與司空司馬子如馳驛先入觀察物情踐祚之後以預定策之功遷驃騎將軍衛尉卿

後周于謹初仕魏爲大司寇太祖爲丞相既薨孝閔帝尚幼中山公護雖受顧命而名位素下群公各圖執政莫相率服護深憂之密訪於謹謹曰夙蒙丞相殊眷情深骨肉今日之事必以死爭之若對衆定策公必不得辭讓明日群公會議謹曰昔帝室傾危人圖問鼎丞相志在扶危投袂荷戈遂得國祚中興群生遂性今上將爲奄棄庶寮嗣子雖幼而中山公親則猶子兼受顧託軍國之事理須歸之辭色抗厲衆皆悚動護曰此是

家宰護雖庸昧何敢有辭謹既太祖等夷每申禮敬至是謹乃起而言曰若統理軍國謹等便有所依遂再拜群公迫於謹亦再拜自是衆議始定孝閔踐祚進爵燕公邑萬户遷太傅大宗伯與李弼侯莫陳崇等參議朝政

宇文護字薩保太祖兄顥之少子太祖臨夏州留護事賀拔岳岳被害後太祖至平涼以軍出鎮江東與于謹征江陵爲前鋒拔城鎮擒候騎斷江津收舟艦以待大軍之至圍而剋之時梁陽蠻師向天保等萬有餘落特險作梗及師還護率軍討平之太祖西巡至牽屯山遇疾馳驛召護護至涇州見太祖太祖謂曰諸子幼小寇賊未寧天下之事屬之於汝宜勉力以成吾志護涕泣奉命行至雲陽而太祖歿世護祕之至長安乃發喪時嗣子沖弱寇賊在近人情不安護綱紀内外撫循文武於是衆心乃定既葬太祖護以天命有歸遣公卿諷魏帝遜位禪代之事閔帝踐阼拜大司馬遷大冢宰

李弼字景和遼東襄平人後魏末爲秦州[illegible]從太祖平[illegible]又從平弘農與高歡戰於沙苑大破之以功拜特進又從[illegible]洛陽東魏將莫多婁貸文率衆東至穀城弼斬之衆北破[illegible]太保加柱國大將軍太祖西討留弼居守後事皆諮[illegible]公護執政朝之大事皆與于謹及弼等參議閔帝踐祚除太師封趙國公邑萬户

趙貴字元貴天水南安人魏末天下兵起貴率鄉里避難南遷從賀拔岳平關中累遷大都督岳爲侯莫陳悅所害太祖時在夏州貴議迎太祖太祖至以貴爲大都督領府司馬悅既平從太祖復弘農破沙苑又從戰河橋拔玉壁戰邙山累遷侍中開府柱國大將軍閔帝踐阼拜太傅大冢宰封楚公邑萬户

獨孤信雲中人魏末爲荊州刺史防城縣都督賀拔勝出[illegible]川表信爲武衛及勝弟岳爲侯莫陳悅所害勝乃令入關[illegible]餘衆屬太祖已統岳兵信與太祖鄉里少相友善相見甚歡因令信入洛請事後從太祖復弘農破沙苑率衆入洛陽潁襄廣陳留之地並相繼款附除隴右十一州大都督流民願附者數萬家累遷大司馬柱國大將軍閔帝踐阼拜太保大宗伯封衛國公邑萬户

隋高熲初仕後周爲開府從越王盛擊隰州叛胡平之高祖時爲丞相素知熲彊明又習兵事多計略意欲引之入府遣邗國公楊惠諭意熲承旨欣然曰願受驅馳縱令公事不成熲亦不辭滅族於是爲相府司録時長史鄭譯司馬劉昉並以奢縱被踈高祖彌屬意於熲委以心膂尉迥之起兵也高祖令韋孝寬擊之軍至河陽莫敢先進又令崔仲方監之仲方辭以父在山東熲遂請行因平尉迥進位柱國遷相府司馬寄任益隆及高祖受禪拜尚書左僕射兼納言封渤海郡公朝臣莫與爲比

唐裴寂字玄真隋末爲晉陽宫副監遇高祖留守太原深自結納高祖與之有舊特加親禮每留連宴語間以博弈至於通宵

連日情忘厭倦遣隋宫人私侍高祖于時太宗將舉師而不敢發言見寂爲高祖所厚欲因寂開說其路無由太宗出[illegible]錢百萬陰結龍山令高斌廉使與寂博戲經數日漸以輸[illegible]錢既多乃大喜每日從太宗遊見其歡甚遂以情告之寂則[illegible]諾他日高祖又從寂飲酒酣寂白狀曰二郎去財日方便[illegible]啓大人道今天下大亂城門外即是賊若守節旦夕死亡若起義兵必得天下衆情以叶公意何如高祖曰我兒誠有此計事已定矣秖得從之即召太宗謂寂曰我兒子中唯得此力今起大計從由此兒若得事成即皇太子也寂對曰然是後[illegible]預計[illegible]兵起寂上宫廿百人米九百萬斛雜綵九萬段甲三十萬領以供軍用因拜爲長史金紫光禄大夫從破宋老生授光禄大夫進臨汾封聞喜縣公邑千户義兵至河東隋將屈突通拒守攻之不下三輔豪傑爭來款附高祖將先定京師恐通爲後患猶豫未決寂進說曰今通據關不先平者前有京城之守後有[illegible]

之援此乃腹背受敵敗之道也未若攻蒲州而後入關京師絕援可不攻而定矣太宗曰不然兵法尚權權在於速宜乘機早渡以駭其心我若遲留彼則生計且關中群盜所在屯結未有定主易可招懷賊附兵強何城不剋屈突通自守賊耳不足為虞若失入關之機則事未可知矣高祖兩從之遂命太宗入關以寂為河東安撫大使京師平賜良田千頃甲第一區布帛四萬段進爵魏國公邑三千戶及隋恭帝遜位高祖固讓不受寂勸進不答寂請見曰桀紂亡亦各有子孫未聞湯武臣而輔之可為龜鏡無所疑也寂之茅土大位皆受之於唐陛下不為唐帝臣當去官耳又陳符命十餘事高祖乃從之寂出命太常具禮儀擇吉日高祖既受禪謂寂曰使我至此者公之力也拜尚書右僕射賜以服玩不可勝紀

劉文靜隋末為晉陽令時裴寂為晉陽宮監數與之遊時天下已亂文靜與寂同宿見城上烽火寂仰歎曰卑賤之極家道屢空又屬亂離當何以自存文靜笑曰時事可知吾二人相得何憂貧賤時高祖鎮太原文靜察高祖有四方之志深自結託又窺觀太宗謂寂曰非常人也大度類於漢高神武同於魏祖其年雖少乃天縱矣寂初未然之後文靜坐與李密連婚煬帝令繫於郡獄太宗以文靜可與謀議入禁所視之文靜大喜曰天下大亂非有湯武高光之才不能定也太宗曰卿安知無但恐常人不能別耳今入禁所相看非兒女之情相憂而已時事如此故來與君圖舉大計請善籌其事文靜曰今李密長圍洛邑主上流播淮南大賊連州郡小盜阻山澤者以萬數矣但須真主驅駕取之誠能應天順人舉旗大呼則四海不足定也今太原百姓避盜賊者皆入此城文靜為令數年知其豪傑一朝嘯集可得十萬人尊公所領之兵復且數萬一言出口誰敢不從乘虛入關號令天下不盈半歲帝業可成太宗笑曰君言正合人意於是部署賓客潛圖起義候機當發恐高

祖不從沉吟者久之文靜見高祖厚於裴寂欲因關說於是引寂交於太宗得通謀議及高君雅為突厥所敗高祖被拘太宗又遣文靜共寂進說曰易稱知機其神乎今大亂已作公處嫌疑之地當不賞之功何以圖全其裨將敗衄以罪見歸事誠迫矣當須為計晉陽之地士馬精強宮監之中府庫盈積以茲舉事可立大功關中天府代王沖幼權豪並起未有適從願公興兵西入以圖大事何乃受單使之囚乎高祖然之時太宗潛結死士與文靜等協議剋日舉兵會高祖得釋而止乃命文靜詐為煬帝勅發太原西河鴈門馬邑人年二十已上五十已下悉為兵期以歲暮集涿郡將伐遼東由是人情大擾思亂者益衆文靜因謂裴寂曰公豈不聞先發制人後發制於人乎唐公名應圖讖聞於天下何乃推延自貽禍釁宜早勸唐公以時舉義又脅寂曰且公為宮監而以宮人侍客公死可爾何誤唐公也寂甚懼乃屢促高祖起兵會馬邑人劉武周殺太守王仁恭自稱天子引突厥之衆將侵太原太宗遣之[illegible]部募兵以討武周為辭又令文靜與裴寂偽作符敕出宮監庫物以供留守資用因募兵集衆及義兵將起副留守王威高君雅竊疑[illegible]後數日將大會於晉祠威及君雅[illegible]高祖晉陽鄉長劉世龍以白太宗既知迫急欲先事誅之遣文靜與鷹揚府司馬劉政會為急變之書詣留守告威等二人謀反是日高祖與威君雅同坐視事文靜引政會至庭中云有密狀言人欲反高祖指威等取狀看之政會不肯與曰所告是副留守事唯唐公得看之耳高祖佯驚曰豈有是乎覽狀訖謂威等曰此人告公事如何君雅大詬曰此是反人欲殺我也文靜叱左右執之囚于別室既拘威等竟得舉兵高祖開大將軍府以文靜為軍司馬文靜勸改旗幟以彰義舉又請連突厥以益兵威高祖並從之因遣文靜使于始畢可汗始畢可汗曰唐公起事今欲何為文靜曰皇帝廢冢嫡傳位後主致斯禍亂唐公國之懿

戚不忍坐觀成敗故起義軍欲黜不當立者願與可汗兵馬同入京師人衆土地入唐公財帛金寶入突厥始畢大喜即遣將康鞘利領騎二千隨文靜而至又獻馬千匹高祖大悦謂文靜曰非公善辭何以致此尋率兵與隋將屈突通於潼關道武牙郎將桑顯和勁兵來擊文靜苦戰者半日死者數千人文靜度顯和軍稍怠潛遣奇兵掩其後顯和大敗悉虜其衆通尚擁兵數萬將遁歸東都文靜遣諸將追而執之略定新安已西之地轉大丞相府司馬進授光祿大夫封魯國公高祖踐祚拜納言

杜如晦字克明御史大夫淹之兄子初仕隋滏陽縣尉非其好也後乃棄官歸于鄉里及義兵定關中太宗引爲秦王府兵曹參軍俄遷陝州總管長史時府中多英俊外遷者衆太宗患之記室參軍房玄齡曰餘人不足惜杜如晦聰明識達王佐才也若大王守藩端拱無所用之必欲經營四方則非此人莫可太

宗大驚曰爾不言幾失此人矣因奏爲王府[illegible]部郎中每從征伐軍國多務如晦剖斷如流爲時所服以功累加上柱國封建平縣男邑三百戶以本官補文學館學士畫像於丹青者十有八人而如晦爲冠首令文學褚亮爲之贊曰建平文雅休有烈光懷忠履義身立名揚其見欽重如此時隱太子與元吉謀危太宗乃深忌之相與謀曰秦王府中所可憚者唯杜如晦房玄齡耳因誣以罪譖之於高祖由是逐之並令還宅及隱太子將爲變太宗密知之遣長孫無忌召如晦等有道士之服潛來入府共爲籌略社稷以寧擢爲太子左庶子俄遷兵部尚書以定策安宗廟功居第一封蔡國公食邑三千戶別食益州千三百戶太宗即位以本官檢校侍中攝吏部尚書仍督兵衛皇太子尋爲右僕射仍掌選事

房玄齡字喬清河人隋末爲隰城縣尉漢王諒爲逆坐除名會義旗入關太宗以燉煌公徇渭北玄齡因杖策謁於軍門太宗一見便如舊識署爲記室參軍玄齡既遇知己罄竭心力捨遺補闕知無不爲賊寇每平衆人競求珍異玄齡獨先收人物致之幕府及有謀臣猛將皆與之潛相申結各盡其死力武德末隱太子猜間太宗謂玄齡曰阽危之兆其迹已見計將安出對曰國家患難今古何殊非睿聖欽明不能安輯大王功蓋天地事鍾壓紐神贊所在匪藉人謀因與府屬杜如晦同心勠力以前後軍功累加上柱國封臨淄縣侯補行臺屯田郎中尋轉考功又爲文學館學士隱太子以玄齡既被太宗親禮爲之謀主甚惡之乃譖之於高祖由是與杜如晦並被驅斥息隱將陵將有變也前一日長孫無忌以教旨令玄齡衣道士服潛引入閤與之計事及事平太宗入春宫以玄齡爲右庶子既踐阼除中書令封邢國公貞觀三年爲尚書左僕射累改封魏國公因公拜司空太傅

梁敬翔好讀經書善禮學尤長刀筆應用敏捷舉進士未第遇

黄巢陷長安乃東出關時太祖始鎮汴有觀察支使王發者術獨當委用發與翔鄉里親也相遇甚喜乃叶力佐太祖[illegible]利病頗稱太祖意由是自進士奏爲光祿寺主簿署館驛巡官居中以司奏記之職太祖連破巢蔡實預勳府尋奏授太子中允賜朱紱討曹濮伐兗鄆凡用師未嘗不密侍左右太祖之攻蔡也有弩矢犯左腕血染口鼻自翔外軍中無知者其得遇如此及太祖受唐禪改樞密院爲崇政院遂用翔知院事賓客大政（翔初歸太祖[illegible]語及將務遂與[illegible]因委[illegible]況發一言劃一事常與太祖意同由是三十年[illegible]四方之人[illegible]識面[illegible]不離於左右[illegible]公直以[illegible]戰[illegible]勤少暇[illegible]軍書[illegible]知風雨知文[illegible]院事陳將下能敵也至於戎[illegible]宿止制河朔[illegible]訓強兵數十万[illegible]王奉上安[illegible]職但納賢爲自識至書內外機宜疑于[illegible]國甘翔之[illegible]也其於[illegible]風珠兩未曾[illegible]不與上同[illegible]政爲[illegible]總樞[illegible]而劊之業[illegible]於本朝）

後唐郭崇韜字安時代州鴈門人父引政太祖杖鉞鴈門也崇韜爲李克脩之綱紀從定京師平巢賊克脩卒昭義崇韜累典

軍中物務頗稱幹克脩卒歸隸太原以爲典謁嘗奉使鳳翔將行遣左教練西宮使帝平定魏博君充副中門使與孟知祥俱參機要崇韜廉直幹略如果于臨事專授決斷略無疑滯以此恩顧日隆先是吳珙張虔厚相繼爲中門使功多赤族故知祥堅請外任瓊華長公主泣請知祥於皇太后帝重違之以知祥爲河東軍城都虞候自是崇韜專典要密軍籌計畫多所參決艱難戰伐靡所不從後從帝親征王德明於鎮州時德明求援契丹之衆至新樂虜騎已渡沙河我軍大恐或有毀輜車南行者李存審斬之不能止諸將咸云賊城兵數不少今濟之以[illegible]王師不敵如被中外夾攻吾族盡矣不如退師還鄴俟其北歸議起居帝猶豫未能決崇韜曰臣聞阿保機爲王都所誘隨俛而來本利貨財非敦隣好一逢挫敗追走必矣况我新破汴寇威振北藩乘此驅攘無往不捷況事之濟否亦有天命今狄虜來其如我何帝然其議因諭諸將破賊於新城阿保機遁走

安重誨自明宗龍德時得給事左右及鎮邢州以重誨爲中門使隨從征討凡十餘年委信無間勤勞亦至洎鄴城之變佐命之功獨居其右明宗踐阼領樞密使既遷左領軍衛大將軍充職

晉天福二年六月宰臣李崧讓樞密使崧始自范延光鎮鄴州爲管記及明宗長興末爲六軍副使以皇子秦王從榮不軌懇求出外會北虜屢寇雲中議選良帥以鎮北門帝問延光趙延壽等不敢應對奏云候臣至本院商量欲定襄州連帥康義誠崧最在下位辭立請曰非石太尉不可延光曰儀累白上欲令出鎮晉謂崧曰只有得氣力者欲不遣在左右是何意也由是不敢復奏將帝又遣中使促之乃定帝領太原明日帝又使心腹導意至崧云累浮面須與合却尖表感之深也及義旗入洛崧爲偽主端明殿學士出逃郊外帳召居舊秩無幾命爲相兼樞密使蓋由此階緣故也崧時以宰相樞密使懼將遷朝廷之元臣也故有表讓其機務以固帝心皆小數也

桑維翰自後唐末帝清泰三年爲太原掌書記時高祖將起義頗慮孤壘無成憂不遑處維翰揚言曰蛇虺在手壯士解腕今日朝廷待以匪人無復首免之理但竭力自完萬一不濟契丹族帳在雲應朝呼夕至何患無成高祖釋然自是民請構蕃軍者多矣然閱防重壘去者多獲朝廷又以虜性多疑必不以高祖單詞容易應副高祖使有達虜廷者報曰仲秋吾傾寨奉援且牢守備朝廷知之攻城頗急城中乏食重離支久乃令小僕何福懇告蕃首時八月末也蕃首曰此後漸涼別無顧慮願名曰福戰捷之由數日出軍與何福俱來壬寅契丹至及高祖建號制授禮部侍郎知樞密院事尋改中書侍郎平章事趙瑩華陰人從唐莊宗時爲陝州從事明宗即位以高祖爲陝府兩使留後瑩時在郡以前官謁之一見如舊相識即奏署爲記高祖歷諸鎮皆從之累使下官至御史大夫賜金紫高祖再鎮并州

位至節度判官高祖受契丹冊既即位授瑩翰林承旨金紫光祿大夫戶部侍郎知太原府事尋遷門下侍郎同平章事監修國史

漢蘇逢吉自高祖鎮太原爲判官天福十二年泰州節度使叛入蜀高祖聞之歎曰中原無主使藩侯一至於此吾趣方鎮之任得無愧於心乎逢吉等曰大王出鎮避爵兵權久不在已外不能撫四夷內不能安牧伯朝廷致敗乃自失之夫不有廢也於何以興皆天運使然非大王之過大王富有金貲之地帶甲十萬一呼一吸海內孰不響應足以雪家國之恥足以圖帝王之業幸不以小善小節爲拘束耳帝曰諸公何略之甚吾以少王爲虜心焉如焚誅之與力已不追於重耳皇緒若在將欲保寶賦事業足矣安有他望耶高祖引咎甚正率皆如此高祖令[illegible]方謀[illegible]立守其闕高祖素嚴毅及鎮太原位望崇重從事稀得謁見惟逢吉日侍左右兩使文牘推案盈几有不歸[illegible]者不敢通[illegible]倪袖伺其色睨則諂之多見其可高祖建號授太原逢吉自節度判官拜同平章事集賢殿大學士

楊邠魏州冠氏人高祖為鄴都留守用為左都押衙及高祖鎮太原方開霸府以羅英乂邠遂棄職挈族歸之帝察其誠賞其來意而納焉置之近列俄置牙門都校軍國庶務靡不委之邠惟亮直廉約莅事平允帝甚寵之及虜陷汴水晉少帝北徙群議推迫帝建尊號帝固拒之邠與周高祖繼入請曰戎人亂華勢不能久今天下無主逆歷數歸大王也且億兆之口不謀同辭若巨山已斷無能扼也乘龍在天不可下也由是帝心遂定至帝建義南向巡幸晉絳撫寧陝虢內定歸略皆訪於邠邠每有謀啓帝皆可之因謂曰始見公心為治衆都尉之才也今見公方略真撥亂經始之良臣也帝既自洛入汴河朔衛寧賞邠之功故有正命從國建還檢校太保　樞密使汴洛平定拜樞密使檢校太傅

蘇禹珪自高祖作鎮并門奏為觀察判官及契丹盜國高祖即位於晉陽為中書侍郎平章事

王章自高祖典侍衛親軍召為都孔目官從至河東專委錢穀國初授三司使檢校太傅從征杜重威於鄴下明年高祖晏駕隱帝即位加檢校太尉同平章事

周鄭仁誨晉陽人漢高祖之鎮河東也太祖累就其弟與之燕語每有質問無不以正理為答太祖深器之漢有天下太祖初領樞務即召為從職及太祖西征樞密贊軍機西師凱旋累遷至檢校吏部尚書太祖踐阼佐命功檢校司空客省使兼大內都點檢恩州團練使尋為樞密副使轉宣徽北院使右衛大將軍出鎮澶州檢校太保入為樞密使加同平章事

冊府元龜卷第三百九

冊府元龜卷第三百四十一

將帥部 二

佐命第二

王吸以中涓從起豐至霸上為騎郎將入漢以將軍擊項籍封清陽侯一作清陽三千二百户召歐以中涓起沛至霸上為連敖入漢以騎將定燕趙得將軍封廣嚴侯二千二百户薛歐以舍人從起豐至霸上為郎入漢以將軍擊項籍鍾離眜封廣平侯四千五百户陳濞以舍人從碭以刺客將入漢以都尉擊項籍滎陽絕甬道殺追士卒封博陽侯

劉纏兵初起與諸侯共擊秦為楚佐令尹漢王與項羽有隙於鴻門纏解難以破羽降漢封射陽侯

周昌以職志職志官名主旗幟也擊秦入漢出關以內史堅守敖倉以御史大夫封汾陰侯

武虎一作武儒以謁者從擊破秦入漢定三秦出關以將軍擊定諸侯封梁鄒侯二千八百户

董渫一作緤以舍人從擊秦為都尉入漢定三秦出關以將軍定諸侯比厭次侯二千八百户封成侯

孔聚以執盾徒起碭以左司馬入漢為將軍三以都尉擊項籍屬韓信此即楚漢春秋及史記所謂孔將軍居左者封蓼侯

陳豨以特將將卒五百人從起宛朐至霸上為游擊將軍別定代破臧荼封陽夏侯

陳賀以舍人從起碭以左司馬入漢用都尉屬韓信擊項籍為將軍定會稽浙江湖陵封費侯

周竈以卒從起碭以連敖入漢以長鈹都尉擊項籍連敖楚官左傳楚有連尹莫敖其後合為一官號長鈹長刃兵也為刀而劍形史記作長鋏鋏亦刀耳封隆慮侯

丁復以越將從起薛至霸上以樓煩將入漢定三秦屬周呂侯破龍且彭越為大司馬破項籍葉謂破楚葉縣也為將軍忠臣侯毋封陽都侯

郭蒙以户衛從起薛屬周呂侯破秦軍杠里陷楊熊軍曲遇入漢為城將定三秦以都尉堅守敖倉為將軍破項籍封東武侯三千户

嚴不職一作不識以舍人從起沛至霸上以騎將入漢還擊項籍屬丞相甯功侯用將軍擊黥布封武彊侯

宣虎以河南將軍降晉陽以重將破臧荼重將主輜重者也封南安侯

陳武以將軍將卒二千五百人起薛別救東阿至霸上二年十月入漢擊齊歷下軍臨菑封棘蒲侯

朱軫以舍人從起沛以隊帥先降翟王虜章邯封都昌侯

合傅胡害以越户將從破秦入漢定三秦以都尉擊項籍封貰侯六百户

搖毋餘以越隊將從破秦入漢定三秦以都尉擊項籍封海陽侯千七百户

蔡寅以魏太僕漢王三年初從以車騎將軍破龍且及彭城封肥如侯千户

蟲達以曲城户將三十人從起碭至霸上為執金吾及為二隊屬周呂侯入漢定三秦以都尉破項籍陳下封曲成曲一作曲城侯四千户

陳涓以卒起碭從以二隊將入漢擊項籍得梁郎將處封河陽侯

耏跖以門尉起碭至霸上為定武君還定秦為都尉擊項羽封芒侯

閻澤赤以執盾初起從入漢為河上守遷為殷相擊項籍封敬市侯一作故市千户

戎賜以連敖從起薛以三隊將入漢定三秦以都尉破項籍軍為將軍封柳丘侯八千户

周止以舍人從起沛以郎中入漢為周信侯定三秦以為騎郎將破項籍東城封魏其侯千户

繒賀漢王三年以執盾從起以連敖擊項籍漢王敗走賀擊楚

追騎以故不得進漢王顧謂賀祁王戰彭城斬項籍爭惡絶延
壁（謂之祁王者高帝式寵號之前以靈三也爭惡謂爭惡地延壁壘之名也）封祁侯
許惡漢三年用趙右林將初擊定諸侯（林將言羽林之將也）封宋子侯
齊受以卒從起留以家車吏入漢以驍騎都尉擊項籍得
樓煩將（家車吏主漢王之家車）封平定敬侯
工師喜以舍人從擊破秦以郎中入漢以將軍定諸侯守雒
陽封平侯千三百戶
奚涓以舍人從起沛至咸陽爲郎入漢以將軍定諸侯封魯侯
千八百戶
尹恢以謁者從入漢以將軍擊定諸侯以右丞相備守淮陽封
城父侯二千戶
襄（漢表失其姓一作無姓）執盾隊史從起碭破秦以治粟內史入漢以上
郡守擊定西魏地封棘丘侯
郭亭以連敖從起單父以塞路入漢（主遮塞要路以備敵寇也）還定三秦屬

周呂侯以都尉擊項籍封河陵侯（一作阿陵）
單究（一作單寗）以舍人從以郎入漢定三秦以騎將軍擊諸侯封昌
武侯九百戶
丙猜以客從入漢定三秦以尉破項籍封高宛侯（一作高苑）千六百戶
丁義以卒從起留以騎將入漢定三秦破項籍軍滎陽以郎騎
將破鍾離眛軍固陵封宣曲侯六百七十戶
華毋害以越將從起留入漢定三秦擊臧荼封絳陵侯（一作絳陽）七
百四十戶
劉到（一作劉釗）以舍人從起碭至霸上以二隊入漢定三秦以都尉
擊項籍破臧荼封東茅侯千戶
唐厲以舍人從起豐以左司馬入漢以亞將攻項籍卻敵爲東
郡都尉破籍封成武侯爲中尉擊黥布封斥丘侯千戶
戴野以舍人從起碭用隊帥入漢以都尉擊項籍封臺侯
丁禮以中涓騎從起碭爲騎將入漢定三秦爲正奉侯以都尉

擊項籍屬灌嬰殺龍且更爲樂成侯
鄂秋漢王三年以謁者從定諸侯有功封安平侯二千戶
陳夫乞以卒從起杠里入漢以都尉擊項籍以將定燕封高胡
侯千戶
爰類以慎將（謹慎將也）從起留入漢以都尉守廣武封厭次侯
陳胥以卒從起薛以將軍入漢以右司馬擊項籍封復陽侯千戶
其石以中謁者從入漢以郎中騎從定諸侯封陽河侯五百戶
許盎以騈憐從起昌邑（騈憐二馬曰騈騈騎也）以說衛入漢（說衛謂軍行舍火之衛爲
衛也）以中尉擊項籍封栢至侯
呂馬童以郎騎將從好畤以司馬擊龍且復共斬項籍封中水
侯千五百戶
王翳（一作王醫）以郎中騎從起下邳屬淮陰侯從灌嬰共斬項籍封
杜衍侯千七百戶
楊喜（一作楊憙）以郎中騎從起杜屬淮陰後從灌嬰共斬項籍封赤

泉侯千九百戶
華寄以舍人從起薛以連敖入漢以都尉擊項籍封朝陽侯千戶
杜得臣以卒從起胡陵入漢以郎將迎左丞相軍擊項籍封棘
陽侯千戶
呂騰以騎士從出關以郎中共擊項籍封涅陽侯千五百戶
林摯以客從起亢父斬章邯所置蜀守用燕相封平棘侯千戶
趙將夕（一作將夜）以趙將屬淮陰侯定趙齊楚封深澤侯七百戶
程黑以趙衛將軍從起盧奴擊項籍敖倉下將軍攻臧荼封歷
侯（一作磿侯）千戶
陳遬以舍人從起豐入漢以都尉擊項籍封猗氏侯千一百戶
室中同（一作空中）以弩將初起從入漢以都尉擊項籍封清簡侯千戶
留肹（一作勝）以客吏初起從入漢以都尉擊項籍封彊侯千戶
秦同以卒從起薛以弩將入漢以都尉擊項籍封彭侯千戶
楊武以郎中騎將從起下邽擊陽夏以騎都尉擊項籍封吳房

侯七百户

魏遬以舍人從起碭入漢以都尉擊臧荼封寧侯千户

張說以卒從起方與以執盾入漢以司馬擊項籍以將軍定代封安丘侯二千户

陳署以卒從起霸上以謁者擊項籍斬曹咎封龍陽侯（一作龍侯）千户

孫赤以中涓從起沛以郎入漢以將軍擊項籍封惠侯坐守滎陽降楚免復來以郎擊籍爲上黨守擊陳豨封堂陽侯八百户

高色（一作高邑）以客從起碭以上隊將入漢以將軍擊魏太原井陘屬韓信盟虜軍破項籍封祁陽侯（一作祈陽）千八百户

呂臣以舍人從起陳留以郎入漢破曹咎成皋爲都尉擊陳豨封寧陵侯（一作寧陵）千户

靳彊以郎中騎千人從起櫟陽擊項籍以中尉破鍾離昧封汾陽侯一

秘彭祖以卒從起沛以卒開沛城門爲太公僕以中廄令擊陳豨封戴侯一百户

周聚以卒從起豐以隊率入漢擊項籍成皋封博陽侯

冷耳以客從起沛入漢用兵擊破齊田解軍以楚丞相堅守彭城封下相侯二千户

王虞人（一作王周）以騎司馬從起廢丘以都尉破田橫龍且追項籍至東城封高陵侯九百户

李必（一作李少）以騎都尉從起櫟陽攻破廢丘因擊項籍屬韓信破齊封戚侯千五百户

奚意以魏郎從起陽武擊項籍屬魏王豹封成陽侯六百户

陳倉以中涓從起豐以騎將入漢以將軍擊項籍封紀信侯七百户

毛釋之以中涓從起豐以郎騎入漢還從擊諸侯封張侯七百侯

華朱以越連敖從起薛別以越將入漢擊諸侯以都尉封煮棗侯九百户

朱濞以卒從起豐入漢以都尉擊項籍封鄢陵侯二千七百户

後漢鄧禹字仲華南陽新野人光武安集河北即杖策北渡追及於鄴號禹曰鄧將軍常宿止於中與定計議及王郎起兵光武自薊至信都使禹發奔命得數千人令自將之別攻拔樂陽（樂陽縣名屬常山郡從至廣阿東觀記曰帝率禹等擊王郎橫野將軍劉奉大破之帝過禹營禹進炙魚帝飧啗勞勉吏士威嚴甚厲衆皆竊言劉公真天人也）光武使別將騎與蓋延等擊銅馬於清陽延等先至戰不利還保城爲賊所圍禹遂進與戰破之生獲其大將從光武追賊至蒲陽連大克獲北州略定及赤眉西入關更始使定國上公王匡襄邑王成丹抗威將軍劉均及諸將分據河東弘農以拒之赤眉衆大集王匡等莫能當光武籌赤眉必破長安欲乘釁并關中而方自事山東未知所寄以禹沈深有大度故授以西討之略乃拜爲前將軍持節中分麾下精兵二萬人遣西入關令自選偏裨以下可與俱者於是以韓歆爲軍師李文李春程慮爲祭酒（慮字或爲憲）馮愔爲積弩將軍

樊崇爲驍騎將軍宗歆爲車騎將軍鄧尋爲建威將軍耿訢爲赤眉將軍左于爲軍師將軍引而西建武元年正月禹自箕關將入河東（箕關在今王屋縣）河東都尉守關不開禹攻十日破之獲輜重千餘乘進圍安邑數月未能下更始大將軍樊參將數萬人度大陽欲攻禹（大陽縣屬河東郡春秋秦伯伐晉自茅津河東大陽縣也）禹遣諸將逆擊於解南大破之斬參首（解縣屬河東郡）於是王匡成丹劉均等合軍十餘萬復共擊禹禹軍不利樊崇戰死會日暮戰罷軍師韓歆及諸將見兵勢已摧皆勸禹夜去禹不聽明日癸亥匡等以六甲窮日不出禹因得更理兵勒衆明旦匡悉軍出攻禹禹令軍中無得妄動既至營下因傳發諸將鼓而並進大破之匡等皆棄軍亡走禹率輕騎急追獲劉均及河東太守楊寶持節中郎將弭彊皆斬之收得節六印綬五百兵器不可勝數遂定河東承制拜李文爲河東太守悉更置屬縣令長以鎮撫之

馮異字公孫潁川人漢兵起異以郡掾監五縣與父城長苗萌

共城守為王莽拒漢光武略地潁川攻父城不下屯兵巾車鄉異間出行屬縣為漢兵所執時異從兄孝及同郡綝呂晏並從光武因共薦異得召見異曰異一夫之用不足為強弱有老母在城中願歸據五城以效功報德光武曰善異歸謂苗萌曰今諸將皆壯士屈起多暴橫獨有劉將軍所到不虜掠觀其言語舉止非庸人也可以歸身苗萌曰死生同命敬從子計光武南還宛更始諸將攻父城者前後十餘輩異堅守不下及光武為司隸校尉道經父城異等即開門奉牛酒迎光武署異為主簿苗萌為從事從至洛陽更始數欲遣光武徇河北諸將皆以為不可是時左丞相曹竟子詡為尚書父子用事異勸光武厚結納之及渡河北詡有力焉異後因間進說曰天下同苦王氏思漢久矣今更始諸將從横暴虐所至虜掠百姓失望無所依戴今公專命方面施行恩德夫有桀紂之亂乃見湯武之功人久飢渴易為充飽宜急分遣官屬徇行郡縣理冤結布惠澤光武納之至邯鄲遣異乘傳撫循屬縣及王郎起光武自薊東南馳至饒陽無蔞亭亭名在今饒陽遇大風雨光武引車入道傍空舍異抱薪蓻火復進麥飯菟肩因復度虖沱河至信都使異別收河間至還拜偏將軍從破王郎封應侯應國古城父縣西南別擊破鐵脛於北平又降匈奴于林闟頓王王名因從平河北時更始遣李軼田立朱鮪陳僑等僑一作僑將兵號三十萬與河南太守武勃共守洛陽光武乃拜寇恂為河內太守異為孟津將軍統二郡軍河上與恂合勢以拒朱鮪等北攻天井關拔上黨兩城又南下河南成皋已東十三縣及諸屯聚皆平之降者十餘萬武勃將萬餘人攻諸畔者異引軍度河與勃戰於士鄉下亭名屬河南大破斬勃獲五千餘級勸光武即帝位異與諸將定議上尊號建武二年春定封陽夏侯引擊陽翟賊嚴終趙根破之時赤眉延岑暴亂三輔郡縣大姓各擁兵眾大司徒鄧禹不能定乃遣異代禹討三輔既至皆布威信弘農群盜稱將軍者十餘輩皆率眾降異

異與赤眉連戰於華陰相拒六十餘日戰數十合降其將劉始王宣等五千人　三年春遣使者即拜異為征西大將軍與鄧禹鄧弘等共攻赤眉大破於崤底降男女八萬人餘眾尚十餘萬東走宜陽延岑據藍田王歆據下邽芳丹據新豐蔣震據霸陵張邯據長安公孫守據長陵楊周據谷口呂鮪據陳倉角閎據汧駱蓋延據盩厔任良據鄠汝章據槐里各稱將軍擁兵多者萬餘少者數千人轉相攻擊異且戰且行屯軍上林苑中延岑既破赤眉自稱武安王拜置牧守欲據關中張邯任良共攻異異擊破之斬首千餘級諸營保守附岑者皆來降歸異岑走攻析異遣復漢將軍鄧曄輔漢將軍于匡要擊岑大破之降其將蘇臣等八千餘人岑遂自武關走南陽詔拜南陽趙匡為右扶風將兵助異乃稍誅擊豪傑不從令者褒賞降附有功勞者悉遣其渠帥詣京師散其眾歸本業威行關中唯呂鮪張邯蔣震遣使降蜀其餘悉平

吳漢字子顏南陽宛人王莽末亡命至漁陽更始立使使者韓鴻徇河北或謂鴻曰吳子顏奇士也可與計事鴻召見漢甚悅之遂承制拜為安樂令會王郎起北州擾惑漢素聞光武長者獨欲歸心乃說太守彭寵曰漁陽上谷突騎天下所聞也君何不合二郡精銳附劉公擊邯鄲此一時之功也寵以為然而官屬皆欲附王郎寵不能奪漢辭出止外亭念所以譎眾未知所出望見道中有一人似儒生者漢使人召見之為具食問以所聞生因言劉公所過為郡縣所歸邯鄲舉尊號者實非劉氏漢大喜即詐為光武書移檄漁陽使生齎以詣寵令具以所聞說之漢復隨後入寵甚然之於是遣漢將兵與上谷諸將并軍而南所至擊斬王郎將帥及光武於廣阿拜漢為偏將軍既拔邯鄲賜號建策侯光武將發幽州兵鄧禹薦之拜大將軍持節北發十郡突騎更始幽州牧苗曾不肯從調漢乃將二十騎先馳至無終縣名今幽州漁陽郡斬曾而奪其軍北州震駭城邑莫不望風弭

從也　遂悉發其兵引而南與光武會又與岑彭攻更始尚書令謝躬于邯鄲襲其城漢手擊殺躬其衆悉降光武北擊羣賊謂銅馬高胡漢常將突騎五千為軍鋒數先登陷陣及河北平漢與諸將奉圖書上尊號光武即位拜為大司馬更封舞陽侯

賈復字君文南陽冠軍人王莽末為縣掾時下江新市兵起復亦聚衆數百人於羽山自號將軍更始立乃將其衆歸漢中王劉嘉以為校尉復見更始政亂諸將放縱乃說嘉曰臣聞圖堯舜之事而不能至者湯武是也圖湯武之事而不能至者桓文是也圖桓文之事而不能至者六國是也定六国之規欲安守之而不能至者亡國是也今漢室中興大王以親戚為藩輔天下未定而安守所保所保得無不可保乎嘉曰卿言大非吾任也大司馬劉公在河北必能相施弟持我書往施用也弟但也復遂辭嘉受書北度河及光武於柏人因鄧禹得召見光武奇之禹亦稱有將帥節於是署復破虜將軍督盜賊光武至信都以復為偏將軍及拔邯鄲遷都護將軍從擊青犢於射犬大戰復被羽先登所向皆靡賊乃敗走又北與五校戰於真定大破之光武即位拜為執金吾封冠軍侯先度河攻朱鮪於洛陽與陳僑戰連破降之建武二年益封穰朝陽二縣更始郾王尹尊及諸大將在南方未降者尚多光武遣復與騎都尉陰識驍騎將軍劉植南度五社津擊郾連破之月餘尹尊降盡定其地引東擊更始淮陽太守暴汜汜降屬縣悉定南擊召陵新息平定之新息今蔡州縣明年遷左將軍別擊赤眉於新城澠池間連破之與光武會宜陽遂降赤眉

寇恂字子翼上谷昌平人初為郡功曹太守耿況甚重之會王郎起遣將徇上谷急況發兵恂與門下掾閔業共說況曰邯鄲拔起難可信向昔王莽時所難獨有劉伯升耳今聞大司馬劉公伯升母弟尊賢下士士多歸之可攀附也況曰邯鄲方盛力不能獨拒如何恂對曰今上谷完實控弦萬騎舉大郡之資可

以詳擇去就恂請東約漁陽齊心合衆邯鄲不足圖也況然之乃遣恂到漁陽結謀彭寵恂還至昌平襲擊邯鄲使者殺之奪其軍遂與況子弇等俱南及光武於廣阿拜恂為偏將軍號承義侯從破羣賊數與鄧禹謀議禹奇之薦恂為河內太守行大將軍事會更始將朱鮪使討難將軍蘇茂副將賈彊將兵三万餘人度鞏河攻温鞏温皆縣名恂勒軍奔擊大破之追至洛陽遂斬賈彊茂兵自投河死者數千生獲萬餘人光武大喜曰吾知寇子翼可任也諸將軍賀因上尊號於是即位建武二年封雍奴侯邑萬户

鄧晨字偉卿南陽新野人初娶光武姊元王莽末穰人蔡少公學圖讖言劉秀當為天子或曰是國師公劉秀光武戲曰何用知非僕邪坐者皆大笑晨心獨喜及光武與家屬避吏新野舍晨廬甚相親愛及漢兵起更始立以晨為偏將軍與光武略地潁川俱夜出昆陽城擊破王尋王邑又別徇陽翟以東至京密皆下之京密二縣名京今鄭州滎陽縣東京鄭之京邑也密今河南府縣更始北都洛陽以晨為常山太守光武追銅馬高胡群賊於冀州晨發積射士千人積射謂尋迹而射也又遣委輸給軍不絕光武即位封房子侯房子在今趙州

蓋延字巨卿漁陽要陽人彭寵為太守召延署營尉行護軍及王郎起延與吳漢同謀歸光武延至廣阿拜偏將軍號建功侯從平河北光武即位以延為虎牙將軍建武二年更封安平侯

陳俊字子昭南陽西鄂人江夏有鄂故加西鄂故城在今鄧州南陽縣北少為郡吏更始立以宗室劉嘉為太常將軍俊為長史光武徇河北嘉遣書薦俊光武以為安集掾從擊銅馬於清陽進至蒲陽拜彊弩將軍與五校戰於安次俊下馬手接短兵所向必破追奔二十餘里斬其渠帥而還五校引退入漁陽俊將輕騎馳出賊前視人保壁堅完者勑令固守放散在野者因掠取之賊至無所得遂散敗光武即位封為列侯建武三年春攻長垣賊下四縣更封新處侯新處縣名屬中山

耿弇字伯昭扶風茂陵人王莽末弇父况為朔調連率及更始立諸將略地者前後多擅威權輒改易守令况自以莽之所置懷不自安時弇年二十一乃辭况奉奏詣更始因齎貢獻以求自固之宜及至宋子會王郎詐稱成帝子子輿起兵邯鄲弇從吏孫倉衛包於道共謀曰劉子輿成帝正統捨此不歸遠行安之弇案劍曰子輿弊賊卒為降虜耳我至長安與國家陳漁陽上谷兵馬之用還出太原代郡反覆數十日歸發突騎以轔烏合之衆（轔轢也）如摧枯折腐耳觀公等不識去就族滅不久也倉包不從遂亡降王郎弇道聞光武在盧奴乃馳北上謁光武留署門下吏弇因說護軍朱祐求歸發兵以定邯鄲光武笑曰小兒曹乃有大意哉因數召見加恩慰弇因從光武北至薊聞邯鄲王郎兵方到光武將欲南歸召官屬計議弇曰今兵從南來不可南行漁陽太守彭寵公之邑人上谷太守即弇父也發此兩郡控弦萬騎邯鄲不足慮也光武官屬腹心皆不肯曰死尚

南首柰何北行入囊中光武指弇曰是我北道主人也會薊中亂光武遂南馳官屬各分散弇走昌平就况因說况使寇恂東約彭寵各發突騎二千匹步兵千人弇與景丹寇恂及漁陽兵合軍而南所過擊斬王郎大將九卿校尉以下四百餘級得印綬百二十五節二斬首三萬級定涿郡中山鉅鹿清河河閒凡二十二縣遂及光武於廣阿是時光武方攻王郎傳言二郡兵為邯鄲來衆皆恐既而悉詣營上謁光武見弇等說曰當與漁陽上谷士大夫共此大功乃皆以為偏將軍使還領其兵加况大將軍興義侯得自置偏裨弇等遂從拔邯鄲時五校賊二十餘萬北寇上谷况與弇破胡將軍舒連擊破之賊皆退走更始見光武威聲日盛君臣疑慮乃遣使立光武為蕭王令罷兵與諸將有功者還長安遣苗曾為幽州牧韋順為上谷太守蔡充為漁陽太守並北之部時光武居邯鄲宮晝卧溫明殿弇入造牀下請閒因說曰今更始失政君臣淫亂諸將擅命於畿內貴戚縱橫於都內天子之命不出城門所在牧守輒自遷易百姓不知所從士人莫敢安虜掠財物劫掠婦女懷金玉者至不生歸元元叩心更思莽朝又銅馬赤眉之屬數十輩輩數十百萬聖公不能辦也其敗不久公首事南陽破百萬之軍今定河北據天府之地以義征伐發號響應天下可傳檄而定天下至重不可令它姓得之聞使者從西方來欲罷兵不可從也今吏士死亡者多弇願歸幽州益發精兵以集大計光武大說乃拜弇為大將軍與吳漢北發幽州十郡兵弇到上谷收韋順蔡充斬之漢亦誅苗曾於是悉發幽州兵引而南從光武擊破銅馬高胡赤眉青犢又追尤來大搶五幡於元氏弇常將精騎為軍鋒輒破走之光武乘勝戰順水上追至容城小廣陽安次連戰破之光武還薊復遣弇與吳漢景丹蓋延朱祐邳彤耿純劉植岑彭祭遵堅鐔王霸陳俊馬武十三將軍追賊至潞東及平谷再戰斬首萬三千餘級遂窮追於右北平無終土垠之間至浚靡

而還（無終土垠浚靡並縣名屬右北平）賊散入遼西遼東或為烏桓貊人所鈔擊略盡光武即位拜弇為建威大將軍建武二年更封好畤侯

冊府元龜卷第三百四十一

冊府元龜卷第三百四十二

將帥部三

佐命第三

後漢銚期字次況潁川郟人光武略地潁川聞期志義召署賊曹掾(賊曹主盜賊之事)從徇薊時薊中起兵應王郎光武趨駕出百姓聚觀諠呼滿路遮道不得行期奮戟瞋目大呼左右曰蹕(止行清道若今警蹕也)衆皆披靡及至城門門已閉攻之得出行至信都以期爲裨將傳寬呂晏俱屬鄧禹徇傍縣又發房子兵禹以期爲能獨拜偏將軍授兵二千人寬晏各數百人光武使期別徇真定宋子攻拔樂陽稾肥纍(樂陽今稾城縣肥纍胡肥子國並屬真定)從擊王郎將兒宏劉奉於鉅鹿下期先登陷陳手殺五十餘人遂大破之王郎平拜期虎牙大將軍乃因閒說光武曰河北之地界接邊塞人習兵戰號爲精勇今更始失政大統危殆海內無所歸往明公據河山之固擁精銳之衆以順萬人思漢之心則天下誰敢不從光武笑曰卿欲遂前趨邪(惟天子御輪警趨)時銅馬數十萬衆又清陽博平(清陽博平今博州縣)期與諸將迎擊之連戰不利會光武救至遂大破之從擊青犢赤眉於射犬賊襲期輜重期還擊之手殺傷數十人身被三創而戰方力(勁戰書)遂破走之光武即位封安成侯(安成汝南郡故城在今汝陽縣東南)食邑五千戶

王霸字元伯潁川潁陽人漢兵起光武過潁陽霸率賓客上謁曰將軍興義兵竊不自知量貪慕威德願充行伍光武曰夢想賢士共成功業豈有二哉遂從擊破王尋王邑於昆陽還休鄉里及光武爲司隸校尉道過潁陽霸請其父願從父曰吾老矣不任軍旅汝往勉之霸從至洛陽及光武爲大司馬以霸爲功曹令史從度河北賓客從霸者數十人稍稍引去光武謂霸曰潁川從我者皆逝而子獨留努力疾風知勁草及王郎起光武即南馳下曲陽以霸爲軍正爵關內侯既至信都發兵攻拔邯鄲霸追斬王郎得其璽綬封王鄉侯從平河北常與臧宮傅俊共營光武即位以霸曉兵愛士可獨任拜爲偏將軍并將宮俊兵而以宮俊爲騎都尉建武二年夏封富波侯(富波縣名屬汝南)

祭遵字弟孫潁川潁陽人光武破王尋等還過潁陽遵以縣吏數進見光武愛其容儀署爲門下史從征河北爲軍市令尋拜爲偏將軍平河北以功封列侯建武二年拜征虜將軍封潁陽侯

臧宮字君翁潁川郟人少爲縣亭長游徼(漢制十里一亭亭有長每鄉有游徼皆掌禁盜)後率賓客入下江兵中爲校尉因從光武征戰諸將多稱其勇光武察宮勤力少言甚親納之及至河北以爲偏將軍從破群賊數陷陳却敵光武即位以爲侍中騎都尉建武二年封成安侯(屬潁川)明年將突騎與征虜將軍祭遵擊更始左防韋顏(韋一作韓)於沮陽酈悉降之後封期思侯(期思屬汝南故城在今光州固始縣西北)

任光字伯卿南陽宛人爲郡縣吏漢兵至宛軍人見光冠服鮮明令解衣將殺而奪之光祿勳劉賜適至視光容貌長者乃救全之光因率黨與從賜爲安集掾拜偏將軍與光武破王尋王邑更始至洛陽以光爲信都太守及王郎起郡國皆降之光獨固守會光武自薊還狼狽不知所向傳聞信都獨爲漢拒邯鄲即馳赴之光等孤城獨守恐不能全聞光武至大喜吏民皆稱萬歲即時開門迎謁光武拜光爲左大將軍封武成侯使光將兵從入堂陽(堂陽今冀州縣)使騎各持炬火彌滿澤中光炎燭天地舉城莫不震驚惶怖其夜即降旬日之閒兵衆大盛因攻城邑遂屠邯鄲迺遣歸郡光武即位封光阿陵侯(阿陵縣名屬涿郡)食邑萬戶

李忠字仲都東萊黃人(黃今登州縣故城在東南)王莽末爲新博屬長(莽改信都國曰新博都尉曰屬長也)更始立使使者行郡國即拜忠都尉官忠遂與太守任光同奉光武以爲右大將軍封武固侯從攻下屬縣至苦陘(苦陘縣名屬中山)進圍鉅鹿未下王郎遣將攻信都信都大姓馬寵等開城內之會更始遣將攻信都因使忠還行太守事及任光歸郡忠迺還復都尉建武二年夏封中水侯(中水屬涿郡故城在今瀛州樂壽縣西北)食邑三千戶

萬脩字君游扶風茂陵人更始時為信都令與太守任光都尉李忠共城守迎光武拜為偏將軍封造義侯及破邯鄲拜右將軍從平河北建武二年夏封槐里侯

邳彤字偉君信都人初為王莽和成卒正（王莽分鉅鹿為和成郡居下曲陽以彤為卒正也）光武徇河北至下曲陽彤舉城降復以為太守留止數日光武北至薊會王郎兵起使其將徇地所到縣莫不奉迎唯和成信都堅守不下彤聞光武從薊還失軍欲至信都乃先使五官掾張萬督郵尹綏選精騎二千餘匹緣路迎光武軍彤尋與光武會信都拜彤為後大將軍使將兵居前比至堂陽堂陽已反屬王郎彤使張萬尹綏先曉譬吏民光武夜至即開門出迎引兵擊破白奢賊於中山自此常從戰攻及拔邯鄲封武義侯建武元年更封靈壽侯（靈壽縣名故城在今鎮州）

劉植字伯先鉅鹿昌城人王郎起植與弟喜從兄歆（喜一作嘉字共仲歆字細君也）率宗族賓客聚兵數千人據昌城聞光武從薊還迺開門迎光武以植為驍騎將軍喜歆偏將軍皆為列侯時真定王劉楊起兵以附王郎眾十餘萬光武遣植說楊楊迺降因得進兵拔邯鄲從平河北建武二年更封植為昌城侯

耿純字伯山鉅鹿宋子人初從李軼為騎都尉安集趙魏會光武度河至邯鄲純即謁見光武深接之純退見官屬將兵法度不與它將同遂求自結納獻馬及縑帛數百匹光武北至中山留純邯鄲會王郎起光武自薊東南馳純與從昆弟訢宿植共率宗族賓客二十餘人奉迎於育（育縣名在冀州）拜純為前將軍封耿鄉侯（郎水共有耿鄉俗謂之宜安城在冀州槀城縣西南）訢宿植皆偏將軍使純居前降宋子從攻下曲陽及中山及至鄗光武止傳舍鄗大姓蘇公反城開門內王郎將李惲純先覺知將兵逆與惲戰大破之從平邯鄲又破銅馬時赤眉青犢上江大彤鐵脛五幡十餘萬眾並在射犬光武引兵將擊之純軍在前去眾營數里賊忽夜攻純雨射營中（雨射謂矢下如雨也）純勒部曲堅守不動選敢死二千人俱持

彊弩各傳三矢使銜枚間行（銜也）繞出賊後齊聲呼譟彊弩並發賊眾驚走追擊破之光武即位封高陽侯擊劉永於濟陰下定陶後封為東光侯（東光今滄州縣也）

朱祐字仲先南陽宛人從來舂陵光武與伯升皆親愛之伯升拜大司徒以祐為護軍及伯升死光武為大司馬討河北復以祐為護軍常力戰陷陣以為偏將軍封安陽侯光武即位拜為建義大將軍建武二年更封堵陽侯（堵陽縣名故城在今唐州方城縣）

景丹字孫卿馮翊櫟陽人以言語為固德侯相遷朔調連率副貳（朔調謂上谷也）更始立遣使者徇上谷丹與連率耿況降復為上谷長史王郎起丹與況共謀拒之況使丹與子弇及寇恂等將兵南歸光武光武引見丹等笑曰邯鄲將帥數言我發漁陽上谷兵吾聊應言然（王郎將帥數云欲發二郡兵光武聊應之然今兩軍遂相戲弄也）何意二郡良為吾來（東觀記曰帝在廣阿聞外有大兵自來登城勒兵在西門樓上問何等兵丹等對言上谷漁陽兵帝曰為誰來乎對曰為劉公即請丹入人人勞勉丹恩意甚備）方與士大夫共此功名耳拜丹為偏將軍號奉義侯從擊王郎將兒宏等於南䜌郎兵迎戰漢軍退卻丹等縱突騎擊大破之追奔十餘里死傷者從橫遂從征河北光武即位拜丹為驃騎大將軍建武二年定封櫟陽侯與吳漢耿弇朱祐皆從馮異陳俊王常臧宮等從擊破五校於羛陽縣降其眾五萬人

王梁字君嚴漁陽安陽人為郡吏太守彭寵以梁守狐奴令與蓋延吳漢俱將兵南及光武於廣阿拜偏將軍野王令與河內太守寇恂南拒洛陽北守天井關朱鮪等不敢出兵光武以為梁功及即位拜為大司空封武強侯

杜茂字諸公南陽冠軍人初歸光武於河北為中堅將軍常從征伐及即位拜大將軍封樂鄉侯（樂鄉縣屬[illegible]郡）北擊五校賊於魏郡清河降廣平建武二年更封苦陘侯與中郎將王梁擊五校於真定進東郡悉平諸營保降其持節大將三十餘人（[illegible]）等三郡清靜道路流通拜驃騎大將軍

馬成字君遷南陽棘陽人少為縣吏光武徇潁川以成為安集掾調守郟令（郟縣名今汝州縣也）光武討河北成即棄官步負追及於蒲陽以成為期門從征伐及即位再遷護軍都尉

劉隆字元伯南陽安衆侯之宗室更始拜為騎都尉謁歸（謁請也請假也）迎妻子置洛陽聞光武在河內即追及於射犬以為騎都尉與馮異共拒朱鮪李軼等軼遂殺隆妻子建武二年封亢父侯（亢父屬東平故城在今兖州任城縣南）

傅俊字子衛潁川襄城人光武徇襄城俊以縣亭長迎軍拜為校尉襄城收其母弟宗族皆滅之從破王尋等以為偏將軍別擊京密破之及光武討河北俊與賓客十餘人北追及於邯鄲光武使俊收川兵常從征伐及即位以俊為侍中建武二年封昆陽侯

堅鐔字子伋（伋一作及）潁川襄城人為郡縣吏光武討河北以其吏能署主簿又拜偏將軍從平河北別擊破大槍於盧奴及即位

拜鐔揚化將軍封濦強侯（濦強縣屬汝南郡）

岑彭字君然南陽棘陽人王莽時守本縣長漢兵起彭降更始封為歸德侯令屬伯升及伯升遇害彭還潁川太守會春陵劉茂起兵略下潁川彭不得之官乃與麾下數百人從河內太守韓歆會光武徇河內彭勸歆迎降因進説曰今赤眉入關更始危殆權臣放縱矯稱詔制道路阻塞四方蜂起羣雄競逐百姓無所歸命竊聞大王平河北開王業此誠皇天祐漢士人之福也彭蒙司徒公所見全濟未有報德（謂彭初降諸將欲誅伯升諫不如封之以勸後）旋被禍難永恨於心（謂伯升為更始所害）今復遭遇願出身自效光武深接納之更始大將軍呂植將兵屯淇園彭説降之於是拜彭為刺姦大將軍使督察衆營授以常所持節從平河北光武即位拜為廷尉行大將軍事與吳漢王梁朱祐萬脩賈復劉植堅鐔侯進馮異祭遵王霸等圍洛陽數月朱鮪等堅守不下光武令彭説降之建武二年使彭擊荊州下犨葉等十餘城（犨縣名在今汝州魯山縣東南葉今汝州縣也）後更封為舞陰侯

馬武字子張南陽湖陽人更始初為侍郎與光武破王尋等拜為振威將軍與尚書令謝躬共攻王郎及光武拔邯鄲因從擊尤來五幡等敗於愼水武獨殿還陷陣故賊不得迫及（殿後也）進至安次小廣陽（即廣下亭也在今幽州范陽縣有廣陽国故謂此亭為小廣陽）以武為軍鋒力戰無前諸將皆引而隨之故遂破賊窮追至平谷浚靡而還（平谷縣名屬漁陽郡浚靡縣名屬右北平郡）光武即位以武為侍中騎都尉封山都侯

朱浮字叔元沛國蕭人初從光武為大司馬主簿遷偏將軍從破邯鄲光武遣吳漢誅更始幽州牧苗曾乃拜浮為大將軍幽州牧守薊城遂討定北邊建武二年封舞陽侯食三縣

魏夏侯惇字元讓沛國譙人太祖初起惇當為裨將從征伐太祖行奮威將軍以惇為司馬別屯白馬遷折衝校尉領東郡太守太祖自徐州還惇從征呂布為流矢所中傷左目復領陳留濟陰太守封高安侯領河南尹太祖平河北為大將軍後拒鄴

破遷伏波將軍累封至二千五百戸又從征孫權還使都督二十六軍魏國建諸將皆受魏官號惇獨漢官乃上疏自陳當不臣之禮太祖曰吾聞太上師臣其次友臣夫臣者貴德之人也區區之魏而臣足以屈君乎惇固請乃拜為前將軍文帝即王位封惇大將軍

夏侯淵字妙才惇之族弟太祖起兵以別部司馬騎都尉從遷陳留潁川太守及與袁紹戰於官渡行督軍校尉昌豨反遣于禁擊之未拔復遣淵與禁并力擊豨遂降其十餘屯豨詣禁降淵還拜典軍校尉濟南樂安黃巾徐和司馬俱等攻城殺長吏淵將泰山齊平原郡兵擊大破之斬和平諸縣太祖征孫權還使淵督諸將擊廬江叛者雷緒緒破又行征西護軍督徐晃擊太原賊攻下二十餘屯斬賊帥商曜屠其城從征韓遂等戰於渭南又督朱靈平隃麋汧氐與太祖會安定降楊秋太祖還鄴

以淵行護軍將軍督朱靈路招等屯長安擊破南山賊劉雄降
其衆圍韓遂馬超餘黨梁興於鄠拔之斬興封博昌亭侯初枹
罕宋建因涼州亂自號河首平漢王太祖使淵帥諸將討建月
餘拔之斬建及所置丞相已下淵別遣張郃等平河關渡河入
小湟中河西諸羌盡降隴右平淵累封至八百户從征張魯魯
將降以淵行都護將軍督張郃徐晃等平巴郡太祖還鄴留淵
守漢中拜征西將軍建安二十四年蜀先主軍陽平關淵拒之
戰死

李通江夏平春人以俠聞於江汝之間郡人陳恭共起兵於朗
陵衆多歸之後舉衆詣太祖于許拜通振威中郎將屯汝南西
界太祖討張繡劉表遣兵以助繡太祖軍不利通將兵夜詣太
祖太祖得以復戰通爲先登大破繡軍拜裨將軍封建功侯又
擊群賊瞿恭江宮沈成等皆破殘其衆送其首遂定淮汝之地
改封都亭侯拜汝南太守時賊張赤等五千餘家聚桃山通攻

破之于禁泰山鉅平人黃巾起鮑信招合徒衆禁附從焉及太
祖領兗州禁與其黨俱爲都伯屬將軍王朗朗異之薦禁才任
大將軍太祖召見與語拜軍司馬使將兵詣徐州攻廣威拔之
拜陷陣都尉討呂布於濮陽別破布二營於城南又別將破高
雅於須昌從攻壽張定陶離狐圍張超於雍丘皆拔之從征黃
巾劉辟黃邵等屯版梁邵等夜襲曹公營禁帥麾下擊破之斬
辟邵等盡降其衆遷平虜校尉

鮑信少有大節寬厚愛人沈毅有謀漢末大將軍何進辟拜騎
都尉遣歸募兵得千餘人還到成皋而進已遇害信至京師董
卓亦始到信知卓必爲亂勸袁紹襲卓紹畏卓不敢發信引軍
還鄉里收徒衆二萬騎七百輜重五千餘乘是歲太祖始起兵
於己吾信與弟韜以兵應太祖太祖與袁紹表信行破虜將軍
韜裨將軍時紹衆最盛豪傑多向之信獨謂太祖曰夫略不世
出能總英雄以撥亂反正者君也苟非其人雖彊必斃君殆天
之所啓遂深自結納太祖亦親異焉

龐晃字元顯少以良家子刺史杜畿召補州都督太祖既有關
中署晃大都督領親信兵常置左右晃因從居關中

曹仁字子孝太祖從弟少好弓馬弋獵從太祖爲別部司馬行
厲鋒校尉太祖之破袁術仁所斬獲頗多從征徐州仁常督騎
爲軍前鋒別攻陶謙將呂由破之還與大軍合彭城大破謙軍
從攻費華即墨開陽謙遣別將救諸縣仁以騎擊破之太祖征
呂布仁別攻句陽拔之生獲布將劉何太祖平黃巾迎天子都
許仁數有功以議郎督騎太祖征張繡仁別徇旁縣虜其男女
三千餘人太祖與袁紹久相持於官渡紹遣劉備徇隱彊諸縣
多舉衆應之太祖使將騎擊備破走之盡復收諸叛縣而還紹
遣別將韓荀鈔斷西道仁擊荀於雞洛山大破之封都亭侯從
平荊州以仁行征南將軍留屯江陵拒吳將周瑜瑜將數萬人
來攻前鋒數千人始至仁登城望之乃募得三百人遣部曲將

牛金逆與挑戰遂爲所圍仁將其麾下壯士數十騎直前衝入
賊圍金等乃得解賊衆乃退轉封安平亭侯太祖討馬超以仁
行安西將軍拒潼關道破超渭南蘇伯田銀反以仁行征南將
軍假節屯樊鎮荊州侯音以宛叛略傍縣衆數千人以率諸軍
攻破音斬其首還屯樊即拜征南將軍關羽攻樊時漢水暴溢
城不没者數板會徐晃救至水亦稍減仁得潰圍而出文帝初
即王位拜仁爲車騎將軍都督荊楊益州諸軍事進封陳侯增
邑至三千五百户

曹洪字子廉太祖從弟太祖起義兵討董卓至滎陽爲卓將徐
榮所敗太祖失馬賊追甚武都迎曹洪等還屯陳倉文帝即王
位以眞爲鎮西將軍假節都督雍涼州諸軍事進封東鄉侯

張遼字文遠李傕殺王允遼從呂布東奔徐州領魯相太祖破
呂布於下邳遼將其衆降拜中郎將賜爵關內侯數有戰功遷
裨將軍安紹破別定魯國諸縣與夏侯淵圍昌豨於東海降之

從討袁譚袁尚於黎陽有功行中堅將軍從攻尚於鄴尚堅守
不下太祖還許使遼與樂進拔陰安復從攻鄴鄴破別徇趙國
常山招降緣山諸賊及黑山孫輕等從攻袁譚譚破別徇海濱
破遼東賊柳毅等還爲盪寇將軍復別擊荊州定江夏諸縣還
屯臨潁封都亭侯從征袁尚於柳城擊斬單于蹋頓又陳蘭梅
成以氐六縣叛遼督張郃朱蓋等討蘭成蘭轉入灊山灊山中
有天柱山高峻二十餘里遼攻敗斬之太祖征孫權還使遼與
樂進李典屯合肥權攻合肥十餘日城不可拔乃退遼率諸軍
追擊幾復獲權太祖大壯之拜征東將軍還屯陳郡文帝即位
轉前將軍孫權復叛遣遼還屯合肥進爵都鄉侯文帝踐阼封
晉陽侯

樂進字文謙以膽烈從太祖爲帳下吏遣募兵得千餘人還爲
軍假司馬陷陳都尉從擊呂布於濮陽張超於雍丘橋蕤於苦
皆先登有功封廣昌亭侯從征張繡於安衆圍呂布於下邳別
將擊眭固於射犬攻劉備於沛皆破之拜討寇校尉渡河攻獲
嘉還從擊袁紹於官渡力戰斬紹將淳于瓊從擊譚尚於黎陽
斬其大將嚴敬行游擊將軍別擊黃巾破之定樂安郡從圍鄴
鄴定從擊袁譚於南皮先登入譚東門譚敗別攻雍奴破之太
祖表漢帝爲盪寇將軍別征高幹從平荊州留屯襄陽擊關羽
蘇非等皆走之又討劉備臨沮長杜普旌陽長梁大皆大破之
後從征孫權假節屯合肥遷右將軍

張郃字儁乂初爲袁紹寧國中郎將後歸太祖拜偏將軍從攻
鄴拔之又從擊袁譚於渤海別將軍圍雍奴大破之從討柳城
與張遼俱爲軍鋒以功遷平狄將軍別征東萊討管承又與張
遼討陳蘭梅成等破之從破馬超韓遂於渭南圍安定降楊秋
與夏侯淵討鄜賊梁興及武都氐又破馬超平宋建太祖征張
魯先遣郃督諸軍討興和氐王竇茂太祖從散關入漢中又先
使郃督步卒通路至陽平魯降太祖還留郃與夏侯淵等守漢

中拒劉備郃別督諸軍降巴東巴西二郡淵戰殁諸軍推郃爲
軍主太祖在長安遣使假郃節還屯陳倉文帝即王位以郃爲
左將軍進爵都鄉侯及踐阼進封鄚侯

徐晃字公明初從車騎將軍楊奉討賊有功拜騎都尉後歸太
祖太祖授晃兵使擊卷原武賊破之拜裨將軍從征呂布別降
布將趙庶李鄒等與史渙斬眭固於河內從破劉備又從破顏
良拔白馬進至延津破文醜拜偏將軍與曹洪擊㶏彊賊祝臂
破之又與史渙擊袁紹運車於故市功最多封都亭侯太祖圍
鄴又別討毛城設伏兵掩擊破三屯從破袁譚於南皮討平原
叛賊克之從征蹋頓拜橫野將軍從征荊州別屯樊討中廬臨
沮宜城賊又與滿寵討關羽於漢津與曹仁擊周瑜於江陵又
討太原反者圍大陵拔之斬賊帥商曜韓遂馬超等反關右遣
晃屯汾陰以撫河東太祖破超等又使晃與夏侯淵平隃麋汧
諸氐太祖還鄴使晃與夏侯淵拒劉備於陽平備遣陳式等十
餘營絕馬鳴閣道晃別征破之復遣晃助曹仁討關羽屯宛會
漢水暴溢于禁等沒羽圍仁於樊又圍將軍呂常於襄陽晃擊
破之文帝即王位以晃爲右將軍進封逯鄉侯及踐阼進封楊侯

許褚字仲康譙國人漢末聚少年及宗族數千家共堅壁以禦
寇太祖徇淮汝褚以衆歸太祖太祖見而壯之曰此吾樊噲也
即日拜都尉引入宿衛諸從褚俠客皆以爲虎士從征張繡先
登斬首萬計遷校尉從討袁紹於官渡時常從士徐他等謀爲
逆以褚常侍左右憚之不敢發伺褚休下日他等懷刀入褚至
下舍心動即還侍他等不知入帳見褚大驚愕他色變褚覺之
即擊殺他等太祖益親信之出入同行不離左右從圍鄴力戰
有功賜爵關內侯從討韓遂馬超於潼關太祖將北渡臨濟河
先渡兵獨與褚及虎士百餘人留南岸斷後超將步騎萬餘人
來奔太祖軍矢下如雨褚白太祖賊來多今兵渡以盡宜去乃
扶太祖上船賊戰急軍爭濟船重欲沒褚斬攀船者左手舉馬

鞍蔽太祖船工爲流矢所中死褚右手並泝船僅乃得渡是日微褚幾危其後太祖與馬超等單馬會語左右皆不得從唯將褚超負其力陰欲前突太祖素聞褚勇疑從騎是褚乃問太祖曰公有虎侯者安在太祖顧指褚褚瞋目眄之超不敢動乃各罷後數日會戰大破超等褚身斬首級遷武衛中郎將武衛之號自此始也軍中以褚力如虎而癡故號曰虎癡是以超問虎侯至今天下稱焉皆謂其姓名後遷中堅將軍文帝踐阼進封萬亭侯

蜀關羽字雲長本字長生河東解人亡命奔涿郡先主於鄉里合徒衆而羽與張飛爲之禦侮先主爲平原相以羽飛爲別部司馬分統部曲先主與二人寢則同牀恩若兄弟而稠人廣坐侍立終日隨先主周旋不避艱險先主之襲殺徐州刺史車冑使羽守下邳城行太守事建安五年曹公東征禽羽以歸拜偏將軍曹公知羽無久留之意使張遼問之羽曰吾極知曹公待我厚然吾受劉將軍厚恩誓以共死不可背之及羽殺良乃奔先主會曹公定荊州先主自樊將南渡江別遣羽乘船數百艘會江陵曹公追至當陽長阪先主斜趣漢津適與羽船相值共至夏口孫權遣兵佐先主拒曹公曹公引軍退歸先主收江南諸郡乃封拜元勳以羽爲襄陽太守盪寇將軍駐江北先主西定益州拜羽董督荊州事二十四年先主爲漢中王拜羽爲前將軍假節鉞羽攻曹仁還至江陵爲吳逆擊斬之

張飛字益德涿郡人少與關羽俱事先主又曹公入荊州先主奔江南曹公追之一日一夜及於當陽之長阪先主使飛將二千騎拒後飛據水斷橋瞋目橫矛曰身是張益德也可來共決死敵皆無敢近者故遂得免先主巳定江南以飛爲宜都太守征虜將軍封新亭侯後轉在南郡先主入益州還攻劉璋飛與諸葛亮等泝流而上分定郡縣至江州（今渝州）破璋將巴郡太守嚴顏所過戰克與先主會于成都領巴西太守曹公以夏侯淵張郃守漢川郃別督軍下巴西欲徙其民於漢中進軍宕渠蒙頭盪石與飛相拒五十餘日飛率精卒萬餘人從他道邀郃軍交戰郃棄馬緣山從間道退引軍還南鄭巴土獲安先主爲漢中王拜飛爲右將軍假節章武元年遷車騎將軍進封西鄉侯

馬超字孟起扶風茂陵人漢前將軍騰之子累遷徐州刺史諫議大夫及騰入宿衛以超爲偏將軍使領騰營率諸戎以擊隴上郡縣殺涼州刺史韋康據冀城有其衆超自稱征西將軍領并州牧督涼州諸軍事康故吏民楊阜姜敘梁寬趙衢等合謀擊超超出攻之不能下乃奔漢中聞先主圍劉璋於成都密書請降先主遣人迎超超將兵徑到城下城中震怖璋即稽首先（主聞超至喜曰我得益州矣乃使人止超而潛以兵資之超到令引軍屯城北超至未一旬而成都潰）以超爲平西將軍督臨沮因爲前都亭侯先主爲漢中王拜超爲左將軍假節既即位遷驃騎將軍領涼州牧封斄鄉侯

黃忠字漢升南陽人荊州牧劉表以爲中郎將與表從子磐共守長沙攸縣及曹公克荊州假行裨將軍仍就故任統屬長沙太守韓玄先主南定諸郡忠遂委質隨從入蜀自葭萌受任還攻劉璋忠常先登陷陣勇毅冠三軍益州既定拜爲討虜將軍建安末於漢中定軍山擊夏侯淵淵衆大敗遷征西將軍先主爲漢中王以忠爲後將軍賜爵關內侯

趙雲字子龍常山真定人本屬公孫瓚瓚遣先主爲田楷拒袁紹雲遂隨從爲先主主騎將先主亦依瓚每接納雲雲得深自結託雲以兄喪辭瓚暫歸先主知其不反捉手而別雲辭曰終不背德也先主就袁紹雲見於鄴先主與雲同牀眠臥密遣雲合募得數百人皆稱劉左將軍部曲紹不能知遂隨先主至荊州及先主爲曹公所追於當陽長阪棄妻子南走雲身抱弱子即後主也保護甘夫人即後主母也皆得免難遷爲牙門將軍雲領留營司馬時孫夫人權之妹驕先主西征大遣舟船迎妹而夫人內欲將後主還吳雲與張飛勒兵截江乃得後主先主

自葭萌還攻劉璋召諸葛亮亮率雲與張飛等俱泝江西上平定郡縣至江州分遣雲從外水上江陽與亮會于成都成都既定以雲爲翊軍將軍建興元年爲中護軍封永昌亭侯

册府元龜卷第三百四十二

府 三百四十二 十三

冊府元龜卷第三百四十三

將帥部四

佐命第四

吳張昭字子布彭城人漢末大亂徐方士民多避難揚土昭皆南渡江孫策創業命昭爲長史撫軍中郎將升堂拜母如比肩之舊文武之事一以委昭後漢獻帝建安五年策臨亡以弟權託昭昭率群僚立而輔之（策謂昭曰若仲謀不任事者君便自取之正復不克捷緩步西歸亦無所慮仲謀權字也）權哭未及息昭謂權曰孝廉此寧哭時耶且周公立法而伯禽不師非欲違父時不得行也夫爲人後者貴能負荷先軌克昌堂構以成勳業也方今天下鼎沸羣盜滿山孝廉何得寢伏哀戚肆匹夫之情哉乃身自扶權上馬陳兵而出然後衆心知有所歸權乃上表漢室下移屬城中外將校各令奉職昭復爲權長史權爲吳王拜昭綏遠將軍封由拳侯權既稱尊號昭以老病上還官位及所統領更拜輔吳將軍班亞三司改封婁侯食邑万户

周瑜字公瑾廬江舒人初孫堅興義兵討董卓徙家於舒堅子策與瑜同年獨相友善瑜推道南大宅以舍策升堂拜母有無通共收合士大夫江淮間人咸向之（江表傳曰堅爲朱儁所表爲佐軍留家著壽春策年十余歲已交結知名聲譽發聞有周瑜者與策同年亦英達夙成聞策聲問自舒來造焉便推結分好義同斷金勸策徙居舒策從之）瑜從父尚爲丹陽太守瑜往省之會策將東渡到歷陽馳書報瑜瑜將兵迎策策大喜曰吾得卿諧也遂從攻横江當利皆拔之乃渡擊秣陵破笮融薛禮轉下湖孰江乘進入曲阿劉繇奔走而策之衆已數万矣因謂瑜曰吾以此衆取吳會平山越已足卿還鎮丹陽瑜還頃之袁術遣從弟胤代尚爲太守而瑜與尚俱還壽春術欲以瑜爲將瑜觀術終無所成故求爲居巢長欲假塗東歸術聽之遂自居巢還吳是歲漢獻帝建安三年也策親自迎瑜授建威中郎將即與兵二千人騎五十匹頃之策欲取荊州以瑜爲中護軍領江夏太守從攻皖拔之後從尋陽破劉勳討江夏還定豫章廬陵留鎮巴丘會策薨權統事瑜將兵赴喪遂留吳以中護軍與長史張昭共掌衆事十一年督孫瑜等討麻保二屯梟其渠帥囚俘萬餘口還備宮亭江夏太守黃祖遣將鄧龍將兵數千人入柴桑瑜追討擊生虜龍送吳曹公既破荊州得其水軍船步兵數十萬議者皆欲迎之瑜請精兵三萬進住夏口遇之遂敗曹公于赤壁拜偏將軍領南郡太守以下雋漢昌劉陽州陵爲奉邑屯據江陵卒年三十六

魯肅字子敬臨淮東城人與居巢長周瑜相親結瑜之東度因與同行留家曲阿會祖母亡還葬東城劉子揚與肅友善遺肅書曰方今天下豪傑並起吾子姿才尤宜今日急還迎老母無事滯於東城近鄭寶者今在巢湖擁衆萬餘處地肥饒廬江閒人多依就之況吾徒乎觀其形勢又可博集時不可失足下速之肅答然其計葬畢還曲阿欲北行會瑜已徙肅母到吳肅具以狀語瑜時孫策已薨權尚住吳瑜謂肅曰昔馬援荅光武云當今之世非但君擇臣臣亦擇君今主人親賢貴士納奇錄異且吾聞先哲祕論承運代劉氏者必興於東南推步事勢當其歷數終搆帝基以協天符是烈士攀龍附鳳馳騖之秋吾方達此足下不須以子揚之言介意也肅從其言瑜因薦肅才宜佐時當求其比以成功業不可令去也權即見肅與語甚悅之衆賓罷退肅亦辭出乃獨還合榻對飲因密議曰今漢室傾危四方雲擾孤承父兄遺業思有桓文之功君既惠顧何以佐之肅對曰昔高帝區區欲尊事義帝而不獲者以項羽爲害也今之曹操猶昔項羽將軍何由得爲桓文乎肅竊料之漢室不可復興曹操不可卒除爲將軍計唯有鼎足江東以觀天下之釁規模如此亦自無嫌何者北方誠多務也因其多務勦除黃祖進伐劉表竟長江所極據而有之然後建號帝王以圖天下此高帝之業也權曰今盡力一方冀以輔漢耳此言非所及也會曹公破荊州將水軍船步兵數十萬水陸俱下權與諸將議皆勸迎之肅曰將軍迎操欲安所歸願早定大計莫用衆人之議遂

拒曹公任周瑜以行事以肅爲贊軍校尉助畫方略曹公破走赤壁敗也之瑜病困上疏乞以肅代卽拜肅奮武校尉代瑜領兵瑜士衆四千餘人奉邑四縣皆屬焉肅初住江陵後下屯陸口拜漢昌太守偏將軍從權破皖城轉横江將軍後漢獻帝建安二十二年卒後權稱尊號臨壇顧謂公卿曰昔魯子敬嘗道此可謂明於事勢矣

呂蒙字子明汝南富陂人少南渡依姊夫鄧當當爲孫策將數討山越蒙年十五六竊隨當擊賊策召見奇之引置左右數歲鄧當死張昭薦蒙代當拜別部司馬策薨從權討丹陽所向有功拜平北都尉領廣德長從征黃祖以功爲横野中郎將與周瑜程普等西破曹公於烏林圍曹仁於南郡仁退走遂據南郡撫定荆州還拜偏將軍領尋陽令後從權拒曹公於濡須數進奇計又勸權夾水口立塢所以備御甚精曹公不能下而退蒙還尋陽未期而廬陵賊起令蒙討之誅其首惡時蜀先主令關

羽鎮守專有荆土權命蒙西取長沙零桂三郡蒙移書二郡望風歸服惟零陵太守郝普城守不降會蜀先主請盟吳割湘水以零陵還之以尋陽陽新爲蒙奉邑後曹公又大出濡須權以蒙爲督拒破之曹公引退拜蒙左護軍虎威將軍又拜漢昌太守食下雋瀏陽漢昌州陵與關羽分土接境羽以兵圍曹仁於樊留士仁守公安蒙至南郡太守麋芳與士仁皆降遂入據城盡得羽及將士家屬皆撫慰之羽還吏士無鬬心會權至衆皆委羽而降荆州遂定以蒙爲南郡太守封孱陵侯以疾卒

賀齊字公苗會稽山陰人後漢獻帝建安元年孫策臨郡察舉孝廉領永寧長代韓晏領南部都尉八年建安漢興南平亂齊進兵建安立都尉府還新都太守加偏將軍十八年豫章東部民彭材李玉王海等起爲賊亂衆萬餘人齊討平之遷奮武將軍二十一年鄱陽民尤突受曹公印綬化民爲賊陵陽始安涇縣皆與突相應齊與陸遜討破突斬首數千餘黨震服丹陽三縣皆降料得精兵八千人拜安東將軍封山陰侯出鎮江上督扶州以上至皖黃武初魏使曹休來以道遠後至因住新市爲拒休等憚之引軍還遷後將軍領徐州牧初晉宗爲戲口將以衆叛如魏還爲蘄春太守圖襲安樂取其保質權以爲恥忿因軍初罷六月盛夏出其不意詔齊督糜芳鮮于丹等襲蘄春遂生虜宗

全琮字子璜吳郡錢唐人父柔爲會稽東部都尉孫策至吳柔舉兵先附策表柔爲丹陽都尉後爲權車騎長史權又以琮爲奮威校尉授兵數千人使討山越因開募召得精兵萬餘人出屯牛渚稍遷偏將軍蜀將關羽圍樊襄陽琮上疏陳羽可討之計及禽羽權置酒公安顧謂琮曰君前陳此今日之捷抑亦君之功也封華亭侯黃武元年魏以舟軍大出洞口權使呂範督諸將拒之軍營相望敵數以輕舡鈔擊琮常帶甲仗兵伺候不休頃之敵數千人出江中琮擊破之梟其將軍尹盧遷琮綏南

將軍玄綖將曹休使臧霸以輕船五百敢死萬人襲攻徐陵攻城燒車殺略數千人將軍全琮徐盛追斬魏將尹盧殺獲數百進封錢唐侯七年權至皖與輔國將軍陸遜擊曹休破之於石亭黃龍元年遷衞將軍左護軍徐州牧尚公主累加右大司馬左軍師

程普字德謀右北平土垠人初爲郡吏從孫堅征伐討黃巾於宛鄧破董卓於陽人攻城野戰身被創痍堅薨復隨孫策在淮南從攻廬江拔之還俱東渡策到横江當利破張英于麋等轉下秣陵湖孰句容曲阿普皆有功增兵二千騎五十匹進破烏程石木波門陵傳餘杭普功爲多策入會稽以普爲吳郡都尉治錢唐後徙丹陽都尉居石城復討宣城涇安吳陵陽春穀諸賊皆破之策嘗攻祖郎大爲所圍普與一騎共蔽扞策驅馬疾呼以矛突賊賊披策因隨出後拜盪寇中郎將領零陵太守從討劉勳於尋陽進攻黃祖於沙羨還鎮石城策薨與張昭等共輔孫權遂周旋三郡平討不服又從征江夏還過豫章別討樂

安樂安平定代太史慈備海昏與周瑜為左右督破曹公於烏林又進攻南郡走曹仁拜裨將軍領江夏太守治沙羨食四縣周瑜卒代領南郡太守權分荊州與劉備還領江夏遷盪寇將軍卒

諸葛瑾字子瑜琅邪陽都人漢末避亂江東值孫策卒權姊壻曲阿弘咨見而異之薦之於權與魯肅等並見賓待後為權長史轉中司馬從討關羽封宣城侯以綏南將軍代呂蒙領南郡太守黃武元年遷左將軍督公安假節封宛陵侯魏將曹真夏侯尚等圍朱然於江陵又分據中州瑾以大兵為之救援瑾性弘緩推道理任計畫無應卒倚伏之術兵久不解權以此望之及春水生潘璋等作水城於上流瑾進攻浮橋真等退走權稱尊號拜瑾大將軍左護軍領豫州牧

黃蓋字公覆零陵泉陵人初辟公府孫堅舉義兵蓋從之破南山賊北走董卓拜別部司馬堅薨蓋隨策及權擐甲周旋蹈刃屠城諸山越不賓有寇難之縣輒用蓋為守長後漢獻帝建安中隨周瑜拒曹公於赤壁以功拜武鋒中郎將武陵蠻夷反亂攻城邑乃以蓋領太守寇亂盡平後長沙益陽縣為山賊所攻蓋又平討加偏將軍病卒

韓當字義公遼西令支人以便弓馬有膂力幸於孫堅從征伐周旋數犯危難陷敵擒虜為別部司馬及孫策東渡從討三郡遷先登校尉授兵二千騎五十匹從征劉勳破黃祖還討鄱陽領樂安長山越畏服後以中郎將與周瑜等拒破曹公又與呂蒙襲取南郡遷偏將軍領永昌太守宜都之役與陸遜朱然等共攻蜀軍於涿鄉大破之徙威烈將軍封都亭侯曹真攻南郡當保東南在外為帥厲將士同心固守又敬望督司奉遵法令權善之黃武二年封石城侯遷昭武將軍領冠軍太守後又加都督之號將敢死及解煩兵萬人討丹陽賊破之會病卒

蔣欽字公奕九江壽春人孫策拜別部司馬授兵與策周旋平定三郡又從征豫章東遷西部都尉會稽冶賊呂合秦狼等為亂欽將兵討擊遂擒合狼五縣平定徙討越中郎將賀齊討黟賊欽督萬兵與齊并力黟賊平定從征合肥魏將張遼襲權於津北欽力戰有功遷盪寇將軍領濡須督征蜀關羽道病卒

周泰字幼平九江下蔡人初隨孫策為左右數戰有功策入會稽署別部司馬權愛其為人請以自給權住宣城山賊數千人卒至權始得上馬而賊鋒刃已交於左右或斫中馬鞍衆莫能自定泰奮手擲身衛權是日無泰權幾危殆策深德之補春穀長後從攻皖討江夏皆有功後與周瑜程普拒曹公於赤壁攻曹仁於南郡荊州平定將兵屯岑曹公出濡須泰復赴擊拜平虜將軍後權破關羽欲進圖蜀拜泰漢中太守奮威將軍封陵陽侯

董襲字元代會稽餘姚人孫策入郡襲迎於高遷亭策見而偉之署門下賊曹時山陰宿賊黃龍羅周勃聚黨數千人策自出討襲身斬羅勃首還拜別部司馬授兵數千遷揚武都尉從策攻皖又討劉勳於尋陽伐黃祖於江夏策薨權統事鄱陽賊彭虎等衆數萬人襲與凌統步騭蔣欽等各別分討襲所向輒破旬日盡平拜威越校尉遷偏將軍後漢獻帝建安十三年權討黃祖襲與凌統俱為前部破斬之曹公出濡須襲從權赴之船敗死

甘寧字興霸巴郡臨江人初依劉表因居南陽不見進用後轉託黃祖又以凡人畜之於是歸吳周瑜呂蒙並共薦達孫權加異同於舊臣寧陳計破黃祖權遂西果禽祖盡獲其士衆乃授寧兵屯當口後隨周瑜拒破曹公於烏林攻曹仁於南郡又從魯肅鎮益陽拒關羽以功拜西陵太守從攻皖為升城督破獲朱光拜折衝將軍曹公出濡須寧為前部督受勑出斫敵驚動遂退

凌統字公績吳郡餘杭人父操從孫策征伐常冠軍履鋒及權

統事從討江夏中流矢死統年十五左右多稱述者權亦以操
死國事拜統別部司馬行破賊都尉使攝父兵從破山賊權
破保屯先還餘麻屯萬人統與督張異等留攻圍之統身當矢
石所攻一面應時披壞諸將乘勝遂大破之後權復征江夏統
爲前鋒先搏其城於是大獲拜承烈都尉與周瑜等拒破曹公
於烏林遂攻曹仁遷爲校尉又從破皖拜盪寇中郎將領沛相
與呂蒙等西取三郡反自益陽從合肥爲右部督拜偏將軍卒
徐盛字文嚮琅邪莒人客於吳爲孫權別部司馬授兵五百人
守柴桑拒黃祖以功遷校尉中郎將督校兵曹公出濡須從權
禦之魏使邢貞拜權爲吳王權出都亭候貞貞有驕色張昭既
怒而盛忿憤顧謂同列曰盛等不能奮身出命爲國家并許洛
吞巴蜀而令吾君與貞盟不亦辱乎因涕泣橫流貞聞之謂其
旅曰江東將相如此非久下人者也後遷建武將軍封都亭侯
領廬江太守賜臨城縣爲奉邑蜀先主次西陵盛攻取諸屯所

向有功曹休出洞口盛與呂範全琮渡江拒守以火攻多敵不
能克合引軍退遷安東將軍封蕪湖侯
潘璋字文珪東郡發干人孫權爲陽羨長始往隨權因召使募
得百餘人遂以爲將討山賊有功署別部司馬累遷武猛校尉
偏將軍遂領百校尉屯半州權征關羽璋與朱然斷羽走道至
臨沮住夾石璋部下司馬馬忠禽羽并羽子平都督趙累等權
即分宜都至秭歸二縣爲固陵郡拜璋爲太守振威將軍封溧
陽侯甘寧卒又并其軍蜀先主出夷陵璋與陸遜并力拒之以
功拜平北將軍襄陽太守權稱尊號拜右將軍
朱治字君理丹陽故鄣人州辟從事隨孫堅征伐拜司馬從討
長沙零桂等三郡賊周朝蘇馬等有功堅表治行都尉從破董
卓於陽人會堅薨治扶翼策依就袁術術德政不立乃勸策還
江東時太傅馬日磾在壽春辟治爲掾遷吳郡都尉策爲袁術
攻廬江治使人於曲陽迎太妃及權兄弟策薨治與張昭等共

尊奉權後漢獻帝建安七年權表治爲九真太守行扶義將軍
割婁由拳無錫毗陵爲奉邑置長吏征討夷越佐定東南禽截
黃巾餘類陳敗萬秉等黃武元年封毗陵侯二年拜安國將軍
金印紫綬徙封故鄣
朱然字義封治之姊子本姓施氏初治未有子然年十三乃啓
策乞以爲嗣然嘗與權同書學至權統事累遷山陰令臨川太
守授兵二千人討平山賊曹公出濡須然備大塢及三關屯拜
偏將軍後漢獻帝建安二十四年從討關羽別與潘璋到臨沮
禽羽遷昭武將軍封西安鄉侯代呂蒙鎮江陵黃武元年蜀先
主攻宜都然督五千人與陸遜并力拒之然別攻破其前鋒斷
其後道遂破走之拜征北將軍封永安侯魏遣曹真夏侯尚張
郃等攻江陵起土山鑿地道立樓櫓臨城弓矢雨注凡六月不
能克乃徹攻退還由是然名震於敵國改封當陽侯黃龍元年
拜車騎將軍領兗州牧

呂範字子衡汝南細陽人避亂壽春孫策見而異之範遂自委
昵將私客百人歸策從策攻破廬江還俱東渡到橫江當利破
張英于麋下小丹楊湖孰領湖孰相策定秣陵曲阿收笮融劉
繇餘衆增範兵二千騎五十匹後領宛陵令討破丹陽賊還吳
遷都督從攻祖郎於陵陽太史慈於勇里七縣平定拜征虜中
郎將權征江夏範與周瑜等俱拒破之拜裨將軍領彭澤太守
遷建威將軍封宛陵侯領丹陽太守治建業督扶州以下至海
曹休張遼臧霸等來伐範督徐盛全琮孫韶等以舟師拒休等
於洞口遷前將軍封南昌侯黃武七年拜大司馬印綬未下疾
卒
朱桓字休穆吳人孫權爲將軍桓給事幕府累遷盪寇校尉授
兵二千人使部伍吳會二郡鳩合遺散期年之間得萬餘人後
丹陽鄱陽山賊蜂起攻沒城郭殺略長吏處處屯聚桓督領諸
將周旋赴討應皆平定稍遷裨將軍代周泰爲濡須督黃武元

年魏使大司馬曹仁步騎數萬向濡須桓拒破之梟其將常雕生虜王雙送武昌以功封嘉興侯黃龍元年拜前將軍領青州牧

是儀字子羽北海營陵人本姓氏郡相孔融嘲儀言氏字民無上可改為是避亂會稽孫權承攝大業優文徵儀專典機密呂蒙圖襲關羽儀善其計從討羽拜忠義校尉既定荊州拜裨將軍封都亭侯遷侍中黃武中遣儀之皖就將軍劉邵欲誘致曹休休到大破之遷偏將軍進封都鄉侯

胡綜字偉則汝南固始人少孤母將避難江東孫策領會稽太守綜年十四為門下循行策薨權為討虜將軍以綜為金曹從事從討黃祖拜鄂長蜀先主下白帝權以見兵少使綜料諸縣得六千人立解煩兩部綜領右都督吳將晉宗叛歸魏為蘄春太守去江數百里數為寇害權使綜與賀齊輕行掩襲生虜得宗加建武中郎將權為吳王封綜為亭侯及都建業以綜為侍中兼領軍進封鄉侯

呂岱字定公廣陵海陵人為郡縣吏避亂南渡會孫權統事岱詣幕府累遷餘姚長召募精健得千餘人會稽東冶五賊呂合秦狼等為亂權以岱為督軍校尉與將軍蔣欽等將兵討之遂禽合狼五縣平定拜昭信中郎將後漢獻帝建安二十年督孫茂等十將取長沙三郡又安成攸永新茶陵四縣吏共入陰山城合衆拒岱攻圍即降三郡克定權留岱鎮長沙安成長吳碭及中郎將袁龍等首尾關羽復為反亂碭據攸縣龍在醴陵權遣橫江將軍魯肅攻攸碭突走岱攻醴陵遂禽斬龍遷廬陵太守時蒼梧林夷賊攻圍郡縣岱討破之是時桂陽賊王金合衆於南海界上首亂為害權又詔岱討之生縛金傳送詣都斬首獲生凡萬餘人遷安南將軍岱既定交州復進討九真斬獲以萬數又遣從事南宣國化暨徼外扶南林邑堂明諸王各遣使奉貢權嘉其功進拜鎮南將軍

張紘字子綱廣陵人避難江東孫策創業遂委質焉表為正議校尉與張昭並與參謀常令一人居守一人從征討紘從討丹陽策身臨行陳紘諫曰夫主將乃籌謨之所自出三軍之所繫命不宜輕脫自敵小寇願麾下重天授之姿副四海之望無令國內上下危懼後漢獻帝建安四年策遣紘奉章至許宮曹公為漢相欲因喪伐吳紘諫以為乘人之喪既非古義若其不克成讎棄好不如因而厚之曹公從其言即表權為討虜將軍領會稽太守以紘為會稽東部校尉後權以紘為長史從征合肥合肥城久不拔紘進計曰古之圍城開其一面以疑衆心今圍之甚密攻之又急誠懼并命戮力死戰之寇固難卒拔及救未至可以寬之以觀其變議者不同會救騎至數至圍下馳騎挑戰權率輕騎將往突敵紘諫曰夫兵者凶器戰者危事今麾下恃壯盛之氣忽強暴之虜三軍之衆莫不寒心雖斬將搴旗威震敵場此乃偏將之任非主將之宜也願抑賁育之勇懷霸王之計權納紘言而止初權於羣臣多呼其字唯張昭曰張公紘曰東部以別之[illegible]

駱統會稽烏傷人也孫權以將軍領會稽太守統年二十試為烏程相民戶過萬咸歎其惠理權嘉之召為功曹行騎都尉統志在補察苟所聞見夕不待旦常勸以尊賢接士勤求損益饗賜之日可人人別進問其燥濕加以密意誘諭使言察其志趣令皆感恩戴義懷欲報之心權納用焉出為建忠中郎將領武射吏三千人及凌統死復領其兵是時徵役繁數重以疫癘民戶損耗統上疏權感統言深加意焉以隨陸遜破蜀軍於宜都遷偏將軍黃武初曹仁攻濡須使別將常雕等襲中洲統與嚴圭共拒破之封新陽亭侯

冊府元龜卷第三百四十三

將帥部五

佐命第五

宋朱齡石初爲高祖參軍盧循至石頭齡石領中軍選敢死之士數千人上南岸高祖遣齡石領鮮卑步矟過淮擊之齡石率厲將士皆殊死戰殺數百人賊乃退齡石旣有武幹又練吏職高祖甚親委之盧循平以爲寧遠將軍寧蠻護軍西陽内史晉安帝義熙八年高祖西伐劉毅齡石從至江陵九年爲伐蜀元帥蜀平進號將軍封豐城縣侯十二年北伐爲左將軍十四年與桂陽公義真爲佛佛所殺

朱超石初歸高祖爲徐州主簿累遷中兵參軍寧朔將軍沛郡太守西伐劉毅高祖使超石率步騎出江陵未至而毅平及討司馬休之遣冠軍將軍檀道濟及超石步軍出大薄魯宗之間超石且至自盜軍攻之未戰而江陵平晉安帝義熙十二年北伐超石爲前鋒大軍進克蒲坂以超石爲河東太守及高祖自長安東除中書侍郎封興平縣五等侯

檀韶字令孫世居京口初辟本州從事西曹主簿輔國司馬高祖建義韶及弟祗道濟等從平京城行參高祖建武將軍事都邑旣平爲鎮軍將軍加寧遠將軍東海太守進號建武將軍遷龍驤將軍秦郡太守北陳留内史以平桓玄功封巴丘縣侯食邑五百户復參車騎將軍事加龍驤將軍遷[illegible]將中軍諮議參軍加寧朔將軍從征廣固率向彌胡蕃等五十人攻臨朐城克之及圍廣固慕容超夜燒樓雲韶圍分降號横野將軍城陷之日韶率所領先登領北琅邪太守進號寧朔將軍琅邪内史從討盧循於左里又有戰功并論廣固功更封宜陽縣侯食邑七百户降先封一等爲尚減户之半二百五十户賜次子臻坐六門内乘輿白衣領職晉安帝義熙七年號輔國將軍八年丁母憂起爲冠軍將軍明年復爲琅邪内史淮南太守將軍如故鎮姑孰尋進號左將軍領本州大中正十二年遷督江州豫州之西陽新蔡二郡諸軍事江州刺史將軍如故有罪免官高祖受命以佐命功增八百户并前千五百户

檀道濟韶之弟也高祖創義道濟從入京城參武帝建武軍事西討平魯山禽桓振以義勳封吳興縣五等侯盧循寇逆羣盜互起以道濟爲揚武將軍天門太守討平之又從劉道規討桓謙荀林等率厲文武身先士卒所向摧破及徐道覆來逼道規親出拒戰道濟戰功居多高祖北伐道濟爲前鋒步自淮肥所至諸城戍望風降服進剋許昌凡拔城破壘俘四千餘人皆釋而遣之於是戎夷感悅相率歸之者甚衆進據潼關與諸將軍共破姚紹長安旣平以爲征虜將軍琅邪内史高祖受命轉護軍領石頭戍聽直入殿省以佐命功改封永脩縣公

向靖字奉仁小字彌河内山陽人名與高祖同改稱小字世居京口與高祖少舊從平京城參建武軍事進平京邑板參鎮軍軍事加寧遠將軍京邑雖平而羣寇互起彌與劉蕃孟龍符征破桓歆桓石康石綏於白茅攻壽陽剋之晉安帝義熙三年遷建武將軍秦郡太守北陳留内史戍堂邑以平京城功封山陽縣五等侯從征鮮卑大戰於臨朐累日不决彌與檀韶等分軍自間道攻臨朐城彌擐甲先登即時陷潰斬其牙旗賊遂奔走攻敕廣固彌又先登盧循屯據蔡洲以親黨阮賜爲豫州刺史攻逼姑孰彌率譙国内史趙恢討之時輔国將軍毛脩之戍姑孰告急續至彌兼行進討破賜收其輜重除中軍諮議參軍將軍如故盧循退走高祖南征彌爲前鋒於南陵雷池左里三戰並大捷軍還除太尉諮議參軍下邳太守將軍如故八年轉遊擊將軍尋督馬頭淮西諸軍事龍驤將軍鎮蠻護軍安豐汝陰二郡太守梁國内史戍壽陽以平廣固盧循功封安南縣男食邑五百户十年遷冠軍將軍高陽内史臨淮太守領石頭戍事高祖西伐司馬休之以彌爲吳興太守將軍如故明年高祖北

伐彌以本號侍從留戍碻磝進屯石門栢谷遷督北青州諸軍事北青州刺史將軍如故高祖受命以佐命功封曲江縣侯食邑千户

劉懷慎始參高祖鎮軍將軍事振威將軍彭城内史從征鮮卑每戰必身先士卒及克廣固懷慎率所領先登從高祖拒盧循於石頭屢戰克捷加輔國將軍晉安帝義熙八年以本號監北徐州諸軍事鎮彭城尋加徐州刺史為政嚴猛境内震肅九年亡命王靈秀為寇討平之十一年進北中郎將以平廣固盧循功封南城縣男食邑五百户十三年高祖北伐以為中領軍征虜將軍宿衛輦轂坐府内相殺免官宋臺建召為五兵尚書仍督江北淮南諸軍前將軍南青州刺史復徵為度支尚書加散騎常侍高祖還都壽春留懷慎督北徐兖青淮北諸軍事前軍將軍徐州刺史以亡命入廣陵城降號征虜將軍永初元年以佐命功進爵為侯增邑千户進號平北將軍

劉懷肅初為費令聞高祖起義棄縣來奔京邑平定振武將軍劉道規追桓玄以懷肅為司馬玄留何澹之郭銓等戍桑落洲進擊破之玄既死從子振大破義軍於楊林義軍退尋陽懷肅與江夏相張暢之攻澹之於西塞破之偽鎮東將軍馮該戍夏口東岸孟山圖據魯山城桓仙容守月壘皆連壁相望懷肅與道規攻之躬擐甲冑陷二城馮該走石城生擒仙容晉安帝義熙元年正月振敗走道規遣懷肅平石城斬馮該及其子山靖三月振復襲江陵荆州刺史司馬休之出奔懷肅自雲杜馳赴晝夜兼行七日而至振勒兵三萬旗幟蔽野躍馬横矛躬自突陣流矢傷懷肅頷衆懼欲奔懷肅瞋目奮戈膽氣益壯於是士卒爭先臨陣斬振首江陵既平休之反鎮執懷肅手曰微子之力吾無所歸矣偽輔國將軍符嗣馬孫偽龍驤將軍金符靚樂志等屯結中夏懷肅又討之梟樂志等道規　懷肅督江夏九郡權鎮夏口除通直郎仍偽轉將軍淮南歷陽二郡太守二年又領劉毅撫軍司馬軍郡如故以義功封東興縣侯食邑千户

劉粹字道沖粹家在京口少有志幹初為州從事高祖克京城參建武軍事從平京邑轉參鎮軍事尋加建武將軍沛郡太守又領下邳太守復為車騎中軍參軍從征廣固戰功居多以功封西安縣五等侯軍還轉中軍諮議參軍盧循逼京邑京口任重太祖時年四歲高祖使粹奉太祖鎮京城轉游擊將軍遷建威將軍江夏相衛將軍毅粹族兄也粹盡心高祖不與毅同高祖欲謀毅衆並疑粹在夏口愈信之及大軍至粹竭其誠力事平封灄縣男食邑五百户母憂去職俄而高祖討司馬休之起粹為寧朔將軍竟陵太守統水軍入河明年進號輔國將軍還相國右司馬侍中中軍司馬冠軍將軍遷左衛將軍永初元年以佐命功改封建安縣侯食邑千户

王鎮惡北海劇人也或薦於高祖即召之既至與語甚異焉以為青州治中從事行參中軍太尉軍事署前部賊曹拒盧循於

查浦屢戰有功封博陸縣五等子後以討劉毅功封漢壽縣子食邑五百户又討平蠻帥向博抵根除游擊將軍高祖北伐鎮惡行龍驤將軍領前鋒鎮惡入賊境戰無不捷邵陵許昌望風奔散破虎牢及柏谷塢斬賊帥趙玄軍次洛陽偽陳留公姚洸歸順進次澠池遣司馬毛德祖攻偽弘農太守尹雅於蠡吾城生擒之仍行弘農太守方軌長驅徑據潼關偽大將軍姚紹率大衆拒險深溝高壘以自固鎮惡懸軍遠入轉輸不充與賊相持久將士乏食乃親到弘農督上民租百姓競送義粟軍食復振紹又病死偽撫軍將軍姚讃代紹守險衆力猶盛高祖至湖城讃引退大軍次潼關謀進取之計鎮惡請率水軍自河入渭偽鎮北將軍姚強屯兵涇上鎮惡遣毛德祖擊破之直至渭橋鎮惡所乘皆蒙衝小艦行船者悉在艦内羌見艦泝渭而進艦外不見有乘行船人北土素無舟楫莫不驚惋咸謂為神鎮惡既至令將士食畢便棄船登岸渭水流急倏忽間諸艦悉逐流去

特姚泓屯軍在長安城下猶數萬人鎮惡乃身先士卒衆亦知無復退路莫不騰踊爭先泓衆一時奔潰即陷長安城泓挈身逃走明日率妻子歸降城內夷晉六萬餘户鎮惡宣揚國恩撫慰初附號令嚴肅百姓安堵高祖將至鎮惡於霸上奉迎高祖勞之曰成吾霸業者卿也進號征虜將軍

趙倫之字幼成高祖起兵以軍功封閬中縣五等侯累遷雍州刺史高祖北伐倫之遣順陽太守傅弘之扶風太守沈田子出嶢柳大破姚泓於藍田及高祖受命以佐命功封霄城縣侯安北將軍鎮襄陽

到彥之字道豫彭城武原人高祖討孫恩以鄉里樂從每有戰功義旗將起彥之家在廣陵臨川武烈王道規尅桓弘彥之時近行聞事捷馳歸而道規已南度江倉卒晚方獲濟及至京口武帝已向鄴孟昶居守留之及見高祖被責不自陳昶又不爲申理故不加官晉安帝義熙元年補鎮軍行參軍六年盧循逼都

彥之與檀道濟掩循輜重與循黨荀林戰敗免官後以軍功封佷山縣子爲太尉中兵參軍驃騎將軍道憐鎮江陵以彥之爲驃騎諮議參軍尋遷司馬南郡太守又從文帝西鎮除使持節南蠻校尉高祖受命進爵爲侯

胡藩豫章人高祖召爲員外散騎侍郎參軍事從征鮮卑賊屯聚臨朐藩言於高祖曰賊屯軍城外內守必寡今往取其城而斬其旗幟此韓信所以克趙也高祖乃遣檀韶與藩等潛往既至即克其城賊見城陷一時奔走還保廣固累月未拔之夜佐史並集忽有鳥大如鵝蒼黑色飛入高祖帳裏衆皆駭愕以爲不祥藩起賀曰蒼黑者胡虜之色胡虜歸我大吉之祥也明旦攻城陷之從討盧循於左里頻戰有功封吳平縣五等子除正員郎尋轉寧遠將軍鄱陽太守從伐劉毅毅初當之荆州表求東道還京辭墓去都數十里不過拜闕高祖出倪塘會之藩勸於坐殺毅高祖不從至是謂藩曰吾從倪塘之謀無今舉也又從征司馬休之復爲參軍知進武將軍領游軍於江津徐達逵一作之敗沒高祖怒甚即日於馬頭岸渡江而江津岸峭壁立數丈休之臨岸置陣無由可登高祖呼藩令上藩有疑色高祖奮怒命左右録來欲斬之藩不受命顧曰藩寧前死耳以刀頭穿岸劣容腳指於是至上隨之者稍多既得登岸殊死戰敗之不能當引退因而乘之一時奔高祖伐羌假藩寧朔將軍參太尉軍事統別軍至河東暴風漂輜重艦渡北岸虜牽得此艦取其器物藩氣厲心憤率左右十二人乘小船逕往河北賊騎五六百見藩來並笑之藩素善射登岸射賊應弦而倒者十許人賊皆奔退悉收所失而反又遣藩及朱超石等破索虜於平城虜騎數重藩及超石所領皆劉配新軍不盈五千率厲力戰大破之又與超石等擊姚業於蒲坂超石失利退還藩收超石所捨資實徐行而反業不敢追高祖還彭城參相國軍事時盧循餘黨與蘇淫就大相聚結以爲始興相論平司馬休之及廣固功封陽山縣男食邑五百户

虞丘進東海郯人晉安帝隆安中從高祖征孫恩頻戰有功元興元年從高祖東征臨海於石步固與盧循相守二十餘日二年又從高祖至東陽破徐道覆其年又至臨松穴破賊追至永嘉于江又至安固累戰皆有功三年從平京城定京邑除燕國內史義熙二年除龍驤將軍封龍川縣五等侯從高祖伐廣固於臨朐破賊盧循逼京邑孟昶諸葛長民等建議奉天子過江進廷議不可面折昶等高祖甚嘉之鬱討伐樹樹柵石頭除鄱陽太守將軍如故統馬步十八隊於東道出鄱陽至五畝嶠循遣將英糾爲上饒令千餘人守故城進攻破之循又遣童敏之爲鄱陽太守據郡進從餘干步道趣鄱陽敏之退走追破之斬首數百復隨劉藩至始興討斬徐道覆八年除寧蠻護軍尋陽太守十年從征劉毅事平補太尉行參軍尋加振威將軍九年以前後功封望蔡縣男食邑五百户加龍驤將軍討司馬休之又有戰功軍還除輔國將軍山陽太守宋臺立令書除秦郡太守

將陳留郡事將軍如故元熙二年宋王令書以為高祖第四子義康右將軍司馬

孟懷玉世居京口高祖東伐孫恩以懷玉為建武司馬豫義旗從平京城進定京邑以功封鄱陽縣侯食邑千户高祖鎮京口以懷玉為鎮軍參軍下邳太守晉安帝義熙三年出為寧朔將軍西陽太守新蔡内史除中書侍郎轉輔國將軍領丹陽府兵戍石頭盧循逼京邑懷玉於石頭岸連戰有功為中軍諮議參軍賊帥徐道覆屢欲以精鋭登岸畏懷玉不敢上及循南走懷玉與衆軍追躡直至嶺表徐道覆屯結始興懷玉攻圍之身當矢石旬月乃陷仍南追循循平又封陽豐縣男食邑三百五十户復為太尉諮議參軍征虜將軍

劉鍾彭城人晉安帝隆安四高祖伐孫恩鍾願從每戰有功自義旗將建板為郡主簿從入京城將向京邑高祖命曰頃是彭沛鄉人赴義者並可依劉主簿於是立為義隊常在左右連戰皆捷明日桓謙屯于東陵卞範之屯覆舟山高祖疑賊有伏兵顧視左右正見鍾謂之曰此山下當有伏兵卿可率部下往揆之鍾應聲馳進果有伏兵數百一時奔走桓玄西奔其夕高祖止桓謙故營遣鍾宿據東府轉鎮軍參軍督護桓歆寇歷陽遣鍾助豫州刺史魏詠之討之歆即奔走除南郡國内史封安丘縣五等侯從征廣固除振武將軍廣川太守盧循逼京邑鍾率麾下距柵身被重瘡賊不得入循南走鍾與輔國將軍王仲德追之循先留別帥范崇民以精兵高艦據南陵夾屯兩岸鍾自行覘賊天霧賊鉤得其舸鍾因率左右攻艦戶賊遽閉戶拒之鍾乃徐還與仲德攻崇民崇民賊走鍾追討百里燒其舩乘又隨劉藩追徐道覆於始興斬之補太尉行參軍寧朔將軍高祖討劉毅鍾率軍繼王鎮惡江陵平定與朱齡石伐蜀平之以廣固功封永新縣男恭帝元熙元年遷右衛將軍

借收度為高祖諮議參軍署中兵加建威將軍從伐鮮卑盡其誠力盡循攻查浦度力戰有功循既走高祖板行廣州刺史領平越中郎將

孫處字季高會稽永興人少任氣高祖東征孫恩季高隨高祖平定京邑以為振武將軍封新夷縣五等侯廣固之役先登有功

傅弘之字仲度高祖義旗建輔國將軍劉道規以為參軍寧遠將軍魏興太守盧循作亂桓石綏自上洛甲口自號荆州刺史徵陽令王天恩自號梁州刺史襲據西城時弘之父韶為梁州遣弘之討石綏等並斬之除太尉行參軍從征司馬休之署後部賊曹仍為建威將軍順陽太守高祖北伐弘之與扶風太守沈田子等七軍自武關入偽上洛太守脫身奔走進據藍田招懷戎晉晉人龐斌之戴養胡人康橫等各率部落歸化為桂陽王義真雍州治中從事西戎司馬寧朔將軍與義真同沒佛佛

南齊薛淵河東汾陰人從父安都為宋徐州刺史以彭城降魏親族皆入北太祖鎮淮陰淵遣來南委身自結果幹有氣力太祖使領部曲備衛帳内從征伐宋後廢帝元徽末以勳官至輔國將軍右軍將軍驍騎將軍軍主封竟陵侯沈攸之難太祖入朝堂豫章王嶷代守東府使淵領軍屯司徒左府分備京邑袁粲據石頭豫章王嶷夜登西門遙呼淵淵驚起率軍赴難先至石頭焚門攻戰事平明旦率軍還集杜姥宅街路皆滿宮門不開太祖登南掖門樓處分衆軍各還本頓至食後城門開淵方得入見太祖且喜且泣太祖即位增邑為二千五百户除淮南太守加寧朔將軍

陳顯達仕宋為羽林監濮陽太守隸太祖討桂陽王休範休範舉兵至新亭壘宋劉勔大桁敗賊進杜姥宅及休範死太祖欲還衛宮城或諫太祖曰桂陽雖死賊黨猶熾人情難固不可輕動太祖乃止遣顯達率司空參軍高敬祖自查浦渡淮緣石頭北道入承明門屯東堂宮中恐動得顯達至乃稍定齊臺建為驍騎

常侍左衞將軍領衞尉太祖即位遷中護軍增邑千六百戶轉護軍將軍

戴僧靜少爲太祖撫畜常在左右從軍圍角城進僧靜戰鬭截捷補帳內軍主隨還京師勳階並積射將軍羽林監沈攸之事太祖朝堂僧靜爲軍主後袁粲據石頭太祖遣僧靜將腹心先至石頭將蘇烈據倉城僧靜將言與烈夜縋入城粲登城西南門列燭火乃分臺軍至射之火乃滅迴登東門其黨輔國將軍孫曇瓘驍勇善戰每盪一合輒大殺傷官軍死者百餘人軍主王天生殊死拒戰故得相持自亥至丑有流星赤色照地墜城中僧靜率力攻倉門身先士卒衆潰僧靜殺粲於是外軍燒門入僧靜以功除前軍將軍寧朔將軍宋順帝昇明二年除游擊將軍沈攸之平論封諸將以僧靜爲興平縣侯邑千戶太祖即位增邑千二百戶除南濟陰太守

荀伯玉初爲太祖冠軍刑獄參軍太祖爲明帝所疑及徵爲黃

門郎深懷憂伯玉勸太祖遣數十騎入魏界安置標榜於是魏游數百履行界上太祖以聞猶懼不得留令玉卜伯玉斷卦不成行而宋明帝詔果復祖本任由是親待後爲太祖驃騎中兵參濟陽太守霸業既建伯玉忠勤盡心常衞左右加冠軍將軍隨太祖太尉府轉中兵將軍太守如故建元元年封南豐縣子四百戶轉輔國將軍武陵王征虜司馬

曹虎字士威宋明帝時太祖爲領軍補防殿隊主直西齋蒼梧廢明日虎欲出外避難遇太祖在東中華門問虎何之虎因曰故欲仰覓明公耳仍留直衞太祖鎮東府以虎與戴僧靜各領白直三百人累至屯騎校尉帶南城令豫平石頭封羅江縣男除前軍將軍太祖受禪增邑爲四百戶直閤將軍領細仗主尋除寧朔將軍東莞太守

尹略維南人少伏事太祖曉習騎射以便捷見使爲將太祖帝昇明中爲虎賁中郎將越騎校尉建元初封平固男三百戶

桓康北蘭陵承人也勇果驍悍宋孝武大明中隨太祖爲軍容從世祖在贛縣後爲世祖冠軍府參軍除殿中將軍武騎常侍出補襄賁令桂陽事起康與縣還都就太祖會事已平除員外郎宋元徽五年七月六日夜少帝微行至領軍府帝左右人曰一府皆眠何不緣牆入帝曰我今夕欲一處作適待明日夜康與太祖所養健兒盧荒向黑於門聞聽得其語明夕王敬則至扣府門康謂是變與荒黑拔白欲出乃隨入宮太祖鎮東府除康武陵王中兵寧朔將軍帶蘭陵太守常衞左右建元元年封吳平縣伯五百戶轉輔國將軍左軍將軍游擊將軍太守如故

周山圖爲宋左中郎將時武陵王贊爲郢州太守令山圖領兵衞送世祖與晉熙王燮自郢下以山圖爲後防沈攸之事起世祖爲西討都督啓山圖爲軍副世祖留據盆城衆議以盆城城小難固不如還都山圖曰今據中流爲四方勢援大衆致力川

岳可爲城隍小事不足難也世祖使城局參軍劉皆陳淵委山圖以軍分事山圖斷取行旅船板以造樓櫓立水柵旬日皆辦世祖甚嘉之授前軍將軍加寧朔將軍進號輔國將軍攸之攻郢城世祖令山圖量其勢山圖曰攸之見與山圖鄉里同征伐悉其爲人性度險刻無以結固士心如頓兵堅城之下適所以爲離散之漸耳攸之既敗平西將軍黃回乘輕舸從白服万餘人在軍前下緣流叫盆城中恐頃申知是回凱歸乃安世祖謂山圖曰周公前言可謂明於見事矣還都太祖進山圖領兵西鎮郢城鎮戍諸軍悉受節度遷游擊將軍輔國如故建元元年封廣晉縣男邑三百戶

梁沈約高祖在西邸與約游舊建康城平引爲驃騎司馬征虜將軍時高祖王業既就天人允屬約嘗扣其端高祖默而不應他日又進曰今與古異不可以淳風期萬物士大夫攀龍附鳳者皆望有尺寸之功以保其福祿今童兒牧豎悉知齊祚已終

莫不公明公其人也天文人事表革運之徵永元以來尤爲彰著讖云行中水作天子此又歷然在記天心不可違人情不可失苟昇歷數所至雖欲謙光亦不可得已高祖曰吾方思之對曰初起兵樊沔此時應思今王業已就何所復思昔武王伐紂始入民便曰吾君武王不違民意亦無所思公自至京邑已移氣序比於周武遲速不同若不早定大業稽天人之望脱有一人立異便損威德且人非金石時事難保豈可以建安之封遺之子孫若天子還都公卿在位則君臣分定無復異心君明於上臣忠於下豈復有人方更同公作賊高祖然之約出高祖召范雲告之雲對略同約旨高祖曰智者乃爾暗同卿明早將休文更來雲出語約約曰卿必待我雲諾許而約先期入高祖令草其事約乃出懷中詔書并諸選置高祖初無所改俄而雲自外來至殿門不得入徘徊壽光閤外但云咄咄約出問曰何以見處約舉手向左雲笑曰不乖所望有頃高祖召范雲謂曰生

平與沈休文羣居不覺有異人處今日才智縱橫可爲明識雲曰公今知約不異約今知公高祖曰我起兵於今三年矣功臣諸將實有其勞然成帝業者乃卿二人也

王茂爲雍州長史高祖以王佐許之事無大小皆詢焉人或譖茂帝弗之信譖者懸言之遣視其甲矟則蟲網焉乃誅言者或云茂與帝不睦帝諸腹心並勸除之而茂少有驍名帝又惜其用曰將舉大事便害健將此非上策乃令腹心鄭紹叔往候之遇其臥因問疾茂曰我疾可耳紹叔曰都下殺害日甚使君家門塗炭今欲起義長史那猶臥茂因擲枕起即袴褶隨紹叔入見帝大喜下牀迎因結兄弟被推赤心遂得盡力發雍部遣茂爲前驅郢魯既平從帝東下爲軍鋒師次秣陵東昏遣大將王珍國盛兵朱雀門衆號二十万及戰帝軍引却茂下馬單刀直前外生韋欣慶勇力絶人執鐵纏矟翼茂而進故大破之茂勳第一欲雙力也建康城平以茂爲護軍將軍遷侍中領軍將軍

張惠紹字德繼少有武幹初仕齊爲竟陵橫桑戍主丞秩歸鄉里聞高祖起兵乃自歸累有戰功高祖踐祚封石陽縣侯位驍騎將軍直閤左細仗主率東宮餘黨數百人竊入南北掖門夜燒神獸門害衛尉張弘策惠紹馳率所領赴戰賊乃散走遷太子右衛率

曹景宗字子震新野人高祖爲雍州刺史表爲冠軍將軍竟陵太守及義師起高祖至竟陵以景宗與冠軍將軍王茂濟江圍郢城自二月至于七月城乃降復帥衆前驅至南州領馬步軍取建康道次江寧東昏將李居士以重兵屯新亭是日選精騎一千至江寧行頓景宗始至安營未立且倍行日久器甲穿弊居士望而輕之因鼓噪前薄景宗景宗被甲馳戰短兵裁接居士棄甲奔走景宗皆獲之因鼓而前徑至皁莢橋築一壘景宗又與王茂呂僧珍犄角破王珍國於大航茂衝其中堅應時而陷復與衆軍長圍六門城平拜散騎常侍右衛將軍封湘西縣侯

食邑一千六百户

呂僧珍字元瑜高祖臨雍州爲中兵參軍委以心膂僧珍陰養死士歸之者甚衆高祖頗招武猛士庶響從會者万餘人因命按行城西空地將起數千間屋以爲止舍多伐材竹沈於檀溪積茅蓋若山阜皆未之用僧珍獨悟其旨亦私具櫓數百張義兵起高祖夜召僧珍及張弘策定議明旦乃會衆發兵悉取檀溪材竹裝爲艦艫葺之以茅並立辦衆軍將發諸將果爭櫓僧珍乃出先所具每船付二張爭者乃息及建康城平高祖命僧珍率所領先入清宮與張弘策封檢府庫即日以本官帶南彭城太守遷給事黃門侍郎領武賁中郎將高祖受禪以爲冠軍將軍前軍司馬封平固縣侯邑一千二百户

夏侯詳譙郡譙人也在齊爲司州刺史辭不之職高祖義兵起詳與蕭穎胄同創大舉西臺建以詳爲中領軍加散騎常侍南郡太守凡軍國大事穎胄多決於詳及高祖圍郢城下穎胄遣

衛尉席闡文如高祖至詳獻議云竊壁易守攻取勢難頓甲堅城兵家所忌誠宜大弘經略詢納羣言軍主以下至于匹夫皆令獻其所見盡其所懷擇善而從選能而用不以人一毀言不以多問易文須我衆力度賊樵糧窺彼人情權其形勢若使賊人衆而食少故宜計日而守之食多而力寡故宜悉衆而攻之若使糧力俱足非攻守所屈便宜散金寶縱反間使彼智士不用愚者懷猜此魏武之所以定大業也若三事未可宜思變通觀於人情計我糧穀若德之所感萬里同符仁之所懷遠邇歸慕金帛素積糧運又云乃可以列圍寬守引以歲月此王翦之所以剋楚也若圍之不卒降攻之未可下間道不能行金粟尤人積天下非一家人情難可豫此則宜更思變計矣變計之道實資英斷謀之深要難以紙直郵市言於席衞尉特願垂採高祖嘉納焉天監元年徵為侍中衞尉卿論功封寧都縣侯邑二千户

鄭紹叔字仲明滎陽人高祖臨司州命為中兵參軍領長流因是厚自結附高祖舉義兵以為驍騎將軍侍從東下江州留紹叔監州事督江湘二州糧運無闕之天監初入為衞尉卿封營道縣侯邑千户加冠軍將軍以營道縣户凋弊改封東興縣侯邑如故紹叔自高祖臨司州為中兵參軍領長流因是厚自結附高祖罷州還京師謝遣賓客紹叔獨固請願留高祖謂曰卿才幸自有用我今未能相益宜更思他塗紹叔曰委質有在義無二心高祖固不許於是乃還高祖為雍州刺史紹叔間道西歸補寧蠻長史扶風太守東昏既害朝宰頗疑高祖紹叔兄植為東昏直後東昏遣至雍州託以候紹叔實潛使為刺客紹叔知之密以白高祖植既至高祖於紹叔處置酒宴之戲植曰朝廷遣卿見圖今日閑宴是見取良會也賓主大笑令植登臨城隍周觀府署士卒器械舟艫戰馬莫不富實植退謂紹叔曰雍州實力未易圖也紹叔曰兄還具為天子言之兄若取雍州紹叔請以此衆一戰送兄於南峴相持慟哭而別

楊公則字君翼天水人為荊州西中郎參軍高祖舉義師于雍州以為西中郎諮議中兵參軍率衆東下時荊州行事張寶積發兵自守未知所附公則軍及巴陵仍迴師南討軍次白沙寶積懼釋甲以俟焉公則到州撫納之湘境遂定和帝即位授持節都督湘州諸軍事湘州刺史高祖勒衆軍次于沔口魯山城主孫樂祖郢州刺史張沖各據城未下公則率湘府之衆會于夏口時荊州諸軍悉受公則節度雖蕭穎達宗室之貴亦隸焉累進征虜將軍左衞將軍持節刺史如故郢城平高祖命衆軍即日俱下公則受命先驅徑掩柴桑江州即定連旌東下直造京邑公則號令嚴明秋毫不犯所在莫不賴焉天監元年進號平南將軍封寧都縣侯

柳慶遠為高雍州別駕從事時方多難慶遠謂所親曰方今天下將亂英雄畢起庇民定霸其吾君乎因盡誠協贊及義兵起慶遠常居帷幄為謀主遷冠軍征東長史從軍東下身先士卒高祖行營壘見慶遠頓舍嚴整每歎曰人人若是吾又何憂建康城平入為侍中領前軍將軍城內嘗夜火禁中驚懼高祖時居宮中悉斂諸鑰問柳侍中何在慶遠至悉付之其見任如此霸府建以為太尉從事中郎高祖受禪遷散騎常侍右衞將軍

加征虜將軍封重安侯食邑千户

蕭穎達蘭陵人也為西中郎外兵參軍高祖舉義為冠軍將軍及楊公則等率師隨高祖曹景宗等圍郢城穎達會軍於漢口與王茂攻郢城陷之隨高祖平江州高祖進溧州使與曹景宗先率馬步進趣江寧破東昏將李居士又下東城建康城平高祖以穎達為前軍將軍丹陽尹及大論功賞封穎達吳昌縣侯邑千五百户

鄧元起字仲居南郡當陽人也為平南中兵參軍高祖義師東下為冠軍將軍率衆與高祖會于夏口高祖命王茂曹景宗及元起等圍郢城結壘九里刺史張沖屢戰輒大敗乃嬰城固守及和帝即位授假節冠軍將軍平越中郎將廣州刺史還給事黃門侍郎移鎮南堂抑西諸軍事中興元年七月郢城降以本號為益州刺史仍為前軍先定尋陽及大軍進至京邑元起築壘於建陽門與王茂曹景宗等合長圍身當鋒鏑建康城平進號

征虜將軍天監初封當陽縣侯食邑一千二百户

庾域字司大高祖舉義兵以爲寧朔將軍領行選從高祖東下師次楊口齊和帝遣御史中丞宗夬銜命勞軍域乃諷夬曰黃鉞未加非所以總率侯伯夬反西臺即授高祖黄鉞蕭穎冑既都督中外諸軍事論者謂高祖應致殊禮穎冑不聽乃止郢城平域及張弘策議與高祖意同即命衆軍便下每獻謀畫多被納用天監初封廣牧縣子

張弘策爲高祖雍州録事參軍帶襄陽令高祖覩海内方亂有匡濟之心密爲儲備謀猷所及惟弘策而已及義師將起高祖夜召弘策吕僧珍入宅定議旦乃發兵以弘策爲輔國將軍軍主領萬人督後部軍事西臺建爲步兵校尉遷車騎諮議參軍及郢城平蕭穎達楊公則諸將皆欲頓軍夏口高祖以爲宜乘勢長驅直指京邑以計語弘策與高祖意合又訪寧朔將軍庾域域又同乃命衆軍即日上道緣江至建康凡磯浦村落軍行宿次立頓處所弘策逆爲圖測皆在目中義師至新林王茂曹景宗等於大航方戰高祖遣弘策持節勞勉衆咸奮厲是日仍破朱雀軍高祖入頓石頭城弘策屯門禁衛引接士類多所全免天監初加散騎常侍洮陽縣侯邑一千二百户弘策文獻皇后從父弟齊明帝建武末從高祖宿酒酣徙席星下語及時事弘策因問高祖曰緯象云何國家故當無恙高祖曰其可言乎弘策因曰請言其兆高祖曰漢北有失地氣浙東有急兵祥今冬初魏必動若動則亡漢北帝今久疾多異議千一伺釁稽部且乘機而作是亦無成徒自驅除耳明年都邑有大亂死人過於亂麻齊之曆數自茲亡矣梁楚漢當有英雄興弘策曰英雄今何在爲已富貴爲在草茅高祖笑曰光武有云安知非僕弘策起曰今夜之言是天意也請定君臣之分高祖曰舅欲效鄧晨乎是冬魏軍寇新野高祖將兵爲援且受密旨乃代曹武爲雍州弘策聞之心喜謂高祖曰夜中之言獨當驗矣高祖笑曰且勿多言弘策從高祖西行仍參帷幄身親勞役不憚辛苦及爲高祖雍州録事參軍時長沙宣武王罷益州還仍爲西中郎長史行郢州事高祖使弘策陳計於宣武王弘策因說王曰昔周室既衰諸侯力爭齊晉蓋中人耳遂能一匡九合于今稱之齊德告微四海方亂蒼生之命會應有主以郢州居中流之要雍部有戎馬之强兄弟英武當今無敵虎據兩州三分天下糾合義兵爲百姓請命廢昏立明易於掌握如此則桓文之業可成不世之功可定無爲豎子所欺取笑身後雍州揣之已熟願圖之王頗不懌而無以非也

蔡道恭字懷儉齊和帝鎮荆州以爲西中郎中兵參軍輔國將軍高祖舉義師于雍州蕭穎冑以道恭舊將素著威略專相委任遷冠軍將軍西中郎諮議參軍仍轉司馬中興元年遷右衛將軍天監初論功封漢壽縣伯邑七百户

册府元龜卷第三百四十四

冊府元龜卷第三百四十五

將帥部六

佐命第六

陳杜僧明字弘照廣陵人梁大同中與周文育並爲廣州南江督護盧安興啓與俱行後安興死高祖在高要引爲主帥侯景之亂隨高祖入援京師高祖於始興破蘭裕爲前鋒擒裕斬之又與蔡路養戰於南野僧明馬被傷高祖馳往救之以所乘馬授僧明僧明乘馬與數十人復進衆皆披靡因而乘之大敗路養高州刺史李遷仕又據大臯入灨石以逼高祖高祖遣周文育爲前軍與僧明擊走之遷仕與寧都人劉孝尚并力將襲南康高祖又令僧明與文育等拒之相持連戰百餘合卒擒遷仕送于高祖軍及高祖下南康留僧明頓西昌督安成廬陵二郡軍事梁元帝承制授假節凌野將軍新州刺史臨江縣子邑三百戶侯景遣于慶等寇南江高祖頓豫章命僧明爲前驅所向剋捷高祖表僧明爲長史仍隨東討軍至蔡州僧明率麾下燒賊水門大艦及景平以功除員外散騎常侍明威將軍南兗州刺史進爵爲侯增邑并前五百戶仍領晉陵太守承聖二年從高祖北圍廣陵加使持節遷通直散騎常侍平北將軍餘如故荆州陷高祖使僧明率吳明徹等隨侯瑱西援於江州病卒

周文育字景德義興陽羨人也廣州監州王勱以爲長流參勱被代文育與勱俱下至大庾嶺文育辭勱勱遣之高祖時高祖在高要聞其還也大喜遣人迎之厚加賞賜分麾下配焉高祖之討侯景文育與杜僧明爲前軍克蘭裕援歐陽頠皆有功高祖破蔡路養於南野文育爲路養所圍四面數重矢石雨下所乘馬死文育右手搏戰左手解鞍潰圍而出因與杜僧明等相得兵力復進遂大敗之高祖乃表文育爲府司馬李遷仕之據大臯遣其將杜平虜入灨石魚梁作城高祖命文育擊之平虜棄城走文育據其城遷仕聞平虜敗留老弱於大臯悉選精兵自將以攻文育其鋒甚銳軍人憚之文育與戰遷仕稍却相持未解會高祖遣杜僧明來援別破遷仕水軍遷仕衆潰不敢過大臯直走新淦梁元帝授文育假節雄信將軍義州刺史遷仕又與劉孝尚謀拒義軍高祖遣文育與侯安都杜僧明徐度杜稜築城於白口拒之文育頻出與戰遂擒遷仕高祖發自南康遣文育將兵五千開通江路侯景將王伯醜據豫章文育擊走之遂據其城累前後功除游騎將軍員外散騎常侍封東遷縣侯邑五百戶高祖軍至白茅灣命文育與杜僧明常爲軍鋒平南陵鵲頭城諸城及至姑孰與景將侯子鑒戰破之景平授通直散騎常侍改封南移縣侯邑一千戶拜信義太守累遷南丹陽蘭陵晉陵太守智武將軍散騎常侍高祖誅王僧辯命文育督衆軍會世祖於吳興圍杜龕剋之又濟江襲會稽太守張彪得其郡城及世祖爲彪所襲文育時頓城北香巖寺世祖夜往趨之因共立柵頃之彪又來攻之文育悉力苦戰彪不能剋既破平彪高祖以侯瑱擁江州命文育討之仍除都督南豫州諸軍事武威將軍南豫州刺史率兵襲湓城未剋徐嗣徽引齊寇渡江據蕪湖詔徵文育還京嗣徽等列艦於青墩至于七磯以斷文育歸路及夕文育鼓譟而發嗣徽等不能制至旦反攻嗣徽嗣徽驍將鮑砰獨以小艦殿軍文育乘單舴艋與戰跳入砰艦斬砰仍牽其艦而還賊衆大駭因留船蕪湖自丹陽步上時高祖拒嗣徽於白城適與文育相會將戰風急高祖曰兵不逆風文育曰事急矣當決之何用古法抽槊上馬馳而進衆軍從之風亦尋轉殺傷數百人嗣徽等移營莫府山文育徙頓對之頻戰功最加平西將軍進爵壽昌縣公并給鼓吹一部

侯安都字成師始興曲江人梁始興內史蕭子範辟爲主簿侯景之亂招集兵甲至三千人高祖援京邑安都引兵從高祖攻蔡路養破李遷仕剋平侯景並力戰有功梁元帝授猛烈將軍通直散騎常侍富川縣子邑三百戶隨高祖鎮京口除蘭陵太

守高祖諫襄王僧辯諸將莫知者唯與安都定計乃使安都率水軍自京口趨石頭高祖自率馬步從江乘羅落會之安都至石頭北弃舟登岸僧辯弗之覺也石頭城北接岡阜雉堞不甚危峻安都被甲帶長刀軍人捧之投於女垣內衆隨而入進逼僧辯卧室高祖大軍亦至與僧辯戰于聽事前安都自內閤出腹背擊之遂擒僧辯敬帝紹泰元年以功授使持節散騎常侍都督南徐州諸軍事仁威將軍南徐州刺史高祖東討杜龕安都留臺居守徐嗣徽任約等引齊寇入據石頭安都與戰大敗之及高祖至以安都為水軍於中流斷賊粮運又襲秦郡破嗣徽柵收其家口并馬驢輜重得嗣徽所彈琵琶及所養鷹遣信餉之曰昨至弟住處得此令以相還嗣徽等見之大懼尋而請和高祖聽其還北及嗣徽等濟江齊之餘軍猶據採石守備甚嚴又遣安都攻之多所俘獲及為平南將軍都督水軍出豫章助豫州刺史周文育討蕭勃安都未至文育已斬勃并擒其將

府三百四十五 三

歐陽頠傅泰等唯余孝頃與勃子孜猶據豫章之石頭作兩城孝頃與孜各據其一又多設船艦夾水陣安都至乃銜枚夜燒其艦文育率水軍安都領步騎登岸結陣孝頃俄斷後路安都乃令軍士多伐松木豎柵列營漸進頻戰屢剋孜乃降孝頃奔歸新吳請入子為質許之師還以功進號鎮北將軍加開府儀同三司後為都督南豫州諸軍事鎮西將軍南豫州刺史令鑑周文育攻余孝勱及王琳將曹慶常衆愛等安都自宮亭湖出松門躡衆愛後文育為熊曇朗所害安都迴取大艦值琳將周照周協南歸與戰破之生擒照協孝勱弟猷率部下四千家欲就王琳遇周照敗乃詣安都又進軍於禽奇洲破曹慶等焚其船艦衆愛奔于廬山為村人所殺餘衆悉平

吳明徹字通照秦郡人高祖鎮京口深相要結明徹乃詣高祖高祖為之降階執手即席與論當世之務明徹亦微涉書史經傳就汝南周弘正學天文孤虛遁甲略通其妙頗以英雄自許高祖深奇之梁元帝承聖二年授戎昭將軍安州刺史紹泰初隨周文育討杜龕張彪等東道平授使持節散騎常侍安東將軍南兗州刺史封安吳縣侯高祖受禪拜安南將軍

胡穎字方秀吳興東遷人也其先寓居吳興土斷為民穎偉姿容性寬厚梁世仕至武陵國侍郎東宮直前出番禺征討任廣州西江督護高祖在廣州穎仍自結高祖高祖與其同郡接遇甚隆及南征交阯穎從行役餘諸將帥皆出其下及平李賁高祖旋師穎隸在西江出兵多以穎留守侯景之亂高祖尅元景仲仍度嶺援臺平蔡路養李遷仕穎皆有功歷平固遂興二縣令高祖進軍頓西昌以穎為巴丘縣令鎮大皐督糧運下至豫章以穎監豫章郡高祖率衆與王僧辯會於白茅灣同討侯景以穎知留府事梁承聖初元帝授穎假節鐵騎將軍羅州刺史封漢陽縣侯邑五百戶尋除豫章內史隨高祖鎮京口齊遣郭元建出關郡督侯瑱率師禦之高祖還府內驍勇三千人配瑱

府三百四十五 四

令隨瑱於東關大破元建三年高祖圍廣陵齊人東方老據宿預請降以穎為五原太守隨杜僧明援老不剋退還除曲阿令尋領馬軍從高祖襲王僧辯又隨周文育於吳興討杜龕梁敬帝紹泰元年除假節都督南豫州諸軍事輕車將軍南豫州刺史太平元年除持節散騎常侍仁威將軍尋兼丹陽尹高祖受禪兼左衛將軍餘如故

徐度字孝先安陸人也世居京師少倜儻不拘小節及長姿貌瓌偉嗜酒好博常使僮僕屠酤為事梁始興內史蕭介之郡度從之將領士卒征諸山洞以驍勇聞高祖征交阯厚禮招之度乃委質侯景之亂高祖剋定廣州定蔡路養破李遷仕計畫多出於度兼統兵甲每戰有功歸至白茅灣梁元帝授寧朔將軍合州刺史侯景平後追錄前後戰功加通直散騎常侍封廣德縣侯邑五百戶遷散騎常侍高祖鎮朱方除信武將軍蘭陵太守高祖遣衡陽獻王平荊州刺史所領從焉江陵陷間行東歸

高祖平王僧辯，度與侯安都爲水軍。敬帝紹泰元年，高祖東討杜龕，奉敬帝幸京口，以度領宿衛，并知留府事。徐嗣徽、任約等來寇，高祖與敬帝還都。時賊已據石頭城，市鄽居民並在南路，去臺遼遠，恐爲賊所乘，乃使度將兵鎮于冶城寺，築壘以斷之。賊悉衆來攻，不能克。高祖尋亦救之，大敗約等。明年，嗣徽等又引齊寇濟江，度隨衆軍破之於郊壇。以功除信威將軍、郢州刺史，兼領吳興太守。尋遷右將軍，領軍徐州緣江諸軍事、鎮北將軍、南徐州刺史，給鼓吹一部。

歐陽頠爲臨賀内史。當侯景構逆，高祖入援京邑，將至始興，頠深自結託。蘭裕遣兵攻頠，高祖援之，裕敗。高祖以王懷明爲衡州刺史，遷頠爲始興内史。高祖之討蔡路養、李遷仕也，頠率兵度嶺以助高祖。及養李平，頠有功。梁元帝承制，以始興郡爲東衡州，以頠爲持節、通直散騎常侍、都督東衡州諸軍事、雲麾將軍、東衡州刺史、新豐縣伯，邑四百户。

北齊段榮，五原人也。高祖建義山東，榮贊成爲大行臺右丞、西北道慰喻大使，巡方曉喻，所在下之。高祖南討鄴，留榮鎮信都，仍授鎮北將軍、定州刺史。時攻鄴未克，所須軍資，榮轉輸无門。高祖入洛，論功，封姑臧縣侯，邑八百户。

斛律金初從後魏爾朱榮爲別將，頻有戰功，爲鎮南大將軍。及爾朱兆等逆亂，高祖密懷興復之計，金與婁昭、厙狄干等贊成大謀，仍從舉義。高祖南攻鄴，留金守信都，領恒、雲、燕、朔、顯五州大都督，委以後事。別討李脩，破之。加右光祿大夫。會高祖於鄴，仍從平晉陽，追滅爾朱兆。西魏武帝太昌初，爲汾州刺史，進爵爲侯。

孫騰初爲高祖晉州長史，及起義信都，騰以誠款，常預謀策。文以朝廷隔絶，號令無所歸，不權有所立，則衆將沮散，苦請於高祖。從之，遂立中興主。除侍中，尋加使持節、六州流民大都督、北道大行臺。騰以高祖腹心，入居門下，與斛斯椿同掌機密。孝武生異端，觸塗乖謬。騰深見猜忌，慮禍及己，遂潛將十餘騎馳赴晉陽。高祖入討斛斯椿，留騰行并州事。又使騰爲冀、相、殷、定、滄、瀛、幽、安八州行臺僕射，行冀州事，復行相州事。天平初，入爲尚書左僕射，内外之事，騰咸知之，兼司空、尚書令。時西魏遣將寇南兗，詔騰爲南道行臺，率諸將討之。騰性懦怯，无威略，失利而還。又除司徒，遷太保。騰早依高祖，契闊艱危，勤力恭謹，深見信待。及高祖置之魏朝，寄以心腹。東魏孝靜武定六年薨。文宣天保初，以騰佐命，詔祭告其墓。昭帝皇建中，配享高祖廟庭。

王懷爲第一領民酋長。高祖東出，懷率其部人三千餘家隨高祖。於并州義旗建，高祖以爲大都督，從討爾朱兆於廣阿，破之。除安北將軍、蔚州刺史。又隨高祖攻鄴，剋之。從破四胡於韓陵，進爵爲侯。仍從入洛，拜車騎將軍。又從高祖襲剋西夏州，還爲大都督、鎮下館，除儀同三司。

張保洛初仕後魏，爲揚烈將軍、奉車都尉。後隸高祖，爲都督。從討步落稽。及高祖起義，保洛爲帳内，從破爾朱兆於廣阿。尋遷右將軍、中散大夫，仍以帳内從高祖圍鄴城。既拔，除平南將軍、光祿大夫。從破爾朱兆等於韓陵，因隨高祖入洛，加安東將軍。從高祖破周文帝於邙山，圍王壁，攻龍門，還留鎮晉州。文襄嗣位，以保洛爲左廂大都督。

薛孤延爲都督，從高祖起義，破爾朱兆於廣阿，因從平鄴，以功轉大都督。從破四胡於韓陵，加金紫光祿大夫。從追爾朱兆於赤洪嶺，除第一領民酋長，累加車騎將軍。從征王壁，轉鎮州刺史。從破周文帝於邙山，進爵爲縣公。又從高祖討破山胡，西攻王壁，入爲左衛將軍，改封平秦郡公。延性好酒，率多昏醉，而以勇決善戰，每大軍征討，常爲前鋒，故與彭、劉、韓、潘同列。（樂劉貴韓軌潘樂）[illegible]

尉長命，太安狄那人。性和厚，有器識。拔陵之乱，寄居太原。及高祖將建大義，命長命計策。後高祖破四胡於韓陵，拜安南將軍

樊子鵠爲兗州及除東南道大都督與諸軍討平之轉鎮汾陽城洸拜幽州刺史督安平二州事

莫多婁貸文大安狄那人也驍果有膽氣從高祖舉義擊尒朱兆於廣阿又從破四胡於韓陵後從平尒朱兆於赤洪嶺兆窮迫自縊貸文獲其屍遷左廂大都督

高昂字敖曹後魏末爲冀州刺史大都督率衆從高祖破尒朱兆於廣阿又隨高祖討兆於韓陵昂自領鄉人部曲王桃湯東方老呼延族等三千人高祖曰高都督純將漢兒恐不濟事今當割鮮卑兵千餘人共相參雜於意如何昂對曰敖曹所將部曲練習已久前後戰鬬不減鮮卑今若雜之情不相勝則爭功退則推罪願自領漢軍不煩更配高祖然之及戰高祖小卻兆等方乘之高岳韓匈奴等以五百騎衝其前斛律敦收散卒躡其後昂與蔡儁以千騎自栗園出橫擊兆軍兆衆由是大敗是日微昂等高祖幾殆尋加侍中開府進爵爲侯邑七百戶

韓軌字百年大安狄那人少有志操性深沉喜怒不形於色高祖鎮晉州引爲鎮城都督及起兵於信都軌贊成大策從破尒朱兆於廣阿又從韓陵陳封平昌縣侯仍督中軍從破尒朱兆於赤洪嶺

後周于謹自太祖初臨夏州爲防城大都督夏州長史及賀拔岳破害太祖赴平凉謹乃言於太祖曰魏祚陵遲權臣擅命羣盜蜂起黔首嗷然明公杖超世之資懷濟時之略四方遠近咸所歸心願早建良圖以副衆望太祖曰何以言之對曰關中秦漢舊都古稱天府將士驍勇厥壤膏腴西有巴蜀之饒北有羊馬之利今若據其要害招集英雄養卒勸農足觀時變且天子在洛逼迫羣兇若陳明公之懇誠算時事之利害請都關右帝必喜而西遷然後挾天子而令諸侯奉王命以討暴亂桓公之業千載一時也太祖大悦會有勑追謹爲閤內大都督帝西遷從太祖征潼關破迴洛城授北雍州刺史進封藍田公後拜驃騎大將軍開府又從太祖拔弘農破沙苑又從戰河橋又從攻邙山

侯莫陳崇字尚樂武川人初爲建威將軍隨賀拔岳入關討万俟醜奴及岳被害崇與諸將同謀迎太祖從平侯莫陳悅累遷驃騎大將軍開府從擒竇泰復弘農破沙苑從戰河橋崇功居多進位柱國六官建拜大司空孝閔踐祚進封梁國公邑萬戶

獨孤信武川人與太祖鄉里少相友善後至驃騎大將軍從太祖復弘農破沙苑以功除隴右十一州大都督

楊荐爲驃騎大將軍初太祖臨夏州補荐帳內都督及平侯莫陳悅使荐入洛請事魏孝武授太祖關西大行臺仍除荐直閤將軍馮翊長公主釐居孝武意欲歸諸太祖乃令武衛元毗諭旨荐歸白太祖又遣荐入洛陽請之孝武即許焉孝武欲向關中荐贊成其計孝武曰卿歸語行臺迎我太祖又遣荐與長史宇文測出關候接孝武至長安進爵清水縣子

趙貴武川人初爲太祖司馬車騎大將軍從太祖復弘農戰沙

苑拜侍中驃騎大將軍開府又從戰河橋又從援玉壁又從戰邙山拜柱國大將軍賜姓乙弗氏

蔡祐字承先爲都督時太祖初臨夏州及侯莫陳悅害賀拔岳諸將遣使迎太祖將赴之夏州首望彌姐元進等陰有異計太祖微知之先與祐議執元進祐曰狼子野心會當反噬今若執縛不如殺之太祖曰汝大決也於是召元進等入計事太祖曰隴賊逆亂與諸人勠力討之觀諸人輩似有不同者太祖微以此言動之因目祐祐即出外衣甲持刀入瞋目叱諸人曰與人朝謀夕異豈是人也蔡祐今日必斬二人之頭因案劒臨之舉坐皆叩頭曰願有簡擇祐乃坐元進而斬之并其黨並伏誅一坐皆戰慄莫敢仰視於是與諸將結盟同心誅悅太祖以此知重之乃爲祐曰吾今以爾爲子爾其以父事我後從討悅破之又從迎魏孝武於潼關以前後功封萇鄉縣伯邑五百戶

李穆字顯慶風神警俊倜儻有奇節太祖首建義旗使委質釋

摠統軍西魏武帝永熙末奉迎魏武帝授都督封永平縣子邑二百戶又領鄉兵累以軍功進爵為伯從太祖擊齊師於邙山太祖臨陣墮馬穆突圍而進授以從騎潰圍俱出以故得免既而與穆相對泣顧左右曰成我事者其此人乎

隋元胄數從周齊王憲征伐官至大將軍高祖被召入將受顧託先呼胄次命陶澄並委以腹心常宿卧內及為丞相每典軍在禁中又引弟威俱入侍衛周趙王招知高祖將遷周鼎乃要高祖就第趙王引高祖入寢室左右不得從唯楊弘與胄兄弟坐於戶側趙王謂其二子員貫曰汝當進瓜我因刺殺之及酒酣趙王欲生變以佩刀子刺瓜連啗高祖將為不利胄進曰相府有事不可久留趙王訶之曰我與丞相言汝何為者叱之使却胄瞋目憤氣扣刀入衛趙王問其姓名胄以實對趙王曰汝非昔事齊王者乎誠壯士也因賜之酒曰吾豈有不善之意邪卿何猜警如是趙王偽吐將入後閤胄恐其為變扶令上座如此者再三趙王稱喉乾命胄就廚取飲胄不動會滕王逌後至高祖降階迎之胄與高祖耳語曰事勢太異可速去高祖猶不悟謂曰彼無兵馬復何能為胄曰兵馬悉他家物一先下手大事便去胄不辭死何益邪高祖入坐胄聞屋後被甲聲遽請曰相府事殷公何得如此因扶高祖下牀趨而去趙王將追之胄以身蔽戶王不得出高祖及門胄自後而至趙王恨不時發彈指出血及誅趙王賞賜不可勝計高祖受禪進位柱國封武陵郡公邑三千戶拜左衛將軍尋遷右衛大將軍高祖從容曰保護朕躬成此基業元胄功也

李圓通與高祖為相時為帥都督委以心膂圓通多力勁捷長於武用周氏諸王素憚高祖每伺高祖之隙圖為不利賴圓通護免者數矣高祖深感之由是參預政事

唐劉弘基在隋以父蔭為右勳侍大業末亡命至太原會高祖鎮太原因自結託又察太宗有非常之度尤委心焉及太宗將

圖義舉引基遂募得二千人王威高君雅欲為變高祖伏引基及長孫順德於廳事之後威雅既及引基麾左右執之又從義師下西河進攻霍邑隋將宋老生率衆陣於城外引基從太宗擊之老生敗走棄馬投塹引基麾下斬其首詣至河東引基以兵八千人先濟河進下馮翊為渭北道大使得便宜從事殷開山為副西略地扶風有衆六萬南渡渭水屯於長安故城威聲大振耀軍金光門衛文昇遣兵來戰引基逆擊走之擒甲士千餘人馬數百疋高祖大悅賜馬二十疋及平京城功第一從太宗擊薛舉於扶風破之追奔至隴山而返累拜右領都督封河間郡公又從太宗經略東都戰于瓔珞澗外破之師旋引基為殿隋將段達張志陣於三王陵引基擊敗之武德元年拜右驍衛大將軍以元謀之勳恕其一死又從太宗平夏縣進封任國公尋從擊劉黑闥於洺州師旋授井鉞將軍又以佐命功賜真食九百戶

威彥卿隋末為澄城長義師至汾陰率賓客千余人濟河上謁高祖拜銀青光祿大夫行軍總管從平京城俄與史万寶鎮宜陽以拒東寇

盧士良瀛州刺史士叡之弟仕隋為右親衛大業末見天下已亂不求仕進潜結英豪及義師西上與兄士叡同率兵得百人來謁高祖於汾陰甚蒙禮遇以為軍頭擊桑顯和於飲馬泉敗屈突通於潼關俱有戰功位柱國錢九隴善騎射高祖信愛之常置左右義兵起以軍功授金紫光祿大夫及克京城拜左監門郎將

任瓌字瑋廬州合肥人隋仁壽中為韓城尉俄又罷職及高祖討捕於汾晉瓌謁高祖於轅門承制為河東縣戶曹高祖將之晉陽留隱太子建成以託於瓌義師起瓌至龍門謁見高祖謂之曰隋氏失馭天下沸騰吾忝以外戚屬當重寄不可坐觀時變晉陽是用武之地士馬精強今率驍雄以赴國難卿州家子

深有智謀觀吾此舉將為濟否瓌曰後主殘暴無道征役不息天下忷忷思聞極亂天縱神武親舉義師所下城邑秋毫無犯軍令嚴明將士用命關中所在蜂起惟待義兵仗大順從衆欲何憂不濟瓌在馮翊積年人情諳練願為一介之使銜命入關同州已來必當穎伏於梁山船濟直指韓城進逼郃陽分取朝邑且蕭造文吏本無武略仰懼威靈理當自下孫華諸賊未有適從必當相率而至然後鼓行整衆入據永豐雖未得京城關中故已定矣高祖曰是吾心也迺授銀青光祿大夫遣陳演壽史大柰領步騎六千趣梁山渡河使瓌及薛獻為招慰大使高祖謂演壽曰閫外之事且與任瓌籌之孫華白玄度等聞兵且至果競來降并具舟下河師遂利涉瓌說下韓城縣與諸將追擊飲馬泉破之拜左光祿大夫留守永豐倉高祖即位改授穀州刺史王世充數率衆攻新安瓌拒戰破之以功累封管國公

姜謩秦州上邽人隋大業末為晉陽長會高

祖留守太原見謩深器之謩退謂所親曰隋祚將亡必有命世大才以應圖籙唐公有霸王之才必為撥亂之主由是深自結納及大將軍府建引為司功參軍從平霍邑拔絳郡監督大軍濟河時兵士爭渡言部勒諸軍自昏至曉六軍畢濟高祖稱歎之平京城除相國府諮議參軍封長道縣公時薛舉寇秦隴以謩西州之望詔於隴右安撫承制以便宜從事謩將行奏曰天人之望誠有所歸願子賤圖籙以應兆庶老夫大馬暮齒恐先朝露得一覩昇紫殿死無所恨高祖大悅謩承旨贊執出散關下河池漢陽二郡軍次長道與薛舉相遇執輕敵為舉所敗徵謩還京拜員外散騎常侍及平薛仁杲拜謩秦州刺史

柴紹矯捷有勇力尚武任俠聞於關中高祖龍潛時妻之以女即平陽公主也初太宗見隋大亂陰懷濟天下之心以紹親戚有武用告其志事紹潛間行出河東與隱太子建成會既知起義兵建成謀於紹曰追書甚急恐已起事隋郡縣連城相接千有餘里中間偷路勢必不全今欲且投小賊權以自濟紹曰不可追書既急宜其速去雖稍辛苦終當獲全若投小盜知君唐公之子執以為功徒然死爾建成從之遂相與走太原入雀鼠谷知已起義於是相賀以紹之計為得太宗拜右軍大都督以紹為長史加銀青光祿大夫及破霍邑下臨汾平絳郡並先登陷陣既入關平陽公主以司竹之軍來會命紹及馬三寶分統其衆顯和來擊孫華率精鐵渡河以援之紹引軍直衝大奈合勢擊之顯和大敗因與諸將進下京城高祖受禪拜左衛大將軍從太宗平薛舉破宋金剛于雀鼠谷攻王充於洛陽平竇建德於武牢並有戰功

馬三寶本柴紹之家僮性狡猾善調謔大及紹尚平陽公主三寶給使於主家義兵之起也三寶奉平陽公主逃於司竹投賊帥何潘仁潘仁[illegible]以主為主衛三寶自屏總眷以主之命綏輯群盜多來歸款略地盩厔有兵近一万號為娘子軍及義兵濟河授左光祿大夫太宗至竹林宮三寶以衆數万謁軍

門進謁從平京師拜大監門率

何潘仁西域胡人父運邪通商中國隋初始居盩厔家富於財潘仁厚自奉養引致賓客煬帝時為幕士戀欝不得志後嘗犯法懼罪逃亡入司竹園中鳩集亡命衆至數万執隋前尚書左丞李綱為長史長安以西城邑多為所破及義兵起求得平陽公主而奉之以應義師高祖入關即拔上柱國封盩厔縣公潘仁到來謁見高祖大悅

姜寶誼天水人隋末以軍功致位通議大夫鷹揚郎將以其府兵從高祖討捕于太原及義兵起授左統軍下西河平霍邑皆有功焉累轉光祿大夫封永安郡公武德初拜武衛大將軍

劉政會初仕隋為鷹揚府司馬附在太原與晉陽令劉文靜欵敘宗室亟相往來及高祖行軍於太原政會率兵隸於麾下太宗與文靜謀圖起義募人既集王威等懷貳于我從數日將太會於晉祠威及高君雅等謀危高祖有人以白太宗既知迫

急欲先事誅之因遣政會為急變之書詣留守所告威君雅二人相與謀反是日高祖在衙中須臾二人及裴寂相次並集俱坐視事文靜引政會入至庭中云有密狀狀人欲反高祖指威等令取狀看之政會不肯與曰所告者是副留守事惟唐公得看之爾高祖佯驚曰豈有是乎攜政會進覽狀訖謂三人曰此人告公事如何君雅起牀前攘袂大叫曰此是反人欲殺我也時太宗已布列兵馬圍遶周遍王威知事不免因曰他人誣告只得聽推遂爾文靜遂叱左右引之而下就拘于別室既因威等音得舉兵政會之功也及大將軍府建引為戶曹參軍從平長安以佐命元勳蒙歷任委

竇琮有武幹幼仕隋左親衛大業末犯法亡命之太原依於高祖時太宗方收英傑與琮有舊親敬彌篤出入卧內將義舉琮協贊大謀大將軍府建以為統軍從平西河破霍邑拜金紫光祿大夫封扶風郡公邑二千戶尋從劉文靜擊屈突通於潼關通遣裨將桑顯和來逼文靜義軍不利琮與段志玄等力戰久之隋軍大潰通遁走琮率輕騎追至稠桑獲通而返進兵東略下陜縣拔太原倉拜左領軍大將軍賜物五百段

武士彠初為晉陽宮留守府司鎧參軍事義兵將起高祖陰募勇敢士遣劉引基長孫順德等分統之副留守王威高君雅謂士彠曰引基等皆征三侍所犯不輕吾欲禁身推覈士彠曰此並唐公客也若爾便太紛紜威等由是疑而不發高祖先令士彠密伏兵於宮城東門外以防不虞留守司兵田德平知之方欲白王威等士彠遽與德平論利害之機曰當分討捕之兵總隸唐公城中募人皆劉晉陽之所統也高君雅等寄坐爾須發即起彼何能為德平遂止及高祖舉義執王威君雅等士彠以功授正議大夫大將軍府司錄參軍并賜物等武德初敕宴元勳人等於含章殿賜酒作樂散金銀錢頗羅等任取多少仍有詔與長孫順德等各恕一死以彰元勳累遷工部尚書歷揚荊

部督賜實封八百戶

陽屯初仕隋為鷹擊郎將遇高祖討捕於太原屯領部兵於麾下性謹直勇於攻戰高祖甚愛寵之遇起義以為統軍從太宗擊西河平霍邑並功居最以佐命元勳約免一死歷諸衛大將軍甚蒙遇任

長孫順德初仕隋為右勳衛避遼東之役逃匿於太原深為高祖太宗所親委時群盜並起郡縣各募兵為備太宗外以討賊為名因令順德與劉引基等召募旬月之間眾至万余人結營於郭下遂誅王威高君雅等義兵起拜統軍從平霍邑破臨汾下絳郡俱有戰功尋與劉文靜擊屈突通於潼關每戰摧鋒及通將奔洛陽順德追及於桃林執通歸京師仍略定陜縣高祖即位拜左驍衛大將軍封薛國公

劉嶠初仕隋為大谷長義兵起召補大將軍府掾參預謀略授心腹之寄累以軍功拜光祿大夫從隱太子攻圍西河太宗為渭北道元帥引為長史時關中群盜往往聚結眾無適從令嶠招慰之所至皆下又與統軍劉引基率兵六万屯長安故城隋將衛孝節自金光門出戰嶠與引基擊破之京城平賜爵陳郡

段志玄父偃師隋末為太原郡書佐志玄從父在太原甚為太宗所接待義兵起志玄募得千餘人授右領大都督府軍頭從平霍邑下絳郡攻永豐倉皆為先鋒歷遷左光祿大夫後遷鎮軍大將軍卒

馬元規安陸人也初以隊正從高祖征討因逢義舉乃杖節山南下淅南陽二郡及其屬縣得兵萬餘人

冊府元龜卷第三百五十六

將帥部一十七

立功第九

仕後周太祖時爲輔國將軍從達奚武平漢中定興州叛胡録前後功拜驃騎大將軍儀同三司

竇榮定初仕周爲平東將軍從太祖與齊人戰於北邙周師不利榮定與汝南公宇文神慶帥精騎二千邀擊之齊師乃卻以功拜上儀同

元景山仕周閔帝時從大司馬賀蘭祥擊吐谷渾以功拜撫軍將軍其後與齊人戰於北邙斬級居多高祖受禪拜上柱國明年大舉伐陳以景山爲行軍元帥率行軍總管韓延呂哲出漢口遣上開府鄧孝儒將勁卒四千攻陳甑山鎮陳人遣其將陸綸以舟師援孝儒逆擊破之陳將魯達陳紀以兵守涢口景山復遣兵擊走之陳人大駭甑山沌陽二鎮守將皆棄城而遁

宇文忻年十八從周齊王憲討突厥有功拜儀同三司韋孝寬之鎮玉壁也以忻驍勇請與同行屢有戰功加位開府驃騎將軍從武帝伐齊遂拔晉陽齊平進位大將軍又從韋孝寬討尉迥迥遣子惇盛兵武陟忻先鋒擊走之進臨相州迥遣精甲三千伏於野馬岡欲擊官軍忻以五百騎襲之斬獲略盡進至草橋迥又拒守忻奇兵擊破之直趨鄴下

李衍仕周武帝時爲義州刺史從韋孝寬鎮玉壁城數與賊戰敵人憚之及平齊以軍功進授大將軍後爲定鄜二州刺史及王謙作亂高祖以衍爲行軍總管從梁睿擊平之進位大將軍

于顗仕周武帝時爲少胥附從齊王憲破齊師於洛陽以功賜爵豐寧縣子邑五百戶

趙仲卿周大將軍綱之子從齊王憲擊齊攻臨秦統戎威遠伏龍張壁等五城盡平之又擊齊將段孝先於姚襄城苦戰連日破之以功授大都督尋典宿衛平齊之役以功遷上儀同兼趙郡太守開皇中拜朔州總管會突厥啓人可汗求婚於國帝許之仲卿因是間其骨肉遂相攻擊十七年啓人窘迫與隋使長孫晟投通漢鎮仲卿率騎千餘馳援之達頭不敢逼潛遣人誘致啓人所部至者二万餘家其年從高熲指白道以擊達頭仲卿率兵三千爲前鋒至族蠡山與虜相遇交戰七日大破之追奔至乞伏泊復破之虜千餘口雜畜万計突厥悉衆而至仲卿爲方陣四面拒戰經五日會高熲大兵至合擊之虜乃敗走追度白道踰秦山七百餘里時突厥降者万餘家帝命仲卿處之常安以功進位上柱國賜物三千段朝廷慮達頭掩襲啓人令仲卿屯兵二万以備之代州總管韓洪永康公李藥王蔚州刺史劉隆等將步騎一万鎮常安達頭騎十万來寇韓洪軍大敗仲卿自樂寧鎮邀擊斬首虜千餘級

楊素仕周武帝時爲車騎大將軍從齊王憲與齊人戰於河陰以功封清河縣子邑五百戶及高祖爲丞相素深自結納高祖

甚器之以素爲汴州刺史行至洛陽會尉迥作亂滎州刺史宇文胄據武牢以應迥素不得進高祖拜素大將軍發河內兵擊胄破之遷徐州總管及伐陳爲行軍元帥率水軍東下陳主遣其信州刺史顧覺鎮安蜀城荊州刺史陳紀鎮公安皆懼而退走巴陵已東无敢守者湘州刺史岳陽王陳叔慎遣使請降又爲内史令以浙江賊帥高智慧等未殄復乘傳至會稽先是泉州人王國慶南安豪族也殺刺史劉弘據州爲亂諸亡賊皆歸之自以海路艱阻非北人所習不設備素汎海掩之王國慶遑遽棄州而走餘黨散入海島或守溪洞素分遣諸將水陸追捕乃密令人謂國慶曰爾之罪狀計不容誅唯有斬送智慧可以塞責國慶於是執送智慧斬於泉州自餘支黨悉來降附江南大定後遷尚書左僕射時漢王諒反帝以素爲并州道行軍總管河北道安撫大使率衆數万討諒時晉絳呂三州並爲諒城守素各以二千人縻之而去諒遣趙子開擁衆十餘万柵絕徑

踰屯據高壁布陣五十里素令諸將以兵臨之自引奇兵潛入霍山緣崖谷而進直指其營一戰破之殺傷略盡方諒所署介州剌史梁脩羅屯介休聞素至懼棄城而走進至并州三十里諒率其將王世宗趙子開蕭摩訶等衆且十万來拒戰又擊破之擒蕭摩訶諒退保并州素進兵圍之諒窮蹙而降餘黨悉平

韓擒虎仕周武帝時爲儀同三司齊將獨孤永業守金墉城擒虎說下之進平范陽加上儀同陳人逼光州擒虎以行軍總管擊破之又從宇文忻平合州高祖作相遷和州剌史陳將甄慶任蠻奴蕭摩訶等共爲聲援頻寇江北前後入界擒虎屢挫其鋒陳人奪氣伐陳之役晉王遣行軍總管杜彥與擒虎合軍步騎二万陳叔寳遣領軍蔡徵守朱雀航聞擒虎將至衆懼而潰任蠻奴爲賀若弼所敗棄軍降於擒虎擒虎以精騎五百直入朱雀門陳人欲戰蠻奴撝之曰老夫尚降諸君何事衆皆散走遂平金陵

達奚長儒仕周武帝時爲行軍總管北巡沙塞卒與虜遇接戰大破之

李徹仕周爲車騎大將軍從武帝破齊師於汾北乘勝下高壁拔晉陽擒高㨨於冀州俱有力焉録前後功加開府別封蔡陽縣公邑千戶

崔仲方仕周爲平東將軍從武帝攻北齊晉州齊亞將崔景嵩請爲内應仲方與段文振等登城應接遂下晉州又令仲方說翼城等四城下之授儀同開皇末爲會州總管時諸羌猶未賓附詔令仲方擊之與賊三十餘戰紫祖四鄰望方涉題千碉小鐵圍山白男王弱水等諸部悉平賜奴婢一百三十口黃金三十斤雜物稱是

段文振仕周爲中外府兵曹從武帝攻北齊晉州下之進拔文侯華谷高壁三城皆有力焉及攻并州陷東門而入齊安德王延宗懼而出降開皇末爲太僕卿越嶲蠻叛擊平之賜奴婢二百口大業初爲兵部尚書從征吐谷渾督兵屯雪山連營三百餘里東接楊義臣西連張壽合圍渾主於覆袁川以功進位右光祿大夫

李崇周武帝時爲將兵都督隨宇文護伐齊功最擢授儀同三司

權武仕周爲開府武帝時從王謙破齊服龍等五城增邑八百戶平齊之役攻陷邵州別下六城以功增邑三百戶

郭衍仕周爲儀同大將軍從武帝與齊王大戰於晉州追齊師至高壁敗之仍從平并州以功加授開府封武強縣公累遷右中軍熊渠中大夫尉迥之起逆韋孝寬戰於武陟進戰於相州迥遣弟子勤爲青州總管率青齊之衆來助迥迥敗勤與迥子惇祐等欲東奔青州衍將精騎一千追破之執祐於陣勤遂道走而惇亦逃逸衍至濟州入據其城又擊其餘黨於濟北累戰破之執送京師超授上柱國封武山郡公開皇中從晉王出鎭楊州江表搆逆命衍爲總管領精銳万人先屯京口於貴洲南

與賊戰敗之生擒魁帥大獲舟楫糧儲以充軍實仍討東陽永嘉宣城黟歙諸洞盡平之授蔣州剌史

李禮成仕周武帝時爲車騎大將軍伐齊之役禮成從帝圍晉陽以兵擊南門齊將毗羅率精甲數千拒帝禮成力戰退之加開府封冠軍縣公

李子雄仕周武帝時從平齊以功授帥都督高祖作相從韋孝寬破尉遲迥於相州拜上開府伐陳之役以功進位大將軍漢王諒之亂煬帝以子雄爲上大將軍發幽州兵三万自井陘以討諒時諒遣大將軍劉建略地燕趙正攻井陘相遇於抱犢山下力戰破之遷幽州總管

李景仕周武帝時平齊之役頗有力焉授儀同三司後平尉迥進位開府開皇九年以行軍總管從王世積伐陳陷陣有功進位上開府及高智慧等作亂江南復以行軍總管從楊素擊之別平倉嶺還授鄜州剌史開皇末從史萬歲擊突厥於大斤山

列路邀賊大破之大業初擊叛蠻向思多破之又擊吐谷渾於西海攻高麗武厲城皆破之

薛世雄年十七從周武帝平齊以功拜帥都督開皇時數有戰功累遷儀同三司右親衛車騎將軍煬帝嗣位番禺夷獠相聚為亂詔世雄討平之

賀若誼仕周武帝時為洛州刺史北齊范陽王高紹義之奔突厥也誼以兵追之戰於馬邑遂擒紹義以功進位大將軍高祖為丞相拜亳州總管馳驛之部西過司馬消難東拒尉迥申州刺史李慧反誼討平之進爵范陽郡公授上大將軍

梁士彥仕周為東南道行臺使持節徐州總管三十二州諸軍事徐州刺史與烏丸軌擒陳將吳明徹裴忌於呂梁別破廣陵略定淮南地高祖作相轉亳州總管二十四州諸軍事尉迥之反也以為行軍總管從韋孝寬擊之至河陽與迥軍相對令家僮梁默等數人為前鋒士彥以其徒繼之所當皆破乘勝至草

橋迥衆復合進戰大破之及圍鄴城攻北門而入馳啓西門納宇文忻之兵及迥平除相州刺史

杜彥仕周武帝時為左侍上士後從柱國陸通擊陳將吳明徹於土州破之又擊叛蠻剋倉塠白陽二柵並斬其渠帥進平郢州賊帥樊志以戰功拜大都督高祖為丞相從韋孝寬擊尉迥於相州每戰有功開皇中為左武衛將軍平陳之役以行軍總管與新義公韓擒虎相繼而進軍至南陵賊屯據江岸彥遣儀同樊子蓋率精兵擊破其柵獲船六百餘艘渡江擊南陵城拔之擒其守將許賓進至新林與擒虎合軍及平陳進位柱國時高智慧等之作亂也復以行軍總管從楊素討之別解江州圍智慧餘黨往往屯聚保投溪洞彥水陸兼進攻錦山陽父若石壁四洞悉平之皆斬其渠帥賊李陀擁衆數千據彭山彥襲擊破之斬陀傳其首又擊徐州宜豐二洞悉平之

和洪仕周武帝時數從征伐烏丸軌之擒陳將吳明徹也洪有功焉加位開府遷折衝中大夫尉迥作亂相州以洪為行軍總管從韋孝寬擊之軍至河陽迥遣兵圍懷州洪與總管宇文述等擊走又破尉惇於武陟及平相州每戰有功拜柱國封廣武郡公邑二千戶

劉方仕周武帝時為承御上士以戰功拜上儀同高祖為丞相方從韋孝寬破尉迥於相州以功加開府賜爵河陰縣侯仁壽中交州俚人李佛子亂方為交州總管至都領遇賊二千餘人來犯官軍方遣營主宋纂何貴嚴願等擊破之進兵臨佛子先令人諭以禍福佛子懼而降送於京師其有桀黠者恐於後為亂皆斬之尋授驩州道行軍總管以尚書右丞李綱為司馬經略林邑方遣欽州刺史寗長真驩州刺史李暈上開府秦雄以步騎出越裳方親率大將軍張愻司馬李綱舟師趣比景大業元年正月軍至海口林邑王梵志遣兵守險方擊走之師次闍黎江賊據南岸立柵方盛陳旗幟擊金鼓賊懼而潰既渡江行三十里賊乘巨象四面而至方以弩射象中瘡

却踩其陣王師力戰賊奔於柵因攻破之俘馘萬計於是濟區粟渡六里前後逢賊每戰必擒進至大緣江賊據險為柵又擊破之過馬援銅柱南行八日至其國都林邑王梵志棄城奔海獲其廟主金人汙其宮室刻石紀功而還

楊文思仕周為儀同三司從武帝攻拔北齊晉州以勳進授上儀同三司壽陽劉叔仁作亂從清河公宇文神舉討之戰於博井在陣生擒叔仁後從王誼破賊於鯉魚柵其後累以軍功遷果毅右旅下大夫高祖為丞相文思從韋孝寬拒尉迥於武陟迥遣其將李儁圍懷州與行軍總管宇文述擊走之破尉惇平鄴城皆有功進授上大將軍

崔弘度仕周為上開府宣帝嗣位從鄖國公韋孝寬經略淮南弘度與化政公宇文忻司水賀婁子幹至肥口陳將潘琛率兵數千來拒戰隔水而陣忻遣弘度諭以禍福琛至夕而遁攻壽陽降陳守將吳之立弘度功最以前後勳進位上大將軍

于顗仕周爲郢州刺史宣帝時以水軍總管從韋孝寬經略淮南顗率開府元紹貴上儀同毛猛等以舟師自頴口入淮陳防主潘琛棄柵而走進與孝寬攻拔壽陽復引師圍硤石守將許約懼而降顗乃拜東廣州刺史後拜吳州總管陳將錢茂和率數千人襲江陽顗逆擊走之陳復遣將陳紀周羅睺樊合兒等襲顗顗拒之而退

馮昱仕周宣帝時以行軍總管與王誼李威等討叛蠻平之拜柱國

王誼仕周爲鄖州總管司馬消難舉兵反高祖以誼爲行軍元帥率四總管討之軍次近郊消難懼而奔陳于時北至商洛南拒江淮東西二千餘里巴蠻多叛共推渠帥蘭雄州爲王雄州自號河南王以附消難北連尉迥誼率行軍總管李威馮暉李遠等分討之旬月皆平

韋藝仕周爲魏郡太守高祖爲丞相尉迥陰圖不軌朝廷遣藝季父孝寬馳往代迥藝因投孝寬即從孝寬擊迥以功進位上大將軍

李穆仕周宣帝時爲大左總管尉迥之亂令其所署行臺韓長業攻陷潞州執刺史趙署城民郭子勝爲刺史穆遣兵討之獲子勝高祖嘉之以穆勞效同破鄴城第一勳加三轉聽分授其二子榮才及兄賢子孝軌榮及才並儀同大將軍孝軌進開府儀同大將軍又別封子雄爲密國公邑三千户

韓僧壽仕周宣帝時爲侍伯中旅下大夫從韋孝寬平尉迥每戰有功授大將軍封昌樂公邑千户

韋洸仕周宣帝時爲開府高祖爲丞相洸從季父孝寬擊尉迥於相州以功拜柱國進封襄陽郡公開皇初突厥寇邊皇太子屯咸陽令洸統兵出原州道與虜相遇擊破之拜江陵總管伐陳之役領行軍總管及陳平拜江州總管率步騎二萬略定九江遂進圖嶺南高祖與書慰勉之洸至廣州嶺表皆降之帝聞

而大悅許以便宜從事洸所統集二十四州拜廣州總官

高熲仕周宣帝時爲開府擊尉迥既至軍爲橋於沁水賊於上流縱大栰熲預爲木狗以禦之既度焚橋而戰大破之遂至鄴下與迥交戰仍共宇文忻李詢等設栅因平尉迥及突厥犯塞以熲爲元帥擊賊破之又出白道進圖入磧破賊而還

元褒仕周爲趙州刺史褒從韋孝寬擊尉迥以功超拜柱國

乞伏慧仕周爲佽飛右旅熊渠中大夫從韋孝寬擊尉惇於武陟所當皆破授大將軍

田仁恭仕周爲大將軍從韋孝寬破尉迥於相州拜柱國

樊叔略仕周爲營構監尉迥之亂高祖令叔略鎮大梁迥將宇文威來寇叔略擊走之以功拜大將軍

宇文述仕周爲英果中大夫尉迥作亂相州述以行軍總管率步騎三千從韋孝寬擊之軍至河陽迥遣將李儁攻懷州述別擊儁軍破之又與諸將擊尉惇於永橋述先鋒陷陣俘馘甚衆平尉迥每戰有功超拜上柱國開皇初拜右衛將軍平陳之役以行軍總管率衆三万自六合而濟時韓擒虎賀若弼兩軍趣丹陽述進據石頭以爲聲援陳主既擒而蕭瓛蕭巖據東吳之地擁兵拒守述領行軍總管元契張默言等討之水陸兼進落叢公燕榮以舟師自海至亦受述節度陳永新侯陳君範自晉陵奔瓛幷軍合勢見述軍且至瓛懼立栅於晉陵城東又絶塘道留兵拒述瓛自義興入太湖圖掩述後述進破其栅迥兵擊瓛大敗之斬瓛司馬曹勤又前軍復陷吳州瓛以餘衆保包山燕榮擊破之述進至奉公埭蕭巖陳君範等以會稽請降述許之二人面縛路左吳會悉平以功拜安州總管大業中爲左衛大將軍從煬帝幸榆林時鐵勒契弊歌稜攻敗吐谷渾其部攜散遂遣使請降求救帝令述以兵屯西平之臨羌城撫納降附吐谷渾見述擁強兵懼不敢降遂西遁述領鷹揚郎將梁元禮張峻崔師等追之曼頭城攻拔之斬三千餘級乘勝至赤水城

復救之其黨莫走屯丘尼川述進擊大破之獲其王公尚書將軍二百人前後虜男女四千口而還渾主南走雪山其故地皆空明年從帝西巡至金山登燕支述每為斥候時渾賊復寇張掖進擊走之明年帝有事遼東與將軍楊義臣率兵復臨鴨綠水會楊玄感作亂帝乃召述班師令馳驛赴河陽發諸郡兵以討玄感時玄感逼東都聞述軍將至懼而西遁前屈關中述與刑部尚書衛玄左禦衛將軍來護兒武衛將軍屈突通等躡之至閿鄉五丈原與玄感相及述與來護兒列陣當其後遣屈突通以奇兵擊其後大破之遂斬玄感傳首行在所賜物數千段

梁睿仕周為涼安二州總管及高祖總百揆代王謙為益州總管行至漢川而謙反遣兵攻始州睿不得進高祖命睿為行軍元帥率行軍總管于義張威達奚長儒梁昕石孝義步騎二十萬討之時謙遣開府李三王守通谷睿使張威擊破之擒數千人進至龍門謙將趙儼秦會擁衆十萬據險為營周亘三十里

睿令將士銜枚自開遠道西南嶺擊力戰破之蜀人大駭睿鼓行而進謙將敬豪守劍閣梁巖拒平林並懼而來降又令高阿那瓌達奚惎等以盛兵攻利州聞睿將至甚分兵據開遠睿顧謂將士曰此虜據要欲遏吾兵勢吾當出其不意破之必矣遣上開府拓拔宗趨劍閣大將軍宇文敻指巴西大將軍趙達水軍入嘉陵睿遣張威王倫賀若震于義韓相貴阿那惠等分道攻惎自午及申破之惎奔歸于謙睿進逼成都謙令達奚惎乙弗虔城守親率精兵五万背城結陣睿擊之謙不利將入城惎虔以城降拒謙謙將麾下三十騎遁走新都令王寶執之睿斬謙于市劍南悉平進位上柱國

于義仕周宣帝時為開府高祖作相王謙構逆其將達奚惎擁衆據開遠義以都督將左軍擊破之拜潼州總管

李驛仕周為義州刺史王謙作亂以行軍總管從梁睿擊平之進上大將軍開皇元年以行軍總管討平叛蠻進位柱國

長孫熾仕周為大都督王謙作亂熾從信州總管王長述泝江而上以熾為前軍破謙一鎮定楚合等五州擒偽總管荊山公元振以功拜儀同三司大業初擢拜戶部尚書吐谷渾寇張掖令熾率精騎五千擊走之追至青海而還以功授銀青光祿大夫

楊文紀開皇初為車騎大將軍儀同三司安州總管長史將兵迎陳降將李瓊於蘄安與陳將周法尚軍遇擊走之以功進授開府

張奫開皇初為大都督領鄉兵賀若弼之鎮壽春也常為間諜平陳之役頗有功焉進位開府儀同三司率水軍破逆賊笠子游於京口蔣子建於蘇州拜大將軍後從楊素征江表高智慧於會稽吳世華於臨海進位上大將軍

龐晃開皇初為上開府拜右衛將軍河間王弘之擊突厥也以行軍總管從至馬邑別路出賀蘭山擊賊破之斬首千餘級

權武開皇六年為大將軍檢校潭州總管桂州人李世賢作亂

武以行軍總管與武候大將軍虞慶則擊平之

王頒開皇中以行軍總管屯兵江北偵陳釁數有戰功為陳所憚伐陳之役及高智慧反攻討皆有功累官至柱國

趙贇通開皇中為民部中大夫從上柱國于翼率衆數萬出鷄道以伐陳剋陳十九城而還

賀若弼開皇中為行軍總管伐陳之役進屯蔣山之白土岡陳將魯達周智安任蠻奴田瑞樊毅孔範蕭摩訶等以勁兵拒戰田瑞先犯弼擊走之魯達等相繼遞進弼軍屢卻弼揣知其驕士卒且惰於是督厲將士殊死戰遂大破之

劉權開皇中為車騎將軍從晉王平陳以功進授開府儀同三司大業五年從征吐谷渾權率衆出伊吾道與賊相遇擊走之逐北至青海虜獲千餘口

王世積開皇中為蘄州總管平陳之役晉王已平丹陽世積於是移書告諭遣千金公權始璋略取新蔡陳江州司馬黃偲棄

城丙道始璋入據其城世積繼至陳豫章太守徐璒廬陵太守蕭廉潯陽太守六伯容巴山太守王誦太原太守馬頡齊昌太守黄正始安成太守任瓘等及鄱陽臨川守將並詣世積降以功進位柱国荆州總管桂州人李光仕作乱世積以行軍總管討平之進位上柱国

高勱開皇中以行軍總管從宜陽公王世積下陳江州以功拜上開府

周法尚開皇中為黄州總管伐陳之役以行軍總管隸秦孝王率舟師三万出于樊口陳城州刺史熊門超出師拒戰法尚擊破之擒超於陣累遷永州總管安集嶺南未幾桂州人李光仕率兵作乱令法尚與上柱国王世積討之法尚馳往桂州發嶺南軍世積出岳州徵嶺北軍俱會于尹州光仕來擊走之世積所部多遇瘴不能進頓于衡州法尚獨討之光仕帥勁兵保白石洞法尚捕得其弟光略光度大獲家口其黨有來降附輒以

妻子還之居旬日降者數千人法尚遣兵列陣以當光仕親率奇兵蔽林設伏兩陣始交法尚馳擊其柵柵中人皆走散光仕大潰追斬之拜武衛將軍時黔安夷向思多反殺將軍鹿愿圍太守蕭造法尚與將軍李景分路討之法尚擊思多于清江破之斬首三千級還從討吐谷渾法尚別出松州道逐捕亡散至于青海遼東之役以舟師指朝鮮道會楊玄感反與將軍宇文述來護兒等破之以功進右光禄大夫時有齊郡人王薄孟讓等率兵盗衆十餘万保長白山頻戰每挫其鋭

燕榮開皇中為青州總管伐陳之役以為行軍總管率水軍自東萊傍海入太湖取吴郡既破丹陽吴人共立蕭瓛為主阻兵於晋陵為宇文述所敗退保包山榮率精甲五千躡之瓛敗走為榮所執晋陵會稽悉平

李丸通開皇中以尚書左丞領左翊衛驃騎將軍從伐陳之役丸通以行軍總管從楊素出信州道以功進位大將軍

劉仁恩開皇中以行軍總管從楊素伐陳與素破陳將呂仲肅於荊門仁恩之計居多拜上大將軍

來護兒開皇中為大都督平陳之役護兒有功進位上開府從楊素擊高智慧于浙江智慧將逃於海護兒追至閩中餘黨皆平進位大將軍除泉州刺史封襄陽縣公食邑一千戸時智慧餘黨盛道延阻兵為乱護兒又討平之遷建州總管又與蒲山公李寛討平黔歙逆黨汪文進進位柱国大業中遼東之役護兒率樓船指滄海入自浿水去平壤六十里與高麗相遇進擊大破之乗勝直造城下破其郛郭於是縱軍大掠稍失部伍高元弟建武募敢死士五百人邀擊之護兒因却屯營海浦以待期會后知宇文述等敗遂班師明年又出滄海道師次東萊會楊玄感作逆黎陽進逼輦轂護兒勒兵與宇文述等擊破之封榮国公又帥師渡海至卑奢城高麗來戰護兒大破之斬首千餘級

魚倶羅開皇中以大都督從晋王平陳有功拜開府未幾沈玄懀高智慧等作亂江南楊素以倶羅同行每有戰功加上開府又從素出靈州道擊突厥以功進位柱國大業中以交通内臣除名會越嶲飛山蠻作亂詔倶羅白衣領將弁率蜀郡都尉毀鍾葵討平之

冊府元龜卷第三百五十六

冊府元龜卷第三百五十七

將帥部一十八

立功第十

隋史萬歲開皇中爲左領軍將軍先是南寧夷爨翫來降拜昆州刺史旣而復叛遂以萬歲爲行軍總管率衆擊之入自蜻蛉川經弄凍次小勃弄大勃弄至于南中賊前後屯據要害萬歲皆擊破之行數百里見諸葛亮紀功碑銘其背曰萬歲之後勝我者過此萬歲令左右倒其碑而進渡西洱河入渠濫川行千餘里破其三十餘部虜獲男女二萬餘口諸夷大懼遣使請降獻明珠徑寸於是勒美

隋德

蘇孝慈開皇中檢校利州總管事從史萬歲擊西爨累戰有功進位大將軍尋檢校益州總管長史會嶲人王奉舉兵作亂詔從段文振討平之

楊武通開皇中以行軍總管討西南夷以功封白水郡公

張須陁開皇中從史萬歲討西爨以功授儀同煬帝嗣位漢王諒作亂并州從楊素平之加開府大業中爲河南道黜陟討捕使賊帥盧明月衆十餘萬將寇河北須陁邀擊殺數千人賊呂明星師仁泰霍小漢等衆各萬餘擾濟北須陁進軍擊走之

慕容三藏開皇中爲吳州刺史副襄陽公韋洸討嶺南酋長王仲宣旣至廣州洸中流矢卒詔三藏檢校廣州道行軍事賊衆四面攻圍三藏固守月餘城中糧以矢盡三藏以爲不可持久遂自率驍銳夜出突圍擊之賊衆敗廣州獲全以功授大將軍

陰壽開皇中爲幽州總管先是高寶寧者北齊之疎屬也爲人桀黠有籌算在齊久鎭黃龍及齊滅周武帝拜爲營州刺史甚得華夷心高祖爲丞相遂連結契丹靺鞨舉兵反高祖以中原多故未遑進討以書喻之而不得開皇　初又引突厥攻圍北平至是令壽率步騎數萬出盧龍塞以討之寶寧求救於突厥時衛王爽等諸將數道北征突厥不能援寶寧棄城奔于磧北黃龍諸縣悉平

張衡開皇中以行軍總管率步騎五萬人討熙州賊李英林平之拜開府

房兆開皇中爲行軍總管擊胡以功官至柱國徐州總管

賀婁子幹開皇中爲行軍總管時吐谷渾復寇邊西玄多被其害命幹討之馳驛至河西發五州兵入掠其國殺男女萬餘口二旬而還

梁遠開皇中爲汶州總管吐谷渾寇邊遠以銳卒擊之斬千餘級

元諧開皇中爲大將軍總兵討吐谷渾時賊將定城王鍾利房率騎三千渡河連結党項諧率兵出鄯州趣青海邀其歸路吐谷渾引兵拒諧相遇於豐利山賊鐵騎二萬與諧大戰諧擊走之賊駐兵青海遣其太子可博汗以勁騎五萬來掩官軍諧逆擊之敗追奔三十餘里俘斬萬計虜大震駭

周羅睺開皇末爲豳州刺史突厥達頭可汗犯塞從楊素擊之虜衆甚盛羅睺白素曰賊陣未整請擊之素許焉與輕勇二十騎直衝虜陣從申至酉短兵屢接大破之進位大將軍

王仁恭開皇末爲車騎將軍從楊素擊突厥於靈武以功拜上開府後爲驃騎將軍典蜀王軍事山獠作亂蜀王命仁恭討破之煬帝嗣位漢王諒舉兵反從楊素擊平之以功進位大將軍遼東之役以仁恭爲軍將明年至新城賊數萬背城結陣仁恭率勁騎一千擊破之賊嬰城拒守仁恭四面攻圍帝聞而大悅遣舍人詣軍勞問賜以珍物進授光祿大夫

董純開皇末爲左衛將軍漢王諒作亂爲行軍總管從楊素擊平之以功拜柱國後爲榆林太守會彭城賊帥張大彪宗世模等衆至數萬保懸薄山寇掠徐兗煬帝令純討之純初閉營不與戰賊屢挑之不出賊以純爲怯不設備縱兵大掠純選精銳擊之合戰於昌慮大破之斬首萬餘級築爲京觀賊魏騏驎衆

萬餘人據單父純進擊又破之帝征遼復以純爲彭城留守東海賊彭孝才衆數千掠懷仁縣純擊擒之

何稠開皇末爲員外散騎侍郎桂州李光仕聚衆爲亂詔稠討之賊相繼降分遣建州開府梁昞討叛夷羅壽羅州刺史馮暄討賊帥李大壇並平之傳首軍門承制署首領爲州縣官而還

李渾仁壽初爲象城府驃騎將軍從左僕射楊素爲行軍總管出夏州北三百里破突厥阿勿俟斤於納遠川斬首五百級進位大將軍

郭榮仁壽初爲通州刺史西南夷獠多叛詔榮領八州諸軍事行軍總管率兵討之歲餘悉平煬帝即位入爲武候驃騎將軍後數歲黔安首領田羅駒阻清江亂夷陵諸郡民夷多應者詔榮擊平之遷左候衛將軍

吐萬緒仁壽末爲太子左虞候率煬帝嗣位漢王諒時鎮并州帝恐其爲亂拜緒晉絳二州刺史馳傳之官緒未出關諒已遣

兵據蒲坂斷河橋緒不得進詔緒率兵從楊素擊破之拜左武候將軍劉元進作亂江南以兵攻潤州帝徵緒討之緒率衆至楊子津元進自茅浦將度江緒勒兵擊走緒因濟江背之爲柵明旦元進來攻又大挫之賊解潤州而去諸進屯曲阿元進復結柵拒緒桃之元進出戰陣未整緒以騎突之賊衆遂潰赴江水而死者數萬元進挺身夜遁歸保其僞署僕射朱燮管崇等屯於毗陵連營百餘里緒乘勢進擊復破之賊退保黄山緒進軍圍之賊窮蹙請降元進朱燮僅以身免於陣斬管崇及其將軍陸顗等五千餘人收其子女三萬餘口送江都宫進解會稽圍

史祥仁壽末爲行軍總管漢王諒之亂祥擊其將余公理大破之專趣黎陽討綦良綦良棄軍走其衆大潰進位上大將軍

王辯仁壽末爲車騎將軍漢王諒之亂辯從楊素討平之累遷鷹揚郎將遼東之役以功加通議大夫山東盜賊起上谷魏刀兒自號歷山飛衆十餘萬劫掠燕趙詔辯發步騎三千擊敗之其後賊帥郝孝德孫宣雅時季康竇建德魏刀兒等往往屯聚大至十萬小至數十寇掠河北辯進兵擊之所往皆捷

趙才煬帝大業中以行軍總管從征吐谷渾才與衛尉劉權兵部侍郎明雅等出合河道與賊相遇擊破之以功進位金紫光禄大夫

裴仁基大業中爲武賁郎將從將軍李景討叛蠻向思多於黔安以功進銀青光禄大夫又擊吐谷渾於張掖破之

陳稜大業中爲武賁郎將與朝議大夫張鎮州發東陽兵擊流求國分爲五軍趣其都邑其王歡斯渴剌兜率衆數千逆拒稜遣鎮州爲先鋒擊走稜乘勝逐北至其柵渴剌兜背柵而陣稜盡鋭擊之從辰至未苦鬭不息渴剌兜自以軍疲引入柵稜遂填壍攻破其柵斬渴剌兜獲其子島槌虜男女數千而歸進位右光禄大夫遼東之役以宿衛遷左光禄大夫明年帝復征遼東稜爲東萊留守楊玄感之作亂也稜率衆萬餘人擊平黎陽斬玄感所署刺史元務本尋奉詔於江南營戰艦至彭城賊帥孟讓衆將十萬據都梁宫阻

淮爲固稜潛於下流而濟至江都率衆襲讓破之以功進位光禄大夫賜爵信安侯後帝幸江都宫而李通據海陵左才相掠淮北杜佛威屯六合衆各數萬帝遣稜率宿衛兵擊之往往剋捷超拜右御衛將軍

楊義臣大業中爲左光禄大夫從煬帝征遼東時渤海高士達清河張金稱並相聚爲盜衆已數萬攻陷郡縣帝遣將軍段達討之不能剋詔義臣率遼東還兵數萬擊之大破士達斬金稱又收合降賊入豆子䴚討格謙擒之以狀聞奏帝忌其名遽追入朝賊由是復盛義臣以功進位光禄大夫

元戍壽大業中爲左親衛郎將楊玄感之亂也從刑部尚書衛玄擊之以功進位正議大夫拜西平通守

斛斯萬善大業中從衛玄討楊玄感頻戰有功及玄感敗走萬善與數騎追及之玄感窘迫自殺由是知名

王世充大業中爲江都守時厭次人格謙爲盜數年兵十餘萬

在豆子䴚中世充帥師破斬之威振羣賊又擊盧明月破之於
南陽斬首數萬虜獲極多後還江都帝大悅自執杯酒以賜之
唐張鎮州初仕隋爲武賁郎將大業中汎海擊流求國破之遷
左衛將軍從帝江都於上江督運賊董道冲爲阻進擊破之
屈突通仕隋大業中爲左驍衛大將軍時秦隴盜賊蜂起以通
爲關内討捕大使有安定人劉迦論舉兵反據雕陰郡僭號建
元署百官有衆十餘萬稽胡首領劉拔眞劉鷂子聚衆與迦論
相影響通發關中兵擊之賊衆大潰斬迦論并首級萬餘於上
郡南山築爲京觀虜男女數萬口而還後從太宗圍洛陽竇建
德且至太宗中分麾下以屬通令與齊王元吉圍守洛陽世充
平通功爲第一
劉德威仕隋大業末以校尉從左光祿大夫裴仁基討賊于淮
左手斬賊帥李青蛙傳首行在所武德初爲潞州道行軍總管
領兵出太行山經略河内仍受太宗節度德威進兵拔懷州從

擒竇建德平王充皆有功
龐謀仕隋大業末以鷹揚將軍留守臨汾義旗建率所部來降
從高祖平京城授左光祿大夫爲太子左衛率又從太宗從宋
金剛及王充竇建德劉黑闥徐圓朗等皆有戰勳數蒙賞賜
李藝隋大業末爲幽州總管及聞高祖踐祚奉表歸國於是璽
書封王會劉黑闥舉兵高祖遣其弟監門將軍壽將兵與藝合
勢攻劉黑闥藝率步騎數萬破劉什善於徐河又進兵與太宗
軍會於洺水太宗令爲馬軍總管仍領本兵從大軍擊賊有功
武德三年竇建德侵幽州藝爲總管擊走之斬首千餘級
藺興粲爲驍騎將軍武德元年梁師都寇靈州興粲擊破之俘
斬二千餘人鄜州刺史梁禮叛擊破之俘斬千餘人
張綸以左驍衛將軍爲絳州道行軍總管武德元年討叛胡平之
鮮于威爲統軍武德元年王充將高毗侵壽安威斬首千餘級
趙欽爲驃騎武德元年賊帥呂寶生衆七千人破盩厔縣欽擊

之斬首百餘級
王師仁爲討捕使武德元年胡賊八千人掠涇陽師仁擊走之
王君廓武德初以上柱國從大軍東討別下轘轅羅川二縣王
充遣將魏隱率兵拒之君廓撤營僞遁設伏以待之隱縱兵疾
進發伏大破之又與諸將下武牢執僞荆王行本擊王充糧運
於緱氏沉其米船三十餘艘進爵彭國公邑三千戶
黃君漢武德初爲行軍總管鎮于柏壁拒王充將高毗敗之封
號國公後從太宗擊東都別下廻洛城及東都平賜黃金百兩
雜綵千餘段從平劉闥及破輔公祏皆有戰功
丘行恭武德初以光祿大夫從太宗討薛舉劉武周王世充竇
建德皆立殊勳授左二驍騎貞觀中從君侯集平高昌封天水
郡公
裴行方武德初爲右親衛中郎將從征遼東授右五步軍總管
破駐蹕陣攻安市城有功授右衛將軍又奉詔討茂州叛羌董

郎弄大破之窮賊餘黨西至乞習山臨弱水而歸
馬三寶武德初以別擊叛胡劉拔眞於北山破之又從平薛舉
遷左驍衛大將軍復從柴紹擊吐谷渾於岷州先鋒陷陣斬其
名王前後虜男女數千口以功封新興縣
李大亮武德初爲金州總管府司馬時王世充遣其兄子弘烈
據襄陽令大亮安撫樊鄧以圖進取亮進兵擊之所下十餘
城高祖下書勞勉後從太宗討吐谷渾爲且末道行軍總管遇
賊於蜀渾山破之俘其名王虜雜畜五萬以功進爵爲公
殷嶠武德初以陝東道行臺兵部尚書從討宋金剛與總管衛
孝節將軍秦武通別破賊將尉遲敬德於美良川拜吏部尚書
以功進爵鄖國公食邑三千戶
盧士良武德初以戰功爲柱國其後党仁弘督運於穀州士良
以馬軍總管率兵爲援遇王世充驍將葛彥璋接戰破之進下
慈㵎城擒其守張暁復從平宋金剛

劉弘基武德初以秦王府左一總管從太宗屯于柏壁率兵二千自隰州趣西河斷賊歸路時賊鋒甚盛弘基壁不敢進及金剛遁弘基邀擊之至于介休與太宗會追擊大破之貞觀中爲輔國大將軍遼東之役以弘基爲前軍大將軍從擊高延壽於駐蹕山力戰有功累蒙優賞

公孫武達武德初爲秦王府長槍車騎從太宗討劉武周力戰功最後爲右監門將軍合擊鹽州叛突厥可邏拔延武達引兵邀靈州至波邏迴及之賊方渡河見武達至擾河南岸與武達相持武達泊船引兵擊之斬可邏拔邑殺傷殆盡進封東萊郡公

威彥師武德初以行軍總管與史萬寶鎮冝陽以拒東寇斬李密擒王伯當以功封葛國公拜武衛將軍

秦叔寶武德初以馬軍總管從太宗北征於美良川破尉遲敬德功最居多尋授秦王府右三統軍從破宋金剛於介休從討王世充每爲前鋒又從平劉黑闥累授上柱國左武衛將軍封翼國公

程知節武德初以秦王府左三統軍破宋金剛擒竇建德降王世充並領左一馬軍總管每陣先登以功封宿國公顯慶初爲葱山道行軍總管與賀魯所部歌邏祿及處月戰於榆慕谷大破之斬首千餘級獲駝馬牛羊萬計副將周智度又攻其突騎施木昆等於咽城拔之斬首三萬級虜獲甚衆

張士貴武德初爲光祿大夫累有戰功賜爵新野縣公從太宗平東都授虢州刺史貞觀七年以右武候將軍破反獠而還

段志玄武德初以光祿大夫從劉文靜拒屈突通于潼關以功授樂游府驃騎將軍後從討王世充破竇建德功又居多遷秦王府右二護軍

段德操以武衛將軍爲延州道行軍總管武德二年梁師都侵延州德操擊破之斬首一千餘級五年擊師都石堡大破之俘斬千餘人師都僅以身免

李靖武德二年以秦王幕府從討王世充以功授開府時蕭銑據荊州遣靖安輯之輕騎至金州遇蠻賊數萬聚山谷靖與盧江王瑗擊之多所克獲會開州蠻酋冉肇則反率衆寇夔州趙郡王孝恭與戰不利靖率衆八百襲破其營臨陣斬肇則俘獲五千餘人四年以行軍總管兼孝恭行軍長史集兵於夔州討蕭銑破之以功授上柱國封永康縣公六年輔公祏反於丹陽靖又副孝恭以討平之貞觀三年突厥諸部離叛朝廷將圖進取以靖爲代州道行軍總管率驍騎三千自馬邑出其不意直趣惡陽嶺以逼之四年二月次陰山擊頡利可汗大破之滅其國復定襄常安之地斥土界于大漠露布以聞

李仲文爲行軍總管武德三年劉武周遣將軍張萬歲侵浩州仲文擊走之俘斬數千人

郭行方爲夔州道安撫使武德四年攻蕭銑鄀州尅之九年爲益州刺史行臺尚書擊眉州叛獠之衆大破之

李勣武德四年以陵州刺史從太宗伐王充于東都累戰大捷又東略地至武牢僞鄭州司兵沈悅請翻武牢勣夜潛兵應接尅之擒其僞刺史荊王行本從太宗振旅而還論功行賞太宗爲上將勣爲下將與太宗俱服金甲乘戎輅告捷于太廟又從太宗破劉黑闥徐圓朗累遷左監門大將軍圓朗重據兗州反授勣河南大總管以討之尋獲圓朗斬首以獻七年詔與趙郡王孝恭討輔公祏孝恭領舟師巡江而下勣領步卒一萬渡淮拔其壽陽至硤石公祏之將陳正通率兵十萬屯于梁山又遣其大將馮慧亮帥水軍十萬鎖連大艦以斷江路仍於江西結壘分守水陸以禦王師勣攻其壘尋尅之慧亮單騎而遁乘勝逼之正通大潰以十餘騎奔于丹陽公祏棄城夜遁勣縱騎追斬之于武康江南悉定太宗即位拜并州都督賜實封九百戶貞觀三年爲通漢道行軍總管至雲中與突厥頡利可汗兵會大戰于白道突厥既敗屯營于磧口遣使請和詔鴻臚卿唐

儉往赦之勣時與定襄道大總管李靖軍會與議曰頡利雖敗人衆尚多若走渡磧保于九姓道遥阻深追則難及今詔使唐儉至彼其必弛備我等隨後襲之此不戰而平賊矣靖扼腕喜曰公之所言乃韓信滅田横之策也於是定計靖將兵逼夜而發勣勒兵從進靖軍旣至賊營大潰頡利與萬餘人欲走渡磧勣也軍於磧口頡利至不得渡磧其大酋長率其部落並降于勣虜五萬餘口而還勣爲并州大都督長史十五年徵拜兵部尚書未赴京會薛延陁遣其子大度設帥騎八萬南侵李思摩部落命勣爲朔州行軍總管率輕騎三千追及延陁於青山擊大破之斬其名王一人俘獲首虜五萬餘計以功封一子爲縣公十九年太宗親征高麗授勣遼東道行軍大總管攻破蓋牟遼東白崖數城以功封一子爲郡公高宗總章元年爲遼東道行軍大總管率兵平高麗加太子太師增食實封通前千一百戸

李安遠武德中爲左武衛將軍破宋金剛平王充擒劉黒闥皆有戰功

尉遲敬徳武德中以秦王府左二統軍從大宗擊王世充大破之又從討劉黒闥於臨洺敬德率壯士犯圍而入大破賊陣又從除破徐圓朗累有戰功授秦王府左二副護軍武德末以行軍總管與突厥戰於涇陽大破之獲其俟斤阿史德烏没啜斬首千餘級

許紹武德中以硤州刺史爲行軍總管將蕭銑所遣兵入硤破紹擊走之進圍安蜀鎮副將朱士陸殺其大將率士衆來降於紹紹又遣子智仁及裨將李弘節攻荆門鎮破之

柴紹武德中以左翊衛大將軍從太宗平薛舉破宋金剛攻平王世充於洛陽擒竇建德於武牢封霍國公賜實封千二百戸九年爲左衛大將軍擊突厥於秦州大破之斬其特勤一擒大將三人斬首千餘級

竇軌武德中以光禄大夫鎮秦州會赤排羌作亂軌與秦州刺史楊師道擊破之餘黨來降後率兵擊東都高祖引其將校五百人宴賜而遣之及還鎮于益州許以便宜從事時巴隆等數州（隆今閬州）山獠作亂軌擊破之還至方山羣獠潛相聚結夜襲軌營軌逆擊之戰數合賊始敗前後虜男女二萬口又嶲党項寇松州詔軌援之又令扶州刺史蔣善合與軌合勢時党項引吐谷渾之衆其鋒甚銳軌等分軍於宕昌岷山二道俱進軌師未至善合先期至錯川遇賊力戰走之高祖因令勳擇兵於臨洮酋首王子貢等詐降於軌收而斬之進擊左封破其部衆

錢九隴武德中爲左監門郎將從平薛仁杲劉武周以前後戰功累授右武衛將軍其後從太宗擒獲竇建德平王世充從隱太子討劉黒闥於魏州力戰破賊策勳爲最累封郇公仍以本官爲苑遊將軍

盧祖尚武德六年以光州刺史從趙郡王孝恭討輔公祏爲前

軍總管攻其宣歙二州克之進擊賊帥馮慧亮陳正通並破之賊平以功授蔣州刺史

張公謹太宗貞觀初以代州都督副李靖經略突厥破定襄敗頡利璽書慰勞封鄒國公蘇定方爲正道府折衝貞觀初隨李靖襲突厥頡利于磧口靖使定方率二百騎爲前鋒乘霧而行去賊一里許忽然霧歇望見其牙帳馳掩殺數十百人頡利及隋公主狼狽散走餘衆俯伏靖軍旣至遂悉降之軍還授左武候中郎將永徽中以左衛中郎將從左衛大將軍程知節征賀魯有功擢爲行軍大總管率兵盡平西域生擒賀魯而還顯慶五年授熊津道大總管率兵討平百濟定方前後滅三國皆生擒其主賞賜珍寶不可勝紀

薛萬徹貞觀初爲柴紹之副擊梁師都于朔方會突厥四面而至官軍稍却萬徹與兄萬均横出擊之斬其驍將虜陣旣亂因而乘之殺傷被野鼓行而進遂圍師都降其城後從李靖擊突

厥顛利可汗於塞北以功授統軍及請將擊吐谷渾請萬徹同行與諸將各率百餘騎先行卒與虜數千騎相遇萬徹單騎馳擊之虜無敢當者還謂諸將曰賊易與耳躍馬復進諸將隨之斬數千級又與兄萬均破吐谷渾天柱王於赤水源獲其雜畜二十萬計萬鈞官至左屯衛大將軍封潞國公萬徹後為蒲州刺史會薛延陁率迴紇同羅之衆渡磧南擊李思摩萬徹副李勣授之與虜相遇率數百騎先鋒擊其陣後騎皆散退賊顧見逐大潰追之數十里斬首三千餘級獲馬萬五千匹以功別封一子縣侯後為青丘道行軍大總管率甲士三萬自萊州泛海伐高麗入鴨緑水百餘里至泊灼城高麗震懼多棄城而遁泊灼城主所夫孫率步騎萬餘人拒萬徹遣右衛將軍裴行方領步卒為支軍繼進萬徹及諸軍乘之賊大潰追奔百餘里於陣斬所夫孫進兵圍泊灼城其城因山設險阻鴨緑水以為國攻之未拔高麗遣將高文率烏骨安地諸城兵三萬餘人來援分置兩陣萬徹分軍以當之鋒刃纔接而賊大潰

張儉貞觀初以軍功累遷朔州刺史後為檢校營州都督府事營州所管契丹奚霫靺鞨諸蕃皆隣接境粟末靺鞨最近高麗引衆數千來寇儉率鎮兵及諸蕃首領邀擊之斬獲略盡璽書慰勞拜營州都督及行軍總管征遼東府有獲高麗候者稱莫離支將至遼東詔儉率兵新城路邀莫離支竟不敢出儉因進兵渡遼趨建安城賊徒大潰斬首數千級以功累封皖城郡公賞賜甚厚

冊府元龜卷第三百五十七

冊府元龜卷第三百五十八

將帥部一十七

立功第十一

唐張寶相爲大同道行軍副總管貞觀四年寶相獲頡利可汗於塞表其從弟羅設蘇尼失以餘衆舉國來降

牛進達爲邛江府統軍貞觀七年陵嘉二州獠反令進達率衆往擊破之尋拜左武衛將軍又二十一年從征高麗至駐蹕山與司徒長孫無忌率軍出自賊後先發奮擊大破之師旋拜左武衛大將軍又與右武衛將軍李海岸等浮海以伐高麗襲破石城虜男女數百人進次積利城高麗列陣來戰進達擊之斬首二千餘級

張士貴爲行軍總管貞觀八年討東西王洞反獠平之

姜確爲左屯衛將軍貞觀中高昌之役以爲交河道行軍副總管率衆數千先大軍出伊吾趣柳谷依山採木造攻城器械其地有班超紀功碑確磨去之刊頌國威而去遂與侯君集等滅高昌力戰有功軍還封金城郡公食邑二千戶

劉師立爲岷州都督貞觀中河西党項丑氏常爲邊患又阻新附奉詔擊破之丑氏大懼遁於山谷師立至䣓于真山與吐谷渾相遇擊破之多所虜獲而還

張士貴貞觀中爲屯衛大將軍時薛延陁犯塞士貴督夏州騎士倍道邀擊大破之

契苾何力爲左領軍將軍貞觀中與將軍薛萬均征吐谷渾萬均爲賊所攻何力救之獲免時吐谷渾主在突倫川何力復欲襲之萬均懲其前敗固言不可何力曰賊非有城郭逐水草以爲生若不襲其不虞便恐鳥驚魚散一失機會安可傾其巢穴耶乃自領驍兵千餘騎直入突倫川襲破吐谷渾牙帳斬首數千級獲駝馬牛羊二十餘萬頭渾主脫身以免俘其妻子而還後爲右驍衛大將軍永徽一年弓月處密叛以何力爲弓月道大總管討平之擒其渠帥處密時健俟斤等以歸乾封元年又爲遼東道行軍大總管兼安撫大使高麗有衆十五萬屯於遼水又引靺鞨數萬據南蘇城何力奮擊皆大破之斬首萬餘級乘勝而進凡拔七城乃迴軍會英國公李勣於鴨綠水共攻辱夷大行二城破之勣頓軍於鴨綠柵何力引蕃漢兵五十萬先臨平壤勣仍繼至拔平壤城執男建虜其王還

席君買爲果毅都尉貞觀十五年率精騎百二十襲擊吐谷渾之丞相宣王破之斬其兄弟三人初丞相宣王專國擅權謀作難詐言祭山神乃結人伏兵襲弘化公主劫其王諾曷鉢奔于吐蕃期有日矣諾曷鉢知而大懼率輕騎走鄯城所部威信王以兵迎之君買助其誅其宣王國人乃擾亂詔遣戶部尚書唐儉中書舍人馬周持節撫之其衆乃安

郭孝恪爲安西都護貞觀十八年詔孝恪討焉耆乃選步騎三千出銀山道以焉耆王弟粟婆准爲鄉導焉耆所都城四面有水自恃其固不虞於我孝恪倍道兼行夜至城下潛遣將士浮水而渡及明一時攀堞鼓角齊震城中大擾孝恪縱兵擊之虜其王突騎支斬首虜七千級以粟婆准爲王導有功留攝國事而還時屈利啜將兵來援焉耆以勁騎五千追孝恪至于銀山之下孝恪逆擊破之追奔數十里而還

田仁會爲左武候中郎將貞觀十八年太宗征遼東後薛延陁數万騎抄掠河內帝令仁會及執失思力率兵擊破之逐北數百里延陁脫身走免帝嘉其功降璽書慰勞

楊弘禮爲兵部侍郎貞觀十九年從太宗征遼領馬步二十四軍出其不意以擊之所向摧破二十一年爲崑丘道大總管諸道副大總管軍將咸受節度於是破處月降處密殺焉耆王降駁支部落獲龜茲于闐王凱旋

喬師望爲夏州都督貞觀二十年與右領軍大將軍執失思力等擊薛延陁大破之斬獲二千餘人

梁建方爲右武候將軍貞觀二十二年擊松外蠻破之初巂州都督劉伯英上言松外諸蠻雖暫降款旋即背叛請出師討之

西洱河天塹道可通也由是建方發蜀川十二州兵討之蠻師雙舍率衆拒戰建方擊敗之殺獲千餘人羣蠻震懾各竄山谷建方分遣使者說以利害爭來款附前後至者七十餘部戶十萬九千三百建方署其首領蒙和爲縣令各統所部莫不感悅建方乘勝遣吏往西洱河其帥楊盛見使至大駭具舡將遁使者曉諭禍福示以威信盛遂稽顙請降遣首領十人來謁軍門建方振旅而還及至太宗勞其勤苦賜以上駟

趙孝祖爲郎州道總管高宗永徽三年大破白水蠻其地與青蛉弄棟相接酋長楊承顛私自署侵陵隣境郎州都督任懷王屢招懷之承顛不從攻者尤數及孝祖軍至夷人多棄城投險惟小勃弄酋長師感守白旗城率步騎一萬逆戰孝祖破之斬師感首進至大勃弄承顛嬰城自固孝祖遣人招之承顛大罵無禮孝祖進軍攻之臨陣獲承顛餘衆走險往往屯聚大者數萬小者數千人孝祖與戰皆破降之西南夷遂定

程名振爲營州都督兼東夷都護顯慶二年率兵破高麗於貴端水焚其新城殺獲甚衆薛仁貴爲左領軍郎將顯慶二年詔副程名振於遼東經略大破高麗於貴端水焚其新城斬三千級龍朔元年授左武威衛將軍封河東縣男其後破九姓從李勣平高麗皆有大功

劉仁軌爲檢校帶方州刺史兼熊津道行軍長史顯慶五年大軍征遼仁軌仍別領水軍一萬襲破倭賊數萬於白江虜掠船艦四百餘艘倭賊及耽羅等國皆遣使詣之請降初仁軌將發帶方州　謂人曰天將富貴此翁耳於州司請歷日一卷并七廟諱人怪其故答曰擬削平遼海頒示國家正朔使夷俗尊奉焉至果以軍功顯正除帶方州刺史又檢校熊津都督總知留鎮兵馬事咸亨五年爲雞林道大總管東伐新羅仁軌徑度瓠蘆河破其北方大鎮七重城以功進爵爲公并子姪三人並授上柱國州黨榮之

高侃爲東州道行軍總管左監門大將軍咸亨三年與高麗餘衆戰于白水山大破之時新羅遣將救高麗以拒官軍侃與戰將李謹行等引兵迎擊高麗斬首三千級

李謹行爲燕山道總管右領軍大將軍咸亨四年大破高麗叛徒於瓠蘆河之西俘獲數千人自是平壤餘衆走投新羅

黑齒常之爲左領軍員外將軍儀鳳中吐蕃入寇從河西道大總管李敬玄拒之總管劉審禮之沒於陣敬玄欲抽軍却退泥溝而討無所出常之夜率敢死五百人進斫賊營吐蕃大將跋棄軍潰遁高宗大悅擢授左武衛將軍永隆二年爲河源道經略大使率兵以討吐蕃軍至良非川吐蕃大將贊婆引退常之進軍追討獲其羊馬甲仗而還垂拱三年八月突厥骨咄祿元軫寇朔州常之爲燕山道大總管擊賊於黃花堆大破之追奔四十餘里遂散走磧北

裴行儉爲定襄道行軍大總管調露二年大破突厥於黑山擒

其首領奉職僞可汗泥熟匐爲其下所殺斬其首來降

竇懷哲爲代州都督調露二年突厥餘衆圍雲州懷哲與右領軍中郎將程務挺率兵擊破之

程務挺爲右衛將軍封平原郡公永淳二年綏州城平縣人白鐵餘率部落稽之黨據縣城反僞稱尊號署百官又進寇綏德殺掠人吏焚燒村落務挺與夏州都督王方翼討之務挺進攻其城拔之生擒白鐵余盡平其餘黨又以功拜左驍衛大將軍

李孝逸爲玉鈐衛大將軍則天文明元年李敬業據揚州亂詔孝逸討破之斬首七千級投于谿水死者數千追奔二十餘里敬業窘急與其弟敬猷及唐之奇杜求仁駱賓王等輕騎遁走至江都攜其妻子奔潤州又將逃入海投于高麗孝逸乘勝進據揚州分遣將士捕之敬業至海陵界阻風頓於灘上其僞將王那相斬敬業及敬猷賓王而降傳其首于東都求仁之奇等咸赴水而死揚潤楚三州悉平

楊敬自爲揚州道副總管文明元年李敬業據揚州亂敬自與賊帥尉遲昭戰于都梁山斬之盡降其衆

魏元忠爲侍御史李敬業於揚州作亂元忠督軍征之敬業平授司刑正

王杲爲廣州都督垂拱元年討嶺外反獠平之

王孝傑爲武威軍總管長壽元年與阿史那忠節大破吐蕃克復龜兹于闐疏勒碎葉等四鎮

唐休璟爲隴右諸軍大使久視元年吐蕃贊普遣將麴莽布支寇涼州圍逼昌松縣休璟與莽布支戰于洪源谷斬其副將二人獲首二千五百級

陳大慈爲都督長安二年十月吐蕃贊普率衆萬餘人寇悉州大慈與賊四戰皆破之斬首千餘級

唐九徵爲姚巂道討擊使中宗神龍三年擊姚州叛蠻敗之俘虜三千餘計遂樹碑以紀功焉

郭虔瓘爲右衛將軍北庭都護玄宗開元二年突厥默啜遣其子同俄特勤率衆寇北庭虔瓘擊敗之斬同俄於城下突厥女婿火拔頡利發石阿失畢與同俄特勤同領兵同俄之死懼不敢歸遂與其妻歸降虔瓘以破賊功拜冠軍大將軍行右驍衛大將軍封太原郡開國公

郭知運爲伊吾軍使開元二年副郭虔瓘破突厥於北庭以功封介休縣公擢拜右武衛將軍其年秋吐蕃入寇知運與薛訥王晙等掎角擊敗之拜知運鄯州都督隴右諸軍節度大使四年冬突厥降戶阿悉爛跌跌思泰等率衆反詔知運領朔方兵横擊之大破賊衆於黑山呼延谷六年又率兵入討吐蕃賊徒無備遂掩至九曲獲鎧甲及馬牛羊等數萬計拜知運爲鴻臚卿御史中丞八年六州胡康待賓反詔知運與王晙討平之拜左武衛大將軍

阿史那獻爲北庭大都護瀚海軍使開元二年梟突厥都擔首獻于闕下并擒其孥及胡禄等部落五萬餘帳內屬

王晙爲隴右羣牧使開元二年攝右羽林將軍薛訥邀擊吐蕃至武街谷去大來谷二十里爲賊所隔晙率兵迎訥之軍賊置兵於兩軍之間連亘數十里晙夜出壯士銜枚擊之賊大潰乃與訥合軍掩其餘衆追奔至洮水殺獲不可勝數盡收所掠牧馬而還以功加銀青光祿大夫封清源縣男兼原州都督其後降虜跌跌叛敕晙帥并州兵西濟河以討之殺一千五百餘人生獲一千四百餘人駝馬牛羊甚衆以功遷散騎常侍持節朔方道行軍大總管

孫仁獻爲松州都督開元四年大破吐蕃于城下初仁獻率驍勇候夜掩入賊營亂斫之賊駭懼奔散乃以刀斫馬腳而自潰帝聞之特命御史就松州錄其勞降書慰勞仁獻及將吏

張說爲并州大都督開元九年胡賊康待賓率衆反據長泉縣自稱葉護攻陷蘭池等六州詔王晙率兵討之仍令說相知經略時叛胡與党項連結攻銀城連谷以據倉糧說統馬步萬人出合河關掩擊大破之追至駱駝堰胡及党項自相殺阻夜胡乃西遁入鐵建山餘黨潰散說招集党項復其居業其年拜兵部尚書同中書門下三品十年爲朔方軍節度大使時康待賓餘黨慶州方渠降胡康願子自立爲可汗舉兵反誘掠監牧馬西涉河出塞說進兵討擒之并獲其家屬於木盤山送京都斬之其黨悉平

張嵩爲北庭節度使開元十年九月吐蕃圍小勃律王没謹忙求救于嵩曰勃律之國是漢西門漢若失之則已西諸國並陷吐蕃矣都護其若之何嵩方開蔥嶺既聞之許諾報曰國家西兵久被聲教王忠勤之至貫于神明何被犬戎敢此凌侮嵩忝司鎮禦必不容縱當整師徒爲王翦滅謹忙大喜嵩乃遣疏勒副使張思禮率蕃漢馬步四千人赴援晝夜倍道兼進謹忙復乘勢出兵左右夾攻吐蕃大破殺其衆數萬收其器械羊馬等

甚衆盡復其九城之故初勃律王來朝上字之爲子於其國置綏遠軍以地隣吐蕃常爲所困吐蕃每謂之曰我非謀于爾國假爾道以攻四鎮自嵩此征之後不敢西向

趙頤貞爲安西副大都護開元十六年敗吐蕃于曲子城

王君㚟爲河西隴右節度使開元十六年吐蕃將悉諾邏率衆入寇大小谷又移攻甘州焚燒市里而去君㚟候其兵疲整士馬以掩其後會大雪賊徒凍死者甚衆賊遂取積石軍西路而還君㚟令副使馬元慶裨將軍李車蒙追之不及君㚟先令人潜入賊境於歸路燒草悉諾邏還至大非川將息甲牧馬而野草皆盡馬死過半君㚟與秦州都督張景順等率衆襲其後入至青海之西時海冰合將士並乘冰而度會悉諾邏已度大非山輜重及疲兵尚在青海之側君㚟縱兵盡俘獲之及羊馬數万君㚟以功遷右羽林軍大將軍

張審素爲嶲州都督開元十七年攻破蠻拔昆明城及監城殺

獲萬人

王忠嗣爲左威衛郎將專知行軍兵馬開元二十一年秋吐蕃大下忠嗣以所部策馬而前殺數百人賊衆遂亂三軍翼而擊之吐蕃大敗忠嗣以功最詔拜左金吾衛將軍天寶中累遷河東朔方節度使頻敗青海積石皆大尅捷又伐吐渾於墨離虜其全國而歸

張守珪爲幽州長史河北節度副大使開元二十二年發兵討契丹斬其王屈烈及其大臣可突干等傳首東都餘衆及叛奚皆散山谷立其酋長李過折爲契丹王二十五年爲幽州節度使破契丹餘黨於捺祿山殺獲甚衆

蓋嘉運爲磧西節度使開元二十七年大破突騎施于碎葉城之東賀邏嶺擒可汗吐火仙及葉護特勤及弟撥斯獲馬牛羊數千計初嘉運銜命招輯突騎施拔汗那已西諸國會突騎施可汗蘇祿死其子吐火仙嗣立與葉護特勤首領都摩度據碎葉城又引黑姓可汗爾微特勤據怛邏斯城以拒官軍嘉運自率精兵攻碎葉與火仙接戰火仙棄旗而走遂擒之分遣疏勒鎮守使夫蒙靈詧統驍雄與拔汗那王俱進掩其不備遂入怛邏城斬其汗爾微特勤及弟撥斯其黨遂遣及入曳建城因收得交河公主及獲蘇祿可敦爾微可敦遂收諸散落百姓凡數万人悉付拔汗那王阿悉爛達干以歸諸國皆來歸附

裴敦復爲河南尹天寶三載屬狂賊吳令光剽聚兇黨於台明間據海以叛詔敦復持節率晉陵太守劉巨鱗統兵討之敦復旣至江夏賊黨自潰生擒令光以獻玄宗嘉其功拜刑部尚書

王難德爲金吾衛郎將天寶初以并定戎城破木柵功授威衛羽林將軍七載從哥舒翰擊吐蕃於積石軍擒吐渾王子悉弄恭及子婿悉頰藏累拜左武衛大將軍充關西遊奕使九載破吐蕃收其五橋又破樹敦城加白水軍使十三載從收九曲加特進至德中爲鳳翔都知兵馬使難德後遇安慶緒於滏陽誘

以入壁擊破之封琅邪郡公

高仙芝爲安西副都護四鎮都知兵馬使小勃律國王爲吐蕃所招妻以公主西北二十餘國皆爲吐蕃所制貢獻不通節度使田仁琬蓋嘉運夫蒙靈詧累討之不捷天寶五載特勑仙芝以馬步万人爲行營節度往討之自安西行十五日至撥換城三十餘日至握瑟德又十餘日至疏勒又二十餘日至葱嶺守捉又二十餘日至播密川又二十餘日至特勤滿川仙芝乃分爲三軍使疏勒守捉趙崇玼統三千騎趣吐蕃連雲堡自北谷入使撥換守捉賈崇瓘自赤佛堂路入仙芝與中使邊令誠自護密國入約七月十三日辰時會于連雲堡遂登山挑擊從辰至巳大破之至夜奔逐殺四五千人生擒千人餘並走散得馬千餘疋軍資器城不可勝數仙芝遂進至勃律國招諭其王并公主出降並平其國六載八月仙芝虜勃律王及公主取赤佛堂路班師制授仙芝鴻臚卿攝御史中丞代靈詧爲四鎮節度

使九載將兵討石國平之獲其王以歸
哥舒翰爲隴右節度使先是吐蕃石堡城路遠而險久不拔天寶八載詔翰率河東西靈武及突厥阿布思等兵士六万三千攻城拔之更名神武軍分兵鎮守翰以功拜鴻臚員外卿
李忠臣本姓董名秦天寶中歷仕幽州節度薛楚玉張守珪安祿山等頻征討積功勞遷折衝郎將左武衛將軍同正平盧軍先鋒使及安祿山反與其倫董竅議殺僞節度使吕知誨立劉正臣爲節度使正臣以忠臣爲兵馬使攻長楊戰獨山襲榆關北平殺賊將申子貢榮先欽擒周釗逆京師忠臣功多又從王臣破漢陽將李歸仁李感義白秀芝等來拒戰約十合並摧破之無何潼關失守郭子儀李光弼退師忠臣乃引軍北歸奚王阿篤孤初以衆與正臣合後乃言請以万餘騎同收范陽至后城南中夜反攻正臣忠臣與戰逐至温泉山破擒之大首領阿布離斬以祭纛疊皷正臣卒又與衆議以安東都護王玄志爲節度使至德二年正月玄志令忠臣以步卒三千自雍奴爲葦筏過海賊將石帝烏洽來拒忠臣與董竭忠追之轉戰累日遂收魯城河間景城等大獲資粮以赴本軍復與大將田神功率兵討平原樂安郡下之擒僞刺史臧瑜等防河招討使李銑承制以忠臣爲德州刺史屬史思明歸順河南節度張鎬令忠臣以兵赴鄆州與諸軍收河南州縣又與裨將陽惠元大破賊將王福德于舒合口肅宗累下詔褒慰仍令鎮濮州尋移韋城乾元元年九月改光祿卿同正其年與郭子儀等九節度圍安慶緒於相州明年三月諸軍潰歸忠臣亦退至滎陽賊將敬鉦來襲官船忠臣大破之獲米二百餘艘以資汴州軍事尋拜濮州刺史緣河守捉使移鎮杏園渡及史思明陷汴州節度使許叔冀與忠臣並力屈降賊思明撫忠臣背曰吾比只有左手今得公兼右手矣與俱寇河陽數日忠臣夜以五百人斫其營突圍歸光弼光弼以聞詔加開府儀同三司殿中監同正賜實封二百户召至京師賜姓李氏名忠臣封隴西郡公賜良馬莊宅銀器綵物等時陝西神策兩節度郭英乂衛伯玉鎮陝州以忠臣爲兩軍節度兵馬使魚朝恩亦在陝俾忠臣與賊將李歸仁李感義等戰於永寧莎栅前後數十陣皆摧破之會淮西節度王仲昇爲賊所擒寶應元年七月拜忠臣太常卿同正兼御史中丞淮西十一州節度使尋加安州刺史仍鎮蔡州其年令忠臣會元帥諸軍收復東都二年六月就加御史中丞時迴紇可汗既歸其國留判官安恪石帝庭於河南守禦財物因此招聚亡命爲寇道路擁塞詔忠臣討平之永泰元年吐蕃犯西陲京師戒嚴代宗命中使追兵諸道多不時赴難使至淮西忠臣方會鞠即令整師飭駕監軍大將固請曰軍行須擇吉日忠臣奮臂於衆曰焉有父母遇寇難待簡好日方救患乎即日進發自此方隅有警忠臣必先期而至由是代宗嘉其忠節加本道觀察使寵賜頻厚及同華節度周智光舉兵反詔忠臣與神策軍將李太清討平之大曆二年檢校工部尚書加實封通前三百户五年加蔡州刺史七年檢校右僕射知省事李靈曜之叛田承嗣使姪悦援之忠臣與諸軍大破悦等汴州平
郭子儀爲朔方節度兵馬使天寶十四載安祿山反詔以子儀爲衛尉卿充朔方節度使率本軍東討遂舉軍出單于府收静邊軍斬賊將周万頃傳首闕下祿山使大同軍使高秀巖寇河曲子儀大破之進收雲中馬邑開東陘以功加御史大夫十五載二月與太原節度使李光弼出土門拔常山郡破史思明於九門又南拔趙郡生擒四千人皆捨之斬僞太守郭獻璆獲器械數十万進軍西南思明以數万衆躡其後子儀與光弼選驍騎五百人更挑之三日至行在賊疲乃退因乘之大破於沙河會玄宗西幸於是光弼保太原子儀朝於靈武至德元年加武部尚書平章事賊將阿史那從禮以蕃騎五千騎出塞門誘河曲九蕃府六胡州部落數万皆從叛子儀率諸將合擊大破之

斬獲不可勝計河曲平子儀入塞而還收河東郡擊走僞將崔乾祐二年四月進位司空充關内河東副元帥是年九月副廣平王東征子儀率迴紇及南蠻大食之衆十五萬地京西南潏陣於灃水西鎮北庭節度使李嗣業爲前軍關内節度王思禮爲後軍子儀奉元帥爲中軍陳亘三十里賊將李歸仁安守忠衆十萬陣於其北歸仁先薄我軍我軍將亂李嗣業前衝之殺十餘騎乃完迴紇以奇兵出其後而夾攻之賊軍大潰斬首六萬級僞將張通儒等走陝州翌日子儀整軍入京師遂收華陰弘農數日而東十月安慶緒悉師屯陝西負山爲陣子儀以大軍攻其前迴紇登山乘其背遇賊潛師於山中與鬪過期大軍稍却賊分兵三千人絶我歸路衆心大揺子儀麾迴紇令進盡殺之潛師馳至其後於黄埃中發十數矢賊驚顧曰迴紇來迴紇來乃大潰僵屍遍山澤遂復東都以功加司徒封代國公食邑千户乾元元年九月與李光弼等九節度之師討安慶緒大敗之獲僞鄭王安慶和以獻遂收衛州廣德元年十月吐蕃陷涇州刺史高暉暉遂與蕃軍爲鄉道引賊深入京畿掠奉天武功濟渭而南緣山而東渭北行營兵馬使呂日將逆戰于盩厔自辰至酉殺蕃軍數千然其徒多殞賊將逼京師代宗計無所出遽詔子儀爲關内副元帥出鎮咸陽子儀自相州不利李光弼代掌兵柄及徵還朝廷部曲散去及是承詔部下唯二十騎彊取民家畜産以助軍至咸陽蕃軍已過渭水其日天子避狄幸陝州子儀聞帝避狄雪涕還京至則車駕已發射生將王獻忠從駕泌路遂以四百騎叛仍逼豐王已下十王欲投於賊子儀入開遠門遇之詰豐王等所向遂援送行在子儀以三十騎傍南山至商州得武關防兵及六軍散卒四千招輯亡逸其軍漸振蕃寇犯京城得故邠王守禮孫廣武王承宏立帝號假署百官子儀遣六軍兵馬使張知節烏崇福羽林軍使長孫全緒等將萬人爲前鋒營於韓公堆盛張旗幟鼓譟山谷全緒遣禁軍舊將王甫入長安陰結少年豪俠以爲内應一日齊擊鼓於朱雀街蕃軍惶駭而去大將李忠義先屯兵苑中渭北節度使王仲昇守朝堂子儀以大軍續進至滻西而射生將王撫自署爲京兆尹聚兵二千人擾亂京城子儀召撫殺之詔子儀權京城留守子儀子晞少善騎射常從父以戰功授左散騎常侍大夫又從收復二京力戰於陝西加銀青光禄大夫鴻臚卿同正叛兵殺其帥李国貞荔非元禮於絳州詔以子儀至絳州誅首亂者皆黨頗不安將謀復亂晞選精卒四千以待其父常持弓警夜不寐者凡七日謀亂者不敢動以功拜殿中監同正廣德二年僕固懷恩誘吐蕃迴紇來寇加晞御史中丞領朔方軍前鋒擊破之其冬懷恩又以吐蕃及迴紇寇邠州陣于涇北子儀令晞將步兵五千騎五百出西門擊之以兵少相持不戰及暮乘其退半渡擊大破之斬首五千級連戰皆破之

李光弼爲河東節度副使知節度事天寶十五載以朔方兵五千會郭子儀軍東下井陘攻收常山郡賊將史思明率衆數萬來援常山光弼擊破之進收藁城等十餘縣南攻趙郡拔之援河北節度使與賊將蔡希德史思明尹子奇戰於常山郡之嘉山大破賊黨斬首萬計生擒四千思明露髮跣足奔於博陵河北歸順者十餘郡是歲玄宗幸蜀肅宗即位以靈武改元至德光弼赴行在除户部尚書北京留守以景城河間之卒五千赴太原二年正月賊將史思明蔡希德高秀巖牛廷玠等四僞帥衆十餘萬來攻光弼率敢死之士出擊大破之斬首七萬餘級軍資器械一皆委棄以功轉檢校司徒收清夷横野等軍擒賊將李弘義以歸拜守司空乾元二年爲天下兵馬元帥趙王係之副知節度行營事河北節度支度營田經略等使與九節度兵圍安慶緒於相州史思明自范陽來救壓絶糧道光弼身先士卒苦戰將之思明既殺慶緒即僞位縱兵河南光弼以太尉兼侍中代郭子儀爲朔方節度兵馬副元帥以東討委之光弼

至河陽思明於河陽城南築月城掘壕以拒光弼賊攻城光弼於中潬城西大破逆黨五千餘衆斬首千餘級生擒五百餘人溺死者太半光弼使將軍李抱玉守南城賊帥周摯攻之不下光弼置柵於中潬城外賊捨南城併力攻中潬光弼連麾三軍俱進聲動天地一鼓而賊大潰斬万餘級生擒八千餘人軍資器械糧儲數万計臨陣擒其大將徐璜玉李秦其大將安太清走保懷州思明不知摯等敗尚攻南城光弼悉驅俘囚臨河以示之殺數十人以威之餘衆懼投河赴南岸光弼皆斬之賊既敗走光弼收懷州思明來救迎擊於沁水之上又敗之月餘拔其城生擒安太清周摯楊希文等送於闕下以功進爵臨淮郡王後為河南淮南山南東道荊南等道副元帥出鎮臨淮史朝義乘邙山之勝圍申光等十三州自領精騎圍李岑於宋州光弼從赴徐州鎮之遣田神功擊敗之浙東賊首袁晁攻剽郡縣浙東大乱光弼分兵除討克定江左寶應元年進封臨淮王

僕固懷恩為左領軍大將軍同正隸安西節度天寶末從郭子儀討高秀巖于雲中破之又敗薛忠義于背陵山下坑賊七千騎生擒忠義男襲下馬邑郡進軍與李光弼合勢及史思明戰于常山趙郡沙河嘉山皆大破之懷恩功居多肅宗即位於靈武懷恩從子儀赴行在所時同羅部落自西京叛賊北寇朔方子儀與懷恩擊之遂破同羅千余騎於河上盡收其器械駝馬至德二年正月又從子儀下馮翊河東二郡左衞將崔乾祐子儀既為廣平王元帥之副懷恩領迴紇兵以從之大破賊於陝西之新店收兩京皆立殊功以前後功加開府儀同三司鴻臚卿同正員同節度副使封豐國公乾元二年進封大寧郡王朔方行營節度使又從李光弼守河陽破周摯擒徐璜玉安太清拔懷州皆摧鋒陷敵功冠諸將寶應初以同平章事領河東朔方節度行營及鎮西迴紇兵馬會于陝州受天下兵馬元帥雍王節度懷恩以賈勇將迴紇兵前驅大破逆賊史朝義于洛陽朝義脫身潛遁殺賊十萬東都平遷左僕射兼中書令充河北副元帥乃席卷討除兩河諸州先為賊所陷者悉平旬日朝義傳首獻于闕下懷恩北極幽薊所向風靡

渾瑊初以戰功為中郎將天寶末安祿山反瑊從李光弼討河北郡縣賊將李立節素稱驍勇瑊射殺之特拜右驍衞將軍既而肅宗即位於靈州瑊統兵赴行在次天德軍遇番寇侵邊瑊又破之復從郭子儀收京都又圍相州破賊於新鄉改檢校太僕卿充右武鋒使又從僕固懷恩討史朝義戰功居多朝義平加開府儀同三司太常卿興元元年三月瑊為奉天軍行營兵馬副元帥四月與吐蕃首領論莽羅合軍破朱泚偽將韓昱等於武功瑊便赴奉天鳩合諸軍兵馬應李晟收京城朱泚既竄瑊率兵掩逐至歧陽已來仍令先鋒兵馬追躡至涇州賊將誅泚傳首來獻七月瑊為河中同陝虢等州節度及朔方行營副元帥令討李懷光與賊連戰數十百陣貞元元年四月與諸軍

大破賊衆降其驍將石崇憲尉遲珪徐庭光等遂收復同州長春宮至八月又與諸將總兵圍河中賊將牛名俊梟懷光首來降

邢君牙為平盧兵馬使天寶末安祿山亂隨節度使侯希逸過海至青徐間田神功之討劉展君牙又從神功戰伐有功歷將軍試光祿卿神功既為兗鄆節度令君牙領防秋兵入鎮好畤時屬吐蕃陵犯代宗幸陝君牙隸屬禁軍扈從後又以戰功加洪臚卿累封河間郡公建中初君牙隸禁軍扈從時河北諸節帥叛換李晟率禁軍助馬燧等征之晟以君牙為都虞候於武安襄國洹水魏縣清苑討賊有功君牙擒生斬級居多

曲環天寶末為果毅別將安祿山亂從襄城節度魯炅守鄧州拒賊賊將武令珣戰數十合環功居多超授左清道率別將兵守澤州破賊驍將安暁特拜羽林將軍又將別部兵合諸軍同討史朝義平河北累轉金吾大將軍並同正因隨李抱玉隨軍京西大曆中領兵隴州頻破吐蕃加特進太常卿德宗初嗣位

吐蕃大寇劒南詔環以邛嶲兵五千馳行大破戎虜收七盤城武軍及維茂二州西戎奔遁環大振功名還加太子賓客賜以名馬錦綵又與諸將討涇州叛將劉文喜平之拜開府儀同三司兼御史中丞充邠隴西軍都知兵馬使時李納擁兵侵逼徐州令環與劉玄佐同救援累破李納逆黨環以功最加御史大夫

衛伯玉為諸衛員外將軍肅宗即位興師靜難伯玉激憤思立功名自安西歸長安初為神策軍兵馬使出鎮陝州行營以功累遷右羽林軍大將軍元年建丑月以破永寧等縣逆賊功進位特進封河東郡公

馬璘為安西裨校累遷至左金吾衛將軍同正至德元年王室多難璘統甲士三千自二庭赴于鳳翔肅宗奇之委以東討殄寇陝郊破賊河陽皆立殊効明年蕃戎寇邊詔璘赴援河西寶應初僕固懷恩不順誘吐蕃入寇代宗避狄陝州璘即日自河右轉鬭戎虜間至于鳳翔時蕃軍雲合鳳翔節度孫志直方閉城自守璘乃持滿外向突入懸門不解甲背城出戰吐蕃奔潰璘以勁騎追擊俘斬數千計血流于野由是雄名益振代宗還宮召慰勞之授兼御史中丞永泰初拜四鎮行營節度兼南道和蕃使委之禁旅俾清殘寇俄遷四鎮北庭行營節度及邠寧節度使兼御史大夫旋加檢校工部尚書以犬戎浸驕歲犯郊境涇州最鄰戎虜乃詔璘移鎮涇州兼權知鳳翔隴右節度副使涇原節度涇州刺史四鎮北庭行營節度使如故復以鄭滑二州隸焉璘詞氣慷慨以破虜為己任既至涇州分建營伍繕完戰守之具頻破吐蕃以其生口俘馘來獻前後破吐蕃約三萬餘衆

賀蘭進明為河南節度至德二年收高密琅邪等郡殺逆賊二万餘衆

王思禮為關內節度使至德二年從元帥廣平王收西京又從司徒郭子儀戰陝城曲沃新店賊軍繼敗又於絳郡破賊六千

餘衆器械山積馬牛十万餘匹遷兵部尚書封霍国公乾元二年於潞城縣東且十嶺擊破史思明兵馬使楊是等一万餘衆

郝廷玉為太尉李光弼帳中愛將乾元中史思明再陷洛陽光弼拔東都之師保河陽將三城壁壘不完芻糧不支旬日賊將安太清等率軍數万四面急攻光弼懼賊勢西犯河潼極力保孟津以掎其後晝夜嬰城血戰不解將士夷傷光弼召諸將計之曰賊黨何面難抗或對曰西北隅最為勍敵乃亟召廷玉謂之曰兇渠攻西北者難奈爾為我決勝而還辭曰廷玉所領步卒也願得騎軍五百光弼以精騎三百授之光弼法令嚴峻是日戰不利而還者不解甲斬之廷玉奮命先登流矢雨集馬僵不能軍而退光弼登埤見之駭然曰廷玉奔還吾事敗矣促令左右取廷玉首來廷玉見使者曰馬中毒箭非敗也光弼命易馬而復從騎衝賊陣馳突數四俄而賊黨大敗於河壖廷玉擒賊將徐黃而還繇是賊解中潬之圍信宿退去前後以戰功累授開府儀同三司試太常卿封安邊郡王

李抱玉為鄭陳潁亳四州節度乾元中從太尉李光弼討史思明固河陽復懷州皆功居第一代宗即位擢為澤潞節度使加領陳鄭二州廣德元年冬吐蕃寇京師乘輿幸陝州諸軍潰卒及村閭逋客相聚為盜京城南面子午等五谷羣盜充斥頗害居人朝廷遣薛景仙領兵為五谷使招討連月不捷乃詔抱玉兼鳳翔節度使討之抱玉審探知賊帥行止之處先分屯諸谷乃發奇潛使輕銳數百南自洋州入攻之賊帥高玉方與諸偷會遂為銳卒數十人掩擒之因大搜獲偷黨悉斬之餘黨不討自潰旬日內五谷平以力遷司空大曆十年抱玉奏大破吐蕃于隴州義寧縣

冊府元龜卷第三百五十八

冊府元龜卷第三百五十九

將帥部二十

立功第十二

唐崔光遠爲鳳翔節度使上元元年於普潤縣界破党項四千餘衆斬首二千餘級生擒一百餘人收獲駝馬牛羊器械等不可勝數能元皓爲青密等州節度使上元二年六月拔史朝義下將僞驃騎大將軍李元遇等馬步一萬人擒賊將馬登封等十人斬首五千餘級

張伯儀初隸河東節度使李光弼以戰功累遷試太常卿上元中賊帥袁晁亂浙東光弼俾伯儀與諸軍討之招綏叛亡平蕩山洞功爲第一由是擢授睦州杭州刺史

李晟爲鳳州節度使高昇列將上元中擊疊州叛羌於高當川又擊宕州連狂羌於牢山皆破之累遷左羽林大將軍同正廣德初節度使孫志直署晟總遊兵擊破党羌高玉等賊以功授特進光祿卿轉試太常卿大曆初李抱玉鎮鳳翔署晟爲右軍都將四年吐蕃圍靈州抱玉遣晟將兵五千以擊吐蕃晟辭曰以衆則不足以謀則太多乃請將兵千人疾出大震關至臨洮屠定秦堡焚其積聚虜堡帥慕容谷鍾而還吐蕃因解靈州圍而去拜開府儀同三司涇原四鎮北庭都知兵馬使累封合川郡王爲右神策都將德宗即位吐蕃寇劍南時節度使崔寧在京師三川皆恐晟將神策兵萬五千救援晟乃踰漏天攻拔飛越廓清肅寧三城絕大渡河獲首虜千餘級虜引去因留成都數月而還建中二年魏博田悅反將兵圍臨洺邢州詔以晟爲神策先鋒都知兵馬使與河東節度馬燧昭義節度李抱真合兵救臨洺諸軍皆却晟引兵渡洺水乘冰而濟橫擊悅軍王師復振擊悅大破之三年正月復以諸道軍擊敗悅軍於洹水遂進攻魏州以功賜實封百戶四年冬德宗幸奉天詔晟赴難授神策行營節度使實封二百戶自河中由蒲津而軍渭北辟東渭橋以逼朱泚累加同平章事興元元年五月二十三日夜移軍於光泰門米倉村以薄京城召成臨高指麾令設壕柵以候賊軍俄而賊衆大至晟遣吳詵康英俊史萬頃孟涉等縱兵擊之時華州營在北兵少賊併力攻之晟遣李演孟日華以精卒救之中軍鼓譟演力戰大破之乘勝入光泰門再戰又敗之僵死蔽地餘衆走白華夜聞慟哭之聲二十八日晟大集諸將陳兵於光泰門外乃使王佖李演率騎軍史萬頃領步卒直抵苑牆神麛村萬頃先登拔柵而入佖騎軍繼進賊即奔潰大軍分道並入鼓譟雷動賊將姚令言張庭芝李希倩猶力捍官軍晟令唐良臣趙光銑楊萬榮孟日華等步騎齊進賊軍陣成而屢北戰十餘合乘勝驅蹙至于白華忽有賊騎千餘出於官軍之背晟以麾下百餘騎擊之左右呼曰相公來賊聞之驚潰官軍追斬不可勝計朱泚姚令言張庭芝尚有衆萬人相率遁走晟遣田子奇追之其餘兇黨相率來降京城平以功拜司徒兼中書令實封一千戶充鳳翔隴州節度使兼隴右涇原節度管內諸軍及四鎮北庭行營兵馬副元帥封西平郡王貞元二年十月出師襲吐蕃摧沙堡拔之斬其堡使扈屈律悉蒙等

王佖李晟之甥自河西河北出師佖無役不從朱泚之亂以河中兵馬使隨晟討賊晟攻賊於光泰門賊鋒尚勁佖與兵馬使李演踰苑牆血戰敗賊前鋒諸軍方振論功爲神策將

呂日將爲興鳳等州招討使代宗寶應元年日將於興州三嵯谷大破羌賊二千餘衆

嚴武爲劍南節度使廣德二年破吐蕃七萬餘衆拔當狗城又拔鹽川城

崔寧本名旰爲漢州刺史廣德中吐蕃與諸雜羌戎寇陷西山柘靜諸州詔劍南節度使嚴武收復武急召寧統兵出西山寧剋躬撫士皆願致死命始次甄城周圍皆石磯攻具無所設寧東南隅數丈之地壞土可穴諜知之以告寧晝夜穿地道攻之

再宿而拔其城因西拓地數百里下城堡數四蕃衆相語曰崔吁皆神兵也將吏前進以糧盡還師武大悅裝七寶輿迎寧入成都以誇士衆賞資過厚

王棲曜爲浙東馬軍兵馬使廣德中草賊袁晁亂台州連結郡縣積衆二十餘萬盡有淛江之外御史中丞袁傪東討奏棲曜與李長榮爲將聯日十餘戰生擒袁晁收復郡邑十六授常州別駕浙西都知兵馬使大曆中李靈曜叛于汴州觀察使李涵俾棲曜將兵四千爲河南掎角以功加銀青光祿大夫建中中李希烈既陷汴州乘勝東侵連陷陳留雍丘頓軍寧陵期下宋州節度使韓滉命棲曜將強弩數千夜入寧陵希烈不之知晨朝弩矢及希烈坐帳希烈驚曰此江淮弩士今入矣遂不敢東希烈夜敗後棲曜隨劉玄佐收汴州遷御史大夫

白元光爲朔方騎將大曆三年九月壬午吐蕃寇靈州元光擊破之壬辰元光又破吐蕃二萬衆於靈武獲羊馬數千計

伊慎爲江西衛將大曆八年節度使路嗣恭討嶺南哥舒晃之亂以慎爲先鋒直逼賊壘疾戰破之斬首三千級由是復始興之地未幾與諸將追斬晃於洭溪函首獻于闕下嗣恭表慎功授連州長史知當州團練副使三轉江州別駕討梁崇義之歲慎以江西牙將從李希烈摧鋒陷敵功又居多尋歸本道明年希烈反嗣曹王皋拔慎爲大將賊兵泝江來寇慎戰大破其三千餘衆累拔蔡山柵取蘄州降其將李良又收黃梅縣殺賊將韓霜露斬首千餘級封南充郡王蘄州刺史充節度都知兵馬使建中末賊已屠汴州慎以兵擊退賊將杜少誠江路遂通又破苟莽柵進兵圍安州賊阻溳水攻之不能下李希烈遣其甥劉戒虛將騎兵八千來援慎分迎擊戰于應山擒戒虛縛示城下遂開門請罪以功拜安州刺史兼御史大夫仍賜實封一百戶貞元十五年以慎爲安黃等州節度管內支度營田觀察使十六年吳少誠阻命詔以本道步騎五千兼統荆南湖南江西三道兵當其一面於申州城南前後破賊數千以例加檢校刑部尚書

李承昭爲昭義節度大曆十年田承嗣攻磁州承昭援磁州與田承嗣大將盧子期戰於萬泉縣大破之生擒子期以獻

馬燧爲河陽三城使大曆十一年五月汴宋大將李靈曜反因絕運路以邀節制代宗務息人因授靈曜汴宋八州節度留後靈曜不受命乃與魏博節度田承嗣通謀承嗣遣其子悅將兵與靈曜兵破永平軍將劉洽詔燧與淮西節度李忠臣合軍討靈曜忠臣濯賊悅應舍而走燧勸其還兵請爲前鋒擊破田悅進逼汴州李忠臣行汴西燧引軍行汴北又敗靈曜將張清於西梁固靈曜又選銳兵八千號爲餓狼軍燧獨引軍擊破之進至浚儀是時河陽兵寇諸軍承嗣又遣悅將兵二萬救靈曜破永平軍將杜如江略曹州又敗李正己遊軍擊走劉洽長孫全緒等軍乘勝去汴州一舍方陣而進忠臣會宋州淮南浙西兵

馬與戰不請於燧燧引軍四千人爲奇兵擊之破田悅匹馬遁去靈曜知悅敗明日以百騎夜走汴州悉降後爲河東節度建中二年田悅反自將兵三萬圍邢州攻臨洺築重城內絕其外以拒救兵邢州李洪臨洺將張伾皆堅守不拔昭義軍數告急乃詔燧將救臨洺燧軍出峭口兵不過險乃遣人持書喻悅且示之好悅謂燧畏之十一月師次邯鄲悅遣使至斬之以徇遣兵擊破其支軍射殺其將成錟之悅自攻臨洺遣大將楊朝光將兵萬餘於臨洺南雙岡下東西列二柵以禦燧燧乃率李抱真李晟進軍營於二柵之中其夜東柵走歸悅進軍營明山取其棄柵以置輜重謂將吏曰朝光守堅柵不下萬人假令悅等盡銳攻之比數日計不能下殺傷必甚吾此必拔臨洺賞勞軍士而與之戰必勝之術也悅乃分常山李惟岳救兵五千以助朝光燧率軍攻朝光田悅將萬餘人救之燧乃令大將李自良李奉國將兵合神策軍據雙岡禦之燧乃令推火車以焚其柵自

晨至暮急擊大破之拔其柵斬朝光及大將盧子昌斬首五千餘級生虜八百餘人居五日進軍徑戰燧自將銳兵扼其衝口凡百餘合士皆決死悅兵大敗斬首萬餘生虜九百人得穀三十萬斛器甲稱是悅收兵夜走邢州圍亦解尋加魏博招討使三年正月田悅求救於淄青常山李納遣大將衛俊將兵僅萬人以救悅李惟岳亦遣三千餘人救悅收合散兵二萬餘壁於洹水淄青軍其東常山軍其西首尾相應燧帥諸軍合擊悅軍亂赴水斬首二萬殺賊大將孫晉卿安墨啜生獲三千餘人溺死者不可勝數淄青軍殆盡死者相枕藉三十里悅收兵得千餘人走夜至魏州城將李長春閉門不納久之追兵不至比明乃納既入殺長春嬰城自守數日李再春以博州降悅兄昂以洺州降王光進以長橋降悅遣大將符璘李瑤將五百騎送淄青遣兵迴因降燧魏城先引御河入城南流燧令塞其領口流絕城中益急恐悅乃遣許士則侯臧徒步間說朱滔王武俊借兵求救時王武俊已殺李惟岳傳首獻於闕下授武俊鎮冀觀察都防禦使時武俊同列張孝忠已為節度使武俊獨爲防禦使甚怨望且素輕孝忠恥居其下因與悅通謀遂與朱滔約謀救悅悅恃兵且至又出兵二萬背城而陣燧與諸軍擊破之五月加燧同平章事四年十月德宗幸奉天燧引軍還太原遣行軍司馬王權將兵五千赴行在興元元年七月加燧奉誠軍及晉絳慈隰節度諸軍行營副元帥與渾瑊駱元光同討河中李懷光九月十五日燧帥步騎三萬次于絳分兵收夏縣啓稷山攻龍門降其將馮萬興任象玉燧以兵攻絳州十月拔其外城其夜僞刺史王克同與大將達奚小進棄城走降其衆四千人又遣大將李自良谷秀分兵略定聞喜夏縣萬泉虞鄉永樂猗氏六縣降其將辛珫及兵五千人貞元元年軍次寶鼎敗賊騎兵於陶城前鋒將李黷追擊之射殺賊將徐伯文斬首萬餘級獲馬五百疋七月與渾瑊駱元光韓游瓌軍次于

長春宮懷光將徐庭光以兵六千守宮城燧挺身城下招喻之先一日戮焦籬堡守將尉珪以兵二千因堡降庭光東道既絕乃率衆出降八月移軍於焦籬堡其夜賊大原堡守將吳冏棄堡而遁其下皆降燧率諸軍濟河凡八萬陣於城下是日賊將牛名俊斬懷光首以城降河中平遷光祿大夫兼侍中

劉玄佐初名洽爲永平軍節度衙將大曆中李靈耀據汴州反洽將兵乘其無備徑入宋州遂城守詔因以州隸永平軍節度使李勉署奏宋州刺史建中二年加御史中丞充宋亳潁節度使時李正已死子納匿喪叛居無何李洧以徐州從順納怒洧甚遂遣兵圍彭城詔洽以諸軍救之洽至與納軍戰大破之斬首萬餘級由是轉輸之道復通以功加御史大夫洽進收濮州降其將楊令暉又分兵挾令暉以徇濮陽降其將高彥昭以通濮陽津遷兵部尚書復兼曹濮觀察使尋加左僕射淄青兖鄆招討使又加汴滑都統副使李希烈攻陷汴州德宗居奉天洽與希烈連戰賊稍卻之興元初以功加平章事希烈兵圍寧陵洽大將劉昌堅守不下希烈復悉兵攻圍陳州洽遣劉昌與諸軍救之大破賊兵獲賊將翟崇暉希烈棄大梁走洽率諸軍進收汴州以功加汴宋節度遷司空無幾加本管及陳州諸軍行營都統仍賜名玄佐

陽惠元爲神策軍京西兵馬使鎮奉天大曆中累有戰功及田悅朱滔反叛召惠元領禁兵三千與諸將討伐戰御河奪三橋皆惠元之功也尋加檢校工部尚書以兵屬李懷光建中末自河朔與懷光同赴國難解奉天之圍

張獻恭爲山南西道節度使大曆十二年獻恭上言破吐蕃萬餘衆於岷州

張光晟爲代州都督大曆十三年與迴紇戰于羊武谷破之迴紇引退先是辛雲京守太原迴紇懼雲京不敢窺并代知鮑防無武略乃敢凌逼賴光晟數戰勝之北人乃安時太原節度使鮑防爲

張獻甫初爲偏裨以軍功累授試光祿卿殿中監德宗建中初從節度使賈耽征梁崇義於襄漢以功加試太子詹事及幸奉天興元獻甫首末從渾瑊征討有功及復京邑累加兼御史大夫

楊朝晟爲甘泉府果毅建中初從李懷光討劉文喜于涇州斬獲生擒居多授驃騎大將軍稍爲右先鋒兵馬使後李納寇徐州從唐朝臣征討常冠軍鋒以功授開府儀同三司檢校太子賓客德宗在奉天李懷光自山東赴難以朝晟爲左廂兵馬使將千餘人下武陽以擊朱泚加御史中丞實封一百五十戶

王武俊爲成德軍節度建中初朱滔圍貝州武俊與澤潞節度李抱眞合軍于貝丘抱眞爲方陣武俊用奇兵朱滔空營合戰武俊不擐甲而馳之滔望風奔潰自蹂踐死者十四五收其輜重器甲馬牛不可勝筭滔夜奔幽州

尚可孤爲神策軍大將建中二年爲荊襄應援淮西使以所統之衆赴山南累有戰功及涇原兵叛詔徵可孤軍至藍田賊衆稍盛遂營於七盤修城柵而居之賊將仇敬忠等來寇可孤頻擊破之因收藍田縣興元元年三月遷檢校工部尚書兼御史大夫神策京畿渭南商州節度使四月仇敬忠復來寇可孤率兵大破焉擒敬忠斬之遂進軍與副元帥李晟決策攻討可孤之師爲先鋒京師平以功加檢校右僕射封馮翊郡王

李希烈爲淮西節度建中二年山南東道節度使梁崇義拒捍朝命迫脅使臣詔諸道節度率兵討之加希烈南平郡王兼漢北都知諸道兵馬招撫處置使希烈破崇義衆討平之錄功加檢校右僕射同平章事賜實封五百戶

李抱眞爲昭義軍節度建中二年田悅以魏博反乃悉兵圍邢州及臨洺臨洺益急詔河東節度使馬燧及神策兵救之抱眞與燧敗悅兵於雙岡斬悅將楊朝光又擊破悅於臨洺遂解臨洺及邢州之圍以功加檢校兵部尚書後與燧大破悅於洹水悅以數百騎走歸魏州後與燧圍魏州又敗悅於城下以功加檢校右僕射建中末李希烈陷大梁李納反鄆州李懷光又竊據河中抱眞獨於擾攘傾潰之中以山東三州外抗羣賊內輯軍士羣賊深憚之興元初加平章事時朱滔悉幽薊軍皆兵迴紇殆五萬南向以應朱泚攻圍貝州抱眞與鎮州王武俊擊破之于經城以功加檢校司空

王虔休爲澤潞兵馬使建中二年節度使李抱眞統兵馬與諸將征討河北其雙岡水寨營等陣虔休戰功居多擢爲步軍都虞候

劉昌爲宣武節度劉玄佐左廂兵馬使建中中李希烈斷陷汴州玄佐遣將高翼以精卒五千保援襄邑城陷翼赴水死自宋及江淮人心震恐將昌以三千人守寧陵希烈率五萬衆陣于城下昌深塹以遏地道凡四十五日不解甲晝夜勵士卒大破希烈希烈退圍陳州刺史李公廉計窮昌從玄佐以浙西兵合三萬人救之至陳州西五十里與賊遇昌晨壓其陣及未成列大破之生擒其將翟曜希烈退保蔡州自此不復侵軼詔加檢校左常侍隨玄佐收汴州加檢校工部尚書後爲四鎮北庭行軍兼涇原節度貞元十四年六月歸化堡健兒作亂逐出大將張國誠請副將張抗詔昌經略處置昌率兵至堡下告語云但選首爲惡逆餘悉釋而不問竟不從命乃與昌戰城中大敗誅斬六七百人復令國誠入堡

李艽爲河陽三城懷州節度使以東畿汜水等五縣隷焉建中三年河南北聯大兵詔益以神策汝陝之師艽進收新鄉共城遂圍衛州明年詔與河東節度馬燧等諸軍破田悅於洹水以功加檢校兵部尚書累封郡王

張孝忠爲盧龍節度使建中三年正月大破李惟岳於束鹿初朱滔收束鹿據之進圍深州惟岳乃與田悅及其衆一萬圍束鹿滔與孝忠合軍擊之滔命勇敢者數百人蒙猛獸之衣鼓譟奮而前金鼓亂發賊騎奔軼不能制乘亂縱擊大破之惟岳燒營而遁

高固爲朔方節度渾瑊麾下建中末德宗幸奉天是時賊兵已突入東雍門固引甲士亂揮長刀連斫數賊拽車塞闔一以當百賊乃退以功封渤海郡王

李元諒爲鎮國軍副使領軍潼關建中末德宗居奉天賊泚遣僞將何望之輕騎襲華州刺史董晉棄州走望之遂據城將聚兵以絕東道元諒自潼關將所部仍令義兵因其未設備逕攻望之遂拔華州望之走歸泚元諒乃修城隍器械召募不數日得兵萬餘人軍益振以功加御史中丞賊泚數遣兵來寇輒擊卻之是時尚可孤守藍田與元諒爲犄角賊東不能逾渭南元諒功居多無幾遷華州刺史兼御史大夫潼關防禦鎮國軍節度使興元初詔元諒與副元帥李晟進收京邑兵次于滻西賊悉衆來攻元諒先士卒奮擊大敗破之進軍至苑東與晟力戰壞苑垣而入賊黨戰皆敗遂復京師加檢校尚書右僕射

嚴震爲山南西道節度建平末德宗車駕發奉天及入駱谷李懷光遣數百騎來襲賴山南兵擊之而退輿駕無驚急之患以功加震檢校戶部尚書

樊澤爲山南東道節度觀察等使建中末頻與李希烈兇黨接戰前後擒降其梟將張嘉瑜杜文朝梁俊之李克誠薛曻等收唐隨二州貞元二年於襄州東北界泌河口破李希烈賊衆馬步五千人

戴休顏爲奉天行營節度使興元初李晟收京師乃與渾瑊韓遊瓌進軍咸陽破泚斬首三千級顏追賊至中渭橋李晟既清宮闕休顏與瑊等率兵赴岐陽擊泚餘衆及策勳加檢校右僕射封至六百户

韓遊瓌爲邠寧節度使興元初李晟移軍東渭橋與駱元光尚可孤分扼京東要路遊瓌與渾瑊戴休顏分典京西要路犄角進攻晟收京師遊瓌二將亦破賊黨於咸陽論功行封頡瑊等

李復爲嶺南節度使貞元五年復奏收復瓊州表曰瓊州本隸廣府管內乾封中山洞草賊攻叛都督李孝逸撫馭失所遂致淪陷已經一百餘年臣差判官監察御史姜孟京崖州刺史張少遷等悉力攻討累經苦戰方克舊城俾令降人開薙荆榛建立城柵屯集官軍臣竊觀瓊州控壓賊洞若移鎮軍在此必永絕奸謀伏望昇爲下都督府乃加瓊振儋崖萬安五州招討遊奕使額詔從之

韋臯爲劍南西川節度貞元九年臯獻俘獲吐蕃首虜器械旗幟牛馬於闕下初將城鹽州德宗命臯出師以分吐蕃之兵臯遣大將董勔張芬出西山及南道破峨和城通鶴軍吐蕃南道元帥論莽熱率衆來援又破之殺傷數千人焚定廉故城凡平柵堡五十餘所十年臯奏西川峨和城擊破吐蕃三萬餘衆及出兵黎雅等州以援雲南攻破吐蕃柵城斬首三千八百級生虜及降吐蕃二百四十人得其器械牛馬十三年收復巂州

孟元陽爲陳許大將貞元中討吳少誠韓全義五樓之敗諸軍多私歸元陽及神策都將蘇光榮屬州都將各率所部留軍溵水破賊二千餘人

郗士美爲黔中經略招討使貞元中谿州賊帥向子琪連結夷獠控據山洞衆號七八千士美設奇略討平之詔書慰勞封高平郡公元和六年爲昭義軍節度使會朝廷討王承宗士美兵既合而賊軍大敗下三營環相鄉屢以捷聞

高崇文爲長武城使憲宗元和元年春以檢校工部尚書充左神策行營節度使統左右神策奉天麟遊諸鎮兵討劉闢于西川從漢中入遂却劍門之師解梓潼之圍賊將邢泚遁歸屯軍梓州因拜崇文東川節度使成都北一百五十里有鹿頭山扼兩川之要闢築城以守之連行柵張犄角之勢以拒王師崇文破賊二萬于鹿頭城下明日又破萬勝堆于鹿頭之東凡八大戰皆大捷李光顏軍於鹿頭西大河之口以斷賊糧道賊大駭賊綿江柵將李文悅以三千人歸順而鹿頭將仇良輔率城降者衆一萬闢之男方叔子婿蘇強先是監良輔軍是日械繫送京師降卒投戈面縛者彌十數里遂長驅而直指成都德陽等縣城守鎮以重兵皆莫不望旗率服師遂留行闢大懼以親兵及逆黨盧文若齎重貨西走吐蕃吐蕃素受其賂且將啓之崇

文將高霞寓郗定進倍道進之至羊灌田及焉自投泯江擒於湧湍之中西蜀平制授崇文成都尹充劒南西川節度使封南平郡王食實封三百戶

高霞寓以長武城軍職元和初授兼御史大夫從高崇文將兵擊劉闢連戰皆克下鹿頭城降李文悅仇良輔蜀平以功拜彭州刺史尋繼崇文爲長武城使封感義郡王

嚴秦爲山南西道節度使元和元年破劉闢賊二千於神泉縣生擒旌奕將仵文悅

劉濟爲幽州節度元和初烏桓鮮卑數寇邊濟帥師擊走之深入千餘里虜獲不可勝紀東北晏然五年討鎮州王承宗以大將軍次於瀛州累破樂壽博陸安平等縣前後大殺獲賞功頗厚

李光顏爲忠武軍節度元和九年討蔡州下詔光顏以本軍獨當一面光顏於是引兵臨溵水抗洄曲十年五月破賊於時曲又與懷汝節度烏重胤同破賊於小溵河平其柵十一年連破賊衆拔凌雲柵進檢校左僕射十二年四月敗賊衆三萬于郾城其將張伯良奔于蔡州殺其賊十二三獲馬千匹器甲三萬尋而郾城守將鄧懷金以城降及裴度至行營率賓從於万城沱口觀板築五溝賊遽至注弩挺刃勢將及度光顏決戰於前以却之賊平加檢校司空十三年東討李師道授光顏義成軍節度使數旬之內再敗賊軍濮陽殺賊數千人十四年西蕃入寇移邠寧節度光顏所然即路擊賊退之累加平章事鳳翔節度硤宗即位正拜司徒汴州李㝏逐其帥詔光顏率陳許之師討之營于尉氏俄而誅㝏遷太原尹河東節度使

王沛爲陳許行營兵馬使節度使李光顏討蔡州使沛統兵屯于近郊及進軍連破賊徒頻詔促進諸軍觀釁莫敢先過大溵河者沛領卒五千人夜渡合流口扼其族而成城於是河陽宣武軍太原魏博等諸軍因得濟合謀犄角而攻圍郾城沛率先部族築其壘而對焉賊衆危怖其將鄧懷金乃面縛率衆歸降

後元濟既擒沛從光顏入覲光顏具陳沛之功勞加兼御史大夫其後救鹽州以功聞拜寧州刺史尋除陳州刺史宣武軍部將李㝏亂又詔沛兼節度副使而討焉有功加檢校右散騎常侍遷兗海沂密等州節度觀察處置等使

田弘正爲魏博節度元和十年朝庭用兵討吳元濟弘正遣子布率兵三千進討屢戰有功十三年王師加兵於鄆詔弘正與宣武義成武寧橫海等五鎮之師會軍齊進十一月弘正自帥全師自楊劉渡河築壘距鄆四十里師道遣大將劉悟率重兵抗弘正結壘相望前後合戰環軍大捷而李愬李光顏三面進攻賊皆挫敗其勢米危十四年二月劉悟以河上之衆倒戈入鄆斬師道首詣弘正請降淄青十二州平論功加檢校司徒同中書門下平章事

弘正子布元和十年統魏之偏師三千會諸軍于唐州授檢校祕書監兼殿中侍御史前後十八戰破凌雲柵下郾城縣布皆有功由是擢兼御史中丞時裴度爲招討使嘗觀諸軍城沱口賊有董重質領驍騎突至度甚危蹙布領騎二百馳救之俄而諸軍繼至獲免淮西平拜左金吾衛將軍

李愬爲隨唐鄧節度元和十年用兵討蔡愬嘗獲賊將丁士良李祐皆釋縛用爲親將又擒賊將吳秀琳朔遂以秀琳之衆收吳房縣攻其外城十二年十月將襲蔡州其月七日留遣從事鄭澥使郾城以取元惡之首告師期於招撫使裴度且請授焉至期令諸將列大軍東行六十里至張柴使李祐盡殺賊衆以義成五百人代鎮之愬又分遣諸將斷諸橋道行七十里至蔡城下祐與將李忠義先登叱守門者悉盡殺之遂師帥而入乃令擊柝者曰罷柝者死賊以柝聲如舊不虞我師之來至中城如之領軍鞠場甕約束賊方覺悟元濟率家僮以固子城時賊將董重質擁數萬人北據洄曲愬曰彼之有拒我者冇望於重質耳乃厚恤其家命其子馳書諭之重質單騎至愬遣衙將李

進誠率降卒門于城號而焚之明而元濟擒焉蔡州平愬以
功加檢校尚書左僕射充山南東道節度使封涼國公食實封
五百户十三年淄青李師道再叛以愬爲武寧軍節度使討之
愬破賊金鄉凡十一戰擒賊將五十俘斬萬計淄青平十五年
加平章事充昭義軍節度使
烏重胤爲河陽三城節度使元和十年王師討淮西三年重胤
與陳許李光顔犄角相應大小百餘戰以至吳元濟誅就加檢
校右僕射
韓公武宣武軍節度弘之幼子累授軍職元和十年將宣武兵
萬三千人從李光顔討賊淮西平以功擢爲鄜坊節度兼御中
大夫史憲誠爲魏博軍中右職元和十四年節度使田弘正以
全師討李師道令憲誠以先鋒四千人濟河累下其城柵復以
大軍齊進乘勢逐北魏博之全師迫于鄆州城下師道窮蹙則
軍其首以投于魏軍録功憲誠超兼御史中丞

王智興爲武寧軍節度李愬衙將元和十四年王師誅李師道
智興率徐軍八千會諸道之師進擊與陳許之軍大破賊於金
鄉拔魚臺俘斬萬計以功遷御史中丞賊平授沂州刺史
史奉敬爲朔方衙將元和十四年大破吐蕃於鹽州城下賜奉
敬實封五十户
薛平爲淄青齊登萊五州節度使穆宗長慶元年幽鎮叛杜叔
良統横海全軍討伐不勝棣州爲賊所窘朝廷乃委平以偏師
援棣州平即遣將李叔佐以兵五百救之居數月刺史王稷餘
給稍薄兵士怨怒叔佐不能戢宵潰而歸仍推突將馬狼兒爲
帥行及青城鎮劫鎮將李自勸并其衆次至博昌鎮復劫其鎮
兵共得七千餘人徑取青州城城中兵少力所不敵平悉府庫
并家財厚賞三千精卒逆擊之仍先以騎兵擁其家屬輜重賊
衆惶惑反顧因大敗狼兒與其同惡十數輩脱身竄匿餘黨盡
捕後者繼斬於鞫場其明日狼兒亦就擒戮

劉沔爲鹽州刺史天德軍防禦使從慶寶曆間在西北邊累立奇
效大和末河西党項羌叛沔以天德之師屢誅其酋渠授振武
節度使單于大都護開成中党項雜虜大擾河西沔率吐渾契
苾沙陀三部落等諸族萬人馬三千騎徑至銀夏討襲大破俘
獲万計以功加檢校户部尚書會昌三年迴鶻部飢烏介可汗
奉太和公主至漢南求食過杷頭峯犯雲朔北川朝廷移沔爲
河東節度使加檢校左僕射與幽州張仲武協力招撫竟破虜
寇迎公主還宮以功進檢校司空
李載義爲幽州節度使文宗大和元年李同捷據滄景要襲父
爵載義討之累破賊軍以功加檢校司空三年滄景平兼勳加
平章事四年四月奚寇邊載義上言今月三日發兵入奚界殺
奚賊五千餘人生擒刺史縣令大將首領等二百七十三人五
月己卯載義上言先發兵深入奚部至四月十七日就其帳擒
奚帥茹羯以功加檢校太保石雄爲振武軍裨將大和中河西

党項擾邊雄累立破羌之功會昌三年迴鶻烏介可汗奉太和
公主牙于雲朔北川雄自選驍騎得沙陀李國昌三部落兼契
苾拓拔雜虜三千騎月暗夜發馬邑徑趨烏介之牙炬火燭天
鼓譟動地可汗惶駭莫測率騎而奔雄率勁騎追之至殺胡山
急擊之斬首万級生擒五千羊馬車帳皆委之而去遂迎公主
還太原以功授豐州刺史本天德防禦等使累遷河中晉絳節
度使俄而昭義劉從諫卒其子稹擅主軍務朝議問罪以雄爲
潞府西面招撫使以晉州刺史李丕爲副時王宰在萬善柵劉
沔在石會相顧未進雄越烏嶺破賊石砦斬獲千計雄既率先
破賊不旬日王宰收天井關何敬弘王元逵亦收磁洺等郡無
危蹙大將郭誼密款請斬稹歸明武宗詔雄以七千兵受降雄
即徑馳潞州降誼盡擒其黨與賊平加檢校司空
張仲武爲幽州節度使武宗會昌中迴鶻赤心宰相一族七千
帳東逼漁陽仲武乃與弟仲至從弟仲素裨將游奉寰王如清

率其部下勁兵三萬人大破之收其族王貴族千餘人降三萬餘人獲牛馬橐駝旃帳圍幕不可勝計尋遣從事李周瞳牙門將國從玘相次獻捷先是奚契丹皆有迴鶻監護使督以歲貢且為漢諜事至是仲武遣裨將石公緒等諭意凡殺八百餘人又迴鶻初遣宣門將軍等四十七人來偵欲歐雜虜遂亙留其使緩彼師期人馬病死竟不遣之迴鶻烏介可汗既敗不敢近邊乃依康居求活盡從餘種寄託于黑車子

高駢為神策都虞候咸通初党項羌叛詔駢率禁兵萬人戍長武城時諸將禦羌無功唯駢伺隙用兵出無不捷懿宗深嘉之先是李琢為安南都護貪於貨賄虐賦夷獠人多怨叛遂結蠻軍合勢攻安南陷之自是累年亟命將帥未能收復五年移駢為安南都護至則糾合五管之兵朞年之內招懷谿洞誅其首惡一戰而蠻卒遁去收復交州郡邑遷檢校工部尚書天平軍節度使

鄭畋為鳳翔節度使廣明初黃巢陷京闕僖宗西幸畋受詔許承制便宜行事巢遣尚讓將賊衆十餘萬西追車駕畋率大軍逆戰於龍尾陂敗之因傳檄天下由是諸侯皆舉義兵以赴京師實畋之功也

王處存為義武軍節度使廣明初黃巢犯闕僖宗幸蜀處存以勤王舉義之功加檢校司空又遣大將張公慶率勁兵三千合諸軍滅賊巢於泰山以功加檢校司空

王重榮為河中節度留後中和元年黃巢將朱溫舟師自同州至黃鄴兵自華陰至數萬攻之重榮戒勵士衆大敗之獲其兵仗軍聲益振朝廷遂授節旄檢校司空俄而忠武監軍楊復光率陳蔡之師萬人與重榮合賊將李詳守華州重榮合勢攻之擒詳以徇二年京師平以功加檢校太尉同平章事封琅邪郡王

時溥為武寧軍節度光啓中黃巢攻陳州秦宗權據蔡州皆與巢連結徐蔡相近溥出師討之軍鋒甚盛每戰屢捷巢之敗也其將尚讓以數千人降溥溥將林言又斬巢首歸徐州溥功居第一累授檢校太尉中書令封鉅鹿郡王

安文祐為潞州牙門將光啓中潞州軍校劉廣逐節度使高潯據其城僖宗詔文祐平之既殺劉廣乃赴行在授邛州刺史

冊府元龜卷第三百五十九

冊府元龜卷第三百六十

將帥部二十一

立功第十三

梁趙犨初仕曹爲忠武軍牙校會昌中壟關作亂隨父叔文比征收天井關未幾從王師征蠻浹月方克惟忠武將士轉戰溪洞之間斬獲甚衆奇道錄其勳陟爲馬步都虞候乾符中王仙芝起於曹濮大縱其徒侵掠汝鄭犨率步騎數千襲之賊黨南奔廣明初以犨爲陳州刺史中和中黄巢東奔先遣驍將孟楷擁徒萬人直入項縣犨引兵擊之衆大潰斬獲略盡生擒孟楷以功累加檢校兵部尚書右僕射司空封潁川縣伯巢黨知孟楷爲陳所擒大驚憤悉衆東來先據溵水後與蔡州秦宗權合勢以攻死丘犨因乞師于太祖太祖引大軍與諸軍會於陳之西北急攻巢寨賊衆大潰乃以犨爲蔡州節度使于時巢黨雖敗宗權益熾六七年間屠膾中原陷二十餘郡唯陳去蔡百餘里兵少力微日與爭鋒終不能屈文德元年蔡州平朝廷議勳累加檢校司徒同平章事充忠武軍節度使

犨弟昶初爲陳州防遏都指揮使黄巢將孟楷擁衆萬餘據項城縣昶與兄犨領兵擊破之擒楷以歸不數月巢黨悉衆攻陳以報孟楷之役又與蔡寇合徒兇醜百萬攘於陳郊昶開門決戰擒賊將數人斬首千餘級群兇氣沮其後連日交戰無不應機俘斬未嘗小衄以至重圍數月志心如一及賊敗圍解朝廷紀勳昶一門之中疊加爵秩當時征鎮之內言忠勇者言守禦者言功勳者言政事者皆以犨昶爲首焉昶累加檢校右僕射代犨爲忠武節度使亦以陳州爲理所時宗權未滅中原方受其毒陳蔡封疆相接昶每選精鋭深入蔡境蔡賊雖衆終不能抗以至宗權敗焉朝廷賞勳加檢校司徒

王敬武唐末爲平盧牙將唐廣明元年無棣人洪霸郎合群盜於齊棣間節度使安師儒叛敬武率師討平之

李茂貞本姓宋名文通唐末隸博野軍征伐立戰功繇是軍中知名漸爲裨校黄巢之寇關輔也僖宗幸蜀賊將王璠尚讓屢肆兇鋒文通以宿衛軍留鳳翔與連帥鄭畋大破尚讓于龍尾陂追奔至於奉天賊平輿駕還京録功以文通爲神策軍指揮使檢校太保

馮行襲唐末爲金州防禦使時興元楊守亮將襲京師道出金商行襲逆擊大破之外金州爲節鎮以戎昭軍爲額即以行襲爲節度使

張歸厚唐末爲太祖軍校光啓三年春與秦宗賢戰于萬勝大破之大順元年奏加檢校兵部尚書又命統親軍是歲郴王友裕領諸軍屯于濮州之境十一月太祖率親從騎士將合大軍會郴王還寨未知所往忽逢兖鄆餘寇甚衆太祖亟登道左高阜以觀之命歸厚領所部廳子馬直突之出沒二十餘合賊戰敗將北而救軍雲至歸厚與綴賊苦戰請以數十騎先還時歸厚所乘馬中流矢而踣乃持槊步鬬漸退賊不敢逼太祖至寨亟命張筠劉儒飛騎來迎然謂已殁矣歸厚體被二十餘箭尚復拒戰筠等既至賊解乃歸太祖見之撫背泣下曰得歸厚身全縱廣喪戎馬何足計乎便令肩舁歸汴日降問賚恩旨甚厚尋遷中軍指揮使景福初從太祖伐鄆帝軍不利太祖爲寇所逼歸厚殿馬翼衛左右馳射矢發如雨賊騎千百披靡而退明年與葛從周禦晉軍於洹水殊績尤著詔檢校右僕射

張歸弁唐末爲軍校乾寧中以偏師佐葛從周禦并寇于洹水光化中又佐張存敬與燕人戰于内黄積前後功表授檢校工部尚書大順初攻討兖鄆命歸弁佐衡王友諒屯單父軍聲甚振尋爲齊州指揮使屬青帥王師範叛遣將詐爲估人挽車數十乘匿兵器於其中將謀竊發歸弁察而擒之州城以寧明年

春青寇大舉來伐州兵既寡民意頗搖有本郡都將康文爽等三人欲謀外應即時擒獲誅之人心遂定歸弁又盡發私帑賞給士伍青人遂遁青州平超加檢校右僕射遥領愛州刺史從征荆襄迴轉檢校左僕射天祐三年春太祖入魏誅牙軍魏之郡邑多叛歸弁與諸將等分布攻討封境悉平而歸弁於帥堂入賊太猛飛矢中于臆太祖嘉之命賜銀鞍勒馬一疋金帶一條夏五月命權知晉州刺史加檢校司空太祖授禪啟滑州長劒指揮使開平二年秋九月并軍圍平陽詔歸弁統兵救之軍至解其圍加檢校司徒

劉知俊唐末為軍校大順中從太祖討秦宗權及攻徐州皆有功補徐州馬步軍都指揮使攻海州下之遂奏授刺史天復初歷典懷鄭二州從平青州以功奏授同州節度使天祐三年冬以兵五千破岐軍六萬於美原自是連克鄜延五州乃加檢校太傅平章事開平二年三月命為潞州行營招討使知俊未至

潞州夾寨已陷晉人引軍方攻澤州聞知俊至乃退尋啟西路招討使六月大破岐軍於幕谷俘斬千計李茂貞僅以身免

康懷英唐末為太祖軍校光化元年秋從氏叔琮伐襄漢懷英以一軍攻下鄧州三年從征河朔佐張存敬敗燕軍於易水之上天復元年冬太祖率師迎昭宗於鳳翔時李茂貞遣大將符道昭領兵萬餘屯武功以拒太祖太祖命諸軍擊之以懷英為前鋒領衆先登一皷而大破之虜甲士六十餘人奪馬二千疋翌日太祖方至顧左右曰邑名武功今首盪逆黨真武功也乃召懷英大加獎激仍以駿馬珍器賜之二年四月符道昭復領大軍屯於虢縣之漠谷太祖遣懷英提騎數千急擊之岐軍大敗八月鄜帥李周彝屯軍於三原以援鳳翔太祖命懷英討之追至梨園攻下翟州擒其守來獻天祐三年冬佐劉知俊破邠鳳之衆五萬於美原收十五餘寨乘勝引軍攻下鄜州以功授陝州節度使

朱友恭唐末從太祖四征稍立軍功累遷諸軍都指揮使汝州刺史檢校司空光化初淮夷侵鄂渚武昌帥杜洪來乞師太祖遣友恭將兵萬餘濟江應援引兵至龍沙九江而還軍聲大振時淮寇據黄州友恭攻陷其壁獲賊將瞿章俘斬萬計途經安陸因襲殺刺史武瑜盡收其衆以功為潁州刺史加檢校司徒

劉康乂唐末從太祖鎮宣武累典親軍襲巢破蔡斬獲尤多疊以戰功遷元從都將從太祖連年攻討徐兗鄆所向多捷

范居實唐末為太祖將從討巢蔡有功又從朱珍收滑州啟左廂都虞候預破兗鄆功遷感義都頭鄭州馬軍指揮使幽州劉仁恭舉衆南下寇魏郡圍居實與葛從周張存敬率兵救魏大破幽滄之衆於內黄太祖迎昭宗於岐下以居實為河中馬軍都指揮使及昭宗還京賜迎鑾毅勇功臣遥領錦州刺史又遷左龍驤馬軍都指揮使從征淮南迴啟登州刺史轉左神勇軍使

胡真唐末為太祖元從都將從破巢蔡於陳鄭間尋以奇兵襲

取滑州乃署為滑州節度留後

符道昭唐末為太祖元帥府右司馬與李周彝同領寇彥卿南太豐閣寶二下大軍伐滄州及太祖幸魏州討衙中軍前有魏博將山河營指揮使左行遷聞府有變引軍還屯歷亭自稱留後從亂者數萬人道昭佐周彝與彥卿已下大破之殺四萬餘人擒左行遷斬之有史仁遇亦聚徒數萬據高唐又破之擒仁遇以獻乘勝取澶博二州平之復殺萬餘人

王虔裕唐末自巢寇來降為太祖騎兵前鋒太祖擊巢蔡於陳州虔裕連拔數寨擒獲萬計巢孽既遁虔裕躡其跡追至萬勝戍賊衆飢乏短兵纔接而潰太祖以其勞表授義州刺史蔡人日縱侵掠陳鄭許亳之郊頻年大戰虔裕掩襲攻拒凡百餘陣勦戮生擒不知紀極

李唐賓唐末自巢黨與王虔裕來歸太祖後與朱珍趣淄州所向摧敵乃取滑平蔡前後破兗鄆淮徐之衆功與朱珍略等珍

之埼石番也唐賓亦沿淮與郭言犄角下盱眙其後渡河破黎
陽李存審鎮攻澶州下內黃敗魏師未嘗不與珍同營攻蔡之
役珍自西南破其外垣唐賓亦堙壕坎壩摧其東北隅及伐徐
取豐時溥軍於吳康珍亟遇之未能封唐賓引本軍擊敗之珍
遂大勝每與師必與珍偕所攻往無不利
李思安唐末副王虔裕爲踏白將渡長淮下天長高郵二邑又
抱孫儒迫濠州皆有奇績累遷爲諸軍都指揮使奏官至檢校
左僕射尋拜亳州刺史
胡規唐末爲宣武軍都虞候佐葛從周伐鎮定從張存敬收晉
絳皆有功署爲河中都虞候天祐三年佐李周彝討相州獨當
州之一面頗以功聞軍還權知耀州事太祖授禪除右羽林統
軍尋從劉鄩統兵收潼關擒劉知浣獻之乃以爲右龍虎統軍
兼侍衛指揮使
黃文靖唐末爲諸軍指揮使從太祖南平巢蔡北定兗鄆皆有

功後與康懷英渡淮入壽春之境下安豐霍丘至光州而還光
化初晉將李嗣昭周德威寇于山東文靖佐葛從周統大軍禦
之至沙河敗晉軍五千餘騎逐之越張公橋乃止後旬日復與
晉人戰于邢州之北擒番將貢金鐵慕容騰李存建等百餘
人奪馬數千匹尋以功表授檢校右僕射耀州刺史天祐二年
春命佐楊師厚深入淮甸越壽春侵廬江軍至大獨山遇淮夷
殺五千餘衆振旅而還改蔡州刺史加檢校司空
李重裔唐末爲太祖步軍都頭與胡真援河陽逼懷州重裔以
部下兵突之射中番將安休休又令與李讜騎軍至陝府援郭
言迴次澠池破賊帥黃花子之衆攻滑州夾馬指揮使蔡賊圍
汴重裔以步兵攻下三寨虜獲甚多太祖大舉伐秦宗權俘重
裔以滑兵爲兵鋒及東討徐州下豐蕭二邑轉右廂步軍指揮使
李讜唐末爲左得勝騎軍都將從太祖討蔡賊頗有軍功及東
伐兗鄆以所部士一伍俘獲甚衆改元從騎將加檢校右僕射

氏叔琮唐末爲晉州節度使以禦晉軍時太祖遣朱友寧將兵
數萬赴援晉委叔琮節制既至諸將皆欲休軍叔琮曰若然則
賊必遁矣追則何功焉因夜出潛師截其歸路遇晉軍游騎數
百盡殺之遂攻其壘拔之斬獲萬餘衆奪馬三千匹太祖聞之
喜謂左右曰殺蕃賊破太原非氏老不可叔琮乃長驅收汾州
與晉人轉戰直抵并壘軍迴以其功奏檢校司空
張愼思唐末爲太祖諸軍都指揮使從平巢蔡兗鄆皆著軍功
表授檢校工部尚書兼宋州長史
王景仁唐末爲宣州節度使劉知俊之叛也從駕至陝始佐楊
師厚西入關兵未交知俊奔鳳翔走進剋雍華降王建張君練
頗預戰有功太祖嘉之末帝即位用爲淮南西北面行營招討
應接使以兵萬人伐壽州至霍丘接戰擒賊將袁叢王彥威王
燔等送京師
劉鄩爲左龍武統軍充侍衛親軍馬步都指揮使開平三年夏

同州劉知俊反引岐人襲據長安分兵扼河潼太祖幸陝命鄩
西討即日取潼關擒知俊弟知浣以獻遂引兵收復長安知俊
弃郡奔鳳翔太祖以鄩爲佑國軍兩使留後尋改佑國軍爲永
平軍以鄩爲節度使檢校司徒行大安尹金州管內觀察使是
時西鄙未寧竂邇寇境鄩練兵撫衆獨當一面四年加檢校太
保同平章事
謝彥章爲兩京馬軍都軍使貞明中累與晉軍接戰有功
寇彥卿爲鄧州節度使貞明中淮人圍安陸彥卿奉詔領兵解
圍大破淮賊而還
賀瓌爲北面行營招討使貞明四年與晉人戰於胡柳晉人敗
績臨陣斬晉將周陽五既晡瓌軍亦敗五年春正月晉人城德
勝夾河爲柵四月瓌率大軍攻其南柵以艨艟戰艦阨其中流
晉人斷我艨艟瓌軍以援南柵瓌退軍於行臺
後唐李嗣本乾寧中爲馬軍都將從李嗣昭討王暉於雲州論

功加檢校司空後爲雲州防禦使時周德威討劉守光嗣本率代北諸軍生熟吐渾收山後八軍得納降軍使盧文進武州刺史高行珪以獻幽州平論功授振武節度使

朱漢賓唐末事梁太祖與諸將破蔡賊有功天復中授右羽林統軍

丁會唐末爲宣武軍都押衙自梁祖誅秦宗權併時溥屠朱瑄朱瑾會常以兵從多立奇功授昭義軍節度使同平章事武皇攻潞會以州歸授都招討使加檢校太尉莊宗嗣王位與會决謀破汴軍於夾城

閻寶唐末爲梁祖四鎮牙將自梁祖除師河朔爭霸關西寶與葛從周丁會賀德倫李思安各爲大將擁兵四出所至立功累遷邢洺節度使天祐十三年以邢州歸于莊宗授檢校太尉同平章事充天平軍節度使東南面招討使十八年張文禮謀叛以寶爲招討使進攻之下趙州渡滹水而軍擒文禮所署深州

刺史張友順折足送於行臺營於西北隅自十九年正月契丹大至衆心危懼寶備陳方略遂挫獯戎加檢校侍中

安金全武皇時爲騎將屢從征伐所在立功莊宗之救潞州及平定河朔凡有戰陣金全皆有功累爲刺史

石君立爲昭義李嗣昭牙校歷典諸軍天祐中夾城之役君立每出挑戰壞汴軍柵壘俘擒而還八年與汴軍戰於龍花園敗之獲其大將卜渥以獻王檀之逼晉陽也嗣昭遣君立率五百騎自上黨朝發暮至王檀游軍扼汾橋君立一戰敗之徑至城下馳突斬擊梁軍敗走

康思立爲河東親騎軍使天祐中從莊宗解圍於上黨敗梁人於栢鄉及平薊丘後戰於河上皆有功累遷右突騎指揮使

毛璋爲遼州刺史天祐中從莊宗征河上屢有戰功同光元年梁平授華州節度使三年王師討蜀以璋爲行營右廂馬軍都指揮使充魏王繼岌前驅蜀平璋功居多授邠州節度使

夏魯奇爲護衛指揮使天祐中從周德威平幽州魯奇功居多歷磁州刺史中都之戰梁人大敗魯奇見王彥章識之單馬追及擒之以獻梁平授鄭州防禦使

索自通爲廳直指揮使天祐中佐周德威攻燕軍於涿州旬日未克自通乃選精騎三十夜薄幽州外郭擒燕將郭在均而還同光中累遷西京留守會楊彥温據河中作亂自通率師討平之授河中節度使

李紹文本姓張名從楚天祐八年自梁將歸于莊宗賜姓名累加博州刺史預破劉鄩於故元城歷貝隰代三郡刺史領天雄軍馬步副都將也於德勝從閻寶討張文禮爲馬步都虞候明宗收鄆州以紹文爲右都押牙馬步軍都將從破王彥章於中都

張温爲永清都校歷武州刺史山後八軍都將天祐中從莊宗襲契丹于幽州收新州歷銀槍效義都指揮使同光初北戎陷嬀儒檀順平薊六州武州獨全改授蔚州刺史

李漢韶爲河東牢城指揮使天祐中孟知祥權知太原軍府事會契丹侵北鄙表令漢韶率師進討既而大破胡寇以功加檢校右僕射

李存進爲天雄軍都指揮使天祐十九年莊宗討張文禮於鎮州定州王處球盡率城中兵甲乘我無備奄至東垣渡我騎軍巳臨賊城不覺其出賊既上橋攻我營門存進惶駭引十餘人鬬于橋上賊退我騎軍巳邀賊後前後夾擊之賊退無路圍之數重步兵七千殆無生還者

霍彥威初仕梁爲河陽留後乾化末破劉知俊於同州改邠州節度使同光二年從明宗平濮州授徐州節度使莊宗時契丹犯塞明宗招討北面命彥威爲副趙太叛於邢州奉詔討平之天成初除鄆州節度使值青州王公儼拒命改平盧軍節度使擒公儼於膠水盡斬其黨累加檢校太尉

孔勍初仕梁爲唐鄧節度使貞明中王球據襄州叛勍討平之

授山南東道節度使

王晏球初仕梁末帝初為龍驤四軍都指揮使時汴州捉生都作亂夜縱火焚剽攻建國門末帝登樓拒戰晏球聞其亂也得龍驤馬五百騎屯於鞠場俟而亂兵以竹竿竪布幕沃油突建國門勢將危急晏球隔門覘亂卒知無甲冑即出擊之亂兵北走市國門下晏球奮力血戰俄而群賊散走末帝見騎軍討賊呼曰非吾龍驤之士乎晏球曰臣已敗賊請陛下勿憂遲明晏球盡敗亂軍全營族誅以功授單州刺史明宗時為宋州節度使天成二年充北面行營副招討侯兵戍蒲城是歲王都謀叛據定州乃以晏球為招討使攻之時都北連契丹契丹遣奚首領禿餒率虜千騎援都突入定州晏球引軍保曲陽王都禿餒出軍來戰晏球預督勵士卒以待之及賊虜至一戰敗之於嘉山之下追襲至於城門因進軍攻之得其西關城乃高其壁壘營於其間爲定州府署令百姓轉輸租稅城既堅峻進攻無

利但食其租稅以守之俄而契丹首領惕隱率虜騎五千來援都是時大雨虜至唐河晏球出師逆戰晏球令龍武左右廂指揮使高行周符彥卿前鋒渡唐河與虜相遇三戰惕隱大敗追至易州河水暴漲所在陷溺獲虜二千騎而還惕隱以餘衆還塞幽州趙德鈞知其敗也令牙將武從諫率勁騎追擊德鈞分兵扼諸要路旬日之內盡獲惕隱已下酋長七百餘人虜勢由是援絕其年冬平賊以功授天平軍節度使

康延孝為招收指揮使領博州刺史同光元年莊宗平汴延孝頗有力焉以功累遷保義軍節度使三年討蜀以延孝為西南面行營馬步軍先鋒排陣斬斫等使下鳳州收固鎮降興州戍王衍軍於三泉平蜀之功延孝居最

王思同為馬軍左廂都指揮使領薊州刺史同光中從明宗援粮入幽州逐虜有功遷鄭州防禦使長興中自秦州節度使入為右武衛上將軍會董璋據東川叛命充西南面行營馬步軍都虞候伐蜀之役為先鋒指揮使至劍門思同以偏衆取小劍門入倒廻收下劍門及班師以思同留鎮山南西道

任圜為工部尚書同光中從魏王繼岌伐蜀及班師行及利州康延孝叛以勁兵八千欲廻劫西川繼岌署圜為招討副使與都指揮使梁漢顒等率兵攻延孝於漢州擒之以獻至渭南繼岌遇害圜代總全師朝於洛陽明宗嘉其功拜平章事判三司

西方鄴為奉義指揮使天成元年荊渚違命明宗素知其材力擢授夔州刺史充東南面行營招討副使與將偏師收復峽內三州二年升夔州為寧江軍以鄴為節度使尋奏克捷

藥彥稠為河陽馬步都將領澄州刺史天成中從王晏球討王都於定州平之遷侍衛步軍都虞候領壽州節度使會河中指揮使楊彥溫作亂以彥稠為副招討使討平之長興中土蕃劫廻鶻入朝使烏蕃紅貢物詔遣方渠屯戍充步騎都部署尋令入土蕃過靈武道土橋搜索盡獲廻鶻所貢駝馬寶玉奠物因

殺為盜蕃部擒首領而還尋授邠州節度使

孫璋為齊州防禦使天成中王都據中山叛以璋為定州行營都虞候賊平加檢校太保

張虔為護駕親軍都指揮使領春州刺史天成中與諸將圍王都於中山大敗契丹於嘉山之下及定州平以功授滄州節度使

李紹真為北面副招討使同光四年紹真遣人奏收復邢州擒賊帥趙太等二十一人令貞斧鑕徇於鄴城下既而磔於軍門

安審通為齊州防禦使天成中奉詔北征從房知溫營於盧臺會龍晊部下兵亂審通脫身酒遊奪舡以濟促騎士介馬及亂兵南行盡戮之以功加檢校太傅充滄州節度使

晉陸思鐸初仕梁為廣武都指揮使歷突陣拱辰軍使積前後戰勳累官至檢校司徒拱辰左廂都指揮使遙領息州刺史

張朗初仕梁為鄆州都指揮使從招討使段凝襲衛州下之遂授衛州刺史

李周初仕後唐補萬勝黃頭軍使武皇之平雲州莊宗之戰栢鄉周皆有功遷定霸都指揮使天成三年爲邠州節度使會涇州刺史竇琬據城拒命周奉詔討平之

梁漢顒太原人少事後唐武皇初爲軍中小校善騎射勇於格戰莊宗之破劉仁恭王德明及與梁軍對壘於德勝皆預其戰累功至龍武指揮使

李承約初仕後唐爲定霸都指揮使領貝州刺史從莊宗破夾寨及梁人戰於臨清有功累遷嬀州團練使

李德珫初仕後唐爲偏校從莊宗戰潞州栢鄉德勝渡繼有軍功累加檢校尚書左僕射

安元信初仕後唐爲鐵林都校梁將氏叔琮之攻河東也別將葛從周自馬嶺入元信伏于榆次挫其前鋒梁將李思安之攻上黨也王師將壁高河爲梁軍所逼別將秦武者亢爲難敵元信與鬭斃之繇是梁軍解去城壘得立武皇賜所乘馬及細鎧仗

遷突陣都將莊宗嗣晉王位元信從救上黨破夾寨復澤潞以功授檢校司空遼州刺史後爲山北管內團練使莊宗降邢臺破劉鄩於故元城皆預其功俄遷博州刺史

相里金初仕後唐爲小校與梁師戰於栢鄉及胡柳陂以功授黃甲指揮使同光元年統帳前軍校中都賜忠勇拱衛功臣

張廷蘊初仕後唐爲左右羽林都虞候同光中潞州李繼韜叛廷蘊從明宗爲前鋒討之軍至上黨日已暝矣廷蘊首率勁兵百餘輩踰壍坎城而上守陴者不能禦尋斬關延諸軍入焉軍還改左右羽林都指揮使

李從璋初仕後唐爲彰國軍節度使天成二年達怛諸部入寇從璋率麾下出討一鼓而破之

張從賓初仕後唐莊宗爲爪牙從戰有功明宗天成中日捧聖聖指揮使領澄州刺史後移左右羽林都校討楊彥溫於河中平之

潘環初仕後唐爲棣州刺史天成中定州王都叛以爲行營右廂步軍都指揮使賊平改易州刺史開運初契丹入寇王師北征環以金州節度使充北面行營步軍左廂排陣使預破契丹於陽城軍廻授澶州節度使

范延光爲宣武軍節度使會魏府屯將張令昭逐其師劉延皓據其城令延光討而平之遂授鄴都留守

衛審峹初仕後唐爲河中都指揮使康福除靈武節奉宣授送赴鎮爲一行步軍都指揮使破吐蕃於青岡峽擊李賓於河西有功授鄧州刺史檢校司空

李瓊初仕後唐爲侍衛牙隊指揮使長興中從高祖討東川至劍州瓊以部下兵破賊軍數千身負重瘡軍還改龍武指揮使清泰中屯雲州累擒獲契丹人馬以功改右捧聖軍指揮使

方大爲奉國都虞候屯滑州天福初會符彥饒亂太與馬萬盧順密等擒之使太縛送至闕尋從杜重威破張從賓於汜水以

功除道州刺史從楊光遠平范延光於鄴移刺萊州

劉處讓爲左監門衛上將軍充宣徽南院使天福二年范延光據鄴城叛命宣武軍節度楊光遠前靈武節度張從賓等討之時處讓奉詔與光遠同參議軍政從賓行次河陽密與延光連結以兵南入洛京東抵成皐將犯梁城謀爲大逆處讓奉詔自黎陽分兵討襲從賓平後又與楊光遠攻鄴四年冬范延光將謀納款尚切疑留處讓親入以禍福諭之乃決歸命以功轉檢校太傅

郭金海爲護聖都虞候天福二年從王師討范延光於魏州以功轉本軍都指揮使領黃州刺史是歲安從進謀犯闕以金海爲襄州道行營先鋒都指揮與李建崇等同於唐州湖陽遇從進萬餘人金海以一旅之衆突擊大敗之策勳授檢校太保商州刺史

馬全節爲安州節度使將赴鎮會景李金全據安州叛引淮南軍

為援因命全節將兵討之殺數千人俘四百餘人送闕俄復鄴鄉以功加檢校太尉授昭義軍節度使六年移鎮邢州安重榮之叛也授鎮州行營副招討兼排陣使與重榮戰於宗城大敗之鎮州平加開府儀同三司充義武軍節度使開運元年授鄴都留守尋加天雄軍節度使北面行營副招討使陽城之戰甚有力焉

王清為奉國軍都虞候天福六年襄州安從進叛高行周討之踰年不下清請先登諸軍繼後遂拔其城累遷溪州刺史八年詔遣以所部兵屯於鄴九年春契丹南牧圍其城清與張從恩守之少帝飛蠟詔勉諭錫之第宅虜退以干城功繼遷軍額開運二年從杜重威北征解陽城之圍加檢校司徒

程福贇為軍校天福七年從杜重威討鎮州與安重榮大戰於宗城以功遷洺州團練使檢校太保

皇甫遇為鄧州節度使少帝即位罷歸闕下二年虜南寇從至

澶州戰於鄆州北津虜衆大敗溺死者數千人以功拜滑州節度使

漢王周初仕後唐為裨校以戰功累歷郡守晉天福初范延光叛於魏州周從杜重威討之以功授貝州節度使

劉在明初仕後唐為捧聖左廂都指揮使領和州刺史從明宗幸汴州至滎陽聞朱守殷叛用為前鋒至汴城率先登城賊平授汴州馬步軍都指揮使晉天福初為安州刺史會李金全以安州叛在明從李守貞攻之大破淮賊以功授安州防禦使明年移絳州楊光遠據青州叛召為行營馬步軍都指揮使青州平遷相州留後高祖踐阼授幽州道行營都部署時虜守中山在明出師經略虜乃弃城而去遂授鎮州留後

杜重威初仕晉典禁軍遥授舒州刺史天福二年張從賓搆亂據氾水晉高祖遣重威與侯益率衆破之以功授潞州節度使與楊光遠降范延光於鄴城改許州節度使累遷侍衛親軍馬步軍都指揮使及鎮州安重榮稱兵向闕命重威禦之重威敗重榮於宗城重榮奔據常山重威尋拔其城斬重榮首傳於闕下授成德軍節度使

李守貞初仕晉為侍衛馬步軍都虞候領滑州節度使開運元年春虜衆犯澶魏少帝幸澶州虜主遣將麻荅以奇兵由鄆州馬家口濟河立柵於東岸守貞率師自澶州馳赴之契丹大敗溺死者數千人晉少帝還京以守貞為兖州節度使是歲以守貞為青州行營都部署率兵二萬東討楊光遠降之以功加同平章事二年春虜主全軍南下前鋒至相州湯陰縣以守貞為北面行營都監與招討使杜重威北伐泊獲陽城之捷遂收軍還累加侍衛都指揮使領鄆州節度使三年夏為北面行營都部署軍到長城北二十里與蕃賊千餘騎相遇轉鬬行四十里悉驅擁入河斫得首領解里相公首級

王景崇為右衛大將軍乾祐元年春鳳翔侯益永興趙贊以受

契丹偽署引蜀軍至南山詔遣景崇以西面之事景崇至雍趙贊已入朝遂部分雍軍破蜀寇於子午谷糾合諸軍再破蜀軍於大散關詔景崇為鳳翔巡檢

李彥從為左飛龍使領恩州刺史乾祐中趙暉討王景崇于岐下彥從為兵馬都監破川軍有功賊平授濮州刺史

周周密字德峯初事後唐武皇為軍職莊宗之平常山明宗之襲汶陽密皆從征有功

安審暉初仕後唐莊宗從平幽薊戰山東定河南皆預其功晉天福五年李金全據安州叛詔馬全節為都部署領兵討之以審暉為副安陸平移鎮鄧州

馮暉初仕後唐為軍校同光中從明宗征潞州楊立有功又從魏王繼岌伐蜀蜀平授夔州刺史又從晉高祖討蜀蜀人守劍暉領部下兵踰險阻從他道出於劍門之左掩擊殺之守兵殆盡會高祖班師以暉為澶州刺史

宋彥筠初仕後唐典禁軍同光中伐蜀之役彥筠率所部從康延孝爲前鋒蜀平歷維渝州刺史晉初自汝州防禦使從高行周破安從進於襄陽以功拜鄧州節度使

高行周初仕後唐爲絳州刺史天成中預平朱守殷於浚下其攻王都於中山與符彥卿爲馬軍左右廂都將敗王都擒禿餒首功也累遷天平軍節度使從杜重威據鄴叛用行周總兵討之鄴平授鄴都留守太尉封臨清王

李從敏初仕後唐爲陝府節度使天成中王都據定州叛命宋州王晏球爲招討命率師攻伐以從敏爲副領滄州節度使王都平移授定州節度

李懷忠初仕後唐爲蕃漢府都指揮使天成中康福授靈武節度時蕃部作梗乜于保聲命懷忠援送攻破諸戎道途無滯壁許州滄州都指揮使遙領辰州刺史

趙暉初仕晉爲禁軍指揮使天福初從馬全節圍安陸佐杜重威戰宗城皆有功開運末以部兵屯於陝開運末聞漢建義并門乃與部將王晏侯章叶謀戮契丹爲命官屬據有陝州馳騎聞於漢祖乃命暉爲陝州節度使乾祐初移鎮鳳翔加同平章事屬王景崇叛據汝山不受代以暉爲西南面行營都部署統兵以討之時李守貞叛於蒲趙思綰據于雍與景崇遞相爲援又引蜀軍出自大散關勢不可遏暉領兵數千數戰而勝明年拔其城加檢校太師兼侍中

李建崇初仕蜀爲申州刺史天福七年夏晉祖幸鄴襄州安從進與鎮州安鐵胡合從構逆從進出軍攻南陽時州刺史武廷翰慮賊攻寇縱以湖陽主簿嚴景思覘賊之狀告急于朝時建崇步騎千餘比屯葉縣開封尹鄭王遣兵馬都監宣徽使張從恩皇城使焦繼勳率在京諸軍及葉縣軍拒賊至湖陽縣之花山遇從進軍建崇接戰大敗之移授亳州團練使襄陽平遷安州防禦使

劉詞初仕晉爲奉國第一軍都虞候天福中從馬全節伐安陸敗淮賊萬餘衆晉祖嘉之授奉國都校賜忠孝功臣加檢校司空漢乾祐初李守貞叛於河中充行營都虞候屯于河西守貞遣敢死士數千夜入其營諸將惶怖唯詞曰小盜耳不足驚也遂免胄橫戈叱短兵擊之賊衆大敗而退河中平周太祖嘉其功表爲華州節度使

王令溫初仕晉爲洺州團練使及安重榮稱兵於鎮州晉高祖以令溫爲行營馬軍都指揮使與都帥杜重威敗賊於宗城以功授亳州防禦使

王饒初仕晉爲奉國軍校屬范延光叛命於鄴張從賓以兵連之朝廷命將討焉饒以偏裨從由善戰功遷本軍都虞候累加檢校尚書左僕射復以下常山功加檢校司空遷本軍都校領連州刺史時安從進叛于襄陽晉祖命高行周率兵討之以饒爲行營步軍都指揮使賊平第功授深州刺史

安審琦初仕漢爲山南東道節度使兼中書令屬荊人叛命潛遣舟師數千將襲郢審琦禦之而遁朝廷嘉之就加守太保進封齊國公

折德扆爲府州防禦使廣順二年二月劉崇賊軍三千餘人入州境德扆與巡檢使李勳撫同部領兵士殺賊二千收奪衣甲鞍馬萬餘事是月德扆言出兵收下河東界岢嵐軍軍使張徳仁十寨都指揮使蘇審並斬之已遣人於岢嵐軍守禦

曹英爲昭武軍節度使侍衛步軍都指揮使廣順二年春總兵討慕容彥超於兗州撤衝壍壘頗有力焉及凱旋授彰信軍節[illegible]如故

[illegible]鄭[illegible]鎮德初劉崇之寇潞州也世宗親征以[illegible]鋒[illegible]高平之戰[illegible]以功授華州節度使[illegible]右[illegible]顯德五年[illegible]淮南[illegible]下海州詔[illegible]海州刺史

卷末

冊府元龜卷第三百六十一

將帥部二十二

機略

器戰危事。又曰以正合以奇勝不得已而用之屬在故得其術於是爲廟勝之師失其宜不異驅市人而戰用權之要煥然明白若乃登壇受脤臨軍對敵既知此而知彼或示弱而示綏亦有勢同破竹所謂奪人之心聲如疾雷使之不暇掩耳因敵變化不可談悉雖後無名之舉前王所擯黷武之事有國共戒然則伐謀之策不戰而屈人諒匪英才孰能必取軍志有之曰有必勝之將無必勝之兵其是之謂歟

公子突鄭莊公子也北戎侵鄭（魯隱公九年）鄭伯禦之患戎師曰彼徒我車懼其侵軼我也（徒步兵也軼突也）公子突曰使勇而無剛者嘗寇而速去之（嘗試也勇則能進不剛則不恥退）君爲三覆以待之（覆伏兵也）戎輕而不整貪而無親勝不相讓敗不相救先者見獲必務進進而遇覆必速奔後者不救則無繼矣乃可以逞（逞解也）從之戎人之前遇覆者奔祝聃逐之（祝聃鄭大夫）衷戎師前後擊之盡殪（殪死也爲三部伏兵祝聃帥勇而無剛者先犯戎而速奔以遇二伏兵至後伏兵起戎還走祝聃反逐之戎前後及中三處受敵故曰衷戎）戎師大奔

欒枝晉大夫也晉楚戰于城濮（僖公二十八年）楚將子玉從晉師晉師陳于莘北胥臣以下軍之佐當陳蔡子玉以若敖之六卒將中軍曰今日必無晉矣鬬宜申將左鬬勃將右晉胥臣蒙馬以虎皮先犯陳蔡陳蔡奔楚右師潰（陳蔡屬楚右師）狐毛設二旆而退之（旆大旗也又建二旆而退使若大將稍却也）欒枝使輿曳柴而偽遁（曳柴起塵詐爲衆走）楚師馳之原軫郤溱以中軍公族橫擊之（公族公所率之軍）狐偃以上軍夾攻之楚左師潰楚師敗績子玉收其卒而止故不敗

陽處父晉大夫也陽處父侵蔡楚子上救之與晉師夾泜而軍（泜水出魯陽縣東經襄城定陵入汝）陽子患之使謂子上曰吾聞之文不犯順武不違敵子若欲戰則吾退舍子濟而陳（欲辟楚使渡成陳而後戰）遲速唯命不然紓我（紓緩也）老師費財亦無益也（言相持淹久）乃駕以待子上欲涉大孫伯曰不可晉人無信半涉而薄我悔敗何及不如紓之乃退舍（楚退舍使晉得渡）陽子宣言曰楚師遁矣遂歸楚師亦歸

魏舒晉大夫也中行穆子敗無終及羣狄于大原（崇卒也）將戰魏舒曰彼徒我車所遇又阨（阨險也）以什共車必克（更增十人以當一車之用）困諸阨又克請皆卒（去車爲步卒）自我始乃毀車以爲行（魏舒先自毀其屬車爲步陳也）五乘爲三伍荀吳之嬖人不肯即卒斬以徇爲五陳以相離（離陳）兩於前伍於後專爲右角參爲左角偏爲前拒以誘之狄人笑之未陳而薄之大敗之

孫叔敖楚令尹也晉楚戰于邲晉魏錡趙旃請致師（魯宣公十二年）晉人懼二子之怒楚師也使軘車逆之（軘車兵車名）潘黨望其塵使騁而告曰晉師至矣楚人亦懼王之入晉軍也遂出陳孫叔曰進之寧我薄人無人薄我詩云元戎十乘以先啓行先人也（元戎戎車在前也詩小雅言王者軍行必有戎車十乘在前開道先人爲備）軍志曰先人有奪人之心薄之也（薄迫也）遂疾進師車馳卒奔乘晉軍晉師敗績

養由基楚大夫也吳侵楚（魯襄公十三年）養由基奔命子庚以師繼之（子庚楚司馬）養叔曰吳乘我喪謂我不能師也（養叔由基也）必易我而不戒子爲三覆以待我（覆伏兵）我請誘之子庚從之戰于庸浦（庸浦楚地）大敗吳師獲公子黨君子以吳爲不弔（不弔不用天道）詩曰不弔昊天亂靡有定（言不爲昊天所恤則致罪也）

中行獻子晉大夫也獻子伐齊（魯襄公十八年）軍于平陰齊侯登巫山以望晉師（巫山在盧縣東北）晉人使司馬斥山澤之險雖所不至必旆而疏陳之（斥候也疏建旌旗以爲陳示衆也）使乘車者左實右偽以旆先（偽以衣服爲人形也建旆以先驅爲陳示衆也）輿曳柴而從之（以揚塵）齊侯見之畏其衆也乃脫歸（脫不張旗幟）

胥梁帶晉大夫也齊烏餘以廩丘奔晉（魯襄公二十六年）晉侯使胥梁帶討之胥梁帶使諸喪邑者具車徒以受地必周（諸喪邑謂齊魯宋衛也周密也）使烏餘具車徒以受封（烏餘以地來故許封之）烏餘以其衆

出（出奔也）使諸侯僞效烏餘之封者（欲致邑使齊魯宋衛攻烏餘者）而遂執之盡獲之（皆獲其從衆）皆取其邑而歸諸侯諸侯是以睦於晉（言趙文子賢故平公雖失政而諸侯睦）

荀吳晉大夫也為會齊師者（魯昭公十二年）假道於鮮虞遂入昔陽（鮮虞白狄別種在中山新市縣昔陽肥國都樂平沾縣東有昔陽城）八月壬午滅肥以肥子綿皐歸（肥白狄也綿皐其君名鉅鹿下曲陽縣西南有肥纍城）

公子光吳公子也楚師大敗吳師（魯昭公十七年）獲其乘舟余皇公子光請於其衆曰喪先王之乘舟豈唯光之罪衆亦有焉請藉取之以救死（藉衆之力以取舟）衆許之使長鬣者三人潛伏於舟側曰我呼餘皇則對師夜從之三呼皆迭對（迭更也）楚人從而殺之楚師亂吳人大敗之取餘皇以歸

烏枝鳴齊大夫也宋華氏之亂（魯昭公二十一年）華登以吳師救華氏烏枝鳴曰用少莫如齊致死齊致死莫如去備（去備去兵也）彼多兵矣請皆用劍從之華氏北復即之（北敗走）

公子期楚公子也吳師敗楚師于雍澨（魯定公五年）秦師又敗吳師吳師居麇（麇楚地）子期將焚之子西曰父兄親暴骨焉不能收又焚之不可（前年楚人與吳戰多死麇中言不可并焚）子期曰國亡矣死者若有知也可以歆舊祀豈憚焚之焚之而又戰吳師敗又戰于公壻之谿（公壻楚地名）吳師大敗

陽虎魯人晉趙鞅納衛太子于戚（魯哀公二年）鄭人輸范氏粟鄭子姚子般送之（子姚罕達子般駟弘）士吉射逆之趙鞅禦之遇於戚陽虎曰吾車少以兵車之旆與罕駟兵車先陳（旆先驅車也以先驅車益其兵以示衆）罕駟自後隨而從之彼見吾貌必有懼心於是乎會之必大敗之從之鄭師大敗獲齊粟千車

孫臏齊人也魏王十五年魏與趙攻韓韓告急於齊齊使田忌為將孫臏為師而往直走大梁魏將龐涓聞之去韓而歸齊軍既已過而西矣孫子謂田忌曰彼三晉之兵素悍勇而輕齊齊號為怯善戰者因其勢而利導之兵法百里而趣利者蹶上將五十里而趣利者軍半至使齊軍入魏地為十萬竈明日為五萬竈又明日為二萬竈龐涓行三日大喜曰我固知齊軍怯入吾地三日士卒亡者過半矣乃棄其步軍與其輕銳倍日并行逐之孫子度其行暮當至馬陵馬陵道狹而旁多阻隘可伏兵乃斫大樹白而書之曰龐涓死于此樹之下於是令齊軍善射者萬弩夾道而伏期曰暮見火舉而俱發龐涓果夜至斫木下見白書乃鑽火燭之讀其書未畢齊軍萬弩俱發魏軍大亂相失龐涓自知智窮兵敗乃自剄曰遂成豎子之名齊因乘勝盡破其軍虜魏太子申以歸

樂毅為燕將昭王問伐齊之事毅對曰齊霸國之餘業也地大人衆未易獨攻也王必欲伐之莫如與趙及楚魏於是使樂毅約趙惠文王別使連楚魏令趙嚪說秦以伐齊之利諸侯害齊湣王之驕暴皆爭合從與燕伐齊樂毅還報燕昭王悉起兵使樂毅為上將軍趙惠文王以相國印授樂毅樂毅於是并護趙楚韓魏燕之兵以伐齊破之濟西諸侯兵罷歸而燕軍樂毅獨追至于臨菑齊湣王之敗濟西亡走保於莒樂毅獨留徇齊齊皆城守樂毅攻入臨菑盡取齊寶財物祭器輸之燕燕昭王大說親至濟上勞軍行賞饗士封樂毅於昌國號為昌國君於是燕昭王收齊鹵獲以歸而使樂毅復以兵平齊城之不下者樂毅留徇齊五歲下齊七十餘城皆為郡縣以屬燕

白起為秦上將軍而王齕為尉裨將令軍中有敢泄武安君將者斬趙將趙括至則出兵擊秦軍秦軍詳敗而走張二奇兵以劫之趙軍逐勝追造秦壁壁堅拒不得入而秦奇兵二萬五千人絕趙軍後又一軍五千騎絕趙壁間趙軍分而為二糧道絕而秦出輕兵擊之趙戰不利

李牧者趙之北邊良將也常居代鴈門備匈奴邊士皆願一戰於是乃具選車得千三百乘選騎萬三千匹百金之士五萬人（[illegible]）彀者十萬人悉勒習戰大縱畜牧人民滿野匈奴小

入佯北不勝以數千人委之單于聞之大率衆來入牧多爲奇陳張左右翼擊之大破殺匈奴十余萬滅襜襤（音擔濫胡名在代北）破東胡降林胡單于奔走

田單者齊諸田疏屬也湣王時單爲臨菑市掾不見知及燕使樂毅伐破齊齊湣王出奔已而保莒城燕師長驅平齊而田單走安平（今之安平城在青州臨淄縣東十九里古紀之酅邑齊改爲安平秦滅齊改爲東安平屬齊郡以定州有安平故加東字）令其宗人盡斷其車軸末而傅鐵籠（傅音附）已而燕軍攻安平城壞齊人走爭塗以轊折車敗（轊車軸頭也音衛）爲燕所虜唯田單宗人以鐵籠故得脫東保即墨即墨城中以單習兵立爲將軍以即墨拒燕頃之昭王卒惠王立與樂毅有隙田單聞之乃縱反間於燕曰齊王已死城之不拔者二耳樂毅畏誅而不敢歸以伐齊爲名實欲連兵南面而王齊齊人未附故且緩攻即墨以待其事齊人所懼唯恐他將之來即墨殘矣燕王以爲然使騎劫代樂毅樂毅因歸趙燕人士卒忿而田單乃令城中人食必祭其先祖於庭飛鳥悉翔舞城中下食燕人怪之田單因宣言曰神來下教我乃令城中人曰當有神人爲我師有一卒曰臣可以爲師乎田單乃起引東鄉坐師事之卒曰臣欺君誠無能也田單曰子勿言也因師之每出約束必稱神師乃宣言曰吾唯懼燕軍之劓所得齊卒置之前行與我戰即墨敗矣燕人聞之如其言城中人見齊諸降者盡劓皆怒堅守唯恐見得單又縱反間曰吾懼燕人掘吾城外冢墓僇先人可爲寒心燕軍盡掘壟墓燒死人皆即墨人從城上望見皆涕泣其欲出戰怒自十倍田單知士卒之可用乃身操版插與士卒分功妻妾編於行伍之間盡散飲食饗士令甲卒皆伏使老弱女子乘城遣使約降於燕軍皆呼萬歲田單又收民金得千溢令即墨富豪遺燕將曰即墨即降願無虜掠吾族家妻妾令安堵燕將大喜許之燕軍由此益懈田單乃收城中得千餘牛爲絳繒衣畫以五彩龍文束兵刃於其角而灌脂束葦於尾燒其端鑿城數十穴

夜縱牛壯士五千人隨其後牛尾熱怒而奔燕軍燕軍夜大驚牛尾火光明炫燿燕軍視之皆龍文所觸盡死傷五千人因銜枚擊之而城中鼓譟從之老弱皆擊銅器爲聲聲動天地燕軍大駭敗走齊人遂夷殺其將騎劫燕軍擾亂奔走齊人追亡逐北所過城邑皆畔燕而歸田單兵日益多乘勝燕日敗亡卒至河上而齊七十餘城皆復爲齊乃迎襄王於莒入臨菑而聽政襄王封田單號曰安平君

漢韓信爲左丞相擊魏魏盛兵蒲坂塞臨晉信迺益爲疑兵陳船欲度臨晉而伏兵從夏陽以木罌缻度軍（以木柙縛罌缻以度）襲安邑（缻罌謂缻之大腹小口者罌音一耕反臨晉在同州朝邑縣夏陽在韓城縣界）魏王豹驚引兵迎信信遂虜豹定河東又信伐趙未至井陘口三十里止舍夜半傳發選輕騎二千人持一赤幟從間道萆山而望趙軍（萆音蔽依山自覆蔽也）戒曰趙見我走必空壁逐我若疾入拔趙幟立漢幟令其裨將傳飱曰今日破趙會食諸將皆無然陽應曰諾信謂軍吏曰趙已先據便地壁且彼未見大將旗鼓未肯擊前行（行音胡郎反）恐吾阻險而還乃使萬人先行出背水陳趙兵望見大笑平旦信建大將旗鼓行出井陘口趙開壁擊之大戰良久於是信張耳弃鼓旗走水上軍復疾戰趙空壁爭漢鼓旗逐信耳信耳已入水上軍軍皆殊死戰不可敗信所出奇兵二千騎者候趙空壁逐利即馳入趙壁皆拔趙旗幟立漢赤幟二千趙軍已不能得信耳等欲還壁壁皆漢赤幟大驚以爲漢皆已破趙王將矣遂亂遁走趙將雖斬之弗能禁於是漢兵夾擊破虜趙軍斬成安君泜水上信既破趙諸校效首虜休皆賀（效致也謂各致其所獲）因問信曰兵法有右背山陵前左水澤今者將軍令臣等反背水陳曰破趙會食臣等不服然竟以勝此何術也信曰此在兵法顧諸君弗察耳兵法不曰陷之死地而後生投之亡地而後存乎且信非得素拊循士大夫經所謂敺市人而戰之也其勢非置死地人人自爲戰今予之生地皆走寧尚得而用之乎諸將皆服曰非所

及也後爲相國擊齊楚使龍且將兵救齊與信夾濰水陳濰音維水出琅邪箕縣信乃夜令人爲萬餘囊盛沙以壅水上流引兵半度擊龍且陽不勝還走龍且果喜曰固知信怯遂追度水信使人決壅囊水大至龍且軍太半不得度即急擊殺龍且龍且水東軍散走齊王廣亡去信追北至城陽虜廣楚卒皆降遂平齊

陳平爲護軍中尉盡護諸將高祖爲漢王三年楚圍漢王於滎陽平乃夜出女子二千人滎陽東門楚因擊之平迺與漢王從城西門出去遂入關收聚兵而復東七年從高祖擊韓王信於代至平城爲匈奴所圍七日用陳平祕計得出陳平使畫工圖美女間遣人遺閼氏云漢有美女如此今皇帝困厄欲獻之閼氏畏其奪己寵因謂單于曰漢天子亦有神靈得其土地非能有也於是匈奴開其一角得突出

李廣爲上郡太守從百騎追匈奴射鵰者殺其二人生得一人已縛之上山望匈奴數千騎見廣以爲誘騎驚上山陳廣之百騎皆大恐欲馳還走廣曰我去大軍數十里今如此走匈奴追射我立盡今我留匈奴必以我爲大軍之誘不我擊廣令曰前未到匈奴陳二里所止令曰皆下馬解鞍騎曰虜多如是解鞍即急奈何廣曰彼虜以我爲走今解鞍以示不去用堅其意有白馬將出護兵廣上馬與十餘騎奔射殺白馬將而復還至其百騎中解鞍縱馬臥時會暮胡兵終怪之弗敢擊夜半胡兵以爲漢有伏軍於傍欲夜取之即引去平旦廣乃歸其大軍

霍去病爲驃騎將軍武帝嘗欲教之孫吳兵法孫吳孫武吳起也對曰顧方略何如耳不至學古兵法匈奴單于怒渾邪王居西方數爲漢所破亡數萬人以故欲召誅渾邪王渾邪王謀欲降漢使人先要道邊要道猶言遮道也先爲要約來言之於邊界也是時大行李息將城河上得渾邪王使即馳傳以聞傳音張戀反帝恐其以詐降而襲邊乃令去病將兵往迎之去病既度河與渾邪衆相望渾邪裨王將見漢軍而多欲不降者頗遁去去病乃馳入得與渾邪王相見斬其欲亡者八千人遂獨遣渾邪王乘傳先詣行在所盡將其衆度

河降者數萬人號稱十萬

趙充國爲後將軍時叛羌罕开豪靡當兒使弟雕庫來告都尉曰先零欲反後數日果反雕庫種人頗在先零中都尉即留雕庫爲質充國以爲亡罪迺遣歸告種豪大兵誅有罪者明白自別毋取并滅言勿相和同自取滅天子告諸羌人犯法者能相捕斬除罪斬大豪有罪者一人賜錢四十萬中豪十五萬下豪二萬大男三千女子及老小千錢又以其所捕妻子財物盡與之充國計欲以威信招降罕开及劫略者解散虜謀徼乃擊之徼要也要其倦極者也徼音工堯反時已發三輔太常徒弛刑弛刑謂不加鉗鈦者也弛之言解也三河潁川沛郡淮陽汝南材官金城隴西天水安定北地上郡騎士羌騎與武威張掖酒泉太守各屯其郡者合六萬人矣酒泉太守辛武賢奏言郡兵皆屯備南山北邊空虛勢不可久或曰至秋冬迺進兵此虜在竟外之冊冊讀曰策今虜朝夕爲寇土地寒苦漢馬不能冬能讀曰耐屯兵在武威張掖酒泉萬騎以上皆多羸瘦可益馬食以七月上旬齎三十日糧分兵並出張掖酒泉合擊罕开在鮮水上者虜以畜產爲命今皆離散兵即分出雖不能盡誅亶奪其畜產虜其妻子亶讀曰但復引兵還冬復擊之大兵仍出虜必震壞仍頻也天子下其書充國令與校尉以下吏士知羌事者博議充國及長史董通年以爲武賢欲輕引萬騎分爲兩道出張掖回遠千里回謂路紆曲也音胡內反以一馬自佗負三十日食佗音徒何反以畜產載負物者皆爲佗爲米二斛四斗麥八斛又有衣裝兵器難以追逐勤勞而至虜必商軍進退稍引去商度也逐水屮入山林屮古草字隨而深入虜即據前險守後阨以絕糧道必有傷危之憂爲夷狄笑千載不可復復音扶目反而武賢以爲可奪其畜產虜其妻子此殆空言非至計也殆近也又武威縣張掖日勒皆當北塞有通谷水草日勒張掖之縣臣恐匈奴與羌有謀且欲大入幸能要杜張掖酒泉以絕西域要遮也杜塞也其郡兵尤不可發先零首爲畔逆它種劫略言被劫略而反非其本心故臣愚冊欲捐罕开闇昧之過隱而勿章先行

先零之誅以震動之宜悔過反善因赦其罪選擇良吏知其俗者拊循和輯（輯與集同）此全師保勝安邊之冊天子下其書公卿議者咸以爲先零兵盛而負䍐幵之助（負恃也）不先破䍐幵則先零未可圖也迺拜侍中樂成侯許延壽爲彊弩將軍即拜酒泉太守武賢爲破羌將軍（欲其破羌故以名之）賜璽書嘉納其冊以書敕讓充國曰（讓責也）皇帝問後將軍甚苦暴露將軍計欲至正月迺擊䍐羌羌人當穫麥已遠其妻子（徙其妻子令遠居而射獵爲寇也）精兵萬人欲爲酒泉敦煌寇邊兵少民守保不得田作今張掖以東粟石百餘芻槀束數十（數十謂錢數十言其貴）轉輸並起百姓煩擾將軍將萬餘之衆不早及秋共水草之利爭其畜食（此畜讀曰蓄蓄聚積也）欲至冬虜皆當畜食（謂羌麥之屬也）多藏匿山中依險阻將軍士寒手足皸瘃（皸音軍瘃音竹足反）寧有利哉將軍不念中國之費欲以歲數而勝微（微小也歷年歲而勝小敵也數音所角反）將軍誰不樂此者（言凡爲將軍皆樂此）今詔破羌將軍武賢將兵六

千一百人敦煌太守快將二千人長水校尉富昌酒泉候奉世將婼月氏兵四千人（婼音兒遮反）亡慮萬二千人（亡慮大計也）齎三十日食以七月二十二日擊䍐羌入鮮水北句廉上（句音鉤謂水岸曲而有廉稜也）去酒泉八百里去將軍可千二百里將軍其引兵便道西並進雖不相及使虜聞東方北方兵並來分散其心意離其黨與雖不能殄滅當有瓦解者已詔中郎將卬將胡越佽飛射士步兵二校尉益將軍兵今五星出東方中國大利蠻夷大敗（五星所聚天下勝羌人在西星在東則爲漢矣）太白出高用兵深入敢戰者吉弗敢戰者凶將軍急裝因充國誅不義萬下必全勿復有疑充國得天時讓以爲將任兵在外便宜有守以安國家（言爲將之道出行兵於外數受命若有便宜則固守以取安利也）迺上書謝罪因陳兵利害曰臣竊見騎都尉安國前幸賜書擇羌人可使使䍐幵諭告以大軍當至漢不誅䍐以解其謀恩澤甚厚非臣下所能及臣獨私美陛下盛德至計亡已故遣幵豪雕庫宣天子至德䍐幵之屬皆聞知明詔今先零羌楊玉將騎四千及煎鞏騎五千阻石山木候便爲寇（依阻山之木以自障蔽）䍐羌未有所犯今置先零先擊䍐釋有罪誅亡辜（釋置也）起壹難就兩害誠非陛下本計也臣聞兵法攻不足者守有餘又曰善戰者致人不致於人（兵法之辭也致人謂引致而取之也致於人爲人所引也）今䍐羌欲爲敦煌酒泉寇宜飭兵馬練戰士以須其至（須待也）坐得致敵之術以逸擊勞取勝之道也今恐二郡兵少不足以守而發之行攻釋致虜之術而從爲虜所致之道臣愚以爲不便先零羌虜欲爲背畔故與䍐幵解仇結約然其私心不能亡恐漢兵至而䍐幵背之也臣愚以爲其計常欲先赴䍐幵之急以堅其約先擊䍐羌先零必助之今虜馬肥糧食方饒擊之恐不能傷害適使先零得施德於䍐羌堅其約合其黨（自以爲有恩德也）虜交堅黨合精兵二萬餘人迫脅諸小種附著者稍衆莫須之屬不輕得離也（莫須小種羌名也）如是虜兵寖多（寖漸也）誅之用力數倍臣恐國家憂累繇十年數不二三歲而已（累音力瑞反繇與由同）

臣得蒙天子厚恩父子俱爲顯列臣位至上卿爵爲列侯犬馬之齒七十六爲明詔填溝壑死骨不朽亡所顧念獨思惟兵利害至孰悉也於臣之計先誅先零已則䍐幵之屬不煩兵而服矣先零已誅而䍐幵不服涉正月擊之得計之理又其時也以今進兵誠不見其利唯陛下裁察六月戊申奏七月甲寅璽書報從充國計焉充國引兵至先零在所虜久屯聚解弛（解讀曰懈弛放也）望見大軍棄車重欲渡湟水（湟音皇）道阸狹充國徐行驅之或曰逐利行遲（逐利宜疾今行大遲）充國曰此窮寇不可迫也緩之則走不顧急之則還致死（還回還而反戰）諸校皆曰善虜赴水溺死者數百降及斬首五百餘人鹵馬牛羊十萬餘頭車四千餘兩

後漢任光爲信都太守光武初爲大司馬徇河北王郎稱號於邯鄲光武至信都光迎入傳舍光武謂光曰伯卿今勢力虛弱欲俱入城頭子路力子都（城頭子路力子都皆賊帥號也）兵中何如邪光曰不

可光武曰賊兵少如何光曰可募發奔命出攻傍縣若不降者恣聽掠之人貪財物則兵可招而致也光武從之拜光爲左大將軍封武成侯留南陽宗廣領吾都太守事使光將兵從光乃多作檄文曰大司馬劉公將城頭子路力子都兵百萬衆從東方來擊諸反虜遣騎馳至鉅鹿界中吏民得檄傳相告語光武遂與光等投暮入堂陽界（堂陽縣屬鉅鹿郡今冀州縣也）使騎各持炬火彌滿澤中光炎燭天地舉城莫不震驚惶怖其夜即降旬日之間兵衆大盛因攻城邑遂屠邯鄲迺遣光歸郡

耿純更始中爲前將軍從光武平邯鄲　又破銅馬將赤眉青犢上江大彤鐵脛五幡十餘萬衆並在射犬光武引兵將擊之純軍在前去衆營數里賊忽夜攻純雨射營中（矢下如雨也）士多死傷純勒部曲堅守不動選敢死二千人俱持彊弩各傅三矢使銜枚間行繞出賊後齊聲呼譟彊弩並發賊衆驚走追擊遂破之馳騎白光武光武明旦與諸將俱至營勞純曰昨夜困乎純曰賴明公威德幸而獲全光武曰大兵不可夜動故不相救耳

陳俊爲彊弩將軍光武初藺王與五校戰於安次五校退入漁陽俊言於光武曰宜令輕騎出賊前使百姓各自堅守壁以絕其食可不戰而殄也光武然之遣俊將輕騎馳出賊前視人保壁堅完者勑令固守放散在野者因掠取之賊至無所得遂散敗及軍還光武謂俊曰困此虜者將軍策也

銚期字次況更始中爲賊曹掾從光武徇薊時王郎檄書到薊薊中起兵應郎光武趨駕出百姓聚觀諠呼滿道遮路不得行期騎馬奮戟瞋目大呼左右曰蹕（蹕止行清道也若今之警蹕）衆皆披靡及至城門門已閉攻之得出

寇恂更始中爲河內太守行大將軍事朱鮪聞光武北而河內孤使討難將軍蘇茂副將賈彊將兵三萬餘人度鞏河攻溫（鞏溫二縣並今洛州縣也）檄書至恂即勒軍馳出並移告屬縣發兵會於溫下軍吏皆諫曰今洛陽兵度河前後不絕宜待衆軍畢集乃可出也恂曰溫郡之藩蔽失溫郡不可守遂馳赴之旦日合戰而偏將軍馮異遣救及諸縣兵適至士馬四集幡旗蔽野恂乃令士卒乘城鼓譟大呼言曰劉公兵至蘇茂軍聞之陳動恂因奔擊大破之追至洛陽遂斬賈彊茂兵自投河死者數千生獲萬餘人

岑彭爲征南大將軍建武三年率傅俊臧宮劉宏等三萬餘人南擊秦豐拔黃郵（黃郵聚名在南陽新野縣）豐與其大將蔡宏拒彭等於鄧數月不得進帝怪以讓彭彭懼於是夜勒兵馬申令軍中使明旦西擊山都（山都縣名屬南陽郡舊南陽之赤鄉秦以爲縣故城在今襄州義清縣東北）乃緩所獲虜令得逃亡歸以告豐豐即悉其軍西邀彭彭乃潛兵度沔水擊其將張揚於阿頭山大破之（沔水源出武都東狼谷中即漢水之上源也阿頭山在襄陽也）從川谷間伐木開道直襲黎丘擊破諸屯兵豐聞大驚馳歸救之彭與諸將依東山爲營豐與蔡宏夜攻彭彭豫爲之備出兵逆擊之豐敗走追斬蔡宏更封彭爲舞陰侯秦豐相趙京舉宜城降

王霸建武四年爲偏將軍與捕虜將軍馬武東討周建於垂惠蘇茂將五校兵四千餘人救建而先遣精騎遮擊馬武軍糧武往救之建從城中出兵夾擊武武恃霸之援戰不甚力爲茂建所敗武軍奔過霸營大呼求救霸曰賊兵盛出必兩敗努力而已乃閉營堅壁軍吏皆爭之霸曰茂兵精銳其衆又多吾吏士心恐而捕虜與吾相恃兩軍不一此敗道也今閉營固守示不相援賊必乘勝輕進捕虜無救其戰自倍如此茂衆疲勞吾承其獘乃可克也茂建果悉出攻武合戰良久霸軍中壯士路潤等數十人斷髮請戰霸知士心銳乃開營後出精騎襲其背茂建前後受敵驚亂敗走

耿弇爲建威將軍建武五年詔遣弇東討張步弇悉收集降卒結部曲置將吏率騎都尉劉歆太山太守陳俊引兵而東從朝陽橋濟河以度（朝陽縣名屬濟南郡在漯水之陽）張步聞之乃使其大將軍費邑軍歷下（故城在今之州歷城縣）又分兵屯祝阿（縣名屬濟州）別於太山鍾城列營

數十以待弇弇渡河先擊祝阿自旦攻城未中而拔之故開圍一角令其衆得奔歸鍾城鍾城人聞祝阿已潰大恐懼遂空壁亡去費邑分遣弟敢守巨里縣名一名巨合今齊州弇進兵先脅巨里使多伐樹木揚言以塡塞坑塹數日有降者言邑聞弇欲攻巨里謀來救之弇乃嚴令軍中趣修攻具宣勑諸部後三日當悉力攻巨里城陰緩生口令得亡歸歸者以弇期告邑邑至日果自將精兵三万餘人來救之弇喜謂諸將曰吾所以修攻具者欲誘致邑耳今來適其所求也即分三千人守巨里自引精兵上岡阪山脊曰岡坡者曰阪乘高合戰大破之臨陣斬邑旣而收首級以示巨里城中城中凶懼凶音凶懼勇力費敢悉衆亡歸張步弇復收其積聚縱兵擊諸未下者平四十餘營遂定濟南時張步都劇使其弟藍將精兵二万守西安縣名屬齊州諸郡太守合万餘人守臨淄相去四十里弇進軍畫中邑名畫音獲居二城之間弇視西安城小而堅且藍兵又精臨淄名雖大而實易攻乃勑諸校會後五日攻西安藍聞之晨夜儆守

至期夜半弇勑諸將皆蓐食未起而牀蓐中食也會明至臨淄城護軍荀梁等爭之以爲宜速攻西安弇曰不然西安聞吾欲攻之日夜爲備臨淄出不意而至必驚擾吾攻之一日必拔拔臨淄即西安孤張藍與步隔絶必復亡去所謂擊一而得二者也若先攻西安不卒下頓兵堅城死傷必多縱能拔之藍引軍還奔臨淄并兵合觀人虛實吾深入敵地後無轉輸旬月之閒不戰而困諸君之言未見其宜遂攻臨淄半日拔之入據其城

馮異爲征西大將軍建武六年諸將上隴爲隗囂所敗乃詔異軍栒邑未及至隗囂乘勝使其將王元行巡將二万餘人下隴因分遣巡取栒邑異即馳兵欲先據之諸將皆曰虜兵盛而新乘勝不可與爭宜止軍便地徐思方略異曰虜兵臨境忸忕小利遂欲深入若得栒邑三輔動搖是吾憂也夫攻者不足守者有餘今先據城以逸待勞非所以爭也潛往閉城偃旗鼓行巡不知馳赴之異乘其不意卒擊鼓建旗而出巡軍驚亂奔走追擊數十里大破之

臧宮爲輔威將軍建武十一年將兵至中盧屯駱越中盧縣屬南郡[illegible]是時公孫述將田戎任滿與征南大將軍岑彭相拒於荊門彭等戰數不利越人謀畔從蜀宮兵少力不能制會屬縣送委輸車數百乘至宮夜使鋸斷城門限令車聲回轉出入至旦越人候伺者聞車聲不絶而門限斷相告以漢兵大至其渠帥乃奉牛酒以勞軍宮陳兵大會擊牛釃酒饗賜慰納之釃音所宜切說文下酒也越人由是遂安

廉范爲雲中太守明帝永平中匈奴大入塞烽火日通故事虜人過五千人移書傍郡吏欲傳檄求救范不聽自率士卒拒之虜衆盛而范兵不敵會日暮令軍士各交縛兩炬三頭爇火營中星列虜遥望火多謂漢兵救至大驚待旦將退范乃令軍中蓐食晨往赴之斬首數百級虜自相轔藉死者千餘人由此不敢復向雲中

鄧訓爲護羌校尉章帝元和中迷唐燒當羌叛訓於是賞賂諸羌種使相招誘迷唐伯父號吾乃將其母及種人八百戶自塞外來降訓因發湟中秦胡羌兵四千人出塞掩擊迷唐於寫谷斬首虜六百餘人得馬牛万餘頭迷唐乃去大小榆谷地名居頗巖谷衆悉破散其春復欲歸故地就田業訓乃發湟中六千人令長史任尚將之縫革爲船置於箄上以度河箄木筏也音步佳反掩擊迷唐廬落大豪多所斬獲復追逐奔北會尚等夜爲羌所攻於是我從羌胡并力破之斬首前後一千八百餘級獲生口二千人馬牛羊三万餘頭一種殆盡一種謂迷唐也迷唐遂收其餘部遠徙廬落西行千餘里諸附落小種皆背畔之燒當豪帥東號稽顙歸死東號羌名餘皆欵塞納質於是綏接歸附威信大行遂罷屯兵各令歸郡唯置弛刑徒二千餘人分以屯田爲貧人耕種修理城郭塢壁而已

班超爲西域將兵長史章帝章和元年發于闐諸國兵二万五

千人復擊莎車而龜茲王遣左將軍發溫宿姑墨尉頭合五萬人救之超召將校及于寘王議曰今兵少不敵其計莫若各散去于寘從是而東長史亦於此西歸可須夜鼓聲而發陰緩所得生口龜茲王聞之大喜自以萬騎於西界遮超溫宿王將八千騎於東界徼于寘超知二虜已出密召諸部勒兵雞鳴馳赴莎車營胡大驚亂奔走追斬五千餘級大獲其馬畜財物莎車遂降龜茲等因各退散自是威震西域

虞詡為懷令安帝時羌寇武都鄧太后以詡有將帥之略遷武都太守羌乃率衆數千遮詡於陳倉崤谷詡即停軍不進而宣言上書請兵須到當發羌聞之乃分鈔傍縣詡因其兵散日夜進道兼行百餘里令吏士各作兩竈日增倍之羌不敢逼或問曰孫臏減竈而君增之兵法日行不過三十里以戒不虞而今日且二百里何也詡曰虜衆多吾兵少徐行則易為所及速進則彼所不測虜見吾竈日增必謂郡兵來迎衆多行速必憚追

我孫之見弱吾今示之勢有不同故也既到郡兵不滿三千而羌衆万餘攻圍赤亭數十日詡乃令軍中使彊弩勿發而潛發小弩羌以為矢力弱不能至并兵急攻詡於是使二十彊弩共射一人發無不中羌大震退詡因出城奮擊多所傷殺明日悉陳其兵衆令從東郭門出北郭一作郭門入貿易衣服回轉數周羌不知其數更相恐動詡計賊當退乃潛遣五百餘人於淺水設伏候其走路虜果大奔因掩擊大破之斬獲甚衆賊由是敗散南入益州

度尚桓帝時為荆州刺史既擊破長沙零陵群賊而桂陽渠帥卜陽潘鴻等畏尚威烈徙入山谷尚窮追數百里遂入南海破其三屯多獲珍寶而陽鴻等黨衆由盛尚欲擊之而士卒驕富莫有鬭志尚計緩之則不戰逼之必走士乃宣言卜陽潘鴻作賊十年習於攻守今兵寡少未易可進當須諸郡所發悉至爾乃并力攻之申令軍中恣聽射獵兵士喜悅大小皆相與從禽尚乃密使所親客潛焚其營珍積皆盡獵者來還莫不泣涕尚人人慰勞深自咎責因曰卜陽等財寶足富數世諸卿但不并力耳所亡少何足介意衆聞咸憤踊尚勅令秣馬蓐食明旦徑赴賊屯陽鴻等自以深固不復設備吏士乘銳遂大破之

朱儁為鎮賊中郎將靈帝時南陽黃巾張曼成起兵稱神上使衆數萬殺郡守褚貢屯宛下百餘日後太守秦頡擊殺曼成賊更以趙弘為帥衆浸盛遂十餘萬據宛城儁與荊州刺史徐璆及秦頡合兵萬八千圍弘自六月至八月不拔有司奏欲徵儁司空張溫上疏曰昔秦用白起燕任樂毅皆曠年歷載乃能克敵儁討潁川以有功效引師南指方略已設臨軍易將兵家所忌宜假日月責其成功靈帝乃止儁因急擊弘斬之賊餘帥韓忠復據宛拒儁儁兵少不敵乃張圍結壘起土山以臨城內因鳴鼓攻其西南悉衆赴之儁自將精卒五千掩其東北乘城而入忠乃退保小城惶懼乞降司馬張超及徐璆秦頡皆欲聽之

儁曰兵有形同而勢異者昔秦項之際民無定主故賞附以勸來耳今海內一統唯黃巾造寇納降無以勸善討之足以懲惡今若受之更開逆意賊利則進戰鈍則乞降縱敵長寇非良計也因急攻連戰不克儁登土山望之顧謂張超曰吾知之矣賊今外圍周固內營逼急乞降不受欲出不得所以死戰也萬人一心由不可當況十萬乎其害甚矣不如徹圍并兵入城忠見圍解勢必自出自出則意散易破之道也既而解圍忠果出戰儁因擊大破之乘勝逐北數十里斬首萬餘級忠等遂降而秦頡積忿忠遂殺之餘衆之不自安復以孫夏為帥還屯宛中儁急攻之夏走追至西鄂精山又破之復斬萬餘級賊遂解散

皇甫嵩北地太守時黃巾起旬日之間天下響應京師震動詔勅州郡修理攻守簡練器械召群臣會議嵩以為宜解黨之益出中藏錢西園廄馬以班軍士帝從之於是發天下精兵博選將帥以嵩為左中郎將持節與右中郎將朱儁共發五校三

河南士及諸郡精勇合四萬餘人嵩儁各統一軍共討潁川黃巾儁前與賊波才戰戰敗嵩因進保長社波才引大衆圍城嵩兵少軍中皆恐乃召軍吏謂曰兵有奇變不在衆寡今賊依草結營易爲風火若因夜縱燒必大驚亂吾出兵擊之四面俱合田單之功可成也其夕遂大風嵩乃約勑軍士皆束苣乘城使鋭士間出圍外縱火大呼城上舉燎應之嵩因鼓而奔其陳賊驚亂奔走會帝遣騎都尉曹操將兵適至嵩操與朱儁合軍更戰大破之斬首數萬級封嵩都鄉侯嵩儁乘勝進討汝南陳國黃巾追波才於陽翟擊彭脱於西華並破之賊降散三郡悉平又進擊東郡黃巾卜巳於倉亭生禽卜巳斬首七千餘級後爲左將軍靈帝中平五年梁州賊王國圍陳倉嵩督前將軍董卓各率二萬人拒之卓欲速進赴陳倉嵩不聽卓曰智者不後時勇者不留決速救則城全不救則城滅全滅之勢在於此也嵩曰不然百戰百勝不如不戰而屈人之

兵是以先爲不可勝以待敵之可勝不可勝在我可勝在彼彼守不足我攻有餘有餘者動於九天之上不足者陷於九地之下今陳倉雖小城守固備非九地之陷也王國雖彊而攻我之所不救非九天之勢也夫勢非九天攻者受害陷非九地守者不拔國今已陷受害之地而陳倉保不拔之城我可不煩兵動衆而取全勝之功將何救焉遂不聽王國圍陳倉自冬迄春八十餘日城堅守固竟不能拔賊衆疲敝果自解去嵩進兵擊之卓曰不可兵法窮寇勿迫歸衆勿追今我追國是迫歸追窮寇也困獸猶鬬蜂蠆有毒況大衆乎嵩曰不然前吾不擊避其鋭也今而擊之待其衰也所擊疲師非歸衆也國衆且走莫有鬬志以整擊亂非窮寇也遂獨進擊之使卓爲後拒連戰大破之斬首萬餘級國走而死卓大慚恨由是忌嵩

董卓爲中郎將討黃巾軍敗抵罪韓遂等起涼州復爲中郎將西拒遂於望垣硖北爲羌胡數萬人所圍糧食乏絶卓僞欲捕魚堰其還道當所渡水爲池使水停滿數十里默從堰下過其軍而決堰比羌胡聞知追逐水已深不得渡六軍上隴西五軍敗績卓獨全衆而還

公孫瓚爲遼東屬國長史嘗從數十騎出行塞見鮮卑數百騎瓚乃退入空亭中約其從騎曰今不衝之則死盡矣瓚乃自持矛兩頭施刃馳出刺胡殺傷數十人亦亡其從騎半遂得免鮮卑懲艾後不敢復入塞

陳登爲廣陵太守甚得江淮間歡心於是有吞滅江南之志孫策遣攻登於匡琦城策初兵恐不能抗可引軍避之與其空城水人居陸不能久處必尋引去登厲聲曰吾受國命來鎮此土昔馬文淵之在斯位能南平百越北滅群狄吾既不能遏除凶匿何逃寇之謂邪吾其出命以報國仗義以整亂天道與順克之必矣乃閉門自守示弱不與戰將士銜聲寂若無人登乘城望形勢知其可擊乃申令將士宿整兵器昧爽開南門引軍詣

賊營步騎鈔其後賊周章方結陳不得還船登手執軍鼓縱兵乘之賊遂大破皆弃船迸走登乘勝追奔斬首以萬數

册府元龜卷第三百六十一

將帥部三十三

機略第二

魏夏侯淵爲護軍將軍時趙衢尹奉等謀討馬超姜叙起兵鹵城以應之衢等譎説超使出擊叙於後盡殺超妻子超奔漢中還圍祁山叙等急求救諸將議者欲須太祖節度淵曰公在鄴反覆四千里比報叙等必敗非救急也遂行使張郃督步騎五千在前從陳倉路入淵自督糧在後郃至渭水上超將氐羌數千逆郃未戰超走郃進軍收超軍器械淵到諸縣皆已降韓遂在顯親淵欲襲取之遂走淵收遂軍糧追至略陽城去遂二十餘里諸將欲攻之或言當攻興國氐淵以爲遂兵精興國城固攻不可卒拔不如擊長離諸羌長離諸羌多在遂軍必歸救其家若羌獨守則孤救長離則官兵得與野戰可必虜也淵乃留督將守輜重輕兵步騎到長離攻燒羌屯斬獲甚衆諸羌在遂軍者各還種落遂果救長離與淵軍對陣諸將見遂衆惡之欲結營作塹乃與戰淵曰我轉鬪千里今復作營塹則士衆罷弊不可久賊雖衆易與耳乃鼓之大破遂軍得其旌麾還略陽進軍圍興國氐王千萬逃奔馬超餘衆降轉擊高平屠各皆散走收其糧穀牛馬乃假淵節

曹仁以議郎督騎時太祖與袁紹相持於官渡紹遣劉備徇㶏彊諸縣多舉衆應之自許以南吏民不安太祖以爲憂仁曰南方以大軍方有目前急其勢不能相救劉備以彊兵臨之其背叛故宜也備新將紹兵未能得其用擊之可破也太祖善其言遂使將騎擊備破走之仁盡復收諸叛縣而還紹遣別將韓荀鈔斷西道仁擊荀於雞洛山大破之由是紹不敢復分兵出復與史渙等鈔紹運車燒其糧穀

曹休領虎豹騎宿衛劉備遣將吳蘭屯下辯太祖遣曹洪征之以休爲騎都尉參洪軍事太祖謂休曰汝雖參軍其實帥也洪聞此令亦委事於休備遣張飛屯固山欲斷軍後衆議狐疑休曰賊實斷道者當伏兵潛行今乃先張聲勢此其不能也宜及其未集促擊蘭蘭破則飛自走矣洪從之進兵擊蘭大破之飛果走

徐晃爲橫野將軍時韓遂馬超等反關右遣晃屯汾陰太祖至潼關恐不得渡召問晃晃曰公盛兵於此而賊不復別守蒲阪知其無謀也今假臣精兵渡蒲阪津爲軍先置以截其裏賊可擒也太祖曰善使晃以步騎四　千人渡津作塹柵未成賊梁興夜將步騎五千餘人攻晃晃擊走之太祖軍得渡遂破超等○田豫爲弋陽太守鄢陵侯彰征代郡以豫爲相軍次易北虜伏騎擊之軍人擾亂莫知所爲豫因地形回車結圓陣弓弩持滿於内疑兵塞其隙胡不能進散去追擊大破之遂前平代皆豫策也文帝初北狄強盛侵擾邊塞使豫持節護烏丸校尉牽招解儁并護鮮卑自高柳以東濊貊以西鮮卑數十部比能彌加素利割地統御各有分界乃共要誓皆不得以馬與中國市豫以戎狄爲一非中國之利乃先搆離之使自爲讎敵互相攻伐素利違盟出馬千匹與官爲比能所攻求救於豫豫恐遂相兼并爲害滋深宜救善討惡示信衆狄乃單將鋭卒深入虜庭胡人衆多鈔軍前後斷截歸路豫乃進軍去虜十餘里結屯營多聚牛馬糞然之從他道引去胡見煙火不絶以爲向在去行數十里乃知之追豫到馬城圍之十重豫密嚴使司馬建旌旗鳴鼓吹將步騎從南門出胡人皆屬目往赴之豫將精鋭自北門出鼓譟而起兩頭俱發出虜不意虜衆散亂皆棄弓馬步走追討二十餘里僵尸蔽地

文聘黃初中爲後將軍屯沔口吳孫權自將數萬衆圍聘於石陽時大雨城柵崩壞人民散在田野未及補治聘聞權到不知所施乃思惟莫若潛默可以疑之乃勑城中人使不得見又自臥舍中不起權果疑之語其部黨曰北方以此人忠臣也故

委之以此郡今我至而不動此不有密圖必當有外救遂不敢攻而去

張旣黄初中爲雍州刺史涼州盧水胡伊健妓妾治元多等反河西大擾文帝憂之曰非旣莫能安涼州乃召涼州刺史鄒岐以旣代之遣護軍夏侯儒將軍費曜等繼其後旣至合城欲渡河諸將等以爲兵少道險未可深入旣曰道雖險非井陘之隘夷狄烏合無左車之計今武威危急赴之宜速遂渡河賊七千餘騎逆拒鸇陰口旣揚聲軍從鸇陰乃潛由且次出至武威胡以爲神引還顯美旣已據武威曜乃至儒等猶未達旣勞賜將士欲進軍擊胡諸將皆曰士卒疲倦虜衆氣銳難與爭鋒旣曰今軍無見糧當因敵爲資若虜見兵合退依深山追之則道險窮餓兵還則出侵寇鈔如此兵不得解所謂一日縱敵患在數世也遂前軍顯美胡騎數千因大風欲放火燒營將士皆恐旣夜藏精卒三千人爲伏使參軍成公英督千餘騎挑戰勑使陽退胡

果爭奔之因發伏截其後首尾進擊大破之斬首獲生以萬數

牽招爲鴈門太守以蜀將諸葛亮數出而鮮卑軻比能狡猾能相交通表爲防備議者以爲懸遠未之信也會亮在祁山果遣使連結比能至故北地石城與相首尾帝乃詔招 使從便宜討之時比能已還漠南招與刺史畢軌議曰胡虜遷徙無常若師遂追則遲速不相及若潛襲則山溪艱險資糧轉運難以密辦可使守新興鴈門二牙門出屯陘北外以鎮撫內令兵田儲畜資糧秋冬馬肥州郡兵合乘釁征討計必全克未及施行會病卒

賈逵爲建威將軍豫州刺史明帝初吳孫權在東關當豫州南去江西四百餘里每出兵爲寇輒西從江夏東從廬江國家征伐亦由淮沔是時州軍在項汝南弋陽諸郡守境而已權無北方之虞東西有急并軍相救故常少敗逵以爲宜開直道臨江若權自守則二方無救二方無救則東關可取乃移屯潦口陳攻取之計帝善之帝使逵督前將軍滿寵東莞太守胡質等四軍從西陽直向東關曹休從皖司馬宣王從江陵逵至五將山休更表賊有請降者求深入應之詔宣王駐軍逵東與休合進逵度賊無東關之備必并軍於皖休深入與賊戰必敗乃部署諸將水陸並進行二百里得生賊言休戰敗權遣兵斷夾石諸將不知所出或欲待後軍逵曰休兵敗於外路絶於內進不能戰退不得還安危之機不及終日賊以軍無後繼故至此今疾進出其不意此所謂先人以奪其心也賊見吾兵必走若待後軍則已斷險兵雖多何益乃兼道進軍多設旗鼓爲疑兵賊見逵軍遂退逵據夾石以糧給休休軍乃振

郭淮爲雍州刺史齊王正始末督諸軍伐蜀蜀將姜維出石營從彊川乃西迎叛胡治無戴留陰平太守廖化於成重山築城斂破羌保質淮欲分兵取之諸將以維衆西接彊胡化以據險分軍兩持兵勢轉弱進不制維退不拔化非計也不如合而俱西及胡蜀未接絶其內外此伐交之兵也淮曰今往取化出賊不

意維必狼顧比維自致足以定化且使維疲於奔命兵不遠西而胡交自離此一舉而兩全之策也乃別遣夏侯夏侯霸等追維於沓中淮自率諸軍就攻化等維果馳還救化皆如淮計

陳泰齊王嘉平初代郭淮爲雍州刺史加奮威將軍蜀大將軍姜維率衆依麴山築二城使牙門將句安李歆等守之聚羌胡質任等寇偪諸郡征西將軍郭淮與泰謀所以禦之泰曰麴城雖固去蜀險遠當須運糧羌夷患維勞役必未肯附今圍而取之可不血刃而拔其城雖其有救山道阻險非行兵之地也淮從泰計使泰率討蜀護軍徐質南安太守鄧艾等進兵圍斷其運道及城外流水安等挑戰不許將士困窘分糧聚雪以稽日月維果來救出自牛頭山與泰相對泰曰兵法貴在不戰而屈人今絶牛頭維無反道則我之禽也勑諸軍各堅壘勿與戰遣使白淮欲自南渡白水循水而東使淮趣牛頭截其還路可并取維不惟安等而已淮善其策進率諸軍軍洮水維懼遁走安

等孤縣遂皆降其後王經白泰云姜維夏侯霸欲三道向祁山石營金城求進兵為翅使涼州軍至枹罕討蜀護軍向祁山泰量賊勢終不能三道且兵勢惡分涼州未宜越境報經審其定問知所趣向須東西勢合乃進時維等數將萬人至枹罕趣狄道泰勑經進屯狄道須軍到乃規取之泰進軍陳倉會經所統諸軍於故關與賊戰不利經輒渡洮泰以經不堅據狄道必有他變並遣三營在前泰率諸軍繼之經已與維戰大敗以萬余人還保狄道城餘皆奔散維乘勝圍狄道泰軍上邽分兵守要晨夜進前鄧艾胡奮王祕亦到即與鄧艾祕等分為三軍進到隴西艾等以為王經精卒破衂於西賊衆大盛乘勝之兵既不可當而將軍以烏合之卒繼敗軍之後將士失氣隴右傾蕩古人有言蝮虵螫手壯士解腕孫子曰兵有所不擊地有所不守蓋小有所失而大有所全故也今隴右之害過於蝮虵狄道之地非徒不守之謂姜維之兵是所辟之鋒不如割險自保觀釁待弊然後進救此計之得者也泰曰姜維提輕兵深入正欲與我爭鋒原野求一戰之利王經當高壁深壘挫其銳氣今乃與戰使賊得計走破王經封之狄道若維以戰克之威進兵東向據櫟陽積穀之實放兵收降招納羌胡東爭關隴傳檄四郡此我之所惡也而維以乘勝之兵挫峻城之下銳氣之卒屈力致命攻守勢殊客主不同兵書云脩櫓轒榲三月乃成距堙三月而後已誠非輕軍遠入維之詭謀倉卒所辦懸軍遠僑糧穀不繼是我速進破賊之時也所謂疾雷不及掩耳自然勢也洮水帶其表維等在其內今乘高據勢臨其項領不戰必走寇不可縱圍不可久君等何言如此遂進軍度高城嶺潛行夜至狄道東南高山上多舉烽火鳴皷角狄道城中將士見救者至皆憤怒維始謂官救兵當須衆集乃發而卒聞已至謂有奇變宿謀上下震懼自軍之發隴西也以山道深險賊必設伏泰詭從南道維果三日施伏定軍潛行卒出其南維乃緣山突至泰與交

戰維退還涼州軍從金城南至沃于阪泰與經共密期當共向其還路維等聞之遂遁城中將士得出經歎曰糧不至旬向不應機舉城屠裂覆喪一州矣泰慰勞將士前後遣還更差軍守並治城壘還屯上邽

王昶為征南將軍督荊豫諸軍事嘉平二年昶上言孫權流放良臣適庶分爭可乘釁而制吳蜀白帝夷陵之間黔巫秭歸房陵皆在江北民夷與新城郡接可襲取也乃遣新城大守州泰襲黔巫秭歸房陵荊州刺史王基詣夷陵昶詣江陵兩岸引竹絙為橋渡水擊之賊奔南岸鑿七道並來攻於是昶使積弩同時俱發權大將施績夜遁入江陵城追斬數百級昶欲引致平地與合戰乃先遣五軍按大道發還使南軍望見以喜之以所獲鎧馬甲首馳環城以怒之設伏兵以待之績果追軍與戰克之振旅而還

王基齊王時為荊州刺史朝廷議欲伐吳詔基量進趣之宜基對曰夫兵動而無功則威名折於外財用窮於內故必全而後用也若不資通川聚糧水戰之備則雖積兵江內無必渡之勢矣今江陵有沮漳二水溉灌膏腴之田以千數安陸左右陂池沃衍若水陸並農以實軍資然後引兵詣江陵夷陵分據夏口順沮漳資水浮穀而下賊知官兵有經久之勢則拒天誅者意沮而向王化者益固然後率合蠻夷以攻其內精卒勁兵以討其外則夏口以上必拔而江外之郡不守如此吳蜀之交絕而吳禽矣不然兵出之利未可必矣於是遂止其後毋丘儉文欽作亂以基為行監軍假節統許昌軍適與司馬景王會於許昌景王曰君籌儉等何如基曰淮南之逆非吏民思亂也儉等誑脅迫懼畏目下之戮是以尚群聚耳若大兵臨偪必土崩瓦解儉欽之首不終朝而懸於軍門景王令基居軍前議者咸以儉欽慓悍難以爭鋒詔基停駐基以為儉等舉軍足以深入久不進者是其詐偽已露衆心疑沮也今不張示威形以副民望而

停軍高壘有似畏懦非用兵之勢也若或虜略民人又州郡兵家爲賊所得者更懷離心儉等所迫脅者自顧罪重不敢復還此爲錯兵無用之地而成姦宄之源吴寇因之則淮南非國家之有譙沛汝豫危而不安此計之大失也軍宜速進據南頓有大邸閣計足軍人四十日糧保堅城因積穀先人有奪人之心此平賊之要也基屢請乃聽進據㶏水既至復言曰兵聞拙速未覩工遲之久方今外有彊寇內有叛臣若不時決則事之深淺未可測也議者多將軍持重是也停軍不進非也持重非不行之謂也進而不可犯耳今據堅城保壁壘以積實資虜懸運軍糧甚非計也景王欲須諸軍集到猶尚未許基曰將在軍君令有所不受彼得則利我得亦利是謂争城南頓是也遂輒進據南頓儉等從項亦爭欲往發十餘里聞基先到復還保項時兖州刺史鄧艾屯樂嘉儉使文欽將兵襲艾基知其勢分進兵偪項儉衆遂敗欽等巳平遷鎮南將軍都督豫州諸軍事領豫

州刺史諸葛誕反基以本官行鎮東將軍都督揚豫諸軍事時大軍在項以賊兵精詔基斂軍堅壘基累啓求進討會吴遣朱異來救誕軍於安城基又被詔引諸軍轉據北山基謂諸將曰今圍壘轉固兵馬向集但當精脩守備以待越逸而更移兵守險使得放縱雖有智者不能善後矣遂守便宜上疏曰今與賊家對敵當不動如山若遷移依險人心摇蕩於勢大損諸軍並據深溝高壘衆心皆定不可傾動此御兵之要也書奏報聽大將軍司馬文王進屯丘頭分部圍守各有所統基督城東城南二十六軍文王勑軍吏入鎮南部界一不得有所遣城中食盡晝夜攻壘基輒拒擊破之壽春既拔文王與基書曰初議者云求移者甚衆時未臨履亦謂宜然將軍深筭利害獨秉固志上違詔命下拒衆議終至制敵禽賊雖古人所述不過此也

蜀趙雲爲翊軍將軍先主時魏將夏侯淵敗曹公爭漢中地運米北山下數千萬囊黄忠以爲可取雲兵隨忠取米忠過期不還雲將數十騎輕行出圍迎視忠等值曹公揚兵大出雲爲公前鋒所擊（臣欽若曰公謂曹公也其下皆同）方戰其大衆至勢偪遂前突其陣且鬭且却公軍散已復合雲陷敵還趣圍將張著被創雲復馳馬還營迎著公軍追至圍此時沔陽長張翼在雲圍內翼欲閉門拒守而雲入營更大開門偃旗息鼓公軍疑雲有伏兵引去雲雷鼓震天惟以戎弩於後射公軍公軍驚駭自相蹂踐墮漢水中死者甚多先主明旦自來至雲營視昨戰處曰子龍（雲字）一身都爲膽也作樂飲宴至暝軍中號爲虎將軍

李恢爲庲降都督先主薨高定恣睢於越嶲雍闓跋扈於建寧朱褒反叛於牂牁丞相亮南征先由越嶲而恢案道向建寧諸縣大相糾合圍恢軍於昆明時恢衆少敵倍又得亮聲息紿謂南人曰官軍糧盡欲規退還吾中間久斥鄉里乃今得旋不能復北欲還與汝等同計謀故以誠相告南人信之故圍守怠緩於是恢出擊大破之追奔逐北南至槃江東接牂牁與亮聲勢

相連南土平定恢軍功居多

諸葛亮後主時爲丞相大將軍屯于陽平遣魏延諸軍并兵東下亮惟留萬人守城魏將司馬宣王率二十萬衆拒亮而與延軍錯道徑至前當亮六十里所偵候白宣王説亮在城中兵少力弱亮亦知宣王垂至巳與相偪欲前赴延軍相去又遠回迹反追勢不相及將士失色莫知其計亮意氣自若勑軍中皆臥旗息鼓不得妄出菴幔又令大開四城門埽地却灑宣王常謂亮持重而猥見勢弱疑其有伏兵於是引軍北趣山明日食時亮謂參佐拊手大笑曰司馬懿必謂吾怯將有彊伏循山走矣候邏還白如亮所言

姜維後主時爲征西將軍隨丞相諸葛亮與魏將司馬宣王相持於渭南會亮卒長史楊儀等整軍而出百姓奔告宣王宣王追焉維令儀反旗鳴鼓若將向宣王者宣王乃退不敢偪於是儀結陣去入谷然後發喪景耀初拜大將軍初先主留魏延鎮漢

中皆實兵諸圍以禦外敵敵若來攻使不得入及興勢之役王平捍拒曹爽皆承此制維建議以為錯守諸圍雖合周易重門之義然適可禦敵不獲大利不若使聞敵至諸圍皆斂兵聚穀退就漢樂二城使敵不得入平且重關鎮守以捍之有事之日令游軍並進以伺其虛敵攻關不克野無散穀千里縣糧自然疲乏引退之日然後諸城並出與游軍并力搏之此殄敵之術也於是令督漢中胡濟却住漢壽監軍王含守樂城護軍蔣斌守漢城又於西安建威武衛石門武城建昌臨遠皆立圍守

王平為鎮北大將軍統漢中魏大將軍曹爽率步騎十餘萬向漢川前鋒已在駱谷時漢中守兵不滿三萬諸將大驚或曰今力不足以拒敵聽當固守漢樂二城遇賊令入比爾間涪軍足得救關平曰不然漢中去涪垂千里賊若得關便為禍也今宜先遣劉護軍杜參軍據興勢平為後拒若賊分向黃金平率千人下自臨之比爾間涪軍行至此計之上也惟護軍劉敏與平

意同即便施行涪諸軍及大將軍費禕自成都相繼而至魏軍退還如平本策

劉敏為左護軍揚威將軍與王平俱鎮漢中魏遣曹爽襲蜀時議者或謂但可守城不出拒敵必自引退敏以為男女布野農穀栖畝若聽敵入則大事去矣遂帥所領與平據興勢多張旗幟彌亘百餘里會費禕從成都至魏軍即退敏以功封雲亭侯

蔣琬為大司馬住漢中琬以為昔諸葛亮數闚秦川道險運艱竟不能克不若乘水東下乃多作舟船欲由漢沔襲魏興上庸會舊疾連動未時得行而衆論咸謂如不克捷還路甚難非長策也於是遣尚書令費禕中監軍姜維等喻指琬承命上疏曰芟穢弭難臣職 是掌自臣奉辭漢中已經六年既以闇弱加嬰疾疢規方無成夙夜憂慘今魏跨帶九州根蔕滋蔓平除未易若東西并力 首尾犄角雖未能速得如志且當分裂蠶食先摧其支黨然吳期二三連不克果俯仰惟艱實忘寢

食輒與費禕等議以涼州胡塞之要進退有資賊之所惜且羌胡乃心思漢如渴又昔偏軍入羌郭淮破走算其長短以為事首宜以姜維為涼州刺史若維征行銜持河右臣當帥軍為維鎮繼今涪水陸四通惟急是應若東北有虞赴之不難由是琬遂還涪

吳陸遜初為孫權帳下右部督會丹陽賊帥費棧受曹公印綬扇動山越為作內應權遣遜討棧棧支黨多而往兵少遜乃益施牙幢分布鼓角夜潛山谷間鼓譟而前應時破散遂部伍東三郡彊者為兵羸者補戶得精卒數万人宿惡蕩除所過肅清後為偏將軍右部督代呂蒙鎮陸口遜至書與蜀將關羽曰前承觀釁而動以律行師小舉大克一何巍巍敵國敗績利在同盟聞慶拊節想遂席卷共獎王綱近以不敏受任來西延慕光塵思稟良規又曰于禁等見獲遐邇欣歎以為將軍之勳足以長世雖昔晉文城濮之師淮陰拔趙之略蔑以尚茲聞徐晃等

步騎駐旌闚望麾葆操猾虜也忿不思難恐潛增衆以逞其心雖云師老猶有驍悍且戰捷之後常苦輕敵古人杖術軍勝彌警願將軍廣為方計以全獨克僕書生疏遲忝所不堪喜鄰威德樂自傾盡雖未合策猶可懷也儻明注仰有以察之羽覽遜書有謙下自託之意意大安無復所嫌遜具啓形狀陳其可禽之要權乃潛軍而上使遜與呂蒙為前部至即克公安南郡黃武元年劉備率大衆來向西界權命遜為大都督假節督朱然潘璋宋謙韓當徐盛鮮于丹孫桓等五万人拒之備從巫峽建平連圍至夷陵界立數十屯以金錦爵賞誘動諸夷使將軍馮習為大 督張南為前部輔匡趙融廖淳傅彤等各為別督先遣吳班將數千人於平地立營欲以挑戰諸將皆欲擊之遜曰此必有譎且觀之備知其計不可乃引伏兵八千從谷中出遜曰所以不聽諸軍擊班者揣之必有巧故也遜上疏曰夷陵要害國之關限雖為易得亦復易失失之非徒損數郡之地荊州

可憂今日爭之當令必諧備干天常不守窟穴而敢自送臣雖
不材憑奉威靈臣初以順討逆破壞在近尋備前後行軍多敗
少成推此論之不足爲戚臣初嫌之水陸俱進今反舍船就步
處處結營察其布置必無他變伏願至尊高枕不以爲念也諸
將並曰攻備當在初今乃令入五六百里相銜持經七八月其
諸要害皆以固守擊之必無利矣遜曰備是猾虜更嘗事多其
軍始集思慮精專未可干也今住已久不得我便兵疲意沮計
不復生犄角此寇正在今日乃先攻一營不利諸將皆曰空殺
兵耳遜曰吾已曉破之之術乃勑各持一把茅以火攻拔之一
爾勢成通率諸軍同時俱攻斬張南馮習及胡王沙摩柯等首
破其四十餘營備將杜路劉寧等窮逼請降備升馬鞍山陳兵
自繞遜督促諸軍四面蹙之土崩瓦解死者萬數備因夜遁驛
人自擔燒鐃鎧斷後僅得入白帝城其舟船器械水步軍資一
時略盡尸骸漂流塞江而下備大慚恚曰吾乃爲遜所折辱豈

非天邪初孫桓別討備前鋒於夷道爲備所圍求救於遜遜曰
未可諸將曰孫安東公族見圍已困奈何不救遜曰安東得士
衆心城牢糧足無可憂也待吾計展欲不救安東安東　自解
及方略大施備果奔潰桓後見遜曰前實怨不見救定至今日
乃知調度自有方耳後爲荆州文嘉禾五年權北征使遜與諸
葛瑾攻襄陽遜遣親人韓扁齎表奉報還遇敵於沔中鈔邏得
扁瑾聞之甚懼書與遜云大駕已旋賊得韓扁具知吾闊狹且
水乾宜當急去遜未答方催人種葑豆與諸將弈棊射戲如常
瑾曰伯言多智略其當有以自來見遜遜曰賊知大駕以旋無
所復慼得專力於吾又已守要害之處兵將意動且當自定以
安之施設變術然後出耳今便示退賊當謂吾怖仍來相蹙必
敗之勢也乃密與瑾立計令瑾督舟船遜悉上兵馬以向襄陽
城敵素憚遜乃還赴城瑾便引船出遜徐整部伍張拓声势步
趍船敵不敢干軍到白圍託言住獵潛遣將軍周峻張梁等擊

江夏新市安陸石陽石陽市盛峻等奄至人皆捐物入城城門
噎不得閉敵乃自斫殺已民然後得闔斬首獲生凡千餘人
賀齊爲南郡都尉討候官賊候官既平而建安漢興南平復亂
齊進兵建安立都尉府郡發屬縣五千兵各使本縣長將之皆
受齊節度賊洪明洪進苑御吳免華當等五人率各萬户連屯
漢興吳五始县乡五六千户別屯大潭鄒臨六千户別屯蓋竹大潭
同出餘汗軍討漢興經餘汗齊以爲賊衆兵少深入無繼恐爲
所斷令松陽長丁蕃留備餘汗蕃本與齊鄰城恥見部伍辭不
肯留齊乃斬蕃於是軍中震慄無不用命遂分兵留備進討明
等連大破之臨陣斬明其免當進御皆降轉擊蓋竹軍向大潭
三將又降凡討治斬首六千級名帥盡禽復立縣邑料出兵萬
人拜爲平東校尉後爲威武中郎將討丹陽黟歙時武彊葉鄉
東陽豐浦四鄉先降齊表言以葉鄉爲始新縣而歙賊帥金奇
萬户屯安勤山毛甘萬户屯烏聊山黟帥陳僕祖山等二萬户

屯林歷山林歷山四面壁立高數十丈徑路危狹不容刀楯賊
臨高下石不可得攻軍住經日將吏患之齊身出周行觀視形
便陰募輕捷士爲作鐵弋密於隱險賊所不備處以弋拓斬山
爲緣道夜令潛上乃多縣布以援下人得上百數人四面流布
俱鳴鼓角齊勒兵待之賊夜聞鼓聲四合謂大軍悉已得上驚
懼惑亂不知所爲守路備險者皆走還依衆大軍因是上大破
僕等其餘皆降凡斬首七千

○黃蓋爲周瑜部將建安十三年九
月曹公入荆州劉琮舉衆降吳將士聞皆恐大帝延見群下問
以計策議者咸勸迎周瑜曰不然操託名漢相其實漢賊也瑜
請精兵三萬保爲將軍破之大帝曰君言當擊甚與孤合此天
以授孤也時劉備爲曹公所破欲引南渡江與魯肅遇於當陽
遂共圖計因進住夏口遣諸葛亮詣大帝帝遂遣瑜及程普等
與備并力逆曹公遇於赤壁時曹公軍衆已有疾病初一交戰
公軍敗退引次江北瑜等在南岸蓋曰今寇衆我寡難與持久

欲觀操軍方連船艦首尾相接可燒而走也乃取蒙衝鬭艦數十艘實以薪草膏油灌其中裹以帷幕上建牙旗先書報曹公欺以欲降（江表傳載蓋書曰蓋受孫氏厚恩常為將帥見遇不薄然顧天下事有大勢用江東六郡山越之人以當中國百萬之衆衆寡不敵海內所共見也東方將吏無有愚智皆知其不可惟周瑜魯肅偏懷淺戇意未解耳今日歸命是其實計瑜所督領自易摧破交鋒之日蓋為前部當因事變化效命在近曹公特見行人密問之口勑曰但恐汝詐耳蓋若信實當授爵賞超於前後也）又豫備走舸各繫大船後因引次俱前曹公軍吏士皆延頸觀望指言蓋降蓋放諸船同時發火時風盛猛悉延燒岸上營落頃之煙炎張天人馬燒溺死者甚衆軍遂敗退還保南郡（江表傳載蓋至戰日蓋先取輕利艦十舫載燥荻枯柴積其中灌以魚膏赤油覆之建旌旗龍幡於艦上時東南風急因以十艦最著前中江舉帆蓋舉火白諸校使衆兵齊聲大叫曰降焉操軍人皆出營立觀去北軍二里餘同時發火火烈風猛往船如箭飛埃絕爛燒盡北船延及岸邊營柴瑜等率輕銳尋繼其後雷鼓大進北軍大壞曹公退走）備與瑜等復共追曹公曹公留曹仁等守江陵城徑自歸

潘璋為北平將軍襄陽太守魏將夏侯尚等圍南郡分前部三萬人作浮橋渡百里洲上時諸葛瑾楊粲並會兵赴救未知所

出而魏兵日渡不絕璋曰魏勢始盛江水又淺未可與戰便將所領到魏上流五十里伐葦數百萬束縛作大筏欲順流放火燒敗浮橋作筏適畢伺水長當下尚便引退

呂蒙為橫野中郎將與周瑜程普等圍魏將曹仁於南郡瑜使甘寧前據夷陵曹仁分衆圍寧寧困急使使請救諸將以兵少不足分蒙謂瑜普曰留凌公績（凌統字）蒙與君行解圍釋急勢亦不久蒙保公績能十日守也又説瑜分遣三百人柴斷險道賊走可得其馬瑜從之軍到夷陵即日交戰所殺過半敵夜遁去行遇柴道騎皆舍馬步走兵追蹙擊獲馬三百匹方船載還於是將士形勢自倍乃渡江立屯與相攻擊曹仁退走遂據南郡撫定荊州還拜偏將軍後從大帝拒曹公於濡須數進奇計帝欲立塢諸將皆曰上岸擊賊洗足入船何用塢為蒙曰兵有利鈍戰無百勝如有邂逅敵步騎蹙人不暇及水其得入船乎帝曰善遂作之曹公不能下而退其後劉備令關羽鎮守專有荊土帝命蒙西取長沙零桂三郡蒙移書二郡望風歸服惟零陵太守郝普城守不降而備自蜀親至公安遣羽爭三郡帝時住陸口使魯肅萬人屯益陽拒羽而飛書召蒙使捨零陵急還助肅初蒙既定長沙當之零陵過酃載南陽鄧玄之玄之者郝普之舊也欲令誘普及被書當還蒙祕之夜召諸將授以方略晨當攻城顧謂玄之曰郝子太聞世間有忠義事亦欲為之而不知時也左將軍在漢中為夏侯淵所圍關羽在南郡今至尊身自臨之近者破樊本屯救酃逆為孫規所破此皆目前之事君所親見也彼方首尾倒縣救死不給豈有餘力復營此哉今吾士卒精銳人思效命至尊遣兵相繼於道今子太以旦夕之命待不可望之救猶牛蹄中魚冀賴江漢其不可恃亦明矣若子太必能一士卒之心保孤城之守尚能稽延旦夕以待所歸者可也今吾計力度慮而以攻此曾不移日而城必破城破之後身死何益於事而令百歲老母戴白受誅豈不痛哉度此家不得外問謂

援可恃故至於此耳君可見之為陳禍福玄之見普具宣蒙意普懼而聽之玄之先出蒙普尋後當至蒙豫勑四將各選百人普出便入守城門須臾普出蒙迎執其手與俱下船語畢出書示之因拊手大笑普見書知備在公安而羽在益陽慚恨入地蒙留孫河委以後事即日引軍赴益陽劉備請盟帝乃歸普等割湘水以零陵還之以尋陽陽新為蒙奉邑後為左護軍虎威將軍代魯肅屯陸口與蜀將關羽分土接境蒙至外倍脩恩厚與羽結好後羽討樊留兵將備公安南郡蒙上疏曰羽討樊而多留備兵必恐蒙圖其後故也蒙常有病乞分士衆還建業以治疾為名羽聞之必撤備兵盡赴襄陽大軍浮江晝夜馳上襲其空虛則南郡可下而羽可禽也遂稱病篤帝乃露檄召蒙還陰與圖計羽果信之稍撤兵以赴樊魏使于禁救樊羽盡禽禁等人馬數萬託以糧乏擅取湘關米帝聞之遂行先遣蒙在前蒙至尋陽盡伏其精兵𦨴艫中使白衣搖櫓作商賈人服晝

交兼行至羽所至江邊屯候盡收縳之是故羽不聞知遂到南郡士仁糜芳等皆降

吕岱為交州刺史時交阯太守士燮卒帝以燮子徽為安遠將軍領九真太守以校尉陳時代燮岱表分海南三郡為交州以將軍戴良為刺史海東四郡為廣州岱自為刺史遣良與時入而徽不承命舉兵戍海口以拒良等岱於是上疏請討徽罪督兵三千人晨夜浮海或謂岱曰徽藉累世之恩為一州所附未易輕也岱曰今徽雖懷逆計未虞吾之卒至若我潛軍輕舉掩其無備破之必也稽留不速使得生心嬰城固守七郡百蠻雲合響應雖有智者誰能圖之遂行過合浦與良俱進徽聞岱至果大震怖不知所出即率兄弟六人肉袒迎岱岱皆斬送其首徽大將甘醴桓治等率吏民攻岱岱奮擊大破之

朱桓為濡須督黃武元年魏使大司馬曹仁步騎數万向濡須仁欲以兵襲取州上偽先揚聲欲東攻羨溪桓分兵將赴羨溪既發卒得仁進軍拒濡須七十里間桓遣使追還羨溪兵兵未

到而仁奄至時桓手下及所部兵在者五千人諸將業業各有懼心桓諭之曰凡兩軍交對勝負在將不在衆寡諸軍聞曹仁用兵行師孰與桓邪兵法所以稱客倍而主人半者謂俱在平原無城池之守又謂士衆勇怯齊等故耳今仁既非男智加其士卒甚怯又千里步涉人馬罷困桓與諸軍共據高城南臨大江北背山陵以逸待勞為主制客此百戰百勝之勢也雖曹丕自來尚不足憂況仁等邪桓因偃旗鼓外示虛弱以誘致仁仁果遣其子泰攻濡須城分遣將軍常雕督諸葛虔王雙等乘油船別襲中洲中洲者部曲妻子所在也仁自將萬人留橐皐復為泰等後拒桓部兵將攻取油船或別擊雕等桓等身自拒泰燒營而退遂梟雕虜雙送武昌臨陣斬溺死者千餘大帝嘉桓功封嘉興侯

徐盛為安東將軍封蕪湖侯魏文帝大出有渡江之志盛建議從建業築圍作薄落圍上設假樓江中浮船諸將以為無益盛不聽固立之文帝到廣陵望圍愕然彌漫數百里江水盛長便引軍退諸將乃伏文帝歎曰魏雖有武騎千群無所用也

鍾離牧為越騎校尉永安六年蜀并于魏武陵五谿夷與蜀接界時論懼其叛亂乃以牧為平魏將軍領武陵太守往之郡魏遣漢葭縣長郭純試守武陵太守率涪陵民入蜀遷陵界屯于赤沙誘諸夷邑君或起應純又進酉陽縣郡中震懼牧問朝吏曰西蜀傾覆邊境見侵何以禦之皆對曰今二縣山險諸夷阻兵不可以軍驚擾驚擾則諸夷盤結宜以漸安可遣恩信吏宣教慰勞牧曰不然外境內侵誑誘人民當及其根柢未深而撲取之此救火貴速之勢也敕外趣嚴掾史沮議者使行軍法撫夷將軍高尚說牧曰昔潘太常督兵五萬然後以討五谿夷耳又是時劉氏連和諸夷率化今既無往日之援而郭純已據遷陵而明府以三千兵深入尚未見其利也牧曰非常之事何得循舊即率所領晨夜進道緣山險行垂二千里從塞上斬惡民懷異

心者魁帥百餘人及其支黨凡千餘級純等散五谿平遷公安督揚武將軍封都鄉侯

陸抗為大將軍鳳皇元年西陵步闡據城以叛遣使降晉抗聞之日部分諸軍令將軍左弈吾彥蔡貢等徑赴西陵敕軍營更築嚴圍自赤谿至故市內以圍闡外以禦寇晝夜催切如敵已至衆甚苦之諸將咸諫曰今及三軍之銳亟以攻闡比晉救至闡必可拔何事於圍而以弊士民之力乎抗曰此城處勢既固糧穀又足且所繕脩備禦之具皆抗所宿規今反身攻之既非可卒克且北救必至而無備表裏受難何以禦之諸將咸欲攻闡抗每不許宜都太守雷譚言至懇切抗欲服衆聽令一攻攻果無利圍備始合晉車騎將軍羊祜率師向江陵諸將咸以抗不宜上抗曰江陵城固兵足無所憂患假令敵沒江陵必不能守所損者小如使西陵槃結則南山群夷皆當擾動則所憂慮難可而言也吾寧棄江陵而赴西陵況江陵牢固乎初江陵平衍

道路通利杭勑江陵督張咸作大堰遏水漸漬平中以絕寇叛祐欲因所遏水浮船運糧揚聲將破堰以通步軍抗聞使咸亟破之諸將皆惑屢諫不聽祐至當陽聞堰敗乃改船以車運大費損功力晉巴東監軍徐胤率水軍詣建平荊州刺史楊肇至西陵抗令張咸固守其城公安督孫遵巡南岸禦祐水軍督留慮鎮西將軍朱琬拒胤身率三軍憑圍對肇將軍朱喬營都督俞贊亡詣肇抗曰贊軍中舊吏知吾虛實者吾常慮夷兵素不簡練若敵攻圍必先此處即夜易夷民皆以舊將充之明日肇果攻故夷兵處抗命旋軍擊之矢石雨下肇衆傷死者相屬肇至經月計屈夜遁抗欲追之而慮闡畜力項領伺視間隙兵不足分於是但鳴鼓戒衆若將追者肇衆兇懼悉解甲挺走抗使輕兵躡之肇大破祐等皆引軍還抗遂陷西陵誅夷闡族及其大將吏自此已下所請赦者數萬口脩治城圍

冊府元龜卷第三百六十二

冊府元龜卷第三百六十三

將帥部二十四

機略第三

晉衛瓘初仕魏爲廷尉卿鄧艾鍾會之伐蜀也瓘以本官持節監艾會軍事行鎮西將軍蜀既平艾輒承制封拜詔使檻車徵之會遣瓘先收艾會以瓘兵少欲令艾殺瓘因加艾罪瓘知欲危己然不可得而距乃夜至成都檄艾所統諸將稱詔收艾其餘一無所問若來赴官軍爵賞如先敢有不出誅及三族比至雞鳴悉來赴瓘唯艾帳內在焉平旦開門瓘乘使者車徑入至成都殿前艾卧未起父子俱被執艾諸將圖欲劫艾整仗趣瓘營瓘輕出迎之僞作表草將申明艾事諸將信之而止俄而會至乃悉請諸將胡烈等因執之囚益州解舍遂發兵反於是士卒思歸內外騷動人情憂懼會留瓘謀議乃書板云欲殺胡烈等舉以示瓘瓘不許因相疑貳瓘如廁見胡烈故給使使宣語三

軍言會反會逼瓘定議經宿不眠各橫刀膝上在外諸軍已潛欲攻會瓘既不出未敢先發會使瓘慰勞諸軍瓘心欲去且堅其意曰卿三軍主宜自行會曰卿監司且先行吾當後出瓘便下殿會悔遣之使呼瓘瓘辭眩疾動詐仆地比出閤數十信追之瓘至外解服鹽湯大吐瓘素羸便似困篤會遣所親人及醫視之皆言不起會由是無所憚及暮門閉瓘作檄宣告諸軍諸軍並已唱義陵旦共攻會會率左右距戰諸將擊敗之唯帳下數百人隨會繞殿而走盡殺之瓘於是部分諸將群情肅然

杜預爲鎮南大將軍都督荊州諸軍事啓請伐吳武帝許之預以太康元年正月陳兵于江陵遣參軍樊顯尹林鄧圭襄陽太守州奇等率衆循江西上授以節度旬月之間累尅城邑皆如預策焉又遣牙門管定周旨伍巢等率奇兵八百泛舟夜度以襲樂鄉多張旗幟起火巴山出於要害之地以奪賊心吳都督孫歆震恐與伍延書曰北來諸軍乃飛度江也吳之男女降者萬餘口旨巢等伏兵樂鄉城外歆遣軍出距王濬大敗而還旨等發伏兵隨歆軍而入歆不覺直至帳下虜歆而還故軍中爲之謠曰以計代戰一當萬於是進逼江陵時衆議或曰百年之寇未可盡克今向暑水潦方降疾疫將起宜俟來冬更爲大舉預曰昔樂毅藉濟西一戰以幷強齊今兵威已振譬如破竹數節之後皆迎刃而解無復著手處也遂指授群帥徑造秣陵所過城邑莫不束手議者乃以書謝之孫皓既平封當陽侯

王濬爲龍驤將軍太康元年正月率師發自成都率巴東監軍廣武將軍唐彬攻吳丹陽克之禽其丹陽監盛紀吳人於江險磧要害之處並以鐵鎖橫截之又作鐵錐長丈餘暗置江中以逆距船先是羊祜獲吳間諜具知情狀濬乃作大筏數十亦方百余步縛草爲人被甲持仗令善水者以筏先行筏遇鐵錐輒著筏去又作火炬長十余丈大數十圍灌以麻油在船前遇鎖燃炬燒之須臾融液斷絕於是船無所礙

李矩元爲冠軍將軍領河東平陽太守時劉聰遣從弟暢步騎三萬討矩屯于韓王故壘相去七里遣使招矩時暢卒至矩未暇爲備遣使奉牛酒詐降于暢潛匿精勇見其老弱暢不以爲虞大饗渠帥人皆醉飽矩謀夜襲之兵士以賊衆皆有懼色矩令郭誦禱鄭子產祠曰昔相鄭惡鳥不鳴凶胡臭羯何得過庭使巫揚言東里有教當遣神兵相助將士聞之皆踴躍爭進乃使誦及督護楊璋等選勇敢千人夜掩暢營獲鎧馬甚多斬首數千級暢僅以身免

周訪爲振武將軍與諸軍共征湘中賊帥杜弢弢作桔槔打官軍船艦訪作長岐棖以距之桔槔不得爲害後王敦表爲豫章太守征討都督時梁州刺史張光卒愍帝以侍中第五猗爲征南大將軍監荊梁益寧四州出自武關賊率杜曾摯瞻胡混等並迎猗奉之聚兵數萬破陶侃於石城攻平南將軍荀崧於宛不剋引兵向江陵王敦以從弟廙爲荊州刺史令督護征虜將

軍趙誘襄陽太守朱軌陵江將軍黄峻等討曾而大敗於女觀湖誘軌並遇害曾遂逐廙徑造沔口大爲寇害威震江沔元帝命訪擊之訪有衆八千進至沌陽曾等鋭氣甚盛訪曰先人有奪人之心軍之善謀也使將軍李常督左甄許朝督右甄訪自領中軍高張旗幟曾果畏訪先攻左右甄曾勇冠三軍訪甚惡之自於陣後射雉以安衆心令其衆曰一甄敗鳴三鼓兩甄敗鳴六鼓自旦至申兩甄皆敗訪聞鼓音選精鋭八百人自行酒飲之勅不得妄動聞鼓音乃進賊未至三十步訪親鳴鼓將士皆騰躍奔赴曾遂大潰殺千余人訪夜追之諸將請待明日訪曰曾驍勇能戰向之敗也彼勞我逸是以剋之宜及其衰乘之可滅鼓行而進遂定漢沔曾等走固武當訪以功遷南中郎將督梁州諸軍梁州刺史屯襄陽訪謂其僚佐曰昔城濮之役晉文以得臣不死而有憂色今不斬曾禍難未已於是出其不意又擊破之曾遁走訪部將蘇温收曾詣軍并獲第五猗胡混摯瞻等送於王敦又白敦説猗逼於曾不宜殺敦不從而斬之

祖逖爲奮威將軍豫州刺史初北中郎將劉演拒于石勒也流人塢主張平樊雅等在譙演署平爲豫州刺史雅爲譙郡太守又有董瞻于武謝浮等十余部衆各數百皆統屬平逖誘浮使取平浮譎平與會遂斬以獻逖是時蓬陂塢主陳川以衆附石勒逖率衆伐川石季龍領兵五萬救川逖設奇以擊之季龍大敗收兵掠豫州徙陳川還襄國留桃豹等守川故城住西臺逖遣將韓潛等鎮東臺同一大城賊從南門出入放牧逖軍開東門相守四月逖以布囊盛土如米狀使千餘人運上臺又令數人檐米僞爲疲極而息於道賊果逐之皆棄檐而走賊既獲米謂逖士衆豐飽而胡戍饑久益懼無復膽氣石勒將劉夜堂以驢千頭運糧以饋桃豹逖遣韓潛馮鐵等追擊於汴水盡獲之桃豹宵遁

蔡謨爲征北將軍領徐州刺史石季龍於青州造船數百掠緣海諸縣所在殺掠朝廷以爲憂謨遣龍驤將軍徐玄等守中洲并募若得賊大白船者賞布千匹小船百匹是時謨所統七千餘人所戍東至土山西至江乘鎮守八所城壘凡十一處烽火樓望三十餘處隨宜防備甚有筭略

謝尚爲安西將軍與後趙於壽春初尚之行也使建武將軍濮陽太守戴施據枋頭會冉閔之子智與其大將蔣幹來附復遣行人劉猗詣尚請救施止猗求傳國璽猗歸以告幹幹謂尚已敗慮不能救已猶豫不許施遣參軍何融率壯士百人入鄴登三臺助戍譎之曰今且可出璽付我凶寇在外道路梗澁亦未敢送璽當遣單使馳白天子聞璽已在吾許知郷等至誠必遣重軍相救并厚相餉幹乃出璽付融融齎璽馳還枋頭尚遣振武將軍胡彬率騎三百迎璽致諸京師

温嶠爲中壘將軍時王敦反王含錢鳳奄至都下嶠燒朱雀桁以挫其鋒明帝怒之嶠曰今宿衛寡弱徵兵未至若賊豕突危及社稷陛下何惜一橋賊果不得渡

袁喬爲江夏相桓温伐蜀以喬領二千人爲軍鋒師次彭模去賊已近議者欲兩道並進以分賊勢喬曰今深入萬里置之死地士無反顧之心所謂人自爲戰者也今分爲兩軍軍力不一萬一偏敗則大事去矣不如全軍而進棄去釜甑齎三日糧勝可必矣温以爲然即一時俱進

前涼謝艾爲軍師將軍率步騎三萬進軍臨河後趙石季龍將麻秋以三萬衆距之艾乘軺車冠白帢鳴鼓而行秋望而怒曰艾年少書生冠服如此輕我也命黒矟龍驤三千人馳擊之艾左右大擾左戰帥李偉勸艾乘馬艾不從乃下車踞胡牀指麾處分賊以爲伏兵發懼不敢進張瑁從左南緣河而截其後秋軍乃退艾乘勝奔擊遂大敗之斬秋將杜勳汲魚浮斬一萬三千級秋匹馬奔大夏又云艾爲中堅將軍配步騎五千擊秋引師出振武夜有二梟鳴牙中艾曰梟邀也六博得梟者勝今梟鳴牙中剋敵之兆於是進戰大破之斬首五千級

前趙游子遠為劉曜將巴氐叛子遠討之盡破氐衆先是上郡氐羌十餘万落保嶮不降酋大虛除權渠自號秦王子遠進師至其壁下權渠率衆來距五戰敗之權渠恐將降其子伊餘大言於衆曰往劉曜自來猶无若我何況此偏師而欲降之率勁卒五萬晨壓壘門左右勸戰子遠曰吾聞伊餘之勇當今无敵士馬之彊復非其匹又其父新敗怒氣甚盛且西戎剽勁鋒銳不可擬也不如緩之使氣竭而擊之乃堅壁不戰伊餘有驕色子遠候其无備夜誓衆蓐食晨大風霧子遠曰天贊我也躬先士卒埽壁而出遲明覆之生擒伊餘悉俘其衆權渠大懼被髮剺面而降子遠啓曜以權渠為征西將軍西戎公分徙伊餘兄弟及其部落二十余萬口于長安西戎之中權渠部最彊皆稟其命而為寇暴權渠既降莫不歸附曜大悅

宋王鎮惡晉末為安遠護軍討蠻師向博抵根初行告荆州刺史司馬休之求遣軍以為聲援休之遣其將朱襄領衆助鎮惡

會高祖西討休之鎮惡乃告諸將曰百姓皆知官軍已上朱襄等復是一賊表裏受敵吾事敗矣乃率軍夜下江水迮急倏忽行數百里直據都尉治既至乃以竹籠盛石堙塞水道襄軍夾岸擊之斬襄首殺千餘人後隨高祖北征大軍次潼關謀進取之計鎮惡請率水軍從河入渭偽鎮北將軍姚強屯兵涇上鎮惡遣毛德祖擊破之直至渭橋鎮惡所乘皆蒙小艦行船者悉在艦內羌見艦泝渭而進外不見有乘行船人北土素无舟楫莫不驚惋咸謂為神鎮惡既至令將士食畢便棄船登岸渭水流急倏忽間諸艦悉逐流去時姚泓屯軍長安城下猶數萬人鎮惡撫慰士卒曰卿諸人並家在江南此是長安城北門外去萬家里而舟楫衣糧並已逐流去豈復有求生之計耶唯宜死戰可以立大功不然則无遺類矣乃身先士卒衆亦知无復退路无不騰踊爭先泓衆一時奔潰即陷長城泓身逃走明日率妻子歸降城內夷晉六萬餘戶鎮惡宣揚国恩撫慰初附號令嚴肅百姓安堵

朱齡石晉末為持節益州諸軍事義熙十年率衆征蜀既至彭模諸將以賊水北城險阻衆多咸欲先攻其南齡石曰不然雖寇在北今屠南城不足以破北若盡銳以拔北壘南城不麾而自散也七月齡石率劉鍾蒯恩等攻城詰朝戰至日昃焚其樓櫓四面並登斬侯暉譙詵仍回軍以麾南城即時散潰凡斬大將十五級諸營守以次土分衆軍乃舍船步進龍驤將軍臧熹至廣漢病卒朱林至廣漢復破譙道福別軍乘船陷牛脾城斬其大將譙撫譙縱聞諸處盡敗奔于涪城巴西人王志斬送偽尚書令馬耽封府庫以待王師道福聞彭模不守率精銳五千兼行來赴聞縱已走道福衆亦散乃逃于獠中巴西民杜瑾縛送之斬于軍門桓謙弟恬隨謙入蜀為寧蜀太守至是亦斬焉

臨川王道規晉末為荆州刺史盧循寇逼京邑道規遣司馬王鎮及楊武將軍檀道濟廣武將軍到彥之等赴援朝廷至尋陽

為賊黨苟林所破循即以林為南蠻校尉分兵配之使乘勝伐江陵揚聲云徐道覆已克京邑而桓謙自長安入蜀譙縱以謙為荆州刺史厚加資給與其大將譙道福俱寇江陵正與林會林屯江津謙軍枝江二寇交逼分絕都邑之間魯宗之率衆數千自襄陽來赴衆議欲使檀道濟到彥之與宗之共擊道規曰盧循擁衆中流肩張同異桓謙苟林更相首尾人懷危懼莫有固心成敗之機在此一舉非吾自行其事不決乃使宗之居守委以腹心率諸軍攻謙諸將佐皆固諫曰今遠出討謙其勝難必苟林近在江津伺人動靜若來攻城宗之未必能固脫有蹉跌大事去矣道規曰諸君不識兵機耳苟林愚豎无他奇計以吾去未遠必不敢向城吾今取謙往至便克沉疑之間已自還反謙敗則林破膽豈暇得來且宗之獨守何不為支數日解南蠻校尉印以授諮議參軍劉遵馳往攻謙水陸齊進謙大敗單舸走欲下就林追斬之還至涌口林又奔散劉遵率軍追林至

巴陵斬之初謙至枝江江陵士庶皆與謙書言城內虛實道規一皆焚燒衆乃大安進號征西將軍先是桓歆子道兒逃于江西出擊義陽郡與盧循連結循使蔡猛助之道規遣參軍劉基破道兒於大薄臨陣猛與道覆率衆三萬奄至破冢魯宗之已還襄陽追召不及人情大震或傳循已平京師遣道覆上爲刺史江漢士庶感焚書之恩無復貳志道規使劉遵爲遊軍自拒道覆於豫章口前驅失利道規壯氣愈厲激揚三軍遵自外橫擊大破之斬首萬餘級赴水死者殆盡道覆單舸走還湓口初使遵爲遊軍衆咸云今強敵在前唯患衆少不應割削見力置無用之地及破道覆果待遊軍之力衆乃服焉

何無忌晉末爲輔國將軍琅琊內史南追桓玄與振武將軍劉道規俱受冠軍劉毅節度玄留其龍驤將軍何澹之前將軍郭銓江州刺史郭昶之守盆口無忌等次桑落洲澹之等率軍來戰澹之常所乘舫旌旗甚盛無忌曰賊帥必不居此欲詐我爾

宜亟攻之衆咸曰澹之不在其中其徒得之無益無忌謂道規曰今衆寡不敵戰無全勝澹之雖不居此舫取則易獲因縱兵騰之可以一鼓而敗也道規從之遂獲賊舫因傳呼曰已得何澹之矣賊中驚擾無忌之衆亦謂爲然道規乘勝徑進無忌又鼓譟赴之澹之遂潰

江逌晉末爲殷浩諮議參軍時羌及丁零叛浩軍震懼姚襄去浩十里結營以逼浩浩令逌擊之逌進兵至襄營謂將校曰今兵非不精而衆少於羌且其塹柵甚固難與校力吾當以計破之乃取數百雞以長繩連之繫火於足羣雞駭散飛集襄營火發因其亂隨而擊之襄遂小敗

檀祗高祖時爲征虜將軍青州刺史廣陵相亡命司馬國璠兄弟自北徐州界聚衆數百潛得過淮因天夜陰闇率百許人緣廣陵城得入叫喚直上聽事祗驚起出門將處分賊射之傷敗乃入祗語左右賊乘闇得入欲掩我不備但打五更懼曉必走矣賊聞鼓鳴謂爲曉於是奔散追討殺百餘人

宗慤爲振武將軍文帝時隨交州刺史檀和之討破林邑栗城入象浦林邑王范陽邁傾國來拒以具裝被象前後無際士卒不能當慤曰吾聞師子威服百獸乃製其形與象相禦象果驚奔衆因潰散遂克林邑收其異寶雜物不可勝計

沈靈龍爲建威將軍時豫州刺史殷琰與晉安王子勛反晉熙太守閻湛之據郡同逆詔靈龍自盧江攻之湛之未知尋陽已敗固守不降靈龍乃取諸將破劉胡文書置車中攻城僞敗棄車而走湛之得書大駭其夜奔逃

垣護之爲輔國將軍南郡王義宣反率大衆至梁山與王玄謨相持柳元景率護之及護之弟詢之柳叔仁鄭琨等諸軍出鎮新亭玄謨見賊強盛遣司馬管法濟求救甚急帝遣元景等進據南州護之水軍先發賊遣將龐法起率衆襲姑孰適值護之與琨等至奮擊大破之斬獲及投水死略盡玄謨馳信告元景曰西城不守唯餘東城衆寡

相懸請退還姑孰更議進取元景不許將悉衆赴救護之勸分軍援之元景然其計力以精兵配護之赴梁山及戰護之見賊舟艦累沓謂玄謨曰今當以火平之即使隊主張談等燒賊艦風猛水急賊軍以此奔敗梁山平護之率軍追討會朱脩之已平江陵至尋陽而還遷督徐兗二州豫州之梁郡諸軍事寧朔將軍徐州刺史封益陽縣侯食邑千戶後爲建武將軍領濟北太守率二千人隨張永攻碻磝先據委粟津魏拓道傳與其尚書伏連來援碻磝護之拒之賊因引軍東去蕭思話遣護之迎軍至梁山魏尚書韓元興率精騎卒至護之依險拒戰斬其都運長史甲首數十魏軍乃退思話將引還誑護之云沈慶之救軍垂至可急於濟口立橋護之揣知其意即分遣白子思話復令渡河戍乞活壘以防追軍

柳元景爲廣威將軍隋郡太守既至而蠻斷驛道欲來攻郡郡內少糧器仗又乏元景設方略得六七百人分五百人屯驛道

或曰蠻將逼城不宜分衆元景曰蠻聞郡遣重戍豈悟城內兵少且表裏合勢於計為長會蠻垂至乃使驛道為潛出其後戒曰火舉馳進前後俱發蠻衆驚擾投鄖水死者千餘人斬獲數百郡境肅然無復寇抄　呂安國為寧朔將軍時晉安王子勛反以殿中將軍劉順為司馬以前右軍參軍杜叔寶為長史太宗遣安國與輔國將軍劉勔西討鎮歷陽為諸軍總統叔寶本謂臺軍停住歷陽不辦遽順等至無不瓦解唯齎一月日糧既與勔相持軍食盡報叔寶送食叔寶乃發車千五百乘載米餉順自以五千精兵防送之安國謂勔曰劉順精甲八千而我衆不能居半相持既久彊弱勢殊為復推遷則無以自立所賴在彼糧將竭我食有餘耳若使叔寶米至非唯難可復圖我亦不能持久今唯有間道襲其米車出彼不意若能制之將不戰走矣勔以為然乃以羸弱守營簡選千百精手配安國及軍主黃回等間路出順後於橫塘抄之安國始行計叔寶尋至止齎二日熟食食盡叔寶不至將士並欲還安國曰卿等且已一食今晚米車不容不至若其不至夜去不晚叔寶果至以米車為函箱陣於外為遊軍幢主楊仲懷領五百人居前與安國回相會仲懷部曲並欲退就叔寶并力擊安國仲懷曰賊至不擊復欲何待且統兵在後正相去二里間比吾交手何憂不至即與回戰回領並淮南楚子天下精兵衆力既一合戰便破之於陣殺仲懷仲懷所領五百人死盡叔寶至而仲懷及士卒伏尸蔽野回等欲乘勝擊之安國曰彼將自走不假復擊退軍三十里止宿夜遣騎參候叔寶果棄米車奔走安國即復夜往燒米車驅牛二千餘頭而還劉順聞米車見燒叔寶又走五月一日夜衆潰奔還壽陽

沈攸之為寧朔將軍與南賊對軍賊帥袁顗復率大衆來入鵲尾相持既久軍主張興世越鵲尾上據錢溪劉胡自攻之攸之率諸將攻濃湖遣人傳唱錢溪已平衆並懽攸之曰不然若錢溪實敗萬人中應有逃亡得還者是彼戰失利唱空聲以惑衆耳勒軍中不得妄動錢溪信尋至果大破賊攸之悉以錢溪所送胡軍耳鼻示之顗駭懼急追胡還攸之諸軍悉力進攻多所斬獲日暮引歸鵲尾食盡遣千人往南陵迎米為臺軍所破燒其資實胡於是棄衆奔顗亦叛走

沈慶之為建威將軍伐沔北諸山蠻命諸軍各穿池於營內朝夕不外汲兼以防蠻之火頃之風甚蠻夜下山人提一炬以燒營內多幔屋及草菴火至輒以池水灌滅諸軍多出弓弩夾射之蠻散走

張興世為龍驤將軍明帝即位四方反叛興世領水軍拒南賊於赭圻相持久不決興世建議曰賊據上流兵彊地勝今以奇兵潛出其上使其首尾周遑進退疑沮糧運艱礙乃制勝之奇沈攸之吳喜並善其計分戰士七千配之興世乃令輕舸泝流而上旋復回還一二日中輒復如此使不為之備賊帥劉胡聞興世欲上笑曰我尚不敢往下取揚州興世何人欲據我上興世謂攸之等曰上流唯有錢溪可據乃往據之及劉胡來攻將士欲迎擊之興世曰賊來尚遠而氣盛矢驟驟既力盡盛亦易衰此曹劌所以破齊也令將士不得妄動治城如故俄而賊來轉近興世乃命壽寂之任農夫率壯士擊走之袁顗愠巳賊擾入所藏衷云何得活是月赭圻軍士伐木為栅於青山遇一童子曰賊下旬當平無為自苦忽不見至是果敗興世又遏其糧道賊衆漸饑劉胡棄軍走袁顗仍亦奔散興世遂與吳喜共平江陵

南齊劉懷珍仕宋為輔國將軍明帝初懷珍權鎮山陽先是青州刺史明僧暠遣將於王城築壘以逼沈文秀營壁未立為文秀所破乃進攻僧暠帝使懷珍率龍驤將軍王廣之五百騎步卒二千人泛海救援至東海而僧暠已退保東萊懷珍進朐城衆心兇懼或欲且保郁州懷珍謂衆曰卿等傳文秀厚賂胡酋規為外援如此徒黨何能必就左衽齊士庶民見義積集數介

一馳東萊可飛書布下何容更有緩遣止於此耶遂進至黜所僞高密平昌二郡太守瀆走懷珍遣朝廷意送致文炳文秀終不從命焚燒郭邑百姓聞懷珍至皆喜僞長廣太守劉桃根領數千人戍不其城懷珍引軍次拜洋水衆皆曰文秀今游騎境內宜堅壁伺隙懷珍曰今衆少糧單我懸彼固正宜簡精銳掩其不備耳遣王廣之將百騎襲陷其城劫留高麗獻使懷珍又遣寧朔將軍明慶符與廣之擊降之遣高麗使詣京師文秀聞諸城皆敗乃遣使張靈碩請降懷珍乃還

張敬兒宋末爲寧朔將軍越騎校尉桂陽事起隸齊太祖頓新亭賊矢石旣交休範白服乘轝往勞樓下城中望見其左右人兵不多敬兒與黃回白太祖曰桂陽所在備防寡闕若詐降而取之此必可禽也太祖曰卿若能辦事當以本州相賞敬兒相與出城南放杖走大呼稱降休範喜召至轝側回佯致太祖密意休範信之回目敬兒敬兒奪取休範防身刀斬休範首休範

左右數百人皆散敬兒馳馬持首歸新亭除驍騎將軍加輔國將軍

周山圖宋末爲中郎將時沈攸之事起世祖在盆城使城局參軍劉皆陳洲夾山圖以庶分事山圖斷取行旅船板以造樓櫓立水柵旬日皆辦世祖甚嘉之

垣崇祖宋末爲朐山戍主朐山邊海孤險人皆未安崇祖常浮舟艫於水側有急得以入海軍將得罪亡叛具以告魏魏僞城都將東徐州刺史成固公始得青州聞叛者說遣步騎二萬襲崇祖屯洛要去朐山城二十里崇祖出送客未歸城中驚恐皆下船欲去崇祖還謂腹心曰賊比擬來本非大舉正 承信一說易遣誑之今若得百餘人還事必濟矣但一人情駭不可歛集卿等可急去此二里外大叫而來唱艾塘義人已得破虜須戍軍速往相助逐退船中人果喜爭上岸崇祖引入據城遣羸弱入島令人持兩炬火登山鼓叫魏參騎謂其軍備甚盛乃退後爲豫州刺史建元二年魏梁王郁豆眷及劉昶馬步二十萬寇壽春崇祖召文武議曰賊衆我寡當用奇以制之當脩外城以待敵城旣廣闊非小不固今欲堰肥水卻淹爲三面之險諸君意何如衆曰昔佛狸侵境宋南平王士卒完盛以郭大難守退保內城今日之事十倍於前古來相承不築肥堰皆以地形不便積水無用故也若必行之恐非事宜崇祖曰卿見其一不識其二若捨外城賊必據之外脩樓櫓內築長圍四州無礙表裏受敵此坐自爲擒守郭築堰是吾上謀也乃於城西北立堰塞肥水堰北起小城周爲深塹使數千人守之崇祖謂長史封延伯曰虜貪而少慮必悉力攻小城圖破此堰見塹狹城小謂一往可克當以蟻附攻之放水一激急踰三峽事窮奔透自然沈溺此豈非小勞而大制也虜衆由西道集堰南分軍東路內薄攻小城崇祖著白紗帽肩轝上城手自轉式日晡時決小埭水勢奔下虜攻城之衆漂墜塹中人馬溺死數千大衆皆退走

王玄邈爲梁南秦二州刺史建元初亡命李烏奴作亂梁部陷

白馬戍玄邈率東從七八百人討之不克處不自保乃使人僞降烏奴告之曰王使君兵衆羸弱棄伎妾於城內攜愛妾二人去以數日矣烏奴喜輕兵襲州城玄邈設伏擊破之烏奴挺身走太祖聞之曰玄邈果不負吾意遇也還爲征虜將軍長沙王後軍司馬南東海太守

裴叔業爲持節督徐州諸軍魏主寇沔北帝令叔業援雍州叔業啓曰北人不樂遠行唯樂侵掠伐虜界則雍司之賊自然分張無勞動民向遠也從之

梁劉坦齊末爲長沙太守行湘州事府東昏遣安城太守劉希祖破西臺所選太守范僧簡於平都希祖移檄湘部於是始興內史王僧粲應之自是湘部諸郡悉皆蜂起唯臨湘湘陰瀏陽羅四縣猶全州人咸欲汎舟逃走坦悉聚船焚之遣將尹法略距僧粲相持未決前湘州鎮軍鍾玄紹潛謀應僧粲要結士庶數百人皆連名定計刻日攻州城坦聞其謀僞爲不知因理訟

至夜而城陷遂不開以疑之玄紹未及發明旦詣坦問其故坦以留與語密遣親兵收其家書玄紹在坐未起而收兵已報具得其文書本末玄紹即且伏於坐斬之焚其文書其餘黨悉无所問衆愧且服州郡以安法略與僧琛相持累月建康城平公則還州群賊始散

韋叡為輔国將軍天監四年督衆軍伐魏叡城未能拔叡巡行圍柵魏城中忽出數百人陳於門外叡欲擊之諸將皆曰向本輕來未有戰備徐還授甲乃可進耳叡曰不然魏城中二千餘人閉門堅守足以自保無故出人於外必其驍勇者也若能挫之其城自拔衆猶遲疑叡指其節曰朝廷授此非以為飾韋叡之法不可犯也乃進兵士皆殊死戰魏軍果敗走因急攻之中宿而城拔五年魏中山王元英先於邵陽洲兩岸為兩橋樹柵數百步跨淮通道叡裝大艦使梁郡太守馮道根廬江太守裴邃秦郡太守李劉等為水軍值淮水暴長叡即遣之鬭艦競發皆臨壘以小船載草灌之以膏從而焚其橋風怒火盛烟塵晦冥敢死之士拔柵斫橋水又漂疾倏忽之間橋柵俱壞而道根等皆身自搏戰軍人奮勇呼聲動天地無不一當百魏人大潰元英見橋絶脱身遁去

陳慶之為東宮直閤大通元年隷領軍曹仲宗伐渦陽魏遣征南將軍常山王元昭等率馬步十三万來援前軍至駝澗去渦陽四十里慶之欲逆戰明威將軍韋放以賊之前鋒必是輕鋭與戰若捷不足為功如其不利沮我軍勢兵法所謂以逸待勞不如勿擊慶之曰魏人遠來皆已疲倦去我既遠必不見疑及其未集須挫其氣出其不意必无不敗之理且聞虜所據營林木甚必不夜出諸君若皆疑惑慶之請獨取之於是與麾下二百騎奔擊破其前軍魏人震恐

庾域為華陽太守時魏軍初圍南鄭州有空倉數十所域封題指示將士云此中粟皆滿足支二年但努力堅守衆心以安虜退以功拜羽林監

陳韋載初仕梁為信武將軍義興太守降高祖高祖引置左右與之謀議徐嗣徽任約等引齊軍濟江據石頭城高祖問計於載載曰齊軍若分兵先據三姑之路略地東境則時事去矣今可急於淮南即侯景故壘築城以通東道轉輸別命輕兵絶其粮運使進無所虜退無所資則齊將之首旬日可致高祖從其計

侯安都梁末為南徐州刺史高祖東討杜龕安都留臺居守徐嗣徽任約等引齊寇入據石頭游騎至于闕下安都閉門偃旗幟示之以弱令城中曰登陴看賊者斬及夕賊收軍還石頭安都夜令士卒密營禦敵之具將旦賊騎又至安都率甲士千三百人開東西掖門與戰大敗之賊乃退還石頭不敢進逼臺城

侯瑱為都督西討諸軍事鎮于梁山與王琳相持百餘日未決天嘉元年二月東關春水稍長舟艦得通王琳引合肥漅湖之衆舳艫相次而下其勢甚盛瑱率軍進獸檻洲琳亦出船列于

江西隔州而泊明日合戰琳軍少却退保西岸及夕東北風大起吹其舟艦並壞没于沙中溺死者有數十百人浪大不得還浦夜中又有流星墜于賊營及旦風琳入浦治船以荻船塞於浦口又以鹿角繞岸不敢復出是時西魏遣大將軍史寧躡其上流瑱聞之知琳不能持久收軍却據湖浦以待其弊及史寧至圍郢州琳恐衆潰乃率船艦來下去蕪湖十里而泊擊柝聞於軍中明日齊人遣兵數万來助琳琳引衆向梁山欲越官軍以屯險要齊儀同劉伯球率兵万餘人助琳水戰行臺慕容恃德子子會領鐵騎二千在蕪湖西岸博望山南為其聲勢瑱令軍中晨炊蓐食分搥蘯頓蕪湖洲尾以待之將戰有微風至自東南衆軍施栢縱火定州刺史章昭達乘平虜大艦中江而進發栢中賊艦其餘冒突青龍各相當值又以牛皮冒蒙衝小船以觸賊艦并鎔鐵灑之琳軍大敗其步兵在西岸者自相蹂踐馬騎並淖于蘆荻中棄馬脱走以免者十二三盡獲其舟艦器

械并銜齊將劉伯球慕容子會自余俘馘以萬計琳與黨潘純等乘單舸艦冒陣走至盆城猶欲收合離散衆無附者乃與妻妾左右十餘人入齊陸子隆爲明威將軍廬陵太守時周迪據臨川及東昌縣人脩行師應之率兵以攻子隆其鋒甚盛子隆設伏於外仍閉門偃甲示之以弱及行師至腹背擊之行師大敗因乞降子隆許之送于京師

周文育爲平西將軍時廣州刺史蕭勃舉兵踰嶺詔文育督衆軍討之會新吴洞主余孝頃舉兵應勃遣其弟孝勱守郡城自出豫章據于石頭敎使其子孜將兵與孝頃相會又遣其別將歐陽頠頓軍苦竹灘傅泰據墌口城以拒官軍官軍船少孝頃有舴艋三百艘艦百餘乘在上牢文育遣軍主焦僧度羊柬潜軍襲之悉取而歸仍於豫章立柵時官軍食盡並欲還文育不許乃使人間行遺周迪書約爲兄弟并陳利害迪得書甚喜許饋糧餉於是文育分遣老小乘故船舫沿流俱下燒豫章所立

柵僞退孝頃望之大喜因不設備文育由間道兼行信宿達芊韶芊韶上流則歐陽頠蕭勃下流則傅泰余孝頃文育據其中間築城饗士賊徒大駭歐陽頠乃退入溪作城自守文育遣嚴威將軍周鐵武興長史陸山才襲頠擒之於是盛陳兵甲與頠乘舟而讌以巡傅泰城下因攻泰克之蕭勃在南康聞之衆皆股慄莫能自固其將譚世遠斬勃欲降爲人所害世遠軍主夏侯明徹持勃首以降蕭孜余孝頃猶據石頭高祖遣侯安都助文育攻之孜降文育孝頃退走新吴廣州平文育還頓豫章以功授鎮南將軍開府儀同三司都督江廣衡交等諸軍事

周文昭爲都督安蘄江衡司安等州刺史北齊遣尚書左丞陸騫以衆二萬出自巴蘄與文昭相遇文昭留羸弱輜重設疑兵以當之身率精銳由間道邀其後大敗騫軍虜獲器械驢馬不可勝數進攻巴州剋之於是江北諸城及穀陽士民並殺渠帥以城降

章昭達爲車騎大將軍帥師征蕭巋于江陵時蕭巋與周軍大蓄舟艦於青泥中昭達分遣偏將錢道戢程文季等乘輕舟襲之焚其舟艦周兵又於峽下南岸築壘名曰安蜀城於江上橫引大索編葦爲橋以度軍糧昭達乃命軍士爲長戟施於樓船之上仰割其索索斷糧絶因縱兵以攻其城降之

蕭摩訶爲武毅將軍譙州刺史及周武帝滅齊遣其將宇文忻率衆爭呂梁戰於龍晦時忻有精騎數千摩訶領十二騎深入周軍縱橫奮擊斬馘甚衆及周遣大將軍王軌來赴結長圍連鏁於呂梁下流斷大軍還路摩訶謂明徹曰聞王軌始鎮下流其兩頭築城今尚未立公若見遣擊之彼必不敢相拒水路未斷賊勢不堅彼城若立則吾屬且爲虜矣明徹乃奮髯曰搴旗陷陣將軍事也長算遠略老夫事也摩訶失色而退一旬之間周兵至摩訶又請明徹曰今求戰不得進退無路若潜軍突圍未足爲恥願公率步卒乘馬轝徐行摩訶領鐵騎數千驅馳前

後必當使公安達京邑明徹曰弟之此計乃良圖也然老夫受脤專征不能戰勝攻取今被圍逼慙實無地且步軍既多吾爲總督必須身居其後相率兼行弟馬軍宜須在前不可遲緩摩訶因率馬軍夜發先是周軍長圍旣合又於要路下伏數重摩訶選精騎八十率先衝突自後衆騎繼焉比旦達淮南高宗詔徵還授右衛將軍

岳陽王叔慎爲湘州刺史隋將兵南伐叔慎僞遣人奉降書于隋將龐暉暉信之克期而入叔慎伏甲待之暉又令數百人屯于城門自將左右數十人入子聽事俄而伏兵發縛暉之以徇盡擒其黨皆斬之

冊府元龜卷第三百六十三

將帥部二十五

機略第四

後魏李先明元永興中爲安東將軍與王黨王長孫道生率衆襲馮跋乙連城尅之悉虜其衆乃進討和龍先言於道生曰宜密使兵人人備青草一束各五尺圍用填城塹攻其西南絕其外援勒兵急攻賊必可擒道生不從遂掠民而還

蒲城侯崙太武時爲統万鎮將從永昌王仁南征別出汝陰濟淮宋將劉康祖屯於慰武亭以邀軍路師人患之崙曰今大風既勁若令推草車方軌並進乘風縱火以精兵自後乘之破必矣從之斬康祖傳首行宮

沛郡公禎爲司衛監從太武征蠕蠕忽遇賊別部多少不敵禎乃就山解鞍放馬以示有伏賊果疑而避之

古弼爲安西將軍從太武征赫連定駕至平原次于涇南遣弼

與侍中張黎擊平涼赫連定自安定率步騎二万來救與弼等相遇弼僞退以誘之太武使高車勑勒擊定斬首數千級弼乘勝取安定

陸俟爲內都大官安定盧水劉超等聚黨万余以叛太武以俟威恩被於關中詔以本官加都督秦雍諸軍事鎮長安太武曰秦川險絕奉化日近吏民未被恩澤故頃年已來頻有叛動今超等恃險不順王命朕若以重兵與卿則超等必合而爲一據險拒戰未易攻也若以輕兵與卿則不制矣今使卿以方略定之於是俟單馬之鎮超等聞之大欣以爲無能爲也既至申楊威信示以成敗誘納超女外若姻親超猶自驕勿無降意俟乃率其帳下往見超觀其舉措設掩襲之計超使人逆曰三百人以外適當以弓馬相待三百人內當以酒食相供俟乃將二百騎詣超設備甚嚴俟遂縱酒尽醉而還後謂將士曰超可取也乃密選精兵五百人陳國恩德激厲將士言至憤慨士皆奮勇各曰以死從公必無二也遂僞獵詣超與士卒約曰今會發機當以醉爲限俟於是詐酒士馬大呼手斬超首士卒應聲縱擊殺傷千數遂平之太武大悅

源賀爲平西將軍太武征涼州以賀爲鄉導詔問攻戰之計賀對曰姑臧城外有四部鮮卑各爲之援然皆是臣祖父舊民臣願軍前宣國威信示其禍福必相率歸降外援既服然後攻其孤城拔之如反掌耳太武曰善於是遣賀率精銳歷諸部招慰下三万余落獲雜畜十余万頭及圍姑臧由是無外慮故得專力攻之涼州平遷征西將軍後爲征南將軍時詔都督三道諸軍屯于漠南是時每歲秋冬遣三道並出以備北寇至春中乃班師賀以勞役京都又非禦邊長計乃上言請募諸州鎮有武健者三万人復其徭賦厚加賑恤分爲三部二鎮之間築城城置万人給彊弩十二牀武衛三百乘弩一牀給牛六頭武衛一乘給牛二多造馬槍及諸器械使武略大將二人以鎮撫之冬則講武春則種殖並戍並耕則兵

未勞而有盈畜矣又於白道南三處立倉運近州鎮租粟以充之足食足兵以備不虞於宜爲便不可歲常舉衆連動京師令朝廷常有北顧之慮也事寢不報

劉絜爲尚書令從太武破蠕蠕大檀于雲中絜言於帝曰大檀恃衆役雖破膽奔北恐不懲往敗將復送死請收田訖爲一大舉東西並進爲二道討之帝然其言

濟陰王新成有武略庫莫奚侵擾詔新成討之新成乃多爲毒酒賊逼便棄營而去賊至競飲遂簡輕騎縱擊俘馘甚多

李崇孝文帝時爲安東將軍徐州降人郭陸聚黨作逆人多應之騷擾南北崇遣高平卜冀州詐稱犯罪逃亡歸於陸納之以爲謀主數月冀州斬陸送之賊徒潰散宣武時爲車騎將軍楊州刺史時梁人於浮山堰淮以灌楊徐水勢日增崇乃於硤石戍間編舟爲橋北更立船樓十各高三丈十步置一籬至兩岸蕃板裝治四箱解合賊至舉用不戰解下入於樓船之北連覆

大船東西竟水防賊火栰又在八公山之東南更起一城以備大水州人號曰魏昌城

中山王英初爲梁州刺史孝文時梁州民李天幹等詣英降待以國士之禮天幹等家在南鄭之西請迎接英遣迎之蕭懿聞而遣將姜脩率衆追襲逮夜交戰頗有殺傷脩後屢敗復更請軍懿遣衆赴之迎者告急英率騎一千倍道赴救未至賊已退還英恐其入城别遣統軍元拔以隨其後英徼其前合擊破之盡俘其衆懿續遣軍英不虞賊至且衆力已疲軍人皆懼咸欲奔走英乃緩騎徐行神色自若登高望賊東西指麾狀似處分然後整列而前賊心謂有伏兵俄然賊退乘勢追之遂圍南鄭會蕭懿遣將伐獠英統軍爲所敗後英以奇兵掩之盡擒獲彼勑班師英於是先遣老弱身勒精卒留後遣使與懿告别懿以爲詐也英還一日猶閉門不開二日之後懿乃遣將追英英親自殿後與士卒下馬交戰賊衆莫敢逼之四日四夜然後賊退

全軍而還乃與邢巒討梁將蕭苟仁于懸瓠城英既次義陽將取三關英策之曰三關相須如左右手若剋一關兩關不待攻而定攻難不如攻易東關易攻宜須先取即黃石公所謂戰如風發攻如河決英攻其并力於東乃使長史李華率五統向西關分其兵勢身督諸軍向東關先是馬仙琕使雲騎將軍馬廣率衆拒屯於長薄軍主胡文超别屯松峴英至長薄馬廣夜遁入於武陽英進師攻之聞梁遣冠軍將軍彭甕兄驃騎將軍徐超援武陽英乃緩軍曰縱之使入此城吾先曾觀其形勢易攻耳吾取之如拾遺也諸將未之信甕兄等既入武陽英促圍攻之六月而廣等降於是進擊黃峴梁太子左衛李元履棄城奔竄又討西關梁司州刺史馬仙琕亦即退走果如英策凡擒其大將六人支將二十人卒七千米四十萬石軍資稱是

尉元孝文時爲都督南征諸軍事征西大將軍元上表曰臣天安之初奉律摠戎廓寧淮右海岱既平乃忝徐岳素飡尸禄積有年歲彼土安危實所具悉每惟彭城水陸之要江南用兵莫不因之威陵諸夏夫國之大計豫備爲先且臣初克徐方青齊未定從河以南猶懷彼此時劉彧遣張永沈攸之陳顯達蕭順之等前後數度規取彭城勢連青兖唯以彭城既固而永等摧屈今計彼戍兵多是胡人臣前鎮徐州之日胡人子都將呼延籠達因於負罪使尔叛亂鳩引胡類一時扇動賴靈威遐被罪人斯戮又團城子都將胡人王敕勤負釁南叛每懼姦圖狡誘同黨愚誠所見宜以彭城胡軍换取南豫州徙民之兵轉戍彭城又以中州鮮卑增實兵數於事爲宜詔曰公之所陳甚合事機其後薛安都以徐州内附元孔伯恭赴援元表分兵置戍進定青冀復表曰彭城賊之要蕃不有積粟彊守不可以固若儲糧廣戍雖劉彧師徒悉動不敢窺闚淮北之城此自然之勢也詔曰待後軍到量宜守防其青冀已遣軍援須待剋定更運軍糧元又表曰臣前表以下邳水陸所湊先規殄滅遣兵屢討猶

未擒定然彭城下邳信命未斷此之戍人元居賊界心尚戀本輒相抗拒或希幸非望南來息耗擁塞不達雖至窮迫仍不肯降彭城民任玄明從淮南到鎮稱劉彧遣將任農夫陳顯達領兵三千來修宿豫臣即以其日密遣覘使驗其虛實如明所言臣欲自出擊之以運糧未接又恐新民生變遣子都將于沓劉龍駒等步騎五千將往赴擊但征人淹久逃亡者多迭相扇動莫有固志器仗敗毀無一可用臣聞伐國事重古人所難功雖可立必須經略而舉若賊向彭城必由清泗過宿豫歷下邳趣青州路由下邳入沂水經東安即爲賊用師之要今若先定下邳平宿豫鎮淮南戍東安則青冀諸鎮可不攻而剋若四處不服青冀雖拔百姓狼顧猶懷僥倖之心愚臣以爲宜釋青冀之師先定東南之地夏水雖盛無津途可因冬路雖通無高城可固如此則淮北自舉暫勞永逸

傅永孝文時爲豫州刺史平南將軍王肅長史齊明帝遣將魯

康祚逍公政衆號一萬侵豫州之大雷口肅令永勒甲士三千擊之時康祚等軍於淮南永合淮北十有餘里永量吳楚之兵好以斫營爲事即夜分兵爲二部出於營外又以賊若夜來必應於渡淮之所以火記其淺處永既設伏乃密令人以瓠盛火渡淮南岸當深處置之教之云若有火起即亦然之其夜康祚公政等果親率領來斫永營東西二伏俠擊之康祚等奔趣淮水火既競起不能記其本濟遂望永所置之火而爭渡焉水深溺死斬首者數千級生擒公政康祚人馬墜淮曉而獲其尸斬首并公政送於京師公政岐州刺史超宗之從兄也時裴叔業率王茂先李定等來侵楚王戍永適還州肅復令永討之永將心腹一人馳詣楚王戍至即令戍塡塞外塹夜伏戰士一千人於城外晩而叔業等至頓於城東列陣將置長圍永所伏兵於左道擊其後軍破之叔業乃令將佐守所列之陣自率精甲數千救之永上門樓觀叔業南行五六里許便開門奮擊遂摧破

之叔業進退失圖於是奔走左右欲追之永曰弱卒不滿三千彼精甲猶盛非力屈而敗自墮吾計中耳既不測我之虛實足喪其膽執俘足矣何假逐之獲叔業傘扇鼓幕甲仗萬余兩月之中遂獻再捷

奚康生孝文時爲中堅將軍討吐京叛胡平友追至車突谷康生詐爲墮馬胡皆謂死爭欲取之康生騰騎奮矛殺傷數十人胡遂奔北輕騎退走去康生百余步彎弓射之應弦而死因俘其牛羊駝馬以萬數

辛祥爲龍驤府長史帶義陽太守衆將胡武城陶平虜於州南金山之上連營侵逼衆情大懼祥從容曉諭人心遂安時出挑戰僞退以驕賊賊果曰來攻逼不復自備乃夜出襲其營將賊矢刃交下賊大分散擒平虜斬武城以送京師州境獲全

楊椿爲平西將軍時秦州羌呂苟兒涇州屠各陳瞻等聚衆叛詔椿爲別將隸安西將軍元麗討之賊入隴守險自固或謀伏兵山徑斷其出入待糧盡而攻之或云斬除山木縱火焚之然後進討椿曰並非計也此本規盜非有經略自王師一至無戰不摧所以深竄者正避死耳今宜勒三軍勿更侵掠賊必謂我見嶮不前心輕我軍然後掩其不備可與而平矣乃緩師不進賊果出掠仍以軍中驢馬餌之不加討逐如是多日陰簡精卒銜枚襲斬瞻傳首

椿弟津爲定州刺史時賊帥鮮脩禮杜洛周殘掠州境津與賊帥元洪業及與賊中督將尉靈根程殺鬼潘法顯等書曉喻之幷授其券許以爵位令圖賊帥毛普賢洪業等　復書云今與諸人密議欲殺普賢願公聽之　又賊欲圍城正爲取北人耳城中所有北人必須盡殺公若置之恐縱敵爲患矣願公察之津以城內北人雖是惡黨然掌握中物未忍便殺但收內子城防禁而已將吏無不感其仁恕

田益宗爲征虜將軍宣武景明初梁遣軍主吳子陽率衆寇三關益宗遣梅興之等擊之獲

其二城益宗上表曰臣聞機之所在聖賢弗之疑若弱攻昧前王莫之捨皆承群生於湯炭盛武功於方來然霸業將淪非勁驫無以速其擇天之所棄非假手無以殲其人竊惟蕭氏衍常以君臣交爭江外州鎮中分爲兩東西抗峙已淹歲時民庶窮於轉輸兵甲疲於戰鬥事救於目前力盡於麾下雖州鎮綱紀無方藩城棊立孤存而已不乘機電掃廓彼蠻疆恐後之經略未易於此且壽春雖平三面仍梗鎮守之宜實須豫設義陽差近淮源利涉津要朝廷行師必由此道若江南一平有事淮外須乘夏水汎長列舟長淮師赴壽春須從義陽之北便是居我喉要在慮彌深義陽之城今實時矣度彼衆不過須精卒一萬二千然行師之法貴張形勢請使兩京之衆西擬隨雍州之卒頓于建安得捍三關之援然後二豫之軍直據南關對抗延頭遣一都督總諸軍節度季冬進師迄于春末弗過十旬克之必矣宣武納之遣鎮南元英攻義陽益宗遣其息魯生領步騎八

千斷賊糧運并焚其釣城積聚東戍主趙文舉率衆拒戰魯生
破之獲文舉及小將胡建興告賠莊元仲等已斬五千餘及溺
死千五百人倉米運舟焚燒湯盡
源懷景明中為車騎大將軍涼州大中正懷奏曰蕭賊遊魂
江揚職為亂逆肆歌狂昏月滋日甚貴臣重將靡有孑遺崇信
姦回昵比閹豎內外離心骨肉猜叛蕭寶融僭號於荊郢其雍
州刺史蕭衍勒兵而東襲上流之衆已逼其郊廣陵京口各持
兵而懷兩望鍾離淮陰並鼻峙而觀得失秣陵孤危制不出門
君子小人並罹災禍延首北望朝不及夕斯實天啟之期吞并
之會乘破蕭之釁藉其分離之際東據歷陽兼指瓜步緣江
鎮戍達於荊郢然後奮雷霆之威布山河之信則江西之地不
刃自來吳會之鄉指期可舉昔士治有言晧若暴死更立賢主
文武之官各得其任則勍敵也若使蕭衍剋就上下同心非直
後圖之難實亦揚境危逼何則壽春之去建鄴七百而已山川

水陸彼所諳利脫江湘無波君子效職藉水還舟儵忽而至壽
春容不自保江南將若之何今寶卷邑居有土分之刑邊城無
繼援之兆淸蕩江區寔在今日受恩既重不敢不言詔曰不君
不臣江南常獘有粟不食其在斯矣上天將欲亡之諸番又願
取之人事天道執去匪會但以養寇養亡者不為且十月五日
衍軍已達大航其大傷小亡之勢必應有使假令天罰寶卷衍
兵獲進則衍之主佐又是亂亡遺孽皇靈其能久祐之乎今之
所務者正以南豫企德邊書繼至發之旺理須救援若爾者
揚州兵力配積不少但可遣任城王以分威別加勉令勢盡
邊算也以衍事剋遂停正始中蠕蠕寇邊詔懷禦之懷至雲中
蠕蠕亡遁懷旋至恒代案視諸鎮左右要害之地可以築城置
戍之處皆量其高下揣其厚薄及儲糧積仗之宜犬牙相救之
勢凡表五十八條表曰蠕蠕不羈自古而爾遊魂鳥集水草爲
家中國患者皆斯頻耳歷代驅逐莫之能制雖北拓榆中遠臨

瀚海而智臣勇將力算俱竭胡人頗遁中國以疲于時賢哲思
造化之至理推生民之習業量夫中夏粒食邑居之民蠶衣儒
步之士荒表茹毛飲血之類鳥宿禽居之徒親校短長因宜防
制知城郭之固暫勞永逸自皇魏統極都於平城威震天下德
龍宇宙今定鼎成周去北遙遠代表諸蕃北固高車外叛尋遭
旱儉戎馬甲兵十分闕八去歲復鎮陰山庶士還盡遣尚書郎
中韓貞朱世昌等檢行要險防遏形便謂准舊時東西相望令
形勢相接築城置戍分兵要害勸農積粟警急之日隨便翦討
如此則威形增廣兵勢亦盛且北方沙漠夏乏水草時有小泉
不濟大衆脫有非意要待秋冬因雪而動若至冬日冰沙凝厲
遊騎之寇終不敢攻城亦不敢越城南出如此北方無憂矣宣
武從之今北鎮諸戍東西九城是也
任城王澄宣武時為鎮南大將軍揚州刺史表曰蕭衍頻斷東
關欲令漅湖泛溢湖周回四百餘里東關合江之際廣不過數

十步若賊計得成大湖傾注者則淮南諸戍必同晉陽之事矣
又吳楚便水且灌且戰淮南之地將非國有壽陽去江五百餘
里衆庶惶惶並懼水害脫乘民之願攻敵之虛豫勒諸州纂集
士馬首秋大集則南瀆可為飲馬之津霍嶺必成徙倚之觀事貴
應機經略須早縱一不可必果江西自是無虞若猶豫緩圖
不加除討關塞既成襄陵方及平原民戍定為魚矣
澄子嵩宣武時為平南將軍荊州刺史嵩表曰蕭寶卷骨肉相
殘忠良先戮臣下囂然莫不離背君臣攜貳干戈日尋流聞寶
卷雍州刺史蕭衍兄懿於建業阻兵與寶卷相持荊郢二州刺
史並是連書相聞迎其本謀冀獲同心并力除衍平衍之後必
旋師赴救丹陽當不能復經營疆埸全固襄沔臣之軍威已得
臨據則沔南之地可一舉而收緣漢曜兵示以威德思歸有道
者則引而納之受疑告危者則援而接之總兵竚銳觀釁而動
若壯發落之形以彰危懼之勢以著便可順流推鋒長驅席卷

詔曰所陳嘉謀深是良計如當機形可進任將軍裁之旣而梁武尋克建業乃止

安定王燮宣武時爲征虜將軍峯州刺史燮表曰謹惟州治李潤堡雖是少梁舊地晉芮昔壤然胡夷內附遂爲戎落城非舊邑先代之名爰自國初護羌小戍及改酋立郡依丘立州因藉倉吏未刋名實竊見馮翊古城羌魏兩民之交許洛水陸之際先漢之左輔皇魏之右翼形勝名都實惟西蕃奧府今州之所在豈惟非舊至乃居岡飲澗井谷穢雜昇降劬勞徃還數里嗕喈明昏有虧禮教未若馮翊面華渭包原澤井淺池平樵牧饒廣採木華陰陸運七十伐木龍門順流而下陪削舊雉功省力易人各爲已不以爲勞昔宋民無井穿井而忻得人況合城無水得水而

不家慶竊聞前政刺史非是無意或值兵舉或遇年災緣此契闊稽延至此去歲已熟秋方大登四境晏安京師無事丁不十錢之費人無八旬之勤損輕益重乞垂昭遂詔曰一勞永逸便可聽移

蕭寶寅爲撫軍將軍宣武時梁武遣將康約於浮山堰淮以灌楊徐除寶寅都督東討諸軍事堰旣成淮水濫溢將爲楊徐之患寶寅於堰上流更鑿新渠引注淮澤水乃小減

邢巒宣武時爲安西將軍旣平蜀巴西乃表曰楊州成都相去萬里陸途旣絕唯資水路蕭衍兄子淵藻去年四月十三日發揚州今歲四月四日至蜀水軍西上非周年不達外無軍援一可圖也益州頃經劉季連反叛鄧元起攻圍資儲散盡倉庫空竭今猶未復穌民人喪膽無復固守之意二可圖也蕭淵藻是裙屐少年未洽治務及至益州便戮鄧元起曹亮宗臨戎斬將則是駕馭失方范國惠津渠退敗鏁執在獄今之所任並非宿將重名皆是左右少年而已旣不厭民望多行殘暴民心離解三可圖也蜀之所恃唯阻劍閣今旣克南安已奪其險據彼界內三分已一從南安向涪方軌任意前軍累破後衆喪魂四可圖也昔劉禪據一國之地姜維爲佐鄧艾旣出綿竹彼卽投降及苻堅之世楊安朱彤三月取漢中四月至涪城兵未及州仲孫逃桓溫西征不旬月而平蜀地昔來常多不守況淵藻是蕭衍兄子骨肉至親若其逃亡當無死理脫軍克涪城淵藻復何宜城中坐而受困若其出鬬

庸蜀之卒唯便刀矟弓箭至少假有遙射弗至傷人五可圖也臣聞乘機而動武之善經攻昧侮亡春秋明義未有捨干戚而康時不征伐而混一伏惟陛下纂武文之業當必世之期跨中州之饒兼甲兵之盛清蕩天區在於今矣是以踐極之初壽春馳款先歲命將義陽克闢淮外旣以風清荊沔於焉肅晏方欲偃甲息兵候機而動而天贊休明時來斯速雖欲靖戎理不獲已至使道遷歸誠漢境佇拔臣以不才屬當戎寄內省文吏不以軍謀自許指臨漢中惟規保疆守界事屬艱途東西寇竊上憑國威下仗將士邊帥用命頻有薄捷藉勢乘威遂庚大劍旣克南安據彼要險前軍長邁已至梓潼新化之民翻然懷惠瞻望涪益旦

久可厝三以兵少糧匱未宜前出爲嗣稽誅懼失民心則更爲寇今若不取後圖便難輒率愚管庶幾殄剋如其無功分受憲坐且益州郡實户余十萬以壽春義陽三倍非四可乘可利實在于茲若朝廷志存保民未欲經略臣之在此便爲無事乞歸侍養徵展烏鳥詔曰若賊敢闚關觀機翦撲如其無也則安民保境以悅邊心平蜀之舉更聽後敕方將席卷岷蜀電掃西南何得辭以戀親中途告退宜勗令圖務申高略鑾又表曰昔鄧艾鍾會率十八萬衆傾中國資給裁得平蜀所以然者鬪實力故也況臣才絕古人智勇又闕復何宜請二萬之衆而希平蜀所以敢者正以據得要險士民慕義此往則易彼來則難任力而行理有可剋今王足前進已逼涪城脫得涪城則益州便是成擒之物但得之有早晚耳且梓潼已附民户數萬朝廷豈得不守之也若守也直保境之兵則已一萬臣今請二萬五千所增無幾又劍閣天險古來所稱張載銘云世亂則逆世清斯順此之一言良可惜矣臣誠知征戎危事不易可爲自軍度劍閣以來鬢髮中白憂慮戰懼寧可一日爲心所以勉彊者既得此地而自退不守恐孤先皇之恩遇負陛下之爵祿是以孜孜頻有陳請且臣之意算正欲先圖涪城以漸而進若剋涪城便是中分益州之地斷水陸之衝彼外無援軍孤城自守復何能持久哉臣今欲使軍軍相次聲勢連接先作萬全之計然後圖彼得之則大剋不得則自全又巴西南鄭相離一千四百去州迢遞常多生動昔在南日以其統綰勢難故增立巴州鎮靜夷獠梁州藉利因而表罷彼土民望嚴蒲何楊非唯五三族落雖在山居而多有豪右文學箋啓往往可觀冠帶風流亦爲不少但以去州既遠不能仕進至於州綱無由厠迹巴境民豪便是無梁州之分是以鬱怏多生動靜　建議之始嚴玄思自號巴州刺史剋城以來仍使行事巴西廣袤一千戶餘四萬若彼立州鎮攝華獠則大帖民情從墊江已還不復勞征自爲國有宣武不從又王足於涪城輒還遂不定蜀

崔延伯宣武永平中爲後將軍幽州刺史梁遣其左遊擊將軍趙祖悅率衆偷據硤石詔延伯爲別將與都督崔亮討之亮令延伯守下蔡延伯與別將伊瓮生挾淮爲營延伯遂取車輪去輞削銳其輻兩兩接對揉竹爲絚貫連相屬竝十餘道橫水爲橋兩頭施大鹿盧出沒任情不可燒斫既斷祖悅等走路又令舟舸不通由是梁軍不能赴救祖悅合軍咸見俘虜於軍拜平南將軍光祿大夫後與楊大眼等至自淮陽靈太后幸西林園引見延伯太后曰卿等志尚雄猛皆國之名將比平峽石公私慶快此乃卿等之功也但淮堰仍在宜須豫謀故引卿等親共量算各出一圖以爲後計大眼對曰臣輒謂水陸二道一時俱下往無不剋延伯曰臣今輒難大眼既對聖顏答旨宜實水南水北各有溝瀆陸地之計如何可前愚臣短見願聖心慇水兵之勤苦給復一年專習水戰脫有不虞召便可用往無不獲靈太后曰卿之所言深是宜要當務安請

袁翻孝明時爲冠軍將軍涼州刺史會蠕蠕主阿那瓌後主婆羅門竝以國亂來降朝廷問翻安置之所翻表曰謬以非才忝荷邊任猥垂訪逮安置蠕蠕主阿那瓌婆羅門等處所遠近利害之宜竊惟匈奴爲患其來久矣雖隆周盛漢莫能障服衰弱則降富彊則叛是以方叔召虎不遑自息衛青去病勤亦勞止或修文德以來之或興干戈以伐之而一得一失利害相侔故呼韓來朝左賢入侍史籍謂之盛事千載以爲美談至于皇代勃興威馭四海爰在北京仍梗疆埸自卜惟洛食定鼎伊瀍高車蠕蠕迭相吞噬始則蠕蠕衰微高車強盛蠕蠕則自救靡暇高車則僻遠西北及蠕蠕復振反破高車主喪民離不絕如綫而高車今能終雪其恥復摧蠕蠕者正由種類繁多不可頓滅故也然鬪此兩敵即卞莊之算得使境上無塵數十年中者抑此之由也今蠕蠕內爲高車所討滅外憑大國之威靈兩主投

身一春而至百姓歸誠萬里相屬進希朝廷哀矜剋復宗社退望庇身有道保其妻兒雖乃遠夷荒狄不識信順終無純固之節必有孤負之心然興亡繼絶列聖同規撫降卹附綿經共軌若棄而不受則虧我大德若納而禮待則損我資儲來者既多全徙內地非直其情不願迎送艱難然夷不亂華殷鑒不遠覆車在於劉石毀敝固不可尋且蠕蠕尚存則高車猶有內顧之憂未暇窺窬上國若蠕蠕全滅則高車跋扈之計豈易可知今蠕蠕雖主奔於上民散於下而餘黨實繁部落猶衆處處棊布以望今主耳高車亦未能一時并兼盡令率附又高車士馬雖衆主甚愚弱上不制下下不奉上唯以掠盜爲資陵奪爲業河西捍禦彊敵唯涼州敦煌而已涼州土廣民希糧仗素闕敦煌酒泉空虛尤甚若蠕蠕無復豎立令高車獨擅北垂則西顧之憂匪旦伊夕愚謂蠕蠕二主並宜存之居阿那瓌於東偏處婆羅門於西裔分其降民各有攸屬那瓌住所非所經見其中事勢不敢輒陳其婆羅門請修西海故城以安處之西海郡本屬涼州今在酒泉直北張掖西北千二百里去高車所住金山一千餘里正是北虜往來之衝要漢家行軍之舊道土地沃衍大宜耕殖非但今處婆羅門於事爲便即可永爲重戍鎮防西北宜遣一良將加以配衣仍令監護婆羅門凡諸州鎮應徙之兵隨宜割配且田且戍雖外爲署蠕蠕之聲而實防高車之策一二年後足食足兵斯固安邊保塞之長計也若婆羅門能自克厲使餘燼歸心收離聚散復興其國者乃漸令北轉徙渡流沙即是我之外蕃高車勍敵西北之虞可無過慮如其姦回反覆孤恩背德者此不過爲逋逃之寇於我何損今不早圖戎心一啓脫先據西海奪我險要則酒泉張掖自然孤危長河已西終非國有不圖厥始而憂其終噬臍之恨悔將何及愚見如允乞遣大使涼州敦煌及於西海躬行山谷要害之所親閱亭障遠近之宜商量士馬校練糧仗部分定見處置得所入春西海之間即令播種至秋收一年之食使不復勞轉輸之功也且西海北垂即是大磧野獸所聚千百爲群正是蠕蠕射獵之處殖田以自供籍獸以自給彼此相資足以自固今之豫度微似小損歲終大計其利實多高車豺狼之心何可專信假令稱臣致款正可外加優納而復內備彌深所謂先人有奪人之心者也管窺所陳懼多孟浪待朝議是之

曹世表孝明時爲征虜將軍行豫州刺史值梁將湛僧陷東豫州民劉獲鄭辯反於州界爲之內應朝廷以源子恭代世表爲州以世表爲東南道行臺率元安平元顯伯皇甫鄧林等討之於時賊衆彊斷小郡閉關使不通諸將以士馬單少皆敗散之余不敢復戰咸欲保城自固世表時患背腫乃轝病出外呼統軍是云寶謂之曰湛僧所以敢深入爲寇者以獲辯皆州民望爲之內應向有驛至知劉獲移軍欲迎湛去此八十里今[illegible]其不意一戰可破獲破則湛僧自走東南[illegible]服御之功也乃簡選兵馬付寶討之促令發軍即暮出城比曉兵合賊不意官軍卒至一戰破獲諸賊悉平湛僧退走唯鄭辯與子恭親舊亡匿子恭所世表召諸將吏衆責子恭收辯斬之傳首京師敕遣中使宣旨慰諭賜馬二匹衣服被褥復以世表[illegible]豫州事行臺

故賀拔岳孝莊時爲衛將軍討万俟醜奴[illegible]南傍水分置[illegible]騎四十五十以爲候所隨地形便驛[illegible]自將百[illegible]隔水與賊相見並且東行岳漸前進先所置騎隨岳而集騎既漸增賊不復測其多少行二十里許便至淺濟岳便馳馬東出以示奔遁賊謂岳走乃棄步兵南渡渭水輕騎追岳岳東行十余里依橫岡伏兵以待之賊以路嶮不得前進前後繼至半度岡東岳乃回戰身先士卒急擊之賊便退走岳号令所部賊下馬者皆不聽殺賊顧見之便悉投馬俄而虜獲三千人馬亦無遺遂度渭北降步兵萬余收其輜重

慕容儼爲京畿都督孝莊時西荊州爲梁將曹義宗所圍儼進

囂甚之將北平太守宋帶劒謀叛儼乃輕騎出其不意直至城下語云大軍已到太守何不出迎帶劒造次惶恐不知所爲便出迎儼即執之一郡遂定

北列延慶孝莊時爲都督常雲燕朔四州諸軍事前廢帝即位幽州刺史劉靈助舉兵唱義諸州豪右咸相結附靈助進屯於定州之安延慶與大都督侯淵於定州相會以討靈助淵謂延慶曰靈助善於卜占百姓信惑所在響應未易可圖若萬一戰有利鈍則大事去矣未若還師西入據關拒嶮以待其變延慶曰劉靈助庸人也天道深遠豈其所識大兵一臨彼皆恃其妖術坐看符厭寧肯勠力致死與吾爭勝負哉如吾計者政欲出營城外詭言西歸靈助聞之必信而自寬潛軍往襲可一往而擒淵從之乃出頓城西聲云將還簡精騎一千夜發詰朝造靈助壘戰於城北遂破擒之

矦淵爲驃騎將軍討韓樓配卒甚少淵遂廣張軍聲多設供具

親率數百騎深入樓境欲執行人以問虛實去薊百餘里值賊帥陳周馬步萬餘淵遂潛伏以乘其背大破之虜其卒五千餘人尋還其馬仗縱令入城入城左右諫曰既獲賊衆何爲復資遣之也淵曰我兵既少不可力戰事須爲計以離隙之淵度其已入遂率騎夜集昧旦叩其城門韓樓果疑降卒爲淵內應遂遁走追擒之

樊子鵠出帝時爲東南道大行臺時梁武遣元樹入據譙城子鵠討之逆戰大破梁衆遂圍譙城樹勒兵出戰輒被摧衂遂不敢出自守而已子鵠恐梁武遣救乃分兵擊梁苞州歙州宕州大澗蒙縣等五城並望風逃散樹既無外援計無所出子鵠又令人說之樹遂請率衆歸南以地還國子鵠等許之共結盟約及樹衆半出子鵠中擊破之擒樹及梁譙州刺史朱文開俘馘甚多

北齊堯雄初仕後魏爲二豫揚郢四州都督梁司州刺史陳慶之圍南荊州雄曰白苟堆梁之北面重鎮因其空虛攻之必克彼若聞難荊圍自解此所謂機不可失也遂率衆攻之慶之果棄荊州來未至雄陷其城擒梁鎮將苟元廣兵二千人

薛循義爲東魏衛將軍從神武戰沙苑退還晉州西魏儀同長孫子彥圍逼城下循義開門伏甲以待之子彥不測虛實於是遁去神武甚嘉之

斛律羌舉東魏時爲都督從神武西討大軍濟河集諸將議進趣之計羌舉曰黑獺聚兇黨弱可知若欲固守無糧援可恃今揣其情似同困獸若不與其戰而逕趣咸陽咸陽空虛可不戰而克拔其根本彼無所歸則黑獺之首懸於軍門矣諸將議有異同遂戰於渭曲大軍敗績

斛律金爲東魏汾州刺史沙苑之役神武以地阨少却軍爲西師所乘遂亂張華原以簿帳歷點兵莫有應者神武將集兵更戰金曰衆散將離其勢不可復用宜急向河東神武據鞍未動

金以鞭拂馬神武乃還於是大敗喪甲士八萬矦景歎西魏力人持大弓守河橋衣甲厚射不入賀拔仁候其轉面射一發斃之是役也無金先請還幾至危矣

盧勇行洛州事東魏元象初官軍圍廣州數旬未拔行臺侯景聞西魏救兵將至集諸將議之勇進觀形勢於是率百騎各籠一疋馬至大隗山知魏將李景和率軍將至勇多置旛旗於樹頭分騎爲十隊鳴角直前擒西魏儀同程華斬儀同王征蠻驅馬三百疋通夜而還廣州守將駱超以城降神武令勇行廣州事

張亮爲行臺右丞高仲密之叛也與斛律金守河陽周太祖於上流放火船燒河橋亮乃備小艇百餘艘皆載長鏁鏁頭施釘火船將至即馳小艇以釘釘之引鏁向岸火船不得及橋橋之獲全亮之計也

段韶爲并州刺史周武帝遣將率羌夷與突厥合衆逼晉陽世祖自鄴倍道兼行赴救突厥從北結陣而前東拒汾河西被風

谷時事既倉卒兵馬未整文襄見如此亦欲避之而東尋納河間王孝琬之請令趙郡王叡護諸將時大雪之後周人以步卒爲前鋒從西山而下去城二里諸將咸欲逆擊之詔曰步人氣勢自有限今積雪既厚逆戰非便不如陣以待之彼勞我逸破之必矣既而交戰大破之敵前鋒盡殪無復子遺自餘通宵奔遁仍令詔率騎追之出塞不及而還文襄嘉其功別封懷州武德郡公進位冢宰

許惇爲大司農會侯景背叛王思政入據潁城王師出討引洧水灌城惇之策也遷殿中尚書

獨孤永業後主時爲河陽道行臺僕射洛州刺史周武帝親攻金墉永業出兵禦之問曰是何達官作何行動周人曰至尊自來主人何不出看客永業曰客行忽速是故不出乃通夜辦馬槽二千周人聞之以爲大軍將至乃解圍去

冊府元龜卷第三百六十四

冊府元龜卷第三百六十五

將帥部二十六

機略第五

後周叚永初仕後魏孝武時爲左光祿大夫時有賊魁元伯生西自崤潼東至鞏洛屠陷城壁所在爲患孝武遣京畿大都督匹婁昭討之昭請以五千人行永進曰此賊無城栅唯以寇抄爲資取之在速不在衆也若星馳電發出其不虞精騎五百足矣帝然其計於是命永代昭以五百騎倍道兼進遂破平之李賢初仕後魏孝武時爲左都督安東將軍還鎮原州大統二年州民豆盧狼害都督大野樹兒等據州城反賢乃招集豪傑與之謀曰賊起倉卒便誅二將其勢雖盛其志已驕然其政令莫施唯以殘剥爲業夫以羇旅之賊而馭烏合之衆勢自離解今若從中擊之賊必喪膽如吾計者指日取之衆皆從焉賢乃率敢死士三百人分爲兩道乘夜鼓噪而出群賊大驚一戰而敗狼

乃斬關遁走賢輕與三騎追斬之遷原州長史尋行原州事四年莫折後熾連結賊黨所在寇掠賢率鄉兵與行涇州事史寧討之後熾列陣以待賢謂曰賊聚結歲久徒衆甚多數州之人皆爲其用我若揔一陣并力擊之彼既同惡相濟理必揔卒於於我其勢不分衆寡莫敵我便救尾無以制之今若令諸軍分爲數隊多設旗鼓掎角而前以脅諸栅公別統精兵直指後熾按甲而待莫與交鋒後熾欲前則憚公之鋭諸栅欲出則懼我疑兵令其進不得戰退不得走以候其懈擊之必破後熾一敗則衆栅不攻自拔矣寧不從屢戰頻北賢乃率數百騎徑掩後熾營收其妻子僮隷五百餘人并輜重等屬後熾與寧戰勝方欲追奔忽聞賢至乃棄寧與賢接戰賢手斬十餘級生獲六人賊遂大敗後熾單騎遁走師還以功賞奴婢四十口雜畜數百頭于謹初爲後魏元纂鎧曹從事率二千騎追討茹茹爲賊所圍謹乘駿馬一紫一騧賊所先識乃使二人各乘馬突陣而出賊以爲謹也皆爭逐之謹乃入塞後爲西魏驃騎大將軍從太祖攻齊神武于邙山大軍不利謹率其麾下僞降立於路左齊神武軍乘勝逐北不以爲虞追騎過盡謹乃自後擊之齊軍亂以此大軍得全率兵鎮潼關進位柱國大將軍

李穆爲西魏并州揔管以功授都督河橋之戰太祖所乘馬中流矢驚逸太祖墜於地軍中大擾敵人追及之左右皆奔散穆乃以策扶太祖因大罵曰爾曹主何在爾獨住此敵人不疑是貴人也遂捨之而過以穆馬授太祖遂得俱免

李弼爲西魏秦州刺史從太祖東討洛陽弼前驅東魏將莫多婁貸文率衆來至穀城弼將士軍士鼓噪曳柴揚塵貸文以爲大軍至遂敗斬之虜其衆

韓雄爲西魏東徐州刺史時東魏東雍州刺史郭叔略與雄接境頗爲邊患雄密圖之乃輕將十騎夜入其境伏於道側遣都督韓仕於叔略城東假東魏人衣服詐若自河陽叛投關西者

叔略出馳之雄自後射之再發咸中遂斬略首

李遠初爲西魏驃騎大將軍時東魏北豫州刺史高仲密請舉州來附北齊神武屯兵河陽太祖以仲密所據遼遠難爲應接諸將皆憚此行遠曰北豫遠在賊境高歡又屯兵河陽常理而論實難救援但兵務神速事貴合機古人有言不入虎穴不得虎子若以奇兵其不意事或可濟脫有利鈍故是兵家之常如其顧望不行便無克定之日太祖嘉曰李萬歲所言差強遠字萬歲人意乃授行臺尚書前驅東出太祖率大軍繼進遠乃潛師而往拔仲密以歸

尉遲迥爲西魏大將軍侯景之渡江梁元帝時鎮江陵既以内難方殷請脩隣好其弟武陵王紀在蜀稱帝率衆東下將攻之梁元帝大懼乃移書請救又請伐蜀太祖曰蜀可取矣取蜀制勝在茲一舉乃與羣公會議諸將多有異同唯迥以爲紀既盡鋭東下蜀必空虚王師臨之必有征無戰太祖深以爲然謂迥

曰伐蜀之事必以委汝計將安出迥曰蜀與中國隔絶百有餘年恃其山川險阻不虞我師之至宜以精甲銳騎星夜襲之平路則倍道兼行險途則緩兵漸進出其不意衝其腹心蜀人旣駭官軍之臨速必望風不守矣於是乃令迥督開府元珍乙弗亞万俟呂陵始叱奴興綦連雄六騎等六軍甲士一萬二千騎萬匹伐蜀

王悅爲西魏大行臺尚書從大將軍達奚武征梁漢軍出武令悅說其城主楊賢悅乃貽之書賢於是遂降悅又白武云白馬衝要是必爭之城今城守寡弱易可圖也若蜀兵更至攻之實難武然之即令悅率輕騎從趣白馬悅示其禍福梁將深悟遂以城降時梁武陵王蕭紀果遣其將任珍奇欲先據白馬行次開城聞其已降乃還及梁州平太祖即以悅行剌史事

楊紹爲西魏車騎大將軍從大將軍達奚武行漢中紹以爲懸軍敵境圍守堅城曠日持久糧饟不繼城中若致死於我懼不能歸請爲

計以誘之乃頻至城下挑戰設伏待之脩初不肯出紹又遣人罵辱之脩怒果出兵紹率衆僞退城降以功授輔国將軍

宇文測爲西魏大都督行綏州事先是每歲河氷合後突厥即來寇掠常預遣居民入城堡以避之測至皆令安堵如舊乃於要路數百處並多積柴仍遠道斥候知其動靜是年十二月突厥從連谷入寇去界數十里測命積柴之處一時縱火突厥謂有大軍至懼而遁走自相蹂踐委棄雜畜及輜重不可勝數測徐率所部收之分給百姓自是突厥不敢復至測因請置戍兵以備之

楊摽行建州事東魏遣太保尉景攻陷正平復遣行臺薛循義率兵與斛律俱會於是敵衆漸盛摽以孤軍无援且腹背受敵謀欲拔還復恐義徒背叛遂僞爲太祖書遣人若從外送來者云已遣軍四道赴援因令人漏洩使所在知之又分土人義酋令領所部四出抄掠擬拱軍費摽分遣訖遂於夜中拔還邵郡朝廷嘉其權以全軍即授建州刺史

史寧爲西魏涼州大都督宕昌叛羌獠甘逐其王彌定而自立寧擊走之彌定遂得復位寧以未獲獠甘密欲圖之乃揚聲欲還獠甘聞之復招引叛羌依山起柵欲攻彌定寧謂諸將曰此羌入吾術中當進兵擒之耳諸將思歸咸曰生羌烏散先常依據山谷今若追討恐引日无成且彌定還得守藩將軍功已立矣獠甘勢弱彌定足能制之以此還師策之上者寧曰一日縱敵數世之患豈可捨將滅之寇更煩再舉人臣之礼知無不為以此諸君不足與計事也如更沮衆寧豈不能斬諸軍邪遂進軍獠甘衆亦至與戰大破之生獲獠甘徇而斬之并執叛羌廉王送闕

賀若敦爲西魏驃騎大將軍討陳將侯瑱于湘州時土人亟乘輕船載米粟及籠鷄鴨以餉瑱軍敦患之乃僞爲土人裝船伏甲士於中瑱兵人望見謂餉船之至逆來爭取敦甲士出而擒

之敦軍數有叛人乘馬投瑱者輒納之敦又別取一馬牽以趣船令船中逆以鞭鞭之如是者再三馬便畏船不上後伏兵於江岸遣人以招瑱軍詐稱投附瑱便遣兵迎接競來牽馬馬旣畏船不上敦發伏掩之盡殪此後實有饋餉及亡命奔瑱者猶謂敦之設詐逆遣打擊並不敢受其故糧援既絶人懷危懼敦於是分兵抄掠以充資費恐瑱等知其糧少乃於營內多為土聚覆之以米集諸營軍士人各持囊遣官司部分若欲給糧者因召側近村民陽有所訪問令於營外遥見隨即遣之瑱等聞之良以為實乃據守要險欲曠日以老敦師敦又增修營壘造廬舍示以持久湘羅之間遂廢農業瑱等无如之何

權景宣為西魏車騎大將軍鎮荊州與開府揚忠拔安陸隨郡久之隨州城民吴士英等殺刺史黄道王因聚為寇景宣以英等小賊可以計取之若声其罪恐同惡者衆迺與英書僞稱道王凶暴歸功英等英果信之遂相率而至景宣執而戮之散其

黨與

陸騰爲驃騎大將軍江州刺史陵州木籠獠恃險麁獷每行抄刼詔騰討之獠既因山爲城攻之未可拔騰遂於城下多設聲樂及諸雜戲示無戰心諸賊果棄其兵仗或攜妻子臨城觀樂騰知其無備密令衆軍俱上諸賊惶懼不知所爲遂縱兵討擊盡破之斬首一萬級俘獲五千人後爲隆州揔管鐵山獠抄斷内江路使驛不通騰乃進軍討之欲至鐵山乃僞還師賊不以爲虞遂不守備騰出其不意擊之應時奔潰一日下其三城斬其魁帥俘獲三千人招納降附者三萬户

韋孝寬爲驃騎大將軍鎭玉壁建德之後武帝志在平齊孝寬乃上疏陳三策其第一策曰臣在邊積年頗見間隙不因際會難以成功是往歲出軍徒有勞費功績不立由失時機何者長淮之南舊爲沃土陳氏以破亡餘燼猶能一舉平之齊人歷年赴救喪敗而反内離外叛計盡力窮傳不云乎讎有釁焉不可失也今大軍若出軹關方軌而進兼與陳共爲掎角并令廣州義旅出自三鵶又募山南驍鋭沿河而下復遣北山稽胡絶其并晉之路凡此諸軍仍令各募關河之外勁勇之士厚其爵賞使爲前驅岳動川移雷駭電激百道俱進並私虜庭必當望旗奔潰所向摧殄一戎大定實在此機其第二策曰若國家更爲後圖未即大舉宜與陳人分其兵勢三鵶以北萬春以南廣事屯田預爲貯積選其驍悍立爲部伍彼旣東南有敵戎馬相持我出奇兵破其疆埸彼若興師赴援我則堅壁清野待其去遠還復出師常以邊外之軍引其腹心之衆我無宿舂之費彼有奔命之勞一二年中必自離叛且齊氏昏暴政出多門鬻獄賣官唯利是視荒淫酒色賊害忠良闔境熬然不勝其弊以此而觀覆亡可待然後乘間電掃事等摧枯其第三策曰竊以後周土宇跨據關河蓄席卷之威持建瓴之勢太祖受天明命與物更新是以二紀之中大功克舉南清江漢西龕巴蜀塞表無虞河内氐宄唯彼趙魏猶爲榛梗者正以有事二方未遑東略遂使漳滏游魂更存餘晷昔勾踐亡吳尚期十載武王取亂猶煩再舉今若更存遵養且復相時臣謂宜還崇隣好申其盟約安人和衆通商惠工蓄鋭養威觀釁而動斯則長策遠馭坐自兼并也書奏武帝遣小司寇淮南公元衛開府伊婁謙等重弊聘齊尔後遂大舉再駕而定山東卒如孝寬策後爲徐州揔管會尉遲迥反於相州詔孝寬伐之以小司徒叱列長文爲相州刺史先令赴鄴孝寬續進至朝歌迥遣大都督賀蘭貴齎書候孝寬孝寬留貴與語以察之疑其有變遂稱疾徐行又使人至相州求醫藥密以伺之旣到湯陰逢長文奔還孝寬兄子魏郡守藝又棄郡南走孝寬審知其狀乃馳還所經橋道皆令毀撤驛馬悉擁以自隨又勒驛將曰蜀公將至可多備餚酒及芻粟以待之迥果遣儀同梁子康將數百騎追孝寬驛司供設豐厚所經之處皆輒停留由是不及時或勸孝寬以爲洛京虛弱素無守備

河陽城内舊有鮮卑八百人家並在鄴見孝寬輕來謀欲應迥孝寬知之遂密造東京官司詐稱遣行分人詣洛受賜旣至洛陽並留不遣因此離解其謀不成

齊王憲武帝建德五年爲前鋒東伐憲守雀鼠谷帝親圍晉州憲進兵剋洪洞永安二城更圖進取齊人焚橋守險軍不得進遂屯於永安齊主聞晉州見圍乃將兵十萬自來援之時柱國陳王純頓千里徑大將軍永昌公椿屯雞栖原大將軍宇文盛守汾水關並受憲節度憲密謂椿曰兵者詭道去留不定見機而作不得遵常汝今爲營不須張幕可伐栢爲菴示有形勢令兵去之後賊猶致疑也齊主分軍萬人向千里徑會被勑追還率兵夜返齊人果謂栢菴爲帳幕不疑軍退翌日始悟

李雄領左後軍從太子西征吐谷渾雄率步騎二千督軍偈於洮河爲賊所持數日雄患之遂與僞和虜備稍解縱奇兵擊破之賜奴婢百口封一子爲侯

隋宇文弼初仕後周爲奚莫東祖監軍率兵擊突厥弼謂祖曰賊鋒之勢來如激矢去若絕絃若欲追躡良爲難及宜遣精騎直趨祁連之西賊若收軍必自蔘泉之北此地險隘兼復深澁度其人馬三日方度緩轡追討何慮不及彼勞我逸破之必矣若邀此路真上策也祖不能用之西取合黎大軍行遲虜已出塞

達奚長儒初仕後周爲左前軍勇猛中大夫與烏丸軌圍陳將吳明徹於呂梁陳遣驍將劉景率勁勇七千來爲聲援軌令長儒逆拒之長儒於是取車輪數百繫以大石沉之清水連轂相次以待景軍景至船艦礙輪不得進長儒乃縱奇兵水陸俱發大破之俘數千人及獲吳明徹以功進位大將軍

張威初仕後周爲京兆尹高祖輔政時王謙作亂高祖以威爲行軍總管從元帥梁睿擊之軍次通口謙守將李三王擁勁兵拒守睿以威爲先鋒三王初閉壘不戰威令人詈侮以激怒之三王果出陣威令壯士奮擊三王軍潰大兵繼至於是擒斬四

千餘人進至開遠謙將趙儼衆十萬連營三十里威鑿山通道自西嶺攻其背儼遂奔走追至成都與謙大戰威將中軍及謙戰進位上柱國

于仲文初爲後周大將軍尉迥之亂仲文大破迥將檀讓軍進攻梁郡迥守將劉子寬遂走初仲文在蓼堤諸將皆曰軍自遠來士馬疲弊不可決勝仲文令三軍趣食列陣大戰既而破賊諸將皆請曰前兵疲不可交戰竟而克勝其計安在仲文笑曰吾所部將士皆山東人果於速進不宜持久乘勢擊之所以制勝諸將皆以爲非所及也迥將席毗羅衆十萬屯於沛縣將攻徐州其妻子在金鄉仲文遣人詐爲毗羅使者謂金鄉城主徐善淨曰檀明日午時到金鄉將宣蜀公令賞賜將士金鄉人謂爲信然皆喜仲文簡精兵僞建迥旗幟倍道而進善淨望見仲文軍且至以爲檀讓乃出迎謁仲文執之遂取金鄉諸將多勸屠之仲文曰此城是毗羅起兵之地當寬其妻子其兵可自歸如聞屠之彼皆絕矣衆皆稱善於是毗羅恃衆來薄官軍仲文背城結陣去軍數里設伏於麻田中兩陣纔合伏兵發俱曳柴鼓噪塵埃張天毗羅軍大潰仲文乘之賊皆投洙水而死水爲之不流獲檀讓檻送京師河南悉平毗羅匿榮陽人家執斬之傳首闕下

宇文忻爲後周豫州總管從韋孝寬討尉遲迥迥背城結陣與官軍大戰官軍不利時鄴城士女觀戰者數萬人忻與高熲李詢等謀曰事急矣當以權道破之於是擊所觀者大囂而走轉相騰藉聲如雷霆忻乃傳呼曰賊敗矣衆軍復振齊力急擊之迥軍大敗

梁睿爲益州總管高祖開皇初突厥方彊恐爲邊患乃陳鎮守之策十餘事上書奏之曰竊以戎狄作患其來久矣防遏之道自古爲難所以周無上算漢收下策以其倏來忽往雲屯霧散彊則騁其犯塞弱又不可盡除故也今皇祚肇興宇內寧一唯

有突厥種類尚爲邊梗此臣所以廢寢與食寤寐思之昔匈奴未平去病辭宅先零尚在充國自劾臣才非古烈而志追昔士謹件安置北邊鎮烽候及人馬糧貯戰守事意如別謹并圖上呈伏惟裁覽高祖嘉歎之答以厚意

王長述爲信州總管開皇初獻平陳之計修營戰艦爲上流之師高祖善其能頻加賞勞下書曰每覽高策深相嘉歎命將之日當以公爲元帥也

高熲爲左領軍大將軍開皇初高祖嘗問熲取陳之策熲曰江北地寒田收差晚江南土熱水田早熟量彼收穫之際微徵士馬聲言掩襲彼必屯兵禦守足得廢其農時彼既聚兵我便解甲再三若此賊以爲常後更集兵彼必不信猶豫之頃我乃濟師登陸而戰兵氣益倍又江南土薄舍多竹茅所有儲積皆非地窖密遣行人因風縱火待彼修立復更燒之不出數年自可財力俱盡帝行其策由是陳人益敝

長孫晟爲左勳衛車騎將軍開皇中護突厥染干於朔州時突部有達頭恐怖又大集兵詔晟部領降人爲秦川行軍總管取晉王節度出討達頭與王相抗晟進策曰突厥飲泉易可行毒因取諸藥毒水上流達頭人畜飲之多死於是大驚曰天雨惡水其亡我乎因夜遁晟追之斬首千餘級俘百餘口六畜數千頭

賀若弼爲吳郡總管開皇中大舉伐陳以弼爲行軍總管先是弼畫七策其一請廣陵頓兵一萬番代往來陳人初見設備後以爲常及大兵南伐不復疑也其二使兵緣江時獵人馬喧噪及兵臨江東人以爲獵也其三以老馬多買陳船而匿之買敝船五六十艘於瀆內陳人覘以爲內國無船其四積葦荻於楊子津其高蔽艦及大兵將度乃卒通瀆於江其五塗戰船以黄與枯荻同色故陳人不豫覺之其六先取京口倉儲速據白土崗置兵死地故一戰而克其七臣奉勑兵以義舉及平京口俘五千餘人便悉給糧勞遣付其勑書命別道宣喻是以大兵渡

江無不草偃十七日之閒南至林邑東至滄海西至象林皆悉平定

楊素開皇中爲伐陳行軍元帥時陳南康內史呂仲肅屯岐亭正據江峽於北岸鑿巖綴鐵鎖三條橫截上流以遏戰船素與大將軍劉仁恩登陸俱發先攻其柵仲肅軍夜潰素徐去其鎖仲肅復據荆門之延洲素遣巴蜑卒千人乘五牙四艘以拍竿破賊千餘艦遂大破之俘甲士二千餘人仲肅僅以身免仁壽中又以左僕射爲行軍元帥出擊突厥于雲中連破之突厥退走率騎追躡至夜而及之將復戰恐賊越逸令其騎稍後於是親將兩騎并降突厥二人與虜並行不之覺也候其頓舍未定趣後騎掩擊大破之自是磧南無復虜庭矣

來護兒爲上開府開皇中高智慧據江南反以子總管統兵隨楊素討之賊據浙江岸爲營周亘百餘里船艦初渡江鼓噪布進言於素曰吳人輕銳利在舟檝必死之賊難與爭鋒公且嚴陣以待之勿與接刃請假奇兵數千潛渡江掩破其壁使退無所歸進不得戰此韓信破趙之策也素以爲然護兒乃以輕船數百直登江岸襲破其營因縱火煙焰張天賊顧火而懼素因是一鼓破之智慧將逃於海護兒追至閩中餘黨悉平

何稠爲員外散騎侍郎開皇末桂州俚李光仕聚衆爲亂詔稠召募討之師次衡嶺遣使者諭其渠帥洞主莫崇解兵降款桂州長史王文同鏁崇以詣稠所稠詐宣言曰州縣不能綏養致使邊民擾叛非崇之罪也乃命釋之引崇共坐并從者四人爲設酒食而遣之崇大悅歸洞不設備稠至五更掩入其洞悉發俚兵以臨餘賊象州逆帥杜條遼羅州逆帥龐靖等相繼降款

周法尚仁壽中爲行軍總管討遂州叛獠平之嶲州烏蠻反攻陷州城詔令法尚便道擊之軍將至賊棄州城散走山谷閒法尚捕不能得於是遣使慰諭假以官號僞班師日行二十里軍再舍潛遣人覘之知其首領盡歸柵聚飲相賀法尚選步騎數

千人襲擊破之獲其渠帥數千人虜男女萬餘口賜奴婢百口物三百段蜀馬二十匹後爲定襄太守大業初煬帝幸榆林法尚朝于行宮內史令元壽言於帝曰漢武出塞旌旗千里今御營之外請分爲二十四軍日別遣一軍發相去三十里旗幟相望鉦鼓相聞首尾連注千里不絕此亦出師之盛者也法尚曰不然兵亘千里動閒山川卒有不虞四分五裂腹心有事首尾未知道阻且長難以相救雖是故事此乃取敗之道也帝不懌曰卿意以爲如何法尚曰結爲方陣四面外拒六宮及百姓家口並住其閒若有變起當頭分抗內引奇兵出奮擊車爲壁壘重設勾陳此外與據城理亦何異若戰而捷抽騎追奔或戰不利屯營自守臣謂牢固萬全之策也帝曰善

楊義臣仁壽末爲朔州總管煬帝即位漢王諒作亂并州時代州總管李景爲漢王將喬鍾葵所圍詔義臣救之義臣自以兵少悉取軍中牛驢得數千頭復令兵數百人人持一鼓潛驅之

澗谷出其不意義臣躡後復與鍾葵戰兵初合命驅牛驢者疾進一時鳴鼓塵埃張天鍾葵軍不知以爲伏兵發因而大潰縱擊破之

李子雄爲驃騎大將軍後坐事免煬帝初漢王諒作亂帝疑幽州總管竇抗有貳拜子雄爲廣州刺史馳至幽州止傳舍召募得千餘人抗恃素貴不時相見子雄遣人諭之後二日抗從鐵騎二千來詣子雄所子雄伏甲請與相見因擒抗遂發幽州兵步騎三萬自井陘以討諒時諒遣大將軍劉建略地燕趙正攻井陘相遇於抱犢山下力戰破之

史祥爲右衛將軍煬帝即位漢王諒發兵作亂遣其將綦良自滏口徇黎陽塞白馬津余公理自太行下河内帝以祥爲行軍總管軍於河陰久不得濟祥謂軍吏曰余公理輕而無謀才用素不足稱又新得志謂其衆可恃恃衆必驕且河北人先不習兵所謂擁市人而戰以吾籌之不足圖也乃令軍中脩攻具公

理使諜知之果屯兵於河陽内城以備祥祥於是艤船南岸公理聚甲以當之祥乃率精銳於下流潛渡公理率衆拒之祥至沮水兩軍相對公理未成列祥縱擊大破之東趣黎陽討綦良等良列陣以待兵未接良棄軍而走於是其衆大潰祥縱兵乘之殺萬餘人

唐李仲文武德初爲行軍總管擊劉武周于雀鼠谷爲其將黄子英所擒因詐爲篤守者不以爲意子英牧豎本關中人思欲西歸陰結仲文因謂守者曰吾瘡臭君幸一扶我出營洗之守者數人扶之至水向牧豎以子英駿馬數匹來詣仲文所仲文洗訖將入營人又扶之仲文曰媿君相扶諒若不自安者牧豎因曰公可乘馬去仲文陽爲不敢牧豎固請之仲文與牧豎各乘一馬將至營門遂鞭馬而追營中大囂賊競退之行數十里迷途失道追人且至於是棄馬竄林木間會瞑追騎各去仲文遂得西歸上表聞請兵高祖慰諭之復令帥師以拒賊

盛彦師武德初爲行軍總管與史萬寶鎮宜陽以拒東寇及李密之叛將出山南萬寶以密威名不敢拒謂彦師曰李密驍賊也又輔以王伯當決策而叛其下兵士思欲東歸若非計出萬全則不爲也兵在死地殆不可當彦師笑曰請以數千之衆邀之必梟其首萬寶曰計將安出對曰軍法尚詐不可爲公說之便領衆踰熊耳山南傍道而止令弓弩者挾路乘高刀楯者伏於溪谷令曰待賊半度一時齊發弓弩據高縱矢刀楯即亂出薄之或問之曰聞李密欲向洛州而公入山何也彦師曰密聲言往洛實走襄城就張善相耳必當出人不意若賊入谷口我自後追之山路險隘無所展力一夫殿後必不能制今吾先得入谷擒之必矣李密既度陝州以爲餘不足慮遂擁衆徐行果踰山南度彦師擊之密衆首尾斷絶不得相救遂斬密追擒伯當以功封葛國公拜武衛將軍

羅士信武德中爲新安道行軍總管及大軍至洛陽士信以兵

圍王世充千金堡其中人大罵之士信怒夜遣百餘人將嬰兒數十從南而來至于堡下詐言從東都來投羅總管也因令嬰兒啼噪既而陽驚曰此千金堡吾輩錯矣忽然而去堡中謂是東都逃人遽出兵追之士信伏五千人於路側候其開門而奮擊遂破之無遺類

任瓌武德中爲河南道安撫大使至宋州屬徐圓朗據兖州反曹戴諸州咸應之副使柳濬勸瓌退保汴州瓌笑曰柳公何怯也老將居邊甚久自當有計非公所知圓朗俄又引兵將圍虞城瓌遣崔樞張公謹自鄢陵領諸州豪右質子百餘人守虞城以拒公謹乃諫曰樞與公謹並世充之將又諸州質子父兄皆反此必爲變瓌不答樞至則分帥質子並與土人合隊居守賊既稍近質子有叛者樞因斬其隊帥城中人懼曰質子父兄悉來爲賊賊之子弟安可守城樞因縱諸縣各殺質子梟首于門外遣使報瓌瓌陽怒謂諸將去者欲招慰耳何罪而

殺之退謂濬曰因矢崔樞辦之既遣縣人殺賊質子寃隙曰大吾何患焉樞果拒却因助事平遷徐州刺史

據武通武德三年爲將軍擊王行本于河東乃樞圍以逼之武通謂攝圍者曰若見賊但伏走以避之行本果出兵掩圍者走行本弃趣之武通率騎擴出擊之賊衆潰因縱兵乘勝殺七百人自此兵勢漸弱

河間王孝恭武德三年以趙郡王爲夔州總管時蕭銑據江陵孝恭獻平銑之策高祖嘉納令大造舟楫教習水戰以圖之孝恭召巴蜀首領子弟量事授用致之左右外示引擢而實以爲質也尋授荆湘道行軍總管水陸十二總管發自硤州進軍江陵攻其水城尅之所得船散於江中諸將皆曰虜得賊船當藉其用何爲棄之無乃資賊邪孝恭曰不然蕭銑僞境南極嶺外東至洞庭若攻城未拔援兵復到我則内外受敵進退不可雖有舟楫何所用之今銑緣江州鎮忽見船舸亂下必知銑敗未敢進兵來去覘伺動

淹旬月因緩其救吾尅之必矣銑救兵至巴陵見船被江而下果狐疑不敢輕進既内外阻絶銑於是出降孝恭

李靖爲開府武德三年蕭銑據荆州高祖授靖行軍總管兼攝河間王孝恭行軍長史高祖以孝恭未更戎旅三軍之任一以委靖其年八月集兵於夔州銑以時屬秋潦江水汎張三峽路險必謂靖不能進遂休兵不設備九月靖乃率師而進將下峽諸將皆請停兵以待水退靖曰兵貴神速機不可失今兵始集銑尚未知若乘水張之勢倏忽至城下謂疾雷不及掩耳此兵家上策縱彼知我倉卒徵兵無以應敵此必成擒也孝恭從之進兵至夷陵銑將文士弘率精卒數万屯清江孝恭欲擊之靖曰士弘銑之健將士卒驍勇今新失荆門盡兵出戰此是救敗之師恐不可當也宜且泊南岸勿與爭鋒待其氣衰然後奮擊破之必矣孝恭不從留靖守營率師與賊合戰孝恭果敗奔于南岸賊委舟大掠人皆負重靖見其軍亂縱兵擊破之獲其舟艦四百餘艘斬首及溺死將萬人輔公祏之反也詔趙郡王孝恭東討勅追靖入朝面受方略令靖副趙郡王其東道副元帥李勣任瓌等並受節度公祏遣水軍總管馮惠亮率舟師三萬頓于當塗柵斷江口築城又遣陸軍總管陳正通有衆二萬據當塗南路亦造柵自固並蓄力養銳以抗大軍孝恭乃集諸將會議皆云惠亮正通並握彊兵爲不戰之計城柵既固卒不可攻請直指丹陽丹陽既破惠亮等可不戰而擒孝恭欲從其議靖曰公祏精兵雖在水陸二道然其自統之兵亦是勁勇惠亮等城柵尚不可攻公祏既保石頭豈應易拔若我師至丹陽留停旬月進則石頭未平退則歸路已絶此便背腹受敵恐非萬全之計然惠亮正通皆是百戰餘賊必不憚於戰止爲公祏立計令其持重今若攻其城柵乃是出其不意滅賊之機唯在此舉請乃率其李勣黄君漢等水陸俱進苦戰破之惠亮等奔走殺傷及溺死者萬餘人靖率輕兵先至丹陽公祏餘衆雖多不

敢戰擁兵東走並相次擒獲

龐玉武德中爲梁州總管遇巴州山獠相聚爲亂玉進討破之梟其魁帥王多馨餘黨皆散移兵集州其符陽白石二縣又獠據嶮自守兵不得進軍糧且盡其二縣熟獠與反者先爲州里牙有親戚皆言賊不可擊請玉班師玉佯云知之揚言曰秋穀將熟百姓不得收刈一切供軍非平賊吾不返也聞者大懼因謂曰大軍不去食吾穀盡吾徒皆餓死矣何得拱手耶其中壯士入賊營各求其所親與相推結斬賊渠帥衆遂分散玉隨而捕之無徃不尅高祖嘉之賜以口馬

劉世讓武德中爲廣州總管將之任高祖問以備邊之策世讓答曰突厥南寇徒以馬邑爲其中路耳如臣所計請於崞城置一智勇之將多儲金帛有來降者厚賞賜之數出奇兵略其城下芟踐禾稼敗其生業不出歲餘彼當無食馬邑不足圖也高祖曰非公無此任者乃使馳驛徃經略之

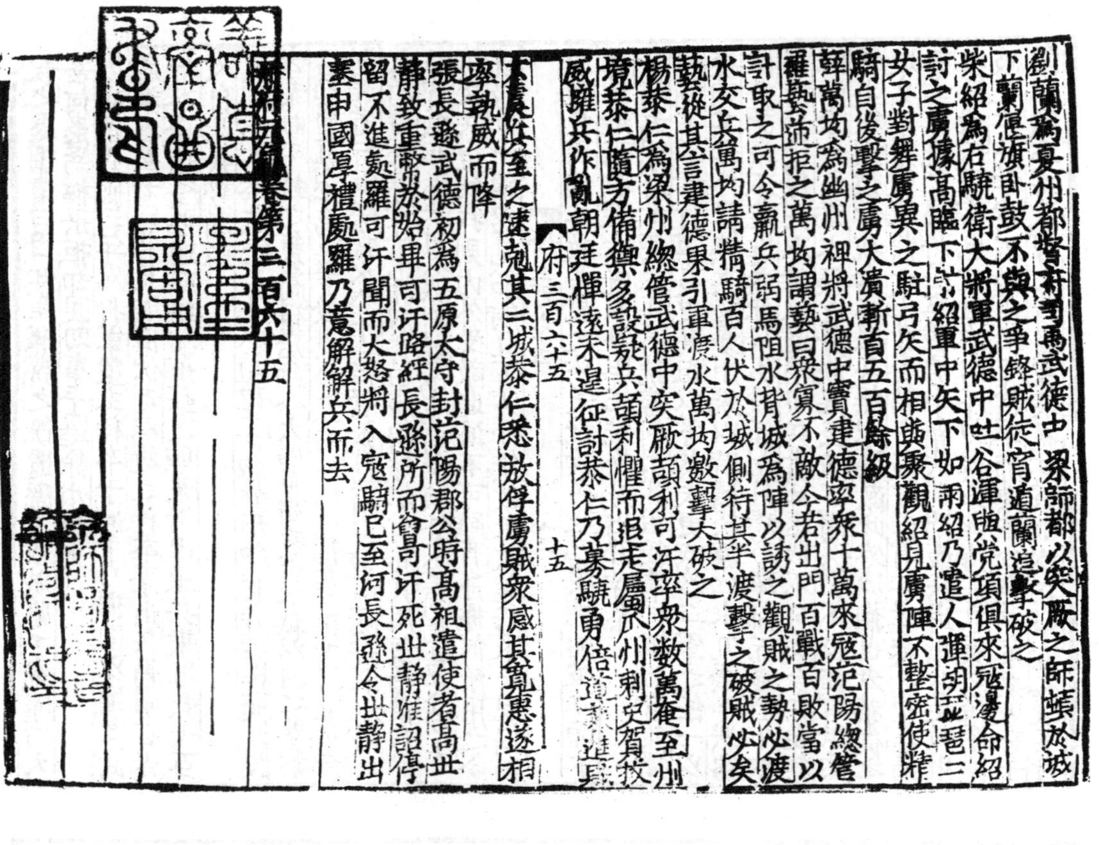

劉蘭爲夏州都督府司馬武德中梁師都以突厥之師頓於城下蘭偃旗臥鼓不與之爭鋒賊徒宵遁蘭追擊破之

柴紹爲右驍衛大將軍武德中吐谷渾與党項俱來寇邊命紹討之虜據高臨下射紹軍中矢下如雨紹乃遣人彈胡琵琶二女子對舞虜異之駐弓矢而相與聚觀紹見虜陣不整密使精騎自後擊之虜大潰斬首五百餘級

薛萬均爲幽州裨將武德中竇建德率衆十萬來寇范陽總管羅藝命拒之萬均謂藝曰衆寡不敵今若出門百戰百敗當以計取之可令羸兵弱馬阻水背城爲陣以誘之觀賊之勢必渡水交兵萬均請精騎百人伏於城側待其半渡擊之破賊必矣藝從其言建德果引軍渡水萬均邀擊大破之

楊恭仁爲梁州總管武德中突厥頡利可汗率衆數萬奄至州境恭仁隨方備禦多設疑兵頡利懼而退走屬瓜州刺史賀拔威擁兵作亂朝廷憚遠未遑征討恭仁乃募驍勇倍道兼進賊不虞兵至之速尅其二城恭仁悉放俘虜賊衆感其寬惠遂相率執威而降

張長遜武德初爲五原太守封范陽郡公時高祖遣使者高丗静致重幣於始畢可汗路經長遜所而會可汗死丗静准詔停留不進處羅可汗聞而大怒將入寇騎已至河長遜令丗静出塞申國厚禮處羅乃意解解兵而去

府三百六十五　十五

冊府元龜卷第三百六十五

冊府元龜卷第三百六十六

將帥部二十七

機略第六

唐張公謹太宗貞觀元年為代州都督其後李靖經略突厥以公謹爲副公謹因言突厥可取之狀曰頡利縱欲肆情窮凶極暴誅害良善昵近小人此即王昏於上其可取一也又其別部同羅僕骨迴紇延陁之類並自立君長將圖反噬此則衆叛於下其可取二也突利被疑輕騎自免拓設出討匹馬不歸欲谷喪師立足無地則兵挫將敗其可取三也塞北霜旱糇糧乏絶天降之災因以饑饉可承四也頡利踈其突厥親委諸胡胡人翻覆是其常性大軍一臨內必生變其可取五也華人入北其類寔多比聞自相嘯聚保據山險師出塞垣自然有應可取六也太宗深納之

李勣為并州都督貞觀三年爲通漢道行軍總管至雲中與突厥頡利可汗兵會大戰于白道突厥既敗屯營于磧口遣使請和詔鴻臚卿唐儉往赦之勣時與定襄道大總管李靖軍會與議曰頡利雖敗人衆尚多若走渡磧保于九姓道遥阻深追則難及今詔使唐儉至彼其必弛備我等隨後襲之此不戰而平賊矣靖扼腕喜曰公之此言乃韓信滅田横之策也於是定計靖將兵逼夜而發勣勒兵繼進靖軍既至賊營大潰頡利與萬餘人欲走渡磧勣屯軍於磧口頡利至不得度磧其大酋長率其部落並降于勣虜五萬余口而還乾封二年為遼東行軍總管勣拔高麗之新城遣副將契苾何力引兵守之勣初度遼謂諸將曰新城是高麗西境鎮城最爲要害若不先圖余城未易可下遂引兵於新城西南據山築柵且戰且守於是城中人夫仇等縛其城主開門請降勣遂引兵進破一十六城

侯君集爲兵部尚書參議朝政貞觀九年將討吐谷渾伏允命李靖爲西海道行軍大總管以君集及任城王道宗並爲之副師次鄯州君集言於靖曰大軍已至賊虜尚未走險宜簡精銳長驅疾進彼不我虞必有大利若此策不行潛遁必遠山障爲阻討之實難靖然其計乃簡精銳輕齎深入道宗追及伏允之衆於庫山破之伏允輕兵入磧以避官軍靖乃中分士馬爲兩道並入靖與薛萬均李大亮趣北路使君集道宗趣南路歷破邏眞谷踰漢哭山經途二千餘里行空虛之地盛夏降霜山多積雪輕戰過星宿川至于柏海頻與虜遇皆大克獲北望積石山觀河源之所出焉乃旋師與李靖會于大非川平吐谷渾而還

駱弘義爲處州刺史永徽二年阿史那賀魯寇庭州攻陷金嶺城詔左武候大將軍梁建方等討之弘義上言臣聞安中國以信馭夷狄以權理有變通事無常准今有降胡來言賀魯獨據一城深溝高壘用以自固去今正祁寒積雪漢兵必不遠來誠宜乘其此便一舉可以除勦若遷延待春恐事久生變縱不能結援諸國必應遠迹遁逃且兵馬此行本誅賀魯處蜜已許款誠處木昆等各思免禍皆知大兵欲至庶望安全淹留不進慮更烏合然嚴冬風勁馬瘦兵寒疲墮之憂難量進退又不可久停兵馬虛費邊糧見我不前成其黨附伏望且寬處月處蜜之罪以誅賀魯爲名除禍務絶其原未可先取其枝葉但此兩姓見其坐奪不示招携必自深據如棄而西過則近有後憂先事誅夷未可即克捨而勿問則惑義前驅事定從宜除申吊伐此乃威恩兼舉遠攝邇安向使兵馬早來賀魯久已懸首前機雖失須爲別圖望請於射脾部落及發處月處蜜契苾等兵六千人各齎三十日糧徑掩襲大軍頓於憑水秣馬畜兵以爲聲勢此則驅率戎狄攻彼豺狼失則無損國家利則功歸社稷且蕃人行動須約漢兵東西犄角又資翅翼簡胡騎以率其前率漢兵以躡其後賀魯進退無路理即可擒百勝之謀在斯一舉臣恐違方至日爲計不同軍謀乖舛後悔無及帝從其言乃制弘

義與紇建方相知經略之

蘇定方爲左武候中郎將永徽中率兵討突厥賀魯大雪平地三尺軍中咸請停兵候晴定方曰虜恃雪深謂我不能前進必當憩息追之可及若緩以縱之則漸遠難追省日兼功在此舉也於是勒兵陵雪晝夜兼進所經收其人衆遂至雙河去賀魯所居二百餘里布陣長驅經至金牙山賀魯牙帳時賀魯集衆欲獵定方縱兵擊之盡破其牙帳生擒數萬人賀魯脫走投石國定方令副將蕭嗣業往石國以追賀魯擒歸于京師

劉仁軌龍朔三年爲帶方州刺史與熊津道行軍總管右威衛將軍孫仁師熊津都督劉仁願大破百濟餘衆及賊於白江拔其周留城百濟僞王扶餘豐走投高麗初仁願與仁軌既拔百濟之眞峴城詔仁師率兵渤海以爲之援扶餘豐南引倭賊以拒官軍仁師迎擊破之遂與仁願之衆相合兵士大振於是諸將會議或曰加林城水陸之衝請先擊之仁軌曰加林險固急

攻則傷損將士固守則用日持久不如先攻周留城周留賊之巢穴羣兇所聚除惡務本須拔其源若克周留則諸城自下於是帥仁願及新羅金法敏帥陸軍以進仁軌乃別率杜爽扶餘隆率水軍及糧船自熊津江往白江以會陸軍同趣周留城仁軌遇倭兵於白江之口四戰皆捷焚其舟四百艘烟焰漲天海水皆赤豐脫身而走獲其寶劍僞王子扶餘忠志等率士女及倭衆並降百濟諸城皆復歸順至麟德元年仁軌上表曰臣蒙陛下曲垂天獎棄瑕錄用授之刺舉又知連帥材輕職重憂責更深常思報效冀酬萬一智力淺短淹滯无成久在海外每從征役軍旅之事實有所聞輒具狀奏伏乞詳察臣今覩見在兵士手脚沉重者多勇健奮發者少兼有老弱衣服單寒唯望西歸无心展効臣因問往在海西見百姓人人投募爭欲征行乃有不用官物請自辨衣糧投名義征何因今日兵士如此儜（女耕切明也）弱皆報臣云今日官府與往日不同人心亦別貞觀永徽

年中東西征役身死王事並蒙勅使弔祭追贈官職亦有迴亡者官爵與其子弟從顯慶五年以後征役身死更不借問往前渡遼海者即得一轉勳官從顯慶五年以後頻經渡海不被記錄州縣發遣百姓充兵者其身少壯家有錢財參逐官府任自東西藏避即並得脫无錢用者雖是老弱推背即來顯慶五年破百濟勳及向平壤苦戰勳當時將士號令並與高官重賞百方購募无種不道亦到西岸唯聞枷鎖推禁奪賜破勳州縣追呼求住不得公私困弊不可盡言發海西之日已有自害逃走非獨海外始逃又本爲征役蒙授勳級將爲榮寵頻年征役唯取勳官牽挽辛苦與白丁無別百姓不願征行特由於此陛下再興兵馬平定百濟留兵海外經略高麗百姓有此議論難爲成就功業臣聞琴瑟不調改而更張布政施化隨時取適自非重賞明罰何以成功臣又問見在兵士舊留鎮五年尚得支濟爾等始經一年何因如此單露並報臣道發家來日唯遣作一

年裝束自從離家已經二年在朝陽甕津又遣來去運糧涉海遭風多有漂失臣勘責見在兵士衣裳單露不堪度冬者大軍還日所留衣裳且得一冬充事來年秋後並无准擬陛下若欲殄滅高麗舊相黨援倭人雖遠亦明影響若无兵馬還成一國既須鎮壓又置屯田事藉兵士同心同德兵士既有此議不可得成功効除此之外更須褒賞明勅慰勞以起兵士之心若依今日已前處置臣恐師老且疲无所成就臣又見晉代平吳史籍具載內有武帝張華外有羊祜杜預籌謀策畫經緯諮諏王濬之徒折衝萬里樓船戰艦已到石頭賈充王渾之輩猶欲斬張華以謝天下武帝去平吳之計出自朕意張華同朕見耳非其本心是非不同乖背如此平吳之後猶欲苦繩王濬賴武帝擁護始得保全不逢武帝聖明王濬不存首領臣每讀其書未嘗不撫心長歎伏惟陛下自百濟以亡欲取高麗須內外同心上下齊奮舉无遺策始可成功百姓既有此議更宜改調臣恐是

逌耳之患無人爲陛下盡言自顧老病日侵殘生能幾奄忽長逝銜恨九泉所以披露肝膽昧死奏陳帝深納其言遣右威衛將軍劉仁願率兵度海與舊鎮兵交代仍授扶餘隆熊津都督遣歸本國共新羅和親以招輯其衆之餘勇者扶餘隆豐之弟也時走在倭國以扶餘豐之應故仁軌表言之

劉仁願龍朔中爲熊津都督與帶方州刺史劉仁軌大破百濟餘賊於熊津之東初蘇定方之軍還也仁願仁軌等尚在百濟之熊津城帝與勑書曰平壤軍迴一城不可獨固宜拔就新羅共其屯守若金法敏藉卿等留鎮宜且停彼若其不須即宜泛海還也將士咸欲西歸劉仁軌曰春秋之義大夫出疆有可以安社稷便國家專之可也況在滄海之外密邇豺狼者哉且人臣當進思盡忠有死無貳公家之利知無不爲主上欲吞滅高麗先誅百濟留兵鎮守制其心腹雖寇孽充斥而備預甚嚴宜勵戈秣馬擊其不意彼既無備何功不剋戰而有勝士卒自安然後分兵據險開張形勢飛表奏上更請兵船朝廷知其有成必當出師命將聲援纔接凶逆自殲非唯不棄成功實亦永清海外今平壤之軍既迴熊津又拔則百濟餘燼不日更興高麗逋藪何時可滅且今以一城之地居賊中心如其失脚即爲亡虜拔入新羅又是坐客脫不如意悔不可追況福信凶暴（福信扶餘舊將豐始）殘虐過甚餘豐猜惑外合內離鴟梟共處勢必相害唯宜堅守觀變乘便取之不可動也衆從之時扶餘豐及福信等以仁願等孤城無援遣使謂曰大使等何時西還當遣相送也仁願遂與仁軌掩其不備出擊之拔其支羅城及尹城大山沙井等柵殺獲甚衆仍分兵以鎮守之福信等以眞峴城臨江高險又當衝要加兵守之仁軌伺其稍怠引新羅之兵乘夜薄城四面攀草而上比明而入據其城遂通新羅運糧之路仁願乃奏請益兵詔發淄青萊海之兵七千人赴熊津以益仁願之衆

裴行儉爲秦州鎮撫右軍總管儀鳳二年討西突厥擒其十姓

可汗阿史那都支及別帥李遮匐以歸初都支遮匐與吐蕃連和侵逼安西議者欲發兵討之行儉上言曰吐蕃叛換干戈未息敬玄審禮失律喪師安可更爲西方生事今波斯王身沒子泥涅師師充質在此差使往波斯冊立即路由二蕃便宜從事可不勞而有功也高宗從之因命行儉冊送波斯王乃爲安撫大食使至西州人吏郊迎行儉召其豪傑子弟千餘人隨已而西揚言給其下曰今正炎蒸熱坂難冒自涼秋之後方可漸行都支覘知之遂不設備行儉徐乃召四鎮諸蕃酋長謂曰昔在西州長史憶此從禽未嘗厭倦雖還京輦無時暫忘今因是行欲尋舊賞誰能從吾獵也蕃酋子弟投募者僅萬人行儉假爲畋遊校試部伍數日遂倍道而進去都支部落十餘里先遣都支使親問其安否外示閑暇以非討襲續又使人從召相見都支先與遮匐通謀秋中擬拒漢使卒聞軍到計無所出自率子姪首領等五百餘騎就營來謁遂擒之是日傳其契箭召諸部酋長悉請命並執送碎葉城簡其精騎齎糧曉夜前進掩遮匐匐聞都支就擒遂詣行儉降於是將吏已下立碑於碎葉城以紀其功調露元年爲定襄道行軍大總管大破突厥於黑山擒其首領初行儉率衆行至朔川謂其下曰兵法尚詐者謂以權謀制敵也若御其下則非誠信不可行也蕭嗣業運糧被抄兵多餒死所以敗也狡寇狃怯不可以不備乃詐爲糧車三百乘每車伏壯士五人各齎陌刀勁弩以羸兵數百人援之兼伏精兵居險以待之賊果大下羸兵棄車散走賊驅車就泉井解鞍牧馬方擬取糧車中壯士齊發伏兵亦至殺獲殆盡餘衆奔潰自是續遣糧運莫敢近之者

王方翼爲安西都護時突厥車薄反叛圍弓月城方翼引軍救之至伊麗河而賊衆來拒縱擊大破之斬首千餘級俄而三姓咽麪悉發衆與車薄合勢以拒方翼方翼屯兵熱海與賊連戰流矢貫臂徐以佩刀截之左右莫有覺者既而

所將蕃兵誅執方翼以應賊方翼密知之悉召會議佯出軍資以賜之續引三十人之會大風又振金鼓以亂其聲遂誅七千餘人分遣裨將襲車薄咽麪等賊既無備因是大潰擒首領三百人西域遂定

唐休璟爲左武威右金吾二衛將軍則天長安中西突厥烏質勒與諸蕃不和舉兵相持守西道絶表奏相繼則天令休璟與宰相商度事勢俄頃間草奏便遣施行後十餘日安西諸州表請兵馬應接程期一如休璟所畫則天謂休璟曰恨用卿晩曰遷夏官尚書同鳳閣鸞臺三品又謂魏元忠及楊再思李嶠姚元崇李迥秀等曰休璟諳練邊事卿等十不當一也

郭元振中宗景龍中爲金山道行軍大總管先是娑葛與阿史那闕啜忠節不和屢相侵掠闕啜兵衆寡弱漸不能支元振奏請追闕啜入朝宿衛移其部落入於瓜沙等州安置制從之闕啜行至播仙城與經略使左威衛軍周以悌以悌謂之曰國家

國家以高班厚秩待君者以君統攝部落下有兵衆故也今輕身入朝是一老胡耳在朝之人誰復喜見非唯官賞難得亦恐性命在人今宰相有宗楚客紀處訥並專權用事何不厚賂二人留不行發安西兵并引吐蕃以擊娑葛既得報讎又存部落如此與入朝受制於人豈復同也闕啜然其言便勒兵攻于闐坎城獲金寶及生口遣人間道納賂於宗紀元振聞其謀遽上疏曰往者吐蕃所爭唯論十姓四鎮國家不能捨與所以不通和今吐蕃不相侵擾者不是顧國家和信不來直是其國中諸豪及泥婆羅門等屬國自有攜貳故贊普躬往南征身殞寇庭國中大亂嫡庶共立將相爭權自相屠滅兼以人畜疲癘財力困窮人事天時俱未稱遂所以屈志且共漢和非是本心能忘情於十姓四鎮也如國力殷足之後則必爭小事方便絶和縱其醜徒來相吞擾此必然之計也今忠節乃不論國家大計直欲公爲吐蕃作鄉導主人四鎮危機恐從此啓頃年緣默啜憑凌所應處兼四鎮兵士歲久貧羸其勢未能爲忠節經略非是憐突騎施也忠節不體國家中外之意而別求吐蕃吐蕃得志忠節在其掌握若爲復得事漢吐蕃於國非有恩有力猶欲爭十姓四鎮今若効力樹恩之後或請分于闐疏勒不知欲何理抑之又其國中諸蠻及婆羅門等國見今攜背忽請漢兵助其除討亦不知欲以何詞拒之是以古之賢人皆不願受夷狄妄惠非是不欲其力懼後求請無厭故臣愚以爲用吐蕃之力實爲非便疏奏不省楚客等既受闕啜之賂遂議遣攝御史中丞馮嘉賓持節安撫闕啜以牛師獎爲安西副都護便領甘涼已西兵募兼徵吐蕃兵以討娑葛娑葛進馬使娑臘知楚客計馳還報娑葛是日發兵五千騎出安西五千騎出撥換五千騎出焉耆五千騎出疏勒時元振在疏勒於河口柵不敢動闕啜在計舒河口候見嘉賓娑葛兵掩至生擒闕啜殺嘉賓等又殺牛師獎於火燒城遂陷安西四鎮路絶楚客又奏請周以悌代元

振統衆徵元振將陷之使阿史那獻爲十姓可汗置軍焉耆以取娑葛娑葛遣元振書曰與漢本來無惡只讎於闕啜而宗尚書取闕啜金枉擬破奴部落馮中丞牛都護相次而來奴等豈坐受死又聞史獻欲來徒擾亂軍州恐未有寧日乞大使商量處置元振以娑葛狀奏于朝廷楚客怒奏元振有異圖元振使其子鴻間道具奏其狀以悌竟得罪而流于白州復以元振代以悌赦娑葛罪冊爲十姓可汗

王晙玄宗時爲太僕少卿隴右羣牧使開元二年吐蕃精甲十萬寇臨洮軍詔晙與隴右防禦使薛訥擊之晙率所部三千人卷甲倍程與臨洮兩軍合勢以拒之吐蕃於大來谷口遣其將坌達延率兵繼後晙乃出奇兵七百人衣蕃服夜襲之相去五里分爲二隊使前隊遇寇大呼而後隊鼙鼓以應之蕃衆大懼疑有伏兵自相殺傷死者萬計會薛訥率衆至武街谷去大來二十里爲賊所隔晙率兵迎訥之軍賊置兵於兩軍之間連數

十里晙夜出壯士銜枚擊之蕃賊大潰乃與諸合軍掩其餘衆追奔至兆水殺獲不可勝數盡收其所掠牛馬而還明年突厥默啜爲九姓所殺其下酋長多款塞投降置之河曲之內俄而小殺繼立降者漸叛晙上疏曰突厥時屬亂離所以款塞降附其與部落非有讎嫌情異北風理固明矣養成其釁雖悔可追今者河曲之中安置降虜此輩生梗實難處置日月漸久姦詐逾深窺邊間隙必爲患難今有降者部落不受軍州進止輒動兵馬屢有傷殺詢問勝州左側被損五百餘人私置烽鋪潛爲抗拒公私行李頗實危懼北虜如或南牧降戶必與連衡臣問沒蕃歸人云却逃者甚衆南北信使委曲通傳此輩降人翻成細作儻收合餘燼來逼軍州虜騎憑陵胡兵應接表裏有敵進退無援雖復韓彭之勇孫吳之策令其制勝其可必乎望至秋冬之際令朔方軍盛陳兵馬告其禍福啗以繒帛之利示以麋鹿之饒說其魚米之鄉陳其畜牧之地並分配淮南河南寬鄉安置仍給程糧送至配所雖復一時勞弊必得久長安穩二十年外漸染淳風持以銳兵皆爲勁卒若以北狄降者不可南中安置則高麗俘虜置之沙漠之西編甿散在青徐之右唯利是視務安疆埸何獨降胡不可移徙近者在邊將士爰及安蕃使人多作謏詞不爲實對或言北虜破滅或言降戶安靜志欲自言功効非有以徇邦家伏願察斯利口行玆遠慮邊荒清晏黎元幸甚臣料留住之議謀者云遵故事必言降戶之輩舊置清河之中昔年既得康寧今者還應穩便但時異事變先典攸傳往者頡利破亡邊鄙寧謐降戶之輩無復他心所以多歷歲年此類皆無動靜今虜見未破滅降戶私使往來或畏北虜之威或懷北虜之惠又是北虜戚屬夫豈不識親疎將北昔年安可同日臣料其中頗有三策若盛陳兵馬散令分配內獲精兵之實外袪黠虜之謀暫勞永安上策也若多屯士卒廣爲備擬亭障之地蕃漢相參費甚人勞此下策也若置之朔塞任之來往

通傳信息結成禍胎此無策也伏願察斯三者詳其善惡利害之狀長短可尋縱因遷移或致逃叛但有移得之者亦是今日良圖留待河冰恐即有變臣蒙天澤叨居重鎮苟有利行敢不盡言疏奏未報降虜果叛勑晙帥并州兵西濟河以討之後爲朔方道行軍大總管時突厥跌跌部落及僕固都督勺磨等散在受降城左右居止謀引突厥共爲表裏陷軍城而反晙密請誅之八年秋晙誘跌跌等黨與八百餘人於中受降城宴樂酒酣勒兵盡殺之突厥降者由是遂盡晙還遷兵部尚書復充朔方軍大總管張守珪爲左金吾員外將軍吐蕃陷瓜州以守珪爲瓜州刺史墨離軍使領餘衆修築州城板榦裁立賊又暴至城下城中人相顧失色雖相率登陴略無守禦之意守珪曰彼衆我寡又創痍之後不可以矢石相持須以權道制之也乃於城上置酒作樂以會將士賊疑城中有備竟不敢攻城而退守珪縱兵擊敗之於是修復廨宇收合流亡皆復舊業

王君㚟爲河西隴右節度使判涼州都督事開元十六年冬吐蕃大將悉諾邏率衆入寇大小谷又移攻甘州焚燒市里而去君㚟候其兵疲整士馬以掩其後會大雪賊徒凍死者甚衆賊遂取積石軍西路而還君㚟令副使馬元慶裨將軍李車蒙追之不及君㚟先令潛入賊境於歸路燒草悉諾邏還至大非山將息甲牧馬而野草皆盡馬死過半君㚟與秦州都督張景順等率兵襲其後入至青海之西時海冰合將士並乘冰而度會悉諾邏已度大非山輜重及疲兵尚在青海之側君㚟縱兵盡俘獲之及羊馬數萬

王忠嗣天寶初爲河東節度使每軍出即各召本將付其兵器令給士卒雖一弓一箭必書其名姓於上以記之軍罷却納若遺失即驗其名罪之故人人自勸甲仗充牣後爲朔方節度每至互市時即高估馬價以誘之諸蕃聞之競來求市來輒買之故蕃馬益少而漢軍益壯

哥舒翰天寶六載爲河源軍使先是吐蕃每至麥熟時即率部衆至積石軍獲取之共呼爲吐蕃麥莊前後無敢拒之者至是翰使王難德楊景暉等潛引兵至積石軍設伏以待之吐蕃以五千騎至翰於城中率驍勇馳擊殺之略盡餘或挺走伏兵邀擊匹馬不還

李光弼爲北京留守肅宗至德二年正月安禄山賊將史思明蔡希德高秀巖牛庭玠等四僞帥衆十餘萬來攻太原光弼所部將士聞之皆懼議欲脩城以待之光弼曰城周四十里賊垂至今興功役是未見敵而自疲矣乃躬率士卒百姓外城掘壕以自固脫墼數十萬衆莫知所用及賊攻城於外光弼即令增壘於内壞輒補之賊有城外詬詈戲侮者光弼令穿地道一夕而擒之自此賊將行皆視地不敢逼城强弩發石以擊之賊驍將勁卒死者十二三城中長幼咸伏其勤智乾元二年七月加天下兵馬副元帥是年逆賊史思明寇陷洛陽光弼令許叔冀守汴州戰不勝與董秦梁浦劉從諫等降思明其將李詳留守汴州思明又使梁浦劉從諫田神功等數十人下江淮南謂之曰收得其地之日每人任取兩船錢帛將來思明乘勝而西光弼至東京謂留守韋陟曰賊乘鄴下之勝送死王鐵難與爭鋒洛城無粮又不可守公計若何陟曰加兵陝州退守潼關據險以待之亦足以自固光弼曰此蓋兵家常勢非用奇之筭也夫兩軍相冦貴進尺寸之間耳今委五百里而不顧是張賊勢也若移軍河陽北阻澤潞三城以抗勝即擒之敗則自守表裏相應使賊不敢西侵此則猨臂之勢也夫辯朝廷之礼光弼不如公論軍旅之事公不如光弼陟無以應光弼遂移牒留守及官吏悉從迴避令軍士運油鐵等以爲戰守之備思明至偃師光弼悉令將士赴河陽判官韋損曰東京帝宅侍中何不守之光弼曰令守東京汜水崿嶺伊闕各須人子爲兵馬判官今判官分守得否既而遂迴未出城賊已至故城矣光弼引兵趨河陽

行至石橋天暮令秉炬徐行與賊相隨亦不敢來擊乙夜方入河陽城賊又於牆南堰壘斲築月城以拒光弼但屯於白馬寺不敢居東京於是汝鄭滑等州相次陷没於賊史思明攻河陽光弼謂李抱玉曰將軍能爲我守南城二日抱玉曰過期若何光弼曰過期而救不至任棄城也抱玉受命勒兵守南城賊帥周摯領安太清徐璜玉等先攻南城將陷之抱玉乃紿之曰吾糧盡明日當降賊衆大喜斂軍以俟之抱玉因得繕完設備明日堅壁請戰賊怒欺其急攻之抱玉出奇兵表裏夾攻殺傷甚衆摯領軍却退光弼自將千中灘城城外置柵籬籬外掘大壍闊二丈深如之周摯捨南城力攻中灘光弼命荔非元禮出勁卒於羊馬城以拒賊光弼於城東北角樹一小紅旗下望賊軍賊恃衆直逼其城以車千乗載木鵞蒙衝鬬樓橦車隨其後勒兵填城下壍三面各八道過其兵又當壍開柵各置一門光弼遥望賊填壍開柵過兵逼城使人語荔非元礼曰中丞看賊填壍過兵居然不顧何元禮報之曰太尉擬守乎擬戰乎曰戰若戰賊爲我填壍太尉復何恠也光弼曰吾智不及汝也汝其勉之元禮俟柵門開遂勒兵出戰一逼賊軍退走數百步元禮料賊衆陣堅雖出入馳突不足以破賊遂傳弓收軍却退光弼遥望軍退大怒使以喚元禮欲按軍令元禮曰戰正忙喚作何物元禮遂退入柵中賊亦整軍不敢逼良久元礼令軍中鼓譟出柵門徒搏齊進衝賊大潰摯又整軍趨北而下將攻北城光弼亦領衆入北城救之登城望賊曰彼雖衆亂而囂不足懼也當爲公等日午而破之遂命將士戰日午不决謂諸將曰向來賊何處最堅而難犯曰某處令郝玉以五百騎當之又問更向何處堅命論惟貞以三百騎以當之光弼令之曰爾等望吾旗而戰若麾旗緩任爾觀便宜而進退吾旗連麾三至地則萬衆齊入主死以之軍退者斬王等策馬赴賊有一將援槍刺洞於馬腹連及數人一將逢賊不戰而退光弼召不戰者斬之乃命援槍

者以納五百匹賞之令赴戰須臾郝王奔歸光弼望之驚曰郝玉退吾事去矣命使者取玉頭來玉見使者曰馬中箭非敢敗也使者馳報光弼命換馬而復玉等决死往戰光弼連麾三軍望旗而俱進聲動天地一鼓而破之僕固懷恩爲李光弼右廂兵馬使光弼守河陽命懷恩收懷州城官軍頻不利懷恩設策潛通地道取賊號詐傳號令賊軍亂遂收懷州城生擒僞刺史安太清及軍將楊希文從嗣下初河朔人唐希俊爲賊所役官軍得之光弼將按軍令懷恩救免及是通地道獲賊號皆希俊自地道先入與懷恩期於州東門登牆以呼懷恩遂梯城而上甲士繼登斬賊六七千乃擒太清等

郭子儀爲朔方節度使乾元元年十月破逆賊安慶緒七萬衆生擒其弟慶和初子儀自杏園渡濟河背水而陣設壁以待慶緒而安泰清率衆以拒官軍慶緒聞衛州圍逼悉師而南分爲三軍以崔乾祐將上軍安雄俊王福德爲佐田承嗣將下軍榮

曷超爲佐慶緒自將中軍以孫孝哲薛嵩爲佐初子儀之列陣也又使善射者三千人伏于壘垣之內令其衆曰吾師陣于外若小退爾當登壘鼓譟而悉衆攢射又先建高木爲三樓以望慶緒軍之進退賊軍纖塵所起此皆盡知及明日戰鋒刃接子儀塵其屬僞奔於壘慶緒果逐之善射者萬弩齊發賊軍潰走奔相州子儀乘勝收衛州代宗永泰初子儀出鎮河中是時僕固懷恩誘吐蕃迴紇來寇子儀親喻迴紇皆捨兵降馬拜曰是吾父也子儀招首領等各飲其酒與之重錦言如初子儀因說迴紇曰吐蕃本吾舅甥國無負而至是無親也若倒戈乘之如拾芥耳且其羊馬蔽地數百里是謂天賜不可失之也今能逐戎以利舉與我繼好而凱旋不亦善乎會懷恩暴死于靈州羣勇無所統遂許諾吐蕃知之其夕奔退迴紇逐之子儀以衆軍以援其後吐蕃大敗而迴紇逐之至靈臺再破之大歷九年子儀入朝代宗召對延英語及西蕃充斥苦戰不暇言發泣零既退復上封論備吐蕃利害曰朔方國之北門西禦犬戎北虞獫狁五城相去三千餘里開元天寶中戰士十萬戰馬三萬纔敵一隅自先皇帝龍飛靈武戰士從陛下收復兩京東西南北曾無寧歲中年以僕固之役又經耗散人亡三分之二比於天寶中有十分之一今吐蕃充斥勢彊十倍兼河隴之地雜羌渾之衆每歲來闚近郊以朔方減十倍之事當吐蕃加十倍之騎欲求制勝豈易爲力近入內地稱四節度每將盈萬每賊兼乘數四臣所統將士不當賊四分之一所有征馬不當賊百分之二誠合固守不宜與戰又得馬璘牒賊擬涉渭而南臣若堅壁惡犯畿甸若過畿內則國之大恐諸道易搖外有吐蕃之彊中有易搖之衆外畏內懼將何以安臣伏以陛下推制勝之術力非不足但簡練未精進退未一時淹師老地闊勢分願陛下更詢讜議慎擇名將俾之統軍於諸道各抽精卒成四五萬則制勝之道必矣未可失時臣又料河南北山南江淮小鎮數千大

鎮數萬空耗月餼曾不習戰臣請抽赴關中教之戰陣則軍聲益振攻守必全亦長久之計也臣很蒙任遇垂二十年今齒髮已衰頹避賢路止足之誠神明所監詔曰卿憂深慮遠殊沃朕心始終倚賴未可執辭也

冊府元龜卷第三百六十六

冊府元龜卷第三百六十七

將帥部二十八

機略第七

唐王甫代宗時武將也廣德元年十月吐蕃犯長安甫誘長安惡少數百人集六街皷於朱雀街大皷之吐蕃聞之震懾棄夜而遁初吐蕃既立廣武王承宏將刼京城士女工匠整隊伍還蕃及是聞皷聲謂有變乃狼狽奔潰

段秀實代宗大曆初爲邠寧節度馬璘都虞候璘既奉詔徙鎮涇州其士衆嘗自四鎮二庭赴難中原僑居驟移頗積勞怨刀斧將王童之因人心揺導以爲亂或告其事且曰候嚴警皷爲約矣秀實乃召皷人陽怒失節且戒曰每更籌盡必來報每白之輒延數刻四更畢而曙籌既差牙童之亂不能作明日告者復曰今夜將焚藁場期救火者同作亂秀實使嚴加警備夜半火發乃使令於軍中曰救火者斬童之居外營請入救火不許

明日斬之捕殺其黨凡十餘人以徇曰敢後徙者族於是還涇州

張光晟爲振武軍使德宗建中元年八月光晟殺迴紇之歸國者初迴紇前後繼至有九姓胡雜之通名迴紇凡千餘人納馬于唐而徵其懸估留京師或十數年貲産極厚常爲暴横有司不能禁止大曆十一年迴紇襲振武使攻東陘越代及忻至于太原大殺掠以還十四年復脩舊好使其帥突董統還其國貲貨甚夥及振武留數月厚求給養日食肉千斤他費稱是光晟苦之（一云迴紇突董梅録領衆并雜種胡等自京師還國輿載金帛相屬於道光晟訝其裝橐頗多潛令驛吏以長錐刺之則皆引致京師婦人也）會可汗頓莫賀新立盡殺九姓胡人皆恐懼不敢還多道士突董部之益峻羣胡迫急乃密獻計於光晟請盡殺迴紇之種若以兵臨則胡人拱手不敢相抗光晟嘉諾焉乃表獻策曰迴紇本人非多比助其彊者羣胡耳今聞其國方亂頓莫賀新立未得衆移地健有孽子及宰相梅録各將數千人方相圖未服且兵非利不往人非財不聚今無財利一亂不可定夫撫弱攻昧取亂侮亡者聖王之道陛下不以此時乘之而復歸其人奉其幣此真所謂借寇兵而資盜糧者也請盡殺之光晟乃使將校過其門陽不爲禮突董果怒執而鞭之光晟乃勒兵圍擁迴紇并羣胡皆殺之收駞馬數千繒錦十餘萬獨留二胡爲證且告曰迴紇扶辱大將乃謀陷振武胡有密言者故先事誅之帝徵光晟還以彭令芳代焉且使中官王嘉祥與迴紇使聿達干偕往致其意

朱滔爲幽州留後建中初成德軍李寶臣死其子惟岳謀襲父位滔與成德軍節度使張孝忠征之大破惟岳於束鹿滔命偏師守束鹿進圍深州惟岳及統萬餘衆及田悦援兵圍束鹿惟岳將王武俊以騎三千方陣橫進滔縝帛爲狻猊象使猛士百人蒙之皷譟奮馳賊馬驚亂隨擊大破之惟岳焚營而遁

嗣曹王皐爲江南西道節度觀察建中初李希烈反賊樹堡柵於蔡山皐度峻險不可攻乃聲言西取蘄州埋戰艦分兵傍南

涯與舟師泝江而上賊以老弱守柵引軍循江隨戰艦南北與皐兵相直去蔡山三百里賊亦隨之乃令徒兵悉登舟迴舟順流東下不一日乃拔蔡山柵賊亦還兵救柵間一日方至又大破之因進功蘄州遂拔之降其將李良復黄州斬首千餘級軍益振

馬燧爲河東節度使建中三年加魏博招討使討田悦悦求救於淄青鎮州燧軍次於漳水悦遣將王光進以兵守長橋築月城以爲固軍不得渡燧乃於下流以兵車數百乘維以鐵鎖絶中流實以土囊以遏水水稍淺諸軍畢渡是時糧少悦深壁不戰欲老燧師燧令諸軍持十日糧進次倉口與悦等夾洹水而軍李抱真等問曰糧少深入何也燧曰粮少利速戰兵法善於致人而不致於人今田悦與淄青鎮州三軍爲首尾計以老我師若分軍擊其左右兵少未可必破悦且來救是前後受敵也兵法所謂攻其必救固當戰也燧爲諸公合而破之燧乃造三

橋逾洹水日挑戰悦不敢出鎭州兵自以軍少懼爲燧所并引軍合於田悦燧又令於軍中曰悦死傷之餘安敢出戰所恃者淄青軍尔吾當先破納軍則田悦坐受降也淄青軍聞懼亦引軍合於田悦悦謂燧明日復挑戰乃伏兵萬人欲邀之燧乃令諸軍半夜皆食先雞鳴時擊鼓鳴角潛師旁洹水西徑趨魏州令曰聞賊至即止爲陣又令百騎鳴鼓角留於後仍抱薪持火待軍畢渡焚其橋軍行十數里悦乃率淄青鎭州兵步騎四萬餘踰橋揜其後乘風縱火鼓譟而進燧乃坐軍前除草斬榛棘廣百步以爲陣募勇士得五千餘人分爲前引以俟賊至比悦軍至則火止氣乏力少衰乃縱擊之悦大敗時神策昭義河陽軍小却河東軍勝諸軍還鬭合擊又大破迫切洹水悦軍走橋橋已焚矣悦軍亂赴水斬首二萬殺賊大將孫晉卿安墨啜生獲三千餘人溺死者不可勝數淄青軍殆盡死者相枕籍三十里悦收兵得千餘人走夜至魏州

伊慎爲蘄州刺史充江南西道節度都知兵馬使建中末車駕在梁洋鹽鐵使包佶以金幣泝江將進獻次于蘄口賊已屠汴州遣驍將杜少誠將步騎萬餘來寇蘄黄以絶江道慎兵七千遇於永安戍慎列樹三柵相去纔數里偃旗臥鼓於中柵少誠至分兵而圍之軍伍未定中柵聲鼓三柵悉兵以擊賊軍大亂少誠脱身以免斬級不可勝數江路遂通

渾瑊建中末從德宗幸奉天爲行在都虞候朱泚至乃出軍戰于城東王師不利賊遂乘勝奔突將入官軍與賊隔門相持自夘至午殺傷頗甚門内有草車數乘瑊乃令虞候高固等推車塞門焚之以禦乘火力鬭賊衆遂退然重圍已合大修攻具以僧法堅爲匠師造雲橋成闊數十丈下以捍輪爲脚推之使前施濕氈生牛革多懸水囊以爲障直指城東北隅兩旁構木爲廬覆以牛革迴環相屬負土運薪於其下以塡壕塹矢石不能傷城中恟懼相顧失色瑊與防城使侯仲莊揣雲橋來路先鑿地道下可深丈餘上積馬糞深五六尺次二日即令爇火次一日復下柴薪從燒之平明火焰高於城壘是時北風正急賊乃隨風推橋以薄城下賊三千餘人相繼而登城上士卒皆乏寒餒又少甲冑瑊但感激誠厲之以飢弱之衆當勦賊之鋒雖力戰應敵人憂不濟公卿已下仰首祝天賊徒至地道所橋脚偏陷不能進須臾風迴焰轉雲橋焚爲灰燼賊焚死者數千城中歡譟振地

馬勛爲梁州裨將興元元年二月德宗在奉天欲移幸梁洋時山南西道節度使嚴震遣兵五千至盩厔以俟南幸其將張用誠陰謀背叛輸款李懷光朝廷憂之會勛至帝臨軒與之謀勛曰臣請計日至山南取節度符召之即不受召臣當斬其首以復命帝喜曰幾日當至勛剋日時而奏帝勉勞而遣之勛既得震符及壯士五人偕行既出駱谷用誠以爲未知其叛以數百騎迓勛勛與俱之傳舍用誠左右森然勛曰天寒且休軍士軍士皆退勛乃令人多焚草以誘之軍士皆爭附火勛乃從容出

懷中符示之曰大夫召君用誠惶駭起走壯士自背束其手而擒之不虞用誠之子居後引刃斫勛勛左右遽承其臂刃不甚下微傷勛首遂格殺其子而仆用誠於地令壯士跨其腹以刃擬其喉曰聲則死之勛即馳就其營軍士已被甲執兵矣勛大言汝等父母妻孥皆在梁州一朝棄之從人謀反將欲滅汝族耶大夫使我取張用誠不問汝輩乃何爲乎衆讋伏於是縛用誠送洋州震杖殺之拔其貳使總其衆勛以藥自封其來復命愆約半日帝頗憂之及勛至甚悦

李晟爲神策行營節度使興元元年德宗在梁洋戒令判官張彧偪京兆尹權知府事權署官吏四十餘人徵歛芻粟數日山積號令軍士以收復宮闕爲志自鑾駕南幸河中李懷光脅奪諸軍士馬頗衆朱泚兵亦未衰晟以孤軍中立財力未集恐爲二盜所併乃卑詞厚意僞致誠於懷光外示推崇之内實輯兵賦以濟其志旬日之後軍用整備懷光患之稍移軍涇陽與朱

泚約同滅晟晟致書懷光冀其感寤懷光得書雖慙懼然氾恨之性終不能悛晟懼爲所幷乃密疏請從軍東渭橋帝不許懷光爲亂益急時鄜坊節度使李建徽神策將陽惠元及晟與懷光聯營晟以事迫會有中使過晟營乃令軍曰奉命從屯渭橋乃爲陣而行至渭橋不數日懷光果逐建徽惠元而刼其兵建徽走免惠元死於好畤晟軍東渭橋大陳兵告以收復之事衆皆奮躍會將吏數輩自賊逃來言朱泚分離可滅之狀軍士增氣先是賊將姚令言及僞中丞崔宣咸使人來覘發軍之期悉爲候騎所得及是晟陳師引覘者示之謂曰尓報諸賊勉力自固無不切於賊也各飲之酒給錢而遣之仍遺宣書令其善守乃移牒渾瑊駱元光尚可孤等尅期齊進初晟將收復會諸將議其方略皆欲先收外城既有府縣坊市以助軍威然後北清宮闕賊既失衆心必動揺乘其危變不勞而克晟獨曰先收外城則街衢隘狹人家駢比賊必設伏與王師格戰如此則兵有

勝負賊退守宮城又須攻擊賊利則薄吾軍不利則宮及百姓吾未見其利且賊重兵精甲皆在苑中當須先扺苑牆衝其巢穴賊既敗散吾則皷行驅除彼將救死不暇安能爲患於宮闕如此賊擒而百姓免於驚擾矣議者皆伏晟後爲鳳翔節度使貞元二年九月以吐蕃侵軼遣其將王佖夜襲賊營率驍勇三千人入汧陽城戒之曰賊之大衆當過城下愼無擊其首尾首尾雖敗其中軍力全若合勢攻汝必受其弊但俟其前軍已過見五方旗虎豹衣則其中軍也突其不意可建奇功佖如言出擊之賊衆果敗副將史庭玉力戰死之辛亥吐蕃二萬餘寇鳳翔城下晟出兵禦之一夕而退

劉玄佐德宗貞元中爲汴宋節度善用智計每李納遣使至玄佐必厚重贈之飾以美女恣其遊娛故多得其陰事常先爲之備故納深憚之

李愬爲唐鄧節度使元和十二年冬討淮西愬圍蔡州吳房縣斬首千餘級賊衆遂退或勸愬曰乘其退可遂拔吳房愬曰取之則賊必合勢而固其穴不如留之使分其力初高霞寓求滋相次敗逐乃以愬爲唐鄧節度愬至唐州或以其下不肅爲言愬曰賊方安袁尚書之寛易吾不欲使其改備也又以其覆敗之餘人皆懼戰乃紿其下曰天子知愬柔而忍恥故使撫養耳鬪戰者非吾事也軍衆信而樂之愬又歸散其優樂未嘗舉宴士卒傷夷者親自撫之賊以嘗敗辱二帥又以愬名位非所畏憚者不甚增其備愬沉勇長筭推誠待士故能用其卑弱之勢出賊不意居半歲知人可用迺謀襲蔡州表請濟師詔以河中鄜坊騎士二千以益之會賊將吳秀琳以文成柵三千人請降愬獨出至柵下與之語親釋其縛署爲都將秀琳感恩因吐誠言於愬曰若欲破賊須李祐某無能爲也祐者賊之驍將有膽計嘗侮易官軍去來不可備愬召其將史用誠誡之曰今祐以衆來穫麥於張柴爾可以三百騎伏旁林中又使揺旆於前示

其將焚其麥者祐素易我軍必輕而來遂爾以衆騎摶之必獲矣誠如愬計擒祐而還官軍常苦祐皆請速殺之愬不聽又解其縛而客禮之初李愬之入蔡州自張柴行七十里比至縣郊城夜半雪愈甚城傍有鵝鴨池愬令驚擊之以雜其聲

梁氏叔琮唐末爲晋州節度使初太祖屯軍于岐下晋軍潜襲絳州前軍不利晋軍恃勝而攻臨汾叔琮嚴設備禦乃於軍中選壯士二人深目虬鬚皃如沙陀者令就襄陵縣牧馬於道周蕃寇見之不疑二人因雜其行間俄而伺隙各擒一虜而來晋軍大驚且疑有伏兵遂退據蒲縣時大祖遣朱友寧兵數萬赴應悉委叔琮節制既至諸將皆欲休軍叔琮曰若然則賊又遁矣遁則何功焉因夜出潜師截其歸路遇晋軍游騎數百盡殺之遂攻其壘拔之後爲保大軍節度使圍晋陽誡衆曰有病者投而焚之三軍咸稱不病因選精卒殿後徐而退之至石會關留數馬及旌旗虚設于高岡之上晋人疑有伏兵遂不敢追時

皆伏其謀也

劉鄩唐末爲淄州刺史淄青行軍司馬襲兗州鄩遣細人詐爲鬻油者覘兗城虚實及出入之所視羅城下一水竇可以引衆而入遂誌之鄩乃告青帥王師範請步兵五百宵自水竇銜枚而入一夕而定末帝時爲開封尹遥領鎮南軍節度使朝廷分相魏爲兩鎮遣鄩率大軍屯南樂尋以精兵萬人自洹水移軍魏縣晉王來覘鄩設伏於河曲叢木間俟晉王至大譟而進圍之數匝殺獲甚衆晉王僅以身免鄩乃潛師由黄澤西趨太原將行慮爲晉軍所追乃結芻爲人縛旗於上以驢負之循堞而數日晉人方覺軍至樂平會霖雨積旬師不克進鄩即整衆旋

王重師唐末爲潁州刺史從太祖攻濮州縱兵壞其墉濮人因屯火塞其壞壘煙焰亘空人莫敢越重師方苦金瘡卧于軍次諸將或勉之乃躍起命將士悉取軍氈罽投水中擲於火上重

師然後率精鋭持短兵突入諸軍踵之濮州乃陷

寨王友倫唐末爲右武衛將軍太祖征兗鄆友倫兼所部兵收聚糧穀以濟軍須幽滄軍至内黄友倫以前鋒夜渡河擊賊奪馬千匹擒斬甚衆因引兵往入議閲卒逢晉軍萬餘騎友倫乃分布兵士多設疑軍因聲鼓誓衆十伍奮躍追斬數十里

劉仁恭鎮幽州素知契丹軍勢情僞選將練兵乘秋深入踰摘星嶺討之霜降秋暮即燔塞下野草以困之馬多飢死即以良馬賂仁恭以市牧地

劉守光戍平州契丹舍利王子率萬騎攻之守光僞與之和張幄幕於城外以饗之羣虜就席伏甲起擒舍利入城羣虜聚哭請納馬五千以贖之不許欽德乞盟納賂以求之自是十餘年不敢犯塞

後唐李嗣昭爲昭義軍節度天祐七年從莊宗南伐胡柳之役周德威軍不利師無行列至晚方集汴人五六萬登土山衆形於懽色莊宗欲收軍據營詰旦決戰嗣昭曰賊無營壘去臨濮數舍日已晡晚皆有歸心但以精騎擾之無令反旆晡後進擊破賊必矣我若收軍據寨賊入濮州俟彼整緝後來殆難與敵帝曰微兄言幾敗吾事乃與軍校王建及爲犄角大破賊軍俘斬萬級由是我軍復振

王建及爲衛軍都校天祐七年王師攻魏州魏人夜出犯我營建及設伏待之扼其歸路盡殪之汴將劉鄩之營莘縣月餘不出忽一旦出急兵攻鎮定之營軍中騰亂建及率銀槍勁兵千人赴之擊敗汴軍進奔至其壘十七年梁軍圍德勝城百道齊攻又以蒙衝戰艦斷其津渡莊宗陣於北岸津路不通守將氏延賞告矢石將盡莊宗積錢帛於軍門募能破賊船者於是獻伎者數十或言能吐火焚舟或言能游水破艦或言能禁咒兵刃悉命試之卒無成効城中危急所爭晷漏虎臣不能勇智士不能謀莊宗形於憂色建及擐甲而進曰賊帥傾巢昧死冀逞

一舉如我師不南則彼爲得計今豈可限一衣帶而縱敵憂君今日勝負臣當效命遂以巨索聯舟十艘選効節勇卒三百人持斧被鎧鼓拙而行中流擊之賊樓船三層處蒙以牛革縣板如睥睨之制我船將近流矢雨集建及率持斧者入賊蒙衝間斬其竹纜破賊懸楯以稍刺之因於上流取甕數百以木夾口竹笮維之又以巨索牽制積芻薪於上灌脂沃膏火發亘天別維巨艦中實甲士乘煙鼓譟賊斷紲而下沉溺者殆半我軍由是得渡帝曰周瑜得黄蓋而挫曹公吾有建及卒破賊艦奇才猛將何代無之

周德威爲振武軍節度使天祐七年汴將王景仁軍八萬次栢鄉鎮州王鎔告難莊宗遣德威赴之德威率騎軍致師於栢鄉設伏於村塢間令三百騎以壓汴營王景仁悉其衆結陣而來德威轉戰而退汴軍因而乘之於高邑南時步軍未成列德威陳騎河上以抗之亭午兩軍皆陣莊宗問戰時德威曰汴軍氣

威可以勞逸制之造次較力殆難與敵古者師行不踰一舍蓋慮糧餉不給士有飢色今賊遠來決戰縱挾糗糒亦不遑食晡晩之後飢渴内侵戰陣外逼士心旣倦將必求退乘其勞弊以生兵制之縱不大敗偏師必喪以臣所籌利在晡晩諸將皆然之時汴軍以魏博之人爲右廣宋汴之人爲左廣自未至申陣勢稍却德威麾軍呼曰汴軍走矣厚埃漲天魏人收軍漸退莊宗與史建瑭安金全等因衝其陣夾攻之大敗汴軍殺戮殆盡王景仁李思安僅以身免十年冬汴將劉鄩乘虚寇太原時德威在幽州徑以五百騎馳入土門聞鄩軍至樂平不進德威徑至南宮以候汴軍初鄩欲據臨清以扼鎮定轉餉之路行次陳宋口德威遣將擒數十人皆傅刃於背縶而遣之旣至謂劉鄩曰周侍中已據宗城矣德威其夜急騎扼臨清劉鄩乃入貝州是時德威若不至則勝負未可知也十五年我師營麻口渡將大舉以定汴州德威自幽州率本軍至十二月二十三日軍次

胡柳詰旦騎報曰汴軍至矣莊宗使問戰備德威奏曰賊倍道而來未成營壘我營柵已固守備有餘旣深入賊疆須決萬全之策此去大梁信宿賊之家屬盡在其間人之常情孰不以家國爲念以我深入之衆抗彼激憤之軍不以方略制之恐難必勝王但按軍保柵臣以騎軍疲之使彼不得下營際曉糧爨不給進退無據因以乘之破賊之道也莊宗不從德威遂戰没

符存審爲蕃漢馬步都指揮使天祐九年莊宗討劉守光於幽州梁太祖因此北伐至于棗疆存審以騎軍三千屯于趙州初梁軍聲言五十萬存審以兵少不敵心頗憂之謂裨將趙行實曰朱公儻以五十萬來義軍少我作何禦待行實曰誠如是走入土門爲上策存審曰賊軍未至難便從公之上策但得老賊在東別將西來尚可從容畫策不旬日楊師厚攻棗疆賀德倫寇蓨縣攻城甚急存審謂趙行實史建瑭曰吾王方事北面南鄙之事付我等數人今西道無兵蓨縣危急我等坐觀其弊何以自安老賊旣下蓨城必西寇深冀不預爲方略則滋蔓難圖與公等輕騎而行偵其所向乃選精騎八百急趨信都扼下博橋道存審令史建瑭李都督分道擒生建瑭分麾下五百騎爲五軍一軍之衡水一軍之南宮一軍之信都一軍之阜城自將一軍深入各命俘賊討芻糧者十人而會于下博橋翊日諸軍所至皆獲賊芻蕘者數百聚而殺之内緩縶一人令其逸去或教其去者云可以報朱公禡爾戰地礪爾戈矛晉王大軍至矣諸軍逸去者皆教以是言賊聞大駭李都督史建瑭各領百餘騎爲賊旗幟服色與芻糧者相雜而行至暮及賀德倫營門殺其門者縱火大呼俘斬而旋其芻蕘者斷手臂得歸皆言我兵大至朱溫大駭遂命夜遁趨於貝郡蓨人持鉏耰白梃追擊汴軍收其輜車鎧仗不可勝計朱溫先氣痼發動因是愈甚留貝州旬日不能乘肩輿疾作暴怒其將張正言許從實朱彥柔皆斬於軍門以其亡師蓨縣故也十七年七月梁將劉鄩尹浩寇同

州先是河中節度使朱友謙以兵收復同州以其子令德主留務時友謙貞順友貞請同州節友貞怒其侵己不時與之遂絶友貞請旄節於我因援之友貞乃遣劉鄩與華州節度使尹浩帥兵寇同州塹其城友謙力不能救請師　我帝遣蕃漢馬步總管李存審昭義節度使李嗣昭代州刺史王建及帥師赴援九月王師大集於河中朝至夕渡時汴人不意王師速至劉鄩曰蒲人事晉心異貌恭假有乞師爭無猜審至於師行次舍倍道兼程計其行途未能及此李存審聞之笑謂軍吏曰兵法有出奇無窮者兵若自天而墜劉鄩善將何其昧哉汴人素輕蒲兵每遇遊騎挑戰必窮追襲存審初至率精甲千人内選二百雜蒲人之間直壓賊壘賊出千騎結陣而追之遽見我師大駭而走獲賊騎五十而旋自是賊軍憚戰明日進軍朝邑時蒲中芻粟暴貴糧餉不給駐軍旬浹人皆思戰李存審欲徐圖勝負不時聽從存審謂嗣昭曰我率偏師入寇境蒲中久爲賊有人

心尚懷兩端事一差跌則吾屬無類且蒲人羸懦不可驅以爭鋒唯恐我師又衆寡不敵持久則貲糧不足求戰則勝負難知每一揣謀令人憤惋曰公方略如何嗣昭曰我數千里與兵與人解鬬儻無成績則吾屬亡師今日良圖無踰急戰者審曰子所料度非不至此但同州南距渭河又數十里而接華州若逗動賊軍夾河結壘持久不戰以逸待勞俟我饋運不充蒲人離貳事生不測吾輩安歸不如示弱撫兵俟其鬬志懈其進取然後決機軍士口譚未可取信嗣昭曰善又旬日望氣者言夜見西面黑氣如鬬鷄之狀必有戰陣存審曰吾方欲決戰而形於氣象得非天贊我歟召嗣昭友謙聚謀下令軍中誠示所向遲明進軍距於賊壘賊鑿壘而出蒲人在南我師在北騎軍既接蒲人小退賊呼曰巢王走矣爲賊所躡嗣昭以精騎抗之大軍繼逼賊遂奔潰追斬二千級値夜劉鄩以餘衆保營自是閉壁不出居半月存審謂嗣昭曰子所料者懼劉鄩據渭結營持久待

我今精兵亡敗退走無門戰窮搏人勿謂無事不如開其走路然後追奔因令王建及收馬于沙苑劉鄩知之遂宵遁我師追及渭河弃鎧投仗相蹈藉所收輜重不可勝計劉鄩尹浩單騎獲免

李存賢權典沁州天祐九年正月汴人將襲州城伏於城下存賢意其姦變遲明命守陴者皆鼓譟如攻戰之勢賊謂我擁襲伏兵大敗因四面攻吾門分兵禦捍至午賊退

閻寶爲天平軍節度使天祐十四年從明宗援幽州敗契丹指陳方略多中事機十五年胡柳之役諸軍逗撓汴軍登無石山其勢甚盛莊宗望之畏其不敵且欲保營寶進曰王深入敵境偏師不利王彥章騎軍已入濮州山下唯列步兵向晚皆有歸志我盡銳擊之敗走必矣今若引退必爲所乘我軍未集更聞賊勝即不戰而自潰也凡決勝料勢決戰料情情勢已得斷在不疑今王之成敗在此一戰若不決戰設使餘衆渡河河朔非王有也王其勉之莊宗聞之聳聽曰微公幾失計即引騎大譟大衆精登山大敗汴人

郭崇韜同光末爲招討使伐蜀軍入大散關崇韜以馬箠指山險謂魏王繼岌曰朝廷興師十萬已入此中儻不成功安有歸路今岐下飛輓才及旬日必須先取鳳州收其儲積方濟吾事乃令李嚴康延孝先馳書檄以諭僞鳳州節度使王承捷及大軍至承捷果以城降得兵八千軍儲四十萬次至故鎮僞命屯駐指揮使唐景思亦以城降得兵四千又下三泉得軍儲三十餘萬自是師無匱乏軍聲大振其招懷制置官吏補署師行籌畫軍書告諭皆出於崇韜繼岌承命而已

康延孝爲保義軍節度使西川行營先鋒使延孝既收綿州蜀主王衍斷綿江浮梁而去水深無舟檝可渡延孝謂招撫使李嚴曰吾懸軍深入利在急兵乘王衍破膽之時人心離沮但得百騎過鹿頭關彼即迎降不暇如俟修繕津梁便留數日若王

衍堅閉近關折吾兵勢儻延旬浹則勝負莫可知也宜促騎渡江因與李嚴乘馬浮江于濟得濟者僅千人步軍溺死者亦千餘人延孝既濟長驅過鹿頭進據漢州居三日部下後軍方至僞蜀六軍使王宗弼令人持牛酒幣馬歸款旬日間兩川平定

晉苑延光初仕後唐爲宣徽使明宗幸夷門至滎陽聞朱守殷拒命延光曰若不急攻則賊城堅矣請騎兵五百臣先赴之則人心必駭明宗從之延光自酉時至夜央馳二百餘里奄至城下與賊鬬翌日守陴者望見乘輿乃相率開門延光乃入與賊巷戰至辰時盡殲其黨明宗嘉之

漢趙暉乾祐初爲鳳翔節度使屬王景崇據岐山期不受代朝廷即命暉爲西面行營都部署統兵以討之時李守貞叛於蒲趙思綰據雍景崇皆援之及引蜀軍出自大散關勢不可遏暉領兵數千數戰而勝然後塹而圍之暉屢使人挑戰致終不出暉乃潛使千餘人於城南一舍之外擐甲執兵僞爲蜀

兵旗幟循南山而下詐令諸軍聲言川軍至景崇乃令數千人潰圍而出以爲應接彝設伏而待一鼓而盡殪之自是景崇膽破無復敢出明年拔之

冊府元龜卷第三百六十七

冊府元龜卷第三百六十八

將帥部二十九

攻取

夫用師伐叛有攻取之道所以摧堅壘而克敵成奇功而定霸者也蓋夫梯衝之備鉤援之設竭機械之智冒矢石之難先登以勵勇氣長圍以縱兵力皆所以震威武而寧禍亂焉三代而下夲兵柄者或奉辭致討誓衆以進蓋以乘墉傳堞以恣其攻擊樹梯鳴角以奮其勢曰乃麾城有振槁之易略地成益國之美茂功舉集威名震燕圖鍾石而兼著誓河山而不朽者曷嘗不由是哉

楚鬭廉帥師及巴師圍鄾（鬭廉楚大夫）鄧養甥聃甥帥師救鄾三逐巴師不克（二甥鄧大夫）鬭廉衡陳其師於巴師之中以戰而北（衡橫也分巴師爲二部鬭廉橫陳於其間以與鄧師戰而僞北北走也）鄧人逐之背巴師而夾攻之（楚師僞走鄧師逐之背巴師巴師攻之楚師自前還與戰）鄧師大敗鄾人宵潰

郤叔虎晉大夫也晉獻公田見翟柤之氛（翟柤名氛祲氣凶象也刺曰氛吉曰祥）歸寢不寐（欲伐翟柤也）郤叔虎朝公語之（語以寢不寐）出遇士蔿曰今夕君寢不寐必爲翟柤君若伐之可克也子必言之士蔿以告公說乃伐翟柤郤叔虎將乘城（乘外城）其徒曰棄政而役非其任也（政職也役戎役）郤叔虎曰既無老謀又無壯事何以事君（壯士力役也言已無謀又恥無功）被羽先升遂克之（羽鳥羽繫於背若今軍將負眊）

公子嬰齊字子重爲楚令尹魯成公九年十一月帥師伐莒圍渠丘渠丘城惡衆潰奔莒戊申楚入渠丘（月六日）莒人囚楚公子平楚人曰勿殺吾歸而俘莒人殺之楚師圍莒莒城亦惡庚申莒潰（月十八日）楚遂入鄆莒無備故也

荀罃晉大夫將中軍士匄佐中軍荀偃將上軍魯襄公十年夏四月戊午會于柤（經書春書始行也戊午月一日）荀偃士匄請伐偪陽而封宋向戌焉（以宋常事晉向戌有賢行故欲封之爲附庸）荀罃曰城小而固勝之不武弗勝爲笑固請丙寅圍之弗克諸侯之師久於偪陽荀偃士匄請於荀罃曰水潦將降懼不能歸（向夏恐有久雨從丙寅至庚寅二十五日故曰久）請班師（班還也）知伯怒（知伯荀罃）投之以机出於其間（机出偃匄之間）曰女成二事而後告余（二事伐偪陽封向戌）余恐亂命以不女違（敢亡欲之爲亂余）女既勤君而興諸侯牽帥老夫以至于此既無武守（無武功可執守）而又欲易余罪曰是實班師不然克矣（謂偃匄將言耳）余羸老矣可重任乎（不任受文此責）七日不克必爾乎取之（言當取以謝不克之罪）五月庚寅（月四日）荀偃士匄帥卒攻偪陽親受矢石（躬在矢石間）甲午滅之

荀吳晉大夫帥師伐鮮虞圍鼓（鼓白狄之別種下曲陽縣有鼓聚）甚急鼓人或請以城叛荀吳弗許使敵殺叛人增守備圍鼓三月鼓人告食竭力盡而取之滅鼓而返不戮一人

高發齊大夫帥師伐莒初莒有婦人莒子殺其夫已爲嫠婦及老託於紀鄣紡焉以度而去之（因紡纑連所紡以度城而藏之）及師至則投諸外（投纑城外）或獻之子占子占使師夜縋而登（縋纑登城）登者六十人縋絕師鼓譟城上之人亦譟莒共公懼啓西門而出齊師入紀

秦白起爲將攻韓拔九城斬首五萬

田單爲齊上將興師十餘萬將以攻翟往見魯仲連子仲連子曰將軍之攻翟必不能下矣田將軍單以五里之城十里之郭復振之國何爲攻翟不能下也及攻翟三月不下齊之童兒謠曰大冠如箕長劍柱頤攻翟不能下壘於梧丘於是田單恐駭往見仲連子曰先生何以知單攻翟不能下也仲連子曰夫將軍即墨之時坐則織蕢立則杖鍤爲士卒唱曰恐宗廟亡矣故將有死之心無生之氣今將軍東有掖邑之封西有淄上之寶黃金横帶馳乎淄澠之間是以樂生而惡死也田單明日結髮祖于矢石之間乃引枹而鼓之翟人下之

趙襄子晉大夫簡子子也簡子死未葬中牟入齊（中牟自入曰於齊也）已葬五日襄子起兵攻之圍未合而城自壞者十丈襄子擊金而退之（軍法鼓以進衆鉦以退之）軍吏諫曰君誅中牟之罪而城自壞是天助我何故去之襄子曰吾聞之叔嚮曰君子不乘人於利不迫人

於險使之治城城成而後攻之中年聞其義乃請降

漢周勃以中涓從沛公下胡陵方與(音豫)攻豐復攻碭破之下下邑先登賜爵五大夫攻蘭虞取之略定魏地攻轅戚東緡以往至栗取之攻齧桑先登下蘄城攻都關定陶攻開封先至城下爲多(殺多也)又攻東郡尉於成武破之攻長社先登攻潁陽緱氏南攻南陽守齮破武關嶢關攻秦軍於藍田

樊噲以舍人從沛公攻胡陵方與還守豐擊泗水監豐下破之(泗水郡名監謂監郡御史豐縣下)常從沛公擊章邯軍濮陽攻城先登斬首二十三級從攻陽城先登下戶牖後攻圉都尉(圉縣屬陳留)東郡守尉於成武又從攻秦軍出亳南(今河南郡縣)河間守軍於杠里破之(杠音江)從攻破楊熊於曲遇攻宛陵先登斬首八級捕虜四十四人從攻長社轘轅絕津東攻秦軍尸鄉南攻秦軍於犨攻宛城先登攻武關至霸上從入漢中還從攻殘甕城先登擊章平軍好畤攻城先登遷爲將軍攻趙賁下郿槐里柳中咸陽(郿柳中皆細柳邑)灌廢丘最(以水灌廢丘也)

從攻項羽屠煮棗攻鄒魯瑕丘薛

彭越爲魏相國項王與漢王相距滎陽越攻下睢陽外黃十七城

酈商以所將四千人屬沛公於岐從攻長社先登從攻緱氏絕河津從下宛穰定十七縣別將攻旬關(旬關漢中之關)受梁相國印從擊項羽攻胡陵

夏侯嬰爲太僕奉常從攻胡陵胡陵降賜爵五大夫東攻濟陽下戶牖從攻南陽

灌嬰爲中謁者攻下外黃西收軍於滎陽韓信已定齊地使嬰別將攻傅陽前下相以東南僮取慮徐(三縣名)度淮盡降其城邑又攻苦譙(二縣名)追項籍至東城(東城縣)下東城歷陽度江破吳郡長吳下得吳守遂定吳豫章會稽還定淮北五十二縣

靳歙以中涓從沛公攻濟陽別擊章平軍定隴西六縣

後漢鄧禹從光武自薊至信都王郎起兵使禹發奔命得數千人令自將之別攻拔樂陽禹爲前將軍持節西入關建武元年正月禹自箕關將入河東(箕關在今王屋縣東)河東都尉守關不開禹攻十日破之

蓋延爲虎牙將軍建武二年夏督駙馬都尉馬武等伐劉永先攻拔襄邑進取麻鄉遂圍永於睢陽數月盡收其麥夜梯其城入永驚懼引兵走出東門延追擊大破之

岑彭爲廷尉行大將軍事建武八年彭與蓋延耿弇圍隗囂於西城彭遂壅谷水灌西城城未沒丈餘(時以縑囊盛土爲堤灌西城谷水從地中數丈涌出故城不拔)囂將行巡周宗將蜀救兵到囂得出還冀漢軍退

吳漢爲大司馬從征董憲憲與龐萌走保朐漢進圍朐城明年城中穀盡憲萌潛出襲取贛榆(贛音貢贛榆縣名今海州東海縣也)琅邪太守陳俊攻之憲萌走澤會漢下朐城

祭遵爲征虜將軍建武中新蠻中山賊張滿屯結險隘爲人害詔遵攻之遵絕其糧道滿數挑戰遵堅壁不出而厭新柏華餘賊復與滿合遂攻得霍陽聚遵乃分兵擊破降之明年春張滿飢困城拔生獲之

耿弇爲大將軍時張步據齊地弇擬兵討之步使其大將費邑軍歷下又分守祝阿鍾城弇先擊祝阿自晨攻城未中而拔之故開圍一角令其衆得奔歸鍾城鍾城人聞祝阿已潰大恐懼遂空壁亡後弇軍臨淄西安之間張步都臨淄使弟玄武將軍藍將兵守西安弇視西安城小而堅藍兵又精未易攻也臨淄諸郡太守相與雜合人不專一其勢雖大而虛易攻弇內欲攻之告令軍中治攻具後五日攻西安復縱生口令歸藍聞之晨夜守城至期之半令軍皆食會明咸請攻西安弇曰吾揚言欲攻西安今方自憂治城具而吾攻臨淄一日必拔吾得臨淄即西安必復亡矣且西安城堅精兵二万人攻之未可卒下士卒必死傷正使得其城張藍引兵突臨淄(臨淄)更彊吾深入敵城後無轉輸旬月間不戰而困諸君不見耳弇遂擊臨淄至日中破之藍聞臨淄拔果將其衆亡

朱儁爲鎭賊中郎將與荆州刺史徐璆共討黄巾擊賊帥趙弘斬之賊餘帥韓忠復據宛乞降儁不許因急攻連戰不尅儁登土山觀之顧謂張超曰吾知之矣賊今外圍周固内營逼急乞降不受欲出不得所以死戰也萬人一心猶不可當況十萬乎其害甚矣不如撤圍并兵入城忠見圍解勢必自出則意散易破之道也既而圍解忠果出戰大擊破之

郭典爲鉅鹿太守與中郎將董卓攻黄巾賊張寶於下曲陽作圍壍而卓不肯典曰受詔攻賊有賊而已使諸將引兵屯東典獨於西當賊之衝晝夜進攻寶由是守城不敢出時謂之語曰郭君圍壍董將不許幾令狐狸化爲豺虎賴我郭君不畏彊禦轉機之間敵爲窮虜猗猗惠君實完疆土

袁紹爲冀州牧時公孫瓚破劉虞盡有幽州之地乃盛修營壘樓觀十臨易河通遼海獻帝建安三年紹大攻瓚瓚遣子續請救於黑山諸帥而欲自將突騎直出傍西山以斷紹後長史關

靖諫曰今將軍將士莫不懷瓦解之心所以猶能相守者顧戀其老小而恃將軍爲主故耳堅守曠日或可使紹自退若舍之而出後無鎭重易京之危可立待也瓚乃止紹漸相攻逼瓚衆日蹙乃却築三重營以自固四年春黑山賊帥張燕與續率兵十萬三道來救瓚未及至瓚乃密使行人齎書告續曰昔周末喪亂僵屍蔽地以意而推猶爲否也不圖今日親當其鋒袁氏之攻狀若鬼神梯衝舞吾樓上鼓角鳴於地中日窮月急不遑啓處鳥尼婦人滴水陵高〔滴水阻六切喻急也〕汝當碎首於張燕馳騾以告急父子天性不言而動〔言自然感動也〕且厲五千鐵騎於北隰之中〔下溼曰隰〕起火爲應吾當自内奮揚威武決命於斯不然吾亡之後天下雖廣不容汝足矣紹候得其書〔魏氏春秋候者得書從紹使陳琳易其詞即其書〕如朝舉火瓚以爲救至遂便出戰紹設伏瓚遂大敗復還保中小城自計必不全乃悉縊其姊妹妻子然後引火自焚紹兵趣登臺斬之關靖見瓚敗歎恨曰前若不必將軍自行未必不濟吾聞君子陷人於危死同其難豈可以獨生乎乃策馬赴紹軍而死

紹二子譚尚

魏陳泰爲征西將軍時蜀將姜維率衆侵魏拒麴山築二城使牙門將勾安李歆等守之聚羌胡質任等寇逼諸郡泰禦之謂諸將曰二城雖固去蜀險遠當須運糧羌夷患維勞苦必未肯附今圍而取之可不血刃而拔其城雖其救之山道阻險非行兵之地乃使鄧艾等進兵圍之斷其運道及城外流水安等挑戰不許將士窘困分糧聚雪以稽日月維果來救出自牛頭與泰相對泰曰兵法貴在不戰而屈人今絶牛頭維無返道則我之擒也諸將各堅壘勿與戰自南度白水循水而東使諸將截其還路維懼遁走安等孤縣遂皆降

吳董襲爲偏將軍大帝討黄祖祖橫兩蒙衝挾守沔口以栟閭大紲繫石爲矴上有千人以弩交射飛矢雨下軍不得前襲與凌統俱爲前部各將敢死百人人被兩鎧乘大舸船突入蒙衝

襲身以刀斷兩紲蒙衝乃橫流大兵遂進祖開門走兵進斬之

呂蒙爲偏將軍曹公遣朱光爲廬江太守屯皖大開稻田又令間人招誘鄱陽賊帥使作内應蒙曰皖田肥美若一收孰彼衆必增如是數歲操態見矣宜早除之乃具陳其狀於是大帝親征皖引見諸將問以計策〔諸將皆勸作土山添攻具蒙趨進曰治攻具及土山必歷日乃成城備既修外救必至不可圖也且乘雨水以入若留經日水必向盡還道艱難蒙竊危之今觀此城不能甚固以三軍銳氣四面並攻不移時可拔及水以歸全勝之道也大帝從之〕蒙乃薦甘寧爲升城督督攻在前蒙以精銳繼之侵晨進攻蒙手執枹鼓士卒皆騰踴自升食時破之既而張遼至夾石聞城已拔乃退

程普與周瑜爲左右督破曹公於烏林進攻南郡走曹仁〔又太周泰與瑜程普攻曹仁於南郡〕

晉陶璜初仕吳歷顯位孫皓時交阯郡吏以郡内附武帝遣巴西馬融爲交阯太守融病卒南中監軍霍弋又遣犍爲楊稷代融與將軍毛炅等自蜀出交阯衆遣璜等距稷初霍弋之遣稷與毛

等與之誓曰若賊圍城未百日而降者家屬誅若過百日救兵不至吾受其罪稷等守未百日糧盡乞降璝不許給其糧使守諸將並諫璝曰霍弋已死不能救稷等必矣可須其日滿然後受降使彼得無罪我受行義之稱百姓以懷鄰國不亦可乎稷等期訖糧盡救兵不至乃納之

朱伺爲威遠將軍討陳聲聲從董琰同宗訴聲圍之遂重柴繞城作高櫓以勁弩下射之又斷其水道城中無水殺牛飲血晉聲婦弟也乃斬聲首出降

前燕慕容恪爲侍中率兵討段龕於廣固恪圍之諸將勸恪宜急攻之恪曰兵法十圍五段龕恩結賊黨衆未離心今憑固天險上下同心若其促攻下過數旬雖能尅之但恐傷吾士衆當持久以取耳乃築室返耕嚴固圍壘終尅廣固又燕將呂護據野王陰通晉事覺恪率衆討之將軍傅顏言於恪曰前以廣固天險易守難攻故爲長久之策今賊形便不與往同宜急攻之以省千金之費恪曰護老賊經變多矣觀其爲備未易卒圖今圍之窮城樵採路絶内先蓄積外先強援不過十旬其斃必矣何必遽殘士卒之命而趣一時之利吾嚴濬圍壘休養士卒兵不血刃坐以制勝遂長圍守之凡經六月而野王潰

宋劉勔爲輔國將軍晉安王子勛反以殷琰爲豫州假節督南豫數郡太宗遣勔於西討勔於是乃豎長圍治攻道於東南角并填塹東南角有高樓隊主趙法進計曰外若進攻必先攻樓樓若頹落敵傷將士又使人情沮壞不如先自毀之從其言勔用草茅苞土擲以塞塹擲者如雲城内乃以箭射之草木乃燃後土積至一二日塹便欲滿趙法進復獻計以鐵珠子灌之珠子流滑悉緣隟得入草於是火燃二日間草盡塹中土不過二三寸勔乃作大蝦蟇車載土牛皮蒙之三百人推以塞塹琰戶曹參軍虞挹之造礮車擊之以石車悉破壞後乃降

梁韋叡爲輔國將軍既破魏小峴城遂進討合肥先是右軍司馬胡略等至合肥又未能下叡按行山川曰吾聞汾水可以灌平陽絳水可以灌安邑即此是也乃堰肥水親自夜率頃堰水通舟艦繼至魏初分築東西小城夾合肥叡先攻二城既而魏援將楊靈胤帥軍五萬奄至衆懼不敵請表益兵叡笑曰賊已至城下方復求軍臨難鑄兵豈及馬腹且吾求濟師彼亦徵衆猶如吳益巴兵蜀增白帝耳師尅在和不在衆古之義也因與戰破之軍人少安初肥水堰立使軍主王懷靜築城於岸守之魏攻陷懷靜城千餘人皆沒魏人乘勝至叡堤下其勢甚盛軍監潘靈祐勸叡退還巢湖諸將又請走保三义叡怒曰寧有此邪將軍死綏有前無却因令取繖扇麾幢樹之堤下無動志叡素羸每戰不嘗騎馬以板輿自載督厲衆軍魏兵來鑿堤叡親與爭之魏軍却因築壘於堤以自固叡起鬬艦高與合肥城等四面臨之魏人計窮相與悲哭叡攻具既成堰水又滿魏救兵無所用魏守將杜元倫登城督戰中弩死城遂潰俘獲萬餘級

牛馬萬數絹滿十間屋悉充軍賞合肥平

陳慶之爲文德主帥率軍二千送豫章王綜入鎮徐州魏遣安豐王元延明臨淮王元彧率衆二萬來距延明先遣其別將丘大千築壘潯梁觀兵近境慶之進薄其壘一鼓便潰後安西將軍元樹出征壽春除慶之假節總知軍事魏豫州刺史李憲遣其子長鈞兩城相距慶之攻之憲力屈遂降慶之入據其城轉東宮直閤賜爵關中侯

鄧元起天監初爲左將軍益州刺史時前益州刺史劉季連持兩端聞元起將至發兵拒守元起至巴西充遣將王元宗等破季連將李奉伯於新巴齊晚盛於赤水衆進屯西平季連始嬰城自守晚盛又破元起將魯方達於斛石卒死者千餘人師咸懼元起乃自率兵稍進至蔣橋去成都二十里留輜重於郫季連復遣奉伯晚盛二千人間道襲郫陷之軍備盡沒元起遣魯方達之衆敗而反遂不能尅元起捨郫逕圍州城柵其三面塹

焉元起出巡視圍柵季連使猜勇邀之斬首麾下元起下輿持楯叱之衆辟易不敢逼時益部亂日久民廢耕農内外苦飢人多相食道路斷絶季連計窮會明年高祖使赦季連罪許之降季連即日開城納元起元起遷季連于京城周郢乃降斬奉伯曉感高祖論平蜀勲復元起號平西將軍增封八百戸并前二千戸

王僧辯爲鎭衞將軍時湘州賊陸納等攻破衡州世祖命僧辯南討納等下據車輪夾岸爲城前斷水勢士卒驍猛皆百戰之餘僧辯憚之不與輕進於是稍作連城以逼賊賊見不敢交鋒並懷懈怠僧辯因其無備命諸軍水歩攻之親執旗鼓以誡進止於是諸軍競出大戰於車輪與驃騎宜春侯循并力苦攻陷其二城賊大敗

陳程文季爲安遠將軍隨都督吳明徹北討秦郡前江浦通塗水齊人並下大柱爲杙柵水中明徹乃前遣文季領驍勇拔開

其柵明徹率大軍自後而攻秦郡剋之又別遣文季圍涇州屠其城進攻盱眙拔之

吳明徹爲征北大將軍北伐進逼壽陽齊遣王琳將兵拒守琳至與刺史王貴顯保其外郭明徹以琳初入衆心未附乘夜攻之中宵而潰齊兵退據相國城及金城明徹令軍中益修攻具又以肥水以灌城城中苦濕多腹疾手足皆腫死者十六七會齊遣大將軍皮景和率兵數十万來援去壽春三十里頓軍不進諸將咸曰堅城未拔大援在近不審明公計將安出明徹曰兵貴在速而彼結營不進自挫其鋒吾知其不敢戰明矣於是躬擐甲冑四面疾攻城中震恐一皷而剋生擒王琳王貴顯扶風王可朱渾孝裕尚書盧潛左丞李騊駼送京師景和惶懼遁走

黄法氍音劬爲使持節散騎常侍都督南豫州諸軍事征南大將軍南豫州刺史大興北伐都督吳明徹出秦郡以法氍爲都督出歷陽齊遣其歷陽王歩騎五万來援於小峴築城法氍遣左衞軍樊毅分兵於大峴禦之大破齊軍盡獲人馬器械於是乃爲拍車及歩艦豎拍以攻歷陽人窘急乞降法氍緩之則又拒守法氍親率士卒攻城把柄加其樓堞時又大雨城壞剋之盡誅戍卒進兵合肥望旗降款法氍軍士不令侵掠躬自撫勞而與之盟並放還北以功加侍中

後魏慕容白曜爲征南大將軍都督東將軍長孫陵等討青州白曜攻歷城宋將崔道固不降白曜築圍以攻之長孫陵等既至青州沈文秀遣使請降軍人入其西郭頗有抄掠文秀悔之遂嬰城拒守二年崔道固及兗州刺史梁鄒守將劉休賓並面縛而降白曜白曜皆釋而禮之送道固休賓及其家屬于京師後乃徙二縣以居之自餘悉爲奴婢分賜百官乃進討東陽入其西郭剋之擒沈文秀凡獲倉粟八十五萬斛米三千斛弓九千張箭十八萬八千刀二萬二千四百甲冑各三千三百銅

五千斤錢十五萬城内戸八千六百口四萬一千吳蠻戸二百始末三年築圍攻擊日日交兵雖士卒死傷無多怨叛督上土人租絹以爲軍資不至侵苦三齊欣然安堵樂業克城之日以沈文秀抗倨不爲之拜忿而撾撻唯以此見譏以功拜都督青齊東徐州諸軍事開府青州刺史

淳于誕以孝明正光中秦隴反叛詔誕爲西南道軍司馬假冠軍將軍別將從子午南出斜谷趣建安與行臺魏子建共參經略時梁益州刺史蕭憺遣將樊文熾蕭世澄等率衆數萬圍小劒戍益州刺史邴虯令子子達拒之丑門轉營爲文熾所擒統軍胡小虎崔珍寶並見俘執子建遣誕助討之誕勒兵馳赴相對月餘未能摧殄文熾軍行之谷東峯名龍鬚山置柵其上以歸路誕以賊衆難可角力乃密募壯士二百餘人令夜登山攻焚其柵及時火起煙焰張天賊以深途不守連營震怖誕率諸軍鳴鼓攻擊文熾大敗俘斬三万計擒世澄等十一人熾爲元師

先走獲免源子雍爲中軍將軍孝明以葛榮久逼信都詔假子雍征北將軍爲北討都督時相州刺史安樂王鑒據鄴反勑子雍與都督李神軌先討之子雍行達湯陰鑒遣弟斌之夜襲子雍軍不尅奔敗而返子雍乘機繼進徑圍鄴城與裴衍神軌等攻鑒平之

安頡爲將軍宋朱脩之戍滑臺頡攻圍之糧盡將士薰鼠食之脩之被圍既久母嘗悲憂忽一日乳汁驚出母號十告家人曰我年老非復有乳汁時今如此兒必没矣果以其日尅滑臺囚脩之

賀拔勝爲荆州刺史將圍襄陽攻梁下溠戍尅之擒其戍主君道元俄又使人誘動蠻王問道期道期率種起義梁雍州刺史蕭續遣軍擊道期爲道期所敗漢南大駭勝又遣軍攻均口擒梁莊思延又攻馮翊安定沔陽鄭城並平之續遣將柳仲礼於穀

城拒守勝攻之多所克捷河北遂爲丘墟矣

册府元龜卷第三百六十八

册府元龜卷第三百六十九

將帥部三十

攻取第二

北齊堯雄仕東魏爲車騎大將軍行豫州事時西魏以是育寶爲揚州刺史據項城義州刺史韓顯據南頓雄率衆攻之一日拔其二城擒顯及長史丘岳寶遁走獲其妻妾將吏二千人皆傳送京師

清河王岳初仕東魏爲太尉時西魏將王思政守潁川郡城岳與行臺慕容紹宗儀同劉豐等率步騎十萬攻之備盡攻擊之術以潁川水灌城陷之

斛律光文宣天保三年爲晉州刺史東有周天柱新安牛頭三戍招引亡叛屢爲寇竊七年光率步騎五千襲破之又大破周儀同王敬儁等獲口五百餘人雜畜千餘頭而還九年又率衆取周絳川白馬澮文翼城等四戍除朔州刺史十年除特進開府儀同三司二月率騎一萬討周開府曹迴公斬之柏谷城主儀同薛禹生棄城奔遁遂取文侯鎮立戍置柵而還至後主武平中爲并州刺史詔率步騎五萬出平陽道攻姚襄白亭城戍皆尅之獲其城主儀同大都督等九人捕虜數千人又别封長樂郡公是月周遣其柱國紇干廣略圍宜陽光率步騎五萬赴之大戰於城下乃取周建安等四戍捕虜千餘人而還

段韶爲左丞相後主武平二年二月周師來寇遣韶與右丞相斛律光太尉蘭陵王長恭同往捍禦以三月暮行達西境有柏谷城者乃敵之絶險石城千仞諸將莫肯攻圍韶曰汾北河東勢爲國家之有若不去柏谷事同痼疾計彼援兵會在南道今斷其要路救不能來且城勢雖高其中甚狹火弩射之一旦可盡諸將稱善遂鳴鼓而攻之城潰獲儀同薛敬禮大斬獲首虜仍城華谷置戍而還封廣平郡公是月周又遣將寇邊右丞相斛律光先率師出討韶亦請行五月到服秦城周人於姚襄城南更起城鎮東接定陽又作深塹斷絶行道韶乃密抽上卒從北襲之入遣人潛度河告姚襄城中令内外相應度者千有餘人周人始覺於是合戰大破之獲其儀同若干顯寶等諸將咸欲攻其新城韶曰此城一面阻河三面地險不可攻就令得之一城地耳不如更作一城壅其路破秦併力以圖定陽計之長者將士咸以爲然乃進圍定陽其城主開府儀同楊範固守不下韶登山望城勢乃縱兵急攻之屠其外城大斬獲首級時韶病在軍中以子城未刻謂蘭陵王長恭曰此城三面重澗險阻並無走路惟慮東南一處耳賊若突圍必從此出但簡精兵專守自足成擒長恭乃令壯士千餘人設伏於東南澗口其夜果如所策賊遂出城伏兵擊之大潰範等面縛盡獲其衆韶疾甚先軍還以功别封樂陵郡公

斛律羨爲大都督率步騎三千導衆軍西襲夏州尅之

張亮爲幽州刺史時侯景叛除征西大將軍涼州刺史尚書右僕射西南道行臺攻梁江夏潁陽等七城皆下之

源懷爲持節廣州諸軍事梁遣將湛僧珍楊暕寇懷與行臺元景擊賊城拔之擒暕莫多婁貸文爲汾陝大都督與太保尉景攻東雍南汾二州尅之

斛律平爲濟州刺史侯景渡江詔平爲大都督率青州刺史敬顯儁左衛將軍厙狄伏連于略定壽陽宿豫三十餘城事罷還州加開府進位驃騎大將軍

後周楊摽初仕魏孝武時大軍東討授大行臺尚書率義衆先驅敵境攻其四戍拔之

獨孤信爲太子太傅涼州刺史宇文仲和據城不受代文帝令信率開府怡峯討之仲和季城固守信夜令諸將以衝梯攻其北信親師壯士襲其西南達明克之擒仲和虜其六千口送于長安拜大司馬

李遷哲爲車騎大將軍從開府賀若敦討直金三州賊尋並平蕩仍與敦南出徇地遷哲先至巴州入其郛郭梁巴州刺史牟安民惶懼開門請降安民子宗徹等猶據琵琶城招喻不下遷哲攻而克之斬獲九百餘人

齊王憲建德五年從武帝伐齊攻洪洞永安二城並拔之

侯莫陳穎從滕王逌擊龍泉文城叛胡與柱國豆盧勣分路而進穎懸軍五百餘里破其三柵

隋于仲文爲大將軍高祖初爲丞相尉迥之亂遣仲文發兵討之迥將檀讓屯成武別將高士儒以萬人屯永昌仲文移書州縣曰大將軍至可多積粟讓謂仲文未能卒至方椎牛享士仲文知其怠選精騎襲之一日便至遂拔成武

楊素爲上開府成安縣公從王軌破陳將吳明徹於呂梁治東楚州事陳將樊毅築城於泗口素擊走之夷毅所築

史祥爲驃騎將軍伐陳之役從宜陽公王世積以舟師出九江道先鋒與陳人合戰破之進拔江州高祖聞而大悅下詔褒之

韓擒虎爲廬州總管大舉伐陳以爲先鋒率五萬人宵濟襲取採石進攻姑熟半日而拔

杜彥又以行軍總管與韓擒虎伐陳軍至南陵賊屯據江岸彥遣儀同樊子蓋率精兵擊破其柵獲船六百餘艘渡江擊南陵城拔之擒其守將許翼

崔仲方仁壽末以代州總管被徵入朝會漢王諒舉兵據呂州不下煬帝令周羅睺攻之中流矢卒乃令仲方代總其衆月餘拔之進位大將軍

陳稜爲武賁郎將大業六年與朝請大夫張鎮周發東陽兵萬餘人自義安汎海擊流求國月餘而至稜分爲五軍趣其都邑其王渴刺兜率衆數千逆拒稜遣鎮周爲先鋒擊走之稜乘勝逐北至其柵渴刺兜背柵而陣稜盡銳擊之從辰至未苦鬪不息渴刺兜自以軍疲引入柵稜遂填塹攻破其柵斬渴刺兜獲其子島槌虜男女數千而歸

唐張士貴隋大業末高祖起義爲右光祿大夫拒屈突通於桃林使東略地下同軌已東城堡攻剋熊州遂鎮之太宗以大軍圍王世充士貴率兵攻景華宮城拔之

李大亮爲安撫大使攻王世充樊城鎮拔之斬其將周大安下其城柵十四所并表汜葉二州

許紹爲硤州刺史攻蕭銑荊門鎮剋之

杜伏威武德四年五月攻王世充之梁郡剋之

田世康爲黔州刺史攻蕭銑五州四海鎮皆剋之

劉世讓爲行軍總管攻竇建德黃州刺史文剋之

周法明爲黃州總管攻蕭銑安州剋之獲其僞總管馬貴遷

李仲文爲行軍總管鎮并州劉武周頻遣兵入境仲文擊輒破之下城堡百餘所

薛萬均爲殿中少監副柴紹討梁師都諸將見賊險固皆有憚色萬均謂之曰城中無氣鼓聲不徹此皆破亡之候平在旦夕諸軍勿以爲憂俄而師都見殺城降

侯君集以貞觀十四年爲交河道行軍大總管擊高昌王麴智盛師次田地城賊嬰城自固君集諭之不下　其夜有星墜其城內詰朝攻之及午而剋遣中郎將辛獠兒率勁騎爲先鋒夜趨其都城君集以大軍繼進頓兵城下諭以禍福智盛致書於君集曰有罪於天子者先王也既咎深譴積身已喪亡智盛襲位未有愆闕所冀尚書矜之君集報曰若能悔禍宜束手軍門智盛猶不出於是率諸軍塡其隍塹發拋車以攻之飛石雨下國人大懼智盛計無所出於是遣其將麴士義中郎趙曉居守親與綰曹麴德俊出城有謁請改事大國君集諭令早降智盛詞色甚傷薛萬均忿然作色曰城且擊取小兒何足與言因麾兵而進戰士爭奮智盛大懼伏而言曰唯公之命於是開門降款

李勣爲將進中書門下三品貞觀十九年授東道行軍大總管

從太宗征遼攻蓋牟城督軍疾戰砲車齊奮石下如雨梯衝遞進晝夜不輟拔蓋牟城獲戶口二萬餘人倉糧十餘萬石又率其攻遼東城城中有鐵甲銛矛有高麗云前燕時於天落下以保祐其城者高麗大城皆立朱蒙廟云蓋其先祖聞兵將至粉飾美女進朱蒙爲婦日㨿牛以祭之東巫鼓舞云朱蒙大悅城必克全聞我軍中有拋車飛三百斤石一里之外者甚懼之於是城上積木編板以戰樓加繩網於其上以拒飛石勣列車發石以擊其城所遇盡潰又推撞車其樓閣無不傾倒晝夜不息者旬有二日焉剋遼東城以爲遼州又師次白巖城白巖城因山臨水壘石爲之四面險絕其可攻之處纔六十步勣又以衝車撞之所向摧潰飛石流矢雨集城中勣又攻市安城甚急城中每見太宗幡旗必乘城鼓譟太宗怒甚勣曰請破城之日男子盡坑城內聞之人皆死戰詔令江夏王道宗督兵築土山攻其城東南隅高麗亦裨城增雉以相抗詔遣衛兵番次攻之日六七

合拋石撞車壞其樓雉城中隨其壞處卽立木柵道宗以樹條包壞爲土托積土以爲山其中開五道加木被土於其上不捨晝夜漸以逼城造山六旬用工五十萬山頂去其城數丈而附臨城中道宗遣果毅傅伏愛領隊屯於山頂以防敵土山自高而陊以排其城城壞會伏愛私離所部高麗數百人自頹城而戰遂據有土山而塹斷人積火縈排以自固太宗大怒斬伏愛以徇命諸將擊之三日不能克

蘇定方爲平壤道大總管高宗顯慶五年拔百濟之眞都城初定方率衆自城西濟海趨眞都去城二十餘里賊傾國來拒大戰破之殺虜萬餘人追奔入郭其王義慈及太子隆奔于北境定方進圍其城義慈次子泰自立爲王率衆還固守義慈嫡孫文思曰王與太子雖並出城而身見在叔總兵馬專擅爲王假令漢退我父子當不全矣遂率其左右投城而下百姓從之泰不能止定方令兵士登城立幟於是泰開門頓顙請命龍朔元年定方爲右驍衛大將軍會思結闕俟斤都曼先鎮諸胡擁其所部及疏勒朱俱般葱嶺三國復叛詔定方爲安撫大使率兵討之至業葉水而賊保馬頭川於是選精卒一萬人馬三千匹馳掩襲之一日一夜行三百里詰朝至城西十里都曼大驚率兵拒戰於城門之外賊師敗績退保馬保城王師進屯其門入夜諸軍漸至四面圍之伐木爲攻具布列城下都曼自知不免面縛開門出降俘還

信安郡王禕玄宗開元中爲朔方節度使時石堡城爲吐蕃所據侵擾河右勑禕與河西隴右討議取之禕到軍總率士伍克期攻之或曰此城據險又爲吐蕃所惜今懸軍深入賊必併力拒守事若不捷退則狼狽不如按軍持重以觀形勢禕曰人臣之節豈憚艱險必其衆寡不敵吾則以死斷之苟利國家此身何足可惜於是督率諸將倍道兼進併力攻之遂拔石堡城斬獲首級并獲糧儲器械其數甚衆仍分據守以遏賊路帝聞之

大悅始改石堡城爲振武軍自是河隴諸軍遊弈拓地千餘里

哥舒翰爲隴右節度時土蕃保石堡城路遠而險不拔天寶八載玄宗以朔方河東羣牧之衆十萬詔翰都統攻石堡城數日不尅召其將高秀巖張守瑜欲斬之秀巖請五日剋之如期而拔

曲環陝州人天寶中從哥舒翰攻拔石堡城收黃河九曲洪濟學城累授果毅別將

崔旰以漢州刺史統西川兵出西山討吐蕃旰始次賊城城周圍皆石磧攻具無所設惟東南隅環丈之地壤土可穴諜知之以告旰乃夜穿地道攻之再宿而拔其城因西拓地數百里下城砦數四蕃衆相語曰崔旰皆神兵也將吏前進以糧盡還師時嚴武爲劒南節度聞之大悅裝七寶輿迎旰入成都以誘士衆賞賚過厚（旰後改名寧）

高崇文憲宗元和初統神策軍討劉闢于西川成都北一百五十里有鹿頭山扼兩川之要闢築城以守又連八柵張犄角之勢以拒王師是日破賊二萬于

鹿頭城下大雨如注不克登乃止明日又破千萬勝堆在鹿頭之東使驍將高霞寓鼓鹿頭扱緣而上矢石如雨又命敢死士連登奪其堆焚其柵柵中之賊殲焉遂據堆下瞰城中人物可數凡八大戰皆大捷賊搖心矣蜀既平詔刻石紀功于鹿頭山下

劉從諫爲昭義軍節度使文宗大和二年八月從諫引漳河水灌賊界深冀兩州

梁朱珍自唐僖宗光啓初太祖署爲諸軍都指揮使會滑州節度使安師儒政不治太祖命珍與李唐賓率步騎以經略之始入境遇大雪令軍士無得休息一夕馳至壁下百梯並升遂乘其墉滑州平

牛存節初爲滑州過後指揮使唐昭宗乾寧三年太祖東討鄆州存節領軍次故樂亭扼其要路都指揮使龐師古屯馬頰存節密與都將王言謀入鄆壘存節遣王言夜伏勇士於州西以

船踰濠攀梯登陴既而王言不克入存節獨率伏軍負梯衝波其西壍城奪其濠橋諸軍俱進遂陷其城

楊師厚爲滑州節度使太祖北征令師厚以大軍攻棗強逾旬不能克太祖屢加督責師厚晝夜奮擊乃破之盡屠其城

康懷英初爲軍校唐昭宗光化元年從氏叔琮伐襄陽以一軍攻下鄧州天復元年太祖率軍迎昭宗於鳳翔李茂貞大將符道昭領兵萬餘屯武功懷英領前鋒之衆先登一鼓而破之翌日太祖至二年四月道昭復領大軍屯於虢縣之漠谷其建寨之所前臨巨澗後倚峻阜險不可外太祖遣懷英提騎數千急擊之道昭以懷英兵寡有俯視之意乃率中士萬人絶澗以挑戰懷英始以千騎交鬭戰酣發伏以擊之岐大軍敗衂帥李周彝屯軍於三原以爲茂貞聲援又命懷英討之周彝拔軍而遁追至梨園因攻下翟州擒其守來獻天祐三年冬佐劉知俊破邠鳳之衆五萬於美原收十五餘壘乘勝引軍攻下鄜州以功授陝州節度使及太祖受禪加檢校太保開平元年夏命將大軍伐潞率衆晝夜攻城半月之間機巧百變懷英期於必取乃築壘環城濬鑿池塹然而屢爲晉將周德威騎軍所撓懷英不敢即戰太祖乃以李思安代之降爲行營都虞候

王彦章爲許州節度使北面行營副招討時晉師陷鄆州中外大恐以彦章代戴思遠爲北面招討使拜命之日促裝以赴滑臺遂自楊村砦浮河而下水陸俱進斷晉人德勝之浮梁攻南城拔之晉人遂棄北城併軍保楊劉彦章以舟師泝流而下晉人盡徹北城屋木編栰置步軍於其上與彦章軍各行一岸每遇轉灘水匯即中流交鬭流矢雨集或舟栰覆沒比及楊劉凡百餘戰彦章急攻楊劉晝夜不息晉人極力固守垂陷者數四晉王親援其城彦章之軍重壕複壘晉人不能入晉王乃於博州東岸築壘以應鄆州彦章聞之馳軍而至急攻其柵自旦及午其城將拔會晉王以大軍來援彦章乃退

王檀爲許州節度使貞明元年三月魏博軍亂晉王入魏州分兵攻下屬郡河北大擾檀受詔與開封尹劉鄩犄角進師以援河北檀攻澶州魏縣下之擒賊將李巖王門關以獻頃之檀密疏請以奇兵西趨河中自陰地關襲取晉陽末帝許之即馳兵而去師至晉陽晝夜急攻其壘并州幾陷既而蕃將石家才自潞州以援兵至檀引軍大掠而還

劉鄩爲鎮南軍節度使會蔣殷據徐州以叛朝廷以福王友璋鎮徐方殷不授代末帝遣鄩與鄆師牛存節率兵攻之殷求援於淮夷僞吳楊溥遣大將朱瑾領衆赴援鄩逆擊破之城陷殷舉族自燔於火中得其尸梟首以獻

後唐李嗣昭爲蕃漢行營都指揮使唐昭宗天復中汾州刺史李瑭據城爲叛嗣昭將兵攻城三月而拔斬李瑭進攻慈隰下之擒刺史唐禮小將張唐向引千等又攻潞州梁祖聞嗣昭之師大至召葛從周謂曰并人若在高平當圍而取之先須野戰

勿以潞州爲敵及聞嗣昭軍韓店梁祖曰進通嗣昭小字扼八議路此賊使與我鬭公等臨事制機勿落薮便賀德倫閉壁不出嗣昭曰以鐵騎環城汴人不敢芻牧援路斷絕八月德倫張歸厚棄城遁去遂取潞州

符存審還領邢洺磁團練使唐昭宗天祐十二年八月將兵五千討張源德於貝州時城中賊衆三千每夜分出剽掠州民苦之皆願塹其城以安耕作及存審至賊保壁自固因以八縣丁壯塹而圍之九月賊衆三千矜甲出城我將甘言諭之俱釋兵歸事既而四面陳兵皆殺之貝州平

董璋初仕梁爲列校龍德末潞州李繼韜送款於梁時潞將裴約方領兵戍澤州不徇繼韜之命據城以白固梁末帝遣璋率師攻陷之即以璋爲澤州刺史

李承嗣爲洺州刺史及張濬之加兵於太原也時鳳翔軍營壘邑承嗣帥一軍攻之岐人夜遁追擊至趙城合大軍攻平陽旬

有三日而拔師旋改教練使檢校司徒

李建及初從武皇爲遼州刺史攻楊劉自寅至未汴軍聚城拒守建及自負葭葦塹率先登梯遂拔之

閻寶還領天平軍節度使東南面招討等使時鎮州張文禮殺王鎔叛寶帥師進討收趙州進渡滹水擒賊黨張友順以獻又進逼真定結營西南隅掘塹柵以環之決大悲寺漕渠以浸其郛

晉張廷蘊初仕唐莊宗爲帳州都指揮使兼左右羽林都虞候會潞州李繼韜據城叛詔遣明宗爲招討使元行欽爲都部署廷蘊爲前鋒軍至上黨日已暝矣與諸軍方定廷蘊自率勁兵百餘輩踰塹坎城而上守陴者不能御尋斬關延諸軍入焉明宗行欽遲明而始至其城已下

楊光遠爲宣武軍節度使判六軍諸衛事時范延光據鄴城叛光遠率兵討之光遠進攻城圍又奏賊城四面濠合壕水請添兵併力攻收尋分命使臣往諸道抽取齊赴魏州軍前光遠逼

寇氏門置寨賊勢愈蹙

漢史弘肇爲都督率兵討代州平之初代州刺史王暉叛歸契丹弘肇一鼓而拔之斬暉以徇

趙暉爲鳳翔兵馬都部署以討王景崇高祖乾祐二年十二月暉上言前月十一日夜分命兵士燒賊城諸門鹿角戰具並不出鬭敵擇日攻城次三年正月上言十二月二十四日收復鳳翔景崇舉家自燔

周景欽爲洺州刺史太祖廣順元年十一月收復馬嶺關

曹英爲侍衛步軍都指揮使總兵討慕容彦超於兗州梯衝塹壘頗有力爲會太祖親征併兵攻陷其城一藥廣順二年兗州行營曹英言自等部兗州壹于西門外尋令馬軍都指揮使王全斌豪寨四面相度攻圍城勢二月又言塹出圖砂第二連三漏壘二步差任漢卿等者寨提卒管發炮毀賊城敵樓七十間

册府元龜卷第三百六十九

册府元龜卷第三百七十

將帥部三十一

忠

夫忠者國之寳民之望而臣下之高行也是以先王著移忠之義前史垂盡忠之訓出身事主其大者乎若乃任以爪牙委以心膂總戎昭之寄當帥臣之重安危所注社稷是衛固宜休戚之同體赴蹈而畢命者焉三代之後居其任者或臨患不忘其國或殺身有益於君或累及而行明或難至而節見舍生以全義竭力以紓患遺風餘烈煥乎前聞古人所謂死而不朽久而彌新者誠哉是言矣

秦蒙恬爲内史將三十萬衆北逐戎狄胡亥遣使者以罪賜公子扶蘇死又遣使者之陽周令蒙恬曰君之過多矣而卿弟毅有大罪法及内史恬曰自吾先人及至孫子積功信於秦三世矣今臣將兵三十餘萬身雖囚繫其勢足以倍畔然自知必死而守義者不敢辱先人之教以不忘先主也昔周成王初立未離襁褓周公旦負王以朝卒定天下及成王有病甚殆公旦自揃其爪以沉於河曰王未有識是旦執事有罪殃旦受其不祥乃書而藏之記府可謂信矣及王能治國有賊臣言周公旦欲爲亂久矣王若不備必有大事王大怒周公旦走而奔於楚成王觀於記府得周公旦沉書乃流涕曰孰謂周公旦欲爲亂乎殺言之者而反周公旦故周書曰必參而伍之今恬之宗世無二心而事卒如此是必孽臣逆亂（亂一作辭）内陵之道也夫成王失而復振則卒昌桀殺關龍逢紂殺王子比干而不悔身死則國亡臣故曰過可振而諫可覺也察於參伍上聖之法也凡臣之言非以求免於咎也將以諫而死願陛下爲萬民思從道也使者曰臣受詔行法於將軍不敢以將軍言聞於上也蒙恬喟然太息曰我何罪於天無過而死乎良久徐曰恬罪固當死矣起臨洮屬之遼東城塹萬餘里此其中不能無絶地脈哉此乃恬之罪也乃吞藥自殺

漢紀信爲將軍高帝三年四月項羽圍漢滎陽漢王請和割滎陽以西者爲漢亞父勸項羽急攻滎陽漢王患之陳平反間既行羽果疑亞父亞父大怒而去發病死五月將軍紀信曰事急矣臣請誑楚可以閒出（閒出彼閒隙私出若言閒行微行耳紀信誑爲漢王而出西門適是私出也）於是陳平夜出女子東門二千餘人楚因四面擊之紀信乃乘王車黄屋左纛（天子以黄繒爲蓋裏纛毛羽幢也在乘輿車衡左上注之一曰以氂牛尾爲之於斗或在騑頭或在衡）曰食盡漢王降楚楚皆呼萬歲之城東觀以故漢王得與數十騎出西門遁令御史大夫周苛魏豹樅公守滎陽（樅公者不知其名族曰公）羽見紀信問漢王安在曰已出去矣羽燒殺信

周苛爲御史大夫楚圍漢王滎陽急漢王出去而使苛守滎陽城楚破滎陽城生得苛羽謂苛爲我將以公爲上將軍封三万户苛罵曰若趣降漢王不然今爲虜矣（若汝也趣謂促）若非漢王敵也羽怒亨苛（亨爲煑而殺之）

韓信爲大將軍平齊漢王徵其兵使擊楚楚以亡龍且項王恐使盱台人武涉往說信曰足下何不反漢與楚楚王與足下有舊故且漢王不可必（[illegible]）身居項王掌握中數矣然得脫背約復擊項王其不可親信如此今足下雖自以爲與漢王爲金石交（金石者取其堅固）然終爲漢王所禽矣足下所以得須臾至今者以項王在項王即亡次取足下何不與楚連和三分天下而王齊今釋此時自必於漢王以擊楚且爲智者固若此邪信謝曰臣得事項王數年官不過郎中位不過執戟（[illegible]）言不聽畫策不用故背楚歸漢漢王授我上將軍印數萬之衆解衣衣我推食食我（下衣音於記反下食讀曰飼）言聽計用吾得至於此夫人深親信我背之不祥幸爲信謝項王武涉已去蒯通知天下權在於信深說以三分天下鼎足而王信不忍背漢又自以功大漢王不奪我齊遂不聽

夏侯嬰從高祖擊項羽至彭城羽大破漢軍漢王不利馳去見

孝惠魯元載之漢王急馬罷虜在後（罷讀曰疲）常蹶兩兒棄之嬰常收載行面雍樹馳（蹶音厥面猶背也雍抱持之言取兩兒令面背也而抱持之以馳或云面雍樹馳雍讀曰擁）高祖怒欲斬嬰者十餘卒得脫而致孝惠魯元於豐及高后德嬰之脫孝惠魯元於下邑也乃賜嬰北第第一（北第者近北闕之第嬰最第一也）曰近我以尊異之

霍去病武帝時爲驃騎將軍帝嘗爲治第令視之對曰匈奴不滅無以家爲由此帝益重之

後漢劉稷爲光武兄伯升部將稷數陷陳潰圍勇冠三軍時將兵擊魯陽聞更始立稷怒曰本起兵圖大事者伯升兄弟也今更始何爲者邪更始君臣聞而心忌之

竇融行河北五郡大將軍事遙聞光武即位而心欲東向以河西隔遠未能自通時隗囂先稱建武年號融等從受正朔囂皆假其將軍印綬囂外順人望內懷異心使辯士張玄游說河西曰更始事業已成尋復亡滅此一姓不再興之效今即有所主便相係屬一旦拘制自令失柄後有危殆雖悔無及今豪傑競逐雌雄未決（項羽謂高祖曰願與沛公決雌雄）當各據其土宇與隴蜀合從（以利合爲從以威勢相脅曰衡）高可爲六國下不失尉佗（佗姓趙真定人也陳勝起佗行南海尉遂王有南越故曰尉佗也）融等於是召豪傑及諸郡太守計議其中智者皆曰漢承堯運（左傳曰陶唐氏既衰其後有劉累事孔甲爲御龍氏春秋時晉卿士會即其後也士會奔秦後歸晉其處者爲劉氏戰國時劉氏自秦獲於魏秦遷大梁都於豐號豐公劉太上皇父也故曰漢承堯運）歷數延長今皇帝姓號見於圖書（謂河圖赤伏符曰劉秀發兵捕不道）自前世博物道術之士谷子雲夏賀良等建明漢有再受命之符言之久矣（前書成帝時谷永上書曰陛下當陽數之標季涉三七之節紀哀帝時夏賀良言赤精子讖漢家曆運中衰當再受命也）故劉子駿改易名字冀應其占（劉歆以哀帝建平元年初改名秀字穎叔冀應符命）及莽末道士西門君惠言劉秀當爲天子遂謀立子駿事覺被殺出謂百姓觀者曰劉秀真汝主也皆近事暴著（暴露也著明也）智者所共見也除言天命且以人事論之今稱帝者數人而洛陽土地最廣甲兵最彊號令最明觀符命而察人事它姓殆未能當也諸郡太守各有賓客

或同或異融小心精詳遂決策東向五年夏遣長史劉鈞奉書獻馬先是帝聞河西完富地接隴蜀常欲招之以逼囂述亦發使遺融書遇鈞於道即與俱還帝見鈞歡甚禮饗畢乃遣令還賜融璽書曰制詔行河西五郡大將軍事屬國都尉勞鎮守邊五郡兵馬精彊倉庫有蓄民庶殷富外則折挫羌胡內則百姓蒙福威德流聞虛心相望道路隔塞邑邑何已長史所奉書獻馬悉至深知厚意今益州有公孫子陽天水有隗將軍方蜀漢相攻權在將軍舉足左右便有輕重（前書蒯通曰雖其即輕重與漢則漢勝）以此言之欲相厚豈有量哉諸事具長史所見將軍所知王者迭興千載一會（言其艱遇而易失也）欲遂立桓文輔微國當勉卒功業（桓晉文輔周室微弱之以霸天下）欲三分鼎足連衡合從亦宜以時定（蒯通說韓信曰三分天下鼎足而立）天下未并吾與爾絕域非相吞之國今之議者必有任囂效尉佗制七郡之計（秦胡亥時南海尉任囂病且死召龍川令趙佗語曰番禺負山險阻南北東西數千里頗有中國人相輔此亦一州之主可爲國因召佗助令行南海尉事地理志曰蒼梧鬱林合浦交阯九眞南海日南皆越之分也此爲七郡也）效致也（續俗本作數者誤也）王者有分土無分民自適己事而已今以黃金二百斤賜將軍便宜輒言因授融爲涼州牧璽書既至河西咸驚以爲天子明見萬里之外網羅張玄之情融即復遣鈞上書曰臣融竊伏自惟幸得託先后末屬蒙恩爲外戚累世二千石至臣之身復備列位假歷將帥（鈞假監也）守持一隅以委質則易爲辭以納忠則易爲力書不足以深達至誠故遣劉鈞口陳肝膽自以底裏上露長無纖介（底裏皆露言無藏隱）而璽書盛稱蜀漢二主三分鼎足之權任囂尉佗之謀竊自痛傷臣融雖無識猶知利害之際順逆之分豈可背真舊之主事姦僞之人廢忠貞之節爲傾覆之事棄已成之基求無冀之利此三者雖問狂夫猶知去就而臣獨何以用心謹遣同產弟友詣闕口陳區區友至高平（高平今涼州縣也）會囂反叛道絕馳還遣司馬席封閒行通書（東觀記及續漢書席皆作虎）帝復遣席封賜融友書所以尉籍之甚備融乃與隗囂書責讓之囂不納融乃與五郡太守共砥厲兵馬上疏請師

朔帝深嘉歎之

鮑永仕更始爲尚書僕射行大將軍安集河東并州朔方時赤眉害更始三輔道絶光武即位遣諫議大夫儲大伯持節徵永詣行在所永疑不從乃收繫大伯遣使馳至長安既知更始已亡乃發喪出大伯等封上將軍列侯印綬罷兵但幅巾與諸將及同心客百餘人詣河內帝見永問曰卿衆所在永離席叩頭曰事更始不能令全誠慙以其衆幸富貴故悉罷之帝曰卿言大而意不悅

吳漢爲司馬從征盡力每從帝征伐帝未安居漢常側足而立

耿弇爲大將軍爲張步所攻光武聞之自往救之未至陳俊謂弇曰劇虜兵盛可且閉營休士以須上來弇曰乘輿且到臣子當擊牛釃酒以待百官反欲以賊虜遺君父邪乃出兵大戰自旦及昏復大破之

來歙爲中郎將與虎牙大將軍蓋延揚武將軍馬成進攻公孫述將王元環安於河池下辯陷之乘勝遂進蜀人大懼使刺客刺歙未殊馳召蓋延延見歙因伏悲哀不能仰視歙叱延曰虎牙何敢然今使者中刺客無以報國故呼巨卿（巨卿蓋延字也）欲相屬以軍事而反效兒女子涕泣乎刃雖在身不能勒兵斬公邪延收淚受戒歙自書表曰臣夜人定後爲何人所賊傷中臣要害臣不敢自惜誠恨奉職不稱爲朝廷羞夫理國以得賢爲本太中大夫段襄骨鯁可任願陛下裁察又臣兄弟不肖終恐被罪陛下哀憐數賜教督投筆抽刃而絶

祭遵爲征虜將軍無子兄午爲遵娶妻遵乃使人逆而不受自以身任於國不敢圖生慮繼嗣之計

祭彤爲太僕將萬餘騎伐北匈奴坐逗撓下獄既出數日歐血死臨終謂其子曰吾蒙國厚恩奉使不稱微績不立身死誠慚恨義不可以無功受賞死後若悉簿上所得賜物身自詣兵屯効死前行以副吾心既卒其子逢上疏具陳遺言帝甚驚歎之

溫序爲護羌校尉行部至襄武爲隗囂別將苟宇所拘劫宇謂序曰子若與我并威同力天下可圖也序曰受國重任分當効死義不貪生苟背恩德宇等復曉譬之序素有氣力大怒叱宇等曰虜何敢迫脅漢將因以節撾殺數人賊衆爭欲殺之宇止之曰此義士死節可賜以劍序受劍銜鬚於口顧左右曰既爲賊所迫殺無令鬚汙土遂伏劍而死序主簿韓遵從事王忠持屍歸斂光武聞而憐之命忠送喪到洛陽賜城傍爲冢地賜穀千斛縑五百匹

馬援爲伏波將軍征五溪夜與送者訣謂友人謁者杜愔曰吾受厚恩年迫餘日索（索盡也）常恐不得死國事今獲所願甘心瞑目但畏長者家兒或在左右或與從事殊難得調介介獨惡是耳（長者家兒謂權要子弟等介介猶耿耿也）援又謂平陵孟冀曰方今匈奴烏桓尚擾北邊欲自請擊之男兒要當死於邊野以馬革裹屍還葬耳何能臥牀上在兒女子手中邪冀曰諒爲烈士當如此矣

班超爲將兵長史在西域衛侯李邑護送烏孫使者因盛毀超擁愛妻抱愛子安樂外國無內顧心超聞之歎曰身非曾參而有三至之讒恐見疑於當時矣遂去其妻帝知超忠乃切責邑曰縱超擁愛妻抱愛子思歸之士千餘人何能盡與超同心乎令邑詣超受節度詔若邑任在外者便留與從事超即遣邑將烏孫侍子還京師徐幹謂超曰邑前親毀君欲敗西域今何不緣詔書留之更遣他吏送侍子乎超曰是何言之陋也以邑毀超故今遣之內省不疚何卹人言快意留之非忠臣也

皇甫嵩爲左車騎將軍平黃巾威震天下故信都令漢陽閻忠說嵩曰非常之謀不施於有常之勢創圖大功豈庸才所致黃巾細孽敵非秦項新結易散難以濟業且人未忘主天不祐逆若虛造不冀之功以速朝夕之禍孰與委忠本朝守其臣節雖云多讒不過放廢猶有令名死且不朽反常之論所不敢聞忠知計不用因亡去

張楊爲河內太守獻帝在河東楊將兵至安邑拜安國將軍封
晉陽侯楊欲迎天子還洛諸將不聽楊還野王建安元年楊奉
董承韓暹挾天子還舊京糧乏楊以糧迎道路遂至洛陽謂諸
將曰天子當與天下共之幸有公卿大臣楊當捍外難何事京
都遂還野王即拜爲　大司馬
董承爲車騎將軍開府時獻帝自鄴許之後權歸曹氏天子總
己百官備員而已帝忌操專逼乃密詔承使結天下義士共誅
之承遂與劉備同謀未發會備出征承與偏將軍王服長水校
尉种輯議郎吳碩結謀事泄承服輯碩皆爲操所誅
魏龐德爲立義將軍與曹仁討關羽於樊下諸將以德兄在漢中
頗疑之德常曰我受國恩義在效死我欲身自擊羽今年我不
殺羽羽當殺我後親與羽戰射羽中額時德常乘白馬羽軍謂
之白馬將軍皆憚之仁使德屯樊北十里會天霖雨十餘日漢
水暴溢樊下平地五六丈德與諸將避水上隄羽乘船攻之以

大船四面射隄上德被甲持弓箭不虛發將軍董衡部曲將董
超等欲降德皆收斬之自平旦力戰至日過中羽攻益急矢盡
短兵接戰德謂督將成何曰吾聞良將不怯死以苟免烈士不
毀節以求生今日我死日也戰益怒氣愈壯而水浸盛吏士皆
降德與麾下將一人伍百二人彎弓傅矢乘小船欲還仁營水
盛船覆失弓矢獨抱船覆水中爲羽所得立而不跪羽謂曰卿
兄在漢中我欲以卿爲將不早降何爲德罵羽曰豎子何謂降
也魏王帶甲百萬威振天下汝劉備庸才耳豈能敵邪我寧爲
國家鬼不爲賊將也遂爲羽所殺太祖聞而悲之爲之流涕封
其二子爲列侯
徐晃爲横野將軍與蜀將關羽宿相愛羽攻曹仁於樊太祖遣
晃與羽遥共語但說平生不及軍事須臾晃下馬宣令得關雲
長頭賞金千斤羽驚怖謂晃曰大兄是何言邪晃曰此國之事耳
郝昭爲將軍築陳倉城太和二年十二月蜀將諸葛亮圍陳倉

亮使昭鄉人靳詳於城外遥說之昭於樓上應詳曰魏家科法
卿所練也我之爲人卿所知也我受國恩多而門戶重卿無可
言者但有必死耳卿還謝諸葛便可攻也詳以昭語告亮亮又
使詳重說昭言人兵不敵無爲空自破滅昭謂詳曰前言已定
矣我識卿耳箭不識也詳乃去
許允齊王時爲中領軍時姜維寇隴右安東將軍司馬文王鎮許昌徵還擊維至京師帝於平
樂觀以臨軍過允與左右小臣謀因文王辭殺之勒其衆以退
大將軍已書詔於前文王入帝方食栗優人雲午等唱曰青頭
雞青頭雞青頭雞者鴨也帝懼不敢發文王引兵入城景王因
是謀廢帝
諸葛誕爲鎮南將軍時毋丘儉文欽反遣使詣誕招呼豫州士
民誕斬其使露布天下之儉欽凶逆又誕據有淮南之地司馬
文王知新秉政欲徵誕爲司空乃遣賈充與誕相見談說時事
因謂誕曰洛中諸賢皆願禪代君所知也君以爲云何誕厲色

曰卿非賈豫州子世受魏恩如何負國欲以魏國輸人乎非吾
所忍聞若洛中有難吾當死之充默然誕既被徵請諸牙門置
酒飲宴呼牙門從兵皆賜酒令醉謂衆人曰前作千人鎧杖始
成欲以擊賊今當還洛不復得用欲暫出將見人游戲須臾還
耳諸君且止乃嚴鼓將士七百人出樂綝聞之閉州門誕歷南
門宣言曰當還洛邑暫出游戲揚州何爲閉門見備前至東門
東門復閉乃使兵緣城攻門州人悉走因風放火焚其府庫遂
殺綝誕表曰臣受國重任統兵在東揚州刺史樂綝專詐說臣
與吳交通又言被詔當代臣位無狀日久臣奉國命以死自立
終無異端忿綝不忠輒將步騎七百人以今月六日討綝即日
斬首函頭驛馬傳送若聖朝明臣臣即魏臣不明臣臣即吳臣
不勝發憤有日謹拜表陳愚悲感泣血哽咽斷絕不知所如乞
朝廷察臣至誠
孫礼爲冀州牧以定平原清河界爲曹爽所怒後除城門校尉

時匈奴王劉靖部衆彊盛而鮮卑數寇邊乃以禮爲并州刺史加振武將軍使持節護匈奴中郎將往見太傅司馬宣王有忿色而無言宣王曰卿得并州少邪恚理分界失分乎今當遠別何以不懽也禮曰何明公言之乖細也禮雖不德豈以官位往事爲意邪本謂明公齊蹤伊呂規輔魏室上報明帝之託下建萬世之勳今社稷將危天下兇兇此禮之所以不悅也因涕泣橫流宣王曰且止忍不可忍

蜀霍峻爲中郎將先主自葭萌南還襲劉璋留峻守葭萌城張魯遣將楊帛誘峻求共守城峻曰小人頭可得城不可得帛乃退去

關羽初事先主爲別部司馬行徐州太守事後爲曹公所禽曹公壯羽爲人而察其心神無久留之意謂張遼曰卿試以情問之旣而遼以問羽羽歎曰吾極知曹公待我厚然吾受劉將軍厚恩誓以共死不可背之吾終不留吾要當立效以報曹公乃去遼以羽言報曹公曹公義之

傅肜爲將軍從先主征吳退軍斷後拒戰兵人死盡吳將語肜令降肜罵曰吳狗何有漢將軍降者遂戰死拜子僉爲左中郎後爲關中都督景耀六年又臨危授命論者嘉其父子奕世忠義

姜維字伯約爲奉義將軍先是馬謖敗於街亭諸葛亮拔將西縣千餘家及維等還維遂與母相失魏人使其母手書呼維令反并送當歸以譬之維報書曰良田百頃不計一畝但見遠志無有當歸

張翼爲庲降都督綏南中郎將翼性持法嚴不得殊俗之歡心耆率劉胄背叛作亂翼舉兵討胄胄未破會被徵當還羣下咸以爲宜便馳騎卽罪翼曰不然吾以蠻夷蠢動不稱職故還耳然代人未至吾方臨戰場當運糧積穀爲滅賊之資豈可以一退之故而廢公家之務乎於是統攝不懈代到乃發馬忠因其成基以破殄胄丞相亮聞而善之

霍弋爲安南將軍統南郡事聞魏軍來弋欲赴成都後主以備敵旣定不聽及成都不守弋素服號哭大臨三日諸將咸勸宜速降弋曰今道路隔塞未詳主之安危大故去就不可苟也若主上與魏和見遇以禮則保境而降不晚也若萬一危辱吾將以死拒之何論遲速邪

羅憲爲巴東太守時右大將軍閻宇都督巴東爲領軍後主拜憲爲宇副貳魏之伐蜀召宇西還留宇二千人令憲守永安城尋聞成都敗城中擾動邊江長吏皆棄城走憲斬稱成都亂者一人百姓乃定得後主委質問至乃帥所統臨于都亭三日

吳張昭爲輔吳將軍每朝見辭氣壯厲義形於色曾以直言逆旨中不進見後蜀使來稱蜀德美而羣臣莫拒大帝歎曰使張公在坐彼不折則廢安復自誇乎明日遣中使勞問因請見昭昭避席謝帝跪止之昭坐定仰曰昔太后桓王不以老臣屬陛下而以陛下屬老臣是以思盡臣節以報厚恩使泯沒之後有可稱述而意慮淺短違逆盛旨自分幽淪長棄溝壑不圖復蒙引見得奉帷幄然臣愚心所以事國志在忠益畢命而已若乃變心易慮以偷榮取容此臣所不能也帝辭謝焉

徐盛爲中郎將大帝爲魏稱藩魏使邢貞拜爲吳王帝出都亭候貞貞有驕色張昭旣怒而盛忿憤顧謂同列曰盛帝不能奮身出命爲國家并許洛吞巴蜀而令吾君與貞盟不亦辱乎因涕泣橫流貞聞之謂其旅曰江東將相如此非久下人者也

呂蒙爲將從大帝征合肥旣徹兵馬張遼等所襲蒙與凌統以死扞衛

董襲爲偏將軍曹公出濡須襲從大帝赴之使襲督五樓船住濡須口夜卒暴風五樓船傾覆左右散走舸師使襲出襲怒曰受將軍任在此備賊何等委去也敢復言此者斬於是莫敢干其夜船敗襲死大帝改服臨殯供給甚厚

周瑜爲大將軍曹公聞瑜年少有美才謂可游說動也乃密下

揚州遣九江蔣幹往見瑜幹有儀容以才辯見稱獨步江淮之間莫與爲對乃布衣葛巾自託私行詣瑜瑜出迎之立謂幹曰子翼良苦遠涉江湖爲曹氏作説客邪幹曰吾與足下州里中間別隔遥聞芳烈故來叙闊并觀雅規而云説客無乃逆詐乎瑜曰吾雖不及夔曠聞絃賞音足知雅曲也因延幹入爲設酒食畢遣之曰適吾有密事且出就館事了別自相請後三日瑜請幹與周觀營中行視倉庫軍資器仗訖還飲宴示之侍者服飾珍玩之物因請幹曰丈夫處世遇知己之主外託君臣之義內結骨肉之恩言行計從禍福共之假使蘇張之生酈叟復出猶撫其背而折其辭豈足下幼生所能移乎幹但笑終無所言幹還稱瑜雅量高致非言辭所間中州之士亦以此多之

賀齊爲將時大帝征合肥還爲張遼所掩襲於津北幾至危殆齊時率三千兵在津南迎大帝既入大船會諸將飲宴齊下席涕泣而言曰至尊人主常當持重今日之事幾致禍敗羣下震怖若無天地願以此爲終身誡大帝自前收其淚曰大慚謹以剋心非但書諸紳也

陸遜爲大將軍時中書典校呂壹竊弄權柄擅作威福遜與太常潘濬同心憂之言至流涕後大帝誅壹深以自責

張悌爲屯騎校尉晉伐吳孫皓使悌督沈瑩諸葛靚帥衆三萬渡江逆之至牛渚沈瑩曰晉治水軍於蜀久矣今傾國大舉萬里齊力必悉益州之衆浮江而下我上流諸軍無有戒備名將皆死幼少當任恐邊江諸城盡莫能禦也晉之水軍必至于此矣宜畜衆力待來一戰若勝之日江西自清上方雖壞可還取之今渡江逆戰勝不可保若或摧喪則大事去矣悌曰吳之將亡賢愚所知非今日也吾恐蜀兵來至此衆心必駭懼不可復整今宜渡江可用決戰力爭若其敗喪則同死社稷無所復恨若其克勝則北敵奔走兵勢萬倍便當乘威南上逆之中道不憂不破也若如子計恐行散盡相與坐待敵到君臣俱降無復一人死難者不亦辱乎遂渡江戰吳軍大敗

晉毛炅爲將軍與吳軍戰殺吳前部督脩則陶璜等後食[illegible]爲吳人所獲以炅壯勇欲赦之而則子允固求殺炅炅亦不爲璜等屈璜等怒面縛炅詰之曰晉賊炅厲聲曰吳狗何等爲賊吳人生剖其腹允割其心肝罵曰庸復作賊炅猶罵不止曰尚欲斬汝孫皓皓父何死狗也乃斬之武帝聞而哀矜即詔使炅長子襲爵餘三子皆關內侯

周處爲御史中丞時氐人齊萬年反處隸夏侯駿西征伏波將軍孫秀知其將死謂之曰卿有老母可以此辭也處曰忠孝之道安得兩全既辭親事君父母復安得而子乎今日是我死所也既而梁王肜爲征西大將軍時賊屯梁山有衆七万而駿逼處以五千擊之處曰軍無後繼必至覆敗雖在亡身爲國取恥肜復命處進討乃與振威將軍盧播雍州刺史解系攻萬年於六陌將戰處軍人未食肜促令速進而絕其後繼處知必敗賦詩曰去去世事已策馬觀西戎藜藿甘粱黍期之克令終言畢而戰自旦及暮斬首萬計弦絕矢盡播系不救左右勸退處按劍曰此是吾効節授命之日何退之爲且古者良將受命凶門以出蓋有進無退也今諸軍負信勢必不振我爲大臣以身殉国不亦可乎遂力戰而沒

張光爲材官將軍梁州刺史鎮漢中時逆賊王如餘黨大盛光嬰城固守自夏迄冬憤激成疾佐吏及百姓咸勸光退據魏興光按劍曰吾受国厚恩不能翦除寇賊今得自死便如登仙何得退還也聲絕而卒百姓悲泣遠近傷惜之

山簡爲征南將軍鎮襄陽洛陽陷沒簡遷于夏口時樂府伶人避難多奔沔漢讌會之日寮佐或勸奏之簡曰社稷傾覆不能救者有晉之罪人也何作樂之有因流涕慷慨坐者咸愧焉

索綝爲安西將軍時懷帝蒙塵長安又陷南陽王模被害綝泣曰與其俱死寧爲伍子胥乃赴安定與雍州刺史賈疋扶風太

守梁綜安夷護軍魏會等糾合義衆頻破賊黨脩復舊館遷定宗廟進救新平小大百戰掬手擒賊帥李先典闕鼎立秦王爲皇太子及即尊位是爲愍帝繼遷侍中太僕以首迎大駕升壇授璽之功封弋居伯又遷前將軍尚書右僕射

劉琨愍帝即位拜大將軍都督并州諸軍事加散騎常侍假節琨上疏謝曰陛下略臣大愆錄臣小善猥蒙天恩光授殊寵顯以蟬冕之榮崇以上將之位伏省詔書五情飛越臣聞晉文以郤縠爲元帥而定霸功高祖以韓信爲大將而成王業咸有敦詩閱禮之德戎果毅之威故能振豐功於荆南拓洪基於河北況臣凡陋擬蹤前哲俯懼折鼎慮在覆餗昔曹沫三北而收功於柯盟馮異垂翅而奮翼於澠池皆能因敗爲成以功補過陛下宥過之恩已隆而臣自新之善不立臣雖不逮預聞前訓推讓之節臣猶庶幾以[illegible]寵命者豈欲沒身報國輒死自效要以致命由賜盡誠臣節至於[illegible]之施非言辭所謝乃[illegible]

者[illegible]二郡三[illegible]至[illegible]臣[illegible]伏戮[illegible]閻夷險涵行古今代有罪深[illegible]曾未[illegible]狄縱毒於神州夷醜肆虐於上國乙廟闕禋祀之饗百官靡彝倫之序梓宮淪辱山陵未兆率土荼毒罔知攸憑陛下龍姿日茂叡質弥光升區宇於既頹崇社稷於已替四海之內肇有上下九服之萌復覩典制伏惟陛下蒙塵于外越在秦郊蒙禦之勤在必祭祀之思未克臣備位歷年才略不能以丘山之靈答豪釐之效未著頃以持節權假位號竟無殄戎之績而有負乘之累當肆刑書以明黜陟是以臣前表上聞敢緣愚款奉先朝之班苟存偏師之職放其三敗之責收其一切之用得騁志虜場肆意大逆雖身膏野草無恨黃壚陛下偏恩已隆曲蒙擢拔遂授上將位超常伯征討之任亦從事宜拜命驚惶五情戰悸懼於隕越朝若昔由晉不徇伯舉之戰成公墻之勳伍員不從城父而濟入郢之庸臣雖頑凶無覲之又人其於被堅執銳致身冠戮所謂天地之施畢臣莫報不勝犬恩至深謹拜表陳聞

後石勒攻據襄國及劉允敗劉曜新趙冉琨上表曰逆胡劉聰敢率犬羊憑陵輦轂人神發憤遐邇怨[illegible]詔書相國南陽王保太尉涼州刺史軌糾合二州同赴大軍將軍允護軍將軍綝總齊六軍戮力國難王旅大捷俘馘誅討旌旗首於晉路金鼓振於河曲崤函無虞劉之警汧隴有來蘇之慶斯誠宗廟社稷陛下神武之所致含氣之類莫不引領況臣之心能無踊躍臣前表當與鮮卑猗盧寇今年三月都會平陽會匈奴石勒以三月三日徑掩薊城大司馬博陵公浚受其偽和為勒所虜勒勢轉盛欲來襲臣城塢駭懼志在自守又猗盧國內欲生姦謀幸盧蕃盧晃昔誅滅遂使南北顧慮用愆成言臣所以泣血宵吟扼腕長歎者也勒據襄國與臣隔山寇騎朝發夕及臣城同惡相求其徒實繁西北八州勒滅其七先朝所授存者唯臣皆以勒謝夕謀慮以圖臣為討闔伺間隙寇至[illegible]戎士不得解甲百姓不得在野天

網雖張靈澤未及唯臣孤危寇為伍自守則稽聰之誅進討則勒襲其後進退唯谷以臣憤踊力不從願動怒怖征營痛心疾首形留所在神馳寇庭以表撫登胡馬已肥前鋒諸軍並有至者臣當首啓戎行身先士卒與二虜勢不並立聰勒不梟臣無歸志庶憑陛下威靈使微意獲展然後隕首謝國沒而無恨又及二都傾覆社稷絕祀元帝初鎮江左琨誠繫王室謂右司馬溫嶠曰昔班彪識劉氏之復興馬援知漢光之可輔今晉祚雖衰天命未改吾欲立功河朔使卿延譽江南子其行乎對曰嶠雖無管張之才而明公有桓文之志欲建匡合之功豈可辭命乃以為左長史檄告華夷奉表勸進既至引見具陳琨忠誠志在效節因說社稷無主之人係心辭旨慷慨舉朝屬目帝器而嘉焉王導周顗謝鯤庾亮桓彝等並與親善于時江左草創綱維未舉嶠殊以為憂及見王導共談歡然曰江左自有管夷吾吾復何慮琨為段匹磾所害嶠表琨忠誠雖勳業不遂然家

破身亡宜在褒崇以慰海内之望帝然之
劉沈齊王冏輔政引爲左長史遷侍中于時李流乱蜀詔沈以侍中假節統益州刺史羅尚梁州刺史許雄等以討流行次長安河間王顒請沈爲軍司遣席薳代之後領留雍州刺史及張昌作乱詔顒遣沈將州兵萬人并西征府五千人自藍田關以討之顒不奉詔沈自領州兵至藍田顒又逼奪其衆長沙王乂命沈將武吏四百人還州張方既逼京都王師屢敗王瑚祖逖言於乂曰劉沈忠義果毅雍州兵力足制河間宜啓上詔與沈使發兵襲顒顒窘急必召張方以自救此計之良也乂從之沈奉詔馳檄四境令七郡之衆及
諸軍塢壁甲十萬餘人以安定太守衙博新平太守張光安定功曹皇甫澹爲先登襲長安顒時頓于鄭縣之高平亭爲東軍芥援聞沈兵起還鎮渭城遣督護虞夔率步騎萬餘人逆沈於好畤接戰夔衆敗顒大懼退入長安果急呼張方沈渡渭而壘

顒每遣兵出鬬輒不利沈乘勝攻之使澹博以精甲五千從長安門而入力戰至顒帳下沈軍來遲顒軍見澹等無繼氣益倍馮翊太守張輔率衆救顒橫擊之大戰於府門博父子皆死之澹又被擒顒奇澹壯勇將活之澹不爲之屈於是見殺沈軍遂敗率餘卒屯于故營張方遣其將郅偉夜至沈軍大驚而潰與麾下百餘人南遁爲陳倉令所執沈謂顒曰夫知己之顧輕在三之節重不可違君父之詔量彊弱以苟全投袂之日期之必死葅醢之戮甘之如薺辭義慷慨見者哀之顒怒鞭之而後腰斬有識者以顒干上犯順虐害忠義知其滅亡不久也

冊府元龜卷第三百七十

冊府元龜卷第三百七十一

將帥部三十二

忠第二

豫州刺史事屯許昌遭母喪乃於密縣間鳩聚西州流人數千欲還鄉里值京師失守秦王出奔密中司空荀藩藩弟司隸校尉組及中領軍華恒河南尹華薈在密縣建立行臺以密近賊南趣許潁司徒左長史劉疇在密為塢主中書令李暅太傅參軍騶捷劉蔚鎮軍長史周顗司馬李述皆來赴疇僉以鼎有才用且手握強兵勸藩假鼎冠軍將軍豫州刺史蔚等為參佐鼎少有志因西土人思歸欲立功鄉里乃與撫軍長史王毗司馬傅遜懷翼奉秦王之計謂疇捷等曰山東非霸王處不如關中河陽令傅暢遺鼎書勸奉秦王過洛陽謁拜山陵徑據長安綏合夷晉興起義眾剋復宗廟雪社稷之恥鼎得書便欲詣洛流人謂北道近河懼有抄截欲南自武關向長安疇等皆山東人咸不願西入荀藩及疇捷等並逃散鼎追藩不及暅等見殺唯顗述走得免遂奉秦王行止上洛為山賊所襲殺百餘人率餘眾西至藍田時劉聰向長安為雍州刺史賈疋所逐走還平陽疋遣人奉迎秦王遂至長安而與大司馬南陽王保衛將軍梁芬京兆尹梁綜等並同心推戴立王為皇太子登壇告天立社稷宗廟以閻鼎為太子詹事總攝百揆梁綜與鼎爭權鼎殺綜以王毗為京兆尹鼎首建大謀立功天下始平太守麴允撫夷護軍索綝並害其功且欲專權馮翊太守梁緯北地太守梁肅並綜母弟綝之姻也謀欲除鼎乃證其有無君之心專戮大臣請討之遂攻鼎鼎出奔雍為氐竇首所殺傳首長安

周顗為鎮東將軍都督揚州諸軍事覩群賊孔熾洛陽孤危乃建策迎天子遷都壽春永嘉四年與長史吳思司馬殷識上書曰不圖厄運遂至於此戎狄交侵畿甸危逼臣輒與祖納裴憲華譚孫惠等三十人伏思大計僉以殷人有屢遷之事周王有岐山之徙方今王都罄乏不可久居河朔蕭條崤函險澁宛都屢敗江漢多虞於今平夷東南為愈淮揚之地北阻塗山南抗靈嶽名川四帶有重險之固是以楚人東遷遂宅壽春徐邳東海亦足戍御且運漕四通無患空乏雖聖上神聰元輔賢明居儉守約用保宗廟未若相土遷宅以享永祚臣謹選精卒三萬奉迎皇駕輒撤前北中郎將裴憲行使持節監豫州諸軍事東中郎將風馳即路荊湘江揚各先運四年米租十五萬斛布絹各十四萬疋以供大駕令王浚苟晞共平河朔臣等勠力以啟南路遷都弭寇其計並得皇輿來巡臣宜徑據江州以恢王略知無不為古人所務敢竭中誠庶報萬分朝遂久隕猶生之願東海王越與苟晞不協顗不先白於越而直上書越大怒

祖逖為鎮西將軍豫州刺史公私豐贍士馬日滋方當推鋒越河埽清冀朔會朝廷將遣戴若思為都督逖以若思是吳人雖有才望無能致遠識且已翦荊棘收河南地而若思雍容一旦來

統之意甚怏怏且聞王敦與劉隗等構隙慮有內難大功不遂感激發病乃寄妻孥汝南大木山下時中原士庶咸謂逖遂進據武牢而反置家險阨或諫之不納逖雖內懷憂憤而圖進取不輟

溫嶠為平南將軍鎮武昌聞蘇峻之徵也慮其有變求還朝以備不虞不聽未幾而蘇峻之亂移屯尋陽遣督護王愆期西陽太守鄧岳鄱陽內史紀瞻等率舟師赴難及京師傾覆嶠聞之號慟人有候之者悲哭相對俄而庾亮來奔宣太后詔進嶠驃騎將軍開府儀同三司嶠曰今日之急殄寇為先未效勳庸而逆受榮寵非所聞也何以示天下乎固辭不受時亮雖奔敗嶠每推崇之分兵給亮遣王愆期等要陶侃同赴國難侃恨不受顧命不許嶠初從之後用其部將毛寶說復固請侃行初嶠與庾亮相推為盟主嶠從弟充言於嶠曰征西位重兵強宜共推之嶠於是遣王愆期奉侃為盟主侃許之遣督護龔登率兵詣嶠

嶠於是列上尚書陳峻罪狀有衆七千灑泣登舟峻時殺侃子瞻由是侃激勵遂率所統與嶠亮同赴京師戎卒六万旌旗七百餘里鉦鼓之聲震於百里直指石頭次于蔡州侃屯查浦嶠屯沙門浦時約據歷陽與峻爲首尾見嶠等軍盛謂其黨曰吾本知嶠能爲四公子之事今果然矣峻聞嶠將至逼大駕幸石頭時峻軍多馬南軍杖舟楫不敢輕與交鋒用將軍李根計據白石築壘以自固使庾亮守之賊步騎万餘來攻不下而退追斬二百餘級嶠又於四望磯築壘以逼賊曰賊必爭之設伏以逸待勞是制賊之一奇也是時義軍屢戰失利嶠軍食盡陶侃怒曰使君前云不憂無將士惟得老僕爲主耳今數戰皆北良將安在荆州接胡蜀二虜倉廩當備不虞若復無食僕便欲西歸更思良筭但今歲計殄賊不爲晚也嶠曰不然自古成監師克在和光武之濟昆陽曹公之拔官渡以寡敵衆杖義故也峻約小豎爲海內所患今日之舉決在一戰峻勇而無謀藉驕勝之勢自謂無前今挑之戰可一鼓而擒也奈何捨垂立之功設進退之計且天子幽逼社稷危殆四海臣子肝腦塗地嶠等與公並受國恩是致命之日事若克濟則臣主同祚如其不捷身雖灰滅不足以謝責於先帝今之事勢義無旋踵騎猛獸安可中下哉公若違衆獨反人心必沮沮衆敗事義旗將迴指於公矣侃無以對遂留不去嶠於是創建行廟廣設壇場告皇天后土祖宗之靈親讀祝文聲氣激揚涕流覆面三軍莫能仰視其日侃督水軍向石頭亮嶠等率精勇一萬從白石以挑戰時峻勞其將士因醉突陣馬躓爲侃將所斬峻弟逸及子碩嬰城自固嶠乃立行臺布告天下凡故吏二千石臺郎御史以下皆令赴臺於是至者雲集司徒王導因奏嶠侃録尚書遣閒使宣旨並讓不受賊將康術以臺城來降爲逸所擊求救於嶠江州別駕羅洞曰今水暴長救之不便不如攻榻杭榻杭軍若敗術圍自解嶠從之遂破賊石頭軍奮威長史滕含抱天子奔于嶠船

時陶侃雖爲盟主而處分規略一出於嶠及賊滅拜驃騎將軍開府儀同三司加散騎常侍封始安郡公邑三千户

郗鑒爲大將軍開府加散騎常侍咸和初領徐州刺史及祖約蘇峻反鑒聞難便欲率所領東赴詔以北寇不許於是遣司馬劉矩領三千人宿衛京都尋而王師敗績矩遂退還中書令庾亮宣大后口詔進鑒爲司空鑒去賊密邇城孤糧絶人情業業莫有固志奉詔流涕設壇場刑白馬大誓三軍曰賊臣祖約蘇峻不恭天命不畏王誅凶戾肆逆干國之紀陵汩五常侮弄神器遂制脅幽主拔本塞原殘害忠良禍虐黎庶使天地神祇靡所依歸是以率土怨酷兆庶泣血咸願奉辭伐罪以除元惡昔戎狄泯周齊桓糾盟董卓陵漢群后致討義存君親古今一也今主上幽危百姓倒懸忠臣正士志存報國凡我同盟之後戮力一心以救社稷若二寇不梟義無偷安有渝此盟明神殛之鑒登壇慷慨三軍爭爲用命乃遣將軍夏侯長等閒行謂平南將軍溫嶠曰今賊謀欲挾天子東入會稽宜先立營壘屯據要害既防其越逸又斷賊糧運然後靜鎮京口清壁以待賊賊攻城不拔野無所掠東道既斷糧運自絶不過百日必自潰矣嶠深以爲然及陶侃爲盟主進鑒都督揚州八郡軍事時撫軍將軍王舒輔國將軍虞潭皆受鑒節度率衆渡江與侃會于茄子浦鑒築白石壘而據之會舒潭戰不利鑒與後將軍郭默還丹徒立大業曲阿庱亭三壘以拒賊而賊將張健來攻大業城中乏水郭默窘迫遂突圍而出三軍失色參軍曹納以爲大業京口之扞一旦不守賊方陣而前勸鑒退還廣陵以俟後舉鑒乃大會僚佐責納曰吾蒙先帝厚顧荷託付之重正復沿軀九泉不足以報今彊寇在郊衆心危迫君腹心之佐而生長異端當何以率先義衆鎮一三軍邪將斬之久而乃釋會峻死大業圍解及蘇逸等走吳興鑒遣參軍李閎追斬之降男女万餘口拜司空加侍中

劉牢之為南彭城内史輔國將軍代王恭督兖青幷七州事時楊佺期桓玄將兵逼京師上表理王恭求誅牢之牢之率北府之衆馳赴京師次于新亭玄等受詔退兵牢之還鎮京口

桓彝為宣城内史蘇峻之亂彝糾合義衆欲赴朝廷其長史裨惠以郡兵寡弱山人易擾可案甲以須後舉彝厲色曰夫見無禮於其君者若鷹鸇之逐鳥雀今社稷危逼義無晏安乃遣將軍朱綽討賊別帥於蕪湖破之彝尋出石硊會朝廷遣將軍司馬流先據慈湖為賊所敗遂長驅徑進彝以郡無堅城遂退據廣德尋王師敗績彝聞而慷慨流涕進屯涇縣時州郡多遣使降峻裨惠又勸彝偽與通和以紓交至之禍彝曰吾受國厚恩在致死焉能忍垢蒙辱與醜逆通問如其不濟此則命也遣將軍俞縱守蘭石峻遣將韓晃攻之縱將敗左右勸縱退軍縱曰吾受桓侯厚恩本以死報吾之不可負桓侯猶桓侯之不負國也遂力戰而死晃因進軍攻彝彝固守經年勢孤力屈賊曰彝

若降者當待以優禮將士多勸彝偽降更思後舉彝不從辭氣壯烈志節不撓城陷為晃所害年五十三時賊尚未平諸子並流迸宣城人紀世和率義故葬之賊平追贈廷尉謚曰簡咸安中改贈太常俞縱亦以死節贈興古太守

卞壼為尚書令右將軍領右衛將軍蘇峻擁兵至東陵口詔以壼都督大桁東諸軍事假節復加領軍將軍給事中壼率郭默趙胤等與峻大戰於陵西為峻所破壼與鍾雅皆退還死傷者以千數壼雅並還節詣闕謝罪峻進攻青溪壼與諸軍距擊不能禁賊放火燒宮寺六軍敗績壼時發背創猶未合力疾而戰率厲散衆及左右吏數百人攻賊麾下苦戰遂死之時年四十八二子眕盱見父没相隨赴賊同時見害峻平朝議贈壼左光祿大夫加散騎常侍尚書郎弘訥議以為死事之臣古今所重卞令忠貞之節當書於竹帛今追贈實未副衆望謂宜加鼎司之號以旌忠烈之勳司徒王導見議進贈驃騎將軍加侍中訥重議曰夫事親莫不於孝事君莫尚於忠唯孝也故能盡敬竭誠唯忠也故能見危授命此在三之大節臣子之極行也按壼委質三朝盡規翼亮遭世險艱存亡以之受顧託之重居端右之任擁衛至尊則有保傅之恩正色在朝則有匪躬之節賊峻造逆勠力致討身當矢旝再對賊鋒父子并命可謂破家為國守死勤事昔許男疾終猶蒙二等之贈況壼伏節國難者乎夫賞疑從重況在不疑可謂上準許穆下同嵇紹則允合典謨克厭衆望於是改贈壼侍中驃騎將軍開府儀同三司謚曰忠貞祠以太牢贈世子眕散騎侍郎眕弟盱奉車都尉眕母裴氏撫二子尸哭曰父為忠臣汝為孝子夫何恨乎徵士翟湯聞之歎曰父死於君子死於父忠孝之道萃於一門

庾翼為安西將軍鎮武昌常遣使東至遼東西到涼州要結二方欲同大舉慕容皝張駿並報使請期翼雅有大志欲以滅胡平蜀為已任言論慷慨形于辭色

桓沖代桓温為揚豫二州刺史初温執權大辟之罪皆自己決沖既莅事上疏以為生殺之重古今所慎凡諸死罪先上須報沖既代温居任盡忠王室或勸沖誅除時望專執權衡沖不從謝安以時望輔政為群情所歸沖懼逼寧康三年乃解揚州自求外出桓氏黨與以為非計莫不扼腕苦諫郗超亦深止之沖皆不納處之澹然不以為恨忠言嘉謀每盡心力於是改授都督徐豫兖青揚五州之六郡軍事車騎將軍徐州刺史

桓伊為護軍將軍卒贈右將軍加散騎常侍謚曰烈初伊有馬步鎧六百領豫為表令死乃上之表曰臣過蒙殊寵受任西藩淮南之捷逆兵奔北人馬器鎧隨處放散于時收拾破敗不足貫連比年營繕並已修整今六合雖一餘燼未滅臣不以朽邁猶欲輸效力命仰報皇恩此志永絶銜恨泉壤謹奉輸馬具裝百具步鎧五百領並在尋陽請勅所屬領受詔曰伊忠誠不遂益以傷懷仍受其所上之鎧

劉弘為荊州刺史督荊交廣諸軍事廣漢太守辛冉以天子蒙塵四方雲擾進從橫計於弘弘怒斬之時人莫不稱善

郭誦司州刺史李矩之甥也矩表誦為揚武將軍陽翟令時石勒遣其將石良率精兵五千襲矩矩逆擊不利誦弟元復為賊所執賊遣元以書說矩曰去年東平曹嶷西賓猗盧矩如牛角何不歸命矩以示誦誦曰昔王陵母在賊猶不改意弟當何論勒復遣誦麈尾馬鞭以示羣勒誦不荅

段匹磾領幽州刺史為從弟末杯所敗北依邵續與續并力追末杯斬獲略盡又令文鴦北討末杯弟於薊城及還去城八十里聞續已沒衆懼而散復為石季龍所遮文鴦以親兵數百人力戰破之始得入城季龍復抄城下文鴦登城臨見欲出擊之匹磾不許文鴦曰我以勇聞故百姓杖我見人被略而不救非丈夫也令衆失望誰復為我致死乎遂將壯士數十騎出戰殺胡甚多遇馬乏伏不能起季龍呼曰大兄與我俱是戎狄久望

共同天不違願今日相見何故復戰請釋杖文鴦罵曰汝為寇虐久應合死吾兄不用吾計故令汝得至此吾寧死不為汝擒遂下馬苦戰槊折執刀力戰不已季龍軍四面解馬羅披自鄣前促文不文鴦戰自辰至申力極而後被執城內大懼匹磾欲單騎歸朝續弟樂安內史洎勒兵不許洎復欲執臺使王英送於季龍匹磾正色責之曰卿不能遵兄之志逼吾不得歸朝亦以甚矣復欲執天子使者我雖胡夷所未聞也因謂英曰匹磾世受重恩不忘忠孝今日事逼欲歸罪朝廷而見逼迫忠款不遂若得假息未死之日心不忘本遂渡黃河南匹磾著朝服持節賓從出見季龍曰我受國恩志在滅汝不幸吾國自亂以至於此既不能死又不能為汝敬也勒及季龍素與匹磾結為兄弟季龍起而拜之匹磾到襄國又不為勒禮常著朝服持晉節經年國中謀推匹磾為主事露被害文鴦亦遇酖而死

郭默初為河內督將永嘉之亂率衆自為塢主遣使詣劉琨琨加默河內太守劉元海遣從子曜討默曜列三屯圍之欲使饑死默送妻子為質并請糴焉糴畢設守曜怒沉默妻子于河而攻之默遣弟芝求救於劉琨琨知默狡猾留之而緩其救默更遣人告急會芝出城浴焉使強與俱歸默乃遣芝質於石勒勒以默多詐封默書與劉曜默使人伺得勒書使突圍投李矩後與矩并力拒劉石

魏該為順陽太守王敦之反也梁州刺史甘卓不從欲觀該去就試以敦旨動之該曰我本去賊惟忠於國今王公舉兵向天子非吾所宜與也遂拒而不應

劉隗拜鎮北將軍都督青徐幽平四州軍事假節加散騎常侍率万人鎮泗口初隗以王敦威權太盛終不可制勸帝出腹心以鎮方隅故以譙王承為湘州續用隗及戴若思為都督敦甚惡之與隗書曰頃承聖上顧眄足下今大賊未滅中原鼎沸欲與足下周生之徒勠力王室共靜海內若其泰也則帝祚於是

乎隆若其否也則天下永無望矣隗荅曰魚相忘於江湖人相忘於道術竭股肱之力効之以忠貞吾之志也敦得書甚怒

周顗代戴若思為護軍將軍及王敦構逆溫嶠謂顗曰大將軍此舉似有所在當無濫邪顗曰君少年未更事人主自非堯舜何能無失人臣豈可得舉兵以脅主共相推戴未能數年一旦如此豈云非亂乎處仲（王敦字處仲）剛愎彊忍狼抗無上其意寧有限邪既而王師敗績顗奉詔詣敦敦曰伯仁卿負我顗曰公戎車犯順下官親率六軍不能其事使王旅奔敗以此負公敦憚其辭正不知所荅帝召顗於廣室謂之曰近日大事二宮無恙諸人平安大將軍故副所望邪顗曰二宮自如明詔於臣等故未可知護軍長史郝瑕等勸顗避敦顗曰吾備位大臣朝廷喪敗寧可復草間求活外投胡越邪俄而與戴若思俱被收路經太廟顗大言曰天地先帝之靈賊臣王敦傾覆社稷枉殺忠臣陵虐天下神祇有靈當速殺敦無令縱毒以傾王室語未終收

人以戰傷其口血流至踵顔色不變容止自若觀者皆爲流涕遂於石頭南門外石上害之時年五十四

周進右將軍都督石頭水陸軍事札之兄子王敦作難加冠軍將軍都督會稽吳興晉陵東陽軍事率水軍三千人討沈充未發而王師敗績進閉札開城納敦潰咤流歎形于辭色尋過害

劉超爲左衛將軍時蘇峻謀逆京邑大亂朝士多遣家人入東避難義興故吏欲迎超家而超不聽盡以妻孥入居宮内及王師敗績王導以超爲右衛將軍親侍成帝屬太后崩軍衛禮章頓闕超躬率將士奉營山陵峻遷車駕石頭時天大雨道路沉陷超與侍中鍾雅步侍左右賊給馬不肯騎而悲哀慷慨峻聞之甚不平然未敢加害而以其所親信許方等補司馬督殿中監外託宿衛内實防禦超等時飢饉米貴峻等問遺一無所受繾綣朝夕臣節愈恭帝時年八歲雖幽厄之中超猶啓授孝經論語溫嶠等至峻猜忌朝士而超爲帝所親遇疑之尤甚後王

導出奔超與懷德令匡術建康令管旆等密謀將欲奉帝而出未及期事泄峻使任讓將兵入收超及侍中鍾雅帝抱持悲泣曰還我侍中右衛任讓不奉詔因害之及峻平任讓與陶侃有舊侃欲特不誅之乃請於帝帝曰讓是殺我侍中右衛者不可宥由是遂誅讓及超將改葬帝痛念之不已詔遣高顯近地葬之使出入得瞻望其墓追贈衛尉謚曰忠

羊曼爲前將軍時蘇峻作亂曼率文武守雲龍門王師不振或勸曼避峻曼曰朝廷破敗吾安所求生勒衆不動爲峻所害

朱伺爲廣威將軍領竟陵内史時王敦欲用從弟廙代陶侃爲荆州侃故將鄭攀馬儁等乞侃於敦敦不許攀等以侃始滅大賊人皆樂附又以廙忌戾難事謀共距之遂屯結滇口遣使告伺伺外許之而稱疾不赴攀等遂進距廙既而士衆疑阻復散還横桑口欲入杜曾時朱軌趙誘李恒率衆將擊之攀等懼誅以司馬孫景造謀距廙因斬之降軌等廙將西出遣長史劉浚留鎮揚口壘時杜曾請討第五猗於襄陽伺謂廙曰曾是猾賊外示西還以疑衆心欲誘引官軍使西然後兼道襲揚口耳宜大部分未可便西廙性矜厲自用兼以伺老怯難信遂西行曾等果馳還廙乃遣伺歸裁至壘即爲曾等所圍劉浚以壘北門危欲令伺守之或説浚云伺與鄭攀同者乃轉守南門賊知之攻其北門時鄭攀黨馬儁等亦來攻壘儁妻子先在壘内或請皮其面以示之伺曰殺其妻子未能解圍但益其怒耳乃止伺常所調弩忽噤不發伺甚惡之及賊攻陷北門伺被傷退入船初浚開諸船底以木掩之名爲船械伺既入賊舉鍬擿伺伺逆撥得鍬反以擿賊賊入走船屋大喚云賊帥在此伺從船底沉行五十步乃免遇醫療創小差杜曾遣説伺云馬儁等感卿恩全其妻息得盡以卿家外内百口付儁儁已盡心收視卿可來也伺答曰賊無白首者今吾年六十餘不能復與卿作賊吾死當歸南妻子付汝乃還甑山時王廙與李恒杜曾相持累戰甑山

下軍士數驚喚云賊欲至伺驚劇而卒

周虓字孟威爲西夷校尉領梓潼太守寧東初苻堅將楊安寇梓潼虓固守涪城遣步騎數千送母妻從漢水將抵江陵爲堅將朱肜邀而獲之虓遂降于安堅欲以爲尚書郎虓曰蒙國厚恩以至今日但老母見獲失節於此母子獲全秦之惠也雖公侯之貴不以爲榮況郎任乎堅乃止自是每入見堅輒箕踞而坐呼之爲氐賊堅不以屬元會威儀甚盛堅因謂虓曰晉家元會何如此虓攘袂厲聲曰戎狄集聚譬猶犬羊相群何敢比天子及呂光征西域堅出餞之戎士二十万旌旗數百里又問虓曰朕衆力何如虓曰戎狄已來未之有也堅黨以虓不遜屢請除之堅待之彌厚虓乃密與桓沖説賊姦計太元三年虓潛至漢中堅追得之後又與堅兄子苟謀襲賊事泄堅引虓問其狀虓曰昔漸離豫讓燕智之微臣猶漆身吞炭不忘忠節況虓世荷晉恩豈敢忘也生爲晉臣死爲晉鬼復何問乎堅曰今殺

之適成其名矣遂撻之徙于太原後堅復陷順陽魏興獲二守皆執節不撓堅歎曰周孟威不屈於前丁彥遠絜己於後吉祖沖不食而死皆忠臣也虜彥以病卒於太原

吉挹少有志節孝武帝初苻堅陷梁益桓豁表挹爲魏興太守太元四年苻堅將韋鍾攻魏興挹遣衆距之斬七百餘級加督五郡軍事鍾率衆欲趣襄陽挹又邀擊獲五千餘級鍾怒迴軍圍之挹又屢挫其銳其後賊衆繼至挹力不能抗城將陷引刀欲自殺其友止之曰且苟存以展他計爲計不立死未晚也挹不從友人逼奪其刀會賊執之挹閉口不言不食而死

朱序爲梁州刺史鎮襄陽苻堅率衆圍序序督護李伯護密與賊相應襄陽遂沒序欲逃歸潛至宜陽藏夏揆家堅疑揆收之序乃詣苻暉自首堅嘉而不問以爲尚書太元中苻堅南侵謝石率師拒之時堅大兵尚在項苻融以三十万衆先至堅遣序說謝石稱已兵威序反謂石曰若堅百万之衆悉到莫可與敵

及其未會擊之可以得志於是石遣謝琰選勇士八千人涉肥水挑戰堅衆小却序時在其軍後唱云堅敗衆遂大奔序乃得歸拜龍驤將軍琅邪內史

郗愔爲輔國將軍都督徐兗青幽揚州之晉陵諸軍事徐州人多勁悍桓溫常云京口酒可飲兵可用深不欲愔居之而愔暗於事機遣牋詣溫欲共獎王室脩復園陵子超取視寸寸毀裂乃更作牋自陳老病甚不堪人間乞閑地自養溫得牋大喜即轉愔爲會稽太守

毛璩安帝初爲征虜將軍及桓玄簒位遣使加璩散騎常侍左將軍璩執留玄使不受命玄以桓希爲梁州刺史王异據涪郭法戍宕渠師寂戍巴郡周道子戍白帝以防之璩傳檄遠近列玄罪狀遣巴東太守柳約之建平太守羅述征虜司馬甄季之擊破希等仍率衆次于白帝武陵王令曰益州刺史毛璩忠誠懇至自桓玄萌禍常思躡其後今若平殄兇逆肅清荆郢者便當即受上流之任初璩弟寧州刺史璠喪官璩兄球孫祐之及參軍費恬以數百人送喪葬江陵會玄敗謀奔梁州璩弟瑾子脩之時爲屯騎校尉誘玄使入蜀既而脩之與祐之費恬及漢嘉人馮遷共殺玄約之等聞玄死進軍到枝江而桓振復攻沒江陵劉毅等還尋陽約之亦退俄而季之述之皆病約之詣振僞降因欲襲振事泄被害約之司馬時延祖涪陵太守文處茂等撫其餘衆保涪陵振遣桓放之爲益州屯西陵處茂拒擊破之振死安帝反正詔曰夫貞松標於歲寒忠臣亮于國危益州刺史璩體識弘正誠契義旗受命偏師次于近畿輔翼之勳寔感朕心可進征西將軍加散騎常侍都督益梁秦涼寧五州軍事行宜都寧蜀太守文處茂宣讚蕃牧蒙險夷難可輔國將軍西夷校尉巴西梓潼二郡太守又詔西夷校尉瑾爲持節監梁秦二州軍事征虜將軍梁秦二州刺史略陽武都太守瑾弟蜀郡太守瑗爲輔國將軍寧州刺史初璩聞振陷江陵率衆

赴難使弟瑾瑗順外江而下使參軍譙縱領巴西梓潼二郡軍下涪水當與璩軍會於巴郡蜀人不樂東征縱因人情思歸於五城水口反還襲涪害瑾瑾留府長史鄭純之自成都馳使告璩璩時在略城去城都四百里遣參軍王瓊討反者相距於廣漢棘道令何林聚黨助縱而璩下人受縱誘說遂共害璩及瑗并子姪之在蜀者一時殄沒

殷覬爲南蠻校尉太元中從弟仲堪爲荊州刺史仲堪得王恭書將兵內伐告覬欲同舉覬不平之曰夫人臣之義愼保所守朝廷是非宰輔之務豈藩屏之所圖也晉陽之事宜所不豫仲堪要之轉切覬怒曰吾進不敢同退不敢異仲堪甚以爲恨猶密諫仲堪辭甚切至仲堪既貴素情亦殊而志望無厭謂覬言爲非覬見紅績亦以正直爲仲堪所斥知仲堪當逐異已樹置所親因出行散託疾不還仲堪聞其病出省之謂覬曰兄病殊爲可憂覬曰我病不過身死但汝病在滅門幸熟爲慮勿以

我爲念也仲堪不從卒與楊佺期桓玄同下覲遂以憂卒隆安中詔故南蠻校尉殷覬忠績未融奄焉隕喪可贈冠軍將軍

張肅寔叔父也爲建威將軍西海太守以京師危逼請爲先鋒擊劉擢寔以肅年老弗許肅曰狐死首丘心不忘本鍾儀在晉楚弁南音肅受晉寵剖符列位羯逆滔天朝廷傾覆肅宴安方裔難至不奮何以爲人臣寔曰門戶受重恩自當闔家效死忠衛社稷以申先公之志但叔父春秋已高氣力衰竭軍旅之事非耆老所堪乃止既而聞京師陷没肅泣憤而卒

何無忌爲江州刺史鎮南將軍盧循遣别帥徐道覆順流而下舟艦皆重樓無忌將率衆推之長史鄧潛之諫曰今以神武之師抗彼逆衆迴山壓卵未足爲譬然國家之計在此一舉聞其舟艦大盛勢居上流蜂蠆之毒邾魯成鑒宜決破南塘守二城以待之其必不敢捨我遠下蓄力俟其疲老然後擊之若棄万全之長策而決成敗於一戰如其失利悔無及矣無忌不從遂

以舟師拒之既及賊令彊弩數百登西岸小山以邀射之南薄于山側俄而西風暴急無忌所乘小艦被飄東岸賊乘風以大艦逼之衆遂奔敗無忌尚厲聲曰取我蘇武節來節至乃躬執以督戰賊衆雲集登艦者數十人無忌辭色無撓遂握節死之

宋劉敬宣字万壽仕晉爲征虜將軍領冀州刺史時高祖西討劉毅豫州刺史諸葛長民監太尉軍事貽敬宣書曰盤龍狼戾專恣自取夷滅異端將盡世路方夷富貴之事相與共之敬宣報曰下官自義熙以來首尾十載遂忝三州七郡今比杖節常懼福過禍生實思避盈居損富貴之旨非所敢當使呈書高祖謂王誕曰阿壽故爲不負我也

顏師伯爲征虜將軍都督青冀二州徐州之東安東莞兗州濟北三郡諸軍事竟陵王誕反師伯遣長史嵇玄敬率五千人赴難

沈慶之爲步兵校尉詔討群蠻於江沔元嘉三十年正月孝武出次五洲總統群帥慶之從巴水出至五洲諮受軍略會孝武典籤董元嗣自京師還陳元凶弒逆世祖遣慶之還山引諸軍慶之謂腹心曰蕭斌婦人不足數其餘將帥並是所悉皆易與耳東宮同惡不過三千人此外屈逼必不爲用力今輔順討逆不憂不濟也衆軍既集假慶之征虜將軍武昌内史領府司馬孝武還至尋陽慶之及柳元景等並以天下無主勸世祖即大位不許賊欲遣慶之門生錢無忌齎書說慶之解甲慶之執無忌白孝武孝武踐阼以慶之爲領軍將軍

褚湛之爲丹陽尹元凶弒逆以爲吏部尚書復出爲輔國將軍丹楊尹統石頭戍事世祖入伐劭自攻新亭壘使湛之率水師俱進湛之因攜二息淵澄輕船南奔淵有一男始生爲劭所殺世祖即位以爲尚書右僕射

劉瑀爲寧遠將軍益州刺史元凶弒立以爲青州刺史瑀聞問即起義遣軍并送資實於荆州世祖即位召爲御史中丞還至江陵值南郡王義宣爲逆瑀陳其不可言甚切至義宣以爲丞

相左司馬俱至梁山瑀猶乘其蜀中船舫又有義故部曲潛於梁山洲外下没官軍除司徒長史

朱脩之爲雍州刺史時荆州刺史南郡王義宣反檄脩之舉兵脩之僞與之同而遣使陳誠於帝帝嘉之以爲荆州刺史加都督義宣聞脩之不與己同乃以魯秀爲雍州刺史擊襄陽脩之命斷馬鞍山道秀不得前乃退及義宣敗於梁山單舟南走脩之率衆南定遺寇時竺超民執義宣脩之至乃殺之以功封南昌縣侯

沈攸之爲寧朔將軍征南賊攸之從子懷宝爲賊將帥在赭圻遣親人楊公讚齎密書招誘攸之攸之斬公讚封懷宝書呈太宗尋克赭圻後爲鎮西將軍荆州刺史後廢帝元徽二年桂陽王休範舉兵襲京邑攸之謂僚佐曰桂陽今反朝廷必聲云與攸之同若不顛沛勤王必增朝野之惑於是遣軍主孫同沈懷奧興軍馳下受郢州刺史晉熙王燮節度同等始過夏口會休

範平而還
劉秀之爲寧朔將軍益州刺史南譙王義宣據荆州爲逆遣參軍王曜徵兵於秀之秀之即日斬曜戒嚴遣中兵參軍韋山松萬人襲江陵
柳元景爲前將軍雍州刺史初臧質起義以南譙王義宣闇弱易制欲相推奉潛報元景使率所領西還元景即以質書呈孝武語信曰臧冠軍當是未知殿下義舉耳方應伐逆不容西還
沈林子爲征虜將軍既破鮮卑慕容超而盧循奄至循之下也廣固未拔循潛遣人結林子及宗人叔長林子即密白高祖以超未平隱之還自廣固乃誅叔長謂林子曰昔魏武在官渡汝南之士多懷貳心唯李通獨斷大義古今一也循至蔡州貴遊之徒皆議遠從唯林子請移家京邑高祖雅而問之對曰耿純壼室從戎李典舉宗居魏林子雖才非古人實受恩深重高祖稱善

黄回爲右衛將軍沈攸之反以回爲使持節督郢州司州之義陽諸軍事平西將軍郢州刺史給鼓吹一部臧質率衆出新亭爲前鋒未發而袁粲據石頭爲亂回與新亭諸將　任候伯彭文之王宜與孫曇瓘等謀應粲粲事發候伯等並乘船赴石頭唯曇瓘先至得入候伯等至而粲已平回本期詰旦率所領從御道直向臺門攻齊王於朝堂事既不果齊王撫之如舊
垣詢之驍敢有氣力南郡王義宣反夙聞其名以副輔國將軍張東贼張超首行大逆亦領軍隷東詢之規殺之慮東不同東宿有此志又未測詢之同否互相觀察會超來論事東色動詢之覺之即共定謀遣信召超超疑之不至故宿他所詢之不知其移徑斫之殺其僕於床因與東南奔東溺淮死詢之得至時世祖已即位以爲積弩將軍
劉孝祖爲寧朔將軍督兖州諸軍事兖州刺史太宗初即位四方反叛孝祖外甥司法參軍葛僧韶建議徵孝祖入朝帝遣之僧韶至孝祖具問朝廷消息僧韶隨方酬譬并陳兵甲精彊主上欲委以前驅之任孝祖即日棄妻子率文武二千人隨僧韶還都時普天同逆朝廷唯保丹楊一郡而永世縣尋又反叛義興賊乘至延陵内外憂危咸欲奔散孝祖忽至衆力不少並傖楚壯士人情大安
齊張敬兒宋末爲持節督雍梁二州郢司二郡軍事昇明元年冬沈攸之反遣報敬兒敬兒勞接周至爲設酒食謂之曰沈公那忽使君來君殊可念乃列仗於廳事前斬之集部曲偵攸之下當襲江陵遂破之送首京師
李安民初爲宋司州刺史領義陽太守時桂陽王休範起事安民出頓遣軍援京師徵左將軍加給事中
王玄邈爲宋輔國將軍幽州刺史青州刺史沈文秀反玄邈欲向朝廷慮見掩襲乃詐文秀求安軍頓文秀令頓城外玄邈即立營壘至夜拔軍南奔起義比曉文秀追不復及明帝以爲持

節都督青州刺史將軍如故太祖鎮淮陰爲明帝所疑遣書結玄邈玄邈長史房叔安勸玄邈不相荅和罷州還太祖以經途又要之玄邈雖許旣而嚴軍直過還都啓帝稱太祖有異謀
蕭坦之東昏立爲侍中領軍將軍永元元年遭母喪起復職加右將軍置府江祏兄弟欲立始安王遙光密謂坦之曰明帝取天下已非次第天下人至今不服今若復作此事恐四海瓦解我其不敢言持喪還宅宅在東府城東遙光起事遣人夜掩取坦之坦之科頭著褌踰牆走從東冶僦渡南渡間道還臺假節督衆軍討遙光屯湘宮寺事平遷尚書右僕射丹楊尹右軍如故進爵爲公增邑千戸
荀伯玉太祖時爲輔國將軍世祖於在東宮任左右張景眞多僭修世祖拜陵還景眞白服乘畫舴艋坐胡牀觀者咸疑是太子内外祇畏莫敢言伯玉謂親人曰太子所爲官終不知豈得顧死蔽官耳目我不啓聞誰應啓者因世祖拜陵後密啓之帝

大怒檢校東宮世祖還至方山日暮將泊豫章七於東府乘飛
鸞東迎具白帝怒之意世祖夜歸帝亦停門籥待之二更盡方
入宮帝明日遣文惠太子聞喜公子良宣勑以景真罪狀示世
祖稱太子令收景真殺之

張沖都督郢司二州諸軍事梁王義師起東昏遣驍騎將軍薛
元嗣制局監暨榮伯領兵及糧運百四十餘船送沖使拒西師
元嗣等懲劉山陽之敗疑沖不敢進停住夏口浦聞義師將至
元嗣榮伯相率入郢城時竟陵太守房僧寄被代還至郢東昏
勑僧寄留守魯山除驍騎將軍僧寄謂沖曰臣雖未荷朝廷深
恩實蒙先帝厚澤蔭其樹者不折其枝實欲微立塵效沖深相
許諾共結盟誓乃分部守遣軍主孫樂祖數千人助僧寄據魯
山岸立城壘明年二月梁王出沔口圍魯山城遣軍主曹景宗
等過江攻郢城未及盡濟沖遣中兵參軍陳光靜等開門出擊
為義師所破光靜戰死沖固守不出景宗於是據石橋浦連軍

相續下至加湖東昏遣軍主巴西梓潼二郡太守吳子陽光子
衿李文劉陳虎牙等十二軍援郢至加湖不得進乃築城舉烽
城內亦舉火應之而內外各自保不能相救沖病死元嗣榮伯
與沖子孜及長史江夏內史程茂固守東昏詔贈沖散騎常侍
護軍將軍假元嗣子陽節江水暴長加湖城淹潰義師乘高艦
攻之子陽等大敗散魯山城乏糧軍人於峨頭網魚供食密治
輕舸將奔夏口梁王命偏軍斷其取路防備越逸房僧寄病死
孫樂祖窘以城降郢城被圍二百餘日士庶病死者七八百家
魯山既敗程茂及元嗣等議降使孜為書與梁王沖故吏青州
治中房長瑜謂孜曰前使君忠貫昊天操逾松竹郎君但當端
坐畫一以荷析薪若天運不與幅巾待命以下從使君今若隨
諸人之計非唯郢州士女失高山之望亦恐彼所不取也魯山
陷後二日元嗣等以郢城降東昏以程茂為督郢司二州輔国
將軍郢州刺史元嗣為督雍梁南北秦四州郢州竟陵司州隨
郡冠軍將軍雍州刺史並持節時郢魯二城已降死者相積竟
無叛散時以沖及房僧寄比臧洪之被圍也贈僧寄益州刺史

冊府元龜卷第三百七十一

將帥部 三十三

忠第三

梁馬仙琕爲齊寧朔將軍豫州刺史時義師起四方多響應高祖使其故人姚仲賓說仙琕仙琕於軍斬仲賓以徇義師至新林仙琕猶持兵於江西日抄運建康城陷仙琕號哭經宿乃解兵歸罪

霍俊爲軍主時侯景渡江俊與邵陵王同爲賊所敗俊見獲賊送于城下逼云已擒邵陵王俊爲許之乃曰王小失利正爲櫓盡還京口王在後爲託避所獲非軍敗也賊以力背毆其髀俊色不變賊義而捨之

楊公則領白馬戍主爲氐賊李烏奴所攻陷公則抗聲罵賊烏奴壯之更厚待焉要與同事公則僞許而圖之謀洩單馬逃歸宋州刺史王玄邈以事表聞高帝下詔襃美後爲中護軍散騎常侍時朝廷始議北伐以公則威名素著至京師詔假節先屯洛口公則受命遘疾謂親人曰昔廉頗馬援以年老見遺自猶力請用今國家不以吾朽懦任以前驅方於古人見知重矣雖臨途疾苦豈可僶俛辭事金革還葬此吾志也遂强起登舟至洛口壽春士女歸降者數千戶魏豫州刺史薛恭度遣長史石榮等前鋒接戰即斬石榮逐北至壽春去城數十里乃反疾卒于師

裴道恭爲司州刺史平北將軍天監三年魏軍圍司州道恭拒守魏軍憚之將退會道恭疾篤乃呼兄子僧𤨏從弟靈恩及諸將帥謂曰吾受國厚恩不能吸滅寇賊今所苦轉篤勢不支久汝等當以死固節無令吾沒有遺恨又令取所持節謂僧𤨏曰稟命出疆憑此而已即不得奉以還朝方欲攜之同遊可與棺柩相隨衆皆流涕其年五月卒魏知道恭死攻之轉急先是朝遣郢州刺史曹景宗率衆赴援景宗到鑿峴頓兵不前至八月城內櫓盡乃陷

裴之橫爲直閤將軍侯景亂出爲貞威將軍隸鄱陽王範討景濟江仍與範長子嗣入援連營度淮據東城京都陷退還合肥與範泝流赴湓城景遣任約上逼晉熙範令之橫下援未及至範薨之橫乃還時尋陽王大心在江州範副梅思立密要大心襲湓城之橫斬思立而距大心大心以州降侯景之橫率衆與兄之高同歸元帝承制除散騎常侍廷尉卿

江子一爲戎昭將軍時侯景反攻陷歷陽自橫江將渡子一帥舟師千餘人於下流欲邀之其副董桃生家在江北因與其黨散走子一乃退還南州復收餘衆步道赴京師賊亦尋至子一啓簡文云賊圍未合猶可出盪若營栅一固無所用武請與其弟子四子五帥所領百餘人開承明門挑賊許之子一乃身先士卒抽戈獨進群賊夾攻之從者莫敢繼子四子五見事急相引赴賊並見害

張嵊爲吳興太守太清二年侯景圍京城嵊遣弟伊率郡兵數千人赴援三年京城陷御史中丞沈浚違難東歸嵊往見而謂曰賊臣憑陵社稷危恥正是人臣效命之秋今欲收集兵力保據郡若天道無靈忠節不展雖復及死議亦無恨浚曰鄙郡雖狹義拒逆誰敢不從固勸嵊舉義於是收集士卒繕築城壘時邵陵王東奔至錢唐聞之遣板授嵊征東將軍加秩中二千石嵊曰朝廷危迫天子蒙塵 何情復受榮號留板而已賊行臺劉神茂攻破義興遣使說嵊曰若早降附當還以郡相處復加爵賞嵊命斬其使仍遣軍主王雄等帥兵於鯉漬逆擊之破神茂神茂退走侯景聞神茂敗乃遣其中軍侯子鑒帥精兵二萬人助神茂以擊嵊嵊遣軍主范智朗出郡西拒戰爲茂所敗退歸賊騎乘勝焚栅栅內衆軍皆土分嵊乃釋戎服坐於廳事賊臨之以刃終不爲屈乃執嵊以送景景刑之於都市子弟同遇害者十餘人

徐文盛為持節督寧州刺史太清中聞國難乃召募得數萬人來赴世祖嘉之以為持節散騎常侍左衛將軍督梁秦沙東益巴北巴六州諸軍事仁威將軍秦州刺史

柳仲禮為司州刺史太清二年侯景反仲禮率衡州刺史韋粲南陵太守陳文徹宣猛將軍李孝欽等皆來赴援

羊鴉仁為北司州刺史太清二年侯景既背盟鴉仁乃與趙伯超及南康王會理共攻賊於東府城反為賊敗臺城陷景以為五兵尚書鴉仁常思奮發謂所親曰吾以凡流受寵朝廷竟無報効以答重恩今若以此終沒有餘責因泣下見者傷焉三年出奔江西將赴江陵至東莞為故北徐州刺史荀伯道子晷所害臨死以報効不終因而泣下

韋粲為安遠將軍衡州刺史太清元年粲至州無幾便表解職二年徵為散騎常侍粲還至廬陵聞侯景作逆便簡閱部下得精卒五千馬百匹倍道赴援至豫章奉命報云賊已出橫江粲

即就內史劉孝儀共謀之孝儀曰必期如此當有別勑豈可輕信單使妄相驚動或恐不然時孝儀置酒粲怒以杯抵地曰賊已渡江便逼宮闕水陸俱斷何暇有報假令無勑豈得自安韋粲今日何情飲酒即馳馬出部分將發會江州刺史當陽公大心遣使要粲粲乃馳往見大心曰上游蕃鎮江州去京最近殿下情計實宜在前中流任重應接不可闕鎮今宜且張聲勢移湓城行遣偏將賜隨於事便足大心然之遣中兵柳昕帥兵二千人隨粲粲悉留家累於江州以輕舸就路至南州粲外弟司州刺史柳仲禮亦帥步騎萬餘人至橫江粲即送糧仗贍給之并散私金帛以賞其戰士先是安北將軍鄱陽王範亦自合肥遣西豫州刺史裴之高與其長子嗣帥江西之衆赴京師屯於張公洲待上流諸軍至是時之高遣船渡仲禮與粲合軍進屯王遊苑粲建議推仲禮為大都督報下流衆軍裴之高自以年位恥居其下乃云柳節下是州將何須我復鞭板粲曰不使

粲乃抗言於衆曰今者同赴國難義在除賊所以推柳司州者正以久捍邊疆先為侯景所憚且士馬精銳無出其前若論位次柳在粲下語其年齒亦少於粲直以社稷之計不得論今日形勢貴在將和若人心不同大事去矣裴公朝之舊齒年德已隆豈應復挾私情以阻大計粲請為諸君解釋之單舸至之高營切讓之曰前諸將之議豫州意所未同即二宮危逼猾寇滔天臣子當勠力同心豈可自相矛楯豫州必欲立異鋒鏑便有所歸之高垂泣曰吾荷國恩榮自應帥先士卒顧恨衰老不能效命企望柳使君共平凶逆謂衆議已定無俟老夫耳若必有疑當剖心相示於是諸將定議仲禮方得進軍次新亭賊列陣於中興寺相持至晚各解歸是夜仲禮入粲營部分衆軍旦日將戰諸將各有據守令粲頓青塘青塘當石頭中路粲慮柵壘未立賊必爭之頗以為憚謂仲禮曰下官才非禦

武直欲以身徇國節下善量其宜不可致有虧喪仲禮曰青塘立柵迫近淮渚欲糧儲船乘盡就泊之此是大事非兄不可若疑兵少當更差軍相助乃使直閤將軍劉叔裔師助粲粲帥所部水陸俱進時值昏霧軍人迷失道比及青塘夜以過半壘柵至曉未合景登禪靈寺門望粲營未立便率銳卒來攻軍副王長茂勸據柵待之粲不從令軍主鄭逸逆擊之命劉叔裔以水軍截其後叔裔畏懦不敢進逸遂敗賊乘勝入營左右牽粲避賊粲不動猶叱子弟力戰兵死略盡遂見害粲子尼及三弟助警構從弟昂皆戰死親戚死者數百人賊傳粲首闕下以示城內太宗聞之流涕曰社稷所寄惟在韋公如可不幸先死行陣詔贈護軍將軍世祖平侯景追謚曰忠貞并追贈助警構及尼皆中書郎昂員外散騎常侍

羊侃為都官尚書侯景反逼城侃親拒之景遣儀同傅士

哲呼侃與語曰侯王遠來問訊天子何爲剸距不時進納尚書國家大臣宜啓朝廷侃曰侯將軍奔亡之後歸命國家重鎮方城懸相任寄何所患苦忽致稱兵今驅烏合之衆至王城之下虜馬飲淮矢集帝室豈有人臣而至於此吾荷國重恩當稟承廟筭以掃大逆耳不能妄受浮說開門揖盜幸謝侯王早自爲所士哲又曰侯王事君盡節不爲朝廷所知欲面啓至尊以除姦佞既居戎旅故帶甲來朝何謂作逆侃曰聖上聰明叡哲無幽不照有何姦佞而得在朝欲飾其非寧無詭說且侯王親舉白刃以向城闕事君盡節正若是耶士哲無以應乃曰在此日久挹下風願去戎服得一相見侃爲免冑士哲瞻望久之而去

陳沈恪仕梁爲宣猛將軍監吳興郡自吳興入朝高祖受禪使中書舍人劉師知引恪令勒兵入辭因衛梁敬帝如別宫恪乃排闥入見高祖曰恪身經事蕭家來今不忍見分受死耳決不奉命高祖嘉其意乃不復逼

章昭達爲鎮南將軍江州刺史廢帝即位遷侍中華皎之反也其移書文檄並假以昭達爲辭又頻遣使招之昭達盡執其使送于京師皎平進號征南將軍增邑并前二千五百户

韓子高初文帝出守吳興子高事帝恭謹帝甚寵愛之帝之討張彪也沈泰等先降文帝據有州城周文育鎮北郭香巖寺張彪自剡縣夜還襲城文帝自北門出倉卒暗夕軍人擾亂文育亦未測文帝所在唯子高在側文帝乃遣子高自亂兵中往見文育反命酬答於闇中又往慰勞衆軍文帝散兵稍集子高引導入文育營因共立柵明日與彪戰彪將申縉復降彪奔松山浙東平文帝乃分麾下多配子高子高亦輕財禮士歸之者甚衆文帝嗣位除右軍將軍

侯安都爲鎮西將軍討余孝勱還軍至南皖而高祖終安都隨文帝還朝仍與群臣定議安都翼奉文帝謙讓弗敢當太后又以衡陽故未肯下令群臣猶豫不能決安都曰今四方未定何暇及遠臨川王有功天下須共立之今日之事後應者斬便按劍上殿白太后出璽又手解文帝髮推就喪次文帝即位遷司空仍爲都督南徐州諸軍事征北將軍南徐州刺史

程靈洗爲郢州刺史雲麾將軍華皎之叛也遣使招誘靈洗靈洗斬皎使以狀聞朝廷深嘉其忠增其守備給鼓吹一部因推心待之

魯廣達爲中領軍隋賀若弼進軍鍾山廣達率衆於白土岡置陣與弼旗鼓相對廣達躬擐甲冑手執桴鼓率厲敢死冒刃而前隋軍退走廣達逐北至營殺傷甚衆如是者數四焉及弼攻敗諸將乘勝至宫城燒北掖門廣達猶督餘兵苦戰不息斬獲數十百人會日暮乃解甲面臺再拜慟哭謂衆曰我身不能救國負罪深矣士皆涕泣歔欷於是乃就執禎明三年依例入隋廣達愴本朝淪覆遘疾不治尋以憤慨卒尚書令江揔撫柩慟哭乃命筆題柩頭爲詩曰黄泉雖抱恨白日自流名悲君感義死不作負恩生揔又製廣達墓銘其略曰災流淮海險失金湯時屯運極代革天亡爪牙背義介冑無良獨摽忠勇率禦有方誠貫皎日氣勵嚴霜懷恩感報無事何忘

王猛從鎮廣州未之鎮而隋師濟江猛揔督所部赴援時廣州刺史臨汝侯方慶西衡州刺史衡陽王伯信並隸猛督府各觀望不至猛使高州刺史戴智烈清遠太守曾孝遠各以輕兵就斬之而發其兵

後魏劉潔道武時爲會稽公與永安侯魏勤率衆三千人屯于西河以鎮撫之又與勤及功勞將軍元屈等擊吐京叛胡時離石胡出以眷引屈丐騎斷截山嶺邀潔潔失馬登山力戰矢刃俱盡爲胡所執送詣屈丐潔聲氣不撓呼其字而與之言神色

自若屈丐壯而釋之後得還國

崔玄伯爲周兵將軍時明元未立清河王紹聞人心不安大出財帛班賜朝士玄伯獨不受明元即位命玄伯居門下虛已聞以不受紹賜財帛特賜帛二百匹

叔孫俊年十五以便弓馬爲獵郎清河王紹閉宮門明元在外以俊爲爪牙明元即位命俊與元磨渾等拾遺左右及朱提王悅將爲大逆俊覺悅舉動有異便引手掣之乃於悅懷中得兩刃匕首遂殺之

段進太武初爲白道守蠕蠕大入塞圍之力屈被執進抗聲大罵遂爲賊所殺太武愍之追贈安北將軍賜爵顯美侯謚曰莊

陳建以善射擢爲内三郎稍遷下大夫内行長太武討山胡白龍輕之單將數十騎登山臨嶮每日如此白龍乃伏壯士十餘處出於不意太武墮馬幾至不測建以身捍賊大呼奮擊殺賊數人身被十餘瘡太武壯之賜戶二十

盧魯元爲散騎常侍右將軍從征赫連昌太武親追擊之入其城門魯元隨太武出入是日微魯元幾至危殆

劉尼爲振威將軍宗愛既殺南安王余於東廟秘之唯尼知狀尼勸愛立文成愛自以負罪於景穆聞而驚曰君大癡人皇孫若立豈忘正平時事乎尼曰若爾今欲立誰愛曰待還宮擢諸王子賢者而立之尼懼其有變密以狀告殿中尚書源賀賀時與尼俱典兵宿衛仍共南部尚書陸麗謀曰宗愛既立南安還復殺之今不能奉戴皇孫以順民望社稷危矣將欲如何麗曰唯有密奉皇孫耳於是賀與尚書長孫渴侯嚴兵守衛尼與麗迎文成於苑中麗抱文成於馬上入於京城尼馳東廟大呼曰宗愛殺南安王大逆不道皇孫已登大位有詔宿衛之士皆可還宮衆咸唱萬歲賀及渴侯登執宗愛賈周等勒兵而入奉文成於門外入登永安殿以尼爲内行長進爵建昌侯遷散騎常侍安南將軍

源賀爲征西將軍南安王余之爲宗愛所殺也賀部勒禁兵靜遏外内與南部尚書陸麗決議定策翼戴文成令麗與劉尼馳詣苑中奉迎文成賀守禁中爲之内應俄而麗抱文成單騎而至賀乃開門文成即位社稷大安賀有力焉後遷太尉獻文將傳位于京兆王子推時賀都督諸軍屯漠南乃馳傳徵賀賀既至乃命公卿議之賀正色固執不可即詔賀持節奉皇帝璽以授孝文

崔僧淵爲顯武將軍討海賊於黃郭大破之齊明帝乃遣其族兄慧景遺僧淵書說以入國之屈規令改圖僧淵復書曰主上之爲人也無幽不照無細不存仁則无遠不及博則無典不究殫三墳之微盡九丘之極至於文章錯綜煥然蔚炳猶夫子牆矣遂乃開獨悟之明尋先王之迹安遷虛荒兆變帝基惟新中壤宅臨伊域三光起重輝之照庶物蒙再化之始分氏定族列甲乙之科班官命爵清九流之貫禮俗之叙粲然復興河洛之

間重隆周道巷歌邑頌朝熙門穆濟濟之盛非可備陳矣加以累葉重光地兼四岳士馬強富人神欣仰道德仁義民不能名且大人之出本無所在況從聖繼聖至天子孫者乎聖上諸弟風度相類咸陽王已下莫不英越枝葉扶踈遍在天下所稱稍竭殊爲未然文士競謀於廟堂武夫効勇於疆場若論事勢此爲實矣計彼主篡殺之迹人鬼同知疑親猜貴早暴遐邇兄投心逆節千載何名物患無施器非時用生不振世没無令聲先師以爲鄙君子以爲愧此則事困伎殫自勉無益故其宜矣以兄之才夙超鄉土如弟之徒誰不瞻仰每尋昔念未敢忘懷雖復途遥二千心想若對敬遵美範以資一生令名可揚矣而不能顯稱事可變矣而不能離辱故世之所未解也且君子在家也不過存於其親入朝也不過忠於其君主上之於兄恩則才可酬義則不可背身可殺也故非其酬功不逮也故非其報今可以效矣而又弗爲非孝也即實而言兄之不變得爲忠乎至

於講武爭彊不敵者久矣論安與危不同者驗矣羣情背去獨留者謬矣願深察之王晏道絕外交器非雄勁專華保埜便就屠割方之於兄其全百倍且淮蕃海捍夲出北豪壽春之任兄何由免以是而言猜嫌已決又宗門未幾陷北莫寄先構之重非兄何託受社之榮鄙心之加埜矣今孰志不窮忠孝兩忘王晏之辠安能自保見機而作其在茲乎國家西至長安東盡郎墨營造器甲必盡堅精晝夜不息者於茲數載今秋仲月雲羅必舉費不及時雖實不用若不早圖況柾連城矣校乘有言欲出不出間不容髮精哉斯談弟中於北京身羅事譴大造之及有獲為幸此蒙清舉超進非一犬馬之心誠有在矣雖復彼此為異猶昔情不移也況於今日哉如兄之誨如弟之規敢張易調易於反掌乃一乘情此運也

劉渴侯大和中為徐州後軍以力死戰衆寡不敵遂被禽瞋目大罵終不降為賊所殺孝文贈立忠將軍平州刺史上庸侯賜絹千匹穀千斛

嚴季為軍校尉與劉渴侯同殿勢窮被執終不降屈後得逃還除立節將軍賜爵五等男

鄧羨為河間相父羌苻堅車騎將軍慕容垂之圍鄴以羨為後將軍冀州刺史真定侯羨並對使者曰先君忠于秦室羨豈可先叛乎忠臣不事二主自古通義未敢聞命垂遣使諭之曰吾與車騎結異姓兄弟卿亦猶吾之子弟安得辭乎羨曰冀州宜任親賢羨請他役效命垂乃用為建武將軍河間太守

長孫道生為司空侍中第宅卑陋出鎮後其子弟頗更脩緖堂廡道生還歎曰昔霍去病以匈奴未滅無用宅為今強寇尚遊魂漠北吾豈可安坐華美也乃切責子弟令毀宅

長孫稚為平東將軍尚書右僕射時雍州刺史蕭寶夤據州反以稚為行臺討之稚時背疽未愈靈太后勞之曰卿疾源如此朕欲相停更無可寄如何稚答曰死而有已敢不自力時其子彥亦患腳痺扶杖入辭尚書僕射元順顧相謂曰吾等備為大臣各居寵位危難之日病者先行無乃不可乎莫有對者

崔楷為殷州刺史時葛榮自破章武廣陽二王之後鋒不可當初楷將之州人咸勸留家口單身述職楷曰貪人之祿憂人之事如一身獨往朝廷謂吾有進退之計將士又誰肯為人固志也遂合家赴州三年春賊勢已逼或勸減小弱以避之乃遣第四女第三兒夜出既而召寮屬共論之咸曰女郎出嫁之女郎君小未勝兵留之無益去復何損且使君在城家口尚多足固將士之意竊不足為疑楷曰國家豈不知城小力弱也置吾死地令吾死耳一朝送免兒女將謂吾心不固虧忠全愛臧獲恥之況吾荷國重寄也遂命追還州既新立了無禦備之具及賊來攻相率力抗拒強弱勢懸每勸兵士撫厲之莫不爭奮咸稱崔公尚不惜百口吾等何愛一身連戰半旬死者相枕力竭城陷楷執節不屈賊遂害之楷長子士元假征虜將軍防城都督隨楷之州州陷亦戰歿楷兄弟父子並死王事朝野傷歎焉贈使持節散騎常侍鎮軍將軍定州刺史

杜顒孝明時為征西將軍行岐州事蕭寶夤起逆顒據州不從還除征虜將軍東荊州刺史以守岐州勳封平陽縣開國伯邑五百戶

晁清為梁城戍將梁武攻圍擢甄城陷清抗節不屈為敵所殺贈樂陵太守謚曰忠

王榮世陽平館陶人為三城戍主梁武帝攻圍力窮知不可全乃先焚府庫後殺妻妾及賊陷城尚戍副鄧元興等俱以不屈被害孝明下詔褒美忠節進榮世爵為伯贈齊州刺史元興開國子贈洛州刺史

田益宗為安南將軍時白早生反於豫州自洛口已南郢豫二州諸城皆沒於賊唯有義陽而已梁武帝招益宗以車騎大將軍開府儀同三司五千戶郡公當時安危在益宗去就而益宗

守節不移鄴豫兗平益宗之力也
胡小虎少有武氣孝明時為統軍於晉壽孝昌中梁將樊文熾
等寇邊益州刺史邴虬遣長史和安固守小劒文熾圍之虬命
小虎爲統軍崔珍寶同往防拒文熾掩襲小虎珍寶並禽之文
熾攻小劒未陷乃將珍寶至城下使謂和安曰南軍彊盛北救
不來豈若歸隸取其富貴和安命射之乃退復逼小虎爲和安
交言小虎乃慷慨謂安曰我柵不防為賊所虜觀其兵士勢不
足言努力堅守魏行臺傅豎眼梁州遣將已至賊以刀毆擊言不
得終遂害之三軍无不歎其壯節哀其死亡賊尋奔敗禽其次
將蕭世澄陳文緒等一十一人行臺魏子建壯其氣槩啓以世
澄購其屍柩乃獲骸骨歸葬之
鄭先護為前將軍廣州刺史後元顥入洛莊帝北巡先護據州
起義兵不受顥命顥遣尚書令臨淮王彧率衆討之先護出城
拒戰莊帝還京嘉其誠節除使持節散騎常侍都督襄廣二州

諸軍事鎮南將軍刺史如故
高諒為驍騎將軍為徐州行臺至彭城屬元法僧反叛逼諒同
之諒不許為法僧所害
楊侃為右將軍岐州刺史屬元顥內逼以本官假撫軍將軍為
都督率衆鎮大梁未發詔行北中郎將孝莊從御河北執侃手
曰朕停卿蕃寄移任此者正為今日但卿尊卑百口若隨朕行所
累處大卿可還洛寄之後圖侃曰此誠陛下曲恩寧可以臣微
族頓廢君臣之義固求陪從至建州敍行從功臣自城陽王徽
已下凡十人並增三階以侃河梁之誠特加四階侃固辭乞同
諸人久乃見許
賈智為尒朱僕射梁將夏侯夔攻郢州以智為龍驤將軍別將
討之至則夔退智乃入城及刺史元顯達以城降於梁智勒城
人不欲叛者尚顯達交戰相率歸國智為東中郎將及尒朱榮
為徐州刺史智隸尒朱仲遠赴彭城尒朱榮之死也仲遠舉兵
向洛智不從遂擁兵出清水東招勒州民與相拒擊莊帝聞而
善之因鎮徐州普泰初還洛州仲遠忿其乖背議欲殺之智兄
顯慶先爲尒朱世隆所厚世隆爲解喻得全
賈思同爲平南將軍襄州刺史及元顥之亂也思同與廣州刺
史鄭先護並不降莊帝還宮封營陵縣開國男邑二百户除撫
軍將軍
羊深爲二兗行臺尒朱榮殺害朝士深第七弟侃爲太山太守
性麤武遂率鄉人外託於梁深在彭城忽得侃書招深同逆深
慨然流涕斬侃使人并書表聞莊帝乃下詔曰羊侃作逆釁起
瑕丘擁集不逞扇擾疆場傾宗之禍侃乃自貽累世之節一朝
毀汙羊深血誠奉國秉操罔二雖弟倡敎自劾請罪此之丹款
實戢于懷且敘向復位春秋稱美深之慨慷氣同古人忠列遠
彰赤心已著可令還朝面受委勑乃歸京師除名
崔光韶河東武城人爲司空從事中郎以母老解官歸養孝莊

初河間邢杲率河北流民十餘万衆攻逼州郡刺史元儁憂不
自安州人乞光韶爲長史以鎮之時陽平路迴寓居齊土與杲
潛相影響引賊入郭光韶臨機處分在難確然賊退之後刺史
表光韶忠毅朝廷嘉之發使慰勞焉尋爲東道軍司及元顥入
洛自河以南莫不風靡而刺史廣陵王欣集文武以議所從欣
曰北海長樂俱是同堂兄弟今宗祏不移我欲受敎諸君意各
何如在坐之人莫不失色光韶獨抗言曰元顥受制梁國稱兵本
朝拔本塞源以資讎敵賊臣亂子曠代少儔何但大王家事所
宜切齒等荷朝眷未敢仰從長史崔景茂前瀛州刺史張烈前
郢州刺史房叔祖徵士張僧皓咸云軍司議是欣乃斬顥使
賀拔勝初爲廣陽王淵帳內軍主歸尒朱榮爲積射將軍累遷
武衛將軍尒朱榮之死也勝與田怙等走榮第於時宮殿之門
未加嚴防怙等議即攻門勝止之曰天子既行大事必當更有
奇謀吾等衆旅不多何可輕爾但得出城更爲他計怙乃止及

出隆夜走勝遂不從莊帝嘉之
宇文顯和孝武時爲冠軍將軍閤内都督及齊神武專政帝每
不自安謂顯和曰天下洶洶將若之何對曰當今之計莫若擇
善而從之因誦詩云彼美人兮西方之人兮帝曰是吾心也遂
定入關之策帝以顯和母老家累又多令預爲計對曰今日之
事忠孝不可並立然臣不密則失身安敢預爲私計帝愴然改
容曰卿我之王陵也遷朱衣直閤閤内大都督
楊昱爲南道都督時元顥侵逼大梁除昱征東將軍右光祿大
夫加散騎常侍使持節假車騎將軍爲南道大都督鎮滎陽顥
既擒濟陰王暉業乘虛徑進大兵集於城下遣其左衛劉業王
道安等招昱令降昱不從顥遂攻之城陷昱與弟息五人在門
樓上須臾顥至執昱下城面責昱曰楊昱卿今死甘心否卿以
負我非我負卿也昱答曰分不望生向所以不下樓者正慮亂
兵耳但恨八十老父無人供養負痛黄泉求乞小弟一命使死

不朽也顥乃拘之明旦顥將陳慶之胡光等三百餘人伏顥帳
前請曰陛下渡江三千里無遺鏃之費昨日一朝殺傷五百餘
人求乞楊昱以快意顥曰我在江東嘗聞梁主言初下都日袁
昂爲吳郡不降稱其忠節奈何殺楊昱自此之外任卿等所請
於是斬昱下統帥三十七人皆令蜀兵刳腹取心食之顥既入
洛除昱名爲民
北齊高翼仕魏爲東冀州刺史鎮東將軍時尒朱榮弒莊帝翼
保境自守謂諸子曰主憂臣辱主辱臣死今社稷阽危人神憤
怨破家報國在此時也尒朱兄弟性甚猜忌忌則多害汝等宜
早圖之先人有奪人之心時不可失也事未輯而卒
平鑒仕魏孝昌末爲尒朱榮撫軍神武謂鑒曰曰者皇綱中弛
公已早竭忠誠今尒朱披猖又能去逆從善擢落之時方識松
筠即啓授征西懷州刺史
高季式仕魏爲衛將軍元象中西魏大至孝文親率三軍以禦
之陣於北邙師徒大敗河中流尸相繼敗兵首尾不絶人情騷
動謂世事難知所親部曲請季式曰今日形勢大事去矣可將
腹心二百騎奔梁既得避禍不失富貴何爲坐死也季式曰吾
兄弟受國厚恩與高王共定天下一旦傾危亡去不義若社稷
顛覆當背城死戰安能區區偷生苟活
高寶寧後主武平末爲營州刺史鎮黄龍夷夏重其威信周師
將至鄴幽州行臺潘子晃徵黄龍兵寶寧率驍銳并契丹靺鞨
万餘騎將赴救至北平知子晃以發薊又聞鄴都不守便歸營
周帝遣使招慰不受敕書范陽王紹信在突厥中上表勸進范
陽署寶寧爲丞相史盧昌期據范陽城起兵寶寧引紹信集夷
夏兵數万騎來救之至潞河知周將宇文神舉以屠范陽還據
黄龍竟不臣周
王琳在梁爲湘州刺史將陳武帝受禪於建業遣將侯安都周
文育等討琳爲琳所破琳乃移湘州軍府就郢城帶甲十万練

兵於白水浦琳巡軍而言曰可以爲勤王之師矣温太真何人
哉初魏剋江陵之時永嘉王莊年甫七歲逃匿人家後琳迎還
湘中衛送東下及敬帝立出質于齊請納莊爲梁主文宣遣兵
援送仍遣兼中書令李騊駼册拜琳爲梁丞相都督中外諸軍
録尚書事又遣中書舍人辛慤游詮之等齎璽書江表宣勞自
琳以下皆有頒賜琳乃遣兄子叔寶率所部十州刺史子弟赴
鄴奉莊纂梁祚於郢州莊授琳侍中使持節大將軍中書監改
封安城郡公其餘並依齊朝前命及爲陳將所敗乃與莊同降
鄴都孝昭帝遣琳出合肥鳩集義故更圖進取琳乃繕戰艦分
遣招募淮南傖楚皆願勠力陳合州刺史裴景暉琳兄珉之壻
也請以私屬導引齊師孝昭委琳與行臺左丞盧潛率兵應赴
沉吟不決景暉懼事洩挺身歸齊孝昭賜琳璽書令鎮壽陽其
部下將帥悉聽以行乃除琳驃騎大將軍開府儀同三司楊州
刺史封會稽郡公又增兵秩兼給鐃吹琳水陸戒嚴將觀釁而

屬會陳氏結好於齊使琳更聽後圖會陳將吳明徹來寇帝勑領軍將軍尉破胡等出援秦州令琳共爲經略琳謂所親曰今太歲在東南歲星居牛斗分太白已高皆利爲客我將有喪又謂破胡曰吳兵甚鋭宜長策制之愼勿輕鬬破胡不從遂戰軍大敗琳單馬突圍僅而獲免還至彭城帝令便赴壽陽并許召募又進封琳巴陵郡王陳將吳明徹進兵圍之堰淝水灌城而皮景和等屯於淮西竟不赴救明徹晝夜攻擊城内水氣轉侵人皆患腫死病相枕從七月至十月城陷被執百姓泣而從之吳明徹恐其爲變殺之城東北二十里時年四十八哭者聲如雷有一叟以酒脯來號哭至酹盡哀收其血懷之而去傳首建康懸之於市

鮮于世榮後主時累遷領軍大將軍周武來伐送馬瑙酒鍾與之得便撞破及周兵入鄴諸將皆降世榮在三臺之前獨鳴鼓不輟及被執不屈乃見殺世榮雖武人無藝以朝危政亂每竊

歎之見徵税無厭賜與過度發言歎惜

慕容三藏紹宗之子也爲右衛將軍周師入鄴後主東遁委三藏留守鄴宮齊王公已下皆降三藏猶拒戰及齊平武帝引見恩禮甚厚詔曰三藏父子誠節久聞宜加榮袠授開府儀同大將軍

雷顯和爲建州道行臺左僕射周武帝使其子招焉顯和禁其子而不受聞鄴城敗乃降叱于苟生爲儀同鎮南兖州周武破鄴赦書至苟生自縊死

庫狄士文爲領軍將軍周武帝平齊山東衣冠多來迎唯士文閉門自守帝奇之授開府儀同三司

莫多婁敬顯爲領軍將軍從後主于平陽敗歸并州與唐邕等推立安德王稱尊號安德敗文武群臣皆投周軍唯敬顯走還鄴授司徒周武帝平鄴城之明日執敬顯斬於閶闔門外責其不留平陽也

冊府元龜卷第三百七十二

冊府元龜卷第三百七十三

將帥部三十四

忠第四

後周楊摽仕魏孝莊時為伏波將軍給事中元顥入洛帝欲往晉陽就尒朱榮詔摽率其宗人收船馬渚摽未至帝已北度太行摽遂據所收不以資敵及尒朱榮奉帝南討至馬渚摽乃具船以濟王師

楊寬仕魏為通直散騎常侍元顥自梁入洛孝莊出居河内寬與太宰元天穆俱謁孝莊於太行拜散騎常侍安東將軍仍為都督從平河内進圍北中時為梁將陳慶之為顥守北門天穆駐馬園外遣寬至城下說慶之寬先自稱姓名然後與語備陳利害勸令早降慶之不荅久之乃曰賢兄撫軍在此頗欲相見寬荅曰僕兄既力屈王威迹淪逆黨人臣之理何煩相見向所以先申姓名者豈不知兄在彼乎直以信不見疑忠為令德耳僕之昆季幸不待言但當議良圖自求多福天穆聞之謂左右曰楊寬大異人何至不措形使如此自是彌敬重之孝莊反正拜中軍將軍尒朱榮被誅其從弟世隆等擁部曲燒城門出據河橋還逼京師進寬鎮北將軍使持節大都督迹機扞禦世隆謂寬曰豈忘太宰相知之深也寬荅曰太宰見愛以禮人臣之交耳今日之事事君常節世隆北走寬追至河内俄而尒朱兆陷洛陽因執孝莊帝寬還洛不可遂自成皋奔梁至建業聞孝莊遇弑寬發哀盡誠梁武義之待之甚厚尋禮送還朝

獨孤信仕後魏荊州刺史為東魏敖曹侯景所逼南奔于梁居三載梁武許信還北信父母既在山東梁武帝問信荅以事君无貳梁武深義之為武衛將軍孝武帝雅相委任及孝武西遷事起倉卒信單騎及之於瀍澗孝武歎曰武衛遂能辭父母捐妻子遠來從我世亂識忠良豈虛言哉即賜御馬一匹進爵浮陽公後為秦州刺史有自東魏來者告其父母亡問乃發喪行服

裴俠魏孝武時為右中郎將及帝西遷俠將行而妻子猶在東郡滎陽鄭偉謂俠曰天下方亂未知烏之所集何如東就妻子徐擇木焉俠曰既食人祿寧以妻子易圖也遂從入關

令狐整仕魏孝武時為瓜州刺史東陽王元榮主簿後為將軍及鄧彥竊據瓜州拒不受代整與開府張穆等密應使者申徽執彥送京師周文帝嘉其忠節表為都督瓜州城人張保殺刺史成慶與涼州刺史宇文仲和構逆規據河西晉昌人呂興等復害郡守郭四以郡應保整令所親說保令任整為將義不濟矣保納其計且以整父兄等並在城中弗疑也遂令整至玉門郡召集豪傑說保罪逆馳還襲之先定晉昌斬呂興進軍擊保人素服整威名並棄保來附保遂奔吐谷渾衆議推整為刺史整曰本以張保逆殺害無辜闔州之人俱陷不義今者同心務在除凶若其相推薦復恐效尤致禍於是乃推波斯使主張道義行州事且以狀聞詔以申徽為刺史徵整赴闕授壽昌郡守封襄武縣男文帝謂整曰卿早建殊勳令官位未足酬賞方當與卿共平天下同取富貴遂立為瓜州義首整以國難未寧常願率宗效力遂率鄉親二千餘人入朝隨軍征討文帝嘗謂整曰卿遠祖立忠而來可謂世濟其美者也（整遠祖漢建威將軍邁不為王莽所屈共子避地河右故帝稱之）

裴寬西魏大統中為征虜將軍與東魏將彭樂恂戰於新城因傷被擒至河陰見齊文襄寬舉止詳雅善於占對文襄甚賞異之謂寬曰卿三河冠蓋材識如此我必使卿富貴關中貧狹何足可依勿懷異圖也因解鎖付館厚加其禮寬乃裁所臥氈夜縋而出因得遁還見於太祖太祖顧謂諸公曰被堅執銳或有其人疾風勁草歲寒方驗裴寬為高澄如此厚遇乃能冒死歸我雖古之竹帛所載何以加之乃授帥都督

李廣為大將軍沌口之役華皎軍敗為吳明徹所擒將降之廣辭色不屈遂被害

高琳爲衞將軍除正平郡守加大都督時齊將東方老來寇琳與戰之老中數瘡乃退謂其左右曰吾經陣多矣未見如此健兒後乃遣使人勸琳東歸琳斬其使以聞進使持節車騎大將軍

蔡祐字承先爲平東將軍從太祖戰於河橋手殺數人左右勸乘馬以備急卒祐怒之曰丞相養我如子今日豈以性命爲念遂率左右十餘人齊聲大呼殺傷甚多敵以其無繼遂圍之十餘重謂祐曰觀君似是勇士但弛甲來降豈慮無富貴耶祐罵之曰死卒吾今日取汝頭自當封公豈假賊之官號也戰數合敵乃稍却祐徐引退

李穆爲并州總管以功授都督河橋之戰太祖所乘馬中流矢驚逸太祖墜於地軍中大擾敵人追及之左右皆奔散穆乃以策扶太祖因罵曰爾曹主何在爾獨住此敵人不疑是貴人遂捨之而過穆以馬授太祖遂得俱免是日微穆太祖已不濟矣自是恩眄更隆太祖美其忠節乃歎曰人之所貴唯身命耳李穆遂能輕身命之重濟孤艱雖復加之以爵位賞之以玉帛未足爲報也

竇熾爲柱國大將軍明帝以熾前朝舊臣勳望兼重欲獨爲造第熾辭以天下未平干戈未偃不宜輒發徒役明帝不許後爲雍州牧權行洛州鎮事後入朝屬隋文帝初爲相國百官皆勸進熾自以累代受恩遂不肯署牋時人高其節

郝檟爲撫軍將軍魏興華陽二郡守安康人黄衆寶等圍檟郡力屈城陷爲賊所獲衆寶等進圍東梁州乃縛檟置城下欲令誘說城中檟乃大呼曰群賊烏合糧食已罄行即退散各宜勉之衆寶大怒乃臨檟以兵曰速更汝辭不爾便就戮矣檟守節不變遂害之弃屍水中人皆爲之流涕衆寶解圍之後檟兄子止戈方收檟屍還長安贈東梁州刺史

杜叔毗爲車騎大將軍從衞國公直南討軍敗爲陳人所擒陳人將降之叔毗辭色不撓遂被害

王思政爲驃騎將軍以勤王爲務不營資產嘗被賜園地思政出征後家人種桑果及還見而怒曰匈奴未滅去病辭家況大賊未平何事產業命左右拔而弃之思政守潁川東魏太尉高岳等率兵來攻齊文襄更益兵堰洧水以灌城城中水泉涌溢不可防止懸釜而炊糧力俱竭齊文襄聞之乃率步騎十一萬來攻自至堰下督勵士卒水壯城北面遂崩水便滿溢無措足之地思政知事不濟率左右據土山謂之曰吾受國重任本望平難立功精誠無感遂辱王命今力屈道窮計無所出當效死以謝朝恩因仰天大哭左右皆號慟思政西向再拜便欲自剄先是齊文襄告城中人曰有能生致王大將軍者封侯重賞若大將軍身有損傷親近左右皆從大戮都督駱訓謂思政曰公常語訓等但將我頭降非但得富貴亦是活一城人今高相既有此言公豈不哀城中士卒也固共止之不得引決齊文襄遣其常侍趙彥深就土山執手申意引見文襄辭氣慷慨無撓屈之容文襄以其忠於所事禮遇甚厚

楊敷字文衍爲驃騎大將軍汾州刺史戰敗爲齊將段孝先所擒齊人方欲任用之敷不爲之屈遂以憂憤卒於鄴

尉遲綱爲前將軍太祖與東魏戰於邙山大軍不利人心離綱勵將士盡心翊衛

王軌爲上大將軍高祖遣宣帝征吐谷渾軌與宇文化伯從將宮尹鄭譯王端等並得幸於宣帝帝在軍中頗有失德譯等皆預焉軍還軌等言之於高祖高祖大怒乃撻帝除譯等名仍加楚宣帝因此大銜之軌又嘗與小內史賀若弼言及此事且言皇太子必不克負荷弼深以爲然勸軌陳之軌後因侍坐乃白高祖曰皇太子仁孝無聞又多涼德恐不了陛下家事臣暗昧不足以論是非陛下常以賀若弼有文武奇才識度宏遠弼比每對臣深以此事爲慮高祖召弼問之弼乃詭對曰皇太子養德春宮未聞有過未審陛下何得聞此言既退軌誚弼曰平生

言論無所不道今者對楊向得乃爾翻覆邪曰此公之過也皇太子國之儲副豈易為言事有差跌便至滅門之禍本謂公密陳臧否何得遂至昌言執默然久之乃曰吾盡心國家遂不存私計向者對衆良實非宜其後執內宴上壽又將高祖鬚曰可愛好老公但恨後嗣弱耳高祖深以為然但漢王次長不才此外諸子並幼故不能用其說宣帝即位追鄭譯等復為近侍執自知及於禍謂所親曰吾昔在先朝實申社稷至計今日之事斷可知矣此州控帶淮南隣接強寇欲為身計易同反掌但忠義之節不可虧違況荷先帝厚恩每思以死自效豈以獲罪於嗣主便欲背德於先朝正可於此待死義不為他計冀千載之後知吾此心大象元年帝令內史杜虔信就徐州殺執

尉遲迥為相州總管隋文帝輔政以迥望位夙重懼為異圖乃令迥子魏安公惇齎詔書以會葬徵迥尋以鄖公韋孝寬代之為總管迥以隋文帝當權將圖纂奪遂謀舉兵留惇而不受代隋文帝又使候政破六汗裒詣迥喻旨密與總管府長史晉昶等書令為之備迥聞之殺長史及裒乃集文武士庶登城北樓而令之曰楊堅以凡庸之才藉后父之勢挾幼主而令天下威福自己賞罰無章不臣之迹暴於行路吾居將相與國舅生同休共戚義由一體先帝處吾於此本欲寄以安危今欲與卿等糾合義勇安國庇人進可以終臣節卿等以為何如於是衆咸從命莫不感激乃自稱大總管承制署置官司于時趙王招已入朝留小子在國迥又奉以號令迥弟子勤時為青州總管亦從迥迥令管相衛黎毛洺貝趙冀瀛滄勤所統青膠光莒諸州皆從之衆數十萬榮州刺史邵公宇文胄申州刺史李惠東楚州刺史費也利進東潼州刺史曹孝遠各據州以應迥迥又北結高寶寧以通突厥南連陳人以割江淮之地隋文帝於是徵兵討迥即以韋孝寬為元帥惇率衆十萬入武德軍於沁東孝寬等諸軍隔水相持不進隋文帝又遣高熲馳驛督戰惇布

兵二十里麾軍小却欲待孝寬軍半度擊之孝寬因其小却鳴鼓齊進惇大敗孝寬乘勝進至鄴迥與子惇祐等又悉其卒十三萬陳於城南迥別統萬人皆綠巾錦襖號曰黃龍兵勤率衆五萬自青州赴迥以三千騎先到迥舊習軍旅雖老猶被甲臨陣其麾下千兵皆關中為之力戰孝寬等軍失利而却鄴中士女觀者如堵高熲與李詢整陣先犯觀者因其擾而乘之迥大敗遂入鄴迥走保北城孝寬縱兵圍之李詢賀婁子幹以其屬先登迥上樓射殺數人乃自殺子惇等東走并追獲之餘衆月餘皆斬之迥自起兵至敗凡八日唐武德中迥從孫庫部員外郎若福上表請改葬朝廷以迥忠於周室有詔許之崔弘度為大將軍尉遲迥反弘度以行軍總管從韋孝寬討之所當無不破靡弘度妹先適尉遲迥子惇及破鄴城迥窘迫登樓弘度直上龍尾追之迥將射弘度弘度曰今日各圖國事不暇得顧私如此早為身計何所待也迥置弓於地罵大丞相極口自殺弘度顧弟弘升使取迥頭進位上柱國時行軍總管例封國公以弘度不時殺迥縱致罵言由是降爵一等為武鄉郡公

司馬消難為交州總管隋文帝輔政消難既聞蜀公迥不受代遂欲與迥合勢亦舉兵應之以開府田廣等為心腹殺總管長史侯莫陳果邛州刺史蔡澤等四十餘人所管邛隨温應土順沔環岳九州魯山甑山沌陽應城平靖武陽上明溳水八鎮並從之使其子永質於陳以求援隋文帝命襄州總管王誼為元帥發荊襄兵以討之八月消難聞誼軍將至夜率其麾下歸於陳

王謙為益州總管隋文帝秉政謙令司錄賀若昂奉表詣闕昂還具陳京師事勢謙以世受國恩將圖興復遂舉兵署官司所管益潼新始龍邛青瀘戎寧汶陵遂合楚資眉普十八州及嘉渝臨渠蓬隆通興武康十州之人多從之總管長史弗虔益州刺史達奚惎勸謙據險觀變隆州刺史高阿那環為謙畫三策曰公親率精銳直至散關蜀人知有勤王之節必當各思效命此上策也出兵梁漢以顧天下此中策也坐守劍南發兵自衛此下策也謙參用其中下之策謙遣兵鎮始州隋文即以梁睿為行軍元帥便發利鳳又秦成諸州兵討之達奚惎益弗虔

等衆十萬攻利州聞睿至衆潰睿乘其弊縱兵深入甚虔謐使詣睿請爲内應以贖罪謙不知之並令守成都謙先無籌畧承籍以勲遂居重任初謀舉兵咸以地有江山之險進可以立功退可以自守且任用多非其才及聞睿兵奄至惶懼乃自率衆逆戰又以甚虔之子爲左右軍行數十里軍皆叛以二十騎奔新都縣令王寶斬之傳首京師甚虔以成都降隋文以其首謀斬之阿史那瓌亦誅

隋庫狄士文初仕齊爲領軍將軍周武帝平齊山東衣冠多迎周師唯士文閉門自守帝奇之授開府儀同三司隨州刺史

高熲仕周爲下大夫拜開府高祖得政爲相府司錄尉迥起兵高祖命熲爲監軍熲受命便發遣人辭母云忠孝不可兩兼歔欷就路

周羅睺初仕陳爲持節都督南川諸軍事至德中江馬司馬吴世興密奏羅睺甚得人心擁衆嶺表意在難測陳主惑焉蕭摩訶魯廣達等保明之外知者或勸其反羅睺拒絶之

李崇爲幽州總管開皇中突厥大爲寇掠崇率步騎三千拒之轉戰十餘日師人多死遂保于砂城突厥圍之城本荒廢不可守禦曉夕力戰又無所食每夜出掠賊營復得六畜以繼軍糧突厥畏之厚爲其備夜中結陣以待之崇軍苦餓出輙遇敵死亡畧盡遲明奔還者尚且百許人然多傷重不堪更戰突厥意降之遣謂崇曰若來降者封爲特勒崇知必不免命其士卒曰崇喪師徒罪當死今日效命以謝国家待看吾死且可降賊方便散走努力還鄉若見至尊道崇此意乃挺刃突賊復殺二人賊亂射之卒于陣

堯君素大業末爲鷹擊郎將從驍衛大將軍屈突通拒唐高祖義兵於河東俄而通引兵南遁以君素有膽略署領河東通守義師遣將吕紹宗韋義節攻之不剋及通軍敗至城下呼之君素見通歔欷流涕悲不自勝左右皆哽咽通亦泣下霑襟因謂君素曰吾軍以敗義旗所指莫不響應事勢如此卿當早降以取富貴君素荅曰公當爪牙之寄爲國大臣主上委公以關中代王付公以社稷國祚隆替懸之於公柰何不思報效以至於此縱不能遠慙主上公所乘馬即代王所賜也公何面目乘之哉通曰吁君素我力屈而來君素曰方今猶未屈何用多言通慙而退時圍甚急行李斷絶君素乃爲木鵝置表於頸具論其勢浮之黄河沿流而下河陽守者得之達于東都越王侗見而歎息於是承制拜君素爲金紫光禄大夫密遣行人勞苦之監門直閣龐玉武衛將軍皇甫無逸前後自東都歸義俱造城下爲陳利害唐高祖乃賜金小幼待以不死君素卒無降心其妻又至城下謂之曰隋室已亡天命有屬君何自苦身取禍敗君素曰天下事非婦人所知引弓射之應弦而倒君素亦知事必不濟然要在守死不易每言及國家未嘗不歔欷常謂將士曰吾是藩邸舊臣累蒙獎擢至於大義不得不死今穀支數年食

盡此穀足知天下之事必若隋室傾敗天命有歸吾當斷頭以付諸君也時百姓苦隋日久及逢義舉人有息肩之望然君素善於統領下不能叛歲餘頗得外口城中微知江都傾覆又糧食乏絶人不聊生男女相食衆心離駭月餘君素爲左右所害

張季珣少慷慨有志節大業末爲鷹擊郎將其府據箕山爲固與洛口連接及李密翟讓攻陷倉城遣人呼之季珣罵密極口密怒遣兵攻之連年不能克時密衆數十萬在其城下季珣四面阻絶所領不過數百人而執志彌固誓以必死經三年糧用盡樵蘇無所得徹屋而爨人皆穴處季珣撫巡之一無離叛糧盡士卒羸病不能拒戰遂爲所陷季珣曰吾雖爲敗軍之將猶是天子爪牙之臣何容拜賊也密壯而釋之

來護兒爲右翊衛大將軍代遼出滄海道師次東陽會楊玄感反進攻洛陽護兒聞之召裨將周法尚等議旋軍討玄法尚等咸以無勑不宜擅還再三固執不從護兒厲聲曰洛陽被圍心

嶷之疾高祖述命循於縣耳公家之事知無不爲專擅在吾當不干諸人也有沮義者軍法從事郎曰迴軍令子弘及整馳驛奏聞帝見弘等甚悅曰汝父擅赴國難乃誠臣也擢弘通議大夫整正公路府鷹揚郎將乃降璽書於護兒曰公旋師之時是朕勑公之日君臣意合遠同符契梟此元惡期在不遠勒名太常非公而誰也於是護兒與宇文述破玄感於閿鄉斬平之

唐屈突通初仕隋大業中爲左驍衞大將軍將秦隴盜賊鋒起以通爲關內討捕大使及煬帝幸江都令通鎮長安義兵起代王遣通進屯河東既而義師濟河大破通將桑顯和於飲馬泉永豐倉又爲義師所逼通大懼留鷹揚郎將堯君素守河東將自武關趨藍田以赴長安軍至潼關爲劉文靜所遏不得進相持月餘通又令顯和夜襲文靜詰朝大戰義軍不利顯和縱兵破二柵唯文靜一柵獨在顯和兵復入柵而戰者往復數焉文靜爲流矢所中義軍氣奪垂至於敗顯和以兵疲傳餐而食文

靜因得分兵以實二柵又有遊軍數百騎自南山來擊其背三柵之兵復大呼而出表裏齊奮顯和軍潰僅以身免悉虜其衆通勢彌蹙或說通歸降通泣曰吾蒙国重恩歷事兩主受人厚祿安可逃難有死而已每自摩其頸曰要當爲国家受人一刀耳勞勉將士未嘗不流涕人亦以此懷之高祖遣其家僮召之通遽命斬之通聞京師平家屬盡沒乃留顯和鎮潼關率兵東下將趨洛陽通適進路而顯和降於劉文靜遣副將竇琮段志玄等率精騎與顯和追之及於稠桑通結陣以自固竇琮以通子壽令往諭之通大呼曰昔與汝爲父子今與汝爲仇讎命左右射之顯和呼其衆曰京師陷矣汝並關西人欲何所去衆皆釋仗通知不免乃下馬東南向再拜號哭曰臣力屈兵敗不負陛下天地神祇實所鑒察遂擒通送于長安高祖謂曰何相見晚邪通泣對曰通不能盡人臣之節力屈而至爲本朝之辱以愧相高祖曰隋室忠臣也命釋之

李藝初仕隋爲武賁郎將煬帝令督運於北平大業末官稱幽州總管宇文化及至山東遣使呼藝藝斬其使者而爲煬帝發喪

劉世讓爲安定道行軍總管率兵拒薛舉戰敗世讓及弟寶俱爲舉軍所獲舉將至城下令紿說城中曰大軍五道已趨長安宜開門早降世讓偽許之因告城中曰賊兵多少盡於此矣宜善自固以圖安全舉重其執節竟不之害太宗特屯高墌世讓潛遣寶逃歸言賊中虛實高祖嘉之賜其家帛千匹及賊平得歸授彭州刺史尋領陝東道行軍總管與永安王孝基擊呂崇茂於夏縣諸軍敗績世讓與唐儉俱爲賊所獲獄中聞獨孤懷恩有逆謀逃還以告高祖時高祖方濟河將幸懷恩之營聞之大驚曰劉世讓之至豈非天哉因勞之曰卿往陷薛舉遣弟潛效款誠今復冒危告難是皆憂国忘身也尋封弘農郡公賜莊一區錢百萬累轉并州總管統兵屯於鴈門突厥處羅可汗與高開道苑君璋合衆攻之甚急鴻臚卿鄭元璹先使在蕃可汗令

元璹來說之世讓厲聲曰大丈夫奈何爲夷狄作說客邪經月餘虜乃退及元璹還述世讓忠勇高祖下制褒美之錫以良馬

劉感武德初以驃騎將軍鎮涇州薛仁杲率衆圍之感嬰城拒守垂陷者數矣長平王叔良援兵至仁杲解圍而去感與叔良出戰爲賊所擒仁杲復圍涇州令感語城中云援軍已敗徒守孤城何益也宜早出降以全家室感許之及至城下大呼曰逆賊饑餓亡在朝夕秦王率衆十萬衆四面俱集城中勿憂各宜自勉以全忠節仁杲大怒執感於城邊埋膝馳騎射殺之至死聲色愈厲賊平高祖購得其尸祭以少牢贈瀛州刺史封平原郡公謚曰忠壯

王行敏爲屯衞將軍武德三年爲潞州刺史進攻竇建德之師入涉縣其後督兵徇燕趙會劉黑闥來攻行敏自歷亭出兵拒戰擊賊破之既而憩於野不設備賊知而掩之左右皆遁因爲闥所擒竟不拜闥斬之臨死西向言曰行敏大唐忠臣願陛下

知之高祖聞而痛惜焉

左難當宣州人也武德中爲桂國歙池徽三州總管及輔公祏反遣使誘之難當斬其使者以聞仍率兵據赤石城公祏怒怒發衆數萬攻之不剋而還及公祏平高祖嘉其誠効拜宣州都督進位上柱國封戴國公食邑三千户

盛彦師爲宋州總管徐圓朗及彦師爲安撫大使因戰没於賊圓朗令彦師作書誘其弟令舉城降已彦師爲書曰吾奉使無狀被賊所禽爲臣不忠誓之以死汝宜善侍老母勿以吾爲念圓朗初色動而彦師自若圓朗乃笑曰盛將軍乃有壯節不可殺也待之如舊

妻寶誼武德二年爲右武侯大將軍與尚書右僕射裴寂拒宋金剛于介州戰始合寂弃軍而走兵遂大潰寶誼爲賊所擒高祖初聞其没也泣曰寶誼烈士必不生降賜其家物千段米三百石寶誼後謀背賊事洩遇害臨死西向大言曰臣無狀負陛下被屠潰是所甘心但敗軍喪師九泉所恨及

賊退高祖遣使迎其柩謚曰剛

張善相爲伊州總管武德二年王世充攻伊州善相被圍糧盡援兵不至城中餓死者日數百人善相自知必敗謂寮吏曰善相荷國厚恩要當效命諸公無同爲死當斬吾頭以歸世充諸公皆泣曰寧與公同死終不獨生尋西城陷賊執善相送於世充善相辭色不撓世充怒令斬之善相罵世充極口而死高祖聞而歎曰吾負善相善相不負吾也封其子爲襄城郡公

羅士信武德五年爲新安道行軍總管守洛水城爲劉黑闥所擒黑闥聞其勇意欲活之士信詞色不屈因斬之太守聞而傷惜購得其屍而葬之

契苾何力鐵勒特勤子也特勤死貞觀初隨其母率衆内附太宗置其部落於甘涼之境何力至京授左領軍將軍十四年爲葱山道副大總管討平高昌時何力母姑臧夫人及母弟賀蘭州都督沙門並在涼府何力歸省其母兼撫巡部落時薛延陁強盛契苾部落皆願從之何力至聞而大驚曰主上於汝有厚恩任我又重何忍而圖叛逆諸酋領皆曰可敦及都督已去何顧不行何力曰忠孝不並我弟沙門足得侍養我終不能去也於是衆共執何力至延陁致於可汗牙前何力箕踞而坐拔佩刀東向大呼曰豈有大唐烈士受辱蕃庭天地日月願照我心又割左耳以明志不可奪也可汗怒欲殺之爲其妻所抑而止會有使自延陁至具言其狀太宗遽令兵部侍郎崔敦禮持節入延陁許降公主以和何力由是得還拜右驍衛大將軍

龐孝泰爲驍衛將軍高宗親征高麗孝泰爲沃沮道總管時孝泰率嶺南水戰之士軍於蛇水之上高麗蓋蘇文益兵迎擊之孝泰大敗或勸突圍就劉伯英曹繼叔之營孝泰曰我伏事國家兩代過蒙恩遇高麗不滅吾必不還伯英等何必救我又我將鄉里子弟五千餘人今並死盡豈一身自求生邪賊乃薄攻之死者累萬箭如蝟毛遂與其子十三人皆死之

杜孝昇爲扶州臨河鎮將儀鳳二年吐蕃寇臨何孝昇外城樓以拒賊力屈爲賊所執令孝昇送書與松州都督武君寂以邀其降孝昇不從又虜其妻子爲質孝昇身遭六創竟不從俄而賊衆捨孝昇而退孝昇又率餘衆拒守詔授孝昇游擊將軍以旌其忠烈仍賜物二百段孝昇俄以創甚去職詔令給禄終身

成三郎爲左豹韜衛長上果毅李孝逸之討徐敬業以爲前鋒軍至高郵爲賊所陷擒送江都賊黨唐之奇詐告其徒曰此是賊帥李孝逸也將斬之三郎大呼曰我是果毅成三郎不是將軍李孝逸官軍已至四面合圍我死妻子受榮亦死家口配没終不及我賊遂害之

許欽寂萬歲通天元年爲營州都督府長史兼龍山軍討擊副使軍次崇州與契丹戰敗被擒賊將圍安東令欽寂說城未下者安東都護裴玄理時在城中欽寂謂之曰狂賊天殃滅在朝夕公但謹守勵兵以全忠節賊大怒遂害之帝聞而下制褒美

贈蘄州刺史又授其子輔乾左監門衛中候令迎其喪柩以改葬

薛訥大將軍仁貴子也則天時突厥入寇河北則天以訥將門子使攝左威衛將軍安東道經略使臨行於同明殿召見與語訥因奏曰醜虜憑陵以廬陵爲辭今雖有昇儲外議猶恐未定若此命不易則狂賊自然疑伏則天深然其言

程千里爲右金吾衛大將軍安祿山反以千里宿將詔往河東除上黨郡長史守之賊將蔡希德數圍逼上黨希德數以騎挑戰千里開城門獨將麾下百餘騎逐希德欲生得之度橫橋橋壞墜坑中爲賊所執仰首告將士曰非戰之過天命不祐遂至於此公等爲吾報城中將士善守之城不可下遂被部送東京見安慶緒慶緒捨之

劉客奴幽州昌平人爲平人爲平盧軍遊奕使性忠謹爲軍人所信天寶末范陽平盧河東等三節度安祿山反詔以安西節度封常清爲范陽節度以平盧節度副使呂知誨爲平盧節度以太原尹王承業爲河東節度安祿山既僭位於東都遣腹心韓朝暘等招誘知誨知誨遂受逆命誘殺安東副使護保定軍使馬靈詧以自立功祿山遂僞署知誨爲平盧節度使客奴與平盧諸將同謀襲殺知誨仍遣使與安東將軍王立志遙相應援馳以奏聞杜鴻漸爲朔方留後支度副使天寶末肅宗北幸至平涼未知所適鴻漸與六城水運使魏少遊節度判官崔漪支度判官盧簡關內鹽池判官李涵謀曰今胡羯亂常二京陷沒主上南幸於巴蜀皇太子理兵於平涼然平涼散地非聚兵之處必欲制勝非朔方不可若奉迎殿下旬日之間西收河隴迴紇方強與國通好北徵勁騎南集諸城大兵一舉可復二京雪社稷之恥上報明主下安蒼生亦臣子之用心國家之大計也鴻漸即日草牋其陳兵馬招集之勢錄軍資器械倉儲庫物之數令李涵齎赴平涼肅宗大悅鴻漸知肅宗發平涼於北界白草頓迎謁因勞諸使及兵士進言曰朔方天下勁兵靈州用武之處今迴紇請和吐蕃內附天下郡邑人皆堅守以待制命其中雖爲賊所據亦望不日收復殿下整理軍戎長驅一舉則逆胡不足滅也肅宗然之

李栖筠爲封常清安西行軍司馬玄宗幸蜀肅宗興復於靈武徵兵於安西栖筠以精卒七千人赴行在所栖筠感以臣子大義士皆有忘家死難之志剋復兩京遷殿中侍御史李嗣業爲安西高仙芝將以功授驃騎左金吾大將軍及祿山反兩京陷肅宗在靈武詔追嗣業赴行在嗣業自安西統衆萬里至鳳翔謁見帝是時方欲大舉收復二京帝曰今日得卿勝數萬衆事之濟否實在卿也

馬璘爲左金吾員外將軍戍安西至德初聞王室多難乃統甲士三千自二庭赴于鳳翔肅宗奇之委以東討陣陜郊戰河陽皆有殊效

張子昂爲關中節度王思禮將至德二年與將士四千餘人割耳爲盟請爲父子軍爲國討賊

張元軌爲特進至德二年與將軍焦知庚副將衛如璧及所領武士五百人相與盟咸截左耳誓雪國讎

令狐彰初爲安祿山將史思明僞署滑州刺史令統兵戍滑臺彰感激忠義思立名節乃潛謀歸順會中官楊萬定監滑州軍彰遂募勇士善於水者乘夜涉河達表萬定請以所管兵馬及州縣歸順因萬定以聞自祿山構逆爲賊首者未有舉州向化肅宗得彰表悅賜書慰勞尋爲思明將所攻兵敗潰圍而出隨萬定入朝肅宗深獎之尋拜滑亳魏博六州節度使大曆中犬戎犯邊徵兵防秋彰遣屬吏部統營伍自滑至京西向二千餘里甲士三千人率自賫糧所過州縣路次供擬皆讓而不受經閭里不犯秋毫八年卒臨終手疏辭表誡子以忠孝守節表曰臣男建等性不爲非行亦近道今勒歸東都私第使他年爲臣巳

國下魁幽魂臨歿昏亂伏哀咽帝覽表嗟悼久之

張孝忠肅宗上元中爲李寶臣易州刺史及寶臣死其子惟岳阻兵不受徵朝廷詔幽州節度使朱滔討之滔以孝忠宿將慮軍輿則撓其境乃使判官蔡雄說孝忠孝忠然之與滔合兵攻惟岳後王武俊斬惟岳首以獻定州刺史楊政義以州降遂有易定之地時旣誅惟岳分四州各置觀察使武俊得鎮州康日知得深趙二州孝忠得易州以成德軍額在鎮州孝忠旣降正義朝廷乃於定州置義武軍以孝忠檢校兵部尚書爲義武軍節度易定滄等州觀察等使及朱滔田悅等相扇反逆競以利啗邀之爲亂孝忠孤軍四面受敵修浚壕壘感勵士卒竟不爲羣兇所惑

郭子儀爲天下兵馬副元帥中官魚朝恩害子儀之功因事媒孼之尋召還京師以李光弼代子儀之任子儀雖失兵柄乃心王室以禍難未平不遑寢息後復爲副元帥出鎮絳州將行肅宗大漸群臣莫有見者子儀請曰老臣受命將死於外不見陛下目不瞑乃引至臥內子儀嗚咽流涕而出子儀性忠信事上誠盡臨下寬厚每降城下邑所至之處必能得士衆心前後遭罹倖臣程元振魚朝恩等譖毀百端時方握彊兵或臨戎敵詔命徵之未嘗不即日而祗召故讒不能行代宗幸陝時令以數十騎覘賊及在涇陽又陷於胡虜重圍之中皆以身許國未嘗以危亡迴顧亦遇天幸竟免患難

劉昌初爲宋州牙門將大曆中李靈曜據汴州反刺史李僧惠將受靈曜牽制昌密遣僧神表潛說僧惠召昌問計昌泣陳其逆順僧惠感之乃使神表齎表詣闕請討靈曜遂翦靈曜左翼汴州遂平

薛平父嵩大曆中爲昭義節度平年十二爲磁州刺史嵩卒軍吏欲用河北故事脅平知留後務平僞許之讓於伯父崿一夕以喪歸及免喪累授右衛將軍

張伾建中初以澤潞將守洺州田悅攻之伾度兵不出戰賊不能得累月攻益急士死傷多食以救兵未至伾知事不濟無以勸士乃悉召將卒命其女出拜之謂曰將士辛苦守戰伾之家無尺寸物與公等爲賞獨有此女幸未嫁人願出賣之爲將士一日之費衆皆大哭曰今日爲將軍出死命戰且守日夜不解會馬燧以太原之師至與衆軍合擊悅於城下大敗之伾乘勢出戰士一當百圍解以功累遷洺州刺史

馬燧爲河東節度魏博招討使討田悅建中三年前殿中丞李雲端與其黨袁封單超俊李誠信冀信等以京師昔旱乃又借商戶錢人心大擾乃扇飛語云鳳翔留鎮幽州兵多逃南山爲羣盜以搖人心將作亂雲端等與燧子暢善乃令其黨溫靖齎暢書與燧陳利害令旋師燧執靖奏其狀令兄炫引暢請罪帝以暢大臣子方委燧以靜難不竟其事敕炫就第杖三十逮捕雲端等鞫於禁中十一人皆處死

馮河清初隸涇原節度充兵馬使建中四年節度使姚令言奉詔率兵赴關東以河清知兵馬留後判官殿中侍御史姚況知州事及令言至京師所統兵叛帝幸奉天河清與況聞之乃集三軍大哭因其激勵將吏誓效忠節衆頗義之即時發甲仗器械車百餘兩連夜送行在所時駕初遷幸六軍雖集衣資之際都無戎器及涇州甲仗至軍士大振特詔褒其誠效拜四鎮北庭行軍涇原節度使兼御史大夫姚況兼御史中丞行軍司馬俄又加河清檢校工部尚書賊朱泚及姚令言累遣間諜招誘河清輒拘而戮焉及駕幸梁州其將田希鑒潛通泚使結兇黨害河清尋贈尚書左僕射葬事官給

李澄建中初爲永平軍節度李勉裨將勉移理汴州乃奏澄爲滑州刺史四年冬李希烈陷汴州勉奔歸行在澄遂以城降希烈僞署尚書令兼滑州永平軍節度使興元元年春澄密令親信以蠟帛間道齎表達於奉天帝嘉之乃以帛詔藏於蠟丸中

加澄刑部尚書兼汴州刺史汴滑節度觀察使澄然而未宣乃集州兵嚴加訓習希烈頗疑之乃令養子六百人戍之且屬其變也及希烈苦攻寧陵邀澄赴援澄率其衆至石柱潜令縱火焚營而僞遁誘六百人因驚行剽而加其罪果大俘掠悉令斬之以告希烈布烈不能詰焉無何希烈遣其將翟暉等寇陳州久之未復是歲十月澄以汴州兵寡度希烈一不能制已會中使薛盈珍持節且至加檢校兵部尚書封武威郡王澄乃乘勢力焚賊旗節誓衆歸國希烈既失澄又聞翟暉大敗由是奔歸蔡州澄遂率衆將復汴州屯於城北門怯懼不敢進及宣武軍節度使劉洽師至城東門賊將田懷珍開關以納之翌日澄方自北門入洽已據子城澄乃舍於浚儀縣兩軍將士日有忿競澄不自安會鄭州賊將孫液通疑於澄澄遣其子清赴之先是河陽軍節度使李芃遣其將雍顥攻鄭州顥所過縱掠液拒之尤固及清至遂納之顥怒急攻液清以衆助之殺登城者數十人顥方引退又焚陽武而歸澄乃出赴鄭州朝廷特授清檢校太子賓客兼御史中丞更名克寧貞元元年三月就加澄檢校右僕射義成軍鄭滑許等州節度使李承爲山南東道節度李希烈既破梁崇義擁兵襄州遂有其地朝廷慮不受命欲以禁兵送承承請單騎徑行至則希烈處承於外館迫脅萬態承恬然自安誓死王事希烈不能屈遂剽虜闔境所有而去

嚴震爲山南西道節度觀察等使及朱泚竊據京城李懷光頓軍咸陽又與之連結泚令腹心穆庭光宋瑗等齎帛書誘結震震集衆斬庭光等仍發兵出界至盩厔已來守禦賊黨不能爲害車駕入駱谷且無驚擾

陽惠元爲神策京西兵馬使以兵屬李懷光建中四年冬自河朔同赴國難解奉天之圍明年二月懷光既圖叛逆惠元義不受汙脫身奔竄去奉天爲懷光追騎所害

朱忠亮初仕薛嵩爲將鎮晋潞縣掌屯田朱泚之亂以麾下四

十騎奔赴奉天德宗嘉之李觀爲右龍武將軍建中末涇師叛觀時上直領衛兵千餘人扈從奉天詔都巡警訓練諸軍戍卒三數日間加召五千餘衆列之通衢整肅鼙鼓城内因之增氣德宗倚賴之及李懷光叛駕出奉天幸山南觀與令狐建李昇韋清等咸執羈靮周旋艱險皆著功勞

張韶爲李懷光兵馬使建中末懷光爲朔方節度使擊田悅於魏州聞德宗行幸晝夜奔難先數日遣韶奉奏詔至城下遇朱泚驅百姓填塹韶在衆中伺群盜稍怠乃呼曰我李懷光使也守陴者初未信詰曰懷光使可與賊戮力韶曰不如是何由至此乃縋而上之得懷光表尅期至城下詔令舁韶徇四隅歡聲動地賊徒疑懼聞懷光軍至醴泉遂解圍走投京城

薛伾爲汾陽王郭子儀麾下諸將建中末從左僕射李揆使西番朱泚之難伾與赴義伾馳騎鄉導至于武功擢授左威衛將軍

賈耽建中末爲山南東道節度使時德宗幸梁州耽使行軍司馬樊澤奉表陳事既復命方大宴會有急牒至言澤代耽爲節度而召耽爲工部尚書耽以狀内懷中宴飲不改及罷乃告澤曰詔以行軍爲節度使耽今即發因告將吏使謁澤其大將張獻甫白耽曰天子巡幸尚書使行軍奉表起居而行軍自謀節度僣奪尚書土地比可謂事人不盡軍中皆不伏請殺之耽曰公是何言天子有命即爲節度使矣耽今赴行在便與公偕行即日上道以獻甫自隨軍乃安

李抱真建中末爲昭義軍節度與李懷光等同討田悅時悅窘蹙朱滔王武俊皆反聯兵救悅抱真與馬燧等退次魏縣德宗幸奉天中使告問至諸將皆仰天慟哭李懷光席卷奔命馬燧李芃各引兵歸鎮朱泚既汙宮闕李希烈陷大梁李納亦叛鄆州無何帝行幸梁州李懷光又竊據河中抱真獨援攘傾潰之中以山東三州外抗群賊内輯軍士群賊深憚之

冊府元龜卷第三百七十三

册府元龜卷第三百七十四

將帥部三十五

忠第五

唐戴休顏為鹽州刺史奉天之難休顏以所部蕃漢三千號泣赴難及車駕再幸梁洋留守奉天及李懷光叛據咸陽使誘休顏休顏集三軍斬其使嬰城自守懷光大駭遂自涇陽夜遁尋拜檢校工部尚書奉天行營節度使

韓游瓌為李懷光部將掌兵在奉天懷光叛於河中乃與游瓌書約令為變游瓌密奏之翌日懷光又使趣之游瓌復奏聞數日懷光又使趣游瓌為門者所捕懷光且宣言曰吾今與朱泚連和車駕當避由是帝遽幸梁州游瓌退于邠寧殺懷光留後張昕以邠州從順正授邠寧節度使楊懷賓楊朝晟父也朝晟為李懷光左廂兵馬使懷光反于河中朝晟被脅在軍德宗幸梁洋游瓌退于邠寧懷光以嘗在邠寧迫制如城以賊黨張昕在邠州總後務昕懼難作乃大索軍資徵卒乘約明潛歸于懷光時懷賓為游瓌將夜後以數十騎斬昕及同謀諸游瓌即日使懷賓奏表聞奏帝召勞問授兼御史中丞聞誅至河中朝晟聞其事泣告懷光曰父立功於國子合誅戮不可主兵矣懷光遂縶之及諸軍進圍河中韓游瓌營于長春宮懷賓身當戰伐懷光平帝念其忠俾副元帥渾瑊特原朝晟遂為游瓌都虞候時父子同軍皆為開府賓客御史中丞異姓王

李晟為神策軍兵馬使討朱滔於恒陽德宗居奉天詔晟赴難晟聞命西向而哭趣軍將行時義武軍間於朱滔王武俊脅晟為重不欲晟去數為計以沮止晟軍晟謂將吏曰天子播越於外人臣當百舍一息死而後已張義武欲沮吾行吾當以愛子為質選良馬以滔其意乃留子憑以為婚義武軍有大將張孝忠甚信之因謁於晟晟乃解玉珮以遺之因曰吾欲西行願以為別因陳赴難之意受帶者果德晟及乃諫孝忠勿止晟晟得引軍踰飛狐師次代州詔加晟檢校工部尚書神策行營節度使李懷光叛德宗再幸梁州晟大將張少引自行在傳口詔授晟左僕射平章事以安衆心晟拜哭受命且曰長安宗廟所在為天下本若皆扈蹕誰復京師乃浚隍壁繕兵粟馬以誅泚與復為已後渾瑊部將上官望自間道懷詔書加檢校右僕射兼河中晉絳五州節度觀察使尋檢校左僕射平章事益實封三百戶入兼京兆尹畿渭北鄜坊丹延節度觀察招討使晟受詔流涕因上表請帝駐蹕梁州鼓億兆之心圖翦滅之勢儻陛下規小捨大作都岷峨人心必去武力謀臣無復施矣晟之鎮鳳翔也謂賓介曰魏徵能直言極諫致太宗於堯舜之上眞忠臣也僕所慕之軍司馬李叔度對曰此搢紳儒者之事非勳德所宜晟斂容曰行軍失言傳稱邦有道危言危行今休明之期晟幸得備位將相心有不可忍而不言豈所謂有犯無隱知無不為者[illegible]是非在人主所擇耳叔度慙而退晟後罷兵權朝謁之外罕所過從有通王府長史丁瓊者亦為張延賞所排心懷怨望乃求見晟言事且曰太尉功業至大猶罷兵權自古功高無有保全者國家儻有變故瓊願備左右狡兔三穴盍早圖之晟怒曰亦安得不祥之言遽執瓊以聞

王虔休本名延貴貞元中為澤潞都虞候節度使李抱眞卒裨將元仲經等議立抱眞子緘軍中擾亂虔休正色咨於衆曰軍州是天子軍州將師闕令待朝命何乃云云出異意軍中服從其言由是竟免潰亂

程日華少為易定張孝忠牙將孝忠令知滄州事幽州朱滔合鎮冀王武俊謀叛二盜迭欲取滄州多遣人游說又加兵攻圍日華俱不聽從乘城自固久之德宗深嘉之拜日華滄州刺史

韓弘貞元中代劉全諒為汴州節度使先是陳許節度使曲環卒淮西節度使吳少誠將併有其地遂以兵寇許州求援於全諒全諒館其使會全諒卒弘初受寵命喜而效順亦斬其使以

蜀發兵三千助禁軍以討少誠

張奉國本名子良貞元末爲徐州兵馬使張愔之難子良以其衆千餘奔于浙西團練使王緯表授兼御史中丞仍厚撫其軍止牙門右職子良必兼歷焉元和二年秋節度使李錡叛命遣子良以兵三千收宣州子良乃與錡甥裴行立及大將田少卿李奉仙等密約圖錡反戈圍城大呼錡計窮縋下生致闕庭子良殺其餘黨遂平浙右憲宗追赴京師親自褒慰擢爲右金吾將軍兼御史大夫改名奉國賜第宅良田

劉澭貞元末爲隴右經略使暨順宗寢疾傳位于憲宗稱太上皇有山人羅令則自京詣澭妄構異說凡數百言皆廢立之事且矯太上皇詔諭兵于澭澭立命繫之鞫得姦狀令則又云其黨多矣十月德宗山陵約此時伺便而動澭械令則驛表上聞詔付禁軍按問與其黨皆杖死澭復請自領兵護靈駕以備非常詔不許遣中使以名馬金玉繒錦賜之復錄其功號其軍額曰保義

范希朝爲鎮武節度使貞元末累表請修覲時節將不以他故自述職者唯希朝一人德宗大悅既至拜檢校右僕射兼右金吾衛大將軍

劉濟爲幽州節度使兩河擅自繼襲者尤驕蹇不奉唯濟最務恭順朝獻相繼元和四年詔討王承宗諸軍未進濟獨率先以前軍擊破之生擒三百餘人斬首千餘級献逆將於闕優詔褒之又爲詩四韻上献以表忠慎之志

張茂昭爲義武軍節度使元和四年王承宗叛詔河東節度師討洎河中振武偏師與茂昭合軍是爲北道茂昭創廐置開道路待軍俄屬正月之望軍吏請曰舊例上元後三夜不止行不闔里門今外道兵馬至請如軍令茂昭曰河東等三道官軍亡焉得言外道耶一如舊例自祿山之亂兩河繼爲阻命之地茂昭表請舉族歸闕以首率等夷隣封遊說者萬端而其志堅決累上疏求代帝許之命左庶子任迪簡爲其行軍司馬乘驛赴之即以三郡之簿書管鑰符印全付迪簡遣其妻李氏及男克讓克恭等先焉將代戒之曰爾曹將侍親出易定後之子孫不爲風俗所染吾無恨矣時五年冬也道拜檢校太尉兼中書令充河中晉絳慈隰等州節度觀察等使

田弘正初名興爲魏博衙內兵馬使及田季安病篤其子懷諫幼騃乃召興署以舊職季安卒懷諫委家僮蔣士則改易軍政人情不悅咸曰都知兵馬使田興可爲吾帥也衙兵數千人詣興私第陳請興拒関不出衆呼譟不已興出衆環而拜請入府署興頓仆於地久之度終不免乃令於軍中曰三軍不以興不肖令主軍務欲與諸君前約當聽命否咸曰唯命是從興曰吾欲守天子法以六州版籍請吏勿犯副大使可乎皆曰諾是日入府視事殺蔣士則十數人而已翌日具事上聞憲宗嘉之以爲魏博節度使賜名弘正弘正既授節鉞乃上表曰臣聞君臣父子是謂大倫爰立紀綱以正上下其或子爲不子臣爲不臣

覆載莫可得而容幽明所宜共殛者也臣家本邊塞累代唐人從乃祖乃父以來休文子文孫之化臣幸因宗族早列偏裨空馳戎馬之鄉不覩朝廷之禮唯忠與孝天與臣心常思奮不顧生以身徇国無由上達私自惑傷豈意命偶昌時事緣艱故白刃之下謬見推崇天慈遽臨免書罪戾朝章荐及仍委旌旄錫封壤於全藩列班榮於八座君父之恩已極絲毫之效未申所以覥厚知羞低迴自愧是知功勞所著必俟危乱之時徼倖之來却在清平之日循涯揣分冒寵爲憂伏以自天寶以還幽陵肇禍山東奥壤悉化戎墟雖外一車書而內懷梟鏡官封代襲刑賞自專國家含垢匿瑕垂六十載臣每思此嘗食忘味若銷假天軍得奉神筭兼弱攻昧批吭擣虛竭鷹犬之資展擒獲之用導揚和氣洗滌僞風然後退歸丘園以避賢路臣懷此志陛下察臣又臣每在軍中多居偏鎮每遇奇計心實親之有布衣崔惟結茅三屋但茹松柏不雜風塵與臣周旋頗有年歲自臣

受命惠然必有來臣遂請攝節度參謀㳂之參至臣旨所爲書不盡言每與因人計其積慣臣不勝感恩戴荷懇苦之至謹差攝節度參謀王屋山人臣崔㒹謹奉表陳奏以聞憲宗優詔褒美先是河北不申吏員與乃奏管內州縣官二百五十三員內一百六十三員見差官假攝九十員請有司注擬從之

烏重胤爲潞州諸將會盧從史奉詔討賊嘗懷異志潛與王承宗通連吐突承璀以神策軍行營與從史對壘將圖之重胤適其謀昔縛從史於帳下時重胤職總牙門是日戒嚴其君莫敢動首事聞朝廷擢重胤自都將兼州左司馬拜懷州刺史兼御史大夫河陽三城節度

李光顏爲忠武軍節度使元和中徵天下兵環申蔡而討吳元濟詔光顏以本軍獨當一面連破賊衆韓弘爲汴帥驕矜倔強常倚賊勢索朝廷姑息且惡諸將士力戰陰圖撓屈計無所施遂舉大梁城求得一美婦人教以歌舞絃管六博之藝飾之以珠翠金玉衣服之具計費數百萬命使者送遺光顏冀一見悅惑而怠於軍政也使者即齎書先造光顏壘曰本使令公德公私憂公暴露欲進一妓以慰公征役之思謹以候命光顏曰今日已暮明旦納焉詰朝光顏乃大宴軍士三軍咸集命使者進妓妓至則容止端麗殆非人間所有一座皆驚光顏乃於座上謂來使曰令公憐光顏離家室女捨美妓見贈誠有以荷德也然光顏受國恩深誓不與逆賊同生日月下今戰卒數萬皆背棄妻子蹈白刃光顏奈何獨以女色爲樂言訖涕泣嗚咽堂下兵士數萬皆感激流涕乃厚以縑帛酬其來使俾領其妓自席上而迴仍謂使者曰爲光顏多謝令公光顏事君許國之心死無貳矣自此兵衆之心彌加激勵

李吉甫元和中爲淮南節度使在揚州每有朝廷得失軍國利害皆密疏論列

嚴綬爲河東節度使元和年揚惠琳叛於夏州劉闢叛命綬表請出師討伐悉選精銳付其將李光顏討賊

李鄘元和中爲淮南節度使及王師征淮夷鄆寇李師道表裏相援鄘發楚壽等州二萬餘兵壁賊境日費甚廣未嘗請於有司

李夷簡元和中爲襄陽節度使先是貞元中淮西阻兵詔以漢南要害當控壓遂移江西兵五百人戍襄陽調給仰於度支其後逃死且盡而歲請不減夷簡謂人曰以誠事君當在無隱循舊事利欺公不欺乃以其事上聞歸之于有司

王承元成德軍節度使承宗之弟元和中承宗奏承元兼監察充鎮冀深趙觀察支使承元年未及冠勸承宗以二千騎佐王師平李師道十五年承宗卒未發喪大將謀取帥於旁郡時參謀崔燧密與握兵者謀乃以祖母涼國夫人之命告親兵及諸將使拜承元承元拜泣不受諸將請不已承元曰天子使中貴人監軍有事盍與議也及監軍至因以諸將意贊之承元謂諸將曰公不忘先德不以承元齒少且使領軍事承元欲效忠於國以奉先志諸公能從之乎諸將許諾遂於衙門都將所理事約左右不得呼留後事大小必參決於監軍密疏請帥詔授檢校工部尚書鄭滑節度觀察使時隣境或以兩河近事諷之承元不聽諸將亦悔及起居舍人柏耆齎詔至宣朝廷之命兵士或拜或泣承元與柏耆於館中復召諸將以語諸將益號泣喧譁承元曰諸公以先人之德不欲承元去此意甚厚然奉詔遲留不去即罪矣前者李師道未破時議赦其罪師道欲行諸將止之他日殺師道亦諸將也今公輩復欲爲師道之事乎敢以拜請遂拜諸將諸將皆泣涕不能對承元乃盡出家財籍其人以散之酌其勤者擢之十將李寂等數十人固留承元承元斬寂等軍中始定承元出鎮州時年十八所從將吏有具器用貨幣而行者承元悉使留之承元昆弟及從父昆弟因爲郡守者四人登朝者四人從事將校有勞者亦皆擢用未幾改鄜坊丹延節度觀察等使俄而道請覲穆宗深嘉之數召顧問又改授鳳翔

隴州節度觀察等使

劉總元和中為幽州節度使總累代據有燕薊軍中食其恩而未嘗承朝廷命長慶元年總以幽州歸明為兵士遮留總殺其首謀十餘輩夜委兵符於監軍判官從間道去遲明軍中方覺

李愬為陳許節度使長慶初穆宗方銳意討賊諸道發兵例於度支貸借唯愬出兵率先諸道賞賜犒設備於當軍朝論美之

田布長慶元年為涇原節度使其秋鎮州兵亂布父弘正被殺朝廷以李愬疾不能軍無以扞庭湊之亂且以魏州田氏舊衆乃疾徵布使起復為之節度仍遷檢校工部尚書詔布乘急傳之鎮布喪服居堊去節旄導從之飾及入魏州處喪視事動皆得禮其祿俸月入百萬一無所取又籍魏中家之舊産無巨細計錢十餘萬貫皆出之頒賚軍士乃選其將史憲誠為先鋒兵馬使以憲誠前出巳麾下必能輸竭故盡以精鋭付焉是時屢有中使齎急詔促其進兵至十月布遂以全軍三萬七千出拉

賊之冀州南宮縣十一月進軍下賊二柵而魏人怯於格戰且以寒雪餽餉不給帑無鬭志憲誠故常懷二因從而間之幾有詔分布軍與李光顔合勢東救深州其衆因大潰多爲憲誠所有布提兵八千以是月十日還魏州十一日會諸將復議興師而將卒益驕惰皆曰尚書能行河朔舊事則死生行之若使戰皆不能也布自度其下終不為用歎曰功無成矣即日密表陳軍情且稱遺表曰臣觀衆意終負國恩臣既無功敢忘即死伏願陛下速救光顔元翼不然者義士忠臣皆為河朔屠害奉表號哭拜其從事李石乃入啓父靈抽刃刺心曰上以謝君父下以示三軍言訖而絕時議以布才雖不足能以謝家國心志決烈得燕趙之古風矣

牛元翼本趙人代為鎮州將校王承宗叛命之際元翼常為謀主數將兵拒王師後王庭湊殺田弘正朝廷以元翼本與庭湊等列遂用為節度將元翼在深州為庭湊所圍轉急後與數騎突圍而出詔以為襄州節度使庭湊於後庭沉殺深州將士其中大將十六人判官一人本與元翼同休戚一旦皆被殺元翼悲咤慷慨而卒其所賜宅僮馬等並遺表進之

李載義長慶中為幽州裨將時節度使朱克融死其子延嗣竊襲父位不遵朝旨虐用其人載義遂殺延嗣數其罪以上聞敬宗嘉之拜檢校戶部尚書封武威郡王充幽州盧龍等軍節度觀察等使未幾李同捷據滄景以要襲父爵載義上表請討同捷以自效帝嘉其誠懇特加檢校右僕射累破賊軍以功加司空又奏故節度使張弘靖賓吏家屬凡一百九十人今並送赴京闕初弘靖立節范陽及軍亂被拘其副介巳下多見戕害妻女輩從而拘繫既而朱克融驅邀符節復留之不遣至載義去逆效順盡歸其帑至於臧獲下輩一無所留

殷侑為天平軍節度鄆曹濮觀察等使自元和末收復李師道十二州分為三鎮朝廷務安反側征賦所入盡留贍軍貫緡尺

帛不入王府侑以軍賦有餘賦不上供非法也乃上表起大和七年請歲供兩稅榷酒等錢十五萬貫粟五萬石詔曰鄆曹濮等州元和巳來地本殷實自分三道十五餘年雖頒詔書首未供賦殷侑承兵戈之後當歉旱之餘勤力奉公謹身守法纔及周歲以致阜安而又體國輸忠率先入貢成三軍奉上之志陳一境樂輸之心尋省表章良用嘉歎尋就加檢校右僕射

王景崇廣明中為鎮州節度使時僖宗西幸岳節偽廷者十三四景崇斬其賊使梟首于市府石郎吏齎偽詔至斬之因間路馳誠達行在都統王鐸徵要者必竭利器奇貨駿蹄以助之由是艱難者爭先每議及國朝宗廟陵園未嘗不泣然慷慨

梁王師範初仕唐天復元年為青州節度使其年冬李茂貞劫遷車駕幸鳳翔韓全誨矯詔加罪於太祖令方鎮出師赴難詔至青州師範承詔泣下曰吾輩天子藩籬君父有難略無奮力者皆強兵自衛縱賊如此使上失守宗祧危而不持是誰之過

吾今日成敗以之乃發使遍楊行密遣將劉鄩襲兗州別將襲齊棣時太祖方圍鳳翔師範遣將張居厚部輿夫二百言有獻於太祖至華州東城華將婁敬思疑其有異剖輿視之乃兵仗也居厚等因大呼殺敬思聚衆攻西城時崔胤在華州遣部下閉關距之遂遁去是日劉鄩下兗州河南數十郡同日發太祖遣朱友寧討之

孫揆大順元年除昭義軍節度使以本軍取刀黃嶺路赴任太原將李存孝偵知之引騎三百伏于長子縣崔谷間揆建牙持節褒衣大蓋擁衆而行存孝突出谷口遂擒揆及中使韓歸範并將校五百人存孝械揆等以組練繫之環于潞州遂獻於武皇武皇謂揆曰公縉紳之士安言徐步可至達官何用如是揆無以對令繫於晉陽獄武皇將用爲副使使人誘之揆言不遜遂殺之

趙凝唐末爲襄州節度使弟明爲荆南留後是時唐室微弱諸道常賦多不上供唯凝昆仲雖強據江山然盡忠唐室貢賦不絶太祖將期受禪以凝弟兄並據藩鎮乃遣使先諭旨焉凝對使者流涕荅以受国恩深豈敢隨時妄有他志使者復命太祖大怒天祐二年秋七月遣楊師厚率師討之凝以兵數萬逆戰大爲師厚所敗乃燔其州單舸泝漢遁于金陵後卒于淮南

牛存節開四年爲鄆州節度使夏中病渴至痟屬河北用軍末帝令率軍屯陽留以張劉鄩之勢存節忠憤彌篤未嘗言病料敵治戎旦夕愈劇病革詔歸汶陽翌日而卒將終屬其子知業知讓等以忠孝言不及他深爲時所重而木強忠厚有貴復之風

楊師厚爲魏博節度使時庶人友珪篡逆末帝將圖之遣使諫於師厚師厚深陳款效且託書于侍衛軍使袁象先及主軍大將又遣都指揮使朱漢賓率兵至滑州以應禁旅友珪既誅末帝即位於東京首封師厚爲鄴王加檢校太師中書令

王彥章爲澶州刺史先鋒馬步都指揮使貞明五年三月朝廷議割魏州爲兩鎮慮魏人不從遣彥章率精騎五百人入鄴城駐於金波亭以備非常是月二十九日夜魏軍作亂首攻彥章於館舍彥章南奔七月晉人攻陷澶州彥章舉家陷沒後唐莊宗遷其家於晉陽待之甚厚遣細人間行誘之彥章即斬其使以絶之後莊宗至鄆州彥章爲唐將李紹奇所擒（一云爲夏魯奇所擒）彥章恃其驍暴每謂人曰晉王鬬雞小兒彼何足畏至是見擒素憐其勇悍欲全活之令中使宣詔慰撫欲觀其心對曰臣比自匹夫朱氏拔擢位居方面與皇帝十五年抗衡今日兵敗力窮罪有常分皇帝縱垂矜宥臣何面目見人豈敢徇師得死爲幸帝令牀舁隨軍至任縣彥章言所傷楚痛因乞遅留遂令斬之（一云莊宗欲留之彥章曰安有爲將相朝事梁而暮事晉臣所不爲也得就鈇鑕甘之如薺莊宗知不可屈遂殺之以成其志）

後唐薛志勤爲武皇河東右都押牙先鋒右軍使從武皇救陳許平黃巢武皇遇難於上源驛汴將楊彥洪連車樹柵遮絶巷陌時騎從皆醉宴席既闌汴軍四面攻傳舍志勤摅勇冠絶復

酒膽激壯因獨登驛樓大呼曰朱僕射負恩無行邀我司空圖之吾三百人足以濟事因彎弧發射矢無虛發汴人斃者數十志勤私謂武皇曰事急矣如至五鼓吾屬無類矣可速行因扶武皇而去雷雨暴猛汴人扼橋志勤以其屬血戰擊敗之得侍武皇還營

史敬思爲武皇先鋒都督從入關破黃巢安三輔平陳蔡敬思常爲騎將挺身酣戰勇冠三軍當武皇上源之難敬思方大醉從者諭之蹶然而起登驛樓控弦射賊矢不虛發汴賊積屍樓下既而遇雨解圍翼武皇登尉氏門敬思迷墜擁門故陷賊武皇還營流涕久之

符習爲義寧軍節度使有器度性忠壯自莊宗十年泝河戰守書常以本軍從心無顧望諸將服其爲人

石君立初隸李嗣昭爲牙校歷典諸軍嗣昭出征常爲前鋒天祐十七年將兵屯德勝時汴軍自滑州轉餉以給楊村砦莊宗

親率騎館其使會全諒卒引初授寵命喜而效順即不其使以閭發兵三千助禁軍以討少誠

張奉國本名子良貞元末為徐州兵馬使張愔之難子良以其衆千餘奔于浙西團練使王緯表加兼御史中丞仍厚撫其軍士牙門右職子良以兼歷焉元和二年秋節度使李錡叛命遣子良以兵三千收宣州子良乃與錡甥裴行立及大將田少卿李奉仙等密約圖錡反戈圍城大呼錡討密縋下生致闕庭子良殺其餘黨遂平浙右憲宗追赴京師親自慰勞擢為右金吾將軍兼御史大夫改名奉國賜第室良田

劉澭貞元末為隴右經略使暨順宗寢疾傳位于憲宗稱太上皇有山人羅令則自京詣澭妄構異說凡數百言皆廢立之事且矯太上皇詔徵兵于澭澭立命繫之鞫得姧狀令則又云京之黨多矣十月德宗山陵紛然時伺便而動澭械令則驛表上聞詔付禁軍按問與其黨皆杖死澭復請自領兵護靈駕以備

非常詔不許遣中使以名馬金玉繒錦賜宗擊虜莊宗深入虜騎圍之數十重良久不解嗣昭號泣赴之翼莊宗而還

裴約為潞州節度使李嗣昭將嗣昭卒子繼韜據昭義叛同光元年莊宗遣李紹斌以甲士五千援澤州初繼韜叛歸賊庭也約以兵戍澤州召州民泣而諭之曰予事先君已餘二紀每見分財享士志在平讎不幸薨沒壯心不遂今郎君不且定覆家族父喪未葬違背君親縱欽賊首開懷久遠終被誅滅子可俾刃自殺不能送死與人衆皆感泣伏其忠義偽梁以董璋為澤州刺史率衆攻城約拒守間道告急帝知其言善謂諸將曰朕於繼韜何薄裴約何厚裴約能分逆順不附賊黨先兄一何不幸生此鴟梟乃顧謂李紹斌曰爾識機便為我取裴約來朕不藉澤州彈丸之地紹斌自遼州進軍未至城陷約被害帝聞嗟痛久之

李存審為橫海軍節度使天祐十三年冬存審破楊劉進營麻口為都營使築壘以拒汴人時莊宗勇於接戰每以輕騎嘗賊遇窘數四存審淩旦俟其出必中馬泣諫曰王將復唐宗社宜為天下自愛搴旗挑戰一劍之任死益輕德請責效於臣昔耿弇不以賊遺君父臣雖不武敢不代君之憂帝即時迴駕

張全義初仕梁為天下兵馬副元帥莊宗至洛言事者以梁祖與我世讎宜斵棺燔柩全義獨上章申理議者韙之

周德威性忠孝感武皇擢遇嘗思臨難忘身乾寧中為鐵林軍使從武皇討王行瑜有功移內衙軍副及莊宗初立德威外握兵柄頗有浮議內外憂之德威就至單騎入謁伏靈柩哭哀不自勝由是群情釋然後以功授盧龍軍節度使時天祐十五年下楊劉城莊宗大悅諸將渡河趨汴欲德威進討師之將起德威以為不利深入是夜鎮星犯文昌上將臨戰德威軍為輜重所擾父子躍馬出之與賊數百騎血戰而死帝命諸將相向流涕曰不取老將之言俾至破敗父子俱沒深所悲惜命以喪歸

晉陽帝即位追贈太師

李存賢為慈州刺史天祐十八年莊宗令將兵援河中十九年賊將段凝率衆五萬營於臨晉將寇河中蒲人物議同異咸欲歸汴姧人間于存賢云河府兵欲殺子以歸梁存賢曰子奉君命來援死王事死所恨尋汴兵亦退

姚洪本梁之小校也在梁時經事董璋長興初率兵千人戍閬州璋叛領衆攻閬州璋密令人誘洪洪以大義拒之及璋攻城洪悉力拒守者三日御備既竭城陷被擒璋讓曰爾頃為健兒由吾獎拔至此吾書誘諭投之於廁何相負耶洪大罵曰老賊爾為天子鎮帥何苦反耶爾既孤恩背主吾與爾何恩而云相負爾為李七郎奴掃馬糞得一臠殘炙感恩無盡今明天子付與茅土貴為諸侯而驅徒結黨圖為反噬爾本奴才則無恥吾忠義之士不忍為也吾可為天子死不能與人奴苟生璋怒令軍士十人持刀刲割其膚燃鑊於前自取啗食洪至死大罵不

巳明宗聞之泣下賞洪二子於近衛給賜甚厚

王思同閔帝應順元年為京兆尹兼西京留守時潞王鎮鳳翔與之隣境及潞王不稟朝旨致書於秦涇雍梁邠諸帥言賊臣亂政罔先帝疾篤謀害秦王迎立嗣君自擅權柄以至殘害骨肉搖動藩垣懼先人基業忽焉墜地故誓心入朝以除君側事濟之後謝病歸藩然藩鄙素貧兵俱困欲希國士共濟艱難乃令小吏安十千以五紘妓見思同因勸諫諷動又軍校宋審温者請使於雍若不從命即獨圖之又令推官郝昭府吏朱廷乂以書擻起兵會副部署藥彥稠至方宴而妓使適至乃繫之於獄彥稠請誅審温拘送昭赴闕時思同已遣其子入朝言事朝廷嘉之乃以思同為鳳翔行營都部署起軍營於扶風三月十四日與張虔釗會於岐下扶衛大集十五日進收東西關城城中戰備不完然死力禦扞外兵傷夷者十二三十六日復進攻其城潞王登陴泣諭於外聞者悲之張虔釗性褊諠西面用軍虞都監皆血刃以督軍士軍士府詬反攻虔釗虔釗躍馬避之時羽林指揮使楊思權引軍自西門先入思同未之知猶督士登城俄而嚴衛指揮使尹暉呼曰城西軍已入城受賞矣軍士可解甲弃仗之聲振動天地日午亂軍畢入涇州張從賓邠州康福河中安彥威皆遁去十七日思同與藥彥稠萇從諫俱至長安劉遂雍閉關不內乃奔潼關二十二日潞王至昭應前鋒執思同來獻王謂左右曰思同計乖於事然盡心於所奉亦可嘉也顧謂趙守鈞曰思同爾之故人可行迓之於路達予撫慰之意思同至潞王讓之曰賊臣傾我家國殘害骨肉非予弟之過我起兵岐山蓋誅一二賊臣耳爾何首鼠兩端多方誤我今日之罪其可逃乎思同曰臣起自行間受先朝爵命擁旄仗鉞累歷重藩終無顯效以答殊遇臣非不知攀龍附鳳則福多扶衰濟弱則禍速但惟瞑目之後無面見先帝釁鼓膏原蓋固之常分也潞王為之改容徐謂之曰具宜韜斂潞王欲宥之而

楊思權之徒恥見其面屢啟於劉延朗言思同不可留慮失士心又潞王入長安時尹暉盡得思同家財及諸姬妾故尤惡思同與劉延朗亟言之屬潞王醉不待報殺思同并其子德勝潞王醒召思同左右報已誅之矣潞王怒延朗累日嗟惜之

趙鳳為邢州節度使明宗卧代潞鄂構難俄聞鄂王出奔鳳流涕集賓佐軍校曰主上播遷渡河而北吾輩安坐不赴奔問於理可乎軍校曰唯公所使尋聞王弘贄殺鄂王左右留王衛州又得清泰檄書而止

張敬達末帝清泰中從晉高祖為北面兵馬副摠管仍屯兵鴈門末幾晉高祖建義末帝詔以敬達為北面行營都招討使仍便委引部下兵圍太原以定州節度使楊光遠副焉尋統兵三萬營晉安鄉末帝自六月繼有詔促令攻取敬達設長城連柵雲梯飛抛使工者運其巧思窮土木之力將督事者每有所搆則暴風大雨平地水深數尺而城柵推墮竟不能合其圍九月契丹軍至敬達大敗乃為晉高祖與蕃衆所迫一夕而圍合蕃衆自晉安營南門之外長百餘里闊五十里布以氈帳用毛索懸之銅鈴而部伍多犬以備警急營中嘗有夜遁者出則犬吠鈴動跬步不能行焉自是敬達與麾下雜部曲五萬人馬萬匹無由四奔但見穹廬如岡阜相屬諸軍相顧色如死灰始則削木篩糞以飼其馬日望末帝救軍及馬漸羸死則與將士分而食之馬盡食殫副將楊光遠次將安審琦知其不濟勸敬達宜早降以求自安計敬達曰吾受恩明宗位歷方鎮主上授我大柄而失律如此已有愧於心也今救軍在近且暮雪恥有期諸公何相迫耶待勢窮則請殺吾攜首以降亦未為晚光遠白審琦知敬達意未決恐坐成魚肉遂斬敬達以降末帝聞其歿也愴慟久之虜主戎其部曲及漢之降者曰為臣當如此人乃令部人收葬之

晉袁從簡初仕後唐為金州刺史閔帝應順初與軍討鳳翔從

簡亦預征行軍變乃東還道遇張廷蘊為廷蘊所縛送于潞王潞王數之曰人皆歸我汝何偏攻我城而背我也從簡曰事主不敢忘今日死生唯命是聽潞王釋之

張即初為代州刺史又改行營諸軍馬步都虞候高祖建義於太原遣使以書諭之即曰為人臣而有二心可乎乃斬其使

高漢均仕後唐為金吾將軍清泰末高祖建義朝廷詔遣晉州張彥達屯兵太原委漢筠巡撫其郡俄以漢筠為契丹所敗彥達繼死之節度副使田承肇率部兵殺閤門使王彥通於公館次攻漢筠於府署漢筠乃啓關延承肇謂曰僕與子俱承朝寄而相迫何甚承肇曰我欲扶公為節度使漢筠曰老夫耄矣不敢首為亂階死生任子籌之承肇目左右令前諸軍投刃於地曰高金吾累朝宿德不可枉殺肇以衆意難拒遂謝云與公戲耳漢筠遂促騎以還高祖入洛飛詔徵遇諸途及入覲高祖

曰朕恐倉卒之際濫致傷害今見卿面深所喜也尋遷左騎衛大將軍內客省使

馬全節授鎮州節度使屬契丹侵軼封疆加之連旱國家所徵發全節朝受而夕行治生餘財必充貢奉

皇甫遇為河陽節度使少帝即位赴闕開運二年虜南冦遇戰於鄆州北津大捷虜溺死者步騎數千人以功領節滑臺三年虜長率衆屯邯鄲遇與騎將安審琦慕容彥超禦之遇渡漳河虜前鋒大至遇引退轉鬪二十里至鄴南榆林店遇謂審琦等曰彼衆我寡走死生矣遂自辰及未血戰百餘合所傷甚衆遇所乘馬中鏑而斃遇有紀綱杜知敏以馬授遇得馬復戰久之稍解顧杜知敏已為虜所獲謂彥超曰知敏蒼黃之中以馬輟我義也安可使陷戎賊中遂與彥超躍馬取知敏而還胡騎壯之俄而生軍復合遇不能解時審琦已至安陽河謂首將張從恩曰皇甫遇未至必為虜騎所為若不急救則成擒矣從恩曰虜厚悉衆無以枝梧將軍獨往何益審琦曰成敗命也設若不濟與之俱死假令賊不南來失此二將將何面目以見天子遂率鐵騎北渡赴之虜見塵起謂救軍併至乃引去遇與彥超中數瘡得還時諸軍歎曰二人皆猛將也朝廷累加至撿校太師同中書門下平章事四年虜復至從杜重威營滹水重威送款遇不與其議及降心不平之時耶律氏欲遣遇先入汴辭之推張彥澤督其行因私謂人曰我身荷國恩位兼將相既不能死於軍陣何顏以見舊主更受命圖之所不忍也明日行及趙郡平棘縣遇泊其公舍顧從者曰我已信宿不食疾甚矣主辱臣死無復南行因絕吭而殞遠近聞而義之

周王重裔初仕後唐莊宗為驍直將從征河上嘗契丹直帝有急難力救解之

冊府元龜卷第三百七十四

冊府元龜卷第三百七十五

將帥部三十六

褒異

夫褒勸之典，有國之常道也。況夫三軍之帥、百夫之特，有斬將搴旗之勇，却敵捕虜之勞，足以經武，克師開地斥境，何嘗不剖符疏壤，厚封崇賞之命，疇庸賛書，極尊獎之數，以至加地進律，稱功計伐，或錫之車服，或加之印綬，或許其世襲，或崇其官呼，或沒而可稱，禮至於詔葬，或死而可作，事美於追榮，皆所以疇勞而勸能，賞善而旌德，使效節之士罄其精忠，方來之人於焉激勵。傳曰：藏在盟府，不可廢也。謂是物矣夫。

周召公虎為卿士，平淮夷，宣王賜以秬鬯一尊，使以祭其宗廟，告其先祖。故江漢之詩曰：釐爾圭瓚，秬鬯一卣，告于文人。（釐，賜也。秬，黑黍也。鬯，香草也。築煮合而鬱之曰鬯。卣，器也。九命賜圭瓚秬鬯。文人，文德之人也。）又曰：錫山土田，于周受命，自召祖命。（周，岐周也。自，用也。宣王欲尊顯召虎，故如岐周，使虎受山川土田之賜，命用其祖召康公受封之禮。岐周，周之所起，為其先祖之靈，故就之。）

申伯，宣王命召公營其位，而作城郭及寢廟，定其神人所處，故崧高之詩曰：申伯之功，召伯是營，有俶其城，寢廟既成。（俶，作也。）又曰：既成藐藐，王錫申伯，四牡蹻蹻，鉤膺濯濯。（藐藐，美貌。蹻蹻，壯貌。鉤膺，樊纓也。濯濯，光明也。召公營位築之已成，以告於王，王乃賜申伯，為將遣之。）又曰：王遣申伯，路車乘馬，我圖爾居，莫如南土。（乘馬，四馬也。王以正禮遣申伯之國，故復有車馬之賜，因告之曰：我謀女之所處，無如南土之善。）錫爾介圭，以作爾寶。（寶，瑞也。圭長尺二寸謂之介，非諸侯之圭，故以為寶。諸侯之瑞圭自九寸而下。）

衛武公初為衛侯，犬戎為亂，武公將兵往佐平戎，甚有功，周平王元年命衛侯為公。

士會，晉大夫也，帥師滅赤狄，晉侯請于周，定王王以黻冕命士會將中軍，且為太傅。（代荀林父將中軍，且加以太傅之官。黻冕，命卿之服。大傅，孤卿也。）

秦蒙恬，始皇時為將，攻齊，大破之，拜為內史。

漢陳平為護軍中尉，從高帝擊韓王信於代，至平城，為匈奴圍七日，不得食。高帝用平奇計，使單于閼氏（音焉支）解圍，以得開。高帝既出，其計祕，世莫得聞。高帝南過曲逆，上其城，望其屋室甚大，曰：壯哉縣！吾行天下，獨見雒陽與是耳。顧問御史曲逆戶口幾何，對曰：始秦時三萬餘戶，間者兵數起，多亡匿，今見五千餘戶。於是詔御史更封平為曲逆侯，盡食之。平自初從至天下定後，常以護軍中尉從擊臧荼、陳豨、黥布，凡六出奇計，輒益封邑。

曹參，沛人也。高祖為沛公，參以中涓從（中涓，如中謁者。涓，潔也，言其在中主知潔清灑埽之事，蓋親近左右也），擊胡陵、方與（音房豫），攻秦監公軍，大破之（監，御史監郡者。公，名也），東下薛，擊泗水守軍薛郭西，復以胡陵取之，賜爵七大夫。又攻下邑以西，至虞，擊秦將章邯車騎，攻轅戚及亢父（音抗甫），先登，遷為五大夫。楚懷王以沛公為碭郡長，將碭郡兵，於是乃封參為執帛（楚爵，孤卿也），號曰建成君，遷為戚公，又虜秦司馬及御史各一人，遷為執珪（楚爵），及沛公為漢王，漢王封參為建成侯，從至漢中，遷為將軍。參將兵守景陵，三秦使章平等攻參，出擊，大破之，賜食邑於寧秦（寧秦，今華陰）。

周勃，沛人也。沛公初起，勃以中涓從，攻胡陵，下方與。方與反，與戰，却敵。攻豐，擊秦軍碭東，還軍留及蕭，復攻碭，破之，下下邑，先登，賜爵五大夫。沛公為漢王，漢王賜勃爵為威武侯，從入漢中，拜為將軍，還定三秦，賜食邑懷德。又東定楚地泗水、東海郡，凡得二十二縣。還守洛陽、櫟陽，賜與潁陰侯共食鍾離。以將軍從高祖擊燕王臧荼，破之易下，所將卒當馳道為多（當高祖所行之前），賜爵列侯，剖符世世不絕，食絳八千二百八十戶。

樊噲以舍人從高祖攻胡陵、方與（皆縣名。方音房，與音豫），還守豐，擊泗水監豐下，破之（泗水郡監，謂御史監郡者也，破之於豐縣下），復東定沛，破泗水守薛西（破郡守於薛縣之西），與司馬𡰥戰碭東（秦將章邯之司馬也。𡰥讀與夷同），卻敵，斬首十五級，賜爵國大夫（即官大夫也，爵第六級）。常從沛公擊章邯軍濮陽，攻城先登，斬首二十三級，賜爵列大夫（即公大夫也，爵第七級）。從攻陽城，先登。下戶牖（陽武縣之鄉），破李由軍，斬首十六級，賜上閒爵（得經上聞也。呂氏春秋曰：魏文侯東勝齊於長城，天子賞文侯以上聞。又曰：名通於天子也）。後攻圉都尉、東郡守尉於成武，陳留圉縣（陳留圉縣）卻敵斬首十四級捕虜十六人（生獲曰虜）賜爵五大夫從攻秦軍出亳南（亳成湯封邑介河南偃師湯亭是）河閒守軍於杠破之（杠音江）擊破趙賁軍開封北（賁音奔）以卻敵先登斬候一人首六十八級捕虜二十六人（既斬候一人又更斬首六十八）賜爵卿從攻破楊熊於曲遇（曲音丘羽切遇音顒）攻宛陵先登斬八級捕虜四十四人賜爵封號賢成君（食祿比封君而無邑也楚漢之際權設寵榮假其位號或得邑地或空受爵此例多矣）從攻長社轘轅絕河津東攻秦軍戶鄉南攻秦軍於犨破南陽守齮於陽城東攻宛城先登西至酈（南陽之縣也音直益切）以卻敵斬首十四級捕虜四十人賜重封（重封者加二號耳）項羽在戲下攻沛公沛公從百餘騎因項伯面見項羽謝項莊拔劍舞坐中欲擊沛公噲居營外聞事急迺持盾入營是日微噲沛公幾殆後數日項羽入屠咸陽立沛公爲漢王漢王賜噲爵爲列侯號臨武遷爲郎中從入漢中還定三秦別擊西丞白水北（西謂隴西郡西縣也白水水名經西縣東流而過言擊西縣之丞於白水之北）雍輕車騎雍南破之從攻雍斄城先登（斄讀與邰同縣名即后稷所封今武功故城是）（音胎）擊章平軍好時攻城先登陷陣斬縣令丞各一人首十一級虜二十人遷爲郎中騎將從擊秦車騎壤（地名也）卻敵遷爲將軍攻趙賁下郿槐里柳中咸陽（柳中即細柳地也在長安西）灌廢丘最（引水灌廢丘）至櫟陽賜食邑杜之樊鄉（杜縣之樊鄉也今日樊川）從攻項籍屠煑棗（清河有煑棗城功臣表有煑棗侯又曰酈云攻項籍屠煑棗則其地當在大河之南非清河之城明矣但未詳其處）擊破王武程處軍於外黃攻鄒魯瑕丘薛項羽敗漢王於彭城盡復取魯梁地噲還至滎陽益食平陰二千戶以將軍守廣武一歲（即滎陽之廣武）項羽引東從高祖擊項羽下陽夏（夏音工雅切）虜楚周將軍卒四千人（周將）圍項籍陳大破之（於陳縣圍之）屠胡陵項籍死漢王即皇帝位以噲有功益食邑八百戶其秋燕王臧荼反噲從攻虜荼定燕地楚王韓信反噲從至陳取信定楚更賜爵列侯與剖符世世勿絕食舞陽號爲舞陽侯除前所食以將軍從攻反者韓王信於代自霍人以往至雲中與絳侯等共定之益食千五百戶因擊陳豨曼丘臣軍戰襄國破柏人先登降之定清河常山凡二十七縣殘東垣（殘謂多所殺傷也）遷爲左丞相破得綦毋卬尹潘軍於無終廣昌（綦毋姓也卬名也綦音其）破豨別將胡人王黃軍代南因擊韓信軍參合軍所卒斬韓信擊豨胡騎橫谷斬將軍趙旣虜代丞相馮梁守孫奮大將王黃將軍大將一人太僕解福等十人與諸將共定代鄉邑七十三後燕王盧綰反噲以相國擊綰破其丞相抵薊南（抵至也一說抵者其丞相之名也音丁禮切）定燕縣十八鄉邑五十一益食千三百戶定食舞陽五千四百戶

酈商高陽人也（酈音歷）陳勝起商聚少年得數千人沛公略地六月餘商以所將四千人屬沛公於岐從攻長社先登賜爵封信成君從攻緱氏絕河津破秦軍洛陽東從下宛穰定十七縣別將攻旬關（漢中旬水上之關也今在洵陽縣）西定漢中（先言攻旬關定漢中後云沛公爲漢王是則沛公從武關藍田而來商時別從西道平定漢中）沛公爲漢王賜商爵信成君以將軍爲隴西都尉別定北地郡破章邯別將於烏氏栒邑泥陽（烏氏安定縣也栒邑今在豳州泥陽北地縣氏音支栒音荀）賜食邑武城六千戶從擊項籍軍與鍾離眛戰受梁相國印（漢以梁相國印授之）益食四千戶從擊項羽二歲攻胡陵漢王即帝位臧荼反商以將軍從擊荼戰龍脫先登陷陳破荼軍易下（今易縣）卻敵遷爲丞相賜爵列侯與剖符世世勿絕食邑涿郡五千戶別定上谷因攻代受趙相國印（初受梁相國印今又受趙相國印）與絳侯等定代郡鴈門得代丞相程縱守相郭同（守相謂爲相而居府者）將軍以下至六百石十九人還以將軍將太上皇衛一歲十月以右丞相擊陳豨殘東垣又從擊黥布攻其前垣（謂攻其壁壘之前垣）陷兩陳得以破布軍更封爲曲周侯食邑五千一百戶除前所食

夏侯嬰以縣令史爲高祖使高祖爲沛公賜嬰爵七大夫以嬰爲太僕常奉車（爲沛公御車）從攻胡陵嬰與蕭何降泗水監平（胡陵所止縣同賚給之故與降）平以胡陵降賜嬰爵五大夫從擊秦軍碭東攻濟陽下戶牖破李由軍雍丘以兵車趣攻戰疾破之（趣讀曰促謂急速也次下亦同）賜爵執帛從擊章邯軍東阿濮陽下以兵車趣攻戰疾破之賜爵

執圭從擊趙賁軍開封楊熊軍曲遇嬰從捕虜六十八人降卒八百五十人得印一匱[時自推有署官之印]又擊秦軍雒陽東以兵車趣攻戰疾賜爵封轉爲滕令[今沛郡公丘縣]因奉車[因此又每奉車從攻戰以至霸上]從攻定南陽戰於藍田芷陽[芷陽後爲霸陵縣]至霸上沛公爲漢王賜嬰爵列侯號昭平侯復爲太僕從入蜀漢還定三秦從擊項籍至彭城項羽大破漢軍漢王不利馳去見孝惠魯元載之漢王急馬罷虜在後[罷讀曰疲]常蹶兩兒棄之[蹶音厥又音足跋物之]嬰常收載行面雍樹馳[面偝也雍抱持之言乘兩兒令面背己而抱之以馳故云面雍樹馳雍讀曰擁]漢王怒欲斬嬰者十餘卒得脫而致孝惠魯元於豐漢王既至滎陽收散兵復振賜嬰食邑沂陽[沂音魚依切]擊項籍下邑追至陳卒定楚至魯益食茲氏[茲氏縣名地理志屬太原]漢王即帝位燕王臧荼反嬰從擊荼至陳取楚王信更食汝陰剖符世世勿絕從擊代至武泉雲中益食千戶因從擊韓信軍胡騎晉陽旁大破之追北至平城爲胡所圍七日不得通高帝使使厚遺閼氏冒頓乃開其圍一角高帝出欲馳嬰固徐行弩皆持滿外鄉[故示閒暇所以固士卒心而令敵不測也鄉讀曰嚮]卒以得脫[卒終也]益食嬰細陽千戶[益其邑使食之]從擊胡騎句注北大破之擊胡騎平城南三陷陳爲功多賜所奪邑五百戶[時有罪過奪邑者以賜之]從擊陳豨黥布軍陷陳卻敵益千戶定食汝陰六千九百戶除前所食

灌嬰以中涓從擊破東郡尉於成武及秦軍於杠里疾鬬賜爵七大夫又從攻秦軍亳南開封曲遇戰疾力[疾急也力強力也]賜封執帛號宣陵君從攻陽武以西至雒陽破秦軍尸北北絕河津南破南陽守齮陽城東遂定南陽郡西入武關戰於藍田疾力至霸上賜爵執圭號昌文君沛公爲漢王拜嬰爲郎中從入漢中中十月拜爲中謁者從還定三秦下櫟陽降塞王還圍章邯廢丘未拔從陶南疾戰破之賜嬰爵列侯號昌文侯食杜平鄉[杜縣之平鄉]復以中謁者從降下碭以至彭城項羽擊破漢王漢王遁而西嬰從還軍於雍丘王武魏申徒反[故秦將降於公]從擊破之攻下

外黃西收軍於滎陽楚騎來衆漢王迺擇軍中可爲騎將者皆推故秦騎士重泉人李必駱甲[重泉縣名也地理志屬左馮翊]習騎兵今爲校尉可爲騎將漢王欲拜之必甲曰臣故秦民恐軍不信臣臣願得大王左右善騎者傅之[傅音附謂附從者]嬰雖少然數力戰迺拜嬰爲中大夫令李必駱甲爲左右校尉將郎中騎兵擊楚騎於滎陽東大破之受詔別擊楚軍後絕其饟道[饟古餉字]起陽武至襄邑擊項羽之將項冠於魯下破之將卒斬右司馬騎將各一人[主右方之馬左亦如之又曰下所謂左右千人之號]擊破柘公王武軍燕西[柘縣名公者柘之令也王武其人姓名也燕亦縣名古南燕國也音一千切]所將卒斬樓煩將五人[樓煩縣名其人善騎射故名射士爲樓煩取其稱也]連尹一人[楚官也]擊王武別將桓嬰白馬下破之所將卒斬都尉一人以騎度河南送漢王到雒陽從北迎相國韓信軍於邯鄲還至敖倉嬰遷爲御史大夫三年以列侯食邑杜平鄉受詔將郎中騎兵東屬相國韓信擊破齊軍於歷下所將卒虜車騎將華毋傷[華音下化切]及將吏四十六人降下臨淄得相田光追齊相田橫至嬴博[二縣名]擊破其騎所將卒斬騎將一人生得騎將四人攻下嬴博破齊將軍田吸於千乘斬之東從韓信攻龍且留公於假密[留縣名公留令也攻龍且及留令於假密]卒斬龍且[卒所將之卒也其下亦同]生得右司馬連尹各一人樓煩將十人身生得亞將周蘭[亞次也]齊地巳定韓信自立爲齊王使嬰別將擊楚將公杲於魯北破之轉南破薛郡長[長亦如郡守也時每郡置長]身虜騎將一人攻博陽前下相以東南僮取慮徐[僮取慮徐三縣名也取音趨又音秋慮音閭]度淮盡降其城邑至廣陵[謂從下相以東南盡降城邑乃至廣陵皆平定]項羽使項聲薛公郯公復定淮北嬰度淮擊破項聲郯公下邳斬薛公下下邳壽春擊破楚騎平陽[此平陽在東郡]遂降彭城虜柱國項佗[佗音徒何切]降留薛沛酇蕭相[凡六縣也酇音才何切]攻苦譙[二縣也]復得亞將與漢王會頤鄉從擊項籍軍陳下破之所將卒斬樓煩將二人虜將八人賜益食邑二千五百戶項籍敗垓下去也嬰以御史大夫將車騎別追項籍至東城破之所將卒五人共斬項籍皆賜爵列侯降右司馬各一

人卒萬二千人盡得其軍將吏下東城歷陽度江破吳郡長吳下吳郡長當時爲吳郡長嬰破之於吳下得吳守遂定吳豫章會稽郡還定淮北凡五十二縣漢王即帝位賜益嬰邑三千戶以車騎將軍從擊燕王荼明年從至陳取楚王信還剖符世世勿絶食潁陰二千五百戶從擊韓王信於代至馬邑別降樓煩以北六縣斬代左將破胡騎將於武泉北復從擊信胡騎晉陽下所將卒斬胡白題將一人白題胡名也又受詔并將燕趙齊梁楚車騎擊破胡騎於硰石硰音千各切至平城爲胡所困從擊陳豨別攻豨丞相侯敞軍曲逆下破之卒斬敞及特將五人卒謂所將之卒也特獨將也各獨爲將降曲逆盧奴上曲陽安國安平攻下東垣黥布反以車騎將軍先出攻布別將於相破之斬亞將樓煩將三人又進擊破布上柱國及大司馬軍又進破布別將肥銖嬰身生得左司馬一人所將卒斬其小將十人追北至淮上益邑二千五百戶布已破高帝歸定令嬰食潁陰五千戶除前所食邑凡從所得二千石二人別破軍十六降城四十六定國一郡二縣五十二得將軍二人柱國相各一人二千石十人嬰自破布歸高帝後以列侯事惠帝及呂后至呂祿等欲爲亂齊哀王聞之舉兵西呂祿等以嬰爲大將軍往擊之嬰至滎陽乃與絳侯等謀因屯兵滎陽風齊王以誅呂氏事風讀曰諷齊兵止不前絳侯等既誅諸呂齊王罷兵歸嬰自滎陽還與絳侯陳平共立文帝於是益封嬰三千戶賜金千斤爲太尉

傅寬以魏五大夫騎將從爲舍人起橫陽從攻安陽杠里趙賁軍於開封及擊楊熊曲遇陽武斬首十二級賜爵卿從至霸上沛公爲漢王賜寬封號共德君共讀曰恭從入漢中爲右騎將定三秦食邑雕陰縣名屬上郡從擊項籍待懷待高帝於懷懷縣名也地理志屬河內郡今懷州賜爵通德侯從擊項冠周蘭龍且所將卒斬騎將一人敖下敖地名也蓋即此也左氏傳曰敖鄗之間益食邑屬淮陰韓信也信時爲相國屬淮陰者言之也擊破齊歷下軍擊田解屬相國參殘博參曹參也博太山縣也益食邑因定齊地

剖符世世勿絶封陽陵侯二千六百戶除前所食爲齊右丞相備齊防田橫未降故謂之備齊也

靳歙以中涓從起宛朐歙音翕宛音於元切朐音其于切攻濟陽破李由軍擊秦軍開封東斬騎千人將一人騎將率千人者部都尉爲千人官同馬候也首五十七級捕虜七十三人賜爵封臨平君又戰藍田北斬車司馬二人主事也騎長一人騎之首二十八級捕虜五十七人至霸上沛公爲漢王賜歙爵建武侯遷騎都尉從定三秦別西擊章平軍於隴西破之定隴西六縣所將卒斬車司馬候各四人騎長十二人從東擊楚至彭城漢軍敗還保雍丘擊反者王武等略梁地別西擊邢說軍菑南破之邢說名也菑縣名也說讀曰悅身得說都尉二人司馬候十二人降吏卒四千六百八十人破楚軍滎陽東食邑四千二百戶別之河內擊趙賁軍朝歌破之所將卒得騎將二人車馬二百五十匹從攻安陽以東至棘蒲下七縣別攻破趙軍得其將司馬二人候四人降卒吏二千四百人從降下邯鄲別下平陽身斬守相所將卒斬兵守郡守一人言兵郡守也降鄴從攻朝歌邯鄲及別擊破趙軍降邯鄲郡六縣還軍敖倉破項籍軍成皋南擊絶楚饟道起滎陽至襄邑破項冠魯下略地東至鄫郯下邳南至蘄竹邑擊項悍濟陽下還擊項籍軍陳下破之別定江陵降柱國大司馬以下八人身得江陵王致洛陽江陵王爲共敖之子共尉也得而送於雒陽因定南郡從至陳取楚王信剖符世世勿絶定食四千六百戶爲信武侯以騎都尉從擊代攻韓信平城下還軍東垣有功遷爲車騎將軍并將梁趙齊燕楚車騎別擊陳豨丞相敞破之侯敞因降曲逆從擊黥布功益封定食邑五千三百戶

任敖沛人也少爲獄吏高祖嘗避吏吏繫呂后遇之不謹任敖素善高祖怒擊傷主呂后吏及高祖初起敖以客從爲御史守豐二歲高祖立爲漢王東擊項羽敖遷爲上黨守陳豨反敖堅守封爲廣阿侯食邑千八百戶

申屠嘉良人也以材官蹶張(材官之多力能腳蹋彊弩張之故曰蹶張今之弩以手張者曰擘張以足蹋者曰蹶張 音厥 擘音布革切)從高祖擊項羽遷為隊率(一隊之率也 率音所類切)從擊黥布為都尉孝惠時為淮陽守孝文元年舉故以二千石從高祖者悉以為關內侯食邑二十四人而嘉食邑五百戶

周亞夫為將軍文帝六年匈奴大入邊以宗正劉禮為將軍軍霸上祝茲侯徐厲為將軍軍棘門以河內守亞夫為將軍軍細柳以備胡帝自勞軍至霸上及棘門軍直馳入將以下騎出入送迎已而之細柳軍軍士吏被甲銳兵刃彀弓弩持滿(彀張也 音遘)天子先驅至不得入(先驅導駕者也若今之武候隊矣)先驅曰天子且至軍門都尉曰軍中聞將軍之令不聞天子之詔於是天子迺按轡徐行至中營將軍亞夫揖曰介胄之士不拜請以軍禮見(禮介者不拜)天子為動改容式車(古者立乘凡言式車者謂俛首撫式以禮敬人)使人稱謝(謝告也)皇帝敬勞將軍成禮而去既出軍門群臣皆驚文帝曰嗟乎此真將軍矣鄉者霸上棘門如兒戲耳(鄉讀曰嚮)其將固可襲而虜也至於亞夫可得而犯邪稱善者久之月餘三軍皆罷迺拜亞夫為中尉

直不疑景帝時為御史大夫吳楚反時不疑以二千石將擊之武帝脩吳楚時功封不疑為塞侯

李廣與從弟李蔡俱為郎事文帝景帝時蔡積功至二千石武帝元朔中為輕車將軍從大將軍擊右賢王有功中率封為樂安侯

李敢者廣之少子也敢以校尉從驃騎將軍擊胡左賢王力戰奪左賢王旗鼓斬首多賜爵關內侯食邑二百戶

衛青武帝元光六年拜車騎將軍擊匈奴出上谷斬首虜數百騎賜爵關內侯元朔元年秋青復將三萬騎出鴈門斬首虜數千明年青復出雲中遂取河南地為朔方郡(當北地北黃河之南)以三千八百戶封青為長平侯益封青三千八百戶五年春青將三萬騎出高闕得右賢裨王十餘人(裨王小王也 裨頻移切)眾女五千餘人畜數十百萬於是引兵而還至塞帝使使持大將軍印即軍中拜青為大將軍益封青八千七百戶

霍去病為票姚校尉(票姚勁疾之貌也 票頻妙切 姚羊召切)與輕勇騎八百直棄大將軍數百里赴利斬捕首虜過當(過當謂所殺多也)以二千戶封去病為冠軍侯元狩三年春為票騎將軍將萬騎出隴西有功益封去病二千二百戶其夏去病出北地遂深入至祁連山(祁連山即天山也)捕首虜甚多益封五千四百戶武帝又嘉去病之功以千七百戶益封四年春去病出定襄執訊獲醜七萬有四百四十三級以五千八百戶益封秩祿與大將軍等

趙充國以假司馬從貳師將軍擊匈奴大為虜所圍充國迺潰圍陷陳貳師遂得解身被二十餘創武帝親見視其創嗟歎之拜為中郎遷車騎將軍長史昭帝時武都氐人反充國以大將軍護軍都尉將兵擊定之遷中郎將將屯上谷(領兵屯上谷也)還為水衡都尉擊匈奴獲西祁王擢為後將軍宣帝本始中為蒲類將軍征匈奴斬虜數百級還為後將軍少府

辛慶忌為右校丞隨長羅侯常惠屯田烏孫赤谷城與歙侯戰(歙侯烏孫官名也 歙音翕)陷陳卻敵惠奏其功拜為侍郎

鄭吉宣帝時以侍郎田渠黎積穀因發諸國兵攻破車師遷衛司馬使護鄯善以西南道(鄯音善)神爵中匈奴乖亂日逐王先賢撣欲降漢(撣音纏)使人與吉相聞吉發渠黎龜茲諸國五萬人迎日逐王口萬二千人小王將十二人隨吉至河曲頗有亡者吉追斬之遂將詣京師漢封日逐王為歸德侯吉既破車師降日逐威震西域并護車師以西北道故號都護(并護南北二道故謂之都護 都猶大也總也)都護之置自吉始焉帝嘉其功效迺下詔曰都護西域騎都尉鄭吉拊循外蠻宣明威信(孔云東夷北狄西戎南蠻總名蠻夷又云方之戎狄亦可以皆謂之蠻)迎匈奴單于從兄日逐王眾擊破車師兜訾城(兜訾城名)功效茂著其封吉為安遠侯食邑千戶

段會宗為左曹中郎將發戊己校尉諸國兵誅烏孫末振將太子番丘還奏事公卿議會宗權得便宜以輕兵深入烏孫即誅

番上宣明國威宜加重賞孝成元延中天子賜會宗爵關內侯黃金百斤

後漢王常初歸光武封山桑侯(山桑縣屬沛郡今亳州縣)後帝於大會中指常謂群臣此家率下江諸將輔翼漢室心如金石真忠臣也是日遷常爲漢忠將軍遣南擊鄧奉董訢令諸將皆屬焉又與王霸共平沛郡賊(蛨壼)及徵還洛陽令夫人迎常於舞陽歸家上冢西屯長安拒隗囂七年使使者持璽書即拜常爲橫野大將軍位次與諸將絕席(絕席謂尊顯之也)

來歙爲太中大夫至略陽斬隗囂守將金梁因保其城囂悉兵數萬人圍略陽自春至秋其士卒疲弊光武乃大發關東兵自將上隴囂衆潰走圍解於是置酒高會勞賜歙班坐絕席在諸將之右賜歙妻縑千匹詔使留屯長安悉監護諸將

鄧禹爲大司徒渡汾陰河入夏陽更始郎將左輔都尉公乘歙引其衆十萬與左馮翊兵共拒禹於衙(衙縣名屬左馮翊)禹破走之光武嘉之數賜書褒美十三年天下平定封爲高密侯

寇恂爲河內太守行大將軍時朱鮪聞光武北而河內孤使蘇茂賈彊度鞏河攻溫(今洛州縣)恂因奔擊大破之時光武初即位軍食急乏恂轉輸不絕帝數策書勞問後爲潁川太守擊斬潁川嚴終等寇定封恂雍奴侯邑萬戶

馮異爲偏將軍從王武破王郎封應侯又從平河北拜異爲孟津將軍擊陽翟城賊嚴終趙根破之詔異歸家上冢使太中大夫齎牛酒令二百里內太守都尉已下及宗族會焉時赤眉延岑暴亂三輔代鄧禹討之車駕送至河南賜以乘輿七尺具劍(具謂以寶玉裝飾之)異於赤眉遇於華陰相拒六十餘日戰數十合降其將劉始王宣等五千人三年春遣使者即拜異爲征西大將軍大破赤眉衆於崤底降男女八萬人降璽書勞異後朝京師引見帝謂公卿曰是我起兵時主簿也爲吾披荊棘定關中既罷使中黃門賜以珍寶衣服錢帛

岑彭爲刺姦將軍光武使督察衆營授以常所持節從平河北及帝即位拜廷尉行大將軍事又破許邯於杏(杏南陽復陽縣有杏聚)降董訢遷征南大將軍及擊秦豐敗走封爲舞陰侯後以將伐蜀漢引兵屯津鄉(縣名所謂江陵也)徵詣京師數召讌見厚加賞賜復南還津鄉有詔過家上冢後彭破荊門降邛穀王任貴會彭薨帝盡以任貴所獻賜彭妻子

賈復爲破虜將軍光武至信都以爲偏將軍及拔邯鄲遷都護將軍復又擊鄴賊破之光武即位拜爲執金吾封冠軍侯先度河攻朱鮪於洛陽與白虎公陳僑戰連破降之益封穰朝陽二縣又擊召陵新息平定之(新息縣名屬汝南郡)遷左將軍後定封膠東侯食郁秩壯武下密即墨挺胡觀陽凡六縣(六縣皆屬膠東國壯武故城在今萊州即墨縣西下密在今青州北即墨在今萊州膠水縣東南挺胡故城在今萊州昌陽縣西北觀陽在昌陽縣之東挺一音徒)

吳漢爲偏將軍既拔邯鄲(光武使漢等將突騎揚兵戲馬立騎還邯鄲城乃圍之)賜號建策侯光武即位拜大司馬更封舞陽侯及平蜀泝旅浮江而下至死詔令過家上冢賜穀二萬斛後薨詔發北軍五校輕車介士送葬如大將軍霍光故事

蓋延爲偏將軍號建功侯從光武平河北及即帝位以延爲虎牙將軍更封安平侯又從征董憲於昌慮皆破平之又與來歙攻河池以病引還拜爲左馮翊後增封定食萬戶

陳俊爲彊弩偏將軍光武賜絳衣九百領以衣中堅同心士與五校戰於安次俊下馬手接短兵所向必破追奔二十餘里斬其渠帥而還帝望而歎曰戰將盡如是豈有憂哉及光武即位封俊爲列侯又攻賊下四縣更封新處侯(新處縣名在中山國)又追討張步斬之帝美其功詔俊得專征青徐(賜璽書曰將軍元勳大著威震青徐兩州有警得專征之)數上書願擊隴蜀詔報曰東州新平大將軍之功也負海猾夏盜賊之處國家以爲重且勉鎮撫之又增邑定封祝阿侯(祝阿縣名屬平原郡)

臧宮爲偏將軍從光武破群賊數陷陳卻敵及帝即位以爲侍中騎都尉又封成安侯將突騎與祭遵擊更始將左防韋顏於

沮陽来降之又將兵徇江夏擊代鄉鍾武竹里皆下之(鍾武縣屬江夏郡故城在今申州鍾山縣南)帝使太中大夫張明持節拜宮為輔威將軍後更封期思侯(縣名屬汝南郡)又與吳漢滅公孫述帝以蜀地初定拜宮為廣漢太守增邑更封酇侯

耿況為大將軍封隃麋侯與子舒攻彭寵取軍都(軍都縣屬廣陽郡)寵死光武嘉況功使光祿大夫持節迎況(秦山伏書曰使光祿大夫樊宏詔況曰惟況功大不宜監察從事邊郡寒苦不足以留其詣行在所)賜甲第奉朝請封牟平侯後況疾病乘輿數自臨幸

耿弇為偏將軍說光武益發精兵以集大計光武大說乃拜弇為大將軍及帝即位拜弇為建威大將軍攻破厭新賊於敖倉更封好畤侯食好畤美陽二縣

銚期為偏將軍從光武擊破王郎拜期虎牙大將軍光武即位封安成侯(安成縣名屬汝南郡故城在今豫州吳陽縣東南)食邑五千戶後卒帝親臨襚斂贈以衛尉安成侯印綬

王霸為軍正爵關內侯既至信都發兵攻拔邯鄲霸追斬王郎得其璽綬封王鄉侯光武即位以霸曉兵愛士可獨任拜為偏將軍又更封富波侯(富波縣名屬汝南郡在今豫州)

祭遵受偏將軍從光武平河北以功封列侯又拜征虜將軍定封潁陽侯後從車駕上隴及隗囂破光武東歸過汧幸遵營勞饗士卒作黃門武樂良夜乃罷時遵有疾詔賜重茵覆以御蓋復令進屯隴下後遵卒帝愍悼之尤甚遵喪至河南縣詔遣百官先會喪所車駕素服臨之望哭哀慟還幸城門過其車騎涕泣不能已喪禮成復親祠以太牢如宣帝臨霍光故事詔大長秋謁者河南尹護喪事大司農給費至葬車駕復臨贈以將軍侯印綬朱輪容車介士軍陳送葬既葬車駕復臨其墳存見夫人室家遵無子帝追傷之以從弟彤為偃師長令近遵墳墓四時奉祠之

李忠為右將軍從光武攻下屬縣至苦陘(苦陘縣名屬中山國章帝改曰漢昌自北已後隋代改之今為定州唐昌縣)帝會諸將問所得財物唯忠獨無所掠光武曰我欲特賜李忠諸卿得無望乎即以所乘大驪馬及繡被衣物賜之

萬脩為偏將軍封造義侯及破邯鄲拜右將軍從光武平河北更封槐里侯

邳彤為後大將軍及拔邯鄲封武義侯更封靈壽侯

耿純為前將軍封耿鄉侯擊王郎將李惲大破之光武即位封純高陽侯復拜純為東郡太守詔純將兵擊更始太守范荊降之定封東光侯純辭就國帝曰文帝謂周勃丞相吾所重君為我率諸侯就國今亦然也純受詔而去至鄴賜穀萬斛

朱祐為護軍從光武征河北常力戰陷陣以為偏將軍封安陽侯即拜為建義大將軍更封堵陽侯(縣名屬南陽郡)後擊黃郵降之賜祐黃金三十斤

景丹為偏將軍從光武擊王郎將兒宏等大破之遂從征河北

及帝即位詔舉可為大司馬者帝曰景將軍北州大將軍是其人也拜丹為驃騎將軍定封丹櫟陽侯謂丹曰今關東故王國雖數縣不過櫟陽萬戶邑夫富貴不歸故鄉如衣繡夜行故以封卿耳丹頓首謝

王梁為偏將軍既拔邯鄲賜爵關內侯從光武平河北拜野王令杜茂為中堅將軍常從光武征伐即位拜大將軍封樂鄉侯(屬信都國)北擊五校於真定進降廣平更封苦陘侯

馬成為期門從光武征伐及帝即位再遷護軍都尉後拜揚武將軍擊斬李憲盡平江淮地封平舒侯(屬代郡)

劉隆為騎都尉封亢父侯(縣名屬東平國故城在兗州任城縣南)俄拜誅虜將軍討平李憲又守南郡太守增邑更封竟陵侯後以中郎將副伏波將軍馬援擊交阯蠻夷徵側等隆別於禁谿口破之(交阯郡麊泠縣有金溪究相傳音訛謂之禁溪則徵側等所敗處也其地今峯州新昌縣也)獲其帥徵貳(徵側之妹)斬首千餘級降者二萬餘人還更封大國為長平侯

傳俊爲校尉從光武破王尋等以爲偏將軍帝即位以後爲侍中封昆陽侯

堅鐔爲偏將軍從光武平河北及帝即位拜鐔揚化將軍封㶏彊侯（㶏彊縣名屬河南郡㶏於斷切）

馬武爲振威將軍從光武擊群賊常爲先鋒破賊及即位以武爲侍中騎都尉封山都侯又與蓋延等討劉永武別擊濟陰下成武楚丘拜捕虜將軍後擊破西羌振旅還京增邑七百戶并前千八百戶

竇融初爲更始屬國都尉及歸光武爲涼州牧光武以融信効著明詔右扶風修理融父墳塋祠以太牢數馳輕使致遺四方珍羞及車駕征隗囂融率五郡太守羌虜小月氏等步騎數萬輜重萬餘兩會高平地（高平今原州縣）帝置酒高會引見融待以殊禮隴蜀平詔融與五郡太守奏事京師官屬賓客相隨駕乘千餘兩馬牛羊被野融到詣洛陽城門上涼州牧張掖屬國都尉安豐侯印綬詔遣使者還侯印綬引見就諸侯位賞賜恩寵傾動京師

馬援爲伏波將軍擊斬交阯女賊徵側徵貳傳首洛陽封爲新息侯食邑三千戶又擊其餘黨振旅還京師賜援兵車一乘朝見位次九卿匈奴烏桓寇扶風援以三輔侵擾園陵危逼因請行許之復出屯襄國詔百官祖道

朱浮爲偏將軍從光武破邯鄲拜爲大將軍幽州牧守薊城遂討定北邊封舞陽侯食三縣

梁統爲宣德將軍與竇融等將兵會光武征隗囂及囂敗封統爲成義侯

張宗爲京輔將軍將突騎與征西大將軍馮異共擊關中諸營保破之遷河南郡尉

馬嚴明帝時爲將軍長史將北軍五校士羽林禁兵三千人屯西河美稷衛護南單于聽置司馬從事牧守謁敬同之將軍勑嚴過武庫祭蚩尤帝親御阿閣觀其士衆時人榮之章帝即位徵拜御史中丞

馬防爲城門校尉行車騎將軍擊金城隴西諸羌破之詔徵防還拜車騎將軍貴寵最盛與九卿絕席增邑千三百五十戶

竇固爲奉車都尉擊羌胡有功加特進又擊西域破白山降車師章帝時追録前功增邑一千三百戶

耿秉爲征西將軍章帝時擊北匈奴大破之封秉美陽侯食邑三千戶及卒賜以朱棺玉衣將作大匠穿冢假鼓吹五營騎士三百餘人送葬

竇憲爲車騎將軍大破單于於稽落山遂登燕然山刻石勒功紀漢威德令班固作銘和帝詔使中郎將持節即五原拜憲大將軍封武陽侯食邑二萬戶憲固辭封賜策許焉

班超自章帝建初八年爲將兵長史假鼓吹幢麾加都護討焉耆西域五十餘國悉納質內屬焉詔曰超安集于寘以西遂踰葱領迄縣度（迄至也縣度山名縣音玄謂以繩索懸絕而過也其處在皮山國以西罽賓國之東也）出入二十二年莫不賓從改立其王而綏其人不動中國不煩戎士得遠夷之和同異俗之心而致天誅蠲宿恥以報將士之讎司馬法曰賞不踰月欲人速覩爲善之利也其封超爲定遠侯邑千戶超在西域三十一歲至和帝永元十四年八月至洛陽拜爲射聲校尉超素有匈脅疾既至病加帝遣中黃門問疾賜醫藥其四月卒年七十一朝廷愍惜焉使者弔祭贈賵甚厚

耿夔爲大將軍左校尉擊匈奴斬閼氏名王已下五千餘級乃封夔粟邑侯（粟邑縣名屬左馮翊故城在今同州白水縣西北）

鄧騭禹之孫也殤帝延平元年夏將左右羽林北軍五校士及諸部兵擊涼部叛羌車駕幸平樂觀餞送

滕撫順帝時爲九江都尉討廣陵賊張嬰等進擊大破之拜撫中郎將督揚徐二州事

馬緄督揚州諸郡軍事與中郎將滕撫擊破群賊遷隴西大守

度尚桓帝時爲中郎將討擊桂陽賊胡蘭等斬首三千五百級詔賜尚錢百萬

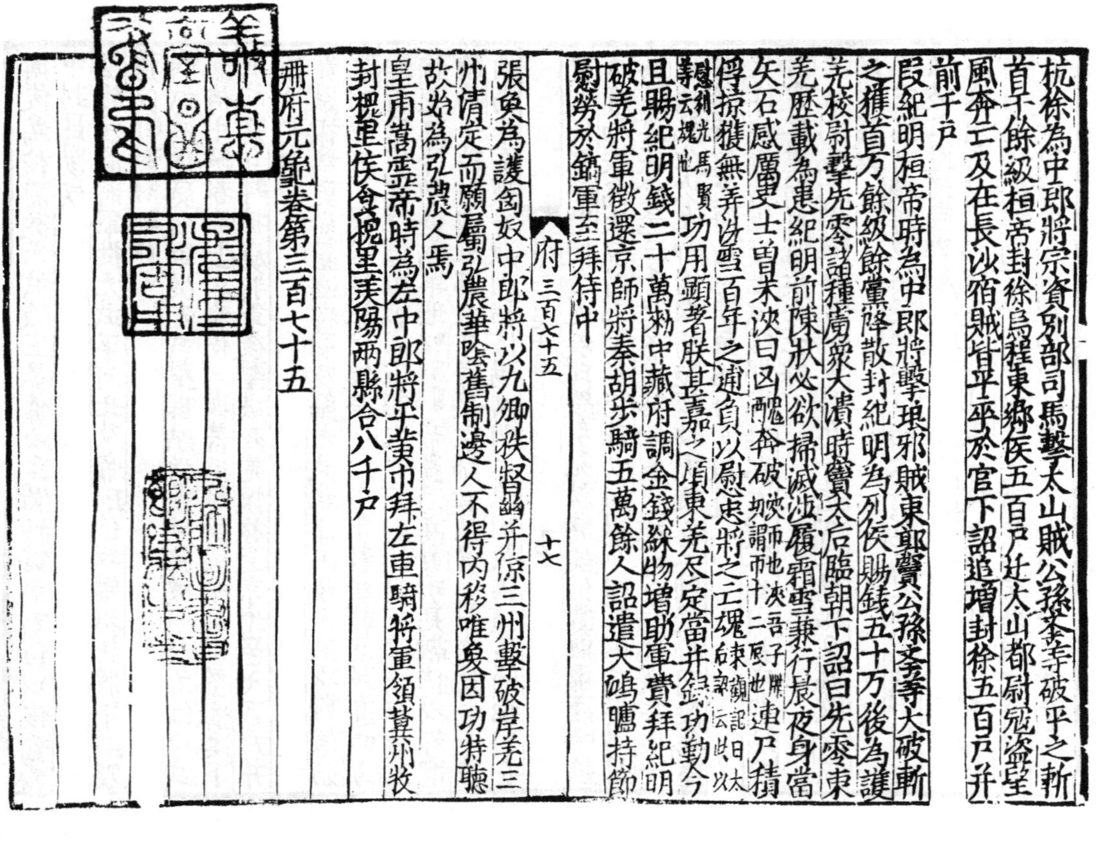

抗徐為中郎將宗資別部司馬擊太山賊公孫舉等破平之斬首千餘級桓帝封徐烏程東鄉侯五百戶遷太山都尉寇盜望風奔亡及在長沙宿賊皆平平於官下詔追增封徐五百戶并前千戶

段紀明桓帝時為中郎將擊琅邪賊東郭竇公孫舉等大破斬之獲首萬餘級餘黨降散封紀明為列侯賜錢五十萬後為護羌校尉擊先零諸種羌衆大潰時竇太后臨朝下詔曰先零東羌歷載為患紀明前陳狀必欲掃滅涉履霜雪兼行晨夜身當矢石感厲吏士曾未浹日凶醜奔破（浹帀也浹音子牒切謂帀十二辰也）連尸積俘掠獲無算洗雪百年之逋負以慰忠將之亡魂（東觀記曰太原部云此以慰種光馬賢等亡魂也）功用顯著朕甚嘉之須東羌盡定當并錄功勤今且賜紀明錢二十萬以中藏府調金錢綵物增助軍費拜紀明破羌將軍徵還京師將秦胡步騎五萬餘人詔遣大鴻臚持節慰勞於鎬軍至拜侍中

張奐為護匈奴中郎將以九卿秩督幽并涼三州擊破羌三州清定而顧屬弘農華陰舊制邊人不得內移唯奐因功特聽故始為弘農人焉

皇甫嵩靈帝時為左中郎將平黃巾拜左車騎將軍領冀州牧封槐里侯食槐里美陽兩縣合八千戶

冊府元龜卷第三百七十五

宗趙犨唐僖宗時為陳州刺史賊巢黨將孟楷擁徒入項縣犨引兵擊之賊衆大潰生擒孟楷中和三年朝廷聞其功就加檢校兵部尚書俄轉右僕射不數月加司空進封潁川縣伯巢黨後與蔡州秦宗權合勢以攻宛丘犨乞師於太祖太祖引大軍會於陳之西北陳人急攻巢寨重圍遂解獻捷于行在五年八月除犨為蔡州節度使于時巢黨雖敗宗權益熾唯陳去蔡百餘里兵少力微日與爭鋒終不能屈文德元年蔡州平朝廷議勳以犨檢校司徒充泰寧軍節度使又改授浙西節度使兼領二鎮昭宗龍紀元年三月又以平巢蔡功就加平章事充忠武軍節度使仍以陳州為理所

趙昶者犨之仲弟也昭宗時為忠武軍節度使亦以陳州為理所時秦宗權未滅昶每選精銳深入蔡賊雖衆終不能抗以至宗權敗焉朝廷賞勳加檢校司徒

趙珝者犨之季弟也犨為陳州刺史以珝為親從都知兵馬使時巢黨東出商鄧與蔡賊會衆至百餘萬攻陳陳人大懼珝與二兄堅心誓衆約以死節會太祖率大軍解其圍朝廷議功加檢校右僕射遙領潁州刺史

羅紹威為魏博節度使唐昭宗天祐三年詔許本道立三代私廟至太祖開平元年十月帝以紹威近年已來貢輸極頻且倍於諸道帝慮其殫於事力以及於民遂旁而止之日賜以南越所貢真珠枕龍腦帶後紹威疾革遣使上章乞骸太祖撫案動容顧使者曰亟行語而主為我強飯如有不可諱當世世貴尔子孫以酬報也仍命其子周翰監總軍府及訃至輟朝三日冊贈尚書令

羅周翰紹威子也紹威薨復為魏博節度使太祖乾化二年帝丑從至昌樂縣周翰來見于行宮宣至內殿對仍於御前與介數刻乃退及辭歸鎮詔以良馬玉帶金銀器及香藥等賜而遣之

府三百八十六 一

王罕之為河陽節度唐昭宗乾寧二年李克用為邠州行營四面都統克用表罕之為副及誅王行瑜罕之以功授檢校太尉食邑千户

馮行襲唐僖宗時為金州防禦使時興元楊守亮將襲京師道出金商行襲逆擊大破之詔以金州為節鎮以戎昭軍為額即以行襲為節度使

龐師古為太祖偏將援陳破蔡累有戰功遂用為都指揮使唐昭宗乾寧四年正月復統諸軍伐鄆拔之擒其帥朱瑄以獻出表為天平軍節度留後尋以功授徐州節度使檢校司徒

張存敬為諸軍都虞候唐昭宗大順二年佐霍存董大軍收宿州以功奏加檢校兵部尚書太祖東征徐兗存敬屢有俘斬之功凡受指顧皆與機會矢石所及必以身先太祖尤加優異為行營都指揮使檢校右僕射天復元年春太祖以河中節度使王珂與太原結親遂恃驕恣命存敬統大軍討之即日收絳州生擒刺史陶建釗洎至晉州刺史張漢瑜來降二郡平進軍圍河中王珂請降太祖嘉之乃以存敬權知護國軍留後未幾檢校司空宋州刺史未之任卒於河中太祖痛惜開平初追贈太保

葛從周唐僖宗時為大校從太祖破魏軍又并人圍張全義於河陽從周赴援大破并軍解河陽之圍以功表授檢校工部尚書從朱珍討徐州拔豐縣敗時溥加檢校刑部尚書昭宗大順二年八月與龐師古同攻兗州朱瑾乾寧二年十月擒其部將孫漢筠累立戰功自懷州刺史歷曹宿二州刺史遷檢校右僕射三年五月從周擊并師殺戮殆盡與龐師古渡河擊鄆四年正月下之乘勝伐兗其將朱懷英以城來降以功授兗州留後檢校司空光化元年四月又大破并師大軍以從周兼領邢州留後二年春幽州劉仁恭寇魏州從周擊走之授宣義軍司馬

府三百八十六 二

三年八月從太祖破并人表授檢校太保兼徐州兩使留後尋
爲兖州節度使天復元年青州劉鄩陷兖州太祖命討之十一
月鄩舉城降以功檢校太傅末帝即位制授潞州節度使令坐
食其俸加開府儀同三司檢校太師兼侍中封陳留郡王累食
邑至七千户命近臣旌節就別墅賜之貞明初卒於家冊贈太尉
謝彦章事太祖爲騎將末帝嗣位用爲兩京馬軍都軍使累與
晉軍接戰有功尋領河陽節度使
張歸霸自太祖鎮宣武補剽職僖宗光啓二年與蔡賊秦宗權
將張郅較勝爲飛戈所中即拔馬却逸控弦一發賊洞頸而墜
遂兼騎而還太祖時於高丘下瞰備見其狀面加賞激厚以金
帛及所獲馬錫之又嘗被命發伏兵掩殺千餘人奪馬數十匹
尋奏授檢校左散騎常侍文德初與徐懷玉領兵大敗蔡賊太
祖召至賞之曰昔耿弇不俟光武擊張步言不以賊遺君父弇
之功尔其二焉昭宗大順中與燕人戰於内黃殺劉仁恭兵三

萬餘衆戎績超特居諸將之右累官至檢校右僕射光化二年
權知邢州事明年春李嗣昭以蕃漢五萬來寇歸霸堅壁設備
晉軍不敢顧其城遂移攻洺州陷焉時太祖在滑頗慮邢之失
守及葛從周復洺水嗣昭北遁歸霸出兵邀之殺二万餘衆捷
至賞賜殊等旋以功奏加檢校司空天祐初遷萊州刺史秩滿
授左衛上將軍又除曹州刺史其秋加檢校司徒副劉知俊禦
邠鳳之寇敗之太祖授禪拜右龍虎統軍改左驍衛上將軍充
河陽諸軍都指揮使明年夏六月就除河陽節度使檢校太保
尋加同平章事七月卒於位詔贈太傅
張歸厚歸霸之弟也太祖署爲軍校唐僖宗光啓三年夏蔡將
張晊以數萬衆屯于赤岡歸厚嘗與晊單騎鬪于陣晊不能支
而奔師徒乘此大捷太祖大悦立署爲騎軍長仍以鞍馬器幣
錫之昭宗龍紀初奏遷檢校工部尚書大順二年與葛從周禦
晉軍於洹水殊績尤著詔加檢校右僕射其後討滄州復洺州
咸以功聞太祖録其勲命權知洺州事昭宗遷都洛陽除右神
武統軍天祐二年改左羽林統軍與徐褱玉同守澤州拒退并
軍乃還太祖受禪加檢校司徒開平二年夏劉知俊以同州叛
歸厚副楊師厚劉鄩等討平之秋軍還授亳州團練使乾化元
年拜鎮國軍節度使明年以疾卒詔贈太師
張歸弁爲太祖牙校唐昭宗乾寧中以偏師佐葛從周禦并軍
于洹水光啓中又佐張存敬與燕人戰于内黃積前後功表授
檢校工部尚書大順初爲齊州刺史明年春青寇大舉來伐時
州兵既寡罄發私帑賞給士伍青人遂遁青州平超加檢校右
僕射遥領愛州刺史從征荆襄迴轉檢校左僕射天祐三年春
太祖入魏誅牙軍歸弁攻討封境悉平而歸弁於高堂入賊太
猛飛矢中于臆太祖嘉之命賜銀鞌勒馬一匹金帶一條夏五
月命權知晉州冬十一月真拜晉州刺史加檢校司空太祖授
禪改滑州長劍指揮使開平二年秋九月并軍圍平陽詔歸弁

統兵救之軍至解其圍加檢校司徒
楊師厚爲徐州節度使昭宗天祐元年加諸軍行營馬步都指
揮使二年八月太祖討趙凝於襄陽命師厚統前軍一戰敗趙
凝翌日表師厚爲山南東道節度留後即令南討荆州留後趙
明亦棄軍上峽不浹旬併下兩鎮乃正授襄州節度使開平元
年加檢校太保同平章事又加檢校太傅三年三月詔朝詔兼
潞州行營都招討使以奇兵進攻劉知俊於鳳翔降賊將王建
制加師厚檢校太尉
牛存節爲太祖遏後都指揮使攻濮之役領軍先登遂拔其壘
唐昭宗景福二年四月下徐州梟時溥存節力戰其功居多乾
寧二年表授檢校工部尚書三年夏太祖東討鄆州十二月存
節獨率伏軍奪其濠橋諸軍俱進四年正月陷其城尋與葛從
周降下兖州加檢校右僕射天祐元年授邢州團練使時州兵
纔及二百晉人知之以大軍來寇太祖在鄴存節率壯健出鬪

并軍不能克而去太祖召至勞慰久之厚賚金帛鞍馬加撿校司徒四年太祖受禪除右千牛衛上將軍其秋攻潞州以存節爲行營馬步軍都排陣使開平二年一月自右監門衛上將軍轉右龍虎統軍駐留洛下是歲王師敗於上黨晉人乘勝進迫澤州之城將陷河南留守張全義召存節謀遂以本軍及右龍武羽林等軍往應援上黨之師存節引衆銜枚夜至澤州分布守禦晉軍解營而退郡以獲全太祖屢歎賞之五月遷左龍虎統軍充六軍馬步都指揮使十月授絳州刺史三年四月除鄜州留後六月劉知俊以同州叛尋授同州留後未幾加撿校太保同州節度使乾化二年加撿校太傅進封開國公三年加同平章事詔赴闕末帝召見慰勉賞賜甚厚十一月加開府儀同三司食邑一千户授鄆州節度使四年加淮南西北面行營招討使控扼淮濆邊境安之其冬蔣殷據徐州逆命奉詔與劉鄩同討之殷棄甲而遁平徐州詔加太尉

王檀自唐僖宗中和中太祖鎮大梁檀爲小將文德元年二月討羅弘信收魏人於内黄檀獲其將周儒邵神劍以歸補衛山都虞候昭宗大順元年從龐師古渡淮深入討孫儒之亂奮命擊賊未幾遷順義都將天復中從太祖率四鎮之師圍鳳翔以迎昭宗屢立戎効遷左踏白指揮使從攻王師範於青丘擅以偏師復密郡遂權知軍事充本州馬步軍都指揮使表授撿校右僕射守密州刺史郡接淮戎舊無壁壘乃築羅城居民賴之加撿校司空開平二年六月授邢州保義軍節度使撿校司徒三年加撿校太保充潞州東面行營招討使乾化元年正月王景仁與晉人戰於栢鄉王師敗績俄而晉軍大至重圍四合太祖憂之檀密上表請駕不征而悉力技梧竟全城壘三月以功就加撿校太傅同平章事七月加開府儀同三司撿校太尉瑯琊郡王命宣徽使趙殷衡齎詔慰諭賜絹千匹銀千兩賞守禦邢州之功也庶人友珪僭位授鄧州宣化軍節度使撿校太尉兼侍中末帝即位移授許州節度加撿校太師五年蔡州刺史王彦温作亂檀受詔討平之加兼中書令

劉鄩以太祖開平元年授右衛上將軍充諸軍馬步都指揮使其年秋與諸將征潞州遷撿校司徒三年二月轉右威衛上將軍依前諸軍馬步都虞候五月改左龍武統軍充侍衛親軍馬步軍都指揮使其年夏同州劉知俊反引岐人襲據長安分兵扼河潼太祖幸陝命鄩西討即奪取潼關擒知俊弟知浣以獻遂引兵收復長安知俊棄郡奔鳳翔太祖以鄩爲佑國軍兩使留後尋改佑國軍爲永平軍以鄩爲節度使撿校司徒行大安尹金州管内觀察使是時西鄙未寧鄩練兵撫衆獨當一面四年加撿校太保同平章事庶人友珪篡位加撿校太傅末帝即位尤深倚重明年夏詔鄩歸闕授開封尹遥領鎮南軍節度使九月徐州蔣殷叛鄩與鄆師牛存節率兵攻擊破之梟殷首以獻詔加撿校太尉

賀瓌唐昭宗天復中預平青州王師範以功授曹州刺史兼先鋒都指揮使加撿校司空天祐二年與楊師厚從太祖平荆襄授荆南兩使留後未幾徵還爲行營左廂步軍都指揮使累遷左龍虎統軍末帝貞明二年慶州叛爲李繼陟所據瓌以本官充西面行營馬步軍都指揮使與張筠征鳳之衆三萬下寧衍二州三年秋慶州平十二月瓌以功授滑州宣義軍節度使依前撿校太傅加同平章事

康懷英唐昭宗光化初太祖署爲軍校天復元年冬太祖率師迎昭宗於鳳翔時李茂貞遣大將符道昭領兵萬餘屯武功以拒太祖太祖命諸軍擊之以懷英爲前鋒領衆先登一鼓而大破之翌日太祖方至顧左右曰邑名武功今首盪兇黨其武功也乃召懷英大加獎激仍以駿馬珍器賜之二年八月岐軍屯奉天太祖令懷英寨於岐軍之東北岐軍不勝而退昭宗還京賜迎鑾毅勇功臣是歲淮人寇宿州太祖命懷英馳騎以救之

幷人遁去即以懷英爲權知晉州刺史天祐三年冬佐劉知俊破邠鳳之衆五萬於美原收十五餘寨乘勝引軍攻下鄜州以功授陝州節度使太祖受禪加檢校太保

徐懷玉唐僖宗中和末爲太祖親從副將左長劍都虞候又從破蔡賊於拔橋收秦宗權八寨奏加檢校右散騎常侍文德初同諸軍解河陽之圍復從破徐宿昭宗乾寧中奏加檢校刑部尚書又破朱瑾於金鄉南擒宋江以獻表授金紫光祿大夫檢校右僕射光化中授沂州刺史頃之王師範以青州叛釁出兵侵軼懷玉擊退之天復四年轉齊州防禦使加檢校司空天祐三年轉右龍虎統軍領六軍之士赴澤州晉人遂退開平元年授曹州刺史加檢校司徒明年除晉州刺史其秋晉軍大至懷玉鎮兵敗之於洪洞三年制授鄜坊節度使特進檢校太保隷兵籍壁人頗安之加檢校太傅

郭言爲步軍都將唐僖宗光啓中太祖東伐徐鄆言出奇決戰所向皆捷太祖録其績以排陣斬斫之号委之尋表爲宿州刺史檢校右僕射

劉康乂爲太祖元從都將唐僖宗中和中從太祖連年攻討徐兗鄆所向多捷尤善爲營壘充諸軍壕寨使及太祖盡下三鎮議其功奏加檢校右僕射兼領軍衛

劉捍爲太祖親事指揮使時太祖迎昭宗於岐下天復三年正月宋文通令客將郭奇使於太祖命捍復命昭宗聞其至即詔見詢東兵之事仍以錦服銀鞍勒馬賜之翌日授光祿大夫檢校司空登州刺史昭宗還京改常州刺史賜号迎鑾毅勇功臣太祖受禪授左龍虎統軍兼元從親軍馬步都虞候及上黨遷兵以捍爲御營使蕃戎逼澤州命捍以兵千人赴之幷軍遂遁車駕還京授捍侍衛親軍都指揮使晉人侵晉州從幸陜迴加檢校太保

氏叔琮爲太祖後院馬軍都將時東伐徐鄆多歷年所叔琮身

府三百八十六　七

當矢石奮不顧命累遷爲指揮使尋奏授宿州刺史檢校右僕射還曹州刺史昭宗天復元年領大軍攻拔澤潞叔琮遂引兵北掠太原師還除晉州節度使明年太祖屯軍于岐下晉軍潛襲絳州前軍不利晉軍恃勝而攻臨汾叔琮嚴設備禦晉軍遂退據蒲縣時太祖遣朱友寧將數萬赴應悉委叔琮節制叔琮因夜出潛師截其歸路遇晉軍游騎盡殺之遂拔其壘太祖聞之喜謂左右曰殺蕃賊破太原非氏老不可叔琮乃長驅收汾州與晉人轉戰直抵幷壘軍迴以其功奏加檢校司空

朱友恭爲汝州刺史檢校司空唐昭宗乾化初淮寇侵鄂渚武昌帥杜洪來乞師太祖遣友恭將兵應援俘斬萬計以功爲潁州刺史加檢校司徒

王重師唐僖宗文德中爲太祖帳下都指揮使檢校右僕射抗戈擐甲五六年於齊魯間凡經百餘戰威震敵人尋檢校司空從知平盧軍留後加檢校司徒其後北伐幽滄策定屢與晉軍接戰頗得士心故多勝捷昭宗天祐中授雍州節度使加同平章事

黃文靖爲諸軍指揮使從太祖南平巢蔡北定兗鄆皆有功唐昭宗光化初晉將李嗣昭周德威寇于山東文靖佐葛從周統大軍禦之尋以功表授檢校右僕射耀州刺史天祐二年春命佐楊師厚深入淮甸赴壽春侵廬江軍至大獨山遇淮寇殺五千餘衆振旅而還改蔡州刺史檢校司空

胡規唐昭宗天祐四年爲諸軍壕寨使太祖授禪除右羽林軍尋從劉鄩統兵收潼關擒劉知浣獻之乃以爲右龍虎統軍兼侍衛指揮使

李讜爲左得勝騎軍都將從太祖討蔡賊頗有軍功及東伐兗鄆以所部士伍俘獲甚衆改元從騎將表授檢校右僕射

李重裔爲太祖先鋒步軍都頭及太祖大舉伐蔡賊秦宗權俾重裔以滑兵爲先鋒及東討徐州下豐蕭二邑轉右廂馬步軍指揮使

府三百八十六　八

范居實爲威義都頭鄆州馬軍指揮使幽州劉仁恭舉兵寇魏郡居實與葛從周張存敬率兵救魏大破幽滄之衆於内黄太祖迎昭宗於岐下以居實爲河中馬軍都指揮使及唐昭宗還京賜迎鑾毅勇功臣遥領錦州刺史又遷左龍驤馬軍都指揮使從征淮南迴改登州刺史轉左神勇軍使開平元年用軍於潞州命居實統軍以解澤州之圍授耀州刺史

劉知俊唐昭宗大順中爲開道指揮使從太祖討蔡賊秦宗權及攻徐州皆有功尋補徐州馬步軍都指揮使攻海州下之遂奏授刺史天復初歷典懷鄭二州從平青州以功奏授同州節度使天祐三年冬以兵五千破岐軍六萬於美原自是連克鄜延五州乃加檢校太傅平章事開平二年春二月命爲潞州行營招討使知俊未至潞夾寨已陷晉人引軍方攻澤州聞知俊至乃退尋改西路招討使六月大破岐軍於幕谷俘斬千計李茂貞僅以身免三年五月加檢校太尉兼侍中封大彭郡王

趙德諲唐僖宗光啓中太祖爲蔡州四面行營都統表德諲爲副仍領襄州節度使蔡州平以功累加官爵封淮安王

册府元龜卷第三百八十六

冊府元龜卷第三百八十七

將帥部　四十八

褒異第十三

後唐李承嗣少仕郡爲右職唐僖宗中和二年從武皇討賊關輔爲前鋒王師之攻華陰黄巢令僞客省使王汀會軍機於黄揆承嗣擒之以獻賊平以功授汾州司馬改榆次鎮將朱玫之乱遣承嗣率萬人援鄜州至渭橋迎邕車駕至行瑜既殺朱玫襄王首獻于行在駕還宮賜號迎鑾功臣檢校工部尚書守嵐州刺史賜軍錢二萬貫孟方立之襲遼州也承嗣設伏擊其歸兵人敗之獲其將奚忠信以功授洺州刺史及張濬之加兵於太原也時鳳翔軍營霍邑承嗣帥一軍攻之岐人夜遁追擊至趙城合大軍攻平陽旬有三日而拔師旋改教練使檢校司空

李存信唐昭宗大順中爲蕃漢都校從武皇討李僖降赫連鐸白義誠以功檢校左僕射從入關討王行瑜加檢校司空領郴州刺史

【李】存進昭宗光化中爲永安軍使鴈門已北都知兵馬使天復初破氏叔琮前軍於洞渦三年授石州刺史莊宗初嗣位入爲步軍右都撿校司空師出井陘授行營馬步都營虞候破汴軍於栢鄉論功授汾州刺史轉檢校司徒兼西南面行營招討使出師收慈州換慈沁二州刺史二年定魏博授天雄軍巡按使十四年權蕃漢馬步副總管從攻楊劉戰胡柳十六年以本職兼領振武節度使時王師據德勝渡汴軍據楊村渡存進造橋成人皆伏其智莊宗舉酒曰存進吾之杜預也賜寶馬御衣進檢校太保兼魏博馬步都將與李存審固德勝十九年汴將王瓚盡衆攻北城存進機拒應之汴軍退加檢校太傅

府三百八十七　一

李漢韶初事莊宗爲河東牢城指揮使會契丹侵北鄙表令漢韶率師進討既而大破胡寇以功加檢校右僕射

李存璋昭宗光化二年爲澤州刺史入爲牢城使從李嗣昭討雲州叛將王暉平之改教練使檢校司空五年立莊宗夷内難頗有力焉改河東馬步都虞候兼領嵐鐵又從破汴軍於夾城轉檢校司徒柏鄉之役爲三鎮排陣使十一年從盟朱友謙於猗氏授汾州刺史汴將尹皓攻慈州逆戰敗之十三年王檀逼太原存璋率汾州之軍入城固守授大同軍防禦使應蔚朔等州都知兵馬使秋契丹逼雲州存璋拒守虜退以功檢校太傅大同軍節度雲應等州觀察使十九年四月以疾卒於雲州同光初追贈太尉平章事

李存賢以天祐五年權知蔚州以禦吐渾六年權沁州刺史先是州當賊境不能保守存賢至郡乃移復舊郡莊宗嘉之轉檢校司空真拜刺史九年汴人乘其無備來攻其城存賢擊退之十一年授武州刺史山北團練使十二年移刺慈州七月汴將尹皓攻州城存賢督軍拒戰遁去十八年河中朱友謙來求援命存賢率師赴之十九年汴將段凝軍五萬營晉存賢拒退之以功加檢校司徒同光二年爲盧龍軍節度使卒詔贈太傅

府三百八十七　二

康君立自武皇爲鴈門節度立爲左都押牙僖宗時從武皇入關逐黄孽收長安武皇還鎮太原授先鋒軍使文德初李罕之既失河陽來歸於武皇且求援焉乃以君立充南面招討使爲汾州刺史及潞州小校安居受反武皇遣君立討平之授檢校左僕射昭義節度使自是武皇之師連歲略地於邢洺攻孟方立君立常率澤潞之師以爲犄角加檢校司徒食邑千户李存孝據邢州叛武皇命君立討之以功加檢校太保

薛志勤自武皇鎮鴈門領代北君使從入關收京城以功檢校工部尚書河東右都押牙先鋒右軍使從武皇救陳許平黄巢武皇遇難於上源驛志勤擊敗汴軍昭宗大順初與李承嗣敗韓建之軍於蒙坑進收晉絳以功授忻州刺史又從討鎮州收天長臨城志勤皆先登陷陣王暉據雲州叛討平之以志勤爲大同軍防禦使檢校司空

史儼爲武皇帳中親將昭宗乾寧中從討王行瑜時京城大擾士庶奔迸儼以刀騎警衛比駕還京盜賊不作以功檢校右散騎常侍屯於三橋者累月昭宗寵錫優異

史建瑭昭宗光化中與昭德軍與李嗣昭攻汾州率先登城擒叛將李瑭以獻授檢校工部尚書李思安之圍上黨也建瑭爲前鋒與總管周德威赴援時汴將王景仁營於柏鄉瑭與德威先出井陘高邑之戰汴軍有歸志建瑭先陷其陣遂長驅追擊夜入柏鄉俘斬數千論功加檢校左僕射十三年敗劉鄩於元城收澶州以建瑭爲刺史檢校司空外衙騎軍都將嘗爲自武皇鎮太原爲左都押牙檢校左僕射昭宗乾化二年嘗從武皇入関討王行瑜特授檢校太保開國侯邑千户

周德威昭宗乾寧中爲鐵林軍使從武皇討王行瑜以功授檢校左僕射移內衙軍副天祐三年與李嗣昭合燕軍攻潞州降丁會以功加檢校太保代州刺史代嗣昭爲蕃漢都將李思安之寇潞州也德威軍余吾時汴軍十萬築夾城圍潞州及武皇歿代莊宗再援潞州德威大敗梁軍解潞州之圍以功加檢校太保平章事十年又擒幽州劉守光父子授檢校侍中幽州盧龍等軍節度使

符存審初典武皇義兒軍從討邠州邠之勁兵屯龍泉寨存審奮力拔之師旋授檢校左僕射副李嗣昭討李瑭於汾州擒之以功改左右廂步軍都指揮使昭宗天祐三年授蕃漢馬步副指揮使與李嗣昭降丁會於上黨從周德威破賊夾城以功加檢校司徒授忻州刺史領蕃漢馬步都指揮使七年加檢校太保充蕃漢副總管九年梁祖攻蓨縣存審赴援汴人燒營而遁以功遙領邢洺磁團練使十三年二月劉鄩襲魏州存審戰於故元城大敗汴人從莊宗收澶衛磁洺等州秋邢州閻寶降授存審安國軍節度邢洺磁等州觀察使十月戴思遠棄洺州毛璋以城降授存審檢校太傅橫海軍節度使兼領蕃漢馬步軍都指揮使明年就加平章事十九年平鎮州以功加檢校太傅兼侍中二十年正月師旋于魏州莊宗出城迎勞就第宴樂居无何契丹犯燕薊詔存審以本官充幽州盧龍節度使自鎮州之任同光初加開府儀同三司檢校太師中書令邑千户賜號忠烈扶天啓運功臣五月卒于幽州莊宗震悼久之廢朝三日贈尚書令

袁建豐爲鐵林都虞候從武皇破邠州王行瑜以功遷左親騎軍使轉突騎指揮使從莊宗解圍上黨破柏鄉陣累功加右僕射左廂馬軍使明宗爲內衙指揮使建豐爲副北討劉守光常身先士伍轉都教練使權蕃漢副總管莊宗入鄴以心腹幹能選爲魏府都巡檢使破劉鄩下衛磁洺三郡有功加檢校司空

夏魯奇爲磁州刺史中都之戰汴人大敗魯奇擒王彥章以獻莊宗壯之賞絹千匹梁平授鄭州防禦使

元行欽爲武寧軍節度使檢校太傅莊宗賜名紹榮嘗內宴羣臣使相預會行欽官爲保傅合地務而坐酒酣樂作帝叙生平戰陣之事因左右顧視曰紹榮安在所司奏云有勅使相預會紹榮散官殿上無位帝徹會不懌翌日以行欽爲同平章事由是不宴百官於內殿但宴武臣而已

李建及爲遼州刺史莊宗胡柳之役欲收軍建及引銀槍效節奮擊繇是王師復振以功檢校司空魏博內外衙都將又與汴將王瓚戰於戚城建及傷手莊宗解御衣金帶賜之

張敬達爲驍直軍使從莊宗平河南有功加檢校工部尚書

康思立爲河東親騎軍使從莊宗解上黨圍敗梁人於柏鄉及平劉丘後戰於河上皆有功累加檢校戶部尚書右突騎指揮使莊宗即位繼改軍帥賜忠勇拱衛功臣加檢校尚書右僕射

康延孝爲捧日軍使兼南面招討指揮使檢校司徒莊宗平汴延孝頗有力焉以功加檢校太保

安元信爲突陣都將將莊宗嗣晉王位元信從救上黨破夾寨

復澤潞以功授檢校司空遼州刺史賜王輅名馬柏鄉之役日晩戰酣元信重傷莊宗自臨傅藥改檢校司徒武州刺史充內衙副都指揮使山北諸州都團練副使

安金全武皇時爲騎將屢從征伐莊宗之救潞州及平河朔皆有戰功累遷刺史

閻寶莊宗時遥領天平軍節度使東南面招討等使張文禮之殺王鎔叛寶引師進討及契丹來援鎮州前鋒至新樂衆心憂之寶見莊宗均陳方略軍情乃安虜退加檢校侍中李紹文莊宗時爲博州刺史預破劉鄩於故元城歷貝隰二州刺史領天雄軍馬步副都將屯於德勝從閻寶討張文禮爲馬步都虞候明宗收鄆州以紹文爲右都押牙馬步軍都將從破王彦章於中都同光中歷徐滑二鎮副使知府事

霍彦威爲陝州留後從明宗平潞州授徐州節度使天成初改平盧軍節度至鎮擒王公儼斬之明年冬肆覲於汴明宗接遇

甚厚東還至檢校太尉兼中書令

王晏球爲齊州防禦使北面行營馬軍都指揮使鄴都之亂明宗入赴內難晏球時在瓦橋遣人招之明宗至汴晏球率騎軍從至京師以平定功授宋州節度使天成二年王都據定州叛晏球討平之以功授天平軍節度使未幾移鎮青州就加兼中書令

安審通明宗天成初爲齊州防禦使兼諸道先鋒馬軍都指揮使奉詔北征會龍晊部下兵亂審通盡戮之以功檢校太傅滄州節度使

劉彦琮爲鐵林指揮使從明宗赴難京師授華州留後尋正授節旄

西方鄴爲奉義指揮使天成初荆渚違命明宗素知其才力擢授夔州刺史東南面行營招討副使鄴將偏師收復峽內三州二年昇夔州爲寧江軍以鄴爲節度使屢奏克捷三年加檢校太保

孫璋天成初爲齊州防禦使王都之據中山璋爲定州行營都虞候賊平加檢校太保

張虔釗爲親軍都指揮使領春州刺史明宗天成中虔釗與諸將圍王都於中山大敗契丹於嘉山之下及定州平以功授滄州節度使

晉房知溫初仕後唐明宗天成初爲兗州節度使明年詔充北面招討使屯於盧臺軍以盧文進來歸加特進同平章事賞招討之功也至長興二年除平盧軍節度使累官至開府儀同三司檢校太師兼中書令封東平王食邑五千戸食實封三百戸高祖天福元年十二月卒於鎮贈太尉詔立神道碑康福初仕後唐明宗爲朔方河西等軍節度到鎮歲餘西戎皆款附改賜福耀忠扶定保節功臣末帝清泰中加特進開國侯充西面都部署高祖受命就加檢校太尉進封開國公

華溫琪仕後唐爲秦州節度使明宗即位因入朝願留闕下明宗嘉而許之除左驍衛上將軍逐月別賜錢粟以豐其家後爲太子少保致仕高祖天福元年十二月終於家詔贈太子太保

方太爲奉國都虞候從征重威破張從賓於氾水高祖以其功除趙州刺史

郭金海爲護聖都虞候高祖天福二年金海從王師討范延光於魏州以功轉本軍都指揮使

王建立爲青州節度使高祖天福二年封臨淄王明年封東平王五年入覲高祖賜不拜呼老兄使肩輿入朝上殿則使人扶道論者榮之尋表乞休致帝不許乃除潞州節度使劉遂沁爲上黨屬郡加檢校太師進封韓王以光其故里高祖御明德樓餞送赴鎮賜玉斧蜀馬及卒册贈尚書令

馬全節高祖天福五年鎮安州時李金全據州叛引淮軍爲援因命全節將兵討平之以功加檢校太尉六年移鎮州行營副

招討兼排陣使與安重榮戰於宗城大敗之鎮州平加開府儀
同三司
翟福賓初爲軍校天福七年冬從杜重威討鎮州與安重榮大
戰於宗城以功遷洺州團練使檢校太尉
皇甫遇高祖天福末鎮河陽少帝即位歸闕及虜南寇從至澶
州戰於鄴州北津虜衆大敗溺死數千人以功拜滑州節度使
郭璘少帝開運中鎮易州時契丹攻其郡以州兵擊賊數獲其
利朝廷嘉之就加檢校太保
漢王周初仕後唐明宗爲裨校累歷郡守晉天福中安重榮以
鎮州叛從杜重威討平之以功授貝州節度使高祖定天下移
鎮徐州加同平章事乾祐元年二月卒於鎮輟視朝三日贈中
書令
劉在明後唐明宗時爲捧聖左廂都指揮使領和州刺史從幸
汴州至滎陽聞朱守殷叛用爲前鋒至汴城率先登城賊平授

汴州馬步軍都指揮使晉高祖天福中李金全以安州叛在明
從李守貞攻之大破淮賊以功授安州防禦使移領絳州楊光
遠據青州叛召爲行營馬步軍都指揮使領齊州防禦使青州
平遷相州留後及高祖踐阼授幽州道行營都部署時虜守中
山在明出師經略虜乃棄城而去遂授鎮州留後乾祐元年五
月三授鎮州節度使六月卒于鎮贈侍中
史弘肇爲許州節度使侍衞步軍都指揮使時高祖由蒲陜赴
洛弘肇爲前鋒兵士所至秋毫不犯以至平定兩京及從爲征
鄴迴同平章事充侍衞親軍都指揮使兼鎮宋
杜重威晉天福初典禁軍還授舒州刺史　年張從賓搆亂據
汜水晉高祖遣重威與　益率衆破之以功授潞州節度使與
楊光　降范延光於鄴城改許州節度使兼侍衞親軍馬步軍
副都指揮使尋加同平章事
周高季興梁太祖時爲荊南節度使開平中破雷彥恭於朗州

加平章事
安叔千初仕後唐莊宗爲奉安都將天成初王師伐定州命爲
先鋒都指揮使王都平授秦州刺史連刺涿易二郡清泰初契
丹寇振門叔千從晉祖逆戰敗之進位檢校太保振武節度使
晉祖踐祚就加同平章事
王商後唐天成中爲靈武都指揮使父之代還清泰中張令昭
據鄴叛商從范延光討之首冒矢石率先登城以功授祁州刺史
何福進後唐清泰中自彰聖都虞候隨本軍從范延光平鄴以
功歷鄜隴二州防禦使
安審暉晉高祖時爲河陽節度使會李金全據安州叛詔馬全
節爲都部署領兵討之以審暉爲副安陸平移鎮鄧州進位檢
校太傅又襄州安從進叛舉漢南之衆北攻鄧陽審暉登陴召
賊帥以讓之從進不克而退襄州平就加檢校太尉
宋彥筠初仕晉爲防禦使從高行周破安從進於襄陽以功拜

鄧州節度使
王饒仕晉高祖爲奉國軍校檢校尚書左僕射天福六年從杜
重威平常山以功加檢校司空遷本軍都校領連州刺史時安
從進叛于襄陽高祖以饒爲行營步軍都指揮使賊平授深州
刺史復爲本軍右廂都指揮使領閬州團練使及漢祖舉義於
晉陽尋剋復諸夏唯常山郡爲虜所據時饒在其郡乃與李筠
白再榮之儔承間盡逐其黨漢祖嘉之授鄜州觀察留後加光
祿大夫賜爵菑侯
高從誨爲荊南節度使晉天福中加守中書令時襄州安從進
反王師攻討從誨起戰棹饋軍食以助焉詔書褒美尋加守尚
書令
劉詞仕晉爲奉國第一都虞候從馬全節伐安陸敗淮賊萬餘
衆晉祖嘉之授奉國都校累加檢校司空又從杜重威敗安重
榮於宗城及還鎮陽詞自登雲梯身先士伍以功加檢校司徒

汾州刺史又仕漢為奉國右廂都校遥領閬州防禦使從漢祖平鄴加檢校太保乾祐初李守貞叛於河中太祖征之朝廷以詞為侍衛步軍都指揮使遥領寧江軍節度使充行營馬步都虞候命分屯於河西二年正月李守貞遣敢死之士數千夜入其營詞叱短兵以擊之賊衆大敗而退河中平太祖嘉其功表為華州節度使歲餘移鎮滑臺太祖受命加同平章事

王令溫晉初名州團練使及安重榮稱兵於鎮州晉祖以令溫為行營馬軍都指揮使與都帥杜重威敗賊於宗城以功授亳州防禦使

李建崇仕晉為申州刺史天福七年冬襄州安從進構逆建崇拒賊至湖陽縣之花山接戰大敗之以功授亳州團練使襄陽平遷安州防禦使

王重裔為禁軍指揮使晉天福中鎮州安重榮謀叛請分杜重威麾下兵擊敗之以功遷護聖右廂都指揮使漢初仍典禁軍從征鄴都為先鋒都校鄴都平遷深州刺史

趙暉仕漢祖乾祐初鎮鳳翔蜀王景崇叛據岐山命暉為西南面行營都部署以討明年春拔之加檢校太師兼侍中國初就加兼中書令

曹英漢初為奉國軍主檢校司徒假康州刺史乾祐初李守貞據河中叛授行營步軍都校河中平遷本軍廂主領岳州防禦使隨太祖在魏為北面行營步軍都校從平內難國初以翊戴功授昭武軍節度使檢校太傅侍衛步軍都指揮使

史彥超為龍捷指揮使太祖之赴內難彥超以本軍從國初與虎捷都指揮使何徽戍晉州會劉崇與契丹入寇攻圍州城月餘彥超與何徽叶力固拒累挫賊鋒太祖嘉其善守之功賞賜甚厚未幾授龍捷右廂都指揮使尋授鄭州防禦使劉崇之寇潞州也車駕親征以彥超為先鋒都指揮使高平之戰先登陷陣以功授華州節度使先鋒如故

高行周初隸後唐明宗帳下時明宗為總管襲鄆州行周為前軍夜涉河入東城比曙平之及莊宗平河南累加檢校太保領端州刺史明宗即位行周從王晏球圍定州敗王都擒禿餒皆有功賊平遷潁州團練使晉末為鄆州節度使漢高祖入汴加守太傅兼中書令代李守貞為天平軍節度使杜重威據鄴叛漢高祖以行周為招討使總兵討之鄴平授鄴都留守加守太尉進爵臨清王乾祐中入覲加守太師進封鄴王復授天平軍節鉞改封齊王太祖踐阼加尚書令增食邑至一萬七千戶太祖以行周耆年宿將賜詔不名但呼王位而已廣順二年秋薨贈賻加等冊贈尚書令追封秦王

安審琦仕晉少帝為襄州節度使兼中書令屬荊人叛命潛遣舟師數千將曆襄郢審琦禦之而遁朝廷賞功就加守太保進封齊國公歲餘又加守太傅國初封南陽王顯德初進封陳王世宗嗣位加守太尉三年奉章請覲優詔許之加守太師增食邑至一萬五百戶食實封二千三百戶

唐景思世宗時董效順指揮屯於淮上世宗親征淮南景思繼有戰功乃命遥領饒州刺史

白延遇仕晉歷典禁軍累遷至檢校司空天福中晉祖在鄴安重榮叛於鎮州師衆數萬猖獗而來晉祖命杜重威統諸將以禦之時延遇不預其行乃泣告晉祖願以身先許之及陣于宗城延遇師其屬先犯之斬級數千晉祖聞之即命中使以寶劍良馬賜之常山平以功檢校司徒充馬軍右廂都校後遷復州防禦使國初加檢校太保尋受代歸闕屬太祖親征兖海以延遇為先鋒都校兖州平授齊州防禦使及世宗征淮南乃詔延遇為先鋒都校與韓令坤先入揚州尋以別部屯於盛塘前後敗淮賊萬餘衆及世宗迴自壽陽制以延遇為同州節度使未赴任所以疾卒於濠州下詔贈太尉

冊府元龜卷第三百八十七

冊府元龜卷第三百八十八

將帥部十九

儒學　有禮

儒學

周官太宰九兩之法其四曰儒以道得民蓋六藝之文七德之要盡在是矣由三代而下善為將者又豈勝道哉乃有博通經術涉獵史傳雖在軍旅不廢俎豆將臨戰陣未忘講誦綴帶以談論下帷而著述亦有起於諸生嘗歷科舉為世文宗後執兵柄至乃屬辭削牘賦詩應詔書檄翩翩之美文雅彬彬之譽皆所以揚閫外之風烈昭義府之丕訓者已晉郤縠公蒐于被廬作三軍謀元帥趙衰曰郤縠可臣亟聞其言矣說禮樂而敦詩書詩書義之府也禮樂德之則也德義利之本也夏書曰賦納以言明試以功車服以庸君其試之乃使將中軍

漢陳湯少好書博達善屬文以蔭為郎遷西域副校尉與甘延壽俱出累遷射聲校尉

馮奉世以良家子選為郎三十年餘乃學春秋涉大義讀兵法前將軍韓增奏以為軍司空令本始中從軍擊匈奴軍罷復為郎累遷左將軍光祿勳居爪牙官前後十年為折衝宿將功名次趙充國

後漢耿況王莽時以明經為朔調連率（莽改上谷郡曰朔調）光武徇河北加況大將軍

況子弇少習父業學詩禮亦為大將軍

弇弟子秉博通書記歷征西度遼將軍

景丹少學長安王莽時舉四科丹以言語為固德侯相有幹事稱遷朔調連率副貳（屬令也）光武徇河北拜丹偏將軍累遷驃騎大將軍

鄧禹年十三能誦詩受業長安光武徇河北號禹曰鄧將軍累遷前將軍右將軍

馮異好讀書通左氏春秋孫子兵法光武徇河北以為偏將軍進止皆有表識（言其進退有旗幟也）累遷征虜將軍

賈復少好學習尚書事舞陰李生後從光武立功累遷執金吾建武十三年復知帝欲偃干戈修文德不欲功臣擁衆京師乃與高密侯鄧禹並剽甲兵敦儒學帝深然之遂罷左右將軍復以列侯就第加位特進

朱祐為人質直尚儒學初學長安光武候之祐不時相勞苦而先升講舍後為大將軍

祭遵為征虜將軍取士皆用儒術對酒設樂必雅歌投壺（謂歌雅詩也）又建為孔子立後奏置五經大夫雖在軍旅不忘俎豆

賈宗為長水校尉宗兼通儒術每讌見常使與少府丁鴻等論議於前

馬援嘗受齊詩師事潁川滿昌後為虎賁中郎將援閑於進對尤善述前世行事每言及三輔長者下至閭里少年皆可觀聽

竇固好覽書傳喜兵法累遷奉車都尉出玉門擊西域

鮑永少有志操習歐陽尚書後拜僕射行將軍事將兵集河東永好文德雖行將軍常衣皂襜褕路稱鮑尚書兵馬

班超持公羊春秋多兼覽後為西域都護

皇甫規為中郎將持節監關西兵討零吾等破之歷度遼將軍護羌校尉所著賦銘碑讚禱文弔章表教令書檄牋記凡二十七篇

張奐少游三輔師事太尉朱寵學歐陽尚書後為使匈奴中郎將時休屠各及朔方烏桓並同反叛燒度遼將軍門引屯赤阬煙火相望兵衆大恐各欲亡去奐安坐帷中與弟子講誦自若軍士稍安乃潛誘烏桓陰與和通遂使斬屠各渠帥襲破其衆諸胡悉降奐著尚書記難三十餘萬言又著銘頌書教誡述志對策章表二十四篇

公孫瓚從涿郡盧植學於緱氏山中略見書傳後為奮武將軍遼東太守

郭凉雖爲武將然通經書多智略尤曉邊事魏鮑信漢宗以兵應太祖表信行破虜將軍雖遭亂起兵家本脩儒

夏侯惇年十四就師學後為大將軍雖在軍旅親迎師受業

李典好學問貴儒雅不與諸將爭功敬賢士大夫恂恂若不及軍中稱其長者

鍾會好書籍涉歷衆書特好者易精練名理以夜續晝後爲鎮西將軍假節都督關中諸軍事統十餘萬衆伐蜀

蜀諸葛亮爲右將軍行丞相事亮言教書奏多可觀隨類相從凡爲二十四篇

關羽好左氏傳諷誦略皆上口後為前將軍假節鉞

張翼治律春秋遊學京師後爲前領軍督建威假節征西大將軍

吳張昭少好學從白侯子安受左氏春秋博覽衆書後爲輔吳將軍在里宅無事乃著春秋左氏傳解及論語注大帝問衛尉嚴畯寧念小時所闇書不畯因誦孝經仲尼居昭曰嚴畯鄙生

臣請爲陛下誦之乃誦君子之事上咸以昭爲知所誦

魯肅爲偏將軍轉横江將軍雖在軍陣手不釋卷又善談論能屬文辭思度弘遠有過人之明

士燮爲衛將軍領交阯太守耽玩春秋爲之注解陳國袁徽與尚書令荀彧書曰交阯士府君既學問優博又達於從政處大亂之中保全一郡二十餘年疆場無事民不失業羇旅之徒皆蒙其慶雖竇融保河西曷以加之官事小闋輒玩習書傳春秋左氏傳尤簡練精微吾數以咨問傳中諸疑皆有師說意思甚密又尚書兼通古今大義詳備聞京師古今之學是非忿爭今欲條左氏尚書長義上之其見稱如此

陸凱爲建武都尉領兵雖統軍衆手不釋書好太玄論演其意以筮輒驗

孫瑜爲奮威將軍領丹陽太守濟陰人馬普篤學好古瑜厚禮之使府將吏子弟數百人就受業遂立學官臨饗講肄是時諸將皆以軍務為事而瑜好樂墳典雖在戎旅誦聲不絶

孫奐爲揚威將軍領江夏太守奐亦愛樂儒生復命部曲子弟就業後仕進朝廷者數十人

陸績為鬱林太守加偏將軍給兵二千人績既有躄疾又意在儒雅非其志也雖有軍事著述不廢

陸景為偏將軍中夏督澡身好學著書數十篇

晉王沈好書善屬文魏末爲征虜將軍都督江北諸軍事晉受禪遷驃騎將軍録尚書事

羊祜爲征南大將軍博學能屬文所著文章及爲老子傳並行於世

杜預博學多通明於興廢之道常言德不可以企及立功立言可庶幾也後拜鎮南大將軍預身不跨馬射不穿札而每在大事輒居將率之列結交接物恭而有禮既立功之後從容無事乃耽思經籍爲春秋左氏經傳集解又參考衆家譜第謂之釋例又作盟會圖春秋長歷成一家之學

周處勵志好學有文思後爲新平太守累遷御史中丞氐人齊萬年叛乃使處隷夏侯駿西征萬年聞之曰周府君昔臨新平我知其爲人才兼文武若專斷而來不可當也如受制於人此成擒耳

劉琨初為司隷從事時征虜將軍石崇引致賓客日以賦詩琨預其間文詠頗爲當時所許後為都督并冀幽三州諸軍事

祖逖博覽書記該涉古今往來京師見者謂逖有贊世才具後爲鎮西將軍石勒不敢窺兵河南

邵續博覽經史善談理義妙解天文後爲平北將軍假節

陶侃爲都督荆雍益梁州諸軍事遠近書疏莫不手答筆翰如流未嘗壅滯

郗鑒博覽經籍躬耕隴畝吟詠不倦以儒雅著名不應州命後爲安西將軍都督楊州江西諸軍事假節鎮合肥

劉毅爲衛將軍征盧循敗歸後宋高祖與安帝大宴於西池

有詔賦詩毅詩云六國多雄士正始出風流毅自以武功不競故示文雅有余也

宋謝晦爲高祖太尉參軍晦涉獵文義朗贍多通高祖深加愛賞後爲都督荆湖雍益寧南北秦七州諸軍事領南蠻校尉荆州刺史

劉湛爲高祖相國參軍博涉史傳諳前世舊典後爲右衛將軍出督廣交二州諸軍事

朱齡石爲高祖鎭軍參軍時大尉主簿劉穆之嘗於高祖坐與齡石答書自旦至日中穆之得百函齡石得八十函高祖北伐遷左將軍持節督關中諸軍事

南齊栁世隆授後將軍尚書左僕射不拜世隆性愛涉獵啓太祖借祕閣書帝給二千卷梁楊公引爲左將軍歷中護軍性好學雖居軍旅手不輟卷士大夫以此稱之

羊侃爲北伐大軍司高祖制武宴詩四十韻以示侃侃卽席應詔高祖覽曰吾聞仁者有勇今見勇者有仁可謂鄒魯遺風英賢不絕韋叡爲護軍將軍其弟三子稜尤明經史世稱其洽聞叡每坐稜使說書其所發擿稜猶弗之逮

栁惔爲安南將軍著仁政傳及諸詩賦粗有辭義

曹景宗爲右衛將軍破魏軍振旅凱入帝於華光宴飲連句令左右射沈約賦韻景宗不得韻意色不平啓求賦詩帝曰卿伎能甚多人才英拔何必止在一詩景宗已醉求作不已詔令約賦韻時韻已盡唯餘競病二字景宗便操筆斯須而成其辭曰去時兒女悲歸來笳鼓競借問行路人何如霍去病帝歎不已約及朝賢驚嗟竟日詔令上左史

張攸泰將家子不以武業自居好隸書讀子史仕齊爲直閤將軍後爲步兵校尉

後魏賀狄干世爲將孝文時遣狄干結婚於姚萇後狄干還在長安幽閉因習讀書史通論語尚書諸經舉止風流有似儒者

刁雍爲征南大將軍性寬柔好尚文典手不釋書明敏多智凡所爲詩賦頌論并詩雜文百有餘篇

酈惲爲征虜將軍所作文章頗行於世撰慕容氏書不成

劉藻爲征虜將軍涉獵群籍美談笑善與人交

崔孝芬爲車騎大將軍博聞口辯善談論所有文筆數十篇

李元護初仕南齊龍驤將軍雖以將用自達然府覽文史習於簡牘

賀拔勝爲驃騎大將軍始愛墳籍乃招引文儒討論義理性又通率重義輕財身死之日唯有隨身兵仗及書千餘卷

後周陸逞起家羽林監文帝內親信時輩皆以驍勇自達唯逞獨兼文雅帝由此加禮遇焉

韋孝寬爲驃騎大將軍徐州總管雖在軍中篤意文史政事之餘每自披閱末年患眼猶令學士讀而聽之

高林爲驃騎大將軍時文州氐酋反詔琳率兵討平之師還高祖宴群公卿士仍命賦詩言志琳詩末章云寄言竇車騎爲謝霍將軍何以報天子沙漠靜妖氛帝大悅曰獯獫陸梁未時款塞卿言有驗國之福也

隋賀若弼爲吳郡總管與壽州總管源雄並爲重鎭弼遺雄詩曰交河驃騎幕合浦伏波營勿使麒麟上無我二人名

崔彭爲車騎驃騎將軍高祖嘗曰卿弓馬固以絕人頗知學否彭曰臣少愛周禮尚書每於休沐之暇不敢廢也帝曰試爲我言之彭曰說君臣戒慎之義帝稱善觀者以爲知言

周羅㬋初仕陳爲太子左衛率信任逾重時參宴帝曰周左率武將詩每前成文士何爲後也都官尚書孔範對曰周羅㬋執筆製詩還如上馬入陣不在人後自是益見親禮

唐張士貴貞觀中爲右屯衛大將軍從幸岐陽教習將至武功太宗載誕之所也是日賜宴士貴賦詩甚有理致是後頻屬和士貴音詞質樸言論不文多疑其假手

李君羡貞觀中爲左武候中郎將每於北門長上在仗讀書不

暫休止深蒙賞勞累遷蘭州都督左監門將軍

劉仁軌好學尋晉每行坐所在輒書空畫地由是博涉文史顯慶中為檢校帶方州刺史統衆使道發新羅兵救劉仁愿於百濟府城仁愿既至京高宗謂曰卿在海東前後奏請皆合事宜而雅有文理卿武將何得然也對曰劉仁軌之詞非臣所及也帝深歎賞之因超加仁軌六階正授帶方州刺史

婁師德頗有學術弱冠進士擢第累補監察御史上元初吐蕃犯塞有詔募猛士以大夫師德抗志應募高宗大悅特假朝散大夫從軍西討頻立戰功

裴行儉補弘文生舉明經儀鳳中為秦州鎮撫右軍總管擒十姓可汗阿史那都支及遮匐而還高宗曰卿文武兼資今故授卿二職即日拜禮部尚書兼檢校右衛大將軍

唐休璟少以明經擢第有文武才幹久視元年為隴右諸軍州大使大破吐蕃大將麴莽支於涼州洪源谷入拜武威金吾二

衛大將軍長安中西突厥烏質勒與諸蕃不和舉兵相持安西道表奏相繼則天令休璟與宰相商度事勢俄頃草奏便遣施行後十餘日安西諸州表請兵馬應接程期一如休璟所畫

郭元振舉進士累遷隴右諸州軍大使安西大都護朔方大總管有文集二十卷

張說應詔舉開元七年權檢校并州都督府長史充天兵軍使兼修國史仍齎史本隨軍修撰後為朔方軍節度大使

哥舒翰年四十慨然仗劒之河西事節度王倕後王忠嗣為河西節度復以翰為衙前將翰好讀左氏春秋及漢書疎財重氣多歸之

高霞寓少讀左氏春秋及孫吳兵法後為左武衛大將軍於寧節度使

梁劉鄩幼有大志好兵略涉獵史傳唐中和中事青州節度使王敬武為小校

羅紹威為天雄軍節度使伏膺儒術明達吏理好招延文士聚書萬卷開學館置書樓每歌酒宴會與賓佐賦詩頗有情致江東人羅隱者佐錢鏐軍幕有詩於天下紹威遣使賂遺叙南巷之款隱乃聚其所為詩投寄之紹威酷嗜其作因目已之所為曰偷江東集至今鄴中人士諷詠之紹威嘗有公讌詩云簾前淡泊雲頭日座上蕭騷雨踋風雖深於詩者亦所歎伏

烏震為河北道副招討略涉書史尤嗜左氏傳好為詩善筆札凡鄴亭佛寺多有留題之跡

晉史翰為義成軍節度使好春秋左氏傳每視政之暇延學者講說躬自執卷授焉時發難問窮於隱奧流輩或戲為史三傳

張希崇為靈武節度使初自虜南歸過故鄉謁中朝執政及臨郡與屬邑令多為章句雖非工甚閑理道有古人之趣性嗜書從事之餘手不釋卷

錢元瓘為兩浙節度使幼聰敏少親書史有詩千篇編其尤者三百篇命曰錦樓集

有禮

傳曰禮信戰之器也又曰治軍非禮威嚴不行是知軍旅有禮則武功克成然後教陣有果毅之容御衆有長幼之序知其可用能以德攻者也歷代而下賢帥繼出固有深達義府之訓能率禮經之法講求素著於行事乃至不敢自擅以誅偏裨先問儀適然後會見甫清亂略致恭宗祐或雍敢代主將之任或使之知朝廷之尊不伐隣我周翰謀紀言還故郡克申禮意接下遵乎素範洽戎宣乎懿望斯皆執閔之倣及信讓之可稱者歟故秦師過周王孫知其必敗狂狡違命君子謂之官禽蓋禮之不可不慎也巳

韓厥晉大夫為司馬魯成公二年六月晉伐齊齊逢丑父為齊侯右丑父不能推車而及（為韓厥所及）韓厥執縶馬前（縶馬絆也執之示脩臣僕之職）再拜稽首奉觴加璧以進（進示不敢廢禮）曰寡君使羣臣為魯衛請曰無令輿師陷入君地（本但為二國故不欲乃過入君地謙辭）下臣不幸屬當戎行

無所逃隱蜀之遁且懼奔辟而忝兩君辱戎士奔辟則爲辱晉君并爲齊侯羞共言君此蓋謙辭自遜曰饗謙辭之辭言敢告不敏攝官承乏言以已不敏攝承空之從君但罷

郤至晉大夫佐新軍魯成公十六年六月甲午晦晉侯及楚子鄭伯戰于鄢陵郤至三遇楚子之卒見楚子必下免冑而趨風疾如風楚子使工尹襄問之以弓問遺也曰方事之殷也有韎韋之跗注君子也韎赤色跗注戎服若袴而屬於跗與袴連識見不穀而趨無乃傷乎恐其傷郤至見客免冑承命曰君之外臣至從寡君之戎事以君之靈間蒙甲冑間猶近也不敢拜命介者不拜敢告不寧君命之辱以君辱賜命故不敢自安爲事之故敢肅使者若肅手至地若今揖三肅使者而退晉韓厥從鄭伯從逐其御杜溷羅曰速從之其御屢顧不在馬可及也韓厥曰不可以再辱國君乃止二年韓厥已辱齊侯從鄭伯其右茀翰胡曰諜輅之餘從之乘而俘以下欲遣輕兵單進以邀鄭伯車前而自後登郤至曰傷國君有刑亦止

士匄晉大夫帥師侵齊及穀聞喪而還禮也

子展鄭大夫魯襄公二十五年六月子展伐陳宵突陳城遂入之子展命師無入公宮與子產親御諸門欲服之而已禁侵掠陳侯使司馬桓子賂以宗器陳侯免擁社免喪服擁社主示服也使其衆男女別而纍以待於朝纍自囚係以待命子展執縶而見陳侯見再拜稽首承飲而進獻承飲奉觴示不失臣敬子美入數俘而出子美子產也但數其所獲人數不將以歸祝祓社司徒致民司馬致節司空致地乃還祓除也亂其衆官脩其所職以安定之乃還也

漢衛青武帝時爲大將軍出征匈奴右將軍蘇建盡亡其軍獨以身得亡去自歸青青問其罪正閎長史安議郎周霸等正軍正也閎名也律都軍正一人也建當去何謂處斷其罪霸曰自大將軍出未嘗斬裨將今建棄軍可斬以明將軍之威閎安曰不然兵法小敵之堅大敵之禽也言衆寡不敵以其堅戰而無有退心故士卒被禽也一說言建以小敵堅戰不自歸則亦被禽今建以數千當單于數萬力戰一日餘士皆不敢有二心自歸而斬之是示後無反意也不當斬青曰青幸得以肺腑肺腑謂親近也待罪行間不患無威而霸說我以明威甚失臣意且使臣職雖當斬將以臣之尊寵而不敢自擅專誅於境外其歸天子天子自裁之於以風爲人臣不敢專權不亦可乎風謂諷諭軍吏皆曰善遂囚建行在所

後漢鄧禹爲大司徒光武遣禹引兵西入關以乘更始赤眉之亂赤眉西走扶風禹乃南至長安軍昆明池率諸將齋戒擇吉日修禮謁祠高廟收十一帝神主遣使奉詣洛陽因循行園陵爲置吏士奉守焉

蓋延爲虎牙將軍南伐劉永與其將蘇茂戰於沛西大破之遂定沛楚臨淮脩高祖廟置嗇夫祝宰樂人東觀記云延因齋戒詞高祖廟

竇融爲涼州牧時光武西征隗囂融率五郡太守及羌虜小月氏等步騎數萬輜重五千餘兩與大軍會高平第一高平涼州縣高平有第一城融先遣從事問會見儀適儀適猶言儀注是時軍旅之世諸將與三公交錯道中或背使者交私語帝聞融先問禮甚善之以宣告

百僚乃置酒高會引見融等待以殊禮

吳凌統吳郡餘杭人爲偏將軍過本縣步入寺門見長吏褱三版恭敬盡禮親舊故人恩意益隆

晉劉弘爲南蠻校尉荊州刺史時總章太樂伶人避亂多至荊州或勸可作樂者弘曰昔劉景升以禮壞樂崩命杜夔爲天子合樂樂成欲庭作之夔曰爲天子合樂而庭作之恐非將軍本意吾常爲之歎息今主上蒙塵吾未能展效臣節雖有家伎猶不宜聽況御樂哉乃下郡縣使安慰之須朝廷旋返送還本署

桓溫爲征討大都督師次伊水大敗姚襄襄奔平陽溫屯故太極殿前徙入金墉城謁先帝諸陵皆繕復之兼置陵令

劉毅初爲青州刺史桓弘中兵參軍丁憂在家及義旗初興遂墨絰從事桓玄平以毅爲撫軍將軍軍役漸寧二表乞還京口以終喪禮曰弘道爲國者理盡於仁孝誠躬歸天者莫甚於喪親且臣凡庸本乏感概不能隕越故其宜耳往年國難滔天故

志端愚忠醜然苟存去春鑾駕迴軒而狂狡未滅雖姦凶時梟餘燼寅伏威懷寡方文武勞弊微清未申頃景悲憤今皇威遐肅海内清蕩臣窮毒艱穢亦已具於聖聽兼羸患滋甚衆疾互動如今寢頓無復人理臣之情也本不甘生語其事也亦可以沒乞賜餘骸終其丘墳庶幾忠孝之道獲宥於聖世不許

梁張興世爲雍州刺史左衛將軍興世父仲子由興世致位給事中興世欲將往襄陽愛鄉里不肯去常謂興世曰我雖田舍老翁樂聞鼓角汝可送一部行田時欲吹之興世素恭謹畏法譬之曰此是天子鼓角非田舍所吹

北齊王琳初仕後梁爲廣州刺史梁元帝爲魏圍逼乃徵琳赴援除湘州刺史琳師次長沙知魏平江陵已立梁王詧乃爲梁元帝舉哀三軍縞素

高季式東魏武定中除侍中尋加冀州大中正特文襄先爲此任啓以迴授爲都督

隋周羅睺初為陳散騎常侍隋師南伐督巴峽緣江諸軍事以拒隋師遇丹陽陷陳主被擒上江猶不下晉王遣陳主手書命之羅睺與諸將大泣三日然後降其年秋拜儀同三司鼓吹羽儀送之于宅後陳主卒羅睺請一臨哭帝許之縗絰送至墓所葬還釋服而後入朝帝甚嘉尚世論稱其有禮

高熲為左領軍大將軍開皇二年長孫覽元景山等伐陳令熲節度諸軍會陳宣帝薨熲以禮不伐喪奏請班師

唐侯君集討高昌師至柳谷候騎言麴文泰死剋日將葬國人咸集以輕騎襲之可有大利亞將姜行本等咸以爲然君集曰不可天子以高昌怠慢使吾恭行天誅乃於墟墓之間以襲其葬非問罪之師也

李光爲河陽節度與馬燧等圍田悦於魏州悦將符璘以精騎五百夜降光開營以納之明日歸璘於招討使

李晟爲中書令西平郡王妻卒詔以晟子愿依前爲太子賓客前衛尉少卿恁諸爲韶王傅居喪既大祥而除官晟以二子未禫訪於諸相趙退翁陸贄謂曰故事有大祥服闋授官者終禫而後朝請晟奏行之

李自良爲河東軍都將從節度使馬燧入朝燧罷兵權德宗欲以自良代燧自良懇辭事燧久不欲代為軍帥物議多之

李愬爲唐鄧節度使初平蔡州裴度先遣宣慰副使馬總入蔡州安諭軍衆明日度建章義軍節擁降卒萬餘人次入焉愬具櫜鞬候度馬首度將避之愬曰淮西阻命五十年一方之人不識上下等威之分久矣請公因以示之度以宰相禮愬迎謁衆皆聳觀

王鍔拜兵部尚書充淮南節度副大使時節度使杜佑屢請代鍔始見佑以趨拜悦佑退坐司馬廳事數日詔佑以鍔代之

曹華爲義成軍節度使華雖出自戎行而動必中禮尤重士大夫未嘗以富貴驕人

柳公綽爲山南東道節度使牛僧孺罷相鎮江夏公綽具戎容於鄂舍候之軍吏曰以漢上地高於鄂禮太過公綽曰奇章纔離台席方鎮重宰相是尊朝廷也竟以戎容見

梁謝彥章官至許州節度使將略之外好優禮儒士與晉人對軍於河上常褒衣博帶動皆由禮或臨敵御衆則肅然有上將之威

劉鄩初爲青州王師範行軍司馬昭宗幸鳳翔太祖率四鎮之師奉迎於岐下師範乘虛襲取太祖管内州郡令鄩以偏師陷兖州太祖命大將葛從周攻之師範兵力漸窘從周以禍福諭鄩俾之革面鄩報曰俟青州本使歸降即以城池還納師範告降從周即出城聽命鄩既降從周具行裝服馬請鄩歸大梁鄩曰未受梁王捨釋之旨乘肥衣裘非敢聞命即素服跨驢而發及將謁見太祖令賜冠帶鄩曰纍囚負罪請就縶而入太祖不許及見慰撫移時且飲之酒鄩以量小告太祖曰取兖州量何

大耶尋授元從都押牙

後唐馬全節始為鄴都留守以元城是桑梓之邑具白襴詣縣庭謁拜縣令沈遘遴遶巡避之不敢當禮全節曰父母之鄉自合致敬勿讓之也州里咸以為榮

晉史匡翰為義成軍節度使性剛毅有沉謀御軍嚴整而推恩信於士伍接下以禮與部曲語未甞不稱名

周史彥超為成德軍節度使性沉厚謙恭有禮雖倥傯之際接對賓客亦未甞造次將帥之中如者鮮矣

冊府元龜卷第三百八十八

冊府元龜卷第三百八十九

將帥部 五十

請行

傳曰平旅不辭難蓋奮爲無避賢者之節柔詩美舊庸壯夫攸尚天漢以來義勇之士或內司戎政或外爲邦翰值戎夷之不諫因叛亂之肆虐朝議致討是先擇帥及其詢衆捷然請行精忠感發稜威抗厲鷹揚虎怒霆擊奮其萬當屬師之勇增啓行之氣固足以聾言不動而摧猛敵激雄圖而揚茂烈矣義以往何征不克斯良將之英槩人臣之令範者歟

漢樊噲爲上將軍孝惠時單于嘗爲書嫚呂太后太后怒召諸將議之噲曰臣願得十萬衆橫行匈奴中

李廣爲郎中令元狩四年大將軍衛青大擊匈奴廣數自請行帝以老不許良久乃許之以爲前將軍

韓千秋郟人武帝時爲齊北相會南粵王及王太后附漢獨其相呂嘉爲亂帝使莊參以二千人往參曰以好往數人足以武往二千人亡足以爲也辭不可天子罷參兵千秋奮曰以區區粵又有王應獨相嘉爲害願得勇士三百人必斬嘉以報於是天子遣千秋與王太后弟摎樂將二千人往

楊僕爲樓船將軍元鼎五年擊南粵開粵持兩端及漢破番禺僕上書願請引兵擊東粵帝以士卒勞倦不許罷兵令諸校留屯豫章梅嶺待命應詔命也

李陵爲騎都尉屯張掖天漢二年貳師出酒泉擊右賢王於天山召陵欲使爲貳師將輜重陵召見武臺未央宮有武臺殿叩頭自請曰臣所將屯邊者皆荊楚勇士奇材劍客也力扼虎射命中願得自當一隊到蘭干山南以分單于兵毋令專鄉貳師軍帝曰將惡相屬邪吾發軍多毋騎予女陵對無所事騎猶言不須騎也臣願以少擊衆步兵五千人涉單于庭帝壯而許之

趙充國爲後將軍神爵元年先零諸羌背叛充國年七十餘帝老之使御史大夫丙吉問誰可將者充國對曰亡踰於老臣者矣帝遣問焉曰將軍度羌虜何如當用幾人度計也充國曰百聞不如一見兵難隃度隃遙也言也臣願馳至金城圖上方略圖其地形并攻討方略俱奏上也然羌戎小夷逆天背畔滅亡不久願陛下以屬老臣勿以爲憂帝笑曰諾

後漢賈復爲執金吾建武二年更始郾王尹尊及諸大將在南方未降者尚多帝召諸將議兵事未有言沈吟久之乃以檄叩地曰郾最彊宛爲次誰當擊之復率然對曰臣請擊郾帝笑曰執金吾擊郾吾復何憂

張宗爲偏將軍從鄧禹西征禹軍到郇邑赤眉大衆且至禹以郇邑不足守欲引師進就堅城而衆人多畏賊追憚爲後拒禹乃書諸將名於竹簡署其前後亂著笥中令各探之宗獨不肯探曰死生有命張宗豈辭難就逸乎禹歎息謂曰將軍有親弱在營奈何不顧宗曰愚聞一卒畢力百人不當萬夫致死可以橫行宗今擁兵數千以承大威何遽其必敗乎遂留爲後拒

陳俊爲琅邪太守行大將軍事數上書自請願奮擊隴蜀詔報曰東州新平大將軍之功也負海猾夏盜賊之巘國家以爲重憂且勉鎮撫之

耿弇爲建威大將軍從幸舂陵因見自請北收上谷兵未發者定彭寵於漁陽取張豐於涿郡還收富平獲索東攻張步以平齊地帝壯其意乃許之

馬援爲虎賁中郎將建武二十年擊交阯徵側還謂平陵人孟冀曰方今匈奴烏桓尚擾北邊欲自請擊之男兒要當死於邊野以馬革裹屍還葬耳何能臥牀上在兒女子手中邪月餘會匈奴烏桓寇扶風援以三輔侵擾園陵危逼因請行許之自九月至京師十二月復出屯襄國詔百官祖道二十四年武威將軍劉尚擊武陵五溪蠻夷深入軍沒援因復請行時年六十二帝愍其老未許之援自請曰臣尚能被甲上馬帝令試之援據

遊顧盼以示可用帝笑曰矍鑠哉是翁也〈矍鑠勇貌一作瞿鑠哉是翁〉遂遣援率中郎將馬武耿舒劉匡孫永等將十二郡募士及弛刑四萬餘人征五溪

班超爲軍司馬建初三年超率疏勒康居于窴拘彌兵一萬人攻姑墨石城破之斬首七百級超欲因此臣平諸國乃上疏請兵曰臣竊見先帝欲開西域故北擊匈奴西使外國鄯善于窴即時向化今拘彌莎車疏勒月氏烏孫康居復願歸附欲共力破滅龜茲平通漢道若得龜茲則西域未服者百分之一耳臣伏自惟念卒伍小吏實願從谷吉效命絕域庶幾張騫棄身曠野昔魏絳列國大夫尚能和輯諸戎況臣奉大漢之威而無鈆刀一割之用乎前議皆曰取三十六國號爲斷匈奴右臂今西域諸國自日之所入莫不向化大小欣欣貢奉不絕唯焉耆龜茲獨未服從臣前與官屬三十六人奉使絕域備遭艱厄自孤守疏勒於今五載胡夷情數臣頗識之問其城郭小大皆言倚漢與依天等以是效之則葱領可通葱領通則龜茲可伐今宜拜龜茲侍子白霸爲其國王以步騎數百送之與諸國連兵歲月之間龜茲可禽以夷狄攻夷狄計之善者也臣見莎車疏勒田地肥廣草牧饒衍不比敦煌鄯善閒也兵可不費中國而糧食自足且姑墨溫宿二王特爲龜茲所置既非其種更相厭苦其勢必有降反若二國來降則龜茲自破願下臣章參考行事誠有萬分死復何恨臣超區區特蒙神靈竊冀未便僵仆目見西域平定陛下舉萬年之觴薦勳祖廟布大喜於天下書奏帝知其功可成議欲給兵平陵人徐幹素與超同志上疏願奮身佐超五年遂以幹爲假司馬將弛刑及義從千人就超

耿秉爲執金吾章和二年北虜大亂南單于上言願發國中及諸部故胡新降精兵[illegible]聖威神一舉平定太后以示秉秉上言昔武帝單極天下欲臣虜匈奴未遇天時事遂無成宣帝之世會呼韓來降故邊人獲安中外爲一生人休息六十餘年及王

莽篡位變更其號耗擾不止單于乃畔光武受命復懷納之緣邊壞郡得以還復烏桓鮮卑咸脅歸義威鎮四夷其效如此今幸遭天授北虜分爭以夷伐夷國家之利宜可聽許秉因自陳受恩分當出命效用太后從之

竇憲爲侍中和帝初都鄉侯暢來弔國憂憲遣刺客殺暢事發覺懼誅自求擊匈奴以贖死會南單于請兵北伐乃拜憲車騎將軍以執金吾耿秉爲副發北軍五校黎陽雍營緣邊十二郡騎士及羌胡兵出塞

馬融爲武都太守時西羌叛征西將軍馬賢與護羌校尉胡疇征之而稽久不進融知其將敗上疏乞自效曰今雜種諸羌轉相鈔盜宜及其未並遣深入破其支黨而馬賢等處處留滯羌胡百里望塵千里聽聲今逃匿避回漏出其後則必侵寇三輔爲民大害臣願請賢所不可用關東兵五千裁假部隊之號盡力率厲埋根行首以先吏士三旬之中必克破之臣少習學藝不更武職猥陳此言必受誣罔之辜昔毛遂廝養爲眾所蚩終以一言克定從要臣懼賢等專守一城言攻於西而羌出於東且其將事必有高克潰叛之變朝廷不能用

皇甫規爲太山太守延熹四年秋叛羌零吾等與先零別種寇鈔關中護羌校尉段紀明坐徵後先零諸種陸梁覆沒營塢規素悉羌事志自奮效乃上疏曰自臣受任志竭愚鈍實賴兗州刺史牽顥之清猛中郎將宗資之信義得承節度幸無咎釁今猾賊破滅太山略平復聞群羌並皆反逆臣生長邠岐年五十有九昔爲郡吏再更叛羌豫籌其事有誤中之言臣素有固疾恐犬馬齒窮不報大恩願乞冗官備單車一介之使勞來三輔宣國威澤以所習地形兵勢佐助諸軍臣窮居孤危之中坐觀郡將已數十年矣自鳥鼠至于東岱其病一也力求猛敵不如清平勤明吳孫未若奉法前變未遠臣誠戚之是以越職盡其區區至冬羌遂大合朝廷爲憂三公舉規爲中郎將持節監關西

兵討零吾等破之降者十餘萬人

魏于禁為益壽將軍時大祖初征袁紹紹兵盛禁願為先登太祖壯之乃遣步騎二千人使禁將守延津以拒紹

蜀李恢為別駕從事章武元年庲降都督鄧方卒先主問恢誰可代者恢對曰人之才能各有長短故孔子曰其使人也器之且夫明主在上則臣下盡情是以西零之役趙充國曰莫若老臣臣竊不自量惟陛下察之先主笑曰孤之本意亦已在卿矣遂以恢為庲降都督使持節領交州刺史住平夷縣

張嶷為盪寇將軍魏狄道長李簡密書請降衞將軍姜維率嶷等因簡之資以出隴西嶷初自越巂初至成都風濕固疾扶杖然後能起衆議狐疑嶷曰必然姜維之出時論以嶷初還股疾不能在行中由是嶷自乞肆力中原致身敵庭臨發辭後主曰臣當值聖明受恩過量加以疾病在身常恐一朝隕没辜負榮遇天不違願得預戎事若涼州克定臣為藩表守將若有未捷殺身以報後主慨然為之流涕既到狄道與魏將徐質交鋒嶷臨陣隕身

吳周瑜為中護軍時曹公入荊州劉琮舉衆降曹公得其水軍船步兵數十萬將士聞之皆恐權延見群下問以計策議者咸曰曹公豺虎也然託名漢相挾天子以征四方動以朝廷為辭今日拒之事更不順且將軍大勢可以拒操者長江也今操得荊州奄有其地劉表治水軍蒙衝鬬艦乃以千數操悉浮以沿江兼有步兵水陸俱下此為長江之險已與我共之矣而勢力衆寡又不可論愚謂大計不如迎之瑜曰不然操雖託名漢相其實漢賊也將軍以神武雄才兼仗父兄之烈割據江東地方數千里兵精足用英雄樂業尚當橫行天下為漢家除殘去穢況操自送死而可迎之邪請為將軍籌之今使北土已安操無內憂能曠日持久來爭疆場又能與我校勝負於船楫可乎今北土既未平安加以馬超韓遂尚在關西為操後患且舍鞍馬杖

舟楫與吳越爭衡本非中國所長又今盛寒馬無槀草驅中國士衆遠涉江湖之間不習水土必生疾病此數四者用兵之患也操皆冒行之將軍禽操宜在今日瑜請得精兵三萬人進住夏口保為將軍破之權曰老賊欲廢漢自立久矣徒忌二袁呂布劉表與孤耳今數雄已滅惟孤尚存孤與老賊勢不兩位君言當擊甚與孤合此天以君授孤也遂破曹公於赤壁後瑜也據江陵是時劉璋為益州牧外有張魯寇侵瑜乃詣京見權曰今曹操新折衂方憂在腹心未能與將軍連兵相事也乞與奮威俱進取蜀得而并張魯因留奮威固守其地好與馬超結援瑜還與將軍據襄陽以蹙操北方可圖也權許之瑜還江陵為行裝而道於巴丘病卒

晉馬隆為司馬督會涼州刺史楊欣為虜所沒河西斷絕武帝每有西顧之憂臨朝而難曰誰能為我討此虜通涼州者乎朝臣莫對隆進曰陛下若能任臣臣能平之帝曰必能滅賊何為不任顧卿方略何如耳隆曰陛下若能任臣當聽臣自任帝曰云何隆曰臣請募勇士三千人無問所從率之鼓行而西稟陛下威德醜虜何足滅哉帝許之乃以隆為武威太守公卿僉曰六軍既衆州郡兵多但當用之不宜橫設賞募以亂常典隆小將妄說不可從也帝弗納隆募限要引弩三十六鈞弓四鈞立標簡試自旦至中得三千五百人隆曰足矣因請自至武庫選杖武庫令與隆忿爭御史中丞奏劾隆隆曰臣當亡命戰場以報所受武庫令乃以魏時朽杖見給不可復用非陛下使臣滅賊意也帝從之又給其三年軍資隆於是西渡温水虜樹機能等以衆萬計或乘險以遏隆前或設伏以截隆後隆依八陣圖作偏箱車地廣則鹿角車營路狹則為木屋施於車上且戰且前弓矢所及應弦而倒奇謀間發出敵不意或夾道累磁石賊負鐵鎧行不得前隆卒悉被犀甲無所留礙咸以為神轉戰千里殺傷以千數自隆之西音問斷絕朝廷憂

之或謂邑沒後隆使夜到撫掌歡笑詰朝召群臣謂曰若從諸君言是無秦涼也乃詔曰隆以偏師寡衆奮不顧難冒險能濟其假節宣威將軍加赤幢曲蓋鼓吹隆到武威虜大人猝跋韓且萬能等率萬餘落歸降前後誅殺及降附者以萬計又率善戎沒骨能等與樹機能大戰斬之涼州遂平

杜預爲都督荊州諸軍事至鎮處分既定乃啓請伐吳之期武帝報待明年方欲大舉預表陳至計曰自閏月已來賊但敕嚴下無兵上以理勢推之賊之窮計力不兩完必先認上流勤保夏口已東以延視息無緣多兵西上空其國都而陛下過聽便用委棄大計縱敵患生此誠國之遠圖使舉而有敗勿舉可也事爲之制務從完牢若或有成則開太平之基不成不過費損日月之間何惜而不一試之若當須後年天時人事不得如常臣恐其更難也陛下宿議分命臣等隨界分進其所禁持東西同符萬安之舉未有傾敗之慮臣心實不敢以曖昧之見自取

後累惟陛下察之預旬月之中又上表曰羊祜與朝臣多不同不先博畫而密與陛下共施此計故益令多異凡事當以利害相校今此舉十有八九利其一二止於無功耳其言破敗之形亦不可得直是計不出已功不在身各恥其前言故守之也自頃朝廷事無大小異意鋒起雖人心不同亦由恃恩不慮後難故輕相同異也昔漢宣帝議趙充國所上事效之後詰責諸議者皆叩頭而謝以塞異端也自秋已來討賊之形頗露若今中止孫皓怖而生計或從都武昌更完修江南諸城遠其居人城不可攻野無所掠積大船於夏口則明年之計或無所及時帝與中書令張華圍棊而預表適至華推枰斂手曰陛下聖明神武朝野清晏國富兵強號令如一吳主荒淫驕虐誅殺賢能當今討之可不勞而定帝乃許之

王濬在益州朝議咸諫伐吳濬乃上疏曰臣數參訪吳楚同異孫皓荒淫凶逆荊楊賢愚無不嗟怨且觀時運宜速征伐若今不伐天變難預令皓卒死更立賢主文武各得其所則強敵也臣作船七年日有朽敗又臣年七十死亡無日三者一乖則難圖也誠願陛下無失事機武帝深納焉賈充荀勗陳諫以爲不可唯張華固勸又杜預表請帝乃發詔分命諸方節度濬於是統兵

祖逖元帝爲琅邪王時爲軍諮祭酒時帝拓定江南未遑北伐祖逖進說曰晉室之亂非上無道而下怨叛也由藩王爭權自相誅滅遂使戎狄乘隙毒流中原今遺黎既被殘酷人有奮擊之志大王誠能發威命將使若逖等爲之統主則郡國豪傑必因風嚮赴沉溺之士欣於來蘇庶幾國恥可雪願大王圖之帝乃以逖爲奮威將軍豫州刺史給千人廩布三千匹不給鎧仗使自招募仍將本流徙部曲百餘家渡江

毛寶爲廬江太守蘇峻作逆祖約遣祖渙桓撫等欲襲湓口陶侃將自擊之寶白義軍恃公公不可動寶請討之侃顧謂坐客

曰此年少言可用也乃使寶行

庾亮鎮武昌時石勒新死亮有開復中原之謀乃解豫州授輔國將軍毛寶使與西陽太守樊峻精兵一萬但戍邾城又以陶稱爲南中郎將江夏相率部曲五千人入沔中亮弟翼爲南蠻校尉南郡太守鎮江陵以武昌太守陳囂爲輔國將軍梁州刺史趣子午又遣偏軍伐蜀至江陽執僞荊州刺史李閎巴郡太守黃植送于京都亮當率大衆十萬據石頭城爲諸軍聲援乃上疏曰蜀胡二寇凶虐滋甚內相誅鋤衆叛親離蜀甚弱而胡尚強並佃並守脩進取之備襄陽北接宛許南阻漢水其險足固其土足食臣宜移鎮襄陽之石城下并遣諸軍布江沔比及數年戎士習練乘釁齊進以臨河大勢一舉衆知存亡開反善之路宥逼脅之罪因天時順人情誅逋逆雪大恥實聖朝之所先務也願陛下許其所陳濟其此舉淮泗壽陽所宜進據臣輒簡練部分乞槐棘參議以定經略帝下其議時王導與亮意同

郤鑒議以資用未備不可大舉亮又上疏便欲遷鎮寇陷邾城毛寶赴水而死亮陳謝自貶三等行安西將軍有詔復位桓沖爲車騎將軍都督豫江二州之六郡軍事自京口遷鎮姑孰既而苻堅寇涼州沖遣宣城内史朱序豫州刺史桓伊率衆向壽陽淮南太守劉波汎舟淮泗乘虛致討以救涼州乃表曰氐賊自弃東胡醜類是繁而蜀漢寡弱西涼無備斯誠暴興疾顛祇速其亡然而天未勦絶屢爲國患臣聞勝於無形功立事表代謀之道兵之上略況此賊陸梁終必越逸比秋陵縱常在秋冬今日月迅邁高風行起臣輒較量畿甸守衛重複又淮泗通流長江如海荆楚偏遠密邇寇讎方城漢水无天險之實而過備之重勢在西門臣雖乏肅識之武略然猥荷重任思在投袂請率所統徑進南郡爲征西將軍臣豁參同謀猷賊若果驅大主送死沔漢庶仰憑正順因致人利一舉乘風掃清氛穢不復重勞王師有事三秦則先帝盛業永隆於聖世宣武遺志無恨於

在昔如其偪憚皇威闚闗計屈則觀兵伺釁更議進取振旅旋旆遲速唯宜伏願陛下覽臣所陳特垂聽許詔答曰醜類違天比年縱肆梁益不守河西傾喪每惟宇内未一憤歎盈懷將軍經略深長思算重複忠國之誠形于義旨覽省未周以感以慨寇雖乘間竊利而以死道臨之贖武窮兇虐用其衆滅亡之期勢何得久然備豫不虞軍之善政輒詢于群后敬從高算想爲征西協參令圖嘉謀遠猷動靜以聞會張天錫陷没於是罷兵

宋宗慤南陽人隨江夏王義恭鎮廣陵元嘉二十二年伐林邑慤自奮請行江夏王義恭舉慤有膽勇乃除振武將軍爲安西參軍蕭景憲軍副隨交州刺史檀和之圍區粟城林邑遣將救區粟和之遣慤慤乃進討破之遂尅林邑後爲豫州刺史監五州軍事大明三年竟陵王誕據廣陵反慤表求赴討乘驛詣都面受節度帝停輿慰勉慤聳躍數十左右顧眄帝壯之乃行隸車騎大將軍沈慶之初誕誑其衆云宗慤助我及慤至躍馬繞城呼曰我宗慤也事平入爲左衛將軍

孟係祖爲殿中將軍大明二年後魏侵青冀世祖遣軍援之係祖自占求行

王玄謨元嘉中補長沙王義欣鎮軍中兵將軍領汝陰太守時虜攻陷滑臺執朱脩之以歸玄謨上疏曰王途始開隨復淪塞非惟天時抑亦人事虎牢滑臺豈惟將之不良抑亦本之不固皆由民憚遠役臣請以西陽之魯陽襄陽之南鄉發甲卒分爲兩道直趣潼關征士無遠徭之患吏士有屢休之歌若欲以東國之衆經營牢洛道途既遠獨克實難玄謨陳説北侵之策文帝謂殷景仁曰聞王玄謨陳説使人有封狼居胥意

吳喜爲殿中侍御史太宗初即位時四方反叛東兵尤急喜請得精兵三百致死於東帝大悦即假建將軍簡羽林勇士配之議者以喜刀筆主者不當爲將不可遣中書舍人巢尚之曰喜昔隨沈慶之屢經軍旅性既勇決又習戰陣若能任之必有成

績諸人紛口皆是不別才耳

南齊劉善明爲宋輔國將軍西海太守行青冀二州刺史至鎮表請北伐朝議不同

後魏晁暉爲濟州刺史假寧東將軍潁川公宋東平郡徙戍近境暉上表求擊之文成不許暉乃爲書以大義責之

刀雍孝文泰常中爲鎮東將軍助叔孫建攻青州是時攻東陽平其北城三十許步宋青州刺史竺夔於城内鑿地道南下入澠水澗以爲退路雍謂建曰此城已平宜時入取不者走不逮建懼傷兵士難之雍曰若懼傷官兵者雍今請將義兵先入不聽夔欲東走會宋遣其將檀道濟等救青州雍謂建曰賊畏官軍突騎以鏁連車爲函陣大峴已南處處狹隘不得方軌雍求將義兵五千要險破之建不聽曰兵人不宜水土疫病過半若相持不休兵自死盡何須復戰今不損大軍安全而返計之上也建乃引還雍遂鎮尹卯固

韋珍孝文時爲北陽鎮將軍駕南討珍上便宜幷自陳在邊歲久悉其要害願爲前驅詔珍爲隴西公源懷衛大將軍府長史
高聰爲太府少卿兼太子左率聰以將用自許孝文欲意南討專訪王肅以軍事聰託肅願以偏裨自効肅言之於孝文故假聰輔國將軍統兵二千與劉藻傅永成道益任莫問俱受肅節度同援渦陽
董紹爲右將軍洛州刺史蕭寶寅之反於長安也紹上書求擊之云臣當出瞻巴三千生啖蜀子孝文謂黃門徐紇曰此巴真豬也紇曰若此是紹之壯辭云巴人勁勇見敵無所畏懼非實豬也帝大笑勅紹速行
任城王澄子嵩宣武初爲平南將軍荊州刺史嵩表曰蕭寶卷骨肉相殘忠良先戮臣下嚣然莫不離背君臣攜貳干戈日尋流聞寶卷雍州刺史蕭衍兄懿於建業阻兵與寶卷相持荊郢二州刺史並是寶卷之兵必有圖衍之志臣若遣書相聞迎其本謀與獲同心并力除平衍之後必旋師赴救丹陽當不能復經營疆埸全固襄沔臣之軍威已得臨據則沔南之地可一舉而收緣漢曜兵示以威德思歸有道者則引而納之受疑告危者則援而接之總兵守鈇觀釁伺隙若其零落之形已彰解息之勢已著便可順流推鋒長驅席卷詔曰所陳嘉謀深是良計如當機形可進任將軍裁之既而梁武尋克建業乃止中山王英宣武即位行徐州南齊遣將陳伯之寇淮上詔英爲鎮南將軍率衆討之夾末至賊已退詔英行揚州英還京師上表曰臣聞取亂侮亡有國之常道陳師鞠旅因機而致發竊以區區寶卷罔顧天常憑恃山河敢抗中國今妖逆數亡驕縱日甚威侮五行怠棄三正虐刑以逞害無辜其雍州刺史蕭衍東伐秣陵掃土興兵順流而下唯有孤城更無重衛此乃皇天授我之日曠載一逢之秋率易走九理同拾芥此而不乘將欲何待臣乞躬率步騎三萬直指沔陰據襄陽之城斷黑水之路昏虐君臣自相魚肉我居上流威震遐邇長驅南出進拔江陵其路既近不盈五百則三楚之地一朝可收岷蜀之道自成斷絕又命揚徐二州聲言俱舉緣江煙燧騰峙有遺建業窮蹙魚遊釜內士治之師再興孫皓之縛重至齊文軌而大同混天下而爲一伏惟陛下暫闢旒纊少垂聽覽獨決聖心無取疑議此期脫爽并吞未日事寢不報英又奏曰臣聞乘虛討弱事在速舉因危攻昧機不可期今寶卷亂常骨肉相賊蕃戍鼎立莫知所歸義陽孤絕密邇天境外靡糧援之期內無兵儲之固此乃藩棘之鳥不可去薪援首之寇何容緩斧若此行有果則取江右之地爲經略之基如脫否也非直後舉難圖亦或居安生疾今豫州刺史司馬悅已戒嚴垂邁而東豫州刺史田益宗方擬守三關請遣軍司爲之節度
尉多侯少有武幹獻文時爲假節征西將軍領護羌戎校尉燉煌鎮將率輕騎五千西入于闐兼平諸國因敵取資平定爲效弗許後又上疏求北取伊吾斷蠕蠕通西域之路孝文善其計以東作方興難之
賀拔勝孝明正光末從其父度拔鎮武川爲賊所陷南投恆州爲尒朱榮所得遂委質事榮時杜洛周阻兵幽定葛榮據有冀瀛榮謂勝曰井陘險要我之東門意欲屈君鎮之未知君意何如勝曰少逢兵亂險阻備嘗每思効力以報知己今蒙驅策實所願也榮乃表勝爲鎮遠將軍領步騎五千鎮井陘後從榮入洛以定策立孝莊帝功累遷撫軍元顥入洛陽孝莊出居河內榮徵勝爲前鋒與尒朱兆大破顥軍遂前驅入洛拜武衛
李苗爲冠軍將軍西南道慰勞大使未發會殺尒朱榮榮從弟世隆擁榮部曲屯據河橋還逼都邑孝莊親御大夏門集群臣博議百寮恇懼計無所出苗獨奮衣而起曰今小賊唐突如此朝廷有不測之危正是忠臣烈士效節之日臣雖不武竊所庶幾請以一旅之衆爲陛下徑斷河梁城陽王徽中尉高道穆

讀成其計莊帝壯而許焉苗乃募人與馬渚上流以舟師夜下去橋數里便放火船河流既駛倏忽而至賊於南岸望見火下相殺爭橋俄然橋絕沒水死者甚衆苗身率士卒百許人泊於小渚以待南援既而官軍不至賊乃攸來與苗死鬬衆寡不敵左右死盡苗浮河而沒

北齊潘樂有膽略神武出牧晉州引爲鎮城都將後破周師於河陰議欲追之令追者在西不願者東唯樂與劉豐居西神武善之以衆之不行而止

段韶爲冢宰平原郡王後周宇文護遣尉遲迥等襲洛陽乃奏遣蘭陵王長恭大將軍斛律光率衆擊之軍於邙山之下逗留未進文宣召謂曰今欲遣王赴洛陽之圍但突厥在北復須鎮禦王謂如何韶曰北虜侵邊事等疥癬今西羌闚逼便是膏肓之病請奉詔南行武成曰朕意亦爾仍令韶督精騎一千發自晉陽五日便濟河與大將共量進止

後周陸騰爲武衛將軍與爲太祖所知願立功效不求內職太祖嘉之

韋孝寬沉敏和正涉獵經史弱冠屬蕭寶夤作亂關右乃詣闕請爲軍前驅朝廷嘉之即拜統軍隨馮翊公長孫承業西征每戰有功拜國子博士行華山郡事又孝寬爲驃騎大將軍時孝武東伐孝寬自以習練齊人虛實請爲先驅帝以王羆要衝非孝寬無以鎮之乃不拜

趙剛爲利州總管剛以信州濱江負阻乃表請討之詔剛率利沙等十四州兵往經略焉仍加授渠州刺史剛初至渠帥憚其軍威相次降款

隋高熲爲高祖相府[illegible]迥之起兵也遣子惇率步騎八萬進屯武陟高祖令韋孝寬擊之軍至河陽莫敢先進高祖以諸將不一令崔仲方監之仲方辭父在山東時熲又見劉昉鄭譯並無去意遂自請行深合帝旨遂遣熲焉

韋冲初仕後周爲上儀同時稽胡屢爲寇亂冲自請安集之因拜汾州刺史

郭衍初仕後周爲車騎大將軍建德中武帝出幸雲陽行朝於行所時議欲伐齊衍請爲前鋒攻河陰城授儀同大將軍

皇甫績開皇中爲晉州刺史將之官稽首而言曰臣實庸鄙無益於國每思犯難以報國恩今僞陳尚存以臣度之有三可滅帝問其故績答曰大吞小一也以有道伐無道二也納叛臣蕭巖於我有詞三也陛下若命鷹揚之將臣請預戎行展絲髮之效帝嘉其壯志勞而遣之

楊素開皇中爲御史大夫時帝方圖江表先是素數進取陳之計未幾拜信州總管後爲內史令討江賊李稜等帝以素久勞於外詔令馳傳入朝素以餘賊未殄恐爲後患又自請行乃下詔曰朕憂勞百姓日旰忘食一物失所情深納隍江外狂狡妄構妖訛雖經殄戮民未安堵猶有賊首凶黠逃亡山洞恐其聚

結重擾蒼生內史令素識達古今經謀長遠比曾推轂舊著威名宜任以大兵總爲元帥宣布朝風振揚威武擒剪叛亡慰勞黎庶軍民事務一以委之

吐萬緒爲東平太守煬帝遼東之役請爲先鋒帝嘉之拜左屯衛大將軍率馬步數萬指蓋馬道及班師留鎮懷遠

唐羅士信爲新安道行軍總管武德五年從太宗擊劉黑闥洺水以城來降王君廓鎮之爲賊所攻君廓知其不可守潰圍而出太宗謂諸將曰誰能代者士信自謂曰願以死守因遣之士信率輕騎直入城賊攻之甚急遇雨雪大軍不得救數日土人引賊而上城遂爲賊所害

李靖爲特進貞觀九年吐谷渾寇邊太宗顧謂侍臣曰得李靖爲帥豈非善也靖乃見房玄齡曰靖雖年老固堪一行太宗大悅即以靖爲西海道行軍大總管統兵部尚書任城王道宗凉州都督李大亮右衛將軍李道彥利州刺史高甑生等三總管

征之九年軍次伏俟城吐谷渾燒去野草以餧我師退保大非川諸將咸言春草未生馬已羸瘦不可赴敵唯靖決計而進深入敵境遂踰積石山前後戰十合殺傷甚衆大破其國吐谷渾衆遂殺其可汗來汗靖又立大寧王慕容順而還太宗將伐遼召靖入閤賜坐御前謂曰公南平吳會北清沙漠西定慕容唯東有高麗未服公意如何對曰臣往者憑藉天威薄展微效今殘年朽骨唯擬此行陛下若不棄老臣病其瘳矣太宗愍其羸老不許

張亮爲刑部尚書參預朝政及興高麗之役亮頻諫不納因自請行乃以亮爲滄海道行軍大總管

郭孝恪爲安西都護會焉耆王與西突厥通親相爲脣齒進貢稀至孝恪表請擊之太宗許焉以孝恪爲西州道行軍總管虜其王齒龍突騎支而還

婁師德上元初爲監察御史屬吐蕃犯塞制募猛士以討之師

德抗表請爲猛士高宗大悅特假朝散大夫從軍西討頻有戰功遷殿中侍御史兼河源軍司馬兼知營田事

李晟爲神策先鋒都知兵馬使兼魏府左司馬時王武俊攻趙州晟獻狀請解趙州之圍又引兵趨定州與張孝忠合勢欲圖范陽德宗壯之俾禁軍將軍莫仁擢趙光銑杜季泚皆隸焉晟自魏州引軍而北徑趨趙州武俊聞之解圍而去

柳公綽爲鄂岳節度元和九年吳元濟據蔡州叛王師討伐詔公綽以鄂岳兵五千隸安州刺史李聽率赴行營公綽曰朝廷以吾儒生不知兵邪即日上奏願自征行許之

李愬爲太子詹事宮苑閑廐使元和十一年冬以討蔡之師久無成功愬乃抗疏自陳乞師一旅將殄寇孽宰臣李逢吉亦以愬可用遂拜左散騎常侍兼鄧州刺史充隨唐鄧等節度觀察等使

裴度爲門下侍郎平章事元和十二年憲宗與宰臣議兵曰王師伐蔡首尾三年雖捷奏頻來寇巢未殄度支供饋其何以濟李逢吉崔群王涯各有奏對多言罷兵爲便唯裴度不言利害奏曰臣請身自行營督戰明日延英復對宰臣俱退帝獨止度謂之曰卿必能爲朕行乎度頓首流涕而奏曰臣誓不與此賊俱全帝亦爲之感慟度奏曰賊已力困但以群帥不一故未降耳帝深嘉之遂欲加度招討使奏曰韓弘已爲都統臣不欲受招討之名但奉使即得乃下詔以度爲彰義軍節度蔡申光觀察等使仍充淮西行營宣慰處置使史敬奉靈武人少事本軍爲偏將元和十四年西戎頻歲犯邊敬奉白節度使杜叔良請兵三千人備一月糧深入蕃界叔良以二千五百人授之敬奉既行十餘日人莫知其所向皆謂吐蕃盡殺之矣乃由佗道深入突出蕃衆之後戎人驚潰敬奉率衆大破之殺戮不可勝紀

李遜爲忠武軍節度使長慶元年秋幽鎮繼亂遜首請身先討賊不許但命以兵一萬會于行營遂奉詔即日發兵故先諸軍

而至由是進位檢校吏部尚書

李載義爲幽州盧龍等軍節度觀察等使李同捷據滄景以要襲父爵載義上表請討同捷以自效帝嘉其誠懇特加檢校右僕射累破賊軍以功加司空

王智興爲武寧軍節度使大和初李同捷據滄德叛智興上章請躬督士卒討賊從之乃出全師三萬自備五月糧餉朝廷嘉之

高瑀爲忠武軍節度使大和二年十一月瑀奏請出全軍討滄州

劉從諫爲昭義軍節度使大和二年五月從諫奏請出全軍討鎮州

楊元卿鎮河陽大和三年七月元卿奏請自領全軍赴魏博即日發赴行營

梁尹皓爲夾馬指揮使開平元年令於山北捉生先時并寇屢擾邊州太祖欲擒俘以挫其勢皓首出應召遂將兵而遣焉

後唐張全義在梁爲天下副元帥時末帝季年趙張用事以段

疑爲北面招討使驛居諸將之右全義知其不可遣使啓帝曰老臣受先朝重顧蒙陛下委以副元帥之名臣雖遲暮尚可董軍請付北面兵柄庶分宵旰㬅疑晩進德未伏人恐人情不和敗亂國政不聽安重誨爲樞密使長興二年伐蜀明宗以蜀路險阻進兵艱難瀘關已西物價甚賤百姓輓運至利州率一斛不得一㪷謂侍臣曰關西勞擾未有成功孰能辦吾事者朕須自行重誨奏曰此臣之責也請行帝許之言訖而辭翌日遂行

劉遂凝爲隰州刺史長興四年遂凝至京帝問所陳密事奏曰臣所部與綏銀二州接境二州蕃戶約五千自聞國家攻討夏州皆藏竄山險請除二州刺史各與二三百人爲衙隊令其招郡招撫則不戰而下兩州矣帝問左右其言如何范延光奏曰綏銀戶民朝廷常加撫育緣與部落雜處其心翻覆多端昨聞安從進初至蘆關蕃酋望風歸附尋加存撫各令放歸及上馬登山未行百步反襲從進騎從七十餘人幾至不濟奈何以刺

史牙隊一二百人制彼狡虜適足爲虜啗也況國家之患正在夏州即平綏銀自然景附如夏州未拔王師自當退舍何以能守綏銀遂凝之說非也遂凝不能對良久又奏曰臣聞李仁福有二子彝超乃次子也長子彝殷爲夏州留後彝超儌詔赴闕則諸蕃歸心矣臣請以百騎自入夏州延光必知其不可以遂凝恃內助之恩恐併沮其謀則生怨望乃止翌日帝又謂延光曰遂凝之行可乎延光奏曰王師進取之謀計度已定遂凝請立彝殷兼將百騎入夏州事固不可許令虜執吾使一遂凝不足惜所惜朝廷事體也臣等商量不請遂凝輕行乃止

孫鐸爲金州刺史清泰二年鐸聞討太原上表請行不允

晉陳思讓爲磁州刺史開運二年思讓上表乞北面征行

周薛懷讓初仕後唐爲申州刺史清泰二年懷讓乞罷郡赴代軍陳力不允廣順元年爲同州節度時方征并寇懷讓上言請行

李筠爲相州節度使廣順元年十一月筠上言乞西征詔褒之

劉詞爲邢州節度廣順元年十二月上言乞西征

唐景思爲鄧州行軍司馬受代歸闕顯德初河東劉崇帥衆來寇世宗親總六師以禦之及陣於高平景思於帝馬前距踊數四且曰願賜臣堅甲一聯以觀臣之效用帝由是知其名因以高平陣所得降卒數千署爲效順指揮命景思董之使屯淮上

冊府元龜卷第三百八十九

冊府元龜卷第三百九十

將帥部五十一

誓師　警備

誓師

夫戎者國之大事將者人之司命故周官有五戎于車存乎軍禮兵法有三誓交刃所以致志斯蓋申嚴師律重用民命者也三代而下曷嘗去兵乃有奉辭董衆龔行討伐糾義赴難志謀凶慝飭桓桓之旅勵逐逐之氣躬秉旄鉞職在旗鼓忠果內激稜威旁聳敦陳成列抗詞出令聲氣慷慨士衆聳勸誠心潛發怒氣兼倍用能摧堅履險而無憚取亂侮亡之必克率和毅勇以集巨伐斯蓋經武之大猷治戎之善志者也傳曰辭之不可以已又曰動人以行不以言自非由衷激憤精意感厲亦何以致人之死力乎

夏羲和湎淫廢時亂日羲氏和氏世掌天地四時之官自唐虞至三代世職不絕承太康之後沉湎於酒過差非度廢天時亂甲乙胤征之作胤征胤國之君受王命往征之胤征奉辭罰罪日征惟仲康肇位四海羿廢太康而立其弟仲康為天子胤侯命掌六師仲康命胤侯掌主六師為大司馬羲和廢厥職酒荒于厥邑舍其職官還私邑以酒迷亂不修其業胤后承王命徂征徂往也就其私邑往討之告于衆曰嗟予有衆誓勑之聖有謨訓明徵定保徵證保安也聖人所謨之教訓為世明證所以定國安家先王克謹天戒臣人克有常憲言君能慎戒臣能奉有常法百官修輔厥后惟明明修職輔君君臣俱明每歲孟春遒人以木鐸徇于路遒人宣令之官木鐸金鈴木舌所以振文教官師相規工執藝事以諫官衆官更相規闕百工各執其所治技藝以諫諫失常其或不恭邦有常刑言百官廢職服大刑惟時羲和顛覆厥德顛覆言反倒將陳羲和所犯故先舉孟春之令犯令之誅沉亂于酒畔官離次沉謂醉冥失次位也俶擾天紀遐棄厥司俶始擾亂遐遠也紀謂時日司所主也乃季秋月朔辰弗集于房辰日月所會房所舍之次集合也不合即日食可知瞽奏鼓凡日食天子伐鼓於社責上公瞽樂官樂官進鼓則伐之嗇夫馳庶人走嗇夫主幣之官馳取幣禮天神衆人走供救日食之百役也羲和尸厥官罔聞知主其官而無聞知於日食之變異所以罪重昏迷于天象以干先王之誅闇錯天象言昏亂之甚干犯也政典曰先時者殺無赦政典夏后為政之典籍若周官六卿之治典先時謂曆象之法四時節氣弦望晦朔先天時則罪死無赦不及時者殺無赦不及謂曆象後天時雖治其官苟有先後之差則無赦況廢官乎今予以爾有衆奉將天罰將行也奉王命行王誅謂殺湎淫之身立其賢子弟爾衆士同力王室尚弼予欽承天子威命以天子威命督其士衆使用命火炎崐岡玉石俱焚山脊曰岡崐山出玉言火逸而害玉天吏逸德烈于猛火逸過也天王之吏為過惡之德其傷害天下甚於火之害玉猛火烈矣又烈於火殲厥渠魁脅從罔治殲滅渠大魁帥也指謂羲和罪人之身其脅從距王師者皆無治舊染汙俗咸與惟新言其餘人久染汙俗本無惡心皆與更新一無所問嗚呼威克厥愛允濟歎能以威勝所愛則必有成功愛克厥威允罔功以愛勝威無以濟衆信無功其爾衆士懋戒哉言當勉以用命戒以辟戮

太公望從武王東伐以觀諸侯集否師行師尚父左杖黃鉞右把白旄以誓曰蒼兕蒼兕總爾衆庶與爾舟楫後至者斬遂至盟津諸侯不期而會者八百

晉趙鞅納衛太子于戚八月齊人輸范氏粟鄭子姚子般送之子姚罕達子般駟弘士吉射逆之趙鞅禦之遇於戚陽虎曰吾車少以兵車之旆與罕駟兵車先陳旆先驅車也以先驅車益其兵車以示衆罕駟自後隨而

從之既會之簡子誓曰范氏中行氏反易天命不喜君也斬艾百姓欲擅晉國而滅其君寡君恃鄭而討焉今鄭為不道弃君助臣二三子順天明從君命經德義除詬恥在此行也克敵者上大夫受縣下大夫受郡周書作雒篇千里百縣縣有四郡士田十萬十萬畝也庶人工商遂得遂進仕人臣隸圉免去廝役志父無罪君實圖之志父趙簡子之一名也言己事濟君當圖其賞若其有罪絞縊以戮絞所以縊人物桐棺三寸不設屬辟屬辟棺之重數王棺四重君三重大夫一重素車樸馬無入于兆兆葬域下卿之罰也為衆設賞自設罰所以能克敵甲戌將戰簡子巡列曰畢萬匹夫也七戰皆獲有馬百乘死於牖下萬晉獻公將也皆獲有功故能牖下言得壽終羣子勉之死不在寇言有

後漢齊武王伯升既破甄阜軍乃陳兵誓衆焚積聚破釜甑鼓行而前

吳漢為大司馬率諸將圍蘇茂於廣樂時劉永將周建救廣樂漢與戰不利墮馬傷厀還營建等遂連兵入城諸將謂漢曰大敵在前而公傷臥衆心懼矣漢乃勃然裹創而起椎牛饗士令

軍中曰賊衆雖多皆劫掠群盜勝不相讓敗不相救非有仗節死義者也今日封侯之秋諸君勉之於是軍士激怒人倍其氣

建武十二年漢與諸將伐公孫述漢乘利遂自將步騎二萬餘人進逼成都去城十餘里阻江北爲營作浮橋使副將劉尚將萬餘人屯於江南相去二十餘里述使其將謝豐袁吉將衆十許萬分爲二十餘營幷出攻漢使別將萬人劫劉尚令不得相救漢與大戰一日兵敗走入壁豐因圍之漢乃召諸將厲之曰吾共諸君踰越險阻轉戰千里所在斬獲遂深入敵地至其城下而今與劉尚二處受圍勢既不接其禍難量欲潛師就尚於江南并兵禦之若能同心一力人自爲戰大功可立如其不然敗必無餘成敗之機在此一舉諸將皆曰諾於是饗士秣馬閉營三日不出乃多樹幡旗使煙火不絶夜銜枚引兵與劉尚合軍豐等不覺明日乃分兵拒水北自將攻江南漢悉兵迎戰自旦至晡遂大破之二傅俊爲積弩將軍禮請郅惲爲將兵長史授以軍政惲乃誓衆曰無掩人不備窮人於厄不得斷人支體裸人形骸放淫婦女

張超爲廣陵太守請郡人臧洪爲功曹董卓圖危社稷洪說超誅除國賊爲天下唱義超然其言與洪西至陳留見兄邈計事邈使洪詣兖州刺史劉岱豫州刺史孔伷遂皆相善邈既先有謀約會超至定議乃與諸牧守大會酸棗設壇場將盟既而更相辭讓莫敢先登咸共推洪洪乃攝衣升壇操血而盟曰漢室不幸皇綱失統賊臣董卓乘釁縱害禍加至尊毒流百姓大懼淪喪社稷翦覆四海兖州刺史岱豫州刺史伷陳留太守邈東郡太守瑁謂橋瑁也廣陵太守超等糾合義兵並赴國難凡我同盟齊心一力以致臣節隕首喪元必無二志有渝此盟俾墜其命無克遺育皇天后土祖宗明靈寔皆鑒之洪辭氣慷慨聞其言者無不激揚

晉郗鑒爲大將軍徐州刺史時蘇峻爲亂京師陷沒鑒聞之流涕設壇場刑白馬大誓曰三軍曰賊臣祖約蘇峻不恭天命不畏王誅凶戾肆逆干國之紀陵汩五常侮弄神器遂制脅幽主拔本塞原殘害忠良禍虐黎庶使天地神祇靡所依歸是以率土怨酷兆庶泣血咸願奉辭罰罪以除元惡昔戎狄泯周齊桓糾盟董卓陵漢群后致討義存君親古今一也今主上幽危百姓倒懸忠臣正士志存報國凡我同盟既盟之後戮力一心以救社稷若二寇不梟義無偷安有渝此盟明神殛之鑒登壇慷慨三軍爭爲用命

前秦王猛爲司徒錄尚書事將兵伐慕容暐既陷并州暐遣慕容評率衆四十萬以救之乃陣於潞原猛誓衆曰王景略受國厚恩任兼内外今與諸君深入賊地宜加勉進不可退也願勠力行間以報恩顧受爵明君之朝慶觴父母之室不亦美乎衆皆勇奮破釜棄糧大呼競進

梁王僧辯爲江州刺史侯景僭逆僧辯發自江州直指建業先是陳霸先率衆五萬出自南江僧辯會于白茅洲登壇盟誓其讀盟文皆淚下霑襟辭色慷慨

隋衛玄字文昇爲刑部尚書煬帝幸遼東玄與代王留守京師會楊玄感圍逼東都玄率步騎七萬援之既度函谷於是遣武賁郎將張峻爲疑軍於南道玄以大兵直趣城北玄感逆拒之且戰且行屯軍金谷於軍中掃地而祭高祖曰刑部尚書京兆内史臣衛文昇敢昭告於高祖文皇帝之靈自皇家啓運三十餘年武功文德漸被海　外楊玄感孤負聖恩躬爲蛇豕蜂飛蟻聚犯我王略臣三世受恩一心事主董率熊羆志梟凶逆若社稷靈長宜令醜徒氷碎如或大運去矣幸使老臣先死詞氣抑揚三軍莫不涕咽

唐韋陟爲江南東道采訪使肅宗至德中江東永王璘起兵詔陟爲江東節度使以招喻之陟與淮南節度使高適淮西節度使來瑱等同至安州陟謂適瑱曰今中原未復江淮動揺人心

安危實在茲日若不齊盟質信昭示四方令知三帥協心萬里同力則難以集事矣臣推瑱爲地主遂爲載書登壇誓衆曰淮南節度使御史大夫適等銜國威命各鎮方隅糾合三垂翦除凶慝好惡同之無有異志有渝此盟墜命亡族無克生育皇天后土祖宗明神實鑒斯言陟等詞旨慷慨血淚俱下三軍感激莫不隕泣其後江表樹碑以紀忠烈

張巨濟爲神策軍使與兵馬使楊惠元鎮奉天德宗初詔移京西戍兵萬二千人以備關東御望春樓親誓師以遣之及賜宴諸將列坐酒至神策將士皆不飲帝使問之惠元對曰臣初發奉天本軍帥張巨濟與臣等約曰斯役也將策大勳建大名凱旋之日當共爲歡苟未戎捷無飲酒故臣等不敢違約而飲既發有司供饋於道路他軍無孑遺唯惠元一軍瓿罌不發帝稱歎之

李晟興元初爲副元帥討朱泚屯兵渭橋說三軍曰今國步多

艱亂逆鑾輿翕車西幸關中無主吾等皆受國恩見危死節臣子之分況當此時不能清寇讎取富貴非士也渭橋臨大川吾與公等勠力一心擇利而進興復大業建不伐之功能從我乎軍士皆泣下曰唯公所命晟亦嘘欷流涕

韋皐爲御史大夫隴州刺史奉義軍節度德宗幸奉天皐遣從父兄平及弟巒入奉天城中聞皐有備士氣增倍皐乃築壇于庭血牲與將士盟曰上天不弔國家多難逆臣乘間盜據皇宮而楚琳亦扇兇徒傾陷城邑酷虐所加爰及本使既不事上安能恤下皐是用激心憤氣不遑底寧誓與羣公竭誠王室凡我同盟一心竭力仗順除兇祖先之靈必當幽贊言誠則志合義感則心齊粉骨糜軀決無所顧有渝此志明神殛之迨於子孫其因遺育皇天后土當鑒斯言又使人通于吐蕃以求助朱泚既滅授右金吾衞將軍兼禮部尚書尋遷大將軍

馬燧爲將善誓師將戰親自號令士無不感動戰皆決死未嘗折北

警備

書曰儆戒無虞左傳曰不備不虞不可以師蓋古之善將兵者爲嘗不堅壁深壘整衆敕陳險其走集明其伍候先據要害以占勢勝爲之備豫防乎侵軼以治而待亂以逸而待勞保於未危制於未兆因能摧勁敵集巨伐糾合羣志輔成大業守境者克寧其封守備患者無憚乎夫癘斯所謂固圉重閑真古之善教哉

史駢晉人爲上軍佐秦伯伐晉晉人禦之從秦師于河曲駢曰秦不能久請深壘固軍以待之從之

倚相爲楚左史楚伐吳救之軍行三十里雨十日夜見星倚相謂子期曰（子期公子結也）雨十日甲輯兵聚吳人必至不如備之乃爲陣而吳人至見有備而反

李牧趙人爲邊將常居代鴈門備匈奴以便宜置吏市租皆輸

入莫府（將軍征行無常處所在爲治故言莫府莫大也）爲士卒費日擊數牛饗士習射騎謹烽火多間諜厚遇戰士如是數歲亦不亡失

漢郭亭爲連敖從高祖起單父以塞路入漢還定三秦（塞路者主遮塞要路以備敵寇也）

李廣以邊太守將屯及擊胡而廣行無部伍行陳就善水草屯舍止人人自便不擊刁斗自衞莫府省約文書然亦遠斥候未嘗遇害

周亞夫爲車騎將軍景帝時七國反亞夫東擊吳深壁而守使輕騎絕吳楚兵後吳數挑戰終不出頃之吳奔辟東南陬（陬隅也子候切又音鄒）亞夫使備西北已而精兵果奔西北不得入

後漢杜茂爲驃騎大將軍光武建武九年與鴈門太守郭涼擊盧芳將尹由於繁時（繁時縣屬代州）時盧芳據高柳與匈奴連兵數寇邊民帝患之十二年遣謁者段忠將衆郡弛刑配茂鎮守北邊因發邊卒築亭候修烽火委輸金帛繒絮供給軍士并賜邊民冠蓋相望茂亦建屯田驢車轉運

棻彭爲征南大將軍南擊秦豐豐與其大將蔡宏拒彭等於鄧彭潛兵度沔水擊其將張楊於阿頭山大破之豐救之彭與諸將依東山爲營豐與蔡宏夜攻彭彭豫爲之備出兵逆擊之豐敗走

馬成爲楊武將軍建武十四年屯常山中山以備北邊并領建義大將軍朱祐營又代驃騎杜茂繕治障塞自西河至渭橋上至安邑太原至井陘中山至鄴皆築保壁起烽燧十里一候

郭伋爲漁陽太守時匈奴數抄郡界邊境苦之伋整勒士馬設攻守之略匈奴畏憚遠迹不敢復入塞民得安業後以盧芳據北土乃調伋爲并州牧伋知盧芳夙賊難卒以力制常嚴烽候明購賞以結寇心芳將隨昱遂謀脅芳降伋芳乃亡入匈奴

耿秉爲征西將軍副車騎將軍竇憲擊北匈奴秉性勇壯而簡易於事軍行常自被甲在前休止不結營部然遠斥候明要誓有警軍陳立成士卒皆樂爲死

魏夏侯尚爲征南將軍假節督南方諸軍事時孫權雖稱藩尚益脩攻討之備權後果有貳心

滿寵爲伏波將軍屯新野大軍南征到精湖寵帥諸軍在前與賊隔水相對寵勑諸將曰今夕風甚猛賊必來燒軍宜爲其備諸軍皆警夜半賊果遣十部伏夜來燒寵掩擊破之進封南鄉侯太和二年領豫州刺史三年春降人稱吳大嚴揚聲欲詣江北獵孫權欲自出寵度其必襲西陽而爲之備權聞之退還

吳呂據爲越騎校尉太元元年大風江水溢流漸淹城門權使視水獨見據使人取大船以備害權嘉之拜盪魏將軍

孫韶太帝族弟河之子河爲嬀覽所殺韶年十七收河餘衆繕治京城起樓櫓脩器備以禦敵權聞亂從椒丘還過定丹陽引軍歸吳夜至京城下營試攻驚之兵皆乘城傳檄備警讙聲動地頗射外人權使曉諭乃止明日見韶甚器之即拜承烈校尉統河部曲食曲阿丹徒二縣自置長吏一如河舊

孫歆爲鎮北將軍在邊數十年常以警設斥候爲務先知動靜而爲之備故鮮有負敗

晉蔡謨爲征北將軍領徐州刺史石季龍於青州造船數百掠緣海諸縣所在殺戮朝廷以爲憂謨遣龍驤將軍徐玄等守中洲并設募若得賊大白船者賞布千匹是時謨所統七千餘人所戍東至土山西至江乘鎮守八所城壘凡十一處烽火樓望三十餘處隨宜防備甚有算略

馮引爲式

燕馮跋將跋弟方泥叛引與將軍張興討之興謂引曰賊明日出戰今夜必來驚營宜備不虞引乃密嚴人課草十束畜火伏兵以待之是夜果遣壯士千餘衆斫營衆火俱起伏兵邀擊俘斬無遺

南齊蕭景先爲持節督司州軍事寧朔將軍司州刺史領義陽太守時魏軍出淮泗增司部邊戍兵義陽人謝天蓋與魏相構扇魏尋遣南部尚書頞跋屯汝南洛州刺史昌黎王馮莎屯清丘景先嚴備待敵豫章王又遣寧朔將軍王僧炳前軍將軍王應之龍驤將軍莊明三千人屯義陽關外爲聲援魏軍退進號輔國將軍

陳周文育爲智武將軍文帝濟江襲會稽太守張彪得其郡城及帝爲彪所襲文育時頓城北香巖寺帝夜往趨之因共立柵頃之彪又來攻之文育悉力苦戰彪不能剋

後魏于栗磾明元時爲河內鎮將宋武帝之伐姚泓也栗磾慮其北擾遂築壘於河上親自守禁防嚴密斥候不通宋師憚之不敢前進

司馬楚之太武時爲散騎常侍車駕伐蠕蠕詔楚之與濟陰公盧中山等督運以繼大軍時鎮北將軍封沓亡入蠕蠕說令擊楚之等以絕糧運蠕蠕乃遣姦覘入楚之軍截驢耳而去失驢耳者諸將莫能察楚之曰必是覘賊截之以爲驗耳賊將至矣即使軍人伐柳爲城水灌之令凍城立而賊至冰峻城固不可攻逼賊乃走散帝聞而嘉之尋拜假節侍中鎮西大將軍

古弼太武時與南部奏事與劉絜屯五河北以備叛民

盧淵爲京兆王愉徐州長史兼徐州刺史沉陵密謀外叛淵覺其萌漸潛敕諸戍微爲之備屢有表聞朝廷不納陵果殺將佐勒宿豫之衆逃叛濱淮諸戍由備得全

尉元爲冠軍將軍宋東平太守無鹽戍主申纂詐降元知非誠款外示容納而密備焉

皮豹子爲仇池鎮將與古弼等討仇池楊難當平之未幾諸氐復反推楊文德爲主以圍仇池古弼率諸軍討平之時豹子次于下辨聞圍解欲還弼遣使謂豹子曰賊恥其負敗必求報復發舉爲難不如陳兵以待之豹子以爲然尋除秦雍荊梁益五州諸軍事開府仇池鎮將

于烈宣武時爲車騎大將軍太尉咸陽王禧謀反也武興王楊集始馳於北邙以告時帝從禽於野左右分散直衛無幾倉卒之際莫知計之所出乃敕烈子忠馳覘虛實烈時留守已處處

有備因忠奏曰臣雖朽邁心力猶可此等猖狂不足爲慮願緩蹕徐還以安物望帝聞之甚以慰悅

曹世表爲左軍將軍兼尚書東道行臺沿河分立鎮戍以備葛榮（葛榮五原鎮人）

司馬子如爲尒朱榮司馬軍次高都以建興險阻往來衝要有後顧之憂以子如行建興太守當郡都督

北齊斛律光後主武平中爲幷州刺史率衆築平隴衞壁統戍等十有三所

後周王思政爲驃騎將軍鎮常農思政以玉壁地在險要請築城即自營度移鎮之遷幷州刺史仍鎮玉壁於是修城郭起樓櫓營田農積芻秣凡可以守禦者皆具焉常農之有備自思政始也

宇文測爲大都督行綏州事每歲河氷合後突厥即來寇掠先是常預遣居民入城堡以避之測至皆令安堵如舊乃於要路數百處並多積柴仍遠斥候知其動靜是年十二月突厥從連谷入寇去界數十里測命積柴之處一時縱火突厥謂有大軍至懼而遁走自相蹂踐委棄雜畜及輜重不可勝數測徐率所部收之分給百姓自是突厥不敢復至測因請置戍兵以備之

隋高熲爲監軍尉遲迥之起兵也高祖令韋孝寬擊之熲至軍爲橋於沁水賊於上流縱大栰熲預爲木狗以禦之既度焚橋而戰大破之

獨孤楷仁壽初爲原州總管時蜀王秀鎮益州文帝徵之猶豫未發朝廷恐秀生變拜楷益州總管馳傳代之秀果有悔色因勒兵爲備秀至興樂去益州四十餘里將反襲楷密令左右覘所爲知楷不可犯而止

乞伏慧爲涼州總管先是突厥屢爲寇抄慧於是嚴警烽燧遠爲斥候虜亦素憚其名竟不入境

蘇夔爲鴻臚少卿從煬帝至鴈門爲突厥所圍夔領城東面事夔爲弩樓車箱獸圈一夕而就帝見而善之以功進位通議大夫

唐劉弘基武德中爲井鉞將軍會突厥入寇弘基率步騎一萬自豳州北界東拒子午嶺西接臨涇修營鄣塞副淮安王神通備胡寇於北鄙

薛萬均爲左屯衛將軍從李靖等吐谷渾軍次青海與萬徹率軍先路道遇虜於赤海萬均將十數騎擊走之追奔至積石山南道大風折旗拔木萬均謂左右曰虜將至矣宜各爲備俄而虜至萬均直前斬一賊將於是大潰

宇文士及檢校涼州都督時突厥屢爲邊寇士及欲立威以鎮邊服每出入陳兵盛爲容衛

黑齒常之高宗調露二年吐蕃寇河源河西鎮撫大使李敬玄敗績時常之爲副使頻有戰功擢爲河源軍經略大使詔敬玄留鎮鄯州以爲之援常之始令遠置烽戍開屯田五千餘頃戰守有備

呂諲上元元年爲荊州節度因請於荊州置南都改州爲江陵

守東平軍訓練三千人以遏吳蜀之口及至鎭又析江陵置長
寧縣又請以湖南岳潭衡郴道邵連七州黔中之涪州並管於
江陵
李晟德宗興元初爲副元帥討朱泚既收復京城晟令益兵鎭
兵屯於白華以備苑囿尚可孤屯于望仙門駱元光屯于章敬
寺南晟以牙兵三千人屯于安國寺南
駱元光爲華州節度貞元三年侍中渾瑊爲吐蕃會盟使元光
以兵赴之將發涇州元光謂瑊曰本奉詔命令營於潘原堡以
應援竊以潘原堡去盟所六七十里蕃情多詐侍中儻有急我
何由知之請次爲營以虞其變瑊以非詔旨固止之元光竟與
同進瑊之營西去盟所二十餘里元光營次之其壕柵頗深固
瑊之壕柵可踰焉及瑊留騎奔歸未及其營守將李朝彩不能
禦衆多已奔散瑊之至也空營而已器械資糧委棄之瑊賴元光
之衆陣於營中瑊既入賊追騎方退元光乃先進輜重次與瑊

府三百九十　十一

俱退申其號令嚴其部伍而還時以爲有將帥之風焉
嗣曹王皋爲襄州節度練兵積財儲糧修車市迴紇馬以益騎兵
馬燧爲河東節度造甲者必令長短三等稱其所衣以便進趨
又造戰車象以狻猊刺戟於後行則載兵甲止則爲營陣或
塞險阨以遏奔衝器械無不犀利
范希朝爲振武節度振武有党項室韋交居川阜凌犯爲盜日
入慝作謂之刮城門居人懼駭鮮有寧日希朝周知要害置堡
柵斥候嚴密人遂獲安
張獻甫爲邠寧節度使乃於彭原置義寧渠馬嶺等縣選險要
之地以爲烽堡又上疏請復置鹽州及洪門洛原等鎭各置兵
防以備蕃寇朝廷皆從之緣邊軍州安悅
高崇文爲左神策行營節度使討劉闢崇文初爲長武城使練
卒五千常若寇至及使至長武城將宣命辰時出師五千器用無
闕者
曹華爲襄城鎭將憲宗元和十二年七月裴度充淮西宣
慰處置使八月甲申至郾城初度爲襄城南白草原賊以驍騎
七百邀之華先是戒嚴擊折其鋒而還
李祐爲夏州節度使穆宗長慶元年二月統所部兵四千赴長
澤鎭以備邊寇
高承簡爲邠寧慶等州節度觀察處置等使先是羌虜多以秋月
犯西邊承簡請軍寧州以備之
李載義爲太原節度使大和九年九月戊申奏差兵三千人防
遏當界外吐渾部落
梁高萬興爲延州刺史開平二年九月奏邠鳳賊五百騎至韓家
寨鄜州請添兵於木佛寨犄角備禦
後唐史儼唐乾寧中從武皇討王行瑜師次渭北武皇遣儼率
五百騎護駕石門時京城大擾士庶奔迸散布南山儼分騎警
衛比駕還京盜賊不作以功檢校右散騎常侍屯於三橋者累
月昭宗寵錫優異

府三百九十　十二

田承肇鎭晉州上言覘知綏州銀州會兵未知所向謹戍兵斥候
劉鄩爲鎭南軍節度使末帝貞明元年禦晉人於洹祠以魏之
臨清積粟所在引軍將據之遇晉將周陽五自幽州率兵至鄩乃
趨貝州與晉軍遇於堂邑邀擊却之追北五十餘里遂軍於莘
縣增城壘浚池塹自華及河築甬道以通餉路
晉李周初仕後唐武皇爲安霸都指揮使率兵屯臨河陽劉華
縣所至與士卒同甘苦不嚴而整善守備梁軍望其樓櫓如九
天之上不知所攻
周孫漢筠爲絳州廣順元年二月言州無守禦兵士今欲抽鄉
[illegible]城從之
[illegible]廣順[illegible]奉詔率兵往慈州控扼黃澤路十月甲
[illegible]萊[illegible]寇奔衝城壁無同固禦欲[illegible]夫五百板
[illegible]劉詞[illegible]度使廣順[illegible]并寇汾晉[illegible]詞言上淮
[illegible]寨[illegible]大[illegible]至馬嶺寨[illegible]排烽火[illegible]
卷未

册府元龜卷第三百九十六

將帥部五十七

勇敢第三

[illegible]仕隋世歷職顯貴煬帝被圍於鴈門也瑾以驍果出[illegible]日九捷煬帝登城望之大悅賜物二千段拜右翊衛大將軍

田留安性驍武善戰隋末以校尉從通守張須陁討捕山賊以膽氣知名

秦叔寶初爲隋將來護兒帳内及盜起從通守張須陁擊盧明月於下邳賊連營十餘萬須陁所部纔萬人力勢不敵去賊六七里立柵相持經十餘日糧盡將退謂諸將士曰賊見兵却必輕來追我其軍若出營内即虛以千人襲營可大利此誠危險誰能去者人皆莫對唯叔寶與士信皆曰願行於是須陁委而遁使二人分領千兵潛伏葦莽既而明月悉兵追之叔寶士信馳至其柵柵門閉不得入二人超昇其樓拔幟各殺數人營中亂叔寶斬關以納外兵因縱火焚其三十餘柵煙焰張天明月奔還須陁却逐之大破賊衆後降高祖高祖令事秦府拜馬軍總管從擊王充每爲先鋒拒竇建德於武牢也叔寶以精騎十數陷其陣焉太宗每大陣望賊中驍將銳士炫燿人馬出入來去者意頗怒之輒命叔寶往取焉叔寶應命躍馬負槍而進必刺之萬衆之中人馬俱倒太宗因以是重之叔寶亦以此頗自矜尚貞觀以後當多疾每出血亦數斛外謂人曰吾少長戎馬所經二百餘陣屢中重瘡計吾前後出血亦數斛何能不病乎

段志玄隋大業末隨父在太原因蒙太宗張接義兵起志玄召募得千餘人授軍頭從屯霍邑隨將宋老生率萬餘人拒戰志玄從太宗擊殺二十餘人老生大敗又從劉文靜拒屈突通於潼關文靜爲通步將桑顯和所襲軍營已潰志玄率二十騎往攻救殺數十人而還爲流矢所中忍而不言又將兩騎軍入賊陣入而後出者再三顯和軍振擊遂破之前後以軍功累遷左光祿大夫封武安郡公後從討王充深入陷陣馬倒爲賊所擒兩騎挾持其髻志玄踴其身奮二人俱墮馬於是奪其馬仗馳歸追者數百騎不敢逼王充平轉右二護軍王君廓爲右領軍高祖謂侍臣曰吾聞相如叱秦皇目眥出血君廓往擊竇建德將出戰餘勳過之君廓發憤大呼目及鼻耳一時流血此之壯氣何謝古人

闞稜武德中爲越州都督稜容貌魁岸勇而多力每臨陣手持大刀長一丈一舉輒死數人前無當者

梁禮爲上郡太守行軍副摠管拒梁師都頻有戰功稱爲勇敢

尉遲敬德初爲秦府統軍從獵於榆窠王充出步騎數萬來戰賊將單雄信恃其驍悍領騎直入以趣太宗敬德乃躍馬大呼橫刺雄信中之賊徒稍却敬德翼太宗以出圍又從擊竇建德于柵渚太宗與之挑戰乃先伏李勣程知節秦叔寶等諸軍太宗持弓矢令敬德執矟造建德壘下大呼致師建德營中大擾出兵數千騎太宗逡巡漸却敬德爲殿引賊以入伏内於是李勣等縱兵奮擊大破其後王充兄子僞代王琬使於建德軍中乘隋主所御駿馬鎧甲鮮華出於軍前太宗眄之曰彼之所乘眞良馬也敬德曰請往取之因與高甑生梁建方三騎直入賊軍擒琬引其鞚持其馬以歸賊衆無敢當者

程知節少驍勇善用馬矟爲秦府左三統軍破宋金剛擒竇建德降王世充並領左一馬軍摠管每陣先登以功封宿國公

李君羨武安人也少以勇氣聞太宗在藩引爲左右從破宋金剛於介休單騎先入無敢當其鋒者又從破竇建德於汜水加授秦[illegible]統軍擊劉黑闥反於洺州從征之所至未嘗不先登陷陣

丘行恭善騎射勇敢絕倫爲光祿大夫從太宗討王世充會戰於邙山之上太宗欲知其虛實強弱乃與十騎衝之直出其後

衆皆披靡莫敢當其鋒所殺傷甚衆既而限以長塹與諸騎相失唯行恭獨從尋有勁騎數人追及太宗矢中御馬行恭乃迴騎射之發無不中餘賊不敢復前然後下馬拔箭以其所乘馬進太宗行恭於御馬前步執長刀巨躍大呼斬數人突陣而出得入大軍貞觀中有詔刻石為人馬以象行恭拔箭之狀立於昭陵闕前

牛進達初為秦王府左一馬軍總管從擊王充率騎直攻其軍殺十餘人流矢貫目勇氣彌厲戰罷始令拔箭又吐谷渾反以進達為鄯善行軍副總管常為前鋒深入歷烏海經薤山窮於河源爰至雪山逮于黑党項摧鋒接戰身先士卒俘馘甚衆

薛萬徹為統軍李靖之擊吐谷渾也請與萬徹同行及至賊境萬徹與諸將各率百餘騎先行卒與虜數千騎相遇萬徹單騎馳擊之虜無敢當者還謂諸將曰賊易與耳躍馬復進諸將隨之斬數千級人馬浴血勇冠三軍

蘇定方為正道府折衝隨李靖襲突厥頡利于磧口靖使定方率二百騎為前鋒乘霧而行去賊一里許忽然霧歇望見其牙帳馳掩

薛萬均為殿中少監貞觀初柴紹之擊梁師都也以萬均為副未至朔方數十里突厥四面而至官軍稍却萬均與弟萬徹橫出擊其驍勇虜陣亂因而乘之殺傷被野鼓行而進遂圍師都突厥不敢來援萬均後為屯衛大將軍侯君集之擊高昌也以萬均為副進逼交河城君集召麴智盛諭以利害城中堅守萬均怒麾軍疾進智盛懼而遂降

阿史那社爾為右衛大將軍檢校北門左屯營太宗征高麗駐蹕之陣領屯營飛騎及長上宿衛之兵奮不顧命所向無前頻遭流矢拔而又進其所部兵士人百其勇

楊弘禮隋尚書令越公素弟之子也太宗以弘禮有文武材擢為兵部侍郎專典兵機之務太宗征遼弘禮入參謀議出則統衆攻戰駐蹕之陣領馬步二十四軍出其不意以擊之所向摧破太宗自山下見弘禮所統之衆人皆盡力殺獲居多甚壯之謂許敬宗等曰越公兒郎故有家風矣

王文度為征遼副總管至卑沙城其城四面懸絕唯西門有功敢之勢亞將程名振督軍夜襲之文度先登士卒繼進城中潰散遂拔其城

馬文舉為果毅都尉太宗征遼新城國內二城步騎四萬來援遼東江夏王道宗率行軍總管張君乂騎四千逆擊之及與賊遇衆寡勢懸士皆色動文舉自指其身言於道宗曰此壯士也不逢劇寇安能識健兒哉道宗目而壯之文舉遂策馬突進所當皆斃衆心始安

契苾何力為左領軍將軍時太宗征遼李勣攻白巖城烏骨城遣兵萬餘為之聲援何力以勁騎八百遇而合戰何力挺身陷陣被槊中脅為賊所害尚輦奉御薛萬單馬而進殺數騎救何力於群賊之中與之俱出何力氣益憤束瘡而戰騎士齊奮賊

乃退何力逐之轉鬬數十里斬首千餘級

薛仁貴絳州龍門人也太宗征遼東仁貴應募從行及大軍攻安市城高麗莫離支遣將高延壽高惠真率兵二十五萬來拒戰依山結營太宗分命諸將擊之仁貴自恃驍勇欲立奇功乃異其服色著白衣握戟腰鞬張弓大呼先入所向披靡大軍乘之賊乃大潰高宗顯慶中為右領軍郎將與梁建方契苾何力於遼東共高麗大將溫沙門戰於橫山仁貴匹馬先入莫不應弦而倒高麗有善射者於石城下射殺十餘人仁貴單馬直往衝之其賊弓矢俱失手不能舉便生擒之

黑齒常之為左領軍員外將軍高宗儀鳳中吐蕃入寇從河西道大總管李敬玄拒之總管劉審禮沒於陣敬玄欲抽軍却阻泥溝而計無所出常之夜率敢死五百人進斫賊營吐蕃大將跋地設軍潰遁

薛訥仁貴子也為朔方軍大總管沉勇寡言臨大敵而益壯

王忠嗣爲左威衛郎將專知河西兵馬會吐蕃大下晨壓官軍衆寡不敵師人皆懼忠嗣乃以所部策馬而前左右馳突當者無不闢易出復合殺數百人賊衆亂遂三翼而擊之吐蕃大敗

王難得爲騎將天寶元年吐蕃大寇河源難得爲軍鋒贊普有子曰瑯支都恃其趫捍乘青眞馬寶鈿鞍軍前來較鬬者難得揚槍突往刺殺之斬其首以馬歸虜衆無敢追者軍使以聞玄宗召至御殿問之因令馳突作殺瑯支都狀上大壯之衣以錦袍令引視都人拜左金吾衛郎將後安祿山薦一騎將曰此人不減隴右難得其有聲如此難得至德元年爲試衛尉卿至鳳翔爲都知兵馬兼興平軍使有裨將鄞元曜當合戰墜馬呼難得難得俯馬馳救之賊射難得中眉臉穿披下障目難得乃拔去箭并皮制手棄之勇冠其軍由是士衆多附之

王方翼爲安西都護天破突厥之衆而三姓咽悉發衆與車薄合勢以拒方翼兵熱海與賊連戰流矢貫臂徐以佩刀截之左右莫有覺者

哥舒翰年四十慨然仗劍爲河西節度王忠嗣使翰別將討吐蕃其後吐蕃大寇邊翰拒之于苦海吐蕃之衆三道從山相續而下翰持半段槍當其鋒逆擊之無不摧靡又擊其次軍復走之又擊其後軍皆大破由是知名翰常逐馬驚墜于河立於水中吐蕃三人擬槍方刺之翰大叫賊驚駭俱廢失槍而走救騎至賊便解散翰有家臣曰左車年十五每隨翰入陣翰使槍追賊及以槍搭其肩而過之賊驚顧翰從而刺其喉皆剔高三五丈而墜左車輒下馬斬其首率以爲常

李嗣業初爲中郎將玄宗天寶七年安西都知兵馬使高仙芝奉詔總軍專征勃律選嗣業與郎將田珍爲左右陌刀將于時吐蕃聚十萬衆於娑勒城據山因水壍斷崖谷編木爲城仙芝夜引軍渡信圖河奄至城下仙芝謂嗣業與田珍曰不午時須破此賊嗣業引步軍持長刀亂上山山頭拋礧如雨而下嗣業獨引一旗於絕險處先登諸將因之齊上賊不虞漢軍暴至大潰投崖谷投水溺死僅十八九遂長驅至勃律城擒勃律王吐蕃公主後安祿山反嗣業自安西赴難與郭子儀僕固懷恩等常持角爲先鋒將嗣業每持大棒衝擊賊衆披靡所向無前香積之戰賊將安守忠李歸仁悉以前軍來逼我師殆亂嗣業謂子儀曰今日之事若不以身啖寇雖決戰取勝三軍之士無孑遺矣言訖乃杖長刀立於陣前解衣袒而大呼手殺數十人陣容方駐由是前軍之士皆執長刀如牆而進所向摧靡陝西之陣王師小卻嗣業率南山鎮蕃兵數百横截擊之應手奔潰安慶緒北奔因收河洛並復與九節度同圍相州是時築堤引漳水灌城經月餘城不拔師老其將各圖其全人無鬭志嗣業獨被堅衝突親當矢石爲流矢所中數日瘡欲愈於帳下忽聞城下金鼓聲作聞之知戰因大叫瘡中血出數勝流注于地遂

卒至今稱爲驍將

郝廷玉者驍勇善格鬭事太尉李光弼爲帳中愛將乾元中史思明再陷洛陽光弼拔東都之師保河陽時三城壁壘不完芻糧不支旬日賊將安太清等率軍數萬四面急攻光弼懼賊勢西犯河潼極力保孟津以掎其後晝夜嬰城血戰不解將士夷傷光弼召諸將計之曰賊黨何面難抗或對曰西北隅最爲勁敵乃亟召廷玉謂之曰兇黨攻西北者難奈爾爲我決勝而還辭曰廷玉所領步卒也願得騎軍五百光弼以精騎三百授之光弼法令嚴峻是日戰不利而還者不解甲斬之廷玉奮命先登流矢雨集馬傷不能軍而退光弼登埤見之駭然曰廷玉奔還吾事敗矣促令左右取廷玉首來廷玉見使者曰馬中毒箭非敗也光弼命易馬而從騎衝賊陣馳突數四俄而賊黨大敗於河壖廷玉擒賊將徐黃而還是賊解中潬之圍信宿遁去

白孝德安西胡人驍悍有膽力肅宗乾元中事李光弼爲裨偏

史思明攻河陽使梟將劉龍仙率鐵騎五千臨城挑戰龍仙捷勇自恃舉右足加馬鬣上嫚罵光弼光弼登城望之顧諸將曰孰可取者僕固懷恩請行光弼曰此非大將所為歷選其次左右曰孝德可光弼乃招孝德前問曰可乎曰可光弼問所加幾何人而可曰獨往則可捷加人則不可光弼曰壯哉終問所欲對曰願備五十騎於軍門候入而繼進及請大軍鼓譟以假氣他無所用光弼撫其背以遣之孝德挾二矛策馬截流而渡半濟懷恩賀曰剋矣光弼曰未及何知其剋懷恩曰觀其攬轡便辟可萬全者龍仙始見其獨來甚易之足不降鬣稍近將動孝德搖手示之若使其不動龍仙不之測又止孝德乎曰侍中使于致辭非他也龍仙去三十步與之言褻罵如初孝德息馬伺便因瞋目曰賊識我乎龍仙曰誰也曰我國之大將白孝德也龍仙曰是豬狗乎孝德發聲虓然執矛突前城上鼓譟五十騎亦繼進龍仙矢不及發環走堤上孝德逐之遂斬首提之而歸賊徒大振

李重倩淮西李忠臣之裨將代宗大曆七年忠臣討李靈耀靖兵於汴州西時田承嗣使姪悅率師來援屯于州之北數里與靈耀軍合忠臣遣重倩輕騎候夜斬賊營重倩素以勇敢稱既聞命持槍上馬突入賊營斬賊數十人而還賊不之覺忠臣軍威因是增氣

李正巳初為淄青裨將驍健有勇力寶應中衆軍討史朝義至鄭州迴紇方強暴恣橫諸節度皆下之正巳時為軍候獨欲以氣吞之因與其角逐衆軍聚觀約曰後者批之既逐而先正巳擒其領而批其頰迴紇屎液俱下衆軍呼笑虜大慙繇是不敢暴

渾瑊為京畿渭北節度觀察使德宗建中四年朱泚頻驅逆黨圍逼奉天瑊勤力拒討之嘗為流矢所中竟不自言忍瘡痛格戰不已

王武俊為成德軍節度興元初朱滔圍貝州武俊與澤路節度李抱真合軍于貝兵抱真為方陣武俊用奇兵朱滔空營合戰武俊不釋甲而馳之滔望風奔潰自相蹂踐死者十四五收其輜重器甲馬牛不可勝算

馬燧為撿校左散騎常侍兼御史大夫河陽等城使時汴州大將李靈曜反詔燧與淮西節度李忠臣合軍討靈曜選銳兵八千号為鐵狼軍燧獨引軍擊破之進至浚儀是時河陽兵冠諸軍

高固以隨渾瑊從戎於朔方德宗幸奉天固常在瑊麾下是時賊兵已突入東雍門固引甲士亂揮長刀連斫數賊拽車塞闔一以當百賊乃退以功封渤海郡王

張茂昭為義武節度使憲宗元和四年王承宗叛茂昭使長男克讓渡木刀溝南與賊合戰屢捷茂昭親被介胄當賊前鋒者數矣累獻戎捷幾覆承宗會朝廷赦承宗詔班師

李光顏為忠武軍節度元和九年討淮西吳元濟營于時曲賊衆晨壓光顏之壘而陣光顏不得出乃自毀其柵之左右出騎以圍之光顏將數騎冒堅而衝之出入者數四賊衆盡識光顏故矢集其身如蝟毛焉其子攬光顏馬鞅止其深入光顏舉刃叱退之於是人爭蹋躍賊遂大潰

史奉敬為朔方裨將矛矢在手前無彊敵甥姪及僮使僅二百人每以自隨臨陣入敵輒分其隊為四五隨逐水草每數日各不相知及相遇已皆有獲虜矣元和中西戎犯邊奉敬白節度使杜叔良請率兵三千人備一月糧深入蕃界叔良與之二千五百人奉敬既以衆行十餘日人莫知者皆謂吐蕃盡殺之矣乃由他道深入突出蕃衆之後戎人驚潰奉敬率衆大破之殺戮不可勝紀

奉敬形甚短小若不能勝衣至於野外馳逐能擒奔馬自執鞍勒隨鞍躍上然後羈靮矛矢在手前無彊敵

劉沔為忠武軍節度李光顏帳中親將光顏討吳元濟用為前鋒蔡將有董重質者守洄曲其部下乘騾即戰號騾子都最為

勁悍官軍常警備之蝿驍銳善騎射每與賊軍接戰必冒刃陷陣俘馘而還遐叡亡屬爲忠武小校討淮西前後賊衂戮鋒刃所傷戮死者數四

石雄爲徐州捉生兵馬使勇敢善戰氣凌三軍文宗時王智興討李同捷雄先驅渡河前無堅陣

梁寇彥卿唐天復中太祖迎昭宗於鳳翔累與岐軍對陣時彥卿爲諸道馬步軍都排陣使躬擐甲胄乘其所賜烏馬號於陣前太祖目之曰眞神王也昭宗還京賜迎鑾毅勇功臣

李思安本宋人也祖父皆隸職于宣武軍之節戎鎭思安幼奉捷有膂力所爲不常末弱冠長六尺超超然有拔行伍取富貴意唐乾符廣明間盜火互起思安弃州里投次中太祖始鎭夷門自巢軍諸隊間烏逝歸我初以爲騎士思安善用槊每從上征伐常飛馬出敵陣之後測其厚薄而還或敵有恃猛悍炫容執者太祖多命取之必應揚飈馳擒馘於萬甲之際出入自若如蹈無人中緣是疊委戎事累授刺郡

王景仁爲淮南西北面行營招討應援使伐壽州俄而朱瑾以大軍至景仁力戰不屈常以數騎身先奮擊寇不敢逼乃引兵還及濟淮復自殿軍氏叛琮爲後院馬軍都將時東伐徐鄆多歷年所叛琮身當矢石奮不顧命

朱珍徐州豐縣人太祖鎭汴兼領招討使署珍爲宣武右職以揔腹心從太祖以汴宋亳之師入西華破王夏寨勇冠軍鋒

張存敬唐中和中從太祖赴汴以其壯節頗見親暱首爲右騎都將從討巢蔡凡歷百戰多於危蹶之間顯有奇略光啓中晉軍圍張宗奭於盟津太祖遣丁會葛從周存敬同往馳救存敬引騎軍先犯賊騎諸軍繼之勇騎大敗乃解河橋之圍

葛從周爲邢州留後時幽州劉仁恭率衆寇魏州屠貝郡從周自邢臺馳入魏州燕軍突上水關攻館陶門從周與賀德倫率五百騎出戰謂門者曰前有敵不可返顧命闔其門從周等極力死戰大敗燕人擒都將薛突厥

王重師爲潁州刺史唐乾寧中太祖攻濮州縱火焚其墉濮人因屯火塞其壞壘煙焰亘空人莫敢趨重師方苦金瘡臥于車次諸將或勉之乃躍起命壯士悉取軍中氊罽投水中擲於火上重師然後率精銳持短兵突入諸軍躡之濮州乃陷重師爲矛槊所傷身被八九創丁壯荷之還營且將斃矣太祖驚惜尤甚曰雖得濮壘而失重師奈何亟命以奇藥療之彌月始愈

劉知俊爲軍校被甲上馬輪劒入敵勇冠諸將太祖命左右義勝兩軍隸之尋用爲左開道指揮使故當時人謂之劉開道

張歸霸初爲宣武軍劇職唐光啓三年夏與秦宗賢戰于萬勝翌月秦宗權遣將張郅來寇列寨於赤岡一日出騎將較勝歸霸爲飛戈所中即拔馬却逸控弦一發賊洞頸而隊遂兼騎而還太祖時於高丘下瞰備見其狀面加賞激賞以金帛及所獲馬錫之又常被命以控絃之士五百人伏于壕內太祖統數百騎稍逼其寨蔡人果以銳士摩壘來追歸霸發伏兵擁殺千餘

人奪馬數十疋尋奏授左散騎常侍

張歸厚爲太祖軍校時淮西兵力方壯太祖之師尚寡歸厚淡擊衆往無不捷唐光啓三年春與秦賢戰于萬勝大破之其夏蔡將張晊以數万衆屯于赤岡歸厚常挺單騎鬬于陣晊不能支而奔師徒乘此大捷太祖大悅立署爲騎軍長仍以數馬器幣錫之及佐朱珍討時溥築于豐蕭之間歸厚來往徐壘如行坦途甚爲諸將嘆服龍紀初奏遷檢校工部尚書其年冬復佐徐歸厚以偏師徑進至九黑山下與徐兵遇時我之叛將陳璠在賊陣中歸厚忽見之嗔目大罵單馬直往期於必取會飛矢中左目而退徐戎甚衆莫敢追之

霍存爲曹州刺史始朱友裕以大軍伐鄆臨其壁既而鄆陷圍中以急來告存領二百騎馳赴擊退之太祖喜拔爲諸軍都指揮使

王檀初爲汴小將汴將楊彥洪破巢將尚讓李讜於尉氏門外

擣在戰中摧鋒陷陣及爲太祖所知稍蒙擢用蔡賊張存敬兵
亂據洛陽擅興勇士數十人潛入賊壘邀其輜重存敬遁走檀
初爲汴小將從擊秦賢於鄭州西北河澳之上於太祖馬前射
賊將孫安應弦而斃

徐懷玉爲鄜坊節度使恃氣剛勇臨陣未嘗折退平生金瘡被
體有戰將之名焉

王彥章以驍勇見稱累歷刺史不知書行師將兵無法術能先
登陷陣奮不顧身每入陣從二鐵槍一橫馬鞍一秉在手計戰

謝彥章臨敵御衆則肅然有上將之威每整陣旅左旋右抽
雖風馳雨驟亦無以逾其迅捷也故當時騎士咸樂爲用及其
揮擊敵人避之
遇害衆皆惜之

牛存節字贊貞青州博昌人也少以雄勇自負初投宣義軍小
將屬蔡寇至金堤驛犯酸棗靈昌存節日與之鬭凡二十餘合

每往必勒停而還前後斬首二千餘級獲孳畜甚衆太祖擊蔡
賊於板橋赤岡酸棗門封禪寺枯河北存節皆豫其行與諸將
於濮州南劉橋范縣大破鄆衆自此深爲太祖獎尚

後唐周德威小字楊五從武皇爲内衙軍副唐光化二年三月
汴將氏叔琮率衆逼太原有陳章者以驍勇知名衆謂之夜
叉言於叔琮曰晉人所恃者周楊五願擒之請賞以郡陳章嘗
乘驄馬朱甲以自異武皇戒德威曰我聞陳夜叉欲取爾求郡
宜善備之德威曰陳章大言未知鹿死誰手他日致師戒部下
曰如陣上見陳夜叉爾等但走德威微服挑戰部下僞退陳章
從馬追之德威背揮鐵檛擊墮其馬生獲以獻由是知名天祐
九年五月七日劉守光令驍將單廷珪督精甲萬人出戰德威
逆於龍頭岡初廷珪謂左右今日擒周楊五既臨陣見德威廷
珪單騎持槍窮追德威垂及德威側身避之廷珪少退德威奮
檛擊墜其馬生獲廷珪賊黨大敗斬獲三千級獲大將李山海
等五十二人

史儼代州鴈門人以便騎射給事於武皇爲帳中親將驍果絶
衆善擒生設伏望塵揣敵所向皆捷自武皇入定三輔誅黄巢
每出師皆從

高行珪燕人也家世勇悍與弟行周俱有武藝初仕燕爲騎將
驍果出諸將之右

李嗣恩從武皇爲左廂馬軍都將救應河府與梁人接戰應弦
斃者甚衆而矟中其口酣戰未解及退莊宗親視其傷深加慰
勉轉内衙馬步都將遼州刺史

朱洪實不知何許人以武勇累歷軍校長興中爲馬軍都指揮
使秦王爲元帥以洪實驍果尤寵待之

李存孝驍勇冠絶常將騎爲先鋒梁祖令張全義攻澤州李罕
之告急于武皇武皇遣存孝率騎五千援之初汴人攻澤州呼
罕之曰相公常恃太原輕絶大國今張相公已圍太原葛司空

已入潞府旬日之内沙陁無穴自處相公何路求生耶存孝聞
其言不遜選精騎五百繞汴營呼曰我沙陁求穴者俟爾肉饌
軍可令肥者出鬭汴將有鄧季筠者亦以驍勇聞乃引軍出戰
存孝激勵部衆舞矟先登一戰敗之獲馬千匹生擒季筠於軍
中是夜汴將李讜收軍而遁存孝追擊至馬牢山俘斬萬計遂
還攻潞州存孝初爲太祖紀綱給事帳中後鎭邢州存孝每臨
大敵被重鎧橐弓坐矟僕人以二騎從陣中易騎輕捷如飛獨
舞鐵檛挺身陷陣萬人辟易蓋古張遼甘寧之比也

李存審事太祖爲五院都知兵馬使常從討赫連鐸存審冒刃
死戰血流盈袖太祖手自封瘡日以臨陣後爲蕃漢副總管戰
於胡柳晡晚之後存審引魏州銀槍軍敗賊于山下是日周德
威不利師徒退撓賊鋒四集存審與其子彥饒彥超冒刃血戰
俄陷賊陣與帝軍合大敗汴軍

李建及爲衙軍都校天祐七年栢鄉之役汴將韓勍追周德威

至高邑南野河上鎮定兵扼橋道韓𨻶選精兵堅奪之莊宗登高而望鎮定兵將皆謂建及曰如賊過橋則勢不可遏御計如何建及於部下選士二百挺槍大譟刺汴軍却之於橋下胡柳之役前軍退梁際晚汴軍登土山建及一戰奪之莊宗欲收軍詰朝合戰建及橫矟當前曰賊大將已亡乘此易擊王但登山觀臣破賊即引銀槍効節軍大呼奮擊三軍增氣繇是王師復振遷魏博內外衙都將十六年梁將賀瓌寇德勝南城圍壍既固又以蒙衝戰艦𣃁我津渡百道攻城萬旅齊進負芻運石堙塞池壍我營將士氏延賞於城中多畜芻草每賊乗城束蘊灌膏燔焰騰天賊燋爛於下不可勝紀莊宗馳騎而往陣於北岸津路不通延賞告矢石將盡上積錢帛於軍門募能破賊船者於是獻伎者數十或言能吐火焚舟或言能游水破艦或言能禁呪兵刃悉命試之卒無成効城中危急所爭晷漏虎臣不能勇智士不能謀莊帝形於憂色建及擐甲而進曰賊帥傾巢昧

死巢兹一舉如我師不南則彼爲得計今豈可限一衣帶水而縱敵憂君今日勝負臣當効命遂以巨索聯舟十艘選効節勇卒三百人持斧被鎧鼓枻而行中流擊之賊樓船三層蒙以牛革懸板爲楯如埤堄之制我舩將近流矢雨集建及率持斧者入賊蒙衝間斬其竹破賊懸楯以矟刺之因於上流取甕百以木夾口竹笮維之又以巨索牽制積芻薪於上灌脂沃膏火發亘天別維巨艦中實甲士乗煙鼓譟賊斷紲而下沉溺者殆半我軍由是得渡莊宗曰周瑜得黄蓋而挫曹公吾有建及卒破賊艦奇才猛將何代無之

史敬思爲先府都督從入關破黄孽定三輔平東蔡常爲騎將挺身赴戰勇冠三軍當太祖上源之難敬思方太醉從者諭之厥然而起登驛樓控弦射賊矢不虛發汴人攢兕樓下既而遇雨解圍翼大祖登尉氏門敬思迷隊擠門巷格賊太祖還營汴殺之

史建塘爲前鋒時梁太祖攻蓨縣建塘以三百騎雜芻牧者突賊營梁人燒營而遁

李嗣昭爲昭義郎度汴將李思安將兵攻潞州嗣昭常享諸將登城張樂賊矢中足嗣昭密拔之坐客不之覺其飲如故以安心

夏魯奇字邦傑青州人幼有雄傑之志初仕宣武軍爲軍校與主將不協遂歸于我莊宗以爲護衛指揮使從周德威攻幽州燕將有單廷珪元行欽府稱驍勇魯奇每與之接戰莫不氣勢凌制每鬬不能自解兩軍士皆釋兵縱觀軍中稱賞梁將劉鄩在洹水莊宗深入致師劉鄩設伏魏縣西南河曲間葭蘆中莊宗不滿千騎汴人伏兵万餘人大譟而起圍莊宗五六重魯奇與王門關烏得兒等奮命決戰自午至申俄而李存審外救至解圍是日魯奇持槍攜劍獨衛莊宗手殺百餘人是役烏德兒被擒魯奇所傷盈膚

李嗣肱爲裨將時梁太祖新得東疆葬將賀德倫急攻蓨縣梁祖率師五萬合勢營於蓨之西嗣肱自山

傳率騎二百薄晚與梁之樵芻者相雜日既晡入梁軍營門詰騎相合大譟弧矢星發搤鬬馳突汴人不知所爲營中大擾既瞑斂騎而退是夜梁祖燒營而遁解蓨縣之圍

安敬思少給事帳中及壯更騎射號曰飛將常將騎爲先鋒未嘗挫敗

安金全爲振武軍節度使時梁孽未平两軍對壘汴之游騎每出必爲金全所獲故賊之偵邏者咸憚之目之爲五道蓋以陰鬼將有五道之名以取人命故也金全累爲刺史以老病退居太原天祐中汴將王檀率師三萬乗莊宗在鄴來襲并州時城無備兵敵軍奄至監軍張承業大恐計無所出閱諸司丁匠登陴禦捍外攻甚急金全遽出謂承業曰老史退居抱病不任軍事然吾王家屬在此王業本根之地如一旦爲敵所有大事去矣請以庫甲見授爲公備寇承業即時授之金全被甲跨馬召率子弟及退閑諸將得數百人夜出北門擊賊於羊馬城內梁人驚潰由是退却

白奉進初爲稗將時梁人圍李嗣昭於潞潞人苦之俄而莊宗嗣位率親事赴之奉進挺身首犯賊鋒諸軍繼之莊宗覩而壯焉

西方鄴事莊宗爲奉義指揮使每從征討咸以身先

元行欽爲散員都部署賜姓名紹榮莊宗好戰勇于大敵或臨陣有急兵行欽必横身解鬭重傷之莊宗營於德勝也與汴軍戰于潘張王師不利諸軍奔亂莊宗得三四騎而旋中野爲汴軍數百騎攢矟攻之事將不測行欽識其幟急馳一騎奮劒斷二矛斬一級汴軍乃解圍翼莊宗還宮莊宗因流涕言曰富貴與卿共之自是寵冠諸將

郭延魯天成中汴州朱守殷叛命延魯從車駕東至其地攻壘先登尋平守殷以功授汴州步軍都指揮使

晉潘環初事梁累遷右龍威指揮使時梁人與唐莊宗對壘於河上環每豫戰先登陷敵金瘡遍體莊宗知其名及平梁令典禁軍

晉張廷蘊初仕唐武皇爲小校及莊宗救上黨戰栢鄉攻鎮立下邢魏皆從之後戰莘縣胡柳陂繼爲流矢所中瘡瘢被於面首莊宗寵之統御營黃甲軍常在左右

史匡翰武略出人善騎射事唐莊宗出軍攻伐多爲先鋒將敵人畏之謂之史先鋒累立戰勳歷澶洺祖三州刺史

安友謙爲供奉官晉天福五年馬全節爲安州節度使會李金全據州叛因命全節引兵討之友謙登鋒獨戰奮不顧身所當之者無不敗潰

白延遇歷典禁軍累遷至檢校司空天福中晉祖在鄴安鐵胡叛於鎮州帥宗數萬指闕而來晉祖命杜重威統諸將以禦之時延遇不豫其行乃泣告晉祖願以身先及陣于宗城延遇帥其屬先犯之斬級數百戰既酣而劒亦折諸將由是推伏晉祖聞之即命中將使以寶劍良馬賜之常山平以功授檢校司徒充馬軍左廂都校

相里金初爲唐莊宗親衛小校後與梁師戰於栢鄉及胡柳陂擊德勝口攻廣邊軍擒元行欽圍幽州救慈丘爲頭所至登壘奮武罕出其右

袁從簡陳州人初事後唐莊宗爲小校每遇攻城召人爲梯頭從簡多應募爲莊宗愛其勇擢領帳前親衛兼步軍都指揮使一日莊宗領大軍與梁軍對陣登高丘而坐敵人有執大幟揚其武者莊宗指之謂左右曰猛士也從簡曰臣爲大王取之莊宗慮其不捷不許從簡退乃潛領十數騎挺身而入奪幟以歸萬衆鼓譟莊宗壯之而錫賚甚厚又嘗中箭而鏃入於骨使醫工出之以刃鑿骨恐其痛也良久未能搖動從簡瞋目謂曰何不深鑿洎出之左右無不惻然從簡顏色自若其勇壯皆此類也

張萬進少而無賴初事唐武皇以騎射著名攻城野戰勇不顧命嘗與梁師對陣持銳首短刀躍馬獨進務逞其志殺而不獲及兵刃毀弱則易以大戟左右奮擊出沒往返殆維皆斷無敢

當者莊宗明宗素憐其雄武復壯其戰功故累典大郡

王清爲奉國軍都虞候時襄州安從進叛從高行周討之踰年不下一日清請先登諸軍繼其後會有內應者遂拔其城清以中重瘡有詔褒慰

皇甫遇爲滑州節度使開運三年虜長率衆屯邯鄲遇與安審琦慕容彥超符禦之遇將渡漳河虜前鋒大至遇引退轉鬭二十里至鄴南榆林店遇謂審琦等曰彼衆我寡走無生路不如血戰遂自辰及未戰百餘合所傷甚衆遇所乘馬中鏑而斃遇有紀綱杜知敏以馬授遇遇得馬復戰久之稍解顧杜知敏已爲虜獲遇謂彥超曰知敏蒼黃之中以馬輟我義也安可使陷於賊中遂與彥超躍馬取知敏而還胡騎壯之俄而生軍復合遇不能解時審琦已至安陽河謂首將張從恩曰皇甫遇等未至必爲虜騎所圍若不急救則成擒矣從恩曰虜勢甚盛無以枝梧審琦獨往何益審琦曰成敗命也設若不濟則與之俱死

假令失此二將何面目以見天子遂率鐵騎北渡赴之虜見塵起請救軍併至乃引去遇與彥超中數瘡得還時諸軍歎曰此三人皆猛將也遇累官至檢校太師同中書門下平章事

石公霸以天福九年契丹入寇少帝親征公霸為先鋒指揮使遇賊數萬騎於城之北為賊所圍高行周符彥卿在城之東南方息於林下忽聞賊至駭愕督軍而進纔數千騎衆寡不校行周遣人馳告景延廣請益師延廣遲留俟帝進止既而行周等為賊圍之數重三人大譟嗔目奮擊賊衆傷死者甚多帝自往親兵援之獲免

漢張鵬晉開運中為前鋒監押時契丹逼澶州鵬奮身擊虜被創而還其後累於邊城戍守士伍服其勇

劉在明後唐明宗時為捧聖左廂都指揮使領和州刺史從幸汴州至滎陽聞朱守殷叛用為前鋒至汴城率先登城賊平授汴州馬步軍都指揮使

周王殷後唐天成中為靈武都指揮使張令昭據鄴叛朝廷命將討之殷冒矢石率先登城以功授祁州刺史漢祖授命從征杜重威於鄴下會慕容彥超請收城殷與劉詞皆率先登梯衝力戰殷矢洞於首久之出鏃於口以是漢祖嘉之

劉詞晉天福中從杜重暉敗安鐵胡於宗城及圍鎮陽詞自登雲梯身先士卒以功加檢校司徒沁州刺史

孫行友為義武軍節度留後性豪邁有膽氣在郡屢挫胡冠累上章言覘得契丹離合且願得勁兵三千乘衷平定幽州太祖雖未允請行壯其雄健故以義武軍留事授之

史彥超為鄭州防禦使劉崇之寇潞州也車駕親征以彥超為先鋒都指揮使高平之戰先登陷陣以功授華州節度使

冊府元龜卷第三百九十六

册府元龜卷第三百九十七

將帥部五十八

懷撫

傳載招攜之訓書紀柔遠之說斯懷撫之謂矣其奉辭為將受命致討撫戎作鎮守邊固圉而能推以恩信布之仁惠招輯流散收恤孤弱綏懷新附撫柔異類俾鄰邦敵境愛之如椒蘭外夷殊俗歸之如父母用能保固疆埸謐清鄣塞成勞俾安定之績致和平富庶之美詩曰民之攸塈又曰懷我好音自非誠心內著德聲遐暢亦何以致其感悅哉

漢段會宗再為西域都護會宗既出諸國遣子弟郊迎小昆彌安日前為會宗所立德之（懷會宗之恩德也）欲往謁諸翖侯止不聽遂至龜茲諸城郭甚親附（謂城郭諸國）

後漢鄧禹為前將軍建武初光武分麾下精兵二萬人使禹西入關時赤眉入長安三輔連覆敗赤眉所過殘賊百姓不知所歸聞禹乘勝獨克而師行有紀皆望風相攜負以迎軍降者日以千數衆號百萬禹所止輒停車住節以勞來之父老童稚垂髮戴白滿其車下莫不感悅於是名震關西帝嘉之數賜書褒美

祭彤為遼東太守使招呼鮮卑示以財利其大都護偏何（鮮卑名也）遣使奉獻願得歸化彤慰納賞物稍復親附其異種滿離高句驪之屬遂駱驛款塞彤為人質厚重毅撫夷狄以恩信皆畏而愛之故得其死力

鄧訓章帝時為謁者會上谷太守任興欲誅赤沙烏桓恐恨謀反詔訓將黎陽營兵屯狐奴以防其變（漢官儀曰中興以幽冀并州兵克定天下故於黎陽立營以謁者監之狐奴縣屬漁陽郡也）訓撫接邊民為幽部所歸章和二年護羌校尉張紆誘誅燒當種羌迷吾等由是諸羌大怒謀欲報怨朝廷憂之公卿舉鄧訓代紆為校尉諸羌激怒遂相與解仇結婚交質盟詛衆四萬餘人期冰合度河攻訓先是小月氏胡分居塞內勝兵者二三千騎皆勇健富彊每與羌戰常以少制多雖首施兩端（首施猶首鼠也）漢亦時收其用時迷吾子迷唐別與武威種羌合兵萬騎來至塞下未敢攻訓先欲脅月氏胡訓擁衛稽故（稽故謂稽留事故稽故字一作諸故也）故不得戰議者咸以羌胡相攻縣官之利以夷伐夷不宜禁護訓曰不然今張紆失信衆羌大動經常屯兵不下二萬轉運之費空竭府帑涼州吏人命縣絲髮原諸胡所以難得意者皆恩信不厚耳今因其迫急以德懷之庶能有用遂令開城及所居園門悉驅羣胡妻子內之嚴兵守衛羌掠無所得又不敢逼諸胡因即解去由是湟中諸胡皆言漢家常欲鬭我曹今鄧使君待我以恩信開門內我妻子乃得父母咸歡喜叩頭曰唯使君所命訓遂撫養其中少年勇者數百人以為義從

竇憲為車騎將軍和帝永元元年出雞鹿塞遣軍司馬吳汜梁諷奉金帛遺北單于宣明國威而兵隨其後時虜中乖亂汜諷所到輒招降之前後萬餘人遂及單于於西海上宣國威信致以詔賜單于稽首拜受諷因說宜修呼韓邪故事保國安人之福（言依附漢家自保護其國也宣帝時呼韓邪單于款塞朝于甘泉宮請留光祿塞下有急保漢受降城居）單于喜悅即將其衆與諷俱還到私渠海聞漢軍已入塞乃遣弟右溫禺鞮王奉貢入侍隨諷詣闕憲以單于不自身致奏還其侍弟明年單于復遣車諧儲王等款居延塞欲入朝見願請大使憲上遣大將軍護軍班固行中郎將與司馬梁諷迎之會北單于為南匈奴所破被創遁走固至私渠海而還

陳禪左轉玄菟候城障尉會北匈奴入遼東追拜遼東太守胡憚其威彊退還數百里禪不加兵但使吏卒往曉慰之單于隨降還郡禪於學行禮為說道義感化之單于懷服遺以胡中珍貨而去

种暠為尚書會匈奴寇并涼二州桓帝以為度遼將軍暠到營所先宣恩信誘降諸胡羌虜先時有生見獲質於郡縣者悉遣還之誠心懷撫信賞分明由是羌胡龜茲莎車烏孫等皆來順服

劉虞爲幽州刺史民夷感其德化自鮮卑烏桓夫餘穢貊之輩皆隨時朝貢無敢擾邊者後前中山相張純等與烏桓大人共連盟攻薊下復以虞爲幽州牧虞到罷省屯兵務廣恩信遣使告烏桓峭王等以朝恩寬弘開許善路又設賞購純等走出塞餘皆降散

魏蘇則爲金城太守是時喪亂之後吏民流散饑窮戶口損耗則撫循之甚謹外招懷羌胡得其牛羊以養貧老與民分糧而食旬月之間流民皆歸得數千家

毋丘興爲武威太守內撫吏民外懷羌胡卒使柔附及郡雜胡棄惡詣興興皆安恤使盡力田

牽招爲使持節護鮮卑校尉屯昌平是時邊民流散山澤又亡叛在鮮卑中者處有千數招廣布恩信招誘降附建義中郎將公孫集等率將部曲咸各歸命使還本郡又懷來鮮卑素利彌加等十餘萬落皆令款塞

吳孫歆爲鎮北將軍爲邊將數十年青徐汝沛頗來歸附淮南濱江屯候皆徹兵遠徙徐泗江淮之地不居者各數百里

陸遜爲大將軍大帝嘉禾五年北征遜遣將軍周峻張梁等擊江夏新市安陸石陽石陽　盛峻等奄至人皆捐物入城城門壹不得關其所生獲皆加營護不令兵士干擾侵侮將家屬來者使就料視若亡其妻子者即給衣糧厚加慰勞發遣令還或有感慕相攜而歸者鄰境懷之江夏功曹趙濯弋陽備將裴生及夷王梅頤等並帥支黨來附遜遜傾財帛周贍經恤

孫皎爲征虜將軍督夏口皎嘗遣兵候獲魏邊將吏美女以進皎皎更其衣服送還之下令曰今所誅者曹氏其百姓何罪自今以往不得擊其老弱由是江淮間多歸附者

魯肅代周瑜鎮江陵後下屯陸口威恩大行衆增萬餘人拜漢昌太守偏將軍

呂蒙爲左護軍虎威將軍討關羽于南郡蒙入據城盡得羽及將士家屬皆撫慰令軍中不得干歷人家蒙旦暮使親近存恤耆老問所不足疾病者給醫藥饑寒者賜衣糧羽府藏財寶皆封閉以待大帝至羽還在道路數使人與蒙相聞蒙輒厚遇其使周游城中家家致問或手書示信羽人還私相參訊咸知家門無恙見待過於平時故羽吏士無鬭心會權尋至羽自知孤窮乃走麥城西至章鄉衆皆委羽而降荊州遂定

晉羊祜鎮荊州增脩德信以懷柔初附慨然有吞并之心每與吳人交兵剋日方戰不爲掩襲之計將帥有欲進譎詐之策者輒飲以醇酒使不得言人有略吳二兒爲俘者祜遣送還其家後吳將夏詳邵顗等來降二兒之父亦率其屬與俱吳將陳尚潘景來寇祜追斬之美其死節而厚加殯斂景尚子弟迎喪祜以禮遣還吳將鄧香掠夏口祜募生縛香既至宥之香感其恩率部曲而降祜出軍行吳境刈穀爲糧皆計所侵送絹償之每會衆江沔遊獵常止晉地若禽獸先爲吳人所傷而爲晉兵所

得者皆封還之

杜預爲征南大將軍荊土肅然吳人赴者如歸矣

張華爲都督幽州諸軍事領護烏桓校尉安北將軍華撫納新舊戎夏懷之東夷馬韓新彌諸國依山帶海去州四千餘里歷世未附者二十餘國並遣使朝貢於是遠夷賓服四境無虞

王渾爲安東將軍鎮壽陽渾不尚刑名處斷明允時吳人新附頗懷畏懼渾撫循羇旅虛懷綏納座無空席門不停賓於是江東之士莫不悅附

周浚爲折衝將軍楊州刺史移鎮秣陵時吳初平屢有逃亡者頻討平之賓禮故老搜求俊又甚有威德吳人悅服

劉琨爲并州刺史時東嬴公騰自晉陽鎮鄴并土饑荒百姓隨騰南下餘戶不滿二萬寇賊縱橫道路斷塞琨募得千餘人轉鬭至晉陽府寺焚毀僵尸蔽地其有存者饑羸無復人色荊棘成林豺狼滿道琨翦除荊棘收葬枯骸造府朝建市獄寇盜互

來擾龍常以城門爲戰場百姓負肩以耕屬鞬而耨琨撫循勞徠甚得物情在官未朞流人稍復雞犬之音復相接矣人士奔迸者多歸於琨琨善於懷撫而短於控御一日之中雖歸者數千去者亦以相繼亢期與猗盧討劉聰盧父子相圖盧及兄子根皆病死徒屬四散琨子遵先質於盧衆皆附之及是遵與箕澹等帥盧衆三萬人馬牛羊十萬悉來歸琨琨由是復振率數百騎自平城撫納之

祖逖爲奮威將軍討樊雅譙陳川遣將李頭率衆援之力戰有勳逖時獲雅駿馬頭甚欲之而不敢言逖知其意遂與之頭感逖恩遇每歎曰若得此人爲主吾死無恨川聞而怒遂殺頭頭親黨馮寵率其屬四百人歸于逖逖後鎭雍丘數遣軍要截石勒勒屯戍漸蹙候騎常獲濮陽人逖厚待遣歸咸感逖恩德率鄉里五百家降逖勒又遣精騎萬人距逖復爲逖所破勒鎭戍歸附者甚多時趙固上官巳李矩郭默等各以詐力相攻擊逖馳使和解之示以禍福遂受逖節度逖愛人下士雖疎交賤隷皆恩禮遇之由是黃河已南盡爲晉土河上堡固先有任子胡者皆聽兩屬時遣游軍僞抄之明其未附諸塢主感戴胡中有異謀以聞前後剋獲亦由此也

荀羨監青州軍事領兗州刺史先是石季龍死胡中大亂羨撫納降附甚得衆心

魏浚爲武威大守以亂不之官及洛陽陷屯于洛北石梁塢撫養遺衆漸脩軍器其附賊者皆先解諭說大晉運數靈長行已建立歸之者甚衆其有恃遠不從命者遣將討之服從而巳不加侵暴於是遠近感悅襁負至者漸衆

應詹爲南平太守督南平天門武陵軍事天門武陵谿蠻並反詹討降之時[illegible]不一諸蠻怨望並謀背叛詹召蠻酋破銅券與盟由是懷詹[illegible][illegible]郡無虞其後天下大亂詹境獨全百姓歌之又爲平南將軍江州刺史時王敦新平人情未安詹撫而懷之莫不得其歡心百姓賴之

陶侃爲龍驤將軍武昌太守時天下饑荒亡者歸之盜路侃遏資振給焉

桓宣爲平北將軍鎭襄陽宣久在襄陽綏撫僑舊甚有稱績又監沔中軍事南中郎將江夏相石勒荊州刺史郭敬戍襄陽陶侃使其子平西參軍斌與宣俱攻樊城拔之竟陵太守李陽又破新野敬懼遁走宣與陽遂平襄陽侃委宣鎭之以其淮南部曲立義成郡宣招懷初附

桓伊都督豫州諸軍事西中郎將豫州刺史在州十年綏撫荒雜甚得物情桓沖卒遷都督江州荊州十郡豫州四郡軍事江州刺史將軍如故假節伊到鎭以邊境無虞宜以寧息爲務乃上疏以江州虛耗加連歲不登今餘戶有五萬六千宜并合小縣除諸郡逋米移州還鎭豫章詔令移州尋陽其餘皆聽之伊隨宜拯撫百姓賴焉

褚裒爲豫州司馬督司馬軍事太傅參軍王玄代裒爲郡時梁國部曲將耿奴甚得人情而專勢裒常優遇之玄爲政既急裒知其不能容奴因之曰卿威殺已多而人情難戒一宜深慎之玄納裒言外羈縻奴而內懷憤及遷爲陳留將發乃收奴斬之餘黨聚衆殺玄梁郡既有內難而徐州賊張平等欲掩襲之郡人遑惑將以郡歸平荀組遣裒往撫之衆心乃定

郗恢爲梁秦雍司荊楊并等州諸軍事建威將軍雍州刺史假節鎭襄陽恢甚得關隴之和降附者動有千計

琅邪武王伷起家爲寧朔將軍監守鄴城有綏懷之稱

宋柳元景爲建威將軍北伐斬魏將張是提又斬三千餘級面縛軍門者二千餘人元景輕騎晨至魏兵之面縛者多河內人元景詰之曰汝等怨王澤不接請命無所今並爲魏盡力便是本無善心順附者存撫從惡者誅滅欲知王師正如此耳皆曰虐虜見驅後出赤族以騎蹙步未戰先死此親將軍所見非敢

昔中國也諸將欲盡殺之元景以為不可曰今王旗北掃當令仁聲先路乃悉釋而遣之家在關裏者符守關諸軍聽出皆稱萬歲而去

檀道濟為冠軍將軍武帝北伐道濟為前鋒至洛陽凡拔城破壘俘四千餘人議者謂應以戮為京觀道濟曰伐罪弔人正在今日皆釋而遣之於是戎夷感悅相率歸之者甚衆　宋孫謙宋明帝泰始初事建安王休仁休仁以為司徒參軍言之明帝擢為明威將軍巴東建平二郡太守郡居三峽常以威力鎮之謙將述職敕募千人謙曰蠻夷不賓蓋待之失節耳何須兵役以為國費固辭不受至郡布恩惠之化蠻獠懷之競餉金寶謙慰喻而一無所納及掠得生口皆放還家俸秩出吏民者悉原除之郡境翕然威信大著視事三年徵還為撫軍中兵參軍

徐文盛武帝大同末為持節督寧州刺史先是州在僻遠所管羣蠻不識教義貪婪財賄劫奪相尋前後刺史莫能制文盛推心撫慰示以威德夷獠感之風俗遂改

張興世為游擊將軍北伐次下邳號令嚴明所至獨剋下邳人多有欲來降惠紹曰我若得城諸御皆是國人若不能破賊徒令公等失鄉非朝廷吊人本意也今且安堵復業勿妄自辛苦降人感悅

陳沈恪宣帝時都督廣衡交越成定新合羅愛德宜利安石雙寺州諸軍事鎮南將軍平越中郎將廣州刺史恪未至領前刺史歐陽紇舉兵拒險恪不得進朝廷遣司空章昭達督衆軍討紇紇平乃得入州州罹兵荒所在殘毀恪綏懷安緝被以恩惠嶺表賴之

裴忌以太建五年為都官尚書吳明徹督衆軍北伐詔忌以本官監明徹軍淮南平授軍師將軍豫州刺史忌善於綏撫甚得民和

後魏寇讚初為後秦襄邑令姚泓滅秦雍人千有餘家推讚為主歸順拜綏遠將軍魏郡太守其後秦雍之民來奔河南滎陽河內戶至萬數拜讚安遠將軍南雍州刺史軹縣侯治于洛陽立雍州之郡縣以撫之由是流民襁負自遠而至三倍於前

于栗磾明元時為鎮遠將軍河內鎮將撫導新邦甚有威惠

刁雍為鎮東將軍與叔孫建攻青州建先攻東陽雍至招集義衆得五千人遣撫慰郡土人盡下送租供軍又詔令南入以亂賊境雍攻垣苗城會有敕追令隨機立效雍於是招集譙梁彭沛民五千餘家置二十七營遷鎮濟陰　東平王翰太武時鎮枹罕以信惠撫衆羌戎敬服改封東平王

陸俟為都督洛豫二州諸軍事虎牢鎮大將平源休屠金崖羌狄子玉等叛復轉為使持節散騎常侍平西將軍安定鎮大將既至懷柔羌戎莫不歸附

盧度世為假節鎮遠將軍齊州刺史州接邊境將士數相侵掠度世乃禁勒所統還其俘虜二境以寧

趙逸為寧朔將軍赤城鎮將綏和荒服十有餘年百姓安之

叔孫建為平原鎮大將征南大將軍在平原十餘年綏懷內外甚得殊稱

陸真文成時為安西將軍長安鎮將東平王道符反于長安殺雍州刺史魚玄明關中草草以真為長安鎮將賜爵河南公長安兵民素伏威信真到撫慰之皆怡然安靜

尉撥為晉昌鎮將綏懷邊民甚著稱績後為召城鎮將在任九年大收民和山民一千餘家上郡徙居歷水胡八百餘落盡附為民

王斤為平北將軍時并州胡酋田卜謀反誅餘衆不安遣斤鎮虎威以撫慰之斤綏靜胡魏甚收聲稱

李洪之獻文時為內都大官河西羌胡鎮部落反叛獻文親征命洪之與侍中東郡王陸定總統諸軍輿駕至并州詔洪之為河西都將討山胡皆保險拒戰洪之築壘於石樓南白雞原以

對之諸將悉欲進攻洪之乃開以大信聽其復業胡人遂降獻文嘉之遷拜尚書外都大官

李崇爲鎮西大將軍孝文時巴氐擾動詔崇以本將軍爲荆州刺史鎮上洛勑發陜秦二州兵送崇至治崇辭曰邊人失和本怨刺史奉詔代之自然易帖但須一宣詔旨而已不勞發兵自防使懷懼也孝文從之乃輕將數十騎馳到上洛宣詔綏慰當即怡然尋勒邊戍掠得南齊人者悉令還之南人感德仍送荆州之口二百許人兩境交和無復烽燧之驚在治四年甚有稱績召還京師賞賜隆厚

奚雲爲鎮西大將軍時初并河西人心未一雲撫慰新舊皆得其所

杜纂除積弩將軍領衆詣淮迎降民楊穎等脩立楚鎮招納山蠻李天保等五百戶

李輔爲鎮遠將軍潁川太守帶長社戍輔綏懷招集甚得邊和

任城王澄爲征南大將軍都督梁益荆三州諸軍事梁州氐帥

楊仲顯婆羅楊卜兄弟及符叱槃等自以居邊地險世爲山狡澄至州量彼風俗誘導懷附表送婆羅授仲顯循城鎮副將楊卜廣業太守叱槃固道鎮副將自餘首帥各隨才而用之款附者賞違命加誅於是仇池怡然西南款順

盧淵爲京兆王愉徐州長史南徐州刺史沈陵殺將佐勒宿預之衆逃叛陵在邊歷年結構既廣二州人情咸相扇惑陵之餘黨頗見執送淵皆撫而赦之唯歸罪於陵由是衆心乃安

崔敬邕爲龍驤將軍營州刺史庫莫奚國有馬百匹因風入境敬邕悉令送還於是夷人感附

韓均爲冀州刺史都督定冀相三州諸軍事均清身率下明爲耳目廣設方略禁斷姦邪於是趙郡屠各西山丁零聚黨山澤以劫害爲業者均皆誘慰追捕遠近震跼先是河外未賔民多去就均懷新附之民咸受優復

皮喜爲侍中都督秦雍荆梁益五州諸軍事開府仇池鎮將以其父豹子昔鎮仇池有威信故也喜至宣恩布惠民夷大悅酋帥強奴子等各率戶歸附於是置廣業固道二郡以居之

傅豎眼宣武時爲建武將軍討楊州賊破之仍鎮於合肥齊民歸之者數千戶又詔假節行南兖州事豎眼善於綏撫南人多歸之又爲益州刺史進號冠軍將軍撫蜀人以恩信爲本保境安民不以小利侵竊有掠蜀民入境者移送還本檢勒部下守宰肅然遠近雜夷相率款謁仰其德化思爲魏民矣是以蜀民請軍者旬日相繼宣武甚嘉之

李韶爲撫軍西道都督行秦州事時隴右新經師旅之後百姓多不安業韶善撫納甚得夷夏之心

彭城王勰爲司徒領楊州刺史旣定壽春進位大司馬獲南齊汝陰太守王果豫州治中庾稷等數人勰傾衿禮之常參坐席果承間進曰果等契闊生平皓首揣越顧瞻西夕餘光幾何今遭聖化正思力兹愚老申展尺寸但在南百口生死分張乞還

江外以申德澤勰矜而許之果又謝曰殿下賜顧有過國士果等今還仰負慈澤請聽仁駕振旅反迹江外至此乃還其爲遠人所懷如此

王肅爲散騎常侍都督淮南諸軍事楊州刺史肅頻在邊悉心撫接遠近歸懷附者若市以誠綏納咸得其心

安豐王猛子延明孝明時爲尚書右僕射元法僧反詔爲東道行臺徐州大都督節度諸軍事與都督臨淮王彧尚書李憲等討法僧梁武帝遣其豫章王綜鎮徐州延明先牧徐方甚得人譽招懷舊土遠近歸之

尒朱天光孝莊時爲鎮東將軍初元顥入洛天光與天穆會尒朱榮於河内榮發之後并肆不安詔天光以本官兼尚書僕射爲并肆恒朔燕蔚顯汾九州行臺仍行并州事委以安靜之天光至并州部分約勒所在寧輯顥破尋還京師

北齊盧潛爲楊州道行臺左丞與陳鄰接潛輯諧內外甚得邊

俗之和又爲楊州刺史領行臺尚書鎮在淮南十三年任總戎民顯祖初平淮南給十年優復平滿之後進後主天統武平中徵詠煩雜髙又海執正斷消猾人家無以自資諸商胡負官責息者官者陳德信縱其妾注淮南富家令州縣徵責又教送突厥馬數千匹揚州管内令土豪貴買之錢直始入便出攝括江淮間馬並送官厩由是百姓搔擾切齒嗟怨潛隨事撫慰兼行權政故得寧靖

辛術爲東徐州刺史爲淮南經略顯祖天保元年侯景徵江西税術率諸軍度淮斷之相還鎮下邳人隨術北度淮者三千餘家及王僧辯破侯景術招携安撫城鎮相繼款附前後二十餘州

斛律羨爲幽安平南北營東燕六州都督突厥來寇州羨禦之望見軍威不敢戰來求款附慮其有詐且諭之曰爾輩此行本非朝貢見機始变未是宿心若有實誠宜速歸巢穴別遣使來於是退走後主天統初突厥木汗遣使請朝獻羨始以聞自是朝貢歲時不絶羨有力焉

後周韋旭後魏永安三年拜右將軍南幽州刺史時亥賊數爲抄竊旭隨機招撫並即歸附

李賢初爲西魏原州刺史賢雖少從戎旅而頗閑政事撫導鄉里甚得民和文帝大統十二年隨獨孤信征涼州平之又撫慰張掖等五郡而還

宇文測爲大都督行汾州事政存簡惠頗得民和　地接東魏數相抄竊或有獲其爲寇者多縛送之測皆命解縛置之賓館然後引與相見如客礼焉仍設酒餚宴勞放還其國并給糧餼衛送出境自是東魏人大慙乃不爲寇汾晉之間各安其業兩界之民遂通慶弔不復爲仇讎矣時論稱之比於羊叔子

赫連達初從賀拔岳西征爲都督及岳爲侯莫陳悦所害達馳詣太祖太祖引軍上高平令達率騎據彈筝峽時百姓惶懼奔散皆多有數村民方扶老弱驅畜牧欲入山避難軍士爭欲掠之達曰遠近民黎多受制於賊今若值便掠縛何謂伐罪弔民不如因而撫之以示義師之德乃撫以恩信民皆悦附於是迭相曉語咸復舊業太祖聞而嘉之

尉遲迥既平蜀爲都督益潼等十州諸軍事益州刺史自劍閣以南得承制封拜及黜陟迥乃明賞罰布恩威綏輯新邦經略未附夷夏懷而歸之

侯莫陳穎爲開府儀同三司從滕王逌擊龍泉文城叛胡穎與柱國豆盧勣分路而進穎懸軍五百餘里破其三柵先是稽胡叛亂輒略邊人爲奴婢至是詔胡有厭匿良人者誅籍没其妻子有人言爲胡村所隱匿者勣將誅之穎曰將在外君命有所不行諸胡因非悉反但相迫脅爲亂今慰撫自可不戰而定如即誅之轉相驚恐爲難不細未若召其渠帥以隱匿者付之令自歸首則群胡可安勣從之諸胡爭附北土以安

楊敷孝閔帝時爲使持節蒙州諸軍事蒙州刺史先是蠻左等多受齊假署數爲亂逆敷推誠布信隨方慰撫蠻左等感之相率歸附敷乃送其莫帥四十餘人赴闕請因齊所假而授之諸蠻等愈更感悦州境獲寧

司馬裔自孝閔踐祚爲驃騎大將軍後爲御正中大夫及大軍東討與少御楊摽守軹關即授懷州刺史武帝天和初隋上庸公陸騰討信州反蠻川令裔等裔自開州道入先遣使宣示禍福羣蠻率服

齊王憲討北齊任城王湝廣寧王孝珩於信都憲至信都湝張耳家以望之俄而湝領軍尉相願僞出略陣遂以衆降相願湝之心限也衆駭因破之擒湝及孝珩憲謂湝曰任城王何苦至此湝曰下官神武帝子兄弟十五人幸而獨存逢宗社顛覆今日得死無愧墳陵憲壯之命歸其妻子厚加資給又問孝珩孝珩自陳國難辭淚俱發俯仰有節憲亦爲之改容

韋世康自武帝平齊授司州總管長史時東夏初定百姓未安

北康綏撫之士庶胥附

楊雄為幽洛防主雄處疆場務在保境息民接待敵人必推誠仗信齊洛州刺史獨孤永業深相欽尚移書稱美之

楊忠為大將軍尋舉盡定漢東之地寬以御衆甚得新附之心

隋虞慶則初仕後周為并州總管長史時稽胡數為反叛越王盛内史下大夫高熲討平之將班師熲等咸謀須文武幹略者鎮遏之表請慶則於是即拜石州總管甚有威惠境内清肅稽胡慕義而歸者八千餘戶

高熲為左領軍大將軍蕭巖之叛也詔熲綏集江漢甚得民和

韋沖開皇初為開府時發南汾胡千餘州人北築長城在途皆亡高祖呼沖問計沖曰夷狄之性易為反覆皆由牧宰不稱之所致也臣請以理綏靜可不勞兵而定帝然之因命沖綏懷叛者月餘皆至並赴長城下書勞勉之尋拜石州刺史甚得諸胡歡心後為營州總管沖容貌都雅寬厚得衆心撫靺鞨契丹皆能致其死力奚霫畏懼朝貢相續開皇中為南寧州總管持節撫慰沖既至南寧師爨震及西爨首領皆詣府參謁天下帝大悅下詔褒揚之

韋洸開皇中平陳之後為江州總管進圖嶺南既至廣州説陳渝州都督王猛下之嶺表皆定帝聞而大悦許以便宜從事洸所綏集二十四州拜廣州總管

長孫晟為左勳衛驃騎將軍持節護突厥晟遣降虜覘候雍閭知其牙内屢有災變夜見赤虹光照數百里天狗隕雨血三日流星墜其營内有聲如雷每夜自驚言隋師且至並遣奏知仍請出討突厥都速等歸染干前後至者男女萬餘口晟安置之由是突厥悦附後都藍大亂為其部下所殺晟因奏請曰今王師臨境戰數有功賊内攜離其主被殺乘此招誘必並來降請遣染干部下分頭撫慰帝許之果盡來附

慕容三藏以功授大將軍又授廓州刺史州極西界與吐谷渾隣接蕃充犯法者皆遷配彼州流人多有逃逸及三藏至招納綏撫百姓愛悦襁負日至吏民哥頌之

周法尚為桂州總管桂州人李光仕作亂詔法尚討之光仕帥勁兵保白石洞其黨有來降附輒以妻子還之居旬日降者數千人

唐韋仁壽初為嶲州都督府長史時南寧州内附朝廷每遣使安撫類皆受賄邊人患之或有叛者高祖以仁壽素有能名令檢校南寧州都督寄聽政於越嶲使每歲一至其地以慰之仁壽將兵五百人至西洱河承制置八州十七縣授其豪帥牧宰法令清肅人懷歡悦

許紹為陜州刺史行軍總管紹與王世充蕭銑疆境深接紹之士卒為賊輒殺之紹執得敵人皆資給放去諸城感媿自是以後不復侵掠合境獲安

張士貴高祖起義初遣經略河南士貴勒兵過桑顯和擊破之召所俘虜三千餘人慰喻遣還

盧士良武德中為河州刺史吐谷渾及党項入寇士良擊破之前後歸附者六十餘戶後檢校晋州事及在河南既承兵亂之後戶口亡散到官之始城邑蕭條裁數百家士良撫納夷夏大弘恩信數載之後復業者三千餘家時党項羌依阻山谷頻為寇盜士良戰捷之後諭以恩澤相率内屬卒不為患

劉感為廣州總管武德六年尚州刺史馮士翽以新會反感討降之復其位

李靖為兵部尚書討蕭銑平之仍度嶺至桂州遣人分道招撫其大首領馮盎李光度等皆遣子弟來謁自餘州縣莫不伏從量其誠効授以官爵凡所招慰得戶數十萬優詔勞勉授靖嶺道安撫大使檢校桂州總管靖以南方去朝廷遼遠喪亂以來不見恩德若不導以禮樂兼示兵威無以變其風俗遂率所部兵馬發往桂州南巡所經之處靖親自存撫耆老問其疾苦遠

近悅服又突厥種落離叛朝廷進取以靖為代州行軍摠管撫納降附輕騎先據定襄城突厥部落望風逃散由是突厥頡利可汗率衆歸款進封代國公

張儉貞觀初為朔州刺史突厥頡利敗後思結部落饑貧離散儉招慰安輯之其不來者便居磧北既親屬分往私相往還儉雅得其情亦不禁止但存綱紀羈縻而已及儉移勝州都督州司讒其將叛遽以奏聞詔遣儉為使觀其動靜儉單馬推誠入其部落召諸首領布以腹心咸匍匐稽顙應時而至便移就代州即令儉檢校代州都督思結部落境無離叛儉遂勸其營田每年豐熟慮其私蓄富實易生驕侈表請和糴擬就貯備蕃人喜悅致意營田長城之北有同中壤由是邊儲實焉

李素立為揚州大都督府司馬時突厥鐵勒部落相率內附太宗於其地置瀚海都護府以統之以素立為瀚海都護又有闕泥熟別部猶為邊患素立遣使招諭降之夷人感其恩率牛以饋素立唯受其酒一杯餘悉還之建立廨舍開置屯田久之轉綿州刺史

蘇定方高宗顯慶二年為伊麗道行軍摠管破阿史那賀魯乃金牙山盡收其所據之地於是悉兵命諸部歸其所居開通道路列置館驛埋瘞骸骨所在問疾苦分其疆界復其產業賀魯所虜掠者悉括還之於是西域諸國安堵如故

裴行儉以麟德二年為安西大都護西域諸國多慕義歸降

薛仁貴總章元年為安東都護摠兵二萬人以鎮高麗仁貴恤孤老檢約盜賊有幹者隨才任使忠孝節義咸加旌表高麗士衆無不欣然慕化

薛訥為幽州都督睿宗太極元年為并州大都督府長史和戎軍大使訥鎮幽州二十餘載邊人懷之未嘗深入虜亦不敢犯

李晟德宗時鎮涇原常曰河隴之陷也非吐蕃能之皆以將帥貪暴種落攜貳人不得耕稼展轉東徙自棄之耳且土無絲纊人苦征役思唐之心豈有已乎乃傾家財賞降者以懷來之降虜浪息曩來晟奏封王每蕃使至晟必置浪息曩別座衣以錦袍金帶以寵異之蕃人皆相指因榮羨息曩

李復為嶺南節度使瓊州久陷於蠻獠中復累遣使降之因奏置瓊州都督府以綏撫

韋皋為劍南節度使貞元四年四月東蠻鬼主驃旁等自陷巂州目於吐蕃絕朝貢者二十餘年及是皋招誘之始棄吐蕃內附來朝持封為和義順政等郡王且衣以冠帶仍給兩林勿鄧等部落印而遣之又皋以雲南蠻衆十萬與吐蕃和好蕃人入寇必以蠻為前鋒於是遣使通雲南蠻以離吐蕃之助其王異牟尋因遣使願受正朔於是朝廷命祠部郎中兼御史中丞袁滋持節冊異牟尋為南詔王自是遂修朝貢而吐蕃不寇蜀邊

馬總憲宗時為淮西節度使總以申光蔡等州久陷賊寇人不知法威刑勸導咸令率化奏改彰義軍曰淮西賊之偽迹一皆削盪

李遜為濠州刺史先是濠之都將楊騰刻削士卒州兵三千人各謀殺騰騰覺走揚州而家屬皆死濠兵不自戢因行攘剽及遜至郡餘亂未殄徐驅其間為陳逆順利害之勢衆皆釋甲請罪因以寧息

鄭權為德棣滄景節度使朝廷用兵討淄青李師道權奏於安德平原二縣之間置歸化縣以集降民

李夷簡為西川節度使時有巂州刺史王頲以貪虐為蠻戎所怒相率攻之巂州淪亂[illegible]曉諭戎人畏伏

盧簡求凡歷四鎮皆[illegible]雜虜寇邊因之移授所至撫御邊鄙晏然太原素管退渾契苾沙陀三部落或撫納不至多為邊患前政或要之詛盟質之子弟然為盜不息簡求開懷撫待接以恩信所質子弟一切遣之故五部之人忻然聽命

崔從為鄜坊丹延節度使鄜時內接畿甸外連羌落從鎮撫甚

待其制党項有以羊馬來致之從皆慰諭遣之

後唐魏王繼岌以莊宗同光三年冬平蜀遣使齎書招諭南詔蠻（時南詔數寇於南荒募蜀川曾使南詔者有秦州副使徐嶨洛雲南尚季城邊郵且去中和年僖宗在蜀令嗣王舊年使雲南謝季父慶爲使副講爲判官將不到苴咩城只至善闡迴消息爲蠻國請出降安化公主要內使來迎公主次驛報收長安黃巢東走乃詵以定議）

霍彥威初仕梁爲邠州節度爲鳳翔李茂貞攻圍半年音不能下或得俘掠悉放之歸秦人懷之遂無侵擾

王處直爲定州節度使處直爲人精簡好求吏理雖地處一隅介於大國招懷撫納甚得人和

樂彥禎明宗時授邠州節度使詔會兵制置監州蕃戎逃遁獲陷蕃士庶千餘並遣復鄉里

張希崇鎮靈武閔帝應順元年正月沙州瓜州遣牙將各以方物朝貢迴鶻可汗仁美遣使獻故可汗仁裕遺留貢物鞍馬器械仁美又獻馬玉團玉鞦轡碙砂羚羊角波斯寶緤玉帶希崇招懷邊鎮內附故也

張敬詢爲大同軍節度使至鎮招撫室韋烏刺鉢于越勃餘帳以捍北邊

晉馮暉爲滑州節度使移鎮靈武初張希崇鎮靈州以久在北蕃頗究邊事能駕御河西胡虜而數年之間侵盜屛息希崇卒未有主帥蕃部寇鈔無復畏憚而暉强暴之名聞於遐徼及暉到鎮蕃部集慶暉大張宴席酒殽豐備群吏告醉争陳獻賀暉皆以錦綵酬之蕃情大悅党項拓拔彥超者州界部族之大者暉至來謁厚加待遇仍爲在城治第留其服玩因留之不令歸部河西羊馬所產劝爲交市暉朞年得馬五千四而蕃部歸心

漢薛懷德爲邢州節度上言昨契丹侵掠諸縣人户入山逃避已已散差人招攜安撫漸已復業

周何訓知延州太祖廣順三年六月上言所屬蕃部侵掠漢户今已招安諸部酋率設酒食仍令誓約更不敢侵犯

王景爲鳳翔節度使世宗顯德二年五月上言今月七日收下黄牛新城大呉等三砦相次又收下兒迷黄花下湛滴水皁莢等五砦其鄉村人户並已招攜安撫

冊府元龜卷第三百九十七

冊府元龜卷第三百九十八

將帥部五十九

明天時　擇地利　撫士卒　冥助

明天時

執同律以聽軍聲觀天文以察時變蓋吉凶之將至必兆朕之豫彰雖子產謂天道焉知鄭不復火而師曠歌南風弗競楚果無功故有推轂授符受詔引道察陰陽之應辯星緯之祥避危就安候敵觀變若能旁擇地利兼取人和先勝而行何往弗利

周太公從武王伐紂到邢丘軛折爲三天雨三日不休武王懼召太公而問之曰紂未可伐乎太公曰不然軛折爲三者軍當分爲三也天雨三日者欲洒吾兵也

晉祖逖爲鎮西將軍有妖星見于豫州之分逖見星曰爲我矣方平河北而天欲殺我此乃不祐國也俄卒於雍丘

謝艾爲前涼張重華將石季龍遣將王擢麻秋等侵重華艾引兵出振武夜有二梟鳴于牙中艾曰梟邀也六博得梟者勝今梟鳴牙中克敵之兆於是進戰大破之後秋遣王擢略地至于曲柳艾臨之艾建牙旗盟將士時索遐爲軍正將軍有西北風吹旌旗東南指遐曰風爲號令今能令旗指之天所贊也破之必矣軍次神鳥王擢與前鋒戰敗遁還河南

南齊張欣泰武帝永明八年出爲鎮軍中兵參軍南平內史巴東王子響殺僚佐帝遣中庶子胡諧之西討使欣泰爲副欣泰謂諧之曰今太歲在西南逆歲行兵家深忌不可見戰戰必見危今段此行勝既無名負成奇恥彼凶狡相聚所以爲其用者或利賞逼威無由自潰若且頓軍夏口宣示禍福可不戰而禽也諧之不從進屯江津尹略等見殺

北齊曹魏祖爲殿中將軍神武叅東魏大將軍東魏孝靜武定四年八月將西伐自鄴會兵於晉陽魏祖曰不可今八月西方王以死氣逆生爲客不利主人則可兵果行傷大將軍武不從

九月神武圍玉壁五旬不拔死者七萬人十一月神武輿疾班師

隋長孫晟爲上開府儀同三司鎮大利安撫新附高祖仁壽元年晟表奏曰臣夜登城樓望見磧北有赤氣長百餘里皆如雨足下垂被地謹驗兵書此名灑血其下之國必且破亡欲滅匈奴宜在今日詔楊素爲軍元帥晟爲受降使者以伐二年軍次北河值賊帥思力俟斤等領兵拒戰與大將軍梁默擊走之轉戰六十里賊衆多降

唐薛萬均爲右屯衛將軍沃沮道行軍副總管從李靖等擊吐谷渾次青海與弟萬徹率軍先通路遇虜於赤海萬均將十數騎擊走之追奔至積石山南遇大風折旗拔木萬均謂左右曰虜將至矣各爲備俄而虜至萬均直前斬一賊將於是大潰殺傷略盡進至圖倫磧而還與靖會於青海太宗聞而大悅璽書勉勞以功拜兼屯衛大將軍

薛仁貴爲右威衛大將軍高宗咸亨元年吐蕃入寇帝以仁貴爲邏娑道行軍大總管爲吐蕃敗於大非川初仁貴謂人曰今年太歲庚午歲星在於降婁不應有事於西方軍行逆歲鄧艾所以死於蜀吾知其必敗也

裴行儉爲禮部尚書兼曉陰陽算術兼有人倫之鑒凡遇賢俊無不甄採每制敵摧兇必先期捷日調露元年突厥阿史德溫傅反高宗以行儉爲定襄道行軍大總管軍至單于之北際晚下營壕塹方周遽令移就崇岡將士皆云士衆已就安堵不可勞擾行儉不從更令促之比夜風雨暴至前設營所水深丈餘將吏驚伏問行儉曰何以知風雨也行儉笑曰自今日但依我節制何須問我所由知也

李晟德宗時爲河中晉絳慈隰節度使京畿渭北鄜坊丹延招討使進討朱泚建中四年六月四日破賊初晟屯渭橋時熒惑守歲久之方退賓介或勸曰今熒惑已退皇家之利也可速用兵晟曰天子外次人臣但當死節垂象高遠吾安知天道耶

至是謂參佐曰前者士大夫勸晟出兵非敢拒也且軍可用之不可使知之嘗聞五緯盈縮無准晟懼復來守歲則我軍不戰而自潰矣參佐數服皆曰非所及也

後唐符存審爲內外番漢馬步總管莊宗天祐十七年汴將劉鄩攻同州朱友謙求援於我遣存審與李嗣昭將兵赴之九月次河中進營朝邑時河中久臣於梁東持兩端及諸軍大集芻粟暴貴嗣昭耀其饑覆將急戰以定勝負居旬日梁軍逼我營會望氣者言西南有黑氣如鬬鷄之狀當有戰陣存審曰我方欲決戰而形於氣象得非天贊歟是夜閲其衆詰旦進軍梁軍來逆戰大敗之

擇地利

孟子曰天時不如地利孫子有六地之名而晁錯亦論地形之便皆可舉矣蓋古之良將未嘗不留意焉乃有據高臨下伺其後至背水阻川俟其半度或乘有斂壘之便或城守有金湯之固至乃出其不意據其必爭然後以逸待勞以少擊衆乘便而奮其力先人而奪其心以之遏寇虐摧勍敵而動績並建咸名日著豈非因形勢而制勝之効歟

趙趙奢惠文王時治國賦秦師伐韓圍閼與趙遣奢救之軍士許歷曰先據北山上者勝後至者敗奢許諾即發萬人趨之秦兵後至爭山不得上奢縱兵擊之大破秦軍秦軍解而走遂解閼與之圍而歸王賜奢號馬服君以許歷爲國尉

漢張騫爲校尉從大將軍擊匈奴騫嘗使大夏留匈奴中久道軍知善水草處軍得以無飢渴

後漢馮異爲征西大將軍建武六年諸將上隴爲隗囂所敗乃詔異軍栒邑未及至隗囂乘勝使其將王元行巡將二萬餘人下隴因分遣巡取栒邑異即馳兵欲先據之諸將皆曰虜兵盛而新乘勝不可與爭宜止軍便地徐思方畧異曰虜兵臨境忸忕小利忸忕猶慣習也謂慣習前事而復爲之也遂欲深入若得栒邑三輔動搖是

吾憂也夫攻者不足守者有餘今先據城以逸待勞非所以爭也潛往閉城偃旗鼓行巡不知馳赴之異乘其不意卒擊鼓建旗而出巡軍驚亂奔走追擊數十里大破之

馬援爲隴西太守建武十三年武都參狼羌與塞外諸種爲寇殺長吏援將四千餘人擊之至氐道縣屬隴西郡縣有蠻夷曰道羌在山上援軍據便地奪其水草不與戰羌遂窮困豪帥數十萬戶出塞諸種萬餘人悉降於是隴右清淨二十四年援率中郎將馬武耿舒孫永等征五溪蠻夷軍次下雋縣名屬長沙故城在今辰州沅陵縣有兩道可入從壺頭則路近而水壺頭山名在今辰州沅陵縣東從充則塗夷而運遠充縣名屬武陵光武初以爲疑及軍至耿舒欲從充道援以爲棄日費糧不如進壺頭搤其喉咽充賊自破以事上之帝從援策

魏蔣濟爲散騎常侍黄初三年與大司馬曹仁征吳濟別襲羨溪仁欲攻濡須洲中濟曰賊據西岸列船上流而兵入洲中是爲自内地獄危亡之道也仁不從果敗

賈逵河東襄陵人初爲絳邑長郭援之攻河東所經城邑皆下逵堅守之初逵過皮氏曰爭地先據者勝及圍急乃使人間行送印綬歸郡且曰急據皮氏援既并絳衆將進兵逵恐其先得皮氏乃以他計疑援謀人祝奧援由是留七日郡從逵言故得無敗

郭淮初爲征西將軍夏侯淵司馬征漢中時蜀先主欲渡漢水來攻諸將議衆寡不敵欲依水爲陣以拒之淮曰此示弱而不足挫敵非筭也不如遠水爲陣引而致之半濟而攻擊備可破也既陣先主疑不渡淮遂堅守示無還心以狀聞太祖善之青龍二年蜀將諸葛亮出斜谷田于蘭坑是時司馬宣王屯渭南淮策亮必爭北原宜先據之議者多謂不然淮曰若亮跨渭登原連兵北山隔絶隴道搖蕩民夷此非国之利也宣王善之淮遂屯北原塹壘未成蜀兵大至淮逆擊之

吳丁奉爲諸葛恪部將魏諸葛誕胡遵等來伐攻東興恪率軍

拒之及恪上岸時奉與唐咨呂據留贊等從山西上奉曰今軍行遲若敵據便地則難與爭鋒矣乃辟諸軍使下道帥麾下三千人逕進時風便舉帆二日至遂據塘天寒雪時魏諸將置高會奉見其前部兵少相謂曰取封侯爵賞正在今日乃使兵解鎧著冑持短兵敵人從而笑焉不爲設備奉縱兵斫之大破敵前屯會據等至魏軍遂潰

宋孟龍符仕晉爲龍驤將軍從宋高祖伐慕容超超度峴超懼率卒四萬就其將段暉等于臨朐謂其將公孫五樓曰宜進據川源晉軍至而失水亦不能戰矣臨朐有巨蔑水去城四十里五樓馳騎據之龍符爭據水源賊遂退走

沈林子晉末爲建武將軍高祖伐姚泓林子參征西軍事統軍爲前鋒從汴入河泓并州刺史河東太守尹昭據蒲坂林子於陝城與冠軍檀道濟同攻蒲坂龍驤王鎮惡攻潼關泓聞大軍至遣東平公姚紹爭據潼關林子謂道濟曰潼關天阻所謂形勝之地鎮惡孤軍勢力危屈若使姚紹據之則難圖也及其未至當并力爭之若潼關事捷尹昭可不戰而服道濟從之乃棄蒲坂南向潼關

後魏安同爲外朝大人從道武征姚平於柴壁姚興悉衆救平同進計曰汾東有蒙坑東西三百餘里徑路不通姚興來必從汾西乘高臨下直至柴壁如此則寇內外勢接宜截汾爲南北浮橋乘西岸築圍西圍旣固賊至無所施其智力矣從之興衆視平屠滅而不能救

後周李弼初爲太祖部將東魏將齊神武伐西魏軍過蒲津涉洛至許原西魏將周文帝軍至沙苑齊神武聞文帝至引軍來會詰朝候騎告齊神武軍且至弼曰彼衆我寡不可平地置陣此東十里有渭曲可先據以待之遂進軍至渭曲背水東西爲陣合戰大破之

隋賀婁子幹爲上開府鎮蘭州開皇初突厥來寇子幹拒之至可洛峐山與賊相遇賊衆甚盛子幹阻川爲營賊軍不得水數日人馬甚困縱擊大破之

唐盧彥師武德初鎮宜陽會李密叛彥師率兵邀之令其衆曰唯我馬首是瞻遂踰洛水入南山令持弓弩者乘高夾路持刀楯者伏於谿谷之間又令曰待賊半渡而擊之所部皆笑曰賊向洛州何爲此守彥師曰吾籌之熟矣李密聲往洛州其實欲南走襄城就張善相耳若賊先入谷我自後追之路險難以展力吾今先據要害此賊乃成擒也密果至不知有伏兵乃踰山南上彥師邀擊之

薛萬均武德中與羅藝守幽燕時竇建德率衆十萬來至范水萬均謂藝曰衆寡不敵今若出鬭百戰百敗可令羸馬阻水背城爲陣以誘之賊若度水交兵請公以精騎百伏於城側待其半度而擊之破必矣藝從之建德引兵度水萬均擊之大破

周王峻爲樞密使廣順初河東劉崇攻晉州峻請行應援太祖用爲行營都部署峻領大軍自絳赴晉州州南有澗曰蒙坑霍山以南最爲險要其塗甚狹他道無由得越峻忌憂賊據之是日前鋒數以過蒙坑峻喜曰吾事濟矣

撫士卒

春秋傳曰慈愛戰所畜也又曰惠則足以使人蓋古之善爲將者罔嘗不勤恤士衆察其勞苦絕甘而分少表微而惻隱救其癘瘵軫其傷夷本之於仁心推之以寬政好施以周急後已而不私用能猛鷙思柔獷悍懷德百其勇以思報一其志以赴敵推鋒冒難摧堅若脆忘軀畢命視死如歸成茂功於一時垂休問而不已自非簞豆之惠均及椒蘭之德外薰誠明發於精衷恩信淪於骨髓亦安能及是哉

田穰苴爲齊將扞燕晉之師士卒次舍井竈飲食問疾醫藥身拊循之悉取將軍之資糧享士卒身與士卒平分糧食最比其羸弱者三日而後勒兵病者皆求行爭奮出爲之赴戰晉師聞之爲罷去燕師度水而解

吴起爲魏將與士卒最下者同衣食卧不設席行不騎乘親裹嬴糧與士卒分勞苦卒有病疽者起爲吮之卒母聞而哭之人曰子卒也而將軍自吮其疽何哭爲母曰非然也往年吴公吮其父戰不旋踵遂死於敵吴公今又吮其子妾不知其死所矣是以哭之文侯以起善用兵廉平盡能得士心乃以爲西河守以拒秦韓

李牧爲趙北邊良將常居代鴈門備匈奴以便宜置吏市租皆輸入莫府（將軍征行無常處所在爲治故言莫府莫大也）爲士卒費日擊數牛饗士習射騎謹烽火多間諜厚遇戰士

秦王翦代李信擊荆荆聞王翦益軍而來乃悉國中兵以拒秦翦堅壁而守之不肯戰荆兵數出挑戰終不出翦日休士洗沐而善飲食撫循之親與士卒同食久之翦使人問軍中戲乎對曰方投石超（一作拔）距（漢書甘延壽投石拔距絕於等倫兵法飛石重十二斤爲機發行三百步延壽有力能以手投之拔距超距也）於是翦曰士卒可用矣遂滅楚

漢李廣爲隴西都尉屢變士卒士卒皆爭爲死李廣程不識俱爲邊郡名將然匈奴畏廣士卒多樂從而苦程不識廣將兵乏之絕處見水士卒不盡飲不近水不盡餐不嘗食寬緩不苛（苛細）士以此愛樂爲用

蓋寬饒爲衛司馬躬撫士卒視其飲食居處撫循疾置醫藥

後漢王霸從光武平河北常與臧宮傅俊共營霸獨善撫士卒死者脫衣以斂之傷者躬親以養之

鄧訓爲將吏士常大病瘧轉易至數十人訓身爲煑湯藥咸得平愈其無妻者爲適配偶

堅鐔爲揚化軍將與右將軍萬脩徇南陽會堵鄉人董訢攻陷宛鐔引兵赴宛訢遂棄城反而鄧奉復反新野攻破吴漢萬脩病卒鐔獨孤絕南拒鄧奉北當董訢一年間道路隔塞糧饋不至鐔食蔬菜與士卒共勞苦每急輒先當矢石身被三創以此能全其衆

段紀明爲破羌將軍紀明行軍仁愛士卒疾病者親自瞻省手爲裹創在邊十餘年未嘗一日蓐寢與將士同苦故皆樂爲死戰

皇甫規爲中郎將討隴右而道路隔絶軍中大疫死者十三四規親入菴廬巡視將士三軍感悦東羌遂遣使乞降

皇甫嵩爲左車騎將軍平黄巾温卹士卒甚得衆情每軍行頓止須營幔修立然後就舍帳軍士皆食爾乃嘗飯吏有因事受賂者嵩更以錢物賜之吏懷慙或至自殺

鮑信行破虜將軍濟北相與黄巾力戰遂殁信治身至儉而厚養將士居無餘財士以此歸之

臧洪領青州刺史爲袁紹所攻糧盡主簿啓内厨米三斗稍爲饘粥洪曰何能獨食此耶使爲薄粥遍班衆又殺其愛妾以食兵將兵將咸流涕無能仰視

魏司馬朗與夏侯惇臧霸等征吴到居巢軍士大疫朗躬巡視致醫藥遇疾卒

曹真爲大將軍每征行與將士同勞苦軍賞不足輒以家財班賜士卒皆願爲用

蜀鄧芝爲大將軍二十餘年賞罰明斷善卹卒伍

吴孫歆爲邊將數十年善養士卒得其死力甘寧雖麄猛好殺然開爽有計畧輕財敬士能厚養健兒亦樂爲用命

晉劉弘爲鎮南將軍都督荆州諸軍事嘗夜起聞城上持更者歎聲甚苦呼省之年過六十羸疾無襦弘謫主者乃給韋袍複帽

陶侃爲督護領江夏太守侃戎政齋肅凡有虜獲皆分士卒身無私焉

周訪爲安南將軍督梁州諸軍事善於撫納士衆皆爲致死

宋王鎮惡隨高祖北伐爲前鋒姚泓屯軍在長安城下猶數萬人鎮惡善撫士卒及身先士衆騰躍爭先泓衆一時奔潰

劉榮祖爲輔國將軍爲人輕財貴義善撫將士

梁楊公則爲左衛將軍義師東下屯領軍府所領相人溪性怯

懦城內輕之以爲易與每出盪突輒先犯公則畢公則𡙇厲軍士剋獲更多馬仙琕自爲將及居州郡能與士卒同勞逸身衣不過布帛所居無帷幕衾屏行則飲食與廝養最下者同其在邊境常單身潛入敵伺知壁壘村落險要處所故戰多剋捷士卒亦甘心爲之用高祖雅愛仗之

王操爲大將軍郢州刺史吳明徹爲寇明帝出頓紀南操撫循將士莫不用命明徹既退江陵獲全操之力也遷侍中中衛將軍

陳章昭達爲車騎大將軍遷司空蕙昭達性刻每奉詔出征必晝夜兼行然厨膳飲食並同於羣下將士亦以此附之

魯悉達梁末以侯景之亂遂糾率鄉人保新蔡郡招緝晉熙等五郡及敬帝即位王琳據有上流留異餘孝頃周迪等所在蠭起悉達撫綏五郡甚得民和士卒皆樂爲之用

後魏彭城公勃長子栗太武時督諸軍屯漢南栗亮直善馭衆撫恤將士必與之同勞逸長孫翰太武時爲安集將軍清正嚴明善撫將士帝甚重之

周觀爲高平鎮將善撫士卒號有威名

房伯玉爲武昌王府司馬孝文南伐徵爲步兵校尉直閤將軍中統軍善撫士孝文嘉之

薛虎子爲徐州刺史在州戍兵每歲交代虎子必親自勞送喪給其斂帛

韓茂爲徐州刺史征南將軍爲將善於撫衆勇冠當世爲朝廷所稱

楊逸爲平東將軍光州刺史兵人從役必自送之或風日之中雨雪之下不以其勞逸曾無倦色

楊大眼爲將撫巡士卒呼爲小兒子及傷痍爲之流泣

辛纂爲荊州軍司除驍騎將軍加輔國將軍善撫將士人多用命賊甚憚之

北齊蘭陵王長恭貌柔心壯音容兼美爲將躬勤細事每得甘美雖一瓜數果必與將士共之

趙郡王叡爲定州刺史文宣詔叡領山東兵數萬監築長城于時盛夏六月叡在途中屏除蓋扇親與軍人同其勞苦而定州先有氷室每歲藏氷長史宋欽道以叡冒犯暑熱遂遣輦氷倍道追送正值日中停軍炎赫尤甚人皆不堪而送氷者至咸謂氷一時之要叡乃對之歎息云三軍之人皆飲溫水吾以何義獨進寒氷非追名古將實情所不忍遂至消液竟不一嘗兵人感悅遐邇稱歎

後周宇文深魏末爲子都督領宿衛兵從孝武西遷既事起倉卒人多逃散深撫循所部並得入關以功賜爵長樂縣伯

若干惠爲右衛將軍性剛質有勇力容貌魁岸善於撫御將士莫不懷恩

閻慶爲撫軍將軍并行綏撫士卒未休未嘗先舍故能盡其死力

梁椿爲大將軍性果毅善於撫納所獲賞物分賜麾下故每戰敵勇咸得其死力

李遷哲爲驃騎大將軍鎮白帝信州先無倉儲（信州令蠱州昇）軍糧乏遷哲乃收葛根造粉兼米以給之遷哲亦自取供食時有異膳即分賜兵士有疾患者又親加醫藥以此軍中感之人思效命

隋劉方爲交州道行軍總管仁而愛士有疾病者親自撫養

唐李勣前後在軍所得金帛皆散之將士於是人皆爲用所向多克捷

郭孝恪爲安西都護督西伊庭三州諸軍事其地高昌之都限以長磧舊屬斯在每年有流刑經徙并遣正兵守捍孝恪推誠撫御並得其歡心

成如璆爲特進至德二年關西節度郭英乂爲賊所敗如璆代英乂收其餘卒於岐山撫其瘡痍招其逋散三軍之士有如挾纊便以其衆置興平軍於鄠縣東原肅宗以如璆爲使

李光爲阿陽三城鎮遏使撫勞備至賞罰善著必先軍士

李景略爲西受降城都防禦使迫塞苦寒地鹵瘠俗貧難處景略節用約己與士同甘苦將卒安之

任迪簡代張茂昭爲易定節度使初茂昭奢蕩不節公私殫罄迪簡始至欲饗士無所取給乃以糲食與士同之身居戟門下凡周月軍吏感之請歸堂寢迪簡乃安其位

李晟興元初以神策軍使討朱泚時轉輸不至盛夏軍士或衣裘褐晟必同勞苦每以大義奮激士皆涕流感悅卒無離叛者

李光顔元和中爲陳許節度使會討吴元濟詔光顔以本軍獨當一面光顔性忠義善撫養士卒士卒樂爲用

殷侑爲義昌軍節度滄齊德等州觀察等使滄州經戰伐傷痍之後侑初至赤地千里遺骸滿于原野變無人煙侑不以妻孥之官始至就空城悉力以視事攻苦食淡與士卒略同周歲之後劉致息肯詔加檢校吏部尚書獎其撫綏有方勤儉不懈也

爲重裔歷河陽滄景節度使自爲長帥能與下同甘苦並至立功

柳公綽元和中鎮鄂州會討吴元濟軍既在行營公綽時令左右省問其家如疾病養生送死必厚廩給之妻冶容不謹者沈之于江行卒相感曰中丞爲我輩之家事何以報效故鄂人戰每克捷

梁氏叔琮爲將帥養士愛民甚有能政後爲鄜州留後尋真領保大軍節度使

後唐李建及有膽氣慷慨不羣臨陣翻旗意氣横壯自莊宗至魏州建及都總内外衙銀槍效節帳前親軍善於撫御所得賞賜皆分給部下絶甘分少頗洽軍情

晉吴巒爲復州防禦使二年罷歸會至令温以機事入奏執政者以巒雲中之難有善守之功遂令乘軺而往既至大寒軍士無衣者悉衣之平生廉儉囊橐無資用以至壞帳幕以賜之其推心撫下如此

孔知濬開運中爲鳳州刺史河北據關防之要塞山川並兵火勢孫知濬撫士得宜人皆盡力故西疆無牧圉之失

王廷裔爲晉陽軍校以攻城野戰爲務暑熱息嘉樹之陰寒不處密室之下與軍伍食不異味居不異處故莊宗於親族之中獨加禮遇

冥助

書曰至誠感神蓋精誠内激勝氣充厲則必金石爲開風雲玄感者矣乃有握兵之要秉辭致討勢將危窘士至乏困或鄰壤侵冦羣心震恐誓師拒戰安危倏屬黙是懇倒憤發仰祈冥祐因以獲肸蠁之應得天之助事彰於神異理符於感召夷傷之旅復振窮迫之途遂獲濟卒能克敵以成茂功乃建祠以旌其貺刊石以紀其迹策書所述咸可徵也

漢李廣利爲貳師將軍伐大宛[illegible]圍水絶廣利拔刀刺山飛泉涌出

後漢耿恭爲戊己校尉拒匈奴於疏勒城固守匈奴攻遂於城下

擁絶澗水恭於城中穿井十五丈不得水吏士渴乏笮馬糞汁而飲之（笮謂壓也）恭仰歎曰聞昔貳師將軍拔佩刀刺山飛泉湧出今漢德神明豈有窮哉乃整衣服向井再拜爲吏士禱有頃水泉奔出衆皆稱萬歲乃令吏士揚水以示虜虜出不意以爲神明遂引去

晉會稽王道子爲驃騎將軍禦苻堅于壽春堅與苻融登城而望王師見部陣齊整將士精鋭又望八公山上草木皆類人形顧謂融曰此亦勍敵也何謂少乎憮然有懼色初朝廷聞堅入冦道子以威儀鼓吹求助於鍾山之神奉以相國之號及堅之見草木狀人若有力焉

宋沈攸之爲冠軍將軍討晉安王子勛于鵲尾攸之繕治船舸材板不周計無所出會子勛將鄧琬送五千片榜供其將劉胡軍用俄而風潮奔迸榜揬突柵出江胡等力不能制自攏船艦殺沒數十人赴流而下來泊攸之等營於是材板大足[illegible]毛僧

悟爲譙州刺史征蕭勃聞兄僧辯死乃奔北齊會軍敗竄跪荒野莫知所之仰天曰讎恥不雪未欲身膏野草君精誠有感當得道路誓不受辱人手拔刀將自刎空中催令急去僧智異之勉力馳進行一里許顧向處已有陳人踰越江山僅得歸齊

後魏尉元爲鎮南大將軍都督東道諸軍事皇興三年六月上表云臣於彭城遣別將以八日至睢口邀賊將陳顯達有戰士於營外五里忽然見一白頭公乘白馬將救呼之語稱至十八日辰必來到此語汝將軍領衆從東北臨入我當驅賊令走申時賊必大破宿豫淮陽皆悉無疑我當與汝國家淮畔爲斷下邳城賊我當驅出不勞兵力後以十日此人復於彭城南戲馬臺東二里見白頭公亦乘白馬從東北來呼此人曰謂我與東海四瀆太山北岳神共行淮北助汝二將蕩除已定汝上下書不因忽然不見詔元於老人前後見所爲壇表記之

尒朱榮爲大將軍討葛榮軍次襄垣遂令軍士列圍大獵有雙兎起於馬前榮乃躍馬彎弓而誓之曰中之則擒葛榮不中則否既而並應弦而殪三軍咸悅及破賊之後即命立碑於其所号雙兎碑

北齊趙郡王叡爲朔州刺史都督北燕等三州諸軍事有無水之處禱而掘井鍫鍤纔下泉源涌出號曰趙王泉

陸法和初仕梁爲司徒時侯景遣將任約伐湘東王於江陵法和自請征之至赤沙湖與任約相對縱火船於前而逆風不便法和執白羽以麾風即返於是約衆大潰約逃竄不知所之

慕容儼爲開府天保中梁司徒陸法和以郢州內附遣儼鎮城始入便爲梁大都督侯瑱任約率水陸軍奄至城下儼隨方禦備瑱等不能剋又於上流鸚鵡洲上造荻洪竟數里以塞船路人信阻絕城守孤懸衆情危懼儼導以忠義又悅以安之城中先有神祠一所俗號城隍神公私每有祈禱於是順士卒之心乃相率祈請冀獲冥祐須臾衝風歘起驚濤涌激漂斷荻洪約復以鐵鏁連治防禦彌切儼還共祈請風浪夜驚復以斷絕如此者再三城人大喜以爲神助瑱移軍於城北造柵置營焚燒坊郭産業皆盡約將戰士萬餘人各持攻具於城南置營壘南北合勢儼乃率步騎出城奮擊大破之擒五百餘人

後周竇榮定突厥沙鉢略寇邊爲行軍元帥率總管出涼州與虜戰於高越原兩軍相持地無水士卒渴至甚刺馬血而飲死者十二三榮定仰天太息俄而澍雨軍復振於是進擊數挫其鋒突厥憚之請盟而去

隋張祥仁壽末爲并州司馬漢王諒舉兵反遣其將劉建略地燕趙至井陘祥勒兵拒守建攻之復縱火燒其郭下祥見百姓驚駭其城側有西王母廟祥登城望之再拜號泣而言曰百姓何罪致此焚燒神有靈可降雨相救言訖廟上雲起須臾驟雨其火遂滅士卒感其誠莫不用心城圍月餘李雄援軍至賊遂退走

陳稜大業中爲虎賁郎將發東陽兵擊流求國其日霧雨晦暝將士皆懼稜刑白馬以祭海神既而開霽

唐裴行儉麟德中爲安撫大食使册送波斯王途經莫賀延磧屬風沙晦暝導者益迷行儉命下營虔誠致祭令告將吏泉井非遙俄而雲收風靜行數百步水草甚豐後來之人莫知其處衆皆悅服比之貳師將軍

王晙開元中爲并州大都督府長史屬突厥默啜爲九姓所殺（九姓蕃）其下酋長多款塞投降置之河曲之內俄而小殺繼立（小殺蕃酋名）降者漸叛勑晙帥并州兵濟河討之晙乃間行倍道以夜繼晝卷甲銜枚而往會夜於山中忽遇風雪甚懼失期仰天誓曰若事君不忠天討有罪明靈所殛固自當之而士衆何辜今受艱苦若誠心忠烈天鑒孔明當止雪迴風以濟戎事言訖風迴而雪止時叛者分爲兩道晙追及之殺一千五百餘人生獲一千四百餘人駝馬牛羊甚衆

哥舒翰天寶七載爲隴右節度築神威城于青海上旋爲吐蕃
所破又築城於青海中龍駒島上有白龍見遂名爲龍駒城吐
蕃自此遁逃不復近青海十年
王思禮肅宗至德二年四月爲關内節度使時扎柸奏師渡渭
水於龍光渡豬水忽淺士馬既濟而其水復深一丈
李兼德宗貞元四年爲江西都團練使奏建中四年臣任鄂州
刺史遇賊李希烈之將董待召率衆襲鄂州順風縱火邑屋將
焚臣乃禱於城隍神倏忽風迴火烈賊潰遂擊破之連拔黄蘄
三州請付史官以荅神意從之
楊朝晟貞元中爲邠寧節度城于方渠合道初軍次方渠無水
師徒囂然遽有青虵乘高而下視其跡水隨而流朝晟令築防
環之遂爲停泉軍人仰飲以足圖其事上聞詔置祠焉
温造爲興元節度使初往漢中遇大雨平地水深尺餘若不可進
檮雞翁山疾風驅雲即時清霽後文宗憶聞其事會造爲御史大

夫入見得詳言當時靈貺明日下詔封雞翁山爲侯
趙昶爲忠武軍防遏都指揮使時黄巢悉衆攻陳州昶因巡警
假寐於闉闍恍惚間如有陰騎昶異而待之遲明開門史戰人
心兵勢又不可遏若有陰兵前導是日擒賊將數人首千餘級
梁牛存節爲同州節度使戒嚴軍旅常若敵至先是州中井水
鹹苦人不可飲及并人攻之人來迫州城咸以爲兵士渴乏陷在
旦夕存節乃齋拜虔祝擇地鑿八十餘井其味皆甘冷由是人
馬汲濯有餘衆以爲至誠之感自　月至三年春末人馬未嘗
擐甲以至寇退壁支裕嘗從太祖於内黄逢魏之大衆北
飛來命支裕射之跪曰今日以卜勝負必應弦而下及交
鋒果大捷
朱家先初仕唐爲宿州刺史充本州團練捕遏防遏都知兵馬
使會淮寇大至圍迫州城家先殫力禦備時援兵未至頗懷憂
恒一日乘城憩於樓堞之上恍然若寢夢人告曰我陳璠也
嘗板築是城舊第猶在今爲軍舍當爲我立廟即助公陰兵象
先諾之翌日淮寇急攻其壘擄鞾角進是日州城幾陷頃之有
大風雨居民望見城上兵甲無算寇不能進即時退去象先方
信鬼神之助乃爲之立祠至今里人禱祀不輟
後唐李嗣昭爲昭義節度使天祐四年六月梁將李思安將兵
十萬攻潞州乃築夾城深壍高壘内外重複援師不及軍民乏
絶咸鹽炭出於地以濟饑民
王鎔爲鎮州節度使幽州李匡威赴援于鎮鎔謁威於其館威
陰遣部下伏甲劫鎔抱持之鎔曰公戒部人勿造次吾國爲晋
人所侵垂將覆滅賴公濟援之力幸而獲存今日之事本所甘
心即並轡歸府舍鎔軍拒之遂殺威鎔本踈瘦時年始十七當
威並轡之時雷雨驟作屋瓦皆飛有一人於缺垣中望見鎔識
之遽挾于馬上負之而去翌日鎔但覺項痛偏乃因有力者所
挾不勝其苦故也及訪之則曰墨君和鼓力之士也遂厚賞之

天意冥數信然乎
藥彦稠長興中與康福率師自牛兒族入白魚谷追及背叛党
項白馬盧家六族客户三族獲大首領連李八薩王都統悉那
埋摩侍御乞埋嵬悉逋等六人兼黨類二千餘人獲駝馬牛羊
數千計至晚師還野次其地無水軍士方渴俄有風雲自東而
起是夜初更降雪一尺軍中以爲神助

册府元龜卷第三百九十八

冊府元龜卷第三百九十九

將帥部六十

固守

夫將兵之法有餘則戰不足則守蓋常道也春秋已來乃有保城亢敵堅壘拒寇糾合群志率厲衆力窮矢石之用極機械之變勢且危殆人皆疲弊彌旬引之以絶饟饋之給而能保全臣節甘心死地以至援兵甫集而長圍斯解勍寇引去而危堞獲全亦有潛謀決策乘間掩擊出乎不意以收奇功至或智勇俱困衆寡不敵外絶赴救士死尺鐵遭罹非命不隕其名此春秋所謂獲死所矣

趙襄子晉卿也智伯與趙韓魏滅范中行氏而分其地伯請地韓魏韓魏與之請趙趙不與智伯怒遂率韓魏攻趙趙襄子懼乃奔保晉陽三國攻晉陽歲餘引汾水灌其城城不侵者三板國語云沈竈産鼃民無畔意

田單齊諸田疏屬也燕攻齊城唯獨即墨不下燕引兵圍即墨即墨大夫出與戰敗死城中相與推田單立以為將軍以即墨距燕單乃收城中得千餘牛為絳繒衣畫以五彩龍文束兵刃於其角而灌脂束葦於其尾端鑿城數十穴夜縱牛壯士五千人隨其後牛尾熱怒而奔燕軍燕軍夜大驚牛尾炬火光明炫燿燕軍視之皆龍文所觸盡死傷五千人因銜枚擊之而城中鼓譟從之老弱皆擊銅器為聲聲動天地燕軍大駭敗走齊人遂夷殺其將騎劫燕軍擾亂奔走齊人追亡逐北所過城邑皆畔燕而歸田單兵日益多乘勝燕日敗亡卒至河上而齊七十餘城皆復為齊

後漢張宗為偏將軍時鄧禹軍到栒邑赤眉大衆且至禹以栒邑不足守欲引師進就堅城而衆人多畏賊追憚為後拒禹乃書諸將名於竹簡署其前後亂著笥中令各探之笥以竹為之鄭玄注禮記圓曰簞方曰笥宗獨不肯探曰死生有命張宗豈辭難就逸乎禹歎息謂曰將軍有親弱在營柰何不顧宗曰愚聞一卒畢力百人不當萬夫致死可以橫行宗今擁兵數千以承天威何遽其必敗乎遂留為後拒諸營既引宗方勒厲軍士堅壘壁以死當之禹到前縣議曰以張將軍之衆當百萬之師猶以小雪投沸湯雖欲戮力其不全也乃遣步騎二千人反還迎宗宗引兵始發而赤眉卒至宗與戰却之乃得歸營於是諸將服其勇

來歙為太中大夫時隗囂據天水自稱西州上將軍歙與征虜將軍祭遵襲囂略陽斬囂守將金梁因保其城囂悉兵數萬人圍略陽斬山築堤激水灌城歙與將士固死堅守矢盡乃發屋斷木以為兵囂盡銳攻之自春至秋其士卒疲弊光武乃大發關東兵自將上隴囂衆潰走圍解

耿恭為戊己校尉屯金蒲城明帝永平十八年三月北單于遣左鹿蠡王萬騎擊車師恭遣司馬將兵三百人救之道逢匈奴騎多皆為所歿匈奴遂破殺後王安得而攻金蒲城恭乘城搏

戰以毒藥傅矢傳語匈奴曰漢家箭神其中瘡者必有異因發彊弩射之虜中矢者視瘡皆沸遂大驚會天暴風雨隨雨擊之殺傷甚衆匈奴震怖相謂曰漢兵神真可畏也遂解去恭以疏勒城傍有澗水可固五月乃引兵據之七月匈奴復來攻恭恭募先登數千人直馳之胡騎散走匈奴遂於城下擁絶澗水恭中穿井十五丈不得水吏士渴乏笮馬糞汁而飲之恭仰歎曰聞昔貳師將軍拔佩刀刺山飛泉涌出今漢德神明豈有窮哉乃整衣服向井再拜為吏士禱有頃水泉奔出衆皆稱萬歲乃令吏士揚水以示虜虜出不意以為神明遂引去時焉耆龜茲攻歿都護陳睦北虜亦圍關寵於柳中會明帝崩救兵不至車師復畔與匈奴共攻恭恭厲士衆擊走之後王夫人先世漢人常私以虜情告恭又給以糧餉數月食盡窮困乃煑鎧弩食其筋革恭與士推誠同死生故皆無二心而稍稍死亡餘數十人單于知恭已困欲必降之復遣使招恭曰若降者當封為白

壘王妻以女子恭乃誘其使上城手擊殺之炙諸城上虜官屬望見號哭而去單于大怒更益兵圍恭不能下初關寵上書求救時帝乃遣征西將軍耿秉等赴援章帝建初元年正月會柳中擊車師攻交河城斬首三千八百級獲生口三千餘人駝驢馬牛羊三萬七千頭北虜驚走車師復降會關寵已歿王蒙等聞之便欲引兵還先是恭遣軍吏范羌至敦煌迎兵士寒服羌因隨王蒙軍俱出塞羌固請迎恭諸將不敢前乃分兵二千人與羌從山北迎恭遇大雪丈餘軍僅能至城中夜聞兵馬聲以為虜來大驚羌乃遙呼曰我范羌也漢遣軍迎校尉耳城中皆稱萬歲開門共相持涕泣明日遂相隨俱歸

陳球為零陵太守州兵朱蓋等反與桂陽賊胡蘭數萬人轉攻零陵零陵下溼編木為城不可守郡中惶恐掾史白遣家避難球怒曰太守分國虎符受任一邦豈顧妻孥而沮國威乎重復言者斬乃悉內吏人老弱與共城守弦大木為弓羽矛為矢引機發之遠射千餘步多所殺傷賊復激流灌城球輒於內因地勢反決水淹賊相拒十餘日不能下會中郎將救兵至球募士卒與尚共破斬朱蓋等

公孫瓚為遼東屬國長史追擊胡兵力居等反為所圍於遼西管子城二百餘日糧盡食馬馬盡煑弩楯力戰不敵乃與士卒辭訣各分散還時多雨雪墜阬死者十五六虜亦饑困遠走柳城

皇甫嵩為左將軍時涼州賊王國圍陳倉嵩督前軍董卓救之卓欲速進赴陳倉嵩不聽卓曰智者不後時勇者不留決速救則城全不救則城滅全滅之勢在於此也嵩曰不然百戰百勝不如不戰而屈人之兵是以先為不可勝以待敵之可勝不可在我可勝在彼彼守不足我攻有餘有餘者動於九天之上不足者陷於九地之下今陳倉雖小城守固備非九地之陷也王國雖強而攻我之所不救非九天之勢也夫勢非九天攻者受害陷非九地守者不拔國今已陷受害之地而陳倉保不拔之城我可不煩兵動眾而取全勝之功何救焉遂不聽王國攻陳倉自冬迄春八十餘日城堅守固竟不能拔賊眾疲弊果自解去

魏韋康為涼州刺史為馬超所圍堅守歷時救軍不至遂為超所殺

曹仁行征西將軍屯樊即拜征南將軍關羽攻樊時漢水暴溢于禁七軍皆沒禁降羽仁人馬數千人守城城不沒者數板羽乘船臨城圍數重外內斷絕糧食欲盡救兵不至仁激厲將士示以必死將士感之皆無二徐晃救至水亦稍減晃從外擊羽仁得潰圍出羽退走初滿寵為汝南太守曹仁屯樊城拒羽而左將軍于禁等軍於襄陽以霖雨水長為羽所沒羽急攻樊城城得水往往崩壞眾皆失色或謂仁曰今日之危非力所支可及羽圍未合乘輕船夜走雖失城尚可全身寵曰山水速疾冀其不久聞羽遣別將已在郟下自許以南百姓擾擾羽所以不敢遂進者恐吾軍掎其後耳今若遁去洪河以南非復國家有也君宜待之仁曰善寵乃沈白馬與軍人盟誓會徐晃等救至寵力戰有功羽遂退進封安昌亭侯

郝昭築陳倉城會蜀將諸葛亮圍之亮使人說誘之昭不從亮自以有眾萬而昭兵纔千餘人又度東救未能便到乃進兵攻昭起雲梯衝車以臨城昭於是以火箭逆射其雲梯梯然梯上人皆燒死昭又以繩連石磨壓其衝車折亮乃更為井闌百尺以射城中以土丸填塹欲直攀城昭又於內築重牆亮又為地突欲涌出於城裏昭又於城內穿地橫截之晝夜相攻拒二十餘日亮無計救至引退

文聘為後將軍孫權以五萬眾自圍於石陽甚急聘堅守不動權住二十餘日乃解去聘追破擊之

張特守新城諸葛恪圍城特與將軍樂方等三軍眾合有三千人吏兵疾病及戰死者過半而恪起土山急攻城將陷不可護特乃謂吳人曰今我無心復戰也然魏法被攻過百日而救不至者雖降家不坐也自受敵以來已九十餘日矣此城中本有四千餘人而戰死者過半城雖陷尚有半人不欲降我當還相語之條名別善惡明日早送名且持我印綬去以為信乃投其印綬以與之吳人聽其辭而不取印綬亦復不攻頃之特還乃夜徹諸屋材柵補其缺為二重明日謂吳人曰我但有鬭死耳

吳人大怒進攻之不能拔遂引去明年嘉之加雜號將軍封列侯又遷安豐太守

劉霍峻爲中郎將先主南還襲劉璋令峻守葭萌璋將扶禁向存等帥萬餘人由閬水上攻圍峻且一年不能下峻城中兵纔數百人伺其怠隙選精鋭出擊大破之即斬存首先主定蜀嘉峻之功乃分廣漢爲梓潼郡以峻爲梓潼太守裨將軍

王平爲討寇將軍諸葛亮圍祁山平別守南圍魏大將軍司馬宣王攻亮張郃攻平平堅守不動郃不能克

羅憲爲巴東太守吳聞魏攻敗蜀起兵西上外託救援內欲襲憲憲曰本朝傾覆吳爲脣齒不恤我難而徼其利背盟違約且漢已亡吳何得久寧能爲吳降虜乎保城繕甲告誓將士厲以節義莫不用命吳聞鍾鄧敗百城無主有兼蜀之志而巴東固守兵不得過使步協率衆而西憲臨江拒射不能禦遣參軍楊宗突圍北出告急安東將軍陳騫又送文武印綬任子詣晉王協

攻城憲出與戰大破其軍孫休怒復遣陸抗等帥衆三萬人增憲之圍被攻凡六月日而救援不到城中疾病太半或說憲奔走之計憲曰夫爲人主百姓所仰危不能安急而棄之君子不爲也畢命於此矣陳騫言於晉王遣荊州刺史胡烈救憲抗等引退晉王即委前任拜憲凌江將軍封萬年亭侯憲在蜀爲巴東太守劉禪降辭乃歸順於是繕甲完聚厲以節義士皆用命及鍾會鄧艾死百城無主吳又使步協西征憲大破其軍孫休怒又遣陸抗助協憲距守經年救援不至城中疾病大半或勸南出牂柯北奔上庸可以保全憲曰夫爲人主百姓所仰既不能存急而棄之君子不爲也畢命於此矣會荊州刺史胡烈等救之抗退加陵江將軍監巴東軍事使持節領武陵太守泰始初入朝詔曰憲忠烈果毅有才策器幹可給鼓吹又賜山玄玉珮劍

吳朱然爲征北將軍假節鎮江陵魏遣曹真夏侯尚張郃等攻江陵魏文帝自宛爲其勢援連屯圍城大帝遣將軍孫盛督萬人備州上立圍塢爲然外救郃渡兵攻盛盛不能拒即時卻退郃據州上圍守然中外斷絶大帝遣潘璋楊粲等解而圍不解時然城中兵多腫病堪戰者裁五千人真等起土山鑿地道立樓櫓臨城弓矢雨注將士皆失色然晏如而恐意方厲士伺間隙攻破兩屯魏攻圍然凡六月日未退江陵令姚泰領兵備城北門見外兵盛城中人少穀食欲盡因與敵交通謀爲內應垂發事覺然治戮泰尚等不能克乃徹攻退還由是然名震於敵國

頓當爲偏將軍曹真攻南郡當保東南帥厲將士同心固守又敗望督司奉遵法令太守善之

晉吾彥初仕吳爲建平太守晉將伐吳彥爲鐵鎖橫斷江路及師臨境緣江諸城皆望風降附或見攻而拔唯彥堅守大衆攻之不能克乃退舍禮之吳平彥降

張光爲北地都尉趙王倫爲關中都督氐羌反叛太守張損戰沒郡縣吏士少有全者光以百餘人戍馬蘭山北賊圍之百餘日光撫厲將士屢出奇兵擊賊破之光以兵少路遠自分敗沒會梁王彤遣司馬索靖將兵迎光舉軍悲泣遂還長安

庾亮爲中書令都督征討諸軍事與陶侃溫嶠起兵以討蘇峻亮將以二千人守白石壘峻步兵萬餘四面來攻衆皆震懼亮激厲將士並殊死戰峻軍乃退追斬數百級

桓宣爲南中郎將江夏相鎮襄陽十餘年間石季龍再遣騎攻之宣能得衆心每以寡弱距守論者以爲次於祖逖周訪

前涼張瓘爲寧戎校尉時石季龍將麻秋進攻枹罕與晉陽太守郭坦以城大難守宜棄外城武城太守張悛曰棄外城則大事去矣不可以動衆心瓘從之固守大城秋率衆八萬圍塹三重雲梯雹車地突百道皆通於內城中亦應之殺傷秋衆以數萬季龍復遣其將劉渾等率步騎二萬會之郭坦恨言之不從教軍士李嘉潛與秋通引賊登城西北隅瓘使宋脩張弘辛巖部曲督距之短兵接戰斬二百餘人賊乃退瓘戮李嘉以徇燒其攻具秋退保大夏瓘謂諸將曰我用兵於五郡之間攻城略地遠無不捷及登秦隴謂有征無戰豈悟枹罕襲仇也破軍殺將

築城長最西馬不歸又攻此城傷兵挫鋭殆天所贊非人力也季龍閲而歎曰吾以偏師定九州今以九州之力困於枹罕真所謂彼有人焉未可圖也

宋毛德祖爲司州刺史時文帝初即位後魏明元自率衆至方城遣鄭兵將軍達奚斤吴兵將軍公孫表二萬餘人攻滑臺德祖時戍虎牢遣步騎三千拒之初士命司馬楚之等藏窟陳留郡界魏既南度馳相要結驅扇疆埸大爲民患魏克滑臺并力乘勝遂至虎牢明元自率大衆至鄴鄭兵遂克金墉還向虎牢德祖於城内穴地入七丈二道出城外分作六道出虜陣後募敢死士四百人爲前驅參軍郎王符等以二百人爲後係出虜圍外燒襲其後魏陣乱斬首數百級焚燒攻具魏雖退散隨後更合魏又遣楚兵將軍涉歸東擊青州所向城邑皆奔走明元自遣兵益虎牢增圍急攻德祖大敗又固得城魏須楚兵諸軍自滑臺西就兵共攻虎牢虎牢被圍二百日無日不戰德祖勁

兵戰死殆盡而虎牢增兵轉多外城皆已毁德祖在保一城晝夜相拒將士眼皆生瘡死者太半德祖恩素結下衆無離心魏作地道偷城内井井深三十丈山勢峻峭不可得防人馬渴之肌體皆乾燥被創者不復出血魏急攻遂剋虎牢自德祖凡諸將佐及郡守在城内者皆見囚執唯上黨太守劉談之參軍范道基將二百人突重圍南還城將潰將士欲扶德祖出奔德祖曰我與此城并命義不使城亡而身在也明元重其固守之節勤衆軍生致

劉道錫爲巴西梓潼二郡太守文帝元嘉十八年爲氐寇所攻道錫募吏民守城復祖布二十年保城退敵文帝嘉之

陳憲爲汝南太守元嘉二十六年魏太武南侵陳頴遂圍女南懸瓠城憲保城自固賊晝夜攻圍之憲且守且戰矢石無時不交虜多作高樓施弩以射城内飛矢雨下城中負户以汲又毁浮圖取金像以爲大鈎施之衝車端以牽樓堞城内有一沙門頗有機思輒設奇以應之賊多作蝦蟇車以塡塹内薄攻城憲督厲將士固女牆而戰賊之死者屍與城等遂登屍以凌城短兵相接憲鋭氣愈奮戰士無不一當百殺傷萬計汝水爲之不流相拒四十餘日豫州刺史南平王鑠遣安蠻司馬劉康祖與寧朔將軍臧質救之虜燒攻具走

沈璞為盱眙太守時王師北伐彭汴無虞璞以彊寇對陣事未可測郡境首當衝要乃修城壘浚重隍聚材石積鹽米爲不可勝之筭後魏太武自領步騎數十萬陵踐六州京邑爲之騷懼百守千城莫不奔駭腹心勸璞還京師璞曰若彼大衆不盻小城故無所懼若兵薄來攻則成禽也諸君何嘗見數十萬人聚在一處而不敗者昆陽合肥前事之明驗此是吾報國之秋諸君封侯之日璞收集得二千精卒及太武至四面蟻集攻城璞隨宜應拒攻守三旬殘其太半太武乃遁走

申恬為通直常侍元嘉二十七年後魏武昌王寇青州遣恬援

東陽因與輔國司馬齊郡太守龐秀之保城固守蕭斌遣青州別駕解榮之率垣護之還援恬等仍倚南山得入後魏兵朝來脅城日晚輒退城内乃出軍北門外環塹為營欲挑戰魏兵不敢逼停五日東過抄略清河郡及驛道南數千家從東安東莞出下邳下邳太守垣閬閉城拒守保全二千餘家後魏退以恬為寧朔將軍山陽太守

臧質為輔國將軍北討時兗從僕射胡崇之為魏所敗質奔盱眙太守沈璞完為守戰之備城内有實力三千質大喜因共守魏初南出後無資糧唯以百姓為命及過淮食平越石鱉二屯穀至是抄掠無所人馬饑困聞盱眙有積粟欲以為歸路之資既破崇之等一攻城不拔便引衆南向城内增脩守備莫不完嚴元嘉二十八年後魏太武南侵自廣陵返悉力攻盱眙就輔國將軍臧質求酒質封復便與之太武怒甚築長圍一夜便合開攻道趣城東北運東山土石塡之魏又恐城内水路遁走乃引大船欲於君山作浮橋以絶

淮泗城內乘艦逆戰大破之明旦賊更方舫為桁桁上各嚴兵
自衛城內更擊不能禁遂於君山立桁水陸路並斷太武與質
書曰吾今所遣鬬兵盡非我國人城東北是丁零與胡南是三
秦氐羌設使丁零死者正可減常山趙郡賊胡死正減并州賊
氐羌死正減關中賊卿若殺丁零胡死不利質荅書曰省示具
悉姦懷自恃四脚屢犯國疆諸如此事不可具說王玄謨退於
東梁垣散於西爾聞何以不聞童謡言邪虜馬飲江水佛狸死
卯年此期小至以二軍開飲江之徑耳冥期使然非復人事寡人
受命相滅期之白登師行未遠爾自送死豈容復令生全饗有桑
乾哉但爾往攻此城假令寡人不能殺爾爾由我死而爾若有
幸得為亂兵所殺爾若不幸則生相鏁縛載以驢直送都市我
本不圖全若天地無靈力屈於爾齏之粉之屠之裂之如此未
足謝本朝爾識智及衆力豈能勝苻堅邪頃年展爾陸梁者是
爾未飲江太歲未卯故耳斛蘭昔深入彭城值少日雨隻馬不
返爾豈憶邪即時春雨已降四方大衆始就雲集爾但安意攻
城莫走糧食闕乏者告之當出廩相餉得所送劍刀欲令我揮
之爾身邪甚若今付反各自努力無煩多云是時魏中童謡曰
軺車北來如穿雉不意虜馬飲江水魏王北歸石濟死魏欲度
江天不從故質荅引太武大怒乃作鐵牀於其上施鐵鑱云破
城得質當坐之此上質又與魏衆書曰示語魏中諸士庶狸伐
見與書如別等正朔之民為何力自取如大丈夫豈可不知轉
禍為福邪今寫臺格如別書自思之時購斬太武封開國縣侯
食邑一萬戶賜布絹各萬匹魏以鈎垣樓城內擊以彊絙數百
人叫喚引之車不能退既夜以木桶盛人縋出城外截鈎獲之
明日又以衝車攻城城土堅密每至頹落不過數升魏乃肉薄
登城分番相代墜而復升莫有退者殺傷言萬魏人死者與城
平又射殺其高梁王如此三旬死者過半太武聞彭城斷其歸
路京邑遣水軍自海入淮且疾疫死者甚衆二月二日乃解圍

追走文帝嘉質功以為使持節監雍梁南北秦四州諸軍事冠
軍將軍寧蠻校尉雍州刺史封開國子食邑五百户

劉襲為安成太守晉安王子勛為逆襲據郡拒之勛遣軍攻圍
不能下明帝嘉之

柳世隆為前軍長史順帝初沈攸之反圍郢城世隆固守

南齊曹虎為右衛將軍持節都督陳顯達停襄陽明帝永泰
元年後魏攻沔北度支尚書崔慧景於鄧城大敗魏軍追至沔
北孝文率十萬衆從羽儀華蓋圍樊城虎閉門固守魏軍去
城數里立營頓設氈屋復再圍樊城臨沔水望襄陽岸乃去

梁蔡道恭為平北將軍司州刺史武帝天監三年魏圍司州成
中衆不滿五千人食裁及半歲魏軍攻之晝夜不息道恭隨方
抗禦皆應手摧却魏乃作大車載士四面俱前欲以填壍道恭
輒於壍內列艨衝鬬艦以待之魏人不得進又潛作伏道以決
壍水道恭載土純塞之相持百余日前後斬獲不可勝計魏大
造梯衝攻圍日急道恭於城內作土山厚二十餘丈多作大槊
長二丈五尺施長刃使壯士刺魏人登城者魏軍甚憚之

康域為寧朔將軍巴西梓潼二郡太守屬梁州長史夏侯道遷
本州叛降魏魏騎進襲巴西城固守百餘日城中糧盡將士皆
齕草食土死者太半無有離心魏軍退武帝詔增封二百户

昌義之為北徐州刺史魏中山王元英圍義之於鍾離衆號百
萬武帝詔豫州刺史韋叡率豫州之衆會征北將軍曹景宗以
赴師人畏魏軍盛多勸叡緩行叡曰鍾離今鑿穴而處負户而
汲車馳卒奔猶恐其後況緩乎魏人已墮吾腹中卿曹勿憂也
旬日而至邵陽大破魏軍叡遣報義之義之且悲且喜不暇荅
但日更生更生

羊侃為官尚書侯景反侃為守城督侃僞稱得外射書云邵陵
王西昌侯兵已至近路衆乃少安賊為尖頭木驢攻城矢石所
不能制侃作雉尾炬施鐵鏃以油灌之擲驢上燒之俄盡賊又

東西兩面起土山以臨城城中震駭侃命為地道潛引其土山不能立賊又作登城樓車高十餘丈欲臨射城內侃曰車高塹虛彼來必倒可臥而觀之不勞備設及車動果倒衆皆服焉賊頻攻不捷會侃病死城方陷

王僧辯為領軍將軍既平湘州會侯景浮江西寇軍次夏首僧辯為大督率巴州刺史淳于量定州刺史杜龕宜州刺史王琳竒俱赴西陽軍次巴陵聞郢州已沒僧辯因據巴陵城帝乃命羅州刺史徐嗣徽武州刺史杜崱並會僧辯于巴陵景既陷郢城兵衆益廣徒黨甚銳將進寇荆州乃使偽儀同丁和統兵五千守江夏大將宋子仙前驅一萬造巴陵景悉兇徒水步繼進於是緣江戍邏望風請服賊邏至于隱磯僧辯悉上江渚米糧並沈公私船於水及賊前鋒次江口僧辯仍分命衆軍乘城固守偃旗卧鼓安若無人翌日賊衆濟江輕騎至城下問城內是誰答曰是王領軍賊曰語王領軍勢如此何不早降僧辯使人答曰大軍但向荆州此城自當非礙僧辯百口在人掌握豈得便降賊騎既去俄爾又來曰我王已至王領軍何為不出與王相見乎僧辯不答頃之又執王珣等至于城下珣為書誘說城內景帥船艦並集北寺又分入港中登岸引道廣設氊屋耀軍城東隴上芟除草芿開八道向城遣五千兔頭肉薄苦攻城內同時鼓譟矢石雨下殺賊既多賊乃引退帝又命平北將軍胡僧祐率兵下援僧辯是日賊復攻巴陵水步十處鳴鼓吹角肉薄斫上城中放木擲火爨礧石殺傷甚多午後賊退乃更起長柵繞城大列舸艦以樓船攻水城西南角又遣人渡洲岸引牂柯推蝦蟇車填塹引障車臨城二日方止賊又於艦上豎木桔橰聚茅置火以燒水柵風勢不交自焚而退既頻戰挫衂賊帥任約又為陸法和所擒景乃燒營夜遁

陳杜稜初仕梁為石州刺史高祖鎮朱方以稜監義興琅邪二郡高祖征杜龕留稜與侯安都居守徐嗣徽任約引齊寇濟江

攻臺城稜與安都隨方抗拒晝夜巡警綏撫士卒未嘗解帶賊平以功除通直散騎常侍左衛將軍丹陽尹

杜龕為忠武將軍與叔幼安俱隨王僧辯討河東王平之又隨僧辯下繼衍文盛軍至巴陵聞侯景襲陷郢州西上將至乃與僧辯等守巴陵以待之景至圍之數旬不剋而遁

韋載初為梁義興太守高祖誅王僧辯乃遣周文育輕兵襲載未至而載先覺乃嬰城自守文育攻之甚急載所屬縣卒並高祖舊兵皆善用弩載收得數十人繫以長鎖命所親監之使射文育軍約曰十發不兩中者則死每發輒中所中者皆斃文育軍稍却因於城外據水立柵相持數旬高祖自將征之剋其水柵仍遣族弟翽齎書喻以誅僧辯意并奉梁敬帝勅令解兵乃以兵衆降

孫瑒梁末為巴州刺史高祖受禪王琳立梁永嘉王蕭莊於郢州徵瑒為太府卿加通直散騎常侍都督郢荆巴武湘五州諸

軍事安西將軍郢州刺史總留府之任周遣大將軍史寧率衆四萬乘虛奄至瑒助防張世貴舉外城以應之所失軍民男女三千餘口周軍又起土山高梯日夜攻逼因風縱火燒其內城南面五千餘家時瑒兵不滿千人乘城拒守瑒親自撫巡行酒賦食士卒皆為之用周人苦攻不能剋乃矯授瑒柱國郢州刺史封萬戶郡公瑒偽許以緩之而潛修戰具樓雉器械一朝嚴設周人甚憚焉及聞大軍敗王琳乘勝西進周兵乃解

後魏薛彊祖興仕晉為冀州刺史安邑公父濤襲爵位梁州刺史京師傾覆皆以義烈著聞後彊復代領部領及苻堅將張平以并州叛堅率衆討之因自與數百騎馳至彊壘下求與相見彊使主簿責之因慷慨宣言曰此城終無生降之臣但有死節之將耳堅諸將請攻之堅曰須吾平晉自當面縛捨之以勸事君者

張烈孝文時為陵江將軍順陽太守烈到郡二日便為齊東昏

侯將崔未景攻圍七十餘日烈撫厲將士甚得軍人之和會車加南討未景遁走孝文親勞烈曰卿定可遂能不負所寄拜列謝曰若不值金輿親加臣將不免困於大羊

元世隽任城王澄孫者明時爲青州刺史邢杲之乱圍逼州城拒守遂得保全畢祖暉爲平東將軍幽州刺史正光五年幽州民反招引隴賊攻逼城以祖暉前在州日得民情和復授平西將軍幽州刺史假安西將軍爲別將以討之祖暉旦前安圍入治孝昌中渤海王顥敵至城始解以全城之勳封新昌縣開国子食邑四百戶

李神儁爲前將軍荊州刺史時四方多事所在連兵梁遣將曹敬宗來寇攻圍積時又引水灌城城不没者數板神儁循撫兵民勠力固守詔遣都督崔進別將王羆裴衍等赴援敬宗退走

源子雍爲夏州刺史屬沃野鎮人破落汗拔陵首反所在蜂起統万逆胡與相應接子雍嬰城自守城中糧盡煮馬皮而食之子雍善綏撫得士之心人人勠力無有離二以飢饉轉切欲自求出糧留子延伯據守寮屬僉云今天下分崩寇賊百重四方音信莫不斷絶假須之間變在不意何宜父子如此分張未若棄城俱去更展規略子雍泣而謂衆曰吾世受国恩早受藩寄此是死地更欲何求然守禦以來歲月不淺所患乏糧不得制勝吾今向東州得數月之食還與諸人保全必矣遂自率羸弱向東夏運糧延伯與將士送出城外哭而拜乱三軍莫不嗚咽子雍行數日爲朔方胡師曹阿各拔所邀力屈密遣人齎書間行與城中文武云大軍在近努力固守必令諸人福流萌裔乃勑延伯令共固守子雍雖被囚執雅爲胡人所常以民礼事之子雍爲陳安危禍福之理勸阿各拔令降阿各拔將從之未果而死拔弟桑生代總部衆竟隨子雍降延伯與兵士共分湯菜防固城隍及子雍爲胡所執合城憂懼延伯乃人人曉諭曰吾父吉凶不測方寸焦爛實難裁割但奉命守城所爲處重若以私害公誠孝並闕諸君幸得此心無孤所寄太是衆感其義莫不勵憤朝廷聞而嘉之除龍驤將軍　行夏州卒能固守

裴詢爲平南將軍郢州刺史梁將李国興寇邊時四方多事朝廷未遑外略緣境戍多爲国興所陷賊既乘勝遂向州城詢率厲固守乘將百日援軍既至賊乃退加散騎常侍安南將軍

辛祥爲郢州龍驤府長史帶義陽太守自長生之反也梁武遣衆來援因此緣淮鎮戍相繼降没惟祥堅城獨守

劉長文爲南兗州冠軍府長史帶譙郡太守被圍糧竭長文同節全城

崔楷爲殷州刺史州既新立了無禦備之具反賊來攻楷率力抗拒彊弱勢懸每勒兵士撫厲之莫不爭奮咸稱崔公尚不惜百口吾何愛一身連戰半旬死者相就力竭城陷楷執節不屈賊遂害之

鄭季明爲譙郡太守帶渦陽戍主頻爲梁武遣將攻圍時兵糧寡少外援不接季明孤城自守卒得保全朝廷嘉之

楊津爲定州刺史賊帥薛脩礼杜洛周殘掠州境孤城獨立在兩寇之間津貯積柴粟脩理戰具更營雉堞賊每來攻機械競起又於城中去城十步掘地至泉廣作地道潜兵涌出置爐鑄錢持以灌賊賊遂相語曰不畏長槊堅城唯畏楊公鐵星津與賊帥元洪業及與賊中督將尉靈根程殺鬼潘法顯等書曉諭之并受鐵券許以爵位令圖賊帥毛普賢洪業等感寤復書云今與諸人密議欲殺普賢願公聽之又賊欲圍城正爲取北人耳城中所有北人必須盡殺公若置之恐縱敵爲患矣願公察之津以城内北人雖是惡黨然掌握中物未忍便殺但防内子城防禁而已將吏无不感其仁恕朝廷初以鐵券二十枚委津分給津遣賊中首領間行送之脩礼普賢頗亦由此而死既而杜洛周圍州城津盡力捍守詔加衛將軍封開国縣侯將士有

功者任津料賞兵民給復

興祖初爲安東將軍瀛州刺史爲賊帥鮮于脩禮攻圍積旬拒守自固

孟表爲南兖州刺史領馬頭太守鎮渦陽後齊遣其豫州刺史裴叔業攻圍六十餘日城中食盡唯以朽革及草木皮葉糧表撫循將士勠力固守會鎮南將軍王肅解義陽之圍還以救之叔業乃退

蔣懷吉爲征虜將軍時梁武遣將軍寇陷郢州三關詔元英南討懷吉仍爲軍司以義陽危急令懷吉馳驛先赴時豫州城民白早生殺刺史以懸瓠入梁梁將齊苟仁率衆守城於是自懸瓠以南至於安陸唯義陽一城而已懷吉與郢州刺史婁悦督厲將士且守且戰卒全義陽

閻進有謀略勇冠當時爲龍驤將軍屬楯可孤作亂攻圍盛樂進率衆拒守歷三載晝夜交戰未嘗休息以火擊東城竟獲全

李神爲相州刺史假孝昌中行相州事尋正加撫軍將軍假鎮東將軍大都督建義初除衛將軍時葛榮充斥民多逃散先是州將元鑒反叛引賊後都督源子雍裴衍戰敗被害朝野憂惶人不自保而神志氣自若死勞兵民小大用命既而葛榮盡銳攻之久不能剋會尒朱榮擒葛榮於鄴西土平除車騎將軍尚

宋基爲持節平北將軍冀州防城都督長樂太守于時葛榮攻信都長圍遏水以灌州城宋基與刺史元孚同心勠力晝夜防拒外無軍援內乏糧儲從春至冬力窮乃陷

辛纂爲南道行臺時梁將曹義宗攻新野纂率衆赴援准以二千餘兵捍禦疆場尋爲義宗所圍相率固守莊帝即位除通直散騎常侍征虜將軍兼尚書仍行臺後大都督費穆擊義宗擒之入城因舉酒屬纂曰微辛行臺之在斯吾亦无由建此功也入朝言於莊帝稱纂固節危城宜豪爵賞以勸將來帝乃下詔慰勉之

朱顯爲岐州刺史万俟醜奴亂關右詔爲都督守岐州醜奴攻之不克

冊府元龜卷第三百九十九

冊府元龜卷第四百

將帥部　六十一

固守第二

北齊王則為征南將軍隨侯景西討景於潁川作逆則與柏崖戍文襄以則有武用徵為徐州刺史景既南附梁遣貞陽侯明率大衆向徐州與為影響堰清水灌州城則固守歷時

慕容儼為東雍州刺史沙苑之敗西魏并州刺史郭鸞率衆攻儼拒守二百餘日晝夜力戰大破鸞軍追斬二百餘級又擒西魏刺史郭他時諸州多有翻陷唯儼全獲號鎮南將軍後為開府文宣天保中梁司徒陸法和以郢州內附遣儼鎮之梁大都督侯瑱任約率水陸軍奄至城下儼隨方禦備瑱等不能剋先是郢城卑下土疎頹壞儼更修繕城雉多作大樓又造舡艦水陸備具功先暫闕梁軍夜來攻擊儼與將士力戰終夕至明約等乃退追斬瑱驍將張白石首瑱以千金贖之不與夏五月瑱約等又相與并力悉衆攻圍城中食少糧運阻絕無以為計唯煑槐楮桑葉并紵根水萍葛艾等草及帶筋角等物而食之人有死者即取其肉分噉唯留骸骨儼猶申令將士信賞必罰分甘同苦死生以之自正月至於六月人無異志

獨孤永業遷行臺尚書武成河清三年周人寇洛州永業恐刺史段思文不能自固馳入金墉助守周人為土山地道曉夕攻戰經三旬大軍至寇乃退

鄭基為海西鎮將會梁吳明徹率衆攻圍海西基獎厲兵民固守百餘日軍糧且罄戎仗亦盡乃至削木為箭翦紙為羽圍解還朝僕射楊惜迎勞之曰鄭公文吏遂有武略削木翦紙皆無故事班墨之思何以相過

祖珽為北徐州刺史時陳人侵齊珽令不閉城門守陴者皆下街巷禁斷人行雞犬不許鳴吠賊人莫測所以疑人走城空不設警備至夜珽忽令鼓譟賊人驚散曉復結陣向城珽自臨戰陳人先聞其盲謂不能抗拒忽見親在戎行彎弧縱鏑並之遂退時穆提婆憾之不已欲令城陷不遣救援珽軍守百日城竟保全

後周李遷哲為大將軍高祖天和三年詔遷哲率金上等諸州兵鎮襄陽五年陳將章昭達攻逼江陵梁主蕭巋告急於襄州衛公直令遷哲往救焉遷哲率其所部守江陵外城與陳將程文季交戰兵稍却遷哲乃親自陷陣手殺數人會江陵總管陸騰出兵助之陳人又因水汎長壞龍川寧朔堤引水灌城城中驚擾遷哲乃先塞外又募驍勇出擊之頻有斬獲衆心稍定俄而敵人鄣內焚燒民家遷哲自率騎出南門又令步兵自北門出兩軍合勢首尾邀之陳人復敗多投水而死是夜陳人又竊於城西堞以梯登者已數百人遷哲又率驍勇扞之陳人復潰俄而大風暴起遷哲乘闇出兵擊其營陳人大亂殺傷甚衆陸騰復破之於西堤陳人乃遁

辛慶之為衛大將軍鹽池都將時東魏攻正平郡陷之遂欲經略鹽池慶之守禦有備軍乃退河橋之役大軍不利河北守令並棄城走慶之獨固鹽池拒敵時論稱其仁勇

王思政為并州刺史鎮玉壁西魏文帝大統八年東魏來寇思政守禦有備敵人晝夜攻圍卒不能克乃收軍還以全城功受驃騎大將軍又為持節河南諸軍事守潁川東魏大尉高岳行臺慕容紹宗儀同劉豐生等率步騎十萬來攻潁川城內臥鼓偃旗若無人者岳謂其衆一戰可屠乃四面鼓譟而上思政選城中驍勇開門出入兵衆不能當引軍亂退岳知不可卒攻乃多修營壘又隨地勢高處築土山以臨城中飛梯大車晝夜攻之思政亦作火攢因迅風便投之土山又以火箭射之燒其攻具仍募勇士縋而出戰岳衆披靡其守土山人亦棄山而走齊文襄更益岳兵堰洧水以灌城城中水泉涌溢不可防止懸釜而炊糧力俱竭慕容紹宗劉豐生及其將慕容永珍共乘樓船

以望城內令善射者射城中俄而大風暴起船乃飄至城下城上人以長鈎牽船弓弩亂發紹宗窮急透水而死豐生浮向土山復中矢而斃生擒永珍思政謂之曰僕之破亡在於晷漏誠知殺卿無益然人臣之節守之以死乃流涕斬之并收紹宗等尸以禮埋瘞後城陷被執思政初入潁川士卒八千人城既無外援亦無叛者

郭賢爲車騎大將軍鎮魯陽潁川王思政既陷餘將權景宣等並拔軍西還自魯陽以東皆附東魏東魏將彭樂因之遂來攻逼賢撫循將士咸爲盡其力用樂不能克乃引軍退

韋孝寬爲晉州刺史移鎮玉壁進授大都督時齊神武傾山東之衆志圖西入以玉壁衝要先命攻之連營數十里至於城下乃於城南起土山欲乘之以入當其山處城上先有兩高樓孝寬更縛木接之令極高峻多積戰具以禦之齊神武使謂城中曰縱爾縛樓至天我會穿城取爾遂於城南鑿地道又於城北起土山攻具晝夜不息孝寬復掘長塹要其地道仍簡戰士屯塹城外每穿至塹戰士即擒殺之又於塹外積柴貯火敵人有伏地道內者便下柴火以皮排吹之火氣一衝咸即灼爛城外又造攻車車之所及莫不摧毀雖有排楯莫之能抗孝寬乃縫布爲縵隨其所向則張設之布既懸於空中其車竟不能壞城外又縛松於竿灌油加火規以燒布并欲焚樓孝寬復長作鐵鈎利其鋒刃火竿來以鈎遙割之松麻俱落外又於城四面穿地作二十一道分爲四路於其中各施梁柱作訖以油灌柱放火燒之柱折城並崩壞孝寬又隨壞處豎木柵以扞之敵不得入城外盡其攻擊之術孝寬咸拒破之神武無如之何乃遣倉曹參軍祖孝徵謂曰未聞救兵何不降也孝寬報云我城池嚴固兵食有餘攻者自勞守者常逸豈有旬朔之間已須救援適憂爾衆有不及之危孝寬關西男子必不爲降將軍也俄而孝徵復謂城中人曰韋城主受彼榮祿或復可爾自外軍士何事相隨入湯火中耶乃射募格於城中云能斬城主降者拜太尉

封開國郡公邑萬戶賞帛萬匹孝寬手題書背反射城外云若有斬高歡者一依此賞孝寬兄子遷先在山東又鎖至城下臨以白刃云若不早降便行大戮孝寬慷慨激揚略無顧意士卒莫不感勵人有死難之心神武苦戰六旬傷及病死者十四五智力俱困因而發疾其夜遁去

王羆爲右將軍梁將曹義宗圍荊州勑羆與別將裴衍率兵赴救遂與梁人戰大破之梁復遣曹義景衆數萬圍荊州堰水灌城不沒者數板時既內外多虞未遑救援乃遺羆鐵券云城全當授本州刺史城中糧盡羆煮粥與將士均分而食之每出戰常不擐甲冑大呼曰荊州城孝文皇帝所置天若不祐國家使賊箭中王羆不爾王羆須破賊屢經戰陣亦不被傷彌歷三年景宗方退後爲大都督鎮華州魏孝武西遷拜驃騎大將軍沙苑之役齊神武士馬甚盛太祖以華州衝要遣使勞羆令加守備羆語使人曰老羆當道臥貉子安得過太宗聞而壯之及齊神武至城下謂羆曰何不早降羆乃大呼曰此城是王羆家生死在此欲死者來齊神武遂不敢攻

梁士彥遷熊州刺史從武帝拔晉州進位柱國除使持節晉絳二州諸軍事晉州刺史及帝還齊後主親總六軍而圍之獨守孤城外無聲援衆皆驚懼士彥慷慨自若賊盡銳攻之樓堞皆盡城雉所存尋仞而已或短兵相接或交馬出入士彥謂將士曰死在今日吾爲爾先於是勇烈齊奮呼聲動地無不一當百齊師少却乃令妻妾軍民子女晝夜修城三日而就帝率六軍亦至齊師解圍營於城東十餘里士彥見帝持帝鬚而泣曰臣幾不見陛下帝亦爲之流涕時帝欲班師士彥叩馬諫帝從之執其手曰朕有晉州爲平齊之基宜善守之

高琳爲驃騎大將軍遷江陵總管時陳將吳明徹來寇總管田弘與梁主蕭巋出保紀南城唯琳與梁僕射王操固守江陵三城以抗之晝夜拒戰凡經十旬明徹退去

楊敷爲汾州刺史齊將段孝先率衆五萬來寇梯衝地道晝夜攻城數旬萬矢石隨事扞禦拒守累旬孝先攻之愈急時城中兵不滿二千戰死者已十四五糧儲又盡公私窮蹙齊公憲總兵赴救憚孝先不敢進軍敷知必陷沒乃召其衆謂之曰吾與卿等俱在邊鎮實願同心勠力破賊全城但強寇四集攻圍日久吾等糧食已盡救援斷絕守死窮城非丈夫也今勝兵之士猶數百人欲突圍出戰死生一決儻或得免猶冀生還受罪闕庭孰與死於寇手吾計決矣於諸君意何如衆咸涕泣從命敷乃率見兵出擊殺齊軍數十人齊衆稍却俄而孝先率諸軍盡銳圍之敷殊死戰矢盡爲孝先所擒齊人方欲任用之敷不爲之屈遂以憂憤卒於鄴

隋郭榮爲後周大冢宰宇文護中外府水曹參軍時齊寇屢侵護令榮於汾州觀賊形勢時汾州與姚襄鎮相去懸遠榮以爲二城孤迥勢不相救請於州鎮之間更築一城以相控攝護從之俄而齊將祖孝先攻陷姚襄汾州二城唯榮所立者獨能自守護作浮橋出兵渡河與孝先戰孝先於上流縱火筏以擊浮橋護令榮督便水者引取其筏以功授大都督護

豆盧勣拜利州總管高祖爲丞相益州總管王謙作亂勣嬰城固守謙遣其將達奚惎高阿那肱乙弗虔等衆十萬攻之起土山鑿城爲七十餘穴堰江水以灌之勣時戰士不過二千晝夜相拒經四旬勢漸逼勣於是出奇兵擊之斬數千級降二千人梁睿軍且至賊因而解去

劉弘字仲遠爲泉州刺史會高智慧作亂以兵攻州弘城中守百餘日救兵不至前後出戰死士太半糧盡無所食與士卒數百人煮牟甲腰帶及剝樹皮而食之一無離叛賊知其飢餒欲降之弘抗節彌厲賊悉衆來攻城陷爲所害

李景檢校代州總管漢王諒作亂并州景發兵拒之遣劉嵩與景戰於城東昇樓射之無不應弦而倒選壯士擊之斬獲略盡諒復遣嵐州刺史喬鍾葵率勁勇三萬攻之景戰士不過數千加以城池不固爲賊衝擊催毀相繼景且戰且築士卒皆殊死鬭屢挫賊鋒朔州總管楊義臣以兵來援合擊大破葵等又爲帝令景營遼東戰具於北平後爲高開道所圍獨守孤城外無聲援歲餘士卒患脚腫而死者十將六七景撫循之一無離叛遼東軍資多在其所粟帛山積既逢離亂景無所私焉及帝江都之變遼西太守鄧暠率兵救之遂歸柳城

樊子蓋爲東都留守時煬帝幸遼東楊玄感作逆來逼王城玄感每盡銳攻城子蓋徐設備禦至輒摧破故久不能克會來護兒等救至玄感解去

堯君素大業末爲鷹揚郎將兵起從屈突通鎮河中通出戰敗而被執遣至城下呼之君素悲不自勝通亦泣謂君素曰義兵所至莫不響應時人事可以意知卿可早降以取富貴君素對曰主上委公以關中代王付公以社稷名位君是何乃不思

報效翻爲人作說客也通曰我力屈君素曰當今力猶未屈何用多言通慙而退是時城圍甚急行李斷絕君素作木鵝置書於頸浮之黃河以求外救于時百姓苦隋日久及聞義師至人有息肩之望君素性嚴明善統馭由是下不能叛每謂城中父老曰君素藩邸故人至於大義不得不死今城池甚固倉儲豐溢食盡此粟足知天下之事必若国祚傾危天命有屬自當斷頭以付諸軍任君等持取富貴至如今日大事猶未可知不可橫生心也發言悲咽見者莫不歔欷唐高祖賜之金券許以不死又令妻至城下呼之君素亦引弓射之城陷被殺

許紹爲夷陵郡通守時盜賊蜂起郡縣多陷夷陵賴紹之力也

唐李藝隋末爲幽州總管及聞高祖踐祚奉表歸國尋爲竇建德所圍百餘日不剋而退劉贍爲浩州刺史時劉武周連年爲寇隣城多陷賊數攻之輒爲贍所敗高祖下書勞之曰浩州之存卿之功也昔續毋成念自勖勵富貴之事非卿而誰及裴寂

之敗也晉州以北連城悉陷唯膽獨守李仲文以兵保之二人併力拒戰賊來攻之輒挫其鋭及太宗復并州高祖遣使勞苦之賜帛三萬匹米三千碩須賜其將士又玄李仲文初爲行軍摠管保于浩州劉武周遣其將萬歲攻之仲文逆擊大破之俘斬數千人拒守三百餘日

薛愿玄宗時爲潁川太守本郡防禦使時安祿山反巳陷陳留滎陽汝南等郡方圍南陽潁川當其來往之路愿與防禦使龐堅同力固守城中儲蓄先素兵卒單寡自肅宗至德元年正月至十一月賊晝夜攻之不息距城百里廬舍墳墓林樹開發斬徹殆盡而外救不至賊將阿史那承慶悉以鋭卒併攻爲木驢木鵝梯衝四面雲合鼓譟如雷矢石如雨力攻十餘日城中守備皆竭賊夜半乘梯而入愿堅守俱被執送於東都將支解之或説祿山曰薛愿龐堅義士也人各爲其主屠之不祥乃繫於洛水之濵屬苦寒一夕凍死

李光弼爲河北節度使太原尹肅宗至德二年正月安祿山賊將史思明蔡希德高秀巖牛廷玠等四節度衆十萬寇太原圍

城月餘光弼城中四面設大拋候賊逼城以大石放拋亂擊之驍將勁卒死者十二三二月賊復寇太原圍城光弼拒擊大破之斬賊首級七萬餘軍資兵器盡得之初賊將史思明等來攻太原聞光弼初經河北之戰人疲兵少皷行而西一舉有圖胡方河隴之志光弼堅守太原賊有於城外無礼戲侮者光弼令穿地道一夕以擒之由是城外賊將欲行皆視地不敢逼經月餘而思明先歸留蔡希德攻之經日不能下而退光弼自與圍城城中張一小幕止宿有急即自往救之行至府門未嘗回顧不復省視妻子賊退後収拾器械處置公事經三日然後歸家

許遠爲睢陽守時安祿山反遠與城父令姚誾同守睢陽城賊攻之不下初祿山陷河洛許叔冀守靈昌薛愿守潁川遠守睢陽皆城孤死援愿守一年而城陷叔冀一年而自拔獨睢陽堅守賊將尹子奇攻圍經年時張巡爲譙郡真源縣令引衆入雍丘嬰城固守巡以雍丘小邑儲備不足大寇臨之必難保守乃列卒結陣詐降而出盡驅雍丘之人東趨睢陽轉鬪百餘里而解玄宗聞而壯之授巡主客郎中兼御史中丞尹子奇攻圍睢陽既久城中糧盡易子而食析骸而爨人心危恐慮將有變巡乃出其愛妾對三軍殺之以饗軍士曰諸公爲國家戮力守城一心無二經半年乏食忠義不衰巡不能　自割肌膚以啖將士豈可惜此婦人坐視危迫將士皆泣下不忍食巡强令食之乃括城中婦人既盡以男夫老小繼之所食人口二三萬人心終不離變時賀蘭進明以重兵守臨淮巡遣帳下之士南霽雲夜縋出城求救於進明進明與諸將張樂高會无出師意霽雲自臨淮還睢陽縋城而入城中將吏知救不至慟哭累日十月城陷巡與姚誾南霽雲許遠皆爲賊所執巡神氣慷慨毎與賊戰大呼誓師眥裂血流牙齒皆碎城將陷西向再拜曰臣智勇俱竭不能式遏强寇保守孤城臣雖爲鬼誓與賊爲厲以答明恩及城陷尹子奇謂巡曰聞君每戰眥裂嚼齒皆碎何至此耶巡

曰吾欲氣吞逆賊但力不遂耳子奇以大刀剔巡口視其齒存者不過三數巡大罵子奇曰我爲君父義死爾附逆賊犬彘也安能久哉子奇義其言將礼之左右曰此人守義必不爲我用素得士心不可久留是日與姚誾霽雲同遇害唯遠執送洛陽

魯炅爲南陽節度使屯葉縣北與安祿山賊衆戰敗收合殘卒保南陽郡爲賊所圍尋而潼關失守賊使哥舒翰招之不從又使僞將武令珣等攻之累月不能尅令珣死又令田承嗣攻之潁川太守魏仲犀合勢救之犀使弟孟馴爲將領兵至明府橋望賊而走衆遂大敗炅城中食盡煮牛皮筋角而食之米一㪷至四五十千有價無米鼠一頭至四百文餓死者相枕藉肅宗使中官將軍曹日昇來宣慰路絶不得入日昇請單騎入致命仲犀曰不可賊若擒吾勑使我亦何以自安顏真卿適自河北次于襄陽謂仲犀曰曹使既果決不顧萬死之地何得阻之縱爲賊所獲是亡　使者苟得入城則萬人之心固以公何爱

爲中官馬廷㬢曰將軍必能入我請以兩騎助之曰昇又自右
傔騎數人仗犀又以數請共十人同行賊徒望見知其驍銳不
敢逼日昇既入城照衆初以爲望絕忽有使來宣命皆鼓躍一
心日昇以其千人至襄陽取糧賊雖追之不敢擊遂以一千人
取音聲路運糧而入賊亦不能過又得相持數月照在圍中一
年救兵不至晝夜苦戰人自相食至德二年五月十五日率衆
持滿傅矢突圍而出南陽投襄陽田承嗣來追苦戰二日賊亦
知其決死遂不敢逼朝廷因除襄陽節度時賊志欲南侵江漢
賴照奮命扼其衝要南夏所以保全
田庭玠爲滄州刺史充橫海軍使時田承嗣與淄青李正已鎮
州李寶臣不協承嗣既令庭玠守滄州而寶臣朱滔聯兵攻擊
欲兼其土守庭玠嬰城固守逾年受敵兵盡食竭人易子而食
卒無叛者卒能保全城守
劉昌爲河南節度張人然祥將會史朝義遣將圍宋州昌在圍

中連月不解城中食盡賊垂將陷之刺史李岑計蹙昌爲之謀
曰今河陽有李光弼制勝且江淮足兵此廩中有數千斤麴可
屑以食衆計援兵不二十日當至東南敵衆以爲危昌請守之
昌遂被鎧持盾登城陳逆順以告諭賊賊衆甚畏之後十五日
副元帥李光弼救軍至賊乃宵潰
張伾以澤潞將守洺州魏博田悅攻之伾度兵力不能出戰
賊攻不能得累月攻益急士死傷多食少救兵未至伾知事不
濟無以勸士乃悉召將卒命其女出拜之謂曰父語士卒吾家
無尺寸之物與公等爲賞獨有此女年未嫁人願出賣之爲將
士一日之費衆皆大哭曰今日爲將軍出死命且戰且守日夜
不解會馬燧以太原之師至與衆合擊悅於城下大敗之伾乘
勢出戰士一當百圍遂解
李洪爲邢州刺史田悅反遣將康愔領兵圍邢州糧餉路絕洪
堅壁自守賊不能陷

哥舒曜將禁兵欲攻李希烈於許州師次潁橋大雷電而雨營
中震不能言者三四十人驢馬死者十有七曜惡之乃退築襄
城保之希烈遣其將李光輝率萬人來寇縱火焚柵驅居人盈壕
而進曜殊死戰光輝敗遂歸許州
曲環爲隴州行營節度使時李希烈侵陷外州環與諸軍固守
寧陵累破逆衆擒其驍將翟暉希烈因遁歸蔡州
張建封爲壕壽廬等三州都團練使時李希烈選兇黨精悍
者率勁卒以討建封累月竟不能勉遂退時建封令其將賈隱林元號等怗寧守霍丘
張敬則本名昌始事汴州節度使劉玄佐將兵數千拒李希烈
是時賊鋒甚盛昌感厲士卒堅守城邑賊竟不能下
孟元陽爲陳許大將吳少誠寇許州元陽城中守禦外無救兵
攻圍甚急而終不能破
李文悅爲鹽州刺史憲宗元和十四年冬吐蕃節度論三摩及
宰相尚塔藏中書令尚綺心兒共領大軍約十五萬衆圍鹽州

數重大修攻具党項首領亦發兵驅馬以助賊歷二旬賊以飛
梯鵝車木驢等四面齊攻城欲陷者數四文悅率將士乘城力
戰城將壞不可守徹屋板以禦之晝夜防拒或分兵斫營或開
城出戰約殺萬餘衆諸道救兵無至者凡二十七日賊乃退
牛元翼爲深州刺史時王廷湊與幽州朱克融共圍深州椑衝
雲合元翼嬰城拒守初以滄德節度烏重胤獨當一面重胤既宿
將知不可進頗遲留乃以杜叔良代之賊圍深州數重朝議赦
廷湊以元翼爲山南節度使遣兵部侍郎韓愈宣慰廷湊又遣
中使入深州取元翼廷湊雖受命而深州之圍不解招撫使裴
度與廷湊克融書以大義責之克融遂解圍而去廷湊亦退舍
元翼率十餘騎突圍而出
王凝爲宣州觀察使黃巢自嶺表北歸大掠淮南攻圍和州凝
令牙將樊儔率舟師據采石以援之儔違令凝即斬之以徇命
將馬頡伐儔赴援賊見解歷陽之圍賊怒引衆攻宣城大將王裔

請出軍逆戰凝曰賊忿恚而來宜持重待之彼衆我寡萬一不捷則州城危矣裔欽意請行凝即閱集丁壯分守要害登陴設備裔果戰死賊乘勝而來則守有備矣賊為梯衝之具急攻數月凝備力殫吏民請巳賊之兇不可當願尚書歸款退之懼覆尚書家族凝曰人皆有族予豈獨全誓與此城同存亡也既而賊亦退去

梁趙犨為馬步都虞候特唐僖宗乾符中王仙芝起於曹濮大縱其徒侵掠汝鄭犨乃率步騎數千襲之賊黨南奔及黃巢陷長安天子幸蜀中原無主人心騷動於是陳民數百人相率告許州連帥願得犨知軍州事其帥即以狀聞於是下詔以犨守陳州刺史既視事乃謂將吏曰賊巢之虐遍於四方苟不為長安市人所誅則必驅殘黨東下況與忠武久為仇讎凌我土疆勢必然也乃遣增垣墉濬溝洫實人倉廩薪芻凡四門之外兩舍之內民有資糧者悉令輓入郡中繕甲兵利劍矟弓弩矢石無

不畢備又招召勁卒置之麾下以仲弟昶為防遏都指揮使以季弟珝為親從都　兵馬使長子麓次子霖皆分領銳兵黃巢在長安果為王師四面扼束食盡人飢謀東奔之計先遣驍將孟楷擁徒萬人直入項縣犨引兵擊之賊衆大潰斬獲略盡生擒孟楷巢黨知孟楷為陳所獲大驚憤乃悉衆東來屯溵水後與蔡州秦宗權合勢以攻宛丘陳人懼焉犨恐衆心搖離乃於衆中揚言曰忠武素稱義勇淮陽亦謂勁兵是宜勠力同心捍禦狂寇建功立節去危就安顯君宜圖之況吾家食陳祿又矣今賊衆圍逼衆寡不均男子當於死中求生又何懼也且死於為國不猶愈於生而為賊之伍耳汝但觀吾之破賊敢有異議者斬之由是衆心靡不踴躍開門與賊接戰皆捷賊衆益怒巢於郡北三四里起八仙營如宮闕之狀又修百司廨署儲械山積蔡人濟以甲冑軍中無所闕焉凡圍陳三百日大小數百戰雖兵食將盡然人心益固犨因令間道奉事書乞師於太祖

太祖素多犨之勇果乃引大軍與諸軍會於陳之西北陳人望其旗鼓出軍縱火急攻巢寨賊衆大潰重圍遂解珝與兄昶同心膂力同行攻𡉏以死節珝以祖先松檟去郭數里為群盜穿發乃夜遣心膂之士遷柩入城府庫舊壘弩數百枝破牙皆缺工人咸謂不可用珝即創意制度自謂堅管置之樓堞間矢激五百步凡中人馬皆洞達胷腋羣賊畏之不敢逼近自什至丁酋夏軍食將盡士皆不飽而堅拒之志不懈會太祖率大軍至誅其酋珝兄弟並加恩賞

劉鄩唐末為淄州刺史行軍司馬及昭宗幸鳳翔鄩以偏師陷兗州遂據其郡料簡城中老疾及婦人浮食百姓不足與守者悉出之於外與將士同甘苦分衣食以抗外軍戢兵禁暴居人泰然太祖命大將葛從周攻圍既久鄩無外援人情稍有去就之意一日節度副使王彥溫踰城而奔守陴者從之而逸鄩之守兵禁之不可鄩則遣人從容告彥溫曰請副使少將人出非素遣者請勿帶行又揚言於衆曰素遣從副使行者即勿禁其擅去者族之守民聞之皆感奔逸者乃止外軍聞之果疑彥溫有紿即戮之於城下自是軍城遂固

李仁福為夏州蕃部指揮使會夏州節度使李彝昌遇害本州軍吏迎立仁福為帥朝廷因授定難軍節度使未幾後唐莊宗遣大將周德威會邠鳳之師五萬同攻夏州仁福固守月餘無援軍至德威遁去

韓遜為靈州節度使開平中劉知俊自同州叛歸鳳翔李茂貞以地褊不能容乃借兵窺

連靈武且圖牧圉之地知俊乃帥邠岐秦涇之師數萬攻遜於靈州遜極力以拒之久之知俊遁去

徐懷玉初仕唐為右龍虎統軍領六軍之士赴澤州爭為晉軍所攻晝夜衝擊穴地而入懷玉率親兵逆戰於隧中晉人遂退太祖開平二年除晉州刺史其秋晉軍大至已乘其墉懷玉選親兵五十餘人擁殺下城晉軍遂退

牛存節為邢州團練使時州兵纔及二百人晉人知之以大軍來寇太祖在鄴發長直兵二千人赴援存節率壯健出鬬以衆

壯賞激戰士并軍急攻七日不能克而去後赴援澤州適遇守陴者已縱火鼓譟以應外軍刺史保脅城不知所爲存節纔入晉軍已至矣乃分布守禦晉軍四面攻鬭開地道以入城存節亦以隧道應之逆戰於地中晉軍不能進又以勁弩射之中者人馬皆洞經十三日晉軍死傷者甚衆焚營而退郡以獲全

王檀爲保義軍節度使會晉軍大至重圍四合土山地穴晝夜攻擊太祖憂之檀密上表請駕不親征而悉力扞禦竟全城壘

王班爲澤州刺史開平二年五月番戎奔突澤州攻圍甚急班犒攀堞晝夜不息者數日班善於拒捍懸重賞以激勇士番賊之屍堆積於地隍周回數里于時劉知俊自晉絳引兵來救賊衆乃遁

後唐李克寧爲義誠軍使赫連鐸之攻黃花城也克寧奉武皇及諸弟登城血戰三日矢盡備竭殺賊萬計燕軍之攻蔚州克寧艮仲嬰城拒敵晝夜輟寢食者旬日

李嗣昭爲太原內衙都將時汴人初得蒲絳乃大舉諸道之師逼太原汴將葛從周陷承天軍氏叔琮營洞渦驛太原四面汴軍雲合武皇憂迫計無從出嗣昭朝夕選精騎分出諸門掩擊汴營左俘右斬或燔或擊汴軍疲於奔命又屬霖雨軍多瘧痢攜運不繼五月氏叔琮引退嗣昭以精騎追之汴軍委棄輜重兵仗萬計後汴軍復營於晉祠嗣周與周德威收合餘衆登城拒守汴人治攻具於西北隅四面營柵相望時鎮定河中皆爲梁有孤城無援師旅敗亡嗣昭晝夜分兵四出斬將搴旗汴軍保守不暇二十一日朱友寧燒營退去嗣周追擊復收汾慈隰等州梁又遣其將李思安將兵十萬攻我潞州深溝高壘內外重複援師不及飛走路絶嗣昭撫士堅守屢挫賊軍梁祖令人齎僞詔說誘百端嗣周取而焚之斬其使者城中固守經年軍民乏絶感鹽炭出於地以濟飢民嘗與諸將登陴命酒張樂爲賊伏矢中其脛密拔毀之坐客不知覺宴樂如故以安士心及

莊宗敗梁寇於夾城長圍遂解

李存璋爲大同軍防禦使時契丹陷蔚州營于魚池阿保機遣人馳木書求賂於存璋存璋斬其使者不報賊攻雲州存璋悉力拒戰城中舊有鐵車存璋鎔爲兵器以授軍士賊遂退

李存賢爲慈州刺史會汴州尹浩寇隰州慈郡兵糧無積存賢懼賊攻圍乃預督民戶入秋租數千斛修戰備毀城外紫極宮取其屋木後浩軍果至攻城西面掘地道晝夜圍擊守有餘暇賊軍退走

李存進爲魏州馬步都將與李存審固德勝又汴將王瓚率衆逼北城爲地穴火車百道進攻存進隨機拒應或經日不得食汴軍遂退

周德威爲武皇內衙都副時汴將朱友寧氏叔琮來逼晉陽諸軍未集城中大恐德威與李嗣昭選募銳兵分出諸道以攻其壘擒生斬馘汴人乃退後契丹寇新州德威不利退保范陽虜衆攻城僅二百日外援未至德威撫循士衆晝夜乘城竟獲保守

閻寶爲佐國軍都將時并人攻河陽留後侯言不意其至世壘畢而土弱素無捍守具孟人震駭攻且急破我羊馬垣寶乃率部下勇戰擊刺于壕外復戰于壁下逐退之始繕樓櫓設陴格蓄戎備去壁乃完寶之力也

安金全爲騎將累從莊宗征伐後爲刺史以老病退居太原天祐十三年梁將王檀寇晉陽既敗檀怒募勇敢者夜半數道急攻兵既不敵乃驅率居人以爲備守使監軍使張承業永于懼色聚衆而謀曰事急矣吾王家屬在此如失根本大事去矣金全曰僕雖老病家國是憂當死戰于城下因與石嘉才率騎軍分爲數道募勇敢者副之入斧馬直橫擊之賊衆大擾守陴者下大木欄之敗衆驚潰轉死移傷者十二三明日燒營而遁追擊至陰地關而迴時劉鄩敗於莘縣王檀遁於晉陽俱以敗事聞朱友貞考規朝遽退而言曰吾事

高行珪爲武州刺史時太原軍攻燕經年城中芻粟少劉守光令散員大將元行欽率散員騎四千於山後收馬兼爲外援及燕城危蹙甲士去散守光召行欽行欽部下諸將以守光必敗赴召兵益乃請行欽爲燕帥稱留後行欽無如之何乃謂諸將曰我爲帥亦須歸幽州衆然之行欽以行珪在武州慮爲後患乃令人於懷戎掠得其子縶之自隨至武州謂行珪曰將士立我爲留後行共汝父同行先定軍府然後降太原若不從必殺爾子行珪曰大王委爾親兵遂圖叛逆吾死不能從也其子泣告行珪行珪謂曰元公謀逆何以徇從與爾決矣行珪城守月餘城中食盡士有飢色乃召集居人謂曰非不爲父老惜家屬不幸軍士乏食可斬予首出降即坐見寧帖行珪爲言有息衆泣曰願出私粮濟軍以死共守乃夜縋其弟行周入太原軍既見莊宗即令明宗率騎援之比至行欽解圍矣

晉李周初仕唐爲定霸都指揮使周尤善守備一日奔母喪以

他將代之既出則其城將陷莊宗急遣追之使墨縗從事會蔡兆征周與寺人焦彥賓守楊劉城梁將王彥章以數萬衆攻之周日夜乘城躬當矢石使人馳告莊宗請百里趨程以紓其難莊宗曰李周在內朕何憂也遂逆日行二舍不廢畋獵既至士衆絕糧三日矣及攻圍既解莊宗謂周曰微卿九拒之勞諸公等爲梁人所虜矣

華溫琪初仕梁爲晉州刺史溫琪在平陽日唐莊宗嘗引兵攻之踰月不下梁人賞之外晉州爲定昌軍以溫琪爲節度使

郭璘爲易州刺史時契丹攻其郡璘率勵士衆同其甘苦虜不能克復以州兵擊賊數獲其利

王清領溪州刺史詔遣以所部兵屯於鄴會契丹南牧圍其城清與張從恩守之以帝飛蠟詔錫之第宅虜遂退

周許遷權知隰州刺史會劉崇遣子均率兵寇平陽路由隰州賊衆攻城城中兵少遷感激指諭士鬬兼倍賊衆傷夷皆自退

去

史彥超國初爲龍捷都指揮使與虎捷都指揮使何徽戍晉州會太原劉崇與契丹入寇攻圍州城月餘是時　本州无刺知州王萬敢不叶物情彥超與何徽叶力固拒累挫賊鋒攻擊日急禦捍有備軍政甚嚴居人无擾及朝廷遣樞密使王峻總兵爲援寇戎宵遁

王萬敢爲晉州巡檢時太原劉崇攻州城五日又併攻四城門萬敢等遂急應赴激勵將士矢石水火隨機拒鬭賊死者五百餘人傷者十七八乃奪攻城梯焚之

册府元龜卷第四百十二

將帥部七十三

間諜

[illegible]掌士之八成其三曰邦諜蓋反間之作舊矣若乃用[illegible]諜臨敵重於制變揣其情狀離其親信多方以誤見機而作計成於詭譎事出於權道此所以未戰而屈人以奇而取勝者也春秋戰國干戈日尋故其縱諜遣覘多旹詐力漢魏而下夲兵柄者亦有深衷密畫巧發潜運用能摧勁敵剪大憝夷凶戕樹勳烈非心術之精妙軍志之詳練又曷能因時而合變哉

伯嘉爲羅大夫楚伐絞之役楚師分涉於彭(彭水在新城昌魏縣)羅人欲伐之使伯嘉諜之三巡數之(羅熊姓國在宜城縣西山中後徙南郡枝江縣諜伺也巡徧也)

子元爲楚令尹(子元楚王弟也)以車六百乘伐鄭入于桔柣之門(桔柣鄭遠郊之門也)諸侯救鄭楚師夜遁鄭人將奔桐丘(許昌縣東北有桐丘城)諜告曰楚幕有烏乃止(諜間也幕帳也)

子罕爲宋司城(宋以武公諱司空爲司城子罕樂喜也)陽門之介夫死(陽門宋國門名介夫甲衛士)子罕入而哭之哀晉人之覘宋者反報於晉侯曰陽門之介夫死而子罕哭之哀而民說殆不可伐也(覘闚視也)孔子聞之曰善哉覘國乎(善其知微)詩云凡民有喪扶服救之(救猶助也)雖微晉而巳天下孰能當之(微猶非也)

田單齊諸田疏屬也燕使樂毅伐破齊齊湣王出奔已而保莒城燕師長驅平齊而單走安平(安平今之東安平也)令其宗人盡斷其車軸末而傅鐵籠故得脫東保即墨即墨大夫出與戰敗死城中相與推單曰安平之戰田單宗人以鐵籠得全習兵立以為將軍以即墨距燕頃之燕昭王卒惠王與樂毅有隙單聞之乃縱反間於燕宣言曰齊王已死城之不拔者二耳樂毅畏誅而不敢歸以伐齊爲名實欲連兵南面而王齊齊人未附故且緩攻即墨以待其事齊人所懼唯恐他將之來即墨殘矣燕王以爲然使騎劫代樂毅樂毅因歸趙單又縱反間曰吾懼燕人掘吾城外冢墓僇先人可爲寒心燕軍盡掘壟墓燒死人即墨人從城上望見皆涕泣其欲出戰怒自十倍遂夷殺其將騎劫燕軍擾亂奔走齊人追亡逐北所過城邑皆畔燕而歸單所亡七十餘城皆復

公子無忌魏安釐王異母弟也與魏王博而北境傳舉烽言趙寇至且入界魏王釋博欲召大臣謀公子止王曰趙王田獵耳非爲寇也復博如故王恐心不在博居頃復從北方來傳言曰趙王獵耳非爲寇也魏王大驚曰公子何以知之公子曰臣之客有能探得趙王陰事者趙王所爲客輒以報臣臣以知之

趙奢爲趙將秦伐韓軍於閼與趙王令趙奢將救之兵去邯鄲三十里而令軍中曰有以軍事諫者死秦軍軍武安西(武安屬魏郡在邯鄲西)秦軍鼓譟勒兵武安屋瓦盡振軍中候有一人言急救武安趙奢立斬之堅壁留二十八日不行復益增壘秦間來入奢善食而遣之間以報秦將秦將大喜曰夫去國三千里而軍不行乃增壘閼與非趙地也奢既已遣秦間乃卷甲而趨之大破秦軍秦軍解而走遂解閼與之圍而歸

范睢爲秦昭王相王使左庶長王齕攻韓取上黨上黨民走趙趙軍長平(在泫氏)齕因攻趙趙使廉頗將廉頗堅壁以待秦秦數挑戰趙兵不出趙王數以為讓而睢使人行千金於趙爲反間曰秦之所惡獨畏馬服子趙括將耳廉頗軍易與且降矣趙王既怒廉頗軍多失亡軍數敗又反堅壁不敢戰而又聞秦反間之言因使趙括代廉頗將以擊秦秦聞馬服子將乃以武安君白起爲上將軍秦軍射殺趙括括軍敗卒四十萬人降武安君武安君乃挾詐而盡坑殺之

李牧爲趙將常居代鴈門備匈奴多間諜

王翦爲秦將攻趙趙使李牧司馬尚御之李牧數破走秦軍殺秦將桓齮翦惡之乃多與趙王寵臣郭開等金使爲反間曰李

收司馬尚欲與秦反趙以多取封於秦趙王疑之使趙葱代顔
聚代將斬李牧廢司馬尚後三月翦因急擊趙大破殺趙葱虜趙
王遷及其將顔聚遂滅趙

漢陳平初爲漢王護軍中尉項羽圍漢王於滎陽城漢王患之
請割滎陽以西和項王弗聽平曰顧楚有可亂者彼項王骨鯁
之臣亞夫鍾離眜龍且周殷之屬不過數人耳大王能出捐數
萬斤金行反間間其君臣以疑其心項王爲人意忌信讒必內
相誅漢因舉兵而攻之破楚必矣漢王以爲然乃出黃金四萬
斤予平恣所爲不問出入平既多以金縱反間於楚軍宣言諸
將鍾離眜等爲項王將功多矣然終不得列地而王欲與漢爲
一以滅項氏分王其地項王果疑之使使至漢漢爲太牢之具
舉進見楚使舉謂舉鼎俎而進之即陽驚曰以爲亞夫使乃項王使也復持
去以惡草具進楚使去有肉更以惡草之具使歸具以報項王項王果大疑亞
夫亞夫欲急擊下滎陽城項王不信不肯聽亞夫亞夫聞項王
疑之乃大怒疽發背而死

高帝七年被匈奴冒頓圍於白登平使畫工圖美女間遣人遺
閼氏云漢有美女如此今皇帝困危欲獻之閼氏畏其奪己寵
因謂單于曰漢天子亦有神靈得其土地非能有也於是匈奴
開其一角得突出

後漢馮異爲孟津將軍與河內太守寇恂合勢以拒更始將李
軼朱鮪河南太守武勃等異乃遺李軼書曰愚聞明鏡所以照
形往事所以知今昔微子去殷而入周項伯畔楚而歸漢周勃
迎代王而黜少帝霍光尊孝宣而廢昌邑彼皆畏天知命覩存
亡之符見廢興之事故能成功於一時垂業於萬世也苟令長
安尚可扶助延期歲月疏不間親遠不踰近季文豈能居一隅
哉李軼字季文今長安壞亂赤眉臨郊王侯搆難大臣乖離綱紀已絕
四方分裂異姓並起是故蕭王跋涉霜雪經營河北方今英俊
雲集百姓風靡雖邠岐慕周不足以喻季文誠能覺悟成敗亟
定大計論功古人轉禍爲福在此時矣若猛將長驅嚴兵圍城
雖有悔恨亦無及已初軼與光武首結謀約始相親愛及更始
立反共陷光武兄伯升雖知長安已危欲降又不自安乃報異
書曰軼本與蕭王首謀造漢結死生之約同榮枯之計今軼守
洛陽將軍鎮孟津俱據機軸千載一會思成斷金唯深達蕭王
願進愚策以佐國安人軼自通書之後不復與異爭鋒故異因
此得北攻天井關拔上黨兩城又南下河南成皋已東十三縣
及諸屯聚皆平之降者十餘萬武勃將萬餘人攻諸畔者異引
軍渡河與勃戰於士鄉下大破斬勃獲首五千餘級軼又閉門
不救異見其信效具以奏聞光武故宣露軼書令朱鮪知之鮪
怒遂使人刺殺軼由是城中乖離多有降者

堅鐔爲揚化將軍與諸將攻洛陽而朱鮪別將守東城者反間
私約鐔晨開上東門鐔與建義大將軍朱祐乘朝而入與鮪大
戰武庫下建始殿東有太倉倉東有武庫藏兵之所殺傷甚衆至旦食乃罷朱鮪由
是遂降

魏賈詡爲執金吾參太祖司空軍事太祖後與韓遂馬超戰於
渭南超等索割地以和并求任子詡以爲可僞許之太祖乃用
詡計離間超遂更相猜疑軍以大敗

蔣濟爲丹陽太守爲太祖丞相主簿初蜀將關羽既降于禁斬
龐德威震華夏太祖議徙許都以避其銳司馬宣王及濟以爲
關羽得志孫權必不願也可遣人勸權躡其後許割江南以封
權則樊圍自解太祖如其言權聞之即引兵西襲江陵羽遂見擒

蜀諸葛亮爲丞相益州牧初孟達之降魏也領魏新城太守達
連吳固蜀潛結中國亮惡其反覆又慮其爲患達與魏興太守
申儀有隙亮欲促其事乃遣郭模詐降過儀因漏泄其謀

吳胡綜爲侍中兼左右領軍時魏降人或云魏都督河北振威
將軍吳質頗見猜疑綜乃僞爲質作降文三條其一曰天綱弛
絕四海分裂群生憔悴士人播越異冠所加邑無居民風塵煙

火往往而處自三代以來大亂之極未有若今時者也臣質志薄處時無方繫於土壤不能翻飛遂爲曹氏執事戎役遠處河朔天衢隔絶雖望風慕義思託大命媿無因緣得展其志每往來者竊聽風化伏知陛下齊德乾坤同明日月神武之姿受之自然敷演皇極流化萬里自江以南戶受覆燾英雄俊傑上達之士莫不心歌腹詠樂在歸附者也今年六月末奉聞吉日龍興踐阼恢弘大繇整理天綱將使遺民覩見定主昔武王伐殷殷民倒戈高祖誅項四面楚歌方之今日未足以喻臣質不勝昊天至願謹遣所親同郡黃定恭行奉表及託降叛間關求達其欲所陳載列于左其二曰昔伊尹去夏入商陳平委楚歸漢書功竹帛遺名後世世主不謂之背誕者以爲知天命也臣昔爲曹氏所見交接外託君臣內如骨肉恩義綢繆有合無離遂受偏方之任摠河北之軍當此之時志望高大永與曹氏同死俱生惟恐功之不建事之不成耳及曹氏之亡後嗣繼立幼沖

統政讒言彌興同儕者以勢相害異趣者得間其言而臣受性簡略素不下人視彼數子意實迫之此亦臣之過也遂爲邪議所見構會招致猜疑誣臣欲叛雖識真者保明其心世亂讒勝餘嫌猶在常懼一旦橫受無辜憂心孔疚如履冰炭昔樂毅爲燕昭王立功於齊惠王即位疑奪其任遂去燕之趙休烈不虧彼豈欲二三其德蓋畏功名不建而懼禍之將及也昔遣魏郡周光以賈販爲名託叛南詣宣達密計時以倉卒未敢便有章表使光口傳而已以爲天下大歸可見天意所在非吳復誰此方之民思爲臣妾延頸舉踵惟恐兵來之遲耳若使聖恩少加信納當以河北承望王師疑心赤實天日是鑒而光去經年不聞咳唾未審此意竟得達不瞻望長歎日月以幾魯望高子何足以喻又臣今日見待稍薄蒼蠅之聲緜緜不絶必受此禍遲速事耳臣私度陛下未垂明慰者必以臣質貫穿仁義之道不行若此之事謂光所傳多虛或謂此中有他消息不知臣

質構讒見疑恐受大害也且臣質若有罪之日自當奔赴鼎鑊束身待罪此蓋人臣之宜也今日無罪橫見譖毀將有商鞅白起之禍尋爲事勢去亦宜也死而弗義不去何爲樂毅之出吳起之走君子傷其不遇未有非之者也願陛下推古況今不疑怪於臣質也又念人臣獲罪當如伍員奉己自效不當徼幸因事爲利然今與古厥勢不同南北悠遠江湖隔絶自不舉事何得濟免是以忘志士之節而思立功之義也且臣質又以曹氏之嗣非天命所在政弱刑亂柄奪於臣諸將專威於外各自爲政莫或同心士卒衰耗帑藏虛空綱紀毁廢上下並昏想前後數得降叛具聞此問兼弱攻昧宜應天時此實陛下進取之秋是以區區敢獻其計今若內兵淮泗據有下邳荊揚二州聞聲響應臣從河北席卷而南形勢一連根牙永固關西之兵繫於所衞青徐二州不敢徹守許洛餘兵衆不滿萬誰能來東與陛下爭者此誠千載一會之期可深思而熟計乎及臣所在既自多

馬加諸羌胡常以三四月中美草時驅馬來出隱度今者可得三千餘匹陛下出軍當投此時多將騎士來就馬耳此皆先定所一二知凡兩軍不能相容虛實今此間實羸易可克定陛下舉動應者必多上定洪業使普天一統下令臣質建非常之功此乃天也若不見納此亦天也願陛下思之不復多陳其三曰昔許子遠舍袁就曹規畫計校應見納受遂破袁軍以定曹業向使曹氏不信子遠懷疑猶豫不決於心則今天下袁氏有也願陛下思之間聞界上將閻浮趙揖欲歸大化唱和不速以事破亡今臣款款授其命若復懷疑不時舉動令臣孤絶受此厚禍即恐天下雄夫烈士欲立功者不敢復託命陛下矣願陛下思之皇天后土實聞其言此文既流行而質已入爲侍中矣

陸遜爲上大將軍右都護鎮荊州時魏江夏太守逯式兼領兵馬頗作邊害而與北舊將文聘子休宿不協遜聞其然即假作荅式書云得報懇惻知與休久結嫌隙勢不兩存欲來歸附輒

以衮呈來書表聞擭衆相迎宜潛速嚴吏示定期以書置界上式亦得書以見式式性懼遂自送妻子還洛由是吏士不復親附遂以免罷

潘濬字承明爲太常五溪蠻夷叛亂濬督諸軍討之時濬姨兄零陵蔣琬爲蜀大將軍或有間濬於武陵太守衛旌者云濬遣密使與琬相聞欲有自託之計旌以呂大帝大帝曰承明不爲此也即封旌表以示於濬而召旌還免官

周魴爲鄱陽太守加昭義校尉被命密求山中舊族名帥爲北敵所聞知者令譎挑魏大司馬揚州牧曹休魴荅恐民帥小醜不足杖任事或漏泄不能致休乞遣親人齎牋七條以誘休其一曰魴以千載徼幸得備州民遠隔江川敬恪未顯瞻望雲景天實爲之精誠微薄名位不昭雖懷焦渴曷緣見明狐死首丘人情戀本而逼所制奉覲禮違每獨矯首西顧未嘗不寤寐勞歎展轉反側也因隙穴之際得陳宿昔之志非神啓之豈能致此不勝翹企萬里託命謹遣親人董岑邵南等託叛奉牋時事變故列於別紙惟明公君侯垂日月之光照遠民之趣永令歸命者有所戴賴其二曰魴遠在邊隅江汜分絕恩澤教化未蒙撫及而於山谷之間遥陳所懷懼以大義未見信納夫物有感激計因變生古今同揆魴仕東典郡始願已獲銘心立報永矣無貳豈圖頃者中被擭譴禍在漏刻危於投卵進有離合去就之宜退有誣罔在死之咎雖志行輕微存沒一節顧非其所能不振然敢緣古人因知所歸拳拳輸情陳露肝膈乞降春天之潤哀拯其急不復猜疑絕其委命事之宣泄受罪不測一則傷慈損計二則杜絕向化者心惟明使君遠覽前世矜而愍之留神所質速賜秘報魴當候望舉動俟須嚮應其三曰魴所代故太守廣陵王靖往者亦以郡民爲變以見譴責靖勤自陳釋而終不解因立密計欲北歸命不幸事露誅及嬰孩魴既目見靖事且觀東主一所非薄遴不復厚雖或暫舍終見翦除今又令魴領郡者是欲責後効必殺魴之趣也雖尚視息憂惕焦灼未知軀命竟在何時人居世間猶白駒過隙而常抱危怖其可言乎惟當陳愚重自披盡懼以卑賤未能采納願明使君少垂詳察忖度其言今此郡民雖外名降首而故在山草看伺空隙欲復爲亂爲亂之日魴命訖矣東主頃者潛部分諸將圖欲北進呂範孫韶等入淮全琮朱桓趨合肥諸葛瑾步騭朱然到襄陽陸議潘璋等討梅敷東主中營自掩石陽別遣從弟孫奐治安陸城脩立邸閣輦貲運糧以爲軍儲又命諸葛亮進指關西江邊諸將無復在者才留三千所兵守武昌耳若明使君以萬兵從皖南首江渚魴便從此率厲吏民以爲內應此方諸郡前後舉事垂成而敗者由無外援吏兵然耳若北軍臨境傳檄屬城思詠之民誰不企踵願明使君上觀天時下察人事中參蓍龜則足昭往言之不虛也其四曰所遣董岑邵南少長家門親之信之有如兒子是以特令齎牋託叛爲辭目語心計以宣唇齒骨肉至親無有知者又已勑之到州當言往降欲北叛來若得傳之也魴建此計任之於天若其濟也則有生全之福邂逅泄漏則受夷滅之禍常中夜仰天告誓星辰精誠之微豈能上感然事急孤窮惟天是訴耳遣使之日載生載死形存氣亡魄爽恍惚茲恐使君未深保明岑南二人可留其一以爲後信一齎教還教還故當言悔叛還首東主有常科悔叛還者皆自原罪如是彼此俱塞永無端原懸命西望涕筆俱下其五曰鄱陽之民實多愚勁師之赴役未即應人倡之爲變聞聲響抃今雖降首盤節未解山棲草藏亂心猶存而今東主圖興大衆舉國悉出江邊空曠屯塢虛損惟有誰刺蔡耳若因是際而擾動此民一旦可得便會然要恃外援表裹機牙不爾以往無所成也今使君若從皖道進住江上魴當從南對岸歷口爲應若未徑到江岸可住百里上令此間民知北軍在彼即自善也此間民非苦飢寒而甘兵寇苦於征討樂得北屬但窮困舉事不時見應尋受其禍

耳如使石陽及青徐諸軍首尾相銜牽綴往兵使不得速退者則善之善也魴生在江淮長於時事見其便利百舉百捷時不再來敢布腹心其六曰東主致恨前者不拔石陽今此後舉大合新兵并使潘濬發夷民人數甚多聞豫設科條當以親羸兵置前好兵在後攻城之日云欲以羸兵填壍使即時破雖未能然是事大趣也私恐石陽城小不能久留住兵明使君速垂救濟誠宜疾密王靖之變其鑒不遠今魴歸命非復在天正在明使君耳若見救以往則功可必成如見救不時則與靖等同禍前彭綺時聞旌麾在逢龍此郡民大小歡喜並思立效若留一月日間事當大成恨去電速東得增衆專力討綺綺始敗耳願使君深察此言其七曰今舉大事自非爵號無以勸之乞請將軍侯印各五十紐郎將印百紐校尉都尉印各二百紐得以假授諸魁帥獎厲其志并乞請幢麾數十以爲表幟使山兵吏民目瞻見之知去就之分已決承引所救畫定又彼此降叛日月有

人闊狹之間輙得聞知今之大事事宜神密若省魴牋乞加隱祕伏知智度有常防慮必深魴懷憂震灼啓事蒸仍乞未罪恠魴因別爲密表曰方北有逋寇固阻河洛久稽王誅自擅朔土臣曾不能吐奇舉善上以光贊洪化下以輸展萬一憂心如擣假寐忘寢聖朝天覆含臣無效猥發優命勑臣以前誘致賊休恨不如計令於郡界求山谷魁帥爲北賊所聞知者令與北通臣伏思惟喜怖交集竊恐此人不可卒得假使得之懼不可信不如令臣譎於休爲便此臣得以經年之冀願逢値千載之一會輙自督勵竭盡頑蔽撰立牋草以誑誘休者如別紙臣知无古人單複之術加卒奉大略伀矇狼狽懼以輕愚忝負特施豫懷憂灼臣聞唐堯先天而天弗違博詢芻蕘以成盛勳朝廷神謨欲必致休於步度之中靈贊聖規休自送使六軍囊括虜无子遺威風電邁天下幸甚謹拜表以聞并呈牋草懼於淺局追用悚息被報施行休果信魴帥步騎十萬輜重滿道徑來入皖魴亦合衆隨陸遜橫截休休幅裂瓦解斬獲萬計魴初建密計時頻有郎官奉詔詰問諸事魴乃詣部郡門下因下髮謝故休聞之不復疑慮事捷軍旋帝大會諸將歡宴酒酣謂曰君下髮載義成孤大事君之功名當書之竹帛加裨將軍賜爵關內侯又賊帥董嗣負阻劫鈔豫章臨川並受其害吾粲唐咨嘗以三千兵攻守連月不能拔魴表乞罷兵得以便宜從事魴遣間諜授以方策誘狙殺嗣嗣弟怖懼詣武昌降陸遜乞出平地自改爲善由是數郡無復憂惕

丁奉爲右大司馬左軍師寶鼎三年皓命奉與諸葛靚攻合肥奉與晉大將軍石苞書構而間之苞以徵還

晉衛瓘爲征北大將軍都督幽州諸軍事幽州刺史護烏桓校尉于時幽并東有務桓西有力微並爲邊害瓘離間二虜遂致嫌隙於是務桓降而力微以憂死朝廷加其功賜一子亭侯

杜預爲鎮南大將軍督荊州既至鎮繕兵甲耀威武乃簡精鋭

襲吳西陵督張政大破之政吳之名將也據要害之地恥以無備取敗不以所喪之實告于孫皓預欲間吳邊將乃表還其所獲之衆於皓皓果召政遣武昌監劉憲代之故大軍臨至使其將帥移易以成傾蕩之勢

劉琨爲并州刺史領匈奴中郎將劉元海時在離石相去三百許里琨密遣離間其部雜虜萬餘落元海甚懼遂城蒲子而居之李矩爲冠軍將軍領河東平陽太守劉聰遣從弟暢討矩矩又襲之選勇敢千人夜掩暢營暢僅以身免先是聰使其將趙固鎮洛陽長史周振與固不協密陳固罪矩之破暢也帳中得聰書勑暢平矩訖過洛陽收固斬之便以振代固矩送以示固固即斬振父子遂率騎一千來降矩還令守洛

後周楊標爲太祖行臺左丞仍率義徒更爲經略於是遣諜人誘說東魏城堡旬月之間正平河北南汾絳建二州太寧等諸城並有請爲內應者大軍因攻而拔之標行正平郡事左丞如故

畢孝寬爲宣威將軍南兖州刺史東魏將叚琛尭傑復據宜陽
遣其楊州刺史牛道常扇誘邊民孝寬深患之遣諜人訪獲道
常與孝寬書論歸款意又爲落燼燒迹若火下書者還令諜人
送於琛營琛得書果疑道常其所欲經略皆不見用孝寬知其
離阻日出奇兵掩襲擒道常及琛等崤澠遂清後孝寬爲驃騎
大將軍鎮王壁孝寬善於撫御能得人心所遣間諜入齊者皆
爲盡力亦有齊人得孝寬金貨遥通書疏故齊動靜朝廷皆先
知時有主帥許盆孝寬度以心膂令守一戍盆乃以城東入孝
寬怒遣諜取之俄而斬首而還其能致物情如此時北齊斛律
光在汾北孝寬忌光英勇及作謡言令間諜漏其文於鄴曰百
外飛上天明月照長安斛律字又曰高山不推自摧槲樹不扶自
竪齊呂祖珽穆提婆有光有隙因續之曰盲老公背上下大斧
饒舌老母不得語令小兒哥之於路提婆聞之以告後主乳母
陸令萱令萱以饒舌斥己也盲老公謂珽也遂相與協謀以

謡言啓後主誅光武帝聞之始有滅齊之意竟平其國
達奚武爲東秦州刺史時齊神武趣沙苑太祖遣武覘之武從
三騎皆衣敵人衣服至日暮去營數百步下馬潛聽得其軍號
因上馬歷營若警夜者有不如法者往往撻之具知敵之情狀
以告太祖太祖深嘉焉遂破之
李遠爲都督義州弘農等二十一防諸軍事每厚撫境外之人
使爲間諜敵中動靜必先知之至有事泄被誅戮者亦不以爲
悔其得人心如此
隋陰壽爲幽州總管寶寧舉兵反壽討之寶寧奔于磧北壽班
師留開府成道昂鎮之寶寧遣其子僧伽率輕騎掠城下而去
尋引契丹靺鞨之衆來攻道昂苦戰連日乃退壽患之於是重
購寶寧又遣人陰間其所親任者趙世模王威等月餘世模率
其衆降寶寧復走契丹爲其麾下趙脩羅所殺北邊遂安
長孫晟爲奉車都尉以突厥攝國玷厥阿波突利等各握強兵

上書和同難以力征易可離間因上書陳突厥強弱形勝高祖
皆納用焉因遣太僕元暉出伊吾道使詣玷厥賜以狼頭纛謬
爲欽敬禮數甚優玷厥使來引居攝圖使上反間既行果相猜
貳授車騎將軍出黄龍道齎幣賜奚霫契丹等遣爲鄉道得至
處羅侯所深布心腹誘令内附二年攝圖四十万騎自蘭州入
至于周盤破達奚長儒軍更欲南入玷厥不從引兵而去時晟
又説染千詐告攝圖曰鐵勒等反欲襲其牙攝圖乃懼迴兵出
塞後數年突厥大入發八道元帥分兵拒之阿波至凉州與竇
榮定戰賊帥累北時晟爲偏將使謂之曰攝圖每來戰皆大勝
阿波纔入便即致敗此乃突厥之恥豈不内媿於心乎且攝圖
之與阿波兵勢本敵今攝圖日勝爲衆所崇阿波不利爲国生
辱攝圖必當因以罪歸於阿波成其夙計滅北牙矣願自量度
能禦之乎阿波使至晟又謂之曰今達頭與隋連和而攝圖不
能制可汗何不依附天子連結達頭相合爲強此万全之計豈

若喪兵負罪歸就攝圖與衛王軍遇戰於白道敗走至磧間阿
波懷貳乃掩北牙盡獲其衆而殺其母阿波還無所歸西奔玷
厥乞師十餘萬東擊攝圖故地收散卒數万與攝圖相攻阿波
頻勝
賀若弼鎮壽州時江南尚阻江都人來護兒住白土村密邇江
岸弼常令護兒爲間諜授大都督平陳之役護兒有功焉
趙仲卿爲朔州總管突厥啓民可汗求婚高祖許之仲卿因是
間其骨肉遂相攻擊開元十七年啓民窘迫與隨使長孫晟投
通漢鎮仲卿率騎千餘援之達頭不敢逼達頭可汗潛遣人誘致
啓民所部至者二萬餘家
裴矩爲黄門侍郎大業中煬帝遣將築伊吾城令矩共往經略
矩又白狀令反間射匱潛攻處羅後處羅爲射匱所迫竟隨使
者入朝後以本官領武賁郎將詔護北蕃軍事矩以始畢可汗
部衆漸盛獻策分其勢將以宗女嫁其弟叱吉設拜爲南面可

汗叱吉不敢受始畢聞而漸怨矩又言於帝曰突厥本淳易可離間但由其內多有羣胡盡皆桀黠教導之耳且聞史蜀胡悉尤多姦計幸於始畢請誘殺之帝曰善矩因遣人告胡悉曰天下出珍物今在馬邑欲共蕃內多作交關若前來者即得好物胡悉貪而信之不告始畢率其部落盡驅六畜星馳爭進冀先互市矩伏兵馬邑下誘而斬之詔報始畢曰史蜀胡悉忽領部落走來至此云背可汗請我容納突厥既是我臣彼有背叛我當共殺今已斬之故令往報

唐李靖爲兵部尚書貞觀中突厥諸部離叛朝廷將圖進取以靖爲代州道行軍總管率驍騎三千自馬邑出其不意直趣惡陽嶺以逼之突利可汗不虞於靖見官軍奄至於是大懼相謂曰唐兵若不傾國而來靖豈敢孤軍而至一日數驚靖候知之潛令間諜離其心腹其所親康蘇密來降四年靖進擊定襄破之獲隋齊王暕之子楊正道及煬帝蕭后送于京師可汗僅以身遁

竇靜貞觀中爲夏州都督直突厥攜貳諸將出征多詣其所靜知虜中虛實潛令人間其部落郁射所部鬱孫尼等九俟斤並率衆內款

劉師立檢校岐州都督陳伐吐谷渾之策朝廷未之許師立又遣使間其部落多有降附列其地爲開橋二州

蕭嵩開元中爲河西節度判涼州事時悉諾邏恭祿威名甚振嵩乃縱反間於吐蕃言其與中國潛通贊普遂召而誅之

王忠嗣天寶初爲靈州都督是歲北伐與奚戰于桑乾河敗之大虜其衆時突厥葉護新有內難忠嗣盛兵磧口以威懷之烏蘇米施可汗懼不降忠嗣乃縱反間於拔悉蜜拔悉蜜與葛邏祿迴紇三部落攻米施可汗走之忠嗣因出兵伐之取其右廂而歸其西葉護及毗伽可汗妻可敦男西殺葛臘哆率其部落千餘帳入朝

曹王臯大曆中鎮江西先是牙將伊慎討梁崇義摧鋒陷敵李希烈意欲寘之以計遣歸臯始至鍾陵大集將吏得慎所挈之技爲大將經理舟師希烈懼慎爲曹王所任遺慎七屬之甲詐爲慎書行間焉德宗遣中使即以詰之臯乃抗疏論雪乞童未報會賊兵泝江來寇臯乃召慎勉之令戰大破三千餘衆朝廷始信其不二

冊府元龜卷第四百

冊府元龜卷第四百十二

將帥部

仁愛　得士心

仁愛

蓋夫德以施惠制勝之攸先仁者佐賢謀帥之斯允故慈愛之用著於治戎寬簡之德彰於御衆古之善爲將者何莫由斯也巳固有務兼撫納存夫恩信形惻隱於官次表忠恕於心術解衣推食以卹吏士救寒振餒以濟黎氓給醫藥以赴創病設棺斂以藏暴露至使殊俗歸嚮窮民安集愛之如父母薰之如椒蘭不幸云亡如失所怙追懷遺德久而彌篤自非其中心誠信於士大夫又豈可驅而致哉

漢李廣爲前將軍及自剄百姓聞之知與不知老壯皆爲垂泣（贊曰李將軍悛悛如鄙人口不能出辭及死之日天下知與不知皆爲盡哀彼其中心誠信於士大夫也諺曰桃李不言下自成蹊此言雖小可以諭大）

段會宗元帝竟寧中以杜陵令五府舉爲西域都護騎都尉光祿大夫西域敬其威信三歲後爲鴈門太守數年坐法免西域諸國上書願得會宗成帝陽朔中復爲都護後以安輯烏孫病死烏孫中城郭諸國爲發喪立祠

後漢來歙光武時爲中郎將建武中歙率馮異等平隴西既而人飢流者相望歙乃傾倉廪轉運諸縣以賑贍之於是隴右遂安而涼州流通焉

馬成建武中爲揚武將軍屯常山中山以備北邊在事五六年光武以成勤勞徵還京師邊人多上書求請者復遣成還屯

馬援建武中爲伏波將軍討交阯女子徵側及女弟徵貳嶠南悉平所過輙爲郡縣治城郭穿渠灌溉以利其民

竇固明帝永平末爲奉車都尉屯涼州在邊數年羌胡服其恩信有羌胡見客炙肉未熟人人長跪前割之血流指間進之於固固輙爲啗不穢賤之是以愛之如父母

耿秉章帝時爲度遼將軍視事七年匈奴懷其恩信匈奴聞秉卒舉國號哭或至剺面流血（剺即剓字古通用也剓剝也音力私切）

鄧訓爲護羌校尉羌胡俗恥病死每病臨困輙以刀自刺訓聞有困疾者輙拘持縛束不與兵刃使醫藥療之愈者非一小大莫不感悦及訓卒吏人羌胡愛惜旦夕臨者日數千人戎俗父母死恥悲泣皆騎馬歌呼至聞訓卒莫不吼號或以刀自割又刺殺其犬馬牛羊曰鄧使君巳死我曹亦俱死耳前烏桓吏士皆奔走道路至空城郭吏執不聽以狀白校尉徐傿傿歎息曰此義也乃釋之遂家家爲訓立祠每有疾病輙此請禱求福

曹褒和帝永元中爲射聲校尉營舍有停棺不葬百餘所褒親自履行問其意故對曰此等多是建武以來絶無後者褒愴然爲買空地悉葬其死主者設祭以祀之

袁紹爲大將軍督冀青幽并四州收軍敗後發病歐血死紹爲人政寛百姓德之河北士女莫不傷怨市巷揮涙如喪其親

魏孫禮齊王芳時爲伏波將軍楊州刺史時吴大將全琮帥數万衆來侵寇禮躬勒衛兵禦之賊衆乃退詔書慰勞賜絹七百匹禮爲死事者設祀哭臨哀號發心皆以絹付亡者家无以入身

蜀馬忠爲鎮南大將軍處事能斷威恩並立是以蠻夷畏而愛之及卒莫不自致喪庭流涕盡哀

吴范慎爲武昌左都督慎自恨久爲將遂託老耄軍士戀之舉營爲之頂涕

朱桓爲前將軍領青州牧愛養吏士贍護六親俸禄産業皆與共分及桓疾困舉營憂戚大帝赤烏元年卒吏士男女無不號慕

晉羊祜爲衞將軍都督中外諸軍事及薨南州人征市日聞祜喪莫不號慟聲相接吴守邊將士亦爲之泣其仁德所感如此

成都王穎爲大將軍都督中外諸軍事既迎天子反正遂自歸鄴盧志言於穎曰黃橋戰亡者有八千餘人既經夏暑露骨中野可爲傷惻昔周王葬枯骨故詩云行有死人尚或墐之况此等致死事乎穎乃造棺八千餘枚以成都國秩爲衣服斂祭葬於黃橋北樹枳籬爲之塋域又立都祭堂刋石立碑紀其赴義

之功使亡者之家四時祭祀有所乃表其門閭加常戰亡二等又命河内温縣埋藏趙王倫戰死士卒萬四千餘人頹前在陽翟與彊賊相持既久百姓創痍餓饉凍餒憙急振救乞差發郡縣車一時運河北邸米十五萬斛以振陽翟饑人

祖逖爲鎮西將軍領豫州刺史及卒豫州士女若喪考妣

唐彬領護烏丸校尉坐事檻車徵彬付廷尉以事直見釋百姓追慕彬功德生爲立碑作頌

劉弘爲鎮南將軍荆州刺史南蠻校尉弘嘗夜起聞城上持更者歎聲甚苦遂呼省之兵年過六十羸疾無襦弘愍之乃謫罰主者遂給韋袍複帽轉以相付

温嶠爲江州刺史都督平南將軍及薨於武昌江州士庶聞之莫不相顧而泣

褚裒爲征討大都督徐兗青揚豫五州諸軍事穆帝永和五年卒遠近嗟悼吏士哀慕之前燕陽裕爲慕容皝大將軍左司馬士大夫流亡羈絶者莫不經營收葬存恤孤遺

宋劉敬宣爲冠軍伐蜀譙縱送毛璩一門諸喪其妻女并文處茂母及與諸士人喪柩浮之中流敬宣皆拯救之

檀道濟爲高祖北伐前鋒至洛陽凡拔城破壘俘四千餘人議者謂應戮以爲京觀道濟曰伐罪弔民正在今日皆釋而遣之於是戎夷感悦相率歸之者衆

劉勔爲寧朔將軍會豫州刺史殷琰反假勔輔國將軍討之及琰開門請降勔約令三軍不得妄動城内士民秋毫無所失百姓感悦咸曰來蘇百姓生爲立碑

王玄謨爲平北將軍都督徐州刺史時北土飢饉乃散私穀十萬斛牛千頭以振之

衡陽王義季爲荆州刺史都督荆湘八州諸軍事隊主續豐母老家貧無以充養遂斷不食肉義季哀其志給豐母月白米二斛錢一千并制豐噉肉

南齊曹虎爲右衛將軍形幹甚毅善於誘納日食荒客常數百人

梁裴邃爲將少言笑沉深有思略爲政寛明能得士居身方正有威重將吏憚之少敢犯法及其卒也淮肥間莫不流涕以爲邃不死洛陽不足拔

韋叡京兆杜陵人爲冠軍將軍江夏太守行郢府事初郢城之拒守也男女口垂二十萬閉壘經年疾疫死者十七八皆積屍於牀下而生者寢處其上每屋輒盈滿叡料簡隱卹咸爲營埋於是死者得埋藏生者反居業百姓賴之後爲平北將軍寧蠻校尉雍州刺史初叡起兵鄉中客陰雙光泣止之及叡還爲州雙光道候叡笑謂之曰若從公言已乞食於路矣餉耕牛十頭叡於故舊無所遺惜士大夫年七十以上多與假板縣令鄉里甚懷之

陳荀朗初仕梁爲豫州刺史以侯景之亂入援臺城據山寨自守景閉府宋子仙不能剋時京師大飢百姓皆於江外就食朗更招致部曲解衣推食以相賑衆至數萬人

華皎爲文帝都尉及帝平杜龕乃配以人馬甲仗猶爲都録御下分明善於撫養時兵荒之後百姓飢饉皎解衣推食多少必均

後魏李神儁爲前將軍荆州刺史時寇賊之後城外多有露骸神儁教令收葬之

崔巨倫壯帝時爲假節中堅將軍領東濮陽太守假征虜將軍別將時河北紛梗人士避賊多住郡界歲儉飢乏巨倫傾資贍恤務相全濟時議高之

北齊婁昭從神武入洛兗州刺史樊子鵠反以昭爲東道大都督討之子鵠既死諸將勸昭盡誅其黨昭曰此州無狀横被殘賊其君是怨其人何罪遂皆捨焉

趙郡王叡爲定州刺史文宣詔令領山東兵築長城先是役徒罷作任其自返丁壯之輩各自先歸羸弱之徒棄在山北加以飢病多致僵殞叡於是親帥所部與之俱還配合州鄉部分營伍督帥監領强弱相持遇善水草即爲停頓分有餘贍不足營

以全者十三四焉

趙彦深爲東南道行臺尚書徐州刺史爲政尚恩信爲吏人所懷多所降下所營軍勵士庶追思號趙行臺頌

後周張軌魏末爲鎮遠將軍時穀糴踊貴或有請貸官倉者軌曰以私害公非吾宿志濟人之難詎得相違乃賣所賜衣物糴粟以賑之

王傑武帝建德初除江州總管傑少從軍旅雖不習吏事所歷州府咸以忠恕爲心以是頗爲百姓所慕

于翼建德中爲安州總管安隨等六州五防諸軍事會大軍東討翼自陝入九曲攻拔造簡等諸城徑到洛陽齊洛州刺史獨孤永業開門出降河南九州三十鎮一時俱下襄陽民庶等喜復見翼並壺漿塞道尋即除洛懷等九州諸軍事河陽總管尋從豫州總管陳將魯天念又圍光州聞翼到汝南望風退散崔州蠻首田元顯負險不賓於是送質請附陳將任蠻奴悉衆攻

顯立柵拒戰莫有離心及翼還朝元顯便叛其得殊俗物情皆此類也

唐瑾從于謹平江陵衣冠仕伍並沒爲僕隸瑾察其才行片善者輒議免之賴瑾獲濟者甚衆時論多焉

隋劉方高祖仁壽中爲交州道行軍總管討交州李佛子之亂時長史敬德亮從軍尹州疾甚不能進留之州館分別之際方哀其危篤流涕嗚咽感動行路其威惠如此論者稱爲良將

李景爲柱國右武衛大將軍煬帝使營遼東戰兵於北平遇賊見害契丹靺鞨素感其恩聞之莫不流涕幽燕人士于今傷惜之

唐程名振高祖武德初遙授永年令率兵經略河北名振夜襲鄴俘其男女千餘人去鄴八十里閱婦人有乳汁者九十餘人悉放還之鄴感其仁

劉仁軌爲帶方州刺史鎮守百濟經福信之亂合境彫殘僵屍相屬仁軌始令收斂骸骨瘞埋弔祭之賑貸貧乏存問孤老條録戶口

郭子儀玄宗天寶末爲朔方節度使討安祿山拔趙郡生擒四千人皆捨之

李復德宗貞元初爲容管招討使先時西京叛亂前後經略使征討反者獲其人皆沒官爲奴婢配作坊重役復乃令訪其親屬悉歸還之

高崇文憲宗元和初統神策軍平劉闢于西川衣冠[illegible]者皆匍匐衙門請命崇文條奏全宥之

朱忠亮元和中爲涇原節度使涇土蕃俗多賣子忠亮以俸錢贖而還其親者約三百人

晉趙在禮爲晉昌節度使或賑人之急時論賞之

周趙暉爲鳳翔節度使太祖廣順二年上言王景崇叛亂時殺戮餓死骸骨除先有使臣埋瘞外今坊曲坑井聚十八車埋瘞祭奠

得士心

傳曰師克在和又云德以施惠戰所由克古之良將率由茲道以至身犯寒暑不敢先爽蓋衆未食飲不敢言饑渴周旋撫馭甘苦同之孜孜爲唯恐乎徇已之後而失人之深也用能親若父兄隨如臂指始乃欣然景附願屬麾下終亦爭先爲用奮不顧死躁是摧堅却敵每多成績其或投於亡地困守心誠結義寢深卒無離叛還矣至於勢窮不忍捨去肝腦塗地靡有悔恨又復過更增戀遺愛難忘尊奉感涕發於誠款至有新兵甫集同夫烏合激厲忠憤開示恩信仰服英毅樂爲我使斯又智略之速至也

吳起爲魏將與士卒分勞苦卒有病疽者起爲吮之卒母聞而哭之人子卒也而將軍自吮其疽何哭爲母曰非然也往年起嘗吮其父父戰不旋踵遂死於敵吳公今又吮其子妾不知其死所以是以哭之文侯以起盡能得士心以爲西河守拒秦韓

秦末田橫爲齊王漢辭信灌嬰平齊地橫亡走梁歸彭越漢滅

項籍後横與其徒屬五百餘人入海居嶋中高帝使使赦横罪而召之横既至尸鄉廄置遂自剄高帝以王者禮葬横既葬其客二人穿其冢旁皆自剄餘尚五百人在海中聞横死亦皆自殺於是乃知田横能得士也

漢袁盎爲隴西都尉仁而愛士士卒皆爲致死

李廣歷七年太守前後四十餘年得賞賜輒分其麾下飲食與士卒共之將兵之處見水士卒不盡飲不近水士卒不盡飱不嘗食士以此愛樂爲用

李陵爲騎都尉將步卒五千人出居延至浚稽使麾下騎陳步樂還以聞步樂召見道陵將率得士死力帝甚悦

韓威延壽之孫仕至將軍威亦多恩信能拊衆得士死力

蓋寬饒宣帝時爲衛司馬寛饒初拜未出殿門斷其禪衣令短離地冠大冠帶長劍躬案行士卒廬室視其飲食居處有疾病者身自撫循臨問加致毉藥遇之甚有恩及歲盡交代帝臨饗罷衛卒（得代當歸者也）衛卒數千人皆叩頭自請願復留共更一年（更猶今言上番也）以報寛饒厚德帝嘉之

後漢馮異初隨光武爲偏將軍及破邯鄲乃更部分諸將各有配隸軍士皆言願屬大樹將軍光武以此多之

耿秉爲征西將軍擊匈奴秉休止不結營部然遠斥候明要誓軍陳立成士卒樂爲死

鄧訓章帝時將黎陽營兵屯狐奴建初六年遷護烏桓校尉黎陽故人多攜將老幼樂隨訓徙邊（訓故吏最貧羸者舉國念訓常所服藥北州少乏又知訓好青泥封書從黎陽步推鹿車於洛陽市藥還過趙國易陽并載青泥一樸至上洛遺訓其得人心如是）

段紀明爲破羌將軍征羌每行軍仁愛士卒疾者親自贍省手爲裹瘡在邊十餘年未嘗一日蓐寢與將士同勤苦故皆樂爲死戰

皇甫嵩爲右中郎將平黄巾卹士卒甚得衆情

臧洪爲東郡太守治東武陽太祖圍張超於雍丘超言唯恃臧洪當來救洪聞之徒跣號泣並勒所領兵又從袁紹請兵馬求欲救超而紹終不聽許超遂族滅洪由是怨紹絶不相通紹興兵圍洪於東武陽城中糧盡外無援救自度不免呼吏士謂曰袁紹無道所圖不軌且不救洪郡將洪於大義不得不死念諸君無事空與此禍可先城未破將妻子出將吏皆垂泣曰明府之於袁氏本無怨隙今爲郡將之故自致危困吏人何忍當捨明府去也初尚掘鼠煑筋角後無所復食主簿啓内廚米三斗請稍爲饘粥（饘糜也）洪曰何能獨甘此邪使爲薄糜徧班士衆又殺其愛妾以食兵將兵將咸流涕無能仰視男女七八千人相枕而死莫有離叛

魏曹真爲大將軍真每征行與將士同勞苦軍賞不足輒以家財班賜士卒皆願爲用

張耽爲中郎將性勇銳而善撫士卒軍中皆爲用命

鮑信爲破虜將軍厚養將士居無餘財士以此歸之

夏侯霸爲右將軍屯隴西其養士和戎並得其歡心

諸葛誕爲征東大將軍既死麾下坐不降皆爲司馬文王所戮數百人拱手爲列每斬一人輒降之竟不變皆曰爲諸葛公死不恨其得人心如此時人比之田横

吳孫瑜字仲異堅弟静之子以恭義校尉始領兵衆是時兵客諸將多江西人瑜虚心綏撫得其歡心建安亦領丹陽太守爲衆所附至萬餘人加綏遠將軍

孫歆爲邊將數十年善養士卒得其死力

凌統爲偏將軍統以山中人尚多壯悍可以威恩誘也帝令東占且討之統素愛士士亦慕焉得精兵萬餘人

陳脩爲別部司馬授兵五百人時將新兵多有逃叛而撫循得意不失一人大帝奇之拜爲校尉

黄蓋爲丹陽都尉姿貌嚴毅善於養衆每所征討士卒皆爭爲先

陸抗爲大將軍既誅步闡東還樂鄉貌無矜色謙冲如常故得

將士歡心
陳表父武從擊合肥戰死表以父死敵場求自爲領兵五百人
表欲得戰士之力傾意接待士皆愛附樂爲用命而有盜官物
者疑無難士施明明素壯悍收考極毒惟死無辭廷尉以聞大
帝以表能得健兒之心詔以明付表使自以意求其情實表便
破械沐浴易其衣服厚設酒食歡以誘之明乃首服具列支黨
表以狀聞帝奇之欲全其名特爲赦明誅戮其黨遷表爲無難
右部督
徐平字伯先遷武昌左部督傾心接物士卒爲盡力
甘寧爲折衝將軍開爽有計略能厚養健兒士亦樂爲用命
晉王濬爲巴郡太守郡邊吳境兵士苦役生男多不舉濬乃嚴
其科條寬其傜課其產育者皆與休復所全活者數千人及伐
吳先在巴郡之所全育者皆堪傜役供軍其父母戒之曰王府
君生爾爾必勉之無愛死也

嵇紹爲侍中河間王顒成都王穎舉兵向京都以討長沙王乂
大駕次于城東乂宣言於衆以討曰今日西討欲誰爲都督乎
六軍之士皆曰願嵇侍中戮力前驅死猶生也遂拜紹使持節
平西將軍
劉群字公度琨之子少拜廣武侯世子隨父入晉陽遭逢寇亂
數領偏軍征討性清慎有裁斷得士類懽心
郗鑒爲龍驤將軍兗州刺史鎮鄒山時荀藩用李述劉琨用兄
子演並爲兗州各屯一郡以力相傾闔州編戶莫知所適又徐
龕石勒左右交侵日尋干戈外無救援百姓饑饉或掘野鼠蟄
燕而食之終無叛者三年間衆至數萬元帝就加輔國將軍都
督兗州諸軍事賈疋字彥度愍帝時爲驃騎將軍少有志略器
望甚偉見之者莫不悚附特爲武夫之所瞻仰願爲致命
周訪爲安南將軍善於撫納士衆皆爲致死桓宣監沔中軍事
南中郎將江夏相鎮襄陽十餘年間石季龍再遣騎攻之宣能

得衆心每以寡弊距守論者以爲次於祖逖周訪
韓璞爲張寔司馬寔知劉曜逼遷天子遣璞等赴國難及璞次
南安諸羌斷軍路相持百餘日糧竭矢盡璞殺駕牛饗軍泣謂
衆曰汝曹念父母乎曰念念妻子乎曰念欲生還乎曰欲從我令
乎曰諾乃鼓譟進戰會張閬率金城軍繼至夾擊大敗之斬級
數千
慕容翰廆庶長子也作鎮遼東高句驪不敢爲寇善撫接愛儒學
自士大夫至于卒伍莫不樂而從之
宋沈文秀爲青州刺史魏軍圍城文秀善於撫御將士咸爲盡
力每與魏戰輒摧破之掩擊營砦往無不捷明帝進文秀號輔
國將軍被圍三年外無援軍士卒爲之用命無離叛者日夜戰
鬬甲胄生蟣蝨遂爲魏所陷
卜天與領東掖防閤隊從臧質救懸瓠劉興祖守白石並率所
領蹈之魏兵退還領輦後第一隊撫卹士卒甚得衆心

朱脩之孝武初爲寧蠻校尉雍州刺史加都督脩之在政寬簡
士衆悅附
梁鄧元起爲平南中兵參軍每戰必捷勇冠當時敢死之士樂
爲用命者萬有餘人
陳慶之爲南北司豫州都督射不穿札馬非所便而善撫軍士
能得其死力
馬仙琕爲將與士卒同勞逸[illegible]克捷士卒亦甘心爲之用
胡僧祐爲車騎將軍時西魏寇至以僧祐爲都督城東諸軍事
軍四面起攻百道齊舉僧祐親當矢石晝夜督戰獎勵將士明
於賞罰衆皆感之咸爲致死所向摧殄賊莫敢前
王操爲大將軍時明帝出頓紀南操撫循將士莫不用命
昌義之爲護軍將軍性寬厚爲將能得人死力及居藩任吏人
安之
陳魯悉達梁元帝時爲仁威將軍江州刺史及敬帝即位王琳

據有上流留異余孝頃周迪等所在蠭起悉逹撫綏晉熙等五郡甚得民和士卒皆樂爲之用

後魏遼西公意烈子道武以宗親委之心腹明元踐祚除渤海太守吏人樂之轉平原鎭將得將士心

崔寬爲鎭西將軍拜陜城鎭將二崤地險民多寇刦寬性滑稽誘接豪右宿盜魁帥與相交結傾衿待遇不逆細微是以能得民庶忻心莫不感其意氣

周幾爲宋兵將軍守洛州刺史于栗磾以萬人襲陜城卒于軍軍人無不惜之

源子雍爲夏州刺史時沃野鎭人破落汗拔陵首爲反亂所在蠭起統萬逆胡與相應接子雍嬰城自守城中糧盡煮馬皮而食之子雍善綏撫得士之心人人戮力無有離貳

辛纂爲輔國將軍善撫將士人多用命

房士達爲濟南太守永安末爾朱兆入洛刺史蕭贊爲城民趙

洛周所逐城内無主洛周等以士達郷情所歸乃就郡請之命攝州事

劉藻爲雍城鎭將雍州人王叔保等三百人表乞藻爲騃奴戍主詔曰選曹已用人藻有恩政自宜他叙任任八年遷離城鎭將

北齊慕容儼爲開府鎭郢州梁大都督侯瑱任約等率水陸軍來攻城中食少糧運阻絶無以爲計唯煑槐楮桑葉并紵根水萍葛艾等草及帶觔角等物而食之人有死者即取其肉火別分噉唯留骸骨儼猶申令將士信賞必罰分甘同苦死生以之自正月至於六月人無異志

宋顯爲西兗州刺史勇決有氣幹撿御左右咸能得其心力

段韶爲武衛將軍長於計略善於御衆得將士之心臨敵之日人人爭奮

王琳在梁爲湘州刺史琳果勁絶人又能傾身下士所得賞物不以入家麾下萬人多是江淮群盜平侯景之勲與杜龕俱爲第一恃寵縱恣於建業王僧辯禁之不可懼將爲亂啓請誅之琳亦疑禍令長史陸納率部曲前赴湘州身輕上江陵將行謂納等曰吾若不反子將安之咸曰請死相報泣而別及至元帝以下吏而使廷尉卿黄羅漢大府卿張載宣諭琳軍陸納等及軍人並哭對使者莫肯受命乃執黄羅漢殺張載載性深刻爲帝所信荆州疾之如讎故納等因人之欲抽其腸繫諸馬脚使繞而走腸盡氣絶又臠割備五刑而斬之元帝遣王僧辯討納納等敗走長沙是時湘州未平武陵王兵又甚盛江陵公私恐懼人有異圖納啓申琳罪請復本位求爲奴婢元帝乃鏁琳送波時納兵出方戰會琳至僧辯外諸樓車以示之納等投戈俱拜舉軍皆哭曰乞王郎入即出及放琳入納等乃降湘州平仍復本位陳霸先殺僧辯琳軍敗降齊爲驃騎大將軍揚州刺史梁將吴明徹來寇與戰大敗單馬突圍僅而獲免還至彭城魏帝令便赴壽陽并許召募又進封琳巴陵郡王明徹進兵圍之堰淝水灌城而皮景和等屯於淮西竟不赴救明徹晝夜攻擊城

内水氣轉侵人皆患腫死病相枕從七月至十月城陷被執百姓泣而從之吴明徹恐其爲變殺之城東北二十里時年四十八哭者聲如雷有一叟以酒脯至酹哭盡哀收其血懷之而去傳首建康懸之於市初明徹欲全之而其下將領多琳故吏爭來致請并相資給明徹由此忌之故及於難當時田夫野老知與不知莫不爲之歔欷流泣觀其誠信感物雖李將軍之恂恂善誘殆無以加焉

斛律光爲左丞相光自結髮從戎未嘗失律行兵用匈奴法吉凶無不中軍營未定終不入幕或竟日不坐身不介胄常爲士卒先有罪者唯大杖撾背未嘗妄殺衆皆爭爲之死

盧文偉爲常景行臺郎中後爲杜洛周所虜洛周敗復入葛榮榮敗歸家時韓樓據薊城文偉率鄉閭屯守范陽與樓相抗共推文偉行范陽郡事防守二年與士卒同勞苦分散家財救貧乏莫不人人感悦爾朱榮遣將侯深討樓平之文偉以功封大夏縣男

後周李達都督義州弘農等二十一防諸軍事善撫綏有幹略守戰之備無不精銳每享撫境外之人使爲間諜敵中動靜必先知之至有事泄被誅戮者亦不以爲悔其得人心如此

梁椿爲大將軍性果毅善於撫納所獲賞物分賜麾下故每戰敵場咸得其力

崔猷爲梁州都督閔帝即位始利沙興等諸道阻兵爲逆信合開楚四州亦叛唯梁州境內人無二心

若干惠爲右衛將軍善於撫御將士莫不懷恩

王思政持節河南諸軍事守潁川城爲齊文襄所攻陷思政初入潁川士卒八千人城無外援亦無叛者

齊王憲以武帝東伐爲前鋒憲善兵謀多筭略尤長於撫御達於任使摧鋒陷陣爲士卒先群下感悅咸爲之用

閻慶爲撫軍將軍善於綏撫士卒故盡得其死力

陳忻爲驃騎大將軍散財施惠得士衆心身死之日將吏荷其

恩德莫不感慟焉朝廷以忻雅得士心還令其子萬敵領其部曲

李遷哲爲驃騎大將軍兵士有疾親加醫藥軍中感之人思効命

寇儁爲左將軍梁州刺史屬魏末多故州又僻遠梁人知無外援遂遣大兵頓魏興志圖攻取儁撫勵將士人思効命梁人知其得衆心弗之敢逼

寇洛與賀拔岳同鄉里募從入關以功封安鄉縣子及岳爲大行臺以洛爲右都督侯莫陳悅既害岳欲并其衆時初喪元帥洛於諸將中最爲舊齒素爲衆信乃收集將士志在復讎既至原州衆推洛爲盟主

宇文虬爲驃騎大將軍每經行陣必身先卒伍故上下同心戰無不克

隋張須陁大業中爲齊郡丞勇決善戰又長於撫馭得士卒心論者號爲名將後爲河南道十二郡討捕使擊東郡賊翟讓戰死其所部兵晝夜號哭數日不止

唐李勣爲司空勣每行軍用師人皆用命所向剋捷泊乎歿日聞者莫不悽愴

哥舒翰初爲河西節度王忠嗣衙將疎財重氣士多歸之

高仙芝爲副元帥拒祿山軍敗玄宗命監軍邊令誠齎勑誅之仙芝曰我退罪也死不敢辭然以我爲減截兵糧及賜物等則誣我也謂令誠曰上是天下是地兵士皆在足下豈不知乎其召募兵排列在外素愛仙芝出呼謂之曰我於京中召兒郎輩雖得少許物裝束亦未能足方與君輩破賊然後取高官重賞不謂賊勢憑陵引軍至此亦欲固守潼關故也我若實有此君輩即言實我若實無之君輩當言枉兵士齊呼曰枉其聲動地

裴冕爲劍南節度使冕遭流謗朝廷將遣使推按兵馬使崔寧部下截耳稱冤中使奏之郭子儀性忠信事上誠盡臨下寬厚每降城下邑所至之處必能得士衆心與李光弼齊名雖威略不逮而寬厚得人過之

張獻甫爲金吾將軍時李懷光未平殄吐蕃又侵擾西邊獻甫領禁軍出鎮咸陽凡累年軍人百姓悅之

張伾建中初以澤潞將守洛州田悅攻之城守累月攻益急士死傷多而食少救兵未至伾知事不濟無以勸士及悉召將卒命其女出拜之謂曰將士辛苦戰征之家無尺寸物與公等爲賞獨有此女幸未嫁人願出賣之爲將士一日之費衆皆大哭曰今日爲將軍出死命戰且守日夜不解會馬燧以太原之師至與衆軍合擊悅於城下大敗之伾乘勢出戰士一當百圍解以功累遷洺州刺史

李晟爲神策行營節度使討朱泚宿兵東渭橋時轉輸不至盛夏軍士或衣裘褐晟必同勞苦每以大義奮激士皆流涕感悅卒無離叛者

任迪簡初爲天德軍使李景略判官及景略卒衆以迪簡長者私議請爲帥監軍使聞之拘迪簡於別室軍衆連呼而至發戶出

取之及表聞德宗使察焉具以軍情奏因除豐州刺史天德軍使
自殿中侍御史授兼御史大夫

劉澭爲隴右經略使輕財愛士得人之死力

烏重裔爲河陽節度淮西吳元濟軍人李端者過溵水來降其妻爲賊束縛於樹臠肉食至死叫其夫而言曰善事烏僕射觀者義之重裔出自行閒及爲長帥赤心奉上能與下同甘苦所至周密曲盡禮敬故當時名士咸願依焉長慶三年再鎮天平及病子將王贇饋以股肉歿後數日有軍士二十餘人皆割股肉以祭之古之良將無以加也

閻巨源爲邠寧節度使無他智能然以寬厚爲將卒所懷

殷侑爲滄景節度觀察使與士卒之下者同甘苦故滄人大悅上請立碑

田布魏博節度使弘正之子爲軍將討淮西弘正愛之慮有死不能行法俾以他將代焉其士卒皆愛布乞留監軍使以聞詔

復從之

李光顏鎮邠寧吐蕃入寇光顏發邠師邠人皆曰人給五千而不識戰鬭彼何人也常額衣資不得而前蹈白刃此何人也憤聲洶洶不可止光顏素得士心爲陳大義言發涕下衆皆感之乃從之而發焉

韓充弘之弟少居東郡以舅劉玄佐得爲河陽昭義衙門將及弘鎮制宣武召歸主親兵軍中奏官累至御史大夫弘虐用其衆人人皆不自保充獨謙下勤禮未嘗稍忽由是頗得衆意然以親逼權重常不自安元和六年因獵近郊單騎走至洛下時朝廷方姑息弘亦憐充無異志擢歸右金吾將軍長慶元年爲滑州節度是歲汴州節度使李愿爲帳下所逐賊黨擁兵立都將李夼爲留後朝廷以充父在汴州衆心悅附命充爲宣武軍節度使兼統義成軍往征之會李夼疽發腦屬兵於牙門將李質以計誅首亂者送夼歸京師充遂不戰而入時陳許李光顏亦奉詔討夼軍在尉氏意欲必先入汴因大肆俘掠汴州監軍使姚文壽亦欲招討下之師先入不以礙告充將士亡守乎聞之即時率衆直入汴人素懷充來皆踊躍相賀無復攜貳詔遂加司空充宣武軍節度使

高瑀爲陳許節度使性寬和有體量爲官雖無赫赫之善所至皆理尤能得士心論者以是推之

張璠爲易定節度使易定兩州土地寂狹璠在鎮甚得士卒心兵衆整齊常爲幽鎮所忌

梁時溥徐州人初爲州之騎將唐中和初秦宗權據蔡州侵寇陳鄭節度使支詳命溥率師以討之徐軍屢捷軍情歸溥詳即以旌節授之

牛存節唐天復元年授潞州馬步都指揮使號令嚴整士卒安之及追赴行在士卒泣送者不絶於道

王重師知平盧軍留後加撿校司徒其後北伐幽滄鎮定屢與晉軍挑戰頗得士心故多勝捷

郭言廣明中從太祖赴汴初爲騎軍繼有戰功後擢爲裨校言

性剛直有權略勤於戎事或以家財分給將士之貧者由是頗得士心

楊師厚爲魏博節度使性寬簡無威儀善撫士衆初爲太祖部曲頗得士心累爲刺史遷襄陝滑等州節度使有戰功

冊府元龜卷第四百十二

冊府元龜卷第四百一十三

將帥部七十四

禮賢　薦賢　召募　訓練

禮賢

夫受閫寄司師律明七德之要居萬夫之長而能忘公侯之勢下逢蓽之賤謙謙以自牧孳孳如不及斯乃見義之勇道存其間耳矧夫傲儻奇士智慮輻湊德服鄉人名動肉食固宜傾心折節畋容倒屣或優以賓客之禮或尊於師友之位欣慕景仰每先置幣勤接推奉乃至解驂周爰諮詢以圖遠馭豈止下辟忝豐肴醴以邀一時之譽者乎

皇瑗宋大夫也取師于雍丘使有能者無死(能謂其)以郟張與鄭羅歸(鄭之有辯者)

漢韓信為左丞相漢王與兵萬人擊趙信知成安君不用廣武君李左車策遂擊破趙禽趙王歇信乃令軍毋斬廣武君有生得之者購千金頃之有縛而至戲下者信解其縛東鄉坐西鄉對而師事之

衛青為大將軍既益尊姊為皇后然汲黯與亢禮或說黯曰自天子欲令群臣下大將軍(下音胡稼反)大將軍尊貴誠重君不可以不拜黯曰夫以大將軍有揖客反不重邪(言能降賢士最為重也)以禮大將軍聞愈賢黯數請問以朝廷所疑遇黯加於平日

霍光為大司馬大將軍時楊敞給事莫府為軍司馬光愛厚之

後漢竇融為河西大將軍班彪避地河西融以為從事深敬待之接以師友之道彪乃為融畫策事漢總西河以拒隗囂袁紹摠兵冀州遣使要鄭玄大會賓客玄最後至乃延升上坐玄身長八尺飲酒一斛秀眉明目容儀溫偉紹客多豪俊並有才說見玄儒者未以通人許之競設異端百家互起玄依方辯對咸出問表皆得所未聞莫不嗟服時臧洪與張超起義尊王室及衆散召遣洪詣大司馬劉虞謀值公孫瓚之難至河間遇幽冀

二州交兵使命不達而紹見洪又奇重之與結分合好會青州刺史焦和卒紹使洪領青州以撫其衆

魏鍾會為大將軍伐蜀蜀將蔣琬子斌為綏武將軍漢城護軍會至漢城與斌書曰巴蜀賢智文武之士多矣至於足下諸葛思遠譬諸草木吾氣類也桑梓之敬古今所敦西到欲奉瞻尊大君公侯墓當洒埽墳塋奉祠致敬願告其所在斌答書曰知惟臭味意眷之隆雅託通流未拒來謂也亡考昔遭疾疢亡於涪縣卜云其吉遂安厝之知君西邁乃欲屈駕脩敬墳墓視予猶父顏子之仁也聞命感愴以增情思會得斌書報嘉歎意義及至涪如其書云後主既降鄧艾斌詣會於涪待以交友之禮

蜀董允為侍中領虎賁中郎將統宿衛允嘗與尚書令費禕中典軍胡濟等共期游宴嚴駕已辦而郎中襄陽董恢詣允脩敬恢年少官微見允停出逡巡求去允不許曰本所以出者欲與同好游談也今君已自屈方展闊積捨此之談就彼之宴非所謂也乃命解驂禕等罷駕不行其守正下士凡此類也

晉周浚為折衝將軍揚州刺史隨王渾伐吳吳平賓禮故老搜求俊人吳人悅服初吳之未下也浚在弋陽吳將蔡敏守于沔中其兄珪為將在秣陵與敏書曰古者兵交使在其間而聞疆埸之上往往有襲奪互市甚不可行弟慎無為小利而忘大備也候者得珪書以呈浚浚曰君子也及渡江求珪得之問其本曰汝南人也浚戲之曰吾固疑吳無君子而卿果吾鄉人

庾亮為平西將軍以范汪博學多通善談名理命為參軍汪復參亮征西軍事轉州別駕為亮佐使十有餘年甚相欽待

桓溫為征西大將軍辟謝安為司馬安既到溫甚喜言生平歡笑竟日既出溫問左右頗嘗見我有如此客不溫後詣安值其理髮安性遲緩久而方罷使取幘溫見留之曰令司馬著帽進其見重如此又溫為大司馬時瞿硎先生者不得姓名亦不知何許人也大和末常居宣城郡界文脊山中山有瞿硎因以為

名爲溫嶠往造之旣至見先生被鹿裘坐于右室神無忤色溫及寮佐數十人皆莫測之乃命伏滔爲之銘贊竟卒於山中滔爲溫參軍溫深加禮接每宴集之處必命滔同遊

桓沖爲車騎將軍荆南陽人劉驎之名請爲長史驎之固辭不受沖嘗到其家驎之於樹條桑良者致命驎之曰使君旣佳駕光臨宜先詣家君沖聞大媿於是乃造其父父命驎之然後方還拂短褐與沖言話父使驎之於內自持濁酒蔬菜供賓沖勅人代驎之斟酌父辭曰若使從者非野人之意也沖慨然至昏乃退

王敦爲大將軍荆州牧以郭舒爲參軍轉從事中郎敦重舒公亮給賜轉豐數詣其家表爲梁州刺史又謝鯤爲敦長史每與畢卓王尼阮放羊曼桓彝阮孚等縱酒敦以其名高雅相賓礼

謝混爲領軍將軍時王欣爲會稽王世子元顯後軍府舍人此職本用寒人欣意貌恬然不以高卑見色論者稱之欣嘗詣混混拂席改服然後見之時混族子靈運在坐退告族兄瞻曰望

蔡混襲爵望蔡公見羊欣遂易衣改席欣由此益知名

梁沈約爲領軍時有彭城人劉孺美風彩性通和雖家人不見其喜慍本州召迎主簿起家爲中軍法曹行參軍約聞其名引爲主簿常與游宴賦詩大爲約所嗟賞

曹景宗爲領軍將軍爲人自恃尚勝雖公卿無所推揖唯韋叡年長且州里勝流特相敬重同讌御筵亦曲躬謙遜

陳王僧辯爲征東將軍時許亨爲從事中郎時晉安王承制授給事黄門侍郎亨奉牋辭府僧辯答曰省告承有朝授良爲德舉卿志操淳深文藝該洽學優而官自致青紫况乃羈駿足將成頓轡禪輔虚暗期寄實深既欣游處用忘勞疲而枳棘插鶡常以增歎夕郎之選雖爲清顯位以才升固自無愧且卿始云知命方騁康衢未同汎軼之庭便深夜行之慨循役來翰殊用延然古人相思千里命駕素心不殊守限城闉存顧之深荒慙無已又沈禮明爲吳令侯景將宋子仙據吳興使召禮明委以書記之任禮明固辭子仙怒命斬之或救獲免子仙愛其才終逼之令掌書記及子仙爲僧辯所敗僧辯素聞其名於軍中購得之酬所獲者鐵錢十万自是羽檄軍書皆出於禮明又張種有孝行侯景之乱奉其母東奔久之得達鄉里俄而母卒種時年五十而毁瘠過甚又迫以凶荒未獲時葬服制雖畢而居處飲食常若在喪及景平僧辯以狀奏聞起爲貞威將軍治中從事史并爲其葬訖種方即吉僧辯又以種年老傍無嗣息賜之以妾及居處之具又徐陵爲通直散騎常侍奉使於齊齊拘留不遣齊送貞陽侯蕭淵明乃遣陵隨還僧辯初拒境不納淵明往復致書皆陵詞也及淵明之入僧辯得陵大喜接待饋遺其禮甚優

後魏尒朱榮爲車騎將軍時尖山人侯淵機警有膽略孝明末年六鎮飢乱淵隨杜洛周南寇後與妻兄念賢背洛周歸榮榮甚遇之淵自披苦禍榮賜其衣帽厚待之以淵爲中軍副都督

隨征伐屢有戰功又賀拔允亦尖山人也初爲積射將軍歸榮允父子兄弟並以武藝知名榮素聞之見允待之甚厚

後周李遠初仕魏爲武騎常侍及尒朱天光西伐乃配遠精兵使爲鄉導天光欽遠才望特相引接除伏波將軍長城郡守原州大中正

宇文神舉爲司武大夫時幽州人盧昌期等反神舉討之齊黄門侍郎盧思道亦在反中賊平見獲解衣將伏法神舉素欽其才名乃釋而禮之即令草露布其待士禮賢如此

于謹爲柱國時王褒仕梁元帝爲左僕射文學優贍當時已被推挹及王師圍江陵褒都督城西諸軍事及城陷褒從元帝入子城猶欲固守俄而元帝出降褒遂與衆俱出見謹謹甚禮之

韋孝寬爲總管絳州刺史裴文舉以廉約自守孝寬特相欽重每以談論不覺膝前於席

隋賀若弼平陳之役與蕭摩訶戰大破之生擒摩訶至弼命左右牽斬之摩訶顔色自若弼釋而禮之

唐李勣貞觀初爲并州長史時張文瓘舉明經補并州參軍勣深禮之又李義琰弱冠擧進士累補太原尉勣深禮之

宇文士及爲涼州都督折節禮士涼士服其威惠

郭子儀爲關中副元帥乾元中蔣沅爲陸渾盩厔咸陽高陵四令當軍旅之後瘡痍未平沅竭心撫綏所至安輯子儀每統兵由其縣必誡軍吏曰蔣令清嚴幹辦供億固當有素士衆得蔬飯見饋則已無撓清政

呂崇賁爲河西節度時楊炎釋褐掌書記先時神烏縣令李大簡因酒辱炎至是與大簡同在使府炎執縛大簡以鐵鞭鞭之血流于地幾死崇賁愛其才不之問

李勉歷嶺南滑亳汴宋節度使禮賢下士終始盡心以名士李巡張參爲判官卒於幕三歲之內每遇宴飲必設虛位於筵次陳膳執酹辭色悽惻論者美之

李抱真爲昭義軍節度使欲招致天下賢儁聞人之才善必令

持貨幣千里邀致之至與語無可采者漸退之

鄭餘慶爲山南西道節度辟崔咸於幕中奉如師友

烏重胤官至橫海軍節度使善待寮佐體分周密曲盡禮敬故當時名士咸願依爲

令狐楚爲河陽懷孟節度使李商隱以所業文干之年纔及冠楚以其少俊深禮之令與諸子游楚鎮天平汴州從爲巡官歲給資裝令隨計上都

牛僧孺爲山南東道節度使以劉蕡爲從事待如師友

梁羅紹威爲魏博節度使紹威本雖將家貴居列土雅好儒術善爲七言詩重宗人隱隱時爲錢塘賓介遣使以叔事之有所編目曰偷江東集竟薦隱除給事中不赴議者美之

後唐王思同明宗時爲同州節度使未幾移鎮隴右思同好文士無賢不肖必館接賄遺歲費數十萬在秦州累年邊民懷惠華戎寧息

晉張廷蘊後唐莊宗時爲帳前步軍都虞候諸軍壕寨使而性重文士下汶陽日首獲鄆帥戴思遠判官趙鳳許之曰爾狀貌必儒人也勿隱其情鳳且言之尋引薦於明宗明宗令送赴行臺尋除鳳翰林學士

趙在禮爲晉昌節度使好延士大夫

周王饒爲相州節度使每接賓佐必怡聲緩氣恂恂如也故士君子亦以此多之

薦賢

周書曰舉能其官惟爾之能蓋夫舉善以益國推賢以成務者良臣之業也而況居將帥之任當倚注之重出征入輔安危之所寄干城宿衛心膂之攸託而能傳訪遺逸諮求髦彥薦之天子揚於王庭使其飛聲垂光經物集事成賓門穆穆之美致思皇濟濟之盛此其佐佑王室丹青神化不亦多乎哉漢氏而下比比而有皆足以激卬風烈獵勸來者自非同聲之相應善人

之擧類亦安能及是哉

漢夏侯嬰封滕公高祖十一年七月淮南王黥布反帝問諸將滕公言故楚令尹薛公有籌策帝召見薛公言布形勢帝善之封薛公千戶

衛青爲大將軍咸宣以佐史給事河東守青使買馬河東（青宂使而於河東買馬也）見宣無害言於武帝徵爲廐丞官事辨

張安世爲衛將軍蘇武以故二千石與計謀立宣帝（與讀白頃）賜爵關內侯食邑三百戶父之安世薦武明習故事奉使不辱命先帝以爲遺言宣帝即時召武待詔宦者署（少府屬官有官者令丞以其署親近故令於此待詔也）數進見復爲右曹典屬國

蕭望之爲前將軍周堪爲諸吏光祿大夫領尚書事時劉更生年少於望之堪然二人重之薦更生宗室忠直明經有行擢爲散騎宗正給事中與侍中金敞拾遺於左右四人同心輔政

王鳳爲大將軍元帝時陳咸爲石顯奏毀爲城旦成帝初即位鳳

以咸前指言石顯短有忠直節奏請咸補長史又奏宣為宛句令咸聞其能薦宣為長安令治果有名

後漢鄧禹為大將軍時吴漢歸光武於廣阿拜偏將軍漢為人質厚少文造次不能以辭自達禹及諸將多知之數相薦舉及得召見遂見親信常居門下光武將發幽州兵夜召禹問可使行者禹曰間數與吴漢言其人勇鷙有智謀諸將鮮能及者即拜漢大將軍持節北發十郡突騎光武行至信都以銚期為裨將與傅寬呂晏俱屬禹徇旁縣禹以期為能獨拜偏將軍授兵二千人寬晏各數百人還言其將光武甚善之使期別徇真定宋子攻拔樂陽稾肥纍樂陽縣名屬常山郡今鎮州稾城縣稾縣故肥子國也漢以為縣纍縣在今稾城縣西南亦屬真定國及禹西征關中定河東張宗詣禹自歸禹聞宗素多權謀乃表為偏將軍後光武南定河內而更始大司馬朱鮪等盛兵據洛陽又并州未安光武難其守問於鄧禹曰諸將誰可使守河內者禹曰昔高祖任蕭何於關中無復西顧之憂所以得專精山東終成大業今河內帶河為固戶口殷實北通上黨南迫洛陽寇恂文武備足有牧人御衆之才非此子莫可使也乃拜恂河內太守行大將軍事

弓里戍光武時為騎都尉將兵平定北州到太原歷訪英俊大人問以策謀時溫序仕州從事戍見奇之上疏薦焉徵為侍御史

鄧騭為大將軍時詔公卿舉儒術篤學者騭舉前侍中魯丕再遷復為侍中左中郎將再為三老

梁商為大將軍疾篤順帝親臨幸問以遺言對曰人之將死其言也善臣從事中郎周舉清高忠正可重任也由是拜舉諫議大夫

何進為大將軍廣漢董扶少游太學學圖讖還家講授進表薦扶曰資游夏之德述孔氏之風內懷焦董消復之術方今并涼騷擾西戎蠢動宜敕公車特召待以異禮諮謀奇策於是靈帝徵扶即拜侍中在朝稱為儒宗甚見器重又公車徵荀爽為進從事中郎進恐其不至迎薦為侍中及進敗而詔命中絕

段熲為破羌將軍表言樊志張既有梓慎焦董之識宜翼聖朝咨詢奇異於是有詔特徵會病終

皇甫規為度遼將軍至營數月上書薦中郎將張奐以自代曰臣聞人無常俗而政有治亂兵無強弱而將有能否伏見中郎將張奐才略兼優宜正元帥以從衆望若猶謂愚臣宜充軍事者願乞冗官以為奐副朝廷從之以奐代為度遼將軍規為使匈奴中郎將及奐遷大司農規復代為度遼將軍

魏王朗為將軍時黃巾起鮑信招合徒衆于禁附從焉及太祖領兗州禁與其黨俱詣為都伯屬朗朗異之薦禁才任大將軍太祖乃召見與語拜軍司馬

張郃河間鄚人也太祖時為征西車騎將軍雖武將而愛樂儒士嘗薦同鄉卑湛經明行脩詔曰昔祭遵為將奏置五經大夫居軍中諸生雅歌投壺今將軍外勤戎旅內存國朝朕嘉將軍之意今擢湛為博士

夏侯獻為中領軍時公孫淵斬孫權使復歸魏帝將遣使獻表曰公孫淵昔年敢違王命廢絕計貢者實挾兩端既恃阻險又怙孫權故敢跋扈恣睢海外宿舒親見賊權軍衆府庫知其弱少不足憑恃是以決計斬賊之使又高句驪濊貊與淵為仇並為寇鈔今外失吴援內有胡寇心知國家能從陸道勢不得不懷惶懼之心因斯之時宜遣使示以禍福奉車都尉鄒弘武皇帝時始奉使命開通道路文皇帝即位欲通使命遣弘將妻子還歸鄉里賜其車牛絹百匹弘以受恩歸死國朝無有還意乞留妻子身奉使命公孫康遂稱臣妾以弘奉使稱意賜爵關內侯弘性果烈乃心於國夙夜拳拳念自竭效冠族子孫少好學問博通書記多所關涉口論速捷辯而不俗附依典誥若出胸臆加仕本郡常在人右彼方士人素所敬服若當遣使以為可使弘行弘乃自舊土習其國俗為說利害辯足以動其意明足

以見其尊才兄以行之懿足以見言若其計從雖酈生之降齊王陸賈之說尉佗亦無以遠過也欲進遠路不宜釋騏驥將三篤疾不宜廢扁鵲願察愚言

桓範為中領軍表薦尚書徐宣曰臣聞帝王用人度世授才爭奪之時以策略為先分定之後以忠義為首故晉文行舅犯之計而賞雍季之言高祖用陳平之智而託後於周勃也竊見尚書徐宣體忠厚之行秉直亮之性清雅特立不拘世俗確然難動有社稷之節歷位州郡所在稱職今僕射缺宣行掌後事腹心任重莫宜宣者帝遂以宣為左僕射

趙儼為驃騎將軍正始中胡昭養志不仕以經籍自娛儼與尚書黄休郭彝散騎常侍荀顗鍾毓太僕庾嶷弘農太守何楨等遞薦昭曰天真高絜老而彌篤玄虛靜素有夷皓之節宜蒙徵命以勵風俗

蜀諸葛亮後主建興初封武鄉侯三年春率衆南征其秋乃治

戎講武以俟大舉五年率諸軍北駐漢中臨發上疏曰先帝創業未半中道而終今天下三分益州疲弊此誠危急存亡之秋也然侍衛之臣不懈於內忠志之士忘身於外者蓋追先帝之殊遇欲報之於陛下也誠宜開張聖聽以光先帝遺德恢弘志士之氣不宜妄自菲薄引喻失義以塞忠諫之路也宮中府中俱為一體陟罰藏否不宜異同若有作姦犯科及為忠善者宜付有司論其刑賞以昭陛下平明之理不宜偏私使內外異法也侍中侍郎郭攸之費禕董允等此皆良實志慮忠純是以先帝簡拔以遺陛下愚以為宮中之事事無大小悉以咨之然後施行必能裨補闕漏有所廣益將軍向寵性行淑均曉暢軍事試用於昔日先帝稱之曰能是以衆議舉寵為督愚以為營中之事悉以咨之必能使行陣和睦優劣得所親賢臣遠小人此先漢所以興隆也親小人遠賢臣此後漢所以傾頹也先帝在時每與臣論此事未嘗不歎息痛恨於桓靈也侍中尚書長史參軍此悉貞良死節之臣願陛下親之信之則漢室之隆可計日而待也臣本布衣躬耕於南陽苟全性命於亂世不求聞達於諸侯先帝不以臣卑鄙猥自枉屈三顧臣於草廬之中諮臣以當世之事由是感激遂許先帝以驅馳後值傾覆受任於敗軍之際奉命於危難之間爾來二十有一年矣先帝知臣謹慎故臨終寄臣以大事也受命以來夙夜憂歎恐託付不效以傷先帝之明故五月渡瀘深入不毛今南方已定兵甲已足當獎率三軍北定中原庶竭駑鈍攘除姦凶興復漢室還于舊都此臣所以報先帝而忠陛下職分也至於斟酌損益進盡忠言則攸之禕允之任也願陛下託臣以討賊興復之效不效則治臣之罪以告先帝之靈責攸之禕允等之慢以彰其咎陛下亦宜自謀以諮諏善道察納雅言深追先帝遺詔臣不勝受恩感激今當遠離臨表涕零不知所言

吳周瑜為偏將軍還江陵病困上疏曰當今天下方有事役是

瑜乃心夙夜所憂願至尊先慮未然然後康樂今既與曹操為敵劉備近在公安邊境密邇百姓未附宜得良將以鎮撫之魯肅智略足任乞以代瑜瑜隕踣之日所懷盡矣江表傳載初瑜疾困與大帝牋曰瑜以凡才昔受討逆殊特之遇委以腹心遂荷榮任統御兵馬志執鞭弭自效戎行規定巴蜀次取襄陽憑賴威靈謂若在握至以不謹道遇暴疾昨自醫療日加無損人生有死脩短命矣誠不足惜但恨微志未展不復奉教命矣方今曹公在北疆埸未靜劉備寄寓有似養虎天下之事未知終始此朝士旰食之秋至尊垂慮之日也魯肅忠烈臨事不苟可以代瑜人之將死其言也善儻或可採瑜死不朽矣案此牋與本傳所載意旨雖同其辭乖異耳即拜肅奮武校尉代瑜領兵瑜士衆四千餘人奉邑四縣皆屬焉

呂蒙為左護軍虎威將軍屯陸口將圖關羽稱疾詣建業陸遜屯蕪湖往見蒙曰關羽接境如何遠下後不當可憂也蒙曰誠如來言然我病篤遜曰羽矜其驍氣陵轢於人始有大功意驕志逸但務北進未嫌於我有相聞病必益無備今出其不意自可禽制下見至尊宜好為計蒙曰羽素勇猛既難為敵且已據荊州恩信大行兼始有功膽勢益盛未易圖也蒙至都大帝問

誰可代卿者蒙對曰陸遜意思深長才堪負重觀其規慮終可大任而未有遠名非羽所忌無復是過若用之當令外自韜隱內察形便然後可克大帝乃召遜拜偏將軍右部督代蒙

全琮爲偏將軍陳熾少有志操能計筭琮表稱熾任大將軍赴召道卒

晉羅憲仕蜀爲巴東太守劉禪降入朝進位冠軍將軍假節從帝宴于華林園詔問蜀大臣子弟後問先輩宜時叙用者憲薦蜀郡常忌杜軫壽良巴西陳壽南郡高軌南陽呂雅許國江夏費恭琅邪諸葛京汝南陳裕即皆叙用咸顯於世

王胡之爲平北將軍司州刺史初任吳興郡州郡人沈勁父充與王敦構逆爲部曲將吳儒所殺勁少有節操哀父死於非義志欲立勳以雪先恥年三十餘以刑家不得仕進胡之深異之及遷將軍將鎮洛陽上疏曰臣當藩衛山陵式遏戎狄雖義督群心人思自百然方翦荆棘奉宣國恩艱難急病非才不濟吳興男子沈勁清操著於鄉邦貞固足以幹事且臣今西文武義故吳興人最多若令勁參臣府事者見人既悅義附亦衆勁父充昔雖得罪先朝然其門戶累蒙曠蕩不審可得特垂沛然許臣所上否詔聽之

庾亮爲征西將軍祕書郎王羲之爲參軍累遷長史亮臨薨上疏稱羲之清貴有鑒裁遷寧遠將軍江州刺史

宋檀道濟爲征南大將軍白太祖稱沈慶之忠謹曉兵帝使領隊防東掖門稍得引接出入禁省

吳喜爲輔國將軍劉休爲其府録事參軍喜稱休才進之明帝得在左右

後魏穆亮爲仇池鎮將氏豪楊卜自延興以來從軍征伐二十一戰前來鎮將拆而不聞亮表卜爲廣業太守豪右咸悅境內大安徵爲侍中尚書左僕射

慕容白曜爲征南將軍參軍韓麒麟美姿容善騎射白曜進攻

外城師人多傷及城潰白曜將坑之麒麟諫從之皆令復業齊人大悅後白曜表麒麟爲冠軍將軍與房法壽爲冀州刺史

元乂爲領軍李志爲輔國將軍志博學有才幹所在著績桓叔興外叛南荆荒毀乂舉志才任撫導擢爲南荆州刺史

蕭寶夤爲開府西道行臺權景宣天水顯親人也少聰悟有氣俠宗黨皆歎異之年十七寶夤見而奇之表爲輕車將軍

北齊趙郡公琛爲大將軍崔季舒年十七爲州主簿琛所器重言之於神武親簡丞郎補季舒大行臺都官郎吏

後周獨孤信爲驃騎大將軍於洛陽被圍賀若敦彎弓三石箭不虛發信大奇之乃言於太祖太祖異之引置麾下授都督

王思政爲并州刺史鎮玉壁太祖命舉代己者思政乃進所部都督韋孝寬其後東魏來寇孝寬卒能全城時論稱其知人

唐李勣武德初爲武候大將軍後遷左監門大將軍時張亮爲檢校定州別駕勣數薦亮於太宗房玄齡亦言之於是引爲車騎將軍漸蒙顧遇委以心膂

劉仁願爲熊津都督既破百濟餘衆仁願至京師高宗謂曰卿在海東前後奏請皆合事宜而雅有文理卿本武將何得然也對曰皆是劉仁軌之詞非臣所及也帝深歎賞之因超加仁軌六階正授帶方州刺史并賜京城宅一區厚賚其妻子遣使璽書勉之初仁軌坐事除名配軍效力至是復用上官儀謂人曰劉仁軌雖遭削黜而能盡其忠劉仁願秉節制而能推其賢可謂皆君子也

令狐彰爲義成軍節度使臨終舉能自代表曰伏見吏部尚書劉晏工部尚書李勉智識忠貞堪委大事伏願陛下速令檢校上副聖心以勉代之

李晟爲河中尹河中晉絳慈隰節度使京畿渭北鄜坊商華兵馬副元帥既平朱泚表舉守節不爲泚所迫脅者程鎮之劉迺蔣沇趙驊薛岌等數十人

李峴為江陵節度使監察御史嚴郢坐按甲奏苙之事貶建州後徵復舊官道由江陵峴乃署奏行軍司馬兼領留府

劉總為幽州節度使頻獻表章請出家為僧分割當管土地又以張弘靖嘗節制河東以和易為理河東與幽州接壤素聞其風河朔之人久苦暴虐總思有以寬濟之遂舉弘靖自代詔從之

梁張漢傑為控鶴指揮使蒯門人陳乂少好學善屬文因避亂客於浮陽轉徙於大梁漢傑延於私邸表授太子舍人

後唐郭崇韜為樞密使會魏王征蜀崇韜為副將發上疏曰陛下委臣以戎事仗將士之忠孝憑陛下之威靈鼓行而西庶幾集事如蜀川平定陛下擇帥撫臨以臣料之信厚善謀事君有禮則北京副留守孟知祥有焉願陛下使之為帥如臣出征之後宰輔闕人則鄴都副留守張憲有披荊草昧之勞為人謹重而多識其次則吏部尚書李琪御史中丞崔居儉皆中朝士族富有文學陛下擇才相之臣亦無敢諱舉餘則臣所不知

召募

昔周作井田兵賦是出甲卒之數備存等威蓋天子有六軍諸侯大國三軍次國二軍小國一軍乃其制也其後齊之技擊魏之武卒秦之銳士亦皆出於簡練焉經界既壞兵農異制尺籍伍符非用古道故漢氏而下或召募壯勇以備戎行至乃乘四方之紛擾因群寇之充斥或整旅以拒敵或交兵而決勝繇是選求驍果申之勸賞以至取夷落之義從收山澤之亡命備諸牙爪充于伍列推誠信以深結勵精悍而無前咸可以供時使而盡其死力者矣

漢陳立為牂柯太守夜郎王興妻父翁指與子邪務反立奏募諸夷與都尉長史分將攻之

後漢岑彭為征南大將軍公孫述遣其將任滿田戎程汎將兵據荊門虎牙橫江水起浮橋鬬樓立攢柱絕水道結營山上以拒漢兵彭數攻不利彭乃令軍中募攻浮橋先登者上賞於是偏將軍魯奇應募而前時天風狂急彭奇船逆流而上直衝浮橋而攢柱鉤不得去奇等乘勢殊死戰因飛炬焚之風怒火盛橋樓摧燒彭復悉軍順風並進所向無前蜀兵大亂溺死者數千人斬任滿生獲程汎而田戎亡保江州

何進為大將軍遣張遼詣河北募兵得千餘人還又遣上軍校尉蹇碩司馬張楊歸本州募兵得千餘人因留上黨擊山賊

魏程昱漢末為振威將軍太祖討袁氏昱乃收山澤亡命得精兵數千人乃引軍與太祖會黎陽討袁譚袁尚譚尚破走拜昱奮武將軍封安國亭侯

曹洪從太祖討董卓為卓將徐榮所敗還奔譙洪與揚州刺史陳溫善洪將家兵千餘人就溫募兵得廬江上甲二千人東到丹楊復與數千人與太祖會龍亢

蜀呂乂為巴西太守丞相諸葛亮連年出軍調發諸郡多不相救乂募取兵五千人詣亮慰喻檢制無逃竄者

吳凌統為偏將軍統以山中人尚多壯悍可以威恩誘也大帝令東占且討之命勑屬城凡統所求皆先給後聞統素愛士士亦慕焉得精兵萬餘人

全琮為奮威校尉授兵數千人使討山越因開募召得精兵萬餘人出屯牛渚

晉馬隆泰始中為司馬督時涼州為虜所沒武帝曰誰能為我討此虜乎隆曰臣能平之臣請募勇士三千人鼓行而西虜何足威哉帝許之隆募限要引弩三十六鈞立標簡試自旦至中得三千五百人隆曰足矣

祖逖元帝為晉王時自軍諮祭酒拜奮威將軍豫州刺史給千人廩布三千匹不給鎧仗使自招募仍將本流徙部曲百餘家渡江屯于淮陰起冶鑄兵器得二千餘人而後進

桓宣為都督沔北前鋒征討軍事平北將軍司州刺史假節鎮襄陽石季龍使騎七千渡沔攻之庾亮鎮荊州遣司馬王衍期

輔國將軍毛寶敕宣賊三面為地窟攻城宣募精勇出其不意
殺傷數百多獲鎧甲馬賊解圍退走
謝玄為前將軍鎮廣陵符堅方盛玄多募勁勇劉牢之與東海
何謙琅邪諸葛侃樂安高衡東平劉軌西河田洛晉陵孫無終
等以驍猛應選
南齊劉道隆為梁州刺史與義陽王征北參軍垣崇祖同行使
還下邳召募
後魏王肅初自齊歸於道武為輔國將軍長史侍詔討齊於義
陽聽招募壯勇以為爪牙其募士有功賞加常募一等其從肅
行者六品已下聽先擬用然後表聞若投化之人聽五品已下
即優授於是假肅節行平南將軍
蕭寶寅為鎮東將軍配兵一萬據東城又任其募天下壯勇得
數千人
唐景宣初為東郡太守建義元年為持節都督於東郡召募僑

舊之民二千人渡河隨便為柵佳望臺軍
李瑒為伏波將軍隨蕭寶寅西征以瑒為統軍假寧遠將軍瑒
德洽鄉閭招募雄勇其樂從者數百騎瑒傾家賑恤率之西討
楊椿為左衛將軍兼尚書右僕射馳驛詣并肆齎絹三萬匹募
召常朔流民揀充軍士後為雍州刺史于時蕭寶寅等兵敗潼
岐及豳悉已陷賊扶風以西非復國有椿乃鳩募內外得七千餘
人遣兄子錄事參軍侃率以防禦
尒朱榮為直寢游擊將軍正光中四方兵起遂散畜牧招合義
勇給其衣馬
薛脩義初為北海王顥統軍時有詔能募得二千人者用為別
將於是脩義還河東仍歷平陽引農諸郡合得七千餘人所假
安北將軍西道別將
北齊高昂初仕魏為直閣將軍昂以寇難尚繁非一夫所在義
勇競來投赴尋從京師不守遂與父兄據信都起義

隋崔弘度初仕周為上大將軍及尉迥作亂以弘度為行軍總
管從韋孝寬討之弘度募長安驍雄數百人為別隊所當無不
披靡
李子雄為黃州刺史煬帝時漢王諒作亂帝疑幽州總管竇抗
有貳乃遣子雄馳至幽州止傳舍召募得千人
唐王長諧隋末從太宗舉義平西河郡遂為太守召募得數千
人與大軍西會以為右一統軍從破宋老生進授光祿大夫
封常清為伊西節度使天寶末入朝會安祿山反常清奏曰祿
山領兇徒十萬徑犯中原太平斯久民不知戰然事有逆順勢
有奇變臣請走馬赴東京開府庫募驍勇挑馬箠渡河計日取
逆胡之首懸闕下玄宗方憂壯其言翌日以常清為范陽節度
使俾募兵東討其日常清乘驛赴東京召募旬日得六萬傭保
市井之流
李抱真大曆末為澤潞留後密揣山東當有變上黨且當兵衝

是時乘戰餘之地土瘠賦重人益困無以養軍士乃籍戶丁男
三選其一有材力者免其租徭給弓矢令之曰農之隙則分曹
角射歲終吾當會試及期按簿而徵之都試以示賞罰復命之
如初比三年則皆善射抱真曰軍可用矣於是舉部內之鄉兵
得成卒二萬既不廩費府軍益實乃繕兵甲為戰具遂雄視山
東是時稱昭義步兵冠諸軍
白志貞建中末為神策軍使德宗將討李希烈乃募兵京師以
志貞為之使於是郭子儀壻端王傅吳仲孺家財累巨萬以召
募有急懼不自安乃上表請遣其子率奴馬以應募德宗喜從
之超授其子五品官由是志貞請令故節度都團練觀察使并
嘗為是官者家出男子馬奴備戎裝以討希烈各與其男官豪
家不肖子幸之貧而有知者苦之由是京師人心震搖不保家室
嚴礪元和初為山南西道節度使奏當軍將士請共置一萬二
千其數內二千三百八十六人新加從之

呂元膺元和中爲東都防禦使請募置山河子弟以衛宮城東畿西南瀕鄧虢山谷曠而多麋及猛獸人人習射備而不利耕蠶春夏以其族黨遷徙無常處俗呼爲山棚前留守權德輿知其可糜而用將請之會詔徵還故元膺繼請焉

李聽長慶初爲靈鹽節度使奏請於淮南忠武武寧軍防秋兵中取三千人衣賜月糧等於當道自召一千五百人馬軍驍勇者以備戎狄每五千人爲一社每一馬死共補之使其馬不無鈌减從之

王承元大和中爲鳳翔節度使奏當軍應管兵三萬人內軍一千五百騎令更添置一千五百騎請度支給衣糧草料

王智興大和中爲徐州節度使奏請新招子弟一千八百人衣粮

崔裔天復中同平章事奏六軍十二衛名額空存實無兵士京師侍衛亦藉親軍請每軍重召募一千五百人共置六千六百人從之乃令六軍諸衛副使京兆尹鄭元規立格招收於市

朱瑾爲兗州節度使募驍勇數百人黥雙鴈於其頰號爲鴈子都

後唐安重榮爲鄭州巡檢清泰元年上言召募騎軍五十人自出鞍馬從之

漢孫方諫爲定州節度使上言所部屯兵數少欲召募牙兵千人乞每支給衣糧

訓練

禮曰孟秋天子命將帥選士厲兵簡練傑俊以申嚴武備之謂也必在蒐乘補卒鞠旅陳師既節制之有聞故號令而無失措兵之要勵衆之權何莫由斯道者也

子文楚大夫也魯僖二十七年楚子將圍宋使子文治兵於睽（子文時不爲令尹故云使治兵習號令睽楚邑）終朝而畢不戮一人（終朝自旦及食時也子文欲委重於子玉故略其事）子玉復治兵於蔿（子玉爲令尹故蔿楚邑）終日而畢鞭七人貫三人耳

漢李陵爲騎都尉將勇敢五千人教射酒泉張掖以備胡

蜀諸葛亮爲丞相後主建興十年亮教兵講武

吳呂蒙爲別部司馬大帝料諸小將兵少而用薄者欲并合之蒙陰賒貰爲兵作絳衣行縢及簡日陳列赫然兵人練習大帝見之大悅增其兵

晉周訪爲安南將軍梁州刺史屯襄陽訪練兵簡卒欲宣力中原與李矩郭默相結慨然有平河洛之志

梁夏侯夔爲持節督南豫州諸軍事有部曲萬人馬二千疋並服習精強爲當時之盛

北齊唐邕爲護軍邕以軍民教習田獵依令十一月月別三圍以爲人馬疲弊奏請每月兩圍武成從之

唐馬燧代宗大曆末爲河東節度是時鮑防自百井敗軍之後兵甲寡弱騎士少燧乃悉召將吏收馬厮役得數千人悉補騎卒教之數月皆爲精騎造甲者必令長短三等稱其所衣以便進趨又造戰車以狻猊象刺戟於後行則載兵甲止則爲營陣或塞險阨以遏奔衝器械無不犀利居一年陳兵三萬闢廣場以習戰陳教其進退

李抱真領澤潞觀察留後籍戶丁男三選其一有材力者免其租傜給弓矢令之日農之隙則分曹角射歲終吾當會試及期按簿而徵之都試以示賞罰復命之如初比三年則皆善射抱真曰軍可用矣於是舉部內之鄉兵得成卒二萬

李觀爲四鎮北庭行營涇原節度使在鎮四年雖無拓境之績訓卒儲糧亦稱完輯

段佑爲涇原節度使練卒保邊亦爲西蕃畏憚

高崇文爲長武軍使積穀練兵軍聲大振順宗永貞元年冬劍南劉闢阻兵詔崇文爲左神策行營節度使統諸鎮兵以討之崇文在長武訓卒五千常若寇至及是中使至長武卯時宣命辰時出師器用無闕

王鍔爲太原節度使時方討鎮州鍔經訓練軍府稱治

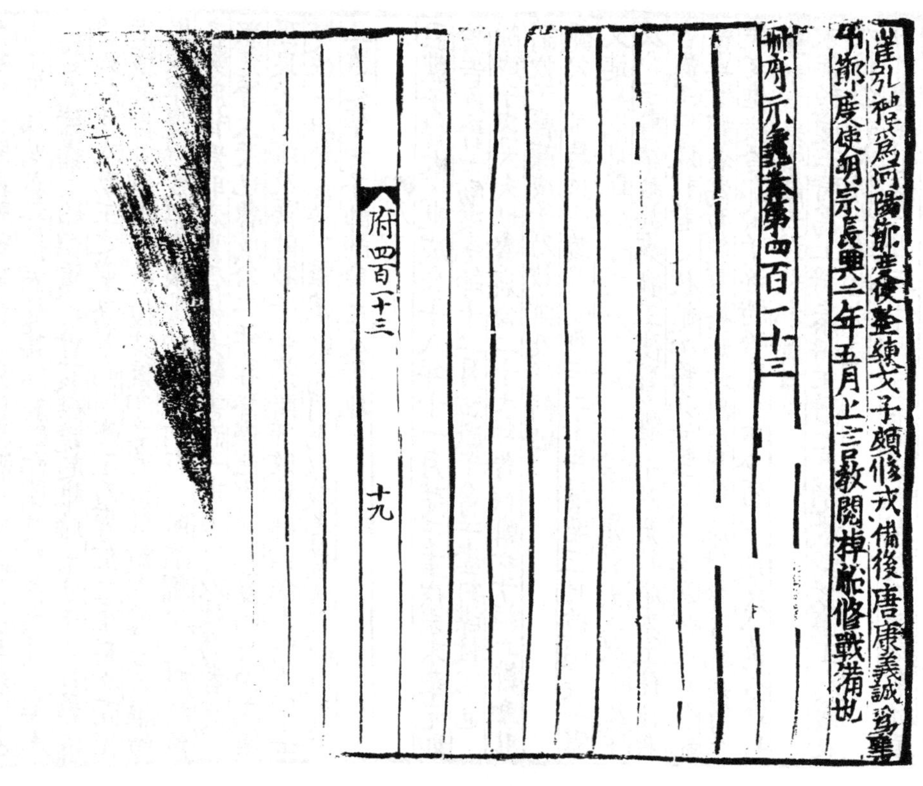
崔弘禮爲河陽節度使整練戈予頗修戎備後唐康義誠爲舉平節度使明宗長興二年五月上言教閱棹船修戰備也

册府元龜卷第四百一十三

府四百十三　十九

冊府元龜卷第四百一十四

將帥部

赴援

兵者所以拯衰弱遏強暴本於仁義濟以威武者也至若同盟相恤善鄰爲寶救災而赴其急哀敗而圖其存蓋春秋之善志也若夫締構之始艱虞之會豪傑競起雄雌未分干戈日尋急難必赴其或勤王之舉勠力而同濟至乃專征之重整旅而相應咸能釋其倒懸之望援其累卵之危摧猛敵以遏寇虐驅戮屬以寧疆埸戎昭克振戰功以成斯古人所謂輔車之形掎角之勢腹背爲助表裏胥協畏簡書而一志力可以決勝者哉

郤克晉大夫也魯成公二年春齊侯伐魯北鄙夏四月丙戌衛孫良夫帥師及齊師戰于新築衛師敗績新築衛地郤克將中軍士燮佐上軍欒書將下軍韓厥爲司馬以救魯衛臧宣叔逆晉軍且道之季文子帥師會之及衛地

孟獻子魯大夫也成公十八年十一月楚子重伐宋宋華元如晉告急晉士魴來乞師十二月孟獻子會于虛朾謀救宋也

陳成子齊大夫也魯哀公二十七年晉伐鄭次于桐丘鄭駟弘請救于齊陳成子乃救鄭及留舒齊地

魏公子無忌封信陵君安釐王二十年秦昭王已破趙長平軍又進兵圍邯鄲公子姊爲趙惠文王弟平原君夫人數遺魏王及公子書請救於魏魏王使晉鄙將十萬衆救趙秦王使使者告魏王曰敢救者已拔趙必移兵先擊之魏王恐使人止晉鄙留軍壁鄴名爲救趙實持兩端無忌用侯嬴計奪晉鄙兵將及朱亥椎殺晉鄙公子遂將晉鄙兵下令軍中選兵八萬人進兵擊秦軍秦軍解去遂救邯鄲存趙

宋義楚懷王時爲上將秦將王離之圍趙數請救懷王以義及次將項羽末將范增北救趙

田都齊將也秦二世三年十一月秦將章邯圍趙於鉅鹿都從項羽共救趙

田安齊王建之孫也秦二世三年十二月從項羽救趙

漢韓信爲大將既定趙因請立張耳王趙以撫其國楚數使奇兵渡河擊趙王耳信往來救趙

後漢鄭衆明帝時爲軍司馬使與虎賁中郎將馬廖擊車師至燉煌拜爲中郎將使護西域會匈奴脅車師圍戊巳校尉衆發兵救之遷武威太守

耿恭爲戊巳校尉北匈奴圍恭於疏勒城關寵於柳中城章帝遣征西將軍耿秉屯酒泉行太守事遣秦彭與謁者王蒙皇甫援發張掖酒泉燉煌三郡及鄯善兵合七千餘人建初元年正月會柳中擊車師攻交河城斬首三千八百級獲生口三千餘人駝驢馬牛羊三萬七千頭北虜驚走車師復降會關寵已歿蒙等聞之便欲引兵還先是恭遣軍吏范羌至燉煌迎兵士寒服羌因隨王蒙軍俱出塞羌固請迎恭諸將不敢前乃分兵二

千人與羌從山北迎恭遇大雪丈餘軍僅能至城中夜聞兵馬聲以爲虜來大驚羌乃遙呼曰我范羌也漢遣軍迎校尉耳城中皆稱萬歲開門共相持涕泣明日遂相隨俱歸

耿夔安帝建光中爲度遼將軍時鮮卑攻殺雲中太守成嚴圍烏桓校尉徐常於馬城夔與幽州刺史龐參救之追虜出塞而還

蓋勳爲漢長史靈帝中平元年北地羌胡與邊章等寇亂隴右攻金城殺郡守陳懿勳勸涼州刺史左昌救之不從邊章等進圍昌於冀昌懼而召勳勳初與從事辛曾孔常俱屯阿陽及昌檄到曾等疑不肯赴勳怒曰昔莊賈後期穰苴奮劒今之從事豈重於古之監軍哉曾等懼而從之勳即率兵救昌到乃誚讓章等責以背叛之罪皆曰左使君若早從君言以兵臨我庶可自改今罪已重不得降也乃解圍而去

呂布爲徐州刺史遣劉備屯小沛時袁術遣將紀靈等步騎三萬攻劉備備求救於布布諸將謂布曰將軍常欲殺備今可假

手於術布曰不然術若殄備則北連太山諸將吾爲在術圍中不得不救也便嚴步兵千騎二百馳往赴備靈等聞布至皆歛兵不敢復攻布於沛西南一里安屯遣鈴下請靈等靈等亦請布共飲食布謂靈等曰玄德布弟也弟爲諸君所困故來救之布性不喜合鬬但喜解鬬耳布令門候於營門中舉一隻戟布言諸君觀布射戟小支一發中者諸軍當解去不中可留決鬬布舉弓射戟正中小支諸將皆驚言將軍天威也明日復歡會然後各罷

劉表漢末爲荆州牧時曹公征張繡荀攸言於曹公曰繡與劉表相恃爲强然繡以遊軍仰食於表表不能供勢必離不如緩軍以待之若急之其勢必相救曹公不從遂進軍至穰繡戰急表果救之軍不利曹公謂攸曰不用君言至是矣

袁術初爲左將軍術求婚於呂布布不從術怒之及曹公圍布於下邳布遣許汜王楷告急於術術曰布不與我女理自當敗何爲復來相聞邪汜楷曰明上今不救布爲自敗耳布破明上亦時也術破僭號故呼爲明上術乃嚴兵爲布作聲援布恐術爲女不至故不遣兵救也以緜纏女身縛著馬上夜自送女出與術與曹公守兵相觸格射不得過復還城

李通爲振威將軍曹公討張繡劉表遣兵助繡曹公軍不利通將兵夜詣曹公曹公得以復戰通爲先登大破繡軍

魏胡質太祖時爲荆州刺史振威將軍吳將朱然圍樊城質輕軍赴之議者皆以爲賊盛不可迫質曰樊城卑下兵少故當進軍爲之外援不然危矣遂勒兵臨圍城中乃安

夏侯儒爲征南將軍吳將朱然圍樊城城中守將乙脩等求救甚急儒進屯鄧塞以兵少不敢進但作鼓吹設道從去然六七里翱翔而還使脩等遥見之數數如是月餘司馬宣王到乃俱進然等走時謂儒爲怯或以爲晲以少疑衆得聲救之宜儒猶以此召還爲太僕

張既爲雍州刺史是時不置涼州自三輔拒西域皆屬雍州司馬文王初置涼州以安定太守鄒岐爲刺史張掖張進執郡守舉兵拒岐酒泉黄華西平麴演各逐故太守舉兵以應之既進兵爲護羗校尉蘇則聲勢故則得以有功既進爵都鄉侯

牽招明帝時爲鴈門太守護烏丸校尉田豫出塞爲軻比能所圍於故邑城移招求救招即整勒兵馬欲赴救豫并州以常憲禁招招以爲節將見圍不可拘於吏議自表輒行又並馳布羽檄稱陳形勢云當西北掩取虜家然後東行會誅虜身檄到豫軍踴躍又遺一通於虜蹊要虜即恐怖衆種類離散軍到故平城便皆潰走

賈逵爲建威將軍太和二年吳將張嬰王崇率衆降詔逵督前將軍滿寵東莞太守胡質等四軍從西陽直向東關大司馬曹休從皖司馬宣王從江陵逵至五將山休更表賊有請降者求深入應之詔逵與休合進逵度賊并軍皖城休深入必敗乃部署諸將水陸並進行二百里知休戰敗吳大帝遣兵斷夾石諸將不知所出或欲待後軍逵曰休兵敗於外路絶於內進不能戰退不得還安危之機不及終日賊以軍無後繼故至此今疾進出其不意此所謂先人以奪其心也賊見吾兵必走若待後軍賊已斷險雖兵多何益乃兼道進軍多設旗鼓爲疑兵賊見逵軍遂退逵據夾石以兵糧給休休軍乃振

陳泰齊王嘉平中爲征西將軍都督雍涼諸軍事雍州刺史王經與蜀將姜維戰大敗還保狄道城維乘勝圍狄道泰進軍度高城嶺潛行夜至狄道與進交戰維退城中將士得出泰聞經見圍以州軍將士素皆一心加得保城非維所能卒傾表上進軍晨夜速到還衆議以經奔北城不足自固維若斷涼州之道兼四郡民夷據關隴之險敢能没經軍而屠隴右宜須大兵四集乃致攻討大將軍司馬文王曰昔諸葛亮常有此志卒亦不能成事大謀遠非維所任也且城非倉卒所拔而糧少爲急征

西速救得上岸矣

吳周瑜，大帝時爲前部大督，與曹公於赤壁。曹公留曹仁守江陵城，瑜與程普又進南郡，與仁相對，各隔大江。兵未交鋒，瑜即遣甘寧前據夷陵。仁分兵騎別攻圍寧，寧告急於瑜。瑜用呂蒙計，留凌統以守其後，身與蒙上救寧。寧圍既解，乃渡屯北岸，克期大戰。瑜親跨馬擽陣，會流矢中右脅，瘡甚，便還。後仁聞瑜臥未起，勒兵就陣。瑜乃自興，案行軍營，激揚吏士，仁由是遂退。

諸葛瑾爲左將軍，督公安。時魏曹真、夏侯尚等圍朱然於江陵，又分據中州。瑾以大兵爲之救援。瑾性弘緩，推道理，任計畫，無應卒倚伏之術，兵久不解，大帝以此望之。及春水生，潘璋等作水城於上流，瑾進攻浮橋，真等退走，雖無大勳，亦以全師保境爲功。

朱異爲前部督。廢帝太平二年，魏將諸葛誕歸命，六月，使文欽、唐咨、全端等步騎三萬救誕。朱異自虎林率衆襲夏口，夏口督孫壹奔魏。秋七月，孫綝率衆救壽春，次于鑊里。異至自夏口，綝與丁奉等將介士五萬解圍。

晉安平王孚初仕魏，爲太尉。吳將諸葛恪圍合肥新城，鎮東都督毌丘儉與文欽禦之，孚督中軍東解圍，恪退還。

丁紹爲廣平太守。南陽王模爲北中郎將，鎮鄴，荒宅帝大與初成都王穎故帳下督公師藩、樓權、郝昌等攻鄴，模左右謀應之。紹率衆救模，范陽王虓又遣兗州刺史苟晞援之，藩等散走。紹□□□□□□□屬平太守及陵遣救圍南陽王模告急紹率郡兵赴之模以獲全模感紹恩生爲立碑

王浚，懷帝永嘉中爲大司馬。石勒圍襄城，遂至宛。浚遣鮮卑文鴦帥騎救宛，勒退。

陳川爲蓬陂塢主。元帝時，祖逖以奮威將軍北討，屯兵太丘。樊雅遣衆夜襲逖，遂入壘，拔戟大呼，直趣逖幕，軍士大亂。逖命左右距之，督護董昭與賊戰，走之。逖率衆追討，而張平餘衆助雅攻逖。川自號寧朔將軍、陳留太守。逖遣使求救於川，川遣將李頭率衆援之，逖遂克譙城。初，樊雅之據譙也，逖以力弱，求助於南中郎將王含，含遣桓宣領兵助逖。逖既克譙，宣等乃去。石季龍聞而引衆圍譙，含又遣宣救逖，季龍聞宣至而退。宣遂留助逖討諸屯塢未附者。

李矩爲冠軍將軍，令趙固守洛陽。後數月，劉聰遣其太子粲率劉雅生等步騎十萬屯孟津北岸，分遣雅生攻趙固於洛。固奔陽城山，遣弟告急。矩遣郭誦屯洛口以救之。誦使將張皮簡精卒千人夜渡河襲粲。候者告有兵至，粲恃其衆，不以爲虞。既而誦等奄至，十道俱攻，粲衆驚擾，一時奔潰，殺傷太半，因據其營，獲其器械軍資不可勝數。及旦，粲見皮等人少，更與雅生悉餘衆攻之，苦戰二十餘日不能下。矩進救之，使壯士三千泛舟迎皮。賊臨河列陣，作長鉤以鉤船，連戰數日，不得渡。矩夜遣部將格增潛濟入皮壘，與皮選精騎千餘，而殺所獲牛馬，焚燒器械，夜突圍而出，奔武牢。聰追之，不及而退。聰因憤恚，發病而死。

毛寶，明帝時爲廬江太守。祖約遣祖渙、桓撫襲湓口，陶侃使寶拒之。先是，桓宣背約南屯馬頭山，爲渙、撫所攻，求救於寶，寶衆以宣本是約黨，疑之。宣遣子戎重請，寶即隨戎赴之。未至而賊已與宣戰，寶軍懸兵少，器械濫惡，大爲渙、撫所破。寶中箭貫髀，徹鞍，使人蹋鞍拔箭，血流滿韡。夜奔船所百餘里，望星而行。到，先哭戰亡將士，洗瘡訖，夜還救宣。寶至宣營，而渙、撫亦退。

朱序，孝武時爲征虜將軍，督司雍梁秦四州軍事，鎮襄陽。東羌校尉竇衝欲入漢川，安定人皇甫釗、京兆人周勳等謀納之。梁州刺史周瓊失巴西三郡，衆寡力弱，告急於序。序遣將軍皇甫貞率衆赴之，衝據長安東，釗、勳散走。

桓豁爲荊州刺史，苻堅將王猛、楊安攻南鄉，豁救之，師次新野而猛、安退。

郗恢爲雍州刺史，鎮襄陽。以隨郡太守夏侯宗之爲河南太守，戍洛陽。姚萇遣其子略攻胡城，乃上洛。又使其將楊佛嵩圍洛陽，恢遣建武將軍辛恭靜救洛陽。梁州刺史王正胤率衆出子

午谷以為聲援略陽懼而退恢以力進征虜將軍
石元良為西安太守時呂慕容言郭寵聲言慕容大敗元良率步騎五千
赴難與慕容暮戰慕容破之遂入于姑臧
宋申恬文帝元嘉中為通直散騎時魏軍南侵青州遣恬援東
陽因與輔國司馬齊郡太守龐秀之保城固守蕭斌遣青州別
駕解榮之率垣護之還援恬等仍傍南山得入賊朝來脅城日
晚輒退城內乃出車北門外環塹為營欲挑戰賊不敢逼停五
日東過抄略清河郡從東安東莞出下邳下邳太守垣閬閉城
拒守保全二千餘家虜退以恬為寧朔將軍山陽太守
垣護之為寬威將軍鍾離太守隨王玄謨入河玄謨攻滑臺護
之百舸為前鋒進據石濟石濟在滑臺西南百二十里及魏軍
救至玄謨敗退不暇報護之護之聞知而魏軍悉牽玄謨水
軍大艚連以鐵鎖三重斷河欲以絕護之還路河水迅急護之
中流而下每至鐵鎖以長柯斧斷之魏軍不能禁唯失一舸餘

舸並全
南齊崔慧景為輔國將軍南郡內史太祖建元元年元魏南侵
豫章王遣慧景三千人頓方城為司州聲援
蕭宏為太子舍人時蕭懿領梁州為魏所圍明帝給宏精兵千
人遣為援未至魏軍退
梁曹景宗為冠軍將軍天監五年魏中山王英寇鍾離圍徐州
刺史昌義之高祖詔景宗率眾赴援豫州刺史韋叡亦援焉而
受景宗節度六年春大破魏軍
安成康王秀天監七年為荊州刺史號安西將軍是歲魏縣瓠
城民反殺豫州刺史司馬悅引司州刺史馬仙琕時琕往荊州
求應赴眾咸謂宜待臺報秀曰彼待我而為援援急速待勑雖
舊非應急也即遣赴之
始興忠武王憺天監九年為鎮西將軍益州刺史時魏襲巴西
圍南安太守常李瑤堅固守憺遣軍救之魏人退軍所收器械

甚衆
蘭欽為南梁北秦沙四州都督移衡州刺史未及述職魏遣都
督董紹張獻攻圍南鄭梁州刺史杜懷瑤請救欽率所領援之
大破紹獻於高橋城斬首三千餘紹獻奔退入斜谷斬獲略盡西
魏相宇文黑泰致馬二千疋請結鄰好詔加散騎常侍進號仁
威將軍增封五百戶仍令述職
裴之高為雄信將軍侯景之亂南豫州刺史鄱陽嗣王範命之
高總督江右援軍諸軍事頓于張公洲柳仲禮至橫江之高遣
船舸二百餘艘迎致仲禮與韋粲等俱會青塘立營據建興苑
及城陷之高還合肥與鄱陽王範西上稍至新蔡眾將一萬未
有所屬元帝遣蕭慧正召之以為侍中護軍將軍
陳黃法氍為信武將軍高州刺史高祖永定二年王琳遣李孝
欽樊猛余孝頃攻周迪具謀取法氍法氍率兵援迪擒孝頃等
三將

熊曇朗為宣毅將軍新豫章太守時王琳遣李孝欽余孝頃於臨川攻
周迪曇朗率所領赴援
陸子隆為明威將軍廬陵太守周迪引陳寶應復出臨川子隆
隨都督章昭達討迪迪退走子隆隨昭達踰東興嶺討寶應仍
至建安以子隆監郡侯應據建安之湖際以拒官軍子隆與昭
達各據一營昭達先與賊戰不利亡其鼓角子隆聞之率兵來
救大破賊徒盡獲昭達所亡羽儀甲仗
後魏許謙初為右司馬與張袞等參贊初基慕容寶來寇也道
武使謙告難於姚興興遣將楊佛嵩率眾來援道武命謙為書
以遺佛嵩曰夫杖順以翦違乘義而攻昧有非其運而頑功無
其時而著業慕容無道侵我疆埸師老兵疲天亡期至是以遣
使命軍必望剋赴將軍據方邵之任總熊虎之師事與機會今
其時也因此而舉役不再駕千載之勳一朝可立然後高會云
中進師三魏舉觴稱壽不亦綽乎佛嵩乃倍道兼行道武大悦

睍謙爲關内侯
來大千爲常侍從太武討赫連昌共長孫道生與賊交戰道生馬倒爲賊所擊大千馳救賊衆散走大千扶道生上馬遂得免尋遷正北大將軍
尉元爲冠軍將軍薛安都以徐州内附請師救援獻文以元爲都督東道諸軍事鎭南大將軍博陵公與城陽公孔伯恭赴之宋遣將張永沈攸之等率衆討安都屯于下磕永乃分遣羽林監王穆之領卒五千守輜重於武原龍驤將軍謝善居領卒二千據呂梁敎騎侍郎張引領卒二千守茱萸督上租糧供其軍實安都出城見元元依朝旨授其徐州刺史遣中書侍郎高閭李璨等與安都俱還入城別令孔伯恭精甲二千撫安内外然後元入彭城孔伯恭爲散騎常侍宋徐州薛安都以彭城内附宋遣將張永沈攸之等擊安都上表請援顯祖進鎭東將軍副尚書尉元救之軍次于秺賊將伯恭等攻命勉之永窘無所出引師而退
慕容白曜爲征南大將軍宋遣其將吳憘公率衆數萬欲寇彭城時元表請濟師獻文詔白曜赴之白曜到瑕丘遇患時泗水暴竭船不得進憘公退白曜因停瑕丘
奚康生爲中堅將軍時南齊將裴叔業率衆圍渦陽詔遣高聰等四軍往援之後遣都督廣陵侯元衍並皆敗退時刺史孟表頻啓告孝文勑遣康生馳往赴援一戰大破之
傅永爲揚武將軍汝陰鎭將宣武景明初齊將陳伯之侵逼壽春沿淮爲寇司徒彭城王勰廣陵侯元衍同鎭壽春以九江初附人情未洽兼臺援不至深以爲憂詔遣永爲統軍領汝陰之兵三千人先援之永總勒士卒水陸俱下而淮水口伯之防之甚固永去二十餘里牽船上汝南岸以水牛挽之直南趣淮下船便度適上南岸賊軍亦及會時已夜永乃潛進曉達壽春城下勰衍聞外有軍共上門樓觀望然不意永至永免冑乃信之遂引永上勰謂永曰北望已久恐洛陽難復可見不意卿能至也勰令永引軍入城永曰執兵被甲固敵是求若如教旨便共殿下同被圍守豈是救援之意遂孤軍城外與勰并勢以擊伯之頻有克捷
宇文福景明中爲太僕少卿梁將寇邊假節征虜將軍領兵出三關討之又詔福行豫州事豫州刺史　田益宗共相影援緩邊寇甚
張普惠孝明時爲尚書右丞時梁義州刺史文僧明舉城歸順揚州刺史長孫稚遣別駕封壽入城固守梁人率衆攻逼詔普惠爲持節東道行臺攝軍司赴援之軍始度淮而封壽已棄城單馬而退軍罷還朝
辛纂爲諫議大夫兼尚書左丞南道行臺時梁遣將曹義宗攻新野詔纂率衆赴援至便破之義宗等以其勁速不敢復進於時海内多虞京師更無繼援唯以二千餘兵捍禦疆埸
淳于誕爲羽林監梁將張齊攻圍益州詔誕爲統軍與刺史傅豎眼赴援事寧還朝
崔孝芬爲安南將軍光祿大夫兼尚書爲徐兗行臺莊帝建義初太山太守羊侃據郡反逺引梁兵圍逼兖州除孝芬散騎常侍鎭東將軍金紫光祿大夫仍兼尚書東道行臺大都督刁宣馳往救援與行臺于暉等至便圍之侃突圍奔梁餘黨悉平定
北齊司馬子如爲高祖大行臺郎中葛榮之亂相州孤危尒朱榮遣子如間行入鄴助加防守
叱列平爲開府陳人攻圍廣陵詔平統河南諸軍赴援陳人退乃還
後周韋祐字法保初仕魏孝武爲右將軍及廣州刺史李長壽被侯景所害其子延孫收長壽餘衆守御東境朝廷恐延孫兵少不能自固乃除法保東洛州刺史配兵數百人以援延孫法保至潼關弘農郡守韋孝寬謂法保曰恐子此役難以上還也法保曰古人稱不入獸穴不得獸子安危之事未可預量縱爲國殞身亦無所恨也遂倍道兼行東魏陝州刺史劉貴以步騎千餘邀之法保法保命所部爲圓陣且戰且前數日得與延孫

合兵乃并勢置柵於伏流未幾太祖追法保與延孫率衆入朝賞勞甚厚

崔猷閔帝時爲梁州都督時利州刺史崔士謙被寇請援猷遣兵六千赴之信州糧盡猷爲送米四千斛於是二鎮獲全

趙昶爲武州刺史明帝初鳳州人仇周貢魏興等反自號周公破廣化郡攻没諸縣分兵西入圍廣業脩城二郡廣業郡守薛爽脩城郡守杜杲等請昶爲援遣使報杲爲周貢黨樊伏興等知昶將至解脩城圍據泥功嶺設六伏以待昶昶至遂遇其伏合戰破之廣業之圍亦解昶追之至泥陽川而還

扶猛爲羅州刺史武成中陳將侯瑱等逼湘州猛從賀若敦赴救除武州刺史後隨敦自拔還復爲羅州刺史

王軌高祖時爲上大將軍陳將吳明徹入寇呂梁徐州總管梁士彦頻與戰不利乃退保州城不敢復出明徹遂堰清水以灌之列船艦於城下以圖攻取詔以軌爲行軍總管率諸軍赴救

軌潛於清水入淮口多竪大木以鐵鎖貫車輪横截水流以斷其船路方欲密決其堰以斃之明徹知之大懼乃破堰而退冀乘決水之勢以得入淮比至清口川流已闊水勢亦衰船艦並礙於車輪不復得過軌因率兵圍而蹙之唯有騎將蕭摩訶以二千騎先走得免明徹及將士萬餘人并器械輜重並被俘獲陳之銳卒於是殲焉

李遷哲天和三年爲大將軍率兵鎮襄陽陳將章昭達攻逼江陵梁王蕭巋告急於襄州衛公直令遷哲往救焉遷哲率其所部守江陵外城與陳將程文季交戰兵稍相及遷哲乃親自陷陣手殺數人會江陵總管陸騰出兵助之陳人又因水汎長壞龍州寧朔堤引水灌城城中驚擾遷哲乃先塞止北水孔募驍勇出擊之頻有斬獲衆心稍定俄而敵入郭內焚民家遷哲自率騎出南門又令步兵自北門出兩軍合勢首尾邀之陳人復敗多投水而死是夜陳人又竊於城西以梯登者已百數人遷哲又率驍勇扞之陳人復潰俄而大風暴起遷哲乘闇出兵擊其營陳人大亂殺傷甚衆陸騰復破之於西堤陳人乃遁

隋李徹高祖時爲衛王長史與李元討突厥沙鉢略遂降以功加上大將軍未幾沙鉢略又爲阿拔所侵上疏請援以徹爲行軍總管率精騎一萬赴之阿拔聞而遁去及軍還復領行軍總管屯平涼以備胡寇封安道郡公

衛玄爲刑部尚書煬帝幸遼東玄與代王侑守京師會楊玄感圍逼東都玄率步騎七萬援之至華陰掘楊素冢焚其骸骨夷其塋域示士卒以必死既出潼關議者恐崤函有伏兵請於陝縣沿流東下直趣河陽以攻其背玄曰以吾之此計豎子所及於是鼓行而進既度函谷卒如所量時衆寡不敵與賊頻戰不利死傷太半玄感盡銳來攻玄苦戰賊稍却進屯北邙會宇文述來護兒等援兵至玄感懼而西遁玄追之通議大夫斛斯萬善監門直閤龐玉先鋒追之及于閿鄉與宇文述等合擊破之

張須陁大業中爲齊郡丞時賊帥秦弘郭方預等合軍圍北海兵鋒甚銳須陁謂官屬曰賊自恃强謂我不能救吾今去破之必矣於是簡精兵倍道而進賊果無備擊之大破斬數萬級獲輜重三千兩

唐劉弘基爲右驍衛大將軍高祖武德二年五月王世充侵西濟州遣弘基援之

契苾何力爲左領軍將軍太宗貞觀中與涼州都督李大亮將軍薛万均同征吐谷渾軍次赤水川万均率騎先行爲賊所攻兄弟皆中槍墮馬徒步而鬭兵士死者十六七何力將數百騎馳往突圍而前縱横奮擊賊兵披靡万均兄弟由是獲免

高賢爲安西都護行軍總管高宗龍朔中率兵救援于闐

李勣爲司空乾封中伐高麗裨將郭待封以水軍別道赴平壤城又遣別帥馮師本載糧舟行以爲之援師本中路船破失期待封欲作書與勣恐高麗知其兵不至乘危迫之乃作離

合詩以遺勣勣不達其意怒曰軍機急切何用詩爲必斬以徇行軍管記通事舍人元萬頃白勣曰此離合文也勣始悟而曰遣漏師持糧仗以援之待封遂濟海

王方翼爲安西都護永隆中突厥車薄反叛圍弓月城方翼引兵救之至伊麗河而賊衆來拒縱擊大破之斬首千餘級

崔光遠爲河南節度使肅宗乾元元年冬司徒郭子儀與賊戰於汲郡光遠以千人渡河援之

李晟爲都知兵馬使代宗大曆五年涇原節度使馬璘與吐蕃戰於鹽倉兵敗晟率所部横擊之拔璘出於亂兵後德宗即位吐蕃寇劍南時節度使崔寧在京師三川皆恐詔晟將神策軍五百救援晟乃踰漏天攻拔飛越廓清肅寧三城絕大渡河獲虜首千餘級虜乃引去

張孝忠爲易定節度時朱滔侵逼詔和榮行營兵馬使李晟中官竇文瑒以衆援之孝忠與晟勠力同心竟全易定二州

李納爲淄青節度使建中四年李希烈攻圍陳州納遣大將李克信李欽遥將兵救之與諸軍奮擊大破之因解陳州之圍加檢校司空實封五百户

李觀爲四鎮北庭行營節度使貞元初平涼之會渾瑊既無戎備觀伺知校謀潛擇精兵五千要伏險道及瑊逃歸賴觀遊軍及李元諒之師表裏以免

王鍔爲河東節度使憲宗元和九年振武軍亂逐節度使李進賢以張煦代之鍔遣兵五千會煦於善羊栅誅入煦也

李光顔爲忠武軍節度使元和十二年討淮西時裴度計築赫連城於沱口未畢役度帥賓從往觀之導騎將及城門左右曰五溝賊至言未訖賊已突來李謊爭進城震壞者十餘板注弩挺刃勢將及度賴光顔決戰於前以却之時光顔先慮其來使田布以騎二百伏於溝中出賊不意交擊之方得入城布又先拒其溝歸路賊多棄騎越溝相牽墮壓而死者千餘人是日非光顔之救度幾陷

李聽爲滑州節度使文宗太和二年討滄州李同捷魏博行營都將亓志紹潛結滄鎮回軍攻魏博節度使史憲誠以急上聞詔聽以兵援之遂大破志紹志紹奔鎮州聽遂凱旋

田布弘正之子統魏之偏師會諸軍討淮西裴度嘗觀諸軍城沱口賊將董重質領驍騎突至度甚危蹙布領騎二百馳救之賊而諸軍繼至獲免

李繼瑤知興元軍府事昭宗景福二年正月鳳翔李茂貞奏以繼瑤率本軍赴援梓州

梁袁存敬爲右騎都將與唐光啓中李罕之會晉軍圍張宗奭於澤太祖遣丁會葛從周存敬同往馳救存敬引騎軍先犯虜騎諸軍翼之虜騎大敗乃解河橋之圍

牛存節爲宣義軍小將唐文德元年夏李罕之以并軍圍張宗奭於河陽太祖遣存節率軍赴之屬歲歉饑餒不至村民有儲蓄者存節以器用錢帛易之以給軍食大破賊於沇河罕之引衆北走存節後爲宿州刺史淮賊大至彭城存節乃以部下兵夜發直趨彭門淮人訝其神速震恐而退諸將服其智識開平二年王師敗於上黨晉人乘勝迫澤州州城將陷河南留守張全義召存節與遂以本軍及右龍武羽林等軍往應接上黨師至天井關存節謂諸將曰是行也雖不奉詔旨然要害之地不可致失時晉人新勝其鋒甚盛存節引衆而前衝救之至澤州晉軍燒營而退

葛從周爲兗州留後唐光化元年正月淮南楊行密舉全吳之師寇徐州幽州劉仁恭又舉十萬衆攻陷貝郡從周自山東馳救魏壁入上萬歲亭下逼明燕人突上水關攻館陶門從周與賀德倫李暉馬言騎五六百人出壁外謂門者曰前有大敵不可返顧命下絕關焉與德倫等殊死戰燕人大衂擒其將薛突厥王郁郎等翌日乘勢統諸將張存敬奉國程逼等連破八寨

蟬至臨清擁其師于御河溺死甚衆恭走滄州

范居實為左神勇軍使開平元年命居實統軍以解澤州之圍

楊師厚為潞州行營都招討使時晉王與周德威丁會符存審等以大衆攻晉州甚急大祖遣師厚帥兵援之軍至絳州晉軍扼蒙坑之險師厚整衆而前晉人乃撤圍而遁

康懷英開平三年為陝州節度使西路行營副招討使逆將劉知俊叛入鳳翔宋文通地狹不能容遂籍兵知俊以窺靈武且圖牧擾之利韓遜馳騎告急乃命懷英率諸軍逼邠寧以緩朔方之寇知俊不果入懷英使奏十二月二十八日逆賊劉知俊自靈武抽回取涇州路入鳳翔

王檀為潞州東北面行營招討使乾化元年正月王景仁與晉人戰於栢鄉王師敗績河朔大震景仁餘衆為虜騎所追檀戒嚴設備應接敗軍助以資裝獲濟者甚衆

李振為天雄軍節度副使乾化元年二月戊午晉軍圍魏州軍於南門庚申振與杜廷隱等自楊劉口偷路夜入鄴城晉軍乃解圍而去

寇彥卿末帝貞明初授鄜州節度使會淮人圍安陸彥卿奉詔領兵解圍大破淮賊而回

後唐李嗣昭少從武皇征伐精練軍機唐乾寧初王珂王珙爭帥河中珙引陝州之軍攻珂珂求救於宣皇乃令嗣昭將兵援之敗珙軍於猗氏獲賊將李璠等四年敗衙內都將復援河中敗汴軍於胡壁堡擒汴將滑禮

史儼為武皇帳中親將乾寧中與李承嗣率騎渡河援兗鄆時汴軍雄盛自青徐兗鄆柵壘相望儼與騎將安福順等每以數十騎直犯營壘左俘右斬汴軍為之披靡

周德威為晉陽衙將天祐三年幽州求援德威與李嗣昭合燕軍五萬攻潞州降丁會明年正月授德威檢校太保代州刺史督內外衙番漢馬步諸軍六月梁將李思安寇潞州下夾城以

絕援軍武皇以德威為行營都指揮使應援潞州二年之間大小百戰五年四月二十四日從莊宗再援潞州二十九日德威前軍營橫碾距潞州四十五里五月朔晨霧晦暝王師伏於三垂岡翌日直趨夾城斬關破壘梁人大敗解潞州之圍莊宗南伐德威聞劉鄩西寇晉陽自幽州帥騎千人赴援至土門聞鄩賊東下信宿至南宮知劉鄩在宗城其夜選十餘騎逼賊營擒賊斥候者詰其軍所向因斷其腕令還賊見之大駭遲明德威略賊營而過至於臨清劉鄩起軍駐貝州德威帥前鋒設伏於河上詰旦援十餘騎而還時帝出師屯于博州劉鄩軍營堂邑德威自臨清率騎五百人赴堂邑賊聞德威之至乃伏兵桑下德威不之察摩壘挑戰俘斬百餘級而還賊自桑間狡起衆軍大駭德威控弦接戰數十合既而賊軍大至德威稍却且戰且行與賊轉鬬五十餘里會日暮兵解

李嗣本唐光化中累歷右職天祐四年李思安寇潞州築夾城從周德威將兵赴援擒生斬將歲中數千計五年破夾城

張承業為莊宗監軍天祐五年六月鳳翔李茂貞邠州楊崇本會西川王建之師五萬攻長安汴將同州刺史劉知俊孫西京尹王重師以兵逆戰於漢谷邠岐不利而退時岐州會兵於我莊宗及承業會之

李嗣肱為三城巡檢知衙內事天祐七年周德威援靈夏黨項阻道音驛不通嗣肱奉命自麟州渡河應援德威破黨項轉戰千里合德威軍

李存審為蕃漢總管副使天祐八年存審以三千騎屯趙州九年梁人攻脩縣又與史建瑭赴援下博梁人驚亂撓營而去

李紹衡為周德威騎將天祐十年正月己巳梁將楊師厚劉守奇率邢洺魏博徐兗汴滑之衆十萬大掠鎮冀師厚自邢州栢鄉攻王門逼趙州庚戌至鎮州營於南門外燔其關城王子史建瑭自趙州領騎五百入鎮州是日王德明亦自西山入師厚

知其有備自九門軍於下博劉守奇以一軍自貝州入掠冀州衡水阜城與師厚會所在焚蕩廬舍驅虜人物陷下博城我趙州戍將李存審史建瑭兵寡不敵周德威令紹衡會存審徵鎮州大將王德明兵同襲賊乙丑王鎔遣使告急於德威分兵赴援師厚守奇自弓高渡御河而東寇滄州張方進懼請歸河南師厚表爲青州節度使以劉守奇代之而旋

石嘉才爲李嗣昭裨將天祐十三年梁將劉鄩新敗據滑州梁主召之不至是月梁遣別將王檀率衆五万自河中入陰地寇我晉陽昭義李嗣昭遣嘉才率騎三百赴援賊方至營壘未成城中有故將安金全率驍騎夜出薄之賊衆大潰俘斬而還賊人自是膽破

李建及爲魏博內外衙都將天祐十六年汴將賀瓌攻德勝南城以戰船十餘艘竹笮維之扼斷津路師不得渡城中矢石將盡守城將氏延賞危急莊宗令積帛軍門召能破賊船者津人有馬破龍者能水游乃令往見延賞延賞言危窘極矣所爭晷刻特棹船隨流矢雨集建及被重鎧執矟呼曰豈有限一衣帶水縱賊如此乃以二船實甲士皆短兵持斧徑抵梁之戰艦斧其笮又令上流具甕積薪其上順流縱火以攻其艦須臾煙焰騰熾梁軍斷纜而遁建及入南城賀瓌解圍而去

李存賢爲慈州刺史天祐十八年河中朱友謙來求援命存賢率師赴之十九年汴將段凝軍五万營臨晉蒲人大恐咸欲歸汴或問於存賢曰河中將士欲拘公降于汴存賢曰吾奉命援河中死王事固其所也汴軍退以功加檢校司徒

李嗣恩年十五能騎射事武皇帳下以戰功爲馬軍都尉救應河府賊出不備彎弧盪寇應弦斃者甚衆矟中其口酣戰未解及退莊宗親撫其傷深加慰勉

石君立爲李嗣昭前鋒敵人畏之王檀之逼晉陽也城中無備安金全驅市人以登陴保守不完時莊宗在魏博救應不暇人心危懼嗣昭遣君立率五百騎自上黨朝發暮至王檀游軍扼汾橋君立一戰敗之徑至城下馳突斬擊出入如神大呼曰昭義侍中大軍至矣是夜入城與安金全等分出諸門擊殺於外遲明梁軍敗走

晉張彥珂爲副都指揮使高祖天福七年二月同州奏鄜延州書報勾抽兵士同往殺戮逆黨已差彥珂部領兵士八百人赴之

周廣友爲鄜州衙內都指揮使天福七年二月鄜州周密奏差男廣友部領馬步兵士二百人往延州救應殺戮逆黨却已到州

漢史弘肇爲許州節度使充侍衛步軍都指揮使會王守恩以上黨求附虜主命大將耿崇美率衆登太行欲取上黨高祖命弘肇以軍應援軍至潞州契丹退去

李彥從爲左飛龍使鎮州逐虜之際請兵于朝廷高祖令彥從率軍赴之

郭瓊爲沂州刺史隱帝乾祐三年密州刺史王万敢奏奉詔領

兵入海州界至秋水鎮俘掠焚蕩更請益兵詔瓊率禁軍赴之

陳思讓爲淄州刺史乾祐末湖南上言朗州馬希萼引五谿蠻及淮南洪州軍來攻當道望量差兵士於淮境牽引帝遣思令領軍入淮南界以便宜進取

冊府元龜卷第四百十四

冊府元龜卷第四百一十五

將帥部七十六

傳檄

三代而上重乎文告春秋之際尚乎辭令其從司戎旅而專討伐者乃有馳露版飛羽書以暴揚其過惡張皇其威武使忠義奮發而邪謀沮壞亦乃諭以去就之理陳夫逆順之狀俾之改圖易轍轉禍爲福開其自新之路成乎不戰之績蓋以傳布遐邇誕告士民使知其不獲已而用兵非無名而黷武者矣

魯仲連齊人也好奇偉俶儻之畫策燕將攻下聊城聊城人或讒之燕燕將懼誅因保守聊城不敢歸齊田單攻聊城（田單攻聊城在長平後十餘年也）歲餘士卒多死而聊城不下魯連乃爲書約之矢以射城中遺燕將書曰吾聞之智者不背時而弃利勇士不怯死而滅名忠臣不先身而後君今公行一朝之忿不顧燕王之無臣非忠也殺身忘聊城而威不信於齊非勇也功敗名滅後世無稱焉非智也三者世主不臣說士不載故智者不再計勇士不怯死今死生榮辱貴賤尊卑此時不再至願公詳計而無與俗同且楚攻齊之南陽魏攻平陸而齊無南面之心以爲亡南陽之害小不如得濟北之利大故定計審處之今秦人下兵魏不敢東面衡秦之勢成楚國之形危齊弃南陽斷右壤定濟北計猶且爲之也且夫齊之必決於聊城公勿再計今楚魏交退於齊而燕救不至以全齊之兵無天下之規與聊城共據期年之敝則臣見公之不能得也且燕國大亂君臣失計上下迷惑栗腹以十萬之衆五折於外（此事去長平十年）以萬乘之國被圍於趙壤削主困爲天下僇笑國敝而禍多民無所歸心今公又以敝聊之民距全齊之兵是墨翟之守也食人炊骨士無反外之心是孫臏之兵也能見於天下矣故爲公計者不如全車甲以報於燕車甲全而歸燕燕王必喜身全而歸於國士民如見父母交游攘臂而議於世功業可明上輔孤主以制群臣下養百姓以資說士矯國更俗功名可立也亡意亦捐燕弃世東游於齊乎裂地定封富比乎陶衛世世稱孤與齊久存又一計也此兩計者顯名厚實也願公詳計而審處一焉且吾聞之規小節者不能成榮名惡小恥者不能立大功昔者管夷吾射桓公中其鉤篡也遺公子糾不能死怯也束縛桎梏辱也若此三行者世主不臣而鄉里不通鄉使管子幽囚而不出身死而不反於齊則亦名不免爲辱人賤行矣臧獲且羞與之同名矣（方言曰荆淮海岱燕齊之間罵奴曰臧罵婢曰獲）況世俗乎故管子不恥身在縲紲之中而恥天下之不治不恥不死公子糾而恥威之不信於諸侯故兼三行之過而爲五霸首名高天下而光燭鄰國曹子爲魯將三戰三北而亡地五百里鄉使曹子計不及顧議不還踵刎頸而死則亦名不免爲敗軍禽將矣曹子弃三北之恥而退與魯君計桓公朝天下會諸侯曹子以一劍之任枝桓公之心於壇坫之上顏色不變辭氣不悖三戰之所亡一朝而復之天下震動諸侯驚駭威加吳越若此二士者非不能成小廉而行小節也以爲殺身亡軀絶世滅後功名不立非智也故去感忿之怨立終身之名棄忿悁之節定累世之功是以業與三王爭流而名與天壤相弊也願公擇一而行之燕將見魯連書泣三日猶豫不能自決欲歸燕已有隙恐誅欲降齊所殺虜於齊甚衆恐已降而後見辱喟然歎曰與人刃我寧自刃乃自殺聊城亂田單遂屠聊城

漢翟義爲東郡太守王莽居攝義心惡之乃立東平王子嚴鄉侯信爲天子義自號大司馬柱天大將軍移檄郡國言莽鴆殺孝平皇帝矯攝尊號今天子已立共行天罰郡國皆震

後漢隗囂字季孟王莽末季父崔聞更始立而莽兵連敗乃與兄義及上邽人楊廣冀人周宗謀起兵應漢推囂爲上將軍立廟祀高祖太宗周宗割牲而盟移檄告郡國曰漢復元年七月己酉朔己巳上將軍隗囂白虎將軍隗崔左將軍隗義右將軍楊廣明威將軍王遵雲旗將軍周宗等告州牧部監郡卒正連

率大尹尹尉隊大夫屬正屬令莽以周官王制之文置卒正連率大尹職如太守屬令屬長職如都尉置州牧部監二十五人見禮如三公監位上大夫各主五郡公氏作牧侯氏卒正伯氏連率子氏屬令男氏屬長皆世其官其無爵者爲尹置六隊郡置大夫職如太守故新都侯王莽慢侮天地悖道逆理鴆殺孝平皇帝篡奪其位矯託天命僞作符書莽遣五威將軍王奇等班符命四十二篇於天下言當代漢之意欺惑衆庶震怒上帝反戾飾文以爲祥瑞大風毀莽王路堂又拔其昭寧堂池東榆樹大十圍莽乃曰念萃閣仙圖天意立太子正其名乃立其子臨爲太子以爲祥應也戲弄神祇歌頌禍殃楚越之竹不足以書其惡前書朱安世曰南山之竹不足以盡我詞以楚越多竹故引以爲言也天下昭然所共聞見今略舉大端以喻吏民蓋天爲父地爲母尚書曰惟天地萬物父母禍福之應各以事降莽明知之而冥昧觸冒不顧大忌詭亂天術援引史傳王莽每有災異皆引史傳以文飾之讖書說符侯崔發言於莽曰周禮及春秋左氏國有大災則哭以厭之故周易稱先號咷而後笑宜呼嗟告天以求救莽乃率羣臣至南郊陳其符命因搏心大哭昔秦始皇毀壞謚法以一二數欲至萬世秦始皇初并天下制曰太古有號無謚中古有號死而以行爲謚如此則子議父臣議君自今以來除謚法朕爲始皇帝後世以計數至于萬世傳之無窮而莽下三萬六千歲之歷言身當盡此度莽令太史推三萬六千歲歷紀六歲一改元布告天下

府四百一十五　三

循亡秦之軌推無窮之數是其逆天之大罪也分裂郡國斷截路絡絡經絡也謂莽分郡縣斷割疆界也田爲王田賣買不得莽更名天下田曰王田不得賣買規錮山澤奪民本業莽制名山大澤不得採取造起九廟窮極工作莽起九廟一曰黃帝太初祖廟二曰帝虞始祖昭廟三曰陳胡王統祖穆廟四曰齊敬王世祖昭廟五曰濟北愍王王祖穆廟六曰濟南伯王尊禰昭廟七曰元城孺王尊禰穆廟八曰陽平頃王戚禰昭廟九曰新都顯王戚禰穆廟殿皆重屋太初祖廟東西南北各四十丈高十七丈餘廟半之爲銅薄櫨飾以金銀琱文窮極百工之巧功費數百鉅萬卒徒死者萬數發冢河東攻劫丘壟此其逆地之大罪也尊任殘賊信用姦佞誅戮忠正覆按口語赤車奔馳赤車使者乘赤車也法冠晨夜冤繫無辜漢官儀曰法冠一曰柱後惠文冠執法者服之刑除順時之法莽春夏斬人不順時之法灌以醇醯裂以五毒莽以董忠宗族醇醯毒藥白刃叢棘并一坎而薶之政令日變官名月易莽州郡官名無常制乃至一歲五易名而還復其故吏人不能紀貨幣歲改時百姓便安漢五銖錢以莽錢大小兩行難知又數變改不信皆私以五銖錢市買莽患之下詔諸挾五銖錢者比非井田制投四裔吏民昏亂不知所從商旅窮窘號泣市道設爲六管六筦之令

酤酒賣鹽鐵器鑄錢名山大澤此謂六筦也皆令縣官主然取其利增重賦斂刻剝百姓厚自奉養苞苴流行財入公輔禮記曰苞苴以問人者莽令七公六卿兼號將軍分鎮七郡時使者數於外貨賂侵漁百姓上下貪賄莫相檢考民坐挾銅炭沒入鍾官莽時關東大飢蝗民犯鑄錢五人相坐沒入爲官奴婢其男子檻車兒女子步以鐵鎖琅當其頸傳詣鍾官以十萬數到者易其夫婦愁苦死者什六七鍾官主鑄錢之官也徒隸殷積數十萬人工匠飢死長安皆臭既亂諸夏狂心益悖北攻彊胡南擾勁越莽令十二部將同時大擊匈奴莽殺句町王邯爲侯其王邯怨怒不附莽諷牂柯大尹周歆殺邯邯弟承起兵攻殺歆西侵羌戎東摘濊貊羌豪怙傳播等怨莽奪其地爲西海郡遂反攻西海太守程永莽又發高句驪兵伐胡不欲行郡彊迫之皆亡出塞爲寇使四境之外並入爲害緣邊之郡江海之瀕滌地無類瀕涯也滌蕩也無遺類也故攻戰之所敗苛法之所陷饑饉之所夭疾疫之所及以萬萬計其死者則露尸不掩生者則奔亡流散幼孤婦女流離係虜此其逆人之大罪也是故上帝哀矜降罰于莽妻子顛殞還自誅刈顛隕也殞絕也莽殺其子宇臨等妻以莽數殺其子涕泣失明病卒大臣反據亡形已成大司馬董忠國師劉歆衛將軍王涉涉曲陽侯根之子也皆結謀內潰

府四百一十五　四

司命孔仁納言嚴尤秩宗陳茂舉衆外降莽置五威司命孔仁敗降更始今山東之兵二百餘萬已平齊楚下蜀漢定宛洛據敖倉守函谷威命四布宣風中岳中岳嵩高也謂更始至洛陽興滅繼絕封定萬國遵高祖之舊制修孝文之遺德有不從命武軍平之馳使四夷復其爵號莽貶句町王爲侯西域盡改其王爲侯單于曰服于高句驪曰下句麗今皆復其爵號然後還師振旅橐弓臥鼓周禮曰出曰治兵入曰振旅詩周頌曰載戢干戈載櫜弓矢櫜韜也卧猶息也申命百姓各安其所庶無負子之責古者負子而耕上既安其業則無責也囂乃勒兵十萬擊殺雍州牧陳慶將攻安定安定大尹王向莽從弟平阿侯譚之子也威風獨能行其邦內屬縣皆無叛者囂乃移書於向喻以天命反覆誨示終不從於是進兵虜之以徇百姓然後行戮安定悉降而長安中亦起兵誅王莽囂遂分遣諸將徇隴西武都金城武威張掖酒泉敦煌皆下之

丁綝爲偏將軍從光武征伐綝將兵先度河移檄郡國攻營略地下河南陳潁川二十一縣

岑彭爲征南大將軍伐蜀漢而夾川穀少水險難漕運留威虜將軍馮駿軍江州江州縣名今渝州巴縣也長江上駿將兵請鼓重書拜駿爲威虜將軍都尉田鴻軍夷陵領軍李玄軍夷道自引兵還屯津鄉當荊州要會津鄉縣名所謂江津當荊州之衝要乃喩告諸蠻夷降者奏封其君長初彭與交阯牧鄧讓厚善與讓書陳國家威德又遣偏將軍屈充移檄江南班行詔命於是讓與江夏太守侯登武陵太守王堂長沙相韓福桂陽太守張隆零陵太守田翕蒼梧太守杜穆交阯太守錫光等相率遣使貢獻悉封爲列侯或遣子將兵助彭征伐張隆遣子畢將兵詣彭助征伐光武以畢爲率義侯於是江南之珍始流通焉

耿恭爲戊已校尉屯車師後王城恭至部移檄烏孫示漢威德大昆彌已下皆歡喜遣使獻名馬及奉宣帝時所賜公主博具願遣子入侍恭乃發使齎金帛迎其侍子

袁紹爲冀州牧遣麹義及劉虞子和與虞故從事鮮于輔等合兵擊公孫瓚固守易京攻之連年不能拔紹乃與瓚書曰孤與

足下既有前盟舊要申之以討乱之誓愛過夷叔分著丹青謂爲旅力同仇足踵齊晉故解印釋紱以北帶南分割膏腴以奉執事此非孤赤情之明驗邪豈寤足下棄烈士之高義尋禍亡之險蹤輟而改慮以好易怨盜遣士馬犯暴豫州始聞甲卒在南親臨戰陣懼於飛矢迸流在刃橫集以重足下之禍徒增孤子之咎釁也故爲薦書懇惻冀可改悔而足下超然自逸矜其威詐謂天罔可吞豪雄可滅果令貴弟殞於鋒刃之端斯言猶在於耳而足下曾不尋討禍源克心罪已苟欲逞其無疆之怒不顧逆順之律匿怨害民騁於余躬遂躍馬控弦處我疆土毒徧生民辜延白骨孤辭不獲已以登界橋之役是時足下兵氣霆震駿馬電發僕師徒肇合機械不嚴彊弱殊科衆寡異論假天之助小戰大克遂陵躡奔背因壘館穀此非天威棐諶福豈有禮之符表乎足下志猶未厭乃復糾合餘燼率我蚌融以焚燒勃海孤又不獲寧用及龍河之師羸兵前誘大軍未济而足下膽破衆散不鼓而敗兵衆擾亂君臣並奔此又足下之爲非孤之咎也自此以後禍隙彌深孤之師旅不勝其忿遂至積尸爲京頭顱滿野愍彼無辜未嘗不慨然失涕也後比得足下書辭義婉約有改往脩來之言僕既欣於舊好克復且愍兆民之不寧每輒引師南駕以順簡書弗盈一時而北邊羽檄之文未嘗不至孤是用痛心疾首靡所錯情夫處三軍之帥當列將之任宜令怒如嚴霜喜如時雨臧否好惡坦然可觀而足下二三其德彊弱易謀急則曲躬緩則放逸行無定端言無質要爲壯士者固若此乎既乃殘殺老弱幽士憤怨衆叛親離孑然無黨又烏丸濊貊皆足下同州僕與之殊俗各奮迅激怒爭爲鋒銳又東西鮮卑舉踵來附此非孤德所能招乃足下驅而致之也夫當荒危之世處干戈之險內違同盟之誓外失戎狄之心兵興州壤禍發蕭牆將以定霸不亦難乎前以西山陸梁出兵平討會麹義餘殘畏誅逃命故遂住大軍分兵撲蕩此兵孤之前

行乃界橋搴旗拔壘先登制敵者也始聞足下鐫金紆紫命以元帥謂當因茲奮發以報孟明之恥是故戰夫引領竦望旌旆佐遂含光匿影寂爾無聞卒臻屠滅相爲惜之夫有平天下之怒希長世之功權御師徒帶養戎馬叛者無討服者不收威懷並喪何以立名今舊京克復天罔云補罪人斯亡忠幹翼化華夏儼然望於穆之作將戢干戈放散牛馬足下獨何守區區之士保軍內之廣甘惡名以速朽亡令德之久長壯而籌之非良策也宜釋憾除嫌敦我舊好若斯言之玷皇天是聞瓚不答及紹擊破瓚定幽土每得詔患有不便於已乃欲移天子自近使說曹公從都鄄城曹公拒之紹乃簡精兵十万攻許宣檄州郡曰蓋聞明主圖危以制變忠臣慮難以立權曩者彊秦弱主趙高執柄專制朝命威福由已終有望夷之禍汙辱至今及臻呂后祿產專政擅斷万機決事省禁下陵上替海內寒心於是絳侯朱虛興威奮怒誅夷逆亂尊立太宗故能道化興隆光明顯

哉此則大臣立權之明表也司空曹操祖父騰故中常侍與左悺徐璜並作妖孽饕餮放橫傷化虐民父嵩乞匄攜養因贓假位輿金輦璧輸貨權門竊盜鼎司傾覆重器操贅閹遺醜本無令德僄狡鋒俠好亂樂禍幕府昔統鷹揚掃夷凶逆續遇董卓侵官暴國於是提劍揮鼓發命東夏方收羅英雄棄瑕錄用故遂與操參咨策略謂其鷹犬之才爪牙可任至乃愚佻短慮輕進易退傷夷折衄數喪師徒幕府輒復分兵命銳脩完補輯表行東郡太守兗州刺史被以虎文授以偏師奬蹴威柄冀獲秦師一克之報而操遂承資跋扈肆行酷烈割剝元元殘賢害善故九江太守邊讓英才俊逸天下知名以直言正色論不阿諂身被梟縣之戮妻孥受灰滅之咎自是士林憤痛民怨彌重一夫奮臂舉州同聲故躬破於徐方地奪於呂布彷徨東裔蹈據無所幕府唯彊幹弱枝之義且不登叛人之黨故復援旌擐甲席卷赴征金鼓響震布衆破沮拯其死亡之患復其方伯之任

是則幕府無德於兗土之民而有大造於操也後會鑾駕東反群虜亂政時冀州方有北鄙之警匪遑離局故使從事中郎徐勛就發遣操使繕修郊廟翊衛幼主而便放志專行脅遷省禁卑侮王宮敗法亂紀坐召三臺專制朝政爵賞由心刑戮在口所愛光五宗所惡滅三族群談者被顯誅腹議者蒙隱戮道路以目百寮鉗口尚書記朝會公卿充員品而已故太尉楊彪歷典二司享國極位操因睚眦被以非罪榜楚并兼五毒具至觸情放慝不顧憲章又議郎趙彥忠諫直言議有可納故聖朝含聽改容之錫操欲迷奪時權杜絕言路擅收立殺不俟報聞又梁孝王先帝母弟墳陵尊顯松柏桑梓猶宜恭肅而操率將校吏士親臨發掘破棺裸尸略取金寶至令聖朝流涕士民傷懷又署發丘中郎將摸金校尉所過隳突無骸不露身處三公之官而行桀虜之態殄國虐民毒流人鬼加其細政苛慘科防互設繒繳充蹊坑穽塞路舉手挂網羅動足蹈機陷是以兗豫有無聊之民帝都有吁嗟之怨歷觀古今書籍所載貪殘虐烈無道之臣於操爲甚幕府方詰外姦未及整訓加意含容冀可彌縫而操豺狼野心潛包禍謀乃欲橈折棟梁孤弱漢室除滅忠正專爲梟雄往歲伐鼓北征討公孫瓚彊禦桀逆拒圍一年操因其未破陰交書命欲託助王師以相掩襲故引兵造河方舟北濟會其行人發露瓚亦梟夷故使鋒芒挫縮厥圖不果屯據敖倉阻河爲固乃欲以螳螂之斧禦隆車之隧幕府奉漢威靈折衝宇宙長戟百萬胡騎千群奮中黃育獲之材騁良弓勁弩之勢并州越太行青州涉濟漯大軍汎黃河以角其前荊州下宛葉而掎其後雷震虎步並集虜庭若舉炎火以焫飛蓬覆滄海而沃熛炭有何不消滅者哉當今漢道陵遲綱弛紀絕操以精兵七百圍守宮闕外稱陪衛內以拘執懼其篡逆之禍因斯而作乃忠臣肝腦塗地之秋烈士立功之會也可不勖哉

馮異爲偏將軍從光武平河北更始遣舞陰王李軼廩丘王田立大

司馬朱鮪白虎公陳僑（東觀記僑字作矯）將兵號三十萬與河南太守武勃共守洛陽光武將北徇燕趙以魏郡河內獨不逢兵而城邑完全倉廩實乃拜寇恂爲河內太守異爲孟津將軍（孟津地名古今以爲津）統二郡軍河上與恂合勢以拒朱鮪等異乃遺李軼書曰愚聞明鏡所以照形往事所以知今昔微子去殷而入周項伯畔楚而歸漢周勃迎代王而黜少帝霍光尊孝宣而廢昌邑彼皆畏天知命覩存亡之符見廢興之事故能成功於一時垂業於萬世也苟令長安尚可扶助延期歲月疏不間親遠不踰近季文豈能居一隅哉（長安謂更始季文李軼字言軼與更始遠獨居一隅理難支久欲其早圖去就）今長安壞亂赤眉臨郊王侯構難大臣乖離綱紀已絕（時更始大臣張卬申屠建隗囂等以赤眉入關勸更始歸南陽更大臣乖離故也）四方分崩異姓並起是故蕭王跋涉霜雪經營河北方今英俊雲集百姓風靡雖邠岐慕周不足以喻季文誠能覺悟成敗亟定大計論功古人轉禍爲福在此時矣如猛將長驅嚴兵圍城雖有悔恨亦無及已初軼與光

武首結謀約加相親愛及更始立反共陷伯升雖知長安已危
欲降又不自安乃報異書曰軼本與蕭王首謀造漢結死生之
約同榮枯之計今軼守洛陽將軍鎮孟津俱據機軸機弩牙軸車軸也言在彀之要故取諭焉千載一會思成斷金唯深達蕭王願進愚策以佐
國安人軼自通書之後不復與異爭鋒故異因此得北攻天井
關拔上黨兩城天井關在太行山下又南下河南成皋已東十三縣及諸
屯聚皆平之降者十餘萬武勃將萬餘人攻諸畔者異引軍度
河與勃戰於士鄉下續漢書曰士鄉亭名屬河南郡大破斬勃獲首五千餘級
軼又閉門不救異見其信效具以奏聞

魏張既爲涼州刺史西平麴光殺其郡守既乃傷告諭諸羌爲
光等所詿誤者原之能斬賊帥送首者當加封賞於是光部黨
斬送光首其餘咸安堵如故

鍾會爲鎮西將軍討蜀再破蜀軍蜀將皆退守劒閣會乃移檄
蜀將吏士民曰往者漢祚衰微率土分離生民之命幾於泯滅

府四百一十五　九

太祖武皇帝神武聖哲撥亂反正極其將墜造我區夏高祖文
皇帝應天順民受命踐阼烈祖明皇帝奕世重光恢拓洪業然
江山之外異政殊俗率土齊民未蒙王化此三祖所以顧懷遺
恨也今主上聖德欽明紹隆前緒宰輔忠肅明允劬勞王室布
政垂惠而萬邦協和施德百蠻而肅慎致貢悼彼巴蜀獨爲匪
民愍此百姓勞役未已是以命授六師龔行天罰征西雍州鎮
西將軍五道並進古之行軍以仁爲本以義治之王者之師有
征無戰故虞舜舞干戚而服有苗周武有散財發廩表閭之義
今鎮西奉辭銜命攝統戎重庶弘文告之訓以濟元元之命非
欲窮武極戰以快一朝之政故略陳安危之要其敬聽話言益
州先主以命世英才興兵新野困躓冀徐之郊制命紹布之手
太祖拯而濟之與隆大好中更背違棄同即異諸葛孔明仍規
秦川姜伯約屢出隴右勞動我邊境侵擾我氐羌方國家多故
未遑脩九伐之征也今邊境乂清方內無事畜力待時幷兵一

向而巴蜀一州之衆分張守備難以敵堂堂之陣比年已來曾
無寧歲征夫勤瘁難以當子來之民此皆諸　相
壯一作狀見禽於秦公孫述授首於漢九州之險是非一姓此皆
諸賢所備聞也明者見危於無形智者規禍於未萌是以微子
去商長爲周賓陳平背項立功於漢豈宴安酖毒懷祿而不變
哉今國朝隆天覆之恩宰輔弘恕之德先惠後誅好生惡死
往者吳將孫壹舉衆內附位爲上司寵秩殊異文欽唐咨爲國
大害叛主讎賊還爲戎首咨困逼禽欽二子還降皆將軍封
侯咨預聞國事壹等窮踧歸命猶加盛寵況巴蜀賢知見機而
作者哉誠能深鑒成敗邈然高蹈投跡微子之蹤錯身陳平之
軌則福同古人慶流來裔百姓士民安堵舊業農不易畝市不
回肆去累卵之危就永安之福豈不美歟若偷安旦夕迷而不
反大兵一發玉石皆碎雖欲悔之亦無及已其詳擇利害自求
多福各具宣布咸使聞知

府四百一十五　十

孟達爲蜀宜都太守與先主養子劉封忿爭不和達懼罪忿恚
率所領降魏文帝遣夏侯尚徐晃與達共襲封達與封書曰古
人有言疏不間親新不加舊此謂上明下直讒慝不行也若乃
權君譎主賢父慈親猶有忠臣蹈功以罹禍孝子抱仁以陷難
種商白起孝己伯奇皆其類也其所以然非骨肉好離親親樂
患也或有恩移愛易亦有讒間其間雖忠臣不能移之於君孝
子不能變之於父者也勢利所加改親爲讎況非親親乎故申
生衛伋禦寇楚建稟受形之氣當嗣立之正而猶如此今足下
與漢中王道路之人耳親非骨血而據勢權義非君臣而處上
位征則有偏任之威居則有副軍之號遠近所聞也自立阿斗
爲太子已來有識之人相爲寒心如使申生從子輿之言必爲
太伯衛伋聽其弟之謀無彰父之譏也且小白出奔入而爲霸
重耳踰垣卒以克復自古有之非獨今也夫智貴免禍明尚夙
達僕揆漢中王慮定於內疑生於外矣慮定則心懼亂禍之興

作未曾不由廢立之間也私怨人情不能不見恐左右必有以間於漢中王矣然則疑成怨聞其發若踐機耳今足下在遠尚可假息一時若大軍遂進足下失據而還竊相為危之昔微子去殷智果別族違難背禍猶皆如斯今足下棄父母而為人後非禮也知禍將至而留之非智也見正不從而疑之非義也自號為丈夫為此三者何所貴乎以足下之才棄身來東繼嗣羅侯不為背親也北面事君以正綱紀不為棄舊也怒不致亂以免危亡為從行也加陛下新受禪命虛心側席以德懷遠若足下翻然內向非但與僕為倫受三百戶封繼統羅國而已當更剖符大邦為始封之君陛下大軍金鼓以震當轉都宛鄧若二敵不平軍無還期足下宜因此時早定良計易有利見大人詩有自求多福行矣今足下勉之無使狐突閉門不出封不從達言

晉石苞都督揚州諸軍事司馬文王遣符劭孫郁使吳苞令參軍事孫楚作書遺孫皓曰蓋見機而作周易所貴小不事大春秋所誅此乃吉凶之萌兆榮辱所由生也是故許鄭以銜璧全國曹譚以無禮取滅勳藉既記其成敗古今又著其愚智不復廣引譬類崇飾浮辭苟以夸大為名更喪忠告之實今粗論事要以相覺悟昔炎精幽昧歷數將終桓靈失德災釁並興豺狼抗爪牙之毒生靈罹塗炭之難由是九州絕貫皇綱解紐四海蕭條非復漢有太祖承運神武應期征討暴亂克寧區夏協建靈符天命既集遂廓洪基奄有魏域土則神州中嶽器則九鼎猶存世載淑美重光相襲故知四隩之攸同帝者之壯觀也昔公孫氏承藉父兄世居東裔擁帶燕胡馮陵險遠講武游盤不供職貢內傲帝命外通南國乘桴滄海交酬貨賄葛越布于朔土貂馬延于吳會自以控弦十萬奔走之力信能右折燕齊左震扶桑輕轢以漢南面稱王宣王薄伐猛銳長驅師次遼陽而城池不守枹鼓暫鳴而元凶折首於是遠近疆埸列郡大荒收離聚散大安其居眾庶悅服殊俗款附自茲以降九野清泰東

夷獻其樂器肅慎貢其楛矢曠世不羈應化而至巍巍蕩蕩想所具聞也吳之先祖起自荊楚遭時擾攘潛播江表劉備震懼亦逃巴岷遂因山陵積石之固三江五湖浩汗無涯假氣遊魂迄茲四紀兩邦合從東西唱和互相扇動距捍中國自謂三分鼎足之勢可與泰山共相終始也相國晉王輔相帝室文武桓桓志厲秋霜廟勝之算應變無窮獨見之鑒與眾絕慮主上欽明委以萬機長轡遠御妙略潛授偏師同心上下用力陵威奮伐深入其阻并敵一向奪其膽氣小戰江由則成都自潰曜兵劍閣則姜維面縛開地六千領郡三十兵不逾時梁益肅清使竊號之雄稽顙絳闕球琳重錦充於府庫夫韓并魏徙虢滅虞亡此皆前鑒後事之表又南中呂興深覩天命蟬蛻內附願為臣妾外失輔車脣齒之援內有羽毛零落之漸而徘徊危國冀延日月此由魏武侯卻指山河自以為強殊不知物有興亡則所美非其地也方今百僚濟濟俊乂盈朝武臣猛將折衝萬里國富兵強六軍精練思復翰飛飲馬南海自頃國家整脩器械興造舟楫簡習水戰樓船萬艘千里相望刳木已來舟車之用未有如今之殷盛者也驍勇百萬畜力待時役不再舉今日之師也然主相眷眷未便電發者猶以為愛人治國道家所尚崇城遂卑文王退舍故先開大信喻以存亡殷勤之指往使所究也若審識安危自求多福蹶然改容祗承往錫追慕南越嬰齊入侍北面稱臣伏聽告策則世祚江表永為魏藩豐功顯報隆於今日矣若猶侮慢未順王命然後謀力雲合指麾從風雍梁二州順流而東青徐戰士列江而西荊揚兗豫爭驅入衝征東甲卒武步秣陵爾乃王輿整旆六戎徐征羽校燭日旌旗星流龍游曜路歌吹盈耳士卒奔邁其會如林煙塵俱起震天駭地渴賞之士鋒鏑爭先忽然一旦身首橫分宗祀淪覆取戒萬世引領南望良助寒心夫療膏肓之疾者必進苦口之藥決狐疑之慮者亦告逆耳之言如其猶豫迷而不反恐俞附見其已死扁鵲

知其無功矣勉思良圖惟所去就矜等至吳不敢爲通

華譚爲東海王軍諮祭酒會陳敏據江東命譚佐以己爲右司馬甘公稱自江入河奉迎鑾駕華譚聞敏自相署置而顧榮等並江東首望悉受敏官爵乃遺榮等書曰石冰之亂朝廷錄敏微功故加越次之禮授以上將之任庶有韓盧一噬之效而本性凶狡素有識逆貪榮干運逆天而動阻兵作威盜據吳會內用凶弟外委軍吏上負朝廷寵授之榮下孤宰輔過禮之惠天道伐惡人神所不祐雖阻長江命危朝露忠節令圖君子高行屈節附逆義士所恥王蠋匹夫志不可屈於期慕義隕首燕庭況吳會仁人並受國寵或剖符名郡或列爲近臣而便辱身姦人之朝降節逆叛之黨稽顙屈膝不亦羞乎昔龔勝絕粒不食莽朝魯連赴海恥爲秦臣君子義行同符千載遙度雅量豈獨是安昔吳之武烈稱美一代雖奮奇宛葉亦受折襄陽討逆雄氣志存中夏臨江發怒命訖丹徒賴先主承運雄謀天挺尚內倚慈母仁明之教外杖子布廷爭之忠又有諸葛顧步張朱陸全之族故能鞭笞百越稱制南山然兵家之興不出三世運未盈百歸命入臣今以陳敏倉部令史七弟頑冗六品下才欲躡桓王之高蹤蹈大皇之絕軌遠度諸賢猶當未許也諸君垂頭不能建翟義之謀而顧生俛眉已受羈絆之辱皇輿東軒行即紫館百僚垂纓雲翔鳳闕廟勝之謀潛運帷幄然後發荊州武旅順流東下徐州銳鋒南據堂邑征東勁卒耀威歷陽飛橋越橫江之津汎舟涉瓜步之渚威震丹楊擒寇建業而諸賢何顏見中州之士邪小寇隔津音符道闊引領南望情存舊懷忠義之人何世蔑有夫危而不能存將何貴乎永長宿德情所素重彥先垂髮分著金石公胄早交恩紀特隆令伯義聲親好密結上欲與諸賢效翼紫宸建功帝籍如其不爾亦可汎舟河渭擊楫清歌何爲辱身小寇之手以蹈逆亂之禍乎昔爲同志今已殊域往爲一體今成異身瞻江長歎非子誰思願圖良策以存嘉

謀也榮等得書密報征東大將軍劉準遣兵臨江首破敏斬之

荀晞爲鎮東大將軍領青州時懷帝怨東海王越專權乃詔晞曰朕以不德戎車屢興上懼宗廟之累下愍兆庶之困當賴方嶽爲國藩翰公威振赫然梟斬藩公師藩桑汲桑走降喬朗魏植之徒復以誅除豈非高識明斷朕用委成加以王彌石勒爲社稷之憂故有詔委統六州而公謙分小節稽違大命非所謂與國同憂也今復遣詔便施檄六州協同大舉翦除國難稱朕意焉晞復移諸征鎮州郡曰天步艱險禍難殷流劉元海造逆於汾陰石世龍階亂於三魏茹食畿甸覆喪鄴都結壘近郊仍震兗豫害三州刺史殺二都督郡守官長堙沒數十百姓流離肝腦塗地晞以虛薄負荷國重是以弭節海隅援抱晉衛猥被中詔委以關東督統諸軍欽承詔命即今月二日當西經濟黎陽即日得滎陽太守丁嶷白事李惲陳午等救護諸軍州與羯大戰皆見破散懷城已陷河內太守裴整爲賊所執宿衛闕乏天子蒙難宗廟之危甚於累卵承問之日憂歎累息晞以爲先王選建明德庸以服章所以藩固王室無俾城壞是以舟楫不固齊桓責楚襄公逼狄晉文致討夫翼奬皇家宜力本朝雖陷湯火大義所甘加諸方牧俱受榮寵義同畢力以報國恩晞雖不武首啓戎行秣馬裹糧以俟方鎮凡我同盟宜同赴救顯立名節在此行矣會王彌遣曹嶷破琅邪北攻齊地苟純城守嶷衆轉盛連營數十里晞還登城望之有懼色與賊連戰輒破之後簡精銳與賊大戰會大風揚塵遂敗績棄城夜走嶷追至東山部衆皆降嶷晞單騎奔高平

溫嶠爲平南將軍江州刺史鎮武昌祖約蘇峻反京師傾覆嶠自武昌推征西將軍陶侃爲盟主赴難列上尚書陳峻罪狀移告四方征鎮曰賊臣祖約蘇峻同惡相濟用生邪心天奪其魄死期將至譴負天地自絕人倫寇不可縱宜增軍討撲輒屯次溢口即日護軍庾亮至宣太后詔寇逼宮城王旅撓敗出告藩

臣謀寧社稷後將軍趙胤奮武將軍龔保與嶠督護王愆期西陽太守鄧嶽鄱陽內史紀瞻率其所領相尋而至逆賊肆凶陵蹈宗廟火延宮掖矢流太極二御幽逼宰相困迫殘虐朝士劫辱子女承問悲惶精魂飛散嶠闇弱不能徇難哀恨自咎五情摧隕慙負先帝託寄之重義在畢力死而後已今躬率所統為士卒先催進諸軍一時電擊西陽太守鄧嶽尋陽太守褚誕等連旗相繼宣城內史桓彝已勤所屬屯濱江之要江夏相周撫乃心求征軍已向路昔包胥楚國之微臣重趼致誠義感諸侯藺相如趙邦之陪隸耻君之辱按劍秦庭皇漢之季董卓作亂劫遷獻帝虐害忠良關東州郡相率同盟廣陵功曹臧洪郡之小吏耳登壇啑血涕淚橫流慷慨之節實厲群后況今居台鼎據方州列名邦受國恩者哉不期而會不謀而同不亦宜乎二賊合衆不盈五千且外畏胡寇城內饑乏後將軍郭默即於戰陣俘殺群賊今雖殘破都邑有宿衛兵人即時出散不為賊用祖

約情性褊阨忌剋不仁蘇峻小子惟利是視殘酷驕猜權相假合江表興義以抗其前彊胡外寇以躡其後運漕隔絕資食空懸內乏外孤勢何得久群公征鎮職在禦侮征西陶公國之耆德忠肅義正勳庸弘著諸方鎮州郡咸齊斷金同稟規略以雪國恥苟利社稷死生以之嶠雖怯劣忝據一方賴忠賢之規文武之助君子竭誠小人盡力高操之士被褐而從戎負薪之徒匍匐而赴命率其私僕致其私杖人士之誠竹帛不能載也豈無德而致之哉士稟義風人感皇澤且護軍庾公帝之元舅德望隆重率郭後軍趙龍三將與嶠勠力得有資憑且悲且慶若朝廷之不泯也其各明率所統無後事機賞募之信明如日月有能斬約峻者封五等侯賞布万疋十忠為令德為仁由己万里一契義在不言也時陶侃雖許自下而未發復追其督護龔登嶠重與侃書曰僕謂軍有進而無退宜增而不可減近已移檄遠近言於盟府尅後月半大舉南康建安晉安三郡軍並在路次同赴此會惟須仁公所統至便齊進耳仁公今召軍還疑惑遠近成敗之由將在於此僕才輕任重實憑仁公篤愛遠稟成規至於首啓戎行不敢有辭僕與仁公當如常山之蛇首尾相衛又脣齒之喻也恐惑者不達高旨將謂仁公緩於討賊此聲難追僕與仁公並受方嶽之任安危休戚理既同之且自頃之顧綢繆往來情深義重著於人士之口一旦有急亦望仁公悉衆見救況社稷之難惟僕偏當一州州之文武莫不翹企假令此州不守約峻樹置官長於此荊楚西逼彊胡東接逆賊因之以饑饉將來之危乃當甚於此州之今日也以大義言之則社稷顛覆主辱臣死公進當為大晉之忠臣參桓文之義開國承家銘之天府退當以慈父雪愛子之痛約峻凶逆無道囚制人士裸其五形近日來者不可忍見骨肉生離痛感天地人心齊一咸皆切齒今之進討若以石投卵耳今出軍既緩復召兵還人心乖離是為敗於幾成也願深察所陳以副三軍之望

孔坦為侍中成帝咸康元年石聰寇歷陽王導為大司馬討之請坦為司馬會石勒新死季龍專恣石聰及譙郡太守彭彪等各遣使請降坦與聰書曰華戎道乖南北迥邈瞻河企宋每懷饑渴數會陽九天禍晉國姦凶猾夏乘釁肆虐我德雖衰天命未改乾符啓再集之慶中興應靈期之會百六之艱既過惟新之美日隆而神州振蕩遺氓波散誓言命戎狄之亢朝廷每假寐永歎痛心疾首天罰既集罪人斯隕王旅未加自相魚肉豈非人怨神怒天降其災蘭艾同焚賢愚所歎哀矜勿喜我后之仁大赦曠廓唯季龍是討彭譙使至粗具動靜知將軍竣疾醜類翹然同舉承問欣豫慶若在己何知機之先覺介石之易悟哉引領來儀怪無聲息將軍出自名族誕育洪胄遭世多故國傾家覆生離親屬假養異類歸逼偽寵將何賴聞之者猶或有悼況身嬰之人能不憤慨哉非我族類其心必異誠反族歸正之秋圖義建功之日也若將軍喻納往言宣之同盟率閑右之

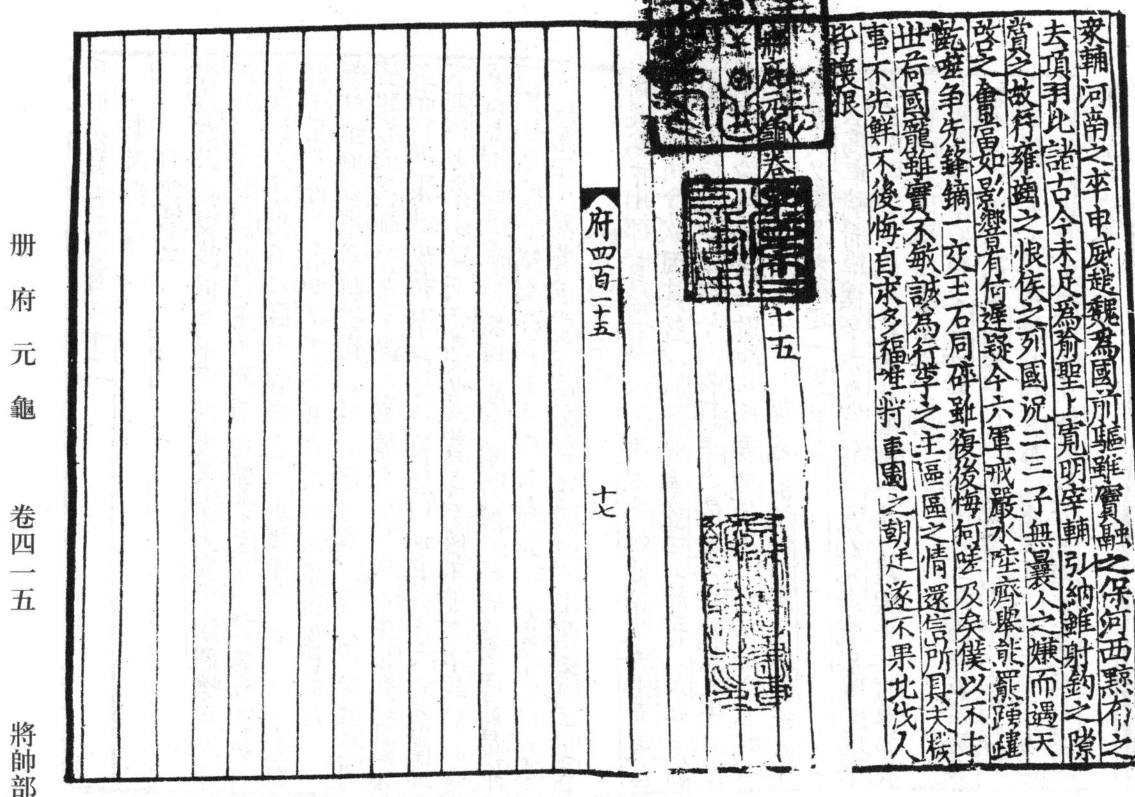

衆輔河南之卒申威趙魏為國前驅雖竇融之保河西黥布之去項羽此諸古今未足爲喻聖上寬明宰輔弘納雖射鈎之隙賞之故行雍齒之恨侯之列國況二三子無曩人之嫌而遇天啓之會當如影響豈有狐遲疑今六軍戒嚴水陸齊舉能飜蹤躡轅壁爭先鋒鏑一交玉石同碎雖復後悔何嗟及矣僕以不才世荷國寵雖實不敏誠爲行李之主區區之情還信所具夫機事不先鮮不後悔自求多福唯將軍圖之朗遂不果北伐人皆懷恨

册府元龜卷四百一十五　十五

府四百一十五　十七

冊府元龜卷第四百四十二

將帥部一百三

敗衂第二

晉成都王穎表陸機爲平原内史惠帝太安中穎假機後將軍河北大都督討長沙王乂列軍自朝歌至于河橋鼓聲聞數百里漢魏以來出師之盛未嘗有也乂與機戰於鹿苑機軍大敗赴七里澗而死者如積焉水爲之不流將軍賈棱皆死之

新蔡王騰爲車騎將軍鎮鄴府公師藩與平陽人汲桑等爲羣盜起於清河鄃縣衆千餘人寇頓丘以葬成都王穎爲辭載穎主而行與張泓故將李豐等攻鄴騰曰孤在并州七年胡圍城不能剋汲桑小賊何足憂也及豐等至騰不能守率輕騎而走爲豐所害四子虞矯紹確虞有勇力騰之被害虞逐豐豐投水而死是日虞及矯紹并鉅鹿太守崔曼車騎長史羊常從事中郎蔡克等又爲豐餘黨所害及諸名家流移依鄴者死亡並盡

劉琨爲并州都督屬石勒攻樂平太守韓據請救於琨而琨自以士衆新合欲因其銳以威勒箕澹諫曰此雖晉人久在荒裔未習恩信難以法御今内收鮮卑之餘穀外抄殘胡之牛羊且閉關守險務農息士既服化感義然後用之則功可立也琨不從悉發其衆命澹領步騎二萬爲前驅琨自爲後繼勒先據險要設伏以擊澹大敗之一軍皆沒

王堪爲車騎將軍懷帝永嘉三年三月劉元海寇黎陽遣堪擊之王師敗績于延津死者三萬餘人九月堪與平北將軍曹武討劉聰王師敗績堪奔還京師

山簡爲征南將軍永嘉四年九月雍州人王如舉兵反於宛殺害令長自號大將軍司雍二州牧大掠漢沔新平人龐寔馮翊人嚴嶷京兆人侯脫等各起兵應之簡及荊州刺史王澄南中郎將杜蕤並遣兵援京師及如戰於宛諸軍皆大敗王澄獨以衆進至沶口衆潰而歸

王彰爲冠軍將軍時劉聰使劉曜陷長安愍帝出降趙固郭默攻河東至於絳邑右司隸部人盜牧馬負妻子奔之者三萬餘騎騎兵將軍劉勳追討之殺萬餘人固默引歸劉頡遮邀擊之爲固所敗聰使子粲及劉雅等伐趙固次于小平津固揚言曰要當生縛劉粲以贖天子聰聞而惡之李矩遣郭默郭誦救趙固屯于洛汭遣耿稚張皮潛濟襲粲粲具丘王翼光自厘城覘之以告粲粲曰征東南渡趙固望聲北竄彼方憂自固何暇來邪且聞上身在此自當不敢北視況敢濟乎不須驚動將士也是夜稚等襲敗粲軍粲奔據陽鄉稚館穀粲壘雅聞而馳還柵于壘外與稚相持聰聞粲敗使太尉范隆率騎赴之稚等懼率衆五千突圍趣北山而南劉勳追之戰于河陽稚師大敗死者三千五百人投河死者千餘人

郭巨爲冠軍將軍劉聰攻河内石勒率騎會之攻巨於武德懷帝遣兵救之勒留諸將守武德與王桑逆巨於長陵巨請降勒弗許巨踰城而遁軍人執之勒馳如武德坑降卒萬餘數巨罪而害之王師退還河北諸堡壁大震皆請降送任于勒

荀羨爲建威將軍攻慕容儁山茌（仕上切音）夜之斬儁太山太守賈堅儁青州刺史慕容塵遣司馬悅明救之羨師敗績復陷山茌諸葛攸又率水陸二萬討儁入自石門屯于河渚攸部將軍匡超進據碻磝蕭館屯于新柵又遣督護徐冏率水軍三千泛舟上下爲東西聲勢儁遣慕容評傅顏等統步騎五萬戰于東阿王師敗績

毛寶爲征虜將軍庾亮謀北伐上疏解豫州請以授寶於是明帝詔以寶監揚州之江西諸軍事豫州刺史將軍如故與西陽太守樊峻以萬人守邾城石季龍惡之乃遣其子鑒與其夔安李菟等五萬人來寇張貉渡二萬騎攻邾城寶求救於亮亮以城固不時遣軍城陷寶與峻等率左右突圍出江死者六千人寶亦溺死

徐龕爲征討大都督褚裒督護裒遣龕伐沛獲僞相支重郡中
二千餘人歸降魯郡山有五百餘家亦建義請援裒遣龕領銳
卒三千迎之令龕違裒節度軍次代陂爲石遵將李菟所敗死傷
太半龕執節不撓爲賊所害

尹奉爲寧州刺史李雄據益州寧州李千龐遺起義兵攻雄將
任回李謙等雄遣其將羅恒費黑救之奉遣裨將姚岳朱提太
守援術援遺戰于臺登岳等敗績術死之

李釗爲越巂太守時王遜爲寧州刺史先是釗爲李雄所執自
蜀逃歸遜復以釗爲越巂太守李雄遣李驤任回攻釗釗自南
秦與漢嘉太守王載共拒之戰于溫水釗敗績載遂以二郡附雄

桓宣爲平北將軍都督司雍梁三州南陽襄陽新野南鄉四郡
軍事梁州刺史庾翼遷鎮襄陽令宣進伐石季龍將李羆軍次
丹水爲賊所敗翼怒貶宣爲建威將軍

謝尚爲西中郎將督揚州之六郡諸軍豫州刺史假節鎮歷陽

大司馬桓溫欲有事中原使尚率衆向壽春進號安西將軍初
苻健將張遇降尚尚不能綏懷之遇怒據許昌叛尚討之爲遇
所敗收付廷尉時康獻皇后臨朝即尚之甥也特令降號爲建
威將軍

桓溫爲大司馬率衆五萬伐慕容暐前兗州刺史孫元起兵應
之溫部將檀玄攻胡陸執暐寧東慕容忠暐遣其將慕容厲與
溫戰于黃墟厲大敗單馬奔還高平太守徐翻以郡歸順溫前
鋒朱序又破暐將傅顏于林渚溫軍大振次於枋頭暐懼謀奔
和龍慕容垂曰不然臣請擊之若戰不捷走未晚也乃以垂爲
使持節南討大都督慕容德爲征南將軍率衆五萬距溫使其
散騎侍郎樂嵩乞師於苻堅堅遣將軍苟池率衆二萬出自洛
陽師于潁川外爲赴援內實觀釁有兼并之志矣慕容德屯于
石門絕溫糧漕豫州刺史李邦率州兵五千斷溫餽運溫頻戰
不利糧運復絕及聞堅師之至乃焚舟棄甲而退德率勁騎四
千先溫至襄邑東伏於澗中與垂前後夾擊王師大敗死者三
萬餘人苟池聞溫班師邀擊于譙溫衆又敗死者萬計

桓豁遷征西大將軍開府及苻堅陷仇池豁以新野太守吉挹
行魏興太守督護梁州五郡軍事戍梁州堅陷涪城梁州刺史
楊亮益州刺史周仲孫並委戍奔潰以威略不振所在覆敗文
上疏陳謝因辭不拜開府

郗恢爲秦州刺史督隴上軍時魏氏彊盛山陵危逼恢遣江夏相
鄧啓方等以萬人距之與魏道武戰于滎陽大敗而還

劉牢之爲龍驤將軍時苻堅伐晉敗歸長安牢之屯鄄城請討
未服河南城堡承風歸順者甚衆時堅子丕據鄴爲慕容垂所
逼請降牢之引兵救之垂聞軍至出新興城北走牢之與丕部
太守田次之追之行二百里至五橋澤中爭趣輜重稍亂爲垂
所擊牢之敗績士卒殲焉牢之策馬跳五丈澗得脫會丕救至
因入臨漳集亡散兵復少振牢之以軍敗徵還

劉毅爲冠軍將軍毅躡桓玄死桓振桓謙復聚衆拒毅於靈溪
玄將馮該以兵會於振毅進擊爲振所敗退次尋陽坐免官尋
原之又盧循反於廣州毅以舟師二萬發姑孰徐道覆聞毅將
至建鄴報盧循曰劉毅兵重成敗繫此一戰宜併力拒之循乃
引兵發巴陵與道覆連旗而下毅次于桑落洲與賊戰敗績棄
船以數百人步走餘衆皆爲賊所虜輜重盈積皆棄之毅走經
涉蠻晉飢困死亡至者十二三參軍羊邃竭力營護之僅而獲免

魯宗之爲南陽太守時桓振既破江陵自爲荊州刺史都督八
州宗之自襄陽破振將溫楷于柞溪進屯紀南振聞楷敗留其
將馮該守營自率衆與宗之大戰振勇冠三軍衆莫能禦宗之
敗績

宋桂陽王義眞鎮關中王脩既死人情離駭無相統一高祖遣
將軍朱齡石替義眞鎮關中使義眞輕兵疾歸諸將競斂財貨
多載子女方軌徐行虜追騎且至建威將軍傅弘之曰公處分

衆進恐虜追擊人也今多將輜重一日行不過十里虜騎追至何以待之宜棄車輕行乃可以免不從賊追兵果至騎數万匹輔國將軍蒯恩斷後不能禁至青泥後軍大敗諸將及府功曹王賜悉被俘虜義眞在前故得與數百人奔散日暮虜不復窮追義眞與左右相失獨逃草中中兵參軍段宏單騎追尋緣道呼義眞義眞識其聲出就之曰君非段中兵耶身在此宏大喜負之而歸義眞謂宏曰今日之事誠無筭略然丈夫不經此何以知艱難初高祖聞青泥敗未得義眞審問有前至者訪之並云闕夜奔敗無以知存亡高祖怒甚尅日北伐謝晦諫不從及得宏啓事知義眞已免乃止

劉粹為征虜將軍文帝元嘉三年討謝晦遣粹弟車騎從事郎中道濟龍驤將軍沈敞之就粹自大道向江陵粹以道濟行竟陵內史與敞之及南陽太守沈道興步騎至沙橋為晦司馬周超所敗士衆傷死者過半降號寧朔將軍

臧質為甯國將軍時後魏太武侵宋豫率大衆號十万遂向彭城以質為輔國將軍假節置佐率萬人北救始至盱眙太武已過淮允從僕射胡崇之領質府司馬崇之副臧澄之為太子左積弩將軍及毛熙祚亦受統於質盱眙城東有高山質慮魏衆之使崇之澄之二軍營於山上質營城南魏軍攻崇之澄之二營崇之等力戰不敵衆散並為後魏所殺又攻熙祚熙祚所領悉北府精兵幢主李灌率屬將士殺胡甚多隊主周奇之外監楊方生又率射賊賊垂退會熙祚被創死軍遂散亂其日質案兵不敢救故三營一時覆沒初仇池之平也以崇之為龍驤將軍北秦州刺史宋百頃行至濁水為索虜所攻舉軍敗散崇之及將佐以下皆爲後魏所執後得叛還至是又爲後魏所敗焉熙祚司州刺史兄子也崇之熙祚並贈正員郎江之三營既敗其夕質軍亦奔散棄輜重器甲單七百人投盱眙

張永以元嘉二十九年太祖令督冀州青州之濟南樂安太守三郡諸軍事揚威將軍冀州刺史督王玄謨申坦等諸將經略河南攻碻磝城累旬不能拔其年八月七日夜虜開門燒樓及攻車士卒燒死及爲虜所殺甚衆永即夜撤圍退軍不報告諸將衆軍驚擾爲虜所乘死敗塗地永及申坦並爲統府撫軍將軍蕭思話所收繫於歷城獄太祖以屢征無功諸將不可任責永等與思話詔曰虜既乘利方向盛冬若脫敢送死兄弟父子自共當之言及增憤可以示張永申坦又與江夏王義恭書曰早知諸將輩如此恨不以白刃驅之今者悔何所及後永爲使持節都督南兗徐二州諸軍事南兗州刺史常侍將軍如故時薛安都據彭城請降而誠心不款明帝遣永與沈攸之以重兵迎之加督前鋒軍事進軍彭城安都招引索虜之兵既至士卒離散永狼狽引軍還爲虜所追大敗復値寒雪士卒離散永脚指斷落僅以身免失其第四子

王玄謨元嘉中守碻磝江夏王義恭為征討都督以為碻磝不

可守召令還為魏軍所追大破之流矢中臂與衆至歷城義恭與玄謨書曰聞因敗為成臂上金瘡得非金印之徵也

田益之者弋陽西山蠻也晉安王子勛反遣其將郭確守弋陽益之起義攻郭確於弋陽以益之為輔國將軍督弋陽西山事輔國將軍劉勔赴壽陽棄長圍始召田益之率蠻宗萬餘人攻子勛將龐定光於義陽定光遣從兄文生拒之為益之所破見殺遂圍其城定光求救於子勛子勛以定光父孟虬為司州刺史率精兵五千救義陽分解壽陽之圍常珍奇又自懸瓠遣三千人援定光屯軍丁水益之不戰望風奔散孟虬乘勝進軍向壽陽

王蘊後廢帝元徽初為東陽太守未之郡値桂陽王休範逼京邑蘊領兵於朱雀門戰敗被創事平除侍中

南齊李安民初仕宋為寧朔將軍隨吴喜沈攸之擊虜至睢口戰敗還保宿豫淮北既沒明帝勑留安民戍角城

陳顯達督平北將軍崔慧景衆軍四万圍南鄉界馬圈城去襄

陽三百里攻之四十日虜食盡噉死人及樹皮圍既急虜突走
斬獲千計官軍競取城中絹不復窮追顯達入據其城遣軍主
莊丘黑進取南鄉縣故從陽郡治也後魏孝文自領十餘萬騎
奄至顯達引軍度水西據鷹子山築城人情沮敗虜兵甚急軍
主崔恭祖胡松以烏布幔盛顯達數人擔之逕道從分磧山出
均水口臺軍奔退死者三萬人左軍將軍張千戰死追贈游擊將軍
顯達素有威聲著於蠻虜至是大損喪焉
裴叔業明帝時爲輔國將軍領衆圍渦陽後魏廣陵王率衆拒
戰叔業等大敗之斬獲甚衆魏主聞廣陵王敗遣僞都督王肅
大將軍楊大眼步騎十餘萬救渦陽叔業見兵盛夜委軍遁走
明日官軍奔潰虜追之傷殺不可勝數日暮乃止叔業還保渦口
胡諧之爲衛尉永明八年率禁兵討巴東王子響於江陵兼長
史行事臺軍爲子響所敗有司奏免官權行軍如故
王珍國爲征虜將軍時梁高祖兵至東昏石頭軍主朱僧勇率

水軍二千人歸降東昏又遣征虜將軍王珍國帥軍主胡獸牙
列陣於航南大路悉配精手利器尚十餘萬人閹人王倀子持
白獸幡督帥諸軍又開航背水以絕歸路王茂曹景宗等掎角奔
之將士皆殊死戰無不一當百鼓譟震天地珍國之衆一時瓦
解投淮死者積尸與航等後至者乘之以濟於是朱爵諸軍望
之皆潰散義兵追至宣陽門李居士以新亭降徐元瑜以東府
城降石頭白下諸軍並宵潰
梁馬仙琕遷司州諸軍事司州刺史魏豫州人白早生殺其刺
史琅邪王司馬慶曾自號平北將軍推鄉人胡滿爲刺史以懸
瓠來降高祖使仙琕赴之遣直閤將軍武會超馬廣率衆爲援
仙琕進頓楚王城遣副將齊苟兒以兵二千助守懸瓠魏中山
王英率衆十萬攻懸瓠仙琕遣廣會超等守三關英破懸瓠執
齊苟兒遂進攻馬廣又破廣生擒之送雒陽仙琕不能救會超
亦相次退散魏軍遂進據三關仙琕坐徵還

南康簡王績之子會理爲平北將軍武帝太清元年督衆軍北
討至彭城爲魏師所敗退歸本鎮
邵陵携王綸太清二年進位中衛將軍侯景構逆加征討大都
督率衆討景將發高祖誡曰侯景小豎頗習行陣未可以一戰
即殄當以歲月圖之綸次鍾離景已度採石綸乃晝夜兼道旋
軍入援濟江中流風起人馬溺者十二三遂率寧遠將軍西豐
公大春新塗公大成等步騎三萬發自京口將軍趙伯超曰若
從黃城大道必與賊遇不如逕路直指鍾山出其不意綸從之
衆軍奄至賊徒大駭分爲三道攻綸與戰大破之斬首千餘級
翌日賊又來攻相持日晚賊稍引却南安侯駿以數十騎馳之
賊迴距駿駿部亂賊因逼大軍遂潰綸至鍾山衆裁千人賊圍
之戰又敗乃奔還京口三年春綸復與東揚州刺史大連等入
援至于驃騎洲進位司空臺城陷奔禹穴
羊鴉仁前爲司州刺史太清三年二月鴉仁等率所部入援臺

城進軍東府北與賊戰大敗
王質爲假節寧遠將軍領東宮兵從貞陽侯北伐及貞陽敗績
質身逃還侯景於壽陽構逆質又領舟師隨衆軍拒之景軍濟
江質便退走尋領步騎頓于宣陽門外景軍至京師質不戰而
潰乃翦髮爲桑門潛匿人間及郴仲禮等會援京邑軍據南岸
質又收合餘衆從之京城陷後西奔荊州
蕭明武帝兄子封貞陽侯豫州刺史武帝既納侯景詔明率水
陸諸軍趨彭城大圖進取又命兗州刺史南康嗣王會理總馭
羣帥指授方略明度淮未幾官軍破擒之盡俘其衆魏帝外門
樓觀引見明及諸將帥釋其禁送於晉陽
楊乾運爲信威將軍及達奚武圍南鄭武陵王紀遣乾運率兵
援之爲武所敗
陳侯安都高祖時爲鎮北將軍率衆與周文育西討王琳至武
昌琳將樊猛棄城走文育亦自豫章至時兩將俱行不相統攝

國等下六入爭趙不平軍至郢州琳將潘純陁於城中遙射官軍安都怒進軍圍之未能剋而王琳至于沌口安都乃釋郢州悉衆往沌口以禦之遇風不得進琳據東岸官軍據西岸相持數日乃合戰安都等敗績與周文育徐敬成並爲琳所囚總以一長鎖繫之置于艙下令所親宦者王子晉掌視之琳下至湓城白水浦安都等甘言許厚賂子晉子晉乃僞以小船依艦而釣夜載安都文育敬成上岸入深草中步投官軍還自刻詔並赦之復其官爵尋爲蘭陵守隨周文育西討王琳於沌口敗績爲琳所拘明年與侯安都等逃歸

徐敬成爲著作郎領所部士卒隨周文育侯安都征王琳於沌口敗績爲琳所執二年隨文育安都得歸

周文育爲鎭南將軍督江廣衡交四州事江州刺史王琳擁據上流詔命侯安都爲西道都督文育爲南道都督同會武昌與王琳戰於沌口爲琳所執後得逃歸

吳明徹授都督南北兗青譙益州諸軍事南兗州刺史會周氏滅齊高祖將事徐兗詔明徹進軍北伐令世子戎昭將軍員外散騎侍郎惠覺攝行州事明徹軍至呂梁周徐州總管梁士彥率衆拒戰明徹頻破之因退兵守城不復敢出明徹仍引清水以灌其城環列舟艦於城下攻之甚急周遣上大將軍王軌將兵救之軌輕行自清水入淮口橫流豎木以鐵鎖貫車輪遏斷船路諸將聞之甚惶恐議欲破堰拔軍以舫載馬馬主裴子烈議曰若決堰下船船必傾倒豈可乎不如前遣馬出於事爲允適會明徹苦背疾甚篤知事不濟遂從之乃遣蕭摩訶帥馬軍數千前還明徹仍自決其堰乘水勢以退軍冀其獲濟及至清口水勢漸微舟艦並不得渡衆軍皆潰明徹窮蹙乃就執尋以憂憤遘疾卒於長安

蕭摩訶爲侍中驃騎大將軍會隋將賀若弼鎭廣陵窺覦江左後主委摩訶備禦之任授徐州刺史禎明三年正月元會徵摩訶還朝賀若弼乘虛濟江襲京口摩訶請兵逆戰後主不許及弼進軍鍾山摩訶又請曰賀若弼懸軍深入聲援猶遠且其壘塹未堅羣情惶懼出兵掩襲必大剋之後主謂摩訶曰公可爲我一決摩訶曰從來行陣爲身今日之事兼爲妻子後主多出金帛頒賞諸軍令中領軍魯廣達陳兵白土岡居衆軍之南偏鎭東大將軍任忠次之護軍將軍樊毅都官尚書孔範次之摩訶軍最居北衆軍南北亘二十里首尾進退各不相知賀若弼初謂未戰將輕騎登山觀望形勢及見衆軍因馳下置陣廣達首率所部進薄弼軍屢卻俄而復振更分軍趣北突諸將孔範出戰兵交而走諸將支離陣猶未合騎卒潰散駐之弗止摩訶無所用力焉爲隋軍所執

南康嗣王方泰後主禎明初爲侍中三年隋師濟江方泰與忠武將軍南豫州刺史樊猛左衛將軍蔣元遜領水軍於白下往來斷遏江路隋遣行軍元帥長史高熲領船艦泝流當之猛及元遜並降方泰所部將士離散乃棄船走及臺城陷隨後主俱入關

呂肅爲南康太守時隋來伐陳肅將兵據巫峽以五條鐵鎖橫江斷遏其私財以充軍用隋將楊素奮兵擊之四十餘戰爭馬害及鑿岩乃固守險隋軍死者五千餘人陳人盡取其鼻以求功賞既而隋軍屢捷獲陳之士三縱之肅乃遁保延州別帥顧西龍頭大艦請降欲燒隋艦更決死一戰於是有五黃龍備衆色各長七百丈驤首連接順流而東風浪大起雲霧晦冥陳人震駭不覺火自焚隋軍乘高艦張大弩以射之陳軍大敗風浪應時頓息肅收餘衆東走

後魏宿沓干爲虎威將軍道武天興五年正月慕容熙遣將寇遼西干等拒戰不利棄令支而還

刁雍爲建義將軍明元泰常七年三月雍從弟彌時亦率衆入京口規共討宋高祖宋高祖遣兵破之六月雍又侵宋青州雍敗乃收散卒保於馬耳山又爲宋州軍所逼遂入大鄉山

奚斤爲司空征赫連昌昌弟助興先守長安聞昌敗遂走上邽斤追之不及而還詔斤班師斤上疏曰赫連昌亡保上邽鳩合餘燼未有盤據之資今因其危滅之爲易請益鎧馬平昌而還太武曰昌亡國叛夫擊之勞傷將士且可息兵取之不晚斤抗表固執乃許之給斤萬人遣將軍劉拔送馬三千匹與斤斤進討安定昌退保平涼斤屯軍安定以糧竭馬死遂深壘自固監軍侍御史安頡擊昌擒之昌衆復立昌弟定爲主守平涼斤自以元帥而擒昌之功不在己深恥之乃舍輜重輕齎三日糧追定於平涼宗正娥清欲尋水而往斤不從自北道邀其走路定衆將出會斤小將有罪亡入賊具告其實定知斤軍無糧乏水乃邀斤前後斤衆大潰斤及娥清劉拔爲定所擒士卒死者六七千人後太武剋平涼斤與娥清等得歸免爲宰人使負酒食從駕還京師以辱之

丘堆爲太僕太武世征赫連昌堆與常山王素督步兵三萬人爲後軍昌戰敗南奔太武遣堆與宗正娥清率五千騎略地關右昌貳城守將堅守不下堆與清攻拔之詔堆班師而宜城王奚斤表留堆等進平昌許之堆斤合軍與昌相拒擊士馬乏糧堆與義兵將軍封禮督租於民間士卒暴掠爲昌所襲敗績堆將數百騎還城本紀神䴥元年司空奚斤討赫連定於平涼馬蹶爲定所擒丘堆守輜重在安定聞斤敗棄甲東走蒲坂帝聞大怒詔安頡斬堆

盧淵爲儀曹尚書孝文時南齊雍州刺史曹虎遣使請降孝文以淵爲使持節督前諸軍逕赴樊鄧淵至具知曹虎譎詐之問兼陳其利害詔淵進取南陽淵以兵少糧乏表求先攻赭陽以近齊倉故也孝文許焉乃進攻赭陽齊將垣歷生來救淵素無將略爲賊所敗坐免官爵爲民

李佐爲安南將軍副大司馬咸陽王禧爲殿中將軍時孝文南討佐尋被勑與征南將軍城陽王鸞安南將軍盧淵等攻赭陽各不相節度諸軍皆坐甲城下欲以不戰降賊佐獨勒所部晨夜攻擊虜齊明帝遣其太子右衛率垣歷生率衆來援咸以勢弱不敵規欲班師佐乃簡騎二千逆擊爲賊所敗坐徙瀛州爲民

蕭寶寅齊明帝之子以梁武克建業殺其兄弟避害來奔宣武除爲鎮東將軍及中山王英南伐寶寅又表求征乃授使持節鎮東將軍別將以繼英配羽林虎賁五百人與英頻破梁軍乘勝遂攻鍾離淮水汎溢寶寅與英狼狽引退士卒死沒者十四五有司奏寶寅守東橋不固軍敗由之處以極法詔曰寶寅因難投誠宜加矜貸可恕死免官削爵還第延昌四年遷撫軍將軍冀州刺史及大乘賊起寶寅遣軍討之頻爲賊破臺軍乃滅之後於孝昌中爲司空公出師既久兵將疲弊是月大敗還雍州仍停長安收聚離散有司處寶寅死罪詔恕爲民

楊昱爲安東將軍蕭寶寅等敗於關中以昱兼七兵尚書持節假撫軍將軍都督防守雍州昱遇賊失利而反

盧昶爲都督時梁將馬仙琕率衆攻圍朐城戍主傅文驥嬰城固守以滎陽太守趙遐爲別將與劉思祖等救之於[illegible]音鬱口去城五十里夏雨頻降厲涉長驅將至朐城仙琕見遐營壘未就徑來逆戰思祖率彭沛之衆望陣奔退遐孤軍奮擊獨破仙琕斬其直閤將軍軍主李魯生仙琕走分軍於朐城之西阻水列柵以圍固城遐身自潛行觀水深淺結草爲筏銜枚夜進破其六柵遂解固城之圍進救朐城昶率大軍繼之未幾而文驥力竭以城降賊衆軍大敗昶棄其節輕騎而走唯遐獨握節而還遐坐失利免官

河間王琛孝明時爲秦州刺史時東益南秦二州氐反詔琛爲都督進討氐羌大被摧破後又爲大都督與長孫稚討鮮于脩禮於中山琛與稚前到呼沲稚未欲戰而琛不從行達五鹿爲脩禮邀擊琛不赴之賊總至遂大敗稚與琛並除名

章武王融宣武爲河南尹以聚斂削爵時汾夏山胡叛逆連結正平平陽詔復融前封征東將軍持節都督以討之戰敗於經

略爲胡所敗

薛鑾爲將前光祿大夫假安南將軍西道別將騎莫折念生反於秦州遣其別帥卜胡王慶雲等寇涇州孝明以鑾與伊甕生等討之進及平涼郡東與賊交戰不利鑾等退還

安樂王鑒爲秘書監孝明孝昌元年徐州刺史元法僧據城反害行臺高諒自稱宋王遣其子景仲歸於梁遣其將胡龍牙成景儁元略等率衆赴彭城詔鑒討之鑒於彭城南擊元略大破之盡俘其衆既而不備爲法僧所敗梁武遣其豫章王綜入守彭城法僧擁其寮屬官兵武及郭邑士女萬餘口南入

畢聞慰爲都督從安樂王鑒軍司元法僧反聞慰與鑒攻之爲法僧所敗并還京師被劾遇赦免

崔延伯爲征西將軍孝昌元年三月討万俟醜奴大敗於涇川戰歿

源子恭爲大都督孝莊建義元年尒朱兆寇丹谷都督崔伯鳳

戰歿都督羊文義史五龍降兆子恭奔退

盧同爲撫軍將軍營州城民就德興反詔同以本將軍爲幽州刺史兼尚書行臺慰勞之同慮德興難信勒衆而往爲德興所擊大敗而還

硬念賢爲使持節兼尚書右僕射東南道行臺至東郡值尒朱仲遠陷西兗向滑臺詔與都督賀拔勝等拒仲遠軍敗還京

崔暹爲瀛州刺史武川鎮反詔暹爲都督隸大都督李崇討之違崇節度爲賊所敗單騎潛還

北齊慕容儼神武時爲揚州行臺監蕭軌王琳軍與陳將侯瑱侯安都戰於蕪湖敗還

竇泰從神武西討令泰自潼關入泰至小關爲周文帝所襲衆盡沒泰自殺

李希光爲兗州刺史西兗州刺史文宣責陳武帝廢蕭明命儀同蕭軌率希光東方老裴英起王敬寶步騎數萬伐之以天保七年三月度江襲剋石頭城五將名位相侔英起以侍中爲軍司蕭軌與希光並爲都督軍中抗禮不相服御競說謀略動必乖張頓軍丹陽城下值霖雨五十餘日及戰兵器並不甚施用故致敗五將帥俱死士卒得還者十二三所設器械軍資不可勝紀

魏蘭根爲河北行臺定州率募鄉曲欲防井陘時尒朱榮將侯深自范陽趣中山蘭根與戰大破

尉破胡爲開府儀同三司後主武平四年破胡長孫洪略等與陳將吳明徹戰於呂梁南人敗之破胡走以免洪略戰沒遂陷秦涇二州

後周獨孤信爲驃騎大將軍從太祖入洛陽潁豫襄廣陳留之地並相繼款附東魏將侯景等率衆圍洛陽信據金墉城旬有餘日及太祖至瀍東景退走信爲右軍戰不利東魏遂有洛陽

齊王憲太祖第五子也時李徹從武帝拔晉州及帝班師憲與徹屯雞棲原齊後主以大軍至憲引兵西上以避其鋒齊遣其驍

將賀蘭豹子率勁騎躡憲戰於晉州城北憲師敗徹與楊素宇文慶等力戰憲賴以獲全

王褒初仕梁爲僕射周軍征江陵梁元帝授褒都督城西諸軍事褒本以文雅見知一旦委以總戎深自勉勵盡忠勤之節被圍之後上下猜懼元帝唯於褒深自委信乃命褒與朱買臣率衆出宣陽之西門與周師戰買臣大敗褒督進不能禁乃貶爲護軍將軍

隋韓洪高祖時爲代州總管仁壽元年突厥達頭可汗犯塞洪率蔚州刺史劉隆大將軍李藥王拒之遇虜於恒安衆寡不敵洪四面搏戰身被重瘡將士沮氣虜悉衆圍之矢下如雨洪僞與虜和圍少解洪率所領潰圍而出死者太半殺虜亦倍洪及藥王除名爲民隆竟坐死

馮昱開皇初爲行軍總管屯乙弗泊以備胡突厥數萬騎來掩之昱力戰累日衆寡不敵竟爲虜所敗亡失數千人殺虜亦過當

宇文述爲扶餘道將軍時煬帝征高麗述與九軍至鴨綠水糧盡議欲班師諸將多異同述又不測帝意會乙支文德來詣營述先與光祿大夫于仲文俱奉密旨令誘執文德既而緩縱文德逃歸述內不自安遂與諸將度水追之時文德見述軍中多飢色欲疲述衆每鬭便北述一日之中七戰皆捷既恃驟勝又內逼羣議於是遂進東濟薩水去平壤城三十里因山爲營文德復遣使僞降請述曰若旋師者當奉高元高麗王名朝行在所述見士卒疲弊不可復戰又平壤險固卒難致力遂因其詐而還衆半濟賊擊後軍於是大潰不可禁止九軍敗績一日一夜還至鴨綠水行四百五十里初度遼九軍三十萬五千人及還至遼東城唯二千七百人帝大怒以述等屬吏至東都除名爲民先是仲文率衆至鴨綠水述以糧盡欲還仲文議以精銳追文德可以有功述固止之仲文怒曰將軍杖十萬之衆不能破小賊何顏以見帝且仲文此行也固知無功矣述因厲聲曰何以知無功仲文曰昔周亞夫之爲將也見天子軍容不變此決在一人所以功成名遂今者人各有心何以赴敵初帝以仲文有計畫令諸軍諮稟節度故有此言由是述等不得已而從之遂行東至薩水宇文述兵餓退歸師遂敗績帝以屬吏諸將皆罪於仲文帝大怒釋諸將獨繫仲文憂恚發病困篤方出之卒於家

崔弘昇爲涿郡太守遼東之役檢校左武衛大將軍事至平壤與宇文述等同敗績奔還發病而卒

王辯爲武賁郎將從翟讓寇徐豫辯進頻擊走之讓尋與李密屯據洛口倉辯與王世充討密阻洛水相持經年辯率諸將攻敗密因薄其營𢧐破外柵密諸營已有潰者辯將入城世充不知恐將士疲勞於是鳴角收兵翻爲密所乘官軍大潰不可救止

薛世雄爲左禦衛大將軍涿郡留守未幾李密逼東都中原騷動煬帝詔世雄率幽薊精兵將擊之軍次河間營於郡城南河間諸縣正集兵依世雄大軍爲營欲討竇建德建德將襲來河口自選精銳數百夜來襲之先犯河間兵潰奔世雄營時遇大霧晦暝莫相辯識軍不得成列皆騰柵而走於是大敗世雄與數左右數十騎遁入河間城慙恚發病歸於涿郡未幾而卒

段達爲左翊衛將軍煬帝幸江都宮詔達與太府卿元文都留守東都李密據洛口縱兵侵掠城下達遣將龐玉武牙郎將霍舉率內兵出禦之頗有功遷左驍衛大將軍王充之敗也密復進據北邙來至上春門達與判左丞郭文懿尚書韋津出兵拒之達見賊盛不陣而走爲密所乘軍大潰於陣由是賊勢日盛

王充爲江都守時李密攻陷興洛倉進逼東都官軍數却光祿大夫裴仁基以武牢降于密煬帝惡之大發兵將討焉發中詔遣充爲將軍於洛口以拒密前後百餘戰互有勝負充乃引軍渡洛水逼倉城李密與戰充敗績赴水溺死者萬餘人時天寒大雪兵士既渡水衣皆霑濕在道凍死者又數萬人以至河陽纔以千數充自繫獄請罪

冊府元龜卷第四百四十二

入免冠素服待罪于閤外帝責以違詔失律既而並令釋放
劉鄩末帝時通領鎮南節度使貞明二年三月鄩整師與晉王
大戰於故元城鄩軍敗績先是鄩駐軍於莘帝以河朔危困
患於外餉饋不支遣使賜鄩詔微以兵讖鄩奏以寇勢方盛未
可輕動帝又問鄩決勝之策鄩奏曰人給糧十斛盡則破敵帝
不悅復遣促戰鄩召諸將會議諸將皆欲戰鄩默然一日鄩引
軍攻鎮定之營彼衆大駭上下勝亂俘斬甚衆時帝遣偏將楊
延直領軍萬餘人屯澶州以應鄩既而晉王詐言歸太原鄩以
爲信是月召楊延直會於魏城下鄩自莘率軍亦至與延直會
既而晉王自貝州至鄩引軍漸退至故元城西與晉人決戰大
爲其所敗追襲至河上軍士赴水死者甚衆鄩自黎陽濟河奔
滑州
王彥章爲北面招討使及晉王至楊劉彥章軍不利遂罷彥章
兵權朝廷聞晉人將自兗州路出師末帝急遣彥章領保鑾騎

士數千於東路守捉且以鄆州爲敵人所據因圖進取令張漢
傑爲監軍一日彥章渡汶以略鄆境至遞坊鎮爲晉人所襲彥
章退保中都十月四日晉王以大軍至彥章以衆拒戰兵敗爲
晉將夏魯奇所擒魯奇嘗事太祖與彥章素善及彥章敗識其
語音曰此王鐵槍也揮矟刺之彥章重傷馬踣遂就擒晉王見
彥章謂之曰爾常以孺子待我今日服未又問我素聞爾善將
何不保守兗州此邑素無城壘何以自固彥章對曰大事已去
非臣智力所及晉王惻然賜藥以封其創
賀瓌爲宣義軍節度使北面行營招討使貞明四年十二月瓌
與晉人大戰於胡柳陂瓌軍亦敗五年春正月晉人城德勝夾
河爲柵四月瓌率大軍攻其南柵晉人斷我艨艟濟軍以援南
柵瓌退軍於行臺寨以疾卒
後唐[illegible]有信爲檢校司空領郴州刺史時兗鄆乞師于武皇武皇
以有信將於莘縣與朱瑄合勢以拒汴人梁祖患之遣[illegible]

（僅存一葉）

冊府元龜卷第四百四十四

將帥部

陷沒

礼曰謀人之軍師敗則死之謀人之邦邑危則亡之是知荷鑿閫之權當分符之寄必在謀而後動奪人之心若乃昧三陣之要乏九拒之略或提孤軍以深入或違連率之節度或兵少糧竭為敵所乘或蒲酒自樂不恤軍政及夫城陷為俘兵窮就縛縱使辞氣抑揚不背其本鄰敵礼遇縻之好爵而合境既罹其塗炭全軍不救於覆沒將何補哉復胡顔爾

秦王離翦之孫也秦使離擊趙圍趙王及張耳鉅鹿城或曰王離秦之名將也今將彊秦之兵攻新造之趙舉之必矣客曰不然夫為將三世必敗者何也以其所殺伐多矣其後受其不祥今王離已三世將矣居無何項羽救趙擊秦軍果虜王離

漢煇渠侯僕明孝武征和三年以五原屬國都尉與貳師將軍俱擊匈奴沒

李崇為西域都護王莽天鳳中與五威將軍王駿同出西域駿為焉耆所襲擊死崇收餘士還保龜茲數年莽死崇遂沒

後漢劉尚為武威將軍光武建武二十四年擊武陵五溪蠻夷深入軍沒

張鴻為謁者中元中滇吾寇隴西光武遣鴻領諸郡兵擊之戰於允吾唐谷軍敗鴻及隴西長史田颯皆沒

司馬鈞為左馮翊安帝元初二年行征西將軍督右扶風仲光安定太守杜恢北地太守盛包京兆虎牙都尉耿溥右扶風都尉皇甫旗等合八千餘人零昌參兵至勇士東為杜季貢所敗於是進攻拔丁奚城大克獲杜季貢率衆偽逃鈞令光恢包等收羌禾稼光等違鈞節度散兵深入羌乃設伏要擊之鈞在城中怒而不救光並沒死者三千餘人

蔡諷為遼東太守殤安閒高句麗王宮寇遼東諷輕將吏士追討之軍敗沒

魏桓纂為散騎侍郎齊王嘉平中以樂安太守與吳戰於東關軍敗沒

晉王育為并州督護成都王穎在鄴又以育為振武將軍劉元海之為北單于育說穎曰元海今去育請為殿下促之不然懼不至也穎然之以育為破虜將軍元海遂拘之其後以為太傅

王衍為太尉尚書令東海王越之討苟晞也衍以太尉為太傅軍司及越薨衆共推衍為元帥俄而舉軍為石勒所破勒呼為王公與之相見後使人夜排牆填殺之

霍弋為南中監軍時交阯太守馬融卒弋遣犍為楊稷代融與將軍毛炅九真太守董元牙門孟幹等自蜀出交阯破吳軍于古城斬大都督脩則交州刺史劉俊吳遣虞汜為監軍薛珝為威南將軍大都督陶璜為倉梧太守距稷等稷等城中食盡死士者半將軍王約反降吳吳人得入城獲稷毛皆囚之孫皓使

送稷下都至合浦歐血死追贈交州刺史毛璩之為高密內史苻堅將向雍彭超陷盱眙璩之為賊所執

毛德祖督司雍并三州諸軍事冠軍將軍司州刺史戍武牢為魏所沒

朱序為梁州刺史鎮襄陽苻丕率衆圍序序累戰破賊人情勞懈又以賊退稍遠疑未能來守備不謹督護李伯護密與賊相應襄陽遂沒序陷於苻堅堅殺伯護徇之以其不忠也

後秦姚詳為姚興安遠將軍鎮杏城為赫連勃勃所逼糧盡委守南奔大蘇勃勃要之衆散為勃勃所執

宋傅弘之為桂陽公義真雍州治中從事赫連璝襲長安義真東歸佛佛傾国追躡於青泥太戰弘之躬貫甲冑氣冠三軍軍敗陷沒毛脩之為冠軍將軍安西司馬值桂陽公義真已發長安為佛佛虜所邀軍敗脩之與義真相失走將免矣始登一阪阪甚高峻右衛軍人叛走已上阪嘗為脩之所罰者以戎蠻之

傷領四壁阪遂爲佛佛所擒佛佛死其子赫連昌爲後魏太武所獲脩之并没

朱循之爲司徒從事中郎將隨到彥之北伐彥之自河南迴留循之戍滑臺爲魏軍所圍數月糧盡將士熏鼠食之遂陷於魏魏太武嘉其守節以爲侍中妻以宗室女

蒯恩爲輔國將軍入關迎桂陽公義眞義眞還至青泥爲佛佛虜所追恩斷後力戰連日義眞前軍奔散恩軍人亦盡爲虜所執死於虜中

朱齡石爲高祖相國右司馬安西將軍桂陽公義眞被徵以齡石持節督關中諸軍事右將軍雍州刺史勑齡石若關右必不可守可與義眞俱歸齡石亦舉城奔走龍驤將軍王敬先戍曹公壘齡石自潼關率餘衆就敬先魏斷其水道衆渴不能戰城陷魏執齡石及敬先還長安見殺

沈文秀爲青州刺史明帝泰始三年八月魏蜀郡公拔式等馬

步數萬人入西郭直至城下文秀使輔國將軍垣謹擊破之九月又逼城東十月進攻南郭文秀使員外散騎侍郎黄彌之等邀擊斬獲數千四年魏青州刺史王隆顯於安丘縣又爲軍主高崇仁所破死者數百人魏圍青州積久太宗所遣救兵並不敢進乃以文秀弟征北中兵參軍文静爲輔國將軍統高密北海平昌長廣東萊五郡軍事海道救青州文静至東萊之不期城爲敵所斷遏不得進因保城自守爲虜所攻屢戰輒剋太宗加東青州刺史四年不期城爲虜所陷文静見殺文秀被圍三載外無援軍士卒爲之用命無離叛者日夜戰鬬甲冑生蟣風五年正月二十四日遂爲魏兵所陷城敗之日解釋戎衣緩服静坐命左右取所持節魏兵既入兵交至問曰青州刺史沈文秀何在文秀厲聲曰身是因執之牽出聽事前剥取衣服時慕容白曜在城西南角樓裸縛文秀至曜前執之者令拜文秀曰各二國大臣無相拜之禮曜命還其衣爲設酒食鏁送桑乾

崔道爲冀州刺史泰始三年爲魏所陷被送桑乾死於虜中

南齊楊公則領白馬戍主氐賊李烏奴作亂攻白馬公則固守經時矢盡糧竭陷于寇衆

胡僧祐仕魏至銀青光祿大夫以大通二年歸國頻上封事高祖器之拜假節超武將軍文德主帥使戍項城後城陷復没于魏

鮑泉爲信州刺史與平南將軍王僧辯等率舟師東逼邵陵王於郢州郢州平元帝以長子方諸爲刺史泉爲長史行府州事侯景密遣其將宋子仙任約率精騎襲之方諸與泉不恤軍政唯蒲酒日樂賊騎至百姓奔告方諸與泉方雙陸不信曰徐文盛大軍在東賊何由得至既而傳告者衆始令闔門賊縱火焚之莫有抗者賊騎遂入城乃陷賊執方諸及泉送之景所後景攻王僧辯於巴陵不剋敗還乃殺泉於江夏沉其屍于黄鵠磯

王頒爲梁世祖督城內諸軍事荆口城陷頒隨王琳入齊爲竟陵郡守齊遣琳鎮壽春頒弟頍少有志節常隨從世祖及荆城

陷覆没于西魏

陳裴忌爲譙州刺史未及之官會吳明徹受詔進討彭汴以忌爲都督與明徹掎角俱進呂梁軍敗陷于周周授上開府

程文季爲明威將軍隨吳明徹北討於呂梁敗績爲周所囚仍受開府儀同三司自周逃歸至隋陽爲邊吏所執送長安死于獄中

後魏元孚爲冀州刺史孝明孝昌三年十一月葛榮攻陷冀州執孚逐出居民凍死者十六七

元緒莊帝初爲直閤將軍持節兼武衛將軍關右慰勞十二州大使遂没吐谷渾

畢祖暉建義中行豳州事加撫軍將軍永安中祖暉從大領栅規入州城于時賊帥叱于騏驎保大子壁祖暉擊破之而賊宿勤明達覆攻祖暉兵少糧竭軍援不至爲賊所乘遂殁

陸希質爲建州刺史尒朱榮之死也世隆率衆北還晉陽希質固守拒之城陷兄子被害希質妻元氏榮妻之兄孫由是獲免

源子恭爲散騎常侍遷侍中尒朱榮之死也世隆度律斷據河橋詔子恭爲都督以討之出頓於大夏門北尋而太府卿李苗夜燒河橋世隆退走仍以子恭兼尚書僕射爲大行臺大都督尋還衛將軍假車騎將軍率諸將於太行築壘以防之既而尒朱兆率衆南出子恭所部都督史仵龍羊文義開栅降兆子恭退走爲兆所破衆既退散兆因入洛子恭竄于緱氏仍被執送

薛懷儁爲征南將軍兖州刺史東魏孝靜天平初代還至梁州與刺史元羅俱爲梁將蘭欽所擒送江南梁武見懷儁謂之曰卿父先爲魏荆州刺史我于時猶在襄陽且州壤連接極相知練卿今至此當能住乎若欲還者亦以禮相遣顧謂左右曰此家在北富貴極不可言懷儁便乞歸梁武聽還國

常景爲幽安光兖四州行臺杜洛周還據上谷授景平北將軍行臺如故後洛周南圍范陽城人翻降執刺史王延年及景送於洛周尋爲葛榮所吞景又入榮榮破景得還朝

北齊薛震東魏孝靜天平初鎮守龍門陷於西魏元象中方得逃還神武嘉其至誠除廣州刺史

張遵業爲安西將軍建州刺史東魏武定中隨儀同劉豐討侯景爲景所擒景敗殺遵業於渦

慕容子顒爲鎮西將軍文宣天保初封漢中郡公後因戰没於關中

王敬寶爲東廣州刺史與蕭軌等攻建業不剋没焉

宋顯爲西兖州刺史勇決有氣幹及河陰之戰深入赴敵遂没于行陣

鮮于世榮爲領軍將軍周師將入鄴除領軍大將軍太子太傅於城西拒戰敗被擒

後周蕭世怡仕梁爲仁威將軍譙州刺史及侯景作亂路由譙下襲而陷之世怡遂被執尋遁得免

陸騰初爲東魏陽城郡守大軍東討以騰所據衝要遂先攻之騰兵威甚盛長史麻休勸騰降不許拒守經月餘城陷被執太祖釋而礼之問其東間消息騰盛陳彼州人物又敘述時事辭理抑揚太祖笑曰卿眞不背本也即拜帳内大都督

趙善爲左僕射兼侍中西魏文帝大統九年從戰邙山大軍不利善爲敵所獲遂卒於東魏建德初朝廷與齊人通好齊人乃歸其柩

田弘敢勇有謀略魏永安中陷於万俟醜奴尒朱天光入關弘自原州歸順授都督

許孝敬吳人勁勇過人爲時驍將以大將軍守郢東既無救援爲吳明徹所擒遂戮於建康市

元定武帝時爲大將軍天和二年陳湘州刺史華皎舉州歸梁主欲因其隙更圖攻取乃遣使請兵詔定從衛公直率衆赴之梁人與華皎皆爲水軍定爲陸軍直揔管督之俱至夏口而陳郢州堅守不下直令定率步騎數千圍之陳遣其將淳于量徐度吳明徹等水陸來拒量等以定已渡江兵勢分遂與水軍交戰而華皎所統之兵更懷疑貳遂爲陳人所敗皎得脫身歸梁

定既孤軍懸隔進退無路陳人乘勝逼之定乃率所部斫竹開路且行且戰欲趣湘州而湘州已陷徐度等知定窮迫遣使僞與定通和重爲盟誓許放還國定疑其詭詐欲力戰死之而定長史長孫隆及諸將等多勸定和乃許之於是爲度等所執部下衆軍亦彼囚虜送詣丹陽居數月憂憤發病卒

裴寬天和三年爲温州刺史初陳氏與國通和每修聘好自華皎附後乃圖寇掠洪州既接敵境事資守扞於是復以寬爲洪州刺史而州城卑狹器械又寡寬知其難守深以爲憂又恐秋水暴長陳人得乘其便即白襄州揔管請益戍兵并請移城於羊蹄山權以避水揔管增兵守禦不許移城寬乃量度常年水至之處豎大木於岸以備船行襄州所遣兵未至陳將程靈洗已率衆至於城下遂分布戰艦四面之水勢猶小靈洗未得近城寬每簡募驍兵令夜掩擊頻挫其鋭相持旬日靈洗無如之何俄而雨水暴長所豎木上皆通船過靈洗乃以大艦臨逼[illegible]

拜村樓應即摧碎弓弩大石晝夜攻之苦戰三十餘日死傷過半並毀盡陳人遂得上城短兵相拒猶經二日外無繼援力屈城陷之後水便退縮陳人乃執寬至揚州尋被送嶺外經數載復還建業遂卒於江左

隋龐晃爲驃騎將軍衛王直出鎮襄州晃以本官從尋與長湖公元擊江南孤軍深入遂沒於陳數年衛王直遣晃弟車騎將軍元儁齎絹八百匹贖焉乃得歸朝拜上儀同賜綵二百段後事衛王

史祥爲燕郡太守被賊高開道圍之城陷開道甚禮之會開道與羅藝通和送祥於涿郡卒於途

楊武通爲左衛大將軍討嘉州叛獠東馬縣軍出賊不意頻戰破之賊知其孤軍無援傾部落而至武通轉鬬數百里爲賊所拒四面路絶武通輕騎挑戰墜馬爲賊所執殺而噉之

唐慕容羅睺爲將軍高祖武德元年七月劉文靜及薛舉大戰于涇州文靜敗績羅睺與李安遠劉弘基沒於舉

李仲文武德初爲太常少卿劉武周令宋金剛率衆侵并州軍黃蛇鎭又引突厥之衆兵鋒甚盛襲破榆次縣進陷介州高祖遣仲文率衆討之爲賊所執一軍全沒

劉弘基爲右驍衛大將軍從太宗討薛舉時太宗以疾頓於高墌城引基留文靜等與舉接戰於淺水原王師不利八總管咸敗唯弘基一軍盡力苦鬬矢盡爲舉所獲

永安王孝基高祖從父弟初劉武周攻陷晉州進取澮州屬縣悉下夏縣人呂崇共殺縣令自號魏王以應賊河東賊帥王行本又與金剛連和關中大駭高祖令太宗益兵進討屯于栢壁相持者久之又命孝基及陝州總管于筠工部尚書獨孤懷恩內史侍郎唐儉進取夏縣不能克軍于城南崇引與賊將尉遲敬德襲破孝基營諸軍並陷四將俱沒盛彥師爲宋州總管會徐圓朗反彥師爲安撫大使因戰遂沒於賊

許善護爲貝州刺史武德五年遇賊帥劉十善於鄃縣善護亦于陣全軍並沒

淮安王神通擊宇文化及化及走聊城神通進至聊城乃分兵數千人往魏州取攻具中路復爲莘人所敗竇建德且至遂引軍而退後二日化及爲建德所虜賊勢益張山東城邑多歸建德神通兵漸散退保黎陽依徐勣俄爲建德所陷神通沒于賊

曹仁師爲左鷹揚衛將軍則天萬歲通天元年契丹攻陷營州令仁師與右金吾衛將軍張玄遇等討之戰于西硤石谷官軍敗績玄遇仁師並爲賊所虜

孫佺爲幽州都督睿宗延和元年六月將兵二萬騎八千以襲奚師至冷陘並沒焉佺爲虜所擒送于默啜副使將軍周以悌死之將軍李楷洛烏可利張真楷挺身以出初佺之將行也二可利諫曰暑熱道險懸師遠襲舉非其時往而必敗佺曰薛訥在邊積有年矣然竟不能復營州使東北無事今與公同心勠力擒其不備可以有功道險暑熱安能避乎於是遂行命李楷洛將騎兵四千爲前軍遇賊八千騎與戰楷洛敗佺素怯懦見賊至驚懼率衆欲還又爲虜所敗迺投懸山爲營列方陣而待之虜謂佺曰既以和親何得輕來襲我佺曰吾來和親爾虜曰若和親國信物安在佺悉軍資以與之虜得而更戰軍遂大敗至夜衆餘七千佺謂衆曰卯兵朝策於是兵皆散走佺爲虜所得

李宓爲侍御史劍南留後玄宗天寶十三載率兵擊雲南蠻於西洱河糧盡軍旋馬足陷橋爲閤羅鳳所擒舉軍皆沒

程千里爲上黨節度肅宗至德二年九月與賊挑戰爲賊將蔡希德所擒

王仲升爲淮西節度元年建辰月與賊將謝欽讓戰於申州城下爲賊所虜淮上震駭

扶餘準爲朔方河中副元帥押衙德宗貞元三年隨渾瑊盟于平涼戎人欺盟而亂作準步鬬獲免瑊準由是沒於蕃中令道

水草收羊馬

李驂者隴西人貞元初爲殿前射生官三年秋隨神策將護邊之師次夏州北驂領遊兵前行爲蕃兵所掠亦以因見贊普令與扶餘準偕牧苦役辱之會烏重玘使西域重玘胡方子勇與準驂有舊皆知其不死既見吐蕃宰相求準驂得以生還凡沒西域三十三年

楊襲古爲北庭節度使貞元六年冬吐蕃率葛祿白服之衆來寇北庭迴鶻大相頡于迦斯率衆援之頻戰敗績吐蕃攻圍頗急北庭之人既苦迴紇是歲乃舉城降之於吐蕃沙陁部落亦降焉襲古與麾下二千餘人出奔西州頡于迦斯不利而還七年秋又悉其丁壯五六萬人將復北庭仍召襲古偕行俄爲吐蕃葛祿等所擊大敗死者太半頡于迦斯紿之曰且共我同至牙帳當送君歸本朝也襲古從之及牙帳遂留而不遣竟殺之

高馮從事于宣武軍知曹州事李彥曜作亂馮密遣使奏賊中

事詔除曹州刺史無何李正巳盜有曹濮馮遂陷于賊

孫揆爲澤潞節度使昭宗大順元年與官告使韓歸範至長子縣西爲太原將李存孝所虜

龐師古權徐州兵馬留後乾德四年十一月癸酉淮南大將朱瑾潛出舟師襲汴軍於清口師古舉軍皆沒師古被執時兖州留後葛從周自霍丘渡淮至濠州聞師古敗乃退軍信宿至渒河方渡而朱瑾至是日殺傷溺死殆盡還者不滿千人淮牛存節一軍克渡獲免比至潁州大雪寒凍死者十五六自古喪師之甚無如此也繇是行密據有江淮之間梁杜洪江夏伶人唐光啓中遂爲本州部校因戰立威遂其廉使自稱留後及楊行密乘勝急攻洪鄂洪復乞師於太祖命荆南成汭率荆襄舟師以赴未至夏口汭敗溺死淮人遂陷鄂州洪爲其所擒被害於廣陵市

鄧季筠爲太祖牙將主騎軍唐大順初唐帝命丞相張濬伐太原太祖奉詔出師西至高平與晉人接戰軍既不利季筠爲晉人所擒晉王見之甚喜釋縛待以賓禮

符道昭爲秦州節度使太祖授禪委以兵柄與康懷英等攻潞州以蚰蜒塹繚之飛鳥不度既踰歲晉人援至王師大敗道昭爲晉軍所殺

徐懷玉爲鄜坊節度使庶人友珪既篡立河中朱友謙拒命遣兵襲鄜州懷玉無備尋爲河中所虜囚於公館及友珪遣康懷英率師圍河中友謙慮懷玉有變遂害之

王虔裕爲義州刺史時孟遷請降未幾晉人伐邢孟遷遣使來乞師太祖先遣虔裕選勇士百餘人徑往赴之伺夜突入邢州明日僞植立旗幟晉人不測乃退數月復來圍邢時太祖大軍方討兖鄆未及救援邢人因而攜貳遷乃縶虔裕送于太原尋爲所害

後唐李嗣昭爲內衙都將權典河中留後事唐末梁祖自率軍

三萬至臨汾葛從周設伏於青山口嗣昭聞梁祖至斂軍而退從周伏兵發爲其所敗偏將王郃郎楊師悅等被擒

李承嗣爲洺州刺史唐末兖鄆爲汴人所攻勢漸危蹙遣使乞師于武皇武皇遣承嗣帥三千騎假道於魏渡河援之時李存信屯于莘縣既而羅弘信背盟遣擊王師因茲隔絕及瑄瑾失守承嗣與朱瑾史儼同入淮南

石君立初隸李嗣昭爲牙校歷典諸軍唐末將兵六百德勝時汴軍自滑州嚮餉以給楊村砦莊宗親率騎軍於河外循岸而上邀擊之汴人距楊村五十里於河曲溝張村築壘以貯軍儲莊宗令諸軍攻之汴人設伏於要路邀戰爲賊王師乘之賊入壘門梁伏兵起君立與血戰君立與鎮州大將王劍等陷入賊壘時諸將部校陷賊者十餘人君立被執送于汴梁主素知其驍勇欲用之爲將補而下獄久之梁主遣人誘之君立曰敗軍之將難與議勇汝欲將我我雖真誠效命能信我乎人皆有君吾何

忍反爲仇人哉旣而諸將被戮尙惜君立不之害同光元年莊
宗至汴前一日梁主始令殺之
史敬思爲太原裨將衛從武皇入汴州舍於上源驛是夕爲汴
人所攻敬思方大醉因躍然而興操弓與汴人鬭矢不虛發汴
人死者數百夜分冒雨方達汴橋左右扶武皇决圍而去敬思
後拒血戰而歿武皇還營知失敬思流涕久之
周德威爲盧龍等軍節度使唐末軍次故城詰旦騎報曰汴軍
至矣莊宗使問戰備德威奏曰賊倍道而來未成營壘我營柵
已固守備有餘與深入賊境須使萬全之策此去大梁信宿賊
之家屬盡在其間人之常情孰不以家國爲念以我深入之衆
抗彼激憤之軍不以方略制之恐難必勝王但按軍保柵臣以
騎軍疲之使彼不得下營際晚糧盡不給進退無據因以乘之
破賊之道也莊宗曰河上終日挑戰恨不遇賊今款門不戰非
壯夫也乃率親軍成列而出德威不獲已從之謂其子曰吾不

知其死所矣莊宗與汴將王彥章接戰大敗之德威之軍在東
偏汴之游軍入我輜重衆駭奔入德威軍因紛擾無行列德威
兵少不能解父子俱戰歿先是鎭星犯上將星占者云不利大
將是夜收軍德威不至莊宗慟哭謂諸將曰喪我良將吾之咎
也張敬達爲晉州節度使從晉高祖爲北面兵馬副總管仍屯
兵鴈門未幾晉祖建義末帝詔以敬達爲北面行營都招討使
仍便委引部下兵圍太原以定州節度使楊光遠副焉尋統在
三萬營于晉安鄉末帝自六月繼有詔促令攻取敬達設長城
連柵雲梯飛礮使工者運其巧思窮士人之力時督攻者無有
所構則暴風大雨平地水深數尺而城柵摧圯竟不能合其圍
九月契丹至敬達大敗尋爲晉祖及番衆所迫一夕圍合蕃衆
自晉安寨南門外長百餘里闊五十里布以氊帳用毛索掛鈴
而部伍多犬以備警急營中有夜遁者出則犬吠鈴動跬步
不能行焉自是敬達與麾下部曲五萬人馬萬匹無由四奔但

見穹廬如岡阜相屬諸軍相顧失色始則削木篩糞以飼其馬
日望朝廷救軍及馬漸羸死則與將士分食之馬盡食殫副將
楊光遠次將安審琦知其不濟勸敬達宜早降以求自安敬達曰
吾受恩於明宗位歷方鎭主上授我大柄而失律如此已有愧
於心也今救軍在近旦暮雲來有期諸公何相迫耶待勢窮則
請攜吾首以降亦未爲晚光遠曰審琦知敬達意未决恐坐成
魚肉遂斬敬達以降末帝聞其歿也愴慟久之晉祖戒其部
曲及漢之降者曰爲臣當如此人令部人收葬之
晉翟璋爲新州刺史高祖建義割新州屬北虜時契丹大軍歸
國遣璋於管內配率犒宴之資須及十萬緡山後地貧民不堪
命始戎王以軟語撫璋璋謂必得南歸及委璋平叛奚圍雲州
皆有功故留之不遣璋鬱鬱不得去遇疾尋卒焉
蔡行遇爲左武衞將軍少帝開運初博州刺史周儒以城降虜
又與楊光遠人使往返引契丹於馬家渡濟河時郭謹在汶陽

遣行遇率數百騎赴之遇伏兵於葭葦中突然而出轉鬬數合
部下皆遁行遇爲賊所執鋒鏑重傷不能乘馬坐畚中舁至虜帳
周史彥超爲華州節度使世宗親征太原大軍至河東城下契
丹營於忻代之間遥應賊勢詔天雄軍節度使符彥卿率諸將
屯忻州以拒之彥卿襲契丹於忻口彥超以先鋒軍追蕃寇離
大軍稍遠賊兵伏發爲賊所陷世宗痛惜久之詔贈太師

册府元龜卷第四百四十四

冊府元龜卷第四百四十五

將帥部一百六

無謀　　退撓　　軍不整

無謀

夫將帥者民之司命而安危之主也非夫內懷英略獨負奇計兼慮先定機權暗合亦何以暢乎善志而得其必勝哉乃有膺爪牙之寄當旗鼓之任董率戎旅龔行於討伐保扞徼塞式遏於寇雖而闇然寡謀率爾輕進失於卓偉之義延夫固圉之術措置非當備豫乖宜以至啓釁暴之端貽興敗之辱良由昧於前籌短於應變猶豫無決以成乎厲階聽納不明致紊於軍志昔人有言曰豎將不善一敗塗地授受之際良可戒哉

孫良夫爲衛大夫衛侯使良夫與石稷甯相向禽將侵齊與齊師遇石子曰不可以師伐人遇其師而還將謂君何（言無以報君）若知不能則如無出今既遇矣不如戰也既戰衛師敗績石子曰師敗矣子不少須衆懼盡子喪師徒何以復命皆不對又曰子國卿也須子辱矣子以衆退我此乃止（我於此止禦齊師）且告車來甚衆齊師乃止

漢韓安國武帝時爲材官將軍屯漁陽捕生口虜言匈奴遠去即上言方佃作時（時亦屯田也佃音亭年反）請且罷屯罷屯月餘匈奴大入上谷漁陽安國壁迺有七百餘人出與戰安國傷入壁匈奴虜略千餘人及畜產去帝怒使使責讓安國從益東屯右北平

後漢馬援爲伏波將軍討武陵五溪蠻夷軍次下雋有兩道可入從壺頭則路近而水嶮從充則塗夷而運遠（壺頭山名充縣名屬武陵郡音昌容切）帝初以爲疑及軍至中郎將耿舒欲從充道援以爲棄日費糧不如進壺頭搤其喉咽充賊自破以事上之帝從援策進營壺頭賊乘高守隘水疾船不得上會暑甚士卒多疫死援亦中病耿舒與兄好畤侯弇書曰前舒上書當先擊充糧雖難運而兵馬得用軍人數萬爭欲先奮今壺頭竟不得進大衆怫鬱行死誠可痛前到臨鄉賊無故自致侯夜擊之即可殄滅伏波類西域賈胡到一處輙止以是失利今果疾疫皆如舒言弇得書奏之帝乃使虎賁中郎將梁松乘驛責問援會援卒

吳張悌爲丞相軍師護軍孫震丹楊太守沈瑩當晉之討吳吳遣悌等帥衆三萬渡江圍成陽都尉張喬於楊荷橋衆才七千閉柵自守舉白接告降吳副軍師諸葛靚欲屠之悌曰彊敵在前不宜先事其小且殺降不祥靚曰此等以救兵未至而力少故且偽降以緩我非來伏也因其無戰心而盡阬之可以成三軍之義若舍之而前必爲後患悌不從撫之而進晉討吳護軍張翰等乘之吳軍以次瓦解張喬又出其後大敗吳軍于版橋

晉王澄爲荆州刺史領南蠻校尉時京師危逼澄率衆赴難會王如寇襄陽澄前鋒至宜城遣使詣山簡爲如黨嚴嶷所獲嶷偽使人從襄陽來而問之曰襄陽拔未答云昨旦破城已獲山簡乃陰緩澄使令得亡去澄聞襄陽陷以爲信然散衆而還既而恥之託亡軍糧不職委罪長史蔣俊而斬之竟不能進

甘卓爲安南將軍梁州刺史假節鎮襄陽王敦作逆遣參軍樂道融要卓同討朝廷乃說卓襲敦卓雖從之而性不果決且年老多疑計慮猶豫軍至豬口累旬不前敦聞卓已下兵卓兄子卬時爲敦參軍使卬求和於卓令其旋軍卓信之將旋主簿鄧騫與道融勸卓曰將軍起義兵而中廢爲敗軍之將竊爲將軍不取今將軍之下士卒各求其利一旦而還恐不可得也卓不從卓後爲王敦所害

桓脩子承祖爲左衛將軍王恭將伐譙王尚之先遣何澹之孫無終向句容脩以左衛領振武將軍與輔國將軍陶無忌距之脩次句容戰而恭敗無終遣書求降脩既旋軍而楊佺期已至石頭時朝廷無備內外震駭脩進說曰殷桓之下專恃王恭恭既破滅莫不失色今若優詔用玄玄必內喜則能制佺期使並順命朝廷納之以脩爲龍驤將軍荆州刺史假節權領左

嵩文武之鎮又令劉牢之以千人送之轉仲堪為廣州仍未及發而玄等盟於尋陽求誅牢之尚之并訴仲堪無罪獨被降黜於是詔復仲堪荆州御史中丞江績奏脩承受楊佺期之言交通信命宣傳不盡以為身計疑誤朝算請收付廷尉詔免官

梁王僧辯為車騎大將軍平建業遣陳霸先守京口都無備防子頠屢以為言僧辯不聽竟及於禍

隋于仲文高祖大業中為光祿大夫遼東之役率衆屯鴨淥水高麗將乙支文德詐降來入其營仲文先奉密旨若遇高元及文德者必擒之至是文德來仲文將執之時尚書右丞劉士龍為慰撫使固止之仲文遂捨文德尋悔遣人紿文德曰更有言議可復來也文德不從遂濟仲文選騎渡水追之每戰破賊文德遺仲文詩曰神策究天文妙算窮地理戰勝功既高知足願云止仲文荅書諭之文德燒柵而遁

皇甫綰煬帝大業末為將領屯兵一萬在枹罕薛舉自稱西秦霸王舉精銳二千人襲綰與綰軍遇於赤岸陳兵未戰而風雨暴至初風逆舉陣而綰不擊之忽反風正逆綰陣氣色昏昧軍中擾亂舉棄馬先登諸軍從之隋軍大潰遂陷枹罕岷羌酋鍾利俗擁兵二萬在岷山界盡以衆降舉兵遂大振

唐姜寶誼高祖武德初為并州總管時劉武周將黃子英往來雀鼠谷帝令寶誼擊之子英欵以輕兵挑戰寶誼兵纔接子英輕遁如此者再三寶誼悉衆以逐之伏兵發軍遂大敗寶誼為賊所擒後得逃歸

郭孝恪太宗貞觀末為安西都護時阿史那社尒既擒龜茲王令孝恪守之其相那利僅以身免潛引西突厥之衆并其國兵萬餘人來襲孝恪時孝恪營於城外有龜茲人來謂孝恪曰那利我國相人心素歸今亡在野必思為變城中之人頗有異志公其備之孝恪不以為意那利率兵奄至孝恪始覺乃領部下千餘人將入城而那利之徒已登城矣城中降胡與那利表裏以擊孝恪自為前鋒力戰而入既失部分為胡賊之所蹂躪於城門中流矢而死其子待詔亦同死於陣

鄭仁泰為鐵勒道行軍大總管既降鐵勒部落副將楊志追討之反為所敗有候騎告仁泰曰賊輜重在近畜牧被野可往而擒也仁泰領騎一万四千人卷甲輕齎倍道赴之遂踰大磧至仙蕚河竟不見賊粮且盡遂勒兵而還士卒飢甚又遇大雪凝凍棄其戈甲殺馬以食之強弱自為伍前後分散馬盡人相食比入境餘纔八百人

哥舒翰玄宗天寶末為先鋒兵馬副元帥拒安祿山次于靈寶縣之西原與賊交戰官軍南迫險峭北臨黃河賊將崔乾祐以數千先據險要反良丘等浮舡中流觀進退謂乾祐兵少輕之遂促將士令進子路擁塞無復隊伍因為兇徒所乘

房琯肅宗至德初為文部尚書平章事加持節招討西京兼防禦蒲潼兩關兵馬節度使遇賊於咸陽縣之陳濤斜時琯用春秋車戰之法以車二千乘馬步夾之既戰賊順風揚塵鼓譟牛皆震駭因縱火焚之人畜撓敗為賊所傷殺者四万餘人存者數千人琯用兵素非所長而天子採其虛聲冀成實效琯既自无韜勝又以虛名擇將吏以至於敗及與賊對壘琯欲持重以伺之為中使邢延恩等督戰倉黄失據遂及於敗

馬燧為河東保寧等道節度德宗貞元二年三月來朝初吐蕃將尚結贊既陷鹽夏二州各留兵千餘人守之結贊大衆屯於鳴沙自去冬及春羊馬多死糧餉不繼頗失固志時詔遣華州潼關節度駱元光邠寧節度韓遊瓌統衆與鳳翔鄜坊及諸道戍卒屯於塞上又命燧率師次於石州分兵濟河與元光等犄角討之結贊聞而大懼累遣使請和仍結盟會帝皆不許又遣其大將論頰熱厚礼卑詞求燧請盟燧以奏焉帝又不許唯促其合勢討逐燧不虞其詐乃與頰熱俱入朝盛言其可保信請許與約帝於是從之燧既赴朝也諸軍但閉壁而已結贊[illegible]

其衆華夏州而歸焉氣多死者徒行者及是夏五涼之人會兵死者
盟焉燧亦由此失兵柄而奉朝請矣
渾鎬憲宗元和中爲義武軍節度討王承宗定鎮二州相去九
十里鎬驅全師討賊賊勝分壓鎮州北路而壁焉鎬之初朝去
承宗之牙三十餘里鼓角相聞賊徒恂恐而鎬計慮不周但驟
其軍鋒賊得分衆者入鎬地燒其城邑屠掠居人鎬軍始欲還
延內顧會中使督鎬追賊乃復出戰三合而大敗
嚴綬元和中爲山南東道節度使初憲宗以綬在太原所發偏
裨戰討多勳故移求滋於江陵置授於襄州臨吳元濟綬自節
師至境上無威筭以制敵到軍日遽發公藏賞士卒府藏之積
悉以賂中貴人師徒凍餒閉壁而已後裴度屢言其無軍政故
罷爲太子少保秦日進元和末爲神策軍鄜陽鎮遏使蔡賊逞
溵水鎮兵不能支部將死者三人棄鎬甚衆而去初裴度遣使詞
入蔡州得元濟狀元濟比密有降款而日進隔河大呼之遂令
三軍防元濟由是不果降

後唐王鎔爲鎮州節度使莊宗爲晉王時梁將杜廷隱之襲深
冀也聲言分兵就食往人奔鎮州者或以奸謀事告鎔懼爲貽
禍猶豫未敢拒絕鎔偏將石公立戍深州欲杜關不納請命于
府鎔遽令啓關移兵於外公立稟鎔命廷隱遂盜有州城公立
既出指城闉而言曰朱氏狡惡不仁蔑唐宗社五尺童子亦知
其爲人我公尚顧舊盟猶豫不斷開門納盜後悔何追此城數
萬生靈坐爲俘馘因投刀泣下數日廷隱閉城門悉留鎮兵六士
絡繹拒守鎔方命公立攻之即有備矣及柘鄉陣敗兩州之人
悉爲奴虜老弱者坑之
張廷裕同光中爲新州節度使塞上多事廷裕無控制之術邊
鄙常擾
漢慕容彦超晉末從高祖圍杜重威於鄴下彦超累言於漢祖
請急攻賊城漢祖信之乃親督諸軍四面齊進自寅及辰官軍
傷者乃万餘人死者千餘人乃抽軍罷攻議者尤不歸罪於彦
超自是不復言及攻城矣

逗撓

夫推轂閫外之寄總戎昭之重固當安機制勝因時乘便摧堅覆
險以思克敵而乃忘身先之訓懷敵動之畏或屯留不進或引
兵擅還或隱伏私嫌或顧望時事矯辭飾説以爲解深溝高壘
以自固致寇讎之滋長而威聲之寖微蓋由性本怯懦不能武
事亦或心非忠盡苟圖智免因此而下吏至於誅死者非不幸也
宋義爲楚上將軍秦章邯圍趙王歇於鉅鹿義所遣齊使者高
陵君顯見楚懷王曰宋義論武信君必敗數日果敗軍未戰先
見敗徵徵讀可謂知兵矣王召宋義與計事而說之說讀曰悅因以
爲上將軍羽爲魯公爲次將范增爲末將諸別將皆屬號卿子
冠軍冠軍言其在諸軍之上北救趙至安陽留不進今相州安陽縣秦三年羽謂
宋義曰今秦國軍鉅鹿疾引兵渡河楚擊其外趙應其內破秦

軍必矣宋義曰不然夫搏牛之蝱不可以破蟣蝨搏擊也言以手擊牛之背可以
殺其上蝱而不能破蟣蝨喻今將兵欲滅秦不可
盡力與章邯即戰也或未能禽章邯者也
勝則兵罷我承其敝罷讀曰疲不勝則我引兵鼓行而西必舉秦矣
鼓行謂擊鼓而行无畏懼也故不如先鬬秦趙夫擊輕銳我不如公坐運籌
策公不如我因下令軍中曰猛如虎很如羊貪如狼強不可令
者皆斬遣其子襄相齊身送之无鹽飲酒高會高會大會也天寒
大雨士卒凍飢羽曰將戮力而攻秦久留不行今歲饑民貧士卒食半菽士卒食菽
菜以菽雜半之菽豆也軍无見糧无見糧之糧乃飲酒高會不引兵度河因趙食與并力擊
秦乃曰承其敝夫以強秦之攻新造之趙其勢必舉趙舉秦強何敝之承
且國兵新破王坐不安席埽境內而屬將軍屬委也音之欲切國家安
危在此一舉今不恤士卒而徇私非社稷之臣也後遂殺義破
秦軍
漢彭越爲魏相國擅將兵略定梁地項王南走陽夏夏音賈音工雅切
越復下昌邑旁二十餘城漢王敗使使召越并力擊楚越曰魏

地初定尚恐未可去漢王追楚為籍所敗

張成為大司農武帝時南粤反諸校留屯豫章閩粤王餘善亦發兵距漢殺漢三校尉是時漢使成故山州侯齒將屯〔齒城陽恭王子也舊封山州侯〕不敢擊卻就便處〔卻退也音五略反〕皆坐畏愞誅

路博德為彊弩將軍天漢二年貳師將三万騎出酒泉擊右賢王於天山武帝召騎都尉李陵欲使為貳師將輜重陵見帝願以少擊衆步兵五千人涉單于庭帝壯而許之因詔博德將兵半道迎陵軍博德故伏波將軍亦羞為陵後距奏言方秋匈奴馬肥未可與戰臣願留陵至春俱將酒泉張掖騎各五千人並擊東西浚稽可必禽也〔浚稽山名也在居延北浚音峻稽音雞〕書奏帝怒疑陵悔不欲出而教博德上書迺詔博德吾欲予李陵騎云欲以少擊衆今虜入西河其引兵走西河遮鉤營之道〔胡來要害之道博德遮之走音奏〕令奏詔陵以九月發出遮虜鄣〔鄣者塞上險要之處往往修築別置候望之人所以自衛而捍寇也遮虜鄣名也〕至東浚稽山南龍勒水上徘徊觀虜即亡所見從浞野侯趙破奴故道抵受降城休士〔抵歸也受降城本公孫敖所築休息也浞音仕角反〕因騎置以聞〔騎置謂驛騎也〕所與博德言者云何〔天子疑陵教博德上書求至春乃得出也〕具以書對陵於是出兵

田廣明為祁連將軍宣帝遣五將出塞廣明出塞千六百里至雞秩山斬首捕虜十九級獲牛馬羊百餘逢漢使匈奴還者冉引等言雞秩山西有虜衆祁連即戒引使言無虜欲還兵御史屬公孫益壽諫以為不可祁連不聽遂引兵還坐知虜在前逗遛不進下吏自殺

後漢祭彤以太僕將万餘騎與南單于左賢王信伐北匈奴期至涿邪山信初有嫌於彤行出高闕塞九百餘里得小山乃妄言以為涿邪山彤到不見虜而還坐逗留畏愞下獄免

郭襄以謁者領護羌校尉事到隴西聞涼州羌盛還詣闕抵罪

鄧鴻為車騎將軍出塞追叛胡逢侯坐逗留下獄死

劉岱為兖州刺史時董卓殺少帝岱與豫州刺史孔伷廣陵太守張超陳留太守張邈諸牧守共謀討卓大會酸棗設壇場而盟然諸軍各憚邈衆與邈先進遂使糧餉單竭兵衆乖散

晉汝南王亮武帝時持節都督關中雍涼諸軍事會秦州刺史胡烈為羌虜所害亮遣將軍劉旂騎督敬琰赴救不進坐是貶為平西將軍旂當斬亮與軍司曹冏上言節度之咎由亮而出乞丐旂死詔曰高平困急計城中及旂足以相救就不能徑至尚當深進今奔突有投而坐視覆敗故加旂大戮今若罪不在旂當有所在有司又奏免亮官削爵土詔惟免官

蔡豹元帝時為建威將軍徐州刺史是時太山太守徐龕以郡叛歸石勒詔征虜將軍羊鑒臨淮太守劉遐等與豹共討之鑒及劉遐等並疑憚不相聽從互有表聞故豹久不得進尚書令刁協奏曰臣等伏思淮北征軍已失不速今方盛暑冒涉山險山人便弓弩習土俗一人守阨百夫不當且運漕至難一朝糧乏非復智力所能防禦也書云寧致人不致於人宜頓兵所在

深壁固壘至秋不了乃進大軍詔曰知難而退兵家之言然小賊雖狡猾故成擒耳未戰而退先自摧衂亦古之所忌且邵存已據賊壘威勢既振不可退一步也於是遣治書御史郝嘏為行臺催攝令進討豹欲過進鑒執不聽協又奏免鑒官委豹為前鋒以鑒兵配之降鑒為折衝將軍以責後効

宋臧質為雍州刺史時太祖北伐使質率所統見兵向潼關質頓兵近郊不肯時發獨遣司馬柳元景屯兵境上不時進軍質又顧戀嬖妾棄營單馬還城散用臺庫見錢六百万為有司所糾帝不問也

南齊李安民為領軍將軍屯壽春時淮北四州聞太祖受命咸欲南歸至是徐州人桓摽之兖州人徐猛子等合義衆數万砦險求援太祖詔曰諸青徐四州義舉雲集安民可長轡遐馭指授羣帥安民赴救留遲虜急兵攻摽之等皆没帝甚責之

梁鄧元起武帝時為平西將軍益州刺史詔以西昌侯蕭淵藻代

之是時梁州長史夏侯道遷以南鄭叛引魏人白馬戍主尹天寶馳使報蜀魏將王景胤孔陵寇東西晉壽並遣告急衆勸元起急救之元起曰朝廷萬里軍不卒至若寇賊侵淫方須撲討董督之任非我而誰何事匆匆便救長史庾黔婁等苦諫之皆不從高祖亦假元起都征討諸軍將救漢中比至魏已攻陷兩晉壽蕭藻將至元起頗營還裝糧儲器械略無遺者藻入城甚望之因表其逗留不憂軍事收付州獄於是自縊

唐竇琮高祖義寧初爲右領軍大將軍時隋河陽都尉獨孤武都謀歸國乃令琮以步騎一萬自栢崖道應接之遲留不進武見殺坐是除名

段志玄太宗時爲左驍衛大將軍遣率兵往青海掩吐谷渾良馬志玄去青海三十里遲留不敢進坐免官

張文幹行撫州刺史平壤道行軍摠管貞觀十九年征遼迴次易州文幹以渡海多覆舟船詔追逗留不赴斬之

韋待價則天永昌初爲安息道大總管與副大總管安西大都護閻温古征吐蕃逗留不進待價配流繡州温古處斬

李光弼爲河南淮南山南東道荊南等道副元帥封臨淮王廣德初吐蕃入寇京畿代宗詔徵天下兵光弼與程元振不協遷延不至十月西戎犯京師代宗幸陝

李正己爲淄青節度使大曆十年魏博節度田承嗣之叛也正己與成德軍節度使李寶臣同會於冀州之東強縣進圍貝州承嗣發精兵寇磁州爲貝州援寶臣等見承嗣兵出各退守行營淮西節度使李忠臣聞之棄衛州偃月城濟河而南屯於陽武

桂仲武憲宗元和十五年爲安南都護先是安南兵亂殺都護李象古朝廷以仲武簡廉有材用委以緝綏仲武既行遇南兵方擾逗留不進貶安州刺史以裴行立代焉

周王峻爲樞密使討并寇太祖廣順元年十二月峻遣供奉官翟守素奏臣所差仇弘超等襲賊軍至霍邑路追及鼓譟踐殺其賊黨人騎投崖墮澗不可稱計賜習守素紫帛袍帶先是王萬敢襲賊攻之甚急太祖命峻將兵先進欲因幸洛都吏以禁軍繼之至是峻言劉崇一行棄甲而遁遣仇弘超捷襲遂至霍邑當險阻之路也弘超無勇緩兵賊遂安然解去若弘超擊疾雷之勢則彼無孑遺矣蓋峻不能自率師而逐之悞之悮戎事非將帥之才也

武守琦爲左廂都校顯德四年世宗幸淮南帝令守琦帥驍騎數百徑趨維楊路出於高郵高郵大揚州大邑素多儲偫守琦利其糧草不時而進故吳人因得實其士庶渡江南去後數日王人至楊州乃督衆以救焚故其寺觀廬舍僅有存者及閱其遺民唯殘瘵者十數人而已

軍不整

大整軍經武安民和衆將帥之職也故先庚後甲以申其號令鼙金伐鼓以節其進退既有嚴而有翼且必誠而必信俾等夷

有序上下無譁[illegible]犯於秋毫克負於師律者率是道也乃有失制勝之略無馭衆之法或臨敵而先却或陳隙而自潰或虔劉於黎庶或剽掠於王帛因緣縱暴猖狂莫遏卒使國威斯損民怨是斂采諸方冊咸用論次百代而下足爲鑒戒者已

荀林父晉大夫也桓子將中軍魯宣公十二年晉師及楚子戰于邲楚師車馳卒奔乘晉軍桓子不知所爲鼓於軍中曰先濟者有賞中軍下軍爭舟舟中之指可掬也及昏楚師軍於邲晉之餘師不能軍不能成營屯宵濟亦終夜有聲言其兵衆將不能用

季康子魯大夫哀公七年秋伐邾師遂入邾處其公宮衆師晝掠掠取財物也邾衆保于繹繹邾邑也在鄒縣北師宵掠以邾子益來益邾隱公也夜掠備言康子無法

後漢吳漢爲大司馬建武二年南郡人秦豐擁黎丘董訢起堵鄉許邯起杏又更始諸將各擁兵據南陽諸城光武遣漢伐之漢軍所過多侵暴時破虜將軍鄧奉謁歸新野怒漢掠其鄉里

逆反擊破漢軍

晉祖逖元帝時爲徐州刺史尋徵軍諮祭酒居丹徒之京口逖以社稷傾覆常懷振復之志賓客義徒皆暴桀勇士逖遇之如子弟時楊土大饑此輩多爲盜竊攻剽富室逖撫慰問之曰比復南塘一出不或爲吏所繩逖輒擁護救解之談者以此少逖然自若也

王敦元帝時爲鎮東大將軍經略指麾千里之外肅然而麾下優而不能整

梁曹景宗任豫爲游擊將軍及高祖爲雍州刺史景宗深自結附高祖以景宗爲軍鋒與王茂呂僧珍掎角破王珍國於大航景宗軍士皆桀黠無賴御道左右莫非景宗抄掠財物略奪子女景宗不能禁臨川王宏爲楊州刺史天監四年都督諸軍侵魏軍次洛口宏部分乖方多違朝旨九月洛口軍潰宏棄衆走其夜暴風雨軍驚宏與數騎逃亡諸將求宏不得衆散而歸棄甲投戈填滿水陸損棄病者彊壯僅得脫身宏棄小船濟江夜至白石壘款城門求入臨汝侯登城謂曰百万之師一朝奔潰國之存亡未可知也恐姦人乘間爲變城門不可夜開宏無辭以對乃縋食饋之

邵陵王綸爲中衛將軍侯景構逆加征討大都督綸與前高州刺史李遷仕援兵至北岸百姓扶老攜幼以候王師纔得過淮便競剝掠賊黨有欲自拔者聞之咸止

後周權景宣爲荆州總管時陳湘州刺史華皎舉州款附表請援兵勑景宣統水軍與皎俱下景宣到夏口陳人已至而景宣任遇隆重遂驕傲恣縱多自矜伐兼納賄貨指麾節度朝出夕改將士憤怒莫肯用命及水軍始交一時奔北舡艦器仗略無孑遺府衛公克總督諸軍以景宣負敗欲繩以軍法朝廷不忍加罪遣使就軍赦之尋遇疾卒

隋韋沖高祖開皇中爲寧州總管其兄子伯仁隨沖在府掠人之妻士卒縱暴邊人失望帝聞而大怒令蜀王秀治其事益州刺史元巖性方正案沖無所寬貸沖竟坐免

韓擒虎爲廬州總管以平陳功進位上柱國有司劾擒虎放縱士卒淫汙陳宮坐此不加爵邑

唐崔光遠肅宗上元中爲劍南節度兼州刺史段子璋反東川節度使李奐敗走投光遠光遠率將花驚定等討平之將士肆其剽刼婦女有臂串金銀釧兵皆斷其腕以取之亂殺數千人光遠不能禁

郭英乂爲神策軍節度使代宗初元帥雍王自陝統諸軍討賊洛陽留英乂在陝爲後殿東都平以英乂權知東都留守時東都再經賊亂朔方軍及英乂魚朝恩等軍不能禁暴與迴紇縱掠坊市及鄭汝等州比屋蕩盡人悉以紙爲衣或有衣經書者

李抱玉爲鳳翔節度使大曆五年抱玉自鳳翔移鎮盩厔縣鳳翔將士以移鎮怨怒縱兵大掠鳳翔坊市因燒草積居人擾駭數日方定

李忠臣爲淮南節度使大曆二年同華節度周智光據州反忠臣入覲次潼關聞智光沮兵騁所部將健禦之及智光死忠臣進兵入華州大掠自赤水關二百里間剽在財物殆盡官吏至有着紙衣或數日不食者又大曆十一年與河陽三城使馬燧各率所管兵次于鄭州逆賊李靈耀盜張旗幟來犯我師淮西軍驕而無謀河陽軍勇不設備及聞賊至忠臣遑遽退卻燧亦隨之頓軍于滎澤淮西士卒潰者十五六西至汝梁北至河洛道路相繼鄭州士庶悚懼竄避皆趣東都城鄭州村落殆空

劉昌爲宣武軍兵馬使德宗貞元三年昌率其衆自坊州赴鹽臺既次三原遂縱掠一夕時淮西散兵百餘人隸於昌及是昌歸罪淮西兵盡殺之

王朝幹爲渾瑊將吐蕃圍隴州瑊遣朝幹以衆二千戍鳳翔及岐山遂縱剽掠信宿方定

劉悟穆宗時爲昭義軍節度使時監

軍劉承借頗恃恩寵常對衆辱之承借又縱其下以亂法晤不能平異日有中使至承借宴之請晤晤欲往左右皆曰往則必為其困辱矣晤因亂晤不止之遂擒承借至牙門殺其二僕欲并害承借晤救之獲免

梁李思安為檢校左僕射亳州刺史為性木勇悍每統戎臨敵不大勝必大敗開元元年春率兵伐幽州營於桑乾河虜獲甚衆燕人大懼及軍迴伐潞累月不克師人多逸太祖怒甚詔跡其罪責授奪其官爵委本郡以民戶係焉踰歲起之復令領兵亦無殊績可紀

胡規為北面招討使乾化初使河南尹張宗奭奏規脩河軍入擾村閭殺樹奪耕戶絲麥衆以石礫人太祖曰我令以河南府積薪治敗岸且有將領何敢是耶翌日命宣徽院使趙彀衡押領規及六軍使巳下往都外閱視林木至榆林巳來園圃莫木役伐殆盡仍招伏軍人侵奪百姓財物下詔曰胡規此緣微效

擢委劇權不能禁戢諸軍而敢凌百姓輒生狂計欲起亂階備見苞藏何堪委用從來凶逆已露鋒鋩此際侮輕足量肝膽苟無極斷慮擾後艱胡規并男義方秀宗崇乂並令處置其婦女任從所適都指揮使韓勍已下一十二人罰俸有差

後唐李存信為都指揮使初朱瑄朱瑾乞師於武皇武皇假道於魏州羅弘信許之乃令存信將步騎三萬與李承嗣史儼會軍以拒汴人存信軍於莘與朱瑾合勢頻挫汴軍汴帥患之乃反間魏人存信御軍無法稍侵魏之芻牧者弘信乃與汴帥通出師三萬攻存信軍存信揭營而退保於洺州

晉丁審琪為延州節度使審琪部曲僮千人失於撫御民甚苦之軍校賀行政等與番部連結聚衆攻城幾遭屠滅賴鄰道軍救解幸獲保全尋受代歸闕

周馬鐸漢末為申州刺史監兵在尉氏縣會太祖在澶淵為衆軍迫請宗社王峻在京以許州節度使劉信是漢之宗室遣鐸至許州圖之鐸至信自殺鐸不能戢兵而縱肉所掠太祖知而怒之不時任使

冊府元龜卷第四百四十五

卷第四百五十六

部一百一十七

和

在和不在衆又曰安民和衆蓋軍旅之尚和也久矣律順成爲臧固當輯睦兵戎克濟勳略其有處營衛之任握旗鼓之要受脤偕出援枹並行志從臣之義咨兼人之勇專逞其欲不相爲謀或大呼於和門或盛氣於莫府至有乖異籌畫違沮期會及于戈而鬭奪鼓吹以徃棄公家之事爲仇方之利以至覆軍奪爵而不悔焉孟子云天時不如地利地利不如人和誠哉是言矣

胥甲晉大夫魯文公十二年冬秦伯伐晉取羈馬（羈馬晉邑）晉人禦之趙盾將中軍荀林父佐之郤缺將上軍臾駢佐之欒盾將下軍胥甲佐之范無恤御戎以從秦師于河曲臾駢曰秦不能久請深壘固軍以待之從之秦人欲戰秦伯謂士會曰若何而戰（士會晉大夫七年奔秦）對曰趙氏新出其屬曰臾駢必實爲此謀將以老我師也（臾駢趙盾屬大夫新出佐上軍）趙有側室曰穿晉君之壻也（側室支子穿趙夙庶孫）有寵而弱不在軍事（弱年少也又未嘗涉知軍事）好勇而狂且惡臾駢之佐上軍也若使輕者肆焉其可（肆暫往而退也）十二月戊午秦軍掩晉上軍趙穿追之不及（上軍不動趙穿獨追之）反怒曰裹糧坐甲固敵是求敵至不擊將何俟焉軍吏曰將有待也（待可擊）穿曰我不知謀將獨出乃以其屬出宣子曰秦獲穿也獲一卿矣秦以勝歸我何以報乃皆出戰交綏（司馬法曰逐奔不遠從綏不及逐奔不遠則難誘從綏不及則難陷然則古名退軍爲綏秦晉志未能堅戰短兵未致爭而兩退故曰交綏）秦行人夜戒晉師曰兩君之士皆未憖也明日請相見也（憖缺也）臾駢曰使者目動而言肆懼我也（目動心不安言肆聲放失常節）將遁矣薄諸河必敗之（薄迫也）胥甲趙穿當軍門呼曰死傷未收而棄之不惠也不待期而薄人於險無勇也乃止（晉師止）秦師夜遁復侵晉入瑕

荀林父晉大夫魯宣十二年六月晉師救鄭荀林父將中軍（代郤缺）先縠佐之（彘季代林父）士會將上軍（河曲之役郤缺將上軍宣八年代趙盾爲政將中軍士會代將上軍）郤克佐之（郤缺之子代臾駢）趙朔將下軍（趙盾之子代欒盾）欒書佐之（欒盾之子代趙朔）趙括趙嬰齊爲中軍大夫（括嬰齊皆趙盾異母弟）鞏朔韓穿爲上軍大夫荀首趙同爲下軍大夫（荀首林父弟趙同趙嬰兄）韓厥爲司馬（韓萬玄孫）及河聞鄭既及楚平桓子欲還曰無及於鄭而勦民焉用之（桓子林父勦勞也）楚歸而動不後（動兵代鄭）隨武子曰善（武子士會）會聞用師觀釁而動（釁罪也）德刑政事典禮不易不可敵也不爲是征（言征伐爲有罪不爲有禮）楚君討鄭怒其貳而哀其卑叛而伐之服而舍之德刑成矣伐叛刑也柔服德也二者立矣昔歲入陳（討徵舒）今茲入鄭民不罷勞君無怨讟（讟謗也）政有經矣（經常也）荊尸而舉（荊楚也尸陳也楚武王始更爲此陳法遂以爲名）商農工賈不敗其業而卒乘輯睦（步曰卒車曰乘）事不奸矣（奸犯也）蔿敖爲宰擇楚國之令典（宰令尹蔿敖孫叔敖）軍行右轅左追蓐（在軍之右者挾轅爲戰備左右者追求草蓐爲宿備傳曰令尹南轅又曰改乘轅楚陳以轅爲主）前茅慮無（慮無如今軍行前有斥候蹹伏皆持以絳及白爲幡見騎賊舉絳白幡備慮有無也茅明也或曰時楚以茅爲旌識）中權後勁（中軍制謀後以精兵爲殿）百官象物而動軍政不戒而備（物猶類也戒勑令）能用典矣其君之舉也內姓選於親外姓選於舊（言親舊並用）舉不失德賞不失勞老有加惠（賜老則不計勞）旅有施舍（旅客來者施之以惠舍不勞役）君子小人物有服章（尊卑別也）貴有常尊賤有等威（威儀有等差）禮不逆矣德立刑行政成事時典從禮順若之何敵之見可而進知難而退軍之善政也兼弱攻昧武之善經也（昧昏亂經法也）子姑整軍而經武乎（姑且也）猶有弱而昧者何必楚彘子曰不可（彘子先縠）晉所以霸師武臣力也今失諸侯不可謂力有敵而不從不可謂武由我失霸不如死且成師以出聞敵彊而退非夫也（非丈夫）命爲軍帥而卒以非夫唯羣子能我弗爲也以中軍佐濟（彘子所帥也濟渡河）知莊子曰此師殆哉（莊子荀首）周易有之在師䷆（坎下坤上師）之臨䷒（兌下坤上臨師初六變而之臨）曰師出以律否臧凶（此師卦初六爻辭律法否不也）執事順成爲臧逆爲否（今彘子逆命不順成故不臧）衆散爲弱（坎爲衆今變爲兌兌柔弱）川壅爲澤（坎爲川今變爲兌兌爲澤是川見壅）有律以如己也（如從也法行則人從法法敗則法從人坎爲法象今爲衆則散爲川則壅是失法之用從人之象）故曰律否臧且律竭也（竭敗也坎變爲兌是法敗）盈而以竭夭且不整[illegible]所以凶也（水遇夭塞不得整流則竭涸也）不行之謂臨（水變爲澤）

乃成臨卦澤不行之物有帥而不從臨孰甚焉此之謂矣譬彘子之違命亦不可行果遇必敗遇敵彘子尸之主此禍雖免而歸必有大咎爲明年晉人殺先縠傳韓獻子謂桓子韓獻子韓厥曰彘子以偏師陷子罪大矣子爲元帥師不用命誰之罪也失屬亡師爲罪已重不如進也今鄭屬楚故曰失屬彘子以偏師陷故曰亡師事之不捷惡有所分捷成也與其專罪六人同之不猶愈乎三軍皆敗則六卿同罪不得獨責元帥師遂濟

荀偃晉大夫將中軍士匄佐之趙武將上軍韓起佐之欒黶將上軍魏絳佐之魯襄十四年夏諸侯之大夫從晉侯伐秦晉侯待于竟六卿帥諸侯之師以進至于棫林棫林秦地不獲成焉秦不服荀偃令曰雞鳴而駕塞井夷竈示不反唯余馬首是瞻言進退從己欒黶曰晉國之命未是有也余馬首欲東乃歸欒黶惡偃自專故棄之歸下軍從之左史謂魏莊子曰不待中行伯乎中行伯荀偃也莊子魏絳也左史晉大夫莊子曰夫子命從帥夫子謂荀偃欒伯吾帥也吾將從之從帥所以待夫子也伯游曰吾令實過之何及多遺秦禽軍帥不和恐多爲秦所禽獲乃命大還晉人謂之遷延之役

吳王子山魯定公四年吳伐楚楚敗吳入郢以班處宮以尊卑班次處楚王宮室子山處令尹之宮夫槩王欲攻懼而去之夫槩王入之入令尹宮也言吳無禮所以不能遂克

荀瑤晉大夫魯悼公四年帥師圍鄭悼公哀公之子寧也哀公出孫魯人立悼公未至鄭駟弘曰知伯愎而好勝知伯荀瑤也早下則可行也行去也乃先保南里以待之保守也南里在城外知伯入南里門于桔柣之門知伯謂趙孟入之對曰主在此主謂知伯也言主在此何不自入知伯曰惡而無勇何以爲子惡貌醜也簡子廢嫡子伯魯而立襄子故知伯言其醜且無勇何故立以爲子對曰以能忍恥庶無害趙宗乎知伯不悛趙襄子由是惎知伯惎毒也遂喪之

漢荀彘爲左將軍楊僕爲樓船將軍擊朝鮮左將軍破浿水上軍迺前至城下圍其西北樓船亦往會居城南其王右渠遂堅城守數月未能下左將軍素侍中幸幸親於天子將燕代卒悍乘勝軍多驕樓船將齊卒入海已多敗亡其先與右渠戰困辱亡卒皆恐將心慚其圍右渠常持和節左將軍急擊之朝鮮大臣迺陰間使人私約降樓船與樓船爲要約而請降往來言尚未肯決左將軍數與樓船期戰樓船欲就其約不會左將軍亦使人求閒隙降下朝鮮不肯心附樓船以故兩將不相得左將軍心意樓船前有失軍罪意疑也今與朝鮮私善而又不降疑其有反計未敢發天子曰將率不能前乃使衛山諭降右渠不能顓決與左將軍相誤卒沮約顓與專同卒終也沮壞也今兩將圍城又乖異以故久不決使故濟南太守公孫遂往正之有便宜得以從事遂至左將軍曰朝鮮當下久矣不下者樓船數期不會具以素所意告遂曰今如此不取恐爲大害非獨樓船又且與朝鮮共滅吾軍遂亦以爲然而以節召樓船將軍入左將軍軍計事卽令左將軍戲下執縛樓船將軍戲讀與麾同并其軍以報朝鮮平左將軍徵至坐爭功相嫉乖計棄市樓船將軍亦坐兵至列口當待左將軍列口縣名也度海先得之擅先縱失亡多當誅贖爲庶人

後漢耿夔爲雲中太守行度遼將軍夔勇而有氣數侵陵匈奴中郎將鄭戩元初元年坐徵下獄以減死論笞三百

魏桓範爲征虜將軍東中郎將都督青徐諸軍事與徐州刺史鄒岐爭屋引節欲斬岐爲岐所奏不直坐免

蜀劉封爲先主養子爲副軍將軍初先主定益州劉璋遣扶風孟達與法正各將兵二千迎先主先主因令達并領其衆進攻上庸先主陰恐達難獨任乃遣封自漢中乘沔水下統達軍封與達忿爭不和封尋奪達鼓吹達既懼罪又忿恚封遂發表辭先主率所領降魏

劉琰爲車騎將軍領兵千餘隨丞相亮後主建興十年與前軍師魏延不和言語虛誕亮責讓之遣歸成都

魏延爲前軍師征大將軍延既善養士卒勇猛過人又性矜高當時皆避下之唯楊儀不假借延延以爲至忿有如水火建興十二年亮出北谷口延爲前鋒去亮營十里秋亮病困密與長史楊儀司馬費禕護軍姜維等作身殁之後退軍節度令延斷

後姜維次之若延或不從命軍便自發亮適卒秘不發喪儀令禕往揣延意指延曰丞相雖亡吾自見在府親官屬便可將喪還葬吾自率諸軍擊賊云何以一人死廢天下之事邪且魏延何人當爲楊儀所部勒作斷後將乎因與禕共作行留部分令禕手書與己連名告下諸將禕紿延曰當爲君還解楊長史長史文吏稀更軍事必不違命也禕出門馳馬而去延尋悔追之已不及矣延遣人覘儀等遂使欲案亮成規諸營相次引軍還延大怒纔儀未發率所領徑先南歸所過燒絕閣道延儀各相表叛逆一日之中羽檄交至後主以問侍中董允留府長史蔣琬琬允咸保儀疑延儀等槎山通道晝夜兼行亦繼延後延先至據南谷口遣兵逆擊儀儀等令何平在前禦延平叱延先登曰公亡身尚未寒汝輩何敢乃爾延士衆知曲在延莫爲用命軍皆散延獨與其子數人逃亡奔漢中儀遣馬岱追斬之致首於儀儀起自踏之曰庸奴復能作惡不遂夷延三族

吳潘濬初仕蜀先主爲荊州治中典留州事與關羽不睦吳大帝襲羽遂入吳

周瑜爲將軍性度恢廓大率爲得人惟與程普不睦江表傳曰普頗以年長數陵侮瑜瑜折節容下終不與校普後自敬服而親重之乃告人曰與周公瑾交若飲醇醪不覺自醉時人以其謙讓服人如此

孫皎堅弟靜子也爲征虜將軍守夏口以小故與甘寧忿爭或以諫寧寧曰臣子一例征虜雖公子何可專行侮人邪吾值明主但當輸效力命以報所天誠不能隨俗屈曲矣權聞之以書讓皎曰自吾與北方爲敵中間十年初時相持年小今者且三十矣孔子言三十而立非但謂五經也授卿以精兵委卿以大任都護諸將於千里之外欲使如楚任昭奚恤揚威於北境非徒相使逞私志而已近聞卿與甘興霸飲因酒發作侵陵其人求屬呂蒙督中此人雖麤豪有不如人意時然其較略大丈夫吾親之者非私之也吾親愛之卿疏憎之卿所爲每與吾違其可久乎夫居敬而行簡可以臨民愛人多容可以得衆二者尚不能知安可董督在遠禦寇濟難乎卿行長大持受重任上有遠方瞻望之觀下有部曲朝夕從事何可恣意有盛怒邪人誰無過貴其能改宜追前愆深自咎責今故煩諸葛子瑜重宣吾意臨書摧愴心悲淚下皎得書上疏陳謝遂與寧結厚

南齊曹虎爲平北將軍聚兵襄陽建武四年魏軍攻沔北虎與南陽太守房伯玉不協不急赴救乃移頓樊城

陳王質仕梁爲寧遠將軍吳州刺史領鄱陽內史荊州爲侯瑱鎮于湓城與質不協遣偏將羊亮代質且以兵臨之質率所部渡信安嶺依于留異時文帝鎮會稽以兵助質令鎮信安縣

後魏崔亮爲鎮南將軍攻梁將趙祖悅於硤石時李平爲鎮軍大將軍兼尚書右僕射爲行臺節度諸軍一以稟之以軍法從事平部分諸軍將水陸兼進以討堰賊亮違平節度以疾請還隨表而發平表曰臣以梁將湛僧曰道龍遊魂境内猶未收跡義之神念尚在梁城令都督崔亮權據下蔡別將㚖生既往東岸與亮接勢以防橋道臣發引向堰舍人曹道至奉勅更有處分而亮已輒還京索亮受付東南摧斁是託誠應憂國忘家致命爲限而始届城陰槃桓不進暨到寇所停淹八旬所營土山攻道並不克就損費糧力坐延歲序賴天威遠被士卒憤激東北騰上乘至北門而亮遲迴仍不肯上臣逼以白刃甫乃登陟及平硤石宜聽處分方更肆其專恣輕輒還歸此而不糾法將焉寄案律臨軍征討而故留不赴者死又云軍還先歸者流軍罷先還尚有流坐況亮被符令停委棄而反失乘勝之機關水陸之會緣情據理咎深故留今處亮死上議靈太后令曰亮爲臣不忠去留自擅既損威稜違我經略雖有小捷豈免大咎但吾攝御萬機庶茲惡殺可特聽以功補過及平至亮與爭功於禁中形於聲色

介朱兆爲都督十州諸軍事世襲并州刺史齊神武之克鄴州

也兆與其族仲遠度律約共討之仲遠度律次於陽平兆出井陘屯於廣阿衆號十萬神武廣縱反間或云世隆兄弟謀欲害兆復言與歡同圖仲遠等於是兩不相信各致猜疑徘徊不進仲遠等頻使斛斯椿賀拔勝往喻之兆輕騎三百來就仲遠同坐幕下兆性麤獷意色不平手舞馬鞭長嘯凝望深疑仲遠等有変遂趨出馳還仲遠遣椿勝等追而曉辞兆遂拘縛將還經日放遣仲遠等於是奔退神武乃進擊兆兆軍大敗兆與仲遠度律遂相疑阻度律大懼引軍還兆將斬勝數之曰介殺可孤罪一也天柱薨後復不與世隆俱來罪二也我欲殺介久矣今復何言勝曰可孤作逆爲國巨患勝父子誅之其功不小反以爲罪天下未聞天柱被戮以君誅臣勝寧負王不負朝廷今日之事生死在王但知賊盜邇内構嫌隙自古迄今未有不破亡者勝不憚死恐王失策兆乃捨之後與尒朱兆陳於韓陵度律惡兆之驍悍懼其凌己勒兵不進勝以其攜貳遂率麾下降神武

北齊李希光爲安南將軍南兗州刺史文宣責陳武殺蕭明命儀同蕭軌率希光東方老裴英起王敬寶步騎數萬伐之以天保七年三月渡江襲克石頭城五將名位相侔英起以侍中爲軍司蕭軌與希光並爲都督軍中抗禮不相服御競說謀略動必乖張頓軍丹陽城下值霖雨五十餘日及戰兵器並不堪施用故致敗亡將帥俱死士卒得還者十二三所没器械軍資不可勝紀

王琳初自梁歸齊乃鎮壽陽琳在鎮與行臺尚書盧潛不協更相是非被詔還鄴武成引而不問除滄州刺史

後周趙剛爲利州總管時剛以信州賓江負阻表請討之詔剛經略仍加渠州刺史剛師出踰年士卒疲弊寡獲復亡叛後遂以無功而還又與所部儀同尹才夫和被徵赴闕遇疾卒於路

隋李藝大業中屢以軍功官至武賁郎將煬帝征遼令督運於北平受武衛大將軍李景節度藝少習戎旅軍法嚴肅然性氣縱恣每凌侮景頗爲所辱藝甚銜之

唐淮陽王道玄高祖時爲洛州總管劉黑闥引突厥寇山東令道玄率史萬寶以擊之萬寶與之不協及道玄出戰萬寶擁兵不進謂所親曰我奉手詔言淮陽小兒雖名軍事進止總委老夫何得輕脫妄戰大軍若動必陷泥淖此敗之道也莫若結陣以王啗之雖不利於王而利於國淮陽若敗賊必爭進我堅陣而待之破賊必矣道玄遂護軍衝潛戰死道玄復陷於陣軍遂敗萬寶將進戰士卒莫有鬭志於是大潰道玄尋遇害時年十九

薛萬徹爲青丘道將軍伐高麗在軍中與副將裴行方不協太宗貞觀二十三年有人上書告萬徹有怨望之詞於是廷辯曲直萬徹辭窮乃除名流于象州

蘇定方爲右屯衛將軍高宗顯慶初從程知節討阿史那賀魯與其別部鼠尼施戰于鷹娑川大破賊衆追奔二十里斬首千餘級獲馬二千匹死馬及所棄甲仗綿亘山野不可勝計副揔

管王文度害其功謂知節曰雖云破賊官軍亦有死傷蓋未決成敗法耳何急而爲此事自今正可結爲方陣輜重並納腹中四面布隊人馬被甲賊來即戰自保萬全無爲輕脫致有傷損文度又矯稱別奉旨以知節恃勇輕敵使文度爲節制遂收軍不許深入終日跨馬被甲結陣由是馬多瘦死士卒疲勞無有鬭志定方謂知節曰本來討賊今乃自守馬餓兵疲逢賊即敗怯懦如此何由立功又公爲大將閫外之事而許自由制別遣軍副專其號令理必不然須因繫文度飛表奏之知節不從至恒篤有胡開門乞降文度又曰比我兵回此還作賊不如盡殺取其資財定方曰如此自作賊耳何成伐叛文度又不從乃分財惟定方一無所取師還知節文度皆坐劾除名乃擢定方爲行軍大揔管以征賀魯賀魯率兵金山之北先擊處木昆部落破之

薛仁貴爲邏娑道行軍大揔管其副將郭待封嘗爲鄯城鎮守與仁貴齊列及仁貴爲大揔管恥在其下每事多違議遠之軍

至大非川將進赴烏海仁貴謂待封曰烏海險遠車行艱澀若引輜重將失事機又破賊即迴又煩轉運彼多瘴癘無宜久留大非川嶺上寬平足堪置柵可留二萬人作兩柵輜重並留柵內吾等輕鋭倍道掩其未整即撲滅之矣仁貴遂率衆先行至河遇賊擊破之斬獲甚衆收其牛羊萬餘頭進至烏海城以俟後援待封不從仁貴之策領輜重繼進未至烏海吐蕃二十餘萬悉衆救其前軍迎擊待封敗走趨山軍糧及輜重並為賊所掠仁貴遂退軍屯大非川吐蕃又益四十餘萬來拒戰官軍又大敗死傷略盡仁貴待封及阿史那道真並脫身走免

李光弼為朔方行營既平懷州朝官欲速收東都城光弼屢抗表請候時而動不可輕進僕固懷恩貳於光弼乃潛上言曰賊可討詔遂從懷恩言逼光弼進軍列陣于北邙山下賊悉發精鋭來拒官軍不利詔以本非光弼謀乃徵懷恩入拜工部尚書留在京師又徵光弼入拜河南副元帥都統河南淮西山南東道等節度使移鎮汴州

李抱真為澤潞節度使馬燧領河陽三城抱真嘗欲殺懷州刺史楊鉥鉥奔燧燧納之且奏其無罪抱真不勝其忿後同解邢州圍所獲軍糧燧全有之而後給與抱真抱真益怒洹水之捷諸軍進至魏州田悅令五百騎突犯燧營李晟出援之抱真自固不為動燧將攻悅城假攻具於抱真又請離兩軍之伍與分其功抱真皆不諾而請獨當一面由此隙甚不復相見諸軍以是頗逗撓德宗數使中人和解之

韓弘為宣武節度統諸軍討淮西時賊軍當徑攻烏重胤之壘重胤禦之中數槍馳請救於忠武軍節度李光顏光顏以小溵橋賊之保也乘其無備使其大將田穎宋朝隱襲而取之遂平其城塹由是不克救重胤韓弘以光顏違令取穎及朝隱將戮之穎及朝隱勇而材軍中皆惋惜之光顏畏弘不敢留會中使景忠信至知其事乃矯詔令所在械繫之走馬入見具以本末

聞憲宗赦忠信矯詔罪即往釋穎及朝隱弘及光顏迭以表論憲宗謂弘使曰穎等違都統令當處死但光顏以其襲賊有功亦可宥之軍有三令五申宜捨此以收來效及以詔諭弘弘不悅

劉沔為太原節度使討迴紇初沔以精兵六千留鎮橫水柵以備殘虜自迎太和公主還宮後太原功最為先幽州張仲武亦降滅迴鶻赤心宰相王子將軍等數萬人繼受詔追襲烏介可汗恃其兵與沔不足朝廷知之曾遣御史中丞李回因和解仲武終不平之帝方委仲武北收殘虜乃移沔滑州以李石為太原節度以代之

梁謝彥章為許州節度使末帝貞明四年冬滑州節度使賀瓌為北面招討使彥章為排陣使同領大軍與晉人對壘是時咸謂瓌能將步軍彥章能領騎士既名聲相軋故瓌衷心忌之一日與瓌同設伏於郊外瓌指一方地謂彥章曰此地岡阜隆起中央坦夷好列柵之所尋而晉人舍之故瓌疑彥章與晉人通又瓌欲速戰彥章欲持重以老敵人瓌益疑之會為行營馬步都虞候朱珪所誣瓌遂與珪協謀因享士伏甲以殺彥章及濮州刺史孟審澄別將侯溫裕等於軍以謀叛聞晉王聞之喜曰彼將帥如是亡無日矣審澄溫裕亦善將騎軍然所領不過三千騎多而益辦唯彥章有焉

劉鄩軍於莘縣末帝遣使問鄩決勝之策鄩曰臣無奇術但人給糧十斛盡則破敵末帝大怒讓鄩曰將軍蓄米將療飢耶將破賊耶乃遣中使督戰鄩集諸校予謀曰主上深居宮禁未曉兵家與白面兒共謀終敗人事大將出征君命有所不受臨機制變安可預謀今揣敵人未可輕動諸君更籌之時諸將皆欲戰鄩默然他日復召諸校列坐軍門人具河水一器因命飲之衆未測其旨或飲或辭鄩曰一器而難若是滔滔河流可勝既乎衆皆失色居數日鄩率萬餘人薄鎮定之營時鄩軍奄至上下騰亂殺獲甚多少頃晉軍繼至乃退二年三月鄩自莘引軍襲

魏州與晉王戰於故元城王師敗績身脱身奔自黎陽濟河至滑州尋授滑州節度使詔屯黎陽

後唐康延孝初名紹琛爲保義軍節度使莊宗同光三年討蜀爲先鋒排陣使平蜀之功延孝居最時邠州節度使董璋爲行營右廂馬步使華州節度使毛璋爲行營左廂馬步使以軍禮當事延孝郭崇韜私愛董璋及西川平定之後崇韜每有軍機必召璋參決延孝不平之時延孝軍於城西毛璋軍於城東董璋軍於城中延孝因酒酣謂董璋曰吾有平蜀之功公等僕遬相從反首鼠於侍中之門謀相傾陷吾爲都將公乃裨校力能斬公璋惶恐訴之而退酒罷璋訴于崇韜崇韜陰衛之乃署董璋爲東川節度使落軍職延孝怒謂毛璋曰吾冒白刃犯險阻平定兩川董璋何功遽有其地二人因謁見崇韜曰東川重地宜擇良帥工部任尚書有文武才[illegible]衆心請表爲東川帥崇韜怒曰紹琛反耶敢違吾節度延孝等惶恐而退未幾崇韜爲繼岌所害二人因責董璋曰公復鼠首何門璋俛首祈哀而已

朱洪實爲馬軍都指揮使後唐帝應順元年三月判六軍諸衛事康義誠將議出征帝幸左藏庫親給軍士錢帛是日義誠與洪實同於庫中面論用兵利害洪實言自出軍討逆累發兵師今聞小衂無一人一騎來者不如禁軍據門自固彼安敢徑來然後徐圖進取全策也義誠怒曰若如此言洪實反矣洪實曰公自作誰反其聲漸厲帝聞召而詳之洪實猶理前謀又曰義誠言臣圖反振發兵討義誠反必矣帝不能明辯遂命誅洪實

周慕容彥超漢初爲澶州節度使杜重暉叛於鄴下以鄆州節度使高行周爲招討使彥超爲副及兵至城下二帥不協杜重暉之子婦即行周之息女也行周用兵持重彥超舉措輕易彥超欲速於攻城行周以爲未可彥超乃揚言稱行周以愛女之故惜賊而不攻行周忿之漢祖聞其事懼有他變以是親征及車駕至鄴彥超數因事凌迫行周行周不勝其憾嘗一日至行營幕次泣告於執政聲氣甚厲聞於至尊又自掬糞實於口以示冤其事宰相蘇逢吉樞密使楊邠密奏於漢祖漢祖亦知彥超之曲遣二臣和解行周亦召彥超於帳中責之兼令首罪於行周行周稍解

王峻爲內客省使永興趙思綰亂峻爲郭從義兵馬都監從義與峻不協甚如水火

符彥卿天雄軍節度使顯德元年從世宗親征河東命彥卿赴忻州時契丹騎屯忻北游騎每及近郊其月二十三日彥卿與諸將勒兵列陣以待之先鋒將史彥超以二千騎遇賊於前彥超勇憤俱發左右馳擊解而復合者數四當其鋒者無不顛仆李筠張永德以偏師自後擊之軍退史彥超死之不獲其屍前鋒爲虜隔絶我軍重傷者數百人蕃戎死者亦衆是行諸將論議各有矛楯故不能成大功

張永德顯德中為殿前都指揮使守下蔡與淮南招討使李重進素不協每宴將吏多暴其短一日永德乘醉乃大言重進潛畜姦謀當時將校無不驚駭

册府元龜卷第四百五十六